# 大秦岭论丛
## ——陕西中国西部发展研究中心 2016—2022年研究成果精萃

（上）

主编　桂维民

副主编　李雪梅　吴斯全　曹　钢

西北大学出版社

·西安·

图书在版编目(CIP)数据

大秦岭论丛：陕西中国西部发展研究中心2016—2022年研究成果精萃 / 桂维民主编. --西安： 西北大学出版社， 2024.10

ISBN 978-7-5604-5291-3

Ⅰ．①大… Ⅱ．①桂… Ⅲ．①西部经济-区域经济发展-研究成果-中国-2016-2022 Ⅳ．①F127

中国国家版本馆CIP数据核字(2023)第254283号

## 大秦岭论丛
### 陕西中国西部发展研究中心2016—2022年研究成果精萃

DA QINLING LUNCONG
SHAANXI ZHONGGUO XIBU FAZHAN YANJIU ZHONGXIN
2016—2022 NIAN YANJIU CHENGGUO JINGCUI

桂维民　主编

出版发行　西北大学出版社
(西北大学校内　邮编：710069　电话：029-88303404)
http://nwupress.nwu.edu.cn　E-mail：xdpress@nwu.edu.cn

| | | |
|---|---|---|
| 经 | 销 | 全国新华书店 |
| 印 | 刷 | 陕西博文印务有限责任公司 |
| 开 | 本 | 787毫米×1092毫米　1/16 |
| 印 | 张 | 91 |
| 插 | 页 | 12 |
| 版 | 次 | 2024年10月第1版 |
| 印 | 次 | 2024年10月第1次印刷 |
| 字 | 数 | 1750千字 |
| 书 | 号 | ISBN 978-7-5604-5291-3 |
| 定 | 价 | 580.00元 |

本版图书如有印装质量问题，请拨打电话029-88302966予以调换。

# 《大秦岭论丛》编委会

**荣誉顾问**

张勃兴　张　斌　潘　季

**高级顾问**

邓　理　刘维隆　吴登昌　陆　栋　王志宏
邱俊本　肖云儒　王忠民　王亚杰　郭立宏

**主编**

桂维民

**副主编**

李雪梅　吴斯全　曹　钢

**编委**（按姓氏笔画排序）

薛引娥　王正斌　吴振磊　薛晓燕　蒋明义
张培合　董小军　吴相国　黄会强　马朝琦
韩志斌　王靳龙　靳　坤

西北大学中国西部发展研究中心理事会成立大会合影留念  中国·西安 2016年5月7日

2016年5月7日，根据陕西省委编办的通知，西部发展研究中心由西安交通大学转隶到了西北大学，成立了西北大学中国西部发展研究中心（简称"西部中心"）首届理事会

2016年6月25日，西部中心"一带一路"研究院和西部英才基金正式成立

2016年7月25日，西部中心在陕西省人大常委会报告厅举办《中国航天成就与发展》大型报告会，时任中国航天科技集团科技委副主任谭永华应邀作报告

2017年1月13日，西部中心智慧城市研究院正式成立

2017年6月19日，西部中心举办《生态文明建设》大型报告会，原国家人口和计划生育委员会主任张维庆应邀作报告

2017年9月7日，著名文化学者贾平凹、王立群、雷涛应邀参加西部中心联合承办的主题论坛活动

2018年1月29日，由西部中心组织的《丝路中国段文化样态研究丛书》首发式在西北大学隆重举行。该六卷本丛书由中心创始人、名誉理事长张勃兴作总序，中心副理事长肖云儒担任主编

2018年1月29日，西部中心西部书画院、企业资本研究院、农村金融与保险研究院、文旅产业研究院正式成立

2018年8月25日，西部中心书画研究院张载祠研习基地揭牌成立

2018年9月5日,西部中心与"华山论剑"品牌管理公司联合举行"致敬改革开放40周年"高峰论坛,与会领导和专家学者步入会场

2018年9月6日下午,陕西省原省长、商务部原部长、海协会原会长、中国外商投资企业协会会长陈德铭同志受西部中心的邀请,在西北大学礼堂为中心理事会成员和广大师生作了题为《全球化下的经济摩擦与规则重构》的专题报告

2018年9月7日,西部中心理事长桂维民、执行理事长李雪梅陪同陕西省原省长、商务部原部长、海协会原会长、中国外商投资企业协会会长陈德铭在杨凌示范区调研

2018年10月1日,西部中心理事长桂维民陪同时任西北大学校长郭立宏看望应邀参加中心文化论坛的著名文化学者朱大可、王立群、杨争光

2018年10月26日,西部中心举办《全球视野中的中国科技创新》报告会,《科技日报》原总编辑刘亚东应邀作报告

2018年11月,在西部中心成立20周年之际,中心编辑出版了《来自智库的报告》。本书荟萃了中心1998—2017年的调研成果

2018年11月9日,陕西省社科联主席郭建树一行来西部中心调研

2018年11月,西部中心和新浪网共同举办了改革开放时代功勋人物的网上评选和表彰活动

2018年12月13日,陕西省政府原常务副省长、中心高级顾问张斌等为中心与新浪网联合评选出的时代功勋人物张岂之、张锦秋颁奖

2019年1月25日,西部中心理事长桂维民陪同中心创始人、名誉理事长张勃兴,中心高级顾问张斌、邓理参加中心2019年度工作会议

2019年7月14日,西部中心理事长桂维民作为教育部应急产教融合专家委主任委员出席教育部学校规划建设发展中心等主办的研讨会

2019年7月19日,西部中心举办了艺术金融与文创产业发展论坛

2019年8月10日,西部中心与华山论剑品牌管理公司为获得文学奖的作者颁奖

2019年10月3日，西部中心名誉理事长张勃兴参加"绿水青山·陕西山水画七十家提名作品展"

2019年10月23日，中央农村工作领导小组原副组长、陕西省原省长袁纯清应西部中心的邀请在"第九届国际农业保险论坛"上作专题演讲

2019年11月29日，西部中心组织摄制的五集纪录片《长安的村庄》在陕西广播电视台热播

2019年12月29日，西部中心举办"新时代 新联盟 新发展论坛暨西部城乡建设产业创新联盟（筹）2020迎接新年联谊会"

2020年1月16日,西部中心名誉理事长张勃兴在中心工作会上讲话

2020年1月16日,西部中心在西北大学太白校区召开年度工作会

2020年5月20日,西部中心高级顾问刘维隆、理事长桂维民、执行理事长李雪梅、秘书长吴相国等一行,赴杨凌示范区叁益农业科技有限公司调研农业科技项目发展情况

2020年11月20日,西部中心理事长桂维民作为特邀嘉宾,参加人民日报社和清华大学举办的第七届国家治理高峰论坛,并在圆桌会议上接受央视记者采访

2021年8月11日,西部中心高级顾问邱俊本、理事长桂维民、执行理事长李雪梅、副理事长吴斯全、秘书长吴相国等一行,到汇通科技公司考察调研

2021年8月11日,西部中心理事长桂维民、执行理事长李雪梅、副理事长吴斯全、秘书长吴相国等一行,到《秦智》杂志编辑部视察办刊工作

2021年4月22日,由西部中心、省美协等联合举办的"百年回望——纪念建党百年陕西百名名画家美术作品展"隆重开幕

2021年6月29日,西部中心召开了庆祝建党100周年暨《秦智》杂志创刊座谈会

2021年8月7日,由西部中心和陕西电视台联合举办的大型经济访谈栏目《西经论坛》正式启动

2021年12月12日，西部中心举行大数据研究院揭牌仪式

2022年3月26日，西部中心书画研究院高陵分院在高陵挂牌成立。中心理事长桂维民、执行理事长李雪梅、各研究院院长参加挂牌仪式

2022年5月31日，西部中心举行《国家156项工程在陕西企业纪实》一书首发式暨座谈会

2022年6月9日,首次六省一市政协环秦岭地区生态保护和高质量发展协商研讨会议在西安召开,中心高级顾问刘维隆,中心理事长桂维民、执行理事长李雪梅、副理事长肖云儒、中心高级研究员周庆华、冯家臻等受邀参加会议

2022年7月28日,西部中心农业风险管理专家咨询委员会正式成立

2022年8月26日,西部中心智慧城市研究院党委机关暨曲江分院正式启动

2022年8月31日,中秋节前夕,西部中心举办"老领导中秋座谈会"。中心荣誉理事长张勃兴、高级顾问张斌、潘季、邓理、刘维隆、吴登昌、邱俊本、张锦秋、杨辉等出席

2022年9月15日,在西北大学长安校区,西部中心为西北大学120周年校庆捐赠的巨幅油画《秦岭云海》揭幕暨捐赠仪式隆重举行

2022年11月11日,西部中心与西安国家版本馆达成共同举办以秦岭为主题的大型油画展的协议

2023年5月28日，西部中心大数据研究院欧维数据正式上线启动

2023年5月28日，西部中心召开"数智时代与产业未来"主题报告会

2023年6月8日，西部中心亚行技术援助项目"秦岭国家公园淡水生态系统保护与修复的制度与策略研究"正式启动

2023年7月30日,西部中心理事长桂维民、执行理事长李雪梅、副理事长薛晓燕与国务院发展研究中心研究员、国声智库荣誉主任李国强在西北大学礼堂前合影

2023年8月31日,西部中心领导前往西咸新区调研

2023年9月27日,西部中心与西北工业大学、西咸新区、剑桥大学遗产保护中心联合举办了"文化遗产保护与传承"主题沙龙活动

2023年12月,西部中心在年度工作会上,对当年的优秀调研成果进行了表彰

2024年2月2日，西部中心理事长桂维民、执行理事长李雪梅、秘书长黄会强与中心高级顾问举行座谈会

2024年3月14日，西部中心理事长桂维民、副理事长薛晓燕等专程到陕西省作协副主席、著名作家高建群工作室走访并座谈

2024年3月21日，西部中心丝路影像艺术研究院举行揭牌仪式

2024年3月21日，西部中心召开建设高端智库研讨会

2024年4月20日，由西部中心等联合举办的"翰墨长安条屏书法暨丝路影像作品展"正式开幕

2024年4月，西部中心理事长桂维民向中央财经领导小组办公室一局原局长杨尚勤颁发西部中心高级顾问聘书

2024年5月6日，西部中心建设中国特色西部高端智库研讨会在西北大学宾馆召开

2024年5月14日，陕西省总工会原副主席、陕西省劳模协会会长兰新哲到西部中心调研

2024年5月18日，西部中心理事长桂维民，副理事长薛晓燕、吴斯全，秘书长黄会强等一行，到中心名誉理事长张勃兴家中看望老领导

2024年8月，西部中心《黄河岸边的中国》丛书编委会到敕勒川考察

2024年9月21日，由西部中心与华商传媒、延长县等单位联合主办的"书香延长，点亮未来——共建西部文化高地"活动，在西安市高新区万邦书店·陕图高新馆店正式启动

# 序 一

*张勃兴：陕西中国西部发展研究中心名誉理事长*
*中共陕西省委原书记*

我们建立中国西部新型智库，目的在于用其研究成果服务于国家、西部地区特别是陕西的高端决策。这部文集汇集了陕西中国西部发展研究中心（也叫西北大学中国西部发展研究中心，以下简称"中心"）2016年到2022年的调研成果，共170多万字，分上下两册。综观这本厚重的文集，有以下特点：

## 一、研究领域广泛、成果丰富多样

翻开文集，收录的研究成果不仅涉及经济领域，而且覆盖了科技、文化、社会、生态等方面的内容。除了有理论探索还有大量应用研究的成果。既有独立成文的研究报告，又有多角度的系列研究成果。这些丰富多彩的研究成果凝聚了专家学者的真知灼见，是思想智慧的结晶。

大秦岭研究编是中心近年来的重大研究成果。所以，整个论文集以"大秦岭论丛"作为主题。在中心高级顾问、省人大常委会原副主任刘维隆的带领下，我们的研究团队，近几年来，以大秦岭的保护、发展、安全三位一体为内容展开系列研究，向省委、省政府报告了研究成果，并将研究成果作为全国两会代表委员的议案提案的学理和政策支撑，一些议案提案和建议受到全国人大和全国政协的高度重视，正在对高层决策和有关部委的工作产生积极的影响。同时，中心作为总协调，争取到亚洲基础设施投资银行对秦岭国家公园淡水生态系统保护课题的技术援助，研究成果将为全球国家公园生态保护提供技术规范和标准样本。

经济格局研究编的研究成果特色鲜明。一是研究课题的创新性。一些重要成果，从选题到内容研究做到了"发前人未所发"，具有前瞻性。二是研究内容的现实性。研究成果紧贴实际，紧密联系我国西部特别是陕西实际做了多角度的研究，研究成果有亮点。三是研究成果的探索性。科学研究从事的是创造性、探索性极强的劳动，需要给予宽松的环境。只要你：研究方向适合，能够自圆其说，就允许各种意见的讨论与存在。经济研究格局编做到了，这应该充分肯定。

科技文化研究编也推出了一批优秀成果，形成了由老领导、老专家领衔，中青年专家及学者参与，中心课题组成果鼎力支持的三位一体的格局。无论是老领导的精品力作、中青年学者的优秀成果，还是中心课题组提供的研究报告，都为党政机关的决策提供了智力支持。

社会治理研究编成果丰硕。研究成果对西部地区尤其是陕西省社会治理领域现状和存在的问题进行了深入调研和细致分析，针对问题提出对策措施。这些报告从不同角度切入，内容上体现出鲜明的时代性和前瞻性；方法上表现了高度的科学性和专业性；研究过程和目标饱含着强烈的人文性和民生性；对策建议突出了现实针对性和可操作性。

从生态文明研究编看，研究工作围绕四个方面展开。一是生态产品生产供给，二是控制生态占用增量，三是减少生态占用存量，四是生态产品价值转化。研究成果揭示了生态文明建设的实现路径，对党政机关的决策有重要参考价值。

理论与应用研究编推出的成果给人以启发。一是有些成果在社会相关理论思想与发展应用研究中具有较高学术地位和影响力。二是理论研究包括理论思想、应用理论和方法论，但智库以应用理论和方法论为主。三是有些专家对理论的实践应用和对实践的理论性抽象解析，触及我国重大战略问题和马克思重要思想。四是有些专家围绕区域总体发展战略和重大战略性问题开展的专题研究等对西部地区、大西北、陕西发展具有重要价值。五是一些研究人员结合未来趋势的产业发展和实际、数智化驱动发展等开展的专题研究，具有专业技术深度。

## 二、为党和政府的高端决策资政建言提供支持

在这方面，秦岭问题的系列研究比较典型。

习近平总书记在陕西考察时明确指出，秦岭和合南北、泽被天下，是我国的

中央水塔、中华民族的祖脉和中华文化的重要象征，保护好秦岭生态环境，对确保中华民族长盛不衰、实现"两个一百年"奋斗目标、实现可持续发展具有十分重大而深远的意义。2019年底，在中心高级顾问、陕西省人大常委会原副主任刘维隆的带领下，中心组织一批知名的专家学者，用三年多时间，对秦岭的生态保护及其绿色安全发展等问题，进行了多角度的深入研究，为陕西省委、省人大、省政府、省政协提供学理支持和咨询服务，收到明显效果。

（1）秦岭研究成果报送陕西省委、省政府后，引起高度重视，省委、省政府主要领导做出重要批示，给予高度评价。

（2）为全国政协委员在全国政协会上的提案提供学理支持。2020年12月，全国政协常委、省政协原主席马中平听取了秦岭研究的基本情况、工作建议汇报后，高度重视，决定以《关于推进秦岭生态保护和环秦岭经济圈高质量发展的建议》为名，向全国政协呈送提案。全国政协常委会收到后高度重视，把这一提案作为重点提案加以推进。同时，建立了六省一市政协围绕大秦岭战略的相关协调机制。2022年省政协换届后，中心又向省政协领导汇报了秦岭研究的基本情况和工作建议，引起高度重视。以省政协主席徐新荣领衔呈送的《推进大秦岭"三位一体"的建议》，被全国政协列为2023年的重点提案。

（3）为全国人大代表在全国人民代表大会上提出议案，提供咨询服务。中心向省人大常委会常务副主任庄长兴等领导汇报了秦岭研究的基本情况和工作建议，引起高度重视，决定以《关于开展秦岭立法工作推动秦岭绿色发展的建议》为名，向全国人大呈送建议案。

（4）中心的研究工作引起亚洲开发银行的关注。经过竞标，中心主持的"大秦岭国家公园生物多样性"的研究课题成功取得了亚洲开发银行技术援助项目支持。

七年来，中心组织力量，围绕国家特别是陕西建设和改革的重大现实问题开展了专题研究。中心呈送的研究报告，国家有关部委，陕西省委、省政府等领导在总计19份相关报告上做了重要批示。中心的研究成果为党政机关的决策提供了科学依据。

## 三、调查研究是新型智库发展的必由之路

调查研究不仅是谋事之基、成事之道，也是智库生存发展的基础。调查研究是获得真知灼见的源头活水，智库发展也离不开调查研究。为了做好调查研究，

这几年，中心注意抓了几个环节。

（1）精心选题。对于调查研究来说，"好的选题等于成功的一半"，选题意义重大。几年来，中心学术委员会坚持每年一次的课题立项评审会。对申请立项课题进行论证评审。发挥集体智慧，严格把关，对确保选题的准确性起到了积极作用。一般说来，智库的选题除了坚持"围绕中心，服务大局"的原则外，还应该坚持"创新性"原则。就是说，研究课题在科研人员的研究领域内是独树一帜的，所做的研究是前人没有做过的。或者是别人已经做过的题目，但是切入角度是全新的；抑或研究是跟踪研究，对课题做了新的有价值的探索。

（2）精心调研。几年来，中心各课题组深入企业、农村、学校、党政机关，与职工面对面交谈，了解了一线的实际情况。运用大数据、访谈、问卷调查等方式，掌握了大量资料，使调查研究建立在可靠的基础上。调查的种类很多，智库常用的方式有普查、抽样调查、问卷调查、座谈调查、文献检索和统计报表等。而深入实际调查，掌握一手的鲜活资料是精心调查的一个最重要的路径。智库是生产精神产品的，必须占有一手的最新资料。"巧妇难为无米之炊"。没有资料，智库怎么加工生产精神产品呢？没有资料，智库的研究就是无源之水、无本之木。同时，要精心研究。占有了大量资料，还要对资料加工研究，即进行"去粗取精、去伪存真、由此及彼、由表及里"的加工，通过分类、比较、抽象、概括、归纳与演绎、分析和综合、历史的与逻辑的等科学方法，摸清基本情况，找准突出问题，探索出规律性结论，提出具体措施，指导实际工作。

（3）精心撰写。这是做好调查研究的关键一环。研究厘清了我们的思路，明确了目标任务和实现路径。但是，要把研究成果落到文字上，形成调研报告，还要下一番功夫。首先，要仔细整理阅读资料，精心拟定写作提纲，细化标题设计；其次，按提纲精心写作，尽可能做到：观点鲜明，内容充实，语言精练生动；再次，要精心修改。好文章是改出来的。不仅要引导课题组厘清文稿逻辑，字斟句酌，反复修改，还提倡组织专题评审会，发挥群体智慧，严把文稿质量关，不仅肯定成绩，又要指出不足，引导课题组精心修改文稿。在这方面，中心做了努力，还需要进一步改进。

（4）精心抓好调研成果的转化。首先，要主动加强与实际工作部门的沟通，介绍研究工作基本情况，提出建议；其次，根据实际工作部门的要求，及时跟进，提供咨询服务，促进研究成果向推动实际工作的措施转化。衡量智库研究成果优劣的标准，不仅要看写的内容、领导批示，更重要的要看成果对实际工作产生多大的推动作用。在这方面，不少智库工作薄弱。但是，中心联系实际工作部门做了大量的沟通工作，取得不错的成效。这种务实精神值得提倡，经验也值得认真总结推广。

　　从2016年到2022年，一晃七年过去了。七年来，中心团结一批专家学者，继承发扬了我们的优良传统，胸怀国之大者，情系西部发展，忘我工作，无私奉献，取得了很大成绩。我们希望，中心在推进中国式现代化的新征程，实现中华民族的伟大复兴中做出新的更大贡献！

写于2023年3月29日

# 序 二

郭立宏：西北大学原校长

在众多专家学者精益求精、不懈努力下，在社会各界无私帮助、大力支持下，《大秦岭论丛》终于付梓面世了。这是一部视野宏阔、充满智慧、饱含情怀的精品力作，是对推动陕西高质量发展的一次深刻思考和全面探索，也是馈赠给全社会的一份厚礼，具有重要的理论和现实意义。

党的十八大以来，习近平总书记先后四次来陕西考察调研，不仅明确要求我们"干什么"，而且指导我们"怎么干"，以什么样的精神状态去干，为陕西各领域发展指明了前进方向，提供了根本遵循。总书记始终关心和关注秦岭生态文明建设，多次做出重要指示批示。包括陕西在内的环秦岭六省一市，深入贯彻落实习近平总书记重要讲话和指示批示精神，牢记"国之大者"，形成了高度共识，采取了一系列务实可行的重要举措，不断推进秦岭生态保护和环秦岭地区高质量发展。

作为一所拥有121年历史和文化积淀的综合性大学，西北大学植根西北、兴学求强，主动服务国家和区域经济社会发展。学校依托西部自然与人文资源，深入推进保护"一座山"——秦岭，呵护"一条河"——黄河，融入"一条路"——丝绸之路，壮大"一棵树"——地球动物树，建设"一个原"——黄土高原，传承"一个精神家园"——周秦汉唐文明，升级"一战略"——西部大开发战略，做好服务国家和区域发展的大文章，形成了鲜明的办学特色和学科优势。长期以来，学校在秦岭地质构造、动植物研究与保护、生态系统保护与修复、水源涵养与生物多样性保育等领域取得了一批高水平研究成果，为建设美丽秦岭、生态秦岭贡献了西大智慧与力量。

陕西中国西部发展研究中心于2016年正式转隶西北大学，该中心依托学校学科和科研优势，聚集了一大批高级专家学者，致力于推动西部开发、创新、开放、繁荣，积极组织调研、建言献策、服务社会，受到各级党委和政府的充分肯定，已经发展成为促进西部创新、协调、绿色、开放、共享发展的重要智库和人才培养基地。此次，该中心精心谋划、编纂成册的《大秦岭论丛》，由大秦岭研究、经济格局研究、科技文化研究、社会治理研究、生态文明研究、理论与应用研究六个专题组成，其中围绕秦岭及大秦岭地区的研究最具特色和代表性。论丛作者都是来自全国不同领域具有扎实学术功底、广泛社会影响以及敏锐观察力、高远洞察力的专家学者，他们深入一线开展调查研究，形成的这批成果内容逻辑严谨、论证充分，语言凝练、深入浅出，很有分量，必将产生实实在在的经济价值、社会价值和文化价值。

当前，全党全国正在深入学习宣传贯彻党的二十大精神，昂首阔步走在以中国式现代化全面推进中华民族伟大复兴的新征程上。面对艰巨的改革发展稳定任务，《大秦岭论丛》的诞生正当其时。书中蕴含的深刻思考、科学研判、理论创新、实践探索等，一定会对大秦岭地区乃至全国生态保护和经济社会高质量发展起到重要的启迪和指导作用。面向未来，我们将与各位专家学者和社会各界一道，守正创新、勇毅前行，培养更多高层次人才，产出更多高水平成果，奋力谱写陕西高质量发展新篇章，为全面建设社会主义现代化国家、全面推进中华民族伟大复兴做出新的更大贡献。

是为序。

写于2023年5月25日

# 序　三

桂维民：陕西中国西部发展研究中心理事长
　　　　陕西省人大常委会原秘书长

1998年8月，国家实施西部大开发战略前夕，陕西省委原书记张勃兴发起，并与陕西省人民政府原常务副省长张斌、西安交通大学原党委书记潘季等一起创立了陕西中国西部发展研究中心（以下简称"中心"）。当时，西部地区退下来的省委书记，都是中心这个智库的高级顾问。后来，张勃兴老书记又请了几位省上退下来的德高望重的老领导和有影响的院士、专家作为中心的高级顾问和高级研究员，旨在通过公共政策的研究和决策咨询，为陕西的改革开放和西部大开发建言献策。中心25年来形成了一批重要研究成果，成为促进陕西发挥比较优势和"桥头堡"作用、推动西部地区开放开发的一个颇有影响力的智库。

2016年夏天，中心根据需要转隶到西北大学。适逢党中央提出"一带一路"倡议，并对新时代推进西部大开发形成新格局做出系统安排和新的部署；中共中央办公厅、国务院办公厅下发了《关于加强中国特色新型智库建设的意见》，这些为中心建设西部高端新型智库提供了遵循、指明了方向。中心秉承围绕大局、服务中心，问题导向、科学研究，体现特色、注重实践的初心，依托西北大学和其他陕西高校以及科研院所的科技实力，致力于推动陕西乃至西部的大保护、大开放和高质量发展，组织协调相关研究团队，开展了一系列具有前瞻性、针对性、储备性、建设性的重大政策研究，提出了许多专业化、建设性、切实管用的重要政策建议，提出了破解一些现实难题的方案和路径，得到有关党委和政府的充分肯定。

胸怀国之大者，深入推进大秦岭生态保护和绿色安全发展研究。在中心高级顾问、陕西省人大常委会原副主任刘维隆的带领下，中心组织周庆华、冯家臻、曹钢、党双忍、李振平等一批知名专家学者对大秦岭的生态保护及其绿色安全发展等课题，进行了四年多持续深入的调查研究，为陕西省委、省政府的决策以及在陕全国人大代表、政协委员在北京"两会"上的议案、提案和建议提供咨询方案和学理支撑，为国家在大秦岭地区构建生态、发展、安全"三位一体"战略新格局提出具体方案和建议。中心积极参与亚行课题的竞标，使"大秦岭国家公园生物多样性"的研究成为近十年来亚洲开发银行首个在陕落地的技术援助项目，最终将产出有关国家公园的体制机制、淡水生物多样性保护、公园人居环境、生态环境补偿机制等国际规范和样本。

把握高端定位，坚持新发展理念和战略性问题研究。中心高级顾问、全国政协人口资源环境委员会原主任张维庆的《建设生态文明的思考》，中心高级顾问、中国科学院科技战略咨询研究院特聘研究员宋大伟的《新阶段我国战略性新兴产业发展思考》以及老书记、中心创始人、中心名誉理事长张勃兴撰写的《当代新型产业和新经济现象》，把生态文明和新兴产业发展作为研究对象，深入解读了国家"十四五"规划对生态文明和战略性新兴产业的要求。特别是老书记张勃兴对"大数据""智慧城市""虚拟经济"这三个产业的敏锐观察及发展趋势的深刻把握，给人以全新的视角和通透的政策诠释。还有中心高级顾问、原中央农村工作领导小组副组长、陕西省人民政府原省长袁纯清的《把握农业保险高质量发展的若干关键点的研究》，聚焦西部地区农业保险的短板，深入浅出地阐发了新时代农业保险的发展路径。中心常务理事、中青年学者吴振磊团队的《中国特色减贫道路一般框架与经验研究》，阐释了精准扶贫是打赢脱贫攻坚的制胜法宝，开发式扶贫是中国特色减贫道路的鲜明特征。中心执行理事长、中心学术委员会主任李雪梅以她多年对外交流的工作经验，带领团队研究了"一带一路"枢纽经济发展的基本思路和重点，提出了建立海外仓、电子通关等思路，为走深走实"一带一路"建言献策。

坚持问题导向，注重务实专业管用的方案对策研究。中心研究员、陕鼓集团公司原董事长印建安的《能源互捞联岛多元联合智慧能源综合利用模式研究》，填补了工业智慧能源领域的空白。中心研究员、经济法青年学者倪楠的研究《区块链技术赋能下个人征信体系的法律重构》，前瞻性地提出了以现代技术解决传统征信难题，用法治护航和鼓励技术创新。中心常务理事、智慧城市研究院院长李建义团队的《加强公共安全视频监控建设联网应用的研究》，以雪亮工程实施中翔实的数据，探讨互联网和人工智能技术在公共治理和社会治安的新特点、新进展、新趋势。中心常务理事、老年健康研究院院长于勇团队所作的《陕西省医养结合机构评估指标体系构建研究》《陕西老年人心理健康状况评估研究》《陕西省老年人健康水平分析》等，着力建构富有陕西特色而又便于全国比较的指标体系，其中的技术规范已成为陕西的地方标准。中心研究员、西安交通大学杨东朗团队承担中心委托的《大西安人口承载力研究》，跳出了此类问题往往局限于以土地等自然资源以及生态环境硬约束为出发点的传统研究范式，更注重对教育、医疗、交通等社会公共产品等软约束的分析，对西安未来人口发展趋势做出预测和评估，引起当地政府的高度重视。

本书收集了中心七年来的研究成果，涉及六个方面，一百六十多万字，硕果累累，成绩斐然。这主要得益于省社科联党组和西北大学党委的正确领导，特别是得益于老书记张勃兴的引领和中心一批德高望重、经验丰富的高级顾问的精心指导，得益于各个课题组、各位研究人员的不懈努力。我认为，值得总结的经验主要有以下三条。

## 一、坚持正确政治方向，找准新型智库定位

中心始终遵循习近平新时代中国特色社会主义理论以及新发展理念，根植于三秦和西部大地，深化对党的创新理论的认识和把握，善于运用党的创新理论研究新情况、解决新问题、总结新经验、探索新规律，把服务党和政府西部大开发战略和高质量发展决策作为宗旨，将前瞻性、针对性和战略性重大政策研究咨询作为主攻方向，通过形式多样、独具特色的研究成果，为推进西部大开发、"一带一路"建设和高质量发展提供科学咨询和技术支撑。例如《关于实施科学、有序、稳妥治污降碳战略的建议》《关于陕北山区农业现代化路径与再提升研究》《关于秦晋黄河大峡谷及其沿岸保护与开发研究》《关于加强我国境外考古工作的建议》《关于构建通航应急救援"一小时圈"的建议》等都得到了国家有关部门的充分肯定。

## 二、坚持科学探索精神，鼓励持续研究创新

中心这些年的理论与应用研究成果，以系统的整体观、多学科的综合观、模型方法的抽象观，对相关系统复杂问题进行了深入研究，一定程度上具有领域代表性、学术领军性和阶段高价值性。例如，中心组织的"大秦岭的系列研究"，中国科学院院士、中心高级研究员张国伟"关于秦岭是一带寻常又非比寻常的

山地的研究"，著名教育家、中心高级顾问张岂之的"儒学思想演变研究"，著名文化学者、中心副理事长肖云儒的"陕西文化深层结构研究"，著名经济学家、中心高级研究员何炼成的"西部大开发战略思想研究"，著名考古学家、中心"一带一路"研究院院长王建新的"我国境外考古工作现状的研究"，还有诸如关于社会资本、数据要素、农合思想、元宇宙、陕西区域经济异质性等的研究，都具有咨政建言和理论创新的独特价值。

### 三、坚持发挥平台优势，提升智库影响能力

中心的研究工作一直得到了各位老领导和在职各级领导的热心支持和指导，形成领导干部、研究团队和专家学者三位一体的集成优势，打造省内多家研究机构协同合作、中心与多家研究院百花齐放的发展新格局，体现了"小机构，大智慧"、政产学研用五位一体的特色。例如《大秦岭科学定位与发展战略研究》《大秦岭地区生态、发展、安全三位一体国家战略》等课题的持续深入研究，除了给省委、省政府报告之外，还将研究成果作为全国"两会"代表、委员的议案、提案的学理和政策支撑，受到全国人大和全国政协的高度重视，正在对高层决策和有关部委的工作产生积极的影响。中心合作单位、西安市政协文史委课题组的《秦岭北麓（西安段）历史文化资源保护、研究和利用情况的研究》，中心合作单位、省社科院课题组的《西安国家中心城市建设的研究》，中心特约研究员、西北工业大学文化遗产研究院院长董文强团队的《陕西大遗址文化产业集群的形成机理演化机制与路径优化的研究》，中心大数据研究院的《中国西部城市数字创新竞争力报告》，首次建立针对西部城市的大数据库和评价西部城市发展影响力指数体系，等等，都体现了高层引领下对长期性、战略性、建设性、创新性重大问题研究的智库"外脑"作用，极大地提高了中心的知名度和影响力。

"千岩万壑不辞劳，远看方知出处高。"党的二十大为全面推进中华民族伟大复兴做出了战略擘画。中心将发挥好西部高端新型智库的资政建言作用，面向西部、面向未来、面向现代化，与各位专家学者和社会各界一道，守正创新，踔厉前行，努力产出更多高质量的研究成果，为谱写陕西追赶超越、高质量发展新篇章，为推进西部大开发形成新格局，为助力"一带一路"建设，集众智、谋良策、建真言。

写于 2023 年 3 月 22 日

# 目　录

## 一、大秦岭研究编

| | | |
|---|---|---|
| 大秦岭研究编小序 | 刘维隆 | 3 |
| 关于推进秦岭生态保护和环秦岭经济圈高质量发展的建议 | 马中平 | 6 |
| 关于建立大秦岭国家文化公园的建议 | 马中平 | 8 |
| 关于把大秦岭地区生态保护和高质量发展上升为国家战略的提案 | 徐新荣 等 | 11 |
| 关于制定秦岭生态保护法的建议 | 庄长兴 等 | 13 |
| 关于推进秦岭生态保护和环秦岭经济圈高质量发展的建议 | 周卫健 等 | 15 |
| 关于秦岭保护和建设环秦岭经济圈的建议 | 李晓东 等 | 18 |
| 大秦岭地区生态、发展、安全三位一体国家战略八论 | 刘维隆 | 21 |
| "一山一圈"战略与"两山对话"平台研究（上） | 刘维隆 | 35 |
| "一山一圈"战略与"两山对话"平台研究（下） | 刘维隆 | 43 |
| 秦岭，一带寻常又非比寻常的山地 | 张国伟 等 | 49 |
| 关于秦岭生态保护与环秦岭经济圈发展战略的建议 | 刘维隆 等 | 63 |
| 环阿尔卑斯山经济圈发展经验及启示 | 李艳花　冯家臻 | 70 |
| 关于秦岭保护与构建环秦岭经济圈研究 | 刘维隆 等 | 80 |
| 大秦岭地区国家战略价值与特色创新发展 | 刘维隆 等 | 86 |
| 大秦岭地区"三位一体"创新发展战略和陕西率先实施的关键意义 | 刘维隆 等 | 95 |
| 关于制定秦岭保护法的建议 | 刘维隆 等 | 106 |
| 大秦岭周边城市地区协同发展研究 | 周庆华 | 110 |
| 设立大秦岭国家文化公园的优势和意义 | 周庆华 | 118 |
| "大秦岭及周边城市地区国家生态文明与特色创新发展示范区"的必要性与定位 | 周庆华 | 126 |
| 大秦岭的科学定位与秦岭"变大"联想 | 肖云儒 | 132 |
| 创建秦岭国家文化公园探讨 | 冯家臻 | 138 |

| 环绕大秦岭生态城市圈总体情况 | 李振平 | 143 |
|---|---|---|
| 大秦岭生态保护和环秦岭城市群经济圈发展的战略设想 | 曹　钢 | 146 |
| 关于构建国家"一山两水生态核心区"的建议 | 马义芳 | 154 |
| 关于秦岭北麓（西安段）历史文化资源保护、研究和利用情况的调研报告 | 卢　凯 | 157 |
| 大秦岭地区生态保护与协同创新发展战略研究 | 中心课题组 | 162 |

## 二、经济格局研究编

| 经济格局研究编小序 | 曹　钢 | 171 |
|---|---|---|
| 新阶段我国战略性新兴产业发展思考 | 宋大伟 | 174 |
| 当代新型产业和新经济现象三议 | 张勃兴 | 183 |
| 把握农业保险高质量发展的若干关键点 | 袁纯清 | 192 |
| 资源枯竭型城市转型的现状、问题及对策研究——以铜川市为例 | 张勃兴 等 | 196 |
| "一带一路"枢纽经济发展基本思路和对策 | 李雪梅 等 | 213 |
| 构建陕西"服务型制造"产业链研究 | 印建安 等 | 224 |
| 破解西安工业短板研究 | 曾昭宁 等 | 241 |
| 促进西安人工智能产业发展对策研究 | 郭　鹏 等 | 259 |
| 陕北山区农业现代化路径与再提升研究——以子洲县实施山区农业现代化为典型 | 曹　钢 等 | 267 |
| 陕西果业高质量发展研究 | 马莉莉 等 | 282 |
| 陕西苹果保险促进产业高质量发展可行性调研报告 | 孙晓峰 等 | 298 |
| 加快发展陕西省丝绸之路经济带境外园区研究报告 | 冯家臻 等 | 308 |
| 陕西电商如何实现追赶超越发展 | 张　鸿 等 | 316 |
| 农村小额贷款保证保险可行性研究 | 孙晓峰 等 | 324 |
| 陕西乡村振兴与新型城镇化协同推进研究 | 王建康 等 | 348 |
| 加快培育增长新动能　推动陕西追赶超越大发展 | 张兴先 等 | 358 |
| 以"三大变革"为抓手加快陕西现代经济体系建设战略研究 | 庞建荣 等 | 373 |
| 关于陕西省民营经济发展若干问题研究 | 张兴先 等 | 388 |
| 西安国家中心城市建设的进展、趋势与对策建议 | 王建康 等 | 400 |

| 杨凌20年：历程、经验与发展愿景 | 王建康 等 | 417 |
| 一五"建设：西安走向工业化现代化的奠基礼 | 桂维民 | 433 |
| 陕西纺织企业在哈萨克斯坦建设纺织产业园可行性研究 | 侯剑平 等 | 441 |
| 有效衔接背景下乡村振兴对脱贫攻坚资产的赋能路径 | 白永秀 陈 煦 | 460 |
| 陕西省扶持民营企业发展的现状及对策建议 | 李平安 等 | 467 |
| 工业互联赋能陕西制造业服务化转型升级研究 | 黄光灿 马莉莉 | 476 |
| 富阎新区管理体制机制创新探讨 | 冯家臻 等 | 494 |
| 陕西工业发展当前需要高度重视的一个严峻问题 | | |
| ——与中西部五省工业和技改投资的比较 | 曾昭宁 | 502 |
| 提升营商环境促进西安市场主体快速发展研究 | 郭 鹏 等 | 507 |
| 陕西打造现代中医药大产业的战略突破和相关建议 | 李振平 | 516 |
| 着力打造以西安为核心的"关中区域网络型城市群" | 曹 钢 | 528 |
| 打造六大门户发展门户经济 | 张宝通 | 546 |
| 大西安引领与带动关中平原城市群的思路与对策建议 | 康志祥 姚 蕾 | 553 |
| 让陕西国资"活"起来 | 孙 早 刘 航 | 562 |
| 关于建立"重点企业投资行为跟踪监测统计制度"的建议 | 徐璋勇 | 568 |
| 发展壮大都市圈 避免"虹吸效应" | 杜海峰 等 | 573 |
| 价值链升级 | | |
| ——陕西创新驱动发展的重要着力点 | 安立仁 | 578 |
| 陕西农业农村现代化的模式及路径选择 | 姚 蕾 等 | 590 |
| 陕北山区农业现代化条件下的城镇化战略研究 | 曹 钢 等 | 597 |

## 三、科技文化研究编

| 科技文化研究编小序 | 肖云儒 | 607 |
| 城市文化环境的营造 | 张锦秋 | 610 |
| 切实保护好工业遗产 | 张勃兴 | 617 |
| 简论古典诗词的现实有用性 | 张勃兴 | 621 |
| 关于利用西安幸福林带改造提升之际建设"156工业遗产博物馆"的建议 | | |
| | 桂维民 | 628 |
| 尼泊尔木斯塘地区考古调查与研究 | | |

——丝绸之路穿越喜马拉雅山脉路网 …………………… 王建新 等 632

陕西大遗址文化产业集群的形成机理、演化机制与路径优化……… 程 圩 等 646

关于在陕西建设中国文化中心的基本构想 ……………………… 康志祥 等 665

关于建设陕西书画名家艺术馆的建议 …………………………… 赵居阳 等 676

蓝田乡约及其文化与社会价值 ……………………………… 严伟民 马 驰 685

昆明池历史文化脉络研究 ……………………………………… 纪伟广 699

关于陕西加强黄河流域中华优秀文化保护传承和时代价值挖掘的建议

……………………………………………………………… 李振平 718

让英雄文化成为伟大时代主旋律 ……………………………… 慈爱民 725

《在延安文艺座谈会上的讲话》精神的中国传统文化根脉 ………… 李 震 730

融合是推动文化繁荣旅游发展的必然途径

——推进陕西文化旅游融合发展研究报告 …………………… 董宪民 等 734

西安打造彰显中华文明的世界人文之都随谈 …………………… 肖云儒 745

从世界五大古都看西安古都保护与发展 ………………………… 韩 骥 748

我国境外考古工作的现状与发展对策研究 ……………………… 王建新 王 毅 760

朱子礼观及其工夫论意义 ……………………………………… 陈战峰 768

散谈写实油画艺术的审美价值 …………………………………… 李新平 780

陕北文化的几个大问号

——序新书《陕北记》 …………………………………………… 高建群 784

秦岭国芯说 ……………………………………………………… 党双忍 788

关于陕西社会主义新农村建设的先期经验与实践的理论思考 …… 韦 苇 791

关于在陕西全省构建若干个旅游目的地的建议 ………………… 严伟民 802

长安画派与长安文化研究

——兼论美术教育与美术场馆建设问题 ……………………… 赵居阳 809

西岳华山人文解读 ……………………………………………… 刘学智 819

"一带一路"促海外丝路研究成显学 …………………………… 卢山冰 825

晋陕黄河两岸历史人文资源考证整理与研究 …………………… 马 来 刘 栓 830

文创园区"产教服"融合发展模式创新研究 …………………… 胡建波 等 847

## 四、社会治理研究编

| | | |
|---|---|---|
| 社会治理研究编小序 | 石　英 | 855 |
| 黑天鹅、灰犀牛事件应对的新视角新对策 | 桂维民 | 858 |
| 大西安人口承载力研究 | 杨东朗 等 | 878 |
| 老年护理服务业落后是陕西省亟待解决的突出问题 | | |
| ——对陕西省"互联网＋老年护理服务"的调查研究 | 冯家臻 等 | 909 |
| 老年医疗服务体系的建设实践与思考 | 于　勇 等 | 916 |
| 多样化"医养结合"模式的优化探索 | 王建宏 等 | 926 |
| 陕西省托育服务发展研究报告 | 杨雪燕 等 | 936 |
| 陕西省医养结合机构评估指标体系构建研究 | 于　勇 等 | 960 |
| 陕西养老机构老年人心理需求与健康保障机制的建构研究报告 | 钞秋玲 | 985 |
| 陕西老年人心理健康状况评估研究 | 于　勇 等 | 1005 |
| 陕西省老年人健康水平分析 | 渠盛辉 等 | 1013 |
| 实施积极应对人口老龄化国家战略应进一步优化政府部门职能分工 | | |
| | 石　英 | 1020 |
| 发展服务与监管稳定并重地方金融促进经济高质量发展 | | |
| ——《陕西省地方金融条例》述评 | 强　力　赵　柯 | 1023 |
| 区块链技术赋能下个人征信体系的法律重构 | 倪　楠 | 1036 |
| 虚拟社会治理探究 | 赵　磊 等 | 1052 |
| 逆境中的公共政策：社会风险来源与治理策略 | 石　佳 等 | 1066 |
| 陕西实施乡村治理面临的问题及对策研究 | 康志祥　姚　蕾 | 1073 |
| 关于加强公共安全视频监控建设联网应用 | 李建义 | 1081 |
| 5G时代传媒应用与发展的路径选择 | 薛晓燕 等 | 1086 |
| 关于积极推进西安市应急文化体系建设的对策建议 | 桂维民 等 | 1094 |
| 西安追赶超越成都研究报告 | 张永春 等 | 1103 |

## 五、生态文明研究编

| | | |
|---|---|---|
| 生态文明研究编小序 | 党双忍 | 1115 |
| 我对建设生态文明的思考 | 张维庆 | 1117 |

关于实施科学、有序、稳妥治污降碳战略的建议 ………………… 郭卫东 等 1123
能源互联岛多元联合智慧能源综合利用模式研究 ………………… 李雪梅 等 1128
陕南移民搬迁现状及对策研究
　　——以安康市为例 …………………………………………… 王建康 等 1137
秦晋黄河峡谷沿岸自然生态与文化保护利用研究 ………………… 李振平 1157
关于支持陕西省土壤修复新材料推广应用的建议 ………………… 冯家臻 等 1166
党双忍职业日志三则 …………………………………………………… 党双忍 1173
以生态产品价值实现为突破口推动陕南经济高质量发展 ……………… 石 英 1188
陕西省地理标志产业发展中存在的问题及对策建议 ………………… 巨拴科 1197
争取把南水北调中线水源地建成国家绿色产业示范区 ……………… 张宝通 1202
推进陕南富硒产业集群发展的若干建议 ……………………………… 桂维民 等 1209
铜川地区发展薰衣草产业可行性及发展思路分析 …………………… 莫立志 1214
关中水利开发的历史过程及其现代启示 ……………………………… 李令福 1221

## 六、理论与应用研究编

理论与应用研究编小序 ……………………………………………… 李振平 1229
双螺旋法与智库研究 …………………………………………………… 宋大伟 1233
儒学思想的历史演变及其特点 ………………………………………… 张岂之 1239
陕西文化的深层结构 …………………………………………………… 肖云儒 1249
马克思农业合作思想的三维阐析：理论内涵、历史探索与新时代实践
　………………………………………………………………………… 王宏波 1257
社会主义市场经济中的资本：认知转型、理论确证与应用方法论
　……………………………………………………………… 金栋昌 王宏波 1268
中国共产党百年发展经验的三维逻辑意涵 ………………… 杜 娟 封 超 1279
元宇宙实际应用场景及产业链发展相关问题研究 …………………… 姜守贵 等 1284
试论西北大开发的思路、战略与对策 ……………………… 何炼成 韦 苇 1293
西部大开发四十条 ……………………………………………………… 何炼成 1302
企业新型智库建设要走创新发展的路子 ……………………………… 吴斯全 1319
陕西"追赶超越"中"拓展发展思路"的几点思考和建议 …………… 曹 钢 1321
中国特色减贫道路的一般框架与经验借鉴 …………………………… 吴振磊 等 1329

正确认识资本特性和行为规律依法规制资本良性有序发展…………………强 力 1346
数据要素：特征、作用机理与高质量发展 …………………………………白永秀 等 1351
关于新时代新格局下陕西发展的几个重大战略问题 …………………………李振平 1360
数字平台双轮垄断的类型化风险与《反垄断法》规制策略…倪 楠 桂 雪 1367
中国西部地区数字创新竞争力报告 …………………………………………苏 杨 等 1383
正确认识和把握初级产品供给保障 ……………………………………………冯家臻 1405
大数据驱动陕西省工业产业转型升级的机制与实现路径 ……………………张 澄 1407
基本实现人与自然和谐共生现代化的主要指标和实现路径研究
　　——以陕西省为例 ……………………………………………………中心课题组 1416

跋 …………………………………………………………………………………王亚杰 1431

# 一、大秦岭研究编

# 大秦岭研究编小序

刘维隆：陕西省人大常委会原副主任
　　　　　陕西中国西部发展研究中心高级顾问

　　阅览大秦岭研究的20多份篇目，引人注目的是诸位当任领导在全国两会上提交的重要建议，中心课题组努力完成的研究成果和多位秦岭研究者独辟蹊径的探索力作。篇篇文论凝聚着大家的真知灼见和款款深情，从中尤能看到领导、团队和研究者三位一体通力合作，面向大秦岭共谋"大文章"的盛举。这些篇目所呈现的既是为大秦岭"立心""立命"的心血结晶，又是大秦岭研究中一段很不寻常的历史见证，值得倍加珍惜，尤可汇编成集。它也使我情不自禁地回忆起三年来走过的路程。

　　2020年开春，我们便开始了心心念念的秦岭课题谋篇。从《秦岭志》编撰谋划受挫到习近平总书记来陕视察，对秦岭全面高度评价的激励与震动；从青藏高原上第一次与维民同志畅谈大秦岭的战略意义到归来与肖云儒先生深晤后确立要为大秦岭做篇"大文章"的初衷；从《大秦岭科学定位与发展战略研究》提纲的拟写到张勃兴、徐山林、陈再生、姚引良诸多老领导的热心支持和指点；从中心组织专业团队和专家学者三番五次研讨拟稿到马中平、李晓东、周卫健同志高度重视，将《关于推进秦岭生态保护和环秦岭经济圈高质量发展的建议》在全国两会上推出。特别是在马中平同志精心运作全力推动下，秦岭提案被列为全国重点提案，并由全国政协副主席李斌同志率队来陕调研。2021年9月在西安召开六省一市政协（线上）座谈会，形成了"共保、共建、共享、共富"的共识。之后，省政协徐新荣主席接力勇任，积极促成全国政协（何维副主席参加）2022年6月在西安召开了六省一市政协保护秦岭中央水塔的专题座谈会，建立了六省一市政协围绕大秦岭战略的相关协调机制，组织推动课题研究，并牵头联名六省一市政协领导在2023年全国政协大会上，提交了《关于把大秦岭地区生态保护和高质量发展上升为国家战略的提案》。省人大常委会主持日常工作的庄长兴副主任十分关切秦岭战略，专意听取中心关于秦岭立法的汇报，并在2023年全国人代会上提交了《关于制定秦岭生态保护法的建议》。三年历程，一路走来，含辛茹苦，文试初成。秦岭这篇"大文章"迈出了难能可贵、超乎预期的第一步。这期间也给予了我们不少的经验与启示。

秦岭这篇"大文章"并非今日所始。多年来国人尤其是秦人对秦岭的热爱与研究，推崇与宣介，真可谓"筚路蓝缕、以启山林"，躬耕力行，骨血相连。涉及秦岭地质地理、生物生态、文化源脉、绿色发展的科研成果林林总总、方方面面。2010年陕西推出重大题材的八集《大秦岭》纪录片；2014年中国工程院立项，徐德龙院士牵头，西安建筑科技大学周庆华团队担纲开展的两期《秦巴山脉地区绿色循环发展战略研究》；2018年省发改委、财政厅开展的亚行项目《秦岭生态系统综合管理研究》；多所大专院校和秦岭研究会等社团组织长年坚持秦岭保护与发展的实践与研究；党双忍的《秦岭简史》和各类秦岭丛书的出版面世；陕西省测绘地理信息局绘制的涉及六省一市，面积达40万平方千米的《大秦岭全域图》，这一切艰辛的努力和成果，聚阳生焰、拢指成拳，为秦岭这篇"大文章"提供了十分丰富的滋养，奠定了坚实可靠的学术基础。

秦岭这篇"大文章"又有特质所指。它的立意不是分门别类的学术研究或具体的生态保护与绿色发展的调研建议，它是站在21世纪新的时空高点上，面对世界百年变局和我国加快构建新发展格局的历史趋势，通过深入领会习近平总书记关于秦岭保护发展"国之大者"的重大深远意义，对秦岭这座中央山脉在自然生态、人文历史、高质量发展和国家安全诸方面的重大价值，进行综合性、创新性的提炼升华和科学定位，以期整体彰显大秦岭在新时代新征途上国家重大战略的独特地位。这其中有不少是得人所得，集思广益，对众多研究成果的吸收采纳；也有自得其得，独辟新局，将环秦岭五大城市群纳入国家大秦岭战略的创见，通过山城一体化的整体构架，进而形成我国内陆"一山两水"的高质量发展和安全新格局。唯有以此宏阔的视野，才能集中全面地体现秦岭在国家发展大格局中所具有的无可替代的战略价值，使其具备与"沿海三极""两河战略"相匹配的等高位置。这就是大秦岭的真义，也是"大文章"的大义。以大秦岭国家战略立根奠基，突出顶层设计，实现高位推动，力求纲举目张，盘活秦岭全局，开拓千秋大业，这是我们谋篇的初衷和使命，也是大家深耕三载，坚持不懈，共同奋斗的目标方向。

秦岭这篇"大文章"重在以文务实。为秦岭著文建言，不为虚名，不尚空谈。为的是不负时代，不亏青山，落地生根，立足实践，真正将文章蓝图铺写在中华脊梁之上。为此既要有"子规夜半犹啼血，不信东风唤不回"的志向，还要有客观理性的务实精神，不论建议能在多大程度和范围内被采纳使用，我们都须以敬畏之心、求实之志、坚韧之力，努力切合实际，不断学习钻研，拿出一些管用像样的东西来，一笔笔、一步步把大秦岭的保护与发展推向时代的高峰。大文无句号，以往皆序章，研发无尽头，躬行在路上。"路漫漫其修远兮，吾将上下而求索"正是当下我们的真实写照：向上求政通人和，幸有领导慧眼看重，机制平台初见成效，建言资政久久为功；向下求实践探索，深入调研解题释惑，虚心学习基层经验，注重实效创新路径。文章千古事，阅卷付历史。功成不必在我，奋斗总有收获。尽人事听天命应是我们的态度和担当。

秦岭这篇"大文章"离不开西部发展研究中心的巨大贡献。"小荷才露尖尖角，早有蜻蜓立上头"，从酝酿谋篇到延揽人才，从研讨成篇到上下沟通，秦岭文章"尖尖角"正是在中心这个智库平台上立挺出头的。此事并非偶然，从此次论丛汇集的六大门类的涉及面之广、著述者之众、创见者之多，足以见证中心智库的素质水平和深厚功力。从中我们可以看到，在桂维民、李雪梅两位同志的带领下，这些年中心面向经济社会各方需求，勇于开拓，善于集成，聚沙成塔，竭诚服务，在智库建设上取得了很大进步，已经走在民间智库行业的前列。艰难困苦，玉汝于成，文集出版，可贺可庆。衷心祝愿西部发展研究中心今后在大秦岭研究和智库事业高质量发展的道路上，继往开来，奋力前行，取得更好更大的进步和成绩。

写于2023年3月12日

# 关于推进秦岭生态保护和环秦岭经济圈高质量发展的建议

马中平：第十三届全国政协农业和农村委员会副主任

2020年4月，习近平总书记考察秦岭时强调："秦岭和合南北、泽被天下，是我国的中央水塔，是中华民族的祖脉和中华文化的重要象征。"保护好秦岭生态环境，对确保中华民族长盛不衰，实现"两个一百年"奋斗目标，实现可持续发展，具有十分重大而深远的意义。

秦岭山系，包括秦岭和巴山山脉、西倾山脉及岷山山脉的一部分，全长1500余千米，面积约为40万平方千米，覆盖青、甘、陕、豫、鄂、川、渝六省一市，辐射成渝城市群、长江中游城市群、中原城市群、关中城市群、兰西城市群五大城市群，涉及人口约4.35亿人。当前，我国进入高质量发展阶段，生态环境的支撑作用越来越明显，以生态、低碳和循环经济、绿色经济为目标的发展模式，正成为未来经济社会的发展方向。在乡村振兴以及西部大开发背景下，依托秦岭周边较为完备的交通网络和城市群规划，打造以大秦岭为中心的生态经济圈，可有效克服以往城市群低层次无序发展对秦岭的损害，将生态保护与生态的经济性结合起来，带动国土面积50%以上的广袤西部地区。

但在具体的保护和发展中，还存在以下问题，需要在实践中不断探索和完善。一是没有国家立法。秦岭地跨六省一市，现有《陕西省秦岭生态环境保护条例》等地方法规的区域与效能有很大局限性，不足以保护秦岭的生态环境。二是整体思维不足。受行政区划分割影响，秦岭生态保护缺乏统一规划治理和资源配置与补偿，严重削弱了其应有的总体功能和整体效能。三是区域发展不协调。从区域发展情况看，东强西弱、南快北慢的差距日渐明显。近年来，国家大力支持成渝城市群的发展，旨在推动"一带一路"和长江经济带战略契合互动，加快中西部地区发展，但从其规划和发展现状看，对于秦岭以北地区的经济带动依然乏力，难以实现推动全国国土空间均衡开发、区域经济合理发展的目的。

为此提出以下建议：

（1）加快制定秦岭生态保护法。建议全国人大参照《中华人民共和国长江保护法》，以立法形式，规范保护范围、保护目标、绿色发展、执法主体与责任等，打破行政区划与部门界限，解决跨省域保护和发展的具体问题，体现国家生态文明战略的权威性、整体性和创新性。

（2）编制环秦岭经济圈生态保护与高质量发展蓝图。建议由国家发改委牵头，协调相关部门展开深入调研，参照环阿尔卑斯山经济圈的发展经验，编制环秦岭经济圈生态保护与高质量发展规划。聚焦成渝城市群、长江中游城市群、中原城市群、关中城市群、兰西城市群五大城市群构建环秦岭经济圈，科学界定最小生态安全距离，强化区域规划的横向协调作用，促进产业合理布局与要素互补，优化生态环境共治共享格局，推动秦岭生态保护和环秦岭经济圈高质量发展，从根本上解决区域发展不平衡的问题。

（3）开展"保护传承弘扬秦岭文化"系列工程。建议进行文化资源调查认定，建设文化遗产走廊，实施文化遗产系统保护工程。学习故宫博物院、敦煌研究院先进的文物数字化、品牌建设、系统管理等经验，熔铸关中、中原、荆楚、巴蜀、西域各类缤纷多彩文化类型，建设秦岭国家文化公园和秦岭文化博物院，打造一批现象级文创产品，使秦岭文化享誉全国、走向世界。以环秦岭地区西安、成都、重庆、郑州、武汉、兰州等国际旅游都市为引领，依托《蜀道难》《辋川别业》《左迁至蓝关示侄孙湘》等一大批唐诗文化，以及大雁塔、长江三峡、大熊猫栖息地等文旅资源，共同打造国际精品旅游路线，建设充满魅力的秦岭文化旅游度假区。同时，积极推进旅游景区与中医药、科教、体育、养生等的紧密融合，发展文化旅游产业新业态，以旅游业融合发展促进环秦岭经济圈的有效耦合，让绿水青山颜值更高、金山银山成色更足。

（向全国政协十三届三次会议提出的提案，写于2021年）

# 关于建立大秦岭国家文化公园的建议

马中平：第十三届全国政协农业和农村委员会副主任

2020年4月，习近平总书记在秦岭考察时强调："秦岭和合南北、泽被天下，是我国的中央水塔，是中华民族的祖脉和中华文化的重要象征。"保护和展示秦岭文化，对于落实总书记讲话精神，增强文化自信具有重大意义。

## 一、秦岭文化底蕴深厚

大秦岭统领着秦岭与巴山以及岷山、西倾山的一部分，覆盖青、甘、陕、豫、鄂、川、渝六省一市，哺育了黄河与长江文化，从"山、水、城"的立体层面，构成了"一山两水"华夏文明的轴心地带。

### （一）秦岭是中华民族繁衍与文明初创的根脉地

从距今204万年的巫山猿人到蓝田猿人、半坡遗址及杨官寨、二里头、三星堆等形成的较为完整的文化链条，印证了人类源自山林、走向江河的进化历程；华胥、伏羲、女娲、炎帝等秦岭神话，存续着文明肇始的记忆。

### （二）秦岭是中华核心价值思想的源脉地

以周易、周礼、诗经、楚辞为代表，秦岭是中华文明的奠基。春秋战国，诸子传学于终南。秦国推行商鞅变法，最终一统天下。汉武独尊儒术，老子楼观布道，鸠摩罗什草堂译经，佛教七大祖庭（含禅宗少林寺）使秦岭成为生道融佛之地，促成了儒释道浑然一体、共兴华夏。秦岭名山林立，华山、武当名扬四海，是哺育我国天人合一、山水隐逸文化的摇篮。

### （三）秦岭是中华盛世大国的哺育地

周秦汉唐始于秦岭脚下，形成影响东方乃至世界的都城文明。秦岭地理枢纽与古道丝路使其成为中华民族文化融合的基因库和对外开放的窗口。秦岭还是红色文化和爱国精神的传承地，这里众多的革命遗存和故事，昭示着中华民族伟大复兴的历史进程。

## 二、秦岭文化保护与发展存在的问题

从全球视野、中国高度、时代眼光来看，秦岭应当成为中华文化的集中标志展示地，完全可以将其打造成我国民族性与世界性兼容的文化名片。但是目前存在的问题：一是秦岭文化资源和价值缺乏系统性的深入挖掘研究，秦岭的文化意义亟待提高；二是秦岭文化的保护与展示因受行政区划局限，呈现碎片化的倾向，需要整合与提升；三是现有文化遗产资源的管理不够规范，难以发挥有效功能，需要实施公园化管理运营。

同时，从大局上看，现有的五个国家文化公园很有价值，但均以线为型、有水无山。秦岭作为三横两纵国家文化公园体系中的山岳型面状核心地带，与黄河长江相互支撑融合，更能体现中华文化博大精深的完整性和统一性，从而彰显文化强国的整体面貌。

## 三、相关建议

### （一）建立大秦岭国家文化公园，启动规划编制

以一核五区八廊三十板块多点展示的初步设想为基础，深入发掘历史文化资源，系统梳理秦岭与黄河长江文化的源脉关系，形成更加完备的文化资源评价报告和整体架构。加大国家社科基金支持力度，筹建秦岭国家研究院和博物馆。

### （二）加大秦岭文化保护建设力度，推进基础工程

实施重大修缮保护项目，严格执行文物保护督察制度。加大传承利用力度，建设完善各类爱国主义教育基地和馆设展示体系，打造秦岭特色的实景演出，拍摄电视专题片《大秦岭》。搞好环境配套和数字再现工程，优先实现重点区域无线网络和第五代移动通信全覆盖，推出秦岭国家文化公园形象标志，打造永不落幕的秦岭文化网上空间。

### （三）发挥生态文化双重价值的综合优势，发展文旅产业

通过公园化管理体制机制，对秦岭文化旅游资源推进一体化开发，建设文旅示范区，培育文旅企业，推出精品佳作，推动秦岭地区乡村振兴和高质量发展。突出

秦岭生态与文化的有机融合，与秦岭国家公园形成倍增效应，打造秦岭国家绿色文化公园的鲜明形象。设立大秦岭生态与文化论坛永久会址，使大秦岭成为中国对外开放、交流对话的窗口。

（向全国政协十三届四次会议提出的提案，写于2022年）

# 关于把大秦岭地区生态保护和高质量发展上升为国家战略的提案

全国政协委员：徐新荣　孔昌生　孙　伟　唐方裕
　　　　　　　田向利　庄国泰　公保扎西

2021年10月，全国政协办公厅向中办、国办报送《关于推进秦岭生态保护和高质量发展的调研报告》，建议把秦岭地区生态保护和高质量发展上升为国家战略。

2022年6月，在全国政协指导下，陕、豫、鄂、渝、川、甘、青六省一市政协负责同志会聚西安，建立联动机制，深入开展相关协商研讨。会议指出，坚持统筹发展和安全，是习近平总书记反复强调的重大战略，是党的二十大的重大部署。在当前严峻复杂的国际形势下，我国京津冀、长三角、粤港澳大湾区三大经济引擎因区位等因素，发展与安全矛盾凸显，成为关乎全局的重大问题。基于大秦岭地区位居国土中心等综合优势，依此构建经济安全后备区与国防安全后备区（新型混合战略后备区），对于总体国家安全至关重要，对中西部加快崛起更是举足轻重。为此，建议制定大秦岭地区生态、发展、安全三位一体协同建设国家战略（简称"大秦岭战略"），与黄河、长江国家战略共同发力，构成我国内陆"一山两水"高质量发展和安全新格局。依据如下：

## 一、大秦岭战略价值和意义

大秦岭系秦岭、巴山、西倾山等山脉的合称，"大秦岭地区"包括大秦岭山脉和周边六省一市的成渝、关中、武汉、中原、兰西等五个城市集聚区。大秦岭以中央造山带地位，拼接统领中国大陆板块，与黄河、长江构成"一山两水"独特地理格局，并成为中华文明生长延续的轴心地带，具有极其重要的战略价值。一是作为两河最大补水源头、"中央水塔"与"生物基因库"，具有两河水生态涵养之源的独立生态价值，与两河构成不可分割的整体；二是位居中枢使其成为构建经济平衡与安全发展韧性格局的最重要地域；三是处于胡焕庸线附近，在稳固大西部、促进双循环格局中，位居西向开放的前沿；四是具有中华文化象征与祖脉的崇高地位，是最具综合代表性的文化名山；五是兼具国土纵深区位、毗邻城市、军工基础、多维资源等复合因素，具备多层级国防安全的综合或比较优势，是产业链备份与安全后备区的最佳选择。

基于以上分析，保护大秦岭独立生态价值，凸显周边城市滨水发展与背山安全双向特征，布局山河并重的"大秦岭战略"，使"一山两水"整体势能完全释放，同时形成两河战略联动机制，使三大战略各司其职、互济统一，真正对"一带一路"形成强大支撑，具有重大现实和长远意义。

## 二、大秦岭战略路径建议

突出顶层设计，实现高位推动。尽快将大秦岭战略纳入国家战略，由国家发改委牵头，组织有关部委、省市开展科学论证，从以下三大方面，加快制定总体规划和实施方案。

（1）生态屏障区：构建以国家公园、中央水塔等为主体的大秦岭整体生态系统保护地，开展生态联保与立法工作，建设秦岭博物馆和研究院，形成"一山两水"整体生态保护构架。

（2）发展引擎区：构建"一芯"（山脉绿芯）、"一圈"（外围经济圈）、"一核"（核心后备区）、"两极"（成渝西与武郑新能极）总体空间结构。借鉴《阿尔卑斯山公约》和《五大湖宪章》，发挥我国体制优势，推进协同发展，构建以现代科技为引领、数字经济为重点、乡村振兴为基础的山脉绿色发展路径；通过外围城市强发展，实现山脉生态大保护，加快形成安全与高质量发展新格局；设立大秦岭国家文化公园，与既有五个国家文化公园一同构成源脉突出、江山同构、类型完善的国家文化公园体系。

（3）安全后备区：构建"山外核心城市引领—山内中等城市支撑—山区特殊产业配套"三级体系为特色的"一核心、多板块"新型安全后备区，在核心区建设陕川甘国防科技工业发展创新带和产业链模块；结合生态监控数字系统，建设关键区域低空防御体系；在山内外增设国家能源及应急物资储备基地，改变石油储备主要集中在沿海地区的布局缺陷。

（向全国政协十四届一次会议提出的提案，写于2022年）

# 关于制定秦岭生态保护法的建议

庄长兴等

## 一、案由

秦岭是我国南北气候的分界线和重要的生态安全屏障，具有调节气候、保持水土、涵养水源、维护生物多样性等功能。习近平总书记高度重视秦岭生态保护，对此多次做出指示批示。全国人大常委会于2020年12月26日、2022年10月30日先后制定《长江保护法》《黄河保护法》，适用范围虽涵盖秦岭区域，但呈"两法"分治秦岭的情形（其中秦岭主梁以南适用《长江保护法》，以北适用《黄河保护法》）。而秦岭在地理属性上作为一个整体，具有无可比拟的生态、历史、文化等价值，且区域范围涉及青海、甘肃、陕西、河南、湖北、四川和重庆六省一市，亟须从国家层面立法，以统一进行系统保护、整体保护和协同保护。

## 二、案据

习近平总书记指出："秦岭和合南北、泽被天下，是我国的中央水塔，是中华民族的祖脉和中华文化的重要象征。保护好秦岭生态环境，对确保中华民族长盛不衰、实现'两个一百年'奋斗目标、实现可持续发展具有十分重大而深远的意义。"强调"让秦岭美景永驻、青山常在、绿水长流，是我们必须担负的历史责任"。据统计，秦岭东西绵延1500余千米，南北跨度200～300千米，总面积约40万平方千米，每年为长江、黄河补水量分别为1569亿立方米和229亿立方米，分别占长江、黄河年径流量的16%和27%，长江的一级支流汉江、嘉陵江、岷江，黄河的一级支流渭河、白河、洛河均发源于秦岭。

党的二十大报告做出了"推进以国家公园为主体的自然保护地体系建设"的战略部署。2021年10月12日，我国公布的第一批五个国家公园名单中就有大熊猫国家公园，涉及陕西省秦岭片区、四川省岷山片区和邛崃山—大相岭片区、甘肃省白水江片区，总面积2.7万平方千米。其野生大熊猫占全国野生大熊猫总量的87.50%，另有国家重点保护野生动物116种、国家重点保护野生植物35种。同时，秦岭探明的种子植物3800余种、陆生脊椎动物580余种，其中国家重点保护的野生植物20多种、野生动物110多种，素有"生物基因库""天然博物馆"之称。

陕西省人大常委会于2007年制定《陕西省秦岭生态环境保护条例》，围绕贯彻习近平总书记重要讲话重要指示批示和党中央决策部署，依据国家相关法律新规定，分别于2017年、2019年先后2次修订，并从2019年起每年开展一次执法检查，有力推动了秦岭生态环境保护，为国家立法进行了有益探索。

综上，制定秦岭保护法是贯彻习近平总书记关于秦岭生态环境保护重要指示的具体行动，是落实党中央相关决策部署的务实措施。

## 三、建议

建议全国人大常委会将秦岭保护法列入立法规划和年度计划。参照保护"耕地大熊猫"——制定《中华人民共和国黑土地保护法》等立法经验，总结《陕西省秦岭生态环境保护条例》的立法实践，开展立法调研，扩大保护范围，制定统一标准，推进区域协同。通过制定秦岭保护法，进一步强化我国"中央水塔""中华民族的祖脉和中华文化的重要象征"的法治保障，进而与《中华人民共和国黄河保护法》《中华人民共和国长江保护法》一起，构筑起事关我国生态安全的"一山两水"立法保护体系。

（向第十四届全国人民代表大会第一次会议提出的建议案，写于2022年）

# 关于推进秦岭生态保护和环秦岭经济圈高质量发展的建议

周卫健等

党中央、国务院高度重视生态文明建设。党的十八大以来，以习近平同志为核心的党中央深刻回答了为什么建设生态文明、建设什么样的生态文明、怎样建设生态文明的重大理论和实践问题，提出了一系列新理念、新思想和新战略，推动生态环境保护发生历史性、转折性、全局性变化。秦岭位于中国版图的正中央，衔接华北和扬子板块，是我国中央造山带的核心组成部分，上亿年的地质演化，留下了丰富多彩的地质奇观。秦岭也是我国南北方的天然屏障，一山携带两水才会有八百里秦川的风调雨顺，兴盛了周、秦、汉、唐诸多朝代，哺育滋养着中华文明的演进。在 2020 年 4 月 20 日视察秦岭时，习近平总书记指出："秦岭和合南北、泽被天下，是我国的中央水塔，是中华民族的祖脉和中华文化的重要象征。保护好秦岭生态环境，对确保中华民族长盛不衰、实现'两个一百年'奋斗目标、实现可持续发展具有十分重大而深远的意义。"

总书记的论述从自然地理、生态文明、历史人文、国计民生、持续发展诸方面指明了秦岭生态保护和发展的重大战略意义，为秦岭长远科学保护、系统规划管理、经济社会发展提供了强大的思想武器和政策依据。秦岭不仅是我国的"绿库"、水库、文库、智库、种子库，而且环秦岭区域以它特有的自然地理定位"合南北而联东西"，业已在我国国土空间格局的中心形成了"三大圈"，即中华大地一山两水（黄河、长江）核心生态圈、中华文化多元一体的核心文化圈、中华民族持续发展的核心经济圈。从生态治理保护、文化传承繁荣、社会经济发展，以及"双循环"大格局中和国家中长期发展战略部署上看，秦岭都是十分关键的衔接圈、蓄力圈和安全圈。

环秦岭经济圈不仅连接沿海、贯通两水，而且作为西部大开发的核心引擎，有效带动国土面积 50%以上的广袤西部地区，深度统筹陆海山水，事关国家安全发展，在我国新时期国内国际双循环与双向开放的大格局中，势将成为国家发展战略布局的重大选项。环秦岭经济圈作为国家经济腹地与秦岭国家生态文化和安全脊梁相伴而生，是名副其实的"中华脊梁"，理应是我国实现"两个一百年"奋斗目标，实现中华民族伟大复兴无可替代的重要标志之一。因此，我们建议：

一是筹备出台《秦岭生态保护法》。如同为长江生态保护立法一样，建议全国人大为秦岭筹备立法，规范保护范围、保护目标、执法主体与责任等，建立健全更为科学法治的秦岭生态效益和生态资源共享机制,体现国家生态文明战略的权威性、整体性和创新性。

二是编制《环秦岭经济圈生态保护与高质量发展规划》，将规划提升到"沿海一带""沿水两带"的战略高度统筹考虑。建立"国务院领导小组＋部委＋有关省市＋领域专家"的协同推进机制，设立先行示范区域，编制生态文明绿色发展、区域产业结构优化指导意见与目录。对环秦岭经济圈新基建、高新技术、产业布局予以政策等倾斜支持。实施联结中西部大开发的大交通、大水利、大通信战略部署；加快第五代移动通信、工业 4.0、互联网＋、大数据中心建设；沿海产业转移优先考虑，高科技产业链重点布局，推动双循环腹地产业体系优化升级。

三是设立"秦岭国家生态文明建设试验示范区"。统筹规划，实行协同一致的分级管理；加快秦岭国家公园建设，推进秦岭世界文化遗产和自然遗产申报工作；建立秦岭博物馆，成立国家秦岭研究院、种质资源库和基因库，编写《秦岭通志》，促进文化与旅游深度融合，将秦岭打造成与阿尔卑斯山相媲美的世界名山、名景。

四是在安排资源环境生态项目时优先支持秦岭生态保护。从中央预算内对生态文明建设专项资金补助项目、碳交易及碳汇建设项目、林权交易与生态林补偿项目、城乡污水处理、水土保持和退耕还林还草、绿色矿山及地质环境治理、循环经济、绿色发展等多个方面给予倾斜，在秦岭实行山水林田湖草一体化保护和修复发展，打造美丽中国的"秦岭样板"。

五是开展"保护传承弘扬秦岭文化"的系列工程，加大民生与公共服务扶持力度。进行文化资源调查认定，实施文化遗产系统保护工程，打造一批秦岭文化标志性旅游目的地，形成文化遗产走廊；发起世界名山文明论坛，开展"一带一路"人文合作，启动"中国秦岭"国家形象宣传推广行动；加强政策与资金扶持，推进卫生、教育、科技、文化、体育和城乡公共设施建设，补齐民生与公共服务的短板，巩固脱贫攻坚和乡村振兴成果,促进环秦岭经济圈追赶超越全国平均水平。

(向第十三届全国人民代表大会第三次会议提出的建议案,写于2021年)

# 关于秦岭保护和建设环秦岭经济圈的建议

李晓东等

## 一、案由

习近平总书记视察秦岭时强调:"秦岭和合南北、泽被天下,是我国的中央水塔,是中华民族的祖脉和中华文化的重要象征。保护好秦岭生态环境,对确保中华民族长盛不衰,实现'两个一百年'奋斗目标,实现可持续发展,具有十分重大而深远的意义。"总书记的论述气势宏大,高度概括了秦岭于我国的重大意义。

秦岭山脉连着巴山、西倾山、岷山,全长1500余千米,宽约200~300千米,形成面积约为40万平方千米以秦岭为核心的"大秦岭"山系。其周边由地质构造相通,自然地理相连,人文历史共生,经济社会相融,交往四通八达的青、甘、陕、豫、鄂、川、渝六省一市环抱,五大城市群拱卫,雄踞国中。从古至今,围绕秦岭,历史地形成了中华大地一山两水(黄河、长江)的核心生态圈、中华文化多元一体的核心文化圈、中华民族持续发展的核心经济圈。这表明无论在历史上还是在未来,秦岭都是中华民族永续发展的战略纵深及核心腹地所在。

2020年在我国全面建成小康社会之后开始实施"十四五"规划和2035年远景规划,将开启我国全面建设社会主义现代化国家新征程,向第二个百年奋斗目标迈进。习近平总书记多次讲道:"……要推动形成以国内大循环为主体、国内国际双循环相互促进的新发展格局。这个新发展格局是根据我国发展阶段、环境、条件变化提出来的,是重塑我国国际合作和竞争新优势的战略抉择。"守正创新,面向新发展阶段,坚持新发展理念,构建新发展格局成为新时代发展的主题。

## 二、建议

### （一）加强秦岭生态保护和建设，建立统筹协调机制

秦岭是地跨六省一市的核心生态圈，缺乏秦岭的保护立法，难以体现秦岭生态保护的系统性、完整性和严肃性。秦岭没有像长江和黄河那样的实体机构、研究机构和相应的体制机制，造成各地政策不一，各行其是；缺乏统一的规划治理和资源配置及生态保护和补偿机制，造成发展极不平衡；缺乏诸方面系统的研究项目和研究机构，科学保护利用缺乏支撑；在资源环境生态项目措施优先支持上重点不突出、系统性不强。

为此，我们建议：

一是将《秦岭生态保护法》有关立法工作，纳入全国人大立法计划。

二是设立秦岭生态保护实体机构，建立统一的生态环境监管与服务的体制机制。

三是将秦岭列为国家生态文明建设重点。加快秦岭国家公园建设。成立国家秦岭研究机构，建立秦岭博物馆、种质资源库和基因库等。

四是在安排资源环境生态项目时优先支持秦岭保护，加大对南水北调中线工程水源地的支持力度。

### （二）聚焦五大城市群建设，构建环秦岭发展新格局

改革开放 40 多年来，以珠三角、长三角、京津冀三大城市群为主的东部沿海区域快速发展，构成了"沿海一条带"的发展格局。近年来，在国家推动下，长江经济带和黄河保护与发展经济带的兴起，形成了"沿水两条带"。西部大开发和中部崛起取得了阶段性的成果，"一带一路"建设深入推进，这些都为构建环秦岭经济圈带来了新机遇。

聚焦环秦岭五大城市群（成渝城市群、长江中游城市群、关中城市群、中原城市群、兰西城市群），这是一个总面积 99.82 万平方千米、人口 4.35 亿、GDP 24.17 万亿的中西部大板块。它起着承东启西、连南接北的作用，既支撑着东南一带的高速发展，又带动着中西部地区边陲的脱贫致富奔小康。构建环秦岭高质量发展经济圈，形成与"沿海一条带""沿水两条带"相呼应的"沿山一个圈"，使之成为我国国土空间格局的中心战略支撑圈，显得至关重要。环秦岭经济圈作为国家经济脊梁，与秦岭国家生态、文化和安全脊梁相伴而生，共同发展，将成为名副其实的"中华脊梁"。

首先，环秦岭经济圈五大城市群的强劲发展，带来了新的投资方向，必将带动西部大开发形成新格局，迈上一个新台阶，向西开放形成新局面，为北方快速发展注入了强大活力，对中部各省的发展具有积极深远的影响。其次，在国家双循环新发展格局中，环秦岭经济圈有着举足轻重的地位，其作用与影响越来越重要。同时，环秦岭经济圈是我国军事国防的战略安全要害区，通过创新推动，将释放军民融合发展的巨大潜力，使之成为国家安全发展的坚强堡垒。还有，环秦岭经济圈的高质量发展，将有力地促进秦岭山区的保护与发展，对于保护传承弘扬秦岭文化，延续中华民族祖脉具有特别重要的意义。

从构建环秦岭经济圈的内外条件看，已经具备了较好的基础。为此我们建议：

一是编制《环秦岭经济圈生态保护与高质量发展规划》。将规划提升到"沿海一带""沿水两带"的战略高度。构建"沿山一圈"协同发展的推进机制。

二是对环秦岭经济圈新基建、高新技术、产业布局予以倾斜支持。

三是对民生与公共服务重点扶持。

四是着力开展"保护传承弘扬秦岭文化"的系列工程。

五是赋权赋能、通力合作，建设陆海统筹双向开放高地。

（向第十三届全国人民代表大会第三次会议提出的建议案，写于2021年）

# 大秦岭地区生态、发展、安全
# 三位一体国家战略八论

刘维隆

**摘　要**　本文立足于学习贯彻党的二十大报告，深入领会习近平总书记有关秦岭的重要指示，本着"立据要实、立意要高、立时要长、立论要新"的要求，在前期课题和周庆华团队研究的基础上，试就"大秦岭地区生态、发展、安全三位一体国家战略建议"（简称"大秦岭国家战略"）中生态、发展、安全三个方面的重要价值进行系统梳理，提炼出八个观点进行简要论述，以此抛砖引玉，供大家研讨之用。

党的二十大报告指出："自然生态是人类赖以生存发展的基本条件。必须牢固树立和践行绿水青山就是金山银山的理念，站在人与自然和谐共生的高度谋划发展。"大秦岭新概念范围的确立和生态保护的重大价值，使其与青藏高原、长江、黄河一样成为我国生态屏障区，这是两山理论的现实体现，也是大秦岭国家战略的立根之地。

## 一、秦岭和合论

习近平总书记视察秦岭时强调："秦岭和合南北，泽被天下，是我国的中央水塔，是中华民族的祖脉和中华文化的重要象征。保护好秦岭生态环境，对确保中华民族长盛不衰，实现'两个一百年'奋斗目标，实现可持续发展，具有十分重大而深远的意义。"这是对秦岭前所未有高度概括的科学定位。它吸纳并超越了学术界以地质学科为基础与时俱进的先进观点，打破了以《辞海》为代表的仅将秦岭作为我国南北地理分界线的狭义界定，颠覆了以往"秦巴分离、无论岷西"的历史局限。

从南北分界到和合南北的思维转向，使我们得以身处 21 世纪，站在百年变局和全国全球的高度，以新的时空观和发展变革的眼光，重新审视秦岭的内涵、范围和意义，这无疑是一次激荡人心的思想解放。这是对大秦岭新概念新范围具有深远意义的重大确立，使大秦岭进入了横空出世、整合共生的新时代，由此奠定了其所具备的"国之大者"的国家战略地位。

以此观之的大秦岭，系秦岭、巴山、岷山、西倾山等山脉的合称，其东西绵延 1500 余千米，南北 200～300 千米，面积约为 40 万平方千米，涉及陕、豫、鄂、川、渝、甘、青六省一市 29 个设区市及 5 个自治州，湖北神农架林区，181 个县（区、县级市），山区总人口 7500 万。这是大秦岭和合南北山脉的自然地理范围（图 1）。

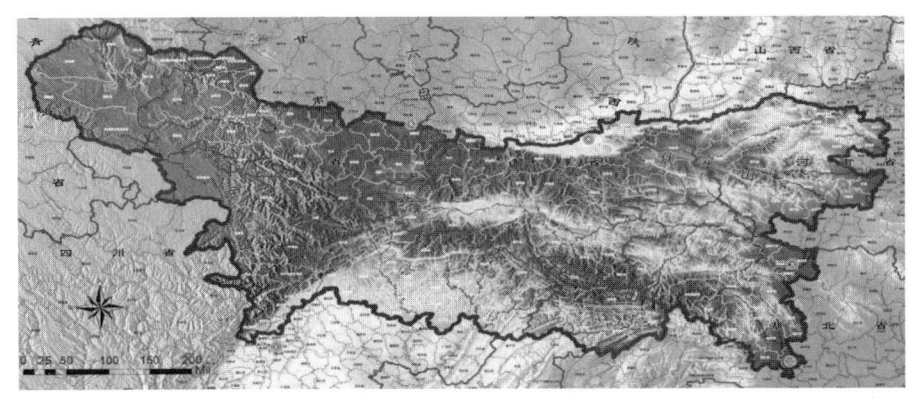

图1　大秦岭山脉范围图

依地理—人文—经济的内在联系，大秦岭同时具有更深层次、更为重要的和合功能，它天然紧密地联结我国长江与黄河两大流域的中上游区段，包括了周边的成渝、关中、中原、武汉、兰西五个城市集聚区，拥有人口 23000 万，面积约 40 万平方千米，其与大秦岭山区相合，总人口达 30500 万，总面积 81 万平方千米，共同形成了本文所指称的"大秦岭地区"。

一山携带两水、山脉城市统合。大秦岭地区因其山水城市相依、人文历史共生、经济社会相融、交通日趋便利，环山成圈、雄踞国中、和合四方、拱卫中华，业已历史性地形成了"四大圈"，即中华大地一山两水核心生态圈；中华文化多元一体的核心文化圈；中华民族持续发展的核心经济圈；我国国防山城一体的核心安全圈。无论在生态治理保护，文化传承繁荣，经济社会发展，还是在总体国家安全大格局中，从国家中长期发展战略部署来看，大秦岭地区都是实现第二个百年奋斗目标和中华民族伟大复兴的中坚脊梁。

## 二、生态屏障论

大秦岭开始于 4 亿年前地球的造山运动，2 亿年左右隆起并最终形成今天的样貌；它以雄踞中央的地位，"缝合"了中国大陆南北的扬子板块和华北板块，以及西部的青藏高原，完成了中国大陆板块的拼接，是远古以来最为重要的中国大陆构造成型的肇始者与统领者。其与之后生成贯通的黄河长江一起，形成了体量巨大且自然山河结构相对完整的"一山两水"标志性构造，为中华大地人类进化和文明生态奠定了地理基础。尤可一提的是，秦岭与黄河中游地区的完美构造及大陆多圈层作用，将山岳的生态资源位能与冲积平原的自然动能结合起来，呈现出优越的地质构造—环境—生命—文明条件，与缺少中央水塔单纯以冲积平原为生态底蕴的尼罗河、幼底两河等其他古文明相比较，"一山两水"使中华文明成为世界上连续不断文明的重要自然地理与生态支撑。同时，自然与文化叠加而成的"一山两水"整体性结构形成了中华文明生长的轴心地带，成就了中国版图的完整统一，这与欧洲大陆相对破碎的地貌难以持续造成连续性文明的历史形成了鲜明的对比。大秦岭与黄河、长江无缝衔接，其经纬绵长的人文地理环境，是大自然赐予我们最可珍贵的宝地，是中华民族和合相聚、万古不息、生存发展的基础保障。如果说黄河、长江是华夏文明的母亲河，作为民族祖脉的大秦岭则是当之无愧的父亲山。

大秦岭是地处青藏高原、黄土高原、云贵高原之间的巨大绿色屏障，是长江黄河重要的补水源头。长江黄河的一级支流汉江、嘉陵江、渭河等均发源于大秦岭，大秦岭年汇入长江与黄河的水量分别达到 1569 亿立方米和 229 亿立方米，占两河年径流量的 16% 和 27%，超过其他地区汇入两河的水量。作为南水北调中线工程水源地，大秦岭所涵养的洁净水源是周边及我国东部广大城乡水安全的直接保障，其对京津华北地区生态与发展的巨大贡献有目共睹。

大秦岭是具有世界价值的"中华生物基因库"，是全球 34 个生物多样性热点区域之一，拥有 IUCN/SSC 一级生境类型 7 个，其腹地拥有 6000 多种动植物资源，种类数量占全国 75%，分布有大熊猫、朱鹮、金丝猴、羚牛等 120 余种国家级保护动物和红豆杉、冷杉 176 种珍稀植物；森林面积占全国 10% 以上，腹地碳汇总量常年保持在 6.78GTC，生态资产价值等指标领先全国，是我国重要的碳汇氧源地；拥有保护区 260 余处，世界自然遗产 4 处，世界地质公园 5 处。

总之，大秦岭是黄河长江生成演化的根本动力，是两河水生态水安全的根本保障，是两河流域生态文明的根本源泉，是周边城市生存发展的安全保障，是位于我国中枢地带、具有独立完整的巨大价值且无可取代的重要生态屏障区。随着大秦岭新概念的确立，理应尽快地将大秦岭生态保护提升为国家战略，这将对"一山两水"整体保护、绿色发展和全国生态文明建设具有十分重要的意义。

党的二十大报告强调，发展是党执政兴国的第一要务，要加快构建新发展格局，着力推动高质量发展，并在促进区域协调发展中提出优化重大生产力布局，构建优势互补、高质量发展的区域经济布局和国土空间体系。大秦岭国家战略的构想，就是从大秦岭地区经济、社会、文化发展的实际出发，完整、准确、全面贯彻新发展理念，站在我国安全发展的高度，优化构建区域经济布局，推动加快形成新发展格局的创新之举。

### 三、枢纽平衡论

我国发展不平衡不充分的主要矛盾集中体现在区域差距和协调平衡上。改革开放以来，以长三角、珠三角、京津冀三个增长极为主的东部沿海区域得到快速发展，影响带动全国。但是也带来了经济极化现象凸现，东西部差距不断扩大，南快北慢态势日渐明显的局面。特别是面临日益严峻复杂的国际形势，海上安全风险加剧，产业链、供应链压力增大，我国三大经济引擎全部位于东南沿海的安全隐患已然显露。优化区域经济布局，建设新型战略备份区日益紧迫，成为关乎国家安全发展的重大问题。

我国"深入推进西部大开发、东北全面振兴、中部地区崛起、东部率先发展"的区域协调发展战略已经取得明显成效。但从"十四五"规划纲要提出的"建立健全全区域战略统筹、市场一体化发展、区域合作互助、区际利益补偿等机制，提升区域合作层次和水平"的要求来看，需要审时度势，进行更为宏大、更加切合实际的战略筹划。应该看到，我国这几大块区域是在省、市、自治区行政区划的基础上，在更大的地理环境空间上的经济组合，这有其客观必然性，但也存在着经济聚集性不强、市场一体化不畅、优势互补不足、生产力布局欠优的问题，特别是在东西南北枢纽聚合、平衡发展上缺少一个重大的关键区域。

近些年，国家推动长江和黄河生态保护与高质量发展，打破了行政区划的局限，提升了两大动脉的内生动力。但是，分属南北两方、横贯数千公里的线性发展带，缺乏"和合南北"、联结四方的巨大功能。纵观中华大地，只有大秦岭地区五大城市群所形成的经济圈，以它特有的中心枢纽区位优势，东则连接东部沿海，中则聚发长江中游和中原城市群的强势影响，西则更有成渝、关中、兰西城市群作为核心引擎,推进西部大开发形成新格局。它既是贯通东中西经济的大通道,又是和合长江黄河两条大动脉的枢纽所在,实为众因所归的战略中枢之地。

总之,大秦岭经济圈,居中链接东西南北,深度统筹陆海山水,是优化我国区域经济布局的中心战略支撑区,也是东部率先发展、中部崛起和西部大开发三大区域以及长江黄河两带保护与发展的协调平衡圈,完全有必要跳出原有行政区划为基础的区域格局,顺应当前国内国际重大格局的演变,按照国土生态地缘和经济发展的客观规律,以前瞻性、全局性、战略性的科学精神将其构建为一个相对独立进行规划的重大战略区域。其对应尺度类似整个东南沿海经济带,通过武汉与郑州、成渝与关中以及兰西等城市群协调发展的具体谋划,使其成为我国新时代新征程实现重大使命的中坚脊梁。由此,将形成沿海一带三个增长极—大秦岭经济圈五个城市群(都市圈)—长江黄河两大动脉三者有机结合、优势互补、高质量发展的大格局,为我国优化重大生产力布局、健全全区域战略统筹提供更为优越的战略选择。

## 四、内陆主峰论

大秦岭经济圈是我国双循环格局的主战场和内陆人口经济峰值区。2020年,大秦岭五个城市群地区经济总量共计20.5万亿元,占全国GDP总量的16.48%(表1),与长三角经济总量相当,大秦岭地区人口3.05亿,占全国总人口的21.6%,其城镇数量、经济体量、人口规模均位列我国内陆地区首位,是完成北煤南运、西气东输,推动国内大循环,建立全国统一大市场的重要地区,是经济科技优势相对集中,引领带动中西部崛起,加快构建新发展格局的主峰区域。

表1 东部沿海经济带与环大秦岭地区经济圈发展规模数据①

| 区域 | | 国土面积 | | 总人口 | | 地区生产总值 | | 城市数量 |
| --- | --- | --- | --- | --- | --- | --- | --- | --- |
| | | 万平方千米 | 全国占比 | 万人 | 全国占比 | 万亿元 | 全国占比 | 个 |
| 东部沿海 | 京津冀城市群 | 21.8 | 2.27% | 11400 | 8.07% | 8.63 | 8.51% | 15 |
| | 长三角城市群 | 21.1 | 2.20% | 17500 | 12.39% | 20.44 | 20.17% | 26 |
| | 珠三角城市群 | 4.22 | 0.44% | 7820 | 5.54% | 8.95 | 8.83% | 9 |
| | 总量 | 47.12 | 4.91% | 36720 | 26.01% | 38.02 | 37.51% | 50 |

①数据来源均为2020年公开数据,其中"城市数量"指城市群(都市圈)下辖的地级市、自治州及以上城市的数量。

续表

| 区域 | | 国土面积 | | 总人口 | | 地区生产总值 | | 城市数量 |
|---|---|---|---|---|---|---|---|---|
| | | 万平方千米 | 全国占比 | 万人 | 全国占比 | 万亿元 | 全国占比 | 个 |
| 大秦岭地区 | 中原城市群① | 10.2 | 1.06% | 7236 | 5.12% | 4.32 | 4.26% | 14 |
| | 成渝城市群 | 18.5 | 1.93% | 10000 | 7.08% | 6.82 | 6.73% | 16 |
| | 关中城市群 | 10.71 | 1.16% | 3900 | 2.76% | 2.25 | 2.22% | 12 |
| | 兰西城市群 | 9.75 | 1.02% | 1200 | 0.85% | 0.68 | 0.67% | 9 |
| | 武汉都市圈 | 5.78 | 0.60% | 3400 | 2.41% | 2.63 | 2.59% | 9 |
| | 总量 | 54.94 | 5.72% | 25736 | 18.23% | 16.7 | 16.48% | 60 |

"十四五"规划纲要提出开拓高质量发展重要动力源，"以京津冀、长三角、粤港澳大湾区为重点，加快打造引领高质量发展的第一梯队。在中西部有条件的地区，以中心城市为引领，提升城市群功能，加快工业化城镇化进程，形成高质量发展重要区域"。2019年全国19个城市群发展潜力指数表中，成渝与长江中游城市群位列沿海三个增长极之后的第四、第五位，中原与关中城市群位列第八、第十位。不难看出，大秦岭经济圈五个城市群（都市圈）已经或有潜力成为高质量发展的动力源区，通过强力推动，有实力被打造提升为我国引领高质量发展的第二梯队。

大秦岭经济圈内的武汉、郑州城市圈的协调发展，有利于在中部地区形成南北联动构建的经济增长新能极。成渝经济圈与关中区位、科技和人文历史优势相结合，有条件成为西部地区具有显著国土平衡意义的新引擎。同时增强郑西兰宁、武成渝的联系协同，形成以大秦岭为核心的环状城市聚合发展态势，将有效提升总体经济格局的抗风险能力，使大秦岭经济圈成为与东部沿海一线相对应，落实安全发展区域布局的国家经济战略后备区。

内陆主峰即开放高地。大秦岭地区的成都、重庆、西安、兰州、郑州、武汉地处我国交通格局的心脏地带，是连接东西亚欧大陆桥和南北陆海新通道的转换枢纽，特别是地处胡焕庸线附近，具有人口密度势能差与边缘效应的成渝西及兰宁地区，是"一带一路"西向开放与大西部崛起的核心战略支撑区。"加快建设西部陆海新通道"已成为我国高水平对外开放的战略重点，中欧班列在疫情中逆势大幅增长与南下通海之道的日益畅通，使广阔西部腹地战略纵深的价值愈发显现。司马迁在《史记》中讲道："夫作事者必于东南，收功实者常于西北。"向西谋势是实现大国

---

① 本文中所提到的中原城市群均指其核心区部分。

崛起的必然之路，是以备避害，以新空间制衡潜在威胁的重要路径。大秦岭国家战略的实施，必将激发半壁国土巨大潜能，开创大西部崛起新的历史篇章，使其成为新时代以开放促发展的新高地。

**五、山城一体论**

迄今为止，我国区域重大战略基本上都是沿海依水而设，这样有运输便利、经济状况和对外开放等诸多因素的客观基础条件，确实产生了巨大的率先引领和带动效应，成就了改革开放以来国家发展的宏伟业绩。问题是现在能不能提出一个以巨大山脉为依托的大秦岭国家战略，其核心关键是有了以"水城一体化"方式将秦岭周边城市纳入的两河（长江黄河）战略，还有没有必要再用"山城一体化"的方式将五大城市群（都市圈）纳入大秦岭地区的战略规划之中。答案是肯定的，这是顺应新时代新格局要求的总体经济布局的战略创新，有其客观必然性的基础，也是全面贯彻新发展理念的主动作为。

首先，"一山两水"是一个有机统一的整体，没有大秦岭的涓涓细流，怎能有长江黄河的万顷波涛？"江山一统""山河同在"本是自然地理固有的规律，秦岭周边的城市既是两河流域的滨水城市，又是大山脚下的邻山城市。重庆是座山城，西安一半以上的面积就在秦岭之中，这些城市因山水而滋育，与山水同发展，兼顾着山与水的两种属性，本身就是"山水城市"。大秦岭国家战略中的主要城市看似与两河战略中游城市有重叠，但并不重复，而是使其完整地恢复了山水兼备的双重意义。从自然生态位能的统领优势观之，大秦岭不仅支撑着两河战略的生态保护高质量发展，更是周边城市安全发展的共有靠山。只有将周边城市与大秦岭紧密结合，开创生态、发展、安全融于一体的"山脉—城市共同体"模式，才能形成更有价值和特色，具有现代意义的新型空间发展路径。

在生产力落后的农耕时代和国家发展的初期，秦岭是"天下之大阻"，大山是贫困的象征。"富水穷山，逐水远山"是历史的必然，但是在我们经过四十多年的飞速发展，工业化、城镇化、信息化日益深入进展，脱贫攻坚取得全面胜利，城乡面貌发生了翻天覆地的变化，历史已经进入"绿水青山就是金山银山"的新时代，完全具备"山城一体化"协同发展的物质基础和科技手段，并在实践中展现出日益巨大的潜能和广阔的前景。放眼世界，被国际地质界誉为与秦岭同属"地球三姊妹"的阿尔卑斯山，前有欧洲工业革命的洗礼和积淀，后有欧盟一体化政策的推动，德、法、意、奥、瑞等八个涉山国家，早在20世纪就签署了保护性的

《阿尔卑斯公约》，并制定了"阿尔卑斯山空间计划"，通过区域协同和财政支持等政策，实行城乡融合优势互补，较好地发挥了核心城市辐射带动山区城市的作用，高度发达的瑞士便是代表，由此形成了以米兰、都灵、里昂、日内瓦、伯尔尼、苏黎世、慕尼黑、维也纳、威尼斯等九个核心城市为主干的环阿尔卑斯山经济圈，与以伦敦为核心的英伦城市群、以巴黎为核心的西北欧城市群共同构成欧洲的三大经济圈。他山之石，可以攻玉。有着人口、面积、经济发展优势的大秦岭经济圈一定会后来居上，打造出具有中国特色的山城一体化新模式。

同时，应该看到交通改变历史的大趋势。纵横于大秦岭内外的数条国家级快速通道和遍布城乡的各级交通网络，不仅使山区交通有了极大的改善，更使秦岭周边五大城市群（都市圈）形成了四小时左右的通勤圈，运能运量今非昔比，就好像大秦岭的五个指头合拢握拳，聚力成势，具备了协同发展的环状空间优势。相对于两河战略沿水数千公里线性延绵，上中游城市与下游近海城市之间的运距与时间，确为更胜一筹，其与山区内部的生态保护、绿色发展相互拱卫，要素置换有机融合，为"山脉—城市共同体"的创新发展开辟了大尺度的国家最佳示范地。

在大秦岭地区以城市群（都市圈）为依托构建大中小城市协调发展格局，有利于推进以县城为重要载体的城镇化建设，加快农业转移人口市民化，加大新基建投入，提升信息化、数字化、科技化水平，推动城乡融合深入发展，为大秦岭崛起注入引领性的强大力量。曾经是全国面积最大、贫困人口最多的大秦岭，现在是巩固脱贫成果，推进乡村振兴战略，实现共同富裕的主战场。通过以城带乡、以工补农，增强内生发展动力，构建现代乡村产业体系，实施乡村建设行动，建设宜居宜业和美乡村，有利于实现山区社会长期稳定、经济持续发展，对中西部乃至全国具有重大的现实和长远意义。大秦岭从绿水青山到金山银山的实现，是中华大地绿色发展生态文明最具代表性的样板。推进以圈护山、山圈互兴和山水林田湖草的系统治理，发挥现代科技和创新能力的优势，大秦岭必将焕发无限的生机，展现巨大的绿色低碳宜居空间，出现众多的智能山谷、康养圣地、数字小镇、科研基地等高端服务区，以山城一体化推进的方式，实现生态发展安全的"三赢"，成为追赶超越阿尔卑斯山、建设美丽中国的重要标识地。

## 六、文化祖脉论

大秦岭是中华民族生成演进和中华文明肇始初创的根脉地，是中华文明核心价值思想的源脉地，是中华盛世王朝及其都城文明的哺育地，是域内外民族文化交流的融合地，也是红色革命文化的传承地。文物古迹旷世遗、华胥女娲伏羲易，炎黄二帝神农氏、古楚巴蜀三星堆，周礼秦制儒释道、诗经楚辞大史记，周秦汉唐盛世都、革命爱国赤旗地。大秦岭如众星拱月一般，吸纳熔铸了中原、关中、荆楚、巴蜀、东夷、西域各类缤纷多彩的文化类型，成为中华大地多元一体的核心文化圈、海内外炎黄子孙心心念念的精神家园。

中国自古就有"崇山重岳"，以山为祖，依山立国，遂成天人合一的文化传统，流淌着"望于高山、遍于群神"、祭山封禅、尊崇昆仑的精神血脉。三山五岳遍于中华，唯有西启昆仑，东延千里，和合南北并与两河流域融汇一体的大秦岭，包含东部第一高山太白山、历史文化第一名山终南山、西岳华山、中岳嵩山、道传武当山、天工神农架等，集萃名山特点，融合文化精髓，是当之无愧的中华龙脉——文化圣山。在"坚守中华文化立场，提炼展示中华文明的精神标识和文化精髓""加大文物和文化遗产保护力度，加强城乡建设中历史文化保护传承，建好用好国家文化公园"的新时期，大秦岭"中华文化基因库"的地位无可替代、尤为珍重。组建秦岭国家文化公园应当尽快纳入国家文化发展布局，提到重要议事日程中。（图2）

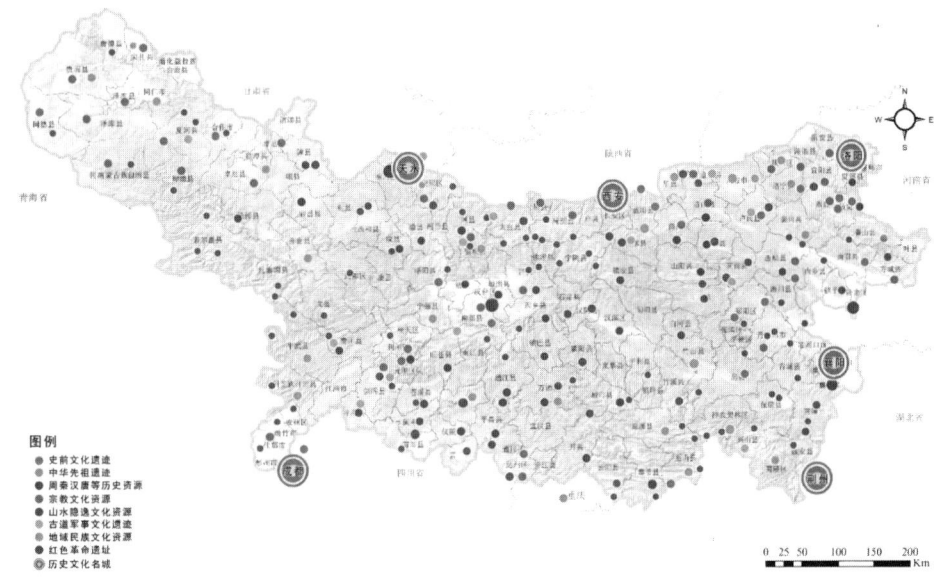

图2 大秦岭历史文化遗迹节点图

目前，我国设立了长城、黄河、大运河、长征、长江等三横两纵五个线性国家文化公园。秦岭国家文化公园与其相比，在文化内涵上，它集中体现了中华文明标识的源脉性、综合性和代表性，丰厚积淀时久全面；在空间布局上，它则通过约40

万平方千米的面积体量，克服了有水无山的局限，成为三横两纵的轴心地带，与其他四个文化公园共同形成了我国国家文化公园"江山同在"、相互支撑、标志体系更加完整的主体构架。"线"和"面"的和合，不仅在文化内涵上源流相汇，统分相宜，而且在人文地理上构成了更为合理的公园体系，这也是一个内外结合、相得益彰的重大创新。同时，大秦岭网状形态的空间格局，更有利于省市县各级政府以点线成网的方式对辖区进行网格化规划管理，以发挥更大的综合效益。对于西安、郑洛、成渝、荆襄、天水等历史文化名城，则可在"一山两水"国家文化公园规划的双重推动下，进行相对独立且富有特色的山水一体化"城—园"名片建设，从而整体增强其文化历史影响力。

必须指出，大秦岭具有生态与文化双重价值的国家示范和全球意义。将大秦岭国家文化公园与大熊猫、神农架、秦岭等国家公园协同管理、相互促进、联袂展示，必将获得 $1+1>2$ 的集中体验和整体效益。绿水青山加文化圣山，为金山银山赋予了灿烂光辉的文化意义，这是大秦岭独一无二的天然价值。大秦岭"国家双园"的协同建设，必将成为提升中华生态与文化软实力、敢于与阿尔卑斯山相媲美、展现中华历史传统和现代文明全球性意义的绿色窗口和亮丽风景线。

党的二十大报告指出，国家安全是民族复兴的根基，社会稳定是国家强盛的前提。要坚持以人民安全为宗旨，以政治安全为根本，以经济安全为基础，以军事科技文化社会安全为保障，统筹国土安全和国民安全，统筹维护和塑造国家安全，以新安全格局保障新发展格局。大秦岭地区以其在国土安全空间格局的中心支撑区位作用及其他诸多重要因素，在维护和塑造国家安全、构建新安全格局中具有安全中坚地位，尤其在国防建设军事安全上具有十分突出的战略意义。

## 七、安全中坚论

整体观之，大秦岭地区与总体国家安全体系紧密相扣、息息相关。在国家安全16个方面的基本内容中，除了海外利益、太空、极地、深海安全之外，在政治、国土、军事、经济、文化、社会、科技、网络、生态、生物、资源、核安全等12个国土境内的领域里，大秦岭地区以其独特的区位、特有的禀赋、特殊的条件、有利的态势，在国土空间格局中发挥着安全中坚作用。前面六论中，关于生态与发展诸多方面的论述，实际上都是与安全合为一体的体现，对维护、塑造、构建新安全格局具有重大战略意义。

从历史上看，大秦岭对内对外都是我国重要的安全屏障。秦征巴蜀开都江堰，奠定六合天下之基。汉得汉中建根据地，遂有立朝兴汉之功。隋唐开国盛世依据秦岭人文祖脉与山水的滋养，才有长安"万国衣冠拜冕旒"的辉煌。元清两代北方铁骑，只有征服秦岭才可完成入主中原的大业。

清末以降内忧外患，秦岭是支撑国家安全的中坚。左宗棠率军抵御外敌分裂收复新疆，大本营就设在秦岭西陲的兰州。八国联军入侵京华，清廷逃亡庇护之地正是秦岭脚下的西安。特别是抗日战争时期，就是有了重庆、西安这样的秦岭大后方，才得以用持久战使日寇侵吞中国的图谋破灭。无论陆上还是海上的入侵，巍巍大秦岭都是强敌不可逾越的坚强堡垒。

从国土安全大局看，大秦岭地区毗邻东部、中扼西域、俯瞰南北、辐射四方，一直是安国定邦、护佑华夏的中坚脊梁。长安、洛阳历史上作为都城，发挥了经略西域、管控局势、维护稳定的重要作用，兰州、西宁、成渝是掌控治理西北西南、维护祖国统一的前沿阵地。今日，大秦岭地区更是支撑带动大西部安全发展的核心引擎，关系着广袤国土半壁江山的长期稳定和发展前景。

20世纪六七十年代强敌环伺的危难时期，大秦岭作为国家"三线建设"的大后方，集中了一大批航空、航天、核能、电子、机械与国防工业科研院所和尖端企业。西安、成都、重庆、武汉等中心城市及汉中、宝鸡、绵阳、天水、十堰一批地级市，成为我国军事科研与高新技术的重要区域，聚集了丰厚的人才、产业、科研、配套等资源优势，筑起了我国国防军事建设的坚强后盾，发挥了十分重要的作用。数百万军工人支撑国家安危、无私担当的"三线精神"传承至今，它所积累的物质和精神财富已成为新时期我国国防军工建设的坚实基础。

## 八、军地国防论

党的二十大报告指出："要巩固提高一体化国家战略体系和能力。加强军地战略规划统筹、政策制度衔接，资源要素共享。优化国防科技工业体系和布局，加强国防科技工业能力建设。""十四五"规划纲要提出："促进军事建设布局与区域发展布局的有机结合，更好服务国家安全发展战略。"毫无疑问，大秦岭地区正是"军地战略规划统筹""两个布局"有机结合的理想之地。

大秦岭地区得天独厚、全面众多的优势，为我国战略后备区提供了不二的选择。其高山庇护的中枢区位、山城一体的军地统筹，以及三线建设基础与多维资源的保障，对巩固提高一体化国家战略体系和能力，具有重大的战略价值。大秦岭中心区域距国土四界均在1000千米以上，山脉平均海拔2千米以上，高强度花岗岩为地下设施构成坚固的天然防护。众多驰名的高等院校和科研基地，使西安、成都、重庆、武汉等地高新技术与现代装备制造业形成可靠基础，为大秦岭地区构建相关全产业链、供应链提供了坚实支撑。大秦岭北据关中平原、南倚四川盆地、东邻中原大地，腹拥众多川道盆地，具备丰饶的人口、粮食、淡水、气候等资源条件，巨大山体也为减轻我国石油储备集中沿海的隐患提供了安全的空间。总之，大秦岭为战略后备区提供了优质的综合保障和优越的生态环境，堪称与我国南海填海造岛的"定海神针"成双配对的"中坚脊梁"，是镇守中华大地的安全山。

  建设大秦岭新型混合战略后备区，基本框架是"一个核心、三级体系、三个板块"。"一个核心"指川陕甘核心区，包括"一带两个模块"，"一带"是以成渝西核心城市为引领，建设包括绵阳、汉中、宝鸡、天水等重点城市在内的川陕甘一体化国防科技工业创新带；"一带"中包含"两个模块"，即以西安为引领的航空航天全产业链国防工业基地和以成都为引领的电子科技全产业链国防工业基地。"三级体系"即结合山脉—城市共同体，构建"山外核心城市为引领，山内重点城市为支撑，山区特殊产业为配套"的三级体系。"三个板块"指兰西、郑洛、武襄三个国防科技工业及国防设施板块区（图3）。同时建立秦岭天地空安全防御体系，增设国家级能源及应急物资储备基地。这样，在老三线空间范围内，由大秦岭的"一个核心"及周边地区产业基地与国防设施，构成国防安全新三线，并适当向东西三个板块延伸，最终联通湘、赣、皖等二线地区，以及沿海沿边一线地区，共同构建国防圈层空间攻防体系，从而增强我国国防空间体系整体防御威慑力量。

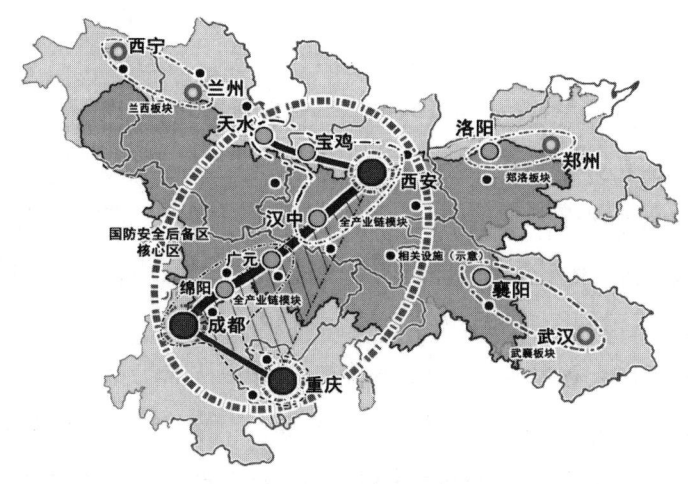

图3　战略后备区构成图

值得重视的是，战略后备区与秦岭经济圈也可以说经济备份区大体相合，而其中的核心地区即以成渝西核心城市为引领的川陕甘一体化国防科技工业创新带，又与成渝西所组成的西部新引擎发展新能极高度契合。其实川陕甘渝鄂等省市军工与经济早就密不可分，相互交融在一起，且军工科技、人才及经济占有相当分量，陕西军工科技与人才研发力量就占全省的70%以上。军地统筹、平战结合、军民融合深度发展不仅对国防中坚建设具有极大的推动作用，而且对地方经济社会的发展具有无可估量的巨大潜力和动能。新三线"新"的另一重要意义就在于面向新时代，适用新需求，以问题为导向攻关创新，建立新的高效统筹的体制机制，在政策措施、人才科技、资源整合、规划建设上，最大限度地激发军地统筹融合发展的创造力和生产力。释放内在聚合、互相促进、共享成果的巨大能量，绽放出中国式现代化道路上独有的光辉异彩，我们期待这一大好局面早日到来。

八论所言，集中一点，就是在新时代新征途上，大秦岭地区已经呈现出国家生态屏障区、高质量发展枢纽区和国防安全后备区三区合一的独有态势，肩负着统筹生态、发展、安全三位一体国家创新战略的历史使命和责任。具体指向，就是在大秦岭地区进行综合类的国家战略规划，构建"一芯、一圈（两极）、一区、一园"的空间结构和发展体系。

"一芯"，即大秦岭山脉构成的生态绿芯。在此开展立法建设和生态联保；推进以国家公园为主体的自然保护地建设；建立多元化、市场化的生态补偿机制；统筹实施生态修复治理工程；设立生态保护机构，建立统一的生态环境监管与服务的体制机制。

"一圈"，即环大秦岭成渝城市群、关中城市群、中原城市群核心区、武汉都市圈和兰西城市群五大城市地区构成的经济圈，特别是成渝西与郑武两个新能极的协同建设。同时进行统筹规划、产业支持、科技创新、人才激励、乡村振兴、绿色发展，实现山城一体化共同发展的新路径新模式。

"一区"，即国防安全战略后备区，特别是以川陕甘国防科技创新带及相关设施构成的后备核心区，推动现代条件下新三线建设。推进"一个核心、三级体系、三个板块"空间格局，建立秦岭天地空安全防御体系和能源物资储备设施，形成一体化国防科技工业、地方制造业、军地综合保障基地。

"一园"，即建设秦岭国家文化公园，与现有五个线性国家文化公园共同形成"江山同在"相互支撑的系列主体构架。建设秦岭博物馆、秦岭研究院，设立大秦岭中华生态与文化论坛永久地址，推进中欧文明的"两山对话"，提升中华文化影响力。

  我们相信，在习近平新时代中国特色社会主义思想的指导下，坚持"三新一高"和总体国家安全观，以创新为第一动力，着眼于全局性、前瞻性、系统性，统筹整合各类要素资源，破解问题与难点，在顶层设计、政策法治、体制机制、人才科技、规划项目上迈新步、出实招，特别是发挥新的举国体制和高新科技的重大作用，大秦岭地区一定会形成具有中国特色的"三位一体"综合创新的战略高地，成为实现中华民族伟大复兴的中坚脊梁。

（写于2022年）

# "一山一圈"战略与"两山对话"平台研究（上）

刘维隆

**摘　要**　本文从多个方面对大秦岭山脉及其周边五个城市群经济圈构成的"一山一圈"进行讨论，进而重点对"一山一圈"在国家生态格局保护、经济社会发展平衡、历史文化保护传承、国家总体安全等方面的重要战略价值和意义进行阐释。

这一课题的前提，是对"一山一圈"两个概念的科学认知和把握。

首先，对"一山"即广义秦岭（秦岭山系）亦称大秦岭要上升到中国秦岭的高度认知和定位。

其一，《辞海》对广义秦岭的界定为：西起甘、青两省边界，东到河南中部，全长1500千米，包括西倾山、岷山、迭山、终南山、华山、崤山、嵩山、伏牛山等。巴山与秦岭被称为"双胞胎"，两者地质演化、地理结构、自然生态极为相似，亦为广义秦岭范围。因而广义秦岭由四个板块构成，即狭义秦岭、巴山和西倾山、岷山一部分，连接六省一市。习总书记对秦岭的科学评价即"秦岭和合南北、泽被天下，是我国的中央水塔，是中华民族的祖脉和中华文化的重要象征"。这显然是对广义秦岭而言的。因此，中国秦岭（广义秦岭）应进一步被确定为"一山"规划研究的科学定位和逻辑起点。以下所讲的秦岭均是指中国秦岭。

其二，从纵向历史看秦岭，因我国自然地理上两河（长江黄河）自古东西流向的特有结构，秦岭雄踞我国中部，一山携带两水，其地质构造相通、自然地理相连、人文历史共生，自古便是中华民族文明演进、经济社会文化交互融合的中心纽带，是关乎国家兴衰整合、民族祖脉延续的命门要地，被人称为中华龙脉——

"父亲山"。

其三,以新的时空观看秦岭,即以动态发展的眼光,站在百年未有之大变局和全国全球的视野看秦岭,作为一个重要的地理单元,随着交通条件的极大改善,它已结束"天下之大阻"和"秦巴分界、无论岷西"的支离状况,进入整合共生、与时俱进的新时代。以"地球村"观之,秦岭与阿尔卑斯山理应成为地球上并驾齐驱的"姊妹花"。特别是从"国之大者"与长远可持续发展的趋势审视,秦岭在国土空间格局中的战略作用会越来越重要,是中华崛起之脊梁所在。

同时,对"一圈",即聚焦五大城市群,构建环秦岭经济圈的构想应有清晰明确的认识。

其一,环秦岭经济圈及五大城市群,是民族祖脉所传与现代历史发展的必然结果,并非凭空杜撰。改革开放40年巨大的历史跃迁,已使环秦岭经济圈雏形初现。特别是五大城市群发展规划已经国务院及相关部委审批,正在建设功能完备、布局合理的新型城镇体系。其总面积约为99.82万平方千米,人口约4.35亿,生产总值约24.17万亿元。经济圈的综合实力、发展前景日显重要,也为新格局下的新构想奠定了坚实可靠的客观基础。

其二,环秦岭经济圈在国土空间格局的中心枢纽位置,为其赋予了特有的战略功能与价值,不是可有可无,或可被其他经济带所代替的"一圈"。无论在承东启西、和合南北,还是构建双循环格局、实现高质量发展上,环秦岭经济圈都有着十分重大的作用。为解决我国发展不平衡不充分的主要矛盾,在生态、经济、安全、文化诸方面都是国家发展战略布局的重要选择。

其三,他山之石,可以攻玉。作为欧盟三大经济圈之一的环阿尔卑斯山经济圈的经验值得借鉴。由此也可说明,从实际出发,环山构圈,以圈护山,完全可以与以水为带的经济融合发展、相得益彰。在国家战略规划的推动下,我国环秦岭经济圈在保护与发展、城市与山区、产业与开放上也一定会后来居上,更胜一等。

近日,笔者带着构建秦岭生态保护和环秦岭经济圈的设想,学习研读我国《国民经济和社会发展第十四个五年规划和2035年远景目标纲要》(以下简称"十四五"规划)的相关内容,将两者进行了对接相融、具体分析和深入研讨。在充分认识"十四五"规划全面科学的宏伟蓝图、行动纲领的伟大意义同时,也感到"一山一圈"对推动绿色发展、优化区域经济布局、统筹发展与安全、提升国家文化软实力诸方面的重要战略支撑作用,有必要对其密切关注,并在"三新一高"即新阶段、新理念、新格局、高质量发展的推动下,依据实践、与时俱进、精心调研,适时将其纳入国家相关规划，以期取得"十四五"规划的深化补充和促进实现之目的。

## 一、"秦岭重点生态区"的创立，有利于我国生态文明、绿色发展新格局的形成与完善

"十四五"规划第十一篇"推动绿色发展，促进人与自然和谐共生"中指出，要坚持"绿水青山就是金山银山"理念，实施可持续发展战略，完善生态文明领域统筹协调机制。构建生态文明体系，推动经济社会发展全面绿色转型。坚持山水林田湖草系统治理，建设美丽中国。并就完善生态安全屏障体系，勾画了重要生态系统保护和修复重大工程布局的示意图表。其中明确要加快青藏高原生态屏障区、黄河重点生态区、长江重点生态区等八个生态屏障建设，这无疑是十分重要和务实的举措。令人遗憾的是，秦岭生态没有被摆在应有的重要位置，仅在黄河重点生态区内与黄土高原、贺兰山并列，以加强"三化"草场治理和水土流失综合治理，这显然是以狭义秦岭为界标的功能阐述，与中国秦岭的内涵相去甚远。

以长 1500 余千米、宽 200～300 千米，面积约 40 万平方千米的中国秦岭（约为两个陕西省的面积）而论，其无疑是中国的"绿芯"，是中华大地一山两水（长江黄河）核心生态圈，是我国生态安全的重要屏障。与青藏高原生态屏障区的东侧衔接，长江黄河重点生态区广大的中间地带就有一个秦岭重点生态区，这是自然地理所赐、现在更为重要的生态区。没有秦岭的根脉渊源、滋养呵护，哪能有黄河长江的波澜壮阔、泽润万世？又何以实现山水同治共兴的生态大格局？反之可证。若再不奠定秦岭的科学定位，建立秦岭重点生态区，我国宏观生态格局中就会缺失关键的一环，这既有悖于自然规律，也会给生态环境治理带来很大问题。

这里，已有的两个实例也可做进一步的说明。早在 2001 年 3 月，国家环保总局就已批准将秦岭生态功能区作为试点。同年 9 月，在北京召开部分国家级重点生态功能保护区规划大纲评审会，确立秦岭不仅是重要的水源涵养区，也是生物多样性的富集区和珍稀动物的保护区，还是水土保持的重点区，四区合一，分量不轻。不久，国务院将秦岭生态功能保护区与三江源生态保护区作为首批国家级生态功能区同时批复，至今已有 20 多年。这期间有经验也有教训，有立法推动的进展，也有一省之内的局限。秦岭北麓的违建更是警钟长鸣。秦岭的生态保护，陕西要狠抓严管，更需要上升到六省一市，直至国家的层面。

秦岭水系有黄河的支流渭河、洛河、洮河，长江的支流汉江、嘉陵江、岷江。

据不完全统计，仅陕西段秦岭地区长度在 40 千米以上的河流共 86 条，流域面积在 100 平方千米以上的河流 195 条。2014 年 12 月 12 日，南水北调中线正式通水。六年来，秦岭 1423 亿立方米清水入库丹江口（秦岭湖），占水库总量 70%；2019 年底，秦岭水向北京输送整整一座密云水库。"十四五"规划健全生态保护补偿机制一节中指出："加大重点生态功能区、重要水系源头区、自然保护地转移支付力度，鼓励受益地区和保护地区、流域上下游通过资金补偿、产业扶持等多种形式开展横向生态补偿。"秦岭水源地自当成为生态补偿的重点，这也说明了秦岭生态对于我国生态安全屏障体系的巨大贡献和潜力。

"秦岭重点生态区"的意义还在于绿色发展。秦岭及周边城市经济圈以它独特的生态经济地位，不仅囊括了山水林田湖草系统治理的全部内涵，而且具备了"山水城乡工农一体化"绿色发展的经典价值，完全可以成为践行两山理论、推进生态文明和绿色发展的最佳示范地；通过强化以圈护山、以山兴水、以城带乡、城乡互补、以工补农、工农互补，实现协调发展和共兴共荣；探索具有中国特色的以低碳节能循环经济为引领、以山水生态保护为导向、以绿色人居环境为目标的"山水—城乡共同体"高质量发展的道路。这不仅对秦岭巩固脱贫成果、实现乡村振兴具有重大意义，而且可以使秦岭成为新时代全国"人与自然和谐共生"、经济社会低碳转型的样板。

## 二、环秦岭经济圈的构建，是优化我国区域经济布局的重要支撑和战略选择

"十四五"规划第九篇"优化区域经济布局，促进区域协调发展"中，对区域协调发展战略综述为："深入推进西部大开发、东北全面振兴、中部地区崛起、东部率先发展，支持特殊类型地区加快发展，在发展中促进相对平衡。"并在"健全区域协调发展体制机制"一节中强调："建立健全区域战略统筹、市场一体化发展、区域合作互助、区际利益补偿等机制，更好促进发达地区和欠发达地区、东中西部和东北地区共同发展。"且对提升区域合作层次和水平提出了要求。这些对区域协调发展、促进相对平衡有着很强的指导意义。

问题在于，在这四大块区域发展战略中，怎样提升它们之间的合作层次和水平？如何在发展中促进相对平衡？众所周知，这四大块区域是在省、市、自治区行政区划的基础上，更大方位空间的经济组合，它有着地理环境、经济社会坚实可行的客观基础，也有鉴于经济梯度层次和市场一体化发展的客观局限。在"三新一高"

发展的大势下，要不要、能不能在国家层面的总体框架中扬长补短、打破局限，构建一系列几大块区之间有机相融、促进发展的协调圈、平衡圈、提升圈？若有必要与可能，则非环秦岭经济圈莫属。

"一圈"的五大城市群以它特有的中心枢纽区位优势，东可连接东部沿海，中则聚发长江中游和中原城市群的强势影响，西则更有成渝、关中、兰西城市群作为核心引擎，推进新时代西部大开发形成新格局。它是贯通东中西部经济的大通道，是推进梯次转移与市场一体化、畅通国内大循环的关键所在。就南北而言，长江经济带与黄河流域生态保护和高质量发展是我国南北生态与经济发展的两条大动脉。其共同要求在于坚持生态优先、绿色发展，实施系统治理和保护，同时遵循"三新一高"的发展方向。而秦岭这"一山一圈"，正是"和合南北"两条大动脉的枢纽所在，作为"中央水塔"的秦岭与长江黄河中上游的治理保护紧密关联，不可分割。拥得青山，方有绿水。其"一圈"的五大城市群又是两条经济大动脉的"中流砥柱"，对两脉的生态保护与经济发展发挥着引领和推动的巨大作用。由此可见，"一圈"居中联动东西南北，深度统筹陆海山水，是我国优化区域经济布局的中心战略支撑圈，又是东部率先发展与中部崛起和西部大开发三大区域以及长江黄河两带保护与发展的协调圈和平衡圈，应该成为国家的战略着力点。

同时，应该看到，以五大城市群为主载体的环秦岭经济圈，完全可以成为全国区域经济战略布局中的"提升圈"。"十四五"规划在"开拓高质量发展的重要动力源"一节中提出："以中心城市和城市群等经济发展优势区域为重点，增强经济和人口承载能力，带动全国经济效率整体提升。以京津冀、长三角、粤港澳大湾区为重点，加快打造引领高质量发展的第一梯队。在中西部有条件的地区，以中心城市为引领，提升城市群功能，加快工业化城镇化进程，形成高质量发展的重要区域。"并且在"西部大开发"章节中提出："推进成渝地区双城经济圈建设，提升关中平原城市群建设水平，促进西北地区与西南地区合作互动。"在"中部崛起"章节中指出："推动长江中游城市群协同发展，加快武汉、长株潭都市圈建设，打造全国重要增长极。"2019年全国19个城市群发展潜力指数表中，成渝与长江中游城市群位列沿海三个增长极之后的第四、第五位，中原与关中城市群位列第八、第十位。不难发现，环秦岭经济圈的四个城市群在中西部已经或者有潜力形成高质量发展的重要区域，真正有实力提升为引领高质量发展的第二梯队。

同样，在"一带一路"和新的国际条件下，环秦岭经济圈势必成为我国对外开放的新高地和第二梯队。向东承接沿海开放资源，向西谋取亚欧大陆地缘经济格局，向南通达南亚、印太，向北连接中亚、俄蒙。优越的战略中枢地位和综合开放实力，使其成为新时期陆海内外联动、东西双向互济开放新格局的枢纽与引擎圈，应将其作为我国开放战略的重要支撑加以重点培育提升。

综上所述，环秦岭经济圈不仅是区域发展战略的协调圈、平衡圈，还是高质量发展重要动力源区的提升圈，又是对外开放的新高地，完全有必要而且有可能像长江与黄河两带一样，按照生态地缘和经济发展的客观规律，将其构建为一个相对独立进行规划发展的重大战略区域。由此，将形成沿海一带三个增长极、沿山一圈五大城市群、沿水两带经济大动脉三者有机结合、互联互兴的大格局，为我国区域经济布局提供更为优化的战略选择。

### 三、"一山一圈"对国家总体安全和国防军事安全的意义非同寻常

"十四五"规划指出："坚持总体国家安全观，实施国家安全战略，维护和塑造国家安全，统筹传统安全与非传统安全，把安全发展贯穿国家发展多领域和全过程，防范和化解影响我国现代化进程的各种风险，筑牢国家安全屏障。""一山一圈"在国家总体安全布局中，无论是经济、军事和生态安全，还是文化、科技和社会安全都具有十分突出的战略地位，其全方位、多领域、长期性的特点，难有可比、非常罕见。从这个意义上看，"一山一圈"的构想，就是要挺起中华的安全脊梁，建造国土空间格局的"安全圈"。

尤为值得关注的是"一山一圈"在国防军事安全建设上的重大意义。众所周知，秦岭自古乃兵家要地，是新中国特别倚重的国防军事战略安全要害区，20世纪就是我国三线建设的大后方，现在依然是国防现代化建设的重镇。它集中了一大批航空、航天、核能、电子、机械与国防工业、科研院所和尖端企业。西安、成都、重庆、武汉等中心城市以及汉中、宝鸡、绵阳、德阳、南阳、十堰等一批地级市仍然是我国高新技术与军事科研生产重要区域，聚集了产业、人才、科研、配套等资源优势，是典型的军民融合发展试验区。为深化军民科技协同，推动军地科研设施资源共享，推进军地科研成果双向转化应用和重点产业发展提供了国家级的大平台，对国防实力和经济实力同步提升发挥着越来越重要的作用。

"十四五"规划提出："同国家现代化发展相协调，搞好战略层面筹划，深化资源要素共享，强化政策制度协调，完善组织管理、工作运行、政策制度、人才队伍、风险防控体系，构建一体化国防战略体系和能力。推动重点区域、重点领域、新兴领域协调发展，集中力量实施国防领域重大工程。促进军事建设布局与区域发展布

局有机结合,更好服务国家安全发展战略需要。""一山一圈"所具有的地理区位安全优势和创新发展实力,正是"军事建设布局与区域发展布局有机结合"的理想之地,它的国防军事安全中枢地位和强大的战略支撑能力为"搞好战略层面筹划,构建一体化国防战略体系和能力"提供了十分难得、弥足珍贵的条件,仅凭于此,就应该对"一山一圈"厚爱三分,倍加重视了。

## 四、"一山一圈"对传承弘扬中华优秀文化,提升国家文化软实力的作用无可替代

习近平总书记讲过,秦岭是中华民族的祖脉和中华文化的重要象征。祖脉是指中华文明演进的渊源和重要历程,文化象征意味着上下五千年华夏文化的集中体现与见证。文物古迹旷世遗、华胥女娲伏羲易、炎黄二帝神农氏、古楚巴蜀三星堆、周礼秦制儒释道、诗经楚辞大史记、周秦汉唐盛世地。秦岭如众星拱月般吸纳熔铸了关中、中原、荆楚、巴蜀、西域各类缤纷多彩的文化类型,成为中华文明多元一体的核心文化圈,是中华民族核心价值思想的重要诞生地,是炎黄子孙心心念念的精神家园。保护传承弘扬秦岭文化,打造秦岭中华文化圣山,推动中华优秀传统文化创造性转化、创新性发展,扩大秦岭文化世界影响力,比肩西方文明象征的阿尔卑斯山,对于践行文化强国战略,提升国家文化软实力,有着其他地方不可比拟的重大意义。

由于长江经济带和黄河流域生态保护和高质量发展已纳入国家区域重大战略,并有专项规划保护传承各类文物和文化遗产,特别是"实施黄河文化遗产系统保护工程,打造具有国际影响力的黄河文化旅游带",让人振奋之余更感到"一山一圈"创立的必要性和迫切性。各种文化都在山水之间孕育发展壮大,因而常被人们称为"父亲山""母亲河"。中国自古就有山岳文化崇拜,中华文化精神与山岳密不可分。毛主席在岷山峰顶作的《念奴娇·昆仑》中就有诗意的表达:"安得倚天抽宝剑,把汝裁为三截?一截遗欧,一截赠美,一截还东国。太平世界,环球同此凉热。"为什么一截遗欧的阿尔卑斯山文化经济已举世闻名,而秦岭依然被历史烟尘遮掩,不能旧貌换新颜呢?民族复兴的宏伟大业,秦岭作为"父亲山"的深情呼唤,为"一山一圈"的崛起带来了新世纪的热切期盼,这也是我们这一代和后辈子孙的责任与担当。

总之,"十四五"规划既是实践的指导,也有一个不断深化完善的过程,就像"十三五"规划并没有提及黄河流域的发展,但经多方努力,中央集思广益、与时

俱进，在"十三五"期间的 2019 年 9 月提出了黄河流域生态保护和高质量发展的重大国家战略。我们殷切地期盼，经过艰辛努力，能在"十四五"规划期间推出秦岭生态保护和高质量发展的重大战略。"一山一圈"、宏图大愿、精诚所至、秦岭可鉴！

（写于 2021 年）

# "一山一圈"战略与"两山对话"平台研究(下)

刘维隆

**摘 要** 本文从自然地理与生态、人文历史与文明、社会经济方面对中国秦岭与欧洲阿尔卑斯山进行比较,对环阿尔卑斯山城市经济圈发展的相关经验进行讨论,包括政策机制、区域协同等,进而对"两山对话"的内容等提出了建议。

中国秦岭与欧洲阿尔卑斯山被国际地质学界誉为地球上的"姊妹花"。多年来,人们一直关注着两山的保护与发展状况,提出秦岭要敢于比肩阿尔卑斯山,在新时期焕发出自己独有的风采。更有人引用毛主席《念奴娇·昆仑》中的诗句:"安得倚天抽宝剑,把汝裁为三截?一截遗欧,一截赠美,一截还东国。太平世界,环球同此凉热。"进而提问,可否"东国"秦岭与"遗欧"阿尔卑斯山"同此凉热",交流互鉴、齐步天下,为中欧合作发展,建设人类命运共同体做出应有的贡献?

就秦岭自我定位而言,以往囿于"秦巴分界、无论岷西"的支离状况,有大、小,广、狭纷说之虞,显得底气不足、自信不强,未能公开比肩,张目于世。2020年4月20日,习近平总书记视察秦岭时强调:"秦岭和合南北、泽被天下,是我国的中央水塔,是中华民族的祖脉和中华文化的重要象征。保护好秦岭生态环境,对确保中华民族长盛不衰,实现'两个一百年'奋斗目标,实现可持续发展,具有十分重大而深远的意义。"这是对秦岭前所未有高度概括的科学定位。它高屋建瓴、纵横千古、一扫局隘、磅礴出新,奠定了秦岭保护与发展"国之大者"的地位,使"中国秦岭"成为中华大地重要的地理标识和文化象征,真正提升到全球应有的高度,由此开辟了两山对话、促进中欧交流合作的广阔前景。

不久前，中国国际经济交流中心上海分中心和陕西省决策咨询委员会的领导与专家们召开了"秦岭—阿尔卑斯山水治理合作，创建新的中欧合作点"座谈会，共同研讨了"阿尔卑斯山水资源管理经验对保护大秦岭'中央水塔'的启示"。笔者有幸参会，并就开展两山对话，创建中欧合作新平台一题发表意见，现就其中的基本观点和设想建议做进一步的简述。

## 一、从相似性、可比性的三维视角看两山对话的价值基础

第一，两山自然地理与生态价值十分相似。阿尔卑斯山是欧洲的最大山脉，长1200千米，宽130～260千米，总面积约22万平方千米，平均海拔3000米，位于北纬30度，地处温带和亚热带，向北俯视欧洲大平原，向南携带亚平宁、巴尔干、伊比利亚三大半岛。它是欧洲巨大的分水岭，多瑙河、莱茵河、波河、罗讷河皆发源于此，其面积仅占欧洲的11%，却提供了90%的水源，是欧洲大陆的核心生态圈。

中国秦岭则是中华大地的核心生态圈。它包括了秦岭和巴山、西倾山及岷山山脉的一部分，地处温带、亚热带，也在北纬30度左右，全长1500余千米，宽约200～300千米，面积约为40万平方千米。其一山携带两水——黄河、长江，黄河主要支流渭河、洛河、洮河，长江主要支流汉江、嘉陵江、岷江都源于秦岭水系，南水北调中线70%水源来自秦岭，是真正和合南北、泽被天下的中央水塔。（图1）

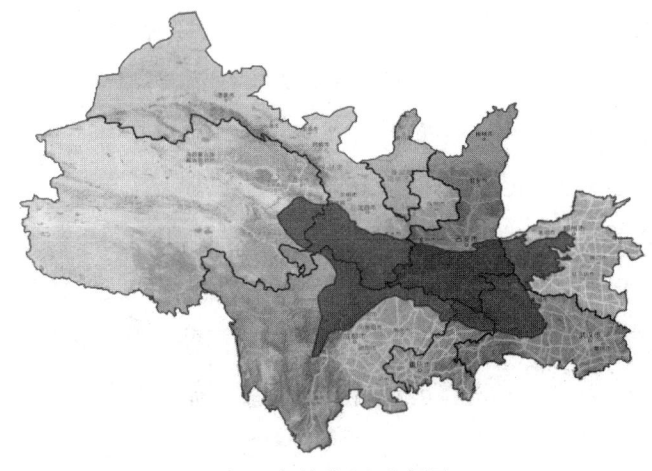

图1　秦岭位置示意图

第二，两山的人文历史与文明价值亦可相比。简言之，阿尔卑斯山是欧洲文明的发源地、历史演进的见证者、文化精神的重要象征，特别是以其冠名的文化

生态旅游产业已成为举世闻名的标杆品牌。而中国秦岭作为中华民族的祖脉和中华文化的重要象征，吸纳熔铸了中原、关中、荆楚、巴蜀、西域各类缤纷多彩的文化类型，成为中华文明多元一体的核心文化圈，是中华民族核心价值思想的重要诞生地，是炎黄子孙心心念念的精神家园。它所蕴含的文化生态旅游的潜力是十分巨大且令人期待的。

第三，两山的经济社会发展，特别是环山经济圈的价值类比尤可关注。阿尔卑斯山横跨法国、意大利、德国、瑞士、奥地利、列支敦士登、斯洛文尼亚及摩纳哥八个国家的部分区域，这些区域围绕阿尔卑斯山相互促进，形成了以米兰、都灵、里昂、日内瓦、伯尔尼、苏黎世、慕尼黑、维也纳、威尼斯九个核心城市为主干的环阿尔卑斯山经济圈。该圈是欧洲人口高度集中、经济高度发达的地区之一，与以伦敦为核心的英伦城市群、以巴黎为核心的西北欧城市群共同构成欧洲的三大经济圈。该圈中的德国巴登—符腾堡州、意大利伦巴第大区、法国罗纳—阿尔卑斯大区与西班牙的加泰巴大区一起并称欧洲经济的四大引擎。由于环阿尔卑斯山经济圈经营运作的历史较长，在区域政策规划、内外联通便利、特色产业培育、城乡协同发展、山区保护发展诸方面积累了许多经验，值得我们借鉴。

中国秦岭覆盖青、甘、陕、豫、鄂、川、渝六省一市，其地质构造相通，自然地理相连，人文历史共生，经济社会相融，交通四通八达。虽然国家尚未规划确立环秦岭经济圈，但早已聚焦该圈的五大城市群（成渝城市群、长江中游城市群、关中城市群、中原城市群、兰西城市群），相继审批了规划蓝图，并给予了有力的推进和支持，其中四个城市群已经或者有潜力形成高质量发展的重要区域，有望提升为国家引领高质量发展的第二梯队。环秦岭经济圈客观上已雏形初显，它是贯通东中西部经济的大通道，又是"和合南北"两条经济大动脉（长江、黄河）的枢纽所在。"一圈"居中牵连东西南北，深度统筹陆海山水，是优化我国区域经济布局的中心战略支撑圈，必将成为我国经济社会发展大局的战略着力点。由此可见，两山两圈的价值类比极其相似，而环秦岭经济圈的进一步规划与发展，举目全球，唯有环阿尔卑斯山经济圈可作参照，它们之间的交流借鉴极为重要。

## 二、对阿尔卑斯山保护与发展经验的初步认识

从收集的有限资料分析看，阿尔卑斯山的保护与发展呈现出基础厚、动手早、成效好的特点。欧洲毕竟是工业革命的先行者，几百年的发展积淀为阿尔卑斯山的保护与发展积累了雄厚的基础。"二战"后进入和平发展时期，政府重视、社会参

与，1952 年就成立了"阿尔卑斯山保护委员会"，其中有八个政府代表团和 100 多个协会参加。经过多年努力，特别是欧盟一体化的推动，其对阿尔卑斯山的保护产生了明显的成效。于今观之，阿尔卑斯山是全球范围内两山理论（绿水青山就是金山银山）极具实践意义的范例。不仅如此，他们还以阿尔卑斯山为主体，聚集周边核心城市，实行"山脉—城市共同体"，推进城乡、山区协同发展，形成了欧洲面积最大、人口最多、颇具活力的环阿尔卑斯山经济圈。他山之石，可以攻玉。这对我们无疑具有重要的启示借鉴作用。

从具体做法来看，以下几点值得重视：

一是欧盟一体化政策是关键的推动力量。1958 年签署《罗马条约》；1968 年建立关税同盟；1993 年启动统一大市场；1995 年欧盟与多国签署了包括一个框架条约、九个具体议定书的《阿尔卑斯公约》；2000 年制订了"阿尔卑斯山空间计划"，支持跨国项目有序开发，促进各区域有机一体化部署；2008 年又一次启动"阿尔卑斯山生态保护计划"；2009 年公约缔约国通过行动纲领，共同应对气候变化。如果没有欧盟一体化的推动，阿尔卑斯山就不可能按流域和山脉走向实行山水林田路的系统保护与治理，更不可能有环阿尔卑斯山经济圈的兴起与协同发展。

二是着力推动区域协同发展的政策效应较好。欧盟在区域协调、山区政策、涉农涉林、交通环境诸方面制定相关法规和计划。通过结构基金和聚合基金向落后地区提供必要的财政援助，对山区保护补偿和多元化发展给予引导。各国依据《申根协定》取消内部边界，极大方便了人、物、资金和服务的自由流动，促进各国经济、水利、教育、卫生、社会服务多方合作，实现绿色低碳可持续发展。这一点，值得我们在今后的规划政策制定中加以重视。

三是核心城市较好地辐射带动了城镇和山区。通过财政等政策，支持城镇和山区保护与发展，优化城镇环境，细化城市群分工，形成了数量众多、大小不一的中小城市，人口产业承载力不断增强。如米兰与周边城镇均质化发展，既避免了"大城市病"，又保持了国内国际竞争力。

四是欧盟中各种跨国的社会科研力量发挥了非常重要的作用。阿尔卑斯山是欧洲范围内以区域合作为目的，成立跨行政边界机构历史最悠久的山区。阿尔卑斯山保护委员会（CIPRA）就是《阿尔卑斯公约》的重要倡议者之一。1999 年又成立了"阿尔卑斯山国际科学研究委员会"，瑞士、意大利、德国等国家科学院参与签署《ISCAR 公约》，为数更多的大学、智库参与研究。他们通过了《阿尔卑斯公约》多年工作计划（2005—2010、2011—2016），围绕人口、气候变化、交通、旅游等多领域开展持续性工作。反观中国秦岭的科研，我们的差距还真是不小。

### 三、两山对话的必要性、可行性和相关建议

两山对话的大背景是百年未有之大变局下国际关系战略格局的深刻变化，我国"一带一路"倡议的实施，以及人类命运共同体目标的构建。欧盟在这一大的格局下显得十分重要，它既是美国同盟伙伴，又有自己的利益需求，一直在寻求战略自主性。中国是欧盟最大的贸易伙伴，双方推动中欧投资协议，在生态保护、气候变化、经贸交流、多边主义诸方面有着共同的诉求和利益。两山对话涉及的生态低碳、绿色发展、文化旅游、区域协作等内容，正是欧盟发展战略中的关注点和着力点，首倡两山对话，不仅展示了我国开放学习的胸怀，而且在中欧合作中增加了新的内容和平台。

中国秦岭与阿尔卑斯山同属中欧中部战略腹地，随着中欧班列陆运的扩展，已然走向开放合作的前沿，发展前景十分可观。况且"两山"所涉省市及城市群落居多、潜力巨大，必将成为我国对外开放的重要战略方向之一。展望未来，编织连接亚欧大陆高速铁路网，进而陆运与海运并驾齐驱甚至超过海运，也并非空想。两山对话，推动中欧合作正当其时，定会促进这一历史进程的良性发展。

为此，我们建议，将推动两山对话、创建中欧合作新平台纳入国家重要议程。

#### （一）两山对话的准备

尽早依照习总书记关于秦岭的科学定位和指示，组织系统专业的论证，确定中国秦岭的地理范围与周边区域，将其作为我方对话的主场基础。在中央外宣方针的指导下，及时组织各方各地编好喜闻乐见的中国秦岭故事，作为对话与外宣的资料基础。同时按照知己知彼原则，深入了解阿尔卑斯山的现状与发展意图，寻找双方对话、交流互鉴的切入点，并进行高层的接触与商讨。

#### （二）两山对话的内容

就目前所知，大概会有生态保护（山水林田路治理）、气候变化（碳达峰、碳中和、碳交易等）、生态人文旅游产业、城乡山区绿色发展经验、区域经济协调发展的政策与管理（环阿尔卑斯山经济圈与环秦岭经济圈的交流互鉴）等。可以本着"先易后难、由点到面"的原则，先从对方较为关注的生态、气候等方面入手，逐步展开，进而达到人文、经济、两圈、多边全面交流合作的局面。

### （三）两山对话的机制

实行政府主导推动，学术搭建平台，社会企业参与。经过认真准备，通过中国—欧盟双方高峰对话，对于两山交流的原则、内容、目标共同予以确认和推动。同时可通过"欧亚论坛"进行两山论坛及交流活动，动员科研单位、社会组织、相关企业积极参与，双方拟订计划，深入推动政府、学术、社会、企业四个层面有序进行，编织双方交流网络，开辟文化—旅游专列，扩大民间社会交流。

由于此事体大，关涉国家对外开放战略和六省一市，建议全国政协召开双周协商会专题讨论推进，由国家发改委、生态环境部牵头组织落实，同时充分发挥地方积极性，承办两山对话会场会务，在不断深化的过程中，省、市、县、镇依照相关条件与对方相应单位结成友好交流关系，以期达到全面深入、持续对话合作之目的。如若事成，必将为中欧关系和"一带一路"开辟更为壮阔有效的新平台。

从《秦岭保护与发展的国家战略建议》到《一山一圈进入国家规划的战略意义》再到此篇建议，幸得众多同仁积极参与，才有此"秦岭三议"。同时，我们深感，这其实是自不量力，以"三小博三大"：第一是小题大做，从小秦岭做到大秦岭，以求在"国之大者"上求解；第二是小学大思，本属于较小学识，却要去构思这个大课题、大局面；第三是小力大为，明知自己力量较小，还要整出个大思路，有一点大格局，图一个大作为。恳请相关领导和部门专家能详查此议，去芜存菁，以大学谋大题，以大力促大为，使秦岭之事不限于一省一城，而成为国家战略之举。

（写于 2021 年）

# 秦岭，一带寻常又非比寻常的山地

张国伟　鲁如魁　姚安平

**摘　要**　秦岭是中国大地上一带寻常又非比寻常的山地，东西向横亘于中国大陆中央，在中国统一大陆的形成与演化和中华民族与中华文明发生发展中占有突出重要位置，世界闻名。尤其在今天振兴中华、圆百年之梦、建设现代化社会主义强国的伟大事业中，更具有重要意义，更为党和国家与人们所重视，大家想更多地了解、认识、保护、建设、发展秦岭。为此本文从以下三个方面简要概括介绍论述秦岭：①秦岭地理成山与生态；②秦岭地质造山及其基本特征；③秦岭人文功能与特殊贡献。综合评述秦岭的自然属性与生态文明社会价值意义，有助于社会更好地认识、爱护、保护、建设、发展秦岭，使秦岭更加山清水秀，更具有活力，为振兴中华做出新的历史贡献。

秦岭是中国大地上雄伟突出的一带山地，在社会与地理学中通常被称为秦岭山脉，简称秦岭；而在地质科学中，因地球造山作用而隆起成山，故学术用语称之为秦岭造山带，或秦岭构造带。地球上有众多的山地山脉，秦岭就是其中的一个，具有全球山脉（造山带）共有的基本特征与作用，因此可以说秦岭是寻常的。但秦岭又确实是不寻常的，它具有全国与全球山地山脉共性中的独特性，尤其对中国大陆的形成演化和中华民族与文明形成发展与现时社会发展及生态环境具有特殊意义与贡献，所以历来为社会与人们所关注，尤其在现今，更多人想更多了解秦岭、保护秦岭、建设秦岭。下面，让我们一起从秦岭的自然属性特征和对中华文明、人文社会的作用、价值，来认识和了解秦岭。

## 一、秦岭的地理与生态：中国大地的脊梁和综合的天然分界带

秦岭位于中国大陆的中部，呈东西向分布。西起青海东部黄河流域西侧，东到河南西部华北平原西侧的南阳盆地与淮河上游，中经青西、甘南、陕南、豫西，跨川渝鄂的北缘或西北缘。总体自青藏高原东北部直下华北平原与江汉平原西缘，浩浩荡荡，气势磅礴。秦岭包括众多不同地域的著名山地，如迭山、麦积山、米仓山、大巴山、太白山、终南山、华山、武当山、伏牛山、熊耳山、崤山、邙山等，这些统一称为秦岭山脉，简称秦岭（图1）。所以广义的秦岭是上述一带山地山脉的总称。在地理地质科学中又划分出东、西秦岭（区、带），以陕甘交界的徽成盆地（徽县、成县）为界，以东的陕南—豫西地带称东秦岭，以西的甘南—青东地带称西秦岭。在少数文献中也有中秦岭一说，主要指陕西南部地区，但因与地理、地质学中的南、北、中秦岭学术用语矛盾混淆，很少使用。

秦岭东西一带蜿蜒1500余千米，最宽处约300千米，最窄处约120千米。北邻黄土高原，俯视黄河流域和渭河谷地，南依青藏高原、四川盆地和三峡，居高眺望长江流域。其北侧支流南下汇大江而东去。纵观秦岭，其整体地势西高东低，北高南低。西部平均高3000米，最高5000米以上；东部平均高800~1000米，最高超过2000米；北部最高为太白山3771.2米、华山2154.9米。总体山地呈现西隆东

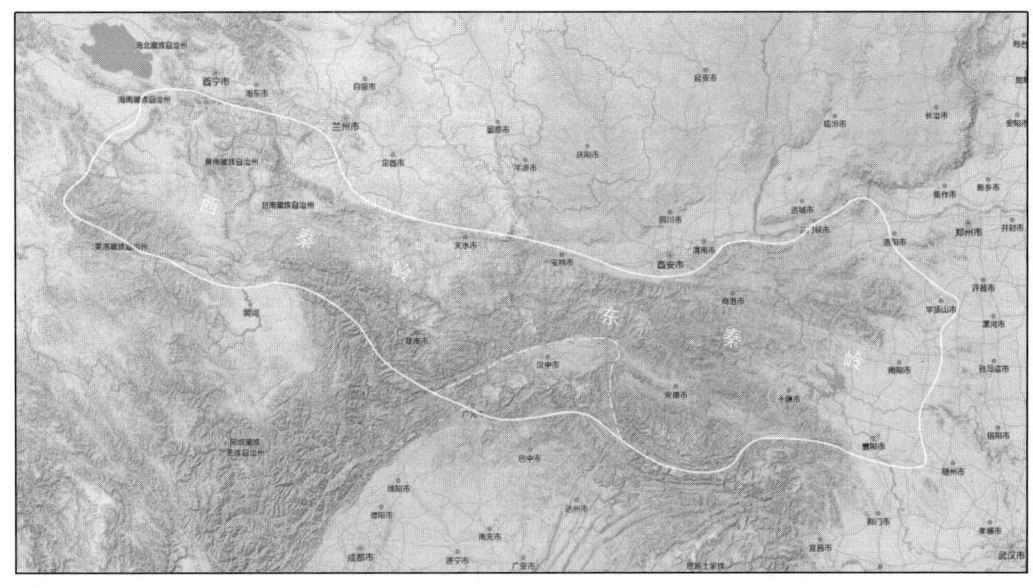

图1　秦岭山脉区域分布影像图

降（图2）、北仰南伏之势。因之构成一带山地地块的山势总体北坡陡南坡缓，不对称一带高山崛起，雄踞中国大地中央东西一线，又"和合南北"，秦岭成为中国大地地表系统主要江河水系分水岭，成为中国的中央水塔和水源涵养地，影响了中国大地地表系统中东部山川的基本形势和生态环境以及主要水资源基本格局。

同时，秦岭总体山势也影响了其自身内部的基本地形地貌布局。东秦岭呈现自东西向、两山夹一谷地的地貌总形态。秦岭山地中最大主流水系汉江流域低谷带，分化出南北两条山岭带，北侧为秦岭分水岭主脊鳌山—太白山—伏牛山，南侧则为米仓山—大巴山—武当山。汉江支流多为南北向，支流的支流水系多向，总体纵横交织，绘成一幅峰岭沟谷交错有序的美丽山水画。西秦岭地貌则另具形态，主要水系穿越山脉汇入长江，源远流长，源头北上逼近秦岭北缘，而唯独西端洮河如同黄河折向北流，横穿秦岭山脉，一反长江水系南下流向，构成西秦岭反向水流独特山水地貌景观，何因何故，可作有趣思考。

秦岭山脉的存在与分布不是孤单的，实际上它是中国大地上更为宏大的山链的组成部分，我们称之为中国中央造山系或中国中央山系。它西起帕米尔高原，东到

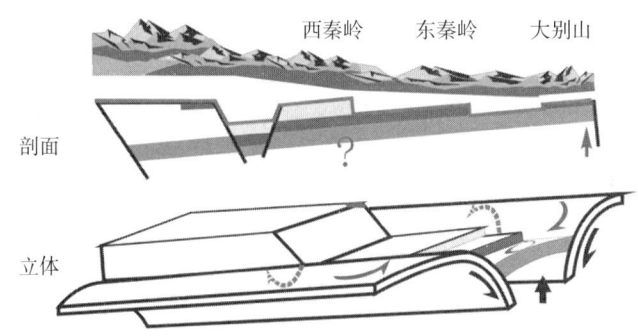

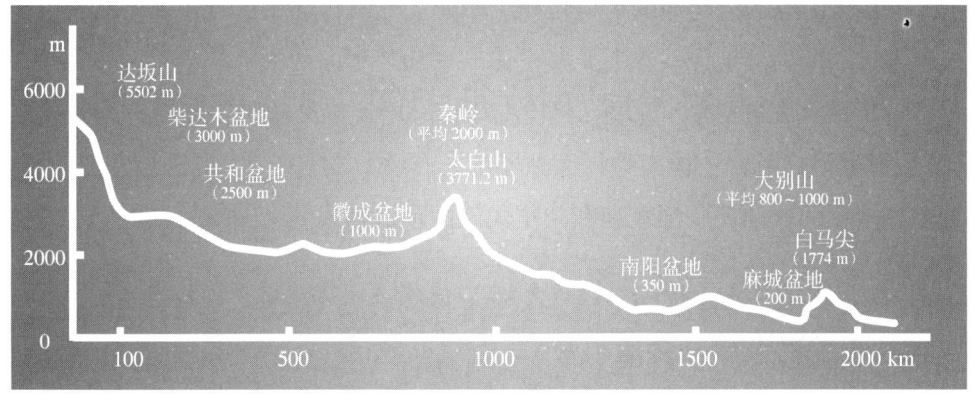

图2　中央造山系和秦岭造山带山脉地势剖线示意图

黄海之滨的山东半岛，绵延数千公里，山脉相连横亘于中国大陆中部，跨越青藏高原北部，矗立于华北华南陆块之间。秦岭是其重要组成部分，且位居山系的中心部位，是联结东西的纽带。西秦岭西接昆仑山、祁连山，再西去因阿尔金山大断裂断错位移到喀喇昆仑山，直到帕米尔高原，而东秦岭则东接桐柏—大别山脉，又因郯庐大断裂断错平移至山东半岛，潜入黄海。显然，秦岭山脉在这一巨型山系内占有突出重要位置，这也是我们在观察了解秦岭时不可忽视的秦岭山脉的特征及形成演化的地质基础。

上述秦岭地理生态具有的突出区域特性和特殊功能作用的重要因素，地理上主要在于秦岭山脉的地理空间位置与分布及其起伏高程，关键在两点：

（1）秦岭处于北半球中纬度位置，位于北纬 32°～35°之间，这正是中国大陆亚热带与暖温带气候的交界转换带，是气候冷暖、干湿雨量和生物种属区系等生态环境气候变换交融与分异的过度分界带，也是独特的生态环境区带，宜于多样、珍稀和孑遗生物的生长发育保存，极富生物多样性，是生物的混生区与基因库。正是秦岭地理的这一区域特性，才使之具有地理、气候、环境、生物等多样综合生态环境的区域分划、交接转换与混合交融的特有自然功能。同时，秦岭这种中纬度中高山的纬向分布与气候带分界，不仅造就了我国南北方两大主体差异生态地理区，而且由于它的中高山高程，既阻挡了南来的暖湿东南亚季风，也阻挡了北来的干冷寒流，尤其阻挡了北来的荒漠风沙黄土，从而形成了黄土高原，并使之仅仅分布于秦岭以北的黄河流域中游区域，成为一个独特的人类生存空间。我国南北两种差异鲜明的生态环境与人文地理景观充分反映了秦岭山脉的独特功能，可以概括地说，秦岭是我国大地的脊梁，是我国地质、地理、生态、气候、环境、生物和人文的综合天然分界带与融合交接带。对中国大地和中华民族来说，实可谓伟大。

（2）秦岭山脉的空间地理占位正处于中国大陆整体的中部近东西一线，也正是构成中国大陆的诸多地壳块体，尤其主体的华北与华南两大陆块的接合带部位。这既是秦岭形成存在的必然（后述于秦岭地质部分），也是中国大陆统一构成的自然表征，因此秦岭山脉是中国大地得天独厚的龙脉娇子，是中华大地顶天立地的脊梁，它记录、培育、赞颂着中华大地和中华民族的形成与发展。

## 二、秦岭地质造山与特征：中国大陆主体统一形成的主要接合带，世界典型代表性的大陆复合造山带

秦岭山脉，也称秦岭造山带，它的形成演化是一部波澜壮阔的、漫长的地理地

质历史剧,包括从现在追溯到地质尺度的早期,从地表到地球深层,乃至到外层空间,是对作为宇宙天体行星的地球的上部固体外壳中洋陆板块分离拼合历史及其动力机制的综合探索研究和认知,简言之,即对地球发生造山运动、形成造山带和地表系统山脉的形成演化的研究,它漫长复杂,充满探索,既有客观规律基本共识,也有学术争议。我们这里长话短说,仅简要介绍秦岭造山带与现今地理山脉的形成演化和秦岭地质的主要特征。

### (一)秦岭山脉的形成与演化

现今秦岭山脉的形成与演化,是一个地质时空尺度的漫长过程。可以概括为两大地质地理历史进程:①先期地质造山过程,即先期地球造山作用的地质历史造山过程。②晚近时期地表系统成山的地理成山过程,即在先期地质造山作用的结果基础上,又在地表系统动力作用下,形成现今山脉的地表地理作用进程。

**1. 秦岭地质造山过程**

秦岭造山带是在全球与中国大陆形成演化总的地质与动力学背景基础上,经地质长期在不同发展阶段以不同地质构造动力机制演化而形成的复合造山带,成为具有全球与中国大地构造共性中独具特征的典型的大陆复合造山带。更具特殊重要意义的是,它是中国大地主体统一形成的主要地质拼接统合的接合带,是真正中国大地的脊梁。

现今的秦岭造山带是历经长期复杂演化的综合结果,经历了三大地质构造演化阶段,划分出三大构造单元(图3),形成了三大套构造地层岩石单元,即现今秦岭

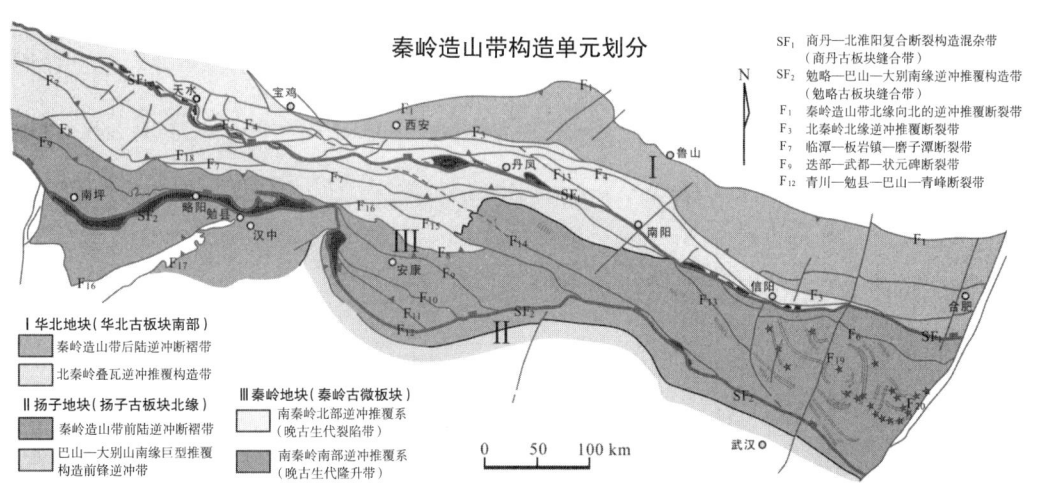

图3 秦岭造山带构造单元划分图

中存在的三大套基本地质物质组成，也就是今天在秦岭中我们可以看到的不同的石头。它们是秦岭从地质历史早期至今不同时空下的真实地质记录，是认识研究秦岭的宝贵文献书籍。秦岭三大套构造岩石地层单元是：

（1）早期地质历史的前寒武纪两类不同的变质变形岩浆活动的基底岩系，即早前寒武纪结晶岩系，现以零散残存的不同形式构造岩块夹持包裹在造山带不同构造单元中；中新元古代浅变质变形过渡性基底，较广泛分散出露于造山带不同构造单元内。上述早期构造地层岩石单元历经多次改造变位，大多已难以准确恢复其原位原貌，尤其是早前寒武纪岩系。

（2）新元古代中晚期—中生代初期秦岭主造山期板块构造体制下相关不同阶段形成的构造地层岩石单位。

（3）中新生代陆内造山与陆内构造相关环境条件下的陆内构造建造，包括构造断陷盆地、前后陆盆地沉积岩层、以花岗岩为主的侵位岩浆岩系、成矿以及各类构造岩系。

对秦岭造山带的地质、地球化学与地球物理等多学科综合研究，可以恢复重建秦岭造山主要经历了三大演化发展阶段（图4）：

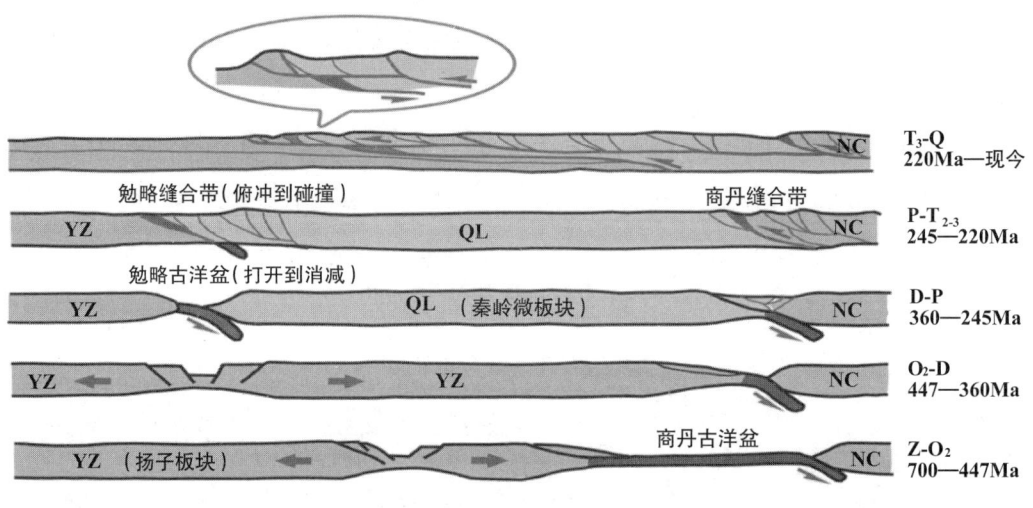

图4 秦岭造山带演化示意图

（1）前寒武纪两类基底形成阶段（地质纪年的冥古—太古—元古代），包括早期（冥古—太古—早元古代）结晶基底形成时期和中新元古代过渡性变质变形岩浆活动基底形成时期。迄今为止的研究尚不清楚早期地球演化构造体制机制和中国大陆中的如华北、华南等地块的原貌与原位，以及有无秦岭的初始，等等，这些都是当前地球科学要探索研究的地球早期构造体制机制和有无板块构造等前沿科学问题。

（2）新元古代—古生代—中生代初，秦岭主造山期两期板块构造演化阶段，包括板块洋—陆俯冲造山和板块陆—陆碰撞造山两期。这个时期确知已存在华北板块与华南板块及它们之间间隔的秦岭，开始了华北华南两个板块洋陆相互作用的板块构造演化时代。这期间经历了四个演化进程：

①秦岭洋壳扩张及其两侧的华北、华南板块相对应的被动大陆边缘形成与发展时期（元古代中晚—古生代初期），此时期秦岭广泛发育新元古代岩浆火山岩和两个板块的陆缘沉积岩系。

②早古生代板块俯冲造山时期。中奥陶世华南板块（地质学中也称扬子）前沿的秦岭洋壳已开始向北俯冲于华北板块之下，持续进行到志留纪和泥盆纪交接之时，洋壳消减几近殆尽，乃至南北两板块陆壳接近，甚至有陆—陆点碰撞。此时期华北板块南缘形成海沟—岛弧—弧后盆地的沟弧盆活动大陆边缘结构和点碰撞造山变形变质岩浆活动，但尚无发生全面的陆—陆碰撞，主要是板块的俯冲造山。

③勉略洋盆（勉县—略阳一线及其向东西的延伸）扩张打开时期。在华南板块大区域扩张背景下，华南板块北缘伸向秦岭洋的被动陆缘扩张打开勉略有限小洋盆，使秦岭区呈现出原秦岭洋和新打开的勉略洋及其两洋间夹持的秦岭微板块，加上华北、华南原两板块，构成二洋三板块的新的构造演化格局。

④秦岭的最后陆—陆全面碰撞造山时期。晚古生代—中生代初期，华南板块北缘沿勉略洋向北向秦岭微板块之下俯冲消减，秦岭微板块沿残留的秦岭洋盆北缘的商丹（商州—丹凤东西一线）消减带向华北板块加速持续俯冲，最后两带均先后于中生代初期（中晚三叠世）完成板块陆—陆的全面碰撞造山，最终形成秦岭从俯冲造山到碰撞造山的板块俯冲碰撞两期复合造山大地构造演化。

（3）秦岭中新生代大陆构造陆内造山演化阶段。秦岭于2亿年前完成板块造山而隆升成山之后，并未平静下来，而是进入地质纪年的中新生代以来的大陆陆内构造演化阶段，仍不断处于新的构造活动状态，发生新的没有大洋参与的大陆陆内造山和非板块的陆内构造期。其中主要有两期：

①中生代中晚期的陆内造山期，即地质纪年的晚侏罗世—早白垩世，地质学称之为燕山构造中晚期。秦岭在地球深部动力学和全球东亚区域构造动力学背景下，在华北与华南两地块向相持续汇聚的大陆动力学驱动下，发生强烈陆内造山。现今高大的秦岭山脉不是2亿年前的秦岭板块碰撞造山所造成，而是由这次陆内造山所造就。因为2亿年前板块构造所造成的山，如果2亿年以来秦岭一直处于平静状态，

应早已被夷平而非为现今高起的山脉了。

②中生代末期—新生代，陆内构造和地表系统动力作用的地理成山。中生代晚期新生代以来，秦岭复合造山带在新的全球板块构造动力学体系中，具体在中国大陆及其周边，主要是喜马拉雅造山系与青藏高原的形成，全球欧亚板块与太平洋板块间的东亚大陆边缘构造系统的形成及其持续的动力学作用，导致构成中国大陆内的各地块间，诸如华北、华南地块及其内部的次级地块间发生新的相互作用与构造运动。在此区域不同构造动力学联合作用背景下，中国大陆地表三大台阶总的地理格局中，秦岭造山带除受周缘全球性板块构造及其远程效应作用外，更突出是由大陆内各地块间相互作用与来自地球深部动力的，即非板块的陆内构造动力的作用，产生新的陆内构造，发生中新生代以来沿秦岭造山带南北缘分别不对称的向北向华北地块、向南向华南地块的大规模断裂逆冲推覆，使秦岭遭受南北地块向秦岭深部的俯冲，造成秦岭山脉成不对称扇形急剧隆升，之后北侧又因发生秦岭北缘正断层大断裂，形成关中渭河断陷盆地，后又发育渭河水系，改造了秦岭北缘原向北逆冲推覆的构造面貌，终成秦岭山脉现状。秦岭北缘断裂巨大，以秦岭最高的太白山基岩山顶高程与其山脚下的西安凹陷松散中新生界沉积层下的相应基岩之高差，可达12～13千米，在不到1亿年时间内其升降高差幅度竟超过万米，可与珠穆朗玛峰升降高差幅度媲美。无怪乎秦岭高大险峻，古人惊叹道："噫吁嚱，危乎高哉！蜀道之难，难于上青天！"

**2. 秦岭地表系统地理成山过程**

秦岭现今地表呈现的山脉面貌是在先期地质造山最后地表隆升成山的基础上，在中新生代晚近期，尤其新生代以来，地表系统内外动力联合作用下，共同塑造而成的，这也就是秦岭地表系统地理成山的过程。它是在晚近时期中国区域大地构造与动力学背景下和大的地理动态格局中，由先期地质造山决定了基本属性特征与格架，遭受新的地表系统，来自地球深层内部和地外宇宙太阳系的内外动力共同作用，包括地球的固体地壳圈层、流体大气层与水圈层和生物圈层以及太阳系行星等的作用，发生山脉地块升降断裂变形，剥蚀沉积流水雕刻，形成现今整体山脉和其千沟万壑岭谷交错的秦岭山地，秦岭雄伟高大、险峻壮观、气质非凡，终成一派寻常又非寻常的大山。

**（二）秦岭造山带的地质基本属性与特征**

综合秦岭造山带的形成演化，可以概括为以下地质基本属性与特征：

（1）秦岭是由多期多样板块造山叠加陆内造山的复合造山作用形成的大陆复合造山带，非为单一经典板块构造模式的一次造山所致。秦岭造山带是在前寒武纪先期构造的基础上，从新元古代 8 亿年以来至今，主要由华北板块、华南板块及其之间的秦岭微板块三个板块和其间的秦岭（商丹）洋与勉略洋两个洋盆的三块二洋历经不同期次洋盆扩张与消减的板块洋—陆俯冲造山，陆—陆俯冲碰撞造山，后又复合叠加陆内造山而才形成现今的大陆复合造山带。简言之，秦岭是由板块俯冲和碰撞两期造山，再叠置大陆陆内造山复合而成，是典型的大陆复合造山带，显著区别于众多单一板块构造体制的一次造山的造山带。因此，秦岭具有独特特征和重要科学意义。

（2）秦岭造山带结构呈现为壳幔圈层时空四维非耦合的流变学分层的"立交桥"式大陆复合造山带构造模型。秦岭造山带上部（40~80 千米以上）主导呈东西向结构构造，而深部（40~80 千米以下）则具流变学分层，主要呈南北向异常结构状态，上下之间在 60~80 千米的中间层呈水平流变过渡状态，综合从深部到表层造山带岩石圈地壳地幔上中下，总体为流变学分层的构造非耦合"立交桥"式的时空四维几何学造山结构模型（图5），代表了秦岭造山长期形成演化过程中，不同期次构造变形与组合的时空四维叠加复合，构成全球大陆造山带中独特的造山结构构造模型，富有重要的地学前缘科学研究意义和信息。

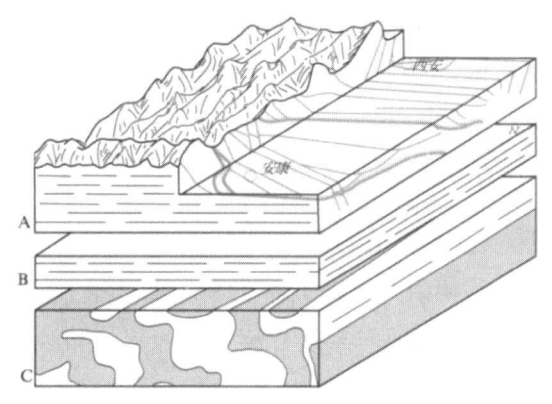

图5 秦岭造山带壳幔圈层时空四维流变学非耦合"立交桥"式大陆复合造山模型示意图

（3）秦岭造山带是中国大陆主体完成拼合统一的主要接合带，是中国大陆的脊梁，在中国大陆统一形成演化中占有突出重要的地位。它是前述的横贯中国大陆中部的中国中央造山系的重要组成部分，同时又是南北经向穿越中国大陆的贺兰—川滇南北构造带和强烈地震带与纬向中央造山系垂直叠加交接交叉点，成为控制现代中国大地构造格局与动力学的重要因素，意义重大。

（4）秦岭造山带是我国重要矿产资源基地和能源重要控制影响区。秦岭造山带是我国大陆地质历史中长期的活动构造带，是地球上长期的物理、化学、生物综合相互作用的地质作用场所。所以秦岭长期多类型的复合造山作用导致发生强烈的构造岩浆流体作用和构造变动,地块断裂升降,成盆沉积,元素分解化合运移聚散富集成矿,从而使秦岭成为我国重要的多金属成矿带和矿产基地。其中尤以中新生代为主成矿期,形成了著名的世界级大型、超大型的不同类型矿产,如栾川、金堆城钼矿、西秦岭、小秦岭金矿、山阳钒矿、西和—凤县铅锌矿、柞水银矿和铁矿、旬阳公馆汞矿、蓝田铀矿等。同时,秦岭是中国大陆主体统一整体形成的拼接带和强大造山带,控制和影响着我国大陆南北两大主要含油气盆地,即鄂尔多斯和四川盆地的油气、煤炭和铀矿等主要能源基地,并成为国家能源发展与潜力评价的重要研究基础,显示了重要的社会经济与科学研究意义。

(5)秦岭地质纪年的第四纪以来,新构造活动显著,主要表现在两个方面:①地质尺度和人类生存尺度下的秦岭地壳的稳定性和山地结构以及地形地貌动态。地质尺度上秦岭正在沿其内部南阳、徽成、共和等盆地近南北向断裂发生东西向的扩张裂解,尤其在中国中东部大区域地壳深部结构呈近南北—北北东向的地球物理异常状态背景下,秦岭山脉整体区域在未来地质演化进程中有可能分解为几个山地块段。从地质与人类生存两个尺度上观察测量研究,秦岭相对于渭河盆地正在以平均每年3毫米的速率抬升,这应是相对的快速隆升(陕西省地震局:渭河盆地邻区现今三维地壳运动特征)。②秦岭地质灾害与生态环境变化。秦岭北侧濒临汾渭盆地强地震带。沿陕甘交界的天水陇西至四川龙门山近南北一线是我国贺兰—川滇八级强地震带,穿越了秦岭地带,属强震带,青川—阳平关—宁陕一线是具活动性的断裂带。地质灾害方面,由于秦岭区域持续抬升,区域地壳仍处于动力非均衡状态,山地剥蚀增强,又因气候变化与人类频繁活动,加剧了山地地质灾害和生态环境恶化。但近年来,大力推进生态文明建设与对秦岭的环保治理,状况已有大的好转,不过仍需持续加强维护。

(6)秦岭造山带在全球造山带共性中的突出独特地质特性特征,具有促进当代地球科学前沿发展,构建地球系统科学与探索地球的生命宜居性和生态文明建设的重大科学与现实意义。

## 三、秦岭的人文功能与独特贡献

关于秦岭山脉与中华民族及文明相关的文献论述已有很多,这里不再赘述,这里仅强调两点,以供参考讨论。

## （一）秦岭是中华民族与中华文明的发祥地和精神家园

史学、考古学和中华探源工程的研究都揭示了中华民族和中华文明从起始、发展到鼎盛，即从远古的猿人、智人到中华民族始祖新旧石器时代，到三皇五帝，到夏商周国家王朝，到秦帝国建立，再到汉唐辉煌鼎盛，主要是以中国大地中部中央区的秦岭为中轴以及由秦岭控制影响的黄河、长江两大主流水系中下游区域为起源、发展、壮大的发祥发展地域。所以，秦岭及其两侧的两大流域，包括黄土高原、华北沿黄平原区、四川盆地和江浙太湖区，其核心在秦岭北侧渭河关中盆地、河洛盆地和安阳—郑州平原中心区。三星堆、良渚与石峁遗址考古的重大进展，也显示了成都平原、太湖区和黄土高原北部的核心作用。显然，这些无疑都是中华民族文化的主要发祥地、滋养发育根基地，是地球上宜居的生存空间。其中，秦岭山脉占有突出地位，对于中华民族和中华文明具有特别的人文功能与价值。主要表现在以下三点：①秦岭山脉的三大自然属性与特征。第一，秦岭地质造山，形成一带雄立的中高山，划分出南北两大水系疆域，影响了中国大陆地理的基本格局。第二，秦岭恰是中国完成统一大陆的拼合带，并位居中国大陆的中央，横亘东西，支撑与影响着中国大陆中东部从深层到浅层的动态发展。第三，秦岭位于地球气候分界带上，并在青藏高原全球性影响的基础上，影响着中国大陆主体的生态环境与人文生存条件。三者合一，使秦岭特具得天独厚的自然属性与功能，为中华民族起源发展造就了天然宜居的生存发展空间。正是秦岭的成山，分化了中国大地上的黄河长江流域，并形成了黄土高原、四川盆地、渭河盆地、河洛盆地。而这些地区都是中华民族起源发祥和中华文明发育发展的核心区。②秦岭及其造就的生存环境条件，区别于世界其他主要文明古国与民族的生存环境，在千百万年时间长河中，孕育着中华民族的内涵风骨和中华文明的精神智慧。秦岭山脉高大雄伟、物产丰厚，但又充满艰难险阻。其分割又统合着南北，既各有宜居的环境，如南方山清水秀、良田沃野、鱼米之乡，充盈着自然的柔美和聪慧；北方黄土高原、山林草地、牛羊成群，突显了雄健阳刚。但也各有险恶的条件，如北方的干旱严寒、沙尘暴、黄河水患等。中华民族生来与秦岭休戚相关，考古已发现，秦岭及直接邻地有郧西猿人、蓝田人、大荔人、沙苑、二里头、半坡和姜寨等大量遗址遗迹，广布老官台、仰韶、龙山等文化层，先祖黄帝群落主要游弋于秦岭北侧黄土地，伏羲、炎帝、神农氏皆起始于秦岭，秦人出于西秦岭，汉则起于汉水汉中，周秦汉唐皆已越险阻沟通巴蜀和荆楚，等等，足见中华先祖与秦岭渊源之深。③秦岭是平安与抗争之强大靠山，也是千年古都昌盛的休养生息之后花园。何以秦岭山脚下的渭河盆地，一直是中华民族千年之京都所在，政治经济文化之中心？长安所在的渭河盆地紧依并居秦岭，号称八百里秦川，四周环山，南靠秦岭，易守难攻，故为中国古代周秦汉唐都城久立之地。长安政经繁荣、文化灿烂，周礼起始，老子落居，孔儒崇尚，佛家祖庭寺庙林立，儒释道三大宗教会聚，辋川樊川诗人唱和，域外朝拜，万方荟萃，乃成孕育融聚中华民族与中华文明的精神圣地。实可谓中华民族与中华文明之精神家园。

秦岭与中华民族及中华文明的关系，实为人与自然的关系问题，即一个基本哲学命题，历来为人们关注，尤其在当代，人类社会面临全球变化，社会可持续发展和我国生态文明建设作为国家发展的基本战略的新形势下，人与自然的关系，已不仅仅是哲学探讨问题，而是一个突出的现实问题。秦岭与中华民族及中华文明的关系，应是一个人与自然关系的典型案例，富含人与自然关系的本质与规律，并蕴藏着大量宝贵材料，需要专项集中挖掘整理，分析研究，概括总结，形成人—自然、天—地、人—地合一的理论认知。所以，要从中华民族和中华文明长期起源发展与秦岭山脉相互共生交融的作用中，认知人—地，即人与自然的关系的本质与规律，创新认知，推动生态文明建设。

### （二）秦岭面对国家新发展需要新期望

当今人类社会发展突显了两大问题：①宇宙行星地球自然演化加上人类活动引发全球变化和生态环境、资源、能源、人口膨胀、粮食等人类社会危机，威胁人类社会的可持续发展。故亟须重新认识地球以及人与自然的关系，规范人类活动，坚持社会转型与绿色发展。②面对全球变化，当今人类社会发展也正面临新的历史发展节点，处于社会发展大变革之中。时代呼吁构建地球新演变下适于人类社会生存发展的新的运行体制与规则，构建人—地球生命共同体和人类社会命运共同体。在上述世界大背景下，我国也在实现现代化强国的关键征途中。党中央为此已制定了系列发展战略，其中生态文明建设、绿色发展就是一个基本发展战略目标。秦岭的生态环境治理保护、绿水青山的生态文明建设，就是国家的重大实施计划与任务。因此，秦岭正面临国家新需求、发展新机遇，要使古老的秦岭焕发新的活力，更加年轻美丽，更加与人类和谐共生，并发挥其已有的和新的自然与人文功能，保障支撑、维护推进中华民族的伟大复兴，使中华文明更加光辉灿烂！秦岭是大自然的馈赠，让我们共同保护环境，科学合理地开发利用资源，积极推进秦岭生态文明建设！

## 四、结语

最后,我以走进秦岭、探索认知秦岭的一位老科学工作者的身份,依据我与秦岭六十余年的亲密交往,用我曾写的一首诗作为本文的结语:

**秦岭颂**

秦岭,秦岭,
华夏之脉,国人之岭,
中华之史,
时贯上下,
域亘东西。

西上帕米尔,东下黄海滨,
莽莽千万里,顶天立地,
统合南北,牵山连水。
远至洪荒上古,
周秦汉唐盛世,
宋元明清兴衰之时,
直到而今世纪,
何不相随!
何不相伴相依!

国之根,族之始,
物之源,民之依,
美之在,天之赐,
高山南北,大河上下,
纵横华夏大地,
秦岭中央山系!

中流砥柱,中华之脊,
伟也重焉,中华之魂,

巍巍呼高哉，宇宙天地间，

藏于心，永为记，

行于体，永相伴，

和祖国，与人类，同在，

向未来，永远，永远！

（写于2022年）

# 关于秦岭生态保护与环秦岭经济圈发展战略的建议

中心课题组

组　　长：刘维隆

副组长：桂维民　李雪梅　周庆华　冯家臻

**摘　要**　课题组在对关于秦岭的保护与发展已经形成的丰富研究成果梳理的基础上，分析了秦岭在国家发展格局中的重大战略地位，一方面指出应该将秦岭生态保护提升到国家战略层面，并提出全国人大筹备出台秦岭生态保护法、设立秦岭生态保护委员会等建议；另一方面提出环秦岭经济圈的构建是国家发展战略布局的重大选项，并提出了构建设想。

近年来，我省秦岭学界相关专家学者，基于正反两方面的经验教训，参阅欧洲阿尔卑斯山有关保护和发展的资料，以新的时空观，即面向百年未有之大变局的21世纪，从全国全球的大视野审视，就如何更高水平地推进秦岭生态保护和环秦岭经济圈高质量发展，进行了一系列的研究探讨。2015年，由徐德龙院士主持，20余位院士领衔，中国工程院展开了"秦巴山脉区域绿色循环发展战略研究"重大咨询项目，来自中国环境科学院、清华大学、西安建筑科技大学、国务院发展研究中心等机构的300余位专家参与，联动相关省市和部委，对秦巴山脉区域进行了较为全面深入的调研，完成了两期研究内容，发表了《秦巴宣言》等系列成果。西部发展研究中心与中国工程院的研究进行了衔接，这些都使我们开阔了眼界，获得了新的认知，也取得了相应的成果。

## 一、秦岭在国家发展格局中的重大战略地位

2020年4月20日，习近平总书记视察秦岭时强调："秦岭和合南北、泽被天下，是我国的中央水塔，是中华民族的祖脉和中华文化的重要象征。保护好秦岭生态环境，对确保中华民族长盛不衰、实现'两个一百年'奋斗目标、实现可持续发展具有十分重大而深远的意义。"这是对秦岭前所未有的高度概括。总书记的论述高屋建瓴、纵横千古、立足当代、启示未来，从自然地理、生态命脉、历史人文、国计民生、持续发展、护佑中华诸方面指明了秦岭保护和发展的重大战略意义，为秦岭长远科学保护、系统规划管理、经济社会发展提供了强大的思想武器和政策依据，具有极其重要的现实指导意义。

通过认真学习，深入理解，我们认识到总书记所指称的秦岭不是仅限陕西省境内的一段，也不是经由甘肃东部过陕西到达河南西部的狭义的秦岭山脉，而是指近年来学界所热议且有相当共识的"大秦岭"，即广义秦岭——秦岭山系。它包括秦岭和巴山山脉、西倾山山脉及岷山山脉的一部分，全长1500余千米，宽200～300千米，面积约为40万平方千米，覆盖青、甘、陕、豫、鄂、川、渝六省一市。其地质构造相通，自然地理相连，人文历史共生，经济社会相融，交通四通八达，雄踞国中、气势磅礴，堪称国家生态、文化与安全脊梁，其一山携带两水（黄河、长江），共同滋养哺育着中华文明演进的历史进程，可以称之为我国的中央山系（脉）和"父亲山"。只有以这样全方位的角度和动态发展的眼光认识秦岭之地理范围，才符合总书记对秦岭全面深刻的科学评价。也让被国际地质界推崇为"地球三姐妹"（阿尔卑斯山、落基山、秦岭）的秦岭真正提升到全球应有的高度，使"中国秦岭"名副其实地成为中华大地的地理标识和文化象征。

随着对秦岭和合南北、泽被天下、中央水塔、民族祖脉与文化象征诸方面的梳理探讨，我们进一步认知到秦岭不仅是我国的"绿库"、水库、文库、智库、基因库，秦岭及周边区域还以它特有的自然地理圈和合南北、联结东西、继往开来、拱卫中华，业已历史性地形成了"三大圈"，即中华大地一山两水核心生态圈、中华文化多元一体的核心文化圈、中华民族持续发展的核心经济圈。"国之大者"，须心中有数。它无论在生态治理保护、文化传承繁荣、经济社会发展，还是在国际国内双循环的大变局大格局中，从国家中长期发展战略部署来看，都是十分关键的衔接圈、发力圈和安全圈，对实现我国"十四五"规划和2035年远景目标、推动中华民族伟大复兴，有着极其重要的战略意义。

## 二、将秦岭生态保护提升到国家战略层面

秦岭的生态保护是发展前提和首要任务，但是在现实的生态保护工作中却存在不少的问题和落差。一是秦岭地跨六省一市，缺乏秦岭的保护立法，难以体现秦岭生态保护的完整性和严肃性，尽管有的省市（如陕西省和西安市）制定了相关保护条例，但区域与效能受到很大局限；二是由于没有像长江水利委员会、黄河水利委员会那样的实体机构及其相应的体制机制，受行政区划分割影响，秦岭生态保护缺乏统一规划治理和资源配置与补偿，严重削弱了其应有的总体功能与效应；三是秦岭有必要、有条件成为全国生态文明建设最大的实验示范区，但缺乏中央、省、市、县协同一致的规划管理，缺乏生态文明建设系列重点工程，缺乏对秦岭自然、生物、文化、资源等系统的研究项目和机构；四是在资源环境生态项目措施优先支持上，系统性不强，实施推进的空间很大，对南水北调中线工程水源地的支持仍需不断持续加大。

依据党的十九届五中全会坚持系统观念的原则要求，对秦岭的保护与发展，理应加强前瞻性思考、全局性谋划、战略性布局、整体性推进。要建立秦岭生态保护统筹协调的体制机制，从生态系统的整体性、协同性出发，追根溯源、系统治理，全方位、全地域、全过程开展生态文明建设，以提升秦岭生态系统的质量和稳定性，维护生态平衡和生态服务功能。基于对国家生态文明战略的思考与研究，参阅欧盟《阿尔卑斯公约》及成立保护委员会的做法，我们建议：

（1）如同为长江生态保护立法一样，建议全国人大筹备出台秦岭生态保护法。以立法的形式，规范保护范围、保护目标、执法主体与责任等，体现国家生态文明战略的权威性、整体性和创新性。

（2）设立秦岭生态保护委员会。使其成为一个实体机构，以便打破行政区划与部门界限，实现按山脉流域系统治理保护，建立统一的生态环境监管与服务的体制机制。

（3）将秦岭列为国家生态文明建设试验示范区。制订生态保护规划，实行协同一致的分级管理，做好典型示范工作。加快秦岭国家公园建设，推进秦岭世界文化遗产和自然遗产申报工作。建立秦岭博物馆，成立国家秦岭研究院，建立种质资源库和基因库，编写《秦岭通志》。促进文化与旅游深度融合，将秦岭打造成与阿尔卑斯山相媲美的世界名山、名地、名景。

（4）在安排资源环境生态项目时优先支持秦岭保护。从碳交易及碳汇建设项目、

林权交易与生态林补偿项目、城乡污水处理、水土保持和退耕还林还草、绿色矿山及地质环境治理、循环经济、绿色发展等10个方面给予政策倾斜资助。

（5）加大对南水北调中线工程水源地支持力度。确保调水水资源费应收尽收，并按输水份额全额返还给水源地，统筹受水区，加大对水源地的生态补偿和各项支持。

### 三、环秦岭经济圈的构建是国家发展战略布局的重大选项

聚焦五大城市群（成渝城市群、长江中游城市群、关中城市群、中原城市群、兰西城市群）构建环秦岭高质量发展经济圈，对于解决我国发展不平衡不充分的主要矛盾意义重大。首先，就区域发展而言，最大的不平衡不充分是东西差距即西部的发展问题。经济圈的构建，特别是成渝、关中、兰西城市群的强劲发展，弥补了以往西部发展中平铺齐进、缺乏战略支撑的缺憾，一如当年沿海战略重点的确立所发挥的作用那样，必将为西部大开发注入巨大的牵引力、推动力和辐射力。在国家与市场力量的推动下，西部大开发可望迈上一个崭新的水平与阶段。其次，从发展态势来看，南北快慢的差距日渐明显，令人担忧。经济圈的构建，特别是中原、关中、兰西城市群的强劲发展，必将有力地带动豫、晋、冀、蒙、陕、甘、宁、青诸省区，为北方快速发展注入强大的活力和动力。同时长江中游城市群将会以巨大的潜能对楚、湘、赣、皖中部各省发展发挥深远积极的作用。

改革开放40多年来，以珠三角、长三角、京津冀三大城市群（三个增长极）为主的东部沿海区域快速发展，构成了"沿海一条带"。近年来，国家推动了长江经济带和黄河保护与发展经济带的兴起，形成了"沿水两条带"。放眼纵观国之大局，围绕秦岭的五大城市群构成了与"沿海一条带""沿水两条带"相对应的"沿山一个圈"，将成为我国国土空间格局的中心战略支撑圈，即发展圈、平衡圈和安全圈。它不仅可以连接沿海、贯通两水，还可以作为西部大开发的核心引擎，有效带动占国土面积50%以上的广袤西部的保护与发展。真可谓一圈牵动东南西北，深度统筹陆海山水，事关国运安全发展，在我国新时期双循环与双向开放的大格局中，势将成为国家发展战略布局的重大选项。逐鹿大秦岭，志在兴华夏。环秦岭经济圈作为国家经济脊梁与秦岭国家生态文化和安全脊梁相伴而生，共同崛起，将成为名副其实的"中华脊梁"，理应是我国实现"两个一百年"奋斗目标，实现中华民族伟大复兴无可替代的重要标志地。

通过与欧洲三大经济圈之一的环阿尔卑斯山经济圈的初步比较，他们有不少经

验值得学习借鉴，但也须看到环秦岭经济圈内体量巨大、人口众多、实力雄厚、前景广阔，成渝城市群已上升为国家规划纲要，第四、第五增长极有望在经济圈内提升，各城市群之间的联结日趋紧密，相融互促的态势日渐明显，特别是我们有其无可比拟的制度优势，领导决策和执行能力尤居其上，虽然构建起步较晚，但环秦岭经济圈的发展前景与环阿尔卑斯山经济圈相比毫不逊色。

同时，以下几点意义非凡，应该引起我们重视：

（1）在国家双循环新格局中，环秦岭经济圈日显重要。其创新、科技、投资、消费（内需）以及市场建设，是国内大循环的重要支撑点和主战场之一，其工作的力度、广度、深度对新格局的形成和水平有着举足轻重的影响。在"一带一路"双向开放的国际循环中，环秦岭经济圈已成为中枢和前沿地带，其作用与影响越来越重要。

（2）秦岭与环秦岭经济圈在我国总体安全格局中具有举足轻重的战略地位。它事关国家生态安全、经济安全，特别是我国军事国防的战略安全要害区。它曾是我国三线建设大后方，聚集有一大批国家重要军工企业和研究机构，具有强大的科研与产业力量。在加强国防建设的同时，实施以国家安全为主导的创新体制，充分聚集，深度融合军工、科技、资源三大要素的优势，进一步释放军民融合发展的巨大潜力，可实现国防安全与地方发展双赢的新局面。

（3）环秦岭经济圈以山体为"绿芯"、以城市为依托，创新构筑"秦岭—城市共同体"，内外耦合进行整体规划，以城市群的高质量发展促进秦岭山区的保护与发展。克服以往城市群低层次无序发展造成的对秦岭的损害，强化以圈护山、山圈互兴、以城带乡、城乡互补、以工补农、工农互补、协调发展，更加有利于生态经济和绿色发展，对于巩固全国面积最大、贫困人口最多的区域脱贫成果，实现乡村振兴具有重大意义，从而使环秦岭经济圈成为实践"两山理论"、共同富裕、建设美丽中国的最大实验示范区。

（4）环秦岭经济圈的构建，对于保护传承弘扬秦岭文化具有重要的意义。作为中华民族祖脉，中华文化重要象征的秦岭，其文化根脉源远流长，具有无穷无尽的宝藏。华胥女娲伏羲氏，炎黄二帝神农氏，周礼秦制儒释道，诗经楚辞大史记，周秦汉唐盛世地。秦岭以它无比宏大的胸怀熔铸了关中、中原、荆楚、巴蜀、西域各类缤纷多彩的文化类型，描绘了华夏文明多元一体的瑰丽画卷。以经济圈带动秦岭文化圈的兴起，我们才能不负于"为天地立心，为生民立命，为往圣继绝学，为万世开太平"的历史使命。

从内外条件看，构建环秦岭经济圈已经具备了较好的基础。

（1）五大城市群互联互通的交通网络格局已具雏形。高速铁路网、高速公路网打破了城市群之间的阻隔，天堑变通途。加上内陆航空枢纽的建设，有力地促进了经济要素的流动，初步具备"打造轨道上都市圈"的条件。正在建设和规划的立体交通体系，将使经济圈成为东西南北交通联系的汇集区和大通道，也使圈内五大城市群成为"三四小时通勤圈"，为经济圈内的"中循环"创造更为良好的条件。

（2）环秦岭经济圈已具备相当的综合实力和发展潜力。五大城市群总面积约为99.82万平方千米，人口约4.35亿，生产总值约24.17万亿元。在2019年全国19个城市群发展潜力指数表中，成渝与长江中游城市群位列第四、第五位，中原与关中城市群位列第八、第十位，兰西城市群虽然靠后，但它却具有辐射连接西域广大少数民族区域实施边疆战略的重要功能。

（3）五大城市群的都市圈科技创新前景良好。《2019年中国城市发展潜力排名》报告将24个千万级大都市圈分为发达型、崛起型、起步型三类。其中，武汉、成都、重庆、西安与郑州均属于崛起型都市圈，其内高科技产业聚集，园区建设、发明专利、上市公司等亮点纷呈，势头强劲，为畅通国内国际双循环发挥着关键作用，也为环秦岭经济圈的高质量发展奠定了良好的基础。

（4）五大城市群的城镇体系已初步形成。近年来，国务院及有关部委相继审批了五大城市群的发展规划，五大城市群正在建设功能完备、布局合理的新型城镇体系。中心城市的区域辐射能力持续增强，核心引领作用日渐明显；宜昌、绵阳、洛阳、宝鸡、天水等区域开放通道上的节点城市发育壮大；汉中、安康、甘南、十堰、商洛形成的汉江川谷生态城镇走廊引人关注；中小城市特色化发展趋势良好。总之，环秦岭经济圈的构建诸事初备，只欠东风，乘势而上，正是时候，若能得到中央领导及部委的重视和推动，必将在国家双循环的大格局中异军突起，大放光彩，发挥日显重要的战略作用。

为此我们提出以下建议：

（1）编制环秦岭经济圈生态保护与高质量发展规划，将规划提升到"沿海一带""沿水两带"的战略高度。构建"沿山一圈"协同发展的推进机制，建立包括"国务院领导小组+部委+有关省市"的协同推进机制，同时制定相关区域先行示范、生态文明绿色发展、区域产业结构调整等指导意见与目录。

（2）对环秦岭经济圈新基建、高新技术、产业布局予以倾斜支持。实施以经济圈带动联结西部大开发的大交通、大水利（红旗河工程）、大通信的战略部署。铁路、公路、航空、水利基础设施项目重点安排，新基建科技化提早部署，加快第五代移动通信、工业互联网、大数据中心建设，发展数字经济。沿海产业转移优先考虑，高科技产业布局重点安排，推动经济圈现代产业体系优化升级。

（3）对民生与公共服务重点扶持。将国家巩固脱贫成果、推进乡村建设的重点安排到秦岭山区，加强政策与资金扶持。大力推进卫生、教育、科技、文化、体育和城乡公共设施建设。补齐民生与公共服务的短板，促其追赶超越全国平均水平。

（4）着力开展"保护传承弘扬秦岭文化"的系列工程。进行文化资源调查认定，建设文化遗产走廊，实施文化遗产系统保护工程。建设国家秦岭文化公园和秦岭文化博物馆。启动"中国秦岭"国家形象宣传推广行动，倡议发起世界名山文明论坛，开展"一带一路"人文合作。打造秦岭文化旅游圈，建设一批秦岭文化标志性旅游目的地，使秦岭文化享誉全国、走向世界。

（5）赋权赋能，通力合作，建设陆海统筹双向开放高地。扩充自贸区科技创新，吸引人才等优惠政策。全方位、多层次地提高经济圈的开放能力与水平。畅通陆海开放通道，加大中欧班列运营能量，借加入跨太平洋伙伴全面进步协议（CPTPP）、区域全面经济伙伴关系协定（RCEP）签订和中欧投资协定谈判完成的东风，扩大经济圈对外开放的广度与深度，在国家更高水平开放进程中迈上一个新的台阶。

（写于 2020 年）

# 环阿尔卑斯山经济圈发展经验及启示

李艳花　冯家臻

**摘　要**　环阿尔卑斯山经济圈发展经验及启示是前沿性课题。开展这一课题研究，对构建环秦岭经济圈、加强秦岭保护意义重大。本文从阿尔卑斯山脉概况、环阿尔卑斯山经济圈概况、环阿尔卑斯山经济圈发展的主要经验，对我国构建环秦岭经济圈、保护秦岭的启示等四个方面做了分析阐述，对构建环秦岭经济圈、加强秦岭保护有重要参考价值。

1935年，毛泽东主席在岷山峰顶作的《念奴娇·昆仑》写道："安得倚天抽宝剑，把汝裁为三截？一截遗欧，一截赠美，一截还东国。太平世界，环球同此凉热。"里面提到的"一截遗欧"与"一截还东国"分别指位于欧洲的阿尔卑斯山和位于中国的秦岭。阿尔卑斯山与秦岭都位于北纬30度，分为西、中、东三段，是欧洲的水源涵养地和地理标识及文化象征。环阿尔卑斯山经济圈发展及其对阿尔卑斯山的保护和开发经验值得我们在构建环秦岭经济圈、保护秦岭时借鉴。

## 一、阿尔卑斯山脉概况

阿尔卑斯山脉因其独特的地理位置、丰富的资源及悠久的历史文化在欧洲被誉为"欧洲巨龙"，是承载欧洲历史与文化的脊梁。

### （一）阿尔卑斯山脉的位置

阿尔卑斯山脉位于欧洲中南部，西起法国东南部尼斯附近的地中海海岸，呈弧形向北、东延伸，经意大利北部、瑞士南部、列支敦士登、德国西南部，东止奥地利的维也纳盆地，覆盖了意大利北部、法国东南部、瑞士、列支敦士登、奥地利、德国南部及斯洛文尼亚，主要分布在瑞士和奥地利国境内。

### （二）阿尔卑斯山脉的山系特点与构成

阿尔卑斯山脉是欧洲最大的山脉，同时也是一个巨大的分水岭，欧洲许多大河如多瑙河、莱茵河、波河、罗讷河等均发源于此，被誉为"大自然的宫殿"和"真正的地貌陈列馆"。

阿尔卑斯山山势高峻，整个山脉延绵 1200 千米，平均海拔达到 3000 米左右，海拔 4000 米以上的山峰有 100 多座。

西阿尔卑斯山脉，从海岸向北伸展，穿过法国东南部和意大利西北部，抵达瑞士的日内瓦湖和隆河河谷。阿尔卑斯山脉的最高峰勃朗峰位于法国、意大利、瑞士三国的交界处。

中阿尔卑斯山脉，自勃朗峰以东的大圣伯纳山口地区到科莫湖以北的施普吕根山口地区。阿尔卑斯山脉中大部分海拔 4000 米以上的山峰位于此段。

东阿尔卑斯山脉，包括瑞士的拉蒂舍山脉、意大利的多洛米蒂山脉、德国南部和奥地利西部的巴伐利亚阿尔卑斯山脉、意大利东北部和斯洛文尼亚北部的尤利安阿尔卑斯山脉。

### （三）阿尔卑斯山脉的资源

**1. 生物资源**

阿尔卑斯山脉地处温带和亚热带纬度之间，是中欧温带大陆性湿润气候和南欧亚热带夏干气候的分界线，同时它本身具有山地垂直气候特征。阿尔卑斯山脉谷底和低矮山坡上生长着椴树、栎树、山毛榉、白杨、榆树、栗树、花楸、白桦、挪威枫等各种落叶树木。海拔较高处的树林中，最多的是针叶树，主要的品种为云杉、落叶松及其他各种松树。在沿海阿尔卑斯山脉南麓和意大利阿尔卑斯山脉南部，最多的是地中海植物，有海岸松、棕榈、稀疏的林地和龙舌兰，仙人果也不少。

阿尔卑斯山动物种类主要有岩羚羊、猞猁、狼、红鹿、金雕、水獭等适应山地环境的动物。

**2. 旅游资源**

阿尔卑斯山是世界著名的风景区和旅游胜地，被世人称为"大自然的宫殿"和"真正的地貌陈列馆"，还是冰雪运动的圣地、探险者的乐园。

山地冰川呈现一派极地风光，是登山、滑雪、旅游胜地。阿尔卑斯山地冰川作用形成了许多湖泊,最大的湖泊是莱芒湖,另外还有四森林州湖、苏黎世湖、博登湖、马焦雷湖和科莫湖等都是旅游胜地。

西、中阿尔卑斯山风景宜人,设有现代化旅馆、滑雪坡和登山吊椅等。冬季滑雪运动吸引大量游客。山麓与谷地间的不少村镇,山清水秀,环境幽雅,每年都有大量游客来此旅游。

阿尔卑斯山也是每年环法自行车赛的必经之地,有大批游客因此被吸引而来。

### 3. 水利资源

阿尔卑斯山脉可供欧洲饮水、灌溉与水力发电。面积虽然仅占欧洲的11%,但为欧洲提供90%以上的水源。米兰等城市就有80%的水依赖阿尔卑斯山脉供应。河川流域里有500座以上的水力电厂,发电量达2900千瓦。其他河川如多瑙河,主要支流也源自阿尔卑斯山脉。隆河是地中海第二大水源,仅次于尼罗河。冰川融化为隆河水源,流入日内瓦湖后再流向法国,在法国还用来冷却核能电厂。莱茵河源自瑞士一个30平方千米的区域,约占瑞士输出水量的60%。

### 4. 矿产资源

阿尔卑斯山现代经济的支柱是采矿、凿石、制造和旅游各业相结合。自新石器时代以来该地区就有采矿业,现在奥地利的埃尔茨山采矿业仍很重要。在克吕斯附近,距日内瓦不远的上萨瓦的前阿尔卑斯山区,在19世纪的第一个25年中,钟表制造、螺旋切削、部件加工及有关工业兴起,它已演变成世界上这些类型工业最集中的地区之一。在奥斯塔及穆尔河谷和米尔茨河谷,由于当地生产铁和煤,设有大型钢铁厂。

## (四)阿尔卑斯山脉的历史文化

阿尔卑斯山脉见证了欧洲文明的进化史,是欧洲文明的发源地,是日耳曼、法兰西、瑞士等欧洲国家历史与文化的精神源泉。在种族迁移与欧洲历史的发展演变中,阿尔卑斯山脉成了各个种族、部落和帝国扩张领土的重要领域。

自旧石器时代以来,阿尔卑斯山区就有人类居住,从法国伊泽尔河谷附近的韦科尔河到奥地利陶普利兹上方的利格尔霍尔河,在各地都留下了遗迹。

公元前800—前600年间,凯尔特部落攻击了新石器人们的营地,并迫使他们迁移到阿尔卑斯山脉的山谷。

公元前15年,罗马帝国军团翻越阿尔卑斯山脉,带来了先进的生产方式和生活方式。公元259年,日耳曼人的两支队伍分别占领了阿尔卑斯山区域的东部和西部。东部的日耳曼人在阿尔卑斯山高原地区重建村落，并保持了日耳曼人的风俗和语言，形成了今天瑞士的德语区。西部的日耳曼人被罗马人同化，接受了罗马人的文化和宗教，形成了今日瑞士的拉丁罗曼语和法语区。被日耳曼人追逐逃离到阿尔卑斯山东麓的一部分凯尔特人，直到今天还依然保持着原来的拉丁文化和列托罗马语言。

在 8—9 世纪期间，阿尔卑斯山区土地成为查理曼神圣罗马帝国的一部分。公元 843 年，国王的三个孙子在凡尔登签订了划分国土的条约，使得塞尔特人、罗马人和日耳曼部落强加于阿尔卑斯山区的统一在中世纪期间消失了。

## 二、环阿尔卑斯山经济圈概况

阿尔卑斯山覆盖意大利北部、法国东南部、瑞士、列支敦士登、奥地利、德国南部及斯洛文尼亚，这些区域围绕阿尔卑斯山相互促进、相互渗透，形成了以米兰、都灵、日内瓦、伯尔尼、苏黎世、慕尼黑、维也纳、威尼斯等为核心城市的环阿尔卑斯山经济圈。

### （一）区域经济实力雄厚

环阿尔卑斯山经济圈是欧洲人口高度集中、经济高度发达的地区之一，与以伦敦为核心的英伦城市群、以巴黎为核心的西北欧城市群共同构成欧洲的三大经济圈。位于阿尔卑斯山周边的意大利伦巴第大区、德国巴登—符腾堡州、法国的罗讷—阿尔卑斯大区和西班牙的加泰罗大区一起并称欧洲经济的四大引擎。意大利伦巴第大区经济门类众多，实力雄厚，不论是传统的农业、工业和第三产业都有着强劲的发展势头。德国巴登—符腾堡州是欧洲经济最强和竞争力最强的地区之一，尤其在工业、高科技和科研方面被看作是欧洲联盟创新力最高的地区。法国罗讷—阿尔卑斯大区是法国第二大行政大区和第二大经济大区，欧洲排名第七，工业门类齐全，服务业发达，农产品资源极其丰富，葡萄酒产量约占全欧洲的 4%。米兰是意大利第二大都市，也是欧洲经济最发达的地区之一，其控制了世界 4% 的艺术珍品。2019 年意大利人均 GDP 3.31 万美元，而米兰人均 GDP 则高达 5.04 万美元。苏黎世 2019 年 GDP 总量 1452.96 万美元，人均 9.69 万美元，是全欧洲最富裕的城市之一。由于这里聚集了来自世界各地的亿万富翁，所以苏黎世又被称为"欧洲亿万富翁都市"；其黄金市场更是闻名遐迩，20 世纪 60 年代曾跃为仅次于伦敦的世界第二大黄金市场。2019 年慕尼黑人均 GDP 6.87 万美元，远高于德国人均 GDP 4.63 万美元的水平。

### （二）区域产业特色鲜明

环阿尔卑斯山经济圈主要以钟表、汽车制造等高端产业和文化旅游、金融等现代服务业为主，各个城市特色鲜明。如意大利都灵在阿尔卑斯山脉廉价水电基础上，重点发展技术密集型产业，有发动机、机床、电子、电器、化学、轴承、飞机、精密仪器、仪表以及军火工业等；是欧洲最大的汽车产地，还是历史悠久的古城，保存着大量的古典式建筑和巴洛克式建筑，也是都灵足球俱乐部和尤文图斯足球俱乐部的主场。米兰是世界时尚与设计之都，是时尚界最有影响力的城市之一，拥有世界半数以上的著名时装品牌，是世界上半数以上时装大牌的总部所在地，是世界四大时尚之都之首和著名的历史文化名城。瑞士的日内瓦以钟表业和银行业为经济支柱，还是世界著名的联合国城市，是许多国际组织或办事处的所在地，如红十字会总部、世界卫生组织、联合国日内瓦办事处等。德国的慕尼黑位于阿尔卑斯山北麓伊萨尔河畔，是德国主要的经济、文化、科技和交通中心之一，是生物工程学、软件及服务业的中心，拥有各大公司的总部和许多跨国公司的欧洲总部。

### （三）区域对外联通便利

环阿尔卑斯山经济圈航空、水运、铁路交通发达，内外联通非常便利。如水上城市威尼斯，内部交通全部依靠小艇但对外航空交通发达，各大一级城市都有到威尼斯的航班。维也纳不仅有国际机场，还是奥地利铁路系统的一部分，维也纳铁路卡可适用于奥地利联邦铁路所有路线，凭维也纳铁路优惠卡可以在任何奥地利联邦铁路线和多瑙河航务运输线上得到50%的优惠。慕尼黑国际机场是德国第二大机场、欧洲第九大机场，是欧洲十分重要的机场之一；同时慕尼黑还有三座由公交系统连接起来的火车站，形成运输枢纽，其中中央车站位于市中心，是德国客流量排名前列的大站。慕尼黑不仅有向德国国内柏林、汉堡、科隆、法兰克福等大城市的直达高速列车，还有直达奥地利、匈牙利、意大利、瑞士、法国等邻国的国际列车。

### （四）山区多产业协同发展

阿尔卑斯山地区从传统的以农业、采矿业为主进入到包括文化体育旅游产业、现代农业、乡村旅游、高科技产业协同发展的阶段。

**1. 限度内产业在山区得以发展**

欧盟认为，新的信息和通信技术在克服山区的地理和自然障碍方面非常有用。新的信息技术带来了适合山区的发展机会，特别是在远距离工作和远程学习方面。这些技术几乎不需要重型的基础设施，因而能够适应一个更分散和更专业化的山区劳动力结构。如位于阿尔卑斯山的一个奥地利小村庄 Umhausen，在欧盟的资助下建立了一个"远程计算中心"。该中心提供了一种与信息社会相连接的途径，使当地人能获悉对区域发展非常有用的技术。

旅游业一直是欧盟山区经济社会发展的推进器，已成为欧盟在提高区域竞争力行动中一个战略上的优先目标。但如今在高海拔地点的过度开发已不被赞许。山区的脆弱性特征要求旅游业的发展有一定的限制，要在自然环境和文化遗产允许的范围内。欧洲区域发展规划和农村发展规划与该目标是一致的，它们都对山区手工艺品生产和综合性的旅游开发，如对村庄进行修复、构思新产品和开展促销活动等提供资助；设计有吸引力的旅游项目如山区环行、森林散步、探访古迹等，每一种旅游都提供了一种独特的经历。

阿尔卑斯山的主要旅游活动如冬季的高山滑雪、登山运动和夏季的水上活动，旅游的季节性较强，游客观光时间较为集中。为改变这种情况，当地政府开始有意识地引导和拓展新兴旅游项目，积极推广农家度假、节日庆典、城市观光和医疗休养等活动。

**2. 居民获得专业化技能**

在知识经济日益发展的今天，充分开发人力资源，提高劳动者的技术水平，无论对传统行业还是对新的工业和信息技术行业，都是必须做的。欧盟结构基金在人员培训和教育设施建设方面起着重要的作用，所援助的项目包括建立开放式培训中心、安排旅游和有机农业方面的课程、建立信息交流网络等。其中最成功的是向农妇们提供的培训课程，课程集中在怎样运用信息技术来进行农场的日常管理及其有关的活动，如农产品的现代营销技术、农场旅游的促销等。培训对失业严重的年轻人尤其有用，因为新技术的掌握对人们寻找工作和提升个人创业的能力是决定性的。

### 三、环阿尔卑斯山经济圈发展的主要经验

环阿尔卑斯山经济圈发展特别是阿尔卑斯山区经济发展主要得益于欧盟的一体化政策、区域内部共生发展、大都市的辐射带动以及各种力量对阿尔卑斯山的保护。

### （一）欧盟是阿尔卑斯山保护与环阿尔卑斯山经济圈形成的关键力量

**1. 欧盟与多国联合签署《阿尔卑斯公约》，有效解决阿尔卑斯山区问题**

《阿尔卑斯公约》包括一个框架条约和有关自然保护、景区管理、山区农业保障、地区规划和可持续发展、山区森林保障、旅游、土壤保护、能源及交通等9个具体实施议定书，于1995年正式生效。1998年通过了有关适用《阿尔卑斯公约》的阿尔卑斯土地保护的布莱德议定书。2006年实施了人口与文化宣言和气候变化宣言两份部长宣言。基于减轻全球变暖对阿尔卑斯山地区的影响和为适应未来的气候条件做好准备，2009年3月12日，《阿尔卑斯公约》缔约国在法国东南部小城埃维昂通过了一项行动纲领，准备采取包括对阿尔卑斯山的货物运输进行规范、鼓励并扶持那些采取措施减少二氧化碳排放量的旅行社，以及评估气候变化对当地森林造成的影响等措施，应对阿尔卑斯山地区气候变暖的问题。《阿尔卑斯公约》在奥地利的茵斯布鲁克（Innsbruck）和意大利的博尔扎诺（Bolzano），为其他阿尔卑斯山脉所在国家树立了典范。

**2. 欧盟通过多种政策促进阿尔卑斯山的保护与发展**

主要包括欧盟的山区政策、区域政策和涉及农业、林业、交通、环境等与山区相关的法案和计划。特别是山区政策的保护补偿和多元化发展引导，对山区影响较大。其农业政策主要通过财政补贴促进山区农业多种经营和专业化发展，促进山区经济、社会和环境的可持续发展；区域政策主要通过结构基金和聚合基金向落后地区提供必要的财政援助，在应对阿尔卑斯山地区面临自然和文化遗产的保护、阻止移民的大量外流和增强山区经济的适应力等方面成效显著。2002年10月，欧盟在布鲁塞尔举行了"欧盟政策与山区"的会议，就欧盟政策怎样帮助山区创造新的机会、实现可持续发展的问题进行了讨论。2008年欧盟启动了"欧盟阿尔卑斯山生态保护计划"，相关国家的政府部门、研究机构和自然保护区等共16个单位围绕保护并改善阿尔卑斯山地区的物种多样性和自然环境开展合作与协调。

**3. 欧盟的一体化政策促成了环阿尔卑斯山经济圈的形成**

从1958年《罗马条约》生效，到1968年关税同盟提前建成，从1970年代建立欧洲货币体系，到1993年启动《马斯特里赫特条约》规定的统一大市场，不仅实现了区内商品的自有贸易，而且实现了生产要素的自有流动，并且采取共同的社会经济政策。1999年欧元的如期启动更是把欧洲一体化推向了更高水平。在这样的背景下，环阿尔卑斯山经济圈实现了长足发展。如2000年欧盟制订了"阿尔卑斯山空间计划",支持跨国项目,促进领土开发,让各区域有机地连为一体。2000—2006年欧洲地区发展基金会在该地区投入60.6万欧元,用于多中心区域的发展、建立新型城乡关系、空间一体化发展等,明显增加了地区之间的合作强度。

### (二)区域内部共生发展是环阿尔卑斯山经济圈形成的内部力量

环阿尔卑斯山各国有效处理了地区之间、城市之间乃至国家之间的利益关系,并逐步建立了良好的区域协作制度体系,实现了互补共赢发展。如环阿尔卑斯山各国根据《申根协定》取消了内部边界,极大方便了人员、货物、资金和服务在内部的自由流动。而随着《申根协定》的细化,各国在教育、卫生、社会服务等多方面开展了合作。

环阿尔卑斯山各国都认识到阿尔卑斯山保护与开发的重要性,并达成共识,要促进持续发展。如瑞士、奥地利都有四五百年的治水历史,水资源的开发利用水平相当高。他们认为,今后的主要任务是依据社会发展的总体要求,使水资源在为生产、生活服务的同时,更好地发挥改善和优化生态环境的作用。因此,这两个国家兴建水利工程,高度重视前期工作,实施科学决策。

### (三)经济发达的大都市较好地辐射带动了周边小城镇

环阿尔卑斯山经济圈核心城市具有极高的辐射带动能力,为周边区域带来了更多的发展机遇与正面影响,形成了数量众多、大小不一的中小城市,对人口、产业承载能力强。如意大利的小城镇发展是整个欧洲的典型代表,而米兰和周边城镇均质化发展,有效避免了大城市病,又保持了国际和国内的强势竞争力,是意大利众多发展片区的典型代表。其成功的经验主要是强化周边城镇的基础设施,优化小城镇的投资环境,细化城市群的产业分工,主动提升小城镇的人口和企业竞争力,抵抗大城市的虹吸效应。

### (四)注重对阿尔卑斯山地区的保护与反哺

阿尔卑斯山跨越8个国家,保护与开发难度非常大,但欧盟、环阿尔卑斯山各跨国工作团体以及各个国家,围绕涉及多国利益的具体问题进行协调,并整合欧盟特别是环阿尔卑斯山经济圈的力量投入大量资金、技术,有效地反哺了阿尔卑斯山,促进了阿尔卑斯山区的可持续发展。

**1. 跨国工作团体开展多种研究科学保护阿尔卑斯山**

阿尔卑斯山是欧洲范围内以区域合作为目的成立跨行政边界机构历史最为悠久

的山区。欧洲范围内的山地组织如欧盟山区合作协会、欧洲山区代表联盟、阿尔卑斯山联盟、欧洲山地论坛也对阿尔卑斯山的保护和发展起到了积极作用。阿尔卑斯山保护区网络、阿尔卑斯山联盟的地方当局网络以及国际阿尔卑斯山研究科学委员会是《阿尔卑斯公约》的三个网络,负责公约相关工作的实施。

国际阿尔卑斯山保护委员会(CIPRA)成立于1952年,是一个非政府的联合会,是《阿尔卑斯公约》的倡议者之一,代表阿尔卑斯山区的国家,拥有100多个协会和8个政府代表团,该委员会一直为保护阿尔卑斯山自然及文化遗产而努力。

阿尔卑斯山区的中、东、西部从1970年代起逐步创建了区域工作团体,在两国或多国毗邻地带的著名游览区也成立了类似机构。1999年,成立了阿尔卑斯山国际科学研究委员会(ISCAR),欧洲主要的国家级研究机构如瑞士科学院、奥地利科学院、意大利国家山地研究所、巴伐利亚科学院、斯洛文尼亚科学与艺术研究院以及法国的格勒诺布尔大学,都签署了《ISCAR公约》,以激励开展与阿尔卑斯山相关的科学研究,通过了《阿尔卑斯公约多年工作计划 2005—2010》和《阿尔卑斯公约多年工作计划 2011—2016》,围绕人口变化、气候变化、旅游、生物多样性、交通运输和流动性等多交叉领域开展持续性工作。

**2. 各国高度重视保护与反哺阿尔卑斯山**

环阿尔卑斯山各个国家都认识到阿尔卑斯山保护与开发的重要性,在与欧盟联合签署《阿尔卑斯公约》外,还采取了包括单一部门山区政策、跨部门政策和综合政策促进山区的发展。

单一部门山区政策主要集中在农业方面。如早在20世纪初,瑞士就制定了针对山区农业可持续发展的具体措施。农业政策以1951年农业联邦法律(1998年修订)为基础,联邦政府根据地理分区对投资、土地以及畜牧管理进行不同类型和不同金额的补偿。

跨部门政策基本都以农业为起点,但随着社会的发展,农业在山区经济的重要性开始降低,政策也就相应地扩大到培训、教育、区域发展、土地利用以及空间规划等领域。如20世纪90年代初期以后,随着瑞士加入WTO,瑞士国内市场和国外市场的价格差距增大,同时,由于密集型农业生产对生态环境的不利影响,瑞士的农业政策经历了根本性的转型。1995年,为了认可和保护地方品牌产品,瑞士对农业法律进行了修改,以资助地方品牌打入区域市场。这一调整不仅鼓励山区保护和发展传统产品的生产工艺,而且促进了山区旅游业的发展。

综合山区政策则是农业政策补偿已经让位给涉及山区全面发展的综合政策,并且在实施过程中得到山区基金的具体支持。很多国家有国家层面的山区政策和专门的山区法律。如奥地利有《山区特别提案》《山地农民特别计划》《山地法律》；法国和意大利有《山地法律》；瑞士有《山区投资法》《农业法（包括山区）》等。

阿尔卑斯山各国联合举办"年度阿尔卑斯山小城镇"活动，评选表彰那些协调好自然、经济、文化、社会效益的山区小城镇。从 1997 年至今，已有 20 个小城镇获此殊荣，成为阿尔卑斯山区小城镇成功转型的案例。如巴州的松特霍芬和巴特莱辛哈尔。这些小城镇至少实施了两个可持续发展项目，并在项目中很好地协调阿尔卑斯山独特的自然景观、经济活动以及城市生活，为其他小城镇树立了学习的榜样。

## 四、对我国构建环秦岭经济圈、保护秦岭的启示

### （一）从国家层面立法，制定秦岭生态保护与协调发展政策

在阿尔卑斯山的保护与发展中，欧盟起到了关键性的作用，特别是欧盟与环阿尔卑斯山各国签署《阿尔卑斯公约》的做法对阿尔卑斯山的可持续发展至关重要。我国可以以《阿尔卑斯公约》为参照，发挥我国集中力量办大事的优势。一方面，在国家层面成立国家秦岭管理委员会，为秦岭立法（或者制定《秦岭公约》），制定秦岭生态保护的前瞻性和可持续性政策；另一方面，整合多种力量，加强对秦岭的研究，设立专门的研究机构、博物馆等，编制《秦岭志》。

### （二）构建环秦岭经济圈五大城市群高质量发展推进机制

借鉴环阿尔卑斯山经济圈发展的经验，构建推进机制；聚焦关中城市群、成渝城市群、中原城市群、江汉城市群、兰西城市群高质量发展，推动形成环秦岭高质量发展的经济圈；打造与环阿尔卑斯山经济圈相媲美的环秦岭经济圈，拱卫秦岭。

### （三）编制保护秦岭和环秦岭经济圈高质量发展的规划

由国家发改委牵头，秦岭涉及省市及相关单位共同参与，编制《秦岭生态保护规划》和《环秦岭经济圈高质量发展规划》，解决跨省域保护和发展的具体问题，推动秦岭生态保护和环秦岭经济圈高质量发展。

（写于 2020 年）

# 关于秦岭保护与构建环秦岭经济圈研究

中心课题组

组　　长：刘维隆
副组长：桂维民　李雪梅　周庆华　冯家臻

**摘　要**　秦岭和合南北、泽被天下，保护好秦岭生态意义重大，但是秦岭的生态保护工作中却存在不少的问题和落差。课题组依据党的十九届五中全会坚持系统观念的原则要求，基于对国家生态文明战略的思考与研究，参考欧盟签订《阿尔卑斯公约》、成立阿尔卑斯山保护委员会的相关经验，建议将秦岭生态环境保护上升到国家战略层面，并提出聚焦五大城市群，构建环秦岭高质量发展经济圈，拱卫秦岭的设想。

## 一、关于秦岭内涵的界定

关于秦岭内涵的界定，学界认识不一，我们采用《辞海》的界定：广义的秦岭西起甘、青两省边界，东到河南中部，全长1500余千米。包括西倾山、岷山、迭山、终南山、华山、崤山、嵩山、伏牛山等。狭义的秦岭指陕西省境内一段。狭义的秦岭南麓和巴山以汉江为界，山连山，岭连岭。两者地质演化、地质结构、自然生态极为相似。巴山可以划为广义秦岭范围。

广义的秦岭可以分为四大块：西倾山板块、岷山板块、秦岭板块、巴山板块。秦岭作为和合南北、泽被天下、国家中央水塔、中华民族的祖脉、中华文化的象征，具有不可替代的鲜明特色：它是地理中国芯、生态中国芯、文化中国芯、安全中国芯。

### （一）地理中国芯

秦岭是横亘于我国中部的中央山脉，是中国地理板块中最重要、最核心、最关键的板块。它链接着西北、西南、华中、华北四大政区，链接着陕西、河南、湖北、重庆、四川、青海、甘肃六省一市，链接着青藏高原、黄土高原、关中盆地、华北平原、江汉平原、云贵高原、四川盆地、横断山脉八大地理板块，是名副其实的"地理中国芯"。

### （二）生态中国芯

秦岭的"地理核心"，使其成为南北冷暖气候交汇区，具有涵养水源功能，是中国中央水塔、长江黄河水源涵养区、南水北调源区；秦岭是全球生物多样性最具代表性的重点区域之一，生物资源丰富，动植物复杂多样，被誉为"世界生物基因库"。2014年，京津冀用上了秦岭水，与秦岭结成紧密的生命共同体，进一步扩大了秦岭生态圈。秦岭作为"生态中国芯"，是中华文明生生不息、永葆生机活力的核心"生态家园"。

### （三）文化中国芯

秦岭的"生态核心"，使其在上古时期，就是人类的乐园，藏、羌、汉民族在此交融生息，形成华夏民族的主体。其总名称经历了昆仑—华山—终南—秦岭的演化，是"华夏民族祖脉""中华文化象征""中华文化标识"。其"和合南北、泽被天下"，成为中华民族追求统一的文化精神基因，真可谓"文化中国芯"。

### （四）安全中国芯

秦岭自古就是国家的"军事屏障"，守护着周、秦、汉、唐，在我国生态安全、经济安全，特别是军事国防安全方面具有举足轻重的作用。它曾是我国三线建设大后方，聚集有一大批国家重要军工企业和研究机构，具有强大的科研与产业力量。秦岭南麓有三峡大坝水利工程，北麓有我国授时中心、大地原点，是名副其实的"安全中国芯"。

## 二、关于把秦岭保护上升到国家战略层面

*为什么要提出如同为长江保护立法一样，建议全国人大筹备出台秦岭生态保护法？依据是什么？

回答思路：

（1）借鉴阿尔卑斯山的做法。

《阿尔卑斯公约》是一份阿尔卑斯山地区可持续发展的国际性领土条约。该条

约寻求在保护阿尔卑斯山的自然环境和文化完整性的同时，促进该地区的发展。

（2）《中华人民共和国长江保护法》极大地促进了沿长江区域的发展和对长江的保护。

如同为长江保护立法一样，建议全国人大筹备出台秦岭生态保护法。以立法的形式，规范保护范围、保护目标、执法主体与责任等，体现国家生态文明战略的权威性、整体性和创新性。（《中华人民共和国长江保护法》的主要板块有：规划与管控、资源保护、水污染防治、生态环境修复、绿色发展、保障与监督、法律责任。）

（3）目前个别省、市出台的《秦岭环境保护条例》有局限性。

省、市、县设立的秦岭保护机构职权有限，存在条块分割、多头执法、监管无力的问题，未形成相互协调、上下联动的机制和合力。省市《秦岭生态环境保护条例》与《中华人民共和国环境保护法》《中华人民共和国森林法》《中华人民共和国水法》《中华人民共和国野生动物保护法》等法律法规衔接不够，未形成秦岭生态环境保护地方法律体系。各相关部门、区县尚未根据自身职责制定《秦岭生态环境保护条例》的实施细则，《秦岭生态环境保护条例》缺乏具体化和操作性。在秦岭保护总体规划的框架下，各专项规划、区域规划尚未出台，完备的规划体系有待形成。

**\*为什么要设立秦岭生态保护委员会？依据是什么？**

回答思路：设立秦岭生态保护委员会，使其成为一个实体机构，以便打破行政区划与部门界限，实现按山脉流域系统治理保护，建立统一的生态环境监管与服务的体制机制。

主要依据：

（1）借鉴欧盟成立相应立法机构、制定欧盟环境保护法的实践经验。

欧盟环境立法的立法机构有：①欧洲委员会：起草法律，确保执行；②欧洲议会：批准法律、制定预算和监督联盟；③欧洲联盟理事会：由成员国政府部长组成，在执行由委员会提议的法律时，该机构有决定权；④欧洲法院：确保欧洲条约实施符合欧洲法律；⑤经济社会委员会各行业代表。

（2）参考长江水利委员会和黄河水利委员会的机构设立办法。

参考两个委员会的发展历程，结合新时期新发展理念考虑秦岭生态委员会的架构。长江水利委员会和黄河水利委员会机关内设机构及职责：规划计划局、政策法规局、水资源管理局、水资源节约与保护局、国际合作与科技局等。

**\*为什么要提出将秦岭列为国家生态文明建设试验示范区？依据是什么？**

政策支持 1：2013 年，为深入贯彻落实党的十八大精神，以生态文明建设试点示范推进生态文明建设，生态环境部研究制定了《国家生态文明建设试点示范区指标（试行）》，对生态文明试点示范县（含县级市、区）建设指标、生态文明试点示范市（含地级行政区）建设指标做了规定并对指标进行了解释。

政策支持2：2016年，中办、国办印发了《关于设立统一规范的国家生态文明试验区的意见》。此后，又印发了福建、江西、海南方案。这些都是秦岭建设国家生态文明建设试验示范区的依据和标准。

### 三、关于构建环秦岭经济圈论证的进一步完善

#### （一）在区域发展中，对推动我国现阶段的主要矛盾解决有重要影响

当前，我国社会主要矛盾已经转化为人民日益增长的美好生活需要和不平衡不充分发展之间的矛盾。构建环秦岭经济圈对于解决区域发展不平衡不充分特别是缩小区域发展差距具有积极作用。首先，就发展不平衡看，东西差距即西部的发展滞后是发展不平衡的突出表现。环秦岭经济圈的构建，特别是成渝、关中、兰西城市群的强劲发展，克服了以往西部发展中平铺齐进、缺乏战略支撑的缺憾，一如当年沿海战略重点的确立所发挥的作用那样，必将对西部大开发注入和提升巨大的牵引力、推动力和辐射力。在国家与市场力量的推动下，西部大开发可望迈上一个崭新的水平与阶段。其次，从发展不充分看，目前我国南北差距日益突出，北方有的地区市场经济发展还不充分。环秦岭经济圈的构建，特别是中原、关中、兰西城市群的强劲发展，必将有力地带动豫、陕、甘、宁、青诸省区，为北方快速发展注入强大的活力和动力。同时长江中游城市群将会以巨大的潜能对鄂、湘、赣、皖等中部各省发展发挥深远积极的作用。

#### （二）在国内国际双循环新格局中，构建环秦岭经济圈地位举足轻重

改革开放40多年来，以珠三角、长三角、京津冀三大城市群（三个增长极）为主的东部沿海区域快速发展，构成了"沿海一条带"。近年来国家推动了长江经济带和黄河保护与发展经济带的兴起，形成了"沿水两条带"。放眼纵观国之大局，围绕秦岭的五大城市群构成了与"沿海一条带""沿水两条带"相对应的"沿山一个圈"，将成为我国国土空间格局的中心战略支撑圈，即发展圈、平衡圈和安全圈。它不仅可以连接沿海、贯通两水，还可以作为西部大开发的核心引擎，有效带动占国土面积50%以上的广袤西部的保护与发展。真可谓一圈牵动东南西北，深度统筹陆海山水，事关国运安全发展，在我国新时期双循环与双向开放的大格局中，势将成

为国家发展战略布局的重大选项。环秦岭经济圈作为国家经济脊梁与秦岭国家生态文化和安全脊梁相伴而生，共同崛起，将成为名副其实的"中华脊梁"，理应是我国实现"两个一百年"奋斗目标、实现中华民族伟大复兴无可替代的重要标志地。

### （三）在我国总体安全格局中构建秦岭与环秦岭经济圈意义非凡

环秦岭经济圈五大城市群，围绕着秦岭，总面积约为99.82万平方千米，人口约4.35亿，生产总值约24.17万亿元，它的发展事关国家生态安全、经济安全，特别是我国军事国防的战略安全。在加强国防建设的同时，实施以国家安全为主导的创新体制，充分聚集，深度融合军工与科技、资源三大要素的优势，进一步释放军民融合发展的巨大潜力，可实现国防安全与地方发展双赢的新局面。

### （四）在秦岭山区保护与发展中，"秦岭—城市共同体"作用不可忽视

环秦岭经济圈以山体为"绿芯"、以城市为依托，可以创新构筑"秦岭—城市共同体"，内外耦合进行整体规划，克服以往城市群低层次无序发展造成的对秦岭的损害，从而以城市群的高质量发展促进秦岭山区的保护与发展。强化以圈护山、山圈互兴、以城带乡、城乡互补、以工补农、工农互补、协调发展，更加有利于生态经济和绿色发展，对于巩固全国面积最大、贫困人口最多的区域脱贫成果，实现乡村振兴具有重大意义，从而使环秦岭经济圈成为实践"两山理论"、共同富裕、建设美丽中国的最大实验示范区。

### （五）在保护传承弘扬秦岭文化中，构建环秦岭经济圈作用无可替代

作为中华民族祖脉、中华文化重要象征的秦岭，其文化根脉源远流长，具有无穷无尽的宝藏。秦岭以它无比宏大的胸怀熔铸了关中、中原、荆楚、巴蜀、西域各类缤纷多彩的文化类型，共同描绘了华夏文明多元一体的瑰丽画卷。以经济圈带动秦岭文化圈的兴起，我们才能不负于"为天地立心、为生民立命、为往圣继绝学、为万世开太平"的历史使命。

### （六）在城市群规划中，编制环秦岭经济圈规划可以统领五大城市群协调发展

为什么国家已出台五个城市群发展规划，还要建议编制环秦岭经济圈规划？

理由1：呼应"沿海一条带""沿长江黄河两条带"，提出构建"沿山一个圈"的设想。

理由 2：贯彻中央提出的新发展理念的需要。新发展理念有五个关键词，分别是创新、协调、绿色、开放、共享。编制环秦岭经济圈规划有利于统领五大城市群协调发展。

理由 3：国外已有先例，环阿尔卑斯山经济圈就是其中的典型。

## 四、关于构建环秦岭经济圈协同推进的机制

构建环秦岭经济圈协同推进的机制应该从协同的内容和组织两个方面展开。

### （一）协同内容

构建环秦岭经济圈高质量发展的协同推进机制推进战略协同；编制环秦岭经济圈高质量发展规划推进规划协同；构建环秦岭经济圈信息数字化建设，推进新基建发展协同；构建生命共同体，建立系统完整的生态文明制度体系，推进生态保护协同；创新驱动，推进产业集群高端化发展，推进产业发展协同；坚持以人为本的发展思想，建立高质量的城市生态系统，推进公共服务协同。

### （二）协同组织

建立联席会协同推进机制，把联席会的重大决策和部署落到实处。

分三个层面：

决策层：由六省一市的党委和政府层面的主要领导组成，主要对重大问题、重大部署进行决策。

协调层：成立联席会办公室，主要负责三省一市的协调和组织。

操作层：由六省一市各相关厅局组成的产业组、科技组、生态组、项目组、综合组等组成，主要负责各专项工作推进的具体方案、设想报决策层审定，并付诸实施。

总之，要把联席会工作做实，防止出现议而不决、决而不行的现象。

（写于 2021 年）

# 大秦岭地区国家战略价值与特色创新发展

中心课题组

组　　长：刘维隆
副组长：桂维民　李雪梅　周庆华　冯家臻
执笔人：周庆华

**摘　要**　通过对大秦岭地缘属性、生态、文化、经济、区位、安全等战略价值的阐述，表明其作为"一山两水"统领者的重大战略地位，明确其构建生态、发展、安全三位一体新格局的重要意义，进而对其战略定位、空间部署、发展路径等进行了初步研究。

改革开放以来，我国取得了以珠三角、长三角、京津冀等东部地区为代表的巨大发展成就。然而，东西部发展不平衡状态也日趋呈现，特别是随着国际形势更加严峻复杂，加之国际贸易壁垒造成的产业链、供应链压力等，内陆经济引擎体量不足等问题日渐显露，总体国家安全建设愈发紧迫，成为关乎全局的重大问题。

习近平总书记指出，要坚持统筹好发展和安全两件大事。贯彻党的二十大报告精神，坚持底线思维，是发展的根本保障。大秦岭地区位居我国陆地中心，是生态和文化安全根基；大秦岭和周边城市群是我国科技和装备制造业最重要地区之一，是内陆人口经济规模最大集聚区，也是20世纪中期大三线建设核心区。在大秦岭地区构建高质量安全发展新引擎和新型混合战略后备区，提升生态、发展、安全三位一体综合抗风险能力，具有重大现实和长远意义；对中西部加快崛起，尽快改善发展不平衡不充分问题，更是具有举足轻重的作用。

## 一、大秦岭地区地缘属性

### （一）概况

秦岭有狭义和广义之别。以地质学科等为基础的广义大秦岭系秦岭、巴山、西倾山、岷山等山脉的合称，东西绵延1500余千米，南北约300千米，总面积约41万平方千米，山区总人口约7500万。大秦岭涉陕、川、甘、豫、鄂、青、渝六省一市的29个设区市及5个自治州、湖北神农架林区、181个县（区、县级市）。

本文所指"大秦岭地区"包括大秦岭山脉和周边成渝、关中、中原（核心区）、兰西等4个城市群及武汉都市圈所属的城市地区。周边城市人口23000万（去除城市管辖的山区人口约2800万），面积约40万平方千米。因此，大秦岭地区总人口为30500万，总面积81万平方千米。

### （二）地缘属性

大秦岭地区是我国"一山两水"（大秦岭与黄河、长江）地理格局的核心组成部分。

**1. 大秦岭是亚欧大陆板块地位独特的地理构造**

2亿年前左右，伴随着印支板块移动，大秦岭隆起并最终形成今天的地理样貌；随着阿尔卑斯山及更为年轻的喜马拉雅山的崛起，大秦岭以雄踞中央的地位，"缝合"了中国大陆南北的扬子板块与华北板块，以及西部的青藏高原，完成了中国大陆板块的拼接，成为远古以来最为重要的中国大陆构造成型的肇始者与统领者。大秦岭与其后崛起的昆仑山东西贯通而被称为龙脉，与之后生成的黄河长江一同形成了体量巨大且山河完整的"一山两水"标志性结构，为中华大地人类进化和文明生发奠定了地理基础。

**2. "一山两水"孕育延续了中华五千年文明**

秦岭与黄河中游地区的地理构造及大陆多圈层作用，将山岳的生态位能与冲积平原的自然动能结合起来，相较于尼罗河、幼底两河等古文明，"一山两水"是中华文明成为世界上唯一连续不断文明的重要地理与生态支撑。大秦岭是我国最早有古人类活动的地区之一，距今204万年的巫山猿人、100多万年的蓝田猿人等10多处遗迹，形成了较为完整的古人类繁衍链，生成了仰韶、龙山、始祖传说等远古文化，印证了人类源自山林之中，走向江河之畔的进化历程。"一山两水"形成了中华文明生长的轴心地带，成就了中国版图的完整统一，并与欧洲大陆相对破碎地貌关联的一统性文明难以持续形成了对比。"一山"和合南北"两水",是中华大地的关键地理空间;大秦岭位处中枢,担负着"毗邻东部、中扼西域、俯瞰南北、辐射四方"的统领职责。

## 二、大秦岭地区战略价值

### (一)我国陆地中心极为重要的生态安全屏障

大秦岭以其独特完整的生态系统价值,与阿尔卑斯山和落基山并称为"地球三姐妹"。

**1. 作为"中央水塔",是长江黄河最大补水源头与"一山两水"重要基石**

高山为江河之源,大秦岭山脉每年汇入长江与黄河的水量分别达到1569亿立方米和229亿立方米,占两河年径流量的16%和27%;长江流域最长的支流汉江、流域面积最大的嘉陵江以及年均径流量最大的岷江,都发源于大秦岭;黄河流域年平均径流量最大的渭河以及白河、洛河等一级支流也发源于大秦岭。因此,与其他地区汇入两河的水量比较,大秦岭是两河最大的补水源头;大秦岭总径流量约1794亿立方米,是南水北调中线工程水源地,是当之无愧的中央水塔,成为"一山两水"整体生态系统不可或缺的统领性单元。

**2. 具有世界价值的"中华生物基因库"**

大秦岭是地处我国青藏高原、黄土高原、云贵高原之间的巨大绿色屏障,以其庞大的体量和中心区位,成为我国陆地生态安全的重要基石。大秦岭是全球34个生物多样性热点区域之一,拥有保护区260余处。腹地拥有6000多种动植物资源,种类数量占全国75%,分布有大熊猫、朱鹮、金丝猴、羚牛等120余种国家级保护动物和红豆杉、冷杉等176种珍稀植物;森林面积占全国10%以上,腹地碳汇总量长年保持在6.78 GtC,生态资产价值等指标领先全国。大秦岭平衡着中国南北、东西生态环境,对增强我国陆地空间碳氧循环与平衡能力作用突出,是保障国家"双碳战略"顺利实现的重要碳汇基地。

### (二)我国经济平衡与安全发展新格局的最佳选择区

**1. 关键的经济区位与陆海新通道转换枢纽**

成渝经济体量和人口优势与关中地理区位和历史地位相结合,有条件成长为西部地区具有显著国土平衡意义的新引擎,从而在"优化重大生产力布局,构建优势互补、高质量发展的区域经济布局"方面形成关键支撑;武汉、郑州城市圈的协同发展，有利于在中部地区形成足够体量的经济增长新能极，两个增长极将有效提升总体经济格局的抗风险能力；同时，强化郑洛西兰、武成渝在两河战略中的协同，逐步形成以大秦岭为核心的环状城市经济圈。大秦岭地区位于我国交通格局中心，是东西向亚欧大通道和南北向陆海新通道的转换枢纽，特别是地处胡焕庸线具有边缘效应与人口密度势能差的成渝西地区，是"一带一路"西向开放与大西部崛起的前沿动力引擎。

**2. 中西部人口经济峰值区与双循环格局主战场**

2020年五个城市地区经济总量为16.7万亿元，占全国GDP总量的16.48%（表1）；人口总量3.05亿，占全国总人口的21.67%。大秦岭地区城镇数量、经济体量、人口规模均位列我国内陆地区首位，是带动中西部崛起，扭转当前东强西弱、南盛北微不均衡发展局面的核心区域。

表1 东部沿海经济带与环大秦岭城市地区经济圈发展规模数据

| 区域 | | 国土面积 | | 总人口 | | 地区生产总值 | | 城市数量 |
|---|---|---|---|---|---|---|---|---|
| | | 万平方千米 | 全国占比 | 万人 | 全国占比 | 万亿元 | 全国占比 | 个 |
| 东部沿海 | 京津冀城市群 | 21.8 | 2.27% | 11400 | 8.07% | 8.63 | 8.51% | 15 |
| | 长三角城市群 | 21.1 | 2.20% | 17500 | 12.39% | 20.44 | 20.17% | 26 |
| | 珠三角城市群 | 4.22 | 0.44% | 7820 | 5.54% | 8.95 | 8.83% | 9 |
| | 总量 | 47.12 | 4.91% | 36720 | 26.01% | 38.02 | 37.51% | 50 |
| 大秦岭地区 | 中原城市群 | 10.2 | 1.06% | 7236 | 5.12% | 4.32 | 4.26% | 14 |
| | 成渝城市群 | 18.5 | 1.93% | 10000 | 7.08% | 6.82 | 6.73% | 16 |
| | 关中城市群 | 10.71 | 1.16% | 3900 | 2.76% | 2.25 | 2.22% | 12 |
| | 兰西城市群 | 9.75 | 1.02% | 1200 | 0.85% | 0.68 | 0.67% | 9 |
| | 武汉都市圈 | 5.78 | 0.60% | 3400 | 2.41% | 2.63 | 2.59% | 9 |
| | 总量 | 54.94 | 5.72% | 25736 | 18.23% | 16.7 | 16.48% | 60 |

**3. 外部城市群环状空间优势与内部山区绿色空间创新示范地**

环阿尔卑斯山城市地区是欧洲经济和现代文明的代表性区域之一，为内陆环山滨水城市发展提供了借鉴。国家级快速交通建设使得秦岭已从"大阻"成为通途，大秦岭周边环状分布的城市群能够握拳合力，较之东部沿海与两河战略沿水数千公里的线形展开，具有协同发展的环状空间优势。在保护好国家公园等绿水青山的前提下，大秦岭内人居环境是开创"金山银山"绿色发展的最佳示范地，腹地与外围城市能够形成相互支撑、要素置换、有机融合的山脉—城市共同体创新模式；大秦岭众多复杂蜿蜒的绿色空间，能够为数字小镇、智能山谷、生物实验室、科技研发等高端职能提供安全通达的地理空间。借鉴全球山地富裕国家瑞士的经验，以及奥地利阿尔卑斯山城市因斯布鲁克总部经济及高校科研发展等经验，大秦岭能够依托洁净空气与绿色优质环境、交通与数字网络、多样空间选择、高端职能优适性、国防科技基础等特色价值，大力拓展数字经济，带动产业转型与乡村振兴，具有开拓山脉地区绿色创新发展中国模式的巨大潜能。

### （三）稳固大西部与加大西向开放的中枢地区

#### 1. 稳定大西部的中枢

秦岭北麓长安—洛阳历史帝都带，发挥了经略西域、管控局势、维护稳定的中枢作用；今日大秦岭，特别是成渝西地区则是带动和支撑大西部发展的前沿核心。同时，通过环大秦岭城市地区强发展，带动山脉生态大保护，疏解过高山区人口密度，推进乡村振兴和共同富裕，以绿色创新发展实现弯道超车，使大秦岭地区成为中西部经济崛起并保持长期稳定的关键支撑。

#### 2. 西向开放的前沿

考察我国自古以来地缘政治格局变迁，广阔西部陆权腹地与战略纵深的价值愈发显现。司马迁认为做事者多在东南，收功者常于西北。激发半壁国土巨大潜能，向西谋势是我国实现大国崛起的必然之路；是以备避害、以新空间制衡潜在威胁的重要路径。今日大秦岭地区是新丝绸之路西向开放的前沿，对于开创大西部史无前例新局面至关重要。

### （四）体现崇山重岳传统思想的秦岭文化

"夫国必依山川"，高山在中国具有神圣的地位。大河是文明的摇篮，高山作为河流的源头，则是文明的源泉。认知秦岭文化应从"山—水—人居"的系统层面，将周边历史城市一同纳入视野。

#### 1. 中华文明核心价值思想源脉地

秦岭帝都带历经中华古代文明的创始、奠基、集成、辉煌等重要时期；秦岭是中国生道融佛之地，佛教七大祖庭位于山脉内外；秦岭名山林立，华山、武当、太白等声名四海，是我国山水文化的摇篮。秦岭汇聚贤才，融贯百家，隐逸名士，最终淬炼形成中华核心价值思想精华,哺育了周秦汉唐等古代盛世大国。

**2. 最具综合代表性的中国文化圣山**

"凡立国都,非于大山之下,必于广川之上",中国自古具有崇山重岳的思想传统。三山五岳,西域昆仑,中国名山众多,但只有起自昆仑而为龙脉,绵延千里并与中原大地浑然一体的大秦岭,最具中国文化综合代表性,形成了与大河文化对应的高山文化——秦岭文化,是当之无愧的文化圣山!

### (五)无可替代的国防安全价值

战略纵深后备区是国防空间体系的重要组成部分,大秦岭是新型混合安全后备区建设的不二选择。

**1. 独具的中枢区位、高山庇护和城市支撑优势**

秦岭兼有中枢与高山优势,其中心区域距国土陆地边界均在 1000 千米以上,在现代国防空间体系中具有比较优势和充分的战略缓冲;秦岭平均海拔 2000 米以上,可以转化为事半功倍的国防力量。现代国防需要具备科研、生产、供应链等全要素支撑,只有与城市结合才能具备这些条件。大秦岭周边有西安、成都、重庆、兰州、郑州、洛阳、绵阳、汉中、天水等众多城市,具有高山与城市共同构建新型混合后备区的优势。

**2. 深厚的科研基础与多维资源保障**

大秦岭地区集中了一大批国防科研工业单位、科研院所和高校,是国家高新技术与装备制造的重要区域。大秦岭地区具备良好的气候、植被、物产、淡水、农业、人口等综合保障和生态环境,巨大山体和周边区域可以为战略资源储备提供多样化的选择空间。

## 三、大秦岭在国家区域战略格局中的独特地位

### (一)大秦岭独立生态价值与特色文化价值在国家战略格局中不可或缺

秦岭远古造山运动是黄河、长江生成演化的根本动力;秦岭作为最大补水源头,与中央水塔是两河水生态的根本保障;秦岭独立完整的生态系统是两河流域人文生发的根本源泉;秦岭巨大山脉体量为周边城市提供了安全依靠屏障。大秦岭与两河及其流域人居是源与流、根与树的关系。因此,在国家区域战略格局中,只提黄河长江而不提秦岭,对"一山两水"整体生态格局本质渊源的揭示与保护存在缺憾;把秦岭一分为二,仅从分属于长江黄河流域的角度,将水土保持等部分职能列入国

家战略,对大秦岭生态系统保护远远不够,更未体现秦岭和合南北的整体价值。大秦岭保护只有完整提升为国家战略,才能强调"一山两水"的缺一不可,使其整体势能得以完全释放。正是大秦岭这一巨大山脉,使得长江黄河虽分处南北,却共同构成中华文化共同体的轴心地带。大秦岭战略使"山河"(或"江山")这一国家与民族的含义象征得到完整表达,使传统崇山重岳文化得到突显,使最具综合代表性的名山价值得到尊重。大秦岭战略可以开创以山为依托的中国式区域发展道路,展示出大秦岭与周边城市新时代生态保护和绿色发展现代化风貌,增强中华传统文化标志区的世界影响力。

**(二)大秦岭战略突出了国家总体安全与山脉区域绿色创新发展的独特意义**

两河战略突出生态与发展,大秦岭战略则突出生态与安全。在国家内陆战略布局中,只有充分发挥大秦岭的作用,才能使生态、发展、安全并重。如同黄河与周边城市有着紧密的关系(黄河战略通过"一轴两区五极"形成整体保护与发展体系中的重要支撑),大秦岭也应与周边城市作为整体一并考虑。大秦岭战略中的主要城市虽然与两河战略中游的城市有重叠,但不是重复,而是使这些城市固有的山水双重属性体现出双重意义。这些城市既是两河流域的滨水城市,又是秦岭脚下的邻山城市,如同上海既是沿海开放带的城市,又是长江经济带的城市一样;环大秦岭城市应该发挥两种属性作用,不仅在两河流域高质量发展,还要依托山脉复合安全优势,构建山脉—城市共同体,既形成总体安全发展格局,又带动山区生态保护和绿色转型。在现代高速交通条件下,环大秦岭主要城市均进入4小时联系距离;在数字网络条件下,沿山所有城市更是具备了发展新经济的优势。大秦岭是外围城市的共有靠山、生态源泉、联通枢纽,具备在两河中游地区形成南北协同的特殊条件,这是大秦岭战略与两河战略相互支撑协同的辩证关系。然而,目前这些城市的环山属性显现不足,突出大秦岭安全发展已势在必行。大秦岭是开创数字经济条件下山脉地区绿色创新发展新模式,形成"金山银山"新动能,为我国广大山地城乡转型发展提供示范的重要区域。所有这些仅仅依靠两河战略是难以实现的。

环大秦岭城市圈是发展的目标,对应尺度类似整个东南沿海经济带,通过成渝西、武郑新能极等具体战略,这一经济圈能够自然呈现。当然,"一圈"绝不是一个规模巨大的城市连绵带,在集约发展的城市之间是广阔的山水和农业生态空间,从而实现生态保护与高质量发展的有机融合。

## 四、大秦岭地区发展战略构想

### (一)战略定位与空间部署

明确大秦岭地区战略定位是:国家生态屏障区、内陆发展引擎区、总体安全后备区。其空间部署为:构建"一芯、一圈、一核、两极"的大秦岭地区总体空间结构,同时形成新型混合战略后备区。"一芯",即大秦岭山脉生态绿芯;"一圈",即环大秦岭五大城市地区构成的经济圈;"一核",即以陕川甘科技创新带及相关设施为主构成的新型混合后备区的核心区;"两极",即成渝西、郑武协同发展新能极(图1)。

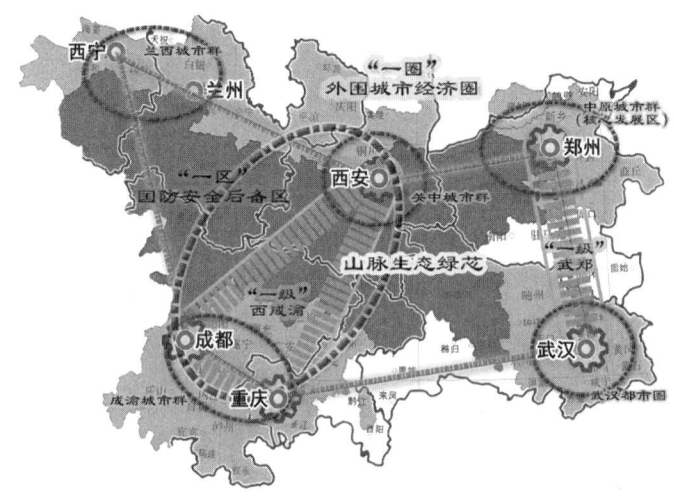

图1 大秦岭地区空间结构示意图

### (二)发展路径

**1. 开展生态联保及立法,推进秦岭国家公园和大秦岭国家文化公园"双园"建设**

制定国家层面大秦岭生态保护法,建立大秦岭市场化生态补偿机制,建立省、市、县三级交易体系、生态产品交易平台和水权交易市场;统筹生态修复与治理工程,提高生态产品供给能力;建立大秦岭生态保护智慧平台。健全物种基因库,推进秦岭国家公园建设,新增伏牛山国家公园,建设大秦岭博物馆和大秦岭研究院。设立大秦岭国家文化公园,以巨大面状体量与长城、黄河、大运河、长征、长江等五个线性公园一同构成源脉突出、江山同构、类型完善的国家文化公园体系;申报大秦岭世界自然与文化遗产，设立秦岭文化论坛永久会址，推进中西文明的"两山对话"。

**2. 构建中西部高质量发展新能极，形成山脉—城市共同体**

借鉴《阿尔卑斯公约》和《五大湖宪章》等国家间协同经验，发挥我国体制优势，构建六省一市协同保护与发展机制，制订相关规划。推进成渝西、武郑等核心城市协同构建新能极，通过"山外核心大城市为引领、山内特色中等城市为支撑、山区特殊产业为配套"的三级空间体系，形成山内外技术、人才、生态等能量的相互传输链条机制，构建生态保护、经济绿色、文化传承、能量交换、总体安全、空间合理的"山脉—城市共同体"创新发展模式，使之成为生态、发展、安全三位一体的重要抓手。重点通过数字技术赋能，引入周边大城市科技研发等高端职能，形成以清洁精密制造、国防科技研发、文化旅游教育等多元绿色经济为支撑的山区发展路径。

**3. 实现大秦岭总体安全发展**

结合山脉—城市共同体和原有科技工业基础，通过三级空间体系，建设大秦岭地区新型混合战略后备区。融合西成渝经济引擎区，建设包括绵阳、汉中、天水等重点城市在内的陕川甘一体化科技创新带，提升产业链保障能力。结合生态与经济数字系统，形成总体安全网络体系，提升应急物资全天候储备能力。

说明：本文根据陕西省政协委托的相关研究报告缩减而成，原报告2万余字。参加本研究的还有：申研、牛俊婧、雷会霞、谢永尊、薛颖、武昭凡、李晨等。

本研究是在陕西中国西部发展研究中心刘维隆、桂维民、李雪梅等领导的组织带领下进行的，他们在重要思路、纲要、路径等方面提出了许多关键的意见；研究还得到陕西省政协、陕西省人大相关领导以及彭建兵院士等专家的多方面支持，并提出宝贵意见，在此一并感谢！

（写于2023年）

# 大秦岭地区"三位一体"创新发展战略和陕西率先实施的关键意义

中心课题组

组　　长：刘维隆

副组长：桂维民　李雪梅　周庆华　冯家臻

**摘　要**　本文简单回顾了"大秦岭国家战略"的研究与提出过程，重点阐述陕西在"大秦岭国家战略"中的地位和作用以及率先推进"三位一体"创新发展的意义，并从顶层规划、创新试点、部分重点项目等方面提出相关建议。

## 一、大秦岭国家战略的研究、提案和进展简述

前期研究：2014年开始，中国工程院立项，徐德龙院士牵头，西安建筑科技大学周庆华团队担纲开展了两期"秦巴山脉地区绿色循环发展战略研究"。

2018年在亚行项目支持下，省发改委、财政厅主持开展了陕西段"秦岭生态系统综合管理研究"。

学术界张国伟、李佩成、彭建兵等院士对大（广义）秦岭地质地理概念范围的研究共识，民间社会组织和大专院校对大秦岭的研究，党双忍《秦岭简史》著作的面世等，对大秦岭相关认知研究形成了重要推动。

提案进展：2020年，陕西中国西部发展研究中心着手大秦岭保护与发展的全面研究。在深入学习习近平总书记关于秦岭重要指示的基础上，形成了《推进秦岭生态保护和环秦岭经济圈高质量发展的建议》。2021年全国两会上，马中平等10名委员联名提交《关于推进秦岭生态保护和环秦岭经济圈高质量发展的建议》，被全国政协列为重点提案。全国政协李斌副主席率队调研甘、陕两省，并于9月在西安召

开六省一市政协线上座谈会，形成了"共保、共建、共享、共富"的共识。全国政协办公厅向中办、国办报送调研报告，建议把秦岭地区生态保护和高质量发展上升为国家战略。

2022年6月9日，六省一市政协在陕西召开环秦岭地区生态保护和高质量发展协商研讨会，全国政协何维副主席参加，陕西省委刘国中书记致辞，会议形成六省一市协商联动机制。随后，省政协徐新荣主席部署，由西部发展研究中心承担草拟《关于构建大秦岭地区生态、发展、安全三位一体新格局的建议》，拟在2022年全国两会上作提案之用。

这是改革开放40多年来，陕西首次提出的国家相关重大战略，并得到全国政协重视和其他省市的共同响应。"不谋全局者，不足以谋一域；不谋万世者，不足以谋一时"，我们应当持之以恒、久久为功，将大秦岭国家战略不断推向深入。

## 二、陕西在大秦岭国家战略中的地位和作用

### （一）陕西是大秦岭国家战略的重点关键区域

秦岭姓秦，以秦冠名，古往今来，首指陕西。习近平总书记对秦岭的多次指示主要针对陕西，对秦岭的殷切期望也重在陕西。在大秦岭全域图中，陕西位居中心，连接甘、豫、鄂、川、渝四省一市，省会西安更是一半面积在秦岭山中。大秦岭的主体精华也多在陕西境内呈现。陕西在大秦岭国家战略中有着令人瞩目的独特地位。

陕西涉秦岭六市（西安、宝鸡、渭南、汉中、安康、商洛），其秦岭山脉面积占据大秦岭面积首位（9.14万平方千米，占大秦岭22%），区县数量47个，占28%，国家级自然保护区19个，占35%；按"大秦岭地区"概念，我省秦岭地区包括关中城市群（含咸阳、铜川）与秦岭山区，其科技与教育资源，区位优势突出，人口约3400万；文化价值十分突出，全国重点文物保护单位105处，占大秦岭地区24%，国家历史文化名城3座，占23%；军工国防地位十分重要；总之，综合区位、科研文化实力得天独厚、位居前列。虽然目前在经济体量上不及成渝等都市圈，但发展空间、潜在动能十分巨大，也正是需要国家战略扶持和激发的重点区域。从一定意义上讲，大秦岭国家战略也是为我省量身打造，获益众多的重大区域战略。加强关中城市群与秦岭整体性关联，成为黄河战略与长江战略协同发展的核心区，进而推进大秦岭战略的形成，是陕西省开拓新局面的突破口。陕西在保持陕北能源产业优势、增强与中原城市群和晋蒙宁协同发展的基础上，应进一步发挥关中城市群综合

与关键优势，在国家战略格局中凸显更加独立与突出的地位，形成特色鲜明的秦岭生态保护与关中城市群高质量发展新亮点，探索城市群与山脉地区特色发展新模式，形成国家战略后备区核心支撑，在南北和合与新时期西部大开发中发挥关键作用，成为大秦岭战略的先行省。可以说，陕西自身作为的成效如何，对大秦岭国家战略具有标志性的关键作用。

**（二）陕西在秦岭保护与绿色发展中的正反经验为"三位一体"创新奠定了基础和条件**

生态保护：陕西于2008年即颁布实施《秦岭生态环境保护条例》，成立机构、设立基金、展开执法检查，做了大量工作，在全国率先为山脉保护立法，取得一定成效。特别是在全国瞩目、影响巨大的秦岭违建处理事件中，在中央督查，深刻反省中痛下决心，进行了持续反复、较为彻底的处置与治理，全省上下对秦岭的生态保护有了深切的体认，变教训为动力和经验，对持久维护与绿色发展打下坚实的基础。

高质量发展方面：经过艰苦努力，我省胜利完成脱贫攻坚任务，陕南三市累计实现161万贫困人口稳定脱贫，原秦岭山区贫困区域得以焕发新的生机，乡村振兴战略推动绿色发展，各地努力探索取得不少典型和经验。

国家对西安都市圈的批复，以及西安双中心（综合性国家科学中心和科技创新中心）获批，为关中城市群的长足发展增强了新的优势。西安作为中心城市，在人才科技、经济发展凝聚力与影响力方面日益增长，为我省秦岭地区构建大中小城市协调发展格局、推动城乡融合、山城一体化发展创造了有利条件。中欧班列和亚欧陆海通道建设搭建了高水平开放的平台。

军地国防方面：我省军工实力位居全国前列，分布有33家国防军工科研院所，仅次于北京，位居全国第二，分布有全国一半的航空航天科研院所、一半以上的核工业科研院所，现有军工上市企业17家，位居全国第四。我省是老三线的核心地段、新三线建设的前沿地区。近些年发展迅速、影响巨大，在军地战略统筹、军民融合发展、实现军地民深度结合共赢共享上潜力巨大。

文化秦岭享誉中华。我省秦岭地区文化源脉之流长、品相之精华、积淀之丰厚、价值之高全，在全国可谓独一无二。必会在秦岭战略中大放光彩。

值得重视的是，陕西在大秦岭国家战略中的突出地位和提案牵领者身份，使我省在六省一市中的首位度得以体现。从两年两次全国政协在陕召集六省一市政协座谈会看，其他省市对陕西的期望聚焦两点：一是在议政提案上希望陕西牵好头，形成机制，年年争取，使得大秦岭地区上升到国家战略；二是在实践创新上也希望陕西带好头，发挥先行示范作用。总之，陕西在大秦岭国家战略的提升过程中，已经被推上具有一定代表性、引领性和示范性的角色地位。这也正是我省走出全国闻名的秦岭整治，迈向生态、发展、安全"三位一体"建设新征程的关键时刻。它既是新时代赋予我们无可替代的重大责任，更是我省敢试敢闯、抢占先机、主动作为的历史性机遇。

### 三、陕西推进秦岭战略的重要意义和路径

秦岭战略关系我省高质量发展新格局的构建。党的二十大之后，站在新的更高的历史起点上，谋划陕西新一轮全面深化改革，必须坚持问题导向、系统观念和守正创新，直面现实矛盾，破解疑难症结，深化升级思路，探索创新路径。秦岭地区生态、发展、安全"三位一体"的统筹与创新，对我省今后的发展具有全局性、战略性意义。其中，以下几个方面的问题需要进行认真研究和路径探索。

一是秦岭生态保护与山区发展、乡村振兴的关系。秦岭必须保护第一、生态优先，并且实现持久保护，不再反复；秦岭山区作为我省面积最大、人口最多的脱贫攻坚主战场，推进乡村振兴战略、防止规模性返贫是其首要任务；发展必须保护，保护离不开发展，如何在保护中发展，在发展中保护，使保护与发展在新的时代条件下，实现内在的高质量的有机统一，让"两山理论"真正落实在秦岭山区中，这是我省面临的一大课题。必须全面、准确、完整地贯彻新发展理念，在创新和科技的双重推动下，将生态保护与乡村振兴有机结合，共同融入各级整体规划和建设之中，在实现山水林田湖草系统治理的同时，坚持城乡融合发展，推进以县城为重要载体的新型城镇化建设，加快农业转移人口市民化，在高科技数字化的引领下，树立大食物观，发展设施农业林下产业和乡村特色产业，推进基础设施和公共服务布局，建设宜居宜业和美乡村，力求走出一条"生态、绿色、低碳、循环"的新路子。同时，引导发挥基层群众的首创精神，总结提升先进经验（已有不少），由点到面，积极推广，开拓局面，形成良性循环，使我省秦岭地区成为生态文明乡村振兴的先行示范区域。

二是突出解决我省城乡和区域差距问题，首在秦岭地区的陕南三市。多年来，我省基本遵循的是关中（高新技术先进制造业基地）率先发展、陕北能源化工（能源重化工基地）跨越发展、陕南循环发展三大块区域发展模式，中强、北快、南慢

的发展落差不断加大，陕南成为我省发展的最大短板。秦岭战略的提出，使我们有必要对此进行重新检视和认知，打破原有的区域区划界限，将我省三大区域协调战略深化提升为重大区域战略，即以西安都市圈为龙头的关中城市群与陕南三市（秦岭山区）综合规划，紧密联结，实现"山城一体化"发展，为秦岭山区注入先导性、引领性的强大科技经济力量，激发凝聚陕南三市追赶势能，通过要素置换，优势互补，实现双赢的战略目标。（图1）

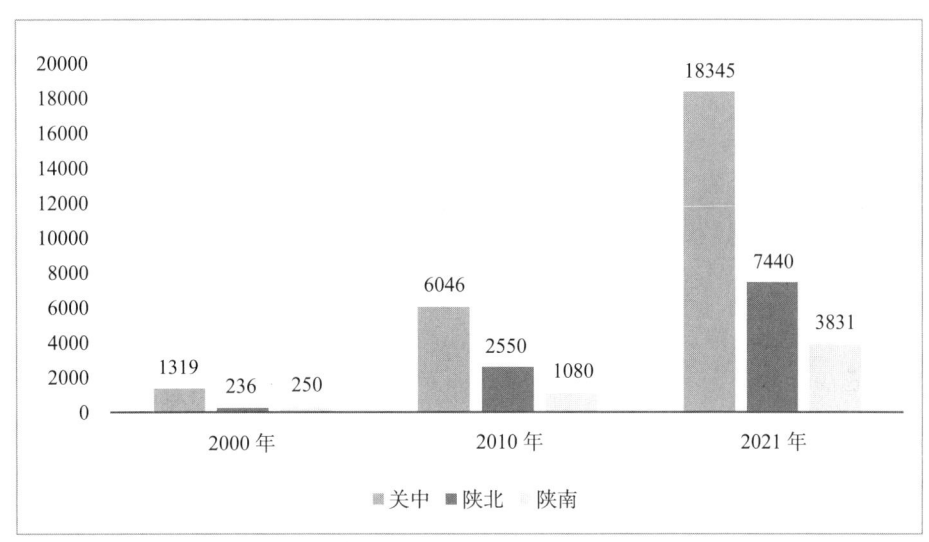

图1　关中、陕北、陕南2000、2010、2021年GDP（单位：亿元）

从宏观上看，关中城市群与陕南山区可以说是我省最大的城乡差距地区；关中地区与陕南三市就综合实力和城乡人均收入方面相比也是最大的区域差距地区；但在交通条件极大改善的今天，以西安为中心至陕南三市已形成了三个小时左右的通勤圈，经济社会联系日趋紧密，交通比起陕北要略胜一筹。秦岭战略作为国家大秦岭地区的缩影——陕西创新版，完全可以以西安都市圈为依托，构建北至铜川、东到渭南、西抵宝鸡、南达汉中、安康、商洛环状型的大中小城市协调发展格局（图2）。这对于构建双循环新发展格局，合理配置资源要素，促进城乡深度融合，推进县域经济和乡村振

图2　关中—陕南环状格局示意图

兴，特别是加快陕南经济发展与生态保护都具有十分巨大的现实和长远意义。

陕南地处亚热带，生态底蕴好，物产很丰富，其纬度与江浙相似，气候地理状况与江浙山区差别不大，生态经济绿色发展的前景十分远大，因为缺少经济圈和大城市的带动，山区发展相当滞后。其实，长期以来，陕南三市对西安与关中有着很强的向心力，纷纷提出过"面向西安发展""做西安后花园"等口号。西安与关中各市也都在加强与陕南各市的联系，但是由于没有一个统筹的规划和制度化的安排，缺乏切实的举措，未能挖掘巨大的潜力和空间，形成真正的整体合力，从而减缓了陕南追赶的动能和步伐。秦岭战略正是新时期解决长期困扰我省发展的创新之举。

三是我省是军工大省，历史悠久，实力雄厚，优势明显，是党的二十大报告指出的"加强军地战略规划统筹、政策制度衔接、资源要素共享"的必选之地，也是"优化国防科技工业体系和布局，加强国防科技工业能力建设"的重要区域。2017年12月，陕西省委军民融合发展委员会在全国率先成立，近些年取得了不少成绩和进展。但是客观评估，我省仍未能从根本上解决认识不足、整合不够、统筹不力、布局不全、协调不畅、转化不足等问题，陕西军工科技与人才研发力量占有全省的70%左右，其研发的百余项需转化的科技成果，却出现了"省外多、省内少"的尴尬局面。改革开放以来，我省一直在强调军民融合在推动国防军工建设的同时，如何引领和激发地方经济社会的巨大发展，这个"省策"一直未能如愿抵达预期。现在又呈现出前有北京、四川等传统军工重地的快速发展，后有广东、江西、湖南等省奋力追赶超越的紧迫趋势。机遇挑战并存，就看如何作为。秦岭战略的重点关键之一，就是面向新时代、抓住新机遇、攻坚克难、奋力开拓，建立新的高效统筹的体制机制，在政策衔接、资源整合、人才科技、规划项目上最大限度地激发军地统筹融合发展的创造力和生产力，释放出内在聚合、互相促进、共享成果的巨大能量，从而使我省秦岭地区在安全与发展上发挥出更为显著的双重价值。

四是文化秦岭对于建设文化强省具有十分重要的意义。习近平总书记讲秦岭是中华民族的祖脉和中华文化的重要象征，这是迄今为止所看到的对中国一座山脉人文价值前所未有的最高评价。目前我国设立了长江、黄河、长征、长城、大运河五个线性国家文化公园，大秦岭国家战略的推出，使我们完全有理由、有信心提出设立秦岭国家文化公园的要求。在我省规划大师周庆华教授团队的方案中，秦岭国家文化公园以终南山作为具有统领性的大秦岭文化核心标志区（从太白山到华山），以西安、郑洛、成都、荆襄、天水等历史文化名城为拱卫园区，以子午、褒斜、陈仓、傥骆、秦楚等历史古道，以汉江、嘉陵江、丹江主要水系为线性空间廊道，以多个主题文化板块为支撑，共同形成古人类生物演化、中华先祖神话、古城及陵寝文化、寺庙宗教文化、名山大川文化、红色爱国文化等八大主题文化展示脉络，其中主要精华大多在陕西境内，得天独厚，尤可珍重。

由此可见，秦岭丰厚人文的资源对于我省文化发展战略的整体布局规划和文旅产业的发展提供了十分巨大而宝贵的空间，是陕西从文化大省迈向文化强省的文脉跳板和造化之地。同时，我们应该坚持自信自立，坚持胸怀天下，通过创造性的转化和创新性的发展，秦岭必将展现出中华民族灿烂辉煌的文化价值，其与高品质的生态价值相融合，形成富有绿色本底的国家文化公园，势必成为生态与文化双重展示最具代表性的国家示范区，完全可与阿尔卑斯山相媲美，成为增强中华文化软实力、进行东西方文化交流对话的国际平台。（图3）

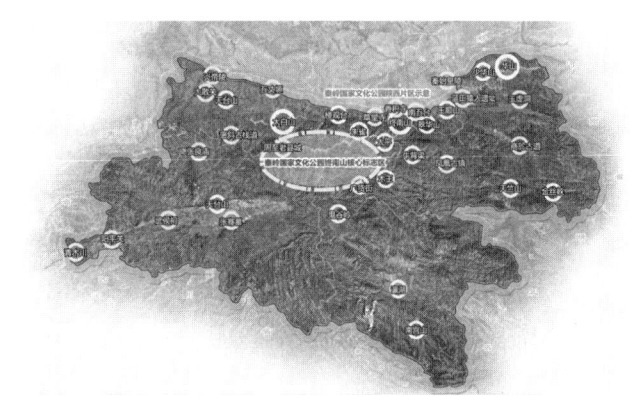

图3　秦岭国家文化公园陕西片区示意图

五是数字秦岭是数字陕西、科技强省的主阵地。我省秦岭地区"三位一体"统筹涉及生态、发展、安全、文化诸多方面，而其最重要的创新便是第一生产力的发挥，即以数字化和高新科技的强大引领与覆盖，催发出秦岭战略强劲的创造力、生产力。目前，多部门、多领域、各层级的分散运作，事倍功半，只有通过统筹规划，合力攻关，实施数字化改革，共建运营化平台，才能费省效宏地为秦岭插上腾飞的科技翅膀。

同时，我省秦岭地区占据关中陕南大半江山，又与大秦岭国家战略区域相联结，率先而为，更有利于争取国家新基建、新技术、新设施的支持，为科技强省数字陕西抢占先机，奠定基础。还应该看到以西安都市圈为龙头的关中城市群是我省人才科技高地，陕南三市相对落差较大，以先带后、以峰填谷，加大对秦岭山区的科技辐射与普及，必将对生态保护、乡村振兴、城乡融合、安全发展发挥极为重要的促进作用。

## 四、主动作为，力争大秦岭国家战略对陕西的重视、倾斜与支持

古人言："下智谋子，中智谋局，上智谋势。"纵观国内国际局势，无论是加快构建双循环的新发展格局，解决区域经济发展不平衡、不充分的突出问题，还是安

全发展任务日趋加重，都会使国家在鼓励东部地区加快推进现代化的同时，将发展战略的重心逐步向中西部转移，这是新的历史条件下的大势所趋。大秦岭国家战略正是顺势而为、谋势而上的"国策"建议。这个建议的实质，就是力争将大秦岭地区（包括五大城市集聚区）从分属于相关区域协调发展和两河（长江、黄河）带状战略中，聚集提升为国家区域性的重大战略，成为我国迈向第二个百年奋斗目标中生态、发展、安全"三位一体"的"中坚脊梁"。这对提升陕西地位，营造陕西机遇具有十分重大而深远的战略意义。以下几个方面值得加以重视。

一是我省秦岭生态保护以"中央水塔"泽被两河，以"一江清水供北京"力肩重担。但是长期以来，国家相关部门"重水轻山""重流轻源"，"黄委"在郑州，"长委"在武汉。陕西的权益未受重视，举步维艰。

大秦岭国家战略首在生态保护，应力争将其提升到国家层面，推动制定国家秦岭生态保护法；成立秦岭生态保护委员会，办公机构设在西安，使其成为一个有职有权的实体机构，以便建立统一的生态环境监管与服务的体制机制，打破行政区划与部门界限，实现按山脉流域系统治理保护。同时将秦岭列为国家生态文明建设试验示范区，加快秦岭国家公园建设，推进秦岭世界自然遗产申报，建立国家秦岭博物馆，成立国家秦岭研究院；在安排生态环境资源项目时优先支持秦岭保护，建立长期有效的生态补偿机制，统筹受水区对水源地的各项支持；等等。这样，陕西等涉山省市才能占山为主，依山致富，在国家大局中维护权益、尽职尽责、保护秦岭。

二是力争将西安都市圈（含关中陕南重点城市）与成渝地区双城经济圈紧密联结，发挥成渝城市群经济体量和关中城市群区位与科技文化优势，共同打造成继京津冀、长三角、大湾区之后国家第四个重要增长极，为长江与黄河战略南北和合、新时期西部大开发战略增添关键动能。这是国家"十四五"规划提出的"以京津冀、长三角、粤港澳大湾区为重点，加快打造引领高质量发展的第一梯队。在中西部有条件的地区，以中心城市为引领，提升城市群功能，加快工业化城镇化进程，形成高质量发展重要区域"的要求和任务。成渝西（安）经济圈正是目前最具条件和特色的首选区域，理由有三：

（1）2020年5月，中共中央、国务院关于新时代推进西部大开发形成新格局的指导意见中指出："支持重庆、四川、陕西发挥综合优势，打造内陆开放高地和开发开放枢纽。""加强西北地区与西南地区合作互动，促进成渝、关中平原城市群协同发展，打造引领西部地区开放开发的核心引擎。"从2020年公开数据看，成渝与关中城市群的面积 29.21 万平方千米（18.5+10.71），人口约 1.2 亿（1 亿+2000万），经济总量 9.07 万亿元（6.82+2.25），城市数量 28 个（16+12），其综合实力超过京津冀城市群（面积 21.8 万平方千米，人口 1.14 亿，经济总量 8.63 万亿元，城市数量 15 个），初步奠定了其"引领西部开放开发核心引擎"的地位，特别是现代交通的大发展，快速干道、高铁以及航空航运和市县交通网络的形成，使两地经济、科技、社会联系日趋密切，已经具备了国家统筹规划、打造内陆重要增长极的基本条件，这对于促进西部大开发、推动"一带一路"双向开放、实现国家安全发展具有独特的战略意义。

成渝西经济圈是在新的时代条件下，加快构建新发展格局、增强发展的安全主动权、全面推进城乡区域协同发展、提高国内大循环覆盖面的关键区域，对于西部地区推动城乡融合发展、增强城乡经济联系、畅通城乡经济循环具有率先示范作用，同时为打消区域壁垒，推动区域协调发展战略、区域重大战略、主体功能区战略等深度融合，优化重大生产力布局，促进各类要素合理流动和高效集聚，畅通国内大循环，形成全国统一大市场提供了新的发展空间。

（2）值得重视的是，成渝西经济圈（增长极）与国防战略后备区中的核心地带，即以成渝西核心城市为引领的陕川渝国防科技工业创新带高度契合，无缝对接，一体融合（图4）。这是大秦岭国家战略中的重点核心区域，是集中体现大秦岭生态、发展、安全"三位一体"统筹创新战略意义的先行示范区，也是区别于沿海三极第一梯队的重大特色，为成渝西经济圈增加了无可比拟的多重价值。

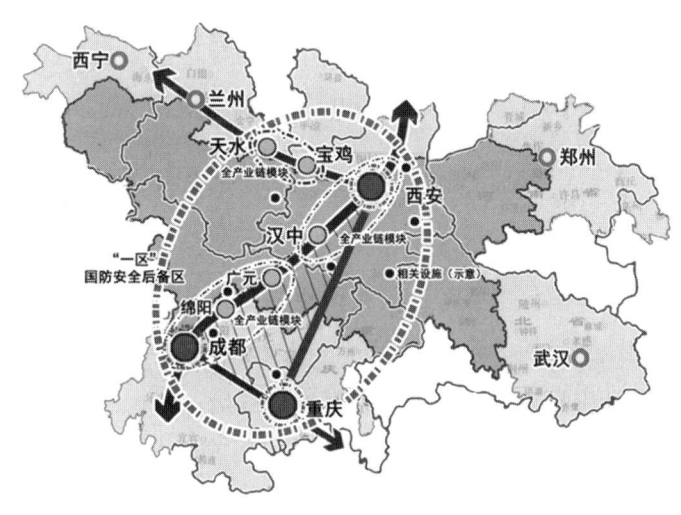

图4 成渝西经济圈与国家战略后备核心区一体化构成示意图

（3）从我省来看，成渝西经济圈区域的初步框架，不仅囊括了西安都市圈以及关中重点城市，特别是将陕南汉中、安康、商州等市不少城区划入其中，这对于我省扬优势、补短板、强弱项将会起到极大的促进作用。尽管成渝地区双城经济圈建设已单独列入国家重要报告和文件之中，但从发展的、动态的眼光看，成渝西经济圈仍有很大的争取条件和空间，况且从珠三角到粤港澳大湾区，长三角扩容安徽进入，京津冀最终形成也有一个递加过程。国家的顶层设计也会依据形势发展和省市争取的力度不断充实完善。

三是秦岭国家文化公园需要全力争取，这不仅是对陕西文化主体地位的增强，更是对现有国家文化公园体系的重要完善与创新。现有的五个国家文化公园，不仅主题较专，而且线性距离长，相对分散，互不相容。秦岭国家文化公园以它约40万平方千米的面状体量，既成为国家文化公园内涵方面的源脉综合代表，又在空间上成为三横两纵线性公园的核心枢纽，克服有水无山，形成"江山同在"、相互支撑、标志体系更加完整的国家文化公园主体框架。在此基础上，推进秦岭世界文化遗产申报，建设秦岭文化博物院，创立秦岭永久论坛和两山对话（秦岭与阿尔卑斯山）国际平台，这对我省和全国都有十分重大的价值和作用。

## 五、主要建议

### （一）设立具有权威性的高效统筹的领导机构

可以将我省现有的秦岭生态环境保护委员会提升为生态、发展、安全"三位一体"的综合职能机构，由省级主要领导担任双组长（主任），相关领导和省级部门、各市主要领导参与其中，秦岭办在职能规格和人员上予以提升充实。

### （二）编制陕西秦岭地区生态、发展、安全"三位一体"创新战略规划

加强与大秦岭国家战略的衔接，精心打造成渝西经济圈发展蓝图，制定目标、政策、举措与考核等。同时调集力量可从生态秦岭、发展秦岭、安全秦岭、文化秦岭和数字秦岭五个方面进行专项规划，联系省情，深入调研，攻坚克难，在创新和统筹上出实招、迈新步，力求取得突破。建设陕西智慧秦岭数字平台和空天防御体系。发挥我省数字技术前沿机构和相关试点区域优势，在秦岭设置生态保护、经济发展、国防安全"三位一体"数字网络体系。

### （三）开展相关体制机制及政策改革试点

一是着力制定西安与陕南各市协同发展相关机制和行动路线。试点性制定秦岭地区点状供地政策，助力秦岭腹地绿色经济发展，规范秦岭地区生态旅游、农林加工、自然教育等供地红线要求。借鉴达沃斯和因斯布鲁克等阿尔卑斯山世界著名小

镇经验，制定秦岭特色小镇、数字小镇等规划，与西安形成一体化关联发展规划；二是加快开展全省军民融合、国防军工相关企业的上市扶持政策改革，放宽军工企业上市融资门槛。制定西安—汉中模块化产业链等军民融合协同发展机制，在国防科技研发、制造、人才等方面形成西安都市圈引领、地级市支撑、小城市及山区设施配套的三级体系军民融合发展格局，同时成为带动山区经济转型发展重要途径；三是加快制定陕西省秦岭地区绿色产业发展指导目录，分片区、分类型明确绿色产业发展导向和禁限控要求，释放地区生态经济价值。

### （四）内强功力，夯实责任；外争共识，谋取突破

率先推进秦岭地区"三位一体"示范区工作。着力调动省级相关部门和各市领导的积极性，尊重基层和群众的首创精神，营造干部敢为、市县敢闯、企业敢干的氛围环境，不断总结各地先进经验，通过激励奖罚措施，形成上下一心、比学赶帮的大好局面。同时，将陕西的创新发展放在全国工作大局中推进。大力支持省政协联合其他省、市深入推动大秦岭国家战略上升到国家顶层设计；积极支持省人大开展国家秦岭生态保护立法工作；党政部门尤其要下苦功向上争取成渝西经济圈的推进，逐步推进成渝西协同发展高层议事机制。通过中央、省联办的方式，力争将大秦岭战略中国家级的机构、馆舍、论坛、平台放在陕西。

### （五）着力推进部分重点项目建设

一是努力争取秦岭国家文化公园列入国家重点文化工程，着力推进秦岭世界自然与文化遗产以及三国历史廊道申遗工作；二是积极协调四川、重庆，加快宝成铁路复线建设（改造）、西康铁路—襄渝铁路（安康至重庆段）专用线电气化改造，打通西安—成都/重庆—昆明—东南亚（越南、缅甸、老挝、泰国）的西部核心陆海新通道咽喉地段；三是协同汉江流域、嘉陵江流域沿线率先开展水资源联保，协同秦岭国家公园核心区率先开展碳交易权落地；四是借助西安双中心获批机遇和综合优势，构建西汉、西商等军民融合发展创新带；五是加快筹建秦岭研究院、秦岭博物馆、秦岭大论坛工作，争取设置秦岭—阿尔卑斯山中欧对话平台。

（写于 2023 年）

# 关于制定秦岭保护法的建议

中心课题组

组　　长：刘维隆
副组长：桂维民　李雪梅　周庆华　冯家臻
执笔人：李艳花　冯家臻

**摘　要**　我国目前已经制定了《中华人民共和国黄河保护法》《中华人民共和国长江保护法》。秦岭作为我国的"中央水塔"和"中华民族的祖脉和中华文化的重要象征"，应该制定专门的法律加以保护。制定秦岭保护法是构建人与自然和谐共生发展的需要、是抓好"国之大者"的立法保障、是实现环秦岭城市群拱卫秦岭的需要、是完善国家"一山两水"建设的需要，制定秦岭保护法有可以借鉴的国际经验。

## 一、制定秦岭保护法是构建人与自然和谐共生发展的需要

党的二十大报告明确提出："中国式现代化是人与自然和谐共生的现代化。人与自然是生命共同体，无止境地向自然索取甚至破坏自然必然会遭到大自然的报复。"秦岭山系包括了秦岭和巴山山脉、西倾山山脉及岷山山脉的一部分，全长1500余千米，宽200~300千米，面积约为40万平方千米，覆盖青、甘、陕、豫、鄂、川、渝六省一市。其地质构造相通，自然地理相连，人文历史共生，经济社会相融，交通四通八达，雄踞国中、气势磅礴，堪称国家的生态、文化与安全脊梁。其一山携带两水（黄河长江），共同滋养哺育着中华文明演进的历史进程，可以称为我国的中央山系（脉）和"父亲山"。制定秦岭保护法，"像保护眼睛一样"保护秦岭的自然和生态环境，是中国式现代化的重要内容，是实现人与自然和谐共生的需要。

## 二、制定秦岭保护法是抓好"国之大者"的立法保障

2020年4月20日,习近平总书记视察秦岭时强调:"秦岭和合南北、泽被天下,是我国的中央水塔,是中华民族的祖脉和中华文化的重要象征。保护好秦岭生态环境,对确保中华民族长盛不衰,实现'两个一百年'奋斗目标,实现可持续发展,具有十分重大而深远的意义。"这是对秦岭前所未有高度概括的科学定位。习近平总书记的论述高屋建瓴、纵横千古、立足当代、启示未来,从自然地理、生态命脉、历史人文、国计民生、持续发展、护佑中华诸方面指明了秦岭保护和发展的重大战略意义。秦岭不仅是我国的"绿库"、水库、文库、智库、基因库,秦岭及周边区域还以它特有的自然地理圈和合南北、联结东西、继往开来、拱卫中华。从国家层面制定秦岭保护法,为抓好"国之大者"提供法律保障具有重要的战略意义。

## 三、制定秦岭保护法是实现环秦岭城市群拱卫秦岭的需要

改革开放40多年来,以珠三角、长三角、京津冀三大城市群(三个增长极)为主的东部沿海区域快速发展,构成了"沿海一条带"。近年来,国家推动了长江经济带和黄河保护与发展经济带的兴起,形成了"沿水两条带"。纵观国之大局,环秦岭的五大城市群(成渝城市群、长江中游城市群、关中城市群、中原城市群、兰西城市群)构成了与"沿海一条带""沿水两条带"相对应的"沿山一个圈"。制定秦岭保护法有助于形成环秦岭经济圈,协力拱卫秦岭,并使之成为我国国土空间格局的中心战略支撑圈,即发展圈、平衡圈和安全圈。

## 四、制定秦岭保护法是完善国家"一山两水"立法体系建设的需要

为了加强长江、黄河流域生态环境保护和修复,促进资源合理高效利用,保障生态安全,实现人与自然和谐共生、中华民族永续发展,我国已经从国家层面制定了《中华人民共和国长江保护法》和《中华人民共和国黄河保护法》。而秦岭地跨六省一市,如果缺乏秦岭的保护立法,就难以体现秦岭生态保护的完整性和严肃性。尽管有的省市(如陕西省和西安市)制定了相关保护条例,但区域与效能受到很大局限。迫切需要从国家层面制定秦岭保护法,构建完善的"一山两水"立法体系。

## 五、制定秦岭保护法有国际经验可资借鉴

欧盟多国签署《阿尔卑斯公约》的做法堪称典范，值得我国借鉴。阿尔卑斯山位于欧洲中南部，长1200千米，宽130~260千米，总面积约为231平方千米，覆盖了意大利北部、法国东南部、瑞士、列支敦士登、奥地利、德国南部及斯洛文尼亚等地区。由于阿尔卑斯山覆盖了多个国家和地区，在发展过程中涉及多方利益的协调，由此形成了跨国、跨区域的协同机制，最具代表性的是签订了《阿尔卑斯公约》。公约将欧盟及8个国家（奥地利、德国、法国、意大利、列支敦士登、摩纳哥、斯洛文尼亚和瑞士）作为实施对象，通过了各项协议和宣言；很多国家还从国家层面出台山区政策和专门的山区法律。如奥地利有《山区特别提案》《山地农民特别计划》《山地法律》；法国和意大利有《山地法律》；瑞士有《山区投资法》《农业法（包括山区）》等。这些都为秦岭保护法的制定提供了可资借鉴的经验。

## 六、制定秦岭保护法的六点建议

秦岭保护法可以参考《中华人民共和国长江保护法》《中华人民共和国黄河保护法》，基于前瞻性思考、全局性谋划、战略性布局、整体性推进，坚持可持续发展，坚持节约优先、保护优先、自然恢复为主的方针，着眼于对秦岭生态环境的保护、治理与修复，坚定不移走生产发展、生活富裕、生态良好的文明发展道路，实现中华民族永续发展。

第一，以立法的形式，规范保护范围、保护目标、执法主体与责任等，体现国家生态文明战略的权威性、整体性和创新性。建立秦岭生态保护统筹协调的体制机制，从生态系统的整体性、协同性出发，追根溯源、系统治理，全方位、全地域、全过程开展生态文明建设，以提升秦岭生态系统的质量和稳定性，维护生态平衡和生态服务功能。

第二，设立秦岭生态保护委员会，使其成为一个实体机构，以便打破行政区划与部门界限，实现按山脉流域系统治理保护，建立统一的生态环境监管与服务的体制机制。

第三，将秦岭列为国家生态文明建设试验示范区。制订秦岭生态保护规划，实行协同一致的分级管理，做好典型示范工作。加快秦岭国家公园建设。推进秦岭世界文化遗产和自然遗产申报工作。建立秦岭博物馆，成立国家秦岭研究院，种质资源库和基因库，编写《秦岭通志》。促进文化与旅游深度融合，将秦岭打造成与阿

尔卑斯山相媲美的世界名山、名地、名景。

第四，在安排资源环境生态项目时向秦岭保护倾斜。从碳交易及碳汇建设项目，林权交易与生态林补偿项目，城乡污水处理，水土保持和退耕还林还草，绿色矿山及地质环境治理，循环经济，绿色发展等10个方面对秦岭给予倾斜资助。

第五，加大对南水北调中线工程水源地支持力度。确保调水水资源费应收尽收，并按输水份额全额返还给水源地，统筹受水区加大对水源地的生态补偿和各项支持。

第六，创建"秦岭学"，加强"秦岭学"的学科建设。"秦岭学"涉及地理学、地质学、生物学、生态学、林学、植物学、动物学、中药学、气象学、交通学、旅游学、人类学、政治学、经济学、教育学、历史学、考古学、管理学、宗教学、法学、哲学、文学、语言学、艺术学、文化学等众多学科领域，创建"秦岭学"可以为保护秦岭生态和弘扬秦岭文化提供有力的学术支撑。所以，可以在条件具备的高校开设"秦岭学"专业，从学科方向、学科队伍建设、学科研究成果、学科基地建设、人才培养体系等方面加快"秦岭学"学科建设，为我国生态文明建设和秦岭文化建设提供坚实有力的服务。

（写于2022年）

# 大秦岭周边城市地区协同发展研究

周庆华:  西安建筑科技大学教授
　　　　陕西中国西部发展研究中心高级研究员

**摘　要**　基于大秦岭地区重要的生态、文化、区位价值,提出环大秦岭山脉城市地区作为其巨大生态资源的受益者与生态保护的支撑者,展开协同发展的必要性和可行性,进而对协同发展的总体思路、空间结构、机制路径等做初步讨论。

2020年4月,习近平总书记在秦岭考察时强调,"秦岭和合南北、泽被天下,是我国的中央水塔,是中华民族的祖脉和中华文化的重要象征",充分显示了秦岭的重要地位。大秦岭不但具有十分重要的生态价值和文化价值,而且作为不可分割统一体的山脉与周边城市地区,在区域经济、国土平衡与总体安全等方面也具有十分重要的区位价值。周边城市地区的协同发展,对于保护大秦岭山脉生态环境,对于增强中华文明自信,对于推进双循环发展格局和西向开放,具有重大意义。

## 一、大秦岭及周边城市地区背景介绍

大秦岭地处我国陆地版图中心,东西绵延1500余千米,总面积约40万平方千米,总人口约7500万;环大秦岭城市地区是指环绕大秦岭山脉四周分布的城市地区,主要涉及陕西、四川、湖北、河南、甘肃、青海等六省省会以及重庆等中西部众多城市。本研究重点以成渝—关中为案例,聚焦成渝、关中、中原、长江中游、兰西等城市群地区协同发展问题。

大秦岭山脉和周边城市地区共同构成山脉—城市共同体,具有突出的联系耦合关系。探讨秦岭腹地的保护需要结合外围城市地区考虑,不可就秦岭论秦岭;探讨环大秦岭城市地区的发展需要结合内部山脉腹地考虑,不可就城市论协同。大秦岭山脉的生态保护是外围城市地区协同发展的重要前提,外围城市地区的协同发展是大秦岭保护的重要支撑。

## （一）战略价值

### 1. 生态价值

秦岭是我国的中央水塔、生态绿肺和具有世界价值的生物多样性基因库。其是黄河、长江的最大补水源头，区内分布有235条河流以及55座大型水库，丹江水库是我国南水北调中线工程的重要构成；其森林面积占我国森林总量的10%，2015年大秦岭森林碳汇总量6.78 GtC，氧气产生量10630.49亿吨，是我国森林碳汇释氧的核心地区；区内分布有百余处自然生态保护地区，是国家七大生物多样性功能区之一，动植物资源种类数量占全国75%，分布有大熊猫、朱鹮、金丝猴、羚牛等120余种国家级保护动物和珍稀植物。从国土生态空间格局看，大秦岭山脉是地处我国青藏高原、黄土高原、云贵高原之间的巨大绿色屏障，关系到我国东部地区的水安全，是周边六省一市的生态依存源地。

### 2. 文化价值

大秦岭被尊为"中华文明的龙脉""中华父亲山"。区内分布有17处人类遗址。大秦岭是秦、楚、蜀、羌等多元文化交织、多民族融合的重要枢纽和巨大文化生态圈，是从先秦至周秦汉唐时期长达两千多年的政治、经济、文化中心，滋养了西安、洛阳、成都等周边著名历史城市，形成古都文化。此外，秦岭高山深谷，华山、武当山、太白山等名山林立，华严寺、至相寺、草堂寺、白马寺、楼观台等宗教圣地遍布，形成了以终南山为代表的隐逸文化，更是我国"生道、融佛"之山。千百年来，大秦岭逐步演化成为中华核心价值思想源脉地，反映出历史脉络完整、文化构成多元、山水文化浸润、天地人神一统的独特气质。

### 3. 区位价值

大秦岭及外围城市地区无论在生态、经济、国土、国防、西部大开发、"一带一路"等方面，都具有关键区位价值。秦岭山脉及周边城市地区以其巨大体量，成为拱卫国土整体安全的巨大屏障，居于国家总体安全的关键区位。成渝与关中城市群地处胡焕庸线东侧，作为中国人口密集区的西部，是平衡我国东西部国土空间和经济发展的关键区域。作为"一带一路"双向开放的枢纽和我国新时代西部大开发的核心引擎区，在新的国际形势复杂背景下，大秦岭区域的中心区位特征，使其对于国家产业经济布局、双循环新格局、新三线建设等整体安全的强化保障与核心储备作用更加凸显。

## （二）主要问题

一是生态保护压力与社会经济发展之间矛盾突出。大秦岭山脉腹地生态控制红线面积占区域总面积的比例接近70%，区内低产出、高污染的采石、挖沙、初级冶炼、金属洗选等传统支柱产业需关闭或转移。由于生态保护要求，山脉腹地内产业发展面临瓶颈，城镇发展活力缺失，人口长期流失。如何合理平衡地区生态保护与社会经济发展之间的关系是大秦岭区域面临的首要问题。

二是跨行政区域协同与传统行政管辖壁垒之间的问题突出。大秦岭城市地区涉及多个城市群，其协同发展需要在生态保护、产业转型、城乡居民引导等诸多领域开展合作与协调。但受我国传统行政管辖限制，如何打破行政壁垒，制定行之有效的环大秦岭城市地区协同发展政策，从而实现共治共赢，成为地区发展面临的重要瓶颈。

## 二、协同发展的必要性和可行性

### （一）必要性

（1）大秦岭生态保护亟须周边城市地区协同合作，通过周边城市地区的强发展，支撑山脉地区的大保护，构建一山两水生态保护体系完整性。

环大秦岭周边的五大城市圈（武汉、郑州、成渝、西安、兰州）既在黄河、长江两大江河之水畔，又处大秦岭之山麓，具有关联山水的两大属性。构建具有中国秦岭特色的山脉—城市共同体，对于我国这样的多山国家来说，具有特殊的重要意义。通过大秦岭周边城市经济圈的强发展，带动山脉腹地的大保护，并与长江黄河共同形成我国中西部生态保护与高质量发展主体区域，促成以山脉—江河—海洋生态体系保护为依托的"一带一圈两脉"（沿海经济带—环大秦岭山脉经济圈—长江黄河水脉）的呈现。

（2）环大秦岭城市地区特别是成渝关中城市群是国土空间东西平衡发展的关键地区和"一带一路"的枢纽区域。各城市群之间只有通力合作协同，才能完成新时代赋予的历史使命。

环大秦岭城市地区是我国"两横三纵"区域空间发展战略格局的"井"字中心。新的发展态势要求中西部地区出现能够承担西向开放核心职能的城市集群，从而呈现我国东西并重、多向开放、海陆统筹、南北贯通的发展格局。从空间区位关系看，环大秦岭城市地区是连接丝绸之路经济带、长江经济带、海上丝绸之路的重要纽带。

因此，大秦岭及周边城市地区（特别是成渝西地区）是国土平衡、双循环格局、国防战略纵深、总体安全的关键地区。其中，"西成渝"地区成为胡焕庸线附近构建我国基本的国土空间平衡发展的关键地区。

（3）自古以来，大秦岭及周边城市地区安全属性十分突出，以大秦岭为起始经略西部，推动大秦岭周边城市经济圈的崛起，具有关乎全局的地缘格局意义。

司马迁认为做事者多在东南，收功者常于西北，向西谋势是我国实现大国崛起的必然之路。秦岭自古是军事要地，也曾是我国三线建设重地，集中了一大批航空、航天、电子、机械等制造企业和科研院所，是我国高新技术与装备制造的重要区域。以大秦岭为起始经略西部，通过"成渝西"地区沿"胡庸线"带动广阔西部的发展稳定，对于构架新的亚欧大陆地缘格局、整体提升国土疆域安全态势具有重大意义。

综上，大秦岭区域协同发展的综合意义只有上升到国家层面才能实现，以国家意志践行生态文明思想，形成统一的多要素协同机制，才能全方位有效激发大秦岭区域综合价值。

## （二）可行性

（1）信息网络、快速交通、新型经济的发展，在更大尺度、非连续空间上实现"智慧网络城市集群"协同模式成为可能。

首先，"智慧网络城市群"是在信息化时代高新技术发展环境下、一定空间范围内的城市区域，以智慧信息网络联系为突出特征，以轨道交通等快速交通为支持，由中心—外围的传统城市联系转变为多元节点城市网络联系的融合自然的新型城市群形态。以成渝、关中两个城市群为例，区域内高铁网的建设使空间联系时间有效压缩，三四小时可达，距离延伸至800千米。其次，城市之间的各要素的流动信息通过网络平台有效整合。再次，秦岭生态保护倒逼各城市形成稳定的生态共治、功能合作和产业关联。因此，"智慧网络城市群"成为大秦岭区域势在必行的路径，成渝西地区的协同发展应该成为这一路径的先行者。

（2）西安、成都、重庆之间市场自发行为和要素流动愈加频繁广泛，涉及人流、物流、数据流等各个方面，协同水平快速提升。

通过"一带一路"、西成高铁开通等重大事件前后数据对比可以看出，2014—2019年成都、重庆、西安、武汉、郑州、兰州六大城市之间相互来往的密集程度均迅速提升，其信息交流密度均呈现三个层级：第一层级是与北京、上海、广州的信息交互；第二层级是六城市之间的信息交互增长迅速，成都、重庆、西安和武汉四者之间基本处于二级联系强度梯队，发育程度较好，显示出"智慧网络城市群"的萌芽；第三层级则是六城市联系总体相对较弱的地区。可见，环大秦岭城市地区的信息交互均具有一定的市场基础，特别是"西成渝"城市间的市场联系与协同主动力优势突出。

（3）人口格局重塑，东部发达城市群人口吸引力依然较强，但西成渝等中西部核心城市强势崛起，全国人口迁移呈现新格局。

从2010年以后的全国人口流动趋势来看，东部三大区域仍是人口主要流向地，而中西部人口增长以重庆、成都、西安、郑州、武汉、长沙等省会城市为主，全国整体形成"东部三大区域+中西部六大城市"的人口增长格局。这六大城市中，除了长沙以外，其他城市均处于大秦岭区域当中，是环大秦岭城市地区的核心构成地区。特别是随着西成渝城市地区有力地强化了区域的整体竞争力，为成渝关中城市地区发展与协同提供了更好的人口与人才聚集基础。

## 三、协同发展的战略路径

本研究认为应将大秦岭区域生态保护与创新发展上升为国家战略，在更高层面构建有效的协同发展机制，实现生态保护、绿色循环、扶贫振兴的高质量共赢。

### （一）总体思路

大秦岭区域的定位为：国家生态安全支撑区、西向开放枢纽引擎区、国土平衡创新发展区、国家总体安全保障区。将大秦岭区域的总体战略协同目标确定为：国家生态保护与特色创新绿色发展示范区。

本次研究秉持政策协调机制化、要素配置市场化、基础设施现代化、基本公共服务均等化、生态环境保护一体化为基本策略，重点从政策协同、规划协同、"创新"协同等领域开展协同研究。

### （二）空间结构

构建基于绿芯模式的大秦岭空间结构模式。

**1. 绿芯模式**

绿芯模式即大秦岭山脉生态核心区以绿色空间为主，城乡产业创新空间集约，人口逐步向外疏解；大秦岭周边城市地区作为重要发展集群相互协同，构建绿色串珠状簇轴式城市发展环带。这一模式能够构建大秦岭山脉腹地与环秦岭城市区要素高效流通的协调发展格局，实现环大秦岭城市区对秦岭山脉腹地的带动扶持，进一步强化环大秦岭城市区对山脉腹地生态保护的支撑作用，同时疏导大秦岭山脉绿色生态资源向外部城市地区渗透（图1）。

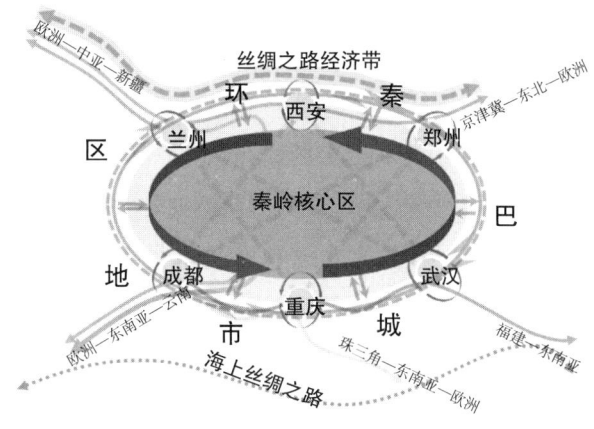

图1　大秦岭区域绿芯模式示意图

**2. 构建基于网络城市群的空间组织方式**

对于大秦岭区域来说，连绵的生态区、规模有限的城镇点、链接城镇的快速通道，将在信息网络技术的加持下形成新型"网络城市群"的空间发展模式，具体分三个阶段构建：第一阶段——联合关中平原城市群与成渝城市群，共同构成辐射整个大西部的"西成渝"板块。第二阶段——在西部协同"西兰板块"，形成西向陆路的枢纽门户区；在东部协同"郑武板块"，形成中部向西部扩散的枢纽。第三阶段——各中心城市与城市群之间深化协同。

## （三）机制路径

**1. 建立基于协同共赢的区域协同机制平台**

首先，制订大秦岭国土空间规划。制订大秦岭国土空间规划，能够为周边城市地区协同发展支撑大秦岭生态保护提供最基本的前提依据。大秦岭山区国土空间规划作为区域层面的国土空间规划，将主体功能区规划，全国、省级土地利用规划，城乡规划等空间规划的内容进行统筹协调。

其次，推进服务大秦岭绿色农林经济的金融机制建设。深化金融机构体制机制建设，形成多样化有助于生态农林产品发展的金融产品。鼓励证券、保险、担保、基金、期货等金融资源参与秦岭山区农村与农业产业发展规划、项目与工程。探索发放农村土地经营权和农房抵押贷款。

再次，构建多层级协同议事机制和平台。完善全国政协与六省一市政协共同建立的协同议事平台，推进六省一市重点城市市长议事平台，以市场机制为前提建立市场联盟机制，对诸如《大秦岭山脉区域产业结构调整指导目录》《三国历史文化廊道申遗》《产业分工协作指南》等中微观项目与政策进行协同。

**2. 构建大秦岭区域绿色循环产业创新发展体系**

首先，构建大秦岭区域创新发展共同体。打通原始创新向现实生产力的转化通道，推动技术成果跨区域转化。重点开展新一代高端装备制造、生命健康、绿色技术、新能源等领域科技创新联合攻关，共建绿色循环产业创新研发平台。建立区域一体化农产品展销平台，打造具有"大秦岭"地理标志的农产品商标。

其次，构建绿色循环产业布局体系。构建五大城市群产业分工协作体系，强化区域优势产业协作，建设一批国家级绿色循环产业基地。协同川陕两地，打造国家航空工业集聚地。针对大秦岭山区内与生态环境保护矛盾较大的工矿企业，引导秦岭山脉腹地高能耗、高排放和资源依赖型的矿产开发、能源、冶金、建材和化工行业等企业逐步退出、迁移。整理形成陇南农副产品加工、广元电子信息、绵阳高新产业、十堰汽车装备、汉中航空产业等生产集聚区。

再次，制定大秦岭地区产业限控政策。制定《大秦岭山脉区域产业结构调整指导目录》，明确地区鼓励类、限制类和淘汰类项目。建立秦岭山脉区域产业分区准入机制，制定《大秦岭山区产业准入正面清单目录》及《大秦岭山区产业准入负面清单目录》，严守生态保护红线，在生态环境重点保护区和高生态敏感性的发展严控区内，实行产业准入正面清单；在生态环境一般保护区及生态敏感性和生态价值略低的发展提升区，实行产业准入负面清单。

**3. 完善地区交通互联等内外基础设施建设**

首先，建立"区域大环线+内部小环线"的一体化综合交通体系。打通瓶颈路段，增加高速公路连接线，构建区域大环线。以成渝、武汉、郑州、西安四大城市地区为枢纽，形成"簇轴"式一体化布局，着力改变目前单中心辐射型的交通路网体系。在兼顾生态廊道连贯的基础上，加快提升 G5 广元—川陕、G85 巴州—重庆、G70 福银高速、G108 国道等路段的通行能力，增加高速公路连接线，建立区域交通大环线。在山脉腹地内部，通过短里程开通隧道，解决秦岭腹地河谷型城镇交通不畅问题。

其次，构建秦岭区域精品旅游线路。结合大秦岭生态旅游资源，建设以步道、骑行和景区专用公共交通等绿色交通方式为主、安全通畅的慢行交通微循环系统。以观光游览小火车为主，连接秦岭各个国家公园、旅游景区；依托秦岭古道体系，构建风景道与国家步道，打造秦岭生态、红色旅游、大巴山、三国文化、嘉陵江、长江（上游）、汉江及南水北调八条精品旅游线路。

**4. 增强文化联合保护展示和文化产业协同发展**

建议加强陕西省、四川省在子午道、褒斜道等秦岭古道保护展示方面的联合协同，形成大秦岭特有的古道文化保护和展示廊道；建议加强甘肃省、陕西省在古城、古村落的联合保护，将华胥、伏羲、神农等代表性文化区以及华山、武当、太白等名山系列作为大秦岭文化重要主题板块；建议联动外围西安、洛阳、成都等重要历史文化名城，最终形成由终南山为统领、文化廊道为纽带、主题文化板块为支撑的区域文化价值展示整体空间结构。在文化产业的相关云系统、服务系统、标识系统、购票系统等方面形成互联互通；在文化旅游交通上形成旅游交通互联，打通旅游联动的基础设施网络，形成大区域旅游圈。

## 四、结语

大秦岭是我国的重要的生态根基与文化源脉，周边城市地区是平衡东西国土板块的重要区域，肩负我国东西双向开放空间格局中部杠杆和"一带一路"向西开放枢纽的重要使命。大秦岭周边城市地区的协同发展，一方面可以吸引山脉生态敏感地区的人口、产业向周边城市转移集聚，有利于从根本上解决大秦岭山脉的生态保护与产业转型等问题；另一方面，可以更好地平衡国土空间发展，发挥"一带一路"枢纽作用，形成带动中西部崛起、辐射整体西部国土的新增长集群。大秦岭地区应成为我国以生态保护和安全发展为突出特征的区域发展协同体，这对于适应新时期日益复杂的国际环境，支撑国家高质量发展战略，维护国家多维度总体安全等均具有重要意义。

说明：相关数据内容来源于中国工程院《秦巴山脉区域绿色循环发展战略研究》重大咨询课题丛书和报告。参与相关研究的主要人员还有西安建大城市规划设计研究院雷会霞、吴左宾、牛俊蜻、申研、李晨、薛颖等。本研究得到陕西中国西部发展研究中心刘维隆、桂维民、李雪梅等领导专家的多方面意见，在此一并感谢！

（写于2022年）

# 设立大秦岭国家文化公园的优势和意义

周庆华

**摘 要** 通过对秦岭作为中华民族根脉地、中华文明核心价值思想原生地、古代盛世大国哺育地等文化价值的阐述，表明秦岭"中华文化圣山"的地位，明确了设立秦岭国家文化公园的重要意义。同时对其与现有国家文化公园的关系、建设定位、范围、路径等进行了初步探讨。

习近平总书记在秦岭考察时强调："秦岭和合南北、泽被天下，是我国的中央水塔，是中华民族的祖脉和中华文化的重要象征。"设立大秦岭国家文化公园，通过国家层面的整合，更加系统地保护和展示秦岭地区深厚的文化遗产，对于丰富国家文化公园体系内涵和类型，增强中华文明自信具有重大意义。我国现有长城、长江、黄河、大运河、长征等五个国家文化公园主要呈现"线"和"水"的特征，展现了不同的文化价值和必要性。构建大秦岭国家文化公园，凸显了中华传统崇山重岳的文化思想，凸显了大秦岭地区中华文明源脉的重要价值，克服了有水无山的局限，形成源脉突出、山河同构、类型完善的国家文化公园体系中的山岳型面状核心。

## 一、大秦岭文化的深厚内涵与特征

大秦岭指秦岭与巴山、西倾山、岷山等山脉的合称。大秦岭不仅在地质学上统领这一区域，并且更有利于表达这一区域文化的整体关联性。大秦岭是黄河与长江流域的分水岭，汉江、嘉陵江、丹江、灞河等发源于秦岭的江河水系分别汇入长江黄河，是黄河与长江最大的补水源头。从文化的孕育发展视角看，正是大秦岭的构造特征和巨大生态势能，"和合""拼接"了远古中国大陆板块，"分布"了黄河与长江并哺育了大河文明，构建了中华文化生发演进的一山携两水结构，庇佑了周边西安（长安）、洛阳、成都、荆襄等历史城市的生长，滋养了中华文明的持续发展。

自然地理环境是文明生长的温床，如果说大河流域是人类文明的摇篮，那么巨大山脉作为河流的源头，更是文明发生的源泉。古往今来，山脉作为国家的精神标识与民族文化的象征，具有神圣的地位。秦岭作为黄河与长江最大支流的发源地，独特的地理和生态环境滋养了周秦汉唐等重要历史朝代的发展，影响了我国数千年的文明进程，被尊为"中华父亲山"，与"母亲河"黄河、长江共同构成了"一山两水"的华夏文明轴心地带与基因源地。秦岭将黄河长江和合统领，进一步表征了"江河一体同源"，是中华文明高山仰止观念的物质环境基础和集中文化象征。

因此，认知秦岭文化不仅要看到秦岭山脉腹地的名山大川及文化遗产，更应从"山—水—城（人居）"的系统层面，将深受其影响的周边历史城市一同纳入视野，考察其文化内涵与内在关联机制。基于这一认识，秦岭文化价值特征与意义包含下述方面。

### （一）秦岭是中华民族生成演进和中华文明肇始初创的根脉地

大秦岭是我国最早有古人类活动的地区之一，巫山猿人、蓝田猿人、郧县猿人、大荔人等多处古人类遗迹，形成了史前遗址数量众多、时间跨度久远、覆盖面积广阔、序列较为完整的古人类遗迹链条，孕育了半坡文化、仰韶文化、龙山文化、大溪文化等新石器文化，充分表明这里是原始人类活动聚集的重要区域，是中华民族生成演进的根脉之地。

"一山两水"的华夏文化轴心地带是中华文明孕育、生长、壮大的核心区域，秦岭长久以来就是我国先祖传说的汇聚之地。从陕西蓝田的中华始祖母华胥氏之华胥陵，到甘肃天水的创世神伏羲之伏羲庙，从秦安潼关等秦岭众多女娲神迹，到天台山神农氏之炎帝陵，最集中的始祖遗迹神话述说着中华文明肇始与初创的远古记忆。大秦岭周边地区发现的大地湾、仰韶、杨官寨、二里头、三星堆、太平等重要遗址，更是印证了大秦岭是哺育中华民族繁衍壮大、中华文化生发成长的根脉地。

### （二）秦岭是中华文明核心价值思想的源脉地

秦岭北麓长安洛阳一带是先秦至隋唐时期的政治、文化、经济中心，秦岭是孕育古代中华核心价值思想的关键区域。西周以降，以《周易》《周礼》《诗经》等为代表，这里开始了中华文明思想的生成与奠基期；春秋战国，屈原著《九歌》《离骚》于秦岭东南之楚,诸子传学布道于秦岭西北之秦,商鞅韩非先后至栎阳咸阳,法家最终促成始皇一统天下,这里完成了中华文明思想的集成期;武帝独尊儒术,董仲舒论三纲五常;盛唐开放包容,儒释道融合一体,这里达到了中华古代文明的辉煌期;后世张载创关学立横渠四句,"二程"开洛学奠理学根基。秦岭汇聚贤才,融贯百家,正是历经秦岭山水两千余年的淬炼与涤荡,中华核心价值思想在这里沉淀荟萃,精华铸就,大浪淘沙,大秦岭始终是思想文化争锋碰撞的核心舞台。

秦岭是富有中国传统特色宗教文化的生道融佛之地。老子在函谷关、楼观台布道讲经,秦岭成为道家的滥觞;著名的华山、终南山、武当山等同时是道教的洞天福地。西汉佛教传入中国,鸠摩罗什西来译经,成就长安草堂,使之成为佛教中国化的起始之地;佛教八大祖庭中的六大祖庭(三论宗、法相宗、净土宗、律宗、华严宗、密宗)位于秦岭终南山内外,禅宗少林寺则位于秦岭东段嵩山,草堂寺、白马寺、法门寺、龙门石窟等佛教圣迹在秦岭区域存续至今。秦岭育化出富有中国传统色彩的宗教文化,终南山被视作生道融佛的道源仙都、佛教圣境,谱写了中华文化儒释道浑然一体的重要篇章。

秦岭是富有东方色彩山水隐逸文化的发祥地、天人合一思想的表征地。秦岭名山林立,终南、华山、武当、太白等声名四海,是滋养我国山水文化的摇篮。《诗经》中多次提及的岐山、南山正是秦岭,这里成就了《终南山赋》等大量山水文学以及唐诗宋词和书画歌赋中的山水审美,名山大川成为造就艺术史上著名山水诗画作品的胜景原型,孕育了富有东方文化神韵的山水美学。终南山是西周姜子牙、商山四皓、汉初张良、诗人王维等众多名人贤士青睐的归隐之地,历经沧桑,魅力不减,后来者犹聚,形成了独特的终南隐逸文化。正是秦岭山脉的万物氤氲、苍茫气象,催生了我国艺术自然观及山水审美意识,赋予了秦岭文化独特的山水情怀与人文气质,并使之成为中华哲学崇尚自然、天人合一思想的表征地。

### (三)秦岭是中华盛世王朝及其都城文明的哺育地

"夫国必依山川",名山哺育大国。"三千里大秦岭,五千年华夏史",秦岭以其丰富的自然资源滋养、哺育了中国古代大国盛世的生长,使得周秦汉唐等强大王朝诞生于秦岭脚下,彪炳于中华伟大历史长河之中,奠定和成就了中华文明的重要基础和举世辉煌。大国王朝造就了中国古代璀璨独特的都城文明。溯源周礼考工记,在沣渭河畔,逐渐形成经纬方阔、礼制严整、特色鲜明的都城格局与演化足迹,建构了渭水贯都以象天汉的宏大气象,营建了周丰镐、秦咸阳、汉长安,最终诞生了东方都城的典范——隋唐长安城。壮阔的历史进程留下丰富的文化遗产，包括古都脉络、宫殿遗址、帝王陵寝、古道驿站、摩崖碑刻、名寺古刹等物质遗产，以及仓颉造字、文王著易、商鞅变法、张骞出使西域等重要的非物质文化遗产。秦岭的恩泽成就了中国古代文明的大国盛世，是名副其实的东方文明博物馆。

### （四）秦岭地理枢纽区位与古道丝路使其成为多元文化融合地

秦岭地处中华大地的中心，成为中原、西域、东瀛和南疆诸多民族、文化、宗教相互碰撞交融的区域。秦岭见证了历史上多次的民族迁徙融合，复杂多样的地理环境滋养了多元民族文化的共同发展，涉及汉族、羌族、契丹、吐蕃、鲜卑、吐谷浑等多个古老民族。秦岭众多古道既是军事行动的进退要道，也是商贸往来的必经之路，促使秦岭成为中华民族和地域文化交融的枢纽。子午、褒斜、傥骆、陈仓等古道留下大量历史记忆，武关、大散关、剑门关等险隘标示着古战场的铁马金戈，大秦岭成为农耕文化与游牧文化撞击、边塞文化与中原文化交织、中庸儒雅与豪爽彪悍不同民族气质融汇、多元地域文化汇聚的包容之地，更是东南西北四方朝圣、文武之道圣贤齐聚的文化圣地。历经王朝更迭，华夏周边各地域文化都被整合融入这座巨大山脉之中，增强了各民族之间的文化认同，形成了稳固的文化内聚力，对于我国逐渐形成博大精深的中华文化共同体发挥了重要的促进作用。作为中华文明的精神高地，大秦岭地区不断对外进行着文明的传播与交流，成为东方文化基因库。

### （五）秦岭是红色文化精神的传承地

大秦岭是红色文化与爱国精神的勃兴之地。秦岭北麓的长安、蓝田、华州是我党领导的北方农民运动的中心地带，川陕革命根据地是当时中华苏维埃共和国的第二大区域。中央红军爬雪山过草地，正是从大秦岭西部跨越雪域岷山，完成了伟大的战略转移。西安事变促成了国共合作抗战，成为中华民族命运的历史转折点。

综上所述，大秦岭地区蕴含了内涵类型丰富的历史文化资源。从历史深度看，大秦岭地区经历了中华古代文明的初创、奠基、集成、辉煌时期；从地域广度看，大秦岭广袤的区域范围，南接长江北依黄河的特殊地理区位，使得"综合代表性"成为秦岭文化的主要特征；从影响高度看，大秦岭不仅是中华民族的祖脉，更是中华文明的源脉。如果说阿尔卑斯山是西方文化的代表，大秦岭就是中华与东方文化的象征。

## 二、大秦岭在中国文化格局中的地位与意义

### （一）秦岭和合江河共同构成"一山两水"中国文化轴心地带

秦岭具有代表中华文明核心价值思想与成就的崇高文化地位，可以对博大精深的中国文化进行高度凝练化的综合性表达与象征。同时，大秦岭以其居中华大地中央的独特区位，能够连接黄河长江国家文化公园，共同构建"一山两水"的中国文化轴心空间体系，使中国文化主体内涵的表达更加完整。在中国思想文化体系中，"山河"（或"江山"）是国家与民族的象征。"一山两水"轴心地带的形成，突出了在"江山"体系中塑造中国文化形象的关键特征，反映了"山—河—城"的整体脉络，使国家文化形象得到完整展示。

秦岭与黄河中游地区的完美构造及大陆多圈层作用，将山岳的生态位能与冲积平原的自然动能结合起来，在中原地域呈现了优越的地质构造、环境、生命、文明条件。相较于尼罗河、幼底两河等其他古文明，"一山两水"是中华文明成为世界上唯一连续不断文明的重要自然地理与生态支撑。大秦岭为中华两河流域文明提供了持续不断的生态支撑与庇护，成为中华文明独特的自然优势，更是和合黄河长江的文化祖脉。正是秦岭这一巨大山脉，使得长江黄河虽分处南北，但却与大秦岭一起构成中华文化共同体自然载体的主体。因此，大秦岭是构建以黄河、长江等为主体的国家文化公园体系中不可或缺的重要组成部分，"一山两水"是彰显我国文化强国整体面貌、体现中华文化博大精深统一性的核心地区。

### （二）秦岭是中国名山之中最具综合代表性的文化圣山

中国自古重山川崇拜与祭祀，"山川为天下衣食"。以山为祖，遂成天人合一，是"望于高山，遍于群神"，崇山重岳的思想传统。用大秦岭这一巨大山脉作为中华文化的代表和象征，不仅反映了秦岭丰厚的文化底蕴，同时强调了以山岳为主体的国家文化公园特征，构成现有类型中的唯一性，更加充分地体现了视高山大川为至高无上的中国文化精神。大禹治水，奠高山大川；始皇一统江山，开启泰山封禅。中国是多山国家，山是神圣的象征，有驰名天下的三山五岳，有万山之祖的西域昆仑，有宗教名山五台山、普陀山、峨眉山等。然而，只有起自昆仑而为龙脉，绵延千里并与中原大地浑然一体的大秦岭，最具有中国文化的综合代表性。秦岭包含中

国历史上第一文化名山终南山,有东部第一高山太白山,有第一险峻西岳华山,有地处核心的中岳嵩山,还有武当山、神农架等。秦岭能够集萃名山特点,融合文化精髓,与中国文化主体内容核心体系紧密关联,是当之无愧的中国文化圣山!

### (三)大秦岭是对现有国家文化公园体系的重要创新

目前,我国设立了三横两纵五个线性国家文化公园。秦岭国家文化公园通过约40万平方千米的面状体量,既成为现有国家文化公园内涵方面的源脉综合代表,又在空间方面成为三横两纵的面状核心,特别是在以江河水系为主的国家文化公园体系中加入了山岳,体现了中华传统的崇山重岳思想,共同形成了我国国家文化公园"江山同在"、相互支撑、标志体系更加完整的主体构架,克服了有水无山的局限。大秦岭虽然覆盖地域广阔,但却通过"面"的展开而相对集中,并且以陆地国土中心的特殊区位,创新性地使国家文化公园具有了共同的源脉和中心。"一山两水"国家文化公园与周边西安、郑洛、成渝、荆襄、天水等历史文化名城共同形成了富有强大历史文化影响力的整体结构。

### (四)大秦岭具有生态与文化双重价值的国家示范和全球意义

大秦岭生态价值极为突出,其生物多样性等属性具有全球意义。大秦岭生态与文化双重价值是巨大的优势,可以在深厚的历史文化基础上,凸显绿色文化,在中华文明集中代表地之上增添新的生命力,展现历史与现代辉映、文化与生态交融的新时代生态文明。大秦岭国家文化公园与周边大熊猫、神农架、秦岭等国家公园通过协同管理,能够支撑促进,联袂展示。纵观中华大地,唯有大秦岭这一巨大山脉具有独一无二的优越条件,成为生态与文化双重展示最具代表性的国家示范。

### (五)大秦岭国家文化公园对于山区绿色发展意义重大

大秦岭及其周边城市地区在我国双循环和西向开放新格局中潜力巨大,是解决我国发展不平衡不充分,实现"两个一百年"奋斗目标的关键地区。国家文化公园作为国家推进实施的重大文化工程,通过基础设施、环境配套、文旅融合等一系列建设,必将有力地激活和促进大秦岭地区高质量发展。

总之,大秦岭国家文化公园作为中华民族祖脉和中华文化的核心象征,在中华大地的文化交融枢纽和炎黄子孙的根源之地,建立起了中华"大一统"文化的代表性标志,对于建设文化强国,实现中华民族伟大复兴,具有重大推进意义。

## 三、大秦岭国家文化公园建设的主要思路

### （一）定位与功能

**1. 定位**

大秦岭国家文化公园是中华民族生生不息、繁衍壮大的祖脉集中代表地，是孕育中华文明生长关键历程与核心价值思想的源脉地，是综合展示中华文化形象、凸显生态文明、展开东西方对话交流、强化文化自信的绿色标志地，是和合黄河长江共同构建"一山两水"轴心地带的山岳型中华文化象征地，是中国的文化圣山。

**2. 功能**

①深度展开中华文明溯源工作，对大秦岭区域文化内涵不断进行充实支撑；②探索山岳型网络状国家文化公园相关保护展示方法与路径，在生态保护前提下，展开适宜的文化旅游科普教育等活动；③营建与阿尔卑斯山相对应的东方文明绿色窗口，增进东西方文明的相互理解与共识；④以秦岭具有全球意义的生态价值和自然景观为良好基础，展示国家双园形象；⑤推进爱国主义教育和文化产业发展，带动大秦岭社会经济绿色发展。

### （二）范围与格局

依据历史文化沉积密集度与分布情况，在山脉中划分出国家文化公园的空间范围：以终南山作为具有统领性的大秦岭文化核心标志区（从华山到太白山）；以山脉外围西安、郑洛、成都、荆襄、天水等重要历史文化名城为拱卫园区；以子午道、褒斜道、秦楚道等历史古道，汉江、嘉陵江等主要水系为线性空间廊道；以华胥、伏羲、神农、阆中、辋川别业、武关、大散关、剑门关等代表性文化区、历史城市；以华山、武当山、太白山、神农架等名山为主题板块，形成以终南山为统领、五大园区为拱卫、文化廊道为纽带、文化板块为支撑、众多文化节点为表征的点线面串联融合的大秦岭国家文化公园总体结构。

这一格局可以简述为：一核（终南山）、五区（外围历史名城）、八廊（古道水系）、多板块（名山名城片区）、多节点（众多文化节点）。在此基础上，形成古人类及古生物、先祖神话、古城及古墓葬、宗教文化、名山隐逸、历史名镇、军事与古道、红色文化八大主题文化脉络。通过空间格局与主题脉络的结合，构成大秦岭文化公园点线交织的网状结构。

## （三）主要路径

**1. 设立终南山核心标志区**

以终南文化概念为统领，整合提升区内翠华山、五台山、牛背梁、楼观台、华胥镇、炎帝陵等标志性文化资源，形成秦岭国家文化公园核心标志区。

**2. 构建文化展示廊道**

以子午道、褒斜道、汉江、丹江、嘉陵江等为主构建文化走廊。重点进行历史古道、三国历史文化廊道、终南山历史文化名山等区域的联合申遗，增强秦岭知名度与全球感召力。

**3. 构建特色文化板块和节点**

以名山名城为核心，较为集中的文化空间区域构成主题板块，以散状分布的文化镇村、遗迹场景等为节点，构成秦岭文化遗产的实证展示空间。

**4. 突出重要城市文化展示与旅游服务功能**

保护历史城镇文化遗存及其周边自然与人文环境，组织策划适宜的文化旅游产品与线路，强化汉中、广元、天水等山区文化旅游服务中心城市职能。

**5. 加强国家文化公园管理协同**

构建点线面结合的网络状国家文化公园结构，并将其与不同行政区域的国土空间规划相结合，通过国家文化公园的营建，强化省市间区域协同水平的整体提升。

说明：本文得到陕西中国西部发展研究中心刘维隆、桂维民、李雪梅等领导专家提供的多方面意见，在此表达真诚的感谢！参加本研究相关工作的还有西安建大城市规划设计研究院的雷会霞、吴左宾、牛俊蜻、申研、李晨、薛颖、谢永尊、武昭凡等。

（写于2022年）

# "大秦岭及周边城市地区国家生态文明与特色创新发展示范区"的必要性与定位

周庆华

**摘　要**　从国土平衡、总体安全、文化象征、地缘格局等四个方面，分析研究开创"大秦岭及周边城市地区国家生态文明与特色创新发展示范区"的必要性，进而对其总体战略定位、空间态势、发展路径等进行框架性讨论。

## 一、必要性

### （一）国土平衡

大秦岭（指秦岭与巴山山脉）及周边城市地区的主体位于胡焕庸线东侧，多数城市处于我国人口密集地区的西部和中部，分布有成渝城市群、关中平原城市群、长江中游城市群等。四十年来的改革开放促成了珠三角、长三角、京津冀等东部沿海地区的发展，但国土空间东西平衡问题日趋凸显，特别是西部地区尚未形成具有平衡意义的城市集群，无法有效带动和管控广阔的西部地区发展。在新的国际形势背景下，国家发展的引擎地区完全集中于东部沿海，缺乏战略纵深支撑的问题已经显现。如果参照美国由东部沿海向中部发展形成芝加哥城市群，进而扩展到西部沿海的历程，考虑到胡焕庸线以西人口与城市聚集的现实，我国国土空间东西发展不平衡状态已十分凸显，在陆地版图中部的大秦岭山脉周边特别是西部成渝关中城市集群形成重要发展引擎，就成为目前国土平衡唯一的选择，显得十分关键和重要。

## （二）总体安全

### 1. 生态安全

大秦岭对于国家生态安全的重要性毋庸置疑，其中央水塔、森林资源与生物多样性等都是东部发达地区和周边城乡的生态要害。在世界著名山脉中，欧洲阿尔卑斯山、北美落基山和中国秦岭并称为"地球三姐妹"。三者均具有突出的地理标识意义和生物资源价值，秦岭更具有深厚的历史文化积淀，但秦岭的国际感召力与前两者相比存在巨大落差，人们对秦岭的客观价值认知不足。

### 2. 国防安全

我国三大发展引擎全部集中在东部沿海，在新的复杂国际形势和长远发展背景下，这一局面的国防安全风险日益凸显，需要在内陆地区形成战略中枢和重要发展引擎支撑。大秦岭及周边城市地区国防安全属性十分突出。秦岭自古就是军事要地，也是我国三线建设地区，集中了一大批航空、航天、核能、电子、机械等国防工业科研院所和企业。目前，西安、成都、重庆等核心城市以及汉中、宝鸡、商洛、绵阳、德阳、十堰等一批地级市仍然是我国高新技术与军事科研生产重要区域，也是军民融合试验地区，集聚有产业、人才、科研、配套等资源优势。因此，充分释放大秦岭地理区位安全优势和创新发展潜力，形成大秦岭区域国防安全中枢空间和强大的战略支撑能力，已经成为日趋紧迫的重要议题。

### 3. 国家经济与西部安全

中西部地区经济增长极核的缺位或不足已不适应我国经济安全发展的需求。同时，西部地区发展不充分不仅关乎整个西部社会安全，也不能适应国家双循环发展格局和西向开放的需要。因此，具有区位优势的大秦岭周边城市集群形成新的发展引擎，发挥科研创新和产业资源优势，带动广阔西部区域经济发展，对于我国经济社会安全特别是西部安全极为重要。此外，通过城市群地区的强发展，可以吸引山区人口的就业迁移，疏解生态敏感地区人口，为山脉腹地的生态大保护提供基本前提，也为扶贫稳定提供区域支撑。

## （三）文化象征

习近平总书记在考察秦岭时指出，秦岭是中华民族的祖脉和中华文化的重要象征。大秦岭见证了中华文明发展的关键历程与基因库的形成。区内分布有十余个史前人类文明遗址，其中巫山猿人距今有约204万年的历史。西安蓝田华胥陵、天水伏羲庙、宝鸡炎帝陵等众多始祖文化古迹,向我们展现了中华人文初创时期的史前画卷。作为我国古代两千多年的政治经济文化中心所倚靠的巨大山脉,秦岭滋养了周边长安、洛阳、成都等历史城市,形成古都文化、佛教祖庭和道教圣地,是诸子百家布道传学之所,是中华文明核心价值思想重要诞生地,凝聚了中华古代文明初创、奠基、集成、辉煌的重要历程。秦岭高山深谷,终南山、华山、武当山、太白山等名山林立,形成富有中国特色的山水文化与隐逸文化。秦岭承东启西、贯通南北的地缘优势,使其成为中原、巴蜀、荆楚、陇南、藏羌彝等多元文化交织、多民族融合的巨大文化生态圈。如果说阿尔卑斯山是西方文明的精神家园,那么秦岭就是中华文明的重要象征。提升大秦岭世界影响力,打造中华文化圣山,增强文化软实力,是文化强国战略的重要内容。

### (四)地缘格局

在"一带一路"双向开放和新的国际形势背景下,我国广阔西部地区的陆权腹地与战略纵深价值愈发显现。考察我国自古以来地缘政治格局变迁与当今国内外诸多要素关系,向西谋势是我国实现大国崛起的必然之路,是应对当前和未来复杂国际形势、以备避害、以新空间制衡潜在风险与威胁的必然局面。西部的稳固开发、未来新能源等战略性产业发展所形成的国土量能和势能对于构架新的亚欧大陆地缘格局,重塑与提升古代中华文明辉煌时期国土疆域态势,强化中华民族文化融合共同体意识和时代精神塑造,助推中华民族伟大复兴具有重大意义。大秦岭周边城市经济圈的崛起,具有关乎全局的重要意义和紧迫性,更是带动整个西部和中部地区发展的引擎,是"一带一路"和西部大开发新格局的关键支撑。

## 二、定位及国土空间态势

### (一)综合定位

落实"绿水青山就是金山银山"的核心思想,将大秦岭区域(秦岭及周边城市经济圈)建设成为我国生态文明与特色创新发展示范区,打造国土空间的"安全绿芯"。定位如下:

定位1:国家总体安全保障区。包括生态安全、国防安全、经济安全、西部安全等。

定位2:西向开放枢纽引擎区。包括"一带一路"建设的节点枢纽,国家对成渝与关中城市群共同打造西部大开发新格局新引擎的要求,这一引擎也是塑造新的地缘格局的前沿能级保障。

定位3：国土平衡创新发展区。包括国土平衡发展关键区域等，同时也是对现有科研创新资源、军民融合优势潜能的激发。

定位4：中华文化传承展示区。建立在传统文化源脉基础上（民族祖脉，文化象征），形成文化保护传承标识性区域，通过文化圣山扩展中华文明影响力。

### （二）国土空间态势

在上述定位基础上，我国国土空间主体结构将呈现"一带一圈两脉"格局态势：

"一带"是以京津冀、长三角、珠三角为主的东部沿海经济带；"一圈"是以大秦岭为绿芯形成的中西部城市经济圈；"两脉"指长江经济带和黄河高质量发展经济带。这一结构是在我国自然地理格局前提下对发展现实与未来战略愿景的描述，同时通过辐射延伸，可以链接西部陆海新通道等诸多区域战略构建。

需要说明的是，以大秦岭为绿芯的中西部城市经济圈并非是一个规模巨大的城市连绵带，而是由五个城市群（成渝、关中、长江中游、中原、兰西）构成的圈形城市经济轴，从而与东部沿海经济带相对应。城市群之间（包括城市之间）要避免空间连绵发展，应通过簇轴模式形成串珠形态，从而与大秦岭绿芯构成绿色连绵的特色空间区域。由于这一圈轴是围绕大秦岭形成的特殊形态，核心城市之间穿越秦岭的距离一般在400～800千米范围内，通过已基本形成的国家级高铁高速等交通线路连接，形成与山脉紧密关联的特色城市协同发展经济圈具有可行性，成渝西、郑武等城市群区域则是其中的核心增长极。

## 三、核心战略与路径

### （一）大秦岭区域自然与人居环境特征

（1）大秦岭区域是以敏感且价值突出的山脉为核心，以周边拥有共同生态利益的城市为外环构成的一个完整地理区域，可以称之为"高敏感高价值生态——城市集中区域"。世界范围内类似区域有阿尔卑斯山地区、五大湖区等。

（2）大秦岭腹地是周边城市生态涵养地和生态资源供给地；周边城市地区则为山区提供生态保护、人口转移就业、技术提升、产业转型等支撑，是山脉腹地生态产品庞大稳定的直接市场，并与其他城市地区一起为2000多万人长年在外打工就业提供机会。

## （二）发展模式与空间结构

在借鉴五大湖、阿尔卑斯山等案例经验教训和相关理论的基础上，课题组认为应将大秦岭与周边城市地区作为一个整体进行研究，尊重山脉与城市之间的依存关系与客观规律，避免人类聚居对自然环境的过度干扰，通过周边城市地区的绿色强发展，实现山脉腹地的生态大保护。

依据大秦岭地区的自然与人居环境特征和相关指导思想，课题提出"山脉—城市共同体"发展模式，构建新的人地关系理论框架，探索生态保护与绿色发展的创新路径。同时，营造以山脉腹地为绿芯，以周边城市地区为外环的总体"绿芯结构"，作为这一模式的空间形态。

## （三）六大战略及其路径

六大战略：生态保护建设战略；区域协同发展战略；国土空间优化战略；绿色产业转型战略；文化保护传承战略；教育体系创新战略。

具体实施路径包括：

（1）生态保护建设战略：通过秦岭国家公园等的设立，形成整个大秦岭山脉自然生态保护地体系，包含生态斑块、河流廊道、关键节点、自然公园等；加强小水电逐步退出等环境治理措施。

（2）区域协同发展战略：推进以成渝西及兰州为主的城市群协同发展，发挥成渝城市群经济优势和关中城市群区位优势，形成西部大开发新引擎；推进以郑武为主的城市群协同发展，形成中部发展极核。推进内外、内内、外外城市协同。

（3）国土空间优化战略：推进山区人口疏解，降低过高的人口密度。鼓励山脉周边城市群地区及山区城市吸纳人口就业落户，完善山区人口向中心乡镇和县城生态移民，引导小流域乡村收缩集聚。区内城市强化集约发展，采用点轴格局，避免形成连绵发展带。在现有建设和规划的国家级道路交通基础上，尽量利用已有省、县级道路网络进行基础性交通建设，尽量避免新开辟和拓宽道路。

（4）绿色产业转型战略：包括矿业战略储备、农林药产品品牌、水经济、高新技术、电子商务等，建设川陕军民融合示范带。

（5）文化保护传承战略：依托终南山等名山，打造大秦岭文化核心标志区，设置大秦岭博物馆等，形成文化廊道、节点、旅游服务中心等，适宜发展文化产业、川陕协同推进三国文化申遗等。

（6）教育体系创新战略：通过职业教育、基础教育等提升山区人口素质，为山区生态保护、产业转型、人口疏解就业、扶贫稳固等创造条件。

由于该地区分属六省一市行政管辖，自下而上形成的协同机制对于行政壁垒的影响十分有限。建议由国务院主导设置相关协同机构，开展跨区域研究与国土空间规划等，制定相关政策与法律，全面提升大秦岭生态保护与周边城市地区协同建设品质。

大秦岭地区是践行两山理论、推进生态文明建设的最佳示范地之一，也是能够与阿尔卑斯山、五大湖区等地比肩，形成人类与自然和谐相处的富有中国方案特色的代表性地区。作为一种新型的以巨大山脉生态区保护为主导、以绿色人居环境为特色的区域发展新范式，只有国家层面的推进才能使其有效实现。因此，建议将该区域的生态文明与特色创新发展上升为国家战略，为新时期我国双向开放区域发展新格局的形成，为中华民族伟大复兴增添新的有力支撑。

（写于2021年）

# 大秦岭的科学定位与秦岭"变大"联想

**肖云儒**：著名文化学者，曾任中国文联全国委员会委员、陕西省文联专职副主席、陕西省文艺评论家协会主席，系国家和省级有突出贡献专家，享受国务院津贴。现为陕西省政府参事（文史馆员）、西安交通大学特聘教授。被国新办授予"丝绸之路文化宣传大使"称号。

共发表出版作品50部约600万字。获得中国当代文学研究成果奖、中宣部"五个一工程"奖、中国图书奖、广电部星光奖、冰心散文奖、陕西文艺终身成就奖、陕西文艺评论特等奖等奖项20多项。

**摘　要**　本文从近年的秦岭研究中，提炼引申出秦岭有了大格局、秦岭有了大行动、秦岭有了大学问三方面的内容，论述了大秦岭的科学定位和开展大秦岭研究的几个路径。

刘维隆先生提出、撰写的《大秦岭的科学定位与发展战略研究（提纲）》非常好，我双手赞同。

第一，这个提纲将科学定位和战略研究放到一起写，比一般的决策建议高了一个层次，又比纯粹的理论研究更为切实可行。它是在科学论证的基础上开展战略对策研究，又通过战略决策建议，将科学定位转化为秦岭深度保护、循环发展的长期实践。这是一个科学理论和科学决策、科学实践相结合的好提纲。

第二，这个提纲是在国内为主、国内国际双循环和百年未有之大变局的新形势下的一个新的战略思考和对策。它提出了沿海改革开放发展战略辐射内地的新的战略空间的一些新构想，能够切实指导、带动大秦岭的科学保护和发展。希望能够集思广益，尽快完善、定稿，递送省级相关领导，力争在明年全国人代会上作为提案提出。

第三，在现有提纲基础上延伸出来一点建议。在第一章"对大秦岭系统性综合性的科学定位研究"中,选择适当的地方,加上这么一个意思,就是秦岭生态圈、秦岭文化圈、秦岭经济圈、秦岭地质地貌圈,不但是连接长江、黄河,南方、北方的生态文化经济圈,更是我们国家中长期大战略发展中十分关键的第四步、第五步战略的衔接圈和发力圈。

我们国家将在百年之内完成"一弓两箭"的社会经济发展布局,完成"三拳两脚"的全面战略。第一记重拳是粤港澳湾区,第二记重拳是长三角经济区,第三记重拳是环渤海的京津冀经济区。这三记重拳是我国改革开放的先行示范区,它们组成了沿海的一道弯弓,引弓待发。接下来,就是最近提出来的成渝双城经济圈。这个内陆经济圈,是沿海向内地发力的进门第一脚。之后,将是在黄河流域生态战略与亚欧大陆桥多年经营基础上,辐射西北、中亚,走向国际的黄河经济圈。这是我们向内地发力的第二脚。长江、黄河经济带将是我们国家战略发展的两支响箭,"两箭"与沿海的"一弓",形成一个中国经济文化的"一弓两箭""三拳两腿"的既均衡又充分的全面发展格局。

黄河文化经济是我国历史上文化经济发展的先导,现在又将最终完成我国当代百年大发展的战略布局。而秦岭,就是将这"两支响箭"和"进门两脚",将南北丝路和陆海丝路衔接、融合的生态、文化、经济圈。

第四,秦岭经济文化圈,将给成渝双城经济圈拓展北向的门户,又给黄河经济带营造了南向的辐射空间。它通过郑西高铁、汉西高铁、渝西高铁、成西高铁、兰西高铁,加上高速和航空网,组成了三小时经济社会发展圈层,把周边的成渝城市群、荆楚城市群、中原城市群、关天城市群、兰西城市群这五大内地城市联成一个内陆发展的高地,一个中国经济纵深大、风险小的内核、硬核。

第五,秦岭科学定位与发展战略,是我们实现以国内为主,国内、国外双循环战略的重要发力点,将把经营多年的"一带一路"提升到新的高度,获得新的内动力。

我赞成向国家层面明确提出秦岭经济文化生态圈的理念,提出秦岭经济文化生态圈是"一带一路"、南北丝路、亚欧大陆桥的动力泵加速器的理念,并在国家层面设置相应的管理协调机构。

参加这次秦岭旅游合作大会,在华山之巅领略两千多米的高空阳光,看千山起伏若惊涛,万壑翻卷如骇浪,我不由大喊了一句:"啊,秦岭变大了!"秦岭怎能变大呢?怕是我们对它的认识变"大"了吧,怕是今天我们解读秦岭,有了大观念、有了大动作、有了大学问吧?

其一，秦岭有了大观念。

近几年，我们对秦岭的认识有了大的拓展和深度掘进。这主要来自习近平总书记关于秦岭的论述。这里我想用一个词——"阈值"，空间阈值、时间阈值、功能阈值、文化阈值、精神阈值。

秦岭的空间阈值大多了。原先我们心中的秦岭主要在以陕西为主的陇东、豫西这个范围之内。现在经过地质地理学家们的论证，秦岭的空间阈值扩大到六省一市，即陕、甘、青、川、渝、鄂、豫，大得多了。正像总书记指出的，秦岭是中国大地上挺立的和合南北的一道脊梁。

秦岭的时间阈值也大了。天水籍作家王若冰多年行走秦岭，他解读了从百万多年起，尤其距今四千多年来的漫长岁月中，古人类与中华文明在秦岭地区的历史印迹，从蓝田猿人到旧石器时代、新石器时代，直至周秦汉唐，直至今天。秦岭的时阈拉长了，印证了总书记说的秦岭是我们中华的祖脉。

秦岭的功能阈值扩大了。原来多是从地质学的角度，特别从秦岭作为中国南北分界线角度来认识它的功能阈值，却很少从中国哲学阴阳互补的另一面来理解。秦岭不但划分南北，更和合南北、泽被天下，它对中华民族文化的形成有着巨大的功劳。正因为秦岭划分了南北，才划出了长江流域与黄河流域，使得中国的文化结构在东亚形成了典型的两河文明结构。我国的两河文明与巴比伦的两河文明不一样，幼发拉底河和底格里斯河的两河文明是纵向的两河组合，两河纵向距离只有百十千米，在最后入海的百多千米更是合成了一条河，叫印度河。这样，两河的气候、物候和人类生存状况、社会文化状况基本同步，没有大幅度拉开距离，很难形成差异性互补。而我国的两河文明是横向组合，两河中间的跨度最窄处都超过 500 千米，宽处达到 2700 千米。南江北河广阔的纬度空间，造成了不同气候带、不同植物带动物带以及人居生存和社会文化状况的明显差异，组构成相激互补、两极震荡的结构，这是中国两河文明和整个中华文明万世不竭的内生动力。江、河文明满天星斗地构成了中华文明的多源性。当黄河文明被几个大王朝消耗得几近衰微的时候，长江文明发展、成熟起来，反哺黄河和整个中华文明。南与北、江与河，既分步又合作，左右腿有节奏地在历史进程中迈步，中华文明才能够像今天这样在递进互中生生不息、永续不断。故而我们既要对秦岭的分割功能充分肯定，更要重视秦岭的和合功能，是它把中国的南北融为一体。

在秦巴山脉两麓，南边是长江支流嘉陵江、汉江的发源地，北边是黄河支流渭河、洮河的发源地，东边是淮河的发源地。秦岭是当之无愧的仅次于昆仑山的中国最大的补水站。没有秦岭，长江、黄河的走向将是历史之谜。秦岭堪称真正意义上泽被天下的中央水库。

秦岭的文化阈值也大多了。秦岭是中国文化的源头和主干之一，是中国文化萌易、生道、立儒、融佛之地。秦岭是周文化的发祥地，老子骑着他的青牛沿秦岭行走，从函谷关到楼观台，一路布道于天下。孔子虽未入秦，但儒家思想成为我们民族的核心价值观却是在秦岭脚下的长安钦定的。秦岭又是融佛之地，佛教产生于印度，入传中土后，佛教大寺、名刹、祖庭遍布秦岭沿线，使之完成了中国化进程，并在我们这块土地上生根发芽壮大。

最后我还要提出秦岭的精神阈值，精、气、神之内涵。秦岭是我们的父亲山，它是那样刚强、伟岸。像华山，就是世界地质史上非常罕见的由整体花岗岩构成的山峰。它象征着力量，作为男子汉的形象，父亲的形象，给我们的文化人格中植入了坚毅的DNA。而劈山救母和宝莲灯的故事，又蕴含着中华民族温润如水的一面。父亲的刚强、母亲的温柔，组合成为秦岭的内在精神。

重新认识秦岭的精神，我们会探索出许多新的发展空间，包括旅游空间。

其二，秦岭有了大行动。

此次召开的秦岭旅游合作大会，是研究、认识秦岭的一次大行动，令人欢欣鼓舞。

这里，我还想补充说一下我所知道的两个关于秦岭的大行动。一个是2015年中国工程院副院长徐德龙组织近20位两院院士，在西安召开了关于秦岭的一次科学考察会议。在这个会议上，很多院士都谈到了组建"环秦岭经济圈"的问题。列举了抗战时的"西迁"，让成渝、西安、宝鸡、天水成了中国内陆的工业重镇。20世纪60年代"大三线""小三线"建设，又一次进入中国腹地。改革开放以后，我国迎来了前所未有的发展机遇。对这些年中国的稳健发展，我曾戏用"三拳两脚"来归纳：第一个重拳打在了以深圳为标志的粤港澳湾区；第二个重拳打在了以上海浦东为标志的长三角湾区；第三个重拳打在以雄安为标志的环渤海湾区。但是光有"三拳"还不够，因为这"三拳"都在沿海，改革开放的红利一定要进入中国腹地，外循环建立之后要有内循环作为基础，才能解决东部西部、南方北方的不平衡、不充分，因此就出现了"两脚"或者"三脚"。第一脚球踢到了长江中游城市群，再一脚球踢到了成渝双城经济区，随之又提出了欧亚大陆桥的发展规划。中国内陆的发展需要"两线一圈"，黄河一线、长江一线，如果没有秦岭这个经济圈来衔接它，内陆的发展就会乏力。

另一个关于秦岭的大动作是陕西省几位老领导组织了一批社科专家，搞了一个关于秦岭的建言献策，形成了全国政协重点提案。全国政协派李斌副主席率队来陕甘考察调研，召开了沿山六省一市落实这些建议的重点提案专题研讨会议。

我更高兴看到此次大会上已经推出了众多的科学考察研究成果，发布了秦岭历史上第一张"中国秦岭旅游图"，成立了大秦岭文化旅游合作联盟，还有2021年、2022年"丈量大秦岭"科考活动的详细安排……一项一项都是结结实实的成果。

在对秦岭有了大观念之后，继而对秦岭有了大动作，这些动作肯定会以更大的力度和速度进展。

其三，秦岭要有大学问。

秦岭是中国的中央山脉，也是中华民族的发祥地之一，"中华""华夏"皆因华山而得名，华山被誉为"华夏之根"。香港著名文化学者饶宗颐老先生很早就提出来"国学"是否叫"华学"为好的观点。我曾著文响应。

"国学"这个词自古以来就有，《周礼》《晋书》里均有提及。那时候的"国学"主要指教育机构，教授国艺，即茶艺、书艺、武艺等。到了清末，黄遵宪、刘师培、邓实等人在办报的时候，强调地提出了"国学"这个词，把它作为中国学问、中国精神的统称。而且提出了"立一国之学，以治一国之政"，把学问立起来，管理我们的国家。不过，文化不止是一种国家和政治现象，纵向看，文化是跨越朝代而属于整个民族的；横向看，文化又是跨越国界与世界文明交流并成为世界文明一部分的；从功能上看，立一国之学，并不止于治一国之政，还奠基、营构了包括治国理政在内的全民族政统、道统、学统在内的硕大的文明体系。因而用"国学"、国家之学就远不如用"华学"，即中华民族的文化之学更能够概括我们的优秀传统文化了。我想，这也正是现在党和国家正式文件和讲话中不用"国学"而用中华文化、优秀传统文化的提法的原因吧。

华学是民族之学，是中华56个民族大家庭共有之学。华学与中华民族（华族）、华夏、华人、华语、华文构成一个概念体系，涵盖整个中华文明，更便于在海内外推广传播。

无独有偶，华山脚下渭南的学者朋友告诉我，宋代学者侯可曾经创立过以"华学"为称谓的儒学学派，以《易》为宗，以《礼》为用，阐述孔孟之道，尤以气节为主。其代表人物有申颜、侯仲良等。张载创始的"关学"，"二程"程颢、程颐创始的"洛学"，皆与其有流脉渊源。

这样，"华学"就有了三个层级，一是"大华学"，指中华民族之学；一是"中华学",指约40万平方千米跨六省一市的大秦岭之学;一是"小华学",指侯可、申颜提出的研究华山的学问。我们在研究大秦岭文化的时候,倘若从这一历史流脉和学理层面来思考,并且在实践中切实做好,对大秦岭文化资源的开发,将是一种透过历史沉积层的深度开发。大秦岭文化将耸立于高天远云之上。

秦岭,一座读不完的大岭,一座开掘不尽的大山。

(写于2021年)

# 创建秦岭国家文化公园探讨

冯家臻：陕西中国西部发展研究中心研究员

**摘 要** 建设国家文化公园是国家的战略决策，从山脉维度提出创建秦岭国家文化公园是一种富有新意的构想。我省创建秦岭国家文化公园具备有利条件。可以从争取将创建秦岭国家文化公园列入国家文化公园建设"十四五"重点建设项目，实施秦岭国家文化公园数字再现工程、数字再现精品工程等方面入手，加快建设秦岭国家文化公园。

习近平总书记在陕西考察时强调，秦岭和合南北、泽被天下，是中华民族的祖脉和中华文化的重要象征。保护好秦岭生态环境，对确保中华民族长盛不衰、实现"两个一百年"奋斗目标、实现可持续发展具有十分重大而深远的意义。建设国家文化公园是国家的战略决策，从山脉维度提出创建秦岭国家文化公园是一种富有新意的构想，不仅可以丰富完善国家文化公园体系，对各类文物本体及环境实施严格保护和管控，合理保存传统文化生态，而且可以做大做强中华文化重要标志，传承和弘扬中华文化，促进秦巴山区经济社会的发展。

## 一、创建秦岭国家文化公园的重要意义

创建秦岭国家文化公园不仅是传承中华文化的重要抓手，提升人民群众文化素养的重要载体，而且是增强国家文化软实力的有效路径，对陕南经济社会发展也会起到积极作用。

### （一）创建秦岭国家文化公园是传承中华文化的重要抓手

秦岭是中华民族的祖脉和中华文化的重要象征。秦岭远古通称"华山"，因生活在秦岭脚下的中华民族最早祖先"华族"（黄帝族）而得名，故秦岭即"中华民

族祖脉"。翻开中国史书，五千多年的中华文化在秦岭书写了浓墨重彩。《周礼》、秦制对封建社会产生了深远影响。中国汉传佛教的七宗祖庭都在秦岭"安营扎寨"，老子的《道德经》、司马迁的《史记》成为流传至今的经典之作。除去经典，更有诗篇。《诗经》《楚辞》流传于世，文学史上总不乏秦岭的踪影。再至北宋，关学兴起，张载的"四为名句"激励着后世无数读书人为苍生社稷殚精竭虑。秦岭南北，不同时期、不同区域文化，构成了一个多元一体的文化系统，故称秦岭是中华文化的重要象征。秦岭在中国独特的文化地位为创建国家文化公园、传承和弘扬中华文化提供了有利条件。

### （二）创建秦岭国家文化公园是提升人民群众文化素养的重要载体

文化是一个国家、一个民族的灵魂，其凝聚力源于对优秀传统文化的保护，其生命力在于世代的传承与弘扬。每一个时代都需要文化建设的精品力作。新时代，人民群众对文化供给"量的扩大"以及"质的提升"都提出了新要求。推进秦岭国家文化公园建设不仅可以在一定物理空间内，展示最有辨识度、生命力和传播力的文化景观，满足文化需求的精准供给，而且有助于打造成国家形象和民族的重要标识。人们将在游览中听到文化之声、看见文化之美、领悟文化之韵，在纵情山水之际增强文化自信心，在追忆往昔时提高文化认同感，在心意相通里让文脉永续流淌，这一切，对于提升群众文化素养可以起到潜移默化的熏陶作用。

### （三）创建秦岭国家文化公园是增强国家文化软实力的有效路径

秦岭国家文化公园是中华文明象征的重要载体，是中国传统山水文化与东方文明智慧的结晶。依托文化资源，建设秦岭国家文化公园除了便于保护老祖宗留给我们的宝贵遗产，陶冶居民情操，提高居民文化素质，形成独特的大众文化外，还可以让收藏在博物馆里的文物、陈列在大地上的遗产、书写在古籍里的文字都活起来，这对于彰显中华优秀传统文化的持久影响力、强大感召力具有重要意义。创建长城、长征、黄河、大运河、长江国家文化公园都是增强国家文化软实力的重要路径，而创建秦岭国家文化公园，构建具有特定开放空间的公共文化载体，也是增强国家文化软实力的重要选择。它不仅可以丰富完善国家文化公园体系，做大做强中华文化重要标志，进一步提升中华文化标识的传播度和影响力，而且可以向世界呈现绚烂多彩的中华文明。

### （四）创建秦岭国家文化公园是促进陕南经济社会发展的重要措施

首先，可以促进旅游业的发展。建设秦岭国家文化公园，发展"旅游观光、休闲娱乐"是重要内容。这会推动拥有良好自然景观和完整文化特征的陕南地区旅游业发展。实施这项重大国家文化工程，必将促进优质的秦岭旅游市场品牌与形成一定空间范围的产业集聚良性互动发展。其次，可以促进当地特色生态产业发展。从国家颁布的国家文化公园方案来看，适度发展特色生态产业也是国家文化公园的建设内容，这就为陕南特色生态产业的发展带来了福音。最后，可以加强陕南地区国家文化公园配套的基础设施项目建设，促进公共文化事业发展。陕南经济发展相对落后，秦岭国家文化公园一旦列入国家规划，与之配套的基础设施和公共文化服务也将获得国家支持，这对于巩固陕南脱贫攻坚成果，助推乡村振兴必将起到积极的促进作用。

## 二、建设秦岭国家文化公园可能性分析

目前，我省创建秦岭国家文化公园已经具备有利条件。

### （一）国家对创建国家文化公园已经做了重要部署

2017年起，中办、国办先后印发《建立国家公园体制总体方案》等相关文件，2019年《长城、大运河、长征国家文化公园建设方案》（以下简称《建设方案》）出台，十九届五中全会提出的"十四五"规划建议也将建设黄河国家文化公园列入"十四五"规划。前不久，长江国家文化公园也列入建设规划，我国已经形成了"五大"国家文化公园建设布局。

### （二）兄弟省市对建设国家文化公园已经做出积极探索

国家出台长城、大运河、长征、黄河等《建设方案》后，不少兄弟省市根据国家部署，都明确了国家文化公园（省市段）的发展地位，确定了发展格局。以长征国家文化公园建设为例，贵州省出台了《长征国家文化公园建设试点规划》，分阶段、有重点地建设核心展示区以及若干展示带和特色展示点；四川省形成由南向北、竖体椭圆构架，以此为高地，沿两个中心点、两条轴线外沿，连接南、北、东、西四条文化传播线路；广西在《长征国家文化公园广西段建设保护规划》中提出"一路三园多点"的总体布局和"管控保护、主题展示、文旅融合、传统利用"四类主

体功能区建设构想。兄弟省市的探索都为秦岭国家文化公园的建设提供了可资借鉴的经验。

### （三）我省创建长征、黄河国家文化公园的工作已经起步

在长征国家文化公园陕西段的创建中，我省已经确立了将延安建设成为"长征胜利落脚地"的总体定位与"长征国家公园的核心区"的战略目标，项目建设的空间理念——"1244"空间组织格局也已经明确。《黄河国家文化公园（陕西段）建设保护规划》的编制工作已取得阶段性成果，为秦岭国家文化公园的建设创造了条件。

### （四）深厚的文化底蕴为创建秦岭国家文化公园提供了强有力的支撑

秦岭陕西省境内文化资源密集。"十三五"期间，陕西省文物保护研究院对我省境内秦岭段和汉水南岸的巴山地区组织开展了秦岭文化遗产资源调查，初步查明：秦岭区域内文化资源一共有九大类，文化遗产15000余处。其中世界文化遗产2处、全国重点文物保护单位53处、省级文物保护单位293处、市县级文物保护单位1456处，这些资源为创建秦岭国家文化公园提供了强有力的支撑。

## 三、建设秦岭国家文化公园的思路与推进措施

加快秦岭国家文化公园建设，可以选择如下思路和推进措施。

### （一）思路与目标定位

根据文物和文化资源的整体布局、禀赋差异及周边人居环境、自然条件、配套设施等情况，结合国土空间规划，以重点建设管控保护、主题展示、文旅融合、传统利用四类主体功能区为突破，做大做强中华文化的重要标志，探索新时代文物和文化资源保护传承利用新路。

### （二）争取将创建秦岭国家文化公园列入国家文化公园建设十四五重点建设项目

目前，国家对创建国家文化公园已经做了部署，形成了长城、大运河、长征、黄河、长江五大国家文化公园建设布局。创建秦岭国家文化公园不仅可以保护秦岭的文化遗产资源，延续秦岭的历史文脉和民族根脉，加强公共文化产品和服务供给，更好地满足人民群众精神文化生活需要，而且可以丰富完善国家文化公园体系。所

以，将创建秦岭国家文化公园列入国家文化公园建设"十四五"重点建设规划，争取国家层面的支持很有必要。

### （三）修订完善《秦岭保护条例》

深化对秦岭区域文物和文化遗产保护法律问题研究和立法建议论证，补充和增强《秦岭保护条例》关于文化资源的保护传承利用与协调推进理念及相关内容。

### （四）编制秦岭国家文化公园建设保护规划

结合黄河和长征国家文化公园保护建设规划，按照多规合一、国土空间规划要求，明确秦岭国家文化公园建设保护的指导思想、目标定位、基本原则、空间布局、主要任务、重点项目与推进措施，做好秦岭国家文化公园建设保护的顶层设计。

### （五）实施秦岭国家文化公园数字再现工程、数字再现精品工程

一是加强数字基础设施建设，逐步实现主题展示区无线网络和第五代移动通信网络全覆盖。二是搭建官方网站和数字云平台，对秦岭文物和文化资源进行数字化展示，打造永不落幕的网上空间。三是建立秦岭资源数字化管理平台，对接国家数据共享交换平台体系，推动秦岭遗产信息资源数据共享、合理利用。

（写于2021年）

# 环绕大秦岭生态城市圈总体情况

李振平：陕西省决策咨询委委员

陕西中国西部发展研究中心研究员

**摘　要**　本文归纳总结了环大秦岭生态城市圈的"环"和"芯"地域构架和"五圈一廊"的实际情况，对比了五大城市圈在全国十九个城市群中的地位、价值。

## 一、环绕大秦岭生态城市圈地域构架

总体包括"环"和"芯"两大地域综合体。

"环"，即环绕秦岭的五大城市圈和一个生态城市走廊构成的城镇经济社会（巴山）地带（五圈一廊）。五大城市圈，即以重庆和成都为核心的成渝双城城市圈、以武汉为核心的江汉城市圈、以郑州为核心的中原城市圈、以西安为核心的关中城市圈、以兰州和西宁为核心的兰西城市圈；一个生态城市走廊，即串接秦岭和巴山之间的汉中、安康、甘南、十堰、商洛五个城市的汉江川谷生态城镇走廊。

"芯"，即被环绕在中心的秦岭和巴山两大自然生态主体功能地带，两大生态主体功能地带之间是汉江川谷生态城镇走廊。

环绕大秦岭生态城市圈，是一个城市经济社会连绵带和自然生态系统连片区相互对恋、通连、融合的宽广地域，处于中国大陆的核心空间地域，对中国中西部崛起、国家高质量发展和现代化建设具有重大战略意义。

## 二、环绕大秦岭生态城市圈基本状况

环绕大秦岭生态城市圈土地总面积达到150多万平方千米，覆盖人口达到3.6亿，生产总值20.80亿元。

其中,环绕大秦岭的"五圈一廊"土地总面积88.29万平方千米,人口3.41亿,合计生产总值20.38亿元。(表1)

表1 环绕大秦岭城市圈基本情况

| 城市圈 | 地域范围和主要城市 | 面积(万平方千米) | 人口(亿) | GDP(亿元) |
| --- | --- | --- | --- | --- |
| 关中城市圈 | 以西安为核心,包括陕西的宝鸡、咸阳、渭南、商洛、铜川;甘肃的天水、平凉、庆阳;山西的临汾、运城;河南的三门峡 | 15.00 | 0.50 | 2.50 |
| 成渝城市圈 | 以重庆、成都为核心,包括四川的成都、自贡、泸州、德阳、绵阳(除北川县、平武县)、遂宁、内江、乐山、南充、眉山、宜宾、广安、达州(除万源市)、雅安(除天全县、宝兴县)、资阳等15个市;重庆市的渝中、万州、黔江、涪陵、大渡口、江北、沙坪坝、九龙坡、南岸、北碚、綦江、大足、渝北、巴南、长寿、江津、合川、永川、南川、潼南、铜梁、荣昌、璧山、梁平、丰都、垫江、忠县等27个区(县)以及开州、云阳的部分地区 | 18.50 | 1.00 | 6.30 |
| 中原城市圈 | 以郑州为核心,包括河南的开封、洛阳、南阳、安阳、商丘、新乡、平顶山、许昌、焦作、周口、信阳、驻马店、鹤壁、濮阳、漯河、三门峡、济源18市;山西的长治、晋城、运城3市。合计21市 | 16.70 | 1.12 | 5.90 |
| 江汉城市圈 | 以武汉为核心,包括黄石、鄂州、黄冈、孝感、咸宁、仙桃、潜江、天门、襄阳、宜昌、荆门、荆州 | 18.59 | 0.52 | 4.58 |
| 兰西城市圈 | 以兰州、西宁为核心,包括甘肃的兰州市,白银市白银区、平川区、靖远县、景泰县,定西市安定区、陇西县、渭源县、临洮县,临夏回族自治州临夏市、东乡族自治县、永靖县、积石山保安族东乡族撒拉族自治县;青海的海东市,海北藏族自治州海晏县,海南藏族自治州共和县、贵德县、贵南县,黄南藏族自治州同仁县、尖扎县 | 9.75 | 0.12 | 0.50 |
| 汉江川谷生态城镇带 | 汉中、安康、商洛、十堰、陇南5市 | 9.75 | 0.15 | 0.60 |
| 五圈一廊 | | 88.29 | 3.41 | 20.38 |
| 全域 | | 150.00 | 3.62 | 20.80 |

## 三、我国建设国家级城市群情况

根据我国城镇化规划，全国共规划建设十九个城市群，后又提到二十个城市群，即"五—九—六"城市群规划名单，包括五个国家级城市群、九个区域性城市群和六个地区性城市群。

重点建设五大国家级城市群，包括长江三角洲城市群、珠江三角洲城市群、京津冀城市群、长江中游城市群和成渝城市群。

稳步建设九大区域性城市群（国家二级城市群），包括哈长城市群、山东半岛城市群、辽中南城市群、海峡西岸城市群、关中城市群、中原城市群、江淮城市群、北部湾城市群和天山北坡城市群。

引导培育六大新的地区性城市群，包括呼包鄂榆城市群、晋中城市群、宁夏沿黄城市群、兰西城市群、滇中城市群和黔中城市群。

后来的变化有：将哈长城市群和辽中南城市群合称东北地区城市群，去掉了江淮城市群并入长三角城市群和中原城市群。黄河流域生态保护和高质量发展提到黄河几字弯都市圈，还提到兰西城市群、山东半岛城市群，可能会把呼包鄂榆城市群、晋中城市群、宁夏沿黄城市群三个划到黄河几字弯都市圈。今后也很有可能提云贵城市群，含滇中城市群和黔中城市群。

今后我国重点的城市群可能会包括：长江三角洲城市群、珠江三角洲城市群、京津冀城市群、长江中游城市群（包括江汉城市圈）、成渝城市群、关中城市群、中原城市群、东北城市群、黄河几字弯城市群、山东半岛城市群、海峡西岸城市群、云贵城市群、北部湾城市群、天山北坡城市群、兰西城市群等。

（写于2021年）

# 大秦岭生态保护和环秦岭城市群经济圈发展的战略设想

曹　钢：经济学教授
　　　　陕西省行政学院原副院长
　　　　陕西中国西部研究中心研究员
　　　　终身享受政府特殊津贴专家
　　　　陕西省有突出贡献专家

**摘　要**　本文站在新时代发展的战略高度，从大秦岭和环秦岭城市群实际出发，提出创建"环秦岭城市群共同体改革开放试验区"的设想，并就其建设的总体思路、框架设想、战略可行性做了论证和说明。

习近平总书记视察秦岭时强调指出，秦岭和合南北、泽被天下，是我国的中央水塔，是中华民族的祖脉和中华文化的重要象征。这是史上有关秦岭在我国地理版图上地位作用的最高规格、最为全面、最具准确性之评价。

面对迈向全面建设现代化的崭新格局和历史使命，我认为总书记有关秦岭的这段精辟论断，绝非仅仅是单纯地对秦岭自然生态地位的认定，而是着眼于历史的视角，对秦岭在中华民族发展史上巨大贡献的总体性肯定；绝非仅仅是针对陕西一省一地，而是定位于国内外发展大格局，对秦岭及周边区域可展现功能的战略性论证；绝非仅仅是指秦岭的现实发展问题，而是站在全面建成现代化国家之高度，对秦岭和环秦岭城市群经济圈未来特有功能的导向性预判。

从这种视角出发和思考，笔者认为对秦岭生态保护和其周边城市群经济圈的发展问题的研究，应上升为国家级战略予以布局和思谋。为此，提出如下建议。

## 一、高度认识大秦岭和环秦岭城市群在新时代发展中的战略地位

首先说明，本文所指的"大秦岭"概念，是指广义秦岭，即秦岭山系，它包括秦岭和巴山山脉、西倾山山脉及岷山山脉的一部分，全长1500余千米，宽约200~300千米，面积约40万平方千米，覆盖青、甘、陕、豫、川、鄂、渝六省一市；所说的环秦岭城市群经济圈，包括关中、长江中游、川渝、中原、兰青等五大城市群的经济圈区域。

人所共知，自改革开放以来，我国一直实行沿海为重点、以沿海带动内地发展之战略，秦岭及其周边地区的发展一直处于相对滞后状态。在"十四五"之后的发展中，仍将继续实施这一战略导向。对于历史的发展过程，这种导向无疑是必要的和合理的。然而伴随全面现代化建设的深化，我国发展的总体战略逐步地得以调整，使现实中沿海与内地、东部与西部的差距越来越大的局面得以改变。即转向沿海与内地"并肩发展""共享成果"之新格局，进而推动沿海与内陆均衡协调发展。

由此我们认为，在走向"并肩发展"的路上，作为内陆中心地区的环秦岭城市群经济圈，理当发挥特殊之贡献。其一，秦岭及环秦岭城市群经济圈处在中国版图的中心地区，其中西安、武汉、川渝、长沙几个城市，已由国家定位为"内陆改革开放高地"，在未来的发展中其有条件作为"梯度转移"的主要支撑；其二，作为全国中心地区的环秦岭城市群经济圈，其通达南、北、东、西，既具有城市群的群体优势，又可以形成更大范围的一体化发展，促进"经济圈"整体功能升级；其三，环秦岭城市群经济圈，可以利用地处中心版图之优势，充分统筹利用全国各地包括边远地区的资源，促进生产要素近距离快速流动，推动国内统一市场体系的完善和国内外市场双循环格局的真正形成。

由此可见，未来实现沿海与内地"并肩发展""成果共享"的战略转变，既具有必然性，也具有可能性；处于内陆中心地区的秦岭和环秦岭城市群经济圈，在这个转变中其独具优势条件，又理应担当起其特有之责任。一旦这个内陆中心经济圈成长起来，其便可与沿海经济带相呼应，同时与"一带一路"相衔接，即可构建起以沿海与内陆两个增长极共同发力，牵引国内南北、东西"并肩发展"，并支撑实现贯通中欧、辐射全球的"双循环"战略大格局。这既是打造未来我国全面现代化发展格局之必需，又是确保中国经济抢占国际优势地位的要求，必须及早予以谋划。

## 二、准确把握大秦岭和环秦岭城市群导引"并肩发展"的总体思路

基于以上认识,我们认为在未来秦岭及环秦岭城市群发展的指导思想上,应坚持把静态的秦岭功能与动态的秦岭区域影响力联系起来,着力"山""水""城""圈"之间的关系、生态保护与高质量发展的关系、秦岭经济圈提升与国家发展大局的关系,并且有效把握这三对关系的良性契合,以寻找系统性推进的战略思路。

### (一)树立"山、水、城、圈一体绿色化"发展理念

秦岭及其周边区域的发展,涉及秦岭山脉、长江水流和周边城市的发展。山、水、城、圈相关联,是人与自然的依存体,是社会发展的循环区,必须一体布局、协调使劲。山是根、水是脉,保持秦岭生态环境良好,是整个周边地区的第一要务。另一方面,只有让周边的城市发展得好,才能支撑和不断强化秦岭的生态保护,真正实现绿色可持续发展。因此,坚持"护山""治水""建城""兴圈"相统一和一体绿色发展理念,是环秦岭城市圈发展的必由之路。

### (二)定位于推动"并肩发展"尽早实现的战略要求

环秦岭城市群的优势是地处内陆中心,自然也应利用这一优势,做好南北、东西对接,充当"并肩发展"的骨干支撑和导向牵引。这是我们特别看重秦岭及其环秦岭城市群发展之重大意义所在。要坚持从统筹环秦岭城市群自身一体发展、高效发展、绿色发展上寻找机遇;从统筹配置全国各区块资源,强化在优势互补上增添活力;从统筹东部梯度转移和带动西部快速发展,促进大湾区建设和"一带一路"发展,实现沿海经济带与环秦岭城市群经济圈的融合上下大功夫。

### (三)把一体化发展作为环秦岭经济圈建设的总基调

环秦岭经济圈建设,旨在进一步强化大秦岭地区的生态保护,使整个环秦岭城市群成为一个强大增长极,更加充分地发挥其在全国经济大局中的特有作用。关键是实现环秦岭城市群经济圈的一体化发展。只有一体化,才能做到发展布局合理,确保整体规划的统一性和协调性;只有一体化,才能充分调动各方面的优势和合力,确保发展的积极性和有效性;只有一体化,才能使经济圈更加符合全国发展的要求,以确保其在国内外发展的战略性和引领性。

### （四）采取"分层、分级、分区"治理和发展模式

环秦岭城市群涉及面积大、地形地貌复杂，必须采取分层、分级、各区治理和发展。建议构建"一心、四环、多花瓣"组合模型，即以秦岭山脉为中心花蕊，从内向外延伸，划分秦岭林区、近秦岭区、环秦岭城市群、秦岭城市群外四级花盘层；分别打造生态保护、文化休闲度假、城市经济发展、特色产业发展四层环形园区；在此基础上，选择有条件的大型产业集群和特色发展板块，因地制宜塑造若干个独具创新、展现特色的耀眼花瓣。

## 三、创建"环秦岭城市群共同体改革开放试验区"的框架设想

环秦岭经济圈涉及六省一市的五个城市群，其中多个城市都受命从事"内陆改革开放高地"建设。为了加快环秦岭城市群经济圈自身发展，更好地发挥其在全国大局中的定位功能，我们建议将其打造为新的"环秦岭城市群共同体改革发展试验区"，并提出如下设想：

### （一）目标内涵

从区域固有条件和未来发展目标出发，"环秦岭城市群共同体改革开放试验区"，重点开展五项职能性试验：

在生态保护方面，开展环秦岭山、水、城、圈一体绿色化发展试验。借鉴阿尔卑斯山区域发展的经验，正确处理山、水、城、圈之间的关系，打造以山为中心、治水为重点，山、水、城、圈协调的生态文化经济共同体。

在协调发展方面，开展对接沿海、带动西部，开创南北"并肩发展"的试验。瞄准沿海大湾区建设与"一带一路"发展"两个增长极"的打造，逐步缩小南北差距，积极推动"秦岭经济圈"与"沿海发展带"对接和融合发展。

在创新提升方面，开展促进科技要素市场化配置和产业化衔接升级试验。依托区域内科技资源雄厚而产业化转变较差的实际，把着力打造新型市场体系和科技微循环机制作为重点，进一步破解传统隶属关系妨碍市场配置难题，以科技管理创新带动产业创新升级。

在弘扬文化方面，开展中华南北文化交流，打造大中华文化旅游集散地试验。依托秦岭生态文化体系，整合丰富的历史文化古迹，通过多层次多形式文化交汇，建设集合国内旅游精品、具有国际级水平的大中华旅游目的地。

在国家安全方面，开展全面整合国家各种安全保障要素，建设总体安全战略区

试验。站在总体安全观的高度，统筹环秦岭地区全方位安全要素，以国防安全为重点，建设国家级水平的综合安全战略要地。

## （二）合作原则

"环秦岭城市群共同体改革开放试验区"涉及六省一市，行政隶属关系复杂。在合作模式上，应效仿长江三角洲一体化的做法，以创建一体化市场体系为重点，抓住一体化发展中的重点任务，采取市场与政府相结合的两极调控方式，构筑有原则的协调合作关系。

**1. 一体规划，分别推进**

一体化规划是区域优势整合的关键，也是共同体构建的价值所在。在保持行政关系基本不变的前提下，按照有效配置要素的原则，实现经济一体化规制，然后由各行政机构分别推进落实，是破解行政壁垒、确保区域发展整体协调的有效之策。

**2. 突出优势，强化产业**

一体化之重点在产业整合，产业整合的重点是提升优势资源的创造力。用优势带动整体，用优势弥合不足，让优势更优，把一地之优势变为经济圈之优势，成为区域产业跃升的内生动力。

**3. 鼓励创新，公平竞争**

活力来自创新，创新源于竞争。一体化应为创新提供便利，为竞争提供更加公平宽松的环境，使整个经济圈在蓬勃创新中提升，在你追我赶中奋勇前进。

**4. 因地制宜，特色发展**

坚持因地制宜的总基调，在一体化发展目标和整体要求下，从实际出发，各取所长，培植优势，扬长避短，在一体化绿色化的前提下，打造各具特色、风光各异的经济组合板块。

## （三）重点任务

"环秦岭城市群共同体改革开放试验区"创建，以环秦岭城市群"一体化"为要领，重点解决好以下几个问题：

一是全面提升环秦岭经济圈的生态保护和绿色发展。以"绿色一条线，分层串联大圆圈"的治理思路，从山脉中心，向外推进生态护山、科学用水、创新建城、振兴全圈，分别创建国家森林公园、打造绿色化产业园、建设绿色城市群、延伸生态经济园之四大步骤，逐层逐级落实保绿措施，切实做到"一绿到底、绿分多层"，把整个秦岭及其环圈的生态保护和绿色发展提高到现代化绿色水平。

二是高水平、一体化布局推进经济圈基础设施建设。按照全面建设现代化和区域一体化发展之要求，大手笔、高等级、高规格规划布局经济圈的基础设施。以智能化为导向、大数据为支撑，交通设施为重点，构建传统基础设施与新型基础设施并进，各种设施统一配套，能够适应现代化建设要求，满足区域一体化发展需要的基础设施支撑体系。

三是以提升创新水平为中心，打造强势产业集群。应用有效市场和有为政府结合的手段，不断强化区域性一体化市场体系建设，对接国内外大市场，促进经济圈创新能力提升，理顺科技创新供给与产业提升需求关系，实施强强联合、扬长补短、以长带短、优势互补，着力打造若干个具有区域特色和前沿创新价值的强势产业集群。

四是充分发挥对接南北，增强区域协调发展之功能。从发挥沿海与内地对接、中心带动周边的定位上，加强经济圈与东西南北的联系途径建设，提升经济圈对西部资源的统筹加工和使用能力，强化经济圈融入"一带一路"，提升西安铁路集结中心在"一带一路"上运货调配、运力管制、运行调控的能力，最终将其打造为"一带一路""国内组配、境外对接"的管控中心，发挥全国经济协调发展的骨干支撑作用。

五是全方位提升经济圈的基本公共服务均等化水平。按照国家有关政策，在加快经济发展的同时，尽可能地解决基本公共服务供给水平相对较低的问题，破解经济公共服务水平相对较差的问题，达到与发达地区均等化之水平，促进民生水平的整体提高。

（四）阶段步骤

"环秦岭城市群共同体改革开放试验区"的建成是一个大战略，需要经历20年以上的过程。建议在"十四五"时期，着手调查研究并拿出初步设想，供国家进行决策；"十五五"时期正式纳入规划，进行布局并开始起步性建设；"十六五"实施全面推进，着力有关重大工程实施；到"十七五"末取得实质性进展。

（五）若干建议

（1）建议及早开展"环秦岭城市群共同体改革开放试验区"的调研论证，提出粗略设想。

（2）建议在各有关地区进行内部讨论，广泛听取各方面意见，以提升设想的科学性。

（3）建议由政府职能部门，正式组建专题调研机构，深入实际，开展可行性研究。

（4）建议有关机构，开展秦岭生态保护立法及政策策划调研。

## 四、打造"环秦岭城市群共同体改革开放试验区"的战略可行性

### （一）战略目标的合理性

本建议主要定位于：①未来的现代化需要全国性协调发展，尤其是改变东西部差距不断拉大、版图布局严重失衡问题；②在缩小东西部差距，实现"并肩发展"上，以秦岭为中心的城市群具有特殊功能，有条件成为带动全局的爆发点；③以秦岭为中心的多个城市群，在全国发展中具有较大影响力，有条件打造为一个"城市群共同体"，建成区域性综合性内陆改革开放高地；④此设想方案是一个大战略、大工程，任务艰巨，耗费时间长，应及早布局、抓紧推进。

基于以上四点，本建议具有战略上的合理性。

### （二）现实基础的可行性

再从现实条件看，环秦岭五大城市群具有统筹合作，一体化发展的现实基础：

其一，从自然地理上说，同处于秦岭周边的内陆中心地带，山水相连、民情互通，具有多方面的一体性。

其二，从产业实力上说，虽产业有所不同、先进程度有所差异，但类型相近、市场类同，具有较好的互联性。

其三，从创新能力上说，区域科技实力雄厚，既竞争又依存，合作空间大，预期倍增强，可形成较大的提升性。

其四，从城市群体上说，彼此相距较近，直线距离短，城城呼应、村村连接，融合打造快，具有再整合的紧凑性。

### （三）实践证明的有效性

从改革开放以来的实践看，基于我国的社会制度优势，从最初的兴办经济特区，到后来的重点区域发展，"一带一路"的提出，以至京津冀一体化、长江流域一体化和大湾区建设的实施，都无不说明，只要国家重视，着力推进，几乎没有办不成

的事。创建"环秦岭城市群共同体改革开放试验区",打造秦岭及环秦岭城市群共同体新高地,推动"一带一路"双向延伸、大湾区经济带与环秦岭经济圈对接融合,其意义重大,影响深远。一旦纳入国家规划,就一定能够在推动全面建成现代化、实现全社会协调发展中,释放出巨大的战略爆发力和创造力。

(写于 2021 年)

# 关于构建国家"一山两水生态核心区"的建议

马义芳：秦岭经济文化社会研究学者
省秦岭发展研究会主要发起人

**摘　要**　本文以出台《秦岭生态核心保护法》、设立"秦岭生态核心保护委员会"、加快秦岭地区经济发展理念转变、促进秦岭地区绿色城乡建设、从秦岭申报世界文化遗产和自然遗产着手，实施中华文化走出去战略、完善大秦岭地区科研体系，增强保护发展政策的科学性和可行性，培育秦岭发展的科技动力，将秦岭打造成世界知名的"绿谷"六个方面，建议秦岭地区与长江经济带和黄河生态功能保护区一并构建"一山两水生态核心区"，强化其国家生态核心、文化核心、发展核心地位。

以秦岭为代表的"一山两水"（秦岭、黄河、长江）区域，是我国的"地理核心"，连系着"一带一路"。秦岭以它峰凝瑞气、麓聚祥溪的生态功能形成长江、黄河两大水系。其"生态伦理"不仅产生了"易"之中华文化源头，还由此形成我国的农耕文化心理，具有中华文化核心地位。在其周边形成的成渝城市群、关中城市群、中原城市群、荆楚城市群和兰西城市群，为我国经济建设发挥着重要作用。2020年4月20日，习近平总书记视察秦岭时强调，"秦岭和合南北、泽被天下，是我国的中央水塔，是中华民族的祖脉和中华文化的重要象征。"

秦岭虽然具有与阿尔卑斯等同地位的全球罕见山脉，但是我国对其的认识仍停留在"南北分界线"层面，使其综合发展水平和国际影响力与阿尔卑斯相差甚远，尚未形成相应的世界影响力。

秦岭作为完整的地理单元，内部各生态环境系统间联系密切，无论生态保护、经济发展等方面均应统一构建，全面统筹。但秦岭地跨青、甘、陕、豫、鄂、川、渝等7个省级行政区分管的现实处境，使区域内长期互动薄弱，封闭自守，造成区内发展呈现碎片化的现状格局，没有形成一个完整的生态经济系统。这不仅削弱了秦岭特有的重要性，也无法满足区域协同和突破发展的需求。其系统性与碎片化的矛盾大大削弱了秦岭应有的生态、经济、文化的地位和作用。

秦岭地区是我国南水北调水源地和重要生态多样性保护区，矿产资源开发受到较大限制，富集的资源禀赋与落后的社会经济间落差巨大。其水资源和生态保护与矿产资源和农业的开发形成强烈对立。

为此，建议与长江经济带和黄河生态功能保护区一并构建"一山两水生态核心区"，强化其国家生态核心、文化核心、发展核心地位。

具体建议如下：

（1）出台秦岭生态核心保护法。从立法角度明确其地理范围、保护目标、执法主体，规范生产、建设活动。把片区管理责任制、网格化管理体系等上升至法制层面，出台秦岭保护区矿产资源、旅游资源及自然资源管理办法及细则。建立健全更为科学合理的秦岭生态效益和生态资源共享分享机制。

（2）设立秦岭生态核心保护委员会。委员会所有内设机构均由区域内各省现有的零散机构整合而成，实现有省无界、有区无障、资源共享、责任共担、合作共赢的联合体，实现规划一体化、资金集中化、项目协同化。确立"以生态文明建设为纲领，以生态保护为核心，以生态产业为重点，以生态城镇建设为切入点，以文化传承为主导"的新的发展思路。组建大秦岭生态保护发展国有大企业，搭建统一规划、统一营销、统一管理、统一保护平台，用现代企业制度，吸引多种性质的市场主体参与。

（3）加快秦岭地区经济发展理念转变。设计新的考核指标和生态环境治理政策，切实加大生态环境保护考核指标所占比例，打造转型发展的"绿色增长极"。在新的绿色GDP考核指标设计中，强化对秦岭地区市、县、乡三级政府的生物多样性、生态产品提供能力的评价，弱化对其工业化、城镇化相关经济指标的评价。建立科学、细化的综合生态文明考核体系，系统考核秦岭大气和水体质量、水土流失治理、生物多样性、森林覆盖率及植被质量、重要河流水质达标率等指标。统筹秦岭沿线新的产业布局。设立秦岭生态保护红线，设立生态门槛和产业准入目录，根据秦岭区域发展状况、资源禀赋和环境承载能力，全面采取低冲击开发模式，划分不同的产业发展板块，保山、抓水，发展蚕桑、茶叶、食用菌、中药材、核桃等绿色产业和有机农业，加大对健康养生、现代旅游服务业、文化创意产业的扶持力度。

（4）促进秦岭地区绿色城乡建设。针对秦岭地区城乡建设与周边区域经济圈、城市群之间的相互协调关系分析区域战略格局，研究区域联动模式、定位大秦岭职能、搭建区域合作平台，实行差异化发展战略。将大秦岭划分为重点发展区、农业生产区和生态保护区，并划定片区边界，制定管制政策。提出城乡建设发展目标，对区域城、镇、村体系、中心城市、中心镇、新型农村社区、自然保护区、水源保护地等重要地段分别提出保护和发展措施。

（5）从秦岭申报世界文化遗产和自然遗产着手，实施中华文化走出去战略。国家把秦岭列入世界文化遗产和自然遗产申报预备名录并加快推进国家申报实施，编纂《秦岭通志》，深度挖掘秦岭文化资源，促进文化和旅游深度融合，打造秦岭文化名山品牌。

（6）完善大秦岭地区科研体系，增强保护发展政策的科学性和可行性，培育秦岭发展的科技动力，将秦岭打造成世界知名的"绿谷"。支持现有的秦岭发展研究机构，借智引智立智并举，积极组织跨学科、跨专业的学术研究队伍，系统对秦岭生态保护、产业开发、生态修复、生物多样性保护等进行专项研究，与国内外高等院校、科研机构、著名智库、非政府组织及社交平台开展深度合作和宣教平台，提高全民生态保护意识，有效扩充保护内涵，打造一流的生态环境科学研究集聚区和"绿谷"，用最新科技成果推进大秦岭绿色保护、绿色转型、绿色发展。

（写于2021年）

# 关于秦岭北麓（西安段）历史文化资源保护、研究和利用情况的调研报告

西安市政协文史委课题组

组　　长：卢　凯

副 组 长：任莉娟　汪　涛　安文中

成　　员：范　超　李　醉　吴　超　唐穆君　姚　媛　马　梅
　　　　　张团社　杨建春　刘　君　王　智　崔孟娜　崔　琰
　　　　　杨　阳　李　郁　杨克俊　唐继安　李文昊

**摘　要**　本报告以习近平总书记关于秦岭的重要指示精神为指导，聚焦秦岭北麓（西安段）丰富而极具独特禀赋的历史文化资源与实际保护、研究和利用工作中存在的反差，通过深入分析查找原因，提出了8条具体的对策建议。

根据2022年度中共西安市委政治协商计划，市政协围绕"秦岭北麓（西安段）历史文化资源保护、研究和利用"协商议题开展了专题调研。现将相关情况报告如下。

## 一、基本情况

作为中华文明和中华文化的重要承载地，秦岭北麓（西安段）的历史文化资源有着独特的禀赋。在一百多万年前的旧石器时代，这里就已经出现了蓝田猿人的活动迹象。佛教律宗祖庭净业寺、三论宗祖庭草堂寺和享有"仙都"之誉的道教祖庭楼观台坐落于此。仙游寺法王塔是目前我国保存完整的唯一一座隋代砖塔。西安鼓乐入选联合国教科文组织非物质文化遗产名录。陕西省文物保护研究院开展的秦岭文化遗产资源调查结果显示，秦岭北麓西安段范围内的文化遗产达1142处。

近年来，秦岭北麓（西安段）的历史文化价值越来越受到关注，中国国家版本馆西安分馆文济阁、陕西考古博物馆等重大项目相继在此落地。市委、市政府认真落实习近平总书记来陕考察重要讲话重要指示精神，牢记"国之大者"，深刻理解秦岭的重要价值，围绕打造彰显中华文明的世界人文之都，在推进秦岭生态和文化建设上做了大量工作，取得了显著成效。市级各部门在坚决当好秦岭生态卫士、推动秦岭生态环境持续好转的同时，积极推动秦岭北麓（西安段）历史文化资源保护、研究和利用工作。如市资源规划局依据《西安历史文化名城保护规划（2020—2035年）》，对该范围内的遗址或遗迹、古栈道等201处历史人文点进行了摸底调查；市文物局委托专业单位对化羊庙等10处重点古建筑开展监测与测绘，指导实施了一批文物保护工程；市民族宗教事务委员会对秦岭北麓的96个宗教活动场所进行了摸底统计并建立了档案；市文旅局加大对秦岭范围内非物质文化遗产的保护传承力度，摸排梳理非物质文化遗产代表性项目9类24项；市社科院开展了《秦岭综合价值挖掘路径与策略研究》课题研究；市秦岭保护局与市委党史研究室对区域内47处革命遗迹调查挖掘，形成了《红色印迹》名录。

## 二、存在的问题

### （一）思想认识不到位

习近平总书记来陕考察时既对建设生态秦岭（"中央水塔"）提出了要求，也对建设人文秦岭（"中华民族的祖脉""中华文化重要象征"）提出了要求。从目前来看，对人文秦岭和生态秦岭的认识不在同一高度，对秦岭北麓历史文化价值的重视远远不如对秦岭北麓生态价值的重视。

### （二）协同机制不健全

秦岭北麓不同类型的历史文化资源管理归属资源规划、文物、宗教、文旅等职能部门，各部门之间的管理标准和要求不尽相同，缺乏必要的沟通协调机制。关于秦岭北麓历史文化资源的保护利用还没有统一的规划和标准，多规合一尚未形成，甚至连景区道路维修、新建停车场等必要的基础设施建设都因缺乏相应的政策而无法实施。如太平和朱雀两个景区原计划合并后共同申报国家5A级景区，受规划限制，景区连通道路无法批复。秦岭北麓（西安段）涵盖周至、鄠邑、长安、蓝田、灞桥、临潼6个区县，由于各区域之间缺乏联合联动，丰富的历史文化资源没有得到系统性的规划与利用，整体优势没有得到发挥。

### (三)研究挖掘不深入

除华清宫遗址、葛牌镇红二十五军军部旧址、楼观台外,大部分历史文化资源价值挖掘、活化利用水平亟待提升。一些旅游景点在历史文化资源挖掘上下的功夫不够,有的还停留在自然观光的低级阶段,文化特色不明显。大量馆藏文物由于人员、经费等条件限制,在保护、修复、展示等方面都存在诸多困难。部分文物遗址的考古工作进展慢,研究成果不多。

### (四)基础条件待提升

推动秦岭北麓历史文化资源保护、研究和利用相关的基础条件还比较薄弱,基层文物保护人员力量薄弱、经费不足的矛盾比较突出。鄠邑区区级一般不可移动文物点数量197处,2022年文物保护和规划专项经费689万元,其中635.6万元为专项资金(国家454万元、市99.2万元、区82.4万元),列入区年度财政预算的经费仅有32.4万元。长安区兴教寺、华严寺均为全国重点文物保护单位,两寺均存在山体滑坡的隐患,但由于经费有限,只能根据隐患的危险程度排队进行整治,无法做到及时消除安全隐患。位于周至县的仙游寺博物馆作为重要的文物保护单位,由于缺少专业安保人员,按照规定不能对外开放,自2019年9月起一直处于闭馆状态。

## 三、建议

### (一)建立统筹协调机制

在市级层面建立秦岭历史文化资源保护、研究和利用联席会议制度,统筹各方、整合资源、系统部署、监督考核。科学制定秦岭北麓历史文化资源保护利用总体规划,推进多规合一,强化城乡、土地利用、文物保护、文化与旅游等各类规划的衔接。相关区县在国土空间规划编制过程中,要充分考虑历史文化资源保护利用需要,编制专项规划。

### (二)广泛调动社会力量

统筹设立市级专项资金,完善管理办法和激励机制,引导社会机构、团体和学术力量深度参与秦岭历史文化资源保护、研究和开发。由政府搭建平台,推动致力于秦岭保护的组织和个人成立公益基金会,将筹集资金用于生态系统修复、文物保护、公共项目建设等。

### （三）传承弘扬优秀文化

以秦岭北麓（西安段）丰富的历史文化资源为依托，创建秦岭中华优秀传统文化传承示范区，彰显西安在弘扬传承中华优秀传统文化方面的影响力和示范作用。发挥老子文化资源优势，借鉴山东孔子文化研究院的经验做法，筹划成立老子文化研究院，加大对老子文化的研究，使其成为弘扬中华优秀传统文化的重要阵地。

### （四）打造世界文化论坛

秦岭是我国南北的分水岭，而位于欧洲的阿尔卑斯山也是重要分水岭，两座山分别孕育了中华文明和欧洲文明。按照党中央推动中华文化走出去、加强中西方文明互鉴的要求，打造"秦岭对话阿尔卑斯山——中西文明交流"国际文化论坛，深度融入共建"一带一路"，促进民心相通、文明互鉴，提升对外开放水平。

### （五）加大研究展示力度

依托市社科院成立秦岭文化研究院，将各高校、科研所和民间团体中从事秦岭文化研究的专家、学者广泛吸纳进来，以课题、项目研究等方式给予必要的资金支持，实现对研究成果的系统整合和有效运用。系统梳理秦岭文化遗产资源调查和历史人文点摸底等相关成果，规划建设秦岭博物馆，多维度、立体化地向公众展示、宣传秦岭丰富的历史文化资源和研究成果，增强公众读懂秦岭、爱护秦岭的意识。秦岭博物馆选址可位于中国国家版本馆西安分馆文济阁附近，打造以秦岭为特色的文化小镇。

### （六）积极开展活化利用

充分发挥文化育人功能，用秦岭北麓（西安段）独特的历史文化、红色文化、传统文化为秦岭区域的旅游开发注入内核、增添动力。依据不同的主题对相关的历史文化资源点位进行串联，推出一批秦岭文化体验精品线路和精品项目。加大对传统村落、历史建筑等优秀文化建筑的历史风貌保护和标识指引，依托非物质文化遗产保护传承和利用，打造集观光、民俗、休闲、研学、体验于一体的特色乡村旅游，助力当地经济发展，促进村民增收。

### （七）夯实基层基础工作

进一步充实基层文物管理队伍，落实好人员工薪福利待遇，确保有人管事，有人干事，有钱干事。积极落实国家文物局《关于鼓励和支持社会力量参与文物建筑保护利用的意见》，在认真贯彻"保护第一、合理利用"原则的基础上，为社会力量参与文物建筑保护利用搭建沟通和对接的平台，提高文物活化利用效果，缓解文物保护经费不足的压力。下大力气解决影响文化资源开发利用的交通、通信、数字化等基础设施短板。

### （八）推动秦岭国家文化公园建设

以"秦岭国家中央公园"建设为契机，进一步宣传和阐释以终南山为核心标志区的大秦岭文化的重大价值和深厚内涵，站在构建"一山两水"的中国文化轴心空间体系的高度，积极呼吁推动秦岭国家文化公园建设。

（写于 2022 年）

# 大秦岭地区生态保护与协同创新发展战略研究

中心课题组

**摘　要**　通过对大秦岭区域地缘属性和生态、经济、西部、文化、国防安全价值的分析，提出整合"一山两水"综合资源的大秦岭国家战略，并梳理了其与黄河、长江战略的关系，进而对大秦岭战略的总体定位、空间部署、实施路径等进行了研究。

改革开放以来，我国取得了以珠三角、长三角、京津冀等东部地区为代表的巨大发展成就。然而，东西部发展不平衡状态也日趋呈现，特别是受当前严峻复杂的国际形势、我国三大经济引擎因区位等因素影响，发展与安全矛盾凸显，经济安全与国防安全后备区建设愈发紧迫，成为关乎全局的重大问题。

大秦岭地区位居我国陆地中心，是我国生态和文化的安全根基；大秦岭和周边城市地区是我国国防科技工业最重要承载区之一，是内陆人口经济规模最大的集聚区之一。在大秦岭地区构建高质量安全发展新引擎，形成军地统筹的新型混合战略后备区，提升我国生态、经济、国防综合抗风险能力与韧性，具有重大的现实和长远意义，对中西部加快崛起，尽快改善发展不平衡不充分问题，更是举足轻重。建议制定大秦岭地区生态保护和高质量发展国家战略，构建生态、发展、安全三位一体协同建设新格局（简称"大秦岭战略"），与黄河、长江战略共同发力，形成我国内陆"一山两水"（大秦岭与黄河、长江）高质量发展和安全新格局。

## 一、大秦岭地区概况与地缘属性

### （一）概况

秦岭有狭义和广义之别。以地质学科等为基础的广义大秦岭系秦岭、巴山、西倾山、岷山等山脉的合称，东西绵延1500余千米，南北约300千米，总面积约41万平方千米，山区总人口约7500万。大秦岭涉陕、川、甘、豫、鄂、青、渝等六省一市的29个设区市及5个自治州、湖北神农架林区、181个县（区、县级市）。

本文所指"大秦岭地区"包括大秦岭山脉和周边成渝、关中、中原（核心区）、兰西等4个城市群及武汉都市圈所属的城市地区。周边城市地区人口23000万人，面积40万平方千米。因此，大秦岭地区总人口（周边城市地区人口加上纯山脉地区人口）为30500万人，总面积81万平方千米。

### （二）地缘属性

**1. 大秦岭是亚欧大陆板块地位独特的地理构造**

2亿年前左右，伴随着印支板块移动，大秦岭隆起并最终形成今天的地理样貌；随着阿尔卑斯山及喜马拉雅山的崛起，大秦岭以雄踞中央的地位，"缝合"了中国大陆南北的扬子板块与华北板块，完成了中国大陆板块的拼接，具备了远古以来最为重要的中国大陆构造成型的肇始者与统领者地位。

**2. "一山两水"孕育延续了中华五千年文明**

"一山两水"是中华文明成为世界上唯一连续不断文明的重要自然生态支撑。大秦岭是我国最早有古人类活动的地区，距今204万年的巫山猿人、100多万年的蓝田猿人等10多处遗迹，形成了较为完整的古人类繁衍链条，生成了仰韶、龙山、始祖传说等远古文化，印证了人类源自山林之中、走向江河之畔的进化历程。

## 二、大秦岭地区国家战略价值

### （一）生态安全价值

**1. 作为"中央水塔"，是长江黄河最大补水源头与"一山两水"重要基石**

高山为江河之源，大秦岭山脉每年汇入长江与黄河的水量分别达到1569亿立方米和229亿立方米，占两河年径流量的16%和27%；长江流域最长的支流汉江、流域面积最大的嘉陵江以及年均径流量最大的岷江，都发源于大秦岭；黄河流域年平均径流量最大的渭河以及白河、洛河等一级支流也发源于大秦岭。因此，与其他地区汇入两河的水量比较，大秦岭是两河最大的补水源头；大秦岭总径流量约1794亿立方米，是南水北调中线工程水源地，是当之无愧的中央水塔，成为"一山两水"整体生态系统不可或缺的统领性单元。

**2. 具有世界价值的"中华生物基因库"**

大秦岭是地处我国青藏高原、黄土高原、云贵高原之间的巨大绿色屏障，以其庞大的体量和中心区位，成为我国陆地生态安全的重要基石。大秦岭是全球34个生物多样性热点区域之一，拥有保护区260余处。腹地拥有6000多种动植物资源，种类数量占全国75%，分布有大熊猫、朱鹮、金丝猴、羚牛等120余种国家级保护动物和红豆杉、冷杉等176种珍稀植物；森林面积占全国10%以上，腹地碳汇总量长年保持在6.78 GtC，生态资产价值等指标领先全国。

### （二）经济安全价值

**1. 关键的经济区位与陆海新通道转换中枢**

成渝经济体量和人口优势与关中地理区位和历史地位相结合，有条件成长为西部地区具有显著国土平衡意义的新引擎；武汉、郑州城市圈的协同发展，则有利于在中部地区形成经济增长新能极。两个增长极的构建将有效提升总体经济格局的抗风险能力，特别是地处胡焕庸线具有边缘效应与人口密度势能差的成渝西地区，是内陆庸线附近西向开放陆路岸线的关键节点，是支撑"一带一路"与大西部崛起的前沿核心动力引擎。

**2. 中西部人口经济峰值区与双循环格局主战场**

2020年5个城市地区经济总量为16.7万亿元，占全国GDP总量的16.48%；人口总量3.05亿，占全国总人口的21.67%。大秦岭地区城镇数量、经济体量、人口规模均位列我国内陆地区首位，是带动中西部崛起，扭转当前东强西弱、南盛北微不均衡发展局面的核心区域。

### （三）西部稳固与西向开放枢纽

**1. 稳定大西部的中枢**

大秦岭北麓长安—洛阳历史上作为帝都带，发挥了经略西域、管控局势、维护稳定的中枢作用；今日大秦岭特别是成渝西地区则是带动和支撑大西部发展的前沿核心。

## 2. 西向开放的前沿

考察我国自古以来地缘政治格局变迁，广阔西部陆权腹地与战略纵深的价值愈发显现。激发半壁国土巨大潜能，向西谋势是我国实现大国崛起的必然之路。今日大秦岭地区是新丝绸之路西向开放的前沿，对于开创大西部史无前例新局面至关重要。

### （四）文化价值

#### 1. 中华文明核心价值思想源脉地

长安—洛阳历史帝都带历经中华古代文明的创始、奠基、集成、辉煌等重要时期；秦岭是中国生道融佛之地，佛教七大祖庭位于山脉内外；秦岭名山林立，华山、武当、太白等声名四海，是我国山水文化的摇篮。秦岭汇聚贤才，融贯百家，隐逸名士，最终淬炼形成中华核心价值思想精华，哺育了周秦汉唐等古代盛世大国。

#### 2. 最具综合代表性的中国文化圣山

中国自古具有崇山重岳的思想传统。中国名山众多，但只有起自昆仑而为龙脉，绵延千里并与中原大地浑然一体的大秦岭，最具中国文化综合代表性，形成了与大河文化对应的高山文化——秦岭文化，是当之无愧的文化圣山！

### （五）国防安全价值

大秦岭是新型混合国防安全后备区建设的不二选择。

#### 1. 独具的中枢区位与高山庇护的地理优势

秦岭中心区域距国土陆地边界均在1000千米以上，是唯一具有综合战略纵深优势的区域，即使在极限条件下，仍具独特比较优势；在常规条件下，则具有充分的战略缓冲空间。秦岭兼有国土中心与高山优势，在世界大国中具有独特地理条件。

#### 2. 完整的城市支撑潜力

现代国防建设同时还要具备科研、生产、供应链等全要素支撑，只有与城市结合才能具备这些条件，才能应对多层级安全状况。大秦岭周边有西安、成都、重庆、兰州、郑州、洛阳、绵阳、汉中、天水等众多城市，具有高山与城市结合构建新型混合后备区的优势。

#### 3. 深厚的国防科技基础与多维资源保障

大秦岭地区集中了一大批航空、航天、电子、信息化等装备制造单位、科研院所和高校，是国家高新技术与国防装备制造的重要区域。大秦岭地区具备良好的气候、植被、物产、淡水、农业、人口等综合保障和生态环境，可以减轻我国能源储备多集中于沿海地域的缺陷。

## 三、大秦岭战略的独特性及与两河战略的关系

### （一）大秦岭战略注重"一山两水"整体地位，突出"中央水塔"独立生态价值与"崇山重岳"文化价值

秦岭远古造山运动是黄河、长江生成演化的根本动力；秦岭作为最大补水源头与中央水塔，是两河水生态的根本保障。大秦岭与两河及其流域人居是源与流、根与树的关系。因此，只提黄河长江而不提秦岭，对"一山两水"整体生态格局本质渊源的揭示与保护存在缺憾。大秦岭保护只有整体提升为国家战略，才能强调"一山两水"的缺一不可，使其整体势能得以完全释放。

### （二）大秦岭战略突出安全发展与山水双重属性，注重中国特色山脉绿色经济发展模式探索

两河战略突出生态与发展，大秦岭战略则突出生态与总体国家安全。大秦岭战略中的主要城市虽然与两河战略中游的城市有重叠，但却不是重复，这些城市既是两河流域的滨水城市，又是秦岭脚下的邻山城市。

## 四、大秦岭战略核心建议

### （一）战略定位

大秦岭战略定位为：国家生态屏障区、内陆发展引擎区、国防安全后备区。

### （二）空间部署

构建"一芯、一圈、一核、两极、多板块"的大秦岭总体空间结构，并同时形成新型混合战略后备区。

### （三）战略路径

**1. 生态保护方面**

（1）开展生态联保及立法建设，加强大秦岭地区生态多样性保护。对标《中华人民共和国黄河保护法》，制定国家层面的大秦岭生态保护法；建立大秦岭市场化

生态补偿机制，建立生态产品交易平台和水权交易市场；建立大秦岭生态保护智慧平台。

（2）推进以国家公园为主体的自然保护地建设。优化大秦岭自然保护地布局，健全物种基因库；推进秦岭国家公园建设，新增伏牛山国家公园；建设大秦岭博物馆、大秦岭研究院以及生物多样性野外科研观测站，加强生态与文化保护研究推广工作。

**2. 高质量发展方面**

（1）构建中西部高质量发展新能极。借鉴《阿尔卑斯公约》和《五大湖宪章》等国家间协同经验，发挥我国体制优势，构建六省一市协同保护与发展机制，制订大秦岭战略规划。推进成渝西、武郑等核心城市协同构建中西部高质量发展新能极，通过周边城市群地区强发展，带动山脉地区生态大保护。

（2）构建山脉绿色经济创新发展模式。依托绿色空间优质环境，在交通与信息网络技术加持下，引入周边大城市科技研发、总部经济等高端职能，形成以清洁精密制造、国防科技研发、文化旅游教育、绿色循环产业等多元经济为支撑的创新发展模式。

（3）构建大秦岭国家文化公园。设立秦岭国家文化公园，以巨大面状体量与长城、黄河、大运河、长征、长江等五个线性公园一同构成源脉突出、江山同构、类型完善的国家文化公园体系。

**3. 总体安全方面**

（1）启动大秦岭战略后备区建设。建设"一个核心、三级体系、多个板块"。

（2）建立天地空防御体系和能源物资储备基地。对既有矿洞、厂房等设施进行合理利用，建设应急物资储备库；布局国家级能源储备基地，提高兰州储备库容纳和加工能力。

（写于2021年）

# 二、经济格局研究编

# 经济格局研究编小序

曹　钢：陕西中国西部发展研究中心高级研究员
　　　　陕西省委党校原副校长

"经济格局研究编"作为本书第二大编，共收入论文和调研报告36篇，是全书中分量最重的一部分，其囊括涉及经济研究诸多方面的内容，与西北大学中国西部研究中心的定位方向和工作重点相统一，显示了其以促进经济发展为重点，为西部大开发呐喊助威的基本职能和任务要求。

通过对收录于本编研究成果的阅读，我们即可体会到其研究所具有的几个显著特点：

第一，研究定位的创新性。创新是发展的第一动力。加快经济发展一定要重视创新的研究。一是着力于创新产业和新型经济发展的研究，为西部区域经济寻找新的导向和突破重点，从战略上优化发展布局和推进格局；二是抓住经济发展路径创新之研究，从管理进程和微观系统抓效率，通过践行新路径新技术新方法提升发展效能。排在本部分第一和第二的《新阶段我国战略性新兴产业发展思考》和《当代新型产业和新经济现象三议》两篇文章，都是把新兴产业发展作为研究主题。其中第一篇是中国科学院科技战略咨询研究院特聘研究员宋大伟先生，站在全国的大局和视野上，按照国家"十四五"规划的要求，对加快全国战略性新型产业的发展所做的思考。第二篇是由我省省委老书记张勃兴所撰写，汇集了他对"大数据""智慧城市""虚拟经济"这三个产业方向的敏锐观察及发展趋势的把握，尤其可贵的是老领导结合陕西实际，对加快我省这些产业的发展，提出了有针对性的意见和建议。此外，收入本部分的各个研究报告和文章，都多以一事一议的角度，分别从某些问题的创新发展上，做出了一定的提示和相关之建议。例如我省原省长、我尊敬的老领导袁纯清集中就把握农业保险高质量发展若干关键点做了很好的分析。

第二,研究问题的现实性。本部分内容具有紧密联系陕西实际及发展实践的特点。从研究涉及的产业面看,有资源开采产业提升和产业转型,以及资源枯竭城市改造问题;有制造业智能化提升,发展"服务型制造业"问题;有陕北特殊自然地理条件下,实施山区农业现代化问题;有借助"一带一路"发展枢纽经济,积极推进对外开放问题;有如何提升陕西优势产品苹果的发展,以及破解苹果产业保险问题;有推进城乡协调发展,加快大西安和关中城市群建设问题;有改善投资环境短板,促进民众创业和民营经济发展问题;有对西安"一五"工业化的回顾,以及杨凌农科城20年建设总结等。尤其值得说明的是,这诸多问题都是陕西经济发展中的一些关键性问题,多数的研究都是西部研究中心直接组织"课题研究"所形成的成果,这也从另一侧面上反映出本研究中心立足陕西实际,开展积极探索的有效性。

第三,研究视角的多面性。从研究视角上看,本部分内容也颇有特点。其中,有纯理论政策性的探讨,也有现实问题的对策研究和难题破解;有一事一议的分析和对策研究,也有定位宏观讨论,研究大的方向性问题与陕西实践的;有倡导和表彰先前经验以给人启示的,也有明确研究某一方面问题以提醒决策者注意的。如果仔细阅读一下文章,你会发现在同类问题研究中,不同文章相互间的观点并不完全一致,甚至在大思路上有分歧。这在一定程度上,反映了本研究中心在学术上的开放性和民主氛围。

第四,研究队伍的广泛性。从作者队伍上看,则更显多样和广泛。本部分的作者有国家级和省级专家学者,也有省、市、县级领导干部和工作人员;大多数为高校教员、研究机构工作者,也有实际部门人员和基层劳动者;凡署名研究中心课题组的成果,都是本研究组织开展的研究,非课题组的成果一般则是作者自愿自由选择题目的研究;有部分为在职人员,但较大比重则是退休人员。如此在职与非在职人员结合、领导干部与普通群众结合、老中青几代人结合,充分体现了本研究中心作为社团组织的影响力和少有的生机和活力!

在谈及本部分研究几个特点之后,我还想对西北大学中国西部研究中心的成功之处多说几句。我是本中心的早期研究员,在张勃兴书记直接管理研究中心时,就已参加了研究中心的活动。历经20多年,我始终没有脱离开研究中心的活动,并切身体会到研究中心的发展变化,深感本研究中心在老书记的直接领导和关怀下,像一个人一样不断地茁壮成长、日趋丰满、走向成熟和富有勃勃生机。当年我是研究中心的年轻会员,会员的主体是大我10多岁以上的人,现在我已成为会员中少量的老者，主体队伍也比我要小 10 多岁。活动范围也由原来的理论研究一个方面，扩展为在理论研究大体系下相互关联的一系列活动，成为一支在陕西颇有影响的以社科为主、兼有一定自然科学研究者的研究队伍，尤其是团聚了一大批专家学者和精英人才。既利用众多人才的智慧为社会服务，又通过召开专题讨论会、开展课题研究等方式，在一定程度上发挥了组织、引导、提升社科理论和科技研究的职能和作用。本书主要收集的是 2016—2022 年之间的研究成果，却没想到出现了篇幅和字数一再超编的情况，足显研究活动之丰富和成果之丰硕。

最后，作为西北大学中国西部研究中心的老研究人员，我祝愿本研究中心与时俱进，越办越好，更加富有生机、更加兴旺前行、更多精品成果，成为陕西乃至全国更具影响力的新型智库！

写于 2023 年 3 月 13 日

# 新阶段我国战略性新兴产业发展思考

宋大伟：陕西中国西部发展研究中心高级顾问
中远洋监事会主席
中国科学院科技战略咨询研究院特邀研究员

**摘　要**　"十四五"时期，在新阶段、新征程、新起点上发展战略性新兴产业，要发挥其对经济社会转型的支撑性和保障性作用、对创新驱动发展的先导性和引领性作用，以及对扩大就业创业的关联性和带动性作用，从而全面提高我国产业竞争水平、综合经济实力和国际分工地位。文章深入研判了战略性新兴产业发展规律和未来成长趋势，重点阐述了产业创新发展、产业数字转型、产业基础能力、产业服务体系、产业政策研究、产业国际竞争6个方面问题。

党的十九届五中全会对"加快发展现代产业体系，推动经济体系优化升级"做出重要部署，并对战略性新兴产业发展提出明确要求。这对于振兴实体经济和建设制造强国具有重大而深远的意义。"十四五"时期，我国改革开放和社会主义现代化建设进入高质量发展的新阶段，国内外环境的深刻变化带来一系列新机遇、新挑战，必须继续抓住和用好战略机遇期与时俱进、适新应变、转危为机、乘势而上，加快构建以国内大循环为主体、国内国际双循环相互促进的新发展格局。在新阶段、新征程、新起点上发展战略性新兴产业，要发挥其对经济社会转型的支撑性和保障性作用、对创新驱动发展的先导性和引领性作用，以及对扩大就业创业的关联性和带动性作用，从而全面提高我国产业竞争水平、综合经济实力和国际分工地位。深入研判战略性新兴产业发展规律和未来成长趋势，需要高度重视以下6个方面的问题。

## 一、关于产业创新发展问题

"十四五"时期,战略性新兴产业创新发展的重要路径在于推进智能制造、绿色制造、服务制造,完善产研合作、开源开放、自主可控、集成创新、具有国际竞争力的现代产业科技创新体系,构建多学科、多技术、多领域跨界、交叉、融合、协同为特征的创新生态系统,下大力气大幅提升科技创造力、科技支撑力、科技影响力,加快科学发现、技术发明、工程建设与经济增长、产业升级、民生保障一体化发展。

### (一)创新发展智能制造

这已被主要工业化国家视为未来制造业的主导方向,对于提高制造业供给结构适应性、培育经济增长新动能十分重要。第五代移动通信技术(5G)、人工智能(AI)、物联网、云计算、区块链、数字孪生等智能技术群,可以提供高科学性、高经济性、高操作性、高可靠性的技术服务,"智能工厂""智能物流""智能网络"深刻改变着产业边界、制造方式、组织结构和管理模式,"数据+算力+算法"能够实现智能化决策、智能化生产、智能化运行,传统制造业将在智能机器人、智能化机床、智能传感器、智能仪器仪表、智能生产线、3D/4D打印等重点领域带动下不断创新发展,建立由智能机器和人类专家共同组成人机交互的先进制造系统。

### (二)创新发展绿色制造

这是资源节约、环境优化、生态良好的闭环生产系统和现代制造模式,可以更加清洁、高效、安全地助推经济社会转型和高质量发展。绿色制造伴随绿色经济、绿色文明、绿色革命已经形成席卷全球的绿色浪潮。要牢固树立绿色经济、低碳经济、循环经济发展理念,把绿色技术广泛应用在企业发展计划、研发设计、物资采购、生产制造、销售服务和回收利用全流程,全面打造低碳产业链、静脉产业链和绿色供应链。这就需要大力推广应用绿色开发技术、清洁生产技术、节能环保技术、循环利用技术、再生制造技术、净化治污技术等,在绿色制造和绿色产业发展中实现企业经济效益、社会效益、生态效益有机统一,在绿色增长和绿色生活方式中全面提升人民群众生活质量和幸福指数。

### (三)创新发展服务制造

这是先进制造业与现代服务业融合发展的新型产业形态,使传统制造企业的业务重心从生产型制造转向服务型制造。通过革新生产组织形式、资源配置方式和商业发展模式，推动技术驱动型创新与用户需求型创新相结合，不断增加服务要素在投入和产出中的比重，促进企业相互提供生产性服务和服务性生产，实现"以生产为中心"向"以服务为中心"的转变，在传统制造上、下游两端挖掘和释放"制造价值链＋服务价值链"的增值潜力。这种增值潜力主要体现在基于产品设计优化的增值服务、基于产品效能提升的增值服务、基于产品交易便利的增值服务、基于产品集成整合的增值服务，持续提高全要素生产率、产品附加值和市场覆盖率。

当今世界，新一轮科技革命和产业变革方兴未艾，必须坚持把创新作为战略性新兴产业发展的第一动力，不断创立和拓展新业态、新市场、新消费、新动能。"十四五"时期，既要着力发展先进制造产业、信息网络产业、数字内容产业、绿色低碳产业、节能环保产业，还要大力发展科技服务产业、老年消费产业、医疗健康产业、旅游休闲产业、文化体育产业，加速新经济时代、信息化社会、现代化建设、可持续发展进程。

## 二、关于产业数字转型问题

从数据强、科技强、产业强到国家强，产业数字转型已经成为当前和今后一个时期世界主要国家战略竞争的焦点。数字技术在国民经济各领域广泛渗透、跨界融合、创新迭代、叠加发展，数字转型深刻改变了制造模式、生产方式、产业组织和分工格局，数字创新驱动产业技术变革、生产变革、管理变革、体制变革加速到来，必将成为"十四五"时期战略性新兴产业发展的内生增长动力。

### （一）推进产品设计数字化

这样可以极大提升研制效率、缩短研制周期、降低研制成本。通过应用虚拟设计技术、并行工程技术、资源重组技术、快速成型技术等，更好地将数据、知识、技术和创意转化为产品、工艺、装备和服务，推动产品设计形态的虚拟化、网络化、界面化、平台化、服务化，从根本上发挥产品设计作为产业链、价值链和创新链的源头作用，实现个性化产品设计、差异化市场竞争、规模化定制生产，从而使企业在复杂多变的商业环境中保生存求发展谋转型，以数字化思维、数字化技术、数字化设计在更深层次打造核心竞争优势的技术基础。

### （二）推进生产流程数字化

这应采用数控编程、模拟仿真、精确建模、实时决策等数字制造技术改进生产工艺，建成自学习、自感知、自适应、自控制的智能生产线、智能车间和智能工厂，使各类制造装备具有互联互通的预测、感知、分析、诊断、控制功能，及时处置加工环境、加工对象、加工要求、加工过程、加工装备等随机变化因素，适应制造过程复杂性、多样化及工艺技术的实时性、可靠性要求。在生产流程数字化改造后，经过数字赋能的精益生产流程再造，能够协同解决各类问题，从信息化系统到自动化系统构成全新的制造流程网络，全面提升企业生产质量、精度、效率、动能、安全水平。

### （三）推进市场开发数字化

这需坚持用户至上的战略取向和产品全生命周期管理，引入互联网、云计算、物联网技术分析消费者和用户现实的、未来的、潜在的需求，通盘研究市场开拓、品牌打造、营销方略、推广策划；动态调控产品流、物资流、信息流和资金流合理运行，进而衍生出远程监控、远程诊断、远程运维等专业性服务，实时向用户提供研发—设计—制造—建置—维修的全面解决方案；最大限度扩展制造企业、市场与用户的协同程度和互动范围，实现供应链、产业链及企业间信息联通、无缝衔接和集约生产，使生产者和消费者在数字化环境下逐渐成为相互融合的价值共创者。

### （四）推进经营决策数字化

这要从多层级、多模态、多领域深刻理解经营决策数字转型价值，集成优化企业战略管理、资源管理、运行管理、投资管理、财务管理。在数字经济迅速发展的今天，数据是体现价值和财富的战略资产，计算是产生、获取、分析、利用数据的重要工具，综合运用数据采集、机器学习、量化分析将会形成企业竞争新优势。"十四五"时期，会有越来越多的企业应用 ERP（企业资源计划）、SCM（供应链管理系统）、MES（制造执行系统）等数字化管理方法，这就迫切需要提高企业领导者、管理者和劳动者的数据思维、数据分析、数据操纵、数据处理能力。

战略性新兴产业数字转型是一项循序渐进的系统工程，营造产业数字化和数字产业化的生态环境势在必行。要因地制宜推进数字经济规划研究、数字基础设施建设、数字技术推广应用、数字资源开放保护、数字资产规范管理、数字产业集群发展，重塑现代市场经济微观基础和创建数字经济产业体系。

## 三、关于产业基础能力问题

产业基础能力是衡量一个国家工业化程度和现代化水平的重要标志。我国已成为世界第二大经济体和制造业第一大国,但是产业基础能力薄弱阻碍制造业高质量发展和迈向中高端的步伐。如新一代制造业核心软件是连接数字制造、智能制造、网络制造的基石,被发达国家视为保证本国制造业"持续掌握全球产业布局主导权"的必要条件。近年来,我国已培育成长了一批国产制造业核心软件制造商,围绕创建高端价值链攻克一批关键技术并打破国外软件的市场垄断局面,但外资企业在研发设计、生产控制、信息管理、运维服务等高端软件领域仍占据市场和技术优势。又如我国是全球唯一拥有联合国产业分类中所有工业门类的国家,提高产业基础能力必须改变部分元器件、零部件、高端仪器和主要原材料严重依赖进口的格局。2019年,我国芯片自给率仅30%,进口金额3040亿美元;国内传感器市场规模达2188亿元,中高端传感器进口80%;仪器仪表行业进口528亿美元,90%的高端仪器来自国外公司;原油进口量超过5亿吨,对外依存度达到70.8%;铁矿石进口量突破10亿吨,对外依存度达到87.3%。仅这5种进口产品就已严重制约我国基础工业、加工工业、装备工业和战略高技术产业发展。再如数控机床是推动我国高端装备制造业加快发展的"工作母机"。数控机床产业链上游包括主要原材料(如钢铁铸件)、主机制造(如基础件和配套件)、数控系统制造(如控制系统和驱动系统)和外围制造(如铸造、锻造、焊接、模具加工等)这四大类;数控机床产业链下游主要是汽车行业、机械行业、军工行业(如航空航天、造船、兵器、核工业等)和以电子信息技术为代表的高新技术产业这四大应用行业。可见数控机床发展对国家制造业竞争力具有基础性、全局性、战略性意义。我国是全球高端数控机床第一消费大国,也是中低端数控机床第一生产大国;但德国、日本、美国在世界数控机床设计、制造和基础科研方面处在绝对领先地位,全球前10位数控机床制造商全部来自这3个国家。凡此种种,不一而足。

"十四五"时期要抓好5件事:一要坚持不懈地把提高产业基础能力作为战略重点,坚定不移地把锻造长板、补齐短板、解决"卡脖子"问题作为战略目标;二要围绕核心基础零部件和元器件、关键基础材料、先进基础工艺、产业技术基础,分门别类制定和落实科学研究、技术创新、产业发展的路线图和时间表;三要突破重点领域关键共性技术、前沿引领技术、现代工程技术、颠覆性技术,加大科研投入、风险投资、联合攻关、国产替代、标准制定、推广应用和国际合作力度;四要不断提升中国品牌的技术成熟度、制造成熟度、产品成熟度、市场成熟度、产业成熟度,培育一批核心技术能力突出、科技创新要素集聚、引领重要产业发展的世界一流创新型企业;五要推进"工业大国"走向"工业强国","中国制造"走向"中国创造"、"世界制造业中心"走向"全球产业链枢纽"。

## 四、关于产业服务体系问题

中小企业是战略性新兴产业的生力军,是我国国内生产总值(GDP)的主要创造者、税收的主要上缴者、技术创新的主要实践者、就业岗位的主要提供者。"十四五"期间,要进一步健全功能完备、特色突出、规范运作、快捷便利的中小企业服务体系,使中小企业在推动市场竞争、加快技术进步、促进经济发展和维护社会稳定等方面做出更大贡献。

### (一)完善科技金融和技术转移服务

完善科技金融服务的市场制度安排包括风险投资、货款支持、信用担保、科技债券、创业板市场等,非市场制度安排则是政府补贴、税收优惠、设立园区等相应的政策和资金保障。完善技术转移服务主要有技术评估、技术交易、技术转让、技术代理、技术拍卖和技术集成等,实现由零散、线下的技术转移服务向平台化、市场化、互联网化的技术转移服务发展。德国史太白技术转移中心(STC)、英国技术集团(BTG)、以色列产业研发促进中心(MATIMOP)的做法可资借鉴。

### (二)完善信息技术和数据交易服务

云计算与大数据已成为信息技术服务业的热点领域。要推动基础设施即服务(IaaS)、平台即服务(PaaS)、软件即服务(SaaS)等云计算主要服务模式的广泛应用,同时发展业务流程即服务(BPaaS)、存储即服务(STaaS)、安全即服务(SECaaS)、数据即服务(DaaS)、网络即服务(NaaS),并向机器学习即服务(MLaaS)、人工智能即服务(AIaaS)等升级,统筹部署和开拓为中小企业服务的公有云、私有云、社区云和混合云市场。要健全由基础层、分析层、应用层构成的大数据生态圈,发展数据自营模式、数据租售模式、数据平台模式、数据仓库模式、数据众包模式,充分发挥大数据产业链在中小企业科技创新、结构调整、资源共享中的作用。

### (三)完善电子商务和权益保障服务

电子商务发展已由平台时代进入整体转型期,开放、共享、包容、协同的新理念正在塑造电子商务品牌化竞争的新模式,战略方向是营造面向企业特别是中小企业服务的综合平台。"十四五"时期,要发展在线内容付费电商、会员制电商、区块链电商、跨境电商、移动电商、社交电商、分享电商、众包电商、工业电商、物流电商、农村电商等，全面创新产业组织方式、商品流通方式、生产生活方式。同时加大网络安全、数据隐私和消费者权益保护力度。

### （四）完善管理咨询和综合评价服务

"十四五"时期，必须把提高中小企业管理素质作为战略性新兴产业发展的当务之急。要深刻认识做好管理咨询和综合评价是企业的"软实力"和"硬任务"，坚持宏观监测和微观监测、外部诊断和自我诊断、定量分析和定性分析、动态管理和静态管理相结合，科学、全面、综合咨询和评价企业的经营发展能力、技术创新能力、投资收益能力、风险防控能力、资本增值能力和社会责任能力，使中小企业在及时发现问题和解决问题中实现持续快速健康发展。

## 五、关于产业政策研究问题

近10年来，从中央到地方实施促进战略性新兴产业发展的一系列政策取得显著成效，主要包括财税金融政策、科技创新政策、资本市场政策、产业基金政策、技术转移政策、装备技术政策、产权保护政策、人力资源政策、政府采购政策等。"十四五"时期，保持这些行之有效的经济政策和产业政策的连续性、稳定性、可持续性至关重要。应该看到，我国工业化进程已进入重化工业化、高加工度化、技术集约化并行发展阶段，不断迈向产业基础高级化、产业结构合理化、产业发展现代化。我国具有超大规模的市场需求、超大体量的制造能力、超大预期的增长动力，需要深入研判战略性新兴产业的质态、量态、时间、空间分布和演进规律，统筹实施进一步提高企业生产力和发展社会生产力的产业政策。

### （一）注重研究实施产业布局政策

战略性新兴产业布局要充分考虑产业门类、产业要素、产业分工、产业链环的地域分布与区位优势，认真了解资源密集型、劳动密集型与资金密集型、技术密集型产业的发展层次与关联效应；实事求是确定产业发展定位与目标、发展方向与重点、发展路径与举措；优化区域布局、优化空间结构、优化资源配置、优化投入产出；特别是要防止结构趋同、盲目投资、重复建设、生态破坏问题。

### （二）注重研究实施结构调整政策

要把推进经济结构战略性调整作为重大而紧迫的任务，有效改变有些地方需求结构失衡、供给结构失衡、市场结构失衡、增长结构失衡的现象，有序渡过结构调整振痛期、进入产业经济转型期、走向创新驱动发展期。要比较研究国内外产业结构、科研结构、企业结构、技术结构、人才结构、产品结构、就业结构调整变化和发展趋势，围绕战略目标、研发设计、制造工艺、管理技术、集成创新、增长动能、商业模式等方面进行对标和达标。

### （三）注重研究实施规模经济政策

战略性新兴产业发展要坚定走好内涵扩大再生产的新路，主要依靠科技进步、转变发展方式、提高劳动者素质实现规模经济效益。要科学合理制定产业总量目标、产业增长目标、产业结构目标、产业质量目标和产业调整目标，高标准规划、高水平建设、高质量发展产业园区、产业基地、产业集群，立足发展数字经济激活存量经济、消费经济、平台经济、共享经济、乡村经济、小微经济。

### （四）注重研究实施建设时序政策

战略性新兴产业发展的时序安排要兼顾当前和长远、需要和可能、投资和负债、局部和全局。要始终坚持一切从实际出发，全面把握本地发展基础、资源禀赋、技术水平、现有结构、需求强度、财力状况，既要瞻前顾后、统筹安排，又要量力而行、尽力而为，防止过度投资、过度建设、过度负债。要始终坚持按科学规律办事，深入践行经济周期规律、产业顺序规律、技术进步规律、优先发展规律、宏观调控规律，既要抓住机遇、防范风险，又要迎头赶上、跨越发展，切实做到有所为有所不为。

## 六、关于产业国际竞争问题

"十四五"时期，国际经济、科技、文化、安全、政治格局都在发生重大变化与深刻调整，但我国仍然是世界经济复苏的重要动力和全球外商直接投资的主要市场。中国加入区域全面经济伙伴关系协定（RCEP）和签署中欧投资协定将积极推动全球贸易投资便利化，战略性新兴产业将从中发挥越来越深入、越来越广泛、越来越重要的作用。

### （一）提升货物贸易档次

我国在全球产业链供应链中占有举足轻重的地位，因而要进一步形成货物贸易国际竞争新优势，着力打造以技术、质量、标准、品牌、服务为核心的综合竞争力，着力应对贸易保护主义和发达国家制造业回流带来的挑战，着力防范境外投资、期货交易、上市融资、汇率变动、国际结算风险，着力健全保障产业链、供应链安全的预警体系和应急处置机制。

### （二）优化服务贸易结构

我国服务贸易"十三五"以来平均增速高于全球并连续 5 年位居世界第 2 位。我国发展服务经济、拓宽服务消费、扩大服务出口带来了国际贸易结构的根本性变化，技术密集型、知识密集型和高附加值服务出口持续增长标志着我国服务贸易进入黄金发展期。要继续完善服务贸易管理体制，优化服务贸易出口结构，壮大服务贸易领军企业，发展服务贸易新型平台，扩大服务贸易开放合作，做大、做强、做优运输服务贸易、旅游服务贸易、信息技术服务贸易、金融服务贸易等。

### （三）推动知识产权贸易发展

知识产权贸易与货物贸易、服务贸易并列为世界贸易组织的三大支柱，而专利使用费和技术交易费是衡量知识产权贸易的两项主要指标。美欧日专利使用费和技术转让费出口额占全球 80% 以上，我国"两费"出口额全球占比很小，但呈现逐年增长态势。要把科技自立自强作为战略性新兴产业发展的根本指导思想，围绕向全球价值链中高端攀升布局技术创新链、产业升级链、贸易供应链，大力提高知识产权创造、运用、保护、管理和服务能力，健全防止滥用知识产权的反垄断审查制度和海外知识产权维权援助机制，推动完善知识产权及相关国际贸易、国际投资等国际规则和标准，逐步缩小专利使用费和技术转让费进出口贸易逆差，并迈向知识产权强国。

### （四）抢抓数字贸易机遇

新一代数字技术推动全球加快进入数字贸易时代，但对全球价值链贸易的未来影响程度难以预测。我国数字贸易发展步入高速增长、总体向好轨道，战略性新兴产业又面临"双循环"发展中的新契机。目前，主要发达国家纷纷出台数字贸易战略，数字贸易规则制定出现许多新动向。我们要在世界贸易组织（WTO）框架下研究数字贸易测度问题、标准问题、产权问题、安全问题、利益问题、公共问题、技术问题和商业问题，并同国际社会一道及早谋划迎接数字贸易引领全球新经济浪潮的因应之策，在积极参与国际数字贸易全球标准制定中提升中国话语权。

（写于 2021 年）

# 当代新型产业和新经济现象三议

张勃兴：生于1930年8月，籍贯河北省霸州市，中共党员，高级经济师。曾就读于北平市四存中学、市立高商和华北大学。1947年参加革命，担任过中华全国总工会西北工作队副队长、西安市和省级机关处长，陕西省石油化工局副局长、党组副书记，中共陕西省委组织部副部长、部长，陕西省人民政府副省长、省长，中共陕西省委书记，省人大常委会主任，中共十三届、十四届中央委员会委员，全国政协第九届委员会常委。

伴随着当代科学技术的快速进步，一些新型产业和经济现象也不断涌现并迅猛发展起来，"大数据""智慧城市""虚拟经济"等诸多过去闻所未闻的"名词"都进入人们的视野，甚至很快地凸显出特有的创造能力，短时间内便绽放出了灿烂光芒。如何把握好这些产业和经济现象的发展，同时处理它们的发展与相关经济之间的关系，显得十分重要。

## 论题一：把大数据作为一项重大战略任务对待

**摘 要** 大数据技术可以提高企业和政府的效率，还可以推动经济和社会的发展。它的战略意义还在于能推动国家的创新和竞争力。同时它还是我国社会经济发展的重要力量，也是解决民生问题的重要支撑。要充分发挥数字化、智能化、网络化的作用，直观反映经济社会运行的基本情况，提升政府决策的科学性、准确性。

《人民日报》2016年5月24日报道："贵州大数据筑巢引凤赢先机。他们从

2014年开始做大数据，比国内其他地区'抢跑'了两年。……正变为国内外大数据领域内从业者的'实验田'。"《环球时报》2016年5月31日发表一篇文章，介绍英国牛津大学维克托·迈尔·舍恩伯格教授的一部书，文章把他称为"大数据之父"。他这部书是2013年出版的。我查阅资料发现，其实"大数据"这个名称，最早见诸美国著名未来学家阿尔文·托夫勒的名著《第三次浪潮》一书中。他把大数据称赞为"第三次浪潮的华彩浪潮"。他的这部书是在1980年出版的，可是直到2009年在互联网上才流行起大数据这一名称。

大数据还有一个说法，叫"巨量资料"。从这一称呼我们可以理解它所涉及的资料数量规模之巨大，已无法通过目前主流软件工具在一定时间里去收集、保管、处理，为各方决策提供服务。它是随着信息技术的发展，使互联网数据的价值实现从量变到质变，能够直观反映经济社会运行的基本情况，提升政府决策的科学性、准确性。

大数据作为一项战略性事业在我国才刚刚起步。2012年中国拥有的各类数据总量占世界的13%，但是大数据工程建设落后于其他发达国家，2015年中国大数据市场规模只有115.9亿元。最近，中央有关部门在贵州省举办了数博会，提出"大数据开启智能时代"主题口号。2016年将会有较快发展，预计到2020年中国大数据量将占到世界总量的21%。

陕西大数据事业2013年在西咸新区率先出现，开创了数据商业化应用新模式，西咸新区信息产业园开始营运，他们的口号是"数据沣西、智慧西咸、云储中国、物联世界"，着眼长远，气魄宏大。2014年7月，我在西安交大中国西部发展研究中心会议上曾提出过开展大数据科研课题，但可惜并未引起重视。

大数据包括数据仓库、数据安全、数据分析和数据挖掘等内容。需要运用新的处理模式才能使其具有更强大的洞察发现力和流程化能力，成为海量、高增长率和多样化的信息资产。

大数据在运作中要做好三件事：一是搜集数据；二是深度加工数据，也就是统计学中所说的分析；三是将结果提供给用户。在大数据处理相关众多数据时，不是依靠少数计算机，而是要用大量计算机，以函数式编程这样的数据工具将其分解，再逐步将相关数据综合，最终得出结果。据专家介绍，全国每天大约有超过一百万台计算机在运行，处理的数据规模相当于千万亿字节，也就是说大约相当于一份报纸60年所有文字、图片、数据总和的一千倍。它更为独特的地方是实现了智能化、数据化和互联网化，并且把互联网、传感器、机器人、3D打印等这些新兴设备和技术融合起来作为自己的支撑。

大数据对提高经济社会生产效率、降低运行成本、提升政府治理能力以及维护国家安全等都起着极其重要的作用。而对于基层单位来说，同样可以凭借大数据这个大平台，充分运用大量相关数据，分析研究、进行判断、做出决策，改进和加强管理，提高效率，降低营运成本，更好地为广大群众服务。

为了使大数据这项具有战略意义的新技术能够充分发挥作用，应该做好这样一些工作：

第一，要把它作为一项重大战略任务对待。也就是说要把它上升为国家战略，必须由政府统一制定大数据技术标准和规范，整合数据资源，进行行政审批，防止一哄而起，造成人、财、物的浪费。

第二，建立全国和地方统一的电子政务网络，尽快形成大数据各级共建共享机制，以便使互联网的效率进一步释放出来。

第三，要把大数据作为一种资源加以管理。它具有完整的生命周期，包括计划、采集、维护、使用、撤销等环节，所以要从技术和管理两方面建立相应的机制和制度，加大对大数据技术研发的支持力度。

第四，要聚集产、学、研、用诸方面力量形成合力，在某些领域进行攻关，力求取得重大突破。可先从工业、农业、环保、医疗、教育、交通等大数据较有基础的行业开始实施，建立大数据公共服务平台。

第五，加强立法，强化大数据安全措施。专家认为，在大数据即将被广泛应用的形势下，其安全问题比传统网络安全更为复杂，它是一把双刃剑，既可很好地服务大家，也会在广泛运用大数据过程中使个人隐私泄露。政府应尽快制定保护个人隐私、商业机密和政府机密的法律、法规。要大力加强对大数据的合法利用、授权、安全储存、信息传输等多方面的管理。

第六，大力推进大数据的信用体系、民生体系、公共服务体系、科学决策体系等方面的建设，充分利用大数据提升政府的治理能力，真正实现透明、效能、服务、责任型的转变。

总之，大数据是新时代的产物，所以还要使这项新技术同新时代的云计算、数字技术、3D打印、工业4.0等前沿技术很好地结合起来，充分发挥数字化、智能化、网络化的作用，为实现中华民族伟大复兴梦的胜利实现服务！

# 论题二：智慧城市是社会进步的基本象征

**摘　要**　建设智慧城市在实现城市可持续发展、引领信息技术应用、提升城市综合竞争力等方面具有重要意义。智能城市是指在城市功能运行中信息技术的智能应用，而智慧城市还包括人的智慧参与，以人为本与可持续发展等内涵，它是城市发展更高层次的概念，或者说是高级形态，是社会进步的基本象征。

谈智慧城市首先要认清当前我们所处的时代特征，可以这样说，我们处处面临着智能化。

2015年，我写过一篇文章，谈的是工业4.0，其实也就是智能化问题。文章引用了美国学者、世界经济论坛主席克劳斯·施瓦布的一席话，他说："我们正在迎来一场技术革命，它将从根本上改变人们的生活与工作方式，这就是第四次工业革命。这次革命将带来供给侧的奇迹，带来长期的效率和生产力的提升，其实质是智能化。"大家知道，最早兴起这场革命而且收效显著的是德国，他们把它称为工业4.0，其特征是围绕人工智能、机器人、互联网等主题层层展开。这些在德国已经不是鲜为人知的事情，而是一种潮流。在这个国度里，不少工厂已走向智能化，农村也开始接触这项新事物。我在那篇文章中提过，在宝马摩托车厂的车间里，可以看到大量智能机器人代替人工操作，使不少工人从沉重的体力劳动中解脱出来，从而转为从事更高级的劳动。不仅德国如此，在其他发达国家也大都是这样。我国一些经济发达的省市，如广东、浙江、上海等地的工业战线，也在大量采用机器人从事各项操作，这在服务、医学等领域同样比较普遍。

在新形势下，人们的思想认识一定要紧紧跟上，要做智能化的主人，不要盲目地去非议，甚至拒绝它。可是事实并非如此，对当前出现的智能化、网络化等新生事物，不少人看不惯，指责多、抱怨多。这种态度是错误的。

施瓦布的论述具有十分重要的意义，他还特别指出，智能化与网络化正在影响着供需双方，形成一种新型的交易方式。他说："最受欢迎的社交媒体'脸谱'网站并不创造任何实体物品；最具价值的网络交易商'阿里巴巴公司'没有任何库存；

最大的住宿提供商'空中食宿网站'没有任何房屋。""这场革命正在通过赋予其使用数字网络的能力，也能够促成一场新的文化复兴和一种真正的全球文明。"他预言第四次工业革命有使人类适应机器人化的潜力。

这里顺便说一下，他所提到的网络商品交易方式问题，属于虚拟经济的一部分。最近，《环球时报》相继发表了两篇文章，题目是《我认为中国虚拟经济过火了》和《为什么许多制造业大佬抱怨虚拟经济》。从该报的按语来看，他们并不赞成这种看法。我认为，对什么是虚拟经济要有正确的认识，不能把这种新型交易方式视为全部虚拟经济，如果把两者混为一谈，显然是不对的。这种交易方式是一种新生事物，它虽然还不够完善并且出现了一些问题，但这并不可怕，各方应多加关注，加强管理，予以规范，没有必要去非议它。对待网络化、智能化这种新生事物，我们一定要抱有正确的态度。

什么是智能化？它是由信息技术、网络技术、计算机技术、云计算、大数据等与智能控制技术汇集而成，形成决策并传达相应的信息。比如智能化工厂，就是利用上述现代技术实现办公、管理以及生产自动化，从而达到加强与规范企业管理、减少失误、堵塞漏洞、密切与外界联系、拓宽国际市场的目的。还有楼宇自控系统、生产安全监控系统、车辆管理系统、一卡通智能管理系统等，也都属于智能化范畴。

什么是智慧城市？智慧城市是指运用现代信息技术手段，分析、整合城市运行系统的各项信息，从而强化包括民生、环保、公共安全、城市服务、工商业等各项活动的各种需求做出智能响应，进而为市民创造更美好的生活。

智慧城市常常与数字城市、生态城市、低碳城市、海绵城市、智能城市等区域发展概念相交叉，并与电子政务、智能交通、智能电网等行业信息化概念相融合。建设智慧城市的任务是由关系到城市主要功能各个方面组成的、相互衔接的宏观系统工程。智慧城市是信息化城市、数字城市发展的延续，是实现经济、环境、文化事业不断发展的有力保证。

智慧城市在国内外许多地区已经展开建设，一些发达国家和我国经济发达地区，不仅在大城市，就连一些中型城市也开始推进此项事业。这些城市通过互联网、云计算、大数据等新一代信息技术以及维基、社交网络等综合集成，融合通信终端工具与方法的应用，全面实现智能化的城市功能运行。

总之，在现代社会条件下，有的城市提出的目标是建设智慧城市，而有的则是建设智能城市。看起来只有一字之差，但却是两种概念，智慧城市不是智能城市的另一种提法。智能城市是指在城市功能运行中信息技术的智能应用，而智慧城市还包括人的智慧参与、以人为本与可持续发展等内涵，它是城市发展更高层次的概念，或者说是高级形态，是社会进步的象征。

希望智慧城市研究院对这些方面的情况认真进行调查研究，形成完整系统的意见与建议，为智能化事业在我省的推进做出贡献。

## 论题三：确保虚拟经济安全运行　力促实体经济健康发展

**摘　要**　虚拟经济是全球未来的发展方向，实体经济是我国经济发展和在国际经济竞争中赢得主动的根基，促进虚拟经济和实体经济深度融合，是推动它们二者协同发展的重要支撑和战略选择。有正确的政策和措施，才能确保虚拟经济安全，力促实体经济健康发展。

中国西部发展研究中心成立近 20 年来做了大量工作，产生了很好的效果，不少调研成果经向有关部门报送后，其中的一些建议被采纳，形成了党和政府的政策。2016 年 5 月，遵照省编办的安排，中心整合至西北大学。在桂维民同志主持下，经过大家努力，中心大手笔地开展了工作。

2008 年，美国发生金融危机并引发世界经济危机时，中心及时召开了研讨会，分析形势，研讨对策，向有关部门做了反馈。中央于 2000 年在西安召开了西部大开发会议，从此开启了西部大开发征程，西部地区各项事业蓬勃发展。中心所属的"一带一路"研究院与中金支付有限公司联合举办的有关以金融为主题的大型论坛，适逢其时。

当前，我国正经历着一个大变革时期，进行供给侧结构性改革，调整产业结构，转变生产方式，在这种情况下，金融事业将起到更为重要的作用。

围绕中国·陕西新金融服务实体经济"一带一路"高峰论坛的主题，我想谈谈如何确保虚拟经济安全与实体经济健康发展的问题。

古人说："前车之覆，后车之鉴。"近 80 年来，在美国先后发生的两次金融危机，正是我们的前车之鉴。2008 年发生的那一次金融风暴离我们很近，大家记忆犹新，我只做些简要回顾，我想着重谈谈发生在 1929 年的那世界性经济大危机。

2008 年发生的金融危机，源于 2007 年 8 月在美国全国所发生的次贷危机，但冰冻三尺非一日之寒。长期以来，美国一直实行的是高消费、低储蓄、高负债政策。其国内负债率竟高达350%，大多数居民也都习惯了在这种环境之中生活，他们大都是依赖贷款购买住房和汽车等高档消费品。为了满足居民们这种需求，投资商开办了大量投资机构。许多人购房不仅是为了自己居住，更主要的是为了投资。投资机构就大量发放房地产证券，供人们炒作。当时，这种炒作几乎使房价达到了天文数字。到了2007年第三季度，房价突然急剧下降，此前由于不理性的价格上涨，以及与房贷相关的家庭开支和负债套利方式的迅速膨胀，日积月累，危机四伏，泡沫突然破裂，许多人无法偿还贷款，以致众多金融投资机构破产倒闭。一些大银行受其连累，先后受到三次大的冲击：第一次冲击，发生在2008年3月，第一家受害者是美国第五大投资银行——贝尔斯登；第二次冲击，发生在同年7月，此次受害者轮到了著名的两房投资银行，也就是房地美和房利美，二者相继倒闭；第三次冲击，受害最严重的是美国四大投资银行，其中最有名气的是雷曼兄弟银行，于9月15日申请破产保护。在这三次大冲击下，美国全国性的金融危机海啸般地爆发，并迅速引发了全球性的经济危机。教训沉痛，值得全世界人们深刻吸取。

美国为什么在近80年先后发生两次大规模金融危机，进而祸及全球？大家知道，每一个国家的经济都是由两大类经济体支撑着，一类是实体经济，包括工业、农业、商贸等，另一类是虚拟经济，虚拟经济一旦出现问题必然会严重影响实体经济的健康发展。什么是虚拟经济？马克思在《资本论》里是这样说的："虚拟资本是在借贷资本（出息资本）和银行信用制度的基础上产生的，包括股票、债券、不动产抵押凭证等。虚拟资本本身不具有价值，这是它和实际资本不同之处，但是它却可以通过循环运动产生利润，这是它与实际资本的共同之处。"他还说："银行资本家的最大部分资本纯粹是虚拟的，是由债权（汇票）、国家证券和股票（对未来收益的支取凭证）构成的。……它们所代表的货币价值也完全是虚拟的。"（《资本论》第五篇第二十五章）

虚拟资本是以实物资本（有形资本）为基础的，又独立于实物资本之外，它按照自己的规律和活动方式获取利润的价值。它的最大特征是流动性强和高获利性，总是迅速地向效益好的企业、行业和地区流动，所以它有利于促进资源的配置，能够吸收相当一部分暂时闲置和零散的资金投向实体经济。正是由于它具有这样的特征，所以对那些效益好的企业和行业可以起支持与促进作用，而对那些效益差的企业和行业会形成压力，促使它们改进经营管理。

虚拟经济对于实体经济具有两重性，当它运行正常、发展顺利的时候，对实体经济可以起到支持和促进作用。而当它形成泡沫，一旦破裂时，会让实体经济遭受巨大冲击和损失，以致引发大规模经济危机。

这里我想引证1929年先发生在美国，后来波及全球引发的大规模经济危机为例加以说明。

第一次世界大战后，世界经济出现了一派繁荣景象。美国依靠国内信贷消费和向德国大规模贷款而繁荣起来，法国则从德国获得巨额战争赔款和推行贸易保护主义而取得了经济快速增长。德国虽然遭到严重战争破坏，对外支付巨额赔款，阿尔萨斯和洛林两大工业区由法国托管15年，却依靠从美国得到的巨额贷款更新了工业设备，发展了生产力，经济发展迅猛，很快就重新成为世界第二工业强国。

从一般情况来看，这种繁荣似乎是有坚实基础的，特别是汽车、化工、电气属于新的技术革命主导力量。美国的汽车产量从1919年的150多万辆增加到1929年的450万辆，平均每六人一辆，发电量增长一倍以上，各种电器日益普及，石油从1919年的0.86亿桶增加到1929年的4.39亿桶，化工和其他行业也都发展迅猛。

但是在美国这种繁荣的背后却潜伏着巨大的隐患，其原因是这种繁荣是建立在信贷增长基础上的。从1924年到1929年，70%的汽车是通过赊销售出的，其金融衍生产品总价值相当于GDP的数倍，房地产泡沫不断膨胀。与此同时，美国还依仗着其工业品物美价廉，国际竞争力强，出口量越来越大，每年从中获得贸易顺差数十亿美元，迅速积累起强大的资本盈余。

1929年10月24日，美国的虚拟经济泡沫终于破裂，随之而来的是大规模经济危机。从1929年至1933年，美国的GDP从2036亿美元下降到1415亿美元，工商业户倒闭了86500家，工业下降55.6%，进出口贸易锐减77.6%，大部分重要工业企业几乎都停产，汽车工业开工率仅为5%，钢铁业开工率为15%。农业也遭受严重劫难，谷物产量下降了2/3。特别是金融业银行倒闭10500户，占银行总数的49%，工业方面职工失业率高达25%。直到1941年，国民生产总值才恢复到与1929年相当的水平。这是依靠罗斯福总统实行新政所取得的成果，其主要内容是实行市场与政府这两只手共同发挥作用，他的新政与在欧洲正兴盛起来的凯恩斯主义不谋而合。

美国发生第二次金融危机时，我国为什么能够做到确保虚拟经济安全并促进实体经济健康发展，使金融危机没有降临在我们身上？有以下几点原因：

第一，我国实行的社会主义市场经济体制，有其自身的优越性。这就是我们既吸纳了市场经济体制一般性的功能，也就是由市场机制配置资源，同时又吸纳了计划经济体制的计划性,发挥社会主义可以集中力量办大事的优越性,其中包括了那些关乎国计民生的大型国有企业所发挥的重大作用。

第二,我国加入世界贸易组织多年来,对金融业一直实行的是循序渐进的改革方式,没有急急忙忙与世界金融融合,因而受其株连的可能性相对较小。此前在亚洲金融危机中经受住了考验就是例证。当然我们的金融改革还是要进一步推进的,并逐步与世界金融接轨、融合。

第三,我国的外汇储备充裕,便于调度资金支援金融业。近年来,外汇储备逐年增加,2015年达到近4万亿美元,2016年虽稍有下降,但依然有3万多亿美元。

第四,中国的负债率较低。2007年以来,我国国内外负债只占GDP的35%左右(国内债务仅21%,美国为350%,日本为150%)。

第五,我国人民历来有储蓄的良好习惯,2007年以来,储蓄率占到GDP的60%左右。

第六,近年来,国家实行的积极财政政策和稳健的货币政策取得了成效,基本上稳定了物价,防止了通货过度膨胀。

总之,我们能够躲过2008年那次全球性的大灾难,我把它概括为20个字的原因,这就是:制度优越、体制完善、机制灵活、政策正确、措施得力。现在我国经济已进入新常态,改革将进一步深化,对外将更加开放。在这种形势下,这些正确的政策和措施必将继续大力推行并加以强化,以求确保虚拟经济安全,力促实体经济健康发展!

(写于2016年)

# 把握农业保险高质量发展的若干关键点

袁纯清：陕西省原省长
山西省委原书记
中央农村工作领导小组副组长

**摘 要** 本文以农业保险高质量发展为重点，提出目前农业保险存在的问题，深入研究农业保险高质量发展的三点核心要义。同时对政府推动农业保险政策的完善，和农业保险企业应该创出一条高质量发展的路子做了详尽的阐述。

最近，由习近平总书记主持召开的中央全面深化改革委员会第八次会议专门研究了农业保险发展的问题。会议审议通过了《关于加快农业保险高质量发展的指导意见》，这是中央第一次专门就农业保险发展问题出台相关文件，既确定了农业保险发展的总方针、总方向，也是今后一段时期指导农业保险发展的纲领性文件。下面就我的理解，结合农业保险近几年发展实际以及未来发展的趋势，谈几点关于农业保险高质量发展的认识及看法，供大家参考。

## 一、高质量发展是农业保险发展的新要求

高质量发展是党的十九大提出的新要求，也是新时代的总的发展导向，推动高质量发展是当前和今后一个时期确定发展思路、制定经济政策、实施宏观调控的根本要求。党的十九大报告和中央经济工作会议均明确提出，我国经济发展进入新时代，基本特征就是我国经济已由高速增长阶段转向高质量发展阶段，农业保险作为我国农村风险保障体系和农村金融体系的重要组成部分，必须立足于实现国家经济高质量发展的战略视角，走高质量发展的路子，这既是农险工作服从和服务于国家战略的使命担当，也是农业供给侧结构性改革的必然要求。农业保险是对农业、农村及农民的一种风险保障供给，供给质量决定了农业保险的质量及农业、农村的发

展质量。自2007年中央财政开展农业保险保费补贴试点以及2008年国家开展政策性农业保险试点以来，农业保险驶入发展快车道。2018年的农业保险承保风险总额达到3.46万亿元，农业保险已经覆盖了所有省份，承保的农作物有200多种，玉米、水稻、小麦三大口粮作物承保覆盖率超过70%。从保费规模看，我国从2008年起就成为仅次于美国的世界农业保险第二大国。2018年我国种植业保险保费收入391.4亿元，约为同年美国种植业保险保费收入的60%，远高于加拿大、日本、印度、土耳其等其他主要的农业保险大国。但是我们也必须清醒地认识到，现阶段我国农业保险还处于初级发展阶段，仍面临着许多制度和技术层面的问题。特别是农业保险保障水平还比较低，还处于以物化成本保险为主的阶段，保险金额仅为被保险标的产值的三成左右，对农民和农业产业的风险保障作用不充分，已成为实践中各界反映突出的问题。因此下一步我国农业保险进入既坚持"量的扩张"更注重"质的提升"的新阶段，特别是将"提质"作为农业保险当前及今后一段时期的主攻方向，走高质量发展的路子。

## 二、把握农业保险高质量发展的核心要义

农业保险高质量发展的核心要义之一是要在完善相关政策上做文章。

农业保险高质量发展的核心要义之二是提高服务能力，核心是服务，关键是能力。

农业保险高质量发展的核心要义之三是优化农业保险运行机制。

## 三、重视农业保险实际存在的诸多问题

经过十余年的快速发展，我国农业保险取得了令人瞩目的成就，还存在诸多亟待解决的问题，其中一些问题还是影响农业保险可持续和功能发挥的关键问题。同时，存在的问题及差距即发展的空间与潜力，正视农业保险实际存在的问题，坚持问题导向，才能更高质量地发展农业保险，使发展更具有针对性。经过广泛的实地调研以及相关课题研究，笔者梳理了农业保险发展过程中实际存在的几个问题。

第一，农业保险保障不充分，品种少、涉及面窄、标准低。

第二，农业保险保障不平衡，品种和区域差异大。

第三，风险区划工作滞后，费率制定不科学。

第四，农业保险运行机制不健全，不适应现代农业生产体系的要求。

第五，农险市场环境有待进一步规范。

第六，逆选择及道德风险问题仍较为突出。

第七，农业保险服务较粗放，行业服务意识较弱。

第八，基层服务网络不完善，农险队伍建设仍需加强。

## 四、"扩面、增品、提标"仍然是农业保险高质发展的总方向

"扩面、增品、提标"是近年来中央1号文件对农业保险的一贯要求，我以为，农业保险走高质量发展的路子仍然要坚持这一大的原则和方向。这是因为，这六个字的要义是农业保险保障水平的高度抽象，体现了农业保障的规律性要求，又是对农业保险现实开展的针对性要求。

"扩面"就是要扩大农业保险品种的覆盖面。"增品"，就是要扩大农业保险的品种。"提标"，首先是要提高保障标准，进而为农民增强抵御市场风险和自然风险的能力。

## 五、高保障是农业保险高质量发展的重要标和形态

我国农业保险要提高保障水平，今后更多地需要在保障深度上做文章，因为从保障广度看，我国农业保险（主要是种植业保险）2018年保障广度已迈入80%的行列，几乎与美国（93.88%）、加拿大（82.50%）等农业保险传统强国比肩。而保险深度与其他国家始终存在差距，2018年中国种植业保险保障深度只有14%，甚至仅相当于印度和菲律宾等发展中国家的40%左右，与美国、加拿大、日本等发达国家保障深度的差距更是明显。因此不断提高保障能力（尤其是保障深度）是农业保险需要持续努力的目标，提高保障能力不仅指提高保险金额，也包括延伸农业保险的风险保障功能，即扩大保险责任，从保产量为基础向保价格延伸，从保自然风险逐步向保市场风险倾斜。2019年中央1号文件明确提出开展三大粮食作物完全成本和收入保险的试点，开启了我国政策性高保障农业保险的先河。对于高保障农业保险还有一个现实选择，就是采取"基本险+附加险"的模式。另外，"保险+期货"的大量试点，也应看成一种较高保障农险的积极探索。

## 六、一体化发展是农业保险高质量发展的新形式

由农业保险所具有的风险防范、倍数效应、杠杆作用、增信功能等多种属性所决定，加之农业农村的新发展，尤其是乡村振兴战略推进过程中所派生出的一系列新需求，农业保险也将呈现多元化、立体化、一体化的发展态势。

第一,产业融合发展促进农业保险的多元化与一体化。

第二,"保险"与"防险"的一体化。

第三,开展"农业保险+",实现农业保险与其他业务部门合作的一体化。

## 七、加大政府政策支持是农业保险高质量发展的重要保证

政府的政策支持首先体现在政府对农业保险的规划引导,政府作为农业保险发展的总设计师,制订规划,引导发展,加强对农业保险的宣传力度,为农业保险的发展指明方向,从某种意义上讲,政府的指向就是农业保险的发展方向。加大政府政策支持具体体现在建立并完善一系列支持农险发展的政策与制度。加强业务监管,建立良好农险市场秩序也是以监管机构为主的政府部门加大农业保险政策支持的重要内容。政策合力有助于农业保险更好更快更高质量发展。

## 八、加强协同是农业保险高质量发展的机制要求

这里讲的协同,主要指农业保险相关的不同主体之间要构建起合作、共担、共享关系。不同主体首先是指农业保险领域涉及的政府、保险公司和农户三方利益主体,要着力构建起三方共享、共担、共生的机制。这是由政府和保险公司服务"三农"目标的共同性质决定的,也是农业保险持续健康发展的机制体制条件。

一是政府和保险公司的良性互动。

二是保险公司之间的协同。

三是保险公司与银行、担保、期货、企业等其他金融主体或市场主体的合作。

## 九、提高服务能力和水平是农业保险高质量发展的机构核心指标

农业保险提高服务能力和水平有两个基本要义,即"精准"与"效率"。

提高农业保险服务能力和水平,科技是重要支撑。

提高农业保险服务能力和水平,基层服务能力建设是基础。

## 十、创新是农业保险高质量发展的动力源泉

我国农业保险要寻求更大的发展,探索创新是必然的选择,当前大量新的矛盾、新的情况、新的问题,都需要通过创新来解决。农业保险的创新包括体制创新、机制创新、品种创新、方式方法创新等多方面的创新。

(写于2019年)

# 资源枯竭型城市转型的现状、问题及对策研究
## ——以铜川市为例

中心课题组

组　长：张勃兴
副组长：桂维民
成　员：杨长亚　封　超　邹林峰　杜　鹃

**摘　要**　本课题在研究资源枯竭型城市转型发展的基础上，总结国内外资源型城市转型的经验教训，分析研究铜川目前城市转型面临的问题；探讨问题的产生、发展、影响、成因等特征；提出针对铜川市的资源枯竭型城市转型主要策略和政策建议。

## 一、引言

资源枯竭型城市是指矿产资源开发进入后期、晚期或末期阶段，其累计采出储量已达到可采储量的70%以上的城市，或以当前技术水平及开采能力仅能维持开采时间五年之城市，就可将其称为资源枯竭型城市，当然此定义也可能在未来进行修正。

国内外的煤炭资源枯竭型城市面临诸多的共性问题：一是经济区位欠发达，周围地区经济开发程度低；二是环境污染严重，大气、土壤、水体污染是普遍的环境问题；三是煤炭资源的萎缩导致经济发展停滞不前，尚未形成新的支撑产业；四是人才和人口外流现象严重。

## 二、铜川资源枯竭型城市转型现状分析

### (一)产业转型拉动地方经济不断增长

**1. 传统产业发展现状**

煤炭:2017年,生产原煤1954.07万吨,完成工业增加值55.3亿元,占规模工业增加值的37.8%。2018年1—6月,生产原煤1025.83万吨,煤炭开采和洗选业增加值同比增长13.1%,占规上工业的52.5%。

发电:2017年,全市火力发电量63.24亿度,电力、热力生产和供应业完成增加值16.33亿元,占全市规模工业的11.2%。2018年1—6月,发电量37.28亿度,电力生产和供应业增加值同比增长30.9%,占规上工业的18.9%。

铝业:2017年,生产电解铝15万吨,有色行业完成工业增加值3.58亿元,占规模工业增加值的2.5%。2018年1—6月,生产电解铝7.23万吨,有色金属冶炼和压延加工业增加值同比增长10.8%,占规上工业的4.3%。

水泥:2017年,生产水泥2380.79万吨,完成工业增加值13.11亿元,下降19%,占规上工业的9%。2018年1—6月,生产水泥385.65万吨,实现增加值同比增长6%,占规上工业的8%。

陶瓷:2017年,规上陶瓷企业完成工业增加值5.19亿元,占全市规上工业的3.5%。2018年1—6月,陶瓷制品制造业工业增加值同比下降52.7%,占全市规上工业的0.7%。如图1和图2所示。

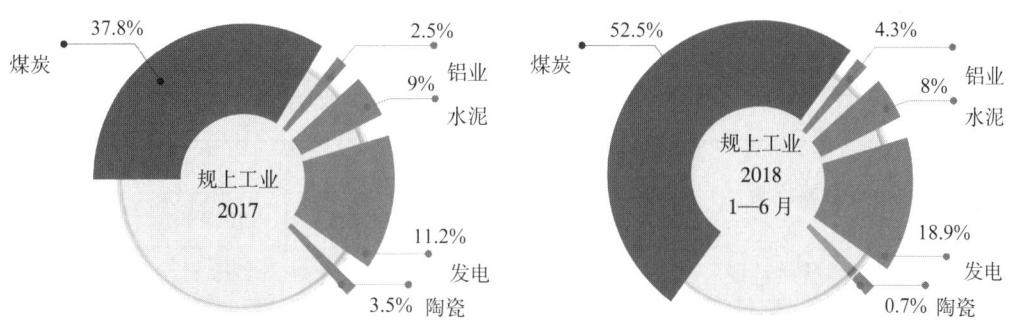

图1 2017年传统产业占规上工业比重　　图2 2018年上半年传统产业占规上工业比重

**2. 接续产业发展现状**

装备制造:规上企业23户。重点企业有:陕汽东铭公司、西安重装铜川煤矿

机械公司、中环机械公司、安川机电有限公司等。2017年，完成工业增加值7.79亿元，占全市规上工业的5.33%。2018年1—6月，实现工业增加值同比下降32%，占全市规上工业的3.2%。

食品工业：全市食品企业36户，规上工业28户。重点企业有：旺旺食品公司、瑞麦食品公司、棋智核桃饮品有限公司、凯维葡萄酒公司和玉华酒业公司等。2017年，完成工业增加值9.6亿元，占全市规上工业的6.56%。2018年1—6月，实现工业增加值同比下降77.6%，占全市规上工业的0.6%。

医药工业：全市医药企业4户，规上工业4户。重点企业有：方舟制药公司、颐生堂药业公司和兴盛德药业公司等。2017年，完成工业增加值3.39亿元，占全市规上工业的2.3%。2018年1—6月，实现工业增加值同比增长25.1%，占全市规上工业的3.8%。

发展现代农业、园区农业、特色农业。截至2017年，铜川市建成5个现代农业综合示范区、48个现代农业园区。以董家河循环经济产业园为代表的煤、电、铝、水泥联产联营的循环经济产业链。铜川市工业增加值由1978年的1.68亿元提高至2017年的150.84亿元，是1978年的89.9倍，接续产业产值已由2002年的不足3亿元快速提升至2017年的71.91亿元。

2017年，四大工业园区（耀瓷文化产业发展基地、董家河循环经济产业园、坡头新材料工业园和南部高新技术产业园）实现工业总产值275.72亿元，占铜川市规模以上工业总产值的比重达到43.1%；非煤产业占比也达到88.7%。

从传统产业和接续产业发展来看，整体是拉动了地方经济的不断增长的，2017年和2018年的主要行业增速和占比情况如表1所示：

**表1 2017年和2018年的主要行业增速和占比情况**

| 主要行业 | 增速（%） | | 比重（%） | |
| --- | --- | --- | --- | --- |
| | 2018年 | 2017年 | 2018年 | 2017年 |
| 四大传统产业 | 11.8 | 4.9 | 28.8 | 71.3 |
| 煤矿开采和洗选业 | 23.7 | −0.2 | 54.4 | 37.8 |
| 非金属矿物制品业 | −10.6 | 0.6 | 12.3 | 19.9 |
| 有色金属冶炼和压延加工业 | −28.4 | 66.1 | 2.5 | 2.4 |
| 电力、热力生产和供应业 | 3.1 | 20.2 | 13.6 | 11.2 |
| 三大接续产业 | −16.3 | 20.9 | 8.3 | 10.3 |

续表

| 主要行业 | 增速（%） | | 比重（%） | |
|---|---|---|---|---|
| | 2018年 | 2017年 | 2018年 | 2017年 |
| 食品制造业 | −62.5 | 70.7 | 0.9 | 2.7 |
| 医药制造业 | 38.0 | 7.9 | 4.0 | 2.3 |
| 装备制造 | −27.6 | 10.6 | 3.4 | 5.3 |

### （二）城市转型促进地方生态环境质量不断改善

西铜高速、铜旬高速全线通车，210国道改扩建工程缩短了南北市区交通时间。南市区集中供热工程实现了经济、社会、生态效益的多赢。积极创建国家森林城市，森林覆盖率46.5%，被列为国家山水林田湖生态保护修复项目示范区。控烟、减煤、抑尘、增绿多措并举治污降霾，好空气、好绿色、好蓝天成为常态，空气质量良好以上天数居关中前列。朱鹮、天鹅、白鹭、黑鹳等珍稀鸟类繁衍生息，累计野化放飞朱鹮62只，铜川市籍"朱鹮宝宝"野外孵化成功，已经繁育出46只铜川籍朱鹮。华能铜川照金电厂超净排放已经达到国际领先水平。铜川市不再是卫星上看不到的灰色城市，已成为天蓝、山青、水秀、人美的新城。2017年铜川市万元GDP能耗下降4.79%，环境空气质量综合指数为5.72，同比改善5.1%。$PM_{2.5}$年平均浓度54 $mg/m^3$，下降8.47%。截至2017年底，铜川市森林覆盖率达46.5%。建成区绿地率达34.99%，绿化覆盖率达38.79%，人均公园绿地面积11.85 ㎡。铜川市生活垃圾无害化处理率达到100%，城市燃气气化率达到91%。

铜川市多为山地，交通不便，经历40年的发展，2017年末，铜川市境内公路总里程4301.72千米，公路客货周转量97.91亿吨公里，是1978年的841.5倍。出行由双腿、自行车变为汽车、电动车。2017年末，铜川市民用车辆拥有量12.54万辆，比1978年增加了46倍，其中汽车8.88万辆。

坚持产城融合推进新型城镇化，照金、董家河、黄堡、陈炉、彭镇被确定为全国重点镇，全市城镇化率64.6%。全市已建成9个空气质量自动检测站，2017年收获优良天数242天，同比增加32天，是关中8市区唯一完成优良天数和 $PM_{2.5}$ 两项指标的地市；成功创建1个国家级生态示范县（宜君县），13个生态示范乡镇、示范村和35个绿色文明单位；照金被评为中国特色小镇，成功创建为全国绿化模范城市、国家卫生城市、省级文明城市，已连续5年成为陕西最宜居的3个城市之一，实现了经济、社会、生态效益的多赢。

### （三）社会转型不断提高居民基本权利保障水平

铜川市高标准落实"两个80%"政策，办好民生实事，推进社会转型同步走。2017年，铜川市实现农林牧渔业增加值25.55亿元，是1978年98.3倍；粮食总产24.29万吨，是1978年2.1倍；园林水果总产79.16万吨，是1978年173.6倍；蔬菜、肉类、奶类、禽蛋从无到有，产量不断攀升。供给能力的大幅提升让百姓告别了"票证制度"。

坚持把脱贫攻坚作为民生"一号工程"，连续多年在全市党员干部中开展了"冲在一线、干在实处，帮贫解困促发展"行动，市县乡村齐上阵，产业、住房、就业、社会保障等系统抓，中央电视台《新闻联播》报道了耀州区道东村"八星励志"促脱贫的好做法；宜君县"金融服务创新+金融知识扫盲+便捷基础设施"的农村普惠金融综合发展模式被省委《改革工作动态》推广；创新设立的"宜馨超市"，提振了贫困户勤劳致富的精气神；保障性安居工程解决了6.93万户中低收入家庭住房困难；实现基本医疗保险、大病保险"一站式"即时结算，全国异地就医直接结算，被确立为全国第一批医养结合试点单位。

在全省率先实现13年免费义务教育、农村完全小学以上学校教师周转房全覆盖；规划了95所新建改扩建中小学校、幼儿园，全面解决大班额及入学难问题。国家公共文化示范区创建扎实推进，耀州文化艺术中心、全面健身馆建成开放，铜川大剧院、铜川体育馆、铜川博物馆、工人文化宫等正在加快建设。

采取了国有煤矿托管地方煤矿等措施，安全生产形势总体平稳。推进警力上街、警力上路，白天见警察、晚上见警灯，社会治安满意度逐年提升。由新华社《瞭望东方周刊》主办的"2017中国幸福城市论坛"中，铜川市入选"2017年中国最具幸福感城市"。

### （四）体制机制转型不断完善城市公共服务水平

扎实推进全国、全省改革试点工作，节能减排财政政策综合示范工作在全国绩效考核中实现三连优。全国农村普惠金融综合示范区试点工作得到中央改革办肯定；家事审判方式和工作机制改革试点工作在全国做了经验交流。在全省率先建成了市、县、乡、村四级便民服务中心，探索建立了"网上群众工作部"；启动"全天候无假日"办照，建立了重点企业开办"绿色通道"，涉税业务"一窗通办"，十大类315个事项"最多跑一次"，其中168个事项实现"全程网上办"；2017年以来，新增市场主体 2.44 万户，同比增长 342%；新开办企业 2182 户，增长 71.7%；全面推开"多证合一、证照分离"改革，累计颁发"多证合一、一照一码"营业执照 3.63 万户；简化外资企业设立程序、商务备案与工商登记"一口办理、并联审批"；探索推进党建工作绩效第三方评估，建立党外评估党内新模式，推行了党代表提案制，党代表任期制工作走在全国前列。主动融入"一带一路"，成功举办了四届中国孙思邈中医药文化节，与美国约巴琳达市、意大利科内利亚诺市建立友好关系。

2008—2017 年，铜川国内生产总值由 128.65 亿元增长至 348.59 亿元，增长 2.7 倍；规上工业增加值由 63.48 亿元增长至 146.24 亿元，增长 2.3 倍；固定资产投资由 63.4 亿元增长至 471.15 亿元，增长 7.43 倍；社会消费品零售总额由 37.21 亿元增长至 153.26 亿元，增长 4.11 倍；地方财政收入由 7.5 亿元增长至 20.06 亿元，增长 2.67 倍；城镇居民人均可支配收入由 11008 元增长至 29928 元，增长 2.7 倍；农民人均纯收入由 3291 元增长至 10346 元，增长 3.14 倍。

### 三、铜川资源枯竭型城市转型面临的问题

#### （一）统一规划协同推进力度不够

调研中发现上级部门对下级部门"放管服"改革的指导作用发挥不够，各部门改革的落实程度参差不齐，民生领域矛盾依然较多，务工人员、引进人才子女就学保障力度不够，市、区（县）、乡（镇）、村（社区）四级医疗服务水平有限，县域间、市地间基本公共服务差距较大，营商环境还需进一步优化。从"三大变革"的效果上看，产业集群程度不够，优秀的产品供给不足，核心竞争力较弱，环保问题依然较为突出且治理难度较大。

#### （二）区域协调发展推进力度不够

调研中发现宜君通用机场、西延高铁铜川段、合阳至铜川高速等项目推进力度不够，关中平原城市群间的交通大循环、旅游大环线、商流大通道等基础设施通达程度不够，区域比较优势发挥力度不够，与西安等关中平原城市的发展仍存在较大差距。受去产能、治污降霾、节能减排等一系列国家宏观调控政策趋紧的影响，传统产业发展较为困难，汾渭平原环保压力较大，传统产业环保约束愈加趋紧，区域协调发展推进力度不足。

### (三)接续产业发展动力不足

统计资料显示,医药、食品、装备制造等接续产业虽然得到了一定程度的发展,但是规模小、体量少,仅占工业总量10%,尚未形成新的、系统性的、有规模的支柱产业。2018年1—6月,陶瓷制品制造业工业增加值同比下降52.7%,占全市规上工业的0.7%;装备制造业实现工业增加值同比下降32%,占全市规上工业的3.2%;食品工业实现工业增加值同比下降77.6%,占全市规上工业的0.6%,需今后进一步加快培育和发展壮大。商贸龙头企业较少,商业综合体辐射带动力不强,网购分流消费,本地企业网上销售额占比不足1%。全域旅游建设加快,但是文化产业品牌发展不足,规上文化企业普遍规模偏小,没有大型文化产业主体,文化资源利用率不高,辐射带动力有限。

### (四)新型大产业发展后劲不足

调研中发现固定资产投资增长平稳,但是产业项目不足,投资结构不优等问题依然存在,工业投资持续下降,特别是受地域和招商要素欠缺等因素的影响,招商困难,大产业类的项目引进较少,科技型产业、高新技术产业发展欠缺,拉动转型不强,特别是新型的铝锂合金铸锭、铝镁轻金属等产业,由于受资金、相关政策等影响,基础设施滞后,优势特色表现不足。

## 四、铜川资源枯竭型城市转型对策建议

### (一)推进区域合作机制建设,构建城市群协调治理模式

以加强关中平原城市群内部城市间的紧密合作,助推城市联盟新格局为目标,积极响应关中平原城市群建设,助推城市间产业分工、基础设施、公共服务、环境治理、对外开放、改革创新等协调联动,加快构建关中平原城市群协调发展的城镇化新格局。加速"互联网+"和物联网技术运用,争取陕西货运机场落地铜川,积极争取中央、省资金支持,筹建关庄物流园、西北物流园等大型物流园区,可扶持土地政策,集结运送高附加值产品、多重服务功能的物流企业入园,充分整合机场、保税港区及关中城市群的优势资源,用5~10年时间基本建成集保税港区、空港功能区及配套拓展区为一体的关中平原城市群内的综合物流园区。深入推进关中平原城市群间的交通大循环、旅游大环线、商流大通道等基础设施建设,进一步推进关中平原城市群区域内的交通、水利、生态环境保护、民生等重大工程项目建设。遵

循"五位一体""四个全面"的建设布局，努力逐渐缩小铜川与西安的区域发展差距。加快建设区域交通、物流、教育、医疗、文化五个中心，促进西铜融合发展，打造关中平原城市群新的增长极。

## （二）推进接续产业建设力度，培育产业转型内生动力

以优化产业布局为目标，以创新驱动加速补齐工业、服务业和城市经济三大短板，立足传统产业优势，大力培育和发展高端铝合金、电力及装备、新型建材、食品加工、文化旅游、中医药养生等接续替代产业，实现区域产业协调多元化发展，推动传统产业转型升级提质增效。

**1. 推进航天科技产业集群建设**

以加快推进铜川商业航天城发展，打造航天科技产业集群新板块、新经济、新动能，支持商业航天城项目早落地、早建成、早达效为目标，结合铜川实际情况，设立专项资金支持商业航天城基础设施建设。

支持商业航天城水、电、路、气等基础设施及生活服务设施建设。通过完善基础配套，吸引产业项目向商业航天城聚集；通过土地专项债券等，支持商业航天城做好土地征迁、群众安置等前期工作。

加大政策性收费减免力度。对商业航天城实现的土地出让收入，市级和新区分享部分全部用于商业航天城开发建设。对入驻商业航天城的符合相关条件的企业，免征城市基础设施配套费。清理规范涉企保证金，有效减轻入驻商业航天城企业的负担，进一步优化营商环境，激发企业活力，助推商业航天城产业升级。

为入驻企业提供金融服务和保障。通过积极的财税政策，引导银行和其他金融机构支持商业航天城项目建设，以多样化的信贷产品供给满足入驻企业融资需求。加大对商业航天城入驻企业融资担保支持力度，鼓励融资担保机构对符合条件的企业扩大担保规模，降低担保费率，争取合作银行让利，切实降低企业融资成本。积极发挥铜川市中小企业转贷基金作用，对符合条件的入驻企业优先进入企业转贷基金企业库，提供短期垫资服务，帮助企业解决短期资金周转困难。

加大对商业航天城标准化厂房建设的投入。对商业航天城建设的标准化厂房，市财政在执行《铜川市市级工业园区标准化厂房建设的意见》相关政策的基础上，再给予一定数额的奖补，为入驻企业提供高标准的经营场所。对入驻商业航天城企业租赁标准化厂房的，根据企业规模，免收3~5年租金。

加大对商业航天城科技创新的支持力度。"两院"院士及同等级人才在商业航

天城创办企业或开展成果产业化的,对国家级领军人才或国家级重点学科、重点实验室、工程技术(研究)中心、工程实验室学术带头人在商业航天城创办企业的,航天领域相关院校、科研所副高以上职称或博士学位以上人员(含留学归国人员)在商业航天城创办企业的,根据科技含量和企业发展潜力,经评审后,给予一定资金支持。

**2. 推进数字经济发展**

数字经济是以数字化的知识和信息为关键生产要素,以数字技术创新为核心动力,以现代信息网络为重要载体,通过数字技术与实体经济的深度融合,不断提升传统产业数字化、智能化水平,加速重构经济发展与政府治理模式的新型经济形态。为切实推动铜川数字经济与实体经济深度融合,加快铜川追赶超越、转型发展步伐,要以支持落户铜川数字经济企业发展壮大为目标。

支持重点企业落地,鼓励数字经济相关的重点企业落地铜川。在铜川设立研发中心、分支机构(子公司)以及培训机构;将数字经济产业项目用地优先列入铜川近期建设规划、土地利用总体规划和年度计划,切实保障重点企业土地供应;支持行业电商平台及结算中心落户铜川,对新引进的年交易额超过 10 亿元的平台类电商企业总部或交易结算中心纳统后给予一次性的奖励;支持大数据企业及数据中心落户铜川,对世界 500 强、国内电子信息百强以及国家重点软件企业在铜川落户并投资 3 亿元(含)以上发展大数据业务,竣工验收合格后且投产并正常运行一个会计年度以上的,经认定给予一次性奖励。

鼓励市场开放和开拓。推动政务数据依法合规向数字经济企业开放;公共财政投资类项目重点选用本地企业产品和解决方案;支持落户铜川的数字经济企业优先参与智慧铜川、数字铜川的推广和建设。

支持示范工程和试点应用。支持建设一批物联网、大数据、云计算、人工智能、智能制造领域的示范工程,重点培育智慧农业、智慧物流、智慧安防、智慧医疗、智慧环保等示范项目;支持大数据、物联网、云计算、智能制造等领域的新技术、新应用、新业态、新服务试点推广应用。

支持数字经济产业人才培育。支持大数据学院建设,支持有关企业、院校同政府合作在铜川建设大数据学院;支持有关企业或高等院校和铜川职业技术学院联合开设数字经济相关专业;鼓励铜川职业技术学院开设数字经济有关课程培训,根据培训课时、培训人数等情况进行补贴;鼓励校企合作,支持有条件的大数据企业与科研院所、高校、职业院校合作建立实训基地或培训基地。

强化保障措施。组建数字经济专家联盟,为铜川数字经济发展提供决策咨询和智力支持;成立铜川市促进数字经济产业发展领导小组,组建铜川市数字经济发展局,促进数字经济产业健康发展;建设铜川市场主体大数据智慧云,依法依规将涉及市场主体的行业门类、产业分布、准入退出、诚信失信等信息分级向政府及部门、企事业单位和社会公众开放共享;对于 IDC 数据中心、大数据总部企业以及瞪羚类、独角兽类企业,可以采用"一企一策"的方式,在国家法律规定范围内制定相应优惠政策,形成一批数字经济创新创业的典型示范。

**3. 推进高端装备制造产业集群建设**

以吸收高科技产业入驻铜川,加快产业转型创造更大经济价值为目标,立足传统产业优势,培育清洁煤炭、绿色水泥、高端铝合金、电力及装备、新型建材、食品加工、建筑等大企业、大集团,推动传统产业转型升级提质增效。

做实铝基础材料项目。按照"培育大企业、抓好大项目、集聚大产业"的思路,围绕电解铝和铝合金,做实做强基础材料,与陕有色和陕煤化合作建设煤电铝循环经济产业园,以董家河循环经济产业园为载体,围绕深度融合、协同配套,以发展煤—电—铝—铝深加工—建材循环经济产业为重点,加快建设千亿产业集群,形成闭合循环产业链,努力将产业园建成关中平原城市群、西北地区资源型产业绿色低碳循环发展的典范,全国煤、电、铝、水泥行业循环经济的新标杆,传统能源清洁高效利用的新样板。

做优航汽铝精深加工产业项目。按照全省工业产业发展布局,紧盯知名企业集团,做实"陕西制造、铜川配套",推进铝液直供,扩大直供电试点范围,精准引进项目,实现航汽铝材料工业项目大突破。积极争取中央、省资金支持与配套,大力发展汽车零部件、清洁高效发电装备、能源装备等领域的重大项目;积极引进航空航天用铝合金中厚板、涡轮发动机压叶轮材料等零部件加工制造项目,提高与省内航空航天工业的产品配套率;大力发展汽车轻量化压铸产业,加强与中央、省有色金属和汽车工业协会等的联系对接,争取引进发动机缸体、铝制轮毂、变速箱、减速器等铸铝项目;培育具有自主知识产权和名牌产品的龙头企业,走向自主化、成套化、高端化的区域绿色产业园区。

做强高端铝型材产业项目。加快发展轨道交通零部件、机电设备配件、可焊接铝合金薄板、高压超薄铝箔等深加工项目;全力支持陕西铭帝铝业公司利用成熟技术,加快生产高端节能建筑铝型材,最大限度释放产能;加强与建筑集团合作,开发建筑铝合金模板、彩铝板等绿色建材产品,提高与建筑产业的配套率;积极开发铝合金城市家居、城市设施等产业项目。

加快发展机电用铝合金制品。加强与西电公司等机电、电气制造企业的联系，加快电器支架外壳、散热器等项目建设；抓住全省大力发展光伏产业的机遇，推进光伏支架、边框等项目的落地实施；增强与微电子制造企业的联系，力争在手机壳体等精细制造方面取得新突破。

强化保障措施。强化资金支持，充分利用市产业合作发展基金平台，通过市场化运作方式，重点支持航汽铝产业发展；打造航汽铝材料工业直供电园区，推动坡头工业园区增量配电示范试点扩大到新区南部产业园区航汽铝材料工业企业，支持董家河循环经济产业园内企业以参股等形式，享受美鑫产业公司锦阳电厂电价政策；做好基础设施配套保障，建设汽车、航空零部件加工产业园，由工业园区负责投资建设标准化厂房，或租赁、购买现有厂房供新入驻企业使用，对新入驻企业，前两年厂房租金全额予以补助等优惠政策；推进铝液直供降成本，推动、支持美鑫产业公司向董家河循环经济产业园铝加工企业直供铝液，在节能降耗中提高企业市场竞争力；给予企业财政奖补支持，大型的铝深加工项目用地实行一事一议；积极建立产业研发中心，支持省内外高校、科研院所在铜川组建航汽铝新材料产业研发中心，建立专家工作站；支持争创名牌产品，鼓励培育品牌，对获得国家驰名商标、省级名牌的航汽铝材料企业给予相应的奖励。

**4. 推进环保陶瓷产业发展**

耀州瓷历史悠久，文化厚重，影响深远，具有做大做强文化、旅游产业的历史禀赋，为了促进陶瓷产业与耀瓷文化、旅游产业融合发展，培育形成新的支柱产业，以重振"中国耀州瓷"雄风、打造"丝路瓷都"为目标，以促进"三园一镇"（即黄堡耀瓷文化产业园、陈炉陶瓷工业园、王家河工业园和陈炉耀瓷文化旅游名镇）协同发展为重点，实施大师引领"百千万"人才工程，依靠科技支撑，改造提升耀瓷传统产业。大力发展现代陶瓷，坚持"文化＋旅游＋工业"融合发展，做大做强陶瓷产业。

推动陶瓷产业与耀瓷文化融合发展。坚持"保护中开发，开发中保护"原则，发挥耀州窑博物馆、耀州窑遗址辐射带动作用，在传承中弘扬耀州瓷烧制技艺。建立陶瓷大师工作室，将大师引领与文化创意、传统与现代相结合，做响做亮现代工艺陶瓷；高科技支撑，上规模、上水平，科技与艺术相结合，做大做强中高档日用陶瓷；高端营销，文化推动，陶瓷产业与文化旅游融合发展；建设陶瓷产业孵化园、陶瓷研究所和检测检验中心、国际陶瓷展销中心、旅游观光体验区、耀瓷小镇门户区;全力把黄堡打造成集耀州瓷孵化、研发、制作、展销、体验、旅游六位一体的耀瓷小镇和以耀州窑考古遗址公园为主体的国家5A级文化旅游景区。

做强陈炉陶瓷工业园。依托资源优势,坚持绿色、低碳、环保的理念,重点发展建筑陶瓷、工业陶瓷、民用陶瓷等现代陶瓷;研发推动,人才支撑,加快发展紫砂产业,努力把陈炉陶瓷工业园打造成全省著名的陶瓷工业园;引进先进陶瓷生产工艺发展陶瓷高新材料、加快发展紫砂产业、建设标准化厂房、成立国有控股陶瓷、紫砂泥料开发公司等;在王益区王家河工业园区,围绕陕西火凤凰艺术陶瓷有限公司的生产,将陶瓷文化与酒文化融为一体,建设园中园,打造陶瓷特色文化产业聚集区。

打响陈炉耀瓷文化旅游名镇品牌。加强对陈炉"东方陶瓷古镇"、耀瓷文化的开发、宣传和推广,重点发展耀州传统瓷、陶瓷体验和陶瓷旅游;建设旅游产品展销、特色餐饮等休闲场所,建设集陶瓷传统制瓷流程、文化展览、艺术鉴赏、陶吧体验于一体的陶瓷展示服务中心,实施生态博物馆建设;改造提升陶瓷作坊、建设窑洞民居旅游酒店、建设耀州瓷博物馆和展销中心、建设陈炉高岭土美体泥浴馆、打造4A级陶瓷文化旅游目的地等,努力把陈炉古镇打造成全国耀瓷文化旅游名镇。

强化保障措施。实施人才战略,实施"百千万"人才工程,利用五年时间,引进陶瓷工业高级人才和陶瓷大师等专业人才,设立大师工作室、开展陶瓷大师评定、强化专业技能培训、支持陶瓷专业学生创业等;加大财政金融支持,运用PPP模式包装项目,筹集建设资金,支持耀瓷小镇建设,支持开拓融资渠道;扩大宣传营销,组织各类陶瓷大赛,组织开展"一带一路"耀州瓷国际产业博览会、学术交流会、国际陶艺双年展、全国性美术陶瓷技艺大赛等高层次文化产业活动,鼓励出外参展,支持多元化营销;强化行业自律,支持陶瓷行业协会建设与发展,发挥好市场协调、行业自律、维护行业利益、服务会员企业等职能作用,加强对"中国耀州瓷"品牌的保护,强化对耀州瓷复制品生产及销售的监管。

**5. 推进中医药产业发展**

实施中药材规范化种植工程。新建中药材良种繁育基地,坚持因地制宜,科学合理地开展标准化、规模化、产业化良种选育繁育,从源头上保障优质中药材生产;扩大中药材种植规模,大力推进中药材规范化、规模化种植,重点发展党参、黄芩等道地中药材和连翘、山桃、山杏等野生中药材人工抚育;建设中国孙思邈中草药植物园暨研究所;按照"高起点、多功能、科技型"标准,兼顾科研教学、苗种繁育、中医药科普、技术培训、生态观光等功能,建设全国一流中草药植物园暨研究所。

实施中医药制造业速育工程。加快中医药产业园建设，在新材料产业园区规划建设市级中医药产业园，各区县也要分别规划建设中医药产业园，各产业园聘请国际一流团队进行规划，建设标准化、个性化厂房和一流的污水处理系统，吸引全国知名的原料药及中医药生产企业入驻园区；打造中药饮片生产基地，培育兴盛德、百年寿等本土饮片企业，引导企业向精深化、差异化、高档化、品牌化方向发展，有针对性地对国内大型中药饮片企业进行重点招商；打造中医药制造基地，主动对接国内医药大型企业，重点引进国内医药100强入驻；打造中医药保健品研发生产基地，鼓励中药与美容化妆品、现代食品、保健品等交叉融合创新，大力开发多样化的大健康产品；打造医疗器械卫生耗材生产基地，依托市区位优势，引导、支持企业与专业院校、科研机构建立战略联盟，研制医疗保健器材设备、卫生耗材、消毒用品等，推动医疗器械卫生耗材产业发展。

实施中药材自贸区建设工程。推进中药材物流园建设，高标准规划建设中药材物流园，引进一流企业进驻；鼓励支持药品流通企业通过收购、兼并、参股、控股等方式，向集团化发展；创建中药材期货交易机构，探索以道地药材交易为主，通过线下基地与线上平台的无缝衔接，创建国家中药材期货交易中心。

实施中医药健康旅游示范工程。保护挖掘药王孙思邈中医药资源，围绕药王山、玉华宫、照金香山、陈炉古镇等历史文化古迹，发展融中医药康养、文化传播等于一体的中医药健康旅游，彰显药王故里旅游特色；研发中医药特色旅游商品，围绕地域文化及中医药特色，结合孙思邈养生及《千金方》等资源，开发一批具有药王特色的旅游商品、中医药膳和养生食品等。

实施药王故里形象提升工程。举办中国孙思邈中医药文化节，通过政府购买服务的形式，引进国内外知名专业团队进行策划，以节庆活动为平台，开展招商引资、展览展示、文化交流等活动，扩大铜川对外影响力；建设国家中医药博物馆，建设科学规范、门类齐全的中医药博物馆，打造集中医药发展史、中医药文化展示、中医药知识普及和文化旅游于一体的大型开放式综合场馆；营造城市中医药文化氛围，在城市规划建设及改造过程中植入中医药文化元素，城市绿化兼顾种植药花、药草、药树，在主要交通干线增设中医药文化雕塑，道路命名兼顾药王及中医药元素，提升铜川城市形象；聘请国内一流专业团队，以"大医精诚"医德思想和《千金方》学术思想为主线，制作拍摄电视连续剧、文化纪录片和宣传片等，扩大药王文化在国内外的影响力。

实施中医药科技创新引领工程。强化政产学研合作，加强与国内外高等院校的合作，积极对接国家中医药科技开发交流中心、北京中医药大学、陕西中医药大学等科研院所，推进新产品研发、新成果转化和项目落户；搭建中医药创新平台，以国家中医药创新创业公共服务平台和市食品药品检验检测中心为基础，加快建设中药材、中药、中药保健品质量检测中心，鼓励国内一流企业到铜川建设第三方中药材检验检测中心；建设国家和省级中医药研发中心、技术服务中心，鼓励企业、高校和科研机构组建中医药国家、省级工程（技术）研究中心、企业技术中心、重点实验室等；与北京中医药大学、陕西中医药大学合作，积极筹建"一带一路"国际中医药大学，助推中医药文化在"一带一路"国家传播；聘请一批在中医药产、学、研、医等方面具有较高学术造诣和丰富实践经验的国内外知名院士、专家、学者，以及大型药企高管等，组建铜川中医药产业发展专家智库，为中医药产业发展提供智力支撑。

强化保障措施。加强组织领导，成立市中医药产业发展办公室，负责编制发展规划、制定产业政策、分解目标任务、协调推进落实；各区县、各相关单位要明确专人负责中医药产业发展，落实工作职责；加大财政投入，市财政局设立中医药产业发展专项资金，重点扶持中药材种植、企业发展、科研创新、知名品牌、医药流通等，各区县也要设立中医药产业发展专项资金，推动中医药产业发展；增强部门协作，各区县、各相关单位要各司其职、密切配合，建立联动机制，按照各自职责，制定配套措施，增强服务意识，齐抓共管，促进中医药产业快速健康发展。

**6. 推进文化旅游体育产业集群建设**

营造健身氛围，普及日常健身。以承办第十四届全国运动会篮球赛事为契机，加大全民健身宣传力度，普及科学健身知识；加快发展足球、篮球、乒乓球、羽毛球、路跑、骑行、棋牌、登高、太极拳、健身气功、药王养生功等普及性广、市场空间大的运动项目，保障公共服务供给；积极推行《国家体育锻炼标准》，促进全民健身。

发展户外运动，引领项目发展。发挥铜川地域、山水、生态和人文等资源优势，大力推动冰雪、户外、汽车摩托车三大运动发展；加快制订铜川市冰雪运动、山地户外运动等产业发展专项规划。

挖掘特色资源，打造特色品牌。鼓励举办以体育舞蹈、广场舞等运动为主题的群众性赛事活动，培育扶持体育创意市场；挖掘自然、科技和人文资源优势，打造红色照金体育旅游小镇及陈炉古镇文化体育旅游小镇；用苹果、葡萄、樱桃、草莓、西红柿、黄瓜、核桃、皂角等多样的农产品来丰富游客的餐桌和伴手礼,打造集生态与人文和谐、现代农业与乡村旅游联动发展的生态休闲乡村旅游示范村;完善基础设施建设、提供多方位的基础服务,进而打造"留住青山、留住绿水、留住家园"的个性化、特色化、原生态的乡村旅游;广泛开展民俗体育竞赛表演、健身休闲体验等活动,推广陕北秧歌、药王养生功、舞龙舞狮、空竹、风筝、走马、跑旱船等民间传统体育项目,加强体育类非物质文化遗产的保护和发展;王石凹作为铜川煤炭的一个标志,将其打造成为文化旅游、工业旅游、休闲度假、科普教育等为一体的全国知名 4A 级综合性旅游景区,根据现有的文化资源,结合现有的工业遗产,充分用现代"5D"技术全方位展现地质变迁、煤的形成、开采与事故灾害发生的情景,通过实景、模型、图片、文字、影像、雕塑等展示形式,形成"400 米井下探秘""培训休闲教育""俄罗斯风情小镇""生态四季花海游"等系列旅游产品。推进铜川文化旅游产业的全面发展,促进城市和产业的提速转型。

加大产业融合,推动协同发展。促进健身休闲产业与大健康相关产业融合发展,在大唐养生园、中医药产业园、药王山景区、照金香山景区、玉华宫景区和陈炉古镇景区建设中植入健身元素,推动铜川健身休闲产业发展;加强科学健身指导和国民体质监测服务,普及运动处方,推广全生命周期的运动健康服务;依托医疗机构发展运动康复产业,促进体医融合;促进健身休闲与文化、旅游、养老、教育、农业、林业、水利、交通运输等产业融合发展。

创新发展模式,拓展"互联网+"新模式。依托陕西省"体育云"、陕西省全民健身互联网公共服务平台及"一网一号一端"(健康陕西网、公众号、App),把健身人群、运动场馆、健身设施、赛事活动、专家团队、体质监测、运动康复、科学指导等各类资源融为一体,实现健身休闲的科学化、智能化、掌上化。

加强基础建设,完善健身网络。严格执行城市居住区规划设计等有关配套健身设施建设的要求,对新建小区健身场地及设施要同步设计、同步施工、同步投入使用;乡镇(街道办)、社区、行政村及有条件的小区实现体育健身设施全覆盖;落实市公共体育设施空间布局规划,充分利用公园绿地、城市空置场所、建筑物屋顶、地下室等区域,重点建设一批便民利民的社区健身休闲设施;充分利用旧厂房、仓库、老旧商业设施和空闲地等闲置资源,改造建设全民健身场地设施;着力构建四级全民健身设施网络,在城市建设 15 分钟健身圈;鼓励公园和景区建设健身步道,促进体育设施与园林建设有机融合。

强化保障措施。健全工作机制,建立发展改革、财政、卫计、旅游、体育等多部门参与的联席会议制度,定期研究分析健身休闲产业发展情况,解决突出问题;强化宣传引导。利用各类媒体深入宣传,鼓励媒体开辟健身休闲栏目,制作播放相关节目。探索全民健身公共积分和体育健身消费券的使用方式,奖励热爱体育锻炼、积极参与体育健身的人群,带动更多的人群自觉自愿参加体育锻炼,拉动健身休闲消费;扶持体育社团组织,积极推广"4+X"体育组织体系模式,支持各级各类体育社会组织开展丰富多彩的体育活动;加强人才培养,支持铜川职业技术学院及有条件的健身休闲会所培养健身休闲应用型人才,鼓励退役运动员和专业教练员等人才进入健身休闲产业,为健身休闲领域"大众创业,万众创新"提供支持;加强管理督导评估。

### (三)加大招才引智引资力度,焕发城市转型新活力

以开放招商、全球招商为战略,以延伸产业链条为目的,抓招商、抓引才、抓引智,强力推进专业化招商、产业链招商,提高引资项目的转化率,加大招商引资对铜川经济增长的拉动力度;发展商贸龙头企业,增强商业综合体辐射带动力,促进线上线下网购消费力度,加大规上文化企业规模,形成以大型文化产业为主体的龙头企业;强化服务当好五星级"店小二",深入推进"行政效能革命",千方百计为企业排忧解难;根据发展需要制定吸引国内外人才到铜川工作的区域性优惠政策。

### (四)加大区域政策、财政力度,构筑城市转型支撑力

坚持"一区一策""一县一策",进一步明晰各区县、工业园区的发展定位和产业方向。推动新区创建国家级经济技术开发区,推进新耀一体化进程,加快打造全市政治、经济、文化中心;改造提升北市区,抓好王益区"城市双修",高质量打造百亿产业集群;加快聚集印台区城市人气,规划建设铸锻造产业园区,支持王益区印台区协同打造百亿"城市商圈";加快推动宜君"秀美山城"建设,扎实推动现代农业、避暑康养、新兴能源、中医药种植加工等基地建设,全力打造"避暑康养名城",加快建设县域经济绿色转型发展先行区、幸福产业发展示范区。

建立资源枯竭型城市接续替代产业扶持机制,对引领资源枯竭型城市转型的重大接续替代产业项目给予政策和资金支持。建立"传帮带"机制,以资源枯竭型城市转型对口援助为目标,进一步深化与东部发达省份的合作对接,在区域间开展干部挂职交流和系统培训等交流、帮扶项目,建设对口合作的重点园区,推广可复制

的产业转型发展经验，实现区域间的互利共赢。

### （五）推进绿色发展、生活方式，探索特色转型发展之路

以推进生态文明建设，形成具有铜川特色、区域特色、可复制的绿色发展和绿色生活方式为当前转型目标，以"高点定位"理念实现集聚发展，以"高端引领"理念实现高质量发展。支持鼓励企业引进世界最先进技术和工艺来改造传统产业，实现具有高附加值、精深加工的装配制造产品。积极开展城市群间合作、国际合作，共享发展成果，形成统筹有力、竞争有序、绿色协调、共享共赢的区域协调发展新机制，实现绿色发展与经济转型深度融合的"转型＋提质"路径，完善多元化的社会治理体系。

（写于 2019 年）

# "一带一路"枢纽经济发展基本思路和对策

中心课题组
组　　长：李雪梅
副组长：曹晓虎　富　晶
成　　员：贺金辉　王　刚　范　宾　刘惠纯
执笔人：曹晓虎

**摘　要**　文章在分析陕西枢纽经济建设的现状、发展基础和存在问题的基础上，借鉴国内外枢纽经济建设的经验，对陕西发展枢纽经济的方向和路径进行了深入研究，提出了"一个优化""二个集成""三大平台"和"九项工程"的建设构想。

陕西省委、省政府在 2019 年政府工作报告中提出"大力发展枢纽经济、门户经济、流动经济，促进资本、信息、人才、技术等要素聚集。以打造'国际运输走廊'和'国际航空枢纽'为目标，加快发展综合交通、枢纽交通，加快布局建设一批通用机场，尽快形成航空高端带动，高铁与公路、地铁等交通无缝衔接的现代化交通体系"。

陕西作为"一带一路"重要的节点区域，战略机遇非常明显，陕西制造业和硬科技正处于高速提升阶段，枢纽经济的发展，将对我省企业依据国际产业链的需要配置资源至关重要。

陕西航空、铁路、高速公路交织汇集，在物流、人流、信息流、资金流、产品流、服务流中发挥着良好的平台和枢纽转送作用，对东西、南北经济联动、互通，具有重要的凝聚、扩散、带动作用。陕西省人民政府 2019 年 1 月 8 日印发了《关于大力发展"三个经济"若干政策》的通知，出台了支持"枢纽经济、门户经济和流动经济"三个经济发展的 20 条财政新政，这为构建全面开放新格局，推动陕西高质量发展，谱写追赶超越新篇章增添了新的动能。尤其是在支持三个经济发展方面,力度之大前所未有。目标是建设向西开放的大型国际枢纽、"一带一路"的航空物流枢纽、西部地区国家级综合交通枢纽,将各种交通方式汇聚成枢纽,打造立足西部、服务全国、面向"一带一路"的枢纽经济聚集区。

认真研究枢纽经济建设对陕西发展意义深远,枢纽经济建设将为实现陕西跨越式发展增添新的活力。同时,一流的顶层设计,需要一流的实施方案。本文主要运用文献分析法、实地调研法以及案例分析法,论述了陕西枢纽经济建设的现状、发展基础和存在的问题,就外向型经济对枢纽经济发展的支撑作用提出了对策和建议。

## 一、枢纽经济的概念

### (一)什么是枢纽经济

随着区域经济的快速发展,新产业、消费和商贸的崛起,新的资源要素不断地向枢纽城市汇集,从而改变城市经济形态和空间结构,形成以枢纽城市为中心、以时间为半径的经济圈,吸引对运输依赖性较大的产业和要素逐步向枢纽地带聚集,逐渐形成物流中心、产业中心和贸易中心,成为带动区域发展的强劲引擎。

### (二)枢纽经济的发展特征

资源要素强聚集性。通过产业发展环境的营造,聚集更大区域范围的资源要素,弥补城市自身资源要素薄弱短板,从而实现产业快速发展。

产业扩张辐射性。聚集产业要素的目标是使其能在更大范围和领域产生更高强度的辐射,产业之间形成相互协同,产生新的动能。

全产业链延展性。枢纽经济所在城市是一定区域的经济核心,具有极化效应和延展效应。通过极化效应集聚有利要素,提升综合实力;通过延展效应促使产业链条增长,从而促进区域协调发展。

人员资金流动性。枢纽需要有人员和物资的流动,尤其是国际贸易大流通,需要与延边城市的边贸协作、与周边城市产业链形成互为依赖的经济协作。

新型服务依托性。在互联网、物联网技术不断发展和供应链服务不断发育的背景下,经济流逐渐成为发展经济的资源和要素,并以云计算、大数据等形态存在于创新性聚流为目的的经济模式中,这种模式的突出特点是以"流"为手段的服务,新型服务业成为经济流聚集的重要依托。

## (三)城市发展枢纽经济的基本路径

大网络建设：从点—轴理论来看，枢纽经济的依托城市是"点"，是运输网络的中枢或重要结点，是载运工具流产生、汇集、交会的关键地域；"轴"即运输通道，"点"与"轴"互动产生一种高集聚的运输联系，推动经济持续增长。

大平台建设：枢纽经济建设涉及面广、产业多、运输转换复杂，需要建设大平台和大数据来统筹。利用现代信息技术，实现信息和资源的协同和共享。

大通道建设：建设立体交通，多式联运，联合通关，一方牵头多家合作。同时也需要大数据的支撑和严密有序的程序运营。

全链条建设：陕西的装备制造、航空航天、能源化工等产业发展速度快，但是和智能化的物流产业密切关联的产业链条还有待于进一步完善。

新模式建设：借助经济要素资源聚集平台（交通枢纽、物流枢纽、物流服务平台、金融平台等），对商流、物流、资金流、信息流、客流等进行集聚、扩散、疏导。

## 二、国内外枢纽城市经济发展现状分析

### (一)荷兰阿姆斯特丹

做法是选择合适的地点建立物流枢纽基地或物流中心；积极发展电子商务和供应链管理服务；重视对物流业界人员的培养和培训；各级政府通过制定相关的政策、法规和制度，加大枢纽基地和物流基础设施建设的投入，鼓励与国际物流领域在物流、配送技术、教育、管理咨询等方面的联系和合作，引进先进的物流技术和管理方法。

### (二)美国孟菲斯

做法是引进了联邦快递公司这样一个物流龙头企业；充分利用位于纽约城市和芝加哥城市群的交会处是美国经济地理中心的区位优势；从银行贷款、土地储备到招商引资，孟菲斯政府给予了大力支持。

### (三)美国达拉斯

做法是根据与机场联系的紧密程度不同分为四个圈层。第一圈层以航空物流业务为主，聚集着大量与航空运输关联度高的企业以及对时间价值要求高的公司总部。第二圈层以航空产业园为主，主要以先进制造、研发中心、生命科学等临空指向型

产业为主，辅以酒店、总部办公和技术培训等设施场所。第三圈层及外圈层集聚了商业园区和部分工业园，包括高端制造、电子商务和金融服务等知识密集型产业，同时发展旅游休闲、运动娱乐和零售业。

### （四）郑州

郑州积极推动铁路、公路、航空与沿海港口功能对接，推动多种运输方式协作、协调、协同发展，重点发展空陆联运、公铁联运和铁海联运，形成以航空为引领、货运以公铁集疏为主、客运以高铁集疏为主的空陆衔接、多式联运的综合枢纽优势。提升一体化水平，建立便捷运输制度，加快综合立体换乘设施建设，更大范围内实现航空、高铁、城际、公共交通综合联程服务。

### （五）成都

成都正加快建设以国际铁路港、国际航空港、陆上物流服务网络、航空物流服务网络、航空客运服务网络为主的"两港三网"，枢纽网络体系日趋完善。又规划投资建设三个大型（400~700亩）的物流和多式联运基础设施。

### （六）重庆

重庆发挥渝新欧、长江黄金水道、航空等综合交通优势，大力发展公铁水多式联运，打造内陆开放高地，吸聚和培育了一批新兴产业，从而使重庆GDP连续11个季度领跑全国。

## 三、陕西枢纽经济发展现状

### （一）发展优势

基础设施：西安咸阳国际机场是我国八大枢纽机场之一，已开通航线337条（其中国际57条），初步形成了向西开放、丝路贯通、美欧直达、五洲连通的国际航线网络。2018年西安又被批准为"第五航权"拥有城市，西安第五航权的开放将更加有利于西安打造航空枢纽。

西安"米"字形高铁网已形成东、西、东北、西南四个方向贯通的格局，并向外八个方向辐射延伸，与北京、武汉、上海、广州并称中国五大高铁枢纽。

西安是全国公路六大枢纽之一，西安与周边中心城市"一日交通圈"已然筑起，基本形成"米"字形高速公路网和"一环十二辐射"为主骨架的公路网。

经济总量：2018年，陕西经济总量突破2.44万亿元，总量不断增大、质量不断优化，正在向高质量发展迈进。

发展后劲：自2017年4月1日揭牌至2018年12月31日，陕西自贸试验区新增市场主体35021家，新增注册资本5628.55亿元（注册资本大于亿元的578家），具有很好的发展后劲。

其他优势：陕西具有地域优势、工业优势、教育优势、人才优势、科技优势和交通优势，是"一带一路"建设的核心区。

## （二）面临的挑战

落后于周边省份：2015—2018年，与周边的河南、四川和重庆等省份相比，陕西经济增速较慢，各项经济指标（GDP、国际贸易、物流业增加值、民航货运等）逐渐落后于这些省份而且差距逐步拉大。由于这些周边省份的发展更快，市场环境更加友好，知名企业从西安迁移到成都、郑州的现象时有发生。陕西正面临前所未有的严峻挑战。

营商环境有待改善：营商环境与稳定公平透明、法治化、可预期要求还有差距，"放管服"改革特别是投资项目审批制度改革仍需加大力度；差异化改革有待加强，复制经验多、自主创新少，工作方法创新多、制度创新突破少；事中事后监管改革创新和压力测试任务艰巨，后端的服务跟进和政策落地仍有差距。

突破性的先行先试少：重庆开启了哈萨克斯坦粮食专列，把来自哈萨克斯坦甚至"一带一路"沿线地区的粮食产品通过两江新区核心区进行展示、交易、分拨，对重庆建设内陆开放高地和国际物流分拨中心起到明显的推动作用。而我省与哈萨克斯坦的关系和距离更近，又有爱菊公司在哈萨克斯坦建立的基地，却没有利用好有利条件，抢先实现建设国际粮食分拨中心的梦想。

边贸短板：我省没有与新疆、广西、云南、黑龙江、内蒙古等地开展边贸协作，优势产业没有辐射到边贸城市。

投资短板：我省在海外投资的企业目前有规模的只有四家；海外企业经营艰难，配套的帮扶不足；没有建立国家认可的海外工业园。

物流短板：海外仓的布局、投资、配套的服务平台和发展规划等均显不足。

## 四、夯实陕西枢纽经济发展建议

针对我省枢纽经济建设的现状，借鉴国内外枢纽经济建设的经验，在对陕西发展枢纽经济的方向和路径进行深入研究的基础上，提出了"一个优化""二个集成""三大平台"和"九项工程"的建设构想：

### （一）"一个优化"——优化物流价值链

要从流程和投资两个方面来优化物流价值链：①提升物流企业资源运用和协调能力；②推动制造企业供应链管理资源的应用和整合，加快集群企业供应链一体化进程；③建立全供应链集成服务体系，为企业的采购物流、生产物流、销售物流和逆向物流等提供增值服务。

### （二）"二个集成"

**1. 重点产业集群的供应链集成**

打破企业供应链管理资源的自我禁锢，以我省重点产业集群物流内需的整合来带动枢纽经济建设。目前，国内各中央企业集团陆续开展了供应链管理提升和创新，主要做法是建设电子采购平台、实施集中采购、推广先进供应链管理方法和产业化发展物流服务业等。

目前，我省产业集群的物流管理仍处在"孤岛"状态，"碎片"化的物流管理成本高、业务流失，难以通过产业化和规模化来为本地区物流枢纽的发展提供业务支撑。

**2. 海外投资项目的供应链集成**

"一带一路"倡议的推动，已使中国物流业进入跨国重构的历史阶段。2018年，陕西新设境外投资企业31家；对外承包工程完成营业额40.58亿美元，新签合同额34.65亿美元。这些项目的建设和交付，均需要大量的原材料、设备，涉及的采购、仓储和配送等物流相关业务量巨大。

目前，这些海外投资项目和对外承包工程的供应链保障工作仍处在"各自为战"的状态，各项目如大海中的"孤岛"，独自面对跨境供应链保障所具有的极大风险和挑战。从费效比来看，"碎片化"的物流管理成本高，管理专业化水平低，给这些项目的商业成功带来了较大的不确定性。

因此，应在有关部门的主导下，选择供应链需求相近的项目，在采购、仓储和配送等环节尝试进行联合或整合，实施合并/联合采购、统一仓储和统一配送，推行FSL（前方仓库）、VMI（供应商管理库存）、JIT（准时配送）等国际先进的供应链管理模式。在提高效率、降低成本、保证项目商业成功的同时，还可以利用我省海外投资和对外承包工程项目的供应链需求整合来带动我省建筑材料、设备等伴随项目"走出去",也为我省枢纽经济建设带来更多的物流需求。

## (三)建设"三大平台"

**1. 海外投资和工程项目协调平台**

虽然我省海外企业不断增加,但企业在海外单打独斗的局面并没有改变。需要建立顶层项目协同机制,协同政府和社会各方力量,帮助企业在海外的投资项目能平稳发展,帮助他们解决海内外的问题。同时积极谋划利用我省企业已建立的工业和农业基地,将其扩大为海外工业园和海外农业园、海外仓。需要建设一平台,由发改委、商务厅、外办等职能部门组织一个小组专门解决问题,具体操作可委托由相关公司执行。平台专门对接海外投资国政府高级机构,解决企业在海外投资遇到的问题。

**2. 搭建全省智慧型物流信息协同和综合服务平台**

物流枢纽的发展趋势将呈现网络化、规模化、集约化、信息化和融合化的特征。物流枢纽也不单单是物流建设的概念,还要与制造业、商贸、产业、城市对外功能等结合起来。不同要素相互融合,枢纽的大数据平台作用凸显。因此,要充分利用国家创新型省份建设试验区和国家通信网络重要战略枢纽的良好机遇,充分发挥我省人才、科技、教育等自身资源优势,加快发展信息协同和综合服务产业,推动大数据与相关产业融合发展。

建设智慧型物流信息协同和综合服务平台,实现各物流主体(公路、铁路、空港、海关、企业等)和要素(支付、保险、金融等)的互联互通。

**3. 物流体系公共服务和创新平台**

枢纽经济的发展,需要贸易、物流和产业的高度融合,建设物流体系公共服务和创新平台,利用互联网技术,以全新的服务理念和服务模式,为物流相关各方提供便利化的公共服务。包括但不限于:产品线上宣传和展示服务;线上交易和结算服务;全物流链整体解决方案和相关服务;供应商评价和管理服务;全物流链信息协同服务;企业高管和政府相关部门供应链管理提升培训。

## (四)建设"九大工程"

**1. 联通陕西与"一带一路"沿线各国的信息高速公路工程**

信息高速公路(含 EDI 交换系统)的主要功能是实现陕西与"一带一路"沿线

各国在跨境贸易、物流和通关等方面的信息互联互通，是实现"政策沟通、设施联通、贸易畅通、资金融通、民心相通"的具体落实抓手。通过互联互通来提升陕西在"一带一路"建设中的地位，发挥"起点"和"桥头堡"的作用。

信息的互联互通将带来贸易、运输、清关、仓储和配送等事项操作的便利化，使效率和效益得到大幅度提升。而效率和效益的提升又会吸引跨境货物向陕西集聚，促进陕西枢纽经济建设。

在信息高速公路的基础上，建设"一带一路"沿线国家贸易、物流和通关大数据应用系统，为今后政府的枢纽经济发展导向、枢纽网络的扩展完善提供决策支持。

**2. 海外物流集散枢纽网络建设工程**

整合陕西现有海外仓和外向型大型物流企业资源，选定几个"一带一路"沿线国家港口，统筹建设跨境保税仓储和货物快速分拣服务设施，作为我省跨境货物的海外集散枢纽中心。在我省自贸试验区保税仓库的配合下，以数据高速公路为依托，组成完整的"O2O"（线上到线下）跨境货物集散枢纽服务网络。

海外物流集散枢纽网络与信息高速公路的结合，将在实务操作便利化、成本、模式、管理等方面形成优势，吸引陕西周边地区与"一带一路"沿线国家的跨境物流。

**3. 国际合作产业园建设**

加快建设中韩、中俄、中哈等国际合作产业园区。支持省内优势企业创新合作方式，重点在建筑、铁路、公路和电力等领域开拓境外市场，鼓励开展绿地投资、跨国并购、联合投资，支持企业建设境外研发中心、生产基地和销售网络，着力打造国际产能合作中心。在海外建设产业园区，实施"抱团走出去战略"，主要构想有：

（1）统一园区建设，土地、厂房、道路、管网等实现"五通一平"，企业直接进入。

（2）为"走出去"企业提供当地法律、产业发展政策等方面服务，统一进行当地员工的基础培训。

（3）统一建设中方外派员工宿舍、餐厅、洗衣、理发、翻译等社会公共服务体系。

（4）统一建设仓储配送设施，为"走出去"企业提供集中仓储和配送服务。

**4. "海外农场"建设**

随着国家"一带一路"倡议的逐步深入，越来越多的中国（特别是陕西）企业在海外（如在中亚诸国和俄罗斯）开办农场和牧场。这些海外农场和牧场为保障国内粮食供给提供了替代解决方案。

这些海外农业企业多是独自面对各类风险，在种子、农牧业技术、农机装备、仓储、深加工、运输、市场开拓等方面急需得到帮助和支持，在国外出口地许可办理、国内进口口岸选择、国内进口配额申请等方面也面临不可控风险。

为帮助这些海外农场和牧场实现商业贸易，创新海外农业的发展模式，我们提出全产业链集成服务构想。包括：

（1）建立统一的申报机制，统一向国家申报相关政策，如粮食进口配额、进口口岸审批等，让海外农（牧）场获得优惠的政策支持。

（2）建设以保税仓（位于杨凌自贸试验区内）+海外仓（位于海外农场所在国）组成的集成供应链服务体系，降低海外农（牧）场的供应链管理成本。利用"供应链金融""融资租赁""科技服务创新"等方式，将海外农（牧）场需要的农用物资、农机装备和农业科技，送到"田间地头"；为海外农（牧）场产出的粮食和肉类提供仓储、运输、报关和市场推广等服务。

（3）建设统一的国内农用物资、农机装备和农业科技"走出去"服务平台，包括线上的互联网展示平台和线下的海外展示中心。充分利用海外农（牧）场需要大量的农用物资、农机装备和农业科技的商机，实现产品和科技"走出去"。

（4）建设农产品物流集散中心和高端农产品加工集聚区。充分利用杨凌自贸试验区的技术、政策和区位优势，借助本项目强大的集聚效能，把杨凌自贸试验区建设成为：①农用物资、农机装备和农业技术出口的物流集散中心；②进口粮食和产品的物流集散中心；③对进口粮食和产品进行（保税）深度加工的高端农产品加工集聚区。

（5）建立统一的全产业链监管和服务体系。利用"互联网+"智能信息采集和传输技术，对农用物资和农机装备的供应商、海外农（牧）场和粮食加工企业的生产过程进行监管。确保进口粮食和物资符合国家检验检疫和相关的食品安全监管要求。构建"一带一路"跨国农业产业发展产业链。

**5. 培育本土大型跨国第三方物流企业工程**

国务院办公厅在《关于积极推进供应链创新与应用的指导意见》（国办发〔2017〕84号）中指出："计划到2020年，培育100家左右的全球供应链领先企业，重点产业的供应链竞争力进入世界前列，中国成为全球供应链创新与应用的重要中心。"在此背景下，第三方物流服务行业将迎来新一轮整合。随着物流的发展，集中与整合是我国第三方物流企业发展的必然趋势，也符合经济发展规律，但发展好我省本土物流企业和具国际竞争性的物流企业是必不可少的课题，更是难得机遇。

大型国际物流企业具有更专业的团队、更高的国际视野、更丰富的管控经验和更强的风险承受能力，可以更好地带动供应链创新与应用，为枢纽经济建设的落地做出更多的贡献。总体看，我省第三方物流企业包括跨国性货运物流企业规模普遍较小，管理和经营都尚有欠缺，存在服务功能单一、分散经营的现状，越来越难以满足市场的需求。为此，应选择我省具有一定实力的物流企业进行重点培养，使之成为我省著名的物流品牌，实现立足本土、走向全国和跨出国门，推动物流企业跟上新时代经济发展的步伐。大力推进物流外包、供应链外包和管理服务。

**6. 跨境电商培育基地工程**

目前，跨境电商（快件出口）主要通过邮政体系进行。存在的主要问题有：跨境出口不能退税，货物运费高、在途时间长、跨境网购客户体验差。因此，补强跨境电商（快件）的"短板"，建设"跨境电商培育基地"［包括以西安保税仓和海外（枢纽城市）仓为枢纽的跨境电商物流集散网络、"一带一路"沿线国家快速通关系统、跨境电商培育和双创中心等］，改善跨境电商的通关和物流生态，重构全物流链服务体系。通过出口退税、较低运费和较短在途时间等，降低电商成本，提升海外网购客户的体验，由此吸引对运输费用和时间敏感的跨境电商货物逐步向西安聚集，形成跨境电商贸易中心、物流中心和信息中心，成为带动区域发展的强劲引擎。

**7. 建设多式联运协调机构**

降本增效能够催生强大虹吸效应，吸引更多的商贸往来，形成资源集聚洼地，带动物流、资金流、人才流、技术流和信息流协同发展，创造更多的产业机会，提升经济核心竞争力。

青岛、天津、连云港等地利用中欧班列长安号，增加多式联运与沿海城市的协调性。

**8. 建设我省与喀什、霍尔果斯、凭祥、满洲里、二连浩特等的外贸互市新通道**

充分利用长安号的运输发展边贸，鼓励中小企业品将自己的产品通过边贸销往国外。陕西的农产品也非常有竞争力，也可通过在边贸繁荣的地区建立销售网点将其销往国外，增加市场占有率。

**9. 建设智慧物流和绿色物流的发展体系**

我国物流总费用占 GDP 的比重多年来实现了五连降，但较发达国家的8%和全球平均13%的水平仍有差距。在内生动力方面，我们面临着利用新技术来实现提质增效、绿色安全的机遇和挑战。

当今是智慧物流和绿色物流兴起的时代，随着人工智能技术的进步和共享经济的发展，在未来的一段时期内，全程可视化和无人化的智慧物流场景将不断涌现并逐渐普及，共享物流资源和配置的绿色物流模式将不断创新和发展。

全数字化的科技型物流公司将成为物流界的引领者和巨头，业务在线化、运营智慧化、组织平台化的物流平台运营商将引领物流界的创新和发展。

因此，以智慧物流为纽带的共享经济和平台生态模式是作为实现社会资源最优配置的根本途径，也是未来物流发展的趋势。

## 五、保障措施

为保障枢纽经济的快速发展，具体建议如下：

（1）落实国家现有税费优惠，建立适合于现代物流的税费体系。

（2）推动上交所、郑交所在陕西地区设立交割仓库，扩大交割仓库在陕西地区的品种和范围。

（3）组织专门机构负责海外工业园建设和海外仓布局，加强边贸互市的发展。

（4）加强对省属企业高管的供应链管理提升培训，转变思想和理念，推动供应链管理资源的释放和产业化发展。

（5）组建专项工作组，聘请专家团队，做好制造企业供应链管理提升项目的组织和实施工作。

（写于2019年）

# 构建陕西"服务型制造"产业链研究

中心课题组

组　长：印建安　卞芙蕖

成　员：李雪梅　王　艳　陈唯静　陈　红

　　　　侯润崇　郑　博　刘伟刚　赵梦利

**摘　要**　服务型制造是制造业与服务业深度融合的产业生态，有助于提升区域产业生态和营商环境的价值。课题阐述陕西省发展服务型制造的必要性；分析其发展现状及存在问题；建议我省全面构建陕西"服务型制造"产业链，将服务型制造纳入陕西现代工业产业链建设内容并宣传交流和业务培训；完善政策体系并搭建协作平台，赋能政府产业调控、企业发展和人才建设等。

　　服务型制造是制造业与服务业深度融合形成的新产业形态。服务型制造的主体是制造企业，核心内容是制造企业在其自有产品的基础上，通过挖掘客户的需求变化，增加高附加值的增值服务，以便更好地服务用户，并减少对环境的影响。制造企业可以通过创新优化生产组织形式、运营管理方式和商业发展模式，并不断增加服务要素在投入和产出中的比重，使其从以加工组装为主向"制造＋服务"转变，从单纯产品销售向出售"产品＋服务"转变，从而使得制造企业向服务型制造转型。与传统制造相比，服务型制造有利于实现制造价值链中各利益相关者的价值增值，促使制造企业之间通过产品和服务的融合、客户全程参与、企业之间相互提供生产性服务和服务性生产，实现对分散化制造资源的系统整合和各自核心竞争力的高效协同。

　　需要明确的是，服务型制造不是由制造业转向服务业，更不是"去制造业"或"去工业化"，而是借助服务经济理念和专业化协作方式实现对制造价值的延伸和提升。

陕西在服务型制造理论研究和企业实践方面均早于全国,并推动服务型制造逐渐上升为国家战略,但却在后续的全国推广过程中失速,落后于浙江、福建、广东等其他省份。目前,服务型制造已是《中国制造2025》九大任务之一,也是我国"十四五"规划的重要内容之一。面对全球新一轮产业升级和产业结构调整,建议我省充分重视服务型制造对于区域产业生态和营商环境的提升价值,全面构建以"服务型制造"为引领的制造业现代产业链,将服务型制造打造为陕西产业发展的一个突出亮点,推动我省制造业高质量、高端化发展。

# 一、陕西省发展服务型制造的必要性

## (一)服务型制造有助于提升制造业发展质量

服务型制造是基于制造的服务和面向服务的制造,是先进制造业和现代服务业深度融合的重要方向。企业由传统制造向服务型制造转型产生两大直接效果:

其一,助力企业聚焦新的客户需求,企业的经营视野和业务边界得到空前拓宽。制造企业发展的核心不再仅仅停留在提升产品质量的阶段和层次,在保障产品质量的前提下,拓展产品应用场景,挖掘产品的潜在应用空间和技术附加值成为制造企业竞争力的重要因素。

其二,助力企业对全球离散制造资源高效整合,全球制造业价值链得以重构。通过发展服务型制造模式,一些先行创新的制造企业通过资源整合、业务整合和能力整合,实现了对全球离散制造资源的高效协同和嵌套,从而大幅提升了企业系统化解决市场问题的能力,提升了企业在全球制造业价值链中的优势地位,并由此实现了对全球制造资源的控制和调度能力。

## (二)实践证明服务型制造是制造业进化的方向

不论是从欧美等传统制造业强国的发展历史轨迹看,还是从我国近二十年制造业的转型趋势看,制造业发展规律表现出了一定的确定性:随着一个地区社会成熟度的不断提升,传统制造向服务型制造转型是普遍趋势。

### 1. 欧美制造业转型模式及其典型案例研究

服务型制造是欧美制造业曾经走过的发展路径,是欧美经济发展形成的产业格局,是欧美制造业处于产业链高端的发展结果。

典型案例:"IBM"去哪了?

①转型历程：

IBM 早期是以生产打孔机、制表机等办公设备为主的传统制造企业。在电子计算机和磁带技术出现后，IBM 在大型计算机领域投入巨额研发费用，并开发出了大型计算机 IBM360 系统，据此成功转型为全球最大的计算机制造商。20 世纪 90 年代初，在意识到分布式计算机未来巨大的市场趋势后，IBM 开始第二次战略转型，转向包括个人电脑在内的分布式计算领域。为了强化核心业务，IBM 剥离了 DRAM、网络、个人打印机和硬盘等利润较低的业务，同时大力投资软件和服务，以此提高 PC 业务的集成能力和产品生态，获得成功后，ThinkPad 一度成为多数 PC 机用户的第一选择。

从 2002 年起，IBM 实施第三次战略转型，将庞大的 PC 业务出售，并以 39 亿美元高价收购了普华永道咨询公司，又用 21 亿美元收购了 Rational 软件公司。这次转型与前两次转型截然不同的是，IBM 不再局限于 IT 产品和硬件服务，而是跨入提供信息系统服务、企业管理和运营咨询服务等领域。

② 转型成效：

通过不断挖掘与主营产品相关的服务需求及其增值空间，IBM 现在已发展为全球第二大软件公司、第二大数据库公司、第二大服务器公司、第三大安全软件公司、第六大咨询公司和全球最大的应用基础设施和中间件公司。IBM 今天的成就很大程度上得益于对市场消费趋势的准确把控和对现代服务价值的深入理解。

**2. 我国制造业的发展模式的实证对比研究**

（1）服务型制造模式的成功案例：陕西鼓风机（集团）有限公司（以下简称"陕鼓集团"或"陕鼓"）。

① 转型历程：

陕鼓集团是 20 世纪 60 年代末建立的三线企业，最初是以生产单一工业鼓风机产品为主的装备制造商。改革开放以后，国外先进装备企业抢滩登陆中国，我国工业化进程提速，国际竞争加剧。陕鼓集团意识到，如果继续走传统拼体力、拼设备的制造业老路，企业只能沦为国际巨头的廉价代工车间。从 2001 年起，陕鼓集团对市场和环境两个问题展开研究。其一是客户需求到底是什么？根据调查结果，行业内当时尚没企业深入开展过客户需求研究。其二是同行都在干什么？调研后的结论显示，同行都在干相同的事，同质化竞争严重。

基于对调研结果的分析和对市场的准确判断，从 2005 年开始，陕鼓集团全面开启了两次战略转型历程，转型后陕鼓综合实力迅猛增强。

第一次战略转型：陕鼓由单一的产品制造商向能量转换领域系统解决方案商和系统服务商转型。陕鼓坚持走"为用户所需，为同行所不为"的差异化路线。在企业发展能力的构建方面，陕鼓从产品研究扩展到系统研究和客户问题研究。一方面，通过有所不为，将不构成核心能力的18项业务实现外包剥离，从11个车间缩减为2个车间。另一方面，有所作为，新增强化工业服务、能源基础设施运营、供应链管理等核心业务18项，完善产品链条，建立起协作制造的良好态势，产品成套能力得到加强。

第二次战略转型：从2016年开始，陕鼓集团再一次成功转型为分布式能源领域系统解决方案提供商和系统服务商。圆心由原来的设备制造转向了分布式能源系统解决方案，并围绕这个圆心向外延伸产业，提供设备、工程、服务、运营、金融、供应链、智能化七大增值服务，形成陕鼓"1+7"服务型制造模式。

② 转型成效：

通过两次战略转型，陕鼓集团的业务板块由原来单一产品制造扩大为能量转换设备制造、工业服务和能源基础设施运营三大业务板块；制造板块固定资产占总资产比重逐年下降，早在2015年时，陕鼓动力固定资产占总资产比重已降至3.24%，远低于国内外同行（12%~20%），形成了轻资产经营结构。陕鼓客户关系管理（CRM）系统客户信息，第一次转型后2009年突破100亿，第二次转型后2018年突破1000亿元，2021年8月已达到6100亿。连续16年行业利润第一，2020年陕鼓占风机行业产值30.58%，而利润占风机行业的50.17%。2019年陕鼓人均营业收入211.15万元，高于国际标杆企业（德国）的174.91万元；2019年陕鼓人均利润13.86万元，高于国际标杆企业（德国）的11.37万元。截至2020年5月底，陕鼓集团服务及运营销售额占比达到86.23%，金融类资产占总资产的66.56%；目前，陕鼓已成为全球通用机械制造行业万元产值能耗最低、排放最少的企业。

（2）传统制造模式的典型案例：中国标准工业集团有限公司（以下简称"标准集团"）。

① 发展历程：

标准集团是集产业投资、机械制造为一体的大型企业集团，标准集团最初是上海惠工缝纫机厂内迁陕西成立的"陕西缝纫机厂"。标准集团与陕鼓集团均为市属国有企业，主管机构相同、成立时间相同、地域相同、业务类型相同，但最终发展结果差异巨大。造成这一差距的一个重要原因在于：陕鼓集团从2001年就开始转型服务型制造，而标准集团一直采取传统制造模式的单一路径。

改革开放以后，我国服装产业化需求得到快速释放，缝纫机的市场需求快速增长。在缝纫机市场扩张期，标准集团依靠过硬的制造和研发能力，先后实现了多项技术和产品的重大突破，一度成为推动中国服装产业化进步的企业典范。1989年，标准集团成立。2000年，西安标准工业股份有限公司在上海证券交易所上市。自成立以来，标准集团始终以单一缝制设备的制造和研发为主营业务。

② 发展结果：

缝制设备属于装备制造领域的大宗消费品，处于完全竞争市场，容易形成寡头垄断。在我国缝制行业发展初期，标准集团依靠制造和研发优势，企业经营业绩稳中有升，2003年净利润首次破亿，2007年净利润达到1.31亿。

但随着缝制行业日趋成熟，缝制设备市场很快饱和，厂商众多，产品同质。面对消费市场的结构性变化，标准集团始终未能走出赢利模式和产品结构同质化误区，缺乏战略定位，经营管理与市场严重脱节。一方面，作为大型国企难以体现成本优势，无法下探到规模较大的低端消费市场；另一方面，面对高端竞品的全球化趋势，标准集团的品牌经营能力和市场开拓能力始终未能有效突破。尤其在2008年金融危机之后，标准集团在与杰克股份、上工申贝等领先企业的竞争中逐渐落后，经营很快陷入困境，2012—2019年期间，公司扣非净利润连续8年为负。

（3）第三方服务机构模式的典型案例：西安中科光机投资控股有限公司（以下简称：西科控股）。

① 转型历程：

西科控股是中科院西安光机所控股的科技成果产业化平台，通过搭建专业孵化的公共技术平台，为各类创新主体提供创新研发、中试转换所需的场地、设备、资金和各项技术服务，架起"创新链"和"产业链"的桥梁，加速创新成果的工程化、产品化和市场化，推动科研成果转化为现实生产力。西科控股成立初期仅立足于服务西安光机所科技成果转化，随着"拆除围墙、开放办所、专业孵化、创业生态"的西光模式的宣传和推广，该模式成为陕西乃至全国科技成果转化及创新驱动发展的典型模式。

其一，西科控股聚焦种子期和初创期的"硬科技"中小企业，开展科技金融投资业务，为种子期和初创期的科技成果转化提供资金支持。

其二，提供科技服务，发起创建国内首家"硬科技"国家级科技企业孵化器——"中科创星"，打通资本、研发、技术、市场、渠道等环节，提供创业企业从IP到IPO的全生命周期增值服务，帮助科研人员创业少走弯路、转变角色。

其三，依托光电领域、航空航天的科研优势，构建了包括光电子集成专业化成果转化平台、商业航天专业孵化平台、军民融合集合性平台等多个专业化科技服务平台，解决创业企业共性需求。

其四，围绕创新链布局产业链，通过技术集群形成产业集群，建设和运营硬科技企业聚集发展的专业化园区，现已建成硬科技众创空间、光子芯片硬科技社区、光子制造硬科技社区3个专业园区，培育硬科技企业发展壮大的创新生态。

② 转型成效：

截至2020年，旗下天使基金规模已拓展至53亿元。西安光机所孵化出炬光科技、中科微光、奇芯光电、中科微精、源杰半导体等硬科技企业392家，总市值达1493亿元，其中1家企业科创板上市，1家企业IPO首发申请过会，20多家企业进入科创板上市辅导。仅在陕西省新增就业5000余人，上缴税金超1亿元，带动社会投资超60亿元。在西安光机所产业化平台的共同推动下，"硬科技"理念花开全国，并逐步发展为国家话语体系。

（4）我国服务型制造先进省市的主要做法与收效。

浙江省：浙江重点围绕供应链管理、全生命周期管理服务、总集成总承包服务、共享制造等服务型制造的创新模式，连续5年持续开展省级示范创建工作，已累计创建省级服务型制造示范企业（平台）366家，其中国家级服务型制造示范企业（项目、平台）35家，国家级示范城市3家（包括嘉兴、无锡和杭州，全国共15家）。在平台建设方面，推动工信部电子第五研究所与杭州市临平区、余杭经济技术开发区三方合作，共同建设了国内首家国家级服务型制造研究院。在服务型制造技术支撑方面，大力发展工业互联网，探索形成了"新昌模式"，大力开展行业产业大脑建设应用试点等。截至目前，已建成大型以上数据中心20个，全省累计上云企业近45万家，位居全国第一；2020年发布的服务型制造区域发展指数，浙江省位列全国第一。

江苏省：近年来，江苏省在推进服务型制造发展方面，实施了服务型制造"十百千"工程，通过政策引领、示范带动、资金支持、支撑平台建设等措施，加快推动制造业由生产型向服务型转变，促进制造业企业向价值链中高端延伸，取得了积极成效。以苏州市为例，为强化服务型制造的政策保障，自2014年起，苏州市每年出台的重要政策文件中都明确支持服务型制造发展，并设立了2025年的建设目标。苏州市对负责服务型制造推进工作的同志进行专题培训。同时，每年定期组织企业参加服务型制造培训，组织企业分享服务型制造经验做法；组织"设计师走进企业"活动,助推第三方设计企业和制造企业服务对接;以及开展苏州市制造商转型服务商推进系列活动等,提升苏州市服务型制造工作水平。目前,江苏省拥有服务型制造示范企业 397 家、示范平台 28 个,其中国家级示范企业(企业、平台)20 家、示范城市 1 个(全国仅有 15 个),示范数量位居全国前列。

上海市:近年来,上海经信委专门成立了生产性服务业处,负责服务型制造政策研究制定、服务型制造推广等。上海大力推进传统制造业向服务型制造转型升级。通过引入先导产业创建了张江集电港功能区、康桥功能区等 40 余家生产性服务业功能区,在集成电路、生物医药等重点领域形成集约集聚集群发展模式。通过"双推工程"先后遴选近百家创新平台,扶持 2 万余家中小企业,打造了一批"上海服务"品牌。2019 年,在全国 B2B 百强榜单中上海企业约占比 1/4,居于全国第一。2020 年上海服务业增加值占 GDP 比重达到 69.9%,生产性服务业占服务业增加值的比重达到 60.01%,制造业服务化率接近 40%,已接近发达国家水平。根据《上海市服务业发展"十四五"规划》,到 2025 年,上海市服务业增加值占全市 GDP 比重力争达到 75%左右,生产性服务业增加值占服务业增加值比重达到 66.7%左右,知识密集型服务业增加值占全市生产总值比重达到 40%左右,并创建 25 个以上服务业创新发展示范区,从而构筑起新时期"上海服务"品牌优势。

**3. 认识与结论——服务型制造是我国制造业转型高质量发展的必由之路**

(1)服务型制造是欧美制造业发展的成功经验总结。

从欧美制造业发展历程看,欧美制造业通过转型服务型制造,在全球化进程中利用先发优势,占据了全球制造产业价值链的高端位置与核心价值环节,并以此实现对全球制造资源的系统集成和垄断控制。

其一,将制造业价值链中的中、低端环节不断剥离,并转移到制造成本更加低廉的发展中国家。

其二,对制造业价值链中的技术产品研发、设计等高端环节加强研发,并不断突破,实现产业升级和引领,逐渐向为第一、第二、第三产业赋能的具备高技术含量的先进服务业转移。

(2)服务型制造已成为国内制造企业转型升级的重要方向。

从对国内众多制造企业转型路径和发展成效的大量调研结论看,传统制造与服务型制造两大路径的发展结果已明显分化:"凡是成功转型服务型制造的企业,其业务类型和经营边界普遍得到拓展,应对市场和抵抗环境风险的能力普遍得到提升,企业经营效益普遍较好;凡是一直坚守传统制造经营方式的,随着技术溢出完成,企业普遍进入同质化竞争阶段，创新乏力，经营效益普遍较差。"从国内制造企业的发展转型趋势看，服务型制造模式已成为多数行业龙头企业挖掘市场潜力，扩大经营规模，快速提升经营效益的共识和共举。

（3）服务型制造是优化营商环境和产业生态的重要途径。

每个企业都有自身的认知边界和能力边界。在现代产业经济环境下，一个企业仅靠自身能力，很难实现对"人、财、物"和"供、产、销"各大要素和产业环节的最优化经营，产业分化和专业化协作是经济发展的必然，"大而全""小而全"的传统模式已很难适应现代产业体系实现高质量发展的目标要求。服务型制造的一个核心理念就是：通过专业化分工和社会化协作，提升企业的系统化技术和服务能力，为客户创造基于系统创新的产品和服务价值，从而实现客户价值最大化和自身利益最大化。

这一理念对企业而言有两层含义：其一，企业通过强化自身核心能力建设，形成具有差异化竞争优势的"护城"体系，向社会提供更加优质高效的专业化服务。其二，企业通过放弃不具备专业能力的非核心环节，通过外采外协等途径享受服务型制造带来的专业化服务成果。发展服务型制造有利于企业形成战略聚焦和能力聚焦，培育系统化经营的专业化协作理念和商业模式。

这一理念对社会发展而言，服务型制造作为一种新的产业形态，有利于提升区域专业化配套能力，促进产业专业细分和集群发展，从而有效提升区域营商环境和产业生态，为社会发展带来了巨大的产业机会。一方面，服务型制造为存量制造业优化提升创造机遇和条件，帮助存量经济连接新的市场需求；另一方面，服务型制造为增量经济提供更加丰富和专业化的服务支持，创造更好的营商环境。

### （三）服务型制造是陕西实现追赶超越的重要手段

西方发达国家产业结构经过长期演化，目前已基本形成两个70%，即服务业占GDP的70%，生产性服务业占整个服务业比重的70%。2019年，美国第三产业增加值GDP占比已超过80%，意味着生产性服务业GDP占比，亦即服务型制造这一新业态的产值贡献超过GDP的56%。现代服务业发展比较充分，已成为全球经济现代产业体系的典型特征。2019年，我国服务业占国内生产总值的比重达到53.9%，这一比例意味着中国经济发展进入"服务经济时代"，与发达国家服务业占比超过70%相比，我国服务型制造发展程度还很不充分，产业结构调整还有很大空间，制造业的服务化水平有待提升。

党的十九届五中全会将实现经济高质量发展确定为"十四五"发展的主旋律。同时明确提出"我国要加快发展现代产业体系""要加快发展现代服务业"。当前，我国经济面临高速发展向高质量发展的关键转型期，制造业与服务业的融合发展成为中国经济增长最有想象力的地方，推行服务型制造，提高制造业与服务业的高质量发展成为经济转型的关键节点。

制造业是陕西省经济发展的支柱产业。近年来，陕西大力实施工业强省战略，大力培育壮大能源化工、汽车、航空航天与高端装备制造、信息技术、现代医药、新材料六大新的支柱产业，以六大新支柱产业为代表的先进制造业实现产值占全省工业总产值的比重连年提升，产值比例现已超40%。陕西工业基础雄厚，科研实力全国领先，也是我国发展服务型制造相对较早的地区，在服务型制造相关理论研究和企业实践方面奠定了先发优势，发展以"陕鼓集团""陕汽集团"等为代表的服务型制造转型的成功模式，为陕西传统制造向服务型制造转型积累了丰富实践经验。

"服务型制造"是中国制造业应对消费升级和产业升级的必然选择。我省应积极贯彻落实党中央的战略部署，深入研究服务型制造发展的产业逻辑、转型路径、发展模式、发展效果等，宣贯引导我省传统制造业全面向服务型制造模式转型，为我省制造业实施高质量发展创造良好产业环境。

## 二、中国服务型制造发展的趋势

### （一）我国的服务型制造推广体系正在逐步完善

**1. 服务型制造上升为国家战略方向**

2015年，《中国制造2025》发布，并将"积极发展服务型制造和生产性服务业"作为其中的九大任务之一。2016年7月，工业和信息化部、国家发展改革委、中国工程院联合印发了《发展服务型制造专项行动指南》，服务型制造在我国进入快速推广发展阶段。2017年，以中国服务型制造联盟为依托，建立"服务型制造万里行""中国服务型制造大会"等形式的宣传渠道，并持续开展服务型制造示范城市、示范企业、示范服务平台、示范项目等评选和示范活动。此后，服务型制造在党的十九大报告、2019年中央经济工作会议公报等多个国家政策文件中被广泛提及。我国国民经济第十四个五年规划和2035年远景目标纲要，对发展服务型制造新模式明确提出："推动制造业优化升级。深入实施智能制造和绿色制造工程，发展服务型制造新模式，推动制造业高端化智能化绿色化。"

**2. 各省市服务型制造政策体系快速跟进**

截至 2020 年 10 月，全国已有 21 个省份和直辖市发布了服务型制造配套政策文件，其中 16 个省、市出台了财政支持政策。全国已有多个省、市成立了"服务型制造领导小组""服务型制造发展办公室"等推广机构。至此，我国多个省、市已初步建立起分层布局、全面覆盖的服务型制造政策体系。

**3. 中央和地方联合成立了首个服务型制造研究院**

2020 年 9 月，工业和信息化部电子第五研究所与杭州市余杭区人民政府、杭州余杭经济技术开发区三方合作创建了服务型制造研究院，旨在联合中国服务型制造联盟海内外资源，形成促进"两业"深度融合发展的示范工程建设，助力打造国际领先的先进制造业集群建设。

### （二）我国对服务型制造的创新模式持续总结和推广

目前，工业和信息化部牵头对我国服务型制造创新模式进行深入研究和总结推广，已总结出工业设计服务、供应链管理、共享制造、检验检测认证服务、全生命周期管理、总集成总承包、节能环保服务、生产性金融服务、其他创新模式共十大典型模式，并据此遴选出代表企业、项目、平台进行示范，以此促进服务型制造在全国宣传和推广。

### （三）我国服务型制造实践经验丰富，但发展很不平衡

从我国服务型制造的区域发展特色看，东部地区依托特色产业集聚基础和数字化技术深度应用，服务型制造发展水平最高，2020 年中国服务型制造联盟发布的《服务型制造区域发展指数（2020）》揭示，排名前 4 位的省市是浙江、江苏、广东、上海，均位于东部地区。中部地区服务型制造发展主要依托特色产业拓展服务增值空间。西部地区发展呈现明显不均衡特征，四川、云南、重庆、陕西等地服务型制造发展水平相对领先。部分制造业发达省市在服务型制造推广实践方面积累了大量宝贵经验，值得其他省市借鉴学习。

## 三、陕西省服务型制造发展现状及存在问题

### （一）发展现状

**1. 理论研究方面**

西安交通大学以陕鼓集团发展历程为研究对象，率先于全国开展服务型制造的

理论研究，提出了服务型制造的概念，其研究成果对国内制造业转型服务型制造产生了重大社会影响，并最终上升为国家战略在全国进行专项推广。

**2. 企业实践方面**

以陕鼓集团、陕汽集团等为代表的一批传统制造企业，早在 2001 年开始，就通过自发摸索实践，深化市场和客户研究，挖掘产业环节的服务增值空间，以产品为载体，拓展服务价值，创造性发展了一批创新的服务型制造新模式，提升了品牌认可度和客户黏性，逐渐成长为细分领域具有明显差异化竞争能力的现象级企业。这些企业凭借对所在领域的行业认识和市场挖掘，实现了源于制造、超越制造的领先优势，走在了行业前列，逐渐成长为所在行业的领军企业。

近年来，西科控股、易点天下、陕西禧福祥等一批第三方服务企业，凭借企业自身在"供、产、销""人、财、物"各环节和产业要素方面的专业化优势，通过深挖某一细分领域市场需求，针对行业痛点问题，形成系统解决方案，为各类工业企业提供专业化服务。西科控股瞄准硬科技类企业的创业需求和普遍痛点，为科技类人才创业和科技项目孵化提供专业化的投资服务。易点天下利用数字化专业技术优势，为企业提供互联网广告的精准投放服务。陕西禧福祥通过专业化的品牌开发和市场开拓，缔造了 6 年西凤和 15 年西凤两个子品牌，成为引领西凤酒迈入百亿征程的排头兵。目前，这类企业多数已成长为所在细分领域的现象级企业。

**3. 平台搭建方面**

陕西省服务型制造发展中心、西安市中科硬科技研究院服务型制造研究中心先后成立，分别依托省内高校、企业，联合行业协会和政府机关，聚焦我省传统优势产业，开展有关服务型制造创新发展的理论和应用研究，为陕西服务型制造发展提供智库服务。

### （二）存在问题

**1. 对服务型制造的价值认识不足、推广能力不足**

与我国制造业相对发达的东部沿海地区相比，陕西从政府到企业，对发展服务型制造潜在的巨大产业价值理解不深刻，对制造业的发展趋势缺少战略研判，全面开展服务型制造转型的专业化服务机构和服务能力相对不足，对服务型制造发展缺少系统化的布局。

从调研结果看，在我省工业界和企业家队伍中，普遍还没有认识到服务型制造新模式对产业升级、结构调整的重大意义和对企业未来发展的潜在战略意义。多数制造企业目前依然停留在"重硬件制造，轻客户价值和产品研发，忽视产业价值链判断"的产品思维阶段，企业经营多聚焦于硬件产品的生产制造过程，对市场需求变化和行业痛点问题缺乏敏感性，对客户的需求变化缺乏研究，对服务增值空间缺乏有效挖掘，企业成长过程中扩产扩能热情高，价值挖掘和价值提升的热情不足，形成了以重资产结构为特征，"大而全""小而全"的运营模式，从而陷入同质竞争怪圈，运行效率低下。

**2. 政策体系不完善，企业服务型制造转型缺乏系统引导**

从陕西服务型制造发展历程看，企业对服务型制造发展模式的探索实践，多是基于自身业务范畴的粗放摸索，缺乏系统性和专业化的理论指导和路径引领。服务型制造政策体系不健全，培训渠道不完善，行业转型缺乏系统化引导与专业化指导，增加了服务型制造转型效果的不确定性，不利用形成行业带动。

（1）我省推广服务型制造的政策体系相对滞后。

2020年之前，陕西省尚未针对服务型制造发展出台专项政策文件，也未设立专项负责推进服务型制造发展的组织机构，在一定程度上反映了陕西省对服务型制造的认识和重视程度还没有上升到发展战略的高度。此外，从陕西省已经颁布的与服务型制造相关的指导政策来看，政策文件多倾向于宏观指导，缺乏具体的实施细则，缺少配套专项资金、奖励制度等落地性实施办法。政策导向不完善，组织机构不健全，对于带动陕西省制造企业实现服务型制造转型的支持力度不够。

（2）政策偏于宏观，缺乏落地实施细则。

我省现有的服务型制造相关政策多停留在纲领性倡导层面，缺乏基于多部门协调支持的组织实施方案，也缺乏资金、税收、法律等具体支持办法。截至2020年，陕西省工业和信息化厅才颁布了《陕西省发展服务型制造实施方案（2020—2025）》（陕工信发〔2020〕235号），目前尚未见到支持服务型制造发展的具体实施方案，政策体系相对粗放宏观。

（3）产融结合不足，金融未能完全支持实体经济发展。

建立良好的产融结合机制，优化投融资环境是陕西省传统制造向服务型制造转型升级的基本需求。在陕西省"金融业支持实体企业发展"的具体实践中，促使产融结合的体制机制一直未能彻底理顺。一方面，融资性担保体系发展不足，担保公司的实力普遍较弱，难以取得银行的信任，致使成本层层转嫁，进一步助长了企业贷款难、贷款贵的现象。另一方面，陕西上市企业数量少，企业直接融资比例不足，加之金融租赁、信托、保险和基金等金融资产总量偏小，金融业资源错配、结构失调等问题还很突出。传统的授信体系和抵押担保机制，对于创新性企业、成长性企业以及服务型制造企业等轻资产类型的企业制约较大。"融资难、融资贵"不仅增加了企业融资的直接财务负担，而且提高了制造企业技术创新、市场拓展以及资源整合的资金门槛和试错风险。

**3. 能够指导企业服务型制造转型的专业平台匮乏**

服务型制造转型涉及企业产品结构变化，以及战略、文化、组织架构、业务流程、利益分配机制的整体调整。对于这种全面升级变革需求，多数企业，尤其是中小企业，在面对转型的具体实施路径时无所适从。但由于企业经营过程的复杂性和独特性，现有的研究平台工作重点多以单点技术开发、行业理论总结和发展的宏观路径研究为主，缺乏能够深入企业经营层面，并能够直接指导传统制造企业实施服务型制造转型的服务机构或平台，这无疑增加了制造企业转型服务型制造的实践难度。

近年来，我省虽然也成立了陕西省服务型制造发展中心等专项研究机构，但研究平台的细化程度还很不深入，数量不足，也始终未能真正打通"政、产、学、研、金、用"之间的行业壁垒。高校、政府等机构多聚焦于行业宏观层面，对企业微观层面具体的转型需求认识不足，很难提供具有针对性和实操性的指导意见，始终未能建立起为企业服务型制造转型提供实操性指导的体系化的专业服务平台。

**4. 发展服务型制造的人才资源普遍短缺**

服务型制造有别于传统的制造企业生产经营模式，对于资源多样性、地域宽广性、跨行业广度以及跨知识与技能的宽度等都需要大幅提升。在服务型制造转型过程中，传统制造企业原有的市场资源结构和人才结构往往不足以支撑服务型制造发展，这使得服务型制造转型过程困难重重。从我省制造业人力资源现状来看，能够满足服务型制造需求的人才缺乏，特别是发展服务型制造新业态的领军人物更是少之又少，在一定程度上增加了服务型制造推广和实施的难度。

## 四、建议措施

### （一）将服务型制造纳入陕西现代工业产业链建设内容

为进一步提升产业链发展水平，陕西省已从6大支柱14个重点产业领域里，筛选了数控机床、光子、航空等23条重点产业链，以期培育并打造陕西特色的产业集群。针对23条重点产业链的具体落实方案，建议贯彻围绕产业链布局创新链，围绕创新链部署产业链的精神，将服务型制造作为陕西现代工业产业链建设内容，作为提升陕西现代工业产业链建设质量的重要支持措施,由政府组织专家,借助陕西省服务型制造发展中心以及西安市中科硬科技研究院服务型制造研究中心优质平台,联合陕鼓、陕汽等制造企业以及西科控股、易点天下等第三方服务机构,依托有服务制造研究基础的高等院校共同开展专项研究,针对23条产业链进行逐链分析,融入服务型制造新模式并形成具体解决方案,引导企业通过服务型制造模式为现代工业产业链发展赋能。

### (二)广泛开展服务型制造相关的宣传交流和业务培训

针对多数工业企业对服务型制造认识不足、人才储备不足、转型能力不足等问题,建议由政府相关职能部门定期组织,联合服务型制造相关研究和服务机构,以促进传统制造向服务型制造转型为主题,对服务型制造的典型模式和先进做法进行培训和经验交流,深化认识,强化转型基础,增强转型动力。同时,与中国服务型制造联盟等国家级行业组织对接,积极承接"服务型制造万里行""中国服务型制造大会"等活动,引导在陕工业企业转型服务型制造,提升陕西服务型制造发展氛围和影响力。

### (三)研究并完善陕西支持服务型制造发展的政策体系

服务型制造概念源自陕西,研究成果辐射引领全国,产业基础扎实。建议陕西省委省政府充分研究并借鉴美国、德国等先进制造业国家的发展经验,深入学习服务型制造先进做法,强化社会制造过程分工和资源整合。充分汲取美、德等先进制造业国家的发展教训,绝不走制造业空心化道路。充分发挥陕西在服务型制造方面积累的基础优势,厘清工业服务业与传统服务业的区别,并以此引领陕西工业服务业快速发展,在新的历史时期叫响服务型制造的陕西特色。

为此,建议陕西省充分借鉴上海、广东、浙江、福建等服务型制造示范省市的先进做法,成立服务型制造领导小组,成立落实推进服务型制造发展的专门机构或责任主体,建立日常工作推进机制,在已发布的《陕西省发展服务型制造实施方案(2020—2025)》(陕工信发〔2020〕235号)基础上协调相关部门系统研究,尽快补充完善服务型制造发展的政策体系。

以金融政策措施为例:其一,建议由政府相关职能部门牵头,以"金融业如何支持陕西由传统制造向服务型制造转型升级"为题,联合金融机构为制造业向服务型制造转型提供金融服务方案,制定完善金融扶持政策和实施细则,引导社会资本参与，通过信贷风险补偿、风险分担等形式提升金融机构对制造业转型升级的支持力度，拓宽融资渠道。其二，建议政府协调银行等信贷机构，研究和识别服务型制造这一新兴业态的产业特征，据此建立更加科学合理的信用评级办法，促使银行信贷体系为陕西省制造业的转型升级保驾护航。其三，鼓励企业与金融机构联合开展金融产品创新研究，鼓励发展供应链金融、优化基金投资体系，鼓励制造业企业进行资产证券化融资等，解决产融结合痛点问题。

### （四）搭建陕西省服务型制造赋能平台，系统指导企业服务型制造转型

针对在服务型制造转型过程中，企业普遍缺乏实操方案这一突出问题，建议搭建"陕西省服务型制造赋能平台"（以下简称"平台"），以此为载体，研究并推进服务型制造发展。

**1. 平台建设目的**

平台将充分发挥运营团队和技术服务商在服务型制造方面的先进经验和优势资源，打造"政、产、学、研、金、服、用"共同协作平台，优化资源协作体系，为在陕工业企业服务型制造转型提供战略规划、技术研发、管理提升等专业服务，为政府产业调控政策赋能，助力在陕工业企业由传统制造向服务型制造转型。

**2. 平台运行方式**

建议由企业和高校主导、政府支持，并联合技术服务商、运营团队以及行业协会、社会中介等，共同组建陕西省服务型制造赋能平台。其中，政府部门以赋能平台为抓手，委托赋能平台进行产业研究，并协助制定完善服务型制造发展的相关政策，同时对平台进行宣传推广，提供资源及引导资金等支持；运营团队负责平台的专业化运营；技术服务商为平台设立提供解决方案和技术保障，行业协会、社会中介等自下而上促进企业与平台建立联系。

平台将汇聚国内外专家资源、技术资源和市场资源。其一，以平台为纽带，建立行业专家库（包括行业专家和企业），链接行业专家资源与企业痛点问题，采取线上问题收集与线下调研诊断相结合的方式，为在陕工业企业服务型制造转型提供诊断和咨询服务，帮助企业明晰转型战略，帮助企业制定服务型制造转型的系统解决方案。其二，平台通过数字化的知识整理和案例积累，对行业发展过程中遇到的共性问题进行汇总分析，通过大数据技术对这些知识进行分类管理，建立问题与解决方案相对应的行业知识库。

**3. 平台主要职能**

（1）为政府产业调控赋能。

平台通过行业景气指数监测、线上线下调研等方式，开展基于不同行业层面的宏观经济形势研究，协助政府掌握陕西省重点产业的发展水平，重点判别行业经济所处的周期节点及未来走势，科学反映行业整体经营效益及其影响因素，为政府产业政策制定和优化调整提供决策依据，协助政府优化营商环境和产业生态。同时，平台通过持续收集汇总企业发展需求和痛点信息，建立工业数据库进行行业大数据分析，从而实现对行业运行状况的动态研究，为优化行业生态、促进行业健康持续发展建言献策，协助政府做好行业引导和管理。

（2）为工业企业发展赋能。

其一，平台为工业企业服务型制造转型升级提供系统解决方案。一方面，引导企业实施产业价值重构和组织流程重组，放弃自身不专业且贡献值较低的非核心业务环节，接受服务型制造发展带来的专业化协作服务，帮助企业优化资产结构和技术结构，切实降低企业运行负荷。另一方面，引导企业聚焦核心业务环节，聚焦客户需求和消费趋势变化，优化产品业务体系，创新商业模式，创新服务增值和产品技术研发，不断拓展企业的经营边界。

其二，平台为工业企业服务型制造转型升级提供先进工具。依托领先的产业管理经验和行业最佳实践，充分利用工业互联网、大数据等先进的技术手段和工具，为在陕工业企业经营决策提供数据支撑，提升工业企业生产智能化、服务智能化和管理智能化水平。

其三，聚焦提升供应链、金融、节能环保、工业设计等生产性服务能力，解决服务型制造发展过程中的痛点和难点。例如，在解决供应链提升等一类行业共性的问题方面，平台通过识别产业链的区域供应短板，引导和帮助企业通过供应链金融、集采等途径降低企业采购和融资成本；在解决节能环保等一类具有企业个性化特征的问题方面，平台利用自身强大的专家库优势，通过专业匹配，帮助企业精准对接专家和企业资源，快速准确解决双碳背景下的企业遇到的能耗双控等痛点问题。

（3）为区域人才发展赋能。

平台整合社会资源，通过建立人才服务网络搜索、人才服务信息数据库和人才服务供需对接，加强服务型制造业人才需求预测、人才信息发布、人才培训、人才跨行业跨区域交流，实现对接供需的全智能化服务与管理。

其一，平台建立覆盖制造业各领域的求职寻才等人力资源服务信息的服务搜索引擎，整合国内外相关机构人才服务信息数据库，广泛吸纳个人、单位各类人才需求信息，为求助者提供海量真实、有效、动态的人力资源服务信息，为制造业大中小企业、政府机构、高校及科研院所、社会团队等提供全开放的人才通路，各方均可通过网站发布需求信息或提供人才服务。

其二，充分引入加盟服务机构的海量服务信息资源，保证平台人才信息数据的实时性，实现加盟服务机构和平台服务信息数据的动态更新。及时收录注册个人、企业和社会团体、高校等其他机构的人才信息，从而建立陕西省服务型制造动态人才服务信息数据库。

其三，开展人才培训、技术研讨、陕西省服务型制造峰会及论坛、国际交流等服务，为陕西省服务型制造转型提供人才智力支持。定期多渠道、多形式举办人才交流活动，不仅能推进重点领域共性技术研究与成果转化，更能促进陕西省服务型制造专业人才水平的整体提升。

其四，专家库可实现陕西省服务型制造专家的动态化、高效化和科学化管理，强化与高层次专家的沟通交流，促进高层次专家与企业间的合作。同时，借助专家智库，健全陕西省专业化人才评定制度及标准，改革省内人才管理机制，建立推行职业技能等级制度，确定新的专业人才工程计划，加强高技能人才表彰激励，不断完善针对服务型制造专业人才的各项政策。

（写于2020年）

# 破解西安工业短板研究

中心课题组
组　　长：曾昭宁（西安石油大学经济管理学院）
成　　员：巩前胜（西安石油大学经济管理学院）
　　　　　薛　静（西安石油大学经济管理学院）
　　　　　刘延慧（西安市发改委产业协调处）

**摘　要**　课题首先在对西安工业化阶段进行判断的基础上分析西安工业的五大特点，随后对西安工业短板的现状进行描述，提炼出西安补齐工业短板的发展思路和十大路径，最后针对性地提出九大对策建议。

## 一、西安市工业化阶段判断及工业特点

### （一）西安工业化阶段判断

西安处于工业化中后期阶段。

### （二）西安工业的特点

（1）工业门类齐全，基础雄厚。

（2）西安工业增长方式以投资拉动为主。

西安市工业经济近五年总体呈现增长的趋势，但增速较慢，并且主要是由投资拉动。

从表1可以看出，在2013年到2017年这五年间，西安市工业总投资与规模以上工业企业增加值的比值最低的是2013年的68.63%，最高的是2014年的92.44%，五年平均值为80.01%，说明西安市工业企业的产出更多是由于投资贡献，呈现出明显的投资拉动特征。

**表1　西安市2013—2017年工业投资与规模以上工业企业增加值**

单位：亿元

| 年份 | 2013年 | 2014年 | 2015年 | 2016年 | 2017年 | 均值 |
| --- | --- | --- | --- | --- | --- | --- |
| 工业总投资（I） | 868.57 | 1205.53 | 1135.87 | 949.27 | 1072.06 | 1046.26 |
| 规模以上工业企业增加值（IAV） | 1265.64 | 1304.12 | 1285.08 | 1320.61 | 1361.77 | 1307.44 |
| I/IAV（%） | 68.63 | 92.44 | 88.39 | 71.88 | 78.73 | 80.01 |

数据来源：根据《西安统计年鉴（2014—2018）》、2017年西安市统计公报整理而得。

（3）工业结构层次较高，但体量不大。

①工业三大门类结构分析。

根据国民经济行业分类，工业从门类上分为采矿业，制造业，以及电力、热力、燃气及水生产和供应业三大门类。2017年，西安市规模以上工业企业共实现工业总产值6018.79亿元，其中采矿业实现工业总产值51.33亿元，占工业总产值总额的0.85%；制造业实现工业总产值5549.89亿元，占工业总产值总额的92.21%；电力、热力、燃气及水生产和供应业实现工业总产值417.57亿元，占工业总产值总额的6.94%。西安市工业三大门类中，制造业占比高达92.21%，优势非常明显。这充分说明西安市的工业层次较高、工业结构较为优化。

②制造业内部结构分析。

按我国现行统计划分，制造业由31个行业组成，大致可分为四大类：轻工纺织制造业、资源加工工业、装备制造业和其他制造业。从表2中明显可以看出，与成都市、陕西省以及全国平均水平相比，西安市装备制造业在整个规模以上工业所占比重较大。2016年，西安市轻工纺织制造业占制造业比重为11.28%，分别低于成都市、陕西省以及全国平均水平7.94、10.71和16.50个百分点；西安市资源加工制造业占制造业比重为20.01%，分别低于成都市、陕西省以及全国平均水平1.45、27.80和18.50个百分点；而西安市装备制造业占制造业的比重为68.52%，分别高于成都市、陕西省以及全国平均水平9.57、38.57和35.62个百分点。以上说明，西安市装备制造业优势非常显著，制造业结构的高度化程度高。西安市装备制造业的迅速发展有利于提高国民经济各行业的技术水平和劳动生产率，从而提高西安市的工业竞争力。

表2 2016年西安市、成都市、陕西省、全国规模以上制造业结构分析表

单位：%

|  | 轻工纺织制造业 | 资源加工工业 | 装备制造业 | 其他制造业 |
|---|---|---|---|---|
| 西安市 | 11.28 | 20.01 | 68.52 | 0.19 |
| 成都市 | 19.22 | 21.46 | 58.95 | 0.37 |
| 陕西省 | 21.99 | 47.81 | 29.95 | 0.25 |
| 全国 | 27.78 | 38.51 | 32.90 | 0.81 |

数据来源：根据《中国统计年鉴2017》《陕西统计年鉴2017》《西安统计年鉴2017》《成都统计年鉴2017》整理而得。

虽然西安市工业结构层次高，但是工业总量小。2017年，西安市实现全部工业增加值1677.48亿元，而同期郑州的全部工业增加值为3679.46亿元，杭州为3980.30亿元，成都为5222.41亿元，武汉为4720.44亿元。可以看出，西安市的工业体量明显较小。

（4）国有经济比重大，中省企业多。

（5）军事工业强大，军民深度融合条件好。

西安市国防科技工业基础综合评价仅次于北京，位居全国第二位。西安市拥有全国近1/3的航天科研生产力量和近1/4的航空专业人才与高精尖设备，拥有国家级航空与航天基地以及数量庞大的军工企业与科研院所。此外，西安还拥有西北工业大学、西安电子科技大学、空军军医大学、火箭军工程大学等一批涉及军工的高等院校和普通院校，在校学生超过70万人，拥有各类科研及开发机构3000多个，各类专业技术人员近46万人。西安市良好的军工基础，为军民深度融合发展创造了优越的条件。

## 二、西安工业短板的现状分析

### （一）工业总量规模小，工业化率水平低

（1）工业总量规模偏小。

（2）工业化率低，并且呈现下降趋势。

### （二）工业结构分析

（1）行业结构：大部分行业还未形成规模效益。

（2）工业组织结构：①主体是国有及国有控股企业；②大型企业集中度高，中

小企业集中度低。

（3）工业投资结构：①国有投资占比低，先升后降；②工业、房地产和基础设施投资比例失调；③制造业内部投资与产业自身优势基本一致。

（4）工业布局结构：主要分布在"四区两基地"，但有交叉重合。

（5）研发投入结构：R&D 支出主体是制造业，最多的是装备制造业的部分行业，其次是化学制品以及医药制造行业，其他行业的 R&D 支出较少。

### （三）体制机制方面的障碍导致工业内部资源融合困难

首先，西安市军工优势资源与地方经济发展融合不足。陕西是中国军工第一大省，西安是全国军事装备最强的城市。西安具有仅次于北京、上海而居全国第三的综合科技实力。但由于传统计划体制的条块分割，这些科研技术和军工实力大多集中在央企、中央所属科研院所和高院校手中，特别是军工产业，与地方经济融合度远低于重庆和四川，严重制约了当地经济的发展。其次，"块块分割"比较突出，主要表现在开发区与当地政府之间的矛盾，影响工业资源的调整搬迁。因此，解决国防军工与地方经济、军品与民品的融合及开发区与当地政府的协调等问题的关键是体制机制的创新突破。

### （四）土地资源紧张，工业用地严重不足

西安开发区的开发普遍面临着挑战和困难，如高新区土地空间不足已经严重制约发展，而且今后获取土地的成本越来越高。工业园区受到地理条件限制，可利用的土地资源非常有限，制约和影响园区的发展空间。近年来，国家为了保护耕地，占地审批越来越难，经济发展用地很难获批，土地供应程序审核过慢。我市工业用地指标仅占全部土地的约 15%，成为制约工业发展的"瓶颈"。国家土地保护政策越来越严格，土地数量有限，外地企业往往进不来，难以安家落户。企业选址也因土地问题，影响了项目建设进度。

## 三、西安补齐工业短板的发展思路和路径

### （一）发展思路

根据国际国内宏观经济的中期走势，立足西安市"十三五"经济发展阶段的新特点，以科学发展观为统领，深入贯彻落实党的十九大精神，更好地利用国际国内两个市场、两种资源，以建设国际化大都市为目标，以丝绸之路经济带新起点建设

为契机,以构建现代产业体系为支撑,以推进"西安制造业2025"为引领,以工业体制改革为抓手,以"十化"(运行机制二元化、产业政策区别化、产业发展行业化、行业发展集群化、集群发展园区化、园区发展特色化、企业组织哑铃化、军民融合深度化、招商引资链条化、营商环境优质化)为路径,加大西安工业转方式、调结构力度,实现"西安制造业2025"与"一路一带"倡议的无缝对接,处理好生产性投资与非生产性投资的关系,特别加大对工业的有效投入,大力发展高端装备和战略性新兴产业,化解产能过剩,通过工业化和信息化的"两化融合",承接国内外产业转移,"腾笼换鸟",建设智慧园区,加快工业企业组织模式的创新升级,激励工业企业加大技改,提升工业企业竞争力,鼓励工业企业"走出去",促进西安工业经济的转型升级,推动生产型制造向服务型制造转变,并进一步优化工业布局,以工业结构的高度化和工业布局的科学化促进工业总量的较高增长,提高工业在GDP中的比重,扎扎实实地落实"工业强市"战略,建成现代工业体系,把西安建成现代、高端的老工业基地。

### (二)发展路径

(1)运行机制二元化。
(2)产业政策区别化。
(3)产业发展行业化。
(4)行业发展集群化。
(5)集群发展园区化。
(6)园区发展特色化。
(7)产业组织哑铃化。
(8)军民融合深度化。
(9)招商引资链条化。
(10)营商环境优质化。

## 四、破解西安工业短板的对策建议

### (一)调整发展时序

针对工业短板,在"工业强市"与"科技强市"发展时序的选择上,将"工业强市"排到首位。首先大力推进和落实工业优先的"工业强市"战略,资源大幅度向工业倾斜,重振西安工业化,用强工业来激活我市的科教优势,解决科技成果的市场需求问题。只有西安工业做大做强了,科教优势才能得到充分的发挥,"科技强市"战略不再悬空而能落地接地气,科技成果也就能进一步推动工业企业的技术进步、工业结构的高度化和整个工业的转型升级,形成工业强市和科教优势的良性互动,促进我市工业总量的追赶超越。

### (二)加大工业的资金投入

(1)鉴于我市基础设施、房地产和工业投资严重比例失调,整个产业政策要大幅度地向工业倾斜,充分运用政府掌控的各种资源(包括政策资源)和调控手段,尽快调整投资结构,处理好生产性投资(形成生产能力的工业)与非生产性投资(不形成生产能力的房地产和基础设施)之间的关系,当前一定要严控房地产价格的过快、过猛上涨,达到基础设施、房地产和工业之间投资的动态平衡,逐渐降低房地产和基础设施投资占比,给工业投资占比提升腾出空间。2~3年内将工业投资提高到2500亿元以上,工业投资占比提高到30%以上,达到武汉、长沙和合肥的当前水平。

(2)基础设施由于涉及部分民生问题,存在结构性矛盾,因此调整需要有保有压:①需要压缩重复建设、空间重叠、项目冲突、难以融合和无谓的投资浪费项目,如我市重大基础设施、公用设施项目缺乏互联互通,如火车站与地铁、地铁与高架桥、高架桥与管线等项目之间存在冲突打架、重复建设的现象;而像公共交通设施、地下综合管廊、生态环境等重大项目,不但不能压缩,还要进一步强化投资;②在每个年度内项目不宜太密集,要根据轻重缓急安排好时序,注意时间跨度上的相对均衡,优化基础设施的内部投资结构;③将压缩的重复建设等基础设施投资引导转向重大的工业项目。从动态增量分析,随着固定资产投资总量的增大,基础设施投资总量还会增大,关键是要适当降低基础设施的投资占比。

(3)增大工业投资总量,尤其是工业的民间投资,进而提高工业投资占比。

(4)针对我市技改投入的严重"超短板",抓住国家宏观技改机遇,在保证工业正常投入的条件下,一手抓新项目落地开工建设,一手抓存量企业技术改造,大幅度追加技改投资,尤其要吸引社会资本投资我市工业企业技术改造,2~3年内将技改投资额由2017年的238.82亿元扩大到1000亿元以上,技改投资占工业投资比重提高到45%以上。

(5)我市技改可借鉴深圳经验,重点瞄准"机器换人"、数字化车间、智能化工厂等方向,并加大这方面技改投资的倾斜力度,加快推进工业转型升级。

（6）我市引进的内、外资约占我市固定资产投资的35%，因此，①要加大招商引资的力度，进一步增大固定资产投资总量，从增量上加大工业投资；②要优化招商引资结构，除了新建项目外，还要引导国内外资金更多地流向我市工业企业的技改。

（7）转变政绩观及改革考核指标体系。建议增加我市企业考核技改的指标，并增大其考核权重。

### （三）实施区别性、强有力的工业产业政策

#### 1. 工业结构政策

首先运用主导产业的选择基准，在我市高新技术产业和装备制造业中筛选出"十三五"阶段的主导产业，按重点排出序列，并提升到国家战略高度，然后制定和实施产业政策，在工业结构政策上给予战略性新兴产业强有力的扶持和倾斜。

#### 2. 工业组织政策

制定出台以兼并重组为核心的大企业集团发展政策；为中小企业营造公平竞争环境、资金及管理技术，援助、鼓励与大企业专业化协助生产、促进中小企业发展的政策；支持民营中小科技企业"扎堆"协作发展的产业集群政策；放宽市场准入，鼓励社会资本进入高端制造业的政策。

#### 3. 工业技术政策

对高端高科技企业实行特别折旧，推动设备更新，并鼓励我市军工技术与民用技术相互转化，统筹科技资源和产业资源，加速工业技术升级的工业技术政策。

#### 4. 工业布局政策

促进"两区两基地"及其他工业园区以高端制造业的小行业为核心、专业化园区为单位的合理布局的工业布局政策。

#### 5. 工业贸易政策

提高我市高端制造业在出口结构中的比重，进而提高战略性新兴产业外贸依存度的工业贸易政策。

#### 6. 设立补齐工业短板的工业发展专项基金

财政安排的专项基金每年不低于50亿元，用于工业重大技术研发和产业化、技术创新、技术改造、市场培育、平台建设、人才引进与培养等。

专项基金要配套、切块："两园两基地"要根据具体情况确定配套基金的比例。同时，专项基金要分解为行业专项基金，如航空专项基金、航天专项基金等。

各部门的相关专项资金切忌"撒胡椒面",要按重点的排序集中使用,形成合力。

**7. 财税政策**

在国家政策的范围内,对主导产业实行差别税率、税收减免的财政政策。根据中央 2010 年 11 号文件精神,对从事战略性新兴产业的企业,减按 15% 的税率征收企业所得税。对我市战略性新兴产业的企业从事符合条件的环境保护、节能节水等项目的所得,可依法实行销售企业所得税"三免三减半"优惠政策。

**8. 土地政策**

积极落实国家适当降低西部地区开发园区建设用地基准地价政策。工业用地出让金最低标准,可区别情况按《全国工业用地出让最低价标准》的 10%～50% 执行。参考成都、杭州的经验,工业用地占全市用地指标由 15% 提高到 30%～40%。

**9. 政府采购政策**

在同等条件下,省、市政府对我市战略性新兴产业实行政府优先采购的优惠政策,如对我市半导体照明的示范路段及样板工程的政策倾斜,陕北风电装备市场对我市的优先采购等。

### (四)发展壮大产业集群

**1. "政府主导型"产业集群模式**

产业集群理论和国内外实践表明,产业集群主要是市场化作用的结果。西安作为经济欠发达地区,市场体系发育还不完善,还不同程度地存在"市场失效"现象。西安的产业基础是在计划经济时期国家基于国防化的考虑而强行"嵌入"的,其主体是国有大中型企业,以中省企业为主,国有经济至今仍占很大比重,在战略性新兴产业领域,国有成分比重也高,如航空、航天等。基于这个历史遗留的状况和基础,西安在大力发展民营科技企业,不断提高市场化率的前提下,在短、中期战略性新兴产业集群的成长壮大还需政府一定程度的扶持和调控,应主要借鉴苏州"政府主导型"的集群模式。

**2. 制订和组织实施发展规划和行动方案**

建议西安市政府尽快制订类似 2002 年 12 月出台的《西安工业振兴计划》及《关于振兴西安现代制造业的实施意见》这样的全局性的战略规划和行动方案。规划具体包括:总体补齐工业短板规划纲要,各工业行业规划(包括集群规划),明确补齐工业短板中长期发展思路、目标、重点、主要任务和重大对策,定期或不定期向社会公布集群导向目录,增加规划的公开性和透明度,为国内外工业大企业和配套企业提供市、区县产业链上的重要和缺失环节等信息,以有效引导工业资源向西安特定专业化园区聚积。

**3. 做强龙头企业**

(1)优化企业组织结构,加强研发设计和总装调试、服务营销,精简生产的中间环节,除保留部分关键零部件的生产外,尽可能扩大外协部分,或通过改制等形式将其剥离出去,实现企业组织由"橄榄形"向"哑铃形"转变,提高应对市场多变的能力。同时也应尽快将后勤部分分离出去,实现服务社会化。

(2)产业集群的核心是龙头企业,龙头企业的核心则是品牌产品,我市要实施名牌战略,在巩固和提升现有名牌装备产品的基础上,强化企业技术创新,研制开发出一批具有自主知识产权、技术含量高的名牌产品;同时还要积极引进国内外的名牌产品,走嫁接引进的新路子。重庆通用工业集团的经验表明,只有龙头企业具有核心技术和核心竞争力,从而具有品牌产品,就能吸引大量配套企业,甚至吸引境外战略合作者来合资,并且掌握合资主动权,使龙头企业进一步强化竞争优势和"吸盘效应"。

**4. 提高当地中小企业的配套能力**

(1)由于西安市相当一部分国有大中型高技术企业的配套大部分都在外地,因此,西安市国有资产管理体制改革的任务之一是提高其在当地的配套能力。建议西安市国资委做一个调查摸底,认真摸清市内外配套状况,并列出清单,如果市内或当地有具备配套能力的企业,由政府出面与龙头企业进行信息等方面的沟通和联系,以提高配套率。但是在操作中一定要尊重企业的意愿,切忌搞"拉郎配"。

(2)培植配套协作能力,也需要政府的大力支持:一是把现有的适用于骨干企业的税收优惠政策顺延给为其配套协作的专业厂,对新建的配套协作企业实行税收优惠政策。二是对骨干企业中转移出来的人才,给予特殊的鼓励政策,愿意保留其在骨干企业身份的予以保留;采用一次性奖励的办法,鼓励有能力的人才走出来领办企业;理顺解决这类人才的政治待遇、技术职称、人事关系等问题,排除后顾之忧。三是对新建的配套协作企业,创造良好的外部环境,在土地、环保、能源供应、交通等方面做好配套。

(3)为缩短产品配套周期,龙头企业可就近培育一批配套企业,利用企业人力资源配置体系的优势,使其成为培养协作配套人才的基地。把自己企业内的市场,熟练掌握技术的人才,甚至将一些设备转移出去,培植产业链和产品链,在发展自己的同时，扩大全行业的规模，带领产业的发展。陕西汉川机床厂的经验是：对本厂技改淘汰下来的机器设备，遵照"谁给我干活设备给谁"的承诺，优先让给资质好的配套企业，可优惠到先不付款，以后用配套生产的零部件来"顶"，在周边扶持一批民营中小企业成为自己长期的合作伙伴。上述的经验可在西安市及区县推广。

（4）通过提供资金和开展培训，鼓励有专业技能和管理能力的员工出去创业，办小型私人企业，从事外围的、辅助性的零部件、元器件生产和原材料、燃料供应等服务，成为龙头企业的供应商，充实和延伸产业链。

（5）龙头与配套企业的合作关系一旦形成，二者在利益上俱荣俱损，从国有企业垮台而导致龙头企业产业链条断裂，甚至整个集群崩溃的现象时有发生。因此，骨干配套企业的发展决不能"单打一"地仅给一家龙头企业配套，为规避风险及适应专业化、规模化的要求，主要配套企业的发展应从初期给单一龙头企业配套逐渐过渡到给整个行业配套，最终较大面积地形成面向全行业的配套协作企业群。这样不但能使配套企业持续发展，也能强化产业集群的壮大。

**5. 招商引资中加强集群式招商**

（1）在国内外选择大项目招商时，首先要考虑其产业关联度，按产业关联度大小确定重点并进行排序。同时还要注意后续招商，将其配套的项目和企业陆续引进来。这种"产业化"招商，有利于市内产业链条的延伸，形成集群。

（2）对西安配套能力较差和缺乏配套能力的开发区，可实行集群式"一揽子"招商，将龙头企业和主要配套企业"打捆"引进，充分利用园区在生产要素和投资硬、软环境上的优势，尽可能从外部移植进来一个集群框架，并尽快形成产业规模。

### （五）超前、科学、合理布局

**1. 以专业化园区为基本单位优化工业布局**

因为产业集群规模的边界是产品或小行业，如果开发区能将产业定位细化到小行业定位，各自的特色便凸显出来了。而以小行业为核心的专业化园区是产业集群的空间载体，布局规划只有细化到专业化园区，以专业化园区（产业集群的空间载体）为基本单元进行布局，才能做到招商引资的增量项目和搬迁调整的存量企业"各就各位"地进入自己的专业化园区，拉长产业链，提高配套率，只有把集群做起来，工业体量才能上去。同时，全市布局规划必须要有未来20年现代制造业的预留空间。

国家级开发区需要裂变为若干个专业化园区,各自的特色便凸显出来了,方能形成以小行业为核心的专业化园区和产业集群。如高新区现已形成的通信、软件、轿车、生物制药等专业化园区和产业集群。

我市高新区与经开区的定位和布局始终是一个棘手的问题。随着三星电子项目的进入及产业集群雏形的形成,加之高新区原有的电子通信等电子信息产业的基础,在我市装备制造业结构的布局上,从招商引资的增量角度,高新区今后主要承接和布局装备制造业中的电子装备项目;而经开区鉴于长期机械装备的产业基础和优势,则主要承接和布局发展装备制造业中的机械装备部分。至于历史上存量长期存在的重复交叉部分,则需要在中长期的调整搬迁中逐渐完成。

我市各区县工业园布局紊乱,成为一个个"小而全"的"马铃薯"。作为区县工业园,最忌讳构建完整工业体系"小而全"的思路,需要借鉴"陕西制造,铜川配套"的思路,树立配套意识。我市区县工业园调整的方向有两个:①调整为以小行业为边界的1~2个专业化园区。②调整为大的开发区或行业的配套园区。要充分利用区县劳动、土地和资源的低廉优势,重点发展中低端以劳动密集型为主的产业,主要承接从东部地区转移的零部件、元器件生产和西安大中型企业与军工企业为优化"哑铃形"企业组织结构通过改制、改组等形式从企业内剥离出来的中场产业部分,形成若干个"块状"产业集群。

### 2. 市工信委制订出台全市工业布局专项规划

制订出台全市工业布局专项规划,用以指导和调整各区县、各级各类开发区即将开始制订的"十四五"规划。为克服各区域、各部门的利益驱动,保证全市产业布局规划的制订和实施,学习成都经信委、沈阳铁西区等的经验,建议全市成立一个统一的、具有高度权威性的机构来组织实施和协调。机构的负责人由市长担任,成员由市上相关综合部门、各区县及国家级开发区的负责人、专家组成,常设机构设在市发改委,制订专项布局规划,科学布局,促进产业集聚;上收各级工业园区招商引资项目的落户权,特别是招商引资中大项目的落户权应由此机构来决定;由此权威机构统筹安排区县、开发区工业项目用地,确定具体项目用地指标,以调控土地要素来保证布局规划的实施。

### 3. 调整部门、地区和干部考核管理指标体系

我市应该尽快调整部门、地区和干部考核管理指标体系,落实科学发展观,杜绝"唯 GDP 最大化"的倾向。

**4. 加大违规成本**

对从局部利益出发乱抢项目、违反全市产业布局规划、破坏全市产业统一布局的单位和企业,要制定和实施惩罚措施,加大违规成本,如取消相关优惠政策,市工信委、市科技局等各种专项基金不予支持,停止水、电、气及土地的供给等。

## (六)军民深度融合

关于我市军民融合深度发展,已出台《西安创建国家军民融合创新示范区实施方案》《西安市军民融合深度发展专项行动计划(2018—2020)》等实操性文件,这里仅做一些补充。

(1)全市系统推进全面创新改革试验中体制机制改革的重点、难点、热点均在军民融合领域。在当前军品任务饱满的情况下,军民深度融合当前的重点是民参军,围绕民参军进行体制机制的突破。

(2)设立我市统一、高效、权威的军民融合发展决策协调机构和工作机制,主要职能是负责我市军民融合顶层设计、编制发展规划、协调重大项目和事项及沟通国家有关部委、军方等。组长由市委书记担任,副组长由市长担任。整个产业政策要大幅度地向军民深度融合倾斜,充分运用政府掌控的各种资源(包括政策资源)和调控手段,提升军民融合深度发展水平。

(3)西部军民融合深度发展,仅仅靠几个大省及市、区"各自为战"是远远不够的,西部工业省、市、区必须联合起来,结成区域性一体化的战略同盟,建议组建跨行政区的省市际合作、高层推进的制度性组织协调机构,加强合作协调,形成西安与四川、重庆相关地市在军民融合协作的西三角。协商合作包括:①利益达成共识的基础上,联手积极争取国家对西部军民融合优惠政策支持,并进行各省、市、区相关政策的统一协调;②制订西部军民融合总体发展战略和规划,并就总体战略及规划与各省、市、区战略及规划进行衔接和协调;③打破省、市、区之间的行政壁垒和市场分割,相互开放资金、人才、技术、产权等要素市场,在更大范围内优化配置军民融合资源;④整合西部科技资源,促进军转民技术、民参军技术、军民两用技术跨行政区的扩散和外溢,使军民两用技术向商品化、产业化、市场化方向转化;⑤打破地区、行业、部门和所有制界限,以资产为纽带,通过参股、控股、兼并、重组、联营组织专业化协作等多种形式,组建若干具有参与国际竞争实力的军民融合大型企业集团;⑥就大中型军工国企改革、军民深度融合等重大问题进行经验交流和教训总结。

（4）借鉴重庆经验，构建三个组织：①"西安市军民融合联合会"，依托市工商联组织民间机构、私营企业，为军民融合提供信息、招商引资、技术合作、社会化服务等；②"西安市军民融合产业联盟"，依托市工信委组织全市国有军工企业、"民参军"企业实现信息共享、资源共享、技术协同攻关、分工协作配套等；③"西安市军民融合专家委员会"，主要开展举办高端论坛和研讨会、重大课题研究、重大项目和规划的论证、提供决策咨询建议等。由市主要领导担任主任委员，成员聘请国家级顶级专家、院士和行业领军人物参加，建成我市军民融合高端智库。

（5）全市推广成都实行的"以股权为纽带的军民两用技术联盟创新合作"和"民口企业配套核心军品的认定和准入标准"军民融合创新改革举措。

（6）高新区军民融合产业园和经开区军民融合创新示范园这两个园区内行业过多，有"大而全"和"大杂烩"之嫌，建议高新区、经开区各自裂变或整合突出若干个军民融合小行业为核心的专业化园区（如高新区的半导体专业化园区、经开区的军民两用新材料专业化园区），进而形成军民融合小行业为边界的产业集群。

（7）充分发挥我市军民融合雄厚的产业基础和独特优势，以及制造业、装备制造业的军民融合战略定位特色，在全球范围内竖起这面旗帜，加大宣传力度和招商引资力度，吸引全球、外省市"民参军"企业、军民融合项目来我市落户。同时加强与国家部委和军工集团的对接，瞄准国家战略布局，争取国家重大项目、重大科技专项、重大装备专项、军民融合重大项目在我市布局。

（8）将军民融合深度发展与"一带一路"倡议相结合，开拓国际市场，重点开拓中亚、西亚和东盟国家市场，推动我市军民融合产业、产品"走出去"，鼓励军贸，加大航天产品、特种车辆、电子元器件等出口，逐渐增大军民融合产品在出口结构中的比重，并加大军民融合国际合作交流。

（9）充分利用西安军事院校、地方高等院校的强大实力，加强军地复合型人才的培养和引进。这类人才主要包括企业家、工程技术人才、管理人才、新兴专业人才以及高级技能人才（高级工、技师和高级技师）。需强调两点：①军民深度融合需求最紧密的是复合型人才；②我市已出台"人才新政23条"，细致可行，关键是要抓落实。

### （七）优化营商环境中的产业配套环境

从改革开放以来开发区营商环境优化的演变看，一般经历三部曲：开发区创业初期以基础设施为主的投资硬环境；包括优惠政策在内的投资软环境；当前的产业配套环境。具体包括：专用基础设施、龙头企业的核心竞争力、企业配套范围和水平、现代物流业、社会化中介服务体系、各类人才、行政效率等。一个区域产业配套环境好，可以招来各类企业，相反，产业配套环境欠缺，不仅引不来企业，而且还留不住当地和已落户的企业。我市大唐、海星总部及分公司的外迁，原因之一就是当地产业配套环境不佳，解决不了配套问题。因此，优化营商环境落到产业集群的培育上，则必须细化到优化产业配套环境上，包括以下几个方面：

（1）重视产业配套环境建设。政府各部门要改变过去重招商引资轻产业配套环境的倾向，将我市产业配套环境建设作为优化营商环境的重中之重来抓，尽快制定出台《西安市关于优化产业配套环境的若干意见》，并将优化产业配套环境建设纳入各区域经济社会发展规划。

（2）区别性地建设专业化园区的专用基础设施。无论地方政府或开发区管委会，在规划建设专业化园区的硬件设施时，必须要具体到专用基础设施层次，体现不同专业化园区基础设施的特点。

（3）专业化园区实施优惠政策吸引配套企业。当地政府和管委会要盖标准厂房、办公楼及仓储等，解决外部企业的进入，并出台相应的优惠政策，例如可让配套搬迁企业先租后买，也可让配套企业租用厂房等，可免交 2~3 年租金。

（4）增强龙头企业的核心技术和核心竞争力，以吸引大量配套企业。

（5）提高配套企业水平。我市除了要大力发展民营中小企业外，更重要的是要提高民营中小企业的技术水平、精加工能力、管理水平，并鼓励它们走规模化道路，成为行业配套的主力，力争在"十三五"期间大面积地提高我市工业的配套能力。

（6）大力发展现代物流业。我市要依据航空、铁路、公路枢纽优势和城市路网布局，加大物流资源整合力度，尽快培育和引进一批大型物流企业，加快第三方物流发展，建设物流园区、物流配送中心、物流平台和物流体系，提高我市的物流能力。

（7）加快社会化中介服务体系建设。要加强行业协会、职介所、会计师事务所、律师事务所、信息咨询、信用担保、资产评估、审计、融资等中介服务建设，它是推动产业配套的重点之一。

（8）加快各类人才的引进和培养。我市要加快各类人才的培养，就技能人才而言，要重点加强高技能人才引进培养，建设高技能人才培养基地和高技能人才鉴定基地。

（9）提高行政效率，狠抓政策落实。各级政府要在继续出台、完善扶持产业集群成长的优惠政策基础上，提高行政效率，狠抓政策落实，建立政策落实的长效机制（尤其是行政执法部门），由全能型、管理型政府转变为落实型政府和服务型政府，让企业"最多跑一次""最好不要跑"，降低制度成本。然而更重要的是各级政府要克服局部和部门的利益驱动，抓诚信建设，政府要带头做到"言必行，行必果"，为全社会的信用体系建设做出表率。

## （八）提高工业外向度，深度融入"一带一路"倡议

西安工业与"一带一路"沿线国家存在高度的互补性，产能合作前景广阔，补工业短板，需要开拓"一带一路"市场。

### 1. "一带"需求

中亚各国的优势产业主要处于采掘业、轻工纺织、资源加工工业的中低端层次。采掘业主要是煤、油、气、矿产资源等初级产品，轻工纺织主要是纺织工业、食品加工工业等，资源加工工业主要是原材料工业、化学工业、冶金（有色金属、黑色金属）工业、建材工业等。从需求看，中亚国家能源和矿产资源的勘探、开发、加工以及再加工，农业和轻工业的发展，基础设施建设等，都急需技术装备来武装。

### 2. "一路"需求

从开辟东盟市场的可行性分析，东盟国家蕴藏丰富的油气资源及矿产资源，其勘探、开发、加工、再加工，急需技术装备及能源装备武装；东盟国家基础设施长期落后，基础设施建设需要重卡等工程机械；东盟国家农业比重较大，也需要大量农业机械装备，因此，我市开拓东盟国家为主的"一路"沿海国家市场势在必行，急需规划。

### 3. 西安供给

西安是全国著名的老工业基地，工业门类齐全，其中最大的优势是装备制造业和战略性新兴产业（包括高端装备），装备制造业已经成为西安最大的支柱产业。西安将建成国家级的装备制造业和战略性新兴产业基地，是丝绸之路经济带上工业最强、层次最高的"装备部"城市。在产业的互补性上，西安作为"装备部"，可为中亚、东盟国家提供能源装备、化工装备、冶金装备、交通运输装备、农业机械及轻工纺织装备等。

中亚、东盟各国当前正面临产业结构及工业结构的升级，可大力实施进口替代战略，这涉及需要进口生产线及零部件、元器件、科技成果和人才，而这些恰恰是西安的优势所在，这将给西安发展高端装备及战略性新兴产业提供广阔的市场。

从西安装备制造业结构分析，西安装备制造业的传统优势是机械装备。三星等项目投产后，长安通讯产业园将成为西北最大的工业园区，电子装备会更强大。而这些恰恰是中亚、东盟国家推进工业化与信息化的"两化融合"所需要的。

**4. 西安供给特色**

陕西省装备制造业中60%左右是能源装备，具体包括石油天然气钻采设备、输变（配）电设备、煤炭开采洗选设备、太阳能光伏设备、风电设备、重大煤化工、石油化工、核电设备、节能设备、新能源汽车等，大部分集中在西安。从国家层面看，双向开放的大背景之一是国家能源安全战略的巨大需求，尤其是油气资源的内陆引进。在当前欧美经济不景气的条件下，用能源装备去开拓和武装"一带一路"沿线国家的工业化，西安可在能源装备上做"大文章"。打"能源装备牌"是"一带一路"国家层面赋予西安工业发展的最大机遇，符合国家能源战略及相应的产业政策。

## （九）先进制造类特色小镇建设

**1. 特色小镇的产业根基**

根据浙江关于特色小镇的理论与经验，完整意义上特色小镇的基本元素可归纳为：产业+居住+旅游+文化+生态+传统。

特色小镇是产城融合的产物，是新型城镇化的组成部分，来源于浙江省特色小镇的理论和实践。特色小镇的经济基础是特色产业，而在特色产业底部支撑的产业组织形式是特色产业集群，故浙江支撑特色小镇的根基是特色产业集群。因此，建设特色小镇的内涵、边界、基础、机制、配套等在一定程度上首先就落到特色产业集群上。特色小镇之所以起源于浙江，在于浙江产业集群这个基础面发育得较完善。因此，我市建设特色小镇，一定要把自下而上的产业集群发展壮大起来。

特色小镇建设的基本逻辑思路：特色产业集群→特色产业→特色"块状经济"→融入其他要素（居住、旅游、文化、生态、传统等）→特色小镇。

**2. 特色小镇的产业边界**

既然特色小镇的产业根基是产业集群，那么产业集群就有特定的边界，不能过大，诸如制造业产业集群、机械工业产业、电子信息集群等提法均是不妥的。根据产业集群的理论，产业集群的边界应当是产品或小行业，来源于日本大分县的"一村一品"指的是产品，"一乡（镇）一业"则指的是小行业。如浙江的打火机、袜子、低压电器等产业集群均是以产品或小行业为边界。因此，特色小镇的产业边界应细化到产品或小行业层面，这是我市特色小镇建设需要把握的"底线"。

### 3. 特色小镇的产业（小行业）定位

特色小镇的产业在数量上只能有一个特色产业或特色小行业，"一村一品，一乡（镇）一业"所强调的"一品一业"就是这个道理。一般来说，在特定的区域内，产业或行业数量多了就无特色了，特色小镇的"特"就体现在"一个"行业上。在特色小镇有限的空间范围内，根据产业集群所具备的三大特征，任何一个小行业都需要围绕一个龙头企业，拥有横向众多同质企业的密集配套；纵向众多异质企业的上下游产业链；完善的社会化中介服务体系。再加上人居、社会服务设施、道路、绿地、旅游景点等的空间配置，1平方千米的核心区建设面积是无法容纳多个小行业的。

当前我市的区县工业园区，如鱼化工业园、蓝田工业园等基本上是许多产业、行业聚集的臃肿"小而全"和"大杂烩"的综合体，无行业特色，正是在这个意义上，当前我市各个工业园区现状是不适宜戴"特色小镇"的"帽子"。这是特色小镇区别于工业园区的根本所在。

### 4. 建设特色小镇是以增量为主还是以存量为主

浙江建设特色小镇的初始动议，就是基于土地短缺的制约，浙江只有10万平方千米陆域面积，而且是"七山一水两分田"，长期以来一直致力于在非常有限的空间里优化生产力的布局。在此约束下，特色小镇是破解浙江空间资源瓶颈的重要抓手，试图用最小的空间资源达到生产力的最优化布局。这就是浙江特色小镇"规划面积控制在3平方千米左右，建设面积控制在1平方千米左右"的由来。

我市的土地同样是经济发展的重大瓶颈，尤其是工业，其用地指标低至15%，因此特色小镇建设在一般情况下，最好立足于现有的存量空间，即在原有的空间基础上建设，如陕鼓特色小镇。当然，像战略性新兴产业方面的特色小镇，由于过去没有基础，只能在增量土地上建设。总之，我市特色小镇建设要求精不贪大，小而精，精益求精，尽量节约土地，以存量为主。

### 5. 特色小镇的运行机制

浙江特色小镇的产业基础是特色产业集群，其形成、运行机制是以市场机制为主，是自下而上的草根型产业集群，以温州最为典型。因此，浙江特色小镇的形成和运行机制应该属于市场主导型。当然，特色小镇建设也离不开当地政府的宏观引导。而作为西安市的各级各类工业园区，目前的管委会作为政府的派出机构，行使上一级政府管理职能，其运行机制无一例外是典型的政府主导型。从运行机制市场化的角度考量，像西安高新区、经开区、航空基地、航天基地、渭北工业区等大的工业开发区及区县工业园区在现行的体制条件下，是不适合建设特色小镇的，哪怕在其核心区。这也是特色小镇区别于产业园区的机制原因。

当前，我市不少特色小镇都是以地方政府为主建设的，由政府出资，或享有政府各种形式的补贴，这在短期构建中还适用，但涉及中长期的生存、运营和发展，如果没有企业为主体、市场化运作的商业运营模式，则难以持续，这是我市建设特色小镇中面临的最大问题。因此，对于正在建设中的特色小镇，当前急迫面临运行机制上的转轨。没有市场化机制的运作，特色小镇难以生存。

综上，在加快建设我市首批35个特色小镇中，难点和着力点是产业组织和运行机制。区县工业园区今后应加大改革力度，经过整合、调整搬迁，裂变为专业化园区，即产业集群的空间载体，并且运行机制以市场机制为主，只要具备了发展和体制条件，是可以建设完善特色小镇的。而像高新区、经开区、航空基地、航天基地、渭北工业区等大的开发区，如果在二次创业中裂变为若干个专业化园区（产业集群的空间载体），拿出一个专业化园区并完成体制、机制的转换，也是可以建成特色小镇的。

（写于2018年）

# 促进西安人工智能产业发展对策研究

中心课题组
组　长：郭　鹏（西北工业大学教授、博导
　　　　　　　陕西中国西部发展研究中心研究员
　　　　　　　西安市决策咨询委员会委员）
成　员：赵　静　胡骏翡　张丁宁　王景玫　刘新华

**摘　要**　课题分析了国际、国内人工智能产业发展现状和趋势，提炼发达国家、先进省市的人工智能产业发展路径和经验，结合西安市人工智能产业现状，提出人工智能产业发展定位、目标以及总体发展路径，并从空间发展、重点领域和协同创新发展三个方面给出具体发展路径和对策建议。

人工智能（AI）是研究、开发用于模拟、延伸和扩展人的智能的理论、方法、技术及应用系统的一门技术科学，其目标是了解智能的实质，并生产出一种新的能以与人类智能相似的方式做出反应的智能机器。国内外先进省市争相把人工智能作为提升国家和地区竞争力的重大战略，积极布局抢占人工智能发展机遇，表明人工智能有刺激消费需求、重塑产业价值链、引发社会变革的巨大潜能。

## 一、国内外人工智能产业发展状况

截至2017年，全球人工智能企业总数达到2542家。其中，美国1078家，注重人工智能基础端的技术研发，处于全球领导者地位；英国、德国、日本等国家872家；中国则有592家。2018年，全球AI市场规模达到2589亿美元，预计2020年将达4000亿美元。

国内人工智能产业形成了以北京为核心，上海、深圳等为重点的空间布局。①北京采取"企业集聚带动产业发展和产学研深度合作"的发展路径：聚集了千余家智能硬件相关企业以及科研院所，形成了产业链、创新链环节齐备的"智能+"产业集群。②上海采取"示范园区促进人工智能应用落地"的发展路径：打造了11个人工智能创新应用示范区和特色产业集聚区，在政务、金融服务、智慧交通等方面正在开启试点应用。③深圳注重打造"创新软环境"，保持对高端人才的强势吸引力，形成创新引领产业发展的路径：科技创新政策的充分供给，良好的技术转化土壤和便利的海外沟通渠道，华为、腾讯和超过200家高科技初创企业所吸引的大量创新人才，为AI产业的发展提供了有力支撑。

## 二、西安人工智能产业的发展基础、定位和目标

### （一）西安发展人工智能产业的基础

西安位列全国人工智能城市第十二位，有人工智能企业120余家，主要集中在集成电路、机器人和无人系统三大领域，覆盖了基础支撑层、产品层、应用与服务层（图1）。总体呈现出以高新区为引领，以航天基地、经济技术开发区、雁塔区、碑林区为次级产业集聚区的格局。

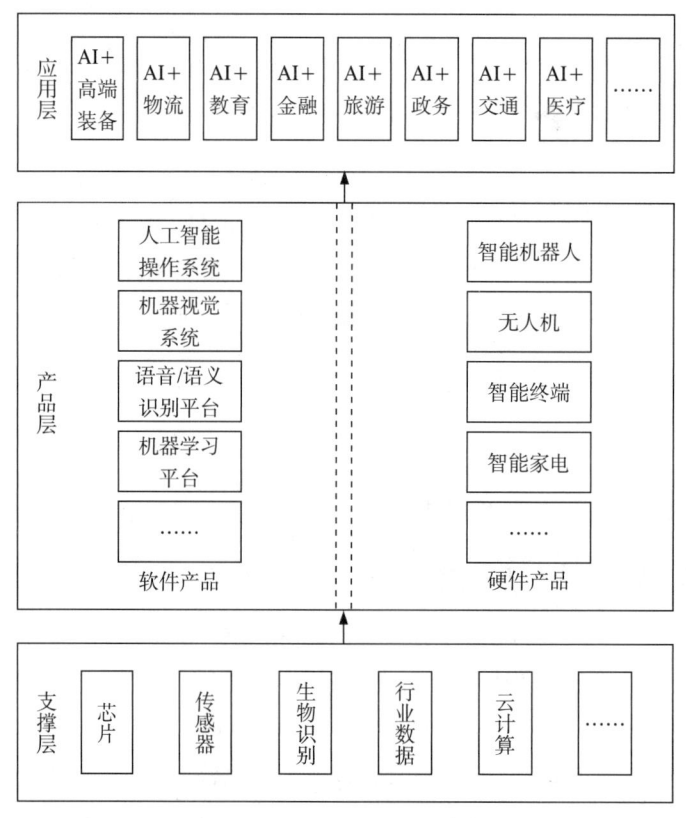

图1　人工智能及其领域划分

（1）产业分布方面：在集成电路领域，西安有10多家集成电路研究机构，与集成电路相关的科研、教学与设计的技术人员约占全国的1/6。在机器人产业领域，截至2016年底，西安拥有近60家机器人关联企业，从业人员超过5000人，形成了以高新区、经开区、航天基地等工业园区为主要载体的产业发展格局。在无人机产业领域，以爱生技术集团公司为龙头的多家无人机企业主要分布在航空、航天基地和高新区三个园区。京东全球物流总部、京东无人机产业中心和京东云运营中心的落户，为西安发展"智慧物流"带来了机遇。汽车智能制造产业领域，在智能辅助驾驶、复杂环境感知、车载智能设备等研制生产方面逐步发力。

（2）空间布局方面：在AI基础支撑领域，西安已形成了高新区云计算和西咸新区沣西新城新型工业化（大数据）产业基地等核心园区。在AI产品领域，西安渭北工业园区，分设高陵装备组团、阎良航空组团、临潼工业组团，重点实现高端装备制造业的智能转型升级。在AI应用服务领域，经开区拥有人工智能与机器人产业基地，同时有科技孵化器和众创空间13个，支撑着人工智能产业的示范应用。

（3）基础支撑方面：西安高校、科研院所的研究方向基本覆盖了智能信息领域、智能控制技术领域和智能系统工程领域，在智能影像、数据挖掘与分析、类脑科学以及无人机系统等领域产生了一批国内领先的科研成果，形成西北工业大学、西安交通大学和西安电子科技大学领先，其他高校和科研院所各有所长的格局。

## （二）西安发展人工智能产业的定位和目标

西安应充分发挥在科教资源、集成电路、机器人、无人机方面的优势，着重突破人才引进、产学研转化难题，支撑高端装备智能升级，提升原始创新能力。

西安人工智能产业发展定位：依托高校科研院所的技术研发优势、军工装备制造产业传统优势，凭借人工智能和机器人协同创新基地，推动人工智能与传统制造产业融合；重点发展高端芯片、智能机器人、无人系统产业，优化"两廊+六园区+一通道"空间布局，促进"人工智能+"的服务消费升级；完善金融资本配套措施，引进人工智能尖端企业、集聚高端人才，构建贯通创新链、产业链和资金链的创新生态系统，打造"智能经济"增长极。

西安人工智能产业发展目标：①近期目标（2019—2020）。初步建立开放协同的人工智能创新生态体系。到2020年底力争人工智能核心产业规模突破100亿元，带动相关产业规模500亿元；培育领军企业3~5家；扶持创新型中小企业20家左右。②中期目标（2021—2025）。在三大重点领域形成竞争优势，布局建设1~2个研发平台，3~5个人工智能应用园区；培育10个以上人工智能创新团队；力争2025年底人工智能核心产业规模突破500亿元，带动相关产业规模2000亿元，培育人工智能领军企业10家。③远期目标（2026—2040）。到2040年底，力争人工智能核心产业规模接近1000亿元，带动相关产业规模5000亿元，建设10个以上应用示范项目；培育人工智能领军企业20家，建成人工智能示范城市。

## 三、西安人工智能产业发展路径

西安人工智能产业发展目标的实现路径：以"两廊六园区一通道"的空间布局支撑高端芯片、智能机器人和无人系统重点领域的突破，构建基础设施、公共平台

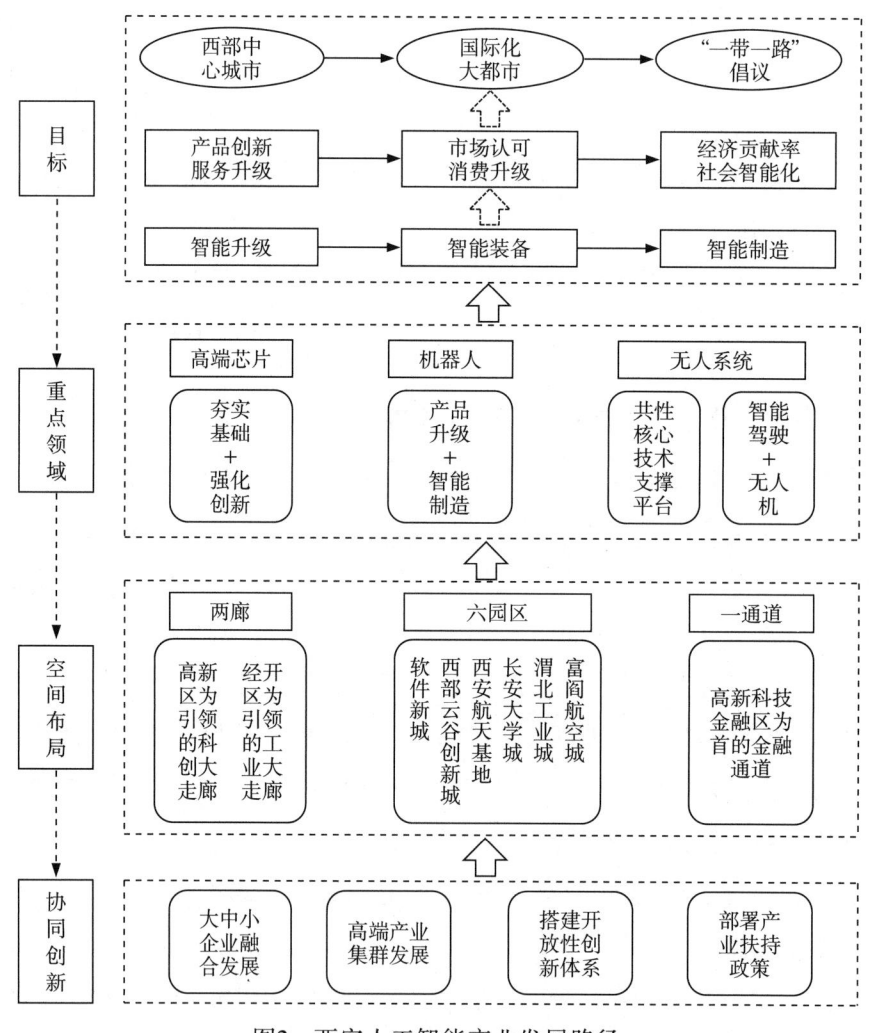

图2 西安人工智能产业发展路径

和财税政策支撑的创新体系保障人工智能产业发展（图2）。

## （一）重点领域发展路径

（1）强化基础创新，实现高端芯片"换道超车"。以存储芯片为突破口，依托西安紫光国芯半导体、西安航天民芯科技、西安微电子技术研究所等本土集成电路代表企业，发展高端芯片。依托西安炬光科技股份有限公司、陕西亚成微电子股份有限公司、陕西光电科技有限公司等代表性企业，重点研制神经网络处理器芯片、图像处理芯片、智能传感芯片。

（2）增强性能功能，加速机器人产业智能升级。引导航天九院16所、陕西秦川机械发展股份有限公司、陕西科技控股集团有限公司等优秀机器人企业加强在定位导航技术、人机交互技术、环境交互技术的研发。以汽车和航空产业应用需求为指引，推动无人搬运车、AVG小车等工业机器人产品在生产、制造、检测领域的应用。

（3）开发共性核心技术，构建无人系统支撑平台。依托并引导西安爱生技术集团、京东无人机西北研发中心、陕汽研究院智能所、西北工业大学无人系统研发中心，构建无人系统共性技术平台，推动无人/辅助驾驶相关的环境感知、信息处理、智能反馈等共性关键技术的研发。

## （二）空间发展路径

打造"两廊+六园区+一通道"人工智能产业的地理空间发展路径（图3）。

重点打造"两廊"：以高新区为引领、"高新区+交大创新港+沣东科技区+西部云谷创新城+航天基地+长安大学城+科研院所"等区域为依托的科创大走廊，形成"人工智能技术创新增长极"；以经开区为引领、"经开区+高陵组团+临潼组团+富阎航空城+泾河组团+兴平组团"等区域为依托的工业大走廊，打造"人工智能产业化增长极"。

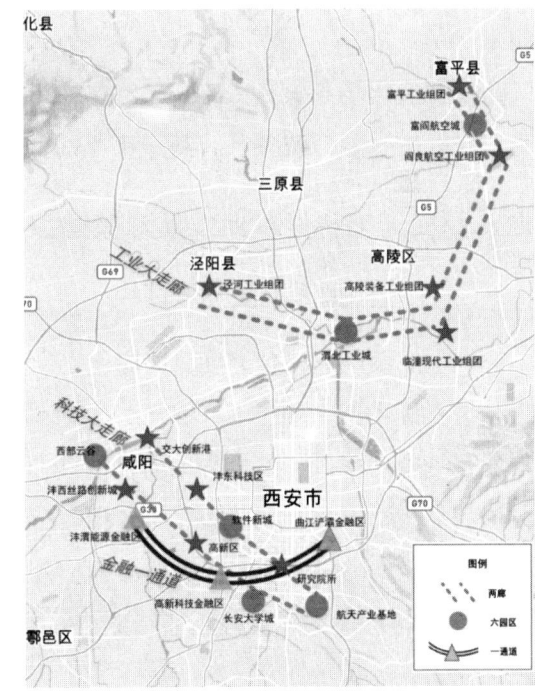

图3 西安人工智能产业空间发展路径

稳步推进"六园区"：软件新城、西部云谷创新城、西安航天基地、长安大学城、渭北工业城、富阎航空城多点齐头发展。

打造金融"一通道"：高新科技金融区、沣渭能源金融区、曲江浐灞文化金融、新金融试验区为支撑的金融通道。

### （三）协同创新发展路径

构筑人工智能产业政策软环境。积极引导社会资本参与多元化金融支持服务，形成"企业联盟＋产业集聚＋区域共生"三个层面互为依赖和相互推动的协同创新路径。

释放人工智能产业园旗舰效应。与国际科技企业重点合作，培育本土标杆科技创新企业，以小补大、以专配大，鼓励大中小企业协同发展。

搭建人工智能公共服务平台。推进软硬件研发和测试中心，海外研发、孵化、技术转移中心，以及专利联盟、共享数据库、安全监管等的建成。

融合创新构筑高端产业集群集聚效应。提升汽车关键零部件、能源装备、机床工具、石化冶金煤炭重型装备四大优势领域核心部件智能化水平；升级船舶设备、工程机械设备、轻纺设备、国防军工设备四大特色领域产品结构；突破3D打印、新能源和环保装备、智能制造装备、新能源汽车和专用汽车四大新兴领域关键智能技术。

挖掘应用场景服务人工智能终端需求。推广人工智能＋物流、交通、文旅、教育、医疗、金融、政务、智慧城市等的应用。

## 四、西安人工智能产业发展对策建议

### （一）重点领域发展对策建议

（1）加大产业整合力度，以应用牵引高端芯片基础研发。鼓励产业链下游机器人公司、无人机企业、汽车公司以及其他电子设备企业对本土芯片的需求与使用，形成系统带动整机、整机带动器件的产业链发展格局。

（2）大力开展对外合作，加快形成工业互联网格局。加强与国内外企业的合作，在智能产品设计、生产制造方面实现技术突破与赶超。以汽车、通用设备、专用设备、电力装备等装备制造行业为重点，搭建工业互联网平台，推动工业技术软件化。

（3）实施军民深度融合战略，提升无人机产业整体实力。针对民用无人机技术以及部分军用技术，制定促进资源共享的军民融合无人机发展机制，推动国防装备和民用产品的深度结合。

### （二）空间发展对策建议

（1）彰显聚集效应，聚焦人工智能"两廊"建设。就人工智能+物流、文旅、金融、政务等领域深入与阿里、京东等企业合作，就高端装备智能升级与航天科技、中航工业、中国兵器、中国中车、中国电子等大型央企展开合作，加速创新资源向"两廊"集聚，布局人工智能示范走廊。

（2）明确定位功能，打造人工智能产业特色"园区"。重点推进六大人工智能园区的发展：在软件新城重点培育人工智能集成电路产业，在西部云谷创新城发展大数据产业，在渭北工业城布局高端智能装备产业，在西安航天基地主要发展机器人产业，在长安大学城主要完成人工智能核心技术研发，在富阎航空城全面推进军民融合无人机产业。

（3）完善资金保障体系，搭建人工智能金融"通道"。打出"产业+金融+科技"的"组合拳"，发展科技金融、大数据金融等新兴金融产业，培育人工智能产业发展专项资金，建设"科技金融通道"。

### （三）协同创新发展对策建议

（1）加强基础设施建设，提高人工智能产业配套服务能力。在城区公共场所、重点区域推进物联网、工业互联网、车联网等网络设施建设。建设公共服务、产业发展、技术研发等领域大数据基础信息数据库，为人工智能研发和应用提供数据支撑。

（2）推进示范应用，牵引人工智能产业协同创新发展。启动智慧城市"核心大脑""智慧物流""智慧教育""智慧文旅"等工程，推动人工智能向服务业的全面辐射，促进现代城市的功能升级。

（3）完善支持措施，增强人工智能产业可持续发展能力。针对传统产业智能升级，设立人工智能创新发展专项支持条例，实施"机器换人"工程。针对中小企业和初创企业，建立中小微企业政策性融资担保基金。针对重点领域研发项目，设立重点项目支持基金。

（4）集聚关键人才，加强人工智能学科链对产业链的促进作用。鼓励西安各高校设立人工智能产业相关的基础学科和应用学科，提高学科与产业需求匹配度。形成"人工智能+X"复合型专业人才培养模式。强化人工智能高端人才载体建设，确立西安市人工智能高端人才和团队引进计划，对接三大重点领域及基础支撑领域的发展。

（写于 2018 年）

# 陕北山区农业现代化路径与再提升研究
## ——以子洲县实施山区农业现代化为典型

中心课题组

组　长：曹　钢

成　员：柯淑娥　郑党鹏　李　冰　胡铭焓　赖作莲

执笔人：曹　钢　胡铭焓　郑党鹏

**摘　要**　本文从理论和实践的视角上，提出"山区农业现代化"的概念定位，并以在子洲县的推行试验模式思路、治理体系及实效评估，论证了其在陕北地区推广的可行性，同时就进一步推广和完善，做一系列提升性研究。

从一般意义讲，农业现代化是个广义概念，应该在哪里都可以实施。但是具体来看，人们总会觉得其只能在条件优越的平原地区去实施。对"穷山恶水"的陕北山区来说，恐怕连想都不敢想。十多年来，本课题组集中于对这个问题的探索，尤其是亲历了子洲县的专题研究和跟踪观察，初步总结了对实施山区农业现代化的路径性认识。尤其是学习习近平在高西沟的讲话，以及《黄河流域生态保护和高质量发展规划纲要》之后，更增添了对相关认识的坚定性，同时产生了若干"再提升"之思考。

## 一、陕北山区农业现代化问题的提出

关于陕北山区能不能实施农业现代化的思索，实则是源于当地长久治理的启示。

十多年来，主要是现代机械用于山区治理以后，陕北各地在对山区缺陷治理上，产生了许多新鲜事物。如：神木市硬是把城边的一些山峁陡圪垯，改造出一大块平坦地，建设了一个新区。延安市全面动员开展沟道造地，建造一个个的小"平原"，成为粮食生产的主要支撑点。子洲县清水沟村在本村退休干部王刚的投资下,把全村的山地统一进行规划、治理,修建水平梯田,实施水电路配套,栽植苹果树,推行节水灌溉,建成一个农业科研园区。安塞区在山坡上建立了一排排的现代温室,种植蔬菜瓜果,获取了很好的经济效益。榆阳区和靖边县更是通过治沙造田,开发出大片大片的粮田,引进了大型的喷灌体系。所有这一切都刷新了人们的认识,使我们觉得,在陕北山区发展现代农业,再也不是个梦,而成为可行的现实。

基于这个前提,本课题组负责人曹钢教授以自己的亲身经历,对陕北山区治理过程做了回顾,提出中华人民共和国成立后对陕北山区的治理经历了三个阶段的治理模式的看法:第一阶段(1957—1999),以多打粮食为目的,主要依靠体力劳作,建设旱作梯田、淤地坝等,采取广种薄收的方式,把该种和不该种的地都种了,甚至不惜毁坏生态。第二阶段(1999年以后至21世纪初),以修复生态为目的,政府补钱、给粮,让农民退耕还林,在生态保护上是取得了重大成效,但同时出现了把不该退的耕地也退了的问题,在一定程度上加剧了乡村的败落。第三阶段(21世纪初以来的10多年),产生出一种可称之现代绿色发展的治理模式,即一方面继续实行封山禁牧,巩固退耕成果,使绿色版图得以扩展;另一方面采取现代机械手段,把缓坡耕地和浅沟区修成10米以上宽幅水平梯田和台地,实行水电路配套,并逐步打造为高标准基本农田,发展苹果、舍饲养羊等特色农业。

总结三个阶段模式的认识,曹钢教授认为,陕北山区治理有了新的突破。2014年春,应家乡子洲县的邀请去县上做报告,他第一次系统地讲述了自己关于开展山区农业现代化试验的设想,受到县委、县政府领导的广泛认可和积极呼应。在会间休息中,县上当场确定让他从子洲实际出发,开展对这个路子的系统性研究。此后,山区农业现代化便在该县边研究、边实践中展开。2015年1月,县上正式印发了课题组《子洲县山区农业现代化路径和发展模式研究》的报告,后来又把实施山区农业现代化,正式写入了县上的"十三五"规划之中。从此,一场声势浩大的山区农业现代化的创业高潮,在子洲县连续数年推进起来。

## 二、子洲县山区农业现代化的实践和初步评价

子洲县实施山区农业现代化至今已有7个年头,经历了由理性思考到实际试验。综合来说,有成功,也有不足,在总体上已证实了一个事实:陕北山区推行山区农业现代化,大方向是正确的,路子是可行的,颇有推广价值。

### （一）山区农业现代化的认识路线和治理体系

子洲县实施山区农业现代化，已初步形成了比较完整的认识路线和治理体系：

**1. 对陕北山区农业现代化概念的认识**

我们认为，陕北山区农业现代化从概念上讲，它应是一般意义的农业现代化与陕北山区自然生态条件的有机融合。它首先应具有一般意义农业现代化的基本要求，同时形成与陕北自然地理条件的有效对接，这既意味着对这里优越资源条件的充分发挥，也包括利用现代生产力而对当地原先不利环境条件的改善。"山区现代农业"决不能是空喊的口号，而是一场革命。尤其要化解掉山坡地水土流失严重而造成土地薄瘠、不便耕作、山高路远、交道困难、旱灾频发等问题。在农作物生长上，既要恢复原始农产品的有机品质，又要按照现代人的价值趋向，引入现代科技手段和种养新技术，提升农产品的商品内涵而提质增效；在产业布局上，既要发展好农业特色产业，又要使一、二、三产业融合起来，提升经济发展的整体创造能力；在生产组合上，既要发挥家庭单位管护农业的长处，又应开展农地制度改革，促进生产规模化、产业分工化、管理企业化。基于这种认识，我们明确提出了"五位一体"的治理体系，即实施生产条件、劳动技能、组织体系、农民素质、生态治理五个方面的"现代化"，开展全方位、立体化、系统性的整治。

**2. 坚持把生态保护放在第一重要位置**

实施山区农业现代化，直接目的是建设现代农业，但首先需要解决好的是生态保护问题，即把绿色作为建设山区现代农业的基础要求和基本红线，否则又将重新回到传统的广种薄收和粗放发展的路子上，那就根本无"现代化"可言。子洲山区农业现代化路径模式，在指导思想上明确提出"生态文明与现代化发展相统一"的"基本要求"，并按"生态承载原则"，规定了"三个前提"：一是整治土地以不造成新的水土流失为前提，坚持山顶到坡沟综合治理；二是用水以可供水量为前提，坚持找水、蓄水、科学用水结合；三是养殖以草地承载为前提，坚持草与畜相平衡。从而，切实做到科学规划、生态治理、无害生产、绿色发展，使整个农业现代化发展建立在与生态保护和绿色发展相统一、相融合的基础之上。

**3. 把耕地条件改造作为现代化的基础性变革**

陕北山区农业发展条件的最大问题是山坡地问题，子洲山区现代化路径模式，把生产条件现代化作为第一变革路径，并把土地整治作为总体突破口。在治理措施上，着力推进缓坡山地的水平梯田修建。利用机械推治 10 米以上宽幅水平梯田和台地，并按照"地要平、保三通、肥力强、可机耕"的基本标准，配套推进水、电、路等配套措施，使其具备发展现代农业的基础条件，相应做好沟槽陡坡绿化和综合治理。在此基础上，开展土质肥力改造，形成一举两得的治理效果：一方面，把原来的山坡地改造培育成高标准的基本农田；另一方面，发挥水平梯田蓄水保水的效能，加建 20~30 厘米的挡水边棱，可有效解决山区水土流失问题。

**4. 发展特色产业，打造绿色循环经济体系**

子洲把"绿色＋现代"作为基本路径模式，坚持因地制宜，打造以绿色产业为主体和循环组合为重点的产业经济体系。在总体上以种、养、加、贸结合为基本思路，种养互补，种种相融，养养配套，深化加工，生产与生活结合，循环使用资源，充分提高效率，消除生产污染，实现农业的有机化生产。从这种思路出发，在重点推进苹果栽培、羊只养殖、中草药种植、核桃树栽种的同时，选择推广了 13 个组合模式：玉米种植＋秸秆青储＋喂养牲畜＋有机肥料；粪便处理＋沼气处理＋家用照明＋沼液施肥；谷子种植＋小米加工＋糠皮养殖＋有机肥料；养兔＋兔皮加工＋兔肉加工；玉米芯＋糠醛生产＋制作有机肥料；制作白酒＋酒糟饲料＋养殖业；苜蓿种植＋喂养牲畜＋有机肥使用；大豆种植＋食油加工＋豆饼饲料；黄芪种植＋黄芪加工＋饮料生产；养殖白绒山羊＋羊绒梳理＋羊绒精纺；湖羊养殖＋羊只宰杀＋有机肥制作；蓖麻种植＋蓖麻加工＋废渣处理；核桃种植＋核桃油加工＋饲料加工等，推动产业链条延伸和链条与链条间的有效对接，在做大做强产业支点的基础上，实现经济发展与生态保护双赢。

**5. 综合推进农业现代化变革体系创建和完善**

按照"五个方面"现代化的要求，在着力推进土地整治，确保生态健康的同时，细化每一方面的"现代化"要求，形成一整套治理举措。在劳动技能上，深化对山区农业生产的技术性改进，从种子革命到种养技术更新、产品加工深化、产业路径优化、经营管理诸多领域实施创新，形成技术水平整体性现代化提升，用科技手段激活山区农业的发展潜能，提高山区农业效率和产出水平；在组织体系上，积极推进经济主体创新、产业链条延伸、流通渠道拓展、制度建设和经营体制改革，形成促使农业现代化和产品有机化发展的正向促进机制，培育起适于山区生产经营的农业企业、农民专业合作社以及种养大户，支持"一村一品"和区域集中性发展，推动一、二、三产业融合发展；在农民素质上，以人为山区农业现代化最主要的要素。推动传统农民向现代新型职业农民转变，充分发挥农业企业家的带动主体作用，培养出懂管理、会经营的农业企业家。

## （二）子洲县实施山区农业现代化的主要成效

通过多年多次的跟踪研究和近期的实地察验可知，子洲山区农业现代化的成效，已初步在实际中得以显现。

### 1. 农田整治

2014年以来，全县整治山坡地2.5万亩，新建和维修淤地坝300多座，建设抗旱节水设施164处，建设农用输变电线路1413千米，建成水、电、路配套的高标准农田3万亩，使山区农业现代化的基础条件得到重大改善。

### 2. 特色产业的发展

通过近几年实践，子洲县已形成苹果栽培、羊只养殖、中草药材生产、核桃种植等几大农业产业。苹果种植面积逐年扩大，到2020年底达到23.8万亩，其中新挂果6万亩；栽种核桃22.7万亩，已挂果6.8万亩；共出栏羊子178万只，2020年底存栏羊子40.5万只；药材种植的保有面积已稳定在30万亩左右，年销售中药材已达到8000多吨。这几大特色产业已成为全县农业发展的主要支撑。

### 3. 生态改善情况

2018—2020年，新增人工造林面积13.9万亩，全县林草覆盖率由35.1%提升到36.6%，县城绿化覆盖率已达到41.8%，共治理水土流失面积92.2平方千米。

### 4. 经济主体变化

随着创业高潮的深入，子洲的经济主体结构发生了重大变化。一是在经济主体数量上，发生了突破性进展。据初步摸底，2014年以来新增各种市场主体6858个，是2014年之前总量的2倍。二是利用国家扶贫资金投入，在202个村中创建集体组织270个，增添了集体经济的新活力。三是围绕几大农业特色产品，产生出一些现代化水平比较高的创新型加工企业，充分显示出县域经济尤其是农业产业蓬勃发展的进取能力。

针对农民对苹果生产管护缺乏技术的实际，子洲县引进省果业公司来县上合作经营。一般是省果业公司租赁县上整治好的果园地，然后由省果业公司从栽培到管护实行自主经营，每年付给县上（果农）140元/亩租金，租期20年，然后以每日120元/男劳、100元/女劳的工资（中午管一顿饭）吸收农民给公司打工。在省果业公司的带动下，一些经营水平高的当地企业也与农民合作办果园，企业或租赁农民的山坡地（30~50元/亩·年），实行平整创建果园，或农民把山坡地免费提供给企业开发，约定待果园盈利后，由企业与农民按8∶2的比例分红，同样也吸纳农民在果园里劳动。为了支持果业发展，县上对栽培苹果者一律以 1200 元/亩给予一次性补贴。通过这些管理措施，一方面使全县多数果园都获得了有效的管护，另一方面让果园所在地农民有事可干、有钱可赚。

老君殿镇南洼村在外创业的企业家崔应国，受到县上创业高潮的感染返乡创业，现已投资 3 亿元在家乡发展白绒山羊养殖。起先公司采用优惠条件支持农户养羊，接着利用该公司长期在外地从事羊绒加工的条件，与德国投资者合资在子洲注册应马安养殖有限责任公司与县上合作。县上利用扶贫款给企业提供养殖场棚设施，已建成 6 个万只养殖规模的羊场，然后由企业租赁羊场养羊，每年将建场投资 10% 的租金返还给贫困户。该企业以"超细羊绒，从子洲走向世界"的气魄，开展超细羊绒羊种胚胎移植研究，新培育出种羊的羊绒细度由原先的 15.8 微米提升到 14.5 微米，达到国际领先水平，已培育出超细羊绒型核心种羊 3000 多只。目前，该企业依托子洲养殖的白绒山羊资源，正在建设一个大型羊绒梳理加工厂，这个厂建成后将会有效地带动子洲白绒山羊养殖产业的进一步有效发展。

子洲县的中草药材生产量大、品质好。尤其是黄芪、黄芩在药界颇有影响。"子洲黄芪"于 2008 年荣获国家地理标志产品保护，2019 年在国家卫健委的协调下，陕煤集团与子洲县政府合资，在该县斥资 2.8 亿元人民币，创建天芪生物公司，采取"政府+农户+公司+科研机构"四位一体的创新模式，坚持药食同源的思路，建设子洲黄芪综合开发暨中药材提取物生产线项目，从事深加工产业。现已正式投产经营，已开发出 10 多个有较高技术含量的产品。在天芪公司创建的同时，天赐、永望等数家民营企业也扩建了具有现代生产设施的大型中药材加工厂。天赐公司已建成年产 20000 吨黄芩提取物和 3000 吨黄芩饮片加工的生产线。这些项目的建成，标志着子洲县中草药材加工，已由早先的粗加工、初加工，开始迈向了高端和精细加工水平。

馃馅是子洲县有名的食品产品，也是全县食品产业的主要支撑。长期以来，各生产者都停留在手工作坊工艺水平上，大多重复在低投入低价格低效益水平的生产，生产厂家面广量大，"萝卜快了不洗泥"，造成良莠不齐，质量下降。成立于 2017 年的民营股份制企业陕西麦佳酥食品有限责任公司，一次性注册资本 800 万元，定位于对传统食品的功能开发，立志要用工匠精神，打造优质产品，走有机化、标准化、自动化生产的路子，使这个行业的生产面目焕然一新，在产业水平的提升上，迈出了可喜的一步。

### （三）子洲山区农业现代化发展的初步评价

事实表明：子洲山区农业现代化的发展，已实现了思路性突破，使人看到山区农业现代化建设正在这里有目标、有路径、有措施、有典型地展开着。这既符合中央"实施乡村振兴战略"和绿色发展的理念，又避免了消极绿色化的倾向，形成绿色发展与现代治理、精准脱贫与全面小康、全民创业与政府扶持三个方面的恰当结合和有机统一，体现出现代农业的一些端倪和崭新趋势。其在黄土丘陵沟壑地区"实施乡村振兴战略"上，具有十分重要的推广价值。

2017年10月，十多位省级知名专家学者应邀去子洲实地考察，一致肯定这里的做法。返回西安后，大家通过省决策咨询委联名建议省委、省政府将其作为"山区农业现代化"的典型予以推广［《决策咨询建议（特刊）第78期》］。省委办公厅将此建议编印为《陕西信息》（2018年第42期），报送省委领导和中共中央办公厅。中央办公厅的《每日专报》将此信息报送了中央领导。上级机关如此看重子洲的发展情况，正好说明子洲县开发路径之价值所在。

在肯定发展大方向的同时还必须看到，子洲县的山区农业现代化仅是一种试验性推行，还有不少不足之处，仍有许多方面需要做进一步改进或继续深化探索，尚未达到成熟发展状态。第一，从认识上看，从提出"山区农业现代化"至今，仍有不少人心存疑虑，总是用先前的治理理念和态度看待新的治理，导致治理目标模糊，治理质量较低。表现在整治土地方面，仍出现了一些梯田幅面较窄、缺乏水平化要求的现象。第二，在对现代化推进方面，科学技术的应用和推广仍较差，农技人员和畜牧兽医严重短缺，这个问题虽早已被发现却仍未真正解决。第三，在产业发展方面，农产品加工销售虽有一定突破，但仍属薄弱环节，二、三产业发展总体较慢。第四，在管理方式上，利用扶贫资金的投入，集体经济发展短时期形成一定规模，但如何将其建成能够持久发展的实体经济，尚面临管理创新难题，一些地方又出现了旧集体经济中存在的"吃大锅饭"问题。

总之，我们认为子洲山区农业现代化路径的实施，正处于由初步发展向成熟发展转变的可上可下的关键时期。一方面，其发展开局良好，取得了初步成效，证明路子可行，已取得民众的认可，若能继续努力，前景一定会十分光明，可以大有作为；另一方面，发展还处在起步阶段，尚有诸多难题有待破解，仍处在爬坡上山的态势之中，不进则退，如果不能做到破难而行，把红旗插在山顶上，就会前功尽弃，出现滚落沟底的危险。这是不得不过的一个"坎"，跨过这个"坎"，农业现代化的基础条件就能得以夯实，现代产业的创造能力就会形成，整个发展便会进入成熟状态，就能够形成长久、持续、稳定式增长。

## 三、子洲山区农业现代化路径在陕北的可行性

基于子洲的实例和实情，定位于陕北山区的整体推进，究竟是否具有可行性呢？这是很值得认真讨论的问题。从当今的陕北实际来看，山区农业现代化，一定要以绿色发展为前提，坚持走"绿色＋现代"的路径模式。基于这种导向，实则是要完成两大变革：一是实现水土流失治理由"减量型"到"根治型"（除极少数极端天气外，不再成灾）的提升；二是在农业发展上，由传统型的发展方式，转变为具有一定现代化水平的新型发展方式。客观地说，实现这两大治理目标是有一定难度的，但只要下定决心，还是可行的。

### （一）实现"根治"水土流失治理的可行性

对这个问题，我们从以下几个方面予以讨论：

**1. 从生态环境的固有条件上看，存在着可改变性**

陕北山区地质稳定、土层深厚，缓坡地可耕作，陡坡地可造林种草，沟道渠能打坝。几十年中的治理已收到一定的效果。新的治理在原先路径的基础上，改用机械方式等现代型方式治理，这只能使治理的效力、效率、效益大大提升，而并不会产生由治理带来什么新的破坏性问题。

**2. 从治理路径上看，已积累了一整套成功经验**

成功经验包括：实行按流域统一规划，从山顶到沟底一体布局；因地制宜，宜林则林、宜灌则灌、宜草则草、宜耕则耕，实施山水田林草路电等连片配套治理；工程措施与生物修复结合，耕地建成宽幅水平梯田，非耕地一律退耕还林还草；针对水土流失问题，以"平田蓄水、截流保土、植被护坡"的基本方略，管住径流为重点，推行削顶、平田、绿坡、护棱、锁岔、帮畔，自上而下一体化治理；规划一次到位，然后分段分步实施，治一块、成一块、验收一块，治好一个流域，再治一个流域。实践证明，采取这一整套方式，实施综合治理，水土流失问题是可以被根治的。

**3. 从生产水平上看，当今已具有实施治理的能力**

历史上治理的主要缺陷：一是缺乏统一规划，甚至根本没有规划，一般都是各村领导临时拍脑袋决定；二是主要依靠体力劳作，费时费力，无法实现高标准；三

是工程质量低,尤其是梯田没有水平面的要求,结果是一遇大雨,便形成径流,随即被冲垮,处于"治了毁、毁了再治"的循环中;四是有些治理缺乏科学,如打淤地坝普遍造成水源被淤塞。中华人民共和国成立初期,陕北几乎每条沟道都有河,水量也不小,现在绝大多数都变成干沟。小河没水大河干,造成整个黄河水量锐减。现在严格规划管理,借助科技手段,采用机械工具,有关缺陷都可以得到弥补。

**4. 从投入成本上看,也是可支撑的**

据在子洲县的实施情况看,推治一亩水平梯田的费用不过2000~3000元,加上水电路配套,最高合计不超过10000元,这个成本并不算多。至于非耕地退耕还林种草等,费用则更为有限。如此花费是我国现实财力完全可承受的。

综上,在对陕北山区水土流失问题的治理上,由原先的"减量"提升到"根治",完全是可行的和有保证的。可以说,既有治理前提,又有治理路径,也有治理手段,还有治理支撑。事实上,在我国广西、云南、贵州、重庆等地,现在都还保留不少梯田稻地,著名的龙脊梯田距今至少有2000年,这也佐证了水平梯田抗水土流失的可行性。至于其他生态保护措施,更没有什么问题。总之,时代变了,现实条件变了,治理理念和治理目标也应提升。倘若集中精力去做,或许用2~3个五年规划,根治陕北山区水土流失即可完成。

## (二)实施山区农业现代化发展模式的可行性

基于前面的研究,对山区农业现代化发展的可行性问题回答,只需补充说明以下几点:

**1. 如何看待山区农业发展的条件问题**

对陕北农业发展条件,应强调两点:一是它有缺陷也有优势,其耕地面大、土层深厚,又很少被污染;光照时间长,通风条件好,昼夜温差大;四季分明,气候层次感明显,非常适宜某些特色种养产业发展和生产有机农产品。二是在现实条件下,原有的缺陷也是可改变的,修建宽幅水平梯田、道路上山顶、抽水上山、节水灌溉、在山坡上建智能温室,这些都不是什么难事,能够为现代农业发展提供必要条件。

**2. 陕北山区是否值得下功夫治理和发展**

20年前,有人曾认为,应该把陕北的山头全部种上树,吃粮完全由国家负责。但事实是,保护生态,首先必须解决好"吃饭"需求。如此大区域人的"吃饭",永远让国家包起来是不客观的。况且黄河中游是中华文明的重要发祥地之一,自古都非可随意抛弃的不毛之地。这里又是我国苹果栽培、小杂粮种植、舍饲养羊、山地棚栽等产业的优质生产区。尤其是考虑到全国耕地的紧缺和粮食供应之紧张，考虑到现代条件下黄土山坡的可治理性，我们认为对这里采取完全的弃耕是不负责任的态度，未免存在一种简单绿色化倾向。

**3. 能不能推行山区农业现代化变革问题**

在子洲县实施山区农业现代化过程中，推行了"五个方面"现代化变革，并证明是可行的和有效的。现在的关键是，对于子洲的可行性，对陕北其他地方是否可行呢？熟悉情况的人都知道，就整个陕北而言，其气候地理条件总体基本一致，历史上的治理经历和措施也大同小异。当年的米脂高西沟，就是整个陕北山区治理水土流失上学习的典型和样板；同样，今日子洲条件下推行的山区农业现代化，在整个陕北山区的其他地方也照样行得通。山区农业现代化变革路径的"五个方面现代化"，在陕北同样是具有普遍意义的。

**4. 关于山区农业现代化增收能力状况**

山区农业能不能够得上现代化发展，除了生产条件和发展方式的变化外，更重要的是其产出水平有没有进步，进步有多大。以几个特色产品看，其效益变化非常显著。以苹果为例，进入盛果期后每亩最少可产5000斤，按3000斤商品果算，每斤以4元计，其毛收入也在1.2万元以上，扣除成本2000元，其纯利润在1万元/亩。挂果前几年合计费用2000~3000元，县上按亩补贴1000元，果农果园里套种农作物也还有些收入。再以养羊为例，以舍饲白绒山羊说，10个月便可出栏，以买来的羊羔喂起，实际饲养7个月，每只羊平均每天吃草3斤、吃料1斤，每斤草0.2元、每斤料（玉米）1.5元，按210天合计草料费用441元（126+315），另加买羊羔钱300元、宰杀费100元、防疫费30元，合计费用为871元；而7个月出栏羊一般产肉40斤以上，每斤45元，卖肉收入1800元，外加羊皮220元、下水100元、羊粪30元，总收入2150元，抛去费用，养一只绒山羊，可获劳务收入1279元。

以上我们就栽培一亩苹果和饲养一只白绒山羊的收入情况做了测算，在现实中，果园主要以雇工方式经营，果园主人只从事管理性工作，以10亩的果园说，其年收入可达10万元左右。同样，采取买草买料买羔养殖，一个劳力一年至少可养羊100只以上，年收入可达12万元左右。而且，这只是以养公羊的测算，如果以养母羊或养湖羊说，考虑到有产羔的收入，其获利水平会更高一些。此外，在陕北还多有大棚种植和中草药、红葱、红薯等产品生产，调查发现，其收入水平也都比较可观，远高于传统农业的水平。

**5. 对山区农业现代化与生态保护关系的看法**

还需特别指出，实施山区农业现代化与生态保护并无冲突，而且事实上是可以统一的。把山坡耕地变为宽幅水平梯田，实施小型机械化生产，进而培育为高标准基本农田，既有利于绿色产业的发展，又能大大增强梯田作物的抗旱和抵制水土流失的能力。子洲县 2017 年的暴雨是有记录以来最大的，雨后查看，但凡按要求建成的水平梯田，都未发生成灾现象。2020 年该县又遇多年少有的旱灾，而实地观测可见，在山坡地总体绝收的情况下，梯田地里的庄稼还可获取一定收成。过去认为，有耕作就会加重水土流失，那仅是相对山坡地而言的；而对于水平梯田来说，却恰好相反。

## 四、陕北山区生态治理及农业现代化路径再提升

最近，习近平总书记在榆林考察时指出，小流域治理关系长远。高西沟是黄土高原生态治理的一个样板，这也是我们现在提倡、推动的一条路。事实是，只要坚定目标治理，陕北的大多数村庄都可以转变为高西沟。而且，伴随着社会生产力水平的提高，陕北山区新近出现的一些治理典型，还创造出了比高西沟更具现代水平的成效。因此，贯彻总书记讲话精神，我们应再接再厉、乘势而上，布大局以推动陕北"治理再提升"，创造出更多更具现代化水平的"高西沟"，实现陕北山区的整体"高质量发展"。

### （一）坚定走"绿色＋现代"为方向的治理发展之路

历史上陕北山区三个阶段的治理，实则是陕北山区治理上的一个否定之否定过程。第三阶段的治理模式，代表了陕北山区步入"高质量发展"的新方向，其实质是要坚持"绿色"与"现代"的理念组合，兼顾"生态"和"生活"两种需求，以实现"治理"与"致富"相融合，"绿色＋现代"、人与自然和谐发展为基本路径。其既是绿色发展理念指导下的现代化，又是建立在现代生产力水平基础上的绿色化，形成绿色产业化和产业绿色化的有机统一。这绝不只是一般意义的变化，而是陕北山区条件下的"高质量发展"的实现，其将开创农业农村现代化带动下的城乡经济的全局性变革，推动陕北山区治理的整体性创新和县域经济发展的突破性进步。

### （二）以山地整治为统筹水土保持与现代农业的突破口

《黄河流域生态保护和高质量发展规划纲要》在空间布局上，将陕北地区定为

"水土保持区";在发展动力格局上,把"加快农业"作为重要产业力量,明确要求开展旱作梯田建设,加强雨水集蓄利用,推进小流域综合治理。以改变传统农牧业生产方式、提升农业基础设施、普及蓄水保水技术等为重点,统筹水土保持与高效旱作农业发展。实践中已证明,把山上的缓坡地修建为宽幅水平梯田,既为发展现代农业创造了条件,又是"根治"水土流失的必要举措,可以发挥一举两得的效果。因此,高标准布局陕北山地"治理再提升",一定要抓住这一关键性治理措施,将其作为统筹水土保持与农业现代化、推进陕北山区整体变革的突破口和第一工程,当作实现该区域高质量发展的内在要求。

### (三)打造高附加值的旱作优质特色化农业产业体系

山区现代农业只能依托山区的实际,走旱作优质特色化发展的路子。陕北是我国苹果生长的优生区,要选择优良品种,将山地苹果打造为主导产业。陕北又是传统的以羊牛为重点的养殖区,在实行封山禁牧的前提下,要大力支持舍饲或半舍饲羊牛养殖。要把提高优质饲草种植、人工饲草料基地建设、强化桔梗饲草加工及充分利用,积极创办草业专业公司,支持农户发展种草、草加工、养殖一体的家庭农场,有条件地试验推行产业链式的养殖模式,推动养殖产业增效益、上规模,成为有机苹果生产的配套产业和农民收入支撑产业。开展耕地田间整治和土壤有机培肥改良,加强田间集雨设施建设。选择适生的中草药产品和高产优质旱作小杂粮良种,因地制宜调整旱作种植结构。加强棚栽产业发展,有条件地建设数字农业和智慧农业。同时,围绕果业、草畜业和药材种植,发展加工业和商贸产业。从而,打造种、养、加、贸产业,相互支持、循环配套,以旱作有机农业为引领的经济结构新体系。

### (四)分类分区规划,打造多形式板块型治理新格局

陕北山区地面较大,小区块地形复杂,山峁坡度有陡有缓,沟道川面宽窄不一,原先的治理水平参差不齐,在坚持生态保护与经济协调发展的大方向下,应坚持分类指导的原则,区别不同区块和治理状态,因地规划施策。宜林则林、宜草则草、宜果则果、宜养则养,形成区域板块结合。依托先前治理基础,制订新的"提升"规划。对原先治理好的村子,只做提升补充,缺什么补什么,不搞推倒重来;原先治理存在局部性问题的,把"提升"重点放在对薄弱环节的加强上,尤其应重视对老旧梯田的改造;原先未做多少治理且具有大治理条件的,应作为重新治理和提升

的重点，一步到位打造为高标准治理典型。实施沟道造田、修建山上水平梯田的地方，应形成水电路网配套，便于小型农业机械作业，再不搞一块块、窄绺绺。要统一规划水源保护、打井取水、冬季储水、雨水截缩、提水上山、节水灌溉、水污染根治等水利措施，切实做好水资源管理和实际利用。

### （五）立足长远，推进"小流域治理"持续进步

"小流域治理"即把每个小流域作为一个系统，实施因地综合施治的方略。从单个小流域治理来说，它不会有太大贡献，但是如果把一个一个的小流域都治理好，整个黄河流域的水土流失问题便解决了。同时，每个小流域治理的过程，也是对生产条件的改造过程和优势产业的培植过程。所以，总书记说："小流域治理关系长远。"几十年中，陕北老百姓就是通过这样一步一步的艰辛努力，才使陕西的绿色版图向北推进了300多千米。因此，推进陕北山区"治理再提升"，仍应立足长远，着力现实，推进好小流域治理。在财力有限的情况下，可分批推进，治理好一批再安排一批，每个流域的治理，都务必做到验收达标。这样，经历一定周期，由"量变"到"质变"，在已有治理的基础上，最终实现陕北黄土丘陵沟壑区治理的整体性大突破。

### （六）以"人"的改变为核心实现乡村建设整体创新

陕北山区治理和发展如何同乡村振兴相衔接，核心在于要推进好"人"的变革。通过"人"变，带动技术变、产业变、环境变、管理变，让传统农民变为现代劳动者，让普通农户成为市场主体，让居住在农村的人成为不在城里居住的"城里人"。按照这种变革思路，我们主张：一是加强对新生代农民的文化培养，尤其是市场观念、适用技能、创业知识、管理和经营能力的培养。二是加强城乡劳动力流动，一方面鼓励农民进城打工，转移就业、提升技能，另一方面动员城镇成功人士返乡创业。三是支持有条件的农民自主创业，从事农产品加工和专业性服务业，逐步细化产业分工，使农民转变为商品生产者和新型市场主体。从而，以"人"的变革和产业互补带动城乡融合，把陕北建成绿色大气、民生富康、瓜果飘香、治理有方、城乡一体的幸福家园。

## 五、强化对我省山区治理的再认识和组织推动力

陕北山区生态治理和高质量发展是陕北人民的大事，在全省经济社会发展中也

具有举足轻重的地位，同时关系国家整个黄河流域治理和发展大局战略的落实。建议省委、省政府将其纳入重要议事日程中，提升认识，当作一件大事紧事，精心布局，着力抓好。

### （一）重新认识陕北山地的资源价值和开发前景

过去，人们都比较习惯于看陕北山坡地的缺陷，然而今天以现代理念看，则应重视它所具有的巨大开发潜力。这是关中和陕南都不曾存在的优势。实践已证明，采取"绿色＋现代"的路径模式，构建全方位综合化生态保护体系，既可对水土流失做到基本上的"根治"，又有条件使农业生产走上现代化的路子。这是一场具有深远影响的重大变革，不仅可把陕北建成体现现代化水平的"生态与经济协调发展区"，而且对全省农业发展树立起新的希望。我国将进入雨带北移的气候周期，抓住时机，像当年开发能源一样，开发好陕北土地资源这个新宝库，对未来的影响十分深远。因此，对于新时代陕北山区"治理再提升"，当需坚持新理念、定位新高度、着眼大格局，将其作为一项重大治理工程去筹划，下大决心予以推进。

### （二）综合谋划，推进"黄河流域山区治理再提升工程"

基于治理的要求，建议省上实施陕西"黄河流域山区治理再提升工程"，定目标、定标准、定措施、定时限，保质保量完成治理任务。在战略上，把贯彻落实《黄河流域生态保护和高质量发展规划纲要》、实施"乡村振兴战略"，以及各系统安排农业和农村建设的各项任务和资金有机地结合起来，共同作为"再提升"和实现农业农村"两个现代化"的战略要求；在实际工作上，以推进"陕北山区治理再提升工程"为总抓手，把治理的范围，由陕北两市扩展到渭北的山区县，把基本"根治"水土流失和实现产业现代化作为重点，形成大区块规划、一体化部署、周期性推进的实施方案，然后按系统、分层级分工落实、综合协调完成。

### （三）围绕山区治理和高质量发展扎实推进配套改革

山区治理和高质量发展是一个综合性工程，涉及许多体制机制问题，应围绕治理和发展推进做好相关改革。针对各地在扶贫攻坚期间普遍利用财政投入而新组建起来不少的集体经济，考虑到这些资产又多为"鲜活资产"（牛、羊等），又与贫困户相联系的特殊性，一定要认真开展组织机制创新，重点处理好同原有集体资产、组织形式的衔接问题。重新审定资产归属和权益分割问题，进一步强化资产保值和经营管理责任，使其真正成为重建集体经济的奠基之财。农业科技人员短缺是农村发展面临的突出问题，如何用改革的理念，采取引进和培育相结合的路子建立好这支队伍，也值得认真解决。此外，土地流转中尚有一些遗留问题和不规范现象，城乡一体发展也面临不少难题，这都需要通过有组织的调查研究，拿出切合实际的改革举措予以解决。

**（四）组建省级领导小组，着力推动山区治理深入进行**

按照"中央统筹、省负总责、市县落实的工作机制"的要求，建议省上成立推动黄河流域生态保护和高质量发展领导小组，将我省"黄河流域山区治理再提升工程"直接纳入领导小组的直接指挥，有关重大规划、重大政策、重大项目和年度工作安排，以及遇到的重大问题，都应经过领导小组审定和协调解决。榆林、延安和渭北相关各县要履行主体责任，完善工作机制，加强组织动员和推进实施。要落实工作责任，细化工作方案，逐项抓好落实。省级各有关部门要按照职责分工，加强指导服务，给予有力支持。领导小组办公室要加强对本规划纲要实施的跟踪分析，做好政策研究、统筹协调、督促落实等工作。按照中央要求，统一把2025年前作为一个重要考核阶段，确保生态保护和高质量发展取得明显进展。

（写于2020年）

# 陕西果业高质量发展研究

中心课题组
马莉莉：西北大学经济管理学院副院长、教授
王苏芳：陕西省农业农村厅果业综合处副处长
侯满伟：陕西省果业研究发展中心副主任
高　媛：陕西省农业农村厅果业处副处长

**摘　要**　通过梳理陕西果业发展形势、所面对的发展潜力和现实挑战，指出驱动苹果产业链现代化对于陕西而言具有重要的战略意义，数字赋能产业链现代化、以经营模式多元化推进"枢纽—网络式"数字化应用，以及以多元协同专业化发展打造世界数字果业之都，是促进陕西果业高质量发展的可行路径。

以苹果为代表的果业是陕西具有国际国内竞争力的拳头产业，但也面临着市场需求下滑、产业链规模有限、专业化水平不高等现实挑战。以果业为突破口，驱动其数字化、现代化及高质量发展，并发挥联动效应，是百年未有之大变局背景下陕西实现果业高质量发展及奠定国家层面战略地位的必要选择。

## 一、以苹果为代表的果业为陕西农业发展支柱

随着陕西苹果产量的提升，苹果加工业发展迅速，农业产业化龙头企业在促进果品采后加工及销售上发挥重要作用，陕西已经形成以浓缩苹果汁为主的加工体系，生产及外贸占到国内外较高市场份额。

### （一）陕西苹果的生产进展

陕西素有"中国苹果之乡"的美誉，渭北高原海拔高、昼夜温差大、土层深厚、质地疏松、富含多种微量元素、光照时间长，所产苹果色泽鲜亮、甜度高，被认为

是符合苹果生态适宜指标的最佳区域。2000年，陕西省委、省政府出台《关于加快以苹果为主的果业产业化建设的决定》，这成为陕西果业发展史上的关键举措。2003年农业部制定的《苹果优势区域发展规划（2003—2007年）》以及2008年农业部发布的《苹果优势区域发展规划（2003—2007年）》中都将陕西列为全国苹果优势产区，陕西的延安、铜川、渭南、咸阳、宝鸡五市所辖的30个苹果基地县全部满足7个苹果最优生态指标[①]，居全国首位。

21世纪以来，陕西不断扩大苹果种植面积，2008—2010年陕西苹果种植面积增长幅度较大，保持6%以上的增长速度，分别为7.65%、6.45%和7.1%；2010年之后趋于平稳，增长速度有所放缓，保持在3%左右；2019年，陕西苹果种植面积为922万亩。其中，全省矮化苹果138万亩，居全国第一；陕北山地苹果面积达到280万亩，覆盖15个县（区），成为老区人民脱贫致富的主导产业。

从生产布局看，陕西苹果的生产集中度不断提高。随着"北扩西进"的推行，陕西形成了以渭北高原为中心的渭北、陕北和关中三大苹果产业带，其中，苹果基地县的生产条件改善以及果业科技的推广应用，引导苹果优生区向规模化、专业化方向发展。从2011年开始，基地县的集中化趋势得到显著增强，全省基地县苹果产量占到全省苹果总产量的90%以上。如今，陕西苹果基地县增至48个，种植面积占全省总规模的95%以上，产量占到93%。

种植面积扩大及规模化水平提高，使陕西苹果产量在过去十多年时间内稳步增长。2000年，全省苹果产量为389万吨；2017年，达到历史最高水平1154万吨；2018年，有所回落，为1009万吨；2019年继续增至1136万吨，是2000年的2.9倍。从占全国的比重来看，陕西从2006年开始占比达到25%，并于2015年升至26.7%，2017年达到27.9%的高点；2018年回落至25.7%。（图1）

优良的种植条件与不断提升的生产能力，使中国成为全球苹果生产第一大国。2006年，中国苹果产量占世界的比重由2000年的34.6%上升至40%以上，到2017年达到49.9%，2018年回落至45.5%。作为苹果产量第一大省，陕西的苹果产量也由2000年占全球的6.6%，上升至2017年13.9%的高点，2018年回落至11.7%。（图2）

---

[①] 这7个指标包括年平均气温（℃）、年降雨量（mm）、1月中旬平均气温（℃）、年极端最低气温（℃）、夏季6至8月平均气温（℃）、年35℃气温日天数、夏季平均气温（℃）。

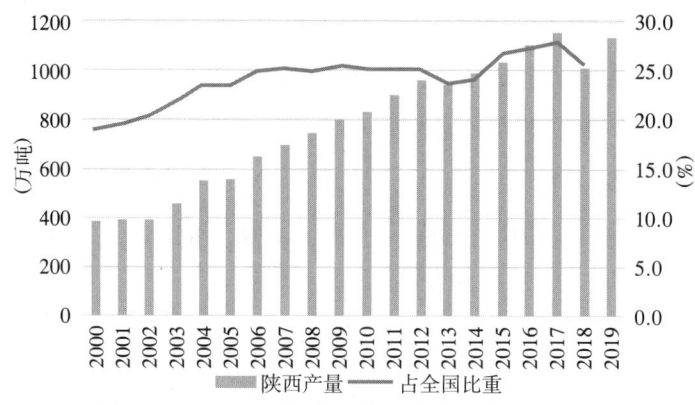

图1　2000—2019年陕西苹果产量及占全国比重

资料来源：陕西农业农村厅网站。

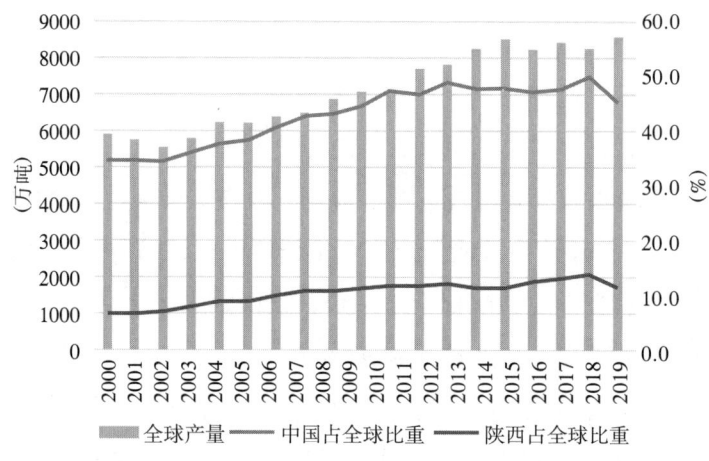

图2　2000—2018年全球苹果产量及中国和陕西所占比重

资料来源：根据FAO数据库、《中国农业年鉴》《中国统计年鉴》整理。

### （二）陕西苹果的加工业发展

中国的苹果加工业起步较晚，从1982年山东第一家苹果加工企业生产线投产至今，已经取得较大成就，苹果企业从"散而小"转向"大而专"的生产格局，不断向我国渭北高原和环渤海两大优势生产区域特别是果业基地县集中，行业内投资规模不断加大，生产技术日益成熟，生产规范性得到显著提升。其中，浓缩苹果汁是我国苹果加工业最主要的出口产品，中国已经成为全球最大的浓缩苹果汁生产基地和浓缩苹果汁出口国。

陕西作为全国最大的鲜果生产基地，苹果加工业也取得长足发展，且行业整合速度不断加快。当前，浓缩苹果汁生产企业13家（恒通、海升果汁企业全国排名前两位），39个加工厂果汁加工能力约为2197吨/小时，建成了全国乃至世界最大的浓缩苹果汁出口基地。其中，陕西恒通果汁集团是原陕西通达果汁集团股份有限公司母公司深圳市东部开发（集团）收购陕西恒兴果汁饮料有限公司之后整合两大果品公司资源成立的，目前已经成为全球最大的浓缩苹果汁供应商；海升集团于2005年在香港主板上市。此外，陕西九州果业、陕西三联果业、陕西华圣企业、咸阳绿琪果业有限公司等中小企业在苹果生产、加工、贮运、销售上也取得不俗的成绩，其中有不少已经成为国家级农业产业化重点龙头企业和陕西省农业产业化重点龙头企业，大大增强了陕西省苹果采后加工生产能力，推动苹果生产的标准化、规模化、产业化发展，有效保证果品质量，果业品牌建设意识也随之提高，逐步建立起以浓缩苹果汁为主打产品的果品加工体系。当前，陕西已经成为全国最大的浓缩苹果汁加工基地，2013年，陕西全省苹果浓缩汁产量达42万吨，占全国苹果浓缩汁生产量的84%；2017年，苹果浓缩汁产量34.1万吨，占到全国的63.2%。

### （三）陕西苹果的外贸发展

随着陕西苹果产量的稳步增长，陕西苹果的对外贸易也取得较快发展，其中，浓缩苹果汁成为最主要的创汇产品。

从浓缩苹果汁的出口来看，随着苹果加工业的崛起和趋于成熟，陕西苹果汁的出口规模不断扩大，成为陕西农业重要的创汇产品。2002—2007年，陕西浓缩苹果汁出口取得高速发展。2002年，全省浓缩苹果汁出口12.8万吨，同比增长51.2%，占全国浓缩苹果汁出口量的43.2%；出口额达0.63亿美元，同比增长31.2%，占全国出口额的36.4%。而到2007年，全省浓缩苹果汁的出口量已经达到57.1万吨，是2002年的四倍以上，同比增长78.9%，占全国浓缩苹果汁出口额的41.1%，创汇1.8亿美元，同比增长61%，占全国浓缩苹果汁出口总额的39.3%。2007年之后，受全球金融危机和欧洲经济衰退的影响，陕西省浓缩苹果汁的出口量和出口额均有所下滑，但在全国浓缩苹果汁出口中仍处于领先地位。2017年，全省出口浓缩苹果汁31.6万吨，几乎占到全国浓缩苹果汁出口量的半壁江山，创汇20.7万亿元，占全国浓缩苹果汁出口额的50%以上。（图3）

从果品整体出口状况而言，2014年，鲜果出口3.97万吨，出口货值0.45亿元；苹果浓缩汁出口20.77万吨，出口货值2.91亿元。到2019年，全省企业自营出口果品20.67万吨，货值16.11亿元；其中鲜果出口5.79万吨，货值4.42亿元；苹果浓缩汁出口14.76万吨，货值11.46亿元，占全省果品出口额的90%以上。（图4）

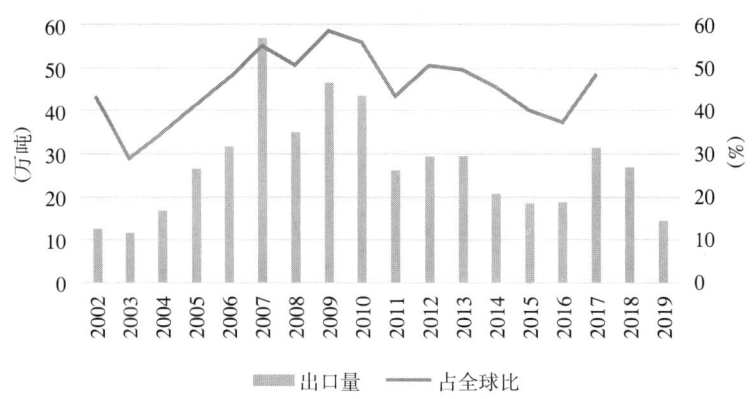

图3 2002—2019年陕西苹果浓缩汁出口及占全国比重

资料来源：根据历年《陕西省果业发展公报》及中国经济社会发展统计数据库整理。

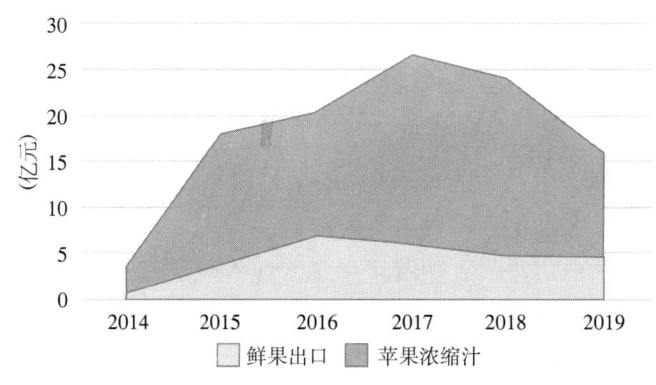

图4 2014—2019年陕西果品出口额

资料来源：根据历年《陕西省果业发展公报》及《陕西统计年鉴》整理。

## 二、陕西苹果业发展面对现实挑战

从国内同业竞争来看，陕西苹果业已取得一定领先优势。然而，内外市场容量、整体产业链运作模式等存在的短板，使陕西苹果业发展仍面对诸多挑战。

第一，市场拓展不易，且存在脆弱性，对于产业规模化发展不利。陕西苹果的产量和销量在国内外市场已经达到较大规模，趋于饱和。据统计，2018年全国人均水果消费82.3公斤，全国消费总量2.53亿吨，产量2.61亿吨。以陕西2019年水果产量1733.3万吨计算，陕西人均拥有水果464公斤，远高于全国平均数，大量水果需要销往省外或国外，这给市场拓展带来难度。从苹果加工制品看，目前对于陕西苹果的深加工主要集中在浓缩果汁上，产品形态较为单一，产品附加值有待提高；且产品几乎全部用于出口，特别近一半是销往美国市场。2019年中美贸易摩擦期间，美方第一阶段就将苹果汁纳入加征关税商品范围，对苹果汁出口继而产业发展影响巨大。在向欧洲市场拓展时，陕西尚未建立以生物防治为核心的果品生产综合管理制度（IFP），IFP对果品生产的产前、产专中、产后技术做了规范，涉及新园建设、苗木选择、整形修剪、肥水管理、病虫害防治和采后管理等方方面面，欧洲国家在这方面管理经验和技术应用已经相当成熟；2008年后，很多国家加大对本国农产品的保护以及进口农产品的农药残留等检验检疫工作，其中以欧盟的检疫制度最为严格，而且需要相应的质量体系认证，绿色贸易壁垒和技术性贸易壁垒增多，这些给陕西苹果在"向西开放"过程中拓展欧洲市场带来技术挑战。市场规模难以有效提升，势必影响到产业链的分工深化与进一步专业化。

第二，生产组织化程度低，"小生产"和"大市场"矛盾突出。陕西苹果生产的主要模式仍为单一农户分散式经营，农户受其知识水平、生产观念、管理能力等的限制，其文化层次不高，管理思想受传统作物技术影响大，接收农业市场信息滞后，导致其对于市场的判断能力十分有限；此外，单一农户果园面积有限，因而果农对果园的生产投入尤其是管理和技术投入不高，传统管理方法和现代管理技术的矛盾突出，大多靠天吃饭，没有灌溉条件，许多在苹果生产中出现的问题难以深入研究和解决，受气象条件影响较大，抵抗气候灾害和病虫害的能力差；分散的农户所采取的技术管理和投入差异较大，很难形成将产前、产中和产后进行统筹管理和规范的标准化生产，果品质量参差不齐，部分果品存在果型不正、产品表面清洁度低、光洁度差的现象，优果率较低。陕西省果业局的相关调查显示，2019年全省苹果种植大户、家庭农场、专业合作社、企业基地等规模经营面积仅占全省苹果种植面积总数的20.2%，近八成苹果种植为果农分散经营；陕西省优果率较低，平均水平不足50%，而30个基地县的优果率仅为70%左右，这与陕西省苹果生产大省的地位极不适应，很大程度上限制了苹果产量和质量的提升。

第三，品种结构不合理，栽培模式及生产管理技术有待改进。受到分散的农业生产经营模式的限制，果农生产技术投入和对市场行情的判断及把握常常不够准确，这在很大程度上限制了农业技术水平的推广和优良品种的改良与引进。近年来，早熟苹果的市场价格比各类苹果平均价格高出20%以上，但是，陕西部分地区仍然存在苹果树龄大、品种单一的问题，尤其是早熟、中熟和晚熟苹果的种植布局不够合理，以"嘎啦"为代表的早熟苹果难以满足市场拓展的需要，晚熟苹果比例过高，给后期的采收和销售带来很大压力的同时，也不利于苹果价格整体水平的上升。另外，部分优果率低和市场价格低的果树品种未能及时进行改良或者更换。销量好、市场认可度高的红富士、嘎啦等优质苹果品种没能在更大范围内进行推广，这一结构与市场发展趋势不符,更加限制陕西苹果在多元需求市场的拓展能力和行业影响能力。此外,从栽培模式上看,"矮砧密植"栽培技术有待进一步培育和推广,而在丝绸之路经济带的另一端——欧洲,法国、意大利、荷兰等世界主要苹果主产国的"矮化"种植已经十分普遍,占据其种植面积的90%以上,单产高、优果率高。

第四,单产水平低,产业链延伸深度不够。与世界上其他苹果主要生产国相比,我国的苹果单产水平普遍较低,陕西作为全国最大的苹果生产基地,其单产水平在过去的十多年时间里略有上升,但与其他国家相比差距仍然较大,智利、法国、美国等发达国家的苹果单产水平是中国的三到四倍。2002年,陕西省苹果单产为8.2吨/公顷,到2017年,全省单产水平提高到18.6吨/公顷;而智利的苹果单产2018年已经达到每公顷50.2吨,是中国的近三倍;法国在2013年达到44.9吨/公顷,美国在2014年达到41.6吨/公顷,与中国相比具有很大优势。就国际苹果产业发展现状而言,发达国家在苹果采摘收购之后要经历标准化、规范化的机械化产后处理(清理、打蜡、分级、包装等);受分散小规模经营的影响以及果农生产管理经验和生产成本的限制,陕西苹果采摘后的商品化处理上较为简单,一些地方还是田间地头装箱分级的处理模式,商品化处理能力不足,主要仍是以初级产品的形式在市场上投放。(图5)

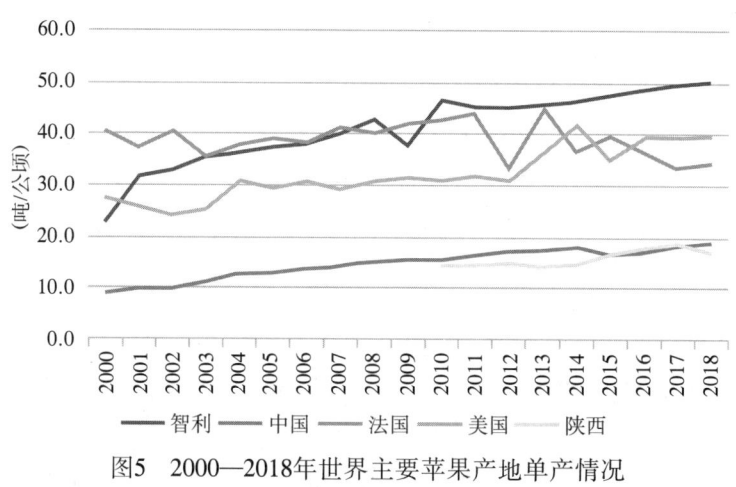

图5　2000—2018年世界主要苹果产地单产情况

资料来源:根据FAO整理。

由于单一分散的果农在苹果的储藏、运输、品牌构建等方面存在诸多不足,尤其是冷链物流建设落后,产业链短、经济效益不明显,使得水果价格受季节影响波动较大,苹果市场仍存在很大的不稳定性。

第五,果业劳动力及人才供给不足。以农户为单位的苹果种植与生产,对农村青壮年劳动力吸引力下降，再加上城镇经济发展和就业方式多样化，越来越多的农村劳动力选择外出从业，很少有人愿意留守在家务农。2018年，陕西乡村就业人员933万人，比2010年的1376万人少了1/4，其中，在家从事苹果生产和管理的果农，年龄在50岁以上者居多。劳动力流失增加了人工成本在总成本的比重。2018年，陕西全省苹果总成本达到4200元/亩，其中，人工成本为2958元/亩，占比为70.4%；而2010年人工成本为1168元/亩，占总成本2280元/亩的51.2%；2017年人工成本占总成本达到71.6%的高点。同样为苹果种植大省的山东、河南和山西，2018年人工成本占总成本的比重分别为61.9%、69.8%和67%，均低于陕西。（图6）

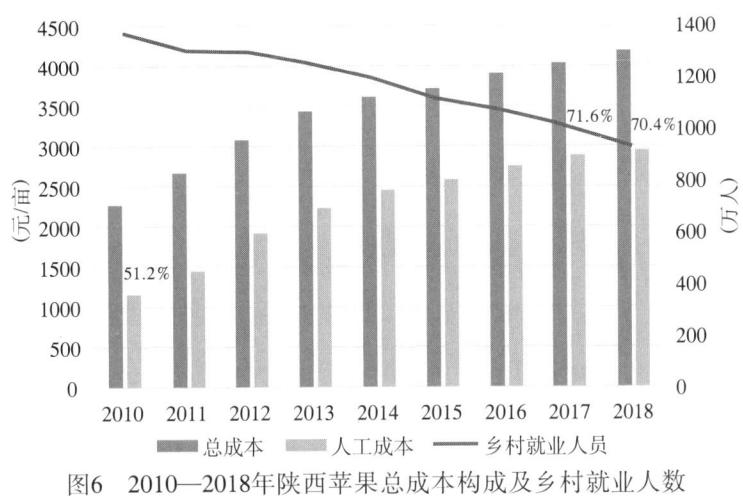

图6 2010—2018年陕西苹果总成本构成及乡村就业人数

资料来源：根据《全国农产品成本收益资料汇编》（2019）和《陕西统计年鉴》（2019）整理。

果农年龄偏高、文化程度低，限制其体力、精力及接受新事物、新技能的能力；再加上果农分散经营，更加凸显果业技术人员短缺的矛盾，这些都难以适应苹果业现代化发展的需要。

第六，陕西苹果业对于促进地区就业、脱贫攻坚甚为重要，但在地区经济及贸易总量中占比仍然偏小。陕西苹果产业的发展对于促进农民增收、统筹城乡发展具有不可或缺的作用。作为农业大省和果业大省，陕西农业人口占总人口的40%以上，果农约占全省农民人口的1/3。作为陕西苹果业的排头兵，全省种植苹果的农民170万户，涉及农村人口600多万，全产业链从业人员750万，这对于促进苹果基地县的县域经济健康发展，提高农村居民、特别是贫困农户的生活水平影响深远。陕西既有56个扶贫县中，有20多个为苹果基地县。但是，从陕西果品出口创汇额来看，果品出口额占全省出口总额的比重相对较低，2014年仅为0.4%，2015年、

2016年攀升至2%,之后又不断回落,2019年为0.9%。占地区经济与贸易总量较小,使陕西果业地位相对有限,从而影响到其被重视的程度。(图7)

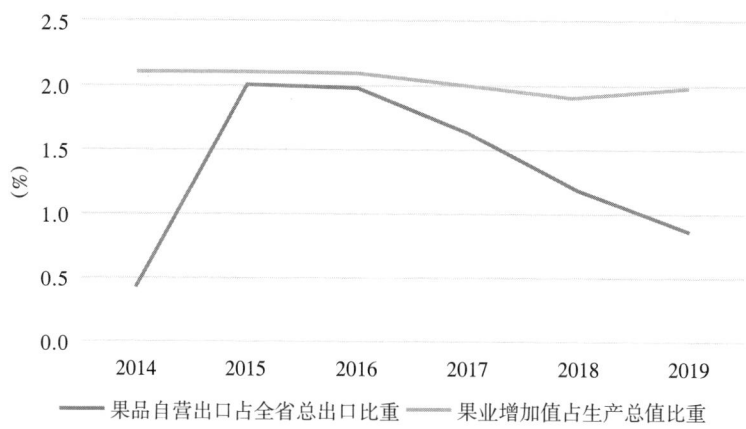

图7 2014—2019年陕西果品自营出口及果业增加值占全省比重
资料来源:根据《陕西统计年鉴》(2019)及公开资料整理。

### 三、驱动苹果产业链现代化的战略意义

陕西苹果产业已经达到一定规模,已具有一定的国内外市场竞争力,"提质增效"成为下一阶段更为艰巨的发展任务;特别是在国际地缘格局发生深刻变迁、陕西有必要肩负更为重要的使命的背景下,驱动苹果产业链的现代化具有深远的战略意义。

第一,陕西苹果发展到产业链现代化的新阶段。陕西通过扩大种植面积、优化品种结构、基地县与重点县等促进集聚效应、提升由产到销的产业化水平等方式,在鲜果及其加工品市场占有方面都已经取得显著成效,鲜果产量占到中国的1/4和世界的1/7,苹果汁产量占到中国的1/2和世界的1/3。但是,本地甚至国内市场趋于饱和、农业种植风险与国内外需求波动易致供求失衡、"小生产与大市场"的矛盾冲突等因素,决定陕西苹果业发展需要由粗放型方式转向集约型方式,通过由产到销全流程实现规模扩张与专业化进入到更高水平的联动发展,来巩固并提升国内外市场地位。这其中涉及几个层面:一是市场的拓展需要多层次的产品覆盖,特别是对品质要求高的市场,需要生产、销售全流程质量管理,由此具备拓展的基础与条件;二是全产业链精细化、弹性化运作,也就是准确把握需求端的变化,并使之与种植、生产供给端的波动相协调,以应对农业生产的高风险,协调广泛市场范围农产品供求矛盾的冲突,保障产业稳定有序发展;三是产业链条的延伸、专业化与协同,是在规模扩张的基础上,从专业化环节或流程中独立出来,并与其他环节紧

密联动,以提升产业链条的整体运行效率的。苹果产业链条的现代化运作,是陕西苹果业发展到当前阶段的内在要求。

第二,陕西可以从苹果产业切入,作为驱动地区现代化转型的抓手。虽然以苹果为代表的果业吸纳了数百万城乡就业人口,但从苹果产业增加值与贸易量来看,在陕西整体经济总量中的比重相对较小,这在一定程度影响到省、市在推动苹果产业链现代化中的立场与力度。当前正处于新一轮科技产业革命兴起过程初期,中国在全面建设小康社会目标完成之后,将转向分阶段推进社会主义现代化强国的建设,特别是结合数字化、网络化、智能化技术,发展新兴产业、重构传统产业;陕西作为西北地区重要省份,自然承担着促进国家现代化转型的艰巨任务。陕西产业体系门类齐全,但不管是工业还是服务业,总体来说都面临着产业规模偏小、专业化水平较低、市场竞争力薄弱等问题,缺乏对内外市场具有引领能力的龙头企业或支柱产业,如何驱动现代化转型,就成为陕西面对的现实挑战。新兴技术的应用缺乏产业的支撑,往往使政策推动不具有可持续性,由此,将相对具有发展基础的产业作为抓手,驱使其与新兴技术相结合,是陕西走向现代化的可行路径。以苹果为代表的果业虽然整体产业增加值有限,然而种植范围广泛、生长管理周期长、产业链条复杂、供求衔接矛盾突出,具有融合新兴科技实现产业现代化的潜力,也能为陕西驱动现代化转型提供重要抓手。

第三,陕西有必要利用区位优势、充分发挥外部规模经济效应,驱动果业、农业产业集群的现代化转型,以及辐射关中、黄河流域,甚至西北地区的现代化转型。西北地区在农业、生态环境保护等领域具有丰富的场景资源,需要探索其与数字化、网络化、智能化科技的结合方式与路径,以维护国家的整体发展与安全利益。从苹果业入手,扩展至果品、粮食、农产品;由陕西,延伸至关中、黄河流域、西北地区,陕西的先行探索不仅为自身现代化转型注入了强大动力,更为引领西北区域发展奠定了先发优势,还为服务国家战略做出了积极贡献。

第四,陕西果业发展为脱贫攻坚提供了有力支撑。陕西果业采用以分散农户为主体的种植模式,果园分布在陕北山地、渭北旱原等贫困人口相对聚集的区域,对于贫困人口的吸纳能力强。全省原有扶贫县56个,果业基地县占了28个;像建成面积近千万亩、产量过千万吨的苹果生产基地,20多个基地县属于老区县,苹果产业使170多万农户、全产业链近1000万人嵌入其中。在果业现代化转型过程中,育苗、生产、加工、销售、旅游等全产业链各环节加大投资、更新技术、强化培训等,农户覆盖面大,就为诸多贫困县产业脱贫提供了现实路径。截至2020年2月,陕西 56 个贫困县（区）全部实现脱贫摘帽，可持续脱贫、防止返贫成为新的任务，果业转型升级提供的产业扶贫成为必要选择。

## 四、促进陕西果业高质量发展的对策

陕西果业以苹果为引领，在具备一定发展基础的前提下，应围绕世界数字果业之都的战略目标，从苹果大数据中心建设入手，加大向果业、农业等领域的溢出、辐射效应；在数字技术的外部规模经济效应支撑下，以数字驱动全产业链协同并进，促进苹果生产、流通、消费循环往复及中间环节专业化，从而实现产业链现代化，提高果业发展质量，切实服务于西安国家中心城市建设。

### （一）数字赋能产业链现代化

苹果种植相对分散、生长周期长，提高产量及果品质量对技术服务与设施保障的要求较高；而苹果消费在业已达到一定规模的前提下，需要从全流程角度保证果品质量，结合保鲜技术延长果品销售期，并扩张到更为广泛和多元化的细分市场。由此，苹果产业链现代化的核心是应对大规模分散生产与大规模分散消费之间的供求对接矛盾，数字网络等技术无疑为苹果生产、流通、消费的全流程联结提供了现实选择。（图8）

第一，推进苹果大数据中心建设，结合物联网、区块链、供应链管理平台、农业管理平台等，打造数字苹果基础设施。面对果农分散、受教育水平不高、果业科技人员短缺，而苹果市场拓展越趋要求更高的果品质量，以及需要系统协调供求全流程中存在的失衡矛盾，陕西果业需要大幅提高产业全流程的透明度，实现全产业链的精细化管理，而数字技术恰好提供了解决分散信息与集中决策之间矛盾的有效工具。其中，物联网技术运用大量的感知设备，使得分散的果农能够根据降雨数据提供精确的灌溉，根据土壤质量的变化进行定制化施肥，并针对新出现的疫情采取有针对性的有害生物控制措施，以及储存环节追踪果品质量等。通过数据平台和管理App，将农田现场数据上传到云端，果农及相关供应商亦能够获得精准的农业解决方案。区块链分布式账本可以记录和更新苹果从种植到收获、到存储、再到交付的全流程状态，实现在农业记录和质量控制方面尽可能地数字化和自动化。各方提供数据及签署准确性，并与第三方认证机构共享这些数据，提高了整个产业链的信息透明度和及时反应能力。大数据中心通过区块链、云平台等多源数据进行综合分析，通过生态、土壤、种植等技术方案的专业化研究，为分散果农及产业链相关方

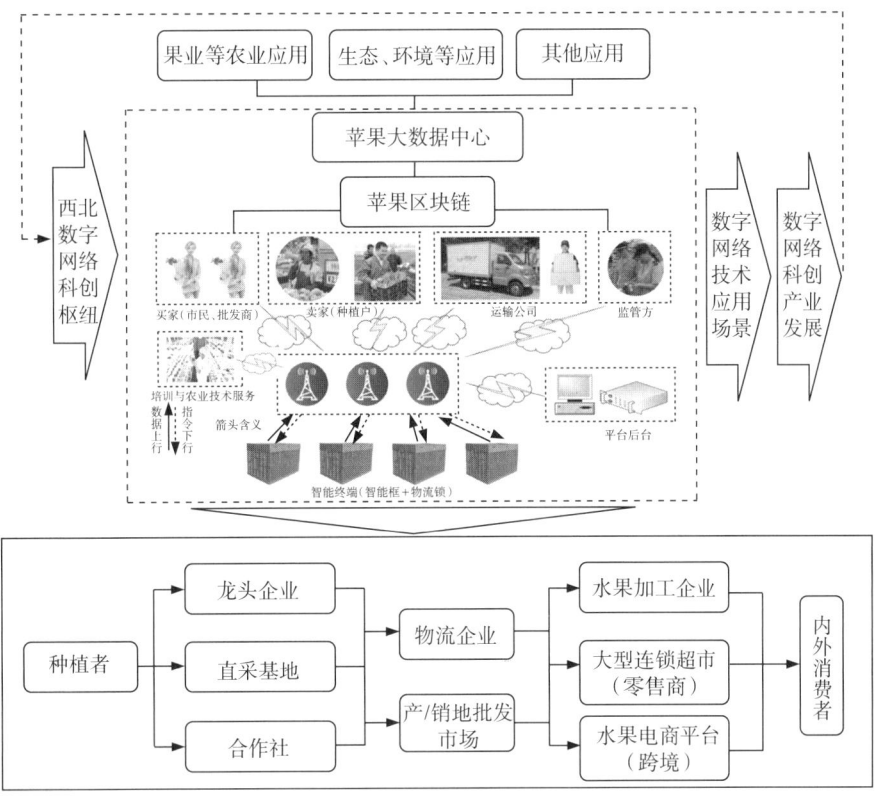

图8 数字驱动陕西果业高质量发展

提供动态的技术指导与决策信息。

第二，苹果产业链数字化为经营业态的创新奠定基础。陕西主要通过发展农业合作社、龙头企业等方式来促进果业生产的组织化与规模化，建基于数字化基础设施，从果品种植到储存、流通等，都建立起透明度高、可信度高的交互机制。由此，从果农到消费者的全产业链有可能基于各种智能合约，建立起产销之间的直接联系，从而缩减中间环节。例如，果农按照顾客要求，监控果品生产及使用工艺，提供全流程可追溯数据，从而可以饶过传统的批发商、零售商，降低中间多环节交易的成本。

第三，扩展与水果加工企业、内外各类实体零售店、电商平台等的对接，促进线上线下数字销售。通过线上、线下等多途径，强化与内外商户以及消费者的对接，扩大销售市场覆盖范围，挖掘多元化的消费群体，把握消费偏好，夯实需求端，以拉动整个产业链的规模化经营。其中，传统市场的新产品开发、新兴市场的产品进入等，需要以定制化、差异化的理念设计营销及市场拓展方案，以最大化地驱动规模经济效应。

第四，苹果产业链数字化是陕西数字经济发展、现代化转型的先行探索，需要从整体、长远视角评估战略决策。以苹果为代表的果业虽然是陕西农业及其就业的重要领域，但其整体经济效益与贸易规模相对有限。数字化转型相对附加值不高的果业而言，投入巨大、成本高昂；且在实现规模经济效应之前，不易看到数字应用的实效。由此，数字基础设施建设相对于小规模投入的其他建设而言，难以成为政策首选方向。针对于此，需要从陕西在新时代所肩负的历史使命和拥有的机遇的角度进行整体、长远的把握，数字基础设施虽然相对于苹果产业而言，存在投入巨大、成本高昂的现实困境，但面对现代化转型的时代趋势，陕西有必要从具备一定基础的产业入手，探索数字化转向的可行路径。并且，数字化基础设施具有广泛的外部规模经济效应，其成本的核算不应以单个产业来计量，而应当以应用范围扩张后多产业效率的提升来综合考量。特别是以基地县等区域板块为平台，联动数字基础设施在果业、农业、生态保护及扶贫等领域的应用，通过外部规模经济效应来降低数字基础设施的高昂成本，为苹果数字化创造条件。陕西在新时代全面开放新格局中，有必要成为"四方交互枢纽"，而辐射北方的农业应用、扶贫攻坚、生态环境保护应用等领域，创造了数字技术应用的可观需求场景，并为外部规模经济效应的实现奠定基础。特别是从苹果产业切入的数字技术应用，为陕西引致数字网络等"硬科"科创产业发展提供了驱动力。随着数字技术及其产品应用范围的扩大，陕西有必要也有可能成长为西北数字网络科创枢纽，从而通过广泛的规模效应，为苹果业可持续发展提供持久动能。

## （二）多元协同促进专业化发展以打造世界数字果业之都

促进陕西苹果产业化发展，需要发挥大数据中心的数字平台功能，配套与协同全方位措施，推动苹果生产经营模式的变革，以加强农业生产与流通的组织化，使得小农得以有效联合，基于数字科技实现全产业链的专业化、规模化。在数字果业产业链向国内外延伸的过程中，将西安夯建为世界数字果业之都。

第一，打造线上线下世界果蔬饮品博览会，奠定西安以苹果为核心的世界果蔬品牌竞争、信息交流、技术服务与商贸交易中心地位，树立世界数字果业品牌。依托苹果大数据中心与规模越趋庞大的果品产业链，陕西有必要夯实苹果的国际地位，通过打造世界果蔬饮品博览会的形式，促进国内外果品品牌交流、竞争与合作，促使国内外市场的联动化，进而引领本地果品提高专业化生产与经营水平，提升国际拓展的竞争力。在线上线下常态化的世界果蔬饮品咨询、信息、技术及产品的交流与投资贸易活动中，陕西苹果产业链更高程度地实现了国际化。在数字苹果的基础上，陕西进一步延伸果蔬应用场景，打造世界数字果业之都，为西安国际化大都市建设提供实业支撑。

第二，打破市场体系割裂局面，建设果品综合物流平台及集疏运体系，促进果品在数字流指引下顺畅流通。一些地区出于保护地方利益的需要，通过行政手段干预市场，为农产品交易设置人为的关卡和障碍，加剧了城乡封闭、区域封闭的局面，要素市场发育缓慢，土地、劳动力、资金、技术、管理等要素难以合理正常流动。同时，一方面，农产品市场在运行过程当中缺乏现代市场经济运行所必需的完善的法律、法规和规范体系；另一方面，一些地方在利用地方法规维护区域利益的同时也造成了各自为政、职能分散、自成体系的局面，缺乏统一性和有效性，进一步加大了区域之间的矛盾，不利于大市场的运行。果业产业链发展，需要统一的国内外大市场进行支撑，一切产业化经营活动要以市场为导向。因此，在促进苹果产业化发展过程当中，要让农户成为参与主体，让农产品龙头企业在更大范围内实现农贸工、产加销一体化经营。同时，要以市场发展为导向，让价格决定市场，传递供求信息。要深化农产品流通体系改革，进一步打破由于行政因素造成的区域市场分割、一系列非市场因素阻碍产品和要素流通的局面，建设果品综合物流平台及集疏运体系，打破区域界线、所有制界限和行业界限。与此同时，要积极引导农民专业合作社实现跨区域、跨行业和跨部门的合作经营，深化合作社的合作宽度和广度，扩大农民专业合作经济组织的发展空间。创建、培育果品电商平台，促进与规模化的连锁零售商合作，强化产销的 O2O 对接。此外，需要进一步优化产业布局，打破按照地方行政区域选择的"优势产业"定位，合理规划和分析选择适应整个更大的区域发展的主导产业，增强不同行业、部门之间的合作和互动，实现真正意义上的规模化经营与生产。

第三，提高生产专业化程度，明晰龙头企业、合作社等的发展方向。要实现苹果产业化发展，必须改变原有的小而全的"小农式"封闭生产状态，只有实现专业化生产，使农户生产要素集中于某一主导产业上，使其生产经营达到一定规模，整合经济效应才会逐渐显现。农民在入社或加盟之后，尝到"甜头"，自然会加大对合作经济组织的认可度和依赖度，产生向心力，使得社员数量或加盟数量维持在一个行对稳定的状态，生产规模扩大了，合作社、企业联盟、直采基地等的影响力和示范效应随之显现，从而能够吸引更多的农户参与，进一步扩大合作规模和影响力，如此循环往复，才能获得持久发展的动力。要特别注意，规模化和专业化是一个相互促进的过程，只有实现专业化生产，才能有效促进组织规模的扩大，同时，随着规模经济效应的显现，组织得以在更大的生产规模基础上实行专业化生产。陕西农业产业化过程刚刚起步，诸多经营模式发展还很不规范，因此，要促进陕西苹果产业化的发展，必须加强监督力度，对于"空头社""村落社"等只是形式上存在而对陕西苹果生产的专业化和规模化没有显著推动作用的合作机构必须依法取缔，使国家的转型扶持资金和配套政策向真正开展苹果生产一体化经营的合作组织倾斜。

第四，发展期货交易，创新果品供应链金融，强化金融支持。在苹果期货交易的基础上，进一步扩大交易规模，健全冷链、仓储、交割等流程与机制，以标准化、规模化交易带动产业的专业化发展，并由苹果期货交易向猕猴桃等果品领域延伸。发展果品供应链金融，在数字化改造及健全征信基础上，健全担保体系，强化金融支持，为果农提供农业保险、小额信贷等，打通"数据＋担保＋扶贫＋保险＋期货"等要素配置与政策支持平台，发挥联动效应提高金融支持力度。

第五，加快土地流转机制改革步伐，促进农地的市场化流转。在传统的以家庭联产承包责任制为基础的土地制度下，土地呈现小块分散化经营。但是随着农村土地承包关系的稳定和外出打工者的日益增多，陕西从20世纪90年代中期以来开始出现不同程度的土地流转现象。当前，陕西省的农业正处于由传统农业向现代农业转变的中期发展阶段，土地流转呈现出明显加快的势头。以洛川县建立的苹果专业合作社为例，苹果采摘后的分级、初加工、仓储，这些都需要不断扩大用地规模，但目前的土地流转机制仍不灵活，专业化组织在规模发展上受到束缚。关中地区是陕西苹果的主产区，目前，关中地区农村土地流转方式多以转包为主。外出务工人员为了避免土地的半荒半种、广种薄收甚至"弃耕"的发生，同时也为了在返乡时能有基本的生活保障，大多选择将土地转包。近城郊区和工业园区附近的农户由于自己耕种土地的效益太低，而第二、三产业发达，农民有很大的择业空间，增收途径也多，因此选择将土地使用权转让。还有互换的流转方式。关中属平原地区，农户多且每户面积又非常小，经营分散，不便管理。互换有利于农户将分散的地块集中到一起，开展大面积种植，实现土地经营的规模效益，有利于合理规划和充分利用土地资源，促进现代农业适度规模经营和集中连片种植。陕西作为全国最重要的苹果产业基地，应该在保护耕地红线和粮食安全的基础上，深入调研，探索土地流转的可行模式，为土地经营权的流转创造更加完善的政策保障。还要完善土地流转中介组织，形成"土地流出—中介服务组织—土地流入"的市场化土地流转机制，建立一个组织健全、运作高效、服务周全的土地流转中介体系与服务网络。同时，要完善社会保障体系，保证失地农民权益，相应地制定与农民工相匹配的社会保障制度。

第六，设立"世界苹果研究院"和陕西果业培训中心，加强技术研发、推广及教育培训，提高果业从业人员素质。陕西省作为教育大省，有着得天独厚的人才优势，需要充分利用高校、研究机构的资源，通过技术培训基地、社会实践基地等，提供专项资金，深入科学研究，促进技术推广与应用；同时设立线上线下相结合的专业培训中心，加强对果农开展技术培训、病虫害防治讲座、产业发展指导和政策宣讲，尤其要加强专业化组织管理者的培训，形成一支专业性新型职业果农队伍，发展懂技术、善管理的工匠式劳动力，引导果农因地种植品种、树立品牌意识、捕捉市场信心与机会，这对于在开展苹果产业化发展过程中的技术、信息等的传播具有重要意义。

（写于2020年）

# 陕西苹果保险促进产业高质量发展可行性调研报告

中心课题组

组　长：孙晓峰

成　员：呼延慧　雷　盼　魏烈惠

**摘　要**　陕西省作为苹果产业的大省，2007年在全国范围内率先开展了苹果保险试点工作。2019年9月，陕西省农业农村厅等部门下发了《关于印发2019年陕西省优势特色农业产品保险奖补试点实施细则的通知》（陕农发〔2019〕91号）文件，率先将苹果种植保险纳入中央以奖代补特色险种范畴。我省苹果类保险迎来了重大发展机遇期，苹果保险保费规模迅猛增长。但因陕北极端自然灾害频发，造成苹果种植保险赔付率高达100%以上，持续高赔付走势在一定程度上遏制了苹果保险迅速发展。为扭转苹果保险出现的被动局面，中航安盟财产保险陕西省分公司会同西北研究中心农村金融与农业保险研究院的相关专家深入陕北苹果产业基地调研，研究分析苹果保险遇到的新问题，提出助力苹果保险走出低迷状态的新措施，探索苹果保险高质量发展的新途径。本报告旨在为陕西苹果保险高质量发展提供有力的智力指导，确保陕西苹果保险高质量可持续发展。

## 一、苹果保险产生的背景

陕西省在苹果种植上有着得天独厚的自然条件，它地处中国大陆的腹地，由北向南依次纵跨温带、暖温带和北亚热带三个气候带。良好的气候形成的光照与温差，为苹果的生长提供了极为有利的条件。陕西已被确定为全国苹果生产的优生区域，也跨入了全球集中连片苹果栽植面积最大区域的行列。

近年来，我省苹果产业已成为全国农业结构调整的典范，亦成为我省农民增收的主导产业。2019年全省苹果种植面积921.86万亩、产量1135.6万吨，占全国苹果总产量的1/3，占全球苹果总产量的1/7。2020年全省苹果产量1185.21万吨。苹果种植主要分布在延安、铜川、渭南、咸阳、榆林、宝鸡等市，覆盖了陕西省大部分地市。

为使苹果产业能健康持续稳定发展，金融保险坚持系统思维，创新保险模式，拓宽保险渠道，尝试把保险与苹果产业嫁接，苹果保险应运而生。苹果保险率先在我省盛产苹果的陕北延安开展试点。从近几年推行苹果保险的实践来看，"苹果产业＋保险"的综合发展模式，无疑助推了农村精准扶贫乡村振兴战略目标的实现，对农民增收和美丽乡村建设具有极其重要的意义。

## 二、苹果保险存在的主要问题

苹果保险自2007年在全国开展试点以来，我省苹果保险发展一直处于初级阶段，存在的主要问题有以下几个方面：一是苹果保险因地方财政补贴有限，覆盖面较低；二是苹果保险作为特色优势险种，地方财政补贴比例较低，农户自缴保费比例过高，难以复制推广；三是苹果种植保险保额较低，创新类产品试点规模较少，总体保额难以覆盖经济作物生产成本；四是苹果保险费率较低，但近几年因极端灾害造成的赔付率又较高，保险主体难以维持可持续经营；五是苹果保险理赔标准不一，易产生理赔纠纷及风险事件。

## 三、苹果保险产品

### （一）苹果种植保险

"苹果种植保险"是目前保险市场上主流保险产品，是政府主要补贴品种之一。陕西省对苹果种植保险保费财政补贴比例做出明确规定，省和市县两级财政补贴70%，农户自缴30%。2021年全省苹果保险承保总面积达300余万亩，覆盖全省苹果面积的1/3，保费规模超过2亿元，单位保额3000元/亩，费率2.67%，单位保费80元/亩，农户自缴24元/亩。保险责任主要涵盖自然灾害、意外事故、病虫害及草鼠害等。当苹果因保险责任内的事故造成减产，由保险公司进行赔付。苹果种植易受干旱、冰雹、狂风、雨涝、虫害等自然灾害的影响，导致其赔付比例过高，打破了保险赔付的恒定系数。以延安苹果保险赔付为例，2019年、2020年苹果赔付率分别达到100%和500%以上，2021年赔付率预计达到1000%以上。致使参与苹果保险的保险公司出现了较大亏损，挫伤了其参与苹果保险的积极性，使参与苹果保险的公司蒙受了很大的经济损失。

### （二）苹果价格指数保险

"苹果价格指数保险"属于苹果保险的延伸产品。其保险责任主要指在保险公司与客户约定的保险期间，若在保险结算期间内，苹果保险实际平均价格低于约定保险价格，视为保险事故发生，保险人根据保险合同约定，履行赔偿责任；苹果价格指数保险为农户收入提供了兜底保障，有利于提高果农参与投保的积极性；同时苹果价格指数保险与苹果种植成本保险形成盈亏对冲，即因全省普遍性灾害造成苹果减产，苹果种植成本保险赔款增加，苹果价格升高，苹果价格指数保险可对冲苹果成本保险损失；遇到丰年，正好相反，这样有利于苹果保险的稳健经营。

### （三）苹果收入保险

"苹果收入保险"是反映苹果种植效益最直观、最简捷的综合保险。其保险责任与价格指数保险类似，苹果收入保险的保险责任指在保险结算期间内，苹果实际产量与价格乘积低于约定收入金额，视为保险事故发生。苹果收入保险可以有效平衡农业保险经营风险。从农户角度看，与单纯价格或成本保险相比，收入保险可能会以更低的保费获得更安全的保障，果农参保意愿会发生从"不想保"到"我要保"的转变。这对确保果农收入稳定、促进苹果产业发展将起到重要保障作用。从单纯保价格到保收入的转变，形成了苹果保险运营模式迭代升级，从而折射出保险确保果农增收、调动果农参与苹果保险的积极性，确保农民不受亏损，助推了乡村振兴战略目标的推进，使保险公司经营与农民增收实现共赢。

### （四）苹果保险+期货

"苹果保险+期货"是保险公司借鉴商品期货市场的交易模式，在苹果种植过程中模拟商品交易的模式，创新推出的一种保险产品。"苹果保险+期货"是农业经营者或农业企业为规避市场价格风险，向保险公司购买期货价格保险产品；保险公司通过向期货经营机构购买场外期权将风险转移，期货经营机构利用期货市场进行风险对冲的业务模式。"苹果保险+期货"类似于在苹果价格保险的基础上增加了第三方为保险公司转移风险。期货能较好地回避或者对冲价格涨跌的风险。在我国，农户、家庭农场和其他合作组织此前不常利用"期货"这种金融工具。直到

2015年，期货公司和保险公司尝试性创新推出了"保险+期货"产品，才将农户拉进了期货市场，使农户的市场风险得到分散。如果没有保险（或者保险单）这个"中介"，农户是不可能使用期货期权这些规避价格风险的工具。这也是我国农业界和政府认可"保险+期货"这种创新的重要原因。

"苹果保险+期货"专业性较强，而服务的对象多为农业生产者，存在创新产品及模式难以理解、不易为农户接受等缺点。"保险+期货"项目的实际价格参考了交易所的期货合约价格，而该合约盘面价格与实际价格有较大差异。农户对于该价格认知程度较低，解释起来专业性太强等问题较为突出。因此，要做好"苹果保险+期货"，在下一步的创新模式推进过程中，还需要根据实际情况进一步简化产品设计，制定通俗易懂的宣传动员工作方案，提高农户对新兴事物的接纳能力。另外，还需解决保费补贴问题，政府不补贴或者补贴力度不够，农户面对高保费，参保意愿势必会减弱；除此以外，还需要规范交易行为，主要是减少行政干预，政府和商品交易所不能要求保险主体"保底赔付"，禁止协议赔付。

### （五）苹果+保险

**1. 果库财产险抵押保险**

果库财产险抵押保险，即被保险人将果库作为资产向银行抵押申请贷款，并投保财产基本险、财产综合险等险种，列明第一受益人为贷款银行，确保贷款期间抵押标的财产安全，保障被保险人及银行的利益。

财产基本险与财产综合险此两类保险险种不局限于农户只抵押果库，小农户若无果库也可抵押其他财产，抵押财产需符合以下要求：属于被保险人所有或与他人共有而由被保险人负责的财产；由被保险人经营管理或替他人保管的财产；其他具有法律上承认的与保险人经营管理或替他人保管的财产；其他有法律上承认的与被保险人有经济利害关系的财产。保额根据果库管理者提供的资产清单、资产负债等确定，基础费率为 $1‰\sim3‰$。

**2. 苹果产业务工人员短期意外险**

我省咸阳、延安等大面积苹果种植地区每年有大量的外来务工人员参与苹果采摘与作务。其中洛川县每年外来人数达6万~7万人，此类种植区对该产品有较大需求，所以苹果产业务工人员短期意外险应运而生。该产品被保险人为外来务工人员，投保人为其本人或雇主，主要保障其在当地务工期间的意外风险。

人身意外险有个人意外伤害保险、团体意外伤害保险、雇主责任保险。涉及保险责任广、保险期间长,其中团体险保险期限灵活,应用更广泛。该产品针对投保人不同的需求,可提供不同的保额和保险期间。

**3. 苹果运输险**

我国国内水路、陆路货物运输保险分为基本险和综合险。两类险种的保险责任有自然灾害、运输事故等非常全面的事故涵盖,投保人可根据运输实际情况签订保险期间与所需险别。保额根据每车每季度或每年实际运输量确定,基础费率约为 0.6‰。

**4. 苹果+小额贷款履约保证保险**

围绕苹果高质量发展的目标,加大对苹果产业经营主体的支持力度,有效缓解苹果产业经营主体"融资难、融资贵"问题,可积极推广"政府+银行+保险+担保"四位一体的运作模式。政府作为组织发动方,提供风险补偿基金兜底及保险费,承担保费补贴。在保险期间内,投保人连续三个月完全未履行借款合同约定的还款义务,或借款合同到期后 30 日投保人仍未履行偿还本金义务,视为保险事故发生。发生保险事故的,保险人按保险合同约定负债偿还投保人所欠款项,但以不超过保险金额为限。

该险种推广仅限于苹果种植专业合作社、苹果产业相关企业进行农业生产和经营发展。贷款期限根据苹果种植周期、销售规律和贷款对象的综合还款能力等因素合理确定。风险分摊比例由保险、担保公司、银行按照 40%、40% 和 20% 的比例分摊风险。

## 四、苹果种植保险理赔的基本原则及方法

苹果种植保险目前作为苹果产业主流险种,理赔工作具有很强的复杂性和专业性。以此为例,浅谈苹果种植保险理赔要点。

### (一)准确界定保险责任

苹果种植保险主要易遭受的自然灾害有冻灾和雹灾两种灾害形式。对于保险责任界定,应重点关注两个方面问题:一是保险苹果遭受冻灾灾害,保险主体应对受灾区域全面了解,对于因被保险人采用不成熟的新技术或管理措施失误(含误用农药、化肥、生长调节剂等),管理不善或怠于管理造成的除外责任损失,不予纳入保险责任范围;二是保险苹果遭受冰雹灾害后,因灾害带有局部性,呈点状、线状损失,会因冰雹自由落体时方向不同而造成一棵树有可能面临一侧有损失,一侧无

损失的具体情况，加之苹果种植过程中本身有30%~40%的果品机械损伤，在保险责任界定上更应该严格区分，确定受损数量是否达到条款规定的起赔标准。

## （二）认真核对保险标的

因苹果种植保险承保时，政府下达计划规模不足以完全覆盖当地种植规模，农户在承保时，无法做到全部投保，或有意选择地块风险较高的标的投保，目前保险主体均按照村组登记清单录入系统承保。在投保时，地块名称录入较为模糊，不利于查勘定损工作开展。在遭受自然灾害查勘定损过程中，务必如实统计地块名称，逐地块与系统核对复核，核实是否为保险主体承保的保险标的；对于承保地块无法界定的，了解农户投保地块与实际种植面积之间的关系，确定投保比例；尤其是保险标的遭受绝收损失的，要逐户逐地块核实，并认真记录种植面积、承保面积及损失面积，为损失面积核定奠定基础。

## （三）如何确定损失面积

在苹果保险承保过程中，受政府下达指标及农户逆选择影响，承保机构面临不足额投保现象，各保险主体在损失面积核定方面需把握几点：一是把握定损原则，确定灾害损失地块必须是保险公司承保的保险标的。二是损失面积区域核定必须符合保险条款规定的赔偿范围。例如未进行正常物化成本投入地块（未套袋）、幼苗地块、未受灾区域等，应根据实际情况剔除此类面积。三是在损失面积确定上应符合条款规定。发生保险事故时，保险单载明的保险面积小于实际种植面积时，可以区分保险面积与非保险面积的，保险人以保险单载明的保险面积为赔偿计算标准；无法区分保险面积与非保险面积的，保险人按照保险单载明的保险面积与实际种植面积的比例计算赔偿。依据保险条款规定，在无法区分保险面积与非保险面积方面做好核对，以便确认赔付面积。

## （四）精确计算损失程度

苹果种植保险损失程度界定主要依据损失率，保险条款规定损失率＝平均每亩损失产量/平均正常每亩产量（平均正常每亩产量按当地保险苹果品种前三年平均每亩产量确定，具体参考数据可参考陕西省统计年鉴）。在损失率计算方面，主要依据每亩损失产量。保险主体采用果业专家或主体自有技术人员采取的抽查法或者田间测产法，在一个承保区域（村）内取样，评估亩产，计算损失率；根据测产损失情况，一般建议在每个承保区域（村），确定三个级别损失，分别是按照损失率

60%～80%确定为重度损失、40%～60%确定为中度损失、20%～40%确定为轻度损失，再依据各损失程度的损失率计算最终赔付金额。

对于冰雹灾害目前采用雹点数量确定损失程度。1～2个雹点为轻度损失，3～5个雹点为中度损失，5个雹点以上为重度损失。但冰雹灾害会因苹果生产季节不同而造成的灾害损失结果有差异。例如在幼果期与成熟期，幼果期遭遇灾害后，苹果会随着成长削弱受损造成的影响，但成熟期因果实含水量较足，遭遇灾害后影响严重。所以在冰雹灾害损失率确定上要结合成长期、保险标的残值等因素，合理界定保险标的损失率。

### （五）客观评估保险金额

在保险金额评估上应秉承客观、准确的原则，确保评估结果公平、公正。保险金额评估应以灾害损失为依据，以损失补偿为原则，重点考虑以下几个因素：一是差异化评估。要充分考虑苹果种植地块差异造成的物化成本差异。例如平原种植和坡地种植、树龄（4年幼树与20年老树等）、果树品种（矮化树与常见树）、套袋果树与未套袋果树、生产商品果与非商品果之间差异等因素造成的物化成本差异。二是考虑不同生长期赔付金额。保险果实不同生长期最高赔偿比例基本上采用始花期40%、扬花坐果期60%、果实发育期80%、成熟期100%这一标准，在此范围内界定、设置最高赔付比例上限。

## 五、苹果保险高质量发展的思路

### （一）培育果农参保意识，营造浓厚的参保氛围

苹果保险在陕西农村果区实施时间不长，果农参保意识还没有真正觉醒，思想上还普遍存在"不愿参保"的陈腐理念。还有些果农认为参加苹果保险不划算，甚至还有一些果农担忧赔付不能真正兑现。针对果农思想上存在的问题，保险公司要制订翔实的宣传方案，加大宣传力度，组织保险员工主动到田间地头与果农交谈；深入村组村民中间宣讲参加苹果保险的诸多好处；给果农讲解保险理论和理赔实践；现场给果农算一笔参加保险与理赔的账，让果农明白参加保险可以利国、利民、利己，在苹果遭遇到自然灾害后，可以获得保险公司一定数额资金的补偿，减少个人的经济损失；聘请一些参加苹果保险获得理赔的果农现身说法，动员引导果农自觉参加苹果保险；印制参加苹果保险的有关政策和理赔案例，唤醒果农自觉参保的意识；充分发挥科技引领宣传的作用，发挥互联网媒体作用，建立苹果保险的二维码；

开发一些苹果保险的 App 软件；在果农中间建立苹果保险微信群；在一些村口显要位置安装 LED 显示屏，滚动宣传参加苹果保险益处；在苹果连片地头，制作宣传专栏，图文并茂宣传苹果保险有关法规政策。通过以上各种宣传方式营造浓厚的苹果保险氛围，进一步强化果农参加保险的理念，唤起果农自觉参加苹果保险主动意识。

### （二）拓宽苹果保险领域，提高保险抵御风险能力

目前我省苹果保险仅在苹果种植保险面积有所提升，"苹果+保险"还只是在小范围开展试点，还没有大面积推进。政府财政补贴面窄，参保的试点面积有限，补贴标准较低，果农参保意识不强，这些因素在一定程度上遏制了苹果保险大面积推广。但苹果保险现阶段面临的发展需求是进一步优化保险产品结构，扩大保费规模，有效分散风险。在农户方面创新类保险可有效规避生产风险、市场风险等不确定因素影响，增强保险抗风险的保障，促进收入稳步增长。推进苹果保险还存在一些短板，如品种比较单一、种植保险比重份额较大、果农缺乏苹果保险常识，人为制约了对保险新产品的挑选。其他产品的保险，在实际推广中步履艰难，大面积推广还难于开展。

要给参加保险的果农建立档案，摸清果农的文化水平与参保认知程度。针对不同的人选择不同的保险产品，这样可以使参保人获得最大收益。要下功夫推广苹果保险的新产品，针对不同的地域和不同的人群，推出相应的产品。创新保险理念，拓宽保险领域的方法，研发保险新产品，打组合拳，给予不同保险产品搭配，制定保险套餐。实行保险缴费打折制度，对于连续多年参保农户，参加保险的期限长，可以对缴纳保费实行打折，即参保期限越长，缴纳保费的打折比例越低。保险工作人员开设苹果保险讲堂，给果农详细讲解选择保险产品的技巧：选择保险产品要根据自己的实力，切勿人云亦云，要根据自己对保险的认知能力和对保险风险的承受能力选择适合自己的保险产品。

另外，保险公司要深入果区和果农中调研，认真论证，制定行之有效的防范灾害的赔付机制，规避或减少果农因灾害造成的经济损失，把果农的经济损失降低到最低程度，要让果农真正感受到参加苹果保险势必会从中受益，最大限度地确保果农的收入不因生产和市场风险而减少，彰显保险抵御自然灾害和市场风险的能力。

### (三)有效推动防灾建设,促进苹果产业发展

我省苹果种植主要遭受冻灾及冰雹灾害侵害,下面依次对灾害的有效防控措施逐一进行介绍。

冻灾的形成主要是受气候变暖影响,我省苹果开花期提前,使花期遭遇冻害的风险增大。有效防御冻害灾害,对防止苹果减产及品质降低具有重要意义。从空间分布来看,延安、渭北西部果区基地县的花期冻害指数整体高于渭北东部及关中西部果区基地县。预防措施主要是:喷施生长调节剂可增强树体耐寒性,缓解低温冻害;改变局部小气候,增加环境温度,当最低气温不低于$-2$摄氏度时,在苹果果园内熏烟能使气温提高$1\sim2$摄氏度,投放的生烟堆数每亩至少$5\sim6$堆,熏烟材料可以用作物秸秆、杂草、落叶、锯末等。在遭受冻灾后,应及时使用药剂保护,要及时喷布70%甲基托布津可湿性粉剂$800\sim1000$倍液、20%粉锈宁可湿性粉剂2000倍液或50%多菌灵可湿性粉剂600倍液等药剂,用以防治苹果白粉病、苹果斑点落叶病等病虫害;通过叶面喷肥、花期放蜂或人工授粉等,提高坐果率。保险主体可适当参与防灾减灾物资投入,提前介入灾害救治。

冰雹灾害常伴随局地性强风暴,历时短、破坏性强,给人民生命财产安全带来严重危害。我省冰雹灾害重度风险区主要分布在延安中西部,该区为白于山、子午岭冰雹带区域,冰雹灾害发生频繁且强度大、危害重,年平均雹日约2天。中度风险区主要受西路和北路冷气流影响,冰雹灾害强度较大、危害较重,年平均雹日$1\sim2$天。轻度风险区主要分布在关中西北部,关中东部有小区域分布,该区为西路和北路冰雹路径的尾部,一般情况下,冷气流势力减弱,形成雹灾的概率会大大减小,年平均雹日不足1天。基本无风险区主要分布在关中西部小部分地区,该区苹果主要生长期很少发生冰雹灾害。冰雹对苹果的危害常是毁灭性的,为进一步减少农户经济损失,应在积极开展人工防雹的同时,加强果园防雹网工程建设,进一步提高防雹减灾能力;同时,应加大冰雹预测技术研究,提高冰雹预报的准确率;在多雹地带,大面积种植树草,绿化荒山秃岭,改善生态环境,可抑制局地热对流发展,减少雹灾发生。保险主体应针对冰雹灾害重度及中度灾害区域采取风险管控措施,设置承保条件,例如承保对象必须搭建防雹网,设置一定绝对免赔;在保费、保额、费率等方面,可以拟定费率浮动空间,实现风险因子与费率调整联动机制。

## （四）加强基础工作推动，提升苹果保险服务水平

我省的苹果保险才刚起步，仍在摸索中向前推进，保险公司从中也摸索到一些经验，但在生产经营中由于经验不足，仍存在一些问题。最突出的就是保险服务水平与需求不相适应，即保险服务跟不上保险发展的步伐。尤其是在苹果保险的新领域，由于经验缺乏，保险从业人员教育培训没有先行，保险人员的服务还不到位，在一定程度明显制约了苹果保险的整体推进。加强和改进这一薄弱环节，要采取如下几项措施。

一是加强对保险员工的教育培训，使其掌握对苹果保险的操作流程，熟练掌握苹果保险的参保、理赔的全过程；二是要凸显服务理念，深入农民中间，普及保险知识，讲解苹果参保的意义，动员更多的果农自觉参保；三是对果农参保后苹果生产要给予技术支持，指导果农对苹果种植的环节实施科学的管理，做好"防赔结合"；四是教育果农知晓，苹果遭受灾害后如何与保险对接获得理赔，把保险政策用足，从而获得最大的经济补偿；五要与果农交朋友，心连心，学会换位思考。

只有通过实施以上几项服务措施，吸引越来越多果农参保，苹果保险高质量的发展目标才能真正实现。

## 六、结束语

苹果保险发展的有益尝试，给予我们重要启示：农业保险市场的发展须臾离不开中央的关怀和政策方面强有力的支持。我们应知恩图报，要充分认识苹果保险经营中遇到的新问题，"百尺竿头，更进一步"。要务实创新，以苹果保险高质量发展为引擎，理清苹果保险发展的工作思路，以创新产品推广、理赔标准实施、有效防灾减灾为抓手，进一步扩大苹果保险规模，促进产业稳步增长，确保苹果保险高质量发展，并以此带动其他农产品保险健康发展。

（写于2020年）

# 加快发展陕西省丝绸之路经济带境外园区研究报告

中心课题组

组　长：冯家臻　李艳花

成　员：崔　园　刘甜璐　张昱静　王宝燕　任　昭　董　帆

**摘　要**　推进境外园区建设对于陕西省打造内陆改革开放新高地、深度融入"一带一路"建设具有重要的意义。陕西省境外园区已经具备了较好的基础，应该借鉴国内外经验，抓住发展机遇，在建立境外园区省级层面的协同推进机制、制定陕西省境外园区认定与管理暂行办法、全力打造境外园区发展联盟、引导企业加强境外园区建设运营的风险管控、建立陕西境外园区发展专项资金、为国有企业发展境外园区建立容错机制等方面下功夫，推进境外园区高质量发展。

推进境外经贸合作区（以下简称"境外园区"）建设对陕西省打造内陆改革开放高地、深度融入"一带一路"经济带具有重要意义。为加强这一问题研究，我们组织课题组查阅了国内外文献、理论界和相关研究成果，通过召开座谈会、实地调研和网上调研等方式，对有关问题进行了研究。

## 一、陕西省加快发展丝路境外园区的重要意义

### （一）发展丝路境外园区是加快陕西省向西开放的战略支点

做出上述判断的根据是多方面的。从对外开放战略角度看，积极发展同各国的务实合作、促进互利共赢是我国实施开放战略的基本原则。发展丝路境外园区是落实开放战略，发展对外合作、实现互利共赢的重要举措，可以为陕西省实施向西开放战略，推动"一带一路"建设提供支持。从对外开放的形式看，引进来，走出去，

是加快对外开放的基本形式。引导企业走出去，建设境外合作园，是利用两个市场、两种资源，推进陕西省向西开放的新形式、新选择。从对外开放的任务看，陕西省向西开放的重点工作很多，如推进交通商贸物流中心优化升级、提高科技教育中心影响力、促进国际文化旅游中心做强做优等，而积极发展对外产能合作，推进境外园区建设，可以为陕西省向西开放提供经贸合作的战略支撑。西安市沣东集团在莫斯科兴建的"中俄丝路创新园"由于硬件、软件条件较好，不仅成了陕西省企业向西开放发展的桥头堡、集聚地，也成为陕西省向西开放发展的重要战略节点。

### （二）发展丝路境外园区是加快要素集聚、集群化发展的重要载体

境外园区是中资控股的独立法人机构在境外投资建设的产业园区。园区的基础设施比较完善，公共服务功能健全，成为国内企业实施走出去战略，利用国内外市场和资源，集聚生产要素的重要载体。园区主导产业明确，投资环境较好，在生产要素集聚的同时，也为产业链相关的上下游企业的聚集创造了条件。黑龙江牡丹江市积极引导、支持境外木材加工产业向龙跃经贸合作区集聚，推动境外粮食加工产业向中俄滨海现代农业经贸合作区集聚，推动境外轻工产业向乌苏里斯克经贸合作区集聚，推动境外商贸物流产业向华宇十月经贸合作区集聚，通过做大做强主导产业带动相关配套产业发展，使境外园区成为特色产业"园区化承载，集群化发展"的重要载体。

### （三）发展丝路境外园区是促进陕西对外经贸合作、助推陕西追赶超越的重要抓手

对外开放度低是陕西经济发展的短板。2013年，外贸依存度全国为45.4%，陕西为7.8%，差37.6个百分点，排在全国第18位。2013年国家提出建设"一带一路"倡议后，陕西省连续6年出台了"一带一路"建设行动计划，推动陕西对外开放。2018年，陕西进出口总值3513.8亿元人民币，同比增长29.3%。其中，出口2078.7亿元，同比增长25.3%；进口1435.1亿元，同比增长35.4%；同期贸易顺差643.6亿元。进出口、出口、进口增速分列全国第三位、第四位和第三位，进出口总额位居第16位。陕西省在对外开放上迈开了追赶超越的步伐，究其原因，这与陕西省认真实施"一带一路"行动计划是分不开的。而发展对外产能合作，建设境外园区则是重要原因。例如，西安爱菊集团在哈萨克斯坦建立粮油加工园，2016年3月，集团进口哈萨克斯坦优质油脂约2000吨。截至2019年11月，爱菊集团累计

进口小麦约 7 万吨、食用油约 2 万吨，成为促进西安开放发展、助推追赶超越的重要抓手。

### （四）发展丝路境外园区是推动企业融入全球经济的重要路径

企业融入全球经济的传统做法是参与国际贸易、跨国经营、开展经济技术合作。建设境外园区是企业融入全球经济的新形式。和"单兵作战"相比，建设境外园区，推动"集体出海"的模式优势明显。一是园区能为入区企业顺利投资运营提供"一站式"服务，解除入区企业的后顾之忧；二是园区可以帮助企业"集体出海、抱团取暖"，提高抵御境外风险的能力；三是入驻园区企业可以集体享受东道国的优惠政策，规避贸易壁垒和贸易摩擦。国家级境外园区泰中罗勇工业园就是典型。进驻工业园的企业可以集体享受"优惠政策"：前八年所得税全免，后五年所得税减半的优惠。园区内土地拥有永久所有权、外资可以 100% 控股、原材料进口税减免等，单个企业在海外建厂显然很难享受到这样的待遇。所以，建设境外园区成为企业实施走出去战略、融入全球经济的重要选择。

## 二、陕西省丝路境外园区的发展现状分析

### （一）陕西省丝路境外园区建设初步形成三种模式

陕西省的丝路境外园区的建设目前主要有三种模式。

一种是政府高层推动，企业建设运营模式。典型代表是中俄丝路创新园。中俄丝路创新园的协议是在李克强总理和梅德韦杰夫总理见证下签署的。协议签署后，省委、省政府领导江泽林、梁桂、贺荣等同志都给予了关注和指导。有的还亲自到俄方园区考察调研，对园区建设做了重要的指导性意见。园区建设运营的日常工作由西安市沣东集团负责。

第二种是地方政府与境外基金会共建模式。以中哈农业科技园和中哈人民苹果友谊园为代表。中哈农业科技园是杨凌示范区管委会与哈萨克斯坦国际一体化基金会共同建设的农业创新园，以引进我国品种和筛选当地优良品种为主，与哈萨克斯坦合作开展作物育种和耕作栽培技术，逐步建立联盟单位作物品种示范推广基地。中哈人民苹果友谊园，是哈萨克斯坦共和国国际一体化基金会与陕西省政府一起合建的农业园；政府在战略和政策上的大力支持，为陕西苹果开辟沿线国家和地区的市场提供了平台，给陕西苹果"走出去"带来了无限商机。

第三种模式是政府引导，企业主导发展模式。主要是根据政府的引导，企业基

于自身的发展需要,在境外设立加工贸易区、工业园等,陕西红旗民爆集团公司在吉尔吉斯斯坦成立的中吉宝鸡工业园和西安爱菊粮油工业集团在哈萨克斯坦投资建厂的爱菊农产品加工园就是典型代表。

## (二) 园区建设初见成效

目前,陕西省开工建设和已经建成的境外园区有:中俄丝路创新园、中哈农业科技园、中吉宝鸡工业园、中哈爱菊粮油加工产业园、中大工业园、中哈人民苹果友谊园、中欧国际合作产业园和中国—南非延安产业园。其中哈萨克斯坦爱菊粮油工业园、吉尔吉斯斯坦中大工业园已列入商务部境外经贸合作区统计监测名录。这些园区的存在不但推进了陕西省的对外经贸合作,还极大促进了园区所在地的社会经济发展。

## (三) 园区数量少、层次低,与兄弟省市差距大

陕西省的境外园区不论是在数量还是在发展层次上,与兄弟省市仍然有较大差距。

从园区数量来看(表1),同样位于内陆的河南省,拥有的境外园区多达15家,其中还有1家国家级境外园区。牡丹江市作为黑龙江省的一个地级市,境外园区数量就达13家。目前,陕西省只有8家境外园区,真正投入使用的有7家。

表1 我国境外园区分布对比表

|  | 山东 | 黑龙江 | 广西 | 河南 | 陕西 |
|---|---|---|---|---|---|
| 国家级境外产业园区 | 4家 | 3家 | 1家 | 1家 | 0家 |
| 建成的境外产业园区 | 13家 | 16家 | 10家 | 15家 | 7家 |

资料来源:根据商务部网站和相关资料整理而来。

从园区发展质量上看,目前我国境外初具规模的园区已有77个,经商务部、财政部确认考核的国家级境外园区共有20个,陕西省没有一家。

从合作深度来看,陕西省作为丝绸之路的起点,园区内吸引的企业数量少、规模小,与其他发展较好的省市相比,仍有较大差距。如山东省的境外园区吸纳了很多中外企业入驻,所涉及的产业领域也比较广泛,包括农业、机械、生物制药等,入驻园区的主导企业大都是实力比较强的大型企业。西部省份中如云南省和广西壮族自治区,借着和邻国接壤的优势,也发展了不少境外园区,引入的技术和资源也

都极具特色。

### 三、陕西省丝路境外园区发展滞后的主要原因

#### （一）省级协同推进机制缺失

境外园区的发展涉及商务、发改委、农业、国资委、工信厅、文旅、科技、教育、外事、金融等多个部门，但陕西省缺乏一个协调推进机制，境外园区在发展中遇到困难。例如陕西省中俄丝路创新园的主管单位是沣东新区管委会，俄方园区由丝路创新发展公司（沣东集团下属企业）负责日常运营，园区通常与俄方总统经济顾问和部长一级政府进行对接。俄方代表来陕后，由沣东集团或西咸新区管委会接待，但双方商谈的内容如俄罗斯与陕西省的经济、教科文领域等的合作问题，超出了沣东集团和西咸新区的职权范围，需要政府相关部门出面协调。

#### （二）境外园区认定与管理办法建设滞后

为了推进境外园区发展，浙江、山东、湖南、安徽、河南、天津等省市都出台了关于境外经贸合作园区考核认定办法。而陕西省没有相应考核认定办法和第三方评价办法，无法对境外园区综合发展水平进行评价考核，对园区升级、扩区和加大政策支持力度等造成一定困难。

#### （三）支持省级境外园区的政策措施不足

境外园区的发展离不开政府的引导和政策支持。为促进境外园区发展，一些兄弟省市出台了专题文件和政策措施。浙江出台《海外园区建设管理意见》，山东出台《境外园区考核管理办法》，河南出台《支持省级境外经济贸易合作区建设实施意见》，安徽出台《关于推进境外经济贸易合作区建设的意见（试行）》，等等。相比之下，陕西省在支持企业建设境外园区方面的政策措施不足。

#### （四）境外园区缺乏抱团发展的联盟支持

产业联盟和同业联盟是促进境外园区发展的重要组织形式。相对于企业并购，能以较低的风险实现较大范围的资源调配，避免了兼并收购中可能耗时数月乃至数年的整合过程，促进企业优势互补，是境外园区超常规发展的重要手段。浙江省采取"政府扶持，企业为主体，市场化经营"的运作模式，发挥经济实力较强、跨国经营经验丰富的企业优势，带动全省中小企业"走出去"，推进集群式投资，从而

改变了单一企业"单打独斗"的投资模式,代之以"抱团"发展,增加了企业融入东道主市场和风险抵御的能力,强化了企业在国际市场的话语权。在这方面,陕西省差距较大。

### (五)境外园区建设运营存在一定的经营风险

境外园区的建设运营还存在经营风险。园区大多采用单一商业模式,境外知名度不高,仍然面临招商难、承诺兑现难、土地闲置多、服务跟进难等问题。在园区发展中后期,国家政府逐渐退出后,主要由企业来进行沟通协调,此时企业与东道国的地位不平等、信息不对称,与所在国政府、非政府组织、民众等的有效沟通方式不足,制度设计保护既得利益遇到障碍。同时,一些落后国家的基础配套设施不完善,中外员工冲突的劳工问题和语言文化上的差异等使得园区融入本地较为困难,带来经营风险。

## 四、加快陕西省建设境外园区的对策建议

### (一)建立境外园区省级层面的协同推进机制

建立境外园区发展的联席会议制度。由主管省级领导为组长,成员由省发改委、商务厅、财政厅、省国资委、工信厅、金融办、省外事办、境外园区中方建设单位等部门和单位构成,协同推进陕西省境外园区发展。联席会定期召开会议,了解各境外园区建设情况,分析面临的问题,及时提出应对解决措施,检查督促,使措施落到实处。

### (二)制定陕西省境外园区认定与管理暂行办法

为了缩小与其他省份的差距,加快推进陕西省境外园区发展,建议由省商务厅、财政厅联合制定出台陕西省境外园区认定与管理暂行办法,对省级境外经贸合作的认定标准、申报的流程、扶持政策和动态管理办法做出具体规定。

### (三)全力打造境外园区发展联盟

组建陕西省境外园区发展联盟。要制定章程,使境外园区发展联盟有序、规范运行。围绕"整合资源、信息共享,举办活动、加强交流,解读政策、开展研究,加强宣传、优化服务"等四个方面开展工作,全面、及时、客观地向境内外政府部门反映盟员诉求,最大限度减少盟员海外运营风险,助推境外园区有序、健康、可

持续发展。联盟要整合各自优势、形成发展合力,实现招商推介、金融支持、服务标准、信息交流"四联动",为促进企业抱团发展、增强海外生存发展能力提供支撑。要积极申请加入我国"一带一路"国际产能合作园区联盟,使陕西省境外园区实现更高层次的资源整合和可持续发展。

### (四)引导企业加强境外园区建设运营的风险管控

加强企业的风险管控,本来是企业自己的事。但是,考虑到"一带一路"建设是国家战略,陕西省委、省政府出台行动计划对境外园区建设提出具体要求的实际,因此在境外园区发展过程中,既要突出企业的主体地位,又要发挥政府的指导和扶持作用。要通过开展境外园区运营企业高管人员培训、举办风险管控研讨会,引导企业加强风险管控体系建设,做好事前、事中、事后的风险管控。定期发布《国别投资经营便利化状况报告》,加强对企业赴高风险国家和地区建设境外园区的指导和监督;要完善境外风险防控体系,建立风险评估、监测预警、风险处置"三位一体"的新型海外风险防控机制。建议省商务厅会同省发展改革委、省公安厅、省国家安全厅、省外办等有关部门建立境外经贸合作安全风险评估机制,及时发布有关国家和地区安全状况的评估结果,提供预警信息;要根据境外纠纷和突发事件的敏感程度,严格执行境外安全风险信息通报制度,引导媒体舆论。此外,要积极引导企业用好出口信用保险等政策性避险工具和市场化风险管理工具,督促企业开展境外项目安全风险评估,做好项目安全风险预测应对,提升企业境外投资安全风险防范能力。

### (五)建立陕西境外园区发展专项资金

针对陕西省境外园区正处在创建期和高质量发展攻坚期,迫切需要政策、资金、项目扶持和政府强力推动的特点,建议省上设立5亿至10亿元的境外园区发展专项资金,主要撬动企业和社会资本加大对海外发展的投资,建立与构建"一带一路"投资专项资金(基金)的对接机制,形成更高层次的海外发展的投融资机制,用政策和财政扶持的红利,促进陕西省境外园区尽快成为"一带一路"建设的重要推进器。

### (六)为国有企业发展境外园区建立容错机制

创建境外园区是对外投资的新模式。任务重、难度大、有风险,需要各级领导干部勇于担当、敢于作为,切实担负起推动创新发展、扩大开放的历史使命。因此,要建立容错机制,为企业创建发展境外园区营造良好环境。鉴于陕西省的境外园区大多数由国有企业或者政府参与投资建设,具有较强的国资背景,因此,要根据国务院国资委《关于做好中央企业违规经营投资责任追究工作体系建设有关事项的通知》的精神,按照"三个区分开来"要求,本着建设有助于企业家成长的良好生态环境的目标,建立国有企业境外园区建设容错机制,以进一步解放思想,树立保护改革者、支持担当者的鲜明导向,激发他们的创业热情。

(写于2019年)

# 陕西电商如何实现追赶超越发展

中心课题组

组　长：张　鸿

成　员：冯家臻　吴斯全　田高良　王发合　汪玉磊

**摘　要**　当前电子商务已广泛渗透到经济社会的各领域、各环节，网络消费已融入老百姓日常生活。在新旧动能逐步转换之际，新技术、新业态、新模式不断涌现，催生出的新产业正成为经济新常态下追赶超越的新引擎。陕西应大力发展电子商务，培育经济社会发展新动能，推进陕西追赶超越。要以"创新、协调、绿色、开放、共享"发展理念为指导，按照政府引导、企业主导、多方共赢、市场运作的发展思路，以加快转型升级、创新经济模式、打造特色集群为重点，以创建电子商务示范县为抓手，以普及和深化电子商务应用为主线，以发展农产品电子商务为切入点和突破口，紧紧围绕产业发展、产品销售、居民消费、应用普及、行业管理，积极推进电子商务产业链建设，加快提升电子商务应用水平，发挥电子商务区域经济社会发展的重要引擎，实现网络经济与实体经济、传统产业与电子商务深度融合发展，促进城乡创业就业、改善民生服务、城乡居民增收、产业转型升级，助力陕西实现追赶超越。

习近平总书记来陕考察期间，站在战略和全局的高度做出了"陕西正处在追赶超越阶段"的重要论断。陕西追赶超越是时代任务，提质增效转型发展更加紧迫。在新旧动能逐步转换之际，新技术、新业态、新模式不断涌现，催生出的新兴产业正成为经济新常态下追赶超越的新引擎。电子商务打破了时间和空间的限制，引发生产模式、流动模式、消费模式的深度变革，带动产业结构优化升级，促进产业深度融合。陕西应大力发展电子商务，培育经济社会发展新动能，助推陕西追赶超越。

## 一、陕西电商追赶超越发展的基础

### （一）网络基础设施逐步完善

近年来，陕西积极推进"智慧城市"和"无线城市"建设，加大网络基础设施建设投入，各个行业互联网应用不断加强，与制造业、服务业实现深度融合。同时，网民规模不断扩大，且受教育程度较高，其中拥有大学专科及以上学历的网民比例达86.1%，网络购物、网上银行、旅行、团购等应用位居全国前列，为陕西电子商务追赶超越提供了重要支撑。

### （二）电子商务已经形成规模

当前，电子商务已广泛渗透到经济社会各领域、各环节。网络消费已融入老百姓日常，"双十一"等电商节成为全民参与的购物狂欢节。为加快电子商务发展，陕西集中优势资源，加强与阿里、京东、苏宁等知名企业合作，加大县级电子商务服务中心、直营店、镇村服务站点建设，推进电子商务进农村，催生出丝路商旅、利安电超市、西域美农、熊猫伯伯、土豆姐姐等一大批本土电子商务品牌。武功模式、山阳模式、照金模式陕西三大县域电商模式声名远播，电商扶贫效果显著，推动产业转型升级，带动农民就业，实现增收致富。

### （三）物流配送体系日渐完善

目前，邮政、申通、圆通、百世、韵达、顺丰、德邦等物流快递公司纷纷在陕布局，基本建立起较为完善的物流配送体系，可满足县城到镇区物流配送。京东、菜鸟等建立县级电子商务服务中心，推销农村优质产品以及为村民提供网上购物服务，打通电子商务"最后一公里"。村一级加盟合作店数量增长较快，对县域内人口聚集、交通便利的较大村组可进行业务覆盖，物流支撑更加有力，快递覆盖91%的乡镇。

### （四）政策支撑体系不断完善

陕西各级政府高度重视电子商务发展，省政府专门成立了促进电子商务产业发展领导小组，编制《陕西省"十三五"电子商务发展规划》，出台一系列扶持电商发展的政策措施，逐步建立开放、规范、诚信、安全的电子商务发展环境。各级政府纷纷出台相关政策措施，引进知名电商企业，广泛开展电商培训，推进电子商务进农村示范县建设，引导企业、商户、农民等积极参与电子商务。

### （五）具备良好特色资源优势

陕西地形呈南北分布，陕南、关中、陕北县域都具有差异性的特色农产品，基本形成"一县一品"的格局。除此之外，陕西旅游资源的独特性也呈现出南北差异性，陕南以自然生态旅游资源为主，关中以历史文化旅游资源为主，陕北以革命红色旅游资源为主。独特而丰富的农特产品和旅游资源为陕西电子商务的发展提供了重要基础。尤其是，具有地理标识产品的形成，加快了陕西电子商务产品品牌化、国际化的进程。

## 二、陕西电商追赶超越发展的制约因素

### （一）基础薄弱困境制约发展

农村人口消费习惯相对固化，网购和网销能力不足。同时，乡镇冷链配送体系成本高，导致冷链配送体系不完善，严重阻碍生鲜等农特产品的上行。个体网店面临缺技术、缺资金、缺渠道的困难，进一步壮大困难重重。物流企业信息化程度不高，企业"小、散、弱"，服务的标准化不足。此外，乡村物流配送成本高，企业积极性不高。农产品进城、工业品下乡"最后一公里"问题解决难度大。

### （二）人才制约瓶颈难以突破

陕西享有科教大省美誉，但人才流失现象十分严重，电子商务人才难以在陕西扎根，造成陕西在电子商务领域内的人才缺口急剧加大。陕西本土的电子商务人才主要包括本土电子商务企业人员、创业者、大学生村干部、农村致富带头人。受制于地理环境的影响，这些人才对于新生事物的理解有限，尤其是对于以"互联网+"促进经济发展认识还不到位。

### （三）市场主体竞争能力不强

陕西电子商务起步较晚，行业整体应用水平较低，从事电子商务的企业布局分散，缺少大企业的引领和大项目的集聚，总部企业、研发中心和全国或区域性客服中心和物流集散地较少，很难培育出在全国或全省知名度高的电子商务企业。

## （四）信用体系建设尚不完善

电子商务虚假交易、假冒行为、合同诈骗、侵犯消费者合法权益等各种违法行为屡见不鲜，在很大程度上制约了电子商务的健康发展。目前陕西省关于电子商务信用体系建设仍存在很大空白，诚信安全问题逐渐成为电子商务发展的主要瓶颈。改善市场环境，逐步提高全社会信用意识，成为电子商务领域亟待解决的问题。

## （五）跨境电子商务严重滞后

陕西地处内陆地区，对外开放程度相对较低，电子商务发展水平和速度明显低于沿海地区，很多企业尚未涉足跨境电商。从陕西各地区跨境电子商务出口额来看，大部分集中在西安地区，广大县域跨境贸易的开展严重滞后。

## 三、陕西电商追赶超越发展趋势

### （一）数字电商成为趋势

数字经济成为时代发展的趋势，电子商务也正向数字电商方向迈进，成为推动产业融合的利器。要充分利用各种新兴互联网技术，强化"互联网+电商"思维，紧抓供给侧结构性改革，抓产业开放升级，发展电子商务新动力，给陕西追赶超越发展注入新动能。

### （二）产业深度融合发展

电子商务将促进产业进一步融合发展，实现有形市场与无形市场的有效对接，企业逐步实现线上、线下复合业态经营。尤其是对农村经济产生良好的综合效应，"订单农业"的出现催生农业优化结构和产业升级，有利于实现农业现代化，带动物流、运输、快递、旅游、包装加工业的发展，推动区域和城乡协调发展，有助于一、二、三产业的深度融合。

### （三）跨境电商推动开放型经济发展

促进跨境电子商务健康快速发展，用"互联网+外贸"实现优进优出，有利于扩大消费、推动开放型经济发展升级、打造新的经济增长点。陕西作为"一带一路"的重要节点，具有独特的资源禀赋和区位优势。跨境电商的发展为中小微企业提供了更多商机，为大企业、传统外贸企业提供了拓展业务和提升服务水平的机会，通过整合产业链、贸易链、监管链和数据链，在原有信息与交易服务的基础上向涵盖支付、物流、信用、产品质量保险和金融等的更多方向发展，形成跨境电子商务综合服务业。

### （四）电子商务成为县域经济发展的重要引擎

县域电子商务对"三农"有极大的促进作用，对县域经济产生了良好的综合效应，破解了农业千家万户小生产与千变万化的大市场之间的衔接难题，极大地拉动了县域经济发展。

## 四、陕西电商追赶超越发展定位

### （一）推动陕西成为全国电商产业高地

发挥陕西"一带一路"重要节点区位优势和高新产业聚集区技术优势，引进国内外各类企业来陕设立电子商务企业和电子商务结算中心，鼓励自主创新和科技创新，推动本土电子商务发展。深化装备制造、电子信息、国防科技等重点工业领域电子商务应用，提升"采购、生产制造、流通仓储、销售"供应链一体化协同能力，推进企业间网上协同研发、设计和制造，增强在产品、产成品、存量产品的有机转化衔接。大力发展跨境电子商务，推动传统加工贸易与跨境电子商务的融合发展，形成跨境电子商务综合服务业，推动陕西逐步成为西部乃至全国领先的电子商务产业高地。

### （二）把县域电商打造成县域经济重要引擎

电子商务有助于扩大内需，要将县域电商打造成县域经济新引擎，运用现代信息技术服务于"三农"，实现"工业品下乡，农产品进城"，从而促进农业增产、农民增收、农村社会全面进步。加快电子商务在制造业、商贸流通等行业的应用，促进县域制造业转型升级、现代商贸流通业和服务业发展，优化产业结构。

### （三）加快农村电商建设助力乡村振兴

电子商务具有促进创新创业、稳定就业、改善民生服务的功能。要大力支持"互联网+农业"的发展，鼓励发展农产品电子商务、农村信息服务、农村名优特产品交易市场等，有助于脱贫攻坚与乡村振兴有效衔接，帮助农村居民增加收入，提升生活水平，促进其提升自我发展的能力，从而实现真正意义上的扶贫。

## 五、陕西电商追赶超越发展举措

深刻领会习近平新时代中国特色社会主义思想,以"创新、协调、绿色、开放、共享"发展理念为指导,按照政府引导、企业主导、多方共赢、市场运作的发展思路,以加快转型升级、创新经济模式、打造特色集群为重点,以创建电子商务示范县为抓手,以普及和深化电子商务应用为主线,以发展农产品电子商务为切入点和突破口,紧紧围绕产业发展、产品销售、居民消费、应用普及、行业管理,积极推进电子商务产业链建设,加快提升电子商务应用水平,发挥电子商务区域经济社会发展的重要引擎,实现网络经济与实体经济、传统产业与电子商务深度融合发展,促进城乡创业就业、改善民生服务、城乡居民增收、产业转型升级,助力陕西实现追赶超越。

### (一)提高重视程度

提高各级政府"一把手"重视程度,加强"互联网技术+商业模式+创新思维"三位一体顶层设计,制订合理科学方案,建立"多方参与、分工负责、合力推进"的资源共享机制,深入推进电子商务进农村示范县建设,促进电子商务在陕西贫困地区的普及应用。鼓励设立行业协会等组织,营造有利于电子商务发展的市场环境和政策环境。

### (二)加大政府扶持

结合区域经济发展实际,每年拿出定额的财政资金用于县域电子商务的发展、服务支撑体系的完善、高端电子商务人才的引进与培养、突出企业或者经营个体的奖励等。选择规模较大、成长性较好、创新能力强的电子商务重点示范企业给予政策扶持,培育壮大龙头企业,发挥引领示范带动作用。加强相关群体创新创业的优惠政策。

### (三)加快人才培养

建立电子商务人才培养体系,鼓励淘宝、京东、苏宁等开拓农村电商市场,整合电子商务教育培训资源,补充农村电商教育教学力量。加快落实电子商务人才保障体系,把人才引进和培育放在发展的战略高度,坚持"走出去"和"引进来"相结合,建立陕西电子商务发展专家智库。

### (四)完善基础设施

加快实现宽带在农村全覆盖，推动宽带网络提速降费，为农村电子商务发展提供基础的网络保障。建立完善的电子商务公共服务中心，因地制宜加快完善农村物流服务体系，充分利用邮政网络优势，结合乡镇服务站点建设，整合资源，合理规划和布局农村物流基础设施，发展全冷链物流，构建适应农村电子商务发展的物流配送体系。

### (五)健全服务体系

充分利用电子商务进农村示范县建设，积极建立健全农村电子商务综合服务体系。依托优势产业分布、景点以及重点企业的分布，合理科学布局产业发展、行业应用、物流集散、电子商务产业园等，形成"中心—园区—基地—站点"的格局。

### (六)夯实产业优势

围绕县域内优势农特产品，加强品种、品牌、品质三品联动协同提升。严格把控生产、加工、流通等各个环节，建立严格的产品质量检测系统，全程提升质量控制能力。着力抓好农产品品牌建设，构建具有影响力的区域品牌，抢占网络领域的话语权，形成县域农特产品电子商务品种、品质、品牌联动机制。

### (七)规范行业管理

加强对电子商务从业人员、企业、网商、相关机构的管理，加大对网络经济活动的监管力度，维护电子商务活动的正常秩序。建立健全电子商务信用信息管理制度，推动信用信息公开。完善电子商务企业信用分级分类管理制度，加强电子商务产品质量监督，探索建立网上抽检、源头追溯、属地查处工作机制，建立产品质量状况公布制度。

### (八)建立协同机制

电子商务从起步到成熟是一个长期的发展过程，要制定可持续发展的战略目标并制订计划。政府、电子商务企业、合作社、农户、高校科研院加强协同对话机制，促进各个主体之间的资源共享。积极开展主题沙龙、创新创业研讨会、社会实践研究、成功经验分享会等。

### (九)营造宽松环境

指导电子商务企业建设完善网络安全防护体系、数据资源安全管理体系和网络安全应急处置体系,鼓励电子商务企业获得信息安全管理体系认证。推动电子商务企业加强与网络安全专业服务机构、相关管理部门的合作,共享网络安全威胁预警信息,共同防范网络攻击破坏、窃取公民个人信息等违法犯罪活动。建立电子认证信任机制,促进数字证书交叉互认和数字证书应用的互联互通。完善网上交易在线投诉与售后维权机制,强化电子商务消费维权服务,维护电子商务交易秩序。

### (十)加强合作交流

支持本地电商企业与国内知名网络零售企业开展平台建设、合作服务等业务,争取省市相关资金用于电商企业发展。对电商龙头企业在仓储物流、平台建设、网点布局等方面的重大项目,优先列入省级重大项目予以支持。培育重点企业,强化示范带动。大力支持电商企业做大做强,鼓励企业积极申报认定各级示范企业。

(写于2017年)

# 农村小额贷款保证保险可行性研究

中心课题组
成　员：孙晓峰等

**摘　要**　我国是一个农业大国，"三农"问题受到高度重视。党的十九大报告中指出，未来，农业是全党工作的重中之重，要解决农村区域经济的发展问题，打好脱贫攻坚战。农业创新发展都离不开资金的支持，资金问题也一直困扰着农村的发展，解决资金问题的主要方式便是农村小额信贷。国务院已经出台文件要大力发展普惠金融，普惠金融体系建立的核心是发展农村小额信贷。未来，国家和政府肯定会制定和出台更多的相关政策来扶持和发展农村金融服务，农村小额贷款的发展可以说是机遇与挑战并存。

本研究围绕农村小额贷款这一主题，以分析我国特色的农村小额贷款风险现状为切入点，对农村小额贷款以保证保险为担保进行全面的实践，具有重要的现实意义：一是减轻了银行承担的信贷风险，将全部或部分风险转移给保险人；二是以金融手段助力产业发展，实现农村奔小康的宏伟目标；三是拓展保险领域范围，使得保险公司在农村保险业务的总量呈增长状态。

出发点为破解农民、农村贷款难问题，探索金融主体运用自身优势，为农民增信，为新型农业经营主体解决"融资难、融资贵"的难题，并探索出"442"模式，以在杨凌地区开展的普惠金融农村小额贷款模式为实地研究对象，以案例分析法和系统分析法，对实际运用展开讨论，探索出适合农村市场、适合农民的贷款模式。

## 一、研究背景

### （一）农村小额信贷业务现状

**1. 国家倡导普惠金融发展农村金融**

目前，中国的金融体制尚待完善。普惠金融强调人人平等享受融资公平，确保农村、小城镇居民也能平等地得到资金用于生产和发展，以可负担的成本为所有社会阶层和团体提供适当、有效的金融服务，农村贫困弱势群体是其目标人群。普惠金融的发展对经济新常态下的农村发展小康社会具有重要意义。

**2. 农村金融服务现状**

我国农村地区面积较大，农民居住不集中，交通不如城镇便利，金融网点分布较散，再加上现如今受到移动支付的冲击，商业银行为了降低自身的风险和追逐更高收益，往往将金融服务中的"穷人"排除在外。在正规资金渠道缺乏的情况下，民间借贷活动活跃，但由于民间借贷监管不严，法律制度不完善，再加上民间借贷融资的不确定性较大导致的风险积累，大大制约了中国农村经济发展。

### （二）农村小额信贷及贷款保证保险存在的风险

农业生产受外界环境的影响比较大，其所承担的风险必将对其还贷能力产生影响，给农村小额信贷保证保险带来较大的经营风险。从经营特点可以看出，农业生产一般要承受自然风险、社会风险和经营风险这三大影响因素。此外，保险公司除对贷款农民提供保证保险之外，还要承受农民的道德风险及银行的管理风险。

**1. 自然风险**

农业是典型的弱质产业，也是受自然灾害条件影响较大的产业。农民以经营农业为主，属于弱势群体，时刻面临着来自自然的挑战。近年来，国家重视农村产业发展，使多数农民走上了小康之路，但其经济基础仍然薄弱。生产经营活动中，由于农业风险的不可预见性较大，其抵抗自然灾害的能力不强。农业生产的特点可总结为季节性、周期长、不稳定等自然特性，能够对农民生产造成影响的自然灾害包括雷击、暴雨、病虫害、台风、洪水等。由于在技术、管理等方面资源匮乏，整体水平不高，且经营环境较差，农民在预防疫情和抵御自然灾害方面缺乏应对经验。一旦出现自然灾害，会给农民经营的农作物或养殖业带来减产甚至绝收的风险，从而导致农民收入减少，甚至"血本无归"，大大影响其还贷能力，借款农民可能会还不起贷款。

**2. 管理风险**

农户小额信用贷款的业务流程为，申请贷款的农户以个人的信誉做担保，在核定额度和期限后，准予发放小额信用贷款，或通过3~5户联保小组共组的方式进行放款，解决农民贷款问题，其特点为方式灵活、额度较小。近年来，随着经济的发展，农民的生产、生活水平已有大幅提高，但整体素质参差不齐。随着农民对贷款资金需求的不断提高，"额度较小"的特点已无法满足当前的需求，从而导致农户与农户之间出现"互帮互助"现象，即一个想要获得资金的农户为取得足够的资金，同多个达成意向的农户进行"合作"，申请到的贷款供自己或他人使用，造成多笔表面上的小额贷款实际上放到一起变为大额贷款，给农户小额贷款动态风险管理带来了新的挑战，直接影响经营效益和贷款效力。

**3. 信用风险**

随着国家农村农业政策实施，耕种土地的农民人数越来越少，出现了大量的剩余劳动力，为保证基本生活，出现了农民大规模流动的现象，使贷款申请者与使用地区分离，出现了项目难评估、资金使用状况难监控、具体资金效益难掌握、到期贷款难清收、遇到风险难处置等问题。申请到贷款以后，长年见不到贷款农户的踪影，农户对于贷款的使用情况、经营效益、信用状况等基本信息无法准确把握。长期如此，出现了大量的不良贷款，银行涉农不良贷款率逐步攀升。农村家庭缺少可以用于还贷的基本资产，其家庭收入基本为"靠天吃饭"，而赖以生存的土地使用权和自用住房若用于处置还贷又存在法律和制度上的障碍，信贷管理成本和风险成本进一步加大，成为农户小额贷款又一重大风险隐患。

**4. 经营风险**

农业生产的自身特点，使其具有以下三方面的经营风险：一是农产品价格波动的风险。农业生产周期长，农产品的价格会在生产到上市这段时间内出现大幅的波动。二是消费环境风险。农产品的质量问题是消费市场中对农产品投诉的主要关注点，一旦出现了质量问题，会使生产此农产品的农户或企业受到较大影响，甚至是破产。三是政府的政策导向会给农业经营带来风险。

农村小额信贷具有以上四大风险，也是保险公司经营农户小额贷款保证保险主要面临的风险。我国的贷款保证保险仍然处于发展阶段，想要快速发展，需要对各方面的条件进行完善和改进。农村市场的环境比较复杂，保险公司主力发展的也不是这类贷款保证保险业务，保险公司在这方面的宣传和支持力度肯定不足，再加上贷款业务涉及信用问题，从某种意义上来说，风险仍然较大。因此，市场上的保险公司对于该类业务持保守态度。再加上国家对于农村小额贷款保证保险没有相关的法律文件保驾护航,这在很大程度上也影响了业务的全面展开。

### (三)农村小额贷款保证保险发展上存在的问题

**1. 银行对保险公司担保贷款风险的保证保险表现冷漠**

尽管银行把信贷风险管理摆上议事日程,但还是不大愿意接受用保证保险这种新事物来化解信贷风险,银行发放贷款时喜欢以不动产的抵押来控制风险,银行不认为保证保险具有较强的担保作用。发放贷款主要通过不动产抵押和有价证券质押作担保,这是银行惯用的做法,认为使用这种方式发放贷款风险小。而银行没有看到保证保险是保险公司的信用行为,只要银行选择了有实力的保险公司,银行贷款的风险就会降低到零。对农村而言,农村房产不能评估用于抵押,银行没有机会选择房产产权作为不动产抵押,保证保险是发展小额信贷保担保的最好选择。

**2. 银行给信用度极差的借款人借款上保证保险**

2009年7月,有的保险公司停办了机动车辆消费贷款保证保险业务,主要原因是银行对部分资信较好的优质客户免上保证保险,而对小部分资信差或者难以把握其资信的客户上保证保险,保险公司很吃亏,出现这种不利于保险公司的情况完全是保险公司与银行没有商量好,合作协议上存在问题。

**3. 保证保险发挥信用的作用没有被普遍接受**

保证保险实际操作过程中,强大的信用优势没有被普遍接受,主要原因如下:一是对保证保险产品拥有的信用宣传力度不够;二是保证保险产品的信用制度还不够完善。

**4. 保证保险产品还处在试点阶段**

到目前为止,涉及农村小额贷款保证保险的信贷总量不大,主要有以下几个方面的原因:一是保证保险还属于试点阶段,摸着石子过河,需要积累一些经验;二是农村小额贷款保证保险不是保险公司的主打产品;三是保险公司担心所有信用等级差的借款人都推给保险公司,因此,保证保险没有全面推广。

## 二、农村小额贷款保证保险对农村发展的深远意义

### (一)农民对农村小额贷款的迫切需求

截至2016年底,我国人口总数为138271万,农村人口58973万人,占到了总人口的42.65%,是名副其实的农业大国。但是农村经济却与其人口占比不相匹配,

发展得非常缓慢。"三农"问题是国家的关注点,因为农村发展与国家的国计民生、经济、社会的持续健康发展和中国特色社会主义的建设进程息息相关,有很高的战略意义和深远影响。

目前,我国农村金融现状远不能达到农村经济发展的需要。金融是经济发展的核心需求,农村信贷资金可为农村产业发展注入新鲜血液。农村经济的发展、农村产业结构的调整与农民收入的提高,都离不开资金的支持。农村的地域限制和从事的生产生活的局限性,资金的不充裕,致使农村的发展较为缓慢,小额贷款的存在恰恰能在一定程度上缓解这种困难,也是农村产业的主要资金来源。但是,农村信贷风险高,造成农村金融机构针对农村"自身"需要的贷款量较小,严重阻碍了农村经济的快速发展。

### (二)小额贷款保证保险的现实意义

目前我国的信用评估机制还不健全,在农村表现得尤为突出,这也是农民贷款难的原因之一。农民的资信水平通过传统的资信审查无法有效甄别出,而小额贷款保证保险的出现为农民资信审查提供了一个全新的衡量条件。保险公司和银行的经营体系不同,风险分散机制也不同,对于农民资信水平调查侧重点存在差异。保险公司在接到申请后,会派出专业人员对农民的资信情况进行调查,对于通过审查的农民出售保险,对其资金提供保障服务,而借款农民则因为投保了保险提升了自身的资信水平,促使银行对其放款。银保合作是农村小额贷款的一种新方式,是金融机构合作解决农村资金需求的有效途径。保险公司对贷款做保障,使银行贷款的安全性进一步增强,降低了贷款不良率,也降低了银行的管理成本和交易费用。同时保险公司在拓展保证保险业务的同时,也可以拓展其他业务,实现了农民、银行和保险公司多赢的局面。

### (三)农村小额贷款保证保险发展现状

由保证保险担保的农村小额贷款受到了各界广泛的关注,一些保险公司在农村地区正在试点扩大开展农村小额贷款保证保险业务。2009年下半年,人保财险分别在广东佛山和浙江宁波地区开展了小额贷款保证保险业务。该保险直接对借贷当事人信用风险进行承保,从而能够更有效、更直接地解决农村金融机构面临的风险,被视为解决农村融资难的切入点。2010年8月,福州某保险公司与银行合作,拟定向农村发放由保证保险担保的小额贷款,贷款金额为1万至15万元不等,年利息率为 9.5（含保证保险的保险费）。虽然利息率比农村金融机构高一些，但是，为资金需要者提供了方便，有效需求很旺；为金融机构安全发放贷款资金提供了保障；对保险公司来说，扩大保险业务，增加了保险费收入，可谓"一箭三雕"。还有一家股份制银行信用卡中心与保险公司合作，由保证保险担保，向广大农村发放信用卡提供信贷消费，据了解，都能安全回笼信用卡消费的款项。随后，江苏、上海、山东、天津、北京等地也相继发布了农村小额贷款保证保险产品。农村小额贷款保证保险产品试点不断完善，运作正常，各方的利益得到保障，充分发挥了保证保险产品的担保职能。

农村小额贷款保证保险试点成功推出，带动了"三农"种植业养殖业保险、农村企业财产保险、农村民房保险、农村货物运输保险、农村人身意外伤害保险、农村养老保险、农村医疗保险等，扩大了商业保险的领域。

### 三、陕西农村合作金融机构信贷风险

从农村合作金融机构酝酿、形成、发展和演变过程看，陕西农村合作金融机构经历了一个复杂、曲折、多变的发展过程，目前正在积极探索和深化管理体制与经营机制的改革来谋求更大的发展。但是，信贷风险控制中存在的一些问题制约着陕西农村合作金融机构的发展。

#### （一）区域现状

陕西是农业大省，2019 年，农业人口占全省总人口的 40.57%；同时陕西工业保持了快速发展，以工业为主的中小企业经营规模不断扩大，年纳税百万以上的中小企业、非公企业 2190 户，其中包括多家涉及种植业、养殖业、果业、乳业、农副产品加工、储运等众多产业，集农产品生产、加工和销售为一体的龙头企业。但从总体来看，陕西与发达地区相比，农村经济总体仍较落后，中小企业或乡镇企业在部分地区虽然增速较快，但在规模和发展水平上仍处在较低层次，农村整体工业化程度较低，对农村经济的带动作用有限。当前正处于由传统农业向现代农业过渡时期，既有以初级生产为主的、分散和传统的生产经营主体，也出现了综合型的、现代和集约的生产经营方式，陕西"三农"的总体特征呈现出多层次性、多元化和多样性的特点。具体表现为：

第一，以家庭经营为主，第一产业为农村居民家庭主要收入来源，第一产业中农业收入占比最大。2011 年，耕地面积占全省土地面积的 19.4%，2011 年陕西农

村居民家庭人均纯收入为5027.8元，其中家庭经营收入2028.0元，占人均总收入的40.3%；以农户为单位的家庭经营模式是农村劳动力的主要经济组织形式。在家庭经营性收入中，第一产业收入占比达到79.0%，第二、第三产业收入比重分别为2.9%和18.1%。

第二，工资性收入成为农村居民家庭经营收入以外的最主要收入来源。陕西农村居民家庭人均工资性收入从2006年的848.26元提高到2011年的2384.0元。2011年，工资性收入占农村居民家庭全年纯收入的比例由2006年的37.5%提高到2011年的47.4%，首次超过家庭经营收入所占比重。

第三，转移性收入呈逐年增加趋势，财产性收入占比最小。2011年，转移性收入在农村居民家庭人均纯收入中占比为8.94%，较2006年增加了2.75个百分点；而财产性收入在农村居民家庭人均纯收入中占比为3.28%，较2006年提高了0.95个百分点。

第四，乡村就业人员继续从第一产业向第三产业转移，第二产业就业人数略有下降。2011年，全省第一产业就业人数占乡村总从业人员比例为62.4%，比2006年下降了3个百分点，同期第二产业就业人数占总从业人员比例由14.24%减少为13.8%，第三产业就业人数占总从业人员比例由20.3%增加为23.5%。

第五，农民纯收入增长加快，城乡差距拉大。2011年陕西农村居民人均纯收入5028.5元，城乡收入比为3.63∶1。虽有所回落，但仍高于国内外公认的合理区间（1.5∶1和2∶1）。

第六，区域农村经济特点鲜明，存在较大差异。陕北地区依托资源优势快速发展；关中地区是粮食主产区，依托粮食产业发展的农业初级产品加工、种养业和加工业发展迅速；陕南地区的生态农业、特色农业发展势头良好。

### （二）陕西农村合作金融机构信贷风险控制现状

从1951年成立至今，陕西农村合作社已走过了62年的发展历程。至2011年底，陕西共有农村合作金融法人机构107家（农村商业银行3家，农村合作银行9家，农村信用社95家）。全省有2921个营业网点，共有员工25012人，服务基本覆盖了全省所有的乡镇。2011年末，各项贷款余额为1695亿元，各项存款余额为2742亿元，贷款总量和增量、存款增量均列全省银行机构第一位，存款总量排全省银行机构第二位，连续七年贷款余额和增量位居全省金融机构首位，已成为一支在陕西经济社会发展中发挥重要作用的地方金融力量。陕西农村合作金融机构本着

"立足陕西，服务三农"的发展定位，在支持农村产业结构调整、促进农民增收方面发挥了农村金融主力军的作用。为494万户农户建立了经济档案，占全省农户总数的71%，其中238万户被评为信用户，占农户总数的34%。贷款农户达335万户，占农户总数的48%。2004年省联社成立后，把电子化建设作为改进信用社服务的突破口，立即启动了大集中网络建设项目，相继开发建成了综合业务网络系统和信贷管理系统。目前，全省107家联社和农村合作银行全部实现联网，做到了数据集中管理、信息资源共享、系统内资金汇划实时到账。同时，又开发了与人民银行大额、小额支付系统对接的辖区内小前置系统，成功与人民银行大额、小额支付系统对接，实现系统外异地资金实时到账，资金结算速度慢、渠道不畅的问题得到了彻底解决。同时，利用综合业务网络系统，成功发行了银行卡——富秦卡，并推出农民工卡业务，进一步丰富了服务手段。

2003年以来，作为主力军的陕西农村合作金融机构改革取得了阶段性的成果，通过中央银行的票据支持和财税政策的支持，改善了财务状况。但是，受各种政策和人为因素影响，陕西农村合作金融机构历史包袱十分沉重，遗留问题突出，经营管理不善，内控制度不健全，信贷管理偏松，有章不循，导致资产质量普遍较低，大量的资金沉淀、流失，经营亏损严重，潜在的风险较大。截至2010年末，按照五级分类，全省不良贷款余额176.68亿元，不良贷款率为11.9%，高于全国农村合作金融机构不良贷款率4.2个百分点，高于同期全国商业银行不良贷款率11个百分点。由于人员多、成本大，盈利能力低，拨备提取率低，提高资本充足率难度较大，受上述因素的影响，目前陕西农村合作金融机构面临的信贷风险控制形势较为严峻。

### （三）陕西农村合作金融机构信贷风险控制存在问题与挑战

在新一轮改革"花钱买机制"政策作用下，陕西农村合作金融机构信贷风险控制方面已经有了很大的改善，主要表现为：风险管理战略目标逐步明确、信贷风险控制措施进一步完善、风险管理组织架构更加优化、风险控制手段不断丰富。但是仍然存在以下不足：

**1. 农户信用评级方法落后，指标选择缺乏科学依据**

金融机构信贷风险的客户评级能力以及评价模型的选择在很大程度上取决于其对借款方的信息特征占有情况。由于缺乏外部的中介评级机构，同业间的信息共享建设缓慢，陕西农村合作金融机构获取客户信用评级所需资料一般从机构内部进行收集。由于各网点规模狭小，人员有限，且农户具有居住分散性、财务资料不清晰和信息不公开的特点，陕西农村合作金融机构在信用风险的客户评价方面突显出工作量大但回报有限的矛盾。在信用评级资料有限的情况下，现代金融理论和风险评估计量技术无法提供直接的指导，农村合作金融机构需要结合自身信贷业务的独特性进行自主调试与模型转化，加之信贷风险识别量化工具产生作用的其他条件还尚未满足，长期以来，陕西农村合作金融机构的信贷风险客户评级方法偏于简单，信贷风险的管理模式表现出明显的传统特征，尚未结合实践需求导入和普及先进的、适用的风险控制技术，推进信贷风险度量和评价的模型化和数据化。信贷风险分析技术的开发和利用尚处于"手工作坊式"阶段，主要根据信贷员对本地农户的了解程度和经验判断选择认为能够体现农户偿债能力的部分定性指标和财务信息，人为设定评价体系中各项指标的权重，据此判断客户的信用级别，尚未建立起符合量化标准的客户信用评级系统，实现风险分析由定性为主向定性与定量相结合的转变。与商业银行大量运用金融工程和数理统计模型等先进方法相比，陕西农村合作金融机构在农户信用评级方面缺乏客观性和科学性，评级方法比较落后，评价指标选择和权重确定缺乏合理依据，评级结果有待检验。

**2. 信贷风险内控体系不健全，风险控制尚未成为组织责任**

银行本身就是通过经营和管理风险获得收益的。银行类金融机构一套完整健全的信贷风险内控体系，应该实现风险控制战略、偏好、构架、过程和文化的统一，建立长效的风险控制机制，并建立与全面风险管理体系相适应的系统理念、组织架构、责任体系、制度保障、考核问责和监督评价机制，使风险控制真正成为一种组织责任。以此为参照，陕西农村合作金融机构信贷风险内控体系仍存在较大差距。主要表现为：其一，虽然在形式上设立了"三会"制度，但在实际运作中，这些应相互制衡的"三会"制度并未产生"三权"制约的实际效果，导致大多数农村合作金融机构各职能条块均不同程度地存在着对目标函数和价值诉求的模糊，缺乏发展的战略规划，习惯的短期行为制约了农村合作金融机构信贷风险内控体系的进一步完善。在实际工作中，或片面强调业务发展，忽视风险控制在经营管理和业务拓展过程中的作用；或过于机械地强调风险控制，追求"零风险"，导致信贷业务的持续萎缩，无法提高经营效益，没有很好地实现信贷业务发展与风险控制之间的相互统一与促进。其二，信贷风险控制是一个系统工程，需要在农村合作金融机构全系统建立涵盖信贷业务的全程风险管理系统，要求无论是高级管理层还是基层人员都要确立计划、执行、控制、调整的全过程风险管理的思想，审慎对待贷款业务运行过程中的风险问题。当前，陕西农村合作金融机构尚未在全过程风险控制理念的指导下改变粗放式的经营管理模式，信贷风险内控体系不健全，尚未形成一个以风险管理部为中心、集中独立的风险控制体系，在信贷风险控制的组织、制度、环节和信息技术等要素方面均不同程度地存在不规范、不完善和流于形式等现象。其三，尚未形成全员风险管理理念。由于全员风险问责机制刚刚起步，真正的落实仍需一个过程，脱胎于计划经济的农村合作金融机构从业人员，不能有效执行各岗位的内容和标准，并清晰了解其需要承担的风险控制责任以及所应采取的风险防范措施，习惯了按部就班地完成计划指令，普遍认为信贷风险的防控是风险管理部的职责，而忽视风险控制，这种多年延续的习惯、经验、做法，严重制约了陕西农村合作金融机构信贷风险控制。同时，员工素质总体较差，普遍存在保守观念、知识老化等问题，导致陕西农村合作金融机构员工对先进的风险评价、资产组合分析、风险预控和风险缓释技术缺乏了解。其四，陕西农村合作金融机构的电子化发展虽然有了一定程度的改善，但相对于其他商业银行发达的电子化建设水平，差距依然较大，制约了信贷风险控制能力和效率的提升。

### 3. 信贷风险控制的外部环境需优化

农村合作金融机构信贷风险的外部环境，或直接作用于机构，影响信贷资金的配置；或间接作用于借款方，影响借款人的偿债意愿和能力，进而对机构风险控制产生诱导和激励作用。良好的外部环境能够为组织提供既合理又充分的支持，保持和优化这种环境是促进农村合作金融机构健康成长的基础条件和有效支撑。农村合作金融机构信贷风险控制水平在很大程度上受到当地农村经济发展水平的制约。良好的经济发展会对农村合作金融机构发展提出多样化的需求，促进农村合作金融机构创新并关注资产质量及服务质量的提高。目前，传统城乡二元结构对农村经济发展产生极大的阻滞，导致农业的长期低速增长和农村消费市场的持续萎缩，农村经济总量和农村生产和消费的不足使农村合作金融机构提升信贷风险控制水平缺乏物质资源和发展动力。地方政府财政支农能力不强且增长缓慢，不合理的财政支农结构导致农业和农民在财政支农资金使用中直接受益成分的薄弱，抑制了财政支农资金促进农业经济增长和提高农民收入水平作用的有效发挥。分税制改革导致地方政府财政紧张，而地方政府在财政汲取能力弱化时，往往通过汲取金融功能的上升来弥补和替代，因此，财政收支压力加大不可避免地会强化地方政府对金融信贷的行政干预，地方政府债务成为影响陕西农村合作金融机构信贷风险控制的重要因素。征信服务才刚刚起步，征信系统尚不完善，存在信用意识与道德规范普遍缺乏的社会现状。外部监管相对简单,信息披露还不规范,市场约束尚未发挥作用,陕西农村合作金融机构信贷风险控制的外部环境有待改善。

## 四、农村小额贷款的多地做法及预期目标

### (一)"政银保"农村小额信贷模式

为解决农民贷款难的问题,全国已有不少地方把发展农户信贷保证保险作为关注民生、履行社会责任、服务"三农"的重大战略举措,逐步建立健全了面向农村的保险服务体系,在服务新农村建设方面进行了富有成效的实践和探索。其主要模式有:第一种模式,由政府、银行和保险公司合作推出的农业贷款新模式——"政银保"合作农业贷款。"政银保"是以政府财政投入的基金做担保、农村信用社为符合贷款条件的担保对象提供贷款、保险公司对上述贷款本金提供保证保险的农业贷款模式。农户贷款时无须抵押。第二种模式,河北省蓟州区创立的"3+2+1"银政合作小额信贷机制。"3+2+1"模式就是建立县乡村三级融资服务平台。该模式由政府出面,把农民组织起来进行产业化扶植,成为向银行推介的优质贷款项目;同时,地方政府担负了贷款资金的监管和回收工作,大大降低了银行的工作量和信贷风险,保证了支农资金的有效使用。下面主要介绍江苏的"政银保"模式。

**1. 农业保险贷运作机制**

江苏省积极响应中央政策,于2014年10月开展涉农贷款保证保险试点工作。2016年7月15日,江苏省财政厅与邮储银行江苏省分行、人民财产保险江苏省分公司举行"农业保险贷"业务合作签约仪式。省财政厅在《关于进一步完善促进金融业创新发展若干意见相关政策的通知》中介绍,"农业保险贷"是以农业保险保单质押为基础,通过省级财政资金提供增信措施,带动金融机构为农业生产经营主体提供易获得、低成本的惠农金融服务。具体运作机制如下:

以2016年开始的第1期为例,省财政厅牵头设立规模为6600万元的"资金池",其中600万为续贷周转基金,6000万为风险代偿基金,带动6亿元专项贷款,用于补偿开展"农业保险贷"业务可能产生的贷款损失风险及保险理赔超赔部分,并委托第三方机构对"资金池"进行托管。对于有资金需求的农户,其已购买人保财险的农业保险且符合其他条件,可向人保财险申请购买贷款保证保险,同时向邮储银行当地网点提出贷款申请。两边审批独立进行,均通过后借款人可以凭贷款保证保险的保单原件和农业保险赔偿权益转让书与邮政储蓄银行签订贷款合同并获得贷款资金。若贷款本息在贷款到期或邮政储蓄银行宣布贷款提前到期30天后仍未

被足额偿还，人保财险将按照合同规定向邮政储蓄银行进行赔付。人保财险理赔后，由邮政储蓄银行、人保财险双方共同合作追偿，追偿到的款项扣除追偿费用、偿还逾期贷款本息后，余款依照邮政储蓄银行、人保财险和"资金池"三方实际承担比例进行返还。概括来说，该模式下"涉农贷款保证保险"利用农业保险相关数据有效筛选出优质客户，以农业保单质押为基础，解决农户抵押物缺乏与无担保人的问题，并通过建立"农业保险贷风险代偿补偿资金池"提供增信措施。人保财险独立审核投保人资质，邮储银行独立审贷，在机制设计上防范风险。该险种充分发挥邮政储蓄银行和人保财险网点多、信息广的优势，并建立内部考核和激励机制，以促进服务的推广。（图1）

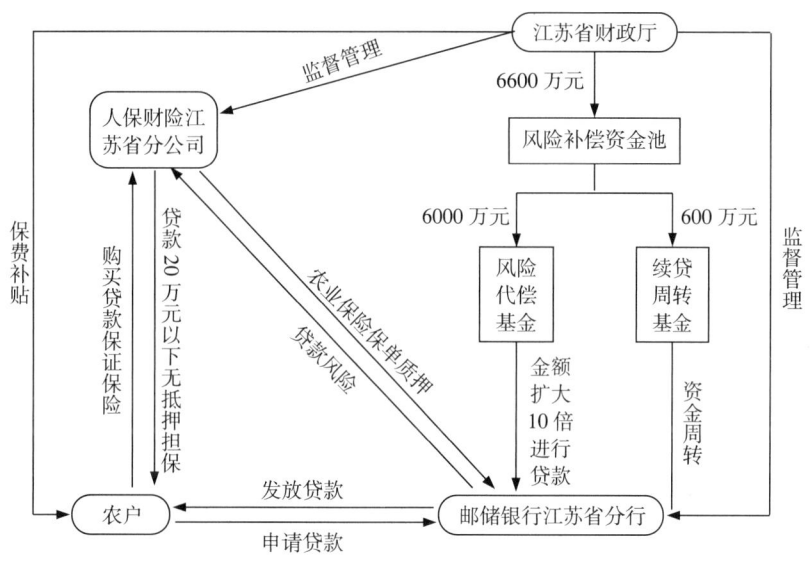

图1 农业保险贷运作机制

## 2. 贷款保证保险江苏整体开展情况

2016年7月—2019年8月，3年来江苏省已有1900余户农户投保贷款保证保险，累计保额达3.8亿元。开展情况存在区域性差异，苏北、苏中地区开展情况优于苏南地区。业务开展以来保额总量排名前三的城市依次为南通市、徐州市、连云港市，而苏州、无锡等地区参保人数与保额总量则近乎为零。贷款保证保险业务在徐州市的开展稳中有进。截至2019年8月，徐州市累计完成310笔贷款保证保险业务，累计发放农业贷款达4535万元，户均14.6万，其中2018年96笔，保额达1404万元；2019年截至调研时（2019年8月），参与业务的农户共60户，保额达

879万元。徐州市贷款保证保险业务的推广较其他地市具有力度大、覆盖广的特点。除基本的宣传外，人保财险徐州分公司于每年3月、4月和11月在徐州市各县区组织开展贷款保证保险推介会，邀请众多农户参与，为其介绍贷款保证保险，大大提升了徐州地区农户对贷款保证保险的了解程度。丰县是徐州开展情况较好的县区。丰县为省级贫困县，当地农户以种植苹果、桃、水稻、小麦为主，土地流转较为普遍，部分农户种植面积大、数量多，对资金要求较高，具有贷款需求。截至调查时，丰县在2019年已开展了22笔贷款保证保险业务，占徐州开展数目的36.67%。在信贷渠道的选择上，农户对民间借贷基本持否定态度，但对银行的信任程度整体较高，认为目前农户获得用于务农活动的贷款比较容易。农业保险普及度高，且补贴力度大。以上因素为贷款保证保险业务的成功开展提供了较大帮助。

**3. 贷款保证保险对农户信贷渠道选择的影响分析**

（1）数据来源。

通过实地问卷调查。在中国人民财产保险江苏省分公司的帮助下，于2019年8月和2020年1月在江苏省徐州市丰县、扬州市宝应县及南京市江宁区进行的实地调研数据。在抽取农户样本时，按照《江苏统计年鉴2019》地区生产总值（2018年）由高到低排序且均分为3组，在各组中抽取1个县/区，考虑数据的可得性，在每个县/区选取2个乡/镇，每个乡/镇抽取1个村庄，随机向农户发放问卷。共发放调查问卷58份，收回问卷52份，其中有效问卷49份。

（2）基本情况。

户主及农户家庭情况：在接受调查的农户中，户主为男性的比例较高；平均年龄47.47岁，25～34岁、35～44岁、45～54岁、55～64岁、65岁及以上5个阶段的人数分别为10 8、17、10、4人，可见样本年龄整体偏大；平均受教育年限为8.82年，受教育水平最高为中专，最低为小学，其中受教育水平为中学水平的样本占比57.14%；固定资产价值整体较低，固定资产价值小于10万元的农户占总样本的48.98%，这些农户的固定资产多为农机设备，可用于抵押担保的固定资产近乎没有；社会关系较为简单，73.47%的农户没有在政府、金融机构工作的亲戚朋友；受调查农户的收入来源整体较为单一，69.39%的农户收入全部来源于农业经营，仅18.36%的农户每年的非农业年收入在10万元以上。

（3）户主农业经营情况。

样本农户中，从事粮食作物种植、经济作物种植和水产养殖的农户各占比51.02%、42.86%、6.12%。以粮食作物种植面积6.67公顷以上、经济作物3.33公顷以上、水产养殖 2.67 公顷以上为标准,满足其一即认为是种植养殖大户,则样本农户中共有 19 户为种植养殖大户,占比 38.78%。46.94%的样本农户参与了农合组织,其中种植养殖大户占比 82.61%。样本农户的农业年收入差距较大,由表 1 可见,种植养殖大户的农业年收入均高于 10 万元,且在样本农户中农业年收入为 40 万元以上的均为种植养殖大户。

表 1　农户农业年收入

| 农业年收入 | 2万元以下 | 2万~5万元 | 5万~10万元 | 10万~20万元 | 20万~40万元 | 40万元以上 |
|---|---|---|---|---|---|---|
| 种植养殖大户 | 0 | 0 | 0 | 5 | 5 | 9 |
| 非种植养殖大户 | 2 | 6 | 12 | 6 | 4 | 0 |

(4) 信贷情况。

农户正规信贷需求及信贷获得情况样本农户中,共有 13 户有正规信贷需求,占比 26.53%。其中 11 户获得了正规金融机构的农业贷款,满足了其部分或全部资金需求;2 户未获得正规金融机构的农业贷款,其原因是缺乏抵押物和担保人,因而没有选择向金融机构申请贷款。

(5) 信贷渠道偏好情况。(表 2)

表 2　农户信贷渠道偏好

| 信贷渠道偏好 | 正规金融(%) | 正规、非正规金融均有(%) | 非正规金融(%) |
|---|---|---|---|
| 种植养殖大户 | 76.47 | 23.53 | 0.00 |
| 非种植养殖大户 | 13.33 | 46.67 | 40.00 |

通过对样本农户的调查可以看出,种植养殖大户的信贷渠道偏好中正规金融占比 76.47%,而非种植养殖大户的信贷渠道偏好中正规金融仅占比 13.33%,远小于非正规金融的 40%。可见种植养殖大户整体的信贷渠道偏好相比非种植养殖大户更倾向于正规金融。

(6) 影响分析。

贷款保证保险参与情况在所调查的 49 位农户中,共有 7 位农户参与过贷款保证保险,占比 14.28%,7 位农户均为种养大户。在所调查的 17 位种养大户中,参与过贷款保证保险的农户占比达 41.18%。贷款保证保险参与行为对农户正规信贷需求及信贷渠道偏好的影响分析。(表 3)

表 3　农户信贷渠道选择情况

| 信贷渠道偏好 | 正规金融（%） | 正规、非正规金融均有（%） | 非正规金融（%） |
|---|---|---|---|
| 了解农户 | 77.78 | 22.22 | 0.00 |
| 不了解农户 | 25.00 | 40.00 | 40.00 |

通过对样本农户的调查可以看出，对贷款保证保险了解的农户信贷渠道偏好中正规金融占比 77.78%，而未听说过贷款保证保险的农户信贷渠道偏好中正规金融仅占比 25%，远小于非正规金融的 40%。

由表 4 可知，在有正规信贷需求的样本中，参与贷款保证保险后信贷需求完全满足的情况占比为 85.71%，而未参与贷款保证保险的农户信贷需求完全满足占比仅为 33.33%，后者比例明显小于参与前者。通过对有正规信贷需求的农户是否参与贷款保证保险和农户正规信贷获得数额的统计数据做独立样本 T 检验，得到 t 值为 0.543，且在 1% 的水平上显著，说明参与贷款保证保险对农户正规信贷获得数额有显著的促进作用。

表 4　农户信贷需求满足情况

|  | 完全满足（%） | 未完全满足（%） | 未满足（%） |
|---|---|---|---|
| 参与农户 | 85.71 | 14.29 | 0.00 |
| 未参与农户 | 33.33 | 33.33 | 33.33 |
| 总体 | 61.54 | 30.77 | 15.38 |

（7）现存问题。

从江苏地区贷款保证保险的开展情况来看，政策对其所起到的推动作用尚不明显。贷款保证保险合约使得农户可以通过正规金融获得更大的农业贷款数额，了解贷款保证保险的农户相对有更强的正规金融偏好，但其对农户的正规信贷需求的刺激作用尚不明显。虽然涉农贷款保证保险已覆盖江苏省各个地市，但农户的参保率并不高，调研结果发现，近 80% 的农户对涉农贷款保证保险缺乏了解。

（二）本研究要达到的预期目标

农村金融面临"风险大、信用低、成本高、需求弱"等现实问题，农村小额贷款保证保险作为一项创新金融业务，需要政府大力支持，各地采用的模式多为政府风险补偿基金兜底和保险或者担保费率补贴，并由政府组织发动并提供相应的政策支持，引导银行、保险、担保等金融主体联合支持农村小额信贷工作，通过政府购买服务，由金融主体按照市场化运作，实现社会效益和经济效益相统一。

为充分发挥银行、保险、担保各自经营特色和风险管控优势，最大限度地分摊风险和管控风险，本研究实行金融主体风险共担模式，力争把信贷风险降到最低。

为了既落实好农村普惠金融政策，又实现金融主体适度发展，多方共赢，必须控制好信贷成本。贷款银行实行的贷款利率在基准利率上稍微上浮，保险公司、担保公司需实行低于市场的较低费率，且政府最好能对担保费和保险费给予补贴，农民承担适度的费用，减轻农民负担，使农民真正享受到普惠金融政策。

明确政府、银行、保险公司、担保公司四方权责关系，健全合作机制，规范审批流程，切实为农民、种养大户、专业合作社、农业龙头企业等提供优质金融服务。

## 五、采用"银担保"模式实践有效性

基于多地的模式经验总结，结合我省的实际金融环境和风险特点，运用金融工具，开展试点实践，将银行、保险、担保三种金融主体结合各自经营特色和风险管控优势，最大限度地分摊风险和管控风险，实行"442"风险共担模式，即保险公司、担保公司和银行分别按照40%、40%和20%的比例承担信贷风险责任，力争把农村小额信贷风险降到最低，同时具有一定复制推广价值，具体实践模式如下：

### （一）选取合作金融机构

**1. 保险公司**

因为本研究需要险种最好为涉足保证保险和农业保险的公司，从实际出发，试点保险公司选择中航安盟财产保险有限公司。中航安盟财产保险有限公司是由两家世界500强企业——中国航空工业集团和法国安盟保险集团共同投资设立的全国性财产保险公司。中航工业集团是中国航空工业的创始者和领军者，具备航空全产业链制造及风险研究能力。法国安盟集团是集保险、银行及金融服务于一身的综合性金融集团，是全球农业保险公司的典范。

中航安盟财产保险有限公司陕西省分公司于2012年7月29日正式开业，是陕西省第一家以经营农业保险和高科技保险为特色的中外合资财产保险公司。公司秉承"专业、负责、诚信、稳健"的公司宗旨，遵循"立足陕西、依托中航、服务三农"的经营思路，积极吸收运用中航工业作为特大型国营军工企业的特色管理理念，充分发挥国际保险公司一流的产品、技术服务优势，坚持科学发展，依法合规经营，着力创造价值，塑造优质品牌，实现农业保险和商业保险协调稳健发展。

**2. 担保公司**

因为本研究的涉农性质，从实际选择出发，不应选择市场上费用较高的一般担保公司。陕西省农业信贷融资担保有限公司成立于 2016 年 1 月 13 日，是经陕西省人民政府批准、陕西省金融工作办公室许可、陕西省工商行政管理局注册设立的政策性融资担保公司，是由省政府全额出资并委托省财政厅履行出资人职责的国有独资企业。公司作为国家农业信贷担保联盟有限公司的股东之一，同时也是国家农业信贷担保联盟首批会员单位。

**3. 银行**

因为本研究的试点地区为农村地区，所以，在选取合作银行时，应选择在农村地区有营业网点、便于展开业务的银行机构。杨凌农商行是经中国银保监会批准设立的股份制银行金融机构，其前身是杨凌示范区农村信用合作联社。经过十多年的风雨历程，从小到大，由弱到强，如今已建立了遍布城乡的营业网点，业务渗透到全区各个产业、企业、城乡家庭，肩负着为杨凌城乡 20 多万居民提供金融服务的重任，已成为农村经济发展的重要支撑。

## （二）选取试点地区

为验证本研究，需选取一个试点地区来进行试点工作，该地区应为农业较发达地区，且是合作银行、保险、担保都有下属机构的地区。杨凌农业高新技术产业示范区属农业较发达地区，也满足以上要求，故被选为试点地区，开展试点工作。

## （三）试点内容

试点过程中，银行、保险、担保三方都可推荐客户，充分发挥各自在政策、资金、渠道、网点等方面的资源，由银行进行客户的筛选工作，经保险和担保分别审核后，最终确定担保贷款客户名单，并由银行发放贷款。

**1. 合作原则**

按照"政策支持、市场运作、合作共赢、风险共担"的原则，甲、乙、丙三方充分发挥各自在政策、资金、渠道、网点等方面的资源优势，重点支持新型农业经营主体及现代农业发展，共同推进当地现代农业发展以及新型农业主体的壮大。

**2. 合作模式**

（1）合作方式。

杨凌农商行负责选择符合条件的涉农客户，向陕西省农业信贷融资担保有限公司、中航安盟财产保险有限公司陕西省分公司推荐。陕西省农业信贷融资担保有限公司、中航安盟财产保险有限公司陕西省分公司也可向杨凌农商行推荐客户。陕西省农业信贷融资担保有限公司为客户在杨凌农商行贷款提供担保和增信。中航安盟财产保险有限公司陕西省分公司向客户提供贷款保证保险、借款人意外险、财产险、农险等保险服务。

（2）风险分担。

若项目出现风险，由甲、乙、丙三方按2∶4∶4的比例同步进行风险分担和代偿。杨凌农商行承担风险代偿总额的20%，陕西省农业信贷融资担保有限公司承担风险代偿总额的40%，中航安盟财产保险有限公司陕西省分公司承担风险代偿总额的40%。

（3）暂停机制和业务代偿。

当三方合作的"银担保"产品担保贷款不良率达到3%时，三方均有权暂停该产品的贷款发放。经风险化解担保贷款不良率低于3%时，可根据实际情况决定再恢复业务的办理。发生业务暂停情况后，对未到期贷款后续发生的风险责任，各方仍按规定比例，继续承担担保和代偿责任。

**3. 合作内容**

（1）业务范围。

三方合作的业务范围为：粮食生产、畜牧水产养殖、菜果茶等农林优势特色产业，农资、农机、农技等农业社会化服务，农田基础设施以及与农业生产直接相关的一、二、三产业融合发展项目，家庭休闲农业、观光农业等农村新业态。

（2）服务对象。

聚焦家庭农场、种养大户、农民合作社、农业社会化服务组织、小微农业企业等农业适度规模经营主体，以及国有农（团）场中符合条件的农业适度规模经营主体。同时必须符合以下条件：

①具有自然人或法人的借款资格，证照齐全，合法有效。

②生产经营正常，盈利能力和偿债能力较强。

③贷款用途真实，项目符合国家农业产业政策和地方政府产业发展要求。

④法人及主要股东、实际控制人信用良好。

⑤符合陕西省农业信贷融资担保有限公司担保、杨凌农商行贷款要求的其他条件。

⑥贷款资金只能用于生产经营，不得用于消费及其他用途。

**4. 贷款额度**

单户额度控制在 10 万~200 万元之间。业务开办后，如需调整单户贷款额度的，三方另行协商一致有关事宜后执行。

**5. 贷款期限**

根据项目生产周期、销售规律和贷款对象综合还款能力等因素合理确定，一般是 1~2 年。

**6. 贷款利率和担保费**

符合陕西省农业信贷融资担保有限公司"双控"标准的政策性业务，杨凌农商行收取的贷款利率最高不超过 5.5%，陕西省农业信贷融资担保有限公司收取的担保费率最高不超过 1.0%，中航安盟财产保险有限公司陕西省分公司收取的贷款保证保险费率最高不超过 1.5%，原则上涉农客户贷款的综合费率（利息、担保费、保险费）不超过 8%。若遇国家基准利率调整再另行协商。

**7. 还款付费方式**

（1）贷款按月（季）清息，一次性或分期还本付息（贷款期限最长为 12 个月）。

（2）贷款按月（季）清息，分年度还本付息（贷款期限最长为 24 个月）。

（3）年担保费按贷款总额乘以约定费率收取，不足半年的按半年收取，超过半年不足一年的按一年一次性收取，超过一年的分年收取。

**8. 操作流程**

三方都可推荐客户。由杨凌农商行进行客户的筛选工作，经陕西省农业信贷融资担保有限公司和中航安盟财产保险有限公司陕西省分公司分别审核后，最终确定担保贷款客户名单，并由杨凌农商行发放贷款。

（1）杨凌农商行负责筛选符合服务对象规定的借款客户开展贷款业务。杨凌农商行接受陕西省农业信贷融资担保有限公司委托，履行见证借款人本人及其配偶（如有）、共同还款人签署"担保业务申请表"的义务。

（2）杨凌农商行对合规客户出具"贷款推荐函"，进行独立审核与尽职调查。完成尽职调查报告后，杨凌农商行通过专用电子邮箱向农担、中航安盟财产保险有限公司陕西省分公司双方共享《项目尽职调查报告》，附贷款推荐函、担保业务申请表与项目基本资料扫描件，包括借款人身份证、户口本、银行流水、经营证明材料等。纸质材料由杨凌农商行保管。杨凌农商行未按约定向陕西省农业信贷融资担保有限公司、中航安盟财产保险有限公司陕西省分公司报送业务引起的损失由杨凌农商行承担。

（3）陕西省农业信贷融资担保有限公司在收到杨凌农商行共享的《项目尽职调查报告》后3个工作日内完成审核并对受理客户通过专用邮箱向杨凌农商行发送担保函。如有不同意见的，应当在3个工作日内向杨凌农商行反馈。

（4）杨凌农商行接受陕西省农业信贷融资担保有限公司委托，落实办理委托保证合同签署与相关抵质押手续。合同签署后杨凌农商行在3日内将电子版合同通过专用邮箱向农担、中航安盟双方报送。杨凌农商行每月10日前将所有项目纸质合同统一邮寄至陕西省农业信贷融资担保有限公司，陕西省农业信贷融资担保有限公司在完成合同办理程序后将合同寄还各方留存。签署的所有合同一式8份，杨凌农商行、陕西省农业信贷融资担保有限公司、中航安盟财产保险有限公司陕西省分公司、借款人方各执2份，具有相同的法律效力。借款人所需合同由杨凌农商行负责统一返还。

（5）陕西省农业信贷融资担保有限公司在收到担保费后，向杨凌农商行出具"放款通知书"。中航安盟财产保险有限公司陕西省分公司在收到保险费后向杨凌农商行出具"贷款保证保险保单"。杨凌农商行最终根据陕西省农业信贷融资担保有限公司、中航安盟财产保险有限公司陕西省分公司出具的"放款通知书"和"贷款保证保险保单"发放贷款。

（6）杨凌农商行应在每月10日前通过专用邮箱向陕西省农业信贷融资担保有限公司、中航安盟财产保险有限公司陕西省分公司提供"银担保"合作项目下贷款上月"贷款余额表"和"贷款本息逾期清单"，三方应做好业务合作对账以及相关信息沟通工作。

（7）杨凌农商行对发放贷款的客户进行贷后管理工作，贷后管理报告与陕西省农业信贷融资担保有限公司、中航安盟财产保险有限公司陕西省分公司共享，并于每个季度通过专用电子邮箱向陕西省农业信贷融资担保有限公司和中航安盟保险公司汇报该项目合作进展情况以及存在的问题，由三方协商处理相关问题。陕西省农业信贷融资担保有限公司和中航安盟财产保险有限公司陕西省分公司可以独立进行保后检查和保后管理，共同推进平台合作稳步向前。

（8）项目到期前1个月杨凌农商行应通过专用邮箱向陕西省农业信贷融资担保有限公司、中航安盟财产保险有限公司陕西省分公司报送"项目到期通知函"。若杨凌农商行要求借款人提前归还贷款的需通过专用邮箱通知陕西省农业信贷融资担保有限公司、中航安盟财产保险有限公司陕西省分公司。

（9）合作项目贷款若发生不良后需采取风险化解措施后进行转贷的，杨凌农商行将化解方案报送陕西省农业信贷融资担保有限公司、中航安盟财产保险有限公司陕西省分公司，经农担、中航安盟双方审核同意后进行操作。

（10）对于贷款逾期达到10天（含）仍未归还，杨凌农商行应及时通知陕西省农业信贷融资担保有限公司和中航安盟财产保险有限公司陕西省分公司。三方应配合协调，形成风险化解方案，由杨凌农商行组织人员采取风险化解措施，进行催收。对于贷款逾期超过60天（含）仍未归还的，杨凌农商行向陕西省农业信贷融资担保有限公司和中航安盟保险公司提出代位清偿申请。

（11）发生代偿后，杨凌农商行应向陕西省农业信贷融资担保有限公司、中航安盟财产保险有限公司陕西省分公司两方提供下列文件或资料：

①《代偿申请表》；

②《借款合同》复印件；

③《担保合同》及担保相关证明文件复印件（若有）；

④ 借据复印件；

⑤ 借款人还款记录或相关记录凭证（若有）。

陕西省农业信贷融资担保有限公司与中航安盟财产保险有限公司陕西省分公司收到杨凌农商行以上书面材料后10个工作日内完成审核并向杨凌农商行代偿赔付，陕西省农业信贷融资担保有限公司与中航安盟财产保险有限公司陕西省分公司按照约定的代偿比例，将代偿本金和利息划转到杨凌农商行指定的账户中。

（12）追偿。代偿发生后，陕西省农业信贷融资担保有限公司和中航安盟财产保险有限公司陕西省分公司委托杨凌农商行向借款人追索债务，陕西省农业信贷融资担保有限公司、中航安盟财产保险有限公司陕西省分公司予以配合，收回的贷款本息按代偿时支付的比例，返还三方各方损失。合作业务出现逾期后的代偿，包括但不限于从借款人银行账户扣收资金、对借款人的抵押物变现收入、对借款人保险产生的赔付，均属三方共享，按协议约定比例和顺序支配。追偿过程中产生的各项费用由甲、乙、丙三方按照代偿比例承担。

### （四）创新之处

对于农村地区小额贷款业务问题，多地采取"政银保""政银担""银保""银担"的合作方式，本课题的政府引导、"银担保"风险共担模式为创新之举。创新之处在于，政府利用自身便利条件宣传、引导农民群众，并尽可能地为贷款农民提供补贴，减轻农民负担。保险、担保、银行三方金融主体，分别按照40%、40%、20%实现共担风险，做到优势互补，合理分摊风险，为符合贷款条件的农民提供10万~200万元的贷款额度。合作方运用自身的业务资源及专业优势，共同推动业务发展，为有需要的农民群众提供贷款，解决发展难题，为乡村振兴计划提供金融支持。

## 六、"442"模式服务我省农村小额贷款的对策建议

经过前期的试点阶段工作，"442"模式取得了一定的成果，成为突破涉农贷款门槛高、成本大等业务瓶颈的有效模式。在这种模式下，保险公司、担保公司、银行以风险共担的形式，通过协商形成可认同的一致性利益目标，并在这种利益目标下逐渐强化形成约束和激励机制，在动态的约束和激励中实现更大的利益目标。从试点期间的业务运行看，"442"模式取得了一定的成效，后期如果进行推广，建议如下：

### （一）政府引导，各方发挥优势积极推动

农户普惠金融要实现可持续发展，为社会主义新农村建设做出重要贡献。首先，必须建立科学合理的制度安排和有效的风险防范机制。根据实际情况合理划分风险分担，明确政府、银行、担保、保险机构各自的职能和责任，有效发挥参与各方的积极作用，形成共同制约的完善机制。主要措施可以采取控制贷款额度和规模、建立风险共担机制，同时银行和保险机构之间建立数据共享的农户诚信档案交流平台，建立失信惩戒机制，对农户的违约风险加以约束。其次，从政府层面讲，小额贷款保证保险的健康发展离不开政府的积极推动，国家要加大对"三农"的投入力度，健全农业支持补贴制度，对小额贷款保证保险提供政策支持和资金补贴。同时，各级地方政府要贯彻落实中央惠农政策，在建立健全农户信贷保证保险的过程中采取积极引导、有效担保的政策措施。鉴于我省各地区在经济发展、金融环境等各方面存在不同程度的差异性和层次性，要根据实际情况设计与之相符的推行机制，积极引导，有序发展。从商业银行方面，要根据农业生产的实际情况，制定合理的贷款制度，采取多种灵活方式，为农民小额贷款提供便利条件。对保险机构而言，要建立合理有效的调查和研究机制，深入分析农户需求，设计符合农户需求的小额贷款保证保险产品，有效分散农户风险。鉴于保险机构承担的主体作用，发生亏损的概

率较大，应与承保机构当地政府协调建立相应的补偿机制，努力提高保险机构承保的积极性。

### （二）完善农户征信系统，建立评估体系

完善农户征信系统，建立更为综合全面的评估体系。目前农村信用体系不完善，借助该项目的实施，建立数据库，解决征信空白的问题。银行、保险公司与政府可以通过合作开发信用数据平台、涉农贷款 App 等更加全面高效地筛查农户资信情况，降低业务开展时各主体间因信息不对称产生的成本及风险。也可以借鉴国内外先进经验，制定对农户失信行为惩罚机制的法规条款，提高失信行为的成本。在信用担保机构和银行之间确定贷款保证的比例，控制最高信用保证额及保证倍率。应赋予保险公司调查监督的权力，使得保险公司对于承保的农户的财务、信用、经营状况等有调查了解的权力。

### （三）增加保险公司、担保公司的有效供给

制约农村小额贷款发展的一个重要因素是保险公司、担保公司的有效供给不足。我省保险公司对于开发并试行信用保证保险积极性不高主要是出于对风险的考虑，一方面，保险公司对于农村农户的信用评级预测存在较多技术层面的困难；另一方面，险种本身存在道德风险，保证保险容易出现逾期风险。由政府层面筛选拥有农业保险业务的保险公司来进行保险公司供给，同时保险公司可以优先对开展农业保险的客户进行风险识别有效控制风险，也可带动其他保险产品的开展。

### （四）引导贷款资金向主导产业倾斜，扩大贷款覆盖面

"银担保"模式作为一种金融创新产品，应该将受众面扩大到更多、更广泛的农户，使有需求的农户都能享受到这一新举措带来的好处。可以通过两方面来改善：一方面，要进一步降低"银担保"贷款门槛，打破"越穷越贷不到款"的怪圈，把解决广大贫困农户贷款难问题落到实处；另一方面，要加大对种养大户和专业合作社的扶持力度，引导资金向地区优质、高产、高效农业投放，配合地区农业产业结构调整，扶持一批种养专业大户、优质企业发展壮大，带动当地农业向规模化、产业化发展。

### （五）落实风险防范措施，营造良好信用环境

一是严把"三关"。银行需严格按照业务操作办法把好贷款调查关，如有必要，

三方可以共同调查；定期到贷款农户的生产经营场所跟踪贷款资金使用情况，掌握实时信息；督促农户做好贷款的清息还本工作，强调按时还贷的重要性，确保贷款按期收回。二是曝光恶意逃费贷款名单。保险公司对于已经获得保险理赔的损失案件，挑选典型案例采取强制法律措施进行追偿，通过个别案例，教育广大贷款农户养成守信创业、诚信经营的信贷观念，不要存在侥幸心理，确保贷款资金运作安全。三是聘请村委会干部作为贷款协管员，在许可的情况下将其报酬与业务绩效挂钩，这样有利于降低信息不对称的风险。四是从政府层面加大改善农村信用环境的力度，宣传引导农户建立诚实守信的信用环境。

### （六）完善贷款激励约束机制

以充分激励与有效约束为核心，充分考虑"责、权、利"相统一的考核和责任追究制度，建立"银担保"农村小额贷款业务模式。一是银行加强信贷人员的激励措施，建立一套公开、透明的个人绩效激励机制，标准为"效率优先、兼顾公平"，不再只是追求业务量，保证信贷人员收入水平与业务质量直接挂钩。二是完善对信贷人员的考核机制，对于信贷人员的业务考核要充分考虑不良贷款率，增加信贷人员的责任感。三是为了加大业务力度，保险公司可以考虑以手续费的形式对信贷人员给予激励，提高其积极性。四是加大信贷员的培训力度，不断提升信贷员的素质，培训不光有业务知识培训，更要有保险知识的培训。

## 七、结语

我国进入经济新常态以来，农村金融供给不断增加，金融组织不断重构，但是，我国农业资金投入短缺、农民贷款难的问题依然突出，严重影响到我国农村经济主体的经济发展和农业再生产的顺利进行，特别是落后的农村金融体制严重制约了我国当前正推行的农业战略性结构调整。因此，大力推广"442"农村普惠金融的模式，不仅能有效解决因农户担保不足而引起的信贷难问题，还能解决农村金融发展对于农村经济发展的制约问题，促进农村经济的发展。同时，开展"442"农村普惠金融模式还可以使农村地区的银行、保险等金融机构之间相互配合，创造出农村金融机构相互促进、和谐发展的局面，扩大各自的业务，增强自身资金实力，促进农村金融的发展，提高金融对农村经济发展的贡献率。

（写于2019年）

# 陕西乡村振兴与新型城镇化协同推进研究

中心课题组
组　长：王建康
成　员：张　敏　魏　巍

**摘　要**　本课题在梳理现实背景的基础上，分析了陕西乡村振兴与新型城镇化协同推进的现状及制约因素，从县城功能定位、新型城镇体系、特色优势产业、城乡要素流动、城乡公共资源配置等方面提出了协同推进思路和对策建议。

新型城镇化和乡村振兴是新时代国家的重要战略部署，推进新型城镇化和乡村振兴协同发展是解决城乡发展不平衡的关键举措。本课题正是基于这两大战略背景，立足当前新发展阶段和城乡发展不平衡不充分实际情况，提出以城乡融合理念推动新型城镇化和乡村振兴协同发展的思路和路径，以期为陕西及西部地区在新时代推动高质量城镇化、实现乡村振兴提供借鉴和参考。

## 一、乡村振兴与新型城镇化协同推进的现实背景

### （一）城镇化速度快但整体质量不高，区域城镇化差距明显

改革开放40多年来，我国城镇化飞速发展。1978年到2021年，我国城镇化水平由17.92%提高到64.7%，城镇人口从1.7亿增加到9.1亿。但是，2021年我国户籍人口城镇化率仅为46.7%，与常住人口之间存在18个百分点的"鸿沟"，意味着目前约2.5亿农民工的就业与户籍相分离，无法享受城市户籍内含的各种福利和权利，农民工真正融入城市存在诸多障碍，城镇化质量依然不高。从不同区域看，城镇化率总体呈现东、中、西梯度递减分布的空间格局，区域间的城镇化发展水平不均衡，经济相对发达的东部地区城镇化率整体高于中西部地区。

## （二）城乡二元结构刚性仍然较强，农业农村现代化相对滞后

从世界各国的农业发展历程来看，伴随着现代农业发展和经济结构变迁，农业部门的增加值比重和劳动力就业比重将不断下降且逐步趋同，这是城乡二元经济结构转化的必要条件。①总体来看，我国与世界农业就业人员占比、农业增加值占比趋势基本趋同，但农业增加值占比始终高于世界水平。例如，美国农业增加值占GDP比重约0.8%，农业就业人员占总就业人员的1.4%（2020年）；日本农业增加值占GDP比重约1%，农业就业人员占总就业人口的3.38%（2019年）。②2020年我国农业增加值占GDP比重为7.7%，农业就业人员占总就业人口的23.6%，③与美国、日本等发达国家相比，我农业劳动力就业占比仍然过高，农业现代化进程滞后，城乡二元经济结构刚性仍然比较明显。

## （三）大城市集聚效应明显，农村吸引力仍不强

近年来，随着国家中心城市、区域中心城市的确立，多中心化与区域化、城市圈（群）在城市发展格局的地位逐渐上升，一定程度上加快了人口从中小城市流向中心城市的速度，大城市的虹吸效应凸显，城市群、都市圈和中心城市逐步成为承载发展要素的空间形式。根据第七次全国人口普查的数据，上海、北京、深圳、重庆、广州、成都、天津等超大城市城区人口均超过1000万（表1）。④在城市化进程中，大量青壮年劳动力进入城市工作和生活，对农村人力资源也造成了严重冲击，给农村带来了老龄化、空心化、三留守等问题。以老龄化为例，预计到2035年，农村60岁及以上人口占农村总人口的比重将会超过30%。⑤总体来看，农村本身与城市相比处于弱势的公共服务、治理体系、人居环境等，致使农村吸引力更加弱化，对乡村振兴提出巨大挑战。

---

① 王颂吉，魏后凯. 城乡融合发展视角下的乡村振兴战略：提出背景与内在逻辑[J]. 农村经济，2019（01）：1-7.

② 郭燕，李家家，杜志雄. 城乡居民收入差距的演变趋势：国际经验及其对中国的启示[J]. 世界农业，2022（06）：5-17.

③ 陈明. 农业农村现代化的世界进程与国际比较[J]. 经济体制改革，2022（04）：151-159.

④ 求是网. 经济社会发展统计图表：第七次全国人口普查超大、特大城市人口基本情况. http://www.qstheory.cn/dukan/qs/2021-09/16/c_1127863567.htm.

⑤ 高鸣. 中国农村人口老龄化：关键影响、应对策略和政策构建[J]. 南京农业大学学报（社会科学版），2022，22（04）：8-21. DOI：10.19714/j.cnki.1671-7465.2022.0052.

表 1　我国超大城市名单

| 城市 | 常住人口（万人） | 城区人口（万人） | 规模等级 | 城市类型 |
|---|---|---|---|---|
| 上海市 | 2487.09 | 1987.31 | 超大城市 | 直辖市 |
| 北京市 | 2189.31 | 1775.17 | 超大城市 | 直辖市 |
| 深圳市 | 1749.44 | 1743.83 | 超大城市 | 计划单列市 |
| 重庆市 | 3205.42 | 1634.40 | 超大城市 | 直辖市 |
| 广州市 | 1867.66 | 1487.84 | 超大城市 | 省会城市 |
| 成都市 | 2093.78 | 1334.03 | 超大城市 | 省会城市 |
| 天津市 | 1386.60 | 1093.31 | 超大城市 | 直辖市 |

## 二、陕西乡村振兴与新型城镇化协同推进的现状

### （一）城乡融合发展体制机制不断健全，"两镇"建设带动作用显著增强

改革任务先试先行，城乡融合效果初显。2020年1月，陕西省委、省政府印发了《关于建立健全城乡融合发展体制机制和政策体系的实施方案》。2021年2月，省发改委印发了《陕西省推进国家城乡融合试验区西咸接合片区建设的实施方案》，按照要求，全省不断健全和完善城乡融合体制机制和政策体系，农村各项建设全面推进，高陵区、阎良区、西咸新区等试验区城乡融合发展初见成效。

"两镇"建设势头强劲，纽带作用显著增强。"十三五"期间，省财政厅共安排25亿元支持"两镇"建设，35个重点示范镇带动镇区人口增加67.29万人，解决8.36万贫困人口就业问题；31个文化旅游名镇创建4A级景区14个、3A级景区17个，年旅游收入超110亿元，直接带动贫困人口就业2万余人。在"两镇"建设的示范带动下，全省128个小城镇跻身全国重点镇，14个小城镇进入全国先进小城镇行列。

### （二）城乡居民收入持续增长，共同富裕初步显现

如图1所示，2021年陕西农村居民人均可支配收入14745元，比上年增长10.7%；城镇居民人均可支配收入首次突破4万元，达到40713元，增长7.5%。从城乡收入比情况来看，2021年陕西居民收入结构得到了进一步优化，城乡收入比为2.76，较上年下降0.08个百分点，达到历史最好水平。

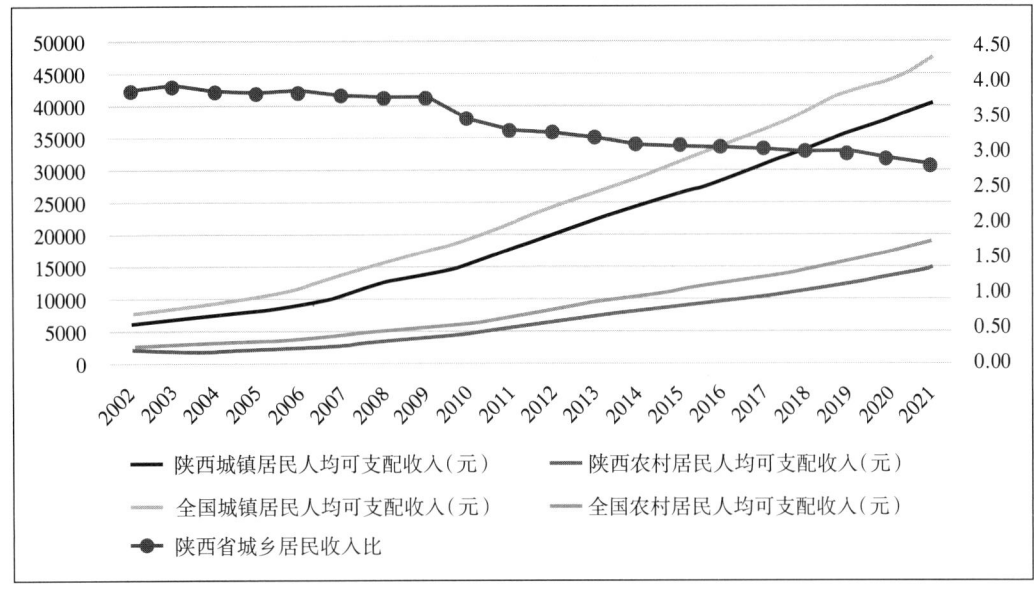

图1　全国、陕西城镇居民与农村居民人均可支配收入情况（2002—2021）

### （三）城乡生产要素单向流动，农民工总量不断增加

农民工作为我国特有的城乡二元体制产物，正从工业化、城镇化快速发展中的劳动大军成长为产业工人的主体，乃至发展成现代产业工人的主体。2021年，陕西农民工总量783.7万人，比2009年增加了188.7万人，同比增长4.2%，其中，本地农民工239.1万人，增长3.1%；外出农民工544.6万人，增长4.6%。伴随着经济转型、产业升级、第三产业迅速发展，全省从事第三产业的农民工比重从2010年的49.3%提高到2020年的60%。

### （四）城乡产业融合水平逐步提升，新产业新业态蓬勃发展

近年来，陕西突出主体融合、产业融合和载体融合，坚持主体带动、示范引领和模式集成，先后创建16个全国农业产业强镇、7个农村三产融合发展先导区、24个农村特色产业小镇、63个省级农业化示范联合体。成功创建5个国家农村产业融合发展示范园，2020年实现总产值100亿元以上，吸纳近万人在园区内农业产业链务工就业。创建中国美丽休闲乡村34个、全国休闲农业示范县13个、特色产业小镇24个，农业多种功能得到有效拓展，农业与休闲旅游、文化传承、教育体验等产业嫁接融合的基础越来越好。

## 三、陕西乡村振兴与新型城镇化协同推进的制约因素

### （一）空间协同方面：县城融入中心城市发展不足

作为国家九大中心城市之一，西安市的经济体量和人口规模都过于偏小，城市产业支撑和人口承载能力有限，2021年西安市GDP、常住人口数量和建成区面积分别为10688.28亿元、1316.30万人和700.69平方千米，在九大中心城市中基本处于末位（图2、图3），对周边区域的辐射引领作用十分有限，甚至虹吸效应远大于辐射效应。全省县城建设仍普遍存在规模小、人口少、产业弱、配套差等现象，以及发展特色不明显、发展定位不清晰、产业集中发展能力弱等问题，以县城为代表的中小城市发展不充分，产业和人口承载能力十分有限。

### （二）经济协同方面：乡村产业支撑能力有限

全省各地城乡产业融合基本集中在本地优势产业和优势农业，但是陕北、关中和陕南三大区域地理自然条件差异显著，农业产业和工业布局差异较大，难以形成城乡产业融合优势的辐射作用。受小农经济影响，全省土地集约化经营和大型农机具使用受到一定制约，一些科技含量高、附加值高、资源消耗低、环境污染少、抗风险能力强的现代化集约生产体系很难在农村站稳脚跟，乡村产业要实现产业升级和延伸面临巨大挑战。全省涉农大型骨干企业较少，农业经营主体综合实力不强，市场调控实力弱，产业化水平低，经济效益不高。

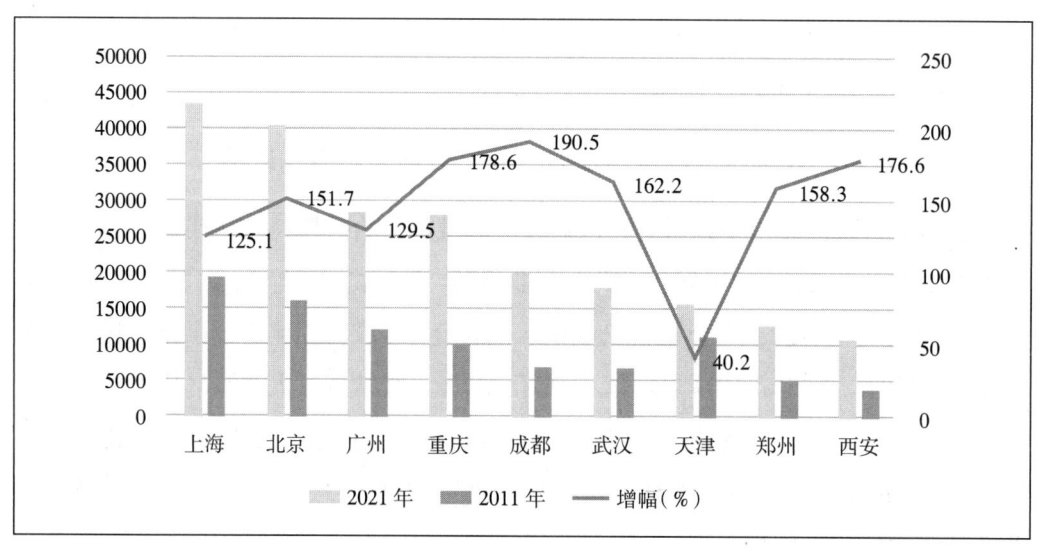

图2 九大国家中心城市GDP十年变化情况（亿元）

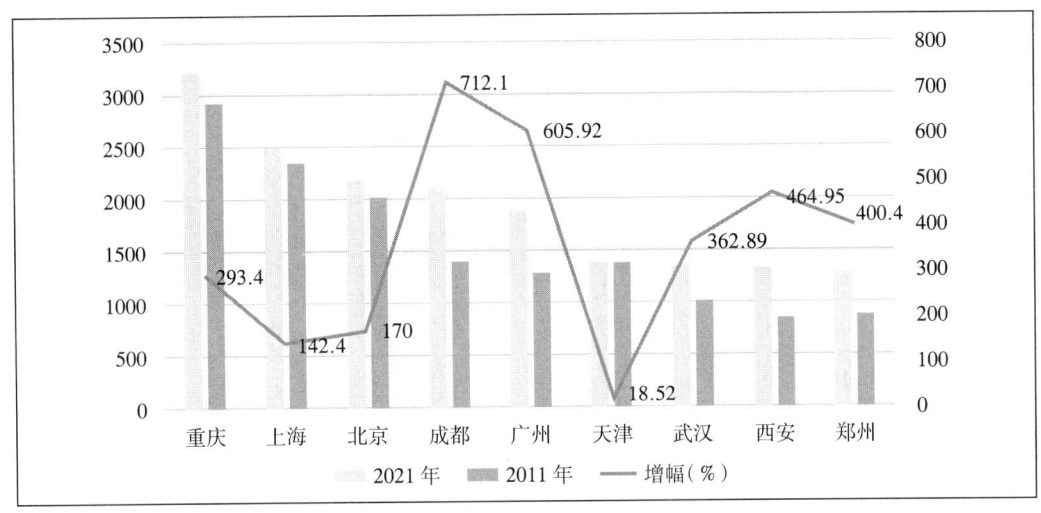

图3 九大国家中心城市人口十年变化情况（万人）

### （三）要素协同方面：城乡要素双向流动不畅

城乡供需不平衡，城乡居民消费差距明显。2021年陕西省城镇居民人均消费支出为2.48万元，农村居民人均消费支出为1.32万元，城镇居民人均消费支出是农村居民人均消费支出的1.88倍（图4）。资本向乡村流入较少，国有大行、股份制银行、城商行纷纷在县域设立网点吸收存款和理财资金，农村金融资源外流严重。城乡土地权能尚不平等，全国城乡统一的土地交易市场还未形成，仍缺乏城乡地权平等交易市场，再加上全省土地流转服务配套滞后，不能较好地满足土地流转的客观需要。

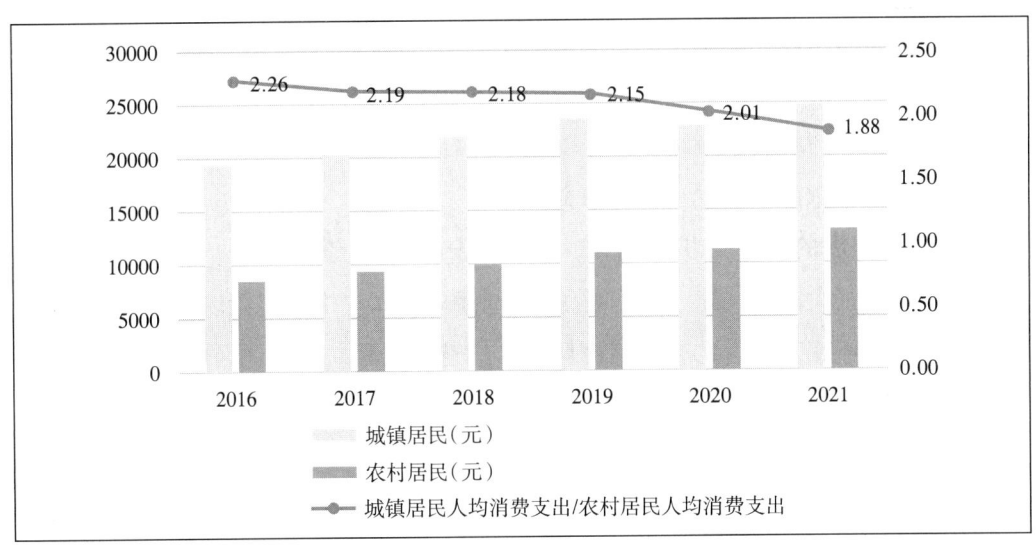

图4 陕西城镇居民和农村居民人均消费支出情况

### (四)社会协同方面:城乡服务保障机制不均衡

大城市和小城镇公共服务发展不均衡。近年来,西安城镇人口大幅攀升,周边咸阳、渭南、铜川、商洛城镇人口受西安虹吸严重,加上产业配套跟进不足,公共资源供给不均衡,严重影响小城镇居民幸福指数。城乡公共服务发展不均衡,全省村镇基础设施建设欠账较多,供气普及率、污水处理率、建成区绿化覆盖率等多项指标与全国平均水平仍然有较大差距。农村公共服务供给方面,教育、医疗、养老保障水平和能力也远落后于城市,乡村宜居宜业依然任重道远。

## 四、陕西乡村振兴与新型城镇化协同推进的思路和对策建议

### (一)协同推进思路

**1. 协同推进的载体和抓手是县城**

县城是我国城镇体系的重要组成部分,作为连接城市、服务乡村的天然载体,是城乡融合发展的关键支撑,对促进新型城镇化建设、构建新型工农城乡关系具有重要意义。推进县城高质量建设,要以新型城镇化和乡村振兴两大战略为指引,尊重县城既具有乡村发展规律、又形成城市发展需求的双重特点,统筹县城生产、生活、生态的全方位需要,因地制宜补齐县城短板弱项,增强县城综合承载能力,更好满足农民到县城就业、安家的生产生活需要。

**2. 协同推进的核心是打造县域共同富裕产业链**

县域是实施乡村振兴的基本单位,也是建设新型工农城乡关系背景下实现农村共同富裕的空间载体。协同推进新型城镇化和乡村振兴,必须尊重县域经济发展规律,优化县域产业结构,培育发展连城带乡的特色优势产业,打造县域"共同富裕"产业链,形成参与度广、带动能力强、城乡融合、一二三产业融合的产业模式,把产业价值留在县域内,带动更多群众共同富裕。

**3. 协同推进的任务是扩大内需,推进统一市场建设**

坚定实施扩大内需战略、培育完整内需体系,是加快构建以国内大循环为主体、国内国际双循环相互促进的新发展格局的必然选择。广大农村地区作为扩大内需的重要场域,潜力巨大、大有可为。重点是要打通"城—乡"要素双向流动障碍,破除阻碍生产要素市场化配置的体制机制障碍,建立以县城为中心、乡镇为重点、村为基础的农村商业体系,降低交易成本,促进城乡要素平等交换和双向流动,释放巨量的消费和投资需求。

## （二）对策建议

**1. 明确功能定位和发展特色，推动县城建设高质量发展**

加快发展大城市周边县城，包括蓝田、周至、兴平、泾阳、三原、乾县、礼泉、武功、富平、蒲城等10个县（市），激活区位优势，建立供需互补关系，积极承接人口、产业、功能转移，全面提升县城的综合承载能力。

积极培育专业功能县城，包括神木、府谷、定边、靖边、黄陵、彬州等26个县（市），立足专业特长，突出特色、错位发展，培育县城特色优势支柱产业，打造成为先进制造、商贸物流、文化旅游等专业功能县城。

合理发展农产品主产区县城，包括大荔、合阳、澄城、扶风、洋县、白水等13个县，推进产业链、价值链、利益链"三链同构"，形成特色产业链条完整、功能拓展类型丰富、利益联结紧密的三产融合发展新格局，促进农村劳动力就地就近就业创业。

有序发展生态功能区县城，包括太白、潼关、宁强、镇巴、佛坪、留坝等22个县，保护好生态环境，积极探索生态产品价值实现机制，促进生态资源资产与经济社会协同发展。

引导人口流失县城转型发展，包括佳县、吴堡、略阳、淳化、凤县等5个县，严控城镇建设用地增量、盘活存量，合理规划布局，推动人口、公共服务等资源适度集中。加强与毗邻经济发展优势区域合作，积极推动资源集聚，创新培育新经济业态。

**2. 构建新型城镇体系，推动县域就近就地城镇化**

建立大、中、小城市协调发展的新型城镇化体系。重点支持位于城市群和都市圈范围内的县城结合自身特色，主动承接中心城市人口、产业、功能的疏解转移，加快融入邻近大城市的发展。推进县城基础设施补短板、强弱项，增强承接要素资源转移能力，推进县城产业配套设施提质增效。

构建以县城为支撑、重点镇和特色镇为基础的就近就地城镇化转移体系。着重提升县城和中心镇的吸引力；鼓励区位优越、资源丰富、产业基础良好的小城镇融合文化、旅游、社区等功能，发展培育特色小镇；引导特色村、专业村建设一批设施完备、功能多样的休闲观光园区、康养基地、乡村民宿等，促进农民就地就业。

统筹县域城镇和村庄规划建设，一体规划，一体化建设。全方位谋划城乡人口迁移、国土空间布局、产业结构调整、基础设施供给、生态环境保护，使众多规划融合于一个平台，一体落实。建立以县城为龙头、中心镇为节点、乡村为腹地的县域发展体系，形成分工有序、布局合理、功能完善、结构协调的县域发展空间结构。

**3. 培育特色优势产业，促进产业链主体留在县域**

打造特色优势产业，释放发展潜能。对以工业为主导产业的县域，推动其主动融入全省先进制造和高端能化两大万亿产业集群发展，深度对接全省 23 条重点产业链，创造更多非农就业机会。对以农业为主导产业的县域，大力发展农产品精深加工，加快"互联网+"农产品出村进城，让农民更多分享全产业链增值收益。

推动全省县域经济开放合作。积极主动融入中心城市的辐射圈，围绕产业链供应链分工协作，同中心城市之间形成有效的产业分工和空间联动关系。通过承接东部产业转移，共建园区、产业飞地等方式，推动县域经济深度融入全国统一大市场，促进资源互补、互利共赢。创新与"一带一路"沿线国家产业合作的新模式，激发县域经济发展活力。

推进县域传统产业数字化转型。积极发展大数据、人工智能和"智能+"产业，弥合城乡之间的数字鸿沟，实现数据要素与其他生产要素相结合。多措并举发展新兴数字产业，打造高水平的县域特色产业集群，带动提升乡村产业创新能力，推动城乡融合发展。

**4. 深化要素市场化配置改革，保障城乡资源自由流动**

推进土地要素市场化配置改革。建立健全城乡统一的土地市场，推进城乡地权平等交易。扩大农村承包地产权结构的开放性，进一步探索农村宅基地"三权分置"实现形式和方式，吸引更多的生产要素流向乡村。

完善人力要素市场化配置改革。注重人力资本开发，提升人才能力，促进人才流动，推进人才共享，为构建新发展格局提供智力支持。深化户籍制度改革，鼓励引导各类人才"上山下乡"，完善农民返乡就业创业制度机制和配套措施，引导劳动力在城乡间有序流动。

遵循普惠金融的要求，大力支持和发展农村金融，健全农村金融服务体系。大力发展农业保险，建立风险分担机制，提高保险在农村基层和薄弱地区及产业的覆盖范围，提升农业盈利空间。

**5. 贯彻城乡共享发展理念，优化城乡公共资源配置**

加大乡村固定资产投资，推进乡村公共基础设施建设。重点是完善乡村饮水、电力、道路、燃气、通信网络、广播电视、物流网络等基础设施，弥补乡村与城市之间的短板。

持续推进公共服务均等化。进一步加大教育、医疗经费等向农村地区倾斜的力度，增强农村地区教育、医疗等公共服务的供给。全面建成覆盖全民、城乡统筹、权责清晰、保障适度、可持续的多层次社会保障体系。

有效提升城乡基层治理效能。强化城乡基层党组织领导作用，发挥群众参与治理主体作用，加快构建党组织领导的自治、法治、德治相结合的城乡治理体系和长效机制。推动社会治理和服务重心下移、资源下沉、力量下沉，积极引导社会力量参与城乡基层治理，实现基层社会协同治理。

（写于 2022 年）

# 加快培育增长新动能
# 推动陕西追赶超越大发展

中心课题组
成　员：张兴先　庞建荣　范　杰　张成伟

**摘　要**　本课题着力于贯彻好习近平总书记来陕考察重要讲话重要指示精神，进一步落实好党的十九大提出的各项任务和省第十三次党代会确定的"五新"（培育新动能、构筑新高地、激发新活力、共建新生活、彰显新形象）战略。将陕西放在全国发展大格局分析，研判了陕西的既有优势和潜力，面临的"前甩后追"的巨大压力。就如何破解这一难题，提出了不失时机弥补短板，增强长板，打造新高地，做大新产业；在积极培育增长新优势，全面建成小康社会的基础上，加快推进改革开放和现代化新进程等针对性较强的新策略，为决策提供战略咨询。

当前，我省经济正处在持续快速增长的新阶段，如何以追赶超越的步伐，落实好党的十九大提出的各项目标任务和省第十三次党代会确定的"五新"战略，到2020年实现经济总量3万亿元，这是摆在我省各级政府面前的重大而艰巨的任务。只有坚持新时代习近平中国特色社会主义思想，准确把握我省所处的历史方位、发展阶段和面临的诸多挑战，带领全省人民齐心协力，克难攻坚，及时找准影响新动能聚集和发展的路子，才能谱写出陕西追赶超越新篇章。

## 一、科学判断我省所处的发展新方位和发展阶段是培育新动能的关键

党的十九大统揽全局，做出了中国特色社会主义进入了新时代的重大判断，并提出了一系列全面推进我国现代化进程的新思想、新理论。既是对新的历史方位的

全面把握，也是我省实现追赶超越的历史定位。

**（一）要深刻领会我们所处的新的伟大时代，把握好国家稳定发展持续走强的新走向**

经过改革开放40多年的快速发展，我国的国力显著增强，GDP总量跃居世界第二，人民生活从温饱、小康向富裕、富强迈进。一个显著特征是，生存需求已从数量型增长向质量效益型转变；社会主要矛盾也从"满足人民日益增长的物质文化需要"向"人民日益增长的美好生活需要"方面转变。这种新时代的特征，也就是我省新的发展坐标和所处历史方位，标志着我省在追赶超越中增长动能、经济结构和制度规则的全方位转换，自身潜能的充分释放，实现自我超越，迈向现代发达省份的进程在加快。

从现在起到2021年，我们处在"两个一百年"的历史交汇期，既要完成脱贫攻坚任务，全面建成小康社会，实现第一个百年奋斗目标，又要开启全面建设现代化国家新征程，向第二个百年的现代化目标迈进。这是中华民族屹立于世界民族之林伟大工程，也是新时代我党带领全体人民进行的新的伟大长征。对内应建立适应高质量发展的新动能，对外应引领全球化方向的高标准市场体系，这是国家强盛的根本所在。

**（二）以追赶超越步伐迈入新时代，是陕西实现后来者居上新的伟大工程**

当前，我省正在落实习近平总书记来陕考察提出的追赶超越发展和"五个扎实"要求，这是习近平新时代中国特色社会主义思想在陕西的具体化，为我省的追赶超越提供了遵循。我们正按照"一带一路"建设和自贸试验区创新发展的要求，以全新姿态扩大"双开放"，打造改革开放新高地；全方位地学习、复制上海、天津等自贸区经验，推动陕西创新发展；加快供给侧结构性改革，推动产业转型，培育经济新增长点；在创新体制机制，推动军民融合、科技成果转化上，为追赶超越蓄积新动能。按照现代化发展"两个阶段"走的宏伟蓝图，细化发展目标，夯实发展基础，以全面深化改革为动力，促进要素市场自由流动，打破行政性垄断领域市场开放，加快数字经济、绿色经济领域建设，建立高水平对外开放体系，引领国际经贸、投融资领域规则变革，培育和发展充满活力、富有生机、融合发展的新动能，是陕西崛起实现强省目标的重点。

## （三）加快创新驱动发展、完善体制机制，是增强新动能、激发新活力的关键

创新驱动的关键是通过科技成果转化带动产业中高端发展，促进各种新技术、新产业、新业态和新模式不断涌现，带动传统产业转型升级，新兴产业发展壮大，推动经济跃上新台阶。

**1. 在全面深化供给侧结构性改革中激发市场主体活力**

当前，我省系统推进"放管服"改革，优化营商环境。采取准入前国民待遇加负面清单管理模式，以权力清单、责任清单、企业投资负面清单为抓手，打造"审批事项最少、办事效率最高、投资环境最优"的服务型政府。我省在深化商事制度改革中，持续降低了市场准入门槛，提高了登记注册便利化水平，市场主体数量大幅攀升。资料显示，2017年全省新增市场主体187.79万户，是改革前历年总量的1.29倍，占全省累计实有市场主体总量的73.3%。激发市场活力和社会创造力，各类市场主体呈现高速增长、高质量发展态势。特别是2016年我省新登记市场主体高达55.2万户，同比增长42.8%，高于全国新登记市场主体26.2个百分点，居全国第2位，每个工作日平均登记市场主体达2217户，优化了我省产业结构，成为经济转型升级的推动力。

**2. 积极实施创新驱动战略，推动产业转型升级**

我省科技力量雄厚，科技创新优势突出，是经济转型升级的重要支撑。近年来，相继实施了"千亿百项"技改工程、大飞机、"百万辆汽车工程"、三星电子高端存储芯片、钛及钛合金产业链、强生物供应链等一系列重点项目，催生了一大批受市场青睐的新产品，有效地拉动了我省经济增长。支柱产业能源化工由能源开采、初级加工向能源深度加工、精细化工、清洁加工领域转化；以技术创新推动工业转型升级，高新技术产业增加值连续3年保持25%以上高增长，同时高新技术产业研发投入连续5年年均24.0%增长，成为陕西科技创新最具活力的领域。工业战略性新兴产业快速发展。在电子信息、新能源、高端制造等七大战略性新兴产业带动下，2012—2016年规上工业战略性新兴产业年均增长12.9%，连续4年保持两位数增长，为工业转型升级蓄积了新动力。

国防军工科技进入了军民深度融合的机遇期。据统计，"十二五"期间，我省国防科技工业累计完成工业总产值5493.1亿元，年均增长15.7%，其中，军品产值和民品产值分别占49.8%和50.2%，年均分别增长16.2%和15%，成为我省科技创新的主体力量。

**3. 促进三次产业融合是培育壮大新动能的根本**

我省产业优势突出，培育打造全产业链是创新驱动的重要内容。首先，要以增量带动存量提升，以一、二、三产业互动融合发展为主，培育壮大新兴产业，支持绿色制造、增材制造发展，在打造新兴产业集群和龙头企业的基础上，加快形成若干国内领先、国际有影响力的先进制造业集群。围绕六大新支柱产业发展（现代化工、汽车、航空航天与高端装备制造、新一代信息技术、新材料、现代医药等），重点打造新产业链，到2020年前后新兴工业总产值的比重由目前的32%提高到46%以上。

在实施乡村振兴战略中，善于从变化了的社会主要矛盾入手，科学制订乡村振兴战略规划，落实好惠农富农政策，深入推进农业供给侧结构性改革，大力构建现代农业产业体系、生产体系和经营体系。不断延长产业链、提升价值链，依托"互联网+"促进三次产业融合发展，培育新型经营主体，拓展农民稳定就业和持续增收渠道，激发农民的积极性、主动性和创造性，激活乡村振兴内在动力，汇聚全社会推动乡村振兴的合力，努力建设亿万农民幸福美丽的家园。

我省现代服务业围绕绿色低碳、现代供应链、电子商务等重点领域，生产性服务专业化水平得到提高。2017年服务增加值占全省GDP份额仅42.3%，低于全国9.3个百分点，追赶的空间还相当大。在金融产品及金融服务创新上，为产融深度合作提供了保障和支持。

## 二、全面分析影响我省增长动力集聚和形成的制约因素，是努力弥补短板、实现追赶超越的保证

经过梳理归纳，目前的主要制约因素：

### （一）传统思维根深蒂固，新旧动能转换实属不易

**1. 投资效果不理想，资源错配现象严重**

长期以来，投资拉动对我省经济增长至关重要。进入要素市场化后，我们依然追求投资规模，得到的投资回报却不尽如人意。资料显示，2012年到2017年我省全社会固定资产投资总额由1.28万亿元提升到2.38万亿元，年均增长15.4%，但投资效果系数（单位固定资产投资增加的GDP）却持续下降，分别为0.15、0.11、0.08、0.02、0.07、0.10，说明依靠扩大投资规模拉动经济增长的做法难以为继。特别是我省工业"高投入低产出"现象，促使社会优质资源向一些行业、部门、地区

过度集中，造成资源不合理配置，形成不少新浪费。现实情况是不少工业行业产能过剩，制造业投资减弱，装备制造业投资负增长。石化、钢铁、机械等工业品的产能利用率低于预警值。而富有增长活力的新经济、新业态等的投资却明显不足。2017年前5个月，我省高技术制造业投资由上年同期增长3.7%转为下降4.9%，其中医药制造业投资由增长20.5%转为下降22.8%，航空、航天器及设备制造业投资由增长12.5%转为下降25%。

**2. 有效供给不足，影响消费转型升级**

当前，我省消费转型升级主要体现在消费结构与供给结构之间不配套、不协调现象严重，部分传统行业产能过剩，而新兴领域有效供给不足，供给结构满足不了消费升级的需要，抑制了消费潜能释放。特别是医疗、养老、休闲等服务消费供给不足，抑制了居民的消费意愿，制约了消费升级。文化旅游、休闲娱乐、体育健身、医养结合等新消费业态有效供给能力严重不足。总体上看，我省供给体系基本能适应模仿型排浪式消费需要，但多样化高品质的产品和服务供给空间不足，呈现出中低端产品过剩、高端产品供给不足，传统产业产能过剩、新兴产业供给趋紧的特征，结构性矛盾突出。

**3. 城镇化发展滞后，城乡二元结构问题突出**

近年我省城镇化得到较快发展，但存在问题不容忽视。一是城镇布局不合理。全省城镇群大多集中在关中，陕北、陕南城镇数量规模小、人口少。二是城镇化与工业化发展不协调。2016年陕西工业化水平为39.1%，城镇化率为55.34%，工业化水平滞后于城镇化，有些县的城镇化已超过70%，而工业化率低于全省平均水平，说明城镇化过程中，产业化未能同步发展，就业支撑能力不足，有"空城"的隐忧。三是农民向市民转化的动力不足。当前土地制度改革释放出的巨大政策红利和城乡社会福利差距的缩小，使得更多的农村户口持有者更愿意拿着农村户口在城市工作，享受城市与农村的双重待遇。但城市社保体系不完善，水电气等公共服务能力不配套，对农民的吸引力不足，农民市民化意愿不强烈。四是城乡发展不平衡。主要是投融资渠道不宽。集中财力推动城镇化，主要的投融资模式是以银行贷款和"土地财政"投入为主，而对农村基础设施投资欠账较多，公共服务体系不健全，鼓励农民增收渠道不畅，城乡差距依然明显。资料显示，2016年我省城乡居民收入比为3.00∶1，较上年缩小0.03个百分点，但农民人均纯收入徘徊在第26位。

### (二）供给侧结构性改革步子慢，实体经济增长乏力

当前，我省供给侧结构性改革取得了一定成效，但"三去一降一补"的任务还远远未完成，去产能和去杠杆大多在传统行业，如煤炭、钢铁、水泥和低端制造等，这些行业市场萎缩效率低下，不良资产增加，融资风险加大。实体经济在降本增效方面还有很大压力，税费和债务负担偏重影响其健康运行。一是虚拟经济对实体经济的挤压加大。实体经济投资周期长，虚拟经济收效快，人们把着眼点过多放在虚拟经济上，导致大量流动性在系统内空转，资本"脱实向虚"严重。二是实体经济运营成本刚性上涨。随着劳动力、技术、土地等要素价格持续上升，依靠传统要素发展的优势在递减，以制造业为代表的实体经济综合成本快速上升，挤压了利润空间。三是实体经济内生发展动力不足。表现在企业创新意愿不强，创新能力不够。资料显示，我省煤炭、贸易物流、金融等3个行业实现利润总额占省属企业的67.6%。传统产业占比过高，且大多处于价值链中低端，在高端布局和带动上不够，新兴产业培育不够，成长缓慢。

### (三）科技与经济"两张皮"现象依然存在，创新优势和人才作用未充分发挥

从总体上看，我省从科技大省向科技强省转变路漫漫，主要是科技与经济融合度不够，科技对经济贡献率不高。症结在于科技资源"分隔""分离"较为突出，科技计划和经费管理"碎片化"明显，降低了创新创业效率。从现实看，我省科研院所资源共享机制未完全形成，全省绝大多数科技资源集中在中央部委所属单位，高端仪器设备大多集中在高校、国家实验室和高新技术企业，开放程度不够，其研发活动和研究成果与陕西产业结构关联度低。2016年陕西高校研发项目4.13万项，占全省的83.8%，其成果集中表现为基础研究领域的学术论文，与实际应用相距甚远。地方财政投入少，企业主体地位不突出。2016年省财政科技支出仅占全省总支出的1.74%，与京津沪等省市超过2%的差距较大。同时陕西企业研发不活跃，投入总量小。2016年全省5862家规上工业企业中，只有1071家有研发活动，436家设有研发机构，占比分别为18.3%、8.9%，分别比江苏省低21.8和34.2个百分点。企业研发经费占全省比重的44.3%，比全国同期水平低23.2个百分点。企业创新主体的地位还未真正确立。从人才看，普通人才多，高精尖人才少，人才匮乏和区域分布失衡并存。

## （四）以"互联网+"为载体的新模式规模小，支撑增长的动能乏力

我省以"互联网+"为主的新产业、新技术、新业态、新模式快速发展，特别是电子商务的发展成为推动经济增长新动能，但因其产品单一、同质化竞争严重拉低了产品价格，削弱了利润空间，使企业规模难以扩大，网络品牌效应无法发挥。资料显示，我省税收增收总量的一半以上来自煤炭、石油、房地产3个传统行业，高新技术和战略性新兴产业占比低，科技教育、文化旅游、健康养老、休闲农业等产业发展规模较小。

## （五）军民融合体制不顺，政策落实通道不畅

据统计，我省军工综合实力位居全国前列，工业总产值占全国总量的10.4%，主要是还存在一些深层问题。一是观念落后，思维模式陈旧。军民融合已有了成功案例，取得了不少经验，但如何加快融合还仅停留在文件上、讲话上。有的等待观望，错失良机；有的推动融合靠人缘、协调关系靠人情；在民参军方面，目前还存在任务渠道不畅、信息不畅、市场准入制度不够完善、准入流程不够便捷等问题。二是体制障碍未完全消除。一些跨军地、跨部门的协调机构未能发挥统筹、协调作用，难以逾越军民融合、条块分割的体制性障碍，各自为政、管理分散、职能重叠问题突出。三是在产业对接上融合不够。军民融合项目标准不统一，对接主体不明确，存在着"有需求难对接、有资源难利用"现象；"军转民、民参军"成果转化政策、转化渠道不畅通，存在不能转、不想转、不敢转的问题。四是配套政策缺失。军民融合的制度安排、规范协商等方面缺乏统一的法律法规，民营企业进入军工领域的门槛仍然较高，民参军的难度较大。

## （六）新能源支撑力不足，新动能培育有待加强

我省依托能源资源形成的经济结构短期内很难根本改变，能源的生产和消费将向绿色、高效、清洁转化发展。国家推动煤炭消费减量替代力度加大，能源资源走绿色、低碳、高效集约的循环发展之路任重道远。雾霾天气多发，2015年关中燃煤削减不降反升，榆林、铜川、安康等3个市空气质量有所下降，重点污染源治理力度不够，秦岭生态环境保护中的小水电退出、矿权退出、生态恢复等工作进展缓慢，汾渭平原首次被国家列为蓝天保卫战主战场，铁腕治霾工作需要精准施策。

## 三、加快培育我省增长新动能，推动经济放量增长的若干对策建议

当前，我省已站在新的发展起点上，经济增长持续向好，但我们也要清醒认识到追赶超越任务的艰巨性。在这场竞技中前有标兵、后有追兵，我们一定不能麻痹松懈，要发扬坚忍不拔的精神，着力应对复杂环境、严峻形势的挑战，掌握发展主动权，齐心协力克难攻坚，不断培育提升新动能，在高质量发展的新征程上实现新突破。

### （一）继续全面深化改革，健全具有创新活力体制机制

当前，我省全面深化改革已进入稳步推进期，精准把握改革精神、凝聚全社会共识、搞好中央与地方上下衔接和区域内部功能转换是增强改革创新试验的关键。一是加快建立和完善推进全面创新改革的长效机制。发挥市场配置资源的决定性作用，更好地发挥政府的作用。在市场竞争、科技成果转化、金融创新、人才培养和激励、全面开放等方面大胆试、大胆创新，力求在管理体制、管理方式上有新突破。二是加强自贸区建设。强化体制机制的改革和创新，通过对上海、天津、广州等省市自贸区成功经验的总结、复制、推广，进一步解放思想，进行大胆的试验、改革和创新，探索一套具有陕西特色、有效支撑陕西参与"一带一路"建设的开放体制机制和创新成果，加快追赶超越进程。三是深化重点领域改革。简化审批手续和环节，为实体经济发展提供高效服务。大力发展各类要素市场，加快生产要素在城乡、地区、行业、企业间的自由流动与优化组合，形成统一开放、竞争有序的市场体系。

### （二）优化供给结构，提升社会消费需求

优化供给侧结构性改革是培育消费新热点、促进消费结构转型的内在要求。当前，我省必须用发展新理念优化投资结构，挖掘消费潜力，发挥投资对实体经济的支持引导作用，带动相关产业结构升级，增强消费对经济增长的拉动作用。

**1. 扩大对优势产业领域的投资**

把打造"陕西经济升级版"作为优化投资结构主攻方向，重点在节能与新能源汽车、能源装备、智能制造装备、基础制造装备四大产业领域加强项目谋划和投资力度。力争全年工业技改投资同比增长15%以上。继续谋划产业链，力争2017年内发布新能源汽车、卫星应用、钛材料、化学药、平板显示、智能终端、集成电路等15条以上产业链推进方案。加大对增材制造、航空航天、新材料、节能环保等

战略性新兴产业的投资。实施乡村振兴战略，构建现代农业体系，促进农村一、二、三产业融合发展。在特色优势产业领域，实施"互联网+"农业行动计划，提升农业产出效益。

**2. 扩大消费需求，加快消费转型升级**

目前，我省消费结构在升级，新消费热点正在形成，只有通过优化供给结构，扩大有效需求，才能形成新的增长动能。一是要调整和优化政府支出结构，加大对教育、医疗、社保、公共服务设施建设投入，促进社会事业健康发展。二是提高居民收入，增强消费能力。继续提高全省城镇低收入阶层可支配收入，提高离退休人员待遇；切实增加全省农民收入，打好精准脱贫攻坚战；调高所得税起征点和增加就业等政策，增强居民消费能力。三是促进消费结构转型。围绕居民从生存性消费向享受性和发展性消费的改变，把培育消费热点作为拉动经济新动力，加大文化旅游休闲消费的质量和水平，引领居民在文化、住房、汽车、教育等方面有效持续的消费。四是发展消费信贷。改善信贷消费环境，尽早建立个人信用网络。进一步规范评估、登记、担保、公正等信贷中介机构，有针对性地制定新型消费热点的信贷政策刺激消费需求，释放消费潜力，促进消费升级换代。

**3. 优化营商环境，激发民间投资活力**

民间投资是稳增长、调结构、促就业的重要支撑力量。要以进一步优化营商环境，扫除投资障碍、提振投资信心为基础，拓宽民间资本进入实体经济的通道，支持和引导民营企业以出资入股、收购股权、股权转化等方式参与国有企业改制重组、上市增资扩股。引导中小企业依靠组织结构创新、价值链整合研发和打造区域品牌等方式转型发展。

### （三）以城镇化建设为核心，推动产城融合大发展

加快新型城镇化建设，要按照错位发展、优势互补、整体推动的原则，坚持以产兴城、以城促产、产城融合的思路，建立以产业优化升级带动城市功能融合，人口集聚与产业提升相协调的路子，不断提升城镇综合承载能力。

**1. 抢抓机遇，用足用好各项政策**

按照以人为本、四化同步、科学布局、绿色发展、文化传承的要求，加快省市共建大西安步伐，推进关中城市群和沿黄城镇带建设，构建"一核一群两轴三带四极"的城镇发展格局；继续抓好重点县城、重点示范镇和文化旅游名镇建设，打造一批区域性中小城市、特色小镇和旅游名镇。

**2. 发挥产业对城镇的支撑作用**

城镇化的发展要以产业为支撑、以城镇规划为依托，按照以产兴城、以城促产的思路，不断提升城镇的承载力和配套功能，以产业优化升级带动城市功能融合，人口集聚与产业提升相协调，实现城市群与产业协调发展。一是加大政府资金投入，发挥好财政资金对社会资本引导撬动作用。统筹开展新型城镇化综合试点、产城融合示范区及国家中小城市综合试点，实现以产兴城、以城带产，产城融合，增强辐射带动力。二是探索各种类型产业支撑城镇化发展的新模式，按照优势互补、错位发展、整体推动的原则，以城镇群为平台，打破行政壁垒和市场分割，促进生产要素流动和优化配置，积极引导有市场、有效益的劳动密集型产业从大中城市向城镇转移，吸引务工返乡人员和就地转移务工人员向城镇集聚，形成横向错位发展、纵向分工协作的新格局，避免出现由于快速土地城镇化所带来的"千城一面"弊端。努力在推进城镇平均规模和中心城市集聚发展水平上取得新突破。三是完善小城镇基础设施配套，提升小城镇的吸引力。发挥中心城市对小城镇辐射带动作用，积极推进新型特色小城镇建设，加大重点示范镇的建设力度。

**3. 抓紧政策落地，促进农业转移人口市民化**

鼓励部分有知识、有技术的农民由农业产业转向工业和服务业，保证转移人口有工作、有收入，能有尊严地真正融入城市生活。实施居住证制度，全面放开建制镇和中小城镇落户限制，允许非户籍人口在就业地落户，有序推进农村转移人口就近市民化。积极推行购房落户等优惠政策，全面推行人口居住证制度，增强城镇吸纳能力，切实为提升城市发展注入新动力。

**（四）优化经济结构，提升现代产业体系竞争力**

按照做强传统、做大新兴、做优服务的思路，构建特色鲜明、链条完整、富有竞争力的现代产业体系，是培育壮大新动能的重要任务。

**1. 加快产业转型，发展壮大国有经济**

当前要重点抓好现有产能释放、延伸产业链和重大技术成果产业化等方面工作。一是积极推动能源生产利用方式变革，优化能源供给结构，打造新能源、电力外送、煤炭深度转化新增长点，推动煤化工向下游精细化工产品延伸，尽快形成产业链，推动能源化工高端发展。二是加快高端装备与新能源汽车、新材料、生物医药、航空航天、现代化工等领域技术突破、新品研发，推动装备制造业集群发展。应尽快出台支持汽车产业发展政策措施，推进吉利甲醇汽车等新项目签约落地，争取上汽、北汽等龙头企业在陕布局发展。大力推进三星二期、比亚迪智能终端、华天集成电路封装等项目建成投产。三是大力培育发展新材料产业，推动航空发动机用新材料量产，推广超导材料应用。

**2. 改造提升传统产业，壮大新兴产业**

加快改造提升有色冶金、建材、纺织等传统产业，以超常规谋划、超常规发展的思路，构建以西安为龙头，以商洛、咸阳、渭南产业聚集区等为支撑的新动能。把发展新兴产业作为新增长极，发挥产业政策导向和竞争机制，设立新兴产业创业投资引导基金，以突破核心技术为抓手，加快新一代信息技术、新材料、生物技术、绿色环保等产业规模化发展，加速推进增材制造、智能制造、大数据与云计算、半导体和光电、生物医药、节能环保等新兴产业，抢占发展制高点。推动"互联网+小微企业"发展，积极发展众创、众包、众扶、众筹等新模式；加强资源节约与循环利用，构建再生资源回收体系，实现绿色、循环、低碳发展。

**3. 大力发展现代服务业**

做大做强具有国际竞争力和影响力的全域旅游和以"旅游+"为主的旅游产业，推动现代金融、现代物流、健康养老、信息消费等产业较快发展，提升批发零售、住宿餐饮等传统服务业水平，推动生产性服务业向专业化和高端化延伸、生活型服务业向人本化和高品质化转变。培育壮大互联网、物联网、大数据等产业发展，广泛运用云计算、大数据、物联网、移动互联网等创新生产服务模式，积极发展平台经济、分享经济，打造西部现代服务业高地。

## （五）积极推动军民融合，为经济增长培育动力

**1. 进一步强化组织保障**

为了加快军民科技成果双向转化融合发展，省委已成立了军民融合发展委员会，也将在军工单位较集中的西安、咸阳、宝鸡、汉中、渭南五个市设立分支机构。加快编制陕西中长期军民融合发展规划和支持政策，开展全要素互动融合、多领域突破、培育市场主体、建设"军工+"共享平台等五大创新工程建设。加快军转民、民参军步伐，带动陕西实体经济健康发展。

**2. 大力推进"军转民"发展新格局**

一是争取军工单位投资决策权，允许自主决定参股、控股民营企业试验，争取试点国有军工单位市场化改革，建立健全企业法人治理结构。二是推进军工高技术应用，支持军工单位在陕自主处置不涉及国家核心能力、符合保密规定的科技成果

的合作实施、转让、对外投资和实施许可等事项。支持军工单位利用自身优势，在陕创办合办科技型企业，支持军工企业引进社会资本进行股份制改造，加快军工科研院所企业化改革试点。三是推动优质资源社会化开放，支持军工单位、民营优势企业、高校和科研院所在保密安全前提下，搭建军民设备设施共享信息平台，推动有关信息平台资源互联互通，研发资源和先进设备资源开放共享。

### 3. 优化"民参军"进入退出机制

一是推进混合所有制改革，鼓励央企、省企、民企发展混合所有制经济，培育航空和航天、兵器工业等产业集群。按照军为民用、民为军用、军民共用三种共享方式，完善军品市场准入和退出制度。发展军民共建科技中介服务机构，为拉动军民两用技术发展提供便利。二是健全军民融合发展的管理体系。争取资质认证管理权限，建立"四证"审查、认证工作协调机制，为民营优势企业进入军工领域创造条件。三是搭建军民融合协调创新服务体系。统筹各种要素资源，推动军民两用技术研究，打造跨区域跨行业的军民融合发展协作创新链，以建设军民融合创新示范区为契机，共建两用重点实验室和工程（技术）中心，推动军民之间、部门之间科技资源共享。建立军民两用技术和中试基地、技术转移中心、产业孵化中心，推动军民科技创新资源开发共享。

## （六）加快培育市场主体，促进民营经济转型升级

### 1. 进一步加大政策落实力度

明确政策清单，对已出台的政策认真梳理，对不合时宜的现有政策重点排查清理，不留死角。尽快建立统一的民营经济政策发布平台，定期对民营经济支持政策贯彻落实情况进行第三方评估，增强政策的落地效应。

### 2. 加快民营经济转型升级

依托全省优势民营产业和企业集团，加大技术创新攻关力度，推动产业链向行业高端延伸。加快推进一、二、三产融合发展，促进制造业向生产性服务业延伸、低端产品向高精产品延伸，提升市场竞争力。继续实施"五个一批"工程（推进双创催生一批、招商引资落地一批、深化改革培育一批、加强协作带动一批、强力改造提升一批），力争在改造传统产业、培育新兴产业上取得大进展。大力支持培育"专精特新"民营企业，全力扶持成长性好的中小企业和附加值高的科技型企业。

### 3. 依托"互联网+"，发展新业态新模式

发挥互联网在生产要素配置中的集成作用，推动"互联网+"与创新创业深度

融合，支持园区、高校、科研院所等建设孵化创新平台，发展众创、众包、众扶、众筹等新模式、新业态。大力发展网络经济，形成"互联网＋"业态创新的新格局。

### （七）深度融入"一带一路"，全面提升陕西开放度

紧紧围绕"一带一路"建设，突出枢纽经济、门户经济、流动经济引领作用，着力构建开放型经济新体制，打造改革开放新高地。抓住中国（陕西）自由贸易试验区的重大历史机遇，加快"五大中心"建设，实施高水平的贸易和投资自由化便利化政策，不断提升全省经济外向度，增强面向全球配置资源的能力。

**1. 着力打造改革开放新高地**

充分利用"双开放""双引进"战略机遇，加强与省内外、国内外和丝路沿线国家和地区的经济、科技、旅游、文化等领域的经贸合作，共同打造开放、包容、创新发展、互利共赢的改革开放前沿阵地。鼓励高技术企业到沿线国家投资兴业，支持工程机械、汽车制造等企业到靠近目标市场的国家扩大生产经营，引导富余产能企业到资源富集、市场需求大的国家建设生产基地。依托中俄丝路创新园、中吉空港经济产业园等经贸主体，从贸易金融向并购金融拓展，从国际贸易向境外投资演进，提升我省外向型经济发展水平。

**2. 建设中西部开放水平最高的自贸区**

按照既有利于合力推进自贸试验区建设，又有利于各片区独立自主运作的原则，建立与国际高标准投资和贸易规则体系相适应的管理体系，推动政府管理向事中事后监管转变。完善社会信用体系，健全守信激励和失信惩戒机制。大力发展生产性服务贸易，打造服务外包产业集聚区，推动知识产权跨境交易便利化。建成投资贸易便利、高端产业集聚、金融服务完善、监管高效便捷的自贸试验区。

**3. 落实好国家战略规划各项举措是持续发展的重要支撑**

西咸新区正在以前所未有的姿态，吸引和聚集创新资源成为区域发展新引擎。呼包银榆规划为区域乃至陕北能化基地走高端化发展路子提供政策支持，陕北革命老区振兴规划和黄河三角洲规划成为区域创新发展的新动能，这些国家战略的进一步实施，为我省不断探索发展新机制打下了坚实的基础。

**4. 深化与丝路沿线国家和地区全方位、多领域互利合作**

按照共商、共建、共享的原则，系统推进与"一带一路"沿线国家产能合作机制建设。建立以负面清单管理为核心的外商投资管理制度、贸易便利化为重点的贸易监管制度、政府职能转变为核心的事中事后监管制度，构筑全方位立体化开放大

通道。打造绿色丝绸之路，鼓励自贸试验区内绿色低碳龙头企业"走出去"，建设国际产能合作绿色产业园区。积极推动文化产品和服务出口，推动对外文化投资。用好丝博会、欧亚经济论坛、杨凌农高会等平台，推动与丝路沿线国家和地区交流与合作，不断拓展对外开放的广度和深度。

### （八）聚集创新资源，打造富有活力的创新平台

**1. 搭建科技创新平台**

充分发挥科教、产业、人才等优势，依托国家级、省级高新区以及其他各类产业园区，加快中国西部科技创新港建设，支持两院院士与企业、高校共建实验室，集聚先进技术、先进管理、先进人才，促进科技与产业、技术与服务有机融合。将创新创业纳入科技进步考核体系，全省高校、院所和各市县普遍建立各具特色的众创空间孵化基地，大力推广创客空间、创新工场等多种新型孵化模式。

**2. 着力培养高层次创新人才**

进一步抓好《陕西促进科技成果转化若干规定》（简称"陕九条"）等政策文件落实工作，找准政策落实中的"难点""关键点"，通过建立市场导向科技成果定价机制、提高科技人员职务成果转化收益比例、设立"人才池""专利池"等措施，解决职称评审、竞聘竞岗、人才选拔培养等方面政策落实不到位的问题，更多地吸引和留住科技人才创新创造。实施人才强省战略，降低人才落户门槛，通过组团招聘和引进重点领域杰出人才、领军人才、紧缺人才和创新团队来陕创业，积极培养一批具有国际眼光和创新创业能力的高端人才，整合各类人才资源，建立人才储备库，用开放包容的姿态，鼓励支持人才在高校、科研院所和实体经济之间自由流动，为我省加快追赶超越、培育新动能提供创新活力。

**3. 构建良好的营商环境**

加大简政放权力度，推广"证照分离"试点经验、扩大试点范围。加快推进审批服务便民化，为市场主体发展创造制度环境。进一步落实扶持中小企业发展的税收政策。支持省内各级开发区、高校、科研院所和有条件企业建立"双创"孵化平台，大力扶持一批瞪羚企业，依托众创空间营造创新创业良好环境。

## 四、强化主体责任、完善各项保障措施

### （一）强化责任意识，提高工作效率

在习近平新时代中国特色社会主义思想指导下，我省各级领导同志要提高政治

站位，增强责任意识和担当意识，统筹谋划、全面安排，夯实责任，传导压力、倒逼目标任务落实。积极围绕重点工作加大督查力度，明确责任清单、落实目标责任、逐项对照认真整改，对失职、渎职的单位和责任人要依法依规追责问责，对工作推诿扯皮或不作为的要强化问责，真正做到工作不求形式、不走过场，推动任务全面落实；同时，对季度、半年工作实绩和效益情况进行通报、点评，奖优罚劣，推动工作不断上新台阶。

### （二）完善考核体系，激发内生动力

要把培育增长新动能作为当前首要任务。既注重共性，又强调差异；既突出特色，又完善考核内容，重视结果运用。建立和完善考核长效机制，切实发挥好目标考核指挥棒、风向标和助推器作用，用"三项机制"激发创新活力，调动干部工作积极性，确保高质量高效率完成任务。同时，也要强化媒体宣传，突出主题宣传、成就宣传和典型宣传，增强干部职工的责任意识、担当意识和奉献意识，形成追赶超越加快发展的良好氛围。

### （三）设立引导基金，支持民间资本进入实体经济

充分发挥财政资金杠杆作用，支持银行增加信贷规模，引导和鼓励社会资本投入。大力支持银行对前景好的企业给予"存量不减少""付息缓还本""短贷变长贷"等扶持措施，促进金融更好服务实体经济。推广"政银保"模式，设立地方性应急转贷基金，组建地方性小贷公司、担保公司等，增强金融供给和服务能力。鼓励各市设立创新发展基金，大力支持实体经济技术创新、成果转化，提升核心竞争力。

（写于2017年）

# 以"三大变革"为抓手加快陕西现代经济体系建设战略研究

中心课题组
成　员：庞建荣　张兴先　李红雨　张　良

**摘　要**　本课题着眼于新形势新挑战，调整发展思路，制定发展规则。提出在新时代陕西建立现代经济体系必须高度重视"三大变革"对陕西经济带来的深刻影响。课题研究认为，"三大变革"是大力发展"三个经济"的重要支撑，也是迈向高质量发展的根本要求。给出了采取审慎措施，积极应对，加大实施创新驱动战略，推动产业转型升级，在经济增长质量和效益上下功夫等发展策略，并贯穿在追赶超越的每一个步骤和环节上。提出必须进一步深化改革，正确处理一系列重大关系，在重点领域和关键环节上要有新突破，以支撑陕西现代经济体系建设实现新跨越、大发展。

党的十九大报告明确指出，中国特色社会主义进入了新时代，我国经济发展已由高速增长阶段转向高质量发展阶段，建设现代经济体系是跨越关口的迫切要求和我国发展的战略目标。如何把中央的判断和决策，变成经济高质量发展的内生动力，对正在转型发展关键时期的陕西来说更加重要。我们必须以"三大变革"为抓手，以供给侧结构性改革为主线，构建完善的现代经济体系，提高全要素的生产率，增强经济的创新力和竞争力，为陕西现代化建设做出贡献。因此，本课题组从我省现状出发，对建立现代经济体系进行了积极探索，并对存在的问题进行剖析，提出了要处理好几大关系和在五个方面有新突破，以期为决策者提供有益参考。

## 一、现代经济体系的基本概念和内涵

### （一）基本概念

现代经济体系是党的十九大报告首次提出的，具有鲜明的时代特征，是新时代生产力与生产关系协调发展、良性互动的经济体系，是全面体现创新、协调、绿色、开放、共享新发展理念的经济体系。之所以是现代经济体系，在于它在传统体系上的创新和发展，是一个量的变更与质的飞跃，涵盖了经济社会发展的诸多方面，是在高起点上推动经济高质量发展的重要载体。

### （二）主要内涵

现代经济体系既包括区域发展体系、产业结构体系、技术创新体系，又有完善的市场体系、多层次人才体系和监管服务体系等，总体可以概括为五个方面：

第一，创新引领、协同发展的产业体系。创新是现代经济体系的灵魂，也是产业高质量发展的先导。对陕西省现阶段来说，必须以供给侧结构性改革为主线，更多运用市场化、法治化手段，在"巩固、增强、提升、畅通"上下功夫。巩固"三去一降一补"成果，精准落实各种降本增效政策，促进更多资源要素从低质低效领域向优质高效领域流动，推动传统产业提质增效、先进制造业与生产性服务业创新融合、新兴产业集聚壮大和发展，促进实体经济释放出增长新动能。

第二，彰显优势、协调联动的区域发展体系。现代经济体系要求区域协调发展机制更趋成熟，生产要素的配置和流动更为有效，跨地区的转移和互助机制逐步成型，国土资源利用效率较高、要素密集程度较大、生态容量适度、城市群落连绵、区域生产力布局结构明显优化。对陕西省来说，加快实施关中协同创新、陕北转型持续、陕南绿色循环发展战略，发挥经济优势的基础，就是要依据区域资源禀赋，比较竞争优势，做好产业分工布局，加快基础设施和公共服务提档升级，形成优势互补、协调联运、相互支撑的新格局。

第三，促进多元平衡、安全高效的全面开放体系。建立现代化经济体系，离不开多元平衡、安全高效的全面开放体系的支撑。只有全面扩大对外开放，加快培育技术、标准、品牌、质量、服务等国际竞争新优势，才能有效对冲国际环境的不利影响，进一步促进商品、资本、技术的流通，为经济增长提供强劲动力和更大市场空间。对内，通过自由贸易试验区等的建设和制度创新经验推广，扩大市场开放，改善营商环境，在知识产权保护等方面加快与国际通行规则接轨；对外，通过"一带一路"建设、国际产能合作等,推动经济全球化朝着更加健康的方向发展。从发展基础看,要从低要素成本向综合竞争优势转变;从发展模式看,要从规模速度型向质量效益型转变;从激励机制看,要从优惠政策为主向制度规范为主转变;从治理地位看,要从国际经贸规则的适应遵循者向参与制定者转变。

第四,体现效率、促进公平的收入分配体系。现代经济体系的核心是体现效率与公平,它是解决新时代社会主要矛盾的砝码,不但为增强群众的获得感、幸福感、安全感提供支撑,更为经济转型升级提供强大动力。当前,要着力处理好公平与效率的关系,缩小收入分配差距,使收入分配更加合理有序,增进发展的均衡性,让创造社会财富的源泉涌流,促进现代经济体系高质量发展。

第五,突出资源节约、环境友好的绿色发展体系。绿色发展体系是现代经济体系的重要组成,其核心目标是形成经济社会与人和自然和谐发展。首先,要抓好资源节约和生态保护基本国策的落实,切实把绿色发展放在突出位置,融入经济社会发展全过程;其次,要着眼于绿水青山就是金山银山,把资源消耗、环境损害、生态效益等指标纳入经济社会发展评价体系,建立国土空间开发保护制度,完善最严格的耕地、水资源、环境等管理保护制度,以最少资源投入换取最大经济产出;最后,必须大力加强支撑绿色发展的创新体系建设,加快科技创新、产业转型,出台一系列循环发展指标体系,促进经济中高端发展。

## 二、陕西省现代经济体系的发展历程

### (一)经济体系的建立与发展

经济体系的演进是一个革故鼎新的过程。"以农业为基础,以工业为主导"的工业化国家战略,使工业在国民经济中的比重快速上升。陕西省也由最初的封闭落后省份逐步向工业化省份转变,逐步由单一产业结构向门类比较齐全、结构日趋合理、质量效益日渐提高的现代经济体系转变,从发挥后发优势的欠发达省份向中等发达省份实现质的飞跃。

陕西省工业化起步之路,是从"一五"时期开始的。国家156个重点项目中,给陕西安排了24项,加上与重点项目相配套的50多个大中型工程的开工建设,初步奠定了陕西省的纺织、机械、电力和电子工业基础。"二五"时期,对国民经济发展比例进行调整,煤炭、电力、铁路等基础设施快速推进。先后经过八年建设和发展,陕西省由过去的农业省份转变为初具工业体系的内陆省份。在"三线"建设时期,陕西得到国家重大项目支持,建成了一大批军工民用企业和交通水利设施项目,形成了机械、电子、航空航天、兵器、电力、煤炭、冶金、石化、建材、轻纺等门类齐全、实力较为雄厚的工业经济体系,为现代经济体系发展奠定了基础。

改革的推进是从计划经济体制最薄弱的农村开始的,它的成功实践,推动了城市改革的进程,从以国有企业改革为主的试点到全面铺开,由单项改革到综合改革,改革既解放了生产力,也促进了经济的全面发展。陕西省在改革中也不断探索发展新路径,大力培育特色优势产业,国防科技、装备制造、能源化工、高新技术、果业、旅游业等六大特色产业成为经济增长的重要抓手。一批大企业、大集团相继诞生,非国有经济占GDP比重不断提升。在西部大开发中,陕西省经过5年打基础,10年调结构,兴产业、建平台,有效推动三次产业融合,军民、部省融合。关中地区以西安为核心的高新区和先进制造基地,先后建成了6个国家级高新区,2个国家级航空、航天产业基地和8个省市级科技园区;形成电子信息、装备制造、生物医药、能源化工、现代农业等产业集群,三星电子、应用材料、美光、陶氏化学等百余家跨国企业落户。陕北以国家能源化工基地为主,打造煤电载能工业、煤制油、煤盐化工和油气化工产业链。神华、长庆、延长等大型企业集团迅速壮大。陕南绿色产业基地,以医药、旅游、水资源开发等为龙头突破发展,带动三市经济较快增长。

全省三次产业结构进一步得到优化,由1980年的30∶50.3∶19.7,调整为2017年的8.0∶49.7∶42.3,第一、三产业的一降一升,第二产业投资多元和高质量发展,使现代产业发展充满活力。

进入新时代,陕西省积极融入"一带一路"建设,加快核心区建设,强关中、优陕北、兴陕南,推动区域经济快速发展。关中地区产业转型升级逐步迈向特色化、高端化。资料显示,2017年,关中地区规模以上工业增加值增长8.2%,为近三年最好水平;汽车产业加快发展,医药产业优势品种不断涌现;单晶硅产量达到全球第一;创新能力持续提升。

陕北能化基地高端化发展成主引擎。延安市近百个能源转化项目建成投产,能源化工产业由初级加工业加速向产业链中高端跨越。榆林市一次能源生产总量占到全国的11%。煤油共炼、煤油气资源综合利用等一批全球首套装置建成投运,煤间接液化、煤焦油加氢等一批国内外领先的自主技术实现产业化,已成为我国重要的煤炭基地、煤电基地、氯碱基地。

陕南三市经济不断赶超,园区工业总产值占规上工业总产值比重超过60%;绿色循环产业不断壮大,198个重大循环产业和"一县一业"项目落地建设,循环产业链产业集中度得到提升;从"兴陕南"到"陕南兴"的后发优势逐渐凸显。

陕西省按照"十三五"规划，正在把关中打造成全国知识创新、技术创新和成果转化的重要策源地；把陕北打造成全球一流的高端能源化工基地和全国革命老区城乡发展一体化先行区；构建陕南绿色循环产业体系，构筑秦巴生态安全屏障。

### （二）建立现代经济体系的难点问题突出

陕西省的现代经济体系虽初具雏形，但依然任重道远，需要着力克服和解决的障碍仍有很多。

**1. 产业创新能力不够，可持续性发展动力不足**

一是陕西省现有产业体系大多仍处在全球产业链低端，以加工配套为主，受别人制约较大。二是核心技术受制于人，重大原创性技术缺乏。陕西省大多数装备制造工艺的核心设备、工控芯片、高端材料以及软件的设计研发等对外技术依赖性大。以汽车工业为例，自主品牌的汽车企业的核心技术高度依赖国外，自主研发的核心技术不足10%，高档控制系统的自给率不到5%。国产机床目前只有30%的数控化率，与发达国家60%~70%的水平存在较大差距。

**2. 区域发展不平衡，产业集群水平低**

陕西省产业结构呈现出偏重型化的特征。结构不优主要体现在多元支撑的产业格局尚未有效形成，产品质量不高，集群规模偏小，布局结构不合理。特别是三大区域之间优势互补、错位发展还处于尝试阶段，区域间产业专业化分工协作度不高。据测算，陕南三市产业结构相似系数高达0.9450；关中各市产业结构相似系数平均为0.5881。区域产业分工配套能力较弱，产业链条相对较短，互补性、协作配套能力弱，亟须在原有产业集聚的基础上向更高级别提升。

**3. 新旧动能转换慢，结构调整压力大**

当前，陕西省工业发展正处于"爬坡过坎"的关键时期，面临如何跳出产业体系"结构性陷阱"的挑战，调整的压力也在加大。虽然近年在转方式中加大了结构调整力度，其中煤炭、石油等原材料工业在全部工业中占比有所下降，但重化工业占全部工业比重超过60%，为陕西省经济增长做出较大贡献的传统产业或多或少进入衰退期，部分行业面临严重的产能过剩，增长率持续下滑甚至负增长。一些新兴产业如新一代信息技术、高端装备、生物医药、新能源汽车等一直保持两位数增长，但产出量仍偏小，不足以支撑整个经济。

**4. 产学研相脱节，科研成果就地转化率低**

长期以来，陕西省高校、科研院所、企业的科技资源被人为地分散和分隔在一些部门和行业，彼此间信息不通且缺少项目合作，科技资源和科技成果难以共享，形成科技创新能力缺少合力、军民融合路径不畅、军民企业技术互用存在不少制度壁垒的局面。

省内一些支柱产业自身形成了一套研发生产流程体系，对新兴技术的吸纳却不主动、不积极；新能源、电子信息、先进制造、节能环保等新兴领域的科技成果就地转化率低。在技术要素参与收益分配、科技成果处置收益、科技成果作价入股等方面虽有政策，但操作性不强，政策落实效果不明显。科技成果转化模式单一，科技人员习惯于既搞研发，又搞转化、营销，对融资租赁、研发外包、合同能源管理、众筹创业等商业策划、市场运作不了解、不熟悉。

资料显示，2018年陕西省规上工业企业有574家开展了研发活动，仅占规上工业总数12.1%；设立科研机构的企业仅382家，占总数的8%；企业研发投入占全社会研发支出的比重为44.1%，远低于全国76.6%的平均水平；企业研发人员占全社会研发人员总量的53%，低于全国平均水平24个百分点。

**5. 对外开放水平不高，外资市场主体相对较少。**

一是经济外向度低。2017年进出口总额仅占全国的0.98%，列全国第18位，外贸依存度仅为12.4%，低于全国平均水平21.5个百分点。即使与西部其他省份相比，对外开放程度的相关指标也处于中下水平。二是区域开放不均衡。2017年关中进出口占全省的98.5%，陕北、陕南仅为0.7%和0.8%。西安外贸进出口总值占全省外贸进出口总值的93.8%，其他10个市（区）仅占全省6.2%。三是外资企业市场主体少。判断区域经济对外开放度的一个重要指标就是对外资企业的吸引力。到2017年底，陕西外资企业5270户，仅占全国外资企业总数的1.04%，占全省企业类市场主体的0.85%，低于全国平均水平0.93个百分点，说明陕西省对外资的吸引力偏小，对外开放度有待提高。

## 三、陕西省建设现代经济体系的着力点与抓手

当前，陕西省经济已由中高速增长阶段向高质量发展阶段转变，处在建设现代化经济体系、转换增长动力的爬坡过坎期。实现这一转变，必须站在新的起点上，逐步淡化速度、总量等一些指标，强化质量、效率和培育新动能等宏观理念，把三大变革（质量变革、效率变革、动力变革）作为实现绿色、协调、可持续发展的重头戏做实做好。

## （一）着力建设高质量发展的现代经济结构

**1. 优化投资结构是提升增量水平的前提**

一是要抓好"中国制造2025"陕西实施意见和新一轮企业技术改造实施意见政策落实，加快形成汽车、航空装备、高档数控机床、轨道交通等产业集群，建设新一代信息技术、新材料、生物技术、绿色环保等新的经济增长点。二是加大基础设施、民生工程和生态环境等短板领域投资力度。三是进一步增强民间投资活力，支持民营企业通过组建招投标联合体、产业投资基金等方式，参与PPP项目投资。鼓励民营资本参与"互联网＋"制造业模式创新，激活民间资本潜力，增强经济增长动力。

**2. 加快供给侧结构性改革是激活存量的内在要求**

一是巩固"三去一降一补"成果，继续打好"去产能"攻坚战。加大"破、立、降"力度，更多采取改革的办法，运用市场化、法治化手段，对产能过剩行业加快市场出清，释放大量沉淀资源。2017年全省淘汰煤炭落后产能96万吨，完成年度任务的128%，但粗钢和水泥"去产能"任务依然艰巨。二是以完善产权制度和要素市场化配置为重点，实现产权激励和企业优胜劣汰。全面实施市场准入负面清单制度，深化国资国企改革，落实保护产权政策，支持民营企业发展。加大反垄断、反不正当竞争力度，实施竞争中立政策。三是注重利用技术创新和规模效应形成新优势。推动先进制造业和现代服务业深度融合，着力解决关键核心技术"卡脖子"问题。以工业园区为载体，完善和延长产业链条，促进新技术、新组织形式、新产业集群的形成和发展。四是要建立实体经济、科技创新、现代金融、人力资源协同发展的产业体系，着力化解科技创新与实体经济结合的障碍、现代金融服务实体经济的障碍、人力资源服务实体经济需要的障碍、政府部门为市场和企业协同服务障碍，形成国内市场和生产主体、经济增长和扩大就业、金融发展和实体经济壮大的良性循环。

**3. 完善现代农业体系是社会和谐发展的重要支撑**

一是要依法确保基本农田面积，明确粮食生产功能区，实施优质粮食工程。二是要深化农村产权制度改革，不断培育农业发展新动能。推进三次产业融合发展，确保农业高质量发展。三是加强与"一带一路"沿线国家深度合作，充分发挥陕西省的农业科技优势和产业优势，在国外建农业基地，开展农业技术交流与推广等，扩大陕西农业在国际上的影响力。

## （二）把"三大变革"作为建设现代经济体系重要抓手

建立现代经济体系，必须以"三大变革"为核心，把质量变革作为主体，效率变革作为主线，动力变革作为关键，着力提高全要素产出率，推动经济体系向高水平迈进。

**1. 抓好质量变革这个主体**

过去我们基本上解决了经济发展"有没有"的问题，现在亟须解决的是增长质量"好不好"的问题。目前，我们与发达国家在关键技术、产品质量等方面仍有较大差距。数据显示，我国出口产品国内附加值比重仅为68%左右，明显低于美国等发达国家80%左右的水平，仍处于全球价值链的中低端。质量变革，重在国民经济各领域各环节发展质量之变。一是要大力支持制造企业在产品开发、外观设计、产品包装、市场营销等方面的创新，向价值链高端延伸，提高整个制造业发展的质量和效益。鼓励企业向国际先进质量标准看齐，不断提高供给体系质量。二是要继续实施品牌战略，促进品牌升级，通过市场竞争加快产品优胜劣汰，集中优质企业和产品资源，逐渐形成一批在国际上有竞争力的高质量品牌。三是要培育大数据技术创新联盟、产业联盟，推动产业转型升级，使大数据产业成为经济发展的重要增长极。

**2. 抓住效率变革这条主线**

推动效率变革，就是要填平各种低效率洼地，为高质量发展奠定稳固基础。一是要着力清除制约效率提升的体制机制障碍，全面降低实体经济运营成本，激发企业主体活力，提高产出效率。二是重点在"破""立""降"上下功夫，使高效要素进得去、低效要素退得出，及时采取企业兼并重组、产业转型升级和生产要素的合理流动和市场配置，激活存量，优化增量，提高投入产出效能；通过降低过高的杠杆率，扭转资金"脱实向虚"局面，为实体经济创新发展、转型升级提供更多的金融支持。

**3. 发挥动力变革的关键作用**

动力变革是实现质量变革、效率变革的重要前提。在新时代若继续使用传统增长模式，会使"三高二低"（高产能、高杠杆、高成本、低效率、低质量）所形成的结构性矛盾持续累积，增大经济运行风险。因此，加快动力变革是一条必由之路。关键是要在改革中不断推动机制创新，实现数量红利向质量红利转换、经济规模扩张向提升内生动力转变。一是要落实创新激励政策，营造有利于创新的环境，大力培育推动传统产业改造升级，培育一批具有创新能力的优势企业，形成发展新动能。二是要培育壮大数字经济形成发展新动能。第三次工业革命已扑面而来，数字经济与产业融合成大势所趋。陕西省要搭乘数字经济的快车，抢占数字技术、数字产业和数字业态的产业制高点，实现数字产业化、产业数字化，走出一条数字经济改变陕西的创新之路。三是要加强知识产权保护，培养和造就一大批具有国际战略眼光的领军人才和高水平创新团队，突破阶层固化，拓展纵向流动、横向聚集的创新格局。

## 四、构建陕西现代经济体系应着力处理好几大关系

现代经济体系是在传统经济体系基础上的一个跃升，是经济结构经历嬗变之后走向中高端的演进过程，认真处理好几大关系，对于培育壮大新动能、发挥增长新优势、增强经济硬实力非常重要。

### （一）正确处理政府和市场之间的关系，防止资源错配现象发生

在一切经济活动中，要使政府这只看得见的手与市场这只看不见的手有机统一、相互协调，就必须破除体制机制障碍，营造良好的发展环境。一是要积极探索政府和市场关系的最佳组合，减少政府对资源的直接配置，推动资源配置依据市场规则、市场价格和市场竞争，实现效益最大化和效率最优化。二是要深化放管服等重点领域改革，建立和完善权力清单、负面清单和责任清单，强化事中事后监管，用政府应对权力清单外的事务多做"减法"，换来市场主体发展的"加法"，营造现代经济体系高效运作。三是在纠正市场失灵方面，政府要完善市场规则和法律制度，降税减费，完善激励机制、奖惩监督机制和市场退出机制，激活市场主体创新创造的动能，让全社会一切创造财富的源泉涌流。

### （二）正确处理速度、质量、效益之间的关系，推动经济中高速增长

实践证明，增长速度与质量效益是制约经济增长的两个方面，二者关系是辩证统一的。没有一定的经济增速，增加就业、提高收入和改善民生就缺乏物质基础；而没有质量、效益的增长，就是有水分的增长，发展难以持续。增长速度与质量效益既紧密联系，又相辅相成。切实把工作重心转移到提升质量效益上来，更加注重速度与质量的统一，将数量追赶转化为质量超越，着力提高全要素生产率，这样发展才能蹄疾步稳，增长才有更多含金量。

### （三）正确处理乡村振兴与城镇化之间的关系，用现代农业支撑城乡融合发展

乡村振兴是我国城乡发展进入新时期后的战略判断，不是否定新型城镇化。城镇化仍然是我们处理"三农"问题，推进乡村振兴的重要抓手。乡村振兴战略离不开城镇化的继续推进，城镇化发展必须以乡村振兴为基础。一是要坚持乡村振兴与新型城镇化一起抓，两个轮子一起转。让进城的人进得放心，留在乡村的人留得安心。二是要统筹城乡发展空间。优化城乡布局结构，形成田园乡村与现代城镇各具特色、交相辉映的新态势。三是要推动城乡融合发展，加快农业与二、三产业融合，构建以工促农、以城带乡的现代产业体系。四是要重塑城乡关系，特别是要向改革要动力，推动人才、土地、资本等要素在城乡之间双向流动、平等交换，为乡村振兴注入新动能。

### （四）正确处理好实体经济与虚拟经济之间的关系，使财富价值有坚实基础

现代经济是实体经济与虚拟经济的协同发展。实体经济收益率低，虚拟经济收益率高的现实，导致社会投资一度出现脱"实"向"虚"，削弱了实体经济发展的根基，形成虚假"繁荣"表象下的泡沫经济，形成潜在的系统性金融风险，这种做法不能再持续下去了。要推动虚拟经济结构优化，提高服务实体经济的能力，使金融服务实体经济的能力不断增强，人力资源支撑实体经济发展的作用不断强化。在发展虚拟经济的同时，把政策导向、投资重点引导到实体经济上去，不能让投资脱离实体经济搞体外循环，要加快发展先进制造业，推动互联网、大数据、人工智能同实体经济深度融合，推动资源要素向实体经济集聚、政策措施向实体经济倾斜、工作力量向实体经济集中。

## 五、构建现代经济体系，应在重要领域和关键环节有新的突破

从陕西省所处的新历史方位和肩负的重大使命看，在新时代要把国家战略和陕西发展规划落到实处，形成高质量、高效率的现代化经济体系，必须在一些重大领域和关键环节上不断超越，有新的突破。

### （一）奋力追赶超越，在打造"一带一路"核心区上有新突破

陕西作为"一带一路"核心区，要借助西安国家中心城市建设契机，以欧亚立体大通道为基础，认真落实改革顶层设计方案，突出抓好商贸物流、文化旅游、先进制造、科技教育、现代农业等五大中心建设，加快推动现代服务业、制造业、农

业等全方位对外开放,培育和发展特色产业集群,建设人工智能、新能源、新材料等国际合作园区。以精准招商和产业对接为路径,力争在招商引资上取得新突破。

要打造开放型合作平台,推动构建公正、合理、透明的国际经贸投资规则体系,促进生产要素有序流动、资源高效配置、市场深度融合。继续利用政府间合作基金、对外援助资金等现有公共资金渠道,推动大数据、云计算、智慧城市建设,连接成21世纪的数字丝绸之路。

要坚持"共商、共建、共享"原则,既重视沿线发达国家的核心关切,也高度关注新兴经济体与发展中国家的发展诉求。以开放包容心态,深度挖掘利益交会点,促进应对全球性议题与挑战的国际合作,为全球深度合作发展提供新路径。

### (二)加快自贸试验区建设,在经济聚集区和增长极上有新突破

要以制度创新为核心,持续深化行政管理体制改革,推进投资便利化、贸易自由化、金融国际化,积极打造全面改革开放试验田,加速从内陆省份向开放前沿转变,努力形成一批可复制、可推广的陕西经验。

未来,陕西省要在全球产业链中再定位。与国家有关部委衔接沟通,成立省市联动协调机构,搞好战略规划等工作。进一步调整省内海关特殊监管区域资源,建设加工贸易承接转移示范基地,增强西安国际港务综合保税区和西安高新综合保税区功能,提升外贸通关效率,打造"一带一路"新的经济聚集区和增长极。

加快推进西咸一体化进程和关中城市群发展。搞好乡村基础设施和公共服务体系建设,大力发展地方特色农业和产业园区建设,促进产业布局、链条延伸,加快产城融合、三次产业融合发展,推动经济高质量增长。建立产权、期货、债券和股权交易等金融市场,培育发展再保险市场,努力把西安建成丝绸之路经济带上的金融中心。推动西部大开发、"一带一路"建设向更高、更广、更深领域拓展。

### (三)大力发展"三个经济",在要素流动和增强市场活力上有新突破

"三个经济"(枢纽经济、门户经济、流动经济)是陕西经济发展的新骨架。发展枢纽经济,就是要建成方便快捷的现代立体交通体系,它是"三个经济"的基础,是打造"国际运输走廊""国际航空枢纽",加快形成航空高端带动、铁路公路无缝对接的重要支撑,是加快构建陆海内外联动、东西双向互济的开放格局的重要条件。发展门户经济,要在创新上有新突破。充分发挥各种优势资源潜能,以点突破,向面上扩展,把创新创业变成人们的共识,大力开展产学研一体化建设,鼓励和支持

高校、科研机构围绕陕西产业创新重大需求与企业联合建立研发中心，开展技术攻关，解决提升产业共享技术研发服务的能力。搭建军民技术双向转移平台，通过需求对接、政策引导和定制服务，促进高端民用技术向军用转化，并为军用技术转向民用，带动地方发展提供政策支持。打破行业界限，推动三次产业融合。围绕创新成果培育新产业，打造新名牌，为提高陕西经济竞争力蓄积新动能。发展流动经济，主要通过吸引国内外成熟企业与人才、技术、资源等要素的流动聚集，发挥市场配置资源的主体作用，为陕西经济释放"新活力"。流动经济通过要素的流动和融合，对内将激活存量资产，对外将吸引增量资本，促进产业升级。要加大用人体制改革，建立能够吸引和留住高端人才和科技人才的薪酬、股份等激励机制，为陕西蓄积发展新动能创造条件，进一步推动陕西省经济高质量发展。

### （四）进一步优化营商环境，在构建新型政商关系上有新突破

营商环境是一个国家和地区经济软实力的重要体现。世界银行报道显示，良好的营商环境会使投资率增长0.3%，GDP增长率增加0.36%。优化营商环境就是解放生产力，提高综合竞争力。

第一，抓紧实施优化提升营商环境行动计划。扎实开展"十大行动"举措，首先，与国际对标，参照世界银行《全球营商环境报告》10项指标，对全省县市区营商环境进行监测排名，季通报、年考核。其次，与国内对标，学习发达地区在"放管服"改革方面的做法和经验，把老百姓、企业的痛点、难点、堵点作为改善营商环境工作的突破口。积极探索"互联网+政务服务"创新方式，提高政务服务质量和水平。

第二，积极构建新型政商关系。首先，要畅通政商沟通渠道。在制定涉及企业的重大政策上充分听取企业意见。对企业做到无事不扰、有事不拖、有求不推、有难不避。其次，要落实领导干部联系企业制度。各级相关职能部门要与民营企业建立经常性的联系，定期到企业走访调研，帮助解决实际难题。最后，要进一步强化亲商帮商强商理念，敢"亲"真"清"，努力使"亲"有足够的温度、"清"有明确的尺度。

第三，加大监管制度建设，切实维护市场主体权益。建立对市场主体的监管，是营商环境的重要内容。要通过完善部门协同、上下联动、有机衔接的工作机制，推进协调监管、信用监管、大数据监管和智能监管，把政府监管部门在行政执法时采用"双随机、一公开"（随机抽取检查对象，随机选派执法检查人员，抽查情况

及查处结果及时向社会公开）的工作方法运用到监管的事中事后，提升监管的公平性和规范性，把"放得开"和"管得住"衔接起来，打造公平高效的监管体系，营造服务市场主体的良好氛围。

### （五）全面深化改革开放，在新时代新起点上有新突破

当前，要弘扬改革创新精神，推动思想再解放、改革再深入、工作再抓实，凝聚起全面深化改革的强大力量，在发展新起点上实现新突破。

第一，狠抓政策落实，确保改革任务落地生根。我们要牢记使命，不断调整改革方案与现实需求的对角线，把先行先试作为推进改革的重要方法和任务，在新时代新起点上推动改革开放在取得实效上有新突破，努力在形成更高层次改革开放新格局上为全国提供可复制可推广的成熟经验。

第二，在三大攻坚战（防范化解重大风险、精准脱贫、污染防治）上取得新成绩。预防在先，化解风险；消除贫困，改善民生；用科学生产和管理的规范，在全面建成小康社会上取得新突破，让改革发展成果更多惠及全省人民。

第三，广纳贤才，聚集智力新优势。要提高人才政策含金量，搭建成果转化平台；强化人才引进和市场在人才资源配置中的互补作用，将人才的创新成果与股权奖励挂钩。建立长期考核评价体系，使团队核心竞争力和创新能力、成果转化的产出和效益情况相结合，发挥人才的集聚作用。在产学研合作中，培养创新思维活跃、专业技能扎实的复合型人才，为市场主体成长壮大创造优越的人文环境。

## 六、几点建议

### （一）强化组织领导，完善监督考核机制

在现代经济体系建设中必须把干部队伍建设作为关键性、根本性大事来抓。一是要强化党的领导，从组织路线服务政治路线的高度出发，源源不断培养造就政治过硬、德才兼备、堪当重任的高素质执政骨干。各级领导干部要以高度的责任感和担当精神，带头抓工作落实，形成一级带一级、一级抓一级的示范效应。二是要把好选人用人关。把忠实于党和人民事业，勇于创新、敢于担当的优秀人才选拔到领导岗位上。三是要全面从严治党，深入反腐倡廉。严格纠正"四风"，端正党风，积极营造陕西省良好的政治生态。四是要强化年度目标考核和奖优罚劣制度。完善监督考核指标体系、统计体系、绩效评价体系等，用制度约束、典型带动，实现陕西省追赶超越高质量发展目标。

## （二）着力弥补发展短板，推动现代经济高质量增长

为了彻底改变陕西省经济发展不均衡、不协调、不可持续的现状，必须坚持问题导向和目标导向，痛下决心、保持恒心，突出高质量发展，努力弥补民营经济、生态环境、民生服务等发展短板。

**1. 弥补民营经济发展短板**

一是要强化政策支持。鼓励民间投资进入基础设施、金融服务、公共服务等重点投资领域。支持民营企业参与国企改制重组，参与省、市重大科技攻关项目和国际产能合作，提升核心竞争力，支持民营企业做大做强。二是要解决融资难题。要搭建"政银企保"融资担保平台，建立民营中小微企业贷款安全风险补偿和转贷机制，解决贷款担保难和续贷难问题。支持金融机构建立适合民营经济特点的授信审批、信用评级、客户准入和利率定价制度，降低企业融资成本。三是要构建"亲""清"政商关系。政府主管部门和单位要加强与企业家常态化沟通联络，营造重商、亲商、安商、扶商的良好氛围，打造最具吸引力的投资环境。

**2. 弥补生态环境不足的短板**

优良生态环境供给不足、长效治理机制不完善是陕西省可持续发展的突出短板。按照"两山"理论，突出打好大气、水资源、土壤污染防治三大战役刻不容缓。一是要牢固树立绿水青山就是金山银山的理念，加快构建生态保障基线、环境质量底线、资源利用上线等三大红线，开展水土保持、植被恢复、物种保护。二是要强力推进铁腕治霾，打好"减煤、控车、抑尘、禁燃、增绿"组合拳。扎实开展城乡环境大整治，加大老旧小区提升改造力度，加强生活垃圾分类和无害化处理，改善人居环境。三是大力发展循环经济和城乡环境整治和增绿工程。积极推进"生态+"探索创新，构建陕西山绿水清天蓝的最佳形象。

**3. 弥补民生服务发展短板**

一是要加大权力清单"瘦身"和制度创新。降低审批门槛，提高审批效率。加快推进"互联网+政务服务"，促进政务信息互联共享，打通"便民之路"。二是要打好精准脱贫攻坚战。这是党的十九大确定的决胜全面建成小康社会必须打赢的三大战役之一。以"两不愁、三保障"为目标，攻克深度贫困，切实做好扶贫政策落实、产业帮扶等工作，巩固精准帮扶成果。三是要优化教育、医疗等资源配置。加快组建城乡教育联合体，推动优质教育资源均衡覆盖。通过新建、迁建、转型等多种形式，推进医疗资源均衡布局。实行县镇村一体化服务模式，积极推进远程教育、

"智慧医疗"，巩固和提升网络扶贫成效，接长发展短板。

### （三）创新招才引智新模式，构筑陕西人才新高地

现代经济体系离不开人才支撑。陕西省要充分利用人才资源优势和宽松的政策环境，打造人才"高地"，聚集各类英才为发展提供新动能。一是要加快户籍制度改革。学习借鉴西安市的经验，打破行政、户籍制度壁垒，逐步取消大中城市对人才流动的制度性障碍，吸引更多的人才来陕西创业发展，防止"缩城"现象发生。二是要建立完善的人才社会保障体系和公共就业服务体系。健全人才引进机制，加强人才教育培训、提高人才创新创业的能力。三是既重视人才数量，更重视人才质量。西安市在引进人才方面取得了积极成效，为全省树立了榜样。今后仍要把招才引智的重点放在人才的质量和素质上，依托区域资源和产业布局，引进高精尖人才、行业巨匠、专业工匠。四是营造人才成长环境。一方面，我们要优化城市人居环境，完善教育、医疗等基础配套设施，增加优质公共服务供给，为"拴心留人"创造更好的条件和环境；另一方面，要大力发展枢纽经济、门户经济、流动经济，做大做强优势产业，大力培育发展新兴产业，给各类人才提供充分就业和价值实现的舞台。在出台各种政策、引进各类急需人才的同时，做到通盘考虑、长远谋划，使人才既能招得来，也能留得住，成为陕西发展的排头兵。

### （四）建立完善的现代金融市场，促进现代经济体系健康发展

现代金融已经渗透到经济生活的方方面面，它是现代经济体系的重要内容之一，二者密不可分。科技金融、绿色金融、普惠金融、互联网金融等以及经过金融科技改造升级后的传统金融业态也都属于现代金融的范畴，对于经济高质量发展意义重大。一是必须积聚力量，构建高效的金融服务体系。地方政府要出台扶持政策，支持和鼓励金融创新，大力发展政策性融资机构。二是要大力支持传统金融机构开发新产品、开拓新市场，提高金融服务现代经济体系的能力。三是要出台民间资本进入现代金融的政策与制度，打通政策阻碍和准入壁垒。进一步加强对金融机构、互联网金融等金融新业态的监管力度，鼓励和引导金融机构服务实体经济的能力和水平。四是要转变风险防控的思路和重点，从关注金融领域风险向关注系统性风险转变，利用现代网络平台，把民间金融交易公开化、透明化，实现民间金融阳光化管理。

（写于2019年）

# 关于陕西省民营经济发展若干问题研究

中心课题组<br>成　员：张兴先　庞建荣　李　宁　张　雨

**摘　要**　民营经济、县域经济是陕西经济发展中的短板，其发展状态如何事关全局。课题组主要成员，都参加过中省层面的多次调查研究。本课题研究着力以中国特色社会主义理论为指导，立足于当前陕西实际，以问题为导向，深入实地调查，采用理论与实践相结合、定性与定量分析相结合、专家与一线工作者相结合的综合集成研究方法，客观回顾和总结了陕西省民营经济走过的艰难历程、取得的辉煌成就以及未来发展前景。从实践中"解剖麻雀"，认真总结了民营经济发展的成功经验，提炼总结出存在的诸多问题，从宏观层面提出了促进民营经济发展必须处理好的几个重大关系；给出了主动作为、精准施策的若干对策措施和建议，对现阶段陕西做强做大民营经济、推动全省经济高质量发展提供决策咨询和有益借鉴。

长期以来，陕西省在国家大力发展非公有制经济政策支持下，民营经济得到较快发展，由过去的"三分天下有其一"到今天占全省经济总量的"半壁江山"，民营经济对全省经济增长和就业等的贡献作用日益增强。面对国内经济调速换挡、新旧动力转换、下行压力持续加大的新形势，影响民营经济发展的制约因素仍然有增无减。如何在追赶超越中加快民营经济持续健康发展，我们调研组深入实地做了调查研究，并对存在的问题进行了追根索源，并剖析了难点所在，依此提出了具有针对性的对策建议。

# 一、陕西省民营经济发展呈现出五个显著特征

经过改革开放 40 多年的发展，陕西省民营经济大致经历了破土萌发、蓬勃发展和全面提升三个时期。

## （一）民营经济稳居半壁江山，成为陕西省追赶超越的主体力量

从 20 世纪 90 年代占全省经济总量的 11.8% 到 2000 年前后"三分天下有其一"，再到 2011 年占据"半壁江山"，陕西省民营经济在自身发展壮大中的同时推动着陕西省经济不断跨越发展。2016 年，全省非公经济增加值达到 1.03 万亿元，占 GDP 的比重接近 53.8%，连续 6 年稳居全省"半壁江山"，对经济增长的贡献率增至 56.7%。2017 年第一季度，全省非公经济实现增加值 2253.08 亿元，同比增长 0.5 个百分点，有力支撑了全省经济平稳健康发展。

## （二）民营经济市场主体较快发展，为经济增长提供了新动能

在"大众创业、万众创新"方针引导下，陕西省商事制度改革不断深化，民营市场主体迅速增加。2016 年，陕西省私营企业达 50.74 万户，较上年增加 5.22 万户；农民专业合作社由 2013 年底的 2.81 万户增加到 5.31 万户；个体工商户达 149.64 万余户，较上年增加 9.42 万户。企业规模不断扩大。全省规模以上民营和民营控股企业数达到 14594 个，占全部规模以上企业 17199 个的 84.9%。

## （三）民间投资持续增加，推动了产业的转型发展

2012—2015 年，陕西省民间投资年均增长 25.4%，高于同期全社会固定资产投资增速 2.2 个百分点；年投资总额分别达到 5423 亿元、6980 亿元、8433 亿元和 9056 亿元，为产业结构优化和质量提高做出了贡献。2015 年民间投资在全省固定资产投资中占比达 45.7%，为稳增长、调结构、增效益发挥了积极作用。在 PPP 项目的推动下，全省民间资本深入到交通、水利、市政、公共服务和生态环境建设等基础设施领域，电力热力生产和供应业民间投资增长 1.3 倍，水的生产和供应业投资增长 1.7 倍，道路运输业投资增长 20.4%，公共设施管理业增长 35.3%，使基础产业和服务业得到快速发展。

## （四）民营经济贡献率持续提高，促进了和谐陕西建设

民营经济发展成为财政收入的重要来源。2016 年，陕西省民营控股企业上缴税

收 1502.07 亿元，是 2011 年的 1.4 倍，年均增收 85.6 亿元，占全省税收总额的 62.9%。大多数民营企业就地吸纳劳动力，成为安排就业、吸收从业人员的主渠道。2015 年，以民营经济为主体的全省城镇非公经济从业人员达 706.5 万人，比 2011 年净增 232.9 万人，增长 49.1%，占城镇就业人员总数的 73.6%，比 2011 年提高了 10.7 个百分点，2015 年当年又新增近 30 万人就业。民营经济为缓解就业压力，维护社会和谐稳定做出了重大贡献。

### （五）新产业新业态的涌现，构筑了经济发展新引擎

陕西省民营经济主要集中在规模以上工业、农林牧渔业、批发和零售业、其他服务业等行业。2016 年，全省规模以上工业中，战略性新兴产业 1195 户，其中民营企业为 1129 户，占比高达 94.5%。全省民营科技企业 2 万多家，上市 32 家，占 53.5%；新三板挂牌企业 64 家，占 77.8%。为经济发展培育了新的增长动力。

## 二、陕西省发展民营经济的一些具体做法和经验

陕西省高度重视民营经济的发展，通过营造发展环境、转变政府服务、落实各项政策等措施取得了可喜成绩。主要体现在：

### （一）以优化投资环境为重点，着力降低企业经营成本

陕西省先后出台了一系列支持民营经济发展的政策文件，有效激活了民间投资的积极性。先后分 5 批对省级行政审批事项进行了清理，减少 43.6%，并建成权力和责任清单发布平台。先后取消或免征小微企业土地登记费等 42 项行政事业性收费，成为全国收费最少的省份之一。开展以"七不准、四公开"为核心的金融机构不规范经营行为专项整治，减少不合理收费。5 年来全省银行业金融机构共取消和整合收费项目 30 多项，降低收费标准 1000 多项，清退不合理收费 1197 万元。同时，出台对小微企业所得税增长部分列支返还政策，减轻了民企运营成本，使民营企业享受到"国民待遇"。

### （二）以培育市场主体为核心，推进民营企业快速成长

坚持抓优促小、梯次培育、精准服务，加快中小企业成长梯队建设。通过重点培育成长性企业辐射聚集发展活力，发挥成长型企业的带头和辐射引领作用。4 年间，全省共培育新增规模以上中小工业企业 2803 个，年均新增规上工业企业 700 个，其中，70%的新增规上工业企业是从小微企业培育发展来的。每年为全省工业

经济增长贡献达1个多百分点。2015年,全省中小企业成长梯队实现营业收入1010亿元,同比增长33%,实现利润同比增长26.5%。中小企业上市育成体系建设不断深化,到2016年5月底,已成功挂牌新三板企业104户,比年初新增40户;进入新三板资源库企业近500户,其中与券商签订协议的企业近300户。

### (三)以重点领域为突破口,放宽民间资本准入

实施军民结合"双百工程",积极鼓励和帮助民营企业参与国防科技工业建设,初步形成了"军转民、民参军、军民融合"的发展新格局。"十二五"时期,陕西省军民融合创新型企业已发展到500余家,在陕军工单位投资或参股的各类民品企业300多家,产品配套领域扩展到航空航天零部件、特种新材料、电子系统及元器件、特种装备等领域,涉及陆、海、空、火箭等军兵种,有39种民品已经成为企业的支柱产品,积极推动民间资本参与国有企业改革。省国资委监管的混合所有制企业达到520户,占38.8%。全省农业农村、交通设施、电信设施、社会事业、商贸流通、国防科技、资源开发等领域引入民间资本取得较好成效,形成各种所有制经济平等使用生产要素、公平参与市场竞争、同等受法律保护的良好环境。

### (四)以创新创业为引领,不断提升政府服务水平

全面实行注册资本认缴登记制度,大力削减工商登记前置审批事项。实现"五证合一、一照一码",降低创业准入的制度成本。省中小企业局以创业辅导、融资担保、法律维权等服务平台,带动全省12个市(区)建成市级综合窗口平台,30个重点县区建立了县级服务平台,为中小企业提供全方位、立体式服务。2015年,全省中型企业贷款余额4387.8亿元,小微企业贷款余额2944.5亿元,分别占全部贷款余额的30.2%和20.3%,小微企业贷款占比首次突破20%,实现了中小微企业信贷"三个不低于"目标。

### (五)以工业集中区为载体,推动民营企业集聚集群发展

近年来,陕西省把县域工业集中区建设作为民营企业集聚发展和县域经济增长的重要"引擎"。全力打造上下游规模匹配、资源互为利用、产品互为市场、工艺互相合作、设施企业共享的配套协作体系。引导产业向园区集聚、投资向园区倾斜。将"非公经济增加值占GDP比重"列入对各市区的年度考核指标,对优秀企业和地方政府给予表彰。全省成长性企业和从业人数持续增加,成为陕西省聚集先进生产要素、承接先进产业转移的重要"洼地"。

## （六）以"一带一路"为契机，支持民企拓展发展新空间

为了抓住新机遇，陕西省率先完成了境外投资企业资格申请由审批制向备案制转变，促进省内本土企业和优势产能"走出去"。2015年陕西省境外投资项目66个，其中61个为民营企业项目，占89%。民营企业实际投资额占总量60%（2014年占比为39%）。已有364家省内企业在境外开展业务，其中对外承包工程企业100家，民营企业占31%；境外直接投资企业254家，民营企业占72%；对外劳务合作企业10家，民营企业占90%。

## 三、准确把握好陕西省民营经济发展中的短板，对于调整思路、开拓创新意义重大

### （一）思想观念上的短板：心理歧视仍未消除

目前，"重国企轻民企"的旧观念依然存在，一些人对发展民营经济心存芥蒂，仅把支持停留在口头上、文件上，没有真正落实在行动中。把新型的政商关系由过去"门难进、脸难看、事难办"变成了现在的"门好进、脸好看、事不办"，甚至对企业的合理诉求、合法权益漠不关心。管理部门办事效率不高，政策的配套措施不实、落地效果差的"最后一公里"问题普遍存在。

### （二）区域结构上的短板：企业空间布局失衡

从地域看，陕南、关中、陕北三大区域差异明显，呈现南高北低的特点。近年陕南特色经济和第三产业的发展，成为全省非公经济最活跃的地区，2016年非公经济增加值占比达53.5%，比上年提高0.7个百分点。关中工业基础好，非公经济发展较快，2016年占比52.1%，提高0.4个百分点。陕北以能源和重能化为主的国有企业占份额较大，非公经济低于关中和陕南，2016年占比达37.5%，提高了2个百分点。

从县均民企看，陕西省数量少、规模小。2016年陕西省县均拥有规模以上工业企业51个，是全国平均134个的38%。仅有4户企业（迈科金属集团、东岭集团、金花集团、荣民集团）进入全国民营企业500强，少于重庆（13个）、内蒙古（8个）、辽宁（7个）等省市区。2015年，陕西省中小企业占GDP的比重低于全国平均水平7.5个百分点。陕西省县均GDP为169.83亿元（含县级市区），是全国平均水平237.19亿元的71.6%，比2014年的74.11%，倒退2.51个百分点。

## （三）投融资上的短板：信心不足和资金短缺并存

诚信意识与行为缺失，造成了民间投资信心不足。企业普遍反映，一些地方政府决策随意性大，朝令夕改。有的"新官不理旧事"，有的公共项目长期拖欠企业款项，造成企业经营困难。部分民营企业诚信意识不强，通过转移资产逃债等现象时有发生，银行放贷顾虑较多。2015年，陕西省民间投资增速开始大幅下滑，当年仅增长7.4%，2016年一季度为-6.9%。

融资难、融资贵问题凸显。随着经济持续下行，民营企业贷款环节多、收费高、难度大，一些银行惜贷、压贷、抽贷、断贷行为时有发生。资料显示，2015年以来，陕西省县域工业园区，因资金短缺停产半停产企业多达1178户，占入驻企业总数的16.8%，其中，资金链断裂的占23%、银行抽贷占3%。融资难还反映在企业自身上，主要是制度不健全、财务管理混乱、诚信度不高、有效抵押物不足等。据调查，2016年，有67.2%的企业反映流动资金紧张，企业因缺少资金失去发展机遇。

## （四）政策落实上的短板：缺少监督检查和效果评估

近年，陕西省相继出台了一系列支持政策，收效较好。但个别地方政府和部门在区划和职权调整中，存在"新官不理旧事"的情况，政策的配套措施与具体项目不衔接，实施细则操作性不强，致使政策不能及时落地，难以激发民营企业的创新发展活力。据对76户民营企业的问卷调查分析，民营企业政策获得感不强的原因主要有几个方面：认为有政策，但不落地；认为政策不合理，脱离实际；认为配套措施不同步，缺乏实施细则和操作方法；认为地方政府贯彻落实不到位，迟缓；认为缺乏对政策贯彻落实有效监督、制约和激励机制；认为基层办事人员对政策解读随意性大导致政策获得感不强。

## （五）资源配置上的短板：科技和人才资源配置错位

首先，陕西省科技资源优势得天独厚，但大多集中在国有部门、科研院所，长期存在着分散、分离、分隔的状况，活力没有充分迸发出来。对民营经济来说，科技资源短缺、配置不合理现象依然存在。民营科技企业有研发需求，却无力购买仪器设备，为了一些实验还要专程赴外地，浪费时间和精力，而在一些大型院所，设备重复购置、闲置现象严重。其次，陕西省大部分民营企业以传统制造、加工业为主，大多数民营企业没有研发部门或合作单位，在共性和关键技术上开发能力低。

再次，科技成果转化率不高。陕西省科技与经济"两张皮"。科技强、产业弱，科技成果就地转化率低。有的高校研究成果不接地气，只是为了课题研究的需要，实用性不强，距离市场需求较远，在产业化过程中难以实施，这也是造成产业发展弱的重要原因。

民营企业人才匮乏，也是影响发展的重要因素。据省统计局资料，目前民营企业最缺的人才：第一是高级技术人员，第二是高级管理人员，第三是普通技术人员。造成人才短缺的主要原因是社会保障体系不完善，工资待遇低，社会对民营企业存在偏见。企业技术来源有购买或模仿和自主研发。究其原因，一是缺乏科研人才，二是资金实力不足，三是研发投入风险大，四是企业难以找到合适的研发合作伙伴。

### （六）管理上的短板：企业管理模式亟待创新和转换

民营企业管理粗放，家族色彩浓厚，大部分没有建立起现代企业制度，缺乏长远规划，管理水平不高，财务制度不健全，多数民营企业规模小，担保能力弱。求稳怕变的思想严重，总怕"肥水流入外人田"。

## 四、明确目标，认清形势，应处理好加快民营企业发展的几个重大关系

民营经济发展中的短板，既是宏观大势在微观经济领域的反映，也是企业发展过程中难以逾越的阶段。认真处理好这些重大关系，对于民营经济转型发展提质增效意义重大。

### （一）着力处理好政府与市场的关系

处理好政府这只"看得见"的手与市场这只"看不见"的手的关系，是民营经济健康发展的保证。首先，要进一步简政放权，切实减少审批事项，最大限度地避免用行政手段配置各类资源，用政府权力的减法换取市场和社会活力的加法，激发市场和社会主体的创造活力，增强经济发展的内生动力。其次，要建立公平开放透明的市场规则。实行统一的市场准入制度，积极探索实行负面清单准入管理方式，健全优胜劣汰的市场化退出机制，发挥市场在资源配置中的作用。再次，改革市场监管体系。清理和废除妨碍全国统一市场和公平竞争的各种规定和做法，反对地方保护，反对垄断和不正当竞争。

## （二）着力处理好国企与民企的关系

一些国有企业已具备相当大的规模，只有通过"瘦身健体"减去过重的包袱、清理过剩产能、精简业务链条、优化资源配置，才能增强发展活力。不论是国企还是民企，当进则进、当退则退，应少一些意识形态化的纷争，多一些市场的行为，着力回到法律和政策的轨道上来。我们在做强做优做大国企的同时，也要做强做优做大民企。民企的发展壮大，反过来会促进国企发展，助力国企改革。要消除各种制度壁垒，放宽市场准入。鼓励民企依法进入更多领域，引入非国有资本参与国企改革，更好激发非公有制经济的活力和创造力。特别要重视发展混合所有制经济，发挥国有资本保值增值放大功能，促进各种所有制资本取长补短、共同发展。

## （三）着力处理好民企转型升级与创新发展的关系

民营经济主要集中在传统的劳动密集型行业，加快改制转型是大势所趋。一是要打破低水平竞争的固化思维，适时进行战略性调整和转型，推动产业逐步由生产加工为主向品牌营销、研发设计并重的产业集群发展，提高技术创新能力和核心竞争力。二是民营经济应注重技术创新和新技术的应用，争取与高校科研机构和技术中介组织合作，建立开放的技术研发机构，通过集成创新、引进消化吸收再创新等多种途径增强自主创新能力。三是积极搭建企业创新创业平台，推进"众创、众包、众扶、众筹"发展。开展技术创新、产品创新、业态创新、商业模式创新，激发民营企业创新活力。四是积极实施"走出去"战略，支持民营企业与国内外大企业、大集团合作，进军国际国内"两个市场"，利用"两个资源"，增强民营企业市场竞争力。

## （四）着力处理好加快民企发展与生态保护的关系

民营企业在生存发展过程中，想要树立生态发展理念，关键是在经济利益和生态保护之间寻找平衡点。要积极推动政策向民企倾斜、工业向园区集中、企业向中高端发展，通过构建资源循环利用产业链，达到有限资源的最大化利用，实现物质资源与能量循环在时空上的合理配置。在开发中保护，在保护中发展，实现生产发展与生态建设有机统一，以最小的资源环境代价谋求运营效益最大化，以最小的社会、经济成本促进自然资源和生态环境的优化。把绿色发展、循环发展、低碳发展新理念融入发展的各个环节，使民营经济与经济社会相互促进、协调发展。

## 五、主动作为，精准施策，加快推动陕西省民营经济高质量高水平发展

当前，陕西省正处于追赶超越的重要时期，加快供给侧结构性改革，促进民营经济转型升级，落实"三去一降一补"五大任务十分艰巨，需要我们继续保持定力、主动作为，精准施策、重点突破。确保陕西省民营经济持续健康发展，应突出抓好六个方面的工作：

### （一）不断解放思想开拓创新，增强服务民营经济的能力

消除陈旧观念，强化发展意识。要继续坚持两个"毫不动摇"的方针，充分认识民营经济在促增长、扩就业、壮财力和保稳定方面的突出贡献，彻底改变重国有、轻民营的思想，自觉把党的方针政策落实到位，让企业真正有获得感，鼓励和引导民营企业创新创造，克服"小绩即满""小富即安"思想，在创新发展中推动民营经济上台阶。

创新服务方式，构建新型政商关系。一是建立政府扶持企业发展长效机制。加强民营经济产权保护法治化，完善政府守信践诺机制，激发和保护企业家精神，营造"清""亲"的新型政商关系和权利平等、机会平等、规则平等的投资营商环境。二是鼓励支持机关干部到民企挂职交流，在实践中培养锻炼年轻干部成长。三是完善企业信用体系，这是民企做大做优做强的重要内容。先要从内部管理抓起，通过不断完善管理制度，诚实守信，依法经营，创出名优产品，开发建设企业品牌，提高产品竞争能力。

完善激励机制，激发创新活力。长期以来，陕西省民营经济在发展中不断涌现出富有活力的企业群体，成为大众创业万众创新的典型。建议省委、省政府每年对全省民营企业先进典型予以表彰奖励，对服务民营企业发展成效突出的部门和商（协）会组织，支持科技型、创新型民营小微企业力度大的地方金融机构予以奖励，对在中小板、创业板、新三板和境外证券市场挂牌上市的省内民营企业予以奖励。

### （二）加大政策落实的督查力度，提高决策的科学性

明确政策清单，对出台的政策认真梳理。这些年来，中央和陕西省相继出台了110多个支持民营企业发展政策文件，但有些未落实或流于形式。尽快对这些政策文件进行梳理，对于提高政策的针对性、操作性有重要意义。建议各级政府集中组织开展对民营经济发展政策规定的专项检查，明确政策清单，对现有政策中存在的

"玻璃门""弹簧门""旋转门"问题，重点排查清理，不留死角。尽快建立全省统一的民营经济政策发布平台。今后，重大政策出台都要开展主题宣讲、送政策到企业等活动，帮助企业用足用活政策。

建立常态化的政策督查及投诉反馈机制。一是建立抓民营经济政策落实的常态机制，定期对中省支持民营经济发展政策落实情况开展第三方评估。由省委办公厅牵头，会同省级有关部门，每年对市（县）各部门政策贯彻落实情况开展一次全面督查，对执行政策不力的职能部门通报批评并限期改正，对主要负责人进行约谈。在全面督查的基础上，适时出台省委加快民营经济发展的决定。二是畅通企业投诉渠道，成立由省主管部门组成的民企投诉中心，负责受理、处理民营企业投诉，协调、督促有关部门对投诉事项进行调查处理，解决企业"投诉无门、维权无路"等问题。

### （三）创新投融资模式，着力破解融资难、融资贵难题

积极发挥财政资金引导作用。加快建立陕西省产业发展基金及子基金，发挥财政资金的引导和放大效应，引导更多社会资本设立各类资金和参与重点领域建设。建议省级部门在各类专项资金安排中，加大对民营企业资金支持力度。抓紧建立省市县民营企业续贷过桥基金，解决企业临时续贷资金难题。

优化信贷结构，加大资金投入。优化信贷结构、盘活存量资产，特别是金融机构要执行好有保有压的信贷政策，下功夫将大量信贷资源从低效领域甚至"僵尸企业"盘活，更多地向民营小微企业等倾斜；另外要借助资本市场，提高直接融资比重，发挥市场配置资源的决定性作用。鼓励政策性、开发性金融机构通过转贷、担保、直接贷款等方式满足民营企业"短、小、频、急"的融资需求。鼓励金融机构创新金融产品，推广使用应收账款、专利、采购合同、订单、知识产权等抵质押方式贷款。充分发挥动产及不动产的融资功能。鼓励融资性担保机构与商业银行合作，提高融资担保能力和抗风险能力。推广"政银保"模式，由财政和企业自愿交纳"助保金"建立中小企业担保补偿资金池，为小微企业贷款提供增信服务，把更多的金融"活水"引向民营中小微企业。

拓宽融资渠道，强化支持力度。放宽市场准入，让多种所有制金融机构有更多的发展空间，使多层次的金融体系得以培育、成长、壮大，及时有效地支持各类企业发展，支持实体经济发展。要在积极引导和支持国有大银行加大对民营企业扶持的同时，不失时机地大力发展地方民营银行，建立起国有（股份制）银行为主体、

地方银行为支撑、民营小微银行为补充的金融生态体系。积极引进和培育天使投资、私募基金等，活跃陕西省资本市场。鼓励民营企业使用众筹、飞贷、蚂蚁金服等新型网络渠道融资。

### （四）降低市场准入门槛，切实减轻企业成本负担

要把减轻民营企业各种税费负担纳入全省供给侧结构性改革总盘子，重点部署，抓好落实。

进一步放宽民间资本投资的行业和领域，鼓励民营企业进入特许经营领域，加大市政公用事业和公共服务领域民间资本参与力度，鼓励民间资本以出资入股、股权转化等多种方式参与国企改革，鼓励民间资本以多种模式参与农业农村、基础设施、资源开发等领域建设。鼓励帮助民营企业参与国防科技工业发展。

深化"放管服"改革，建立政府部门权力清单、责任清单和公共服务事项清单制度，全面推行"五证合一、一照一码"登记制度，清理规范政府定价涉企经营性收费，降低现行收费标准。加快推进省定涉企事业性"零收费"步伐。清理各行业垄断性服务收费项目，取缔强制性"搭车"服务收费项目。建立分类考核和督查评价制度，强化督查结果运用，为加快陕西省经济较快发展凝聚合力。

降低民营企业用地成本，依法收回或收储国有建设用地，优先安排给成长性好的民营企业。对民营工业企业利用土地存量新建厂房、增加厂房层数与容量，提高土地容积，不再征收土地价款。对经营暂时困难企业经批准，可暂缓缴纳养老保险金1年，不收取滞纳金，地方教育附加、水利建设基金、文化事业建设费、残疾人就业保障金等政府性基金按一定比例征收或缓征。可降低住房公积金缴存比例，或暂缓缴纳。研究制定降低民营企业电力、天然气、物流运输等成本费用，切实解决民营企业用地难、用工难等问题。

### （五）实施民营企业提升工程，增强企业创新创业能力

加快企业转型升级，带动产业集群发展。尽快制订"千企示范万企转型"行动计划，通过技术改造、产业转型、调整重组、载体提升等途径，推进民营经济供给结构质的提升。通过并购重组、股改上市，重点培养民营骨干企业和大企业大集团成长为陕西民营经济的大巨人。鼓励民企与国企"抱团取暖"，利用国有企业产业链集群发展，联络金融机构互帮互扶，提升省内配套水平，对采购省内配套产业的企业进行适度的税收补助，实现"陕西制造、省内配套"。着力打造一批创新型、配

套型企业孵化基地，鼓励各类科技园区、孵化器、创业基地等与互联网融合，催生一大批充满活力、辐射带动发展的实体经济，逐步形成以大型企业为龙头、中型企业为支撑、小微型企业为基础的产业集群发展新格局。

把培养民营企业家纳入人才战略规划。依托西安高等院校等教育培训机构，加快培养一批具有开拓创新、敢于担当的职业经理人队伍。积极引进国内外、省内外中高端人才和先进理念。同时，也要抓好企业人才的岗位培训，不断探索如何留住人才、用好人才，发挥人才能动性的新机制，为民营经济创新创业发展蓄积动力。

### （六）推进民营企业"走出去"，拓展新的发展空间

陕西省要加强与"一带一路"沿线国家互补发展和相互合作，对接海上丝绸之路，深化与港澳台、东盟地区合作。依托比较优势加快向北开放，扩大与蒙古、俄罗斯等国家经贸合作。既要和中亚国家推进国际物流枢纽建设，打造现代商贸高地，也要充分利用互联网时代的特征，加快跨境电子商务监管平台建设，打造网上丝绸之路。充分发挥陕西产业优势，引进有实力的中亚国家企业与本土企业在基础设施、地勘、能源、农业等领域深度融合发展。引导我省纺织、能源化工、装备制造等传统优势和新型民营企业走出国门合作办厂或在境外投资入股，加大优势产业间深度合作，发挥引领示范作用。

紧紧抓住 G20 工商（杭州）峰会和丝绸之路工商（西安）峰会的契机，努力建设"一带一路"上的交通商贸物流中心、国际产能合作中心、科技教育创新中心、国际文化旅游中心、区域金融中心等，支持民营企业主动承接境外优质经济要素转移，扩大产品服务境外市场占有份额，为企业走出去提供信息及跟踪服务。

（写于 2016 年）

# 西安国家中心城市建设的进展、趋势与对策建议

陕西省社科院课题组

负责人：王建康（陕西省社会科学院研究员，科研处处长）

成　员：王晓娟（陕西省社会科学院助理研究员）

　　　　冯煜雯（陕西省社会科学院助理研究员）

**摘　要**　2018年，西安获批成为我国的第九个国家中心城市。西安作为我国的地理中心、西北地区的特大城市，在经历了近年以来的丝绸之路经济带新起点建设、内陆改革开放新高地建设、大西安建设之后，已经具备担当国家中心城市建设使命的历史和现实条件。本研究报告通过全面系统分析改革开放以来西安城市建设和发展的历史脉络，以及当前西安建设国家中心城市的现实基础和客观条件，并深入认识和理清西安在国家战略中的基本地位和内涵，跟踪其建设进展和现实制约，在此基础上，判断和分析西安国家中心城市建设的发展趋势，进而提出推进其国家中心城市建设的对策建议。

2018年2月2日，国家发改委发布《关中平原城市群发展规划》，西安获批建设国家中心城市，成为我国第九个国家中心城市。根据发展目标，到2035年，西安国家中心城市和功能完备的城镇体系将全面建成，同时关中平原城市群也将成为具有国际影响力的国家城市群，引领西北地区发展。这是国家继"一带一路"倡议对西安内陆型改革开放新高地定位后的又一次升华，是国家全方位开放格局的重大战略布局，进一步表明了国家对西安在担当国家使命、引领西北发展上的更新、更高的期望。

## 一、改革开放以来西安城市经济发展的历程回顾

改革开放 40 年来，西安的发展从落后封闭的内陆型经济，走向了以社会主义市场经济为核心的开放型经济发展道路，以改革开放为引领，在经济、社会、民生、科技、教育、城市建设、生态等方面取得了翻天覆地的变化，成为我国西北地区改革开放的窗口、国家重要的高新技术产业基地以及国际著名的旅游城市。其改革和发展历程主要经历了以下阶段：

### （一）第一阶段（1978—1991）：以农村改革为起点，西安城市经济建设全面启动

我国的改革开放以农村生产责任制为起点，拉开了改革开放的序幕。西安的改革开放事业，也与国家同步，以农村经济改革为起点，以点及面，逐步推开。1979 年，在农村地区，西安全面贯彻推行了农村家庭联产承包责任制，调动了广大农民群众的积极性，通过调整农业经济结构，使粮食作物、经济作物、农副产品加工等多种形式的农村经济得到全面发展，农民有了更大的剩余产品的支配权。在城市，改革则以扩大企业经营管理权为重点，对企业所有制结构进行了改革，国有经济、集体经济、个体经济、股份公司、合资公司等各类不同形式的经济主体开始出现。在行政体制改革方面，1983 年，临潼、蓝田、户县、周至和高陵 5 个县划归西安市管辖，这对于西安周边郊县的发展具有明显的辐射带动作用。1984 年，国家赋予西安省级管理权限，这标志着为经济社会发展带来了更大的发展空间和活力。通过几年的改革探索，西安农村地区的发展动力被有效激发出来，粮食产量大幅提升，有效解决了当地农民的温饱问题，农民的收入和生活上了新的台阶。据相关统计数据显示，1979—1984 年，农民人均纯收入年均增长 13.4%。随着改革的逐渐深入，农村改革逐步转向城市经济改革，西安依托国家"三线"期间产业布局的基础和优势条件，提出积极发展科技、旅游和军工三大领域，先后建设了电子工业城和工业科技园区等，以交通和城市基础建设为抓手，积极发展旅游业。

### （二）第二阶段（1992—2000）：内陆开放城市建设起步，西安对外开放步伐加快

1992 年初，邓小平同志视察武昌、深圳、珠海、上海等地，并发表了重要谈话，进一步确立了我国市场经济体制改革的方向，这标志着我国改革开放迎来了第

二次高潮,对于我国 21 世纪的经济发展起到了进一步的推动作用。在国家全面深化经济体制改革的大背景之下,西安在 1992 年 7 月获批成为内陆开放城市,被赋予了沿海的开放城市的相关政策,开启了西安制度创新的新阶段。1993 年 6 月,江泽民同志视察西安时,提出"以科技旅游商贸为先导,把西安建设成为一个社会主义的外向型城市"。这进一步为西安城市化的发展道路指明了方向,西安积极编制了《西安市城市总体规划(1995—2020 年)》,明确了西安作为世界历史文化名城,我国重要的科研、高等教育及高新技术产业基地的定位,并规划了今后发展的方向和主要抓手。1994 年,党的十四届三中全会做出了《关于建立社会主义市场经济体制若干问题的决定》,提出并实施开放带动战略、科教兴市战略和城乡一体化发展战略,西安被批准为全国新一轮综合配套改革试点城市,这成为西安推进综合配套改革的新起点。在国家的支持下,西安国家级高新技术产业开发区不断探索和创新,逐步走向了自主创新的发展之路。以各类开发区为载体,西安开启了全方位、多层次、宽领域的对外开放战略格局。1997 年 9 月,党的十五大肯定和确认了非公经济作为一种经济所有制形式的积极意义,提出发展以公有制为主体、多种所有制经济并存的经济制度。西安积极贯彻和落实党的十五大精神,先后出台了《关于进一步放开搞活国有小企业的实施意见》和《关于大力发展非公有制经济的实施意见》,积极推行企业管理和经营体制的创新,支持非公经济的发展,这进一步激发和调动了西安经济发展的动力和活力。1999 年,国家出台了《国务院关于进一步推进西部大开发的若干意见》,西安作为西部大开发的桥头堡,以国家推进西部大开发为战略契机,进一步完善城市各类基础设施、扩大招商引资、发展高新技术产业、大力推进生态环境建设,取得了显著的成效。截至 2000 年底,西安的国有大中型企业的经营状况明显改善,绝大多数已经摆脱了长期亏损的困境,建立起了现代化的企业管理制度。这一阶段,西安的对外开放格局全面打开,经济发展以及城乡人均收入都实现了高速的增长。据相关统计数据显示,1993 年,西安的经济增长率高达23.9%,是改革开放 40 年以来的最高速度。1992—1996 年,进出口总值年均递增20.9%,实际利用外商直接投资年均递增 79.7%,城镇居民人均可支配收入年均递增 25.4%。

**(三)第三阶段(2001—2007):依托经济发展实力,社会保障体系事业不断完善**

2001 年,我国加入了"世界贸易组织",这标志着我国的改革开放进入了第三个阶段。这一阶段,我国真正实现了向世界双向开放,融入全球一体化格局,成为世界工厂。我国经济发展的潜力和能量被调动和发挥,我国的城市建设、科技进步、经济总量在这一阶段得以爆炸式增长。在全球一体化的时代背景之下,西安在2002年提出了用市场化机制来经营城市的理念,这是西安在城市建设管理方面的又一次思想大解放。以经营城市理念为指导,西安提出了"建经济强市、创西部最佳"的目标,以调整经济结构、改革国企、发展高新技术产业、强化城市建设和服务功能等为抓手,西安的城市建设和经济发展实现了又一次的飞跃,综合竞争力不断提升。2005年2月,西安以白皮书的形式在全国首发了西安发展报告,报告提出了"国际化、市场化、人文化、生态化"的四化理念,并进一步明确了西安未来10到20年的发展思路和方向。白皮书的发布对于西安的国际化都市定位的明确和发展具有重要的意义,表明了西安融入全球一体化、参与全球分工与竞争的视野、态度和决心。在经济发展方面,西安抢抓机遇、开拓创新,确立了"加快科学发展,实现率先发展"的战略思路,加大投入和建设"四区两基地",积极培育壮大五大主导产业,继续加快新农村建设和城市建设步伐,经济社会各项事业取得了新成效。2001—2007年间,西安的经济发展保持了快速发展的态势,综合实力和国际地位稳步提高。在国家经济实力突飞猛进的背景之下,我国社会主义市场经济体制不断完善,党中央适时地提出科学发展观、构建社会主义和谐社会等战略部署,改善民生是此阶段改革的核心目标。国家连续出台了一系列农业减免政策,以及城乡社会保障完善制度等,经济社会发展逐步进入了城乡统筹发展阶段。西安积极贯彻落实相关改革和政策意见,率先实施和完善城乡医疗保障制度、城乡居民基本生活保障政策等社会保障体系。相关统计数据显示,2001—2007年,西安经济增长速度仍然保持了两位数的年均增长率。2007年,西安经济增长速度为14.7%,农村居民收入为4399元,年均增长11.9%,城镇居民收入增长率为16.1%。

**(四)第四阶段(2008—2013):以科学发展观为指导,西安国际化大都市建设全面推进**

2008年,奥运会在北京召开,北京奥运会向世界彰显了非凡的中国实力。这也证实了,经过30年的改革开放,中国的国际影响力得到了进一步的提升。改革开放30年后的西安,在我国区域经济中占据了一席之地,西安的"五大主导产业"支撑力更强,"五区一港两基地"的发展格局已经形成。"人文西安、活力西安、和谐西安"的西安发展战略开始贯彻实施,全方位的改革全面铺开。2009年,受国际金融危机的影响，国家经济增长速度出现了下滑，在此背景下，国家出台了《关中—天水经济区发展规划》，确立了把西安建设成为富有历史文化特色的国际化大都市的发展定位。自此，西安围绕国际化大都市的定位和目标，西安以"五项重点工作"为重点，经济实力进一步提升。2013年，在15项主要经济指标中，西安有8项增速位居15个副省级城市第一，3项位居第二。以三星、比亚迪、美国强生为主的全球500强企业相继在西安落户或增资，支撑经济可持续发展的产业基础更加坚实。城乡统筹发展取得更大进展，西安城区与区县之间的发展更加协调，外围区县发展的速度明显加快，主要经济指标增速一路领跑，占全市经济总量的比重持续提升，形成了外围区县与中心城区竞相发展的良好格局。"绿色城乡统筹"成为全国示范，依托一批重大城市交通项目的实施以及不断推进城市精细化管理，城市综合承载力不断增强，荣获"2013中国形象最佳城市"称号。通过贯彻和实施《西安市秦岭生态环境保护条例》等生态政策意见，深入开展国家生态园林城市和国家森林城市创建工作，美丽西安建设取得新成效。秦岭终南山世界地质公园、清凉山、浐灞国家湿地公园等一批生态环境工程深入推进。大力实施"八水润西安"工程，完成渭河堤防建设和城市段景观绿化任务。以深化改革为抓手，西安的经济发展的内生动力持续增强。积极推进统筹科技资源改革，建立西安科技大市场，建设了云计算应用等一批新兴产业创新基地。2013年，实现技术成果交易额415亿元、增长38.5%，本地企业吸纳技术成果交易额突破100亿元，荣获"全国十大创新型城市"称号。总体来看，这一阶段，西安创新发展理念，转变发展方式，破解发展难题，提高发展质量。建立健全国有资产监督管理新体制，基本完成国企改革任务，实施了纺织产业等30多个项目的重组整合；市区县政府机构改革、文化体制改革全面完成，集体企业改革、集体林权制度改革、事业单位分类改革、财税管理体制改革等取得新进展；积极推进重点领域和关键环节改革，农村集体土地所有权确权登记发证工作全面完成，率先在全省推行农村集体建设用地使用权、土地承包经营权和农房抵押贷款试点。据相关统计数据显示，2008—2013年，西安生产总值年均增长13.7%，2013年农民人均纯收入12930元，同比增长13.0%，高于城镇居民人均可支配收入增幅2.6个百分点，城乡居民收入比由2008年的2.92∶1缩小为2.56∶1，城乡居民收入差距进一步缩小。

## （五）第五阶段（2014年至今）：响应国家"一带一路"倡议，布局建设国家中心城市

2014年，是我国全面深化改革的开局之年，也是推进丝绸之路经济带的起步之年。2015年，习近平总书记指出我国经济发展进入新常态，面对错综复杂的世界经济形势，我国经济下行压力持续增大。对于西安来说，在国家经济进入新常态背景下，如何抓住国家全面深化改革以及"一带一路"倡议的新的时代战略，是摆在西安面前的重要课题。2014年，西安确立了建设丝绸之路经济带新起点的发展定位，围绕丝路五通，全方位地参与了丝绸之路经济带建设。联合沿线国内外15个城市共同签署了《西安宣言》，西安的国际影响力进一步提升。2015年，国家正式发布了《推动共建丝绸之路经济带和21世纪海上丝绸之路的愿景与行动》，明确提出"打造西安内陆型改革开放新高地""支持郑州、西安等内陆城市建设航空港、国际陆港"。这无疑表明国家对西安发展寄予了殷切希望，给西安的发展赋予了全新的时代内涵。随后，西安围绕内陆型改革开放新高地的目标定位，制订印发了《西安市"一带一路"建设行动计划》。西安围绕丝绸之路经济带"五通"目标的实现，深化全方位开放合作、提升开放经济发展水平、推进开放合作载体建设、优化国际化营商环境、推动丝路重点项目建设。西安内陆型改革开放新高地的建设正从各个层面渐次铺开，多个领域取得突破和进展。2017年，西安进一步提出"聚焦三六九①，振兴大西安"，指出要积极融入国家"一带一路"建设，把西安打造成"一带一路"的核心城市。围绕大西安建设、自贸区建设、新动能培育、引资聚智、全面改革、双向开放、生态环境建设、城市功能完善、民生工程等方面的工作，西安的综合竞争力不断提升，被环球网评为"2017最受国际关注中国投资城市"，并被国家授予了国家全面创新改革试验区和自主创新示范区称号。2018年，国务院正式批复了《关中平原城市群发展规划》，明确提出西安建设国家中心城市的发展定位，进一步标定了西安以深度融入"一带一路"建设为统领，打造具有历史文化特色和亚欧合作交流的国际化大都市的战略目标。自此，西安迈进了新的国家利好政策叠加

---

① "三"就是紧盯全面建成小康社会、GDP过万亿、建好国家中心城市三个目标；"六"就是紧盯上述目标，做强西部经济中心、丝路科创中心、对外交往中心、丝路文化高地、内陆开放高地、国家综合交通枢纽，构建"三中心二高地一枢纽"六维支撑体系；"九"就是扎实抓好未来五年九项重点任务，促进经济社会在九个方面实现明显提升。

的最好的发展机遇，即将迎来大西安大发展的崭新时代。

## 二、西安建设国家中心城市推进情况分析

### （一）西安建设国家中心城市的现实基础已具备

**1. 主要经济指标连创新高**

近年来，西安在国家向西开放战略、丝绸之路经济带战略、国家创新改革试验区、"一带一路"倡议、自由贸易试验区等战略的支持和推动下，经济社会发展取得跨越式发展，各项主要经济指标不断增长。2017年，主要经济指标增速和经济发展质量更是创近年新高。2017年，西安实现生产总值7469.85亿元，同比增速为7.7%，经济总量在我国15个副省级城市中，排名前进至第9位，位居西部第三，实现历史性跨越发展。全社会固定资产投资额为7556.47亿元，增速为12.9%。社会消费品零售总额4329.51亿元，增速为10.5%。进出口总值2545.41亿元，增速高达39.1%，增速位居副省级城市第二。地方财政一般公共预算收入完成654.5亿元，增速为9.8%，其中税收增长20.4%，位居副省级城市第一。市场主体总数突破百万户，成为我国第7个过百万的副省级城市。全年签约引进项目847个，投资规模达2.35万亿元，创历年新高。居民人均可支配收入为32597元，增速为8.5%。科技进步对经济增长贡献率达到60%。可以看出，西安建设国家中心城市的基础和条件已经成熟。（表1）

表1 2017年西安主要经济指标完成情况

| 主要指标 | 总额 | 增速（%） |
| --- | --- | --- |
| 地区生产总值（亿元） | 7469.85 | 7.7 |
| 全社会固定资产投资（亿元） | 7556.47 | 12.9 |
| 社会消费品零售总额（亿元） | 4329.51 | 10.5 |
| 进出口总值（亿元） | 2545.41 | 39.1 |
| 实际利用外商直接投资（亿美元） | 53.07 | 17.8 |
| 旅游业总收入（亿元） | 1633.30 | 34.6 |
| 居民人均可支配收入（元） | 32597 | 8.5 |
| 地方财政一般公共预算收入（亿元） | 654.5 | 9.8 |

**2. 经济结构转型的新动能正在积聚**

西安坚持以供给侧结构性改革为引领，积极推动经济转型升级，促进经济的新旧动能转换，产业结构得到了进一步的优化。2017年，西安三次产业结构调整为3.8∶34.7∶61.5（图1），服务业对经济增长的贡献率达到了70.4%，现代服务业已经成为经济增长的新动力。西安农业的发展正向着特色化和现代化方向演进，"一区三带七板块"①的都市型现代农业格局已经形成，休闲农业成为现代农业发展的新增长点。西安以工业强市战略为引领，大型工业企业的规模和发展质量不断提升，尤其是战略性新兴产业发展速度惊人，目前，已经初步形成了六大千亿级产业集群（新一代信息技术、生物医药、新材料、高端装备制造、航空航天、节能与新能源汽车六个千亿级战略性新兴产业集群）的工业发展格局，成为"中国制造2025"试点示范城市。现代新兴服务业发展势头迅猛，围绕金融、会展、物流等现代服务业，丝路国际金融中心加速建设，京东、海航等物流项目相继在西安落地，国际通航大会促进西安会展业得到更大发展空间。旅游、科技、养老等服务业发展速度也不断加快，数字经济、共享经济、体验经济等新经济也开始蓬勃发展。西安非公经济发展不断壮大，占比达到了53%。非公主体不断拓展发展领域，社会资本逐步进入交通运输、水利建设、市政设施、教育、医疗卫生、金融服务等领域，并且向服务密集型的新兴行业转移。2017年，西安将招商引资作为"一号工程"，实施精准招商战略，通过举办首届世界西商大会、全球硬科技创新大会、全球程序员节、丝绸之路工商领导人峰会等重大节会活动，成功吸引了三星二期、吉利、开沃、华润、华侨城、阿里巴巴、腾讯、亚马逊等一大批重大项目签约落户，涉及世界500强企业44家，新增投资过百亿元项目40个；全年实际引进内资2186亿元、实际利用外资53.1亿美元，分别增长34.1%和17.8%；以推进双创为抓手，着力增强西安的科技能力和创业能力，为大西安振兴战略注入了更多的新动能。

---

① 一区三带七板块："一区"即秦岭北麓西安都市现代农业示范区；"三带"即沿渭都市农业产业带、渭北工业区农业产业带、南横线都市农业产业带；"七板块"分别是白鹿原都市农业板块，周至猕猴桃板块，鄠邑、长安葡萄板块，临潼石榴板块，临潼奶牛板块，蓝田肉鸡板块，阎良瓜菜板块。

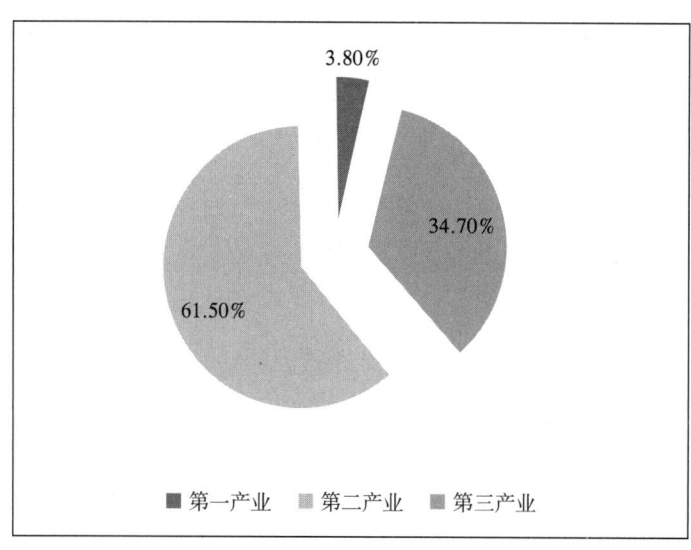

图1 2017年西安三次产业结构占比

**3. 户籍新政吸引人才效果初显**

西安户籍政策自 2005 年以来始终未做调整，落户条件严格。直到 2015 年，虽然陕西省全面放开小城市落户，但西安仍然是户口壁垒高筑地区。2017 年 3 月 1 日，西安实施了"史上最宽松"的"三放四降"①户籍政策。截至 2017 年底，西安新增落户人口 25.7 万人，增长率为 335.9%，人才净流入量居全国大城市前列。2018 年，随着全国范围内兴起的"抢人大战"的不断升级，西安的户籍新政以更优惠的条件吸引海内外人才的加入。同时，也更注重对高技术短缺人才的吸引。2018 年 4 月 26 日，西安在上海开展了"2018 西安硬科技、金融和互联网等重点行业急需紧缺人才专场招聘活动"，明确提出在西安创业的 35 岁以下企业法定代表人、股东和企业员工落户西安。5 月 17 日，西安市人社局、财政局发布措施，再度升级人才新政"大礼包"，不仅为高校毕业生、技能人才、高端人才、全球人才在西安就业创业提供"一条龙服务"，还最大限度将人才评价权交给社会。截至 2018 年 5 月，西安又新增大约 40 万户籍人口。西安的户籍新政在实施大约一年以来，共计增长人口规模为 65 万余人，其规模相当于一个中等规模的城市。西安户籍新政的实施效

---

① 户籍新政的"三放"：放开普通大中专院校毕业生的落户限制、放宽设立单位集体户口条件、放宽对"用人单位"的概念界定。"四降"：降低技能人才落户条件、降低投资纳税落户条件、降低买房入户条件、降低长期在西安市区就业并具有合法固定住所人员的社保缴费年限。

果可见一斑。随着政策的深入贯彻落实，相信西安会吸引更多的人才，人才创新创业潜能的发挥将在不久的将来爆发。

**4. 魅力古都新形象开始彰显**

2017年，西咸一体化有了实质性进展，西咸新区由西安和咸阳两地共建的管理体制发生了根本性变化。2017年1月，陕西发布了《关于促进西咸新区进一步加快发展的意见》，提出由西安市代管西咸新区、深入推进西咸一体化。这对于大西安的建设无疑具有深远的影响。围绕大西安建设，古都西安的城市功能和品质不断提升。西安第五轮城市总体规划编制工作已经启动，开展了2030年、2049年远景发展战略规划研究，努力实现大西安规划一张图、建设一盘棋、管理一张网的规划目标。以"强基增容"工程建设为抓手，大力推进各类城市建设项目。2017年完成投资677.3亿元。5条地铁建设加速，公交线路更加密集，小寨海绵城市建设全面启动，昆明路综合管廊成为全国示范工程。西安已经实现了手机扫码乘地铁、坐公交、办证照、交费用，市民生活和出行更加方便。通过继续建设综合管廊、城市安全供水体系、污水处理厂以及变电站等方面的配套设施建设，西安的城市综合承载力加强。依托网络信息技术，西安着力打造"智慧西安"。加快建设城市运行大数据中心，构建集约化的城市综合信息平台，实现信息资源开放共享。通过智慧城市建设，进一步促进传统行业转型升级和新兴产业加快发展，推进城市治理现代化、社会服务精细化、市民生活便捷化。

**5. 国际化大都市建设步伐坚实有力**

自丝绸之路经济带战略以及"一带一路"倡议以来，西安围绕建设国际化大都市的目标，积极主动融入国家"一带一路"建设大局，立足优势、扩大开放，"引进来、走出去"步伐加快，全面深化改革成效开始显现，互联互通支撑丝路经济带建设，人文科教合作不断深化，金融业发展水平快速提升，内陆开放型经济发展成效显著。以西安为核心的陕西自贸区成功获批。自贸试验区建设加快推进，企业注册登记实现19项事项联办和全程电子化，新增企业8898家，其中外商投资企业102家。中国贸促会陕西自贸区服务中心、丝绸之路仲裁中心、丝绸之路国际总商会落户西安。欧亚经济论坛被确定为国家"一带一路"建设十大平台之一，成功举办四届丝绸之路经济带城市圆桌会，与丝路沿线国家和城市的联系更加紧密。"西安港"成为我国首个获批国际国内双代码的内陆港。"长安号"国际货运班列实现每周三班常态化运营，开通西安至阿姆斯特丹（长安号）国际货运航班。新增国际航线38条，西安成为西北首个72小时过境免签城市。2017年，"长安号"开行480

列,运送货物65.9万吨。"走出去"力度不断加大,陕鼓、西电、隆基股份、爱菊粮油等一批本土企业成功"走出去",其海外知名度提升,与"六大央企"及美光科技、万达集团、浦发银行等中外知名企业签订战略合作协议。在西安设立领事馆、签证中心的国家达到21个,国际友好城市增至31个。

## (二)西安国家中心城市建设元年开局良好

### 1. 规划引领

2018年是西安国家中心城市建设的元年,西安国家中心城市建设开始了全面启动和部署。西安以优化城市空间布局为统领,提出了优化超大城市发展空间格局,实施"北跨、南控、西进、东拓、中优"战略,打造大西安"三轴三带三廊一通道多中心多组团"的城市发展思路,努力提升西安作为国家中心城市的能量级别。2018年3月,西安制订完成了《大西安2050空间发展战略规划》,同时启动了《西安城市总体规划(2018—2035年)》的修编工作,这标志着西安要用"一张蓝图"将国家中心城市的建设工作谋划到底。通过这两个规划引领,西安即将开启全面的城市空间布局和优化,保障国家中心城市的基础设施建设规格的高端化、国际化。

### 2. 经济加速奔跑

2018年,西安经济总量实现新突破,踏上8000亿元新台阶,增长8.2%,增速位居副省级城市第一位。西安经济发展质量的进一步提升,经济增长新动能的加速聚集、经济开放水平的加速提升。2018年,在对外贸易形势复杂严峻、治污减霾攻坚克难等大背景下,西安市拉动经济发展的三驾马车——投资、出口、消费均保持稳步增长态势。从产业结构角度看,长期以来,工业羸弱特别是制造业短板,成为制约西安经济总量做大做强的首要因素。2018年,西安第二产业恢复强势增长,工业投资加快,成为西安经济的中流砥柱。第二产业增加值2925.61亿元,增长8.5%。第三产业增加值5165.43亿元,增长8.3%,特别是旅游业表现极为亮眼。在"西安年·最中国""春满中国·醉西安""夏满中国·嗨西安""秋染中国·赏西安"等旅游推介活动影响下,2018年西安长期位居十大旅游目的地城市前列,旅游业两大指标——旅游人数与旅游收入屡创新高,极大地促进了消费,拉动了第三产业增长。

### 3. 大西安发展要素聚集

2018年以来,随着户籍政策不断优化升级,人才体制机制创新,惜才育才环境改善,大西安引来孔雀"西北飞",焕发出强大的"吸引力"。全年迁入的新西安人接近80万。其中，博士以上1253人，硕士研究生26762人，本科生237543人；人才引进32126人，学历落户和人才引进占总迁入人口的63.5%。在西安创业和落户的人越来越多，这为西安经济发展提供了充足的动能，保障了西安经济的快速发展。西安招商引资效果显著，三一重工西安产业园、秦汉新城宝能汽车项目、三星动力电池二期等项目相继落地，以制造业为代表的产业投资加快。营商环境全面提升后，吉利、阿里巴巴、腾讯、亚马逊等重大项目纷纷签约落户促进了实体领域投资，以制造业为代表的产业投资进一步加快。

**4. 开放水平显著提升**

2018年，西安内陆改革开放新高地建设加快推进。以加快自贸试验区建设为推手，大力推进"枢纽经济、门户经济、流动经济"，扩大开放合作，提升国际化水平，着力建立"大开放、大招商、大市场"的发展格局，开放经济取得了明显成效，促进了全市经济社会的发展。数据显示，2018年"长安号"国际货运班列已开行1235列，开行数量、货运总量、重载率居全国第一。随着西安成功获批临空经济示范区和跨境电商综合试验区，西安咸阳国际机场获批行使"第五航权"，全市进出口总值首破三千亿，达到3303.87亿元，保持29.6%的快速增长，连续11个月位列副省级城市第一。自由贸易试验区运营以来，随着投资贸易便利化水平大幅提升，三星二期、华为全球技术中心、传化物流、阿里巴巴西部总部、新松机器人等一大批项目先后落户自贸试验区西安区域；截至2018年10月底，自贸试验区西安区域新增市场主体25935家，注册资本3859.67亿元，其中新增外资注册企业237家，注册资本亿元以上企业413家，市场主体活力迸发。

## 三、西安国家中心城市建设中存在的制约和问题

### （一）经济发展基本支撑要素不足

经济体量、人口规模、建成区面积是支撑国家中心城市发展的最基本的要素。相比其他国家中心城市，西安的城市发展的基本要素支撑力量不足。从经济总量来看，2017年，西安的经济总量为7469.85亿元，总量位于九大国家中心城市之末。而其他国家中心城市除郑州外，早已突破万亿大关。与北京、上海、天津、广州经济实力差距巨大。比起周边的重庆、成都和郑州也有不小的差距。比重庆的生产总值低大约1.2万亿元、比成都低6万亿元，与郑州也有1000亿元的差距。从常住人口规模来看，得益于西安户籍开放政策，2017年，西安常住人口为961.67万人，实现了较大幅度的增长。但其规模仍然显得偏低，北京、上海和重庆的人

口规模都高达 2000 万以上，天津、广州、成都的人口规模也在 1200 万以上，武汉和郑州也在 1000 万左右。显然，国家中心城市的建设需要千万以上的人口级别的支撑。从城市国土面积来看，西安建成区面积为 548.6 平方公里，其规模远远低于其他中心城市。建成区面积大约是北京和上海的三分之一，不到重庆和广州的二分之一，与成都和郑州也有 300 平方公里左右的差距，其土地要素的承载力明显不足。（表 2）

表 2  2017 年九大国家中心城市基本要素指标对比

| 国家中心城市 | 经济总量（亿元） | 人口规模（万人） | 建成区面积（平方公里） |
| --- | --- | --- | --- |
| 西安 | 7469.85 | 961.67 | 548.6 |
| 北京 | 28000.4 | 2170.7 | 1401 |
| 天津 | 18595.38 | 1293.87 | 885 |
| 上海 | 30133.86 | 2418.33 | 1563 |
| 广州 | 21503.2 | 1449.84 | 1237 |
| 重庆 | 19500.27 | 2884.62 | 1329 |
| 成都 | 13889.39 | 1604.47 | 837.3 |
| 武汉 | 13410.34 | 1089.29 | 692 |
| 郑州 | 9130.17 | 988.07 | 830.97 |

注：建成区面积数据为2016年数据。

### （二）开放型经济发展依然缓慢

西安在发挥丝绸之路经济带上开放型经济的作用依然薄弱。进出口贸易仍是西安经济发展的短板，在全球经济化发展产业分工过程中，西安参与得较少。西安外向型产品结构单一，外贸企业和跨国公司规模小、数量少，产成品比重小，附加值偏低等问题依然存在，导致对外贸易在经济中所占比重较低，与东部沿海经济发达省份更是差距巨大。产业引资方面，虽然西安是国家确定的首批五个服务外包基地城市之一，然而，西安服务外包产业规模较小，与东部的上海、深圳、大连相比差距较大。西安外商投资企业多为劳动密集型，技术含量和附加值较低。另外，外商投资主要集中在第二、第三产业，第一产业利用外资则较小；外商尤其在加工制造业和房地产业投资比重较大，对能源、交通、农业等的投资较小。企业意识方面，西安地处内陆，相对于东部地区经济的外向意识相对保守，在国内国际市场上仍缺少一批具有高知名度、美誉度的本地企业。西安作为文化旅游名城，至今仍缺乏针对丝绸之路旅游的亮点品牌，在人员交流、民间往来方面与新疆有天然的差距，在丝路文化保护与利用上，至今未发挥与其地位相符的作用。

### （三）体制机制改革创新亟待突破

长期以来，西安民营经济发展缓慢，市场活力不足，这与西安体制机制改革创新不够有直接的关系。从政策上来看，西安近年来相继出台了一系列关于非公经济和民营经济的政策意见。大部分政策分散在不同层次、不同部门，呈现繁多、杂乱和分散的特点，许多政策存在宣传不到位、受惠门槛过高、配套实施细则缺位、操作性不强等问题，一些政策措施在执行层面上存在着不及时、不连续、不完善、不到位等问题，没有发挥出应有的叠加效应，导致企业"政策获得感"不强。从营商软环境来看，近年来，西安投资环境的"硬件"日益完善，但"软件"仍是短板，西安与其他发达地区最主要的差距在于营商软环境。社会化服务体系建设与经济发达地区相比，企业社会化服务体系建设还处于起步阶段，服务体系还不健全，综合服务手段不强，创业扶持缺乏力度，科技成果转化率不高。

### （四）金融业发展支撑力量不足

金融业是服务实体经济发展的重要动力，只有打造强有力的金融支持体系，才能对西安内陆型改革开放新高地的建设形成有效支撑。目前，西安金融业发展较快，但总量偏小。2014—2016年，西安市金融业增加值分别为534亿元、643.88亿元、722.85亿元，相当于成都市的49.8%、51.3%、52.2%，相当于武汉市的76.3%、76.9%、74.2%。2016年，西安市金融业增加值居15个副省级城市第8位，低于成都的第3位，武汉的第6位。西安市近三年金融业增加值平均增速为15.6%，介于武汉16.4%、成都13.4%之间。金融业增加值占GDP的比重，西安市2016年为11.6%，高于成都的11.40%、武汉的8.2%。该数据居15个副省级城市第3位，仅次于深圳、南京。2016年中国金融中心指数排名显示，西安金融综合竞争力居全国城市第12位（前11位城市为上海、北京、深圳、广州、成都、杭州、天津、重庆、南京、苏州、大连），超过武汉。资本市场发展较快，但活跃度不够。2016年末，全市共有境内外上市挂牌公司179家。其中，全市境内上市公司33家，占全省75%，在省会城市中名列第8位，总市值达到5581.08亿元；"新三板"挂牌企业122家，占全省的87%，居省会城市第8位；境外上市挂牌公司24家，名列西部城市第一。

成都市现有境内上市公司66家，占全省58.1%，总市值7329.64亿元；"新三板"挂牌企业215家，占全省71.9%。我市上市公司和新三板挂牌企业数量，相当于成都的50%、56.7%、相当于武汉的63.5%、51.3%，上市挂牌企业数量明显不足。

## 四、西安国家中心城市发展趋势及对策建议

### （一）发展趋势

继国家提出"一带一路"倡议之后，西安迎来了新一轮的历史性发展机遇，西安先后积极地推动了丝绸之路经济带新起点建设、内陆型改革开放新高低建设、大西安建设等重大部署。直到2018年，西安被国家正式批复成为全国第9个国家中心城市，比起其他8个国家中心城市，国家"一带一路"倡议是其诞生的时代背景和特点。可以说，这是国家为推动"一带一路"倡议而做出的历史性重大决定。未来，西安将以国家中心城市的要求为指导，推动大西安的建设，最终会将西安打造成亚欧合作的国际化大都市。随着国家中心城市建设的逐步深入推进，西安将成为贯通全国的高速铁网和高速公路网的核心，加上"中国孟菲斯"航空物流枢纽的建设和完善，西安在全国的交通物流枢纽的地位将进一步提升。而随着西安综合交通物流网络的形成、户籍政策的进一步开放、自贸试验区的发展成熟，西安将吸引更多的人口和人才，进而推动创新创业的发展，以及高端产业的聚集。

### （二）对策建议

**1. 适时调整行政区划，加速推动西咸一体化**

《关中城市群规划》提出："推动西安—咸阳一体化发展，按程序合理调整行政区划，打通带动西北、服务国家'一带一路'建设、具有国际影响力的现代化都市圈。"这显然是国家对西安推动行政区划调整打开了政策口子。西安应该紧抓国家支持西安建设国家中心城市以及建设亚欧合作的国际化大都市的战略机遇，加快大西安建设，推动西咸一体化步伐，进一步理顺和调整行政管理体制，在人口和土地资源等要素上支撑大西安的建设提速。陕西省可以考虑通过将咸阳主城区及其周边的泾阳、兴平和礼泉等地在行政上划归西安管辖，构建起大西安城市发展的"九宫格局"，把西安建设成多中心的国际化大都市，辐射带动大西安都市圈以及整个关中平原城市群的发展，进一步加快大西安都市圈立体交通体系建设。推动大西安的形成和实现必须以城市建设和轨道交通为引领，重点规划和建设好西咸新区和咸阳主城区，促进其联通，实现区域和经济的一体化，使其能够担当大

西安新中心使命。

**2. 全方位开放，搭建向西开放的平台群**

借鉴博鳌亚洲论坛的运作经验，调整目前欧亚经济论坛的举办模式，使欧亚经济论坛真正发展为丝绸之路经济带沿线国家和地区的最有影响力的政经交流平台。寻求国家层面的支持，提升论坛影响力。借助上合组织的国际网络优势及各部委驻外机构作用，建立论坛与丝绸之路经济带沿线国家的联系机制。加强与外交部的沟通与协调，探讨建立论坛理事会的可能性。全面优化论坛运营模式，加强上合组织在论坛中的组织协调力量，尽快建立论坛的常设专职机构，确保论坛各项细则工作的有效落实，促进论坛的可持续发展。建立向西开放的国际交通物流运输平台，依托西安的交通枢纽优势，积极争取国家政策支持，将西安建设成"丝绸之路经济带"最重要国际物流枢纽港。强化西安国际港务区港口功能，建立与东部沿海港口、西部沿边口岸高度融合的国际化口岸服务体系，把西安国际内陆港打造成为丝绸之路经济带上最大的国际内陆中转枢纽港。建设向西开放的文化交流平台，通过在西安集中设立各种有关丝绸之路文化、旅游、宗教、艺术等领域的论坛、博物馆、节庆日等推动官方和民间的文化交流。发挥和挖掘西安厚重的历史文化资源，利用高科技为西安的文化旅游插上腾飞的翅膀，策划和推广"到西安、看中国"的文化旅游项目，让西安真正成为世界文化时尚之都。

**3. 实施"引进来，走出去"，建设西部经济新高地**

作为西北地区唯一的特大城市和陕西自贸区核心区，西安国家中心城市的建设应长远着眼于国家"一带一路"倡议，加强与"一带一路"沿线国家的经济合作交流，以欧亚经济综合园和中亚商贸物流园为载体，推动国际产能的进一步投资和合作。以建设开放性人才队伍为抓手，推进西安的经济国际化发展，扎实抓好人才的培育和引进，努力把西安建设成为丝绸之路经济带上的内陆改革开放人才高地。坚定不移地落实好关于招商引资的各种政策，健全西安投资环境考核评价体系和责任追究制度。同时一定要加大市场秩序的整顿力度，创造统一、开放、有序的市场竞争环境。积极承接我国东部地区产业转移，发展与欧洲市场互补的产业集群，在壮大西安高新技术产业和电子工业的基础上，积极发展与欧洲市场互补的轻工业产品，以名优工艺品、家用电器、日用化工、食品饮料为特色，加速西安轻工业的发展。支持西安具有核心竞争力的企业走出去，扩大优势产品的对外出口规模，闯出西安的出口品牌，寻找更广阔的发展空间。

**4. 发挥教育和旅游优势，创建人文交流基地**

教育领域推动"丝绸之路高教联盟""留学陕西""丝绸之路智库联盟""丝绸之路国家汉语免费教学"四大工程。依托西安在地缘、教育和人才方面的优势，组织成立"丝绸之路高教联盟"，建立学位认证、联合研究、师资交流、"2+2"学制等教育合作机制。在争取教育部留学基金的基础上多渠道筹集资金设立"丝路经济带专项奖学金"，资助丝绸之路沿线国家学生到陕留学，扩大留学生规模，实施"留学陕西"工程。同时，选派优秀学生赴"丝绸之路经济带"国家留学，加强人才培养方面的合作。拨出专项资金资助以陕西师范大学为主的语言教学机构开办丝绸之路国家汉语教学，免费招收丝绸之路国家政界、企业界人员来华进行中短期培训，教授汉语，促进交流，增强政企人员对中国的了解。同时，积极鼓励、资助他们走出国门，设立汉语学院和中国文化学院。旅游领域打造以西安为中心的"丝绸之路沿线旅游联合体"。推动丝绸之路沿线国家签订关于互相开放旅游签证的协议，依托西安的文化旅游资源，打造以西安为中心的"丝绸之路沿线旅游联合体"。

（写于 2018 年）

# 杨凌20年：历程、经验与发展愿景

陕西省社科院课题组
负责人：王建康（陕西省社会科学院研究员，科研处处长）
成　　员：王晓娟（陕西社会科学院助理研究员）
　　　　　刘　源（陕西省社会科学院副研究员）
　　　　　冯煜雯（陕西省社会科学院助理研究员）

**摘　要**　2017年是杨凌农业高新技术产业示范区成立20年的重要一年，在新的历史起点上，回首20年的发展历程、总结经验、谋求新的发展思路显得至关重要。本研究在系统全面地总结和分析杨凌的发展历程、经验做法的基础上，进一步提出了示范区在新的起点上，如何担当新使命、引领新未来，在更高层次上发挥杨凌示范区的辐射带动作用，为农业现代化插上腾飞的翅膀，飞向全国，走向世界的发展蓝图和路径。

## 一、杨凌示范区成立的背景

杨凌位于关中平原腹地，是华夏农耕文明的发祥地之一，是近代重要的农业科研教育基地，总面积135平方公里。杨凌古称邰国，因区内有隋文帝杨坚陵寝，称为"杨陵"。1997年，国务院批准成立杨凌农业高新技术产业示范区，寓"壮志凌云"之意，旨在以杨凌为载体，解决我国干旱半干旱地区农业可持续发展问题，为我国农业产业化现代化探路。

### （一）中华农耕文明发祥地

杨凌的历史就是一部中国农业及农业科技的文明史。古代文明是随着农业的发展而兴旺起来的。《史记·周本纪》载，周始祖弃因农业成就，被帝尧推举为农师。

帝舜"封弃于邰，号曰后稷"，并且"世后稷"（世袭农官），主要职责是"教民稼穑，树艺五谷"，也就是负责、管理华夏族的农事活动。正是后稷这位"农官"最早将农艺措施运用于生产实践，使得关中地区的周先民率先摒弃了原始农业粗放的自然生产状态，为中华民族完成了从游牧社会向农耕社会的过渡，开辟了中国农耕文化的先河。

### （二）西北农科教重要基地

1934 年国民党元老于右任先生与爱国将领杨虎城将军，在这里建立了中国西北地区第一所农业高等专科学校——国立西北农林专科学校，奠定了杨凌发展的基础。中华人民共和国成立后，国家和陕西省在这里又陆续布局建设了一批农林水科教单位。1997 年示范区成立时，这里共有 10 家农业科教单位，包括 2 所大学、5 个科研院所和 3 所中专学校，分别隶属于农业部、水利部、林业部、中科院和陕西省。在不足 4 平方公里的地方，聚集了农林水等 70 个学科近 5000 名科教人员，被称为中国的"农科城"。经过半个多世纪的风雨沧桑，在几代杨凌人的不懈努力下，杨凌共向国家奉献各类科技、教育成果 5000 多项，其中属于世界首创的 17 项，居国际先进水平的 20 项，属国内首创的 25 项，居国内先进水平的 100 多项，先后有 200 多项获得国家重大科技成果奖，为全国特别是西北地区农业发展做出了突出的贡献。

### （三）"农科乡"困局亟待突破

由于杨凌地处西北地区且远离大城市，再加上体制、投资等方面的原因，杨凌的人口结构、产业结构、基础设施、市政条件等发展滞后，成了偏安于一隅的"农科乡"，杨凌的发展进入了瓶颈期。杨凌 10 个科教单位分属不同的主管部门，在学科、项目等方面重复设置，形成条块分割，各自为政，难以发挥整体优势。同时由于地域等因素限制，城市功能严重不全，教育、医疗等公共配套设施滞后，看病难、上学难、男青年找对象难成了"顽疾"，再加上单位经费少，职工的生活待遇低，杨凌的科教人才不断流失，仅"八五"时期 5 年间就流失科技人才 450 多人，"孔雀东南飞"的窘境日益突出。农业科技推广体系面临"线断、网破、人散"的尴尬局面，基层农业科技推广体系基本处于半瘫痪的状态，杨凌的发展面临前所未有的困境。

### （四）农科新城应运而生

站在解决 21 世纪中国的粮食问题，推动西部地区加快发展的历史制高点上，从解决条块分割的管理体制，形成产学研相结合的合力，示范和推动全国科教体制改革来考虑，国务院于 1997 年 7 月 13 日印发《关于建立杨凌农业高新技术产业示范区及其实施方案的批复》，决定设立杨凌农业高新技术产业示范区。7 月 29 日，李岚清亲率国家 16 个部委的负责人来到杨凌，宣布国家杨凌农业高新技术产业示范区正式成立。由此，杨凌示范区的建设上升为国家意志，杨凌示范区的发展肩负起新的国家历史使命，有着千年农业历史的杨凌发展迈入了崭新的阶段。

## 二、杨凌示范区的发展历程和成绩

### （一）发展历程

**1. 科教资源整合阶段（1997—2000）**

国务院于 1997 年 7 月 13 日决定设立杨凌农业高新技术产业示范区，并实行"省部共建"的领导和管理体制，由国家 19 个部委与陕西省共同领导和建设，并要在"农业改革发展思路""培养、吸引、发挥人才作用""农科教结合""产学研结合""科教体制改革""干旱农业研究和开发""对外交流与合作""省部共建""农业产业链延伸"以及"行政管理体制改革"等十个方面发挥示范作用，推动我国干旱半干旱地区农业实现可持续发展，带动这一地区农业产业结构的战略性调整和农民增收，并最终为我国农业的产业化、现代化做出贡献。1999 年，经国务院批准，将原隶属于农业部、水利部、国家林业局、中科院和陕西省的在杨凌的 10 家科研教学单位进行实质性合并，组建了西北农林科技大学和杨凌职业技术学院。两所学校的合并，实现了科研资源和教育资源的实质性整合，使西北农林科技大学成为我国第一所产学研紧密结合的新型大学。2000 年，国家西部大开发战略实施，国家节水灌溉杨凌技术研究中心、杨凌农业生物技术育种中心、植物化学（西部）国家工程中心等建成投入使用。示范区通过加大城市基础设施建设力度，完善公共服务设施，城市总体面貌发生了巨大变化，一个功能较为齐备、设施较为完善的农科新城初具雏形，极大地改善了广大科教人员的生活条件，有效遏制了人才外流现象。通过 3 年多时间的整合，在杨凌的条块资源初步得到优化，两校的科研实力和综合实力都明显增强，科技创新潜能充分发挥，为全国农科教相结合、产学研一体化树立了旗帜。

**2. 创新能力提升阶段（2001—2007）**

面对科教与农业融合度低、农业科技成果推广体系滞后、农业科技转化率低、农业产业化水平低等农业现代化的发展难题，示范区的广大干部群众牢记国家赋予的历史使命，艰苦奋斗，开拓进取，较好地完成了初始创业，在基础设施建设、产业发展、科教体制改革、科技推广示范等方面取得了重要进展。按照"功能完善、布局合理、特色鲜明、规模适度"的原则，城市标准的建成区从3.6平方公里扩展到16平方公里，城区人口从3万多人增加到了8万多人，初步建成了设施较为配套、功能比较齐全、能够较好地服务科研教育和产业发展的基础设施支撑体系，为稳定科教队伍和吸引高端人才，加快产业发展创造了重要的保障条件。积极推进产学研结合，以农牧良种、环保农资、绿色食品、生物制药为主导的农业高新技术产业初具规模。西北农林科技大学、杨凌职业技术学院两所高校以面向干旱地区农业发展为主导，在动植物遗传育种、水土保持和生态修复、植物保护、动物重大疫病防治、农业水土工程等学科领域已形成明显的特色和优势，产生了一批重要成果，先后获得省部级科技成果120多项，其中国家级成果14项。通过建立多元化的农业示范推广体系，形成了周边带动、广泛辐射的推广格局，在全国16个省区建立农业科技示范推广基地150个，共引进、推广国内外良种1700多种，培训农民400多万人次，推广农业实用技术1000余项，推广农林作物良种2亿亩，受益农民5000多万人，每年科技示范推广产生的效益超过60亿元。

**3. 现代农业示范阶段（2008年至今）**

2008年以来，杨凌示范区进入了现代农业示范阶段。党的十七届三中全会做出了"继续办好国家农业高新技术产业示范区"的战略部署。《关中—天水经济区发展规划》提出，要把杨凌建设成为关天经济区次核心城市和全国现代农业高新技术产业基地核心区。特别是2010年1月12日，国务院下发了《关于支持继续办好杨凌农业高新技术产业示范区若干政策的批复》（以下简称《批复》），要求杨凌成为支撑和引领干旱半干旱地区现代农业发展的重要力量。杨凌示范区以国务院《批复》为统领，围绕建设科技杨凌、人才杨凌、园林杨凌、富裕杨凌，同步推进新型工业化、信息化、城镇化和农业现代化，深入开展科技创新、技术推广、产业化示范和国际合作，推动示范区发展再上新台阶，较好履行了国家赋予的职责和使命。先后建立了国家（杨凌）植物品种权交易中心、国家（杨凌）农业技术转移中心、职业农民培训中心、农产品检验检测中心、农产品认证中心、农业大数据中心等"六大中心"，陕西省杂交油菜中心从大荔许庄整体搬迁到杨凌示范区，促进了陕西省农业科技资源在杨凌的进一步整合和优化，提升了示范区的综合实力。目前，杨凌示范区已获得国家首批循环农业试点园区、国家新型工业化工产业示范基地、农业旅游示范点、生态示范区、国家级卫生城市、国家食品安全示范城市、丝绸之路农业教育科技创新联盟、全国"双创"示范基地等20余项国字号荣誉。

### (二) 主要发展成果

**1. 打造了一流农业大学，科教综合实力迈上新台阶**

西北农林科技大学坚持"以学科为龙头、一步到位、一次性实质合并"的改革思路，完成了7个农业科教单位的实质性合并融合。20年来，通过推进体制与科技创新，学校主动适应国家经济社会发展需要，依托杨凌国家农业高新技术产业示范区独特优势，积极投入科教体制改革洪流，探索出农科教、产学研紧密结合的特色办学道路，学校综合实力明显增强，发展实现了历史性跨越，成为全国由教学和科研单位合并组建大学的成功范例。

**2. 形成了一座农科新城，综合承载能力达到新水平**

在引领干旱半干旱地区现代农业可持续发展的同时，示范区着力壮大经济实力、增强内在活力、提升承载能力，已发展成为在海内外有一定影响的"农科新城"。2016年，杨凌示范区实现生产总值119.2亿元，是1997年示范区成立时的31倍，年均增速达15.1%，人均GDP从1997年的3286元增加到2016年的58386元，增长了16.8倍。农民人均纯收入从1997年的1325元增加到15423元，增长了11倍，增速连续6年位居全省第一，位居全国前列。持续加大城市基础设施建设，完善公共服务设施，加强城市风貌设计和规划管控，建立城市园林生态体系，推进城市建筑与生态景观融合，杨凌总体面貌发生了巨大变化，城区面积由不足4平方公里扩展到35平方公里，城市功能日趋完善。以国家级园林城市创建和国家水生态文明试点城市建设为契机，系统推进"三河、两渠、五湖、四湿地"综合治理，形成了横跨东西的三条生态水景观长廊，展现了"农科水韵、园林杨凌"的田园都市风光。

**3. 推出了一批科研成果，区域科技创新实现新跨越**

示范区深入实施创新驱动发展战略，紧盯世界农业科技前沿，聚焦国家粮食安全、生态安全和旱区农业发展等重大国家战略，深化科教体制改革，激活创新要素资源，推动政产学研用深度融合，在服务国家战略中创造出一大批一流科研成果。先后建成省部级以上科研平台70个，其中国家级9个。同时，与北京现代农业科技城、黄河三角洲现代农业示范区及全国100余家农业园区建立战略结盟，实现了跨省科技协同创新。20年来，累计获得省部级以上科技奖励316项，国家级科技奖励40项，主持完成省部级科技成果一等奖72项，审定动植物新品种446个。自主培育出我国推广面积最大的优良苹果品种"秦冠","西农 979"成为全国种植面积最大的三个小麦品种之一,"秦优 7 号"成为全国推广面积最大的高油双低杂交油菜品种,玉米新品种"陕单 609"通过国家审定,实现了玉米育种的新突破。"瑞阳""瑞雪"成为黄土高原苹果产区更新换代的主栽品种。(表 1)

表 1 杨凌示范区处于全国领先水平的创新成果

| 技术领域 | 创新成果 |
| --- | --- |
| 家畜繁殖领域 | 发明提高克隆胚发育能力的系列方法和牛羊体细胞基因精确编辑技术,创立牛羊克隆胚和牛羊基因编辑克隆胚高效发育技术,建立克隆牛羊高效生产及应用技术体系 |
| 葡萄酒产业链 | 构建从土地到餐桌的葡萄酒产业链关键技术体系,培育了张裕、长城等骨干企业及新疆、陕西等地的酒庄集群,加速了我国葡萄酒行业科技进步和产业发展整体进程 |
| 旱区农业水资源利用 | 构建旱区农业高效节水创新体系,较大幅度提高降水资源利用效率;研发了低压滴灌和涌泉根灌等节水灌溉关键技术与产品,使我省旱区节水科技创新居全国领先地位 |
| 旱区生态环境修复与重建 | 提出黄土高原土壤侵蚀理论,揭示了黄土高原水蚀动力过程,开展黄土高原开展水土流失与生态修复定位监测研究 50 余年,是我国乃至世界该领域科技积淀最深的研究基地 |
| 油菜生产机械化 | 培育出具有高产、高油、抗倒、抗病、适宜机械化收割等五大特点的"陕油 28"新品种,并研究集成了从播种到收获的全程机械化生产技术,居国内领先水平 |
| 生态农业 | 根据森林土壤植物自然营养规律,提出了植物碳基营养新概念,首创了天然有机物"仿生化学法"快速降解新技术,实现"肥药两减"、治理农业污染,研究成果处于国际领先水平 |

**4. 探索了一套推广模式,农业科技推广达到新高度**

坚持把示范推广作为带动旱区农业发展的重要途径,按照"立足陕西、带动旱区、辐射全国"的总体思路,积极探索多元化的农技推广新模式,深入实施"六三二一"计划(表 2),建设农业云服务平台,形成了"核心示范—周边带动—广泛辐射"的推广格局,打通了农业科技转化推广的"最后一公里"。农业科技推广效益显著。截至 2016 年底,累计在 18 个省(区)和埃及、贝宁、哈萨克斯坦等国家建成示范推广基地 293 个,年均推广效益 176 亿元以上,推广面积超过 6600 万亩,6000 多万农民从中受益。大力实施农民培训工程,累计为全国各省区培训农民 38 万人次,探索建立全国独有的农民技术职称评审标准体系,全国 12472 名农民获得了杨凌颁发的技术职称证书,成为扎根在现代农业生产一线的"土专家"。

表2　杨凌示范区"六三二一"计划

| 名称 | 内容 |
| --- | --- |
| 六 | 持续放大国家（杨凌）植物品种权交易中心、国家（杨凌）农业技术转移中心、农产品质量安全认证中心、农产品检验检测中心、职业农民培训中心、农业大数据等"六个中心"的整体效应，为更多地区发展现代农业提供多层次服务 |
| 三 | 做好《中国农业产业投资》《中国旱区农业技术发展报告》《中国现代农业发展杨凌报告》等"三个报告"发布工作，为全国现代农业发展提供理论支持 |
| 二 | 用好国家农业科技园区、全国高校新农村发展研究院协同创新"两个联盟"平台，为164个国家农业科技园区、39所高校新农村发展研究院注入"杨凌符号" |
| 一 | 加快建设丝路经济带现代农业国际合作中心。加快建设丝路经济带现代农业国际合作中心，建立完善同丝路沿线国家合作的长效机制，扩大交流与合作，着力构建陕西乃至全国现代农业向西开放的重要窗口，全力打造"杨凌农科"品牌 |

**5. 出台了一组创业政策，农字头"双创"激发新动能**

示范区围绕打造全省"农"字头创新创业高地，着力推进农业科技与"大众创业、万众创新"融合发展，出台了国内实惠度最高、支持力度最大的大学生创新创业政策，把杨凌打造成为全国大学生创新创业新高地。先后制定出台了20余项鼓励政策措施，建立"一间一场一园一街"核心孵化区，联合阿里巴巴集团启动JU20新农战略计划，建成火炬创业园、众创田园、创业工场等众创空间和孵化基地，形成了创业能力培育、创业孵化、创业资源共享、创业投融资"四位一体"模式，先后遴选和招募创业导师205名、创业助理80人。吸引110多个"创客"扎根杨凌创业，累计招引创新创业团队526家，孵化企业达到750家，其中大学生创业企业240余家，涉农"双创"正由"小众"走向"大众"。

**6. 培育了一个强势品牌，杨凌农高会彰显新形象**

示范区坚持把农高会作为汇聚、展示、交流、推广国内外最新农业科技成果的重要平台。中国杨凌农业高新科技成果博览会（简称"杨凌农高会"）创办于1994年，每年11月在国家杨凌农业高新技术产业示范区举办。农高会由国家科技部、商务部、农业农村部、国家林草局、国家知识产权局、中国科学院6个部委和陕西省人民政府共同主办。国务院台湾事务办公室、教育部、水利部等9个部委共同支持，联合国粮农组织、荷兰农业协会等国内外10个机构参与协办。杨凌农高会始终秉承"服务三农"的宗旨，已经连续举办了23届，农高会汇聚展示了国内外最先进的农业新技术、新品种、新成果，搭建构筑了中外、政企、科技工作者和广大农民之间的沟通交流平台。如表3所示，农高会参展的人数已由最初的12万人次增至

170万人次，参展的外国国家和地区增至55个，参展企业增至2000多家，其中涉外企业展位增至266个。

**表3 中国杨凌农业高新科技成果博览会历届参展单位概览**

| 类别 \ 届别 | 总人数（万人次） | 外国国家和地区（个） | 国内省区（个） | 中外企业 |
|---|---|---|---|---|
| 第1届 | 12 | | 18 | 320家 |
| 第2届 | 30 | | | 350家 |
| 第3届 | 30 | | 16 | 350家 |
| 第4届 | 35 | 5 | 17 | 360家，其中涉外4家 |
| 第5届 | 50 | 3 | 25 | 370家，其中涉外8家 |
| 第6届 | 70 | | | 400家，其中涉外6家 |
| 第7届 | 120 | 10 | | 800家，其中涉外18家 |
| 第8届 | 130 | 7 | | 1030家，其中涉外45家 |
| 第9届 | 146 | 18 | | 1068家，其中涉外105家 |
| 第10届 | 85 | 18 | | 965家，其中涉外82家 |
| 第11届 | 110 | | | 928家，其中涉外102家 |
| 第12届 | 120 | 21 | | 962家，其中涉外102家 |
| 第13届 | 135 | 13 | 30 | 1364家，其中涉外114家 |
| 第14届 | 147 | 22 | 31 | 1420家，其中涉外120家 |
| 第15届 | 155 | 27 | 26 | 1440家，其中涉外120家 |
| 第16届 | 150 | 19 | 27 | 1500家，其中涉外120家 |
| 第17届 | 160 | 30 | | 1500多家，其中涉外室内展位118个 |
| 第18届 | 160 | 30 | 30 | 1750多家，其中涉外室内展位166个 |
| 第19届 | 150 | 33 | 30 | 1700多家，其中涉外室内展位158个 |
| 第20届 | 160 | 40 | 18 | 1700多家，其中涉外室内展位161个 |
| 第21届 | 165 | 38 | 22 | 1800多家，其中涉外室内展位161个 |
| 第22届 | 165 | 43 | 22 | 1800多家，其中涉外室内展位153个 |
| 第23届 | 170 | 55 | 18 | 2000多家，其中涉外室内展位266个 |

**7. 进行了一些试点示范，农业农村改革取得新突破**

示范区积极履行国家使命，通过全面深化改革，积极探索试点，加快形成制度红利，努力把先进农业技术和创新机制辐射到西部乃至全国。杨凌示范区现代农业发展的探索与实践正在成为我国农业现代化的标杆和旗帜。按照全产业链条推广示范的理念，规划建设 100 平方公里的杨凌现代农业示范园区，设施蔬菜、食用菌、畜牧等产业实现了规模化、标准化、信息化全方位示范，推动农业生产经营方式向规模化和产业化转变，初步实现了"现代农业看杨凌"的目标。支持新型农业经营主体兴建生产服务设施、建设原料生产基地扩大生产规模、推进技术改造升级、建立科技研发机构等，推动多种形式的现代农业经营主体大发展。积极探索农村土地流转方式，注册成立了土地流转协会，开发了土地流转管理系统，实现了土地流转的科学化、系统化管理。围绕破解农业金融"贫血"问题，整合银行、证券、保险等各类金融工具为农所用，在四川平昌等地发起成立 3 个农科村镇银行，实现金融资本与农业产业链条的"有机嫁接"，成为陕西省首家走出去的地方法人金融机构。

## 三、杨凌示范区发展的主要经验

### （一）体制优势拉动：汇集多方发展合力

"省部共建"，借助外力助力示范区发展。杨凌示范区成立之初就实行"省部共建"的领导和管理体制，由科技部等 23 个部委和陕西省政府共同建设。建立科技部和陕西省"双组长"制，确保夯实责任，由科技部部长和陕西省省长为双组长、国家发改委、财政部、农业农村部等各有关部委参加的示范区建设领导小组。先后召开领导小组会议 8 次，研究解决示范区建设发展中的重大问题，并成立了领导小组办公室，协调解决示范区建设发展中的具体事务，强化了省部共建制度安排的推动力和执行力。厅局共建，集全省之力加快示范区建设。作为国家级高新区，省政府授权杨凌示范区行使省级经济管理权、地市级行政管理权和部分省级行政管理权，为示范区发展奠定了机制保障。省委、省政府还实施省内共建体制，示范区陕西建设领导小组定期研究解决示范区发展中的重大问题；34 个共建厅局从政策、项目、人才、资金、信息等方面给予倾斜和支持，共同推动杨凌示范区建设发展取得新成效。融合发展，把政府组织优势和大学创新优势有机结合。建立示范区与西北农林科技大学和杨凌职业技术学院"两所大学"的融合发展机制，积极推进创新要素聚集，不断加大协同创新力度。主动融入国家农业科技园区和全国高校新农村发展研究院"两个联盟"，与 246 家国家农业科技园区和全国 39 所高校新农村发展研究院建立协同创新"两个联盟",同武汉大学、中国农业大学等高校组建协同创新机构,基本形成了区内外协同创新机制。管理创新,形成"小机构、大服务"的运行管理模式。以提高示范区运营管理效率为目标,强化示范区干部队伍建设,根据实际需要合理配置领导职数、工作机构和人员编制。坚持公开、公正、竞争、择优的原则,示范区首批28名公务员采取公开选拔和招聘的方式产生。在实践中,逐步形成了推进"三化"、重视"五关"、实现"四配套"的一系列做法,开展了多次全员竞聘上岗,实现了干部能上能下,极大激发了广大干部干事创业的积极性。按照"权、责、利"统一的原则,进一步调整理顺了各部门的职能和职责范围,在全国率先实行会计代理、公务用车改革,对外服务实行首问责任制和服务承诺制,打造精简高效的政务环境和公平竞争的市场环境,示范区管委会被评为"全国最具责任感的地方政府"。

### (二)改革创新牵动,凝聚追赶超越精气神

推进农业科技创新改革。以高效的创新体系建设为重点,进一步深化改革,完善有利于科技成果转化的体制机制,推动现代农业创新发展。积极推进农业供给侧结构性改革,围绕农村集体产权制度改革,加快农村土地"三权分置"改革,统筹协调推进农村土地征收、集体经营性建设用地入市、宅基地制度改革试点。探索发展集体经济有效途径,加大"资源变资产、资金变股金、农民变股东"等改革力度,增强集体经济发展活力。围绕六次产业融合发展,加快集循环农业、创意农业、农事体验于一体的"田园综合体"建设,提高农业整体效益。统筹推进金融、城乡一体化、科技协同创新、农业经营主体等其他领域改革,为实现新一轮发展和在更高层次上发挥示范区作用注入强大活力。深化"放管服"改革。以提高示范区运营管理效率为重点,完善负面清单管理模式,积极探索建立与国际投资和贸易相适应的行政管理方式,打造精简高效的政务环境和公平竞争的市场环境。推进相对集中许可权和市场监管综合执法改革,探索设立行政审批服务局和市场监管局。实施"多证合一"综合审批服务运行模式,完善"一口受理、并联审批"工作机制,构建高效投资服务体系。建设农业科技成果转移和知识产权国际保护区,争取设立农业知识产权法庭。加快征信系统建设,完善以奖惩制度为重点的社会信用体系运行机制,建立各行业黑名单制度和市场退出机制,整顿规范市场经济秩序,营造一流的营商环境。弘扬"杨凌精神",几代杨凌新老科学家、农业科教人员形成的以艰苦奋斗、无私奉献,扎根基层、献身农业为核心内涵的"杨凌精神",是示范区建设与发展

的重要经验和宝贵精神财富。示范区广大干部群众和科教工作者把"杨凌精神"作为示范区各项事业薪火传承、继往开来的强大精神动力，成为建设者潜移默化中自觉实践、弘扬社会主义核心价值观的原动力。

### （三）市场需求驱动：科研成果写在大地上

健全完善现有农技推广体系，制订出台了《面向旱区农业科技示范推广发展规划》《面向旱区职业农民培训规划》，协同两所大学与省内外有关市县开展科技合作。目前，杨凌已在全国18个省（区）建成各类示范推广基地301个，1000多名专家在农业生产一线传经送宝，较好地解决了农业科技推广"最后一公里"的问题。打好杨凌农高会品牌，加快改善杨凌农业高新科技成果博览会的场馆和配套服务设施，扩大规模，提升水平，把农高会办成面向全国、服务三农的最重要品牌展会和以现代农业为主题的国际化展示交易平台。农高会已经举办了23届，累计有70多个国家和地区的上万家涉农单位、2000多万客商和群众参展参会。目前，农高会是陕西省首个通过国际展览业协会（UFI）认证的展会，其科技展览展示、示范推广、国际合作等功能日益增强。搭建现代农业推广新载体，加快建设杨凌农业云，建设"一中心七平台"，为政府决策、农业科研、农业企业、合作社、农民生产、农产品消费者等提供检索查询、数据商品交易、农业数据解决方案等服务。2016年底，专家数据库已收录5000名农业为主的行业专家，整理各类农科教数据500多万条，抓取农业统计数据、病虫害数据、农资等互联网数据100多万条。建成了与8个省区、40个示范基地互联互通的农业科技远程信息服务平台，以信息化拓展推广面。按照编播分离的原则，创新农林卫视频道管理体制和运行机制，打造最具影响力的农业科技推广电视频道。努力办好《农业科技报》，使之成为全国最具影响力的科技类涉农大报。深入推进科特派农村科技创业行动，按照市场需求和农民实际需要，以杨凌示范区为依托，建立农村科技特派员科技创业推广服务中心，设立专项资金支持科技特派员培训和创业项目，组建了科技特派员服务示范站，与区内100个科技示范基地，与宁夏农村中心等省内外200多个农村基层信息服务站建立了科技信息服务合作关系。建设开发科技特派员科技创业资源共享平台15个。目前示范区认定法人科技特派员62个，个人科技特派员619人，发展科技特派员农村科技创业示范（实训）基地23个，创建科技特派员创业链4个。开展职业农民培训，在杨凌示范区建立现代农业创业实训基地和农业科技培训体系，采用"走出去教和请进来学"相结合的方式，为大学生、失地农民、返乡农民工、下岗职工等搭建学习、实践和创业平台，同时 1200 名杨凌本土农民技术员常年在省内外开展农业科技服务。为全国各地培养了一批沉在基层、巩固科技推广成果的科技二传手，建立一支"永久牌"的农民土专家队伍。开展系列系统的农技培训，2016 年，开展农业科技培训 590 场 51908 人次。开展农民技术职称评定，我国旱区 20 个省区 11892 人获得杨凌示范区农民技术职称证书。

### （四）产业集群联动：促进农工贸深度融合

力求把杨凌建成干旱半干旱地区集科研、生产、销售为一体的"绿色硅谷"。着力壮大特色现代农业。围绕建设新型产业示范基地，通过成立土地流转服务公司、农村产权流转交易中心等举措，促进土地流转市场化。按照"高产、优质、高效、生态、安全"的理念，推动技术、资金、土地等生产要素聚集，建成了 100 平方公里的现代农业示范园区，设施蔬菜、食用菌、畜牧等产业实现了规模化、标准化、信息化全方位示范。特色现代农业提质增效，全力打造"杨凌认证""杨凌溯源"的安全农产品品牌，充分发挥杨凌农业云大数据平台作用，健全农产品质量安全追溯体系。形成了本香猪肉、秦岭山有机蔬菜等一批在全国具有影响力的特色农产品品牌。打造陕西涉农工业战略高地，以生物工程、食品加工、农业装备制造业为代表，持续放大创新链、产业链、资金链、人才链、政策链"五链协同"效应，涉农工业产业集群化、规模化发展水平进一步提高。壮大生物工程产业，积极发展生物医药、绿色农业生物制品、生物新材料、生物育种等特色产业，打造生物工程产业链。农产品加工依托省级农产品加工贸易示范园区，重点发展果汁、乳品饮料、面粉、肉制品、果酒、食用菌、蔬菜精深加工等，汇源集团、华润集团、环球园艺、众兴菌业、陕富集团、西瑞集团等一批国内外知名食品企业陆续入驻杨凌发展，杨凌正在形成从胚胎繁育、动物营养，到冷鲜生产、深加工、冷链配送再到专卖销售的闭环式全产业链发展模式，打造独具特色的绿色食品产业集群。加快杨凌农机装备制造产业园建设，引导一批国内外知名农机装备企业入园，打造集农机动力装备、农机配件、农机技术推广、农机展示、商务办公、信息网络等为一体的专业化农机市场。推动三产融合创新发展，以农业供给侧结构性改革为主线，以现代农庄为载体，充分利用科技、信息、金融等要素资源"武装农业"，着力发展第六产业，构建一、二、三产业融合的现代农业体系。推进互联网与农业生产经营的融合发展，大力发展以农业电商、农业物联网为重点的"智慧农业"，与阿里巴巴、京东等知名电商企业合作，促进电商等一批"轻资产"企业在杨凌落地，300 多家电商企业聚集发展,成功创建国家级电子商务示范基地。启动了"智慧旅游"项目建设,先后举办了现代农业休闲游、农资双交会、省内首个 A 类马拉松赛、杨凌农科城自行车邀请赛等活动,体育、文化、旅游、会展等产业初步实现融合发展。被农业农村部认定为全国休闲农业和乡村旅游示范区。

### (五)城市功能推动:实现全域城乡一体化

率先实现城乡政策一体化。加快户籍制度改革,全面实现户籍人口"市民化"。按照"城乡政策一致、补助标准就高不就低"原则,加大财政资金投入力度,从 2012 年起实现了城乡居民 31 项政策全部统一,农民在低保、养老、医保等方面与市民享受同等政策待遇。提升城乡综合承载功能,编制了《杨凌城乡生态景观规划》等 20 多个规划,国家水生态文明试点城市建设扎实推进,农科水韵、园林杨凌特色进一步显现。"六横五纵"城市路网基本形成,城区面积从 22 平方公里扩大到 35 平方公里,"一城两镇、五个新型社区、若干个美丽乡村"的城乡格局初具雏形。五泉、揉谷两个省级重点示范镇建设进度继续保持领先,其中五泉镇被评为首批国家"特色小镇",揉谷沿渭重点镇建设进度连续位居全省前列。推进基本公共服务均等化,坚持两个"80%"用于民生,加快实施城中村和棚户区改造,改善城镇居民住房条件。加快镇村综合改革,引导农民进城进镇进社区。优化教育资源配置,全面普及学前教育和高中阶段教育,推进义务教育标准化建设,"农家书屋"实现了全区行政村全覆盖。建设杨凌体育文化产业园,完善网球、水上运动等设施。建立健全覆盖城乡的基本医疗制度,协调省内三级甲等医院和重点专科医院选派专家对杨凌示范区医院进行技术指导,加快杨凌示范区医院创建三级甲等医院。完善社区建设管理体制,积极推进"网格化"管理,逐步建立服务主体多元化、功能完善、管理水平较高的社区服务体系。大力推进"智慧城市"建设,在全省率先实现光网、免费无线网城乡全覆盖和城乡公交一体化。

### (六)国际合作带动:打造对外开放排头兵

示范区牢固树立开放发展理念,主动融入"一带一路"建设,扩大农业开放领域,创新现代农业交流机制,向世界农业传递更多的"杨凌声音",已发展成为我国国际农业科技合作的重要平台和中国农业对外开放和交流的重要窗口。启动建设中国(陕西)自贸区杨凌片区,按照全省的总体部署,杨凌被纳入中国(陕西)自贸区,规划面积为 5.76 平方公里。示范区坚持把自贸区建设作为"一号工程",自贸片区于2017年4月1日正式挂牌后，相关工作已全面展开。加大政策创新力度，围绕政府职能转变、国际农业合作、农业金融、投资领域改革等9个方面，提出了首批18项创新试点措施，探索建立了多规合一、多评合一、多图合一、联合评估、联合验收的"三合两联"项目审批制度。加快国际合作的多元化，广泛开展与加拿大、美国、以色列等国家的双边合作，实施了以色列农业合作园、法国食品园、日本产业园等项目；建立了中加以农业创新孵化中心、中美水土保持与环境保护研究中心等13个国际合作平台，引进科技成果150多项和美国嘉吉集团普瑞纳饲料公司、德国诺菲博尔板业公司等29家涉农外资企业。提升旱作农业国际影响力，加强与埃及、巴基斯坦等发展中国家的合作，成功实施了贝宁农业技术示范中心、埃及农业综合示范基地援建项目。依托在杨凌成立的"中国旱作农业技术援外培训基地"，成功实施援外培训项目78期，累计培养110多个国家1890名官员和专业技术人员，已成为我国最重要的农业援外培训基地。

### 四、杨凌示范区发展愿景

当前，我国已进入全面建成小康社会的攻坚阶段，步入了建设世界科技强国的新征程，对加强农业科技创新提出了新的更高要求。杨凌作为我国最早批复设立的国家农业高新技术产业示范区，肩负着"支撑和引领我国干旱半干旱地区现代农业发展"的重要使命，是加快农业科技创新创业、支撑引领农业现代化的先锋力量。示范区将认真学习习近平总书记系列重要讲话重要指示精神和治国理政新理念新思想新战略，深入贯彻省十三次党代会精神，统筹推进"五位一体"总体布局和协调推进"四个全面"战略布局，紧扣追赶超越定位和"五个扎实"要求，聚焦履行"两个使命"，以建成世界知名农业科技创新城市为主线，以落实"三项机制"为保障，坚持科技示范和经济社会发展两手抓，统筹施策，精准发力，确保培育新动能、构筑新高地、激发新活力、共建新生活、彰显新形象各项战略任务顺利完成，在更高层次上发挥杨凌示范区作用。通过3~5年努力，杨凌自我发展能力显著增强，农业科技示范辐射效益和对外开放程度大幅提升，国际影响力不断扩大，成为创新驱动发展的"排头兵"和农业科技创新的"领跑者"。到2018年，在全省率先全面建成小康社会；2020年，全面完成国务院《批复》赋予的"五个重要"任务；2022年，全面建成世界知名农业科技创新城市，在更高层次上为我国现代农业发展贡献"杨凌力量"。

### (一）为农业腾飞插上开放的翅膀

经济全球化是当代世界经济的重要特征之一，也是世界经济发展的重要趋势。特别是习近平主席提出了"一带一路"的构想，开创了我国全方位对外开放的新格局。省委、省政府提出的把杨凌建设成为丝绸之路经济带现代农业国际合作中心的定位，将进一步提升杨凌示范区的国际影响力。杨凌示范区将树立更加开放的理念，找准自己在世界农业科技创新发展大格局中的定位，以更加开放的姿态全面深化改革，为自身发展注入新动力、拓展新空间。以建设农业特色鲜明的国际一流自贸试验区为契机，利用"两种资源"，开拓"两个市场"，不断深化商事制度和投资贸易便利化改革，加快推进经济体制、监管体制、行政体制综合改革。加强与"一带一路"沿线国家及世界农业发达国家的交流合作，着重从人才培养、科技创新、品牌建设等方面加快推进转型升级，打造资源配置能力强、体制机制活、服务效能高的改革开放新高地。

### （二）为农业腾飞插上科技的翅膀

目前，我国科技正处于从量的积累向质的飞跃、从点的突破向系统提升的重要时期，农业科技创新与其他领域一样，已进入"跟踪""并行""领跑"三者兼有的新阶段。从长远和根本上来讲，解决农业问题的出路要靠科学技术。作为承担国家重要使命的杨凌示范区，将牢固树立抓创新就是抓发展、谋创新就是谋发展的理念，全面实施创新驱动战略，以科技创新为重点，带动体制创新、制度创新等全方位创新，加快形成以创新为主要引领和支撑的发展模式。紧盯世界农业科技前沿，进一步聚焦国家现代农业发展重大战略需求，着力攻破关键核心技术，抢占事关长远和全局的农业科技战略制高点，创建一批国家级科研平台，实施一批重大科技攻关项目，加快培养一支结构合理、富有创新精神、敢于承担风险的领军人才队伍，取得一批具有国际影响力的国家级科技成果，形成推进科技创新发展的强大合力。全面建立农业科研服务体系，加强科研项目统筹，推进产学研融合，促进公共科研资源开放共享，努力把杨凌建设成为农业科技体制改革的示范区。到 2020 年，R&D 支出占 GDP 比重达到 6.5%，取得一批在国内外领先的重大科技成果，年示范推广效益 230 亿元以上。

### （三）为农业腾飞贡献杨凌的力量

作为国家农业高新技术产业示范区，杨凌要完成国家赋予的历史使命，示范区必须立足杨凌特色、紧盯世界前沿,依托科技和开放双轮驱动,着力打造"五个中心",为我国实现农业现代化做出"杨凌贡献"。一是现代农业科技创新中心。提高科技创新能力、实现"成果领先",是示范区加快发展的首要任务。杨凌示范区依托现有农业高校和科研院所,建设现代农业科技创新中心,引进一批领军人才和创新团队,争当农业科技创新的"领跑者"。二是现代农业科技成果转移转化中心。科学技术的最终价值在于为经济社会发展注入新动力。示范区将按照习近平总书记加强科技供给、服务经济社会发展主战场的要求,创新农业科技推广模式,在转化、推广农业科技成果上下功夫。三是现代农业产业化示范中心。按照农业供给侧结构性改革要求,探索农林牧结合、种养加一体、一二三产业融合的现代农业发展新模式,成为具有较强辐射带动与示范效应的国内一流、国际知名的现代农业产业化示范中心。四是"一带一路"现代农业国际合作中心。准确把握中国经济融入全球合作的重大发展机遇,紧抓国家实施"一带一路"倡议的重大机遇,全面提升杨凌对外开放水平,建设具有国际影响力的杨凌现代农业国际合作中心,基本形成深层次、宽领域的特色鲜明的对外多边合作新格局。五是现代农业自由贸易中心。以制度创新为核心,借鉴、复制、集成先行区成功经验,努力建成投资自由化、贸易便利化、金融国际化、监管创新化、环境法治化的农业特色鲜明的国际一流自由贸易试验区。

(写于 2018 年)

# "一五"建设:西安走向工业化现代化的奠基礼

桂维民:陕西中国西部发展研究中心理事长
中共西安市委原常委兼秘书长
中共陕西省委原副秘书长兼办公厅主任
陕西省人大常委会原秘书长

**摘 要** 1953年实施的"一五"计划标志着西安迎来了新中国第一个建设高潮,开启了古城由封建落后的农业城市向现代工业文明城市转变的历史进程。"一五"建设是西安走向工业化乃至现代化的奠基礼,对其发展影响深远、意义重大。

西安城,是十三朝古都,肇始于周丰镐两京,传承于秦汉魏晋,及至隋唐盛世,长安以开放包容而闻名于世,唐末之后宋元明清各代,西安不再作为国都而日渐衰落,但仍是西北军事政治重镇。1932—1945年间,西安被设立为民国的"陪都西京",制订了都城级的城市规划,并进行了多方的城市建设。1936年"西安事变"后,西京最终未能设市,也未能在抗日战争中作为临时陪都。"望西都,意踌躇。伤心秦汉经行处,宫阙万间都做了土。兴,百姓苦;亡,百姓苦。"在战乱和动荡中,城市凋敝、民不聊生,西安成了一座破烂不堪的"废都"。

1949年5月20日西安解放,古城回到了人民的怀抱,重获了新生。百业待兴的烂摊子,经过三年多的恢复建设,生机勃勃、万象更新,为大规模的经济建设奠定了基础,准备了条件。1953年实施的我国第一个五年计划,标志着古城迎来了新中国第一个建设的高潮,开启了西安由一个封建落后的农业城市向现代工业文明城市转变的历史进程。回望这段激情燃烧的岁月,"一五"建设对西安的发展影响深远、意义重大,是西安走向工业化乃至现代化的奠基礼。

## 一、奠定了西安的现代工业基础

中华人民共和国成立前的西安工业基础极其薄弱，稍具规模的仅有成丰面粉厂、华峰面粉公司、中南火柴公司和大华纺织厂。中华人民共和国成立后经过国民经济三年恢复时期，1952年末，全市工业总产值仅为2.35亿元。"一五"期间，在中央有关部门的大力支持和全国各地的支援下，以重工业和国防工业为重点的社会主义经济建设在西安市迅猛开展。苏联援建中国的156项重点建设项目中，有17项工程落在西安。其中航空工业2个，即国营西安机械厂（113厂）、西安飞机附件制造厂（114厂）；电子工业1个，即国营黄河机器制造厂（786厂）；机械加工企业4个，即西安高压电瓷厂、西安开关整流器厂（西安高压开关厂）、西安绝缘材料厂（446厂）和西安电力电容器厂；能源工业2个，即西安第二发电厂（灞桥热电厂）和西安第三发电厂（户县热电厂）；船舶工业1个，即西安东风仪表厂（872厂）；兵器工业7个，即国营西北光学仪器厂（248厂）、国营华山机械制造厂（803厂）、国营庆华电器制造厂（804厂）、国营秦川机械厂（843厂）、国营东方机械厂（844厂）、国营惠安化工厂（845厂）和国营西安机器制造厂（847厂）。这些企业大都是由苏联设计、提供成套生产工艺和技术装备并派遣专家援建的。西安仪表厂是由德意志民主共和国援建的。在西安建设的这17项重点工程，成为三秦大地上的"共和国的长子或独苗"，如亚洲最大的输变电设备制造厂、亚洲最大设备最先进的单基发射药厂、亚洲最大的火工品生产厂、国内唯一的航炮专业研究制造厂、国内唯一的自动跟踪炮瞄雷达生产厂、国内首个大型引信专业制造厂、国内首个现代国防光学仪器厂、国内首个航空发动机附件厂、国内首个航空机载设备厂、国内首个中温中压热电厂、西北首座高温高压热电厂等，这些企业在学习、消化、吸收的基础上，掌握了一批自主创新的核心技术，分别创造了我国工业史上的诸多第一，铸造了维护和平的"大国重器"。与此同时，地方工业也进行大规模的建设，在西安地区新建和扩建了西北国棉三、四、五、六厂，西北第一印染厂，西北金属结构厂，西安纺织厂，黄河棉织厂，西安制药厂，西安人民搪瓷厂，西安农业机械厂等66个较大的地方国营工业企业，形成有一定规模的轻工、纺织、印染、机电、仪表仪器、化工、医药、农机、建材等10余个行业。工业的技术装备也有很大改善，提高了机械化、半自动化和自动化生产水平。到1957年底，全市工业企业总数为628个，工业总产值增长为6.83亿元，5年平均年递增26.1%。全市工业职工总数达11.49万人，比1952年增长1倍多。

## 二、打造了西安的现代科教高地

西安科教文化建设的高潮，随着"一五"经济建设的高潮也到来了。这 5 年间，科教文卫事业共完成基本建设投资 2.11 亿元，占全市基建投资完成总量的 15.20%，其比重之高为后来 50 多年所未有。国家在西安部署的限额以上基本建设单位中，属于科教文卫的项目就有 10 个（原第三研究所、西安交通大学、西北工业大学、西安石油学校、西安地质学校、西安机械制造学校、西安航空工业学校、西安 221 技工学校、西安电影制片厂、西安医学院第一附属医院）。还有一批高等院校和数十个科研院所相继从沿海与内地迁建、组合、分设和扩建落户在西安。同时，坐落在西安的国立西北大学对一些院系进行调整，分立或整合为西安医学院、西安外国语学院、陕西财经学院、陕西师范大学、西北政法学院和西北民族学院。军队、部委和省市还在西安地区兴建了第四军医大学、空军第八航空预备学校、西安炮兵学校、西安仪器仪表工业学校、西安铁路运输学校、第一建筑工程学校、省人民医院、市中医医院、市结核病院、市传染病院与人民剧院、五四剧院、儿童剧院、省戏曲剧院、省魔术杂技团、西安市话剧院和光明、红光电影院、西北人民体育场、西安市体育场以及西七路、环城西路、纺织城、韩森寨、边家村、小寨、土门 7 个工人俱乐部等一批科教文卫工程。还从西北大学、湖南大学、四川大学和中南兵工学校、重庆财经学校等大专院校，分配近千名经济管理专业大、中专毕业生，充实到各建设单位，为各重点企业构建起现代企业管理体系和专业人才队伍。到"一五"期末，全市科教文卫部门的职工增加到 5 万多人，比 1952 年增加了 2.2 倍。所有这些，大大增强了西安科技、教育、文化、卫生事业的实力，为国家现代化建设培养了大批人才，提供了大量的科技创新成果，极大地丰富了西安人民的精神文化生活，也使西安一跃成为全国科技、教育、文化、卫生中心城市。

## 三、擘画了西安的现代城市格局

城市布局指城市地域的结构和层次，城市内部各种功能与空间的比例关系。西安有着 3100 多年建城史和 1100 多年的国都史，在工业化建设的高潮中如何绘制城市发展的蓝图，对西安未来的城市定位和布局至关重要。一是城市总体规划描绘出西安现代化城市的雏形。1953 年大规模经济建设展开，西安被列为全国首批重点建设城市。在 1952 年编制的都市计划和骨干工业项目选择厂址的基础上，1953 年底编制了《1953—1972 年西安市城市总体规划》、近期发展规划和部分居住区的详细规划。1954年10月29日，国务院批复《1953—1972年西安市城市总体规划》，明确城市性质是以轻型精密机械制造和纺织为主，科学文化较发达的工业城市；这一时期全市人口120万人，中心城区建设用地规模131平方千米。确定了西安城市布局的几大功能分区：中心为商贸和居住区，南部为文教区，北部为大遗址保护区及仓储区，东部为纺织城、兵工城，西部为电工城、航空城。工业区和旧城之间为居住区。仍然保留了明代始建于洪武三年（1370）竣工于洪武十一年（1378）的古城墙。这是明太祖根据学士朱升对他平定天下战略方针的建议"高筑墙、广积粮、缓称王"，在隋、唐皇城的基础上建成的。城市总体规划充分利用旧城，基本上不进行改建，将城墙以内作为西安的府城，面积11.32平方千米，著名的西安钟鼓楼就位于古城区中心。城内安排行政机构和较大的企业、事业单位，把"新城""西华门""钟楼"和"鼓楼"等区域分别规划为集会、文化、游憩和生活服务广场，组成一个既有分工、又有联系的广场系统，成为全市人民群众活动的中心。道路系统基本保持隋唐长安城的棋盘式格局，以现有旧城道路为骨架向四郊延伸。城市主要发展东、西、南三个近郊，保留东南郊、西南郊为发展备用地。二是对行政区划做出新的调整，并进行了大规模建设。1953年3月12日，西安由西北行政委员会管辖改为中央直辖市，为全国12个中央直辖市之一；1954年6月19日，又改为省辖市。根据城市发展的需要，1954年将12个区和部分新划入的乡镇合并调整为9个区，定名为新城区、碑林区、莲湖区、长乐区、雁塔区、阿房区、未央区、草滩区、灞桥区。1957年4月撤销长乐、未央两区建制，市辖区减为7个。1958年11月，将长安、蓝田、临潼、户县划归西安市。"一五"期间共投资16100.40万元，进行了规模巨大的基础设施建设，1957年底建成区面积比1952年底扩大了6倍，城市功能进一步完善，城市面貌发生根本改变。三是从华东、华北、东北等地抽调大批干部、科技人员和技术工人支援西安建设。从1953年下半年至1954年底，国家先后从全国和省内分两批调入各级领导干部1700多名到西安党政机关与企事业单位担任领导职务。据统计，从1949年到1960年，西安人口（按现域口径）增长139万余人，其中迁移增长34.9万人，占增长总数的25.05%。其中，1956年人口增长最快，有50.9%来自迁移增长。比如：1955年4月，国务院做出交通大学内迁西安的重大决定。自1956年首批师生开赴西安，到1959年迁至西安的交通大学主体部分定名为西安交通大学，交大西迁历时四年，迁校总人数达15000余人。他们用热血和青春铸就了"胸怀大局、无私奉献、弘扬传统、艰苦奋斗"的"西迁精神"。"一五"建设在迁移人口中，绝大多数是这一时期关联项目建设的高校教职员工、科研究院所科技人员和企业的生产技术人员以及随迁家属，这些广义的"西迁人"为西部发展、国家建设奉献了智慧和力量。这不仅解决了人才的需求，而且大大改变了西安人口的自然结构、社会结构、地域结构。

## 四、塑造了西安的现代城市风貌

美国著名的城市规划师凯文·林奇在《城市意象》一书中指出，人们对城市的认识并形成的意象，是通过对城市的环境形体的观察来实现的。而城市意象包括了道路、边界、区域、节点和标志物五大要素。"一五"建设为古城的意象注入了时代的元素，体现了新中国西安城市的精、气、神。一是注重古迹保护和历史风采、容貌和格调的传承。西安独有的风貌是在特定的自然地理条件和人文历史发展中相互影响而逐渐形成的，积淀了数千年物质、精神和文化的样态，体现了厚重的历史文化和古都文明。"一五"建设将历史文化遗址、保持明城的完整性与发扬西安人文精神作为城市风貌的关键要素传承了下来。在北京等古城大拆大建的风潮下，西安不仅对城中的钟楼、鼓楼、兴善寺、荐福寺、青龙寺、兴庆宫、慈恩寺等名胜标志物加以保护，而且坚持不拆城墙、不填城河，保留了明城"九宫格局、棋盘路网"的节点和古都宏大的布局特色。把保护、恢复、重新利用历史文化遗址、风景名胜和古建筑同发展现代城市的功能结合起来，尤其是将城市西北部作为大遗址保护区及仓储区，使占地面积108平方公里的周丰镐城、秦阿房宫、汉未央宫、唐大明宫四大遗址始终得以完整保护。二是一批英模和功臣所代表的工匠精神成为那个时代的标记与精神谱系。在"一五"建设中，在西安的企业、大专院校和科研院所涌现了一大批全国和省市劳动模范、群英会代表、先进工作者。他们是那个时代大国工匠的典型代表，是民族的精英、共和国的功臣、工人阶级的楷模。他们在"一五"建设中体现了胸怀大局、无私奉献、艰苦奋斗、百折不挠的"创业精神"；情系人民、科技报国、争创一流、勇攀高峰的"科研精神"；执着专注、精益求精、一丝不苟、追求卓越的"工匠精神"。这些是以爱国主义为核心的民族精神的生动体现，已写进古城西安的精神谱系，是鼓舞后人不忘初心、牢记使命，继续砥砺前行的强大精神动力。三是发扬了西安承古开新和海纳百川的传统。回望历史，从"城阙辅三秦，风烟望五津"到"暗闻歌吹声，知是长安路"；从周公制礼作乐到"诗三百，思无邪"；从"李杜诗篇万古传"到"各领风骚数百年"；从"156"重点工程到"西迁精神""赵梦桃精神"……熔古铸今，气象万千，形成了西安这座城市独特的风骨、诗意和气度。自古以来，西安就是一个包容开放的移民城市，近现代特别是陇海线通车后天南地北的外地人和难民流入，"一五"建设高潮引发了人口的大流动、大迁徙。从沿海发达城市迁移的外来人口，带来许多新观念、新思维、新发明、新创造，传统的文化基因与五湖四海的不同文化相互碰撞、融合，形成了"承古开新，厚德尚智，开放包容，奋进图强"的城市精神。

回眸这段历史，笔者认为，从中可以得到三点重要启示：

第一，中国共产党是领导社会主义现代化建设的主心骨。毛泽东同志早就讲过："没有工业，便没有巩固的国防，便没有人民的福利，便没有国家的富强。"实现国家工业化和现代化，是中国人民百年以来梦寐以求的理想，是中国彻底改变贫穷落后面貌的必然要求，也是中国共产党始终牢记的历史使命。西安的工业化建设，是在党中央、国务院的亲切关怀和指导下进行的。"一五"时期，刘少奇、周恩来、朱德、陈云、邓小平等党和国家领导人都曾来西安视察，对重点工程项目的选点布局、建设规模、工程质量、产品质量以及职工生活等做了重要的指示，使工程得以顺利进行，也极大地鼓舞了广大建设者的干劲，有力推动了国民经济建设的健康发展。1954年召开的省市第一次党代会上，都明确提出：将领导重心进一步转向工业建设，全力以赴地支持国家社会主义建设。党对工业建设的领导应抓住以下环节：首先抓紧对大工业基本建设的监督与支援工作；继续有计划地抽派坚强干部，充实工业建设的领导骨干；党委会要定期讨论、检查工业建设问题；加强与改进厂矿和基本建设队伍中的政治思想工作。党中央统揽全局、果断决策，各级党委、政府坚决服从中央集中领导和决策部署，政令畅通，执行有力。哪里有急难险重任务，哪里就有党组织坚强有力的工作，哪里就有共产党员当先锋、做表率。实现国家工业化，是中国自立于民族之林的必由之路。中国共产党的领导始终是全体中国人民最可信赖的依托，始终是人民群众的主心骨。随着"一五"社会主义建设的全面展开，在党的领导下，我们对如何建设社会主义的道路开始了艰辛探索。

第二，人民群众始终是创造历史的真正动力。人民群众是我们党的力量源泉和胜利之本。党中央一声令下，全国一盘棋，东西南北齐动员，打起背包就出发。建设队伍所到之处是荒野和农田，在物质极其匮乏的情况下，他们人拉肩扛、风餐露宿、顶风冒雪、夜以继日，边基建、边试制、边生产。"一五"建设，需征用大量土地，拆迁众多农户住房。据统计，仅西安东郊田王、韩森寨和户县余下等8个重点建设项目，国家批准建设征地达2.7万多亩，涉及1500多农户、7000多农民需要搬迁。广大农民兄弟和支援西安建设的十万大军一样，"为国家、舍小家"，拖家带口、背井离乡，无私地奉献了自己一切！从渭水之滨到灞河两岸，选厂布点，征地迁村，工地红旗招展，车辆四处飞奔，到处都是热火朝天的建设场景，一座座厂房、一栋栋高楼、一片片街坊拔地而起，古城面貌日新月异，发生了翻天覆地的变化。20世纪50年代是一个不平凡的年代。历经沧桑的人民群众，刚刚获得解放，向往着美好生活，对工业化无限憧憬，渴望尽快改变国家"一穷二白"的落后面貌，期待国家早日富强起来，焕发出从未有过的劳动热情。人们把勇于创造生产新纪录的人物，誉为"走在时间前面"的人。"每一秒都为创造社会主义社会而劳动"，这种充满时代精神的号召，生动反映了工业化目标激发出广大工人、农民和知识分子的建设热情。实现蓝图显伟力，人民群众是靠山。人民是历史的创造者，群众是真正的英雄。正是人民群众真切地感受到了翻身解放、当家作主的获得感、安全感、幸福感，社会主义国家主人翁的精神汇聚成建设伟大工程、推进伟大事业、实现伟大梦想的磅礴力量。

第三，举国之力办大事是社会主义国家的突出优势。集中力量办大事有其独特的内涵和运行机制。一是"谁来集中"。毫无疑问，党政军民学、东西南北中，党是领导一切的。党的正确主张、人民的期盼通过人民代表大会上升为国家意志，由各级人民政府实施统一计划、统一调配、统一组织、统一行动。二是"集中什么力量"。通俗地讲，就是人力、物力、财力。"一五"时期，西安宏大的建设工程拉开序幕，创造了建设规模、材料用量、施工人数、竣工速度等诸多的"史无前例"。所有的建设工程都是采取集中力量打歼灭战或者组织精兵强将进行大会战的方式进行的。西安赖以进行现代化建设的物质技术基础，相当一部分是这一时期建设起来的；经济文化建设等方面的骨干和经验，很大一部分也是在这个阶段培养和积累起来的。三是"办何种大事"。大事，一定是全局性、根本性、长期性、战略性的大事。党中央确定我国工业化的道路是优先发展重工业，对此毛泽东同志有个言简意赅的概括："重点是用一切办法挤出钱来建设重工业和国防工业。""一五"计划在西安的项目建设就是"勒紧裤腰带"，集中当时有限的资源，优先发展国防工业，使当时苏联援建的"156"项目中的17项重点工程提前竣工投产，并以较短时间在一些关键领域、重大技术上实现了突破和创新。为陕西和全国的工业化，特别是国防工业建设赢得了速度、赢得了时间。四是"如何办理"。既然是办大事，就需要有一套有效的体制机制和管理办法。在生产力低下、经济结构简单、科技水平不高、社会利益相对单纯的条件下，"一五"时期学习借鉴苏联计划经济的做法，努力按照经济、社会以及城建规律办事，少走了许多弯路，取得了明显的成效。但是，随着社会化大生产和经济规模不断扩大，科学技术突飞猛进，经济利益和经济关系错综复杂，市场竞争日趋激烈，高度集中的计划经济体制和管理模式，忽视商品生产、价值规律和市场机制的作用，在新形势下显得十分僵化和很不适应，使本来应该生机盎然的社会主义经济在一定程度上失去了活力和创新能力。这也就成为后来我们实行改革开放的根本原因。经济体制改革是全面深化改革的重点，核心问题是处理好政府和市场的关系，使市场在资源配置中起决定性作用和更好发挥政府作用。

有一段秦腔唱得好："九州用的秦小篆，长城铺的老秦砖；秦车秦马秦直道，一通秦鼓出秦关；秦尺秦秤亮秦胆，量了黄河量泰山。"这就是老秦人的写照，更是西安人的写照。只要我们铆足赳赳老秦的"拧劲儿"，坚持"秦人自古耐苦战"的坚韧精神和"血不流干战不休"的顽强意志，就没有过不去的"娄山关"、攻不下的"腊子口"，就一定能够战胜各种艰难险阻。

一切伟大成就都是接续奋斗的结果，一切伟大事业都需要在继往开来中推进。我们应从"一五"建设重大成就和历史经验中汲取智慧和力量，全面加快西安建设的新步伐，不断谱写西安高质量发展新篇章，努力创造新时代西安发展的新奇迹！

（写于 2021 年）

# 陕西纺织企业在哈萨克斯坦建设纺织产业园可行性研究

**中心课题组**

组　长：侯剑平（西安工业大学副教授）
成　员：富　晶（西安财经大学助理研究员）
　　　　李雪梅（陕西中国西部发展研究中心高级研究员）
　　　　孙卫国

**摘　要**　本文通过对陕西纺织企业在哈萨克斯坦建设纺织产业园区的一系列条件进行列举与评估，对哈萨克斯坦投资环境以及国内纺织行业市场状况做出详尽的分析，并对项目的建设风险提出了防范措施与相关政策建议。通过研究，本文认为陕西纺织企业依托"一带一路"平台，建设中哈工业园"陕西纺织工业园"是可行的。

## 一、引言

### （一）研究背景

2013年9月和10月，中国国家主席习近平在出访中亚和东南亚国家期间，先后提出共建"丝绸之路经济带"和"21世纪海上丝绸之路"的重大倡议，得到国际社会高度关注。

2015年3月28日，国家发展改革委、外交部、商务部联合发布了《推动共建丝绸之路经济带和21世纪海上丝绸之路的愿景与行动》。根据《愿景与行动》，陕西提出的定位是：形成面向中亚、南亚、西亚国家建设商贸物流枢纽、重要产业和人文交流基地。

陕西纺织企业要积极响应国家"一带一路"倡议，在"一带一路"沿线国家寻找合作伙伴实施"走出去"战略，力求提升陕西纺织行业的国际化水平。

## （二）研究目的

近两年来，陕西省委、省政府加快"一带一路"建设，推动形成全面开放新格局的重大部署，陕西企业积极融入"一带一路"建设，纷纷走出国门，实现资源和市场国际化配置。这些为陕西省传统的纺织企业提供了新的发展机遇，一些陕西龙头纺织企业也积极响应，启动了"走出去"计划，以政策支持、低风险投资和抢抓市场机遇为原则，积极寻求与"一带一路"沿线国、自身发展纺织工业需求结合起来，充分发挥跨境资源比较优势和享受政策红利，走出国门。进一步提升企业国际化水平和转型升级壮大企业实力，实现纺织企业从本土向国际型成长的目的。

随着国内各项生产要素价格高升，特别是人力资源成本到达一定水平之后，企业一定会选择向低成本区域转移。纺织业是人力密集型产业，近30年积累的产能必须主动根据重获比较优势原则，重新进行合理的跨国配置。纺织加工业向成本较低的国家转移是大势所趋。近两年来，中国的纺织企业纷纷加速国外布局，截至2016年底，中国企业在海外设立纺织服装、贸易企业超过3000家，分布在100多个国家和地区，累计投资80多亿美元。国内纺织行业众多骨干企业进行跨国资源配置主要沿着两条主线进行：一条主线是以产业资本为主导，通过投资、合作进行生产力的跨国布局，打造"中国+周边国家"的制造基地、园区布局模式，例如以上海天虹纺织集团、百隆东方和华孚为代表的中国棉纺业已在越南投资了约200万锭纺纱纺织基地；上海纺织集团投资15亿美元在孟加拉国建设纺织工业园；山东如意集团也计划在巴基斯坦建设纺织工业园。另一条主线是产业资本通过海外直接投资、并购，对全球范围内的优质原料资源、设计创新资源、品牌资源和市场渠道资源进行垂直延伸和掌控，带动行业整体向产业价值链的高附加值领域渗透。例如，如意集团在澳大利亚投资棉花农场和并购多国品牌，富丽达收购加拿大溶解浆公司，雅戈尔收购新马以及金昇收购欧瑞康部分资产等。整体上，通过海外投资实践，中国纺织行业企业的国际运营能力获得了较快提升。

为使陕西纺织工业在全国新的一轮产业布局国际化进程中不落伍，本文选择在哈萨克斯坦建设陕哈产业园纺织工业园进行可行性研究，通过对国内纺织行业和目标国家市场分析、相关政策解析、营销策略、推进落地方案等方面进行资料收集、整理、分析，从而为纺织企业在哈萨克斯坦投资提供理论支撑和风险防范建议。

### (三)研究意义

**1. 实施国家"一带一路"倡议的需要**

2013年9月和10月,国家主席习近平在出访中亚和东南亚国家期间,先后提出共建"丝绸之路经济带"和"21世纪海上丝绸之路"的重大倡议,得到国际社会高度关注。2015年3月28日,国家发展改革委、外交部、商务部联合发布了《推动共建丝绸之路经济带和21世纪海上丝绸之路的愿景与行动》。从2016年起的中国政府工作报告中,已经连续两年将推进"一带一路"建设作为"扩大对外开放"工作任务的首要选项,说明"一带一路"的实施和推进是国家对外开放的重中之重。近年来,中国与"一带一路"沿线国家的双边贸易值占中国进出口贸易总值的比重超过四分之一,涉及沿线65个国家和地区,这些国家和地区在中国对外开放中地位举足轻重。开放型经济新体制,更有利于抵御中国与一些经贸伙伴之间贸易摩擦带来的风险。如今的陕西,应该牢牢抓住当前的历史机遇,做好"一带一路"倡议的落地深耕,为我省企业发展增加新动力。

陕西纺织产业走出去,是积极推动陕西纺织产业发展、提高陕西纺织企业国际化水平、积极融入"一带一路"建设的重要举措。

**2. 陕西纺织产业振兴的需要**

陕西曾是新中国建设的重要的纺织工业基地之一,在过去很长一段时期内,纺织工业是陕西的重要支柱产业,为全省的经济与社会发展做出过巨大贡献,并在解决劳动就业、出口创汇等方面发挥了不可替代的作用。

但是,近年来,陕西纺织产业由于研发创新能力弱、资本投入小而缺乏下游产品、产业链不完善、竞争力下降,加之陕西本地棉花种植少,原料大多依赖进口和从新疆采购造成原材料成本不断增加,陕西纺织产业萎缩严重。特别是与山东、江苏、浙江等省,甚至与新兴发展纺织业的新疆比较,陕西纺织业的发展前景令人担忧。因此,在"一带一路"倡议指引下,陕西纺织产业要走出困境必须走出国门寻求发展,这是实现陕西纺织产业全面振兴的重要战略机遇。

**3. 陕西纺织企业实现国际化发展的需要**

陕西纺织企业为传统产业,多数以棉花初加工产品为主,主要产品对棉花质量和价格依赖程度高,企业的经营存在资源价格、资源质量风险;高附加值和产业链下游产品缺乏,导致企业利润率低,市场的竞争力较弱。随着原料价格、劳动力成本不断上涨,企业的生产成本越来越高,从而亟须发展"走出去"战略,哈萨克斯坦作为中亚五国中政治、经济发展最为平稳的国家，资源丰富，水、电、气等生产资料价格低，并且南哈州是哈萨克斯坦主产棉花种植基地，原料资源丰富，因而陕西省选择哈萨克斯坦建设纺织产业园投资风险小、原料价格低、质量好、劳动力成本低。

## 二、建设条件分析

### （一）区位分析

哈萨克斯坦位于亚洲中部，与中国、俄罗斯接壤，南邻乌兹别克斯坦、土库曼斯坦、吉尔吉斯斯坦。哈萨克斯坦的矿产、石油、天然气等资源都非常丰富，作为中亚地区面积最大、发展最快、政治状况相对稳定的国家，在哈萨克斯坦投资机遇巨大。

哈萨克斯坦与中国新疆地缘毗连、山水相连，是古代丝绸之路的重要组成部分，因地缘优势，陕西至今依然是中国与哈萨克斯坦经贸往来的桥头堡，"长安号"国际货运班列的开通方便了陕西与哈萨克斯坦的经济贸易往来。

**1. 行政区划**

哈萨克斯坦全国划分为14个州和2个直辖市。面积为272.49万平方千米，居世界第9位，为世界最大内陆国，原首都阿拉木图，是哈公路枢纽、航空要站和最大的工业中心。1998年迁都于阿斯塔纳。现两城市都是哈萨克斯坦的直辖市。

**2. 交通物流**

哈萨克斯坦交通运输主要依赖公路和铁路，管道运输排在第三位，空海运不发达。物流绩效水平综合指数位于中亚地区之首，其中进出关效率在6项指标中得分最低。

2013年11月28日，"长安号"成为丝绸之路经济带上的一条"黄金通道"。"长安号"国际货运班列总体规划为"一干两支"，其中"一干"为西安—鹿特丹，全长9850公里；"两支"是西安—莫斯科，全长7251公里，西安—哈萨克斯坦阿拉木图，全长3866公里。"长安号"国际货运班列为本项目的建设提供了便利的交通运输条件。

**3. 电力供应**

哈萨克斯坦发电量905亿千瓦时，各地区电力分布不均，北部因煤炭资源丰富发电能力占79.2%，西部与南部电力短缺，需要从北部或中亚共同电网进口电力。

## （二）经济概况

### 1. 经济发展

哈萨克斯坦是中亚五国中经济体量最大的国家，十多年来平均经济增长速度一直保持5%~6%水平的稳定增长，IMF预测未来几年还将保持较高的增速。哈萨克斯坦经济增长速度高于全球平均水平，人均GDP也远高于其他中亚四国，位居全球第56名。

### 2. 产业情况

矿业是哈萨克斯坦工业的核心，占据工业产值的六成，其次是加工制造业，占比是1/3。

哈萨克斯坦各地区发展情况迥异，西部靠里海地区产业以能源为主，东部靠中国地区产业结构较为多元，北部重工业加工业突出，南部偏重农业轻工业。

### 3. 货币与物价

哈萨克斯坦坚戈是哈萨克斯坦货币，1993年11月开始使用，取代了原来的俄罗斯卢布，包括面值从1到10000不等的纸币和硬币。哈萨克斯坦已于1999年实现了本币与外币的自由兑换。

哈萨克斯坦货币的汇率波动较大，近年来持续贬值超过20%，这对海外投资者来讲是极大的不确定因素。该国通胀水平在5%~7%的区间，时有波动。水、电、燃气价格相对较低，这是哈萨克斯坦政府引以为豪的投资环境内容之一，各地水、电、气的价格存在较大差异，且水、电、气价格有不断上涨的趋势。哈萨克斯坦经济特区与陕西省咸阳市的资源成本对比如表1所示：

表1 哈萨克斯坦经济特区与陕西省咸阳市的资源成本对比

| 种类 | 经济特区 | 咸阳 |
| --- | --- | --- |
| 水费 | 2元/吨 | 2.95元/吨 |
| 电费 | 0.25元/千瓦 | 0.58元/千瓦 |
| 燃气 | 0.6元/立方 | 2.3元/立方 |
| 排水 | 2.84元/吨 | 1.1元/吨 |

然而，哈萨克斯坦的物价远高于中亚其他国家。这一方面与其民用工业落后、产品多需进口有关；另一方面，也与人均收入高、劳动力价格较其他中亚国家高有关。

### 4. 金融

哈萨克斯坦实行两级银行体系，中央银行是哈萨克斯坦的国家银行，属一级银行；其他商业银行为二级银行，哈萨克斯坦全国共有38家二级商业银行。目前，中国银行和中国工商银行在阿拉木图市设有分行。外国企业在哈萨克斯坦正式登记在册的企业均可在当地银行融资，享受国民待遇，与当地企业没有差异。

哈萨克斯坦的金融体系对实体经济支持力度较为有限，不良贷款率较高，金融体系风险较为明显。据哈萨克斯坦央行的评估报告显示，导致贷款"篮子"恶化的原因是缺乏对不良贷款进行置换的工具。央行认为，银行体系多年来积累的不良贷款决定了其贷款质量整体不佳。

### 5. 工资水平

哈萨克斯坦平均工资在中亚国家中较高，但依据行业的不同存在10%~50%的差异。工资平均水平较高的行业有专业技术和科技行业、金融和保险业、采矿勘探业，工资最低的是农林渔业，其他行业的工资水平居中。从地区看，工资较高的有曼格斯套、阿特劳、阿斯塔纳、阿拉木图，工资较低的地区有北哈州、江布尔州、南哈州。

哈萨克斯坦产业工人薪资水平与周边国家相比较高，产业工人薪资水平在300~700美元，基层管理岗位薪资水平则在800~1000美元。石油开采、加工领域是薪资标准较高的行业，而公务员、安保服务行业及教育领域是薪资标准较低的行业。哈萨克斯坦经济特区与陕西的企业人工成本对比如表2所示：

表2  哈萨克斯坦经济特区与陕西的企业人工成本对比

| 种类 | 经济特区 | 陕西企业 |
| --- | --- | --- |
| 普通工人 | 1300元/月 | 3500元/月 |
| 技术工人 | 2100元/月 | 4500元/月 |
| 法务财务 | 4200元/月 | 5000元/月 |
| 管理人员 | 4900元/月 | 6000元/月 |

### （三）政治法律环境

#### 1. 政治体制

哈萨克斯坦为总统制共和国，独立以来实行渐进式民主政治改革。总统为国家元首，决定国家对内外政策和基本方针，并在国际关系中代表哈萨克斯坦的最高国家官员，是人民和国家政权统一、宪法不可动摇性、公民权利与自由的象征和保证，总统每届任期七年。国家政权以宪法和法律为基础,根据立法、司法、行政三权既分立又相互作用和制衡的原则行使职能。

### 2. 政治外交关系

哈萨克斯坦将自己定位为"有实力的重要地区大国",奉行以巩固独立和主权为中心的"全方位务实平衡"外交策略,重点是俄罗斯、美国、中国、欧盟和中亚国家。已加入联合国、国际货币基金组织、世界银行等主要国际组织,并谋求加入亚太经济合作组织。

俄罗斯是哈萨克斯坦外交的优先首要国家。哈萨克斯坦与俄罗斯的战略合作伙伴关系在近年来稳步发展,高层互访频繁,在对外政策上保持高度的协调一致。2010年俄罗斯、哈萨克斯坦和白俄罗斯正式启动三国关税同盟运作机制。

中哈两国友谊源远流长。2005年两国建立了战略伙伴关系,通过一系列政治经济协议,解决了历史遗留的领土争端问题,推进了跨界水资源的友好合作,加强了两国在能源、经济与军事上的合作与互信。两国高层交往频繁,政治互信不断提升,哈萨克斯坦在联合国、上海合作组织等框架内同中国合作良好。

### (四) 外商投资政策

哈萨克斯坦对外国投资政策主要有如下规定:

### 1. 鼓励外资投资领域

新的《哈萨克斯坦共和国外商投资法》,鼓励外商对非资源领域的投资(图1)。

**哈萨克斯坦优先发展产业领域**

1. 农作物种植,农产品加工
2. 木材加工及木制品生产
3. 纺织品、服装加工(在南哈州府齐姆肯特市设有专门的南方经济特区)
4. 建筑和建筑材料生产
5. 原油加工和油气领域基础设施建设
6. 冶金业和金属制成品生产
7. 化工、制药和国防工业
8. 风能、太阳能等电力和清洁能源生产,输变电线路建设和改造
9. 道路交通基础设施建设
10. 通信基础设施建设

哈政府鼓励外商向优先发展领域投资,特别提倡外商向非资源领域投资。
- 农业、林业、捕鱼、养鱼业、食品、纺织品、服装、毛皮、皮革的加工和生产
- 木材加工及木制品生产,纸浆、纸张、纸板生产,印刷及印刷服务
- 石油制品生产,化学工业、橡胶和塑料制品生产
- 其他非金属矿产品生产,冶金工业、金属制成品生产
- 机器设备生产,办公设备和计算机生产,电力机器设备生产,无线电、电视、通信器材生产,医用设备、测量工具、光学仪器设备生产
- 汽车、拖车和半拖车生产,其他运输设备生产
- 家具生产,电力、天然气、热气和水的生产,水处理
- 建筑、宾馆和餐饮服务
- 陆上运输、水运业、航空运输业
- 教育、卫生和社会服务、休息、娱乐、文体活动

图1 哈萨克斯坦优先发展产业

**2. 限制外资投资领域**

哈萨克斯坦对一些投资领域有明确的政策限制。哈萨克斯坦对涉及国家安全的行业，有权限制或禁止投资。在部分经济领域中，哈萨克斯坦对外资占比有一定限制，例如，外资银行的资本份额不得超过国内所有银行总资本的 25%，所有合资非人寿保险公司的总资本份额不得超过哈本国非人寿保险市场总资本的 25%，外国自然人和法人只能租用土地，并且有年限限制。

**3. 外资准入**

《哈萨克斯坦共和国外商投资法》规定所有外资企业必须进行强制审批和登记。享受投资特惠必须提出申请，由授权机关审议。一般外资企业注册由外贸部或国家授权的其他机关办理，资本超过 1 亿坚戈（约 200 万元人民币）的外资企业由政府批准。另外，外资企业必须取得在哈萨克斯坦领土上开展企业活动的许可证，该许可证分为一般许可和专项许可。

**4. 外资企业设立形式**

外国公司主要以两种注册形式在哈萨克斯坦开展业务活动：一是建立分支机构，二是成立子公司。

分支机构包括代表处和分公司：代表处不能从事生产经营活动，只能以公司法人名义签订合同、接收货物、现金付账并完成公司指派的某项委托，维护公司的利益；分公司行使公司在分公司所在区域的管理权限，承担执行公司规章制度、管理规程及工作指令义务，对所承担的工作负责。

**5. 外国劳务配额**

哈萨克斯坦对引进外国劳务有严格要求，每年严格限定外国劳务数量配额。哈萨克斯坦从 2005 年至 2014 年，使用外国劳务配额从 0.32%（2.5 万人）增加至 0.7%（6.02 万人）。哈萨克斯坦使用外国劳务许可的有效期为 1 年，而对于在公司内部交流调动前来哈萨克斯坦工作的第一负责人和工作人员，许可有效期可以为 3 年。获得许可的用人单位必须遵守在其员工中哈萨克斯坦籍人员的占比：哈萨克斯坦人在员工领导层中占比不少于员工领导总数的 70%；在专家和熟练技工中占比不少于 90%。

**6. 土地使用**

哈萨克斯坦 2003 年颁布的《土地法典》规定，本国公民可以私人拥有农业用地、工业用地、商业用地和住宅用地，但是外国个人和企业只能租用土地，且期限不得超过 10 年，这一规定给外资企业的生产经营带来了极大的不稳定性。

### 7. 环境保护政策

禁止在国家林场砍伐成材林；禁止违反《生态保护法》，包括损害及浪费自然资源、污染环境、随意丢弃生产生活垃圾和超标排放污染，必须依法赔偿损失；禁止油气开采企业放空燃烧；加强水保护。

哈萨克斯坦投资政策的透明度不高，政策法规还不完善，连续性和稳定性较差，并且政策制定和执行都具有很强的随意性，政策变更的信息发布滞后致使投资风险加大。

### 8. 税收政策

为了鼓励投资，哈萨克斯坦制定了一些基本税收优惠政策。如在《哈萨克斯坦共和国关于就完善投资环境问题对一些法律法规进行修订和补充的法律》中对列入哈萨克斯坦政府批准的优先种类名录中的活动（包括实施优先投资项目）进行投资的所有法人都可获得免缴关税、国家实物赠予的优惠，自签署优先投资项目合同的当年1月1日起生效，从签署合同的下一年起连续10年内免缴企业所得税（总计11年）、免缴土地税、免缴财产税等，同时哈萨克斯坦对政府鼓励类企业实行政府补贴。

## （五）社会情况

哈萨克斯坦共有125个民族，主要有哈萨克族、俄罗斯族、乌兹别克族、乌克兰族、维吾尔族等。宗教信仰主要有伊斯兰教和东正教。官方语言是哈萨克语和俄语。

中国与哈萨克斯坦经济合作地缘优势显著，并且在农业资源、农业技术、农业人才方面双方互补性很强，农业领域的经贸合作具有广阔的发展前景。

哈萨克斯坦市场对于有条件的"走出去"的中国企业及陕西纺织企业来说，挑战与机遇并存。在哈萨克斯坦政府颁布了重点调整产业结构政策，鼓励外资投资农产品加工产业，并制定一系列优惠政策的时候，正是我省纺织企业抓住机会，抢占原材料市场，扩大国际市场份额的大好时机。

近年来随着经济形势的好转以及改革的不断深入，为能通过立法措施来创造良好的投资环境，哈萨克斯坦对本国的法律进行了较大规模的修改与补充。从外商农业投资的软环境来看，哈萨克斯坦政治法律环境日益改善及提升。尽管如此，哈萨克斯坦在法律法规制度制定和执行中仍然存在一些不确定性因素，投资方需高度关注。相对法治成熟的国家，哈萨克斯坦政府职能部门和国家执法人员法律意识薄弱，出现执法不规范致使投资优惠政策在执行中得不到充分实现的问题时常发生。由于该国的政治经济存在着较多不完善因素，陕西纺织企业在投资中要注意政治法律等风险的防范，尽力降低投资风险。

### 三、我国纺织行业市场分析

纺织行业是我国的主要支柱产业，棉花是纺织行业重要的原材料，棉花价格直接影响着纺织企业的成本和利润。从国内生产来看，2016年棉纺织行业既面临需求的不足，又面临棉花价格的不确定性和生产成本的快速上涨，纺织企业信心受挫。

棉花的市场价格容易受到自然条件、产品供求和种植情况等因素的影响，不确定因素会引起棉花市场价格的大幅波动。与其他农产品相比较，棉花种植面积调整的弹性最大。棉花的种植情况和自然条件直接影响到棉花产量，产量的增减直接影响市场价格的高低。

#### （一）棉花市场分析

**1. 产量分析**

国际上棉花的主要产地为中国、印度、美国、巴基斯坦、巴西、乌兹别克斯坦、土耳其、欧盟27国（图2）。2016年我国棉花种植面积为5064万亩，同比减少11.07%，较2013年减少22.3%，其中新疆棉花播种面积为2700万亩，占全国总播种面积的53.5%，较上年减少5.2%。而同期长江流域

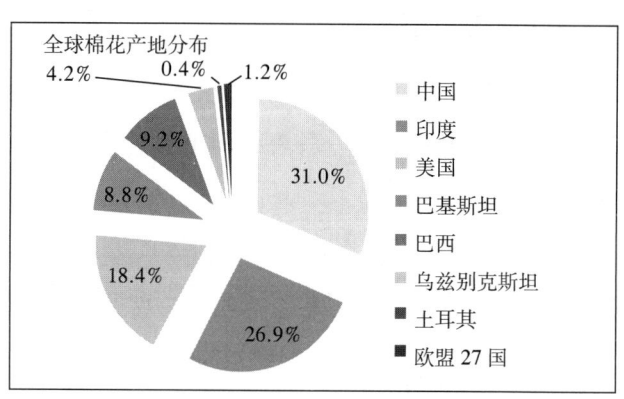

图2　全球棉花产地分布图

产棉区，黄河流域棉区棉花播种面积均大幅下滑。2016年全国棉花产量为534.3万吨，同比减少4.6%，新疆棉花产量为359.4万吨，较上年增长2.6%，占全国棉花总产的67.3%，较2013年提高11.5个百分点。

中国棉花协会棉农合作分会2017年调查显示：2017年全国植棉意向面积为5208万亩，同比增长2.85%，其中新疆棉农种植意向增加1.74%，长江流域和黄

河流域同比分别增加 5.11%和 5.52%，增幅较上期扩大 1.58 个百分点和 4.11 个百分点。

近年来，新疆、甘肃、天津、江西棉花的播种面积下降幅度较小，其他省区降幅较大，特别是河南、河北、江苏、安徽等粮食主产区，棉花种植进一步向粮食种植转移，导致这些地区的棉花产量进一步下降。

经国务院批准，自 2017 年起在新疆深化棉花目标价格改革。棉花目标价格由试点期间的一年一定改为三年一定，2017—2019 年新疆棉花目标价格为 18600 元/吨。2014 年、2015 年和 2016 年新疆棉花目标价格分别为 19800 元/吨、19100 元/吨和 18600 元/吨。

国内外棉花差价是影响纺织行业运行的重要因素，国外终端市场需求不旺，棉花需求萎缩，受国内棉花收储价支撑，棉价相对稳定。国外棉花价格低，导致国内企业用棉成本高于海外企业，纺织企业上游原材料成本也高于海外企业。同时，由于中国棉花进口配额政策的限制，在棉价高的同时，纺织企业进口棉花量受到限制，多数维持运行甚至亏损运行以维持订单和客户。

目前陕西纺织企业主要是棉纱和坯布生产，其主要的原材料是棉花，国内棉价高，进口国外棉花受配额影响不能满足需要，因此成产成本居高不下。如能利用哈萨克斯坦棉花生产优势，通过与哈萨克斯坦企业合作生产纱锭运回国内作为企业下一个生产环节的原材料，可以稳定企业的生产原料，降低企业生产成本。

**2. 全球棉花消费超过产量**

从主要棉花消费国家和地区的情况来看，全球棉花消费表现出较强的周期性。中国依然是棉花的最大消费国，全年的消费量同比上年略有下滑。印度作为主要的棉花产地和纺织品出口大国，近年来棉花消费量增速较快。与整个纺织品出口规模相比，印度的用棉量已经接近中国的水平。

2015—2016 年，印度棉花产量 650 万吨，连续两年成为全球最大产棉国。中国植棉面积预计减少到 380 万公顷，同比减少 10%，连续四年下降，中国棉花产量 534 万吨，为 2003—2004 年度以来的最低水平。目标价格补贴额度偏低、生产成本增加和整体收益不稳定，都会影响中国棉农的种植意向。

全球大部分地区的棉花自供比例较高，产棉区表现出一定程度的净出口，其他地区净进口，但比例不大。最主要的棉花净进口国是中国，美国成为净出口棉花最多的国家。中国的棉花政策和受此影响的需求和进口变化，是影响国际棉价的重要因素。

中国棉花市场的消费大于生产，进口国外棉花受配额限制，国内大量纺织企业在棉花采摘季节就抢购棉花，通过利用哈国的棉花资源生产棉纱，可以解决陕西纺织工业的棉花原材料供应。（表3）

表3 中国棉花供需平衡表（万吨）

| 年份 | 期初库存 | 产量 | 消费 | 期末库存 | 进口 |
| --- | --- | --- | --- | --- | --- |
| 2016 | 1119.4 | 493.7 | 780 | 923.1 | 90 |
| 2015 | 1316.4 | 482 | 775 | 1119.4 | 96 |
| 2014 | 1241 | 650.4 | 742.1 | 1316.4 | 167.1 |

**3. 纱线进口增长**

中国作为主要消费国，国内棉花产量难以满足需求，需要进口补充。但由于棉花配额影响，纱线进口持续增长。据中国海关统计，2016年全年我国纱线进口73.9亿美元，其中超过60%为棉纱线进口，进口金额51.3亿美元，棉纱线进口占全国纺织服装进口总额的22%。

我国的棉纱线市场长期受巴基斯坦低支纱以及越南、印度、印度尼西亚等的中高支纱冲击。近年来，大批企业在越南投资纱厂，我国从越南进口棉纱线持续增长，2016年进口62.5万吨，同比增长24.3%。

## （二）国内棉纺企业情况

**1. 新疆纺织企业**

在国家《纺织工业"十一五"规划》《关于推进纺织产业转移的指导意见》和《纺织工业调整和振兴规划》几个重要纲领性文件相继出台的背景下，加之新疆得天独厚的自然资源，丰富的电和石油等资源，吸引了东南沿海的众多棉纺企业进驻新疆。例如，香港溢达集团有限公司，早于1995年就在新疆吐鲁番设立第一个纺织厂，现已形成乌鲁木齐、吐鲁番和昌吉三个棉纺基地。雅戈尔集团于2005年在新疆喀什建31.2万锭的新疆雅戈尔棉织有限公司，后来又成立库尔勒雅隆纺织有限公司，2010年建30万锭紧密纺的阿克苏新雅棉纺织有限公司。2010年前后，在新疆投资的知名企业还有浙江巨鹰公司、山东鲁泰集团公司、山东银鹰集团公司、浙江天盛集团和河北天鹅集团公司等。2015年，江苏金晟集团也入驻新疆，涉足新疆棉纺行业，计划建厂规模600万锭。如此大规模的纱厂，近几年在新疆已经不足为奇，足以可见近年来新疆棉纺纱锭增长速度过快，而带来的问题就是对棉花资源的抢夺。

新疆棉纺企业呈现以下几个特征：

（1）以原料控制依赖型企业为主；

（2）初级加工和外销；

（3）棉纺企业技术和设备相对比较先进。

**2. 山东纺织行业概况**

山东纺织工业是中国纺织工业的重要基地之一，也是山东省支柱产业之一，销售收入占全省加工制造业的10%。改革开放以来，山东纺织工业得到长足的发展，目前已经形成门类齐全（包括化学纤维、棉纺织、色织、印染、毛纺织、针织复制、麻纺织、服装、纺织机械、纺织器材等）的完整工业体系。

2015年，全省限额以上2700余户纺织工业企业完成工业总产值（现价）13000亿元，居国内第二位，占全国比重1/6。纱产量居国内第一位；布产量居国内第一位；呢绒产量居国内第三位；针棉织品折纱居国内第二位；化纤产量居国内第三位；服装产量居国内第五位。

山东纺织行业在发展中，涌现了一批优秀的企业，如鲁泰、魏桥、兰雁、德棉、即发、南山、如意、孚日、亚光、大海、万杰、烟台氨纶、新郎等，创出了一批品牌企业和产品。

**3. 江苏纺织行业概况**

江苏省作为我国纺织品出口的大省之一，多年来年江苏省纺织行业完成销售收入占全国总量的五分之一，位列全国第一。

江苏省作为我国纺织品生产和出口的大省之一，现有规模以上纺织企业上万家，波司登、红豆、海澜之家等品牌闻名全国。纺织行业吸纳就业人数最多，在江苏纺织业从业人员超过230万，为农民创造收入210亿元。

## （三）陕西纺织产业现状

作为陕西八大支柱产业之一的纺织产业，近几年来，由于不断整合、创新，现有企业其生产销售保持持续增长。2015年，全省181户规模以上企业实现主营业务收入344.49亿元，较上年增长15.84%。我省纺织工业实现了较快发展，打破了低速徘徊的局面。2015年，全省规模以上纺织企业累计亏损1.67亿元，亏损企业亏损额同比-28.93%，181户企业中亏损企业19户，亏损面10.50%。2011—2015年陕西纺织产业工业产值及增速如图3所示：

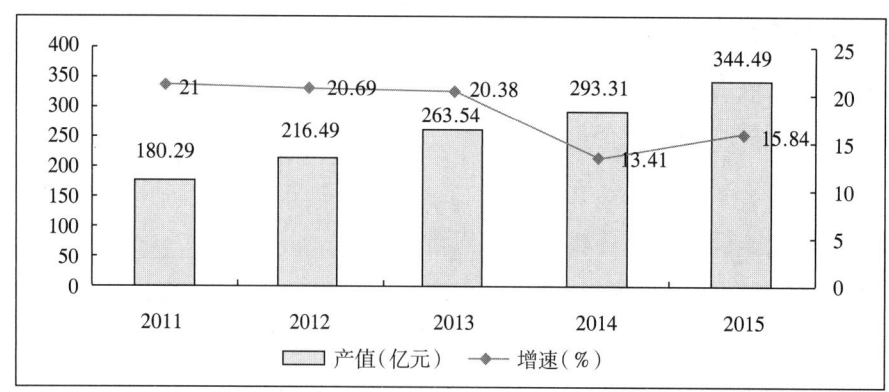

图3　2011—2015年陕西纺织产业工业产值及增速

虽然近几年来我省纺织企业不断发展，但是发展速度和深加工远远落后于我省其他产业。2015 年，陕西纺织服装工业总产值仅占八大支柱产业总产值的 1.3%，在八大支柱产业中列倒数第一。不仅如此，我省纺织产业发展速度也远远落后于全国平均水平。2015 年，我省纺织产业总产值只占到全国的 0.49%，排在各省区第 18 位。

### （四）产品目标市场

纱线是整个纺织工业的基础，没有好的纱线做不出好的面料。纱线的品质影响到印染业布、针织、服装、家用纺织品等一系列下游产品发展的必然方向。因此，从市场发展趋势分析，扩大高档纱产量仍有很大市场空间。

据调查，2017 年，一些奢侈品的消费将会继续有所增长，有自主知识产权、性价比高、有创新能力、有品牌、有品位的产品仍有着充分的发展空间。随着人们消费水平的提高，崇尚绿色、回归自然成为引导消费的主旋律，精梳纱线和高档气流纱的优良性能也为越来越多的消费者所认同。从国际、国内市场需求情况分析，高附加值产品、高质量的高支纱线仍然有广泛的市场。

由于国内棉花产量不能满足国内纺织企业的生产需要，每年中国需要进口棉花 100 万吨左右。面对原材料的产需缺口，国内重点纺织企业在新疆建设工厂，试图抢占棉花市场，如新疆溢达、雅戈尔等大型棉纺企业，都在新疆有自己的棉花种植基地，都形成各自完整的产业链，而其他靠新疆棉花产业生产的企业，则不得不顺应市场，企业盈利亏损受原料影响过大。

陕西纺织行业以棉花和化纤为主要的原料，而纺织企业的原料成本一般占到总成本的 60%~70%，原料价格的快速上升，加大了纺织企业的成本，这严重影响利润。目前，陕西纺织企业主要是棉纱和坯布生产，其主要的原材料是棉花。国内棉价高，进口国外棉花受配额影响不能满足需要，因此成产成本居高不下。本项目利用哈萨克斯坦棉花生产优势，通过与哈萨克斯坦企业合作生产高支纱线运回国内作为企业下一个生产环节的原材料，可以稳定企业的生产原料，通过延长产业链降低企业生产成本。如项目可以顺利实施，则对企业发展极为有利。

### 四、园区建设风险分析

#### 1. 信用风险

此风险主要体现在：一是合作伙伴信誉，根据当地企业的情况，我方选择的余地很小，由于对合作方企业团队能力、和政府的关系、资产债务状况、股权、对外控股权、企业的信誉等情况不能全部掌握，会存在合作方可能刻意规避自身存在的问题的情况，给陕西纺织企业投资造成损失的风险，此种情况，在跨国投资合作中较为常见。二是哈萨克斯坦投资环境不利于长线投资，多数中短期收回成本较为稳妥。地方政府受上流人士影响较大，存在下任政府减少或撤销上任政府签署的合作或优惠政策的风险。三是哈萨克斯坦有些事情需要非官方方式解决，故合作伙伴的协调能力非常重要。

#### 2. 政策（政治）风险

政策风险体现在两个方面：一是国内政策，二是国家间的合作政策变化。政策变化主要体现在政策的连续性，国家间的合作政策主要体现在合作政策的连续性和对合作国企业在税收、员工签证等方面所给予的优惠政策。据调查，哈萨克斯坦签证管制比较严格，项目实施必然面临着中方管理、技术、劳工人员签证问题，不能签证就不能保证项目的顺利实施，这将影响企业的投资效率。

#### 3. 市场风险

主要表现在原材料价格、生产资料价格、劳动力成本和产品价格的变动。由于哈萨克斯坦各地区产业分工较为明确，南哈州作为主要的棉花种植区域，主要原材料来源较为单一，而且合作方是该国主要的棉花供应商，存在着项目被哈方企业所控制的局面。生产资料、劳动力、土地等生产要素价格的变动，容易造成生产成本的上升，虽然当前哈方水、电、燃气、工资成本较低，但已有上涨的趋势。同时，由于哈方对于出口价格的管控，可能造成中间产品销售给陕西纺织企业的价格过高，导致整体产品利润空间下降。

**4. 金融风险**

一方面，此风险表现在汇率、利率的变动，造成前期项目建设预算资金不足，从而使项目建设需要追加大量投资，或者哈萨克斯坦货币升值而导致进口项目产品的成本增加；另一方面，此风险表现在外汇管控上，哈方在外汇管控政策上较为严格，可能会出现我方外汇兑换不能快速完成，项目投资结束后项目本金和利润无法实现换汇实现投资收益的风险。

**5. 组织管理风险**

组织管理风险是指项目业主内部各部门之间、业主与咨询机构、业主与施工监理单位间的关系不协调而引起的风险，如导致质量低劣、项目工程造价偏高、工期延长等。组织管理风险主要与管理机制、管理人员的素质、经验和能力有关。对海外投资建设项目而言，组织管理风险主要包括多方沟通、协作风险和管理人员能力风险，因为海外投资建设项目从建设到运营涉及众多参与方（包括政府部门），客观上需要与多方面进行沟通、协调，以得到他们的支持和配合。而现实中国家之间、两国政府之间、项目实施参与方之间等，因为利益的关系，极易产生一些关系不和谐的现象，影响项目的进展和项目目标的实现。还包括项目组织内部各部门对项目的理解、态度和行动的不一致而产生的风险。

管理风险是指由项目管理模式不合理，项目内部组织不当、管理混乱或者主要管理者能力不足等，导致投资大量增加、项目不能按期建成通车造成损失的可能性。包括项目采取的管理模式、组织与团队合作以及主要管理者的道德水平等。

**6. 环境社会风险**

由于特殊的国土条件，哈萨克斯坦在环境保护上政策非常严格，与中国环境保护政策存在较大差异，会出现某种做法在中国合法，但是在哈萨克斯坦却违法的情况，企业应该注意避免法律的差异造成不必要的损失。哈萨克斯坦较为严格的环境保护政策，也会增加企业的投资成本。

## 五、相关政策建议

### （一）风险防范建议

**1. 信用风险**

一是签订合作协议前，我方可通过驻哈使领馆、中资机构，对合作单位进行全方位的了解；二是签署合作协议时，要聘请熟悉哈萨克斯坦国家法律的国际律师、国际会计师事务所等中介机构，对合作协议进行把关，明确双方责任，中方企业要取得合资企业的经营管理权限;三是我方尽可能采取轻资产投入,对方出土地厂房,我方出设备进行合资经营,流动资金商谈,购买当地原料可设档期支付;四是两地政府要签署建立工业园战略合作协议,确保投资政策获得政府认可;五是开发区之间可成立一个协调机构,为项目落地提供服务。

**2. 政策（政治）风险**

当前,中亚五国政局稳定,但是,应对哈萨克斯坦引发政治风险的因素进行全方位的评估,同时,应积极争取将本项目提升到国家层面的战略合作项目,给予项目优惠的税收政策和人才引进政策,寻求金融保险机构的财产保险,规避政策风险。

中国出口信用保险公司是国家出资设立、支持中国对外经济贸易发展与合作的国有政策性保险公司,纺织集团可通过购买少量投资保险规避投资风险。

**3. 市场风险**

通过明确合作协议的方式,确定原材料、生产资料、工资、水、电、气的价格及涨幅水平。另外可以通过期货市场进行套期保值交易减少产品价格风险。

**4. 金融风险**

进行汇率、现货、期货交易,进行金融对冲,规避金融风险。

**5. 环境社会风险**

深入研究哈萨克斯坦环境保护方面的法律、法规,确保项目建设及运营过程中没有违反环境保护法律、法规的行为。营运期间需采取适当措施改善周边环境,如在敏感点新建隔音设施、在公路两侧建绿化带等。应对社会风险方面,在前期工作时考虑项目对周边社会各利益群体、当地组织机构的不良影响,做好社会调查工作,分析项目与区域社会环境的适应性,及时与周围群众进行沟通,尽可能得到当地各阶层社会群体的支持,避免引发社会问题,保证项目顺利实施。

### （二）政策建议

（1）完善制造业海外转移政策支持体系。鉴于我国"走出去"企业面临资金匮乏的问题,针对制造业海外专业的金融支持必不可少。目前我国已设立亚洲基础设施投资银行和丝路基金,国家开发银行已与18个沿线国家签署"国家规划合作协议",为中国与沿线国家产业合作提供中长期资金扶持。我省企业应多了解此方面的信息,争取更多的资金支持。同时该项目的建设应由双方共同以农产品深加工项目向哈萨克斯坦进行申报,可以取得当地政府许多优惠政策。

（2）双方合作模式采取股份公司或者合资模式,把合作方的利益与项目的实施紧密联系在一起。

（3）我方最好以股东方参与棉花种植，因为只有这样可减少原料价格和质量风险（农业种植业哈方优惠政策很多）。

（4）政府可参照其他地市的做法，在当地设立商务代表处，加强政府层面的沟通与交流，促进中哈产业园的建设和纺纱基地项目的落地。

（5）加强境外经贸合作区建设。截至 2015 年底，我国已在 50 个国家和地区建立了 200 多个经贸合作区。其中有 100 个分布在"一带一路"沿线国家，这些经贸合作区的建立为深化与驻在国企业间的合作搭建了桥梁。在对外投资的过程中，要充分发挥境外经贸合作区的载体作用，鼓励纺织业企业进驻经贸合作区，政府相关部门要强化针对园区企业的服务和保障机制，如为园区企业提供与驻在国有关的国情、产业、文化介绍和法律服务；与驻在国政府签订双边合作区协定，保护园区企业的投资权益，避免双重征税，为园区企业提供风险预警；推动园区内企业间的分工合作，最大限度地发挥园区的产业集聚效应。中哈陕西纺织工业园可采取园中园的形式设立在南哈州经济特区，由我方设立的公司进行具体管理，充分利用对方的资源和政策，减少我方的基础性投资。

（6）项目建设尽可能采取轻资产投资模式：

一是寻哈方实力较强企业为合作伙伴，选择由哈方负责项目的土地、厂房、基础设施等重资产的投入，我方纺织企业可以采取投入设备、租赁哈方厂房，我方负责经营、人员、技术、管理、培训与产品销售、流动资金等方面的投资。二是哈方合作伙伴以土地、厂房、基础设施为资产入股，中方控股（双方非现金投入建议委托会计师事务所进行评估，双方签字认可），我方以设备、人员培训、技术入股（运营、管理、销售）。哈方负责处理、协调与当地政府、居民的事务。

（7）我方人员必须熟知哈萨克斯坦劳动法、税法、工会的职能，以应对哈方劳工问题。同时要熟知我方工作人员入境的规定，哈方国外用工人员的规定，重要的是要解决我方高管人员合法身份问题。

（8）保证公司安全保卫人员可靠，也可聘用我方的安保公司进行安保工作。

（9）中方企业积极与中国使领馆、当地政府、当地税务局、移民局等官方建立深厚的关系，要确保进口畅通，物流畅通。

（10）在项目实施前，将企业间合作提升到政府间合作层面，生产资料、原材料定价及涨幅等内容详尽落实在合作协议中；聘请专业机构将合作双方的权利义务签署一份更为详尽的合作细则，避免法律与政策风险。

（11）积极研究中哈两个国家的产业政策，项目在投资立项阶段要尽量利用两个国家的政策，争取中国国家发改委的立项并获得相应政策支持，本项目建议以农产品深加工类农业项目进行申报立项。同时项目符合哈萨克斯坦的投资鼓励，建议由哈萨克斯坦合作方提供哈萨克斯坦的相应政策。

（12）建议中方企业多方面寻求资金来源渠道，积极寻求国开行、进出口银行贷款，信用担保和政府商务补贴，降低企业资金成本，规避金融风险与投资风险。

（13）建议纺织工业园以陕西纺织龙头企业为核心，建设中哈工业园，积极引进其他企业（包括其他省纺织企业）入园，这样可形成合力，同时待园区符合商务部园区扶持政策时及时申请政策支持。

（14）建议实施管理、技术人才本地化策略，通过招聘、培训哈国本地的东干族、中国的哈萨克斯坦留学生等人才，降低项目实施过程中的文化、语言的差异与摩擦，保证项目的顺利实施。

（15）建议项目在实施过程中承担必要的社会责任，包括社会慈善募捐、维护股东或投资人权益、员工培训和职位提升、改善工作条件、参与当地发展项目、维护生态环境、如实提交企业经营活动信息、与当地政府与居民建立友好合作关系。

## 六、结论

综上所述，本文在列举了项目建设条件的基础上，对哈萨克斯坦投资环境以及国内纺织行业市场状况做了详尽的分析；对项目的建设风险提出了防范措施。研究认为，陕西纺织企业集体走出去，建设中哈工业园"陕西纺织工业园"项目的建设是可行的。

该项目是我省纺织工业率先践行国家"一带一路"倡议的重要举措。项目的实施为陕西企业走出去在海外发展奠定了良好的基础。中哈双方共同成立项目协调机构，为项目落地、建设和发展提供服务，保障项目顺利实施。项目采用以陕西纺织龙头企业为核心，继而通过引进其他企业入驻，最终建设成为专业化的产业园这种稳健务实分阶段发展战略，增强了项目的可行性。

陕西纺织企业在哈萨克斯坦建设纺织产业园，有利于促进哈萨克斯坦纺织产业发展、带动就业，对实现两国经济合作、友好交往具有积极作用；有利于我省纺织企业实现稳定原材料供应，降低企业原材料成本，实现利润最大化；有利于陕西纺织企业完善纺织产业链，通过国际市场配置资源，提升国际化水平。

（写于2018年）

# 有效衔接背景下乡村振兴对脱贫攻坚资产的赋能路径

白永秀　陈　煦

**摘　要**　加强对现有扶贫资产的运营管理，推动乡村振兴赋能脱贫攻坚资产，提升扶贫资产的利用效率，将对实现巩固拓展脱贫攻坚成果同乡村振兴有效衔接发挥至关重要的作用。当前中国脱贫攻坚资产规模巨大，从类型上可以划分为经营性与公益性两类资产。脱贫攻坚资产主要面临着经营风险加剧、村集体经济发展滞后、易地扶贫搬迁安置区缺乏后续支撑、文旅生态类资产项目经营收益低等问题。在有效衔接背景下乡村振兴对脱贫攻坚资产的赋能路径是：对于经营性扶贫资产，重点增补运行困难企业产业链环节，增补新型集体经营层级；对于公益性扶贫资产，集中补齐易地扶贫搬迁安置区短板，增加文旅生态类项目市场化功能。

脱贫攻坚战的胜利标志着我国扶贫事业取得了举世瞩目的巨大成就，困扰中华民族几千年的绝对贫困问题历史性地得到解决。党的农村工作也随之由消灭绝对贫困向实现乡村振兴转变。2021年中共中央、国务院《关于实现巩固拓展脱贫攻坚成果同乡村振兴有效衔接的意见》的顶层设计中明确指出，要利用5年过渡期这一时间窗口加强脱贫地区在领导体制、工作体系、发展规划、政策举措、考核机制等方面的有效衔接，实现由集中资源支持脱贫攻坚向巩固拓展脱贫攻坚成果同全面推进乡村振兴的转变。2022年中央"一号文件"中再次重申"要坚决守住不发生规模性返贫底线，扎实推进巩固拓展脱贫攻坚成果同乡村振兴有效衔接"。可见，未来一个阶段，如何实现巩固拓展脱贫攻坚成果同乡村振兴的有效衔接将成为党"十四五"

期间"三农"工作的重中之重,也是脱贫地区实施乡村振兴战略的首要任务。

## 一、问题提出

学术界对巩固拓展脱贫攻坚成果同乡村振兴有效衔接的研究尚处于起步阶段,其重点主要聚焦于有效衔接的逻辑内涵、有效衔接的实现路径、有效衔接的难点、有效衔接的机制与有效衔接的对策措施等方面,并得出一系列有益的结论。然而,这些研究大多数停留于理论或者宏观层面的学理性分析,而在有效衔接的实践中还存在一些具体且重要的现实问题并未受到应有的重视。而如何更好地推动乡村振兴赋能脱贫攻坚资产①就是其中最为重要的问题之一。

在过去几十年的扶贫开发过程中,特别是在精准扶贫期间,贫困地区为完成限期脱贫的目标,遵照"五个一批"的政策要求,通过各种动员方式投入大量资源,逐步建立和发展起了一大批扶贫产业,形成了一大批具有地方特色的脱贫攻坚资产。这些资产作为脱贫攻坚的"成果"与"产物",有的作用正在越来越突出,有的则已呈现出低效浪费的情况。而利用乡村振兴赋能这些资产,不仅有利于提升扶贫资源利用效率,避免农村闲置资产浪费,而且有助于通过确保脱贫户不返贫、边缘户有保障,进而巩固脱贫攻坚成果。本文在梳理与明确现阶段脱贫攻坚资产规模与类型的基础上,通过对我国西部地区乡村振兴重点帮扶县的调研,总结提炼了当前脱贫攻坚资产面临的现实问题,并由此提出在有效衔接中乡村振兴对脱贫攻坚资产的赋能路径。

## 二、脱贫攻坚资产的分类及其存在问题

脱贫攻坚战略实施以来,贫困地区尤其是西部深度贫困地区得益于脱贫攻坚工作的大力开展,形成与沉淀了大量扶贫项目资产。相关数据显示,2012—2020年,我国中央财政专项扶贫资金累计投入 6896 亿元,每年投入规模由 2012 年的 222.7 亿元增加至 2020 年的 1461 亿元。特别是在 2016—2020 年间,连续 5 年每年新增中央财政专项扶贫资金超过 200 亿元,年均增长率接近 30%,且主要投至西部深度贫困地区。2022 年,中央财政预算继续安排衔接推进乡村振兴补助资金 1650 亿元专门用于支持巩固拓展脱贫攻坚成果同乡村振兴有效衔接,较 2021 年增加 84.76 亿

---

① 本文将党的十八大以来,尤其是实施精准扶贫战略后,各地区依托国家扶贫资金投入所形成的各类扶贫产业与扶贫资产界定为"脱贫攻坚资产"。

元，增长率为 5.4%。其中产业扶贫资金占比在 50% 左右。如此大规模的扶贫资金投入已经在贫困地区尤其在西部深度贫困地区形成了规模庞大的扶贫项目资产。

在现实中，为了对这些扶贫项目资产开展有效的监督管理，国家乡村振兴局等部门也迅速出台《关于加强扶贫项目资产后续管理指导意见的通知》等一系列政策文件，为各地区制定和实施因地制宜的扶贫资产管理政策提供了指引。各省市结合地方实际，将加强扶贫项目资产后续管理纳入巩固拓展脱贫攻坚成果同乡村振兴有效衔接工作中，在摸清资产规模、推进项目确权、落实管理责任、完善管护运营、规范收益分配等方面积极探索，初步形成了差异化的扶贫资产管理模式，但是由于扶贫项目资产普遍具有资金来源广泛、投资领域广阔、投入方式多样等特点，并且在资产的具体运营过程中也存在着项目规划不精细、收益分配不精准、主体选择缺乏市场化等问题，部分地区的扶贫资产管理依然陷入"无人管""多头管""管不好""还想管"的困境。

对此，我们认为，应当更为简洁地将现有脱贫攻坚资产划分为经营性扶贫资产和公益性扶贫资产两大类，通过对西部地区多个乡村振兴重点帮扶县的实地调研，发现了以下四个问题：

第一，扶贫产业及其企业经营风险加剧。在脱贫攻坚期间，西部地区形成了一大批有助于脱贫致富的优质企业及其资产，这些产业及其企业的迅速发展有效带动了相关地区人均收入的快速提高，客观上为农村绝对贫困问题的解决发挥了重要作用。然而，当前一些地区扶贫产业及其企业的发展状况却不容乐观，许多企业面临原料供给不足、储运能力欠缺、市场销售不畅、资金周转困难等问题。总体看，出现这些问题的原因在于：一方面，这些产业尽管是依托于当地资源禀赋、地方特色发展形成的，但在生产规模上仍不具备规模性，在产业链条上还不具备完整性，在生产组织方式上也不具备现代性，甚至部分地区企业的生产组织方式还停留在小作坊阶段。这就导致其产业链条短而小、粗而散且缺乏持续的资本与技术投入、抗风险能力羸弱。另一方面，这些项目大多数属于政府主导型的产业项目，在其发展过程中也存在政府过度干预的情况，这就导致本土产业发展主体未得到充分锻炼，存在产品与市场相脱节的问题，一旦风险加剧必然出现产业链断裂的现象。

第二，村集体经济发展滞后。在精准扶贫过程中，尽管一些地方政府通过产权改革和引进投资发展了村级集体经济，形成了一批集体性质的企业和经营项目，但从总体上看，大多数地区的村级集体经济依然处于规模小、总量少且分散经营的状态。大部分村级集体经济的收入仍限于基建投资、占地补偿、土地承包、房屋租赁等，导致出现了缺乏内生增长动力、融资意愿不强、管理协调困难、收益权属混乱、运营人才缺乏等问题。更为重要的是，在我们的实地调研中发现，现实中将大量集体经济收入入股到绿色产业基地、社区扶贫工厂等扶贫资产中，大多数村级经营性扶贫资产就是由村委会、合作社或其他非政府组织形成的村集体资产，其所占比例占到扶贫资产的六成以上。村级集体经济发展的滞后会极大地削弱村委会的经费来源，直接导致其没有足够资金来维持扶贫项目资产的运转，使其运转完全靠政府财政拨款，缺乏发展的可持续性。农村集体经济发展大大滞后于乡村全面振兴的需要，也同城乡融合、共同富裕的目标不相适应。

第三，易地扶贫搬迁安置区缺乏后续支撑。伴随易地扶贫搬迁的实施，围绕"搬得出，稳得住，能致富"，地方政府、东西部扶贫协作组及企业扶贫合力团在搬迁安置点建设中投入了相对多的配套资产。然而，其普遍存在两个问题：一是安置区缺乏有效产业支撑。有的安置区产业并没有发展起来，产业基础不牢；有的安置区的产业规模与劳动力规模不匹配，劳动者就业困难；有的安置区只是代加工生产基地，没有形成本地产业群，可持续发展后劲不足，这些"脱贫车间""社区工厂"急需适应市场需求的新发展。二是安置区公共服务供给不足。一些安置区的学校、医院等公共服务设施在结构、质量等方面与实际需求不匹配，核心问题是在教育质量、医疗水平等方面不配套，不能满足搬迁移民户的需要，导致部分安置区出现了人口外流，呈现空心化趋势。

第四，文旅生态类资产项目市场收益不佳。在脱贫攻坚期间，一些地方政府为推进乡村文化以及生态环境建设，专门投入资金建设了一批文旅生态项目，通过挖掘乡村旅游资源，打造健身文化场馆与旅游 IP（景区形式认知产品），极大丰富了农村居民的文化生活内容，提高了其文化生活水平，优化了乡村自然与人文环境，产生了良好的社会效益。但是由于文旅生态项目本身所具有的产业属性（经济效益属性）与公益属性（社会效益属性）的二重性，往往带来使用利用率低下、资产闲置成本高昂、保值增值性差等问题。许多地区的文化旅游项目由于当时侧重于满足脱贫攻坚的一时需求，现在都呈现出运营功能单一、经济效率低下、市场需求不足、缺乏可持续性的情况。同时，在乡村旅游开发过程中暴露出的同质竞争、运营滞后、人才短缺、土地错位等问题在短期内也难以有效解决，这就更使得这些文旅项目不得不面临吸引力逐渐下降、持续性逐渐降低、生命周期逐渐缩短和客源市场逐渐萎缩的困境。

## 三、乡村振兴赋能脱贫攻坚资产的路径

基于上述问题分析可以看出，迫切需要加强扶贫资产的分类管理和监督，通过乡村振兴赋能脱贫攻坚时期形成的各类资产来巩固拓展脱贫攻坚成果，实现和乡村振兴的有效衔接。具体提出以下四条路径：

### （一）增补运行困难企业产业链环节

在脱贫攻坚期间，西部各地聚焦本土特色产业发展，由地方政府、东西部扶贫协作组及企业合力扶贫团出资建立了一大批特色种植养殖与农产品加工企业。在有效衔接中，必须把这些企业作为乡村振兴的重要基础，从各地各企业的实际出发，针对性地采取差异化政策配置各类资源为其完善产业链，通过"补链"搞活这些企业。

具体来讲，一是针对原料不足问题，通过抢抓乡村振兴机遇强化原料储备，从供给侧结构性改革入手补齐生产环节短板，解决原料供应不足与季节性停产问题。二是针对产品储运困难问题，通过重点壮大冷链环节提升储运能力。三是针对销售滞后与市场脱节问题，重点通过人才培养、营销方式创新等方式强化销售环节，构建"研、种、养、加、销、服、旅"一体化发展新模式。四是针对资金短缺问题，定期举办银企对接活动，解决相关企业的融资困境。

### （二）增补新型集体经营层级

发展新型集体经济不仅是解决农村正常运转经费和农民福利的需要，也是增强农民对农村集体经济发展信心的需要，更是对股份合作制企业中农民利益保护的需要。在脱贫攻坚期间，党和政府大力发展特色农村集体经济，创立了一批具有潜力的特色种植业、养殖业企业。对此，必须在推进乡村振兴中在有条件的地区补齐新型集体经营这一层，使家庭联产责任制真正成为统分相结合的双层经营方式。特别强调的是，补齐新型集体经营层不是简单地把村集体的资产（土地或者房屋、设备）租赁出去获取租金，而是指使村集体既具有财产所有权，也具有参与经营权，通过集体经营壮大集体经济。具体分为四个方面：

一是发展股份合作型集体经济。发展集体所有制的方式很多，最基本的方式是在股份合作制企业中设置村集体的股份。从西部地区已有实践看，村集体在股份合作制企业中持股的实现方式有多种，村集体有土地的可以以土地的形式入股，村集

体有收入的可以以现金的方式入股，也可以以党支部和村委会为企业服务、提供管理服务的方式入股，通过股份合作纽带调节收入分配和再分配，避免两极分化，推动共同富裕。二是鼓励服务创收型集体经济。牵头成立农民合作社、专业技术协会、专业服务公司等开展技术指导、信息服务、物资供应、产品加工、市场营销、劳务输出等有偿服务。三是创新物业租赁型集体经济。充分借助城市化推进过程中城中村、城边村的区位特点、资源优势，利用集体经营性建设用地兴建标准厂房、商铺、仓储、农贸市场等项目获取租金，依托土地流转，盘活土地资源，提高土地使用价值，增加村集体经济收益。鼓励各村用活集体资产，真正让闲置资产"动"起来、"活"起来。四是扶持旅游开发型集体经济。积极支持村委会带动当地农民创办乡村旅游经济合作社组织，通过创新土地股、人口股、劳龄股、旧房产股等多种股权设置模式，依托当地旅游资源大力开发农家乐、渔家乐、度假村、采摘园、农耕体验、生态体验、森林人家、休闲农庄等乡村旅游项目。

### （三）补齐易地扶贫搬迁安置区短板

从总体上看，易地扶贫搬迁安置区与传统村庄相比，规模大、层次高、设施比较完善。现有易地扶贫搬迁社区已经具备了贫困户长期生产和生活的条件，这些安置区是"十三五"期间脱贫攻坚的重要成果，应当借助乡村振兴赋能这些资产，既实现这些资产的保值增值，又让它们持续发挥减贫作用。从某种意义说，实现乡村振兴首先要振兴易地扶贫搬迁安置区，让这些安置区发挥更为重要的示范作用。乡村振兴赋能易地扶贫移民安置区资产的基本办法就是地方政府在乡村振兴中有规划、分阶段、有针对性地采取多种方式"补缺"，即补短板：对于产业基础未形成的安置区，经过科学论证发展特色产业；对于产业链不完整的安置区，根据完善产业链需要，通过"一产往后延、二产两头连、三产走高端"实现三产融合发展；对于医疗资源不足的安置区，根据实际需要扩建或新建医院，改善医疗设施条件，提高医疗质量；对于缺乏优质教育资源的安置区，根据相关规定与需要新建学校，采取所在地的城市学校长期对口支援的办法提升教育教学质量。

### （四）增加文旅生态类项目市场化功能

在脱贫攻坚期间西部地区建设了一大批文化、旅游、生态项目，这些项目对全面建成小康社会做出了积极贡献。然而，这些项目大部分是公益资产项目，虽然具有积极的社会效益，但存在闲置时间长、利用率低、保值增值性差等问题，缺乏应有的经济效益。西部地区在乡村振兴中需要及时给这些大型文旅项目和生态项目进行"补能",即赋予这些项目市场化功能,使其在保证发挥公益性作用的同时,实现项目的市场化、产业化,从而赋能文化旅游资产。具体来讲:

一是建立面向市场的文体场馆管理运营模式。对文艺演出场馆、体育场馆实行市场化管理、产业化运营,提高场馆的利用率,探索"以馆养馆"模式,形成场馆运行中的反哺机制。二是引进资本技术要素推动生态项目经营。对缺乏经营性、仅有观赏性的人居环境改造项目,引进外部资本和技术开展生态养殖、观光旅游等经营活动。三是围绕绿色资源开展旅游设计服务。对生态公园、森林公园、湿地公园等设计经营性观光旅游项目。在赋能资产的同时带来流动性收入,用收入反哺生态建设。

(写于2022年)

# 陕西省扶持民营企业发展的现状及对策建议

李平安：陕西省社科院原副院长
王同经：陕西省决咨委原委员
张　鸿：陕西省经济学会会长

**摘　要**　陕西省民营经济近年来取得了一定发展，生产增加值在全省GDP中的占比达到一半，发展成绩显著。但近年来在国内外大环境的影响下，民营经济发展出现普遍下滑的趋势。本文研究分析陕西省民营经济差距和下滑的原因以及进一步发展民营经济的比较优势和巨大潜力，在此基础上，提出进一步扶持发展非公经济的对策建议。首先，要把扶持民营经济提高到发展社会主义市场经济的高度来认识，纠正功能错位，加大资本供给侧结构性改革步伐，促进民间资本和投资结构合理转变。其次，建议政府弱化城市土地财政，降低房地产高杠杆对实体经济的挤出效应，以新型城镇化为目标，拓展民营企业投资和经营增加商机。再次，要进一步转变政府职能，要以新的发展理念，优化现有供给结构，培育发展新产业新业态和新模式。最后，要组合有效政策举措，引导发展预期，更好地适应当前经济发展的新常态和新形势，促进民营经济健康高质量发展。

在中央和陕西省一系列政策引导下，近年来陕西省民营经济取得了长驱发展，无论生产增加值在全省 GDP 中的占比还是固定资产投资，都占到全省的"半壁江山"，发展成绩显著。但近年来在国内外大环境的影响下，民营企业和民间投资出现了双下滑的趋势。不尽快扭转这一趋势，势必会影响全省经济的进一步发展和人民生活水平的进一步提高。因此，调查陕西省非公经济的现状和环境，结合新结构主义经济理论，研究分析陕西省非公经济差距和双下滑的原因以及进一步发展非公经济的比较优势和巨大潜力，在此基础上，提出进一步扶持发展非公经济几个问题的思考和对策建议，以尽快扭转下滑趋势，更好地适应当前经济发展的新常态和进行供给侧结构性改革的新形势，促进非公经济为全省经济发挥更大的作用。

## 一、陕西省民营企业发展现状调查和形势分析

（1）陕西省民营企业在"十二五"的5年间始终保持着高于全省GDP增速的发展速度。2015年，全省民营企业实现增加值9695.62亿元，比上年增长10.1%，高出同期GDP增速1.6个百分点；较2010年增加4684.23亿元，年均增长率达到12.7%。民营企业增加值占GDP的比重也从2010年的49.5%提高到2015年的53.4%，5年提高3.9个百分点，成为拉动全省经济平稳较快发展的重要一极。

（2）在固定资产投资方面，2015年，全省完成民间投资额9066.37亿元，是2010年的2.8倍，占全省固定资产投资额的45.7%。民间投资的大头主要集中在房地产业和工业这两个行业，分别占到投资总额的33.8%和30.6%；批零住餐和交通运输业的投资占13.74%，而其他领域的投资较少，投资分布面窄，投资领域极不均衡。

（3）从民营企业主体的各层次看，至2015年底，全省民营规模以上企业共14379户（包括纯属民营企业和混合制民营控股企业），占全省规模以上企业的83.6%。其中，工业企业1215户，占总户数的29.21%；建筑和房地产开发经营企业3357户，占总户数的23.35%；批零住餐企业4321户，占总户数的30.05%；服务企业2486户，占总户数的17.29%；大型企业59户，有4户企业进入全国500强。从调查情况看，全省民营"四上"企业中除少数大型企业外，大多属于采掘、建筑、一般制造和餐饮商贸等传统产业，在整个产业链中多处于链的底端，受金融和市场环境影响大。近年来，在国内外环境影响下，增速处于低位徘徊，有些行业甚至出现负增长。行业结构不合理，缺乏成长性强和附加值高的高端装备制造、电力产业和金融、物流、旅游、信息等现代服务业，是陕西省民营大中型企业的短板。

民营小微型企业户（包括个体工商户）140.22万户，较上年末增加12.85万户，从业人员309.99万人。网络经营企业5万余户，预计全年电子商务交易额将达到2800亿元。在政策支持下，这些企业近年来发展较快，活力较大，营业收入保持两位数增长。但其中多数装备落后，工艺水平低，缺少小而精的高科技精英企业和高端名牌产品，不能满足人们消费的升级需求，使省内消费外流严重。网上商户购销商品多以外地产品为主，本省产品很少。也有一部分小微企业近年来受高房租和市

场低迷的影响，经营困难，亏损面加大。另外，在大中型城市中还分布着一个庞大的流动摊贩群体，他们和城市管理矛盾最大，由于成本低，其中一些人收入不菲。

（4）从整体看，陕西省民营企业虽然每年仍有较大发展，但与东部和中部省份相比，还存在较大差距；甚至比同属西部的四川省2015年民营企业增加值在GDP的占比还低7.3个百分点。特别是从近几年的发展趋势看，GDP和民间投资增速出现了双下滑的趋势，全省民营企业增加值增速从2010年的15.3%下降到2015年的10.1%，较2010年增速降低5.2个百分点。

2015年陕西省完成民间固定资产投资9066.37亿元，占全省固定资产投资的比重为45.7%，较上年同期增长7.5%，但低于同期全省固定资产投资增速0.5个百分点，较上年同期回落0.2个百分点。2016年1—6月又比上年同期回落7.8个百分点。特别是房地产业，近年受商品房库存面积消化缓慢、施工和新开工速度有所放缓的影响，投资回落明显。

## 二、陕西省非公经济发展差距和增速双下滑的原因分析

陕西省民营企业发展差距和近几年增速双下滑的现实，既有国内外大环境的共性影响，也有其个性因素。

第一，以重化工为主的工业布局和丰富的地下资源，使陕西省民营企业的发展偏重于传统产业、采矿业及为其服务的相关行业。特别是陕北等自然资源富集区域，21世纪初以来，民间投资更是多投于煤、油、气、运等领域。据调查资料，在榆林被调查的99家民营工业企业中，以资源为原料的产品初加工企业占95%，且普遍存在产业链条短、精深加工产品和高附加值、高技术含量产品少的问题，这些行业正是在这轮世界性的金融危机中受影响最大的行业。而具有战略意义的民用新兴产业和现代服务业在陕西省的民营企业中起步较晚，规模较小，缺乏技术含量高、效益好、拉动作用强的大项目和大型企业集群的支撑，减缓了陕西省民营企业的发展速度。

第二，对我国经济发展进入速度变化、结构优化和动力转换的新常态认识不够，对推进供给侧结构性改革、促进吸引社会资金的一些有效融资举措如混合所有制改革、PPP模式等推广迟，进展慢，影响了陕西省民间投资在全省固定资产投资的占比和民营企业的较快发展。

第三，陕西省金融体制改革进程缓慢，金融市场化程度低，发育不健全。对民营企业特别是民营小微企业存在着待遇不平等和"惜贷""难贷"等问题，融资难

一直是影响我省民营企业发展的一个长期存在的问题。

第四，近年来一些传统行业供求矛盾比较突出，受市场影响大，投资预期不明朗，收益率低，造成民间投资意愿低，观望心态严重；而一些上升期的新兴产业，受制度影响，民间资本想投又投不进去，也是制约民间投资徘徊下滑的一个重要原因。

第五，陕西省除了西安等大型都市之外，多数县市对民营企业社会化服务体系建设还处于起步阶段。服务体系不健全，综合服务手段不强，创业扶持力度不够，使"大众创业、万众创新"的广泛开展受到一定限制，也影响了一部分民营企业科技成果的较快转化。

### 三、陕西省发展非公经济的比较优势和潜力分析

强调比较优势的作用和利用后发优势发展是新结构主义经济学的精华。陕西省有发展民营企业广阔的领域和巨大的投资潜力，研究分析并充分发掘这些优势，变潜力为动力，不仅可以扭转民营企业双下滑的局面，还会推动陕西省民营企业和民间投资迈向一个新的台阶。

（1）"一带一路"建设为陕西省民营企业的发展提供了美好前景和巨大潜力。陕西处于"一带一路"建设发展的关键节点，既是"一带一路"建设的前沿门户，又是"一带一路"建设的后勤基地，具有发展内陆与"一带一路"沿线国家经济合作和人文交流的优势地位。随着陕西省深化开放力度的不断加大和对外贸易的快速发展，打造内陆型改革开放新高地的目标已经初步呈现，这为陕西省非公经济的发展和民间资本的投资，以及民营企业走出去、请进来，都提供了极大的空间和无限的商机。

（2）挖掘城镇人口潜力，创造民间资本投资的市场空间和营商机遇。陕西省尚处于城镇化的发展阶段，设市城市少，市镇密度低，资源和信息在市镇间的流动尚不够畅通，中小城市之间在硬件和软件方面都还缺乏紧密的有机联系。按照国家发改委新拟定设市的人口标准，陕西省具有10万以上人口的县镇13个，另外还有35个重点示范镇、31个历史文化旅游示范名镇，有一定规模的十大历史文化古镇。城镇化派生的投资和消费需求是拉动经济发展的巨大动力，也会为民营企业生产和民间资本投资提供无限的空间和商机。充分发挥城镇对人口和资源的集聚效应，加快建市建镇步伐，大力开发这些城镇的潜力和功能，创造民间资本投资的市场和营商新空间和新机遇大有可为。

（3）合理配置资源，变差距为动力。随着前些年自然资源的超常开发，陕北成

为民间资本积累比较雄厚的区域之一,按常理也应成为民营企业发展较快的区域之一。但由于资本配置的不合理,产业结构单一,统计资料显示,这一区域民营企业增加值占比一直较低,2015年度仅为35.5%,比全省平均水平低17.9个百分点,这一区域民营企业在增长速度、企业规模和发展水平上都存在较大差距。再从县(区)数据来看,2015年全省107个县(市、区)中,民营企业占比最高的眉县为71.1%,最低的洛川仅为10.8%,两者相差60.3个百分点;在全省82个县(市)中,人均民营企业增加值最高的前10位总值是后10位的5.2倍。差距意味着潜力,通过精准帮扶,使这些民营企业比重较低的县(区)达到全省平均水平,就可使全省民营企业的发展达到一个新的水平。

(4)产业集群化发展为民营企业发展提供了广阔的天地。陕西省一些现代制造业的集群化程度差,配套能力薄弱。据资料显示,本省汽车产业的领军者比亚迪、陕重汽、法士特等企业,其上下游配套产品大部分来自山东、河南,本地配套较少。西安市外商投资企业问卷调查结果也显示,外资企业现在最大困难就是无法实现本地配套,目前企业原材料70%以上来自省外;在调查的186家企业中,70%以上企业在本地区没有配套企业。集群化主要是一种市场行为,但也需要政府的积极规划和引导,从各地经验看,政府对产业集群的形成和发展发挥着极为重要的作用。随着改革开放的深入和政府的精准引导,这一巨大的领域将为民营企业和民间投资敞开大门,发挥潜力。

(5)陕西省三大产业部类中,第一产业是民营经济生产值占比最低的一大部类。2015年,全省第一产业增加值民营占比只有31.8%,比全省平均低21.6个百分点。近年来,农民纯收入得到了较快的提升,特别是全省有农民工675万多人,其中省外从业农民工有155万多人。多年以来他们受到市场经济的洗礼,对市场经济的认知高、适应性强,随着家乡生活水平的提高和交通等基础设施的改善,其中一大部分人既有回乡的愿望,又有创业的冲动,是"大众创业"的一支庞大的潜在大军。另外,大中城市中一部分流动摊贩也有可能晋升到统计中的个体经营者的行列。

## 四、树立新理念,扶持陕西省民营企业快速发展

在我国经济经过连续多年的高速发展以后,以货币扩张刺激经济增长的边际效应持续递减的情况越来越明显,通过高杠杆的货币宽松政策来解决民营企业的加快发展已不适应当前的形势。在认真贯彻供应侧结构性改革和"三去一降一补"的新形势下,要以新的发展理念和创新驱动的实际行为,优化现有供给结构,提供新理

念、新服务，培育发展新产业、新业态，组合有效政策举措，引导发展预期。

（1）纠正功能错位，进一步转变政府职能。成熟的企业家对待投资落地的条件，往往把投资环境、经营氛围、市场活力看得重于优惠政策。按照市场经济主体的基本要求，各级政府要弱化作为投资者的社会形象，把功夫用到管好社会和市场公共秩序，加强对市场的协调和监控，改善投资营商环境，增加经济活力，做好公共服务等工作上。要学习借鉴国家发改委最近印发的《60条民间投资经验》，充分发挥市场对资源分配的基础作用，以优化民营企业现有生产要素的配置，增强经济内生增长动力。在当前我省建立自贸区和人民币入篮的大好时机，要引导广大民营企业和民间资本进一步融入"一路一带"建设的巨大洪流中来，解决对民营企业地位不平等、机会不平等、规则不平等的问题，在项目推荐、招标投标、资金信贷、领事保护等方面给予必要的帮助，补短板，降成本，创造条件，促使民营企业和民间投资为"一路一带"建设贡献力量。

（2）加大资本供给侧结构性改革步伐，促进民间资本和投资结构合理转变。民间资本是对市场经济敏感性强的一个经济形态，当前我省民间资本占比最大的是制造、建筑、轻工等传统产业，占比高达全部民间资本的86.6%。这种历史原因长期形成的资本结构，已完全不适应当前市场新常态的现实，也极大地限制了民营企业的进一步壮大成长。用政府手段加大资本供给侧结构性改革步伐，促进民间资本和投资从传统制造业向新兴战略产业、现代服务业转移，就可以通过生产要素和资源的再分配，扩大有效供给和高端供给，减少无效供给和低端供给，更好地满足已经变化的市场需求，促进民营企业和民间投资在新常态下持续健康的发展。

（3）弱化城市土地财政，降低房地产高杠杆对实体经济的挤出效应。我国经济的高杠杆主要体现在房地产和虚拟经济领域，过分的高杠杆不但造成资源配置的严重扭曲，而且会激发严重的资产泡沫，出现金融危机；经济在高杠杆的支持下运行也是不可能持久的。为保持我国和我省经济在新常态下持续健康的发展，必须认真完成中央提出的"去杠杆"任务，抑制信贷资金过度向房地产和虚拟经济集中，引导资金流向生产性的"寻利"而不是破坏性的"寻租"上，支持实体经济对资金的正常需求，保持实体经济发展的广阔空间。

（4）以新型城镇化目标，拓展民营企业投资和经营增加商机。中小城镇是农民工返乡创业的主要阵地，也是承接农业人口"农转非"的主要场所。摒弃摊大饼的方式和行政区域壁垒，组建大中小相融合的城市圈，是现代城镇化建设的新理念。在新一轮城镇化建设中，要通过各种融资手段，引导资金和其他生产要素向中小城市倾斜，加快发展以高速公路和城际轨交为主的大中城市核心区和中小城镇之间的交通体系，打破按行政区域的公共服务配置制度，按自然定位融合实现多个大、中、小相适应的新型城市圈，实现城镇化空间格局和人口密度的合理分布。这不仅为民间资本开拓了广大的投资领域，为民营企业创投提供了广阔的市场，也防止了人口过分向大城市集中造成"一市独大"的不合理现象。

（5）把扶持个体经营者提高到发展社会主义市场经济的战略高度来认识。个体经营者是"大众创业"的一个重要载体，也是城市多数新居民的一种主要谋生手段。他们贴近群众、贴近生活，能灵活应变市场变化，为城市居民提供方便，是城市中不可或缺的一个群体，其中不少还是我国非物质文化传承人。扶持个体经营者是坚持市场主导、推进供给侧结构性改革、培育发展新动能和扩大就业的重要举措，有利于调动社会投资积极性，支持大众创业、万众创新的发展。个体经营者队伍的发展壮大也是培育小微企业和技术精英企业的基础。

## 五、扶持陕西省民营企业进一步发展的对策建议

根据以上的调查分析和理念思考，提出扶持陕西省民营企业进一步发展的具体对策，建议如下：

（1）一视同仁地执行"三去一降一补"的改革任务，使民营企业和民间投资同步得到提升和改善。"三去一降一补"是当前进行供给侧结构性改革的重点，也是民营企业和民间投资改变结构性矛盾，促使其在产业结构和投资结构趋向合理化的良好机遇。在具体执行中，要顺从市场经济发展规律，鼓励和引导民营企业参与国有企业的改制重组，合理降低国有控股企业中的国有资本比例；在简政放权的基础上，要继续精简各种行政审批前置中介评估项目，缩短行政审批和中介审批时间，降低收费标准，降低制度性成本；在化解过剩产能、促进传统产业的转型升级和新兴产业的支持培育等方面同样给予政策和物质的扶持，让民营企业看到希望，增强信心，使民间投资更多离虚务实，流向实体经济。

（2）制定详细的投资负面清单，给民间资本清晰充分的投资保障。中共十八届三中全会决议指出，实行统一的市场准入制度，在制定负面清单基础上，各类市场主体可依法平等进入清单之外领域。负面清单模式赋予了市场主体更充分的行为自由，按负面清单模式"无禁则可入"的管理规则，凡是负面清单没有列入的领域或项目，民间企业都可以经营，民间投资都可以进入，这就给民营企业一个充分公开透明的信息和保证，使民间投资者按照市场经济规律来补短板、上项目，使投资在

法律的层面上得到保障。

（3）推行混合所有制模式，加快国有企业改革步伐。混合所有制改革是破除行业垄断，让民间资本真实进入成长性好、资本利润率高的高端行业、现代服务业等领域的主要途径，也是通过整合民间资本、以新技术和新业态来提升传统产业，提高管理水平和产品档次的有效举措。要按照国务院和有关部门印发的《关于国有企业发展混合所有制经济的意见》提出的总体要求、核心思路和配套措施，采取政府引导、市场运作的方法，坚持严格程序、规范操作，按照不同类型的企业，稳妥推进，促使具备条件的国有企业实现投资主体的多元化，鼓励非国有企业参与经营。

（4）大力推广PPP合作模式，为中小城市基础设施建设引进民间资本。PPP模式是导入民间资本进入城市基础设施和其他一些公共设施项目领域的重要引擎。西安市最近举行"城建PPP项目集中开工动员会"，引进社会投资59.46亿元，先后开工一批城市地下综合管廊和道路建设改造工程，并提出"优质服务零距离、环境保障零干扰、落实政策零折扣"的标准，全力为项目顺利实施"保驾护航"，确保项目早竣工、早见效，为全省进一步发展PPP模式开了一个好头。推广PPP模式是解决新一轮城镇化建设资金的良策，也是提升国家治理体系和治理能力现代化的考验，这就必须进一步解放思想，按照国务院批复、国家发改委和财政部下发的一系列有关PPP项目建设的文件和指导意见，拓宽城市公共服务和基础设施等领域的市场准入，提高新建项目决策的科学性，遴选好PPP模式适用项目。同时要落实财政承受能力论证和对特定项目的特许经营权，以保证按合约退出机制的良性实现。要防止保底承诺、回购安排、明股暗债等作伪变相融资，加强有关法治建设，通过完善的规章制度保持PPP项目健康规范发展。

（5）以改革创新的决心彻底解决民营企业贷款难题。活跃的金融市场是市场经济活力的必要条件，更是民营企业特别是民营小微企业生存和发展的基础。由于受信息不对称和操作成本高的客观因素制约，多年的实践证明，靠全国性的大型银行是不能解决民营企业信贷难的问题的，只有地方中小银行才是小微企业的天然伙伴。把地区性的中小银行作为发展中小微企业金融系统的基础也是新结构主义经济学的政策主张之一。要遵照国务院《关于金融体制改革的决定》中有关规定的精神，下决心开放地区性中小银行市场准入禁区，简化审批手续，制定扶持政策，吸引民间资金组建县域或镇域的城市合作银行和农村合作银行，为中小企业、农业和发展地区经济服务。要相应建立必要的法规制度，促使地区性中小银行正常有序运营，并在此类银行中慎行CDS业务，以防止高杠杆率等乱象的发生。对民营各类非银行金融机构如金融类投资公司、金融租赁公司、企业集团财务公司等,更要适当放宽市场准入条件,积极扶持,正确引导,使其真正发挥对小微企业保驾护航的作用。

(6)大力推广"互联网+",为民营企业插上翅膀。要充分利用第三方平台和互联网供给手段,广泛开展产品交易,提升国内外市场占有率。鼓励民营企业利用物联网、云计算、大数据等技术,开展故障预警、远程维护、质量诊断、远程过程优化等在线增值服务;发展大规模个性化定制,支持企业利用互联网采集并对接用户个性化需求,推进设计研发、生产制造和供应链管理等关键环节的创新服务;鼓励民营企业基于互联网拓展产品价值空间,实现从制造向"制造+服务"的转型升级;加快跨境电子商务监管平台建设,鼓励民营制造业和实体零售商综合利用网上商店、移动支付等技术,拓宽销售市场,推进跨境贸易电子商务,提高陕西省产品在网上销售的占有量,打造网上丝绸之路;强化互联网络思维,利用社交网络及新媒体手段,鼓励有条件的民营企业自建平台(微商平台),开展针对性营销和业务合作。为推广"互联网+"和民营企业和民间投资的进一步融合,要加强对陕西省三大网商的管理,进一步提高宽网网速和覆盖面,降低收费标准,更好地为陕西省民营经济的升级换代服务。

(7)着力提升陕西省产业集群化水平,促进发展一批"专、精、特、新"型中小配套企业。陕西省具有实力雄厚的大型整机企业众多,配套要求领域广,技术含量高,品种多。按照"有效的市场"和"有为的政府"的要求,建议有关部门协调全省各大型制造厂商,提出并制定配套项目详细名单,引导民间资本和民营企业投资改造,上档次、上水平。在政府积极扶持下,培育和支持一批具有配套能力的民营中小企业向"专、精、特、新"的方向发展,围绕大企业的配套需要,形成全省专业较强的民营中小企业群。依托陕西省农业优势产业,推进三产融合发展,设立一批三产融合示范园和三产融合示范企业。

(8)筹组廉租厂房和廉租门面房,为小微企业降低成本。调查中普遍反映,近年来高企的房租是提高成本、压缩利润空间甚至造成亏损的一个主要原因。一方面当前包括大型商场和街面上的门面房大量空置,一方面部分小微工业和商贸企业因租不起厂房或门面房而压缩经营规模或停业,使商场显得萧条,街面显得冷落。为解决这一矛盾,建议仿照居民廉租房的办法,引导民间投资加政府补贴的办法,建立商用房廉租基金,征租适宜地段现有空置门面房和厂房,廉价租给有需要的小微企业,帮助其降低成本,提高生存空间。

(写于2016年)

# 工业互联赋能陕西制造业服务化转型升级研究

中心课题组
成　员：黄光灿　马莉莉

**摘　要**　中国已跻身制造业全球价值网络核心区，但高端中间品投入仍受制于发达国家，中国制造业迫切面临转型升级。在大国博弈和新技术变革的背景下，工业互联技术及基础设施依据自身资本特性、技术特性和数字特性为制造业服务化转型赋能，提升制造品服务化产出和非制造品服务化产出，增加制造业企业服务价值，并实现全球价值链升级。电子信息产业是工业互联基础设施的产业支撑，电子信息制造和软件业务发展为工业互联衍生提供基础，但中国区域分布差异悬殊，陕西虽有相关制造和软件领域的领导型企业，但结构、规模和质量仍有很大发展空间。政府在新产业兴起的过程中有必要通过差异化公共服务供给引导高质量产业集群、新业态创新、全产业链构建、国内国际循环和价值观赋予，以此完善经济治理。

## 一、制造业转型升级中的工业互联和服务化

中国制造业在全球网络中的规模不断壮大，产业成长迅速，并跻身全球三大区域制造网络的核心位置，但在部分关键行业的中间投入品生产仍然没有全球主导权和领导力量。因此，中国制造业的发展目前正在技术创新和市场开拓层面进行升级路径的探索性突破。制造业技术创新的变革可以分为产品技术创新和基础设施技术创新，市场拓展的变革可以分为产业间融合和制造业服务化。其中对工业互联基础设施和制造业服务化的发展是中国制造业转型升级的新发力点。

科技产业革命是人类社会高速发展的助推力,并直接决定了现当代的世界秩序。在科学技术持续爆发的时代,新技术的研发和应用得到各国的重视。新一代信息通信技术承接互联网技术发展,与制造业深度融合,出现工业互联网及其相关技术在全球范围的爆发式兴起。工业互联作为一种新型基础设施的重要内容,是制造业企业技术创新的生产资本表现。不同于产品技术创新的是,基础设施技术创新将在制造业产品层面之上为制造业转型升级提供新的推动力。据研究测算,全球与工业4.0有关的产品和服务将会在未来几年以27.04%的年均速度增长,从2020年的1190亿美元增长到2023年的3200亿美元(高柏,2020)。技术创新的背景下,硬件和实物先行,经济业态和创新模式跟进。电子信息产业作为工业互联的基础产业,为工业互联提供业态和形式衍生基础,并进一步促进工业互联深度服务于制造业发展。

随着价值链分工下的制造业全球价值网络成型,新世纪的全球化正在从货物贸易向服务贸易转变,以服务贸易为主导的全球价值链也随着制造业全球价值网络的壮大而同步形成。由于近年来逆全球化浪潮的盛行,传统货物贸易在全球范围持续走弱,服务贸易表现出相对的发展新趋势(戴翔,2016),各国以进口国际服务化投入来增强本地国内的实物商品竞争力。服务贸易的发展促使开放经济下的制造业转型升级产生了根本性的变化:产业层面,制造业和服务业融合发展,促使单一形态的商品或服务具有产业复合的特性和价值;企业层面,制造业的主要价值创造环节由生产制造向服务技术转移。前者是传统的两产融合模式,后者是在制造业企业内部出现的制造业服务化现象。发达国家在过去推行的"去工业化"进程把制造业实体转向了新兴发展中国家,本国国内的服务化水平大大提高,如美国、英国。而现在是新一轮制造业迸发的时代,各国都在促使制造业留在自己国家,尤其是有更高程度服务化的高端制造业。

## 二、工业互联和制造业服务化的基本认识

### (一)工业互联的内涵与体系

工业互联网集成了新一代信息通信技术(ICT)和现代工业技术,是一套涵盖数字化、网络化、智能化等通用目的技术(General Purpose Technology,GPT)的综合技术体系,为改造提升传统产业、培育发展新兴产业、发展先进制造业提供了一套可行系统解决方案(杨春立、孙会峰,2019)。工业互联是由新一代信息通信技术的突破创新驱动,并以万物互联的形式应用到制造业产业的智能变革。

工业互联网是满足工业智能化发展需求，具有低时延、高可靠、广覆盖特点的关键网络基础设施，是新一代信息通信技术与先进制造业深度融合所形成的新兴业态和应用模式，包括以网络为基础、以平台为核心、以安全为保障的三大体系（杨春立、孙会峰，2019）。工业互联以智能技术为主要支撑，以重资产、高技术门槛为主要特征，致力于以降低生产成本和提高生产效率为主要目标，推动工业生产方式向数字化、网络化、智能化转型，并在创新生产方式中实现价值创造。（图1）

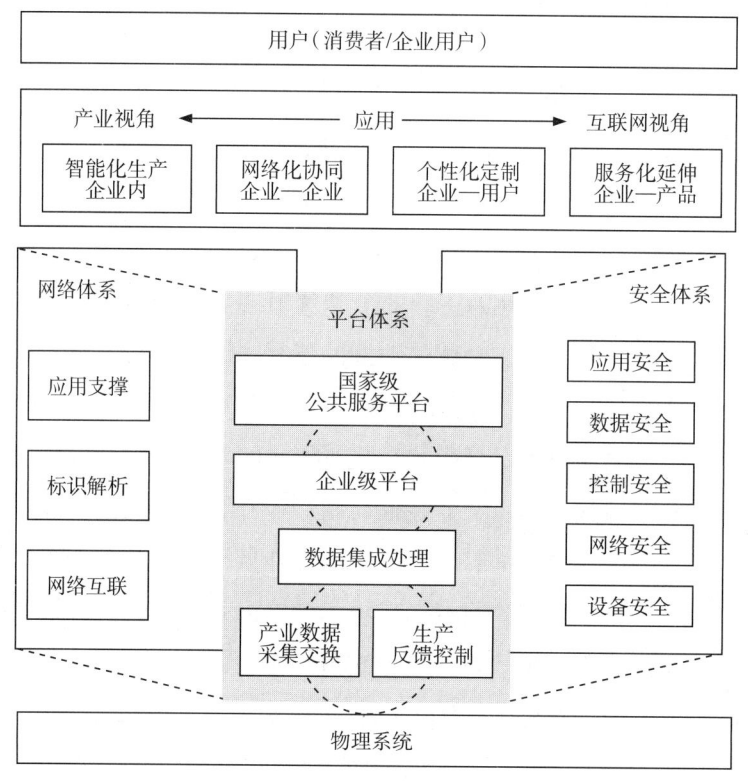

图1　中国工业互联网的三大体系

资料来源：中国电子信息产业发展研究院编著，杨春立，孙会峰主编. 工业互联网创新实践[M]. 北京：电子工业出版社，2019：12.

工业互联正以平台经济形式加速赋能全球制造业转型升级。制造业依托工业互联技术实现"智能产品＋智能服务"一体化发展，构筑制造业与服务业深度融合的产业价值网络，"生产＋服务"成为促进传统制造业转型升级的主要方向。但缺乏应用场景、"信息孤岛"和本土关键技术供给不足等是制约中国工业互联网平台发展的因素。中国实现产业高质量发展的根本目标是产业转型升级，而产业数字化转型驱动的效率提升是基本前提,产业融合是必要条件(肖旭、戚聿东,2019)。新一代信息技术的突破创新驱动万物互联的工业应用;企业数字转型加速牵引工业互联网发展;先进制造体系的智能变革为工业互联网提供广阔的发展空间;产业生态系统的整合促进工业互联网的完善。

人工智能技术一开始就是一种通用目的的信息通信技术(ICT),是新一代信息技术(IDC 是其核心基础设施)的集成,因此具有一般 ICT 的基本技术—经济特征:渗透性、替代性、协同性和创造性(蔡跃洲,2018)。人工智能四项基本技术—经济特征在很大程度上决定了其影响经济增长的作用机制(蔡跃洲,2019),同时也在很大程度上决定了其影响产业转型升级的逻辑路径,尤其是与人工智能技术最为关联的制造业。渗透性特征决定了人工智能对制造业转型升级的影响具有全局性和广泛性;而替代性特征则是将"人工智能资本"作为一种新的生产要素并对其他传统要素进行替代;协同性是从微观层面带来更多的企业投入产出效率;创造性体现在促进技术进步而提高研发效率和生产效率。数据结构与算法是人工智能技术的核心,也是工业互联技术的核心支持。工业互联与人工智能有很大重合,并具有很多人工智能携带的技术—经济特征。

### (二)制造业服务化的分类和发展趋势

在制造业价值链不断丰富和完善的当下,链条环节在快速被分割并固化,企图在制造业价值链上嵌入尤为困难。而制造与再制造所衍生或必需的相关服务则是制造业服务化转型的新思路和破题关键。制造服务化也是新时代制造业供应链架构的新特征。

制造业服务化分为投入服务化(刘维刚、倪红福,2018)和产出服务化。目前,很多研究多是探讨制造业投入服务化,其重要表现之一即制造业通过服务外包充分发挥自身生产优势并增加产品价值。有研究表明,服务业投入约占制造业总出口的 37%(Miroudot and Cadestin,2017)。只有生产制造过程的服务价值投入增加,才会直接带来制造业产出服务化的提升。制造业服务化是制造业企业在内部进行的一种"产业融合"方式。

发达国家以研发设计、信息科技、金融法律服务化为主,而发展中国家以包装物流、运输仓储服务化为主(胡昭玲、夏秋、孙广宇,2017)。服务投入价值占发达国家出口额的三分之一,而发展中国家这一数据则是四分之一(Lanz and Maurer,2015)。制造业服务化的表现包括但不限于运输仓储服务化、邮电通信服务化、金融保险服务化、研发服务化和其他商业服务化（杨玲，2015）。当更多的服务价值被投入制造价值链中，制造的产成品增加值也会相应提升，制造企业的主营业务收入和利润总额同样会增长。

在价值链中与制造相关的服务有制造服务和再制造服务，这些服务贯穿于制造业全球价值链各个环节，并具有不同程度的价值（Tait and Gereffi，2016）。正如微笑曲线的价值分布，与制造相关的服务价值也是更多地集中在价值链的研发设计、营销和售后服务等环节。在由原材料向产成品过渡的生产制造环节，全部都是较低价值的标准服务，如产品管理、车间操作、控制服务、工人服务、运输服务，其服务还具有机械化、重复性、标准化特征。而工业互联或人工智能最能够切入制造业的环节就是生产制造环节，利用机器人一定程度代替并优化工人车间劳动，使用通信传感器、大数据物联平台进行产品管理和流程控制，收集、挖掘流通节点中的客户数据，匹配生产计划。工业互联将负责更多较低价值的标准服务任务，调配具有更多技术价值的人才劳动分流至高价值服务节点，提升制造业产成品的质量、数量以及增加值。（图2）

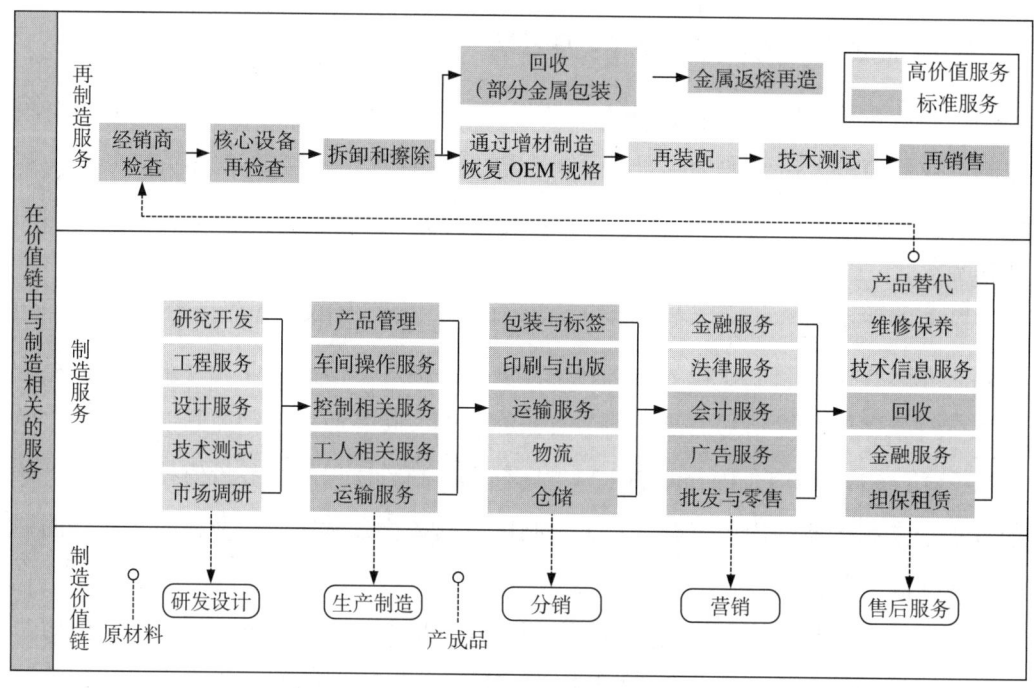

图2 价值链中与制造相关服务的核心节点

资料来源：Tait, K. & Gereffi, G. Remanufacturing Services in the Construction Machinery Value Chain. Services in Global Value Chains：Manufacturing-Related Services, 2016：417.

除了作为投入购买的服务和企业内部自身的服务活动外，制造业企业越来越多地生产和出口服务，以补充或替代其销售的产品，其根本目的是通过向服务转变来增加更多价值并与客户建立长久的战略关系（Miroudot and Cadestin，2017）。目前，制造业产出服务化还无法准确核算，这是因为该制造业服务化产出依赖于该企业主营业务的商品结构和收入明细。制造业产出服务化能力是由其生产制造的产品规模、质量、应用场景和未来需求等多种因素共同决定的。当制造业企业在生产产品方面不够强大时，该企业是无法进行产出服务化转型的，因为企业无法基于主营的制造产成品进行服务业态的转化输出。当制造业企业专注于主营的制造产成品并形成"制造标准"时，实物产品将衍生出服务价值，此状态下的制造业企业将会基于制造产成品向客户提供一系列高价值的服务产品，如各种一体化解决方案。一体化解决方案是供应商提供有形产品、无形服务和其他支持商品的组合（Brax & Jonsson，2009），是制造业产出服务化的典型形式，本质是制造和服务的共生融合（黄群慧、霍景东，2015）。

### 三、工业互联赋能制造业服务化转型升级的作用机制

制造业服务化转型升级是通过加大制造业企业的服务化投入来提高制造业的服务化产出附加值，在制造的产品上获取更多的无形服务价值，进而提升中国制造业产业的国际竞争力与全球地位。工业互联对制造业服务化转型升级有着赋能作用。

#### （一）制造业服务化的全球价值链节点演进

全球价值链的传统攀升理论主要基于两个维度：技术创新和市场开拓。一般制造业的价值链环节都可以在微笑曲线上予以价值创造的表示。在价值链的上游生产环节，研发设计需要大量的技术投入，制造业企业会通过技术创新推动供给端，但自生演化耗时漫长。在价值链的下游流通环节，品牌服务为其开拓市场，并不断衍生，但在很大程度上取决于市场需求和已有的产业规模。基于价值链升级的传统演进机制，制造业企业在引入工业互联技术及其基础设施的同时，工业互联会赋能制造业发展，其中一个重要表现即制造业服务化。工业互联技术及其基础设施通过自身带有技术的资本形态赋能制造业服务化的投入和产出，表现在价值链条上即技术服务化和市场服务化。价值链的上游生产环节主要是以技术为主导，纳入工业互联的制造业企业将相对加大更高技术含量的服务投入以替代已有的人工投入，如生产

运行的检测监控会替代人工并提升生产效率和产品质量，相对地增加了技术服务化投入。而价值链的下游流通环节主要是以市场为主导，纳入工业互联的制造业企业将根据市场需求和产品要求输出与产品匹配的系统解决方案，在该环节部分增加了大量高质量的服务化产出，以支持产品被更好地使用和开拓更大的市场。一个完整的制造业价值链条因此实现了上游生产和下游流通的双向服务化升级。（图3）

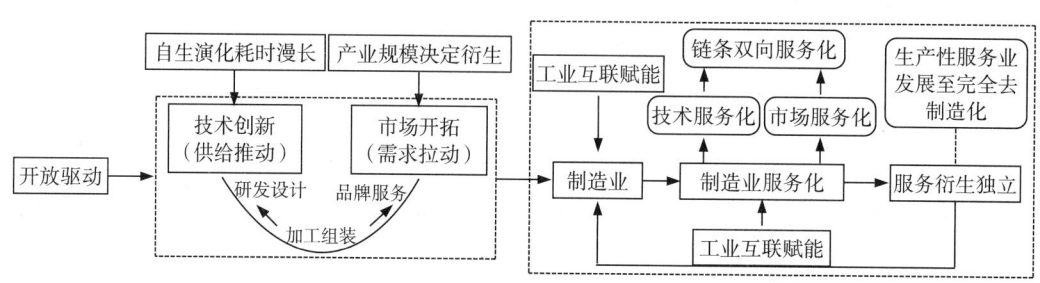

图3　开放驱动下的制造业赋能式服务化演进的简要逻辑

## （二）工业互联赋能制造业服务化转型的微观机制

工业互联作为一种携带技术创新内涵的工业基础设施，是以固定资本要素的形式参与制造业发展，具有技术资本双重特征。此外，工业互联基础设施的数字特性，决定了采用工业互联的制造业企业有条件为客户提供制造品之外的无形服务。非制造品服务化与制造品服务化共同组成了制造业服务化（图4）。制造业服务化是企业在制造范畴内为寻求市场拓展而进行的一种特殊的产业融合转型行动，也是一种生产结果。因此，携

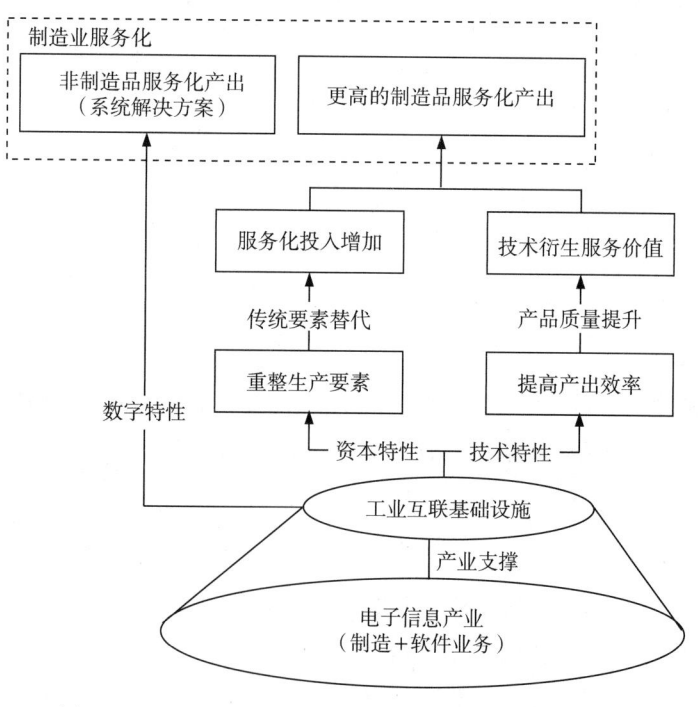

图4　工业互联基础设施赋能制造业服务化转型升级

带技术的新型资本势必会直接影响制造业企业的服务化生产结果。

第一，工业互联会对部分传统资本和劳动形成替代，相对增加服务化投入。工业互联以新一代信息通信技术为基础，在企业内部对制造业生产过程进行数字化、网络化和智能化赋能，甚至是跨企业、跨行业实时信息共享与资源协同调配。所有生产要素的投入将得到优化，减少原材料生产成本。工业互联为制造业带来了生产流程的创新协作与企业管理的创新变革。部分机械、重复的工人劳动被工业互联的智能化所替代。工业互联网平台还在非生产环节直接为行政管理工作提供数字一体化解决方案，增加技术、管理和财务服务投入，并优化管理流程，提升管理效率，最终的产出服务化价值提升也随着产品销售而实现。

第二，工业互联会显著提升制造业产业的生产率和产品质量。工业互联基础设施的数字化、网络化、智能化在参与制造业生产，会协同制造过程，降低生产成本（何帆、刘红霞，2019）和产品不良率，提高制造业的生产率并使产品拥有更高的品质。该生产率提高的过程带有技术创新改变制造业生产边界的效应，因此，工业互联的应用将提高同等要素投入下的制造业原有产出水平。这一生产边界的增长归因于工业互联资本和技术的双重投入。在制造业生产函数中，技术要素和资本要素重构，并同时影响其他生产要素共同作用生产函数，使制造业形成新的更高的生产能力。产品质量的提升也使得自身价值增加，这部分价值来源于技术变革带来的服务化价值，而非传统要素的直接投入带来的。

第三，工业互联为制造业企业非制造品服务化产出提供条件。工业互联基础设施以电子信息产业为基础，电子信息产业的发展水平和集聚规模直接决定了制造业生产的工业互联基础设施的应用水平和普及程度，而数字化、网络化特征也决定了工业互联基础设施本身带有明显的数字特性。制造业企业有更多的条件为客户提供依托制造品而衍生的独立服务，这部分纯服务产出即为非制造品服务化产出，可以相对于制造品单独实现价值，如系统解决方案。制造业企业提供非制造品服务是为了相关制造品能够为客户实现更多价值，而该过程本身就为制造业企业提供了更多的服务化产出。

综上所述，工业互联对其他传统生产要素形成替代效应，是由于工业互联的资本特性在起作用，并未改变生产边界；而工业互联提升制造业产业生产率和产品质量的促进效应，则是由于工业互联的技术特性在起作用，直接改变生产边界。技术—资本的双重特性是工业互联作为一种新的生产要素的特殊之处，工业互联终将优化制造业企业的要素配置结构和生产能力，并重新定义服务化投入与产出。

## 四、电子信息产业规模与工业互联需求前景

工业互联基础设施以电子信息产业的演进而不断衍生，电子信息产业的规模和技术决定了工业互联基础设施建设的内容、形式，同时一定程度上反映工业互联的需求前景。

### （一）电子信息产业的产出规模与业务结构

近年来，中国电子信息产业收入规模不断增长。2005年，中国规模以上电子信息产业收入为3.49万亿元，其中制造业主营业务收入为3.1万亿元，占整个产业的88.83%，软件业务收入甚少。随着软件业务技术含量和价值创造能力的不断提高，2017年中国电子信息产业软件收入达到5.51亿元，占电子信息产业整体收入18.54万亿元的29.72%。电子信息产业的制造与软件结构在日益优化，且表现出软件业务增长速度快于制造业的特点。这符合中国电子信息产业结构的合理化和高级化要求：制造与软件业务的规模匹配能够更多地服务于整个国民经济的持续发展。硬件的使用要配合软件的调度。（图5）

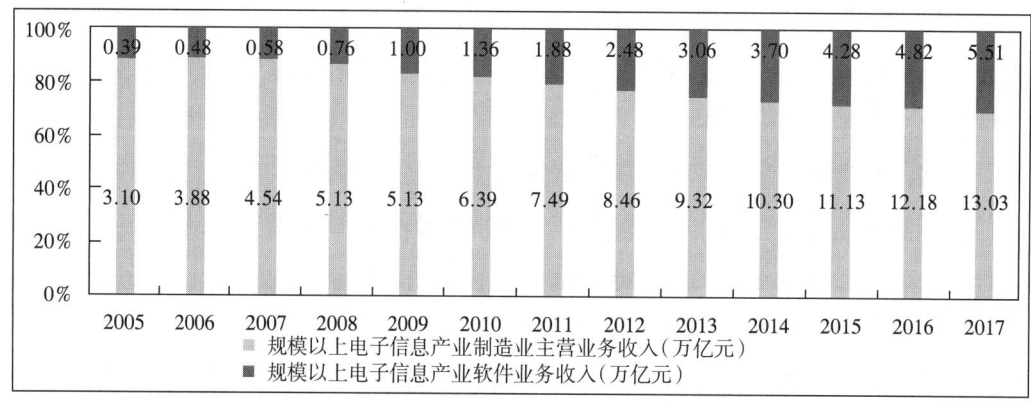

图5 电子信息产业制造业与软件业规模及结构

数据来源：《中国电子信息产业统计年鉴》（2005—2017）；因年鉴统计口径不同，2005年的主营业务收入由产品销售收入替代，下同。

### （二）电子信息产业的区域差异与陕西基础

东部地区在中国改革开放的进程中吸引了大量优质要素，并聚集了超大规模的产业体系，包括电子信息产业。2005年，东部地区电子信息制造业的主营业务收入达到2.95万亿元，占全国的95.29%，中部和西部地区分别占比2.67%和2.04%。

在不断的产业发展和优化中,尤其是新时代以来,中西部地区奋起直追,承接低技术和低价值制造业的同时也通过优惠的财政政策大力吸引高技术产业。中部地区在2012年实现了全国10%份额的突破,并在2017年占比16.04%。而相较中部地区,西部地区的发展更为缓慢,在2017年,其电子信息制造业主营业务收入的份额仅占全国的8.78%,收入规模仅为1.14万亿元,远不及2005年的东部地区。(图6)

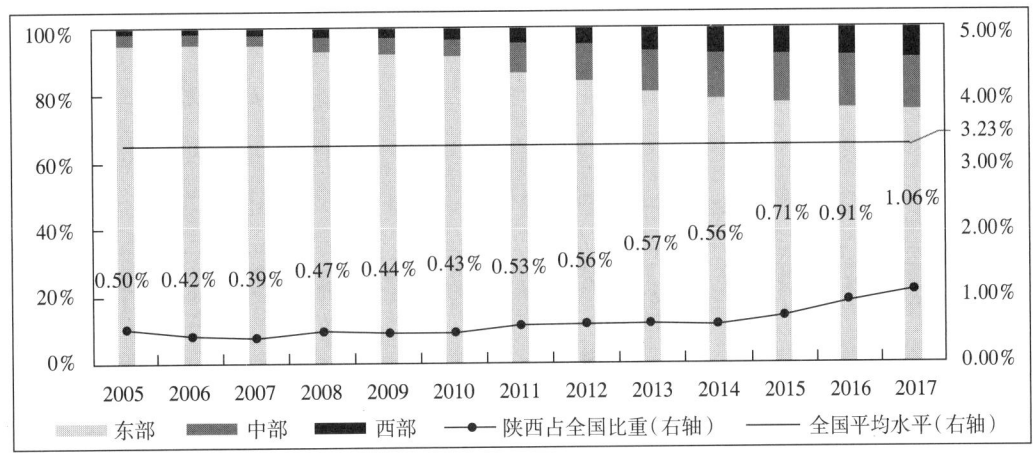

图6 东中西部电子信息产业制造业主营业务收入占比分布及陕西份额

陕西作为西北地区第一大省,在多个层面引领着西北地区发展,但其电子信息产业制造业发展却相对落后。陕西电子信息制造业主营业务收入在2005年为155亿元,每年不断增长,至2017年,收入规模年均增长19.96%。但重庆于2010年后出现爆发式增长,并在2016年以4142亿元的收入超过基础较好的四川,2005—2017年间复合增长47.30%。相比重庆的"奋起直追",陕西电子信息制造业发展逊色不少(图7)。在新一代信息通信技术的持续变革中,工业互联、人工智能等不同新形态渗入生产、生活,而支撑这一变化过程的核心即电子信息产业。电子信息产

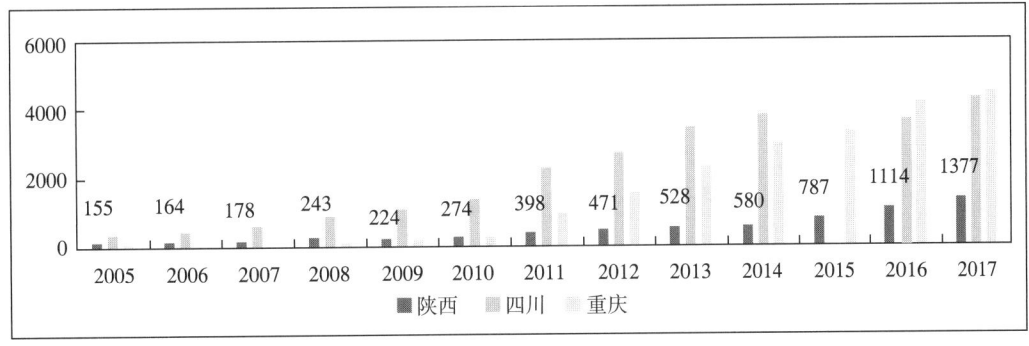

图7 陕、川、渝电子信息产业制造业主营业务收入规模(亿元)

业制造业是携带新技术的现代产业体系持续不断衍生的主要母体，其庞大的规模直接决定着工业互联赋能一个地区的制造业升级，包括制造业服务化转型。

电子信息产业最重要的是其制造业，此外还包括软件业务。软件业务需要大量高技术人才，并且不像需要大规模有形货物流转的制造业一样，受到地理位置和交通条件的束缚。在"三线建设"时期，西部地区聚集了大量的科研项目和国防工业，奠定了如今西部地区的独有特色。因此，西部地区的软件业务收入在全国份额一直超过中部地区。2014 年，西部地区电子信息产业软件业务收入达到 3711.49 亿元，占全国 10.02%。在 2005—2017 年间，全国电子信息产业软件业务的分布变动很小，这与软件行业作为一种服务业有关：人才聚集具有一定时期的稳定性，服务业不如制造业的外迁性频繁，业务活动受到地理位置的约束较小。（图 8）

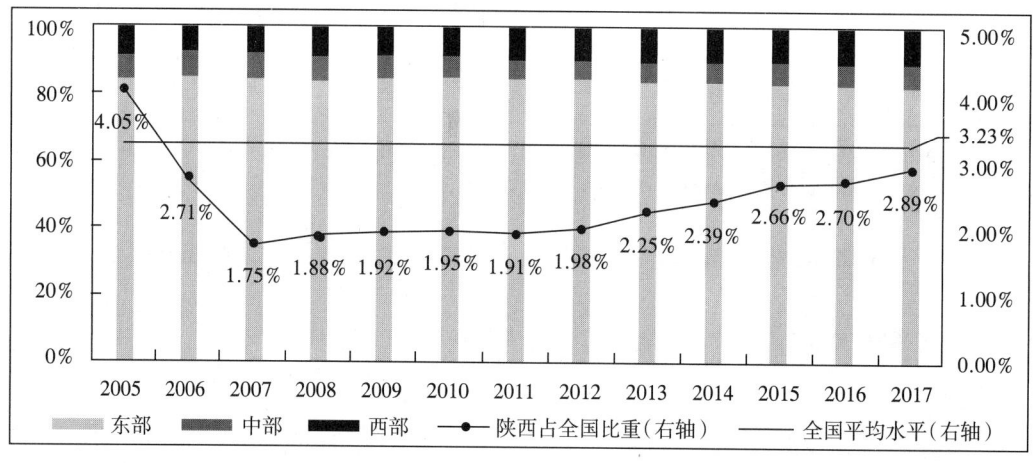

图8　东中西部电子信息产业软件业务收入占比分布及陕西份额

数据来源：《中国电子信息产业统计年鉴（软件篇）》（2005—2017）。

从电子信息产业软件业务收入来看，陕西在全国的份额要远高于该地区制造业收入在全国的比重，并且在西部地区也有着一定地位。相较于陕西同时期的制造业收入规模，其软件业务收入规模略高于重庆，但四川依然是西部地区的领头羊。西部大开发初期，陕西在电子信息产业软件业务方面有着较好基础，2005 年的收入规模达到 158 亿元，而同期的四川、重庆分别只有 62.69 亿元和 54.09 亿元。但随着西部大开发的持续深入，四川在 2007 年之后开始赶超陕西，并迅速成为西部地区的电子信息软件的第一位，直至 2017 年其收入规模达到 2782.23 亿元，而陕西仅为 1594 亿元，略高于重庆并位居西部地区第二位。基于电子信息产业制造业发展的软件业务应按照一定比例结构与制造业协同，但陕西的电子信息制造与软件并不"和谐"，制造业务的薄弱将直接制约软件业务的发展并降低软件业务的发展天花板。（图 9）

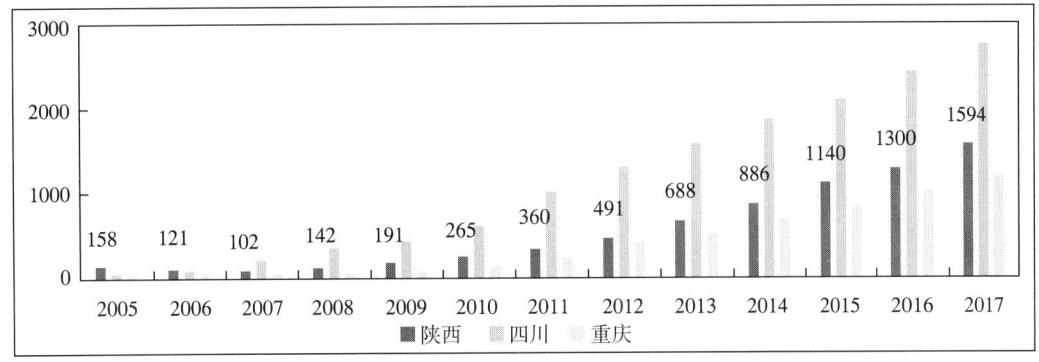

图9 陕、川、渝电子信息产业软件业务收入规模（亿元）

数据来源：《中国电子信息产业统计年鉴（软件篇）》（2005—2017），2016年的四川（1278.329亿元）和重庆（2423.087亿元）软件业务收入有误，采用插值法分别替换为2454.072亿元和1033.125亿元。

### （三）工业互联应用场景与需求前景

我国工业互联网的应用场景已基本覆盖机械、钢铁、电子、石化、汽车、机械、轻工等制造业主要门类，并不断向技术门槛更高的能源、交运设备和医疗器械行业拓展，逐步向价值链两端的设计和服务环节延伸。促进制造业企业提质降本增效是工业互联网经济社会效应之一。工业互联网此外还优化社会资源协作，使制造业服务化程度加深，创造更多新价值。

工业互联网应用场景可以分为三大类：设备与产品管理、业务与运营优化、社会化资源协作。由图10可见，中国制造业企业大多应用工业互联的首要目的是为了降低成本，减少能耗、损失及其他生产成本，仅仅聚焦于生产设备和产品的管理。这对于工业互联技术及其基础设施的要求并不高，在过去工业自动化的时代就持续不断发展至今，且自动化高度不断提升，数据和网络驱动下的智能化特征逐渐显现。随着对工业自动化技术的要求提高和应用的普及，制造业企业逐渐在业务与运营优化层面开始着重生产和管理效率的提高。但目前工业互联在该领域还是集中在生产制造优化和流程管理，为的是提高生产制造效率，而在员工赋能来提升产品质量方面还有很大的应用空间，这取决于工业互联技术的持续发展和与人工智能的结合。制造过程中对新价值的创造是今后制造业转型升级的落脚点，而工业互联可以对社会化资源协作起到促进作用，如帮助企业与客户建立定制化交易，帮助企业与企业进行价值链不同环节的协同与共享并在产业间层面推动融合。

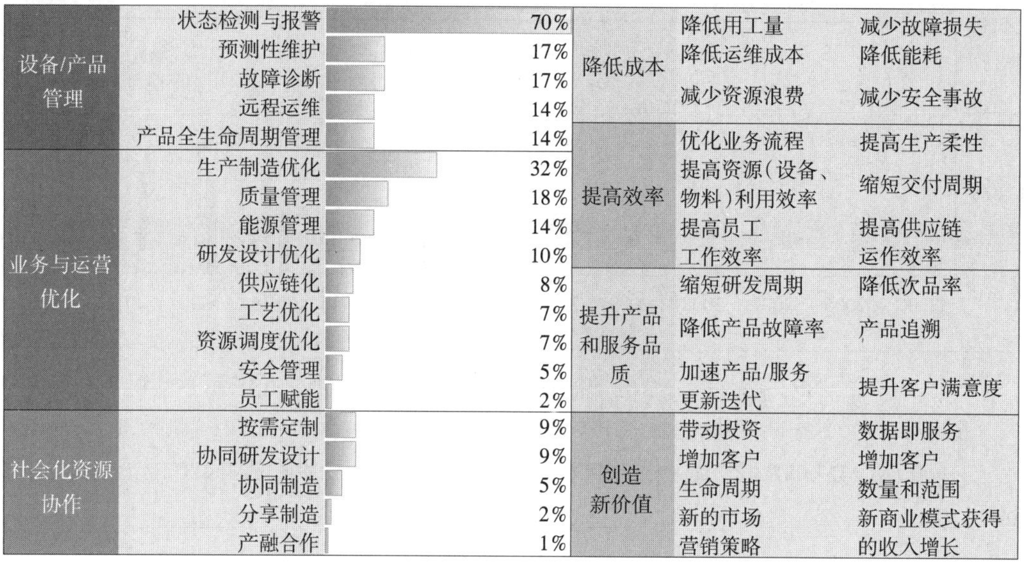

| 设备/产品管理 | 状态检测与报警 | 70% | 降低成本 | 降低用工量 | 减少故障损失 |
|---|---|---|---|---|---|
| | 预测性维护 | 17% | | 降低运维成本 | 降低能耗 |
| | 故障诊断 | 17% | | 减少资源浪费 | 减少安全事故 |
| | 远程运维 | 14% | | | |
| | 产品全生命周期管理 | 14% | | | |
| 业务与运营优化 | 生产制造优化 | 32% | 提高效率 | 优化业务流程 | 提高生产柔性 |
| | 质量管理 | 18% | | 提高资源(设备、物料)利用效率 | 缩短交付周期 |
| | 能源管理 | 14% | | 提高员工工作效率 | 提高供应链运作效率 |
| | 研发设计优化 | 10% | | | |
| | 供应链化 | 8% | 提升产品和服务品质 | 缩短研发周期 | 降低次品率 |
| | 工艺优化 | 7% | | 降低产品故障率 | 产品追溯 |
| | 资源调度优化 | 7% | | 加速产品/服务更新迭代 | 提升客户满意度 |
| | 安全管理 | 5% | | | |
| | 员工赋能 | 2% | | | |
| 社会化资源协作 | 按需定制 | 9% | 创造新价值 | 带动投资 | 数据即服务 |
| | 协同研发设计 | 9% | | 增加客户生命周期 | 增加客户数量和范围 |
| | 协同制造 | 5% | | 新的市场营销策略 | 新商业模式获得的收入增长 |
| | 分享制造 | 2% | | | |
| | 产融合作 | 1% | | | |

图10 工业互联网应用场景及应用案例成效

资料来源：华安证券研究所、《工业互联网创新发展白皮书》。

从目前的工业互联网应用场景来看，三大类场景的落地有着阶梯状的先后顺序：设备与产品管理先行，业务与运营优化深入，社会化资源协作提升。其实质的决定因素在于工业互联技术的发展基础及其与制造业生产的融合状况。工业企业开展工业互联网落地主要集中在降本增效，在生产车间监控运营情况，提高生产过程中的投入产出效率，并减少人工投入。工业互联网的需求还体现在提升质量，包括产品良品率和生产精度，但仅依靠数据驱动的管理难度较大，需引入人工智能或智能化专用设备协作工业互联平台共同提升。

## 五、大国博弈和新技术变革下的政府经济治理

政府进行经济治理是以公共服务供给为主要方式进行的，尤其在大国博弈和新技术变革下充分发挥公共服务职能，为中国国内制造业转型升级和重塑全球制造产业格局贡献"对内""对外"双向的中国治理力量。

### （一）大国博弈下的经济治理必要性

中美之间持续不断的大国博弈分为三个层次：贸易战是首要出现的第一层次，产业制高点的争夺是第二层次，而大国体制的竞争则是更具深度的第三层次。三大层次的不同博弈表现共同构成了世界经济"震荡"的中美力量竞合。贸易战是博弈的表层，主战场集中在进出口制裁，但其贸易行为的背后是两国的市场主体和市场

需求，这些影响将直接导致高端制造产业在全球范围的重新布局。大国博弈影响下的全球产业链、供应链重塑即中美之争目前的第二层次，其影响范围不单单是国际市场份额和贸易账户平衡，而将覆盖全球的产业网络布局和等级制度。而其推动甚至主导前两个层面博弈的力量并非是制造业企业或是其他市场主体，而是更为深层次的国家体制。中美博弈的三个层次由表及里，统一存在又具有不同的表现。

### （二）新技术变革下的经济治理必要性

新技术变革把全世界带入到新一轮的技术爆发时代。科学技术是一把双刃剑，技术推动了全球生活水准和福祉的普遍进步，但也会对社会发展产生诸多负面影响，如新技术创造下的财富集中到少数人手中、劳动力错配甚至被滥用、环境被污染破坏等。新一代信息通信技术与制造业深度融合是当下新技术的切实发展，其本身具有政治性，因为新技术是通过社会机制开发出来的解决方案、产品和举措（克劳斯·施瓦布，尼古拉斯·戴维斯，2018）。工业互联赋能制造业服务化转型升级必然会融入工业生产和社会生活，政府和所有参与者有责任考虑其社会价值观与新技术的关系。为技术赋予价值观是新技术变革下经济治理的重要内容。制造业企业的市场主体力量是逐利、短视、发散的，具有明显的缺陷性。政府超越企业层面，具有公信力、统筹力和时代战略合力，能够通过提供公共服务和创新机制体制来有效引导新兴技术、产业和业态服务于社会经济朝着一个未来、可期、共识、科学的方向发展。

### （三）制造业经济治理的中国价值

第一，为工业互联技术新变革赋予价值观，收敛技术推动经济发展的作用路径，使其赋能制造业生产，更好地服务经济发展和世界繁荣。技术在研发和应用时都在表达社会的诉求，因此所有技术都具有政治性。工业互联技术与制造业生产系统相互塑造，目前的制造业生产系统是过往技术文明的产物，而工业互联技术又是我们最新创造的成果。斯图尔特·沃利斯（Stewart Wallis）认为价值观为人类经济发展提供明确的终点和描述如何到达终点的途径，这是非常重要的。

第二，加速推动制造业产业应用新技术，为市场主体打造需求场景，促进现代化制造业生产与消费网络的构建，加强中国制造业国际竞争力。政府首先精准识别制造业厂商的生产者偏好，确定生产者特征、喜好、诉求，设立生产者数据中心，采集相关数据。政府与业界的连接路径要及时、有效打通，根据产业和经济发展形势引导生产者服务于地方产业升级并从中获益。落地生产者需求场景，在所有步骤进行后回收生产者所有行为数据，形成数据信息闭环，根据发现的问题进一步完善。

第三，新时代的全球经济治理需要中国制造业的参与，中国政府为其提供国际和国内公共服务，进行战略性顶层设计，输出中国制造产业标准，为全球产业格局重塑贡献中国力量。制造业企业目前无法形成全球治理合力，政府应为率先应用工业互联技术的制造业企业在"走出去"时提供公共服务，进行产业层面的战略设计。能够输出中国制造产业标准的企业一定是制造业服务化转型较为领先的市场主体，它们能够获取更多的附加值，并以自身"产品服务"作为全球标准。因此，一个国家越是有更多"标准输出"的制造业企业，越是能够在全球价值网络中展现全球经济治理的能力。

## 六、工业互联赋能制造业服务化转型升级的陕西方案

中国制造业的未来在于"国内垂直整合、国际水平分工"。既然制造业中间品是发达国家规则锁定中国的关键，那么中国制造业必须在国内率先形成全产业链和垂直整合集群。国内垂直整合并不是关起门来自己做，而是要在持续的改革开放中把战略性制造业产业的关键中间投入品集群在中国国内，在垂直整合的过程中，中国制造业企业与世界领先同行水平合作是极其重要的。水平分工下的国际合作有两层内涵：第一，中国制造业目前的发展水平决定了其在国际层面"弃垂直、寻水平"的变局；第二，中国高度模块化复杂产品的各个制造环节都需要全球先进的技术、人力、资本和市场参与其中，包括从研发设计、生产组装到流通售后等所有环节。

基于中国制造业转型升级的国内路径和全球战略，制造业服务化是增加陕西省制造业高附加值，创造和提升国际竞争力与地位的必由之路。而新一代信息通信技术变革下的工业互联将赋能陕西制造业服务化转型。

### （一）工业互联赋能"制造+服务"双产出

制造业服务化是制造业内部"两产融合"的发展趋势，其本质决定了"制造+服务"的双产出业态。制造业不仅要实现制造品的价值，还要产出与制造品配套的高端服务以更好地实现制造品价值。

第一，工业互联是制造业服务化转型的重要基础设施。连续流程制造企业注重生产工序的规模和监控，可率先应用工业互联基础设施赋能企业生产，重整制造企

业生产要素投入结构，相对增加服务投入，同时使流程制造更加智能化、自动化、品质化，制造出更高质量和更低不良率的产品，如制药、化工、有色金属等。尽管复杂模块制造企业的生产过程更为"碎片化"，但工业互联基础设施依然可以基于数据驱动高效配置企业制造，优化产出效率，并为复杂模块产品提供配套的一体化解决方案奠定数字平台，提升制造业企业产出中的服务价值，如汽车、飞机、电子设备、电气设备、机械设备等。政府应为陕西领导型制造业企业和工业互联网平台提供商搭建交流合作的平台，促进制造业企业与工业互联网平台厂商的业务往来，率先在本地领导型制造业企业中进行试点发展，引导各类制造业企业探索适合自身的工业互联模式和应用。

第二，系统解决方案配套制造品以更好实现制造价值。工业互联技术及基础设施在生产制造过程中通过实时监测、调配，更大限度上保障制造品质量和标准，同时还为制造业企业提供配套的工业解决方案提供数字技术与平台，以此更好地支持、挖掘、实现制造品使用价值。制造业企业加大"制造+服务"双产出力度，以传统制造品为基础，衍生更多依靠制造品、服务制造品的售后服务环节价值，对制造品予以配套支撑。例如，制造业企业利用工业互联网平台，包括物理网、工业云等，为下游客户提供定制化、差异化的后续制造品使用服务，以此构成系统性解决方案，并增加制造业企业的非制造品服务化价值。

### （二）制造业"内部+外部"双向构建全产业链

价值链的不同环节创造着不同的附加值。生产环节的上游和流通环节的下游相对组装加工环节有着更多的价值俘获。而制造业企业往往会锚定在某一环节或领域，即自身的主营业务。很多制造业企业被锁定在低端、低价值环节，很难实现转型升级。工业互联技术及基础设施能够赋能制造业企业通过两种途径加速全产业链、全链条的构建，实现价值链所有环节的发展能够在企业内部进行。

第一，制造业价值链内部拓展。制造业企业依据自身所在的价值链和产业链，积极拓展数字化运营模式，通过购买工业互联网提供商的工业云服务，在外部工业互联技术的支持下向企业内部开拓服务化供给能力，建立并打通生产车间智能化制造与系统解决方案数字化服务，为下游客户提供更高质量和价值的"制造+服务"。

第二，制造业价值链外部并购。在内部拓展到一定规模和程度后，制造业企业可以通过并购外部工业互联网提供商业务，把工业互联赋能制造业服务化纳入企业内部，降低"制造+服务"协同成本，针对自身制造业务特点，差异化建设工业互联网平台，更多地赋能价值链上游的研发设计和下游的售后服务，让企业覆盖的全链条都能够协同推进。

### （三）产业协同促进价值网络"区域—全球"循环

统筹国内垂直整合与国际水平分工是实现产业协同促进价值网络"区域—全球"循环的重要途径。国内垂直整合让关联产业形成区域集群，以竞争合作的国际水平分工形成对外联系。

第一，电子信息产业在陕集群为制造业服务化提供产业衍生基础。陕西目前的电子信息产业规模仍很小，发展空间巨大。电子信息制造业与软件业务要在结构、规模、关联上协调，匹配制造业与软件业，能够实现工业互联硬件设备在陕西本地进行系统软件调配。政府加强电子信息产业硬件+软件两大领域在陕落地，重点招商引资，打造万亿级先进制造业集群，形成电子信息产业本地区域化网络，通过产业内制造业和软件业企业的结构优化匹配，构建高质量的电子信息产业省内循环。软件调度硬件运转，电子信息产业内的制造业和软件业双协调集群发展直接催生工业互联基础设施的出现和持续升级。政府与企业合力促进在陕工业互联相关产业的全链条集群，形成以"陕"主导、覆盖西部地区的区域网络，垂直整合各环节，使工业互联基础设施的硬件设备研制、数据算法开发、平台建设和软件设计等能够在陕完成，有效凸显陕西制造业在国内甚至全球的地位。

第二，全球竞争合作符合中国制造业转型升级和持续扩大改革开放的现实要求。人才、技术、资本的国际流动为开放地区带来巨大的发展效应。垂直分工在国内进行，形成区域产业集群；水平分工与全球合作，促进世界先进技术融合。政府应根据陕西制造业发展水平和阶段合适地引进同层次领先的国家、企业来陕开展水平合作，通过先进制造博览会、国际服务贸易交易会、企业高端论坛、外商投资制度改革，使之全面参与陕西主导的工业互联建设与制造业服务化转型的各个领域与环节。这就涉及制造业进口投入服务化和出口产出服务化。统筹国内垂直整合与国际水平分工，形成以国内大循环为主体、国内国际双循环相互促进的新发展格局。

### （四）"负面清单"式的价值观赋予

新技术具有政治性和价值观，新技术嵌入的产业也同样具有，且应致力于国家发展和谋求全人类福祉。为新技术、新产业、新业态赋予价值观，不是束缚其发展，而是更好地造福人类社会。政府应为高质量制造业发展战略制定顶层设计方案，重点研究并分列出工业互联赋能制造业发展的"负面清单"，如涉及的企业恶性竞争、劳动力滥用、环境污染、数据威胁、信息泄漏、投资风险等条款，对新事物"底线"进行严格清晰的界定，给产业和市场以最大可能的发展空间和创新环境。赋予价值观，保证政治正确是前提，工业互联赋能制造业服务化转型的细节由市场和技术来主导。

第一，政府加强引导制造业企业组织文化建设。企业家和领导者对于企业运作具有巨大的影响。领导者率先垂范，能够改变企业文化，以社会价值观为上。在工业互联赋能制造业服务化转型过程中，致力国家发展和谋求人类福祉是其价值标准。加强党和政府的思想组织工作，使企业领导者在应用工业互联技术时可以明确"负面清单"，保证企业运作致力国家发展和谋求人类福祉。

第二，以"负面清单"式数字风险警示控制企业关键决策环节。数字安全是制造业服务化数字转型的新型安全。工业互联的开发与应用建立在大量工业数据基础上，保护数字安全即保障制造业服务化数字转型安全。制造企业的项目决策流程包含了大量上下层交互信息和内在价值观结构。剖析制造业企业在使用工业互联技术时的关键决策环节，以"负面清单"式数字风险警示反馈至授权的决策执行人，这对于评估和控制是否符合社会整体愿景及企业集体安全至关重要。

第三，正确把握新技术冲击下的传统风险。制造业企业要明确工业互联应用对劳动力配置、投资风险、环境污染的影响，理清工业互联基础设施对企业相关运转的作用机制，妥善处理相应的新变革矛盾。

（写于2021年）

# 富阎新区管理体制机制创新探讨

中心课题组
组　长：冯家臻
成　员：李艳花　张　强

**摘　要**　创新管理体制机制对于富阎新区加快发展有重要意义，已具备良好基础。但也存在管理体制机制不畅、经济管理权限低、一些重要的支持政策落地较慢、没有取得正式"开发区身份"等突出问题。借鉴国内跨区域融合发展新区管理体制机制创新的实践经验，我省可以从完善合作共建体制机制、建立西安代管体制机制、完善西安代管体制机制、总结提升西安代管体制机制等方面，采取具体措施，有序推进。

最近，我们对富阎新区管理体制机制创新问题做了调研，现将有关情况介绍如下。

## 一、创新管理体制机制对于富阎新区加快发展有重要意义

富阎新区是西安和渭南融合的重要载体，创新管理体制机制有利于建立健全富阎新区要素合理配置的体制机制，加快县区追赶超越步伐；有利于建立健全富阎新区基础设施一体化发展的管理体制机制，为渭北工业大走廊建设奠定基础；有利于探索区域一体化合作新路径，做大做强渭北万亿经济板块；有利于建立健全农民收入持续增长的体制机制，缩小城乡居民生活水平差距。

## 二、富阎新区体制机制现状分析

富阎新区目前区域面积58.5平方千米，包含3个乡镇、15个村，总计8343户，34531人。

### (一)富阎新区管理体制机制创新的现实基础

2017年2月,西安、渭南两市签署《建设富阎产业合作园区框架协议》,决定实行两市合作共建的管理体制,成立新区合作领导小组。两市书记任组长,两市市长任副组长;新区党工委书记由渭南市选派,新区管委会主任由西安市选派,设常务副主任主持日常工作;富平县和阎良区税收分成、GDP及相关统计数据按5∶5分成。

目前,富阎新区管委会形成了"6+1"的组织架构,负责对各级部门的对接和对富阎新区的管理。六个行政管理部门分别是党政办、经发局、财政局、招商局、国土规划局、建设管理局、土地储备中心和一个全资子公司西安富阎发展集团(以下简称"富阎集团")。

工作人员主要是市管干部和聘用制人员。管委会和富阎集团首次面向社会招聘各类优秀人才,从开发区、市级部门引进各类优秀人才。其中市管干部分别担任各行政管理部门的正职和副职,选聘富阎集团董事长1人。建立健全园区薪酬体系和"五险一金"体系,建立了以学历、工龄、业绩为导向的用人和收入分配机制。

目前,富阎新区科学规划体系正在形成,产业发展规划逐步实施,基础设施建设稳步推进,环境治理成效初步显现,政策保障受到省市支持。陕西省副省长赵刚、西安市市长李明远等省市领导通过参观、现场办公等方式关心指导新区发展。省市还出台了一系列支持文件,富阎新区享受国家级开发区的各项优惠政策以及西安市全面创改政策,土地开发收益、税收等由西安市与渭南市协商确定。

### (二)富阎新区管理体制面临的主要问题

#### 1. 管理体制机制不畅

富阎新区管委会是西安、渭南两市党委、政府的派出机构,受两市党委、政府管理,但是在遇到重大事项、重大项目和重大发展问题需要上级协调解决时,"以谁为主,向谁请示,由谁决策"不明确,致使问题难以及时有效解决,严重制约了园区的快速发展。

#### 2. 经济管理权限低

两市均未授予园区管委会市一级经济管理权限,目前,园区在管理权限上只相当于富平县属开发区,影响了招商引资、土地出让、项目建设、财政税收等工作的正常开展。比如,园区未设立一级财政和一级国库,所以不能发行地方政府债和开展 PPP 合作，市场化融资受限；在土地、规划管理和建设管理等方面，因上级业务主管部门不明确，同时涉及两市区域，在行业政策、法律法规、规范制度、部门规章等方面存在分歧，统筹难度大；园区土地指标来源于富平县，而富平县土地指标总体本身缺乏，故制约园区发展。

**3. 一些重要的支持政策落地较慢**

2018 年 8 月 21 日，西安市委、市政府印发《关于支持富阎一体化发展的实施方案》（以下简称《实施方案》），提出了 8 个方面 25 项重点任务，并对任务进行分解，落实了责任单位。近年来，市领导和有关部门负责人多次来园区调研指导，给予园区大力支持，特别是市财政每年一个亿的专项经费支持在一定程度上缓解了开发资金短缺的困难局面，但是总体来看，《实施方案》一些重要的支持政策如经济管理权限、财税政策支持、年度土地指标等在园区没有很好地落地。

**4. 没有取得正式"开发区身份"**

根据西安、渭南两市协议精神，园区定位是经济开发区，但迄今为止没有取得正式"开发区身份"，两市也未将园区申报纳入国家开发区公告目录，这也导致管委会和入区企业无法享受两市合作协议中约定的西安市开发区优惠政策。同时，在争取中央资金支持时被排除在优先支持范围以外，在争取中省资金和政府专项债支持方面也困难重重。由于目前园区建设项目均在富平区域内，项目申报只能借用富平高新区申报端口，资金额度严重受限，申请渠道冗长、环节众多，严重制约园区健康快速发展。

## 三、国内跨区域融合发展新区管理体制机制创新的经验借鉴

### （一）广东深汕特别合作区体制机制创新的经验借鉴

2017 年 9 月的《深汕特别合作区体制机制调整方案》，全面优化调整了合作区的体制机制，走出了一条跨区域合作区发展的新路径，在合作区建设、运营、管理、招商等方面做到了三个统一。体制机制调整以来，合作区组建 11 个区直机构、协调推进 5 个驻区机构设置；全面部署接收接管工作；全面接管基层四镇；持续创新完善管理体制等做法值得富阎新区在未来发展中借鉴。特别是面对体制机制调整后仍然存在的问题，积极推动广东省人大常委会、省政府尽快将《广东省深汕特别合作区条例》《关于支持深圳市深汕特别合作区高质量发展的意见》出台；按照"不定级别、不定编制"的方式，确定机关事务管理中心、建筑工务署等 14 家事业单位的成立方案。

深汕特别合作区经过调整体制机制取得了让人瞩目的成绩，其体制机制调整特别是在"初创探索阶段""转型试验阶段"由体制机制不顺导致的"三个临时""四个严重脱节"和"五个不"问题，需要富阎新区在发展中注意避免。"三个临时"即临时机构、临时人员、临时思想；"四个严重脱节"即征收土地与项目落地之间、经济建设与社会管理之间、管人与管事之间、历史使命与人员数量之间严重脱节；"五个不"即机构不健全、授权不充分、履职不全面、制度不完善和管理不规范。

### （二）西咸新区创新管理体制机制的经验借鉴

西咸新区经历了"省市共建，以市为主""省市共建，以省为主"两个阶段。但是，都没有解决复杂的区域利益和行政关系的协调矛盾。在"省市共建，以市为主"的体制背景下，西咸新区与行政区之间的关系协调缺乏统一性，由各新城分别与所在行政区进行沟通、磋商、协调，致使各新城管委会协调成本增加，行政效率降低。在"省市共建、以省为主"体制背景下，西咸新区应该享有省级和市级叠加式的经济管理权限。在实际运行中，税收、土地、建设等大部分具体经济管理权限集中在市级层面，由于区域和部门利益的"刚性"，省政府协调也遇到障碍。

2017年西安市代管以来，西咸新区平稳承接辖区内行政和社会管理职能、全面落实代管要求、省市支持政策相继落地、不断优化内部体制机制，有力推动了西咸新区的发展。2019年西咸新区主要经济指标增速在全省各地市处于领先地位，在19个国家级新区中处于前列，正在成为陕西追赶超越新的增长极。按照"大部制、综合化"思路，西咸新区本级设立20个内设机构和8个综合性委员会，引入第三方机构开展管理服务业务，实现了小政府、大社会的优化内部体制机制的做法为富阎新区管理体制机制创新提供了标杆。西咸新区是陕西省内跨区域融合发展的典型，其发展证明全面代管是一条行之有效的经验，也为富阎新区管理体制机制创新提供了省内参照。

## 四、富阎新区管理体制机制创新的思考与选择

考虑到目前争取西安代管条件还不成熟的实际，富阎新区创新管理体制机制，可以按照完善合作共建体制机制、争取西安代管体制机制、完善西安代管体制机制、总结提升西安代管体制机制四个阶段展开。

## （一）完善合作共建体制机制阶段

在该阶段，以探索完善合作共建体制机制为目标。

**1. 完善合作共建体制机制（2020—2025）**

在这一阶段体制机制创新的工作目标是完善西安、渭南市合作共建体制机制，探索创新合作共建模式。

**2. 完善合作共建体制机制的实现路径**

（1）建立常态化的协调机制。在两市合作共建领导小组的基础上，建立两市联合协调理事会、双边工作委员会与园区党工委和管理委员会等三个管理层级，承担决策层、协调层、执行层职能。联合协调理事会分别由两市市委书记、市长共同担任理事会主席、副主席，两市分管副市长、相关部门、阎良区和富平县，富阎新区党工委和管委会主要负责人参加，共同研究商定合作内容、规划建设、运营管理、利益分配等重大问题决策，指导签订实用性强、可操作的协议；联合协调理事会的日常办公机构设在富阎新区管委会。双边工作委员会由两市分管副市长牵头担任委员会主任，由两市相关部门、阎良区和富平县、富阎新区党工委和管委会主要负责人组成，作为高层协调机构，负责协调解决重大问题，推进重要工作。富阎新区党工委、管委会作为西安、渭南两市市委、市政府的派出机构，贯彻落实联合协调理事会、双边工作委员会的重大决策和重要决定，代表两市市委、市政府行使园区内党的领导及相应的经济管理权限；做好联合协调理事会、双边工作委员会会议的准备工作。

（2）围绕建链、强链、延链、补链开展深度合作，补链成群。以实行领导干部"链长负责制"为举措，以培育发展民用航空产业集群为主线，大力推行集群招商、板块招商、协作招商、网络招商等招商形式，增强招商的针对性、有效性。加快引进重大项目，扩大区域配套能力，提升民用航空等特色优势产业协同发展、集群发展水平。

（3）按照"一区多园"模式建设专业园区。按照"一区多园"模式在富阎新区探索合作共建航空、汽车、增材制造、新兴产业等专业园区。专业园区建设要积极引入市场机制。一是引导各合作专业园区按照市场化运作模式，共同成立开发运营公司，与管理机构实行政企分开、政资分开，共同投资建设产业合作园区，承担园区建设、招商、投资、运营、服务等功能，并按投资比例或协议约定实现利益分成。二是鼓励各产业合作园区通过产业资本投资、创新机构孵化、龙头企业领建、行业协会统建等方式，吸引各种资本、各类企业参与投资运营"专业园区"。三是鼓励产业合作园区重点企业开放产业链、供应链，依托网络服务平台发布零部件配套加工、关键技术转让、中间产品生产等需求信息，推动企业开展协作配套对接。四是鼓励各种社会组织、中介机构参与产业合作园区建设，发挥其在提供服务、参与治理方面的应有作用。

（4）以"飞地经济"模式合作建设产业园区。创新合作机制，引导"飞地经济"合作方共同研究商定规划建设、运营管理、利益分配等事项，签订规范、详细、可操作的合作协议，做到分工明确、权责对等、共建共享。支持合作方创新合作模式，允许以资金、技术成果、品牌、管理等多种形式参与合作；如各方共同组建市场化运营主体的，应符合《公司法》等相关法律规定。支持各方合理分担园区建设运营成本，征地拆迁、基础设施建设、招商引资、社会管理、环境保护等事项产生的投入和费用，由合作方根据协议商定分摊比例。

（5）创新招商模式。目前，国内不少园区积极探索创新招商路径，涌现一些新模式。如园区 PPP 模式、投资营商模式、政府引导基金模式、众创孵化模式、联合招商模式、整体搬迁模式、"园区互联网+"模式等。建议富阎新区加强创新招商模式研究，拓宽招商路子，创新招商思路，把大项目、好项目招商摆在最突出位置，实现产业招商大突破、大发展，为富阎新区的合作共建提供强力支撑。

（6）建立新增项目亩均效益提升长效机制。按照"政府定标准、企业作承诺、过程强监管、信用有奖惩"的思路，在区域亩均效益综合评价基础上，建立带有相关指标要求的"标准地"制度。管委会在新增项目土地招拍挂之前，将亩均增加值、亩均固定资产投资、亩均税收、单位能耗增加值、单位碳排放增加值等具体指标纳入土地出让条件。企业竞得土地后，地方政府与项目投资主体签订投资建设协议，落实"标准地"相关要求，明确企业的履约责任，依法对项目建设、竣工验收、达产复核等环节实施协调监管。项目建成并正常运营后，转为按亩均效益综合评价，实施单位土地面积产出效益持续激励。

## （二）争取建立西安代管体制机制阶段（2026—2030）

在该阶段，以争取建立西安代管体制机制为目标。

### 1. 争取建立西安代管富阎新区的新体制

在该阶段，一方面，继续完善合作共建体制机制；另一方面，以争取建立西安代管体制为富阎新区管理体制机制创新的目标。

### 2. 争取建立西安代管富阎新区新体制机制的实现路径

争取省委、省政府支持，调整两市共建共享体制，建立西安市代管富阎新区体制，可以根据中省重大决策和战略部署，寻找有利时机，多渠道开展工作。一是通过向省委、省政府当面做专题汇报或者呈送报告的形式。二是通过邀请省人大、政协代表调研指导、资政建言的形式。三是委托有影响的智库研究后，以呈送专题报告、送阅件的形式，引起省委、省政府领导同志的重视和支持。四是通过专家学者在省级以上报刊撰写和发表文章，为富阎新区管理体制机制创新创造良好舆论环境。

如果省委、省政府批准西安代管富阎新区方案，新区就可以围绕新体制的建立，从以下几个方面开展工作。一是按照"大部制、综合化"和"先综合、后专业部门，先经济管理、后社会发展，缺位部门逐步跟进"的原则，补齐新区缺位部门，建立精简高效的管委会机关、支撑服务体系和乡镇街道管理机构。二是遵循"职能部门对口承接、分步实施稳步推进"原则，推行"小机构、大服务，小政府、大社会"管理。理顺新区与镇街、村组的工作关系，平稳过渡托管与反托管。三是围绕基础设施互通、产业发展集聚、城乡规划统筹、产业园区共建、生态环境共治方面的机制创新任务，根据需要，有选择地加以推进。

### （三）完善西安代管体制机制阶段（2031—2032）

在该阶段，以完善西安代管体制机制为目标。

#### 1. 完善西安代管体制机制

根据富阎新区创新体制机制的实践，结合"一带一路"倡议和西部大开发国家战略，发现新问题，解决新矛盾，总结新经验，补充完善西安代管新区的体制机制，为将富阎新区打造成大西安和关中平原城市群新的增长极提供体制机制支持。

#### 2. 完善西安代管体制机制的实现路径

这一阶段，完善西安代管体制机制可以采取如下措施：一是补齐缺位部门、完善西安代管富阎新区后管委会的组织架构；二是根据实际工作需要，继续围绕基础设施互通、产业发展集聚、城乡规划统筹、产业园区共建、生态环境共治方面机制创新任务，有选择地加以推进；三是提升公共服务水平的机制创新要提上工作日程。

### （四）总结提升西安代管体制机制阶段（2033—2035）

在该阶段，以为建设跨区域一体化发展示范区提供富阎方案为目标。

**1. 为国家建设跨区域一体化发展示范区提供富阎方案**

GDP 经济总量显著增加，人民生活水平明显提高，社会管理水平全面提升。总结可复制、可推广经验，建立西安统一管理体制机制，为国家建设跨区域一体化发展的示范区提供富阎方案。

**2. 为建设跨区域一体化发展示范区提供富阎方案的实现路径**

该阶段，除了继续完善西安统一管理的体制机制外，着力总结可复制、可推广经验，为国家区域融合发展提供富阎方案。可以通过组织力量，广泛收集资料，认真加以研究，通过"去粗取精、去伪存真、由此及彼、由表及里"的抽象与概括，系统总结经验。经验总结可以从认识上总结、从做法上总结、从效果上总结、从体制机制创新的各个环节上总结。初步经验形成后，进一步听取群众、各部门及领导意见，修改完善后，予以公布。

（写于 2021 年）

# 陕西工业发展当前需要高度重视的一个严峻问题

## ——与中西部五省工业和技改投资的比较

**曾昭宁：西安石油大学经济学教授**

**摘　要**　运用经验统计的方法，分析得出陕西与中西部五个对标省份相比工业落后的主要原因是工业投资和工业技改投资严重不足。为补齐这两个短板，提出"处理好生产性投资与非生产性投资之间关系"等七大对策建议。

不久前我到中西部一些省区调研工业发展状况，感到这些省区工业发展都非常强劲。2017年陕西工业增加值8721.45亿元，而其他5个中西部省份工业增加值均在1万亿元以上，尤其是河南，工业增加值是我省的2.2倍。与这些省区相比，我省差距很大。（表1）

表1　2017年陕西与中西部5省工业增加值比较

| 省份 | 陕西 | 四川 | 河南 | 湖北 | 湖南 | 安徽 |
|---|---|---|---|---|---|---|
| 工业增加值(亿元) | 8721.45 | 11517.3 | 18807.16 | 13874.21 | 11875.9 | 11514.8 |

上述省份工业强的关键之一是工业各层次有效投入到位，其发展经验对我省工业发展很有借鉴意义。

我省工业落后的主要原因之一是工业投入严重不足，具体表现在两个层次的投资严重不足：

## 一、工业投资严重不足

（1）我省近年来固定资产投资总量增长较快，2016年增速为12.3%，2017年增速为14.6%，与上述省份差距在缩小。2017年我省固定资产投资是四川的75.1%、河南的53.5%、湖北的73.6%、湖南的74.9%、安徽的80.4%，绩效比较突出。但是投资结构却极不合理，我省无论工业投资总量（5688.36亿元），还是工业投资占比（24.2%），都远低于上述五省：工业投资总量，四川、河南、湖北、湖南、安徽均在1万亿元以上（四川近1万亿元），分别是陕西的1.6、3.4、2.2、1.9、2.3倍；工业投资占比，四川、河南、湖北、湖南、安徽分别是陕西的1.2、1.8、1.6、1.5、1.8倍。（表2）

表2　2017年陕西与五省工业投资和占比比较

| 省份 | 全社会固定资产投资（不含农户）（亿元） | 工业投资（亿元） | 工业投资占比（%） |
| --- | --- | --- | --- |
| 陕西 | 23468.21 | 5688.36 | 24.2 |
| 四川 | 31235.9 | 9181.2 | 29.4 |
| 河南 | 43890.36 | 19190.97 | 43.7 |
| 湖北 | 31872.57 | 12712.39 | 39.9 |
| 湖南 | 31328.1 | 11038 | 35.2 |
| 安徽 | 29186 | 12943.5 | 44.3 |

（2）固定资产投资主要有三大方向：基础设施、房地产和工业。在固定资产投资总量一定，其他投资不变的条件下，投资结构中基础设施、房地产和工业投资之间存在此消彼长的关系，现实发展中表现为利益驱动下三者之间抢夺有限资源和资金的矛盾。从投资结构角度分析，我省基础设施、房地产与工业投资之间比例失调，2017年，我省基础设施、房地产与工业投资占比分别为36.8∶13.2∶24.2，基础设施最高，工业其次，房地产最低；上述省份中，除四川与我省结构类似外，其他省与我省刚好相反：河南、湖北、湖南、安徽投资结构中工业投资占比最高，均在35%以上，安徽高达44.3%，充分表明这些省份投资结构合理，体现"工业强省"的战略导向。（表3）

表3  2017年陕西与五省投资结构比较

| 省份 | 固定资产投资（不含农户）（亿元） | 工业投资（亿元） | 占比（%） | 房地产投资（亿元） | 占比（%） | 基础设施投资（亿元） | 占比（%） |
|---|---|---|---|---|---|---|---|
| 陕西 | 23468.21 | 5688.36 | 24.2 | 3101.97 | 13.2 | 8626.50 | 36.8 |
| 四川 | 31235.9 | 9181.2 | 29.4 | 5149.9 | 16.5 | 10469.3 | 33.5 |
| 河南 | 43890.36 | 19190.97 | 43.7 | 7090.25 | 16.2 | 8831.39 | 20.1 |
| 湖北 | 31872.57 | 12712.39 | 39.9 | 4574.89 | 14.4 | 9640.6 | 30.2 |
| 湖南 | 31328.1 | 11038 | 35.2 | 3426.1 | 10.9 | 8517.4 | 27.2 |
| 安徽 | 29186 | 12943.5 | 44.3 | 6551.6 | 22.4 | 6534.9 | 22.4 |

陕西当前仍处于工业化中后期阶段，经济总量及工业发展的动能仍以投资拉动为主。在投入产出周期2～3年的条件下，2016年我省工业投资增速为1.1%，2017年增速为1.8%，低于全国工业投资增速1.8个百分点，直接影响到2019—2020年的工业增速，进而影响到全省GDP总量。如果我省工业投资不能摆脱低位徘徊增长态势，那么我省与中西部省份的工业经济差距将越来越大，进而进一步扩大经济总量差距，问题相当严峻。

## 二、工业技改投资严重不足

工业投资主要分为两大方面：增量新项目投资和存量企业技改投资，分属外延型扩大再生产和内涵型扩大再生产。与新上项目相比，技改花钱少、见效快、效益高，投资可节省三分之二，时间可节省一半左右，设备、材料可节省60%。国际经验表明，发达国家技改占比一般在50%以上。每当经济危机来临时，各国均利用经济萧条期加大固定资产改造更新，为下一轮经济高速增长奠定基础。我国经济已步入新常态，在经济低位运行背景下，国家高度重视工业企业技改，如2016年国家组织中国国际工程咨询公司和11个行业联合会及协会联合编制和发布的《工业企业技术改造升级投资指南（2016年版）》；为贯彻落实国务院第113次常务会关于制定年度重点技改升级项目导向计划的工作部署，工信部组织编制了《2017年度工业企业技术改造升级导向计划》等。

陕西是全国老工业基地，构建了一个比较完整、门类比较齐全的工业体系，历史上形成了雄厚的工业存量资产，技改较其他省份更为重要。走以内含为主的扩大再生产的道路对现有企业进行技术改造，完全符合我省省情。

我省工业更严重的问题在于工业投资结构,与上述省份相比,我省无论技改投资总量还是技改投资占比都太小了,2017年我省技改投资844.05亿元,技改投资占比14.8%,上述五省技改投资均在3000亿元以上,技改投资占比均在30%以上(河南除外),最高的四川达76.1%。四川、河南、湖北、湖南、安徽技改投资总量分别是陕西的8.3、3.5、5.0、7.3、8.7倍,我省与五省技改投资差距极为悬殊,这直接影响到我省工业企业的技术改造、设备更新、整个工业的转型升级和经济高质量发展。如果技改投资问题不立马解决,"工业强省"战略和"陕西制造2025"将会落空。(表4)

表4 2017年陕西与五省技改投资和占比比较

| 省份 | 工业投资(亿元) | 技改投资(亿元) | 技改投资占比(%) |
| --- | --- | --- | --- |
| 陕西 | 5688.36 | 844.05 | 14.8 |
| 四川 | 9181.2 | 6989 | 76.1 |
| 河南 | 19190.97 | 2992.83 | 15.6 |
| 湖北 | 12712.39 | 4213.81 | 33.1 |
| 湖南 | 11038 | 6130.2 | 55.5 |
| 安徽 | 12943.5 | 7352.9 | 56.8 |

综上所述,我省工业短板在一定程度上已经转化为工业投资短板和技改投资短板,这两个投资方面的严重不足,极大地阻碍补齐工业短板的进程,形势严峻。因此,强化补齐工业短板的这两个着力点已经迫在眉睫,时不我待。

### 三、建议

促工业投资措施不能仅就工业投资谈工业投资,更重要的是要着眼于投资结构。

(1)对比上述省份,鉴于我省基础设施、房地产和工业投资严重比例失调,整个产业政策要大幅度地向工业倾斜,充分运用政府掌控的各种资源(包括政策资源)和调控手段,尽快调整投资结构,处理好生产性投资(形成生产能力的工业)与非生产性投资(不形成生产能力的房地产和基础设施)之间的关系,达到基础设施、房地产和工业之间投资的动态平衡,逐渐降低基础设施投资占比,给工业投资占比提升腾出空间。2~3年内将工业投资提高到10000亿元以上,工业投资占比提高到35%以上,达到河南、湖北、湖南、安徽的当前水平。

(2)基础设施由于涉及部分民生问题,存在结构性矛盾,因此调整需要有保有压：①需要压缩重复建设、空间重叠、项目冲突、难以融合和无谓的投资浪费项目（如西安市重大基础设施、公用设施项目缺乏互联互通，火车站与地铁、地铁与高架桥、高架桥与管线等项目之间冲突、重复建设），而像公共交通设施、地下综合管廊、生态环境等重大项目，不但不能压，还要进一步强化投资。②在每个年度内项目不宜太密集，要根据轻重缓急安排好时序，注意时间跨度上的相对均衡，优化基础设施的内部投资结构。③将压缩的重复建设等基础设施投资引导转向重大的工业项目。从动态增量分析，随着固定资产投资总量的增大，基础设施投资总量还会增大，关键是要适当降低基础设施的投资占比。

（3）增大工业投资总量，尤其是工业的民间投资，进而提高工业投资占比，关键是看能否将基础设施投资占比逐渐、适当地压下来，这在一定程度上取决于政府产业政策制定得正确与否和实施力度的强弱。

（4）针对我省技改投入的严重"超短板"，抓住国家宏观技改机遇，在保证工业正常投入［满足上述（1）］的条件下，一手抓新项目落地开工建设，一手抓存量企业技术改造，大幅度追加技改投资，尤其要吸引社会资本投资我省工业企业技术改造，2～3年内将技改投资额由2017年的844.05亿元扩大到4000亿元以上，技改投资占工业投资比重提高到40%以上。

（5）我省技改可借鉴深圳经验，重点瞄准"机器换人"、数字化车间、智能化工厂等方向，并加大这方面技改投资的倾斜力度，加快推进工业转型升级。

（6）我省引进的内、外资占我省固定资产投资的35%左右，因此必须加大招商引资的力度，进一步增大固定资产投资总量，从增量上加大工业投资。

（7）转变政绩观及改革考核指标体系。客观上我省工业国有经济比重大，国企改革难度大、见效慢，不如城市基础设施建设和房地产政绩来得快，政绩观和考核指标体系的调整和改革刻不容缓。

（写于2018年）

# 提升营商环境促进西安市场主体快速发展研究

中心课题组

组　长：郭　鹏

成　员：赵　静　胡骏翡　肖　平　王　鼎　苏佳坤　杨张茹

**摘　要**　课题分析了西安营商环境建设现状与存在的问题，分别构建了基于可比性和市场主题感知的营商环境评价体系，对西安营商环境进行了评价与比较，提出了提升营商环境促进西安市场主体快速发展的目标与对策建议。

## 一、西安营商环境建设现状

2018年以来，西安市坚持把优化营商环境作为提升城市竞争力的"一号工程"和"关键一招"，积极借鉴国内外先进经验，以打通企业和群众办事的痛点、难点、堵点入手，开展"营商环境提升年"活动，制定《西安市加强和改善营商环境1+21+5+1系列文件》进行工作部署，从行政审批流程再造上下功夫，聚力打造以"三化五最"（法治化、国际化、便利化；审批最少、流程最短、成本最低、诚信最优、服务最好）为目标的营商环境。

2019年第一季度与去年同期相比，西安市在行政审批方面，优环节、压时限取得大幅提升，企业开办、施工许可证办理、用水报装行政效能分别提升5.2倍、7.2倍、7倍，最少的获得电力业提升1.9倍。市场活力持续释放，新增市场主体（在册企业）25555个，增速达5.6%；生产总值1995.36亿元，增速达8.6%。可见，西安营商环境的提升有力地促进了西安市经济社会持续健康发展。

由《环球时报》联合中国民营经济机构发布的2019年度《中国城市营商环境投资

评估报告》中，西安获评中国国际化营商环境建设十大标杆城市；在普华永道中国联合多家机构发布的《2018中国城市营商环境质量报告》中，西安在营商环境质量指数排名较2017年上升一位，位居全国第6；根据粤港澳大湾区研究院发布《2018年中国城市营商环境评价报告》，西安名列第11位。整体来看，东部沿海发达地区的营商环境居于前列，中西部、东北地区虽然也在努力提升，但较东部沿海发达地区仍有明显差距。

## 二、基于可比性的西安营商环境评价

### （一）评价体系构建

世界银行将营商环境定义为一个企业在开设、经营、贸易活动、纳税、关闭及执行合约等方面遵循政策法规所需要的时间和成本的条件因素，形成了11个一级指标和43个二级指标的评价体系。世界经济论坛自1979年始，每年都发布一期《全球竞争力报告》，营商环境评估体系主要包括有利环境、人力资本、市场和创新、生态系统四个维度。经济学人集团旗下的经济学人智库每5年也发布一次"营商环境排名"，对政治环境、宏观经济环境、市场机会等九大领域进行评价。

国家发改委在借鉴世界银行营商环境评价指标体系的基础上，增加了企业全生命周期、城市投资吸引力及城市高质量发展三个一级指标，剔除了一些与中国国情不符的指标，定期发布《中国营商环境报告》。

广东省提出的"商务环境评价指标体系"是我国关于营商环境评价指标体系的最早实践。之后，国内各省市相继出台营商环境评价指标体系。

课题组根据国内外已有的营商环境评价体系，广泛征求专家意见，建立了4个一级指标、15个二级指标的西安营商环境评价体系，见表1。

表1 基于可比性的西安营商环境评价体系

| 一级指标 | 权重 | 二级指标 | 权重 | 数据来源 |
|---|---|---|---|---|
| 政务和法治环境 | 0.4 | 一般预算内支出 | 0.16 | 国家统计局：主要城市年度数据 |
| | | 政府服务能力 | 0.24 | 国家统计局：主要城市年度数据<br>中国城市统计年鉴2018 |
| 经济和市场环境 | 0.3 | 人均GDP | 0.09 | 国家统计局：主要城市年度数据 |
| | | 固定资产投资增长率 | 0.09 | 国家统计局：主要城市年度数据 |
| | | 当年实际使用外资总额 | 0.045 | 中国城市统计年鉴2018 |
| | | 放款存款比率 | 0.075 | 中国城市统计年鉴2018 |

续表

| 一级指标 | 权重 | 二级指标 | 权重 | 数据来源 |
|---|---|---|---|---|
| 发展要素环境 | 0.2 | 人均工资水平 | 0.05 | 国家统计局：主要城市年度数据 |
| | | 高校在校人数 | 0.04 | 国家统计局：主要城市年度数据 |
| | | 科学支出 | 0.06 | 中国城市统计年鉴2018 |
| | | 创新能力指数 | 0.05 | 中国城市统计年鉴2018 |
| 公共服务环境 | 0.1 | 医疗卫生服务 | 0.03 | 国家统计局：主要城市年度数据 |
| | | 人均道路面积数 | 0.02 | 中国城市统计年鉴2018 |
| | | 供水能力 | 0.02 | 中国城市统计年鉴2018 |
| | | 供电能力 | 0.02 | 中国城市统计年鉴2018 |
| | | 供气能力 | 0.01 | 中国城市统计年鉴2018 |

### （二）基于可比性的西安营商环境的评价

在全国主要城市中，西安市的营商环境综合排名为14名。大部分城市的排名情况与其他报告较为相符。

**1. 政务和法治环境评价**

各城市在政务和法治环境上存在显著差异，排名前三的分别是北京、上海和重庆，其中北京、上海得分遥遥领先，西安市排名第11位。西安主要原因是财政预算支出和政府财政收入较低、公共管理和社会组织人员较少。

**2. 经济和市场环境评价**

西安市在经济和市场环境得分最差，在全国31个主要城市中排名第25位。西安主要是人均GDP、固定资产投资增长率和放款存款比率等指标得分比较低。

**3. 发展要素环境评价**

西安市在发展要素环境得分是4个维度中得分最高的，排名第8位。西安市排名靠前得益于较低的人工成本、高校在校人数、科学支出、创新能力等优势。

**4. 公共服务环境评价**

西安市此项排名21名，得分也较低。西安表现较差的主要为供水、供气、供电能力。

## 三、基于市场主体感知的西安营商环境评价

### （一）评价体系构建

中国正推动完善现代市场经济体系，最根本的是要处理好政府和市场的关系，市场在资源配置中起决定作用，要求尊重市场、敬畏市场、充分利用市场。因此，政府在营商环境建设中的作用体现为制度供给、产权保护等，而市场主体作为政府和营商环境的"顾客"，才是营商环境的最佳评价者。借鉴满意度评价理论体系，影响市场主体感知的有顾客感知、顾客参与和顾客期望3个核心要素。因此，课题组建立了基于市场主体感知的西安营商环境评价体系，包含3个一级指标、11个二级指标、33个三级指标，见表2、表3。

表2 基于市场主体感知的西安营商环境评价体系

| 一级指标 | 权重 | 二级指标 | 权重 |
| --- | --- | --- | --- |
| 政务和法治环境 | 50% | 政务办理 | 20% |
| | | 政府信用 | 20% |
| | | 政企沟通 | 10% |
| | | 法治环境 | 20% |
| | | 税务环境 | 10% |
| | | 招商力度 | 20% |
| 市场和金融环境 | 30% | 市场环境 | 60% |
| | | 金融环境 | 40% |
| 发展要素环境 | 20% | 劳动力环境 | 30% |
| | | 技术创新环境 | 30% |
| | | 城市环境 | 40% |

表3 基于市场主体感知的西安营商环境评价体系

| 二级指标 | 三级指标 | 权重 |
| --- | --- | --- |
| 政务办理 | A1 服务窗口办事过程透明、流程标准 | 25% |
| | A2 窗口服务的业务素质、态度 | 25% |
| | A3 窗口单位是否全面，一站式服务 | 25% |
| | A4 各部门审批效率 | 25% |

续表

| 二级指标 | 三级指标 | 权重 |
|---|---|---|
| 政府信用 | B1 承诺的政策及优惠政策的落实情况 | 40% |
| | B2 政府信用满意度 | 30% |
| | B3 经济政策与管理规范的稳定性 | 30% |
| 政企沟通 | C1 政企沟通机制和反馈机制 | 50% |
| | C2 涉企政策信息公开机制 | 50% |
| 法治环境 | D1 监管部门依法行政 | 35% |
| | D2 监管过程依法依规,不随意收费 | 35% |
| | D3 司法机关满意度 | 30% |
| 税务环境 | E1 税负水平 | 100% |
| 招商力度 | F1 项目落地土地指标、办公地点等支持力度 | 30% |
| | F2 政府部门各类扶持支持企业发展的政策 | 40% |
| | F3 提供企业家投资咨询服务 | 15% |
| | F4 招商引资政策满意度 | 15% |
| 市场环境 | G1 形成公平竞争的市场环境 | 33% |
| | G2 形成诚信经营的市场环境 | 33% |
| | G3 形成守法用法的市场环境 | 34% |
| 金融环境 | H1 银行证券满足企业需求 | 30% |
| | H2 搭建银企合作平台,拓宽融资渠道 | 35% |
| | H3 引导产业基金,降低融资成本 | 35% |
| 劳动力环境 | I1 劳动力素质水平 | 50% |
| | I2 雇用工人难易程度 | 50% |
| 技术创新环境 | J1 知识产权的保护及资本化 | 40% |
| | J2 鼓励企业创新发展的产业配套与供应链系统 | 40% |
| | J3 形成鼓励创新、宽容失败的社会氛围 | 20% |
| 城市环境 | K1 开发区硬件设施和配套功能 | 40% |
| | K2 社会公共安全满意度 | 15% |
| | K3 教育服务满意度 | 15% |
| | K4 医疗卫生满意度 | 15% |
| | K5 生态环境满意度 | 15% |

## （二）基于市场主体感知的西安营商环境的评价

由西北工业大学、市政府研究室、市社科院等单位组建了课题组，深入数十余家企业现场调研，并向大中型市场主体的 600 余位企业高管、中小型企业经营者进行了问卷专访，形成了以市场主体满意度感知的西安营商环境的评价数据。

数据分析结果显示，绝大多数的市场主体比较认可西安的总体营商环境，分别有 29.57% 和 64.78% 的企业家表示比较满意和非常满意，市场主体的整体平均满意度为 4.507（满分 5 分），整体满意度水平较高，表明通过市委、市政府抓商事制度改革、抓行政效能革命、着力提升营商环境，在推进服务企业、方便企业办事方面取得了一定的成绩。

市场主体对政务和法治环境，市场和金融环境，发展要素环境 3 个一级指标的平均满意度分别为 4.56，4.54 和 4.32（满分为 5），政务和法治环境满意度相对最高，发展要素环境平均满意度最低。

就政务和法治环境的满意度而言（图 1），市场主体对政务办理、政府信用、税务环境和招商力度"非常满意"，而"政企沟通"和"法治环境"还需要进一步加强。

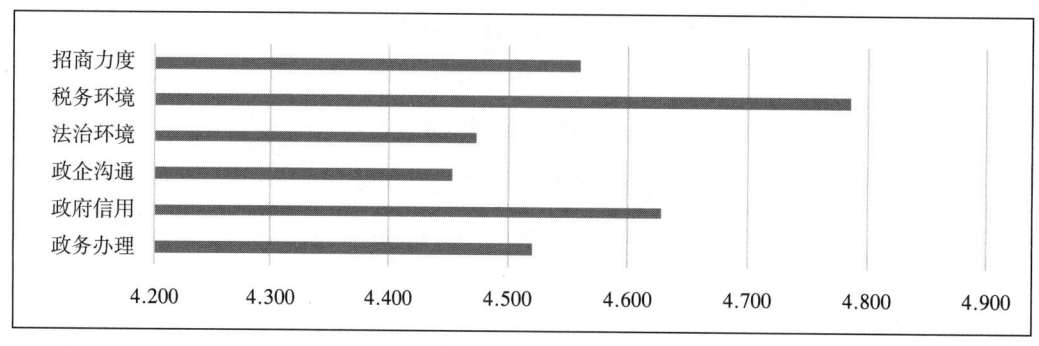

图1 政务和法治环境的满意度条形图

就市场和金融环境满意度而言（图 2），市场主体对市场环境满意度均超过 4.6，而在融资成本、融资渠道以及银行证券对企业需求等方面需要加强。

就西安发展要素环境的满意度而言（图 3），社会公共安全满意度和鼓励创新、宽容失败的社会氛围满意度为"非常满意"。市场主体对劳动力环境，技术创新环境和城市环境均"比较满意"。而对生态环境、医疗卫生、教育服务的满意度相对较低，雇用工人难度较大。

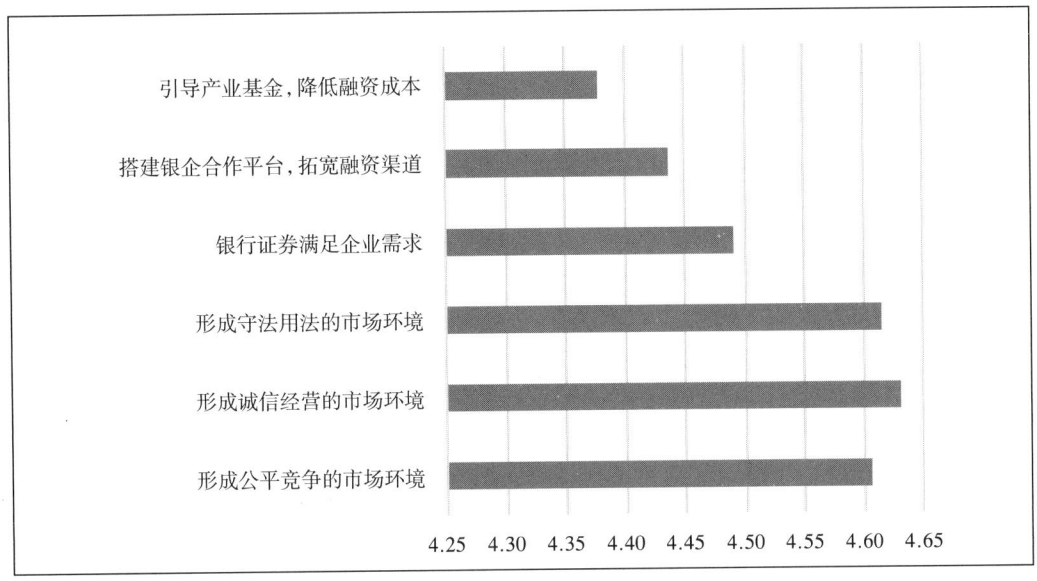

图2 市场和金融环境的满意度条形图

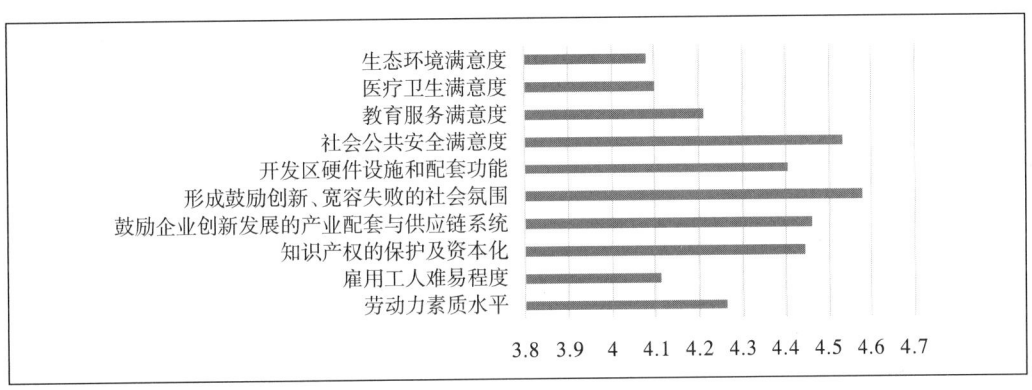

图3 西安发展要素环境的满意度条形图

## 四、提升营商环境促进西安市场主体快速发展的对策

通过评价分析,我们应该清醒地认识到,西安的政务和法治环境一般,还有很大进步空间;经济和市场环境急需改进,严重制约企业发展;发展要素环境参差不齐,需要进一步"补短板",所以课题组提出"法治、服务、共享、重商、智慧"十字对策方针。

### (一)以"法治环境"为保障,打造公平高效的营商环境

一是不断健全营商环境法规。全面梳理与营商环境相关的法规,废止并通告不

相适应的条款措施，健全与"一网通办"配套的法规，保障优化营商环境有法可依。二是不断健全监管机制。建立"互联网+市场监管+企业诚信"的机制，加强完善市场监管机制和企业诚信管理机制，促进以法立市。三是强化法规宣传与解读。利用多种方式方法进行政策宣传与解读，让企业做政策的"明白人"。四是建立法律服务体系。围绕企业关注的产权保护、涉外商事、融资市场等重点问题，加强企业与政府部门联系，不断促进营商法律服务延伸至企业末端。

## （二）以"政务环境"为牵引，带动公共服务水平全面提升

一是构建全市公共服务领域的服务虚拟平台。围绕人和企业全生命周期的办理事件，深入开展高频事项梳理与流程再造，扩展全市"互联网+政务服务"体系接口，支持引导其他公共服务领域，推动全市公共服务"一张网"建设。二是搭建全市公共服务领域的服务实体平台。尽快健全"15分钟便民服务圈"工作推进机构，明确责任主体，协调解决问题，推进交通、住房、教育、养老等公共服务领域供给保障工作。三是以持续打造政务服务品牌。不断发挥我市政务服务"店小二""楼小二""秦务员"等品牌效应，加大宣传，加强督导检查，在全市公共服务领域推行"五星级店小二"服务理念和服务水平。

## （三）以"共享数据"为突破点，持续提升行政审批服务智能化

一是加强省市对接。加强营商环境专班职能，积极对接省级部门，全力打通国建、省建系统的数据链，对接省市事项库，彻底打通市级部门之间网络系统。二是整合移动服务终端。市行政审批局建立并规范 App 管理制度，协同公安、人社、教育、民政等部门，统一应用软件接口，梳理并整合现有各类 App 和实体磁卡，实现"一个门户"和"一卡通办"。三是扩展行政项目的"并联审批"。通过流程再造优化完善工程建设项目和管理系统，压缩工程建设项目审批时间，以此推广，实现其他涉企重点审批领域系统并联审批。

## （四）以"招商引资"为抓手，不断增强市场主体活力

一是大力扶持西安重点产业项目。发展"3+1"万亿级大产业、军民融合、硬科技"八路军"等重点领域的企业项目，不断做大做强，带动区域经济。二是瞄准现代新兴业态加强招商引资。紧跟行业发展前沿，下大力招引以新一代 5G 通信技术、网络新零售、数字金融业等为代表的行业龙头企业。三是加强扶持中小微企业。

帮助小微企业健全法、信、财等机制建设，监督检查扶持基金、扶持奖励资金的落实，强化大企—小企协作平台，提升中小微企业参与市场的竞争力。

### （五）加快打造西安智慧城市建设，进一步优化城市管理和服务

一是要充分利用物联网、云计算等新一代信息技术实现城市智能化管理，使城市管理运行核心系统的各项关键信息以一种协作的方式相互衔接，达到 $1+1>2$ 的效果。二是要实现城市管理和服务中各个领域的精细化管理，有效化解"大城市病"的问题。三是要通过智慧城市建设提高城市的综合管理效率，给市场主体以更透明、更高效的市场环境。

（写于 2019 年）

# 陕西打造现代中医药大产业的战略突破和相关建议

李振平

**摘 要** 本文论证了中医药兴盛和中医药产业强壮是新时代国之大战略,分析指出打造现代中医药大产业急需突破的六大战略问题,提出陕西做大做强中医药产业的四方面路径和推进措施。

## 一、中医药兴盛和中医药产业强壮是新时代国之大战略

### (一)中医药关于人类生命的思想文化是中华优秀传统思想文化的核心构成和重要存在

把中医药作为与书画、京剧并列的中华文化三大国粹之一,其实是对中医药狭隘、肤浅认识的结果。可以说,中医药思想文化,包括其基础价值理念、核心思想理论和医疗保健体系,涵盖了中华优秀思想文化的最主要方面,中华传统思想文化中关于治国、军事、经济、社会、文化的主要思想理论,在中医药思想文化中都能找到。而且,不难推论出,这一观点是具有科学性和可信度的。人类社会发展和人类生命发展,属于人类发展这个同一事物的两个面,人类在成长成熟中对人类发展的两个面的探索和认识具有并联和互鉴关系,二者具有深刻的内在统一性、同一性甚至一致性。人类必然最先认识人类生命发展规律,之后才会有对人类社会发展的认识,而且可能自然不自然地把人类生命发展规律、知识运用到探索人类社会发展当中。因为人类生命发展的内在规律代表了万事万物演变的基本规律,人类认识社会发展越深入、实践应用越好,对其规律把握就必然越是接近人类生命发展规律,必然表现为人类文明的更加进步。中华民族作为全球最古老和伟大的民族之一,会

比其他较晚的民族，有着对社会系统和人体系统更为久远的探索和更为深入的经验性体验，而起源更早的人类生命生存探索，会很大程度地在人类社会探索中起到引用和指导作用。所以，古老中华历史背景下形成的中医药思想文化，作为人类生命发展的思想文化，一定是社会发展思想文化的基础、本源和精华所在；反过来，在人类社会演进的历史大潮中，中医药思想文化又会成为社会发展思想文化完整体系的核心构成和重要存在形式，包括中医药的基础价值理念、核心思想理论和医疗保健体系。这样的人类生命发展思想文化，它不仅在人类生命发展中成为具有强大生命力的传世思想文化，而且一定会在人类社会发展中发挥脉源性引领和策源性推进作用。能够形成完整的人类生命发展思想文化，并与人类社会发展思想文化形成递进、互鉴以至引领关系，这正是伟大的中华民族经久不衰的根本。在中国，不重视甚至丢弃中医药思想文化，必将会伤及中华优秀思想文化，更将可能失去保护中华民族生命健康和社会文明进步的国之利器。

### （二）中医药现代产业化是中医药思想文化经久传世、永不衰竭的必由战略路径

中医药思想文化中的基础价值理念、核心思想理论和医疗保健体系，互为支应、密不可分，如若没有价值理念奠定基础，没有思想理论核心引领，只有医疗保健体系，就必然只能成为一种技术和服务的实施体系；如若没有医疗保健实施应用体系，就失去了基本的和施赐予社会的应用价值，就失去了中医药创世的最初出发点和根本目的，也就失去了经久传世的社会基础和需求动力。所以，以中医药基础价值理念为基础，以中医药核心思想理论为指导，中医药发展之前景还在于形成两个巨大能力，一个是公共性社会服务能力，一个是市场性产业开拓能力，二者相辅相成，成为促进中医药经久传世、创新开拓的两个犄角，成为新时代强国利民的国之大战略。进一步讲，利用市场机制和力量，以市场为主体优化配置发展资源，全面提升中医药医疗保健体系的创新创造能力、医疗供给能力和市场应用能力，构建矗立于世界的现代化中医药产业体系和科技、产品、服务综合价值链体系，不仅是全面提升公共性社会服务能力、保障人民生命健康、传扬国之优秀思想文化的重要力量依托，而且是强壮国民经济体系的重大战略。所以，随着对中医药理念和特殊疗效认可度的世界性升温、现代科技成果以及思想理念和业态创新对中医药产业化发展支撑力的不断增强、中医药思想文化和中医药资源宝库不断得到深度挖掘，以及我国优生优育、老年康养和人的全面发展不断造就出对中医药的无限社会需求，把中医药现代化产业作为

新时代国家战略产业时机已经成熟，需求迫在眉睫、果决时不我待。

## 二、打造现代化中医药大产业急需在几个重大战略问题上取得突破

重大战略突破之一：全面加强中药材种质资源保护、提纯、复壮和优质中药材科学开发利用。中医药与西医药根本的不同，首先在于对植物和动物药材的药用价值的体验、发掘和施用。中医药不像西药是经过化学方式提取元素制作成药物来施用，对植物和动物及其构造部分生物组分的保护、发掘、利用是中医药的根本，没有中药材就没有中医药。我国地大物博、环境复杂、生物矿物多样，同一动植物生长在不同的自然环境和立地条件，其生物组分及其构成的综合药用价值特点就会有差别，特别是在生态系统受损和自然环境破坏严重的情况下，中药材的生境及种质资源、药用价值的保护面临严重挑战，直接威胁到中医药产业发展和人民生命健康，也由于受粮药、菜药等争地影响，满足医疗需求的大规模生产和质量保证的困难和压力增大，这是振兴中医药和壮大中医药产业必须突破的重大问题之一。我国必须进一步加强生产区域优化布局和现代种植养殖产业基地建设，尽快认定形成一批优质道地中药材优势品牌地区。建议全国建设青藏高原、内蒙古草原、东北大兴安岭、长白山地、黄土高原、秦巴山地、江南丘陵、云贵高原、华南山岭、西北沙地、海洋生物十大特色优势中药材品牌基地。在特色优势中药材区域，划定中药材种质资源保护地和现代种养产业基地。种质资源保护，提纯复壮、标准化规模化生产基地建设和对中药材主次组分药用价值的挖掘三管齐下，夯实中医药及其产业化发展的中药材生产保护和供应基础。

重大战略突破之二：加大力度推进传统经方验方的挖掘、保护和开发利用。以中药材及其组合药方治病救人是中医药最具价值的优势特色之一，传统中医药把单味药的应用同药与药之间的配伍关系分为"七情"——单行、相须、相使、相畏、相杀、相恶、相反，"七情"之中除单行者外，其余六个方面都是讲配伍关系的。药方中每一种药材都是由主要、次要和辅助组分构成的多元素多组分医药系统，而多种药材组合而成的药方正是由每一种药材的多元素多组分医药系统构成的药方大系统，药方的综合医疗价值就体现在这样一个多元素多组分医药体系的综合医药功能上，远不是西药合成或者单一的元素药物所能比拟的。但是直至目前，我国在传统灵验药方收集、经方验方组分解析和综合医疗价值检验，以及科学注释、广泛推广应用上，还远远跟不上，造成中医药价值挖掘及其长足发展受到限制。建议各级政府和行业组织把经方验方收集、组分解析、功效检验作为重大医药工程抓紧实施，重点瞄准三大对象，一是经行医实践证明的民间良方，二是黄帝内经等经典名著记载的经方，三是中

医医疗机构长期研制使用的实际验方。经过三到五年的努力，使一批疗效确切的经方验方能够在明确疗效、科学制作、广泛应用上迈出一大步，并走向世界。

重大战略突破之三：着力挖掘经验诊断和设备仪器诊断、药物治疗和非药物治疗有机结合施诊方略。基于人体有机整体的思想理论，中医药通过望、闻、问、切，观察面色、形体、舌象、脉象等的变化，来了解人体的五脏、六腑、五体、五官、九窍、四肢、百骸机体状况，判断内在病变并做出正确的诊断，这从系统论和自然辩证法看，比仪器对人体的单一检查和诊断更为科学。按照天人合一、个群相依的思想理念，中医药除了药物治疗，还长期形成了针灸、推拿、火罐、外敷等多种非药物绿色疗法；把治病、治未病与吃喝玩乐、衣食住行行为和生产、生活活动有机联系，创造出药食同源，甚至音乐、色彩、绘画、书法、戏曲、故事、娱乐、旅游等医疗方式方法。这些是中医药最具价值的优势特点之一，也正是人类医药思想理念所追求的最高境界。中医药现代产业发展的重大战略任务就在于科学运用中医药诊断、治疗的系统、辩证思想理念和方式方法，让其得到信息化、智能化、万物联等现代技术的解释和支撑，让中医药不仅能"治根"，而且可以"急诊"，不仅可以"治未病"，而且可以"健身心"，促进中医药进入综合化、人文化、产业化发展的划时代新阶段。建议成立专门科学技术委员会，创立一批药材生产、医药制造、医疗服务科学实验室、工程研究中心，加以有效推进。

重大战略突破之四：积极推进新业态、新模式和三次产业融合发展的现代化产业体系建设。积极推进药食同源、医养结合、医疗与文娱体育并施等中医药新模式、新功能、新业态发展，完善和构建中医药全面发展的新型产业体制机制。同时，三产融合是现代中医药产业发展的最大潜力所在、最具优势发展方式和当前最大制约发展的问题之一。没有基于大规模、高质量、标准化中药材生产的先进加工制造产业链和种养加一体化的组织经营体系，就不能把中药材资源和中医药思想文化转化为产业优势和医疗服务能力；没有基于优质药材和现代医药制造的医疗服务的引领和市场链接，就没有了中医药产业的发展方向和终端需求拉动；没有研发与咨询、物流与商贸、金融与保险、教育培训与人才的综合配套发展，就没有药材生产、药品制造、医疗服务的优质经营环境和条件。我们要积极推进中药材种养农业和先进加工制造和医疗服务的链状连接，积极推进中药制造从生产型加工制造和单一产品供应商向涵盖研发设计、标准制定、系统测试、质量跟踪、维护保养等服务的服务型加工制造升级，把消费和生产相结合、把供给与需求相结合、把产业和服务相结合、把公共民生和市场经营相结合、把人的发展和社会进步经济发展相结合，全面创建先进的中医药现代化产业体系和产业创新发展路径。

重大战略突破之五：着力推进市场化经营与公共型服务结合的中医药发展体制机制创新。中医药产业发展的伟大意义和前景，就在于它和人的生命生存、生活福祉、每个人的全面发展以及整个人类的繁衍延续质量方式密切关联。围绕人的发展如何把公共服务供给和市场经营供给有机结合，构建起促进两者相互补充、相互支持、相得益彰的和综合效应 1+1＞2 的社会供给体系，代表了新时代中国特色社会主义对中医药产业发展的根本要求。我们必须在建立医疗健康服务市场化推进和基本公共供给保障相契合的体制机制、社会分级设置和区域优化布局模式上取得突破。

重大战略突破之六：着力推进中医药走出去和中医药生产制造服务参与全球医药产业链构建。中医药有着人类生命发展科学的广泛价值意义，也只有广泛应用于全人类的发展，才具有经久传世的强劲生命力。"一带一路"建设为中医药走向世界、中医药产业攀缘全球现代医药产业链创造了前所未有的有利条件。要从组织跨国研发、争创国际技术专利、药材生产和药品制造产能合作、中医药商品贸易和投资发展走出去引进来、中医药思想文化得到广泛认可等方面，全面推进中医药登上世界舞台。

## 三、做大做强陕西中医药产业的几方面建议

陕西是我国重要的中医药文化思想和中医药资源宝库，但陕西中医药产业发展与之极不相称，在全国处于相对落后的地位。原因很多，但决定性的是三方面影响很大：一是种养分散、方式传统、基地化水平低，没有把中药资源宝库转化为优质中药材和中药文化基地大省；二是围绕医药大品种的加工制造产业集群集团化发展水平低，企业产业集中集约集聚度差，国内外市场综合竞争力弱；三是融合发展现代产业体系构建较差，种植养殖、加工制造、医药服务三次产业融合发展产业链远未形成，中医药文化和中医药产业的经济社会生态健康综合价值没有发挥出来。为此，我们研究提出把基地、集团、集群化发展作为做大做强陕西中医药产业的主导策略和路径。现就主要建议报告如下：

### （一）加强连片成带布局和种植（养殖）园建设，打造国家优质中医药材基地省

**1. 加强中药材种养连片成区、成带状布局，总体形成"八带二十区"的空间布局架构**

中药材与自然界其他生物之间具有群落性生长特点，而任何一种中药材的生境及最佳适生—较适生—不适生区在地域空间是渐变的，所以不宜过于强调某一区块

只是某一种中药材的生产布局地,加之规模化生产种植的需要,应该促进多种中药材组合以及组合品种结构逐步在地域空间上形成跨县乡甚至跨市域的连片成区、成带状布局发展。根据自然地理条件和中药材适生自然地带及立地生境的空间变化,总体按照"八带二十区"的空间架构优化布局。其中,四大天然生长带,并进而分为十一区,主要进行天然道地中药材种质资源保护、濒危中药材抢救和适度更替式采集利用(表1);四大农耕种养带,并进而分为九区,主要采取标准化、规模化、现代化农业种养方式基地化发展陕西道地优势中药材生产(表2)。

### 表1 四大天然生长带种质资源保护

| 四带 | 十一区 | 主要县域 | 面向的规模化种养区 |
|---|---|---|---|
| 巴山北亚热带天然生长带 | 米仓山区 | 宁强、南郑、镇巴、西乡和略阳山地 | 汉江上游川谷区 |
| | 大巴山区 | 紫阳、岚皋、镇平、平利、汉滨区和白河江南山地 | 汉江中游川谷区 |
| 秦岭中高山天然生长带 | 太白山区 | 太白、凤县、佛坪、眉县、周至山地 | 太白山北麓—渭河平原区 |
| | 终南山区 | 宁陕、镇安、柞水、鄠邑、长安、蓝田山地 | 终南山北麓—渭河平原区 |
| | 秦岭东部山地区 | 华州、华阴、潼关、洛南、丹凤、商州、商南、山阳山地 | 商丹川谷区、太华山北麓—黄渭洛河平原区 |
| | 秦岭南坡山地区 | 勉县、留坝、城固、洋县、石泉、汉阴、汉滨、旬阳汉江以北山地 | 汉江上游川谷区、汉江中游川谷区 |
| 关中北山温带林草地天然生长带 | 陇山及周边山地区 | 陈仓、千阳、陇县、麟游山地 | 千陇麟彬长旬淳川塬区、渭河平原区 |
| | 子午岭(包括崂山、桥山)及其周边山地区 | 富平、黄陵、宜君、耀州、旬邑、淳化、彬州、长武山地 | 耀宜黄洛川塬区、渭河平原区 |
| | 黄龙山及其周边山地区 | 黄龙、宜川、合阳、白水、韩城山地 | 太华山北麓—黄渭洛河平原区 |
| 北部荒漠草原自然生长带 | 长城沿线荒漠草原区 | 府谷、神木、榆阳、靖边、定边北部的毛乌素沙漠区 | 北部东部榆林地区 |
| | 白于山及其以南丘陵山地区 | 靖边、定边、吴起、志丹、安塞、宝塔、富县山地 | 陕北中部西部及沿洛河、黄河地区 |

表 2　四大农耕种养带中药材生产布局

| 四带 | 九区 | 主要优势中药材品种 | 主要县域 |
|---|---|---|---|
| 汉丹江川谷地农耕种养带 | 汉江上游川谷区 | 西洋参、天麻、附子、元胡、猪苓、山茱萸、杜仲、银杏、延胡索、厚朴、大黄、淫羊藿、黄精等 | 汉中市各县区农耕区 |
| | 汉江中游川谷区 | 黄姜、杜仲、厚朴、银杏、葛根、绞股蓝、黄连、金银花、麝香、五味子、淫羊藿、何首乌、独活、大黄、石斛等 | 安康市不含宁陕县的各县区农耕区 |
| | 商丹川谷区 | 连翘、丹参、桔梗、黄芩、牡丹、山茱萸、金银花、五味子、菌药、黄姜、白及、黄精、葛根、重楼、秦皮等 | 商洛市各县农耕区 |
| 秦岭北麓及渭河平原农耕种养带 | 太白山、终南山北麓—渭河平原区 | 柴胡、山茱萸、猪苓、重楼、秦艽、太白贝母、杜仲、黄姜、板蓝根、延胡索、丹参、黄精、连翘、附子、黄芪、酸枣仁、林麝、大红袍花椒、沙苑子、苍术、秦皮等 | 凤县、太白、陈仓、凤翔、眉县、周至、长安、宁陕北部、蓝田、柞水、永寿、乾县等农耕区 |
| | 太华山北麓—黄渭洛河平原区 | 黄芩、花椒、远志、苦参、秦皮、苍术、林麝、天麻、茯苓、党参、生地、白术、黄芪、柴胡、甘草、白芍、丹皮、白芷、牛膝、水飞蓟、沙苑子、金银花、菊花、红花、苍术等 | 潼关、大荔、合阳、华州、华阴、蒲城、白水、韩城等县农耕区 |
| 渭北台塬农耕种养带 | 千陇麟彬长旬淳川塬区 | 柴胡、黄姜、秦艽、西洋参、林麝、黄蒿、大黄、黄芪、柴胡、丹参、花椒、远志、牛子、板蓝根、党参、土荆芥、苦参、黄芩、黄檗、苍术、秦皮等 | 千阳、陇县、麟游、彬州、长武、旬邑、淳化、三原等县农耕区 |
| | 耀宜黄洛川塬区 | 甘草、杏仁、酸枣仁、柴胡、连翘、黄芩、远志、大黄、寄生、红胡、芮仁、侧柏、羊红膻、当归、马兜铃、鬼针草、枸杞、山茱肉、柏籽、槐米、枣仁、苍术、苦参、秦皮等 | 耀州、宜君、宜川、黄陵、黄龙、洛川、富平等县农耕区 |
| 黄土原梁峁沟壑农耕种养带 | 北部东部榆林及沿黄河区 | 黄芪、黄芩、桔梗、牡丹、芍药、款冬花、薄荷、艾叶、蒲公英、板蓝根、甘草、大黄、金银花、杏仁、桃仁、柴胡、防风、白术、麻黄、酸枣仁、远志等 | 榆林市各县及延安市的延川、延长、宜川三县农耕区 |
| | 陕北中部西部及沿洛河区 | 粉甘草、杏仁、山桃仁、酸枣仁、龙骨、生地、三棵针、穿地龙、刺五加皮、柴胡、连翘、沙棘、远志、酸枣仁、穿地龙等 | 吴起、志丹、安塞、宝塔、子长、富县、甘泉及洛川、黄陵农耕区 |

**2. 积极推进道地中药材基地县建设**

一是建设一批道地中药材种质资源保育、优势中药种养结合型基地县。主要在位于四大自然生长带的县域中选择，根据发展条件、潜力和前景，重点建设八大基地县——略阳县、留坝县、宁陕县、镇坪县、洛南县、太白县、黄龙县、子洲县；

二是建设一批基地化种养、就地布局加工制造的产业融合型基地县。主要是一批在中药种养基地化成气候、专业化水平高、产出达到加工制造原料所需规模大的县,支持三次产业融合、延伸加工制造和中医药服务产业链。包括汉中市的南郑区、城固县、勉县和洋县,安康市的汉阴县、平利县、石泉县和旬阳县,商洛市的山阳县、柞水县和商南县,宝鸡市的凤县、凤翔县和陈仓区,咸阳市的长武县、旬邑县和永寿县,铜川市的耀州区和宜君县,渭南市的韩城市、华州区、华阴市,延安市的黄陵县和宝塔区,榆林市的神木市、子洲县和榆阳区。

**3. 依托基地县建设一批高质量道地中药材现代种养园区**

以 8+27 个基地县为主,以规范化、规模化、专业化、产业化为重点,大力推广应用现代种、养、储藏等新机械、新设施、新技术,建设 50 个以上达千亩、上百个达 500 亩的中药材种养园区。

### (二)做大做强中医药龙头企业和企业集团

**1. 通过构建中医药联盟为龙头企业和集团化发展创造条件**

在陕南、关中等中药材资源优势明显、中医药发展条件基础较好的地区,依托现有中医药骨干企业,组建汉中、安康、商洛、铜川、咸阳、西安六大市域中医药联盟。

**2. 通过推进企业开拓中药产业市场和企业联合重组培育一批有竞争力的大型企业集团**

重点考虑:支持陕西省医药控股集团做大做强中医药板块,鼓励同类产品企业强强联合打造一批优势企业集团,吸引更多省内外和民间资金投入陕西中医药产业发展。

**3. 通过全面提升中医药企业综合竞争力强化龙头企业、企业集团培育发展效果**

应以推动陕西省中医药"走出去"、支持重点龙头企业加强技术研发创新、强化中医药企业管理能力为重点,围绕打造一批中药加工制造大品种药品、培育一批在国内外市场综合竞争力强的龙头企业(企业集团)(表3)。

表3 打造具有确切疗效的中药饮片和中成药大品种

| 企业名称 | 优势产品 |
| --- | --- |
| 陕西步长制药有限公司 | 脑心通胶囊、丹红注射液、步长稳心颗粒 |

续表

| 企业名称 | 优势产品 |
| --- | --- |
| 陕西必康制药集团控股有限公司 | 平溃散、三黄片、强力枇杷露 |
| 陕西盘龙药业集团 | 盘龙七片、安胃片、天麻最细粉 |
| 西安碑林药业股份有限公司 | 金嗓利咽丸、和血明目片、复明片 |
| 陕西汉王药业有限公司 | 强力定眩片、舒胆片、益脑心颗粒 |
| 陕西香菊药业集团有限公司 | 香菊片、恩普洛、乳安片 |
| 安康北医大制药股份有限公司 | 葛根素、绞股蓝总甙胶囊、参桂胶囊 |
| 西安正大制药有限公司 | 平消胶囊、乳块消胶囊 |
| 西安金花制药 | 人工虎骨粉、金天格胶囊 |
| 陕西东泰制药有限公司 | 华蟾素胶囊、金扬沙前列泰胶囊、补肾益脑胶囊 |
| 海天制药 | 复方沙棘籽油栓 |
| 盛康药业 | 盛康注射液 |
| 摩美得制药 | 气血和胶囊 |
| 陕西郝其军制药股份有限公司 | 健髓生血丸、骨髓重建胶囊 |
| 西安世纪盛康药业有限公司 | 肾康注射液、药肾康栓 |
| 陕西康惠制药股份有限公司 | 复方双花片、消银颗粒、坤复康胶囊 |

**（三）优化布局加工制造产业园区，促进产业协作融合，构建一批现代产业集群**

**1. 建设中医药特色产业园区促进企业集群化集聚**

重点建设大西安中医药研发生产产业园、宝鸡市"太白山药谷"中医药产业园、渭南中医药深加工产业园、杨凌中医药技术产业园、安康富硒中医药产业园、汉中现代中医药产业园、商洛中医药生态产业园、榆林中医药特色产业园等八大中医药加工制造产业园。

**2. 构建制造、服务综合产业链促进中医药产业集群化发展**

一是完善城乡中医药服务体系引领产业集群化发展；二是打造一、二、三产业深度融合、研发与生产、制造和流通等上下游全面整合的中医药全产业链；三是以医药龙头企业为主导，推进中医药产业向现代生物制药、养生保健等方向发展，拓展延伸中医药产业链。

### 3. 依托专业化配套协作打造跨市域现代中医药产业集群

积极促进西（咸）、杨凌、宝鸡中医药融合产业集群化发展、汉丹江中医药绿色深加工产业集群化发展、黄土高原特色中医药种植生产集群化发展、渭北台塬中医药现代产业集群化发展，形成优势特色鲜明、配套合作机制完善、产业链关系紧密的四大优势产业集群（表4）。

表4  四大中医药产业集群发展方向

| 名称 | 地域 | 重点企业 | 发展方向 |
| --- | --- | --- | --- |
| 西（咸）、杨凌、宝鸡中医药研发制造产业集群 | 西安、咸阳、杨凌、宝鸡 | 陕药集团、步长制药、陕西海天、西安金花、西安世纪盛康、陕西盛康、陕西东泰、摩美得制药、西安碑林药业、陕西康惠、陕西郝其军等 | 大力发展健康旅游产业、特色养老产业、医药产业等特色产业，加快推进中医药生产与研发、健康养老、物流业、旅游业等各大产业的优势互补，深度融合，充分发挥产业协同发展和集聚效应，培育一批中医药生产研发、专业物流、健康养老、保健食品等的示范基地 |
| 汉丹江中医药绿色深加工产业集群 | 汉中、安康、商洛 | 陕西盘龙制药、陕西汉江药业、陕西汉王药业、安康北医大制药、陕西香菊药业、陕西必康制药等 | 推进万亩GAP种植基地建设，培育一批产值过10亿元的中药饮片加工企业，加快中医药循环经济产业园建设进度，加快完善集中成制药、中药饮片、配方颗粒、保健产品研发等为一体的产业链，不断健全和完善中医药仓储、检测、销售等市场服务体系，形成集规范化种植、精深化加工、标准化仓储、品牌化营销于一体的发展新格局 |
| 黄土高原特色中医药产业集群 | 榆林、延安 | 延安制药、榆林制药、天宁制药（榆林地区中药厂）等 | 要充分挖掘黄土高原的中医药特色资源，围绕"大中医、大健康、大民生、大产业"主题，完善中药材种植加工销售、休闲度假旅游、健康养老养生等全产业链，重点培育一批产品质量好、市场竞争力强、效益好的企业，形成集中药材种植、研发、加工生产、销售以及中医药健康旅游等为一体中医药特色产业集群 |
| 渭北台塬中医药现代产业集群 | 渭南、铜川、旬淳 | 陕西渭南华仁制药、华山制药、雄风制药、渭南康华制药、铜川市制药厂、陕西丰禾制药等 | 全面加快中药材基地建设，着力提升中医药的精深加工水平，不断拉长产业链条，提升中医药产品附加值和核心竞争力，抓好中医药人才培养，推进中医药现代化生产，形成集实现产值过百亿元中医药种植、深加工、销售等为一体的产业集群 |

### （四）加强做大做强中医药产业发展的政策和措施建设

### 1. 加强组织领导和服务保障

积极构建省政府与国家卫健委、国家中医药管理局共同推进陕西中医药产业发展的长效合作机制，加强顶层设计。成立由省政府领导任组长，相关部门主要负责同志为成员的全省发展中医药产业工作领导小组，健全完善联席会议制度，研究和解决我省中医药产业在发展中遇到的重大事项。加强规划与法规建设，围绕做好中医药发展战略、规划的统筹谋划，及时出台中医药发展条例。制订针对重点中医药企业、中药饮片和中成药大品种开发的一对一的对口帮扶计划，基地县（区）政府成立专门的办公室，汇总上报、及时解决企业在经营中存在的问题；在符合法律、法规、制度原则要求的前提下，采用特事特办的方法，减少中间环节，提高工作效率，为企业提供优质高效的服务；对重点中药企业和中药项目建设建立"直通车"服务制度，为重点企业征地、拆迁提供方便和支持。

**2. 强化土地人才保障支撑**

在土地利用总体规划和城乡规划中统筹考虑中医药发展需要，加强中医药企业和产业园区的土地保障；建立健全用人体制和激励机制，对医药研究和产业发展贡献较大的管理人才、技术人才、营销人才，给予特殊津贴和奖励。加强人才引进，出台"中药材人才引进计划"，出台专门的人才引进鼓励办法，对引进人才实行住房、医疗、子女教育、养老等方面的相关优惠政策。建立中医药从业人员继续教育制度，支持中医药企业与高校科研院所的产学研合作交流。

**3. 加强税收和财政补贴支持**

对农户成立中草药专业合作社给予奖励和税收优惠政策，将中草药纳入农业保险，实行生产资料补贴、农机具补贴等补贴政策，将中药材品种纳入我省种业发展规划扶持范围给予资金扶持。通过加强企业上市资助和研发补贴，推进本省龙头企业发展；设立中医药发展基金，省市财政每年预算中留足用于支持医药产业发展的专项资金。

**4. 加强金融支持**

将部分中药材品种纳入政策性农业保险范围，将中药种植业纳入大农业保险范围，引导保险金融机构开展对种植基地或农户风险保险；出台对药材种植基地、加工企业及有关科研单位的信贷扶持政策，完善信贷担保抵押模式，鼓励金融机构发展创业投资基金、风险投资引导基金等；支持符合条件的中小中药企业在中小企业板或创业板上市，鼓励符合条件的中药企业在境内外上市筹资，支持符合条件的中药企业发行企业债券、公司债券、中小企业集合债券和中期票据；开展中药产业基地内具备条件的中药企业进入股权交易市场和证券公司代办系统进行股份转让试点，推进未上市中药企业股权的流通，拓宽创业投资退出渠道。

### 5. 优化发展环境

优化创新发展环境，用资产支持和税收杠杆鼓励中医药企业增加研发投入比例，积极吸引社会投资和国际合作资金，构建支持中医药创新发展的多元化投入体系；构建全省中药材产业发展科技创新和资源共享平台，为中医药企业、种植基地、园区、中医药产业的发展模式创新、机制创新提供支撑；加大创新研发事后奖励，对中药研发已取得新药临床批件的，给予资金奖励，新药研发成功后，再给第二次奖励，形成创新成果就地转化的良好氛围。按照"非禁即入"的原则建立多元化的投资结构，加强中医药园区和企业的公共配套协作，营造配套完善、功能互补的投资生态环境。严格中医药执法监督，营造全社会尊重和保护中医药传统知识、重视和促进健康的社会风气；大力推进中药材种植、生产、加工、流通等各个环节的标准化管理与控制，完善农资归口经营管理和电子监管追溯模式，推进现代化规范化管理。简化、优化药品医疗器械审评审批程序，引导申请人有序研发和申请，公开受理和审批有关信息，提高审评审批效率和服务水平；取消中医药不合理准入门槛，放宽中药备案、审批手续，加快中医药产品的更新；食品药品监督管理部门构建全过程高效医药产品注册审查、审批和服务系统，着力提高行政审批和服务效率；卫生计生部门从方便申请人的角度制定关于医疗技术临床应用准入审批具体实施意见。

### 6. 请求国家支持

积极争取国家部委在政策、项目、资金上加大对陕西中医药产业发展的扶持力度，争取国家支持陕西建设丝绸之路经济带中医药产业创新发展试验区。请求国家加大中医药扶贫对陕西的支持力度，尤其是对于陕南陕北一些中医药资源和产地优势明显的落后地区，加大对优势企业、高新品种、著名品牌和中药材基地建设的支持力度。加快中医药《执业医师法》《药品管理法》《医疗机构管理条例》《野生药材资源保护管理条例》等相关法律、行政法规的修订完善，推进《中医药法》和其他法律的衔接；抓好配套文件、规定、规范性文件的制定，尤其是中医药知识产权保护和利用相关文件的完善，健全中医药专利审查标准和中药品种保护制度。请求国家部委支持陕西搭建省部共建的丝绸之路国际中医药博览会暨中华养生文化交流论坛，依托论坛构建省部共建合作推进丝绸之路中医药企业合作联盟。

（写于2020年）

# 着力打造以西安为核心的"关中区域网络型城市群"

曹 钢

**摘 要** "做大"西安、建设以西安为核心的"关中城市群",一个要害问题是应走好"做大"的路子和选择好目标模式。现代意义上的"城市群",是一种"区域网络"城镇化路径模式。"城市群"之所以称为"群",根本就在于"群"中具有"区域网络"关系。明确这一点,对于我省关中地区城镇化发展意义重大。建议省委、省政府着力问题的要害,效仿中央整合京津冀地区发展的做法,直接布局关中城市群建设,统筹抓好相关方面的发展。

有关建设"大西安"问题,可以说是个老话题了。从 20 世纪末 80—90 年代开始讨论如何"做大"西安起,到认定"关中—天水经济区",再到建设"关中城市群",我省理论界和行政领导层一直关注发展好关于这个城市密集区的问题。人们普遍认为:建设"大西安"、建设"关中城市群",是西安和陕西发展应该追求的远大目标,对全省发展也具有战略的影响作用。然而,问题的实质不在西安要不要"大",而在如何真正"做大",或建设怎样一个"城市群"上。可是在面对这个实质问题时,从提出建设"大西安"起认识就有所差异,甚至分歧较大,谬正难辨。为此,本文把话头说得长些,笔者从讨论这个理念性认识问题开始说起。

## 一、从讨论如何"做大"西安说起

### (一)搞清楚多年喊着要"做大",却没能做大的真正原因

西安的发展是受制于市区人口少、地面小呢,还是因为内生动力不足、体制改革滞后、缺乏外在竞争能力呢?这个问题不允回避,首先需要回答。

多年来，认为是前一种原因的舆论很大，比如我的一位理论老友就到处大讲，把咸阳并入西安，"这样一下便可把西安变大了"。然而根据我自己的研究却认为，主要矛盾在后者。因为从同多个城市的量化对比中可以看出，那些人口和面积比西安小或少的城市，经济量却大于西安，它们并非是靠扩大地盘、吞并周边做大的；相反，西安的各主要经济要素的单位创造能力，却远比那些发展好的城市要差。这说明：在今天这个"小"西安的情况下，由于内在活力不足、体制机制不顺，经济要素的作用都还未能充分发挥出来，即便通过"吞并"把西安变"大"，虽然其表面上经济总量会相对增加一些，但固有的经济要素低效浪费现象并不会自行解除，反而会变得更加严重。

### （二）把握好"大"的价值内涵，正确处理"量"与"质"的关系

建设大西安，是把经济数据放在第一位呢，还是把让居住在西安的居民更幸福放在第一位？是以创造领导人的短期政绩为统帅，还是以打造有创新有效益的增长为统帅？是追求短期内发展目标呢，还是定位于长期稳定可持续增长呢？这是"做大西安"中的一个实质性问题。

我个人是赞成后一种倾向的。"大"从直观上看，是"量"的增加，但往深层里说还有"质"的问题，其实质是选择怎样一种"大"的目标。我们追求的应是把增长的"量"与"质"结合起来，即追求一种实实在在的增长、有效率可持续的增长、让人民幸福指数得到不断提高的增长，也就是建设一个经济数据增大与人民所得实惠增多相统一的大西安。我期盼未来西安的"大"，能真正符合这种要求。

换个角度看，是重"量"还是重"质"或追求"量"与"质"相统一，根本上是"大"的出发点问题，即选择何种方式的"大"。从现实出发，我认为至少有三种"大法"，是需要恰当把握的：一是像有些人主张的，用在地理上"吞并"周边或蚕食外围的办法，尽快把西安的所辖面积、人口、摊子搞大，相应地也使经济总量得以相对扩张；二是靠尽快引进几个大企业，短期内把一些经济数据做大，比如引进了一个三星，一段时期西安乃至陕西全省进出口量便发生成倍增加；三是搞超实力的举债，形成短期的集中投资，带动经济数据全面上扬。这三种路子，都带有一定的片面性和局限性，尤其是第一种，实则是为"大"而"做大"，很难提高"大"的"质"的水平，不适宜作为"做大"的主导路径。

### (三)把握好"做大"的"内""外"关系,确立理性的"做大"路径

是坚持从西安的自身实际出发,深挖潜力、释放活力、育发新动力,把"做大"真正建立在内在发展能力的提升上,走以内涵式增长为主的路子呢;还是走前面所说的那几种路子,简单地和片面地寻求外在扩张呢?这个问题也至关重要。

前面那三种"做大"的路径,尤其是后两种方式,是"做大"西安必不可少的。我不主张将它们作为主导途径的重要原因是,我认为它们都未能把发展的主要着力点放在西安自身能力的提升上,西安有条件走以内涵式增长为主的路子。我敢肯定地说,西安绝不是一个缺乏内在动力的地方,它历来都备受中央政府的支持,放弃对其自身条件的充分发挥,绝不会是"做大"西安的正确路子。当前,若把西安的自身条件与国家战略结合起来看,它正面临着三大政策性战略机遇:一是自贸区建设,这是拓展经济创新性和招商容商兴商能力,推动经济主体转型升级的历史性机遇;二是科教体制改革和军民融合改革,这两大体制性转变可以从根本上破解西安和陕西科技活力释放问题,如果做得好,必将大幅度提升经济发展的内生创新能力;三是关中城市群建设,这已预定列入国家重点,自然会把大西安的建设同大关中发展融为一体,在强化西安作为关中城市群龙头作用的同时,加速和提升西安自身的发展。

可以说,这三大战略机遇中的每一个,都能转化为一种了不起的内生动力和巨大的增长空间,是经济社会的一大历史性变革;而将三者融为一体、融于一地、融于一时,则实属难得,宝贵至极。如果抓得好,便可形成改制、改企、改市(场)结合,增资、增智、增地并进,创新、创投、创业齐动,富商、富民、富市共赢的整体性、深层性、爆发性变革,将会成为拉动西安乃至陕西经济社会全面进步和历史跨越的新引擎。

然而坦率地说,再好的机遇都需要人去抓。如果对机遇缺乏认识,或空喊要抓而实则抓而不紧、抓而不当,它仍然难以变为实际成效。过去西安和陕西浪费机遇的现象并不少见,例如关天经济区设立时,国家就曾赋予"统筹科技资源改革示范基地"建设的定位,但我们并未取得实质性成效。这也是笔者要特别强调应把工作的注意力更多地放在内生活力释放上的理由。简言之,能不能真正舍弃侥幸和空谈,立足自我开发,同时恰当利用外在力量,下功夫强化内生活力的释放,破解西安和陕西这块土地上长期养成的体制、环境、意识中的习惯性顽疾,是能不能成功"做大"西安的关键所在。

### （四）把握好与宏观结合的三个战略坐标，设定大西安的奋斗口号

是崇尚空谈，追求与实际不沾边的高调，还是把宏观导向与西安的实际很好地结合起来，提炼恰当的战略定位，充分享受宏观的政策推动？这个问题也值得重视。

建设大西安无疑应有一个战略定位，提出一个响亮的目标性口号。这个口号要响亮，更要切合实际，尤其应符合国家的战略导向。为此我认为，重点应把握好在三个坐标中的定位。一是在"一带一路"中的定位和作用，二是在关中城市群中的功能和效应，三是建设内陆型国际都市的目标和要求。从第一条看，西安应跳出古丝绸之路的束缚和思维方式，找好切口，形成与宏观的恰当对接。丝绸之路经济带，不是一条"路"，而是经济"带"，是开放的、包容的、处于竞争状态的，不要再去争什么"起点"。从地理上说，西安应属"一带一路"的国内核心地区，应建成对接国际、中转区域的核心高地、战略支柱和中心枢纽。关中城市群建设与建成大西安在很大程度上是统一的，甚至可以看作是一回事。国际上的都市群，都是以某一城市为核心的一定区域的城市群，西安应发挥好龙头城市作用。从建设国际大都市说，西安要充分发挥历史文化的优势和特色，利用好托靠秦岭、腹怀渭河的资源，融山川为一体、置江湖于城中，利用十三朝古都的辉煌，打好文化和旅游牌，建设世界级文明历史古都和现代山水园林城市。总之，在这三大坐标中提炼经典口号，概括出汇集三大目标要求的"大西安"形象，有助于引领和推动大西安建设。

### （五）把握好大西安与大关中的关系，在城市群建设中做大西安

是孤立于兄弟市之外，只谋求自身做大，形成与兄弟市之间的低水平竞争态势呢，还是定位于区域龙头，主动协调对接好兄弟市区间的分工，把带动其他市区的发展作为自己应尽的职责，实现互助互进，相得益彰，共同做大呢？这也是大西安建设中的一个重大战略问题。

城市群可以叫"区域网络城市群"，是一种城镇化和区域一体化相融合的发展模式。其基本特征是，在一定地域范围中，围绕一个或几个核心城市，建成大、中、小城市和小城镇相协调的城市（镇）群，进而通过城市群框架支撑和城市（镇）间的各种网络关系，产生对本区域农村的深度渗透，形成城乡一体、三产融合、区域互补的整体发展格局，同时创造出具有较强增长优势的"经济圈"或"经济带"。

2015年春天，省决策咨询委咨询建议（特刊）上，登载了我关于打造关中城市

群的一个稿子，讲了在这方面的系统看法，并建议省委、省政府效仿中央整合京津冀地区发展的做法，坚持核心城市建设与区域城市群建设有机统一，把转变发展方式作为化解城乡对立的根本切入点，实施经济一体化与环境设施一体化建设相配套，按核心城市、次核心城市、节点城市、县城四级层次，分解落实40多个城市的功能定位和重点方向，直接布局关中城市群建设，统筹抓好相关方面的发展。

与这个大格局相联系，我认为对于作为区域龙头的西安来说，重点应在高端技术研创、高端服务打造、高端企业引进、高端产品开发上下功夫。切实做好对关中地区产业的创新先导、群体整合、综合服务，着力于从整体上提升区域产业的群体影响力和广域效益性。"建成大西安，带动大关中"不应成为一句空话。西安不要把自己定位于一个孤立的城市，自顾自地搞发展；不应与周边城市争饭吃，成为兄弟城市的"对手"；不做以大压小，歧视兄弟城市的事，谋求用"先人一步、多人一招、高人一层、助人一力"的姿态，带动大家的发展。从而，真正形成大关中同构产业纵向分层、横向分类、基地分区，技术深度化、关联体系化、集群规模化的综合立体分工体系，推动区域特色产业迅猛发展。在这个意义上说，西安的成功不在于它自身创造了多少GDP，而在于要引领大家走出创新性和高端化、高效化发展的路子，为整个关中城市群的建设做出贡献。这条路子走成功了，大西安建设的目标就自然得以实现。

### （六）把握好自身发展与行政推动的关系，克服简单化行政撤并倾向

是为"做大"而搞行政撤并，采取盲目组合呢，还是顺应经济规律和市场需求，进行必要助推，使行政推动变成合力生成和再生效益倍增的手段呢？在这点上，我和我的好友们有很大分歧，但我却仍坚持自己的看法。

利用行政手段推动区域经济组合，可以说是一种政府调控经济的方式，各地也不乏这样的事例。目前，主张把咸阳分割给西安市以做大西安的观点，呼声很大，似乎已成为"做大"西安的一服灵丹妙药。然而笔者仍主张慎用此方。

从经济学意义上说，行政撤并其目的是推动组合效率的提升。抽象地看，其大体可以产生四种状态：①"$1+1=2$"；②"$1+1>2$"；③"$1+1<2$"；④"$1+1<1$"。一般地说，组合的目标应该以"$1+1>2$"为基本定位，如果只是能达到"$1+1=2$"，那便没有什么意义了，更不应该出现"$1+1<2$"或"$1+1<1$"的现象。问题是目前我们的撤并倡导者，却只是以"$1+1=2$"为目的，这便不能不令人担心，其最终在表面上增大西安经济量的同时，还会带来什么后果。

简言之，我并不完全反对采取行政撤并做大西安，而是想强调行政撤并应顺应经济规律而为，为推动市场经济走向更加成熟而为，具备"1+1>2"的目标追求和结果。即用权力改革的手段，破解市场组合的障碍，使市场经济发展更顺畅些；而不是简单地做行政单元的切块分割，只做行政权力的移位相加。现在的长江经济带和珠三角经济圈，都是跨省界甚至是境内外的组合，却并非是靠行政撤并而形成的。还需指出的，现实中主张用简单化的撤并"做大西安"的思路，非但不具有推动"1+1>2"的成效，反而严重地扭曲了现实中的认识路线，一方面诱导人们把"做大"死盯在靠行政撤并这步棋上，似乎与自身的发展并没有什么关系；另一方面，给未能"做大"提供了一个借口，似乎变成了可推卸自己工作责任的合法理由。

鉴于以上几点思考，笔者认为"做大"西安，关键是应走好"做大"的路子，这并不是像有些人所说的那样，只要搞下行政撤并即可了事。这是一局大棋，事关西安及陕西发展之大局，其中有一系列理论与实际问题需要搞清楚。故而请省市政府，抓紧问题的要害，端正认识方向，深入全面调研，在搞清问题的症结后，再对症下药。抓住主要矛盾，把握战略全局，制订好发展规划，推动建设有理、有序、有效进行。

## 二、应效仿"区域网络城市群"新型城镇化路径模式

### （一）"区域网络城市群"模式的重大创新价值

#### 1."区域网络城市群"模式的定义

这里提出的"区域网络城市群"模式，是依据我国改革过程中珠三角、长三角等地区的城镇化路径创新而概括的一种城镇化和区域一体化相融合的发展模式。这种模式的基本特征是：在一定地域范围中，围绕一个或几个核心城市，建成大、中、小城市和小城镇相协调的城市（镇）群，进而通过城市群框架支撑和城市（镇）间的各种网络关系，产生对本区域农村的深度渗透，形成城乡一体、三产融合的整体发展格局，同时创造出具有较强增长优势的区域"经济圈"或"经济带"。

#### 2."区域网络城市群"在城镇化路径上的重大创新

在"区域网络城市群"模式发展中，城镇化与新农村建设有机结合，"城市带动农村"与"农村转变城市"相互辅助，形成一种有别于传统城镇化道路的新型城镇化变革路径。在这里，农村工业化、农业现代化加速城镇化进程，避免了孤立地

就农村抓农村、就城镇建城镇的现象；城镇化以农村和农民为主要变革领域和变革主体，避免了农民在城市化中的被动地位和农村被不断边缘化的现象；农民依托农村实现产业非农化和就业多样化，或进城转变为"市民"，或就地变为"工人"，"进""退"有路，逐步地向"离土离乡"过渡，避免了农民失地、无业、无资，盲目涌向城市的现象；一部分农村直接转变为新的"城"或"镇"，原来的小城、小镇上升为新的中、小城市，形成对大城市的支撑和拱卫，避免了城市空间和功能上的不合理现象。即使是没有"进城"的农民，其生产、生活都与城市市场融为一体，生产和生活水准也与城市没有什么差距，有的甚至高过普通的城里人，已经事实上"城镇化"了，成为不在城里居住的城里人。从而，形成城镇化路径和新农村建设双向创新，"离土离乡"式进城转移就业与自我"就地"创业转变为"城里人"的两种途径齐头并进的综合城镇化变革过程。

### 3."区域网络城市群"模式的重大战略价值

实践证明，"区域网络城市群"和"经济圈（带）"相统一发展，具有适应当代中国现代化发展客观要求的进步性。正因如此，国务院从"十一五"末起，按照划分主体功能区的整体要求，集中批复了20多个战略性区域规划，基本覆盖了全国主要经济板块。涉及陕西和甘肃两省的关中—天水经济区，就是这种区块规划的一个典型代表。由此说明，在改革开放实践中自然产生出的"区域网络城市群"模式和"经济圈"战略，事实上已上升为国家层面的经济规划战略，成为今后较长一段时间中，我国经济社会总体战略中的重要组成部分。显而易见，顺应这种战略导向要求，打造"关中网络型城市群"是加快关中乃至陕西全省经济发展的最佳选择。

## （二）关中效仿"网络城市群"模式的支持条件

还需指出，在关中打造"区域网络型城市群"，同时具有其特定的支持条件和战略可取性。

### 1. 关中具有实施"网络城市群"模式的地理经济条件

关中地区号称"八百里秦川"，以西安为中心、以渭河为主轴，聚集几个地级城市和40多个县级城市。县城之间相距平均不过四五十公里，并由纵横交错的铁路、高速公路、关中环线相串联。从西安出发，两小时内即可直达各县县城。这里历史上是我国农业发祥地，中华人民共和国成立后又是国家重点布局的工业基地，第三产业以西安为内陆中心枢纽而独具优势。科技实力雄厚，旅游资源丰富。在地理经济基本条件上，与几个区域网络城市群发展较快的地区相比，除没有海上码头外（国家批准西安设立内陆港口）基本相似。由此决定了关中具有建设内陆型的区域网络城市群的客观条件。

### 2. "网络城市群"符合关中—天水经济区的规划要求

按照国家的规划，关中—天水经济区在空间布局上，即要构建一个以西安（包括咸阳）为核心、宝鸡、渭南等数个大中城市为次核心、十多个中小城市为三级城市，同时联结重点镇和大批一般镇，以形成由城市群为基本骨架的城乡一体化发展经济区。这个经济区具有"一高地、四基地"功能。西安将建成规划中的全国第三个国际大都市。可以说，国家所赋予关中—天水经济区的目标要求，即应效仿创建"区域网络城市群"的发展路子，建成大关中地区城市群发展与城乡一体化同步推进、具有国内一流经济水平的新型"经济圈"。

### 3. "网络城市群"模式有利于关中城镇化的创新发展

如前所述，区域网络城镇化以加快农村和农业自身的变革和发展为重点，主要通过农民创业和农村经济的自我变革，化解存在于传统城乡对立中的深层矛盾，走的是"城市带动农村"与"农村转变城市"相结合的路子。其不仅走出了传统城市化中"先剥夺、后反哺，先集中、后分散，先污染、后治理"的曲折过程和"怪圈"，而且可以更加充分地调动农民创业的积极性，加快农村经济现代化变革，与国家倡导的统筹城乡发展、构建城乡经济社会一体化新格局的要求相统一。这对于解决关中城镇化进程中城乡互动较差、县域经济发展滞后的现实"短板"问题，具有很好的针对性。

### 4. 正确看待"效仿"发展与发展机遇条件的关系

有一种说法认为，现在的关中丧失了发达地区早先的时代背景和发展机遇，因而不赞成提出"效仿"的发展思路。其实，我们所谓的"效仿"，即指对"经济圈战略"的适应和城乡一体城镇化路径的吸取。这同面临怎样的发展机遇和创业条件，是处于不同层面上的两个问题：作为前者，它反映的是都市化发展的历史趋势和规律特征，所以越是都市化迈进的最新趋势，越具有规律的典型价值，其对于后发地区来说则愈加成为一种历史的必然。而作为后者，其相对前者不过是一个方式、方法问题，它可以因时、因地、因境发生改变，但是无论何种变化都不能以自身的变化而改变城镇化进程中的规律性。发达地区只不过是利用了当时的"特殊机遇"条件，加快了这种规律性的实践。然而决不能把这种规律特征定格在所谓的"特殊机遇"里，反过来又以这种"特殊机遇"的失去，而否定对规律性的应有遵循。

## 三、构建"关中网络城市群"模式的战略创新

创建"关中网络城市群",首先有个发展理念创新问题。这就是要走出传统的城乡分割理念下,就城市建设城市和各个城市自顾自发展、就农村发展农村和片面强调农民进城的路径模式,按照区域城镇化与城乡一体化相统一的发展理念,正确把握好城乡关系、城城关系、产业布局及城镇化动力机制等战略问题,树立起系统化、城镇化的崭新发展。

### (一)树立城市群建设与城乡一体化相统一的发展

**1. 坚持核心城市建设与区域城市群建设有机统一**

"关中网络城市群"发展,首要的是作为核心城市西安的发展。西安发展的目标是建成国际化大都市,而真正的国际大都市绝不是一个城市的孤立的发展,必然是一种作为区域性核心城市与周边城市和相关经济圈的共同发展,这同关中网络城市群建设具有本质上的一致性。为此,一定要改变西安自顾自发展和作为周边城市"对手"的形象,而把它置于关中经济圈的整体发展中,强化其对周边城市的带动作用和合理的分工协作关系,使其真正成为整个大关中发展的引领者和大龙头,形成中心城市功能以及区域发展上的良性互动。

**2. 坚持把转变发展方式作为化解城乡对立的根本切入点**

"关中网络城市群"发展,最大的难题是破解"二元结构",真正做到统筹城乡和实现城乡一体化发展。城乡对立的根本是农村小生产和自然经济与城市现代生产力和发达市场经济的矛盾。化解城乡矛盾、实现城乡一体,根本是要形成发展方式的大变革。就是要将传统的小农生产及自然经济的发展方式,转变为现代生产力和市场经济的发展方式;低层次、低水平和传统型的工业化路径及其方式,转变为高端化、高效益和新型工业化路径及其方式;城乡分割、城乡对立和城乡间孤立封闭型体制及其机制,转变为城乡一体、统筹发展和综合互动的体制及其机制。重点是打造城乡共享的创业、创新、创造环境,推动农业产业化、农村工业化、农民生活城镇化高潮的形成。这就是要在推进发展方式综合变革的基础上,加快整个区域向城乡经济社会一体化发展迈进。

**3. 坚持经济一体化与环境设施一体化建设相配套**

"关中网络城市群"建设,必须坚持产业整体发展与区域设施环网建设同步推进,保证城乡经济社会发展的一体化。既要重视经济关系上的区域化衔接和有机组

合,又要加强硬件设施上的整体配套和共享。以交通的便捷、设施的配套,促进产业分工协作深化、经济结构优化和产业群体升级发展;反过来在产业集群提升和经济规模扩展中,带动区域设施经济内涵升级,在基础设施的"成环""成网"中实现经济"成圈""成带",形成经济环网和区域设施环网"双配套""双连接",深度一体有机融合。

### (二)树立同构相关多样化为主的区域产业体系发展

产业发展是关中区域网络城市群建设的根本所在。对区域产业的选择上,现在人们都比较多地强调"错位"发展,这在抽象意义讲是对的。"错位"了,你发展这个、我发展那个,谁也不影响谁,大家都有市场,都能发展。然而依据现代市场经济的产业规律来说,"关中网络城市群"建设重要的不在于简单化的"平面错位"发展,而在于努力打造一种同构"立体错层"、兼顾广域相对多样化的产业体系。

#### 1. "平面错位"发展不符合现代市场经济产业发展规律

首先,从产业集群的要求上讲,一个大产业一般都要依托一个大区域的规模化发展,只有形成大产业才能创出大市场,没有一定区域和规模就成不了一种产业集群;相反,如果简单地人为强调"错位",往往会造成"产业一火车、产品一汽车",难以成大气候。其次,一个大产业的发展总是伴随着激烈的竞争。只有经历了同类产业之间的竞争,才能促使分工协作深化,才能成为真正有实力和成熟发展的优势产业。不是与本地企业竞争,就是同外地企业竞争;害怕有竞争,企图通过人为"划分领域"的方式,即便避免了本地性竞争,照样逃脱不了对外竞争;而事实往往是缺乏本地性竞争,就更不具有对外竞争力。说得再直接点,在当今的市场经济下,要保持较长时间的"独有"是很难办到的,有意义的是争取做到"人有我有、人有我强、人强我优"。企图用人为方式缓解竞争,实则是自然经济理念和计划经济思路的表现,"小打小闹"或许可以,要打造大产业那是不行的。再次,对长江三角洲经济圈的研究表明,同构产业竞争与经济效益并不矛盾,它促使区域产业分类、立体分层和区块产品特色化发展,不仅有利于产业规模扩张、分工细化和彼此协作,而且会大大降低区域产业的整体生产成本。

#### 2. 经历市场竞争的考验是关中产业向集群化变革的需要

客观而论,从计划经济到市场经济的转变中,从20世纪80年代起,关中以及我省的一批又一批、一代又一代的产业和企业,骤起骤落,昙花一现,其重要原因是缺乏经历深度的市场经济的竞争。这些产业和企业大都依托短期性的资源条件或市场机遇，采取粗放型的方式发展，技术创新少、产业链条短、分工协作浅、群体配套差，缺乏核心竞争力、缺乏比较效益优势、缺乏深厚的发展根基。加之投资主体单一、投资环境较差、管理方式落后、体制机制活力不足，一旦市场有所变化，便兴衰无常、骤然垮掉。而且，人们误将合并当"集团"、将拼盘当"集群"，不在深度改革上做文章，而习惯于搞人为的拆装、组配。改来改去，终未找到有效的出路。可见，要打造关中有实力有规模的骨干产业，不应是人为地避开竞争，而是要积极引导企业在竞争中实现产业结构和企业分工体系的深度创新。

**3. 加快构建关中区域同构产业综合立体分工体系**

打造关中同构相关多样化的产业体系，根本的是应通过市场竞争，在深化产业内部分工上下功夫。一是深化产业层次分工，延长产业纵向链条，形成同一产业的不断深入开发和"错层""错品"发展；二是深化产业流程分工，强化生产过程环节细分和产业组配，形成有研发地、有生产地，有主产区、有配套区，有加工企业、有组装企业的区域产业类别基地，强化产业发展横向协作和效率化发展；三是深化产业区域分工，推进产业有序转移，形成由点到面、由面到圈、由核心到外围的相关城市之间分层次、分类别的阶梯性、网络型相关转移发展。从而，真正形成同构产业纵向分层、横向分类、基地分区，技术深度化、关联体系化、集群规模化的发展。

总之，关中经济区的发展一定要走出小农经济的意识和计划经济的思路，改变简单化地强调"错位"发展的理念，依托优势资源，围绕特色产业，重点加强同构产业相关多样化发展。同时，有条件地扩展不同的产业类别，进一步加强每种产业的相关多样性，推动更大区域的若干产业的相对多样化发展。最终将其打造为由几个具有现代化水平和竞争实力的大型产业做支撑，以同构相关多样化为主、兼有广域相对多样化发展的产业体系。

## （三）树立有定位分工下的"四级城市"体系化发展

关中—天水经济区规划已明确提出，要构建县城、节点城市、副中心城市、中心城市的四级城市框架，但从实践中看，人们对四级城市建设的理解和规划把握尚存在明显不足：一是并未对各级城市的目标职责做出准确定位；二是对各级城市之间的联系和配套上缺乏认真研究；三是对各级城市特色化发展方面未能形成合理引导。在实践中依然是每个城市都独自谋求各自的发展，大小城市功能定位趋同、发展路径单一，缺乏应有的整体配合和体系化分工协作关系。为此，关键是应明确各层级城市的目标功能，形成一种各级城市有定位和彼此间组合体系化的发展。

**1. 核心城市：创新高端化发展**

包括咸阳在内的西安大都市，无疑是关中城市群建设的核心城市。它承担对整个区域建设的引领、带动和辐射作用。重点应在高端技术研创、高端服务打造、高端企业引进、高端产品开发上下功夫，走创新性和高端化、高效化发展的路子。省上决定设立西咸新区并赋予省级层次的管理定位，目的在于要更好地打造出核心城市的新龙头，切实做好对关中地区产业的创新先导、群体整合、综合服务，从整体上提升区域产业的群体影响力和广域效益性。切不可将自己定位为一个独立的城市，重蹈自顾自发展的覆辙。其关键是要从区域的整体上把握自身的发展，不与周边城市争饭吃，不做各城市的新"对手"，而是谋求一种"先人一步、多人一招、高人一层、助人一力"的发展，在这个意义上说，西咸新区的成功不在于它自身创造了多少 GDP，而在于它给整个大西安发展和关中城市群的建设提供了多大贡献。

**2. 次核心城市：相对特色化发展**

次核心城市是辅助核心城市发挥带动、辐射功能的次区域级中心。考虑行政区划和资源布局的因素，关中城市群大体可分为五个次级经济区域。即宝鸡及西府经济区、渭南及东府经济区、铜川及渭北经济区、商州及秦岭经济区、兴平及咸西经济区。次核心城市应成为关中经济区的主要工业集聚地和产业园区。要依据特有的资源条件，在同构相关多样化和广域相对多样化的大框架内，分别打造自身的重点产业，形成分工与协作相统一和特色化的发展。省上应进一步明确规划每个次级区域的重点产业和目标定位以及城市发展规模。

**3. 节点城市：连接中转化发展**

节点城市在关中城市群中发挥传导作用和区域连接功能，一般应处于次区域交通枢纽和边缘扩散区。节点城市一要不断强化自身的经济实力，真正成为城市群建设中的骨干支点。二要具有一定的周边影响力，尽可能地发挥好在次区域内及次区域之间经济社会方面的网联转接作用。节点城市的认定，应依据发展中的实际功能有所调整。建议初拟的节点城市有：韩城、蒲城、华阴、彬县、蔡家坡、凤翔、杨凌、礼泉、洛南、富平等。

**4. 县级城市：基础综合化发展**

关中经济区内除去西安市区和市辖区、次核心城市，涉及县城 40 多个。县城作为县级政府所在地，对上承接核心城市、次核心城市、节点城市的辐射与传导，对下连接城乡、统筹县域经济社会发展。既是实现城乡一体化发展的关键，又是四级城市体系建设的基础。从长远看，必须不断强化对县城发展的支持，突出民生性目标和综合、基础性要求，重视对大村大镇经济和居民集中区的培育，加强城乡一体化发展和均等化公共服务的提升。

通过以上四级城市的定位发展，在核心城市、次核心城市的辐射带动下，加之各级城市的交叉叠加作用，自然会形成一系列大大小小的经济圈，形成"圈"内有"圈"，"大圈"套"小圈"，"圈"与"圈"连环相扣、互动作用的城市网络格局。同时形成不同级别的城市对农村的辐射和带动，以及不同层次间的城乡互动，最终结成一种既有规律而又不很规则的城乡区域经济结构关系，从而构建以西安为核心、五个副中心城市为骨干、一批节点城市作传导、县城为基础支点，各层级有活力、立体分工协调、体系联结合理、城乡互动发展的四级城市群体化网络框架。

### （四）树立城乡互动的城镇化"双向作用机制"发展

"关中网络城市群"建设，一定要改变传统的重城轻乡发展理念，发挥区域网络型城镇化模式路径优势，树立"双向作用机制"理念。既应重视城市对农村的辐射带动作用，又要加快推进农村的自我变革，焕发农村的内生活力，强化农民的创业能力，把城镇化真正地变为城乡互动、城乡一体的变革过程。一方面继续传统路径下的农民"进城型"城镇化，另一方面在"农村转变城市"中形成一部分农民"就地性"城镇化。

关键是要把城镇化与新农村建设有机地结合起来，重点放在对农村经济内在活力的焕发上，加强农村创业水平和积累能力的提升。大力推动农业现代化发展和产业化经营，大力发动和支持农民从事非农性原始性创业，大力促进家庭小农经济主体向市场化经济主体转变，发挥好城市带动农村发展和农民自我创业及发展非农产业的两个积极性。实践证明，这两种城镇化路径模式既互相区别，又可以相辅融合发展。只要发展理念得以转变，尤其是重视农村发展条件的改善和发展水平的提高，工作措施得力到位，这种"双向对接"的城镇化变革是不难做到的，也是能够取得应有的成效的。

## 四、创建"关中网络城市群"战略支点的建议

与以上战略理念创新相统一，建议对"关中网络城市群"建设实施"四大战略支点"的打造路线：

## （一）着力统筹科技资源，强化核心动力支点

### 1. 焕发科技活力是关中网络城市群建设的核心动力所在

"关中网络城市群"的核心动力何在？无疑在科技。因为科技是第一生产力，更因为关中具有很好的科技资源优势，还因为国家赋予了关天经济区"统筹科技资源改革示范基地"建设等的任务。同时，要使产业的发展真正向高端化、高效化迈进，不借助科技创新的作用是不可能的。所以，着力完成国家赋予的职责，做好统筹科技资源改革这篇大文章，是强化"关中城市网络群"核心动力支点的根本所在。

### 2. 统筹科技资源一定要搞好"改革"的顶层设计

"统筹科技资源改革示范基地"具有三个关键词，即统筹、改革、示范。首先是"统筹"，它是基地建设的出发点和落脚点；但统筹的障碍在体制，所以，必须进行改革创新，"改革"是基地建设的主导路径；而西安的问题在全国都有较大代表性，因而这里的改革还带有"示范"性质。显然"改革"可有两种思路：一种是站在西安市或陕西省职权和视野范围的思路；另一种是站在国家层面和全国的视野的思路。应该选用后一种思路，否则便无法完成定位任务。所以，我们一定要站在国家战略的高度，搞好改革的顶层设计，然后提请国家层面予以支持协调，依靠国家级的权力加以推进。目前我省在这一点上思想似乎有些不够解放。

### 3. 当前重点是应加快塑造出促进"统筹"的市场机制

改革是一个长期的任务，在国家整体体制没有发生大的改变的情况下，"统筹"的重点应以发挥市场机制作用为主。市场机制根本上是一种利益机制，即形成一种利益导向性、驱使性和激励性，从而调动利益各方的积极性和自觉性，以焕发科技创业之生机和不竭的动力。培育市场机制就是要尽可能地促进科技资源恢复作为市场配置的性能，促进科技人员和科技成果自由流动和商品性交易，促进科技市场信息畅通和产需、供求间的有效对接，促进科技服务完善、顺畅、规范，使科技资源和产品交易成为一种更加自觉和有效的行为。让科技资源拥有者、科技产品生产者、科技成果使用者、科技中介服务者以及其他相关各方，都觉得有利可图、乐于接受。在这个意义上说，要害不是你"统筹"它，而是它在"统筹"你，你的"统筹"必须顺着它的"统筹"去做。因此政府一定要改变思维方式，围绕搞活科技市场想问题，在培育市场机制上下功夫，行政手段的作用也应放在对市场机制走向成熟的促进上。

## （二）着力转变发展方式，创新经济升级支点

关中网络城市群建设，必须塑造出能够焕发区域内生活力、促进产业升级换代、加快经济转型发展的创新型经济支点。这就是要深化发展方式变革，全方位打造经济升级发展的崭新格局。

**1. 培育特色骨干产业，打造区域群体新优势**

按照同构相关多样化为主的产业发展思路，关中网络城市群建设一定要选择培育几个具有核心竞争力的产业群体。从实际出发，主要应重视发展现代装备工业、高效农业及其精品加工业、战略性新型产业、电子通信和创意创新产业、能源化工产业及现代物流、金融、文化旅游等高端类服务业。要抓好三星集团落户西安的有利机遇，借助几个副中心城市的相互配合，依托不同区块的资源条件，进行全区域总体整合和协作化配置，形成区域总体有特色、区块分级梯度扩散、核心城区与各区块间协作共赢，打造区域经济集群升级发展的新格局。

**2. 优化农村产业立体配置，打造农民增收新结构**

目前，关中农村经济总体上尚且停留在传统生产的水平上，通过变革发展方式、优化产业立体配置，促其增收增效，意义重大。要坚持种植业和养殖业相配套，实现两种生产良性互动和循环增效；加强农业向产前、产后延伸，在延长产业链中降成本，在加大产品附加值上提收益；重视特色产品的区域组合和规模化扩展，集中打造一批区域品牌产品和优势产业；积极推行农产品生产和加工的标准化与绿色化组合，靠"标准"和"绿色"抢占市场、提升竞争能力。要按照"设施化装备、科技化创新、市场化引领、绿色化管理、组织化提升、社会化服务"的全方位路线图，加快推进农业现代化，整体打造全产业链农业。

**3. 坚持"三化"互动发展，打造产城融合新格局**

从根本上说，"城"和"镇"绝非是"建"出来的，而是靠产业成长带动发展起来的。必须按照农业现代化、农村工业化与城镇化同步互动的思路，融城镇建设于产业培育之中。集中优势资源，以发展工业为重点，加快大村大镇建设，推进农村产业非农化、农业发展产业化、农民身份职业化。依托工业园区、依托特色产业、依托集市商贸、依托交通枢纽、依托旅游景点建镇、建城，使产业发展与城镇建设在时间上同步、空间上一体、功能上融合，促进生产功能、消费功能、就业功能、服务功能全面配套、综合有效发展。避免出现缺乏经济增长内涵的"空城"、不具有城乡互动功能的"孤城"、因缺少必要财力造成管理混乱的"乱城"。

**4. 强化西向开放力度，打造对外经济新态势**

现在国家已十分重视西向开放大通道的建设。西安和关中地区一定要抓住这个绝好机遇，打造东西结合、以西为主的有特色的对外经济格局。西向出口不仅可以大大降低关中地区出口商品的运输成本，还可以使西安扼守大通道的中心环节，东向、西向兼便，"登船""上桥"两选，真正成为新亚欧大陆桥上的"心脏"，重现历史上丝绸之路的繁荣局面。预计十年左右的时间，大陆桥干线通道就将形成。届时，面向中东和整个欧洲市场，关中地区的对外开放就会发生实质性的变化，西安国际都市的"国际性"提升才会形成根本性突破。为此，我们应及早做好应对，形成立足西向开放为主的策略路线和工作思路，抓紧对西向出口路径及相关国家、市场情况的全面系统性调研，主动向国家建议和申报，制定以西安为中心节点的通达西部边境、网络内陆各地、联结欧洲大陆的基础设施体系。

**（三）着力生态设施一体化，构建整体性环境支点**

大关中基础设施环网建设，要在硬件设施、市场关系、生态格局一体化上取得突破，以强化经济区发展整体环境支点。

**1. 按照"大关中一体化"的思路，整体全面规划以交通为重点的硬件设施支点**

建议在进一步优化"西安城市三环"公路线和地铁体系的同时，建设"大关中快速三环"，即以西安地铁向东延伸至渭南、向西延伸至杨凌形成城际铁路一环线；在现已建成的关中环线基础上，改造升级为新的快速干道为二环线；新建东起华阴市的桃下镇西潼高速路口，西至凤县与天水方向国道相接（可称之为"华凤线"），开拓贯通秦岭中东西走向高等级公路，相应建设铜川至旬邑、彬县至陇县的高速公路，然后合拢建成新的大关中三环线。与此同时，加快供电、供水、电信、网络等一体化建设。

**2. 破解行政撤并误区，打造关中城市群一体化发展的市场支点**

区域经济一体化不能等同于行政一体化。我省理论界有一种误导，就是主张用简单的行政区划撤并达到所谓的"一体化"。这非但不能从根本上解决问题，反而会造成思维方式的扭曲和工作重点的偏离，严重地制约一体化进程的正常推进。因此，要走出靠改变行政隶属实现一体化的误导，把区域经济一体化真正建立在市场机制的发育和市场体系完善的基础上。即便是西咸一体化，也应以强化经济发展和市场体系建设为主，在水到渠成后顺势而为之。政府要顺应市场的规律要求，统一规划建设若干区域中心市场、大型专业市场以及产品集散地，强化城乡市场及其流通渠道的对接，促进市场主体成长和生产要素自由顺畅流动，破解市场机制生成和发育中的障碍，助推市场调节作用的发挥和走向健全，推动城市群一体化市场体系的最终完善和成熟化发展。

**3. 在"一河一山"上做文章，打造区域一体生态支点**

伴随对健康的关注，生态必将成为评价一个城市素质和投资环境的基本标准。现代意义的投资环境，除了通常所说的硬环境、软环境外，还必须把生态环境作为一个独立的系统予以打造。关中城市群环抱秦岭、布局渭河两岸，生态支点建设前景广阔。通过西安城区整体向北推进，"移"渭河于城中，按照防洪、治污、景观三统一的要求建筑河堤和沿河道路，使渭河成为贯穿关中的安澜河、景观河、生态河。通过大关中三环线的开通，"搬"秦岭于都市，使之成为城市大氧吧、休闲度假地和生态旅游区。从而，使渭河和秦岭真正成为大关中都市圈的生态支点。加上西安古城丰富的历史文化，未来的关中将成为一个融绿水青山与城堡为一体，依托产业实现城镇与村庄有机联结，经济、人文、生态全面现代化的田园型城市群经济圈。

**（四）着力优化政府功能，塑造服务保障支点**

加快关中网络城市群建设，一定要发挥好政府的促进功能。建议省委、省政府效仿中央整合京津冀地区的做法，直接布局关中城市群发展，统筹抓好变革支点的打造。

第一，做好统一规划。要按照建设大关中区域网络城市群的目标要求和城镇化与城乡一体化相统一的发展思路，以及"四级城市体系"战略格局，统一做好区域整体规划。正确把握总体规划与分城市规划、城市建设规划与产业发展规划、产业发展规划与环境设施建设规划、环境设施建设规划与生态文明发展规划、自我发展规划与对外开放规划、经济产业区规划与城市功能区规划等方面的有机联系，做到彼此衔接、相互配套、目标统一、功能协调。

第二，深化政策创新。要瞄准产业升级、民企发展、民生提高、土地利用、园区建设、城市管理、资金筹措等发展难题和重点问题的解决，制定有针对性和可操作性的创新性政策体系。同时省上应根据不同城市的目标任务和功能定位，采取有区别的定向支持政策，推动各区块定位职责的完成和重点产业、事业的发展。

第三，重视实践模式推广。要鼓励城乡基层组织，围绕破解建设难题，进行实践模式、发展方式、政策变通的创新和试验,并及时总结推广,形成典型示范。同时,从理论与实践的结合的高度,深入典型地区和典型经验,开展剖析和跟踪研究,形成发展路径的系统化提升及成功模式的进一步突破。

第四,改进领导方式。加强调查研究,考察先进地区的成功经验,努力从理性的视角和实践的视野中,深化认识区域网络城市发展的规律,推进区域网络城市发展的工作要领,不断破解发展中的难题,进一步提高驾驭市场经济的能力以及用市场方式和手段管理经济的水平。同时更加自觉地树立以人为本、执政为民的发展理念,不断强化工作的责任感,改进工作作风,改善服务态度,提升工作效率。

(写于2016年)

# 打造六大门户发展门户经济

中心课题组
张宝通：陕西省城市经济文化研究会会长

**摘　要**　西安是国家在内陆唯一定位的国际化大都市，市委十三届四次全会决定将西安建设成亚欧合作交流的国际化大都市。为此，西安要打造亚欧合作交流的先进制造业、交通物流、经贸合作、能源金融、科技教育、文化旅游六大门户。

习近平总书记到陕西考察调研，让我们抓住"一带一路"的历史机遇，找准在"一带一路"的战略定位，引领新常态，追赶超越。改革开放前三十余年，小平同志的沿海开放决策，让我国经济超高速、超常态发展，使我国由一个贫穷落后的国家发展成中等收入偏上的国家，成为世界第二大经济体，上了一个大台阶。现在经济进入了新常态，用党的十九大的新提法就是进入了新时代。新常态是相对于超常态说的，是从经济发展状态说的；新时代是从总的发展阶段说的，站得更高。其时限都是到21世纪中叶，到新中国成立一百周年的时候。新时代的总目标、总任务是实现中华民族的伟大复兴，实现中国梦。改革开放后三十余年，要实现中华民族伟大复兴的中国梦，还得靠开放，习近平总书记的"一带一路"倡议，对陕西来说是一个历史机遇。

陕西处在亚欧大陆桥上，西安处在祖国版图中心，亚欧大陆桥一头连着连云港，连着上海，连着海上丝路之路；一头连着阿拉山口，连着霍尔果斯，连着陆上丝绸之路。省第十三次党代会提出要把陕西打造成"一带一路"的核心区，这个定位比新疆丝绸之路经济带的核心区和福建海上丝绸之路的核心区要高，等于把"一带一路"的机遇抓到陕西手里。西安是"一带一路"核心区的"核"，是亚欧大陆桥经济带的心脏，市委十三届四次全会要把西安打造成引领"一带一路"、亚欧合作交流的国际化大都市。国务院批准的《关中平原城市群发展规划》,要把关中打造成具有国际影响力的国家级城市群、内陆改革开放的新高地和向西开放的战略支撑。可以说找准了陕西、西安及关中在"一带一路"的战略定位。省委提出发展枢纽经济、门户经济、流动经济,就是落实陕西是"一带一路"的核心区、关中是内陆改革开放的新高地、西安是亚欧合作交流的国际化大都市战略定位的重要举措。

西安是陕西省的省会,是亚欧大陆桥经济带的心脏和"一带一路"核心区的"核",引领"一带一路",建设亚欧合作交流的国际化大都市,是陕西发展枢纽经济、门户经济、流动经济的重点。只有把西安打造成三个经济的集中地,才可以支撑西安成为"一带一路"核心区的"核"和亚欧大陆桥经济带的心脏,成为亚欧合作交流的国际化大都市,带动关中平原城市群成为具有国际影响力的国家级城市群、内陆改革开放的新高地和向西开放的战略支撑,支撑陕西成为"一带一路"的核心区,从而抓住"一带一路"的历史机遇,引领新常态或新时代,追赶超越发展。西安目前有三个定位,即国家中心城市、具有历史文化特色的国际化大都市和亚欧合作交流的国际化大都市。其中,国家中心城市是国家对西安中心城市发展的要求,具有历史文化特色的国际化大都市是对西安是世界历史文化名城和世界著名古都的描述,但二者都不是在"一带一路"的战略定位。"一带一路"的重点是加强亚欧合作交流,只有亚欧合作交流的国际化大都市才能和"一带一路"对接,才是西安在"一带一路"的战略定位。西安在国家中心城市中排名第九,在内陆排在重庆、成都、武汉、郑州之后居第五,如果满足于国家中心城市的定位,是不可能追赶超越的。定位为具有历史文化特色的国际化大都市,实际把自己降格为一个旅游城市了,也不可能追赶超越。上海是国家首批认定的国家中心城市,但国家给上海的定位是全球城市、世界城市。西安是继北京、上海之后国家第三个定位的国际化大都市,在内陆是唯一定位的国际化大都市。只有定位为亚欧合作交流的国际化大都市,才能抓住"一带一路"的历史机遇,引领新常态或新时代,追赶超越发展。上海是就高不就低,我们不能就低不就高,亚欧合作交流的国际化大都市应当是西安三个定位的统领。

西安要引领"一带一路",建设亚欧合作交流的国际化大都市,关键要发展门户经济。在三个经济中,枢纽经济是基础,门户经济是引领,流动经济是实现。发展枢纽经济,首先要搞好交通基础设施建设,其次要发展物流运输产业,这样才能形成经济枢纽。枢纽经济要发挥作用,必须依托发达的市场经济,让经济流动起来,活起来。活跃的流动经济包括物流、商品流、资金流、信息流、人才流、技术流、能源流等。在市场经济条件下，枢纽经济、流动经济是一般中心城市都要发展的。但西安不仅是省会城市和国家中心城市，她还是引领"一带一路"、亚欧合作交流的国际化大都市，必须发展开放经济，也就是门户经济。开放经济、门户经济是国际化大都市的标志。西安是"一带一路"核心区的"核"，是亚欧大陆桥经济带的心脏，西安作为亚欧合作交流的国际化大都市，不仅是陕西对外开放的门户，还应当是引领"一带一路"、加强亚欧合作交流的门户。因此，西安的枢纽经济、流动经济必须更上一层楼，要为门户经济服务，朝着门户经济的方向发展。西安的枢纽经济是门户经济的枢纽，西安的流动经济还应当朝门户经济的方向流动。对西安来说，门户经济是三个经济的统领，三个经济要统一于、提升到门户经济的高度。

在陆权时代，国际化大都市大都在内陆，唐长安不仅是中国还是世界上最大的国际化大都市，大唐西市就是当时的自贸区。进入海洋时代，内陆经济衰落了，沿海经济发达了，国际化大都市大都在港口地区。现在进入"一带一路"的新时代了，国家推进陆海内外联动、东西双向互济的开放新格局。"一带一路"是西部大开发的升级版，其重点在西部。中国已经进入高铁时代，随着航空、铁路、高速公路、管道运输、远距离输电和互联网等基础设施在亚欧大陆的互联互通，西安作为"一带一路"核心区的"核"、亚欧大陆桥经济带的心脏和亚欧合作交流的国际化大都市，会重新发展起来。门户经济是引领"一带一路"，建设亚欧合作交流的国际化大都市的关键，没有发达的门户经济就谈不上国际化大都市。但门户经济不能局限于海关门户，要成为引领"一带一路"、亚欧合作交流的国际化大都市，需要全面发展门户经济，让交通物流、经贸合作、能源金融、文化旅游、科技教育、先进制造等整个经济都要向开放型经济转变，开放型经济是海关门户的基础和支撑。要引领"一带一路"，建设亚欧合作交流的国际化大都市，西安需要发展六大门户经济。

## 一、要打造亚欧合作交流的交通物流门户

发展门户经济对外交通物流是前提。西安处在亚欧大陆桥上和祖国版图中心，亚欧大陆桥是中欧班列和丝绸之路经济带的主通道。西安国际港务区是亚欧大陆桥最大的陆港之一，西安新丰编组站是亚欧大陆桥最大的编组站之一，西安北站是世界最大的高铁车站之一，陕西陆上已形成以西安为中心，包括国道、高速公路、普通铁路和高铁的四重"米"字形交通骨架，可以说是四通八达，到全国各省城市平均距离最短。现在需要将国道运输、高速公路运输、铁路运输和高铁整合起来，打造综合性交通运输网络，把西安国际港务区打造成亚欧大陆桥最大的中转口岸和

货物集散中心，为国内货物走出去、国外货物进入国内市场服务。长安号已经创造了中欧班列货运量、重载率、开行量的全国第一。美国最大的航空客运枢纽和货运枢纽不在东海岸的华盛顿、纽约和西海海岸的洛杉矶、旧金山，而在内陆的亚特兰大、孟菲斯。西安处在祖国版图中心，比亚特兰大和孟菲斯更具区位优势。西安航空港要发挥处在祖国版图中心的区位优势和国家赋予西安航空港第五航权的政策优势，增加客运、货运航线，依托西咸新区空港新城，大力发展临空经济，力争发展成为中国内陆的国际航空门户枢纽，打造成中国的亚特兰大和孟菲斯。

## 二、要打造亚欧合作交流的经贸合作门户

发展门户经济，对外经贸合作是标志。西安是欧亚经济论坛的永久会址，欧亚经济论坛不能只务虚不务实，伴随欧亚经济论坛可同时举办欧亚经贸合作交流洽谈会，让欧亚经济论坛搭台，欧亚经济合作交流唱戏。要按照时任党和国家领导人的提议，以欧亚经济论坛为依托，打造欧亚经济综合园区。要把现在的欧亚经济综合园区核心区进一步扩大，把渭北工业区、经开区、国际港务区、浐灞生态区、泾河新城、秦汉新城、空港新城整合起来，扩大建设为真正的欧亚经济综合园区，使其成为亚欧经贸合作交流的综合基地。每年一度的丝绸之路国际博览会是亚欧经贸合作交流的大平台，可使西安成为亚欧合作交流的会展之都。发挥丝绸之路国际博览会常设机构作用，服务丝绸之路经济带经贸合作交流和项目跟踪落实，让一年365天天天都是丝绸之路国际博览会。西安自贸试验区是"一带一路"经贸合作和人文交流的基地，在建设好西安自贸试验区的前提下，还可依托国际港务区和空港新城，进一步争取建设内陆自贸港区，带动丝绸之路经济带建设。西安这些年外贸增速在全国居前列，可以进一步发展成为亚欧合作交流的经贸中心城市。

## 三、要打造亚欧合作交流的能源金融门户

发展门户经济对外金融是支撑。西安要成为亚欧合作交流的交通物流门户，成为亚欧大陆桥最大的中转口岸和货物集散中心，为国内货物走出去、国外货物进入国内市场服务，就必须有便利化的对外金融服务。西安要成为亚欧合作交流的经贸合作门户，建设欧亚经济综合园区，打造亚欧经贸合作交流的综合基地；丝绸之路国际博览会是亚欧经贸合作交流的大平台，西安要成为亚欧合作交流的会展之都，服务丝绸之路经济带经贸合作；西安自贸试验区是"一带一路"经贸合作和人文交流的基地，要成为亚欧经贸合作交流的先行区，这些都需要便利化的对外金融服务。

特别是西安有三大石油能源，长庆油田是我国最大的油田，长庆石油集团总部在西安；延长石油集团是我国第四大石油集团，只有陕西有；我国是贫油国家，石油天然气需要大量进口，中亚、西亚和俄罗斯的西气东输、西油东送要经过陕西西安；陕西是煤炭能源化工大省，陕煤集团总部在西安。可以说西安是中国最重要的能源中心城市。西安处在祖国版图中心，远离沿海、沿边一线地区，可成为我国最安全的石油能源储备地和现货交易配送中心。大宗能源交易需要金融支持，我们要争取上合组织开发银行、外国金融分支机构等落户西安，争取亚投行、丝路基金等在西安设立分支机构。西安虽然成不了北京、上海、香港那样的金融中心，但可以成为亚欧合作交流的能源金融中心。

## 四、要打造亚欧合作交流的文化旅游门户

发展门户经济文化旅游要先行。西安是中国建都时间最长、建都朝代最多的古都，特别是周、秦、汉、唐代表了中国历史文化的主流。周文化是我国的传统文化，中国是礼仪之邦；秦奠定了中国政治制度的基本框架和多民族国家的统一基础；汉让中国走向世界，中国人说的话叫汉语、写的字叫汉字，研究中国的学问叫汉学；唐是当时世界上最强大、最富庶的国家，唐长安不但是中国还是世界上最大的国际化大都市，世界上凡有华人聚集的地方大都有唐人街。西安是世界历史文化名城和世界著名古都，历史上是丝绸之路的起点，今天是中华民族共有精神家园的核心区。外国友人讲，不到西安就等于没有到中国，看中国到西安，西安年最中国，已使西安成为最能代表中国历史文化的"网红"城市。西安是世界级的旅游目的地，是东西方文化旅游合作交流的中心，有丝绸之路国际文化艺术节、丝绸之路国际电影节、丝绸之路国际旅游博览会。西安已与北京、上海一起被确定为我国入境旅游的枢纽城市，将为发展中国入境旅游，建设国际旅游品牌，提升旅游服务质量，讲好中国故事、传播中国文化、展现国家形象做出新的贡献。

## 五、要打造亚欧合作交流的科技教育门户

发展门户经济科技教育是名片。西安的科技教育综合实力在全国居前列，特别是国防科技综合实力居全国第二位，自主创新能力实力雄厚，全球硬科技大会已成为西安开放发展的新名片。西安不仅硬科技实力雄厚，而且可以成为全球硬科技合作交流的中心，通过硬科技合作交流提升西安在世界的科技地位。西安和印度的班加罗尔发展历程非常相像，都不沿海在内陆，一个在中国西部，一个在印度南部，

都是 20 世纪 50 年代国家通过投资搬迁发展起来的，西安高新区和班加罗尔软件园同一年设立。现在班加罗尔已成为世界知名的科技教育中心，同时也是世界知名的软件产业和服务外包中心，引领印度的软件产业和服务外包走向世界，已成为印度的一张名片。西安总体实力比班加罗尔强，国家重点大学比较多，可以扩大留学生招生数量，为"一带一路"特别是丝绸之路经济带国家培养经贸、科技、文化方面的人才，还可以到这些国家办孔子学院，推动亚欧合作交流和丝绸之路经济带建设。北京、上海的科技教育虽然比西安强，但代表北京、上海的不是科技教育，北京是中国的政治文化中心，上海是中国的金融贸易中心。西安要抓住"一带一路"的历史机遇，努力发展成为中国重要的科技教育中心，为西部大开发和亚欧合作交流提供科技教育服务。

## 六、要打造亚欧合作交流的先进制造业门户

发展门户经济先进制造业是基础。当年张骞通西域，开辟了丝绸之路，把中国的丝绸、茶叶、瓷器、漆器、铁器等当时的先进制造业产品运到西域各国，换回来胡椒、胡桃、胡豆、胡萝卜、胡马等农牧产品，我们产业梯度高，他们产业梯度低，产业互补就形成了繁荣的丝绸之路。现在西安及陕西的高新技术、装备制造、电子信息和国防科技在亚欧大陆桥上是最强的，甘肃主要是原材料工业，新疆主要是采掘工业和农牧业，中亚、西亚和甘肃、新疆等西北地区一样，主要都是能源原材料和农牧产业，产业梯度在不断下降。我们的产业梯度高，他们的产业梯度低，产业互补就可以形成一个繁荣的丝绸之路经济带。而欧洲特别是欧盟是发达国家，产业梯度更高，我们可以通过开放交流，引进他们的高新技术、低碳技术，加快西安及陕西的产业转型升级。西安及陕西需要面向大西北、面向丝绸之路经济带、面向亚欧大陆调整产业结构和产品结构，不断开拓市场，通过亚欧合作交流，加快产业升级和高质量发展。世界西商大会吸引大量投资者到西安来发展，促使西安的先进制造业融入"一带一路"，可使西安成为亚欧合作交流的先进制造业门户。

只要坚定不移地打造亚欧合作交流的六大门户经济，聚焦"一带一路"建设，西安就能抓住"一带一路"的历史机遇，建成亚欧合作交流的国际化大都市。为了把西安建成亚欧合作交流的国际化大都市，加快门户经济发展，陕西要积极争取更多的国际机构到西安落户，如外国驻西安领事馆、国外签证服务中心、国际非政府组织分支机构、国内丝绸之路经济带商事法庭、欧亚经济论坛常设机构、丝绸之路博览会常设机构、对外友好城市等。要发展门户经济，建设亚欧合作交流的国际化

大都市，还必须具备开放包容、追赶超越的城市精神。开放是建设国际化大都市的前提，作为相对落后的内陆城市，其发展需要招商引资、招才引智，对外来投资者和人才必须包容。只有这样，才能真正开放，才能实现国际化。西安作为国家中心城市目前的经济实力不如重庆、成都、武汉、郑州，作为国际化大都市比起北京、上海、深圳、广州差得更远，因此必须追赶超越才行。沿海开放看深圳，"一带一路"看西安。沿海开放让深圳由一个渔村变成国际化大都市，引领中国由一个贫穷落后的国家发展成世界第二大经济体。"一带一路"的重点在西部，热点在西安，将引领中国实现中华民族伟大复兴的中国梦，再创昔日辉煌，重振汉唐雄风，再现长安繁荣的门户经济盛况。

（写于2019年）

# 大西安引领与带动关中平原城市群的思路与对策建议

康志祥：教授，西安市软科学研究会会长，西安市社科院研究员
姚　蕾：经济学硕士，西安市社科院助理研究员

**摘　要**　大西安作为国家中心城市和核心区，具有引领关中平原城市群发展的优势，但也存在诸多短板。大西安要采取"做大中心、强化核心、激活外围"的战略取向，深化区域要素合作和制度合作，构建科学的城市群空间架构，夯实核心区功能建设基础，搭建五大平台，培育六大引领性产业，充分发挥国家中心城市引领带动城市群发展的重要作用。

2018年11月18日，中共中央、国务院发布的《中共中央国务院关于建立更加有效的区域协调发展新机制的意见》明确提出，以重庆、成都、武汉、郑州、西安为中心，引领成渝、长江中游、中原、关中平原等城市群发展，带动相关板块融合发展。因此，如何落实中央精神，是陕西急需解决的重大课题。基于此，本报告从中心城市与城市群的互动机理、与"一带一路"倡议契合及加快推进陕西"三个经济"高质量发展的角度，通过对西安与关中平原城市群优势、差距及制约因素进行分析，提出西安引领和带动关中平原城市群发展的战略取向、基本思路及对策建议，供省委、省政府决策参考。

## 一、中心城市与城市群发展的互动机理

城市群的形成、发展，以及最终实现一体化，有其自身的运行机理。资源的优化配置是城市群一体化运行的经济目标。共同利益机制是城市群一体化运行的内在动力。市场与政府的博弈与合作是其外在保障。

中心城市是城市群体系的核心城市，也是区域经济发展的重要载体。中心城市的吸纳、辐射、中介、信息及配置等经济杠杆作用，推动了城市群的持续发展及一体化，提升了城市群的竞争力和影响力。

中心城市要引领城市群发展，其本身需要具备一定条件，如城市人口、城市文化、发展空间及合理的城市群等级体系等。因此，考虑大西安的引领、带动作用，必须从城市群发展现状及制约西安辐射力的因素等方面综合考虑。

## 二、关中平原城市群优势、差距及制约因素

### （一）关中平原城市群的优势

**1. 创新资源丰富**

城市群规划区内有众多高校、科研机构、重点科研院所、国家级（工程）实验室和国家级"双创"示范基地等。军工科研院所、军工企业数及军工科技创新实力在全国位居前列。

**2. 城市群内文化旅游资源优势显著，历史悠久，文化底蕴深厚**

西安是世界四大闻名古都之一，是华夏文明和中华民族的重要发祥地，也是世界文化格局中的重要节点城市。

**3. 新经济发展迅速**

近年来，陕西实施门户经济、枢纽经济、流动经济带动战略，促进了经济的快速发展。西安以建设国家中心城市和国际化大都市为目标，正成为新经济、新科技、新文化的策源地。

**4. 西安的区位、科教优势明显，具有一定的辐射带动能力**

西安地处我国内陆中心，是连接东西南北"大十字"网状铁路交通的重要枢纽，是国内六大通信枢纽之一，也是中国"国际航空枢纽"和"国际运输走廊"重要城市之一，西安将成为全国最高等级的国际性综合交通枢纽之一。

近年来，西安经济发展亮点突出，"全球硬科技之都"已成为西安的一张全新的城市名片。在联合国城市发展报告中，西安被评为"全球最具发展潜力的新兴城市"。同时，西安还承担着全面创新改革实验、自贸区等20余项"国家级"创新改革试点、示范任务，在诸多领域有先行先试优势。

据有关数据显示，经济聚集对关中平原城市群一体化的贡献度超过60%，从一个侧面说明西安对城市群已初步具备一定辐射带动能力。

## （二）现实差距及制约因素

### 1. 城市群综合实力不够

在中国城市群一体化发展水平排序中，珠三角和长三角的一体化水平稳居第一梯队；山东半岛、京津冀、中原和辽中南城市群处于第二梯队，关中平原城市群等则发展相对滞后。

### 2. 核心城市与普通城市能级指数差别大，经济呈现两极分化状态

除西安外，其他城市普遍规模小，各个城市的发展水平差距较大。

### 3. 首位城市西安的辐射带动作用不强

西安经济总量及综合实力不强，至今仍未进入万亿俱乐部城市之列。工业短板依然存在，二产绝对增加值数不高，其对经济的贡献率与成都、武汉、郑州等其他中西部城市相比还有差距。

### 4. 区域协同效应较差

合理的城市层级和分工体系尚未形成，城市间产业结构趋同，上游产业缺乏下游产业的配套与协作，缺乏区域性优势产业集群的支撑；产业和企业组织结构不合理，企业核心竞争力不强；区域协同的动力不足，缺乏创新合作平台；缺乏制度对接和稳定的运行机制。

### 5. 大西安发展缺乏空间支撑

多中心的大都市区框架结构没有建立起来，大都市发展缺乏空间支撑；以西安为中心的大西安都市圈还没有形成，中心城市缺乏联系紧密的大都市圈经济支撑。

## 三、大西安引领城市群发展的战略取向及基本思路

### （一）战略取向

充分考虑到关中平原城市群发育不足，西安仍处于要素不断强化集中阶段的现实情况，应坚持核心带动，把建设西安做大做强作为城市群发展突破口，采取"做大中心、强化核心、激活外围"的战略取向。即优先发展大西安都市区和大西安都市圈，放开搞活区域中心城市，积极推进城市群一体化发展。

### （二）基本思路

着眼世界视野，丝路特色，立足现实，遵循规律，借鉴国内外城市群发展的成功经验，以政府与市场双重推动为动力，重构大西安都市区、大西安都市圈及关中

平原城市群空间结构，实现城市群空间转型、产业转型及发展模式转型。做大做强龙头城市西安，强化大西安都市区首位度和城市群门户功能，增强西安的辐射力。支持多个副中心城市发展，培育地方性创新单元。依托西安经济优势，做强六大引领性产业；搭建五大经济平台，有效整合区域资源；深化区域城市双向、多向互动，助推城市群经济腾飞及整体竞争力提升。

## 四、政策建议

### （一）建立混合式城市群协调机构

关中平原城市群拟采用制度化协调与非制度化协调相混合的协调机构设置模式。可由陕西省委、省政府主要领导为组长，西安市委、市政府领导为副组长，大西安都市圈内各城市副市长参与组成大西安都市圈协调委员会。并以此为基础，吸收陕西省外的相关城市副市长参与，共同组成关中平原城市群协调委员会。

组建城市群合作协调的常设机构与专业性咨询服务机构，建立决策机制或理事会专题议事机制、利益分配协理机制以及政策运作监察机制、实物绩效审核评价机制等，积极倡导并发挥市场中介组织在经济、社会发展中的协同补充作用，特别要注重组建以市场主体参与为主、行政指导为辅的城市群产业或行业促进会、联合会等市场中介组织，为城市群共同体的内生活力与持续发展构建社会组织网络和市场支撑体系。同时统筹协调城市群行政规章，科学整合国家和省、市三级现有法规政策的弹性空间。

指导委员会作为日常机构，下设办公室，用于办理城市群发展中日常事务的处理。

### （二）制定并完善城市群规划体系

目前，国家出台的关中平原城市群规划，是国家层面的"顶层设计"。陕西省也已制定了规划实施方案，但还缺乏专项规划与整体规划、实施方案配套的细部方案设计。首先，从区域空间规划的角度，还应制定大西安都市区、大西安都市圈发展规划及关中平原城市群发展规划实施细部方案。其次，还应制定城市群产业、设施、区域管制等专项规划，与关中平原城市群规划一起组成城市群规划体系。再次，由于城市群是一个结构多元的复合体，内部单元存在主中心、次中心、节点城市等，行政层级、资源禀赋、经济实力、特色文化等存在差异，决定了城市群中各城市在群中所处位置的不同。各城市亦应根据自身所处的层级和节点位置，制定自身的发展规划和实施方案。

### （三）构建圈城式城市群空间架构

关中平原城市群的空间架构包括大西安都市区、大西安都市圈及关中平原城市群三个圈层。

（1）通过行政区划调整，实现西安咸阳同城化，并以西安、咸阳城区及西咸新区构建西安都市区。

（2）以西安都市区为核心，涵盖渭南、铜川、杨凌、商洛等较广阔的区域，构建大西安都市圈。

（3）关中平原城市群则是以大西安都市圈为核心，由榆林、宝鸡、汉中、天水、运城等城市群副中心城市以及在此基础上形成的多个省级都市圈和节点城市组成。形成以大西安都市圈为中心，多个省级都市圈支持，多个节点城市支撑的关中平原城市群空间架构。

### （四）做强核心，增强大西安辐射力

#### 1. 优化大西安的城市体系

（1）推动大西安都市区建设的转型升级。

大西安都市区的发展取向由"单中心""摊大饼"转向"郊区化多中心"，形成网络状的多中心大都市区格局。西安城区和咸阳城区可以做大西安都市区的双核，周边区县、乡镇可以打造郊区化多中心。同时，针对西安主城区人口规模过大的问题，要有计划地实现功能和产业疏解。要向都市圈内周边城镇下放管理权限，加快周边中小城市和小城镇的轨道交通建设。

（2）做大做强大西安都市圈，打造引领关中平原城市群发展的核心增长极。

西安要构建高速、移动、安全、信息基础设施，率先建设智慧大西安都市圈，推进中国—中亚跨境陆缆建设，为丝绸之路建设提供信息服务。同时积极推动大数据、云计算、人工智能等新技术与智能都市圈及智能城市建设相结合，这是发展方式的动能转变。

#### 2. 建设创新引领的现代产业体系

目前，西安首先应搞好历史文化旅游产业，延续中华文脉，彰显中国元素，建设世界文化之都。其次是搞好仓储物流产业和商贸服务业，建设丝绸之路经济带上最大的物流中心和西部商都。再次是搞好生态农业和农副产品加工业，打造世界果

蔬饮品之都。最后是大力发展高端装备制造及高新技术产业，建设"一带一路"的科创中心。

构建现代产业体系，应该把规模化、产业集群化发展，作为做大做强产业、提高市场竞争力的重要手段。将单体式工业项目布局向多项联产的循环经济转变。

**3. 建立协调联动的城市发展机制**

努力建立大西安城乡战略统筹机制、基本公共服务均等化机制、区域政策调控机制、区域发展保障机制等。深化区域合作、互助，健全区域内各层级之间利益补偿机制，推动大西安城乡一体化发展。

## （五）培育六大引领性产业

**1. 文化及旅游产业**

要以打造丝路文化高地为目标导向，积极搭建各类文化交流平台，挖掘丝路文化内涵，体现中国风貌元素，促进民间友好往来，提升西安及关中平原城市群的魅力指数。特别是要将文化资源转换为文化经济消费，将文化吸引力转换为文化影响力，将文化转换为西安国际大都市最深沉的自信。

构建城市群区域旅游合作体系。强化旅游市场整体化营销，打造区域旅游品牌；加快智慧旅游平台建设；构建旅游交通无障碍网络和旅游集散中心网络；完善旅游公共服务体系建设等。

**2. 仓储物流产业**

西安陆空多式联运，占据发展物流、商贸业的中枢地位。西安要深入融入"一带一路"建设，推动"一带一路"沿线口岸的互联互通；发挥陇海兰新城市群带的龙头作用，对接中原城市群、成渝城市群、兰西城市群及天山北麓城市群。依托中国地理版图中心的优势，打造城市发展的枢纽特色。建设成贯通境内外、连接东西南北的交通体系，推动航空港、铁路港、公路港等国际物流通道建设。

**3. 农副产品加工业**

依托城市群内果品果汁等资源优势，搭建世界果蔬饮品博览会平台，有效整合城市群内果品、果汁蔬菜等生产、加工及贸易企业或个人，促进果蔬饮品产业集群崛起，提升果蔬饮品产业的竞争力，使目前的千亿级规模向万亿级的果蔬饮品产业跃升。

以利益驱动企业进行产业链整合，实现企业间、项目间、产业间相连通、物资循环闭合的产业链条，提升整体竞争力，推进产业转型，形成产业集群，进而形成一个以西安为中心、辐射关中平原城市群的农副产品加工业产业圈，实现城市群内整体资源的最优配置。

### 4. 高新技术产业

以打造丝路科创中心为目标导向，要坚持创新驱动，打造全球硬科技之都；要以科技创新带动产业化创新；要推进新一代信息技术产业发展。以建设"智慧城市"为契机，加快自主创新成果产业化，重点打造集成电路、物联网、激光应用和半导体照明四大产业链。

### 5. 高端装备制造业

西安应借助本身的工业和制造业优势，充分发挥产业的联动作用，带动高端装备制造产业集聚发展。以产业升级为主线，优化产业布局，壮大产业集群，壮大优势领域，充分利用城市需求，建立有效的市场体制机制，提升技术创新能力，改善交通运输环境，降低交通运输成本。培育和发展高端装备制造业集聚区，鼓励龙头企业延长优化产业链，适时向城市群内其他城市扩展。实施高端装备制造业领域内中小微企业发展壮大行动，加快和促进中小微企业的发展。

### 6. 能源化工产业

关中平原城市群的煤炭、石油、天然气等能源资源十分丰富，能源化工已是榆林、延安等一些城市的支柱性产业。西安的能源化工装备产业基础良好，新能源产业发展与榆林、延安等形成互补。

关中和渭北地区应抓好能源接续区建设，大力发展石油化工和煤化工产业链。这样，一是可以利用关中较好的能源装备产业基础，二是可以在地缘便利上打造立足陕西、辐射西北、影响中西亚的石油化工和煤化工产业中心，同时，关中地区还应加速聚集能源配套产业，打造丝绸之路能源贸易金融中心。陕南以可再生能源开发为重点，加快天然气开发，适时建设火电支撑电源。

## （六）搭建五大平台，有效整合资源

### 1. 产业转移平台

搭建产业转移平台要整合各城市承接产业转移的园区力量，统一对外宣传、举办承接产业转移系列对接活动，要改变目前各城市单枪匹马自主招商的局面，提高承接效率和效益。并按各城市的产业基础、产业环境等条件，推荐国内外产业转移相关项目到最适宜该项目发展的城市。西安等经济比较发达的城市亦应及时把已不适合在本城市发展的产业转移到城市群内其他城市。

**2. 军民融合平台**

应立足自身发展目标和状况，探索适合自身发展的独特路径，依托产业基地（园区）不断提升产业集群水平，着力打造"世界知名、国内一流、中外携手、天地一体"的新型工业化产业集聚区。西安创建的国家军民融合创新示范区，形成可复制可推广的"陕西模式"，会有力地引领和带动城市群军民融合产业的快速发展。

**3. 会展经济平台**

利用现有西洽会、欧亚经济论坛、文旅大会等国际或区域性会议，组织城市群各城市、各相关机构积极参与信息交流、商品交易、项目招商、融资洽谈，促进本地区经济及产业发展。根据城市群内资源、产业等情况，创办产业类博览会，带动城市群会展经济大发展。西安可以利用举办各类具有国际影响力的展会之机，吸引全球战略集团与西安开展务实合作，有效推动全球范围内整合资源，加速产业、知识、资金等要素在国际平台上开展合作，加速西安打造国际会展之都建设。

在大力发展西安会展中心城市的同时，做好次级区域的分解，形成一个以专业展会为基础、区域展会占主体、国际展会领军的，优势互补、资源共享，具有联动机制的关中会展都市圈。

**4. 枢纽经济平台**

西安应当充分利用综合交通枢纽的综合性优势，促进城市群内各城市交通枢纽及各枢纽经济区复合、一体化发展。

加快建设城市群1小时交通圈和城市轨道交通网建设，打破城市圈域结构。完善城市群的设施支撑，强化交通引导，构建城市群3小时交通圈、都市区节点县市1小时交通圈、中心城区与周边县市1小时通勤圈。

强化交通枢纽的节点功能，形成内聚度高的节点。理顺通道的交通功能属性，依据功能差别重构交通通道网络，形成交通枢纽的集散通道、枢纽与枢纽经济区的联系通道、枢纽经济区与物流园区的对外沟通通道、城市过境与对外交通的交流通道整体布局的交通网络系统。

借助综合交通枢纽和多式联运体系发展带来的人流、物流、便捷度的提升，推动城市群内不同枢纽经济区之间的衔接、协作、一体、联动，促进流动经济发展，推动城市群中整个枢纽经济运作的整体优化并形成具有巨大影响力的经济综合体。

**5. 金融平台**

筹建由陕西省和西安市政府为主导，各城市政府或相关机构共同出资形成的引导资金，在此基础上，吸引社会资金股参与的关中平原城市群一体化发展基金。金融平台重点支持跨地区基础设施建设、生态联防联治、重大公共服务平台建设以及支持和促进其他平台性产业经济、大数据等基础设施和科教等公共服务。组建区域开发银行及城市群投资开发公司，由各城市政府或城市国有公司根据协商约定比例注资，邀请国内外相关产业或社会资金入股。组建城市群银行和非银行金融机构，亦可参照政府与社会资本共同参与的方式组建。城市群银行也可利用现有长安银行或西安银行为基础，通过增资扩股，拓展业务范围和功能组建。

### （七）深化对外对内开放

以推进自贸区建设为抓手，全力构建外向型经济新体制；以"一带一路"建设为重点，全力营造国内外要素自由高效流动的新路径。

城市群内全方位开放。加强统筹安排，将自贸区的创新成果率先向城市群内复制推广，形成高水平双向开放的新格局。完善开放型经济制度建设，构建国际化、市场化、法治化营商环境，推动区域市场一体化建设。

构建高度开放的全球合作体系。以建设"一带一路"核心城市群为目标，加快关中平原城市群和"一带一路"沿线城市群、城市建设经贸合作园区等合作平台，推动贸易投资、产能合作及人文交流。

利用陕西自贸区贸易自由化和双向开放的优势，建立多个国际合作基地，带动城市群对接国际贸易规则，融入全球城市体系。

（写于 2019 年）

# 让陕西国资"活"起来

孙　早：教授、博士生导师，西安交通大学党委副书记、经济与金融学院院长

刘　航：副教授、博士生导师，西安交通大学经济与金融学院经济学系副主任

**摘　要**　现阶段陕西国企国资发展正处于由强到优的关键期。做优国有资本，必须要找到国企国资改革的精准发力点，让国有资本"活"起来，推动国资布局与本省动态禀赋相契合，做到进退"活"、治理"活"、监管"活"、创新"活"。

陕西位于西北门户，地处黄河中游，是中国北方农耕文明的发源地之一，孕育了周、秦、汉、唐等璀璨文明。"十三五"以来，陕西成为民营资本和外资的新兴投资热土，"不倒翁小姐姐"屡登热词，也不难管窥陕西人在互联网时代的锐意求新。然而，很多人可能忽略了，陕西还盛产大国重器。早在"一五"期间，"黄河""西仪""华山""昆仑"等一批国家重点工程落地陕西。到如今，运-20大型运输机翱翔蓝天，军事迷都知道，它的故乡在陕西；神舟十二号载人飞船划过天际，意味着陕西国资又一次"陕"耀长空。

70多年来，陕西国有资本从小到大、从大到强，目前正面临由强到优的关键期。做优国有资本，首先得找到国资国企改革的精准发力点，让国有资本"活"起来。

## 一、进退"活"——剥离"两非两资"，将优化国资布局与锻造产业链长板相融合

完善国有企业主业和投资项目负面清单制度，提高新增投资的主业项目占比，

实施"两非两资"（非主业资产和非优势资产）剥离。加快推进"三供一业"（供水、供电、供热和物业管理）分离移交，仅2018年陕西国有企业就完成了125.1万户，占全国总数的10%。在部分行业出现产能严重过剩时期，陕西在煤炭、钢铁等领域下力气破除低端无效供给，国有企业承担了大量去产能任务。出台《省属企业处置僵尸企业工作方案》，僵尸企业处置初见成效。探索市场化法治化债转股，支持企业盘活存量资产，为其他地区积累了难得的实践经验。

除了对非主业、非优势、低效益领域"做减法"，针对优势领域，引入"复杂运算"，推动国有企业战略性重组和专业化整合。延长石油重组陕西省天然气股份有限公司，从根本上解决了困扰关中多年的"气荒"。更重要的是，得到盘活的国资，以更优的方式进入更优的领域，促进现有产业优势向前后端扩散，"延链""补链""产业链招商"等往往是地方决策者口中的高频词。鉴于国资在能源化工行业相对集中的省情，陕西国资从未停止过对能化产业高端化的追求，目前正加快建设1500万吨煤炭分质利用、80万吨乙烷裂解制乙烯等项目。重卡、集成电路、光伏发电、电子显示、新材料、新能源汽车等也作为重点产业链实现了快速发展。

## 二、治理"活"——推动国企混改，将完善产权制度与培育激发市场主体相衔接

陕西坚持战略定力，长期稳妥地推进国有企业混改。2019年出台了《陕西省省属企业混合所有制改革操作指引》，全面推动竞争类国企混改，鼓励有条件的服务类和功能类国企混改，混合所有制企业逐渐发展成为公有制经济的重要微观单元。2016年起实施省属及市属国企分类管理、分类考核，以陕西金控、陕西电子信息、秦风气体等集团公司及权属企业为试点，开展国资投资运营公司、混合所有制员工持股、董事会选聘经理层和薪酬差异化等6项改革探索。2018年65户省属企业完成了混改，2019年完成了24户，2020年完成了30户。目前，竞争类国企超过半数的资产为混合所有制形式，贡献了80%以上的利润。

2020年12月，证监会批准"延长化建"向陕建控股集团发行22.08亿股股份、向陕建实业发行2230万股股份购买相关资产。这意味着陕建吸收合并"延长化建"整体上市这一大动作历时两年最终完成。2020年"陕西建工"实现营收1277.2亿元，同比增长22.2%，实现归母净利润28.3亿元，同比增长84%，成为陕西首家营收千亿上市公司和总资产排名第二的上市公司，也有望在全国省属建筑业上市公司中位居营收规模第二。整合后，陕建在房屋建筑、市政、公路等方面的传统优势

将得到继续发挥，同时还能统筹"延长化建"原有的化工石油工程承包和机电设备安装等业务，实现与陕西现代化产业体系的对接。这既是陕西在国企混合所有制多元化探索、国资证券化改革上迈出的坚实一步，也为资本市场服务实体经济、以资产整合推动业务整合、以金融收益反哺企业发展效能，提供了一个陕西样板。

## 三、监管"活"——强化资本监管，将授权经营体制改革与国有资产保值增值相结合

2019年，陕西省国资委制定授权放权清单，明确法定职权30项，精简监管事项35项，分别针对省属企业和国有资本投资运营公司试点企业出台了授权放权相关规定，管资本为主的国有资产监管体制层次化、体系化、自约束进程再次提速。早在2016年，陕西省政府发布《关于改革和完善国有资产管理体制的实施意见》，开启了国有资产监管机构职能转变，国有资产监管机构作为本级政府直属特设机构，履行出资人职责、专司国有资产监管、不承担公共管理职能、以国有资产保值增值为根本宗旨的职能改革路径得以明晰。

2018年1月，陕西能源集团有限公司更名为陕西投资集团有限公司，成为陕西首家国有资本投资运营公司，着力实现高效"三化"——资源资产化、资产资本化、资本证券化，完成资源集聚、资产配置、产业培育、资本运作和价值实现的高质量运营。随后陕煤化、陕旅、中陕核等入选国有资本投资运营公司试点。授权经营与法人治理并行，授权放权与加强内控并举，问责监督与纪检监察并重。针对省属企业，相继制定了《违规经营投资责任追究办法》《降杠杆降负债防风险实施意见》《投资监督管理办法》《投资负面清单》《境外投资和资产监督管理工作规程》《违规经营投资责任追究办法》《关于加强监管企业内部控制体系建设与监督工作的实施意见》《省属企业禁入限制人员信息管理办法（试行）》等制度，常态化开展综合监督、资产损失案件查办和巡视巡察、风险事项提示处置等工作。委派外部董事，推动总会计师交流，要求企业选聘总法律顾问，创立监事会履职台账"双报告"制度。

## 四、创新"活"——促进合作创新，将强化科技支撑能力与"两链"协同发展相耦合

国有企业和国有资本为主导的公有制经济，除了要实现国有资产保值增值，还要承担广泛的社会责任。进入新发展阶段，我国最大的社会需求是在新发展理念的

指引下，通过创新驱动发展，塑造新发展优势、构建新发展格局。创新，特别是原始创新，与一般性生产经营活动的区别在于，创新具有不确定性、正外部性和时间不一致性，未必是资本寻求高回报率领域时的天然首选。国有资本必然要在构建创新型国家、创新型区域中起中流砥柱作用。

中、省建设的在陕高等学校、科研院所、创新载体和重大科技基础设施等资源丰富。不过，过去由"科技大省"向"科技强省"迈进相对缓慢。近年来，陕西国有企业瞄准科技支撑能力和围绕创新链布局产业链，突出合作创新，聚焦协同发展、多元创新发展，成为"知识突破—技术进步—产业变革"全创新链上的核心力量。

2019 年，陕西省国资委首次把研发投入强度和新产品贡献率列入监管企业负责人的年度、任期考核。目前，省属竞争类企业的研发投入强度及其增长率，均明显超过全省规上企业平均水平。设立省属企业创新投资基金，制定省属企业核心技术攻关清单，打造煤油气高效转化综合利用、新材料制备技术、高端装备制造等 13 个创新链。举办两届"创新驱动与合作发展论坛"，推动省属企业与华为、阿里巴巴等企业建立战略合作。陕西省委高教工委、陕西省国资委联合印发《关于加强校企合作促进科技成果转化助力追赶超越的指导意见（试行）》，陕西省科技厅、陕西省国资委联合印发《省属企业专业化众创空间工作方案》，筛选 30 个重点科技项目给予重点支持。中国西部科技创新港和"秦创原"创新驱动平台建设过程中，陕西国资在产学研用协同、成果转化、投融资等方面发挥了重要作用。

陕西国资以"优"为导向，以"活"为特色，以"实"为抓手，坚持做大、做强，致力于做优。陕西国有企业在规模优势上已取得长足进步，部分领域品牌效应明显，对全国乃至全球市场影响力突出。省属企业中，法士特重型汽车变速器国内市场占有率达 70% 以上、国际市场占有率 40% 以上，连续 14 年位居世界第一；陕西有色的钼生产加工能力居世界第三、亚洲第一；西部机场集团全年货运量增速、中转旅客增速、国内航线网络通达性均居全国第一；2020 年，陕汽整车销售将近 20 万辆，军品第一、出口第二的地位进一步巩固。2021 年，已有陕西延长石油（集团）有限责任公司等 4 户省属企业实现年营业收入过千亿元，营收超百亿 10 余户，其中延长石油和陕煤化，近年来稳定地位列世界 500 强中 200~300 位（表 1）。

表1 陕西省属国有企业营业收入超过百亿元的企业名录

| 规模层级 | 企业名录 |
| --- | --- |
| 年营业收入超过1000亿元 | 陕西延长石油（集团）有限责任公司、陕西煤业化工集团有限责任公司、陕西有色金属控股集团有限责任公司、陕西建工控股集团有限公司 |
| 年营业收入100亿~1000亿元 | 陕西投资集团有限公司、陕西医药控股集团有限责任公司、陕西省地方电力（集团）有限公司、陕西电子信息集团有限公司、陕西汽车控股集团有限公司、陕西粮农集团有限责任公司、陕西交通建设集团公司、陕西省高速公路建设集团公司、陕西省土地工程建设集团有限责任公司 |

注：按照《陕西年鉴·2020》提供的2019年统计数据整理。

总结起来，陕西在做大、做强、做优国有资本和国有企业上取得斐然成效，有三点非常明显的特征或经验。

第一，深度契合本省要素禀赋，突出能源开采及下游产业链的国资布局，不回避资源富集现实，避免落入"资源诅咒"陷阱，持续不懈地坚持推动煤、油、气、电等行业的转型升级、增量改革和内涵式发展，特别是延长石油、陕煤化等龙头的综合改革。

第二，在对接承担载人航天、航母、大飞机等国家重大工程的配套任务，主动融入"一带一路"、黄河流域高质量发展等国家区域发展战略，在与中央驻陕企业、高校和院所交叉协同发展的过程中，坚持整体观、增量观、系统工程思维，借助跨省、跨区域、跨领域的战略性平台，实现陕西国资的自生发展能力的动态提升。

第三，坚守国家政策框架、顺应政策导向，同时做到"不等""不靠"，敢做并甘做改革探路者，国有资产监督管理的体制机制改革走在全国前列。例如，尽管债转股是全国范围的国企去杠杆和提升资金周转速率的通行做法之一，但"十三五"时期陕西明显走在各省级地区前列。当然具体实践中面临多种多样的问题，但其标杆意义、示范作用显然是非常大的。

受区位和发展历史影响，陕西国资发展仍未摆脱一些长久以来想解决但未能突破的瓶颈。一方面，陕西国有资本的行业分布、地区分布、监管层级分布都相对不够灵活，分布过于集中。能源化工、电子信息和金融控股类占比较高，龙头企业的行业特征明显，行业门槛和资产专用性较高，总部主要集中在西安，主业范围主要在西安及其周边的关中地区和陕北的部分资源富集区，省国资委一级监管企业（不含7户金融企业）资产总额和所有者权益占非在陕央企近一半，利润总额占50%以上，上缴税费占比接近80%，营业收入超过了80%。这样的有偏结构对陕西国资的长期高质量发展属于负面因素。未来，陕西首先要破除固守传统藩篱的思维，推进国企业务融合，在混合所有制改革、推进军民融合过程中，探索业务拓展的内生机制。其次还要进一步简政放权，突出国有企业的市场主体地位，鼓励其主动有为地实现增量优化，积极追踪前沿技术推动的产业变革趋势。

另一方面，陕西国资在全国的规模优势和竞争力、影响力、品牌力，远远超过陕西民营经济发展的段位，国资对多种所有制共同发展的引领辐射带动亟待增强。国内相对发达地区普遍现状是，政府搭台、企业唱戏、国资引领、民资蜂聚。这种理想状态的前提是营商环境的优化、人才吸引力的强化、资源配置的高效化。陕西尽管在商事制度改革、人才政策和投融资体系上已经有了不小进步，但要做到与国资发展相匹配，仍有很长的路要走。

（写于2021年）

# 关于建立"重点企业投资行为跟踪监测统计制度"的建议

徐璋勇：西北大学经济管理学院教授
经济学博士、博士生导师
陕西省发展经济学会会长

**摘　要**　实体经济是国民经济发展的根本。面对日益严重的实体企业投资"脱实向虚"问题，振兴实体经济的首要前提就是要采取有效的政策措施，以遏制实体企业投资的"脱实向虚"，为此就需要及时全面地掌握实体企业的投资动向及投资动机。基于此，本期建言提出，要建立对行业重点企业投资行为的跟踪监测统计制度，通过重点企业投资的动态跟踪与统计分析，为制定科学的引导企业投资回归实体的相关政策提供依据。研究成果认为，要振兴实体经济，必须有效遏制实体企业投资的"脱实向虚"行为，为此必须建立"重点企业投资行为跟踪监测统计制度"，并就此提出了一些建议。

## 一、建立"重点企业投资行为跟踪监测统计制度"的必要性与意义

2008年金融危机后，伴随着实体经济中市场需求进一步缩减及产能过剩的日益严峻，实体部门投资收益率出现了明显下降，而金融资产和金融部门的规模不断扩张，行业利润率也远超其他行业，实体部门和虚拟部门发展出现了"结构性失衡"，经济"脱实向虚"趋势愈加明显。具体表现为：一方面，经济体系中金融部门快速膨胀，大量资金并未流入实体部门而在金融体系内部"空转"；另一方面，越来越多的非金融企业将资金投入回报率更高的泛金融行业而偏离了主业经营的轨道，造成其主业经营的严重衰退。

从经济运行来看，实体企业是经济系统运行的基础单元，其持续壮大是现代化经济体系稳健发展的关键。然而，近年来，实体企业投资的金融化意愿日益高涨，部分优质企业淡化主业经营转而将金融投资和房地产投资作为获取利润的主要来源。根据 WIND 数据库整理，2018 年我国非金融类上市公司中，参与购买各种理财产品等金融产品的公司数量多达 1300 余家，占全部非金融类上市企业的 40%；购买的理财产品规模达 1.79 万亿元，获利占公司利润的约 20%。部分国有控股上市企业更是利用资金优势从事影子银行活动和金融投资活动，扮演了"实体中介"角色。尽管从短期来看，非金融企业投资的"脱实向虚"行为能带来其盈利水平的提升，但从长远角度来看，企业的这种行为会对国民经济健康运行带来严重损害：一是金融投资的大量增加会"挤出"实体投资，削弱企业主业发展的动力；二是部分企业为掩盖其主业经营衰退对其股价的影响，还通过会计操作向市场传递虚假财务信息，对资本市场健康发展造成巨大隐患；三是大量企业投资的"脱实向虚"行为会导致"实体产业空心化"现象，削弱国民经济健康运行的根基。

另外，根据我们的实证研究，非金融企业投资的"脱实向虚"行为存在着显著的"同群模仿效应"，即企业在进行"脱实向虚"投资时，往往将本行业中的龙头骨干企业作为效仿对象，以此降低自己的投资风险和获得更好的投资回报。这种行为的存在，使得行业龙头骨干企业"脱实向虚"的投资行为往往会对市场产生放大效应，使得整个社会企业投资"脱实向虚"问题进一步加剧。因此，建立对行业龙头骨干企业投资行为的跟踪监测制度，通过对其投资动向进行及时监测与统计分析，可以及时掌握实体企业的投资动向及发展态势，并了解其投资"脱实向虚"的动机与原因，对制定抑制企业投资"脱实向虚"的相关政策、维护实体经济的稳健发展具有重大意义。

## 二、建立"重点企业投资行为跟踪监测统计制度"的基本设想

建立"重点企业投资行为跟踪监测统计制度"的目的，在于及时掌握行业龙头骨干企业的投资动向，包括投资方向、投资规模以及投资形式，为制定科学有效的引导资金"脱虚向实"的政策提供依据。因此，该制度建立的基本设想是：

### （一）关于跟踪监测统计对象的确定

**1. 关于跟踪监测统计的行业对象**

依据《国民经济行业分类（2019 修改版）》标准，重点将实体经济行业纳入监

控范围。具体包括下列十大行业：①农林牧渔业；②采矿业；③制造业；④电力、热力、燃气、水生产及供应业；⑤建筑业；⑥交通运输、仓储及邮政业；⑦住宿和餐饮业；⑧信息传输、软件和信息技术服务业；⑨房地产业；⑩水利、环境和公共设施管理业。

**2. 关于跟踪监测统计的企业对象**

为了使跟踪监测统计结果既具有一定的全面性，即所得数据能够反映国民经济实体部门企业投资的总体动向，也具备较好的典型性和代表性，需要将以上所列的十大行业中的重点企业作为跟踪监测统计对象。

行业重点企业的认定。根据我们的研究，行业内企业"脱实向虚"的投资行为，往往以本行业中的规模较大企业和盈利能力较强企业作为模仿对象，即个别企业在进行"脱实向虚"投资时，往往以本行业内规模大和盈利能力强的企业的投资方向作为自身投资决策的重要依据。因此，可以将行业重点企业的认定标准确定为：①企业资产规模处于本行业前100位的企业；②企业年总利润额在行业中排前100位的企业。对于住宿和餐饮业、信息传输、软件和信息技术服务业以及水利、环境和公共设施管理业，由于其行业规模在国民经济总体中占比相对较小，可以将其资产规模和利润规模前50位的企业确定为行业重点企业。

## （二）关于跟踪监测统计的主要内容

对按照上述标准确定出的重点企业，需要对其投资过程中的以下几方面内容进行跟踪监测：

**1. 对企业投资方向与规模的跟踪监测**

具体包括：①企业主业投资与非主业投资的资金数量规模。②企业实体投资与金融投资的资金数量规模。③企业金融投资的主要标的及规模。如企业资金用于股权投资、股票投资、理财投资、信托投资、拆借等的资金数量规模。④企业金融投资的期限结构。

**2. 对企业利润或收入来源的规模数量与结构的跟踪监测**

具体包括：①企业非主业收入或利润占企业总收入或利润的比例。②企业金融投资收益占企业总利润的比例。③企业来自不同形式金融投资的收益构成。

**3. 对企业金融投资资金来源的跟踪监测**

具体分为：企业自有资金；企业银行借贷资金；企业股票发行筹集资金；企业发债筹集的资金；企业其他性质资金等。

**4. 对企业货币资金用于金融投资期限的跟踪监测**

具体可划分为：3 个月以下的金融投资、3~6 个月期限的金融投资、6~12 个月期限的金融投资、12 个月以上期限的金融投资、长期股权投资等。

**5. 对企业金融投资损益情况的跟踪监测**

重点对企业金融投资的收益、亏损情况进行监控。

**6. 对企业进行非主业投资及金融投资原因的跟踪监测**

重点调查了解企业将货币资金用于非主业投资、金融投资的原因。以此对相关政策的合理性做出判断，为政策完善提供依据。

## 三、"重点企业投资行为跟踪监测统计制度"的实施建议

"重点企业投资行为跟踪监测统计制度"的建立，对于全面了解实体企业投资的方向、动因及发展趋势，进而有效抑制实体企业投资的"脱实向虚"，促进实体经济发展具有重大意义。为使该制度能够顺利实施，并发挥其应有的积极作用，特提出以下实施建议：

（1）该制度中对跟踪监测统计对象与内容的确定，具体可由国家发改委、人民银行、财政部、国家统计局等单位联合确定。其目标在于，通过对这些跟踪监测统计内容的掌握，可以全面了解行业重点企业的投资动向，特别是"脱实向虚"的投资方向与规模，在此基础上能对我国实体企业"脱实向虚"的总体情况做出推测和判断，为鼓励实体经济投资政策制定提供科学依据。

（2）该制度可以结合各地已经实施的"重点企业监测制度"，或作为现有"重点企业监测制度"的附加内容，一并实施。

（3）跟踪监测的统计周期分为半年和一年，即确定的重点企业要在每年的 7 月 31 日前上报本企业 1~6 月的投资行为信息，3 月 31 日前要上报上一年的投资行为信息。

（4）对企业投资"脱实向虚"动机与原因的调查，可以采用"调查表"的形式，通过企业在相关选择项上打"√"的形式进行。

（5）为了全面掌握不同地区行业龙头企业的投资动向，该制度可以在省级层面同步执行。即东部地区、中部地区、西部地区、东北地区各省（市、区）分别将其资产规模排名前 10 的实体企业与利润规模排名前 10 的实体企业列为重点监测对象，通过对不同区域实体企业"脱实向虚"投资行为的对比分析，为引导企业投资"脱虚向实"的区域差异性政策的制定提供依据。

需要指出的是，以上建议是我们在对实体企业投资行为进行研究时，发现实体企业"脱实向虚"的投资行为存在着显著的"同群模仿效应"，由此而提出的一个初步设想。具体的制度建设及实施，还需要相关部门进行进一步的科学论证。

【基金项目】国家社科基金重点项目《我国金融资源"脱实向虚"的形成机理、资源错配效应及其治理研究》（项目号19AJL010）的中期成果。

（写于2019年）

# 发展壮大都市圈 避免"虹吸效应"

杜海峰 车 蕾 胡钊源

**摘 要** 都市圈是城镇化走向高级形态的必然选择，但可能会出现产业、人口、资源等向中心城区集聚的"虹吸"效应。在此过程中应深刻理解中国社会发展逻辑，通过顶层设计明确不同都市圈发展的战略定位，通过区域比较优势，凸显市场性整合的关键作用，关注中西部与东部地区都市圈协调发展，进而解决都市圈之间的"虹吸效应"；都市圈内部应当统筹好城乡关系，强化都市圈内各城市的错位布局，补齐都市圈内部"空白区"与绝对弱势的短板，避免都市圈内部的"虹吸效应"。

中共十九届五中全会强调要"推动区域协调发展，塑造要素有序自由流动、主体功能约束有效、基本公共服务均等、资源环境可承载的区域协调发展新格局"，并将"建成现代化经济体系"作为2035年基本实现社会主义现代化的远景目标之一。城镇（市）化是人类社会发展的必然趋势，都市圈是城镇化走向高级形态的必然选择，也是推进高质量城镇化的重要手段。高质量都市圈的建设对区域内产业协调发展、现代化经济体系建设、城乡融合发展均起到不可忽视的作用。新时代，促进都市圈量质齐升的发展是一场事关"圈内"与"圈外"的系统性、深层次、复杂化工程，必须处理好都市圈内外的产业、人口、资源等向中心城区不均衡集聚的"虹吸效应"，才能更好地发挥资本、人口、自然资源等的循环与有机贯通，不断开拓区域协调发展的新局面。

工业革命颠覆了人类社会利用资源的数量以及类型，城市应运而生。由于城市空间形态和结构的演化，便捷的交通与通信网络促使都市圈逐渐崛起，并成为令人瞩目的全球性地理经济现象。国际上，通常认为大"都市圈"的长轴半径稳定在50

公里左右，即通勤圈的巨细决定着都市圈的巨细。与许多经济体一样，中国的城镇化进程中也不断涌现以城市为单位的都市圈，如在珠江三角洲、长江三角洲和京津冀超大体量城市群与东部沿海、东北、中部和西部地区等众多初具规模的城市群中，都市圈都起到了至关重要的作用。

都市圈建设是实现区域经济结构性增长的首要因素，我国正在努力把握都市圈发展的规律，并将其从人口和经济的重要载体转换为高质量发展的动力源泉。但是由于资源禀赋和发展阶段差异，与基本矛盾一致，我国的都市圈发展也存在不平衡的现象，"虹吸现象"是重要表现之一。

如果将中国社会看作一个人体，都市圈就是重要的脏器，不同的都市圈应该发挥不同的作用，协调一致为人体健康发展做贡献。但是由于早期政策制度和区位等因素的影响，部分都市圈有了先发优势，其他都市圈在发展过程中处于相对劣势，造成资源在都市圈之间的"虹吸现象"。在都市圈内部，由于城乡发展的不平衡，中心城市与非中心城市发展的差异，资源从农村流向城市、非中心城市向中心城市聚集的"虹吸现象"也正在凸显，各省市陆续公布的"七普"人口增减数据就是最好的佐证。因此，科学、可持续发展壮大都市圈，应通过顶层设计和相应政策制度实施，避免都市圈内外的"虹吸效应"。

加强顶层设计，凸显都市圈战略定位多样性。2019年国家发改委发布《关于培育发展现代化都市圈的指导意见》，预示着中国城镇化发展进入新阶段。政府引导与顶层设计发挥着至关重要的作用，更好地发挥政府在都市圈规模开发管制、功能区划与定位、基础公共服务配置和体制机制适配等方面的治理效能，可以更好地顺应各都市圈产业升级、人口流动和空间演进规律，从而引导"结构清晰""特色鲜明""错落有致"都市圈、都市带以及城市群的形成。目前都市圈之间合作机制缺失，并未形成以发展共识为基础的制度设计、组织形式与政策执行系统，导致都市圈之间仍定位不明。在区域间设定都市圈发展规划时，制度设计应突破地域分割与行业垄断的短视行径，统筹好不同都市圈发展定位和比较优势，比如设立市长联席会议、民间商会等制度，破除体制阻碍；组织形式方面，应强化圈间合作共赢理念，以民生工程为抓手搭建均衡互惠互利平台，推动政务服务联通互认；政策执行时应以基础设施互联互通为基础的区域一体化建设管护机制，持续提高共建共享的开放理念。

发挥比较优势，提升都市圈要素配置专业化。早期城市之间的竞争是廉价劳动力的竞争，改革开放后城市发展依靠于区位优势与投资热度，下一轮区域间比较优势的形成要倚靠产业、人才、生态和人民对于美好生活的向往。促进要素市场化配置，需要都市圈共建市场化的产业协同发展体系。目前都市圈间还存在过度竞争、优势不明和多元互补格局尚未形成等专业化发展瓶颈，造成了都市圈之间的"内卷"。应当依据不同等级城市的特征和功能定位，发挥"头雁"都市圈在资源、土地、科技、人才方面的先导创新力，例如充分发挥北上广城市内发达的总部经济和种类齐全的高级专业服务业优势，巩固其市场优势；促进都市圈间产业分工合理化，提升区域产业链整体水平，利用区域经济级差，形成发展"循环圈"。例如，借助发达都市圈的资本优势，其他都市圈积极承接外扩产业和次级增长点；遵循城市圈发展规模，引导都市圈建设应当依据各自优势"聚中有散"，实现城市群内不同都市圈的产业协调与错位发展，利用生态环境、人文经济、高科技底蕴，以专业性提升多元互补的都市圈格局。

关注区域差异，促进中西部都市圈"城"势而上。我国东中西的发展差距在一定时期内依然存在，各地区内部都市圈之间的发展差距也不可忽视。这既是亟须尽快破除的区域发展阻碍，也是更好以高质量建设城市圈带动中西部地区都市圈壮大体量、激发新生发展动力、缩小区域发展差距的重要契机。目前，中西部都市圈建设中还存在目标不明确、做法不积极和同频共振感缺失等问题，导致中西部都市圈仍是资源"外流"的主体。中西部各都市圈应当明确追赶超越目标，主动对标国际先进水平，激发竞争活力。例如，成都、西安、武汉同为中西部腹地的强省会城市，应当在明确各自优势基础上，相互对标短板，明确区域"城"势而上的着力点；中西部都市圈进行高质量都市圈提升时，应秉持刀刃向内的勇气，着力解决碎片化区域政策带来的权责不明、互相推诿、效率低下等问题；中西部都市圈建设应当降低竞争内耗，做到"一条心"推进，以"功成不必在我"的理念和"功成必定有我"的担当，支持特色企业梯度布局，提升区域内细分领域合作走深走实。例如，着力培育发展一批极具竞争力与专业化的特色创新产业集群，培育各都市圈内具有全球竞争力的"瞪羚"企业，搭建新领军者企业良性"比武平台"，联合培植专精特新"小巨人"企业，催生各细分领域内"单项冠军"的产销结合与同题共答。

统筹城乡关系，协调"中心—外围"关系。都市圈是我国城镇人口空间分布的重要载体，也是城市群形成和发展的重要一环，不仅在我国新型城镇化的推进过程中起着承上启下的重要作用，也关乎着乡村的产业布局、人口流向与全面振兴。都市圈强调区域协调发展，因此需要调整生产要素的流动方向与社会资源的配置方式，以实现内需的扩大、经济发展方式的转变、产业布局的合理化。这不仅有助于都市圈的可持续发展、小康社会的全面建成，也是"以人为核心"的新型城镇化有效推进的必要条件。同时，都市圈的一体化发展和现代化推进，需要在区域协调发展的过程中进一步缩小城乡差距和地区差距，尤其是改变当前社会二元经济结构失衡的不均衡不充分的差异性现状。这需要发挥好城乡的双轮驱动作用，处理好"中心—外围"关系。因此，一方面，需要明确乡村贡献，发挥乡村积极作用。乡村虽然在都市圈中处于决策边缘，但扮演了"新鲜农产品供应商""乡村美景服务商"和"新技术试验场"等诸多积极角色，在都市圈的发展过程中提供了大量的物资、人力等各类型资源，对城市圈的整体格局建立、创新驱动力发掘、内生动力调动与绿色可持续发展起到了关键性作用。因此，需要明确乡村贡献、推动城乡融合，通过实现"产业、人才、文化、生态、组织"全面振兴的乡村振兴，更好地夯实"以城带乡、以乡促城"的协调发展格局。另一方面，需要坚守底线思维，维护乡村基础权益。作为"外围"成员的乡村为都市圈的发展提供了丰富的"内生动力"和"活力源泉"，但同时劳动力的外流、物资的对外输送给乡村的产业发展、资本的吸引、现代化的推进带来了较大的局限。因此，破解"圈内"城镇对乡村资源的"虹吸"，需要确保城镇产业、人才等要素进入农业农村社会的灵活途径；政策设计要体现坚持农业农村优先发展的方向；坚守"底线"思维，实现好、维护好、发展好"圈内"农民权益。

强化错位布局，实现都市圈内城市间功能协作。我国的都市圈内部城市间仍存在分工协作不够、低水平竞争严重、同质化发展趋势等问题，这制约了城市间的功能互补、资源有效配置与产业链融合发展。因此，各都市圈应该加快多中心的规划和布局，加快基础设施在都市圈范围内的延伸和加密，由"虹吸效应"转为"辐射效应"。一方面，强化错位布局，各级城市根据自身资源禀赋找准合理定位。中心城市打造高端产业、增加辐射与带动作用；中小城市夯实产业基础、增强产业承接能力。从而实现整体上的产业错位布局，避免"一哄而上"的低水平竞争。另一方面，加强基础设施一体化发展，为多层级城市的高效协作创造平台与机遇。畅通都市圈内的公路建设、轨道交通、物流运输，为城市间的产业链融合发展提供基础；统筹市政与信息网络建设、推动公共服务共享平台建设，为城市间的创新链融合与分工协作提供平台，从而为产业集群化发展、资源有效共享、要素自由流动创造市场环境。

推动均衡发展，补足都市圈内发展短板。都市圈不仅是一个产业合作圈，更是城市间的生活服务圈、资源共享圈，一体化的发展、统筹的规划、共建共享的实现需要缩减圈内单元差距、摒除公共服务"空白区"。一方面，要加强城市间公共服务资源共享、推动基础设施均衡发展，通过合作办学与远程教育、多层次办医、社会保障接轨等，加强优质公共服务资源的共享，缩减中小城市与中心城市的公共服务落差，在降低中心城市公共服务压力的同时，提升中小城市的公共服务能力、人力资源集聚能力、抗风险能力与综合发展能力，从而推动圈内各层级城市的均衡发展，实现城市圈的生态多样性和功能完整性。另一方面，要打破区域间的行政壁垒、加强政务服务联通、实现政策协调一致；确保圈内社会治理一体化、消除交界地区"无人管"地带，通过公共事件治理能力的提升、生态共治机制的构建，推动突发公共事件的及时响应、灾害事件的联防联控、生态环境的协同共治。充分发挥中心城市的辐射作用，参考其现代化治理体系优化边缘地区的治理现状，以确保社会安定、公共服务可及；与此同时，建立系统性的协同共治网络，确保权责对等、消除无监督无责任人的治理"空白区"，攻克突发危机防控、灾害事件处理、生态环境治理等区域协作性治理难题，从而推动共建共享、共保共治的稳定性都市圈建设。

（写于2021年）

# 价值链升级

## ——陕西创新驱动发展的重要着力点

安立仁

**摘　要**　本文以全球价值链的视野来审视陕西的创新驱动发展战略，其着力点就是充分利用好能源资源禀赋，在创新驱动下使陕西产业的价值链升级、产业链升级；创新驱动的是陕西企业所在价值链中的地位改变，链位向高附加值方向转变；而价值链提升的最高层次是具有价值链治理权；另外，除了通过创新驱动价值链升级外，还要建立相应的创新驱动平台以及人才与政策措施。

## 一、问题的提出

改革开放已有40余年，中国已毫无疑问地成为经济全球化的一员（经济总量在全球位居第二，2020年中国经济总量突破100万亿元大关）。在全球化生产的今天，生产经营活动不再受国家或地区边界的限制，中国2019年进出口总额达到31.55万亿元；2020年达到了32.16万亿元。陕西也不例外，2019年进出口总额达到3515.75亿元；2020年进出口总额达到3772.1亿元，同比增长7.3%。经济全球化使生产经营活动的地理空间在全球背景下再配置，从而形成了全球价值链（Global Value Chain，GVC），开放使得中国的企业及产业嵌入到全球价值链中。然而，在这个全球价值链中，并不是所有的参与者都能获得同等的地位，获得同等的价值增值和收益。事实上，不同的国家或地区在GVC中的地位与收益是极为不同的。中国作为发展中国家，由于改革开放嵌入到全球价值链中，并从中获得了必要的技术能力和服务支持，但中国在全球价值链中的地位与增值都不高，还主要是依靠要素的比较优势来获得收益，陕西更是如此。

2012年7月召开的全国科技创新大会上首次提出创新驱动发展战略。党的十八大报告将创新驱动战略摆在了国家发展全局的核心位置，这是党中央从中国经济在全球地位变化及中国社会经济可持续、优先发展提出的战略方针。同时，我国经济进入以"中高速""优结构""新动力""多挑战"为特征的经济新常态。全国新型工业化、新型城镇化加速发展，工业技术创新、居民消费结构升级蕴含着巨大的服务需求，我国经济面临着由要素驱动向创新驱动的转型升级。

目前，陕西与国内其他地区一样，已步入中等收入水平，但改革以来，依靠人口红利、资源红利、制度红利以及比较优势驱动的外延式发展战略已显驱动力不足。陕西近年来的增长速度分别是2010年15.3%、2012年16.6%、2013年13.1%、2014年11.5%、2015年8%、2016年7.6%、2017年8%、2018年8.1%、2019年6%（低于全国0.1%点，全国为6.1%）。但从趋势上看，增长速度趋缓也是不争的事实（另外，对陕西经济这种起落的解释是：由能源、资源价格波动造成，与陕西产业结构本向的特点密切相关）。陕西经济增速从高于全国平均值到趋于全国平均值，说明经济转型已在陕西不以人的意志为转移地开始了，其对创新驱动的要求也就不言而喻了。

众所周知，陕西具有大量的优质科技资源，即陕西存在潜在的科技红利，因而陕西特别适合实施创新驱动的发展战略，但陕西多年来存在一个所谓的"陕西之谜"，就是科学技术成果转化为现实生产力的能力不强。杨建（2017）指出，陕西"企业创新能力不强，创新成果利用率、转化率不高。陕西创新资源主要集中在高校和科研院所，而科研院所大部分以军工领域为主，军民融合较差、体制机制不活，导致对创新活动和经济发展贡献有限。众多高校研究成果由于未能和市场需求较好对接，产业化拓展效果不佳。企业拥有的创新资源少，创新成果转化率急需提升，2015年陕西研发经费投入强度为2.18%，2016年研发经费投入强度为2.19%，高于全国平均水平，但企业研发经费占全省比重为47.67%，低于全国29.73个百分点，规上工业企业新产品开发项目数在全国排名第18位，新产品销售收入仅占全国的0.69%"。

针对陕西的现实，陕西的经济社会发展现状是什么？主要产业在全球价值链背景下，产业价值链位置分布特点是什么？价值链升级需求的创新是什么？其创新驱动发展的着力点是什么？在创新驱动中创新到底驱动什么？创新驱动的路径是什么？更进一步的问题是创新驱动从何处入手？在中国，政府在经济发展中具有巨大的作用，那么在创新驱动中政府如何发挥作用？一个产业如何创新驱动？一个企业又如何有效地进行创新发展？这些都是摆在我们面前必须回答的问题。

## 二、创新驱动发展的着力点是价值链升级

早期将创新驱动作为一个发展阶段提出来的是迈克尔·波特（Michael E. Poter，1990），他认为一国产业参与国际竞争的过程分为四个依次渐进的阶段。前两个阶段是依靠廉价的劳动力、自然资源、投资等的"生产要素驱动发展阶段"和"投资驱动发展阶段"，第三阶段是技术创新成为经济发展主要驱动力的"创新驱动发展阶段"，第四阶段是"财富驱动发展阶段"。迈克尔·波特也是企业价值链及产业价值系统的提出者，在波特看来，资源禀赋和资本驱动阶段升级为创新驱动阶段，才能实现价值链从低层次向高层次的转变。寇伽特（Kogut，1985）则认为："价值链基本上就是技术与原料和劳动融合在一起形成各种投入环节的过程，然后通过组装把这些环节结合起来形成最终商品，最后通过市场交易、消费等最终完成价值循环过程。"在这种思路下，一国（地区）的产业创新被视作全球价值链的一部分，产业升级可以看成该国（地区）的企业以及产业整体在价值链上或者不同价值链间的攀越（升级）过程。另外，Gereffi（1994）在全球商品链的概念下提出全球价值链的二元驱动机制，即生产者驱动机制与采购者驱动机制，这意味着一个国家或地区要发展一个产业时，要先根据该产业价值链的驱动力去确定该产业价值链的核心能力，然后积极发展这种核心能力，才能使该国或地区在该产业的全球价值链中具有竞争优势，并处于高端的高附加值地位。能取得高附加值的企业实际上在全球价值链中处于主导地位，称为价值链治理者，治理者能够获得高附加值是由于其在该价值链中具有治理地位，具有治理地位的企业则能够获得"经济租（economic rent）"，在经济租中技术、人力资源、组织形式、商标与品牌等是核心。获得经济租的基本途径就是通过创新，使一个国家或地区的产业价值链升级。Kaplinsky（2000）认为升级就是制造更好的产品、更有效地制造产品或者是从事需要更多技能的活动。在此基础上，英国的 Sussex 大学创新研究小组（Humphrey，Schmitz, etc., 2000）提出了全球价值链中的产业升级的四种模式：工艺流程升级、产品升级、功能升级和链条升级。这四种升级模式就是四种创新驱动模式。这就是说，从 GVC 的视角看创新驱动发展就是要使一个国家和地区的产业价值链升级。

洪银兴（2013）从经济发展方式转变的角度对创新驱动进行了研究，提出了创新驱动的路径。他认为，创新是经济增长或经济发展的主动力，创新驱动是依靠知识资本、人力资本和激励制度创新等无形要素实现要素的新排列、新组合；实现创

新驱动的关键是进行知识创新和技术创新的协同。知识创新以大学为主体，技术创新则以企业为主体。陈曦（2013）认为，中国传统的经济发展模式不可持续，因而迫切需要转变经济发展模式，即用创新驱动代替要素驱动。张来武（2012）认为，创新驱动发展是由经济发展的本质决定的。姜黎辉（2014）指出，创新驱动是一个复杂的过程，创新资源从投入到产出的转化贯穿于整个创新过程。马永红等（2015）认为，创新驱动是承接区际产业专业的动态性、复杂性变化。基于上述观点，创新驱动就是要通过生产要素的重新组合克服要素资源短缺或瓶颈，提高要素的生产效率，扭转生产要素报酬递减趋势。

创新驱动的结果是价值链升级，而价值链升级的研究与产业集群分不开，有些人将两者混在一起。刘志彪（2005）具体分析了作为"国际代工者"的本土企业从OEM到ODM各阶段的升级模式，提出了转向自有国际品牌的国际战略。田依林（2011）将我国产业集群发展存在的问题归结为技术锁定、社会网络锁定和价值链低端锁定，认为只有实现产业集群升级才能摆脱锁定，并提出了构建优质社会网络、提升集群创新能力及公共政策引导和扶持等集群升级的路径。刘志彪（2015）发现国内价值链只是从全球价值链转向全球创新链的过渡阶段，它是扩大内需的结果，也是从出口导向经济走向创新驱动经济的中间变量。

### 三、陕西主要产业创新驱动及价值链升级

从2015—2017年的《陕西工业发展报告》中我们可以发现，陕西的主要工业领域有12个，如果我们对以上产业进一步进行归类与划分，这就是下文要说的八大支柱产业：能源化工、有色冶金、装备制造、食品工业、非金属矿物制品、医药制造、纺织服装、通信设备（计算机及其他电子设备）制造等。这八种产业在GVC中的价值链位是不同的，因而创新驱动发展就是要确定好各产业的价值链位，并分析目前的附加值大小，并根据发展趋势指出创新驱动发展中具体的创新方式与价值链升级方向。将创新驱动与价值链升级、价值链位变化、价值变化结合起来，提出有针对性的创新类型与方式。

我们根据相关理论及对陕西相关产业的分析，认为可以将如上的八大支柱产业分别按生产者驱动的价值链以及采购者驱动的价值链进行归类，其结果如表1所示。

表 1　陕西省八大支柱产业的价值链驱动类型划分

| 生产者驱动的价值链 | 采购者驱动的价值链 |
| --- | --- |
| 能源化工产业、有色冶金产业、装备制造产业、非金属矿物制品业、医药制造业、纺织服装工业 | 食品工业、通信设备（计算机及其他电子设备）制造业 |

创新驱动发展的目的是使陕西产业的整体效益与生产率得到提升，具体讲就是要使每个产业所在的价值链位置向着更高的增加值、向着更多的利润的方向去升级，这种升级的关键就是创新，这种创新是有的放矢的创新，是可行的创新。

对于不同类型的价值链、处于不同的 GVC 链位的产业，其创新的方式与类型也是不同的，即着力点是不同的。下面我们对陕西主要领域中有升级前景的产业价值链进行初步分析，提出一些创新驱动发展着力点的基本想法。

### （一）陕西省生产者驱动型产业价值链升级路径

**1. 能源化工产业**

陕西省作为我国的能源大省，是我国能源提供及其产品供应的中坚力量。通过对陕西省能源化工产业价值链及其价值链的深入分析可以发现，陕西省能源化工产业的总体状况是：上游产业比重大，下游产业比重小。这样的产业结构使得陕西省抵御能源价格波动能力较弱，随着能源价格优势的逐渐消失，下游产业附加值的不断提升，表明陕西省能源化工产业结构调整迫在眉睫。因此，陕西省能源化工产业价值链升级需要完善以下两点内容：首先，巩固现有的能源基础行业，即石油和天然气开采业、煤炭开采和洗选业，为后期大力发展初加工、高级化工合成业打下坚实的基础。其次，要加大对能源化工产业价值链高端的投资与布局，通过产品与工艺创新，实现价值链向能源化工产业高附加值一端转移，快速有效地调整产业结构，即加大发展石油加工、炼焦及核燃料加工业，化学纤维制造业，化学原料和化学制品制造业，橡胶和塑料制品业。

**2. 有色冶金产业**

2017 年，省政府办公厅印发的《关于营造良好市场环境促进有色金属工业调结构促转型增效益的实施意见》明确了我省促进有色金属工业健康发展的八大重点任务，并提出到 2020 年，全省有色金属工业增加值达到 1000 亿元，主营业务收入进入全国前 10 名，建成国内重要的有色金属深加工生产基地。有色金属作为支撑战略性新兴产业发展的重要材料，在国民经济发展中不可或缺。陕西省作为有色金属大省，有色金属产业也是陕西省经济发展的支柱产业之一。根据本文关于陕西省有色金属产业价值链的分析，笔者认为，陕西省需要从以下两点入手，促进陕西省有色金属产业的快速发展，有效调整产业结构：首先，巩固现有的有色金属矿资源，加大矿资源的进一步高效开采，为后期大力发展冶炼、加工行业打下坚实的基础。其次，要加大对有色冶金产业价值链高端的投资与布局，特别是要在产品设计、研究与开发等方面下功夫，实现向有色冶金产业价值链高端转移，快速有效地调整产业结构，即加大发展有色金属冶炼及压延加工业。

**3. 装备制造业**

装备制造业作为陕西省的八大支柱产业之一，对陕西省的经济发展发挥着非常重要的作用。通过对陕西省装备制造业的七个子行业的深入分析，发现陕西省装备制造业中各子行业主要集中于价值链的加工环节，其中，陕西省的仪器仪表的表现最为严重，其中规模最大的前50家企业中处于加工环节的企业占比高达80%，其次为金属制品业，为72%，表现最好的是汽车制造业，只有30%的企业仅仅处于加工环节。因此，为了实现陕西省装备制造业的高效发展，陕西省可以从以下两方面着手：首先，加大汽车制造业的研发投入，保持住汽车制造业的价值链高端位置，颁布更多的汽车行业优惠政策，鼓励陕西省汽车行业的创新积极性，特别是新能源汽车产业的出现，为陕西省进一步发展汽车产业带来了新的机遇。其次，陕西省装备制造业其他产业大多处于产业价值链的末端，实现产业价值链的升级，即从低端向高端转移，是陕西省目前的主要任务，省政府应该鼓励更多的企业从加工生产的舒适生态中走出来，通过模仿创新、二次创新、逆向创新等多种创新模式，试图培养自身的自主创新能力，最终实现从价值链低端向高端转移的目标。

**4. 非金属矿物制品业**

非金属矿物制品业主要包括玻璃、水泥、陶瓷制品、石材、瓦及建筑用品等，属于典型的污染强度大的产业，靠创新驱动产业升级是产业系统与技术系统的相互耦合，依据可持续发展经济的理念，升级传统优势产业打造生态产业链同时，加快新兴主导产业生态链建设。必须在开发非金属矿初级产品的基础上进行非金属矿物深加工，延长产业链。根据区位条件、资源特色、科技基础，建设以非金属矿开发利用为基础的多产业集群特色产业基地，形成从研究开发、产业化到规模发展的能力，构建较为完善的产业链。根据刘淑茹（2013）利用相对势综合评价模型的测量结果可知，陕西省非金属矿物制品业属于经济效益较好、发展前景较好的行业，但也属于污染与能耗强度较高、增长粗放程度也较为明显的行业，应当利用高新技术进行改造。以水泥为例，水泥的生产过程复杂，需要若干道工序，且每道工序都需严格标准作业，在技术达标的同时，可以回收生产中产生的粉煤灰、碟石膏、煤矸石等废气尾角料，努力整合硫酸、磷铵、水泥三条产业链，推行新型生产水泥的生态产业链方法，提高该产业节能环保效率。

**5. 医药制造业**

医药制造业是陕西省的支柱产业，需要形成以技术创新为主力的科技型生态产业链条，改变化药制剂生产企业在装备升级、新产品研制、工艺创新、市场开发、管理水平提升等方面的投入不足，实现规模效应、技术研发、清洁生产、绿色销售、低碳消费和废料循环的全要素最优化配置，实现节能环保的目标。围绕优化产业结构和布局，在整合、集成现有资源的基础上着力发展创新药物、现代中药等优势产业，争取在这些产业实现跨越式发展。按照我省生物医药领域资源、科研和加工分布情况，合理布局生物资源开发、技术研发和成果转化基地建设，着力打造以西安高新区为核心的关中研发生产基地和陕南生物资源种植加工基地。切合国家为改善医药制造业创新环境相继出台的多种类型的政策，鼓励药品企业创新研发，提高药品质量。陕西省医药企业可以进行多个企业联合创新，每一个创新联合体只关注某一方面的研究，创新应结合药物经济学，使产品创新与市场和相关受益群体相结合，避免重复生产，创新出适合市场需求的新药。还要充分利用陕西省高校数量众多的优势。陕西高等院校共计106所，具有药学及相关专业的院校有43所，占陕西省高校数量的40.57%。针对这一有利条件可以进行校企联合开发，充分利用高校的优质资源，提高创新品质。

**6. 纺织服装工业**

近年来，陕西省纺织服装工业在社会各界的共同努力下，取得了一些成果，如该行业总产值在逐年增长的同时，已经开始高于全国平均增长率10个百分点，在全国各省市产值排名中的位次也在不断上升，但存在的问题依然不容忽视，如纺织服装工业产业链不完善、产业规模偏小、产业集中度低等，不能形成规模效益，行业整体的竞争力不够强大。此外，国内外市场竞争愈加激烈，国内用工成本不断增大，也影响到了企业的正常生产。

因此，首先，要调整产业结构，尽快改变产业规模小、档次低、效益差的现状。要以市场为导向，瞄准国内、国际中高档市场，充分发挥利用人力资源、质量技术等优势，大力扶持服装企业，如西安纺织集团、咸阳纺织集团等，增进以印染和服装为主的后整理技术，提升产品附加值，以名牌产品为龙头，如安康汉中丝绸基地、乾县纺织工业园、宝鸡市的棉纺织产业基地、榆林防寒服产业基地等，以最终产品的生产需要为基础，不断开发技术含量高、附加值大的产品，提高服装档次，培育床上用品和传统手工业纺织品行业，以提升下游产品的价值水平，培养其竞争优势，从而提升整个工业价值链竞争力。

其次，要不断改进和提升实物质量，不断强化员工质量意识，做好设备、工艺和操作三大基础管理，把好质量关。在园区企业内部逐步建立完整的质量控制体系，逐步引进具有国际水平的国内先进质量测试仪器，采用与国际市场接轨的测试手段和控制标准，对产品质量实行动态考核、标准管理。同时，加强信息化技术的应用，在生产中实现自动化控制系统，提高可靠性。

最后，要重视产学研联合的重要性。通过高校的人才智力支持，如陕西省纺织工业协会等多家行业机构组织，不仅可以为我省纺织服装工业培养优秀的实用型人才，还可为园区、企业发展提供思路和必要的分析规划，鼓舞企业家振兴纺织的斗志与信心。

### （二）陕西省采购者驱动型产业价值链升级路径

#### 1. 通信设备（计算机及其他电子设备）制造业

虽然陕西省电子及通信设备制造业近年来一直保持持续高速增长的势头，并且在招商引资方面取得了重大突破，成果显著，但存在的问题依然不容忽视，如外部发展环境严峻、生产成本继续提高、电子制造业企业盈利能力持续下降、产品结构不尽合理、缺乏消费类电子终端产品、产业升级压力较大、发展滞后等。同时，三星及中兴通讯等企业逐步进入发展稳定期，对全市工业经济发展的拉动带动力量减弱，应大力培育和壮大具有快速发展能力的新兴产业，保证全市工业可持续发展。

在未来的发展中，陕西省电子及通信设备制造业要坚持走国际化、高端化、市场化、集群化的发展路子，招大商、引大资，快速壮大产业规模，提升产业发展水平。

首先，进一步激发企业创新的内在需求，积极发挥外资企业，如微软、甲骨文、高通、爱立信、施耐德等高科技企业的技术溢出，从而带动本土企业的技术创新。研发活动的本质原动力是创新需求，因此要在顶层设计上进一步激发企业的创新需求。要落实企业研发费用加计扣除、高新技术企业副职等普惠性政策，鼓励企业增加研发支出，支持企业更多参与重大科技项目实施、科研平台建设等工作。

其次，依托国家级高新区、开发区和产业基地，促进科研成果加速产业化，发挥我省军工企业优势，围绕军民融合和战略性新兴产业重点发展领域，支持企业与高校院所共建研发机构、技术转移中心、成果中试（转化）基地、科技园区等，并鼓励企业在高等学校设立实验室或研发机构，使产学研结合点前移。推动高等学校和科研机构以人才、智力和技术为要素，企业以资金、设备为要素，通过联营、参股、合作等多种形式，整合优化现有资源，组建产学研联合体，实现产学研的深度合作。

最后，系统推进国家全面创新改革实验。以科技创新为核心，以体制机制创新为保障，以创新能力建设为手段，深入推进国家统筹科技资源改革示范基地建设，同步推进管理创新和商业模式创新，大力推动"大众创业、万众创新"，最大限度激活创新创业活力、增强科技强省发展动力，加快建设"创新型省份"。通过建设产业园区，引入国内外高科技企业，发挥产业集聚效应，逐步地将陕西省电子及通信设备制造业推入发展的快速上升通道。

**2. 食品工业**

食品工业依托高新科学技术，共同实施节水农业、良种繁育和生物工程等项目，建设面向中亚的旱作农业国际合作中心。进一步加强自主创新，掌握核心科技，及时整合资源、供应商和销售渠道等。依靠科学技术提高生产效率，降低成本，改善食品品质，开发新品种、高附加值产品已成为食品工业发展的一个重要方向。培育食品工业品牌，打造一批国内外知名品牌企业，引领地方食品企业快速成长。以果业产业化为例，其发展定位的关键是抓好果品加工，在果品基地县有计划地建设一批有一定规模、现代化水平较高的果品储藏、包装企业，改变目前鲜果不经加工就进入市场的现状，提高鲜果的品质和档次，树立陕西名牌果品形象。而浓缩果汁加工业要在提高现有企业的生产能力、产品质量、扩大外销渠道、开发下游产品等方面下功夫，改变低层次、小规模的重复建设；采用真空冷冻干燥等先进技术，开发冻干果片、果粉及低糖、无硫果脯、蜜饯、果酱、果冻等系列产品。在乳制品制造业上，发展规模生产，走集团化经营的道路，以不断开发适合不同人群需要的功能性乳制品为重点，大力开发技术含量高、质量好、品种新、档次高且适合不同人群需要的新产品，以形成整体优势，扩大市场占有率。方便食品加工业应充分利用高新技术，不断研制开发新型方便食品，进一步扩大方便食品的加工领域和规模，逐步形成方便主食、方便肉食、方便菜肴等多个具有一定规模和市场优势的企业集团。加快开发地方特色食品作为振兴全局经济的大事来抓；立足资源优势，制订发展规划，依靠科技进步，加强宏观指导，重点抓好黑米、魔芋、红枣、荞麦、猕猴桃等资源的开发和利用。发挥陕西苹果、羊乳、茶叶、魔芋的优势，扩大产业化规模，提高标准化、深加工水平，提升品牌知名度，充分利用绿色生态资源，打造和发展绿色生态食品，使食品工业逐步做大做强。

### （三）创新驱动的最终目标是寻求GVC治理权

以上我们对陕西的八大支柱产业在 GVC 背景下进行的升级分析，指出主要是通过价值链升级来进行创新驱动的，即在 GVC 背景下，产业或企业并不是盲目地进行创新，而是首先要嵌入到全球的价值链（GVC）中，进而再寻求价值链位置的升级，即向着附加值高的价值链位置移动。这种移动是通过领先创新来实现的，从而使得企业或产业的创新是在具有明确目标与方向的情况下进行的。

**1. GVC位置、附加值与治理权**

全球价值（GVC）可分为三大环节：其一是技术环节，包括研发、创意设计、提高生产加工技术、技术培训等环节；其二是生产环节，包括采购、系统生产、终端加工、测试、质量控制、包装和库存管理等环节；其三是营销环节，包括销售后勤、批发及零售、品牌推广及售后服务等环节。不同环节的附加值不同，实际上是利润或"经济租"不同，企业嵌入 GVC 中就是为了寻求"经济租"，理论与实践证明，"经济租"或附加值的大小与一个地区或一个国家在 GVC 中的治理权的大小和有无相关。一般来说，后发地区在初始嵌入 GVC 时是处于被治理的地位，从而处在 GVC 中的附加值相对低的链位上。一个国家或一个地区其越是处在 GVC 链位低的位置，其治理权越小。所以，一个产业在 GVC 背景下的竞争，其实质就是附加值大小的竞争，就是价值链治理权的竞争。

**2. 陕西生产者驱动型产业的治理权的增大途径**

理论和实践说明，对于生产者驱动型的 GVC，高附加值的环节一般就是全球价值链上的战略环节，这些战略环节是由生产中的高级要素决定的。这些高级要素就是研究与开发能力、技术积累能力与市场开发能力。所以，陕西的这类产业或企业就要特别重视 R&D 的投入，在若干产业中技术领先、产品领先，形成优势产业，占领研究与开发高地，从而产生一批在全球具有领导力的产业与企业，增大陕西产业在 GVC 中的治理权。

**3. 陕西采购者驱动型产业的治理权增大途径**

采购者驱动的产业，其关键是拥有强大的品牌优势和国内销售渠道的经济体通过全球采购和贴牌加工（OEM）等生产方式组织起来的跨国商品流通网络。所以陕西的企业及产业，应该紧紧抓住"一带一路"倡议这个机遇，将陕西的一些轻工产品的品牌建设起来，最终以品牌取得 GVC 治理权。在这里关键是对研发设计、市场信息、品牌渠道等高等要素获得控制权。

### 四、相关配套措施与建议

价值链升级是一项系统工程，创新驱动是我国当下的发展战略要点。为加快步伐实现我省的创新发展战略下的价值链升级、产业集群，我省地方政府以及相关企业需要对其内部进行相应的组织调整。因此，提出如下的政策建议：

#### （一）成立陕西创新驱动发展委员会

成立陕西创新驱动发展委员会是为更好地促进我省创新驱动工作进程，通过对产业集群协同创新平台以及公共服务创新平台建立区域范围内的创新产业联盟，便利创新企业、科研院所等相关创新主体的工作开展，提供有针对性的服务，提升办公效率，促进全省范围内知识创新步伐加快、知识传导进程发展、实现知识成果转移、产业化进程的推进。

#### （二）完善创新机制

在吃透中央政策文件精神基础上，结合我省实际情况，广泛听取相关部门和科技人员的意见和建议，科学、民主地制定我省支柱产业价值链升级的细化方案和操作指南，不断优化升级流程，不断完善升级细节，杜绝价值链升级的每个环节出现模棱两可状况，提高可操作性。

#### （三）制定切实可行的政策

通过制定财政政策、税收政策、奖励政策、投融资政策等一系列政策法规给予企业一定的优惠。引导企业通过知识创新、技术创新提高技术水平，实现规模效益，推动产业快速升级，尽快扶持出一批我省具有竞争力、影响力的龙头企业，带动中小企业发展，推动区域经济发展，吸引国内外高精尖技术、强管理、有发展前景的企业来我省扎根落户。

#### （四）保障资金支持

落实目前政府扶持资金，如专项基金、补助、奖励、贴息、无偿资助、股权投入等，使政策惠民、创新力度不断加深。通过对整体金融环境的营造，改善金融市场信息不对称的现象，降低投融资风险，减少企业融资障碍，提升融资效率。

### （五）实施人才工程

我省为此需实施高精尖人才创新工程，建立人才培养、交流、引进、储备、激励的长效机制，形成一批有知识、有能力、善创新的创新型人才队伍，壮大科技人才队伍，促进产业升级。

（写于2018年）

# 陕西农业农村现代化的模式及路径选择

中心课题组
执笔人：姚 蕾 韩 玮 康志祥

**摘 要** 农业农村现代化是中国式现代化的主要内容和基础支撑。基于农业农村现代化的历史演变和发展动力，探寻陕西农业农村现代化发展的多样化模式及路径，并提出对策建议，为陕西省农业农村现代化发展提供决策参考。

在人类历史的长河中，农业文明与工业文明、城市文明共同构成了人类社会所有文明的三大基本载体。农业文明是人类赖以生存的基本文明，是其他两大文明的母体，为工业文明、城市文明的发展提供了基础。中国自古以农立国、农耕文明源远流长，博大精深，是"天人合一"与"道法自然"的典范。中国农耕文明现代化，农业是本体，农民是主体，农村是载体，是把这三体作为一个整体来考虑的。农业、农村和农民问题历来受到我党高度重视，在谋划国家现代化建设时我党始终把农业农村现代化摆在突出位置，农业农村现代化亦成为中国式现代化的重要内容和基础支撑。

## 一、农业农村现代化理论及中国发展现状

### （一）理论概述

**1. 内涵和现实基础**

农业现代化是以现代化理论为基础，引入现代生产要素，创新农业组织经营方式，以提高土地产出率、劳动生产率和资源利用率为目标，反映农业由传统生产部门转变为现代产业的演进过程。当前，中国农业农村现代化以农村承包地的三权分置制度为基础，家庭农场是其发展过程中的重要组织形式，工业化、城镇化进入

了快车道，农业产业得到优先发展，这些都为我国农业农村现代化发展奠定了坚实基础。

**2. 动力要素**

（1）制度变革。17世纪英国颁布《土地私有法》，平民百姓获得土地，首先引发"农业革命"，再带来"工业革命"。从我国看，革命战争年代，我们党提出了"打土豪，分田地"的土地革命，中华人民共和国成立初期，全国实行土地改革，以及改革开放后，实现土地承包经营权和所有权相分离的统分结合的双层经营体制，每一次制度变革都有力地促进了农业农村现代化进程。

（2）技术进步。人类农业发展史上，从原始农业到传统农业再到现代农业，每个阶段的历史性跃迁都与技术进步息息相关。在当代，科技进步对农业增长的贡献率越来越高，已成为推动农业发展的最重要的动力。

（3）市场化改革。市场化是农业现代化的灵魂。中国从计划经济时代到市场经济，传统农业步入现代市场经济轨道，农产品成为商品，农村市场体系逐步完善。市场化改革推动了农业生产力的提升，促进了农业产业化进程，带动了整个农业生产的发展。

（4）城镇化推动。城镇化促进了农村富余劳动力和农村人口向城镇转移，提高了全社会的劳动生产率，产生了知识外溢效应和人力资本积累效应；加速了现代农业更好地与国内外市场接轨，发展了农业产业化和农村经济；大幅改善了农民的收入水平和生活水平。

## （二）整体发展概况

我国农业农村现代化发展从整体看处于转型跨越阶段，各区域发展程度受经济发展水平、城镇化水平、资源禀赋等因素影响呈非均衡发展态势。从发展水平看，南方优于北方，东部优于西部。从空间维度看，可分为三个梯度：第一梯队是北京、上海、天津、浙江、江苏以及一部分大城市的郊区，第三梯队是西藏、甘肃、青海、贵州等西部的一些落后地区，处于中间的绝大部分省份属于第二梯队。三大梯队因发展进程不同，基本实现农业农村现代化的时间亦大相径庭。

我国农业农村现代化发展尚处于起步阶段，具体推进过程中仍然面临着城乡居民收入差异带来的经济增长短板、农村自治能力不高带来的乡村治理短板、乡村基础设施滞后带来的人居环境短板等。

## 二、陕西农业农村现代化发展现状和模式选择

### （一）发展现状

党的十八大以来，陕西省农业农村经济持续健康向好发展，取得历史性新成就。但在全国各省市农业农村现代化发展总体比较中仅属于中间偏低层次省份。从全省看，关中、陕北、陕南等各地区农业农村现代化发展水平仍然存在较强的区域差异。通过对地区经济总量、各地区人均生产总值、城乡居民收入水平、城镇化率等指标进行综合分析，得出西安、杨凌和榆林发展较快，位居第一层级；延安、宝鸡、咸阳和铜川位居第二层级；汉中、安康、渭南和商洛发展缓慢，位居第三层级。当前，陕西农业农村现代化发展依然存在农业劳动生产率偏低、农业产业结构不合理、基础设施短板、农民增收困难、生态环境恶化以及人才流失等瓶颈。

### （二）模式选择

陕西省经过多年农业农村现代化的探索实践，已形成了示范园区模式、互助合作模式、城镇化带动模式、村企联动模式、家庭农场模式等五大发展模式。通过借鉴先进省份及陕西部分市县经验，结合陕西农业农村现代化发展的非均衡态势，各地在选择发展模式时应综合考虑地区实际情况、资源禀赋和现实发展水平等因素，走多样化发展道路。首先，要分类分层级进行推进；其次，省内各区域及市县要根据其资源禀赋条件、经济发展水平，选择符合地方实际的发展模式，突出针对性和地方特色。

除前述典型模式可供借鉴外，还有一些可供选择的发展模式，如农业产业化模式、农村集体经济发展模式、农业农村新型经营主体培育模式、农村土地流转和集约化经营模式、科技农业转型发展模式等。

## 三、陕西农业农村现代化发展的路径选择

我国农业农村现代化的历史演变表明，仅仅依靠工业化带动农业产业化、城镇化反哺农村现代化的道路是有很大局限性的。陕西只有大力推动乡村振兴战略，引导城乡要素双向流动，加速城乡融合、产业融合，激活农业农村发展的核心要素和内生发展动力，走以农业农村自主式发展为主、与城市相辅相成的发展道路，才能加速农业农村现代化发展进程。

## （一）引导城乡要素双向流动，促使城乡多维度融合

打破要素从城市向农村流动的体制、机制障碍，创新城乡在人才、土地、资金、技术等方面双向流动的制度安排，推动城乡各类要素，以及产业、居民、社会、文化和生态的有机融合。

## （二）培育乡村振兴的动力系统，激发乡村发展潜能

培育农业与二、三产业交叉融合，以及新一代信息技术引领的新型产业集群与服务的现代农业产业体系；培育科技进步、设施和装备化水平高、科技成果集成化应用可持续性强的现代农业生产体系；培育规模化农业、合作化农业、服务社会化农业为一体的现代农业经营体系。

## （三）激活人、地、钱核心要素，夯实乡村发展基础

要推动城乡人口的双向自由流动；依靠深化改革、制度创新激活土地资源；加大财政投入和金融支持，深化农村产权改革，激活资金要素。

# 四、陕西农业农村现代化发展的对策建议

## （一）强化政府引导，增强统筹推进能力

（1）规划先行。利用对《陕西省"十四五"推进农业农村现代化规划》进行中期评估之机，总结规划落实情况，找出存在问题和差距，适时进行修订。建议编制面向现代农业发展的农用地专项规划。

（2）组织保障。建议成立陕西省推进农业农村现代化工作领导小组，领导小组组长、副组长由省政府主要领导担任，成员包括省农业农村厅等相关领导。

（3）政策支撑。加大制度供给，健全涉农法律制度体系。在立法、制度、政策等多个层面扶持农业发展，为农业发展提供全方位支持和指导。各项农业政策法规既要规定农民以及为农业生产服务企业的行为，也要规定政府干预经济发展的行为。

（4）财政投入。政府要加大投入，优化投入结构，提高资金使用效率。整合全省涉农资金，成立农业现代化发展基金，撬动金融资本和社会资本。

（5）搭建平台。构建陕西农业大数据中心或云平台，为农业产供销及相关管理和服务提供有效的信息支持。

（6）优化服务。强化公共服务职能，推进农村信息化建设，健全和完善农业综合执法体系，提升农业执法能力。

## （二）深化制度改革，激活内生动力

（1）改革现有的土地制度，通过落实农村土地"三权分置"激发土地要素活力；打破土地流转的行政界线限制，鼓励农业生产条件近似的地区联合发展；探索宅基地所有权、资格权、使用权"三权分置"，适度放活宅基地和农民房屋使用权。

（2）深化农村集体产权制度改革，充分发挥集体所有权在土地连片整治和宜机化改造、闲置和撂荒土地利用等方面的组织协调功能。

（3）完善农村金融市场、金融机构、金融产品和服务体系，推动农村金融机构回归本源。

## （三）科技创新引领，推进农业科技现代化

（1）加大农业科技创新投入，调整投入结构，优化投入机制。理顺科技创新投入的管理体系，切实解决多头分段管理、条块分割问题。

（2）组建由地方政府统筹推进、政府科技主管部门主导的农业科技创新联合体。

（3）破解关键核心技术，重点围绕生物育种、智慧农业、绿色农业、食品产业、环境精准调控、农业减排增汇等前瞻性、引领性关键核心领域进行突破；抢抓国家种业振兴行动机遇，建立若干个种业产业园，打造中国"种业硅谷"。

（4）紧接成果转化，找准推进农业科技现代化的支撑点。构建领军科学家领衔、科研院所支撑、各创新主体协同参与的创新联合体，促进农业全产业链、供应链、创新链、融合链的有机衔接，加快农业科技成果转化应用。

## （四）示范先导，发挥辐射带动作用

（1）多层次开展农业农村现代化示范区创建工作。加大申报国家农业现代化示范区的力度；创建省级农业农村现代化示范区；创建县级农业农村现代化示范镇；整合现有各类农业园区，形成推进农业现代化的合力。

（2）创建现代农业向科技农业转型示范区。科技农业是当代农业3.0的重要表现形式。陕西可依托本省农业科技优势，在杨凌示范区和西安两地创建农业转型示范区，大力推动本区域农业向科技农业转型，并带动全省农业农村现代化发展。

### （五）构建三大体系，推动高质量发展

（1）构建现代农业的产业体系。做好"土特产"文章；推进多元产业发展；加强产业联动全域发展；注重农产品品牌塑造。

（2）构建现代农业的生产体系。合理规划农业生产结构发展适宜的农作物和养殖业；因地制宜发展农业机械化、设施农业、工厂化农业、园区农业、智慧农业；加强农业科技创新。

（3）构建现代农业的经营体系。建立以农工综合企业、工商企业和农业合作社等行业组织为主的产业化经营体系，打造一条农产品生产、加工、营销各环节紧密相连的产业链。

### （六）完善市场体系，激发市场活力

（1）要以批发市场为中心，以集贸市场和零售市场为基础，进一步健全和完善农产品市场体系。稳步发展农村连锁商业；改革农村供销合作社，使其在农村市场体系中占据重要地位；引导和扶持个体商业。

（2）加强全省农产品流程市场体系整合，优化空间布局。加强农产品流通市场体系通道建设；健全农产品流通大数据建设；加强农产品流通市场基础建设和城市流通体系建设。

### （七）推进新型城镇化，加速双化互动发展

（1）加快农业转移人口市民化。深化户籍制度改革，让农业转移人口"进得来""留得住"；提高农业转移人口劳动技能素质，使其"有发展"，增强"价值感"。

（2）优化城镇化体系空间布局。形成包括省会城市、地级市、县城、镇、村的城市体系，促进都市圈从村到城市的连续体。

（3）推进以县城为重要载体的城镇化建设。大力发展县域经济，构建以现代农业为基础、乡村新产业新业态为补充的多元化乡村经济；加强重点镇和特色镇建设；构建城乡融合新形态，推动县城承担枢纽功能。

（4）推进城乡融合、产城（镇）融合。促进城乡要素自由流动和公共资源合理配置，推进城镇基础设施、公共服务和社会事业向乡村覆盖；创新乡村产业功能，打造集传统乡村和都市魅力相融合的现代乡村田园。

### (八)强化乡村治理,升级美丽乡村

加强三治融合,健全自治、法治、德治相结合的乡村治理体系;推进治理能力现代化,强化乡村基层党组织能力建设;规范治理的权力结构和权力运行体系,明确权力的形态、性质和来源,对权力进行权责界定和有效的制约和监督;融入智慧化管理,推动数字乡村建设。

### (九)培育乡村人才,增强发展支撑

创新人才引入机制,畅通人才服务农村渠道;争取大学生乡村就业,赋予高素质农民身份;实施新型职业农民培育工程,加强对进城又返乡的"后打工族"的培养和引导;应将数千万留守儿童作为农业农村现代化的后备力量进行培养,采用生存教育模式,让大多数孩子从小就学习掌握一门生存发展的技能,以此培养大量的"留得住、用得上"的乡土人才。

说明:本文为陕西中国西部发展研究中心2022年立项课题《陕西农业农村现代化的模式及路径选择》压缩稿。

(写于2022年)

# 陕北山区农业现代化条件下的城镇化战略研究

中心课题组

负责人：曹　钢

成　员：吴琼华　胡铭焓　吴红霞

执笔人：曹　钢　吴琼华

**摘　要**　陕北山区一方面开创了农业现代化的创新路径，另一方面出现了村庄严重败落现象。文章建议树立综合开发和长远发展的战略性认知，采用"生产地与居住地分离"的城镇化模式，规划推进可耕地整治，逐步建成我省的现代化农业基地和省级粮仓；同时有组织地将农户移居到城镇中，让乡村人也能过上城市人的生活，从而实现对乡村振兴战略的区域性突破。

2022年10月26日，习近平总书记针对安塞区南沟村山坡地治理和发展的成效，明确指出"这就是农业现代化"。结合对陕北多地山区"农业现代化"兴起的实地考察，一方面，我们非常庆幸经历了几十年的不懈努力和不断探索，陕北终于开创了一条具有山区特色"农业现代化"的路子；另一方面，却自然地联想到这里大量村庄严重败落，而最终也难融入城镇化体系之中的难题。故而建议树立综合开发和长远发展的战略性认知，采用"生产地与居住地分离"的城镇化模式，规划推进可耕地整治，逐步建成我省的现代化农业基地和省级粮仓；同时有组织地将农户移居到城镇中，让乡村人也能过上城市人的生活，从而实现对乡村振兴战略的区域性突破。

## 一、目前陕北山区乡村败落的现状

现在的陕北，一方面，山区农业现代化在尝试中不断获得推进；另一方面，伴随着全国城镇化步伐加快而出现了严重的村庄衰败现象，表现出严重的农业现代化与农村现代化路径上的不协调。这突出地表现为五种现象：

### （一）人口批量流失

近十多年来，陕北乡村人口成批向外流失已成普遍现象。一方面，由于城乡生产力水平差距拉大、收入悬殊，大量青壮年劳动力弃农进城打工或创业；另一方面，由于城乡生活条件的差异，尤其是乡村教育、医疗条件远落后于城市，一部分人为子女上学、为老人看病方便而迁居城市。大学扩招，多数农村青年学满后，不管有无职业都留于城镇之中。对比原先农村户籍，留守人口仅剩 1/3 左右，只有少数老人留守。

### （二）村庄全面凋落

由于人口流失，尤其是青壮年人口流失，大多村庄成为缺人、缺产业、缺生机的凋落村庄。传统的每户每年养一头猪、养一两只"站羊"、养几只鸡的习惯，现在也很少保留了。留守老人一般只在院子周边坡圪种点蔬菜和小杂粮，而他们每日吃的大米、白面、香油，都是从外面市场上买来。十多年前修建得齐齐整整的小学乃至中学，现在都空无一人，大门上挂了铁锁，个别还尚在开办的小学校，竟然会出现老师人数比学生还多、六个年级合起来只有七八个学生的奇特现象。大量的村庄十屋九空，十多年没建一孔新窑洞，一些自然村已濒临"灭庄"。

### （三）耕地多有荒芜

陕北乡村的耕地多在山坡上，耕作起来本来就比较困难。加之多数青壮年劳力都离开了村子，大量的山坡地都处于闲置状态。近十来年，一些村庄在政府的推动下，实行整体流转而统一修建为水平梯田，一般还有企业或种粮大户采用机械耕种，而没有整治的山坡地虽原先登记为基本农田，却都长上了荒草，在"卫片"里都定成了林草地。黄牛、毛驴作为生产工具，石碾、石磨作为日用生活器件，早已成为历史。

### （四）开发缺乏劳力

面对现实，人们很难设想对村庄进行新的改造。20世纪那种"战天斗地"的精神早已荡然无存了。早先的十几个自然村现在合并为一个建制村，村委会和村党支部多是些五六十岁的人。他们的主要任务是应付上级党委和政府要办的事，没有谁会考虑村庄能有什么"新发展"、进行怎样的"新建设"和"再治理"。进入村庄的公用路被一些不自觉人的随意占用，造成阻断、破坏，或被下雨冲烂，都无人去管。但凡讨论到有关村子发展的事，几乎所有人会用很简单的道理回答你："你不看看这村里连个人都没了，还能干什么？"

### （五）未来目标不清

从调查情况看，陕北乡村下一步究竟怎样发展，怎样过上现代化的生活，很难听到回答。住在村里的老人们，要么儿女在外打工或在城里生活，觉得现在吃喝不用发愁，多数人再没有多少过高的要求，打算老死在这里了结，更不可能想过上"现代化"的日子。县乡政府面对村庄的破败局面，似乎也抱着走一步看一步的想法，或许准备把现有的这些老人送走后即可"关庄"。

## 二、山区"农业现代化"面临"两难"境地

最近十多年中，陕北民众在总结几十年来水土流失治理的经验，利用现代生产力的巨大创造力，兴起了山区"农业现代化"的新型发展方式。其不仅有针对性地医治了山坡耕作的主要弊端，大大提高了农业的生产效益，而且与早先推进的退耕还林成果相结合，基本达到对水土流失的根治，代表了陕北乡村农业的未来，很受广大民众的欢迎。但限于多方面的原因，这项整体性治理创新也难以尽快开展起来。

其一，山区农业现代化的前提是要对山坡地进行整体性改造，修建宽幅水平梯田。经历了几十年的耕地承包关系，实施治理的首要条件是进行土地承包的流转，而如此触动家家户户的耕地"流转"，没有政府的动员和部署是办不到的。对政府来说，虽然国家明确号召黄河流域治理中可以开展"老旧梯田改造"，但实践中并非必须要做，往往没有多少人愿意做。其二，整修宽幅水平梯田是有成本的，按在陕北各县实际调查，在机械操作下仅整平一亩地面就需要大约1500元，如果再实施水电路配套，建成高标准农田因条件差异，一般还得花2000~3500元，个别情况下会更高。显然，如果没有国家政策支持，一般乡村很难搞起来。其三，现在生

态环境管制非常严格，只要一触动地面，"卫片"上就能监视出来，如果没有获得有关批准，那么即便是好事也很难做成。

近年中，习近平总书记连续考察了陕北山区，先去了米脂高西沟村，称赞其是"黄土高原生态治理的一个样板"，接着又指明南沟为"农业现代化"，这显然给陕北的治理指明了方向。然而，如前所述的原因，现实中山区"农业现代化"并没有真正推行开来。虽然山区"农业现代化"的治理路径已为大多数人所熟知，像高西沟和南沟这样的典型在大多数村庄都能够做得到。但是，当下的陕北山区事实上面临"两难"境地，正处于何去何从的"十字路口"。

如果延续目前的消极态度，一方面，那广袤的山区耕地便很难获得充分利用，甚至会完全地弃耕下去；另一方面，绝大多数村庄，虽有"农业现代化"之路可走，却又苦于缺少组织的部署和推进而难以真正行动起来，被总书记肯定的"农业现代化"也将永远地成为南沟一个村的荣耀。当然，倘若采取积极的态度，有关组织能下决心化解矛盾，那便是另一种结局，则变眼下的"两难"将会变为未来的"两利"。

### 三、"居住革命"是陕北乡村现代化的必然选择

基于上述两方面情况，从积极的态度出发，我们主张在党政组织的领导下，对陕北山区做出统一布局和一体规划。一方面，坚持山区"农业现代化"的发展方向，把住绿色发展的总体要求，对现有的可耕地实行整体治理和充分利用，建成有规模有级别的现代农业生产基地；另一方面，通过组织的安排让原有农村人口进城（或中心镇）居住，同等享受城市人口的生活条件，同时对农业基地的生产者实行正规的上下班制度，上班去乡间劳动，下班后回城里生活。如此统筹农村人口的生产与生活的安排，即可确保陕北山区的开发和耕地利用得以长久性可持续地发展。

### （一）山区农业现代化为"居住革命"提供了可行前提

唯物主义者认为，居住方式是生产方式的重要组成部分，一定的居住水平是与生产方式相适应的。历史上陕北人在山沟里居住是小农生产方式的典型表现。同理，在当今迈向现代农业的道路上，我们自然会感觉到新生产方式与传统居住条件之矛盾，并领悟到现代新生产新生活为乡村"居住革命"提供的崭新机遇。其一，在现代化生产力下，生产创造力早已不取决于个人体力的强弱和体力劳动时间的多少，花费在"上班"路上时间所造成的"损失"，相对以机械为主生产的创造力便显得微不足道。其二，城乡生活的差异以及人们享受城市生活的欲望，会大大超越"两

地分离"造成的麻烦。其三，现代交通条件的变化，给"两地分离"提供了可行条件，也为农民实行"上下班"制度带来了方便。

### （二）"居住革命"兼容农业现代化和城镇化双向创新

在陕北实施"居住革命"与陕南地区的移民式搬迁并不完全一样。陕南的移民搬迁是因深山缺乏发展条件，又为避免人的活动对原始生态的破坏而不得不离开，既要给农民找寻新的居住地，还要为他们找到往后生产的"活路"。而陕北的搬迁则是为强化山区农业现代化的开发力和开创农民的现代化生活水平。以前者说，是对农村发展方式的"质"的重大提升和传统农业的根本性改造；以后者看，则是农民完全告别传统农业的生活方式，是迈向现代职业劳动者的必然。其两方面都更具有开拓性、进取性、有利性，都是从根本上消除城乡差别，为社会创造更大可用价值。

### （三）以全面现代化的战略高度把握陕北"居住革命"

居住是涉及生活全局、影响长久发展的基本条件，从全面现代化战略看更是需要从长计议、早做定夺、做好奠基，立足长远发展的大事。只有这样，才能使有关发展伴随时代的步伐，与时俱进。正是定位于这个意义上，我们认为今日陕北农村的居住问题，决不应看作是无关大局、早多少年晚多少年都可以做的事，而应看作是事关乡村振兴总体战略、全面布局，影响现代化实现的紧迫要求。一个好的发展思路、好的战略布局能提前十年，乡村振兴实施的步骤也许会快上几年，今日看似一家一户的"搬迁"，未来将会成为影响整个地区人民迈向幸福康庄大道的重大历史决策。

## 四、积极而审慎地推进陕北乡村的"居住革命"

推进陕北乡村的"居住革命"，是一项对传统小农生产彻底决裂的挑战。因而其意义重大且任务艰巨，必须因势利导、实事求是，审慎决策、稳妥推进，决不能操之过急，更不可搞"一刀切"。

### （一）把"两地分离"作为乡村振兴的关键枢纽

陕北人非常讲究"安家立业"，建设幸福美满的"家"，常常是一个家庭或一个人奋斗的目标，又会成为争取更大成功的出发点。建议将建设现代化的"家"，作为落实陕北乡村振兴战略的目标要求，把走出山沟享受现代化作为生活变迁的直接通道，从而使"居住革命"变为整体推进乡村振兴，让农民迈向农业农村两个现代化的关键枢纽。然后以县（区）为单位，及早调研制定全局性山区农业现代化的总体部署和整治要求，同时推进乡村"居住革命"的实施规划，有重点地建设几个具有现代化条件的新生活区。在此前提下，各乡村从实际出发，治山治水，创建农业现代化的基本条件和生态保护的基本要求，做好搬迁"过渡期"期间生活改善安排工作。因地制宜，循序推进，一步一步地让村民生活向城市化水平靠近。

### （二）把"居住革命"作为陕北农村的综合变革

要从"革命"的定位、全面现代化的高度，理解、把握、布局搬迁工作，必须统筹生产方式、生活方式、就业方式三大变革，形成一种有机统一的现代化综合变革。把加快推进山区农业现代化放在优先位置，以山区农业现代化带动生活方式变革和就业方式创新；未来的山区农业现代化要以企业和合作经济组织为主体、把发展规模化特色农业作为重点，大力推进机械化生产和现代化管理；深化就业方式改革，使产业的发展具有吸纳城镇青年就业的条件，建立比较规范的早晚上下班和午间在生产地就餐的条件和制度，使其成为迈向城乡生产和生活方式一体化的起点，从而使"居住革命"成为陕北山区人口走向全面现代化发展的关键性一步，在根本上改造几千年流传下来的小农生产和传统村庄架构，构建起现代化大农业和新型城镇化组织体系，造就城乡一体的现代化经济社会结构系统。

### （三）充分发挥两方面现代化相互配合、彼此促进的作用

"居住革命"缘于山区农业现代化的兴起，又应能加快山区农业现代化的深入推进，使整个乡村振兴战略得以进一步落实。经过多年的探索，陕北山区已积累了比较成熟的山区农业现代化路径模式，具备比较充分的突破"传统耕地稀缺的自然条件限制"的经验。"居住革命"一方面通过"生产地"与"居住地"分离，能够破解村民生活现代化的障碍；另一方面加速耕地流转和企业化规模化经营，使山区农业现代化得以更加广泛成功地推进。伴随国家南水北调西线工程的开展，充分利用黄土层深厚、气候比较温和、便于开发、适宜耕作的优势，可以考虑创办若干大型国有农场，打造国家级的农业产业基地和"大粮仓"，让陕北这块奇特土地为中华民族的复兴和国家发展做出新的更大贡献。

### （四）制定积极破解居住转移中障碍的相关政策

政府应广泛调研、深化讨论，预先制定农村承包地地权政策、农村宅基地地权政策、城镇新建住宅用地和房产政策、城镇新居民融入相关问题处理政策、集中搬迁新区社区组建政策等，以政策导向改革、以政策引领发展，从现有条件出发，依托原有大村大镇，分区块确定几个迁居集中点，提前告诉需搬迁的农户，分类编排不同类型村庄长远方向和处置方向。用政策调解利益、用政策化解矛盾，确保搬迁工作的顺利进行。

### （五）重视基层党政统一多方协作管理体系的建设

要把党的领导作为推进"居住革命"的根本保证，将新区党政基层组织体系创建作为工作的第一要领。以党的领导创新带动工作创新，以党政基层组织体系的创建作为整个工作体系的首要任务。加强试点工作，用试点的试验引领全局工作开展，边试边改、在试中改、在改中试。加强调查研究，通过深入调查发现问题，寻找解决问题的办法，制定解决问题的政策。要善于从工作过程中总结经验、吸取教训，不断提高工作的自觉性和把握性。

## 五、把"居住革命"纳入陕北乡村振兴指导意见

"居住革命"涉及一系列城与乡、个人与集体、家庭与国家等的利益关系，关系乡村振兴战略目标和城乡发展远景，必须在省市政府的统一布局和领导下进行。故建议省政府将此纳入陕北乡村振兴中的重大问题加以研究推进。

首先，通过相关调研，从乡村振兴实现农业农村两个方面现代化的目标要求出发，确认陕北乡村实行生产地与生活地分离的可行性，并将其作为长远奋斗目标和工作任务。其次，围绕"搬迁"与"进城（镇）"两个方面，在规划调整、新城（镇）建设、农村宅基地处理和城镇建设用地供给等方面予以一定支持。再次，效仿陕南移民搬迁时省上的支持，统筹全省财力，争取给陕北乡村搬迁和新城镇建设以一定的专项支持。

（写于2022年）

# 大秦岭论丛

——陕西中国西部发展研究中心
2016—2022年研究成果精萃

（下）

主编 桂维民

副主编 李雪梅 吴斯全 曹 钢

西北大学出版社

·西安·

# 三、科技文化研究编

# 科技文化研究编小序

肖云儒：陕西中国西部发展研究中心副理事长
　　　　陕西省文联原副主席
　　　　著名文化学者

习近平同志考察秦岭时强调，秦岭和合南北，泽被天下，是我国的中央水塔，是中华民族的祖脉和中华文化的重要象征。也就是说，秦岭不仅是中国的南北分界线，还是中国南北的和合之脉；秦岭不止润泽三秦，还是国之中央的水塔；秦岭是整个中华民族的祖脉和中华文化的象征。这个讲话体现出一种理解秦岭的新视角和新格局，这就是大秦岭观、大秦岭视角。它将我们研究秦岭提到了一个新的高度。"和合南北"既是大地理布局，更是大文化格局。"泽被天下"既是大资源，更是造福社会、造福中华的大实践。囊括了六省一市，占地40万平方公里的大秦岭地区，自古以来就是华夏大地的核心生态区，中华民族的核心生存区，也是其核心的历史文化区。西北大学西部研究中心组织各方专家学者编纂了这套《大秦岭论丛》。大秦岭研究是一个综合性的研究，关涉理性认识、政策管理、经济、文化、科技、生态、农业等各个门类。编纂者专门将"科技文化研究编"作为一个专册推出，实在是极有远见的。通过各位作者一年多的努力，呈现在我们眼前的这部书真是煌煌大观，由老领导、老专家领衔，张勃兴、张锦秋、桂维民、韩骥、刘学智、董宪民、韦苇、冯家臻、曹刚、党双忍、周兴华、高建群、李震、卢山冰、李新平、赵居阳、严伟民等各方面专家学者和七八个专业课题组同志的积极参与，构成了大秦岭科技、文化研究的一道亮丽风景线。记得正好在2013年，我曾经建议，能否把秦岭定位为中国大地和中国历史的"四库全书"。这部四库全书可以分上、下两大卷。第一大卷是在昨天和前天、在历史大时空中展开的四库，即"中华水库""中华物库""中华史库""中华文库"。第二大卷是在今天和今后、在当代时空中展开的四库，即内循环和外循环双环交织的"汇力库"；成渝、长江中游、中原、关中和兰西五个腹地城市群的"聚力库";由现代科技加持的新的自然生态的"储力库";由尖端科技、基础制造业和国防安全组构的"发力库"。这套《大秦岭论丛》,尤其是其中的这本"科技文化研究编",可以说是了了我十多年的夙愿。

在历史大时空中展开的秦岭"四库全书"上卷为"中华水库""中华物库""中华史库""中华文库"。我在这里做一个简单的陈述:①"中华水库"。大秦岭以山之北面的渭河、洮河、洛河,山之南面的岷江、汉江、嘉陵江而组成的长江、黄河的二级补水站,而渭河和汉江还分别雄踞黄河、长江的第一大支流。没有这个极为重要的二级补水站,长江、黄河的流量和流向可能会有大变化,甚至在一定程度上会改写中国的地舆和历史构成。②"中华物库"。秦岭犹如屏障,挡住了漠北的沙尘和朔风而润之以清流,这便有了山北的关中平原和黄土高原;也有了山南温润的四川盆地。这里是炎黄子孙最早的居住区和华夏文明最早的发源地之一。秦岭以垂直和水平分布的动植物多样性,为人类社会的生存发展提供了取之不尽的物资库存。它养育中华民族的时间和朝代,遥遥领先于其他地区。③"中华史库"。秦岭山系地区是中国历史上半部的主舞台。它以华胥、伏羲、女娲这些远古传说为开篇,炎、黄、蚩尤,尧、舜、禹,夏、商、周、秦、汉、唐,直至魏、晋、宋(苏东坡、关学创始人张载都在大秦岭活动过),史脉绵延五千年,翻开秦岭即可展读中国自上古直至今天的历史章节。④"中华文库"。大秦岭地区是中国文化主脉形成和延伸之地。我把它简约地表述为"立族、制礼、作乐、兴诗、萌易、布道、立儒、融释、弘扬关洛"之地:中华民族在这里挽手立族;在这里实现了由马而牛、由草原而土地、由游牧而农耕的文明转型;在这里建立了以农立国的社会管理模式和农业文明生存样态;在这里创立了礼乐制衡、儒道互补的东方文化结构和思维坐标;在这里首创了以融汇佛释文化为标志的人类文明共进互汇的开放性实践;也是在这里通过洛学、关学对儒学的改造更新,开辟了一条在自我更新中持续发展的新路子。

秦岭研究是一个综合性很强的大课题、大项目,可分为许多门类,比如,大秦岭的总论和经济、文化、科技、生态、社会治理、理论与应用等。各个门类都有专门的学问,之间互有影响,但它们的起点、立足点和终点、展望点,都会不约而同地落在文化上。这里的"文化"是"大文化",包括科技和各个专业在文化层面的研究内容。因而对秦岭每一个部分、每一个角度的研究,尤其是大时空格局中的秦岭研究,最终都不可避免地进入这一文化领域,真是应了王维在秦岭山居写的名句:"行到水穷处,坐看云起时"。而在研究中改变、提升了"秦岭观",又会反过来赋能大秦岭的建设发展实践。关涉大秦岭的各类研究对于人类理性认识、文化心态和实践方位的影响，最后都会沉淀在秦岭的自然、文化、经济、社会景观中。从这一角度看，经济社会发展乃是文化的物质和管理的形态性体现，科学技术则是文化的精细性、准确性表达。文化才是包括经济、社会、生态、科技、工农业生产在内的社会生活最后的综合陈述。在当下的经济社会发展中，我们提出了内循环和外循环相结合的经济社会发展方略，大秦岭是中国的腹地，以六省一市超过5亿的人口，构成内循环的超大制造基地和超大消费市场；又以北方丝路、南方丝路和现代高速、高铁、航空、网路组成的"一带一路"，构成我国外循环的重要通道。中欧班列的"长安号"和"渝新欧"稳居全国中欧班列开行数前列，就是明证。故而我们称大秦岭地区是我国经济社会内循环和外循环双环交织的一个"汇力库"。从经济社会发展大格局看，大秦岭地区沿逆时针轨迹环状摆开了成渝城市群、以武汉为中心的长江中游城市群、以郑州为中心的中原城市群、以西安为中心的关中城市群和兰西城市群，这五个城市群布设在划分南北的秦岭和划分东西的胡焕庸线两侧，GDP总量超过25万亿，仅次于长江三角洲地区（29万亿），而超过珠江三角洲地区（10万亿左右）、京津冀地区（10万亿左右），有如五指收拳于腹，引而不发，伺机发力出击，构成了国家发展的"聚力库"。从绿色生态屏障看，由于有科学技术和科学管理的深度加持，大秦岭以自己的千山万水为我国重铸了新的绿色屏障，构建了生态"储力库"。从发展区位和内涵看，近、现代的八九十年中，有过抗日战争时期的经济文化内迁，"一五"期间工业体系的布局，20世纪六七十年代的大、小三线建设，以及西部大开发以来的百舸争流。在这个基础上，十多年来，大秦岭地区逐步形成了尖端科技研发、基础制造业夯实和国防安全组构的"发力库"。热切期待在这次编写《大秦岭论丛》的基础上，西部研究中心能推动大秦岭研究不断推出新的成果，助力大秦岭地区不断展示其新的面貌。祝福大秦岭！

写于2023年3月22日

# 城市文化环境的营造

张锦秋：中国工程院院士
全国工程建设设计大师
中国建筑西北设计研究院总建筑师

**摘　要**　本文系在20—21世纪之交回顾及展望城市文化环境的营造之发展。分"城市文化的宏观取向""城市文化环境的评价标准""城市文化环境的构成要素""城市文化环境的营造"四部分加以阐述，最终指出这一课题的重要性。

城市文化是人们在城市形成和建设过程中所创造的物质财富和精神财富的总和。城市文化环境则是这个总和的外在表现。

在城市发展的过程中，不同历史时期、不同地域的人们创造了不同的城市文化环境。美国建筑大师沙里文曾说过："根据你的房子就能知道你这个人，那么根据城市的面貌也就能知道这里居民的文化追求。"西方文豪歌德说："建筑是石头的书。"雨果说："人类没有任何一种重要的思想不被建筑艺术写在石头上""注入人类家园的每一条细流都不再是自然之物，它的每一滴水珠都折射着文明之光"。日本建筑大师黑川纪章说："其实我们创造城市就是在创造文化。如果城市的建造仅是出于经济目的，那么城市中的人是很不幸的。"在城市现代化进程中，城市文化环境的营造，是一个高标准、高层次的课题。它不仅仅是物质文明的建设，同时还受到政治、经济、文化艺术、历史传统、民风民俗等诸多方面直接或间接的作用和影响。

从城市规划建设自身来看，20世纪追求城市理想的诸多主义——从以1933年的《雅典宣言》为代表的现代主义到新城市主义、生态主义、多元化主义、女权主义等，虽说是各有侧重，但也确实揭示了现代城市发展中诸多重大问题。应该说，这些重大问题对于城市文化环境的营造都产生了不同程度的影响。1999年国际建协第20届世界建筑师大会通过的《北京宪章》提出："新世纪的城市将走向建筑、地景、城市规划三者的融合。"并预言："现代建筑的地区化和乡土建筑的现代化将殊途同归，而现代城市将更为讲求整体的环境艺术。"

从城市文化研究的视野来看，改革开放初期对地域文化的寻求曾兴起一时。当时，全国建筑创作有京派、海派、岭南派、西安唐风、武汉楚风等。此后，随着房地产开发的发展，商业行为逐渐使地区特色消失，建筑创作也"天下大同"了。1999年6月，国际建筑师大会在北京召开，其主题报告提出了"21世纪要促进地区文化精神的复兴"的观点，并指出："区域差异客观存在，对于不同地区和国家，建筑学必须探求适合于自身条件的蹊径，即所谓的'殊途'。"弗兰普顿教授在报告中提出"创造具有'地域形式'而不是'产品形式'的建筑"，即强调建筑形式更多地取决于所在地域的特点，而不是生产技术本身。近年来，国内学术界也开始提倡城市文化研究应落实到区域，回归到区域，并在区域文化中实现整合。不应单纯地就城市论城市，而是要从更大区域范围来认识城市文化，把城市与其腹地及与它相关的城市，视为一个相互联系的整体，从而把城市文化赖以存在的地域空间上升到应有的地位。毫无疑问，这些主张对于把握城市文化在空间发展上的层次性、多样性和差异性是十分有利的。

## 一、城市文化的宏观取向

城市建设是一个历史范畴，任何一座城市在塑造自己的文化环境时，都应该继承历史、立足当代、展望未来，都需要在自己城市文化的基础上进行再创造，只有这样才能使城市形象特色脱颖而出。当我们规划一座城市的文化环境建设时，首先要解决好这座城市文化的宏观取向，或者简称为文化定位问题。这是一个战略性的研究课题。城市文化的宏观取向，要符合当代城市规划建设的先进思想和规范，要体现所在地区的文化精神，要对本城市的性质、规模、布局结构及人口构成做深入分析，从抽象走向具体，由分散走向整合，将其落实到城市文化环境的要素、特征上。一个比较好的城市文化定位可以延续50年、100年。

我国学者在研究江南地区城市文化后，将这个地区城市文化的宏观取向归纳为3个特征，即"亲水性""人文性"和"统一变化、饶有特色"。这些特征反映在城市景观上，建筑、桥梁、园林、绿化、名胜古迹每每与水亲和，城市景观以水称胜，显现出阴柔秀美、富有灵气的性格；文人是江南城市文化建设的参与者，起着积极的引导和示范作用，因而城市文化环境显得文质彬彬、诗意盎然。江南城市文化虽有以上两点共性，但并非千篇一律，其风格在统一中又千变万化，富有个性，饶有特色。如果我们把握了地域文化的宏观特征，也就接触了城市文化之本，就有可能在新的生活形态和新的技术水平下继承和发扬地域文化的精神内涵，营造出本城市特定的文化氛围。

对城市的性质进行深入缜密的研究是城市文化定位的关键。美国的威廉斯堡就是一个成功的例子。20世纪初，洛克菲勒买下威廉斯堡的土地。美国独立战争曾在这里打响第一枪，因而他想将该地的主题定为"革命发源地"。但历史学家认为，革命战争中英美冲突是短暂的，而旧大陆与新大陆的文化传承则是长远的。英国开发殖民地，使旧大陆的文化进入新大陆，这对美国至关重要。历史学家建议突出这一文化的转化，将该地定位为"殖民时代的威廉斯堡"。这个定位经过历史检验证明是正确的。威廉斯堡确实实现了新、旧大陆文化的一脉相承，因而成为知名的历史城市、欧美重要的国际会议中心、国际交往和旅游热点。美国人花了五六年的时间，请了知名的历史、政治、国际关系的教授来论证定位，然后才请规划师、建筑师来研究如何体现这一定位。

有了明确的目标，再来研究如何达到这一目标，效果当然显著。

## 二、城市文化环境的评价标准

城市文化环境由于内容综合、涉及面广，而有着多种评价标准。这里，笔者从城市文化环境的营造这个角度来介绍实例。

《美国城市文化》在研究今后50年的环境与变化时，曾对世界16个城市进行了"城市适意度"的评比，共列出了23个评价项目，并将其归纳为3类。

（1）良好的自然条件，包括美丽的河流、湖泊、喷泉、大公园、林地树丛，富有魅力的景观、洁净的空气、适宜的气温等。

（2）良好的人工环境建设，包括杰出的建筑物、清晰的城市平面、宽广的林荫大道（系统）、美丽的广场（群），街道的艺术、喷泉群，富有魅力的景观等。

（3）丰富的文化传统及设施，包括著名的博物馆，负有盛名的学府，重要的、可见的历史遗迹，众多的图书馆、剧院，美丽的音乐厅，琳琅满目的商店橱窗，街道的艺术，可口的佳肴，大游乐场，多种参加游憩的机会，多样化的邻里等。

上述评分标准并非非常完善和科学，但不无启发。首先，城市要满足多种多样的生活要求，包括要有美好的公共空间。其次，城市要保护、利用和创造美的自然环境。再次，城市需要具有丰富的文化传统和地方特色的建筑环境。从中也可看到城市文化、城市文化环境、城市建筑文化环境，每一个层次均具有广泛的内容，同时它们之间又具有密不可分的关系。建筑文化环境在城市文化环境的营造中的确有着举足轻重的作用。

## 三、城市文化环境的构成要素

城市文化环境的构成要素主要有标志性建筑、城市文化设施、街区、风景名胜和城市整体特征五个要素。

众所周知，标志性建筑（含城市雕塑）对于构成城市形象有着画龙点睛的作用。罗丹曾说："我们整个法国就包含在我们的大教堂中，如同整个希腊包含在帕提农神庙一样。"绝大多数标志性建筑都有着"三优"的共性：那就是优越的选点、优秀的设计和优美的环境，三者缺一不可。如纽约自由女神像，选点在纽约湾口，迎着从旧大陆到新大陆的航线方向；雕像形象融圣母玛利亚、法国大革命女战士与雕像作者的慈母于一身；雕像挺立在海水环抱的绿岛上，环境空灵优美。难怪它被誉为美国的象征。有些名城采用大手笔，在一个区域、一座广场、一条轴线上布置若干标志性建筑，在形成建筑艺术高潮的同时也集中典型地体现了城市文化特征。如巴黎从卢浮宫到德方斯大门的大轴线、华盛顿从国会山到阿林顿公墓的中心区、北京从永定门到景山的大轴线都是优秀的实例。

文化设施是营造城市文化环境必不可少的要素，在欧洲，以大剧院为中心的文化广场比比皆是；在北美，更有近代的文化中心建筑组群，突出了文化设施在城市中的多元功能和优美形象。在规划布局时，一定要通过城市设计选好地段，与城市的干道、广场共同组成城市生活的热点。如纽约在西城的贫民窟建起了林肯中心，随后在对面建起了公寓，沿街出现了商店餐馆，使整个街区成了"不夜城"。而华盛顿在风景优美的波特马克河岸建起了肯尼迪中心，虽然建筑本身也是一位名家的成功之作，但由于它对岸就是阿林顿国家公墓，是政治性较强的地区，因此，市民只能来看演出，但无法参加其他活动。

《北京宣言》提出："我们要用群体的观念、城市观念看建筑。"不论是传统的旧街区还是新建设的现代街区，都是展现城市文化的重要场景。现在许多城市开始认识到在旧城更新发展中，保护、保存传统历史文化街区是多么重要的文化复兴活动。它对于城市文脉的延续，对于民俗的展现有着不可替代的作用。现代街区包括产业区、住宅区、文教区和商业区，它们从不同的侧面体现着现代城市文明的风采。

住宅建筑一般占城市建筑的60%～70%，不论是居住环境还是建筑形象，对城市文化环境营造都具有很大的影响。近年来，我国沿海一些早期受西方文化影响较深的城市，为了城市规划与环境的协调，在恰当的地段建设一些西洋古典风格的建筑，倒也合情合理。但一些内陆城市流行的"欧陆风"，则是不伦不类的文化错位。

风景名胜自古以来就是城市文化的重要标志。我国许多城市都有命名"八景""十景"的传统做法。对于历史文化名城、风景名胜要保护、发掘、利用；对于新开发的城市，则需要从规划之日起，有意识地营造自己时代的风景名胜。现在一些城市通过新闻媒体评选城市胜景，这是好事。但评选之后还需要择优提高、扩大成果，把优中之优延续下来。这样通过日积月累，也就积累了我们时代的"八景""十景"。

保持和发扬城市的整体特征。自然特征是构成城市整体特征的本底，人为建设是构成城市整体特征的动能因素。两者的结合则体现了城市文化的水平和特色。我们知道，古今中外许多名城都十分注重城市与山水的关系。但由于不同的文化渊源，西方人好占山头，并将其发挥至极，中国人则更偏爱依山傍水，取其宛自天成，而且前后左右都要有所照应。如何把握城市的整体特征，可以简单地概括为四句话：城市性质定品味，城市规模定尺度，历史文化见文野，自然环境凝风格。

## 四、城市文化环境的营造

城市环境的营造是长效型的建设，而不是突击式的装潢。既要深谋远虑，又需日积月累，在正确的文化取向、文化定位的前提下，有明确的战略思想，有优秀的城市设计和实施方案设计，有切实的建设步骤，有特色的运作经营，可以做到三五年有一个小变化，十来年有一个大变化，这变化的标志往往是上述的几个要素之中对某一点的突破。对于变化，如今人们的认知已由激进转为平和，那就是一座城市要有所变化，还应有所不变。"变得像纽约了""变得不认识了""世界大同了"这些绝对不是好现象。一个人不能六亲不认，一个人不能失去记忆，一座城市也是如此。

在这里，我想谈谈在城市文化环境的营造中经常会遇到的一个难题：是统一还是对比。其实，统一是指事物的一致性，对比是指事物的差异性。在绘画、雕塑、音乐、建筑等艺术创作上都普遍运用两种手法。二者之间不存在什么高低之分。"在对比中求统一，在统一中求变化"，这本是艺术创作的一个基本法则。而最后衡量和评价艺术效果的标准则是"和谐"。和谐唯美是古往今来的一条基本美学原则。现代美国建筑大师路易斯·康就说:"形式含有系统间的和谐,是一种秩序的感受,也是一事物有别于其他事物的特征所在。"1978年的国际建协《墨西哥宣言》中说:"如今大多数建筑师每每只着眼于建筑的形式,拘泥于其狭隘的技术——美学意义,越来越脱离真正的决策,这种现象值得注意。建筑学的发展要考虑到全面的社会政治背景,只有这样,建筑师才能作为专业人员参与所有层次的决策。"《北京宣言》中说:"职业的自由并不能降低建筑师的社会责任感。"

20世纪后期,一些当代的"前卫"流派各持一端的思想在建筑创作中也有反映,就是要打破和谐,否定公认的原则,以"先锋""前卫"为先进的标志。我国有些同行在这些思想的影响下,对国外一些名作不求甚解,就对它们做了许多失实的片面颂扬。他们常常举出埃菲尔铁塔、贝聿铭设计的玻璃金字塔和华盛顿东馆、蓬皮杜文化中心作为与环境不和谐而成功的佐证。而事实上,埃菲尔铁塔优美的曲线造型、罗马风的拱形结构及拱券型门洞的钢结构图案都完美地衬托出了巴黎传统建筑的文化特色。1999年新年,世界三大男高音歌唱家的演唱会在埃菲尔铁塔下举行,其音乐会的台口就采用了埃菲尔铁塔那具有独特风格的细部花纹拱门。这正说明埃菲尔铁塔不是天外来客,而是欧洲的传统文化与工业化新技术的结晶。再比如卢浮宫广场上的玻璃金字塔,在这座利用传统宫殿扩建为现代化博物馆的建筑空间中,其玻璃的透明质感不仅不会阻挡人们欣赏卢浮宫的视线,更优美地体现了与总体环境的和谐,是大统一中的小对比,无损总体环境的和谐。华盛顿的国家艺术馆东馆完全是一座全新的现代建筑。它在环境上的成功首先在于遵守了总体规划的边界条件和高度控制。东馆、西馆一今一古,却有着一致的高度和水平轮廓线,并采用出自同一石矿的灰色石材饰面。东馆主入口向西,与西馆的东门同处在一条轴线上。贝聿铭先生精心采用这些措施保证了东馆这组独具个性的建筑与环境达到了高度的和谐。对蓬皮杜文化中心的建筑单体设计仁者见仁,智者见智。但从巴黎旧城区的城市风貌上笔者则不得不持否定的态度。1996年,中国建筑学会代表团赴法进行学术交流。当法国接待官员介绍到巴黎城市如何注重统一谐调时,笔者曾以蓬皮杜文化中心向其请教。这位官员做了一个遗憾的表情说:"蓬皮杜文化中心是以前批准建造的。按照我们新的POS(城市规范化)和1994年制订的大巴黎总体规划,现在报这个方案是通不过了。"由此可以看出,不是外国存在的都是合理的,凡事还是要以基本原理和实际效果来检验为好。

20世纪的最后十几年,在城市设计和建筑艺术上,基本原则的回归已成世界主流。1999年第20届建筑师大会上的两个主题报告和所通过的《北京宣言》就是为此证明的时代强音,且大量现代化城市案例反复证明了城市的统一性和建筑的谐调性是有文化内涵的城市所必不可缺的品质,即"和谐为美"的美学原理。

城市文化环境的营造,是社会主义精神文明和物质文明建设在城市建设中的重要课题,是注重城市形象、塑造城市特色的核心问题。21世纪我国城市进入加速发展阶段,这个问题已提上了议事日程,引起各级有关领导和广大建筑工作者的关注和探讨。

(写于2005年)

# 切实保护好工业遗产

张勃兴：生于 1930 年 8 月，籍贯河北省霸州市，中共党员，高级经济师。曾就读于北平市四存中学、市立高商和华北大学。1947 年参加革命，担任过中华全国总工会西北工作队副队长、西安市和省级机关处长，陕西省石油化工局副局长、党组副书记，中共陕西省委组织部副部长、部长，陕西省人民政府副省长、省长，中共陕西省委书记，省人大常委会主任，中共十三届、十四届中央委员会委员，全国政协第九届委员会常委。

**摘 要** 工业遗产是宏大的工业文化篇章，我们可以从中看到每一个时代的印记。为了引导全社会对保护工业遗产更加关注，能够把那些有价值的工业建筑和设备等保留下来，给后代留下一批可观赏、可纪念的历史遗产，进行工业遗产保护势在必行。工业发达国家对工业遗产一贯十分重视。近代历史上具有划时代意义的工业化进程中的文化遗产，工业化进程中的矿山和工厂的建筑、机器、生产装置以及厂矿区的大环境等形成是历史进程中的产物。这些都是工业遗产的内涵。

最近，宝鸡市原市长李均同志给我送来一本刊物，其中，有几篇文章是介绍保护工业遗产的。他建议我仔细看看，并呼吁各有关部门关注这个问题。

我利用一整天时间认真阅读这几篇文章，深受启发，让脑子开了窍。原来被视为历史包袱的老工业区和其中的大量老矿山老工厂以及生产设备等，竟然是一大笔财富，应该很好地加以保护，为今所用。

据文章介绍，工业发达国家对工业遗产一贯十分重视。北京大学教授唐晓峰说，他在美国留学期间，在一次实习时，学校选的参观点竟然是观摩一座水电站遗址。

当时他想，美国的历史太短，没有太多值得人们观赏的有营养的东西，竟然让我们来看这种"历史文物"。其实不然，在西方人看来，这种东西本来就属于历史，值得人们驻足和纪念。他们说，难道早期工业化时代的遗迹不是历史吗？不值得纪念吗？

现在，人们有一种错觉，往往只从政治上认识近代历史，什么法国大革命，文艺复兴，明治维新，戊戌变法，辛亥革命，第一、二次国内革命战争，抗日战争时期遗留的一些旧址等，而忽略了在近代历史上具有划时代意义的工业化进程中的文化遗产。

这位北大教授还举例说，他见到过一张中国早期工业创业史中的照片，留下了极为深刻的印象。那是 1894 年 7 月 3 日，张之洞站在山上眺望由他创办的汉阳铁厂的情景。这张照片的魅力，不仅是历史名人的写真，而且是身着清朝顶戴官服的他与新式厂房、烟囱的合影，这是一幅被淹没了许久的历史景观，是时代的缩影。

工业遗产的内涵是什么？专家们认为它是工业化进程中的矿山和工厂的建筑、机器、生产装置以及厂矿区的大环境等。它的形成是历史进程中的产物。工业化初期，许多工程建筑物是历史发展的见证，其中，绝大部分虽然已经结束了其功能性的服务价值，但它们依然可以帮助人们回忆起那段轰轰烈烈、莺歌燕舞的历史来！

据西方报刊介绍，早在 19 世纪末，英国就出现了"工业考古学"，其成为保护工业遗产的启蒙。20 世纪 70 年代，人们逐渐形成了较为完整的保护工业遗产的意识，当时在国际上成立了一个名为国际工业遗产保护委员会（The International Committee for the Conservation of the Industrial Heritage，TICCIH）的国际性组织。后来，人们逐渐形成了共识，这大概是在 21 世纪初的事情。2003 年 7 月，在俄罗斯的下塔吉尔市召开了国际工业遗产保护委员会大会，大会通过了国际工业遗产保护领域的纲领性文件——《下塔吉尔宪章》。

重视并成功保护工业遗产的国家首推英国和德国。现在，在世界遗产名录里就包括了建于 1779 年的英国大铁桥和德国的弗尔克林根钢铁厂等 18 世纪和 19 世纪的一些工业遗产。

从一个地区来说，保护工业遗产最具代表性的是德国的鲁尔工业区。它有 4500 平方千米、600 多万人口，包括了埃森、杜塞尔多夫、多特蒙德等数座重要城市。从 1860 年起先后经过 100 多年建设，形成了以煤炭开采、钢铁冶炼为主的工业基地。那里工矿林立、建筑物云集、商贸发达，形成了十分繁荣的景象。但从 20 世纪中期开始，却出现萧条冷落态势。随着高科技产业的兴起，煤炭和钢铁工业的许多厂矿纷纷倒闭，建筑物严重破损。当地政府计划逐步把这些建筑拆除，以便腾出地皮改作他用。可是在开始实施拆除计划时，有不少工程技术人员对一些早期工业建筑物格外重视，他们认为那些堪称世界第一的东西被毁坏了十分可惜。于是，他们把这些建筑物和机器设备等拍成照片举办展览会，供人观赏，引起轰动。广大市民一致呼吁把它们保留下来，作为遗产留给后代。从而也引起政府的高度关注，他们开始进行规划、开发。经过一段时间的努力，一处具有世界规模的工业遗产保护区诞生了。现在，这里保留了大量有价值的原始工业建筑和生产设备等。他们在原工厂厂房的基础上建立起大型博物馆，原有建筑物和机器设备等大都被保留了下来，供人们参观，馆内还可以通过视频录像再现当年深井下矿工们的艰苦生产环境和平日的贫苦生活条件，连原有的锅炉房和锅炉也保留了下来，并改造为设计中心和学校，供学员上课和其他人员参观之用。不仅如此，他们还广泛种草种树，改善生态环境，一片片绿地出现了，被污染的河道流淌起碧波，把一些空地和拆除无保留价值建筑物后的场地建成了供人们休闲娱乐的活动场所。现在，一个东西长达70千米、面积达800平方千米的工业遗产生态保护区已经形成，成为鲁尔地区的一大亮点。

再有一个典型例子是澳大利亚的墨尔本市。在它的中心区有一座原来生产子弹的工厂，他们并没有把厂房拆除，而是请日本著名设计师黑川纪章重新进行规划设计，在原厂房的基础上将其改造成一座现代化的购物中心，使这座大厂房新与旧、现代与传统之间形成了强烈的对比。这座现代化的商厦为老厂房提供了生存的空间。

类似的例子在欧美国家还有很多，这里无须赘述。

据一位朋友说，上海在继改造旧街巷成为"新天地"之后，还要采取更大的动作进行城市更新，他们计划充分利用即将搬迁的江南造船厂旧址建设世博会西区。厂区内的历史性建设将分为保护和保留两大类，保护类将永久保存，初步规划是有历史价值的原造船局二号船坞将作为世博会文化场所，原飞机库将改为企业展馆，原造船厂办公楼将改成造船博物馆，原海军司令部旧址将建成文化设施等。另外，他们在改造黄浦江沿岸工程中，对一些有保护价值的建筑物都进行了精心的维修、保护和利用。

此外，辽宁省也加强了对工业遗产的保护，沈阳市在拆除数百个大烟囱时有意保留了一些，以便留存下工业化初期的历史痕迹。

陕西虽然工业化进程起步较晚，遗留下来的东西不多，但也不是根本没有，在延安黄土高原上就遗留下了近代中国陆上第一口油井。抗战期间，有一批工厂从沿海迁来陕西。爱国将领杨虎城兴办了多项利省利民的工程。所有这些都值得保护和纪念。特别是在中华人民共和国成立初期，国家156项重点建设工程在陕西就建成了24项，其中，有些建筑物和机器设备就具有很好的保护价值，如843厂生产炮弹壳的设备是苏联缴获德国法西斯战利品转售给我国的，很有保护价值，但据说已被当成废铁处理掉了，十分可惜。在三线建设时期，陕西共建设了400多项工程，分布在48个县的450多个点上，其中，有相当一部分属于高精尖工程项目，有的在深山洞里的项目已经被隐蔽起来，它们为祖国的国防现代化事业做出了重要贡献。有些工厂和研究所早已搬出深山，其建筑物多被闲置，厂区荒芜，有些可加以保护利用。陕西有许多产品属于新中国领先，如第一个芯片、第一台显像管、大型飞机发动机、潜艇发动机、大型轰炸机和运输机等，如果厂房建筑、生产设备和产品原物还存在，其均应被视为工业遗产。铜川市是我省老煤炭工业基地，为我省推进工业化做出了重要贡献。现在，在那里有几座矿山已因资源枯竭被关闭。我想可以学习鲁尔区的经验，对那些有条件的矿山很好地加以保护利用，把它们建成老矿山博物馆，供人观看，教育后代。

  总之，我认为李均同志的建议值得人们高度关注。希望省上有关部门能够组织力量，认真进行调查研究，制定出我省工业遗产保护规划，有计划、有步骤地开展这方面的工作。把那些有价值的东西很好地保护起来。现在参与过陕西工业化起步时期工作的一些同志还健在，他们熟悉那段历史，可以说是历史的见证人，请他们回忆、记述、写文章，为有关部门提供一些线索和建议，为我省保护好工业遗产献言献策。我们还要大声呼吁，希望全社会对保护工业遗产多加关注，把那些有价值的工业建筑和设备等保留下来，给后代留下一批可观赏、纪念的历史遗产，让大家不要忘记工业化初期那段艰苦奋斗的历史！

（写于2017年）

# 简论古典诗词的现实有用性

张勃兴

**摘　要**　古典诗词不仅浓缩了国家民族发展的方方面面，也包含了人民生活的点点滴滴。古典诗词有助于人们理解历史，从历史中汲取经验教训，也汲取发展智慧。正如庄子所言："无用之用，方为大用。"学习中华优秀传统著作是为了培育人，也就是让人们用以修身、齐家、治国、平天下。也就是，掌握本领，报效国家。

国家语言文字工作委员会、共青团中央和中央电视台 2010 年共同举办的《中国诗词大会》结束后，各方议论颇多，有褒有贬。《环球时报》发表了一篇文章，题目是《古典诗词：无用之用有大用》，确实如此。《华商报》有一段话已经做了很好的回答，他们说："诗词唤醒了每个人的成长记忆，而当社会大部分人都产生共鸣，就成为一种共识，就变成了文化基因，并因此让人产生自豪感、归属感。"看，说得多么好啊！充分讲清楚了古典诗词传承的巨大力量。

古典诗词是中华民族之瑰宝，是一颗永放灿烂光辉之星，源远流长。远古之歌谣，西周之《诗经》，战国时期之楚辞，两汉之乐府，不论是民间的歌谣，还是文人的作品，都为音节的变化及抒情、叙事提供了良好空间，增强了形式美。到了魏晋南北朝时期，诗歌更走向成熟，创作时运用对偶，注重风采。而唐近体诗则走向规范化，上继风骚，下开词曲，深深影响了宋元与明清以及近代。其内涵极为深刻，意存高远，寓教于乐。

这正如庄子所言："无用之用，方为大用。"古典诗词到底有无用处？我童年读私塾时，老师告诉我们：学习中华优秀传统经典著作，是为了培育人，也就是说让人们用以修身、齐家、治国、平天下。一句话，掌握本领，报效国家。中央两办印发的《关于实施中华优秀传统文化传承发展工程的意见》中也明确指出"修齐治平"

是传承中华优秀文化的核心思想理念。早在两千多年前，孔子就充分肯定了诗歌对提高人们素质的重要意义。他告诫弟子们："小子，何莫学夫诗？诗，可以兴，可以观，可以群，可以怨，迩之事父，远之事君，多识于鸟兽草木之名。"所以我们不能简单地视古典诗词现实之功，而要从塑造人们的心灵美、人格美，修身养性，为国效力等方面去看待，不能期盼通过传承古典诗词就会把生活中一切琐碎矛盾都化解掉，根本没有这种可能性，也绝不能将其庸俗化，只能从大处着眼去看待这个问题。

唐代大诗人虞世南的五绝诗："垂緌饮清露，流响出疏桐。居高声自远，非是藉秋风。"寓意于教，以蝉声比喻高官之名声不能够借外界之力远传，而要靠塑造高尚品德，培育人格魅力，让老百姓去评说。这也正如曹丕所说的那样："不假良史之辞，不托飞驰之势，而名声自传广后。"

初唐王梵志的诗曾一度广为流传，但后来被封建正统派视为庸俗作品，不能进入文人诗歌艺术殿堂。可是现存他的诗多是劝世劝善的箴言。他的一首诗这样写道："他人骑大马，我独跨驴子。回顾担柴汉，心下较些子。"显然他是用诗的形式告诉人们要比上不足，比下有余，一定要知足常乐。话语虽然直白，但寓意深刻，受到当时很多民众的肯定、称赞。

卢照邻的长诗《长安古意》第三部分："别有豪华称将相，转日回天不相让。意气由来排灌夫，专权判不容萧相。……"他的这首诗深刻揭露了古代上层社会骄奢豪贵的生活情景，并用对比寓讽手法，批判唐长安城官宦生活的形形色色。这种手法，充分展现了古典诗词托古抒今、教育人、树良风的作用。

在李白大量诗句中，反映劳动人民生活的作品不多。可是他那《丁督护歌》，却把纤夫们之苦刻画得那么深刻。诗中"吴牛喘月时，拖船一何苦"运用高超的比喻手法，抒发对劳动人民的关爱之情，并引起人们的同情心。

在中华优秀传统文化古典诗词宝库中，这种名篇大作比比皆是，我就不一一赘述了。若能很好地运用这些名篇箴言去启迪人们、教育青年，会起到多么大的作用啊！

现在，我还想以切身体会来说明，如何利用古典诗词所蕴藏的深奥内涵，作为修身养性的教材，做人做事的准则，防止身染尘埃的警戒名言等，从中体会到传承中华优秀文化的必要性。

1983年初，我任陕西省委组织部部长，一次偶然机会，读到唐代李商隐的七绝诗："十岁裁诗走马成，冷灰残烛动离情。桐花万里丹山路，雏凤清于老凤声。"他所称赞的这位幼童，也就是后来成为大政治家及大诗人的韩偓。

韩偓乳名韩冬郎,十岁时随父亲韩瞻参加诗人们为李商隐赴四川任职的晚宴,在宴会即将结束时,其即席为李商隐赋赠送别诗,震惊四座。五年后,李商隐从四川返回长安,忆起此事,写了这首诗。

我深受这首诗的启发,进一步加深了对"爱才尤贵无名时"这一论述的认识,深深感悟到当时我省各级领导班子成员普遍老龄化,尤其是年轻优秀知识分子干部太少,对改革事业影响很大。于是,我利用各种场合再三强调要下大力气建设好"四化"干部队伍,尽快选拔大批年轻优秀知识分子进入各级领导班子,并积极向省委第一书记马文瑞建议,请省委关注年轻优秀干部的培养与选拔。为此,我还写了一首《西江月·广聚贤才》:

  冬阑寒消曦照,春归景霭月娇。黄金台筑群贤招,广纳神州瑰宝。
  百念急愫相约,屣屣迎门求教。中华大地多鲲蛟,骏马广为寻找。

  注:黄金台,借用燕昭王在易水边修筑黄金台招贤之典故。

这首词经呈报省委领导并公开发表后,引起了各方普遍关注,加快了领导班子和干部队伍的革命化、知识化、专业化、年轻化的建设,成为各级党委和组织部门的大事。后经省委批准,还从西北大学等院校选调100名毕业生下派到基层锻炼。此后,在马文瑞、章泽、张方海和李溪溥等领导同志的大力支持下,大批年轻干部很快成长起来,不少人进入各级领导班子,年轻知识分子则成为我省干部队伍的主力军,而从工人、农民中选拔的原有干部依然得到重用。这里,我赋古风诗予以称赞:

  肩承重任万里程,改革开放历险峰。
  三秦大地群贤涌,辉煌硕果展峥嵘。

年轻干部进入各级领导班子后,要引导他们坚持以民为本,满腔热情地去为人民服务,在此,我赋诗赠送他们:

  为官贵在得民心,体贴百姓情自亲。
  勤商国是求和谐,下情熟知决策真。

年轻干部进入领导班子后,还要让他们很快承担起重任,勇于负责,大胆工作,这样才有利于他们成长。为此,我赋诗加以鼓励,其中,有三首如下:

### 古风·耕耘三秦

登临穷目万里间，耕耘三秦明大端。
时光荏苒珍如璧，虹丝月钓度华年。

注：虹丝月钓，用"举手钓鳌月"之典故，形容为振兴三秦而勤奋工作。

### 古风·加快发展

南方谈话指航程，加速发展三秦兴。
基础设施应为先，全省动员调精兵。
铁路脊梁通南北，公路布阵米字形。
通讯力求现代化，古老大地展翅腾。

### 古风·六放活

建设三秦步履艰，思想解放须领先。
体制改革最关键，六项放活为大端。

"六项放活"中最关键的是放活所有制，为此，大力推广韩城市苏村经验，加快发展民办企事业，从而带动全省整体国民经济发展。

### 古风·苏村

韩城郊外有苏村，经营企业求创新。
股份合作探新路，群众紧随引路人。

工作千头万绪，情况错综复杂，要引导年轻干部善于抓重点，尤其要重视"三农"工作，加快发展多种经营事业。我赋诗倡导：

农村贫困求振兴，联产承包显神通。
多种经营齐发展，苹果满园庆农丰。

年轻干部掌握了权力，大部分人能够严格要求自己，抵制以权谋私，但是也有少数人走向了人民的对立面。为了告诫他们，我写过多首诗词，其中，有一首竹枝词和一首散曲：

### 竹枝词·坚决反腐败

为官清廉国运开，贪图财色招祸灾。
举国民众齐呼唤，企盼清风正气来。

### [越调] 天净沙·为贪官画像

宁可少活十年，休得一日无权。盼望时来运转，有朝大权在握，荣华享尽猛捞钱。

20世纪90年代末，我已逾花甲之年，目睹我省年轻干部队伍已基本形成，工作朝气蓬勃，特赋竹枝词以表欣喜之情：

落叶满地临暮天，夕阳晚照忆当年。
历经风浪兴陕事，风云奔走焕新颜。

注：焕新颜，系指陕西干部队伍从老龄化走向年轻化，风云奔走的年轻人走上了政治舞台。

人是要逐渐从岗位上退下来的，1994年底，我从省委书记岗位上退居二线，后经中央批准，开启了自己的离休生活。特赋七绝二首留念：

#### （一）

西北耕耘越半生，如今引退喜盈盈。
淡烟暮照征程续，诗赋毫挥寄晚情。

#### （二）

沧桑世路风尘荡，弹指瞬间染鬓霜。
何惧征程艰与险，忠诚报效喜擎觞。

有人说，高雅艺术在当今社会的传承中困境重重，物质生活越高，越让人觉得古典诗词没有了用处，其实不然。毛泽东同志早在1958年就说："中国诗词的出路，第一是民歌，第二是古典，在这个基础上产生出新诗来。"江泽民同志也说过："中国古典诗词博大精深，其内涵深刻，包含着许多哲理，学一点古诗文，有利于陶冶情操，加强修养，丰富思想。"2013年8月，在全国宣传思想工作会议上，习近平总书记明确指出，中华优秀传统文化是中华民族的突出优势，是我们最优厚的文化软实力。当年，中央还就加快实现文化产业化做出专门决定。最近，中央又颁布了《关于实施中华优秀传统文化传承发展工程的意见》，明确指出对中华诗词等中华优秀传统文化要大力扶持，让其焕发新的光彩。所以我坚信，在实施这一具有战略意义的伟大工程中，中华古典诗词一定能够发扬光大！

## 附录：格律诗的声律要领

古典诗词历史悠久，源远流长。一般来说，魏晋六朝及以前的诗称为古体诗，也称古风，按照一般写作方法去创作即可，没有严格的规范要求，对押韵也要求较宽，可邻韵通押，也可转韵。从诗句上来讲，分为四言、五言和七言。唐代出现并形成了严格的写作规范限制，称为近体诗，近体诗没有四言体。诗又分为绝句和律诗。绝句分为五言和七言，必须遵守声律与韵律。律诗是一种十分规矩和有严格要求的诗歌，尤其是写七律，绝非轻而易举之事。律诗中间句子要对仗，当然也可以灵活使用，如用借对等，但必须遵守押韵和平仄，有的也允许不入韵。七言律诗格式如下：

### （一）首句平起入韵式

平平仄⊗仄平平，⊗仄平平仄仄平。
⊗仄⊕平平仄仄，⊕平⊗仄仄平平。
⊕平⊗仄平平仄，仄仄平平仄仄平。
⊗仄⊕平平仄仄，⊕平⊗仄仄平平。
注：⊕或⊗表示可平可仄，一般不受限制，但个别情况除外。（下同）

### （二）首句仄起入韵式

仄仄平平仄仄平，⊕平⊗仄仄平平。
仄平⊗仄平平仄，平仄平平仄仄平。
⊗仄⊕平平仄仄，⊕平⊗仄仄平平。
⊕平仄仄平平仄，仄仄平平仄仄平。

五言律诗的声律格式如下：

## （一）首句仄起入韵式

平仄仄平平，平平仄仄平。

仄平平仄仄，平仄仄平平。

㊣仄平平仄，平平仄仄平。

仄平平仄仄，平仄仄平平。

## （二）首句平起入韵式

平平仄仄平，平仄仄平平。

平仄平平仄，平平仄仄平。

仄平平仄仄，平仄仄平平。

㊣仄平平仄，平平仄仄平。

绝句与律诗的声律格式还有很多，以上仅举例说明。

（写于 2010 年）

# 关于利用西安幸福林带改造提升之际建设"156 工业遗产博物馆"的建议

桂维民：陕西中国西部发展研究中心理事长
中共西安市委原常委兼秘书长
中共陕西省委原副秘书长兼办公厅主任
陕西省人大常委会原秘书长

**摘 要** 应充分认识工业遗产的价值，对目前幸福林带改造的思路和内容进行一些优化和调整，统筹规划、整合力量、变废为宝、综合开发、为今所用，建设"156 工业遗产博物馆"，为西安增添一个现代工业题材的观光游览项目和爱国主义教育基地。

2016 年以来，我与陕西中国西部发展研究中心的一些专家学者对西安市新城区幸福林带改造工程做了调研，走访了正在搬迁改造中的西安北方华山机电有限公司（803 厂）、西安北方秦川机械有限责任公司（843 厂）、西安东方集团有限公司（844 厂）、西安北方光电有限公司（248 厂）、西安昆仑工业集团有限责任公司（847 厂）等兵器制造企业和新城区幸福路搬迁改造管委会，看到正在大面积拆除一些老厂房、老设备，觉得很可惜。我认为，在西安城区改造中，应当充分认识工业遗产的价值，尽可能把它找出来、保下来、用起来、管起来，建议对现在林带改造的思路和内容做出一些调整，统筹规划、整合力量、变废为宝、综合开发、为今所用，建设"156 工业遗产博物馆"（以下简称"156"博物馆），为西安增添一个现代工业题材的观光游览项目和爱国主义教育基地。

## 一、建设"156 博物馆"的必要性与可能性

从 1953 年起，我国开始实行国民经济第一个五年计划，苏联援助建设了 156

项重点工程，且老一辈无产阶级革命家倾注了巨大的心血，是这个庞大工程的实际协调者。"156"在陕西布局了24项，西安作为西部工业重镇共有16项，这些项目的建成奠定了西安现代化特别是国防工业的基础，形成了"东有军工城、纺织城，西有电工城"的格局，代表着西安发展的一段历史，铭刻着西安工业文明的足迹。东郊韩森寨地区的幸福林带，当时就建设了6个占地约302.36公顷的以兵器为主的军工厂。按照西安市的近期规划，随着城市规模的扩大和功能的调整，这几个企业都不适宜在原地继续发展，2010年在渭北工业园开工建设了兵器工业园区，将对北起华清路、南至新兴南路、东到酒十路、西至东二环的17.63平方千米的范围实施整体改造。搬迁腾出后的土地，主要建设林带和大型商业服务设施、高档写字楼、商住和生活游憩区。这样，原有苏联援建的工业建筑都要拆除，曾经在"二战"时期从德国、日本缴获的和苏联及东欧国家生产的设备机械将被作为废铜烂铁淘汰销毁。一批珍贵的工业遗产，会随着拆迁改造而荡然无存。

怎样利用幸福林带综合性改造提升的机遇，调整思路、完善方案、抢救保护、合理利用，真正变废为宝，为历史、为后代留下一笔现代工业遗产和红色经典，成为一个十分紧迫和值得关注的课题。根据幸福路地区综合改造总体规划，参照国际工业遗产保护委员会制定的宪章、联合国教科文组织对工业遗产保护要求以及中国古迹保护协会发布的《无锡建议》和中国历史文化名城委员会西北片会议意见，有必要对已有60多年历史的老厂房、老设备、老产品进行甄别鉴定，从中选择一些具有代表性的工业建筑和设备加以保护，整理、修葺不可再生的工业遗产，在幸福林带改造升级中布局建设"156博物馆"，使这些承载着工业遗产特质、蕴含着红色经典元素的载体，成为填补我省现代工业遗产博物馆空白的有力措施。如能实现这一构想，将可能成为一件功在当代、利在千秋的实事、好事。

## 二、"156博物馆"建设的总体思路

以156项目为主线，反映西安现代工业文明的轨迹，增强地域的归属感，通过保留绿化环境，疏通内部路网格局，延续军工文化，传承军工精神，使工业遗存更好地融入城市整体功能中；展现时代特色，通过军工企业的机械、车间、建筑材质和设计风格的展示，传承现代工业生产技术和建筑的艺术价值；倡导变废为宝，通过原有的工业遗存和体验式展馆、多媒体演示、互动式军事游戏，演绎红色经典，挖掘军工文化潜质，提高城市品位，塑造城市形象。

## 三、"156 博物馆"建设的保护对象

参考《中华人民共和国文物保护法》以及《无锡建议》，对幸福路工业遗存设置评价因子和评价体系，强调社会价值、文化价值和经济价值，从政府可操作性和可实施性入手，增加总体规划的博物馆功能、文化用地、参观道路等内容，初步选择华山厂、西光厂共两处 6 座建筑，黄河厂、东方厂、华山厂、昆仑厂、秦川厂共六处 23 座建筑以及熔炉系统、雷达试验塔、厂内铁路轨道、木质水塔、标有 1954 字样的烟囱，60 年以上的雪松、法桐、杨树、国槐乔木等作为保护对象。

## 四、"156 博物馆"保护利用的方法

（1）建立保护资料库。根据实地勘查和工业遗产的文化价值，初步提出拟保护的项目目录，供决策参考（略）。

（2）确定开发模式。一是工业旅游开发模式，企业生产过程、工厂风貌、工业旧址、生活场景、企业文化等，形成工业旅游线路和品牌；二是公共空间开发模式，对那些占地面积大的厂房、办公楼、广场、构建景观等，将其改造为市民休闲和娱乐的场所；三是历史遗存展示模式，通过设立主体博物馆、展示馆、纪念馆、体验馆，展示第一代的军工生产工艺、工业产品、企业档案、企业精神；四是创意产业开发模式，通过老厂房、老仓库、老礼堂等所积淀的"156 记忆"，分割组合、重新布局，为艺术家的再创作提供迸发创意灵感的特质场所；五是综合功能开发模式，通过对"156"工业遗产的适当改造和活化利用，实现集参观、购物、娱乐、休闲等于一体的综合性多功能开发。

（3）明确改造的方法：建筑类主要是通过功能转换、改扩建、空间重组、流线组织、新旧立面融合等方式变废为宝；构筑物和环境类可按轴线、制高点、通视走廊、特色构筑件、经典设备景观、绿化肌理六个方面进行改造、重组和再生利用；优化保护利用的手段，在保存历史原物、保护真实载体的基础上，通过 Dynamic Contrast Ratio（用以改善显示器显示的功能）演示、4D 影像、动漫、军事游戏等活化军工文化体验。

## 五、"156 博物馆"保护利用的途径

（1）建立完善的保护开发机制。应理顺政府、原有企业、开发商的关系，先由政府投入启动资金，完善基础设施，然后出让给开发商，由其按照统一规划投资开

发。原有企业可以工业遗产做股,参与共同开发。

（2）开展普查摸底。按照科学性、规范化、可持续的要求,抓紧普查、论证、评估和认定工作,尽可能把优秀的工业遗存都能最大限度地保留、传承下来。

（3）完善相关法律法规。一是把工业遗址保护纳入西安市城市总体规划；二是进行地方立法,切实保护西安工业文明的遗产；三是加强保护西安工业遗存的法律法规宣传,形成政府主导、社会参与、市场运作、公众受益的法制体制和机制。

（4）统筹规划、分步实施。在原有幸福林带规划的基础上,做些必要的调整。利用现有工业区的变迁改造的契机,整合力量,挖掘潜力,通过大项目带动,促进韩森寨军工社区的功能更新和活力再造。

（5）立足省情,走出一条创新之路。保护工业遗产既是历史赋予当代人的责任,也是创新发展的客观需要。西安具有很强的军工、科研、文化的优势,在历次改革创新发展中都有出色表现。幸福林带改造升级只要借鉴国内外工业遗产改造保护的成功案例,思路正确、体制灵活、方法得当,完全能走出一条独具特色的工业遗产保护利用的创新之路。

（写于2016年）

# 尼泊尔木斯塘地区考古调查与研究
## ——丝绸之路穿越喜马拉雅山脉路网

中心课题组

组　长：王建新
成　员：张建林　于　春　席　琳　王　茜　王　毅
　　　　宋　瑞　曹　昆　何　杰　张丽云　李培琳

**摘要**　尼泊尔木斯塘地区考古调查发现了岩画、洞穴墓葬、洞窟群、宫殿、碉楼、寺院、石窟寺、佛塔、玛尼墙、擦康等多种类型的古代遗迹，实证木斯塘地区与我国高原古代文化有密切联系，纠正了以往的错误定义，创立了"丝绸之路穿越喜马拉雅山脉路网"的新概念。

## 一、前言

尼泊尔木斯塘地区位于喜马拉雅山脉南麓，与中国西藏接壤并且深受藏传佛教的影响，是中国青藏高原通往南亚地区的重要通道。经过木斯塘地区的经济、文化传播路线，是联合国教科文组织遗产中心所认定的经由尼泊尔的三条南亚丝绸之路之一。

2017年由西方学者提出丝绸之路"南亚廊道"概念时，将尼泊尔与我国西藏自治区之间跨越喜马拉雅山脉的交流通道纳入了"南亚廊道"的研究范畴。课题组认为这个概念将青藏高原纳入南亚地理范围，不符合地理常识，不符合青藏高原丝绸之路此区域考古调查和研究已确认的中华文明多元一体的史实，不符合丝绸之路文化遗产的认定和规划要求。因此，本课题组在国内首次提出在尼泊尔木斯塘地区开展考古调查和研究工作的规划，拟在前人30余年青藏高原考古的经验和基础上，结合尼泊尔地区的考古调查研究成果，纠正以往的错误认识，创立"丝绸之路穿越喜马拉雅山脉路网"的新概念。

## 二、尼泊尔木斯塘地区考古调查概况

木斯塘原属尼泊尔西部发展区中的道拉吉里专区。甘达基省位于尼泊尔中部，北与中国西藏自治区接壤，南与佛教圣地蓝毗尼省连接。木斯塘地区现为甘达基省的十一个地区之一，位于该省最北部，部分地区横跨喜马拉雅山脉，向北延伸至青藏高原。木斯塘地区遍布高山峡谷，最高海拔8167米，最低海拔2010米，平均海拔约为2500米。木斯塘地区的经济以畜牧业为主，牧场面积约占地区总面积40.57%，与之相对耕地面积仅占地区总面积的1.10%。

木斯塘（Mustang）一词源自藏语，意为"志向之原"（Plain of Aspiration）。木斯塘地区人民自称"洛巴"（Glo pa），木斯塘地区也称"洛域"，源自藏语，意为"南方之地"。后来洛域的征服者用其王城名字"曼堂"当作洛域的国名，并在颁发给国民的敕文中称此地为勐塘、玛斯塘或木斯塘，才有了如今官方使用的木斯塘一称。

在西北大学专项经费的支持下，应尼泊尔国家考古局的邀请，课题组于2019年两次赴尼泊尔木斯塘地区进行考古踏查。本次调查共考察并记录了岩画点1处、墓葬1处、洞窟群5处（另有零散洞室10处以上）、宫殿3处、碉楼8处（另有性质难以判断的残墙3处）、寺庙旧址3处、石窟寺2处、佛塔（包含过街塔等形式）10处以上、玛尼墙3处、大规模擦康群1处、寺庙（仍在使用中）14处。

岩画点即位于Marpha村北的Kak Nyingha。该岩画点分布于河岸的基岩台地上，砂岩石质，岩画风化较严重。该岩画点分布面积广，内容丰富，包含捕猎、蹄印、太阳、凹穴等多种画面。

墓葬位于Samjhong村，经过美国考古学家马克·雷纳（Mark Lenhner）的发掘，出土与西藏阿里地区札达县公元前后墓葬相近的木棺板、铜器、装饰品等遗物。通过对现场的踏查，判断其墓葬形式应为竖穴洞室墓。

洞窟群多分布于河谷沿岸，以楚桑村（Chusang）洞窟群为代表，开凿于湖相沉积的山体上，多有上下相通的两层，现坍塌严重。这种洞室的选址与开凿方式和阿里地区琼隆银城、古格王城都具有一致性。

宫殿属于洛国、拉达克的王宫或行宫，多以夯土与木结构筑成，普遍有壁画与佛教元素，附近伴有寺庙。

碉楼多位于河谷沿岸的高地或两河之间的制高点,起到控制交通要道与监控全境的作用。建筑方式以夯土或石块垒砌为主,规模多数较小,也存在有多重墙与地垄的大型碉堡。

佛教遗迹以寺庙遗址、过街塔、石窟寺等为主。寺庙均为夯土建筑,个别附近伴有碉楼,遗址规模宏大;过街塔是古村落的标志,木斯塘是除拉达克地区外保留最多过街塔的地区;石窟寺与一些仍在用的寺庙保存着早至13、14世纪的精美壁画。

通过本次调查,结合2018—2019年西北大学与陕西省考古研究院在西藏阿里地区札达县所进行的调查与发掘,可以发现木斯塘地区与西藏西部的文化面貌具有强烈的相似性。本次珞曼塘(Lo-Manthang)附近的阿卡村(Arka)残佛塔内发现的擦擦(tsha-tsha)形式与西藏札达县曲龙遗址琼隆地点Ⅱ区T6中出土的擦擦几乎完全一致,很可能源自同模。曲龙遗址中出土的桦树皮也在Lupra村找到了同样的树种样本。此外,曲龙萨扎墓地、札达县桑达隆果墓地、格布赛鲁墓地出土的木棺板、青铜器等,均与Samjhong村洞室墓中出土者十分相似,墓葬形式、测定年代亦相近,因此可推测木斯塘地区与西藏西部自公元3、4世纪至15、16世纪,始终保持着密切的文化交流,属于同一个考古学文化的范畴。

此次调查基本摸清了木斯塘地区古代文化发展的脉络和遗产分布的保存状况,发现该地文化面貌自史前时代到近代均与青藏高原关系密切。本次考古调查团队成员的研究方向包括田野考古、文化遗产规划与保护、南亚考古、佛教考古、古代建筑考古、植物考古等多个领域,展现了国际前沿的研究理念。在与尼泊尔考古管理者、学者和居民的深度沟通中,取得了他们的信任和理解,为进一步开展南亚地区考古工作、系统了解丝绸之路穿越喜马拉雅路网遗产的分布和保存状况奠定了基础。

### 三、木斯塘佛教遗物"擦擦"专题研究

调查组对尼泊尔木斯塘楚桑村(Chusang)崖壁洞窟和楚桑村贡巴冈(GongpaGang)外擦康、尼泊尔木斯塘县珞曼塘(Lo-Manthang)阿卡村(Arka)南的佛塔遗址采集的9件擦擦进行了专题研究。

"擦擦"指印制或脱模制成的小型泥造像和小塔,音译自藏语。最早见于《元史·释老传》:"又有作擦擦者,以泥作小浮屠也。又有作答儿刚者,或一所二所以至七所;作擦擦者,或十万二十万以至三十万。"其中的"答儿刚"现译为"擦康",指一种专门放置擦擦的建筑。擦擦在唐代还称"脱佛""脱塔"或"善业泥"。

擦擦因制作简便,不需要复杂的技艺和工具,制作者积累造像功德十分便捷,

故而在民间发展得十分普及。制作出来的擦擦可随身护法携带，也可放入寺院，供养于佛殿供台和佛塔基座上。还有一些会嵌入窟壁，堆入山洞或干脆堆积于旷野之中。各形式都是一种积累功德、消灾荐福、超度亡灵的方式。

擦擦的题材丰富，但受体量限制，多为造像和塔，无法通过宏大场面、连续画面来表现佛传故事和本生故事。主要类别有佛、菩萨、度母、佛母、天母、空行母、天王、金刚、明王、各类护法、高僧大德，此外还有各种造像组合、各种经咒、曼荼罗、立体圆雕塔和浮雕塔等种类。

值得一提的是，除去将擦擦制成泥、陶等质地的固体之外，擦擦还可以用非永久性甚至无形的形式表现。例如唐代敦煌便有将佛像印于戈壁滩的荒沙之上，任其随风而去的形式。在今天的西藏地区还可见到信徒手持擦擦模子在水中拍打，让佛像印于水中漂流四方；或在火焰中拍打，任佛像随火焰升腾；以及在迎风处拍打，让佛像随空气散布等形式。木斯塘地区采集到的几件独特的藏传佛教雕塑擦擦正是藏传佛教文化跨越喜马拉雅山脉交流互通的有力见证。

## （一）采集擦擦基本情况

### 1. 2019 尼泊尔木斯塘采 2 号泥佛像

护法六尊（图 1），白泥，残高 5.7 厘米、残宽 4.3 厘米、厚 2 厘米。2019 年 10 月 11 日于尼泊尔木斯塘楚桑村（Chusang）崖壁洞窟内采集。形态为尖拱形浅龛。六尊分上下两排，上排中间顶髻尊胜佛母、右侧无量寿佛、左侧绿度母；下排中间四臂观音、左侧文殊菩萨、右侧护法金刚（残缺）。其中，顶髻尊胜佛母像较大。每尊像都有莲座，六尊共一大的尖拱形背光。正面整体磨损严重，右下部残断。背部有按压泥痕，脱落后内藏有谷粒数枚。背部装藏的谷粒有两枚随泥块一同脱落，经鉴定一枚为水稻，一枚为小麦。

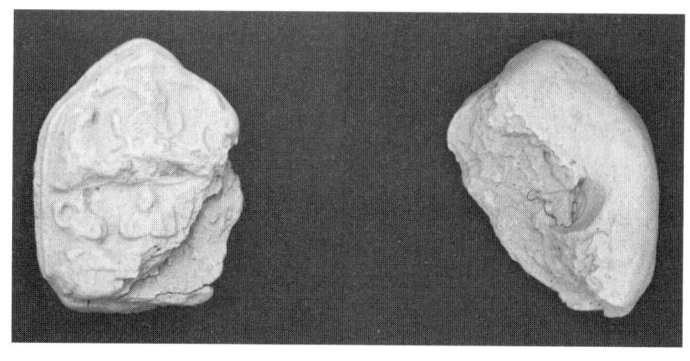

图1 护法六尊

### 2. 2019 尼泊尔木斯塘采 3 号泥佛像

护法六尊（图2），白泥，高5.6厘米，宽4.9厘米，厚1.8厘米。2019年10月11日于尼泊尔木斯塘楚桑村（Chusang）贡巴冈（GongpaGang）外擦康内采集。形态为整体外形呈尖拱形，脱模制成。磨损较严重，突出部分较模糊。根据佛像动作及组合推断为护法六尊，六尊分上下两排，上排中间顶髻尊胜佛母、右侧无量寿佛、左侧绿度母；下排中间四臂观音、左侧文殊菩萨、右侧护法金刚。每尊像都有莲座，六尊共一大的尖拱形背光。

图2　护法六尊

背部有手制处理的泥痕，推测内有装藏。

### 3. 2019 尼泊尔木斯塘采 4 号泥佛像

佛像曼荼罗（图3），白泥，直径11.2厘米，厚3.2厘米。2019年10月11日于尼泊尔木斯塘楚桑村（Chhusang）贡巴冈（Gongpa Gang）外擦康内采集。形态为正圆形，脱模制成。浮雕较浅且磨损严重。外周有一圈浅凸棱，中间为八瓣莲花状的曼荼罗。花芯和每个花瓣中各一佛坐像，造型相同，表面模糊不清，大致可看出双手内收，结跏趺坐于莲座之上。

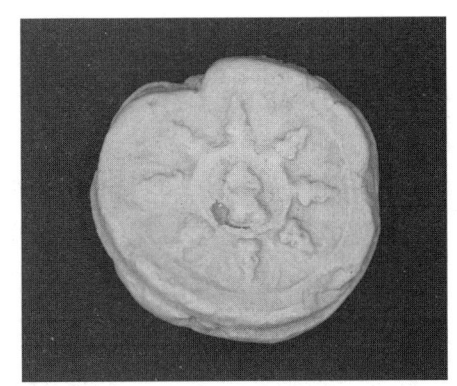

图3　佛像曼荼罗

背部略呈钵形，中央有按压于其上的泥迹，推测内有装藏。

### 4. 2019 尼泊尔木斯塘采 7 号泥佛塔

共6件，2019年10月14日于尼泊尔珞曼塘（Lo-Manthang）阿卡（Arka）村南佛塔遗址内采集。

（1）塔一（图4）。

灰泥，高4.8厘米，底径5厘米。形态为总体呈圆雕状，脱模制成。由塔座、塔身、塔瓶、塔刹四部分组成。塔座为下小上大的圆台体，塔身由下至上为一圈联珠纹、一圈经咒、四层台阶。四层台阶上有高浮雕的简化八相佛塔环围一周。其上为圆形塔瓶。塔刹稍残，其形不可辨。

底部有多颗谷粒装藏的痕迹，尚存一颗，经鉴定为小麦。

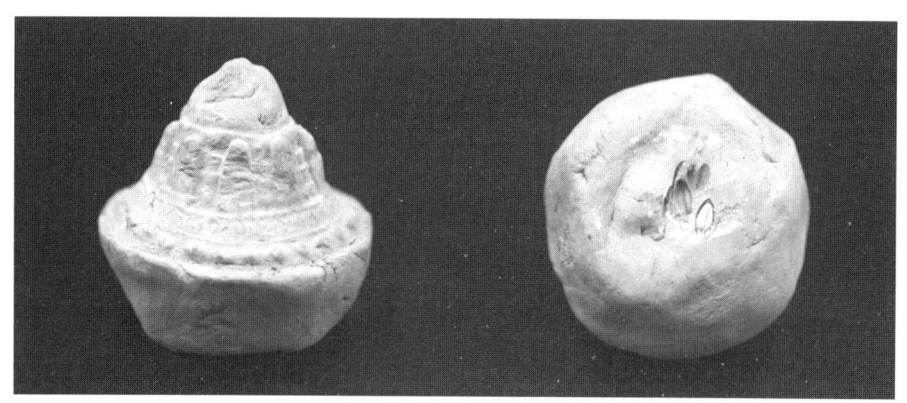

图4　2019尼泊尔木斯塘采7号塔一

（2）塔二（图5）。

灰泥，高4.7厘米，底径4.8厘米。形态为总体呈圆雕状，脱模制成。表面施有一层白色泥衣。由塔座、塔身、塔瓶、塔刹四部分组成。塔座为下小上大的圆台体，塔身由下至上为一圈联珠纹、一圈经咒、一圈简化八相塔，皆磨损较重。塔瓶呈圆形，塔刹稍残，仅剩一凸起，其形不可辨。

底部有多颗谷粒装藏的痕迹，尚存两颗，未脱落，不可辨认。

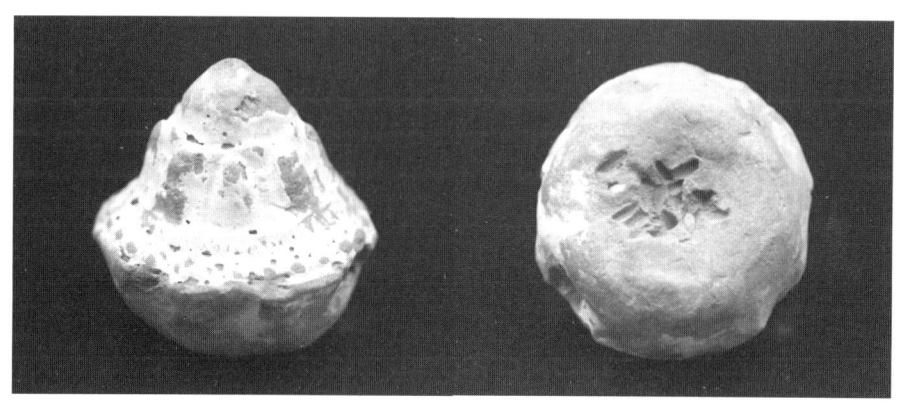

图5　2019尼泊尔木斯塘采7号塔二

（3）塔三（图6）。

灰泥，高4.8厘米，底径4.9厘米。形态为总体呈圆雕状，脱模制成。表面施有一层黄色泥衣。由塔座、塔身、塔瓶、塔刹四部分组成。塔座为下小上大的圆台体，塔身由下至上为一圈联珠纹、一圈经咒、一圈简化八相塔，皆磨损较重。塔瓶呈圆形，塔刹稍残，仅剩一凸起，其形不可辨。底部有多颗谷粒装藏的痕迹，皆已脱落，未存一颗。

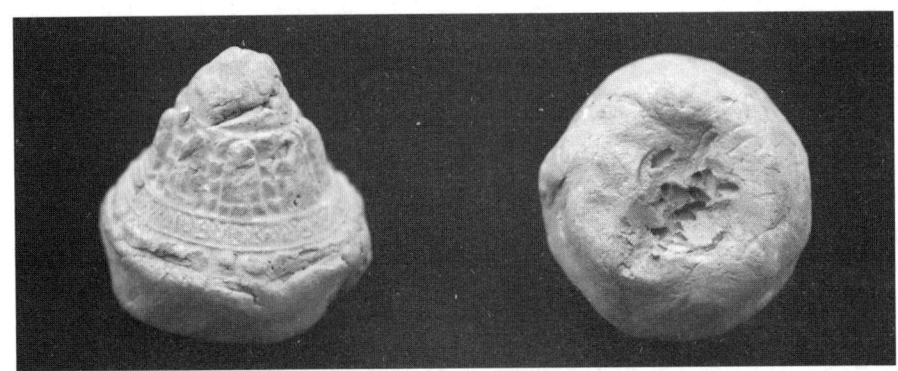

图6　2019尼泊尔木斯塘采7号塔三

（4）塔四（图7）。

浅黄泥，高5.5厘米，底径5.3厘米。形态为总体呈圆锥状，由覆莲基座、四层阶、塔瓶和塔刹组成。其四层阶的四面各有一浮雕的塔，分别为菩提塔、聚莲塔、神变塔和天降塔，与主塔合为五塔，称金刚宝座塔。塔瓶呈覆钵形，上有方形刹座。

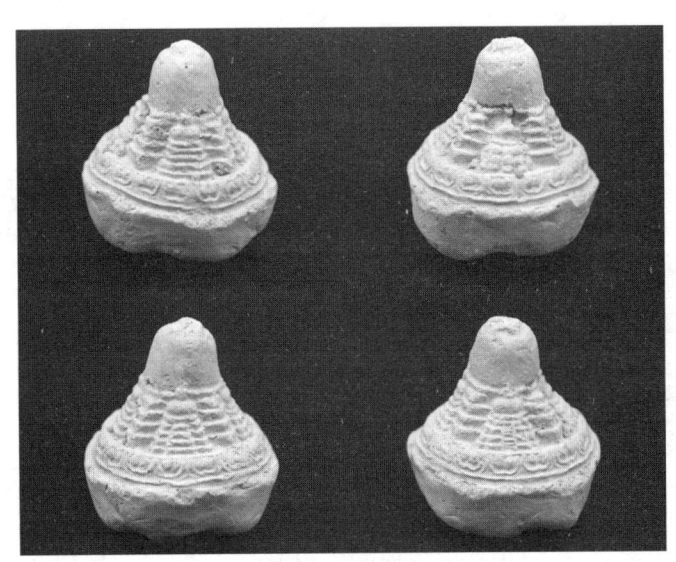

图7　2019尼泊尔木斯塘采7号塔四
（上排由左至右分别为菩提塔、聚莲塔，下排依次为神变塔、天降塔）

（5）塔五（图8）。

浅黄泥，高4.7厘米，底径4.4厘米。形态为总体呈圆锥状，通体施有一层红褐色泥衣。由覆莲基座、四层阶、塔瓶和塔刹组成。四层阶上有高浮雕的八相塔环围一周。塔瓶呈覆钵状，顶有双层向上内收的方形刹座。

底部有按压泥迹，推测内有装藏。

图8 2019尼泊尔木斯塘采7号塔五

（6）塔六。

黄泥，高5.1厘米，底径3.6厘米。形态为总体残损严重，表面模糊不清，大体呈圆雕状。由塔座、塔身、塔瓶三部分组成。塔座为下大上小的圆台体。塔身最下一圈为联珠纹，最上有简化的八相塔环围一周。中间推测有一圈经咒，但残损过于严重，以致无法确认。塔身上为圆形塔瓶，大部分残断。推测曾有塔刹，现已不存。擦擦胎体泥质松散，杂质极多，肉眼可见植物根须等夹杂其中。

（二）擦擦的题材与类型

尼泊尔木斯塘采集的这批擦擦分为泥佛造像和泥佛塔两种类型。泥佛造像根据按印于其正面的造像题材可分为护法六尊与曼荼罗两类。小型泥佛塔则根据模印于塔身的塔形题材，可以分为八相塔和金刚宝座塔两类。其中，八相塔题材的擦擦在具体形制上还有所差异。此外制作擦擦的原材料通常都是就地取材，土质的不同也会导致擦擦的胎色各异。本文将根据每一种题材擦擦的形制差异和胎色不同，将其分为不同的型、亚型、次亚型、次次亚型。

**1. 佛造像**

（1）护法六尊。

此类题材的擦擦在本次调查中共采集两件，分别为"2019尼泊尔木斯塘采2号泥佛像：护法六尊"和"2019尼泊尔木斯塘采3号泥佛像：护法六尊"。前者于尼泊尔木斯塘楚桑村（Chusang）崖壁洞窟内采集，后者于尼泊尔木斯塘楚桑村（Chusang）贡巴冈（GongpaGang）外擦康内采集。两件擦擦虽采集地点不同，但形制相同，胎质相似，推测为出于同一模具的同一批擦擦。

护法六尊两件，白色泥胎，平均通高5.65厘米，宽4.6厘米，厚1.9厘米。按印脱模泥佛造像。尖拱形浅龛，内有护法六尊。六尊分上下两排，上排中间顶髻尊胜佛母、右侧无量寿佛、左侧绿度母；下排中间四臂观音、左侧文殊菩萨、右侧护法金刚。其中，顶髻尊胜佛母像较大。每尊像都有莲座，六尊共一大的尖拱形背光。背部按入数枚不同种类的谷粒，再用泥团手制，覆盖于谷粒之上按平。

（2）佛像曼荼罗。

仅采集一件，白色泥胎，直径11.2厘米，厚3.2厘米。正圆形，按印脱模制成。外周有一圈浅凸棱，中间为八瓣莲花状的曼荼罗。花蕊和每个花瓣中各一佛坐像，造型相同，结跏趺坐于莲座之上。背部有装藏。

**2. 佛塔**

（1）八相塔（表1）。

八相塔所代表的是佛教中八相成道的概念。八相塔指聚莲塔、菩提塔、吉祥多门塔、神变塔、天降塔、离合塔、尊胜塔、涅槃塔，分别代表着释迦牟尼从诞生、得道成佛、弘法、降魔、为母说法、调息纷争、战胜病魔，到最后涅槃的不朽业绩。

根据八相塔塔身小塔形制的不同，分为A、B两型。A型小塔可辨认区分八种不同的塔；B型小塔简化为同一形制。

A型 一件，浅黄色泥胎，通体施有一层红褐色泥衣。通高4.7厘米，塔底直径4.4厘米。塔身小塔为高浮雕，可辨认区分。小塔之间装饰有四层倒三角状阶梯，其下饰有一周覆莲。

B型 塔身小塔简化为同一形制，仅以数目八作象征。小塔下饰一周经咒和联珠纹。按胎质分别为灰色和黄色，又分为两个亚型。

Ba型 灰色泥胎，胎质细腻，一共三件。

一件，灰色泥胎，无外施泥衣。通高4.8厘米，塔底直径5厘米。

一件，灰色泥胎，表面施有一层白色泥衣。通高4.7厘米，塔底直径4.8厘米。

一件，灰色泥胎，表面施有一层黄色泥衣。通高4.8厘米，塔底直径4.9厘米。

Bb型 一件，残高5.1厘米，塔底直径3.6厘米。黄色掺杂物泥胎，胎质粗糙。掺杂有植物根须和白色颗粒状物质。

表1 八相塔

| 型 | A 型 | B 型 | | | | |
|---|---|---|---|---|---|---|
| 亚型 | | Ba 型 | | | | Bb 型 |
| 照片 | | | | | | |

（2）金刚宝座塔（图9）。

金刚宝座塔形擦擦通常塔身环绕四塔，与主塔合为五塔，象征大日如来和四方佛，或寓意着佛教世界的曼荼罗，即佛陀所在的须弥山和四大部洲。

仅采集一件浅黄色泥胎，通高5.5厘米，塔底直径5.3厘米。圆锥状，由覆莲基座、四层阶、塔瓶和塔刹组成。其四层阶的四面各有一浮雕的塔，分别为菩提塔、聚莲塔、神变塔和天降塔，与主塔合为五塔，称金刚宝座塔。塔瓶呈覆钵形，上有方形刹座。

图9 金刚宝座塔

### （三）擦擦装藏植物考古分析

擦擦这种特殊的造像的装藏也早有记载，《大唐西域记》卷九中写道："香末为泥，做小窣堵波，高五六寸，书写经文，以置其中，谓之法舍利也。数渐盈积，建大窣堵波，总聚于内，常修供养。"其中的小窣堵波指的便是小型泥佛塔擦擦，而为放置数量众多的小塔而修建的大窣堵波，指的便是"擦康"。对于擦擦这类小像、小塔的装藏形式较为简单，除了记载中提到的置入写有经文的字条，以做法身舍利外，还有嵌入谷粒做法身舍利，泥中混入骨灰、人发以表生身舍利两种装藏形式。

图齐在《梵天佛地》中曾经提到："……（擦擦）因各种因缘而掺入青稞或小麦也不稀罕：他们或用于开光、或用于祈求丰年、或用于还愿。后者是为了给越来越因邪恶而形容枯槁、因饥荒而毁灭、被死神横扫的后人以昭示：在人们还没有如此堕落的远古，众神曾以丰产裕收恩惠过他们。"他认为擦擦制作者们用谷粒做装藏是为了开光、祈求丰年或还愿。擦擦中加入谷粒的情况在中国境内多有发现，郭萌在《佛教装藏问题的研究》一文中也举出了个别实例："如辽宁朝阳北塔塔心室壁上的砖洞内发现的塔形擦擦就嵌有谷粒。"

在本次尼泊尔木斯塘考古调查采集的 9 件擦擦中，有明确谷粒装藏痕迹的就有 4 件，另有 3 件根据泥痕推测有装藏。对已经脱落的 3 颗谷粒进行了鉴定，鉴定结果及与现生标本的对比情况如下：

"2019 尼泊尔木斯塘采 2 号"擦擦背后脱落谷粒两颗。

一颗鉴定结果为水稻（图10），并且是粳稻。与之对比现生标本为福建浦城的冷水糯（粳稻），农科院编号 17-01018。

另一颗鉴定结果为小麦（图11）。与之对比的左侧现生标本为西藏吉隆的乃夏贡卓小麦，农科院编号 ZM018445；右侧现生标本为四川松潘的小青稞（大麦），农科院编号 ZDM8841。

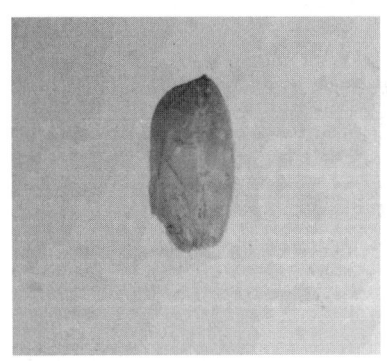
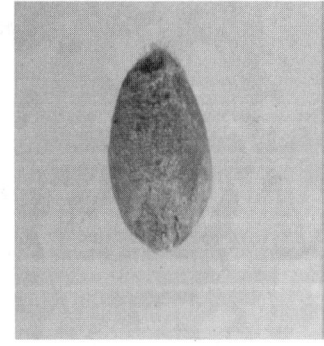

图10　　　　　　　　　　图11

"2019 尼泊尔木斯塘采 7 号塔一"擦擦底部脱落谷粒一颗。

鉴定结果为小麦。与之对比的左侧现生标本为西藏吉隆的乃夏贡卓小麦，农科院编号 ZM018445（图 12）；右侧现生标本为四川松潘的小青稞（大麦），农科院编号 ZDM8841。（图 13）

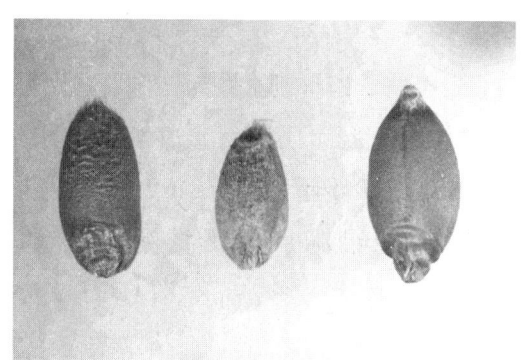
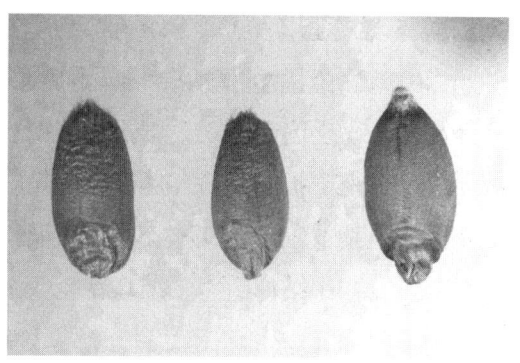

图12 脱落小麦与现生标本对比图
（左一为现生小麦，左二为脱落小麦，右一为现生大麦标本）

图13 塔一脱落小麦与现生标本对比图
（左一为现生小麦，左二为塔一脱落小麦，右一为现生大麦标本）

通过对以上鉴定结果的分析，可得出以下三点结论：一是这批擦擦的装藏情况十分普遍，且以谷粒做装藏物为主。二是一件擦擦装藏的谷粒中出现了两种不同的作物，说明擦擦制作者在装藏所用谷粒的选择上，有应用组合装藏的方式，可能含有两种或两种以上的不同种类的粮食作物。三是擦擦的装藏中出现了更适宜偏北地区生长的粳稻，这使得装藏物的来源或擦擦本身的制作地成为一个值得关注的问题。

### （四）擦擦的时代和来源

擦擦作为一类特殊的藏传佛教造像，因其体积小、重量轻、制作简便、方便携带的特点，具有极强的民间性和广泛性。在中国境内的西藏、新疆、甘肃、青海、四川、内蒙古乃至北京等藏传佛教流布的地区皆有发现。参考出土擦擦的佛寺、佛塔建筑遗址年代，我们按照考古类型学的方法对其进行了年代推定。

#### 1. 护法六尊

在本次调查中采集的"2019尼泊尔木斯塘采2号泥佛像：护法六尊"和"2019尼泊尔木斯塘采3号泥佛像：护法六尊"正是这样的造像组合类型擦擦。在《中国藏传佛教雕塑全集4·擦擦卷》中收录一件与这二者形制类似的擦擦，编号二二六，出土自中国西藏阿里地区札达县，时代为明代。灰白泥，高6.9厘米、宽6.6厘米、厚2.4厘米。较尼泊尔两件泥质类似，体量稍大。其上的佛像组合和各小像造像姿态、手持之物都与尼泊尔两件相差无二，但每尊像后都有圆拱形背光，擦擦整体外饰藏文经咒，内饰联珠纹，下缘有一长覆莲座，较尼泊尔两件纹饰更加精美，保存情况更好。（图14）

## 2. 佛像曼荼罗

"2019 尼泊尔木斯塘采 4 号泥佛像：佛像曼荼罗"的形制大致与中国西藏阿里地区札达县出土的一件无量寿佛曼荼罗相似。札达县出土的这件无量寿佛曼荼罗擦擦，编号二七〇（图 15），时代为清代，黄泥，直径 9.6 厘米，厚 1.6 厘米。较尼泊尔这件曼荼罗，外周多两圈联珠纹。保存相对较好，可判断佛像题材为无量寿佛，头戴宝冠，双手结禅定印，结跏趺坐于莲座上。

图14　　　　　　　　图15

## 3. 八相塔

寓意着八相成道的八相塔，在后弘初期已有出土的实例，在 16 世纪以后十分流行，但一般制作粗糙，塔身上的八座小塔也逐渐简化。

A 型八相塔塔身的小塔为高浮雕，可区分辨认不同小塔的塔形。小塔之间装饰有四层倒三角状阶梯，其下饰有一周覆莲。与《中国藏传佛教雕塑全集 4·擦擦卷》中收录的一组出土自中国西藏阿里地区、后弘初期、编号为九二的泥佛塔类似（图 16）。

而 B 型八相塔塔身的小塔简化为同一形制，仅以数目八作象征，小塔下饰一周经咒和联珠纹。与出土自中国西藏昌都市罗都镇强巴林寺的一组清代三塔形制相像，编号三二一（图 17），但在具体纹饰细节方面又不完全一致。只能推测 A 型八相塔的相对年代早于 B 型。

值得注意的是 A 型和 B 型八相塔擦擦底部都有装藏的痕迹，15 世纪以后，向擦擦内装藏青稞、经咒卷子才成为比较流行或必备的步骤，并且因为采集自尼泊尔的这几件擦擦表面大多施有彩绘，而彩绘擦擦在 16 世纪后，才在藏传佛教传播区内逐渐增多，故而推测 A 型和 B 型八相塔擦擦的绝对年代都比较晚。

### 4. 金刚宝座塔

在《中国藏传佛教雕塑全集 4·擦擦卷》中仅收录有一件金刚宝座塔形擦擦。编号三二二，出土自中国西藏拉萨，时代为清代。黄泥，高 4.3 厘米（图 18）。与尼泊尔这件金刚宝座塔擦擦泥质类似，体量稍小，形制大致相同，都呈圆锥状，由覆莲基座、四层阶、塔瓶和塔刹组成，四层阶的四面各有一浮雕的塔。故推测尼泊尔这件金刚宝座塔的年代同样较晚。

经过对这批擦擦标本的形制分析、与中国青藏高原地区出土擦擦类型学对比研究及装藏物鉴定，我们发现两地之间存在着同样的制作方式、同样的题材选择、趋同的佛像姿态和佛塔形制，这使我们可以肯定，在跨越喜马拉雅山脉南北两地的尼泊尔木斯塘地区与中国西藏地区之间存在诸多文化联系，其中，宗教文化中藏传佛教文化的交流互通十分紧密。

图16

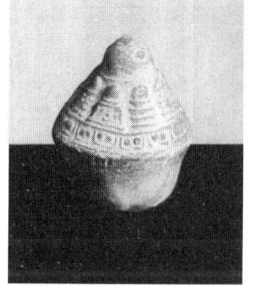
图17

图18

（写于 2021 年）

# 陕西大遗址文化产业集群的形成机理、演化机制与路径优化

中心课题组

程 圩 李雪梅 张 澄 杨 川

**摘 要** 本研究基于产业集群理论，提出陕西大遗址文化产业集群形成需要从历史文化、经济发展、政府干预与产业结构四个方面打造；从集聚、反馈、融合三个机制演化；从特色化构建、精神性升华、产业化建设、科技性融合、主题性展示、协同化创新、人文化交流七个路径优化。

## 一、大遗址文化产业集群的相关理论

### （一）大遗址文化产业内涵

大遗址承载着丰富的历史印记和文化内涵，是中国五千多年灿烂文明史的重要组成部分，蕴含着历史、艺术、科学价值，同时也是弥足珍贵的文化遗产和极具特色的文化资源。1997年国务院发布的《关于加强和改善文物工作的通知》中首次提出大型遗址的概念，即古文化遗址。自2005年起，国家正式设立大遗址保护专项资金，启动大遗址保护工程，进一步明确了大遗址的内涵。2006年11月，国家文物局发布的《"十一五"期间大遗址保护总体规划》中对"大遗址"概念做出了定义：大遗址主要包括反映中国古代历史各个发展阶段涉及政治、宗教、军事、科技、工业、农业、建筑、交通、水利等方面的历史文化信息，具有规模宏大、价值重大、影响深远的大型聚落、城址、宫室、陵寝、墓葬等遗址、遗址群，同时启动了100处重要大遗址的保护工作。2013年6月《"十二五"期间大遗址保护总体规划》，在

构建以"三线两片"为核心的大遗址保护格局基础上，加快推进150处重要大遗址的保护工作。2017年2月，《国家文物事业发展"十三五"规划》指出，全面推进大遗址保护利用，实施国家考古遗址公园建设工程，推动考古、保护、研究与展示、利用的良性循环。

根据国家统计局颁布的《文化及相关产业分类（2018）》标准定义，文化及相关产业是指为社会公众提供文化产品和文化相关产品的生产活动的集合。其生产活动范围包括两部分：一是以文化为核心内容，为直接满足人们的精神需要而进行的创作、制造、传播、展示等文化产品（包括货物和服务）的生产活动，具体包括新闻信息服务、内容创作生产、创意设计服务、文化传播渠道、文化投资运营和文化娱乐休闲服务等活动；二是为实现文化产品的生产活动所需的文化辅助生产和中介服务、文化装备生产和文化消费终端生产（包括制造和销售）等活动。

大遗址文化产业是以大遗址为核心，提供大遗址相关文化产品和生产活动的集合，形成具有文化内容和意义，为社会经济服务的相关产业。大遗址文化产业就是依托大遗址文化资源保护与利用的各种文化及相关产业，通过大遗址和文化产业紧密的交织，在遗址保护优先、积极发挥市场作用、政府培育引导、社会共同参与下，推动中华优秀传统文化的传承、创新与发展深度融合，建立在大遗址文化资源基础上，彰显具有中国特色的文化内涵。

### （二）产业集群相关理论概述

产业集群理论的发展可追溯到英国亚当·斯密的绝对利益原则、李嘉图的比较利益原则、俄林的价格差异原则、巴朗斯基的地理分工等。其中，最重要的当属古典区位论的集聚经济、杜能的"杜能圈"、韦伯的集聚经济理论、马歇尔的外部经济理论、科斯的交易费用理论、克鲁格曼的新地理学经济理论、波特的新竞争优势理论等。产业集群理论对经济增长，政府、企业和其他机构的角色定位、关系，构建大遗址文化产业集群的形成、发展提供了理论基础。

**1. 马歇尔外部规模经济理论**

经济学家马歇尔重新古典经济学的角度，通过研究工业组织，发现了外部经济与产业集群之间的密切关系，认为产业集群是因为外部经济所致。他认为，任何一种货物的生产规模扩大而发生的经济分为两类：第一类是内部经济，源于从事该工业个别企业的资源、组织和经营效率的经济；第二类是外部经济，是该工业的一般发达的经济。

产业集群是指生产和销售同类产品的企业或存在产业关联的上中下游企业，在特定地点集中，并使用专业化人才、组织、原材料实现比分散状态下的企业更高的效率。这种高效率形成外部经济，促进企业集中在一起，形成了产业集群。他认为产业集聚本质就是把性质相似的中小企业集合起来对生产过程的各个阶段进行专业化分工，实现大规模生产。这些因性质相同的中小企业集中在特定地方而获得的经济叫作"外部经济"。

**2. 克鲁格曼新地理学经济理论**

克鲁格曼将空间因素引入到经济分析中，从两者结合的角度探讨产业集聚。以规模报酬递增、不完全竞争的市场结构为前提，在迪克西特—斯蒂格利茨模型的基础上加入劳动力流动与要素报酬之间的累积因果关系——劳动力越集中的地方由于垄断竞争的特性，其要素报酬也越高，从而越吸引劳动力的集中——如此便可以解释产业集群的形成。

克鲁格曼在迪克西特—斯蒂格利茨模型的基础上从经济活动的内部机制来解释经济活动的集群现象，强调产业"中心"的内生性和竞争均衡的思想，认为产业集聚是由企业的规模报酬递增和生产活动的空间演化相互作用而产生的。

他建立中心—边缘模型，认为两个对称的区域会分别发展成为核心和周边区域，从而揭示了空间聚集的内在运行机制。

克鲁格曼的新经济地理思想主要体现在他的产业集群模型中。克鲁格曼的产业集群模型，假设企业和产业一般倾向于在特定区位空间集中，不同群体和不同的相关活动又倾向于集结在不同的地方，空间格局演化最终将会是集聚。

**3. 波特新竞争优势理论**

1998年波特发表了《集群与新竞争经济学》一文，系统地提出了新竞争经济学的产业集群理论，并解释了产业集群的含义："集群是特定产业中互有联系的公司或机构聚集在特定地理位置的一种现象。集群包括一连串上、中、下游产业以及其他企业或机构，这些产业、企业或是机构对于竞争都很重要，它们包括了零件、设备、服务等特殊原料的供应商以及特殊基础建设的提供者。集群通常会向下延伸到下游的通路和顾客上，也会延伸到互补性产品的制造商以及和本产业有关的技能、科技，或是共同原料等方面的公司上。集群还包括了政府和其他机构——像大学、制定标准的机构、职业训练中心以及贸易组织等，以提供专业的训练、教育、资讯、研究以及技术支援。"

波特认为，集群通常发生在特定的地理区域。产业的地理集中地发生，原因是地理因素，集群由地理接近，可以使生产率和创新利益提高，也可以使交易费用降低。一个国家在国际具有竞争优势的产业，其企业在地理上呈现集中的趋势，通常聚集在某些城市或某些地区。集群的规模，可以从单一城市、一个州、一个国家，甚至到一些邻国联结成网络。集群所具有的不同形式，要视其纵深程度和复杂性而定。形成产业集群的区域往往从三个方面影响竞争：第一是提高该区域企业的生产率；第二是指明创新方向和提高创新速率；第三是促进新企业的建立，从而扩大和加强集群本身。他认为，产业集群与竞争的关系表现在三个方面：①产业集群内的企业通过在群内的生产力对群外企业施加影响；②集群内的企业通过采取低成本地进行技术创新为将来的发展奠定了基础；③集群的环境有利于新企业的产生和集群规模及影响的扩大。因此，产业集群能够提高企业的竞争力。

### （三）解读大遗址文化产业集群

随着全球经济的发展，产业集群成为一种影响力较大的经济现象，同时，对产业集群的研究也更加深入。人们从经济学、社会学、管理学等诸多角度来研究产业集群现象，而不是简单地把产业集群的研究仅仅局限在地理上的产业集中、产业上的主导行业的竞争力以及推动协同创新的运行机制领域，而是着眼于文化与技术融合创新、社会管理与区域经济的协调发展、创新管理与人才流动等领域的研究，尤其是对社会和经济的重构，必将迎来产业集群发展新的突破。

国外最早提出产业集群概念的学者波特，他在《国家竞争优势》一书中对产业集群的概念进行了描述。他认为，集群是某一区域下的一个特别领域，存在着一群相互关联的企业、供应商、关联产业和专门化的制度和协会。产业集群形成之后，其内部的产业之间就形成互助关系，为企业本身提供竞争优势，进而获得区域性的整体优势。根据波特集群理论，我们可以将大遗址文化产业集群定义为以大遗址为核心，与文化产业相关联，在大遗址区域相对集中的若干企业和机构的集合，通过相互间的竞争和合作，构成一个复杂的有机整体。国内学者朱海霞、权东计在《大遗址保护与区域经济和谐发展的途径：建立大遗址文化产业集群》中提出："发展大遗址文化产业集群的基本前提条件应该是：①大遗址区存在或有条件引入许多经营大遗址文化产业的企业和其他相关组织要素；②各组织要素之间有一定的关联关系；③政策法规许可与保障。"

从中我们可以看出，大遗址文化产业集群包括几个要素：①大遗址文化产业集群内的企业和机构都需要和大遗址相关，这是产业集群形成的基础。②大遗址文化产业集群内的企业和机构相互之间具有密切的联系，它们之间不是孤立存在的，而是整体的分支节点，这是产业集群形成的关键。③大遗址文化产业集群是一个有机实体，这个实体不仅包括提供相关服务和产品的企业，而且还包括大遗址所在政府部门、大遗址文物保护部门、科研机构等，这是产业集群的具态。

总体而言，大遗址文化产业集群就是在大遗址区域内的相关企业和机构，通过相互联系和协同，构成目标聚集、空间聚集、主体聚集、经济聚集、产业聚集，培育文化产业，形成产业集群，获得整体竞争优势，产生规模经济效应，促进区域经济发展。

## 二、陕西大遗址文化产业集群发展现状

### （一）陕西大遗址文化产业发展现状

**1. 陕西大遗址现状**

陕西是中华民族及华夏文化的重要发祥地之一，拥有深厚的文化沉淀、密集的人才资源、强劲的科技创新能力，这使得陕西具有得天独厚的优势，特别是"十一五"以来，国家和地方政府对大遗址保护的日益重视，推动大遗址保护事业不断发展，其主要呈现出如下几个特点。

（1）分布广、面积大、等级高。

陕西省分布49058处文物古迹，其中，全国重点文物保护单位235处、省级文物保护单位1131处，包括古代陵墓及陵园遗址的古遗址3万多处（点），超过陕西文物总数的2/3。

大遗址是陕西文物遗存中最重要的组成部分，在国家文物局和财政部《大遗址保护"十三五"专项规划》中，由国家主导保护的150处大遗址中陕西就有19处50个点，大遗址西安片区被纳入国家重点支持的6个大遗址片区。

陕西大遗址有分布广、面积大、等级高等特点。全省107个县区都有遗址分布，关中地区尤为密集。秦咸阳城遗址，秦阿房宫遗址，汉长安城遗址等都城、宫殿遗址，面积多在十几平方千米到七八十平方千米左右；几十座帝王陵墓的陵园遗址，每个占地多在几平方千米到十几平方千米。

（2）"四个结合"理念，五种保护利用模式。

为加强大遗址保护利用，陕西总结形成了"四个结合"的保护理念，即"大遗址保护与当地经济社会发展相结合、与当地群众生活水平提高相结合、与当地城乡

基本建设相结合、与当地环境改善相结合"。"四个结合"的理念和做法不仅得到广大群众的理解和支持，也引起国际社会文化遗产保护领域的关注和重视，得到党中央、国务院的充分肯定。由于该理念提出时，全国其他地方还未总结出类似大遗址保护理念，陕西大遗址保护理念的创新在全国发挥着引领作用。此外，陕西还总结出了"国家公园、市民公园、退耕还林、集团运作、民营资本"五种保护利用模式。

2010年，国家文物局开展首批国家考古遗址公园评定工作，全国共批准了12家考古遗址公园。我省"陕西秦始皇帝陵国家考古遗址公园""唐大明宫国家考古遗址公园""汉阳陵国家考古遗址公园"挂牌成立，占全国首批国家考古遗址公园总数的四分之一。在2014年和2017年国家考古遗址公园评估工作中，陕西3家考古遗址公园均名列前茅。

（3）单独设大遗址保护特区，统筹解决保护与发展问题。

以汉长安城遗址为例，其位于城市核心区域，是陕西重要的民生工程，也是彰显华夏文明历史文化基地的重要组成部分。2010年陕西省政府和国家文物局签署合作共建框架协议，成立"汉长安城国家大遗址特区领导小组"，2012年西安市政府设立"汉长安城国家大遗址保护特区管委会"，这是全国第一个大遗址保护特区。

陕西大遗址分布情况（表1），从类别上主要以古遗址、古墓葬为主；从地理位置上主要分布于西安、咸阳、宝鸡、黄陵、铜川、宝鸡、榆林、汉中。

表1　陕西大遗址分布表

*为世界遗产

| 名称 | 年代 | 类别 | |
|---|---|---|---|
| | | 古遗址 | 古墓葬 |
| 秦咸阳城遗址 | 战国后期至秦代 | 都城遗址 | |
| 周原遗址 | 西周 | 古城市遗址 | |
| 阿房宫遗址 | 秦代 | 宫殿群遗址 | |
| 汉长安城遗址 | 西汉 | 都城遗址 | |
| 大明宫遗址 | 唐代 | 宫殿群遗址 | |
| 秦始皇陵遗址* | 秦代 | | 帝陵 |
| 姜寨遗址 | 新石器时代 | 仰韶文化遗址 | |
| 秦雍城遗址 | 春秋至战国中期 | 都城遗址 | |

续表

| 名称 | 年代 | 类别 | |
|---|---|---|---|
| | | 古遗址 | 古墓葬 |
| 周公庙遗址 | 西周 | | 西周墓葬 |
| 西汉帝陵(含薄太后陵) | 西汉 | | 帝陵 |
| 唐代帝陵(含唐顺陵) | 唐代 | | 帝陵 |
| 统万城遗址 | 五胡十六国 | 都城遗址 | |
| 黄堡镇耀州窑遗址 | 唐代、宋代、元代 | 古窑遗址 | |
| 丰镐遗址 | 西周 | 都城遗址 | |
| 龙岗寺遗址 | 旧石器时代 | 旧石器遗址 | |
| 石峁遗址 | 新石器时代晚期至夏代早期 | 史前城遗址 | |
| 杨官寨遗址 | 新石器时代 | 仰韶文化遗址 | |
| 黄帝陵 | 上古时期 | | 帝陵 |

**2. 陕西大遗址文化产业发展现状**

通过对陕西多处大遗址文化产业进行实地调研（大明宫遗址、秦始皇陵遗址与汉长安城遗址等），并结合现有大遗址文化产业的内涵，汇总出现有陕西大遗址文化产业体系框架（表2），主要将其分为核心层、拓展层与衍生层。

**表2 大遗址文化产业体系**

| 大遗址文化产业体系 | 核心层 | 大遗址保护研究相关产业 | 大遗址管理单位 |
|---|---|---|---|
| | | | 大遗址考古研究院 |
| | | | 大遗址规划设计院 |
| | | | 大遗址保护技术研究机构 |
| | | 大遗址展示利用相关产业 | 大遗址公园 |
| | | | 大遗址博物馆 |
| | | | 大遗址文化产业园 |
| | 拓展层 | 大遗址文化产品开发相关产业 | 文物仿制复制公司 |
| | | | 书籍和报刊出版社 |
| | | | 影像产品制造公司 |
| | | | 虚拟成像公司 |

续表

| 大遗址文化产业体系 | 拓展层 | 大遗址文化活动相关产业 | 活动策划公司 |
| :---: | :---: | :---: | :---: |
| | | | 旅行社 |
| | 衍生层 | 大遗址文化产品销售相关产业 | 艺术品制造公司 |
| | | | 传统服饰制作公司 |
| | | | 文具制造公司 |
| | | 大遗址相关服务业 | 餐饮住宿企业 |
| | | | 交通运输行业 |

### （二）陕西大遗址文化产业集群发展特点

与传统产业集群不同，大遗址文化产业集群是以大遗址保护利用为中心，有一批专业独立且资源互补的企业在大遗址区域范围内开展相关活动，是一种新的区域资源保护利用和协同发展模式。因此，大遗址文化产业集群具有的独特内涵主要呈现为以下几个发展特点。

**1. 圈层性**

鉴于大遗址保护的特殊性，在开展相关产业活动时只能以大遗址为中心，形成以大遗址保护范围、建设控制地带和建设控制地带的外围区域为基础的圈层结构。通过大遗址区域内外不同产业的集聚发展，形成联动机制，最终引导产业结构优化和人口就业分流，实现大遗址保护与区域协同发展。

**2. 复杂性**

大遗址文化产业集群不仅是与大遗址相关的文化产业和旅游产业集聚，其范畴更为广阔，而且包括大遗址文化产业、旅游产业及关联产业、各自产业链在横向和纵向上的扩张，在功能维度、空间维度、时间维度和理念维度上的融合，促使多种产业企业集聚并形成价值链网络化集聚的一种模式。

**3. 动态性**

在大遗址区域内部要素和外部市场等环境要素的共同作用下，大遗址文化产业集群在发展过程中存在横向上的关联与纵向上的扩展，共同推动大遗址区域内外的产业不断向高级化和合理化方向发展，促使大遗址区域内外产业形成从低级到高级、从简单到复杂的动态演化过程，最终使大遗址区域产业体系从单一的大遗址保护利用形成一个产业和功能相对完善的大遗址产业集群综合体。

### （三）陕西大遗址文化产业集群存在问题

由上可知，陕西大遗址资源十分丰厚，具有丰富性、完整性、至高性等特点，周秦汉唐文物资源在全国乃至世界都具有重要影响力。虽然陕西拥有得天独厚的大遗址文化遗产资源，但对传统文化资源和大遗址的保护利用方面还需再努力；文化资源有效转化为文化产业还需再发力；文化资源大省在国内文化市场上的话语权和竞争力还需再提升。陕西大遗址文化资源能不能转变为文化资本、经济资本，能不能形成陕西大遗址文化产业集群，成为促进地方经济发展动力，以及城市未来发展、城市竞争力的重要载体，还需进一步研究和解决。

**1. 大遗址文化产业发展理念不新**

当前，对国内大遗址的保护和利用主要借鉴了其他国家的发展模式，如德国遗址公园/博物馆模式，法国遗址再利用模式，意大利遗址与生态景观结合模式，美国遗址与自然生态保护和整体旅游开发模式，日本史迹公园和复原展示模式，韩国原貌保存和限制开发模式。美中不足的是这些模式仅仅是将遗址发掘和保护、展示与城市的经济发展相结合，局限于遗址本体，没有将遗址本源、与人的关系、文化创造力全面体现出来，且在坚定文化自信和推动中华文化"走出去"方面还存在一定的差距。

**2. 大遗址文化产业管理机制重叠**

大遗址文化产业不仅涉及文物、国土资源、规划、税务等部门，还涉及不同部门的政策与管理机制，造成矛盾激生、多头管理、限制太多，使得具体业务层面存在较多问题和交叉影响，阻碍、减缓了大遗址文化产业集群的发展。另外，大遗址区占地面积大、保护和使用比较复杂，目前，未形成统一的大遗址文化产业发展体系和管理机制。

**3. 大遗址文化产业文脉载体流失**

大遗址文化产业集群的相关主体包括大遗址、大遗址区原住民、市场投资者、地方政府、游客，每个主体都会对大遗址文化产业集群产生重要影响，特别是以大遗址为核心的文化产业，往往涉及周边城区改造，与原住民生活息息相关。大遗址作为文化资源，在向文化产业的转化过程中，为了"活"起来而活下去，仅作为商业资源挣钱，没有融入周边街区和环境，没有将大遗址区原住民的诉求有效结合，造成了原住民流失，文脉载体流失，更是文化的灵魂和精髓的流失。而外地游客的昙花一现，也只能让其处于"难活半死"的状态，不仅难以全面体现大遗址的历史、艺术和科学价值，更有可能造成大遗址文化产业发展的负面影响。

**4. 大遗址文化产业集群动能不足**

陕西作为文化资源大省，大遗址文化遗产对形成产业集群，发展动能明显不足。近年来，陕西省围绕文化强省建设大局，着力培育和壮大文化产业市场主体，激发文化市场活力，提高全省文化产业规模化、集约化、专业化发展水平，采取营造政策软环境、推进重大项目、打造产业园区（基地）等举措，有力推动了文化产业发展。据陕西省文化与旅游厅数据显示，截至 2020 年 3 月，拥有国家级文化产业示范园 1 个，国家级文化产业示范基地 1 个，认定省级文化产业示范园区 4 个、文化产业重点园区 16 个、文化产业示范基地 31 个。虽然以曲江新区国家级文化产业示范区、大唐西市国家级示范基地为代表的遗址文化产业集群，大遗址文化产业格局优势明显，但对于陕西其他大遗址来说，还没有将大遗址文化资源和其他文化产业资源全面整合，无法促使大遗址文化遗产活化深层利用，且不能作为文化产业的支撑点聚合大遗址文化资源，引领大遗址文化产业发展。

**5. 大遗址文化产业经济总量不够**

目前，针对大遗址文化产业没有单独的统计，主要从陕西文化产业发展现状进行探析。据陕西省统计局数据，2019 年陕西省新登记文化及相关产业市场主体 4.12 万户，总量达到 10.83 万户，同比增长 74%；新增规上文化企业 245 户，总量达到 1544 户，同比增长 15.9%；规上文化企业实现营业收入 1070.9 亿元，同比增长 19.1%，增速排名全国第三。由中国人民大学创意产业技术研究院、四川文化创意产业研究院共同发布的 2019 年中国西部文化产业指数数据（图 1），四川省排在第

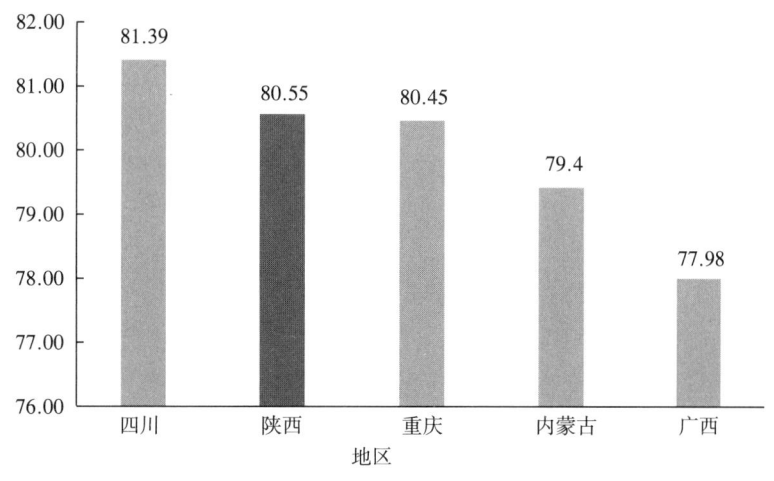

图1　2019年西部地区文化产业发展综合指数

一,排名前五的还有重庆、内蒙古和广西。陕西排在西部省市文化产业发展综合指数第二,仍有上升空间。而从中国人民大学文化产业研究院发布的2019年中国省市文化产业影响力指数(图2)和中国省市文化产业综合指数(图3)来看,陕西文化产业影响力和综合指数虽然都进入到前十,但是排名都比较靠后,与国内文化产业强省相比还有较大差距。

从以上分析来看,陕西省文化产业水平及文化产业总体水平和全国存在一定差距,与陕西丰厚的文化资源以及突出的区位优势相比,陕西大遗址文化产业发展与经济总量还不够,转化率还有待进一步提高。

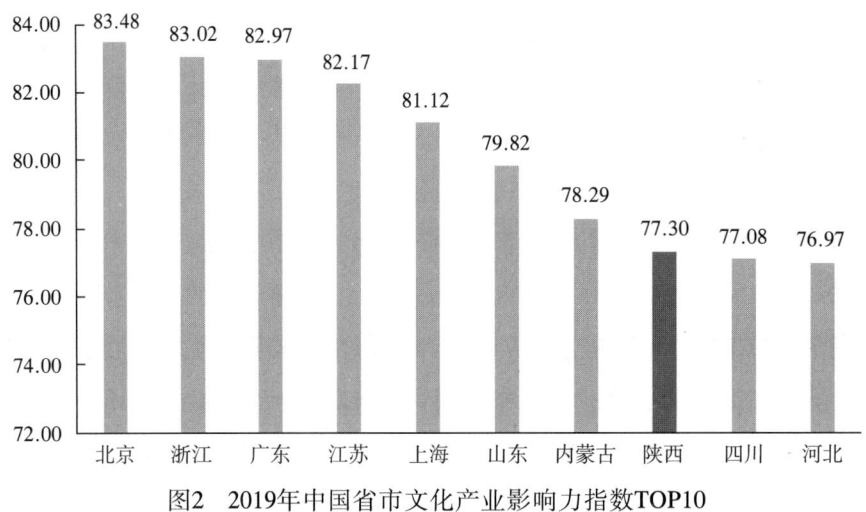

图2 2019年中国省市文化产业影响力指数TOP10

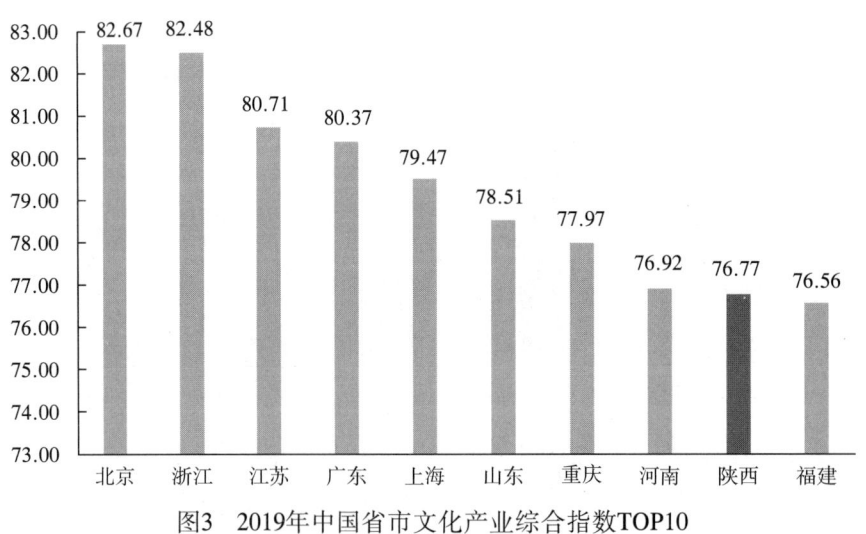

图3 2019年中国省市文化产业综合指数TOP10

## 三、陕西大遗址文化产业集群的形成机理

### （一）历史文化

文化产业必须依靠文化资源，文化资源是载体更是依托。大遗址作为历史发展、演变的真实记录，具有深厚的历史文化底蕴，不仅是人文历史保护的对象，也是政治、经济、文化、环境、艺术、建筑、生态、地理等领域直接或间接研究的对象；不仅是我国华夏五千年文明的基础，也是重要的文化旅游资源；而且对增强民族凝聚力、培养爱国主义精神、促进社会经济的发展都具有重大的现实意义和深远的历史意义。陕西具有深厚的传统文化沉淀，有秦、汉、唐等10多个政权或朝代在此建都，时间长达1000余年，年代久远、分布广阔、遗产丰富，为文化产业提供了深厚的历史文化支撑。因此，把握历史文化的核心文化资源，促进形成以大遗址保护利用为主导的多元化、差异化的综合型集群发展区，以增强大遗址核心吸引力，其价值和作用是其他举措无法替代的。

### （二）经济发展

陕西多处大遗址区域内外经济发展不平衡，存在明显的"剪刀差"现象。囿于传统保护区划限制，大遗址区主要以限制性保护为主，区内居民和企业的发展权受限，导致区域内外经济结构的协调性不够，极易引起区内居民因限制性发展贫穷而产生对阻碍发展的遗址遗迹故意破坏的现象。只有通过遗址区域内外联动发展，引导大遗址区内居民区外就业，吸引游客参观游览大遗址；通过区内大遗址保护展示、环境改善等方式，增强吸引力；通过区外发展大遗址文化旅游等多种关联产业，形成基于大遗址保护利用的区域网络化产业链，才能使大遗址得到有效保护的同时，实现区域协同发展。

### （三）政府干预

大遗址是一种特殊的、不可再生的、稀缺性的公共物品，这也是大遗址文化产业集群的核心基础和前提条件。因此，这种特殊性决定了大遗址文化产业集群形成的重要路径是政府干预。一方面，大遗址文化产业集群不仅涉及文物、文化部门，还与规划、土地、城建、旅游、财政、计划等政府部门密不可分，从大遗址文化产业集群开始培育，政府就扮演了重要的角色。政府要为大遗址文化产业集群的不断发展提供适宜的政策环境，同时也要监管大遗址保护与开发活动，确保对大遗址区

的开发利用是在切实保护大遗址的基础上进行的。另一方面，政府还是大遗址文化产业集群体系的重要组成部分，在不断适应新时代变化过程中，根据大遗址文化产业集群发展要求而不断进步，保持自身的制度创新能力和政府行为创新能力，并根据相关行为主体反馈的信息，不断调整自身，提高自身的持续创新能力和监督调控水平。因此，政府干预在大遗址文化产业集群形成中扮演着重要作用。

### （四）产业结构

一方面，大遗址区域内主要以传统农业经营为主，极易对地下遗址遗迹造成破坏，且现代化机械技术的深耕也对地下遗迹造成破坏。另一方面，随着社会经济发展以及大遗址区域内外地租差异，区内集体或个人出于利益需求，存在不合适的土地流转，导致大遗址区内工业企业数量增加，其建设和生产经营对遗址遗迹造成破坏。因此，只有通过对大遗址区域内外产业结构进行调整和优化，发展有利于大遗址保护的观光旅游活动，促进资源的优化配置，优化区域的产业结构，促使产业结构向有利于大遗址保护利用的方向发展。

## 四、陕西大遗址文化产业集群的演化机制

### （一）集聚机制促进集群

大遗址文化产业集群形成初期，需要借助人才、技术、资源等要素，促进产业向相对集中的区域进行集聚。鉴于大遗址具有不可移动性和独特的价值内涵，大遗址区域最适合于发展与本地区大遗址相关的文化旅游产品。集聚机制的动力源头来自大遗址文化产业链的不同环节及不同利益相关者，其中，区域历史文化资源和资本禀赋是大遗址文化产业集群协同发展的主导力量。一方面，充分协调好大遗址管理单位、文化企业、地方政府、社区居民、消费者五者之间的关系，是集聚机制转向产业集群的重要保障。另一方面，文化产业需要具有丰富的创意内容和大量的资本投入，加上独特的历史文化资源是吸引相关企业入驻的重要条件，因此，大遗址区内的人才资本、消费需求、制度政策支持等基础外在条件是吸引企业资本入驻的重要因素。

### （二）反馈机制深化集群

在集群演化中，发展大遗址相关产业链的多种不同环节是推动反馈动力机制的主体，其产生的基础条件要依赖大遗址文化产业集群演化的集聚动力机制。依据历

史文化资源、资本禀赋、人力资本、消费需求、制度政策支持等要素集聚,各环节的高度关联将促进产业链的不同环节的协同创新,推动大遗址文化产业集群内产业链的不同环节生产水平的提升,对区域企业形成促进,使区域企业的生产水平提高,形成良性外部经济与规模经济,进而促进大遗址文化产业集群演化的反馈动力机制。比如随着参观游览大遗址的旅游者增多,其吸引力也会逐渐提升,对大遗址管理经营者也会提出更高要求,从而促使其不断完善大遗址区产品。与此同时,到大遗址参观游览的旅游者越多,相关互补产品的经营者或生产者也将更愿意提供与之相配套的产品。

### (三)融合机制升华集群

在集聚和反馈两种动力机制的作用下,大遗址文化产业集群的内部发生着演化,从简单到繁杂,从无序到有序,最终聚集达到一个更高的形态与水平,整个集群的辐射能力开始上升,最终变成推动区域经济高质量增长的一部分。政府、居民、游客、企业以及不同产业链和不同环节之间等形成相互融合。通过挖掘大遗址所蕴含的历史信息,发展文化产业,形成产业集群,能够提升大遗址文化价值,促进大遗址文化传播,增加地方财政收入,改善社区居民生活,最终反哺大遗址保护利用工作,形成良性循环机制。

## 五、陕西大遗址文化产业集群的路径优化

### (一)总体思路

以习近平新时代中国特色社会主义思想为指引,全面贯彻党的十九大和十九届二中、三中和四中全会精神,统筹推进"五位一体"总体布局和协调推进"四位一体"战略布局,认真贯彻落实习近平总书记来陕视察重要讲话重要指示精神,紧扣"追赶超越"定位,落实"扎实加强文化建设"要求,站在中华民族伟大复兴、陕西打造文化强省的历史起点,加强大遗址保护,坚定文化自信,坚持创造性转化、创新性发展,整合资源,统筹规划,推动陕西大遗址保护从本体到文化产业转化,把陕西作为彰显中华优秀文化精神价值的龙头、带动"一带一路"文化产业带发展的龙头、加快中华文化走出去的龙头,最终将陕西大遗址打造为东方大遗址保护利用的典范。具体来讲,有如下几点。

#### 1. 思想层面

思想上坚定以"溯到源、找到根、寻到魂"引领陕西大遗址文化产业集群发展。

深入挖掘大遗址文化和历史遗存蕴含的思想理念和文化内涵，进一步挖掘周秦汉唐等历史文化蕴含的精神价值和时代意义，整合陕西大遗址文化资源，强化产业集群转化。

### 2. 空间层面

产业的空间集聚是区域经济发展的必然结果，也是推动区域经济发展的重要原因。空间上要坚持大遗址文化产业集群的格局构建，坚持全域推进，加大区域整合，统筹区域联动，带动陕西大遗址片区的协调推进，充分发挥区位优势，提升区域竞争力，推动陕西大遗址文化产业集群的形成与整体发展。

### 3. 资源层面

资源上加强"周秦汉唐""革命文化"两大主题的大遗址资源整合。陕西是中华民族及华夏文化的重要发祥地之一，也是中华民族的宝贵财富。这些极其丰厚的文物遗址中，尤以丰富性、完整性、至高性等特点的周秦汉唐大遗址资源具有突出的历史文化和科研价值，为陕西大遗址文化产业集群聚集了在全国乃至世界上具有重要影响力的文化资源优势，因此，要树立陕西遗址"大资源观"，全面突显"周秦汉唐""革命文化"历史文化的核心地位，加强统筹规划与资源整合，推动陕西大遗址文化产业集群大发展大建设。

## （二）路径优化

### 1. 特色化构建

对于中国一个历史悠久、人口众多、资源丰富的国家，中华文明历经了5000年沧桑而从未中断，不仅是文化的沉淀和传承、文化自信的表现，更是社会制度的体现。特别是陕西作为千年古都，更需要从丰富的文化遗产资源入手，稳稳扣住中华民族及华夏文化的重要发祥地，紧紧抓住中国特色，才能从文化大省向文化强省快步前行。一是加大探索，揭示本源。重点对陕西大遗址未知领域、重大遗址研究，开拓陕西大遗址文化视野，提升陕西大遗址文化历史认知，形成陕西大遗址文化产业集群发展基础。二是深入挖掘，整理诠释。要把陕西大遗址文化内涵更加清晰、更加全面地呈现出来，去粗取精、去伪存真，建设符合中国特色、中国风格、中国气派的陕西大遗址文化产业集群体系。三是以人为本，服务人民。在保护好、传承好历史文化遗产的同时，通过大遗址文化产业集群延伸历史轴线，增强历史信度，融入历史场景，将历史文化和现代生活结合在一起，提升人们生活环境，促进人们美好生活，满足人们日益增长的物质文化和精神文化需求。四是模式创新，发扬光大。陕西大遗址不仅是中华民族的实物见证，更是世界文明的重要组成部分。要不断加深对陕西大遗址遗产的认知和理解，创新发展陕西大遗址文化产业中国模式，加快形成陕西大遗址文化产业集群，向世界展示博大精深的中华文明。

**2. 精神性升华**

对陕西大遗址所蕴含的根脉文化、历史文化、革命文化、生态文化、民俗文化等进行深入挖掘，在新时代的文化语境下进行解读，深入挖掘蕴藏在陕西大遗址中一脉相承的人文精神价值，找准历史和现实的结合点，把蕴含其中的价值观念、道德规范、治国智慧创造性地转化为"新陕西精神"。深入挖掘历史文化中的价值理念、道德规范、治国智慧，推出一批理论文章、系列丛书和讲座讲堂，以文化育人、以史资政。加速提炼和释放大遗址中所承载和代表中华文明、中国革命和中华地理精神标志、自然标志的文化价值，充分展示陕西在中华文化版图中的地位，彰显陕西在世界文明发展史上的重要作用。既要在追根溯源中解读陕西大遗址所代表的中华文化的精神内涵、理论特质与深层内核，也要在新的时代语境下，结合当代中国特色社会主义伟大实践与时代主题，让中华优秀文化得以合理彰显和顺畅表达。按照时代的新进步、新进展，创新话语表达方式，把大遗址中所蕴涵、所承载、所展现的中华传统文化话语转换为现代话语和大众话语，以人们喜闻乐见、具有广泛参与性的方式推广开来，增强其影响力和感召力，使陕西成为中华人文价值精神忠实的传承者和弘扬者。

**3. 产业化建设**

陕西大遗址文化产业既有文化性，也有市场性，既要凸显民族文化的象征和内涵，也要强调文化市场促进效应。一是积极打造资源共享、社会共建、合作共赢的陕西大遗址文化保护和发展大格局。结合国家、陕西大遗址保护规划、保护利用工程，传承历史文化，突出民族精神，促进产业融合，壮大新型业态。二是差异化、特色化的"文化+"文化产业链。积极推动陕西大遗址文化与文旅、教育、创意、林业、农业、体育、城镇化等相关产业的融合创新，构建特色鲜明的文化产业链，实现差异化发展的文化产业体系，推动陕西大遗址文化产业转型升级。三是构建大遗址文旅融合性产业、文化创意特色产业、印刷出版包装特色产业、周秦汉唐特色文化产业。以创意设计、传媒影视、动漫游戏、信息服务、会展广告、电子竞技为重点，打造附加值高、创造性强、成长性好的现代文创产业。引进知名文化制造企业参与大遗址产业集群构建，鼓励文博单位参与文化创意产品开发，支持文化创意企业创立品牌、丰富产品，健全文化创意、文化制造、文创销售产业链。四是以文化价值为导向，开发"体验式"和"沉浸式"文化项目，研发彰显特色和地域性文化产品，提供多样化、多层次的公共性和专业性文化服务，推进区域联动、串联成线，形成聚集效应，激发陕西大遗址文化产业集群主体，构建陕西大遗址文化产业多元化产品谱系，增强陕西大遗址文化产业经济体量。

### 4. 科技性融合

近年来，随着科技与文化产业的不断融合，2016年11月，国务院印发的《"十三五"国家战略性新兴产业发展规划》提出："以数字技术和先进理念推动文化创意与创新设计产业加快发展，促进文化科技的深度融合、相关产业相互渗透。"陕西大遗址文化资源的保护利用和"文化+"战略的实施，极大促进了产业链的发展与产业集群的形成。目前，不仅要着眼于为战略性新兴产业提供广阔应用空间，也要着眼于未来产业成长的生态空间。一是依托云计算、5G、大数据、人工智能等前沿技术，深入陕西大遗址文化资源挖掘，利用现有数据资源和支撑平台，推动陕西大遗址保护和利用全面数字化、智慧化发展。二是从互联网思维到数字思维，构建陕西大遗址文化产业集群科创中心，作为载体引进一批、培育一批产业伙伴推动陕西文化产业数字化在数字经济的发展。三是科技互联、智慧共享，着力数据汇聚、打破壁垒，构建以陕西大遗址为主题的文化产业链向以"人"为中心的文化生态链转化，从生产、研发、服务等实现可管可控的互联互通体系，虚拟与现实的智慧共享。四是突出大遗址保护利用领域的关键共性技术、前沿引领技术、现代工程技术、颠覆性技术创新，取得更多"硬科技"原创成果。加强央地省部协同，重点在大遗址文化制造、大遗址文化展示、大遗址文化保护等方面加大科技投入力度，突破大遗址关键保护利用技术，打造国家级大遗址文化和科技融合示范创新示范基地。

### 5. 主题性展示

根据陕西大遗址的类型和特点，按照"突出主题，连片成区"的原则，分别设立周秦汉唐文化展示区、古都风貌区、革命文化展示区三大文化功能区。周秦汉唐文化展示区分别展示"周礼周乐"文化、"秦制文化""汉风文化"和"唐盛文化"。其中，周文化展示区以西周丰镐大遗址保护展示利用为基础，打造展示华夏历史文明渊源的重要坐标和彰显中国传统文化的国家历史遗址公园；秦文化展示区以秦陵文化景区和秦咸阳城遗址为龙头，串联秦东陵、鸿门宴遗址、栎阳城遗址、秦二世陵遗址公园等，构建标志性秦文化展示体验区；汉文化展示区致力于建设丝绸之路大学、国学图书馆、名人博物馆、汉历史博物馆、汉代文化博物馆等重点项目，把汉长安城遗址区打造成丝绸之路文化展示平台；唐文化展示区实施恢复和标记唐历史遗迹、唐名人居住地、唐诗词地等项目，加强对唐文化历史文化遗存的保护、展示、利用和恢复，形成西安城市在盛唐历史文化的空间展示体系。古都风貌展示区主要展示世界古都文化，在功能布局上打造以碑林、钟鼓楼、文庙等博物馆群为核心的历史文化旅游轴，以关中书院、三街两巷为核心的历史文化旅游街区，以卧龙寺为核心的禅修文化街区；在空间布局上，将南门（永宁门）、碑林两个历史文化街区，联合申报国家 5A 级景区。革命文化展示区构建以延安宝塔、杨家岭、枣园等为核心的革命文化大遗址空间布局，最终形成"主题鲜明、特色凸显、辐射带动、内外联通"的陕西革命文化大遗址发展的大格局。

**6. 协同化创新**

全力构建协同化的陕西大遗址创新体系。一是要构建全民共建共享机制。要立足陕西大遗址文化遗产的价值内涵，结合时代所需，融合科技、人才、资本等要素，充分发挥政府、市场、高校、科研院所等各方力量，实现文化遗产保护利用理念、人才培养、技术手段等方面的创新；拓展社会参与渠道，建立健全全民参与的渠道、平台和网络体系，重点完善多元化激励驱动机制、立体化舆论引导机制、多层次营销交流机制等制度保障，调动企业、协会、科研单位以及媒体、个人等社会力量"各尽其能"，协同参与、多元共治、成果共享，共同推动陕西大遗址文化产业集群。二是要融入并满足新时代社会发展需求，尤其是要与当下脱贫攻坚、乡村振兴、经济发展、文化繁荣、生态治理等社会重大热点难点问题结合起来。唯有此，才能让大遗址创新扎根深厚的时代土壤，形成良好的创新生态环境，产生持续发展的创新动力和创新机制，构建起富有时代特色、陕西特点的大遗址创新体系。

**7. 人文交流**

近年来，遗产传承传播逐渐呈现出两个趋势，一是由专业的学术交流逐渐向公众传承传播转变；二是由国家行政力量推动向公民的日常自觉行为转变。遗产传播具有大众化、数字化、娱乐化、体验化、情景化等特征，已形成官方与民间互动、线上与线下共存、专业与普通相融的大传播局面。优化陕西大遗址产业集群，理应加大大遗址人文交流对内、对外的传播。一是传播理念方面，应在国际视野下注重大遗址的全球文化交流与展现，尤其是要发挥陕西大遗址在"一带一路"文化交流中的作用，拓展大遗址保护理念与保护技术的国际合作交流渠道，构建以大遗址为重要载体的中华文明对外交流传播体系；二是传播手段方面，突破以往单纯依靠博物馆文物陈列展览、图书海报科普宣传册等单一传播形式，充分利用多媒体、数字化技术、多维电影、大数据、5G、VR、MR 技术、沉浸式体验、4D 实景再现等影像化、数字化传播的手段和方式，借助影视作品、短视频平台、各类展演活动等渠道，重现历史情景，拉近人与历史的距离，将虚拟世界和现实世界全面打通，让大遗址"活"起来。

（写于 2020 年）

# 关于在陕西建设中国文化中心的基本构想

中心课题组

组　长：康志祥

成　员：张　博　姚　蕾　李毓秦　薛学峰　闫景元　雷璟思

执笔人：康志祥

**摘　要**　文化是一个国家、一个民族的灵魂。中国文化中心是中华文化复兴的引领力量。陕西具有文化根脉、红色文化、旅游、科教文化四大优势，应该是建设具有世界影响力的中国文化中心的首选地之一。陕西应该科学制定文化振兴战略，优化布局，实施十大文化工程，统筹整合各方面资源，形成合力，推进中国文化中心建设。

当前，中国正处于文化大发展大繁荣的历史时期，文化已成为推动国家、城市及区域发展最重要的动力。

所谓中国文化中心，在国家层面上是国家文化中心（并非首都独有），在世界层面上，是世界文化中心。国家文化中心是具有雄厚的文化发展基础，在国家文化发展中具有先进文化引领性、文化发展的主导性、示范性，国家文化传统的集大成性和影响世界文化格局并具有强大的国内影响力及世界性辐射力的城市及区域。本报告对在陕西建设中国文化中心可行性进行了较深入的研究，并在此基础上提出在陕西建设中国文化中心的战略定位、布局、思路及政策建议。

## 一、在陕西建设中国文化中心的意义和必要性

### （一）建设中国文化中心是陕西人应有的文化自觉

西安及陕西有着国内其他城市或区域无法企及的深厚文化底蕴和丰富的文化资源，是中华文化根脉所在，具备建成国家文化中心的良好基础。同时，陕西文

化新军、文化产品以及文化产业的现实发展也为我们争当建设文化强国的国家队创造了条件。因此，建设国家文化中心是我们责无旁贷的责任。通过文化中心建设，使具有5000年历史的中华文化发扬光大，使我们的价值体系、思维体系、哲学社会科学、思想文化体系、大众文化体系等在世界文化舞台上占有重要位置，发挥重要影响。

### （二）中国文化中心建设是西安打造国家中心城市的重要着力点

目前，西安正在落实打造国家中心城市、实施文化强市行动、打造丝路文化高地。与其他被确定为国家中心城市的城市相比，西安的最大优势依然是文化，现实要求我们西安不仅要着眼于地域性城市及区域文化中心的功能定位和战略目标，更应提高到建设国家文化中心的战略高度来定位。西安只有充分发挥文化的优势，把建设中国文化中心作为更高的目标导向及重要着力点，以文化的大发展，带动经济社会等各项事业腾飞，才能真正成为国家中心城市和国际化大都市。

### （三）有助于提升大关中的综合竞争力和影响力

我们落实推进国家文化中心建设，凭借大关中城市群文化资源综合优势，先声夺人抢占国内各城市各区域文化竞争的制高点，会有力促进西安及大关中综合竞争力和影响力的扩大和加强，促进大关中经济社会发展与繁荣。

## 二、优势与不足

### （一）优势

#### 1. 文化根脉优势

陕西历史源远流长，是华夏文明的重要发祥地之一。在中华文明发展史上，诸多代表性的文化辉煌点在陕西生根发芽、出土发展，其辉煌的历程，不仅代表了当时世界先进文化发展的顶峰，诸多先进的思想文化，包括治世理念，至今仍为一些远见之士所重视，甚至被一些专家学者在著作中说成了拯救21世纪世界危机的思想源泉。陕西历史文化资源雄厚、资源品位高、存量大、种类多，居全国首位，具有世界性、唯一性，是国内其他省份不可比拟的。西安3100多年的建城史和1100多年的国都史，是中国古代国际化和对外开放程度最高的国际大都市和举世公认的世界文化中心城市。陕西所拥有的历史文化资源、文化存量、文脉传承，是当代在陕西建设国家文化中心的最大优势和基础。

**2. 红色文化优势**

陕西有着丰富的红色资源，其中，最负盛名的是中国革命圣地延安，党中央在延安13年的革命史、思想史、创造史、治党史是中国革命战争年代红色文化的集大成者。比国内其他红土地上产生的红色文化更具有系统性、全面性，这是我们建设中国文化中心的丰富精神遗产。

**3. 旅游文化国内领先**

陕西深厚的历史文化积淀和以大秦岭为代表的独特的山水自然风光，构成了独具特色的旅游文化资源，文物数量之多、等级之高，均居全国前列。目前，西安及陕西的旅游文化产业发展态势良好，居于国内前列。

**4. 科教优势突出，文化陕军崭露头角**

科教资源是文化创造活力的重要源头，是文化人才产生的培育基地，是文化产业化发展的助推器。陕西的科技资源丰富，各类科研机构、国家及省级工程技术研究中心数居于全国前列。西安是中国高等院校最为集中的城市之一，西安民办教育走在全国前面，涌现出一批民办教育的航母型学校。西安的民办教育，远比北京、上海繁盛。西安市民受教育程度较高，素质较好，文化氛围浓郁。"陕军东征"和"西北风""长安画派"成为独特的文化现象，可以折射出西安及陕西具有的吸引力和竞争力。

**（二）不足**

**1. 文化自信不足，缺乏对大文化的统筹力**

陕西有着建设中国文化中心的得天独厚的优势，然而由于近代国都的变迁和改革开放以来经济发展的相对滞后，一些人有一种自卑感，对在陕西建设国家文化中心信心不足，不想或不敢提出文化建设的大目标。也有一些人觉得文化不是安身立命的东西，也不觉得我们真能做起来。还有一些人盲目陶醉于历史的辉煌，习惯于坐而论道，而不是起而行之，把很多精力和时间浪费在高谈阔论上。凡此种种都是缺乏文化自信的表现。

**2. 传统文化的深度挖掘和现代表达欠缺，缺乏能够影响深远的文化精品**

中华传统文化包含着中华民族最深沉的精神追求和一系列对人类社会生存发展的深层思考和终极关怀。与我们所拥有的巨量历史文化资源相比，我们明显缺乏对传统文化的系统挖掘、深层解读和通俗阐释，还缺乏一批有分量地对传统文化进行现代表达的文化精品，尤其缺乏有广泛影响力的传世经典作品。

**3. 文化人才的聚集度不高，缺乏综合的思想文化大师**

陕西文化人才总量不足，结构不够优化的问题十分突出，尤其缺乏文化产业的领军型和思想文化大师级人才。

**4. 缺乏顶级的标志性文化设施**

陕西的文化资源分散，文化设施呈现小而散的状态，虽然新建了一些较为宏大的仿古建筑，但是缺乏文化内容的支撑。缺乏真正代表中国文化中心的顶级性、标志性的能提振人们精气神的文化设施。

**5. 文化产业发展短板明显**

陕西文化产业总体水平达到西部前列、全国中等偏上水平。文化产业市场主体偏少、规模偏小，缺乏有影响力的文化企业航母，全国范围内的知名文化品牌少。

## 三、战略定位、布局及功能

中国文化中心建设不应拘泥于西安市域范围，而应立足于大西安、大关中乃至关中—天水区域。

### （一）战略定位

建设具有世界影响力的中国文化中心和中国红色文化圣地（延安）：

（1）中华国学之都及中华文化修学之都；

（2）中国红色文化圣地；

（3）丝路文化高地及具有世界影响力的中外文化交流互鉴中心；

（4）建设中国特色社会主义先进文化之都；

（5）具有世界影响力的科技文化创新之城。

### （二）战略布局

一核——一轴——一地——多环。

一核——以大西安为核心的中国文化中心的功能核心区。

一轴——沿陇海线从西向东，天水与大关中传统文化轴（包括甘肃天水）。即从天水（伏羲文化）—宝鸡（炎帝文化）—岐山（周文化）—法门寺（佛教文化）—杨凌（农耕文化，农林科技文化）—咸阳（秦文化）—临潼（秦文化、汉唐文化）—西安（汉唐长安文化）—楼观台（道文化）—阎良（变法文化）—渭南（道文化、景观文化）等。

一地——延安（红色文化圣地）。

多环——以大西安为核心的大关—天经济区各城市为节点的多环结构。中国文化中心功能在空间被延伸到大关中及大关—天的整个区域，形成了中国文化中心功能的核心层，主要拓展层、辐射层的层层演进，轴线与圈层结合的文化中心的发展格局。实现大关中、大关—天各区域之间、城市之间、资源之间和产业之间的文化协同发展。

### （三）功能定位

**1. 引领功能**

中国文化中心的文化建设发展体现国家的文化价值导向和国家文化的发展方向，在文化发展中起着导向引领的作用。在国际文化发展中，发挥展示国家文化形象，宣示文化价值和文化精神的代表作用。

**2. 创新功能**

中国文化中心应该是全国文化创新中心，是引领文化创新发展的城市和区域。在文化体制机制创新、文化经济结构转变、文化服务的创新优化、文化科技与文化教育等方面都应走到全国前列。

**3. 辐射功能**

应具有发达的文化传播体系和文化覆盖网络，是文化生产和传播的重要基地。

**4. 汇聚功能**

汇聚国内乃至世界优势文化资源，吸引大量的优质文化技术、文化品牌、文化消费、文化组织、文化活动、文化生产要素和优秀的文化人才，具有领先全国的文化势能，成为汇聚国际国内文化资源、要素的汇聚地。

## 四、战略着力点：实施十大文化工程

### （一）历史文化传承工程

建设中华国学城，可以按经、史、子、集四个部分，重点引入中华传统文化研究机构、传播机构、教育机构等。

历史上的关中书院影响巨大，这种方式应该继承，建议恢复并扩大关中书院。在西北大学、陕西师范大学等人文科学研究教育机构建立中国文化研究院（中心）。在楼观台建设中国老子文化研究中心。在大雁塔、法门寺等著名佛教圣地建设佛教文化研究中心。

在传承的方式和路径上，一是运用现代科技手段，组织力量认真做好文化典籍整理工作，切实保护好我们的文化瑰宝；二是组织专家学者进行分析鉴别，取其精华、去其糟粕，通过对传统文化进行系统挖掘，深层解读和通俗阐释。使之与当代社会相适应，与现代文明相协调；三是运用现代网络等各种传播手段，弘扬中华优秀传统文化。

### （二）红色文化弘扬工程

新近成立的延安书局是陕西红色文化弘扬工程的重要力量。

延安干部学院是我们党培养培训干部的重要阵地，也是红色文化研究与传承的重要阵地。除上述两大机构外，陕西可在延安设立中国红色文化研究院，除进行革命史、思想史、创造史、治党史研究外，还可研究红色文化与国家治理、红色文化与全球治理、红色文化与反腐倡廉、红色文化与企业经营、红色产业发展路径等。

红色文化研究院亦可创新干部培训方法。

其次，整合各地红色文化教育基地，形成红色文化教育网路。

打造一批红色文化大众传媒和工作队伍，推出一批红色经典产品。

充分挖掘红色旅游文化资源，以红色文化发展特色经济。

### （三）现代文化创新工程

文化创新是国家创新体系建设的重要部分，包括精神、制度、环境、内容等多个层面。

重点是夯实文化创新的价值根基，培育创新改革的文化基因。

培育文化创新的市场主体，突破服务消费的职责边界。

搭建文化创新的公共平台，突破文化繁荣的生态短板。

### （四）公共文化建设工程

加快公共文化体系建设，主要是加强设施体系和组织体系建设，就设施建设的数量、规模而言，整合现有资源，补足短板，完善功能，合理布局是重点。

几大举措：编制公共文化专项规划，绘制文化民生施工图；建立公共文化地方标准体系，引导社会力量的资源整合和互联互通，推动文化志愿服务规范化制度化。

### （五）国际文化交流互鉴工程

西安是中国传统文化的首善之地和集大成区域，具备建设中华国学之都的条件。

应利用西安从事文化研究和教育的师资力量雄厚、设施齐备的优势,把西安建成中华国学之都及中华文化修学之都,吸引各国优秀人才及大专院校、中小学生到西安修学、游学,学习和传播中华文化。

加强与国际文化交流互鉴,成立东西方文化交流促进会和东西方文化研究中心;借鉴体育奥运模式,创建国际文化奥博会。陕西一年一度的丝博会,应增设文化专场,吸引世界文化精英参与,吸引国内外知名文化企业落户西安或在西安设立办事机构。还可适时争取国际组织,如联合国教科文等国际组织迁移或在西安设立办事机构,扩大西安的影响力。

建立国学大师和世界文化大师来西安的交流讲学、访问制度,可为这些文化大师在西安设立工作室,设立文化大师交流中心,每年举办一次世界文化大师会,吸引这些大师来西安讲学或定居。

### (六)文化素养提升工程

文化素养的提升重点是培育与社会主义核心价值观相适应、与成熟大国相适应的公民责任和公民文化。文化素养的提升,重点在于构建文化素养提升的教育及培训体系,包括家庭教育、校园教育、社会教育、终身教育等。

### (七)文化产业繁荣工程

建设中国文化中心需要创新文化产业发展思路,要注重文化产业与西安特色文化相融合、与西安及陕西产业转型升级相结合、与大众文化需求相适应、与创业创新相融合。扶优扶强,支持省市文化龙头企业,扶持小微文化企业的发展。

搭建文化精品创作中心和文化创意培育中心平台,鼓励一批有影响、散落于民间的文化人创办企业或工作室。

鼓励文化产业与相关产业融合发展,支持文化与金融关联、与旅游融合、与科技嫁接、与互联网共生催生的新业态。

整合及提升现有的文化产业园区,加强特色文化示范园区建设,促进文化产业集群发展。

引导和支持文化企业走出去,尤其注重加强与"一带一路"沿线国家文化产业合作,打造具有国际知名度和影响力的文化品牌。

应组织力量开发利用国外文化资源面向国际市场创新文化产品的离岸文化中心。这是我们文化产业发展新的机遇,也是我们争做全球文化产品生产地,向世界文化中心迈进的重要途径。

切实尊重文化生产力的主体性，尊重文化产业的发展规律和文化的亲和力与包容性，发展特色经济。

### （八）文化形象提升及标志性设施建设工程

城市文化形象的提升应该重点突出，层次分明，覆盖全域、浑然一体。应建设占地 4000～5000 亩的中国文化博览园，作为中国文化中心建设景观标志区和文化建设机构的主要承载区。

可设计代表中华文化的地标性建筑，如天人合一雕塑或人类文明塔。

利用城市环线，建设环城的中华文化展示带，尤其是十三朝典型事件、典型人物等的历史文化长廊。

城市雕塑应根据各区域的历史文化脉络进行设计。如 3000 个历代著名人物雕塑、唐诗词、器物等。

城市中的报刊亭、交警岗亭、环卫工人休息室及其他公用设施，均可根据历史文化风格进行创意设计。

现有的人文景观建筑群如大唐芙蓉园、法门寺等，主要是充实文化内容，使仿古建筑群落活络起来。

### （九）文化人才工程

文化人才工程重点是培养造就和引进文化领军人才，如学贯中西的思想家和理论家、一批有国际影响的学术大家、艺术大师和民族文化代表人物。

培养造就和引进一批文化产业投资运营、文化企业管理、媒体融合发展、网络信息服务以及文化策划推广、文化营销人才。

文化人才不仅要大数量、高质量，而且要结构优化合理。

以开放的心态去吸引世界各国各民族不同文化的优秀文化人才，成为国际文化人才聚集地。尤其要着力引进国际文化大师。在实施方式上，可采用：依托高校资源，实施人才培养；以实施重点文化建设工程为依托，构筑人才发展平台；注意人才引进与交流，提高文化人才队伍层次；以深化改革为动力，不断改进和完善文化人才工作机制。建设包容、多元的城市文化，优化人才发展环境。

### （十）中华优秀文化"试验田"实践工程

可以选择一个县或一个或几个乡、镇作为中华优秀传统文化的综合"试验田"，实施中华优秀文化"试验田"实践工程。可通过典型示范的方式，在全省建 30 个国学小镇，100个国学村庄或国学优秀社区、优秀企业等。

## 五、基本思路

### （一）成立中国文化中心建设指导委员会

指导委员会由陕西省委省政府或西安市委市政府主要领导、专家学者、涉及文化的有关部门领导，文化产业的领军人物及文化龙头企业如陕文投、陕旅、西旅、曲江文化等企业领导共同组成，尤其要吸引国内顶级的文化策划运营大师加盟，并由其担任运营总监。

指导委员会下设若干针对不同领域的专门委员会，下设办公室，具体负责指导、实施监督中国文化中心建设工作。

### （二）明确发展战略，进行顶层设计

应以世界文化中心城市和国内先进城市作为参照，进行顶层设计和发展战略研究，明确战略定位、战略目标、战略布局与实现路径，作为行动的纲领和指导。

应向国家有关部委或国务院提出申请，争取把在陕西建设中国文化中心作为重大的国家战略，在政策、资金等方面给予扶持，在文化战略性的资源配置上给予倾斜。

### （三）制订细部规划和行动方案

各行业、各节点城市或区县，应制订本系统、本城市、本区县文化发展的详细规划及行动方案，以保证战略与执行的一体化。

### （四）摸清底子，建立文化大数据库

摸清西安及陕西文化资源状况，文化事业单位、文化企业、各大专院校、科研院所文化研究机构、各类社会文化组织状况。

调查了解各类文化人才队伍状况，陕西在国内外发展的文化人状况，以及陕西文化设施、公共文化服务状况。

在详细了解以上情况的背景下，建设文化大数据及动态管理系统。

需要强调的是，摸清调查的重点不在于重起炉灶，而是依据已有的基础，把现在分散在各部门、各系统、各单位的数据进行收集、整理、归纳，部分需重新收集的相关数据，可组织适当人力、物力、财力进行调查。在此基础上，建立陕西文化

大数据库。

### （五）统筹整合，形成合力

发挥西安作为中心城市的优势，整合西安、省内及中央在陕机构的文化资源，进行整体统一部署，打破层级体制的不利影响，实现文化资源的有效利用。

统筹整合西安与大关中文化资源，加强西安与大关中各城市的联动和协调运作机制。

打造文化科技、文化旅游、文化教育、文化商务、文化金融、文化服务业等相关产业链、服务链的立体综合体系。

全面统筹狭义文化与大文化的结构关系，在重视文化事业和文化精神价值建设的同时，使文化成为城市转型的结构性因素和动力因素，实现文化事业和文化产业双轮驱动。

统筹和完善大关中区域内的文化形态和功能结构。坚持立体化、结构化、体系化发展，发挥集聚效应、品牌效益和辐射效益。

### （六）高点定位，重点突破

在战略实施上，采取高点定位、重点突破的策略。在路线图设计上，从目前的区域文化中心向国家文化中心到世界文化中心，循序渐进地发展。

在文化工程的战略突破点选择上，把价值主题作为文化中心建设的切入点。在十大工程中，把顶级性文化设施建设、文化精品出品、文化大师人才的培养和引进作为优先选项。

### （七）文化创新与科技创新双轮驱动

文化与科技是西安的两大优势资源。科技创新与文化创新双轮驱动，既符合国际化大都市发展的一般性规律，又契合了西安当下的发展阶段转变。把科技与文化两个"轮子"协调好，使之从不同的维度，有机地为中国文化中心建设提供动力，形成合力。

## 六、对策建议

### （一）牢固树立建设国家文化中心的文化自觉和文化自信

西安和陕西必须以极大的自觉，认真思考如何抓住国家文化中心建设的历史机遇，牢固树立以文化中心建设为己任、以建设具有世界影响力的中国文化中心为目标的文化自觉和文化自信。

### （二）营造宽松包容的文化环境

政府的一个重要功能是创造、保护这样一种宽松的文化环境，政府文化管理职能应从目前的"办文化""审批文化"向"管理文化""服务文化"的方向转变。

### （三）严格的文化法治

除应落实执行好国家出台的文化法律法规外，还应该适应中国文化中心建设的需要，尽快出台地方性文化法规，落实人民群众的文化主体性和文化参与权，达到文化自由与文化秩序的平衡，引导文化的有序发展。

### （四）强有力的文化政策

切实解决目前一定程度上存在的政出多门、封闭运行现象，要兼顾文化政策对文化产业发展的促进作用，同时要满足人民群众日益增长的精神文化需求。

### （五）多渠道资金保障

建议由政府发起设立"中国文化中心建设发展基金"，初期规模为100亿元，中期300亿元，远期500亿元，为项目建设提供重要的资金支持。基金由政府发起，出资10%～20%，其余部分由海内外企业及其他社会组织投入，按基金管理办法运营。

部分公共文化设施项目，可按PPP项目运营，吸引社会资本或机构参与投资或经营。还可以通过捐助、冠名、城乡共建、结对帮扶、民办、租赁等多种投入方式吸纳社会资金办公共文化，形成政府投入和社会多渠道投入相结合的机制。

### （六）实施中华文化中心建设工程需要转化的几大理念

（1）转变对文化的认识，树立大文化理念，充分认识文化是城市和区域发展无所不在的要素和力量。

（2）改变"文化搭台""经贸唱戏"的轻"文化"理念。

（3）从单一的城市文化建设的理念向城市文化建设与文化城市建设并重理念的转变。

说明：本课题为陕西中国西部发展研究中心2017年立项重点课题。

（写于2017年）

# 关于建设陕西书画名家艺术馆的建议

中心课题组

组　长：赵居阳

成　员：李新平　郑墨泉　孙煜彪　姜彦卓
　　　　杨志伟　刘惠纯　雷婉萍

**摘　要**　陕西作为历史文化大省和书画文化重要大省，拥有优秀的书画艺术人才和书画文化资源。但是陕西现有的美术博物馆与书画文化资源极不匹配，存在散（分布散）、小（规模小）、偏（位置偏）、低（规格低）、缺（缺少陈列馆）等问题，这方面，与国内其他省份的美术馆相比较，也存在很大差距。由此导致的书画艺术展示和传播交流受限，美术人才及其作品流失的状况十分明显。因此，在省会城市西安建设一个颇具规模的书画名家艺术馆十分重要。本课题从展馆功能、场地规划、资金筹措、管理方法等方面提出建议，吁请在陕西文化大省项目建设中，将此列入发展规划，力争尽快得以实施。

美术馆是一个城市和地方重要的文化标志和文化设施，肩负着积累文化艺术财富、传承地方文化艺术的重任。作为中国历史最为悠久的陕西，不仅历史上书画名家众多，艺术资源丰富，而且当代书画名家辈出，创作出许多具有传世影响的精品佳作。但从目前的美术场馆状况来看，与之丰富的书画文化资源极不匹配，由此导致的书画名家艺术展示和传播交流受限，美术人才及其作品流失的状况也十分明显。为此建议在文化强省建设中，把建设书画名家艺术馆列入规划，争取尽快实施。

## 一、陕西书画艺术资源现状

陕西作为文化大省和书画文化重镇，其历史和当代的书画资源都十分丰富。

## （一）历史资源

陕西历史悠久，是中华文明的重要发祥地之一。陕西又是书画历史资源大省，我们能看到的西安半坡遗址，在公元前约 4800 年前后就出现了最为原始的陶器刻符，已具备了汉字的形态。黄帝时代的仓颉（约前 2697—前 2599，号史皇氏，黄帝时期史官），曾把流传于先民中的文字加以搜集、整理和使用，在汉字创造中起了重要作用，被后人尊为"造字圣人"。宝鸡是西周政治、经济、文化活动中心，岐山县凤雏村出土的一万余件周代甲骨文字，造型已非常优美。毛公鼎、大盂鼎、墙盘、散氏盘、虢季子白盘等大量刻有金文的青铜器的出土，表明当时文字更趋成熟。宝鸡石鼓塬上出土的十块鼓形石，其籀文四言诗，被认为是我国现存最早的石刻文字。汉中被称为"汉魏石门十三品"的摩崖石刻，以《大开通褒斜道》《石门颂》《杨淮表记》最为世人称道。华山岳庙的《华山庙碑》、耀州区药王山的《姚伯多造像》碑群、蒲城县的《云麾将军碑》《苏孝慈墓志》、麟游县的《九成宫醴泉铭》等名碑，如珍珠散落于三秦大地，熠熠生辉。而坐落于西安文昌门内的西安碑林，则被认为是世界上最大的石质书库，从唐末、五代对《石台孝经》《开成石经》的迁移，至北宋而成规模。现今馆存碑石三千余通，展出精品千余件，可以说西安碑林所展现的就是一部中国书画发展史，是中华瑰宝的重要组成部分。陕西历史厚重，主要还由于陕西在相当长的时间里是中国古代政治经济文化中心。中国的书法史主要在陕西，周金、秦篆、汉隶、唐楷，每一种书体都彪炳着中国书法的发展。而作为十三朝古都，历史上有数不清的书画大家在这块土地上留下了精品力作。唐宋以来的阎立本、吴道之、颜真卿、柳公权（陕西耀州区人）、周昉、韩滉、王维、范宽、王弘撰（清代著名学者，陕西华阴人）、林则徐（清代，陕西巡抚）、王杰（清代，清代陕西第一位状元，陕西韩城人）、王鼎（清代，军机大臣，陕西蒲城人）等先贤，均为书画大师；近现代以来的宋伯鲁（清末民初，监察御史，陕西礼泉人）、刘晖、井勿幕（辛亥革命先驱，陕西蒲城人）、于右任、寇遐（民国"西京金石书画社"的创立者，陕西三原人）、张寒杉（陕西首任文史馆馆长）、党晴梵、李问渠、茹欲立等，都是陕西书坛画苑影响深远的人物。这些书画名家的许多珍贵书画遗存都保留了下来。而大量名家名作现今散存于各文史单位、大学图书馆和民间，成为陕西文化资源的重要组成部分。

## （二）当代资源

陕西的历史文化资源影响和传承至今，对当代陕西书画名家队伍的形成产生了重要作用。陕西之所以在全国成为书画重要大省，也基于当代的书画名家及其影响。

**1. 长安画派**

长安画派是在新中国特殊的政治文化环境中成长起来的具有典型时代特色的一个画派。它产生于中华民族传统文化的荟萃之地，置身于20世纪中国社会主义革命和建设的特殊历史阶段，长期接受着民主主义进步思想和延安文艺座谈会精神的哺育，经受了多次文艺思想大论战的考验，这种客观社会条件，给"长安画派"艺术思想的形成，产生了极大的影响，使其具有非常鲜明的时代特色。20世纪60年代，"长安画派"以其独特的绘画题材、语言和思想，伴随着各种议论登上了现代中国美术的舞台，成为能够体现长安文化时代特征的一个重要内容和亮点。长安画派早期的主要人物有赵望云、石鲁、何海霞，还有方济众、康师尧、李梓盛、郑乃珖、蔡鹤洲、蔡鹤汀、叶访樵、陈瑶生、袁白涛、罗铭等骨干画家。1961年10月，石鲁、赵望云、何海霞、李梓盛、康师尧、方济众在北京中国美术馆举办了"国画习作展"。这是新中国成立以来西安画坛首次组团集体亮相，并以强烈的时代气息和浓厚的西北地域特色引起了中国美术界的广泛关注。首都美术界在展览讨论中，称赞其"气派雄伟""新意新情""强烈地表现黄土高原和黄河浊流的独特效果"。叶浅予称颂西安画家在"中国大地上开出了长安画派这一朵鲜花""长安画派的崛起，给中国美术界指出了一条道路，表明艺术不但要有民族性，还要有地方性"。后来，在西安美术分会聚集的精英人物不断增多，有版画家刘旷、修军、张建文，油画家蔡良、张自嶷，批评家陈箎咏等，形成一支力量强大的美术创作队伍，共同营造了一个以中国画为主，多画种并肩探索发展的局面，创造出了令人瞩目的成就。时代的机遇，核心的能量，明确的方针，群体的集结，作为合力重塑着西安画坛，锻造了长安画派。长安画派的上述核心人物，如今大都逝去多年，但这批美术大家的文化理念及其范式，是对长安文化的丰富发展，并且促进了长安精神的形成。

**2. 后长安画派**

在长安画派"一手伸向传统，一手伸向生活"艺术理念和精神影响下，2011年5月，由时任省美协主席的王西京策划筹办的"长安精神——陕西当代中国画名家作品展"在北京中国美术馆举行，画展汇集了著名画家刘文西、崔振宽、王子武、张振学、王炎林、王金岭、江文湛、王有政、张杲、徐义生、郭全忠、赵振川、张之光、罗平安、王西京、陈国勇等16位我省知名画家创作的100余幅精品力作。这次展览是继20世纪60年代长安画派进京展后的第二次大规模进京，堪称是"后长安画派"的一次集中展示，受到学术界的密切关注。他们的联袂展出，无疑是当代陕西美术的又一次巅峰呈现，对于美术理论深入解析"长安画派"之后陕西美术的发展历程，把握当代陕西美术新格局，具有重要的认识意义和学术价值。

当然，"后长安画派"不限于这次参展的16位画家，"长安画派"的精神一直影响着陕西的画家群体。近半个世纪以来，陕西体制内外有规模的院会组织发展到数百个，美术家群体力量雄厚，创作出无数的艺术精品。如著名国画家郑乃珖、陈子林、陈忠志、陈光健、赵步唐、刘保申、萧焕、杨晓阳、晁海、万鼎、马云、彭蠡、戴畅、张立柱、邢庆仁、方鄂秦、刘保申、戴希斌、蔡嘉励、杨健兮、郭线庐、刘永杰、杨光利、贺荣敏、乔宜男、姜怡翔、罗宁、杨霜林、宋亚平等，油画家蔡亮、叶洛、武德祖、谌北新、靳之林、王胜利、郭北平、韩宝生、潘晓东、王海力、李新平、贺丹等，无论是在国内还是国外，他们都拥有一定的名望与地位，成为陕西美术不竭的资源。

**3. 书法家队伍**

陕西的书法家名人辈出，代不乏人。当代已故的书法大家于右任、沈尹默、王世镗、阎甘园、王雪樵、段绍嘉、党晴梵、刘自椟、卫俊秀、陈少默、邱星、宫葆诚、程克刚、傅嘉仪、石宪章、李子青、曹伯庸、邹宗绪、王崇仁、吴三大等，在陕西乃至全国影响重大。如今依然活跃在书法界的书法大家有数百名之多，钟明善、茹桂、雷珍民、杜中信、张保庆、白云腾、王改民、薛铸、李成海、赵熊、王蒙、魏良、陈建贡等就是其中的代表性人物。还有薛养贤、张红春、郑墨泉、张胜伟等一大批中青年书法家，其作品为社会大众所喜爱，最大限度满足着人们的文化生活和精神需求。

## 二、陕西书画艺术馆现状及差异对比

从陕西现有的书画艺术馆状况来看，与之丰富的书画文化资源极不匹配。在省会西安城区，现有的美术博物馆具有一定规模的有5家，其状况如下：

### （一）西安市区五大美术馆状况

陕西美术馆，始建于1984年，位于西安市东大街，建筑面积5100平方米，展厅面积500平方米，展线约500米。

陕西省美术博物馆，陕西省文化厅主管，2000年4月建成，总建筑面积10712平方米，展厅面积7600平方米。

西安美术馆，西安曲江新区管委会，2009年9月开馆，建筑面积1.7万平方米，展厅面积 4000 平方米，建造花费 1.2 亿元。

大唐西市博物馆，占地 20 亩，建筑面积 3.5 万平方米，展览面积 1.1 万平方米，地点在陕西省西安市莲湖区劳动南路。2007 年，陕西佳鑫集团出资 4.5 亿元，2010 年 4 月 7 日正式开馆，民营。

亮宝楼，曲江新区，投资兴建者为西安曲江实业有限责任公司，建筑面积 15000 平方米，展厅面积 3000 平方米。民营。

以上是西安市区的几大美术馆基本状况，其余小规模民办艺术馆和分布于各市县的美术馆在此不一一列举。多年来，在没有大型书画艺术馆的情况下，这些美术场馆承担了各种书画展览活动，在推进陕西书画文化交流中发挥着重要作用。但目前存在的主要问题是：

（1）规模小，规格低。由于现有的博物馆面积有限，无论公办或民营展馆，均没有设立陈列馆。如上所述，陕西大量的历史名作遗存、长安画派和后长安画派（包括黄土画派）名家名作无法进行长期性陈列展示，即使省内外当代书画家的作品展示和艺术交流也受到限制。

（2）档期满，收费高。由于展厅面积偏小、展线受限等原因，造成全年各展馆档期安排较满，展览收费标准偏高。当代艺术家的作品，无论集体性展览或是个体性展览，也存在排不上展位、交不起展费、只能短时间展出等问题。

（3）分布散，位置偏。由于展馆分散偏僻和交通不便，造成观众参观不便，影响交流宣传效果。很多精心筹办的展览，一般都呈现观众少、展期短的问题，有些"在开幕式结束之后就算是闭幕"。

（4）功能低，公益差。现有展馆功能单一，一般只有"流水"的展览，没有长期的陈列和展示，也缺少大众审美教育、书画教学、人才培训等公益性服务以及书画艺术品衍生扩展交流等项目。

以上这些情况反映出我省美术馆建设在文化大省建设中相对滞后和缺位的状况。而且与全国其他省区相比，这方面也存在较大差距。

近 10 多年来，苏陕两省一直建立着相互交流学习的关系。在书画艺术馆对比调研中，我们重点考察了江苏省美术馆建设状况。

从书画历史和文化资源上看，江苏与陕西的情况相似，不仅书画艺术历史资源丰富，而且也是具有"金陵画派"之乡美誉的书画重镇，当代书画名家众多。但相比较而言，江苏省在美术馆建设方面从数量到规模都远比陕西省大。仅在省会城市南京建造的美术馆达 10 余座，其中包括江苏省美术馆、南京美术馆、金陵美术馆、金鹰美术馆、南京二十四小时美术馆、金陵四老艺术馆以及众多名家艺术馆。这些展馆为当代书画作品展览提供了较好的展示平台。

### （二）南京市区五大美术馆状况

江苏省美术馆，位于南京市玄武区，1936年始建陈列馆（老馆），2009年建设完成展览馆（新馆），展览馆占地面积约10600平方米，建筑面积32000平方米，投资人民币近4亿元，两馆总建筑面积40000平方米。

南京美术馆，于2003年建成开馆，位于南京市秦淮区，南京美术馆隶属南京市文学艺术界联合会，建筑面积1700平方米。

金鹰美术馆，坐落于南京市建邺区的地标性建筑金鹰世界内，总面积共计12000平方米。由金鹰国际集团创立的专业艺术馆，2020年建成投用。

金陵美术馆，位于南京市秦淮区，建成于2013年，美术馆6000平方米，实际展览面积3000平方米。

金陵四老馆，1992—2004年相继建成，坐落在南京市浦口区，占地面积60亩，建筑面积5200平方米。

根据展示功能的不同，我们对南京市区五大艺术馆的状况做了较为详细的考察并概括描述如下：

（1）国家级综合美术馆——江苏省美术馆。位于南京市玄武区，是南京市市区最大的艺术场馆。该馆分为陈列馆（老馆）和展览馆（新馆），老馆始建于1936年，是中国近现代第一座国家级的美术馆，中国美术馆事业发展的开端，至今已有80多年的历史。为首批国家重点美术馆。为了满足当代书画艺术展览需要，于2008年动工兴建新馆（与老馆相邻），2009年底建设完成，2010年投入运行。占地面积约10600平方米，建筑面积32000平方米，投资人民币近4亿元，由德国KSP建筑设计事务所设计，地上4层、地下2层，楼高24米。建筑色调造型注重与周边民国时期建筑大环境的融合，既时尚又经典，极具现代感和人文气息。如今，新老两馆总建筑面积40000平方米，馆藏以近现代美术作品为主，兼及古今中外，规划以收藏"新金陵画派"代表画家的作品为重点，现有各类藏品近万件，其中，以中国画最为丰富，包括明吴门画派、清初四王、金陵八家、扬州八怪、海上画派、新金陵画派以及20世纪诸名家的作品。此外，还收藏大量版画、中国油画、中国水彩画、当代书法、民间艺术等美术作品。扩建后的新馆更具国际标准和时代特征，功能设置、设备配置、建筑装饰等标准均达到一流水平，为江苏乃至中国的艺术品典藏、研究、展示的重要场所，成为艺术信息传播和海内外文化交流的活动中心。

（2）现代级综合美术馆——南京美术馆。2003年建成开馆，隶属南京市文学艺术界联合会，展厅面积700平方米。具有展览美术、书法、摄影等艺术作品，收藏艺术精品，组织学术研究，开展国际文化交流，进行学术教育活动等多种功能，肩负着提升市民艺术素质，促进精神文明建设，增强城市综合竞争能力的使命。展馆的装饰风格简约现代，环境设计独具匠心，室内艺术与室外园林相映，充满审美氛围和人文气质，洋溢着艺术精神的诱人魅力。

（3）景观级业态美术馆——金鹰美术馆。坐落于南京市新主城区建邺区的地标性建筑金鹰世界内，位于金鹰世界大厦52层，包括三栋塔楼和空中连廊，总面积共计12000平方米。2020年11月完成一期全部展览场馆开放。该馆是由金鹰国际集团创立的专业艺术馆，是一座空中全艺术平台，涵盖了与艺术相关的全球顶级艺术展览、艺术专题讲座和表演、艺术教育与工作坊、艺术创作空间以及跨界文创体验空间等综合艺术形态。在运营上以美术馆为主体，介入到城市生活的各个方面，以期践行艺术与城市、人文、自然并行的理念。观众在美术馆观展的同时也可以通过空间观看整个南京的都市景观，令艺术与生活并置。美术馆内部包括展览场馆、城市艺术体验空间、书店、咖啡厅和艺术商店。在美术馆外部还包括艺术家工作室园区。在美术馆二期的空间中还将推出儿童主题美术馆和设计与新媒体展馆。多样化的艺术业态既为公众提供了丰富的艺术生活方式，也相互间形成良性和有机的互动和联动。

（4）地标级建筑美术馆——金陵美术馆。位于南京市秦淮区，建成于2013年，是一座集展示、收藏、研究于一体的美术馆。隶属南京市文广新局，是南京市政府为推进城南历史文化保护与复兴，迎接2014年南京青奥会而投资新建的市级公益性文化事业单位。该馆属于经市委市政府批准的"一院两馆"旧厂改造项目。总体方案由中国著名设计师担纲设计，其设计理念是在维持工业遗产旧貌的基础上，合理调整内部结构，充分利用空间，以适应现代化的展示模式，并在建筑外观融入地域文化特色。美术馆6000平方米，实际展览面积3000平方米，展厅5个，并配有报告厅、书店、艺术商店、画廊、资料室、咖啡厅等多个专用空间，可以满足不同的展览及活动需求，成为南京市乃至江苏省内的重要文化地标。

（5）大师级园林美术馆——金陵四老馆。是专为享誉海内外的"金陵四家"——林散之、萧娴、高二适、胡小石建造的艺术馆。于1992—2004年相继建成，坐落在南京市浦口区主城风景秀丽的求雨山上。占地面积60亩，建筑面积5200平方米，绿化覆盖率达 90% 以上，馆藏 1000 余件大师级书画精品，其艺术价值和经济价值不可估量。该馆依山傍水，地理位置优越，且闹中取静，交通便捷。无论是自然景观，或是人文景观，都令人叹为观止。10 多年来，国内外参观者络绎不绝，成为江苏乃至全国独具特色、具有丰富文化内涵的群体名人纪念馆，也是文化建设的重要阵地、青少年社会实践基地和素质教育基地、书法学习培训基地、爱国主义教育基地，为中外各界人士切磋书法艺术的理想场所和文化交流的一扇窗口，并正以当代书法圣地的独特地位在国内外产生较大的影响。

还有新建的南京二十四小时美术馆，被誉为永不落幕的美术馆。由现有的南京国际青年文化广场以及散布在周边的 8 个玻璃建筑进行升级改造而来，采用装置艺术、行为艺术及科技对话、视听等当代艺术形式，打造"不打烊"的群众文化生活公共空间。

这些各具特色和不同运营模式的美术馆，成为江苏省文化事业的亮点和南京市区亮丽的风景线，同时也为陕西建设大型美术馆提供了可资借鉴的范例。

## 三、建设书画名家艺术馆的几点建议

通过考察和调研，针对陕西的文化场馆问题和现状，我们吁请建设的书画名家艺术馆是一个大型的多功能综合性展馆。其主要建议如下：

### （一）关于建设规模

陕西书画名家艺术馆是一座按照现代化多功能标准规划建设的专业化综合性美术馆，致力于对传统文化的继承和对当代书画艺术的创新。基于陕西的书画资源优势，应当着眼于建设现代化大型艺术馆。总体规模应不小于西安上述 5 个博物馆的总和，其占地在 10 公顷（150 亩）左右，建筑面积约 20 万平方米，展厅面积约 50000 平方米。在配套服务设施上集展览场馆与研究培训基地、停车场及吃住娱于一体，倾力打造成为面向省内外乃至国内外的"文化会客厅"。

### （二）关于场址选择

建设大型书画艺术馆，需要一定规模的场地。考虑到西安市区文化旅游中心的地位及其参观的便利，建议首选新城广场和省政府大院场地，前提是省政府机关迁移计划的实施。其次可以在西安市区内及其周边地区选择场址，总体要兼顾场地环境、保证建筑规模和交通条件的便利等。

### （三）关于投资问题

该项目匡算投资约 10 亿元人民币。在资金投入上可以引进江苏省的经验，如江苏省美术馆、金陵美术馆等以政府资金为主兴建，而金鹰美术馆则由集团公司投资兴建，以企业运营方式进行管理。艺术馆的建设会带动周边相关产业发展，促进核心旅游景区的形成，吸引国内外投资者和人才进行开发性建设投资，其带来源源不断的经济效应，进而助推可持续发展。

### （四）关于功能设置

艺术馆将历史书画名作陈列与当代书画名作展示相结合，具有作品展览、艺术研究、书画艺术品收藏、美术教育培训等功能，兼及社会公益、国外艺术展示等功能，着力为当代书画艺术发展和文化提供交流服务平台。大体应当分设五大场馆：

（1）历史名作陈列馆。主要解决大量历史遗留书画名家作品散存和无法陈列的问题。可分设诸如书画碑石拓片及古籍善本艺术馆、欧阳询艺术馆、柳公权艺术馆、范宽艺术馆、沈尹默艺术馆、于右任艺术馆、张寒杉艺术馆等，其作品主要通过文博单位库存、大学图书馆、海内外收藏家、各大拍卖行以及民间藏品征集和收购。

（2）当代名家艺术馆。根据陕西书画名家状况和各方面长期的呼吁，可分设刘文西（黄土画派）艺术馆，长安画派艺术馆，王子武、崔振宽、赵振川、王西京、江文湛等美术家名人艺术馆，书法四老（刘自犊、卫俊秀、陈少默、邱星）艺术馆以及以钟明善、吴三大、茹桂、雷珍民、李成海等为代表的众多书法家作品展览馆等。这部分作品现存较多，可以签约征集和以专题陈列形式长期展出。

（3）国际艺术馆。主要陈列和展示国外名作，进行东西方艺术展示和交流。作品可采取多种方式征集和邀约。

（4）当代书画艺术展览馆。包括经常性的主题展、群体展、个体展、汇报展、交流展、毕业展、习作展等。在充足的展厅前提下，尽可能以低费办展，满足平时各种群众性书画展览的需要。

（5）综合服务馆。包括书画教学、人才培训、大众审美教育以及书画艺术衍生品交流服务等。以促进群众性书画文化交流和艺术素质提升。

此报告建议如决策认为可行，再由相关部门制订出台具体的实施方案和可行性研究报告，报请有关部门立项实施。

（写于 2021 年）

# 蓝田乡约及其文化与社会价值

中心课题组
严伟民　马　驰

**摘　要**　《蓝田乡约》是中国为数不多的制度输出的案例。中国传统的"良俗"只能对恶行劝诫，并不能阻止和惩戒。《蓝田乡约》把过去的良俗上升到了一个制度层面。冯从吾赞扬《吕氏乡约》在关中推行以后，"关中风俗为之一变"。东林八君子之一高攀龙说："乡约行，则一乡之善恶无所逃。盗息民安，风移俗易，皆得之于此。"蓝田乡约不仅对中国的乡村是非常重要的。它还跨越了国界影响到了亚洲的许多国家。朝鲜王朝大儒李退溪极为重视《蓝田乡约》；儒家学者赵光祖在朝鲜中宗年间还推广乡约；庆尚道（注：是韩国的一个与直辖市类似的地区）观察使金安国刊行《吕氏乡约》；《蓝田乡约》一度普及全朝鲜。直到现在，韩国的初中和高中教科书中还有比较完整的《蓝田乡约》。在学术上，《蓝田乡约》仍是研究自然法和比较法的重要文献。

陈忠实老先生生前在接受纪录片《长安的村庄》剧组采访时对《蓝田乡约》有个评价："这个乡约是给我们这个民族立的乡约，你不能把它局限在蓝田。《蓝田乡约》是中国第一部乡约，它的影响是全国的。吕氏的学说也不仅仅限于蓝田，它是一个民族的伟大思想。"

## 一、《蓝田乡约》的问世与历史渊源

在人类数千年的文明史上，思想家的作用至关重要，是他们的智慧照亮了混沌中的人们，于是有了"天不生仲尼，万古如长夜"来形容思想家的重要与伟大。

一个有趣的现象是在地球的另一边，思想家大都出生在城市……

被称为法兰西思想之王的伏尔泰出生在巴黎；法国另一位启蒙思想家孟德斯鸠出生于波尔多；《社会契约论》的作者、法国思想家卢梭则出生于瑞士的日内瓦；即便是公元前的苏格拉底和柏拉图，也是出生于城邦雅典。

然而，在漫长的帝国时代，中国的思想家却是生活在以农耕为主要生活方式，几乎没有公共服务的乡村。于是，在世界文明的版图上，中国的乡村，让人们看到了一种别样的文化色彩。

陕西蓝田县的西面有个叫五里头的村庄，因距蓝田县城五里路而得名。站在村口看，它和关中绝大部分的村庄没有什么不一样。但走进村庄，你会发现它要比一般的村子大了许多，有 910 户 3450 人。就是这个村庄，在距今近 940 年的北宋熙宁九年（1076 年），在这里的云阁书院里诞生了一部影响广泛而深远、意义重大的《蓝田乡约》。

中国的观众知道乡约，大多是从电影《白鹿原》中看到的。在这之前，人们似乎已经淡忘了这部叫《蓝田乡约》的文献了。

中国在漫长的由农耕文明主导的历史年代，国家的管理只延伸到县。而占这个国家人口和土地面积总和 90% 以上的广袤的乡村里，则一直处于一种自然管理状态。在一个主要由宗族和熟悉人组成的乡村社会，以人际关系为主的秩序总体上是平和的。但有时遇到无赖横行乡里、匪患侵扰乡村现象的时候，这种自然形成的原有秩序就显得力不从心了。

公元 1076 年，在四个吕姓的蓝田籍兄弟手中诞生了中国第一部乡村自治的文献——《蓝田乡约》也称《吕氏乡约》的时候，"力不从心"的现象悄然发生了变化。

所谓乡约，就是在某一个地方，由大家共同约定的一个行为规范，是我们的先民在他们生活的那个时代，所形成的一些默会的知识，把这些默会的知识变成自然形成的自然法的状态，把这些不成文的自然法，乡村里一些不成文的口口相传的规矩、约定，变为成文的规定。中国也好，西方也好，法律的诞生基本上都是沿着这样一个秩序路径走过来的。

乡规民约，顾名思义是指乡民共同约定并遵守的道德行为规范，它以民间自治的方式规范"同约之人"，利用集体"公约"和舆论评价的力量，实施道德伦理教化，实现乡民的自我教育、自我劝诫、自我约束。乡规民约具有悠久的历史，是我国古代社会特有的一种介于国法和家规之间的道德教育形式。目前，学界普遍认为，乡规民约最早可以追溯到周代。

《周礼·地官·族师》曰："五家为比，十家为联，五人为伍，十人为联，四闾为族，八闾为联。使之相保、相受，刑罚庆赏相及、相共，以受邦职，以役国事，以相葬埋。"这一记载可视为中国早期村落的村民之间人际关系的规约。当然，此时的"乡规民约"还十分简单，远不如后世完善。

在没有乡约以前，乡村的秩序依靠"良俗"。良俗在日常生活中只能对不良和不法行为进行告知，或者更进一步，形成一种公众的态度和压力——以此告诉对方不能这样做。但是，这种"良俗"解决不了有些人偏要侵犯别人和公共利益怎么办的问题。

《蓝田乡约》在这个意义上，就是当时的知识分子为时代立法，把不成文的规定，变成成文规定的一个过程。这里有一个自发秩序到人造秩序的转换过程，相对于这种人造秩序之前的秩序，叫自发秩序。这主要是从传统中来，从习惯法当中来，从我们自己的人与人之间的合作秩序当中来。20世纪以前中国的所有秩序都可以看作是自发秩序的一种，《蓝田乡约》就是自发秩序的代表。

人类的这种秩序是由元规则所奠定的，最高的是元规则，是大家都默会的正义，而这个东西恰恰跟《蓝田乡约》有着极高的关联。元规则高于一切成文法。中国古人讲天地良心，像张载讲"为生民立命，为万世开太平"。

《蓝田乡约》不再仅仅是传统的崇德尚义教化的软约束。它把过去的良俗自律上升到了一个制度的层面。这个制度的意义还在于把中国传统的伦理规范由家族扩大到了一个更大区域。这是一次超越传统家族伦理而建立新共同体的制度。于是，伦理共同体的范围不仅仅限于一家一族，随着"乡约"这样一个制度的诞生它的半径具备了跨血缘关系而扩大的可能性。

《蓝田乡约》从宋代蓝田吕氏四兄弟的手中走出之后，以其独具的人文魅力曾经辉煌于中华大地，乃至漂洋过海传遍亚洲。现在研究《蓝田乡约》既可以葆有传统文化的古老辉煌，又承继了中华先进文化的正确发展方向，更能始终保持面向未来的开放品格。

在全球化时代的今天，重要的是以中华优秀的传统文化参与人们行为规范标准的制定，而非以某种外来文化"规训"自己。当然，沉溺传统，同样如此。

研究《蓝田乡约》正是在不断"回心"的基础上，通过与多元文化的互动、对话，营造一次自我变革的契机，在新的社会形态背景下，以优秀的中华文化原点为基点，制定与完善充满人文关怀的新乡规民约，体现"蓝田乡约"的原点文化价值，这对促进法治社会的进程意义重大。

《蓝田乡约》的形成与推行，在历史上引起了社会强烈的反响，明代著名教育家冯从吾赞扬说：自从《蓝田乡约》在关中推行以后，"关中风俗为之一变"，而各地也纷纷引入效行。

从1076年的《蓝田乡约》到中国历史上第一部民法典《中华民国民法典》，在这900多年的时间里，中国民间治理主要是靠乡约，而《蓝田乡约》是所有乡约的雏形典范。

发起《蓝田乡约》的吕氏兄弟（吕大防、吕大忠、吕大钧、吕大临）也称"蓝田四吕"。他们出生在蓝田距五里头村约不到10千米的乔村。后因吕大临在五里头村设云阁书院，"四吕"成年之后的主要学术和社会活动都在五里头村。四吕都著书立说，在经学、史学、金石学、地理学、文学等方面都表现出了非凡的智慧，在某些领域还有开创之举，对当时以及后世的文化学术都有着重要的影响。

享誉国际的西安碑林，最初就是由吕大忠为了保存《石台孝经》《开成石经》等重要碑石而建的。西安碑林能有现在这样的规模，成为文化艺术的宝库，吕大忠当是最重要的创建者。有了这样的学养和社会背景，《蓝田乡约》诞生于吕氏四兄弟的手中，就是顺理成章的了，这也就更确立了他们在"关学"传承中"中坚力量"的地位。

明代著名学者王阳明评价关中儒生："要讲忠信、沉着勇敢、通达和英俊奇伟，各地的人我见得很多，没有像关中这样的。"

乡村从没有制度，到有了《蓝田乡约》，这是社会发展进程中的一个质的飞跃，从历史的角度看，是有着深远的历史与现实意义的。明代著名思想家、教育家，关学的重要传人冯从吾赞扬说：自从《蓝田乡约》在关中推行以后，"关中风俗为之一变"，之后的历代大儒都推行过乡约。明代思想家、军事家及心学集大成者王阳明主持制定的《南赣乡约》就是依据南康吕氏家族的范本。王阳明在江西任职期间，在与当地人的接触中了解到南康境内的蓝田吕氏人家有远祖传下的《吕氏家约》。他不知道南康的这个蓝田正是吕氏家族慎终追远学习先贤，把聚集地原来的地名改叫了"蓝田"的缘故。这部《吕氏家约》和《蓝田乡约》是同一版本。

王阳明读了《吕氏家约》，大受启发，于是以此为蓝本编制成了《南赣乡约》用于治理南安、赣州两府，并以行政力量强力推行。时间过去400多年之后，1939—1945年，蒋经国担任江西省第四行政区（辖赣南11县）行政督察专员和保安司令期间，受王阳明《南赣乡约》影响，还效仿制定了《新赣南家训》。《蓝田乡约》不仅对中国的乡村共同体建设起到了划时代的重要作用，还跨越国界影响到了亚洲的许多国家。

朝鲜王朝时期的李滉,号退溪,他和李珥(号粟谷先生)都是著名的哲学家、思想家、大儒。在韩国家喻户晓,韩国政府为了纪念这两位大儒还将他们的头像印在了面值1000元和5000元的韩元上。韩国首尔的退溪学研究院、庆北大学的退溪研究院、檀国大学的退溪研究院和图书馆都是以李滉的号命名的。李滉的门下弟子中,任政丞的就有10多名……他们都极为重视《蓝田乡约》,《新增乡约》就是由他们两位选定的。儒家学者赵光祖在朝鲜王朝中宗年间还推广了《蓝田乡约》,庆尚道观察使金安国刊行《蓝田乡约》,《蓝田乡约》一度普及全朝鲜。更加值得关注的是,直到现在,韩国的初中和高中教科书中还都有比较完整的《蓝田乡约》。所以,韩国的初中和高中生都熟读过《蓝田乡约》。

## 二、《蓝田乡约》的历史传承

陈忠实的小说《白鹿原》里有这样的描述:"白鹿村的祠堂里每到晚上就传出庄稼汉们粗浑的背读'乡约'的声音。"而且族长白嘉轩郑重向村里人宣布:"学为用,学了就要用。谈话走路处事为人就要按《乡约》上说的做,凡是违反《乡约》条文的事,由徐先生记载下来;犯过三回者,按其情节轻重处罚……"这样实行后的结果是:"从此偷鸡摸狗摘桃掐瓜之类的事顿然绝迹,摸牌九搓麻将抹花花掷骰子等等赌博营生全踢了摊子,打架斗殴扯街骂巷的争斗事件不再发生,白鹿村人一个个都变得和颜可掬文质彬彬,连说话的声音都柔和纤细了。"那么白嘉轩在白鹿原上教化村人、睦邻乡里的《乡约》究竟指的是什么呢?其历史渊源、核心内容是什么?传统社会里的乡约在今天农村的文明建设和基层治理中又有哪些可借鉴的价值呢?

《宋史·吕大防传》曰:"凡同约者,……有善则书于籍,有过若违约者亦书之,三犯而行罚,不悛者绝之。"《宋元学案·吕范诸儒学案》载:"关中风俗,为之一变。"《蓝田乡约》是一种颇为有效的扬善惩恶、"美乡俗""厚风化"的组织形式,曾作为国典颁行全国,对宋元明清及后世的乡村治理模式与社会风俗产生了深远影响。

陈忠实小说《白鹿原》中白鹿村人所背读遵从,进而伸张"仁义"的乡约即是《蓝田乡约》。南宋时期,我国理学的集大成者朱熹曾修订、增损和阐释《蓝田乡约》,易学大师阳枋多次在家乡聚众讲习《蓝田乡约》。由于符合传统乡村社会的实际,特别是由于朱熹的推崇,《蓝田乡约》开始在蓝田之外大力推行,而且成为历代乡规民约，尤其是明清时期各地乡约制度的范本。明代理学学者、蓝田人王之士，在继承《蓝田乡约》的基础上，订立了《乡约》12条宣传讲解，规劝履行，并率宗族人先行诫约，使当时蓝田"美俗复兴"。明代的官僚士大夫解缙、罗伦以及理学家王守仁（号阳明）等都提倡、推行过《乡约》。王守仁在任南赣巡抚后，为教化乡民、重建秩序，还在参酌、继承《蓝田乡约》的基础上，制定颁行了《南赣乡约》（又称《阳明先生乡约法》）。《南赣乡约》虽然以王阳明的心学思想为指导，并与明代社会和南赣地区的具体情况相结合，成了一种新型的乡约模式，但其主旨仍在于教化乡里，使其"务为良善之民，共成仁厚俗"。

《明史》第192卷《王守仁传》载，《南赣乡约》推行后，南赣地区"人心淳正，守礼畏法"。乡规民约在明代的迅速发展，首先归功于明太祖朱元璋和明成祖朱棣在制度上给予的重视和支持。朱元璋多次在公开场合强调礼仪教化的重要性，并于洪武三十年（1398年）颁布《圣训六谕》，成为整个明代实行教化的指导性文件，内容是"孝顺父母，尊敬长上，和睦乡里，教训子孙，各安生理，毋作非为"。

明成祖朱棣统治时期，第一次以国法的形式颁布了乡规条例，他要求地方官将宋代《蓝田乡约》中有关礼仪教化的内容进行宣讲，以达到移风易俗的效果。到了清末，关学代表人物牛兆濂（《白鹿原》中朱先生的原型）不遗余力"传礼教""正风俗"。他在其讲学的"芸阁书院"以《蓝田乡约》为教材，整理出《芸阁礼节录要》一书，并亲自带领学生演习礼仪，民众"观者如堵"。芸阁书院学员从此遍布全国乃至朝鲜半岛，成为在广大基层农村推行乡约、坚守乡仪的中坚力量。民国前期的乡村自治实践中，一些地区也广泛制定乡规民约，用乡约之旧制，更以新式内容，树立"上下尊卑、尊老敬贤、劝善旌美、禁恶止邪"的社会风气。在蓝田，以乔村为中心的18个村组成乡约组织，号称"十八社"，订立有十八社共同遵守的乡规民约。社里人每年都要到"吕氏庵"举行祭祀等仪式，在此基础上，又衍生出"孝义会""灶猪会"等乡约组织。20世纪50年代，随着生产合作社的建立，延续千百年的乡约逐渐淡出人们的视野，然而淳朴的乡风民俗仍得以继承保留。

改革开放以来，作为《蓝田乡约》的发源地，蓝田县把《蓝田乡约》精髓纳入乡村社会管理，引导广大村民自我教育、自我管理、自我提高，乡约文化又有了新的传承发展。如今，作为非物质文化遗产的《蓝田乡约》已经走进蓝田县的中小学课堂。

深受《蓝田乡约》教化影响的蓝田乔村成立了"乔村乡规民约评议会"，对农村出现的一些不文明、不道德的人和事进行评议，广泛宣传孝亲敬老、节俭过事、文明礼仪等，调解邻里矛盾，纯正乡风民俗，为"文明村"建设做出了突出贡献。

### 三、《蓝田乡约》主要内容解读

产生于蓝田五里头村的《蓝田乡约》内容丰富，传承至今已近千年，其重心在于劝导、教育、督促和评价乡民言行，基本精神是提倡"互助"。

"蓝田四吕"（吕大忠、吕大防、吕大钧和吕大临）师从关学大家张载，作为关学的代表人物，他们继承了张载"学贵致用"和"躬行礼教"的思想。因此，《蓝田乡约》被俗称为"过日子的章法"，其显著特点就是把儒家哲学化的道德伦理说教与现实的生活礼仪相结合，并规范化为乡民具体的行为准则，在"教化"和"乡治"两个方面发挥社会作用，成为农耕时代中国社会乡党邻里关系的准则和乡村治理的重要载体，体现出很强的示范性和实用性。

《蓝田乡约》由乡约（组织架构）、乡仪（礼俗交往）两部分组成。乡约包括"德业相劝""过失相规""礼俗相交""患难相恤"四大部分。在此四大互助事项中，又有具体的规定，有大量涉及互助的约束条文。如"德业相劝"下，包括"见善必行、闻过必改、能治其身、能治其家、能事父兄、能教子弟、能御童仆、能事长上、能睦亲故、能择交游、能守廉介、能广施惠、能受寄托、能救患难、能规过失、能为人谋、能为众集事、能解斗争、能决是非、能兴利除害、能居官举职"二十一项。"过失相规"下，列举了乡民的十五种行为过失，其中，犯义之过有六项，如"酗搏斗讼、行止违礼、行不恭逊、言不忠信、造言诬毁、营私太甚"等；犯约之过有四，即违反"德业相劝，过失相规，礼俗相交，患难相恤"的行为；不修之过有五，包括"交非其人、游戏怠惰、动作无仪、临事不恪、用度不节"等。"患难相恤"下，规定了乡民在遭遇"水火、盗贼、疾病、死丧、孤弱、被诬和贫困"七种情况下，约中成员应互相帮助。"礼俗相交"下，则有"造请拜揖、请召迎送、庆吊赠遗"的礼节。后来，吕氏兄弟又在"礼俗相交"内容基础上制定了《乡仪》，详细规定了民众在日常生活中该如何行礼。其中，包括宾仪15条、吉仪4条、嘉仪2条、凶仪2条。如在路上遇见长者步行，应下马向长者作揖，等长者过后才能上马。民间操办婚丧嫁娶往往花费极大，《乡仪》便以"各量其力"为原则，规定了入约民众相互赠礼的规格，如嫁娶与庆贺所赠羊、鸡、兔、酒、水果、蜡烛与布帛等物，总值不过三千文，少则一二百文。

后来，南宋理学家朱熹将《乡仪》内容精简并整合为四个方面：一为尊幼辈行。

二为造请拜揖，三为请召迎送，四为庆吊赠遗。中国人讲究长幼有序，朱熹便按照年龄差异，将人分为五等：长于自己三十岁以上的尊者，长于自己十岁以上的长者，年龄与自己相差不到十岁的敌者，小于自己十岁以上的少者，小于自己二十岁以上的幼者。相较于吕氏兄弟长者、敌者、少者的划分，朱熹的划分更加细致，在确立长幼秩序后，朱熹又一一展开，说明彼此见面时应如何着装、如何问候、如何作揖、如何坐位等。

《蓝田乡约》不同于一般意义上的乡规民约。除了具体约规，还设立了相应的组织和落实机制。明确规定乡约组织由村民自愿参加，乡约成员共同选举刚正不阿者1~2人担任"约正"负责赏罚。设"执月"1人，乡约成员按年龄轮流担任，每月一换，负责约中事务。乡约成员每月小聚（具食）、每季大聚（具酒肉），开支由众人分摊。

聚会目的：一是加深成员之间感情；二是记录、公布成员的善举和恶行；三是商议约中事项。每逢聚会，对约中成员善行当众记录公布，对于恶行也要记录和处罚；过失轻微，只记录，不罚钱；屡教不改的，经众人商议，开除出约。《蓝田乡约》由乡民自主约定，自愿加入，民主选举，赏罚公开，议事民主。这些约定符合乡土社会的生活实际，也符合广大农民希望生活安定、社会有序的普遍心理，具有无与伦比的社会适应性和实用性，在国法之外柔性地规范着人们的行为，合理地调整着乡土社会的生活秩序。

## 四、《蓝田乡约》的借鉴意义和当代价值

今天，民众正在致力于全面建设小康社会和实现中华民族伟大复兴的"中国梦"，然而，伴随社会转型和文化多元，市场化、工业化、城镇化对农村社会原有的伦理道德、文明礼仪和社会秩序造成了较大的冲击，使民众面临着前所未有的挑战。那么，民众该如何应对这一挑战并解决这一历史课题呢？习近平总书记曾多次强调，我们一定要树立文化自信、道路自信、理论自信、制度自信，从中华民族优秀传统文化中汲取治国理政的经验和智慧，来解决改革发展稳定中的问题。自宋元明清到民国初期，乡规民约经历了上千年的演变，得到了老百姓的认同，受到了朝廷和地方政府的重视。

今天，研究中国乡规民约的历史演变，不断扬弃和传承，对推动新时期乡规民约的创新和实践，对当代中国新农村建设、基层治理，以及社会主义核心价值观在农村的落地发展有积极的借鉴作用。

### (一)《蓝田乡约》具有重要的学术研究和历史文化价值

乡规民约根植于中国传统农耕文化的特殊土壤，是中国乡土社会一种基于地缘、宗法和现实的民间自治组织。历史上乡约自诞生之日起，不断维系稳定着中国乡村的社会秩序，为乡村的管理自治和社会整合提供了一种组织范式，对后世基层社区的发展产生了不可磨灭的影响。它是介于国法和家规之间的习惯法、准法律，或者说民间的"草根律令"。所以，历史学家钱穆对乡约评价颇高，认为乡约是"宋明时代，地方自治团体一种精神之宪法"。

深入研究《蓝田乡约》乃至整个乡约史，对乡村道德教化思想的理论渊源、主要内容、理论特质，以及传承创新等问题进行深入剖析，对新的历史条件下重塑和实践新乡约具有重要的学术和历史文化价值。《蓝田乡约》宗于儒家思想，基于乡村实际，彰显道德本位，在某种程度上，它的出现，是传统中国的士大夫和文化精英教化治国的理念在农村的试验。《蓝田乡约》就是在以"教化人才，变化风俗"为己任的吕大钧努力下制定并推行的。据《宋史》记载，蓝田吕氏曾是北宋时期的著名家族，吕氏一共有兄弟六人，其中四人名留史册。"蓝田四吕"或执掌国柄，或潜心问学，或居于庙堂，或处于乡里，但他们都宗儒尚礼，师从"关学"创始人张载，所以乡约的创立无不受到张载及其"关学"思想的深刻影响。也正因为如此，《蓝田乡约》也成为关学发展中的重要典籍，对于研究关学发展具有重要的意义。

### (二) 乡规民约是新农村伦理道德及精神文明建设的重要支撑

乡规民约劝善惩恶，"广教化""厚风俗"，从其设立的目的、内容以及效果来看，都与乡村社会的伦理道德建设天然有机地结合在一起，与今天我们所倡导的社会主义核心价值观也有着许多共通之处。可以说是今天社会主义新农村伦理道德和精神文明建设的主要载体和依归。乡规民约的不少内容源自世代村民日常的生活逻辑、社会习俗和历史传统，有深厚的社会基础。由于它是群众共同约定、承认和奉行的"群规"，自然更加适应本乡本村的历史、风俗和现实需要，更加容易被群众接受和认同。目前，许多地方出台《村规民约》，或者通过制定《护林公约》《文明公约》《环境保护倡议》《红白喜事管理办法》，等等，利用制度、舆论和道德的力量，遏制了封建迷信、家庭暴力、破坏生态等行为，扭转了攀比浪费、赌博斗殴的不良风气和陈规陋习，推举道德楷模、褒奖身边好人，对端正民风民俗、创造社会安定、建设精神家园产生了不可或缺的作用。

### （三）乡规民约是推动基层社会治理的重要力量

中国几千年的文明孕育了丰富的基层社会治理经验，乡规民约就是这方面的智慧结晶。《中华人民共和国村民委员会组织法》第二条规定"村民委员会是村民自我管理、自我教育、自我服务的基层群众性自治组织"，从中可清晰地看到，一定程度上，村民委员会的性质，及其所肩负的职能与传统乡约组织的自我教育、自我劝诫和自我约束是不谋而合的，具有先天的一致性。乡规民约对村民实行"民主选举、民主决策、民主管理、民主监督"具有重要的支撑作用。党的十八届四中全会专门提出，要"支持各类社会主体自我约束、自我管理，发挥市民公约、乡规民约等社会规范在社会治理中的积极作用"。乡规民约，实际上是一种社会契约，发挥着法的作用。它融法律、道德、习惯、礼仪等要素于一体，具有不可替代的社会整合及社会治理功能。当然，它也体现了中国村民自治制度，并努力贯彻融合国家政策与法律，维护生活、生产和经营秩序。近年来，有不少地方和社区注重以"规"促德，以"规"促治，探索构建"法治、德治、自治"相结合的基层社会治理模式。既坚持依法治村，建立完善公共法律服务体系，又切实发挥"德治"的基础作用，"自治"的关键作用，在新农村开发建设、土地利用、征地拆迁、社会救助、创建平安乡村、美丽乡村等过程中，有效发挥乡约组织的公平民主机制、民间调解机制、权益维护机制，着力预防和减少社会矛盾，化解邻里纠纷，取得了比司法介入更好的效果，真正成了一道维护和谐稳定的"防火墙"。一些地方在立法中，还与乡规民约协调与衔接，吸收引入了乡规民约中科学合理的内容。在陕西蓝田，当地文化部门积极挖掘《蓝田乡约》中修身、立业、齐家、交友等契合社会主义核心价值观的内容，围绕"品行端正不违法、勤俭持家惜物力、邻里互帮不生非、崇文尚德重教育"等内容，重新制定《蓝田新乡约》。全县100多个村因地制宜推出了具体实用、操作性强的新村规民约，在传承传统文化中树立新风正气。无论是就历史经验，还是现实情况来看，《蓝田乡约》和其他乡规民约一道，并未因时代久远而显过时，相反，各地新乡约建设蔚然成风，不断融入崭新内涵。

目前，在建设社会主义新农村和小康社会的过程中，需要民众继承和弘扬这一优秀传统文化，努力塑造新农民、新乡贤、新道德、新风尚，构建新型乡村人际关系和新型社会治理模式，努力研究、实践和发扬这一中国特色的民间智慧。

近年来，蓝田县在探索"乡贤"能人治理乡村的同时，不断挖掘《蓝田乡约》中契合社会主义核心价值观的精髓要义，深入研究制定更符合时代要求和现实需要的《蓝田新乡约》。通过"立约、传约、践约",把新乡约的核心"一约四会"延伸到乡村管理,推动精神文明建设,落实社会主义核心价值观的具体实践,让乡村管理既有"面子",更有"里子"。

《蓝田新乡约》在继承《蓝田乡约》核心要义"德业相劝,过失相规,礼俗相交,患难相恤"的同时,具体对铺张浪费、不孝敬父母等一些不良风气进行了规范,把乡规民约的精神充分融合到乡村治理中,让乡规民约在推进移风易俗中切实发挥作用。同时,为引导群众在日常生活中遵约践约,全县大力实施"百村百约"工程,对《吕氏乡约(精简版)》《蓝田新乡约》等进行公示,设立乡约墙,拍摄了以乡约为主线的专题片《蓝田白鹿魂》《中国影像方志——蓝田篇》,并在中央电视台播出。同时,组织中小学生诵读乡约、书写家规家训,传承乡约文化精神……通过多年实践,立乡约、传家训已成为蓝田开展农村精神文明建设的有力抓手,全县各类道德模范和身边好人不胜枚举,崇德向善的良好风气已经形成。

乡约是邻里乡人互相劝勉、共同遵守的一种制度,蕴含着见贤思齐、崇德向善的力量。要进一步挖掘《蓝田乡约》的现代价值,努力将其精髓要义同弘扬社会主义核心价值观相结合。要汲取乡规民约中的法治道德精髓,积极推动核心价值观进教材、进课堂、进头脑,使其成为人们日常工作和生活的基本遵循。要大力宣传蓝田乡约的要求和理念,扩大其影响,通过吕氏文化集中展示、拍摄电视纪录片连续剧、开展吕氏文化和关学理论研讨等,让陕西的宝贵精神财富、中国的优秀传统文化发扬光大。

## 五、蓝田乡约对于文化自信的价值意义

### (一)文化自信的意义

文化是人类历史长河中积淀的精神财富,是人类创造的文明智慧的结晶。绵延5000多年的中华民族在繁衍生息中孕育出了博大精深的中华文化,成为人类文明百花园中的瑰宝,更成为中华民族凝聚力的内核。

"中华优秀传统文化是中华民族的突出优势,是我们最深厚的文化软实力。"党的十八大以来,习近平总书记多次阐述文化软实力的重要作用,并明确提出坚定文化自信。

习近平总书记指出:"经过几千年的沧桑岁月,把我国56个民族、13亿多人紧紧凝聚在一起的,是我们共同经历的非凡奋斗,是我们共同创造的美好家园,是我

们共同培育的民族精神，而贯穿其中的、最重要的是我们共同坚守的理想信念。""没有文明的继承和发展，没有文化的弘扬和繁荣，就没有中国梦的实现。中华民族的先人们早就向往人们的物质生活充实无忧、道德境界充分升华的大同世界。实现中国梦，是物质文明和精神文明比翼双飞的发展过程。"

"文化自觉"摆脱了"文化启蒙"状态下主体性丧失的被动地位，"生活在一定文化中的人"开始主动认知自身文化并以独立自主的姿态积极投身于新时代的发展之中。

### （二）文化自信的中国方案

中国共产党和中华民族完全有能力、有信心为探索出一套具有普遍意义的"中国方案"，为创造一套合理的社会政治制度和更为公正的国际秩序做出自己的贡献。而踏上这一征途的心态和底色便是文化自信。

晚清以来，中国向西方的学习经历了"器物—制度—文化"三个由浅入深的阶段：从单纯引进西方的科学技术，发展为变革自身的政治制度和社会组织形态，最终演进为对中国文化的反思与批判。这一批判直至20世纪80年代仍未完结，其时的"新启蒙"延续了历史上数次文化启蒙的思维方式，将中国文化置于后来者和劣等生的位置，驱使其不断追逐和效仿更为"先进"的西方文化。可是谁曾想到，在短短的几十年间，过去的"劣等生"竟然创下了"中国崛起"的世界奇迹。随着中国经济的飞跃式发展和国际影响力的大幅提升，"中国模式"和"中国道路"成为全球性的热门议题，而溯源至中国文化的独特性和优越性便是其中一条重要的思路，对中国文化的关注和重视也随之日盛一日。早在20世纪90年代，费孝通先生就曾提出"文化自觉"的概念。具体来说，"文化自觉"是指"生活在一定文化中的人对其文化有'自知之明'，明白它的来历、形成过程、所具有的特色和它发展的趋向"。（《反思·对话·文化自觉》）"文化自觉"摆脱了"文化启蒙"状态下主体性丧失的被动地位，"生活在一定文化中的人"开始主动认知自身文化并以独立自主的姿态积极投身于新时代的发展之中。

以此为背景，习近平总书记在纪念中国共产党建党95周年的"七一"重要讲话中提出的"文化自信"这一战略任务也就有脉可循。"文化自信"既接续了"文化启蒙—文化自觉"这一历史发展路径，同时也彻底扬弃了"启蒙"压力下的"劣等生"心态，并在"文化自觉"的基础上更进一步，以更加自信、主动和开放的态度加入多元文化交流碰撞的当代世界之中。习近平总书记在报告中指出，中国共党、中华人民共和国、中华民族是最有理由自信的,全党要坚定道路自信、理论自信、制度自信与文化自信。

### (三)《蓝田乡约》可以成为文化自信的抓手,体现其社会价值

在中国共产党领导下的100年中,中华民族经历了从站起来到强起来、富起来的脱胎换骨的历史性巨变。这一伟大成就不仅意味着物质上的财富与成功、政治制度和政治理念上的先进和完善,更孕育出支撑我们不断前进的文化基因。在中华民族深厚独特的文化基因中,既有五千多年的中华民族传统文化,又有党和人民伟大斗争中孕育的革命文化和社会主义先进文化,也包括以改革开放为核心的时代精神。中华民族的文化自信正是建基于上述三者的有机交融,既葆有传统文化的古老辉煌,又承继了社会主义先进文化的正确发展方向,更能始终保持面向未来的开放品格。真正的文化自信并非一句轻松的口号,或是偶尔为之的"故作姿态",而是通过不断地打破旧有状态,在持续向外开放的过程中汲取新鲜有益的素养,从而完成对自我的超越。历史进程中的自信者、变革者与入世者无一不是敢于自我超越和不断攀升的勇者。日本学者竹内好在探索近代日本的发展道路时,曾提出"回心"与"转向"这一对概念,可以作为我们理解文化自信的参考。他指出:"回心以保持自我而反映出来,转向则发生于自我放弃。回心以抵抗为媒介,转向则没有媒介。发生回心的地方不可能产生转向,反之亦然。"(《近代的超克》)

如是观之,文化启蒙便是不断"转向"所谓的"先进"文化,无论如何勤勉地追赶"世界潮流",最终都将失却自身文化的立足之地,真正的交流、互动与生长也就不再可能。所以不论是全面西化,抑或是固守传统,皆属避世者"自我放弃"的一体两面,进而封闭了现实中自我发展的无限可能。因为一味追逐"先进",其实是以他者的发展道路为自家前进的参照标准。西方先进经验当然有其可取之处,但必须内化为当代中国的有机组成部分才真正具有建设意义。在全球化时代的今天,重要的是参与发展标准的制定,而非以某种外来标准"规训"自己。

当然,沉溺传统,同样如此。相反,文化自信正是在不断"回心"的基础上,通过与多元文化的互动与对话,营造一次次自我变革的契机。只有在坚持自身文化的立场、特色与诉求的前提下,亦即在自尊、自爱、自信的基础上,才能开展有效的自我反思与多元互动,不断革新和发展自身的文化。这便是习近平总书记在报告中指出的"不忘初心"同时又强调要"继续前进"的深意所在。文化自信虽是继道路自信、理论自信和制度自信之后新近增加的第四个自信,却被认为是更基础、更

广泛、更深厚的自信。只有将文化自信内化为时代普遍的情感结构，道路自信、理论自信和制度自信才有不竭的动力。如若没有文化自信，道路自信、理论自信和制度自信也就只能流于空谈，如同无源之水、无本之木。一般认为"物质生活的生产方式制约着整个社会生活、政治生活和精神生活的过程。不是人们的意识决定人们的存在，相反，是人们的社会存在决定人们的意识"。(《〈政治经济学批判〉序言》)文化自然属于"上层建筑"，需要与所处时期的物质生产力水平相适应。中国经济的高速发展带来了国际地位的显著提升，中国人的自信力也随之上升。而在一定的历史条件下，"上层建筑"也会反作用于"经济基础"，甚至起到举足轻重的影响。历史一次次证明，在历史发展的关键时刻，只有以先进理论和先进文化为导向，才能克服危机，开拓新路，夺取胜利。而在中华民族伟大复兴的关键时刻，如果没有对自身文化的高度自信，如果失去建设自身文化的领导权，中华民族的有机体就被抽去了"精气神"，从而陷入"不知向何处去"的惶惑之中，中华民族的伟大复兴也就无法最终实现。

中国共产党和中华民族完全有能力、有信心为探索出一套具有普遍意义的"中国方案"，为创造一套合理的社会政治制度和更为公正的国际秩序做出自己的贡献，而踏上这一征途的心态和底色便是文化自信。

习近平总书记在考察陕西之后，提出了文化自信，号召我们要很好地传承和弘扬传统文化。要讲清楚中华优秀传统文化的历史渊源、发展脉络、基本走向，讲清楚中华文化的独特创造、价值理念、鲜明特色，增强文化自信和价值观自信。

在蓝田县所推行的《蓝田新乡约》使广大乡村发生的变化成为社会主义核心价值观在蓝田落地生根、开花结果的一个缩影，也是文化自信的"抓手"所在。是从《蓝田乡约》的文化原点价值意义上入手，找寻《蓝田乡约》对文化自信的社会价值。

《蓝田乡约》到《蓝田新乡约》体现了习主席所提倡的中华文化的根本与抓手意义，从这个层面认识《蓝田乡约》的文化原点价值与文化自信的社会价值，是十分有意义的。

（写于 2018 年）

# 昆明池历史文化脉络研究

纪伟广

**摘　要**　开凿于汉武帝元狩三年的昆明池是汉长安城郊的一处大型池苑，当时的昆明池修建不仅为汉朝军事用途训练水兵，是中国古代第一大人工湖，同时也是一个为长安城提供日常用水、蓄水的重要水利工程，也是皇家贵族、文人学者游赏怀古的胜地。对昆明池的修建规模、历史功能和文化脉络及主题展开深入系统研究，是保护传承与创新发展中华传统文化的重要组成。

昆明池千年历史与西安古都的历史相重合，昆明池文化与中华文化不可分割、一脉相承。昆明池已经成为中华文明的精神符号和地理标志。深入研究昆明池文化与中华文化的关系，对昆明池景区的开发建设，具有重要指导意义。

重建昆明池，就是要对昆明池所蕴含的历史文化和生态文化，进行深入发掘和合理利用，为推动中华文化的繁荣，为实现中华民族伟大复兴，做出应有贡献。

习近平总书记来陕调研时指出，陕西是"天然历史博物馆"，要保护好文物，让人们通过文物承载的历史信息，记得起历史沧桑，看得见岁月留痕，留得住文化根脉。对历史文化，要注重发掘和利用，溯到源、找到根、寻到魂，找准历史和现实的结合点，深入挖掘历史文化中的价值理念、道德规范和治国智慧。

习近平总书记的论述，为我们学习和研究昆明池文化指明了路向。

作为中华文明的精神标志和地理标志，昆明池为我们留下了宏富的文化遗产。昆明池的历史横跨千年，见证了华夏文明古都大西安十三朝的兴衰更迭。昆明池及其周边，保存着十三朝特别是周秦汉唐的文化遗迹。在人类文明的轴心时代和中华文明形成统一时期，昆明池成为重要的"在场见证者"。昆明池所蕴藏的文化遗产价值，多如池边沙砾，不胜枚举。寻找并梳理昆明池的文化脉络，诚如瀚海拾珍，虽然繁复艰辛，但每拾得一枚，对古人、今人，尤其是对后人，都有着莫大的价值和意义。

## 一、研究意义

挖掘并梳理昆明池文化脉络，就是在编撰并修缮一部"昆明池文化史"，如同编修族谱，容不得半点功利。从昆明池文化的起源、演变轨迹，到其文化的内涵及在现实生活中的真实呈现，都要力求完整并客观记录昆明池的历史文化全过程。要写好这部"昆明池文化史"，至少要从历史文献（国史、地志、族谱）、考古资料以及前人研究成果三个方面提要钩玄，从昆明池所见证十三朝的经济、政治、军事、宗教、艺术、社会生活的各个方面，萃取中华文化精华，提取中华文明精要，才能在今天全球化的背景下，尤其在"一带一路"的视阈下，全面提升昆明池文化的品牌价值。

除了原真性、系统性和完整性，昆明池历史文化脉络的梳理工作，还必须围绕斗门水库工程建设和昆明池景区开发建设的切实需求。为汉唐长安城供水，是被公认的昆明池一大重要功能。而为西咸新区沣东和沣西两个新城以及为大西安供水，也是在建的斗门水库的核心功能。依此看来，以水文化为主的生态文化，以水文明为核心的生态文明，是昆明池文化脉络和文明图谱的根系所在。作为秦汉上林苑的核心景观，昆明池还承载了历代帝王将相、布衣百姓的游览、休憩功能。今天，以斗门水库为核心，为西安国际化大都市打造又一处 5A 级世界一流文化旅游目的地，也是重建昆明池的重要战略任务和历史使命。由此看来，与文化休闲、旅游观光和历史体验紧密相连的历史文化，更是昆明池的魂魄所在。

纵观人类五千年文明史，中华文明是人类原始文明高峰的缔造者，是工业文明的迟到者，是生态文明的践行者，未来将成为人类生态文明的引领者。今天，我们重建昆明池，就是要从昆明池历史文化的传承与发展出发，以打造生态文明典范作为最高战略目标，道法自然，为未来的人居方式，人与自然和谐相处方式探索可行路径。

今天是中华民族伟大复兴的新时代，在"一带一路"国家战略背景下，"昆明池"主动担起寻根溯源、探幽发微，站在丝绸之路起点，从中华文明源头，向世界讲述鲜活中国故事的历史重任。深挖昆明池所代表的中华文化精髓，创造性转化为产业价值，烛照民生，积极参与社会变革，参与国家叙事，主动融入"一带一路"战略，积极推进中华民族伟大复兴的历史进程，是昆明池文化脉络梳理工作的出发点和落脚点，更是斗门水库片区发展的历史使命和时代担当。

今天，中国已经迈入新常态的全新时代，在供给侧改革的驱动下，斗门水库工程建设和昆明池文化生态景区开发建设，必须遵循"创新、协调、绿色、开放、共享"五大发展理念。水库建设要以"系统治水、柔性治水"为指导，以打造"山水林田湖生命共同体"为目标；景区建设要以"尊重历史、敬畏自然、善待文化"为指导，以"创建世界文化新产，创造未来文化遗产"为目标，面对日新月异的科技革新浪潮和不断更迭变幻的市场需求，来部署我们的文化研究和梳理工作，来布局我们的产业转化工作。

## 二、昆明池的修建及规模

昆明池是汉武帝时期利用周秦时期的原有池沼拓建的巨大人工湖泊，是汉武帝先后在元狩三年（前120）、元鼎元年（前116）两次修建而成的。

关于修建昆明池的原因诸书记载有相同之处，也有不同之处。《汉书·武帝纪》记载元狩三年"发谪吏穿昆明池"，注引如淳曰："《食货志》以旧吏弄法，故谪使穿池，更发有赀者为吏也。"臣瓒曰："《西南夷传》有越巂、昆明国，有滇池，方三百里。汉使求身毒国，而为昆明所闭。今欲伐之，故作昆明池象之，以习水战，在长安西南，周回四十里。《食货志》又曰，时越欲与汉用船战，遂乃大修昆明池也。"其事亦见于《史记·平准书》："法既益严，吏多废免。兵革数动，民多买复及五大夫，徵发之士益鲜。于是除千夫五大夫为吏，不欲者出马；故吏皆（谪）适令伐棘上林，作昆明池。"《史记索隐》引《黄图》所谓略同，"昆明池周四十里，以习水战"，引荀悦语，"昆明子居滇河中，故习水战以伐之也"。而《汉书·五行志》的记载则将昆明池的开凿原因与当年大旱直接联系起来，"元狩三年夏，大旱。是岁发天下故吏伐棘上林，穿昆明池。"《汉书·食货志》曰元鼎元年（前116），武帝见"越欲与汉用船战逐，乃大修昆明池，列观环之。治楼船，高十余丈，旗帜加其上，甚壮"。嗣后昆明池"习战"练兵即为传统，至昭帝始废，《初学记·地部下》昆明池下载"至昭帝幼冲，不复习战。于中养鱼，以给诸陵祠"。

从史书记载中可以看出，昆明池修建的原因大体包括训练水兵、防旱保水、皇家游乐三种功能。

兴建昆明池这样巨大规模的人工湖泊，在当时的生产力条件下并非易事，需要投入大量的财力与人力。自西汉王朝建立以来，经济状况甚差，经过实行无为而治政策，与民休息，才出现了"文景之治"的局面，但由于汉武帝对外连年征战、对内大兴土木，以致财政上"府库益虚"，劳役上也是"徵发之士益鲜"，甚至需要"除千夫五大夫为吏，不欲者出马；故吏皆适令伐棘上林，作昆明池"。元狩三年兴修昆明池时人力、财力的紧张，可见一斑。不过，在秦汉两代的上林苑中，本就多池沼、湖泊，因此，昆明池是在周秦原有池沼、湖泊的基础上进行兴建、修治，则工程的强度、难度无疑要比在平地上再行开凿要低很多。诸如中国社会科学院对昆明池遗址进行勘测中所发现的紧邻昆明池遗址北侧的滮池、镐池遗址。《初学记》也指出："昆明池，汉武习水战也。中有灵沼神池。云尧时理水讫，停舟此池。盖尧时已有沔池，汉代因而深广耳。"《读史方舆纪要》曰："旧志云：上林苑中有波、郎二水，武帝因凿为昆明池。"张衡《西京赋》载："昆明、灵沼，黑水玄阯。"从文献资料可以看出，在昆明池兴建之前，上林苑中存在着大大小小许多湖泊、池沼，有些甚至紧邻、重叠在昆明池所在的位置上。

从昆明池的诸多功能来看，西汉时期昆明池在社会生活的各个方面均产生了十分重要的影响。

王莽建立新朝代汉之后，昆明池依然存在。据谢承《后汉书》，东汉初邓禹曾驻军昆明池，"赤眉盆子去长安，西入右扶风。邓禹至长安中昆明池，率诸将斋戒，择吉日入城，谒高帝庙，修礼祠祭，劳赐吏士"。

东汉时期，汉安帝曾观览昆明池，《后汉书·孝安帝纪》载安帝延光三年（124）"祠高庙，遂有事十一陵，历观上林、昆明池"。

北魏时期昆明池也是发挥了作用的。《魏书·帝纪四·世祖》载魏太武帝于太平真君七年（446）二月"幸昆明池"，《魏书·帝纪七·文帝》载孝文帝太和二十一年（497）四月"戊寅，幸未央殿、阿房宫，遂幸昆明池"。

北周时期昆明池也是继续发挥着作用的。《周书·帝纪三·孝闵帝》载闵帝元年（557）四月"欲观渔于昆明池，博士姜须谏，乃止"。《周书·帝纪四·明帝》载明帝元年（558）六月"幸昆明池"。

隋唐时期，昆明池虽然为城市供水的功能小了，然而却成为皇家王公贵族游猎中的场所。

《隋书·帝纪二·高祖》载高祖开皇十一年（591）七月、十三年（593）七月曾两次"幸昆明池"。到唐代，对昆明池行幸记载更多，如《唐会要》卷27"行幸"载高祖武德九年（626）"幸昆明池，习水战"。卷28"搜狩"载"贞观五年（631）正月十三日，大狩于昆明池，蕃夷君长咸从"。又如《旧唐书·代宗本纪》载代宗曾"幸昆明池踏青"。《旧唐书·武宗本纪》载武宗"车驾幸昆明池"。

而且唐朝还曾经三次大修昆明池。

第一次是唐太宗修复昆明池,为解决水源问题,当时不仅修复了汉代就有的石闼堰,而且新建了贺兰堰,将沣水和镐水(交水)引入昆明池,保证了昆明池的水量。唐代贞观年间编写的《括地志》曰:"丰、镐二水,皆已堰入昆明池,无复流派。"镐水是交水上游,镐水即交水也。交水渠,也就是石闼堰,应该是利用了汉代原来的进水渠堰系统。对沣水的引入利用是贺兰堰,这个是唐代初期修成的。《括地志》云:"沣水渠,今名贺兰渠,东北流注交水。"从地形看来,秦渡镇地形较高,便于从沣河中引水,贺兰堰当在此地。今沣惠渠也是在这里引水的。清代毕沅《关中胜迹图志》卷三《大川》记载:"唐贞观中,堰丰镐入昆明池。"

第二次大修是在唐德宗贞元十三年(797)八月。"诏京兆尹韩皋修昆明池石闼、贺兰两堰兼湖渠"。《长安志》云:"追寻汉制,引交河、沣水,合流入池。"其实这次恢复的不是汉制,而是初唐贞观年间之制。韩皋的这次疏浚特别是石闼和贺兰两堰的整治使昆明池水系得到改善,水源得以保证。

第三次大修是在唐文宗大和九年(835)冬十月,"发左右神策千五百人,浚曲江及昆明池。"因为唐文宗喜欢游宴,更想恢复盛唐时代的壮丽景象,但疏浚昆明池是一项十分浩大的工程。

当时有个大臣郑注为了使疏浚昆明池这一计划得到经费的保证和朝臣的支持,采取了两项措施,一方面征收茶税,另一方面以五行之术,宣扬"秦中有灾,宜兴土功压之,乃浚昆明曲江二池"。从而就使工程在财力和人力两方面得到了保证,昆明池得到了再次修复,并使"公卿列舍堤上",基本恢复了昆明池的盛景。

唐朝以后,随着政治中心的东迁和气候变化等原因,昆明池逐渐干涸。

唐代国力强盛,达到了中国传统社会发展的新高峰,城市建设和园林营造也达到了前所未有的水平。唐代利用汉昆明池原有的基础和自然特点,经过几次修浚和建立引水堰,使昆明池的面积较汉代有所增加,而且形成了一个以昆明池为中心的河湖结构,包括定昆池、贺兰堰、石闼堰等设施,成就了汉代以来昆明池的再次辉煌。

可以看出昆明池始建于汉武帝时期,原主要是为了汉军练习水战之用,后来变成了泛舟游玩的场所,鼎盛时期占地达300余公顷,是我国历史上第一个大型人工蓄水工程。

关于汉代昆明池的规模,史书中有不少的记载。《汉书·武帝纪》臣瓒注:"(昆明池)在长安西南,周回四十里。"《三辅黄图》卷四也说:"汉昆明池,武帝元狩三年穿，在长安西南，周回四十里。"《三辅旧事》曰："昆明池，地三百三十二顷。"《太平御览》引《三辅旧事》作盖地三百二十五顷，程大昌《雍录》又引作三百二十顷。汉武帝所建的昆明池周长达到四十里，面积三百三十二或三百二十顷，这是古代学者的基本记载。按汉代一里（一里为 300 步，一步为 6 尺，一尺为 0.231 米）约合今 415.8 米计算，周长大致折合 16632 米，也就是 16.6 千米。按汉代一顷（1 顷为 100 亩，1 亩为 240 方步）约合今 46103 平方米计算，320 顷约合 14752960 平方米，也就是 14.75 平方千米。

通过考古钻探和测量，得知昆明池遗址大体位于斗门镇、石匣口村、万村和南丰村之间。其范围东西约 4.25 千米，南北约 5.69 千米，周长约 17.6 千米，面积约 16.6 平方千米。遗址内有普渡、花园、西白家庄、南白家庄、北常家庄、常家庄、西常家庄、镐京乡、小白店、梦驾庄、常家滩、太平庄、马营寨、齐家曹村、新堡子、杨家庄、袁旗寨、谷雨庄、五星村、北寨子、南寨子、下店等 20 多个村庄，遗址周边有南丰村、大白店、万村、蒲阳村、石匣口、堰下张村、斗门镇、上泉北村、落水村共 9 个村镇。在池的东岸边发现进水渠 2 条，在池的西岸和北岸边发现出水渠 4 条，在池内发现高地 4 处，在南岸和东岸上发现建筑遗址 3 处。

通过勘探也确定，昆明池北岸位于今丰镐村南高地，顶部残宽 20~40 米，底部宽 80~110 米，厚 5~8 米。西岸位于上泉村东南向南经斗门镇至石匣口村北。南岸线从石匣口村北向东随地形延伸，西端为昆明池进水口所在。东岸线在石匣口村东北折至万村西后向北。东岸线上发现东向出水沟渠，将池水引入东侧漕渠。东岸线北段分早晚两期，试掘确定，早期池岸从西汉沿用至唐，晚期池岸为唐代扩大后形成。早期昆明池约 14.2 平方千米，唐代扩大为 15.4 平方千米，池中无岛屿，池最深约 3.3 米。

汉代昆明池旁有众多的离宫别馆建筑。《史记·平准书》："是时越欲与汉用舡（船）战逐，乃大修昆明池，列观环之，治楼舡（船）高十余丈，旗帜加其上，甚壮。"由此可见，过去我们在昆明池旁及其附近的南丰镐村、孟家寨、石匣口村、花园村和沣西的客省庄等地发现的西汉建筑遗存，当无疑属于司马迁说的昆明池"列观环之"的观址遗留。

昆明池周围的汉代台观有昆明台和豫章观。

据《三辅黄图》记载，豫章观是西汉武帝时的建筑。豫章观在西汉铜器铭文中屡见。如西安高窑村出土的第 9 号铜鉴，其铭文曰："上林豫章观铜鉴容五石，重九十九斤。初元（西汉元帝年号）三年受东郡。"

对于豫章观的地望，史书有明文记载。

班固《西都赋》："集乎豫章之宇，临乎昆明之池，左牵牛而右织女，似云汉之无涯。"

张衡《西京赋》："乃有昆明灵沼，黑水玄阯（沚），周以金堤，树以柳杞，豫章珍馆，揭焉中峙，牵牛立其左，织女处其右，日月于是乎出入，象扶桑与濛汜。"薛综注："小阯曰沚（渚）。"又曰："皆豫章木为台馆也。"

《西京赋》又曰："相羊乎五柞之宫，旋憩乎昆明之池。登豫章。"薛综注："豫章，池中台也。"

潘安仁《西征赋》："乃有昆明，池乎其中。……昔豫章之名字，披玄流而特起，仪景星于天汉，列牛女以双峙。"

《三辅故事》："（昆明）池中有豫章台及石鲸。"

《三辅黄图》："豫章观，武帝造，在昆明池中，亦曰昆明观。又一说曰：上林苑中有昆明池观，盖武帝所置。桓谭《新论》云：元帝被疾，远求方士，汉中送道士王仲都。诏问所能，对曰：能忍寒。乃以隆冬盛寒日，令袒载驷马于昆明池上，环以冰，而御驷者厚衣狐裘寒战，而仲都无变色，卧于池上，曛然自若，即此也。"

郦道元《水经注·渭水》："洨水又北迳长安城西与昆明池水合，水上承池于昆明台，故王仲都所居也。"

从上述引文，可以得出如下认识：其一，汉代昆明池内有一个孤岛，名曰昆明台，或称豫章台。其二，史记中记载的昆明台，也称豫章台、昆明观、豫章观、豫章馆，所指地望是一处。其三，关于昆明台的具体位置，据《水经注》记载，是在通往洨水的昆明池水附近，即所谓"'昆明池'水上承池于昆明台"。这个孤岛是汉以后才出现的。汉昆明池的北缘是在今北常家庄之南。

白杨观，在西汉诗人的著作中就有记载。扬雄《羽猎赋》："然后先置乎白杨之南，昆明灵沼之东……"注："服虔曰，白杨，观名也。"关于白杨观的所在地点，史书也有明文记载。《三辅黄图》："白杨观，在昆明池东。"

经过多次踏察，迄今在汉昆明池东岸边只发现一处西汉遗址。遗址位于孟家寨村的东南，靠近昆明池旁。在这遗址内未见到夯土台基址，只发现西汉建筑材料瓦和"上林"瓦当、云纹瓦当残片。此外也还发现大卵石柱础。

关于细柳观的所在地点，史书有以下两种不同的记载：

司马相如《上林赋》："登龙台，掩细柳。"郭璞注："（细柳）观名也，在昆明池南。"

《三辅黄图》:"细柳观,在长安西北。"

渭河位于汉长安城西北。自汉以来,渭水河床不断由南往北推移,今日的秦都咸阳城,其中南部被淹没于渭河及河滩之中。由此可见,渭河南岸在西汉时代显然比现在要更靠近于长安城址。另外,汉长安城西是有名的建章宫所在地。这样,则汉城西北郊在当时可供建筑宫、观之地实在有限,况且迄今在那一带也未发现宫、观一类的建筑基址。因此,《三辅黄图》的"在长安西北"的"北"字,似属"南"字的误刻,后来以讹传讹。如果我们这个判断不错的话,则上述两条史料所记细柳观址是一处,即今昆明池南细柳原北侧。观址名曰细柳,也许是因观址位于细柳原而得名。如前所述,今在细柳原北侧昆明池南发现一处西汉遗址。遗址位于今日石匣口村西约 400 米处,位靠昆明池岸。这个遗址被破坏严重,周围地面上散布着大量西汉瓦片和一些大卵石柱础,但未发现夯土台基址一类的遗迹。这里也许就是细柳观的所在地。

宣曲宫,在西汉铜器铭文和汉《赋》中均有记载。西安高窑村所出第 14 号铜鼎铭文有:"上林宣曲宫,……"司马相如《上林赋》有:"西驰宣曲。"关于宣曲宫的所在地点,史家一致认为它位于汉昆明池西。

《史记·司马相如列传》索隐:"汉书音义曰,宣曲,宫名,在昆明池西。"

《三辅黄图》:"宣曲宫,在昆明池西。"

《汉书·东方朔传》颜注:"宣曲,宫名,在昆明池西。"

按汉昆明池北缘在今北常家庄之南,其西缘在马营寨和张村之东。从昆明池往西约 1 千米即到沣河。介于马营寨和张村之间有昆明池水故道。昆明池水故道以北诸地,除马营寨和斗门镇以外,其余多属低洼的沙土地,考古工作者在那里从未发现过古代遗址。在昆明池水故道以南,即张村及其以西一带的地势较高,但在那里也没有发现过西汉遗存。所以,宣曲宫故址不在沣河之东,而是在沣河之西。1955 年考古工作者在沣西客省庄发掘时,曾在村东靠沣河西岸旁发现一处面积宏大的西汉建筑基址。《报告》中介绍西汉遗存比较简略。其实这个遗址的面积较大,内涵异常丰富。从夯土台往南约 120 米长(即客省庄东堡子北村边)的沣河西岸露头里,均发现有西汉时代的夯土墙或墙基。在夯土墙基的上面,覆盖着未经被扰乱过的西汉瓦片堆积。当时我们在夯土台以南约 50 米处,开 5×5 探方 8(或 10)个,挖掘到西汉堆积时未往下掘。在这个发掘点里,普遍发现西汉房基,在房基内外均埋有陶质水管管道。当时由于揭露面积太少,未弄清楚建筑的形制,后来在客省庄东堡子南边和西堡子还分别发现西汉建筑基址遗留,由此可见,这里应是一处重要的西汉建筑群所在地。这与《汉书·东方朔传》记载宣曲宫是一组而不是一座建筑的情况相吻合，另外，这里又位于汉昆明池正西。因此，客省庄一带，很可能就是宣曲宫的所在地。客省庄东堡子南边的一处西汉建筑，位于长鄠公路两旁，靠近灵桥。这处西汉遗址被破坏严重，公路以北在很早以前是一个深坑，常年积水，但在坑的南、北、西三边露头里，均残留有西汉遗存，主要是板瓦瓦片，另外还有卵石柱础。

考古简报中称，昆明池内共发现四处高地，均为生土，未发现夯土等遗迹。一号高地位于池北岸附近，今南丰村西南角以南约200米处。平面略呈西南—东北向的椭圆形，南北约195米、东西约50米。二号高地位于池内西北部，今南白家庄附近，距西岸约330米，距北岸约1510米。平面形状不规则，东西约370米、南北约500米。三号高地位于池内北部居中，今常家庄与北常家庄之间。平面形状大致呈椭圆形，东西约500米、南北约660米。四号高地位于镐京乡十字以南约160米处，平面形状大致呈南北椭圆形，南北约260米、东西约115米。这四处高地应该是有重要意义的，反映的是汉武帝求长生不老的心愿。秦始皇生前不断地到东海边寻求长生不老药，汉武帝有过之而无不及，也在毕生寻求长生不老药。这种"一池三山"的营造园林模式就是秦始皇创造的，据《史记》记载，秦始皇妄想长生不老，曾多次派遣数千人寻仙境、求仙药。毫无结果，只得借助园林来满足他的奢望。秦始皇修建"兰池宫"时为追求仙境，就在园林中建造一池湖水，湖中三岛隐喻传说中的蓬莱、方丈、瀛洲三神山。受此启发，汉高祖刘邦在兴建未央宫时，也曾在宫中开凿沧池，池中筑岛。汉武帝在长安城建造建章宫时，也在宫中开挖太液池，而且还把三座神山变成了四个。据《史记·孝武本纪》："於是作建章宫，度为千门万户。前殿度高未央。其东则凤阙，高二十余丈。其西则唐中，数十里虎圈。其北治大池，渐台高二十余丈，名曰泰液，池中有蓬莱、方丈、瀛州、壶梁，象海中神山龟鱼之属。"增加了"壶梁"神山。此外，《史记·封禅书》《汉书·郊祀志》《资治通鉴》（卷二十一）中也有如此记载和解释。清代《御批资治通鉴纲目》（卷五）上批注中便作"蓬莱、方丈、瀛洲、壶梁，四神山名，传在勃海中"。昆明池发现的四个高地正好印证了《史记》和《汉书》中的记载。此后这种布局成为帝王营建宫苑时常用的方式。这种布局可以丰富湖面层次，打破人们单调的视线，所以逐渐成为经典，这种营造园林模式在以后各朝的皇家园林以及一些私家花园中得以继承和发展。

唐时，昆明池周边由于良好的自然环境，出现了不少的大臣宅邸。如《新唐书·李客师传》记载，李客师"致仕，居昆明池南。"唐代以后，随着国家政治中心的东移，昆明池逐渐荒废，淤塞成农田。

## 三、昆明池的功能

关于西汉时期修建昆明池的功能，由于史书记载的不同，因而呈现出功能的多样性与复杂性。汉代以后特别是隋唐以来，昆明池的淤积问题越来越严重，特别是隋文帝建大兴城为新都后，昆明池城市供水和调节漕运的作用已经不存在了。但各代以长安为都的朝廷一直努力加以疏浚，扩大水域面积，并在岸边修建了许多新的馆舍，昆明池完全转化为皇家的游乐胜地。目前，对汉昆明池功能的研究主要集中在以下几点：

### （一）汉武帝修建昆明池是为了操练检阅水军

操练水军对付西南夷是最初修建的目的。据《史记·西南夷列传》"故作昆明池以象之，以习水战"，《汉书·食货志》中"是时越欲与汉用船战逐，乃大修昆明池"，《西京杂记》中有"武帝作昆明池，欲伐昆明夷，教习水战"的记载，说明汉代修建昆明池之初有其明确的军事目的，即操练水军以讨伐西南方的少数民族。

然而用昆明池操练水军的功能历时并不是很长，汉代也仅仅只持续了武帝后期一段时期。随着汉武帝以后开疆拓土的基本结束，昆明池遂失去了作为一个水军基地的功能。《三辅故事》记载："武帝作昆明池，学水战法。后昭帝年少，不能复征伐。"直至唐朝初年，唐高祖李渊才在武德九年"三月庚寅，幸昆明池，习水战"。昆明池又一度暂时发挥了水军操练的功能。

昆明池操练水军的意义非同凡响，它第一次将水战演习搬进皇家园林之中，是对中国皇家园林军事演练功能的进一步发展。后世言昆明池大多都要与操练水师联系起来，后来曹操在邺城作玄武池训练水军；三国时期东吴于建康开挖玄武湖，都兼有游乐和阅武的功用。463年，刘宋孝武帝在玄武湖检阅水军，则干脆直接下诏改名为昆明池；清代乾隆皇帝也加以仿效，乾隆十五年（1750），拓展瓮山泊面，并改名为昆明湖，并也曾一度在湖里演练水兵。可见昆明池水兵操练的影响之深远。

### （二）为了完善城市供水和调节漕运

水与一个都城的兴衰关系十分密切，汉代长安城周边的水环境很好，八水绕长安，水资源丰富，但如何利用这些水系并不是一件简单的事。昆明池地势高于汉长安城，且水量丰沛，水源清洁，从而使其具备了为都城长安供水和调节都城附近漕渠的漕运功能。

汉武帝时，经过汉初六七十年休养生息政策的积累，国家经济空前繁荣，武帝乃在都城附近大兴土木，除扩建汉长安城内建筑外，还在城西修建了建章宫。建元三年（前138）扩建了已有的上林苑，元光六年（前129）穿漕渠，元狩三年（前120）开凿昆明池，太初四年（前101）营建桂宫和明光宫，还扩建了北宫，长安城的建设此时达到顶峰。根据以上工程的建设时间我们可以判断开凿昆明池在先，汉长安城扩建在后。扩建后的汉长安城迅速膨胀，城市人口越来越多，原有的水源已不能满足城市用水的需要，于是，长安城西南的昆明池就发挥出给城市供水的功能，通过纵横交错的供水渠道，将水引到长安城内外需要用水的地方。

《汉书》载："元狩三年夏，大旱。是岁，发天下故吏伐棘上林，穿昆明池。"这也是元狩三年第一次兴建昆明池的原因。东汉和西汉时期的430多年间，根据历史记载共发生旱灾112次，旱灾占总年数的26%，也就是说平均3~4年就发生一次旱灾。另外，长安城到汉武帝时期城内外人口已达100多万。长安城的生活和设施用水光靠建城初期的潏水是远远不够的，这就成了极大的问题。据历史记载，公元前120年，关中大旱，而昆明池也恰恰是在这一年开挖的，可见关中大旱应该是汉武帝下决心开凿昆明池的原因之一。汉代充分利用长安城南部的自然河流，用纵横交错的渠道和人工开凿的池塘湖泊把周边的河流连接成一个完整而有机的供水系统，从而使大峪河、潏河、滈河、沣河等7条河流相互贯通，从高处向低处自然流下，以保证长安城的水源供应。

汉昆明池水源主要来自城西南的几条河流，《读史方舆纪要》载："武帝作石闼堰，堰洨水为池。"而洨水是潏河、滈河人工改道交流后的新名字，至唐朝则又引沣河水入池。秦岭充裕的水源不断汇入昆明池中，"池水北迳镐京东，秦阿房西，……其水又屈而迳其（阿房）北，东北流注揭水陂，陂水北出，迳汉武帝建章宫东，于凤阙南，东注沉水（潏水）"。宋代程大昌的《雍录》亦云："昆明基高，故其下流尚可壅激以为都城之用。于是并城疏别三派，城内外皆赖之。"同时，昆明池还发挥着调节关中漕渠水位的作用，漕渠是汉武帝时期因为都城人口众多，为了解决人们的吃粮问题而修建的从长安向东沿秦岭山下往东到黄河的人工渠道，二要达到运粮的目的，必须保持一定的水量。《水经注》载："渠上承昆明池东口，东迳河池陂北，亦曰女观陂，又东合沉水，亦曰漕渠。"因此，昆明池的修建，不仅解决了上林苑中诸多宫殿楼阁与长安城的供水问题，同时还保障了关中地区漕运的正常。

可以看出昆明池的水系统是由洨水、石碣、引水渠、泄水渠、揭水陂、"飞渠"，以及四周湖堤等设施组成。洨水是指把潏水与滈水在上游联结起来并向西入沣河的人工河道，既保证了昆明池有稳定的水源，又可以避免多量来水带来的洪水威胁；石碣是一座建在洨水上引水北流入昆明池的滚水石坝，其下有渠道提供昆明池的水源；引水渠共有三条，建在昆明池东、北两面，引池水直接或通过泬水间接地供应汉长安城的都市用水和漕渠用水；泄水渠是昆明池西侧沟通沣河的人工渠道，以排泄昆明池多余的水来调节水位；揭水陂为昆明池的二级调蓄水库；"飞渠"则是在建章门处专门引水入城的渡槽；这些设施与居中的昆明池大水库连接起来构成了复杂而又自成体系的综合性都市水利工程。

### （三）为皇家提供游乐场所

宋人程大昌在《雍录》中云："其始凿也，固以习战，久之乃为游玩之地也。"正史中也有不少相关记载。可见昆明池初期是为了训练水军开凿的，昭帝即位以后，随着汉朝对外扩张征伐的停止，昆明池逐渐演变为休闲游赏之地。

修建完工的昆明池水域宽广、绿树成荫、宫殿楼观密布，动植物资源异常丰富，是当时最适合游玩狩猎、愉悦身心的风景胜地。关于昆明池休闲设施的修建，《史记·平准书》载：元鼎二年（前115）"乃大修昆明池，列观环之。"《三辅旧事》载："池中有豫章台及石鲸。池中有灵波殿，皆以桂为殿柱，风来自香。"说明昆明池周边有离宫别馆环绕，池中亦有岛屿和宫殿建筑，这些建筑皆以贵重木材为原料，香气袭人，引人入胜。文献记载"列观环之。治楼船，高十余丈，旗帜加其上，甚壮。于是天子感之，乃作柏梁台，高数十丈。宫室之修，由此日丽"。如果纯是习战之所，又怎会在湖岸边广修宫室楼台。

由于良好的水环境，成为鱼与水鸟的栖息地。昆明池中的鱼与水鸟就更多了，种类数不胜数。班固《西都赋》中描写了帝王游宴昆明池所见到的景象："飨赐毕，劳逸齐。大路鸣銮，容与徘徊。集乎豫章之宇，临乎昆明之池。左牵牛而右织女，似云汉之无涯。茂树荫蔚，芳草被堤。兰茝发色，煜煜猗猗。若摘锦布绣，爥耀乎其陂。鸟则玄鹤白鹭，黄鹄鸀鸧。鸧鸹鸨鸹，凫鹥鸿鴈。朝发河海，夕宿江汉。沈浮往来，云集雾散。于是后宫乘辇辂，登龙舟，张凤盖，建华旗。袪黼帷，镜清流。靡微风，澹淡浮。櫂女讴，鼓吹震。声激越，謍厉天。鸟群翔，鱼窥渊。招白鹇，下双鹄，揄文竿，出比目。抚鸿罿，御矰缴。方舟并骛，俛仰极乐。遂乃风举云摇，浮游溥览"。张衡的《西京赋》也有相似的描述："乃有昆明灵沼，黑水玄址。周以金堤，树以柳杞。豫章珍馆，揭焉中峙。牵牛立其左，织女处其右。日月于是乎出入，象扶桑与蒙汜。其中，则有鼋鼍巨鳖，鳣鲤鱮鮦。鲔鲵鲿鲨，修额短项。大口折鼻，诡类殊种。鸟则鹔鹴鸹鸰，驾鹅鸿鹠。上春候来，季秋就温。南翔衡阳，北栖雁门。奋隼归凫，沸卉軿訇。众形殊声，不可胜论。……相羊乎五柞之馆，旋憩乎昆明之池。登豫章，简矰红。蒲且发，弋高鸿。挂白鹤，联飞龙。磻不特缋，往必加双。"一派游猎繁忙的景象充分展现出昆明池的游猎功能之所在。

### （四）上林苑园林建设的需要

汉武帝时期对秦上林苑进行了扩建，为了使上林苑更具有园林的功能，必须增加水域的面积，"仁者乐山，智者乐水"，园林中有水才有生气和灵气。《汉书》卷十九（上）《百官公卿表》记载："少府属官有上林十池监。"今本《三辅黄图》卷四载："上林苑有初池、糜池、牛首池、蒯池、积草池、东陂池、西陂池、大台池、当路池、郎池。"《汉书》卷五十七（上）《扬雄传》记载："武帝广开上林，南至宜春、鼎湖、御宿、昆吾，旁南山西，至长杨、五柞，北绕黄山，濒渭而东，周袤数百里。"尽管上林苑中有十池，但是规模都很小，无法与庞大的上林苑匹配，因此昆明池的开凿成了扩建上林苑园林工程所必需的。加之汉武帝好大喜功的个性，规模宏大的昆明池修建就成了上林苑中最为重要、规模最大的池苑了。

### （五）发展水中养殖业

《西京杂记》卷一记载："武帝作昆明池，欲伐昆明夷，教习水战，因而于上游戏养鱼。鱼给诸陵庙祭祀，余付长安市卖之。"说明昆明池规模很大，不仅能训练水师，还兼具水产养殖的功能。每年所产的鱼除了供给宗庙及陵墓祭祀之用外，剩余的就送到长安市场上销售，而且由于鱼量大，甚至导致出现了"市鱼乃贱"的销售局面。

显然发展水中养殖业是昆明池的间接功能和附带功能，与最初修建的目的和功能很难说有关系。

### （六）摹拟天象，宣示帝都"天人合一"营建理念

"天人合一"是中国古代营建都城时的核心思想。秦都咸阳"渭水贯都，以象天汉"，汉长安城修建成"斗城"的形状。昆明池仿照滇池而建，水域辽阔，烟波浩渺的景象可以想见，于是遵循都城"天人合一"的设计理念，雕了"牵牛"和"织女"两个巨大的石人分立池的东西两岸，隔湖相望，以象征天上的银河与星宿。

张衡《西京赋》记载："豫章珍馆，揭焉中峙。牵牛立其左，织女处其右。"班固《西都赋》也有："集乎豫章之宇，临乎昆明之池，左牵牛而右织女，似云汉之无涯。"至今这两座雕琢技法古拙纯朴的西汉石雕尚保存在原地，被称为石婆与石爷。同时还仿效秦兰池宫在水中安置动物石雕的做法，在池中置放了一个二丈长的石刻鲸鱼。《三辅黄图》说："池中有豫章台及石鲸，刻石为鲸鱼，长三丈，每至雷雨，常鸣吼，鬣尾皆动。"怪不得汉武帝夜游昆明池时，要与随行的司马迁与司马相如讨论天上的银河与星辰，并让他们著文颂之。正如巫鸿所言："织女像和牛郎像分别被放置在相对的两岸，使该池成了对银河的模拟，池中有一巨大的石鲸，把这个人工湖泊转化成一个汪洋大海。"

牛郎、织女二石像现在保存在昆明池遗址范围内，一个石像在今北常家庄"石婆庙"内，另一个石像在今斗门镇"石爷庙"内。俞伟超先生认为，"石婆庙"内的石像是男相，即牛郎，"石爷庙"内的石像是女相，即织女。现在民间把两个像给颠倒了，这二像现在所处方位，和古代文献记载牛郎在东，织女在西，是一致的。现存织女石像高258厘米，右手置胸前，左手贴腹，作踞坐状；牵牛石像高228厘米，作笼袖姿态。这组石刻均用花岗岩雕成，形体高大，是中国早期园林装饰雕塑的代表。昆明湖畔两侧的牵牛、织女石像，象征着天上银河两侧的牵牛星、织女星。这种天上人间遥相呼应的景观设计，给来此游览的人很大震动，也是产生中国著名的神话——牛郎织女爱情故事的基础。

牛郎、织女的爱情传说故事由来已久，其流传时间长、影响范围广、凄美动人的爱情故事，可谓是感天动地。在其发展演化过程中经历了由星象向神人、再由神人向真人恋爱的发展历程。《诗·小雅·大东》说："维天有汉，监亦有光。跂彼织女，终日七襄。虽则七襄，不成报章。睆彼牵牛，不以服箱。"这是牛郎、织女神话传说的雏形。这时，织女、牵牛还只是天河二星，并无神的色彩，虽然诗中提到了织女"报章"、牵牛"服箱"，但这也只是就天上两颗星的名称生发的联想。到了汉代，牵牛、织女星在地上有了直接的塑造，立在了游览胜地昆明池的两岸。他们也便由天上的星星变成了地上的神仙，与人们更加亲近。随着时间的推移，爱情因素与牵牛、织女传说的结合日渐明显。汉末的《古诗十九首》就透露了这一信息，其中的《迢迢牵牛星》吟道："迢迢牵牛星，皎皎河汉女。纤纤擢素手，札札弄机杼。终日不成章，泣涕零如雨。河汉清且浅，相去复几许？盈盈一水间，脉脉不得语。"这里的牵牛、织女二星已具人物形象，即弄机织布、思念流泪，并且开始被编织为一幕恩爱夫妻受着隔绝之苦的爱情悲剧。诗中虽然没有直言牵牛、织女是夫妻，但织女终日思念牵牛，渴望相见，而又"盈盈一水间，脉脉不得语"的情节则是十分清楚的。

"七夕"节的形成，是由天文星相变为人间爱情的过程，又是随时代的发展不断完善、不断丰满的过程，它也是人和自然之间建立起来的亲善和谐关系的特殊体现形式。织女做星名，初见于我国现存最古的科学文献之《夏小正》。在西周的诗歌《诗经·小雅·大东》中，织女、牵牛颇具神话雏形，不仅仅是银河两岸的星，同时将天上的星辰与地上的耕织生活联系在一起，这是对中国古代传统农业的注脚。从战国至汉初，织女、牵牛逐渐人格化。"秦王扫六合，虎视何雄哉"，秦人把都城咸阳从渭北扩展到渭南时，《三辅黄图》记载："引渭水贯都，以象天汉，横桥南渡，以法牵牛"，织女、牵牛的天象给秦都咸阳增添了无限的神秘色彩。不少的学者认为，"七夕"节来源于长安就是因为在昆明池两岸发现织女、牛郎石刻，从而真正将天文星相变成了人间爱情。

何清谷先生曾论定汉武帝在建昆明池时仿效秦始皇将其都城从渭河北岸扩大到渭河南岸时，附会牛郎织女鹊桥相会的神话传说，从而赋予帝王所居的都城一种神秘色彩。同时借牛郎织女的神话传说，在由昆明池北通镐池的河道东、西侧立此两个我国历史上最早的大型石雕人像，也强烈体现了统治阶级在规划与修建都城郊外大型池沼工程中的象天思想。汉代昆明池的修建是多种原因形成的，并非某一个原因，而形成后的结果有些是主观的，有些则是客观的。

## 四、昆明池文化脉络关系

研究昆明池历史文化脉络，要甄别厘清昆明池历史文化保护利用过程中的几组关系。

昆明池文化与大遗址保护与利用的关系。昆明池是国家级汉长安城遗址的重要组成部分，对该遗址的保护、开发与利用，应探索出一条经得起历史考验的可行路径。尤其在遗址保护、生态修复、水域开发之间，应该严格界定，科学规划，合理设计。

昆明池文物遗址与非物质文化遗产的关系。昆明池蕴藏着包括七夕文化、礼仪习俗等在内的大量珍贵的非物质文化遗产。从大量文物遗存里甄别、遴选这些非物质文化遗产，对昆明池景区文化创意、旅游等相关产业的开发，具有重要意义。斗门牛郎织女传统，已被列入国家级非物质文化遗产目录，将为昆明池打造以七夕为主题的文化旅游产业产生不可估量的积极影响。

昆明池文化传承与文化创造的关系。文化传承与文化创新并存且相互支撑、相互促进。昆明池文化的传承与发展，其根本在于能否以昆明池文化（历史与生态文化）研究为基础，创造出以古鉴今、以人文文化的全新的文化。

昆明池文化景观建设和城市区域功能的关系。拆新复古、拆真古建假古、新古生硬穿越，已经成为国内历史文化旅游景区的硬伤和致命痛点。用复古方法打造的项目，先天就具有两大致命伤：其一，虚假，虚假的"古"，虚假的旅游体验；其二，割裂，历史与当代割裂，外来观光客与本地居民割裂。这两大致命伤的背后，有着相同的思考逻辑，即靠简单粗暴消费历史文化造噱头，即可吸引中国庞大的游客群体，获得商业经营上的成功。这种思考逻辑在本质上没有为观光客和本地居民打造真正有魅力的观光或消费体验。当中国近年的旅游形态转变升级，这种简单粗暴的项目迅速被市场无情抛弃。昆明池景区的景观建设要获得成功，首先，应在根本上进行思考逻辑的创新，必须基于真的历史、"真"的体验，打破割裂，打造真正能撼动人们心灵的旅行（消费）体验，才能获得真正的成功。

昆明池文化和水文明的关系。昆明池，建于汉代，是中国历史上第一大人工湖，是中国水利史上城市供水的先驱，是中华民族勤劳智慧的结晶，更是中国水文明灿烂辉煌的见证。

昆明池水文化是中国良性历史文化遗产中的一座丰碑，既代表着我国古代水利技术的物质文明，也代表着我国悠久灿烂文化的精神文明。在这里，水与民风、民俗，水与民间传说，水与诗词歌赋、绘画、音乐、书法、雕塑等浑然一体，流传千载。昆明池是历史、文化和科学的最佳组合。尤其在历史文化意义上，昆明池蕴藏着极其丰富的内涵，彰显着众多优良的文化形象。

## 五、昆明池文化主题

昆明池文化主题核心目的在于为昆明池景区梳理出文化主题，并依此对昆明池包括东岸商业及高端住宅、南岸湿地公园及养生休闲、西岸国际会议会展、北岸景区门户旅游四大板块的规划设计和业态布局，提供文化支撑。

以七夕为符号的爱情文化。人间最关切的是情，是爱，爱情是千古不衰的永恒话题。而在当今光怪陆离的节日文化中，以思念与祈福为载体，凸显爱情主线的节日，唯有"七夕"节。尽管在西方"情人节"的冲击下备受冷落，但并没有被遗忘。在华人世界里，提到牛郎织女，提到七夕文化，妇孺皆知。时逢盛世，国家重视，民间关注，相信在沣东新城的推动下，"七夕"节一定会焕发勃勃生机。

以水战和战船为符号的军事文化。汉武大帝为习水兵而开凿昆明池，集中体现了"明犯强汉者，虽远必诛"的大汉气概，也集中展现了以"水师"为主题的中国古典军事文化。与当今我国海洋战略相结合，深入研究昆明池军事文化的内涵，将有助于增强并提高昆明池目标受众的爱国主义情怀，将有助于将昆明池打造成为中国青少年爱国主义教育基地。

以开放、开拓为特征的古丝路文化。据《汉书》《史记》记载，汉武帝建元元年（前140）张骞应募出使西域，历经坎坷，至元朔三年（前126）才回到汉朝，向汉武帝详细报告了西域诸国情况，并特别提到在大夏（今阿富汗）国，竟有蜀布（四川细布）、邛杖（邛都即今西昌一带产的竹手杖）出售，问商人，得知由身毒国（今印度半岛）可直通大夏，并说那里的人骑象打仗、临近大海……于是，劝汉武帝开西南夷道，以避免匈奴劫阻。汉武帝采纳张骞建议，命蜀郡、犍为郡派使者四路并出，企图打开西南通道。但汉朝军士多来自中原，经过昆明池操练，解决了水战中的障碍，使征战西南夷变被动为主动。元封二年（公元前109年）汉武帝派将军郭昌入滇，先征服滇池东北方的劳浸、靡莫等部落，然后大军直指昆明。昆明部族首领见大势已去，不得不降服汉朝，同意设立郡县，置官吏。汉武帝在滇中心区域设益州郡；又封其统治者为"滇王"，赐"滇王金印"。从此，开通了西南丝绸之路，并标志着云南地区从此接受了汉朝的统治。由此可知，昆明池蕴含着确凿而丰富的丝路文化。

以儒道为代表的汉文化。汉武帝"罢黜百家，独尊儒术"，最终形成政治统一于皇权、思想统一于儒术的大一统政治理论体系。儒家思想成为统治阶级进行统治的主导思想，尊儒兴学、制度教化，将教育、考试和选官结合起来，孔子"学而优则仕"的主张便作为正式的文官制度得以确立，从而推动西汉政府的最高学府——太学兴盛。同时，私学兴盛，全国学校如林，庠序盈门，为汉帝国源源不断地培养服务于封建统治的合格人才。对昆明池所蕴含的以儒家和道家为代表的汉文化的研究，将有助于依托昆明池打造游学体验基地，通过互联网推动文化业态向高端教育及文化旅游领域纵深渗透。

以水文化为代表的生态文化。水文化是昆明池的核心文化主题。它包括人们对水的认识和感受、关于水的观念，管理水的方式、社会规范、法律，对待水的社会行为、治理水和改造水环境的文化结果等，通过宗教、文学艺术、制度、社会行为、物质建设等方面得以表达，这是一种彰显人水和谐关系的文化。

文学艺术。据统计，流传下来与昆明池有关的诗词歌赋达到256首。对这些诗词歌赋的整理、挖掘，将有助于景区文化产品的规划设计，增强项目的文化内涵。

乐舞文化。汉代乐舞，在中华乐舞文化中，具有重要历史地位。众所周知，汉代在我国历史上是国力强盛、文化发达的时期，也是中华文化的奠基时期。汉代乐舞绚丽多彩，对后世影响深远。但是在以往的乐史著述中，汉代的音乐是个薄弱的环节，其本有的辉煌与叙述的简略形成了巨大的反差。而今人对于汉代乐舞的研究也主要局限在乐府、鼓吹乐、相和歌等为数不多的课题上。随着考古技术进步，包括乐器实物、乐舞壁画、乐舞画像石（砖）等大量汉代音乐文物随之出土，将为昆明池乐舞文化提供详实的研究素材。

饮食、中医药文化。作为十三朝古都帝王将相的游览胜地，昆明池曾经聚集了天下珍馐美味。值此昆明池景区开发之际，研究其饮食文化作为昆明池景区餐饮的灵魂，通过集聚当代餐饮资源，优化创新，定能创建全新的昆明池景区饮食文化品牌。

礼俗、百戏、民俗文化。昆明池作为中华汉文化的典型代表，所蕴含的礼俗文化和礼制文明，是华夏子孙的族群基因，是中华文明的独特密码，是世界了解中国人、了解中国的核心之匙。昆明池应审时度势，谋篇布局，挖掘所蕴藏的优良礼制文明价值，抢抓包括"一带一路、供给侧改革"等国家战略机遇，紧抓未来中国发展方式变革和生活方式变革机遇，尤其应抓紧以"云物大智"和"工业4.0"为主要特征的技术革命机遇，融遗址保护、开发与文化传承、文明传播于一体，打造中华礼制文明殿堂，搭建世界文明交流互鉴桥梁。

汉代民间文化种类繁多、万象纷呈，从不同的侧面、以不同方式和载体诠释着那个时代的帝国风华。汉代节庆活动为中国传统节日奠定了基础；汉代服饰成为中华传统文化和人文历史的深刻凝聚；汉代礼仪成为中国传统礼仪中的核心组成部分。

乐舞百戏千姿百态，丝竹乐器盛行，乐府民歌遍及全国，智力游戏、体育游戏和儿童游戏层出不穷，投壶、击壤、博戏等成为后世中国流行娱乐活动的雏形。两汉音乐广采博纳，集中展示出汉代人集先秦音乐文化之大成，开创一代音乐风格的典型时代特征。此外，《黄帝内经》荟萃先秦诸子百家养生之道，射术、剑术、角力、保健养生形成技术和理论体系，名医华佗创编的"五禽戏"为后人进行养生提供了重要的依据等，都展示了蔚为大观的汉代民间文化。

景观园林。昆明池是秦汉上林苑的核心景观。作为中国古典园林艺术的巅峰代表，昆明池蕴含着优秀的园林景观文化，开创了我国以大型水体作为核心的皇家园林建设先河。

渔业、农业文化。毛泽东主席在他的古诗作品《七律·和柳亚子先生》里有诗云:"莫道昆明池水浅,观鱼胜过富春江。"这里的昆明池,尽管指的是北京颐和园的昆明湖,但该湖却取名于汉武帝在长安凿的昆明池。《西京杂记》《汉官旧仪》等大量文献资料记载了昆明池丰富的渔业资源,也记载了昆明池渔业文化的精要。观鱼、吃鱼、戏鱼,必将成为昆明池景区未来的重要旅游文化产品。

(写于 2018 年)

# 关于陕西加强黄河流域中华优秀文化保护传承和时代价值挖掘的建议

李振平:陕西省决策咨询委员会委员

陕西中国西部发展研究中心研究员

**摘 要** 论证提出,应积极创建七大中华优秀文化精神标志,积极构筑"⊥"形文化保护利用国家战略轴,积极加强秦岭和黄河两大自然文化组合带建设。为此,提出了四方面推进的措施建议。

国家对黄河流域生态保护和高质量发展做出了战略部署,要求加强黄河文化遗产的系统保护,挖掘黄河文化的时代价值,为实现中华民族伟大复兴的中国梦凝聚精神力量。现就陕西黄河流域中华优秀文化保护传承和时代价值挖掘提出以下建议。

## 一、积极创建七大中华优秀文化精神标志

### (一)延安中国革命圣地红色文化标志

**1. 核心标志与总体构成**

以延安宝塔区革命遗址遗迹以及展览展示教育场馆集群和延安精神、毛泽东思想为核心标志,包括全省上百项经典红色文化保护地及其旅游景区,形成中国革命圣地红色文化保护传承、宣传弘扬体系。

**2. 文化内涵与时代价值**

延安是中国共产党领导的中国共产主义革命在新民主主义革命时期最为辉煌和显著发展壮大阶段的首府,是最具代表性的中国革命圣地。毛泽东等老一辈无产阶级革命家在延安生活和战斗了13个春秋,领导和指挥了中国的抗日战争和解放战

争,奠定了中华人民共和国的坚固基石。延安是毛泽东思想从形成、发展到成熟的圣地,在延安召开的党的七大把毛泽东思想确立为党的指导思想。延安革命圣地孕育了伟大的"延安精神",是中国共产党的传家宝,是中华民族宝贵的精神财富。延安中国革命圣地红色文化标志地,必将成为中国共产党人带领人民不忘初心、牢记使命的革命精神家园。

### (二)华夏始祖文明起源历史文化标志

#### 1. 核心标志与总体构成

以黄帝陵为核心标志,包括蓝田华胥氏陵、宝鸡炎帝陵、蓝田猿人、半坡遗址等系列史前文化遗迹构成体系。

#### 2. 文化内涵与时代价值

黄帝陵,是《史记》记载的唯一一座黄帝陵,号称天下第一陵、华夏第一陵。黄帝是中华文明诞生时期的祖先之一,被誉为"人文初祖",黄帝还是伟大的政治家,黄帝时代也是中华文明蓬勃发展的时代,为中华文明后来的发展奠定了基础。黄帝文化成为华夏旗帜、中华民族的象征性符号,成为凝聚中华民族、团结各民族的重要精神纽带。蓝田华胥氏陵、黄帝陵、炎帝陵、骊山女娲及人仁宗(人种)山系列史前历史文化遗迹,记载了华胥氏生伏羲、女娲,伏羲、女娲生少典,少典生炎、黄二帝的中华始祖起源的历史文明过程,成为证明中华文化绵延五千年久盛不衰的标志。

### (三)西咸大都市中国古代皇都历史文化标志

#### 1. 核心标志与总体构成

以西咸大都市城郊周秦汉隋唐都城系列遗址遗迹及其国家治理文化、临潼秦陵及陪葬墓秦兵马俑、十一汉帝陵等为核心标志,包括外围地区秦雍城、大夏统万城以及关中渭北原区唐帝王十八陵为主构成皇都历史文化体系。

#### 2. 文化内涵与时代价值

都城是人类文明发展的核心,中国历代都城集中地记载了中国经济社会军事文化的发展进步。中国古代历史上先后有 13 个王朝在陕西建都,周朝丰京镐京、秦朝雍城栎阳咸阳、汉朝栎阳长安、隋唐大兴长安等成为中国辉煌历史和优秀文化的代名词和重要标志。周秦汉隋唐国家治理体系集中代表了我国封建王朝的治理特点,在同期世界国家治理中具有先进性,也为我国后来千年国家治理奠定了基础。帝王及其皇族和文臣武将墓群,又是封建王朝政治经济军事文化的另一种展现方式,同样具有中国历史文化和都城文化的标志意义,挖掘整理、传承利用之内涵价值极大。

### (四)中国农业起源与水利文明历史文化标志

**1. 核心标志与总体构成**

以武功、杨凌后稷教民稼穑和秦郑国渠历史文化为核心标志,包括汉龙首渠、白公渠、六铺渠、宋丰利渠、李仪祉泾惠渠等古、近、现代水利工程为重要内容构成文明体系。

**2. 文化内涵与时代价值**

农业文明和水利文明是人类文明的重要起源,渭河平原自古就有"天府之国"美誉,成为中国农业起源和水利文明发源地。如果说以"后稷教民稼穑"引领关中先民发展形成了真正的耕种农业,在那个社会具有划时代意义,成为中国农业文明的起源,那么,关中农业在之后的封建社会进入新的辉煌发展阶段的根本标志,无疑就是率先创建了灌溉农业,也使关中平原成为我国水利文明的起源地。继郑国渠之后的汉代白公渠、龙首渠、六铺渠、成国渠,唐代三白渠,皆创造了中国以至世界灌溉水利工程技术与管理的历史新纪元。

### (五)黄河母亲河秦晋大峡谷自然文化组合标志

**1. 核心标志与总体构成**

以晋陕黄河峡谷奇观的典型代表壶口瀑布、延川蛇曲、无定河河口曲流群、佳县九曲黄河四大地质公园和沿线国家重点保护古城堡、古长城、古镇村、革命纪念地、古寺院等文化瑰宝为核心标志,包括特色地质地貌、自然生态和历史文化、红色革命文化、民俗民间文化、黄土黄河文化等构成体系。

**2. 文化内涵与时代价值**

黄河早已不仅仅是一条大河,黄河与中华民族繁衍进步、安危存亡息息相关,黄河、黄土地、黄帝、黄皮肤,这一切黄色的表征以及黄河"几"字湾恰似中华"龙"腾图,在华夏民族心目中早已把这条流经中国心脏地区的河流视为中华"母亲河""圣河"。《汉书·沟洫志》曰:"中国川源以百数,莫著于四渎,而黄河为宗。"抗日战争时期,诗人光未然不朽的诗篇《黄河颂》——"风在吼,马在叫,黄河在咆哮……"激发了中华民族抗击日寇的精神斗志,激励人们为祖国前途、民族命运前赴后继。黄河在秦晋之间自北向南纵泻数百公里，深切黄土高原形成百米深邃大峡谷，构造了大批至高性、唯一性、标志性自然与人文遗产组合，成为体现黄河自然秀美与精神魂魄的最典型河段。

### （六）大华山自然奇景与古历史文化组合标志

**1. 核心标志与总体构成**

以华山"圣山"自然人文组合、黄渭洛湿地、司马迁祠、古潼关、仓颉造字文化为核心，包括渭南市的韩城、合阳、潼关、华阴、华州全部和蒲城、白水大部分地区，以及商洛市洛南县范围内众多自然文化组合构成体系。

**2. 文化内涵与时代价值**

华山为中华民族的圣山，是中华文明的发祥地，有"华夏之根"之称。"中华"和"华夏"之"华"来源于华山；华山位于中国版图的最中央，又称"中华山"，中华山周边聚居的民族又称"中华山民族"，从此有了中华民族之说；孙中山引用华山之"华"创立"中华民国"。华山自然人文遗产有机融合、享誉国内外，大华山自然文化区黄河渭河及南北洛河、北少华山与南莽岭自然山水等构成我国北方少有的奇特山河美景，韩城古城、古潼关等及其诸县范围内上百个国家和省级重点文物古迹代表了人类起源、史前华夏文明、古代历史、古关隘文化、关中东部民俗文化和近现代文化。

### （七）中国封建王朝起源初创历史文化标志

**1. 核心标志与总体构成**

以"周原"和"雍城"、周朝丰镐京城和秦咸阳都城，以及秦栎阳城为历史文化核心，包括围绕京都的"石鼓"、青铜器等历史文化，以及广泛分布的周秦历史文化遗迹遗址群构成标志体系。

**2. 文化内涵与时代价值**

位于关中西部的初周之京"周原"和先秦之都"雍城"，担当了建立中国封建王朝准备、初创、形成时期的政治、经济、军事、文化、宗法核心。周族在此制定并建立各种典章制度、礼乐规范、道德准则，奠定了西周封建王朝建立发展的政治、军事、宗教、道德、思想、文化基础。雍城是秦国都城中延续时间最长、执政国君最多的都城，在此完成了氏族社会末期到奴隶社会的过渡，又开始了向封建社会迈进，为秦始皇统一全国并创建封建国家制度奠定了坚实的基础。周秦当之无愧地成为创造中国大一统封建王朝和中华民族思想文化的根基,对千年来中国的国体建制和历史发展形成深远影响。

## 二、积极构筑华夏优秀文化保护利用主骨架

### (一)着力构筑"⊥"形文化保护利用国家战略轴

**1. 南北纵向华夏优秀文化国家战略轴**

纵贯陕北、关中、陕南,北起陕蒙交界的古长城沿线,南北向穿越陕北黄土高原,连接西咸大都市,向南穿越秦岭直至大巴山。该国家文化战略轴,连接前述中的三大中华优秀历史文化标志,可以称为革命圣地—华夏始祖—古代皇都历史文化国家战略轴。从国家文化战略层面看,该轴线还有三大文化内容具有国家战略意义:一是北端以榆林古城为核心的中华古长城和边塞边关历史文化,二是沿轴带的古代皇家活动、国家军事通道、驿站、重镇等及其重大历史事件和文化遗产,三是沿轴带哲学、医学、政治、经济等中华优秀文化、思想、技术及其代表人物、事件遗迹和宗教遗址。从全国文化地域空间看,该战略轴处于北至内蒙古黄河河套连接内蒙古草原文化,向南穿过巴蜀文化区、黔滇文化区,直至桂琼海洋文化区的国家历史文化轴线的北部地段,也是全国轴线上华夏优秀历史文化最具至高性、最密集的地带。

**2. 东西横向华夏优秀文化国家战略轴**

西起宝鸡,东至潼关,东西延展于八百里秦川,优秀文化的密集度和至高性是全国以至世界所少有的。该战略轴包含前述 7 个中的 3 个历史文化标志,可谓之中国封建王朝—皇都皇家—中华圣山优秀历史文化国家战略轴。从国家历史文化战略层面看,该带还包含有以下四大国家文化战略内容:一是古丝绸之路起点历史文化,二是佛教、道教、伊斯兰教、天主教、基督教五大宗教并存的世界级宗教文化,三是政治、经济、哲学、文学、艺术及思想、人物在中国历史文化中占有重要地位,四是关、道、驿站历史文化在中国历史上战略地位重要。从全国文化地域空间看,该战略轴属于天山—东塔里木盆地—河西走廊—陇西天水—关中平原—中原豫晋冀—齐鲁徐蚌全国历史文化带的重点链节和核心地带,对于打造和提升华夏优秀历史文化国家战略轴具有重大意义。

## （二）积极加强秦岭、黄河两大自然文化组合带建设

### 1. 中华母亲河黄河自然人文复合带（陕西）

北起府谷县墙头乡"秦源德水"之地，南至潼关县黄河出陕之处，南北全长716千米。包括中华母亲河黄河自然人文复合带（陕西），向南进入大华山自然奇景与古历史文化组合标志地。打造和构建中华母亲河黄河自然人文复合带，就是要在崇尚自然、尊享自然美的基础上，保护、挖掘千年来中华民族寄托并赋予黄河的"母亲河"文化内涵、思想理念、道德观念、精神力量和时代价值，凝聚形成新时代中华民族自强不息、勇往直前的品格特质和文化自信、民族自信、政治自信。

### 2. 中华龙脉秦岭自然人文组合带

该带的主体是秦岭，其自然地理环境和生态系统南北交融、东西连通、体系庞大，与人类活动的关联历史久远、密不可分，形成了秦岭独特历史文化体系和自然人文组合网络系统。其国家战略意义及价值主要在于以下三方面：一是南北自然人文地理分野与山重水复地理特点，造成南北差异显著和交叉融合势能巨大，和合南北、泽被天下；二是秦岭北坡直到主脊一带，成为关中经济社会人文系统的重要构成部分，华山、骊山、终南山（五台山、翠华山）、太白山等，自周秦汉唐时期就成为民间、宗教、皇家、达官贵人、文人墨客、自然科考等的活动重地，早就成为中外有名的中国历史文化名山；三是秦岭以北、渭河以南的山麓地带及其山前台塬、峪口、河川成为重要的历史文化带，炎黄姜寨、西周丰镐、楼观台、草堂寺、华胥陵、水陆庵、兴教寺、华严寺、香积寺、昆明池、重阳宫、禅龙寺、华清宫等历史文化重地接连成带分布。积极发掘、研究、传承、弘扬秦岭生态系统功能、深挖历史文化价值，以及秦岭中华父亲山、中华龙脉自然人文组合的精神文明价值和综合服务功能，具有重大历史意义和长远战略价值。

## 三、几点推进措施建议

### （一）加大历史文化发现和价值挖掘力度

进一步加强文物古迹考古调查和非物质文化搜集整理，通过依山沿河觅踪考查和收集民间逸事传闻与查阅历史文献记载，积极实施以七大华夏优秀文化标志和"⊥"形国家战略轴为重点的新一轮系列文化考古行动计划，不断开发新增一大批国省市级历史文化保护单位，努力形成原真性、至高性、标志性和震撼性文化发现

效应。

### （二）积极实施一批文物保护、展示和传承、利用工程

对重点文化遗产和文物古迹，形成严格的原真性保护和无危害、无损伤性展示观览、科考学习标准。加大文物、遗迹、遗址保护科学技术研发力度，加强文物古迹保护范围勘定、基础设施建设、保护条件改善、周围环境整治和安全、消防、防雷、监控、信息采集等设备配备。建设一批专业性和综合性博物馆、博览馆，建设文旅融合的世界旅游目的地精品轴带。根据空间分布特点与区域优势差异，加强分区域的专业化保护展示与开发利用，促其各自形成鲜明优势特点、聚合集成效果和独特文化魅力。

### （三）加强组织领导和成立专业"创标""创轴"机构

省政府成立创建精神文化标志和国家文化战略轴带领导小组，进行统筹协调、统一部署，加强科学规划和重大工程策划引导。由有关专业研究机构、高等院校参加，成立省级专业性"创标""创轴"研究机构，开展相关勘查、研究、规划、调查等专业性工作，建立大数据平台。

### （四）加大世界自然与文化遗产申报力度

重点包括秦岭人地和谐自然人文组合项目——华山—终南山—太白山与秦岭古道世界自然文化复合遗产、秦晋黄河峡谷自然文化复合遗产；地域多民族文化融合遗产项目——古长城、城堡和秦直道、驿站以及关中古文化遗产；中国封建国家综合文化遗产项目——封建王朝文化变迁都城遗址综合遗产、封建皇族陵邑历史文化遗产廊道；世界非物质文化遗产项目——秦腔、眉户、碗碗腔及黄土高原民间文化艺术遗产。

（写于 2012 年）

# 让英雄文化成为伟大时代主旋律

> 慈爱民：陕西中国西部发展研究中心高级研究员、中央办公厅调研室秘书处处长，中央办公厅秘书局《秘书工作》杂志社总编辑，中国人权发展基金会副理事长兼秘书长，中宣部五洲传播出版社总编辑，中宣部《党建》杂志社社长。

**摘　要**　中华民族是一个英雄的民族。英雄文化是民族文化中最壮丽、最动人、最为璀璨夺目的瑰宝。一部中国共产党的历史，就是一部英雄的史诗。在中华民族走向伟大复兴的新时代，我们迫切需要革命英雄主义文化。

习近平总书记指出："一个有希望的民族不能没有英雄，一个有前途的国家不能没有先锋。""祖国是人民最坚实的依靠，英雄是民族最闪亮的坐标。""对中华民族的英雄，要心怀崇敬，浓墨重彩记录英雄、塑造英雄，让英雄在文艺作品中得到传扬，引导人民树立正确的历史观、民族观、国家观、文化观，绝不做亵渎祖先、亵渎经典、亵渎英雄的事情。"党的十八大以来，习近平总书记曾经多次论述学习英雄主义精神，号召要在全党和全国人民，特别是在广大青少年中弘扬伟大的英雄主义精神，营造崇尚英雄、捍卫英雄、学习英雄、关爱英雄的浓厚氛围。为此，他要求广大文艺工作者努力创作更多的弘扬革命英雄主义的精品力作，让英雄文化成为伟大时代的主旋律。这些重要论述，是我们建设社会主义先进文化、进一步树立文化自信的根本遵循，广大文艺工作者必须深刻领会、身体力行、勇于实践。

## 一、英雄主义文化的历史渊源和普世属性

中华民族是一个英雄的民族，也是一个崇尚英雄的民族。在历史的长河中，中华民族每到生死存亡的关键时刻，总有众多民族精英挺身而出，力挽狂澜，慷慨赴

死，展现了"威武不能屈、富贵不能淫、贫贱不能移"的伟大民族精神。英雄主义文化就是这种民族精神的艺术结晶，是民族文化中最壮丽、最动人、最为璀璨夺目的瑰宝，始终激励和鼓舞着我们这个多灾多难的民族九死不悔、百折不挠、生生不息。

每个民族，都有令人自豪的民族文化，而最能代表民族文化核心内涵和价值取向的就是英雄文化，它是民族文化的精华。展开中华民族文化史诗般的画卷，每一篇幅都闪耀着盖世英雄的风采，既有"天行健，君子当自强不息"的雄奇豪迈，也有"风萧萧兮易水寒，壮士一去兮不复还"的慷慨悲歌；既有"路漫漫其修远兮，吾将上下而求索"的忧国情思，也有"云横秦岭家何在？雪拥蓝关马不前"的恢宏气度；既有"壮志饥餐胡虏肉，笑谈渴饮匈奴血"的壮怀激烈，也有"金戈铁马，气吞万里如虎"的万丈豪情。一部《史记》，尽写三皇五帝、上古英雄、诸侯将相、农民领袖；一部《三国演义》，堪称三国时代风云英雄谱；而《杨家将演义》《说岳全传》《水浒传》更是将两宋时代的杨家将、岳家军、梁山好汉众英雄群像尽数呈现，跃然纸上，呼之欲出。还有那"人生自古谁无死，留取丹心照汗青""苟利国家生死以，岂因祸福避趋之""我自横刀向天笑，去留肝胆两昆仑"的不朽诗句，更是何等的荡气回肠！不得不说，一部中华文化史，就是中华民族英雄史、英雄文化史。

文化乃立国之本，英雄文化更系民族之魂。纵观天下，世界各国无不把塑造、颂扬本国英雄作为体现民族精神、展示国家形象的重要手段。众所周知，美国是通过文艺作品塑造"美国英雄"、宣扬美国价值观的，由好莱坞"梦工厂"炮制的美国大片，题材上至至尊无上的美国总统，下到冲锋陷阵的普通士兵，从荒凉偏僻的大漠戈壁，到浩瀚无垠的宇宙太空，那些拯救美国、拯救世界的"美国英雄"无处不在。当年惊险大片《空军一号》在我国风靡一时，片中美国总统与恐怖分子斗智斗勇、决不屈服的"英雄壮举"，曾令多少国人赞不绝口。"美国队长""超人""蜘蛛侠"，这些虚构的形象之所以走红美国乃至世界，正是其所体现的英雄主义精神具有动人心魄的力量。而在世界各国，那些为国家、为民族奉献牺牲的英雄人物，那些世代相传的英雄故事，无一例外地受到本国人民的传颂和推崇，甚至跨越国界，成为全人类共同的价值偶像。苏联的卓娅和舒拉、保尔·柯察金、尤里·加加林，法国的圣女贞德、横扫欧洲的拿破仑，英国的绿林英雄罗宾汉、著名探险家詹姆斯·库克船长，等等，都是各国文艺作品竞相描写和赞美的英雄人物。

因此，从根本上说，英雄是人们提振精神的象征，是人们美好理想的寄托。任何民族,如果没有英雄人物所代表的价值追求,就不可能有自己的精神坐标和民族之魂。不论我们所处什么时代、什么历史方位,英雄文化所倡导的英雄精神和英雄气概,从来都是照耀一个民族自立于世界民族之林的不灭灯塔,是激励一个民族前赴后继、自强不息的不竭动力。英雄文化的传承,是民族基因最重要的传承;英雄文化的弘扬,是民族精神力量最重要的弘扬和最鲜活的迸发。

## 二、新时代当壮写英雄史诗

中国共产党领导中国人民浴血奋斗推倒三座大山的历史、披荆斩棘建设新中国的历史、乘风破浪推进改革开放的历史,构成了中华民族英雄文化最为壮丽的乐章。

英雄成就了英雄文化。一部中国共产党的历史,就是一部英雄的史诗。由中华民族精英所组成的中国共产党,是诞生和哺育英雄成长的沃土和摇篮。在艰苦卓绝的峥嵘岁月里,莽莽井冈、滔滔湘江、茫茫雪山、漫漫草地、高高六盘、巍巍太行……哪一处没留下英雄的足迹,哪一处没洒下英雄的鲜血?不说浴血罗霄、鏖战闽赣、五次反"围剿"有多少可歌可泣的英雄故事,仅在红军长征途中,就有突破乌江、四渡赤水、血战娄山关、巧渡金沙江、强渡大渡河、飞夺泸定桥、翻越夹金山、强占腊子口……哪一场战斗不是惊心动魄的英雄传奇!哪一个故事不是气壮山河的英雄赞歌!正是因为有了无数英烈创造的神话般的传奇故事,文艺创作才会有如此动人心魄的素材;正是因为有了这些惊天地、泣鬼神的英雄业绩,英雄文化才会有如此用之不竭的创作源泉,才会有如此雄浑、厚重的底色。英雄文化是我们民族文化中最值得骄傲和自豪的"皇冠上的明珠"。

英雄文化哺育了无数英雄人物。英雄造就了英雄文化,而英雄文化的弘扬和传播,又营造了全社会崇尚英雄、热爱英雄、学习英雄的浓厚氛围,成为亿万人民前进动力的源泉,更是英雄人物成长的营养剂、奋进的助推剂。如此良性循环互动,形成了伟大时代英雄辈出的良好局面。事实上,无数的英雄就是在读了描写英雄故事的小说、看了展现英雄形象的电影,伴随着赞美英雄的歌声而成长为英雄的。一个崇尚英雄的时代,必然是一个英雄辈出的时代。社会主义建设时期的英雄雷锋、王杰、欧阳海、焦裕禄、麦贤得……改革开放新时期涌现的"逐梦海天的强军先锋"张超、"献身国防科技事业杰出科学家"林俊德、"核潜艇之父"黄旭华、生命科学家黄大年,以及谷文昌、杨业功、李向群、罗阳、廖俊波、沈浩、郭明义、邹碧华、黄大发,还有近来媒体广泛宣传的创造"史诗级"迫降奇迹的英雄机长刘传健、把一生献给祖国海防事业的"守岛英雄"王继才……都是英雄文化哺育成长的杰出代表。

新时代需要英雄主义文化。在中华民族正走向伟大复兴的新时代，我们仍然需要革命英雄主义文化提供强大精神动力。不管时代怎样变迁，英雄主义精神作为一种高尚的价值体系，它代表着我们民族的精神追求，凝聚着正义的力量和无畏的勇气，具有永恒的生命力。礼赞英雄从来都是最动人的乐章。活跃在近现代民族独立、解放舞台上的英雄先烈，同属于中华民族英雄谱系，不管是岳飞、文天祥还是黄继光、董存瑞，他们身上所体现出的家国情怀和民族气节一脉相承，在新时代理所当然必须加以传承和发扬。尤其需要指出的是，英雄从来不是一个在当下与我们渐行渐远的称谓，而是我们身边普遍而真实的存在，各个系统、各条战线，处处都有他们斗志昂扬、忘我奋斗的英勇身姿。他们如同精神的路标，提醒着我们从哪里来，往哪里去。满腔热情地讴歌他们、颂扬他们的英雄业绩，是每一个文艺工作者义不容辞的神圣使命。

### 三、英雄主义文化缺失现象不容忽视

党的十八大以来，特别是文艺工作座谈会召开以来，文艺战线的混乱局面得到了有效遏制，习近平总书记在文艺工作座谈会上的讲话中所批评的文艺创作中的一些不良倾向和突出问题得到了切实纠正，时代主旋律、弘扬革命英雄主义精神的精品佳作也不断涌现。但是，正确地看待当前的创作形势，应当说真正充满英雄主义精神、抒写英雄主义情怀的优秀作品数量仍然有限，"高原"缺"高峰"的局面还有待继续扭转。"搜奇猎艳、一味媚俗、低级趣味"的作品并未绝迹，"胡编乱写、粗制滥造、牵强附会"、制造文化"垃圾"的现象还有市场，"娱乐至死""票房至上""唯收视率"等仍然我行我素，赞美英雄、塑造英雄形象还没有成为大多数创作者的思想和行动自觉，例如某些作者过度沉迷于杯水主义、小我情怀、蝇营狗苟、趋之若鹜的创作理念。

### 四、对弘扬英雄文化的几点建议

一是在全社会大力营造崇尚英雄的浓厚氛围。习近平总书记指出："我们要在全社会树立崇尚英雄、缅怀先烈的良好风气。对为国牺牲、为民牺牲的英雄烈士，我们要永远怀念他们，给予他们极大的荣誉和敬仰。"全社会崇尚英雄，是英雄文化繁荣和兴盛的重要条件。要通过各种形式宣传英雄、歌颂英雄，为英雄文化成为主旋律创造浓郁的环境氛围。视觉艺术，特别是影视作品，要把宣传英雄事迹、颂扬英雄精神、塑造英雄形象作为根本任务。在新媒体发展突飞猛进、影响越来越大

的今天，互联网也应当成为弘扬英雄主义文化的新阵地。在全社会的共同努力下，形成以弘扬英雄文化为荣、以恶搞丑化英雄为耻的良好风气。

二是鼓励和引导广大文艺工作者克服浮躁心理，积极创作思想性、艺术性、观赏性俱佳的英雄文化作品。以影视为例，近年来，在浮躁心理驱动下，某些创作者为迎合市场、创作了一些格调不高而票房飙升的作品，即所谓的"低口碑、高票房"，而一些反映革命历史和英雄题材的作品却票房惨淡，由此一些人得出了"主旋律作品不卖座，只有商业化影片才赚钱"的结论。但事实上，对于文化产品而言，开拓市场与艺术创作、经济效应与社会效益，从来不是天然对立的关系，而是相辅相成、相得益彰的正比例关系。认为只有"三俗"作品才能赢得市场的观点，实际上是低估了广大观众的欣赏水平和审美能力。真正的思想性、艺术性、观赏性俱佳的优秀作品，不仅有观众、有良好的口碑，也会有不俗的票房。轰动全球的美国大片《泰坦尼克号》，就是一部具有很强思想性和观赏性，同时又在全球攫取了20多亿美元票房的影片。近些年获得56亿元人民币票房的国产大片《战狼2》，和前不久热映的国产片《红海行动》，都是社会效益和经济效益双丰收的佳作。这说明人民崇尚英雄，英雄文化有巨大市场。至于为什么某些"主旋律"作品不叫座，还是要从作品本身找原因，那些仅有好的主题而缺少好的故事，人物形象苍白、表现手法陈旧，甚至粗制滥造的作品，即使表现的是英雄题材，恐怕也很难得到读者和观众的青睐。

三是旗帜鲜明地给低俗、庸俗文化亮红灯。文艺是意识形态领域重要阵地，向来是此消彼长，如果"三俗"作品占据了主导地位，英雄文化就没有了立足之地。所以，要认真落实习近平总书记提出的建立强大的社会主义意识形态的要求，大力弘扬正能量，坚决抵制假恶丑。有些观众尖锐地提出，电影院里这么多烂片是怎么面世的，难道不是经过电影主管部门给发的"通行证"吗？此话一语中的，点出了问题的实质。从事艺术作品的审查、把关工作，不仅要有很高的艺术鉴赏水平，还要有强烈的政治意识和社会责任感。有关部门的同志，要以高度的政治敏锐力和社会责任感，增强把关意识，坚持质量标准，绝不给那些导向不好、格调低俗的作品开绿灯。必须加强党对文艺工作的领导。

四是坚决回击历史虚无主义。面对虚无历史、解构经典、侮辱英雄的荒唐做法，社会各方要行动起来，打响英雄保卫战，依法捍卫英烈名誉和历史正义，让尊重历史、捍卫英烈、保卫英雄崇高价值观成为全社会的共识。

（写于2018年）

# 《在延安文艺座谈会上的讲话》精神的中国传统文化根脉

李　震：陕西中国西部发展研究中心高级研究员
　　　　陕西师范大学新闻传播学院原院长

**摘　要**　本文从民本思想与人民文艺观、文以载道与文艺的意识形态属性、"晓生民之耳目"与社会生活是文艺的唯一源泉，以及基于民间的延安文艺实践与民族化大众化思想的形成等几个层面，论述了毛泽东文艺思想与中国传统文化的内在联系。

毛泽东《在延安文艺座谈会上的讲话》（以下简称《讲话》）是马克思主义基本理论与中国文艺具体实际相结合的产物，是马克思主义文艺观中国化的重要里程碑。但作为生长在中国大地上的文艺思想，《讲话》精神与中国传统文化、传统文艺观和文艺实践之间的潜在联系也不容忽视。中国传统文艺观中一些优秀文化基因，特别是与人民性有关的哲学思想、文艺理论和文艺实践，同时也是《讲话》精神形成的文化土壤和思想根基。

## 一、民本思想与人民文艺观

作为马克思主义的中国实践者，毛泽东在《讲话》中从多种角度论述和强调的"人民"，当然首先是源自马克思主义历史唯物论和阶级论的阶级概念，而且是创造历史的主体。但同时，作为一个生长于中国文化沃土，又以熟读中国古代典籍著称的政治家和思想家，毛泽东对"人民"的理解和情怀势必有着深厚的中国传统思想文化的根基。在中国数千年的思想文化史上，人民至上的民本思想根深蒂固。人们一般会将民本思想的源头追溯到儒家经典中孟子的"民为贵，社稷次之，君为轻"（《孟子·尽心章句下》），并被认为是儒家圣贤给统治者谏言的治国安邦之策。而事实上，民本思想早在炎黄和尧舜禹时代就已经是中华文化的核心价值观了。历史上无论是在典籍中还是在民间传说中流传下来的中华先祖的故事，大多是在讲述先祖如何体察民情、体恤民生的事迹。在典籍中，早在孔孟之前500多年，西周初年形成的《尚书》中就有大量民本思想的记载，如"民可近，不可下，民惟邦本，本固邦宁"，而且这句话之前是"皇祖有训"，可见先祖的先祖就有此古训；《尚书·泰誓上》中还说"天矜于民，民之所欲，天必从之"。作为中国文化根脉的周初礼乐制度，是围绕"敬德保民"的思想建立起来的。因此，民本思想是中国文化中固有的，民不仅贵于君，而且高于"天"，是邦国之本。这种民本思想反映在文艺观中，最早且有代表性的，便是墨子的"言有三表"之说："故言必有三表。何谓三表？子墨子言曰：有本之者，有原之者，有用之者。于何本之？上本之于古者圣王之事；于何原之？下原察百姓耳目之实；于何用之？废以为刑政，观其中国家百姓人民之利。此所谓言有三表也。"其中"百姓耳目之实"是"言"之"原"，"国家百姓人民之利"是"言"之"用"。这种以民为本的思想和文艺观，一直是中国传统文艺的核心价值观，影响了中国数千年的文学艺术史，也孕育出了诸如"朱门酒肉臭，路有冻死骨"之类的大量以民为本的文艺作品。

这些古老的文化思想和文艺观，与马克思主义的历史唯物论和阶级论，尽管源自不同的文化时空和思想体系，但却从不同的角度和不同的文化脉络，构成了《讲话》中文艺为人民大众服务、坚持人民立场、向人民群众学习和人民生活是文学艺术的唯一源泉的人民文艺观的思想文化根基。

## 二、文以载道与文艺的意识形态属性

在《讲话》中，毛泽东对文学艺术与"整个革命事业"的关系、文艺批评等多个角度的论述，实质是强化了文艺的意识形态属性。这一对整个当代中国文艺形成深远影响的文艺观，不仅是从马克思主义的意识形态理论和当时组成抗日统一战线的现实需求出发的，而且也与中国传统文艺观中根深蒂固的"文以载道"思想有着潜在的联系。

"文以载道"是中国传统文艺观中的核心思想。早在先秦时期，"文"就与"道"构成了辩证统一体。《荀子·儒效》中说："圣人也者，道之管也。天下之道管是矣，百王之道一是矣，故《诗》《书》《礼》《乐》之道归是矣。"后经刘勰的"道沿圣以垂文，圣因文而明道"，韩愈、柳宗元的"文以明道"和"文以贯道"等历代文艺思想家的论述、倡导，及至宋代理学家周敦颐，形成了一以贯之的"文以载道"的文艺观。尽管"道"的含义因时而异,但"文"作为"道"的载体的思想一直延续至今,演化为《讲话》中强化的文艺的意识形态属性。在《讲话》中,毛泽东不仅没有回避"功利主义"的质疑,而且理直气壮地回答:"我们是无产阶级的革命的功利主义者,我们是以占全人口百分之九十以上的最广大群众的目前利益和将来利益的统一为出发点的,所以我们是以最广和最远为目标的革命的功利主义者,而不是只看到局部和目前的狭隘的功利主义者。"事实上,在中国,这种所谓"功利主义"早在两千多年里形成的"文以载道"的传统文艺观中就已经存在了,其表现为"治世之音安以乐,其政和;乱世之音怨以怒,其政乖;亡国之音哀以思,其民困。声音之道,与政通矣";表现为"文变染乎世情,兴废系乎时序";表现为"先天下之忧而忧,后天下之乐而乐";表现为中国传统文人心中必须要有"天下"。

## 三、"晓生民之耳目"与社会生活是文艺的唯一源泉

在《讲话》中,毛泽东充分论述了社会生活与文艺的关系,并明确指出"作为观念形态的文艺作品,都是一定的社会生活在人类头脑中的反映的产物",而且说,人民生活"是一切文学艺术的取之不尽、用之不竭的唯一的源泉"。这些论述当然是马克思主义唯物论中的反映论在文艺思想中的反映,但同时也延续了中国文艺从《诗经·国风》以降,"写天地之辉光,晓生民之耳目""文章合为时而著,歌诗合为事而作"的现实主义精神传统。

《讲话》虽然没有直接引用和论述这些来自中国传统文艺的思想资源,但却明确指出:"我们必须继承一切优秀的文学艺术遗产,批判地吸收其中一切有益的东西,作为我们从此时此地的人民生活中的文学艺术原料创造作品时候的借鉴。"这种来自中国本土的文艺反映现实,特别是"晓生民之耳目"的文艺思想和文艺实践,与《讲话》中将人民生活作为文艺唯一源泉的思想,有着明显的一脉相承的顺承关系,显然属于可以继承的"优秀的文学艺术遗产"之一。

## 四、基于民间的延安文艺实践与民族化大众化思想的形成

中国的传统文艺观一部分是从典籍中流传下来的,更大的部分则是在民族民间文艺实践中延续下来的。《讲话》精神的形成不仅与毛泽东对中国古代典籍的广泛而深入的阅读有关,而且更与延安时期基于民族民间文艺的文艺实践有关。

1938年4月,由毛泽东亲自授意柯仲平组建的陕甘宁边区民众剧团,以陕西地方剧种秦腔、眉户、道情、秧歌剧等编演现代戏,在边区190多个村镇给老百姓演

出1473场，观众达260万人，行程1250千米以上，曾被《解放日报》誉为"小长征"，走出了一条传统戏曲与人民、与时代相结合的艺术道路。这些基于民族民间文艺形式的文艺实践，为《讲话》精神的形成提供了可靠的佐证和经验基础。毛泽东曾对民众剧团的负责人马健翎说："你编演的秦腔《好男儿》《一条路》等剧，既是大众性的，也是艺术性的，体现了中国的作风和气魄，体现了中国的新文化。"也正是这样的实践经验孕育了毛泽东从《新民主主义论》到《讲话》所倡导的民族化、大众化的文艺路线，孕育了《讲话》发表之后，延安兴起的如火如荼的新秧歌运动，诞生了歌剧《白毛女》、诗歌《王贵与李香香》、秧歌剧《兄妹开荒》《夫妻识字》等一大批兼具民族民间艺术形式与时代精神、大众性与艺术性的文艺作品，创造了一次历史上空前的风与雅、文人艺术与民间艺术、艺术家与人民的大融合。

戏曲、民歌、民间舞蹈和社火等民族民间艺术，本来就是人民的艺术，蕴藏着丰富而生动的生活内涵、艺术形式和传统文艺观念。从《诗经·国风》到汉乐府再到历代各门类的文学艺术，民族民间艺术一直是专业文艺家从事艺术创作取之不尽的巨大资源。而一些艺术家自觉地、有组织、有纲领地走上与民族民间文艺相融合的道路，则是从延安时期开始的，确切地说，是从《讲话》开始的。

作为一篇经典的文艺理论批评文献，《讲话》直接指导了延安时期民族化、大众化的文艺实践，开创了中国文艺史的一个全新局面。同时，延安时期以民众剧团为代表的以民族民间文艺形式（中国最古老、最草根的剧种之一秦腔），演中国当时最新的革命现实的文艺实践，也在很大程度上为《讲话》精神的形成提供了现实的经验基础。

基于以上认识，笔者认为，《讲话》精神在将马克思主义文艺观与中国现代文艺的具体实际相结合的同时，也潜在地延续了中国优秀传统文化和文艺观。进入新时代以来，习近平总书记对文化文艺工作的一系列重要论述，则将马克思主义与中国优秀传统文化相结合明确提升到了马克思主义中国化的新高度，主张文艺要扎根中华文化沃土，传承和弘扬中华优秀传统文化，发展民族民间文化艺术，将中华优秀传统文化的创造性转化与创新性发展，作为中华民族伟大复兴的重要价值引导力、文化凝聚力、精神推动力。

（写于2022年）

# 融合是推动文化繁荣旅游发展的必然途径
## ——推进陕西文化旅游融合发展研究报告

中心课题组
董宪民：陕西中国西部发展研究中心常务理事
陕西省旅游局原局长
崔 琰 郭明历

**摘 要** 陕西深厚的红色文化、民俗，山水和历史文化底蕴，具备文旅融合发展的天然优势，但在理论支撑、行政体制、融合深度等方面依旧存在着一些亟待解决的矛盾和问题。基于此，我们按照国家关于文旅融合发展的总体要求，通过资料查阅、实际调研、座谈讨论、对比分析等方法，从理论研究、管理体系、融合模式等方面提出了陕西文化与旅游融合发展的路径与建议。

党的十七届六中全会明确指出"文化是民族的血脉，是人民的精神家园。源远流长、博大精深的中华文化，为中华民族的发展壮大提供了强大精神力量，为人类文明做出了不可磨灭的重大贡献"。"积极发展文化旅游，促进非物质文化遗产保护传承与旅游相结合，发挥旅游对文化消费的促进作用"，这段话很好地诠释了文化对于人类发展的巨大作用，同时也指出了旅游在推进社会主义文化发展中所应起到的作用。在新一轮机构改革过程中，文化和旅游组成了一个新的部门，行政管理上已实现了高度统一，但是文化产业和旅游产业的融合还在探索当中，还有很长的路要走。如何处理好文化和旅游的关系，真正实现文化与旅游的理论融合、行政融合、产业融合，是需要及时破解的一道难题，我们试图通过对陕西这一特定区域的研究，提出陕西文化与旅游融合发展的路径。

## 一、文化和旅游的关系

### （一）文化是人类文明传承之根

文化是人类创造的物质财富和精神财富的总和，是智慧族群的总体社会现象与内在精神的既有、传承、创造、发展的总和。它涵括了智慧族群从过去到未来的历史，是族群基于自然发展基础上的所有活动内容，是族群所有物质表象与精神内在的整体。著名学者余秋雨先生对文化有一个定义："文化，是一个包含精神价值和生活方式的生态共同体。它通过积累和引导，创建集体人格。"从余秋雨先生的文化定义中，可以看出文化对旅游的重要意义，就是文化的广泛性、大众性、传承性。一是文化具有广泛的人文意义，是人类物质文明和精神文明的共同体，贯穿于人类始终，涉及人类生活的各个方面，共同促进人类的繁荣发展；二是文化具有大众共享的特点，不是个人独有的，必须具有社会性，为社会公众所理解、接受和运用；三是要有传承价值，也就是"创造集体人格"，创造广泛认同的价值体系。

### （二）文化是旅游的发展之魂

#### 1. 文化为旅游提供价值

旅游的本质是追求文化差异。在人类历史长河中，不同国家、地区、民族、宗教等产生了不同的文化。中华文化、古印度文化、古埃及文化、古巴比伦文化、玛雅文化、美国文化、儒教文化、佛教文化、基督教文化、伊斯兰教文化属于不同的文化范畴。追求文化差异，更多地接触、了解不同的文化是人类的天性。人类需要不同的文化，了解不一样的东西。人不能长时间甚至永远生活在不同的文化氛围之中，会感觉到压抑、不适应、不舒服，会想办法逃离这种环境；反之，一直生活在一个环境中，天天都一样，一成不变，一样也会腻烦，也会想出去换一换空气，找一点新的文化氛围。这就是人类的文化特质，稳定而又寻求变化，既不是冥顽不化，一成不变，失去了活力，也就没有了发展动力；也不是一味寻求变化，动荡不安，失去了稳定的心理状态，也就失去了安全感。

#### 2. 文化为旅游提供产品

旅游产品（吸引物）一般由自然山水类和历史人文类两部分组成。其中，历史人文类旅游产品的核心是文化，没有文化，历史人文类旅游产品就没了灵魂，缺乏完整性和吸引力。陕西的文化底蕴十分深厚，其历史文化具有开创性、皇家文化具有尊贵性、宗教文化具有奠基性、民俗文化具有多样性、红色文化具有至高性，这些特点都使得陕西的文化资源总体上具有极高的观赏游憩价值，为陕西打造国际一流、国内顶级的旅游产品提供了极为优越的条件和无限的可能。

**3. 文化为旅游提供管理**

没有管理就没有产业，没有发展。旅游业作为朝阳产业，也是新兴产业，还处于大发展时期，且旅游业发展的规律还需要进一步的研究和探索，在这个过程中，文化可以为旅游提供最有力的管理支撑。

### （三）旅游是人类精神活动的特有属性

旅游是人类有意识地追求文化差异的一种活动表现。这种追求不是研究性质的，而是观赏性、参与性的。人的好奇心是与生俱来的，其产生的原因就是文化差异。因此，人类天生就有通过迁移、旅游来追求异质文化，满足好奇心的心理需要。追求文化差异是竞争的需要，是保持文化丰富、强大、传承的需要。旅游的本质是追求文化差异，其过程是了解不同文化的过程，是由人类本身的文化本质决定的。不同的文化兼容并蓄才有可能取其精华，去其糟粕，才能不断产生内生动力，推动文化繁荣和民族自强。旅游追求文化差异，希望了解、学习异质文化，就是人类为了自身文化传承、繁荣而需要吸收不同文化精华的客观要求。正是这些不同的特色文化，形成了旅游的核心价值，使旅游具备了存在的意义。在人类历史长河中，随着社会管理的不断加强，加之人们又受到了经济发展水平的限制，旅游很难产业化。在二次世界大战以后，随着大型喷气式飞机的出现和经济的发展，中产阶级大量产生，他们有了剩余的金钱和空闲时间，内心长久受到限制、压抑，对旅游的需求如火山爆发般地喷薄而出，势不可挡。

改革开放40年来，我国的经济实力大幅提升，人们有了可自由支配的时间和收入，我国的经济也快速发展起来，现已成为出境旅游、国内旅游世界第一大国。在不久的将来，中国旅游在经济的推动下还将以较高的速度持续发展。

### （四）旅游是推动社会主义文化大繁荣的重要力量

**1. 旅游是传承文化的重要载体**

人类追求文化的需求是无限的，从个体的角度讲就是需要越来越丰富的文化产品，由低级向高级不断转化。而且旅游将是人类追求文化的一个最重要甚至是永恒的方式。人类传承文化的方式从手势到口口相传，再到文字，后来有了学校、书籍、报纸、广播、电视、网络，但这些文化传承方式都只会成为一段时间的主流，唯有旅游，因其亲历、参与的特性，能够使人们得到身临其境的精神愉悦而成为一种永恒的方式。

**2. 旅游是弘扬民族文化的重要力量**

旅游供给的精要就是把文化精华旅游产品化，让旅游者通过旅游消费充分感受到文化的力量（魅力）。为了吸引旅游者，旅游供给方就必须深入、认真、全面、系统地研究、梳理、筛选、组合、植入、优化各类文化，把文化最精华的部分，通过旅游的产品化建设呈现给旅游者。无论是旅游产品的开发过程，还是旅游者消费旅游产品的过程，都是弘扬民族文化的过程。综上，旅游追求文化差异，追求文化享受的本质就是决定旅游推动文化发展的必然结果。

**3. 旅游为"非遗"文化传承做出重大贡献**

"非遗"源于生活，随着民间生活环境的巨大改变，"非遗"已经逐渐失去了传承的基础，大多数非遗都有失传之忧。

"非遗"要保护、传承，除了政府发挥作用之外，将"非遗"的消费对象由居民、农民部分或全部转变为旅游者是根本之举。大量的"非遗"因旅游而得到了很好的保护、传承和发展。

一些工业遗址、遗迹、废弃厂房（矿井）、农村的老旧废弃建筑都通过旅游的改造、提升，形成了极具地方特色的旅游产品。如果不发展旅游，这些遗址、遗迹就没有了任何使用价值。

**4. 旅游兑现文化价值**

文化产业发展处在一个关键的节点上，陕西文化价值的丰富性、至高性与其使用价值的不确定性是文化产业化的主要矛盾。旅游为文化产业提供了巨大的消费市场，文化价值通过旅游而得以实现。

## （五）文化和旅游相互作用

"文化与旅游密切相关，二者有天然的不可分割的联系。文化是旅游的灵魂，旅游是文化的载体；文化提升旅游内涵，旅游兑现文化价值。抓住了文化就抓住了价值取向，抓住了旅游就抓住了巨大市场。旅游是文化消费的重要形式、文化传承的重要渠道、文化形象的重要载体和文化繁荣的重要支撑，促进文化与旅游融合发展对于推动社会主义文化大发展大繁荣具有重要作用。旅游活动从本质上讲是一种文化活动，旅游者出行的最大动机是为了获得审美的情趣和精神的愉悦。"旅游与文化就是一种市场关系，文化创造产品，旅游消费文化产品。

## 二、陕西文化旅游发展现状

### （一）文化、旅游资源十分丰富

**1. 文化资源异常丰富**

陕西作为中国革命的摇篮，具有深厚的历史文化底蕴，拥有以周、秦、汉、唐为代表的灿烂古代文化，极具革命性和先进性的丰富红色文化资源，孕育了光照千秋的延安精神。陕西拥有特色鲜明的民俗文化，关中、陕北、陕南三大区域民俗各异，民间文化异彩纷呈。陕西现代文化实力雄厚，培育了"长安画派""文艺陕军"等一批具有较强影响力的优秀艺术家群体和优秀作品。

陕西省现有世界文化遗产 3 处，全国重点文物保护单位 235 处，国家级非物质文化遗产名录项目 74 项，省级 441 项，市级 1415 项，县级 4150 项。西安鼓乐、中国剪纸（安塞剪纸、延川剪纸）、中国皮影戏（华州区皮影戏）成功入选联合国人类非物质文化遗产名录。现有国家级非物质文化遗产项目代表性传承人 50 人，省级 385 人，市级 1281 人，县级 3977 人。国家级陕北文化生态保护实验区和国家级羌文化生态保护实验区建设有重大进展。省、市、县、镇、村 5 级文化基础设施网络基本形成。

**2. 旅游资源各具特色**

陕西旅游资源非常丰富，遗址遗迹、建筑与设施、旅游商品和人文活动等文史类占比高达 93.3%，其中，建筑与设施类占比 42.2%，遗址遗迹类占比 33.82%，自然类资源占 6.69%。截至 2018 年底，全国有 5A 级景区 259 家，其中陕西有 9 家，在全国统计的 31 个省市中数量排名第 11 位；全国有 4A 级景区 3272 家，其中陕西有 110 家。

### （二）文化旅游融合发展存在的问题

文化和旅游融合发展正在蓬勃发展，也取得了初步成效。但在融合的过程中仍存在着一些必须解决的矛盾和问题。

**1. 缺少理论研究支撑**

文化和旅游融合发展是大势所趋，且人们已达成了广泛一致的共识。但我们对文化和旅游如何融合，以及融合规律的认识还缺乏研究，缺少理论支撑。另外，在哪些领域、哪个层面、哪些文化元素通过什么渠道和方法来打造、建设旅游产品，知之不多，且很多时候，还属于摸着石头过河。一段时间，有些人存在着文化的泛旅游化倾向，凡有一点文化元素，就可以打造旅游产品。一些地方有一点历史故事、一点历史遗迹、一点涉红元素、一点民间传说（民俗）就大动干戈，修公路、建景区、造饭店，似乎马上就可以有大量的旅游者，形成大景区、大产业，而最后是凄凄惨惨戚戚，门可罗雀，无人问津。还有的地方，确实是较有特色，历史文化十分丰富、辉煌，但是因为文化视角、切入的点、选取的元素、呈现的方式等原因，也没有取得理想效果。这些都说明我们对文化和旅游融合研究得不够，只限于一般的号召，对规律性的东西还拿捏不住，把握不准。

**2. 文化、旅游行政融合处于起步阶段**

文化和旅游的融合，政府在舞台中央，合并后的文化和旅游部门是实际的操盘手、践行者，且绝不是原来文化部门和旅游部门改成文化和旅游部门就大功告成、万事大吉了。两方要融合，双方都要有意愿，你来我往，才能有结果，才会起化学变化，才会"1+1＞2"；不然就会发生一方强势压迫另一方就范，形成事实上的结果，但后果难料；如果双方都毫无意愿，那就不会有任何结果。现在的文、旅融合总体上是各行其是，各管一摊。

**3. 文化、旅游产业融合需要进一步深化**

产业融合是文化、旅游融合的根本，是文、旅融合的出发点也是落脚点。在过去的实践中，文化和旅游的产业融合已经取得了一些成效，如在旅游景区打造旅游民宿建设和旅游商品创意等方面进行了一系列的尝试，其中，有成功的典范也有失败的例子，总体上是融合在不断地进展之中；但是，这种旅游融合文化的单向融合多，文化积极配合旅游的双向融合少。旅游向文化要价值多，文化向旅游要渠道少。许多打着文化牌子做的旅游项目徒有庞大的规模，却毫无文化深邃感人的内涵。

## 三、文化、旅游融合发展路径

### （一）强化文旅融合理论研究

文旅融合既有其内在的需要，也有一定的规律可以遵循。能融皆融、宜融具融是我们始终追求的目标和把握的基本原则。

**1. 旅游产品打造的文化选择**

旅游者对文化有选择权。在开发建设旅游产品时，只有符合旅游者的选择，最初的规划、打造的产品才可能成功。

（1）要选择符合现代人（旅游者）心理需要的文化旅游产品。现在许多旅游规划设计的旅游产品只从设计者自己的角度出发，或仅仅考虑文化的原生性，而很少考虑旅游者的心理需求，使设计者对自己建设出来的旅游产品往往自我感觉良好，其实是一堆文化垃圾。旅游产品越是符合现代人的心理需求，越能够引起旅游者的感情共鸣，甚至是具备某些实际的功能，且这样的产品很容易得到市场的认可和旅游者的欢迎。

（2）选择符合人类发展特点的优秀文化。优秀文化是人类智慧的结晶，可以体现特定的环境条件下人们劳动、生活的最高水平，可以帮助旅游者更好地认识、理解、欣赏，甚至是学习、借鉴这些文化的精神，能够给旅游者较大的心理愉悦，也可以为人们提供更多的正能量。

（3）选择大的文化符号，以符合人们的审美需求。人类社会在发展到电子时代、网络时代之前，无论是农业文明时代还是工业文明时代，普遍都是以"大"为美的，中国甚至把"美"字都设计成了"羊"和"大"的结合。世界上凡顶级的旅游产品基本上都是"大"的，没有一定的体量就不可能成为世界级的旅游产品。所谓的"大"有两层含义，一是一定要有一定的体量，5A级旅游景区必须要有3平方千米的景区面积，就是"大"的一个具体的技术体现；二是内涵丰富，不是假、大、空，徒有其表而没有实质内容，要品类齐全，文化丰富才是上品。

**2. 加强文、旅融合规划的编制**

文旅融合不能流于表面形式，要在科学研究的基础上系统地提出文化与旅游融合的指导思想、方法、路径、工作任务和保障体系。要在规划的指导下，使融合成为一种必然的选择。

**（二）构建文旅融合科学管理体系**

**1. 厘清职责，推动融合**

文旅融合要成为一种行之有效的政府工作内容，就要有专门的、具有一定权威性的、可以将文化要素和旅游功能相结合的机构进行文旅融合的设计、部署、执行和顶层设计，引导市场进行有效的资源整合，文旅融合才能一步一个脚印扎实推进。在省级层面，主管资源类的处室有职责将文化资源产品化、市场化；主管设施功能建设的处室必须要考虑项目的旅游功能化。这样的制度设计是推动文旅融合的必要举措。

## 2. 充分发挥行业组织在文、旅融合中的作用

文化行业里的各种行业组织众多,是推动文化繁荣发展的一支十分重要的力量;旅游行业组织虽然数量较少,但却专业化突出,在推动产业发展上居于十分重要的位置。文化、旅游融合,具有一定的弹性,其行业协会应更多发挥带头作用,将企业更多地置于协会发展平台上,使其发挥更好的作用。

### (三)创新文、旅产业融合模式

## 1. 规划配合推动文旅融合

编制文、旅融合规划要从顶层设计上就陕西文旅融合的指导思想、基本原则、产业布局、方法路径、项目建设、市场推广、措施保障进行规划,减弱文、旅融合的随意性,增加文、旅融合的科学性和指导性,把文、旅融合从号召变成实际的工作职责。

文旅融合,政府是主导,产业是关键。推动文化旅游融合发展要集各方面的智慧和力量,宜融皆融、能融俱融,把融合作为促进文化繁荣旅游发展的重要抓手,着力推进。

## 2. 着力推动文化元素的"物化"表现形式

陕西的历史文化源远流长,博大精深,至高至圣。众多的历史记载、民间故事、经典成语、地下文物等对记载、传承中华民族文化发挥了巨大的作用。但是因为时间久远,历史变迁,许多代表我国历史上最高文化成就的文化精品已湮入了历史的浩繁巨卷之中,更因为战乱等原因,许多文化的载体如书籍、陵墓、建筑等已经湮灭,只剩下了一些残缺的历史记载。要文、旅融合发展就要把历史长河中积淀的浩如烟海的精品文化挖掘出来,就必须对文化开展"物化"工作,用适当的载体将历史文化中的精品用一定的形式展示出来。大唐芙蓉园、大明宫国家遗址公园等就是陕西省历史文化"物化"的有益尝试和具体体现。就陕西省旅游业发展而言,不仅历史文化要进行"物化"展示,现代农业、现代科技也同样存在着这样的要求。

## 3. 文化元素的活化提升

历史文化旅游产品的"物化"是极其重要的,但同时我们还要重视文化旅游的"活化"。所谓"活化",就是打造文化旅游产品时其表现形式要生动、活泼,要有一定的可参与性,拉近文化与旅游者的距离,符合现代旅游者的观赏心理和审美情趣。力戒"说教文化",简单、呆板、僵化、重复历史的东西是很难得到市场认可的。现在需要的是能为旅游者所接受,喜闻乐见,参与性较强的文化旅游产品。

**4. 文化元素的极化改造**

旅游的过程是一个追求文化差异的过程，同时也是一个追求精神享受的过程。让精神享受最大化是每一个旅游者追求的最大目标。正是因为旅游者的这种需求，从旅游产品供给的角度来讲，最好、最有吸引力的旅游产品，其核心就是追求文化的极致化，体现为文化的精华部分，是文化精神的集中表现形式：最高的社会等级、最大的社会影响、最大的个体、最艳丽的色彩、最优美的比例、最丰富的表现形式、最高的技术含量等。实践证明，旅游产品的"极化"与旅游吸引力成正比，是一个同向发展的关系，产品的"极化"程度越高，其旅游价值就越高，旅游吸引力就越大。兵马俑、大雁塔、法门寺、华山就是旅游产品"极化"的最好代表。

**5. 文化元素的精细化打磨**

"天下大事必作于细，天下难事必作于易"，做大事必须从小事开始，做难事必须从简单的事开始。美国著名牧师、演说家诺曼文森特·皮尔也讲"态度决定高度，细节决定成败"。任何事情做得怎么样是由态度和细节决定的，这不是简单的做事粗一点、细一点、精一点、差一点的问题，这是一种管理，是一种文化。文化旅游产品的精细化打磨是成功的必备条件。有优秀的文化，其产品开发建设的过程，是对文化的发扬和提升，还是抵消和弱化，主要是由细节决定的。

**6. 整合文化旅游产业发展资金**

文、旅融合发展过程中，通过政策创新，整合资金，保证旅游业的战略性支柱产业地位。拓宽文化旅游产业融资渠道，鼓励建立"全产业链"的金融服务体系。重点加大对文化旅游融合发展示范项目、重点旅游项目、小微文化旅游企业的信贷投放，对信用状况良好的文化旅游企业，鼓励银行业金融机构加大信贷资金支持力度。应设立文旅融合专项发展资金，放宽融资条件，延长贷款期限，鼓励文旅融合产品创新发展。对文化产品与旅游产品双向融合趋势明显的企业加大产业投资政策扶持，帮助其发展壮大。鼓励多元化的经营与多元化资金投入，建立财政投入、社会资本、民营资本及海外资本的多渠道融合机制，支持一些条件成熟的文化、旅游企业上市，并进一步支持其参股、控股、兼并、收购文化或旅游企业，采用多元化投融资方式促进文化与旅游的融合发展。

**7. 大力推进文化旅游精品建设**

依托陕西丰厚的历史文化和旅游资源，加快文化旅游项目开发，以项目带动投资，以投资推动发展，打造具有陕西特色的文化旅游品牌。做好文化旅游项目的谋划、论证和储备，推动陕西中华文明、中国革命、中华地理精神标志和自然标志向世界级旅游吸引物转化。实施板块推进，立足彰显文化魅力，打造丝绸之路起点风情体验旅游走廊、秦岭人文生态旅游度假圈、黄河旅游带和红色旅游系列景区，构筑陕西四大文化旅游高地。

### 8. 做大做强文化旅游企业

陕西省做大做强文化旅游企业要在资源挖掘上下功夫，充分发挥资源优势，以先进技术助推文化企业跨越发展，不断提升文化旅游产业竞争力；要在优化产业布局上下功夫，要精耕细作各地特色文化旅游资源，推动文化旅游产业合理布局；要在培育市场主体上下功夫，大力支持园区（基地）公共服务设施、共享平台建设；要在项目带动上下功夫，重点抓好省级重点文化旅游项目，加大招商引资力度，引进国内外一流的文化旅游企业到陕西落户；要在品牌打造上下功夫，要以塑造区域文化旅游品牌、文化旅游企业品牌、文化产品品牌为重点，逐步提升陕西文化旅游品牌影响力；要在创新发展上下功夫，增强文化旅游产品的文化意蕴与吸引力。通过以上工作，争取在做大做强文化旅游企业的国际化、集团化和品牌化上取得新突破。

### 9. 科技创新驱动文化旅游新业态取得突破发展

自觉适应经济发展由要素驱动向创新驱动转变的趋势，坚持把文化旅游融合的创新摆在发展的首要位置，突出企业创新主体地位，深化产学研合作，推进原始创新、集成创新和引进吸收消化再创新。运用文化创意、科技创新等手段，推动传统文化业态自我扩展形成新业态，在科技创新驱动的文化旅游新业态方面取得突破。

### 10. 文化旅游产品品牌化建设取得突破

陕西文旅融合关键点是形成陕西特有品牌。立足陕西省资源优势，按照特色鲜明、定位准确、规划科学、富有创意、效益突出的建设标准，做好项目规划设计，开发一批辐射面广、综合性强、带动力大的文化旅游精品项目、龙头项目，扩大旅游品牌影响力。支持文化旅游演艺精品，推广《长恨歌》演艺模式，鼓励文艺团体、景点开发与表演类非物质文化遗产相结合的文化旅游精品演艺产品；鼓励各类演艺企业依托核心旅游景区及城镇固定演艺场所，有针对性地开展主题表演和节庆表演；运用现代高新技术，创新演出形式和内容，创作一批高品质的旅游演艺产品，扩大陕西文化国际影响力。

### 11. 文化旅游产业人才培养与队伍建设

着力建立文旅融合人才培育机制。一方面，组织编制陕西省文化和旅游行业人才队伍建设规划，充分运用"三项机制"，做好人才管理使用、培养支持、考核评价、引进流动等工作，加强人才培养，组织专题培训，推动知识融通。另一方面，建立和完善人才引进制度，通过政府政策、员工持股激励等方式引进各类文旅融合人才，尤其是既懂创新又懂市场运作和经营管理的高层次复合型人才。最后，可利用陕西省自身的教育资源，通过联合培养、社会机构培训等方式培养各层次所需的文旅人才，为文化和旅游业发展提供人才和智力支撑。

（写于 2019 年）

# 西安打造彰显中华文明的世界人文之都随谈

肖云儒

**摘 要** 本文从得"地"独厚、得"史"独厚、得"文"独厚、得"路"独厚四个方面,论述了西安打造彰显中华文明的世界人文之都的若干优势,并且提出了实践路径和对策建议。

## 一、打造彰显中华文明的世界人文之都

西安一直是世界公认的世界四大古都之一,但是"世界古都",突出西安的现代性不够,所以后来提出把西安建设成为"国际化大都市",突出了西安在国际化进程中的特点。现在我们提出打造"彰显中华文明的世界人文之都",既突出了西安的国际化,又突出了它的人文特色,是现代性格局中的提法,我觉得很好,很准确。

## 二、西安打造彰显中华文明的世界人文之都的优势条件

西安打造世界人文之都的优势很多,概括起来说:

(1)得"地"独厚。如果说中国地图是一只朝着东方啼鸣的金鸡,西安就是这只"金鸡"的心脏,是中国的时空中心,区位优势非常明显,南来北往,都不遥远,大致是等距离的,因此,经济社会发展的虹吸效应强,成本低。这是可以直接转化为 GDP 的,是硬实力的潜在资源。

(2)得"史"独厚。西安的历史优势在中国首屈一指,中国历史的上半部十分辉煌,唱主角的是以西安为都城的周秦汉唐。之后,又有西安事变和延安岁月,都具有扭转我国现代历史发展进程的作用。

(3)得"文"独厚,得英才独厚。西安的文化潜在资源在全国名列前茅。西

安的城市特征，概括起来就是萌易、布道、立儒、融佛，并且跟延安精神的诞生地——延安离得很近，是一个为中华民族孕育了许多光辉思想的城市。具体来说："萌易"，《易经》的写作是在安阳，但是整个周朝的都城在西安，所以西安是萌发易文化思维的一块沃土；"布道"，老子写作《道德经》是在函谷关，是关中东大门，但他向天下传布道德经，就在西安楼观台；"立儒"，孔子在山东，西行未入秦，儒家成为我们民族的核心价值观，也就是"独尊儒术，罢黜百家"，是在汉长安决策并号令天下的；"融佛"，佛教文化从印度和尼泊尔传进来，玄奘译经在长安，使得西安成为佛教最大的传播中心之一。

与强大的文化力相匹配，西安涌现出了一批光耀历史的人物。毛主席在《沁园春·雪》中写到的"秦皇汉武""唐宗宋祖"，四个有作为的帝王里面，有三个主要政治舞台和人生舞台在西安。我们西安的文化厚土，孕育了张骞、司马迁、李白、杜甫、王维、白居易等世界名人，这些人物用他们的历史文化功绩为西安添彩，给西安增加了含金量。

（4）得"路"独厚，得"科教"独厚。西安是古丝绸之路的起点，古代西安经济、商贸都很发达，集聚了各方面的物流、人流、资金流，所以它才能像水泵一样，把这些社会发展之"流"、生命蓬勃之"流"，朝西部、西域和亚欧发力打出去，营造了古丝绸之路的丰腴繁盛，也使自己成为中国走向开放的窗口。比如，丝绸、茶叶、瓷器、造纸术、雕版印刷术等都是从古丝路传出去的，小麦以及带"胡、番、西"的各类产品，又从这条路传进来。古丝路提升了我们的硬实力，拉动了我们的科技发展。

与"路"相联系的，是一系列科学家的涌现。如《黄帝内经》，炎帝的农耕、蚩尤的冶炼，还有沈括的《梦溪笔谈》，记录了中国最早的油矿煤矿。西红柿的传入，最早是明万历年间由陕西周至人赵崡在《植品》中记载的。现在，西安的科教在全国的排名是前五名，院士数量在七、八名，都位于第一梯队。

这样，我们既有历史优势，又有地理优势；既有软实力优势，又有硬实力优势，打造彰显中华文明的世界人文之都是非常有条件的。

## 三、对策建议

（1）要"凝神"，即凝聚精神力量。就是要用毛泽东思想、中国特色社会主义理论体系、习近平新时代中国特色社会主义思想，以及省市各项政策部署，凝聚全市人民的精神力量，攥成一个拳头，认准一个目标，一张蓝图绘到底。

（2）要"护脉"，即守护我们的根脉。首先，要保护古城，包括古建筑、古街道、老街区、老故事、老人物等。像易俗社这种老团体、于右任这样的著名人物，要大力宣扬。另外呢，我们还要保护博物场馆，尤其要保护非物质文化遗产，尤其要保护世界文化遗产。比如兵马俑，还有丝绸之路世界文化遗产在西安的5个点：大雁塔、小雁塔、大明宫、未央宫、兴教寺。

（3）要"升级"，即加速西安文化资源的升级改造。比如文化旅游方面如何做到自动化、智能化、人性化、沉浸化、体验化，就亟须升级改造，实现高质量发展。鲁迅先生给易俗社题词，叫"古调独弹"，在西安文化的升级改造中，我们一定要维护住"古调"，但是要不断有独特的、新颖的"弹奏"，而不是重复古调，古调要弹出新音。我们现在搞街区命名、搞连锁、搞品牌、搞智能，使得古代的资源在现代复活，像最近的长安十二时辰主题街区，就搞得很好。

（4）要"树品"，即树立新的品牌。品牌，是褒扬性的重复，使产品的品质、特征和功能在不断地、高层次地重复中扩散、内潜，深入人心。西安因为文物、古籍的积淀太多，容易眼花缭乱，这个时候我们更应冷静，抓住要害。打一个品牌，就要把这个品牌打得牢牢立住以后再放手。具体来说，主要打三个大品牌：一是"长安"品牌。要把"长安"这两个字叫响，叫得无人不知，天下无人不识君，"长安云""长安乐""长安书院"等长安品牌就很好。二是要打"三秦"品牌，即秦岭、秦腔、秦魂。秦岭最亮丽的文化集中在西安终南山。秦岭集聚了欧亚大陆的许多气候、物候，维护了生物的多样性，与欧洲的阿尔卑斯山脉遥相唱和。它不只是陕西的，更是全国的、世界的秦岭。因此，秦岭品牌能促使我们走向全国，走向世界。秦岭的物态和文态风光，它的内在精神是什么？就是秦腔。秦腔吼出了祖居秦岭脚下我们秦人内心深处的生命激情和生命活力，要让秦腔带着秦人的肺腑之音，走向全国。在秦岭、秦腔深处像地层岩浆一样活跃着的生命是什么？是秦魂！如果西安要找到一个不是用于政府文件的，而是用于社会传播的城市品牌，我觉得就是秦魂。这方面需要下苦功夫。这样，我们有秦岭作为生态屏障和生命沃土、有秦腔飞高遏低的云腾浪激，秦魂将会在天下"摇铃"。三是要打"丝路"品牌。因为丝路不仅意味着西安的经济力量、文化力量，也意味着西安的开放和世界化，因此，我们要借"一带一路"的倡议和成功实践，把西安的丝路品牌打响，使之成为西安进一步改革开放，实现内、外双循环的十分重要的抓手。

（写于2021年）

# 从世界五大古都看西安古都保护与发展

韩　骥：高级规划师，曾参加延安、兰州、苏州城市规划，主持西安市城市总体规划设计。曾任中国城市规划协会常务理事、建设城乡规划专家委员会委员、全国历史文化名城专家委员会委员、清华大学建筑学院兼职教授、西安市规划委员会总体规划师。

**摘　要**　从世界历史文化古都的角度来看西安，用国际标准审视西安的古城保护，是新世纪西安古都保护与发展的重大课题。本文从对雅典、罗马、开罗、伊斯坦布尔、耶路撒冷五大古都的概况、保护与发展特点简要介绍比较，对西安古都保护与发展——西安的比较差距和努力方向，提出五项建议。

西安是驰名中外的东方古都，面向21世纪历史文化名城的保护与发展方兴未艾。改革开放30年来，古都西安已进入世界古城之林，这期间，许多世界知名的古城与西安建立了文化交流关系，西安也多次派员或组团参加国际历史文化名城保护与发展的各项活动。2000年西安市被选为"世界历史都市会议"副主席城市，并开展了西安、雅典、罗马、开罗、伊斯坦布尔、耶路撒冷六大古都的联谊和文化交流活动。从世界历史文化古都的角度来看西安，用国际标准审视西安的古都保护与发展，已经作为21世纪西安古都保护与发展的重大课题，摆在我们面前。现将五大古都概况、保护与发展的特点，以及在新世纪西安古都保护与发展之浅见，报告于后，供参考。

## 一、五大古都保护与发展概况

雅典、罗马、开罗、伊斯坦布尔、耶路撒冷，这五大古都，位于欧洲和包括北非、小亚细亚在内的地中海沿岸地区，是西方文明的主要发源地之一，也是历史上经济比较发达的地区。悠久的历史和文化，成就了五大古都，加上传统中比较重视城市风貌及文化古迹的保护，遂使它们成为当前世界上历史名城和古迹最密集的地区之一，在历史环境的保护和规划上，积累了比较丰富的经验。特别是由于近百年来这些地区国际旅游事业的发展，在现代旅游的建设和经营、历史名城的保护与发展、历史文化资源的发掘与弘扬等方面也积累了比较丰富的经验。

雅典（Athens）是希腊首都，世界著名古城，位于希腊半岛东南的阿蒂卡平原。人口302万（包括外港比雷埃夫斯港）。西北和南面临科林斯湾，东北西三面山地怀抱，山麓地带接近城市边缘，山海掩映，阳光璀璨。公元前8世纪为伊奥尼亚人所建，公元前6世纪为古希腊奴隶制城邦和城邦集团的盟主。当时曾是地中海强国和文化中心。至公元前5世纪，臻极盛时期。人才辈出，照耀着人类文化的黎明，被历史学家称为"西方文化的源泉"。公元前338年为马其顿人占领，146年为罗马所灭。公元4世纪以后，长期属东罗马的拜占庭帝国，至1458年被土耳其占领。1830年希腊宣布独立，雅典成为首都。

雅典是希腊古文物遗迹中心，至今仍保留有很多古代文化遗迹。最早的城市是在今东北的阿克罗波利斯小丘（即卫城山）为中心发展而成。有3000多年历史的雅典古城堡——卫城仍雄踞山巅。在卫城的断垣残壁中，古希腊帕特农神庙，巍然耸立，神庙奉祀雅典娜女神，雅典由此得名。公元前5世纪，雅典人重建了神庙，公元前338—公元前332年在山下修建了会堂、大柱廊、竞技场，扩建了迪奥尼苏斯剧场，在古典时期，城市围绕着卫城发展起来，并在外围先后修筑了两道城墙与比雷埃夫斯港口联结的"长城"。古罗马时期城墙向东扩展。19世纪希腊独立后，在德国建筑师克伦泽的主持下，于卫城北面修建了平面呈三角形的道路钢轨，并逐渐成为今日市中心道路的骨架。其东北部有旧时王宫，现为议会所在地。附近公园为前皇家花园，再往东南是体育场，1896年现代第一届奥林匹克运动会即在此举行。卫城山以北是科学文化中心：有科学院雅典大学（1837年建立），国家图书馆（收藏有2300多卷古代抄稿），希腊考古学会、国家剧院和各种博物馆。其中，国家考古博物馆建于1866年。卫城山以西是尼姆夫小丘，有天文台。

进入20世纪，特别是1922年以后，由于土耳其人从小亚细亚驱逐希腊人，大批希腊难民移居雅典，城市迅速发展，又在西南向比雷埃夫斯港口的方向建立了新区，即现在的尼阿—斯米尔尼区。从1920—1928年，城市人口由29.3万猛增至45.3万。在卫城东北的利卡维托斯山坡上新建了科洛纳基区，北面郊区延伸到基菲西阿，南面到法里罗。二战以后城市继续向东北，沿瓦西里西斯·索菲亚斯大街方向发展。这样就形成了南北长达 15 千米，拥有 302 万人口的大雅典市（城区人口 88.5 万）。目前雅典市区布局大体以卫城为中心，北面和东面是行政和文化区，城西南部和港口附近是工商业区，城市正北为老住宅区，新住宅区位于市郊。雅典工业生产总值占全国 45%，有造船机械制造、葡萄酒酿造和食品加工。雅典是地中海各国航运与航空中心，外港比雷埃夫斯承担全国对外贸易。雅典是地中海旅游中心城市之一，卫城山下的普拉卡区是传统步行旅游区，十分繁华。

罗马（Rome）是欧洲最古老的城市之一，意大利首都。位于亚平宁半岛中部，台伯河下游平原上，东距帝勒尼安海 27 千米，城区有卡比托利欧等七个山丘。人口 291 万，面积 200 多平方千米。罗马城为古罗马帝国的发祥地和首都（公元前 30—公元 476）。公元 756—1870 年为教皇国的首都。1870 年意大利王国统一后成为意大利首都，教皇国领土缩至老城西北角台伯河西岸的梵蒂冈。"二战"以后，以罗马古都城为中心的市区面积逐年扩大，城外面积比城内大 10 倍，几乎所有现代化公共建筑，如罗马大学、现代艺术展览馆、电影城、体育场等均在城外。始建于墨索里尼时期的新罗马在罗马古城以南 6~7 千米，20 世纪 50 年代中期基本完成，这里有雄伟的体育馆、仿古斗兽场的劳动文化宫、仿梵蒂冈的彼得和保罗二圣堂，规划格局严谨，传统与现代结合，是古都以外另建新城的一个著名实例。

罗马古城像一座巨型的露天历史博物馆，珍贵的名胜古迹和古建筑的残垣断壁比比皆是。始建于 1 世纪的大斗兽场，高 48 米，长径 184 米，短径 153 米，可容 8 万观众。始建于 2 世纪的万神庙穹顶直径 43.3 米。君士坦丁等多座凯旋门和图拉真得胜柱，是古罗马的古迹。世界最大的天主教堂圣彼得大教堂是文艺复兴时期的杰作。埃玛努埃尔二世纪念碑（现名无名英雄纪念碑）是 1885—1911 年为纪念意大利独立和统一而建造的。20 世纪二三十年代，罗马发展为现代化城市后，对古罗马遗址进行发掘和保护，被古城墙环绕的古罗马城面积仅占现代罗马市的 9%，为全市 12 个行政区之一。阿文帝尼·卡埃利安和帕拉蒂尼山的大部分地区分布有古建筑遗迹和考古地；帕拉蒂尼山上有一座古代公园，奎里纳尔山上有意大利总统府和一些行政建筑，卡比托利欧山上有米开朗基罗设计的市政广场，以及罗马大部分著名的艺术陈列馆。宽广的帝国大道两旁是罗马帝国元老院、神殿、广场密集之地，现已确定为文物遗迹保护与发掘区，位于市中心的帝国大道将规划为一条长 1 千米的隧道从该区地下通过，这是在古都市中心保护遗址发掘场地完整性的一个创举。

罗马是欧洲都市干道广场体系领潮流之先河的城市，罗马广场名闻天下，多有精美建筑、喷泉、雕塑，与广场相匹配，成为城市设计的典范和佳作，影响极为深远。著名的广场有：卡比托利欧山上的市政广场，多条大道交会的威尼斯广场和波波罗广场，位于罗马火车站对面的共和国广场，依山而筑的西班牙广场，在古罗马赛马场上修建的纳沃娜广场、阿根廷广场、花市广场，以规模巨大、造型宏伟为特征的圣彼得广场，都给人们留下难忘的印象。罗马依台伯河而建，河上桥梁众多，造型各异，最美丽的"圣天使桥"两侧有12尊石雕，姿态优美。罗马全市有3000多个喷泉，为古都一大特色，其中，以特雷维喷泉最著名，它建于1762年，设计师是文艺复兴后期建筑大师阿尔贝蒂和贝尔尼尼。喷泉中央立着海神像，两侧是象征富饶和安乐的女神。水花飞溅，生气无限。

开罗（Cairo）是埃及首都，非洲第一大城市，坐落在尼罗河三角洲顶点以南约14千米处。人口853.9万人。公元642年初建时，是尼罗河东岸一个小村镇，969年阿拉伯帝国法蒂玛王朝征服埃及，在小镇北面建城定都，命名开罗（阿拉伯文，胜利之意）。13世纪发展为贸易和文化中心。1517年被奥斯曼帝国占领。1798年沦于法兰西帝国之手。1801年拿破仑军队被打败之后，开罗逐渐发展为现代化城市，成为全国政治、经济、文化中心，集中了全国的1/3工业。

开罗市区包括尼罗河两岸与河中岛屿，城中现代文明与古老传统并存，西部以现代化建筑为主，大多建于20世纪初，具有当代欧美建筑风格；东部则以古老的阿拉伯建筑为主，清真寺的高耸尖塔随处可见，故开罗又称为千塔之城。面对开罗火车站的是拉美西斯广场，广场中心有古埃及第19王朝法老拉美西斯二世的巨大全身雕像，它是1955年从古城孟菲斯移置于此。市内著名的广场有剧院广场、苏莱曼伯夏广场和解放广场：剧院广场是1869年为庆祝苏伊士运河通航而建的歌剧院所在地，解放广场有10条街道在此交汇，位于苏莱曼伯夏广场和尼罗河之间，广场内花坛草坪清新明艳，附近有宏伟的埃及博物馆和现代艺术博物馆。现代开罗最明显的标志是位于尼罗河畔高达187米的开罗塔，从这里可以俯瞰全城风光。

在现代开罗和其东的穆卡塔姆山之间，是11—16世纪建造的古城，这里集中了大量阿拉伯建筑艺术财富，仅古迹就约有400处，其中，建于12世纪的著名的萨拉丁城堡，建于1361年的苏丹·哈桑清真寺，建于1912年的里法伊清真寺和艾哈迈德·伊本·图伦清真寺，有1000多年历史的爱资哈尔清真寺和大学也位于此。以爱资哈尔清真寺为起点的爱资哈尔大街的北面是独具特色的东方市场。

开罗西南有著名的吉萨金字塔和狮身人面像等古迹。

19世纪末开罗开始了新区的现代化城市建设，1880—1950年为发展新区改造旧城时期。1960—1984年为新旧结合发展大开罗时期。1960年开始城市化，人口由 1950 年的 250 万增至 390 万人，1972 年达 600 万人。城市向北、西、南面扩展。在东北面沿放射线发展。开罗在旧城之外发展新区，使旧城与新区分开建设，并紧密地联系在一起，发展新的中心，新旧中心分区规划各具特色。重视城市基础结构的建设，特别是道路交通运输，重视保留传统建筑面貌，旧城区成片保留有价值的传统建筑。强调环境协调，在旧城中新建的房屋形式服从于旧有风格，而新区建设不破坏原有旧城的主体轮廓。

伊斯坦布尔（Istanbul）是土耳其古都，全国最大的城市和港口。位于巴尔干半岛东端，博斯普鲁斯海峡口西岸，扼里海咽喉，地跨亚欧两洲，也是古代丝绸之路的终点。人口 950 万人。该市历史悠久，公元前 660 年为希腊人所建，称拜占庭。公元 330 年罗马帝国迁都于此，改名君士坦丁堡。公元 359 年罗马帝国分裂，成为东罗马帝国首都。此后数百年，一直是地中海东部政治、经济、文化中心。13 世纪初，十字军东征时，城被烧毁。1453 年成为奥斯曼帝国首都，始称伊斯坦布尔。1520—1566 年苏莱曼统治时期最为强盛。

伊斯坦布尔山海相映，市容多姿多彩，有三海环绕之称。此三海即指博斯普鲁斯海峡、马尔马拉海及黄金角（长 7 千米，近代亦称水道）。现市区亦包括黄金角南岸和博斯普鲁斯海峡东岸的于斯屈达尔等地。黄金角南面的旧城区有城墙围绕，区内有 7 座小山，昔日罗马帝国皇帝将此地看为新罗马（罗马亦有 7 山）。伊市 7 山之中第一山孤峙西南，其他 6 山沿黄金角，山顶大多平坦，但坡道颇峻。7 山分布的名胜古迹达 40 处左右。第一山以圣索菲亚教堂、苏丹·艾哈迈德清真寺（又名蓝色清真寺）、托普卡伯博物馆、马尔马拉海滨城墙最为著名。旧城区中心的大"巴札"为世界上少有的巨型室内市场，创建于 1461 年，后又几经扩建，占地达 3 万平方米，8 面开门，内有 4000 家店铺和 65 条商巷，十分繁华。

加拉塔桥和阿塔图尔克桥连接新旧两区，市容多姿多彩，既有沿着海峡地形蜿蜒曲折的古老街巷，又有宽敞笔直的土耳其大道、独立大道，及耸立在大道两旁的现代化大厦。沿博斯普鲁斯海峡是伊市的另一风光带，艺术学院、海军学院均沿海峡修建。多尔玛巴赫切宫是 19 世纪以后苏丹的王宫，建筑精美、装饰华丽。1973 年建成的博斯普鲁斯海峡大桥，把欧亚两部分连接在一起。这座吊桥全长 1560 米，中跨 1074 米，是欧洲第一大吊桥，世界第 4 大吊桥。伊斯坦布尔的清真寺不下 450 座，在苍穹下清真寺尖塔闪闪发光，形成伊市极富特色的天际轮廓线，与大桥凌空，海峡壮阔，构成一幅古今交融、雄伟壮丽的图画。

伊斯坦布尔对文物古迹的保护，文物环境的清理与控制，现代建设与历史的结合，具有很高的科学水平和艺术水平。典型的地段是圣索菲亚教堂（红庙）、蓝庙、托普卡伯博物馆，统称伊市第一山的历史地段。占地面积约2平方千米，不但清理了原有杂乱的房屋，而且进行了大面积的精致绿化。一处东罗马时期的赛马场考古发掘之后，依据其平面形式，修建了广场花园。其中几座方尖碑不但原物保留而且在其下部做了考古显示，托普卡伯博物馆原为土耳其苏丹的宫殿，其邻近城市一侧不但严格控制周边建筑高度，对其风格、色彩、布局均给予指导，沿宫墙形成一条极富古都风貌的小街巷。这种突出重点，综合整治，保护古都风貌特色的大手笔值得学习借鉴。又如法悌尔区是伊斯坦布尔历史文化最老的区，也是古迹保护最多的区。拜占庭时期的宫殿、堡垒、教堂以及石砌古城墙和起伏曲折的民居街巷都得到保护与展示。

耶路撒冷（Jerusalem）是以色列首都，犹太教、基督教和伊斯兰教共同的圣地。位于巴勒斯坦中部犹地亚山区之巅，海拔790米，东近死海，西临地中海平原，城市面积109平方千米，人口41.5万。耶路撒冷古称耶布斯城，约在公元前3000年，耶布斯部族从阿拉伯半岛迁来，定居于此，因为相传耶布斯国王麦基洗德在位时建造耶路撒冷城，命名"耶路撒利姆"意即为和平之城。公元前1049年，为大卫王统治下的古以色列王国都城。1980年以色列定为首都。

耶路撒冷分东、西两城区，西区是19世纪起新建的市区，因山就势，布局别致，景色秀丽。随着近十几年经济的高度发展，市区面貌已现代化，犹太会堂、博物馆、图书馆，以及闻名的希伯来大学的研究机构，显出耶路撒冷浓厚的文化气息，林立的旅游宾馆、琳琅满目的商业街，又体现了旅游热点城市的亲切与繁华，形成一种非常特殊的"新耶路撒冷"风格。耶路撒冷的建筑物，外饰面一律采用当地生产的淡黄石灰石，使整个城市在阳光下，分外耀眼，夜里，在橘黄色的路灯照耀下，整个城市又变成辉煌的金色圣城。

以耶路撒冷老城为中心的东区，也被称为旧市区，面积是西区的两倍，这一区集中了不同时代的古老建筑，特别是许多世界驰名的不同宗教的圣地。老城墙周长5千米，高约40米，设有34座城堡和7座城门，城墙由不同时代砌体累积合成，由于战争创伤，始建以来，已重建和修复过18次之多。现今看到的城墙建于1536—1539年间，由土耳其苏里曼大帝以巨石建造。老城中严格划分为犹太区、基督教区、穆斯林区和亚美尼亚人区。老城中严格保存了著名的哭墙（WailingWall）——犹太教最高圣地，金顶岩石清真寺（也简称岩石园顶 Domeof Rock）是伊斯兰教圣地，曲曲折折的悲哀之路（Via Dolorosa）也称苦路，是基督教圣地。还有城东的橄榄山，那是基督教和犹太教的又一圣地。

耶路撒冷在环绕地中海的五大古都之中，规模最小，建设条件最严峻，而现代化建设起步也最晚，还是在1948年以色列建国之后。但是它那"新旧分治"的规划格局，使城市井然有序，规划管理严格控制建筑物的外饰面，使城市景观浑然一体，给人留下深刻的印象。尤其值得称颂的是，在圣城耶路撒冷，三大宗教都以各自感人至深的方式，使宗教奥义、民族精神由一堵墙、一块石、一条路而变得可触可摸，具体动人，吐纳着无数信徒的精神寄托，展现着悠久历史的文化内蕴。

## 二、五大古都保护与发展的特点

雅典、罗马、开罗、伊斯坦布尔、耶路撒冷五大古都保护与发展的特点很多，归纳其共同的特点有五个方面：第一是拥有规模宏大、水平最高、风采诱人的世界文化遗产；第二是拥有内涵丰富、特色浓郁、成片成街的历史街区；第三是具有传统文脉和现代功能相结合的城市规划布局；第四是拥有一批不同历史时期的标志性建筑；第五是认真保护环境，保持历史环境风貌，强化城市环境特色。而这五个方面的基础是定位于"古都"的规划、建设、管理的指导思想。古都当然属于历史文化名城之列，但又不同于一般的历史文化名城。古都为历史文化名城之首，是该国家、民族、历史文化名城之代表作。古都与一般历史古城相比较，或高于古城，或优于古城，或大于古城，或先于古城，总之，在时间、空间、数量、质量上必有一处或多处为首。这样一个指导思想，贯穿在以下五个方面之中。

### （一）古都拥有规模宏大、水平最高、风采诱人的世界文化遗产

至2000年底，联合国已将全世界690项历史文化遗存列入"世界遗产名录"，五大古都均保存了一批被列入联合国"世界遗产名录"的文物、古迹或历史名城。雄踞在阿克罗波利斯山上的雅典卫城，始建于公元前480年，是希腊鼎盛时期的杰作，现在仍然是雅典市的标志，其主殿帕特农神庙，从19世纪中叶开始，就被认为是世界建筑史中最完美的典范；始建于公元1世纪的古罗马露天竞技场，高48米，长184米，宽153米，可容纳8万名观众，它是永恒之城——罗马的标志；始建于公元2世纪的万神庙是现存最完整的古罗马庙宇；在台伯河西岸的梵蒂冈，有世界最大的天主教堂——圣彼得大教堂。耶路撒冷保存完好的三圣之地，伊斯坦布尔宏伟壮丽的两教神庙，不但建筑、环境保存完美，而且古都历史风貌浓郁宜人。在千塔之城——开罗西南郊区的吉萨金字塔，始建于公元前2100年，高146.5米，

边长230米,用230万块巨石砌成,是世界七大奇迹仅存的一处,它象征着人类古老文化。正是通过它们,展现了古都历史文化风采,令人信服地产生对古都传统文化的景仰与爱戴。

## (二)古都拥有内涵丰富、特色浓郁、成街成片的历史街区

五大古都在老城区都保留了相当规模的历史街区,有的集中在一处,有的分散为几处,由于历史的渊源,它们一般都在重大文物古迹的周边或附近,规划作为重大文物的保护范围,或者是古迹之间的连续空间环境。历史街区展现了多姿多彩的传统文化和地方特色,使古都亲切宜人。伊斯坦布尔旧城区的"大巴札"是世上少有的室内巨型市场,创建于1461年,占地达3万平方米,8面开门,内有4000家店铺、20家客栈和65条街巷,每天车水马龙,人如潮涌。雅典阿克罗波利斯山的北麓,是著名的普拉卡区,红瓦粉墙小街小巷,文物古迹随处可见,古色古香情趣盎然,随着现代旅游的发展,"普拉卡"已成为著名的无导游旅游娱乐区和购物区,其规模达0.6平方千米。在现代开罗和穆卡塔姆山之间,是11—16世纪建造的古城,这里集中了大量古阿拉伯建筑艺术财富,仅古遗址就约有400处,如建于12世纪的萨拉丁城堡。建于1361年的苏丹·哈桑清真寺、建于1912年的里法伊清真寺,和艾哈迈德·伊本·图伦清真寺。有1000多年历史的爱资哈尔清真寺和大学也位于此。以爱资哈尔清真寺为起点的爱资哈尔大街的北面,是独具特色的东方广场。

## (三)具有传统文脉和现代功能相结合的城市规划布局

1976年通过的欧洲议会第7628号决议案中指出:"保证建筑环境中的遗产不被破坏,主要建筑和自然地形得到很好的维护,同时确使被保护的内容符合社会的需要。""这样一些措施不仅涉及保护问题,它们对环境的复兴和恢复也是必需的。"这个决议体现了欧洲古城规划的思潮。五大古都规划布局均为新旧分治,雅典、罗马是新城环绕老城发展,耶路撒冷、伊斯坦布尔、开罗,新城在老城一侧发展。罗马的规划发展值得我们研究:这座著名的永恒之都,城内古建筑密度极高,由于老城主要是作为行政和旅游中心,没有大规模的工业,因而城市新区一直采取围绕老城发展模式。但经过一段实践,特别是大体量的现代建筑尤其是高层建筑出现之后,人们开始认识到,城市新的发展必须避开古城,20世纪50年代中期在罗马古城南面6~7千米建成了一座具有现代化高层建筑的花园城市,设有不少政府机关,按

照新区在老城一侧发展的模式进行新的规划考虑。五大古都的老城都采取"严格保护，控制规模，慎重改善，保持风貌"的方针。而新区的规划建设在格局上、手法上、风格上又十分注重传统文脉的继承与发扬，虽然新旧分治，却也一脉相承。

### （四）拥有一批代表不同历史时代的标志性建筑

在五大古都，除世界文化遗产这种最高级别的标志外，每座城市还都拥有相当数量的"三优"标志性建筑，"三优"即优良的布点、优秀的设计、优美的环境。值得注意的是，自18世纪以来，五大古都的标志性建筑无不强调文化传统和民族风格，如雅典的议会大厦、雅典学院、国家图书馆、考古中心，完美地展现了希腊风格，被誉为雅典之明珠。20世纪30年代以来现代主义风行，而罗马的新城规划布局和建筑造型，追求传统与现代的结合，开现代建筑地区化、传统建筑现代化之先河，成为新罗马的标志而自立于世界。伊斯坦布尔、耶路撒冷、开罗在20世纪50年代以后城市发展很快，市区建设了大批现代主义建筑，对古都形象产生过负面影响，20世纪70年代以来，它们认真倡导现代建筑的地区性、民族化的创作方向，在行政建筑、文化建筑以及旅游建筑方面多有佳作，又进入到一个健康发展的阶段。五大古都当代建筑创作追求传统与现代的结合，走的是多元途径，从建筑理念、造型风格、材料选择、色彩运用诸多因素之中，或综合体现，或突出某个因素加以发扬。

### （五）认真保护环境，保持历史环境风貌，强化城市环境特色

一般来说，在西方各国，古希腊罗马时期的古迹中，只要位于城市范围内，很少有历史环境能完全保存下来，从这个角度上观察，罗马、雅典等五大古都也只是保存得相对较好而已，因为，对历史环境保护的国际准则也不过是在20世纪70年代中期才普遍得到认同，此后的30年之中，五大古都普遍加大了历史环境整治的力度。如开罗为发展旅游，曾在吉萨金字塔附近建设了一批游乐与服务设施，严重破坏了古陵墓开阔肃穆的历史环境风貌，最近在埃及国内外舆论压力之下，才进行了大面积拆除，恢复到20世纪初的旷野形象。环境整治提高一个层次是优化，雅典卫城、伊斯坦布尔红庙与蓝庙之间的绿地布置堪称精品。古都山水环境的保护贯穿在城市规划、建设、管理之中，每座古都也是因地制宜，各有侧重，雅典保持了位于市中心的阿克罗波利斯和利卡维托斯两座山的历史风貌，位于阿提卡半岛最南端的舒尼翁海神庙，不仅临海的崖顶上没有修建其他建筑物，就是山崖下的海滨浴

场，也只设了一些临时性的帐篷。视线所及，左面的马克罗尼索斯岛和更远处的凯奥斯岛，都保持了它们的天然面貌，从而保护了"舒尼翁落日"这一动人的传统景观。伊斯坦布尔为了保护海峡风光带，对南北岸线10千米，东西纵深1.2千米，制订规划，成立海峡规划局，严格进行管理，使海峡两岸郁郁葱葱，建筑丰富而不杂乱，多样又显得有序，山水建筑融为一体。

在五大古都中，保持历史环境特色最为突出的当属耶路撒冷老城，它的种种遗址、古迹和圣迹，保持原貌，朴实无华，突显了宗教的神圣感。但是古都不可能整个成为一个博物馆，它的种种遗址、古迹，也不必要搞得那样神圣，这就有必要提升到文化意蕴和审美意蕴，使后人能够更加愉快地欣赏。在这一方面罗马的经验值得研究，在那里，许多宗教题材经由一代艺术大师的创造，变成了全人类共享的艺术经典。这种把历史融于艺术，把宗教融于美学的景象，在罗马、梵蒂冈一再展现。由艺术和美学在前面辉耀，千年岁月也就化作了人性结构，城市、古迹、教堂也都随之变得轻松和疏朗。

## 三、西安的比较差距和努力方向

作为东方古都的西安，与雅典、罗马、耶路撒冷、伊斯坦布尔、开罗这五大古都相比较，虽说是各有千秋，但在历史名城保护与发展方面，在现今的国际国内地位方面，在国际活动和旅游事业方面，西安的发展水平还有相当的差距。开罗、雅典、罗马都是现今的国家首都，耶路撒冷是首都，又是宗教圣地，伊斯坦布尔近代曾是首都，迁都之后，是该国的经济、文化中心，也是最大最富的都市，而西安则只是内陆省会，作为西部中心城市还在规划发展之中。从各古都现今在国际的地位看，耶路撒冷作为宗教圣地，千年来一直受到世界关注，雅典、罗马作为欧洲文化的发祥地，在文艺复兴后，几百年长盛不衰，开罗和伊斯坦布尔在19世纪中叶考古进入高潮，随之亦名声大振。而古都西安，虽在历史文化界素为人知，而走向世界，被国际所认可，那还是在20世纪80年代以后，从历史文化名城的保护与发展的水平来看，罗马当居首位，依次的排列是雅典、伊斯坦布尔、耶路撒冷、开罗，而后是西安。这样的次序并不是说东方的古都不如西方的古都，事实是在东方，日本的京都和奈良也居于西安之前。

古都西安在国内99座历史文化名城之中，其保护与发展属于前列，一些大型保护与建设的项目，在国内外获得好评。但是与五大古都相比较，要达到国际水平，还要做大量的工作，还要经过几十年的努力，对照前述的几项特点，西安的差距和努力方面是：

（1）五大古都，每座城市列入"世界文化遗产名录"的项目均不少于3处，多的达10余处。我国在1985年加入《保护世界文化和历史遗产公约》以后，已有28项世界遗产，古都北京有5项之多，而西安的秦始皇陵也列入"世界文化遗产名录"，并得到世界的公认，但其目前还处在边保护、边发掘、边研究的阶段，陵园大环境的保护与旅游开发的矛盾尚未解决，还处于规划安排阶段。渭河北岸的帝王陵墓遗址，渭河南岸的汉长安城遗址、唐大明宫遗址、明西安府城城郭和城内若干主要古建筑，曾于20世纪90年代初期申报"世界遗产名录"，但由于周边环境差，尚未通过国内的审查，还需做大量的工作，以期达到申报条件。列入"世界文化遗产名录"是历史文化名城的"金牌"，一定程度上标志着古城的水平和地位，这也是为什么那么多古城为此不惜付出代价，长期奋斗力争的原因。西安的文物古迹地下多地上少，现存古建筑尤其少；但周丰镐、秦阿房宫、汉长安以及唐大明宫四大遗址和历代帝王陵墓的确是世界级的文化遗产，其差距则是在考古发掘和环境保护上还需做大量工作。经过努力，10年内再争取2~3项是完全有可能的。

（2）西安的旧城区和若干历史街区的保护和利用尚属初级阶段。与五大古都相比较，不论在规模上、风貌特色上以及文化内涵的展现上都还有一定差距。目前，在旧城中已经有书院门、北院门两条传统历史街区，如果，10年内以此为骨干，以钟鼓楼为中心，将东到柏树林，西至竹笆市，南到南门顺城路，北到西华门，3平方千米作为古都文化中心加以保护利用，再用10年，以西大街为骨干，向城西延伸2平方千米，使古都文化中心扩大为5平方千米，这样就控制了西安旧城的半壁江山。西安旧城虽为明清府城，但是在唐皇城遗址上扩建的旧城，地下应有唐代遗址，亦可依此展示唐文化，这也是西安不可多得的优势。从长远看，21世纪上半叶，应将西安旧城整体保护，恢复古城风貌，那时，西安在历史街区保护和利用上与世界古都相匹配。除此而外，曲江风景区、环城风光带、南山若干古寺庙区都有必要从历史街区、历史风景区的角度，按国际法规的标准再行研究。

（3）规划格局上"新旧分治"模式的确立。由于20世纪50年代西安城市规划的良好基础，西安的城市规划不亚于五大古都中的任何一座城市。从已经建成的效果观察，城市格局、道路系统具有良好的东方古都的气质，城市建筑风格也有初步的体现。当前主要任务是确立"新旧分治"的规划模式，在21世纪上半叶，保护和控制旧城，在南郊和北郊建设新城这个布局，在国务院批准的西安跨世纪规划中已经体现，还有必要通过地方法规以保证其实施。从城市形象上宏观比较，在这方面西安大有可为，前景广阔。我们的差距是在建筑的总体控制上，主观随意性大，在建筑的高度、风格、色彩上亟须制定纲领，不要轻易变动，假以时日，自然会形成古都西安的特色风貌。从五大古都的经验看，"新旧分治"模式，有利于古城保护，有利于新城开发，"新的新到位，旧的旧到家"。功在当代，利在千秋。

（4）标志性建筑和城市雕塑。古都西安的标志性建筑首先是古建筑：大、小雁塔，钟楼、鼓楼，西安城楼、碑林、城隍庙以及著名的古寺庙。由于历史战乱和木结构的弱点，在古都之中，西安存在的古建筑少得可怜，因而古建筑的保护就显得格外重要，按照文物法的规定，既要保护古建筑，同时要保护其周边环境。近期应该落实的项目有南门箭楼和北门城楼的复原工程、城隍庙修复清理工程、大小雁塔清理环境工程等。标志性建筑的另一部分是现代建筑，以西安的文化历史地位而论，要进一步倡导传统与现代相融合的创作道路，按照"风格分区"的原则，走多元化、地区化、现代化之路。特别强调的是行政、文化和旅游建筑，要具有民族传统和地方特色。

城市雕塑是历史文化名城"点睛之笔"，需要制订长远规划，修建一系列反映历史事件、历史名人的城市雕塑，以此揭示古都西安的文化底蕴。古城雕塑的风格，材料亦应走传统与现代相融合的路子。

（5）山水环境的保护。与五大古都相比，西安的自然环境是相当严峻的。罗马的台伯河、开罗的尼罗河、雅典的爱琴海、伊斯坦布尔的博斯普鲁斯海峡，都带给古都秀丽的风光，只有耶路撒冷在一片沙漠包围的高地之上。历史上八水环绕的长安，恢复大地的水环境还有待时日，这就是西安在今后几十年中改善古城环境，恢复古都风貌的首要任务。山岭的保护主要是终南山和北坡山麓，重点是各文物点周边和各峪口附近。与山水密切相关的是绿化植被，唐槐、旱柳，应广为种植，交通枢纽、旅游路线、古建遗址更应突出传统树种，继承历史文脉。

（写于2011年）

# 我国境外考古工作的现状与发展对策研究

中心课题组
王建新　王　毅

**摘　要**　本研究梳理了我国境外考古的历史与现状，对取得的成果与经验，以及存在的问题和困难加以总结，从研究领域、考古遗址保护、组织实施三个方面对英美法日等国开展境外考古的成果与经验展开研究，并对今后我国境外考古的发展提出建议。

走出国境开展境外考古对于推动考古学发展和民心相通具有重要意义。近年来，境外考古作为我国加强国际人文交流的重要内容，得到党和国家领导人的高度重视。为贯彻习近平总书记关于重视和加强境外考古的重要指示，落实2021年5月时任国务委员兼外长王毅在主持"中国+中亚五国"外长第二次会晤时提出中方计划在西北大学建立"丝绸之路考古合作研究中心"，欢迎各方积极参与的倡议，本研究基于西北大学长期以来在中亚等地开展的境外考古实践，梳理了我国境外考古的历史与现状，对取得的成绩、存在的问题和困难加以总结，并结合英美法日等国开展境外考古的相关情况，对今后我国境外考古的发展提出建议。

## 一、中国境外考古的现状分析

自考古学传入后，我国学者就一直非常关注国外的考古学研究动态。从1949年到改革开放前，我国学者翻译介绍了大量的国外考古文献，但当时我国学者赴境外开展实地考古工作的机会较少。20世纪八九十年代，中国考古交流合作明显密切，但合作形式都以外国专业机构来华开展调查和发掘工作为主。

进入21世纪后，我国考古机构赴境外开展考古工作逐步提速。尤其是自2013年以来，随着"一带一路"倡议的提出，我国学术机构在境外开展的考古项目迅速增加。到 2019 年，据国家文物局的初步统计，当年我国机构在境外所开展的境外考古项目已达 38 项。

## （一）成果与经验

多年来，我国的境外考古工作不仅在考古学专业研究领域内取得重大突破，在文化遗产国际合作的组织与管理上也积累了大量成功经验，并对中外人文交流做出积极贡献。

### 1. 境外考古工作取得重大突破

基于扎实严谨的田野考古调查和发掘，我国境外考古工作已取得了大量重要新发现，如蒙古国高勒毛都 2 号墓地 M10、M189 的考古发掘，是匈奴考古的重大新发现，被美国考古杂志《Archaeology》评为 2019 年世界十大考古发现之一。经过多年历练，我国多支考古队伍的研究视野和研究水平也得到了长足发展。大量境外考古项目已经出版了正式的考古报告，我国在游牧考古、丝绸之路考古等领域的国际话语权也得到显著提高。

### 2. 践行共享理念，促进中外人文交流

在专注于考古研究的同时，中国考古工作者也不忘在工作中践行社会共享考古发现的理念，如中乌考古队、中蒙考古队等基于考古发现，在乌兹别克斯坦国家博物馆和蒙古国国家博物馆举办了《月氏与康居的考古发现》《从长安到宛都》《草原游牧民族与丝绸之路》等展览，广受欢迎。

### 3. 创新合作与管理模式，提高中外合作层次

除了建立稳固友好的双边合作机制，国内已有一些机构基于与多国合作方的良好合作关系，为创建境外考古的多边合作机制进行了积极的探索。如在费尔干纳盆地，在吉尔吉斯斯坦、塔吉克斯坦与乌兹别克斯坦三国关系趋于缓和的大背景下，通过学术会议、联合考古调查等多种形式的学术活动，西北大学基本构建起了费尔干纳盆地联合考古及四国合作交流机制的初步框架。

### 4. 彰显中国特色的考古工作

我国特有的铲探技术和经过长期积累的多地形环境条件下考古调查发掘的经验在境外也被证明是行之有效的，得到了国外同行的认可。此外，我国考古工作者将大遗址考古的理念和工作方式运用到境外考古工作中，与其他国家的考古工作方式形成鲜明的对比，获得所在国各界的高度评价。

## （二）困难与问题

我们也应看到，我国的境外考古工作总体来说起步较晚，国内对于境外考古工作的整体部署研究不足。具体来说，我国境外考古工作还存在以下问题和困难。

**1. 议题设置有待提升**

随着工作的深入，越来越多的国内机构开始重视体系性、中长期的境外考古项目规划，但总体来说我国境外考古的成果在国际考古界发声仍然不够，在境外考古议题设置的科学性上也有进一步提升的空间。

**2. 合作内容和经费来源有待拓展**

目前，我国开展的境外考古工作主要还是依托于考古学自身的学术目标，较少将考古遗址作为文化资源，考虑其推动当地社会发展、造福民生的可能性，目前我国境外考古团队的经费主要来源也比较单一，主要依靠各种官方性质的项目经费。

**3. 管理水平有待提高**

目前，我国尚无专门针对境外考古的管理文件，对境外考古的统筹管理不够，国内各机构间也缺乏充分的协调配合、信息交流与成果共享平台与机制，难以形成合力。此外，由于经费和时间等方面的原因，一些境外考古项目未能完成设定的工作目标。

**4. 与我国企业境外建设项目的结合有待推进**

随着"一带一路"倡议的推进和落实，由我国企业在境外承建的大型工程项目，如公路、矿场、水电站等越来越多，存在涉及当地环境和文化遗产保护问题的潜在风险。近年来，各国民众对本国环境与文化遗产保护意识的提升以及各国非政府民间环保组织的发展也使得这一问题的严重性日渐凸显。而目前我国的境外考古还基本以研究为导向，与我国企业境外工程的结合度不够。

## 二、他国境外考古专题研究

西方国家的境外考古始于殖民化时代。在经历了18、19世纪对殖民地和欠发达国家的掠夺式考古后，20世纪以来特别是从"二战"后的后殖民化时代开始，各国的境外考古工作逐渐走向科学化，并开始重视文化遗产保护和惠及民生。英法美日等发达国家在境外考古的科学研究与组织实施等方面都积累了不少经验，值得我们了解和借鉴。

## （一）他国境外考古与古代文明研究

进入 21 世纪后，基于境外考古的古代文明研究朝着更为科学和综合的方向推进，此前以西方为中心的认识论有了较为根本性的转变。总体来说，各国境外考古的古代文明研究在以下几方面具有值得借鉴的特征。

**1. 研究议题的科学设置**

基于长时段、大尺度的境外考古工作对古代人类的迁徙、接触与文明交往展开研究，是各国境外考古的一个重要议题。此外，在全球极端气候日渐频繁的今天，研究古代人类对于环境的利用，并从中吸取经验与教训，也成为各国开展境外考古的重要主题。

**2. 长远规划与逐步实施**

考古学发现与研究的自身规律以及境外考古在文化差异、后勤保障等方面的限制决定了境外考古项目的长期性，尤其是当发掘对象规模巨大、情况复杂时，对考古项目进行长远规划与科学实施就显得非常重要。由著名考古学家伊恩·霍德主持，持续了 25 年的土耳其加泰土丘发掘项目由点到面，逐步推进，为此树立了一个标杆。

**3. 普遍议题与本国实际的结合**

各国在开展境外考古的过程中，除了围绕学术界普遍关心的议题，也注意将其与本国的具体学术兴趣及境外考古团队力量实际相结合。如在多国同时开展考古工作的蒙古，德国学者的工作范围就主要集中在以哈拉和林为中心的鄂尔浑河上游地区，而韩国则主要专注于匈奴时期的考古。

**4. 对早期资料的重新利用**

随着考古技术和理念的进步，即使是在此前已经发掘过的遗址，往往也能得到新的收获，各国境外考古团队也十分重视对于早期遗址的重新发掘与研究。如 Rashaan Khad 遗址作为蒙古第二个被发现带有地层的旧石器时期遗址，从 20 世纪 80 年代以来就先后被苏联、日本、韩国等多支考古队发掘过，并不断有新的成果出现。

## （二）境外考古中的文化遗产保护利用

随着考古与文化遗产保护技术与理论的发展，人们日渐认识到遗址保护的重要性。总体来说，基于境外考古的文化遗产保护利用可以分为对遗址本身的展示利用，面向遗址所在地民众的交往和建设能力，以及冲突和落后地区的濒危文化遗产保护这几个方面。

**1. 考古遗址的展示利用**

近年来，各国考古团队对于在境外发掘的大型考古遗址，往往都会伴随发掘项目的进行在遗址边上修建展示说明设施，在经费充裕的情况下还会修建博物馆，并对现场道路和水电等基础设施进行改造。此外，近年来，各国考古团队也开始利用数字化技术加强考古遗址的展示与宣传。

**2. 当地民众的参与**

随着公共考古与社区考古理念的推广以及可持续发展观念的深入人心，各国境外考古项目对遗址所在地民生与福祉的关注逐渐增加。在传统的考古发掘与研究项目之外，各国考古科研机构也会与东道国管理机构一起，尝试实施一些由当地民众共同参与的公共项目，以期加强与项目所在国社会各界的交往，提升其对考古与文化遗产保护的认知，并推动遗址造福当地社区。

**3. 濒危文化遗产的保护**

近年来，各国团队也开始利用数字化手段，提高对于冲突或落后地区考古遗址与其他文化遗产的保护。此外，各国团队也会基于现场考古调查和发掘协助各国建设考古与文化遗产的数据库，从而提高对于遗产资源的记录和管理。

## （三）境外考古的组织实施

**1. 政府的重视与主导**

虽然参与程度不同，但大多数国家都会从经费和政策上对境外考古给予支持。法国的境外考古主要由法外交和国际发展部通过其下设的境外考古研究咨询委员会（Advisory Commission for Archaeological Research Abroad）进行统筹管理。目前该委员会由约30名来自法国主要科研机构、高校和博物馆的顶级考古专家，以及法国文化与交流部、海外学院等机构的代表组成，下设五个地理分委会。

日本则于2006年颁布实施了《推动海外文化遗产保护国际合作法》。它是世界上少有的关于文化遗产国际合作的专项法规，对政府以及高校和科研机构等各方面在文化遗产国际合作中的职责予以明确。

**2. 多元的经费渠道**

各国开展境外考古的经费来源通常都非常多元化。如法国境外考古研究咨询委员会批准的资金仅能用于支付发掘，以及相应的研究和遗址修复的费用，但不包括人员的开支。法国境外发掘团队可争取的其他经费渠道包括其他公立机构，如国家科学研究中心、国家研究署（National Research Agency）以及各高校提供的经费，和来自法国各非政府组织与基金会,以及 UNESCO(联合国教科文组织)和欧盟层面,包括东道国的资助。据统计,这些外部资金的总额与外交部的经费相近,其中一半以上来自法国其他公共机构,其次是东道国的拨款和私人机构的赞助,来自欧洲和国际的资金大约占 10%。

**3. 本国机构间的沟通与协调**

出于打造良好国际形象的统一目标,各国都十分重视本国境外考古队伍间的相互沟通与协调,其中尤以日本在这方面的努力最值得称道。为了推动日本文化遗产国际合作项目的统筹管理与相互协调,日本于 2006 年组建了日本文化遗产国际合作联盟。该联盟的成员包括来自文化遗产国际合作相关各个领域的专家、政府部门、高校和科研机构,以及参与合作的企业和非政府组织。目前该联盟共有 400 多名个人会员和 20 多个团体会员。

## 三、中国境外考古实施建议

基于上文对我国境外考古现状的分析及国外案例的研究,本报告认为,我国的境外考古工作可从以下几方面加以完善。

### (一)推动境外考古人才培养和经费支持

在今后的境外考古项目中,我国的项目组织方可考虑向中外青年研究人员和学生提供奖学金和到工地进行实习和研究的机会,并可通过发掘项目推动中外高校合作,共建考古实验室,开展联合培养项目。

此外,我们也应看到,欧美国家和日本等国在境外考古中取得的丰硕成果与其拥有一大批长年工作在境外考古一线的考古学者密不可分。相关部门应就境外考古人员的职称评定、经费补助等出台相应鼓励措施,从而使更多的专业人员能够真正扎根于境外考古事业,为考古研究和文明交往做出更多贡献。

在经费方面,跨国交往的职能在很大程度上已超出了考古学本身的目标,对我国完善境外考古的经费制度提出了新的要求。除了中央及各级政府的财政经费,应进一步通过税收、社会责任等方面的奖励机制,鼓励我国企业,尤其是在国外开展业务的航空、工程建设等跨国公司积极支持境外考古项目的开展。

### (二)提升境外考古理论研究水平

多年来,基于田野考古的不断发展和丰富收获,我国的考古发掘技术与研究水平得到了长足的发展，在聚落考古、游牧考古等众多领域内也实现了举世瞩目的理论突破。但总体来说，我国的境外考古研究主要还聚焦于具体的田野问题，与国外同行相比在思辨性和系统性上略显不足。在文明交往的视野下，基于境外考古的实践加强关于古代文明的起源、发展与交往研究，考古学思想与理论研究，以及作为文化外交的境外考古交往研究，将是提升中国境外考古理论水平的重要途径。

### （三）充实交往内容

为了增进主客双方的相互认知，应注意在考古项目开展的过程中提升与东道国社会各界，尤其是遗址当地民众的交往程度与效果。如参与发掘的考古工作者及项目组的其他人员可以在现场工作之余，通过拉家常、访谈、讲座等形式与遗址周边的村民、学生、教师等展开交流，向他们解释遗址的历史、发掘的目标与意义等。在民众对遗址的了解以及双方的相互认知达到一定程度后，也可以考虑着手开展一些社区发展项目，如遗址的宣传与展示、当地旅游的规划与开发、传统手工艺品的推广、节庆活动的策划组织等。

### （四）优化项目规划、管理与评估

建议由国家文物行政主管部门牵头，基于境外考古在立项、实施、经费等方面的特性，出台专门的管理文件，加强对境外考古工作的科学管理。可借鉴法国外交部的境外考古研究咨询委员会机制，组建专家委员会，定期对国家层面的境外考古项目进行遴选和评估，并可通过评选示范项目的方式，推广成功经验。

### （五）加强与境外工程的结合

针对境外工程项目因当地文化遗产保护受阻的情况，应发布文件将文化遗产影响评估和保护纳入境外工程建设，并加强对中资机构管理层与员工的遗产保护教育，要求施工企业应根据国际惯例，在项目立项阶段对项目展开文物影响评估，在项目的勘查设计和施工建设阶段认真做好必要的考古调查、勘探和发掘等抢救保护工作，并聘请我国有资质的考古和文物保护机构独立或与当地机构合作开展以上工作。

### （六）完善顶层设计

可考虑建立包括境外考古在内的文化遗产国际合作部际沟通机制，定期通报相关重大项目的进展情况。还应推动制定适合境外考古工作特点的外事与经费管理制度，并推动境外考古工作与对外经济合作、医疗援助、科技帮扶等项目统筹推进，形成合力。参考美英法等国强大的海外研究机构网络，我们也可考虑丰富和优化孔子学院和海外中国文化中心的职能，使其在区域研究与境外考古项目中发挥更大作用。

目前复杂的国际环境阻挡了我国境外考古工作的开展势头，但也正好给予了我们加强基础研究、能力建设和制度建设的机会。2021年10月27至28日，为落实习近平主席2019年5月在亚洲文明对话大会开幕式主旨演讲中提出的"亚洲文化遗产保护行动"重大主张，加强亚洲国家在文化遗产领域的合作，由国家文物局和北京市政府主办的亚洲文化遗产保护对话会在北京以线上形式召开。会议发布了《关于共同开展亚洲文化遗产保护行动的倡议》，提出要共同守护文明成果，支持亚洲各国开展联合考古、联合历史文化研究等工作。

自2022年以来，我国包括境外考古在内的部分文化遗产国际合作项目已开始逐渐重启。如中国援助缅甸蒲甘他冰瑜佛塔修复项目于1月在蒲甘启动。5月，陕西文物保护与考古专家团队赴蒲甘，在与当地文物局协商的基础上完成了该项目考古工作方案，并对他冰瑜寺及其周边佛塔进行了较为详细的调查记录。7月，中国工作队圆满完成尼泊尔加德满都杜巴广场九层神庙建筑群文物本体维修工作。随着中外交流的逐步恢复，相信我国的境外考古工作会逐渐恢复，并取得新的发展。

（写于2022年）

# 朱子礼观及其工夫论意义

陈战峰：历史学博士，西北大学中国思想文化研究所副教授、硕士生导师，从事中国儒学史、宋明理学史、诗经学史研究

**摘　要**　朱子重视三《礼》文本及其研究，对传统的"礼者，理也"做了进一步的发挥，既强调"礼"是"理"的表现和节文，也注重"理"是"礼"的本体和最终根据。朱熹的礼观念具有汉唐学术的渊源和基础。他对礼加以损益、因革，对主体的身心修养具有重要促进作用。朱熹关注礼的理论探讨和具体实践，促进了由静向敬的工夫论转变，反映了朱子前后期思想与学术转变的基本轨迹和逻辑进程。

受理学思想与观念的影响，朱子重视三《礼》文本及其研究，他对传统的"礼者，理也"做了进一步的发挥，既强调"礼"是"理"的表现和节文，"礼"不是空洞的形式和仪节，也注重"理"是"礼"的本体和最终根据。朱熹的礼观念具有汉唐学术的渊源和基础，他对礼加以损益、因革，重视根据社会实际情况进行必要的调整，具体可行，能够满足日常生活的需要，对主体的身心修养具有重要促进作用。朱熹关注礼的理论探讨和具体实践，促进了由静向敬的工夫论转变，反映了朱子前后期思想与学术转变的基本轨迹和逻辑进程。朱子探讨礼的本质，尝试推进礼的实践，颇富现代意义及启示，是今天人们传承和创新礼的理论与实践的重要思想文化资源。

在中国思想文化中，"礼"具有多种面向和内涵。作为一种政治制度，礼被视作礼制，是国家统治的规章制度和总体的礼仪规范；作为一种伦理规范，礼被视作礼治，是国家和个人如何使用礼调整社会中各类伦理关系、加强个人修养、实现身修、家齐、国治、天下平理想的过程；作为一种心性修养，礼是整饬心性、陶铸情理的修持工夫。"礼"在古代社会生活中占据重要地位，古代虽有"礼治"与"法

治"的争论，但细究礼法关系，"法"的出发点与归宿终究还是在"礼"上，因此清人称"古之治天下者，无所谓法也，礼而已矣"①。作为"礼"，既具有"形于外"的意义，也同时具有"形于内"的含义。在两宋时期，关于"礼"的探讨进一步深化了，特别是关于礼与理的关系问题有了根本的变化。在这方面，朱熹居功甚伟，他不仅培养了大批推行礼仪、编撰礼书的弟子，还在晚年主持编修大规模礼书《仪礼经传通解》②。

朱熹（1130—1200）是中国宋代著名的理学家和哲学家，影响深远。朱子学研究已经成为海内外中国哲学史、思想史研究的重要内容。其中，关于朱子的经学研究进展显著。朱子遍注群经，具有独特的经学观和诠释理念，其注经实践也是理学思想不断形成、完善、成熟和渗透的过程。

在朱子的经学研究中，关于"三礼"（《周礼》《仪礼》《礼记》）也有丰富的探讨。《小戴礼记》中的《大学》《中庸》是朱子注释《四书》时十分关注的内容，他在《四书章句集注》中对这两部分下了很大的功夫，亡故前依然在修订《大学》章。《仪礼经传通解》系他与学生合作完成，但贯彻和反映了自己的某些理学主张。《朱子语类》以及朱子书信中也有不少论"礼"的内容。本文尝试对朱子的礼观加以反思，试图彰显朱子关于"礼"论述中文质、体用、道器合一的思想思路，进而反思其工夫论从"主静"到"主敬"转变的必然性和内在学理依据，以期对当下的儒学文化推广与实践、礼的研究与实施提供借鉴价值。

## 一、朱子与三《礼》研究与实践

朱子十分重视"礼"与礼书。

朱子认为："国以礼为本。"（《仪礼经传通解》卷一《家礼一之下·冠义》）这是对礼具有"经国家，定社稷"③作用、"礼足以立上下之敬，物耻足以振之，国耻足以兴之。为政先礼，礼其政之本与。"（《礼记·哀公问》）④认识的延伸和发挥。

---

① ［清］唐晏《两汉三国学案》卷七《礼》，清龙溪精舍丛书本。
② 《仪礼经传通解》，共六十六卷，含前三十七卷本与续二十九卷本，其中前二十三卷经朱子审定，后诸卷经黄榦、杨复等审定。参见朱杰人、严佐之、刘永翔主编《朱子全书（修订本）》（27册），上海古籍出版社、安徽教育出版社，2002年版。后同。
③ 高诱注《吕氏春秋》曰："礼所以经国家，定社稷，利人民；乐所以移风易俗，荡人之邪辟，存人之正性，故命乐师使习合之。"（［清］朱彬《礼记训纂》卷六，清咸丰宜禄堂刻本）。
④ 《大戴礼记·哀公问于孔子》稍异，"礼其政之本与"作"礼者政之本与"。

在古代宗法制社会，"礼"具有秩序性和等级性，"乐合同，礼别异"（《荀子·乐论》），作为维持社会秩序，使社会各个阶层皆能按照自己的职分和社会地位各行其宜、各尽其责，从而做到有章可循、井然有序，被视作为一种合乎礼的大治局面。如果礼仪废弛，社会失序，人们无所措手足，或者举止不当，出现违背伦常的毁礼败德的行为，则是没有较好地实施和贯彻礼的结果。在各种礼中，尤为关键的是"修身"之礼，这是他推及家国天下的礼的基础，"士大夫幼而未尝习于身，是以长而无以行于家。长而无以行于家，是以进而无以议于朝廷，施于郡县；退而无以教于闾里，传之子孙，而莫或知其职之不修也"（《朱文公文集》卷八十三《跋三家礼范》），这是关于礼修持的内外远近的问题，与《大学》八条目中的"修齐治平"恰相对应，《大学》也称"君子不出家而成教于国"，在朱熹心目中，作为外在规范的礼义与内在心性修养的谨敬也是自相表里、彼此副称的，其实质也是对"礼主敬"的展开和阐发。

《宋史》载："朱子尝欲取《仪礼》《周官》、二戴《记》为本，编次朝廷公卿大夫士民之礼，尽取汉晋而下及唐诸儒之说，考订辨正以为当代之典，未及成书而殁。"（《宋史》卷九十八《礼志》）朱子编撰礼的经过，学术界尚有不同的说法，但至少可以看到，朱子对撰修礼书相当重视，竭尽毕生之力来推行，即使觉得自己难以完成，也要叮嘱学生继续完成该项工作。清朱彝尊《经义考》卷二百八十五考朱子授礼弟子六十一人，此外蔡元定等人也参与了《仪礼经传通解》的编写①；另外，朱子对礼的设计极为全面，试图在士礼之外，将王朝、邦国、学、家、乡、丧、祭礼辑佚订补完整，他试图考订礼，主张先考礼再求义，"须是且将散失诸礼错综参考，令节文度数一一着实，方可推明其义。若错综得实，其义亦不待说而自明矣"（《朱子语类》卷八十四）。

在具体的社会实践中，朱子受《周礼》的影响很大。这个方面，他恰恰与其稍有微议的王安石有相通之处，都借助《周礼》（或《周官》）尝试对现行的社会伦理进行调整，参考民风民俗，变通当时社会制度与风俗人情，以期做进一步的改良，甚至包括在荒政等方面的具体措施，如1167—1171年所探讨总结的"社仓法"，也都源于《周礼》的启发。

这些做法和认识，是与他的礼观密切联系在一起的。

---

① 参见吴国武《朱子及其门人编修礼书补考》，载叶纯芳、乔秀岩编《朱熹礼学基本问题研究》，北京：中华书局，2015年9月版，第86—88页。

## 二、礼即理：朱子的"礼观"

朱熹的礼观，具体包括为两个方面：一是对三《礼》的基本看法；二是对礼的本质与价值的看法。

受宋代疑经惑传思潮影响，朱子对经典持理性的态度，如他认为"《礼记》不可深信"（《朱子语类》卷八十六），其中，记载的"玄鸟卵，大人迹"等"岂有此理，尽是鄙俗相传，傅会之谈"（《朱子语类》卷八十七）。在三《礼》中，朱子认为《周礼》《仪礼》所记载的制度有可信之处，"大抵说制度之书，惟《周礼》《仪礼》可信"（《朱子语类》卷八十六）。

关于三《礼》，朱子明确说："《仪礼》，礼之根本，而《礼记》乃其枝叶。《礼记》乃秦汉上下诸儒解释《仪礼》之书，又有他说附益于其间。今欲定作一书，先以《仪礼》篇目置于前，而附《礼记》于后。"（《朱子语类》卷八十四）"《仪礼》是经，《礼记》是解《仪礼》。如《仪礼》有《冠礼》，《礼记》便有《冠义》；《仪礼》有《昏礼》，《礼记》便有《昏义》；以至燕、射之类，莫不皆然。"（《朱子语类》卷八十五）"《礼记》要兼《仪礼》读，如冠礼、丧礼、乡饮酒礼之类，《仪礼》皆载其事，《礼记》只发明其理。读《礼记》而不读《仪礼》，许多道理皆无安著处。"（《朱子语类》卷八十七）朱子认为《仪礼》（即《礼经》）与《礼记》是本末、经传、事理、器道的关系，他晚年编撰《仪礼经传通解》时分经传也依此为准则。

朱子强调："《周礼》自是一书。"（《朱子语类》卷八十四）"《周礼》是周公遗典。"（《朱子语类》卷八十六）他肯定《周礼》的重要性和价值，而且主张尽管分本末、经传，但是三《礼》之间的联系也很密切，"《周官》一书，固为礼之纲领，至其仪法度数，则《仪礼》乃其本经，而《礼记》《郊特牲》《冠义》等篇乃其义说耳"（《朱文公文集》卷十四《乞修三礼劄子》），这样，考礼求义，纲领细目、经传、本末一一分明，才可以根据三《礼》的典籍来恢复考求已经散佚不全的礼典。

为什么朱子在三《礼》中将《周礼》（《周官》）视作纲领，一方面与两宋之际《周礼》研究与普及的勃兴有关，另一方面是他对《周礼》属性的认识使然。"今人不信《周官》，若据某言，却不怃地。盖古人立法，无所不有，天下有是事，他便立此一官，但只是要不失正耳。"（《朱子语类》卷八十六）"不失正"意味着在"天地人"三才中合宜得体，礼仪制度的确立与天地四时万物的运行规律相适宜而互不违背，与《礼记·礼运》"夫礼，必本于大一"的思维方式一致，在朱子那里，也是使"礼"与天理学说的"理"联系并统一起来，进而使礼的仪节获得存在的依据，使理的本质获得呈现的形式①。

朱子在天理学说的基础上，对"礼者，理也"的传统观点做出天理论的解释。"礼即理也。但谓之理，则疑若未有形迹之可言；制而为礼，则有品节文章之可见矣。"（《朱文公文集》卷六十《答曾择之》）②即认为礼与理是相互统一、文质不离的关系。他反对离开礼讨论理，以免虚浮不实，"只说理，却空去了。这个礼，是那天理节文，教人有准则处"（《朱子语类》卷四十一），也就是说礼是天理的自然流露和彰显，是天理的外在实现形式，具有明确具体的外壳，可供人把握、实践、学习、体认，人们通过文明礼貌与娴熟的言辞来培养和表现礼仪修养。"凡人之所以为人也，礼义也。礼义之始，在于正容体，齐颜色，顺辞令。"（《仪礼经传通解》卷一《家礼一之下·冠义》）"正容体，齐颜色，顺辞令"三者皆是"礼容"的内容，礼义没有形迹可求，但可以通过礼容的是否妥帖来判断，这实际也是认为礼义本身含有内外、文质的关系。

这些礼，作为当然之理的天理的表现，是对社会人伦关系的反映，是与人们之间的社会实践密切相关的。"礼谓之天理节文者，盖天下皆有当然之理。今复礼，便是天理。但此理无形无影，故作此礼文，画出一个天理与人看，教有规矩可以凭据，故谓之天理节文。有君臣，便有事君臣底节文；有父子，便有事父底节文；夫妇长幼朋友，莫不皆然，其实皆天理也。"（《朱子语类》卷四十二）

由上述可见，朱子对三《礼》文本真伪与价值的审视，侧重的是"义理"向度，是其理学观念"礼即理"的价值观在经典文本上的折射和体现；"礼谓之天理节文"，则将其对礼和理的本末、文质关系显露无遗，也是对"礼即理"观念的反映和转换性表达。

### 三、朱子"礼观"的思想渊源

朱子论礼，与汉唐时期的"礼"论思想有内在的学术渊源。从字源学角度和训

---

① "朱子之所以重视《周官》，其用意是明显的，即要以天道规范人道，在朱子那里，天道即所谓天理，因此，朱子主张在官制的设立上，在具体礼节的损益变化上，要一循天理。这样，朱子便把'礼'与'理'联系了起来。"（尉利工著《朱子经典诠释思想研究》，北京：中国社会科学出版社，2013年9月版，第190页）

② 曾氏为朱子晚年弟子，其书信往来在庆元三年（1197年）以后。参见陈来著《朱子书信编年考证》（增订本），北京：生活·读书·新知三联书店，2007年9月版，第444页。

诂学角度考察"礼"①，是发人深思的，即"礼者，体也""礼者，理也""理者，履也"等。

关于"礼者，体也"，较早见于《淮南子·齐俗训》，称："礼者，体情制文者也。义者，宜也。礼者，体也。"所以，"体"主要指体察、体现、显现。从字源学和音韵角度看，"礼"（禮）、"体"（體）具有密切的相关性，在语音和意义上可以相通。将"礼"作为对"情"的体察和反映，这种思路在先秦至秦汉间的文献中多见，如"礼者，因人之情而为之节文，以为民坊者也"（《礼记·坊记》），"饮食男女，人之大欲存焉；死亡贫苦，人之大恶存焉；故欲恶者，心之大端也。人藏其心，不可测度也。美恶皆在其心，不见其色也，欲一以穷之，舍礼何以哉？"（《礼记·礼运》）等。可见，"礼"是作为对情与欲的节制和表现，忽视"礼"便难以判断人内心所思所想的美恶。《朱子语类》《朱文公文集》等中似乎没有对"礼者，体也"的直接论述，但是大体意思是近似者仍很多。如《朱子语类》卷八十四论述礼"自是天理之当然"段（见后文），清人汪绂注："礼者，体也。比如人有身体冠服鞶鞲，皆自体生，然无个现样，却做不出来，亏得前人想出个冠服鞶鞲的裁剪法，做个样式出来，后人依他做时，便自模样合体，究竟这法度样式，岂从外生，只在自己身上做熟时，似虽无样亦可。"②自然，汪绂认为朱子这段论述有对"礼者，体也"的阐发，当然，今天来看，更多是对"礼者，理也"的论述。

关于"礼者，理也"，理学的奠基者周敦颐在《通书》（或《易通》）中已有论述。但这个思想渊源也可溯于秦汉时期，语出《礼记·仲尼燕居》"礼也者，理也。……君子无理不动"。荀子称"礼也者，理之不可易者也"（《荀子·乐论》），也是反映了对礼与理关系的省察。实际上，这种思路在孔子那里已经有所涉及，如"礼云礼云，玉帛云乎哉？乐云乐云，钟鼓云乎哉？"（《论语·阳货》）以及关于"觚不觚"（《论语·雍也》）的感慨等。朱子力主"礼即理也"（《朱文公文集》卷六十《答曾择之》），但是这个"理"已有新的含义，即"天理"，他说："这个典礼，自是天理之当然，欠他一毫不得，添他一毫不得。惟是圣人之心与天合一，故行出这礼，无一不与天合。……做得合时，便是合天理之自然。"（《朱子语类》卷八十四）这是朱子对"礼者，理也"的理学解释和阐发，当然其中所论述的"礼"是"天理之当然""礼与天合""合时"即是"合天理之自然"，"礼与天合"之"天"指的是

---

① 高明先生曾有集中的论述和考察。参见高明著《礼学新探》，台北：学生书局，1978年版。
② ［清］汪绂撰《理学逢源》卷二内篇，清道光十八年敬业堂刻本。

"天理","合天理之自然"之"自然"则是本然,"合天理之自然"也即合乎天理。

关于"礼者,履也",《白虎通义·情性》已称"礼者,履也,履道成文也",强调礼是一种实践,而且是遵循道所形成的有规则有法度有仪轨的实践,这就是"礼"。东汉时期许慎在《说文解字》中训解"礼",便作"礼,履也,所以事神致福也",揭示了"礼"源起祭祀活动而具有的践履性质。如果"礼"不被实践,便会产生令人无所适从、因小失大的危害,"礼者,人之所履也。失所履,必颠蹶陷溺,所失微而其为乱大者,礼也"(《荀子·大略》)。"君子明于礼乐,举而措之而已。……言而履之,礼也。行而乐之,乐也。"(《礼记·仲尼燕居》)《礼记·仲尼燕居》所称的"举而措之"指实践,实际上也是对《论语·阳货》"礼云乐云"的诠释和延伸。朱子说:"熹闻之,学者博学乎先王六艺之文,诵焉以识其辞,讲焉以通其意,而无以约之,则非学也。故曰:'博学而详说之,将以反说约也。'何谓约?礼是也。礼者,履也,谓昔之诵而说者,至是可践而履也。故夫子曰:'君子博学于文,约之以礼。'"(《朱文公文集》卷七十四《讲礼记序说》)这是朱子对"礼者,履也"的继承和发挥。

"礼者,体也""礼者,理也""理者,履也"等并非割裂的关于"礼"的论述,也不是呈现"礼"作为一个连续的序列在不同阶段的特点,而是均能混融地反映文质、表里、情实、内外、知行的关联,之所以从不同角度训解,旨在显示各有侧重而已。因此,"礼"不仅仅表现为一种节文和礼仪,而是有实质的内容与情理。这些为朱子的"礼观"及因革礼奠定了坚实的学术与思想基础。

## 四、朱子因革礼的标准

礼仪节文,有一定的时代性和局限性①。古代在传承("因")和创新("革")礼仪时,都难免要对礼仪进行改革和变化,有增有减,这就是"损益"②。如何损益?损益的标准是什么?对当前传承和创新礼仪也是有重要的参考价值和借鉴意义。先秦至秦汉间,这个标准多注重的是合乎天地万物之道③、"当时""因事"(《商君书·更法》),而朱子强调要合乎"风气之宜""义理之正",这是朱子"礼即理"思

---

① "三代不同道而王,五霸不同法而霸,……各当时而立法,因事而制礼。礼法以时而定,制令各顺其宜,兵甲器备各便其用。"(《商君书·更法》)

② "殷因于夏礼,所损益,可知也;周因于殷礼,所损益,可知也。其或继周者,虽百世,可知也。"(《论语·为政》)

③ "夫礼,必本于天,动而之地,列而之事,变而从时,协于分艺。"(《礼记·礼运》)

想的逻辑必然与自然结论。

首先,"合乎风气之宜,而不违乎义理之正"。

朱子在给张钦夫的信中说:"夫三王制礼,因革不同,皆合乎风气之宜,而不违乎义理之正。"(《朱文公文集》卷三十《答张钦夫》)①"风气之宜"是说要调查并顺应社会历史实际和具体的风土民情,"义理之正"则是理学兴起发展之后颇富时代色彩的一种表述和价值观念,"不违乎义理之正"即要求合乎天理。但"风气之宜"与"义理之正"到底也只是一个抽象的标准,面对已有的既定的礼仪,哪些该"因",哪些该"革"?怎么样才能做到合乎分寸,合宜合适,朱子根据自己的理学观念,做了天人的区分,即"所因之礼是天做底,万世不可易。所损益之礼是人做底,故随时更变""所因之礼,如'三纲''五常',竟灭不得""所谓损益者,亦是要扶持个'三纲''五常'而已。如秦之继周,虽损益有所不当,然'三纲''五常'终变不得"(《朱子语类》卷二十四)。

可见,可因的礼是"天做底",是亘古不变的,是天理,如人间的三纲五常;可损益的礼是"人做底",则是可以随时代推移、世事变迁而变更的,是人欲,如具体的调节不同时期人们社会生活需求的礼仪,则是可以变异的;天理与人欲,在朱子那里,有区分而并非完全截然对立,那么,关于礼的因革也就是相互联系的,具体考察,"革"是为了更好地"因",合乎"人欲"的"革"是为了更好地实现体现"天理"的"因",这是对合乎"风气之宜""义理之正"的理学阐释。"因革",本身便包含着权变的因素,反映了"礼"的常(经)与变(权)的有机联系,而这种联系是礼书中本身固有的,"礼有经,有变。经者,常也。变者,常之变也。……先儒以《仪礼》为经礼,然《仪礼》中亦自有变,变礼中亦自有经,不可一律看也"(《朱子语类》卷八十五)。整体上,在朱子那里,礼仪的功能是辅助与维持"三纲""五常"这些人伦准则,同时,它们也是"三纲""五常"的实施和体现。

其次,"求其可行者"。

"因革"礼仪的目的是为了更好地推行礼仪,合乎时代的需要,方便可行,也即古人所说的"时中",朱子多次强调"礼,时为大"(《朱子语类》卷八十四、八

---

① 在该信中,朱子明言:"为《祭说》一篇,而《祭仪》《祝文》又各为一篇,比之昨本稍复精密。"可见朱子已将《祭说》《祭仪》《祝文》撰写完毕,并有修订缮写。陈来先生《朱子书信编年考证》将此信系于乾道四年(1168年)参见陈来著《朱子书信编年考证》(增订本),北京:生活・读书・新知三联书店,2007年版,第49页。

十九)。他说:"礼,时为大。使圣人有作,必不一切从古之礼。疑只是以古礼减杀,从今世俗之礼,令稍有防范节文,不至太简而已。今所集礼书,也只是略存古之制度,使后人自去减杀。求其可行者而已。"(《朱子语类》卷八十四)"礼,时为大。有圣人者作,必将因今之礼而裁酌其中,取其简易易晓而可行。必不至复取古人繁缛之礼而施之于今也。古礼如此零碎繁冗,今岂可行,亦且得随时裁损尔。"(《朱子语类》卷八十四)"若要可行,须是酌古之制,去其重复,使之简易,然后可。"(《朱子语类》卷八十九)朱子重视礼在现实中具体落实和开展,这些礼恰恰不是简单机械地恢复古礼,而是在现实的世俗之礼的基础上,做些损益变化,使礼变得更加简明简易,具有可行性,也就是说通过简易礼文而更加凸显出礼的精神和现实功用。这是在当今依然具有启发意义的礼学观念。

再次,"切于日用常行"。

"切于日用常行",能够在现实生活中推行而不违背情理,这样的"礼"才能有效有用,成为人们自觉遵守而调整情理的手段。关注现实,注重"礼"的人文精神,即使在今天也依然有重要的参考价值。朱子说:"若欲观礼,须将《礼记》节出,切于日用常行者看,节出《玉藻》《内则》《曲礼》《少仪》看。"(《朱子语类》卷八十七)"切于日用常行"是对礼具体实施的可能性、可行性和有效性的反映。

"居今而欲行古礼,恐情文不相称。"(《朱子语类》卷八十四)"恐情文不相称"是朱子的担心,则"情文相称"是朱子试图揭示的"礼"的特点,情指的是情实,是质,所以"情文相称"也是旨在强调文质相应。朱子认为"礼"的根本属性在其实质与意义("义")。"礼之所尊,尊其义也。失其义,陈其数,祝史之事也。故其数可陈也,其义难知也。知其义而敬守之,天子之所以治天下也。"(《仪礼经传通解》卷一《家礼一之下·冠义》)实际上,这里"尊其义"的"义"即"天理",也就是说礼的实质归根到底是天理。朱子曾说:"只克己,便是复礼。'克己复礼'便似'著诚去伪'之类。盖己私既克,无非天理,便是礼。大凡才有些私意,便非礼。"(《朱子语类》卷四十一)克去己私,便是恢复天理,也就是合乎礼仪,均是一体而非割裂的,也揭示了在日用常行中守礼循理的可能。

最后,"干涉吾人身心上事"。

朱子认为:"礼学多不可考,盖为其书不全,考来考去,考得更没下梢,故学礼者多迂阔,一缘读书不广,兼亦无书可读。……其他礼制皆然,大抵存于今者,只是个题目尔。"(《朱子语类》卷八十四)他已意识到礼制难考,有题无实,即使可以考得,在现实社会中也难以推行。有学生问他《周礼》,朱子答:"不敢教人学。非是不可学，亦非是不当学，只为学有先后，先须理会自家身心合做底，学《周礼》却是后一截事。而今且把来说看，还有一句干涉吾人身心上事否？"（《朱子语类》卷八十六）

是否"干涉吾人身心上事"是朱子判断礼学价值的重要标准，"《仪礼》虽亦非全书，然所述礼仪及仪节的进行，一举一动，犹可依循，也都干涉'自家身心上事'，是朱熹更重视《仪礼》的原因"①。"干涉吾人身心上事"反映了理学的价值观，也即对经典研读在持敬、穷理、存心、尽心等方面的理学建构和理想追求，是具有鲜明的时代特色和现实关怀的。

虽然，礼即理，但是在人们的教育中，从礼仪节文切入，逐渐进到对理的把握，在待人接物的礼仪中随时随处体认天理。"古者小学，教人以洒扫应对进退之节，爱亲敬长隆师亲友之道，皆所以为修身、齐家、治国、平天下之本，而必使之讲而习之于幼稚之时，欲其习与智长，化与心成，而无扞格不胜之患也。"（《朱文公文集》卷七十六《题小学》）在具体的礼仪活动中体味天理，最关键的是要与自己的身心修养结合起来，"不先就切身处理会得道理，便教考究得些礼文制度，又干自家身己甚事？"（《朱子语类》卷七）关注礼，最终目的还是要解决身心修养，体认天理，而不是仅仅停留在礼文制度层面。

## 五、朱子"礼观"的工夫论意义

朱子年轻时师从道南学派杨时—罗豫章—李侗一系，以心体认"喜怒哀乐未发之际"（《龟山文集》卷四），"未发已发之几""已发"与"未发"的中和问题，"未发"之性与"已发"之情的性情论成为这个时期朱子关心的工夫要目，"大抵令于静中体验大本未发时气象分明，即处事应物自然中节"（《朱文公文集》卷四十《答何叔京二》），从而获得由心性的修养包含待人接物的礼仪，其向度显然是主张由内向外，故对"静"格外关注，静不仅是一种静止安谧的心态，同时也是澄明宁静的心境的操持。

"某旧见李先生，尝教令静坐。后来看得不然，只是一个'敬'字好。"（《朱子语类》卷一百二十）由"静"向"敬"的工夫论转变，恰是朱子学术前后期的分界，与其后期更加关注和参与礼的理论探讨与实践尝试密切相关。

---

① 叶纯芳《朱熹〈仪礼经传通解〉对〈礼记〉经、传的界定》，载叶纯芳、乔秀岩编《朱熹礼学基本问题研究》，北京：中华书局，2015年版，第92页。

"敬"是向内的心性涵养工夫,"义"是向外的格物致知的工夫。"敬义夹持"(《二程遗书》卷五)是二程(特别是伊川)著名的工夫论,同时格物致知的集义中也渗透伴随着居敬的工夫。"伊川敬义夹持的工夫论被朱熹工夫论所承继和发展,成为朱学中居敬穷理说的主要来源。"[1]这里,我们强调朱子礼观的独特性和学术价值,旨在强调朱子由"静"向"敬"的工夫论转变,除受到回溯二程,直接秉承程颐"敬义夹持"工夫论的影响外,还受到了自己对"礼"的理论探索和现实实践的影响和启发。

《礼记·曲礼》开篇称"毋不敬",可称得上是三《礼》总纲,已经蕴藏着"礼主敬"的观念。但"礼主敬"却是汉代学者对"礼"的本质与工夫的体会和发明。郑玄注礼,倡导"礼主敬"。"《曲礼》曰:'毋不敬,俨若思,安定辞,安民哉!'郑氏曰:'礼主敬。俨,矜庄貌。人之坐思,貌必俨然。安定辞,审言语也。此三句可以安民。'"[2]朱子重视"礼主敬"。"'问:上蔡谓礼乐之道异用而同体,还是同出于情性之正,还是同出于敬?'曰:'礼主敬,敬则和,这便是他同体处。'"(《朱子语类》卷二十二)朱子注《曲礼》"毋不敬"时也重申"以意推之,礼主于敬",且认为这是礼的根本,"此礼之本,故于《曲礼》首章言之"(《仪礼经传通解》卷十一《学礼四·曲礼》)。

朱子重视"居敬""穷理"。他说:"学者功夫,唯在居敬、穷理二事。此二事互相发,能穷理,则居敬功夫日益进;能居敬,则穷理功夫日益密。"(《朱子语类》卷九)在朱子看来,"居敬"与"穷理"是相辅相成、互相促进的两种修身治学工夫。但是"居敬"则是更为根本的工夫,"持敬是穷理之本。穷得理明,又是养心之助"(《朱子语类》卷九),毕竟"持敬"是"存心""尽心"的工夫,"心包万理,万理具于一心。不能存得心,不能穷得理。不能穷得理,不能尽得心"(《朱子语类》卷九)。

朱子认为古代圣贤论述治理国家之事,"必以仁义为先,而不以功利为急""盖天下万事本于一心,而仁者此心之存之谓也。此心既存,乃克有制,而义者此心此制之谓也。诚使是说明于天下,则自天子以至于庶人,人人得其本心,以制万事,无一不合宜者"(《朱文公文集》卷七十五《送张仲隆序》),这里已经包含了本心与仁义、敬与礼的关系,而居敬则是维持本心、推行仁义、践行礼文的根本。

---

[1] 曾春海著《朱熹哲学论丛》,台北:文津出版社,2001年版,第73页。
[2] [宋]卫湜撰《礼记集说》卷一,清通志堂经解本。

因此，由"静"向"敬"的转变，标志着朱子前后期思想学术的变化，特别是工夫论的变化，其中，源于朱子礼学研究的理论探索与实践尝试，从"礼主敬"中得到的义理和工夫启发，对朱子思想与哲学的重构具有重要的理论价值和实践意义。

总之，受理学思想与观念的影响，朱子重视三《礼》文本及其研究，他对传统的"礼者，理也"做了进一步的发挥，既强调"礼"是"理"的表现和节文，"礼"不是空洞的形式和仪节，也注重"理"是"礼"的本体和最终根据。朱熹的礼观念具有汉唐学术的渊源和基础。他对礼加以损益、因革，重视根据社会实际情况进行必要的调整，具体可行，能够满足日常生活的需要，对主体的身心修养具有重要促进作用。朱熹关注礼的理论探讨和社会实践，促进了由静向敬的工夫论转变，反映了朱子前后期思想与学术转变的基本轨迹和逻辑进程。朱子探讨礼的本质，尝试推进礼的实践，颇富现代意义及启示，是今天人们传承和创新礼的理论与实践的重要思想文化资源。

（写于2018年）

# 散谈写实油画艺术的审美价值

李新平：空军工程大学原美学教授，大校军衔，中国美术家协会会员，陕西省美术家协会理事，西安市美术家协会副主席，陕西中国西部研究中心书画院副院长。

**摘　要**　写实油画具有社会属性与现实主义审美意义，写实油画表象是人文主义的重要特性，且各油画流派产生与演变是一个自然渐变过程，需尊重人们的普遍审美价值趋向。绘画艺术发展与演变主要分为三个方面，象征性艺术、古典型艺术、浪漫艺术，缺一不可，在此基础上，相互依存。

不知何故，在不到十几年里，人们对于传入中国三百多年的西方油画艺术，在理解和实践上有了一种偏颇，特别是在"圈里"，大多数人认同这么一种观念误区，画的真实与具象的油画艺术已经过时了，而抽象油画和难以理解的画面，就是有品位的，是纯艺术的，有思想深度的。近观某刊一篇文章里写到"看不懂就对了"，我认为作者既然让观众看不懂，那观者就没有必要去美术馆了。

这对于文化审美与民族文化传统理念是个危险信号。我们都知道，在绘画艺术表现形式上有具象、意象、抽象，其都有历史变化和观赏的审美价值（请注意是要具有观赏价值的基础上），特别是在绘画的写实性上，我国古代《尔雅》就曾提到过，"画，形也"。形与色，这两者在绘画中并不是对立的，且都有着十分重要的作用，例如，好看的衣服应该穿在身上才能体现美丽与实用性，这里的身体，就是绘画中的形，这个形要准，要具有实际性。在绘画艺术理念上，以及中西方认识上也有很大差异，意向和中国人的思维方式有密切关系。西方传统思维是概念、逻辑，而且在学术界把这两点归纳为科学的思维方式。然而，我国古代的传统思维方式是把意象、隐喻作为思维的基础，即"书不尽言，言不尽意"。我国著名现代画家林风眠在其著作《艺术丛论》中指出:"西方艺术史以描写自然为中心,结果倾向于写实的一方面。东方艺术是以描写印象为主,结果倾向于写意一方面。"

无论是何种绘画艺术,是写实还是写意,都有其存在的历史文化背景意义,不应该被割裂开来评价和"定罪"。概括地讲,美术可以归纳为三种状态,即再现、表现、象征。从油画艺术上讲,在抽象性表现上有神秘之感,而文艺复兴时期的文化艺术,则是尽可能地追求写实性,这时期的写实性我们称为人文主义的回归,《蒙娜丽莎》就成为人性回归的代言人。我国改革开放之初,文化艺术有了大的飞跃发展,人们的创作有了充分反映生活状态的自由,罗中立的《父亲》就和《蒙娜丽莎》一样,让人文主义有了回归感,不再只有抽象感,也有了普通写实的感觉,且是超大尺寸。客观世界的形象始终是美术创作最主要的参照。从目前美术的总体发展倾向来看,尽管有着形形色色的各种流派,以及各种各样的表现方法,但写实性再现仍然是美术创作和欣赏活动的主流,审美离开这一点就会失去根,审丑不是我们的主流意识。文化艺术百花齐放是互相兼容的关系,决不能全盘否定它的一脉相承性。

艺术包含有原始的情感性。就人类原始的主观愿望而言,存在着追求客观再现的意图,即尽量如实客观地将自然再现出来,美术绘画的写实性就担当了如此使命,中外远古的崖画、壁画等均反映了这种愿景。当然,随着科学的进步,有了摄影艺术来完成这种愿望,但事实证明摄影艺术发明一百多年来,从来没有动摇过写实绘画的根基,因为绘画从来都是在写实过程中有"概括""取舍"乃至个人情感的,这里要声明,"印象绘画"是完全的写实主义。以莫奈为代表的法国平民画家,深入生活,再现生活,真实记录大自然现象与人民生活的场景,这种夸张的色彩是写实绘画的升华。我们大家都知道中国绘画最讲写意性,但也从来不排斥工笔画,相反,自古是以真为高贵,唐代大诗人白居易在他的《画记》中曾说,"画无常工,以似为工;学无常师,以真为师"。对写实的褒奖十分露骨。大写意是从宋代苏轼等文人墨客的雅趣之乐而发展起来的,早期不是宫庭画主流,其盛行有着深远的历史文化背景。西方美术评论家早就主张在美术创作活动中,理性的主观因素不仅不应避免,相反,主观因素还是保障美术作品质量的基石。古希腊雕塑艺术就是最好的佐证,反之,现在各大城市的抽象雕塑有几座能被人们认同呢?一日而起的这些所谓抽象垃圾作品,不到一个月就被人送到了废品垃圾站。试问,在我们的这片土壤中,观者于脑海中又有几幅印象的雕塑、抽象的作品留传呢?

在此声明,笔者并不排斥抽象绘画理念,只是要头脑清晰,去伪存真。往往抽象地表现绘画是情感的外化、笔触的宣泄,而这一切都是在理性升华的基础上建立起来的，不是我们看"抖音"中，一夜"二锅头"后的笔墨乱舞，早上醒来就成为"美术大家"，还数落别人看不懂其"艺术"。可悲的是，这样的人不在少数，他们的作品只有宣泄，而没有技巧与情感。就连原英国文化艺术大臣在大英美术馆观展时也说："如果让这些家伙的作品获奖，英国就完蛋了。"在此，我又想到了十多年前看过的一篇美国中情局解密文件，冷战时期，以"中情局"胡佛局长为首的反社会主义分子，精心策划资助了一批颓废画家，专门去画所谓"抽象画""行为艺术""波普艺术"等。

要在传统继承上有所创新，创新绝不是乱来，要尊重不同的创作思维方式、观察方式、表现方式，否则将很难在艺术创作上打破传统法则，因此，绘画上新的表现手法是非常可贵的，但是作者应该尊重观者，敬意人类文明，一切事物都有它的发展轨迹，这符合辩证法原则。人类社会一切事物首先需要纳入规范之中，要在规定之中求变，但须是文明的，是向更高层次去发展的，裤衩再变化翻新也不能当防止疫情的口罩。现代艺术是新的发展道路，当然也要由历史去评说甄别，我们都不要过早下结论，更不要排斥诋毁写实绘画。抽象立体表现派画家毕加索就有着深厚的写实功底，其在少年时代的素描就超过了专业美院的师哥们。人类总在探求之中，总是要创新发展，无论是创作者还是观赏者都要有求新的理念，这种发展变化我们可以从三个方面概括：一是象征性艺术；二是古典型艺术；三是浪漫性艺术。在艺术家创新意识上我们可以这样理解，原来的表现形式由于很难再超越前人，只好另寻新径，从而达到扬名的目的和展现独立的自我性。创新绘画是脱离旧的绘画，但并非所有旧的就一定不好，新的就一定行，任何事物的发展都有它历史的延革性，有观赏者就是新，无观赏者就是旧，长期无人观赏就扔垃圾箱！传统也永远是创新的起点，没有起点就没有开始，所以不要否认起点。有个别画家追求创新变化，结果很失败，在市场上其老画比现在的新画还受欢迎。艺术风格的变化绝不是隔夜变，要有一个深刻理性的支撑和不断认识的过程。记得一个画家夫人对我讲：她老公为求新意，每天对着楼下垃圾桶发呆，有一天回家就创作了一幅作品。我不知道这样的作品创新价值何在，很多画家对抽象艺术和创新意识还是有太大误区，这需要美术评论家给予理性指正！

前面我表明了对绘画形式的包容性，油画起源于欧洲，画派、画种风格多样，相互共存，我多年前应"德中友好协会联合会"邀请赴法兰克福举办个人画展，在法兰克福就看到写实美术馆和抽象美术馆相辅相成，相对而立。中国绘画也早就存在不同门派、画派，清代原济在其所撰《大涤子题画诗跋卷—跋画》中曰："上古之画迹简而意澹，如汉魏六朝之句；虽清丽而渐渐薄矣。"我们都能接受这样一种理念，西方油画派别在几个世纪之前就形成了多样性，如野兽派、印象派、立体派等，这些理念创新的油画表现形式，现在都是"旧"的了！但它们对我们现今的观者来说，一丝一毫也没觉得哪里新了。抽象绘画理念特征是多运用点、线、面、色块对比，其多少也是受到了我们东方绘画方法的启示。反过来，我们再用点、线、面将《蒙娜丽莎》画一遍就可谓创新吗？

所以，一切绘画创作，无论表现形式如何，都不要轻言扬弃！经济市场一时浮躁可以，但文化艺术就不行，否则就太可悲了。中国之所以是屹立于东方的文明古国，就是因为其传统文化血脉相连不断，朝代虽更新但文化在磨砺、融合、凝聚中永存，人与万物和谐一体。

（写于2019年）

# 陕北文化的几个大问号
## ——序新书《陕北记》

  高建群：以《遥远的白房子》《最后一个匈奴》《大平原》《统万城》《我的菩提树》《丝绸之路千问千答》名扬于世。陕西省文联副主席、陕西省作家协会副主席。被誉为浪漫派文学最后的骑士。

**摘　要**　"马面"是古代游牧民族的一种城防设施，类似于都城的那种瓮城。不同之处在于一个是土夯，一个是砖砌。作者足迹遍布世界各地，从距今1600多年的赫连勃勃在统万城的马面，到1600多年前西宁城的马面，再到2800多年前中亚土库曼斯坦老梅尔夫古城的马面，最后到距今3800—4200年陕北神木石峁遗址的马面，从而试图为历史的人类迁徙史和发展史，寻找到一点蛛丝马迹。

  "马面"是在修筑绵延一圈的城墙时，贴着城墙外侧，每隔大约十丈，筑起的一个土堡垒，类似瓮城。不过，通常瓮城是在城墙内侧，"马面"则是在城墙外侧且突出于城墙外侧的土堡，十分坚固。统万城的筑城材料用的是当地的白土，掺上糯米汁，再加上动物血，凝固以后十分坚硬，用当地老百姓的话，可以在城墙上磨镰刀。

  坚固的马面，中间是空的，一个大肚子，用来藏兵、藏兵器、藏食物和水，上面与城墙顶端相通，人可以从城墙上沿着一个狭窄的通道，踩着台阶下到底下的大空当处。空当侧面，有一个暗门，打开暗门，手执兵器的士兵，就能从马面里鱼贯而出。

  因为有着马面，北魏拓跋焘大帝几次攻城，都未能攻破。究其原因是每当城上情况危急，或者敌人甚至已经攻入城中，在马面的暗门打开时，士兵即可手执马刀，冲出阻挡入侵者。赫连勃勃死去后一年，其儿赫连昌，利用马面的机关优势令攻城的拓跋焘阵脚大乱，只得率兵溃退三十里（今天统万城正北地面，内蒙古地面的十三敖包一带）。赫连昌看见得胜，正在得意，这时，只见身后统万城中，火光冲天，人声鼎沸，乃是统万城已破！

见中了拓跋焘的计谋，统万城被破，赫连昌只得领着他的残兵，退守回长安城（赫连勃勃曾在长安城灞上称帝，将长安城作为陪都，称"小统万城"，又称南台、南京，而将他的大夏国首都统万城，称为北台、北京）。

在破了统万城之后，拓跋焘穷追不舍，待赫连昌在长安城喘息未定时，又尾随过去，再破长安城。赫连昌后来被北魏追杀，死于平凉。

目下，陕西省文物局的田野考古，已经从统万城遗址清理出十三个被沙埋的马面。记得我几年前又一次造访（给大学拍《统万城》幕课），从城墙上走下去，溜走到马面底下的大肚子里，然后从马面北边那个暗门中，猫着腰走出，算是体验了一回。统万城应当还有许多马面，这些马面要么被沙埋，要么随着城墙的坍塌，它们也随之坍塌，然后就与城外的毛乌素沙漠融为一体了。

我在写作《统万城》时，曾给马面一些细节描写。我在书中推测说，赫连勃勃这个马面设施，可能是之前进攻西宁时，从那里学来的。

西宁城的马面，西宁城郊的骷髅山，现在的田野考古都已经得到了证实。那时青海西宁市叫西平，河面鲜卑在那里建立了一个国家，叫南凉，国主叫秃发乌孤。鲜卑族政权，为五凉之一，亦为五胡十六国之一。秃发这个姓氏，专家现在考证说，其实和"拓跋"这个姓氏是一回事。过去年代信息不通，大同地面的文人，逮这个音，记录下"拓跋"这两个字，西宁那里的文人，则记录下"秃发"这两个字。

史书上谈到的西宁城的马面，谈到的西宁城郊的骷髅山，都跟赫连勃勃那次攻城有关。史书中说，赫连在这一片草原上斩敌骑兵一万，尔后用这一万人的头颅筑成一个骷髅山。我在小说中曾写到这些。

关于马面，我们从统万城追到西宁城，我以为已经追到根上了，谁知道，2018年秋冬季节，在中亚地面，土库曼斯坦的老梅尔夫古城，我又惊异地见到马面这个城防设施。

老梅尔夫古城是中亚地面最早的城市，距现在2800年，相比之下，我们的统万城，距现在才1600年，可以说是晚辈了。老梅尔夫古城，在很长一段时间是中亚最大的城市，是丝绸之路上一个重要的节点。它还是世界上一个古老的游牧民族——雅利安民族的发祥地。

基因测试，现在的中亚五国，巴基斯坦、北印度、伊朗以及里海、黑海，直至波罗的海沿海国家，人类族群都或多或少的有雅利安人基因的存在。专家测定，基因最多的是塔吉克斯坦人，他们的雅利安基因高达百分之四十，另一个是伊朗人。伊朗这个国家，原来叫波斯，20世纪30年代改成伊朗。伊朗就是"雅利安人家园"的意思。

老梅尔夫古城现在隶属土库曼斯坦。600多年前，最后一代土库曼苏丹（国王）被中亚枭雄跛子帖木儿所杀，首都梅尔夫城被彻底摧毁，从而成为一片废墟，直至今日。如今，老梅尔夫古城的西北角，还保留有最后一位土库曼苏丹的陵墓。

站在西北角，当年梅尔夫城的角楼的废墟上，我应土库曼斯坦国家电视台之约，做了一场现场演讲。演讲中，我阐述了上面所说的老梅尔夫城的历史，接着话锋一转，说到了陕北的统万城。我讲了统万城的筑城史，说了这同样建在大戈壁的城市是如此的相似，简直像一个模子里倒出来的。当然，我也没有忘记大说特说老梅尔夫城是交换物产的地方。

不过，中亚的老梅尔夫古城，较之陕北的统万城，要大许多！真正是大而无当。我们开车从这个已经变成戈壁滩的城池里穿过，用了半个小时。城的另一个角上（东北角），有一条红柳河，红柳花穗在其两旁开得十分茂盛。这叫人想起，统万城城外的那条河，也叫红柳河。赫连勃勃想将这河水，绕城一圈，修成统万城的护城河。现在的田野考古证实，护城河已经全部修好了，只是还没有走水的痕迹。

老梅尔夫古城马面设施，引起了我的惊异，把我的思绪从统万城、西宁城的1600年前，一下子又推到2800年前。

那么，统万城的马面、西宁城的马面，是从中亚地面传过来的吗？两千年前的时候，中亚地面曾有一个古族大漂移年代，那么，那一股历史潮水曾波及鄂尔多斯高原及陕北高原吗？

陕北高原、鄂尔多斯高原、蒙古高原，它们处于欧亚大平原的东侧锋面上。我本来以为，我为马面这种古代城防找到了出处，即它来自中亚游牧民族，然而，榆林神木地面挖掘出的石峁遗址中发现的马面设施，又颠覆了我以前的认知。

石峁遗址，这十年来，几次被评为全国年度十大考古，有一年好像还被评为世界六大田野考古之一。黄城台，祭祀山峁等的挖掘面世，轰动了世界。这里原来是一堆方圆几十里的拥挤的山头，明长城从其间穿过。山头上原来堆积些乱石，一些地方露出黄土山峁。

在祭祀山峁上，石砌围墙的缝隙里插着许多玉石。一棵榆树紧靠围墙长着，阳光下每一片叶子都在哀恸地抖动着。

专家给石峁遗址的定位是距今3800—4200年间，在这里生活着黄帝部落最大最重要的一支。他们已经有了国家意识，有了九五之尊这个概念。他们称它轩辕城或黄帝城。专家说，石峁的重要意义在于，那个阶段正是中华民族的初民时期，中华文明板块的或是聚或是散的时期。如果有这个核心作为凝聚，它将像滚雪球一样发展成一个大一统的文明板块，如果散了，它将发展成地中海沿岸那些支离破碎的小的邦国。他们因此把石峁遗址，叫成中华文明发展史的黎明时期。

最叫我惊异的是，在石峁遗址开掘发现了马面这个城防设施。而这个马面，业已4200年，比2800年前中亚老梅尔夫古城的马面，要早1000多年，较统万城西宁城的马面则更早。

这传达给我们什么样的信息呢？历史总是在你不经意的时候，将它的大神秘一面展现给世人看。我的历史知识有限，我的考古知识有限，只能把现象罗列出来，把这个研究方向提示出来，就教于专家，就教于此后更多的考古大揭秘。

本来这篇文字，我想写三个陕北文化大问号。马面的故事只是其一，后边还有民间剪纸艺术家白凤兰所画的中华民族初民时期的生殖崇拜图腾——伏羲女娲图。（伏羲女娲图的人身蛇尾图案，竟与科学家为我们破译出的人类基因图谱，即著名蝌蚪几乎完全一样）

再后面一个问号，还有当年（401）鸠摩罗什高僧来到长安城后，随他而来的三万名龟兹国的遗民，被后秦皇帝姚兴安置在榆林城附近的故事。那时还没有榆林城，姚兴命人在这块地面重建龟兹国、龟兹城。而这座城，我问榆林人，他们说现在叫古城滩，并且还有一个蒙文名字，我没有记住。

许多的陕北大文化现象，也许都与这三万名龟兹遗民有关。西域龟兹文化直接地影响了陕北，接着又间接地影响了中原文化。这是一个课题，我已经无力去深究，希望有志者将你们眼睛的余光向这里关注一下。

世界是相通的，中华文明板块只是世界文明板块中的一部分。它在历史上，在现阶段，都与世界有着联系。这是我写完此文后的想法。现在有个提法叫"中华文明探源工程"，这篇文章恰好是应时而作。

（写于2022年）

# 秦岭国芯说

党双忍

自古,中国秦岭,就从不同学科、不同视角,得来不同的赞誉和美名。比如,中华龙脉、中华脊梁、中华父亲山、中华圣山、中华祖山、中国中央山脉、中国山脉领导者、中国人的中央公园、自然博物馆、地质博物馆、生物基因库、中部水塔……这诸多赞誉与美名,皆是从侧面反映了大秦岭的重要性!但在我看来,用"中国芯(chincore)"三个字则可以更好地综合概括和精准描述大秦岭的总体风貌。

"芯"是一个常用汉字,原本是指灯芯草的茎髓。后来,以"芯"泛指事物的关键部位和精髓所在。比如灯芯、岩芯、引芯、玉米芯、芯材、芯子……如今,"芯"字最常用于电脑的灵魂——芯片(chip)。然而,"芯"的内涵远远超过芯片所指代的内容。随着人们对大秦岭的文化认知创新迈入新的时代、《秦岭学》取得了突破性的进展,中国秦岭便是找到了它的核心字,即"芯"字。以"芯(core)"论"秦岭",缜密而贴切!大秦岭是中国芯(chincore),这不是赞誉,也不是美名,而是秦岭厚重内涵的高度浓缩,可谓恰如其分,实至名归!

大秦岭是"丝路中国芯"。众所周知亚欧非三块大陆,构成了世界地缘政治学中的"世界岛"。在"世界岛"的中央地带,横卧着一条巨大的山系,从中国的大秦岭到欧洲的阿尔卑斯山,这就是"世界昆仑山"——"世界岛"的脊梁、"世界岛"的中央山脉、"世界岛"的中央龙脉。于方位而言,中国处在"世界岛"的东方,大秦岭是"世界岛"中央龙脉的"东方龙首",阿尔卑斯山则是"世界岛"中央龙脉的"西方龙首"。在地理大发现之前,"世界岛"即是"全世界",古丝绸之路是连通"世界岛"的贸易干道,也是"世界岛"腹心的中央大道。古丝绸之路是古长安通往古罗马之路,也是从中国大秦岭通往阿尔卑斯山之路。人类古文明:古华夏、古印度、古波斯、古巴比伦、古埃及、古希腊……全部布展在世界昆仑山。世界昆仑山—古丝绸之路作为"人类文明之藤",即是"轴心时代"的那个"轴"。

因此可知，世界昆仑山与古丝绸之路具有同等的地理意义。古丝绸之路将人类古文明紧密连接在一起，阿尔卑斯山是古丝绸之路的"欧洲芯"，大秦岭是古丝绸之路的"中国芯"。以古长安为中心的大关中地区和以古洛阳为中心的河洛地区，都曾经是丝绸之路的核心经济区。毫无疑问，这是"丝路中国芯"的最好注解！

大秦岭是"地理中国芯"。大秦岭—昆仑山—帕米尔是中国境内的"世界昆仑山"，也是中国境内一脉相承的中央山脉。与帕米尔、昆仑山相比，大秦岭是伸进中国腹心地带的中央山脉。在中国传统文化中，中华山水皆称为中华龙脉，而大秦岭不是一般意义上的中华龙脉，它是中华龙脉中的"干龙""中龙"，是"腹心之龙"——中华龙芯。大秦岭独特的先天居"中"条件，让其有着非常明显的地理链接优势。大秦岭链接着东中西三级阶地，链接着西北、西南、华中、华北四大政区，链接着陕西、河南、湖北、重庆、四川、青海、甘肃6省1市，链接着青藏高原、黄土高原、关中盆地、华北平原、江汉平原、云贵高原、四川盆地、横断山脉8大地理板块。大秦岭将关中、中原、荆楚、巴蜀、羌藏、甘青6大生态圈链接为大秦岭生态圈。在中国地理板块中，大秦岭是最重要、最核心的板块之一，也是最关键的板块之一，是名副其实的"地理中国芯"。

大秦岭是"生态中国芯"。大秦岭统领着中国的南方与北方，既是南方与北方的气候分界线，又是南方与北方的结合体！另外，大秦岭提携着黄河与长江，既是黄河与长江的分水岭，又将黄河与长江兼容为一体！自古以来黄河、长江就是中华民族的母亲河，而大秦岭处在两大母亲河之间，是中华民族的父亲山。父亲山、母亲河是中华生态伦理的最经典表达。大秦岭与黄河、长江形成了宏阔的山水组合——"一山两河"。长江——世界第三大河，黄河——世界第五大河，秦岭——世界东方龙首，所以"一山两河"是地球创造的"奇迹组合"！因为这个奇迹组合，大秦岭是中国生态命门、中国森林宝岛、中国生物基因库、中国自然博物馆、中华天池圣水、中国绿肺、中国绿芯、野性的天堂……2014年，京津冀用上了秦岭水，与大秦岭结成紧密的生命共同体，进一步扩展了大秦岭生态圈。大秦岭是中华文明生生不息、永葆生机活力的核心"生态家园"，不仅是在中国，在全球范围内，大秦岭也是具有特别生态意义的山脉！

大秦岭是"人文中国芯"。大秦岭是中华文明原生地，是中华民族的圣山。大秦岭南北养育着两大"天府之国"——关中平原与成都平原；东西孕育了两大"千年帝都"——古长安与古洛阳。渭河滋润了长安，洛河滋润了洛阳，长安与洛阳皆是大秦岭孕育的千年帝都。宋代以前的中国，是中华民族以大秦岭为政治、经济、文化中心的中国。在以大秦岭为中心的时代，中华民族具有非凡的创造力。华胥氏是伏羲、女娲的母亲，是中华民族的"元祖母"。伏羲"一画开天"，造就了万世"中华文芯"。《易》不是宗教，胜于宗教。《易》是中华文明"大道之源"，诸子百家的思想总根源。"万变不离其宗"的"宗"即《易》。中华民族海纳百川自强不息的精神源泉即是《易》。伏羲八卦，即是先天八卦，俗称"连山易"。《易》经过周文王和孔子的两次提升改造，出现《周易》《易传》。经周文王改造的八卦，又称文王八卦，后天八卦。《周易·系辞传》记载："易有太极，是生两仪，两仪生四象，四象生八卦。"太极是一，是道，是天地未分时的混沌元气。《周易·系辞上》"一阴一阳谓之道"。一生二，二生三，三生万物，永永远远……炎黄二帝是华胥氏的子孙，伏羲、女娲的子孙，我们是炎黄子孙……大秦岭是华夏族的本部所在，"精神家园"所在。

大秦岭是"美丽中国芯"。正如习近平总书记所指出，秦岭是中华地理标志。大熊猫是"秦岭圣物"，也是世界认知度最高的"中国符号"。大秦岭之中，嵩山、华山、骊山、武当山、终南山、太白山、龙门山、麦积山、九寨沟、神农架……长江三峡、黄河三门峡、秦岭湖……秦兵马俑、大雁塔、白马寺、少林寺……皆可称为中华地理标志，皆是"中国符号"。华山是秦岭靓丽的一座山峰，是中华文明绚丽的华表。华山提携着渭河与洛河，统领着两个千年帝都——长安与洛阳。早期的华夏文化——仰韶文化，以华山为中心，在渭河流域、洛河流域分布最为集中。中华之华，源自秦岭之"一山"——华山之华；汉族之汉，源自秦岭"一水"——汉水之汉。就连中国的英文名称为 China，中国人的英文名称为 Chinese，皆源自于秦之音——chin……大秦岭之美，不仅是外表的，物质的。还是内在的，精神的，由外到内，由内到外……

如果说中华文明是一棵繁花满枝的大树，那么大秦岭就是那棵大树的树根和树干；如果说中华文明是一朵绚丽的花，那么大秦岭就是那朵绚丽之花的花芯；如果说中华文明是一座灿烂的灯塔，那么大秦岭就是那座灿烂灯塔的灯芯……

大秦岭，中国芯（chincore）——丝路中国芯、地理中国芯、生态中国芯、人文中国芯、美丽中国芯，常被称为"秦岭五芯说"。中国芯（chincore）作为《秦岭学》的一个核心概念，也是《秦岭学》语境的核心词汇。

在这个地球上，有"芯"的国家并不多。大秦岭，中国芯（chincore）——上天对中华民族的特别恩赐，我们应当无比珍惜、无比爱护、无比自豪。

（写于 2018 年）

# 关于陕西社会主义新农村建设的先期经验与实践的理论思考

韦苇

**摘 要** 依据各市县的产业发展、自然条件和新农村建设的现状与基础,将陕西关中和陕北地区已涌现出的新农村建设先进典型,归纳为八种建设模式;总结了这些先进典型带有共性的六条经验,并予以理论概括,以期有普遍的推广价值;指出在继续进行的新农村建设实践中尚待处理好的几组关系和几个问题,以期引起各级政府的关注。有助于陕西乃至西部条件相似地区的新农村建设事业稳健发展。

2006年5—7月,陕西省参事室"社会主义新农村建设内容与模式"调研组,先后赴西安市未央区、户县、长安区,咸阳市秦都区、旬邑县,延安市宝塔区、安塞县,榆林市米脂县、靖边县和宝鸡市千阳县,共计调研5市10个区县30多个乡、镇、村及生态示范园区、棚栽业示范基地。对陕西关中地区和渭北塬区、陕北中部山区和北部风沙滩在不同自然条件、不同产业基础、不同建设类型的市县关于新农村建设的实践现状、发展思路、建设模式进行了较有代表性的分类调查摸底。

通过这次调研,我们认为,在陕西省委省政府正确领导下,陕西省在贯彻落实科学发展观、坚持城乡统筹、解决三农问题、促进农业发展方面,做了大量工作。通过"工业反哺农业、城市支持乡村、多予少取、放开搞活"等有力举措,使农业产业化、乡村文明化的程度大为提高,涌现出像旬邑县、千阳县这样具有"新农村建设"先期示范意义的先进县,也出现各种类型、特色显著、与当地自然资源条件相适应、有较好的产业支持的先进村、镇。它们的建设实践,早于中央提出的"建设社会主义新农村"的发展理念,且完全符合中央二十字方针的要义和内涵,在全省乃至全国都有推广意义。为我们整体推进"新农村建设"事业，提供了珍贵的经验。同时，他们的实践过程正在持续之中，必然也会遇到任何新生事物在成长过程中普遍遇到的"先吃螃蟹"的问题，且体制不全、机制不灵、政策不到位、资金匮乏、人才短缺等问题，亟待各级政府予以关注。

## 一、关中、渭北和陕北八种不同类型的"新农村建设"模式

我们把考察过的5市9个区县（不含长安区）的镇、乡、村先进典型，根据其自然条件、产业基础和发展方向，结合农民增收的长效机制，归纳为如下八个类型，也可以视作建设社会主义新农村的八种模式。

### （一）城郊工业园区带动型

这种类型以西安市未央区的两个城边村为典型代表，一是白沙口村，二是和平村。走的是农村城市化、农业工业化、农民市民化、失地不失业的道路。

### （二）关中平原区县生态农业园区带动型

这一类型的典型我们看过的有西安市未央区汉城遗址区、户县渭河生态农业科技示范区和咸阳市秦都区棚栽蔬菜基地。他们利用紧靠西安、咸阳等大都市市场广阔的区位优势和土地肥沃、适宜菜果花卉业发展的要素优势，积极发展为城市居民消费服务的城郊型农业和生态观光农业。

### （三）技术培训与劳务输出型

这一类型重点体现在西安市未央区和延安市宝塔区以及旬邑县的发展思路中。以针对市场需要的劳务培训为切入口，带动高技能高素质的劳务输出。

### （四）特色文化、旅游产业型

这一类型是以当地传统文化或风情文化为依托，将文化或自然景观资源开发为新的产业，带动一方或县域经济发展的模式。有户县东韩村、安塞县及长安区环山公路一带的"农家乐"村等先进典型。

### （五）渭北塬区依托县域经济和特色产业，新农村建设整体推进型的两个先进县——旬邑县和千阳县

这两个县均在果畜兴农、强县富民的基础上，早于2003年即开始了以通乡通

村公路建设和治理村容村貌为主要内容的新农村建设,并取得整体性突破。达到"四通五改""四化"的高标准新农村在旬邑县有 62 个,在千阳县有 70 个。破除了"社会主义新农村遥不可及"的神话。

### (六)陕北退耕还林(草)、菜果畜三业并举型

陕北地区基于退耕还林(草)生态治理的需要及其独特的资源、土地、气候条件,工业反哺农业,发展了较之关中平原地区更具优势的菜、果、畜三大产业。以宝塔区、安塞县和靖边县为代表,也建立农业科技示范园区,以科技示范引路,壮大县域经济,为新农村建设奠定经济基础。

### (七)陕北黄土丘陵沟壑区生态经济型——米脂县高西沟村

米脂县高西沟村半个世纪以来,坚持走人与自然和谐共处、山水林田综合治理的路子,被誉为高原丘壑深处的绿色明珠。

### (八)榆林北部风沙滩区生态农业循环经济型——靖边县红墩界镇尔德井村

该村创立的生态与经济协调发展的模式,将生态治理、种植、养殖、加工业以及能源建设组成一个循环产业链,实现生态环境改善与新农村建设共生双赢的目标。

## 二、先期经验的理论思考

上述陕西关中地区及渭北陕北地区已经涌现的八种不同类型的新农村建设先进县、镇、村,虽然在产业发展、科学规划、农村基础设施建设、新村建设和旧村改造方面,各自有其特点和发展与建设思路,因而才可以划分为不同类型加以比较,但亦有共同的带有规律性的经验值得总结,给予理论层面的思考,以期更具有推广价值。

### (一)已经形成特色明显、优势突出的支柱产业

党中央提出的社会主义新农村建设的"二十字方针",首先强调"生产发展",即说明了生产发展、农民增收是新农村建设其他内容与要求的物质基础和前提条件。陕西省已经涌现出来的这批新农村建设的先进县或示范村镇,无一不是在多年的调整农业生产结构,形成"一村一品""一乡一业"或县域经济几大主导产业的经济基础上,才开始乡村道路的建设和村容村貌的规划与建设的。如旬邑县、千阳县的果畜产业;咸阳市秦都区的棚栽蔬菜产业;陕北各县的果、畜、蔬菜产业;西安市

未央区的生态观光农业等。实践证明生产发展、产业形成、农民增收、生活宽裕这几大经济内容是新农村建设的基本内容和奠基工程。农民是新农村建设的主体力量和受益者,只有当一个村子、一个乡镇、一个区县经济发展,农民富裕起来,才能全面启动新农村建设的其他项目。

### (二)有一支强有力的农村基层干部队伍,有一个坚强的村党支部、村委会领导班子,有一个既有奉献精神又是经济能人的带头人

新农村建设的任务在基层农村,要靠农村广大干部带领群众扎扎实实、一步一个脚印的艰苦奋斗。实践证明,从宏观上讲,乡镇、村两级干部队伍的形成与其组织能力、战斗能力,决定着能否带领一方百姓生产致富,建设美好家园。从微观上讲,一个村子能否形成一村一品的致富门路,是奠定本村群众收入能否增加、生活是否改善的基础,而村容村貌、新住宅建设的物质前提,关键要看该村党支部、村委会的凝聚力、战斗力。要看是否有一个既有一定的思想政治觉悟和奉献精神而且更有一定经济头脑,懂一些市场规律的能人来当这个家——当党支部书记或村委会主任。西安市未央区的白沙口村、和平村,户县东韩村正是因为有这样的政治强人和经济能人当家,才能以超前的政治眼光和适应市场的经济手段带领出这几个省内外闻名的现代化新农村建设的先进典型。同样,在陕北,也是证明了有好的村委会带头人,就能带出一个先进村来——没有落后的群众,只有落后的干部。延安市宝塔区柳林镇党委书记王文忠通俗形象地总结了这一经验:"一个村有一个公鸡打鸣,这个村就亮了。那个村没有一只叫鸣的公鸡,那个村就天不亮。"

正是基于这样的经验和认识,各市县都比较重视农村基层干部的选拔和培训。延安市宝塔区,榆林市靖边县,咸阳市旬邑县,宝鸡市千阳县都抓农村基层干部的培训,把它放在和农民技术培训同等重要的位置上来。并通过市、县、乡镇干部下村包点的传、帮、带、监督、指导,组建村一级的干部队伍。尤其是千阳县的党内"公选"村支部书记的做法很值得推广。该县以"万元年薪",打破地域、身份界限,在全县党员干部(包括公职和农民身份)中选拔村支部书记,这是一种选聘结合的干部选拔与管理制度创新。通过招标、应试、考察、承诺上岗、签订目标责任合同书等各项程序,为全县71个行政村选配了拿"万元年薪"的村支部书记。"年薪"由县财政负担,原非公职人员和企业职工在年终考核合格,即可兑现。原财政供养的公职干部,在年终考核合格后,原工资待遇加一级浮动工资(连续三年合格,浮动工资变固定工资),并每年享受3000~5000元的生活补贴。这一制度改革,一是

打破了地域和身份限制，解决了偏僻农村没能人缺少"叫鸣鸡"、干部素质低的问题。二是解决了长期以来因集体经济萎缩，又要给农民减负而造成的"村官"待遇低、缺乏激励机制问题。三是解决了县内其他部门干部宁肯人浮于事，也不愿下农村下基层工作的干部流动与选拔的激励机制问题。这一制度的推行，使该县的农村工作立即打开新局面。有十多个原来的落后村经过两年多的努力，跃入了新农村建设的先进村或示范村的行列。延安市宝塔区也有类似的经验。通过村党支部、村委会干部领导班子的建设同时带动民主管理，村务财务公开及村风文明等一系列政治文明与精神文明活动的开展，为新农村的经济建设、村容村貌建设和民主管理提供了更好的政治环境。

**（三）县域经济的发展，奠定了"工业反哺农业"的财政基础；村集体经济的存续或村民营经济的发展，是村级公共基础设施建设的物质前提**

通过这次调研，发现一个总的规律：经济发展是办好一切事情的前提基础。这不仅体现在前述的产业发展、农民增收，让农民富起来是建设社会主义新农村的物质前提，而且还以下述两点证明了"发展是硬道理"这一真理。壮大县域经济，尤其是非农产业，扩大了县一级财政来源，为县政府统筹本县新农村建设蓝图，提供农村路、电、水、通信等最基本的公共设施创造财源，才能落实"工业反哺农业，城市支持乡村"这一宏观战略措施。陕北两市及其区县，如宝塔区、安塞县、靖边县、榆阳区、神木县等，因资源能源税收强市强县，在工业反哺农业，财政支出扶植培育新优势产业及通乡镇、通村公路建设方面，就显得财大气粗，措施得力，成果显著。反过来，财政扶持了农业产业结构调整，新产业链的形成，尤其是新果畜蔬菜加工业和商贸业的发展，又会给市县财政开辟新的财源，注入新的活力，形成农民增收、财政增税的双赢局面。继之而来的必然是农民生活条件的改善和新农村雏形的出现和发展。

要有一定的村级经济。一种是原集体经济的存续和发展，如和平村、东韩村及户县后寨村、高西沟等老先进村，原来的集体经济有一定基础，在体制改革包产到户时，留有一定的集体土地，村办企业或集体林木，实践着真正意义的"统分结合的双层经营体制"。甚至和平村还在探索股份制的新路子。尽管这一部分集体经济从农民增加收入的角度看，已非主要来源，但在提供村级公共产品、改善村容村貌、解决村干部报酬方面，却起着重要的支撑作用。体现着村集体利益和集体主义精神，特别是起着凝聚人心的作用。另一种是20世纪80年代后新兴的村内经济能人创办的民营企业，发展势头和经济效益很好，不但能就地吸纳本村及周围劳动力就业，为农民增加个人收入，而且当这些经济能人一旦被村民或党支部选为领导班子主要成员（如白沙口村委会主任同时是企业的董事长兼总经理），他们就会以一种政治责任感和荣誉感带领大家共同致富，并且把企业的部分利润用于村级公益事业。当然，村级经济和村级公共事业必须靠更制度化的可持续发展机制来运行，不能过多地寄希望"经济能人"的道德力量来维持。

总之，前述三点基本经验，可以概括为"县富，村富，农户富，夯实经济基础；财政，干部，好产业，拉开建设序幕"。

### （四）规划先行，分步实施，重点突破，整体推进的建设思路

这可以说是几个市县不论是总结前期经验，还是贯彻落实中央精神和《推进社会主义新农村建设规划纲要》，制订自己的新农村建设规划或实施办法的共同的指导思想。这一建设思路首先处理好了规划的科学性、前瞻性与建设过程的阶段性、复杂性的关系。在科学发展观的指导下，绘制具有超前意识和百年大计意义的一张县域范围的新农村建设蓝图，显然是十分必要和重要的。涉及全县村镇布局、产业发展、公交通信等社会经济各项事业的总体发展趋势。同时，从微观上讲，每个村、镇具体的包括田、园、路、民居房屋、公共建筑、生产场所统一规划设计的建设蓝图也必须事前完成，成竹在胸，才能避免几十年来低水平重复建设，拆拆建建的旧病发作。而这样从县乡镇到村三级建设的宏伟系统工程，当然不能一蹴而就，急于求成，又必须分阶段实施。宏观上包括各市县对村镇的选点示范，逐步推开公共设施道路、水、电、通信四大项的工程建设的全面布局与分段分地域建设。微观上一个村子的建设，也会有在群众自愿和经济收入基础上的总体规划和逐年分户建设的问题。

"重点突破与整体推进"，也是处理点与面的关系问题。"重点"既可以是选好示范村镇，建设出可供学习效仿的榜样村，如和平村、东韩村，旬邑的车村、谈村，千阳的曹家塬、朝阳村，陕北高西沟、尔德井等。"重点"也可以是指在建设新农村的各项内容中，选最难的"骨头"啃，最关涉农民生产发展和生活改进的重大项目，如通乡、通村公路，人畜安全用水，农村电网改造这三大项目——就应列入省市县建设规划的"重点难点"和优先解决、优先建设的内容。

"整体推进"这一条经验，也有两层含义。一是从微观上讲指一个村子的整村推进。建设好一个村子就是一个村子，调动整合各种资源、资金，包括生态移民和

自然村的合并。哪怕多花力气，也要整体性解决生产发展和村容村貌建设问题，不能拖拖拉拉，放任自流，又蹈入有新房无新村的老路。二是从宏观角度讲，是指一个县域内农民生活条件大为改观，村容村貌令人耳目一新，新农村成片成批出现，而非仅仅三五个示范村在全县范围内鹤立鸡群、一枝独秀。这一点在旬邑县和千阳县就十分突出，特别令人信服。旬邑县已建成高标准的"新农村"62个，千阳县初步建成的新农村已达70个。两县相比，旬邑县的新农村从民居条件、村容亮丽的角度看胜千阳县一筹，而千阳县却从村级道路硬化，民居造价较低、更为经济实用的角度较旬邑出色。

### （五）项目捆绑，多渠道筹集资金

这亦是各市县的一条共同经验，一般是以县为单位，各县在如何筹集新农村建设的公共基础设施经费方面，均采取把争取来的中央和省市各项支农、扶贫生态项目的费用按照"来源不变，用途不乱，捆绑使用，各计其功"的原则，向重点的路、电、水建设项目及支持的"示范"村镇倾斜，并动员社会资金多元化筹资，如旬邑县的"财政挤一点，项目资金倾斜一点，群众集资一点，企业、干部职工捐赠一点"的办法，为新农村建设的公共产品建设筹资。再如"群众铺底子，政府罩面子"的筹资修路方法就是旬邑、千阳等县创造的经验。

### （六）狠抓农民技能培训，建立农民增收的长效机制

建设新农村的主体是农民群众自身，正如有的学者说的，建设新农村最缺的是高素质的新农民，因此要强调培养农民的五识，即主体意识、市场意识、道德意识、民主意识和法制意识。后三识是关涉新农村建设精神文明和政治文明的内容。前两识是培养农民的创业精神和谋生手段问题。各市县政府均注意到抓农民素质与技能培训问题。如未央区、宝塔区、米脂县、千阳县、旬邑县、靖边县等。培训分为两大类：一类针对外出务工型农民，按照市场需要甚至搞"订单培训"，培训电焊、车工、建筑、装修、烹饪、家政、油漆等专项技术人员，能够适应市场对技术工人的需求。相应地，一技之长带给务工农民较多而且稳定的就业机会和较高工资收入。第二类是对留守农村的农业劳动力进行农业实用新技术的培训，让果农、菜农和畜牧业户分别掌握苹果、棚栽蔬菜的栽培技术和养牛、养羊、养猪的专业技术及防疫知识。总之，让每个农户至少有一个技术上的明白人。像未央区的"技术培训大篷车"及许多市县的整合教育资源、定点轮流培训和科技干部下乡下村蹲点，送技术

到农户等具体培训方法都值得推广。农业科技的普及、农业新产品的推广和农民对科技的掌握是农民增收的主渠道。通过劳务输出和提高农业自身的经济效益相结合、两条腿走路的办法,建立农民增收的长效机制,为新农村建设夯实经济基础。

总之,后三条经验可概括为"统一规划分步走,资金捆绑多方筹。农民掌握新技术,务工种田皆增收"。

## 三、实践中尚待处理好的几组关系和几个问题

### (一)正确处理三组关系

新农村建设是一项系统工程,涉及千家万户和多级政府多个部门,各类关系互相制衡。除了在前面的分析中,谈到中央二十字方针包含的新农村建设四项建设内容(经济建设、社会建设、精神文明和政治文明建设)之间存在着生产发展与经济建设,是其他建设内容的基础和前提这一基本关系外,还应当重点考虑妥善处理以下三方面的关系:

**1. 政府主导与农民主体之间的关系**

建设社会主义新农村这一战略的提出,是党中央贯彻落实科学发展观和以人为本、执政为民的执政观,从国家经济实力的现实和统筹城乡发展、提高综合国力的高度,审时度势做来的事关中国发展走势的重大决策,是国家解决三农问题的历史担当和决心表现。因此,各级政府主导、领导、宏观调节这一宏大的史无前例的(不是历史上乡村建设运动的浅尝辄止可以比拟的)建设工程,有一种历史的责任和道义。从经济理论上讲,一是在当今以小农户经营为主体形式的农业生产关系格局和小农经济分散的经济能量的情况下,如果没有政府的组织、领导、推动,靠农民自己连新农村建设的整体规划都做不出来,农村的公共基础设施更无人投资。即使一个个农户逐渐富裕起来,也会是自造新屋,没有新农村。污泥浊水,听任满街横流,连"自扫门前雪"都做不到。二是农村公共设施的提供和文教、卫生等各项社会事业,从公共管理学的角度讲,应由各级政府提供。农民和市民应一样享受国家提供的公共福利生活。但是从我国现阶段的国力实际出发,如果全靠国家投资完成全部农村的公共设施建设,恐怕旷日持久,国力难及,新农村建设事业又会变成遥遥无期的马拉松工程。因此,充分调动开始富裕起来的农民创建新家园的积极性,在公共产品的提供上采取某些变通,既是可行的,也是农民能够承受的。如修路方面的"农民铺底子,政府罩面子"就是发挥政府与农民两种积极性的典型事例。但

各级政府一定要知道,这是不得已的权宜之计。因此,当财政力量允许的情况下,该政府投资的就得政府投资,如同像城市市政建设、工业项目建设投资一般,不要心疼向农村花钱。另一方面,农民是新农村建设的建设者和受益者,充分调动和发挥农户自身的积极性和创造性更为必要。在增加农户收入和提供私人产品——建造新房这一重大建设内容上,当然是要靠农民自己的家庭创业和财富积累了。政府只能起引导、帮助和扶持作用。所以,政府的主导和农民的主体作用之间的关系,可以简而言之为公共产品,政府提供;私人产品,自己创造。更通俗地说,即政府修路,农民盖房;政府领导,农民建设。

从调查情况看,各地政府对农民在新农村建设中的主体地位,没有不承认的。但是,在调查中,我们却几乎听不到作为农民主体利益的代表——农民经济合作组织的声音,政府也很少提及农民经济合作组织的作用,在操作中,政府的主导实际上代替了农民的主体。显然,这源自一个不争的现实,即目前大部分农民还是处于一盘散沙的状态,小农经济的生产、生活方式依然是当今农村的主流方式。农民的主体地位并没有从他们的自主组织上得到确立,农民经济合作组织的发育和成长非常滞后,这是限制各省区新农村建设的根本因素之一。尽管眼下新农村搞得轰轰烈烈,但限制农村发展的许多社会、政治、经济等基本因素和问题,如果没有得到重视和根除,表面繁荣就不会持久。因此,建议政府对于如何发挥农民合作组织在新农村建设中的主体作用,要给予高度重视,把农民合作组织的发展列入社会主义新农村建设的重要目标和长效机制,并且从政策和资金上给予大力支持。

**2. 重点示范与面上建设的关系**

就新农村建设的阶段性讲,在起步阶段,各市县一般采取抓点带面的做法。先通过倾斜性支持,一个县抓几个、一个市抓十多个能拿得出来、可供学习效仿的样板村来。这当然是无可厚非的启动思路。但这里要强调的是在抓点的同时,不能忽视一般的面上普遍存在的突出问题。如广大落后农村普遍存在的通村公路和村内道路及电网改造问题,就不能排着队等。因为示范村的选点,必定是选村子自身先期建设有一定基础的村子。现在选为示范点,政府倾力支持,是在锦上添花。而广大落后农村,尤其是偏远农村,存在亟待解决的基础设施改造问题,却被政府绕着走,甚至按当地市县的规划拖到"十二五"或之后,广大农民迟迟享受不到国家对农民的"普惠"政策。这样,反而人为地加大了农村内部地域之间的差距,造成社会的不安定不和谐因素。我们认为,应在抓示范点的同时,对于落后地区农村的交通和农电网这两项刻不容缓的基础设施建设(其他如自来水、通信可以稍缓),必须同步解决。具体设想是在县级、乡镇、村三级基本规划做出来后，村容村貌的其他建设内容缓行，先建设通村公路和规划好的村内道路及排污渠道和垃圾处理场所。解决群众生产生活出行难，产品因道路不便而销售难的问题和村内污水横流垃圾遍地的问题，并解决电网改造问题，这是农民生产发展和生活改变的能源动力条件。面上的建设也需要靠政府的支持和镇村干部发挥工作自主性和创造性，组织农民多元投资建设，不能消极地等、要、靠。

**3. 政府和市场的关系**

中国社会主义新农村建设事业是在市场经济体制已经确立且日臻完善的时代背景下进行的。它自然不能脱离整个经济体制的运行轨道而返回到计划经济的旧体制去。但又必须清醒地看到这一个艰巨复杂的建设系统工程，某种意义上是一种"历史补课"。就长期的发展趋势看，当然是有利于整个综合国力的提高，有利于城乡、农工关系的协调发展，有利于整个中华民族的经济腾飞，是国家与民族的大利所在。但就前期和短期的经济效益看，是"无利可图"的。而市场经济的本性是重在微观效益，是"唯利是图"，靠利益驱动的经济体制。因此，政府在这场建设事业中，不仅面对农民要担当历史责任，而且面对市场，也要担当领导和引导市场潮流的责任。即不为市场短期利益所左右，主动投资于农村基础设施建设；并对产业结构调整和产业化链条形成有重大推动意义的涉农企业予以倾斜性支持——通过金融政策、税收政策、土地政策。而在市场微观领域，政府则应放手发挥所扶持的龙头企业的作用，通过企业—中介组织（各种协会或新型的农业合作经济组织）—农户的生产关系链条，放开搞活，让市场机制自由调节，让农民在商海中学习游泳、创业致富。政府则不必事必躬亲，一竿子插到农户家庭的具体经营。这样，通过在公共产品领域的政府投资和涉农经济领域对市场微观主体（企业）的政策优惠，让政府的财力资源和政策资源最大限度地发挥"政府引领市场，市场带动农户"的"四两拨千斤"的作用。

**（二）解决好城乡接合部的农民失地、失业和身份改变问题**

近年来，陕西省城市化发展速度迅猛。随着城市面积的扩大，许多城郊农村、城中农村被卷进城市内部，但由于户籍、就业、社会保障等制度的滞后，这些表面上（尤其是住房条件）被城市化的群众，并没有真正从经济来源、就业方式乃至居民身份上完成城市化、市民化过程。他们成为失地、失业、非工非农的"三无"人员。城郊农民的现状可以分为三类：解决好的如和平村、白沙口、东韩村（县城郊区），自觉顺应城市化趋势，做到失地不失业、及时转业转产，自觉完成城市化过程，成为新型农民并向市民过渡（因为户籍还没有改变，在法律上还是农民身份）。这一部分先进典型，只要完善户籍制度，承认他们的市民身份即可。第二类如长安区、未央区原处在工业园区、大学园区内的农村，征地时所得征地补偿款项农民尚能接受，通过村庄的集体拆迁安置，村容村貌和居住条件已经小城镇化。所得征地款项一部分分配到户，用于农民自办个体小经营从工从商，现在看来尚无衣食之虞。但很多原农户文化素质低，并无经营才能，也未受过培训，小本生意经营惨淡，很多农户面临坐吃山空的潜在危机。亟须各级政府尤其是乡镇级或街道办事处从加大失地农民的就业培训做起予以自身造血型扶持。第三类是土地被征时就没有得到足够补偿，生产无门、生活条件恶化，成为被边缘化夹在城乡之间的"三无"人员和新的城乡贫困人群。这样的典型事例亦在西安、咸阳近郊存在，应引起各级政府重视，并予以妥善安置。

### （三）解决城市灯下黑问题，缩短城市近郊的城乡差距

城乡差距和二元经济结构是发展中国家和发展中地区普遍存在的经济现象。陕西作为中国西部省份，特别是西安市作为西部特大城市，这一现象更为突出。它的城乡差距的相对度，用东部学者的话说："比北京市与西安市、比东部沿海与陕西省的差距还要大，还要明显。"笔者（韦苇）作为西安市郊县人（户县），不管是考察户县从家乡获得的发展信息，还是通过对长安区杜陵塬地区的考察，对西安市的灯下黑问题均有深刻的感受。需要说明的是这一看法并不影响对西安市整体经济起飞尤其是新农村建设成就的公正评价。旨在引起省市领导对解决城乡统筹，城乡二元经济结构问题的高度重视，花一定的精力和资金予以关注，以提升整个西安市的综合实力和市容市貌的整体形象，使之向着"国际化、市场化、人文化、生态化"的现代化大都市的建设目标稳步前进。

陕西虽然不是农业大省，但在如何解决三农问题，建设社会主义新农村的道路与模式探索方面（与西部乃至中部地区），仍面临许多相似问题。因此，总结陕西已取得的某些先期性经验并探索所遇到的问题，其意义不仅能进一步推动陕西新农村建设事业的稳健发展，也能为中西部条件相似地区，提供某些借鉴。这亦是本文的写作宗旨。

（写于 2006 年）

# 关于在陕西全省构建若干个旅游目的地的建议

严伟民：陕西中国西部发展研究中心文旅产业研究院院长

**摘 要** 陕西省的旅游产业收入在全国的排名长期在17名左右。这个排名，比陕西在全国的经济总量排名略好，但与丰富和独特的文旅资源相比，仍有很大的提升空间。本文依据《国务院关于印发"十四五"旅游业发展规划的通知》提出七项重点任务。

陕西省是世界公认的文旅大省，文旅资源、客流和产值都可以佐证。但按照相关标准，真正称得上旅游目的地的只有西安一个城市。

这里要特别说明：本文所指的旅游目的地是指具备以下要素。
①经济效益明现；②遗产品级较高；③美食特色突出；④民俗活动众多；⑤艺术气息浓厚；⑥线路产品多元化或元素的丰富与景点的多样化；⑦文化符号唯一；⑧需求开发到位的区域。旅游目的地的规格可以是国际的，也可以是国内的或者区域性的，但单一景点不在此列。

造成本身资源丰富，但旅游目的地严重不匹配的现象主要有以下两个原因：

（1）历史因素。早年旅游市场开始的时候，陕西省不像长三角和珠三角那样，其没有发达的城市带，更没有城市集群，西安市在陕西一枝独秀——首位度非常高。经济、文化、交通条件相对省内其他地级市要好很多，特别是外国旅行团，不管是到咸阳、宝鸡、临潼还是华山或者其他地方，都希望能当天返回西安。

（2）没有深入挖掘文化和历史资源，创新不足。虽然经过几十年的努力，特别是近20年的发展，陕西的旅游业有了长足的进步和大幅度提升，文旅业态丰富，在国民经济中的位置越来越重要，但仍然没有改变陕西（至少在关中）只有西安一个有影响力的旅游目的地的格局。而实际情况是陕西仍然有许多具有全国甚至是世界级影响力的文旅资源被忽略、漠视，有的甚至在遭到毁灭性的破坏。

以上两点,决定了大量的景点就仅仅是个景点,在旅游传统的六大要素:吃、住、行、游、购、娱中只有"游"这一项因为是"刚需"满足了游客,其余五项基本满足不了需求。特别是"娱"基本没有。

我们讲的构建有两种情况,第一种是景点非常著名,但不是旅游目的地。第二种是具备了旅游目的地8个条件中的5~6个。

比如华山——著名的五岳之一。历史悠久,早已闻名天下。但现实是,一边是世界级的著名景区——华山,一边是西北的一个小县城——华阴。这样的配置,是中国20世纪的标配。除了"游"以外的吃、住、行、购、娱五项自然无从谈起。这是自然形成的一种原始景点式的以门票为主要收入的初级旅游。产业投资和旅游规划意识淡薄。在当年没有高速公路和高速铁路的情况下,游客再累,也要尽早返回西安。产业链不全,留不住人,自然消费就无从谈起。更谈不上对国民经济、文化传播、产业链的延伸特别是就业和税收产生重大影响。

当张家界模式出来以后,华山的尴尬就越发显得尤为突出。

张家界一年5000万游客,每人4天,把张家界必玩景点森林公园、金鞭溪、袁家界、杨家界、十里画廊、天门山都玩遍,保守估计大约花费1000元。

华山,上山的一年280万游客(这个数字绝大部分人想不到)。每一天500元(暂不算旅游综合收入)。

由于这个差距太大,图形感极强,算数字反倒没有必要了。

表面看南北天气是第一原因。华山在冬天几乎没有游客,这个现象要持续半年。(这个第一条假设成立。不展开)第二个原因恐怕就是华山这个世界一流的风景名胜和一个县城的搭配问题了。仍然要素不全,仍然留不住人。归根结底一句话——华山你不是旅游目的地。

华山有没有条件成为旅游目的地,当然有。我们先把条件做四点更改提升:

(1)正式启动"华阴市"更名"华山市"的方案。

(2)打造国内外独一无二的武侠主题公园。

(3)建立以道家文化为核心的国家级中药基地和康养基地。

(4)引进"夏威夷酒店"这样的有国际强大持久吸附能力的酒店。

华山位于华阴,大概99%以上的国人不知。

据有关资料显示:"华山是我国著名的五岳之一,海拔2154.9米,居五岳之首,位于陕西省西安以东120千米的历史文化故地渭南市的华阴市境内,北临坦荡的渭河平原和咆哮的黄河,南依秦岭,是秦岭支脉分水脊北侧的一座花岗岩山。"

从这个"最佳答案"中我们可以看出三个地名，其中有赫赫有名的"西安"，有外省人所不熟知的"渭南"，如果按照以上资料制作华山旅游营销方案的话，就要先以西安、渭南、华阴为地标进行描述，然后再说出华山，这对中外有名的华山来说，似乎有些不公平，也给游客对华山旅游的全面认知带来不必要的障碍。而假如改华阴为华山市（地级市）并把沿线的罗浮、少华山、华县、华阳、潼关并入其中，则可以对旅游做整体规划。这里其他的好处就不一一介绍了。要强调的是，1994年4月4日，经国务院批准，大庸市更名为张家界市，这成为张家界旅游业跃上新台阶的一个重要转折点。

更名之前，大庸仅是一个县，其下辖的张家界林场（张家界森林公园）与慈利县下辖的索溪峪、桑植县下辖的天子山，山水相连，且同是石英砂岩峰林地貌，呈"金三角"旅游开发态势。1985年三地统一合称为"武陵源风景名胜区"，大庸撤县建市，1988年升格为地级市，下辖永定区（原大庸县）、武陵源区、慈利县和桑植县。

众所周知，享誉中外的金庸先生和古龙先生的多部武侠小说，共同构建了一个瑰丽的武侠世界。在这个以文字构建的王国里，各路英豪侠士纵横江湖，绝顶高手华山论剑，不仅有历史的烟云，更有着感天动地的爱情故事，这些故事通过文字、影视剧，使故事中的情节、人物与人文情怀，深刻地留在了海内外几代华人的记忆当中，是转换成市场价值极为有利的条件。在此基础上，以现代声光影的结合为舞美所呈现的大型实景剧目，其演绎的劈山救母、飞跃桃花潭等作品更将会把华山的魅力从山上到山下紧密地连接起来，以吸引大量的武侠迷和增加观光客流。

不得不说，在人们心中，金庸武侠小说中的人物、情景、故事与华山文化早已固化在了一起。这些都来自金庸先生对华山的情有独钟，他的这种情怀同时也感染了中国几代"金庸迷"。邓小平同志也是"金庸迷"之一，生前还亲自接见了金庸先生。

然而，到了华山，人们却看不见这些丰富的人文景观，更没有以武侠文化为主题的文化园区和主题实景演绎，这不能不说是华山旅游产业的一大缺憾。

中国历史上的名医都是道士。华山是道教圣地，为道教第四洞天，有陈抟、郝大通、贺元希等著名的道教高人。山上现存72个半悬空洞，道观20余座，其中，玉泉院、东道院、镇岳宫被列为全国重点道教宫观。自古，华山和中医中药就是一种天然的捆绑关系。加上，华山是天然的中药材基因库和丰产区，对于建立以道家文化为核心的国家级中药基地和康养基地，华山具有无可替代的地位，尤其是在国家大力提倡振兴中医药的当下，这个产业具有很大的政策红利和新增的市场机会，特别是国际上出现的中药热,包括德国、美国、韩国等都在加大投入研发力度。可以预见到,在这样的背景下,未来在华山设立国际中药材市场和其他形式的交易平台,也将成为可能。

夏威夷酒店在国际上是有强大持久吸附能力的酒店。多数游客到当地往往先选择夏威夷酒店。然后,以它为圆心,逐个游历区域的景点。人们选择夏威夷酒店还有一个理由就是他们的服务设置合理,夫妻、两代人、三代同行都可。年轻人体力好,可以多看几个景点,老人和小孩不方便同行,可以停留在酒店,且老人和小孩有专门的区域提供安全满意的全方位服务。最后要强调的是,华山良好的地貌特征可以很好地符合夏威夷酒店的选址标准,吸引来更多的游客。

以上四条如能实现,将大大增加华山作为旅游目的地的权重。

横渠——旅游目的地的条件可以满足:①遗产品级较高;②美食特色突出;③民俗活动众多;④艺术气息浓厚;⑤线路产品多元或元素的丰富与景点的多样;⑥文化符号唯一。

这里有天下闻名的横渠先生张载;有影响了一代代精英的横渠四句:"为天地立心,为生民立命,为往圣继绝学,为万世开太平";有张载祠;有张载修建的3000亩"井田";有纵横的井田渠;有眉户;有社火;有太白主峰;有温泉;有千亩荷塘;横渠周围有东沙河、西沙河、渭河、清水河……而且随着城际铁路的开通将进入西安和宝鸡两个城市的1小时经济圈。但即便横渠拥有这样稀缺性的文旅资源和便利的交通条件,今天还几乎仍是旅游未开垦的处女地。

以张载为代表的关学博大精深,是理学的第一座高峰。学者甚众、影响甚广。

关学拥有蓝田四吕、冯从吾、李复、范育、游师雄、种师道、吕柟、李二曲、李因笃、李雪木、刘古愚等一大批代表人物。他们的著作所涵盖的思想体系持续而深刻地影响了中国的思想和文化,是当之无愧的中华文化的瑰宝。

弘扬张载和关学文化,可以对增强文化自信和民族自信心产生极其重要和不可替代的作用。

习近平总书记视察陕西时特别提出,要找到文化自信抓手,而张载和关学就是不可替代的重要环节。

张载在横渠期间,重要的社会实践活动就是"井田制"土地制度实验,对推行"井田"用力最多。横渠崖下村的3000亩井田就是张载创建的实验基地。这是千年前有典型意义,且被历史文献明确记载的农耕土地。他曾把自己撰写的《井田议》主张上奏皇帝,并与学生们买地一块,按照《周礼》的模式,划分为公田、私田等分给无地、少地的农民，并疏通东西二渠"验之一乡"以证明井田制的可行性和有效性。今横渠镇崖下村仍流传着"横渠八水验井田"的故事。

漫长的历史主线不是战争，不是改朝换代，中国历史学的核心是一部土地史。从井田制到土地私有制、编户制、均田制，从方田均税法、两税法、一条鞭法到摊丁入亩等土地制度，其演变史就是最有力的证明，且中国最顶尖的史学大家很多都是土地史专家。

在横渠崖下村建立土地博物馆，可以利用保留了千年的3000亩井田与井田渠遗迹和土地形态，作为生动的土地史教育基地。历史记载的有长安的子午镇和眉县的横渠。然而，子午镇井田的具体地方已经无迹可寻，但横渠崖下村的3000亩井田却是记载清晰。不仅井田在，井田渠也在。目前，这3000亩井田是中国有记载的土地史形态的实体存在唯一（区域），且极为稀缺珍贵。同时，这里也是中国土地史博物馆的上佳选址。

3000亩井田遗址和将来在此建立的中国土地史博物馆将会是中学生、大学生、税务部门、国土部门相关学者和研究人员最佳的研学游目的地。

张载和3000亩井田毫无疑问是国家重量级的宝贵资源。

横渠是关学的核心区，其北距法门寺31.7千米，南距楼观台43千米。到横渠一游，即可将"儒释道"尽收眼底。

即将建成的城际高铁，使得西安至横渠仅需40分钟，宝鸡至横渠不到30分钟。加上已有G310、关中环线等，横渠处在了立体交通网的关键节点上。这样的重要地理位置，对于西安、宝鸡、咸阳的吸引力极大，对于外地游客也非常有吸引力。

除此之外，周文化、西府美食、眉户和社火更是可以作为必要条件加入其中。

与资源的品级相匹配的高规格规划和投资，8个条件就基本具备了。

（特别提示：随着陕西经济的高速发展，新规划的城际铁路和公路的国道、省道都经过横渠。一旦横渠完整的3000亩井田被分割，这个中国不可再生的历史遗迹将被破坏，后果极为严重。）

在陕西的陕北、陕南和关中地区这种情况不在少数。这也是我们要特别强调这个问题的主要原因。

大荔，完全可以建成中国慈善之都——慈善旅游目的地。

义：中国慈善的核心和特征。

义田：专门为弱势群体提供基本保障田地。相传，最早在春秋战国时代就已经出现了，而人们熟悉的历史人物越王勾践就是最早购置肥沃田地做义田的人。汉代袁康的《越绝书》对此做了记载。

义学：古时候由官方和民间出资为贫穷人家的子弟提供免费的读书机会。可以被理解为义务教育的雏形。

义仓：储备粮食帮助人们度过灾荒年景的粮库。

义田、义学和义仓在大荔和蒲城一带有着大量的文献、石碑等记载。

特别要指出的是，大荔的丰图义仓是迄今保留的全国唯一的义仓，已列入国务院公布的第六批全国重点文物保护名单。

丰图义仓的建筑格局为城中城，分内城和外城。外城为护卫义仓的第一道防线，内城是仓墙合一的建筑形式构筑——内城墙同时也是仓库的墙。具备防御和仓储双重功能。共有仓廒58洞，可存储粮食10万余斤。更为奇特的是，丰图义仓历经百余年的风雨，仍然屹立在渭北塬上，至今仍是在使用的国家级粮库。

大荔，是唯一可以展示义田、义学和义仓即中国慈善体系的地方。

三位杰出的陕西籍宰相王杰、王鼎和阎敬铭都和义田、义学、义仓有着千丝万缕的联系。这三个"义"深深地影响了中国千百年的历史。在生产力低下和自然灾害频发的农耕时代，无数由社会底层成长起来的精英都不同程度受到过三"义"的恩惠。可以毫不夸张地说，没有义田、义学和义仓，中国的政治史、思想史、学术史将被改写。

丰图义仓的唯一性和重要性不必赘述，其符号代表的唯一性自不待言，同时，其也是中国慈善博物馆的不二选址。"朝坂古道"是当年进出长安必经之地。左侧塬上是南寨村的丰图义仓，右侧塬上是大寨村的岱祠岑楼、金龙高塔。往东，是朝邑古城遗址和黄河最宽的河道所在地，与东条山遥相呼应。被核定为第八批全国重点文物保护单位的蒲城考院和著名五岳之一的华山到中国北京时间授时中心陈庄村仅40分钟车程。丰图义仓、义学、义田，加上岱祠岑楼、金龙高塔、最宽的黄河河道、第八批全国重点文物保护单位的蒲城考院、著名的五岳之一华山、中国北京时间授时中心陈庄村、东府的美食、秦腔的正宗梆子腔、渭北烟花保证了旅游目的地的8个条件。且传统旅游六要素：吃、住、行、游、乐、购和新六要素：商、养、学、闲、情、奇在全新打造的旅游目的地都可以完美实现。

从国务院在制订"十二五"发展规划中，把文化产业确定为国民经济支柱性产业，历史性地开启了一个新起点，中国的文化产业必将步入一个前所未有的飞跃增长期。国家密集出台了一系列相关政策：从2009年《国务院关于加快发展旅游业的意见》、2012年2月《关于金融支持旅游业加快发展的若干意见》、2012年7月

《关于鼓励和引导民间资本投资旅游业的实施意见》《国民旅游休闲纲要（2013—2020）》《2015年全国旅游工作会议报告》到《国务院关于印发"十四五"旅游业发展规划的通知》。随着国家对文旅产业持续重视和不断加大指导和规划力度说明，一方面，文旅产业对国民经济文化建设非常重要，另一方面，文旅产业仍然具备很大的提升空间。

旅游成为国民经济支柱产业，这是几十年前无法想象的。它集自然资源、文化、历史、现代规划与设计、金融、现代的声光电技术、交通等产业于一体，是产业链和产业集群的核心与龙头。需要与时俱进的现代创新思维。一切有利于产业发展和壮大的设想、规划都应该给予高度重视。陕西还应有一批类似这样的资源应该得到充分利用，以提升文旅产业的份额。比如沿黄公路、陕南汉文化、陕北统万城等都可以打造若干个全国或区域性的旅游目的地。广东省在2018年就提出规划，将打造20个滨海海岛旅游目的地。

最近更是出台了《广州构建世界级旅游目的地三年行动计划（2021—2023）》，提出到2023年，广州旅游业年接待游客将超过2.7亿人次，年度总收入超过5000亿元，旅游产业增加值占全市地区生产总值比重7%以上。

（写于2018年）

# 长安画派与长安文化研究
## ——兼论美术教育与美术场馆建设问题

中心课题组
赵居阳

**摘　要**　长安画派是新中国成立以来最具有代表性、创新性,也是最具有研究和践行价值的美术流派,是长安文化的一张名片,而且当今"后长安画派"实力强大。建议在陕西文化强省建设中,以抢救和挖掘"活历史"的诉求,创造场馆展示条件,引领美术事业发展,促进陕西文化建设。

长安文化是从历史上的"长安时期"传承和绵延至今的具有中国历史性和陕西地域性的文化。当今的长安,有大量遗存的历史文化遗迹和深厚的文化底蕴。长安画派是新中国成立以来最具有代表性、创新性也是最具有研究和践行价值的美术流派,是长安文化的一张名片。从2005年参加陕西省文史研究馆组织的赴美文化交流活动以来,我一直在思考与文化建设非常重要的事情:由于我省经济落后、财力有限、观念滞后等原因,长期以来存在着对长安画派研究不够深入系统和理论与践行脱节的问题,陕西省丰富的文化资源与落后的展馆不相匹配的问题,以及由此导致的文化交流传播受限和文化资源严重流失等状况。提出和呼吁解决这个问题,我是基于以下几点进行思考的。

## 一、关于深厚的长安文化

长安文化是从历史上的"长安时期"传承和绵延至今的具有中国历史性和陕西地域性的文化。古长安是中华民族的重要发祥地,是中国历史上建都朝代最多,建都时间最长,影响力最大的都城。长安是丝绸之路的东方起点和隋唐大运河的起点,是迄今为止唯一被联合国教科文组织确定为世界历史名城的中国城市，与雅典、罗马、开罗并称世界四大文明古都。2013年9月7日，国家主席习近平在纳扎尔巴耶夫大学的演讲中说："2100多年前，中国汉代的张骞肩负和平友好使命，两次出访中亚，开启了中国同中亚各国友好交往的大门，开辟出一条横贯东西、连接欧亚的丝绸之路。我的家乡中国陕西省，就位于古丝绸之路的起点。站在这里，回顾历史，我仿佛听到了山间回荡的声声驼铃，看到了大漠飘飞的袅袅孤烟。这一切，让我感到十分的亲切。""千百年来，在这条古老的丝绸之路上，各国人民共同谱写千古传诵的友好篇章。……东西方的使节、商队、游客、学者、工匠川流不息，沿途各国互通有无，互学互鉴，共同推动了人类文明进步。"

长安文化影响极其深远，历史上曾有周、秦、汉、隋、唐等多朝代建都于此，作为中国首都和政治、经济、文化中心长达一千多年。"九天阊阖开宫殿，万国衣冠拜冕旒"。长安在其发展的极盛时期一直充当着世界中心的地位，吸引了大批的外国使节与朝拜者的到来，向世界展现了文明中国拥有的自信、开放、大气、包容、向上的民族精神，铸造了炎黄子孙永远为之自豪的文化高地。当今的长安地区，遗存着大量弥足珍贵的历史文化遗迹和深厚的文化底蕴。如汉字、儒、释、道、中国史学、文学、戏剧、书画、中医学、丝绸、陶瓷等，被誉为天然历史博物馆，是当今国际著名旅游城市。以至于人们常说，中国历史100年看上海，1000年看北京，5000年看西安。

长安文化的博大精深，主要表现在以西安为主的周、秦、汉、唐等13朝的皇城文化、古建筑文化、丝路文化和关中民俗文化；以陕南为主的两汉三国文化和秦巴文化；以陕北为主的红色文化和黄土地文化；以唐大明宫遗址、汉长安城遗址、汉未央宫遗址、半坡遗址、蓝田猿人遗址为主的古遗址文化；以秦始皇陵、秦兵马俑、唐乾陵、汉茂陵、唐昭陵、汉阳陵、司马迁祠墓为主的陵寝文化；以西安古城墙、钟鼓楼、大小雁塔、勉县武侯祠、韩城元代建筑群、华清宫为主的古建筑文化；以大慈恩寺、法门寺、兴善寺、广仁寺为主的佛教文化；以楼观台、重阳宫、白云观为主的道教文化；以西安孔庙、韩城文庙、西安碑林、勉县武侯祠、关中书院、集贤书院、宏道书院为主的儒家文化；以蓝田华胥陵、延安黄帝陵、宝鸡炎帝陵为主的祭祖文化和寻根文化；以秦岭、华山、太白山、黄龙山为主的山岳文化；以黄河、渭河、嘉陵江、汉江、丹江、延河为主的江河文化；以西安、延安、榆林、韩城为主的古城文化；以秦腔、眉户（迷糊）、碗碗腔、商洛花鼓为主的戏曲文化；以仿唐乐舞、汉乐舞、西安古乐、长安雅乐为代表的乐舞文化；以安塞腰鼓、韩城行鼓、秦汉战鼓、陕北民歌、陕南民歌、华阴老腔、天地社火、陕北大秧歌、韩城秧歌为主的民间文化；以碑林、长安画派、黄土画派、西安中国画院、西安美术学院、省市美协、书协为主的书画文化；以陕西省戏曲研究院、陕西省人艺、西安秦腔艺术剧院、易俗社、西安话剧院为主的舞台戏剧文化；以西影集团、曲江影视、陕文投影视、省市广播电视台为主的影视文化；以青曲社、金曲社、珍友社、王木犊剧场为主的曲艺文化；以陕西大剧院、人民剧院、易俗大剧院、西安音乐厅为主的剧院文化；以星光无限文化传媒、神采演艺为主的演出经纪文化；以西安音乐学院、陕西师范大学艺术学院、陕西艺术职业学院为主的高雅音乐舞蹈文化；以长安摇滚、秦歌、长安民谣为主的流行音乐文化；以及众多的小吃文化和乡村游文化等。

陕西特有的红色文化是全国不可复制的，从陕南到陕北，从东府到西府，以延安为代表的中共中央所在地旧址集群，集合了杨家岭、枣园、王家坪、凤凰山、清凉山、宝塔山、洛川、南泥湾等革命旧址，在西安有八路军办事处，在铜川有照金革命根据地旧址，在韩城有八路军东渡黄河旧址等大量红色记忆。

近半个多世纪以来，长安文化在党和国家及陕西地方各级党政组织的重视下，在群众性文化创造和发展中，出现高潮迭起异彩纷呈的局面。长安文化以其大气大度大美的风格，在西部雕塑、建筑、美术、音乐、戏曲、电影、文学等各个方面得以表现，各方面的文化艺术人才层出不穷，在不同的领域展示着陕西文化人的力量。尤其是近几年，长安文化成就硕果累累，陕西省接连主办承办国家第十一届艺术节，连续四届丝绸之路国际艺术节，第二届丝绸之路国际电影节，第二届陕西省现代艺术节。陕西影视、剧目也佳作不断。在党的十九大召开期间，陕西文化再现华章，在北京举办了陕西文化周，向全国的十九大代表展示了陕西文化的魅力。国际舞台也成为陕西文化的主场，在主要的发达国家经常可以看到陕西文化的影子，支持社会办文化方面出现空前活跃局面。陕西文化产业长足发展，涌现了曲江国家级文化产业示范区、大唐西市国家级文化产业示范区、陕西省文化产业投资集团、曲江文化产业投资集团，全省各市也相继成立了文投公司，文化产业项目纷纷落地；民营文化产业公司也如雨后春笋般成立，全国一些大型文化产业集团也纷纷抢滩陕西，布局文化产业项目。截至2017年底，陕西文化产业增加值超过1000亿，占全省GDP的5%以上，成为支柱型产业，西安市提出2020年文化产业突破千亿，并提出打造万亿级文化产业行动，陕西省文化厅也制订了文化产业发展计划，陕西文化产业年增加值未来10年将达到2万亿。

2018年2月，作为陕西中心城市的西安被定位为"国家中心城市"，将建成具有历史文化特色的国际化大都市，以其世代传承的雍容儒雅，满腹经纶，博学智慧，大气恢弘，成为中国历史的底片，中国文化的名片和中国精神的芯片。这对于长安文化的发展具有战略性的指导意义。

## 二、关于独树一帜的长安画派

20世纪60年代，长安画派以其独特的绘画题材、语言和思想，伴随着各种议论登上了现代中国美术的舞台，成为能够体现长安文化时代特征的一个重要内容和亮点。半个多世纪过去了，这个在新中国绘画史上极具个性和代表性的绘画流派留给人们许多问题思考和研究。

美术界公认，长安画派是在新中国特殊的政治文化环境中成长起来的具有典型时代特色的一个画派。它产生于中华民族传统文化的荟萃之地，置身于20世纪中国社会主义革命和建设的特殊历史阶段，长期接受着民主主义进步思想和延安文艺座谈会精神的哺育，经受了多次文艺思想大论战的考验，这种客观社会条件，对长安画派的艺术思想的形成，产生了极大的影响，使其具有非常鲜明的时代特色。

赵望云（1906—1977），河北束鹿人，是一位皮匠学徒出身、自学成才的画家。长安画派的诞生，除了新中国成立后新文艺指导思想关于"生活是艺术的唯一源泉"的影响在中国艺坛占主导地位以外，其对它产生的重要影响还有毛泽东主席《在延安文艺座谈会上的讲话》中特别强调的原因，就是可追溯至"五四"新文化思潮中"革命的现实主义与浪漫主义相结合的创作方法"的环境影响，那是由长安画派的领袖人物赵望云先生直接传播开来的。

1925年，当他19岁前往北京寻求艺术门径的时候，"五四"运动刚过，民主与科学的新思潮在北京古城的青年人中传播。赵望云初次听到文艺界出现的许多新口号，比如："艺术到民间去""艺术家应该走出象牙塔，来到十字街头。"他又阅读了不少国内外的文艺书籍。这些口号和理论所宣扬的诸如艺术的价值在于创造而非模仿、美在生活、为人生而艺术、艺术大众化等观念，在当时不仅十分新颖，并且完全针对着清末以后充斥画坛，一味仿古、脱离生活、脱离现实、脱离大众的封建没落贵族式的陈腐风气，对艺术的本质、价值尺度、美学原则做了革命性的重新解释。这些全新的艺术观念对年轻的、正处于艺术观形成阶段的赵望云产生了极大的影响。他说："虽然那时我的理解是肤浅的，但对我的艺术思想初步确立有所启发，知道艺术不是单纯的模仿，而应该是一种创造。同时，理论启发我应该注重观察现实，以追求艺术创造的本质。在新文化的影响下，我确定了从事国画改造的意愿。"

从赵望云后来的艺术实践来看,他所说的"国画改造"的方案,就是在现实生活中解决中国画的问题。

我们检索到赵望云最早的作品之一,是1928年发表在《大公报》上的《幸福梦》。画面主人公是一位贫穷的农妇,作品带有明显的批判现实主义色彩。他在20世纪30年代所作的"农村写生"直接记录农民的日常生活。那些近乎毛笔速写的"写生",带有浓厚的农村生活纪实性质。作品中体现的商贩、赶车、拾粪、讨债、拔草、晒太阳、烧砖瓦等都是最普通的旧时农民生活的情景,是他深入华北农村,"终日坐着大车,夜宿小店",奔波在田野、村头,白天细细观察,晚上在昏暗的油灯下凭记忆所作。面对现实,不隐晦,无夸饰,笔调简朴;无居高临下式的同情,也没有"典型化"处理加工,原汁原味,使人如身临其境亲眼所见一般。由于"农村写生"真实地揭露了中国农村破败的惨象,经《大公报》等媒体连篇刊载,触动了国人的忧患意识,引起很大的社会反响。

"农村写生"的成功给予赵望云十足的自信。当他发誓说:"我是乡间人,画自己身临其境的景物,在我感到是一种生活上的责任。此后,我要以这种神圣的责任,作为终身生命之寄托。"来抒发他的道义情感的同时,也坚定了必须通过观察现实的途径去获得题材内容和相应的笔墨形式的理念,并以此确定了他持守终生的创作模式。

20世纪40年代初期,人到中年的赵望云,一方面重新回归传统,一方面改画山水画,并于1942年到西安定居,以开拓者的姿态,用他的"农村写生"式的现实主义创作态度,在大西北的壮丽河岳中去发掘生活之美。近则黄土高原之山原沟壑,远则新疆之戈壁草原;以西瓜当水、锅盔当粮,骑骆驼穿越河西走廊,并五上祁连雪山写生创作。他将自己的艺术观化为实践榜样,影响着周围的青年艺术家。起初继其衣钵者,有黄胄、方济众、徐庶之等人;其后则影响到长安画派之形成。后来,石鲁提出的"一手伸向传统,一手伸向生活"与赵望云的美术信念不仅完全吻合,而且有某种内在联系。

石鲁(1919—1982),比赵望云小13岁,本名冯亚珩,四川仁寿人,出身于书香门第,有良好的古典文学素养,青年时代投身于革命,在延安文艺传统中培养了现实主义的艺术观念。他最崇拜的两位文化伟人是石涛、鲁迅,因此,后来他把自己的名字改为"石鲁",这个行为可以解读为他力图将中国文人的优秀传统与革命文艺融合起来的一种标志。

在今天看来,"一手伸向传统,一手伸向生活"不过是一句创作理念的表述,可是在否定传统和脱离生活现实两种极端倾向比较严重的氛围中，这个口号的提出，无疑是针对时弊，对画家们起着导向和警醒作用的重要号召。他说："要把有限的生命，附在一个永恒的大自然身躯上。"又说："只有认识自己，才能认识自然。"这些阐释主观与客观辩证关系的说法代表了长安画派所奉行的美学思想。画家们不仅在陕北黄土高原建立了生活基地，练就了捕捉生活之美并将其转化为艺术之美的特殊本领，而且非常重视自身修养。他们所追寻的"生活之美"，既包含感人的、鲜活的题材内容，也包含表现这一题材内容的典型形式。他常用诗人的方法去做画家的事情，或曰引诗意入画。《转战陕北》《陕北放牧》《种瓜得瓜》《东方欲晓》等皆因巧用了艺术手法而妙趣横生。与赵望云朴素地表现现实生活的艺术风格比较起来，石鲁本能地更多一层文人的狂放；或许可以把他临浊河而豪饮，对莽原而狂歌的文化性格附会为"浪漫主义"，那么当时所提倡的"革命的现实主义和革命的浪漫主义相结合"的创作原则便顺理成章。如果把赵望云直接从生活到艺术且未做太多典型化加工的创作态度认作朴素的"现实主义"，那么石鲁的创作方法往往是典型的、现实主义和浪漫主义相结合的产物。石鲁画画，一画一法。他以超人的才华和创造力成为长安画派无可争议的精神领袖。

何海霞（1908—1998），北京人，是可以与其师张大千比肩而立的传统山水画大家。他擅长水墨，尤以青绿、金碧山水在现代中国山水画家中独领风骚。后来移居西安，成为与赵望云、石鲁鼎足而立的长安画派领军人物。

何海霞从宋画而来的新古典山水无论鸿篇巨制或尺牍小品都非常精妙。他与现实主义的关系主要体现在长安画派创立期的20世纪50年代，作为被改造对象的老画家，不得不努力适应"文艺为工农兵服务"的政策而处境尴尬。当时，他也很信服"一手伸向传统，一手伸向生活"的口号，随同石鲁到陕南和陕北写生，画了许多反映农民现实生活的"新"国画。这些"现实主义"的作品同他晚年到北京以后的从容之作相较，很认真，也颇局促。不过，他晚年的作品中多了几分鲜活感，与他在长安画坛的经历应是息息相关的。

长安画派早期的主要人物，除了赵望云、石鲁、何海霞，还有方济众、康师尧、李梓盛、郑乃珖、蔡鹤洲、蔡鹤汀、叶访樵、陈瑶生、袁白涛、罗铭等骨干画家。1961年8月，赵望云按照陕西省委统战部的安排，到北京社会主义学院学习。10月，在北京中国美术馆举办了石鲁、赵望云、何海霞、李梓盛、康师尧、方济众的"国画习作展"。"国画习作展"是新中国成立以来西安画坛首团集体亮相，并以强烈的时代气息和浓厚的西北地域特色引起了中国美术界尤其是中国画家们的广泛关注。首都美术界围绕展览展开了热烈的讨论，称赞其"气派雄伟""新意新情""新生锐气，魄力宏大，有不可限量的前途""强烈地表现黄土高原和黄河浊流的独特效果"。叶浅予称颂西安画家在中国大地上开出了长安画派这一朵鲜花。长安画派的崛起，给中国美术界指出了一条道路，表明艺术不但要有民族性，还要有其地方性。

后来，在西安美术分会聚集的精英人物不断增多，有版画家刘旷、修军、张建文，油画家蔡良、张自嶷，批评家陈箎咏，等等，形成一支力量强大的美术创作队伍，共同营造了一个以中国画为主，多画种并肩探索发展的局面，创造出了令人瞩目的成就。时代的机遇，核心的能量，明确的方针，群体的集结，作为合力重塑着西安画坛，煅造了长安画派。

长安画派的上述核心人物，如今大都逝去多年。我们能够间接了解到的，不仅仅是他们的经历和艺事，还有受访者认为能够至今传扬的文化理念和不可多得的优秀作品及其范式，而且，更为重要的，是长安画派对长安文化的丰富发展和具有永久生命力的长安精神的形成。

在深入采访中了解到，20世纪后半叶以来的长安中国画画坛，除了长安画派，另外还有几支力量：一是以刘文西、王子武、陈忠志等为突出代表的西安美术学院的画家群体。他们以人物画为主，创作了大量具有重要影响力的领袖人物题材和劳动生活题材的精品力作；二是聚集在陕西中国画院、西安中国画院和省市美术家协会等官方组织的专业画家，如崔振宽、王有政、郭全忠、赵振川、王西京、江文湛等在全国具有影响力的画家，他们以优秀的作品影响着当今长安画坛；三是民间艺术团体和业余画家群体，其中也不乏有生活理念的艺术人才。就其作品而言，无论是以山水画还是以人物画为创作体裁，实际上凡是优秀的作品，大都是与长安画派精神相承。

号称"黄土画派"的领军人物刘文西，浙江嵊县人，1958年从浙江美术学院毕业来到西安，同时也带来新浙派人物画的现实主义作风。其后，他以巨大的热情，无数次到陕北深入生活，画了数以万计的速写，创作了大量颂扬革命领袖和陕北农民的作品。刘文西的创作明显带有浓厚的"圣地"意识。他画的人物形象，无论是《奠基礼》《东方》等交响诗似的巨大场面中的革命领袖，还是《祖孙四代》《沟里人》等作品中的老百姓，健康、漂亮、乐观，都赋予了"英雄"化的品质。与一般人在陕北贫瘠的山沟间所见的景象比较起来，刘文西所奉行的现实主义显然是一种被圣地意识所高扬了的"理想的现实主义"。与其说画中的人物形象是他在陕北写生的人物形象，毋宁说是他创造了一种"陕北人"的形象模式。有一个时期，这种模式在人物画界很有影响，曾诱使不少人到陕北去寻找扎羊肚手巾、身躯伟岸的"陕北人"形象，这无疑是一种积极的影响和传承。

20世纪70年代至今，许多长安本地画家在坚持延安文艺思想所奉行的艺术原则的时候，对"现实主义"的本义也做了重新解读。虽然他们以更多的题材画农民，但他们对"现实主义"与农民生活的关系已有各自的解释。《悄悄话》的作者王有政忠实地采用写实手法描绘现实生活里的人物形象，执着地表述普通农民的人性之爱。他说："如果自然主义就是自自然然地表现生活，我情愿奉行这种自然主义。"郭全忠主张发掘现实主义中的悲剧意义，在现实生活与表现性笔墨之间寻求一种悲壮的崇高感。与他的老师刘文西相反，他在延安体验的是陕北人民实际生活的困苦，在20世纪70年代末文艺界充满忧患意识的时候，创作了具有批判现实主义色彩的《万语千言》。王西京以大量唐诗意画迎合文化市场需求的同时，创作了一批如《兵谏一九三六》《周恩来同志》《春潮》《丝绸之路系列作品》等精品力作，成为长安画坛也是中国当代具有代表性的人物画家。如此等等。

在调研的基础上进一步分析，我们把长安画派这种将传统与生活相结合的"现实主义"艺术手法，总括为三重要义：

其一，美学精神。以"美在生活"为典型口号的客观派美学态度，将客观现实之美作为艺术家创造美的前提和根据。

其二，创作方法。在艺术创作实践中主张客观地观察现实生活，按照生活本来的样子精确细腻地描写现实；同时主张塑造典型环境中的典型性格的艺术原则，以区别于一味模拟现实表象的自然主义态度。

其三，写实手法。即以实物写生的准确性作为造型的基本原则，以现实生活的真实性来向观众表达艺术家自己的心意。现实主义的再现性形态，要求画家务必以良好的写作能力作为立身之本，因此，素描、速写、写生色彩学、透视学、解剖学、深入生活发现与捕捉美的能力等是培养现实主义画家的必修课。

从整体调研分析可以论断，在现代长安文化的构成中，长安画派以其积极而广泛的影响成为其中重要的元素。长安画派及其后来受长安画派精神熏染而带有自然主义倾向的创作方法，是当代长安画坛的画家们可以从传统以及艺术先辈们那里溯源而得的，最为古老的"现实主义"传统和最为有效的艺术法则。这种艺术法则不仅适用于绘画艺术的创作实践，而且适用于所有文化艺术界范畴和艺术家的创作实践；不仅是所有美术家应当在艺术践行中思考和遵循的途径，而且是值得当今美术教育和文化艺术界研究的方法及方向。

## 三、存在的问题和对策建议

长安画派作为长安文化的重要标志之一，需要坚守与弘扬，使其继往开来，迎得新生，为打造陕西文化强省发挥重要作用。从长安画派在 20 世纪中叶孕育、诞生并产生强烈的社会影响至今，涉及的许多重要问题，如长安画派绘画思想的深层解析与宣传、长安画派的地位及其与当代长安文化整体发展的关系、长安画派绘画方式及其精神运用在美术实践和美术教育事业中的指导意义，以及长安画派文化遗产的保护等，在政界和美术史学界都还缺乏足够深入的认识。加之我省经济落后、财力有限、观念滞后等原因，长期以来存在着文化投入不够，展示场馆缺乏、对长安画派张扬不够、作品资源流失和理论与践行脱节等问题。为此，提出如下建议供决策参考。

（1）列入专项扶持。按照党的十九大对文化工作提出的新要求，建议将"长安画派"的研究及其精神运用置于陕西文化发展的总体构建中，出政策，给经费，促进长安画派的专业组织与社会团体建设，拓展研究领域，探求精神实质，创造展示条件，引领美术事业，使长安画派的美术范式及其优秀作品为大众所了解，为美术界所弘扬，为促进陕西文化建设发挥更大作用。

（2）进行文化申遗。针对长安画派精神日益淡化、资产严重散失的情况，在文化强省建设中，以抢救和挖掘"活历史"的诉求，将长安画派纳入"大长安文化""丝路文化"的研究与宣传活动中，面向国内外推出长安画派文化品牌，同时进行文化品牌的申遗工作，使其文化遗产得以更为专业的保护，以促进中外文化界的认同及经济交流，提升长安画派的艺术魅力。

（3）建立艺术场馆。在不远离西安城市中心地带的文化区域，开辟场地建立具有一定规模的长安画派艺术馆，以长安画派作品及学术界的研究成果为主（包括对长安画派继承性发展的"一会两院"画家和黄土画家群等），做长期陈列展示，使其具有专业型、综合型、主导型的文化交流窗口。其功能包括收藏、研究、展示、交流、教育、服务等。其主要目的是扩大长安画派影响，增强对公众的文化艺术普及与国民素质教育。同时建立与艺术馆相配套的宣传网站、期刊等传播体系，增强宣传和影响力。

（4）馆藏作品征集。针对目前长安画派作品散落保存于民间的状况，收藏工作可以采取政府部门出资和社会赞助等多种方法解决。一是将省、市各大美术馆、文史馆、图书馆等散存的作品以政府部门名义统一调集管理；二是从家属手中征集其前辈作品；三是从本地书画市场上，经过专家鉴定后回购作品；四是对流至国外省外的作品进行回购；五是从省市国画院、省市美术家协会、西安美术学院及各社团组织中征集部分继承性的优秀作品以丰富其内容。

（5）指导艺术教育。围绕长安画派风格和亮点，突出长安画派主题改进美术教育与艺术研究的方法与方向。专业美术教育、艺术研究和艺术团体组织的培训和创作实践活动坚持以贴近生活为导向，引导艺术家创作具有时代感的美术作品和艺术作品。同时设立与教育相配套的"创、学、研基地""美术、艺术助学金""奖学基金"，鼓励美术和艺术创作成绩突出的优秀学生和在国、省展赛活动中获奖的优秀作者，从而激发作者深入生活、深入实际从事文化艺术创作的热情。

（写于2019年）

# 西岳华山人文解读

刘学智

**摘　要**　华山是一座有着丰蕴人文色彩的文化名山。其人文意蕴包括：华山与历代皇权政治密切关联；华山有诸多丰富而真实的历史人物故事，许多帝王和思想家都与华山有缘；华山虽无佛寺，然却是千百年来道教徒所向往的修炼之地，留下了诸多珍奇的道教遗迹和神异的故事传说。

华山，是我国著名的五岳之一，它不仅是一座雄伟奇险的自然名山，更是一座有着悠久丰蕴历史文化的人文名山。唯如此，才使人们在欣赏华山优美险峻的自然景观的同时，更感受和体验到华山内在的人文意蕴。

"华山"之称，早在先秦时期的文献典籍中就有大量的记载。如《逸周书·集训校释》卷八《职方》记载："河南曰豫州，其山镇曰华山。"《尚书·武成》记载："归马于华山之阳，放牛于桃林之野。"《尔雅·释山》谓："华山为西岳。"关于华山的名称来历有多种说法。唐徐坚《初学记》引《白虎通》云："西方华山，少阴用事，万物生华，故曰华山。"《风俗通义·山泽》："西方华山，华者，华也，万物滋熟，变华于西方也。"这二者说法相近，都是取万物生华之义。华，通"花"，也有植物开花结果之义。《白虎通·巡狩篇》："西方为华山者何？华之为言获也，言万物成熟可得获也。"即以华为"获"之义。《初学记》又引《华山记》云："山顶有池，生千叶莲花，服之羽化，因曰华山。"以其山顶上有莲花池，所生千叶莲花，人吃后会羽化成仙，故称华山。又，《山海经》记载，华山"一名太华。太华之山，削成而四方，高五千仞，其广十里"是形容其高峻广大。《水经·渭水注》说华山"其高五千仞，削成而四方，远而望之，又若华状。西南有小华山"，是说远远眺望华山，山峰就像一朵花一样，遂沿用附近小华山之名，故叫华山。从上面所引资料看，华山之名早在周代就有，而且汉唐时人们就已关注对华山名称来历的探讨。古人对其名称的界定，大体有三意：一是取生命繁衍之意，言万物生华。二是形、意结合，形如莲花，食之可羽化。形取之"花"，意取之"生"。三是仅取其形如花状之意。又据清代学者章太炎先生考证，"中华""华夏"皆藉华山而得名。他说"我国民族旧居雍、梁（今陕西境内）二州之地，东南华阴，东北华阳，就华山以定限，名其国土曰华。其后人迹所至，遍及九州，华之名始广。"我国古代亦称华夏，其名即与此有关。夏是因夏族（居于夏水流域）曾居住在满目花簇的华山地带而得名。诚如此，那么"中华"或"华夏"之得名显与"华山"有关，故华山有"华夏之根"的美誉，这更增添了这座名山的奇异光彩！

华山的人文意蕴集中体现在以下三方面：

首先，关于华山与皇权政治的关联。这方面较早的记载见于《尚书》。《尚书·武成》记载：周武王在完成克商大业之后，"乃偃武修文，归马于华山之阳，放牛于桃林之野"，是说周武王完成克商大业，时天下已长治久安，于是乃采取偃武修文的方针，遂"马入华山""放牛桃林"。桃林，即《左传》所记古桃林塞，在今华山之东的河南灵宝，隋开皇间置桃林县。此传说表示天下太平，不兴战事了，故俗有"散马休牛"的成语。这是比较早的关于华山与政治关系的记载。当然还有更早些时关于黄帝、尧、舜游华山的故事，这已属于传说了。据传说，黄帝曾到华山一游。《史记》卷一二《孝武本纪》："中国华山、首山、太室、泰山、东莱。此五山，黄帝之所常游，与神会。黄帝且战且学仙，患百姓非其道，乃断斩非鬼神者。百余岁，然后得与神通。"《尚书·舜典》记载舜曾数巡西岳。《尚书·禹贡》也有关于黄帝会群仙于西岳的说法。《史记》卷二八《封禅书》又记舜于某年"八月，巡狩至西岳。西岳，华山也"。这些多是传说，有的还多少带有神话的色彩，其目的是假黄帝、尧、舜以提升华岳的政治地位。自周武王后，许多帝王如秦始皇、汉武帝、武则天、唐玄宗、明太祖等，曾临幸于华山，这类记载在史籍中亦多见。他们或游山，或封禅祭天，总之都在华山留下了足迹。华山在古代政治生活中的地位，从其祭祀的安排亦可看出。古人祭祀是有次第等级的。一般地说，"天子祭天地，诸侯祭社稷，大夫祭五祀。"历史上，"天子祭天下名山大川，五岳视三公，四渎视诸侯。"（《礼记·王制》）"三公"尊于诸侯，故"五岳"之祭所用祭器尊于"四渎"（"四渎"，即江、河、淮、济）。历史上有些政治大事也曾发生在华山，如周文王"兴卒聚兵，与纣相攻。文王病死，载尸以行。太子发代将，号为武王。战于牧野，破之华山之阳。纣不胜败而还走，围之象郎。"（《史记》卷二八《龟策》），周武王曾与纣大战于华山之南，纣大败而走。又据《史记》卷五《秦本纪》："武公元年伐彭戏氏（同州彭衙故城），至于华山下，居平阳封宫。"是说秦武公元年曾伐彭衙至华山之事。由于历代统治者对华山的不断推尊，华山的地位也不断得以提升。自秦始皇得天下，乃"令祠所常奉天地名山大川鬼神可得而序也"，即命有司将名山大川排了次序，"自华以西，名山七"，七山之中，首列华山。（参见《汉书》卷二五）以后历代皇帝"祀华山""幸华山"之事，不绝于书。如唐高祖武德元年五月甲子即位，二年十月即"幸华阴，甲子亲祀华山"（见《册府元龟》卷一四二）。以后又有多位皇帝往华山祭祀。而且皇帝遇事到华山占策，以预决吉凶，也是常事。

其次，华山的历史人物典故丰富。华山有着许多丰富而真实的历史人物故事。如，韩愈对华山情有独钟，曾为诗《古意》曰："太华峰头玉井莲，开花十丈藕如船。冷比雪霜甘比蜜，一片入口沉痾痊。我欲求之不惮远，青壁无路难躋缘。安得长梯上摘宝，下种七泽根株连。"（《韩愈集》卷三）华山上有一"韩愈之投书处"，记述了韩愈登华山时的一段脍炙人口的故事。是说韩愈登华山而返到苍龙岭时，因见其山势险峻，顿觉心悸目眩，担心自己不能返回而哭了起来。后来想了一个办法，给家人写了自己的处境并扔到山下去。当地县令得知后遂想方设法把他救下山。这或是一个真实的故事。据李肇《国史补》载："愈好奇，登华山绝峰，度不可返，发狂恸哭。县令百计取之，乃下。"（《韩愈集》卷三注）这事发生在唐贞元十八年（802）。时朝廷开始授四门博士，韩愈等就在此事后休假，于返归洛阳途中，顺便游览了华山。他在《答张彻诗》中说："洛邑得休告，华山穷绝陉。"据宋胡仔《苕溪渔隐丛话前集》卷十八记，沈颜作《聱书》，曾以为李肇所说是"妄载"，难道贤者如此轻命！后来见到"退之《赠张籍诗》云：'洛邑得休告，华山穷绝陉'""则知肇记为信然，而沈颜为妄辨也"。再如，末北宋初的著名道士陈抟，隐居华山云台观。他颇有卧功，一睡竟屡月不起。《宋史》卷四五七："因服气辟谷历二十余年，但日饮酒数杯。移居华山云台观，又止少华石室。每寝处，多百余日不起。"在后周显德末有一天，他乘白骡将入东都洛阳，走到半道上，听说宋太祖即位，竟大笑说"天下自此定矣"。（见《佛祖统纪》卷四三）又据清末李岳瑞所写《春冰室野乘》卷上所记，明太祖曾写有《梦游西岳文》真迹，并以行书写于油板之上。"书法虽不工，而有奇逸之气"。其文曰：

　　猗，西岳之高也哉！吾梦而往，去山近将百里，忽睹穿雪抵汉，岩崖灿烂而五光。正遥望间，不知其所以，俄而已升峰顶，略少俯视，见群峦叠嶂，拱护周回，苍松森森，遮岩映谷。朱崖突兀而凌空，其豺狼野鸟，黄猿狡兔，略不见其踪，悄然洁净，荡荡乎峦峰。吾将周游岳顶，忽白雀之来双，蓦异香之缭绕，管弦丝竹之声，杂然而来。意试仰观，见河汉之辉辉，星辰已布吾之左右。少时一神跽言曰："慎哉上帝咫尺。"既听斯言，方知西狱之高，柱天之势如此。如是乎诚惶诚恐，稽首顿首。再来瞻天，愈觉神殊气爽，体健身轻。俄闻风生万壑，雷吼诸峰。吾感天之造化，必民获年丰，遂举手加额，豁然而梦觉。呜呼！朝乃作思，夜必多梦，吾梦华山，乐游神境，岂不异哉？

在这则诗文中，文笔优雅，气势磅礴，华山之巍峨壮丽和遮岩映谷之气象以及作者对西岳敬畏之情，跃然纸上。此名《明太祖御书墨迹》的书法作品，在《春冰室野乘》作者李岳瑞所见时"尚完好如新"，只可惜被"弃置僻室中"，无人知晓。现在恐已难寻踪影。所幸这段文字由该文保存下来，如能找寻得到或重书之于某处，以供游人欣赏，亦算一重要人文景观。

值得特别注意的是，许多思想家也都与华山有缘。早在战国时期，就有学者来此一游或称颂华山。《庄子》曰："宋钘、尹文为华山之冠以自表。"宋钘、尹文是先秦黄老之学的重要代表，史称"宋尹"学派，这是有学者游至华山的较早记载。《隋书》载"杨伯丑，冯翊武乡人也。好读《易》，隐于华山"。这种名人隐居华山的记载相当多。南宋淳熙十年（1183），宋孝宗令朱熹任云台观祠禄，任期五年。虽然当时他未能直接前往该地履职，但仍非常高兴。他在《寄陆子静》一文中表露了自己的心迹："熹衰病益侵，幸叨祠禄，遂为希夷直下诸孙，良以自庆。但香火之地，声教未加，不能不使人慨叹耳。"对于南宋朝廷任命朱熹主管云台观这件事，由于当时南北阻隔，华山的道士们似乎并不知晓。事隔五个世纪后，明末清初思想家顾炎武，到华山隐居著述，他与关学一位重要传人王弘撰一起，在云台观修建朱子祠，以纪念朱熹主政云台观之事，于是人们方把朱熹与华山联系起来。该祠建于康熙二十年（1681），并在享堂中供奉朱子塑像。顾炎武还亲书门匾"朱文公祠"，并为讲堂题联："慨声教之未加，一统神州，有待百年之治；睹威仪之如在，重开圣学，无惭三代之英。"关中名士王弘撰、李因笃、王建常等也有题联赠诗以志贺。明代万历年间，关中大儒冯从吾于万历三十六年（1608）春，偕六七位志同道合者游于华岳，并"与崔公明府议改青柯坪之署为太华书院"，还著有《太华书院会语》，且留下了诸多关于太华山的诗句。冯从吾曾与周淑远、张去浮等"偕诸同志讲于此",并于"戊申春暮"立下盟约,称《太华初盟》。据说听讲者多达 300 余人。

当然也有以华山为题调侃的故事。据陆游《老学庵笔记》卷三,当时华山所在地为华州,华州也以华山得名,但是在华州城中却看不见华山,而东边同州的人反而能看到。当时有人调侃说:"世间多少不平事,却被同州看华山。"

再次,华山与道教。"天下名山,惟华山、茅山、青城山无僧寺。"(《老学庵笔记》卷四)华山自古是道教独占的名山,并被道教视为所谓三十六小洞天中的第四洞。其险峻神奇的山体形象,乃和道教所追求的理想的神仙境界相契合,从而成为千百年来道教徒所向往的修炼之地。早期道教的著名道士如北魏的寇谦之等人就曾在山上结庐修炼。唐代,华山道路逐渐开凿出来,道教也进一步兴盛起来。唐睿宗的女儿金仙公主以及著名道士杜怀谦、钟离权、吕洞宾等人都曾在山上修道隐居。著名道士陈抟居住华山达四十余年之久,因而被奉为道教"老华山派"的祖师,俗称"陈抟老祖"。华山上遗留着不少有关他的遗迹,分布在玉泉院、希夷洞、云台观、下棋亭、希夷峡等处。金元时全真道派兴起,全真道士王处一、谭处端、郝大通等人,也常在华山居住、传道,华山遂成为道教全真派的圣地。明清两代,华山道教极为兴旺,宫观遍布各处、香火盛极一时。

由于历史上各个时期都有道教活动的踪迹,所以留下了许多珍贵的道教遗迹和神异的故事传说,例如,华山有许多所谓修道成仙、羽化升天的神奇传说,这虽然不可信,但却能增加华山的神异感。华山传说故事中,有名的如关于华山来历的神话。郭缘生《述征记》曰:"华山对河东首阳山,黄河流于二山之间。古语云:此本一山当河,河水过之而曲行,河神巨灵以手擘开其上,以足蹈其下,中分为两,以通河流。"此说又见《括地志》。是说华、岳本为一山,当黄河水要流过而被阻时,河神"手荡脚踏",使之分而为二,黄河从二山之间流过,二山东西相望,东边为首阳山,西边为华山。今首阳山有其"脚迹",而华山则留下其"仙掌"之迹。这就是"华岳仙掌"的来历。华山有许多脍炙人口的故事,如"劈山救母""吹箫引凤"等。有些历史典故还可进一步挖掘。据《华山记》载:"华山顶生千叶莲花。《韩子》曰:秦昭王令工施钩梯而上华山,以松柏之心为博,箭长八尺,棋长八寸,而勒之曰:'昭王尝与天神博于此。'"范晔《后汉书》记,有个叫张楷(字公超)的,隐居弘农山,学者随之,所居成市,"能为五里雾",后华山南遂有"公超雾市"之说。诸如此类故事还有很多,在《列仙传》《云笈七签》《太平广记》等书中都有大量记载。华山关于高道的神异故事流传更多,如《华山记》说华山上有"明星玉女,持玉浆"。《太平广记》卷五九亦记"明星玉女者,居华山,服玉浆,白日升天。"《神仙传》还记有多名入华山修道者的神异之事,其中也不乏一些真实的故事,如《太平广记》卷二八九记有一件奇事,说华山有位道士叫明思远,他勤修道箓达三十余年,常教人"金水分形之法",闭气存思,师事者甚众。永泰中,华州出现虎暴,思远对人说:"虎不足畏,但闭气存思,令十指头各出一狮子,但使向前,虎即去。"思远兼与人同行,一天快黄昏时,在谷口行走时遇到老虎。其他人都惊惧散去,只有思远端然"闭气存思",结果"为虎所食"。"其徒明日于谷口相寻,但见松萝及双履耳。"如此等等或真或假的故事,还有很多,这些都增添了华山的神奇,加强了其人文的魅力。

总之,华山既是一座峻美的自然名山,更是一座富于人文色彩的文化名山。讲好华山故事,对其进行人文解读,这座自然名山就会灵动起来,从而更具灵气。

(写于 2017 年)

# "一带一路"促海外丝路研究成显学

卢山冰：陕西中国西部发展研究中心常务理事
西北大学丝绸之路研究院院长

**摘　要**　自2013年中国提出"一带一路"倡议以来，国际上的学者形成了一些围绕丝绸之路与现实社会、经济、文化的研究成果。在丝绸之路研究上，法国日本学者历史研究成果较多，美国专家注重战略研究。丝绸之路著作成为全球畅销书，丝绸之路研究从冷门逐渐成为显学。

丝绸之路古已有之，但"丝绸之路"的这个概念是近代德国学者提出来的。整体来看，国外丝绸之路研究可分为三个阶段：1850年以前、1850—1920年、1920年以后。在1850年以前，以史学研究为主，主要是丝绸之路沿线国家学者根据古籍和史料记载，集中研究过去丝绸之路的路线、演变和发展过程；1850—1920年期间，以欧美日的汉学家、地理学家和考古学家为主体，以探险、考古和考查的方式对丝绸之路沿线的文化遗址、文物遗迹等进行挖掘及掠夺。1920年以后，国外丝绸之路研究专题成果大量出现，在冷战结束的20世纪90年代初期中亚国家独立发展后，国外丝绸之路研究活跃起来，在2013年中国提出"一带一路"倡议后，世界上围绕丝绸之路与现实社会、经济、文化的研究成果频频问世。海外对丝绸之路的研究从冷门逐渐成为显学。

## 一、法国日本走在研究前列

海外丝绸之路研究，非常关注宗教的交流和传播。世界三大宗教佛教、伊斯兰教和基督教，以及西域的萨满教、祆教、摩尼教、景教等宗教，都是通过丝绸之路传入中国的。中国的道教也经由丝绸之路传入西域。法国和日本的学者对丝绸之路的研究在国际上走在前列。

在19世纪末20世纪初，法国出版了许多研究丝绸之路宗教的著作。伯希、沙畹的《中国之旅行家：摩尼教流行中国考》(1924)，详述了摩尼教在中国流行的始末。他们还深入研究了中国道教经典《道德经》。"二战"前法国汉学家马伯东也热衷于研究中国道教。国外丝绸之路研究者早期集中在宗教方面，后来才延展到经济、文化遗产等其他方面。戴密微整理老师马伯东的遗著出版了《中国宗教·历史杂考》(1950)，详细研究佛教在中国的表现形态和历史，提出了辨别佛经汉译真经的方法，推动了法国对中国文学和禅宗的研究。其名作《法宝义林》(1929)成为国外研究中国佛教的经典。康德谟整理出版《道教和中国宗教》(1971)，为后人奠定了认识和研究道教的基础。法国当代最权威的汉学家谢和耐对寺院经济进行深入研究，他的博士论文《中国5—10世纪的寺院经济》(1952)直到现在仍然是法国研究丝绸之路经济问题最重要的著作。他在《中国和基督教》(1982)重点研究了宗教在中西方文化交流中的冲突问题。

在传统丝绸之路研究上，法国学者堪称欧洲之首。法国不仅有众多的学术团体，而且拥有一批具有影响力的研究专家。在丝绸之路经济研究中，布尔努瓦夫人独树一帜。她在1963年出版的《丝绸之路》一书中，重点研究了丝绸之路上的丝绸贸易史。这本书被誉为法国出版的科学研究价值极高的丝绸之路专著。此书全面分析了丝绸之路沿线各民族及国家之间的政治、经贸关系，剖析了丝绸之路贸易对于当时经济发展的影响。

法国人鲁保罗于1992年出版了《西域的历史与文明》，此书涉及领域十分广泛。法国专家让·诺埃尔·罗伯特1993年出版力作《从罗马到中国——凯撒时代的丝绸之路》，全面描述了早期的陆路丝绸之路活动，就罗马帝国对于包括中国在内的远东和中亚、南亚国家的基本政策进行了深入研究，详细比较了丝绸之路各国经济文化交流方面的差异性。1995年法国人雅克·昂克蒂尔出版《丝绸之路资料集》，涉及内容广泛，在文化方面收录了大量丝绸之路上的传说和早期文字记述。

在亚洲，日本对于古代丝绸之路研究一直比较重视。1992年日本著名东方学家长泽和俊在《丝绸之路研究的展望》一文中提出，丝绸之路上往来的东西分为"物质文化"和"精神文化"。无论是经济交流还是文化交流，都是借助货品运输交换而推动繁荣发展的。在1965—1975年的10年时间里，日本关于丝绸之路的研究走向大众化。这个时期中日交流密切，日本组织了许多考察团到中国，并对丝绸之路展开实地考察研究，且在日本国内出版了大量畅销的游记。

## 二、美国专家侧重战略问题

在美国有一批重要的研究专家,他们的研究侧重于丝绸之路战略问题。美国主要的丝绸之路研究机构有约翰斯·霍普金斯大学国际问题高级研究学院中亚高加索研究所、约翰斯·霍普金斯国际问题高级研究学院和瑞典安全发展政策研究所联合成立的研究中心"丝绸之路项目组"、斯坦福大学国际问题研究所、美国战略与国际问题研究中心等机构。

进入21世纪以来,美国学者斯塔尔、尼德斯的《新丝绸之路——阿富汗将是核心与否》、库钦斯的《在阿富汗获得成功的关键——现代丝绸之路战略》《为阿富汗"新丝绸之路"奠定基础——看华盛顿与喀布尔如何将愿景变为行动》等研究成果,具有一定国际影响力。2005年斯塔尔提出"大中亚"概念,2007年他主编的《新丝绸之路:大中亚的交通和贸易》一书出版,强调阿富汗在丝绸之路战略中的核心地位。2009年,美国开辟了经波罗的海、高加索、俄罗斯和中亚通向阿富汗的北方运输网,随后,斯塔尔提出可利用北方运输网,使它成为欧亚大陆的经济桥梁。

耶鲁大学历史学教授、著名汉学家芮乐伟·韩森2012年出版《丝绸之路新史》。该书从第一章到第七章及结论分别为:"楼兰:中亚的十字路口""龟兹:丝路诸语之门""高昌:胡汉交融之所""撒马尔罕:粟特胡商的故乡""长安:丝路终点的国际都会""敦煌藏经阁:丝路历史的凝固瞬间""于阗:佛教、伊斯兰教的入疆通道""结论:中亚陆路的历史"。她认为,对于丝绸之路上的交通流量较少的道路,其历史的真正价值在于"丝绸之路上穿行的人们把各自的文化如同带往远方的异国香料种子一样沿路撒播""丝绸之路在很大程度上并非一条商业道路,却有着重要的历史意义。这条路网是全球最著名的东西方宗教、艺术、语言和新技术交流的大动脉"。

美国专家黑尔佳·策普·拉鲁什和威廉·琼斯在2014年出版的《从丝绸之路到世界大陆桥》提出地缘政治思维如果得到延续,将导致人类的灭亡。"摈弃地缘政治思维""不能将中国的崛起看作是对西方所谓地缘政治利益的威胁",我们才能成为人类新纪元的创造者。研究者认为"中俄印在科技领域的合作对于人类的新时代来说具有范式意义"。

中亚国家也活跃着一批丝绸之路研究者,在专项研究上成果丰富。2009年哈萨克斯坦三位学者发表了丝绸之路研究成果:安娜·库里耶娃发表《丝绸之路沿线的土库曼与哈萨克:交流与接触》一文,指出由于亚历山大帝国征服了中亚,希腊文化传入东方，阿拉伯及穆斯林文化受到影响。哈萨克斯坦东方研究所的阿布都罗发表《丝绸之路上的粟特》一文，详细论述了丝绸之路上粟特人的商业活动和文化交往。阿萨巴耶娃在《丝绸之路文化关系的历史延续》中研究了丝绸之路的文化交流、历史意义和现实价值等问题。

### 三、丝路专著成全球畅销书

2015年8月牛津大学伍斯特学院高级研究员、牛津大学拜占庭研究中心主任彼得·弗兰科潘的《丝绸之路：一部全新的世界史》正式出版，瞬间引起国际上极大反响，成为"轰动全球的现象级畅销书"，迅速席卷英国、美国、德国、印度、韩国等20多个国家。该书将丝绸之路称为"两千年来始终主宰人类文明的世界十字路口"。《纽约时报》将其评为畅销书，《泰晤士报》《卫报》将其评为2015年度图书，彭博社将其评为2015年度最佳历史书。全书是迄今为止将丝绸之路与世界历史紧密融合在一起的研究成果。

弗兰科潘认为，东西方包括中间众多多元化国家，在数千年里连接着欧洲和太平洋、坐落在东西方之间的那块区域才是"地球运转的轴心"，这个地带构成"东西方之间的桥梁"，形成"文明的交汇点"。丝绸之路是"世界的中枢神经"，将各民族各地区联系在一起。丝绸之路上的文化、城市、居民的进步和发展都是基于人们在从事贸易交流时的思想沟通，在相互学习中相互借鉴，"在哲学与科学、语言与宗教等的交流中得到启发和拓展。"他指出，以往的欧洲中心论强调"地中海是人类文明的摇篮"，而地中海很明显就不是人类文明真正的诞生地。事实上真正的"地球的中央恰恰位于亚洲的心脏"即丝绸之路核心区。

书中指出："世界旋转的轴心正在转移——移回到那个让它旋转千年的初始之地——丝绸之路。"书的最后一句是："丝绸之路正在复兴。"

旅居德国的美国著名经济学家、地缘政治学家威廉·恩道尔2016年8月出版《"一带一路"共创欧亚新世纪》一书，该书是"一带一路"倡议提出后欧美研究专家出版的重要著作，内容涉及"中俄全面战略协作与欧亚大陆的崛起""开启重构国际金融秩序之路""欧亚大陆防务战略的中流砥柱""失落的霸权与歇斯底里的华盛顿"等。恩道尔在研究成果中对于"铁路基础设施"给予重点肯定，认为"铁路基础设施是构建欧亚整体新经济市场的重要环节"。他断言，世界新的金融秩序令人翘首以待。恩道尔认为，"'一带一路'倡议大气磅礴，勾勒出一幅全球未来的崭新画面。它不但会再创奇迹，而且将惠及世界，未来10年全球将因此焕然一新——

世界将告别霸权侵略、战火硝烟，各国将携手发展，共创辉煌"。

此外，在亚洲国家，一些研究专家的观点也非常鲜明。新加坡国立大学东亚所所长郑永年是新加坡"一带一路"研究成果最丰硕的学者之一。他认为"一带一路"倡议是迄今最受欢迎的国际公共产品，也是目前前景最好的国际合作平台。通过与沿线国家的互利合作及资源整合，更好地激发出沿线国家的经济发展潜力，推动中国与东南亚、南亚等地区各国的经济伙伴关系升级，促进地区经济发展。

## 四、丝路研究需注意四大问题

海外丝绸之路研究对于"一带一路"建设具有重要启示。

第一，国内"一带一路"研究者要密切关注海外丝绸之路研究成果，要深入分析国外丝绸之路研究的学术导向。国外研究成果是做好"一带一路"建设的宝贵学术资源和财富。在沿线国家开展"一带一路"建设，历史文化遗产和遗存是对丝绸之路历史的佐证，这是中国与沿线国家的共同历史资源。

第二，我们既要把海外丝绸之路学术和智库研究与该国战略相区别，也要注重其内在关联性。沿线国家在丝绸之路上的学术研究成果可能成为该国的战略发展理论基础，这在沿线国家参与"一带一路"建设活动中尤其重要。

第三，丝绸之路研究从来就是在开放系统中进行，都是放在沿线国家这个大的视野中进行分析和讨论，这样我们才能找准问题的重要性、关联性和发展性。中国的丝绸之路研究也要和海外研究领域建立密切联系，增强丝绸之路学术研究领域学者之间的"历史认同""文化认同"和"学术认同"，打造丝绸之路研究学术团体共同体，为"利益共同体""命运共同体"和"责任共同体"奠定学术理论基础。

第四，开展"一带一路"建设要与沿线国家历史文化、发展阶段、发展水平相结合，人文交流是各类互联互通的基础。而且，研究丝绸之路问题，一定要在全球背景下，才能确保研究的全面性和客观性。

总之，从形态上讲丝绸之路是通道、路径，是桥梁，从本质上讲，丝绸之路承载的是文化、文明的交流、沟通和融合。丝绸之路在历史上就是东西方之间经济、政治、文化交流的平台，在"一带一路"建设中丝绸之路上的行为主体是人，互联互通、经贸往来归根结底是"人的交流""人与人的沟通"，要解决的也一定是沿线国家"人的发展""人的幸福"和"人类的文明共同进步"。

# 晋陕黄河两岸历史人文资源考证整理与研究

马　来：编审，西北大学出版社社长。兼任中国大学出版社协会副理事长、陕西省出版协会副理事长兼秘书长、陕西省司马迁研究会副会长等职务

刘　栓：西北大学出版社编辑

**摘　要**　黄河是中华民族母亲河。黄河中游流域的汾渭谷地和晋陕峡谷两岸是中华文化与文明的重要发祥地。通过对晋陕黄河两岸109处（陕西一侧44处、山西一侧65处）自然与历史人文景观点的实地考察，在系统考察搜集的基础上，立足文献与考古发掘相结合的考证，盘点整理晋陕黄河两岸历史人文资源现状存量；开展区域专题与宏观叙事研究，探寻历史脉络，阐发揭示晋陕黄河两岸历史人文资源的当代价值和意义；认识黄河中游南北草原游牧文化与农耕文化的共通互融内涵，及在文明研究关于"早期中国"概念形成中的意义，进一步解读中华人文精神；为黄河文化走廊建设提供基本支撑，促进以文化产业为增长极的黄河流域生态保护与高质量发展。

黄河是中华民族母亲河。黄河流域是中华文化与文明的重要发祥地。黄河与其支流构成中国北方大陆的主要水系，影响着自然气候和地理环境。黄河的浩荡悠然、激流澎湃与雄浑壮阔成为民族文化的精神信仰与象征。

黄河流域高质量发展，不仅包括作为一二产业的农业和制造业，还包括以历史人文资源保护利用为核心的第三产业发展。产业发展，特别是与历史人文交融

的黄河文化走廊建设，不仅会成为新的经济发展增长极，而且有助于加深对民族历史文化的认识，对祖国壮丽山河的了解，对于培育新时代的中华人文精神具有重要意义。

本项目以沿黄河考察为基础，将黄河考察之所见所知与所思所想，以科普图书的形式整理出来，借此展示黄河所喻示的民族生存和发展历史，丰富黄河文化的思想内涵与精神实质，凸显提升黄河文明的时代价值和意义，助推黄河沿线第三产业和文化产业的发展。

2018年5月2日至5月7日、2019年3月21日至25日，西北大学出版社分两次组织了"晋陕黄河右岸的历史与人文"考察，并于2020年10月编辑出版《出入龙门——晋陕黄河右岸的历史与人文》一书，取得良好的社会效益和经济效益。

随着黄河流域经济社会的不断发展，黄河流域生态保护和高质量的内在需求不断凸显。2021年10月，中共中央、国务院适时印发了《黄河流域生态保护和高质量发展规划纲要》，把黄河流域生态保护和高质量发展以重大国家战略的形式提到了关乎中华民族伟大复兴的高度。如此一来，摸清黄河历史人文资源现状的工作就进一步凸显出来。

为了更好推进"黄河岸边的中国"丛书编写出版，2021年11月，西北大学出版社就《晋陕黄河两岸历史人文资源考证整理与研究》申报了陕西中国西部发展研究中心2021年研究课题，获得立项支持（项目编号202101），预期成果为《出入龙门——晋陕黄河右岸的历史与人文（增订版）》和《陟彼山河——晋陕豫黄河左岸的历史与人文》（"黄河岸边的中国"丛书第二种）两本图书。

2021年4月10日至4月17日、2021年9月12日至9月20日，西北大学出版社联合陕西中国西部发展研究中心邀请8位作者（文字作者中国人民大学教授王子今、孙家洲，山西大学教授赵瑞民，运城市文化和旅游局原副局长李百勤，德国美因茨大学神学博士高从宜，诗人桂子，摄影师作者李国庆、石春兰），组织了两次"晋陕黄河左岸的历史与人文"考察，并于2022年2月27日至3月2日，邀请6位作者（文字作者孙家洲、高从宜，陕西省考古研究院研究员张占民，诗人桂子，摄影师作者李国庆、石春兰）对晋陕黄河右岸（陕西一侧）进行了补充考察。

现就该研究课题完成情况汇报如下：

## 一、晋陕黄河两岸历史人文资源考证整理

《晋陕黄河两岸历史人文资源考证整理与研究》一共实地考察晋陕黄河两岸已有自然与历史人文景观 109 处（陕西一侧 44 处、山西一侧 65 处），形成研究、考证文章 65 篇（陕西一侧 37 篇、山西一侧 28 篇），其中，王子今 23 篇，孙家洲 11 篇，高从宜 17 篇，赵瑞民 4 篇，张占民 8 篇，刘栓、陈磊各 1 篇，另有马来《河流隐藏着一个民族的秘史》、李百勤《缅观山西》2 篇综述文章，以及诗人桂子诗词作品 77 首。

王子今教授主要从交通史视角，以文献依据，解读晋陕黄河两岸的津渡遗址和相关文化遗存；孙家洲教授、赵瑞民教授主要通过具体文化遗存，钩沉相关历史、考证历史源流；高从宜博士主要通过神文解读，揭示晋陕黄河两岸区域与中华民族内在精神信仰的关系。

这些晋陕黄河两岸历史人文资源考证整理成果，以田野考察为基本资料来源，立足历史人文，以文献与考古发掘开展考证，以历史、考古及文化人类学综合研究为手段，梳理历史脉络，做出的专题研究成果或宏观史学与文明起源发展研究结论，具有以下四个鲜明特征：①在系统考察搜集的基础上，立足文献与考古发掘相结合的考证，盘点整理了历史人文资源现状存量；②开展区域专题与宏观叙事研究，探寻历史脉络，阐发揭示了历史人文资源的当代价值和意义；③认识了黄河中游南北草原游牧文化与农耕文化的共通互融内涵，及在文明研究关于"早期中国"概念形成中的意义，进一步解读了中华人文精神；④为黄河文化走廊建设提供基本支撑，促进以文化产业为增长极的黄河流域生态保护与高质量发展。

可以说，通过晋陕黄河两岸历史人文资源考证整理，我们进一步明确了晋陕黄河两岸，是宏观考古研究证明的新石器时代文化交流的重要通道，对早期中华文明的形成产生了重要影响；也是春秋战国走向秦汉大一统，反映融合发展的热土，南北横跨农耕与游牧区域，是文化文明碰撞交流地带，其向两岸内地的辐射构成一定范围流域的文明图景，右岸形成炎黄文化、周秦汉唐文明，左岸诞生尧舜禹上古三代文明。

## 二、晋陕黄河两岸历史人文资源研究（举例）

以自然地理为线索，以历史人文资源点连接为架构，通过系统考察晋陕黄河沿线的自然地理与人文地理，我们发现了晋陕黄河两岸不同区域所蕴含的历史人文主

题，以下我们举例探讨其共性存在的客观性，揭示其独立存在的特殊性。

## （一）共同点

（1）山西、陕西黄河两岸自南向北都有农耕区、农牧业交汇区和游牧区的农业类型，对应产生了农耕文化、农耕与草原交汇文化和草原游牧文化等文化形态。

山西省、陕西省都属于南北狭长型省域，陕西中部、北部区域，与山西省纬度位置大致相当，而就两省以黄河为界的"共河"区域来看，两省沿黄区域的自然条件（海拔高度、雨热资源和生态条件）则具有更高的相似性。

晋陕"共河"区域主要是黄河汾渭谷地段和黄河晋陕峡谷段。黄河汾渭谷地段山西一侧为运城盆地，陕西一侧为关中盆地。而黄河晋陕峡谷段两岸都属于黄土高原区，陕西一侧由于窟野河、秃尾河、无定河、清涧河、延河以及云岩河等黄河支流的切割，形成黄土高原沟壑区，山西一侧也有岚漪河、湫水河、三川河、屈产河以及昕水河等支流的切割，表现为吕梁山区。

无论是陕西一侧渭河流域的关中盆地，还是山西一侧汾河流域的运城盆地，都因地域气候温和，雨量充沛，适宜作物生长和人类生活，是华夏农耕文化的重要区域。中国历史上最早的农官后稷就产生于关中盆地，并在此"教民稼穑，树艺五谷"；山西一侧运城盆地能成为尧都平阳、舜都蒲坂、禹都安邑的传说之地，其良好的农业基础自不待言。

而黄河晋陕峡谷两岸中南部在相当长的历史时期，则是农耕区游牧区的交汇区，司马迁称"迁生龙门，耕牧河山之阳"，其所生之"龙门（今韩城）"就是黄河晋陕峡谷的出口处，其所谓"耕牧"，则准确地指出了黄河晋陕峡谷中南部的农耕与游牧交汇的状态。

黄河晋陕峡谷两岸北部则是鄂尔多斯高原与蒙古高原的接邻区域，在古代历史上则是典型的草原游牧区域。战国七雄中赵国，在赵武灵王时期，推行"胡服骑射"，以国家意志推进改革，形成游牧民族的生活与作战方式，就充分证明了其所在区域具有游牧文化的天然土壤，并具有文化融合的必然基础。

（2）自然条件造就了晋陕两地立国、争雄之基：都是古代方国、诸侯国乃至藩镇的京畿、割据之地。

① "四塞之固"与"表里山河"的地理优势。位于中国第二级阶梯的关中，南有秦岭，西有陇山，北有黄土高原，东有华山、崤山，加上黄河环绕其外，被称

为"被山带河,四塞(函谷关、武关、散关和萧关)为固"之地。历来被认为是国都首选之地,"关中阻山河四塞,地肥饶,可都以霸"(《史记·项羽本纪》)。又如《史记·范雎蔡泽列传》:"大王之国,四塞以为固:北有甘泉、谷口,南带泾渭,右陇蜀,左关阪,奋击百万,战车千乘,利则出攻,不利则入守,此王者之地也。"

同处第二级阶梯的山西,东面有绵延的太行山脉,西面有黄河天险,南面有王屋山、中条山像收紧的布袋口与黄河并行,中间有偏西吕梁山脉,黄河支流汾河贯穿南北,从南到北分布着断裂的大同盆地、忻定盆地、太原盆地、临汾盆地、运城盆地、长治盆地等盆地,这表里山河的地理优势,正是"战也。战而捷,必得诸侯。若其不捷,表里山河,必无害也"(《左传·僖公二十八年》)的制胜之地。

在这样"四塞之固"与"表里山河"的地理基础上,关中盆地成为上接尧舜禹汤之后,历史进入以礼乐为特征的周文明时期,继而进入大一统的秦、汉、隋、唐等王朝,皆建都于此,山西不但有新石器及至晚期上古文明所谓的尧都平阳、舜都蒲坂、禹都安邑的传说,而且切实成就了春秋五霸的晋国和战国七雄的韩赵魏三国,后又成为李唐王朝的重要根据地。

②晋陕两地兼具水土之利的汾渭谷地形成稳定的农业基础。仰韶文化的半坡遗址,不但出土了石斧、石锛、石铲、石锄、矛头、箭头、鱼叉、鱼钩、纺轮、骨针等生产工具,还发现了粟类等粮食作物以及炭化了的白菜、芥菜一类的菜籽。可见关中地区早在6000多年前就已经开始了绵延不绝的农业生产,《诗经·縣》赞美周原的肥沃与丰饶,"周原膴膴,堇荼如饴",至汉代仍被认为是"天府之国"[关中,左崤函,右陇蜀,沃野千里,南有巴蜀之饶,北有胡宛之利,阻三面而守,独以一面东制诸侯;诸侯安定,河渭漕挽天下,西给京师;诸侯有变,顺流而下,足以委输。此所谓金城千里,天府之国也。(《史记·留侯世家》)]。

而在汾河流域的运城盆地,考古人员在运城稷山东渠夏时期遗址发现大量农业遗存,农作物炭化种子有粟、黍、水稻、大豆等,以粟为主。此外,还发现大量的动物骨骼,经初步鉴定有牛、猪、羊等。出土大量的动植物遗存表明,东渠先民已掌握了较发达的农业生产技术,形成以种植粟为主,兼营畜牧业的混合农业生产体系。

③晋陕两地兼得草原游牧区的战马等战略资源。陕西的北部、西部,山西的北方,都长期是游牧民族的蓄息之地,或以战、或以商,晋陕两域都能便利地获得战马、皮革等运用于军事战略的资源。而战马等战略资源的获得,是冷兵器时代战场

制胜的重要因素。秦以养马立国,并以军事战争最终一统天下,赵武灵王胡服骑射,都能说明晋陕两地因为地接羌胡而广收其利的地缘优势。

(3) 晋陕两地与北方(西部)游牧少数民族不断处于或战或和的交往态势,都形成崇尚武力的地缘文化特点。

秦国本是周的一个附庸国,正是在与西戎长达200年的战争中,逐渐成长壮大。后又有商鞅变法的"奖励军功",尚武能战的特性与秦合并天下具有显见的内在联系。

而在山西一侧也是不断受到南下游牧民族的侵袭。战国时期,迫于长期遭受游牧部落骑兵进犯的压力,赵武灵王采取"着胡服""习骑射"的主张,淘汰战车,改习骑马射箭,取胡人之长补中原之短。此举不但成为战争方式由"步战"向"骑战"发展的重要标志,甚至促使骑兵成为封建国家的重要兵种之一,影响数千年。《史记·货殖列传》道:"种、代,石北也,地边胡,数被寇。人民矜懻忮,好气,任侠为奸,不事农商……其民羯羠不均,自全晋之时固已患其剽悍,而武灵王益厉之,其谣俗犹有赵之风也。"可见三晋民风之悍。

自汉魏三国以后,先后控制山西的匈奴族前赵、羯族后赵、鲜卑族前燕、氐族前秦、氐族后秦、鲜卑族西燕、鲜卑族后燕、匈奴部族夏国、鲜卑族北魏等国都使山西地区处于战乱频仍的纷争状态。

从春秋五霸到战国七雄,再到秦并天下,自古就有秦汉北拒匈奴、唐拒突厥、宋拒辽金西夏,晋陕两地长期是用武之地,也产生了诸如白起、廉颇、李牧、王翦、赵奢、卫青、霍去病、李世民等著名的军事家。其尚武能战的民风特征显而易见。

## (二) 不同点

(1) 与作为先民"文明"高地而发展的走向不同,陕西成为王城和国都首选之地,山西则成为资源、战略的辅弼重镇。

晋陕黄河陕西一侧的石峁遗址(前2200—前1900)是中国已发现的龙山晚期到夏早期时期规模最大的城址,又有"黄帝崩,葬桥山"(《史记·五帝本纪》)的黄帝陵,以及渭河流域关于炎帝的传说。山西一侧的陶寺遗址(前2300—前1900)或为华夏文明的源头之一,更有尧都平阳、舜都蒲坂、禹都安邑的三代传说。可以说,黄河晋陕流域在华夏初创时代都是先民"文明"高地,但是进入"信史"时代,晋陕两域则走向了不同的发展方向。

由于周秦汉唐等王朝不断对北方和西方游牧民族用兵和同化，中原农耕区域进一步西扩并稳定发展，且关中不断完备的水利灌溉，使关中的"被山带河，四塞（函谷关、武关、散关和萧关）为固"和"天府之国"的优势不断巩固，使得陕西成为王城和国都，成为周秦汉唐时期中华文明的中心。恰如《史记·货殖列传》评价："关中自汧、雍以东至河、华，膏壤沃野千里，自虞夏之贡以为上田……故关中之地，于天下三分之一，而人众不过什三；然量其富，什居其六。"

而山西一侧则似乎相反，随着军事和社会的不断进步，其地理优势在不断减弱。首先是北部大同一带无天险可凭，紫塞雁门对游牧民族进犯的防御能力趋弱；而山西东部又紧邻兵家交争的华北平原，太行山又有"太行八陉"漏隙。

如日军可以自代入晋而难以渡黄河入关中，即可见晋陕两域战略天险的优缺。

但是山西却因为有铜（中条山铜矿）、盐（运城盐池）等重要生产生活物质资源，以及处于"天下之中"（《史记·货殖列传》："昔唐人都河东，殷人都河内，周人都河南。夫三河在天下之中，若鼎足，王者所更居也。"）的地缘优势和便利的交通（涑水河直通黄河的航运），使山西成为中央王朝资源和战略的辅弼重镇。如位于山西省运城市绛县的西吴壁遗址（地处涑水河北岸的黄土台塬、南距中条山约6千米），是首次在邻近夏商王朝腹心地带发掘的专业冶铜遗址。

（2）文化特质和地域习性不同：陕西久为首都，乡土情结、讲政治、出名宦，山西经营铜盐，重商业，促成晋商文化。

由于陕西关中的"被山带河，四塞为固"和"天府之国"的优势不断巩固，使陕西成为王城和国都，成为举国向往的政治、经济和文化高地，故而使陕西人（尤其是关中人）形成了强烈的安土重迁的乡土观念、重视农业的农本思想。而《史记·货殖列传》提到："公刘适邠，大王、王季在岐，文王作丰，武王治镐，故其民犹有先王之遗风，好稼穑，殖五谷，地重，重为邪。"另有追求政治人格（刚烈、忠直）的地域习性。

而成为中央王朝资源、战略辅弼重镇的山西，以经营铜、盐广结天下，使山西形成了重商的传统，乃至后来孕育出独特的晋商文化。又加上山西"王者所更居也，建国各数百千岁，土地小狭，民人众，都国诸侯所聚会，故其俗纤俭习事"（《史记·货殖列传》）。山西在重商文化的基础上，形成了锱铢必较的地域习性。

以上简单举例说明晋陕黄河两岸区域发展的共性与个性。我们相信，进一步通过综合研究其与文明演进的历史相关性、与文化建设的现实相关性，对于加深对黄河历史人文认识具有重要价值，对于培育新时代的中华人文精神具有重要意义。

项目成果《出入龙门——晋陕黄河右岸的历史与人文（增订版）》《陟彼山河——晋陕豫黄河左岸的历史与人文》两部图书，兼具学术性、知识性与趣味性，图文并茂，不仅具有旅游文化所需要的人文价值，而且对于晋陕黄河沿线旅游业等第三产业的规划决策具有翔实的参考价值，促进黄河生态保护与高质量发展。

表1 晋陕黄河两岸历史人文资源考证整理研究表（陕西省）

| 属市 | 属县（区） | 名称 | 类型 | 研究文章 | | | | 备注 |
| --- | --- | --- | --- | --- | --- | --- | --- | --- |
| | | | | 王子今（9篇） | 孙家洲（8篇） | 高从宜（12篇） | 张占民（6篇） | |
| 渭南市 | 潼关县 | 潼关古城 | 古遗址·唐至明关城遗址 | 秦晋之间的黄河津桥 | 从"置关首战"看潼关制衡东西的战略意义 | 兴亡潼关城 | | 古代的潼关道（陈磊） |
| | 华阴市 | 西岳庙 | 古建筑·明清庙宇 | 西岳庙 | 西岳华山与东岳泰山的特殊关系 | "天威"西岳庙 | | |
| | 大荔县 | 丰图义仓 | 古建筑·清代粮仓 | 黄河与漕粮储运：有关"仓"的随想 | 泰山信仰在华山周围有明显存在 | | | |
| | 合阳县 | 处女泉 | 旅游景区·自然景观 | 为什么"蝎子山"称作"福山"？ | 1. 合阳"伊尹故里"试说"伊尹之谜" 2. "帝喾陵"遐思 | 神瀵——洽川"福山"之谜 | | |
| | | 福山寺、灵泉村 | 古建筑·明清寺院、民居 | | | | | |
| | | 帝喾陵 | | | | | | |
| | 韩城市 | 韩城魏长城 | 古遗址·战国魏国军事设施 | | 韩城"三义墓"析疑——历史与传奇的两种"版本" | | 1.踏访魏长城——考古人断想 2. 扶荔宫——黄河岸边的汉武帝行宫 | |
| | | 三义墓 | 古墓葬·春秋时期 | | | | | |
| | | 扶荔宫 | 古遗址·汉代行宫 | | | | | |

续表

| 属市 | 属县(区) | 名称 | 类型 | 研究文章 ||||备注 |
| --- | --- | --- | --- | --- | --- | --- | --- | --- |
| | | | | 王子今（9篇） | 孙家洲（8篇） | 高从宜（12篇） | 张占民（6篇） | |
| 渭南市 | 韩城市 | 司马迁祠墓 | 古墓葬·西汉祠墓 | 童年司马迁"耕牧河山之阳" | 太史公墓前感悟的"班马异同" | | 不屈的灵魂——贵族血胤司马迁 | |
| | | 司马氏族建筑群 | 古建筑·明清民居 | | | | | |
| | | 韩城文庙 | 古建筑·明清庙宇 | | | | | |
| | | 韩城城隍庙 | 古建筑·明清庙宇 | | | | | |
| | | 东营庙 | 古建筑·明代庙宇 | | | | | |
| | | 梁带村遗址 | 古遗址·西周晚期至春秋早期 | 芮姜与芮伯万的故事 | | | 1.尘封的芮国——梁带村惊世发现 2.刘家洼遗址——芮国考古新发现 | |
| | | 刘家洼遗址 | 古遗址·春秋时期 | | | | | |
| | | 党家村 | 古建筑·明清村落式民居 | | | | 韩城方言的文化信息 | |
| | | 黄河龙门 | 古遗址·古代津渡遗址 | | | 出入龙门 | | |
| | | 韩城大禹庙 | 古建筑·元代庙宇 | | | | | |
| 延安市 | 宜川县 | 壶口瀑布 | 旅游景区·地质景观 | 《梦溪笔谈》所记录黄河岸边竹类植物化石 | | | | |
| | | 龙王辿 | 古遗址·旧石器时代 | | | | | |
| | | 沿黄观光公路晋陕峡谷段的地貌与生态 | 旅游景区·自然景观 | | | | | 千年的松柏万年的槐，不知枣树何时来（刘栓） |

续表

| 属市 | 属县（区） | 名称 | 类型 | 研究文章 ||||备注 |
| --- | --- | --- | --- | --- | --- | --- | --- | --- |
| | | | | 王子今（9篇） | 孙家洲（8篇） | 高从宜（12篇） | 张占民（6篇） | |
| 延安市 | 延川县 | 乾坤湾 | 旅游景区·地质景观 | | | | | |
| | | 会峰寨 | 古建筑·明代军事堡寨 | | | | | |
| | | 延水关 | 古遗址·古代津渡 | | | | | |
| 榆林市 | 清涧县 | 李家崖城址 | 古遗址·商周城址 | | | "鬼方"何在？——关于李家崖遗址的思考 | | |
| | 吴堡县 | 吴堡石城 | 古建筑·五代至清军事堡寨 | | | | | |
| | 佳县 | 葭州古城（城墙） | 古建筑·明清城防 | | | | | |
| | | 香炉寺 | 古建筑·明清寺院 | | | "真武"与"云中" | | |
| | | 白云观 | 古建筑·明清寺院 | | | | | |
| | 府谷县 | 府州城 | 古建筑·明清城防 | | | 谁为祖国守边关——吴堡石城与府谷石城 | | |
| | | 文庙 | 古建筑·明清庙宇 | | | | | |
| | | 千佛洞 | 古建筑·石窟寺 | | | | | |
| | | 墙头（明长城） | 古建筑·明代军事设施 | 君子济 | | 战神之河——秦晋峡谷概观 | | |

续表

| 属市 | 属县（区） | 名称 | 类型 | 研究文章 ||||备注 |
|---|---|---|---|---|---|---|---|---|
| | | | | 王子今（9篇） | 孙家洲（8篇） | 高从宜（12篇） | 张占民（6篇） | |
| 榆林市 | 神木市 | 二郎山庙 | 古建筑·明清庙宇 | | | | | |
| | | 石峁遗址 | 古遗址·新石器时代晚期至先夏城址 | 石峁遗址出土的鳄鱼骨板 | | 石峁"黄帝魂" | | |
| | | 高家堡古城 | 古建筑·明清军事堡寨 | | | | | |
| 延安市 | 黄陵县 | 黄帝陵 | 古墓葬·轩辕黄帝陵寝 | | | 满天星斗的后裔——黄帝陵与黄河的"文化星座" | | |
| 渭南市 | 白水县 | 仓颉墓与庙 | 古墓葬 | | | 人神会通：天雨粟，鬼夜哭 | | |
| | | 杜康墓与庙 | 古墓葬 | | | 唯有杜康 | | |
| | 蒲城县 | 桥陵 | 古墓葬·唐睿宗陵墓 | | "死谏"的王鼎：价值在"刚正"而不在"清廉"——参观王鼎纪念馆有感 | | | |
| | | 泰陵 | 古墓葬·唐玄宗陵墓 | | | | | |
| | | 王鼎故居 | 古建筑·清代民居 | | | | | |

## 表2 晋陕黄河两岸历史人文资源考证整理研究表（山西省）

| 属市 | 属县(区) | 名称 | 类型 | 研究文章 ||||| 
|---|---|---|---|---|---|---|---|---|
| | | | | 王子今(14篇) | 孙家洲(3篇) | 高从宜(5篇) | 赵瑞民(4篇) | 张占民(2篇) |
| 运城市 | 永济市 | 蒲津渡遗址 | 古遗址·唐至明津渡 | 蒲津桥"铁牛" | | | 蒲州发生的战事 | |
| | | 蒲州故城 | 古遗址·古城遗址 | | | | | |
| | | 鹳雀楼 | 复建古建筑 | | | | | |
| | | 普救寺 | 古建筑·唐至明清寺院 | | | | | |
| | 芮城县 | 西侯度遗址 | 古遗址·旧石器时代 | | | | | |
| | | 永乐宫 | 古建筑·元代寺观建筑群 | | | "走后门"——永乐宫的道缘 | | |
| | | 芮城城隍庙 | 古建筑·北宋至清庙宇 | | 芮城读碑：子夏"西河设教"随想录 | | | |
| | | 广仁王庙(五龙庙) | 古建筑·唐代递修庙宇 | | | | | |
| | | 风陵渡 | 古遗址·古代津渡 | | | 精卫与风陵渡 | | |
| | | 大禹渡 | 古遗址·古代津渡 | | | | | |
| | | 洷津渡(沙窝渡) | 古遗址·古代津渡 | | | | | |
| | 平陆县 | 三门峡大坝(梳妆台、中流砥柱) | 现代水利设施 | 1. 秦"底柱丞印"封泥发现的意义 2. 秦穆公"济河焚舟" | | | | |
| | | 栈道摩崖石刻 | 古建筑·唐代栈道 | | | | | |

续表

| 属市 | 属县(区) | 名称 | 类型 | 研究文章 ||||| 
|---|---|---|---|---|---|---|---|---|
| | | | | 王子今(14篇) | 孙家洲(3篇) | 高从宜(5篇) | 赵瑞民(4篇) | 张占民(2篇) |
| 运城市 | 平陆县 | 前庄商代遗址 | 古遗址·商代二里冈文化时期 | | | | | |
| | | 粮宿古城 | 古遗址·商代前期城址 | | 大阳——平陆：山险深处蕴藏的历史风云 | | | |
| | | 西河头栈道 | 古遗址·隋唐至清栈道 | 黄河漕运遗迹考察 | | | | |
| | 夏县 | 禹王城（安邑城） | 古遗址·东周至两晋古城 | | 古城安邑：定都、迁都与魏国盛衰再解析 | | | |
| | | 司马光祠堂 | 古建筑·宋代祠墓 | | | | | |
| | 盐湖区 | 舜帝陵庙 | 古建筑·元至清陵庙 | | | | | |
| | | 报国寺（泛舟禅师塔） | 古建筑·唐代古建筑 | | | | | |
| | | 解州关帝庙 | 古建筑·清代寺观建筑群 | | | 关帝庙还愿——尸解仙的宗教心理学解读 | | |
| | | 常平关帝庙 | 古建筑·明清庙宇 | | | | | |
| | | 河东盐池 | 古遗址·先秦以来盐业遗址 | | | | | |
| | | 盐池神庙 | 古建筑·明清庙宇 | | | | | |
| | | 河东盐务稽核分所 | 近现代史迹 | | | | | |

续表

| 属市 | 属县(区) | 名称 | 类型 | 研究文章 | | | | |
|---|---|---|---|---|---|---|---|---|
| | | | | 王子今（14篇） | 孙家洲（3篇） | 高从宜（5篇） | 赵瑞民（4篇） | 张占民（2篇） |
| 运城市 | 闻喜县 | 上郭城址 | 古遗址·春秋城址 | | | | | |
| | | 邱家庄墓群 | 古墓葬·周至汉墓葬 | | | | | |
| | | 酒务头墓地 | 古墓葬·商代墓葬 | | | | | |
| | 垣曲县 | 同善古城（北门城楼、同心会馆） | 古建筑·清代街镇 | | | | | |
| | | 神后舜井 | | | | | | |
| | | 舜根 | | | | | | |
| | | 北白鹅墓地 | 古墓葬·两周墓葬 | | | | | |
| | | 小浪底水库 | 现代水利设施 | | | | | |
| | | 古城、世纪曙猿 | 古遗址·古人类遗址 | | | | | |
| | 绛县 | 太阴寺 | 古建筑·金至明清佛寺建筑 | | | | | |
| | | 西吴壁遗址 | 古遗址·仰韶时期冶铜遗址 | "貘尊"发现与黄河中游生态史 | | | | |
| | | 乔寺碑楼 | 古建筑·清代碑楼 | | | | | |
| | 万荣县 | 后土祠 | 古建筑·明清祠庙 | 秋风楼感怀 | | 瞻鲁望秦河汾万荣 | 后土祠出土的青铜器 | |
| | | 万荣东岳庙 | 古建筑·明清庙宇 | | | | | |

续表

| 属市 | 属县(区) | 名称 | 类型 | 研究文章 ||||| 
| | | | | 王子今(14篇) | 孙家洲(3篇) | 高从宜(5篇) | 赵瑞民(4篇) | 张占民(2篇) |
|---|---|---|---|---|---|---|---|---|
| 运城市 | 万荣县 | 李家大院 | 古建筑·清代民居 | | | | | 1. 晋南民居建筑活化石——访万荣李家大院 2. 崇善——万荣李家商业版图的崛起 |
| | 河津市 | 高禖庙 | 古建筑·清代庙宇 | | | | | |
| | | 河津黄河禹门口大梯子崖 | 古遗址·北魏交通设施 | 1. 吴起论"在德不在险" 2. "吴起治西河"杂议 3. 韩信夏阳"以木罂缶渡军" | | | | |
| 临汾市 | 襄汾县 | 陶寺遗址 | 古遗址·龙山文化至元 | | | "义":陶寺遐想 | | |
| | 乡宁县 | 晋文公庙 | 古建筑·清代祠庙 | | | | | |
| | | 戎子酒庄 | 现代工业企业 | 访"戎子"说"葛蘲" | | | | |
| | | 寿圣寺 | 古建筑·金至明寺院 | | | | | |
| | | 千佛洞 | 石刻·北齐、隋、唐石窟 | | | | | |
| | 吉县 | 挂甲山摩崖造像群 | 石刻·隋、唐、元石窟 | | | | | |

续表

| 属市 | 属县(区) | 名称 | 类型 | 研究文章 ||||||
|---|---|---|---|---|---|---|---|---|
| | | | | 王子今（14篇） | 孙家洲（3篇） | 高从宜（5篇） | 赵瑞民（4篇） | 张占民（2篇） |
| 临汾市 | 吉县 | 谢悉村坤柔圣母庙 | 古建筑·元代祠庙 | | | | | |
| | | 克难城抗战旧址 | 近现代史迹 | | | | 杨经略事迹 | |
| | | 黄河壶口 | 旅游景区·地质景观 | | | | | |
| | 隰县 | "小西天"千佛庵 | 古建筑·明代寺院 | | | | | |
| 吕梁市 | 柳林县 | 香严寺 | 古建筑·金至明寺院 | 嫪毐从哪里渡河 | | | | |
| | 离石区 | 吕梁山革命博物馆 | 博物馆 | | | | | |
| | | 吕梁北武当古兵器博物馆 | 博物馆 | | | | | |
| | | 吕梁汉画像石博物馆 | 博物馆 | 汉代"西河"的"篱石" | | | | |
| | 文水县 | 则天庙 | 古建筑·金代祠庙 | | | | | |
| | 临县 | 黄河碛口 | 旅游景区·自然景观 | | | | | |
| | | 碛口古镇（碛口古建筑群） | 古建筑·明清民居 | | | | | |

845

续表

| 属市 | 属县(区) | 名称 | 类型 | 研究文章 | | | | |
|---|---|---|---|---|---|---|---|---|
| | | | | 王子今(14篇) | 孙家洲(3篇) | 高从宜(5篇) | 赵瑞民(4篇) | 张占民(2篇) |
| 吕梁市 | 兴县 | 黄河画廊百里水蚀浮雕 | 旅游景区·自然景观 | | | | | |
| | | 碧村龙山时代遗址 | 古遗址·新石器时期龙山文化石城 | | | | | |
| | | 蔡家崖村晋绥边区政府及军区司令部旧址 | 近现代史迹 | | | | | |
| | | 晋绥边区革命纪念馆 | 博物馆 | | | | | |
| 忻州市 | 河曲县 | 娘娘滩 | 旅游景区·自然景观 | "娘娘滩"传说与"富贵万岁"瓦当 | | | | |
| | 偏关县 | 黄河老牛湾 | 旅游景区·自然景观 | "关山月":偏关的明月秋风 | | | 老牛湾墩和老牛湾堡 | |

（写于2022年）

# 文创园区"产教服"融合发展模式创新研究

中心课题组

项目负责人：胡建波
课题负责人：任龙刚
主要研究人员：胡建波　李雪梅　任龙刚　印建安　卞芙蕖
　　　　　　　鲍凤杰　王　艳　王小青　陈唯静　韩　洁
　　　　　　　卜　婷　薛　雯

**摘　要**　文创园区在促进产业发展、传承文化、增强城市品牌等方面发挥着重要作用。西安市文创园区在持续向好的同时存在产教服融合不足、城市更新衔接不足、功能不完善等问题。本文通过对西安欧亚学院和西影"电影圈"等案例研究，提出构建"一平台、一中心、多应用"产教服融合发展模式，加强顶层设计和政策研究，打造多业态融合消费场景，打造文化产业集群，将文创园区建成城市文化创新平台。

文创产业，也叫文化创意产业，是指以创意为驱动的文化产业和创意产业的交叉领域，是以文化为基础，以体验、艺术、创新等元素为特色的产业。文化创意产业具有知识密集、高附加值、高度融合性三大特征，往往还具有资源消耗低、环境污染小、市场需求潜力大等其他特点。目前，全球文化创意产业正在经历爆发式的增长，作为世界经济增长的新动力和新潮流，文化创意产业在区域经济与社会发展中的引领作用，已成为世界各国和地区政府的共识和战略选择。在欧美产业结构演变过程中，第一、第二产业产值比重持续下降，而第三产业则不断上升。目前，美国第三产业产值比重已超过80%。我国产业结构也在向美国靠拢，预计未来第三产业占比将达到 70%～80%，其中，文旅及文创产业作为第三产业的重要组成部分，将成为新经济的推动力。

## 一、文创园区在西安市文旅产业高质量发展中的重要意义

文创园区在促进创意产业发展、推动经济转型升级、保护和传承传统文化、增强城市品牌形象、促进就业和人才引进以及推动城市可持续发展等方面发挥着重要作用。通过文创园区的建设和发展，西安市的文旅产业能得到高质量的发展，将为城市的繁荣和文化的传承注入新的活力和动力。

西安属于文旅产业大市和强市，文旅发展的成绩有目共睹，文旅产业逐步壮大，成为西安五大支柱产业之一，文旅产业的高质量发展对于西安经济增长尤为重要。面对省内《"十四五"文化和旅游发展规划》中提到的文化发展的量化目标和旅游发展量化目标，西安亟须开发文化旅游新产品，结合增量、更新模式来实现文旅产业高质量发展。

## 二、西安市文创园区发展现状及痛点分析

### （一）西安市文创园区发展现状

目前，文创园区已经成为西安市乃至陕西省文化创意产业发展的增长极，文化创意产业增加值持续上升，文化创意与科技融合不断加深，市区各地的产业园布局基本形成，产业集中度日益提高，产业带动示范效应持续增强。

一是文创园区正在成为文化产业发展的增长极。西安市文创产业发展迅速，数量增加，地域文化特色明显。在加快建设文化强市、推动文化产业高质量发展的过程中，西安市将打造百亿级文创产业集群作为目标之一。2019—2021 年，陕西省实施"十百千"工程，认定文化产业示范基地 109 个，其中，西安占较大比例。二是文创园区成为文化产业集聚的大平台。西安市文创园区产业规模不断扩大，产业集聚效应明显，已形成一定规模的产业群。文创园区孵化功能完善，成为聚集和培育文化企业，特别是中小初创型文创企业的重要载体。文创园区孵化功能完善，吸引大量文化企业入驻，特别是中小初创型文创企业。三是文创园区正在成为文化科技创新高地。目前，西安市中属于国家级及省级知识产权试点、示范园区的文创园区日益增多，本科以上学历人员比例提升。具有研究机构和自主知识产权且能够为入驻企业提供知识产权保护服务的园区数量也在增加。四是文化创意产业政策环境不

断完善。西安市委、市政府颁布了多项政策，以促进文化创意产业的发展。

以西安欧亚学院和西影"电影圈"为典型案例进行"产教服"融合发展研究，高校园区及文创园区通过产教融合、运营模式更新等一系列创新发展的措施，在产业升级、区域经济发展、人才培养等方面发挥了重要的推动作用，为产业发展提供了有力支撑。面对未来，我国文创园区应继续深化改革，强化创新驱动，推动产学研深度融合，促进科技成果转化。此外，要加大政策支持力度，为园区创新发展提供良好的政策环境，提升园区整体竞争力，为产业发展创造更多机遇。

### （二）文创园区"产教服"融合发展的痛点

**1. 园区间协同力较弱，产教服融合程度不足**

协同力弱的园区会导致整体产业发展分散和部分同质化，降低文创产业资源利用率，主要表现在园区内企业和机构缺乏共同的发展目标和利益诉求，合作机会有限。目前，文创园区在产业、教育和服务方面的融合程度不够，缺乏有效的产业与教育资源的结合和服务支持。

**2. 文创园区定位模糊，与城市更新衔接不足**

文创园区的发展方向不明确，缺乏与城市更新的有效衔接是目前的痛点问题之一。部分文创园区在发展初期或运营过程中，规划和策略不够清晰，难以形成明确的特色和竞争优势。文创园区应该与城市的整体规划和发展目标相衔接，推动城市的更新和转型。但目前，部分文创园区与城市发展融合度不足，与业态发展步调不一致，新兴消费场景少，尚未发挥文化产业功能区的作用。

**3. 产业链条不够健全，园区功能不够完善**

从宏观层面看，文创园区发展与发达地区相比仍有较大差距，品牌弱、标准低、缺少龙头、粗放发展的情况有待解决。从中观层面看，文创园区产业链条尚不健全，园区内资源分散，聚集度偏低，没有形成明显的上下游链，园区功能发挥不够全面，仅为单一产品聚集地，缺乏服务支撑体系，平台建设仍有较大的提升空间。

## 三、文创园区"产教服"融合发展措施建议

### （一）建立文创产业协同共振机制，促进文创园区"产教服"融合发展

作为产业发展的主平台、主阵地，在适应多场景应用下的文创园区产教服融合发展模式将是未来发展的必然趋势。可以以西影园区"产教服"模式为蓝本，构建

"一平台、一中心、多应用"产教服融合发展模式，促进文创园区产业与教育和服务的深度融合、协同发展，实现文创园区、教育机构和企业之间的资源共享和互补，满足城市发展、产业服务、园区运营、教育联动等多方面多场景应用。

一平台：搭建文创园区数字化共享创新平台，提供信息基础设施，数据交换共享，智能分析挖掘，支撑多场景研究服务，保障维护整体运行。

一中心：建成时空信息一张图，由政府牵头，联动产业、高校，设立专门的决策中心，结合产业特色发展方向以及产业需求，整合高校教授、专家、学生等优质人才资源以及科研力量，推动科技创新及成果转化，孵化创新项目。同时，满足园区运行、监测、管理、指挥、协调、研究和决策的智能化、高效化、一体化需求。

多应用：针对公共服务、产业服务、教育服务以及园区运营，提供多场景、全维度、高融合的协同机制、资源整合，实现产业创新发展。

（1）公共服务应用：文创园区应与周边社区合作，共享资源，促进区域协同发展。

（2）产业服务应用：文创园区要与教育机构、企业合作，开展"产学研"项目，建设技术创新平台，加强技术创新成果转化。

（3）教育服务应用：政府、高校和教育机构要与文创园区和企业合作，开设校企定制班，调整课程体系，邀请企业专家参与实践教学，聘请有一定经验的双师型教师，培养高素质创意产业人才。

（4）园区运营应用：文创园区运营管理方应与服务机构合作，提供一站式服务，满足园区内企业和公众的多元化需求。

**（二）系统谋划，准确定位，加强顶层设计和政策研究，打造多业态融合的消费场景**

**1. 建立完善的政策支持体系**

其一，文化和旅游局及各区政府应加大对文创园区产教服融合的支持力度，制定相应的政策文件和法规，为文创园区产教服融合提供政策保障。其二，各区政府应制定一系列针对文创园区产教服深度融合高质量发展的政策，包括财政投入、税收优惠、人才引进和培养等，从各个方面支持园区的全面发展。其三，探索新型产业用地政策，明确土地出让年限、产业用地和配套住宅容积率、开发主体投资强度和年产出比等指标，促进项目尽快落地建设，提升产业链资源承载力。

**2. 加强园区规划管理，促进文创产业生态圈良性循环**

其一，将文创园区高质量发展纳入西安市发展总体规划，确保园区的建设和发展与地区经济发展和社会进步相协调。其二，政府应指导文创园区建立健全管理机制，设立专门的管理决策中心，负责园区的规划、建设、运营和管理，提高管理效率和资源利用效率。其三，促进重大项目的投建，使产业载体资源与产业链资源相匹配，形成新型产业链集群效应，实现资源共享和优势互补。

**3. 融入城市更新，打造文化新空间**

其一，政府相关部门组织国内外其他省市典型案例的学习考查以及交流对话。在西安欧亚学院等大力发展园区有机更新的高校组织开展观摩研讨会，结合实践案例，集多方力量提高社会认知，共议文创园区"产教服"融合创新，合力助推文创产业高质量发展。其二，在文创园区建设中坚持分类施策，发掘特色，焕发城市新活力。在产业园区以及休闲街区不断改旧辟新的基础上，发掘物质遗产、文化遗产的内涵和特色，使园区建设与城市更新有机结合，保留历史建筑和城市记忆，赋予其新的生机，推动文化创意产业的发展。其三，在园区更新上，在保留街区原始风貌的基础上进行精细化改造，打造有温度的文化产业生态、氛围活跃的文化产业园区。

**4. 发展新兴消费业态，激发文创产业链生长动能与活力**

其一，培育数字文创支柱，包括推广新技术应用，壮大数字文创产业链，促进其与在线新经济结合，打造有影响力的新品牌。其二，优化沉浸式体验业态，借助十三朝古都特色文化，推动文化故事化、故事场景化、场景内容化、内容科技化、产品商业化。其三，推动文创园区跨界融合，如在曲江电竞产业园，推进电竞产业与古都文化、酒店、咖啡厅等场景的结合，构建完整的电竞产业生态圈。

## （三）打造文化产业集群，提升管理服务水平，把文创园区建成城市文化创新平台

**1. 打造产业集群**

其一，建议文化和旅游局等相关单位建立并动态调整文创产业链重点支持的龙头企业名单，引育具有产业链控制能力和产业生态主导能力的文创链主企业，致力培育一批精品化、特色化、品质化的文化产业园区。其二，按照产业细分领域，分层级加大对企业的梯度培育，动态更新文创产业重点培育对象，强化文创产业链属企业支撑，解决文创企业"多而不强"、主导产业占比偏低的痛点问题。其三，吸引相关配套企业和周边企业、服务企业入驻，并以龙头企业为核心建立、完善园区

企业准入与退出机制，进而结合市场发展规律及园区各阶段发展需求打造动态化业态结构，形成文创企业集群。其四，建议贯彻围绕产业链布局创新链、围绕创新链部署产业链的精神，将文创园区"产教服"融合发展作为西安文创产业链建设内容，针对产业链进行分析，融入"产教服"融合发展模式并形成具体解决方案，引导企业通过"产教服"融合发展模式为文创产业链发展赋能。

**2. 以数字化智慧平台为基础，提升园区管理效率，搭建多元化交流服务平台**

其一，通过数字技术和信息化手段来实现对园区的智能化管理和服务，包括智能安防、智能环保、智能设施、智能服务等各个方面，逐步完善安全、环境、设备、人员等方面的监控和管理数字化。其二，以数字化智慧平台为基础，由政府组织专家，联合文创产业龙头企业，依托有园区更新研究和实践基础的高等院校共同开展专项研究，多措并举完善创新平台建设，联动研发平台、成果转化平台、资源共享平台，使产业化通道畅通。其三，文创园区管理方要从以收取租金和提供物业配套的初级服务向以产业集成和文化运营等综合管理为主的增值服务升级发展，还应加强与金融机构、创业孵化器、创业投资机构等的合作，共建创新创业生态圈。

（写于 2023 年）

# 四、社会治理研究编

# 社会治理研究编小序

石 英：陕西中国西部发展研究中心常务理事
陕西省社科院原副院长

社会治理是一个涉及面极广也极其复杂的研究领域。本专题收录了中心课题组及成员的研究报告20篇，对我省社会治理领域现状和存在的问题进行了深入调研和细致分析。这些报告从不同角度切入，内容上体现出鲜明的时代性和前瞻性，方法上表现出高度的科学性和专业性；研究过程和目标饱含着强烈的人文性和民生性，对策建议突出了现实针对性和可操作性。

（1）时代性和前瞻性。我们生活的时代被称为"信息社会""智能社会"，科学技术的发展使得社会生活的节奏越来越快，人类与自然界互动叠加的蝴蝶效应导致的天灾人祸层出不穷、愈益频繁。因此，社会学家又把当代社会称之为"风险社会"。风险社会面临的不确定性因素显著增多，社会治理首先需要考虑的是应对不确定性的应急管理问题。研究报告《黑天鹅、灰犀牛事件应对的新视角新对策》"基于乌卡（VUCA）情境应急管理问题的思考"，以丰富的案例对此做出了理论探讨，提出"关于构建西安应急'城市大脑'的建议""打造我省航空应急救援'一小时圈'"以及"关于灾后复盘和重建的思考"等建议，高屋建瓴，理论研究与现实应用紧密结合，全球视野与陕西实际相得益彰。《逆境中的公共政策：社会风险来源与治理策略》则从公共政策视角分析了风险社会的风险来源。《关于积极推进西安市应急文化体系建设的对策建议》进一步提出了从具体的应急管理应对上升到建设应急文化问题。面对互联网、大数据、人工智能、元宇宙等数字技术的飞速发展，深刻地改变着社会生产生活方式，《区块链技术赋能下个人征信体系的法律重构》前瞻性地提出了以现代技术解决传统征信难题，重构法律体系。科学技术是一把双刃剑，《虚拟社会治理探究》《5G时代传媒应用与发展的路径选择》《西安追赶超越成都研究报告》《关于加强公共安全视频监控建设联网应用》等报告在探讨数字时代技术治理路径的同时，也都关注到如何尽量规避高技术对人们社会生活有可能带来的负面影响和如何提高经济活力。

（2）科学性和专业性。西部中心课题组及入编研究报告的作者很多都是来自高校的教授或具有丰富经验的各领域专家，严谨认真、求精求实的科学态度和专业化、数学化的科学方法也是本专题研究报告具有的共性特征。《陕西省医养结合机构评估指标体系构建研究》《陕西老年人心理健康状况评估研究》《陕西省老年人健康水平分析》等报告着力建构了富有陕西特色、符合陕西实际而又便于全国比较的指标体系，以翔实量化的数据说话，依据充分、说服力强。《大西安人口承载力研究》跳出了此类问题传统局限于土地和水资源等自然资源为出发点的研究范式，拓展到教育、医疗以及生态环境资源等领域展开，值得相关政府决策部门参考。当然也需要注意，城市是一个开放的系统，人口与资源之间是双向互动的关系而不是单向制约。因此，"承载力"是一个动态变化的概念，某种意义上，城市化进程实际是一个人口倒逼资源配置、"承载力"不断被突破的过程。

（3）人文性和民生性。发展依靠人民，发展为了人民。"社会治理研究编"最突出的特色就是紧贴现实的民生情怀和人文关怀。我省同全国一样已快速进入老龄社会，"十四五"末将进入中度老龄化并面临重度老龄化。本专题编选了多篇关于积极老龄化、健康老龄化的研究报告，其中，《老年护理服务业落后是我省亟待解决的突出问题》《陕西养老机构老年人心理需求与健康保障机制的建构研究报告》《老年医疗服务体系的建设实践与思考》等在深入调研基础上，对我省老年护理及医疗服务体系建设现状进行了有深度的剖析，并给出了符合省情的应对思路。在人口老龄化和负增长大背景下，促进生育、建设"生育友好型社会"早已被提上日程，"一老一小"成为当前亟待解决的民生急难愁盼的问题。《陕西省托育服务发展研究报告》通过缜密的调研，提出了我省大力发展幼托服务业的具体建议和若干举措。

（4）可操作性和针对性。作为智库研究报告，本书收录研究报告几乎每一篇都落到对策建议上。报告作者不仅普遍具有较高的理论功底，而且很多都具有部门领导工作经验，熟悉国家大政方针、政策法规。党的二十大报告将"全面推进乡村振兴"国家战略置于"加快构建新发展格局，着力推动高质量发展"背景下进行了专题部署，《陕西实施乡村治理面临的问题及对策研究》紧密结合陕西省省情提出了极富针对性和可操作性的政策建议。《发展服务与监管稳定并重地方金融促进经济高质量发展》《实施积极应对人口老龄化国家战略应进一步优化政府部门职能分工》《多样化"医养结合"模式的优化探索》等报告立足陕西，但将视野拓展到全国和全世界，充分彰显了西部发展研究中心高端智库的特色。

中国式现代化新征程对社会治理提出了新的更高要求，本专题对社会治理现代化的探索仅仅是初步，还有很多不成熟不完善之处。但我们希望这些研究报告能够为相关决策部门提供借鉴参考，也希望能够对所有关心陕西发展的读者有所启发。

写于 2023 年 3 月 12 日

# 黑天鹅、灰犀牛事件应对的新视角新对策

桂维民：陕西中国西部发展研究中心理事长
中共西安市委原常委兼秘书长
中共陕西省委原副秘书长兼办公厅主任
陕西省人大常委会原秘书长

**摘　要**　乌卡（VUCA）情境下，应急管理面临诸多新挑战新课题。在新时代和新发展阶段，解决安全体系建设中的突出难题，需要从战略高度、全局视角、科技赋能等方面综合建构。文章从总体国家安全观视角出发，分别阐述了全灾种、大应急体制、城市大脑智慧应急、通航"一小时"应急救援圈、灾后复盘、重建等问题，提出创造应急管理新范式、新工具、新模式，实现精密监测、精确预警、精准防控、高效救援的意见和建议。

## 议题一：黑天鹅、灰犀牛事件应对的新视角
### ——基于VUCA情境应急管理问题的思考

习近平总书记在党的二十大报告中指出："我国发展进入战略机遇和风险挑战并存、不确定难预料因素增多的时期，各种'黑天鹅''灰犀牛'事件随时可能发生。我们必须增强忧患意识，坚持底线思维，做到居安思危、未雨绸缪，准备经受风高浪急甚至惊涛骇浪的重大考验。"把"国家安全"提升至事关"民族复兴的根基"的高度，体现了我们党对未来五年乃至更长时期发展局势的战略判断以及解决复杂安全问题的统筹考量，具有时代性、全局性和战略性的深远意义。

## 一、重要战略机遇和重大风险挑战并存的关键时期

当前，我国已进入中华民族伟大复兴关键阶段，发展处于大有作为的重要战略机遇期，但发展不平衡不充分问题仍然存在；国内外环境复杂多变，不稳定不确定因素增多，"黑天鹅""灰犀牛"事件时有发生。

我国是世界上自然灾害最为严重的国家之一，自然灾害种类多、分布地域广、发生频率高、重大灾害影响损失大；各类安全生产风险隐患交织叠加、事故多发频发，重大灾害事故的突发性、极端性和复杂性有增无减。

我国公共安全与防灾减灾救灾的能力，距离建设更高水平平安中国的要求仍有一定差距。如何在应对各种风险挑战中未雨绸缪、增强防抗救的能力，建立大安全大应急框架，推动公共安全治理模式向事前预防转型显得十分重大而紧迫。

## 二、乌卡（VUCA）情境下应急管理的新课题

乌卡（VUCA）是一个具有现代概念的词，最早源于军事用语，后在国际社会被普遍使用。VUCA 情境是英语 Volatility（易变性）、Uncertainty（不确定性）、Complexity（复杂性）和 Ambiguity（模糊性）的缩写。

所谓 VUCA 情境，是指社会和科技急剧变化，我们生活在一个易变性、不确定性、复杂性、模糊性的状况或者时代中。当前，世界百年未有之大变局加速演进，我国国家安全内涵和外延比历史上任何时候都要丰富，时空领域比历史上任何时候都要宽广，内外因素比历史上任何时候都要复杂。VUCA 情境对应急管理提出挑战，主要表现为跨界危机的易变性，突发事件的不确定性，巨灾及次生灾害的复杂性，新兴风险的模糊性。无论是河南水灾，还是一起起重大事故灾难，以及经济社会安全暴雷事件，都说明一个严峻的现实：黑天鹅、灰犀牛事件时有发生，极端环境离我们并不遥远，应急管理永远在路上！

我们要有"时时放心不下"的责任感和"时刻瞪大眼睛"的敏锐性，居安思危，担当作为。VUCA 中每个元素的深刻含义在于增强应对危机的预见性、洞察力，提高各级组织和个人在风险挑战与应急响应中的行动力。

## 三、以新安全格局保障新发展格局

在新时代和新发展阶段，解决安全体系建设中的突出难题，需要从战略高度、以全局视角综合建构。

**（一）大安全观：贯彻总体国家安全观，凸显以人民安全为宗旨，以政治安全为国家安全和公共安全的根本**

（1）坚持总体国家安全观。把维护国家安全贯穿党和国家工作各方面、全过程，确保国家安全和社会稳定。党的二十大从安全的宗旨、根本、基础、保障、依托"五大要素"回答了要实现什么样的国家安全，通过外部与内部、国土与国民、传统与非传统等"五对关系"回答了要怎样实现国家安全。

（2）坚持以人民为中心。彰显人民至上、生命至上的价值理念，统筹发展和安全两件大事。应对外部环境变化带来的冲击挑战，关键在于办好自己的事，增强国家综合实力和抵御风险能力。随着我国社会主要矛盾发生历史性变化，人民群众对平安的需要越来越多样化多层次多方面。平安已经从传统意义上的生命财产安全扩展到安业、安居、安康、安心等各个方面。

（3）坚持预防为主。防抗救相结合，实现向灾前预防、综合减灾和减轻灾害风险转变，全面提高全社会抵御各种灾害的综合防范能力。坚持"预防、优化、协同、高效"原则，进一步深化改革，完善体制机制，压实各方责任，整合资源力量，加快形成统筹协调、统分结合的"全灾种、大应急"工作格局。

**（二）大应急体制：坚持底线和系统思维，完善应急管理体制机制，以高水平的安全应急防线来托底高质量发展**

（1）坚持党的领导。在应对各种风险挑战中，党组织始终是主心骨和领导核心。要进一步理顺统和分、上和下、防和救的关系，确保责任链条无缝对接，形成党委领导、行政主导、社会协同、公众参与的大应急管理格局。

（2）健全应急指挥体制。建立巨灾国家应急总部指挥，跨域战区协同，三级快速响应，形成统一指挥、上下联动的巨灾应急指挥体系；按照综合协调、分类管理、分级负责、属地为主的原则，健全中央与地方分级响应机制；完善应急管理部门管理体制，全面实行准军事化管理。

（3）构建应急人民防线。坚持社会共治，培育应急文化，开展常态化应急疏散演练，引导社区居民开展风险隐患排查和治理，筑牢防灾减灾救灾的人民防线。加强基层社会治理体制机制创新，推进"第一响应人"应急救护技能培训，打造基层社区"15分钟应急救援圈"。

**（三）科技赋能：创造应急管理新范式、新工具、新模式，实现精密监测、精确预警、精准防控、高效救援**

（1）大数据时代的新型智慧城市建设使"政府数字应急"能力大幅度提升。这些新型信息化技术将深刻改变风险感知与应急管理的未来。风险与应急管理主体从"精英式"过渡到"智能化""社群式""治理式"，风险与应急管理方式从"风险驱动"转向"数据驱动""数智融合"，风险与应急管理过程也从"被动式""人海战术"演变成"网格化""预判式""沉浸式""情景式""全周期"。

（2）当下应急管理信息化探索的主攻方向。物联网、大数据、人工智能、5G等新型信息化建设，将推动应急管理体系架构、运行机制、工作流程的智能化再造。应急管理信息化应聚焦在"五大主攻方向"，即融合指挥、应急通信、短临预警、全域感知、数据智能，使应急管理能力进一步优化。

（3）黑科技成为应急救援的"硬核力量"。目前，这些"黑科技"应急救援装备主要分为搜索、营救、通信三大类。比如声波探测仪、光学声波探测仪、红外探测仪、便携式机械化营救装备、救援机器人、固定翼卫星通信无人机、便携式天线塔、卫星移动中继通信指挥车等。

（原文发表在《中国应急管理》杂志2023年第一期）

# 议题二：关于构建西安应急"城市大脑"的建议

近期举行的中央高层会议多次聚焦以5G、人工智能、工业互联网、物联网为代表的新型基础设施建设。科技部近日发函积极支持和配合陕西省政府推进西安国家新一代人工智能创新发展实验区建设，并将协调研究解决相关政策问题，加强工作指导和资源对接。科技部要求西安市充分利用科教优势，加强人工智能关键核心技术突破，积极拓展应用场景，完善数据开放共享机制。我们应抓住国家和部省支持西安建设试验区的机遇，发挥西安在智能感知处理、智能交换等方面的专业特长，在拓展人工智能政策实验和社会实验的应用场景方面，积极打造西安城市大脑，推动新型智慧城市及应急管理智能化发展。

2018年，我对杭州的城市大脑和华为城市神经网络系统做了考察，对通过城市大脑提升应急管理的快速性、灵活性、有效性有了一些初步的思考，具体建议如下。

## 一、构建城市大脑正处在难得的"风口期"

### （一）城市大脑是城市数据的引擎

2016 年 3 月，城市大脑最先在杭州启动，由杭州市政府主导，包括阿里云在内的 13 家企业参与其中。城市大脑在诞生之初就已明确了它的使命，就是解决城市"四肢发达，头脑简单"的弊病。2018 年以来，各大互联网巨头相继传播和推广城市大脑概念，并得到国内主流城市普遍的认可，纷纷通过社会组织、国有独资、国有控股、国有参股的形式启动相关建设。现在全国宣布要做城市大脑的有 500 多个城市，几乎涵盖了所有副省级以上城市和地级市。在一些大城市，基础网络和传感器都已布局到位。随着物联网、通信技术及人工智能的发展，城市大脑必将使城市的综合治理水平再上一个台阶。

### （二）城市大脑的架构

城市大脑是支撑未来城市可持续发展的全新基础设施。狭义的城市大脑，就是数据中枢控制和智能决策中心，利用实时全景的城市数据资源，全面优化城市公共资源，即时修正城市运行缺陷，为城市治理提供高效智能化的服务。具体来说，城市大脑具备六种能力，即感能、视能、图能、数能、算能和管能。所谓感能，是能够接入到各种场景的传感器；所谓视能，是摄像头和带有摄像头的无人机；所谓图能，是高分遥感、GIS 系统；所谓数能，是来自政府、公共事业、互联网公司等机构的数据；所谓算能，是异构的计算能力，包括标准化计算和各种边缘事件的对应算法；所谓管能，是城管执法、巡查、应急模式和民生服务等。通过这"六能"，可实现三个突破：城市治理模式突破，实现城市治理智能化、集约化、人性化；城市服务模式突破，更好地随时随地服务社会、企业和个人；城市产业发展突破，开放的城市数据资源，推动产业转型升级和数字经济发展。

社会发展到了今天，各种风险越来越多，还是按照传统的思路去收集信息、防控风险、治理社会，局限性、滞后性越来越明显。总结城市的脆弱性和智慧城市所带来的韧性，今后某年有可能成为城市大脑爆发性增长的一个风口期，亟须通过城市大脑堵漏洞、补短板、强基础，利用其所具有的人工智能、大数据、数字孪生、5G、北斗定位等"硬核技术"，赋能城市公共安全与应急管理，实现"全覆盖、无死角、无盲区"动态感知，精准定位、轨迹溯源、智能辅助决策，提高城市的承载力、耐挫力和应急快速响应能力，破解政府灵活有效应对重大突发事件的难题。

## 二、城市大脑建设的路径

### (一)顶层设计

城市大脑作为城市数字化基础设施和开放创新平台,最基本的特征是实现数据的互联、在线、智能和开放。目前,杭州、上海、北京、广州、长沙、福州等城市提出并实施了各自不同的城市大脑建设方案,从2018年开始,华为、百度、京东、科大讯飞等云计算巨头相继入局城市大脑。据了解,西安包括各区县、驻地单位都启动了智慧城市平台项目建设,由于对城市大脑理解不一、建设的方式不同,技术标准不统一,设备配置不衔接,容易造成信息孤岛或重复建设,需从市级层面出台相应的建设规划和整合方案,以推动城市公共安全应急管理智能化发展为抓手,围绕城市精细化治理,社会公共服务,统筹生产、生活、生态各个领域,指导全市城市大脑的科学系统建设。

### (二)融合重组

搭建纵横交错、互联互通、协同共享的组织架构,实现物理空间和数字空间的融合。目前,西安各部门、各区(市)县,都建立了各有特色的信息平台项目,但部门行业地名地址标准不一,相互数据归集不起来,甚至同一个部门内部不同业务的线路也不相通,网格化管理的体制机制不健全,实际上变成一个个数据孤岛。应把政务数据、物联网数据统一管理起来,通过建设新型智慧城市运管综合指挥中心和市级大数据中心,包括城市应急指挥中心(综合运营管理中心),整合各委办局信息系统,联通区县(开发区)综合指挥中心以及镇政府、村(社区)和驻地单位等数据平台,系统的通用功能分别在一、二级平台各类节点部署,打破不同层级不同业务之间的"数据孤岛"格局,形成城市大脑、神经网络和指挥调度体系,实现全市跨部门跨区域跨层级应急业务大协同大联动。统筹融合政务数据、运行感知数据、互联网数据、企业数据等多方资源,完善数据共享、数据流通和数据开放机制,鼓励政府部门、企业高校、科研机构等多元主体,合作开发数据资源,提升数据感知、协同联动能力,创新城市大脑运行模式。

### (三)建设时序

城市大脑能够缩短城市中心与边缘地区的逻辑距离。抓住国家大力支持信息数字化基础设施建设的机遇,近期应加快部署5G、人工智能、工业互联网、物联网等新型基础设施，夯实城市大脑的"硬件基础"。城市大脑在智能设备、云平台与大数据构建的城市场景中，以产品和技术为底层，通过中台支撑数字政务、城市治理、城市决策和产业互联等领域的解决方案。基于"城市大脑+应急"的理念，通过业务中台、数据中台、技术中台和算法中台，主要包括综合应急管理系统、应急通信系统、监测预警系统、应急数据管理系统和移动指挥终端（App）五大板块，可将交通治堵、犯罪预防、风险监测、危险源评估、资源调配、应急指挥等核心服务链路整合，形成应急管理时空"一张图""一张网"和"AI 计算"一个平台，为突发事件的预警防范和处置，发挥智能化指挥的效应。还可辅以 BIM＋VRAR＋GIS 的支持，实现平战结合，使物理世界与虚拟世界之间形成一一对应的关系，对于突发事件通过适时追踪或虚拟环境的仿真，达到实战化、可视化、智能化，使应急响应能力得到全面提升，相应的培训、训练和演习的成本也可大幅降低。在此基础上，部署并拓展其他智慧应用和服务领域，提升城市品质和可持续发展能力。

## 三、城市大脑建设的几个问题

### （一）市场运营

城市大脑建设应由政府推动，市场化运营，将城市大脑作为可复制的产品推广。一些城市成立了混合所有制的"城市大脑有限公司"，由市国有企业控股，社会企业和研发团队参股。以应急管理智能化服务以及社会治理、民生服务的内容，属于公共产品，可通过政府采购或购买服务的方式运作。其他的项目，应走公司＋用户的市场化运营路径。比如杭州城市大脑停车运营有限公司，将便捷泊车的应用场景固化下来，并开始公司化运营。各区、县（市）也纷纷成立，或国有独资或混合所有。面向市场的公司运营，既解决城市大脑研发投入问题、运营费用问题，同时也带动了产业发展，拉动了数字经济。

### （二）应用场景

城市智能化管理和运营使城市治理真正进入精细化、人性化、网格化、物联化时代，不仅使得对高风险、高价值对象的监管工作可利用虚拟环境进行，而且日常运营可在 24 小时物联网可视化平台支撑下，大幅提升预警防范、快速响应能力。应用场景还可将城市大脑能力下沉到社区，推广"网格化＋社区大脑"新模式，建立"网格长＋专职网格员＋社区网格执法力量＋社会力量"的网格化队伍，搭建虚实交互、平战结合的数字孪生社区平台，实现社区全要素虚拟管理，社区运行态势实时感知，提升网格智能化和协同化能力。比如杭州各平台和系统的主屏均以数字驾驶舱的形式呈现。依托城市大脑中枢算力支撑的数据协同数据化、在线化、智能化、全景化、可视化，使城市治理者可以实时掌握一手资料、一手舆情，并且通过分析、比较做出科学精准的决策和判断。在使用层面，数字驾驶舱推出了大屏版、PAD 版和手机版三个版本，全面支撑移动办公。"一部手机治理一个城市"，在杭州变成可能。市委书记、市长的数字驾驶舱开始使用，应急系统、卫健系统、文旅系统、城管系统、财政系统等多个系统的数字驾驶舱也已上线。陕西在铜川市实施的"雪亮工程"、在全省乡村推广的合阳"雪亮工程"模式以及西咸新区的智慧消防，都是我省智慧城市平战结合应用场景的成功范例。

### （三）法规支撑

城市大脑的推进，会倒逼公务人员理念转变，倒逼政府流程再造，倒逼体制机制创新。涉及一些不合时宜的规章制度应及时调整和修订，为城市大脑开路。如为缓解交通拥堵，几年前杭州曾颁布市长令，外埠车辆进城出城要错峰限行，给外地来杭人员带来诸多不便。在杭州城市大脑的协同下，市长令做了优化，推出了"非浙 A 急事通"，外埠车辆每年有 12 次机会不必错峰限行。又如 2013 年颁布的《杭州市机动车停车场（库）建设和管理办法》，管理主体多头，对主营的社会停车场数据接入没有要求。为了明确牵头部门，杭州及时启动了修订程序，市城管局作为停车场库的主管部门；此外，对各停车场数据接入也提出了刚性要求。城市大脑将会大量运用区块链技术，而区块链去中心化、自我管理、集体维护的特性颠覆了人们的生产生活方式，淡化了国家、监管概念，冲击了现行法律安排。对于这些，我们还缺少应有的理论准备和制度安排。

### （四）网络安全

加快构建规范合理的数据管理体系，统筹考虑数据开发利用和个人信息保护的平衡，明确和细化特殊场景下数据开发利用规则，强化数据目录和数据接口的标准化对接，增强数据可靠性、实用性、保密性。由于城市大脑主要依赖物联网、云计算、大数据、人工智能、区块链等新技术的使用，应急数据的处理、交换和共享，会涉及大量国家机密和个人隐私，网络安全问题十分突出，需要再提高数据质量，发挥区块链"不可伪造""全程留痕""可以追溯""公开透明""集体维护"的技术优势。同时，建立健全信息网络安全保障机制与技术体系，防范技术安全风险，根据不同的岗位、级别，严格区分权限，呈现个性化界面和内容，最大限度保护数据安全，奠定坚实的信任基础，创造可靠的合作机制，确保城市大脑的安全健康运行。

（原文发表于《中国应急管理》杂志2020年第4期）

# 议题三：打造我省航空应急救援"1小时圈"

经过多年努力，我省应急救援队伍建设取得一定成效，门类基本齐全，体系较为完备。但是，行业领域及空间区域布局不尽合理、专业装备和救援能力与应对需求不匹配，关键时刻"到不了、上不去"等问题仍然突出，救援能力与省委、省政府的新要求，与新时代人民日益增长的安全需要有较大的差距，特别是在森林火灾、水上搜救、伤员转运等方面尤为突出。因此，立足我省应急管理工作实际需要，打造航空应急救援"1小时圈"迫在眉睫。

## 一、建设我省航空应急救援"1小时圈"的必要性

### （一）航空救援是森林火灾扑救的重要手段

我省森林面积1.33亿亩，位列全国第10位，气候持续干旱使我省成为全国森林火险等级最高的地区之一，3月以来我省已发生森林火灾198起，造成5人死亡9人受伤。航空救援直升机不受林区地形限制，及时侦查火情发展趋势，可以先于地面消防官兵投入森林火灾扑救战斗，执行多种救援任务，投送消防兵力、装具、给养，搭载消防兵转场，解救被困群众撤离，是扑救森林火灾最重要的手段。

### （二）航空救援在提高伤员救治效率方面优势突出

我省高危行业点多面广，高危行业生产经营企业达6000多家，矿井1100处，山区道路和桥梁隧道多。近年来，我省安全生产形势虽总体平稳，但是死亡人数居高不下，2016—2018年发生一般以上安全生产事故3798起，重伤284人，死亡2397人，据不完全统计，抢救无效死亡262人。我省优质医疗资源集中在关中地区，而大型能源化工企业集中在陕北地区，发生重大安全生产事故后，当地医院很难满足急重症伤员的救治需求，利用航空救援，发挥西安等地的优质医疗资源，是减少伤亡的最佳选择。

## （三）航空救援在救援被困人员方面优势突出

我省是全国洪涝灾害频繁发生的省份之一。据统计，流域面积200平方千米以上河流共有262条，几乎每年都会发生不同程度的洪涝灾害。同时，我省还是地质灾害多发易发省份，共有34个地质灾害易发区，面积18.93万平方千米，约占全省面积92%，其中，高易发区面积3.70万平方千米。特别是陕南、陕北地区，山大沟深，地质灾害往往伴随洪涝灾害发生，极易形成救援孤岛，营救被困人员是首要任务。利用救援直升机搜索范围大、可以采取悬停释放绞索等方式，是营救被困人员的有效手段。

## 二、可供借鉴的兄弟省份航空应急救援队组建的做法

近年来，兄弟省份普遍意识到航空救援的巨大优势，积极与通航企业开展合作，据考察，目前，四川、江苏、山东、宁夏、黑龙江、福建、安徽等省份，均与航空救援企业签订合作协议，采用不同模式组建航空应急救援队伍。

### （一）四川省实行"购买服务"与"征用补偿"相结合的做法

（1）购买服务高频次演练。四川省应急厅针对本省自然灾害频发的实际情况，将航空应急救援企业纳入省级应急救援体系，采用"购买服务"的方式采购航空救援演练场次和飞行时长，通过省安委会发文，联合公安、消防、交通、旅游、国土、卫健委、地震局、西部战区空军参谋部等多部门联合进行灾害综合救援演练，切实提高应对自然灾害的能力。2019年以来结合"5·12"减灾日活动，安全生产月活动，共开展各类航空救援演练11场。

（2）先救援后补偿。发生自然灾害时，航空救援企业进驻省应急厅指挥中心，现场调度救援直升机，任务执行完毕后，分任务的难易程度给予不同的资金补偿。因此，航空应急救援力量在汶川地震、九寨沟地震、射洪县洪水、甘孜县山体滑坡等自然灾害中均较好地发挥了作用。特别是2019年6月18日宜宾长宁县地震灾害中，使用航空救援直升机将重症伤员转院至四川省人民医院救治，受到国家应急部高度肯定。

### （二）上海市以"专项资金"建设航空救援队的做法

上海交通大学医学院附属瑞金医院自2015年起启动《上海航空医疗救援中心基地医院建设与应用》项目，列为上海市第四轮加强公共卫生体系建设示范性项目，

市政府支持项目资金 1.5 亿元，成立"上海航空医疗救援指挥中心办公室"，与警务航空队和金汇通航共同建立了航空医疗救援专业团队。

### （三）江苏省"采购包机常态化备勤"做法

江苏省应急厅、交通厅、卫健委、交通控股集团以及航空救援企业，采取包机租赁形式，在无锡、镇江、徐州三个地市，布设 3 架航空救援直升机，建立直升机应急救援常态化备勤工作机制，基本形成航空应急救援体系。

### （四）福建省"救援基地区域覆盖"的做法

福建省与航空救援企业签订战略合作协议，在厦门市观音山厦金湾设置"航空医疗急救站"，覆盖半径 150 千米的救援区域，同时建立"接出警工作机制"，构建省内海陆空立体应急救援体系，及航空医疗服务体系建设。

## 三、省内从事航空应急救援的企业基本情况

据了解，上海金汇通用航空股份有限公司（以下简称"金汇通航"）成立于 2006 年，目前救援网络覆盖全国 28 个省份，共运营 63 架综合救援直升机，拥有中国民航 CCAR-91 部、CCAR-135 部运行资质认证的甲类通航公司。有飞行员 157 名，飞行医护、绞车手、救生员等各类航空救援人员 2000 余人。2015 年进驻陕西，有 3 架中型救援直升机长期备勤。2017 年，被省应急委纳入我省应急救援体系，主要承担全省范围内发生重、特大突发事件的航空医疗救援及其他紧急情况下的人员、物资输送转移工作。2018 年，金汇通航与中国空军后勤部签订《航空应急救援服务保障战略协议》，建立救援飞行绿色通道，救援飞行空域航线审批可在 15 分钟内完成。截至 2019 年 5 月，金汇通航在全国范围实施的救援案例 623 例，参与过汶川地震、九寨沟地震、响水爆炸事故、凉山森林火灾等重大灾害事故的救援实战。金汇通用航空陕西分公司可以作为我省航空应急救援队伍的骨干力量。

## 四、我省航空应急救援体系建设初步构想

### （一）建设目标

组建省航空救援队，承担我省范围内森林火灾扑救，事故灾害伤员转运、人员搜救、水上救援、现场侦查、装备物资投送等综合救援任务，形成全省事故灾害应急响应"1 小时圈"。

## （二）建设原则

一是统一指挥，统筹布局。建立省航空救援队，纳入全省应急救援体系，由省应急管理厅统一指挥，按照构建全省"1小时"响应能力要求，在西安、汉中、安康、延安、榆林布设5架直升机。

二是政府租赁，企业承建。鉴于航空救援队专业性高，后期维护保养、升级换代、人员专勤培训需要长期积累，借鉴兄弟省市经验，采取购买第三方服务的形式，委托企业承建，花钱少、见效快。

三是资质完备、机型适当。从事航空救援的企业要具备CCAR-91部、CCAR-135部资质，保证救援需要。从安全性和救援能力以及搭载设备考虑，采用双发中型直升机。重型直升机对飞行起降场地、航线要求较高，2008年汶川地震以来，尚无重型直升机参与救援的案例，故不做考虑。

## （三）航空救援网络布局

结合我省地域特点，以及各市救援基地建设情况，拟在西安、汉中、安康、延安、榆林建立航空救援固定操作基地，为救援直升机提供起降、加油、维修、航务、通信等基本服务功能，延伸救援直升机续航里程和救援半径，提高应急救援效率。其中，西安基地承担咸阳、宝鸡、渭南、铜川救援任务；延安基地兼顾渭南市韩城、合阳等地。安康基地兼顾商洛地区；同时在全省70多个县划定直升机起降点，基本实现我省全境救援范围"1小时"覆盖。（图1）

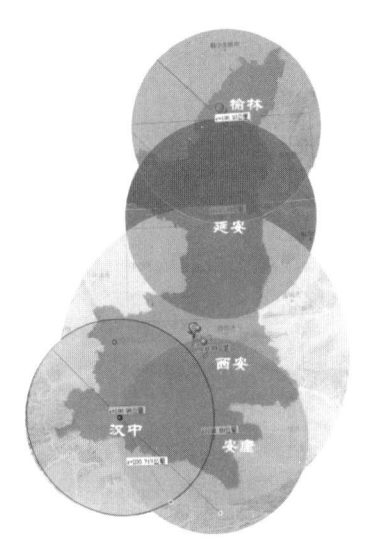

图1　陕西航空救援体系区域覆盖图

## （四）资质要求

通航企业首先要具备CCAR-91部资质，可以从事基本的航空运营业务，在此基础上还应拥有CCAR-135部资质，可以执行异地起降任务，搭载必要救援装备和救援人员。

## （五）机型选择

轻型直升机在应急救援中作用有限，自身安全性也不高；重型直升机数量严重不足，在应急救援中受地形、天气、油料保障不足等因素影响较大，难以发挥最大功效；中型双发直升机，大小适中，可以装备绞车、医疗设备、消防吊桶、搜索探照灯等综合救援设备，可以执行综合救援任务。

### （六）航空救援队指挥方式

（1）平时，直升机由基地所在各地市指挥调用，开展救援、巡航、演练、备勤等航空应急活动，向省应急厅报备直升机用途和位置。

（2）突发灾害或重大事故时，由省应急厅统一调派，执行救援任务。

（3）直升机运营维护、空域协调、油料保障以及飞行员、空勤员和飞行医护人员招募训练由承建企业承担。

### （七）空域保障

低空空域是开展航空应急救援活动的主阵地，各类航空救援直升机必须经军民航协调批准方可执行救援任务。拟协调空军西安指挥所、民航西北空管局，将我省航空应急救援体系的救援半径、救援航线和救援直升机型号进行备案，开辟应急救援飞行"绿色通道"，便于救援飞行计划的审批，从而提高航空应急救援体系运行效率。

## 五、经费测算

### （一）基地建设

在西安、榆林、延安、汉中、安康五个地市，依托现有应急救援基地，建设航空应急救援固定操作基地（FBO），包括机库、停机坪、消防、通信、灯管等设施，总体投资5000万元，按照省市5∶5比例投资，省财政需投资2500万元，各地市分别投资500万元。因固定操作基地为通用基地，建成后，交由直升机运营企业租用，企业每年缴纳租金50万元左右。

### （二）第三方服务购买

航空救援企业投入5架双发中型救援直升机，经前期询价，包括绞车、吊桶、医疗等设备，每架约1.4亿，合计7亿元人民币。采取购买第三方服务形式，每架直升机每年"一揽子"费用约3000万元，合计1.5亿，按照省市5∶5投资，省财政每年投资7500万元，基地所属各市投资1500万元。

# 议题四：关于灾后复盘和重建的思考

## 一、灾害及灾害链：可演变成一场灾难

（1）灾害的定义。它是指能够对人类和人类赖以生存的环境造成破坏性影响的事物总称。不同的主体从不同的侧面对灾害做过各种各样的描述、定义和理解。灾害一般不表示程度，通常指局部，但可以扩张和发展，演变成灾难。灾难指自然的或人为的严重损害带来对生命财产和环境的重大伤害。

（2）灾害链。等级高、强度大的灾害发生以后，常常会诱发、衍生出一连串的其他灾害，这种现象叫灾害链。灾害链中最早发生的起作用的灾害称为原生灾害；而由原生灾害所诱导出来的灾害则称为次生灾害。

近些年，四川地区多处因暴雨引发泥石流灾害，其中，汶川、舟曲等地是重灾区。专家分析："5·12"地震才是这次事故的直接原因，泥石流可看作是汶川地震的"次生灾难"。

研究表明：震后10年内汶川强震的滑坡——泥石流灾害链将进入高度活跃期，泥石流灾害将是地震恢复期间中严重的灾害。地质部门对震后次生灾难的估计显然落在大自然的魔掌之后，而汶川在重建过程中的缺陷如原地重建、水利工程改造、灾难排查和整治以及对泥石流预警的不足等问题都开始浮出水面。

## 二、现代城市灾害的规律：突变性、连锁性与叠加性

现代社会中，城市灾害的威胁对象、致灾机理、成灾模式与损失构成均发生了显著变化。一些等级高、强度大的灾害一旦发生，很容易变成一条灾害链，并表现出突变性、连锁性与叠加性的特征。

（1）突变性。现代城市致灾因素非常多，硬件设施建设一般都有多少年一遇的标准，但当致灾因素突变、成灾规模超出了工程防控限度时，往往因准备不足而出现灾情升级，损失剧增，给城市带来巨大的冲击和威胁。

（2）叠加性。现代城市在面对传统和非传统风险的挑战中韧性较差，存在诸多短板和漏洞，常常会因原生灾害和次生灾害相互叠加，衍生为一条灾害链，形成致灾因素倍增、成灾规模层层放大的严重局面。

（3）连锁性。现代城市生命线工程是一个完整的大系统，包括交通、通信、互联网、供水、供电、供气、垃圾处理、污水处理与排水治涝防洪等若干个子系统，在某一点或某个子系统一旦因灾受损中断，便导致连锁反应，甚至使城市陷入严重瘫痪，演变成一场灾难。

## 三、应急管理的形态变化：差异性、多样性和动态性

（1）应急决策不完全是以单个事件为核心的。政府和社会能够对某一件事情达成共识是暂时的、相对的、有条件的，而出现迥异的态度和反应则是经常的、绝对的、无条件的。应急处置具有时间的反复性和空间的扩散性，平时常态与战时状态会不断转换，常常出现差异性、多样性、动态性的典型特征。

（2）破除"无限责任""绝对安全""一刀切"等认识误区。"无限责任""绝对安全""一刀切"是在常态社会中经常被用到的管理理念。转换态的客观存在，演化型事件，对于政府最大的挑战来自这一演化过程中政府的"不为"或"错为"所引发的信任危机。社会公众的认知和政府的应急能力形成的落差，要求"一刀切"达到"绝对安全"目标，最终造成"过度问责"。从事后的总结回顾来看，制度、组织和个人都可以为所造成的重大突发事件负责。更重要的是从源头、制度和组织上解决问题。

（3）注重转换态的意义。研究转换态，科学治理转换态，正确处理常态、转换态和应急态的联系和区别，最终目的不是搞出一套对"三态"分而治之的策略，相反，是为了更好地在系统性风险和复杂性危机中寻求对治理系统性的理解，实现适时、适度、合理切分"三态"的专业化方案，追求每次由一种状态变为另一种状态的敏感性、效率性和精准度，降低决策和管理成本，减少突发事件和公共危机对社会的破坏。

## 四、复盘与修复：在灾难中学习成长

（1）"六个月改革"的"机会窗"。这是管理学的一个观点。在灾难面前，我们每一位公民都是感同身受、亲历其中，真正地同舟共济、携手共进。这种共同面对，共同参与，共同承担的过程，是一场非常生动、刻骨铭心的生命教育、信念教育、科学教育、道德教育，能够培育坚忍不拔、从容不迫的奋斗精神和赤诚仁爱、胸怀天下的家国情怀，在灾难和不幸面前，真正与祖国同甘共苦、一起成长，让灾难见证人们不断成长的足迹，让不幸成为通向幸福的桥梁。灾难发生六个月内，人们记

忆犹新，痛定思痛，人心思变，推进各项改革和拾遗补阙阻力很小。时间一长，人们忘记了苦难，再搞改革，补齐短板，就失去了最佳时间窗。

（2）复盘与修复。一个聪明的民族，从灾难和错误中学到的东西会比平时多得多。没有哪一次巨大的历史灾难，不是以历史的进步为补偿的。城市治理的核心是切实建立层级明确、多主体参与、运行有效的治理体系。目前，城市治理体系是根据常态治理需要进行设计，应对突发事件的配套机制不够健全。一系列黑天鹅、灰犀牛事件的发生提醒人们，当从常态治理切换到非常态治理时，城市治理在公共政策、社会资源、社会服务等方面都存在一定的漏洞、短板和弱项。事后应"亡羊补牢"，及时复盘、总结、纠错与修复。

### 五、巨灾和灾难：是透视人心的镜子

（1）目前，面对国内外太多的不确定性因素，每个人都在思考，重新认识自我，认识人生，认识所处的环境，认识我们这个国家，认识当今这个世界。这种冲击所带来的影响，无论在经济、政治还是在文化、心理意义上，都是一个大事件、分水岭。

（2）黑天鹅、灰犀牛这样的极端事件离我们不遥远。当人们被抛离日常生活的轨道，孤独地面对一个不可知的命运时，很多人普遍有一种烦躁、焦虑、抑郁，轻者定不下心来做什么事儿，重者选择了轻生。

（3）人除了有一个健全的理性的大脑还有神秘的心灵部分。在困境当中想不明白、活不下去，有时是因为心灵遇到了挫折而选择悲观厌世。理性的困惑可以通过合情合理的方案得以解决，但灾难中心灵的痛苦涉及人的隐秘世界，很难与他人分享和诉说，便成为烦躁、焦虑、抑郁者一个跨不过去的坎。需要建立一种"安全阀"，让他们宣泄、诉说、倾吐。从不同价值观的人身上学习我们所不了解的东西，在沟通时不要带着自己的价值观去评判对方价值观的好坏，那样的话会失去从不同角度看待问题的机会。懂得共情式沟通，是一种最高级的善良。

（4）教育和启蒙者，应善于与年轻一代交流和分享。我们有许多教育和启蒙的方式，应当不断传承和扬弃。过去灵验的认知，不一定在当下仍是灵丹妙药。需要对传统人和现代人两种世界的问题（现实世界/超越世界、肉身世界/精神世界）做个系统深入的研究。在一些灾难中，年轻一代对私人领域的各种社会文化现象、特别是个人的情感生活，思考是那样的细腻深入，而老一代人相对则比较粗糙。要了解年轻一代，不是简单只要求他们听从、服从，最重要的是理解和分享，这种分享

是双向的，要让年轻一代理解和分享你所欣赏的境界，你也必须放下身段，与他们探讨并分享他们所喜欢的新的价值、新的经典、新的文化样式。

## 六、灾后恢复重建：是系统性的再造

习近平总书记指出，灾后重建既要考虑灾区原有的发展基础、资源禀赋，又要充分利用恢复重建提供的机遇高起点、高标准建设，高度重视产业升级、节能环保，努力促进灾区全面协调发展。

灾后恢复，既是应急行动的结束，又是应急准备的开始。恢复重建的过程，受政治驱动，过程复杂，并非是个线性累加的过程。美国有学者提出一个非线性模型，并将其形象地称为"洛基山脉模型"。它就像三个彼此相连又相互独立的山峰——最低的峰顶是重建，这是最低要求，也是最普遍的模式，主要强调物理重建；中间的峰顶是减缓今后可能发生灾害的影响，这具有前瞻性，也高于前者，它更关注灾后的社会后果和人的需求；最高的峰顶是社区改善，有愿景，着眼于增强受灾社区的韧性和整体优化。

正如习近平总书记所说，要用好灾后恢复重建提供的机遇，抓好受灾地区的系统再造。具体包括四个方面的内容：①基础设施建设；②生态环境修复；③产业链恢复升级；④社会治理能力优化等。

一场大灾之后，恢复重建的主体是政府、企业和受灾群众。这里应充分发挥中央、地方和社会三个积极性。中央政府集中领导，有利于灾后恢复重建人力、物力、财力的统筹规划和集中使用，而地方政府参与灾后重建又有利于提高各种资源的有效配置和合理利用。充分发挥两个积极性不仅体现了我国社会主义举国救灾的体制优势，更符合各个灾区的实际情况。2013年，四川省芦山县发生7.0级大地震。在当地恢复重建工作中，中央首次明确提出重大自然灾害恢复重建"属地作为主体"的新机制，在中央政府统筹指导和协调支持下，建立地方政府统一指挥、党政军警民协同的应急救灾机制。芦山地震恢复重建新模式在以后的鲁甸地震、河南水灾等重特大自然灾害灾后恢复重建中，逐步得到完善，为各地灾后恢复重建工作提供了经验。企业和灾区群众是重建家园的主体，应通过有效的手段，充分调动社会力量参与恢复重建的积极性、主动性、创造性。

## 七、难得的契机：建设韧性城市与城市更新

（1）韧性城市。是指城市能够凭自身的能力抵御灾害，减轻灾害损失，并合理

调配资源以从灾害中快速恢复过来。

长远来讲，指城市能够从过往的灾害事故中学习，提升对灾害的适应能力。

（2）城市更新。是指将城市中已不适应现代化城市社会生活的区域进行必要的、有计划的改建活动。

城市更新是城市发展的新里程。城市更新的方式可分为再开发、整治改善及保护三种。

（3）灾后恢复重建是个重要契机。要从城市更新入手，增强城市"韧性"，主要有四个维度：

①硬件韧性。通过城市更新，增强城市交通、通信、互联网、供水、供电、供气、垃圾处理、污水处理与排水治涝防洪等生命线工程的"安全性"。

②经济韧性。通过产业升级和多元化，增强市场的核心竞争力和科技支撑的"弹性"。

③社会韧性。建立人民防线，增强基层防抗救能力和社区组织在应对灾害中的"柔性"。

④组织韧性。完善应急方案与相关制度设计，健全政府备灾、动员、应急、协调机制，提高政府主导、社会参与的减灾救灾机制的适应性和灵活性。

## 八、新型智慧城市赋能：城市治理体系和治理能力现代化

党的十九届四中全会明确提出"共建共治共享"的国家治理体系和治理能力现代化的具体路径。

新型智慧城市建设开辟了一条"共建共治共享"的国家治理体系和治理能力现代化的重要途径。智慧城市从概念提出到落地实践，历经十多年建设与发展，我国智慧城市建设数量持续增长。截至2019年，已有所有的副省级以上城市、95%的地级以上城市，总计700多个城市（含县级市）提出或在建智慧城市。从在建智慧城市的分布来看，我国已初步形成京津冀、长三角、粤港澳、中西部四大智慧城市群。特别是近些年的新型智慧城市建设，在顶层设计、建设重点、目标定位、实施路径等方面都发生了深刻变化，呈现"区域特色明显""地域差异化显著"等发展态势。新型城市发展形态和治理模式已被社会群体广泛认可和接受，是构建数字中国、数字城市、智慧应急、智慧社会、智慧治理的重要内容，也是建设创新型国家、创新性城市以及治理能力现代化的重要着力点。

从创新合作角度看，新型智慧城市共建生态联盟或研究机构将依托政府、企业、

科研院所多方力量应运而生，形成"政产学研用"融合发展生态圈，面向惠民服务、精准治理、生态宜居、智能设施、信息资源、网络安全、改革创新等领域，重点聚焦新型智慧城市规划、建设、运营、服务、共享的共性问题和关键技术，支撑新型智慧城市全周期建设发展。

新型智慧城市坚持以人民为中心，关注民众需求，强调民众在规划建设、管理、服务、治理等领域的重要参与作用。如浙江、广东、山东、贵州等省提供服务平台，供民众参与智慧城市建设相关的物联设备选型、百姓随手拍管理、城市治理、功能定制、建言献策等，以民众关切为导向，聚焦智慧城市精准服务和精细管理，打造服务型政府，使智慧城市建设和市民感受紧密相连，让民众在智慧城市的发展过程中感受到实实在在的益处，形成自上而下的赋权与自下而上的积极行动的良性循环，打造有温度、可感可触的智慧城市。

### 九、增强文化张力：唤起危机警醒

（1）应急文化。是指人们在应急实践中形成的应急意识和价值观、应急制度规范以及外化的行为表现等。美国麻省理工学院教授埃德加·H.沙因（Edgar H. Schein）是组织文化和组织心理学的开创者。他在20世纪80年代率先提出了"组织文化"的概念。包括表观层、规范层和观念层。

（2）应急文化的作用。铸造共同的文化记忆。文化是存在于个体之外、人类社会之内的遗传和变异因子，是影响人类的第二条基因。应急文化是一种责任、预防、风险、协同、速度文化。它具有导向、凝聚、激励、约束的作用。

（3）应急文化建设。应急文化重在重塑人们在危机中的心智模式，所谓心智模式是指深植我们心中关于自己、别人、组织及周围世界每个层面的认知、假设、形象和故事。它深受习惯思维、定势思维和已有知识的局限。

应急文化建设有三个层次：①形成长期导向的应急核心价值观；②促进应急工作的规范化；③提高应急工作的社会显示度。

（4）彰显科学精神在应急文化中的重要地位。应急文化的核心是科学精神。而科学精神的精髓在于追求真理、实事求是、理性质疑、实证以及对结论的普遍性、确定性要求。

第十一次中国公民科学素质抽样调查结果发布，2020年公民具备科学素质的比例达到10.56%，较2015年的6.20%提高了4.36%。当网络让每个人都可以成为一个信息源时，我们看到，个人情绪的宣泄常常压过了对基本事实的尊重和理性思考；

一些违反科学常识的谣言有时得以大肆泛滥。这只能毒化社会空气，消蚀现代社会应有的人心共识，不利于社会的稳定和进步。

## 十、危机：危险+机遇

"透过现象看本质"是哲学上的一种方法论，它告诉我们这样才能捕捉到别人所看不到的机会。当我们遇到困难，身处危机的时候，能否看到困境背后所蕴藏的机遇呢？常言道："危险与机遇总是并存的。"这句话很好地阐明了危险与机遇的辩证关系。

我们来看四个案例，充分说明不是在危机中灭亡就是再生。

（1）全面崩溃、不复存在。比如石家庄三鹿集团：2008年因三聚氰胺事件爆发，2009年2月12日宣布破产，价值高达149.07亿元的三鹿品牌资产灰飞烟灭。政府以6.1亿元卖给了三元集团。

（2）痛定思痛、再踏征程。如中兴通讯：2017年，营收1088亿元。2018年，中兴被美国"封杀"，4月17日，中兴通讯AH股双双停牌，公司主要经营活动无法进行。被迫接受美国制裁：10亿美元罚金+4亿美元保证金并改组董事会，当年营收855亿元（-21%）。在中国政府的斡旋下，解禁后，经过3年踔厉前行，2021年，营收1145亿（12.8%）

（3）逆势突围、临渊图存。如华为公司：2018年，营收7212亿元。从2019年5月16日至2021年4月美国对华为公司实施了4轮制裁，作为反制措施之一，2021年4月华为鸿蒙系统上线，2021年，营收6368亿，-28.6%，净利润1137亿，+75.9%。从追求规模转向追求利润和现金流，苦熬三年，争取活下来，度过危机期。

（4）腾笼换鸟、凤凰涅槃。如浙江嘉善县：在2021年的纽扣行业专项整治提升行动中，仅用7个工作日完成了40家房东企业、127家企业的全部签约工作，并用时一个半月完成全部腾退，收回土地248亩，拆除面积26万平方米，引导35家、58户树脂企业化零为整，兼并重组为5家企业，推动新一轮制造业转型升级。

总之，生机只属于那些有所准备的人。

（写于2022年）

# 大西安人口承载力研究

杨东朗　黄云笛　史忠平　赵璐瑶

**摘　要**　本文通过将西安市与不同发展水平城市的资源与基础设施水平进行横向对比、测算人口综合承载力、预测西安市人口增长情况及测算西安市人口与城市资源及基础设施匹配度，综合分析后提出西安市人口与城市基础设施协同发展的对策建议。

## 一、绪论

根据统计局口径，截至2017年底，西安市户籍总人口约845.09万，在西安市全面代管西咸新区后，常住人口则已达到961.67万。而随着西安市被确立为国家中心城市、丝绸之路起点城市，以及"一带一路"和西咸一体化的不断推进，西安市正以其不断上升的城市竞争力吸引着越来越多的人口。截至2018年12月11日，在西安市的户籍新政下已有100万人落户西安。

然而，国内外许多城市的经验表明，当人口持续向城市地区集聚，如果城市各项基础设施与配套资源不完善或其新增速度跟不上人口增长速度，势必引发诸如就业、住房、交通、教育、医疗、环卫、治安等方面的紧张问题。

不断增长的人口对西安市的基础设施承载力提出了更高要求。那么，西安市当前的人口现状是怎样的？西安市是否有能力承载目前众多人口以及还在不断高速增长的人口？当前哪些城市基础设施与资源对西安人口及城市的发展制约作用最大？以及在可预见的未来，西安市应如何调整各项资源配置以适应大规模常住人口？这些问题的研究在当前显得极为迫切。本文通过将西安市与不同发展水平城市的资源与基础设施水平进行横向对比、测算人口综合承载力、预测西安市人口增长情况及测算西安市人口与城市资源及基础设施匹配度，综合分析并回答以上问题。

## 二、西安市人口与资源设施现状

### (一) 西安市人口发展现状

**1. 西安市人口规模**

由表1和图1可以看出,西安市总人口数量在过去的十年间呈稳步上升的趋势,2007年总人口数为764.25万人,到2017年总人口数达到了845.09万人,十年间共增长了80.84万人。每年的人口增幅保持在1%左右,其中,2017年人口增幅最高,达到2.44%;2015年人口增幅最低,为0.05%。

表1 西安市2007—2017年总人口数量

| 年份 | 总人口数(万人) | 年份 | 总人口数(万人) |
| --- | --- | --- | --- |
| 2007 | 764.25 | 2013 | 806.93 |
| 2008 | 772.30 | 2014 | 815.29 |
| 2009 | 781.67 | 2015 | 815.66 |
| 2010 | 782.73 | 2016 | 824.93 |
| 2011 | 791.83 | 2017 | 845.09 |
| 2012 | 795.98 | | |

数据来源:《西安统计年鉴(2008—2018)》。

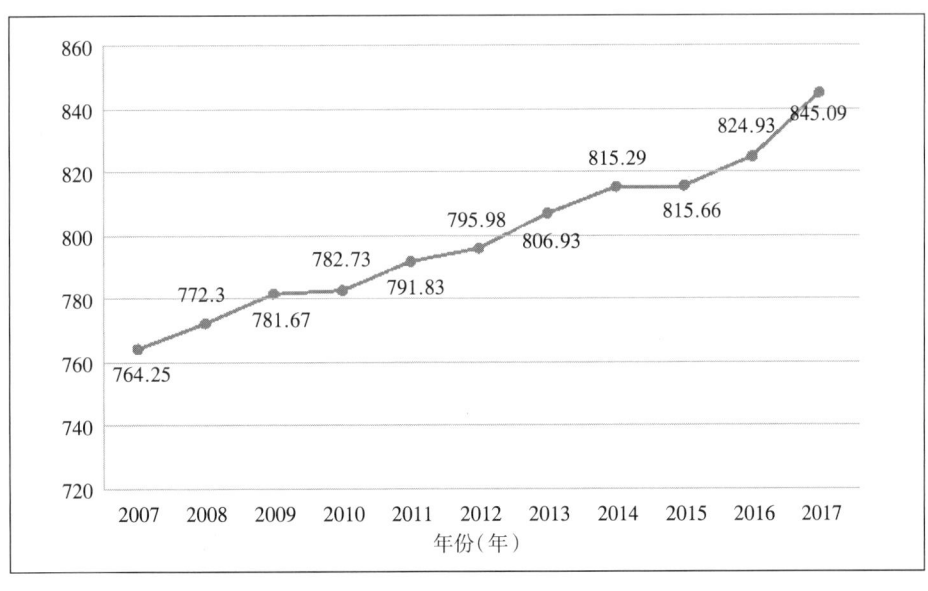

图1 西安市2007—2017年总人口数量

数据来源:《西安统计年鉴(2008—2018)》。

## 2. 西安市人口增长

由表2和图2可以看出，西安市近十年来人口自然增长率总体较为平稳，维持在5‰左右。2016年开始人口自然增长率出现显著增长，达到6.14‰，这可能与2015年10月全面放开二孩政策有关。同时，根据图2也可以看出，2007—2015年西安市人口净迁移率呈现波动下降趋势，人口净迁移率为净迁入人口与总人口的比值，因此此项指标从侧面反映出近年来西安市城市吸引力的下降。然而，2017年西安市人口净迁移率由2016年的1.85‰骤增至24‰，反映出2017年西安市人才新政具有显著的成效，吸引了大量"新西安人"落户古都。

表2 西安市2007—2017年人口自然增长率和人口净迁移率

| 年份 | 人口自然增长率（‰） | 人口净迁移率（‰） | 年份 | 人口自然增长率（‰） | 人口净迁移率（‰） |
| --- | --- | --- | --- | --- | --- |
| 2007 | 4.52 | 7.71 | 2013 | 4.20 | 2.76 |
| 2008 | 4.58 | 4.47 | 2014 | 4.64 | 1.83 |
| 2009 | 4.45 | 4.73 | 2015 | 4.64 | −4.33 |
| 2010 | 4.39 | 0.75 | 2016 | 6.14 | 1.85 |
| 2011 | 4.33 | 3.12 | 2017 | 7.20 | 24.00 |
| 2012 | 4.56 | −0.69 | | | |

数据来源：《西安统计年鉴（2008—2018）》。

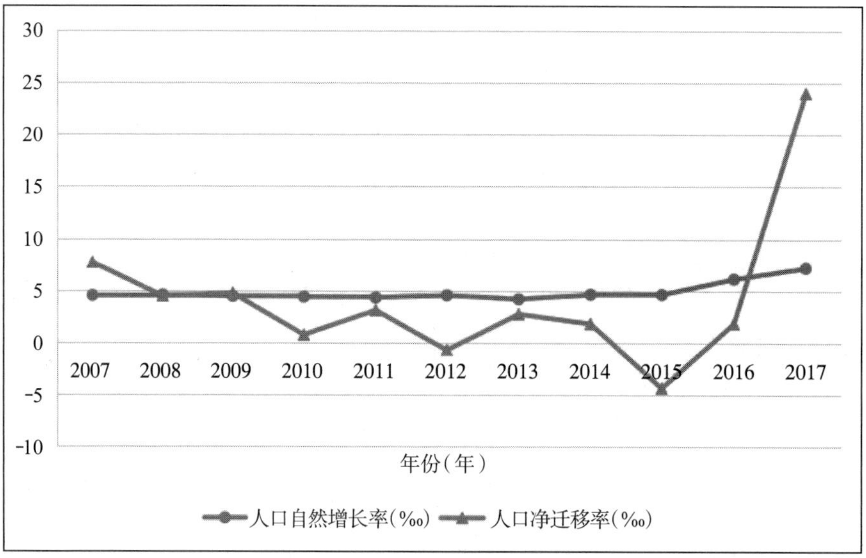

图2 西安市2007—2017年人口自然增长率和人口净迁移率

数据来源：《西安统计年鉴（2008—2018）》。

### 3. 西安市人口结构

首先，从年龄结构上看，2010年西安市65岁以上老年人口突破7%，意味着西安市进入了老龄化社会。2010年之后，随着劳动年龄人口比重的持续下降和老年人口比重的不断上升，西安市人口总抚养比也不断攀升，由2010年的27.15%上升至2017年的32.97%。劳动力不足与养老负担加剧为西安市未来发展带来了沉重的人口压力。

其次，从学历结构上看，2017年西安市平均每万人高等学校在校学生人数（982）远大于国家平均水平（258），但初中、小学阶段在校学生人数都未达到国家平均水平，反映出西安市高等教育水平较高，但基础教育存在不足。从2011年开始，西安市接受教育人口比例开始下滑；2014年开始，高校在校学生人数占比也开始下降，侧面反映出西安市人口年龄结构的变化和各阶段教育事业发展情况不容乐观。

再次，从人口从业结构上看，进入21世纪后，西安第三产业得到了迅猛发展，2017年西安市第三产业所占经济比重达到61.5%，第三产业从业人数由2000年的134.81万人增加至2017年的347.52万人，第三产业从业人口占总从业人口比例也由35%增长至58%。但西安市第二产业发展较为缓慢，17年来第二产业从业人口仅增长28万人，不能对第三产业的持续发展起到良好的支撑作用。产业结构与就业机会密切相关，更关系着能不能留下西安培养出来的大量高学历人才。

最后，从收入结构上看，近十年以来，受益于西安市社会经济发展，西安市人均可支配收入持续增长，由2007年的12662元增长至2017年的38536元。但2017年西安市可支配收入增速在15个新一线城市中排名第11位，近五年（2013—2017）西安市城镇居民可支配收入增速在15个新一线城市中排名第14位，仍有很大的发展空间，需要引进更多人才促进大西安的发展。

### （二）西安市人才新政

由前文所展示的西安市人口规模、人口增速及人口结构现状可以看出，西安市近年来面临着吸引力不断下降、人才流失、劳动力不足及老龄化的诸多问题，会对城市未来的发展产生严重的制约。

因此，为吸引海内外各类人才、改善人口结构、提高人口素质、增加城市发展活力，2017年开始，西安市已先后多次升级调整了被称为"史上最宽松"的户籍政策，分别是2017年3月1日发布《关于进一步吸引人才放宽我市部分户籍准入条件的意见》,通过"三放四降",即放开普通大中专院校毕业生的落户限制、放宽设立单位集体户口条件、放宽对"用人单位"的概念界定、降低技能人才落户条件、降低投资纳税落户条件、降低买房入户条件、降低长期在西安市区就业并具有合法固定住所人员的社保缴费年限,首次大规模推进人才引进政策;2017年5月8日,《西安市人才新政23条》的制定,将新政的目标设置为在5年内引进和培养国内外在西安创办企业或实施成果产业化的国内外顶尖人才(A类)50名、国家级领军人才(B类)300名、地方级领军人才(C类)1000名、产业发展与科技创新类人才(D类)10万名、产业发展与科技创新类实用型人才(E类)80万名和海外人才5万名,总计吸引约100万人才,再次增大了对人才的吸引力;2017年6月,西安市进一步放宽部分户籍准入条件,将本科以上学历落户年龄放宽至45岁,硕士研究生及以上学历人员不设年龄限制;2018年2月1日,西安户籍新政再次升级,个人落户一站式全办结,通过学历、人才、投资纳税落户的,即便是落在集体户上,也可同步完成举家迁入;2018年3月5日,网络"掌上户籍"绿色通道正式运行,即凭学历落西安社区集体户,只需通过"掌上户籍室"App提交资料即可;2018年3月23日,在校大学生仅凭学生证和身份证即可在线完成落户大西安;2018年4月26日,西安公安户籍新政再推出重磅举措,全面开放在西安创业的35岁以下企业法人、股东和企业员工落户大西安,户籍新政助力打造青年创业之城;2018年5月17日,西安市人社局、财政局发布《西安市进一步加快人才汇聚若干措施》的"十三条措施",又一次加强了人才引进的力度。

通过一系列户籍政策的实施,西安市的人才引进计划取得了显著的成效。自2017年3月1日西安户籍新政实施开始截至2018年12月11日,西安市新增人口突破了100万大关。据统计,2018年1月1日至12月11日12时:全市市外迁入人口共751356人。其中,博士以上1219人,硕士研究生25745人,本科229208人,人才引进30655人。

然而,国内外许多城市的经验表明,当人口持续向城市地区集聚,如果城市各项基础设施与配套资源不完善或其新增速度跟不上人口增长速度,势必引发诸如就业、住房、交通、教育、医疗、环卫、治安等方面的紧张问题。不断增长的人口对西安市的基础设施承载力提出了更高要求。因此,当前亟须对西安市的人口承载力进行研究,找出西安市资源与基础设施中的短板以及人口发展与城市发展的不匹配之处。

### (三)西安市资源设施与其他城市的横向对比

在对西安的人口承载力进行测算之前,将西安市与一线城市(北京、上海、广州、深圳)及新一线城市(成都、郑州、武汉等)的各项资源与基础设施进行对比,可以较为直观地发现目前西安市的优势与不足。

目前,我国正处于城市化加速发展阶段,随着城市化进程的加快,一块区域的中心城市的承载能力关系着整个区域发展的可持续性,也就是说城市的综合承载力如何可以较为直观地反映一座城市及其周边的可持续发展能力。城市综合承载力与城市的资源条件、经济条件、技术水平和价值观念密切相关,结合国内外学者对城市综合承载力的界定,笔者认为城市承载力主要包括城市资源承载力、城市生态环境承载力、城市硬件基础设施承载力和城市软件基础设施承载力,它们构成了城市综合承载力的主要部分,起着决定性作用。对此,本节主要就西安市和其他参考城市的资源状况、生态环境状况、硬软件基础设施状况进行数量上的横向对比,为进一步进行承载力测算研究做好铺垫。资源状况包括土地资源和水资源的数量对比,具体包括市辖区建成面积、耕地面积,以及年供水总量;生态环境状况主要包括绿地面积、污水处理厂处理能力和生活垃圾无害化处理能力的对比;硬件基础设施状况主要指城市的公共交通状况,包括道路面积、人行道面积以及城市公共运营车辆数的对比;软件基础设施状况包括医疗状况和教育状况对比,医疗状况包括执业(助理)医师人数和床位数,教育状况包括普通中学数量及普通小学数量。遵循科学性、系统性、可比性和可操作性的基本原则,形成本文的城市横向对比的评价指标体系表格,如表3所示。

表3 西安市人口承载力评价指标构建表

| 目标层 | 准则层 | 指标层 |
| --- | --- | --- |
| 相对资源承载力 | 水资源状况 | 年供水总量 |
| | 土地资源状况 | 市辖区建成面积 |
| | | 耕地面积 |
| | 教育设施状况 | 普通中学数 |
| | | 普通小学数 |
| | 公共交通状况 | 道路面积 |
| | | 人行道面积 |

续表

| 目标层 | 准则层 | 指标层 |
|---|---|---|
| 相对资源承载力 | 公共交通状况 | 城市公共运营车辆数 |
| | 医疗资源状况 | 执业（助理）医师人数 |
| | | 医疗机构床位数 |
| | 生态环境状况 | 绿地面积 |
| | | 污水处理厂处理能力 |
| | | 生活垃圾无害化处理率 |

为方便对比研究，西安市的人口承载力进行横向对比的参考城市主要分为一线城市（北京、上海、广州、深圳）和新一线城市（成都、郑州、武汉等）两个部分，主要就西安市与一线城市、新一线城市各项基础设施与资源差异进行横向对比，从指标的数量差异上进行分析。横向对比的数据主要以各个城市的《统计年鉴2017》和《中国城市统计年鉴2017》为依据，主要反映2016年各城市的指标状况，存在极个别指标值缺失的情况。

**1. 西安市与一线城市的横向对比**

从表4可看出，西安市与一线城市各项城市资源与基础设施存在着较为显著的差异。就资源状况而言，西安市的市辖区建成面积远小于其他一线城市，年供水总量与一线城市相比严重不足，但西安市的耕地面积占比较大。在教育资源方面，西安市普通中小学数量较为充足，但普通小学和普通中学之间存在较大的数量差，普通中学数明显低于普通小学数，而一线城市中普通小学和普通中学之间的数量差额普遍较小。软硬件资源方面存在着较大差距，集中体现为城市公共设施和医疗资源投入的不足，比如道路面积和公共运营车辆明显少于一线城市，执业（助理）医师人数和床位数明显少于一线城市。在生态环境指标上，西安市与一线城市普遍也存在着较大差距，绿地面积在市区规划面积的占比上远低于一线城市，污水处理厂日处理能力和生活垃圾日无害化处理能力也显乏力。总体来看，在综合承载力指标体系中，西安市在供水总量、市区建成面积、道路面积、公共运营车辆数量、执业（助理）医师人数（人）、床位数、绿地面积及污水处理厂日处理能力等方面与一线城市有明显的差距。

表 4 西安市与一线城市的综合承载力指标横向对比

| 指标 | 西安市 | 北京市 | 上海市 | 广州市 | 深圳市 |
|---|---|---|---|---|---|
| 年供水总量（亿立方米） | 6 | 38.8 | 32.04 | 22.17 | 30.40 |
| 市辖区建成面积（平方千米） | 517 | 1420 | 999 | 1249 | 923 |
| 耕地面积（万公顷） | 23.12 | 21.93 | 19.08 | 9.52 | |
| 普通中学数（所） | 422 | 767 | 801 | 514 | 352 |
| 普通小学数（所） | 1190 | 984 | 753 | 953 | 337 |
| 道路面积（万平方米） | 8618.93 | 10275 | 29250 | 11525.40 | 11920 |
| 人行道面积（万平方米） | 2423.70 | 1713（铺装步道） | | 2232.32 | |
| 城市公共运营车辆数量（辆） | 7829 | 27892 | 16693 | 13795 | 15483 |
| 执业（助理）医师人数（人） | 27864 | 100878 | 65519 | 46791 | 12590 |
| 床位数（张） | 56332 | 116963 | 129166 | 87959 | 41512 |
| 绿地面积（公顷） | 26475 | 82113 | 131681 | 144524 | 19588 |
| 污水处理厂日处理能力（万吨） | 212.10 | 612 | 815.10 | | |
| 生活垃圾日无害化处理能力（万吨） | 1.02 | 2.39 | 2.41 | 1.38 | 1.57 |

## 2. 西安市与部分新一线城市的横向对比

表 5 反映了西安市与新一线城市在各项指标上的差异。从表格中可以看出西安市与新一线城市之间的差距没有与一线城市之间的差距大，而是表现为同一水平上的数值波动，个别指标存在比较明显的差异。西安市在新一线城市中以下指标排名较为靠后：年供水总量、耕地面积、道路面积、城市公共运营车辆数量、执业（助理）医师人数、床位数和污水处理厂日处理能力。

表 5　西安市与新一线城市的综合承载力指标横向对比

| 指标 | 西安市 | 成都市 | 武汉市 | 郑州市 |
|---|---|---|---|---|
| 年供水总量（亿立方米） | 6 | 11.18 | 13.28 | 18 |
| 市辖区建成面积（平方千米） | 517 | 837 | 458 | 457 |
| 耕地面积（万公顷） | 23.12 | 53 | 19.14 | 42.07 |
| 普通中学数（所） | 422 | 602 | 367 | 428 |
| 普通小学数（所） | 1190 | 556 | 594 | 932 |
| 道路面积（万平方米） | 8618.93 | 9590.30 | 10154 | 5125.5 |
| 人行道面积（万平方米） | 2423.70 | 2430.40 | 2857 | 1060 |
| 城市公共运营车辆数量（辆） | 7829 | 10781 | 8970 | 6230 |
| 执业（助理）医师人数（人） | 27864 | 54700 | 34730 | 33251 |
| 床位数（张） | 56332 | 128100 | 87408 | 55929 |
| 绿地面积（公顷） | 26475 | 31084 | 23217 | 17628 |
| 污水处理厂日处理能力（万吨） | 212.10 | 269 | 278 | 154.4 |
| 生活垃圾日无害化处理能力（万吨） | 1.02 | 0.96 | 0.98 | 0.61 |

## 3. 总结

通过对比表 4 和表 5，从反映城市综合承载力的各项指标上来看，可以得出以下三点结论：第一，以一线城市为对比对象，从整体上看西安市与一线城市存在很大差距，其中，差距较为明显的指标主要有供水总量、市区建成面积、道路面积、公共运营车辆数量、执业（助理）医师人数（人）、床位数、绿地面积及污水处理厂日处理能力。第二，以其他新一线城市为对比对象，西安市与其他新一线城市的差距较小，但在供水总量、耕地面积、道路面积、公共运营车辆数量、执业（助理）医师人数、床位数和污水处理厂日处理能力等指标上排名较为靠后。第三，综合来

四、社会治理研究编

看，在城市综合承载力指标体系中，西安市在年供水总量、道路面积、公共运营车辆数量、执业（助理）医师人数、床位数和污水处理厂日处理能力六项指标上不仅明显落后于一线城市，也落后于其他新一线城市，可能会制约未来西安市人口的增长和城市的发展，亟须引起重视并得到改善。

## 三、西安市人口综合承载力测算研究

### （一）研究方法与数据获取

资源承载力是一定区域资源的数、质量对该空间内人口生存和发展的支撑能力；它是资源系统的客观属性，可以因人类对环境的改造而变化，如果用不同的社会经济活动来衡量一个地区的资源承载力，会得出不同的结论。目前学术界关于资源承载力的研究主要集中于自然资源上，在自然资源承载力的研究中关于土地资源承载力有最长的研究历史和较为丰硕的研究成果。

资源相对承载力是以较之研究区域更大的数个参照区域为对比标准，根据参照区的人均资源拥有量和消费量，计算出研究区域相对于参照区域的各类资源的相对承载力。根据西安市的具体情况及数据的可得性，结合相关研究，本文选用水资源、土地资源、教育资源、交通资源、医疗资源及生态资源六方面共13个分析参数（表3），分别以广州（代表高标准）、成都（代表中标准）、郑州（代表低标准）为参照区域，计算西安市各类相对资源承载力。根据计算公式如下：

$A$ 资源相对承载力 $C_A = I_A * Q_A$

其中：$C_A$ 为 $A$ 资源相对承载力；$I_A$ 为 $A$ 资源相对承载指数；$Q_A$ 为研究区 $A$ 资源数量。且 $I_A = Q_{PO}/Q_{AO}$；$Q_{PO}$ 为参照区人口数量；$Q_{AO}$ 为参照区 $A$ 资源数量。

$B$ 资源相对承载力 $C_B = I_B * Q_B$

其中：$C_B$ 为 $B$ 资源相对承载力；$I_B$ 为 $B$ 资源相对承载指数；$Q_B$ 为研究区 $B$ 资源数量。且 $I_B = Q_{PO}/Q_{BO}$；$Q_{PO}$ 为参照区人口数量；$Q_{BO}$ 为参照区 $B$ 资源数量。

综合承载力 $C = W_1 * C_A + W_2 * C_B + \cdots\cdots + W_n * C_X$

其中：$W_1$、$W_2$ 为各项资源承载力的权重。

本研究获取的数据以各个城市的《统计年鉴2017》和《中国城市统计年鉴2017》为依据，主要反映的是2016年各个城市的指标状况。西安市与广州市、成都市及郑州市人口承载力评价指标原始数据见表6。

表6 四市人口承载力评价指标原始数据

| 指标 | 西安 | 广州 | 成都 | 郑州 |
| --- | --- | --- | --- | --- |
| 年供水总量（亿立方米） | 6 | 32.04 | 11.18 | 18 |
| 市辖区建成面积（平方千米） | 517 | 1249 | 837 | 457 |
| 耕地面积（万公顷） | 23.12 | 19.08 | 53 | 42.07 |
| 普通中学数 | 422 | 801 | 602 | 428 |
| 普通小学数 | 1190 | 753 | 556 | 932 |
| 道路面积（万平方米） | 8618.93 | 29250 | 9590.3 | 5125.5 |
| 人行道面积（万平方米） | 2423.7 | 11145.13 | 2430.4 | 1060 |
| 公共运营车辆数（辆） | 7829 | 16693 | 10781 | 6230 |
| 执业（助理）医师人数（人） | 27864 | 65519 | 54700 | 33251 |
| 医疗机构床位数（张） | 56332 | 129166 | 128100 | 55929 |
| 绿地面积（公顷） | 26475 | 131681 | 31084 | 17628 |
| 污水处理厂处理能力（万吨/日） | 212.1 | 815.1 | 269 | 154.4 |
| 生活垃圾无害化处理能力（万吨/日） | 1.02 | 2.41 | 0.96 | 0.61 |

## （二）数据的无量纲化

由于评价指标涉及多个方面，存在度量单位不一致的问题，在实际研究中不便于操作，因此本研究选取极差变换法消除不同指标间的量纲差异进而计算各指标权重。

根据极差变换法利用Excel表格进行计算。（表7）

表7 四市人口承载力评价指标数据无量纲化值

| 指标 | 西安 | 广州 | 成都 | 郑州 |
| --- | --- | --- | --- | --- |
| 年末常住人口 | 0.00 | 1.00 | 0.99 | 0.17 |
| 供水总量 | 0.00 | 1.00 | 0.32 | 0.74 |
| 市辖区建成面积 | 0.08 | 1.00 | 0.48 | 0.00 |
| 耕地面积 | 0.31 | 0.00 | 1.00 | 0.75 |
| 普通中学数 | 0.00 | 0.51 | 1.00 | 0.03 |
| 普通小学数 | 1.00 | 0.63 | 0.00 | 0.59 |

续表

| 指标 | 西安 | 广州 | 成都 | 郑州 |
|---|---|---|---|---|
| 道路面积 | 0.55 | 1.00 | 0.70 | 0.00 |
| 人行道面积 | 1.00 | 0.86 | 1.00 | 0.00 |
| 公共运营车辆数 | 0.05 | 1.00 | 0.14 | 0.00 |
| 执业（助理）医师人数 | 0.00 | 1.00 | 0.49 | 0.10 |
| 医疗机构床位数 | 0.01 | 0.44 | 1.00 | 0.00 |
| 绿地面积 | 0.03 | 1.00 | 0.11 | 0.00 |
| 污水处理厂处理能力 | 0.15 | 1.00 | 0.31 | 0.00 |
| 生活垃圾无害化处理能力 | 0.71 | 1.00 | 0.60 | 0.00 |

## （三）评价指标的权重计算

因为人口承载力的计算涉及多个方面，因此确定不同指标的权重非常重要。本研究选用均方差法确定指标权重。均方差法概念较为清楚，且判断结果不受人为因素影响，较为客观。

均方差法是以各评价指标为随机变量，各方案 $A_j$ 在指标 $G_j$ 下的无量纲化的值就是随机变量的取值。首先求出这些随机变量的均方差，然后将这些均方差进行归一化处理，得到的结果就是各指标的权重系数。这种方法的计算步骤为：

（1）求随机变量 $G_j$ 的均值

$$E(G_j)=\frac{1}{n}\sum_{i-1}^{n}Z_{ij}$$

（2）求 $G_j$ 的均方差

$$F(G_j)=\sqrt{\sum_{i-1}^{n}(Z_{ij}-E(G_j))^2}$$

（3）求指标 $G_j$ 的权重

$$W(G_j)=\frac{F(G_j)}{\sum_{i-1}^{n}F(G_j)}$$

根据上述方法计算出的西安市资源相对承载力各指标权重如表8所示。

表 8  西安市相对资源承载力评价指标及权重

| 目标层 | 准则层 | 指标层 | 权重 |
|---|---|---|---|
| 资源相对承载力 | 水资源状况 | 年供水总量 | 0.0755 |
| | 土地资源状况 | 市辖区建成面积 | 0.0781 |
| | | 耕地面积 | 0.0759 |
| | 教育设施状况 | 普通中学数 | 0.0802 |
| | | 普通小学数 | 0.0704 |
| | 公共交通状况 | 道路面积 | 0.0713 |
| | | 人行道面积 | 0.0817 |
| | | 城市公共运营车辆数 | 0.0803 |
| | 医疗资源状况 | 执业（助理）医师人数 | 0.0774 |
| | | 医疗机构床位数 | 0.0806 |
| | 生态环境状况 | 绿地面积 | 0.0818 |
| | | 污水处理厂处理能力 | 0.0752 |
| | | 生活垃圾无害化处理能力 | 0.0715 |

（四）以广州市作为参照对象

依据上述方法，计算出以广州市作为参照对象的西安市各项指标的相对承载力，如表 9 所示。

表 9  以广州市作为参照对象的西安市各项资源相对承载力

| 目标层 | 准则层 | 指标层 | 相对承载力（万人） |
|---|---|---|---|
| 资源相对承载力 | 水资源状况 | 年供水总量 | 380.07 |
| | 土地资源状况 | 市辖区建成面积 | 581.30 |
| | | 耕地面积 | 3410.56 |
| | 教育设施状况 | 普通中学数 | 1152.99 |
| | | 普通小学数 | 1753.60 |
| | 公共交通状况 | 道路面积 | 1050.20 |
| | | 人行道面积 | 1524.75 |
| | | 城市公共运营车辆数 | 287.34 |
| | 医疗资源状况 | 执业（助理）医师人数 | 475.76 |
| | | 医疗机构床位数 | 899.39 |

续表

| 目标层 | 准则层 | 指标层 | 相对承载力（万人） |
|---|---|---|---|
| 资源相对承载力 | 生态环境状况 | 绿地面积 | 203.52 |
|  |  | 污水处理厂处理能力 | 563.07 |
|  |  | 生活垃圾无害化处理能力 | 1203.73 |

依据前文计算的各指标权重，可以计算出以广州市作为参照对象，西安市的相对资源综合承载力：

$C_1 = 0.0755 \times 380.07 + 0.0781 \times 581.30 + \cdots\cdots + 0.0715 \times 1203.73 = 1025.92$（万人）

因此，以广州为参照对象，2016 年西安市的资源相对综合承载力为 1025.92 万人，富余 142.71 万人。

### （五）以成都市作为参照对象

依据上述方法，计算出以成都市作为参照对象的西安市各项指标的相对承载力，如表 10 所示。

表 10 以成都市作为参照对象的西安市各项资源相对承载力

| 目标层 | 准则层 | 指标层 | 相对承载力（万人） |
|---|---|---|---|
| 资源相对承载力 | 水资源状况 | 年供水总量 | 750.77 |
|  | 土地资源状况 | 市辖区面积 | 864.09 |
|  |  | 耕地面积 | 610.25 |
|  | 教育设施状况 | 普通中学数 | 980.65 |
|  |  | 普通小学数 | 2994.11 |
|  | 公共交通状况 | 道路面积 | 1257.24 |
|  |  | 人行道面积 | 1395.07 |
|  |  | 城市公共运营车辆数 | 1015.88 |
|  | 医疗资源状况 | 执业（助理）医师人数 | 712.61 |
|  |  | 医疗机构床位数 | 615.18 |
|  | 生态环境状况 | 绿地面积 | 942.63 |
|  |  | 污水处理厂处理能力 | 1103.02 |
|  |  | 生活垃圾无害化处理能力 | 1486.36 |

依据前文计算出的各指标权重,可以计算出以成都市作为参照对象,西安市的相对资源综合承载力:

$$C_2 = 0.0755 \times 750.77 + 0.0781 \times 864.09 + \cdots\cdots + 0.0715 \times 1486.36 = 1116.31(万人)$$

因此,以成都为参照对象,2016年西安市的资源相对综合承载力为1116.31万人,富余233.1万人。

### (六)以郑州市作为参照对象

依据上述方法,计算出以郑州市作为参照对象的西安市各项指标的相对承载力,如表11所示。

表11 以郑州市作为参照对象的西安市各项资源相对承载力

| 目标层 | 准则层 | 指标层 | 相对承载力(万人) |
| --- | --- | --- | --- |
| 资源相对承载力 | 水资源状况 | 年供水总量 | 324.13 |
| | 土地资源状况 | 市辖区面积 | 1100.06 |
| | | 耕地面积 | 534.39 |
| | 教育设施状况 | 普通中学数 | 958.76 |
| | | 普通小学数 | 1241.57 |
| | 公共交通状况 | 道路面积 | 1635.15 |
| | | 人行道面积 | 2223.38 |
| | | 城市公共运营车辆数 | 1221.96 |
| | 医疗资源状况 | 执业(助理)医师人数 | 814.85 |
| | | 医疗机构床位数 | 979.40 |
| | 生态环境状况 | 绿地面积 | 1155.36 |
| | | 污水处理厂处理能力 | 1335.78 |
| | | 生活垃圾无害化处理能力 | 1625.96 |

依据前文计算的各指标权重,可以计算出以郑州市作为参照对象,西安市的资源相对综合承载力:

$$C_3 = 0.0755 \times 324.13 + 0.0781 \times 1100.06 + \cdots\cdots + 0.0715 \times 1625.96 = 1165(万人)$$

因此,以郑州为参照对象,2016年西安市的资源相对综合承载力为1165万人,富余281.79万人。

### (七) 结论与分析

依据以上计算结果，可以获取以下三条信息。

第一，从总体上来看，依据2016年各城市统计数据，将西安市分别与高、中、低发展水平的城市进行对比，得出西安市的相对综合承载力始终大于实际人口数，显示出富余的状态。说明西安市近年来的城市发展整体上取得了较好的成果，不论以高发展水平城市的人均资源占有和消耗数量、中发展水平城市的人均资源占有和消耗数量还是低发展水平城市的人均资源占有和消耗数量来衡量，以西安现有的资源数量和城市基础设施建设条件，都还可以承载一定数量的人口。

第二，从不同发展水平参照对象的角度来看，以代表高发展水平的广州市为参照对象，2016年西安市的资源相对综合承载力为1025.92万人，富余142.71万人；以代表中等发展水平的成都市为参照对象，2016年西安市的资源相对综合承载力为1116.31万人，富余233.1万人；以代表低发展水平的郑州市为参照对象，2016年西安市的资源相对综合承载力为1165万人，富余281.79万人。可以看出参照城市的发展水平越高，计算出西安市的综合承载力却越低，说明发展水平更高的城市居民人均资源占有数量更高。习近平总书记提出，"多谋民生之利，多解民生之忧"，因此西安市在今后的发展中不能一味地追求人数的增长，应继续提升资源数量与利用效率、加强基础设施建设，提升居民的生活质量，在人口的增长与人民生活质量的提升之间谋得平衡。

第三，从不同指标的角度来看，各项资源承载力中某些资源呈现出超载状态，即以其他城市作为参考，以西安市该资源现有的水平，所能承载的人数小于西安市当前的实际人口数。参照城市中三个城市计算结果都显示超载的指标有：年供水总量、执业（助理）医师人数；参照城市中有两个城市计算结果显示超载的指标有：市辖区建成面积、耕地面积；参照城市中有一个城市计算结果显示超载的指标有：公共运营车辆数、医疗机构床位数、绿地面积、污水处理厂处理能力。由此可见，这些指标是未来制约西安市人口增长的重要因素，因此，西安市未来要进一步吸引人才，增加人口数量，仍然面临着资源和基础设施等多方面的压力。

## 四、西安市人口增长预测

人口自然增长法预测是基于某区域在未来的若干年内，人口总数是按一定的增长率增加的，或者是若干年平均下来按照一定的增长率增加的假设条件下进行的，一般适用于人口变化相对稳定的区域。纵观西安市的人口变动情况，人口的增长是较为平缓的,因此适合采用人口自然增长法预测人口总数。

其计算公式为:

$$p(t)=p_0(1+r)^n$$

式中,$p(t)$ 表示预测目标年末人口规模;$p_0$ 表示预测基准年人口规模;$r$ 表示人口综合年均增长率;$n$ 表示预测年限。此公式应用的关键是 $r$ 的确定,可由基期年以前若干年的年平均增长率确定,本文将其作为参数求解。

人口综合年均增长率 $r$ 应根据多年城市人口规模数据确定。缺乏多年城市人口规模数据的城市可以将综合年均增长率分解成自然增长率和机械增长率,分别根据历史数据加以确定。综合年均增长率法预测城市人口应在上述工作的基础上,考虑城市经济发展趋势、政策因素、发展机遇和资源环境等方方面面的条件,参考可比城市同样发展阶段的人口增长情况,确定多个综合年均增长率 $r$,形成多个人口预测方案。(表12)

### (一)预测分析

表12 西安市1991—2016年总人口、自然增长率、机械增长率表

| 年份 | 总人口<br>(万人) | 自然增长率<br>(‰) | 迁入人口<br>(万人) | 迁出人口<br>(万人) | 机械增长率<br>(‰) | 人口增长率<br>(‰) |
|---|---|---|---|---|---|---|
| 1991 | 615.48 | 8.92 | 8.98 | 6.09 | 4.70 | 10.82 |
| 1992 | 623.20 | 9.01 | 13.94 | 9.54 | 7.06 | 12.54 |
| 1993 | 630.91 | 9.37 | 11.50 | 8.33 | 5.02 | 12.37 |
| 1994 | 639.45 | 7.74 | 13.40 | 8.59 | 7.52 | 13.54 |
| 1995 | 648.21 | 6.97 | 14.41 | 8.85 | 8.58 | 13.70 |
| 1996 | 654.87 | 5.91 | 11.94 | 8.88 | 4.67 | 10.27 |
| 1997 | 662.06 | 5.63 | 12.58 | 8.62 | 5.98 | 10.98 |
| 1998 | 668.22 | 4.96 | 10.89 | 8.36 | 3.79 | 9.30 |
| 1999 | 674.50 | 3.44 | 12.58 | 9.23 | 4.97 | 9.40 |
| 2000 | 688.01 | 7.11 | 17.12 | 9.23 | 11.47 | 20.03 |
| 2001 | 694.84 | 3.20 | 15.16 | 10.83 | 6.23 | 9.93 |
| 2002 | 702.59 | 3.23 | 13.90 | 9.41 | 6.39 | 11.15 |
| 2003 | 716.58 | 3.80 | 20.60 | 9.15 | 15.98 | 19.91 |
| 2004 | 725.01 | 3.32 | 15.56 | 10.19 | 7.41 | 11.76 |

续表

| 年份 | 总人口（万人） | 自然增长率（‰） | 迁入人口（万人） | 迁出人口（万人） | 机械增长率（‰） | 人口增长率（‰） |
|---|---|---|---|---|---|---|
| 2005 | 741.73 | 4.42 | 22.61 | 9.46 | 17.73 | 23.06 |
| 2006 | 753.11 | 4.52 | 17.23 | 11.75 | 7.28 | 15.34 |
| 2007 | 764.25 | 4.52 | 19.90 | 14.01 | 7.71 | 14.79 |
| 2008 | 772.30 | 4.58 | 18.49 | 15.04 | 4.47 | 10.53 |
| 2009 | 781.67 | 4.45 | 16.84 | 13.14 | 4.73 | 12.13 |
| 2010 | 782.73 | 4.39 | 14.09 | 13.50 | 0.75 | 1.36 |
| 2011 | 791.83 | 4.33 | 14.21 | 11.74 | 3.12 | 11.63 |
| 2012 | 795.98 | 4.56 | 12.55 | 13.10 | −0.69 | 5.24 |
| 2013 | 806.93 | 4.20 | 10.83 | 8.60 | 2.76 | 13.76 |
| 2014 | 815.29 | 4.64 | 9.10 | 7.61 | 1.83 | 10.36 |
| 2015 | 815.66 | 4.64 | 8.08 | 11.61 | −4.33 | 0.45 |
| 2016 | 824.93 | 6.14 | 6.21 | 4.68 | 1.85 | 11.37 |

从表中计算可以得出1991—2003年西安市人口年均增长12.61‰，其中，自然增长率6.10‰，机械增长率7.10‰，而2004—2016年西安市人口年均增长10.91‰，其中，自然增长率为4.52‰，机械增长率降低到4.20‰。

（1）高方案。

由于育龄妇女年龄段人口还处于较高水平，加之现在全面二胎政策的开放，在今后几年中仍然会面临生育的小高峰，自然增长率会在现有基础上增加，参照前26年的自然增长率，取今后（这里从2016年起算）17年的自然增长率为8‰。而因为西安史上最宽松的户籍政策的开展、作为关中平原城市群核心的国家中心城市的确立、西安—咸阳国际化大都市及关中—天水经济区的不断发展，机械增长率预计将增长到12‰左右。因此形成的以2017年作为预测基准年的人口预测方案：

$$r_{高}=8‰+12‰=20‰$$

（2）中方案。

按照前26年的平均年综合增长形成的以2017年作为预测基准年的人口预测的中方案：

$$r_{中}=(12.61‰+10.91‰)/2=11.76‰$$

(3)低方案。

尽管国家现在已经开放二胎政策，但随着经济的发展和生活质量的提高，人口素质会进一步提高，再加上现今的高消费，抚养孩子的成本增加，很多年轻人觉得生活压力加重，因此也不愿意生第二个孩子，生育率会进一步下降，自然增长率可能维持在 5‰左右，而因为西安市目前的城镇化水平已经达到 70%左右，未来的城镇化过程会放缓，加上西安市经济水平的逐渐发展，机械增长率应该会维持在 4.20‰左右。因此形成的以 2017 年作为预测基准年的人口预测方案：

$$r_{低}=5‰+4.20‰=9.20‰$$

（二）预测结果

所以根据综合增长率法，以 2017 年作为预测基准年，预测 2030 年西安市人口规模如下：

高方案： 城市人口规模=905.68×（1+20‰）$^{13}$=1171.59 万人

中方案： 城市人口规模=905.68×（1+11.76‰）$^{13}$=1054.34 万人

低方案： 城市人口规模=905.68×（1+9.20‰）$^{13}$=1020.18 万人

### 五、西安市人口与城市资源及基础设施匹配度测算

人口的激增，将对西安市现有的城市资源和基础设施带来不小的压力。本节将构建城市资源和基础设施与人口的匹配度评价模型，基于前文评价指标体系的构建与人口预测的结论，对西安市当前人口与城市资源及基础设施匹配度进行实证分析。

#### （一）城市资源及基础设施评价指标体系构建

依据前文的研究，所构建的城市资源及基础设施评价指标体系主要包括以下方面：资源状况包括土地资源和水资源的数量对比，具体包括市辖区建成面积、耕地面积，以及年供水总量；生态环境状况主要包括绿地面积、污水处理厂处理能力和生活垃圾无害化处理能力的对比；公共交通状况包括道路面积、人行道面积以及城市公共运营车辆数的对比；医疗状况包括执业（助理）医师人数和床位数；教育状况包括普通中学数量及普通小学数量。依据均方差法确定指标权重。遵循科学性、系统性、可比性和可操作性的基本原则，形成本文的城市横向对比的评价指标体系表格。（表 13）

表 13 城市资源及基础设施评价指标及权重

| 准则层 | 指标层 | 单位 | 权重 |
| --- | --- | --- | --- |
| 水资源状况 | 年供水总量 | 亿立方米 | 0.0710 |
| 土地资源状况 | 市辖区建成面积 | 平方千米 | 0.0820 |
| | 耕地面积 | 万公顷 | 0.0807 |
| 教育设施状况 | 普通中学数 | 个 | 0.0743 |
| | 普通小学数 | 个 | 0.0811 |
| 公共交通状况 | 道路面积 | 万平方米 | 0.0768 |
| | 人行道面积 | 万平方米 | 0.0745 |
| | 城市公共运营车辆数 | 辆 | 0.0721 |
| 医疗资源状况 | 执业（助理）医师人数 | 人 | 0.0750 |
| | 医疗机构床位数 | 张 | 0.0810 |
| 生态环境状况 | 绿地面积 | 公顷 | 0.0728 |
| | 污水处理厂日处理能力 | 万吨 | 0.0794 |
| | 生活垃圾日无害化处理率 | 万吨 | 0.0793 |

## （二）城市资源及基础设施评价指标标准值的确定

顾名思义，标准值即指衡量一个指标是否达标的数值。若一个指标达到了标准值，可以认为该地区的该指标是达标的，是与该地区人口相匹配的；若一个指标未达到标准值，则说明该地区该项指标与人口不匹配，是不达标的。

2018年2月7日，西安正式被评为第九个国家中心城市，西安未来的发展有了良好的政策支持。除早在2010年就提出的五大国家中心城市北京市、天津市、上海市、广州市、重庆市外，2016年5月至2018年期间，我国又先后确认了成都市、武汉市、郑州市、西安市建设国家中心城市。因此，本文选取国家中心城市中整体发展水平略高于西安市的成都市、武汉市和与西安市发展差距较小的郑州市作为参考城市。将平均水平略高于西安市的成都市、武汉市和郑州市2016年各项指标的加权平均值作为指标的标准值，不选择其他发展水平更高的一线城市作为参考对象的原因为：一是西安市与一线城市的发展水平与实际情况差别过大，会导致计算结果出现较大误差；二是因为若参考标准太高，计算出各项指标匹配度都明显低于标准值，不便于找出西安市的薄弱环节。因此，本文选择了同一批次被确定发展国家中心城市的成都市、武汉市和郑州市作为参考城市,这样选择的优点在于既有利于发现西安市与其他同一发展水平城市间有差距的环节,又能以这些发展条件相似但发展水平更为先进的城市为方向弥补自己的短板和不足。通过计算人均水平,并利用熵权法确定各城市的参考权重,计算出城市资源及基础设施评价指标的标准值。(表14)

表14  城市资源及基础设施评价指标标准值

| 准则层 | 指标层 | 单位 | 指标类型 | 标准值 |
|---|---|---|---|---|
| 水资源状况 | 年供水总量 | 亿立方米 | 效益型 | 11.37 |
| 土地资源状况 | 市辖区建成面积 | 平方千米 | 效益型 | 441.79 |
| | 耕地面积 | 万公顷 | 效益型 | 29.33 |
| 教育设施状况 | 普通中学数 | 座 | 效益型 | 358 |
| | 普通小学数 | 座 | 效益型 | 560 |
| 公共交通状况 | 道路面积 | 万平方米 | 效益型 | 6321.76 |
| | 人行道面积 | 万平方米 | 效益型 | 1604.91 |
| | 城市公共运营车辆数 | 辆 | 效益型 | 6604 |
| 医疗资源状况 | 执业(助理)医师人数 | 人 | 效益型 | 31157 |
| | 医疗机构床位数 | 张 | 效益型 | 67957 |
| 生态环境状况 | 绿地面积 | 公顷 | 效益型 | 18240.71 |
| | 污水处理厂日处理能力 | 万吨 | 效益型 | 178.73 |
| | 生活垃圾日无害化处理率 | 万吨 | 效益型 | 0.65 |

由于该指标体系中评价指标存在量纲差异,通过归一化处理的方法消除量纲差异,本文根据效益型指标,采用下面公式对指标进行标准化处理:

$$B_j = \frac{A_j}{C_j}$$

其中,$A_j$ 表示某地区第 $j$ 个指标的原始数据值,$C_j$ 表示第 $j$ 个指标的标准值,$B_j$ 表示第 $j$ 个指标标准化之后的数值。标准化后各指标数值如表15所示。

表15  西安市城市资源及基础设施评价指标原始数值与标准化值

| 准则层 | 指标层 | 原始数值 | 标准化值$B_j$ |
|---|---|---|---|
| 水资源状况 | 年供水总量 | 6(亿立方米) | 0.528 |

续表

| 准则层 | 指标层 | 原始数值 | 标准化值$B_j$ |
|---|---|---|---|
| 土地资源状况 | 市辖区建成面积 | 517（平方千米） | 1.170 |
| | 耕地面积 | 23.12（万公顷） | 0.788 |
| 教育设施状况 | 普通中学数 | 422（座） | 1.180 |
| | 普通小学数 | 1190（座） | 2.128 |
| 公共交通状况 | 道路面积 | 8618.93（万平方米） | 1.363 |
| | 人行道面积 | 2423.7（万平方米） | 1.510 |
| | 城市公共运营车辆数 | 7829（辆） | 1.186 |
| 医疗资源状况 | 执业（助理）医师人数 | 27864（人） | 0.894 |
| | 医疗机构床位数 | 56332（张） | 0.829 |
| 生态环境状况 | 绿地面积 | 26475（公顷） | 1.148 |
| | 污水处理厂日处理能力 | 212.1（万吨） | 1.187 |
| | 生活垃圾日无害化处理率 | 1.02（万吨） | 1.563 |

### （三）人口与城市资源及基础设施匹配度评价模型

本文选择线性加权法构建人口与城市资源及基础设施匹配度评价模型，用以判断一个地区人口与当地资源及城市公共基础设施的匹配关系，模型如下：

$$Y_i = \sum_{j=1}^{n} w_j \times B_{ij}$$

其中，$Y_i$ 表示该城市第 $i$ 年基础设施与人口匹配度，$w_j$ 表示第 $j$ 个指标的权重，$B_{ij}$ 表示该城市第 $i$ 年第 $j$ 个指标标准化后的数值。

国内学者郝生宾等在 2008 年对耦合协调度的划分进行了研究，研究结论也被广泛应用在各个领域中。结合本研究的实际情况，本课题将平均水平略高于西安市的成都市、武汉市和郑州市 2016 年各项指标的加权平均值作为指标的标准值，即当匹配度符合参考城市的加权平均值时，说明西安市的人口与基础设施匹配度符合发展水平略高于西安的其他国家中心城市的水平，即人口与城市资源及基础设施进行匹配的合格值，此时的匹配度为 1，根据郝生宾的耦合协调度划分进行换算，得出本研究的划分等级。①第 Ⅰ 类：当 0＜Y≤1 时，说明基于同一批国家中心城市的合格标准，人口与城市资源及基础设施的匹配程度较低，城市资源和基础设施不能满足城市人口增长的需要。②第 Ⅱ 类：当 $1<Y\leqslant1.5$ 时，说明该地区人口与城市资源和基础设施的匹配程度为中等匹配水平，按照同一批国家中心城市的标准，处于合格层次。③第 Ⅲ 类：当 $1.5<Y\leqslant2$ 时，说明该地区人口与城市资源和基础设施的匹配程度较高。这种匹配程度下，该城市的资源与基础设施有利于人口的增长和城市进一步的发展。④第 Ⅳ 类：当 $2<Y\leqslant3$ 时，说明该地区人口与城市资源和基础设施的匹配程度很高，处于完全匹配的最佳等级，此时该城市的资源和基础设施可以完全满足人口发展的需要，在这种匹配度下，城市的人口和建设都能得到最大的发展。

### （四）结论与分析

（1）当前匹配度。

根据 2017 年西安市统计年鉴，使用西安市 2016 年各项指标数据，根据上述模型与前文确定的各项指标权重、标准化值与标准值，计算得到 2016 年西安市人口与城市资源及基础设施匹配度：

$$Y=(0.0710\times0.528)+(0.0820\times1.170)+\cdots+(0.0793\times1.563)=1.196$$

计算结果显示西安市 2016 年人口与城市资源及基础设施匹配度 $Y$ 属于中等匹配水平，即合格层次。

（2）2030 年匹配度。

基于当前匹配度、城市资源与基础设施指标标准值和前文根据人口自然增长法测算出的西安市 2030 年三种人口预测方案，计算得出 2030 年西安市城市资源基础设施与人口发展匹配度为合格层次即中等匹配层次的资源与基础设施需求量。（表16）

表16 基于人口预测的西安市 2030 年匹配度为合格的资源及基础设施需求量

| 指标 | 单位 | 高方案 | 中方案 | 低方案 |
|---|---|---|---|---|
| 年供水总量 | 亿立方米 | 7.96 | 7.16 | 6.93 |
| 市辖区建成面积 | 平方千米 | 685.81 | 617.17 | 597.18 |
| 耕地面积 | 万公顷 | 30.67 | 27.60 | 26.71 |
| 普通中学数 | 座 | 560 | 504 | 488 |
| 普通小学数 | 座 | 1579 | 1421 | 1375 |
| 道路面积 | 万平方米 | 11433.13 | 10288.93 | 9955.57 |

续表

| 指标 | 单位 | 高方案 | 中方案 | 低方案 |
|---|---|---|---|---|
| 人行道面积 | 万平方米 | 3215.08 | 2893.31 | 2799.57 |
| 城市公共运营车辆数 | 辆 | 10386 | 9346 | 9044 |
| 执业（助理）医师人数 | 人 | 36962 | 33263 | 32186 |
| 医疗机构床位数 | 张 | 74726 | 67247 | 65069 |
| 绿地面积 | 公顷 | 27783.83 | 25003.28 | 24193.19 |
| 污水处理厂日处理能力 | 万吨 | 281.35 | 253.20 | 244.99 |
| 生活垃圾日无害化处理 | 万吨 | 1.35 | 1.22 | 1.18 |

（3）结果分析。

通过测算，得出2016年西安市人口与城市资源及基础设施匹配度属于中等匹配水平，即合格层次。说明当前西安市人口与城市资源和基础设施较为匹配，这种匹配程度下，西安市的资源与基础设施暂时不会对人口发展造成制约，但也不利于人口的增长和城市的进一步发展。其中，匹配度最低，对城市发展阻碍最大的几项指标分别为年供水总量（0.0375）、耕地面积（0.0637）、执业（助理）医师人数（0.0671）和医疗机构床位数（0.0671）。

根据当前匹配度、城市资源与基础设施指标标准值和前文根据人口自然增长法测算出的西安市2030年三种人口预测方案，计算出在匹配度保持中等水平的条件下2030年西安市各项城市资源和基础设施需求量。结果显示了在理想状态下依据高、中、低人口预测方案，西安市各项城市资源与基础设施的发展方向与目标。

## 六、研究结论

### （一）主要结论

根据前文的计算与分析，本文主要得出以下四条结论。

**1. 西安市的城市资源及基础设施水平有能力承载当前的人口数量**

从城市相对承载力的角度来看，依据2017年西安市统计局发布的数据，将西安市分别与高、中、低发展水平的城市进行对比，得出西安市的相对综合承载力始终大于实际人口数，显示出富余的状态。说明西安市近年来的城市发展整体上取得了较好的成果，不论以高发展水平城市的人均资源占有和消耗数量、中发展水平城市的人均资源占有和消耗数量还是低发展水平城市的人均资源占有和消耗数量来衡量，以西安现有的资源数量和城市基础设施建设条件，从整体上来看都是可以承载当前的人口数量的。

从人口与城市资源和基础设施匹配度的角度来看，依据 2017 年西安市统计局发布的数据测算，得出西安市人口与城市资源及基础设施匹配度属于中等匹配水平，即合格层次。说明当前西安市人口与城市资源和基础设施较为匹配，这种匹配程度下，西安市的资源与基础设施暂时可以满足人口的需要，但也不利于人口的增长和城市的进一步发展。

综合以上两方面的结论可以看出，西安市当前的城市资源及基础设施水平从整体上来看是可以承载当前的人口数量的，但人口与城市资源及基础设施匹配水平仅处于合格层次，并不能满足长远发展的需要。

**2. 西安市当前城市资源及基础设施水平有一定的能力承载更多的人口**

从城市相对承载力的角度来看，将西安市分别与高、中、低发展水平的城市进行对比，以代表高发展水平的广州市为参照对象，2016 年西安市的资源相对综合承载力为 1025.92 万人，富余 142.71 万人；以代表中等发展水平的成都市为参照对象，2016 年西安市的资源相对综合承载力为 1116.31 万人，富余 233.1 万人；以代表低发展水平的郑州市为参照对象，2016 年西安市的资源相对综合承载力为 1165 万人，富余 281.79 万人。说明从整体上看，不论以高发展水平城市的人均资源占有和消耗数量、中发展水平城市的人均资源占有和消耗数量还是低发展水平城市的人均资源占有和消耗数量来衡量，以西安现有的资源数量和城市基础设施建设条件，都还可以继续承载一定数量的人口。

从人口与城市资源和基础设施匹配度的角度来看，西安市人口与城市资源和基础设施匹配度为 1.196，处于中等匹配水平（1~1.5）中间靠下的位置，距不合格层次还有一定的距离，因此整体来看，以当前的城市资源及基础设施水平，还可以勉强承载一定数量的人口。

综合以上两方面可以看出，将西安市与不同类型的城市比较，得出的相对承载力显示西安市还可以承载 100 万~300 万人口；但若从每一项城市资源或基础设施与人口的匹配程度考量，西安市的匹配度已经处在合格的边缘。因此，若不对各项资源及基础设施进行更好的发展、调控与配置，以西安市现有的城市资源及基础设施，难以承载更多人口的进入。

**3. 西安市未来实现人口增长需补齐短板，促进城市资源与公共基础设施的全面发展**

以 2017 年作为预测基准年，根据历史数据，结合城市经济发展趋势、政策因素、发展机遇和资源环境等方方面面的条件，预测2030年西安市人口规模，得出以下三个方案，分别是高方案（1171.59万人）、中方案（1054.34万人）与低方案（1020.18万人）。

从不同发展水平参照对象的角度来看，以代表高发展水平的广州市为参照对象，西安市的资源相对综合承载力为1025.92万人；以代表中等发展水平的成都市为参照对象，西安市的资源相对综合承载力为1116.31万人；以代表低发展水平的郑州市为参照对象，西安市的资源相对综合承载力为1165万人。

结合未来人口增长预测与城市相对承载力的测算，以发展水平较高城市广州市的人均资源占有和消耗量水平为标准（1025.92万人），如果西安市的人口增长符合高方案（1171.59万人）或中方案（1054.34万人），那么西安现有的城市资源和基础设施是无法承载新增加的人口的；但如果降低人均标准，以发展水平中等城市成都市（1116.31万人）或发展水平较低城市郑州市（1165万人）的人均资源占有和消耗水平为标准，那么以西安现有的城市资源和基础设施是可以承载按照中方案（1054.34万人）增加的人口的，但依旧无法承载按照高方案（1171.59万人）增加的人口。由此可见，西安市未来如果要保持人口的快速增长只有两条路可走，一条是继续发展并优化配置城市资源及基础设施，另一条是降低人均资源占有和消耗的标准，但显然第二条是违背历史发展规律和新时代社会主义民生思想的，因此，西安市亟须找出限制人口与城市发展的资源和基础设施短板，补齐短板，促进城市资源与公共基础设施的全面发展。根据人口增长预测，本文也计算出了2030年西安市城市资源基础设施与人口发展匹配度为中等匹配层次的资源与基础设施需求量。

**4. 西安市未来人口发展的制约因素体现在数量和结构两方面**

从数量方面来看，根据资源设施横向对比、资源承载力、人口与资源设施匹配度的综合分析，制约西安市未来人口发展的因素主要集中在资源及医疗领域，具体体现为年供水总量、耕地面积、执业（助理）医师人数及医疗机构床位数等指标严重不足。此外，市辖区建成面积、公共运营车辆数量、污水处理厂日处理能力、道路面积及绿地面积的落后也会对西安未来发展产生一定限制。具体分析，从与一线城市及新一线城市各项指标的横向对比的角度来看，在城市综合承载力指标体系中，西安市在供水总量、道路面积、公共运营车辆数量、执业（助理）医师人数、床位数和污水处理厂日处理能力六项指标上不仅明显落后于一线城市，也落后于其他新一线城市。从城市相对承载力的角度来看，各项资源承载力中某些资源呈现出超载状态，即以其他城市作为参考，以西安市该资源现有的水平，所能承载的人数小于西安市当前的实际人口数。参照城市中三个城市计算结果都显示超载的指标有年供水总量、执业（助理）医师人数；参照城市中有两个城市计算结果显示超载的指标有：市辖区建成面积、耕地面积；参照城市中有一个城市计算结果显示超载的指标有：公共运营车辆数、医疗机构床位数、绿地面积、污水处理厂处理能力。从人口与城市资源和基础设施匹配度的角度来看，在人口与城市资源和基础设施匹配度评价指标体系中匹配度最低，即对城市发展阻碍最大的几项指标分别为年供水总量、耕地面积、执业（助理）医师人数和医疗机构床位数。

从结构方面来看，土地利用结构、优质教育资源比例、优质医疗资源比例和产业结构等因素也在对西安市人口的发展产生影响。近年西安市老城区甚至中心城区出现商业退化现象，降低了人口吸引力，亟待优化土地利用结构；教育资源数量整体较为充足，但优质教育资源比例低且分布集中，无法满足广大人民对优质教育资源的需求，降低了人口吸引力；医疗资源数量不足，优质医疗资源数量更为稀缺，造成百姓看病难看病贵的问题，不利于人口的发展；人口结构与产业结构不协调，会对城市未来发展起限制作用。

### （二）当前西安市人口发展面临的突出问题

**1. 人口高速发展与人均资源不足之间的矛盾**

自 2017 年 3 月，西安市出台"史上最宽松"户籍政策后，截至 2018 年 12 月 11 日，已吸引 100 万人落户西安。根据国务院标准，西安已跻身于超大城市行列，将面临更大的资源环境压力，但各项人均指标显示，西安的城市资源及基础设施并没有跟上人口发展的脚步。就水资源来看，2017 年我国人均水资源占有量为 2074.5 立方米，而西安则仅为 254.2 立方米，远低于国际公认的 500 立方米的极度缺水线；就停车资源看，截至 2016 年 6 月统计，西安市共有 250 万辆机动车，注册车位数却仅有 60 万个，且公共及配建停车场利用率低，平均利用率仅为 19.8%；其他各项基础设施的发展水平也远落后于人口的快速增长。人口发展与配套设施的不适应将会带来诸多问题，并会对城市发展产生制约。

**2. 人民日益增长的美好生活需要与优质资源不足之间的矛盾**

随着新时代的到来，人民对美好生活的需要和对优质资源的需求在不断提升。因此，当前仅仅解决资源和基础设施数量上的问题已经远远不够，要大力提升资源设施的质量，提升优质资源的比例。在教育方面，西安市的教育资源总量较为充足，但优质教育资源比例较低，且分布集中，无法满足广大市民对子女接受更高水平教育的期望，因此产生了诸多社会问题；在医疗资源方面，西安市医疗资源既明显落后于一线城市，也落后于其他新一线城市，且由于市民普遍倾向于去三甲医院、公立医院求医，各医院就诊人数严重失衡，导致看病难的问题更加严峻。随着市民对高品质生活需求的日益增长，将会使优质资源不足的问题变得更加尖锐。

**3. 人口增长与城市产业发展之间的矛盾**

人口发展需要与产业结构和城市发展方向相结合，不能一味追求人口数量的增长。随着西安市被确立为国家中心城市、丝绸之路起点城市，以及"一带一路"和大西安发展规划的不断推进，当前西安市面临着难得的发展机遇。同时，西安也正处于产业结构优化升级的关键时期，应抓住机遇，加快产业结构的调整，加大对高新技术的投入，提高科技进步对经济的贡献，促进高新技术产业的发展。而当前西安市在引进人口时通过降低落户门槛吸引大量外来人口，对产业结构重视不足。从短期来看，为了激发经济发展活力，可以在一定时期内允许人口快速增长，但从长期来看，实现人口的高质量发展应以产业结构为依据，保证人口结构与产业结构相协调，并通过调整人口结构促进西安产业结构的优化升级。

**4. 人口发展与社会稳定之间的矛盾**

人口快速增长会加大资源环境压力，激化社会矛盾，在稀缺的优质资源上表现尤为明显。例如西安的买房摇号、上学摇号等事件都曾引起市民的激烈讨论。而优质资源数量不足与分布不均，都会进一步加剧人们对优质资源的争夺，不仅会造成诸多社会矛盾，还会导致民众对政府不满情绪的堆积，严重影响社会稳定。

## 七、政策建议

西安市要促进人口的高质量发展，激发城市的活力，必须保证人口发展与资源环境、产业结构相协调。据此，提出以下六点具体政策建议。

### （一）优化水资源的保护与利用

为促进水资源与人口发展相协调，提出以下五点建议。

首先，要大力保护水源地。西安市地处内陆，又是西北地区最大城市，一直面临着严重缺水的局面。因此，从20世纪80年代西安市就开始兴建水利工程。1987年西安市开始建设跨流域引水、综合利用的大型水利工程——黑河引水工程，该工程以黑河水库为主要水源，以石头河水库为补充水源，石砭峪水库作为备用水源，以为西安市城市供水为主，并兼有农业灌溉、发电、防洪等综合效益。工程全部建成后每年向西安市供水 4.0 亿吨，日供水规模达到 110 万吨，有效缓解了西安市的缺水局面。为解决关中、陕北长期缺水问题和为关中—天水经济区发展、陕北国家能源化工基地建设提供水资源保障，西安市又于 2014 年正式批复筹建了引汉济渭工程。该工程是我国"十三五"规划的重大水利工程之一，同时也是陕西省规模最大、影响最为深远的战略性、基础性和全局性水资源配置工程。工程建成后，总调水规模 15 亿立方米，相当于 100 多个西湖的水量，受益人口 1400 多万人，将大大缓解西安和关中地区用水紧张问题。截至 2018 年 12 月 3 日，该工程秦岭隧洞 TBM（硬岩掘进机）施工段岭南段已贯通。水利工程的实施看起来解决了西安的用水问题，但是若不对水源地进行更好的保护，会导致水源地水位不断下降，既无法保障持续为西安市供应水源，也会对水源地造成破坏，导致当地农田灌溉困难、工业发展受阻。因此，加强对水源地的保护刻不容缓。应及时改善水源地的生态环境，植树造林，适当退耕还林，从源头上保护水源。

其次，要严格限制地下水的开采，防止地裂缝和地下漏洞的进一步加大，降低城市对地下水的依赖，恢复地表水、地下水之间的健康循环和水体自净、自循环功能。

再次，要增加污水处理厂，提高污水处理技术。西安市的污水处理厂日处理能力仅为广州市的四分之一，有极大的提升空间。

从次，大力普及中水等再生水的利用。西安市发展中水利用较早，目前共建有 7 座中水处理设施，日处理能力达到 26 万吨，但日供水量仅为处理能力的 17% 左右。造成中水利用率低的主要原因是管网建设滞后，目前，西安市内仅铺设约 120 千米中水管网。建议大力开展中水管网铺设工作，可积极探索多种建设模式，如政府主导、企业建设，政府给予企业补贴、由企业自行建设主管网到企业用水区的管道，企业出资建设、特许企业经营制度等。同时要扩大中水使用范围，凡是能够使用中水的、使用中水可以达到明显收益的企业、单位、建设项目必须使用中水。对于高新区、曲江新区、浐灞生态区、航天基地等"五区一港两基地"应当采取强制性规定，在整个园区必须规划设计雨水、中水回用；全市较大型的新建项目必须配套建设中水利用系统；全市景观、绿化、环卫用水必须优先使用中水。

最后，完善居民用水与非居民用水、特种用水定价制度，实行市场化、差异化定价。

### （二）优化土地资源配置

为促进土地资源与人口发展相协调，提出以下两点建议。

首先,充分利用有限的发展空间,对老城区进行改造优化,提升商业用地周围配套设施,防止中心城区商业退化,提高就业率,加强区域竞争力和吸引力。

其次,优化停车空间布局,大力建设公共停车场,推行错时停车,解决停车难问题。通过政府主导、政策支持、市场运作的方式,充分利用公园绿地、城市广场、学校操场等区域的地下空间,主力建设地下停车场和立体机械式停车场。鼓励企事业单位将单位内部停车位在非上班时间对外来车辆开放,鼓励学校等单位将校园停车位在放假时间对外来车辆开放,盘活下班后空置的停车位资源,提高城市承载力水平。

### (三)优化交通结构,提高运输效率

为促进交通资源与人口发展相协调,提出以下两点建议。

首先,建立合理的城市交通结构。交通规划应该具备前瞻性和系统性,构建立体化的、而非单一平面化的交通路网结构,同时引导西安市由单中心城市结构向多中心城市结构发展,以西咸新区、高新区、未央区和经开区等区域为副中心,打通主干道和副干道、支道的连接和城区内的多条断头路。

其次,调整个体交通和公共交通结构,提高运输效率。加快地铁布局与建设,鼓励市民出行尽量乘坐地铁和公交,优化自行车道设置,保障居民单车出行的安全性。

### (四)统筹分配与管理,提升教育资源质量,改善教育资源结构

为促进教育资源与人口发展相协调,提出以下三点建议。

首先,不能将义务教育作为营利手段,应以政府为主导,师资统一配置。建议西安市实行义务教育资源由教育主管部门统筹分配与管理,对公办学校和民办学校一视同仁,缩小不同学校教师收入差距,并通过大学区制等方法促进整体教育水平的提升,保证市民享受均等的义务教育,满足人民追求更优质义务教育的需求。

其次,充分利用西安市高校众多的人才优势,用高等教育带动中小学教育,提高教学质量,增加优质教育资源。

最后,对于幼儿园入园难问题,其主要原因之一是区县内幼儿园数量与人口数量不均衡。以碑林区和灞桥区为例,碑林区约有22万户家庭,但仅有49所幼儿园,而灞桥区约有19万户家庭,却有160所幼儿园。同时,居民认可度较高的公办和事业单位优质幼儿园主要集中在碑林、雁塔等城区,而相当大一部分养育适龄儿童

的家庭却居住在相对偏远的区域。建议西安市鼓励、支持有实力的国有企事业单位、高等院校开办幼儿园，在为本单位职工子女入园提供便利的同时，也为社会提供普惠性服务。同时要落实小区配套幼儿园的建设和开办，落实 1500 户以上新建小区必须配套幼儿园，落实配套幼儿园由当地政府统筹安排，办成公办幼儿园或委托办成普惠性民办幼儿园，不得办成营利性幼儿园。

### （五）提升优质医疗资源数量，优化优质医疗资源配置

为促进医疗资源与人口发展相协调，提出以下三点建议。

首先，通过缩小各类型医院职工收入水平差距和促进优质医疗资源联动，改善优质医疗资源分布不均局面，从而改善各级医院就诊人数不均衡，破解三甲医院挤破头、社区医院无人光临的局面，要落实全市范围内的基层首诊、双向转诊、急慢分治、上下联动的分级诊疗模式。

其次，要加速引进、配置优质医疗资源，并着重布局在西咸新区、国际港务区等新兴且缺乏医疗资源区域。

最后，是搭建全市统一的预约挂号系统和支付平台，鼓励、支持医院采取现代化、智能化管理制度，优化就诊、医疗流程。

### （六）实现人口发展与产业发展相结合

为促进人口发展与产业发展相协调，提出以下三点建议。

首先，人口发展必须与产业发展相结合，依据西安市产业发展特点制订人口发展计划。2017 年西安市三次产业结构为 3.8：34.7：61.5，以此为依据制定引进人才的标准和比例，防止人口结构与产业结构失衡。

其次，综合考虑人口年龄因素和学历因素，优化人口年龄结构，为产业发展转型提供充足的劳动力支持，防止进一步扩大人口抚养比，加重社会负担。

最后，通过调整人口结构促进西安产业结构的优化升级和城市的高质量发展。要依据城市整体发展规划、经济发展规划和产业结构发展方向，充分发挥西安在旅游、军工、航空航天和科技研发、高等教育方面的优势，有计划、有选择地引进人口。当前西安市要振兴第二产业、继续发展第三产业，就需要引进对城市发展、产业结构优化有更大贡献的人才，更注重吸引高学历人才和技能型人才，为西安产业结构转型和高质量发展提供人才保障。

（写于 2019 年）

# 老年护理服务业落后是陕西省亟待解决的突出问题
## ——对陕西省"互联网+老年护理服务"的调查研究

冯家臻　李艳花　韩兆雪

**摘　要**　2021年，作者随省决策咨询委专家组到有关厅局、相关市县区进行调研，认为我省老龄化问题急切需要"互联网+老年护理服务"，且存在顶层设计滞后，尚未引起全社会重视；管理体制机制不顺；市县特别是社区信息平台建设滞后；配套政策支持不足；专业人才队伍建设薄弱等突出问题。建议我省借鉴国内外经验，采取针对性、实用性、操作性强的措施解决上述问题。

互联网+老年护理服务，是医院、养老服务机构和企业以互联网为载体，以居家养老的失能半失能老人、高龄老人为主要对象，以"线上申请、线下服务"模式为主的老年护理服务新业态。最近，我们围绕"互联网+老年护理服务"专题，到有关厅局、相关市县区进行调研，现将有关情况陈述如下。

## 一、老龄化急切需要"互联网+老年护理服务"

据调查，我省的"互联网+老年护理服务"大体上有三种模式。

### （一）公立医院的模式

具体分为两种情况。一是省卫健委确定的试点公立医院。如省人民医院、西安交大一附院和二附院、西安市儿童医院；宝鸡市卫健委确定的试点公立医院；二是各市条件比较好、技术力量比较强、此项服务已经起步的公立医院。如西安市第四人民医院、第九人民医院，咸阳市第一人民医院，汉中市中心医院、3201医院、汉中城固县中医院，宝鸡市中心医院，等等。

### （二）民营企业的模式

西安燕尾帽护理上门服务、汉中福寿康健康管理有限公司、宝鸡高新医院、金台区仁济医院等就属于这一类。

### （三）政府扶持、企业运营的模式

这一类的单位有西安莲湖区"虚拟养老院"、碑林区"掌上照护"、瑞泉养老的"互联网＋护理"和咸阳市"不老帮"智慧健康养老示范基地，汉中城固县栗子苑爱心养老公寓智慧护理，宝鸡金台区怡丰园12349智慧家庭护理床等。

## 二、我省发展"互联网＋老年护理服务"亟待解决的突出问题

### （一）顶层设计滞后，尚未引起全社会重视

一是对"互联网＋老年护理服务"重视不够。无论是政府部门还是学术层面，对"互联网＋老年护理服务"的专题研究成果都较少，也没有相应的发展规划，"互联网＋老年护理"服务业处于自由发展状态。2021年初，《我省积极应对老龄化实施方案》出台，从七个方面进行了全面部署，其中基本没有涉及"互联网＋老年护理服务"的内容。

二是"互联网＋老年护理服务"的社会认知度低。据课题组对西安、咸阳、宝鸡、汉中等市的居民调研，发现居民对服务的项目不太了解。宝鸡作为试点城市，有50%的参与者不了解该服务的具体项目。

### （二）管理体制机制不顺

"互联网＋老年护理服务"包括医疗护理和养老护理两个方面的内容，需要工信、网信、卫健、民政、医保等主管部门协同推进。同时，需要宣传部门加强宣传，创造良好的环境。仅由省卫健委发文试点无法满足"互联网＋老年护理服务"的全面需求。

"互联网＋老年护理服务"与智慧健康养老产业发展密切相关。按照《陕西省智慧健康养老产业发展实施方案》，我省建立了联席会议制度，省工信厅、民政厅和卫健委三部门分管领导和相关处室负责人为成员，省工信厅分管领导担任召集人，办公室设在省工信厅电子信息处。从智慧健康养老特别是"互联网＋老年护理服务"

的发展需求看,我省的联席会议制度没有省级领导参与,没有省委宣传部、省委网信办、省社保局、省医保局等相关部门参与,层次较低。仅由省工信厅作为主管业务部门牵头,协调推进力度较弱。

### (三)市县特别是社区信息平台建设滞后

长期以来,我国基本形成了"9073"的养老格局,即老年人中,90%左右的居家养老,7%左右的依托社区养老,3%的入住机构养老。多数老年人都采用居家和社区养老。但是,我省市县特别是社区智慧健康养老信息平台建设滞后。从市级层面看,除了宝鸡市的信息服务平台(http://p.baoji12349.com/)和微信公众号内容全面、更新及时外,其他市县特别是社区的信息服务平台建设滞后。已经建成运营的有40多个,但各自为政,开放和应用不足,没有实现互联互通。

### (四)配套政策支持不足

目前,省上没有推进智慧健康养老发展和支持互联网+老年护理的专项资金,这是导致市县特别是社区养老信息服务平台建设滞后的重要原因。

绝大部分城市"互联网+护理服务"费用没有得到长期护理险支持。2016年,长期护理险在我国开始试点,2020年又进一步扩大。我省仅有汉中是试点城市,但长期护理险只覆盖失能老人,失智老人无申报资格。

我省居家养老床位补贴仅在部分城市实施,而且对养老机构的床位补贴偏低。居家养老是我国主要的养老模式,西安已经出台政策,对居家养老床位进行补贴,利于推进"互联网+老年护理服务",但是我省其他市没有实施。同时,对养老机构的床位补贴偏低,每张床位补贴在2000~3000元不等。而云南在5000元以上,四川在1.1万元以上,甘肃在4000元以上。这种状况制约着我省"互联网+老年护理服务"的发展。

"互联网+老年护理服务"的费用对普通家庭来说是一笔不小的支出,许多家庭希望将长期护理的医疗费用纳入政府购买公共服务、护理保险基金支付范围,以减轻老人的经济负担和家庭负担。我省设立家庭病床的工作已经起步,但"互联网+老年护理服务"的相关费用还没有列入医疗保障的支付范围。

### (五)专业人才队伍建设薄弱

我省有关厅局制定了《陕西省关于促进养老护理员职业能力提升实施方案》,民政系统已培训 2 万多名养老护理员、1000 多名养老管理人员，从业人员无论是规模还是结构都在不断向好。但是，从总体上看，养老护理员年龄偏大、能力偏低，大多为"40 后""50 后"，并且工资偏低，很不稳定。养老护理队伍人才培养和供给存在能力不够匹配、数量短缺、管理人才严重匮乏等突出问题。对"互联网＋老年护理服务"了解和熟悉的人员更少。

从医疗护理看，提供的医疗护理专业人数远不能满足市场需求。国家和我省卫健委出台的"互联网＋护理服务"试点工作实施方案要求，"派出的注册护士应当至少具备五年以上临床护理工作经验和护师以上技术职称"，对公立医院提供"互联网＋护理服务"的能力受到很大限制。以汉中市为例，符合要求的护士仅占总数的 35.8%，护理工作强度大、节奏快，经常倒班，人员流动频繁，收入和付出的劳动相比偏低，提供"互联网＋护理服务"的能力严重不足。西安、咸阳、宝鸡也不同程度地存在这个问题。

### 三、大力发展"互联网+老年护理服务"的思路和对策

#### （一）制订发展规划，营造良好社会氛围

推进"互联网＋老年护理服务"必须坚持政府主导，强力推进。要组织力量，开展调研、摸清家底，科学制订我省"互联网＋老年护理服务"发展规划，明确发展目标、重点任务、推进措施，把这项工作列入"我省积极应对老龄化"的重要任务，并纳入市县部门的年度考核内容。

通过报刊、专栏、新媒体等多种渠道对"互联网＋老年护理服务"的技术、内容、相关企业等进行宣传，开办专题培训班，使人们认识到：未来的养老一定聚焦护理，"互联网＋老年护理服务"一定是今后发展的趋势，也是我省应对老龄化社会的重要举措。

通过职业技术竞赛、劳模评比表彰、增加薪酬收入等，为互联网＋老年护理服务发展创造良好条件，形成良好社会氛围，即老年护理服务是受人尊重的职业，优秀的护理员是保证高龄老人、失能半失能老人安度晚年、有尊严生活不可或缺的"呵护者"。事实上，"互联网＋老年护理服务"发展空间不断扩大，才能使子女放下牵挂、全身心投入本职工作。

#### （二）理顺体制机制，切实推动"互联网+老年护理"

增强党政主导工作力度，建立由省级领导任组长，省委宣传部、省委网信办、

省发改委、省工信厅、民政厅、卫健委、省社保局、省医保局等有关部门参加的推进智慧健康养老联席会议制度,联席会议办公室设在省民政厅,以加大省委省政府对各部门的协调工作力度,促进智慧健康养老和互联网+老年护理服务健康发展。

### (三)加快我省以社区养老为重点的"陕西康养云"信息服务平台建设

建议依托全省"秦云平台",加快建设陕西省数字康养云。整合民政、卫健、公安、人社现有健康、养老、从业人员等信息资源,使"陕西康养云"具备以协同、开放为特点,覆盖全部老人、全服务周期、养老服务业全产业链为核心的服务能力。"陕西康养云"可实现省一级部署,市区县分级使用,重点实现区县(或街道办)、社区、小区的三级覆盖、互联互通和分级管理,形成以社区为重点的区域养老服务体系。加强多部门政策协同,鼓励市场有序探索和规模化发展,促进医疗机构、社区养老服务中心、养老服务机构、社会公益机构、地产、保险、互联网平台、生产制造企业等形成产业合力,提供多元化综合服务,提升老年人幸福感与获得感。

划出专项资金,加快智慧健康养老信息服务平台建设。建议省委网信办信息化产业发展资金列出专项,支持我省市、县(区)特别是社区的智慧健康养老信息服务平台建设,提升信息基础设施的支撑能力。由省上出资建设全省统一的智慧健康养老信息服务平台,使政府成为桥梁,连接供需双方,将供给方进行整合,供给方向政府购买服务就可以获得数据,进行接单;需求方可对服务提供打分,分值过低或有违规行为的供需方会被平台拉黑,不得进行或享受服务。

努力实现平台信息的互联互通。进一步贯彻我省2018年《加快推进全省新型智慧城市建设的指导意见》,把"互联网+老年护理"服务的发展融入新型智慧城市建设之中,总结、完善和推广汉中市"智慧汉中"以"五个一"项目建设经验(一中心是指养老专题数据库,构建全市养老信息化标准规范,建设全市统一的养老专题数据库;一平台是指智慧养老服务系统,依托养老专题数据库,建设全市统一的智慧养老云服务平台;一网是指养老公共服务系统,为互联网公众、商家、组织等提供服务;一端是指应用实现一键呼叫、远程监测、自助网购、评价管理等功能;一号是指养老呼叫服务中心,建设运营养老服务热线呼叫中心),与"互联网+护理服务"相关系统打通数据接口,为老年人提供更加优质的上门护理服务。

整合各种社会资源为老年护理服务。进一步加快运用互联网、物联网、大数据等信息技术手段,对接各级医疗机构及养老服务资源,建设统一规范、互联互通、覆盖全省的健康养老信息共享系统。推进养老与户籍、医疗、社会保险、社会救助等信息资源对接。整合各种公共服务资源和社会资源为老年护理服务。推进市县，特别是社区信息服务平台的护理服务资源向社区及居家养老服务延伸，满足社区居家养老对护理服务的需求。

### （四）加大配套政策的支持力度

大力发展医养结合，促进互联网＋养老照护发展。重视发挥基层医疗机构（乡镇卫生院、社区卫生服务中心）在医养方面的作用。通过设置一定数量的养老病床、家庭病床，预约上门护理，把医养结合、互联网＋养老护理真正落实扩展到群众身边。大力推进家庭医生签约服务，特别是针对老年人、残疾人等有需求群体的个性化有偿签约服务。

逐步扩大长期护理保险试点范围。进一步向国家有关部门申请更多的城市列入试点范围。借鉴试点城市的相关经验，坚持基本保障，量力而行，结合实际出台具有我省特色的长期护理保险政策，用社会保险互助共济激活和满足有效需求。山东在青岛、烟台、东营等经济较发达的地区，扩展了参保对象，将城乡居民纳入长期护理保险的覆盖范围，出台了具体的政策，值得借鉴。

针对我省养老机构的床位补贴标准偏低的实际，借鉴兄弟省市特别是云南省、四川省的做法，提高我省养老机构的床位补贴水平。

2021年，西安市卫健委、西安市医保局联合印发《西安市家庭病床服务管理试点指导办法》，探索三级医院托管社区卫生服务中心，在莲湖区启动家庭病床试点。长年不能间断治疗的慢性重症患者或因疾病需要长期卧床或身体衰弱、生活不能自理的患者有望在家就能享受到来自三级医疗机构的专业医疗服务，并按比例享受医保报销。应总结西安对家庭病床护理服务床位补贴的做法经验，逐步在全省推广。

加大政府资金的引导力度。通过部门筹一点，政府争一点，个人承担一点，设立政府引导基金，培育市场主体，引导社会投资，丰富适老产品，推动互联网＋老年护理服务发展取得实效。努力争取国家"十四五"积极应对人口老龄化工程相关项目的资金支持。

建议省政府出台关于切实解决老年人使用智能技术困难的实施方案，让老年人更好地共享互联网＋老年护理服务的成果。

加强我省养老服务法制建设，对推进互联网＋养老服务的目标、重点任务、保障措施做出明确规定。

## （五）下大功夫加强护理人才队伍建设

借鉴兄弟省市做法，多方合力、综合施策，通过"待遇留人、情感留人、事业留人"，进一步充实养老护理人才队伍。一是充分利用我省科教资源丰富的优势，推进高等教育新设专业，培养护理师资队伍；技术院校培养护理人员，建立健全护理人员长期培训机制；对在岗在职人员定期开展职业技能培训和职业技能竞赛活动。二是制定并落实护理人员开展"互联网＋老年护理"的劳动服务标准，加强家政护理服务的规范化标准化建设。三是为新入职的大学生发放养老护理工作补贴、为在岗的养老护理员发放奖励津贴；四是参照我省实际工资水平，推行"岗位工资制"。区分不同岗位的性质、特点及技术要求，设置差别化的工资标准，实行"按岗取酬"，切实提高护理人员的工资水平，稳定护理人员队伍。

（写于2021年）

# 老年医疗服务体系的建设实践与思考

中心课题组
于 勇 王建宏 杜康力

**摘 要** 本文以截至2019年全国老年医疗体系的构成为出发点，结合陕西省老年病医院的转型与探索，以开展医养结合调研及创建老年友善医院为例，运用案例分析法、实证研究法，探索老年医疗体系服务模式。研究发现，未来老年医疗服务体系建设应包括医疗卫生与养老服务相结合、大医生团队下基层、坚持公益性导向发挥政府和市场双重作用、加强政策评估考核等。该结论对于破解老年医疗服务体系中环节缺失、机制不健全、运行不顺畅等问题具有启发意义。

随着我国老龄化程度的日益加深，加强老年人医疗保障成为社会共同关注的问题，老年人健康为我国医疗卫生体系建设提出了新的挑战。做好老年人医疗服务工作，是应对人口老龄化的重要内容，更是促进社会和谐稳定的当务之急。

根据国家统计局发布的数据，2019年末，中国60岁以上人口达到2.4亿人，占总人口的17.2%；65岁及以上老年人口达到1.76亿人，占总人口的12.6%。据测算，到2025年，中国65岁及以上的老年人口将超过2亿人；2050年，中国老年人口将接近4亿人。老年人口数量庞大，给老年人健康体系带来巨大压力。如何满足不断增长的老年人群体在生活保障、养老服务和健康等方面的需求，将是极大的挑战。

## 一、老年人口的需求特征

随着年龄的增长，老年人的需求也在发生变化，目前，中国养老市场上供需脱节问题就是健康养老从业者对老年人需求变化缺乏敏感性与调研。因此了解老年人的需求对于把握健康养老产业未来方向至关重要。

老年人随着自身身体机能的下降，身体免疫能力下降，更容易受到疾病的危害，所以老年人对健康的需求更强烈。健康需求一直以来都是养老产业的核心所在，也是老年人目前最为关注的、消费意愿最高的产业，市场尚有许多继续深度发掘的空间，例如老人的康复护理，老人的健康管理、慢病管理、健康咨询、智能康护等。老年人的尊重需求是老年人重要的精神需求之一，长期得不到社会成员的尊重，就会产生悲观情绪，也为各类疾病埋下病根。面对老人情感、归属的需求，如今的老年活动中心、老年文化活动站以及老年大学为老年人与外界环境接触提供了条件。市场也出现了一些新型的养老模式，例如抱团养老、旅居养老、互助养老等。

## 二、全国老年医疗体系的构成

截至目前，全国2.4亿老年人，仅124家老年病医院，三级医院老年病科设立率不足10%。庞大的老年医疗需求之下，我国老年医疗机构的数量增长，十年来趋于停滞。如果老年人医疗跟不上，养老负担会越来越重。银发浪潮之下，我国老年医院发展正遭遇燃眉之急。据国家卫健委发布的数据显示，目前，全国已设立了90个国家级医养结合试点市，各地也陆续出台了省级实施意见，22个省份设立了省级试点单位。全国共有近4000家医养结合机构，医疗机构与养老机构建立签约合作关系的有25000多对。全国养老院以不同形式提供医疗服务的比例达90%以上。虽然各地陆续出台政策鼓励各级医院开展老年病科建设，但老年病科的运行依然举步维艰。一方面，老年疾病对医生的全科诊治能力要求较高，这是老年科难以发展的主要原因之一。老年群体的医疗服务应该是综合性、长期的医疗服务模式，而现在医院对于老年人的医疗服务还缺乏一定的针对性和专业性。由于老年人患有的疾病多是多种病症合并且患病时间长的慢性病，如何进行综合性、连续性的诊治，是所有医疗机构老年科和从事老年健康管理者需要重视的。另一方面，各地老年病科及老年病院建设还都停留在政策层面，现有的投入、人员的数量和质量还远远不能满足社会需求。

## 三、陕西省老年医疗体系的构成

截至2018年，陕西省已有146个二级以上医疗机构开设了老年病科，276个医疗卫生机构开设了康复护理科，现有康复医院37个、专业护理院（中心）57个，

1497 个医疗机构开设了老年人就医绿色通道。目前，省内已经有 80%以上的养老机构与当地医疗机构建立了签约服务工作机制。然而大多数养老机构和医疗机构依然采取"医"与"养"分离的模式，即医疗资源与养老资源各成体系，医院不养老，养老院不治病，患病的老人只能是在医院治疗后再返回家庭或养老机构养病。因此，长期患病需要经常治疗的老人成了医院的"常客"，老人经常性、长期性地住在医院，变相地将医院变成自己的养老院，造成"押床"等医疗资源浪费的现象。

## 四、陕西省老年病医院的沿革与现状

陕西省老年病医院（陕西省第二人民医院）是陕西省卫生健康委直属的一所集医疗、教学、科研和预防保健为一体的三级综合医院。2016 年 4 月经省卫生健康委批准，挂牌成立陕西省老年病医院。

自挂牌成立陕西省老年病医院以来，医院确立了"创建省内一流老年病医院"的发展目标，突出老年病特色，围绕老年健康事业开展各项工作。2018 年 9 月和 12 月医院先后被省卫生健康委列为"省级医养结合示范基地试点单位"和"全省医养结合培训基地"，成为目前省内医养结合示范基地中唯一一家公办医疗机构，承担全省医养结合各类人员培训任务。承担陕西省地方医养结合机构标准的制定及陕西省医养结合机构现状评估。2020 年 3 月获批成立"中国西部发展研究中心老年健康研究院"，举行了挂牌仪式并举办"理念之光西部老年健康发展高峰论坛"。下一步还将牵头成立"陕西医养结合示范机构联盟"，充分发挥老年病医院在全省老龄健康服务中的引领示范作用。2020 年 9 月顺利通过了全国老年友善医院评审，成为省内首家老年友善医院。省老年病医院在老年健康领域的优势逐渐彰显。

## 五、陕西省老年病医院的转型与探索

### （一）打造老年疾病防治专业特色

医院着力打造综合性老年病专科特色，针对老年患者开展的免气腹腹腔镜技术、心脑血管介入治疗、微创内镜检查治疗以及椎间盘介入技术治疗在省内都有较好影响力。医院成立全科医学科和老年病护理、糖尿病护理、皮肤管理、静疗护理、肿瘤护理、危重症护理 6 个专科小组，目前为 60 岁以上入院患者开展院前综合评估、院中多学科诊疗和院后慢病管理，并在社区开展医疗护理延伸服务，老年疾病防治能力不断提升。医院长期招募志愿者，现有志愿者 163 人，为高龄患者提供服务。

## （二）探索医养结合服务模式

医院采取多种形式实现医疗和养老服务融合发展。通过加强对外合作，与周边多家社区卫生服务中心、护理院开通了老年人就医绿色通道，签订服务协议；加强与社区服务中心、护理院之间的转诊与合作，做好老年慢性病防治和康复护理。推进医养融合发展，与民间民营机构合作开展社区养老医疗服务，医院将其作为医养结合实践基地，定期开展义诊、巡诊和健康教育讲座，同时为签约老人开通绿色通道，提供便捷的就诊服务和双向转诊服务。

## （三）开展医养结合相关课题研究和地方标准制定

在医养结合科研方面，医院和西安交通大学合作，通过开展社会调查，从老年人进入养老机构后的适应程度、享受医护服务的满意度等方面实证研究，探索陕西省医养结合服务模式评估研究。与西北大学合作，开展陕西省医养结合培训班课程体系建设研究。针对医养结合机构从业人员现实需求，构建人员分类、线上线下的阶梯型课程体系，打造一支专业化、特色化的医养结合服务队伍。医院还与陕西省卫生健康政策评估与信息中心合作进行陕西省老龄人口发展趋势及医养模式探索研究。特别是 2020 年以来，获批立项陕西省医养结合服务地方标准制定；受省卫健委委托，对全省 21 家医养结合示范机构实地调研，形成调研报告，为全省制定、完善医养结合相关政策提供依据，为发布全省老年健康状况白皮书打下基础，以推动陕西省老年健康事业发展。

## 六、创建老年友善医院提升老年医疗服务水平

在人口老龄化背景下，发展老龄健康事业，构建养老、敬老、孝老的社会环境已成为共识，创建老年友善医院的提出和实施，将促进医院为老年患者创造一个安全、友善、适宜的医疗环境，保障老年患者的就医尊严和生活质量，为老年医疗服务体系建设发挥重要作用。陕西省老年病医院在创建老年友善医院过程中不断深化服务内涵，提升管理和服务水平。

## （一）完善老年友善医院相关管理制度

制定老年友善医院建设实施方案及相关管理制度，明确创建老年友善医院优待项目：老年人就诊优先绿色通道；门诊及病房均提供各种便民措施，如摆放老花镜、平车和轮椅，为老年人提供便利；为住院无陪护老人提供打水打饭、陪检、聊天等

服务；建立医院延伸服务团队，对出院老人定期随访，进行用药、饮食、活动等方面指导，对有压疮的患者，上门进行延伸护理。

### （二）在全院范围内营造敬老、爱老文化

医务人员关心、爱护、尊重老年患者，以真诚、耐心的态度、易懂的语言与老年人交流，让老年人切实感受到尊重与关爱。制定员工行为守则、规范服务用语，对全院职工进行礼仪培训，提升医务人员职业素养；营造医院老年文化特色，制作文化墙，印制展板；老年医学日、三八节、重阳节、雷锋日组织各种助老、爱老活动，将每年9月设立为"老年人就医服务月"，2020年活动主题为"提升健康素养，营造适老环境"，让老年人感受到医院及社会的关爱。打造"像家一样有温度的医院"，为老年患者营造家的温暖；医院定期征求老人及家属意见并汇总，依据结果对医院政策、服务、环境设施等进行评估和改善，并在医院质控简报上向全院反馈。

### （三）提供就医指导及健康宣教

医院制定了健康教育制度，门诊大厅有导医及志愿者提供就医指导；门诊及病区均设有健康教育宣传栏；定期举办健康教育讲座，多种方式对老年健康问题进行宣教。举办多场老年健康义诊和老年公寓送健康活动，使老年患者足不出户即可享受高质量医疗服务。开设糖尿病咨询门诊，为更直观、更清楚地向糖尿病患者宣教饮食，购置了形象逼真的食物模型；针对老年患者特点专门印制字体较大、图片较多的健康教育宣教手册，拍摄健康教育视频方便老人观看。

### （四）优化服务流程，鼓励老年人参与志愿者服务

在门诊大厅设有3米线，导医对65岁以上老年人进行步态、步幅的初步评估，对失能或弱能的老人在左上臂贴有黄色的笑脸并记录，进入就诊绿色通道，享受"四优先"（优先挂号、优先就诊、优先检查、优先取药）。对危重、行走不便的无助患者实行全程陪检。医院有长期招募志愿者计划，以积分换体检的形式鼓励老年人参与志愿服务，定期组织志愿者沙龙活动，有为老年人提供导引、交通、阅读、书写、陪伴等服务。

### （五）开展老年综合评估及老年综合征管理

医院根据老年患者情况，开展老年专病和综合评估门诊，加强住院患者老年综合评估工作和老年综合征的管理，对相关问题进行筛查和干预；探索老年MDT查

房制度，综合不同学科的意见为患者制订最佳个体化治疗方案；制订跌倒、痴呆、营养不良、误吸及压疮等老年综合征和常见问题管理指南。制订糖尿病、中风、冠心病、慢阻肺等诊断标准及处理指南，以患者为中心，把最专业的医疗服务带给更多老年患者。

### （六）对老年人高风险状态进行动态监测及用药指导，保证患者安全

老年患者由于自身生理特点，是心脑血管事件、跌倒、认知功能障碍、谵妄的高危人群，医院制订相关监测方案及干预措施，对患者进行动态评估，制作了标准的高风险警示牌，并将风险告知患者及陪护人，让家属共同参与患者安全管理。临床药学人员对老年患者提供出入院用药评估与指导，坚持老年用药咨询工作，解决老年患者不清楚怎么吃药的"大问题"；保证老年人在院及出院后的用药安全。

### （七）发挥老年友善医院功能，提供老年特色服务

医院在示范病区设有痴呆病房、脑卒中单元、安宁疗护病房，建立实施连续性的医疗、康复、护理和安宁疗护服务的工作机制，对意识障碍、痴呆患者、神经功能障碍患者早期开展"唤醒式护理"服务，更好地满足老年人躯体、精神和社会等层面的健康需求。

### （八）医院延伸连续性医疗服务

2017年开始与社区卫生服务中心签约，协助社区完成居民健康档案20000余份，定期前往养老院巡诊。建立家庭病床，与社区卫生服务中心、养老院、护理院等签约67位老人，并组织外出义诊宣教讲座等相关活动。

### （九）整体环境清洁、舒适和安全

医院对部分病区环境进行提升改造，地板、墙壁、家具使用暖色；室内外地面平整、防滑、无反光；病房照明均匀充足，无眩光，设置夜灯；床边安装呼叫器，大字按钮方便触及；为示范病区配有大字时钟和日历以及与失聪病人沟通工具；病室桌椅角做钝角处理，公共区域设无障碍厕位；病房卫生间采用坐便器，均有醒目提示的紧急呼叫装置，并有专门岗位负责接收呼救信号，侧面安装输液挂钩，方便病人使用。

### （十）交通安全设施便利，标识清楚

医院实施 6S 管理，注重细节、标识清楚、管理规范，保证老人就医安全。门诊和病区主出入口设有无障碍通道，有方便老年人上下车的临时停车区，台阶、坡道、转弯处均有安全警示标志和标识，如限速、禁止鸣笛、急转弯、减速、院内车速限制和避让老人等，主要道路岔口、建筑主出入口、建筑内各楼层均有明显的布局标识。

## 七、对未来老年医疗服务体系的思考

当前和今后一段时期内，推进老年医疗服务体系建设，需站在全局战略高度，更需加强顶层设计。要注重系统思维推进老年医疗服务体系建设，以医疗卫生为关键推进医疗卫生与养老服务相结合、以大医生团队下沉推进基层医疗养老服务体系建设、以坚持公益性导向为前提发挥政府与市场的双重作用、以公众满意为根本加强政策评估考核，为老年人提供安全、舒适和便捷的服务，保障老年患者的就医尊严和生活质量，更好地满足老年人的健康和照护需求。

### （一）以系统思维推进老年医疗服务体系建设

老年医疗服务是一项错综复杂的系统工程，涉及方方面面，需要立足实际，统筹谋划。当前，我国老年医疗服务工作在推进过程中还存在碎片化、不成体系的问题。在政府层面，对于老年医疗服务体系一直缺乏系统性、整体性规划和全面的顶层设计，相关部门单打独斗，形不成整体合力；缺乏前瞻性和预见性，工作思路、工作创新和与时俱进的要求还有差距。习近平总书记强调，有效应对我国人口老龄化，要立足当前、着眼长远，加强顶层设计，完善重大政策和制度。当前，深化医药卫生体制改革已经步入"深水区"，包括公立医院改革、分级诊疗制度在内的医改政策密集出台。在全面深化老年医疗卫生服务改革的过程中，各项工作、各类要素相互交织，牵一发而动全身。只有坚持系统思考，科学统筹，推进各方面的改革举措良性互动、协同配合，把推进理论创新、制度创新、科技创新以及其他各方面创新有机衔接起来，才能形成强大合力，将老年医疗卫生服务改革事业顺利推向前进。

### （二）以医疗卫生为关键推进医疗卫生与养老服务相结合

医疗卫生与养老服务相结合，是社会各界普遍关注的重大民生问题，是积极应

对人口老龄化的长久之计。当前，我国养老和医疗服务中医疗卫生与养老服务彼此独立，"看病的地方养不了老，养老的地方看不了病"，远远不能满足老年人的需要。以往我们对老年医疗服务体系的理解具有一定的狭隘性，突出表现在：更多侧重老年常见疾病治疗这一老年医疗服务的中段环节，而相对忽视老年疾病预防、早期诊断、护理康复等老年医疗服务的前段和后段环节；更多侧重建立健全综合医院老年病科以及专业老年病医院等核心老年医疗服务机构，而相对忽视家庭照料、基层医疗卫生以及接续性医疗等基础性、辅助性老年医疗服务机制；更多侧重各级各类医疗卫生机构作用的发挥，而相对忽视在养老机构中加强医疗卫生服务支撑；更多侧重西医医疗服务体系建设，而相对忽视发挥中医医疗预防保健特色优势。

针对这些问题，需要突破以往对于老年医疗服务体系的认识误区，树立系统、连续、全方位的老年医疗服务观念。医养结合的核心在于更关注老人健康，因此，关键在医。"医养结合"的"医"，从广义上来说，包括疾病预防、健康保健、疾病诊治和护理、大病康复以及临终关怀等多项服务；"养"则主要指生活的方方面面，具体包括生活照护服务、心理服务、文化服务等。衰老与疾病是一个过程的两个方面，衰老伴随着疾病，疾病又加重衰老，二者密不可分。而养老是呵护衰老不可或缺的手段，医疗照顾又是疾病的克星。只有疾病得到良好的医疗照顾，养老的质量才能提高，否则，医养结合就只能是一句空话，无法落实。

我国在养老方面也付出了一定努力，建立了一些养老机构，但实际使用效果不是很好，多数老年人仍然住在家里成为孤寡老人，靠子女和保姆给予生活照顾，大病小病往医院跑，病越看越难，药越吃越多，承受能力越来越差。究其原因，综合社会各方面的反馈来看，主要在于医疗没有很好深入到养老的各个方面，使得养老机构缺乏连续、高质量的医疗服务保障，一些老人送养老院后因为医疗服务缺乏而减寿。另外，有关医疗支出不能报销、家庭和个人支付不起等因素，都严重影响了养老的实施和质量。养老方面存在的这些问题得不到很好解决，反过来大大加重了国家医疗费用的支出，也影响了医院主体功能的充分发挥。

### （三）以大医生团队下沉推进基层医疗养老服务体系建设

大医生团队"下沉"，具有重要意义。第一，是落实分级诊疗和医养结合决策的重要举措。分级诊疗和医养结合，很好地抓住了当前医改的两个最重要的内容，是很好的顶层设计。但分级诊疗和医养结合需要一个强大的力量去推动。大医生及其团队，就是这个力量的主要承载者，他们身负国家实现医改战略任务的崇高使命。

第二，是广大老年人特别是老年病人的殷切期待。目前，我国的医疗资源是倒三角型，主要的医疗资源在三甲医院等大医院，基层老年医疗服务技术非常薄弱，老年人大病小病都往大医院跑，"一老患病，全家动员""有病慌，看病难，治病乱"。老年病人不仅需要先进便捷的医疗养老服务场所，更重要的是希望掌握老年病特点、具有全科和专科精湛技能的大医生来到他们身边。第三，能很好体现党和政府对广大群众的关切。大医生下沉，老百姓看到的不仅是医院在行动，而且是党和国家在为解除人民的疾苦而行动。在大医生团队下沉过程中，要注重发挥退休医生作用。

### （四）以坚持公益性导向为前提发挥政府与市场的双重作用

一方面，老年医疗卫生涉及公共卫生、疾病预防、医疗保障等方面，是一种满足全社会每一位老年人健康需求的特殊服务，是一种公益性事业。因此，老年医疗服务体系建设必须坚持公益性导向，政府应当在其中发挥主导作用，在兜住老年人健康底线的基础上不断提升老年人健康水平。要坚持政府主导老年医疗服务体系改革，切实落实政府在制度、规划、筹资、服务、监管等方面的责任，维护公共医疗卫生的公益性，在坚持公益性和兜住底线的同时加强监管。

另一方面，健康老龄化又是一个全社会的系统建设，需要深度和广泛的社会参与。不仅需要医疗服务体系的支撑，也需要包括社会、家庭以及老年人等在内的各方的共同支持与努力。当前，我国各级政府在建立合理的筹资机制、通过激励政策引导社会力量和市场主体投入老年医疗服务体系方面也存在不少问题。因此，要大力发挥市场机制在配置资源方面的作用，充分调动社会力量的积极性和创造性，满足人民群众多层次、多元化医疗卫生服务需求。

### （五）以公众满意为根本加强政策评估考核

政策评估是政策过程的重要环节，是提高政策质量、确保改革措施执行到位的基本手段。

建议在加强对老年医疗服务体系建设的组织领导和评估考核方面，一是建立健全工作机制。各地要将发展老年医疗服务纳入国民经济和社会发展规划，纳入政府重要议事日程；进一步强化工作协调机制，形成齐抓共管、整体推进的工作格局。建议在现有的卫生部门设立管理城乡老年医疗的统一机构，负责对老年健康服务体系的总体规划、实施与管理。二是开展综合改革试点。国家可选择有特点和代表性的区域进行老年医疗服务体系综合改革试点，探索创新，先行先试，完善体制机制和政策措施，为全国老年医疗服务事业产业发展提供经验。三是强化行业监管。民政部门要健全老年医疗服务的准入、退出、监管制度，指导有关机构完善管理规范、改善服务质量，及时查处违法行为和安全生产责任事故。价格主管部门要探索建立科学合理的老年医疗服务定价机制，依法确定适用政府定价和政府指导价的范围。有关部门要建立完善老年医疗服务统计制度。其他各有关部门要依照职责分工对老年医疗服务产业实施监督管理。积极培育和发展老年医疗服务行业协会，发挥行业自律作用。四是加强督促检查。督促检查的一大前提，是对政策的及时准确宣传介绍，借助宣传引导与组织考核，提高体制内外重视程度，推进观念转型。同时，各地要加强工作绩效考核，确保责任到位、任务落实。国务院相关部门根据本部门职责，制定具体政策措施，及时向国务院报告，并适时组织专项督查。

（写于2020年）

# 多样化"医养结合"模式的优化探索

中心课题组
王建宏　于　勇　杜康力

**摘　要**　我国目前已基本形成完整的养老政策体系框架,养老服务业发展迅速,养老服务质量逐步提升。目前,我国医养结合的主要模式有 16 类之多,其中,机构医养结合模式 10 类,社区医养结合模式 4 类,居家医养结合模式 2 类。调研发现中小型养老机构新建医疗机构,服务水平较低,远远不能满足在院老人的就医需求。大医院办养老院由于医保、长期照护险政策壁垒尚未打破,经济效益差等原因,出现运营困难,办养的积极性难以调动。养老机构与医疗机构合作签约服务流于形式,处于签而不约状态,造成老人有病得不到及时救治。居家老人的医疗服务仅停留在家庭医师签约服务,没有得到实实在在的医养康服务。就此,调研组对我国目前较为典型的 16 类医养结合模式现状进行评价分析。

2013 年国务院《关于加快发展养老服务业的若干意见》(国发〔2013〕35 号)首次明确指出发展养老服务业的主要任务之一为"推动医养融合发展",自此,相关政策陆续出台,截至目前,最新医养结合政策文件为国家卫生健康委、民政部、国家发展改革委等 12 部门联合印发的《关于深入推动医养结合发展的若干意见》(国卫老龄发〔2019〕60 号),意见从 5 个方面提出 15 项政策措施推进医养结合实践,在现实需求与政策背景之下,国家卫健委、民政部联合多个部门推动实施医养结合试点工作后,医养结合模式探索在各地广泛开展,形成了各具特色的医养结合模式,但在探索过程中存在医养结合模式多样化、以医代养、功能不清、成本较高等失序、失效现象。这些现象深刻反映出我国医养结合养老模式探索路径模糊,有益经验未形成推广效益,极需厘清和优化医养结合养老模式,推动养老资源和医疗资源的深度融合,确保养老医疗服务的可持续发展。对此,本调研组通过对陕西省内十地市实地考察调研和与国内其他省份的经验交流,查阅资料等方式发现:目前,我国医养结合的主要模式有16类之多,其中,机构医养结合模式10类,社区医养结合模式4类,居家医养结合模式2类。调研发现中小型养老机构新建医疗机构,由于投入不足,人才短缺,医疗设施配备不全,服务水平较低,远远不能满足在院老人的就医需求。大医院办养老院由于医保、长期照护险政策壁垒尚未打破,资金得不到有效保障,加之房屋、照护资源不足、成本加大,经济效益差等原因。出现运营困难,办养的积极性难以调动。养老机构与医疗机构合作签约服务流于形式,处于签而不约状态,造成老人有病得不到及时救治,看病难、看病贵问题仍没有得到有效改善。居家老人的医疗服务仅停留在家庭医师签约服务,没有得到实实在在的医养康服务。就此,调研组对我国目前较为典型的16类医养结合模式现状进行评价分析。

# 一、我国目前养老"医养结合"模式现状

## (一)机构医养结合模式

### 1."大养老+小医疗"类

在养老机构内新建小型医疗机构(医务室、门诊部、护理站),以养老为主,医疗为辅,目前,大部分中小型养老机构多采取此种模式,开展医养结合。

### 2."医疗+养老融合"类

大中型养老机构,配套建设一所一级或二级医疗机构,形成医养相互支撑,互促发展。还有一些医疗资源丰富地区二级以下医院,因发展受限,竞争能力弱,医疗资源得不到充分利用,直接转型护理院、康复院或医养结合机构。从而盘活存量医疗资源,这一类型得到政府的提倡鼓励。

### 3."大医疗+小养老"类

规模较大的医疗机构,在保持原有医疗业务不变的情况下,利用剩余医疗资源,其内部增设小型养老机构,开设养老服务床位和老年护理病房,通过配备适老设施设备,增加照护人员等措施,开展医养结合服务项目,以医疗为主,以养老为辅。此种模式是利用较高医疗资源办养老,环境条件好,医疗保障水平较高,为一种较为理想的医养结合模式。

**4. "医疗专科+日间照护或小型康复机构"类**

规模较大医疗机构的医疗专科与日间照护中心、小型康复院进行业务服务型结合模式。如医院康复科、心脑血管病专科在以上养护机构灵活性开展诊疗服务、用药指导、康复训练指导等业务。

**5. 政府购买型医疗服务类**

地方民政部门将敬老院医养康服务委托乡镇卫生院管理运营，乡镇卫生院利用自身医疗资源除服务"五保户"外，还接纳社会养老人员，此类属政府购买服务类（五保户医疗经费由地方政府支付），为乡镇较为理想的医养结合模式。

**6. 医养康一体类**

一般由新建医养结合机构提供医疗、养老服务，此外，还开展康复服务（儿童脑瘫，青壮年残疾康复），从而实现医养康一体化服务。

**7. "个体诊所+微型养老"类**

由城区个体诊所办的养老机构，诊所门诊为医疗部分，剩余资源设为家庭式或微型养老机构，诊所的医生和护士为老人提供医疗和生活照料服务。

**8. 医疗机构整体托管养老机构医疗服务类**

养老机构内不设医疗机构，与附近医院签订合作协议，将养老机构所需医疗服务整体托管于医疗机构，养老机构为医疗机构提供必要条件，如诊疗所需门诊，病区用房等设施或在养老机构内设立分院。

**9. "养老机构+医疗服务绿色通道"类**

养老机构与附近大中型医疗机构签订合作协议，医疗机构为养老机构需要就医的患者开通绿色通道，开展优先就诊、住院、远程会诊、预约挂号等医疗服务，这种结合模式是目前最为常见的，但合作程度不够深入，较难为患者提供及时连续性服务。

**10. "养老机构内设小型医疗机构+医疗服务绿色通道"类**

养老机构内设一个小型医疗机构（诊所或门诊）承担养老机构老年患者的日常医疗保健、常见病诊疗、护理，疾病恢复期康复治疗等，急危重症、疑难疾病通过签约绿色通道转入大型合作医院，进行治疗。

## （二）社区医养结合模式

**1. 社区综合养老服务机构与社区卫生服务中心签订协议型模式**

在走访调研中发现，如两个机构毗邻的较易实现合作、距离较远的合作机构出现只签协议、不履约的现象。所以想达到此种模式的有效实现，双方机构毗邻是关键基础。

**2. 医养结合机构与日间照料中心模式**

老年日间照料中心通常规模较小，所照料的老人一般是日送晚接，不住宿于机构，医疗连贯性服务得不到保障，难以实施规范性服务，但可实现简便灵活的基本医疗、护理、康复服务，适用于较轻老年患者的门诊医康护服务。

**3. 社区卫生服务机构与老年人日间照护中心模式**

此模式是社区卫生服务机构与老年人日间照料中心的结合模式，该类模式是社区卫生服务中心医护人员为日间照料中心老人进行巡诊、基本护理、基本康复训练、用药指导等。

**4. "农村卫生室与幸福院"医养结合模式**

可有效破解农村幸福院资源闲置与乡村医生收入偏低的双重困境。

## 二、多样化医养结合模式优劣势评价分析

### （一）机构"医养结合"模式评价

**1. 养老机构内设小型医疗机构"医养结合模式"劣势大于优势**

一是此类内设医疗机构，仅能解决老人的医疗保健，常见病的简单处理和用药指导，无法根据老年人多病共存特点，规范性为老年人开展门诊和住院诊疗服务。

二是养老机构内设医疗机构运营成本高，仅医务人员工资就给养老机构带来很大的经济负担，加之医务人员在养老机构业务量小，价值体现不足，导致养老院内设医疗机构出现医护人才"养不起，留不住"现象。

三是目前养老机构医疗保险尚未得到解决，老人医疗费用无法报销，加大老人的经济负担。

实践证明，大部分老年机构，因医护人才"养不起，留不住"、入住老年患者医疗经费得不到报销、经济负担加大等原因，此种结合模式最终以失败告终。

**2. 大型医疗机构内设小型养老机构"医养结合"模式因医方资源有限，养老业利润较低，医方办养积极性难以调动**

一是大型医院本来患者就"人满为患"，房屋资源紧缺，无暇顾及利润低、经济效益差的养老院。

二是大型医院办养老机构虽然医疗是其优势但需要增加护理员团队，从而增加

了医院人力成本，养护收益小，出现亏本经营状况。

三是老年人支付能力较低，医院收费较高，加之医保报销尚未落实，给老年人经济造成负担。故此模式不符合市场运行规则。

**3. 养老机构与医疗机构签约开设"绿色通道"服务模式基本属于"签而不约""形同虚设"**

一是此种模式是养老机构与医疗机构共同协商，协议合作，缺乏利益驱动协调机制和有效约束，服务项目有限，实际运行中执行力较低，老年患者很难得到有效服务。

二是此种合作模式不稳固、不确定因素比较多，老年患者得不到长期、稳定、有效的医疗服务。

三是因养老机构患者住院由患者或家属自主选择，老年机构难以将患者直接转入有协议的医疗机构。

四是尽管协议医疗机构承诺为老年机构患者开通优先挂号、优先就诊、预留住院床位等绿色通道，但在医疗机构病人多的情况下，在实际过程中很难兑现承诺。因此这种医养模式较难开展实质性合作。

**4. 医疗机构与小型康复机构结合模式优缺点共存**

优点是到医疗机构就诊的老年康复患者不受医保限制，直接入住医院治疗，缺点是多数康复机构不具有养老功能，老人康复后不能在同一机构继续疗养，满足不了老年人在同一机构的养老需求。另因康复专业技术含量相对较低，设备配置较为经济，易形成与基层医疗机构争夺康复患者资源，不利于上下级医疗机构分级诊疗，协同发展。

**5. 医养一体化模式优势显著，但各自特色难以突出**

此类医养结合模式优势是医疗资源和养老资源叠加，形成以医促养，以养助医的良好态势，老年患者能得到良好的医疗服务。劣势是医院的有限资源配置会受到一定影响，应选择病员不足、资源闲置的医疗机构，完善运行机制，实现医养融合，优势互补，方可达到以医促养，以养助医的目的。

**6. 基层医疗机构与养老机构融合模式优势大于劣势**

一是能够对现有乡镇养老和医疗资源进行有效整合，提高其资源的利用率，激活医养资源供给引力，就近服务于农村老年人群，有效解决农村医养结合、农村养老服务的落后问题。

二是容易保持原有农村敬老院、幸福院国有资产的保值、增值，是一种较为理想的农村医养结合模式,但服务人群中的"五保户"较多,乡镇卫生院和敬老院财力有限,适宜由地方财政出资,实行政府购买医疗服务形式为宜,也可允许机构接受社会养老人员进行有偿服务,支持其长足发展,是此型模式的优化保障。

**7. 医康养护产业模式优势突出,有推广价值**

一是能够全方位满足老人的需求,方便住院进行医疗、康复,使一些老人疾病能够好转,功能得以恢复,费用通过医保可以报销,社会效益良好。

二是医、康、养、护既能发挥各自的特色优势,又可相互有效互补,复合功能强,资源配置效率高,在有条件大型医养结合机构,可将医疗、康复、护理、养老(照护)作为专业学科进行研究,探索针对医养结合特点的复合型专业服务的有效途径。

三是康复患者在入住期间,机构既可收住院费用,也可收养护费用,康复出院后有需要继续休养的老人长期入住养护,这样既可使老人得到综合复合型服务,也可使机构得到较好的经济效益,是一、二级医院,老年专科医院,医养结合机构最佳选择模式。

**8. 医疗机构整体托管养老机构医疗服务模式**

医养资源充分共享,协同效应大,将双方独立核算,权、责、利明确,便于市场机制开展合作,这也是一种开展专业化分工合作、提高资源配置效率的有效形式,适用于中型养老机构的医养结合模式。

小型养老机构因医疗服务需求量较小,病源量不足,医疗机构得不到较好经济效益,甚至倒贴资金,医院难以接受。

**9. 个体诊所与小型养老机构结合模式评价分析**

此型结合模式因诊所规模小,服务项目有限,医疗设施不完善,医疗服务水平低,患者得不到有效治疗,医疗费用不能享受医保报销政策。优点是收费低,就诊方便,可就近服务,适合的服务对象为日间照护机构。

## (二)社区"医养结合"模式评价分析

**1. 城市社区综合养老服务机构与社区卫生服务中心签订协议型模式的缺点明显**

城市社区卫生服务中心目前所开展的项目主要是公共卫生基本服务项目,开展诊疗服务项目较少,难以实现真正的医养结合。在走访调研中发现,如果两个机构毗邻较易实现合作,距离较远的合作机构会出现只签协议,而不履约的现象。所以要想实现真正的此种公共卫生服务效用模式的有效实现，双方机构毗邻是关键基础。

**2. 医养结合机构与日间照料中心模式**

老年日间照料中心通常规模较小，所照料的老人一般是日送晚接，不在机构住宿，医疗服务没有连贯性，规范性服务难以实施，因此，这类模式适合巡诊、医疗保健、解决老人轻度疾病的简单诊疗，但老人的急危重疾病得不到有效解决。

**3. 社区卫生服务机构与老年人日间照护中心模式优势突出**

一是能同时有效满足老年人的养老需求和社区医疗需求，因为一般送到日间照料中心的老人大多数是多病共存的失能半失能老人，该模式既可养老同时也可以享受医疗服务，子女更放心。社会效益更好。

二是老人日间照料中心的老人可同时享受医疗、养老、基本康复训练等，既可以解决机构资源闲置问题，也可给其带来经济效益。可谓"一举两得"。

**4. "农村卫生室与幸福院"医养结合模式可有效破解农村幸福院资源闲置与乡村医生收入偏低的双重困境，建立正确导向，前景可期**

因目前农村幸福院大量闲置，为解决资源闲置问题，许多地方试点开展"互助养老"，但"互助养老"建立在自愿基础上，不符合市场运行规则，运行不规范，没有正规医疗的介入，不能实现真正的医养结合，长足发展得不到保障，如能发挥村医队伍的稳定性作用，加强业务培训，提高工资待遇，给予村医进得来、留得住的鼓励政策，拓宽业务项目，开展农村"医养结合"是可行的，这是农村理想的医养结合模式。

### （三）居家"医养结合"模式评价

**1. 家庭养老与家庭医生签约服务类缺点较为明显**

这一模式仅能解决居家老人的基本医疗服务问题，但生活照料的社会化、专业化服务得不到有效满足，不是严格意义上的医养结合模式。

**2. "互联网+可穿戴设备+实体性服务机构"型模式优势突出**

此模式能有效满足居家老人在医疗和生活照料等方面的个性化服务需求，特别是能解决居家老人在家中身体出现突发事件造成的疾病风险，迎合我国目前养老智慧化、市场化、规模化、连锁化的发展趋势。但这一模式前期投入较大（信息化管理平台、老人穿戴设备等），需要政府大力支持或引入民营资本，才能成功实现。

## 三、多样化"医养结合"模式优化探索

目前,我国医养结合多样化模式探索在各地广泛开展,可谓是"百花齐放",对推动医养结合模式探索起到了积极作用,但在探索实践中,因缺乏正确引导,没有标准要求,出现了结合模式复杂化,质量参差不齐,效果不尽如人意的情况。因此制定医养结合基本准则,优化结合模式,规范模式探索路径,势在必行。

### (一)建准则、立标准、优模式

(1)医养结合取得成效的关键是通过合作,实现资源"共享",在共享的基础上,通过"整合"实现"融合"或"协同",发挥出"1+1>2"的效果。因此,"医""养"资源融为一体,实现一体化(医办养或养办医),或"医""养"协作并产生协同效应是判断医养结合成功与否的基本准则。

(2)只有符合医养结合基本准则的模式才能称为真正的医养结合模式,而现有医养结合模式优缺点各异,如运用的模式不当还有可能造成浪费或资源配置效率低下等问题,所以,只有能适应当地条件和未来发展趋势,充分满足老人和家庭需求,能够实现医疗、养老资源优化配置和充分满足老年人健康老龄化价值,并能够给机构和社会带来经济效益和社会效益才是优选的模式,因此,资源配置效率高,协同效应大,综合效益好是优选医养结合模式的判断标准。

(3)运用了医养结合模式,符合医养结合模式准则的机构并非都是医养结合机构,只能说他们的机构开展了医养结合的相关工作。医养结合机构并非简单的医疗和养老功能相加,而是应同时具备较高水平的养老、医疗、康复、护理、健康管理的有机复合功能。

对于医疗而言,较高水平意味着机构要具有规范的诊疗功能(门诊、住院、设施设备齐全、老年医学专科的设立、拥有专业的医护康服务团队等);对养老而言,较高水平意味着机构的规模要达到中等以上(养老床位达到100张以上,养老设施齐全,具有较高的养护康能力,设立老年评估室等);对医养结合机构复合功能而言,能够实现医疗资源与养老资源优化配置,并能满足老年人健康老龄化需要;对于"医""养"合作体制而言,医养一体化融合发展、"嵌入式"合作,能够达到协同发展,特别是医疗能为养老提供充分保障。

因此,我们认为,一体化或嵌入式实现医养结合,保证养老床位在100张以上并具有住院及诊疗项目较为完善的机构,才是真正的医养结合机构,仅在养老机构

设立诊室、卫生室、护理站、护理中心等不具有住院功能的养老机构或虽能解决住院问题，但只设有少量养老床位的大型医疗机构，均不能称之为医养结合机构。

### （二）机构养老"医养结合"机构的优化模式

大型医养结合机构（设置300张床位）以上，应选择运用医疗、养老并重，医、康、养、护一体型模式，形成一体化服务。不断探索医、康、养、护学科建设和规范化复合服务，科学化运营管理，最终实现规模化、专业化、智慧化、连锁化、集团化医养结合新模式。

中型医养结合机构，应设置床位100~300张，应选择运用医疗机构整体托管型模式，以实现专业化发展、规范化管理、有效化服务的结合模式。

小型医养结合机构，应设置100张床位，选择小型养老机构购买医疗服务型模式，以实现规范化管理，灵活性服务，专业水平渐进式提升，以及面向城乡基层服务的结合模式。

微型家庭型养老机构，（设置床位10张以下）应选择运用微型养老机构与家庭医生签约服务模式，开展巡诊、护理、用药指导、健康知识宣教等基本医疗服务，并与大中型医疗机构合作，解决老人急危重疾的救治和转诊住院等问题的多元化服务模式。

乡镇卫生院托管幸福院服务模式，应采取政府购买医疗服务方式（因此种服务对象大部分为"五保户"，没有费用支付能力）实现医康养一体化服务。此种结合模式实际不是真正意义上的医养结合，可通过机构与大中型医疗机构或医养结合机构形成合作联盟，提高其综合服务能力。通过政府支持、机构帮扶、整体托管模式加以优化，实现对农村老年人的基本医养保障性服务。

### （三）社区养老"医养结合"的优化模式

城市新建社区，应选择运用社区医养设施"共建共享"模式。非新建社区应选择运用社区医疗服务中心与日间照料中心相结合模式，实现老人的基本医疗服务。

### （四）"居家养老"医养结合的优化模式

非空巢老人应选择运用家庭养老、家政服务、家庭医生签约式服务模式，空巢老人应选择运用"互联网＋可穿戴设备＋实体性服务机构"服务模式。

## 四、小结

在医养结合模式探索过程中,应根据城乡差异、机构规模大小、资源配置、老人及家属服务需求等实际情况,遵循医养结合基本准则,建立医养结合模式评价标准、利弊权衡、科学定位,优化选择。准确把握医养结合模式探索的正确导向,确保医养结合模式和探索良性发展,还应推进医康养护多学科建设和融合发展,促进多元化复合型综合服务水平提升,使医养结合机构向规模化、专业化、科学化、连锁化、集团化方向发展,让老年人能够真正享受到良好的养老、医疗、康复、护理服务。防止在模式探索过程中,造成医养结合模式探索方向偏离、资源浪费等不良现象的出现。

(写于2021年)

# 陕西省托育服务发展研究报告

西安交通大学人口与发展研究所托育服务供给侧改革课题组
杨雪燕　李婉鑫　杨小军

**摘　要**　在三孩政策不断推进的政策背景下,本研究依托陕西省2010年、2020年两期中国妇女社会地位调查数据,采用图表分析、统计检验的分析方法对陕西省托育服务政策的相关问题进行研究,发现当前陕西省的托育服务发展存在供给总量不足、服务结构错位、质量良莠不齐以及地区发展不均四个问题。基于此,本研究从"增供给""调结构""保质量"三个方面提出相关政策建议,旨在为构建和完善我省的托育服务发展提供决策参考。

## 一、研究背景

20世纪90年代以来,我国妇女的总和生育率持续稳定在2.1的人口更替水平以下,远低于世界平均水平。为避免人口危机,提高生育率,我国政府于2016年全面放开二孩生育,但政策并未达到预期效果,我国的出生人口数量只在2016年出现小幅上涨,自2017年起便开始逐年回落,2019年全国新生人口数跌至1465万人,远低于人口学家估计的2000万以上。随后,我国政府又于2021年进一步放开三孩生育,然而,2021年新生人口数仅为1062万人,跌至中华人民共和国成立以来最低水平。生育率的快速下降缓解了过多人口对经济发展与资源需求的压力,但是随着近些年来生育率的持续走低,我国人口结构已呈现出不合理的发展趋势,人口红利消减、老龄人口持续上涨、出生性别比失衡等问题都制约着我国经济社会的全面协调发展。在此背景下,探索生育水平的抑制因素与提升措施迫在眉睫。

生育水平的高低与生育意愿密切相关,作为生育行为的超前变量,生育意愿直接影响着人们的生育行为与生育抉择。随着全面二孩、三孩政策的深入推进,我国育龄女性所面临的生育支持不足问题愈加凸显,逐渐成为影响生育意愿的主要因素。国家卫计委 2015 年生育意愿调查表明,因经济负担、耗费精力和无人看护而不愿生育第二个子女的分别占到 74.5%、61.1%、60.5%。为调查 3 岁以下婴幼儿托育服务需求现状,2016 年国家卫计委在北京、上海、广州、沈阳等 10 个城市进行了调查,结果显示有超过 1/3 的受访者有托育服务需求,对 2~3 岁幼儿托育需求尤为强烈。托育服务的旺盛需求体现出供给端的巨大缺口,据统计,目前我国婴幼儿在各类托育机构中的入托率仅为 4.1%,城市 3 岁以下儿童的入托率不到 10%,远低于发达国家平均水平。可见,当前我国托育服务的发展存在数量供给不足、质量良莠不齐、地区分配不均等问题,极大地抑制了育龄群体的生育意愿与生育行为。为此,我国政府于 2021 年发布《中共中央 国务院关于优化生育政策促进人口长期均衡发展的决定》,文件从提高优生优育服务水平、发展普惠托育服务体系以及降低生育养育成本等方面进一步明确了未来生育支持政策的发展方向与改革路径。其中,托育服务作为生育配套措施的重要制度内容,受到政府以及社会各界的广泛关注,对推动全面三孩政策的落地具有重大意义。基于此,为深入了解陕西省近十年来的托育服务政策的发展变化,本研究依托陕西省 2020 年第四期中国妇女社会地位调查数据,并结合 2010 年第三期中国妇女社会地位调查数据,对陕西省托育服务的发展现状与存在问题进行深入分析,旨在为构建与完善陕西省的托育服务体系提供政策建议,进而在满足"人民日益增长的美好生活需要"的基础上"促进人口均衡发展"。

## 二、陕西省生育及托育服务发展现状

首先,本研究使用《陕西统计年鉴——2020》和《西安统计年鉴——2020》,从宏观上分析近些年来陕西省及西安市的出生率情况以及变化趋势;其次,采用 2010 年和 2020 年两期妇女社会地位调查数据,从 0~6 岁儿童的主要照料方式、是否上过托幼机构以及托幼机构性质三个方面对当前陕西省托育服务的发展现状以及近十年来的变化情况进行深入分析,具体情况如下:

### (一)陕西省及西安市生育现状分析

#### 1. 1985—2019 年陕西省及西安市出生率对比趋势

图 1 为 1985—2019 年间陕西省与西安市的人口出生率及其对比趋势。总体来

看，1985—2019 年陕西省与西安市出生率的变化趋势大致相同，共经历了四个阶段。第一阶段为"小幅上升"阶段：1985—1990 年间出生率出现小幅度上涨，陕西省与西安市的出生率均在 1990 年达到峰值，分别为 23.48‰和 20.55‰。第二阶段为"快速下降"阶段：受严格计划生育政策的影响，陕西省的出生率经历了十余年的快速下降，从 1990 年的 23.48‰下降至 2001 年的 10.5‰，西安市的出生率也从 1990 年的 20.55‰快速下降至 2001 年的 7.39‰。第三阶段为"稳定均衡"阶段：进入 21 世纪以来，陕西省与西安市的出生率始终维持在较低水平，保持在 10‰左右。第四阶段为"缓慢上升"阶段：2016 年全面二孩政策放开后，出生率出现小幅度回升，陕西省的出生率从 2015 年的 10.1‰上升至 2017 年的 11.11‰，西安市的出生率从 2015 年的 10.15‰上升至 2017 年的 12.62‰，达到近 20 年来的峰值，而后又于 2019 年分别下降至 10.55‰和 12.32‰。这说明二孩政策的放开对于生育具有一定的促进效果，然而随着生育堆积效应的释放，未来的出生率可能缓慢回落至全面二孩政策放开前的水平，即 10‰左右。

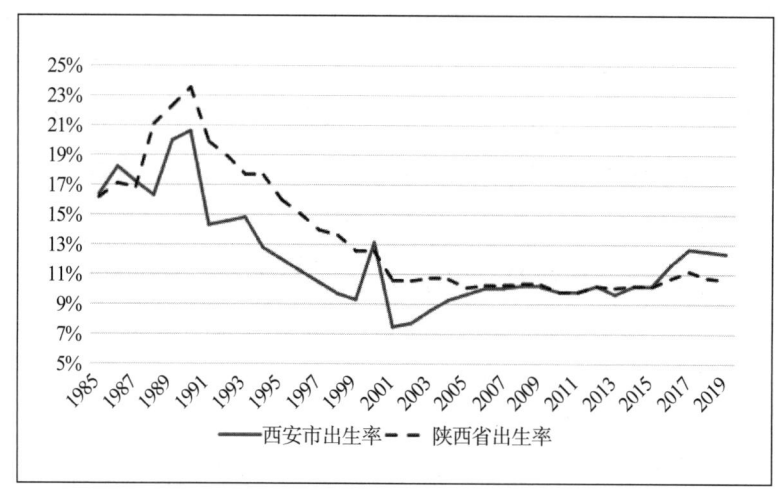

图1　1985—2019年陕西省及西安市出生率对比趋势

数据来源：《陕西统计年鉴——2020》以及《西安统计年鉴——2020》。

**2. 育龄群体生育意愿与生育行为**

在育龄群体的生育意愿方面，本研究使用 2020 年第四期妇女社会地位调查数据对陕西省育龄群体的意愿生育子女数进行分析。如图 2 所示，陕西省育龄群体意愿生育子女数为 0 个的占比最少，为 1.1%；意愿生育子女数为 2 个的占比最多，为 55%；意愿生育子女数为 1 个和 3 个及以上的分别占比 37.8%和 6.1%。说明当前陕西省育龄群体的二孩生育意愿较高，三孩生育意愿较低。

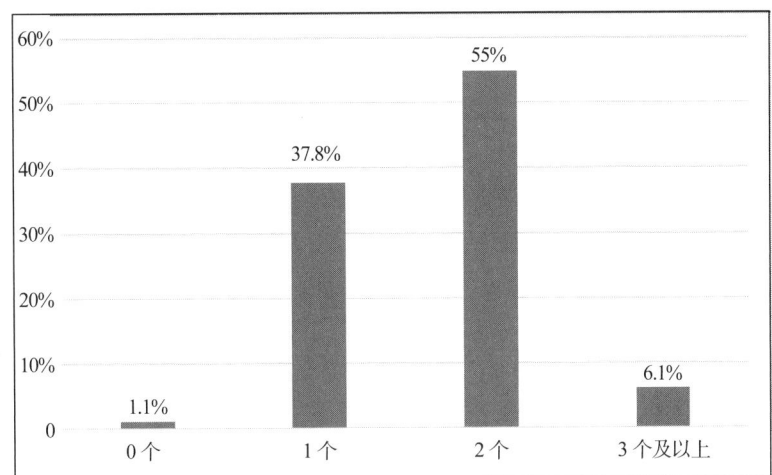

图2　2020年陕西省育龄群体意愿生育子女数

*数据来源：根据2020年第四期妇女社会地位调查中的陕西省数据整理所得。*

在育龄群体的生育行为方面，图3展示了2010年陕西省育龄群体的实际生育子女数。其中，实际生育子女数为1个的占比最多，为44.7%；实际生育子女数为0个的占比最少，为3.2%；实际生育子女数为2个和3个及以上的占比分别为35.9%和16.3%。

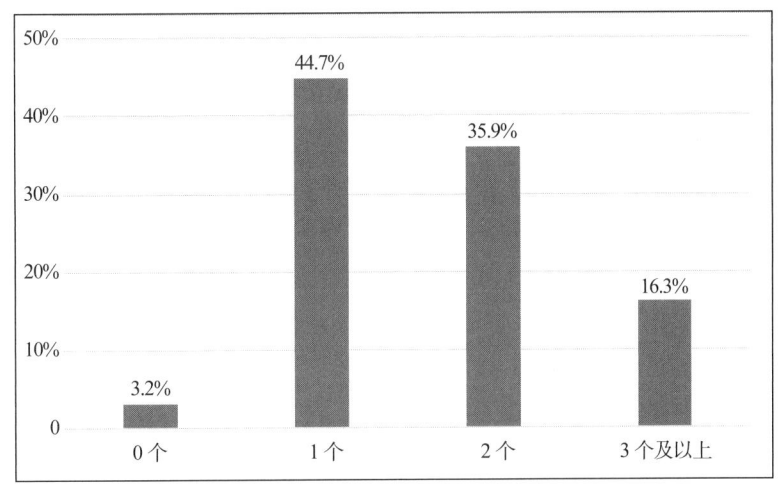

图3　2010年陕西省育龄群体实际生育子女数

*数据来源：根据2010年第三期妇女社会地位调查中的陕西省数据整理所得。*

图4展示了2020年陕西省育龄群体的实际生育子女数，其中，实际生育子女数为2个的占比最多，为46.7%，实际生育子女数为0个的占比最少，为2.9%；实

际生育子女数为 1 个的和 3 个及以上的分别占比 36.3%和 13.8%。对比可以发现，2020 年实际生育二孩的人数比例较 2010 年有所上升，说明全面二孩的政策效果有所显现，但三孩生育依旧处于低迷水平。

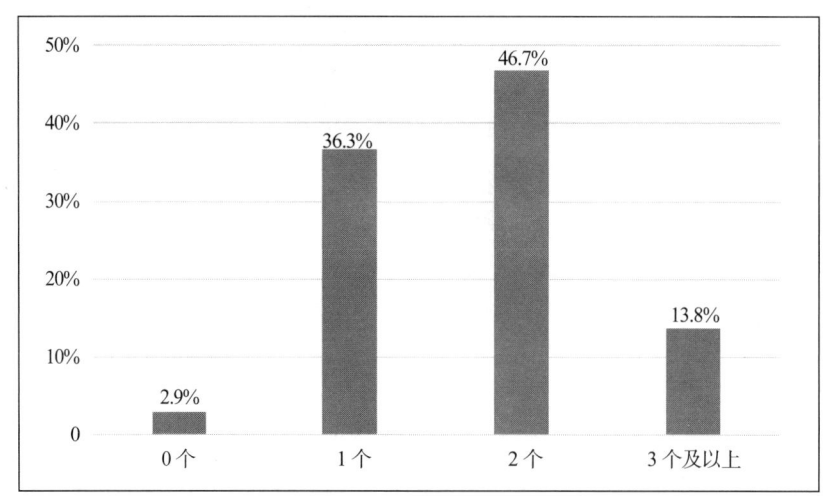

图4　2020年陕西省育龄群体实际生育子女数

数据来源：根据2020年第四期妇女社会地位调查中的陕西省数据整理所得。

### （二）陕西省托育服务政策的发展现状

**1. 陕西省 2010—2020 年托育服务发展的基本状况。**

图 5 展示了 2010—2020 年 0～6 岁儿童的主要照料方式。2010 年 0～6 岁儿童的主要照料方式为家庭照料的占比 99%，2020 年这一比例下降为 95.8%；2010 年正式照料占比 1%，这一比例在 2020 年上升为 4.2%。整体而言，虽然正式照料的比例有所提升，但家庭照料仍是近十年 0～6 岁儿童的主要照料方式。

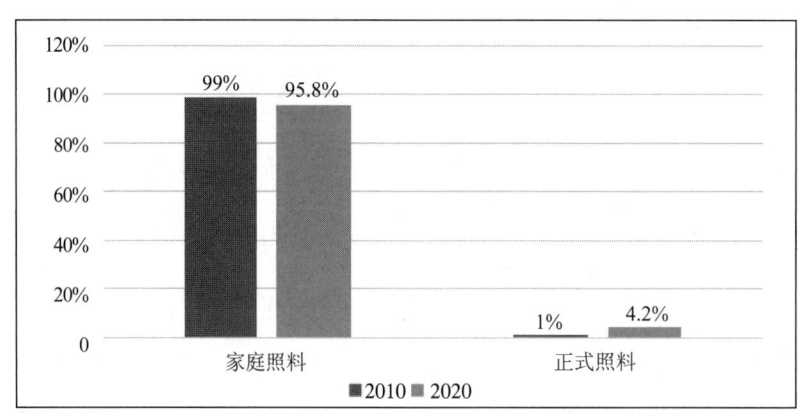

图5　2010—2020年0～6岁儿童的主要照料方式

数据来源：根据2010年和2020年两期妇女社会地位调查中的陕西省数据整理所得。

从是否上过托幼机构来看,如图6所示,2020年受访者的孩子曾上过或正在上托幼机构的比例为84.8%,未上过托幼机构的比例为15.2%。

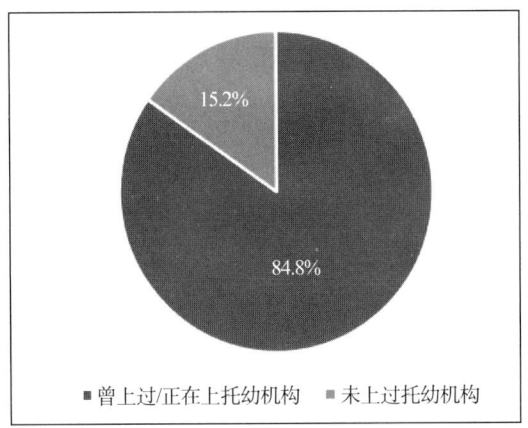

图6 2020年受访者孩子是否上过托幼机构的比例

数据来源:根据2020年第四期妇女社会地位调查中的陕西省数据整理所得。

图7展示了2020年托幼机构的性质分布。其中,民办性质的托幼机构占比最多,为61.8%;集体/单位性质的托幼机构占比最少,为1.1%;公办性质的托幼机构占比37.1%。

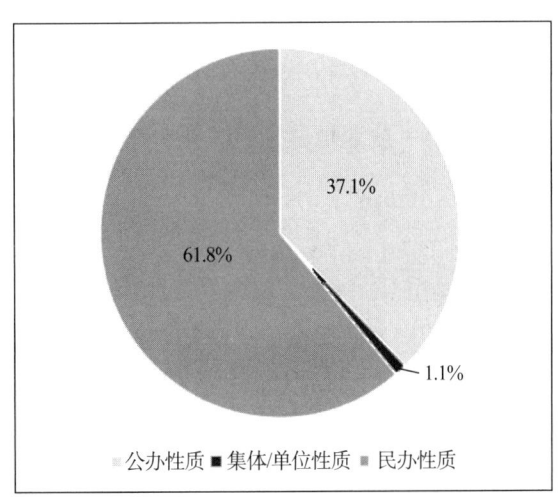

图7 2020年托幼机构性质

数据来源:根据2020年第四期妇女社会地位调查中的陕西省数据整理所得。

**2. 陕西省托育服务发展的群体差异。**

(1)就业单位性质。

在0~6岁儿童的主要照料方式方面,图8展示了2010—2020年不同就业单位性质受访者的儿童照料及其变动情况。2010年公有制单位受访者使用托育机构作为儿童主要照料者的比例为3.6%，2020年这一比例为6.3%；2010年私有制单位受访者使用托育机构作为儿童主要照料者的比例在这一比例中为0，2020年这一比例为4.1%；整体而言，不管是公有制单位还是私有制单位，托育机构作为儿童主要照料者的比例很低，儿童的主要照料方式都是以家庭照料为主。表1的卡方检验结果也表明，就业单位性质与儿童照料无显著相关关系。

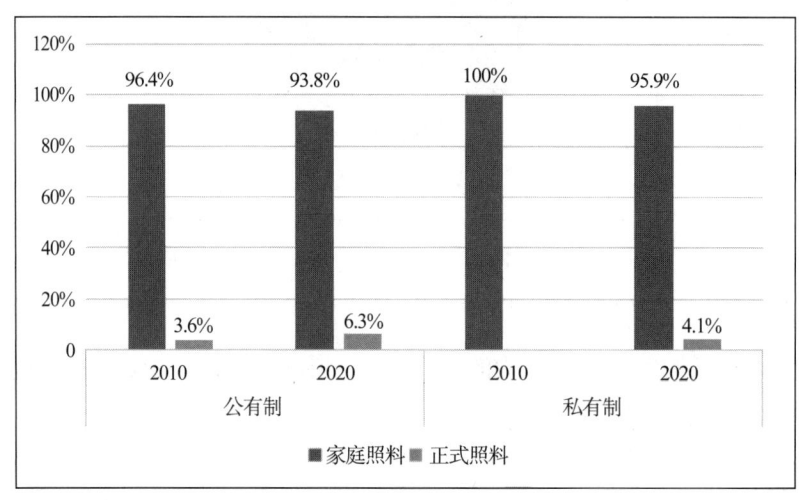

图8　2010—2020年不同就业单位性质受访者的儿童照料及其变动情况

数据来源：根据2010年和2020年两期妇女社会地位调查中的陕西省数据整理所得。

表1　就业单位性质与儿童照料

| 变量名称 | 2010 | | 2020 | |
| --- | --- | --- | --- | --- |
| | 公有制<br>频数（频率） | 私有制<br>频数（频率） | 公有制<br>频数（频率） | 私有制<br>频数（频率） |
| 家庭照料 | 159 | 85 | 45 | 47 |
| | （96.4%） | （100%） | （93.8%） | （95.9%） |
| 正式照料 | 6 | 0 | 3 | 2 |
| | （3.6%） | （0.0%） | （6.3%） | （4.1%） |
| 卡方检验 | $X^2=3.167$ | | $X^2=0.233$ | |

数据来源：根据2010年和2020年两期妇女社会地位调查中的陕西省数据整理所得。

在是否上过托幼机构方面，图9展示了2020年不同就业单位性质受访者的孩子是否上过托幼机构的情况。公有制单位受访者的孩子曾上过/正在上的比例为

88.2%，私有制单位这一比例为89.3%；公有制单位受访者的孩子未上过托幼机构的比例为11.8%，私有制单位这一比例为10.7%。整体而言，受访者孩子是否上过托幼机构在不同就业单位性质之间无显著差异。表2的卡方检验结果也证实了这一观点。

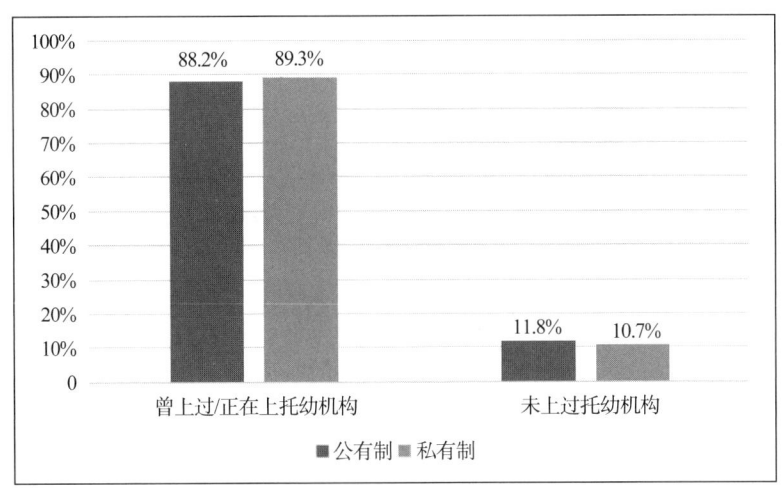

图9 2020年不同就业单位性质受访者的孩子是否上过托幼机构的比例

数据来源：根据2020年第四期妇女社会地位调查中的陕西省数据整理所得。

表2 就业单位性质与是否上过托幼机构

| 变量名称 | 公有制<br>频数（频率） | 私有制<br>频数（频率） |
| --- | --- | --- |
| 曾上过/正在上托幼机构 | 15<br>（88.2%） | 25<br>（89.3%） |
| 未上过托幼机构 | 2<br>（11.8%） | 3<br>（10.7%） |
| 卡方检验 | $X^2=0.012$ | |

数据来源：根据2020年第四期妇女社会地位调查中的陕西省数据整理所得。

在托幼机构性质方面，图10展示了2020年不同就业单位受访者的孩子所上的托幼机构性质。其中，公有制单位受访者的孩子上公办性质托幼机构的比例为46.7%，私有制单位这一比例为20.0%；公有制单位受访者的孩子上民办性质托幼机构的比例为53.3%，私有制单位这一比例为80%。整体而言，公有制单位上公办性质托幼机构的比例更高，而私有制单位上民办性质的托幼机构比例更高，表3卡方检验的结果也表明就业单位性质和所上托幼机构的性质呈显著相关关系。

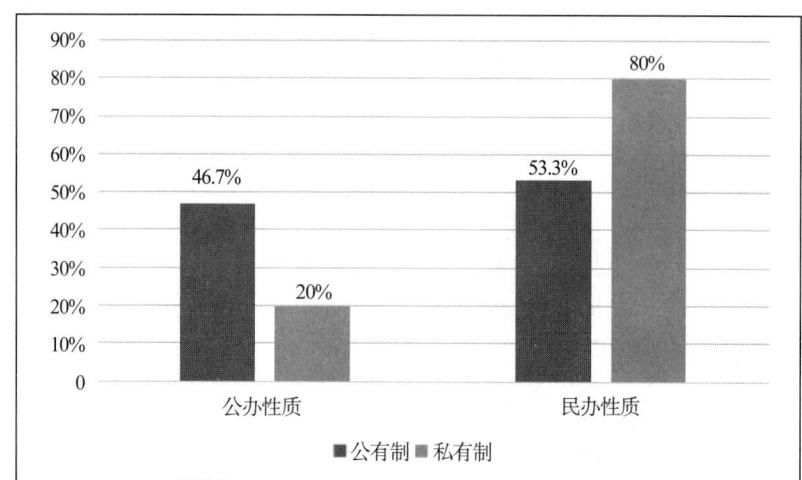

图10 2020年不同就业单位性质受访者的孩子所上的托幼机构性质

数据来源：根据2020年第四期妇女社会地位调查中的陕西省数据整理所得。

表3 就业单位性质与托幼机构性质

| 变量名称 | 公有制<br>频数（频率） | 私有制<br>频数（频率） |
| --- | --- | --- |
| 公办性质 | 7 | 5 |
|  | （46.7%） | （20.0%） |
| 民办性质 | 8 | 20 |
|  | （53.3%） | （80.0%） |
| 卡方检验 | $X^2=3.175$ ||

数据来源：根据2020年第四期妇女社会地位调查中的陕西省数据整理所得。

（2）年收入水平。

在0~6岁儿童的主要照料方式方面，图11展示了2010—2020年不同年收入育龄群体的儿童照料及其变动情况。2010年高收入群体受访者使用托育机构作为儿童主要照料者的比例为1.9%，2020年这一比例为3.8%；2010年低收入群体受访者使用托育机构作为儿童主要照料者的比例为0，2020年这一比例为4.9%；整体而言，托育机构作为儿童主要照料者的比例很低，不管是高收入群体还是低收入群体，儿童的主要照料方式都是以家庭照料为主。表4的卡方检验结果也表明，2010年时，年收入高低与儿童照料存在显著相关关系，但2020年时已不存在显著相关关系。

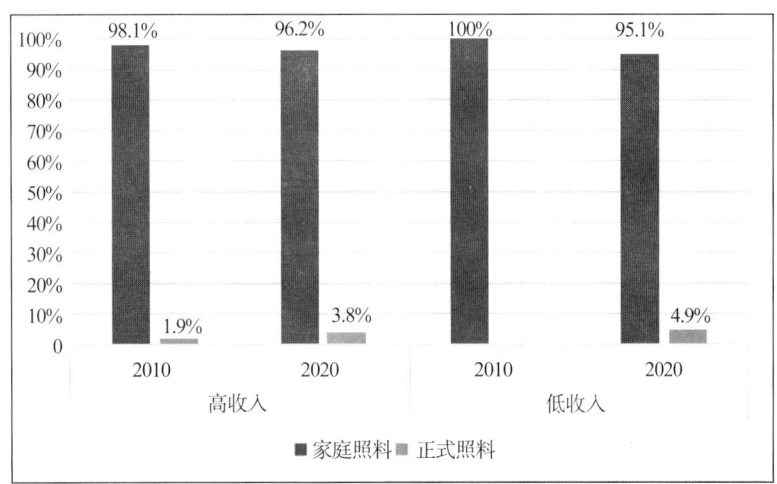

图11 2010—2020年不同年收入受访者的儿童照料及其变动情况

数据来源：根据2010年和2020年两期妇女社会地位调查中的陕西省数据整理所得。

表4 年收入水平与儿童照料

| 变量名称 | 2010 | | 2020 | |
| --- | --- | --- | --- | --- |
| | 高收入<br>频数（频率） | 低收入<br>频数（频率） | 高收入<br>频数（频率） | 低收入<br>频数（频率） |
| 家庭照料 | 305<br>（98.1%） | 336<br>（100.0%） | 100<br>（96.2%） | 58<br>（95.1%） |
| 正式照料 | 6<br>（1.9%） | 0<br>（0.0%） | 4<br>（3.8%） | 3<br>（4.9%） |
| 卡方检验 | $X^2=6.543$ | | $X^2=0.109$ | |

数据来源：根据2010年和2020年两期妇女社会地位调查中的陕西省数据整理所得。

在是否上过托幼机构方面，图12展示了2020年不同年收入水平受访者的孩子曾上过/正在上托幼机构的比例。其中，高收入受访者的孩子曾上过/正在上托幼机构的比例为87.5%，低收入的这一比例为81.6%；高收入受访者的孩子未上过托幼机构的比例为12.5%，低收入的这一比例为18.4%。整体而言，孩子是否上过托幼机构在不同年收入群体之间无显著差异，表5卡方检验的结果也证明了这一结论。

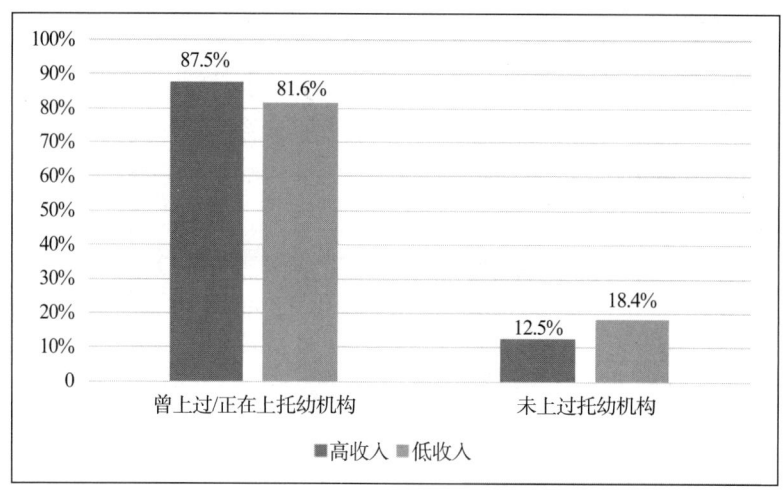

图12　2020年不同年收入水平受访者的孩子曾上过/正在上托幼机构的比例

数据来源：根据2020年第四期妇女社会地位调查中的陕西省数据整理所得。

表5　年收入水平与是否上过托幼机构

| 变量名称 | 高收入<br>频数（频率） | 低收入<br>频数（频率） |
| --- | --- | --- |
| 曾上过/正在上托幼机构 | 49<br>（87.5%） | 40<br>（81.6%） |
| 未上过托幼机构 | 7<br>（12.5%） | 9<br>（18.4%） |
| 卡方检验 | $X^2=0.697$ | |

数据来源：根据2020年第四期妇女社会地位调查中的陕西省数据整理所得。

在托幼机构性质方面，图13展示了不同年收入水平受访者的孩子所上的托幼机构性质。高收入水平受访者的孩子上公办性质托幼机构的比例为34.7%，低收入水平的这一比例为42.5%；高收入水平受访者的孩子上民办性质托幼机构的比例为65.3%，低收入水平的这一比例为57.5%。整体而言，孩子所上托幼机构的性质在不同年收入水平之间无显著差异，表6卡方检验的结果也证明了这一结论。

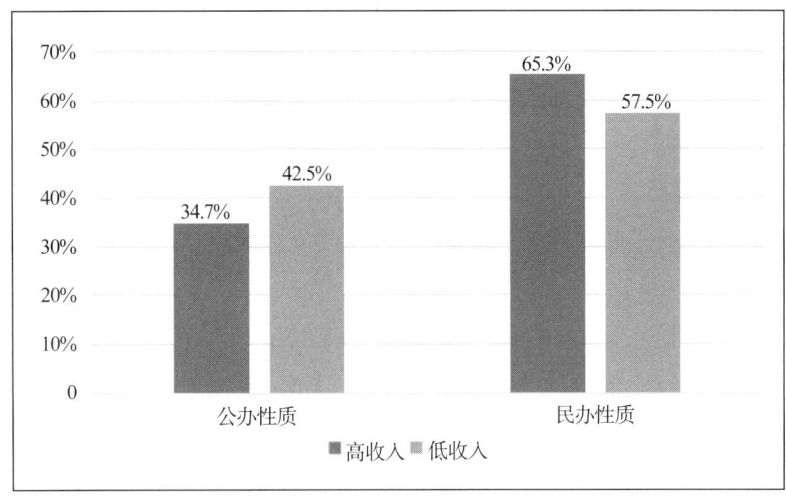

图13　2020年不同年收入水平受访者的孩子所上的托幼机构性质

数据来源：根据2020年第四期妇女社会地位调查中的陕西省数据整理所得。

表6　年收入水平与托幼机构性质

| 变量名称 | 高收入<br>频数（频率） | 低收入<br>频数（频率） |
| --- | --- | --- |
| 公办性质 | 17 | 17 |
|  | （34.7%） | （42.5%） |
| 民办性质 | 32 | 23 |
|  | （65.3%） | （57.5%） |
| 卡方检验 | $X^2=0.568$ | |

数据来源：根据2020年第四期妇女社会地位调查中的陕西省数据整理所得。

（3）受教育程度。

在0~6岁儿童的主要照料方式方面，图14展示了2010—2020年不同受教育程度育龄群体的儿童照料及其变动情况。2010年高中以下学历受访者使用托幼机构作为儿童主要照料者的比例为0.5%，2020年这一比例为3.8%；2010年高中及以上学历受访者使用托幼机构作为儿童主要照料者的比例为1.8%，2020年这一比例为4.5%。整体而言，不管是高中以下群体还是高中及以上群体，儿童的主要照料方式都是以家庭照料为主。表7卡方检验的结果也表明，受教育程度和儿童照料方式之间无显著相关关系。

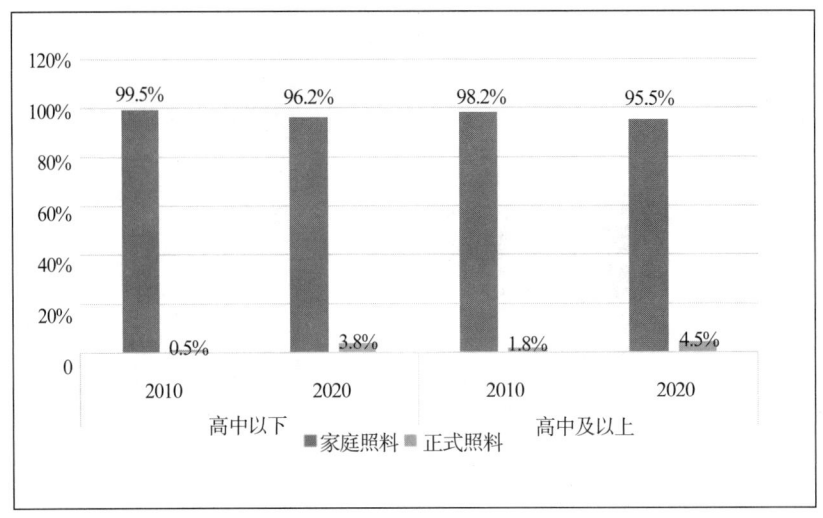

图14 2010—2020年不同受教育程度受访者的儿童照料及其变动情况

数据来源：根据2010年和2020年两期妇女社会地位调查中的陕西省数据整理所得。

表7 受教育程度与儿童照料

| 变量名称 | 2010 | | 2020 | |
| --- | --- | --- | --- | --- |
| | 高中以下<br>频数（频率） | 高中及以上<br>频数（频率） | 高中以下<br>频数（频率） | 高中及以上<br>频数（频率） |
| 家庭照料 | 431<br>（99.5%） | 217<br>（98.2%） | 51<br>（96.2%） | 107<br>（95.5%） |
| 正式照料 | 2<br>（0.5%） | 4<br>（1.8%） | 2<br>（3.8%） | 5<br>（4.5%） |
| 卡方检验 | $X^2=2.925$ | | $X^2=0.042$ | |

数据来源：根据2010年和2020年两期妇女社会地位调查中的陕西省数据整理所得。

在是否上过托幼机构方面，图15展示了2020年不同受教育程度受访者的孩子曾上过/正在上托幼机构的比例。高中以下受教育程度受访者孩子曾上过/正在上托幼机构的比例为85.7%，高中及以上的这一比例为83.9%；高中以下受教育程度受访者孩子未上过托幼机构的比例为14.3%，高中及以上的这一比例为16.1%。整体而言，是否上过托幼机构在不同受教育程度之间无显著差异，表8卡方检验的结果也证明了这一结论。

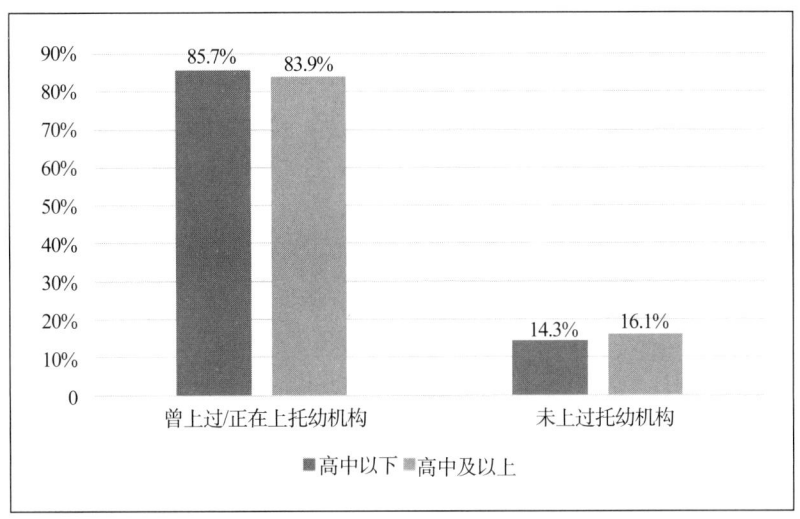

图15 2020年不同受教育程度受访者的孩子是否上过托幼机构的比例

数据来源：根据2020年第四期妇女社会地位调查中的陕西省数据整理所得。

表8 受教育程度与是否上过托幼机构

| 变量名称 | 高收入<br>频数（频率） | 低收入<br>频数（频率） |
| --- | --- | --- |
| 曾上过/正在上托幼机构 | 42<br>（85.7%） | 47<br>（83.9%） |
| 未上过托幼机构 | 7<br>（14.3%） | 9<br>（16.1%） |
| 卡方检验 | $X^2=0.065$ | |

数据来源：根据2020年第四期妇女社会地位调查中的陕西省数据整理所得。

在托幼机构性质方面，图16展示了2020年不同受教育程度受访者的孩子所上的托幼机构性质。高中以下受访者的孩子所上的托幼机构为公办性质的占比42.9%，高中及以上的这一比例为34.0%；高中以下受访者的孩子所上的托幼机构为民办性质的占比57.1%，高中及以上的这一比例为66.0%。整体而言，托幼机构性质在不同受教育程度分组中无显著差异，表9卡方检验的结果也证明了这一观点。

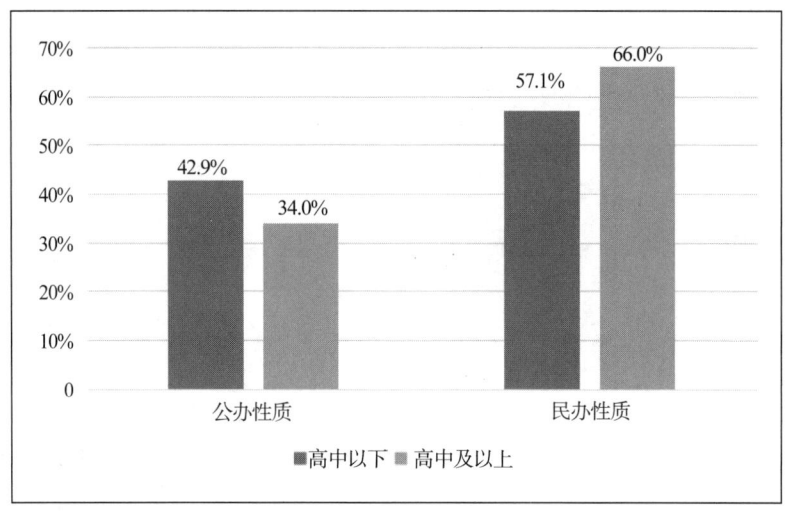

图16　2020年不同受教育程度受访者的孩子所上的托幼机构性质

数据来源：根据2020年第四期妇女社会地位调查中的陕西省数据整理所得。

**表9　受教育程度与托幼机构性质**

| 变量名称 | 高收入<br>频数（频率） | 低收入<br>频数（频率） |
| --- | --- | --- |
| 公办性质 | 18<br>（42.9%） | 16<br>（34.0%） |
| 民办性质 | 24<br>（57.1%） | 31<br>（66.0%） |
| 卡方检验 | $X^2=0.730$ | |

数据来源：根据2020年第四期妇女社会地位调查中的陕西省数据整理所得。

### 3. 陕西省托育服务发展的地区差异

（1）城乡分组。

在0~6岁儿童的主要照料方式方面，图17展示了2010—2020年城乡受访者之间的儿童照料及其变动情况。2010年城镇居民受访者使用托育机构作为儿童主要照料者的比例为2.2%，2020年这一比例为3.8%；2010年农村居民使用托幼机构作为儿童主要照料者的比例为0，2020年这一比例为6.1%。整体而言，托育机构作为儿童主要照料者的比例很低，不管是城镇还是农村，儿童的主要照料方式都是以家庭照料为主。表10的卡方检验结果表明，2010年城乡分组与儿童照料较为相关，2020年时城乡分组与儿童照料已无显著相关关系。

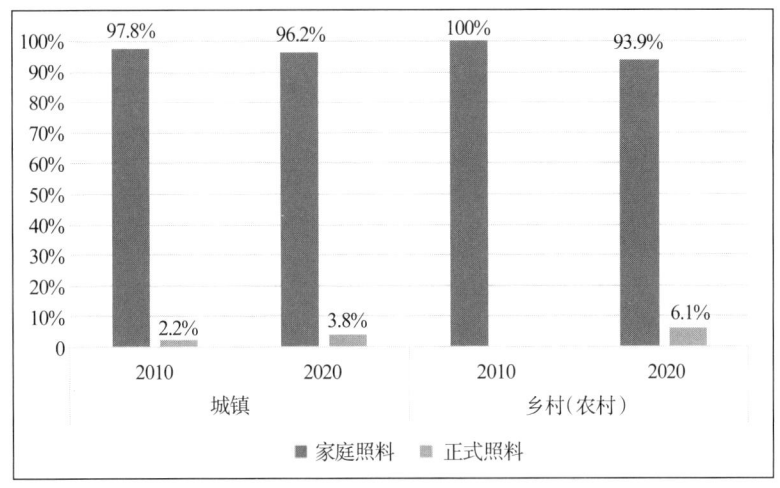

图17 2010—2020年不同城乡分组受访者的儿童照料及其变动情况

数据来源：根据2010年和2020年两期妇女社会地位调查中的陕西省数据整理所得。

表10 城乡分组与儿童照料

| 变量名称 | 2010 | | 2020 | |
|---|---|---|---|---|
| | 城镇<br>频数（频率） | 农村<br>频数（频率） | 城镇<br>频数（频率） | 农村<br>频数（频率） |
| 家庭照料 | 272 | 375 | 127 | 31 |
| | （97.8%） | （100.0%） | （96.2%） | （93.9%） |
| 正式照料 | 6 | 0 | 5 | 2 |
| | （2.2%） | （0.0%） | （3.8%） | （6.1%） |
| 卡方检验 | $X^2=8.169$ | | $X^2=0.336$ | |

数据来源：根据2010年和2020年两期妇女社会地位调查中的陕西省数据整理所得。

在是否上过托幼机构方面，图18展示了不同城乡分组的受访者的孩子是否上过托幼机构的比例。其中，城镇地区受访者孩子曾上过/正在上托幼机构的比例为85.5%，农村地区受访者孩子这一比例为83.3%；城镇地区受访者孩子未上过托幼机构的比例为14.5%，农村地区受访者孩子这一比例为16.7%。整体而言，是否上过托幼机构在城乡分组中无显著差异，表11卡方检验的结果也证明了这一结论。

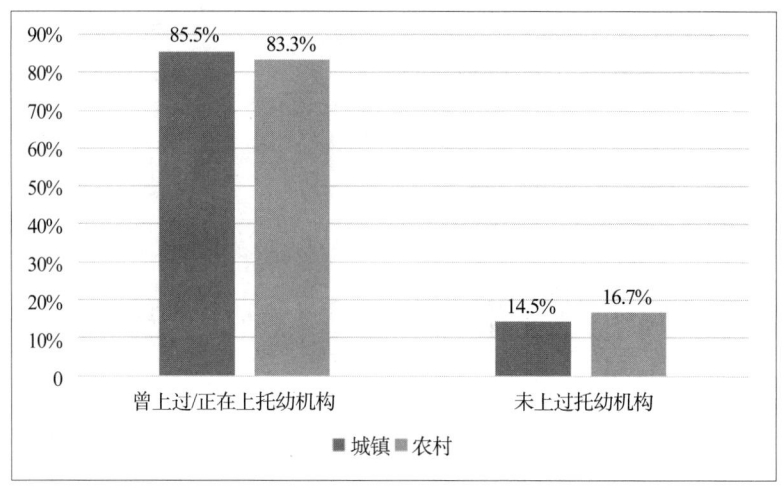

图18 2020年不同城乡分组的受访者的孩子是否上过托幼机构的比例

数据来源：根据2020年第四期妇女社会地位调查中的陕西省数据整理所得。

表11 城乡分组与是否上过托幼机构

| 变量名称 | 城镇<br>频数（频率） | 农村<br>频数（频率） |
| --- | --- | --- |
| 曾上过/正在上托幼机构 | 59<br>（85.5%） | 30<br>（83.3%） |
| 未上过托幼机构 | 10<br>（14.5%） | 6<br>（16.7%） |
| 卡方检验 | $X^2=0.065$ | |

数据来源：根据2020年第四期妇女社会地位调查中的陕西省数据整理所得。

在托幼机构性质方面，图19展示了2020年不同城乡分组的受访者的孩子所上的托幼机构性质。2020年城镇受访者的孩子上公办性质托幼机构的比例为42.4%，农村受访者这一比例为30.0%；2020年城镇受访者的孩子上民办性质的托幼机构的比例为57.6%，农村受访者这一比例为70.0%。整体而言，孩子所上托幼机构的机构性质在城乡分组中无显著差异，表12卡方检验的结果也证明了这一结论。

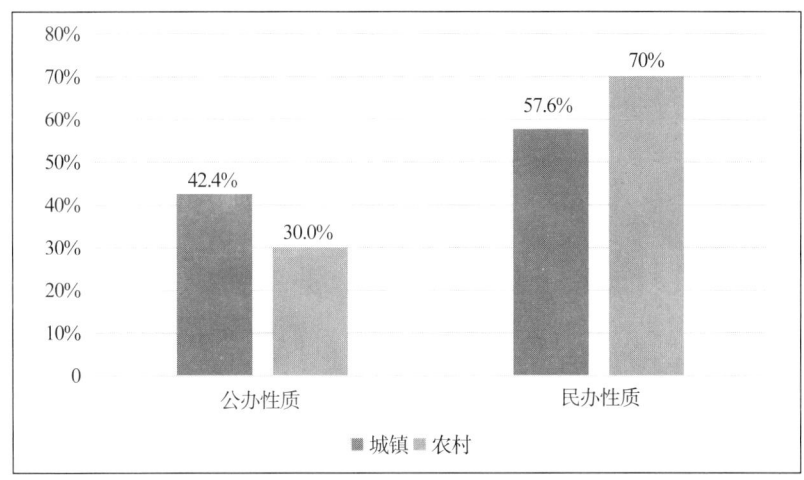

图19　2020年不同城乡分组的受访者的孩子所上的托幼机构性质

数据来源：根据2020年第四期妇女社会地位调查中的陕西省数据整理所得。

表12　城乡分组与托幼机构性质

| 变量名称 | 城镇<br>频数（频率） | 农村<br>频数（频率） |
| --- | --- | --- |
| 公办性质 | 25 | 9 |
|  | （42.4%） | （30.0%） |
| 民办性质 | 34 | 21 |
|  | （57.6%） | （70.0%） |
| 卡方检验 | \multicolumn{2}{c}{$X^2=1.290$} | |

数据来源：根据2020年第四期妇女社会地位调查中的陕西省数据整理所得。

（2）地理区域。

在0~6岁儿童的主要照料方式方面，图20展示了2020年不同地理区域受访者的儿童照料情况。2020年陕北地区使用托幼机构作为0~6岁儿童主要照料者的比例为0%，关中地区这一比例为3.3%，陕南地区这一比例为11.8%。2020年陕北地区家庭照料的比例为100%，关中地区为96.7%，陕南地区为88.2%。可以看出，关中和陕南地区有少量儿童主要由托幼机构照料，但陕北地区则完全没有，说明地理区域与儿童照料可能存在一定的相关关系，表13卡方检验的结果也证实了这一结论。

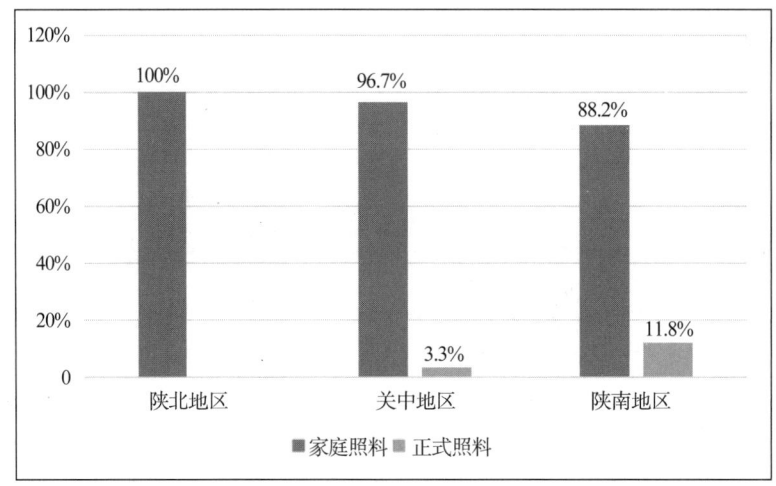

图20 2020年不同地理区域受访者的儿童照料情况

数据来源：根据2020年第四期妇女社会地位调查中的陕西省数据整理所得。

表13 地理区域与儿童照料

| 变量名称 | 陕北<br>频数（频率） | 关中<br>频数（频率） | 陕南<br>频数（频率） |
| --- | --- | --- | --- |
| 家庭照料 | 39 | 89 | 30 |
|  | （100%） | （96.7%） | （88.2%） |
| 正式照料 | 0 | 3 | 4 |
|  | （0.0%） | （3.3%） | （11.8%） |
| 卡方检验 | | $X^2=6.682$ | |

数据来源：根据2020年第四期妇女社会地位调查中的陕西省数据整理所得。

在是否上过托幼机构方面，图21展示了2020年不同地理区域的受访者的孩子是否上过托幼机构的比例。其中，关中地区受访者的孩子曾上过托幼机构的比例最高，为91.9%；陕北地区最低，为44.4%，陕南地区为88.0%。与儿童照料方式的结果类似，关中地区和陕南地区受访者的孩子上过托幼机构的比例远高于陕北地区，表14卡方检验的结果也表明地理区域与孩子是否上过托幼机构呈现出显著相关关系。

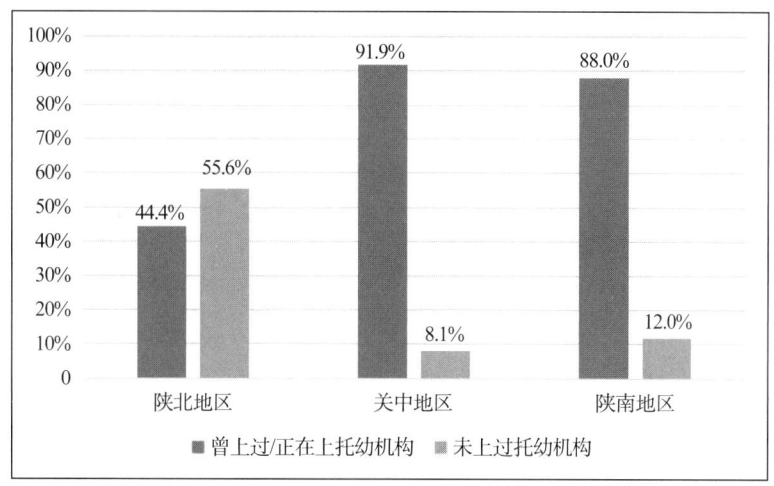

图21 2020年不同地理区域的受访者的孩子是否上过托幼机构的比例

数据来源：根据2020年第四期妇女社会地位调查中的陕西省数据整理所得。

表14 地理区域与是否上过托幼机构

| 变量名称 | 陕北<br>频数（频率） | 关中<br>频数（频率） | 陕南<br>频数（频率） |
| --- | --- | --- | --- |
| 曾上过/正在上托幼机构 | 8 | 57 | 22 |
|  | （44.4%） | （91.9%） | （88.0%） |
| 未上过托幼机构 | 10 | 5 | 2 |
|  | （55.6%） | （8.1%） | （12.0%） |
| 卡方检验 | $X^2=14.561$ | | |

数据来源：根据2020年第四期妇女社会地位调查中的陕西省数据整理所得。

在托幼机构性质方面，图22展示了2020年不同地理区域的受访者的孩子所上的托幼机构性质。其中，陕南地区受访者的孩子上公办性质托幼机构的比例最高，为59.1%；关中地区最低，占比29.8%；陕北地区居中，占比40%。关中地区受访者的孩子上民办性质托幼机构的比例最高，为70.2%；陕南地区最低，占比40.9%；陕北地区居中，占比60%。可见，孩子所上托幼机构的性质与地理区域具有一定的关系，表15卡方检验的结果也证明了这一结论。

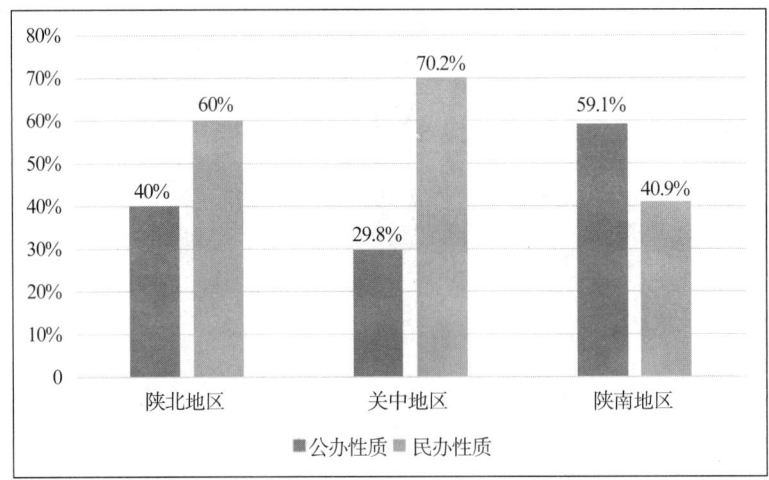

图22 2020年不同地理区域的受访者的孩子所上的托幼机构性质

数据来源：根据2020年第四期妇女社会地位调查中的陕西省数据整理所得。

表15 地理区域与托幼机构性质

| 变量名称 | 陕北<br>频数（频率） | 关中<br>频数（频率） | 陕南<br>频数（频率） |
|---|---|---|---|
| 公办性质 | 4 | 17 | 13 |
|  | （40.0%） | （29.8%） | （59.1%） |
| 民办性质 | 6 | 40 | 9 |
|  | （60.0%） | （70.2%） | （40.9%） |
| 卡方检验 | $X^2=5.774$ | | |

数据来源：根据2020年第四期妇女社会地位调查中的陕西省数据整理所得。

## 三、陕西省托育服务发展存在的主要问题

基于上述现状分析，本研究发现当前陕西省托育服务的发展主要存在以下四个问题。

### （一）托育服务供给严重缺位，0~6岁儿童主要依赖家庭照料

2020年调查数据显示，以托幼机构作为0~6岁儿童主要照料者的比例仅为4.2%，这一比例在不同孩子群体中均处于较低水平，且并未随着时间推移而发生显著变化。在其他的日间主要照料者中，由母亲提供主要照料的占比最高，为55.6%；祖辈照料占比34%；父亲提供主要照料的占比仅为2.9%。说明当前：①儿童照料赤字

较大，陕西省公共儿童照料资源供给严重不足，相关资源配置处于缺位状态。②家庭照料负担较重，0~6岁儿童主要依赖家庭内部的照料安排，其中，母亲和祖辈是家庭内部儿童照料的主要承担者，父亲作为照料者角色普遍缺位。

### （二）托育服务供给错位，存在结构失衡问题

2020年调查数据显示，孩子曾上过或正在上托幼机构的比例高达84.8%，然而在0~6岁儿童白天的主要照料者中，托育机构的比例仅占4.2%，这主要是因为当前的托幼机构较多的是提供辅导、培训、晚托等临时性照料，无法提供真正意义上的幼儿日托服务。说明我国的托育服务供给除了总量不足以外，在供给结构上还存在重早教轻照料的现象，无法切实满足当前育龄群体的托育服务需求。

### （三）公办托育机构数量占比较低，民办托育机构质量良莠不齐

从托幼机构性质来看，民办性质的托育机构占比最多，为61.8%，集体/单位性质和公办性质的托幼机构占比较少，分别为1.1%和37.1%。这一方面体现了当前陕西省托幼机构的建设主体较为单一，地方政府对于托幼机构建设的投资力度不足；另一方面，民办托育机构的建设尚处于起步阶段，缺乏严格的审批监管以及成熟的运营模式，致使其质量良莠不齐，降低了部分家庭对于托育服务的信任度。

### （四）托育服务供给存在地区不均衡性

从城乡属性来看，虽然农村地区的受访者在使用托幼机构作为儿童主要照料者以及送孩子去托幼机构两方面的比例均与城镇地区无显著差异，但农村地区在托幼机构性质方面主要以民办机构为主，说明城乡地区在托育服务供给的质量上有所差异；从地理区域的划分来看，关中地区与陕南地区在使用托幼机构作为儿童主要照料者、送孩子去过/正在去托幼机构以及进入公办性质的托幼机构三个方面的比例均显著高于陕北地区。说明农村地区、陕北地区的托育服务资源供给更为短缺，地区不均衡性较为显著。

## 四、陕西省托育服务发展的对策建议

基于上述问题，本研究从增加供给、调整结构、提升质量三个方面为陕西省托育服务行业的高质量发展提出如下建议。

### （一）增加托育服务供给

首先，应明确国家和政府在托育服务发展中的主导地位，扩大在托幼服务方面的财政投入。据《2020年全国教育经费执行情况统计公告》数据显示，中国学前教育经费投入占全国教育经费总投入的比例为7.9%，这一比例相较英美等发达国家仍然存在一定差距，因此加大财政投入应是当前托育服务发展的首要政策（李放、马洪旭，2021）。在具体的实践中，政府部门应加大托育服务行业的财政投入并建立合理的成本分担机制，省政府与地方各级政府应明确责任划分以及财政投入比例，以扩大各级政府对托育服务的经费供给。同时，对于经济相对落后的农村地区与陕北地区，政府应专门设置托育服务专项基金，以推动当地托幼机构发展。其次，政府应鼓励多主体参与托育服务供给，可以通过税收减免、财政补贴的政策鼓励企事业单位开办职工托儿所；也可以鼓励有条件的幼儿园开设托儿班，接受低龄儿童入园，缓解2~3岁儿童的照料压力；此外，应欢迎有资质的社会组织、民营机构独立提供托育服务，政府在此过程中加强监管，保障服务质量；同时要发挥基层组织在托幼中的重要作用，政府应以社区为依托，鼓励社区提供家庭式托育服务，让幼儿家庭可以充分选择满足个性化需求的托育服务方式（杨雪燕等，2019）。

### （二）调整托育服务结构

除了满足托育服务的需求增量外，政府还应注重托育服务供给结构的调整。首先是要坚持普惠公益的发展方向，大力发展普惠性托育服务。由国家提供安全充足、普惠公益的托育服务，提高6岁以下尤其是0~3岁婴幼儿的入托率，切实降低父母的照护压力与家庭的育儿成本。其次，应当明确当前育龄群体的托育服务需求，以需求为导向建立托育服务供给体系。从家庭的需求来看，婴幼儿无人照料已成为当前制约育龄群体生育行为的主要因素。因此，政府应大力发展全日制公办托育机构，增加日间托育服务供给以缓解儿童照料压力。从婴幼儿需求来看，托幼机构不能仅为儿童提供简单的日常照护服务，还应根据儿童的年龄以及身心发展状况提供形式多样的早教服务，以满足不同类型婴幼儿的生存发展需求，为育龄群体提供普惠可及、保教一体的托育服务（杨菊华，2021）。

### （三）提升托育服务质量

首先，应建立标准化的托育机构，2019年国家卫健委颁布了《托育机构设置标准(试行)》和《托育机构管理规范(试行)》,陕西省政府应在此基础上,尽快制定并推行具有强制力的政策标准,使托育机构的建立更加规范化、标准化。其次,应建立专业化的托育服务人才队伍:一是应扩大婴幼儿照护人才总量,支持有条件的高等院校开设婴幼儿照护服务专业,逐步扩大人才培养规模;二是加快建立婴幼儿照护职业资格准入制度,确保婴幼儿照护人才队伍的建设有章可循;三是加强婴幼儿照护服务的人才培训,提高其服务能力与服务质量。再次,应注重托育服务质量的评估。我国部分省份已着手建立托育服务领域的质量评估体系,如安徽省划分督导责任区,实行督学责任制;江苏省出台《江苏省优质幼儿园评估标准》《江苏省幼儿园教育技术装备标准》等政策文件以规范相关幼儿机构的评价标准(刘晓静、刘艳丽,2021)。陕西省政府应以此为借鉴,出台相关政策推动托育服务评估指标体系的建立。最后,要加强监管,陕西省政府应设立专门的托育服务监督机构并组织专职的督导队伍,定期对托育机构复查审核,淘汰不符合行业标准的托幼机构,逐渐净化市场环境,提升公众对于托育服务的信任度。

(写于2021年)

# 陕西省医养结合机构评估指标体系构建研究

中心课题组
于 勇  王建宏  杜康力  聂建亮

**摘 要** 本文基于现有的医养结合信息资源，构建适合陕西省实际的医养结合机构评估指标体系。通过设计医养结合机构评估指标体系对陕西省医养结合机构进行评估来规范和指导其开展相关服务，规范行业行为，从而指导医养结合服务实践，并为政府制定医养结合相关政策提供参考。同时也引导医养结合机构更高质量地满足老年人的健康养老服务需求，切实提升老年人的幸福感、获得感与满足感。

## 一、导论

### （一）研究背景

进入 21 世纪以来，中国人口老龄化进程不断加快，养老形势日益严峻。国家统计局发布的第七次全国人口普查数据显示，我国 60 岁及以上人口为 264 018 766 人，占总人口的 18.70%，其中，65 岁及以上人口为 190 635 280 人，占总人口的 13.50%，远高于 10%（60 岁以上占比）、7%（65 岁以上占比）的老龄化社会标准。我国即将进入深度老龄化社会。面对人口老龄化的严峻形势，党中央、国务院高度重视老龄工作，采取了一系列举措发展老龄事业。在党和国家的支持下，我国养老服务得到迅速发展。但是，伴随人口老龄化进程的加快，老年人慢性病患病率也逐渐提高。根据国家卫健委 2019 年发布的数据显示，截至 2018 年末，我国超过 1.8 亿老年人患有慢性病，患有一种及以上慢性病的比例高达 75%，失能、部分失能老人约 4000 万，其中，完全失能老人有 1200 万，占老年人口的 7.2%。庞大的老年人口规模，加上急剧增加的医疗护理需求，给我国养老、医疗等社会保障事业带来巨大压力。但我国传统的养老服务难以同时满足老年人对养老服务以及医疗服务的双重需求，"医"与"养"往往是分离的，即医疗资源与养老资源各成体系，医院不养老，养老院不治病，患病的老人只能是在医院治疗后再返回家庭或养老院养病。因此，长期患病需要经常治疗的老人成了医院的"常客"，老人经常性、长期性地住在医院，变相地将医院变成自己的养老院，造成"押床"等医疗资源浪费的现象。

整合养老与医疗资源的医养结合模式可以促进养老服务与医疗服务的协同发展，是应对人口老龄化和慢性疾病挑战的重要政策工具，也是实现健康老龄化的有效途径。为更好地满足老年人日益增长的健康养老服务需求，2013年《国务院关于加快发展养老服务业的若干意见》（国发〔2013〕35号）提出推动医养融合发展，自此医养结合被提上国家议事日程。党的十九大报告进一步指出，要积极应对人口老龄化，构建养老、孝老、敬老政策体系和社会环境，推进医养结合。2019年10月，国家卫生健康委、民政部、国家发改委、财政部、人社部等12部门联合发布《关于深入推进医养结合发展的若干意见》，按照国务院政府工作报告关于"改革完善医养结合政策"的部署，立足医养结合发展实际，坚持问题导向，提出了5个方面共15项政策措施。2020年10月29日十九届五中全会通过的《中共中央关于制定国民经济和社会发展第十四个五年规划和二〇三五年远景目标的建议》更是提出"实施积极应对人口老龄化国家战略""构建居家社区机构相协调、医养康养相结合的养老服务体系"。但我国医养结合毕竟起步较晚，虽经过"十三五"期间的发展，我国医养结合仍处于起步探索阶段，还有很大的提升空间。我国医养结合不能充分地发展与老年人日益增长的照护需求仍存在着很大的矛盾。

国家卫健委发布的《2020年度国家老龄事业发展公报》数据显示，陕西省60岁及以上人口占总人口的19.20%，其中，65岁及以上人口占总人口的13.32%，老龄化程度严重。面对日益严峻的人口老龄化形势，陕西省严格落实中央政策要求，发挥主观能动性，积极推动养老服务发展，特别是医养结合发展，制定了多项支持医养结合机构发展的政策，并取得了显著成效，医养结合机构如雨后春笋般出现。但陕西省尚未出台医养结合机构评估的相关标准和方案，这将不利于医养结合机构的规范发展，也使发展较好的医养结合机构的示范性难以显现。为积极应对陕西省日益严峻的人口老龄化形势，适应我省医养结合机构发展需要，加强我省医养结合机构规范化和标准化管理，建立我省科学统一的医养结合机构质量和评价体系，发挥星级医养结合机构的示范引领作用，本课题组通过运用科学的方法，基于陕西省实际构建医养结合机构评估指标体系，服务医养结合机构星级评估工作，以期促进陕西省医养结合事业以及医养结合机构健康和可持续发展，为建设"健康陕西"助力。

### （二）研究目的与意义

**1. 研究目的**

研究通过文献查阅、资料整理、德尔菲法等方法，并基于现有的医养结合信息资源，构建适合陕西省实际的医养结合机构评估指标体系。通过设计医养结合机构评估指标体系对陕西省医养结合机构进行评估来规范和指导其开展相关服务，规范行业行为，从而指导医养结合服务实践，并为政府制定医养结合相关政策提供参考。同时也引导医养结合机构更高质量地满足老年人的健康养老服务需求，切实提升老年人的幸福感、获得感与满足感。

**2. 研究意义**

研究通过构建一套完整有效的评估指标体系，为陕西省医养结合机构星级评定提供工具，填补了陕西省医养结合机构评估的空白。通过定期考核和及时反馈能够让机构管理者与员工了解自身的工作情况，及时发现工作中的不足，查漏补缺，为其进一步发展指明方向，进一步提升服务质量。研究还可以促进医养结合机构的规范化管理，引导医养结合机构提供符合标准的差异化服务，满足老年人个性化的健康养老服务需求。

### （三）研究思路

本研究具体研究内容如下：

首先基于研究团队前期调研访谈经验以及现场资料整理分析，结合陕西省医养结合机构发展现状与趋势，参照《陕西省养老机构星级评定办法》以及《陕西省养老机构星级评定指标体系》，本研究拟从结构性指标、过程性指标、结果性指标三个维度确定医养结合机构评估指标体系的一级指标。其中，结构性指标包括选址、环境、建筑设计、设施设备等硬件二级指标；过程性指标包括各类管理、各类服务质量评价；结果性指标包括床位入住率、压疮率、入住人员满意度、员工满意度等数据指标。基于此，研究团队编制出陕西省医养结合机构评估指标体系初稿。

然后运用德尔菲（Delphi）法选择养老护理相关工作的专家10名，在查阅国内外文献和质性访谈基础上形成了函询问卷，经过两轮专家函询问卷，筛选指标，对陕西省医养结合机构评估指标体系初稿进行二次调整修订，最终构建信效度较好的医养结合机构评估指标体系。

### （四）研究方法

**1. 文献分析法**

在研究中，根据研究目的和研究问题，围绕"医养结合""质量评估""等级评估""指标体系"等关键词在各大数据库以及统计年鉴、卫健委网站进行资料收集整理，了解医养结合机构的功能、服务内容、服务模式、绩效评估的现状与政府部门对医养结合机构的考核指标，从中提取关键信息和要点，确立研究思路以及陕西省医养结合机构评价指标的构建原则，并进一步明晰陕西省医养结合机构评价的关键要素和具体要素。此外，相关的指标构建研究也为本研究提供了具体研究范式。在此基础上结合前期调研资料，初步形成医养结合机构评估指标体系初稿。

**2. 德尔菲法**

研究团队基于构建的陕西省医养结合机构评估指标体系初稿发放两轮"专家意见咨询表"，获得各专家对指标体系初稿中各指标的重要程度评分数据。收集进一步指标修订资料，进行指标的二次筛选，得到医养结合机构评估指标体系。

## 二、陕西省医养结合机构评估指标体系构建

### （一）评估指标体系构建原则

为保证医养结合评估指标体系构建的科学性、合理性、全面性，在选取评估指标和构建评估体系时应遵循一定的原则。经过对相关文献、国内外绩效评价实践、养老服务内容流程、医疗服务内容流程等多方面分析，在构建评估指标体系时，应遵循如下原则。

**1. 全面性原则**

由于医养结合机构评估涉及面较广，对象广泛，指标表现也呈现出多样性，涉及投入、过程、产出、结果等阶段，需要考虑的影响因素比较多，作为指标体系构建者应全面考虑。因此，评估指标体系应该尽量全面地反映医养结合机构的各个方面，最大限度地保证指标层次清晰，确定关键脉络指标，避免遗漏，确定足以全面代表医养结合机构等级信息的指标体系。

**2. 客观性原则**

在构建医养结合机构评估指标体系前，应对机构的运营方式、服务的流程等进

行深入的了解，指标的选取不仅要依靠理论研究，还要贴近服务本身，客观反映医养结合机构服务的本质。

**3. 可行性原则**

可行性是指标选取合理，有针对性，指标内容易于理解，评估指标数据易于搜集，评估过程流畅，整个指标体系具有可操作性，便于评估者使用。只有可行性强的指标体系才能真正识别反映出医养结合机构服务的真实状况，明确机构提供的养老与医疗服务中仍存在着哪些不足和有待提高的地方。

**4. 可测量性原则**

可测量性原则偏向于指标的可获得性，只有可测量性强的指标体系，才能将医养结合机构评估这一理念转化为直观明了的结果。因此，医养结合机构评估包含的内容较多，影响因素较多，在选取指标时要满足评估指标的可测量性，保持评估结果的客观性。

### （二）评估指标体系构建依据

医养结合机构评估指标体系的选取主要依据以下几个方面：国家相关政策法规以及标准规范、国内外最新研究成果、医养结合机构实地调查。下面对指标体系的构建依据进行详细介绍并阐述各个依据的作用。

**1. 实地调查依据**

为了在实际评估过程中具有更强的适用性，我们在前期调研过程中深入访谈了相关养老服务专家、医养结合机构管理人员及医养结合机构的老年人。通过深入一线实地调查，对一线人员的访谈明确现阶段陕西省医养结合机构的服务现状和老年人的真实需求及对现有服务的真实看法。根据访谈结果明确了指标体系主要脉络，确定关键指标，对指标体系的建立有了一定的初步认识。

**2. 国内外研究成果**

根据文献搜索整理的结果发现，"结构—过程—结果"质量评价三维理论在各国养老机构评价指标体系中均有所体现，我国《养老机构等级划分与评定》的评价指标体系内容也间接采用了该模型，全面选取了包含结构、过程和结果三个环节的指标。因此本文基于该理论明确了解评价指标体系的构建要全面把控医养结合服务整个生命周期，初步确定了包含医养结合机构环境设施等结构性指标，包含管理、服务质量等过程性指标以及包含各类数据的结果性指标内容。

**3. 政策法规以及标准规范**

充分考虑我国现行的法律法规政策及目前养老及医养结合机构的行业标准是构建医养结合机构评估指标体系的关键一环，只有通过仔细研读我国医养结合机构的法律法规及政策标准，才能制定出更加契合实际的指标体系。2019年2月18日国家市场监督管理总局发布了国家标准《养老机构等级划分与评定》，该标准规定了养老机构申请条件以及划分等级基本要求，并构建了环境、设施设备、运营管理和服务四个维度下的评价内容。由于医养结合机构是增设专业医疗卫生服务的养老机构，因此医养结合机构的评估应该以普通养老机构评价为基础，并同时增设医疗特色的评价，因此本文基于国家标准奠定了指标体系的整体脉络，并确定了医养结合机构评估指标体系在医疗特色上的偏重。此外，2019年12月23日国卫办发布的《医养结合机构服务指南（试行）》以及2020年9月27日国卫办发布的《医养结合机构管理指南（试行）》也是此次评估指标体系框架构建的重要依据。以上两项指南中的细则是对医养结合机构评估内容的补充和延伸，对医养结合机构评估工作的开展起着指导性作用。本研究还基于其他国家、地方规范及评定细则丰富了医养结合机构评估指标内容，规范了指标值的计算方法及最低标准。本研究规范性引用文件见表1。

表1 规范性引用文件表

| 序号 | 标准编号 | 引用文件名称 |
| --- | --- | --- |
| 1 | GB/T37276 | 《养老机构等级划分与评定》 |
| 2 | GB 3096 | 《声环境质量标准》 |
| 3 | GB/T29353 | 《养老机构基本规范》 |
| 4 | GB/T35796 | 《养老机构服务质量基本规范》 |
| 5 | — | 《医养结合机构服务指南（试行）》 |
| 6 | — | 《医养结合机构管理指南（试行）》 |
| 7 | JGJ450 | 《老年人照料设施建筑设计标准》 |
| 8 | WS/T313 | 《医务人员手卫生规范》 |
| 9 | — | 《国家基本公共卫生服务规范（第三版）》 |
| 10 | — | 《医院感染管理办法》 |

### (三)评估指标体系初步构建

医养结合机构评估的最终目的是能够期望医养结合机构得到有效的评价监管,进而提高陕西省医养结合服务水平。因此设计指标体系时,在满足普通养老服务质量标准的基础上在各个维度均增设考察医疗服务的指标,构建医养结合机构评估指标体系。总之对医养结合机构评估不仅要考虑普通养老机构养老服务评估指标,还要考虑医养结合的医疗服务评估指标。

本研究在界定评估指标体系的构建原则和构建依据的基础上深入考虑医养结合机构的特色,综合普通养老服务与医疗服务内容构建评估指标体系。

确定评估指标体系的三个维度——结构、过程及结果,从而奠定评估指标体系的整体脉络。同时,增设健康教育、健康管理、疾病诊治和康复护理服务的相关指标内容,考察医养结合机构在医疗服务方面的情况。遵循评估指标体系的设计原则和设计依据,该评估指标体系包括三层结构:一级指标、二级指标和三级指标。

一级指标基于"结构—过程—结果"质量评价三维理论设置。二级指标将结构性指标分解为机构资质、人员资质、环境要求、设施设备4个维度;将过程性指标分解为养老服务、医疗服务、综合管理、服务流程4个维度;将结果性指标分解为效率指标、人才队伍、服务质量、满意度评价4个维度。三级指标是考虑医养结合机构服务特色的基础上,由具有代表性且易于评价的57项指标组成,该指标内容除了定性和定量指标之分外,又分为效益型指标和成本型指标,效益型指标是指取值越大越好的指标,该评价指标体系中绝大部分指标都是效益型指标,成本型指标则指取值越小越好的指标(如室内噪音),具体指标库见表2。

表2 第一版医养结合机构评估指标库

| 一级指标 | 二级指标 | 三级指标 |
| --- | --- | --- |
| 结构性指标<br>(A) | 机构资质(A1) | 执业许可(D1)<br>相关证明(D2) |
| | 人员资质(A2) | 资质证书(E1)<br>健康证明(E2)<br>人员配比(E3) |

续表

| 一级指标 | 二级指标 | 三级指标 |
| --- | --- | --- |
| 结构性指标（A） | 环境要求（A3） | 建筑标准（F1）<br>线路规划（F2）<br>室内光照（F3）<br>室内噪声（dB）（F4）<br>绿化率（F5）<br>图形标识（F6） |
| | 设施设备（A4） | 生活居室（G1）<br>健身空间（G2）<br>就餐空间（G3）<br>停车位（G4）<br>公共浴室（G5）<br>污洗物间（G6）<br>交通通道（G7）<br>消防设施（G8）<br>活动场所（G9） |
| 过程性指标（B） | 养老服务（B1） | 生活照料服务（H1）<br>心理支持服务（H2）<br>居家上门服务（H3）<br>委托服务（H4）<br>膳食服务（H5）<br>清洁卫生服务（H6） |
| | 医疗服务（B2） | 疾病诊治（I1）<br>康复服务（I2）<br>健康管理（I3）<br>安宁疗护服务（I4）<br>用药管理（I5）<br>病历管理（I6） |
| | 综合管理（B3） | 入住率（J1）<br>安全管理（J2）<br>人力资源管理（J3）<br>服务管理（J4）<br>运营管理（J5）<br>医养结合衔接（J6）<br>机构感染控制（J7） |

续表

| 一级指标 | 二级指标 | 三级指标 |
|---|---|---|
| 过程性指标（B） | 服务流程（B4） | 入院体检（K1）<br>评估服务（K2）<br>服务计划（K3）<br>服务协议（K4）<br>档案管理（K5）<br>出院服务（K6） |
| 结果性指标（C） | 效率指标（C1） | 重度失能老人入住比例（L1） |
| | 人才队伍（C2） | 服务人员持有资格证的比例（M1）<br>专职全科医生占比（M2）<br>护士数占比（M3） |
| | 服务质量（C3） | 老年人Ⅱ度及以上压疮率（N1）<br>医疗设施配置情况（N2）<br>服务人员流失率（N3）<br>机构社会认可度（N4）<br>医嘱、处方合格率（N5）<br>病例记录合格率（N6） |
| | 满意度评价（C4） | 老年人满意度（O1）<br>员工满意度（O2） |

此外，研究团队还设计了《医养结合机构入住人员满意度调查表》《医养结合机构员工满意度调查表》。

## （四）德尔菲法

### 1. 专家咨询函

编制的专家函询问卷由以下三部分构成：

（1）引言：介绍此研究的背景、目的、方法和内容。

（2）填表的注意事项。

（3）医养结合机构评估指标体系第二版，采用 Likert 5（李克特量表法，常用于量化调查的方法）级评分对各指标进行重要性评分，并设有意见和建议栏。

### 2. 操作流程

在第一轮中，咨询专家首先对一级指标及二级指标的分数进行分配（满分1000

分），其次，对初步指标库提出意见和建议，并对需要修改、增加或删除的指标进行标识并说明原因。采用描述性统计方法对第一轮调查的结果进行分析，并将分析结果反馈回专家。按排除标准得出协商一致排除的项目（即有70%以上的专家提出对某一指标进行删除，则该指标被排除在第二轮调查问卷之外）。同时，通过专家会议对专家建议修改的指标进行讨论，确定修订后加入第二轮调查问卷中，把专家建议增加的指标也一起添加到第二轮调查中。在第二轮调查中，咨询专家结合反馈的第一轮咨询结果，再次对各级指标的重要性进行评分，并提出增加、修改或删除建议。按照纳入标准得出达成共识的二级指标与三级指标（即有70%以上的专家对某一指标评分≥7分，则该指标被纳入核心指标框架中）。最后的框架（共包括三级指标）提交给专家进行讨论并达成最终共识，并形成最终的框架。图1显示了德尔菲咨询的流程。

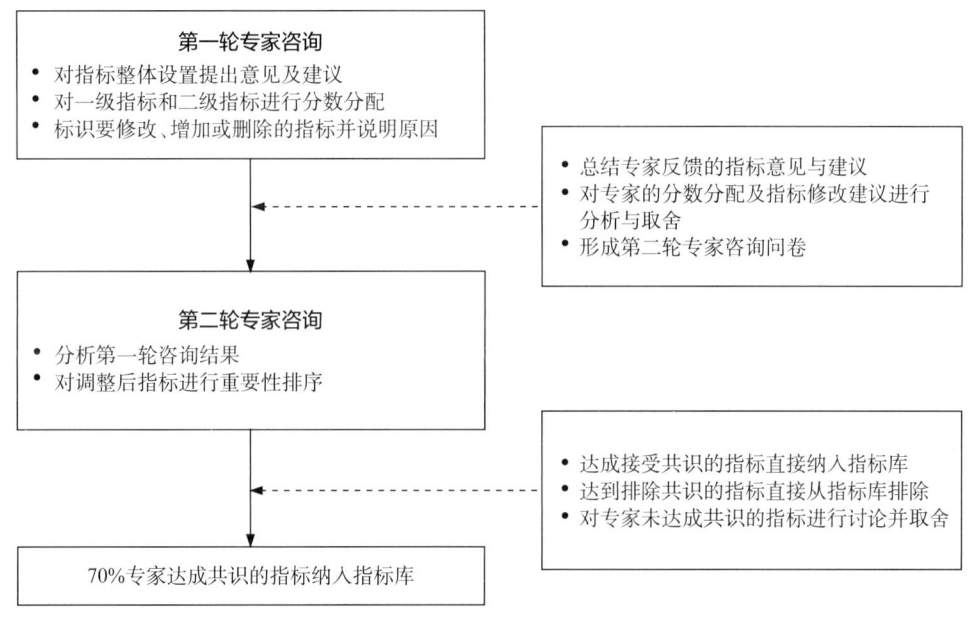

图1 德尔菲咨询流程

## （五）实验稿编制

在第一轮德尔菲咨询中，我们将初步选取的指标发送给专家，专家成员主要包括高校的相关专业学者、养老机构管理部门的工作人员。针对专家提出的意见和建议，对指标进行初步调整。专家指出绩效评价指标较多，包括的指标有57项，会给后续问卷调查和绩效评价造成困难，一方面，被调查者在填写时会产生消极态度，影响问卷数据的质量。另一方面，会影响医养结合机构评价的实施效率。有些指标存在交叉重复，需要进行调整，目的是删除、合并交叉重复的指标，减少指标的数量。

在第二轮德尔菲咨询中，我们将经过初步调整的指标制成问卷发送给相关专家。专家对选取指标的合适性及重要性进行打分并提出建议和意见。我们根据专家的建议和意见形成《专家意见反馈表》，并根据该表修改评价指标库：

在结构性指标（A）维度下环境要求（A3）指标中室内光照（F3）、室内噪声（dB）（F4）、绿化率（F5）合并为"室内环境（F3）"。设施设备（A4）指标中删除停车位（G4），将健身空间（G2）、就餐空间（G3）、活动场所（G9）表述修改为文娱健身用房（G2）、餐厅设置（G3）、户外活动场地（G6），此外增加医疗卫生用房（G3）、监控和呼叫系统无障碍设施（G10）和治疗、理疗、护理等设备（G11）指标。

在过程性指标（B）维度下，养老服务（B1）指标中删除居家上门服务（H3）和委托服务（H4），增加文化娱乐服务（H3）、洗涤服务（H5）和关于失能、半失能、失智老人的护理服务（H7），将心理支持服务表述修改为心理精神支持（H2）。医疗服务（B2）指标中增加健康教育和健康知识普及服务（I4）。综合管理（B3）指标中将人力资源管理（J3）、服务管理（J4）删除，增加出入院管理（J5）指标。专家指出人力资源管理（J3）指标与结果性指标（C）中人才队伍（C2）存在交叉重复，故删除。此外建议将入住率（J1）调整至结果性指标（C）中的效率指标（C1）内。在服务流程（B4）指标中将入院体检（K1）指标改为入院定期体检（K1）指标，将服务计划（K3）指标改为服务计划与变更（K3）指标。

在结果性指标（C）维度下，在效率指标（C1）中将重度失能老人入住比例（L1）改为中度、重度失能老人入住比例（L2），增加总入住比例（L3）指标。在人才队伍（C2）指标中增加服务人员接受培训的人数与频率（M4），社工、志愿者等开展相关活动情况（M5）和服务人员流失率（M6）三个指标。在服务质量（C3）指标中删除医疗设施配置情况（N2）、服务人员流失率（N3）、机构社会认可度（N4）三个指标，这三个指标与二级指标"服务质量"适配性不高，故将其删除；增加重大事故发生率（N2）和居室环境整洁、无异味（N5）指标。在满意度评价（C4）指标中增加老年人家属满意度（O3）指标。

修改后的评价指标库如表3所示，在此基础上编写陕西省医养结合机构评估指标体系。

表3 第二版医养结合机构评估指标库

| 一级指标 | 二级指标 | 三级指标 |
|---|---|---|
| 结构性指标（A） | 机构资质（A1） | 执业许可（D1）<br>相关证明（D2） |
| | 人员资质（A2） | 资质证书（E1）<br>健康证明（E2）<br>人员配比（E3） |
| | 环境要求（A3） | 建筑标准（F1）<br>线路规划（F2）<br>室内环境（F3）<br>图形标识（F4） |
| | 设施设备（A4） | 生活居室（G1）<br>文娱健身用房（G2）<br>医疗卫生用房（G3）<br>餐厅设置（G4）<br>公共浴室（G5）<br>户外活动场地（G6）<br>洗污物间（G7）<br>交通通道（G8）<br>消防设施（G9）<br>监控和呼叫系统无障碍设施（G10）<br>治疗、理疗、护理等设备（G11） |
| 过程性指标（B） | 养老服务（B1） | 生活照料服务（H1）<br>心理精神支持（H2）<br>文化娱乐服务（H3）<br>膳食服务（H4）<br>洗涤服务（H5）<br>清洁卫生服务（H6）<br>关于失能、半失能、失智老人的护理服务（H7） |
| | 医疗服务（B2） | 疾病诊治（I1）<br>康复服务（I2）<br>健康管理（I3）<br>健康教育和健康知识普及服务（I4）<br>安宁疗护服务（I5）<br>用药管理（I6）<br>病历管理（I7） |

续表

| 一级指标 | 二级指标 | 三级指标 |
| --- | --- | --- |
| 结果性指标（C） | 综合管理（B3） | 安全管理（J1）<br>运营管理（J2）<br>医养结合衔接（J3）<br>机构感染控制（J4）<br>出入院管理（J5） |
| | 服务流程（B4） | 入院定期体检（K1）<br>评估服务（K2）<br>服务计划与变更（K3）<br>服务协议（K4）<br>档案管理（K5）<br>出院服务（K6） |
| | 效率指标（C1） | 入住率（L1）<br>中度、重度失能老人入住比例（L2）<br>总入住比例（L3） |
| | 人才队伍（C2） | 服务人员持有资格证的比例（M1）<br>专职全科医生占比（M2）<br>护士数占比（M3）<br>服务人员接受培训的人数与频率（M4）<br>社工、志愿者等开展相关活动情况（M5）<br>服务人员流失率（M6） |
| | 服务质量（C3） | 老年人Ⅱ度及以上压疮率（N1）<br>重大事故发生率（N2）<br>医嘱、处方合格率（N3）<br>病例记录合格率（N4）<br>居室环境整洁、无异味（N5） |
| | 满意度评价（C4） | 老年人满意度（O1）<br>员工满意度（O2）<br>老年人家属满意度（O3） |

## 三、研究总结与应用建议

本研究从积极应对陕西省日益严峻的人口老龄化形势，加强我省医养结合机构规范化和标准化管理,建立我省科学统一的医养结合机构质量和评价体系以及发挥星级医养结合机构的示范引领作用出发,利用文献分析法和德尔菲法,最终编制形成了医养结合机构评估指标体系(见附件)。

本研究通过构建一套完整有效的评估指标体系,为陕西省医养结合机构星级评定提供工具,填补了陕西省医养结合机构评估的空白,具有较高的应用价值。建议陕西省以此作为基础进行全省范围的医养结合星级评估,或者首先在部分地市进行试点,待修订完善后在全省推广。

# 附件

## 陕西省医养结合机构评估指标体系

根据结构—过程—结果质量评价"三维理论",将具体评价指标分为结构性指标(资源和能力)、过程性指标(服务质量和能力)及结果性指标(满意度、质量和能力)。

### 一、结构性指标,总分250分

| 评定指标 | 评定标准 | 参考依据 | 分值 |
| --- | --- | --- | --- |
| 1. 机构资质(否定项,不赋分) | | | |
| 1.1 执业许可 | 具备医疗机构执业许可或在卫生健康行政部门(含中医药主管部门)进行备案,并在民政部门进行养老机构登记备案 | 《医养结合机构服务指南(试行)》《养老机构等级划分与评定》(GB/T37276) | 基本条件 |
| 1.1 执业许可 | 具有《营业执照》或《事业单位法人证书》或《民办非企业单位登记证书》 | 《医养结合机构服务指南(试行)》《养老机构等级划分与评定》(GB/T37276) | 基本条件 |
| 1.1 执业许可 | 医养结合机构内设膳食服务的提供餐饮服务经营许可证 | 《医养结合机构服务指南(试行)》《养老机构等级划分与评定》(GB/T37276) | 基本条件 |
| 1.2 相关证明 | 具有房产证明或租赁使用证明 | 《医养结合机构服务指南(试行)》《养老机构等级划分与评定》(GB/T37276) | 基本条件 |
| 1.2 相关证明 | 使用特种设备,具有特种设备使用登记证明 | 《医养结合机构服务指南(试行)》《养老机构等级划分与评定》(GB/T37276) | 基本条件 |
| 1.2 相关证明 | 具有消防安全合格证明 | 《医养结合机构服务指南(试行)》《养老机构等级划分与评定》(GB/T37276) | 基本条件 |

续表

| 评定指标 | 评定标准 | 参考依据 | 分值 |
| --- | --- | --- | --- |
| 2. 人员资质（100分） | | | |
| 2.1 资质证书（50分） | 医护人员持有相关部门颁发的执业资格证书，并符合国家相关规定和行业规范对执业资质和条件的要求 | 《医养结合机构服务指南（试行）》 | 25 |
| | 康复治疗师、公共营养师、心理咨询师、社会工作者等工作人员持有相关部门颁发的资格证书 | | 25 |
| 2.2 健康证明（20分） | 餐饮服务人员持有A类健康证，并每年进行一次健康体检 | | 20 |
| 2.3 人员配比（30分） | 养老护理员与生活自理老人的比例为1∶6、生活半自理老人（半失能老人）的比例为1∶4、生活不能自理老人（失能老人）的比例为1∶3；行政管理人员不超过全院职工人数的10%；医、药、护、技人员不低于全院职工数的15% | | 30 |
| 3. 环境要求（50分） | | | |
| 3.1 建筑标准（7分） | 与其他建筑合建或设置在其他建筑内的医养结合机构应位于独立的建筑分区内，且有独立的交通系统和对外出口 | | 7 |
| 3.2 线路规划（28分） | 道路系统应保证抢救车辆能停靠在建筑的主要出入口；全部老年人用房与救护车辆停靠的建筑物出入口之间的通道，应满足紧急送医需求；紧急送医通道的设置应满足担架抬行和轮椅推行的要求 | 《老年人照料设施建筑设计标准》（JGJ450） | 18 |
| | 建筑及场地内的物品运送应洁污分流，运送垃圾废物、换洗被服等污物的流线不应穿越食品存放、加工区域及老年人用餐区域；遗体运出的路径不宜穿越老年人日常活动区域 | | 10 |
| 3.3 室内环境（9分） | 老年人照料设施的老年人居室和老年人休息室不应与电梯井道、有噪声振动的设备机房等相邻布置，且环境噪声符合对0类机构环境噪声限值，即昼间50dB、夜间40dB；室内空气及采光水平符合国家对住宅建筑和医疗建筑采光要求 | 《老年人照料设施建筑设计标准》（JGJ450）《声环境质量标准》（GB 3096）《医养结合机构服务指南（试行）》 | 9 |

续表

| 评定指标 | 评定标准 | 参考依据 | 分值 |
|---|---|---|---|
| 3.4 图形标识（6分） | 公共区域设有明显的公共信息图形标识，相应场所标识图案符合国家规定 | 《养老机构等级划分与评定》（GB/T37276） | 6 |
| 4. 设施设备（100分） | | | |
| 4.1 生活居室（9分） | 每间居室床位平均可使用面积不应低于6平方米，单人居室使用面积不低于10平方米，双人居室使用面积不低于16平方米；非护理型床位的多人间居室，床位数不应大于4床，护理型床位的多人间居室，床位数不应大于6床；居室净高不低于2.4米 | 《老年人照料设施建筑设计标准》（JGJ450） | 5 |
| | 居室内留有轮椅回转空间，主要通道净宽不小于1.05米；相邻床位的间距不小于0.8米 | | 4 |
| 4.2 文娱健身用房（5分） | 机构设置阅览室、棋牌室、书画室、健身室和多功能活动室等文娱与健身用房；文娱与健身用房总使用面积不小于2平方米/床；防止对老年人居室、休息室形成干扰 | | 5 |
| 4.3 医疗卫生用房（10分） | 设有与机构所提供的医疗服务相配套的医疗卫生用房 | 《养老机构等级划分与评定》（GB/T37276） | 5 |
| | 设有紧急送医通道，在紧急情况下能够将老年人安全快速地转移至急救车辆或急救出入口；紧急送医通道不穿越老年人的主要活动空间 | | 5 |
| 4.4 餐厅设置（5分） | 老年人集中使用的餐厅应符合下列规定：护理型床位照料单元的餐厅座位数，不低于服务床位数的40%，非护理型床位照料单元的餐厅座位数不低于服务床位数的70% | | 5 |
| 4.5 公共浴室（4分） | 居室卫生间未附设洗浴设施时，集中设置浴室，并符合以下规定：浴位数量按所服务的老年人床位数测算，每8~12床设置一个浴位；轮椅老年人的专用浴位不少于总浴位的30%，且不少于1个浴室内配备助浴设施，并留有助浴空间；浴室附设无障碍厕位、无障碍盥洗盆，并设置更衣空间 | 《老年人照料设施建筑设计标准》（JGJ450） | 4 |

续表

| 评定指标 | 评定标准 | 参考依据 | 分值 |
|---|---|---|---|
| 4.6 户外活动场地（6分） | 机构设置老年人室外活动场地，地面平整防滑，坡度不大于2.5%；防止与车辆交通空间交叉；与满足老年人使用的公共卫生间相邻 | 《老年人照料设施建筑设计标准》（JGJ450） | 6 |
| 4.7 洗污物间（3分） | 洗污物间的位置邻近污物运输通道，内部设清洗污物的水池及消毒设施 | | 3 |
| 4.8 交通通道（15分） | 老年人使用的走廊，通行净宽不应小于1.8米，确有困难时不应小于1.4米；当走廊的通行净宽大于1.4米且小于1.8米时，走廊中应设通行净宽不小于1.8米的轮椅错车空间，错车空间的间距不宜大于15米 | 《老年人照料设施建筑设计标准》（JGJ450） | 6 |
| | 二层及以上楼层、地下室、半地下室设置老年人用房时应设电梯，电梯应为无障碍电梯，且至少1台能容纳担架 | | 3 |
| | 老年人使用的楼梯严禁采用弧形楼梯和螺旋楼梯；梯段通行净宽不小于1.2米；采用防滑材料饰面，所有踏步上的防滑条、警示条等附着物均不应突出踏面 | | 6 |
| 4.9 消防设施（4分） | 按照消防技术标准配置灭火器、火灾自动报警系统、自动喷水灭火系统、应急照明等消防设施设备 | 《养老机构等级划分与评定》（GB/T37276） | 4 |
| 4.10 监控与紧急呼叫系统（6分） | 机构出入口、就餐空间、门厅、走廊、活动场所安装监控系统；老年人居室、卫生间、洗浴空间设置紧急呼叫装置 | | 6 |
| 4.11 无障碍设施（22分） | 老年人照料设施内供老年人使用的场地及老年人用房和直接为老年人提供服务的窗口部门用房均应进行无障碍设计；经过无障碍设计的场地和建筑空间均应满足轮椅进入的要求，通行净宽不应小于0.8米，且应留有轮椅回转空间 | 《老年人照料设施建筑设计标准》（JGJ450） | 8 |
| | 无障碍设施的地面防滑等级及防滑安全程度符合国家规定 | | 6 |
| | 卫生间、盥洗室、浴室，以及其他用房中供老年人使用的盥洗设施，选用方便无障碍使用的洁具 | | 4 |

续表

| 评定指标 | 评定标准 | 参考依据 | 分值 |
| --- | --- | --- | --- |
| 4.12 治疗、理疗、护理等设备（11 分） | 老年人使用的室内外交通空间，当地面有高差时，应设轮椅坡道连接；交通空间的主要位置两侧应设连续扶手 | | 4 |
| | 有护理型床位的居室、单元起居厅等生活用房设计最小换气次数宜为每小时 2 次 | 《老年人照料设施建筑设计标准》（JGJ450） | 6 |
| | 老年人照料设施设置供暖系统，在夏热冬冷地区应设安全可靠的供暖设施 | | 5 |

## 二、过程性指标，总分 550 分

| 评定指标 | 评定标准 | 参考依据 | 分值 |
| --- | --- | --- | --- |
| 1. 养老服务（200 分） | | | |
| 1.1 生活照料服务（81 分） | 清洁卫生类（共 11 项）：□协助穿/脱衣 □洗头 □洗脸 □口腔清洁 □擦洗身体 □理发 □梳头 □剃须 □修剪指（趾）甲 □（女性会阴清洁）□压疮预防 | 《养老机构基本规范》（GB/T 29353）《养老机构服务质量基本规范》（GB/T35796） | 45 |
| | 饮食护理类（共 3 项）：□协助进食 □协助饮水 □管饲 | | 9 |
| | 排泄护理类（共 3 项）：□协助排便 □人工取便 □更换尿布 | | 9 |
| | 转移护理类（共 3 项）：□床上体位转移 □轮椅转移 □移动辅助器应用指导 | | 9 |
| | 服务记录：提供 24 小时服务，记录交接班情况 | | 9 |
| 1.2 心理精神支持（35 分） | 配备心理或精神支持的必要环境、设施和设备 | 《医养结合机构服务指南（试行）》 | 5 |
| | 制定心理咨询和危机干预工作程序 | | 5 |
| | 配备专门的心理咨询师、社会工作者、医护人员或由经过心理学相关培训的医疗护理员、养老护理员承担 | | 5 |
| | 对新入住的老年人制订并实施入住适应计划，帮助老年人熟悉机构，融入集体生活 | | 10 |

续表

| 评定指标 | 评定标准 | 参考依据 | 分值 |
|---|---|---|---|
| | 有条件的机构定期组织志愿者为老年人提供服务或倡导老年人参与力所能及的志愿活动 | | 5 |
| | 建立并督促相关第三方定期探访老年人,与老年人保持联系 | | 5 |
| 1.3 文化娱乐服务<br>(10分) | 配备文化娱乐服务的必要环境、设施和设备 | 《养老机构基本规范》<br>(GB/T 29353) | 5 |
| | 定期开展文化娱乐活动,并做好相关记录 | | 5 |
| 1.4 膳食服务<br>(30分) | 根据老年人健康状况和疾病要求,提供个性化膳食服务 | 《养老机构服务质量基本规范》(GB/T 35796) | 5 |
| | 每周对老年人食谱内容进行调整,食谱向老年人公布并存档 | | 5 |
| | 严格执行食品卫生法,符合国家食(饮)具消毒卫生标准的有关要求;成品与半成品分开、生熟分开 | | 10 |
| | 建立食品留样制度,每日留样品种齐全,每种样品不少于100g,在专用盒上标注品名、时间、餐别、采样人,在0℃~4℃的条件下存放48小时以上,并做好留样记录 | | 5 |
| | 膳食服务人员身着洁净的工作服、佩戴口罩和工作帽 | | 5 |
| 1.5 洗涤服务<br>(10分) | 配备相应的洗涤服务人员、设备及固定场所,定期对设备消毒;采取服务外包时,按规定签订外包合同,对服务质量进行监控 | 《养老机构服务质量基本规范》(GB/T 35796)<br>《养老机构基本规范》(GB/T 29353) | 5 |
| | 严格执行分类清洗:衣物与被褥分类清洗;被污染的织物单独收集、清洗、消毒 | | 5 |
| 1.6 清洁卫生服务<br>(15分) | 设置专职岗位,配备相应的清洁人员;采取服务外包时,按规定签订外包合同,对服务质量进行监控 | | 5 |
| | 公共区域和老年人居室整洁,地面干燥,物品摆放合理,空气无异味 | | 5 |
| | 生活区和医疗区的环境分类管理;生活和医疗垃圾分类处理 | | 5 |

续表

| 评定指标 | 评定标准 | 参考依据 | 分值 |
|---|---|---|---|
| 1.7 关于失能、半失能、失智老人的护理服务（19分） | 应参照对老年人能力等级评估的情况提供相应的护理服务，并由内设的医疗机构提供或委托医疗机构提供，同时由内设医疗机构或委托医疗机构注册的护士承担 | 《养老机构基本规范》（GB/T 29353） | 10 |
| | 配备必要的设施与设备 | | 9 |
| 2. 医疗服务（150分） | | | |
| 2.1 疾病诊治（45分） | 医师定期到老年人居住的房间巡诊，并做好记录 | 《医养结合机构服务指南（试行）》 | 10 |
| | 参考已发布的临床路径和有关诊疗指南为老年人提供常见病、多发病、慢性病诊疗服务 | | 10 |
| | 有条件的机构安排医护人员24小时值班，及时提供急诊救护服务 | | 10 |
| | 危重症转诊：医养结合机构可与周边综合医院、中医医院建立签约合作关系，开设绿色通道，明确服务流程，确保及时有效转诊；安排专门的医护人员或熟悉患者情况的服务人员跟随转诊或与转诊医院对接 | | 15 |
| 2.2 康复服务（15分） | 为有需要的老年人提供包括但不限于物理治疗、作业治疗、指导正确使用辅具（包括拐杖、步行器、支架、轮椅等）等康复服务 | 《医养结合机构服务指南（试行）》 | 5 |
| | 设置专门的康复服务区域，配备专业的康复设备 | | 5 |
| | 康复人员应有相应资质，按照国家相关要求为老年人提供康复服务 | | 5 |
| 2.3 健康管理（25分） | 入住医养结合机构的老年人全部建立健康档案，已有健康档案的老年人，可组织办理转移接续手续；包括个人基本信息、健康体检、医疗卫生服务记录等内容 | 《医养结合机构服务指南（试行）》《国家基本公共卫生服务规范（第三版）》 | 10 |
| | 医养结合机构每年自行提供或安排其他医疗机构提供至少1次老年人体检服务；提供个性化体检服务 | | 10 |

续表

| 评定指标 | 评定标准 | 参考依据 | 分值 |
|---|---|---|---|
| 2.4 健康教育和健康知识普及服务（15分） | 医养结合机构根据老年人的健康状况和个性化需求，提供养生保健、疾病预防、营养、心理健康等健康服务 | 《医养结合机构服务指南（试行）》《国家基本公共卫生服务规范（第三版）》 | 5 |
| | 医养结合机构应开展包括合理膳食、控制体重、适当运动、心理平衡、改善睡眠、戒烟戒酒、合理用药等健康生活方式及可干预危险因素的健康教育和健康知识普及服务 | | 5 |
| | 制作和发放健康教育宣传资料，如健康教育折页、健康教育处方和健康手册等；播放音像资料 | | 5 |
| | 在老年人公共活动区域设置健康教育宣传栏，并根据季节变化、疾病流行情况、老年人需求等及时调整 | | 3 |
| | 定期举办老年人健康知识讲座，并做好记录 | | 2 |
| 2.5 安宁疗护服务（15分） | 建立相关工作制度，制定技术规范和服务指南，配备专职人员 | 《医养结合机构服务指南（试行）》《医养结合机构管理指南（试行）》 | 5 |
| | 医护人员为需要安宁疗护的老年人控制疼痛、呼吸困难、咳嗽、咯血、呕吐、便血、腹胀、水肿、发热、厌食、口干、失眠等症状 | | 5 |
| | 为患者及其家属提供死亡教育等心理支持和人文关怀服务 | | 5 |
| 2.6 用药管理（15分） | 建立多重用药安全评估，参照药品说明书，根据老年患者具体情况制订个性化给药方案 | 《医养结合机构管理指南（试行）》 | 5 |
| | 建立日常给药管理制度，包括医嘱确认和审核要求、药品核对和清点流程及要求、抗菌药物分级管理要求、药物存放和摆放流程及要求、每日药品发放流程及要求、药品发放和服用记录等 | | 5 |
| | 医护人员严格执行查对制度，按照卫生健康行政部门的相关规定协助老年人合理用药，以免出现误服、漏服、外用药内服等差错 | | 5 |

续表

| 评定指标 | 评定标准 | 参考依据 | 分值 |
|---|---|---|---|
| 2.7 病历管理（20分） | 建立患者登记及病历管理制度 | 《医养结合机构管理指南（试行）》 | 10 |
| | 机构内老年人在医疗床位和养老床位之间转换及老年人外出就诊住院均当有记录和资料可查，相关病历妥善保存 | | 10 |
| 3. 综合管理（100分） | | | |
| 3.1 安全管理（40分） | 建立安全责任制度、安全教育制度、安全操作规范和规程、安全检查制度、事故处理与报告制度、突发应急预案等各项安全管理制度 | 《医养结合机构管理指南（试行）》《医养结合机构服务指南（试行）》 | 10 |
| | 机构对公共卫生事件、自然灾害、老年人自伤、跌倒、噎食、窒息、误吸、坠床、走失、烫伤等突发事件制定应急预案，内容包括：突发事件类型、职责分工、处置原则、处理流程、工作要求 | | 10 |
| | 每半年至少开展1次消防演练和应急预案演练；每月至少组织一次防火检查；每日白天防火巡查、夜间防火巡查各不少于2次 | | 10 |
| | 建立安全教育和培训制度，明确安全责任人和安全管理人员，重点对老年人及其照护人员进行重点安全问题预防知识教育；每季度至少开展1次安全教育培训 | | 10 |
| 3.2 运营管理（20分） | 建立人力资源管理相关制度，安排专人负责人力资源管理工作 | 《医养结合机构管理指南（试行）》 | 4 |
| | 建立人员培训和考核管理制度；建立各类专业技术人员专业技术培训档案，定期组织参加继续教育培训 | | 4 |
| | 建立行政管理制度，包括行政办公管理程序、前台接待咨询及出入院合同办理程序等内容 | | 4 |
| | 建立各项财务制度、资产管理制度、作业流程，严格执行国家的财务会计制度 | | 5 |
| | 建立服务信息管理制度，在机构内醒目位置公布服务管理信息,包括服务资质、服务管理部门设置、服务管理专业技术人员资质、主要服务项目及流程、收费标准 | | 2 |

续表

| 评定指标 | 评定标准 | 参考依据 | 分值 |
| --- | --- | --- | --- |
| | 对于有外包服务的医养结合机构，建立外包服务监督管理机制，签订外包合同 | | 1 |
| 3.3 医养结合衔接（25分） | 建立医护人员、医疗护理员、养老护理员、管理人员及相关协助人员联动工作机制 | 《医养结合机构服务指南（试行）》 | 5 |
| | 明确"医""养"服务的具体指标；厘清"医""养"边界 | | 5 |
| | 根据老年人日常住养和住院医疗两种不同需求，明确各自的管理路径，建立老年人信息系统，确保"医""养"互换时信息准确切换 | | 5 |
| | 医养结合机构中的医疗机构设立老年人就医绿色通道，提供挂号、就业、收费、取药等便利服务 | | 5 |
| | 内设医疗机构纳入基本医疗保险定点协议管理范围 | | 5 |
| 3.4 机构感染控制（11分） | 建立机构感染管理责任制，制定并落实机构感染管理的规章制度和工作规范，严格执行有关技术操作规范和工作标准 | 《医院感染管理办法》《医务人员手卫生规范》（WS/T313）《医养结合机构服务指南（试行）》 | 3 |
| | 严格执行医疗器械、器具的消毒工作技术规范 | | 3 |
| | 制定手卫生管理制度，配备手卫生设施；工作人员掌握手卫生知识和正确的手卫生方法，严格落实国家有关要求 | | 3 |
| | 医养结合机构应当在指定地点收集污物，避免在老年人居住区域清点污物，做到专车、专线运输 | | 1 |
| | 老年人衣物分类清洗，被血液、体液、排泄物、分泌物污染及患有传染病老年人的衣物应当封闭运输、单独清洗、消毒 | | 1 |
| 3.5 出入院管理（4分） | 包括但不限于：入院评估、入院手续办理、出院手续办理 | 《养老机构服务质量基本规范》（GB/T 35796） | 4 |

续表

| 评定指标 | 评定标准 | 参考依据 | 分值 |
|---|---|---|---|
| 4. 服务流程（100分） | | | |
| 4.1 入院定期体检（15分） | 老年人在入院前由医养结合机构中的医疗机构提供入院体检或出示近1月内具有资质的其他医疗机构的体检报告，包括血常规、尿常规、大便常规、血压、心电图、肝肾功能、胸片、B超等常规项目 | 《医养结合机构服务指南（试行）》 | 15 |
| 4.2 评估服务（30分） | 医养结合机构中的医疗机构对入住老年人开展老年护理需求评估（评估有效期为6个月）；在评估有效期内，如老年人身体、能力、疾病状况发生变化，医疗机构应当及时进行重新评估 | | 15 |
| 4.2 评估服务（30分） | 医养结合机构中的养老机构对入住老年人进行能力评估，并将老年人能力划分为能力完好、轻度失能、中度失能、重度失能四个级别，需符合《老年人能力评估》（MZ/T 039）；评估应每6个月进行一次，当老年人出现特殊情况导致能力发生变化时，应当进行及时评估 | | 15 |
| 4.3 服务计划与变更（10） | 根据老年人体检报告、老年人护理需求评估、老年人能力评估等结果，为老年人制订针对性的服务计划 | | 10 |
| 4.4 服务协议（15分） | 根据服务计划与老年人（或其代理人）签订服务协议 | | 15 |
| 4.5 档案管理（20分） | 建立服务档案，内容包括：健康档案相关资料、护理需求评估报告、服务计划表、各项医疗卫生和养老服务记录、服务协议；档案保管期限不应少于老年人出院后5年 | | 20 |
| 4.6 出院服务（10分） | 服务期满或因其他原因结束服务时，医护人员及服务人员应当做好服务终结记录或安排好转诊工作交接，终止服务 | | 10 |

## 三、结果性指标，总分 200 分

| 评定指标 | 评定标准 | 分值 |
| --- | --- | --- |
| 1. 效率指标（60 分） | | |
| 1.1 床位入住率 | 入住率在 35% 以下；在 35%～50% 之间；50% 以上 | 25 |
| 1.2 中度、重度失能老人入住比例 | 在 20% 以下；在 20%～30% 之间；大于 30% | 25 |
| 1.3 总入住比例 | | 10 |
| 2. 人才队伍（35 分） | | |
| 2.1 服务人员持有资格证的比例 | | 10 |
| 2.2 专职全科医生数占比 | | 5 |
| 2.3 护士数占比 | | 5 |
| 2.4 服务人员接受培训的人数与频率 | | 5 |
| 2.5 社工、志愿者等开展相关活动情况 | | 5 |
| 2.6 服务人员流失率 | | 5 |
| 3. 服务质量（45 分） | | |
| 3.1 老年人 Ⅱ 度及以上压疮率 | 低于 5% | 20 |
| 3.2 医嘱、处方合格率 | 不低于 95% | 5 |
| 3.3 病例记录合格率 | 达到 100% | 5 |
| 3.4 重大事故发生率 | | 10 |
| 3.5 居室环境整洁、无异味 | | 5 |
| 4. 满意度评价（60 分） | | |
| 4.1 老年人满意度 | | 25 |
| 4.2 员工满意度 | | 25 |
| 4.3 老年人家属满意度 | | 10 |

# 陕西养老机构老年人心理需求与健康保障机制的建构研究报告

中心课题组
钞秋玲

**摘　要**　我国的人口老龄化形势严峻，陕西省人口老龄化问题也非常突出。建设老年人心理健康服务体系，提高老年人生活质量、主观幸福感，是积极应对老龄化的重要途径。

本研究走访了陕西省 13 家养老机构，调查老年人的生活质量、老化态度和主观幸福感；访谈老年人，了解老年人心理需求；访谈工作人员，了解养老机构工作人员心理服务能力水平。

调查发现，养老机构老年人生活质量、老化态度和主观幸福感总体处于中等水平，尤其农村养老院老年人情况不容乐观；老年人普遍存在不同程度的心理问题，心理问题和心理需求被忽视；养老机构心理健康服务功能缺失，政府和养老机构缺乏完整的心理健康服务保障体系；护理人员缺乏心理健康服务能力。

本文针对陕西养老机构缺乏心理健康服务体系、心理服务能力不足的现状，借鉴国外先进经验，依据联合国老年人五项原则，提出构建养老机构心理健康服务体系的政策建议。

## 一、前言

我国的人口老龄化形势严峻。根据民政部公布的《2016 年社会服务发展统计公报》显示，截至 2016 年底，全国 60 岁及以上老年人口 2.3 亿人，占总人口的 16.7%。我国人口平均预期寿命已到 76.34 岁，高于中等发达国家水平。今后的 20 年间，中国将进入急速老龄化阶段，老年人口将增加到 4.18 亿，占中国总人口的

1/3。陕西省人口老龄化问题突出。根据省民政厅发布的《陕西省养老服务业发展情况》，截至 2016 年，陕西省共有 60 岁以上老年人口 613.83 万人，占人口总数的 16.1%。预计到 2020 年，60 岁以上人口将达 690 万人，老龄化明显加快。老年人口急剧增加，规模不断扩大，并呈现出高龄化、失能化、空巢化和少子化 4 个特征。一方面，导致社会负担日益加重，目前，我国老年人口抚养比为 14.3%，即 100 个劳动力人口抚养 14 位老年人。到 2050 年，抚养比将达到 27.9%。另一方面，严重影响了老年人的生活质量，老年人面临着物质精神双匮乏的局面，成为导致老年人身心疾病的重大原因。

快速发展的人口老龄化已经在人类社会的每个方面——社会、经济、政治、文化、心理和精神上——对个人、社区、国家生活产生了深刻的影响。世界卫生组织最先提出"健康老龄化"的理念，要求从身体健康、心理健康和社会功能完好三方面促进老年人健康。联合国大会确立了《老年人五项原则》，从独立、参与、照顾、自我充实和尊严五方面提高老年人生活质量。第二次老龄问题世界大会提出"积极老龄化"的新型理念，强调尽可能帮助老年人积极参与社会、经济、文化、精神和公民事务，提高生命质量。

中国政府部门对老龄化问题高度重视，正在积极寻找应对措施。习近平总书记在 2016 年全国卫生与健康大会上提出，要加大心理健康问题基础性研究，做好心理健康知识和心理疾病科普工作，规范发展心理健康服务。

国务院颁发的《国家人口发展规划（2016—2030）》指出，要以持续、健康、参与、公平为原则，加快构建以社会保障、养老服务、健康支持、宜居环境为核心的老龄化应对制度框架。

国务院先后印发的《"健康中国 2030"规划纲要》《"十三五" 深化医药卫生体制改革规划》和《"十三五"卫生与健康规划》，以及国家卫生计生委等 22 部门联合印发的《关于加强心理健康服务的指导意见》明确提出，要充分认识加强心理健康服务的重要意义、发展和加强老年人心理健康服务、建立健全心理健康服务体系和规范化管理、加强心理健康人才队伍建设、加强组织领导和工作保障。

老年人的心理健康是指老年人在日常生活中，保持认知合理、情绪稳定、行为适当、人际和谐、适应变化的一种完好状态；为老年人提供心理健康服务，是社会服务框架体系中的重要内容。

心理健康教育的重要功能在于预防和积极心理引导。大量研究发现，对老年人实施长期预防项目能够有效预防抑郁、焦虑等心理问题的发生，降低住院率，节省大量医疗费用；对老年人进行积极心理引导，促发幸福和积极的心理状态，能够减缓身体机能和认知功能的老化，降低疾病发生率，延长寿命。

因此，要超越关于老龄化的陈旧思维模式，将老年人作为未来发展的强大潜力和有益资源，重视老年人的技能、经验、智慧和贡献，将心理健康服务纳入老年人社会保障体系中，促成对老龄化与健康理解的重大转变。加强老年人心理健康服务，面临诸多挑战。一方面，老龄人口快速增加，心理行为异常和精神障碍的老年人逐年增多，心理健康服务需求巨大。另一方面，缺乏政策支持和引导，现有心理健康服务体系不健全，重视程度低，服务能力不足，管理能力滞后。

本研究主要以《关于加强心理健康服务的指导意见》为根本指导，以心理健康知识普及、政府部门和全社会推进、借鉴发达国家和地区经验、心理健康服务长远制度建设、心理服务需求的多样性科学性等5个要求为基本点。

由西安交通大学老年与健康研究所钞秋玲教授带领研究团队，走访了西安市和榆林市13所养老机构，调查养老机构老年人的生活质量、老化态度和主观幸福感，了解老年人的心理问题和心理需求，分析养老机构在心理健康支持上存在的不足，并就建构养老机构心理健康服务保障机制提出建议。

## 二、计划

### （一）步骤

（1）2017.4—2017.5搜集资料，设计访谈提纲，编排调查问卷。搜集本课题所需文献资料，包括国内外养老机构老年人心理健康研究结果、国外老年人心理健康服务模式、国内外养老机构和心理健康服务政策法规等。编写针对老年人心理需求和工作人员心理服务能力的访谈提纲，编排本次调研所需要的国际化标准心理量表和问卷。

（2）2017.5—2017.6实地调研、开展访谈与调查、结果分析。选取了西安市和榆林市13家具有代表性的养老机构，访谈机构工作人员和老年人。了解养老机构老年人心理需求、养老机构工作人员心理服务能力，以及养老机构的心理服务工作现状。使用标准化心理量表，采用个别访谈或集体访谈的形式，调查陕西养老机构的老年人的生活质量、老化态度和主观幸福感。处理访谈内容和量表数据，科学分析调查结果。了解老年人普遍心理需求；了解居家养老机构、城市公办民营养老机构、农村养老机构的老年人的生活质量、老化态度和主观幸福感的现有水平；掌握养老机构的心理健康服务现状，工作人员心理服务能力现有水平。

（3）2017.6—2017.7 心理健康教育、心理辅导的设计与实施。根据调查结果，在陕西选取有代表性的3个不同类别的养老院建立实验基地，设计观测指标，采用双盲对照实验设计，设计心理干预实验及护理模式方案，实施干预方案。

（4）2017.7—2017.8 检验干预效果，撰写研究报告。再次访谈和调查，测量老年人的人际交往、活动参与、生活满意度等指标，对比干预前基线水平，检验心理干预效果；测量工作人员的心理知识、心理服务技能掌握情况，检验心理服务工作培训效果。分析干预结果，总结出一套完善的、可推广的养老机构心理健康服务模式，即关爱—服务—促进老年人自身发展，给政府决策部门提出切实可行的政策建议，撰写研究报告。

## （二）研究创新

（1）多学科交叉：从心理学、社会学、老年学及公共政策几个学科交叉的角度出发研究和解决问题，保证研究的全面性和现实性。

（2）多方位研究视角：①国际视角，以联合国老年人原则和积极老龄化理念为依据，编制访谈提纲、选取调查问卷、构建老年人心理服务模式；②发展视角，不仅关注现存问题，更关注如何促进老年人自身发展，以生命全程观点看待老龄化；③整体视角，综合考虑老年人自身、相关管理机构、护理工作者等各种因素，多角度研究。

## 三、内容

### （一）概念界定

**1. 生活质量**

生活质量，也称为生命质量或生存质量。世界卫生组织将生活质量定义为：个体基于他们所在的社会文化体系，对与他们的生活地位相关的生活目标、期望和标准等的认知评价。老年医学会认为，老年人生活质量是指老年人对生活的全面评价以及老年人群对个体身体、精神、家庭和社会生活的满意程度。

**2. 主观幸福感**

主观幸福感，是个体根据自定的标准对其生活质量的整体性评估，具有主观性、稳定性和整体性3个特点，它是衡量个人生活质量的重要指标。如果老年人正性情感多，负性情感少，对生活的各方面都比较满意，则其主观幸福感高；老年人可以通过自身计划与主观能动，根据个体发生改变的社会角色和个人能力，达到适应和贡献社会，甚至自我实现的目的，从而提高主观幸福感。

**3. 老化态度**

老化态度是人们对变老过程及年老的体验和评价，是一个较为个人化和稳定的心理结构，可分为积极体验和消极体验两方面。消极体验是指年龄增长带来的生理、心理和社会等方面的丧失负面感受；积极体验是指一些有关老年期的正性感受，如心情愉悦、坚持锻炼和智慧等。老年人的老化态度对身心健康有重要影响。持有积极老化态度的老年人，自我评价高，认知能力越强，幸福感越高；持有消极老化态度的老年人，更加孤独、焦虑。老年人的老化态度受自身健康状况、个性特点、社会环境、社会支持等多种因素的影响，社会对老年所持有消极的评价会影响到他们与老年人的交往方式，进而影响老年人的老化态度。

## （二）抽样与调查

本研究采取整群抽样调查，在陕西省共抽取12家养老机构的535位60岁及以上的老年人，收回有效问卷503份，回收率为94%。本次调研的12家养老机构分为三大类：城市社区居家养老中心（205康养服务中心、环南居家养老服务中心、雁北居家养老服务中心、红专南路居家养老服务中心、科技路居家养老服务中心、延长石油居家养老服务中心、西三路站社区居家养老服务中心、林雁站居家养老服务中心）、城市养老院（西安朝阳老年公寓、西安博瑞养老院）和农村养老院（榆林市榆阳区保榆爱心老年公寓、榆林市榆阳区老年护理院）。

由3名专家和7名研究生组成调查团队，依据访谈提纲和问卷，对老年人展开个别和集体访谈。完成每份问卷平均需要20分钟。表1是本研究所访老年人的性别、年龄、婚姻状况、教育水平等人口学信息。

表1 参与者的人口统计分布（n=503）

| 变量 | 分组 | n | % |
| --- | --- | --- | --- |
| 性别 | 男 | 211 | 42 |
| | 女 | 292 | 58 |
| 年龄 | 60-69 | 171 | 34 |
| | 70-79 | 106 | 21 |

续表

| 变量 | 分组 | n | % |
|---|---|---|---|
| 年龄 | 80以上 | 221 | 44 |
| 婚姻状况 | 未婚 | 35 | 7 |
| | 已婚 | 246 | 49 |
| | 离婚 | 25 | 5 |
| | 配偶去世 | 196 | 39 |
| 文化程度 | 小学及以下 | 262 | 52 |
| | 初中 | 121 | 24 |
| | 高中 | 75 | 15 |
| | 大学及以上 | 45 | 9 |
| 自理能力 | 完全自理 | 226 | 45 |
| | 部分自理 | 246 | 49 |
| | 完全丧失自理 | 25 | 5 |
| 入住年限 | 2年以下 | 146 | 29 |
| | 2-6年 | 70 | 14 |
| | 6年及以上 | 287 | 57 |
| 月收入 | <1000元 | 246 | 49 |
| | 1000元-3000元 | 161 | 32 |
| | >3000元 | 96 | 19 |
| 健康自评 | 不好 | 362 | 72 |
| | 一般 | 86 | 17 |
| | 好 | 55 | 11 |
| 养老机构类型 | 城市居家养老机构 | 186 | 37 |
| | 城市养老院 | 167 | 33 |
| | 农村养老院 | 150 | 30 |

### （三）研究工具

**1. 纽芬兰纪念大学幸福度量表**

采用由科兹马和斯通斯编制，刘仁刚和龚耀先修订的纽芬兰纪念大学幸福度量表。该量表分为4个维度：正性情感、负性情感、正性体验和负性体验，共24

个条目，分值越高说明主观幸福感水平越高。该量表专用于老年群体主观幸福感测量。

**2. 老年人生活质量问卷来源于联合国颁布的《联合国老年人原则》**

独立性：有稳定的经济来源；吃饭穿衣不需要别人帮忙等。

参与：有稳定的社交圈；能参加家庭的重大决策等。

照顾：在家庭中能得到很好的照顾；社区有尊老爱幼的风气等。

自我充实：能够参与社区管理；能够通过老年大学继续学习等。

尊严：对自己的事情有发言权和决定权；没有遭受他人的歧视和欺辱等。

各维度得分之和为整个生活质量问卷得分，得分越高则其生活质量越好。

**3. 老化态度问卷**

采用 Laidlaw K 等人编制，王大华等人修订的老化态度问卷，分为心理社会丧失、生理变化、心理获得3个维度，共24个条目。

该问卷从"完全不同意"到"完全同意"5点评分，得分越高表示老化态度越积极。

心理社会丧失指被试在变老过程中感知到的心理和社会功能方面的消极体验，如觉得孤单，年老便是丧失的时光，老年人不属于社会等。生理变化指在变老过程中为身体健康而做出的努力并由此产生的对自身健康的肯定评价，如变老比想象得轻松，锻炼是有必要的等。心理获得指被试在变老过程中感知到的心理和社会功能方面的积极体验，如智慧随年龄而增长，能为年轻人树立榜样等。

## 四、结果

### （一）居家养老老年人状况

87%的居家养老的老年人年龄在60~79岁，身心健康状况良好，能够完全自理或有服务人员帮助；其中，75%的老年人文化水平在中专以上，退休前主要在国家企事业单位从事专业工作，有稳定的退休金和住所，与配偶或与子女同住。

**1. 生活质量**

生活质量：居家养老的老年人生活质量较好，处于中等偏上水平。老年人生活质量均值为113.13，显著高于理论均值96。独立：居家养老老年人独立生活能力较强，独立维度均值为3.57。68%的老年人能够处理自己的日常生活饮食起居，解决事情，自己去医院就医，并且有稳定的养老金，较少求助于子女。75%的完全自理老年人表示即使退休了，如果有适合老年人认知和体力的工作，他们还是愿意发挥自己的能力，参与社会工作。

参与：居家养老的老年人参与家庭、社会事务的程度较高，参与维度均值为3.29。79%的老年人会参与家庭事务决定，有自己稳定的社交圈，常去公园、小区内参与老年人团体活动，72%的老年人表示会关注新闻时事，使用智能手机，有意识地加强锻炼和交流，减缓老化。

照顾：居家养老的老年人获得来自家庭和社会各方面的关爱程度都比较高，照顾维度均值为3.75。65%的老人在家庭中得到的照顾更为充分，子女或老伴给予的照顾能使老人获得较大程度的满足。80%的老年人能享受社区居家养老服务中心配备的医疗及保健服务。

自我充实：居家养老的老年人精神生活的充实程度较高，自我充实维度均值为3.48。只要老年人所居社区或周围环境提供健身器材、图书室等文化娱乐资源，86%的老年人都会积极参与和利用。48%的老年人还表示希望有机会发挥自己的能力，参与一些社区工作，通过老年大学、社团、图书馆等机构继续学习。

自尊：居家养老老年人自尊心得到维护和满足的程度较高，自尊维度均值为4.05。76%的老年人对自己的生活自主性高、对自己的事情有发言权和决定权，能够保留原有的生活习惯、能够被社区和家人平等对待，有尊严感。

**2. 老化态度**

老化态度：居家养老的老年人的老化态度较为积极，属于中上水平。老化态度总均值为3.59，高于中位数3。老年人对自己的变老过程较为适应，以积极体验多于消极体验。

心理社会丧失：居家养老的老年人的心理社会丧失为中等水平，其得分均值为3.00。表明老年人对自己在老化过程中在心理和社会功能方面存在中等程度的消极体验。42%的老年人表示，尽管感觉生活比较幸福、情绪良好，但是仍然能感觉到孤单，尤其是子女不在身边的老人。38%的老人表示，往往是自己主动关心子女，甚至给子女提供经济补贴。

生理变化：居家养老的老年人的生理变化为中上水平。居家养老老年人的生理变化得分均值为3.75，表明老年人非常注重身体健康，并且为身体健康付出很多努力，对自己的健康的评价较为肯定。92%的老年人表示，他们平常最关心各种养生知识和节目，尽量保持规律的生活，坚持锻炼。也说明老年人最担心生病，他们不愿意麻烦子女和家人，希望尽可能享受健康自由的生活。

心理获得：居家养老的老年人的心理获得为中上水平。居家养老老年人的心理获得得分均值为4.03，表明尽管感觉到自己在变老，但是积极体验并没有减少。75%的老人认为，老年其实也是一种优势，随着年龄增长，比以前更智慧、更接纳自己。59%的老年人认为，自己能够坚持在合适的岗位上继续工作，能为年轻人树立坚持奋斗、不怕困难的榜样。

**3. 主观幸福感**

主观幸福感：居家养老的老年人的主观幸福感水平较高。主观幸福感总均分为12.47，与全国老年人常模（10.53）比较发现，老年人主观幸福感、正性情感和正性体验均处于中上水平。因此，所调查的老年人主观幸福感强烈，对自己的经历和当下的生活都比较满意，多数时候心情愉悦、高兴，对很多事情持有兴趣，个人价值感比较高，心理健康状况良好。

### （二）城市养老院老年人状况

87%的城市养老院老年人年龄在60～95岁，92%的老年人患有心脑血管、偏瘫、失眠等慢性疾病，伴随抑郁、焦虑、神经症、孤独等心理障碍，身心健康状况较差，多为半自理或无法自理。其中，65%的老年人文化水平在中专及以下，退休前在企事业单位或个体经营，28%的老年人没有固定的退休金或住所，85%的老年人配偶去世。

**1. 生活质量**

生活质量：城市养老院老年人生活质量处于中等水平。老年人生活质量均值得分为102.05，略高于理论均值96。

独立：城市养老院老年人独立生活能力较差，独立维度均值为2.91。85%的老年人需要护理员帮助处理自己的日常生活饮食起居，需要子女看护陪伴就医。73%的老年人表示，即使有机会，自己也已经无法继续工作。

参与：城市养老院老年人参与家庭、社会事务的程度较低，参与维度均值为3.02。79%的老年人长期不在家，家里闲置或由子女打理。社交圈缩小，日常活动范围基本限于养老院内，被动接受养老院所能提供的活动，锻炼和交流比以往减少了。

照顾：城市养老院老年人获得来自家庭和社会各方面的关爱程度较高，照顾维度均值为3.46。95%的老人在养老院中能得到充分的照顾，满足老人的基本需求。65%老人的子女定期看望老人、支付养老费用。医养结合的养老院模式，能够在一定程度上满足老人就医需求。

**自我充实**：城市养老院老年人精神生活的充实程度较低，自我充实维度均值为 2.64。养老院所能提供的文化娱乐资源有限，缺乏针对老年人设计的书报刊、健身器材、娱乐活动，养老院活动场地小，尤其难以满足文化水平较高的老年人的精神需求。86%的老年人表示活动太少，生活无聊，希望养老院的精神生活能够更加丰富，而不能仅依靠外来志愿者和每月一次的文娱晚会。

**自尊**：城市养老院老年人自尊得到维护和满足的程度较好，自尊维度均值为 3.45。76%的老年人认为养老机构以及工作人员能尊重自己，保留一部分自己的生活方式。但是养老院中还存在同宿老人之间有矛盾、工作人员不耐烦、老人意见得不到反馈和改进的情况。

**2. 老化态度**

**老化态度**：城市养老院老年人的老化态度处于中等水平。老化态度总均值为 3.02。老年人对自己变老过程较为适应，积极体验多于消极体验。

**心理社会丧失**：城市养老院老年人的心理社会丧失为中等水平，其得分均值为 3.18。表明老年人对自己在老化过程中在心理和社会功能方面的消极体验比较多。42%的老年人表示，尽管养老院生活衣食无忧、有人照顾、老年人聚集，但是仍然能感觉到精神活动匮乏、孤单。72%的老人表示，希望子女能多看望自己。28%的老人表示希望自己还能够发挥自己的能力和价值，做力所能及的工作。

**生理变化**：城市养老院老年人的生理变化为中等水平，其得分均值为 2.95。表明老年人对自己身体健康评价低，为维护健康做出的努力少。居住养老院的老年人本身有严重的慢性疾病和心理问题，活动减少。养老院活动场地狭窄，没有适合老年人的健身器械和活动。

**心理获得**：城市养老院老年人的心理获得为中等水平，其得分均值为 2.90。表明随着老化，老年人的积极体验也在减少。75%的老人认为，随着年龄的增大，老年疾病也越来越多，长住养老院脱离家庭，容易与子女关系疏远，怕给子女造成负担。66%的老人表示，如果不是疾病困扰，希望自己能够参与社会活动，多为家庭和社会做贡献。

**3. 主观幸福感**

**主观幸福感**：城市养老院老年人的主观幸福感处于中等水平。主观幸福感均分为 11.56，略高于全国老年人常规水平（10.53）。因此，所调查的老年人主观幸福感水平一般，对自己的经历和当下的生活能够满意，在现实情况下，居住养老院是最优选择，内心比较平静。

### （三）农村养老院老年人状况

95%的农村养老院老年人年龄在60~96岁，92%的老年人身心健康状况差，患有各种老年常见疾病，以及老年痴呆、抑郁、偏执、人格障碍、神经症等心理疾病，多为半自理或无法自理。其中，75%的老年人文化水平在小学及以下，多为农民、个体经营者、无业者，82%的老年人没有固定的退休金或住所，85%的老年人配偶去世。

**1. 生活质量**

生活质量：农村养老院老年人生活质量处于中等水平。老年人生活质量均值得分为97.16，接近理论均值96。

独立：农村养老院老年人独立生活能力较差，独立维度均值为2.80。87%的老年人需要护理员服侍日常生活，需要养老院或子女看护就医。93%的老年人表示，即使有机会，自己也已经无法继续工作。

参与：农村养老院老年人参与家庭、社会事务的程度很低，参与维度均值为2.85。91%的老年人长期离家，房子荒废或由子女继承。没有稳定的社交圈，与外界交往联系少。老年人意识形态固化，缺乏参与意识，老年人日常活动范围局限于养老院内，生活单调重复。

照顾：农村养老院老年人获得的照顾较好，照顾维度均值为3.19。96%的老人在养老院中能得到基本的照顾，尤其对于贫困老人、孤寡老人、残疾老人，养老院为他们提供了以往欠缺的生活保障。尽管如此，84%的老人表示，希望除物质支持外，工作人员能够给予更多耐心和爱心，希望子女、亲属能够多来。在部分偏远农村地区，医疗保健服务匮乏，针对老人预防保健服务处于空缺状态。

自我充实：农村养老院老年人精神生活的充实程度很低，自我充实维度均值为2.46。农村养老院老年人普遍文化程度较低，养老机构所能提供的文化娱乐活动有限，而且多数老人利用不到。74%的老年人表示活动少，每日只有电视机、打扑克空虚度日。

自尊：农村养老院老年人自尊得到维护和满足的程度一般，自尊维度均值为3.25。69%的老年人认为养老机构以及工作人员能尊重自己，但是少数情况下存在想法和意见不被重视，同宿老人之间闹矛盾，工作人员不耐烦的情况。说明对老年人的尊重大部分还只停留在表面，老年人因此缺乏存在感和价值感，变得更为自卑敏感。

**2. 老化态度**

老化态度：农村养老院老年人的老化态度比较消极。老化态度总均值为2.91。老年人对自己的变老过程难以适应，消极体验多于积极体验。

心理社会丧失：农村养老院老年人的心理社会丧失为中等偏上。其得分均值为3.05，表明老年人对自己在老化过程中在心理和社会功能方面的消极体验比较多。72%的老年人表示，老年意味着孤独和失去。

生理变化：农村养老院老年人的生理变化低于中等水平，其得分均值为2.82。居住养老院的老年人多数患有严重的慢性疾病和心理疾病，部分偏瘫或瘫痪，许多患心血管疾病、关节病的老年人活动较少。养老院活动场地狭窄，缺乏室内外健身设施，限制了老年人活动。

心理获得：农村养老院老年人的心理获得为低于中等水平，其得分均值为2.86。表明随着老化，老年人的积极体验也在减少。75%的老人认为，年龄越大，疾病加重，内心孤独、抑郁、无助感越强。

**3. 主观幸福感**

主观幸福感：农村养老院老年人的主观幸福感处于中等水平。主观幸福感均分为9.97，略低于全国老年人常规水平（10.53）。

因此，所调查的老年人主观幸福感水平一般，对于生活严重困难的老人，养老院实际提供了保护措施，有助于提高他们的主观幸福感。

### （四）老年人心理问题

本次调研同时使用了心理健康量表测量老年人心理健康水平。总体上，老年人普遍存在不同程度的负性情绪或心理健康问题。养老机构中老年人抑郁情绪发生率为28.1%，89.70%的老年人有不同程度的孤独感，老年人还存在缺乏安全感(45.9%)、焦虑（38.8%）、胆怯（42.5%）、自卑（40.1%）、无价值感（48.5%）、无奈（47.8%）、等待死亡（48.5%）、猜疑（27.2%）、人际敏感（37.6%）等心理问题，严重影响了他们的生活质量。由于人口的快速老龄化，可以预计存在心理健康问题的老年人的人数将大量增加，需要政府尽快采取措施。

### （五）老年人心理需求

总结本次调研的访谈结果，发现老年人的心理需求总体可分为安全需求、文化娱乐需求、情感需求、人际交往需求、自我实现需求五种类型。

**1. 安全需求**

入住养老机构的老年人，长期与家庭成员分离，缺乏信息和情感交流。自卑于自己身体机能老化，生活难以自理，害怕被家庭和社会嫌弃；又失去了家庭经济结构中的核心地位，自主支配经济的权利受到限制，长期与家庭成员分离，缺乏信息和情感的交流。62.9%的老年人表示需要时间适应养老院环境，建立信任关系。老年人期望在养老院中，能够被接纳、被尊重，并且有一定的自主权，他们需要有"老有所依"的归属感和安全感。

**2. 文化娱乐需求**

研究表明，老年人积极参加各种娱乐活动，加强人际交往，可以愉悦精神。老年人入住养老机构后，面对陌生的环境和同伴，容易产生孤独情绪，文化娱乐需求就更加凸显。老年人积极参加各种娱乐活动，加强人际交往，可以陶冶情操、愉悦精神、充实生活、体现自身价值，真正实现"老有所乐"，最终提高了生活质量和生活满意度。

调查中，86%的老年人表示希望参加类型多样的文化娱乐活动，减轻消极心理带来的影响。其中，49%的老年人有高层次娱乐需求，以此愉悦精神，提升生活品味。

**3. 情感需求**

情感需求是老年人的一种普遍经历的精神需求，对于养老机构的老年人尤其如此。相对于物质支持，老年人更渴望得到关爱，期待亲人和养老院提供更多的情感支持，树立老年人正面形象，维护尊严。

数据显示，情感需求是老年人的主导需求。"希望子女能经常看望""希望不顺心时有亲戚朋友可以谈心""希望有护工陪其聊天"这几个选项上选择"非常符合"和"比较符合"的老年人比例分别是78.4%、72.0%、71.3%。

**4. 人际交往的需求**

调查显示，"希望与更多的老人交流互动，不给儿女添麻烦"是老年人选择入住养老机构的重要原因。老年人期望与工作人员、同伴相互依存团结和互惠，减少孤独感。

84.75%的老年人希望与更多的人交往，希望工作人员对他们积极关注。半数老人与护理人员建立了良好的协作关系。老年人希望护理人员能够了解老年人心理特点、懂得心理知识（55.6%），有耐心、善沟通（27.8%），积极关注老人（16.6%）。

### 5. 自我实现需求

调查中，50%的老年人依然期望自己对他人和社会有价值，他们表示"我想能有事情做，再小的事情我都会很高兴，能帮助别人就是体现我的价值、对自己更有信心"。

美国学者哈维格斯特提出的"活动理论"认为，老年人应该积极参与社会，只有参与，才能使老年人重新认识自我，保持生命的活力。通过创设老年人终生学习、工作的机会，为晚年的个人发展、自我实现和幸福提供条件，也是老年人的一项重要需求。

## 五、原因分析

### （一）居家养老老年人状况良好的原因

居家养老的老年人生活质量、主观幸福感和老化态度水平较高有三方面原因：

（1）社区自然环境、生活气氛、人际关系良好，配套完善。老年人之间互相熟识、互相交流和帮助多；社区内提供的居家养老服务极大满足了老年人生活各方面的需求；社区周围生活、交通便利，从购物、医疗和到公园散步俱全。

（2）老年人自身身心健康、经济水平和家庭、社会关系良好。选择居家养老的老年人多数为有伴侣或子女陪伴、文化程度较高、生活自理、有稳定的养老金。说明居家养老的形式更具优势，而且婚姻幸福、子女孝顺是与老年人主观幸福感联系的重要特征。

### （二）城市养老院老年人状况一般的原因

城市养老院老年人的生活质量、老化态度、生活满意度处于中等水平、低于居家养老老年人的原因有三方面：

（1）养老院环境封闭、生活单调重复、精神活动匮乏、人性化程度低。养老院建设不充分，硬件设施不全面，没有基本的锻炼场地、健身器材、图书室、活动室等，老年人的文化娱乐需求难以满足。

（2）心理健康服务体系不健全。无论是志愿者、护工还是管理者，均缺乏心理健康方面的知识和技能，面对老年人的消极情绪，无法提供帮助。

（3）老年人自身身心状态、经济水平和家庭、社会关系较差。空巢、丧偶、孤寡、残疾老人居多，身心疾病严重，部分无稳定养老金收入，靠子女经济支持。

### （三）农村养老院老年人状况不良的原因

农村养老院的老年人生活质量、老化态度、主观幸福感略低有三方面原因：

（1）养老院环境封闭、精神活动匮乏。缺乏室内外活动场地、健身器材，无法配备老年人相应文化水平的高质量文化娱乐活动。

（2）缺乏心理健康服务。工作人员、护工欠缺专业心理护理知识和技能，老年人得不到基本的心理护理和精神慰藉。

（3）老年人自身身心健康、经济水平和家庭、社会关系差。多为孤寡、贫困、残疾、重疾、丧偶、精神问题老人，与亲属隔离，经济条件差，自尊、价值感水平低。

## 六、结论

（1）居家养老老年人的生活质量、老化态度和主观幸福感均处于中上水平；城市养老院老年人处于中等水平；农村养老院老年人情况不容乐观。

（2）养老机构老年人普遍存在不同程度的心理问题，包括孤独、抑郁、缺乏安全感、焦虑、胆怯、自卑、无价值感、等待死亡、疑病等。

（3）老年人的心理需求包括安全需求、文化娱乐需求、情感需求、人际交往需求、自我实现需求。

（4）存在的问题主要是养老机构心理健康服务功能缺失。政府和养老机构缺乏完整的心理健康服务保障体系，没有心理健康教育的规划、培训、评估等活动，护理人员缺乏心理健康服务能力，忽视老年人心理问题和心理需求。

## 七、国外经验借鉴

### （一）法律、政策保障

英国、加拿大等国制定了养老院老年人保障法律（Care Standards Act 2000, Long Term Care Homes Act 2007），内容包括老年人尊严、隐私、饮食、经济等权利及对护理不满时的申诉权利的保护。英国2013年提出老年人保护计划，养老院的工作人员必须接受政府的培训，以保护养老院老年人免受虐待和忽视。美国国会制定了全面的护理改革法案（NHRA），规定养老院应对所居老年人进行精神疾病检查和心理健康评估，确保有精神或心理问题的老人得到科学合理的服务。

### (二)老年护理工作者的资质及培训

英美等国对从事老年护理工作所需的专业资格进行了严格的规定。英国养老院护理员分为三类:护理助手、护士和管理者。护理助手和管理者必须都要经过国家职业技能等级培训认定(NVQ),护理助手必须达到 2 级,管理者必须达到 4 级,护士要求是经过正规医学培训的注册护士。

养老护理人员和护工必须经过正规的职业培训和考试后才能取得执业证书,进行官方资格注册且持证上岗,参与系统的岗前和日常培训,严格遵守道德行为规范。护理标准法案还规定了如何管理护理助手。心理护理教育越来越受到重视。英国护理教育课程中,心理学课程占了极大比重,心理护理培训中特别强调良好护患关系的建立及护士的沟通技能训练。

### (三)入住养老院评估模式的建立

目前,包括美国、加拿大、日本等在内的 20 多个发达国家均使用国际化居民评估工具(interRAI),用于养老院的长期照顾服务。该评估工具包括了很多老年人的情绪和认知评估,重视老年人心理照护。护理人员能够根据这些评估结果确定是否采取措施以及采取哪些干预措施。

养老院老年人心理变化数据综合成为大数据库,这些养老综合管理信息,能够反映老年住户需求变化和养老院的整体管理、服务水平。

### (四)个性化的护理方案

德国养老机构给每位老年人建立了全面的心理档案,依据档案记录为老年人实行个性化心理服务;提供家居式居住,密切联系老人的家人、亲属,鼓励亲情和关爱。

通过分析老年人的档案和数据评估,按照老年人的心理状态和程度类型化、等级化和层次化,进行分类、分层次照顾,达到精准护理,节约了人力成本,提高了护理效率。

### (五)精准的心理健康服务模式

目前,国外在养老院实行的心理健康服务已形成较为成功的模式。例如,美国养老院心理健康服务模式分为三种:以精神科医师为中心模式、多学科团队模式和以护理为中心模式。这些模式强调在养老院中实行日常化、个性化的心理咨询服务,能够在养老院中就对老年人进行日常心理健康干预。

### （六）严格的服务评价和监管体系

发达国家对养老院均有一套标准化的报告制度、服务质量评价和监管体系。美国卫生部规定，养老服务机构要建立和实行标准化报告制度，并建立了专门的信息机构，即全美长期照料服务检查信息中心，负责长期照料服务质量检查监督方面的信息与服务。根据综合预算协调法案（OBRA），养老机构要接受社会服务部的监管，要求遵守严格的机构运营资质审查过程、照护标准、处罚办法及补救措施。英国的政府以国家最低标准（National Minimum Standards）为要求规定养老院的最低级别。护理标准法案保证了监管者拥有要求养老机构为检查提供所有便利和信息、对管理者和照护者进行访谈、检查所有医疗记录、收集证据等权利。所有养老院都要接受护理质量委员会成员常规检查，并且公开报告护理工作状况，要求被照护者和家属拥有知情权。

## 八、政策建议

针对陕西养老机构中老年人的心理问题与需求，借鉴国外先进经验，可从以下几方面入手来保障老年人的心理健康服务：借鉴国外养老机构心理健康服务的先进经验，依据联合国老年人五项原则：独立、参与、照顾、自我充实、尊严，以及对西安市和榆林市6所养老机构的实地调查，提出以下政策建议：

### （一）养老机构工作改进建议

#### 1. 针对居家养老机构的建议

（1）居家养老服务机构的宣传力度需要加大。部分老年人表示，自己并不知道或很久之后才知道，所住小区成立了居家养老服务中心。

（2）服务覆盖面需要拓宽。部分想居家养老的老年人，因为身患疾病且独居而不得不选择入住养老院。所以，居家养老服务要考虑到不同情况老年人的需求，如设置急救呼叫、夜间照护等功能。

（3）应与小区业主委员会、物业公司、社区居委会、街道办等组织加强长期合作。居家养老机构入驻小区前，应与相关组织和管理机构合作，对小区内基本人口构成、经济收入、老年人口数、老年人情况和需求做调查，在基本服务框架下提供适应小区环境的综合服务。

（4）需要社区改造和完善建设。部分社区，尤其是旧小区，建设不充分，硬件设施不全面，缺少锻炼场地、健身器材、图书室、活动室等地方，小区道路被车辆挤满。未来建设新型小区，养老服务是一个重要考虑因素。

（5）需要构建针对居家养老老年人的心理健康服务。走访发现，76%的老年人表示需要心理健康服务。居家养老老年人心理健康服务内容主要集中于：缓和家庭矛盾，改善家庭关系，促进老人和子女、孙辈沟通，缓解离退休综合征，帮助流动老人适应环境，帮助丧偶和生病的老人心理恢复，提高自尊感，促进参与社会，解决其他心理问题。

**2. 针对城市养老院的建议**

（1）增加适合老年人的高质量文化娱乐活动。文化娱乐活动应该日常化，形成养老院气氛或特色。未来养老产业考虑开发适合于老年人的书报刊、健身器材、娱乐活动等。

（2）增加志愿者、义工、护工数量，提高工作人员素质。特别是工作人员的老年心理知识、老年人心理服务技能，引导、陪伴老人积极参与社会活动、院内活动、陪护外出。

（3）需要建构针对养老院老年人心理健康服务体系。心理健康服务重点在于：生理疾病的心理辅助治疗，缓解丧偶、空巢、残疾等引起的心理障碍，缓解离退休综合征，调节家庭关系、舍友关系等。

**3. 针对农村养老院的建议**

（1）增加志愿者、义工、护工数量，提高工作人员素质。特别是工作人员的老年心理知识、老年人心理服务技能，引导、陪伴老人积极活动、外出。

（2）增加适合农村老年人的室内外文化娱乐活动。文化娱乐活动应该日常化，照顾各种情况的老年人，增加冬、夏季室内、外活动。

（3）需要建构针对养老院老年人心理健康服务体系。农村养老院心理健康服务重点在于：缓解丧偶、空巢、残疾、贫困、重疾等引起的心理问题，精神疾病症状的缓解，生理疾病的心理辅助治疗，调节家庭关系、舍友关系等。

## （二）构建养老机构心理服务保障体系的建议

**1. 心理护理保障制度的建立与实施**

政府部门在制定养老机构老年人健康保障相关管理措施中，把关爱老年人心理健康作为一项重要的举措提出来，落实在具体工作中。明确规定养老院必须建立心理服务体系，确保老年人得到心理服务。

**2. 心理健康服务标准的制定**

根据《中华人民共和国老年人权益保障法》中保障老年人精神生活和心理健康的相关条款，制定《养老机构心理健康服务标准》，保障和规范养老机构的心理健康服务工作。其中，还应包括对患有精神疾病的老年人实施特殊心理治疗和护理程序的办法规定。

制定养老机构心理健康服务标准，规范心理健康服务工作，详细规定所要提供的服务类型，包括心理健康教育、预防和早期干预、心理治疗等。严格规定工作人员的职业道德、服务要求等。还应包括对患有精神疾病的老年人实施特殊治疗和护理程序的标准。

**3. 加大心理健康教育宣传**

由政府主导大力宣传，全面开展心理健康促进与教育。通过讲座、活动月、展板等形式进行心理健康科普宣传；通过广告、节目、影视剧等群众喜闻乐见的形式，进行心理健康宣传；运用网站、微信、微博等新媒体宣传；要求各类媒体树立正确的舆论导向，营造健康向上的社会心理氛围；倡导"每个人是自己心理健康第一责任人"的理念，引导老年人主动调适情绪困扰与心理压力。

**4. 老年护理工作者的资质及培训**

严格规定从事老年护理工作所需的专业资格，养老院护理人员必须经过正规职业培训在考试合格后持证上岗。在护理职业培训中，引进老年心理辅导、老年心理护理等课程；强调建立对老年人平等、尊重、积极的态度，注重建立良好护患关系和沟通技能的训练。

开办和促进在职老年护理服务工作者专项培训，为在职服务人员和志愿者提供关于老年人健康、幸福和照顾的持续性教育。

**5. 转变养老机构老年人健康护理模式**

近年来，养老机构老年人健康护理模式发生了变化，即由身体护理向心理护理的方向发展。依据生物—心理—社会护理模式，在实践中，要注重心理、精神、环境和文化对人健康的影响。

**6. 确立精准的"等级制"和"四助"心理健康服务模式**

开展养老机构老年人心理普查工作，对老年人心理问题及严重程度进行类型和等级划分，建立和实施分类、分等级的心理护理方案。创立老年人自助、朋辈互助、工作人员协助、专业帮助的精准心理健康服务模式。老年人日常自我心理护理；老年人群体之间互助或求助朋友、亲属；工作人员及时发现问题予以帮助；心理学专业人员介入咨询、治疗。

**7. 建立养老机构心理健康保障体系的考核评估办法**

将心理健康服务内容纳入养老机构准入和考核评估体系中，将其与考核评价挂钩，建立老年人、工作人员、养老院三位一体评估体系。

**8. 构建老年人心理健康大数据平台**

建立老年人心理健康信息档案，构建老年人心理健康大数据平台，反映老年人心理需求、心理变化和养老院的综合服务水平，为政府监管提供数据信息。

**9. 加大老年心理健康研究的投入**

针对目前养老机构老年人存在的心理问题，要组织有关专家进行调查研究，从心理学、社会学、老年学及公共政策多个学科交叉的角度出发，使研究具有全面性、现实性，为养老机构心理护理保障政策制定提供科学、合理、可操作的依据。

（写于 2019 年）

# 陕西老年人心理健康状况评估研究

中心课题组<br>于 勇 王建宏 杜康力 王渭玲

**摘 要** 人口老龄化给中国的经济、社会、政治、文化等方面的发展带来了深刻影响，庞大老年群体的养老、医疗、社会服务等方面需求的压力也越来越大。因此，在老年人口不断增长，老龄化不断加重的背景下，关注老年人的心理健康状况成为养老方面研究中的重点问题之一。本研究在陕西省的陕南、陕北和关中地区抽取机构养老、居家养老和社区等地方养老的老年人300名为研究对象（收回有效问卷165份），通过对老年人群心理健康状况的评估，分析了老年人群心理健康的现状、特点以及影响因素。结合研究结果，提出提升老年人群心理健康的对策和建议。

## 一、研究背景和研究意义

### （一）研究背景

人口老龄化是当下我国面临的热点问题，按照1956年联合国确定的划分标准，当一个国家或地区65岁及以上老年人口数量占总人口比例超过7%时，则意味着这个国家或地区进入老龄化。据第七次全国人口普查数据显示，2020年，我国60岁以上的人口2.64亿，占18.70%，其中，65岁及以上人口为1.9亿人，占13.50%，占总人口的比重比2010年上升了5.44%。面对我国日益严重的老龄化，十九大报告也指出，实施健康中国战略，要采取更积极的措施，鼓励各方联动发展，构建养老、孝老、敬老政策体系和社会环境，推进医养结合，加快老龄事业和产业发展，老龄化成为关注的重要内容。2021年11月24日，中共中央、国务院发布了《关于加强新时代老龄工作的意见》，指出有效应对我国人口老龄化，事关国家发展全局，事关亿万百姓福祉，事关社会和谐稳定，对于全面建设社会主义现代化国家具有重要意义。积极应对人口老龄化已经成为我国的一项长期战略任务，使老年人老有所学、老有所乐、老有所为。人口老龄化给中国的经济、社会、政治、文化等方面的发展带来了深刻影响，庞大老年群体的养老、医疗、社会服务等方面需求的压力也越来越大。老龄化所引起的问题成为了热点问题。

因此，在老年人口不断增长，老龄化不断加重的背景下，关注老年人的心理健康状况也成为了养老方面研究中的重点问题之一。

### （二）研究意义

本研究在充分查阅国内外相关研究资料的基础上，通过对老年人群心理健康状况的评估，分析出老年人群心理健康的现状、特点以及影响因素，结合研究结果，提出适宜可行的提升老年人群心理健康的对策和建议，具有重要的理论意义和现实意义。

具体包括以下三点：

第一，健康不仅仅包括躯体疼痛，更包括了心理上的障碍和问题。本研究通过对老年人心理健康状况的评估研究，不仅能够提高社会对老年人心理健康的关注，满足老年人的心理需求，完善老年人的需求体系，以及提高老年人的心理安全感，还能提高老年人的生活质量，并为我国养老方面提供参考意见。

第二，随着老年人的生理机能的逐渐下降、社会角色的转变以及社交网络的缩小，老年人的心理健康出现了不良的状况。因此，针对老年人的心理健康问题提出对策建议，有利于促进老年人身心健康的发展，为推进积极老龄化的发展提供参考意见。

第三，本研究不仅可以丰富老年人心理健康评估方面的研究，还能对提高老年人心理健康水平提供有效的实证依据，从而真正实现健康老龄化。

## 二、老年人心理健康的研究现状及发展趋势

### （一）心理健康的概念

世界卫生组织（WHO）对健康的定义是："健康不仅为疾病或羸弱之消除，而

系体格、精神与社会之完全健康状态。"个体生理的健康、社会性的健康加上心理的健康才是完整的健康。心理健康是指心理的各个方面及活动过程处于一种良好或正常的状态。心理健康的理想状态是保持性格完好、智力正常、认知正确、情感适当、意志合理、态度积极、行为恰当、适应良好的状态。心理健康问题已经成为影响全球公众健康状况的重要因素之一,心理疾病带来的全球负担将会是人类整体发病率的第二大重要原因。

### (二)老年人心理健康的研究现状及发展趋势

通过在中国知网上以"老年人心理健康"为关键词进行检索可以发现,早期相关文献主要关注老年人的一般心理状况,经历了20余年的长足转变,现在的文献更加关注于如何构建完全完善的老年人心理健康评估体系。袁栾精、任占奎在1994年《中国健康教育》发表的《老年人心理状况,健康因素与健康教育》一文,是该领域内最早关于老年人心理健康教育的研究,自此老年人心理健康的问题得到了社会公众的广泛关注。

20多年来,老年人心理健康方面的研究主要集中在心理健康的现状、影响因素及评估方面:

在心理健康状况方面焦虑和抑郁症是常见的问题。一项共纳入3897名年龄为60岁及以上老年人的调查发现,老年人焦虑症检出率为6.5%,另一项涉及我国8个省份的8113名老年人的调查显示,老年人抑郁症的患病率为15.9%,这些抑郁症患者中有36.4%的人患有轻度认知功能障碍(MCI)。焦虑和抑郁严重影响着老年人的生命和生活质量,甚至威胁老年人的认知功能。随着我国人口老龄化不断发展与家庭结构的核心化、小型化,老年人独居、空巢现象愈发普遍,遭遇社会隔离与孤独感的风险不断增加。孤独感是本身发生的不愉快的情感体验或者因社会关系不足而得到的主观感受。多项研究表明,孤独感可产生老年人生理、心理及社会状态的改变,严重影响老年人的身心健康,降低其生活质量。国外通过一项纵向研究发现,孤独感与心血管疾病、2型糖尿病等慢性病显著相关,慢性病由于疾病周期长、反复发作,老年人会忍受长期的疾病折磨与较大的心理压力,严重影响老年人的生活质量。长期处于孤独状态的老年人,更容易情绪低落,封闭自己的社交圈,回避参加各种社交活动,心理状态较差,承受着较大的身体与心理压力,心理负荷的增加可进一步演化为焦虑、抑郁、精神分裂症及痴呆等精神性疾病。

老年人心理健康的影响因素有很多,首先,影响占比较高的是家庭内部产生纠纷、自身身体疾病困扰和个人价值无法得到充分实现，其次，缺乏社会交往、经济困难以及没有正确的生死观，无法正确地面对生老病死。

在较长一段时间内，老年人心理健康评估主要从病理心理学角度出发关注有显著精神心理异常表现的老年人群。世界各地的研究表明，老年人各类精神障碍的发病率和患病率都很高。这些工具包括抑郁焦虑评估工具、认知障碍的评估工具、行为障碍的评估工具等，这些工具主要来自于国外量表的翻译。

随着医学模式的转变，健康不再局限于仅作为疾病的对立面，而是生理健康、心理健康和社会功能均达到完满状态才是真正的健康，老年人心理健康的标准也随之发生改变。国内学者吴振云认为，老年人心理健康的理论框架应包括五个主要方面：性格健全，开朗乐观；情绪稳定，善于调适；社会适应良好，能应对突发事件；有一定的交往能力，人际关系和谐；认知功能基本正常。目前，国内关于符合全新健康观的心理健康的评估工具还在探索阶段。

纵观以往的研究，目前研究现状集中体现如下"三多三少"现象：一是针对老年人群心理健康现状和影响因素研究的较多，而针对老年人心理健康评估研究的较少；二是针对城市老年人群心理健康研究的较多，而针对农村老年人群心理健康研究的较少；三是应用国外量表研究的较多，而应用国内量表研究的较少。

因此，有必要根据我国国情，特别是陕西省内老年人群心理健康的现状和影响因素的情况，研究出有针对性的评估方法和工具。

## 三、老年人心理健康研究主要内容和研究对象

### （一）研究内容

本研究通过对老年人群心理健康的现状及影响因素研究，提出并实施提升老年人心理健康的对策和建议。研究内容具体包括以下四个方面：

（1）通过对国内外老年人心理健康测量工具的梳理，编制《老年人心理健康访谈问卷》《老年人心理健康评估问卷》，严格执行"问卷结构设计—题项编制—预实验—项目分析—专家同行审议及问卷修订—正式测验—信度与效度检验—形成正式问卷"的程序，编制并修订形成具有良好适用性的测量工具。

（2）使用自编的《老年人心理健康访谈问卷》《老年人心理健康评估问卷》及《个人和家庭社会情况问卷》，对老年人心理健康的状况进行全面调查，采用T检验、方差分析、相关分析等统计方法，分析不同性别、地区、家庭社会背景下老年

人心理健康的特征及内在关系。

（3）结合现有的老年人心理健康影响因素的研究，把影响老年人心理健康的因素分为外部环境因素与个体内部因素，采用外部环境因素与个体内部因素交互作用的观点，探索环境因素与个体因素对老年人心理健康发展的影响，建立模型，分析影响老年人心理健康发展的主要因素。

（4）通过对老年人心理健康的现状和影响因素分析，提出并实施提升老年人心理健康的对策和建议。

### （二）研究对象

本研究在陕西省的陕南、陕北和关中地区抽取机构养老、居家养老和社区等地方养老的老年人300名为研究对象（收回有效问卷165份），其中，陕南地区20人，占12.1%，陕北地区7人，占4.2%，关中地区138人，占83.6%；男性67人，占比40.6%，女性98人，占比59.4%；年龄均为60岁以上，平均76.4岁；在所调查对象中，养老机构共61人，占比37.0%，医院73人，占比44.2%，社区31人，占比18.8%。研究参与者均自愿参与调查研究。

## 四、老年人心理健康研究的主要结果

### （一）老年人心理健康现状调查的总体情况

本研究中参加被试的老年人75岁以上占到42.4%，68.5%的人有退休金或养老金，82%以上的人认为自己的经济状况良好，86%的人认为自己家庭的社会经济地位较高，受人尊敬，有很好的威望，大部分人具有相对较高的文化程度水平，高中以上的老年人占到55%，86%的人与子女相处融洽，将近一半的人认为自己目前的健康状况良好。

通过调查发现，大部分老年人对心理健康的理解比较积极和正面，获取心理健康知识的渠道包括电视、报纸、广播、书籍、网站、应用程序等新媒体、社区知识讲座、权威人士或机构以及亲朋好友等；40%的人相信心理健康服务能有效帮助解决生活中的烦恼；45%的人有心理健康服务需求；如果遇到心理困扰或心理问题，54%的人愿意去寻求心理健康服务；不愿意寻求心理健康服务的原因主要有：想要自己解决问题、不知道去哪里求助、认为时间太长、费用太高、治疗效果可能不好、担心别人对自己有看法、接受过服务感觉没用、认为现有服务体系有待完善等；88.5%的人认为社区有必要建立心理健康服务机构；老年人希望在社区得到的心理健康服务内容包括：心理健康知识、情绪调适、亲子关系、婚姻关系、邻里关系相关等内容；只有7%的人认为接受心理健康服务是件可耻的事情；老年人选择愿意接受心理健康服务的机构首选综合医院，其次为社区卫生服务站或者中心。

### （二）老年人结构式心理健康的现状和特点

研究结果发现，老年人的心理健康状况较好，但个体之间是不一样的。其中，年龄就是影响其心理健康的重要因素，年纪较轻的老年人的心理健康状况高于高龄老年人，且随着老人年龄的增长，他们的心理健康状况也逐渐降低。除此之外，老年人的心理状况受多种因素的影响，有每月的收入、与子女的融洽程度、自评健康等。

### （三）老年人孤独感水平的现状和特点研究

基于分析结果，老年人孤独感水平总体较高，且孤独感在老年人内部群体的差异性较小，孤独感依旧是老年群体需要关注的重要问题。关于性别，老年人孤独感得分也不同且呈现出女性高于男性。在各年龄层的孤独感均值分布中，孤独感程度表现为随着年龄阶段提高而不断加深。从受教育程度的整体情况来看，未上过学和小学及以下的均值相较最高，本科及以上的孤独感得分均值最低，且随着老年人受教育水平的提升，老年人孤独感程度不断在降低。而且老年人居住方式的现状也影响他们的孤独感程度，生活在家的氛围里比单独居住孤独感程度低。关于老人的婚姻状况，从未结婚和丧偶的老年人有更深的孤独感体验，他们表现出更需要家人的陪伴。同时，老年人的孤独感水平随着自身经济水平的提高而逐步下降，经济收入好的老年人，生活更充盈。关于老年人与子女相处的融洽程度，整体上老人与子女相处得越顺利、越合拍，老人感受到的孤独感水平越低。最后，老年人的自评健康也影响着老年人的孤独感水平，自我感知身体越健康，老人的孤独感体验越不明显。

### （四）老年人主观幸福感的现状和特点研究

调查结果表明，被调查老年人能够更好地感知到幸福，但也有内部差异。基于总体情况，相关性显著的影响因素有年龄、受教育程度、月收入、与子女的融洽程度、自评健康等方面。总之，低龄老人的主观幸福感水平更高一些；整体上看文化程度高的老年人自我感知的幸福感水平更高；整体上有较好收入的老年人，容易获得较高的主观幸福感；在老年人与子女相处的融洽程度上，随着与子女相处得越不和睦，老人的生活就会越不幸福；而且当老年人感知到自己非常健康的时候，老年人的主观幸福感水平会更高一些。

### （五）老年人心理健康与孤独感和主观幸福感等因素关系研究

本研究中老年人的心理健康与孤独感、幸福感等因素的相关分析表明，随着孤独感水平增高，心理健康水平和幸福感均降低；随着教育水平的升高、与子女相处得融洽，心理健康水平和幸福感也随着增高。

### （六）心理健康等因素对幸福感的影响

老年人的受教育水平、与子女相处的融洽程度、孤独感和心理健康对幸福感均造成影响，其中孤独感和心理健康对于幸福感的影响最大。

## 五、建议对策

老年群体因自身年龄的增长、生理功能的衰退、社会角色的转变以及社会地位的下降等原因导致老年人更容易产生心理问题。这既降低了老年人生活状态和生活满意度，也加重了老年人、老年人家庭以及社会的负担。因此，要解决好老年人的心理问题，提高老年人的心理健康，需要政府、社区、家庭以及老人自身多方的共同参与和共同努力。本研究的建议对策包括如下：

### （一）政府方面

完善老年人心理健康服务体系对于老年人的心理健康发展具有重要意义。政府要建立老年人心理健康预防模式，例如加强对老年人的心理健康知识和心理健康预防知识的宣传，建立老年人心理健康档案。这不仅有利于切实提高老年人的生活质量，还能推动养老事业的发展。另外，加强完善老年人心理健康咨询及辅导服务体系，要在社区建立社区心理辅导服务中心、开展心理健康热线，加强社区内部心理健康的医疗投入，并对居家养老的老年人开展入户心理健康服务等，这不仅有利于老年人心理健康状况的提升，还能进一步实现积极化养老。

### （二）社区方面

完善社区教育，加大对心理健康相关知识的宣传力度，有利于提高老年人的心理健康素养，帮助老年人形成良好的心理健康状态，并且能够促进积极老龄化的发展。社区教育不仅要对老年人进行知识技能的更新，还要开展针对老年人的心理健康宣传和防治工作。刚退休的老年人或许会产生不适应的感受，因此，社区要定期对这类老年人提供心理健康重要性的宣传和心理健康干预。为老年人的心理健康问题提出解决措施，组织各种形式的活动，例如在老年人退出工作岗位之后，应该培养兴趣爱好，积极参与以缓解内心的不适应感，弥补内心的空虚，增加老年人的自我价值感。心理健康的宣传和防治不仅对老年人的心理健康起到积极的促进作用，还对整个社会的积极老龄化起到促进作用。

### （三）家庭方面

老年人对于家庭支持的依赖较大，而子女作为家庭支持的核心成员，对老年人心理健康的影响至关重要。家庭为老年人的生理乃至心理都提供了最基本的保障。增强家庭支持力度，缓解代际矛盾冲突，建立和睦的代际关系有利于推动老年人心理健康的发展。

### （四）个人方面

学会自我调节，提高心理健康水平。老年人要学会"重新"生活，因此，退休后应该学会自我调节，放下过去，重新开始学会生活并通过增加人际交往，如与家人保持手机联系、主动参加老年人集体活动，以丰富自身的精神世界，减少内心的孤独感，提升主观幸福感。

课题总负责单位：陕西省第二人民医院
课题执行单位：西安交通大学人文学院社会心理学研究室

（写于 2021 年）

# 陕西省老年人健康水平分析

渠盛辉：陕西省卫生健康信息中心助理研究员
张丁丁：陕西省卫生健康信息中心研究实习员
程谦克：陕西省卫生健康信息中心主任、高级讲师

**摘　要**　本研究使用"陕西省居民电子健康档案"数据，利用统计描述与分析方法分析陕西省65岁及以上常住老龄人口的预期寿命、慢病患病在不同区域的分布状况。研究发现，陕西省老龄人口健康状况与健康需求存在城乡维度上的不同，县级及以下行政辖区的老年人总体健康状况最差；陕西省65岁组老龄人口的期望余寿为17年，各行政级别间差距不大。2014年陕西省老年人慢病患病率40.7%，地级市老人慢病患病率最高，达46.18%，省会城市老人最低，为39.16%；随着年龄升高，慢病患病率呈现先升后降的趋势；省会和地级城市老年人慢病患病率在75岁组达到高峰，县级及以下老年人在70岁组达到高峰。因此，建议通过加大养老大数据服务工作，做好老年人健康管理，发挥家庭、市场、社会养老作用，逐步延迟、降低老龄人口的死亡率和失能失智发生率，稳步促进老龄人口基本健康养老服务均等化。

## 一、引言

### （一）研究背景

2019年末，陕西省全省常住人口中，60岁及以上人口702.37万人，占比18.12%，65岁以上人口458.94万人，占比11.84%。预计今后几年，陕西省老年人口比重将继续上升，未来进入深度老龄化已经不可避免。随着我省预期寿命的不断提高以及

城镇化、家庭小型化、空巢化的加速发展，越来越多的家庭和失能失智老人、残障老人、高龄老人面临照料者缺失的问题，老年人对于医疗保健、康复护理等服务的刚性需求日益增加。国家《"十三五"健康老龄化规划》指出，我国目前尚未建立起适应老年人健康需求的包括保健、预防、治疗、康复、护理、安宁疗护的综合性、连续性的服务体系。老年健康保障政策效率有待提高，老年健康制度体系有待进一步完善。

陕西省已经进入应对老龄化的关键时期，未来十年是应对人口老龄化的重要窗口期。2016 年陕西省人民政府办公厅发布《关于推进医疗卫生与养老服务相结合实施意见》，明确提出要"基本形成覆盖城乡、规模适宜、功能合理、综合连续的医养结合服务网络"，2019 年陕西省人民政府办公厅再次发布《关于推进养老服务发展的实施意见》，提出"加强普惠性、基础性、兜底性民生建设，加快养老服务高质量发展，满足老年人多层次多样化养老服务需求"，这回应了陕西省当下与未来养老的医疗需求与医养服务结合政策实践的紧迫要求。

### （二）研究目的与意义

客观地界定政策目标群体是确保社会政策有效运作的前提条件之一，明确医养结合服务政策目标群体，客观地认识老年人群体养老需求，是医养结合政策制定与执行的基本问题，也是如何利用有限的资源，最大程度地满足最广泛老年群体的需要。具体到政策落实中，就是从政府的视角来看，医养公共资源如何向老年群体倾斜，为哪些老人服务。

基于以上原因，本研究拟通过分析现阶段陕西省老年人预期寿命、慢病患病在不同区域的分布状况，以便帮助政府相关部门在省内合理配置医养资源，支持养老机构、社区、医院、家庭等养老单位，实现医养政策提升老龄民众及其家庭的生活质量，维护国家和社会稳定的基本目标。

### （三）数据来源

居民电子健康档案是由国家卫生健康委建设的对居民健康信息进行数字化存储的工具，其内容包括居民个人基本信息、65 岁及以上老年人等重点人群的年度健康检查记录、患病记录等信息。相比较其他老年人健康专项抽样调查数据，具有覆盖人群广、连续性好的优点。本次研究以陕西省 65 岁及以上常住老龄人口为研究对象，从陕西省居民电子健康档案数据中抽取了 2014—2019 年间老龄人口的健康档案数据，进行数据校正、清洗、删除缺失值纪录，剔除个人隐私信息，最终得到可用于本研究的老龄人口健康状况的追踪数据。

## 二、分析结果

### （一）陕西省老年人口预期寿命现状

（1）陕西省65岁组老龄人口的期望余寿为17年，低于2008年全国平均水平大约3年，说明目前陕西省老龄人口的总体健康状况在全国处于较低水平。

（2）生活在县级及以下行政辖区地方的老龄人口总体健康状况最差，65岁组老年人口期望余寿为16.87年。

（3）县级及以下老年人的预期寿命与其他地方老年人期望寿命的差距随着年龄的升高逐渐降低，80岁以后甚至开始超过其他地方的老年人。

（4）总体来看，陕西省各行政级别辖区的老龄人口期望余寿差距不是很大。（表1）

表1 陕西省65岁及以上老年人分年龄期望余寿（年）

| 年龄组 | 陕西省 | 省会城市 | 地级城市 | 县级市及以下 |
| --- | --- | --- | --- | --- |
| 65～69岁 | 17.00 | 17.60 | 17.69 | 16.87 |
| 70～74岁 | 10.76 | 11.11 | 11.17 | 10.73 |
| 75～79岁 | 7.52 | 7.78 | 7.70 | 7.53 |
| 80～84岁 | 5.21 | 5.15 | 5.06 | 5.33 |
| 85～89岁 | 3.79 | 3.60 | 3.73 | 3.89 |
| 90岁及以上 | 3.38 | 2.88 | 2.88 | 3.51 |

### （二）陕西省老年人口慢病患病现状

（1）图1显示，2014年陕西省老年人慢病患病率为40.7%，2018年全国老年人的慢病患病率为75%。居住地为地级城市老人慢病患病率最高，为46.18%，省会城市老人的慢病患病率最低，为39.16%。

（2）图2显示，随着年龄的升高，慢病患病率呈现出先升后降的趋势，省会城市和地级城市老年人的慢病患病率在75岁组达到高峰，县级及以下的老年人在70岁组达到高峰。

（3）图3显示，2014—2019年间，各年龄组老人的慢病患病率迅速增长，且年

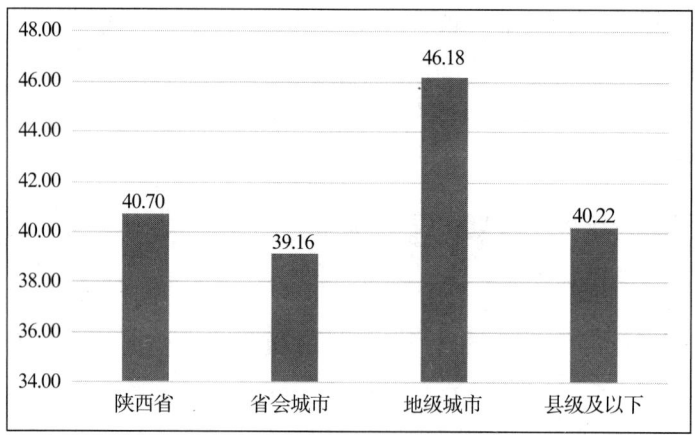

图1 2014年陕西省老年人慢病患病率（%）

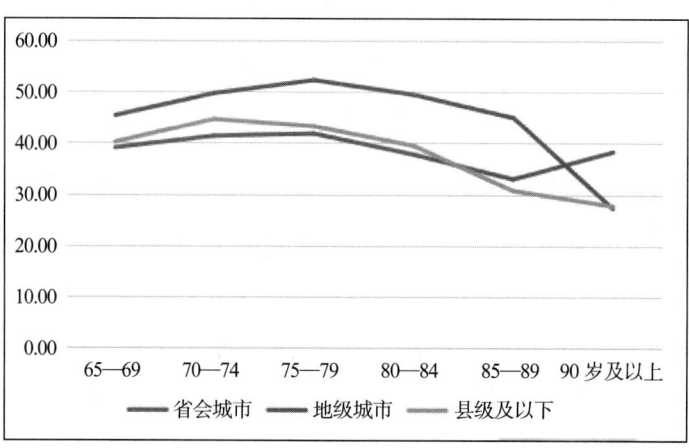

图2 2014年老年人分年龄慢病患病率（%）

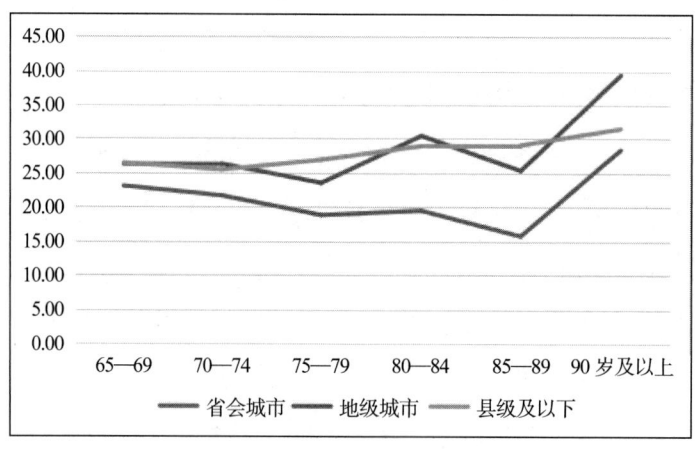

图3 2014—2019年老年人分年龄慢病率差值

龄越高，增长越快，其中，地级城市和县级及以下的老人增长最为迅速。

## 三、对策建议

从以上分析中我们可以看出，陕西省老龄人口健康状况与健康需求在城乡维度上存在不同，政策举措要根据城乡、区域和老年人口健康状况、医养服务需求等特征加以分类，根据不同人群的不同需求设立政策目标，并加以动态调整。

### （一）建议目标

（1）明确基本养老服务对象。"十四五"期间乃至将来更长的一段时间，陕西省老年人慢病患病率将会持续增长，照料和护理问题日益突出。依照陕西省现阶段的经济社会发展水平和政府财力，无力承担广泛的、完全的养老责任。因此，"十四五"期间，陕西省应贯彻上级要求，履行政府责任，明确基本养老服务对象，重点保障城乡特困老年人、经济困难的失能、失智老年人、计划生育特殊家庭老年人等托底保障群体的基本养老服务需求。

（2）延迟、降低老龄人口的死亡率和失能失智发生率。通过为老龄人口提供医养服务，满足老龄人口的慢病管理和医疗救治需求，提升老年人的生活质量和生存年限，延迟、降低老龄人口的死亡率、慢病患病率、失能失智发生率，尽量降低和延缓后期对医养资源需求日益增大的压力。

（3）促进老龄人口基本健康养老服务均等化。陕西省老龄人口的健康状况与健康管理需求在城乡地区，乃至不同的行政层级辖区间存在着区域差异，不同地区的卫生资源结构获得公共卫生资源能力存在一定的差异性。在基本医疗与公共卫生服务资源均等化配置上，政府具有政策调控的公共权威和运行公共财政加以保障的能力，为满足公共健康需要，由政府负责筹资、组织、监督，加强医养结合服务提供、筹资和利用三个方面的公平性，保证每一位老年人都能公正和平等地获得所需的基本医养服务。

### （二）建议措施

**1. 加强养老大数据服务工作**

（1）将老年人健康管理数据与老年人高龄补贴发放数据、医院就诊数据、全员人口数据相联通，完善老年人健康档案数据业务系统的数据采集、录入规范性设置，以数据清洗、比对等数据分析技术为依托，对老年人健康数据进行内部纵向比对、与第三方数据的横向比对，完成数据逻辑性、真实性校验，并实现数据清洗和反馈纠错机制的自动化部署，提高老年人健康管理数据质量，为老年人的公共卫生服务信息化进行绩效考核、经费拨付、对民众开放，辅助做好老龄化政策制定、执行等工作打好数据基础。

（2）跟踪监测老年人健康状态与需求，完善养老服务统计分类标准，建立养老服务监测分析与发展评价机制，部署老年人健康服务和健康需求的自动化统计月报、年报报表体系。根据统计报表，适时动态调整医养资源部署，估算陕西省兜底保障和有长期护理需求的老年人群体规模与发展趋势。

（3）加强数据共享和利用，分析挖掘老年健康数据，以信息化手段辅助提升老年人健康管理质量，使老年人的健康服务需求如慢病导致的失能，能够早发现、早干预、早解决。

**2. 强化老年人健康管理**

（1）提高老年人健康实际管理率。现有的家庭医生签约服务还存在落实不到位的问题，即虽然名义上签了约，但并没有提供有实质内容的对应服务，这些导致居民对家庭医生服务的获得感并不强。要从根本上推动家庭医生签约服务的有效落实，除提升基层医务人员的服务能力，针对居民多发的慢性病和常见病扩大服务内容外，还需要同步推进支付方式改革，完善激励机制。建议实施人头承包的总额付费方式，对于疾病预防控制做得好、费用控制有效的机构，结余资金应更多用于奖励医务人员。这也是多数发达国家的普遍做法。

（2）鼓励城市社区医疗卫生机构为居家失能老年人提供家庭病床、巡诊上门等医疗服务。2018年国务院发展研究中心调查显示，在最需要发展的养老服务项目中，居民中半数认为最需要发展上门医疗，远高于其他项目的选择，且城乡间不存在明显差异。与农村相比，城市社区医院资源相对紧张，但城市社区又具有交通便利、设施齐全的优势，老人及其护理家庭健康素养相对较高，在城市社区内大范围对慢病老人开展家庭病床的基础相对较好。

**3. 引入其他养老资源**

（1）家庭养老作用。一方面，老年人有着较高的居家养老服务意愿，而家庭在养老服务中的作用趋于弱化，另一方面，政府和社会并没有对家庭的养老服务作用给予足够的支持。尤其是在政府层面，还仅停留在宣传引导层面，实际的支持措施不足，使得家庭提供养老服务力不从心，这里，建议参考北京市做法，通过地方立法等形式，建立家庭护理假制度，支持家庭成员照顾老年人。对赡养人、扶养人特别是独生子女赡养人、扶养人照顾患病住院、失能失智、临终老年人的，用人单位应给予相应的护理假，护理期间的工资、津贴、补贴和奖金不予扣减；进一步完善家庭成员照料老年人的税收优惠制度，加大对照料失能半失能老年人子女的税收优惠力度，当子女购买住房时，对有老年人家庭的首套住房或租房适当减免税收。

（2）市场养老作用。现阶段初级卫生服务机构尤其是广大农村地区的乡镇卫生院技术能力不强，公共卫生任务沉重，人力资源严重不足，可以考虑在县域范围内，以省为单位制定政府购买养老服务标准，通过政府购买服务等方式，开展老年人能力综合评估，并将评估结果作为领取老年人补贴、接受基本养老服务的依据，带动引导市场养老产业的发展。社区服务是医养结合的重要载体和平台，建议参考上海市做法，以社区为单位，采用政府购买公共服务的方式与互联网公司达成合作，使用手机 App 收集社区老年人分散的养老服务需求，改变"集中式"服务方式，在满足老年人日常饮食的核心需求基础上，再提供家政服务等精准化和个性化服务，实现家庭养老模式与社区养老模式之间的有效链接。

（3）社会养老作用。积极应对人口老龄化的短板在农村。互助型社会养老是中国农村非正式互助网络和互助组织的现代转型，无偿和低偿相结合的互助服务是成本节约且高效地进行农村互助型社会养老服务供给的关键。建议参考北京市延庆区、广西省宜州市做法，在农村试点地区，由政府提供启动资金，夯实村庄互助组织，如村民自治组织、老年协会、村民小组、妇女组织等，确立老年协会作为生发于民间的行政型农村老年人组织地位，给予老年协会经费支持和规范化、标准化建立指导，依托其进行各类农村老年人服务供给。调动农村闲散人力资源和人力资源的闲散时间，成立互助志愿服务队伍，同时链接内外部资源，为空巢独居的贫困、高龄、失独、失能老人提供救助性生活照护服务。

（4）探索建立长期的养老保险、医疗保险与养老服务对接机制。养老服务功能升级，养老服务高质量的发展需求将导致政府、市场、家庭三方的支出压力增大，探索各类保险与养老服务的对接机制，养老保险、长期护理保险以及医疗保险的联动机制，使养老金、医疗保险金、护理保险金对养老服务、老年病科及护理服务等形成有效的支付链条，明确医疗保险及长期护理保险对养老服务的支付范围，划清社会、家庭与政府应承担的养老服务责任。

（写于 2021 年）

# 实施积极应对人口老龄化国家战略应进一步优化政府部门职能分工

石 英：陕西省社会科学院研究员
陕西省决策咨询委员会民生组组长

**摘 要** 2018年国务院机构改革后，全国老龄工作的政府部门职能分工不够明确，不能完全适应积极应对人口老龄化的国家战略需求。建议将全国积极应对人口老龄化工作的牵头抓总职能调整到人力资源和社会保障部。

《中共中央关于制定国民经济和社会发展第十四个五年规划和二〇三五年远景目标的建议》提出，实施积极应对人口老龄化国家战略。要落实好这一国家战略，有必要对政府部门在老龄工作中的职能分工做出进一步优化。

## 一、2018年国务院机构改革后，全国老龄工作总体牵头单位职能分工不够明确

1999年10月经党中央、国务院批准成立了全国老龄工作委员会，办公室设在民政部，日常工作由中国老龄协会承担。2005年8月，经中央编委批准，全国老龄工作委员会办公室与中国老龄协会实行合署办公。2017年1月起列入中央财政一级预算单位。

2018年9月，根据第十三届全国人民代表大会第一次会议批准的《国务院机构改革方案》，中国政府网正式发布了国家卫健委、民政部职能配置、内设机构和人员编制规定。明确了由卫健委"代管中国老龄协会"，负有"积极应对人口老龄化""组织拟订并协调落实应对人口老龄化政策措施，负责推进老年健康服务体系建设和医养结合工作"工作职能。设立老龄健康司，负责"组织拟订并协调落实应对老

龄化的政策措施。组织拟订医养结合的政策、标准和规范，建立和完善老年健康服务体系。承担全国老龄工作委员会的具体工作"。与此同时，民政部仍负责统筹推进、督促指导、监督管理养老服务工作，拟订养老服务体系建设规划、政策、标准并组织实施，承担老年人福利和特殊困难老年人救助工作。设立养老服务司，承担老年人福利工作，拟订老年人福利补贴制度和养老服务体系建设规划、政策、标准，协调推进农村留守老年人关爱服务工作，指导养老服务、老年人福利、特困人员救助供养机构管理工作。

随着中国老龄协会和全国老龄委办公室由民政部调整到卫健委"代管"，标志着全国老龄工作的牵头单位应当由民政部转移到卫健委。但关于二者分工的表述"民政部负责统筹推进、督促指导、监督管理养老服务工作"，似乎意味着牵头负责老龄工作的政府部门仍然为民政部。从全国各省市情况看，事实上形成了民政、卫健"双牵头"的工作格局。

## 二、现行老龄工作职能分工不能完全适应积极老龄化的国家战略需求

中央关于"十四五"规划的建议对"实施积极应对人口老龄化国家战略"的内涵做出了明确界定："制定人口长期发展战略，优化生育政策，增强生育政策包容性，提高优生优育服务水平，发展普惠托育服务体系，降低生育、养育、教育成本，促进人口长期均衡发展，提高人口素质。积极开发老龄人力资源，发展银发经济。推动养老事业和养老产业协同发展，健全基本养老服务体系，发展普惠型养老服务和互助性养老，支持家庭承担养老功能，培育养老新业态，构建居家社区机构相协调、医养康养相结合的养老服务体系，健全养老服务综合监管制度。"

这里涉及多个政府部门的工作职能。由原人口计生委与卫生部合并的卫健委承担人口长期发展战略和生育政策的制定具有延续性，在构建医养结合健康养老服务体系中发挥不可替代的主导作用；民政系统在社区居家养老服务体系建设和特困群体"兜底"养老方面已经做了大量卓有成效的工作。但我们在基层调研中感觉到，无论"卫健"还是"民政"来牵头主导应对老龄化，一方面，难以避免把养老服务当作单一由国家投钱包办"养老事业"的思维定式和工作模式；另一方面，也缺乏统筹协调其他政府部门的杠杆工具。而对于牵头落实"积极开发老龄人力资源，发展银发经济"，以及"推动养老事业和养老产业协同发展"的"放管服"改革都显得力不从心。

国务院办公厅日前印发《关于建立健全养老服务综合监管制度促进养老服务高

质量发展的意见》（国办发〔2020〕48号），提到对养老服务综合监管负有责任的发改委、教育、公安、民政、财政、人力资源和社会保障、自然资源、生态环境、住建、卫健、应急管理、审计、市场监管、医保、银保监等15个政府部门。齐抓共管综合治理，不同部门一般都有各自的"试点"和目标要求，并且也都掌握一定资源。可以看到，实际操作中如果没有好的顶层设计和强有力的统筹协调，容易形成"九龙治水"，重"事业"轻"产业"，一些事项交叉投入、重复浪费，而一些事项互相推诿、无人负责。

### 三、建议将全国积极应对人口老龄化工作的牵头抓总职能调整到人力资源和社会保障部

中央"十四五"规划建议将积极应对人口老龄化提升到国家战略高度，这是因应我国人口结构"十四五"期间即将全面进入中度老龄化阶段、满足人民美好生活需要而做出的重要战略决策，也意味着面对老龄化，我们由过去相对消极的社会适应转向更加积极的国家应对。落实这一国家战略需要对负有领导牵头责任的"全国老龄工作委员会办公室"依托单位做出调整。

建议将中国老龄协会主管单位由卫健委转移到人社部，在人社部设立全国老龄工作委员会办公室，行使全国老龄委职能，牵头抓、总负责，积极应对人口老龄化工作。卫健委"老龄健康司"和民政部"养老服务司"部门设置均保留不变，工作职能中除涉及宏观统筹协调的部分相应转移外，其余主体部分仍保留。同时对省市县级政府老龄工作职能分工做出相应调整。

理由主要在于"人力资源和社会保障"名称本身包含了老年人力资源开发和老龄社会保障的全部内容，更加符合中央建议"积极应对人口老龄化"的理念。且人社部门负有专业技术人才、事业单位管理、离退休人员管理、劳动关系、社会保障、医疗保障、全国性表彰奖励等职能，有利于统筹规划、配置资源，做好顶层设计，也有能力、有工具协调民政、卫健、工信、教育、商务、文旅等其他政府部门和全社会共同参与，使积极应对人口老龄化国家战略得以全面贯彻落实。

（写于2020年）

# 发展服务与监管稳定并重 地方金融促进经济高质量发展
## ——《陕西省地方金融条例》述评

强　力：西北政法大学经济法学院教授、博士生导师，
　　　　西北政法大学金融与法律研究院院长
赵　柯：陕西师范大学监察室干事，西北政法大学博士研究生

**摘　要**　《陕西省地方金融条例》是我国地方金融立法的重要版本之一，以金融发展服务和监管稳定并举为基点，对地方金融体制、地方金融发展服务和地方金融组织监管进行了制度安排，在此基础上，应加快制定和梳理完善配套制度，提升地方金融服务实体经济的水平，推进陕西经济高质量发展。

2022年3月24日，陕西省十三届人大常委会第三十二次会议表决通过了《陕西省地方金融条例》（以下简称《条例》），该《条例》是陕西省首部，也是西北地区第1部、全国第16部正式发布的地方性金融条例，将于7月1日起施行。

金融是现代经济的核心：金融活，经济活；金融稳，经济稳。市场经济就是信用经济，也是法治经济。从一定意义上说，金融法是现代市场经济法律体系的核心。因而，准确理解和把握《条例》立法精神，对于推动陕西省地方金融健康发展，保障金融秩序稳定，从而促进经济高质量发展意义重大。

## 一、《条例》的总体评价、亮点及意义

### （一）总体评价

《条例》是一部高质量的地方性金融立法。

陕西省人大常委会坚持科学立法、民主立法、依法立法，该《条例》具有很强的针对性、适用性、可操作性，是一部高质量的地方性金融立法。《条例》的颁布，顺应了地方金融法治的新要求，为新时代更好地推动本省地方金融健康发展、强化地方金融监管、保障金融秩序稳定提供了有力的法治保障，对促进经济高质量发展意义重大。

### （二）内容亮点

**1. 立法名称适当精准**

目前，北京、上海、江苏、河北、广西、山东、浙江等15个省、自治区、直辖市和经济特区出台了关于地方金融的地方法规。其中，山东省、浙江省、江苏省、湖北省、厦门经济特区名称为《××地方金融条例》，北京市、上海市、河北省、广西壮族自治区、四川省、天津市、江西省、内蒙古自治区、吉林省、贵州省名称为《××地方金融监督管理条例》。陕西省确定为《陕西省地方金融条例》是合适、准确的，既符合我省经济发展需要，也不违反上位法的规定，亦有其他省市区立法的先例支持。

**2. 立法目的科学合理**

《条例》立足陕西经济社会发展需要，发展服务与监管稳定并重，以地方金融促进经济高质量发展。立法目的确定为促进地方金融发展和防范化解金融风险双重目标，具有科学性、先进性和合理性。

**3. 结构完整逻辑清晰**

《条例》包括总则、地方金融组织、发展服务、监督管理、风险防范处置、法律责任、附则7章，7章中总则、法律责任和附则3章是立法的常规部分。总则规定立法的宗旨、依据、指导思想和基本原则，地方金融管理体制、金融管理机制和管理保障的内容。《条例》的主要内容是中间的第二章、第三章、第四章、第五章，聚焦规定地方金融组织、金融发展与服务、金融监督管理、地方金融风险的防范和处置制度安排，内容充实，结构完整、安排合理。不同于其他省份，《条例》将"发展服务"一章放在"监督管理"之前，形成金融组织—发展服务—监督管理—风险防范处置的递次演进，充分体现《条例》金融发展与监管并重的立法目的。

**4. 内容充实制度切实**

《条例》7章62条，就条款数量而言，仅次于江苏条例8章65条，位居第二。而央行条例征求意见稿5章40条（2021年12月31日），山东条例6章58条（2016

年3月31日),河北条例6章44条(2017年12月1日),四川条例6章45条(2019年3月28日),天津条例6章44条(2019年5月30日),上海条例6章43条(2020年4月10日),浙江条例6章52条(2020年5月15日),广西条例7章46条(2020年12月1日),内蒙古条例7章53条(2020年9月23日),厦门条例6章56条(2020年10月30日),江西条例7章54条(2020年11月25日),江苏条例8章65条(2021年3月31日),湖北条例7章55条(2021年4月2日),北京条例6章57条(2021年4月16日),吉林条例6章51条(2021年7月30日),贵州条例6章53条(2021年9月29日)。

《条例》规定的发展服务、监督管理、风险防范处置内容切时、切实。"发展服务"一章安排了诸多促进金融发展的举措,并结合了最新的国家政策导向,如支持政府性融资担保机构发展、增强金融普惠性、乡村振兴金融服务、金融聚集、纠纷解决等内容;"监督管理"一章安排了"分级分类监管",规定信息公示和经营异常名录制度;"风险防范处置"一章安排了应急预案、风险预警、防控措施、风险处置等相关制度。

**5. 注重保护弱势群体权益**

《条例》为进一步加强对金融消费者和投资者权益保护,将"维护金融消费者、投资者的合法权益"写入立法目的,要求地方金融组织建立健全金融消费者、投资者适当性制度,如实、充分揭示金融产品和服务的风险。不得向金融消费者、投资者推介与其自身需求、风险承受能力等不相符的产品和服务;不得捆绑搭售产品、服务或者设置违反公平原则的交易条件,依法保障金融消费者、投资者的财产权、知情权和自主选择权等合法权益。地方金融组织应当加强对金融消费者、投资者的信息保护,依法采集并确保信息安全;发生或者可能发生信息泄露、篡改、丢失的,应当及时采取补救措施,按照规定告知金融消费者、投资者并向有关部门报告。

### (三)价值意义

**1. 填补陕西省地方金融立法空白**

《条例》是我省首次制定的地方金融领域的地方性法规,《条例》解决了地方金融组织身份不明、地方金融监管部门执法依据不足、执法手段缺乏等问题,该条例的出台填补了陕西省地方金融监管领域的制度空白。

**2. 确立陕西地方金融工作体制与机制**

《条例》第四条、第五条明确了地方金融管理体制与工作机制，由省人民政府负责全省地方金融工作，建立健全地方金融监督管理体系，完善地方金融工作议事协调机制。同时，从制度层面建立了贯穿地方金融组织事前、事中、事后全过程的监管机制，由省地方金融监督管理部门负责全省地方金融组织的监督管理。

**3. 明确地方金融组织法律地位与行为规范**

《条例》对地方金融组织的设立、规范与监管等工作进行了全面规范，提供了基本遵循，解决了地方金融组织身份不明的问题，明确地方金融组织的法律地位与行为规范。

**4. 奠定陕西地方金融监管部门执法依据**

《条例》解决了地方金融监管部门执法依据不足、执法手段缺乏等问题，该条例的出台确保地方金融监管部门执法有据。

**5. 提供促进陕西金融高质量发展法治保障**

《条例》的出台更有助于各级政府加强引导和落实责任，对于推动我省建设地方金融体系，保障地方金融安全稳定，维护金融消费者和投资者合法权益，推动陕西金融更好服务实体经济，为陕西经济高质量发展提供有力支撑，意义重大。

## 二、《条例》的性质、地位与功能

### （一）《条例》的性质

《条例》的性质可以从不同角度加以观察。第一，就法律法规的效力位阶而言，与《中国人民银行法》《商业银行法》《证券法》《保险法》《票据法》《反洗钱法》等中央立法不同，《条例》为地方立法，为地方人大立法权的具体实施，属于地方性法规。

第二，就法律文件的内容来看，与"分业经营、分业管理"金融体制下银行、保险、证券、期货、信托等金融各业分别立法不同，《条例》内容涵盖面宽，适用地方金融全体系，为陕西省地方综合性金融法规，具有统合性。

第三，法律规范所规制的重点与对象不同，《条例》不是单纯的地方金融组织行为规范，涉及金融机构的业务行为以及地方金融监管部门的监管行为，不是单纯的主体法，或者行为法、业务法，而是全局法、综合法。

第四，从传统公私法的分界来看，《条例》适用于本省行政区域内的地方金融组织及其业务活动，具有私法属性，但《条例》中又蕴含地方金融发展服务、监督管理、风险防范处置等公法内容，因而《条例》兼具公、私法的混合属性。

### (二)《条例》的定位与功能

**1.《条例》的定位**

法的定位，是指特定法律法规在对应法律体系中的应然位置，是其与相近法律法规合理划分适用对象、适用范围、调整对象边界的合法、合理划分。科学的立法定位是搭建立法框架与设计立法制度的前提条件，立法定位对于法的结构确定起引导作用，为法的具体制度设计提供法理上的判断依据。就此而言，《条例》应定位为地方金融发展的"促进法""保障法"和"管理法"。

**2.《条例》的功能**

法的功能，是指通过法的制定、实施，运用于社会实践，而产生的社会效应包括积极推进引导以及消极限制约束两大方面的影响。具体来讲，《条例》的功能集中在三个角度：

第一，《条例》的公法功能。就传统金融公法体系而言，包括金融调控法、金融监管法以及金融稳定法等三大部分，基于金融市场的统一性属性，金融公法多采用央地分类分级立法模式。其中，有关货币政策的制定实施，宏观审慎监管与系统性风险防控以及金融稳定与问题金融机构救助（所谓预防法、化解法、处置法）等多为中央立法；商业担保、小额信贷、典当抵押、消费金融等，则多采用央地混合立法或者地方立法为主的立法模式。

第二，《条例》的私法功能。就传统金融私法体系而言，金融私法包括金融机构主体法、金融行为法（具体可以分为：业务行为与交易行为。前者从金融机构角度，可谓之"金融业务法"；后者从市场角度，可谓之"金融商品交易法"）以及金融消费者保护法。上述主体法、行为法和消费者保护法的背景或者底色分别为公司法的特别法、合同法的特别法以及侵权责任法的特别法。

第三，《条例》的经济法功能。《条例》内容涉及地方金融机构的设立、展业等活动，包含行政法、经济法以及社会法的内容，兼具经济法、社会法的功能。

**3.《条例》功能的制度安排**

《条例》不仅是地方金融规制法、监管法，也是地方金融发展法、稳定法。其具体功能体现在以下具体条文之中：

| 序号 | 法律部门所属 | 功能 | 对应条款 |
|---|---|---|---|
| 1 | 发展法 | 促进法、服务法 | 《条例》第三章 |
| 2 | 规制法 | 主体法、行为法 | 《条例》第二章 |
| 3 | 监管法 | 机构法、措施法 | 《条例》第四章 |
| 4 | 保护法 | 消费者保护、投资者适当性 | 《条例》第十五条 |
| 5 | 稳定法 | 预防法、化解法、处置法 | 《条例》第五章 |
| 6 | 责任法 | 法律责任、社会责任 | 《条例》第七章 |

## 三、《条例》的立法宗旨、立法依据、指导思想与基本原则

### （一）《条例》的立法宗旨与立法依据

《条例》第一章总则安排了7条，包括立法宗旨、调整对象、基本原则、地方金融工作体制、宣导和检举。第一条规定立法宗旨和依据："为了规范地方金融组织及其业务活动，加强地方金融监督管理，防范化解金融风险，维护区域金融稳定，保护金融消费者、投资者的合法权益，促进地方金融高质量发展，引导地方金融更好服务实体经济，根据有关法律、行政法规，结合本省实际，制定本条例。"

截至2021年6月底，陕西省登记注册的七类地方金融组织779家，注册资产规模1477亿元，全口径统计提供各类金融服务约2185亿元，为服务中小企业和"三农"，缓解融资难、融资贵问题发挥了积极作用。伴随着机构数量、业务规模快速增长，对地方金融组织风险防范和规范发展提出更高要求。第五次全国金融工作会议也提出，地方政府要在坚持金融管理，主要是中央事权的前提下，按照中央统一规则，强化地方监管责任和属地风险处置责任。《立法法》第七十二条第一款规定："省、自治区、直辖市的人民代表大会及其常务委员会根据本行政区域的具体情况和实际需要，在不同宪法、法律、行政法规相抵触的前提下，可以制定地方性法规。"

《条例》紧密围绕陕西省金融业态发展的具体情况和实际需求，突出陕西省地方金融发展特色，回应了现实发展和稳定的需要，符合党中央和国务院的金融发展战略和政策，借鉴了已制定该类法规的地区经验，确定以规范地方金融活动、加强监管、化解风险、促进发展、维护稳定、保护权益为立法宗旨和目标，具有先进性和合理性，亦遵循了地方立法的不抵触原则，立法依据充分。

## （二）《条例》的指导思想与基本原则

《条例》第三条规定了立法的指导思想和基本原则。地方金融工作应当坚持党的集中统一领导，发挥市场在金融资源配置中的决定性作用。

基本原则为审慎监管原则和行为监管原则，审慎监管要求控制金融风险，就是要求地方金融组织合法、自主、稳健经营。行为监管属于微观层面的监管，行为监管也可深化理解为功能监管，最终的目的是维护地方金融稳定。

## 四、建立健全地方金融体制、机制与保障监督

### （一）地方金融管理体制与工作机制

《条例》第四条、第五条明确建立权责统一，省、市、县三级联管的管理体制和统筹协调、分工协作的金融工作机制。在风险处置工作方面，进一步强化、细化了各级政府风险防范与处置的属地责任，建立机制完善、职责清晰、条块联动的风险防范与处置工作机制。《条例》规定省人民政府金融工作议事协调机制，协调解决地方金融改革发展稳定和监督管理、风险防范处置工作中的重大问题。市、县人民政府建立健全金融风险防范和化解工作机制，落实属地责任。省地方金融监督管理部门负责全省地方金融组织的监督管理，组织协调有关部门做好防范化解和有效处置地方金融风险工作。市、县地方金融监管部门负责本行政区域内金融风险防范与处置的具体工作，并依照本条例规定承担地方金融组织监督管理的相关工作。

### （二）地方金融管理保障监督

《条例》第六条规定了对金融知识的宣传教育。在现实中，大多数投资者包括有的金融从业者，对最基础的金融知识知之甚少，且金融营销多，普及教育少。社会公众金融素养的整体提升对金融行业的健康发展也至关重要，除依靠官方媒体外，广播、电视、报刊、网络等部门的配合也至关重要。

第七条规定了地方金融投诉举报机制。投诉和举报二者是不同的概念，根据2019年发布的《市场监督管理投诉举报处理暂行办法》，投诉是指消费者为生活消费需要购买、使用商品或者接受服务，与经营者发生消费者权益争议，请求市场监督管理部门解决该争议的行为。举报是指自然人、法人或者其他组织向市场监督管理部门反映经营者涉嫌违反市场监督管理法律、法规、规章线索的行为。投诉对应适用行政调解程序处理，举报对应适用行政执法程序处理。该条在实践中应注意保

护投诉人和举报人的个人隐私。

## 五、地方金融组织及其行为规范

### (一)地方金融组织的内涵与外延

《条例》将"地方金融组织"安排在第二章,足以说明其在地方金融体系中的重要地位。第二章第八条至第十七条共 10 条。规定了地方金融组织的设立、经营管理、消灭、行业协会等。体例安排与企业运行规律相一致:组织、主体;活动、行为。主要内容包括:①地方金融组织的内涵与外延,即所谓"7+4"和地方金融活动。②核准与登记、备案:名称、经营范围;属地争议。③经营行为规范:法人治理、审慎经营、风险管理、保护消费者、禁止行为、虚假宣传营销。④退出监督;⑤行业协会。

从广义体系看,地方金融应该包括地方金融组织和地方金融活动。地方金融组织主要是指 2017 年第五次全国金融工作会议及中共中央 2017 年第 23 号文件所确定的"7+4"类机构。

所谓"7+4",是指 11 类从事地方金融业务的机构。"7"是指小额贷款公司、融资担保公司、区域性股权市场、典当行、融资租赁公司、商业保理公司和地方资产管理公司;"4"是指投资公司、农民专业合作社、社会众筹机构和地方各类交易所。

根据中央顶层设计,按照"中央统一规则、地方实施监管,谁审批、谁监管、谁担责"的原则,国务院金融监督管理部门制定地方金融组织监管规则,对地方金融监督管理部门予以业务指导。地方政府负责具体实施监管和风险处置职责。

同时,地方政府承担地方法人金融机构的风险处置属地责任。对辖区内防范和处置非法集资工作负总责,维护属地金融稳定。

### (二)地方金融组织设立、经营行为等规定

《条例》第二章对地方金融组织的主体和行为进行全面规制。规定了地方金融组织的设立,设立地方金融组织或者从事相关地方金融业务活动,应当按照法律、行政法规和国家有关规定,取得行政许可或者经批准取得经营资格,并且按照许可的区域和经营范围开展业务。"金融是特许行业,必须持牌经营",不一定都需要行政许可,也可以是审批、批准、备案等,具体不同地方金融组织的许可形式有待规章进一步细化。规定了优化和规范地方金融组织的内部治理结构,地方金融组织建

立并完善法人治理、信息披露等内部控制规范。还规定了地方金融组织的业务红线，禁止从事吸收存款、出借出租经营许可证等活动。规定了地方金融组织业务创新要在依法合规、风险可控的前提下进行，地方金融监督管理部门也应该有审慎包容的监管理念，在守住风险底线的前提下，支持金融创新。还有投资者适当性制度的规定，地方金融组织应当建立健全金融消费者、投资者适当性制度，如实、充分揭示金融产品和服务的风险。还规定了地方金融组织的退出机制。《条例》鼓励地方建立行业协会等自主性的组织，发挥行业自律作用。

## 六、地方政府金融发展与服务职责

《条例》第三章"发展服务"共13条，主要规定地方金融服务实体经济的各项制度。规定地方政府要制订地方金融发展规划，统筹推进。推进金融支持重点行业、重点产业以及金融聚集区发展，支持绿色金融、普惠金融、科创金融、供应链金融。

要求各级政府及有关部门支持多层次资本市场建设。第二十七条规定："县级以上人民政府及其有关部门应当支持多层次资本市场发展，拓宽市场主体融资渠道，改善融资结构。建立健全企业直接融资服务机制，支持符合条件的企业依法通过上市挂牌、发行债券、资产证券化等方式扩大直接融资规模。"该条是地方政府支持多层次资本市场发展的专项制度安排。该条给基金行业发展提供了广阔的空间。支持企业挂牌、上市，发行债券，资产证券化等，这就需要鼓励发展机构投资者和私募管理机构。为此，给包括基金行业在内的金融机构提供各种优惠条件和服务，比如减免税、人才培养和引进等激励措施。

鼓励有条件的地区建立金融法庭，探索建立调解、仲裁、诉讼有序衔接的多元化金融纠纷解决机制，以促进金融纠纷的解决与执行，加快资金的融通，规定了有关部门依法为地方金融组织开展融资业务办理抵押（质押）登记等提供便利服务，促进地方金融组织发展。

## 七、审慎监管与风险管理（地方金融稳定）

《条例》第四章规定了地方金融监管，包括监管机构、监管职责和监管措施。明确地方金融监管部门根据地方金融组织的经营活动、风险和信用状况，实行分级分类动态监管原则，并且对现场检查、非现场检查、监管谈话、材料报送等监督检查方式进行规定。如第三十一条，明确了地方金融监督管理部门的执法权。同时要求地方金融监管部门建立信息公示制度，将存在问题的地方金融组织列入经营异常名录；对于存在严重违法和失信行为的，有关部门依法对负有直接责任的董事、监事、实际控制人等实施联合信用惩戒。

《条例》第五章规定强化风险防范和处置，旨在建立金融风险防范和处置机制，包括风险防控、应急预案、风险预警、防控措施、地方法人金融机构、金融机构风险处置、互联网金融、属地处置。

需要各级金融监管部门和地方金融组织配合完成。地方政府承担地方法人金融机构的风险处置属地责任，对辖区内防范和处置非法集资工作负总责，维护属地金融稳定，明确省政府金融工作议事协调机制统筹、协调、防范、化解重大金融风险和应对重大金融突发事件；各级政府编制本行政区域内金融风险应急预案；省人民政府应当建立金融风险监测预警平台，地方金融监督管理部门及有关行业主管部门应当加强对本行政区域、本行业违法违规金融活动和重大金融风险隐患的排查和监测预警，必要时可以组织专业机构和有关专家进行分析和评估。

《条例》规定要发挥国家有关地方议事协调机制和省政府金融工作议事协调机制作用，推动相关部门按照各自职责依法做好金融风险防范处置工作，并采取多项措施防止金融风险扩大。地方法人金融机构应当依法开展金融业务活动，加强经营风险防控，并接受地方金融监督管理部门有关风险防范的指导。

## 八、《条例》与其他地方金融立法的比较

目前，各省市的条例在立法定位、目的、体例及内容等方面均存在一定程度的差异。

### （一）立法目的

15个省市中，已出台条例名称为《地方金融条例》的有5个，分别是山东省、浙江省、江苏省、湖北省和厦门经济特区；其他10个均为《地方金融监督管理条例》。在立法目的上，《条例》强调要以充分发挥金融服务经济社会作用为基础，以规范地方金融组织及其业务活动，加强地方金融监督管理，防范化解金融风险，维护区域金融稳定，保护金融消费者、投资者的合法权益，促进地方金融高质量发展为宗旨，注重引导地方金融更好服务实体经济。有的省份则强调以加强金融监督管理为基础，更加注重立法对影响经济发展不规范行为的强制作用。

### （二）体例结构

2021年12月31日央行发布的《地方金融监督管理条例（草案征求意见稿）》章节顺序为：总则—地方金融组织的设立、变更和终止—监督管理和风险防范与处置—法律责任—附则。《条例》在体例上遵循这一逻辑结构，增加了发展服务内容，章节顺序为：总则—地方金融组织—发展服务—监督管理—风险防范处置—法律责任—附则。在央行发布《地方金融监督管理条例（草案征求意见稿）》之前，除总则和附则外，各省市的章节排序不一，如山东省是金融服务—金融发展—金融监管；河北省是地方金融服务经营—金融风险防范—监督管理；四川省是工作职责—地方金融组织—地方金融发展—地方金融风险防范；浙江省是金融产业促进与服务—地方金融活动规范—监督管理和金融风险防范与处置。各地条例篇章安排的不同也体现出地方政府对地方金融认识的差异性。在未来，各省市的地方金融立法体例理应与中央的体例保持一致。

### （三）内容安排

各省市关注的重点和需要解决的地方金融问题与各地的经济发展水平、地方金融发展特点等有关。如浙江省将金融服务与金融产业促进联系起来专门规定，与其地方金融产业化、发展速度快、金融业态复杂等特点紧密相关，这也体现了地方立法特色。除陕西省外，设置专章包含金融发展或服务实体经济内容的有8个，分别为山东省、四川省、浙江省、江西省、湖北省、江苏省、内蒙古自治区、广西壮族自治区。陕西省《条例》强调地方金融发展服务与监管稳定并重，以期促进经济高质量发展。

## 九、《条例》的完善建议

虽然陕西省《条例》亮点较多，特点突出，但仍存在一些缺憾，需要进一步完善。

（1）《条例》的指导思想和基本原则应进一步科学化和明晰化。建议将第三条修改为指导思想与基本原则，地方金融工作坚持党的集中统一领导，坚持服务实体经济、防控金融风险和深化金融改革，促进陕西经济高质量发展。

坚持统筹规划、协调发展原则，促进金融资源市场化配置。

坚持审慎监管原则，促进地方金融机构合法、稳健经营。

坚持行为监管原则，地方金融机构持牌经营，维护地方金融稳定。

第一款为指导思想。强调服务实体经济、防范和化解金融风险和深化改革开放。二、三、四款为基本原则，强调发展和监管以及稳定。

（2）《条例》在地方金融议事协调工作机制条款中未明确规定设立陕西省地方金融稳定发展委员会。建议参照1997年第五次全国金融工作会议决定设立的国务院金融稳定发展委员会，设立陕西省地方金融稳定发展委员会，作为统筹协调陕西省金融稳定和发展改革重大问题的议事协调机构。在地方上，设立地方金融稳定发展委员会，可促发展或防风险，有利于纵向贯通、横向协同，统筹开展金融工作。地方金融委的职能参照国务院金融委进行适当性调整，其组建、构成、协作、职能和常务单位的设置依然可以参考国务院金融委的组织结构。

（3）《条例》未规定金融监管机构的机构、人员和经费保障。建议增加一条："县级及以上地方人民政府应当加强地方金融监督管理机构和队伍建设，保障监督管理机构、人员和经费需要。"本条例所称地方金融监督管理部门，是指县级及以上地方人民政府设立的地方金融监督管理局（金融工作办公室）或者承担相应监督管理职责的政府有关部门。

（4）进一步明确三对关系边界及其制度安排。即金融发展与稳定、服务与监管、央地分权的合理界限。建议充分发挥地方立法特点与优势，正视并利用地方金融立法与中央立法的差别性，在明确中央事权与地方事权界限，保持与上位法基本原则、规则制度设计一致性的同时，把握地方金融立法针对性强、较为灵活的特点，分别针对金融调控法、金融发展法、金融监管法以及金融稳定法的各自定位、性质与分工，针对相关法律的调整范围、规制方式、监督管理的权利分配等进行探索。例如，就金融调控法而言，货币政策、宏观审慎属中央事权，由央行具体行使，地方并无立法空间，但在金融发展法、金融监管法以及金融稳定法方面，则可以考虑地方性因素，通过地方金融立法，探索新形势下分业单行立法新思路，例如按机构、行业、产品为横轴；以央行法、商行法、证券法、票据法、期货与衍生品法、基金法、保险法、银监法等现行中央金融立法为纵轴，探索地方金融立法新路径，提升金融立法水平。

（5）《条例》有关处罚条款设置应该更加合理。《条例》处罚条款的设置大都比照《中华人民共和国银行业监督管理法》，但是地方金融组织相对银行存在相当大的不同，大部分地方金融组织并不具备吸收公众存款的资格，对地方金融组织违法行为的罚款数额过高，不利于促进地方金融组织的发展。为此，建议对《条例》按照过罚相当原则对罚款幅度进行调整，做到处罚幅度与违法程度相适应。

（6）在《条例》的施行过程中，还应处理好与国务院《预防和处置非法集资条例》（2021年5月1日起施行）《地方金融监督管理条例》（征求意见稿，央行2021年12月31日发布）的衔接与协调问题。具体操作层面的规范还需制定细则流程、检视、完善经营业务规则。

## 十、结语

金融是现代经济的核心，地方金融立法是我国金融立法体系的重要组成部分。《陕西省地方金融条例》的出台亮点突出，价值意义重大，为促进陕西金融高质量发展提供了法治保障，但也有一些缺憾和需要思考、完善的地方。

当然，徒法不足以自行，法贵在行。《条例》的正式颁布，对各级地方金融监管部门和金融机构来说，一方面，应以施行为契机，紧紧围绕中心工作，立足自身职能，加快制定和梳理完善系列配套制度，特别是要坚持法贵在行原则；另一方面，要守住不发生系统性风险的底线，深化金融领域改革，不断提升地方金融服务实体经济的水平，推进地方经济高质量发展。

（写于2022年）

# 区块链技术赋能下个人征信体系的法律重构

倪 楠：西北政法大学经济法学院院长

**摘 要** 个人征信是收集、存储、分析被征信主体的信用信息，向信息使用者提供征信产品，控制交易风险的活动。传统的征信业在进入互联网时代后，信息不对称的问题不但没有得到有效解决，而且要面临个人信息保护和高风险者信用状况难以评估的挑战。在区块链技术赋能下重构我国个人征信体系，将形成以公有链为基础、联盟链为主体、侧链为通道，五个主体参与，四个基本法律关系构成的结构体系。重构的个人征信体系将以去中心化的信息收集为基础框架，以分布式计算为范式，形成新的信任模式，在实现有效监管下保障征信数据全覆盖，最大化减少信贷信息的不对称。

现代经济的本质是信用经济，是市场经济发展到一定时期的产物。实现信用经济的基础是信用交易，而获取信息则成为信用交易的核心，于是征信业务便应运而生，其中根据信息收集和服务对象的不同可以将征信业务分为个人征信和企业征信。本文以个人征信为研究对象，该业务最早可追溯到中国人民银行1999年批准设立上海资信有限公司。经过30余年的发展，我国形成了以央行为中心、金融机构数据为基础、线下收集为主渠道、民营征信机构为补充的个人征信体系。但进入互联网时代后，人们的生活空间实现了多元化拓展，从传统单一线下生活方式转变为线上线下相结合，特别是线下主体的行为轨迹也在大数据的推动下呈现出数字化、信息化的特点。以解决信息不对称为中心的传统个人征信模式在互联网信息海量化、非结构化的背景下，暴露出信用信息空间范围小、覆盖面窄、时效性差以及精确度不强等问题。

区块链技术以其特有的分布式架构给个人征信体系提供了新模式，有效弥补了传统个人征信体系在互联网时代的缺陷。在区块链技术下，基于信息收集去中心化建立分布式信息数据库，以共识算法为支撑建立信息认证机制，可以进行信息数据全覆盖和快速匹配。区块链技术的非对称密码能够有效实现个人信息的隐私保护，其透明性特征能够实现被征信主体对自身信息的实时查询与更新。区块链技术搭建的个人征信系统，能够使央行征信中心、市场征信机构等征信主体和政府部门、企事业单位、地方数据库、行业数据库等信息提供主体作为节点上链并主动提交、线上采集征信信息，改变原有被动提交、线下采集征信信息的局面。同时，在信息化下，原先线下不可计量、存储和分析的行为信息目前都已被数据化，这也使得区块链技术下的个人征信体系能够有效将信息不对称和道德风险在技术领域降到最低，并实现对公民个人行为信息和公共信息采集范围的全覆盖。区块链技术下的去中心化模式将改变我国传统的个人征信体系。本文将主要研究在区块链技术下如何重构个人征信体系，探索实现分布式征信系统的具体路径。

## 一、区块链技术与个人征信体系的融合

密码学与计算机科学等基础学科的发展是区块链技术产生的技术前提。大卫·乔姆（David Chuam）首次提出基于密码学的网络支付系统的构想，并于1993年构建出数字现金系统（eCash系统）。非对称密码机制保证了传输中的安全性与秘密性，拜占庭容错协议解决了系统中出现的信息传输错误问题，实现了信息点对点传输。可信时间戳与工作量证明机制解决了"货币双花问题"，使得系统交易成为可能。区块链革新了传统信任模式，实现全过程线上价值转移，不再需要中介机构担保交易。自2008年中本聪发表《比特币：一种点对点电子现金交易系统》以来，区块链技术已经经过十多年的发展，正在实现产业化。2016年至今，区块链与各行各业深入融合，包括征信行业也在积极探讨区块链技术与本行业的契合点。

区块链技术改变了传统征信中各主体之间的关系，进而使征信体系和征信监管关系发生变化，对此学界展开了相关研究，主要表现在以下两个方面：首先，对区块链技术在个人征信中的应用进行研究。范水兰论证了区块链技术能够解决信息孤岛并完善对信息主体、数据源机构和信息使用者权利的保护问题；提出通过区块链技术构建征信数据库，如何寻找合适的应用场景实现技术变现，如何解决技术优化、资源浪费和安全漏洞等问题。刘财林指出我国个人征信行业信息呈现非结构化、海量化特征，这与区块链技术的特征具有契合性。王强等人将区块链技术应用于数据共享交易方面，以区块链为基础构建信息交互平台，并给出信息

数据交易途径。朱焕启认为联盟链的投票准入机制、分布式数据库、多中心、脱敏处理、加密传输、智能合约和激励机制等功能特征为信息数据的采集、传输、验证和监管的实现提供了可能。廖理认为区块链技术能有效进行数据信息的收集、存储、传输、分析和校验。其次，是对于区块链技术下个人征信体系的构建研究。张忠滨、刘岩松基于区块链技术通过构建数据交换模式和共享数据平台重构个人征信模式，提出线上到线下的数据共享平台模式和线下到线上的数据交换平台模式。以智能合约、分布式账本为底层技术采集信息、存储信息及交易互换，从而建立起基于区块链技术的完整征信生态；各数据库向平台提交部分关键头部信息，信息使用者通过同一平台查询信息地址连接，转换至具体的数据库。聂二保提出建构基于区块链技术的"去中心化加中心化"的"双通道"征信模式，消除金融风险难题。在实现路径上，一方面，应建立中心化分析系统，实现数据的集中收集、清洗、处理、评估与输出；另一方面，设置内含区块链技术的非中心化分析框架，通过智能合约层分析、评价、输出非结构性大数据并与中心化分析系统共同决策、结果共享。彭祥云、吴桢睿从普惠金融的视角提出建构区块链征信系统，由区块链认证系统识别、认证、清洗数据信息，并经标准化处理后成为结构数据。刘新海等学者主张区块链技术是当前征信的新方法，能够重构征信系统架构，解决现行征信系统存在的难题。

区块链通过动态组网、链式结构和共识机制三方面的关键底层技术使重构个人征信系统成为可能。该系统以分布式数据库为基础，充分体现去中心化、分布式共享、开放性、匿名性、不可篡改性等特征，能有效弥补互联网时代传统征信固有的缺陷。区块链技术通过分布式结构、共识算法、非对称密码和去中心化能够有效解决信息来源限制、信息不规范、信息不对称问题，打破信息孤岛，建立分布式的信息收集和信用平台。区块链是由算法和数学工具构建的节点间可信任、非中心化的分布式记账系统，为节点提供透明、安全、高效的交易环境。区块链的关键技术主要包括动态组网、链式结构、共识机制和智能合约。动态组网支持着网络节点在系统中动态地进行点对点交互，组网中并不存在一个中心节点。区块之间相互连接成链，这种链式结构也加大了恶意节点篡改系统数据的难度，更改任一区块信息将导致后续的区块内容不能连接，需要重新修改后续所有区块。共识机制即工作量证明机制或权益证明机制，由算力最强、运算速度最快的节点进行打包，节点获得广播权向全网发布信息，最终形成全网共识。智能合约技术可实现与个人征信融合。与传统合同不同，智能合约由代码进行定义，合约条款由节点进行协商，通过代码嵌入程序。当合约条件成熟时，代码自动执行，并转移节点掌握的数据信息。

区块链作为分布式的技术架构，非中心化是分布式系统最基本的特点，节点之间直接点对点交易无须第三方机构的交易背书便可完成。分布式共享赋予全网共同维护一个账本，保持对信息数据实时统一更新。共享信任机制基于共识算法，在全网形成共识，节点同步记录，建立全网标准。开放性是区块链的基本属性，链上数据对所有节点开放，供所有节点查询。但节点的信息在系统中只显现地址及最低限度的必需信息，交易中的其他节点并不知道节点对应实体的人身信息，主体的隐私信息将得到更好的保护。首先，我国个人征信体系信息主体的基数庞大，对区块链技术的负荷承载能力提出了较高要求。区块链根据信息公开范围裂变为公有链、联盟链与私有链三大类型。联盟链是多中心的，只有满足条件的节点才能上链，不同节点的权限不同，成为中心节点才能发布信息，上链需要节点投票通过，链上节点数量受到控制。节点投票上链机制与有限节点数量成为联盟链技术融合个人征信体系的关键。其次，现有大量信息数据较为集中，银行与政府机构一直是社会信用信息数据的沉淀池，被征信主体并未收集、提供自己的信息数据。这导致信息数据与被征信主体分离，对已收集的信息进行更新、修改会导致被征信主体没有修改更新的能力。信息提供主体与被征信主体的错位使信息更新迟滞。再次，银行、政府部门等信息提供主体，由于没有受到统一标准规制，难以形成共识，在信息数据的收集、存储与利用方面存在不同做法。联盟链运用于个人征信具有优势，其在确保运行稳定的基础上，可实现即时性与高效率。联盟链是一种"许可链"，具有半封闭属性。联盟链上节点成员数量确定，相对于公有链能大幅降低信任验证、全域共识的负担投入，有限的节点能有效降低信息处理成本，提高系统的运行效率。联盟链的多中心化、共识投票机制、节点权限控制特征能最大化满足我国个人征信体系建立的要求。选用联盟链，引入关键节点，建立征信联盟，在区块链征信联盟上实现信息数据的安全存储、高效互换及随时访问，确保信息数据的真实性与固定性。联盟链具有运用于个人征信体系的天然优越性，联盟链特有的链上节点投票机制，基于节点投票的共识算法在保证节点身份认证和确定节点数量的前提下，通过节点投票达成共识，并对链上信息数据的修改、处理，实现信息数据的实时更新。

## 二、我国个人征信体系的现状及存在的问题

20世纪90年代，为进一步落实建设社会主义市场经济体制的目标，国务院发

布《国务院关于金融体制改革的决定》，专业性银行开始逐步转变为国有大型商业银行。随着个人信贷和消费的快速发展，对个人信用状况的知悉程度成为商业银行预防多头贷款、恶意拖欠和逃避债务的重要手段。1991年，人民银行在深圳试点信贷证制度，5年后该制度推向全国。1997年，人民银行开始筹建银行信贷登记资讯系统，2002年国家、省、市三级联网运行，2006年全国联网统一运行。2013年《征信业管理条例》（以下简称《条例》）的颁布正式确立人民银行监管信贷征信业的主体地位，进一步规定了人民银行对征信机构、征信业务和从业人员的管理职责，从法律上明确了中国人民银行征信中心作为金融信用信息基础数据库的专业运行资格，我国征信业自此迈向了法治化的轨道。这一过程可以分为三个阶段。

第一阶段，建设阶段（1999—2003）。1997年，亚洲金融危机后，促进消费、扩大内需成为这一时期我国经济发展的立足点。要满足金融安全和促进消费的需求，构建完善的消费信贷制度是前提。1999年2月，中国人民银行印发《关于开展个人消费信贷的指导意见》的通知，明确各金融机构应从银行记录开始，为每一位消费贷款客户建档、留存并实现信用记录共享。1999年7月，人民银行批准第一家具有个人征信服务职能的公司在上海设立，开始试点个人征信，提供个人信用报告查询服务。2000年6月，上海个人信用联合征信服务系统投入使用，实现区域信贷信息共享，之后经验得以推广，全国开始建设个人征信系统。2002年，国务院授权人民银行牵头，协同17部委和5家国有商业银行共同推进征信体系建设。最终人民银行征信管理局诞生，负责监管信贷征信业，至此，我国个人征信体系从起步进入到初步建设阶段。

第二阶段，规范发展阶段（2004—2012）。经过了初步建设阶段，人民银行开始在全国范围内进行个人征信业务的配套建设并不断完善征信体系。2004年4月，人民银行成立银行信贷征信服务中心，同年12月，个人信息基础数据库在7个城市试点运行，2006年，在全国正式运行。这意味着个人征信系统正式在全国范围形成全覆盖。2006年，中国人民银行设立征信中心，一年后与征信管理局分设，形式上实现了管办分离。2010年6月，企业和个人征信系统成功切换至上海运行，并正式对外提供服务。2011年4月，个人征信系统经过升级改造，实现快速化和自动化查询。至此，我国个人征信系统完成了第一阶段的试点实验，在第二阶段顺利实现全国运行，以人民银行为中心的管理模式初步成型，组织机构建设趋于完善并不断探索国际合作，最终建立了能够达到国际水平的征信系统。

第三阶段，法治化、市场化和网络化发展阶段（2013年至今）。2013年3月，

《条例》作为首部征信业的法规正式实施，标志着我国征信业走上了法治化的轨道。《条例》的颁布对前两个阶段形成的监管体系给予了法律上的确认。同时，人民银行在2011年完成对第三方支付业务的规范化管理后，在互联网的浪潮下，于2013年开始主动加强与互联网融合，试点通过互联网查询个人信用报告并推动应收账款融资服务平台上线运行，开始将传统的金融监管与互联网技术结合。2015年1月，人民银行印发《关于做好个人征信业务准备工作的通知》，8家机构开始进行个人征信业务的准备工作，我国个人征信业务向市场化迈进。2018年，人民银行正式下放个人征信运营牌照，百行征信成为第一家市场化个人征信公司，个人征信业市场化快速推进。至此，我国形成了在人民银行监管下，由人民银行征信中心负责运行的，通过全国性商业银行总行、省级分行、地方支行和人民银行分行、省会支行、地方性金融机构、分支机构和众多相关机构接入的个人征信体系。该体系经过多年的发展，已具有信息收集覆盖面广、收集信息丰富和接入金融机构数量多的特点。

但2019年后，在互联网经济的推动下，人们的生活方式和消费方式发生了巨大变化，消费空间体现出多元化特征。原先的传统线下或线下线上相结合的金融行业也受到了纯线上互联网金融产业形态的全面挑战。金融机构依靠金融体系掌握的原有消费者借贷信息与现代智能技术应用下的海量数据以及算法支撑下的行为信息精确数据画像相比，变得微不足道、不够精确、覆盖面狭窄。在互联网时代，为解决信息不对称问题所构建的传统征信体系，难以满足市场对个人信用信息更加精准的需求以及保护金融安全的迫切需要，这使得传统个人征信体系运行机制中存在的问题被不断放大。

第一，征信数据来源单一，质量不高。截至2020年，我国征信系统共收录11亿自然人的信用信息。特别是在二代身份证上线后，征信机构全面提升了信息采集能力，但由于传统个人征信体系在信息收集来源上高度依赖金融机构，信贷信息占比较大，这导致征信数据来源较为单一。同时，传统征信系统接入单位间的数据孤岛难题一直存在，信息共享受限，导致征信主体采集的个人数据质量难以提高。首先，从传统个人信息采集的内容来看，个人征信目前主要涉及个人基本信息、个人信贷信息和涉及个人信用状况的其他信息。这些信息主要来源于社会安全管理部门、以商业银行为主的金融机构、水电气等公共事业单位和掌握公共记录的政府部门，其中21家全国性商业银行报送的数据占比最大。但在互联网时代，这些信息很少涉及电子商务数据、社交数据、购买能力评估以及民间金融数据，极少涉及对公民个人线上线下生活行为信息的分析。仅仅依靠传统金融借贷数据在互联网时代已经很难客观判断一个人的资信能力和信用状况。其次，数据孤岛在传统征信体系中一直是个难题，这是由于我国征信机构信息收集主要由中国人民银行征信中心与各类市场化征信机构共同完成，信息提供者主要是各类接入征信系统的公共事业机构。这些机构主要包括市场监管、税务机关、海关、保险等部门，他们在长期的信息建设中收集、存储和使用信息的基础技术标准并不相同，而部门本位也造成一定程度的信息垄断问题，这都导致海量数据资源被闲置，人为造成数据孤岛。同时，京东、支付宝信用分、百融征信、拉卡拉征信、同盾征信等这些市场化征信机构在业务中沉淀了海量的用户行为数据，但由于算法秘密、隐私保护和商业秘密等原因，各商业主体将这些信息交于人民银行信用中心进行信息共享的意愿较低。最后，社会大众对个人信用体系建设认识较弱，各地方、行业内部信息散乱，未实现数据信息集中整合与有效管理。地方与地方之间，行业与行业之间建设步调不一、建设水平参差不齐，缺乏统一部署协调，系统建设的缓慢性与市场需求增长的快速性矛盾突出。行业监管与联席协调机制也有待完善，行业协会在征信专业人员培训、行业自律规则与产品技术标准制定、业内交流等方面作用有限，这些也成为我国目前征信信息质量不高的原因。

第二，征信立法层级低，个人信息保护弱。2020年11月，国务院召开常务会议，明确要求健全社会信用体系，完善失信约束和征信配套法规制度，进一步强化问责机制，对虚假评级行为依法惩处。虽然经过长期建设，我国在个人征信领域已有相关立法，但与发达经济体完备的个人征信法律体系相比，还有一定的差距，这在一定程度上制约了个人征信业更好地实现市场化发展。其一，我国征信业立法采取专门立法与分散立法相结合的方式。2013年后，我国依次颁布《条例》《征信机构管理办法》《征信机构信息安全规范》并配套实施相关78项具体制度，其中，《条例》是征信业的综合性法规，但在长期实施过程中，该《条例》仅对征信监管的框架体系进行了初步明确，层级相对较低，协调性不足。其二，《条例》具体条文可操作性不强，执行处罚条款弹性过大的问题较为突出。《条例》虽然严格规定了征信机构不得收集的5种个人信息，但却没有规定谁有权增加征信收集内容，在何种情况下增加信息内容。征信中心在收集信息主体的不良信用信息前，不履行对信息主体的提前告知义务，《条例》对此未规定惩处措施。综观全文，《条例》仅在第五十七条与第六十条对侵害个人信息的行为予以规制，但在法律责任承担上未明确具体惩罚措施。另外，对通过泄露、非法提供、非法获取、非法出售等不当手段侵犯个人隐私的刑事责任和行政责任，《条例》并未涉及。同时，对信息主体的隐私权、信息数据的权属、数据安全问题、信息数据的采集范围等关键问题欠缺具体的法律规定，征信法律关系仍然不清。其三，个人征信的基础是信贷者的个人信息。但信息收集者希望能更多地占有信息，这些信息不单单包括金融信贷信息。而被征信主体更加关注对敏感信息的保护、个人征信中信息采集的边界以及信息的安全状况。《条例》第十三条、第十四条原则性地赋予信息主体同意权，规定了信息采集范围。现阶段一些个人征信机构在收集信息时存在对敏感信息、一般信息不加区分，一次授权却无限使用的情况，《条例》对未取得主体同意而收集、出售他人信息的不当行为并未规定明确的法律责任。《条例》采取了一种事后规范的模式，但对违反该条例的行为却没有具体规定整改机制，对违法行为造成的严重后果也缺乏补救措施。事后规范模式还造成了征信主体的信用权与被征信主体的个人信息权与隐私权之间的对立。

第三，征信市场发展不充分，征信报告应用场景受限，产品使用率低。征信的核心是征信具有独立性，独立的第三方能预防征信主体和被征信主体利益冲突，避免既当运动员，又当裁判员的角色错位。人民银行征信中心在我国个人征信服务市场上处于主导地位，个人征信系统由人民银行征信中心主导建设并负责运行。角色的混同是本土个人征信市场不成熟的表现，也间接导致我国征信市场存在规模不大、征信产品少、使用率低、市场化程度不高等问题。我国个人征信市场发展不充分、不均衡。长期以来我国公民个人守信意识、用信意识和信用风险意识不足，征信需求主要集中在市场经济发达的北京、上海和广东等东南沿海地区，西部地区显著不足。同时，由于缺乏明显的竞争机制，征信市场主要集中在新华征信集团、邓白氏、华夏信用咨询公司等几家大型征信公司手中，征信服务机构数量较少，国际竞争力不强，提供的信用产品与增值服务同质化严重，盈利能力也较弱。最初推进征信业发展的主要目的是防范金融风险、为促进金融业发展提供征信服务，并没有将其纳入全社会的信用体系中去设计。因此，现阶段的个人征信报告更多服务于信贷市场，主要用于银行信贷决策与防范金融风险，以个人信用报告、个人信用信息提示和个人信用信息概要为核心，而对在信用社会背景下的就业、晋升、求学等增值服务内容设定较少，这也在一定程度上导致了信用市场不活跃。

## 三、区块链技术下我国个人征信体系的重构路径

在区块链技术下重构我国个人征信体系并不是要取代央行在个人征信业务中的地位，而是要将区块链技术与现行体制相结合，重构征信法律关系，立足于已有的

中心数据库，使用联盟链创建区块链征信平台，构建以区块链技术为支撑的征信体系，明晰区块链各主体间的权利义务。在个人征信体系中设定征信市场利用局，将其作为个人征信体系的核心，按照固定收集标准，对个人征信信息进行量化分析，形成信用产品，为信息使用者的市场行为提供参考。征信市场利用局是区块链技术下个人征信体系的核心节点，与设在央行的征信中心不同，是具有司法属性的公司或行业协会。在区块链技术下重构的个人征信体系最终可形成上下链组合，五个主体参与，四种基本法律关系的结构体系。

### （一）宏观构造

区块链征信体系的宏观构建分为两个阶段，第一是"上链阶段"，第二是"下链阶段"。

上链阶段主要包括公有链、联盟链和侧链。公有链是区块链征信的基础链，联盟链组建征信联盟，侧链通过发挥通道作用连接基础链与联盟链。区块链征信体系从当前已有的数据库出发，利用公有链总账技术，线下、线上的数据库作为链上节点向公有链提交各自数据库的摘要信息实现全网连接。数据库作为节点接入公有链，并由各节点负责自身数据库的建设维护。上链阶段选取公有链作为区块链征信系统的基础链，主要负责信息的记录和存储，不对信息数据分析加工。公有链的去中心化与分布式记账模式能有效避免传统信息收集的低效与高成本。节点的数据库信息权属明晰，使每一次信息上传与分享都通过可信时间戳予以确认。联盟链是一种"许可链"，具有半封闭属性。引入市场化征信机构与央行征信中心等征信主体，商业银行、政府部门、大型企事业单位等信息提供主体和征信监管主体，建立区块链征信联盟。链上不同类型征信主体节点从自身数据库向征信市场利用局节点提交摘要信息，征信市场利用局收集信息，然后向全网广播。征信市场利用局取得信息提供主体和被征信主体授权后，利用私钥对链上的中心数据库进行访问，根据信息使用者的需求从数据库提取、整合、分析特定信息，最终加工生成征信产品。在此过程中，征信法律关系主体通过协商，确定授权、信息提取等智能合约内容，将智能合约嵌入区块链中，实现信息提取的自动化。同时，市场化征信机构将收集的信息存储于中心数据库，按照统一标准对信息数据进行初步清洗、分析。利用侧链在基础链与联盟链之间建立的通信链，将公有链中被征信主体的姓名、身份证号或社会保险序号作为识别码，实现联盟链征信产品与公有链被征信主体的识别码一一对应，保证征信产品和征信服务的真实性与高质量。总体来说，去中心化是区块链技术的最本质特征，其实质去掉的是信息采集的中心化，并不影响监管节点进行监管。除此之外，通过信息分析、加工所形成的产品，也依然可对其进行统一监管。信息数据的收集上链在去中心化的通道下进行，采用分布式方法收集数据，消除线下信息数据收集的孤岛现象。

"下链阶段"是指数据输出、征信产品形成和征信服务提供的阶段。征信市场利用局对数据库信息进行分析、加工，根据不同应用场景定制类型化的征信产品，有偿提供给信息使用主体。信息使用者向征信主体请求获得征信服务，征信主体在区块链征信平台中提取特定信息、进行加工，根据其征信服务不同应用场景提供类型化和标准化的产品。信息使用主体可以通过征信市场利用局搭建的 PC 端网页查询、App 方式、微信公众号等途径进行征信查询，获得征信产品。交易完成后，征信主体发送信息告知被征信主体，充分落实被征信主体的知情权与异议权。每一笔交易过程将全程实时记录于区块中，真正做到交易监管有据与溯源可查，实现区块链征信体系良性发展。

区块链技术下个人征信法律关系各个主体都有不同的利益诉求，明晰主体间的权利义务边界是建构区块链个人征信体系的基础。区块链征信法律关系涉及五个主体、四个基本法律关系。

五个主体是：征信监管机构，主要为央行；征信主体，即个人征信机构，具体包括市场化征信机构与央行征信中心；信息提供主体，具体包括银行、政府部门等法人和非法人组织；被征信主体，即信息主体个人；信息使用主体，包括各垂直应用场景下的征信产品消费者。区块链征信法律关系的客体，主要指信息数据和征信产品，是整个区块链征信法律系统的运行纽带。

四个基本法律关系是：信息提供监管关系、征信产品提供监管关系、被征信主体信息权保护关系以及信息异议和用信服务关系。征信监管机构是调制主体，代表央行行使监管职能，对违规信息收集和产品提供行为进行规制、禁止或处罚。征信主体、信息提供主体和被征信主体是征信监管机构的监管和保护对象，是调制受体。征信监管机构注重对处于弱势地位的被征信主体的信息权、隐私权等合法权益予以执法保护，被征信主体与征信主体、信息提供主体的地位平等。具体而言，区块链技术下重构的个人征信体系基本法律关系包括：①征信监管部门与征信主体之间的征信产品监管关系。征信主体向征信监管机构依法提供相关信息，征信监管机构有权依法收集征信主体在全网上的相关信息并予以公开，以便信息使用主体使用，活跃征信市场竞争环境，提升征信主体的市场竞争能力。②征信监管部门与信息提供主体之间的信息提交监管关系。征信监管部门依法对信息提供主体进行监管，为征信市场利用局提供信息提供主体在全网监管领域的全部信息，并制定征信标准。征信市场利用局根据信息使用主体的需要提供企业相关信用产品，供个人、企业查询和政府监管使用。③征信监管部门与被征信主体间的信息保护关系。监管部门保护被征信主体的个人信息，特别是敏感信息的收集、储存和应用，保障被征信主体信息权和隐私权的实现，并在保护过程中注重对被征信主体进行信用文化教育，培育社会公众用信意识。④被征信主体与征信主体、信息提供主体之间的信息异议和用信服务关系。被征信主体有权对征信产品中的错误内容和信息收集过程中的侵权行为提出更正请求，向监管节点进行反馈；征信监管机构有权要求征信主体对公示的个人信息进行核对，要求将核对结果与改进措施告知被征信主体。

除了前述的四个基本法律关系外，还存在一个辅助法律关系。征信市场利用局为信息使用主体提供信用服务，其信用产品将影响政府对信息提供主体、征信主体的分类监管、消费者的交易意愿和企业自身的商业信誉。在这些法律关系中，征管监管主体作为节点嵌入区块链中，维护市场秩序并对征信主体和信息提供主体进行监管。被征信主体与信息提供主体之间是信息提供合同关系；信息使用主体与征信主体之间是用信服务关系，同时征信主体提供的信用产品将反向影响个人的信用等级和信誉。

### （二）运行机理

要保障重构的个人征信体系能够高效运转，还需要一个与之相匹配的运行流程，并与其他信用机制相衔接，实现协同运行。首先，信息提供主体应获取被征信主体授权，并在全网广播授权，获得授权后由其收集被征信主体信息，并存储至数据库。信息提供主体对各自数据库中海量化与非结构化数据进行初步提炼和标准化处理，形成以央行征信中心为主要数据库，各行业、地方、公司等为补充数据库的数据集合。将数量众多的标准化数据库作为区块链节点上链，构成区块链征信平台公有链的主要信息。在全网广播授权则是信息收集的合法途径。其次，信息提供主体应向征信主体提交数据库的摘要信息，信息提交过程由双方主体互相协商，达成智能合约条款。链上的银行、政府部门和企事业单位是信息的提供者，也可作为信息使用者请求获得征信服务。再次，征信市场利用局控制所有征信主体数据库的摘要信息收集、汇总，并生成全局账本，全局账本是最终的交易账本。征信市场利用局负责维护交易账本，收集、校验链上其他三类节点提交的信息数据，定期将低层账本交易数据汇总生成全局账本，并对外发布信息数据。信息使用者、央行征信中心与市场化征信机构不直接与信息使用者进行信用信息交换，而是由征信市场利用局作为中间层直接将信用产品供信息使用者有偿使用。征信市场利用局节点为新建的具有公司或行业协会属性的市场主体，主要负责收集、汇总、分析及全网发布联盟链上的信息数据，根据不同的应用场景定制类型化征信产品。最后，通过区块链技术的共识机制，监管节点拥有全网发布规格统一的征信业务监管标准与征信产品的权力。区块链可追溯，可追踪技术手段使链上数据收集、汇总、分析、利用全过程得到监督。征信监管机构监管全网节点行为，制定区块链征信体系的技术与程序标准，征信市场利用局按照标准提供多样化的信用产品，监管机构又将其购买的个人信用产品作为分类监管的依据。区块链征信系统具有天然匿名性，数据发布痕迹真实，链上交易或信息提取都将作为区块信息以时间戳技术加以固定。这一方面能够更好保护信息主体的隐私权，另一方面能够保证全链信息真实与实时更新，实现区块链征信体系生态化运行。

### 四、区块链技术下个人征信体系的配套制度构建

区块链技术下重构的个人征信体系不会一蹴而就，更不能简单通过颁布规范性文件来施行。要使该体系真正落地，实现个人征信体系的现代化，还需要大量制度与之配套。

#### （一）建立区块链征信联盟，提高信息数据的准确性和完整性

联盟链是区块链征信联盟的技术基础。央行征信中心、百行征信、朴道征信、征信市场利用局等大型征信机构，政府部门、大数据平台、金融机构等大型企事业单位等信息提供主体和征信监管机构三大类群体加入联盟链，成为链上节点，共同维护区块链征信联盟的运行。①用联盟链技术，基于节点投票持续引进大规模信息提供主体，使数据来源丰富，不断拓展信息来源。区块链征信系统将商业银行、政府部门、企事业单位、市场化征信机构等安排上链，建立奖惩机制，引导机构进行信息共享，打破个人征信机构业务闭环，并建立关键信息源之间的信息共享链接通道。②征信监管机构作为中心节点接入联盟链，负责全网发布信息，履行监管职责。区块链征信系统上的监管机构对征信主体和信息提供者发送的数据质量进行实时监管，并通过节点投票机制，对链上信息数据进行增添、修改及废弃，引进新节点和淘汰落后节点，保障区块链征信联盟稳步发展。③分类引导各节点认证上链，通过

认证和许可机制，保证上链节点信息的真实性和身份的适格性。由于政府部门、事业单位具有社会公益性质，其可以直接报备接入区块链征信联盟。央行征信中心的金融基础信息数据库收集、整合了司法、社会保障、金融借贷等各方面的数据信息，引导其接入区块链联盟具有必要性。大数据平台、金融机构等企业单位实行许可上链，获得相关政府部门的认证，拥有区块链征信运营资质方可上链。征信市场利用局作为公司性质的机构，仍需获得认证方可接入联盟链。提高信用信息准确性和完整性，对不准确或有瑕疵的信息应当进行删除或修正，核对正确后将其重新上链纳入区块中。同时建立信息纠错与补正机制，保证信息数据的时效性。分布式、多渠道采集信息，增加信息采集宽度与深度，坚持被征信主体正向与反向信息的全面采集，客观评价主体信用画像。区块链征信系统节点坚持相互协作，数据资源存储中心数据库实时共享，系统由全网共同维护，以确保信息数据的准确和完整。

### （二）从监管技术到技术监管，完善区块链征信法律体系建设

进入新时代后，在以算法为核心的技术革命下，智能技术飞速发展。实现技术监管将成为治理体系现代化的重要手段，但单单依靠现阶段的制度安排无法实现对技术的全面有效监管。从技术源头进行监管，监管部门应加强与技术开发部门的合作，对技术程序代码进行业务规范，实现标准化建设。就区块链征信系统而言，可通过在智能合约中嵌入规则条款，让程序代码限定链上节点行为。征信监管节点跟踪链上所有广播信息，掌握全网动态，借助线下手段将节点与行为主体对应，实现监管执法。根据不同领域的应用场景制定相应标准并进行分类监管，最终实现全流程监管。在鼓励创新方面，采纳"监管沙盒"手段，划定特定地域由区块链征信系统发展，一方面为区块链征信系统技术发展留足试错空间，另一方面又将风险纳入可控范围。

完善区块链征信法律体系，保护消费者隐私权和获得公平信用报告的权利，确保被征信主体和消费者对信息、产品有畅通的投诉和异议渠道。保障被征信主体的信息权、隐私权不受侵犯，是征信法律的重要内容。采集被征信主体的不同敏感信息时，须事前逐条取得主体的授权，事后应当告知信息主体征信产品使用情况。拓展投诉权与司法救济权行使渠道；被征信主体对侵害其合法权益的行为，可向征信监管机关举报、投诉，也可向法院提起诉讼。借助征信监管机构力量，健全监管机关内部维权和纠纷处理机制。制定专门统一的征信业相关法律，明确规定征信主体和被征信主体的权利义务，作为整体征信法律制度的基础。同时，完善区块链征信

法律体系建设，尽快出台有关个人征信信息保护的相关法律和有关区块链技术标准的配套规定。

### （三）明晰数据权属，提高信息数据质量

区块链中的数据权属问题是指用户上链的特别数据，即事务数据、实体数据和合约数据的归属。区分公有链、联盟链和私有链，分别研究各自的数据权属，明确权利的属性，能够大大降低区块链征信体系主体无序竞争所造成的经济风险和道德风险。制度确权可以在两个层面展开。第一，通过法律制度明确区块链征信参与主体的地位。第二，针对特定的征信活动设定明确的行为模式。法律对各征信主体地位的认可是获得区块链征信市场准入资格的前提。通过法治途径为其设定行为边界、行为模式，使其在法律认可的方式下开展征信活动。在公有链中，因不存在中心式数据控制者，也无收集处理数据的行为信息，任何节点或用户对于公有链上记载的非自身上传的数据均不享有民事权益。在联盟链和私有链中，参与成员可对数据的权属与利用进行约定，区块链上的政务数据、监管数据由国家所有。征信产品不是公共产品，绝大部分征信产品不具有公共产品的不可分割性特征，但具有明显的私权属性。信息数据的权属涉及两类主体的不同权利义务关系：一类是被征信主体与信息提供主体的法律关系，被征信主体将自己的信用信息许可给信息提供主体收集、使用，该阶段的原始信用信息权应归属于信息主体。这一阶段着重保障被征信主体的隐私权、知情权与异议权。另一类是在区块链征信系统中，信息提供主体与征信市场利用局的法律关系，原始信息数据经过加工、分析、量化，具有了独特性、秘密性和经济性，已成为征信市场利用局的商业秘密。信息数据经征信市场利用局分析后成为征信市场利用局自身拥有的知识产权，明确征信市场利用局对商业秘密拥有权属，可以激发其高质量分析信息数据，推出更好的征信产品，推动征信业健康发展。

### （四）激活征信市场潜能，为不同场景提供多样化的产品

差异化的征信市场竞争格局、征信产品和服务的多样化是区块链征信系统发展的基础。征信市场缺乏竞争将导致征信业发展缓慢、征信产品质量差等问题，同质化竞争严重也会导致征信行业存在无效竞争、资源浪费和利润薄弱等问题。培养差异化市场竞争格局是区块链征信系统正常运行、提供高质量服务的动力。发展具有"市场+政府"特色的区块链征信系统，充分发挥征信市场利用局的主导优势，逐

步接受大规模征信主体与信息提供主体作为征信市场利用局的股东，形成央行征信中心与征信市场利用局共同发展的混合征信结构，可让征信市场的作用得以充分发挥。征信市场利用局可以有效提高征信产品利用率，降低信息使用者交易违约率，统一标准，统一规划，积极开发针对不同场景和客户的产品与服务，做到坚持政府和市场双推进，建立健康的征信生态。

区块链征信系统生成了以个人信用报告、个人信用信息提示和个人信用信息概要为核心的产品体系。在坚持防范金融风险、促进金融业发展的基础上，市场主体应当着力提高征信产品使用效率。征信市场利用局负责收集、汇总信息数据后，根据不同场景探索征信系统服务数据的运用空间，提供定制化的征信产品。基于征信机构和政务部门、银行、商场、公用事业公司、医院等不同场景的特有信息，运用大数据、机器人学习、人工智能等技术，结合场景服务需要，将相关征信系统信息嵌入到场景中的各方面，同时依托 App 提供远程便民服务，实现线上与线下的服务融合。征信产品多维度、多角度描述信息主体，提升信用产品的利用价值。场景化产品模块，可满足不同场景对信用信息千人千面的画像需求。加快培育数据要素市场，提升数据资源价值。进一步完善征信产品分类分级安全管理体系，加强与广泛数据源的合作，打造多样化、自动化的数据产品平台和以业务需求为导向的开放式产品服务平台，逐步形成覆盖贷前、贷中和贷后全流程的征信产品集群。

## 五、结论

征信是全社会信用体系的一部分，社会信用体系是以社会主义核心价值观为基础，由征信、监管信用（市场监管领域）和司法信用共同组成。该体系既包括个人信用，也包括企业信用。单独构建任何一个独立的信用体系都毫无意义，我们应该完善顶层设计，注重三大信用体系的联动、共享和协调。区块链的分布式架构、链式结构、智能合约和节点投票机制等技术优势，与个人征信平台构建需求高度契合。应以区块链技术应用为基础，搭建立体式区块链征信体系，以公有链作为信息链，将数据库作为节点进行分布式存储。由中心节点与其他重要节点组成区块链征信联盟，对公有链上的信息进行提取、分析，加工为产品，并面对不同场景的消费者。侧链为信息链和联盟链提供通道，方便数据信息提取，使信息转化为产品成为可能。区块链征信体系运作主要分为上链阶段和下链阶段，上链阶段包括数据收集、提取、分析三大步骤，是征信体系运作的主要阶段。下链阶段即服务形成和产品输出阶段，对产品的形式和种类予以集中说明。当然，区块链征信体系构建并不能一蹴而就，还涉及五类主体、四个基本法律关系，对此需要进行全面性、多方位、体系化的制度安排。运用区块链技术构建征信体系能极大推动我国个人征信业的健康发展。但区块链技术与传统征信业结合的制度构建必然会与现有法律法规冲突，因而还需有相应配套制度进行完善。

（写于 2022 年）

# 虚拟社会治理探究

赵 磊　程柏华　陆宇程　刘沁雯

**摘 要** 社会治理是整个人类社会发展中需要解决的核心命题，本文通过剖析中国社会治理的发展历程，研究比较当代社会治理的路径与手段，推出未来会逐步过渡到虚拟世界的社会治理演化路径，并对虚拟社会技术发展和治理体系的关系进行了论述，最终对虚拟社会治理做了展望。

## 一、虚拟社会治理的概念、现状及与传统社会治理差异

### （一）网络虚拟社会治理的基本概念

网络虚拟社会治理是立足于真实的世界，根据真实世界的要求，在网络空间中建设和维持虚拟社会的秩序。计算机网络以通信为目的，经过通信技术的不断发展，逐渐形成了一个虚拟的网络，又因为计算机技术的普及与飞速发展，一个以计算机网络为基础的虚拟社会也快速形成。在电子屏幕的掩护下，现实社会藏身于虚拟社会的外壳之中，以另一种形式相互联系并形成相对稳定的社会关系和网络社区。

虚拟社会依托于虚拟的网络，其基本属性是虚拟化，通过这种方式虚拟出来的社会可以让人们冲破现实世界中的许多约束，人们既可以参与又可以组织，但缺乏约束也使虚假信息泛滥，这给虚拟社会带来了非常严重的安全隐患。虚拟社会可以使人们打破僵化的思维方式，让人们跨越疆界不拘束于时间地点自由地与世界沟通，但缺乏法律规范和道德约束也使网络虚拟社会难以管控。虚拟社会的影响已经不局限于网络，它的稳定与否关系着国家是否安全、社会是否稳定、经济是否健康发展。因此，切实开展网络虚拟社会的治理，正确引导网络社会的发展有着重大的意义。

## (二)网络虚拟社会发展现状

以互联网为代表的信息技术日新月异,引领了社会生产新变革,创造了人类生活新空间,拓展了国家治理新领域,极大提高了人类认识世界、改造世界的能力。

网络中极大延伸的时空边界,使网络虚拟社会有了鲜活的生命意义。经济、政治、文化等领域也渐渐与网络虚拟社会融合,虚拟社会与现实息息相关,每一个参与这个新世界的人类个体都在为它的发展提供力量,人类社会正以一种全新的形态发展着。我们要充分利用好网络虚拟社会的一些特性诸如隐蔽性、自由性、共享性。所以,为使网络虚拟社会快速良好发展,加强对网络虚拟社会的治理已经变成我们所面临的一项严峻课题。

## (三)虚拟社会治理与传统社会治理差异

网络虚拟社会依托于传统社会,而传统社会的诸多特点又在网络虚拟社会中以不同的形式展现。网络虚拟社会的管理属于公共事务管理和社会管理两个范畴。因为网络虚拟社会的诸多问题并没有出现在现实社会中,所以为了使网络虚拟社会健康平稳发展,符合网络虚拟社会的管理需求,构建一个合理的虚拟网络管理体系,我们需要在当前的社会管理制度之上进行创新。

网络虚拟社会下的信息速度有效地扩大了传统社会治理的主体范围。传统的社会治理是一种以国家机构为主体,参与社会多主体的公共行政行为。网络虚拟社会促进了国家、社会和公民之间的沟通交流,各主体可以有序地协调和参与社会治理。在传统的社会治理过程中,国家机构起着主导作用,传统的社会治理过程缺乏必要的参与和监督,治理过程往往容易与人民的真实需求脱节。网络虚拟社会中信息的多元化促进了现实社会治理过程的透明化,而透明化又成为提高现实社会治理能力的重要渠道。我们要认识到互联网为国家治理和政府职能转变带来新的机遇的同时,网络治理也给国家治理带来了一系列挑战。

# 二、虚拟社会技术发展和治理体系的关系

## (一)人工智能的发展分析

### 1. 人工智能技术的发展现状

自20世纪50年代,人工智能这一技术术语出现以来,依托相关科学支撑的技术研发已然走过了数个世代。近年来,随着社会生产力,特别是网络技术与数据存

储技术的日新月异，人工智能技术的发展正在经历一个前所未有的变革时期。相关技术与生活之间的相互支撑作用也将愈加显著。

作为人工智能的底层逻辑，算法是产生人工智能的直接工具。从历史来看，人工智能自1956年提出以来，已历经三个发展阶段，这三个阶段实则也是相关研究方法与算法发展的重要阶段：第一个阶段是20世纪六七十年代，以逻辑学为主导的方法成为当时研究的主流。学者们期盼人工智能，借由计算机的数据性能，进而完成各类机械的逻辑推理证明，但由于相关计算机技术本身仍处于初级阶段，这一尝试最终宣告失败。第二个阶段是20世纪70至90年代，其中，1974—1980年间，鉴于先前的尝试大多失败，这一时期鲜有公司为各类人工智能企业投资，因此，这一时期的智能研究相对迟缓，进入了历史上第一个"人工智能寒冬"。1980—1987年，专家系统研究方法成为人工智能研究的新热门，而在此时期，对于人工智能的投资关注再度兴起；1987—1993年，尽管此时计算机运算性能，比之前几十年已有了长足的进步，然而，由于可运行数据较少并且太局限于经验知识和规则，学界期待的学习系统进展十分缓慢，因此，资本与政策的支持力度再次大幅下降，人工智能研究进入第二轮"寒冬"。第三个阶段是20世纪90年代以后，1993—2011年，随着全球互联网的铺设与电子计算机的加速迭代，相关仪器的计算力和数据量均有大幅度提升，人工智能技术获得进一步优化。时至今日，数据量、计算力的大幅度提升，帮助人工智能在机器学习，特别是神经网络主导的深度学习领域得到了极大的突破。基于深度神经网络技术的发展，人工智能正式进入其历史发展的黄金时代。

此外需注意的是，数据也是人工智能底层逻辑中不可或缺的支撑要素，没有海量数据的支持，针对人工智能的数据处理将无法进行。正是因为有了对数据的清晰、集成、归约等预处理手段，人工智能才能拥有充分的空间进行学习。先前的人工智能发展，人始终需要在数据生产、采集、储存、计算、传播等方面设定"路径"，而机器仅需完成其运算的基本性能，因此在本质上，上述人工智能技术无论如何宣传，其本质仍属于"非智能"的产物。但是，随着人工智能技术的迭代更新，从数据生产、采集、储存、计算、传播到应用都将被机器所替代。强大的计算机算法将帮助人工智能逐渐获得包括视觉、说话的能力和方向感等类人的感知能力。现今，业界已然愈加关注"机器学习"（Machine Learning）的技术探索，约89%的人工智能专利申请和40%人工智能范围内的相关专利均为机器学习范畴。可见，以"效仿人脑并模拟进化，系统化地减少不确定性，识别新旧知识的相同点，并完成学习"的"机器学习"技术模式已然成为业界对于人工智能技术探索的主流。

**2. 人工智能市场的现状分析**

几乎所有人工智能学术研究均承认，人工智能的相关定义并未完全统一，然而，基于人工智能意义下的相关技术，却已然随着资本的大量投入与政策的不断倾斜而日新月异，并大面积融入人们的日常生活之中。目前，全球人工智能产业的生态系统正逐步成型。依据产业链上下游关系，可以将人工智能划分为基础支持层、中间技术层和下游应用层。基础层是人工智能产业的基础，主要提供硬件（芯片和传感器）及软件（算法模型）等基础能力；技术层是人工智能产业的核心，以模拟人的智能相关特征为出发点，将基础能力转化成人工智能技术，如计算机视觉、智能语音、自然语言处理等应用算法研发。其中，技术层产出的技术效能可以广泛应用到多个不同的应用领域；应用层是人工智能产业的延伸，将技术应用到具体行业，涵盖制造、交通、金融、医疗等 18 个领域。

中国的人工智能市场自 2015 年起逐步开始扩张，随着 5G、新基建等相关技术与政策的显现，我国人工智能市场进入爆发性增长阶段。在可见的未来，人工智能核心产业市场将蓬勃生发，至 2030 年，其核心市场规模或将突破 1 万亿元。此外，中国城镇化水平和信息化建设不断提高加速，给人工智能发展提供了良好的社会环境。随着资本投资愈加趋于理性，人工智能产业逐渐迈入成熟化发展的新阶段。未来，具备底层技术创新和落地能力的企业将更受政策与资本的重视和青睐。

**3. 我国人工智能产业发展面临的挑战**

当前，我国人工智能产业正蓬勃发展，然而，不可忽视的是，国际竞争的压力与国内产业部分领域发展的孱弱，均给我国人工智能产业的发展带来了不可忽视的挑战。从国际上来看，中美"双雄并立"，构成人工智能第一梯队，日本、英国、以色列和法国等发达国家乘胜追击，构成第二梯队。同时，在顶层设计上，多数国家强化人工智能战略布局，并将人工智能上升至国家战略，从政策、资本、需求三大方面为人工智能落地保驾护航。后起之秀的中国，在终端领域早已取得了较为可喜的突破，然而，较之于美、日等老牌电子产业强国，我国在精密仪器制造等领域仍有较大差距。各类尖端芯片设计与制造能力、产学研结合能力、高端人才培育等方面，与全球顶尖国家仍有一定差距。正视我国在人工智能领域发展所存在的问题，才可使我国进一步夯实人工智能大国的地位，并为进一步走向"人工智能强国"提供方向指引。总体来看，当前我国人工智能产业主要有如下问题：

（1）"高端"技术与"中低端"产业之间存在脱节现象。较之于国家庞大的经济体量，我国人工智能产业的可应用前景依旧极为广阔，且以中低端行业需求尤为迫切。事实上，我国各类中低端行业合理信息化水平远远不足，场景信息交互往往闭塞滞后，这为相关 AI 技术的研发与应用带来了极大的麻烦，需重视并加以修正。

（2）AI 关键硬件与开源软件等储备不足，自主研发能力有待进一步提升。目前，我国人工智能数据储量与类型位居世界前列，基础算法趋于成熟，华为、阿里、腾讯等骨干企业正着手构建基础层生态系统，但软件框架尤其是开源框架，以及半导体等领域与全球一流企业还有不小差距，亟待进一步提升自主研发能力。

（3）高水平复合型人才稀缺。当前我国人工智能产业发展迅速，但高水平人才依旧较为稀缺，难以满足行业发展需求。市场上极为缺乏既了解行业发展趋势，又掌握人工智能关键技术，同时还可进行应用开发的复合型人才。

（4）产学研合作密切度有待提升，成果转化率不高。对我国人工智能产业而言，高校、科研院所、企业之间如何实现密切合作的问题亟待解决。现有的产学研多为自发短期行为，缺乏顶层统筹以及可持续运行机制，亟待制度化大平台构建。

（5）数据安全问题逐渐显现。人工智能技术在造福人类的同时，也引发了诸多安全问题，例如数据深度伪造被用于敲诈勒索、个人信息泄露等事件。出现上述问题的原因与数据的不当使用密切相关。如何确保相关技术的合理使用，亟待整个社会求解。

### （二）区块链技术应用对社会治理的作用

**1. 区块链技术的基本定义及其由来**

区块链本质上是一个去中心化的分布式账本数据库，目的是解决交易信任问题。广义来看，区块链技术是利用块链式数据结构验证与存储数据、利用分布式节点共识算法生成和更新数据、利用密码学方式保证数据传输和访问的安全、利用自动化脚本代码组成的智能合约来编程和操作数据的一种全新的分布式基础架构与计算范式。狭义来看，区块链是一种按照时间顺序将数据区块以顺序相连的方式组合成的一种链式数据结构，并以密码学方式保证的不可篡改和不可伪造的分布式账本。

现今的区块链技术通常涉及以下几种基本概念：

交易（Transaction）：指导致区块链分布式账本状态改变的一次操作，如添加一条记录或者是一笔在两个账户之间的转账操作，则代表了一次数字现金的转移过程。

区块（Block）：用于记录一段时间内发生的交易结果。区块通常用区块头的哈希值和区块高度来进行标识。区块头一般包括前一个区块的哈希值（父哈希）、时间戳以及其他信息。区块头的哈希值是通过 SHA256 算法对区块头进行二次哈希计算而得到的数字。区块哈希值可以唯一标识一个区块。

链（Chain）：由一个个区块按照发生顺序串联而成，是整个状态变化的日志记录。

区块链技术的最大优势与努力方向是"去中心化"，通过运用密码学、共识机制、博弈论等技术与方法，在网络节点无须相互信任的分布式系统中实现基于去中心化信用的点对点交易。因此，区块链成为以比特币为代表的数字货币体系的核心底层技术。

根据系统是否具有准入机制，区块链系统可以分为无许可的区块链和有许可的区块链，前者被称为公有链（Public Blockchain），后者则被称为许可链，许可链又可进一步分为联盟链（Consortium Blockchain）和私有链（Private Blockchain）。准入机制的有无往往会影响区块链系统面临不同的各类环境并导致系统采用不同的共识机制。

2008年，化名为"中本聪"（Satoshi Nakamoto）的学者或组织发表论文《比特币：一种点对点电子现金系统》，这一事件被认为是区块链技术的起源，而根据比特币大会所发布的《布雷顿森林体系2015白皮书》所述，时至今日，区块链发展总体上经历了如下三个阶段：区块链1.0，即以可编程数字加密货币体系为主要特征的区块链模式，主要体现在比特币应用上；区块链2.0，即依托智能合约、以可编程金融系统为主要特征的区块链模式，区块链技术被运用在金融或经济市场，延伸到股票、债券、期货、贷款、按揭、产权、智能资产等合约上；区块链3.0，即广泛创新应用阶段，主要是广泛应用于某些全球性的公共服务上，能够满足更加复杂的商业逻辑。当前，区块链发展已经进入区块链3.0模式。不过，需要注意的是，区块链模式是平行发展而非质变式演进的，区块链1.0模式与2.0模式目前同时存在于人类社会，且以数字加密货币为应用代表的1.0模式仍在探索之中。区块链2.0是区块链技术在金融业务上的延伸，其应用涵盖金融机构和金融工具等。区块链3.0包括行业中的新兴应用，拓展了包括银行和金融科技在内的广泛应用。区块链的不同发展阶段呈现出相互影响、相互补充的互动态势。

**2. 区块链技术当前的行业发展前景**

2019年全年，全球区块链支出达到29亿美元，美国规模第一（39%），西欧（24.4%）、中国（11.2%）、亚太（8.1%）和中东欧（5.2%）；银行业支出占首位，其次为离散制造、零售、专业服务和流程制造，五大行业支出占比73%。而随着各方对于区块链的愈加重视,产业集约化发展已然成为区块链产业发展的下一类趋势。

为尽快实现区块链从"技术—应用"的转化落实，国内外各类产业联盟均已陆续建立起来。R3 区块链联盟于 2015 年 9 月成立，致力于为银行提供探索区块链技术的渠道和区块链概念产品。同年，Linux 基金会成立超级账本（Hyperledger），推进区块链数字技术和交易验证开源项目。中国先后成立中关村区块链产业联盟、中国分布式总账基础协议联盟（China Ledger）、金融区块链合作联盟（金链盟）和区块链微金融产业联盟（微链盟），积极探索推动区块链的应用。

此外，随着应用层面的全面铺开，现有区块链产业板块逐步细分为如下几类方面：①底层基础设施：Fabric、Corda、Quorum、BCOS 等开源企业级底层已相对成熟，打下了架构基础；公共基础设施应运而生，如中国的 BSN 区块链服务网络，降低企业的应用壁垒，加速落地。②解决方案服务方：自带场景的大型企业大量入场，部分方案已达到可大规模应用的程度；独立服务商头部效应已出现，长期来看受制于场景资源，可能开启末位淘汰；预计在政策和资金的双重支持下，短期内应用需求将显著上升，且部分需求将被证伪。③周边服务方：安全服务已成熟，为应用保驾护航；联盟协会涌现，整合行业技术、场景、专利等资源；国际标准组织标准设立工作有序进行，更多标准组织正在形成；区块链教育事业从民间走向高校，教材编写列入国家规划。

2020 年，承载区块链技术的应用平台已出现了千万级别日活动量的应用，业界对于跨链层面的行业关注日渐兴盛，同时，软硬一体的快速突破，也为相关产业的迅速发展带来了巨大的变革。进入 2021 年，区块链技术或将在先前的技术基础上，愈加重视隐私保护、软硬一体化等问题的探索与解决。

**3. 区块链应用视域下社会治理体系的变革与挑战**

习近平总书记在中央政治局第十八次集体学习时强调："区块链技术的集成应用在新的技术革新和产业变革中起着重要作用，我们要把区块链作为核心技术自主创新的重要突破口，明确主攻方向，加大投入力度，着力攻克一批关键核心技术，加快推动区块链技术和产业创新发展。"可以说，习近平总书记的这一论断充分彰显了区块链技术所蕴含的巨大潜力。但同时，需要意识到，区块链技术作为一种新兴网络技术，所具有的全部属性尚未完全明晰，蕴含的隐患也尚未得到有效根除。因此，当下需进一步加强对区块链参与下的社会治理体系的变革，及变革所带来的诸多治理挑战的重视，早日谋划相关对策，为未来区块链产业的有序发展提供建设性意见建议。

第一，作为潜力巨大，且未来可能在诸多安全领域产生重要效应的技术，区块链仍有一系列问题需要破解。首先，尽管理论上，区块链的高安全性依赖于难以同时攻击的众多无中心节点，但在实际运行中，由于各节点具备的安全防护等级参差不齐，攻击者可以利用网络拓扑结构，仅凭少量资源即可成功实施小范围攻击。另外，随着量子计算的发展，区块链底层依赖的哈希函数、公钥加密算法、数字签名等技术也将受到一定的威胁。其次，系统级的区块链安全评估也是制约其发展的一个关键问题。区块链结构复杂，所包含的共识算法、激励机制、智能合约等关键环节在实际应用中需要进行安全性评估，目前仍缺乏代码评估机制以检测系统漏洞，传统的防火墙、入侵检测等网络安全技术不能完全适用。最后，区块链技术的应用让监管模式发生变化。传统的监管模式是集中化的、反匿名的，而区块链却是对这一模式的革命。面对日益发展的隐私保护技术，监管技术也要与时俱进。

第二，我国在区块链技术及产业方面起步较晚、积累较少，仍存在较大提升空间。在区块链技术创新方面，虽然我国区块链专利申请数量在全球遥遥领先，但大多处于审查阶段，获取专利实际授权相对较少，且核心专利数量较之于国际顶尖强国具有一定差距。同时，由于存在的节点规模、性能、容错难以平衡，跨链互联难以实现，缺少统一的标准，链上链下数据难以保证一致等问题，当前我国金融领域区块链技术的应用整体上仍停留在试点测试的初级阶段，各类应用模式仍在发展中演进，缺乏代表性应用。另外，随着又一轮"区块链热"的兴起，应该注意防范因为区块链技术应用而可能引发的对传统商业运营模式的冲击。

针对以上问题，我国需要推进政府、链条参与方、技术提供方等各攸关方共同参与区块链技术的协同创新体系的建设。其中，在技术创新方面，要避免各类新兴技术的"孤岛式"发展，充分重视区块链与人工智能、物联网、大数据等新一代信息技术的融合式集成创新。在标准制定方面，全方位、多层次的规则制定有利于区块链行业的长远化、规范化发展，因此应当加以重视。在产业应用方面，需要深化有关产业在各领域的场景应用，按照基础设施、行业应用和综合服务三大板块进行合理布局，加强潜在龙头产业或企业平台的扶植与培育，共同推动整个产业生态的良性发展，同时也应加强科学规划，避免投资泡沫的浮现。

第三，需要充分认识到，技术本身不是万能的，对新技术的运用不当或失于管控，不仅不会给国家治理能力的提升带来正向效应，还会导致技术误导下的社会畸形化渐变，会给国家治理体系和治理能力现代化带来深刻挑战。目前，集约化的管理模式，应对区块链这种分布式极强的新兴技术，极有可能显得力不从心，另外，区块链这种专业性极强的技术应用，对于相应行政管理的思维等也提出了更高的要求。因此，为更好地推动区块链应用于治理体系与治理能力现代化中，也需要行政管理和全社会治理理念转变及能力的提升。

### （三）技术发展的未来方向和我们精神价值的关系

在近年一系列眼花缭乱的科技发明登上舞台并迅速实现民用之后，我们不禁产生疑问：下一类登场的科技又将是什么？事实上，近年来人工智能研究的趋向已经明确表明，依托算法叠加所产生的智能产品，本身仅仅算是人类工具的延伸，其自身所谓的智能依旧是设定的程序重复。因此，部分专家与学者已愈加意识到，突破人工智能乃至网络技术极限的要义，依然在我们自己身上。2019 年 7 月 17 日，Space X 及特斯拉创始人埃隆·马斯克召开发布会，宣布成立两年的脑机接口（BCI）公司 Neuralink 的脑机接口技术获重大突破，他们已经找到了高效实现脑机接口的方法。7 月 30 日，Facebook 一直资助的加州大学旧金山分校（UCSF）的脑机接口技术研究团队，首次证明可以从大脑活动中提取人类说出某个词汇的深层含义，并将提取内容迅速转换成文本。同样，2019 年末至今尚未结束的新冠肺炎疫情，也时刻暗示人们，"无论是多么强大的科技，都难以避免人体自身在面对自然浩劫的卑微与脆弱"。

较之于人类科学技术在近 500 年的蓬勃发展，人类自身的重要机能，却在近万年内鲜有提升。但是，这一情况已然出现改变。现在，无论是未来人工智能发展的需要，抑或是人体战胜自然天灾的渴求，人类未来的科技，都必将同自身肌体的机能产生链接。这便意味着，无论是主动接纳，抑或是被动驱使，对于人体机能的提升甚至重塑的期待，都将使其本身成为下一个技术产业爆发的重要"奇点"，类似《赛博朋克2077》游戏之中那种机械义肢、全球性赛博空间大面积普及的未来，实则并非镜花水月。

需要承认的是，虚拟技术全面且深入地普及仍需不少时日，当前一段时期的各类智能、虚拟技术发展的主题，将仍是人与各类器具之间既亲密却又仍有物理距离的接触。然而，即使在当下这一"前赛博"时代，虚拟科技的使用却也已对人们的传统认知产生了巨大的冲击。网络购物的出现，使得以往人声鼎沸的线下商场、市场正面临严重危机；共享经济的出现，使得各类临时出租变得愈加便捷高效，给诸如出租车、酒店等行业带来了前所未有的挑战……在这些新老业态交织融汇的背后，实则体现出虚拟经济之下人们的衣食住行的认知模式正在发生巨大的变化，而这些变化所带来的精神效应，并非均是昂扬向上的激励。

雪莉·特克尔在《群体性孤独》中曾描述了网络自我的三种新状态。第一种状态是"逃离现实世界",也许他们正在你身边,但他们的精神已经游离到了另一个世界;第二种状态是"双重体验",即人们能够体验到"虚拟与现实"的双重人生;第三种状态是"多任务处理",人们由于可以同时处理多种事情而赢得了更多时间。在网络空间中,我们体会到了全天候的在线状态,现实和虚拟的界限变得模糊,个人能够随时向自己或他人展示自己的存在,并同时处理多种事情。但真正的情感却随着互联网的发展被技术稀释,弱连接挤占了强关系,失去了手机我们感到彻底的孤独,更加无所适从。

同时,各类虚拟网络技术在全社会的大面积普及,在方便了人们接触各类新兴事物与信息的同时,也使得人们的思维日渐"分散化"。随着网络媒体的崛起,互联网与民众之间的"互动效应"已日趋凸显。由于不同主体的认知始终有别,人们在进行思维表达时,其生产信息往往具有主观性与差异性。这些特性,结合个体的时空差异,造就了互联网时代民众表达的"去中心倾向"。但这种"去中心倾向"并不是无限扩展的,随着事态的演变,该类无序的表达会经由"传媒集体"与"意见领袖"的整合,而在一定群体范围内逐步趋同,形成"聚众效应"。在人的社会属性的驱动下,这一"聚众效应"不仅可能有效改变人们对于各类事件的认知,甚至还将左右各类主体在社会生活中的具体实践,进而引发一系列非典型性突发事件。

面对这些潜在问题,只有不断提升我国治理能力现代化,真正由"共建共享"迈向"共建共治共享",建立起人人有责、人人尽责、人人享有的社会治理共同体,才能从"根本"上缓解虚拟技术对民众精神所带来的消极影响。

首先,我们仍需根据时势,打造符合当前发展的现代治理格局。需不断完善社会治理制度,保障人民群众的各项合法利益。现代国家治理的基本方式是法治,实行法治是国家治理现代化的必然要求,需要通过不断制定与修订宪法、法律与各项法规与制度,使民众的切身利益得到法律保障;还需进一步修改完善各类预防与化解社会矛盾的重要机制,平衡各方面、各区域之间的发展。需注意的是,互联网时代的"互动效能"使民众的诉求表达与各项制度监督能力得到大幅提升,但普通民众,特别是经济发展过程中的利益被剥夺者仍然很难获得有效的、制度化的影响决策的途径。因而,应当进一步加强公民参与平台建设,畅通民意表达渠道,公平绩效考核渠道,提升多元矛盾纠纷化解效能。鉴于当前国内外话语权斗争日趋激烈,应注重"以文化人"功效,不断提升优秀传统文化和社会主义先进文化在"法治精神培育""政治生活参与""公共服务意识增强"等方面的巨大影响。把握好意识形态领域"不变"与"变"的辩证关系,坚持"立治有体,施治有序"。从价值观整合、历史资源运用、生态环境治理等方面,捍卫中华文明优秀文化的发展与存续。

其次,今后一个时期,随着国内外各类要素的剧烈变化,各类矛盾、问题将会相继而生。党和国家治理所面临的决策环境、决策任务、决策要求以及决策手段等也将不断调整,这对决策者们的执政能力提出了更高的要求。面对这种情况,我国需全方位提升科学决策的能力。坚持把马克思主义哲学当成看家本领,不断学习与运用辩证唯物主义,坚持从客观实际出发,理清各类矛盾与问题,辩证看待,对症下药;还需坚持实事求是,从群众中来、到群众中去,了解实际,掌握实情,坚持在实践中发现并掌握各类真理;也应不断提升科学思维能力,尊重科学、热爱科学,不断提升各类工作的科学性、预见性、主动性和创造力。在经济建设、民生发展等方面,牢固树立问题导向,"以解决问题为指引""以实实在在业绩接受检验、评判工作";此外,还应保持战略定力。面对纷繁复杂的国内问题,既要稳中求进、开拓创新,还需"苦练内功""善用外脑""于法有据"。随着国际形势的不断变迁,我们应当"坚定信心、齐心协力、团结应对,全面加强国际合作,但面对国际社会中的不和谐因素与部分潜在挑战,又要"坚持底线思维,做好较长时间应对外部环境变化的思想准备和工作准备"。

### 三、虚拟社会治理展望

#### (一)虚拟社会治理整体模式的变革

党的十九届五中全会审议通过的《中共中央关于制定国民经济和社会发展第十四个五年规划和二〇三五年远景目标的建议》中指出,到2035年的远景目标是基本实现社会主义现代化,届时我国经济实力、科技实力、综合国力将大幅跃升,关键核心技术实现重大突破,基本实现新型工业化、信息化、城镇化、农业现代化,建成现代化经济体系,基本实现国家治理体系和治理能力现代化,国民素质和社会文明程度达到新高度,广泛形成绿色生产生活方式,基本公共服务实现均等化,全体人民共同富裕取得更为明显的实质性进展。随着"十四五"的启动和2035年远景目标的确定,以5G、大数据、人工智能、工业互联网为代表的新基建将极大改变社会的形态,在可以预见的未来,当前定义下的虚拟社会形式很可能成为人类社会的主流形式,新社会形态下的政府职能也将发生大的改变。

## （二）虚拟社会治理中政府职能的转变

政府职能亦称为行政职能，是国家行政机关依法对国家和社会公共事务进行管理时应承担的职责和所具有的功能。其主要内容包括政治职能、经济职能、文化职能及社会保障职能。虚拟社会其实是现实社会的进一步延伸，两者之间存在密切的关联性。虚拟社会的治理也可以理解为传统治理方式的延伸和拓展，其基本目的一致，都是通过科学合理规范政府运行机制，提高社会运行效率，促进社会和谐稳定发展。虚拟社会治理中政府职能的转变，主要是面对"网络"与"现实"互相交融、互相镶嵌的当前社会环境下，以及未来可能出现的虚拟社会成为主流新形态下，所产生的新治理困境，针对性地进行职能调整。

**1. 当前环境下政府职能的转变**

乘着改革开放 40 年的东风，中国一跃成为经济总量世界排名第二的国家，改革开放使中国从"总体性社会"逐步向多样化社会转变，公民意识的逐步兴起，互联网、大数据、云计算、人工智能等新技术的涌现推动了社会治理的变革。

（1）政治层面。以互联网为基础的传播网络降低了信息获取成本，拓展了公民诉求的传递渠道，以往依托政治力量管控舆论的效力大幅降低，信息控制弱化，推动了社会治理从行政管控走向政策引导，政府职能从管理演变为"服务+监管"，政府和民众的角色从管理与被管理者到逐步趋于平等，治理模式也从政府为主导的单向治理向多方共治方向转变。

（2）文化层面。以"网缘关系"为渠道构建起的新型社群形态，与地缘、血缘为基础的传统社群形态相比，有迅捷性、虚拟性、开放性、动态性、超越时空性等特征，在国家治理层面，体现为对全球不同文化模式之间冲突与融合的有效应对。技术的进步推动知识的快速获取和广泛交流，语言障碍也将被逐步消弭，新的全球性的文化交流机制和教育体系改革创新将成为政府关注的重点，虚拟社会的创新、协调、绿色、开放、共享理念将为文化治理从自然主义、经验主义向理性主义行进提供新的理论视野和实践路径。

（3）社会保障层面。随着全国一体化的信息化政务服务体系逐步建立，与社会保障相关的服务将打破地域和分管部门之间无形的墙，实现公民从生到死全生命周期所有事项"一网通办"，且随着社会信用体系和电子货币体系的逐步建立，社保管理将变得更透明更智能，且可追溯可反馈，国家治理的重心也将从行政管理转向政策优化和监督执行。

**2. 未来虚拟社会中政府职能的转变**

（1）经济结构的改变促使政府职能转变。政府经济方面工作的最终目标就是推动资源配置最优化，满足全体公民的所有需求，实现共产主义社会。在虚拟社会的时代，需求与供给的匹配将可以不再因为依托市场的自发调节机制而不得不忍受市场本身的弊病，信息网络和人工智能将做到需求与供给的无缝连接，达到所想即所得，政府将更注重于对整体生产力的提升和对公民需求的引导，即解决"星辰大海"和"信息茧房"的问题。

（2）安全环境的改变促使政府职能转变。首先，在应对外部安全层面，虚拟社会的底层基础是信息网络和人工智能，现实中的战争形态将从人与人的战争，进化发展为智慧机器之间的战争，进而再演变为网络战争。其次，如上所述，虚拟社会可以促进整体人类社会的融合，因此，未来随着虚拟社会的发展，以往因国家、种族、宗教差异而发生战争将会逐渐消失，政府面对的安全威胁主要来自内部，即来自极端思想分子、经济投机者的网络攻击，网络安全将成为政府维稳工作的核心。

**（三）虚拟社会治理中经济管理方式的转变**

信息的高速高效流通特别是 5G 的应用逐步消除市场的信息不对称，大数据、云计算与人工智能技术极大提高了信息分析和处理能力，政府经济管理部门能够更迅速准确地获取市场情况，更高效地进行资源配置，从而运用财政和货币手段对市场进行更有效的事前、事中调节，避免市场经济与生俱来的盲目性和自发性，政府职能也逐渐从顺应市场向引导市场方向转变。

**（四）虚拟社会中如何依法治国**

治理核心的改变促使政府职能的转变。在万物互联的虚拟社会形态下，法治将成社会治理的核心，是支撑整个社会的总体框架。在强大的信息网络和算力支撑下，政府行政事务基本完全线上化、智能化、无人化，政府人员基本仅参与决策与监督工作，在公民共同参与下完成立法、司法和执法，依法对经济、外交、军事等重大问题进行决策，维持社会和谐稳定。社会服务职能将下放至企业具体执行，政府依法对各项服务的执行情况进行监督，对不合规的行为进行执法，对不合理的法规进行立改废释。治理核心的变化，将引导政府职能更聚焦于维护法治，依法治国。

### （五）虚拟社会下的全球治理体系变革

全球格局的改变促使政府职能的转变。虚拟化的社会形态弱化了种族、民族、语言、文化的边界，从而也弱化了国家的边界，网络互联消弭了距离阻隔，使交流和协作不再受空间限制，人类将进入全球化高度协同的社会，最终将形成全球化的政府机构，人类命运共同体将最终实现。在达成这一目标之前，国家政府的主要职能将逐步转向构建全球或者区域合作体系，跨国协作将成为主流。

（写于2021年）

# 逆境中的公共政策：社会风险来源与治理策略

石　佳　李欣雅　郭紫楠

（西安交通大学公共政策与管理学院）

**摘　要**　在我国建设和发展过程中，涉及较大范围、较多群众切身利益的公共政策正成为牵系改革、发展和稳定的焦点。风险社会背景下，不确定性和复杂性导致公共危机事件发生机理和表现形式更为复杂，越来越多的公共政策是在各种社会紧张状态下制定和实施的，难免会由于危机或风险这类"逆境"而出现执行偏差、协调不畅等一系列问题。本文首先对危机情境下公共政策的决策困境进行解析，提出逆境中的公共政策决策面临诸如决策者左右为难、应急预案缺陷、可利用资源和信息有限以及决策前评估及论证不足等一系列困境。而后，进一步对公共政策社会风险来源的核心问题进行阐释。最后，从构建"主—辅"支撑配套政策措施、建立城市区域政府部门与专家定期会商机制、加强跨域政策执行协调联动与动态调整等方面提出完善策略，以期把握好公共政策的出发点和落脚点，防范和化解公共政策社会风险。

当前，在我国建设和发展过程中，涉及较大范围、较多群众切身利益的公共政策正成为牵系改革、发展和稳定的焦点。如 2021 年下半年在"能耗双控"指标压力与电力供给紧张双重因素作用下，各省市出台"限电限产令"影响民生引发舆论危机，触及社会敏感神经；2022 年西安市"民转公"政策落地并公布了新一轮学区划分结果后，因学位供给未能满足周边居民需求而引发了民众大规模的抗议，产生相应的社会风险隐患。如 2018 年为解决城市拥堵和污染等复杂问题，推动"十年老旧车禁行政策"引发社会不满，导致政策取消、相关领导道歉；2019 年华北多市的"煤改气"政策逐步引发市民的冬季供暖危机,社会风险剧增。可以看到,虽然大量公共政策在实施前经过了一定的分析和论证,旨在有效解决某一现实问题、增进民生福祉,但在政策出台和实施中由于不断变动的问题环境产生了一系列负面效应,甚至成为引发公共安全事件的关键诱因。

在我国现阶段作为"对全社会价值的权威性分配"的公共政策,也难免会由于不同原因造成的、难以消除的危机或风险情境,出现可利用资源短缺、协调不畅、政策执行变味等一系列问题。这些政策实践中的问题,客观反映了现阶段尤其是在特定危机情境下,政策制定要求更高、难度更大的特点,加之城市自然环境和社会环境自身的复杂性,在更强流动性、多元性和交互性的背景下,相关的政策措施的决策存在困难。习近平总书记指出:当今世界正在经历百年未有之大变局。这场变局不限于一时一事、一国一域,而是深刻而宏阔的时代之变。这就要求在切实做好各项防控工作的基础上,应更加注重统筹抓好改革、发展和维护社会稳定各项工作,进一步谨慎处理政策措施可能引发的后续社会问题和潜在社会风险,最大限度发展社会经济,维护社会大局稳定。因此,如何解析危机情境下公共政策决策困境,识别政策社会风险来源的核心问题,促进政策科学领域有效的危机学习以切实加强政策引发社会风险的治理工作,就成为值得高度关注的重要问题。

## 一、危机情境下公共政策的决策困境

逆境是公共政策决策不可忽视的环境状态。以色列政策科学家叶海卡·德罗尔(Yehezhel Dror)20 世纪 80 年代在其著作《逆境中的政策制定》中指出,这种逆境"是指由不同原因造成的、难以消除的各种社会紧张状态,逆境既包括社会的各种紧张状态,也应包括不利于政策制定和实施的各种因素。在此背景下,"逆境中的政策"是指为了应对由不同原因造成且难以消除的社会紧张状态所采取的措施,目的在于应对逆境并维护正常的社会秩序。结合风险社会理论,德罗尔进一步提出了"不可预见性"是危机情境的重要特征,集中体现在公共政策决策是在传统紧急情况、现代危机和未来潜在风险的组合情境下展开的,因此决策更加困难、影响也更为深远。

前期众多学者对危机情境下公共政策决策、制定等问题展开了有益探讨,主要涉及以下几个角度。首先在内涵和特征方面,广义上危机状态下的决策包括有效控制危机影响而准备的各种措施,包括预测影响、监测状态、调度资源和救援等方面信息。狭义上危机情境下的决策是指及时收集相关信息并厘清危机治理目标,在制定可行的程序基础上，根据危机具体情况进行动态调整的过程。总的来说，危机状态通常是多种不利情况的集合，如对决策者核心价值观的严重威胁和挑战、相关信息缺失、高度不确定的事态发展趋势等，因此，相关决策具有随机性、扩散性、衍生性、可变性和时间压力大的特点。决策者必须在高度紧张和压力下尽快做出相对令人满意的决策，进而将危机造成的损失降至最低。在限制条件方面，危机情境下原先社会正常运转的基本系统受到影响或破坏，无形中增加了危机问题的模糊性、决策时间和方案选择的难度。同时，决策信息离散且不完整也是制约危机情境下决策效力的重要因素，这不仅造成政策主体对危机问题的确认存在难度，也带来对社会问题是否进入政策议程的选择延迟。在决策影响方面，危机情境或紧张状态下的决策导致政策能力不足，也为政策的执行增加了许多不可预知的变量。这种情况往往导致社会不稳定因素增多，加之危机情境下的政策决策往往伴有"先天不足"，若未得到有效控制与缓解，会引发各种各样的社会危机。上述学者对危机情境下公共政策决策、制定等问题的探讨为我们提供了有益基础。总的来说，我们可以概括出危机情境下公共政策决策面临的困境有以下几方面。

### （一）危机跨域性特征导致决策者面临左右为难的困境

近年来，世界范围内的危机事件愈发呈现出鲜明的跨时间边界、功能边界及行政边界特征，对正常的政策过程产生更加显著的冲击。这类跨域危机的发生导致某些政策决策行为常表现出被动特征，其应对措施难以有章可循，致使决策者经常处于一种进退失据、左右为难的情形中。

### （二）应急预案的缺陷及可利用资源和信息的有限性，导致协调联动及政策执行困境

理想状态下，政策措施的制定应先期获得尽可能详尽、准确的信息进而发挥预警与调节的作用。然而，危机事件具有潜在性和突发性的特点，其形成和发展演化迅速，进而导致决策相关信息模糊、混乱、片面和失真，信息和数据的整合质量无法得到保证。面临公共危机时，这种信息状态致使决策者所掌握的信息与真实差异较大，呈现出决策信息高度不对称性。此外，应对危机所需的人、财、物、时间等资源严重匮乏，决策所需信息在无数分散的个体行为者间传递。在处理危机过程中，难以充分调动、协调各方面资源，致使各类资源的作用难以充分发挥。加之现阶段我国各省份、各职能部门及层级政府应急预案特殊性、操作性不足的现实弊端，致

使政策执行和协调联动所面临的困难要远大于平常时期。

### （三）决策前评估论证不足，民众面临参与困境导致政策措施难以周全

一般来说，公共政策决策应当建立在信息完备、论证充分和民众参与的基础之上，即政府及相关部门在掌握民众意见、舆情焦点并明确各种利益诉求的基础上，拟定多个政策备选方案，通过充分的协商沟通进而达成共识并辅助决策。然而，由于危机的高度破坏性、扩散特征要求地方决策部门快速反应、尽快制定政策措施，此时公众参与的正式渠道难以得到制度保障，利益诉求与意见未能充分表达，决策过程缺乏全面、真实的信息。提炼、加工各类信息也很大程度上会占用决策者思考的时间，压缩了充分思考和全面征求各方意见的时间。上述情况会造成政策评估论证中利益相关方参与不足，政策的错误率及不确定性增加，或者出现多个政策间的矛盾、抵触等问题。此外，危机情境下常由政策制定者和专家形成决策联盟，这种紧张状态下相对封闭的决策处理路径，常导致在无法厘清责任人的时候就已由民众买单，较难形成制度化危机应对机制，即出现"有组织地不负责任（Organized Irresponsibility）"的行为，导致某些政策措施出台后不断"打补丁"、引发舆论争议和民众无所适从等突出问题。这类政策措施在执行一段时间后，潜在冲突和问题便会随政策运行释放，致使政策出发点与落脚点相悖，甚至会引发城市社会风险等一系列"次生灾害"。

## 二、公共政策社会风险来源的核心问题

"逆境中的公共政策"引发社会风险，一方面是来自于外界危机情境引致的决策困境，另一方面是由于公共政策自身特殊性。公共政策是公共部门对涉及公共问题或事态做出的基本决策、承诺及行动综合而成的行为。对于公共政策的特征的分析与探讨，一直都围绕着"人"的因素，由于人或者组织机构的思想、行为和活动本身具有隐匿特征，由此引发的风险往往难以把握和测量。与此同时，现代公共政策的一个重要特点是高度专业化和高度复杂，往往涉及许多方面的知识，是一个动态和复杂的系统，包括各种政策的协调、相互联系和相互作用。此外，政策的执行往往需要耗费大量的人力、物力，其效果的产生也有其自身规律和周期。上述公共政策的特征导致其风险来源的核心问题具有内在特殊性。

具体来说，随着多中心社会结构的形成，公共政策涉及目标群体错综复杂，既包括直接联系的、显性的相关者，更涵盖间接联系的、隐性的利益群体，两者的界

限往往十分模糊,实践中很难精准辨识。加之现代风险的"主观建构性"以及个人风险极易演化成公共风险问题的趋势,导致政府、政策专家和民众在风险信息等方面不对等,较难准确掌握不同利益群体之间的风险感知差异以及利益感知分歧。因此,全社会对公共政策风险的判断难以形成最大公约数,较难得到一个大家都满意的结果。可以说,公共政策风险的一个重要影响因素即为政策目标群体的多元化。

公共政策本身具有目标多重性以及与社会经济环境的高度关联性等特征,在分配利益的同时也在分配风险,其制定或执行有时会引发其他领域的风险从隐性逐渐演化为现实的冲突,解决了某一群体诉求反而带来其他问题。公共政策不是独立存在的个体,纷繁多样的政策之间存在着明显或隐含的相关关系。一项政策对其所在的社会环境、政策受众以及其他相关政策的影响,往往"牵一发而动全身"。尤其是危机情境下,政策环境会使政策焦点发生转移,原本既定的政策秩序会被打乱,致使政策执行的重心发生较大的偏差,给政策执行带来风险。加之现阶段我国公共政策制定、执行及评估的程序与技术仍有欠缺,在实践中一定程度上仍存在着公共政策参与式评估不足、政策分析和评估的科学化程度有待提高等一系列问题,较难因地制宜地运用科学的技术分析方法、知识和技能,在政策执行之前准确识别政策元问题和风险点,导致社会问题向政策问题转化时产生社会风险。

公共政策是一个从产生、形成、执行再到评估、终结的全过程,现有的公共政策过程常常局限于政府系统内部,强化了政府的信息特权和决策的倾向性,系统的封闭性驱使系统缺乏与外界环境顺畅的物质和能量交换,使得公共政策有时出现"自说自话"的问题。若政策过程持续封闭,被焦虑情绪主导的公众便会向政府施加压力,一旦回应迟滞或无法给出民众满意的答复,社会风险便会形成。此外,公共政策具有典型的反直观性以及全周期特征,其运转周期内积累的正负"外部性"持续动态变化,给政策系统带来的冲击和影响作用不均衡。这不仅会产生意想不到的政策影响,而且由于因果的时空分离,某些政策效应显现或需较长的时间区间,潜在冲突也可能随政策运行到一定程度才会引发,即政策风险释放伴有明显的时滞性,这无形中增加了社会风险化解的难度。

## 三、公共政策社会风险治理完善策略

现代社会是一个充满风险的社会。风险与社会发展相生相伴,虽然科技进步和经济发展使我们应对风险的能力大大增强,但风险本身并不会消除。"备豫不虞,为国常道。"危机情境下多措并举应对危机的出发点是好的,但更需要经过慎重的分析和评估。

首先,重视政策体系设计,着重构建"主—辅"支撑配套政策措施平衡全生命周期内政策系统内外部的压力,推动政策从"滞后型"向"前置型"转变。疫情防控过程中多个政策案例表明,公共政策的"溢出效应"尤其是"负面溢出效应"的影响愈发成为政策问题与社会风险的重要来源,如政策措施在出台后频繁"打补丁"诱发社会争议,或某些政策的"同质化"程度高引发政策效果降低等。这说明在具体的政策制定和实施过程中,可能是一些间接和无意识的因素造成政策失败或偏差,无法实现公共利益。故必须改变公共政策设计、论证和评估阶段过于关注现实、可观察、本领域的政策影响,而罔顾长期、跨域的隐性影响监测的短视倾向。因此,本文认为在公共政策体系设计阶段,应当充分重视公共政策的外部性、关联性影响及相关配套政策的完善。可首先考虑进一步增加社会影响评价相关指标,尤其是对政策态度、政策风险感知等公众主观层面感受进行排查与评估;同时,一项公共政策的平稳实施不仅仅需要政策自身的完善和发展,更需要相关配套政策的互动、协调与辅助,增强公共政策系统的稳健,规范和引导政策的负面溢出效应。所以本文建议,在主政策出台的同时建立"一揽子"配套政策以平衡政策系统内外部的压力,进而保障主政策平稳运行,同时增加政策体系的合力、增强政策系统抵御风险的能力,推动政策从"滞后型"兜底补充转向"前置型"积极干预。

其次,充分发挥专家作用,建立城市区域政府部门与专家的定期会商机制,展开政策回溯评估并促使政策学习能力持续提升。疫情防控阶段,已有不少省市地区通过疫情联防联控会商研判会、专家座谈会的方式研判医学领域风险,并取得一定成效。但整体来看还缺乏对疫情防控政策与执行效果的分析和风险研判,而这些问题将对提升我国全社会参与防疫效果和保障经济社会平稳发展产生重要影响。因此在政策社会风险常态化治理中,本文建议尤其是在与民众生活息息相关的社会政策中,应大力提升具有法律、经济、公共管理等社会科学领域专家在公共政策评估和论证中的比例,以社会科学的视角对公共政策的非线性、迟滞性等特征和潜在风险展开综合研判,避免过度强调客观技术风险而忽略了主观感知等社会属性的风险,充分发挥其在复杂性问题认知和处理方面的优势,尤其是以综合视角对政策措施的合法性、合理性及其潜在风险展开多阶段、回溯性综合评估,并提出"柔性"的风险防范与化解策略。

再次,树立政府部门循证决策制度和文化,在此基础上探索公共政策仿真模拟渠道,系统分析政策问题与社会风险趋向。循证决策(Evidence-based Policy-making)

是借鉴循证医学而发展出来的一套决策理论，认为政策决策也应吸收和使用最新的科学证据，使政府部门制定的公共政策经得起考验，并能够真正发挥应有的作用。比如在危机情境下决策者有千头万绪的工作，加之应急预案的缺陷及可利用资源和信息的有限性，这时就极为需要第一时间组织专家团队提供专业决策建议而非一味等待上级意见发布。而循证决策的思路可以较好地缓解这类问题并避免过去政府靠经验决策可能犯的错，在利用大数据和信息技术进行决策相关数据（证据）收集的基础上，对过往公共政策文本、评估报告等进行科学收集，综合分析前期政策过程中的语义、价值和情感，厘清政策的"数据"与"话语"、"证据"与"情境"，而后探索公共政策仿真模拟渠道，融入经济、社会、政治、文化等多元变量，邀请多元利益相关主体系统进行政策未来趋势及风险点的仿真模拟。此过程不受时间、空间的限制，而且即使政策实验与仿真不成功，也不会带来实际损失，还可以从"失败"中总结经验、修改方案。因此，构建"协商沟通—循证决策"机制，强化多主体学习进而达成共识的过程，可提高政策社会风险识别能力，推动政策的可持续、风险规避以及区域整合。

最后，通过加强跨域政策执行中的协调联动与动态调整提升政策执行的韧性，避免公众在相互矛盾的执行要求面前无所适从。在现阶段的公共政策过程中，对执行阶段重要性的认识还应进一步加强。由于执行主体的认知、利益等主客观因素的制约，政策执行效果有时会偏离政策目标并产生了不良后果。如疫情防控期间企事业单位复工要求与所在省份防控措施不匹配、社区出行管控措施与企事业单位复工要求冲突、基于防疫的隔离要求导致员工返程后无法按时到岗工作、受疫情影响上下游产业链难以协同复工等，都是政策执行冲突问题的实践呈现。若这类偏差未能得到及时化解，政策目标群体会感到左右为难、无所适从，进而导致政策措施应有的规范、指导作用难以发挥。据此，在后期政策社会风险常态化治理过程中，本文建议从延展执行时间、设立补充细则、伸缩执行程度等方面提升政策执行的韧性，同时将政策的时间效应与空间布局相结合，引入多阶段的利益相关主体参与评估，实时收集政策利益相关群体的"核心关切"，从而对政策进行反馈调整，在风险预警的同时减少政策执行偏差。在上述基础上，提升政策体系在受到灾害风险威胁与冲击时有效吸收、抵御、处置危机的总体能力。

（写于 2022 年）

# 陕西实施乡村治理面临的问题及对策研究

康志祥　姚　蕾

**摘　要**　乡村治理是乡村振兴的基本保障，更是国家治理的基石。健全自治、法治、德治相结合的乡村治理体系，成为我国实施乡村振兴战略的重要组成部分。本文在厘清乡村治理的内涵，系统化梳理我国乡村治理的发展历程、陕西乡村治理发展状况及存在问题的基础上，提出了陕西未来乡村治理建设的目标与路径，以及加强乡村环境治理、基层党组织和社会组织建设、乡村自治管理、民主法治建设、乡村文化等方面的政策建议。

农村改革是中国改革开放的重要组成部分，乡村治理改革则是农村改革的关键领域。"基层治、天下安"，以农村基层群众自治制度为核心内容的中国乡村治理改革实践是中国特色社会主义民主政治的伟大创举，为农村发展进步提供了全面保障。党的十九大以来，国家大力实施乡村振兴战略，将加强农村基层基础工作，加强党对乡村治理的集中统一领导，健全自治、法治、德治相结合的乡村治理体系，正式提升到国家战略层面，成为我国实施乡村振兴战略的重要组成部分。习近平总书记曾多次强调，乡村振兴要夯实乡村治理这个根基，要创新乡村治理体系，走乡村善治之路。可见，乡村治理不仅是实现国家治理体系和治理能力现代化的重要内容，也是实施乡村振兴战略的基石。

## 一、基本概念辨析

### （一）乡村治理的理论思考

#### 1. 乡村治理的概念

治理的原意是指控制、引导和操作，现被广泛运用于政治发展和行政改革的研究与实践领域中。

一般认为，乡村治理是指政府、乡村内部及外部社会组织以及村民等治理主体为增进乡村利益和发展乡村经济社会而共同参与、谈判和协调的持续互动过程或者状态。

乡村治理包含村庄层面的自我治理（即村民自治），以及国家与社会层面的乡村治理。一是从村民自治层面看，村民自治在乡村治理体系中处于基础性地位。村民自治是广大农民群众直接行使民主权利，依法自我管理、自我教育、自我服务的社会政治制度。在村民自治的主体方面，国家赋予农村基层党组织、村民委员会管理自治事务的职责，是村民自治的重要主体。村民自治主要以民主选举、民主决策、民主管理和民主监督的形式展开，从而实现乡村的自我管理、自我教育和自我服务。二是从乡村社会治理层面看，乡村治理是对村民自治的延伸与发展，是需要政府与广泛的社会力量共同参与，构建德治、自治、法治相结合的乡村治理体系。表现特征为治理主体多元化、治理权力多中心化、治理方式多元化以及乡村善治。

**2. 中国乡村治理发展概况**

新中国成立以来，国内经济社会文化各个领域都发生了深刻变革，"乡土中国"正向"城乡中国"改变，经历了从"皇权不下县、县下惟宗族、宗族皆自治、自治靠伦理、伦理选乡绅"的传统治理模式到"党的领导、依法治国、乡政村治、基层民生"的现代治理模式的历史性转变。从历史的纵向看，又分为计划经济时期的乡村治理和改革开放后中国的乡村治理两个大的阶段，而每个大的阶段又可细分为几个小的阶段。

（1）计划经济时期的乡村治理。

新中国成立以后，中国乡村社会在土地改革、合作化和人民公社制的过程中发生了根本性变革，乡村被纳入国家治理体系，国家政权下沉及资源汲取的宏观政经环境，使乡村社会从主要以家族血缘或地缘认同为基础的社会生活共同体转变为以集体产权或经济为基础的生产和经济共同体，以及由国家权力深度干预和控制而形成的政治共同体。

（2）改革开放以后的乡村治理。

目前，我国主要经历了五个阶段。改革开放初期是第一阶段，表现为乡村治理自我探索时期，初步形成了以"村民自治"为核心特征的乡村治理框架；1982—1988年是第二阶段，进入乡村治理制度化建设时期，建立了由村民委员会为组织框架的村民自治制度，构建了"乡政村治"的基本格局；1989—2007年是第三阶段，乡村治理组织化建设时期，乡村治理形成了由乡镇政府、村民委员会和村民共同进行的乡村"代理人治理"格局；2008—2016年是第四阶段，农民主体能力建设时期，国家通过深化农村改革，建构乡村治理体系，完善政策保障和人才培育机制，为农民主体能力建设提供有效的外部支撑；2017年至今是第五阶段，我国乡村治理全面进入国家整合时期。乡村治理从过去的"管理民主"过渡到"治理有效"，建立健全法治、自治、德治相结合的乡村治理体系，更加突出国家的整合作用，以期通过国家整合作用，推动乡村实现有效治理，进而为乡村全面振兴提供根本保障。

### （二）乡村治理与城乡关系类型

中国城乡关系实践形态的复杂性和多元性，形成了城乡关系实践类型的区域差异，这在很大程度上决定了乡村治理模式的差异化。当前，中国出现了以上海地区为代表的吸附型城乡关系，以珠三角、苏南地区为代表的融合型城乡关系，以及以中西部地区为代表的并立型城乡关系。可以看出，吸附型城乡关系中，乡村经济表现为都市农业性，乡村空间表现为城市休闲性。各级政府在吸附型城乡关系类型的实践中发挥着统筹和主导作用，乡村被紧密关联在城市整体的需求系统中。融合型城乡关系中，城乡经济具有趋同性，城乡空间界限具有模糊性，城乡治理逻辑具有统一性。并立型城乡关系中，乡村经济具有自主性，主要遵从小农保守主义逻辑；城乡空间界限比较清晰，乡村具有熟人社会等特点。

## 二、陕西乡村治理现状分析

陕西地处中国西部，与沿海经济发达省市相比，经济发展相对落后。在国民经济三次产业中，农业还占较大比重，城市化水平不高，乡村人口还占总人口的40.57%。总体看，陕西城市和乡村处于一种并行发展状态，且各自具有相对独立的存续和发展逻辑。改革开放以来，尤其是实施乡村振兴战略以来，陕西乡村社会发生了巨大的结构性变化与变迁，呈现以下特征。

（1）基层党组织建设不断加强。多数基层党组织较好发挥党联系广大农民的桥梁和纽带作用，不断强化农村基层党组织领导作用，确保党的路线方针政策和决策部署贯彻落实。

（2）基层党组织的队伍结构不断优化。各地选拔一批优秀党员干部下派担任村党组织书记，注重从乡村致富带头人、返乡创业人员、大学生村干部等优秀人才中选拔村"两委"成员，选准配强第一书记，基层党组织引领发展、脱贫致富、服务群众的能力不断提升。

（3）农村基层法治水平不断提升。各地深入开展法律进乡村宣传教育活动，引导干部群众遵法学法守法用法。增强基层干部法治观念、法治为民意识，提高依法决策、依法管理、民主管理的能力和水平。不断健全农村产权保护、农业市场规范运行、"三农"支持保护等方面的法律制度，把政府各项涉农工作纳入法治化轨道，保障农村改革发展。

（4）农村德治工程不断深入。各地发挥道德引领作用，深入挖掘乡村熟人社会蕴含的道德规范，引导农民向上向善、孝老爱亲、重义守信、勤俭持家。充分发挥村规民约在解决农村民事纠纷中的独特功能，弘扬公序良俗，促进自治、法治、德治有机融合。积极引导广大村民科学健康的生活方式，使移风易俗成为乡村文明的新常态。

## 三、陕西乡村治理面临的问题

### （一）乡村生态环境恶化

农民生产生活基础设施建设水平不高，农田水利基础设施薄弱，农村耕地受到不同程度的污染。同时，在生产过程中所产生的"三废"得不到及时有效的处理，以及农民日常生活中产生的大量生活垃圾、生活污水等并未加以回收或处理，使得乡村污染源增多，一些乡村生态环境极度恶化。

### （二）农村基层组织和人才队伍弱化

当前，软弱涣散是一些农村基层党组织的"软肋"。农村基层组织开始"离村化"，组织职能整体上呈现耗散状态，与村民集体事务联系脱节。村庄内部的"空心化"，一定程度上导致农村基层干部老龄化特征明显，很多村干部思想观念落后，不了解国家的政策，难以适应新形势新变化，由于治理主体缺失而导致村级管理也呈现真空现象。相当一部分乡村基层干部也人心思动，真正愿意扎根农村支持乡村发展的屈指可数。

### （三）乡土文化出现断裂化

作为乡愁的乡土文明传承日渐中断，村庄自主解决纠纷的能力明显弱化，村民的自然信仰和祖先崇拜逐步丧失了赋予村民以人生意义的功能。市场原则日益成为人们生活的支配原则，村民的生产、交往等往往都带有明显的功利色彩，一些乡村风俗习惯趋于畸形。

### （四）村民参与治理热情不高

部分村干部在村务决策中的"一言堂"行为或处事不公，甚至以权谋私，使群众丧失了对基层组织的信任，更使村民参与村庄治理的积极性降低。同时，村民亦缺乏村庄主人翁意识，缺乏监督的行动能力，往往因个体自身能量弱小、分散，也难以发起村民大会或村民代表会议。因此，乡村基层民主监督意愿和能力相对薄弱。

## 四、陕西乡村治理的目标与路径

### （一）陕西乡村治理目标

党的十九大报告中提出了实施乡村振兴战略，其中，重要的目标是"治理有效"，习近平总书记提出"创新乡村治理体系，走乡村善治之路"，将乡村善治提到了新的战略高度。乡村善治既是一种治理理念，也是未来中国乡村治理的发展愿景和治理现代化的导向目标。

陕西乡村善治要遵循"三治"融合原则，健全自治、法治、德治相结合的乡村治理体系，建立以农民公共需求为导向的公共服务供给体系，协同多个主体参与乡村治理，促进乡村内部与外部力量的优势互补与主体联动，深入挖掘乡村治理路径的逻辑，进而准确把握乡村治理过程中矛盾的动态变化；建立健全科学完善的乡村事务的治理程序和实施规则，通过信息化和技术化来达到科学、高效的治理效果，助力乡村振兴的未来发展。

### （二）乡村治理路径

乡村治理现代化的路径选择是由经济发展、区域条件、历史和文化传统等多方面因素共同决定的。从总体看，实现乡村治理现代化的有效路径在于组织、文化及精英的三重重构及差异化的路径选择。

（1）组织重构。重点在于强化村级党建，重构乡村的组织资源，以农村基层组织建设作为改善乡村治理状况的切入点，提升组织化水平，密切联系群众。

（2）乡村公共文化复兴。重点在于坚持互惠原则和共识原则，有效破解私人性的个人生活和公共性的文化需求之间的矛盾，重构社会主体的关联性机制，激活传统乡土文化中的互惠性文化基因，从而建立新的乡村社会共识和价值规范。

（3）乡村治理精英再造。重点在于顺应乡村精英的复合型供给模式，以复兴公益价值为导向，促进新乡贤衍生和外部嵌入式精英的实践，发挥整合效力，同时要畅通各方面人才的下乡通道。

（4）差异化的路径选择。

在选择陕西乡村治理现代化的路径时，应充分考虑本区域的实际。陕西各地农村实际情况差别较大，在推进乡村治理现代化的路径选择上必然有很大差异。在西安、宝鸡、榆林等大中城市周边村镇，农村工商业较为发达，城乡统筹一体化水平较高，村庄内部资源和利益比较密集，城镇化带来的治理事项复杂，必然要求具有精细、规范、高效的村级管理制度，具有内生动力对乡村治理体系进行创新和改革。而远离大中城市的区域，大都属于农业型社会，市场经济发展水平不高，城乡的差距也较大，很多农业型地区的村庄治理大都限于"维持"状态。必须在保持乡村本位的基础上，注重保持乡村长久以来行之有效的某些传统的治理方式，如借助基础社会自组织力量和仍在延续并发挥乡村社会的内生自治能力，选择稳健性的乡村治理现代化的路径，实现乡村治理现代化的实践与陕西乡村社会的协同共进。

## 五、加快乡村治理现代化建设的对策建议

### （一）加强乡村环境治理

制定并完善乡村环境治理政策法规，打造乡村环境治理样板，包括农村污水处理、垃圾处理等；加大资金投入，完善乡村基础设施建设。在考虑引进工商企业发展农村经济时，要考虑当地生态环境承载力，不能引进高污染企业。坚决抵制应当淘汰的落后产能进村。帮助城乡居民拓宽学习环保知识的渠道，鼓励村民参加环保活动。创新宣传方式，加强环保科普知识及环保法律法规的宣传。把绿色理念贯穿到生活之中，唤醒与提高居民的合理利用与节约资源的意识，引导广大居民树立绿色消费理念，倡导村民在日常生活中养成良好的环保习惯。

### （二）加强基层党组织和社会组织建设

**1. 加强乡村基层党组织建设**

必须根据新时代乡村社会实际，加强基层党组织建设。一是要建立选派第一书记工作的长效机制，优化基层干部的生成方式和整体素质，推动党组织活动向着规范化方向发展。二是要进一步强化上级党组织的领导，使党的垂直组织系统贯通一致，带动基层党组织的发展。上级党组织可以通过技术治理的办法从制度上驱动基层党组织改善自身建设，提高组织化水平。三是农村基层党组织必须侧重对中坚农

民的吸纳与整合。

**2. 完善乡村社团组织建设**

应结合现阶段乡村实际情况并借鉴国外第三部门在乡村治理中的成功经验，在法律和制度上赋予村庄各类组织政治权利，以充分发挥各类组织在表达和维护村民权益、监督村务上的作用。

### （三）提升乡村自治的管理有效性

**1. 激发乡村自治的内生动力**

要壮大集体经济，夯实集体经济基础，开辟多渠道的收入来源，加强土地流转和规模化经营，实现产业兴旺。只有当农民感到生活富足之后，他们才可能具有参与村庄公共事务的内生动力。同时，应通过制度设计激发社会组织成员全面履行职责的动力，充分发挥其角色功能。可以借鉴外省市一些地区的成功经验，将村民自治重心下移到自然村，形成新的自然村自治机制。

**2. 重塑农民在乡村自治中的主体地位**

破解农民主体性缺失困境的关键就在于"增权赋能"，应在立法层面厘清乡镇与村两委之间的权能，要确保村民小组或自然村在村民自治中的主体地位，尽可能地压缩行政干预的空间。

**3. 培育高素质的乡村治理人才团队**

一方面，要优化组织成员结构，适当引导乡村有能力、有良好教育背景的年轻人进一步回流，鼓励中坚农民、本土乡贤、返乡力量等共同参与乡村治理，并依据能力大小、专业特长进行合理分工。另一方面，可以通过聘任专业性人才定期到村培训的方式来提高村委会成员运用政策和技术的能力，尤其是信息化技术的能力。

### （四）加强民主法治建设

应加强农村司法所、法律服务所、人民调解组织建设，推进法律援助进村、法律顾问进村，降低干部群众用法成本，加强普法宣传力度，引导广大干部群众自觉守法用法。

完善关于民主制度的地方法规。一是地方政府可针对本地实际情况制定地方法规，结合当地实际将"四个民主"的内容纳入法规程序中。二是健全村民政治参与的相关救济机制。三是明确乡镇党委、政府在村级民主制度中的监督职责。

### （五）以村德治为基础，重塑乡村文化

**1. 融入社会主义核心价值观**

培育弘扬社会主义核心价值观，并把核心价值观写入村规民约，渗透进家风家训中。建立健全村民议事会、道德评议会等群众组织，形成道德激励机制和道德评议约束机制。开展各种先进模范的评选活动，发挥乡贤的道德感召力，用榜样的力量带动村民奋发向上，形成向善向好的社会风尚。

**2. 弘扬中华优秀传统文化**

既要做好传统村落建筑、文化古迹、特色技艺和民间文化等各类文化遗产的传承和发展，还要结合城市文明、外来文化，尤其是社会主义先进文化进行时代转化和创新。推动城乡公共文化服务体系融合发展，为乡村文化建设提供更多的文化产品和服务，丰富群众性文化活动，也为城市文明提供不竭的滋养动力。

**3. 注重乡村新类型的"德治"载体建设**

创立新乡贤文化，树立先进个人典型。新乡贤既包括生于农村、长于农村，在农民中脱颖而出的本土乡贤，又包括从乡村走出去、人在外却心系家乡，支持家乡发展的外出乡贤，还包括在农村创业发展的外来生产经营管理人才，即外来乡贤。

（写于2020年）

# 关于加强公共安全视频监控建设联网应用

李建义：中国西部发展中心智慧城市研究院院长

**摘 要** "雪亮工程"，即公共安全视频监控建设联网应用。"雪亮工程"是以县、乡、村三级综治中心为指挥平台、以综治信息化为支撑、以网格化管理为基础、以公共安全视频监控联网应用为重点的"群众性治安防控工程"。它通过三级综治中心建设把治安防范措施延伸到群众身边，发动社会力量和广大群众共同监看视频监控，共同参与治安防范，从而真正实现治安防控"全覆盖、无死角"。因为"群众的眼睛是雪亮的"，所以称之为"雪亮工程"。集中体现为：全域覆盖、全网共享、全时可用、全程可控。

公共安全视频监控建设联网应用，是新形势下维护国家安全和社会稳定、预防和打击暴力恐怖犯罪的重要手段，对于提升城乡管理水平、创新社会治理体制具有重要意义。近年来，各地大力推进视频监控系统建设，在打击犯罪、治安防范、社会管理、服务民生等方面发挥了积极作用。但随着视频监控建设应用不断深入，现有法律法规不完善、统筹规划不到位、联网共享不规范、管理机制不健全等问题日益突出，严重制约了立体化社会治安防控体系建设发展。

公共安全视频监控建设联网应用项目建设的平台系统应作为智慧公安基础建设的重要部分，依托电子政务外网升级扩容社会资源平台为公共安全视频图像信息共享平台及建设社会网格化管理信息系统，在公安视频专网建设公安视频图像信息应用平台，构建联网应用总体架构。公共安全视频图像信息共享平台汇聚政府部门间已建视频监控及社会资源已建视频监控资源。充分运用人工智能、大数据等新技术，探索更多公共安全视频共享应用机制。

项目建设要实现"全域覆盖、全网共享、全时可用、全程可控"的公共安全视频监控建设联网应用目标，在加强治安防控、优化交通出行、服务城市管理、创新社会治理等方面取得显著成效。

全域覆盖具体是指重点公共区域视频监控覆盖率达到100%，新建、改建高清摄像机比例达到100%；重点行业、领域的重要部位视频监控覆盖率达到100%，逐步增加高清摄像机的新建、改建数量。

根据我国视频监控建设过程中的经验来看，重点公共区域应该主要涵盖机场、大型客运站、重点码头、地铁、特长隧道、大型桥梁与路段的重要部位以及公共交通工具；学校（幼儿园）、医疗机构，大型商场、农贸市场以及公共娱乐场所、体育场馆、宾馆、酒店、旅游景区等人员密集场所以及其他重要的公共场所和区域。而重点行业、领域的重要部位主要涵盖危险物品的研制、生产、销售、存放场所或者部位；集中存放重要档案资料的馆、库、室；博物馆及集中陈列、存放重要文物和珍贵的民族民间文化资料、实物的场所；金融机构的重要部位；广播、电视、通信、邮政等单位的重要部位；大型能源动力设施、水利设施和供水、供气、供电设施以及油库、加油站、加气站等。另外从文件对摄像机的要求来看，高清摄像机已经成为公共领域视频监控建设中必须要满足的条件。

全网共享具体包括重点公共区域视频监控联网率达到100%；重点行业、领域涉及公共区域的视频图像资源联网率达到100%。

从需求上来看，视频监控本质上是一个信息获取的过程，即从信息采集、变换、传输到最终呈现在人们面前。视频监控的初衷是人的视觉延伸，即人们需要通过视频监控的手段来更加及时、便捷、经济地获取视力不能及处的视频信息。同样道理，视频监控作为公安部门获取维护社会治安和保障城市和谐有序的重要信息桥梁，必将会从原来单一小规模系统向大规模集成融合互通系统方向发展。以前建设的平安城市视频监控系统往往是以单个城市作为主要覆盖区域，容易形成信息孤岛，相邻城市间视频监控不能互通融合。而在发生全省或全国性重大刑事案件或公共安全事件时，省级公安或者公安部往往需要调看全国不同城市视频监控系统的现场视频信息或录像信息，掌控全局并进行综合决策和指挥，以前城市孤岛式的视频监控系统显然无法满足要求。在这种情况下，就需要视频监控系统的大融合与互通，应用需求推动了视频监控向"大联网"迈进。

另外，实现"公共安全视频监控联网"需要先进的技术作为支撑。当前，视频监控系统无论是前端技术还是后端管理平台技术都有了长足发展，有了技术上的支持保障，视频监控系统建设"联网"才能从想法变为现实。"联网"只是手段，通过"大联网"来发挥视频监控系统的最大效力才是目的。一些先进的视频监控技术，包括物联网、云计算、移动互联网以及智能视频分析技术都将助力视频监控大联网系统向更广阔的空间发展。

全时可用主要包含重点公共区域安装的视频监控摄像机完好率达到98%，重点行业、领域安装的涉及公共区域的视频监控摄像机完好率达到95%，实现视频图像信息的全天候应用。

视频监控摄像机完好率具体是指完好的正常应用的视频监控摄像机在全部监控设备中的比重，它是反映设备技术状况和评价设备管理工作水平的一个重要指标。视频监控摄像机完好率必须保持在一个较高的水平，才能保证整个系统的正常发挥作用，保证联网应用的效果。

全程可控具体是指公共安全视频监控系统联网应用的分层安全体系基本建成，实现重要视频图像信息不失控，敏感视频图像信息不泄露。

近些年信息安全越来越成为行业发展关注的重点，而安防系统的IT化发展是大势所趋，在大量设备联网后，遭到网络攻击及具有安全隐患将是常态，互联网及相应技术的飞速发展在为建设安防系统提供了方便的同时，也给这个系统带来了许多安全隐患。这是由互联网的公开性所决定的。因此在公共安全视频监控联网建设中做到全程可控，实现重要视频图像信息不失控，敏感视频图像信息不泄露是必然要求。这也对视频监控企业提出了更高的要求。

## 一、建设任务

（1）完善系统横向互联、纵向级联，打造市、县、乡三级公共安全视频图像信息共享平台。在现有平台的基础之上，按照市、县（区）分级整合本级各政府部门、重点行业、重点单位和其他视频资源，搭建市、县两级平安城市综合应用管理总平台。横向上，分级有效整合本级包含直属各部门、重点行业、其他社会层面视频监控资源，实现横向不同网域、不同单位资源汇聚互联；纵向上，安全有效整合市、县、乡三级视频监控资源。

（2）健全系统资源共享机制，建立跨地区、跨部门、跨网域视频图像信息共享应用机制。按照统筹需求、分级管理的原则，建立健全视频图像信息共享机制，通过安全的审核制度和合理的技术标准体系，加强各区域、各部门、各网域协作，为统一构建公共安全社会而努力。通过信息融合导入、开放数据端口、分级授权应用等方式，实现全市视频图像资源、数据互联互享互用。各部门按照法律规定使用处理有限视频图像，根据业务需求，实现信息资源共享。

（3）依托现有技术，继续推动科技创新，加强视频图像领域先进技术应用，为社会公共安全提供更强大的保障。运用深度学习、人工智能、大数据、云计算等现代技术，加大在公共安全视频监控系统中的集中应用力度，提高视频图像信息的综合应用水平。依托公安视频专网，加强基础视频资源整合、存储、分析，建立大数据解析中心，增加多维数据综合检索和视频大数据挖掘分析服务，深化城市管理综合智能应用。

## 二、建设内容

按照国家《公共安全视频监控建设联网应用"十三五"规划方案》要求，结合本地实际业务需求。本项目建设内容主要包括：

（1）开展系统平台建设，包括政务外网内的公共安全视频图像信息共享平台建设、社会网格化管理信息系统建设；公安视频专网公安视频图像信息应用平台升级扩容等。

（2）开展"图像实战预警平台"建设，包括数据治理、重点人员管控等应用模块。

（3）开展安全系统建设，包括四个边界安全接入平台：电子政务外网与互联网边界、视频专网与电子政务外网间边界、视频专网与移动传输网边界以及公安视频专网纵向安全隔离边界。

（4）开展运行维护系统建设，包括市级全网运维平台升级改造含公安网、视频专网和政务外网，以及下属五县四区运维系统建设等，开展一机一档管理系统建设。

## 三、建设原则

公共安全视频监控建设联网应用项目的建设以"统一标准、统一规划、技术先进、突出应用、稳定可靠、资源共享、信息安全"为原则，确保系统的设计和建设满足城市管理的全局需求，体现城市管理的数字化、自动化和智能化的领先水平。

（1）统一标准。公共安全视频监控系统的建设必须统一标准，系统建设在符合国家和行业相关标准及地方标准的建设要求基础上，采用先进的技术手段和系统架构，整合已建视频资源，在统一的标准框架下实现统一部署、资源共享、平台共用，构建全网各种设备接入、各子系统互联互通、区域视频信息系统互联共享的可扩展规模和升级应用的视频信息管理系统。

（2）统一规划。公共安全视频监控系统的建设必须统一规划，按照政府统一要求和部署，采用高科技、新方法对城市管理进行综合分析和管理监控，提高城市管理水平和城市运行效率，增强城市应对突发事件的应急能力。

（3）技术先进。采用主流的、先进的技术构建系统平台，满足可视化社会治安防控需要，促进城市公共安全视频监控图像信息综合应用，实现"指挥点对点可视化、系统运行数字化、应对决策扁平化"。

（4）突出应用。公共安全视频监控系统的建设必须突出应用，在建设中应以现实需求为导向，以有效应用为核心，充分利用视频信息资源，结合各种应用业务，不断提高政府机关预防、打击犯罪，严密治安管理和维护社会稳定的能力。

## 四、总结

公共安全视频监控系统建设联网项目，在治安防范、打击犯罪、社会管理、服务民生、提升公众安全感和执法满意度等方面发挥了积极作用，在预防有重大影响的政治性事件、群体性事件、个人极端事件、安全事故以及负面舆情等方面发挥了巨大优势，为进一步推进立体化社会治安防控体系建设、提升社会综合治理能力、保障人民安居乐业、维护国家安全和社会安定有序提供了有力支撑。

（写于2021年）

# 5G 时代传媒应用与发展的路径选择

中心课题组
薛晓燕　张斌峰　刘根社　陈　刚

**摘　要**　5G 成为媒体变革的历史性"拐点",媒体必须在探索 5G 应用场景和努力开拓 5G 相关媒介业态的转型发展中增强其历史主动性,寻找更大更持久的发展空间。本课题在分析研究 5G 时代的新兴技术对媒体生态的改变趋势、媒体的应用实践基础之上,深度探讨并对 5G 时代媒体发展的相应路径选择提出建设性意见。

毫无疑问,因为移动通信技术的兴起,媒介的发展进入了全新的阶段。移动通信技术与互联网紧密结合的产物——移动互联网为网络插上了移动的翅膀,更加完美地实现了信息传播的时空延伸,媒体变化的不断刷新。

回溯发展历程,从 1G 到 4G,移动通信网络承载的主要是人与人之间的信息连接,而 5G 技术则推动媒体发生了近乎颠覆性的变革——除了人与人之间的信息连接得以强化外,还通过物联网、车联网、工业互联网的构建扩展到人与物、物与物的连接,"万物皆媒"成为现实。5G 为一切连接提供了核心纽带,驱动了智慧社会、智能时代的来临,使大量新兴应用、新兴形态、新兴平台、新兴模式在其所提供的肥沃土壤中孕育、萌发、成长壮大,推动媒介生态的又一轮大变革。从某种意义上说,5G 成为媒体变革的历史性"拐点"。

面对全新的、接踵而来的技术创新,以主流传统媒体为代表的媒体机构,以深厚的历史责任感顺应趋势,迎难而上,在艰难探索 5G 应用场景和努力开拓 5G 相关媒介业态的转型发展中,取得了可喜成绩,当然也面临着更大的挑战。借鉴历史的经验,审视发展的路径,研究 5G 技术支撑下媒体的未来趋势,寻找更大更持久的发展空间,成为媒体、特别是主流媒体的从业者、管理者迫在眉睫的重要任务。

鉴于此，本课题仅就5G时代的新兴技术对媒体生态的改变以及媒体的应用实践和发展路径进行梳理和探讨。

## 一、5G技术深刻地改变了媒体生态，媒体在面临发展机遇的同时也面临严峻的挑战

### （一）5G技术催生了三种与以往明显不同的信息生产和消费趋势

5G的优越技术特性主要集中在三大应用场景的技术性进步，包括增强性移动宽带（CMBB）、超高可靠超低延时（URLLC）和大规模物联网（mMTC）。它带来的直接优势是：大带宽——网络峰值速率是4G时代的10～100倍；低延时——信号在传输通道中传送时所花费的时长从4G时代大于10ms降低到最低1ms；广连接——从4G时代网络每平方千米网络连接数不超过10万到每平方千米连接数最高可达到百万量级且可"万物互联"；低损耗与安全性的大幅提升。

5G改变了社会，也改变了媒体生态环境。在5G环境下，媒介生产和信息产生了三种明显的趋势消费：

（1）超视频化。由于5G网络速率的倍增，各类视频更易于传播和获取，视频新闻、视频社交、视频营商……视频无所不在，将在不久的将来全面超越图文、语音的地位，成为社会的基础性信息消费和交往方式。

（2）泛媒介化。5G网络形成的大连接使得信息内容接收、存储、传输的渠道大大丰富，信息和媒介都趋向无处不在、无时不有，人们的消费场景、信息传播平台、终端都会向更泛化的方向靠近。

（3）强智能化。超视频化、泛媒介化形成的海量数据，非人力录制、分发、选择和利用能够完成，5G技术带来的数据处理量的跃升、运算速度的增强，则成为媒介智能化的重要网络支撑。而具有情景感知功能的 AI 将更精细地记录和反映个体的需求，媒介组织提供适配的个性化产品和服务成为可能和必然——不管是信息消费还是物质消费。

### （二）媒体的功能由单一向综合转变，传统媒体实质上已进入衰退期

在传统媒体垄断市场的时代，媒体的功能定位比较单一，即以新闻信息为核心的内容传播渠道和平台。然而，从3G到4G，传媒生态发生重大变革，人们的信息需求和渠道选择趋向多样化、个性化，新媒体、新传播模式已经挤占了曾经处于

垄断地位的新闻和信息消费市场，传统媒体实质上已进入衰退期。

新媒体、自媒体吸引了众多受众，其产品和服务的丰富多样改变了媒体环境，促使传统媒体的产品定位和功能发生改变：传统媒体由单一信息传播者向综合信息服务者转型。

### （三）媒体既面临全新的挑战，又拥有更大的发展空间和机遇

泛媒介化使得传统媒体面临新的挑战与机遇：一方面，传统媒体原有的领地被迅速吞噬，另一方面，越来越多的智慧终端和使用场景可供开发利用。在未来发展中，流量（用户和受众）不是问题，媒体乃至个人的专业适用和服务能力成为关键。因此，有无限的可能有待媒体从业者去开发和创造，媒体拥有更大的发展机遇和发展空间。

## 二、媒体应用发展的路径选择和积极实践

### （一）媒介融合步伐加快，融媒体集团发力"四全媒体"

根据 2014 年 8 月中央全面深化改革小组第四次会议审议通过的《关于推动传统媒体和新兴媒体融合发展的指导意见》，媒体融合的目标是要打造一批形态多样、手段先进、具有竞争力的新型主流媒体。按照要求，媒体的融合步伐加快，融合深度也在增加。

（1）横向融合。即打破媒体的传播介质差异，将现有媒介具有不同资源优势的媒体定位联合起来，组成更大的内容生产和传播平台，形成混合多种媒体的集团。如中央三台的合并，天津报社和广电的合并，陕西电视广播的合并和融媒体集团的成立，市县级跨媒体而成立的融媒体中心等。

（2）纵向联合。即从现有信息产品和市场向垂直上下游方向拓展业务范围，建立跨层级的平台和技术整合，实现资源共享，上下互通，达成一体。比如陕西日报传媒集团子报刊的跨媒体采编，"中央厨房"的新闻信息集合、加工和传播。2021年，陕西日报大力推进群众新闻网端升级，新版本利用了最新的开发构架和语言，对群众号功能整体重构，增加栏目推荐、群众号榜单、矩阵等功能；2022 年初改版升级群众客户端 "群众号"，拥有 "图、文、音、视" 四大内容形态，涵盖新闻、政务、民生、服务等多领域。2021 年，"群众号"积极与各区域融媒中心、宣传部联动，共计合作开展了 55 场直播，累计浏览量超千万次。在十四运会、残特奥会

期间与莲湖融媒联合推出《邂逅全运 千年烟火》短视频产品,单平台浏览量达11.7万次。

（3）构建媒体+的新型业态组合。用基于而又超越媒体业务的相关多元平台,从"做内容,卖广告"模式向"聚用户,卖服务"模式延展。《陕西日报》开设报网联动"我为群众办实事·民声"融媒栏目,扩大媒体融合的广度和深度,浏览量达到400万以上。2021年底至2022年初疫情防控期间,"民声"栏目征集抗疫中的操心事、揪心事、烦心事,主动联系相关部门进行对接解决,整合推出在线就医、线上购药、"民声"帮忙通道等服务产品。如《三秦都市报》"公益记者"公众号,已经聚集了超过万名忠实粉丝用户,正向着卖服务的模式递进。

（4）在建成全程媒体、全息媒体、全员媒体、全效媒体上下功夫。"四全"媒体是国家大力推进传统媒体和新媒体进行无缝隙融合的实践产物,是媒体融合的必然发展趋势,也是将媒体融合战略不断向纵深推进的必经之路。陕西日报社以"我为群众办实事"实践活动为载体,开设报网联动"我为群众办实事·民声"融媒栏目,扩大媒体融合的广度和深度。发布的关于西安火车站公交乱象,关于西安火车站公交换乘难登上微博和抖音热搜,浏览量达到400万以上。对民声问政进行代码重构,增加图片、音视频混合数据支持;对标主流小视频应用,增加瀑布流等多种展示方式等;新推出"小Q播报"AI智慧媒体新频道,读者在线可一键听读新闻。

### （二）重视"内容科技"的研发和实践,驱动内容价值创新和场景应用

以人民网为头部引领的"内容科技",正吸引着更多的媒体加入其中。"内容科技"是内容产业乃至一切内容生产、传播、治理领域全链条的重要引擎。它驱动了内容数据化、数据要素化、要素市场化,为媒体的价值创新打开了新的空间。尽管在这一领域面临诸多技术公司、制作公司的竞争,但作为累积深厚图文、视频内容的传统媒体,可通过VR/AR创新和衍生更多形态的产品和服务,形成产能,构筑自己的核心竞争力。在这方面,省级电视媒体的创造性正在勃发之中。

### （三）人工智能应用升级,智媒体显现市场魅力

近几年,人工智能在新闻生产传播中的应用已不鲜见。例如新华社的"快笔小新",人民日报"中央厨房"的"小融",今日头条、一点资讯洞悉人心的精确内容推送等。2017年6月,新华社和阿里巴巴集团共同投资组建大数据人工智能科技公

司——新华智云,自主研发了中国第一个媒体人工智能平台"媒体大脑"。2019年9月,人民日报人工智能媒体实验室正式亮相。2019年1月,中央广播电视总台基于5G+4k/8k+AI等新技术全新打造的综合性视听新媒体平台正式上线。地方媒体中,广州日报智能化融媒体方阵在业界处于领先地位。陕西的主流媒体如《陕西日报》、陕西广电融媒体集团等主流媒体,也有不少值得称赞的应用和创新。

**(四)着力进行媒介生产传播的全流程再造,以期胜任媒体融合发展的要求**

5G网络形成的"大连接"将指向万物,人们的信息消费场景将更为泛化,要精细化地适配多样化、个性化的场景和需求,必须进行生产和传播的全流程再造。中央和地方的媒体在流程再造方面有许多实践,主要的特征是新老媒体的一体化运行,资源共享,升级融媒体平台,搭建统一、高效、协同的智能化采编运行架构等,效果和效益是比较明显的。

陕西广电融媒体集团创建并全方位运行的"一盘棋、一朵云、一张网",走出了媒体融合发展的"陕西模式",成为全国广电行业专席发展的典范。"一盘棋"是统筹全部资源,形成媒体平台,统筹、协调资源互补,对外开放和共享;"一朵云"是指"公有云+专有云+私有云"组成的混合云,为平台提供数据服务和技术支撑;"一张网"是统筹省市县三级融媒,形成统一的技术平台和互联互通,同时纵向通中央媒体,横向通商业互联网、各企事业单位及广大自媒体用户。陕西广电融媒体集团目前已形成了新闻媒体传播、节目内容制作、广电网络传输、电视购物运营、影视剧制作投资、新媒体集成播控、电竞、物联网、产业园区开发等主营业务板块,构建了完整的全媒体产业布局和传播体系。

### 三、存在的主要问题

中国移动互联网蓬勃发展的态势仍在继续,据统计,至2021年,终端用户占全球80%以上,手机网民规模达到10.29亿人,组成了全球最大的5G网络。5G行业应用进一步拓展,覆盖工业、医疗、车联网、教育等20多个国民经济行业,近50%的应用实现了商业落地。最显著的特点是人工智能技术应用不断加快,区块链应用进一步拓展,物联网进入场景落地阶段,媒体发展势头方兴未艾。所以,已经在融媒体建设和发展中积累了经验的媒体,还需要正视存在的问题,紧紧追踪5G技术引发的变革和机遇,迎接新的挑战。

(1)观念和思维相对落后于发展的问题。进入3G技术以来,传统媒体囿于自身体制机制的限制，习惯于传统单一的信息生产和传播，观念和思维必然还较多地停留在过去的惯性思维，创新的主动性不强。5G 环境下，仍然用传统的线性思维方法去解决非线性思维问题，导致融合、再造都无法达到最优，影响媒体内容的生产和传播。

（2）流程再造受限，管理创新与发展的适应度不够。面对融媒体发展的新阶段，需要大力推进各媒介资源在内容、渠道、平台、经营、管理等方面的深度融合，通过建立相关规章和合理的组织架构，使新闻产品在集团或集群或中心的不同载体和终端上得到合理分配，由各载体和终端对信息资源进行合理使用。故此，流程再造和管理创新十分重要。目前，各主流媒体在流程再造方面有不少创新，但仍然存在适应度不够等瓶颈。除了主观上缺少系统科学的视角和对技术支撑的掌握，客观上存在体制机制的束缚、专业人才的缺乏，使得流程再造和管理创新受限。

（3）技术投入不足，复合型人才缺乏，造血能力弱。5G 时代给传统媒体带来的冲击是难以形容的——受众面缩小，广告市场萎缩，经济效益滑坡，造血功能严重受限。因此，对技术改造投入不足，既懂传媒又懂技术的人才匮乏，难以支撑融媒体的发展，导致其发展的步子迟缓。虽然年年都有新产品，但整体上仍处于"弱智能"时代，还有较大的发展空间有待创新和实践。

## 四、对5G时代传媒发展路径选择的建议

### （一）增强紧迫感和使命感，提高站位，转变观念

习近平总书记指出："从全球范围看，媒体智能化进入快速发展阶段。我们要增强紧迫感和使命感，推动关键核心技术自主创新不断实现突破，探索人工智能运用在智能采集、生产、分发、接收、反馈中，用主流价值导向驾驭算法，全面提高舆论引导能力。"要提高政治站位，结合实际制订科学的应用策略和发展规划，做好顶层设计和统筹规划，并积极创造条件，突破资金、技术、人才、机制等方面的制约，在技术装备、生产流程、组织架构、体制机制、员工培训等多方面进行变革，以适应和应对智能化时代媒体生态环境与受众和用户需求。

### （二）着力推动融媒体向纵深发展，努力建构"四全"传媒

（1）应依托融媒体内容资源与技术平台优势，全面提升数字服务能力，努力建设自主可控、特色鲜明、资源集约、链条完备的全媒体创新技术平台，重塑采编流

程，优化管理手段，丰富媒体资源库，提升内容生产能力，打造数字服务基础设施和数据能力。

（2）在内容融合上继续加力。要不断挖掘媒体的品牌资源，充分利用和发掘传统主流媒体话语权这一核心价值优势，提升个性化、多元化、移动化的内容供给能力，以此夯实用户基础，寻找稳定的盈利模式。

（3）要摒弃和调整因融合主体关系不清晰，品牌、版权保护意识不强，传统媒体的内容生产模式未能改观而带来的不良影响。特别是要重视以系统的视角看问题，重构各媒介之间的关系作用，强化融媒体传播的动力之源，推动融媒体不断向前迈进。

### （三）发挥传统媒体的"在地性"优势、文明传承和社会逻辑洞察方面的优势，深耕资源，重塑品牌影响力

5G时代，人们的线下生活逐渐向"线上"转移，"线上"生活日益丰富化、主流化，成为人们生活的"主阵地"。传统媒体需加力"在地性"优势，推动、激活和综合各种专业、垂直服务所需的全部资源的优势，以期获得更好的发展。

传统媒体在文明传承和社会逻辑洞察方面的优势，仍是构建传媒新格局不可缺少的主要力量。所以，传统媒体要把握好机会，做好对用户的精细化管理工作，利用自己的核心优势，在技术逻辑的引导下和"线上"的新业界的构建中，去影响主流和主流人群，实现目标。

### （四）锚定智媒体发展风口，推进以智库化、智慧化为主的转型发展

当前，人工智能应用于新闻传媒业已然成为一种潮流，智媒体成为传媒业创新发展的新引擎。

重视智媒体的发展不但需要信息生产和传播要向以技术赋能为主的智能化转变，还需要推进以智库化、智慧化为主的转型，通过媒体智库的建设推出具有专业性和权威性的思想产品，将媒体服务领域由单纯的信息传播向思想挖掘、战略研判、方案供给、价值传递延伸，推动主流媒体通过智慧转型在新时代提升新的服务能力，增创新的服务价值。在这方面更需要媒体的管理者和从业者增强历史主动，锚定智媒体发展风口，将主流媒体的人文优势架构在大数据和人工智能基础之上，以期获得巨大的、全新的发展机遇。

## （五）提高技术人才在决策和管理中的占比，加强职业技能的培训和教育

5G 时代，媒体急需的是适应面广的复合型人才、创造力强的优质内容生产者、善于人机互动的技术精英，还有能够统筹多平台、多渠道的全媒体运营师，这就需要加强对员工的培训，造就一支适应新发展格局的人才队伍，才能有效地应对发展的需求。

## （六）适度加大政府资金投入

建议将新媒体技术投入和智媒体建设纳入政府重点项目，适度加大对主流媒体所需技术支撑项目的资金投入。同时，以重点项目的示范作用带动媒体业的转型和发展。

（写于 2022 年）

# 关于积极推进西安市应急文化体系建设的对策建议

桂维民　孟济生　封　超　唐　健

**摘　要**　近年来，西安市应急管理局紧密围绕市委、市政府中心工作，牢牢把握"党建"根本、突出"应急"重心、守住"安全"红线，西安市通过突出党建引领，推进体系构建，围绕中心任务，加强重点工作保障，在全力构建统一领导、权责一致、权威高效的应急管理体系方面取得了显著成效，为"十四运"和城市高质量发展营造了良好的安全环境，但是在应急文化体系建设方面还存在一定滞后性，针对该问题，课题组进行了深入调研，分别从顶层设计、基础建设、行为引导、制度建设、精神建设等方面给出了对策建议。

## 一、西安市应急文化体系建设现状

### （一）应急文化体制机制初步构建

全市建成"党委政府统一领导、部门分工负责、灾害分级管理、属地管理为主"的体制和"上下衔接、协调有序、运转高效"的综合灾害救助应急工作机制。市、区县两级政府成立了减灾委员会，建立市、区县、镇街和村（社区）四级灾害信息员队伍，先后出台了系列法规政策，修订完善市、区县和街道三级自然灾害救助应急预案，为应急管理工作提供了组织保障。

### （二）应急文化基础进一步巩固

全面推进"85316"治理工程和城市排水工程。完成地震前兆监测台网系统升级改造，128个地震烈度速报与预警台站勘选、28所中小学校地震预警信息服务试点建设勘选和市级预警信息发布中心系统建设前期准备工作,完成了城市燃气管网地震紧急处置系统、灾害风险监测预警系统等试点建设,农村危旧房屋加固改造11990栋。在408处地质灾害隐患点周边设立兼用应急避险点,充分利用公共服务设施建成应急避难场所188处,有效避险总面积635万平方米,可容纳人数272万人。建成1个市级、6个县级救灾物资储备库,初步建立市、区县和镇街三级救灾物资储备体系,实现灾害发生12小时内受灾群众基本生活得到初步救助。

### (三)自然灾害应急响应与处置能力显著增强

区县、市级各部门、企业共建成应急救援队伍131支,基本形成了"综合性应急救援队伍为主,专业应急救援队伍为辅"的应急救援队伍体系。建立"5·12"全国防灾减灾宣传周常态化工作机制,广泛开展灾害预防、自救互救科普宣教活动,经常性开展实战化应急预案演练,灾害应急响应和处置能力显著提高。

### (四)灾后救助和恢复重建水平明显提升

强化措施、狠抓落实,扎实开展2020年底冬春期间受灾群众生活救助工作,共下拨救助棉衣被0.42万件(床),下拨冬春救助资金188.46万元,救助受灾困难群众约1.15万人。积极支持区县灾后恢复重建工作,下拨市级灾后补助资金132万元,重建修缮倒损农房1350间。

## 二、西安市应急文化体系建设存在问题

### (一)应急文化顶层设计不足

应急部成立后,充分考虑到防灾减灾救灾的顶层设计,在各类安全事故面前,多次尝试着从制度、科技、技术、方法等各方面采取措施,如安全生产责任制、通报、检查、召开会议、追究当事人责任、停工停产检查等手段,但效果似乎并不明显。其中最突出的一个问题是没有形成系统有效的应急文化。透视现实重大安全事件,原因是复杂多元的,但脆弱且非理性的应急文化理念往往使防范化解重大安全风险雪上加霜。应急文化更加强调安全的准则、理念及心态;更加重视系统化规范及管理,通过对人的观念、意识、态度、行为等有形与无形的安全氛围的影响,从而达到有效控制。

## （二）应急物质文化有待提升

应急物质文化是应急观念文化、行为文化和制度文化的物态表现。调研发现，我市应急物质储备和预备较为不合理，技术系统和生产系统的应急技术、应急功能和能力一般，在生产过程和生活过程中对事故灾害的监测预报能力不强，事故灾害发生时的逃生救援能力也亟待提升。

## （三）应急制度文化亟待加强

调研中发现，应急法律体系依然存在诸多问题。首先，系统性比较弱，完整性不足，对突发事件的处置规定不够全面；其次，应急法律体系太过粗糙，缺乏具体的实施细则，实际操作性不强。对比日本，日本制定的各种防灾减灾法则，其种类就不下几十种，应急管理法律体系是由基本法、组织法、灾害预防、灾害应对及对策、灾后重建等200多部法律法规构成。

## （四）市民应急文化意识淡薄

调研中发现，社区应急文化培育主体的过度行政化导致社区应急文化培育的参与主体少。我市在应急文化培育过程中，培育主体的过度行政化使得应急文化的培育过程缺乏社区居民的主动参与和互动，行政部门利用宣传讲座、专家培训、宣传标语等形式向社区居民传递社区应急的知识和观念，居民更多的是处于一种被动接受的状态，往往会导致居民接受程度不高、形式化现象严重，无法让居民真正形成一种良好的应急观念、意识和价值观。由于培育主体主要是行政部门，社区应急的相关组织、制度都是围绕着行政部门而设立，缺少社区居民或社区组织的自主应急组织。

## （五）应急文化基础保障薄弱

调研发现，已经建成的应急避难场所大部分还存在建设简单、粗放、科技含量不高的问题。"有空间、无功能""有场地、无设施""有分布、标示牌不统一"是我市应急避难场所的真实写照，再加上应急避难场所数量少而且分布不均匀，宣传力度不到位等因素的影响，导致应急避难场所的利用率不高。通过调研数据可以看出：在近10年的时间里，全国660个城市有300多个应急避难场所，可想而知应急避难场所数量之少、发展速度之缓慢。应急管理科技保障也较为落后。日本对建筑物的抗震减灾设计中，有很多的创新研究，例如建筑结构的减震控制技术，日本就名列世界前位。还设立了一套健全完善的灾害信息传播系统,在灾害来临之前,通过灾害信息传播系统迅速将灾害情况发送给民众,提前告知民众需要做好灾害防范准备,避免灾难来临时发生混乱的局面,以此来有效地应对灾害,保护民众的生命财产安全。

## 三、推进西安市应急文化体系建设的对策建议

### (一)注重应急文化顶层设计

(1)突出政治站位。要高举中国特色社会主义伟大旗帜,始终坚持社会主义先进文化前进方向,自觉把"四个意识"融入建设的各个方面、各个环节。

(2)完善体系设计。注重设计系统全面的应急文化体系,力求站得更高、看得更远、做得更好。一是各级应急管理部门要担当起应急文化建设设计师的责任,把制订"十四五"应急文化建设发展规划列入应急管理部门议事日程,从战略层面、全局层面明确应急文化建设的指导思想、总体思路、基本原则、基本方向和建设途径,为应急文化建设掌好舵。二是要坚持整体系统性设计原则,针对应急文化建设涵盖各领域、各个方面、各个环节,具有全方位、多维度、多层次的特征,立足全局进行系统思考和统筹规划。三是抓住重点,突破难点,根据应急管理工作的需求和应急文化建设规律,按照先后顺序通盘考虑,既有统筹考虑,又有重点安排;既有长远规划,又有阶段目标,使应急文化有组织、有计划、分步骤、分阶段逐步实施,不断在重点领域、关键环节取得突破,以达到既定的目标。

### (二)丰富应急物质文化建设

(1)要以政府为主导,联合企业、公共组织及民间力量,做好应急产业规划,着力发展集群化、特色化应急产业。与此同时,要着手建立应急产业园区和应急技术研究中心,整合资源,努力研发并生产一批先进适用的应急产品和应急设备。

(2)要建设一批高效可靠的应急工程。应急物态文化不能仅仅限于低水平、广覆盖的传统应急物资、设备、装备建设等,还要有层次、有区别地在重点行业和领域建设一批防灾减灾工程、应急培训基地、突发事件应急系统以及集监测、预警、预报和信息报送于一体的应急管理系统工程。

(3)完善应急设施及应急符号,丰富公众应急体验。高标准配备应急设备设施,设置统一和易于识别的逃生救援标志,改造现有公园、绿地、广场、体育场馆和学校等,使之兼具应急功能。建设应急文化主题公园、社区防灾体验中心和应

急纪念馆等，丰富公众的应急体验。有关部门在全面完善避难场所及各种指示牌设置的同时，更要注意做好与其有关的宣传和演练工作，让其发挥应有的作用，避免形同虚设。

（4）充分利用互联网、手机、电视等居民获取信息的主要渠道与公众交流和沟通。可以在电视台开辟专栏节目，向公众宣传如何预防和应对危机的知识，还可以邀请观众来现场进行互动；可以建立应急微信公众平台，以其为切入点定期向居民发送应急管理相关知识，营造城市应急文化的良好氛围。通过不断丰富应急物质文化，为防范化解重大安全风险奠定基础，为应急实践发展和应急文化体系的完善提供基石。

### （三）突出应急行为文化建设

（1）构建立体化全民应急教育培训体系，积极培育应急文化。坚持政府主导、开放创新，克服"重处置、轻预放"的弊病，注重应急准备与预防，推动"关口前移"。充分发挥各级应急管理培训中心的培训功能，分层次、全过程、专业化培训应急决策、指挥和执行人员，设立社区应急培训机构，差异化培训企业、非政府组织等的人员，以及志愿者和公众，形成一体化、广覆盖的应急教育培训体系，广泛提高各类人群的应急意识和技能。社区可以定期举办针对居民的危机预防和应对的培训课程。也可以学习国外先进经验，印制并免费发放危机防范手册，指导公众在危机发生时进行及时有效的自救，手册的设计应该言简意赅，采用比较吸引人的方式，如漫画，图形并茂的教导更能起到良好的效果。

（2）完善应急科普宣教工作，提升全民科学素质以及公众应对突发事件的处置能力、心理素质和应急素养。2021年6月，西安市教育局、西安市应急管理局联合印发了《关于加快推进中小学安全教育共享教室建设的指导意见》，指出要建设学校安全体验教室，做好学校公共安全教育工作，提升学生的应急意识，逐步形成学生、家长、学校、社会共同参与的全民安全教育体系。要采用丰富多样的应急科普形式，构建全媒体融合的科普传播矩阵，更多地利用"互联网+"科普，加强线上和线下应急科普的结合，提升应急科普实效。

（3）建立健全应急管理知识的获取、保存、吸收、传播的制度化安排，推动应急知识的传承与利用。政府的相关部门应定期进行应急疏散演练，通过实际模拟增加居民应对危机事件的感知和体验，增强他们处理危机的能力。鼓励社区、企事业单位等进行地震、火灾等常见灾种的情景模拟，开展演练。拓宽社会力量参与应急的渠道，强化应急准备和自救互救理念，优化系列制度、社会规范、道德标准，引导形成长期导向的预防性的危机意识和公共安全的责任意识，以及"防微杜渐""自强不息"等下意识行为，培育主动、负责、理性、有序的社会应急文化，促使多元应急主体积极主动地参与应急管理，真正形成"政府到位、个体归位、社会力量补位"的应急文化格局。

（4）确立和发挥媒体的功能作用，营造增强国民应急意识和技能的舆论氛围。系统整合移动互联网、电视、广播、平面媒体等，开发在线应急演练系统、大型开放式网络培训课程和相关应急游戏等模块，打造综合性公共信息系统，多渠道及时发布应急政策、危险源分布、处置进程等权威性应急管理信息。考虑突发事件特点、媒体传播特征、目标受众心理等，利用公共信息系统，及时传播各类应急演练的场景、评估结果，以及预案体系的反馈改进工作，营造浓厚的应急准备氛围，培养公众的应急意识和社会的应急自觉性。

### （四）加强应急制度文化建设

（1）积极出台地方性应急管理法律法规和操作规范。完善的法制规范是依法响应的根本保障。近年来，西安市积极推进《西安市突发事件总体应急预案》《西安市生产安全事故应急预案》《西安市传染病疫情应急预案》等预案修编，修订《西安市突发事件应急预案管理办法》，在地方性应急管理法律法规和应急预案方面取得了一定成效。要统一现行法律法规中突发事件分类分级、处置流程等规范，消除各项法规间的矛盾与冲突，实现相互衔接、补充配合，建立完善系统规范、协调统一的应急法制框架体系，增强应急法制的实效性。

（2）建立一套完善的应急体制机制。一是改革传统的应急管理体制，破除部门间的利益藩篱，明确相关部门的权力、责任和义务，坚持事权和财权相统一，注重权力下放，鼓励基层创新，授予第一现场处置权，使基层政府更加自主、更好发挥，最大限度地控制并消弭突发事件。横向关系设计上，遵循网络化管理原则，制度化界定各部门的应急管理职能，改变横向部门间权责不清的制度现状。建立综合协调部门，形成分类管理、分工明确的应急职能衔接与配合机制，更好地协调相关应急职能部门，形成合力，共同履行预防与处置突发事件的职责。二是完善监督反馈机制和事后评估机制，及时调整优化部门、层级间的责、权、利配置格局。明晰监控监测、预测预警、应急响应和恢复重建等阶段的工作流程，实现信息、技术、组织、资源等的系统集成与优化配置，推动政府、企业、非政府组织与公众快速有效地参与应急。以平战结合为原则，综合运用物联网、移动互联网、大数据、云计算等现代信息技术，整合改进不同部门和行业的应急信息服务系统，打造信息统一、管理对接、资源共享、协调有序、运转高效的立体化、全覆盖应急合作平台，支撑政府、企业、非政府组织和公众间的沟通与合作。

（3）树立法治思维，鼓励多元主体参与。将法治作为应急管理的基本原则，严格依法行政、厘定权力边界、明确管理流程、细化操作规范，建立完善责任明确、标准统一、程序严密的制度规范体系。突破一贯制管理思维，突出治理理念，发挥政府主导作用，同时强化公共安全服务和社会行为引导的职能，注重多方参与、协调互动、利益均衡，兼顾正式与非正式的制度安排，运用经济、法律、行政等多样化手段与措施，激活社会组织，将自上而下的行政动员、自下而上的社会动员与水平方向的市场动员有机结合，实现政府与社会组织应急行为的良性互动。秉持"有限政府、合作互助"，发挥政府垂范、公务员表率的作用，明确大型国有企业的社会责任和行为规范，并发挥在应急管理全过程中应然的功能作用，形成示范带动效应。

（4）完善应急管理能力评价体系。现阶段对应急管理能力的评价体系还不够健全，还存在能力考察指标可量化的"硬"指标少、评价指标不具有操作性、动态评价较少等问题。要探索建立一种将应急管理定量分析和模糊综合定性评价相结合的应急管理能力评价指标体系，并在此基础上构建一个全新的应急管理能力评价模型。通过组建专家团队，设计征询表，专家征询和信息反馈、确定指标集等步骤建立评价指标集，并计算指标权重，从而对事件发展趋势和应急工作效果等各方面进行评估和判断，再以应急管理能力评估结果为基础制定相关的激励机制，促进应急管理能力持续提升。

### （五）重视应急精神文化建设

（1）培育底线思维。人们在应对各种风险、危机的长期实践探索中，也逐渐形成了一些应急管理和应急思维方面的规律认识和文化思考，如居安思危、忧患意识、预防意识等，这些都是现代底线思维的源头因素。底线思维，其中包含了忧患意识、防控意识、风险意识，更强调务实自强、积极预防，是一种积极的风险认知思维。

（2）培养风险意识。化灾难于无形是现代应急管理工作的最高境界。一是要增强民众风险意识和应急能力。要进一步增强民众忧患意识和责任意识，加强应急管理教育培训和科普宣传工作。充分发挥政府、社会、新闻媒体、网络等力量，采取多种措施和手段，积极推进防灾避险、自救互救等应急救援知识进农村、进企业、进学校、进家庭，增强全社会风险防范意识和灾害应对能力，形成"关注安全，关爱生命"的浓厚氛围。另外，要进一步发挥社会力量和市场协同的作用。防灾减灾事关千家万户，事关每一个公民的人身财产安全，必须坚持以政府为主，动员全社会力量参与，加快形成防灾减灾人人有责、人人参与、人人尽力的良好局面。加强公众对灾害背景、灾前征兆、防灾准备的宣传，使公众掌握观察分析灾害宏观现象的知识，特别是加强公众的临灾教育，使公众面对灾害保持清醒和冷静，理智应对，熟练掌握自救互救措施，切实降低应急救援成本及风险。二是要增强领导干部风险管理意识。在坚持底线思维着力防范化解重大风险专题研讨班上，习近平总书记再次深刻警醒我们，前进的道路不可能一帆风顺，越是取得成绩的时候，越是要有如履薄冰的谨慎，越是要有居安思危的忧患，绝不能犯战略性、颠覆性错误。作为领导干部，更应该常怀"居安思危、有备无患"之心，不断增强风险意识，安不忘忧。"要善于运用底线思维的方法，凡事从坏处准备，努力争取最好的结果，领导干部要树立风险意识，关口前移"治未病"，着力消除各类风险隐患。传统应急管理注重于"事中"控制，现代应急管理要求"关口"前移，提前做好风险防控。

### （六）做好应急文化建设基础保障

（1）加强党政管理干部队伍建设。聚焦政治合格、抓好党性教育这个核心，坚持用中国特色社会主义理论体系武装头脑，坚定政治立场，提高政治敏锐性和政治鉴别力，牢牢把握应急文化建设正确的政治方向。要着力提高建设社会主义先进文化的能力，夯实应急文化队伍建设，把教育培训和实践锻炼作为提高干部素质和能力的重要途径，不断提高党政干部巩固马克思主义在意识形态领域指导地位、引导社会舆论和创新应急文化工作的能力。

（2）加强科教专业队伍建设。注重实践，搭建平台。通过深入开展"深入生活、扎根人民""走基层、转作风、改文风"等活动，采取上派下挂、实践锻炼、项目研究等形式，鼓励深入企业、农村等生产生活一线，不断深化对应急救援工作和应急文化建设规律的认识，开阔视野、增长才干，更好适应新形势下应急文化工作的需要。加强领军人才建设，建立健全应急文化项目首席专家制度，实施中国特色应急文化高端人才培养计划，造就一批国内一流、业内公认的应急文化拔尖人才和领军人物。

（3）加强基层文化骨干队伍建设。把应急文化基层队伍建设纳入各级党委、政府的应急管理工作体系，推动解决应急文化人员配备、基本待遇、工作条件等方面的实际问题，对长期坚守基层、业绩突出的应急文化先进工作者给予表彰奖励，配齐建强基层应急文化队伍。鼓励和扶持民间文艺社团、乡土文化能人、民族民间文化传承人、各类文化活动骨干、青年志愿者等参与应急文化建设，开展基层应急文化宣传活动，鼓励社会各方面人士提供公共文化服务、参与基层应急文化活动。

（4）设立应急文化专项基金。应急文化培育工作是一项长期的系统工程，需要稳定的资金支持。建议区市县各级政府部门将应急管理资金（其中含一定比例的应急文化培育资金）纳入财政预算，或者设立应急文化培育工作专项资金，辅之以相应的预决算机制。

（5）建立评估奖惩考核机制。一方面，要严格遵守责任追究制度，对于忽略应急文化建设工作，致使群众缺少基本的应急常识、造成重大人身或财产损失的，要逐级追究责任，予以严肃处理，有效防止对应急文化建设重视程度低、消极怠工等不良现象。另一方面，对于培育工作开展好的部门或是对应急文化培育工作做出突出贡献的个人要给予及时奖励。此外，要将应急文化建设推进工作纳入政府考核机制。

（写于 2021 年）

# 西安追赶超越成都研究报告

**中心课题组**
组　长：张永春（陕西中国西部发展研究中心二级研究员）
成　员：周　晶（西安交通工程学院教师）
　　　　范钰玺（西安市委党校编辑）

**摘　要**　课题严格按照熵权法进行了测算评估，发现2022年成都的城市经济活力高于西安，成都的经济活力得分为0.659，西安为0.567，其中，成都有32项指标均高于西安，且西安对比成都后存在的差距与问题包括：经济实力差距，西安比成都低33%～54%；体制机制差距，西安一局对成都两委一办；政策落实差距；经费保障差距；土地供应差距；产业支撑差距。课题组根据西安的现有优势和不足，提出了西安追赶和超越的定性目标和定量目标，并且确定了保障目标实现的十二大行动计划，包括重点实施"招大引强行动计划"，科学实施"做优开放型经济行动计划"，倾力实施"大西安建设行动计划"，大力实施"自贸区+综保区建设行动计划"，积极实施"供给侧结构性改革行动计划"，永续实施"消费转型升级行动计划"，主动实施"商务经济提质增效行动计划"，创新实施"招商体制和人员改革行动计划"，持续实施"资金保障行动计划"，集中实施"双中心科技创新驱动计划"，全力以赴实施"高端人才强市计划"，严格实施"量化指标考核计划"。

本课题的目的是为了认真贯彻落实习近平总书记在西安提出的"追赶超越"目标和"五个扎实"等系列要求，积极促进省委、省政府给西安部署的各项任务的落实，助力完成西安市党代会和市政府工作报告提出的目标任务，西安向成都学习，研究西安和成都主要指标的差距，发现存在的问题，提出系统的解决对策，全面缩小西安与成都的差距，在某些指标、某些方面力争超越成都，两个城市实现比学赶帮超的互赢局面，为西安的高质量发展提供一个学习的榜样，为建设中国式现代化的西安实践出谋划策。课题组采用深度访谈法、参与观察法、比较分析法，完成调研报告。

## 一、西安和成都的指标比较

课题组运用熵权法测算，通过对成都和西安城市经济活力的测算，发现成都的城市经济活力高于西安，成都的城市经济活力得分为0.659，西安为0.567，其中，成都有32项均高于西安。从经济总量来看，成都的经济规模、消费能力、辐射能力均略高于西安；从市场投资情况来看，成都的市场主体高于西安，而在投资规模层面成都则略低于西安；从对外贸易来看，成都的贸易规模和贸易质量均高于西安；最后从科技创新层面来看，成都和西安的科技创新持平，但成都的转化能力低于西安（表1）。

表1　2022年西安和成都综合实力指标对比一览表

| 指标 | | 西安 | 成都 | 对比结果 |
| --- | --- | --- | --- | --- |
| 生产总值 | 总量（亿元） | 11486.51 | 20817.5 | 西安相当于成都55.2%，低9331 |
| | 同比增长（%） | 4.4 | 2.8 | 西安高1.6，副省第一 |
| 人均生产总值 | （元） | 88806 | 98149 | 西安低9343 |
| | 同比增长（%） | 3.1 | 2.0 | 西安高1.1% |
| 规模以上工业增加值 | 同比增长（%） | 13.9 | 5.6 | 西安高8.3，副省第一 |
| 全社会固定资产投资 | 同比增长（%） | 10.5 | 5.0 | 西安高5.5，副省第二 |
| 房地产投资 | 同比增长（%） | 6.5 | 7.0 | 西安低0.5 |
| 工业投资 | 同比增长（%） | 25.5 | 1.2 | 西安高24.3 |
| 社会消费品零售总额 | 总量（亿元） | 4642.11 | 9096.5 | 西安相当于成都市的51.0%，低4454.39 |
| | 同比增长（%） | −5.2 | −1.7 | 西安低3.5 |
| 进出口总额 | 总量（亿元） | 4474.1 | 8346.4 | 西安相当于成都市的53.6%，低3872.3 |
| | 同比增长（%） | 0.8 | 1.6 | 西安低0.8 |

续表

| 指标 | | 西安 | 成都 | 对比结果 |
|---|---|---|---|---|
| 出口额 | 总量（亿元） | 2801.5 | 5005.1 | 西安低 2203.6 |
| | 同比增长（%） | 17.3 | 3.7 | 西安高 13.6 |
| 进口额 | 总量（亿元） | 1672.6 | 3341.3 | 西安低 1668.7 |
| | 同比增长（%） | -18.4 | -1.4 | 西安低 17 |
| 实际利用外商直接投资 | 总量（亿美元） | 11.73 | 25.9 | 西安相当于成都市的45.3%，低14.17 |
| | 同比增长（%） | 119.5 | 0.97 | 西安高 118.53% |
| 地方财政一般公共预算收入 | 总量（亿元） | 834.09 | 1722.4 | 相当于成都48.4%，西安低888.31 |
| | 同比增长（%） | 9.7 | 5.8 | 西安高 3.9 |
| 地方财政一般公共预算支出 | 总量（亿元） | 1573.13 | 2435.0 | 西安低 861.87 |
| | 同比增长（%） | 6.7 | 8.8 | 西安低 2.1 |
| 金融机构人民币存款余额 | 总量（亿元） | 31428.29 | 51923 | 西安低 20494.71 |
| | 比年初增长（%） | 12 | 11.3 | 西安高 0.7 |
| 储户存款 | 总量（亿元） | 13004.6 | 22403 | 西安低 9398.4 |
| | 比年初增长（%） | 7.5 | 17.8 | 西安低 10.3 |
| 金融机构人民币贷款余额 | 总量（亿元） | 32053.67 | 51825 | 西安低 19771.33 |
| | 比年初增长（%） | 10.1 | 14.8 | 西安低 4.7 |
| 城镇常住居民人均可支配收入 | 总量（元） | 48418 | 54897 | 西安低 6479 |
| | 同比增长（%） | 3.2 | 4.3 | 西安低 1.1 |
| 农村常住居民人均可支配收入 | 总量（元） | 18285 | 30931 | 西安低 12646 |
| | 同比增长（%） | 5.2 | 6.2 | 西安低 1.0 |
| 居民消费价格指数 | 累计比（上年同期=100） | 102.2 | 102.4 | 西安低 0.2 |
| | 同比增长（%） | 2.2 | 2.4 | 西安低 0.2 |
| 行政区县 | 个 | 13 | 21 | 比西安多 8 个 |
| 土地面积 | 平方千米 | 1.01万 | 1.43万 | 比西安多 4192 平方千米 |

续表

| 指标 | | 西安 | 成都 | 对比结果 |
|---|---|---|---|---|
| 常住人口 | 万人 | 1299.59 | 2126.8 | 比西安多827.21万人 |
| 新批外商投资项目 | 个 | 314 | 566 | 比成都少252个 |
| 实际利用内资 | 总量（亿元） | 2186 | 5066.6 | 相当于成都市的43.2%，低2880 |
| 落户的《财富》世界500强企业 | 家 | 251 | 315 | 西安少64家 |

## 二、对比后西安存在的差距与问题

### （一）经济实力差距：西安比成都低33%~54%

经计算，成都市面积是我市的1.42倍，常住人口是我市的1.64倍，GDP是我市的1.81倍，人均GDP是我市1.13倍，进出口是我市的1.87倍，实际利用外资是我市的2.21倍，实际利用内资是我市的2.2倍（图1）。

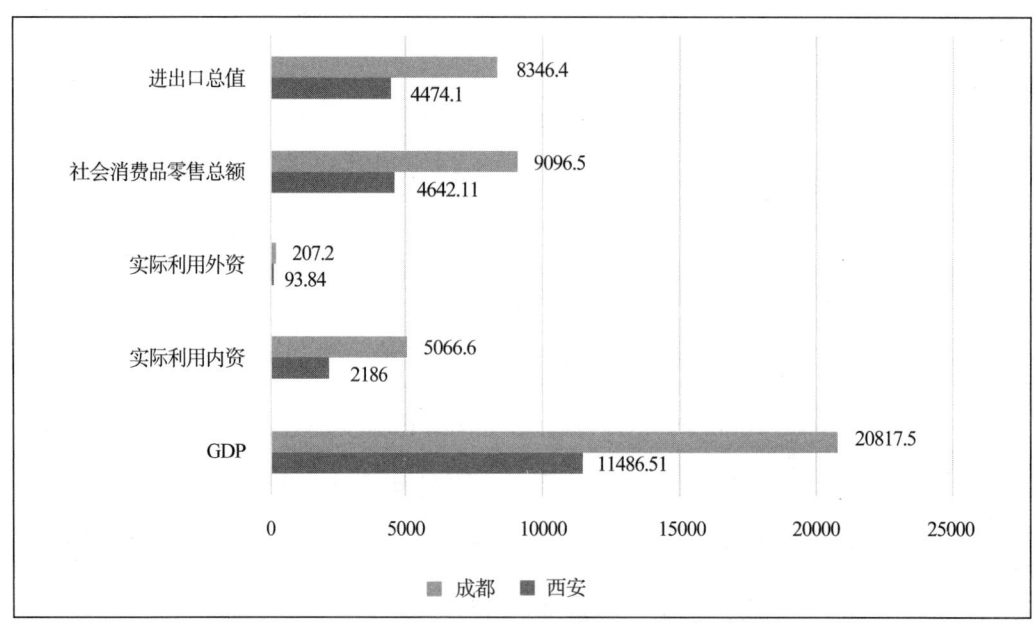

图1 2022年西安与成都部分指标比较（亿元）

综合以上，从土地、自然禀赋、人口、市场因素分析，可以看出，对于人均GDP，成都和西安经济发展水平基本相当；从GDP总量看，成都占据绝对优势。

西安尽管取得了很大成绩和进步，但和成都相比，处于明显劣势。如果不大胆改革，采取得力措施，西安很难在经济社会发展的数量和质量上追赶超越，并可能差距越来越大。

### （二）体制机制差距：西安一局对成都两委一办

西安在招商引资和商务工作体制设置方面与成都存在差距。西安商务局承担的工作职责分别对应成都市商务委、成都市投促委、成都市口岸物流办3个独立的政府职能部门。西安在机构改革时，把原来的招商局和商务局合为一个局级建制，成都是委级建制，西安是局级建制，成都规格更高、范围更广、职权更强、效能更优。西安在体制机制设置和人员数量方面与成都差距明显。

### （三）政策落实差距

成都招商引资激励政策科学完善、成龙配套，强化狠抓落实、必见成效。成都市出台了《成都市总部经济发展支持政策》《成都市创新驱动发展试点示范区建设管理办法》，对示范类项目给予不低于1000万元的专项经费支持，出台了《成都市2022年度促进外贸高质量发展若干政策措施实施细则》，对年度进口额突破1000万美元、2000万美元、5000万美元、1亿美元的，分别给予一次性奖励20万元、40万元、100万元、200万元。

西安过去出台了《西安市招商引资奖励办法》，对区县、开发区、社会人员、单位和中介机构进行奖励，但是目前没有落实一项奖励。比如《西安市人民政府关于贯彻落实省政府工业稳增长促投资21条措施的实施意见》，对工业企业进行财政奖励；《西安市人民政府关于进一步加快区县工业园区发展的实施意见》，对工业园区建设进行财政扶持和奖励，对工业投资项目进行财政奖励。比较成都，西安在对外贸易和工业投资相关政策扶持和奖励数额方面，还需要进一步加大支持力度。

### （四）经费保障差距

西安在经费保障方面与成都存在明显差距。成都市强化对产业发展的资金支持，每年市级用于支持产业发展的专项资金总额超过30亿元。西安出台了《西安市建设国家新一代人工智能创新发展试验区行动方案（2020—2022年）》，提出要积极争取国家和省级支持，加大市级财政资金的支持力度，发挥大西安产业基金引导作用，但对于具体的各项奖励金额并没有细化。

## （五）土地供应差距

西安和成都在重大项目土地供应方面存在差距，除去历史上行政区划分等原因，还有城市之间的土地政策、用地资源、土地利用规划等因素的不同等原因。四川省委、省政府为全力保障成都重大项目建设用地，通过三个途径解决成都市建设用地指标：一是省政府每年分配给成都的建设用地指标不少于 3 万亩。其中，基础设施及经营性用地占 30%，由国土局分配；重点非工业项目用地占 30%，由发改委分配；重点工业项目用地占 40%，由经信委分配。二是高新区、天府新区成都片区用地指标在省上单列。三是成都市列入省上前 50 名和前 100 名的重大项目，省上分别解决 70%、30%的土地指标。

## （六）产业支撑差距

近几年，西安市支撑经济高质量发展的支柱产业仍然面临一些挑战，其中，包括以下几个方面的问题需要向成都学习：一是产业链不完善，虽然一些企业在特定领域取得了成功，但整体产业链仍然相对薄弱，缺乏全面的产业生态系统。二是现代产业集群规模较小，尽管出现了千亿级产业集群，但规模相对较小，需要继续扩大。更大规模的集群有助于提高资源利用效率、促进创新和降低成本。三是产业核心竞争力相对薄弱，虽然有一些企业在特定领域具备竞争力，但整体产业核心竞争力仍需提升。这包括技术创新、品牌建设、市场拓展等方面的工作，以确保在全球市场中保持竞争力。

需求与供给的发展规律明确揭示出需求决定供给，供给创造需求。成都和西安存在明显差距的最根本原因是成都是一个比西安具有更大需求量的广阔市场，国家的供给和企业的供给都首选需求量更大的市场。成都是一个有着 1.8 亿人口需求圈的西南地区的中心，而西安所在的西北地区人口仅 0.75 亿，需求量比成都少一亿人。所以，国家在开发西部的时候，对西南的投入力度一直比西北大得多，相应的，对成都的投入也要比西安大得多。不仅仅是国家，在企业选择进入某个地区的时候，也愿意选择能够拥有 1.8 亿人口需求量的成都，而不是仅有 0.75 亿人口需求量的西安。这是西安与成都差距较大的根本原因。

## 三、西安追赶超越的目标

### (一)西安追赶超越的定性目标

西安把追赶超越和高质量发展作为贯穿经济和社会发展的主线,力争到 2025 年,全市经济和社会综合实力进入副省级城市和国家中心城市第一方阵,打造西部最佳城市,紧盯国家定位,打造内陆开放新高地和科技创新名城,着力建强创佳,真正使西安成为拥有大格局、富有新活力、极具吸引力的西部最佳城市。

### (二)西安追赶超越的定量目标

西安力争到 2025 年,总体目标是地区生产总值增长 7.5%左右,大中规模以上工业增加值增长 11%以上,固定资产投资增长 12%以上,社会消费品零售总额增长 10%以上,地方一般公共预算收入增长 8%以上,全年实际引进内资、实际使用外资分别增长 13%和 11%以上,市级重点项目完成年度投资 6000 亿元左右。

课题组经过全面系统的深入调研和研判,科学、理性、负责任地认为,追赶效应和后发效应是一种动态的过程,西安可以通过采取积极措施和借鉴成功的经验,在某些领域实现追赶超越。

西安追赶超越成都的结果有四种:第一种是西安全面落后于成都,第二种是西安 40%以内的少量指标追赶超越成都,第三种是西安 70%以上的大量指标追赶超越成都,第四种是西安 100%的指标追赶超越成都。到 2025 年,西安将从目前的绝大多数指标全面落后于成都,进一步跃升为 40%以内的少量指标追赶超越成都。

## 四、西安追赶超越的系列措施

### (一)重点实施"招大引强行动计划"

全面落实"招商引资一号工程"。大力开展"四全"招商——全球、全年、全民、全业一起动员常年招商。西安明确提出长期坚持、一以贯之的招商引资宣传口号:承古开新选西安,投资福地高回报。一是全球招商,搜集全球信息,优选全球项目,主动出击,三顾茅庐;二是全年招商,一年 365 天都要有自觉的招商意识,常年举办全球招商引资系列推荐活动;三是全民招商,我们不要把招商引资仅仅当成党政机关的职责,企业单位可以招商,事业单位可以招商,社会组织可以招商,公民个人可以招商,招商资金落地之后,按照我市的奖励政策给予单位和个人重奖;

四是全业招商，各行各业都要树立强烈的招商引资意识，三百六十行，行行出击，主动招商，充分发挥行业优势和行业信誉度，为落实我市"招商引资一号工程"贡献力量！

### （二）科学实施"做优开放型经济行动计划"

全力以赴深化对外开放战略，充分利用"一带一路"高峰论坛、欧亚经济论坛、丝绸之路国际博览会暨中国东西部合作与投资贸易洽谈会、上合组织商品展、陕粤港澳经济合作活动周、中国西部跨国采购洽谈会等品牌展会扩大出口。搭建贸易促进平台，加快培育新型贸易方式，逐步培育若干个内外贸结合商品市场，大力培育外贸综合服务企业，着力深化改革开放，主动融入"一带一路"大格局，大力发展口岸经济，加快建设内陆型改革开放新高地。

### （三）倾力实施"大西安建设行动计划"

加强大西安发展战略研究。建议市政府设立研究专项资金，加强与国内外知名研究机构的合作，结合城市社会经济现状及其区域地位对西安的未来发展做出全局性、战略性的重大谋划，为西安量身打造一套发展模式，策划包装一批重大发展项目，出台落实大西安发展的中长期规划和相关政策，按照建设大西安的思路和标准，编制重要功能区规划，实现产城高度融合，开展2030、2050大西安远景发展战略研究。

### （四）大力实施"自贸区+综保区建设行动计划"

自贸区是改革开放的试验田，综保区是我国目前开放层次最高、优惠政策最多、功能最齐全、手续最简化的海关特殊监管区域。要坚持自贸区与综保区统筹发展，"自贸区＋综保区"叠加效应使大西安辐射力愈发强劲。

### （五）积极实施"供给侧结构性改革行动计划"

打破樊篱，打好全面深化改革攻坚战。改革开放是永续发展的持久动力，应当发挥市场在资源配置中的决定性作用，深化经济体制改革，进一步转变政府职能，加强发展战略、规划、政策、标准等的制定和实施。抓好重大改革试点，激发和释放市场主体活力，为经济社会持续健康发展提供强大动力，推进供给端和需求端协同发力。

## （六）永续实施"消费转型升级行动计划"

西安要围绕消费品质升级，着力发挥消费的基础性和广泛性作用。按照"一核引领，双轴延伸，圈层发展，多点辐射"的商业网点规划方向，推进25个特色重点商圈和一批特色商业街区建设，推动消费结构升级，完善消费载体，落实新修订的《西安市商业网点规划（2016—2025）》，不断优化全市商业网点布局，组织特色商业街评选，进一步打造提升曲江、高新、大兴、龙首、张家堡重点商圈，引导商业设施向地铁沿线和城市新区布点。

## （七）主动实施"商务经济提质增效行动计划"

对标成都，西安要以建设物流通道和发展临港产业为核心，将国际物流市场做大，将本地临港产业形成规模。同时，坚持以市场为导向，对标成都积极拓展省外货源，与运营中欧班列的城市和中欧贸易往来较多的省份进行合作，通过整合货源实现多方共赢。成都的经验表明，货源的"合并同类项"并不意味着将其他城市为蓉欧提供货源的贡献"消项"，武汉、厦门等城市的货源仍计入当地的发展业绩。

## （八）创新实施"招商体制和人员改革行动计划"

学习成都等城市的先进经验，科学设置招商体系和人员编制。西安招商机构级别低、编制少、人员缺，招商队伍严重不足，必须加强招商队伍建设，彻底解决体制机制问题。要壮大招商机构和队伍，强化招商工作体制机制改革，学习成都经验，在西安市商务局下设50人事业单位，专门负责招商信息的搜集、报送、跟踪、落地，同时对招商引资工作和国内商务工作进行战略性超前研究。赋予商务部门招商引资牵头单位领导权限。成都市商务委是成都市商务工作牵头单位，人员编制是我市1.5倍，设有服务业发展研究院，经费投入充足，有效地协调了发改、规划、土地、建设、环保、城管等政府部门对商务工作的职能作用，有力地发挥了领导、规划、政策、调控等作用，促进了对外招商引资和城市快速发展。

## （九）持续实施"资金保障行动计划"

我市财政每年预算10亿元专项资金用于招商引资工作。招商引资一号工程应该有一号资金保障。招商引资5亿元专项资金包括招商引资工作经费、项目落地奖励经费、企业纳税奖励经费、就业安置社保补贴、特殊贡献以奖代补等等。实施全面规范、公开透明的预算制度，建立跨年度预算平衡机制。西安要充分运用省市共建大西安 25 条政策中与财政相关的政策，积极争取国家和省资金支持，充分发挥财政资金的引导和扶持作用，优化政府资金投入形式。加大外向型企业资金扶持力度。大力加强各类金融区的建设，不断完善多项跨境金融服务。

### （十）集中实施"双中心科技创新驱动计划"

大力建设"双中心"，打造"硬科技之都"。努力打造国家重要科研和文教中心，实现"卡脖子"关键核心技术攻关，推进科技创新，实现高水平科技自立自强。全面强化秦创原创新驱动平台的牵引作用，打造人工智能创新发展新高地，抓好西安科学城建设。

### （十一）全力实施"高端人才强市计划"

满足重点产业人才需求。西安构建的引培机制应该能够及时满足西安重点产业的高精尖人才需求，确保各个产业部门能够拥有足够数量和质量的人才来支持其发展，提高产业竞争力。提高人才培育质量，引培机制应该能够"开源"，通过引进和培养高素质人才，提高西安的教育质量，促进高等教育机构的发展和提升教育水平，进而实现人才培养和引进的可持续发展，确保西安在未来能够持续享受高素质人才的红利。

### （十二）严格实施"量化指标考核计划"

学习成都考核既严格又细分的成功经验，大力推行一把手招商成功率考核等行之有效的经验，健全统计监测指标体系和统计综合评价指标体系，规范统计口径、统计标准、统计制度、统计方法，实施动态监测与跟踪分析，开展规划中期评估和专项监测，各有关区县、部门和单位主要领导实行"一把手"亲自抓，分管领导具体抓，加强力量，夯实责任，根据各区县不同功能定位，进行分类考核，奖优罚劣，确保西安追赶超越任务落到实处。

（写于 2023 年）

#  五、生态文明研究编

# 生态文明研究编小序

党双忍：陕西中国西部发展研究中心特邀研究员

陕西省林业厅原厅长

生物圈是地球表面的无缝"天衣"，也是包裹在地球表面的一层薄纱。在这层薄纱里，生存着数以百万计的物种，人类是其中之一。这是具有生命力本原力量的薄纱，也是具有初级生产力、元生产力的薄纱。起初，人类与数百万动植物共同遵循物竞天择的自然法则，共生共享生物圈长达300万年之久。后来，一个意外发生了，人类不满足于采集狩猎，开始种植养殖，创造出农业文明。再后来，更上层楼，创造出工业文明。至此，地球生物圈的面貌彻底发生了变化。

由生命织成的地球"天衣"，被人类以"文明"命名，硬生生撕出一道又一道的裂纹，形成了无数生态"破洞"，生物圈不再完整，更不完美。"天衣"的"破洞"持续扩大，意味着人类生态足迹越来越大，一个物种的生态占用越来越多。同时，也意味着次生的生产力持续增长，元生产力持续减损，农业空间、城镇空间扩张"膨胀"，生态空间收缩"干瘪"。由此，穷山恶水替代了绿水青山，万千物种失去栖息之所，地球表面失去生命保护，生物圈剧烈震动，各种生态灾难接踵而至。

我们是女娲的传人，以补"天衣"为天职。人类越来越深刻地认识到，留得青山在，不怕没柴烧。绿水青山就是金山银山。林草兴则生态兴，生态兴则文明兴。自然生态是元生产力，人类社会是次生产力。实施"双碳"战略、深绿战略。发展生态友好型经济，建设资源节约型社会。归根结底，就是要创造人类文明新形态，深度调整人与自然的关系，实现人与自然和谐共生。

深度调整人与自然的关系，就是要堵塞和修补"天衣"上的"破洞"，主要有三条实现路径：一是控制生态占用增量，"小足迹"即是"好足迹"。经济社会持续发展，必定会有新增的生态占用，但是要"精致"不要"粗放"，"小足迹"带来"大发展"。控制生态占用增量是"热点"。二是减少生态占用存量，用"小足迹"替代"大足迹"。已经走过的生态足迹，发生的生态占用，也要逐步"放下"，逐步"还原"。减少生态占用存量是"硬功夫"。三是增加生态产品供给，消纳生态足迹。植物叶片是"光伏板""捕碳器"，绿色植被是无机界与有机界转化的枢纽，也是生态系统中的元生产者，生态产品的元提供者。投资自然，推动绿色增长，是人与自然和谐共生的柱石，也是"跨代工程"，呼唤"绿色愚公"。在现行政策中，设置排碳权、排污权，其目的就是控制生态占用增量；建设污水处理厂，以及碳达峰之后的碳中和措施，即减少生态占用存量；造林绿化、恢复森林草原湿地生机活力，即增加生态产品供给，做大人与自然共享的生态蛋糕。

本"生态文明研究编"收录论文13篇，总体上遵循上述三条路径。其中，《我对建设生态文明的思考》是总括，侧重于生态产品生产供给。《关于实施科学、有序、稳妥治污降碳战略的建议》重点在于控制生态占用增量。《能源互联岛多元联合智慧能源综合利用模式研究》《关于支持我省土壤修复新材料推广应用的建议》《陕南移民搬迁现状及对策研究》突出了减少生态占用存量。而《秦晋黄河峡谷沿岸自然生态与文化保护利用研究》《党双忍职业日志三则》《以生态产品价值实现为突破口推动陕南经济高质量发展》《我省地理标志产业发展中存在问题及对策建议》《争取把南水北调中线水源地建成国家绿色产业示范区》《推进陕南富硒产业集群发展的若干建议》《铜川地区发展薰衣草产业可行性及发展思路分析》《关中水利开发的历史过程及其现代启示》这几篇文章，则更多着力于生态产品价值转化。

写于2023年11月19日

# 我对建设生态文明的思考

张维庆：陕西中国西部发展研究中心高级顾问
全国政协人口资源环境委员会原主任

**摘　要**　本文介绍了生态文明的发展历程、生态文明的基本特征、生态文明建设的五大体系，以及建设生态文明的基本途径和主要抓手，认为生态文明是人类文明发展历程中的更高阶段，建设生态文明必须改变经济发展方式。

2009年7月，我在一年多的调查研究过程中，特别是在对主体功能区规划、对海南国际旅游岛以及应对气候变化的高峰论坛和三江源生态补偿进行调研之后，逐步深入地研究了生态文明的问题，写下了《关于建设生态文明的思考》。这篇文章在《人民政协报》和《中国环境报》上都做了转载，国家在研究生态文明建设战略的时候把这篇文章作为参考文献之一，并邀请我参加关于建设生态文明的座谈，让我提出自己的看法、意见和建议。我想把它归纳成以下几个问题：

## 一、人类文明的发展历程

人类在漫长的发展历程中，凭借自己的劳动和智慧创造了一个又一个辉煌灿烂的文明。不考虑私有财产、阶级分化和国家制度，仅从人与自然的关系来分析，我认为随着人类与自然的关系由被动接受、初步探索、过渡到征服以及和谐共处，人类文明大体经历了原始文明、农耕文明、工业文明，现在开始走向生态文明。

原始文明是人类完全接受自然控制的发展时期，历时百万年左右。这一阶段人类生活主要依靠大自然的赐予，采集、渔猎是最重要的物质生产活动。人类依靠群体活动和石器、鹿角、蚌壳、树枝等自制工具来维持生存。原始文明时代，人类直接利用自然物做为人的生活资料，全球的人口总量缓慢增长。直到新石器时代结束，全世界的人口大约一亿左右,对自然的开发和支配能力极其有限。

农耕文明是人类开始对自然进行探索并初步开发的时期。农耕文明大约经历了几千年,全球人口从一亿左右增至五亿左右,出现了陶器、青铜器、铁器、文字、造纸术、印刷术等科技成果,农耕和畜牧是主要的生产活动。人类对自然的利用已经扩大到了畜力、水利等可再生能源,铁器作为农具是劳动产品,由接受赐予变成了主动索取,经济活动开始主动转向生产力发展,尝试探索获取最大劳动成果的途径和方法。随着人类改造和利用自然的作用加强,一些植被破坏、水土流失和土地沙漠化等生态环境问题逐渐显现,但总体来看,这种破坏相对于后期还是比较弱的。

工业文明是人类对自然进行大规模开发的时期,历时几百年,特别是18世纪中叶英国工业革命开启了人类发展的新纪元,蒸汽机的出现使社会生产力得到了突飞猛进的发展。这个时期创造的社会生产力大大地超过了人类自有文明以来所创造的全部社会生产力的总和,人类开始以自然的征服者自居,人类运用科学技术控制和改造自然取得了空前的成功。蒸汽机、电动机、电脑和原子核反应堆,每一次科学技术的革命都建立了人化自然的丰碑。随着科学技术的进步和生产力的发展,全球人口迅速增长到20世纪末的60亿。人口的迅速增长和工业的大量集中促进了城市化、产业化的加快,同时,城市污染和工业污染也进一步加剧。人口的迅速增长、资源的过度利用、环境的严重破坏,加剧了全球生态恶化,促使全球气候变暖。20世纪上半叶,英国、美国、日本等国发生了八大公害事件,美国西部大移民导致的黑风暴事件、全球气候变暖引发的极端灾害基本上都发生在这一时期。

生态文明是人类与自然协调发展和可持续发展的时期,也是人类文明发展的最高境界。21世纪人类开始进入知识经济时代,经济发展更多地依靠科学技术进步、劳动力素质的提高和管理方式的改进,特别是计算机和互联网的使用使经济的发展获得了巨大的动力,但同时也带来了不可低估的问题。世界各国政府对保护地球生态环境、走可持续发展之路逐步达成共识,标志着生态文明新时代的开始。

生态文明是一个人与人、人与社会、人与自然和谐发展的社会系统,是建立在知识、教育、科学技术高度发达和人的全面发展基础上的文明。它强调自然界是人类生存发展的基础,明确了人类必须在生态基础上与自然界相互作用、共同发展。生态文明不仅吸收人类以前的先进文明成果,也深刻反思了工业革命牺牲环境的高成本代价。因此,可以说生态文明是继工业革命之后人类应对生态危机的唯一正确选择,是人类文明发展的更高阶段。

## 二、生态文明的基本特征

生态文明的含义有广义和狭义之分。

从广义来看，生态文明以人与自然的协调发展为准则，要求实现人口、经济、社会、资源、环境的协调和可持续发展，其文明形态表现在政治、物质、精神等各个领域，是人类取得物质、精神、制度成果的总和。

从狭义来看，生态文明与政治文明、物质文明、精神文明并列，强调人类对待自然的态度所达到的文明程度。

生态文明的基本特征：

（1）生态文明的平等性。生态文明重视人与自然的平等，强调人是从自然生物中进化而来的一部分，不能超越自然去认识和改造自然，否则，人对自然的贪婪掠夺必然导致自然对人类的惩罚。人和自然对立又统一，因此必须保护好自然生态，敬畏自然，顺应自然发展。

（2）生态文明的公平性。生态文明强调代与代之间的公平，人类向大自然长期索取各种资源，就不能不考虑保持生态系统的稳定性和可持续性，当代人必须给子孙后代留下一个生态良好、可持续发展的空间。生态文明既关心人类自身，又关心自然和环境，实现人与自然的生物与非生物的共进、现在与未来的对话。

（3）生态文明的融入性。生态文明融入政治、经济、社会之中，体现在政治、经济、社会、文化和人类自身生存发展的各方面。生态文明的内涵体现在法律制度、思想意识、生产生活方式、消费方式和行为方式之中，要求尊重利益和需求的多元化，尊重各种利益的协调和公平，避免因资源分配不公以及权力的滥用而造成生态环境的破坏。生态文明要求人类对自然不能过度索取，而要在保护自然的基础上推动良性循环。

（4）生态文明的长期性。生态文明是人类发展的更高阶段。建设生态文明、走向生态文明新时代是一个漫长的历史进程，是一项艰巨的历史任务，不可能在短时期内完成，需要一代人、几代人甚至几十代人的长期艰苦努力才能实现这一人类的伟大目标。

（5）生态文明的制高点。生态文明是人类社会文明的高级形态，生态文明建设是当代发展的制高点。

### 三、生态文明建设的五大体系

（1）生态文明的理念体系。理念体系主要是指要树立生态文明的价值观、财富观、消费观和道德观。

所谓生态文明的价值观，就是自然界的生态系统是有价值的、有资产产权的，我们必须遵循天人合一的理念，敬畏自然、适应自然、保护自然。

所谓生态文明的财富观，就是一定要认识到绿水青山就是金山银山，水、空气、森林、草原、土地、湿地等都是自然界赋予我们的宝贵财富。

所谓生态文明的消费观，就是要求人类要形成绿色、环保、安全、健康、节约资源的可持续消费方式，坚决杜绝豪华奢侈、铺张浪费、竭泽而渔、掠夺自然的行为。

所谓生态文明的道德观，就是要求人类树立一种全新的道德观。生态文明的道德观是新时期人类道德领域的延伸与拓展，其内涵也包括人类平等观和人与自然平等观，追求人类公平、代际公平和国际公平，倡导人类热爱自然、保护自然，在维护生态平衡的基础上合理开发自然，实现人与自然的和谐统一。生态文明的道德观将奏响人与自然和谐发展的新乐章，带领人们走进人和自然和谐发展的新时代。

（2）生态文明的规划体系。生态文明的规划体系主要是确定国家主体功能区规划的战略地位和法律地位。

①国家主体功能区规划要通过人大立法，经济社会发展的规划、区域发展的规划、地方经济社会发展的规划以及各项专项规划都必须服从主体功能区规划，形成刚性约束，这样才能真正做到优化国土开发空间格局，合理布局产业。这就是我们经济发展转型要着力构建的现代产业发展的新体系。这是生态文明横向规划体系。

②完善生态文明纵向规划体系。从国家层面，省、自治区、直辖市层面，地、市、县层面，一直到乡、镇、村、生产小组等基层单位，相互联动、上下配套、融会贯通，才能真正将规划体系的设计落到实处。

③规划体系必须破除城乡二元结构，逐步实现简约式的城乡一体化的发展格局，形成良性动态的发展体系。

④规划体系必须体现五个一体的总体布局，在各个方面进行统一的规划和设计。

（3）生态文明的制度体系。生态文明建设要完善生态资产的产权制度，生态和源头的保护制度，生态环境损害的赔偿制度，生态环境的责任追究制度，生态环境的治理和修复制度，生态的有偿使用制度，生态补偿制度，等等。

（4）生态文明的产业体系。生态文明（生态产业）是人类历史上最伟大的产业布局，主要有：①煤炭石化能源的技术改革升级换代；②新能源的开发和利用，如水能、风能、太阳能等再生能源、生物能源，可燃冰、煤层气、天然气、页岩气等的开发利用；③节能减排的新技术和新产品；④优质高效的绿色农业；⑤生态旅游业；⑥生物工程、信息工程和新材料工程的有机结合；⑦现代服务业；⑧现代养老产业；⑨信息产业、互联网和绿色发展的有机结合等。

（5）生态文明的评价体系。建设生态文明必须完善评价体系，包括经济社会发展的科学评价体系、自然资产的评价体系、干部政绩的科学考核和评价体系以及选拔绿色人才的制度体系等。

## 四、建设生态文明的基本途径与主要抓手和建设生态文明必须改变经济发展的方式

（1）我国经济社会粗放型的发展方式尚未根本转变，必须实现集约发展，践行以人为本、全面协调可持续的绿色发展方式。

（2）我国生态环境总体恶化的趋势尚未根本改变，必须高度重视生态环境的保护和绿色经济的发展。简单地说，基本途径就是走实发展之路。

主要抓手就是建设美丽中国，建设健康中国。建设美丽中国和建设健康中国是紧密联系、不可分割的。建设美丽中国一要保护好现有的生态；二要重点治理大气污染、土壤污染和水污染，实现天蓝、土净、水清；三要实现城乡一体化的科学布局。建设健康中国就是要以人为本，以人的健康为中心实施全民健康行动计划，建立可持续的医疗保障体系、义务教育体系和大众文化体系，建设代际和谐的健康老龄社会，培养绿色发展的干部队伍，端正用人导向，解决不作为和乱作为的问题。

西部地区是我国资源较为丰富的地区，蕴藏着多种资源，是我国重要的生态屏障。西部地区位于内陆干旱半干旱地区，自然条件恶劣，生态环境脆弱不仅制约着西部地区的经济社会发展，而且直接影响到全国的发展，因此国家在制定生态资源补偿制度的同时，还可通过建设新型工业园区的模式探索资源开发与环境保护的新途径。

可以肯定地说，全世界正在孕育着一场新能源、生物技术、信息技术、新材料技术、新环保技术高度融合的新的科技革命，或者叫绿色革命。因此，发展绿色产业无疑是引领世界潮流的朝阳产业，也是中华民族实现文明复兴的科学发展跨越之路。

建设生态文明是中华民族文明复兴的一篇大文章，中华文明历经千年沧桑而不衰，受尽屈辱而自强，相信在中国共产党的坚强领导下，在十几亿中国各族人民的艰苦奋斗之下，我们一定会用自己的睿智和才能去谱写未来更加波澜壮阔的生态文明新史诗。

（写于2009年）

# 关于实施科学、有序、稳妥治污降碳战略的建议

"治污降碳研究"课题组
成　员：郭卫东　曹　钢　胡海峰　冯家臻　柯淑娥　曾昭宁等
执笔人：曹　钢

**摘　要**　本文认为，治污降碳最重要的是依赖技术进步，因而实现"双碳"目标，必须与降碳技术突破进程相统一，提出"长短结合、先立后破、快慢有据、综合推进、区别对待"的治污降碳总方针，建议国家能在科学预判降碳技术突破进程的基础上，科学、有序、稳妥地制定治污降碳战略和推广布局。

根治环境污染，构筑适宜人类生存的自然空间和生态条件，是当代世界经济社会发展的迫切要求，并已达成了国际性共识。

我国已向全球庄严宣告，中国到2030年实现碳达峰，2060年实现碳中和。努力实现"双碳"目标，完全可以说这是一项"天字号"工程。

经验告诉我们，对如此重要的事，必须高度重视、抓紧完成，来不得半点的松懈。"天字号"的工程，理当花费天大的力气去推进，但如何推进则很有讲究，最重要的是花力气要花得科学。有个词叫"事半功倍"，也有个词叫"事倍功半"，这就告诉我们：做同一件事，是不是遵从科学会导致结果的巨大差异。遵从科学花力气，就是要以科学创新为引领，把力气花费在需要花费的地方、花费在最能创造大效益的环节上，把推进工作建立在符合客观规律的活动之上。对"天字号"工程的推进来说，更当如此。

人们应该记得，就在前几年，为了减少污染，各地向农村养猪开刀，把农户的小规模养猪都取缔了，结果是不到一年猪肉供应便严重紧张，猪肉价格成倍往上翻，

群众怨声载道。于是政府又不得不倒过来鼓励养猪。

无独有偶，为了降碳严格控制产煤，煤炭生产企业关闭的关闭、停产的停产，然而这样的情况到了冬天便会出现问题，电煤供应紧张，不少地方连暖气也开不了。接着又反过来动员煤炭企业扩大产能。事实上在过去几年，一些地方操之过急，在治污降碳上盲目跟风、片面行事，搞一刀切，给经济发展和群众生活带来了影响和困扰。

毫无疑问，国民经济就好像个"大圆环"，这大环里又套着许多小环，小环与小环彼此依赖、互为因果。你动了，他就得动；你少了，他的供给就会出现短缺；只要这连环套中有一环突然发生缺口，就会使整个链条出现断线，全社会的经济就会产生波折。经历了21世纪以来的努力，我国已初步实施了清洁化绿色化生产，现在的降碳很大程度上是对清洁生产的再清洁、绿色发展中的再绿色化，必须依赖于治污降碳科技上取得新的更大的突破，其实质是个产业革命和科技进步的过程。

在未来不到40年的时间里，我国在实现全面现代化的同时，又要完成"双碳"任务，其共同前提都是科技的进步和在创新上不断取得大成效。如果把握不好，还会影响国民经济的正常运行。因此，依据实事求是的原则，着力于水到渠成的良性循环，依托科技创新，走出一条科学、有序、稳妥的治污降碳战略道路，既可使"双碳"目标得以完成，又能保证治理过程中经济增长不受大的影响，其事关根本、势在必行、志在必得、意义重大！

经过一段时期的调研，我们进一步确认治污降碳是大势所趋，实属国之大者，是负责任大国的应有担当，不能不重视；而实现"双碳"目标的根本，则需依赖技术的进步，必须做到"先立后破、不立不破"，有了"立"再去"破"，有了新的大"立"，才能形成新的大"破"。

以现状出发，当前仍有多方面重大技术仍未攻克，诸如煤炭低碳清洁利用技术的再升级和再集成，现有煤电和煤油气岩化工低碳零碳技术的开发与系统应用，安全可控的大容量高密度长寿命固液态储能电池技术的再突破，太阳能、风能等非化石能源发电技术的再提升，绿色氢能、地热能的低成本规模化开发技术的广泛应用，低成本二氧化碳与绿氢绿氧耦合发展，碳—化工的全产业链新技术新工艺的持续开发，核电技术小型化安全应用，等等。这每一个技术的突破，都将给治污降碳带来大跨步。

另据有关研究，太阳能和风能在未来5年，成本还会有较大幅度的下降，大约可下降40%~60%，届时绿氢价格可以被接受而应用于化工、钢铁、有色、交通工业化等领域。目前新能源与二氧化碳资源化利用跨界融合发展产业刚刚起步,远不能达到降碳的目标,但估计未来十年之内将会有重大的突破。一旦二氧化碳用廉价的氢还原为一氧化碳,成为丰富的低成本的合成气,则伴随着下游多种新应用领域的化学品与化工合成材料的技术工艺路线与产业化应用趋于成熟,二氧化碳经甲醇合成淀粉和蛋白质,广泛应用于有机化学品、精细化学品产业,二氧化碳经生物化工过程转化为化学品的产业也将会得到迅速发展。至于核电技术小型化安全应用等技术的突破,则更意味着能源历史的根本性改变(换代),其对能源发展带来的革命性变化更将无法估计。

可见,要想加快治污降碳,不能仅就治污降碳抓治污降碳,而要把真功夫下在加快相关的科技研发上,放在经济社会发展全局性的协调布局中,定位高质量发展目标,确保治污降碳与经济社会发展实现有机配合。必须看到,无论是科技进步本身,还是经济发展整体,都是一个发展的过程;限于客观规律和条件因素,这个过程又会表现为若干阶段,这些阶段也会有长有短;这个发展不可能是单一存在的东西,而常常是多种因素相互交叉的综合体;不同区域间、不同时段内也会有所差异。因此,从战略理念上说,我们必须从长计议,不能急于求成,不按区域、年份均摊任务,不能忽视资源禀赋、产业条件差异,从而科学、有序、稳妥地推进"双碳"目标的最终实现。

着眼于这种理念,我们以科技进步和技术创新为前提,统筹各方面的关系,提出"长短结合、先立后破、快慢有据、综合推进、区别对待"5个方面的治污降碳推进总方针:

(1)长短结合。就是要着眼长远,着力现实,有前提地划分若干治理阶段,科学布局治污降碳目标进程。"长"要定位于"双碳"目标善作善成,如期圆满实现;"短"则要细化不同阶段的可行性,把"长"具体化于"短"中。能快则快,需慢则慢,避免按总数平均分配年份任务。鉴于技术创新需要一定的过程,早期的进程应慢点、跨度应小点,待技术条件有突破时,再快速大步推进。让治污降碳建立在技术进步的基础上,控制在不影响经济发展应有增长的范围内。为此,加大对治污降碳技术创新的投入,打破新技术应用的体制机制障碍,持续深入推进"放管服"改革,进而,依据对创新技术的不断攻克和集成应用,一段一段、一步一步,以创新成效支撑治污降碳任务的最终完成。

(2)先立后破。就是坚持"不立不破",编制关键环节技术攻关清单,着力推进治污降碳的阶段性突破。基于以上信息,我们预判未来去污降碳技术的创新演进大体可划分为三个阶段：一是在5年左右的时间中，依托传统能源和太阳能、风能等的利用，在已有成功开发的基础上进行再突破和进一步提升，形成第一级创新；二是大约10年左右，以二氧化碳资源化利用跨界融合产业化发展为代表，实现对传统污染源的根治性利用，达到全局产业的近零排放状态创新；三是再往后的时期，寄托于核能的小型化可控制和安全利用，或其他新能源甚至有尚未知新能源的产生，会将人类社会带入彻底告别传统污染时代的历史性创新。这不仅可带动去污降碳的革命性突破，还将转化为社会生产力的新的时代性跨越。故而，建议国家在对诸多创新作出实事求是的评估后，有对应地划分治污降碳创新，然后创新布局落实治污降碳进度，把"双碳"目标的实现，建立在科学研判和有计划、有步骤、有保证的推进之中。

（3）快慢有据。就是预测"立"的进度，把握"破"的进程，让科学治污降碳与经济规律实现有机统一。一是坚持既定的"双碳"目标不动摇，以已定的时限倒推任务进程，确立总体治污降碳总要求和大格局；二是按治污降碳新技术研创的时间节点，把握治污降碳进度，小进步对应小跨度，大突破落实大跨度；三是协调把握治污降碳与经济增速的关系，力争做到去污还绿、降碳转能，使治污降碳成为资源再利用、增量再提升，尽量不打乱经济发展的正常节奏，不破坏发展各方面、各环节之间的规律性关系，尽可能地保证发展和满足消费需求，使人民的物质文化生活水平日益提高。总之，要让发展大战略与治污降碳大布局相统一，治污降碳技术创新与阶段治污降碳进度相协调，经济增长速度与经济社会发展规律要求相适应。

（4）综合推进。就是采取多方施策，使治污、降碳、增绿相结合，打好综合治理仗，构筑全社会绿色发展新格局。治污降碳涉及经济社会发展和人民生活的方方面面，有生产中的问题，也有消费中的问题；有许多技术难题要破解，也有不少事是每个人举手抬脚即可办到的；一方面要打正面减排降碳仗，另一方面也要堵塞体制漏洞，创新管理方式；既要以治污降碳优化环境，又要在生态建设中增绿、补绿。总之，人人都可以发挥作用，都可以做出一定贡献。科技人员、工矿企业是打硬仗与攻坚战的主力军，而广大人民群众则可以在不同领域和岗位上参与战斗。要充分利用社会主义制度的优势，打一场齐心协力、各方配合、综合推进的人民战争。

（5）区别对待。就是要区别产业区域和不同经济板块，分类施策，以治污降碳促进各区域间的公平竞争。要精准测定各地区的排放量大小、治污降碳难易程度、对全局发展的影响，安排落实降碳指标和年度任务。能源化工生产区、非能源化工生产区、重点经济发展区、生态保护发展区、城市经济区、乡村经济区，应各有各的治理重点和任务要求，需治污的治污、应降碳的降碳、能增绿的增绿，各尽其责、各显其能，发挥治污降碳对不同区域间公平竞争、竞相发展的正面推动效应。对矿资源和能源化工产业聚集区，重在考核生产中的去污减排变化，鼓励他们用新技术去污减排，一般不搞简单化硬性限产，更不要让上游产业生产者觉得无路可走。已建成和在建项目应逐项论证，帮助他们制定低碳零碳与零排放技术改造计划，新上项目则应尽量按零碳零排要求把关。

综合以上五条，我们建议国家坚持治污降碳新理念，组织专业人员，深入调查研究，着力科学分析，广泛征求相关单位和专家学者的意见，按照"双碳"目标定位，以科技创新为导向、技术进步为驱动，把治污、降碳、增绿、碳汇有机地结合起来，编制分段分区部署、细化治理手段、精确政策配套，建立有目标、有步骤、有保障、可实施的战略规划，然后再分段逐年逐项加以推进落实。

（写于2022年）

# 能源互联岛多元联合智慧能源综合利用模式研究

中心课题组<br>
组　长：李雪梅　印建安　卞芙蕖<br>
成　员：张　瑾　田玉宝　尚敏青　种　蕊

**摘　要**　本文对一种智慧能源综合利用模式进行研究，基于新能源、新材料、新工艺，通过传统能源与新能源的多元耦合协同，达到提升区域能源低碳化和智能化的目的。基于此研究，本文提出了推动陕西省早日实现"双碳"目标的路径和措施建议。

"十三五"时期，面对错综复杂的外部环境和艰巨繁重的二氧化碳减排问题，高能耗、高污染、不集约、不节能等情况已成为制约经济结构调整和发展质量的核心问题。同时，能源产业新一轮的科技革命和产业变革日益深入，以人工智能、5G、物联网、区块链等为代表的新一轮信息技术正在广泛而深入地渗透到各社会领域中来。基于此，课题组开展了"能源互联岛多元联合智慧能源综合利用模式研究"。

# 一、研究背景

## （一）政策战略引导

### 1. 国家层面

30/60 政策战略引导总目标：我国力争 2030 年前实现碳达峰，2060 年前实现碳中和。第一阶段，2030 年前碳排放达峰，是中国 2035 年基本实现现代化的一个重要标志。第二阶段，2060 年前实现碳中和，与中国在 21 世纪中叶建成社会主义现代化强国和美丽中国的目标相契合，是建成现代化强国的一个重要内容。

国家发改委、国家能源局印发的《"十四五"现代能源体系规划》指导方针：以深化供给侧结构性改革为主线，以改革创新为根本动力，以满足经济社会发展和人民日益增长的美好生活需要为根本。目的是深入推动能源消费革命、供给革命、技术革命、体制革命，全方位加强国际合作，做好碳达峰、碳中和工作。

发展目标：单位 GDP 二氧化碳排放五年累计下降 18%。到 2025 年，非化石能源消费比重提高到 20%左右，非化石能源发电量比重达到 39%左右，电气化水平持续提升，电能占终端用能比重达到 30%左右。

### 2. 地区层面

《陕西省国民经济和社会发展第十四个五年规划和二〇三五年远景目标纲要》指出：建设清洁能源保障供应基地，加快电源结构调整和空间布局优化，统筹城市和工业园区供热。严格控制关中煤电规模，加大煤电淘汰关停和升级改造。有序开发建设水电和生物质能，扩大地热能综合利用，提高清洁能源占比。按照风光火储一体化和源网荷储一体化开发模式，优化能源配比，扩大电力外送规模。到 2025 年，电力总装机超过 13600 万千瓦，其中，可再生能源装机达到 6500 万千瓦。

加强关键节能环保技术装备产品的研发攻关和产业化。充分发挥园区集聚和示范引领作用，建设一批绿色环保产业园区，构建多层级产业集群。

## （二）市场规模

新能源市场规模巨大。"十四五"期间加大可再生能源发展规模，未来十年，可再生能源投资将达 3.40 万亿美元，其中，风能和太阳能投资将达 2.72 万亿美元，占比 80%。到 2030 年，54.1%的装机容量将是可再生的（包括水电），37.9%将包括太阳能和风能。

在"十四五"期间全国碳交易市场将扩容升级千亿规模，2022 年的全国碳市场平均碳价预期为 49 元/吨，到 2025 年将升至 87 元/吨，在 2030 年之前将达到 139 元/吨。全国碳市场的配额总量有可能会从目前的 45 亿吨扩容到 70 亿吨，覆盖我国二氧化碳排放总量的 60%左右。

## （三）能源转型发展的现状和趋势

### 1. 能源发展现状和痛点

截至 2022 年，中国能源消费量排名全球第一，占全球能源总消费量的 26.5%。非化石能源消费比重达到 15.9%，煤炭消费比重已下降至 56.8%。

目前，国家能源结构仍以化石能源为主，区域能源规划与实际供应及需求不匹配的情况依然存在，能源管理方式落后。国内多数园区冷、热、电、蒸汽等能源以及污水、固废垃圾处理各自为政，存在重复建设、低效供应、能源浪费等问题。

根据我国能源特点，急需通过能源多样化、集约化的先进技术、设备、流程等手段降低能耗，提升可再生能源占比，降低化石能源比例，利用先进的信息技术和互联网技术实现能源终端的智能化应用，助力区域绿色低碳发展。

**2. 能源系统发展趋势**

我国已步入构建现代能源体系的新阶段，能源系统分散化、扁平化、去中心化的趋势特征日益明显。分布式能源快速发展，能源生产逐步向集中式与分散式并重转变，系统模式由大基地、大网络为主逐步向与微电网、智能微网并行转变，推动新能源利用效率提升和经济成本下降。互联网、大数据、人工智能等现代信息技术加快与能源产业深度融合。智慧电厂、智能电网、智能机器人等应用快速推广，无人值守、故障诊断等智能化技术水平持续提升。工业园区、城镇社区、公共建筑等领域综合能源服务、智慧用能模式大量涌现，能源系统向智能灵活调节、供需实时互动方向发展，推动能源生产消费方式深刻变革。

## 二、研究内容

本课题基于以上国家和地区政策引导，围绕能源领域存在的问题和发展趋势，以解决我省乃至全国能源问题为目标，重点考察了陕鼓集团自主开发的能源互联岛多元联合智慧能源综合利用技术。

该技术采用互联网、大数据、人工智能等现代信息技术与能源产业深度融合，在一定的区域内通过对冷、热、电、天然气、分布式能源等多能源形式的生产、输配、转换、存储、消费、回收等环节进行有机融合，可实现多种能源协调互补、多品位能源梯级利用，从而提升可再生能源的吸纳率，减少能源消费对化石能源的依赖，最终实现节能减碳目标。目前，陕鼓已经建立可再生清洁能源与传统能源耦合的能源综合利用模型及工艺包，能够满足用户低碳、节能、安全的用能需求，并已实现了市场推广，取得了良好的效益。

课题组以此技术为主要工具和实现途径，研究提出促进陕西省能源安全高效、低碳节能的思路方案。

## 三、新技术简介

### 1. 能源互联岛多元联合智慧能源综合利用技术发展历程

早在国家提出 30/60 双碳目标之前，陕鼓就已经对该技术进行了长期研究并有了相关的经验积累。陕鼓于 2013 年首次提出"园区一体化"概念，2014 年提出"多能源综合利用"的理念，2015 年就形成了能源一体化方案，采用"水热一体＋三联供集中供能＋电厂余热利用"综合方案。2016 年陕鼓"分布式能源智能综合利用示范项目"正式立项；2017 年 6 月 16 日完成新技术的阶段性研发，"陕鼓能源互联岛全球运营中心"举行揭幕仪式及现场推广会，项目进入运行阶段。

后续该项目仍然持续开展技术研发和市场推广工作。2018 年，该技术在陕汽宝华和陕汽汉德项目上推广，得到了市场的认可及验证；2019 至今，该项目持续进行无人/少人值守技术、能源智能化管控平台研发、垃圾热解新工艺等新技术开发以及新型热力铸管技术等新技术、新材料的融入整合，面向城市、园区、工业等多业态、多场景，形成了自有工艺包，为用户提供安全、经济、低碳的标准化系统解决方案。

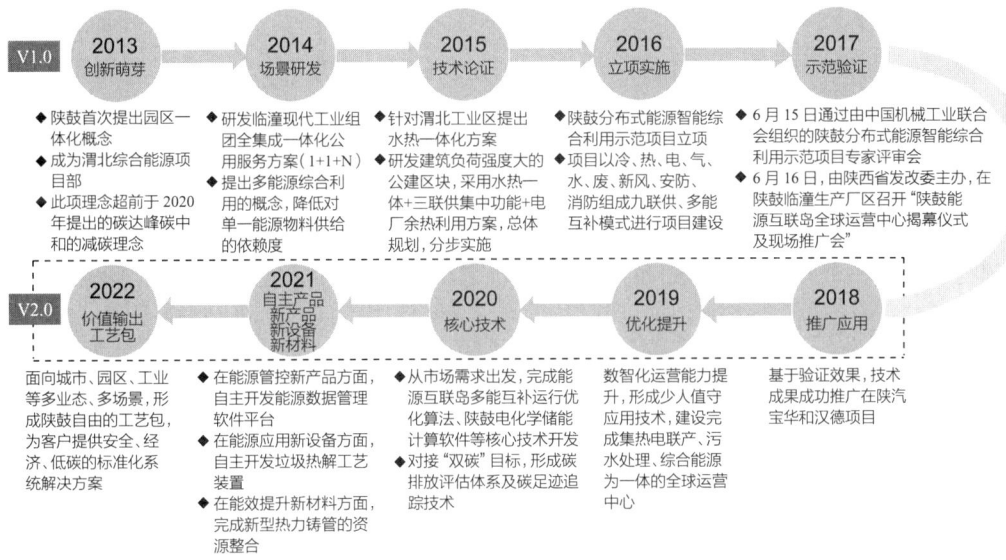

图 1　陕鼓能源互联岛多元联合智慧能源综合利用技术发展历程图

### 2. 能源互联岛多元联合智慧能源综合利用模式技术概念

陕鼓能源互联岛方案是通过顶层设计，结合互联网、大数据技术以及能源管理平台，从全流程全区域供能、用能、能量转换的角度出发，通过多能互补梯级利用，将可再生、清洁及传统能源高效耦合集成，智慧对接能源供给侧和需求侧，以智能管控、专业运营模式，为用户提供一套绿色节能、减碳减排、智能化、少人值守的分布式能源系统解决方案。

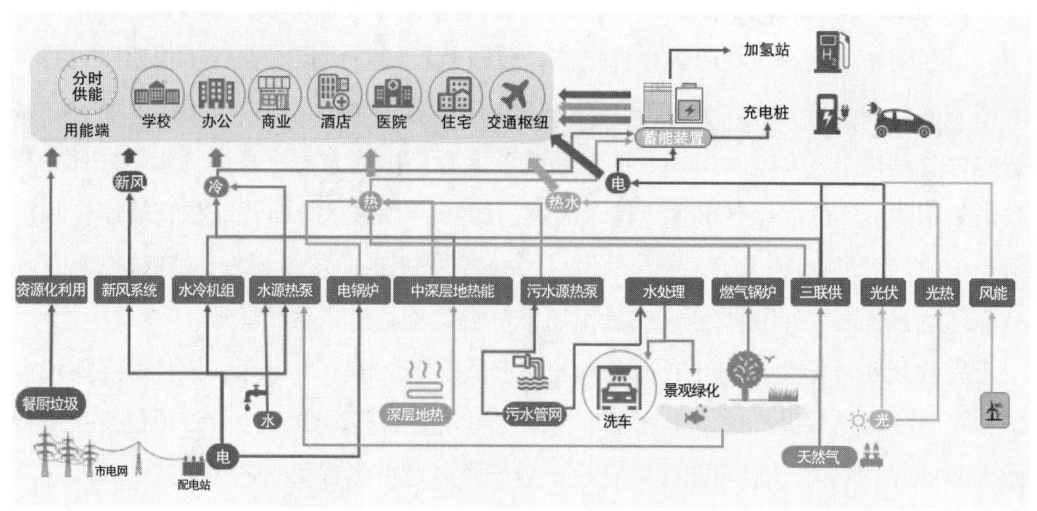

图2　能源互联岛多元联合智慧能源综合利用工艺流程图

### 3. 新技术的应用效果

陕鼓采用此项新技术，在临潼生产厂区投资建设分布能源智能综合利用示范项目，对该技术进行实践验证，目前已取得了良好效果。

通过对该技术进行示范应用，已实现了土地集约、功能集约、设备集约、运营集约，并实现了大幅减碳降碳。据统计，年平均碳减排30%，土地节约49%，人员减少58.62%，节约新水25.52%，节约天然气59.12%，中水回用利用率100%，清洁能源使用率100%，可再生能源贡献率34%，取得了显著的节能成效。

### 4. 新技术所获得的成果

围绕陕鼓能源互联岛技术方案，已为该技术申请专利37件、软件著作权5项，发表论文4篇，发表或参与发表成果11项，获得政府、协会奖励22项。

## 四、新技术推广模式简介

### 1. 新技术推广思路

陕鼓能源互联岛市场推广模式，主要是基于流程工业、智慧城市、"一带一路"、军民融合等客户需求，依托陕鼓的"1+7"业务模式，并结合"5+3+C（降碳）"的能效指标优化分析法，以总体规划、分步实施、精准管控为准则，提供区域能源互联岛系统解决方案及综合能源服务，涵盖多元联合系统或单一供冷供热、水务一体化、增量配电网、能源管控系统平台等规划设计、系统建设、运营优化的全流程服务。

**2. 新技术典型推广模式**

（1）城市新区能源互联岛方案。

主要针对新建项目，从能源咨询—方案设计—工程总包—运营服务（包含系统维护服务、能效优化诊断）进行推广，兼顾系统投资运营模式。

其主要特点为：耦合多种能源技术，为城市提供冷、热、电、风、水、废、安防、消防、环境监测等综合能源一体化服务，进一步提高城市能源供给系统的安全可靠、绿色智慧，助力城市的绿色高质量发展。

主要应用场景有交通枢纽（机场/高铁站/汽车站等）、科创园区、商业综合体、办公大楼、学校、医院、体育场馆、会展中心、住宅、数据中心、物流园区及其他民建系统。

（2）产业园区能源互联岛方案（城市+工业）。

主要针对新建项目，从能源咨询—方案设计—工程总包—机组供应—运营服务（包含系统维护服务、能效优化诊断）进行推广，同时兼顾系统投资运营模式。

其主要特点为：以陕鼓能源互联岛为平台，将工业企业和城市发展相结合，利用城市的资源禀赋，向工业企业提供绿电、绿氢等可再生能源，利用工业装置消纳城市三废资源；将工业余热余能等资源提供给城市，满足城市用能需求，实现工业企业与城市和谐共生。

其支撑技术主要有光伏/光热/微风发电、浅层/中深层地热利用、生物质能、储

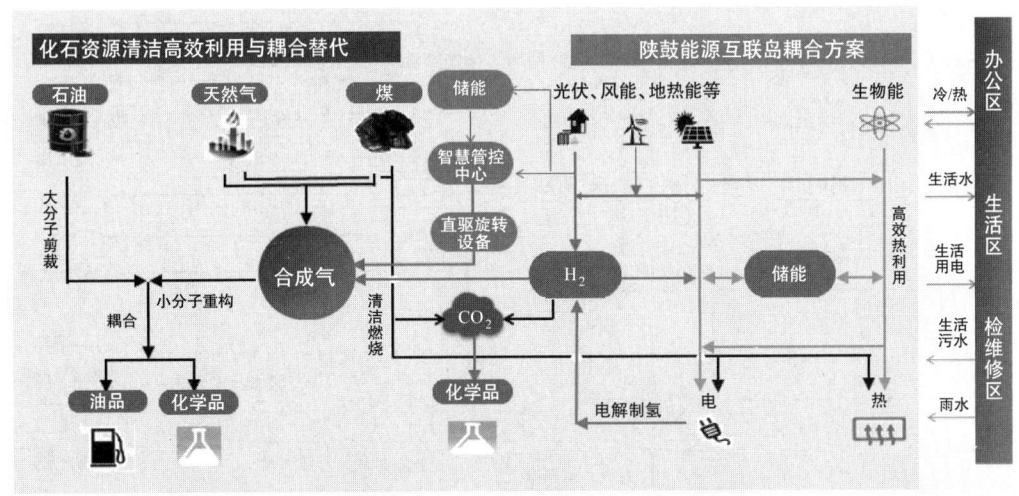

图 3　典型产业园区能源互联岛（城市+工业）工艺流程

能、风光直驱、$CO_2$制绿色甲醇、热解气化、工业尾气综合利用、工业余热利用、废水协同处理及零排放等各类多能互补能源互联技术。

（3）化工领域节能改造能源互联岛方案。

在新建项目或改造项目中，从方案设计—工程总包—机组供应—运营服务（包含系统维护服务、能效优化诊断）进行推广，同时兼顾系统投资运营模式。

其主要特点为：针对化工工艺系统、空分系统、合成气系统、能源动力系统、水务一体化系统、低温热系统、全流程压缩系统等，采用流程建模、能耗对标、能源平衡优化、能源监测智能化等技术手段，从工艺流程优化与生产组织改进、能源结构调整与能源系统优化、能源损失控制与余热余能利用、三废综合利用以及碳捕集、碳中和等角度进行系统优化提升。

（4）冶金领域节能改造能源互联岛方案。

在新建项目或改造项目中，从方案设计——EPC工程总包—机组供应—运营服务（包含系统维护服务、能效优化诊断）进行推广，同时兼顾系统投资运营模式以及供应链服务。（图4、图5）

其主要特点为：围绕冶金行业低碳发展方向，提供陕鼓全流程系统解决方案，推动冶金企业绿色发展。

目前，陕鼓已对此项新技术进行了大量市场推广并取得成果案例。代表项目有西安市城市客厅项目、榆林创新产业园、陕汽汉德项目、河北天柱钢铁年产300万

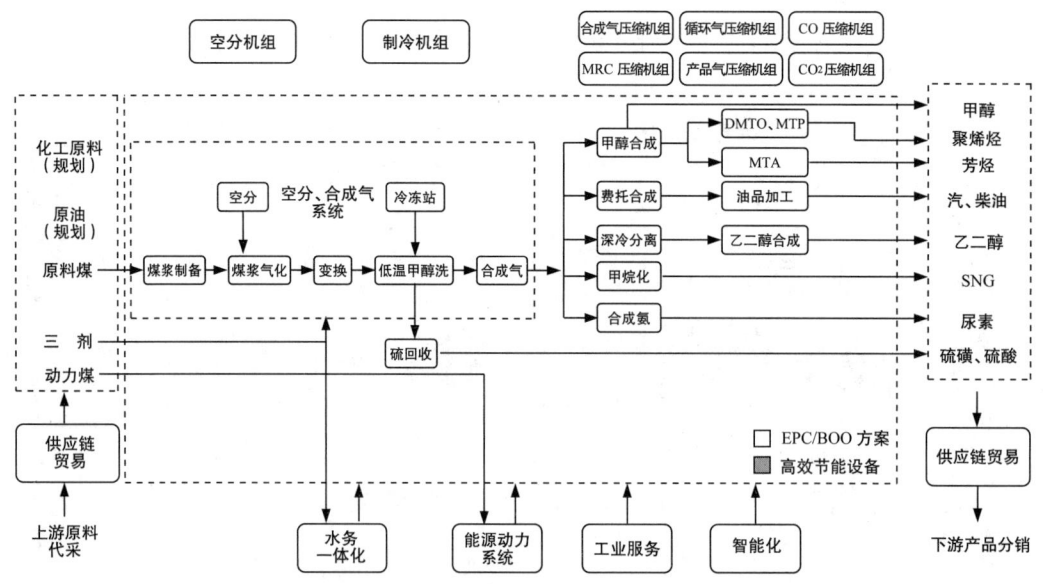

图4 典型化工领域节能改造能源互联岛工艺流程图

五、生态文明研究编

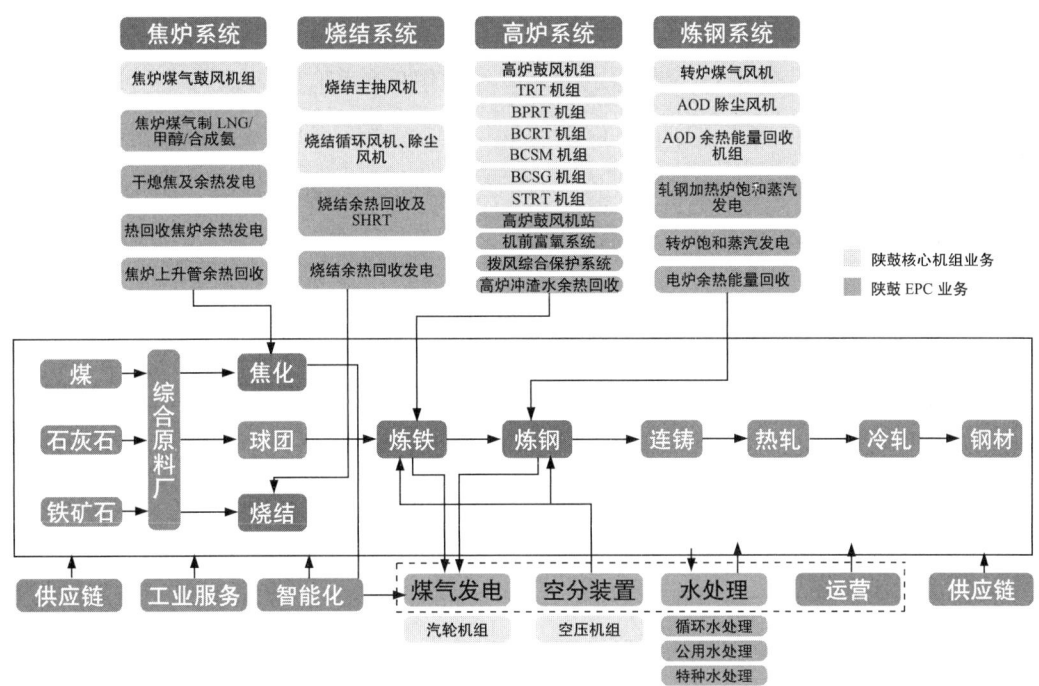

图5 典型冶金领域节能改造能源互联岛工艺流程图

吨项目、邵华 27 万吨硝酸项目等,取得经济效益 64 亿元以上。

## 五、新技术推广思路及政策建议

**1. 推广思路**

陕西是能源大省。据能源局统计,陕西具备太阳能资源可开发量约 1.1 亿千瓦;拥有丰富的煤炭、石油、天然气等矿产资源;榆林每年有近 200 亿立方米的副产氢,发展空间广阔。可再生能源装机将达到 6500 万千瓦,形成以风电、光伏、储能、氢能等为主的可再生能源产业集群,全省可再生能源产值达到 1500 亿元以上。

课题组建议在陕西省乃至西部地区,对陕鼓能源互联岛多元联合智慧能源利用模式进行进一步研究应用,开展区域能源的规划、诊断、升级转型等工作,优先在重点用能区域、用能行业推广陕鼓能源互联岛系统解决方案,全面提升我省区域能源利用低碳化、智能化水平,促进区域能源安全、高效、清洁、低碳发展,助力我省早日实现"双碳"目标。

**2. 政策建议**

(1) 政策支持。建议省发改委对采用能源互联岛多元联合智慧能源利用模式方案的新建、改建项目,在项目立项审批方面给予绿色通道支持,同等条件下优先立项，提高社会各界采用先进技术提升能源利用效率的积极性。

（2）资金支持。建议省发改委、省工信厅对积极采用能源互联岛多元联合智慧能源利用模式的新建、改建项目，以政府低息贷款、后补助资助等形式提供资金支持，并在同等条件下优先推荐申报各类政府奖励；在基础能源价格、新能源政策补贴等方面给予倾斜支持。

3. 推介建议

（1）项目技术推介。建议省工信厅组织省内千亩规模以上的高校园区、规划新建的工业园区、各类开发区等相关单位，以推广会等形式广泛推广多元联合智慧能源利用系统的技术优势和商业模式，从规划阶段推广陕鼓能源互联岛系统解决方案。

（2）资源统筹协调。建议省工信厅协调支持，牵线搭桥，在对接外省市的能源互联岛多元联合智慧能源项目过程中，助力本土国有企业创造更大的经济价值。

（3）创新技术申报。建议省科技厅提供新技术、新材料、新产品等在创新技术应用方面的申报路径，通过打造创新标杆、形成示范效应，助力区域能源绿色转型落地。

（写于 2022 年）

# 陕南移民搬迁现状及对策研究
## ——以安康市为例

王建康　魏　雯　冯煜雯　王晓娟

**摘　要**　加快移民搬迁步伐，推动人口空间布局的优化调整和人口的适度集中，是陕南地区实现工业化、城镇化、信息化和农业现代化"四化同步"，实现精准扶贫和公共服务均等化的必由之路。陕西省委、省政府从2011年起持续到2020年，实施陕南移民搬迁工程。按照"搬得出、稳得住、能致富"的总目标，把移民搬迁与新型城镇化建设、现代农业产业发展和村镇综合改革等工作有机结合，系统谋划、统筹推进，规划利用10年时间，投资1100余亿元，对陕南三市28县（区）63.4万户共计240万人实施移民搬迁，搬迁总人数超过陕南三市总人数的1/4。陕南移民搬迁工程虽然取得了一定成绩，但是仍面临政策配套、产业集聚、社会管理等现实难题，必须坚持系统思维，统筹推进搬迁安置、产业发展、基础配套、社区服务等重点工作。到2020年，实现搬迁群众经济能立足、身份被接纳、文化能融入、权益有保障，与全省人民同步够格迈入小康社会的目标。

## 一、陕南移民搬迁实施背景与历程

陕南即陕西省南部，地处秦巴山区腹地，包括汉中、安康、商洛三市28县（区）。陕南移民搬迁工程的实施，既是解放思想改革创新的过程，也是对其不断总结完善的过程，工作重点开始由"搬得出"，向"稳得住、能致富"转变，管理方式从制度探索向制度完善、一般化管理向精细化管理转变。随着移民搬迁工作的综合效益不断提升，社会各界对移民搬迁工程从最初的质疑逐渐转向认可与期待。

### （一）现实背景

灾害威胁、扶贫攻坚、生态保护是实施陕南移民搬迁的直接原因。陕南扶贫攻坚任务繁重，属于全国11个集中连片特困地区之一，陕南所辖28个县区中21个为国家级或者省级贫困县，是陕西省最大的连片贫困地区；避灾防灾任务繁重，地质灾害的中、高易发区占国土面积50%以上，近十年发生2000多起地质灾害和多次特大洪水，造成590多人死亡或失踪，直接经济损失高达460多亿元；生态使命重大，作为南水北调中线工程的重要水源地，承担着"一江清水供京津"的使命与减轻大江大河和沿江湖泊治理的压力。

促进新型城镇化发展，实现城乡基本公共服务均等化，推动陕南地区经济社会全面发展是实施陕南移民搬迁的深层次原因。在全国即将进入全面小康社会的关键时期，陕南仍有240万群众分散居住在大山深沟之中，交通、饮水、求医和上学等十分困难，或深受地质灾害和洪涝灾害威胁，导致立地条件差、自我发展能力弱。一些生活在生态脆弱区域的人们与生态环境关系紧张，居民难以享受基本的公共服务。总体而言，该区域经济社会发展水平、城镇化水平和公共服务水平明显低于全国，长期落后于关中和陕北地区，是陕西在与全国同步建成全面小康社会链条上的关键节点。

### （二）规划引领

科学编修规划。2011年工程启动之初，陕西省人民政府颁布了《陕南地区移民搬迁安置总体规划（2011—2020年）》，随后又结合陕南循环经济发展规划、秦巴山区扶贫攻坚规划、新型城镇化规划，对规划作出进一步的修订和完善。各县（市、区）按照民生优先和移民搬迁与城镇化建设、农业产业发展"三位一体"的原则，结合当地实际，编制和完善移民搬迁布局规划、安置规划，确保移民搬迁安置及其基础设施和公共服务设施配套、支撑产业、转移就业、社区管理和社会保障等工作与当地国民经济和社会发展总体规划及其他专项相关规划紧密衔接。

积极发挥规划引领作用。各县（市、区）严格按照审定后的规划一次性确定所有集中安置点，并分年度制订实施计划。做好征地、基础设施建设、公共服务设施配套等前期工作，以规划统领移民搬迁各项工作。

### （三）实施历程

2012年是陕南移民搬迁进入政府常态化工作轨道的关键一年。陕南移民搬迁在

2011启动之年实现了良好开局,通过一年多的实践,移民搬迁工作理清了思路,积累了经验,锻炼出了一大批善打硬仗的优秀基层干部,广大群众得到了看得见、摸得着的实惠,参与搬迁的积极性越来越高。

2013年是陕南地区移民搬迁工作承上启下、攻坚克难的关键一年。陕南移民搬迁坚持与工业化、城镇化和农业现代化相结合,解放思想、创新机制,探索示范、突破难点,积极促进陕南地区城乡一体化建设,更好地让搬迁群众共享改革发展成果。

2014年是陕南移民搬迁工作全面迈向规范化、常态化、精细化的关键一年。陕南移民搬迁由注重工作推动向促进工作全面、深入、健康发展转变,由注重建房进度向促进政策全面落实、工作质量不断提高转变,全力实现"搬得出、稳得住、能致富"的总目标。

### (四)工程进展

陕南移民搬迁工程启动以来,采取统筹规划、集中安置、项目实施、社区管理的方式组织实施,得到广大搬迁群众的积极拥护和参与。陕南移民搬迁已成为具有广泛社会影响、显著提升陕西形象的"一张名片"。截至2014年底,陕南移民搬迁完成移民搬迁26万户88万人;累计完成投资479亿元,其中,中、省财政投资131.2亿元,市、县投资40.8亿元,群众自筹资金204亿元。移民搬迁集中安置率为85.7%;城镇安置率为65%;已搬迁入住225811户,入住率为86.5%。实现宅基地腾退面积3.4万亩(其中复垦2.1万亩,还林1.1万亩)。

## 二、陕南移民搬迁工程政策实践与积极探索

陕南移民搬迁工程在遵循经济社会发展规律的前提下,综合考虑群众意愿、民风民俗、环境承载、产业基础等区域发展因素,精细摸底、精确识别、精准搬迁,着力提升搬迁安置工作的科学性、规范性和有效性,确保移民搬迁工程成为惠及陕南群众的"民生工程"。

### (一)精准确定搬迁对象

为了将有限的资源集中用于真正需要搬迁的群众,陕南移民搬迁将搬迁对象和范围严格限定在五种类型、六种范围内。五种类型:地质灾害移民搬迁、洪涝灾害移民搬迁、扶贫移民搬迁、生态移民搬迁和工程移民搬迁。六种范围:受地质灾害、

洪涝灾害或其他自然灾害影响严重的村、户；距离行政村中心较远，基础设施、服务设施落后，发展条件较差，基础设施配套困难，无发展潜力的村、户；人口规模过小，经济收入来源少的村、户；距乡、村公路5千米以上的偏远山区，交通不便的村、户；位于自然保护区、风景名胜区、文物保护区和生态敏感区范围内，影响区内环境的村、户；已规划或即将建设的水库库区范围内的村、户等。

严格执行搬迁对象审定程序。按照搬迁户申请、村民评议、镇村初审、相关部门审定、县（市、区）政府批准的程序，坚持村、镇、县（市、区）三级公示制度。在审定搬迁对象时，坚持"三优先"原则，即各县（市、区）优先审定地质灾害危险户、洪涝灾害威胁户和危困户、特困户的搬迁安置。其中，地质灾害危险户由国土部门审定；洪涝灾害威胁户由水利部门审定；危困户和特困户由村民评定，民政和扶贫部门审定。按照计划，2016年底前，以上三类对象将全面完成搬迁安置。

对移民搬迁对象实施精细化管理。从2014年起，各市、县（区）对移民搬迁对象逐户核实情况，对确定的各类搬迁户，镇（乡）政府逐户签订搬迁协议，逐村建册，逐镇（乡）建档，逐县（市、区）建库，将相关信息全部纳入陕南移民搬迁信息系统并及时向社会公开。同时，根据轻重缓急，制订移民搬迁轮候安置计划，明确搬迁时间、安置地址、房屋面积、补助标准、旧宅基地腾退时限等内容，实现有序搬迁、精细化管理。

### （二）合理规划布局选址

把选择集中安置点布局作为确保搬迁有序、稳健推进的重要基础。充分考虑资源环境承载能力、产业支撑能力以及立地条件，把移民搬迁与新型城镇化、农业产业化、秦巴山区集中连片扶贫开发相结合，坚决避开地质灾害隐患点、洪涝灾害隐患区和自然保护区，最大限度避免削坡斩岩、填江改河、损坏植被。严格控制占用耕地，尽可能使用闲散地、未利用地等。使搬迁选址的土地既要保证生产生活，又要符合避灾要求。

规划布局集中安置点坚持靠城、靠镇、靠园区的"三靠近"原则。把搬迁作为推动产业科学布局、提高土地利用效率、促进城乡公共服务均等的契机。针对部分有条件、有能力的农户，充分利用县城、中心镇以及集镇基础设施完备、社会保障服务体系健全、产业发展初具规模等优势，有组织地将其安置到城镇居住和就业；针对移民搬迁量大而且集中，自然条件宜居，土地资源相对宽裕，交通、通信、水源、能源等基础设施条件相对较好的地方，结合社会主义新农村建设规划移民新村，集中进行移民搬迁安置；针对移民搬迁量少且比较分散，自然条件受限，土地资源紧缺，基础设施相对较差的地方，依托经济发展水平较高和用地条件较好的中心村、基层村进行迁并，就近实现移民搬迁；对于有迁移愿望和自主搬迁能力的农户，利用移民补助资金分散迁入条件相对较好的中心村或集镇，投亲靠友或自谋职业，实现自主分散迁移。

### （三）分类推动建房安置

陕南移民搬迁安置房建设坚持以用为本，将移民搬迁与美丽乡村建设结合起来，建设与自然和谐相融、与优美环境相得益彰的宜居村镇，同时，突出民俗特色，不搞千村一面，不搞贪大求洋，不鼓励外墙贴瓷砖，在低成本的前提下实现了高水平建设。

明确建房主体。县（市、区）政府是项目建设责任主体，可委托移民搬迁工作机构或镇政府作为项目法人单位，负责项目前期准备、组织实施和监督管理工作。楼房化安置项目一律统规统建；非楼房化安置的项目原则上不允许统规自建，确需自建的，须经县（市、区）移民搬迁领导小组批准。所有统规统建项目，严格按照项目管理办法运作，不得违规转包、分包。

严格项目管理。移民搬迁住房建设、基础设施和公共服务设施建设，全部实行项目管理，严格实行招投标制、合同制、质量终身负责制、监理制、项目管理法人制、严格质量责任追究制，确保安置点项目建设质量。

严控建房面积。牢固树立节约集约用地意识，坚持小面积、广覆盖的原则，严控移民建房面积，坚持按60平方米、80平方米、100平方米三种标准建设，坚持人均不超过25平方米的建房标准。确有困难的移民户，集中安置每户最大面积不超过125平方米，分散安置每户不超过140平方米，危困户和特困户每户不超过60平方米。

坚持以集中安置为主，从严控制分散安置。社区集中安置率控制在90%以上，城镇安置率控制在60%以上，鼓励楼房化安置。在县城、镇区和工业园区均采取高层或多层楼房集中安置；在农村新型社区安置的，可建低层楼房，并严格按照标准确定宅基地面积，避免出现一户多宅、超大豪宅。

明确搬迁群众安置补助标准。针对集中安置方式，按照家庭人口确定补助面积和补助标准。中、省、市、县（区）四级财政确保集中安置户每户补助4.5万元，对于自愿在统规统建四层以上楼房安置的每户另外补助资金5000元，特困户和危困户每户增加补助1万元，分散安置户每户补助3万元。

逐户签订搬迁协议。通过协议的形式明确界定政府与搬迁户、迁出地和迁入地的权责关系，明确搬迁时间、安置地点、建房面积、补助标准等，特别是按照"一户一宅"原则，在协议中确定旧房腾退拆除办法和期限。

有效推进移民搬迁安置房和保障性住房相结合。各市、县（区）的保障性住房，与移民搬迁安置住房统筹安排使用。对进城安置取得城镇户籍的搬迁对象，符合各类保障性住房条件的，纳入相应类型的保障性住房轮候计划；取得居住证的搬迁对象，纳入公共租赁住房轮候计划。凡由政府回购保障性住房安置移民的，只能作为移民搬迁安置房统计上报；凡享受保障性住房政策的不得同时享受移民搬迁安置补助。

开展移民安置房房产证、土地使用证"两证"发放工作。对移民使用集体建设用地在农村搬迁安置的，各市、县（区）政府及国土资源行政主管部门按照建新拆旧、"一户一证"的原则及时依法办理相关手续，按农村居民进行土地登记并依照有关规定核发土地使用证；对移民进入城镇使用国有或集体建设用地搬迁安置的，在公安部门办理户籍迁移手续后，按城镇居民进行土地登记并按有关规定核发土地使用证；县级以上房产行政主管部门根据移民意愿和土地登记结果，依法对移民安置房进行确权登记，并及时颁发房屋产权证。

**（四）完善公共服务设施配套**

在抓紧抓好住房建设的同时，陕南移民搬迁工程以"与城镇社区基本公共服务相近"为目标，加大公共服务配套设施建设力度，提升移民安置点的公共服务水平。

确定配套设施建设标准和内容。依据集中安置点的规模，确定基础设施和公共服务设施配套建设标准及内容，坚持小型保基本、中型保功能、大型全覆盖。对规模为 30~100 户的安置点，完善生产生活基本所需的水、电、路、视、信、网等设施；对规模为 100~500 户的安置点，在保基本的基础上，完善相关公共服务设施，增加有关服务功能；对规模为 500 户以上的安置点，配套医疗、教育、文化、卫生、超市、安葬墓地、垃圾处理、综合服务用房等基本公共服务设施，实现服务功能全覆盖。

明确配套设施建设主体和时限。各集中安置点的路、电、信、给排水等基础设施，幼儿园、学校、卫生院（卫生室）等公共服务设施由县（区）人民政府统筹建设。当年可建成入住的小型集中安置点，原则上要求基础设施当年建设到位；中型集中安置点项目，基础设施和公共服务设施建设在住房工程建成后两年内配套建设到位；大型集中安置点项目，基础设施和公共服务设施项目在住房工程建成后三年内配套建设到位。

加强配套设施建设资金管理。基础设施和公共服务设施建设费用，由县（区）人民政府本着"项目捆绑、资金整合、统一使用、各记其功"的原则上报项目，经市级相关部门审查并经市级人民政府审定后，报省发展改革委和省级各项目对口部门、单位。省级相关部门和单位在对所报项目进行审查核实后，制订年度计划，落实项目资金，按有关程序下放，并报陕南地区移民搬迁工作领导小组办公室备案。

### （五）积极加强产业支撑

陕南移民搬迁工程坚持城镇化建设、移民搬迁、产业支撑"三位一体"的工作要求，积极加强产业配置和就业安置，为"稳得住、能致富"构筑产业支撑。

明确产业培育方向。围绕陕南循环经济定位，以绿色、循环产业为总方向，着力发展吸纳就业能力强的设施农业、循环工业和生态旅游业。各县（区）充分利用当地资源优势，因地制宜、突出特色，按照"一点一策、一户一法"的要求，对移民搬迁集中安置点逐点规划配套产业，发展特色经济，对移民搬迁户逐户落实创业就业方案，促进移民就近就地就业。

建立产业扶持资金。多渠道筹措产业扶持基金，围绕集中安置点建设县域配套的工商业集中区，以财政贴息、以奖代补等方式，吸引劳动密集型企业入园，为周边搬迁户创造就业岗位。陕西省政府已在安康市选择10个集中安置点，开展陕南移民搬迁集中安置点产业配套试点工作，通过试点摸索经验，再进行面上推广。

加强就业培训。依托陕南三市职业教育优势，整合扶贫、农业、人社等部门培训资源，开展形式多样的实用技术和职业技能培训，培养技能型移民，确保每户至少有一人掌握1~2项实用技术，提高就业能力。

多渠道增加搬迁群众收入。利用移民搬迁创造的难得机遇，引导搬迁群众依法有序地将承包的耕地、林地的经营权流转给家庭农（林）场、经营大户或农业公司，增加农民财产性和经营性收入。

### （六）创新社区管理服务

适应人口居住空间变化，创新农村集体所有制实现形式，调整优化公共管理和社会治理体系，建成新型农村社区、优美村镇，让搬迁地区在有序搬迁中，形成更加和谐、稳定的良好社会结构。

切实维护搬迁群众的财产权益。在维护搬迁群众原有集体财产权益方面，实行

"三个不变""三个鼓励",即集体所有制的经济形态不能变,原集体经济成员的应有权益不能变,原承包的耕地、林地承包关系保持不变。鼓励搬迁户将经营权流转给村集体、农业大户或农业公司经营,增加财产收入、促进农业规模化;鼓励有条件进入集镇以上城镇安置的搬迁户迁移户口、退出原集体经济组织,进城落户;为了防止土地长期撂荒,鼓励集体经济组织与迁出群众签订承包权托管协议,由集体经济组织代为处置和经营,收益由搬迁户和集体经济组织根据协议分享。

健全新型社区管理和服务体制。对进入大中型安置点或集镇的,按照城市社区管理模式管理;安置到中心村的,在村委会加挂社区服务中心牌子,在迁入地设立搬迁户居民小组,实行统一管理;对完全新建的安置点,不再按传统的村、组设置,而是组建社区服务机构,承担社会公共服务和村(居)民自治服务职能。

加强集中安置点的社区公共服务。移民搬迁后的户籍可迁至新居住地,也可保留在原居住地。进城入镇自愿迁移户籍的,可按相关规定办理户籍迁移手续。跨村跨镇在农村安置后自愿迁移户籍的,经迁入地三分之二以上村民同意后办理户籍迁移手续。对未迁移户籍的异地安置移民,在安置地户籍管理部门办理居住证,由迁入地政府负责落实移民搬迁户子女就学、养老保险、农村新型合作医疗、农村最低生活保障等福利待遇。在城镇集中安置点实行社区化管理,农村大中型集中安置点逐步实现社区化管理,农村小型安置点实行村民自治组织管理。

### 三、陕南移民搬迁的保障体系

陕南移民搬迁过程中,按照陕西省委、省政府统一规划和要求,省级相关部门和陕南三市28县(区)紧紧围绕"搬得出、稳得住、能致富"的总目标,系统谋划、统筹推进,制定一系列政策措施,创造性地开展各项工作,为顺利实现移民搬迁目标任务提供有力保障。

#### (一)组织保障

陕南移民搬迁实行省级领导、市级协调、县级实施、部门指导的领导体制,在省委、省政府的统一领导下,2011年8月,陕西省政府成立了由分管副省长任组长,省国土、发改、财政、扶贫等20个省级相关部门及陕南三市政府分管领导为成员的陕南移民搬迁安置工作领导小组,领导小组办公室设在省国土厅。办公室抽调得力人员,落实了工作经费和办公场所,明确了各级各部门机构和人员的职责。陕南三市及相关县区更是把移民搬迁作为推动经济社会协调发展的头等大事,及时成立了领导小组及办公室，并抽调专职人员负责组织实施、工作协调、质量监管等日常工作，确保陕南各县区移民搬迁按照工作安排有效开展。省级相关部门负责移民搬迁工程项目红线外基础和公共服务设施项目建设资金的筹集和项目认定，省发改、财政和国土资源部门加强统筹和督导协调，保障项目资金落实。同时，在陕南移民搬迁过程中，注重发挥搬迁群众的主体作用，注重社会各界的参与作用。

### （二）制度保障

陕西省政府、陕南移民搬迁领导小组和陕南移民办注重制度建设，先后制订出台了《陕南地区移民搬迁安置总体规划（2011—2020）》《陕南地区移民搬迁安置工作实施办法（暂行）》《陕西省陕南移民搬迁安置补助资金筹集与管理办法》《移民搬迁安置住房建设项目管理办法》《关于进一步加强和规范陕南地区移民搬迁工作的意见》等一系列规范性文件。同时，在陕南移民搬迁工作实践中，陕西省政府建立了符合陕南移民搬迁工作实际的具体工作机制，主要包括移民搬迁规划编审机制、年度目标任务层次分解和考核管理机制、集中安置点前期资料报备审核机制、移民搬迁住房项目管理机制、大配套基础和公共服务设施项目建设管理机制、移民专项资金管理机制、移民搬迁产业扶持机制、移民搬迁和保障房融合机制等，确保各级各部门工作方向更加清晰、工作目标明确具体、任务能够落到实处。

### （三）资金筹措

作为西部欠发达省份，资金筹措是陕南移民搬迁工作顺利实施的基础和前提，也是陕西能否成功实施这样一个宏大的移民搬迁工程的关键和核心。工程实施以来，陕南移民搬迁资金统筹包括整合各类项目资金、地方财政资金、群众自筹资金、吸纳社会资本等在内的各类资金，其中，市县配套41亿元。

争取中央部委支持。财政部下发《财政部关于下达陕西省陕南移民搬迁补助资金的通知》（财预〔2013〕410号），确定三年内补助专项资金40亿元支持陕南移民搬迁工程，重点用于移民住房、基础设施、公共服务设施等方面的支出，要求发挥中央财政补助资金导向作用，推动专项转移支付整合，提高资金使用效益。国土资源部明确了陕南三市移民搬迁土地流转的增值收益用于搬迁区土地整治、移民安置、基础设施、配套产业建设和地质灾害防治等。

省级财政资金主导。陕西省出台了《陕南地区移民搬迁安置建房资金筹措方案》，每年整合中、省与移民搬迁相关的扶贫专项资金、生态移民、以工代赈异地搬迁资金、农村危房改造补助资金、土地开发整理和中、省地质灾害防治专项资金、退耕还林专项资金等，集中捆绑用于移民搬迁。搬迁户安置建房每户按照3万元的财政补助标准中，省级财政承担1.5万元。成立了陕西陕南移民搬迁工程有限公司，按照"封闭运作、快速周转、保本微利"的资金运作模式，计划10年筹措60亿元资金，提供陕南三市所辖县（区）移民搬迁安置项目启动和资金周转。

市、县财政配套资金。陕西省政府明确了市、县承担建房资金的比例，市、县（区）承担的每户1.5万元财政建房补助资金按2∶8的比例进行配套。各相关市、县根据实际情况和需要，从土地出让净收益中安排一定的比例用于建房补助。

群众自筹资金。搬迁户安置根据家庭实际人口，按人均不超过25平方米的标准选择确定60平方米、80平方米和100平方米三种建房面积安置，集中安置由搬迁户按照不同的户型分别负担1万元、2.5万元、4万元。搬迁群众中的特困户、五保户、危困户，由政府免费提供不超过60平方米的安置房，实行交钥匙工程。对于家庭经济条件较好，要求选择更大安置面积的，在符合宅基地有关规定的前提下，按照建房成本缴纳超面积房款。

社会多元筹资。通过策划BT（Build-Transfer，即建设—转让）、BOT（Build-Operation-Transfer，即建设—经营—移交）项目，鼓励社会资本参与移民搬迁区小城镇建设、现代化农业建设、旅游资源开发等，动员社会力量参与移民搬迁工程。

建立专项共管账户。省财政统筹拨付中、省、市、县补助资金。中、省承担的补助资金由省财政直接拨付到县（区）移民搬迁资金专户；市、县承担的补助资金由省财政直接拨付到县（区）移民搬迁资金专户，并相应扣减省对市县均衡性转移支付资金。各项目资金在年度验收后据实结算。省财政安排部分资金对建设任务完成好、入住率高、产业带动强的市、县以奖代补，奖励资金主要用于移民搬迁建房补助、垃圾污水处理及移民安置区的产业扶持等。

**（四）土地保障**

陕南三市是典型的"八山一水一分田"的山区地貌，山大沟深，安置用地稀缺，集中安置点选址尤为困难，成本高昂。陕西省充分利用国家允许陕南移民搬迁安置土地综合利用试点机遇，多措并举，破解土地难题。

土地规划向移民搬迁倾斜。抓住陕南三市新一轮土地利用总体规划修编契机，与移民搬迁总体规划充分衔接，重新核定和调整新增建设用地总规模，适当增加安置区新增建设用地规模,扩大城乡建设用地增减挂钩周转指标范围。

争取自然资源部支持。自然资源部出台了《关于支持陕西省陕南地区生态扶贫避灾移民搬迁有关政策措施》(国土资函〔2013〕837号),在加强土地利用规划计划管控、创新土地利用和管理模式、加强农村土地整治和地质灾害防治、编制实施生态搬迁土地利用专项规划和加强组织领导和服务监管等六个方面对陕南移民搬迁提出了支持政策。

出台"一办法四细则"。按照国土部支持政策和陕南移民搬迁实际,陕西省国土厅制定了《陕南移民搬迁土地利用实施管理办法(试行)》及《建设用地管理》《土地综合整治》《土地权属管理》《土地增值收益使用管理》四个实施细则。随着这项工作的全面开展,安置点用地、旧宅基地腾退、复垦等工作有效规范进行,整个陕南移民安置乃至发展用地问题基本得以解决。

坚持最严格的节约集约用地制度。集中安置用地包括基础设施和公共服务设施用地在内,户均控制在0.2亩以内;分散安置每户用地包括房基、院落、出行道路在内,控制在0.25亩以内。对土地审批手续不全的建设项目,不得审核备案。严禁未批先用和占用基本农田。执行"一户一宅、占新腾旧"政策,推进旧宅基地复垦工作。鼓励各地结合农村居民进城落户政策,通过奖补等方式引导移民搬迁户加快旧宅基地腾退进度。

有序开展宅基地腾退。对已搬迁安置户按照"区别对待、分类施策"的原则组织开展宅基地腾退,"两灾户"和特困户、危困户搬迁安置次年腾退宅基地,其他搬迁户搬迁安置后3~5年内腾退。

## 四、陕南移民搬迁的经济发展效应评估

### (一)指标体系的设计原则

"搬得出、稳得住、能致富"是陕南移民搬迁的根本要求。针对移民搬迁与陕南经济发展关系的评价,必须有一个明确的、可量化的指标体系。构建陕南移民搬迁与经济发展关系评价指标体系,涉及经济社会发展的各个方面,为了保证体系的完整性和科学性,需要把握以下几个原则。

**1. 综合性与系统性**

经济社会是一个综合体系。包括从传统农业过渡到现代工业,从农村社会过渡到城市社会,从不太完善的民主社会过渡到较发达的民主社会,从传统文明过渡到

现代文明。不仅强调经济发展，也强调社会发展、民主化进程的提高和文明层次的提升。因此，经济社会是一个广泛、综合、系统的范畴。所设计的指标体系的标准必须体现这种综合性、系统性，各个指标之间要形成有机、有序的联系，从多方面反映经济社会的发展状况。

### 2. 可持续性与人本性

传统的发展观是把更多的注意力集中在物质财富的增加、增长速度等方面，并以经济增长为中心。无疑，经济增长是重要的，但同时，经济增长是为了人的发展，为了提高人的生活水平。发展是一个无限延续的、连续的过程，也是多元的，既包括经济增长，又包括社会、科技、生态环境的建设与发展，它们互相促进，互相联系。归根结底，一切发展是为了人，评价移民搬迁情况的指标体系，必须体现以人为本的思想。

### 3. 超前性与科学性

构建移民搬迁与陕南经济发展关系的指标体系，既要符合陕南实际，也要考虑能进行地区之间的和谐社会水平比较，既可以纵向测算一个地区人民生活的历史进程，又可以横向比较不同地区经济社会发展水平的差异。

### （二）指标体系的构建

在参考国内外有关研究成果、充分考虑陕南移民搬迁这一特定性要求的基础上，根据陕南移民搬迁的目标，同时考虑全面性、层次性、代表性、精简性、可比性和可获取性等基本原则，本研究对移民搬迁与陕南经济发展关系指标体系的构建主要从四个层次来分析判断，以反映移民搬迁给陕南经济发展带来的变化。（表1）

生产与收入效益评价。主要包括人均收入变化、就业变化、产业结构变化、农村剩余劳动力变化、农产品产量收入变化、土地流转变化等。

生活与支出效益评价。主要包括生活消费支出变化、生活成本变化、生活质量变化、交通工具变化、幸福指数变化、社会文化变化等。

城镇化建设效益评价。主要包括住房条件变化、用电条件变化、用水条件变化、教育设施变化、医疗条件变化、道路环境变化和通信条件变化等。

生态经济效益评价。主要包括森林或草地覆盖率变化、野生动物种类及数量变化、水土保持变化、地下水质变化、河流水质变化、空气质量变化等。

表 1　陕南移民搬迁经济效应评价指标体系

| 指标类型（权重） | 二级指标 | 指标权重 |
| --- | --- | --- |
| 生产与收入效益评价（0.302） | 人均收入变化 | 0.189 |
| | 就业变化 | 0.168 |
| | 产业结构变化 | 0.171 |
| | 农村剩余劳动力变化 | 0.157 |
| | 农产品产量收入变化 | 0.148 |
| | 土地流转变化 | 0.167 |
| 生活与支出效益评价（0.268） | 生活消费支出变化 | 0.168 |
| | 生活成本变化 | 0.177 |
| | 生活质量变化 | 0.178 |
| | 交通工具变化 | 0.153 |
| | 幸福指数变化 | 0.169 |
| | 社会文化变化 | 0.155 |
| 城镇化建设效益评价（0.271） | 住房条件变化 | 0.137 |
| | 用电条件变化 | 0.147 |
| | 用水条件变化 | 0.136 |
| | 教育设施变化 | 0.144 |
| | 医疗条件变化 | 0.136 |
| | 道路环境变化 | 0.153 |
| | 通信条件变化 | 0.147 |
| 生态经济效益评价（0.159） | 森林或草地覆盖率变化 | 0.147 |
| | 野生动物种类及数量变化 | 0.124 |
| | 水土保持变化 | 0.129 |
| | 地下水质变化 | 0.123 |
| | 河流水质变化 | 0.119 |
| | 空气质量变化 | 0.127 |
| | 厕所与垃圾处理变化 | 0.124 |
| | 环境意识的变化 | 0.136 |

## （三）评价结果

本研究依据表 1 的评价指标体系，主要通过对陕南移民搬迁户对搬入地经济发展的变化的感受进行问卷调查，并结合深度访谈，力求全面描述移民搬迁的经济效应。本文对各指标权重的确定，运用德尔菲法和层次分析法，分别向多位移民搬迁管理部门工作人员和专家学者进行咨询，然后将意见统一集中，确定权重（见表1）。课题组在安康市实地调研时，采用问卷调查与深度访谈相结合，问卷对各个指标的评价尺度采取 5 分赋值法。评价标准为 1～5 分，依次升高；分值越高，表明移民户对搬迁地经济效应的变化感受越好。2 分以下为"非常差"；2～3 分为"较差"；3～3.5 分为"一般"；3.5～4.5 分为"较好"；4.5～5 分为"优秀"。通过调查，获取了 426 户移民户对各个指标的评价态度。研究结果显示：

就业机会显著增加，收入水平逐步提高。针对问卷调查的统计分析，生产和收入效益评价水平为 3.967，达到了"较好"水平，表明陕南移民搬迁基本达到了扶贫的目标，但是距离优秀仍有一定的距离。以 6 个二级指标为例，人均收入变化、产业结构变化和农村剩余劳动力变化的评价结果均为良好，其他指标为一般。这说明，随着陕南移民搬迁工程的实施，以项目建设、固定资产投资为主的建设工程，给当地居民的就业、收入带来了大量机会，同时也带动了第二、三产业的发展。

生活质量逐步提升，生活方式明显优化。生活和支出效益评价水平为 3.874，与生产和收入评价水平相近，表现为"较好"。大规模的陕南移民搬迁安置无疑使得陕南农民跨越山水阻隔，融入现代文明，加快了就地城镇化水平的持续推进，从根本上改善了山区生活环境，更重要的是通过空间上人口的集聚，提高城镇化率，促进人们更为广泛的社会生活学习，提升农民文明水平和综合素养，让农民有机会掌握更多的工作技能，成为产业工人，同时对下一代提供更优质的教育资源。

城镇化建设步伐加快，社会保障全面改善。城镇化建设效益评价水平为 4.519，达到了"优秀"水平。表明政府在推进移民搬迁工作中，城镇设施配套工程的强力实施得到了移民搬迁户的肯定和认可，让搬迁群众切实感受到安置小区生活条件的优越性，提高了搬迁的积极性。通过重点抓移民安置小区水、电、路、信等基础设施的全面完善，搬迁户的生产生活条件实现了根本性的改变，使移民搬迁群众与城市市民一样享有同等的居住条件、优质的公共服务、可靠的社会保障，有效防止了"回流"现象的出现，提高了城镇化率。

生态环境得到改善，生态经济开始起步。恢复和保护陕南生态环境是移民搬迁的重要目的之一。生态经济效益评价水平为 4.026，处于"良好"水平，表明移民搬迁对生态环境恢复和保护，以及当地经济发展的推动作用比较明显。陕南地区植被较好，但生态较为脆弱，加之人为因素影响，特别是群众居住分散，群众生产方式比较粗放，开荒种地、砍伐活动较为普遍，建房修路过程中，开挖山体往往是诱发泥石流、山体滑坡的重要影响因素，动员群众从生态脆弱的地区搬离，让生态得到修复，为保护水源地水质安全奠定坚实基础。

## 五、陕南移民搬迁存在的突出问题

陕南移民搬迁工程虽然取得了一定成绩，但是与省委、省政府追赶超越的要求相比，与陕南群众与全省人民一道同步够格实现全面小康来衡量，仍面临政策配套、产业集聚、社会管理等现实难题，实现陕南移民搬迁工程的预期目标和任务仍然任重道远。

### （一）搬迁安置工作需要进一步精细化深入推进

由于近几年对精准扶贫的重视和推进，目前，全省对移民搬迁中的扶贫搬迁对象基本能够做到精确到户。但随着搬迁对象范围的扩大，一些地方还存在着搬迁对象不清、随意变更摸底数据的现象。比如对省财政配套的生态保护、地质灾害、洪涝灾害等的搬迁对象，存在扩大规模的问题。随着移民搬迁工作的深入开展，一些地方为搬迁而搬迁，存在着安置点定点随意、选址不科学不规范的问题。甚至出现前期工作粗放、考虑不周、造成安置点存在二次搬迁的风险和重大安全隐患。与此相对应，部分地区集中安置率偏低，缺乏配套设施和公共服务，也不利于产业的跟进。

### （二）后续配套产业发展滞后、就业增收渠道狭窄

陕南三市 28 个县（区）有 24 个属于国家级贫困县，当地条件差，经济基础薄弱，由于搬迁时间紧、任务重，乡镇上目前更多地考虑移民户如何"搬得出"，移民户拓展增收渠道多数自寻门路，受自然条件制约较多。陕南新型工业、现代农业、旅游三产发展相对滞后，现有的产业支撑能力短期内难以彻底解决移民户的就业问题，比较成功的经验没有及时由点到面进行推广，搬迁群众致富增收的渠道仍然狭窄，"稳得住、能致富"将是今后移民搬迁工作的难点问题。目前，移民搬迁户增加收入靠外出打工的占 73.3%，靠原有山林土地的占 14.4%，依托园区就业的仅占

4.8%。搬迁户增收渠道窄、门路不多成为后续发展的突出矛盾。

### （三）社区管理体制机制不健全

由于不少搬迁社区都是跨村、跨镇，甚至跨县的群众聚集在一起，打乱了原有行政村的村落结构，随之而来的就是户籍关系错综复杂，体制不顺，管理难度加大，甚至出现真空等问题，搬迁安置社区管理问题日益显现。如何让他们尽快适应并安居乐业，是在"搬得出"后首要面临的问题。一是移民中的青壮年劳力大都外出务工，常住人口以留守老人和留守儿童为主。其中，大多数留守老人文化程度偏低，思想观念陈旧，整体素质不高，环保意识不强，乱倒垃圾、乱排脏水、不爱惜公共设施、不遵守公序良俗等不文明现象屡有发生，引发居民不满。二是安置点的移民大都来自附近村组，也有少数移民来自其他乡镇，辐射地域广，移民身份杂，社会关系疏远，邻里情感淡漠，由此而引发的失窃、猜疑、矛盾纠纷等不和谐因素日益增多，移民缺少安全感。三是农村搬迁安置社区管理未纳入城市社区管理，尚未配备社区管理人员和经费保障，致使部分移民小区设施管护乏人问津，服务内容简单随意，移民群众人心散乱，公共服务和社会管理基本上处于自发无序状态。

### （四）政策措施亟待进一步完善

移民搬迁的前期政策设计以及贯彻实施是推进移民工作的关键。从近年来的实施情况看，移民搬迁工作的着力点仍在"搬"上，而对搬迁群众"稳"的问题、"富"的问题重视不够、投入不够。一是搬迁规划不够完善，一些县（区）虽然编制了计划，但缺乏系统评估，规划不够完善，没有依据县区经济社会总体规划及时进行修编完善。同时，没有及时编制移民产业发展规划，缺乏统一的鼓励引导移民就业的激励政策和优惠政策以及移民发展产业缺乏资金和技术。二是政策贯彻落实不力。土地收益和配建商品房等相关优惠政策没有有效落实，因个别安置点宅基地超面积、建房超面积、设计超标准"三超"问题和部分建筑原材料价格上涨、人工工资上涨导致建房成本加大，征地费和青苗补偿费没有明确资金来源；陕南大部分地区属于土石山区，大部分集中安置点需要修建河堤、湖泊和桥涵方能开工建设和确保安全，投资量太大，资金缺口更大。三是后续配套政策没有跟上。集中安置点配套不到位。移民搬迁前期规划设计、征地拆迁，后期基础设施配套建设及城镇建设管理费用都非常大，上级支持有限，乡镇财政压力大，致使许多配套设施因资金问题而搁浅。另外，陕南部分搬迁安置属于跨村、跨镇安置，移民户迁入新居后户籍、社区管理、土地林地流转、老宅基地退出、社会保障等相关政策规定处于空白，导致搬迁安置群众顾虑较大。

## 六、继续扎实稳步推进陕南移民搬迁的对策建议

陕南移民搬迁是长期而艰巨的系统工程。"十三五"期间，要在"搬得出"的基础上实现"稳得住、能致富"，必须坚持系统思维，久久为功，以"六提升、六聚焦"为抓手，统筹推进搬迁安置、产业发展、基础配套、社区服务等重点工作，到2020年，实现搬迁群众经济能立足、身份被接纳、文化能融入、权益有保障，从而达到与全省人民同步够格迈入小康社会的目标。

### （一）提高搬迁群众精准性，聚焦统筹规划合力推进

在全面摸清搬迁群众底数的基础上，及时做好前期各项工作，严格项目管理，抓好先业后搬、兜底保障、抓点示范工作，确保贫困户快速搬迁、迅速脱贫。一是尊重贫困户意愿，分类核定，把精准体现在对象识别上。尊重农民意愿和产业发展需求实施移民搬迁。对于不愿意搬迁的老年人，可采取就地安置的办法；对于搬迁意愿强烈的年轻人，结合产业发展特点采取就业创业培训的方式。对脱贫搬迁对象，以省扶贫办核定的名册为准，精确到户。对统筹实施的其他几类搬迁对象，要分门别类，摸清家底、分类造册。二是科学论证，把精准体现在数据严谨上。认真开展建档立卡"回头看"，逐一建立明细账，对已认定的贫困户数据不能随意进行变动。从实际出发，对本地区的避灾、生态和其他类型搬迁户进行再摸底、再核实、再论证，做到不漏报、不多报、不乱报。三是统筹协调，把精准体现在规划衔接上。加强移民搬迁与"十三五"规划纲要、城乡建设规划、现代农业发展规划的衔接，确保与新型城镇化发展、镇村综合改革等相协调。要加强与生态文明建设的衔接，落实主体功能区规划，统筹考虑生态保护红线划定、自然生态区保护和环境脆弱地区治理。加强与农业转移人口市民化的衔接，在尊重其意愿的前提下，探索利用存量商品房安置搬迁群众的有效途径。

### （二）提升搬迁安置点合理性，聚焦集中安置规模适度

将移民搬迁安置选址融入全市经济和社会发展大局，与脱贫攻坚和"四化同步、城乡一体"相融合，进一步提升移民搬迁工程在全市工作中的统领性。一是要突出规划引领。要依托城镇、新型农村社区、中心村、工业园区，按照"四避开、四靠

近、四达到"要求，规划新建集中安置社区，方便群众生产生活。集中安置社区选址要严格做到"四避开"，即避开地质灾害易发区、洪涝灾害威胁区、生态保护区和永久基本农田；"四靠近"即靠近城镇、园区、新型社区、中心村；"四达到"，即达到房产能升值、增收有保障、基础配套强、公共服务好。二是要突出规模效益。安置点达到一定规模，才能有效整合各类资源，做到人口聚集与公共服务同步同向。按照移民搬迁实施细则，明确执行标准，切实提高集中安置率。进一步规范选址及规模问题，做到有章可循、有规可依。要充分靠近或依托基础条件好、配套设施全、发展潜力大的区域进行集中安置。三是要突出舒适宜居。依托现有的交通、电力、通信、供水等基础设施和教育、卫生、文化等公共服务设施，统规统建安置点生产生活配套设施。对需要搬迁的村庄，尽量在本镇或本村区域内选择合适的搬迁地址，尽量使本村镇的搬迁群众相对集中，维护好乡情、亲情，留住搬迁群众的乡愁，使他们能够尽快适应新的生活环境。

### （三）提升特色产业集聚性，聚焦增强搬迁群众后续发展能力

移民搬迁安置区域应进一步明确产业发展重点，科学规划布局，打造循环经济产业链，实现产业集聚、效益提高、环境改善。一是启动移民搬迁特色小镇建设。以"四化同步"为着力点，寻找移民搬迁与城镇化的结合点，立足旅游资源、产业优势、地域文化等特色优势，以特色化、聚集化、规模化为核心，重点培育发展一批移民搬迁特色小镇，建设示范体系。二是科学确定产业发展方向。聚焦增强搬迁群众后续发展能力，因地制宜培育特色产业，为搬迁群众自力更生创造条件。要立足资源禀赋，选准适合地方发展、群众普遍认可、有市场潜力和比较优势的特色产业项目。以茶叶、生猪、柑橘、中药材等为重点，集中力量推进和培育一批贫困地区农民脱贫致富的支柱产业，力争每一个贫困村有一个特色优势主导产业，每一个贫困户有一个产业增收项目。三是促进一、二、三产业融合发展。积极扶持特色农产品加工业，结合美丽乡村建设大力发展休闲农业、乡村旅游等产业，着力推进贫困地区三次产业联动发展，进一步延伸产业链、提升价值链、拓宽增收链，加快形成农民持续增收和精准扶贫、精准脱贫的新模式，让贫困群众不仅从农业提质增效中获得收益，而且要从二、三产业发展的增值收益中分享利润。四是激活回乡经济。紧紧抓住移民搬迁的历史新机遇，把发展回乡经济作为陕南经济实现跨越发展的重点工作。在政策上扶持，在工作中落实，在感情上融洽，优化区域投资环境，从而吸引一大批外出务工和经商人员回乡投资兴业。

## （四）提升配套设施同步性，聚焦移民搬迁资金使用效益

在加快安置点建设的同时，完善公共配套设施，使搬迁群众融入城镇生活，享受与市民同等的公共服务，接受现代文明的辐射，提升搬迁群众幸福感。一方面，要加大项目倾斜力度。按照新型农村社区的标准，同步规划建设集中安置区基础设施和公共服务设施。省级部门应把面上项目优先向移民安置社区布局，分级分类实施配套项目，实现小型保基本、中型保功能、大型全覆盖。把安置点配套设施建设与新型城镇化、美丽乡村、保障房建设、棚户区改造等有机结合，将一些重大配套项目列入"十三五"基础设施建设规划，确保加快推进。尽快推进在建项目，抓紧开工拟建项目，确保集中安置社区如期具备入住条件。另一方面，提升资金使用效益。统筹各类财政资金，全面整合相关、相近、相联的涉农项目，健全项目统筹安排、资金捆绑使用、管理规范有序的工作机制，切实提高资金使用效益。通过政府购买服务方式对易地脱贫搬迁提供投融资支持，充分发挥中央建档立卡贫困户资金的引导作用，依托政策性、开发性金融机构撬动更多社会资本参与移民搬迁。各县区也应及时足额配套搬迁资金，尽快拨付到位，做到专款专用。用好用活城乡建设用地增减挂钩政策，探索建立贫困县节余土地指标交易流转平台，将交易收益全部用于易地扶贫搬迁还贷。

## （五）提升社区管理科学性，聚焦解除搬迁群众"后顾之忧"

适应人口居住空间变化，按照"群众自治、管理有序、设施配套、服务完善、生态和谐、文明祥和"的新型社区要求，不断探索和完善人口迁移形成的新型社区治理模式。一是进一步拉大城镇骨架，扩大城镇规模，建设美丽乡村，全面配套完善水、电、路、信、卫生院、幼儿园、文化广场等公共基础设施，确保移民安置点设施完备、功能齐全、环境优美、舒适宜居。二是加强社区组织建设。凡是已建成的移民搬迁安置社区，依据社区建设规模和实际状况，按照"新设、融合、挂靠"三种类型，由市县区民政、人社等部门负责，明确社区组织架构，落实人员编制和工作经费。规范社区管理服务，积极探索政府购买公共服务和物业管理服务社区群众，促进政府基本公共服务、居民自我服务、市场有偿服务协调发展，满足群众生产、生活需求。三是解决群众实际困难。真心实意替移民着想、为移民解困，在户籍迁移、社保、医保、养老、低保、大病救助等方面尽量为移民争取权益、创造条件、提供便利。全面开展"两证"办理工作，保障搬迁群众权益。用足用好宅基地

腾退复垦奖补资金，扎实推进"旧宅腾退"。四是加强精神文明建设。坚持从实际出发，制订培训计划，组织开展培训教育活动，不断丰富搬迁群众的文化生活，帮助和引导搬迁群众养成良好的行为方式和生活习惯，加快农民向市民的转变，促使搬迁群众安居乐业、家庭和睦幸福、社会和谐稳定，让搬迁社区成为和谐文明、兼容并包的新家园。

### （六）提升搬迁机制顺畅性，聚焦完善干部正向激励机制

完善的体制机制是实现陕南移民搬迁工程顺利推进的保障。一是进一步完善省市县三级上下贯通、互相衔接的工作体系。就搬迁对象基本信息摸底、分年轮流安排、信息系统资料进行全面排查，就安置点规划、项目管理、资金管理、配套设施建设、内业管理进行全面审核，就产业扶持、技能培训、社区服务、示范体系建设进行全面规划，针对回头望所发现的问题进行切实整改，进一步推动陕南移民搬迁工作精细化水平。二是完善目标考核机制。把移民搬迁工作推进情况作为评价领导班子、领导干部工作能力的重要指标，严格兑现奖励措施，不断浓厚争先恐后的良好工作氛围。对工作重视不够、措施不力、存在问题较多的县区，一律视为未完成年度工作任务，年终考核不得进入优秀等次并实施问责；同时对推进迅速、建设水平高、任务完成好的，则积极落实鼓励激励办法，予以重点奖励扶持。三是夯实基层基础。进一步整合搬迁工作力量，加强搬迁队伍建设。各县（区）根据省、市统一要求和搬迁工作难易程度，成立移民搬迁工作机构，落实人员编制，保障工作经费。理顺管理体制，市、县区搬迁机构统一归口到同级国土资源部门管理，分级负责，提高效率，确保全面完成移民搬迁工作任务。四是强化监督检查。全面推进联系指导制、月通报制、季度督查制、重点研究制等制度，迅速启动，深入落实，加快工作进度。实行多部门联合督查工作制度，同时引入第三方评估机制，通过阶段性集中督查、专项督查、明察暗访，定期反馈各地工作进展、存在问题，督促整改落实，不断增强督查工作实效，确保各项任务如期完成。五是加强宣传引导。切实加大移民搬迁政策的宣传力度，明确各级任务，夯实工作责任，动员各级各部门积极参与移民搬迁。充分发挥群众的主体作用，尊重群众实际意愿，加强扶持引导，减轻负担，促使其主动实施搬迁。注重创新机制，调动市场和社会力量参与搬迁，形成全社会支持参与移民搬迁的良好氛围。

（写于 2020 年）

# 秦晋黄河峡谷沿岸自然生态与文化保护利用研究

李振平：陕西中国西部发展研究中心研究员
陕西省信息中心原主任

**摘 要** 加强黄河大峡谷及其沿岸地带保护开发是落实习近平总书记关于"黄河流域生态保护和高质量发展"战略的重大举措。本文提出了黄河大峡谷及其沿岸地带保护开发的战略定位，提出必须保护优先，打造中国最美峡谷风景带和中华文明精神标识，提出建设黄土高原高质量发展新轴线。

2019年9月18日，习近平总书记在考察河南时指出："保护黄河是事关中华民族伟大复兴和永续发展的千秋大计。黄河流域生态保护和高质量发展，同京津冀协同发展、长江经济带发展、粤港澳大湾区建设、长三角一体化发展一样，是重大国家战略"。一年多来，我们对秦晋黄河大峡谷及其沿岸地带保护开发进行了深入细致的研究。现就领会、贯彻习总书记讲话精神，加强秦晋黄河大峡谷沿岸自然生态与文化保护开发，将调研情况报告如下：

## 一、优势特色与存在问题

### （一）地域特点

地域范围。黄河从"鸡鸣闻三省"的府谷县皇甫镇墙头村入陕，一路奔泻于秦晋之间，深切黄土高原，至韩城市的龙门形成600多千米的黄河大峡谷，然后平缓地继续向南流至潼关而东拐入河南，晋陕之间黄河全长716千米。

沿黄地带按照行政区域可划分为两个层级。为了便于实施不同的保护开发策略，可按照以县域为单元和以乡镇为单元两个层级划分沿黄地带。秦晋间黄河流经陕西府谷、神木、佳县、绥德、吴堡、清涧、延川、延长、宜川、合阳、大荔、潼关和韩城 13 县市，考虑榆林的米脂、延安的黄龙和渭南的华阴也属黄河近邻地带，且自然环境相近，所以黄河沿岸关联紧密的地带可按 16 县市考虑，面积 3.45 万平方千米，人口接近 420 万人，宽度约有 50 到 100 千米，西向跨越大（柳塔）—清（涧）—华（阴）南北纵向公路两侧，形成一条沿黄自然人文经济带。黄河在陕西境内流经的乡镇共计 40 个，面积约 0.6 万平方千米，人口近 30 万人，面积占 16 县市的 17%，人口占 16 县市的 7%。黄河流经的乡镇地域宽度约 10~20 千米，在韩城以北主要属于沿黄秃石山地，在韩城及其以南至潼关主要属于沿黄湿地、河滩地及平川土地。壶口瀑布往北到乾坤湾离开黄河岸边的 140 千米沿黄公路段和吴（堡）—佳（县）公路等，行走在该地带范围内。

沿黄两条公路南北纵贯。一是沿黄观光公路。沿黄观光路北起榆林府谷县墙头乡，南至渭南华山脚下，全长约 828.5 千米。二是大（柳塔）—华（阴）公路。即大柳塔—神木（属于包茂高速）—黄龙（属于榆商高速）—合阳—华阴公路沿线，属于规划中的高速公路，南北穿越，区内绝大部分县城、大批重点镇、现代农业区、工业园区和众多自然文化景区分布在该轴线上。

### （二）优势特色鲜明

一是自然遗产和自然山水景观独特、壮观，二是历史文化遗产重点保护内容多、价值挖掘潜力大，三是地理区位和空间构造特殊，外部关联条件好。黄河大峡谷及其沿岸地带保护开发，对保护中华民族母亲河和华夏文明发源地、改善黄土高原生态环境和构建全国生态保护屏障、探索黄土高原地区可持续高质量发展和"四化"融合发展、沿黄地区脱贫致富和人民幸福具有重大意义，是落实习近平总书记关于"黄河流域生态保护和高质量发展"战略的重大举措。

### （三）存在的主要问题

一是峡谷奇观与文化内涵之战略价值远远没有被挖掘出来，二是生态环境保护与自然景观、文物遗迹保护匹配融合不够，三是经济发展、城乡建设、企业生产、日常生活方式方法模式影响长远保护和开发利用，四是大区域空间战略和保护开发思路不尽适宜。

## 二、保护开发基本思路建议

### （一）明确战略定位

坚持以自然生态、自然遗产保护优先，自然和文化保护有机结合，原真性、整体性、系统性保护和挖掘性、传承性、开发性保护科学融合，承载一大批有世界影响力、国家级别的至高性、唯一性、标志性自然与文化遗产组合，构建具有自然特色与人文风韵、丰满精神与知识内涵的母亲河生态、人文、经济带，使之成为中国最美峡谷风景带、中华文明自然与文化标识地、国际性旅游目的地和黄土高原天人合一、人民幸福的新型成长性高质量发展带。

### （二）坚持保护优先策略

**1. 加强自然景观和生态保护——打造中国最美峡谷风景带**

实施地质公园建设计划。对已有的黄河壶口瀑布国家地质公园、延川蛇曲国家地质公园、华山国家地质公园、无定河曲流群省级地质公园、佳县九曲黄河省级地质公园等5个国家及省级地质公园，深入开展勘查摸底工作，进一步认定其重点保护内容、核心保护区范围、科研重点主题、保护和旅游开发方式方法方向。积极推动清涧无定河曲流群省级地质公园、佳县九曲黄河省级地质公园升级为国家级地质公园。根据沿黄地质地貌景观及其遗产价值，再提出建设清涧太极湾—延川伏寺湾地质公园、延长马头关地质公园、韩城黄河石门—龙门地质公园、黄甫龙湾—海则庙地质公园、神木黄河地质公园和沿黄石质秃山梁峁沟谷地质公园等6个地质公园。新增地质公园将弥补黄河大峡谷保护中对重要地质地貌保护的遗漏和空间上的断续问题，形成对秦晋峡谷地质地貌的系统性、整体性、原真性保护体系。

实施水域水体和生物覆被景观保护计划。以峡谷流水景观所表现的湾流、瀑布、跌宕、平流等水景以及水流、水体、水质和水生态系统保护为主，形成对黄河峡谷水流的整体性、系统性、完整性保护。按照宜树则树、宜灌则灌、宜草则草原则，加强峡谷岸侧的河滩、坡面、山顶的绿化，加强河流水生动物和鸟类保护，形成林草绿岸、水生动植物适存和飞鸟成群的生物生长活动景观。把黄河峡谷地质公园和水域水体、生物覆被景观保护利用紧密结合，在墙头乡至龙门600多千米的黄河峡谷上，形成黄河大峡谷串珠状湿地保护带。在沿黄石质梁峁山地，加大土地整理，建设连片红枣林、山地水果林，形成连片、成带大面积经济林景观，建设国家级黄土丘陵经济园林园艺保护区。

建设管理好五大自然保护区。整合延安黄龙山褐马鸡国家级自然保护区、韩城黄龙山褐马鸡国家级自然保护区和黄龙山天然次生林省级自然保护区，设立黄龙山国家级自然保护区。围绕黄渭洛芦苇等湿地群落，以及湿地野生动植物和水产的资源保护，积极推进设立黄渭洛湿地自然保护区。在加强芦苇等湿地群落以及湿地生态系统保护的基础上，全面加强遗鸥、白天鹅、鸳鸯等珍稀禽鸟和相关水产种质资源保护。围绕杜松、臭柏等珍稀植物，以及沙蓬、沙竹、沙蒿、沙柳等草原植物群落和苦豆子、赖草等沙生植物群落的保护，加强神木臭柏和府谷杜松自然保护区管护力度。

建设两大湿地生态区域。建设关中平原东部湿地群落，黄河小北干流滩地湿地经人工改造后面积可达到300平方千米以上，渭河、洛河干支流自然湿地改造后面积合计可达到300平方千米以上，韩城、合阳、大荔、潼关沿黄湿地面积合计达到近千平方千米。对此区域加强水体水量和水文水质保护，加强河流、湿地内部岛状和水岸林草田综合利用，构建绿水清波、林草绿岸、农牧田园、水生动植物以及飞鸟遍地的生物生长活动景观，显现"北国水乡"景色。建设大红碱淖湿地群落，中国最大的沙漠淡水湖红碱淖水域及近岸浅水区面积近百平方千米，红碱淖周围的神木市西部、西北部地区广阔草滩地分布有大大小小近百个沼泽或水泊，俗称海子，构成了大红碱淖湿地群落，合计面积约300平方千米。进一步加强红碱淖国家级湿地的水源、水量、水质和水岸水生动植物的保护，加强沙漠湿地海子群水源、水生态和沙生动植物保护，显现沙漠"海子"群湿地水域水体及其绿洲生物群落景观。

**2. 加强文化遗产与文化景观保护——打造中华文明精神标识**

建设四大遗产保护带（圈）。在榆林北部长城沿线，以神木、府谷县境内的百里古长城、古城堡，以及石峁遗址、统万城遗址等为主，整体形成古长城沿线古长城、古城堡世界文化遗产带。包括韩城古城、潼关及黄河古渡、丰邑图仓古堡、司马祠等祠庙、党家村等古建群落，整体申请世界遗产保护，形成韩城—潼关古城、古关、古堡世界文化遗产带。包括宗教、古渡、古城、黄河民俗文化等，沿黄河峡谷整体申请世界遗产保护，形成黄河峡谷自然文化复合遗产带。积极申报大华山自然文化复合遗产保护圈。

建设黄河峡谷沿线中华文明精神标识保护利用长廊。黄河峡谷以及岸侧文化廊道，承载的历史和现代文化要素相当密集，具有精神文化标识的代表性文化或自然文化组合非常多。抓紧实施文化遗产考古勘查、挖掘抢救修复、保护展示利用工程，促使黄河峡谷文化长廊成为中外影响力大、鉴赏和借鉴价值高的中华文明精神标识。

建设大华山"中华圣山"华夏文明精神标识保护利用区。华山位于中国版图的最中央，又称"中华山"；中华山周边聚居的民族又称"中华山民族"。"中华"和"华夏"之"华"均来源于华山，孙中山引用华山之"华"创立"中华民国"，华山有"华夏之根"之称，为中华民族的圣山，中华文明的发祥地。华山自然人文遗产有机融合、誉享国内外。大华山历史文化保护区集中代表了人类起源、史前华夏文明、古历史文明、古关陇历史文化、渭河平原东部民俗文化和近现代文化，凸显了"中华圣山"华夏文明地理标识的气质。

建设神府古边塞"中华长城"华夏文明精神标识保护利用区。以流经县域为单元的沿黄地带北段以神木府谷为主的区域，是古代中华多民族交融、聚合的区域，也是秦、汉、唐等汉文化统治的大统一国家面向中华少数民族国家的边塞地区，还是荒漠、草原游牧文化和黄土农耕文化反复更迭交错之处及新中国成立后防风固沙的生态建设前沿地带，积淀了丰富的人类起源与史前华夏文明文化、多朝代多类型中国长城文化、贯穿中华古历史文明的边塞文化、全国少有的荒漠草原与农耕文明进退交错融合和治理沙漠保护民生的生态文明文化。

建设无定河、延河文化保护利用带。无定河处于农牧交错带，历史悠久，文化深邃，记载着陕北大地的演变过程和黄土高原的历史发展，成为黄土高原、黄河中游地区以至中华民族的历史"大河"，拥有丰厚的人类起源、华夏文明发源、边塞文化、黄土文化和红色革命文化积存。信天游是无定河峡谷段的动人沟通方式，米脂婆姨绥德汉的佳话在无定河两岸造就，保卫延安的大军饮马无定河，党中央解放全中国的号令发自无定河畔。延河是享誉中外的红色革命根据地"圣河"、中国革命"母亲河"。延河下游河段目前已明确具有重要保护价值的文化遗产、遗迹众多。经过今后进一步的文物考古和文化挖掘，将彰显黄土高原以人类起源、中华历史文化、红色革命文化、黄土风情文化为特色的重要文化保护廊道。

### (三)保护开发有机结合建设高质量发展新轴线

#### 1. 基于自然、文化保护的全域旅游发展

打响三大品牌。一是黄河母亲河黄土高原大峡谷自然奇观。二是中华文明精神家园黄河历史文化宝库。三是黄土高原休闲康养圣地。

实施旅游发展形态改造和旅游产品创新工程。按照全域旅游发展的理念，把旅游产业打造成为引领和带动经济社会发展的主导产业，把优质生态环境和绿色清洁生产作为重要旅游资源，积极拓展产业领域、壮大产业规模、提升产业实力、扩大

旅游市场辐射范围、增强游客全结构覆盖吸引能力，力争沿黄 16 县市全部进入国家或者省级全域旅游示范县行列，加快实现从量变到质变、从粗放经营到质效提升、从"小弱散"到集约发展的转变。实现旅游企业的国际化、集团化和品牌化发展，打造新时期旅游消费热点地区。全面推进历史文化体验旅游、红色文化教育旅游、自然山水风光旅游、黄河黄土大漠风情旅游、生态及乡村休闲康养旅游、工业厂矿旅游、科考研学节庆会展旅游、专项特种旅游、旅游商品与旅游购物等 9 大旅游产品开发。

加强精品景区景点建设。一是打造黄河大峡谷"百景连珠"图。以黄河流经的乡镇地域范围为主体，实施 A 级景区提质上档升级工程，推进沿黄河大峡谷国家 4A、5A 级旅游区数量达到 30 个以上，A 级景区总数量达到 100 个。二是在黄龙山、大华山、长城沿线、无定河打造一批特色旅游热点片区。在黄河流经的县域地域范围，联动建设一批与黄河峡谷沿线高度呼应、整体开发利用效应大的 4A、5A 级旅游景区。

打造"两纵多横"旅游精品线路。一纵是打造黄河大峡谷沿线"百景连珠"精品线路，另一纵是打造沿大（柳塔）华（阴）高速公路沿线的旅游+绿色清洁生产生活体验旅游精品线路。积极打造东西向连接包茂高速、大（柳塔）华（阴）高速，并直通黄河沿岸的十多条横向旅游线路，使沿黄 800 多千米都有近便旅游线路可通达黄河沿岸。

**2. 促进自然、文化保护与经济统筹协调发展**

坚决走人地和谐共生的新型发展道路。坚持生态文明和文化遗产保护基准，坚持质量第一、效益优先标准，坚持国际化和现代化水准，坚持满足人民福祉的服务根本。将其建设成为以绿色清洁产业体系支撑的陕西重要的生态型成长性经济带、以绿色清洁特色城镇为支撑的陕西生态型成长性城镇带。

积极发展壮大绿色优势特色农业。积极发展具有全国或区域市场比较优势的特色农业，做大做强地理标志农产品产业，做成北方、陕西的特色干水果、羊畜、薯类、蔬菜、小杂粮、花椒、海红果、驴麝等特色农产品优势区，增强国内外市场竞争力和发展实力。建设沿黄土石低山丘陵区红枣、山地苹果、花椒和羊畜农产品优势区，沿无定河、秃尾河、延河、佳芦河、清涧河、仕望河蔬菜、粮食农产品优势区，黄土塬梁峁低山区核桃、水果、小杂粮、马铃薯、蔬菜、驴牛家禽农产品优势区，黄龙山林麝、禽类、林特农产品优势区，北部沙漠绿洲畜牧、蔬菜农产品优势区，沿河湖库水产养殖产品优势区。着力推动跨县域、乡镇的成带连片优势农产品专业化基地建设，规划布局和优化提升一批国家和省级现代农业园区、科技示范园区，在就近城镇建设一批产业融合式加工制造和现代服务产业园区，把地方土特产和优势品种做成带动农民增收和农业现代化的大产业。

积极发展生态环保战略产业、新能源产业。推进沿黄各县在秃石低山丘陵区布局发展光伏发电产业，建设一批风光互补、农光互补和分布式光伏电站，实施一批农光互补示范园区和光伏扶贫示范项目。在有条件的地方布局发展煤电—多晶硅—太阳能电池—光伏发电产业链，建成光伏产品生产和应用基地。稳步推进沿黄布局发展风力发电、生物质能产业和节能环保产业。积极发展水体、大气、噪声、固废、生态、环境监测和治理产业，重点流域污染控制、水源地安全、城乡环境等生态环境治理，城乡生产生活污水及污泥无害化资源化处理，城乡生产生活固体废物处理处置及垃圾焚烧利用、危险废物安全处理处置，废旧资源回收利用、工农业生产废弃物综合利用等方面，形成开发应用和实际处理能力。积极开拓发展低碳循环、治污减排、监测监控等环保技术工艺、装备设备、防治用品、材料药剂研制产业，积极发展环保监测与信息服务业。推进以煤化工废渣、电石渣、粉煤灰、炉底渣、脱硫石膏等大宗工业固体废弃物综合利用为主的环保水泥、免烧砖及混凝土、新型墙体材料生产，扩大煤矸石发电及生产建材等的利用规模。建设一批循环经济示范产业和循环经济示范园区，构建企业内部、企业之间、行业之间多层次循环经济产业链。

积极发展信息化智能智慧产业。发展互联网+智能产业。加快信息化和生态文明建设深度融合，发展跨流域、跨区域联防联控及智能监管、即时预警、快速响应产业。发展智能制造、绿色制造、能源互联网、智慧物流等，构建一、二、三产业融合的高端、智能产业体系。加快智慧农业发展，建设智慧型现代农业产业示范园、农业科技示范园和智慧型田园综合体。发展信息化装备制造产业。支持具备条件时发展基础元器件制造，生物、运动、医学、健康、环境类等智能传感器生产制造，敏感材料、复合功能材料生产制造，功能陶瓷材料、高性能磁性材料、电池材料、新型电力电子器件等量大面广电子功能材料的生产制造。积极发展围绕能源化工、装备制造、煤炭电力、食品医药改造升级、安装维修的智能化电子器件和设备制造，加快传统产业改造升级步伐。

积极推进高端清洁能源化工产业链延伸。积极构建煤制烯烃、煤制芳烃、煤制油气一体化发展的煤化工产业体系，有效推进延伸发展基础化工、精细化工、化工新材料深加工产业链。

## 三、加强体制机制和政策法规创新支持

### （一）健全保护治理和开发管理机制

省委、省政府成立黄河大峡谷保护开发领导小组，在整合发改、国土、环保、农林、水利等部门相关职责的基础上组建保护开发管理机构。主要负责自然、文化资产管理和国土空间用途管制，基础设施、公共服务设施的建设、管理和维护，组织、管理、指导各类专项资金筹集和使用，协调生态及自然、文化资源保护和建设重大事项，负责建立保护与建设引导机制和考核评价体系。

### （二）创新投融资支持机制

探索多渠道多元化投融资模式，建立以财政投入为引导、社会积极参与的资金筹措保障机制。统筹中央财政相关支持渠道，利用好各级各种来源的生态与文化保护鼓励与补偿资金，建立黄河大峡谷保护开发专项资金。积极对接开发性、政策性金融机构对生态保护、文物保护、生态旅游、生产生活清洁化改造、基础设施建设、智慧支撑系统建设等领域项目提供信贷支持。完善商业性金融支撑保障，依托综合化运营平台，鼓励社会资本发起设立绿色产业基金、旅融+产业基金。

### （三）完善科技、人才支持机制

对系统性的体制机制构建、生态修复与污染治理机制、自然资源与自然遗产保护运作模式、文物及遗址遗迹保护管理、大数据监测与数据库构建和智慧化管理模式、田园综合体与特色小镇建设融资与运营机制等加大科研力度。推动黄土丘陵沟壑与荒漠治理的具体生物与工程技术、适生植物种群与生物群落发育、自然奇观与地质地貌形态保护、文物及遗址遗迹保护修复、现代工业清洁循环发展工艺技术等的发展，加强重大科技攻关部署。加大人才引进力度，创造吸引人才、留住人才、用好人才的良好政策环境。依托高校、科研院所，积聚一大批相关适用专业技术研究人员，构建内外结合的专业技术和理论研究队伍体系。

### （四）强化国际合作与区域协调机制

把黄河大峡谷保护开发纳入"一带一路"国家规划。吸引国际有关人士、学者、专家、探险者建言献策，引导企业、机构以多种方式参与投入建设和经营性活动。创办黄河大峡谷保护开发国际论坛，创办国际旅游节、大型文化活动、体育赛事等，

搭建国际交流合作平台。积极对接国家黄河管理机构、山西省政府及沿黄各市，就生态保护、河流整治、峡谷水量水质、旅游线路打造、地质公园和风景区申报建设等，加强有机协调和充分商议，建立陕西沿黄设区市政府积极协作、密切配合的良性互动关系。

### （五）加强实际推进工作措施

积极推进勘查摸底等基础性工作，全省及各市县把黄河大峡谷保护开发纳入"十四五"国民经济社会发展前期研究工作和重大专项规划。尽快策划启动一批标志性、典型示范性、基础支撑性项目。谋划好宣传，争得各方支持、呼应，吸引促进中外关注、游访、报道、研究、献策、开发、投资，促成广泛高度关注、宣传和呼吁。

（写于 2020 年）

# 关于支持陕西省土壤修复新材料推广应用的建议

组　　长：冯家臻
副组长：李艳花
成　　员：邵天杰　赖作莲　徐　雪　韩兆雪
执笔人：李艳花　韩兆雪

**摘　要**　施用农药、化肥、秸秆农膜、牲畜粪便、污水等对耕地造成的面源污染，引起人们广泛关注。耕地优化、改良及修复迫在眉睫。在深入调研的基础上，课题组发现我省企业研发的生物糖脂是填补国内空白的土壤修复新材料，但其在推广应用过程中面临缺少相应的项目引领、支持政策缺失、农户对土壤修复新材料认识不足等困难，课题组提出了加快推进我省土壤修复新材料推广应用的思路和建议。

施用农药、化肥、秸秆农膜、牲畜粪便、污水等对耕地造成的面源污染，引起人们广泛关注。耕地优化、改良及修复迫在眉睫。我省企业研发的生物糖脂用于修复耕地既环保又安全，值得推广。最近，我们到西安高新区生物技术企业调研，又收集研究了相关资料，认为我省应该支持土壤修复新材料的推广应用。

## 一、我省企业研发的生物糖脂是填补国内空白的土壤修复新材料

### （一）生物糖脂简介

由我省西安瑞捷生物科技有限公司研发、金元糖实业（西安）股份公司（以下简称金元糖）生产推广的生物糖脂是一种土壤修复新材料。它是改善耕地土壤环境、增产提质、没有环境污染的生物表面活性剂，填补了国内空白。生物糖脂主要包括

鼠李糖脂、槐糖脂和海藻糖脂三大类，主要用于土壤健康管理、种子管理、植物营养管理等方向。金元糖生物糖脂的生产水平处于国内领先地位，为我省推进土壤修复新材料的推广和应用提供了可能。生物糖脂特点鲜明，一是可以提升农田活力，能够养根、护根，改善作物的根系环境；二是可以优化农田土壤结构，具有抗盐碱、调酸碱特性，促进土壤团粒结构形成；三是可以防治农田病虫害，缓解连作障碍；四是可以高效洗脱、增容农田有机污染物，提升作物产量和品质，生态、安全、稳定。

### （二）生物糖脂的应用效果

金元糖利用生物糖脂，积极推进农地土壤修复、改良。一年多来，在陕北土豆上试验示范、推广应用面积达1万多亩；在苹果、猕猴桃等经济作物上推广应用面积5000多亩。实践证明：应用生物糖脂后，农作物产量和商品率提高，土壤耕地质量、养分利用率提升，既保证了农作物安全，又助力国家化肥、农药减量等相关政策的执行。

（1）提高了农作物产量和商品率，农户直接受益。从陕北榆阳区土豆种植区使用生物糖脂的效果看，在投入费用基本不变的前提下，土豆普遍结薯率高，个头大且均匀，商品性好。按照测算，使用了土壤修复新材料的农田土豆产量为6295千克/亩，而未使用土壤修复新材料的农田土豆产量为6040千克/亩，每亩增产约255千克，而且大小更均匀，商品率更高。按收购价格1.5元/千克，示范田比对照田亩增收382.5元，扣除每亩增加成本约100元，实际增收280多元。从洛川苹果的使用情况看，使用了生物糖脂后，苹果的钙含量显著增加、苦痘病率降低，苹果的商品率提升。从黄瓜试验田的数据看（表1），在常规施肥基础上喷施金元糖含腐殖酸水溶新材料后，黄瓜的品相、产量均有明显提升。特别是总产量增加约380千克，按照3元/千克计算，每亩增收约1140元，扣除每亩增加成本约180元，每亩实际增收约960元。

表1　不同处理方式下瓜田的相关数据

| 施肥方法 | 叶色 | 单瓜重（克） | 瓜型 | 平均亩产（千克） |
|---|---|---|---|---|
| 常规施肥+供施"新材料" | 油绿 | 212.6 | 顺直 | 6134.81 |
| 常规施肥 | 绿 | 196.7 | 较弯 | 5725.20 |
| 常规施肥+等量清水 | 绿 | 198.3 | 较弯 | 5754.58 |

（2）耕地质量明显提升，修复效果良好。生物糖脂具有一定的螯（络）合性与

溶解性。除了可以高效螯合锌、铜、钙、镁等元素，还可以激活土壤微生物，改善土壤空隙，络合淋洗土壤盐分。在促进土壤结构优化、提升土壤活力，抗盐碱、调酸碱、促进土壤团粒结构形成、缓解连作障碍、预防土传病害等方面成效显著。在麦田的试验证明，在土壤 EC 值为 0.6、pH 值为 8.26 的碱性土壤环境中，生物糖脂及生物糖脂腐殖酸对小麦种子萌发及幼苗生长均有促进作用，其中，生物糖脂腐殖酸促进作用最强，加入生物糖脂腐殖酸能显著促进种子萌发及幼苗生长，促进生根作用明显。

（3）生物糖脂自身可再生、无污染，使用安全。生物糖脂是以农作物副产品为原料，如玉米粉、豆饼粉，通过发酵技术后产生生物糖脂；来源于可再生的微生物，不使用化工原料，节约能源。生物糖脂的生产过程以自然发酵为主，清洁，不产生废水、废气，对环境基本没有污染。生物糖脂可以根据农作物和土壤的不同情况定向使用，而且会在 7 天左右自然降解为水和二氧化碳，不会产生二次污染，对人和哺乳动物安全。使用生物糖脂的耕地，不仅作物增产，而且土壤得到了修复。在农作物收割后，耕地中的污染物浓度明显降低，作物中有机物的浓度也大大降低，有效治理了农用地的污染，实现了生产与修复同步。

**（三）我省企业生产的生物糖脂引起国内同行关注，组建了以企业为主体的产学研联合体**

金元糖研发平台研制的生物糖脂填补了国内空白，引起国内同行关注。中国科学院匡廷云院士对其给予高度评价，并决定在金元糖建立院士工作站。金元糖还与中国农业大学潘灿平教授共建教授工作站，与中国科学院南京土壤研究所、中国科学院沈阳应用生态研究所、华南农业大学资源环境学院植物病理生理学研究室等建立项目合作，共同探讨、研究生物糖脂应用方向并提供专业化数据支撑，以及产品定位、市场布局等事宜，努力打破国外高端生物技术的封锁。

## 二、我省污染耕地治理修复的现实基础和新任务

近年来，我省按照生态环境部、农业农村部关于农业农村污染治理攻坚战的安排部署，及时印发《陕西省农业农村污染治理攻坚战实施方案》，建立省负总责，市、县抓落实的农业农村污染治理工作推进机制，形成"五级书记"抓落实的格局，耕地污染治理成效显著。种植业污染防控持续推进，全省开展化肥、农药减量增效行动，农药化肥用量实现负增长。同时，加强农膜、秸秆资源化利用。在延安市黄

龙县开展农膜回收利用示范，建立和完善回收利用体系。全省秸秆综合利用率达91.34%；农膜使用量4.48万吨，回收利用3.60万吨，回收率达80.4%。自2016年《土壤污染防治行动计划》实施以来，至2019年10月，中央和陕西省财政共安排土壤污染防治专项资金5.4亿元用于土壤污染治理与修复，实施项目达41个，65.05万亩受污染耕地实现安全利用，土壤污染治理与修复取得了很大成绩。

但是，我省离党中央、国务院的要求还有距离，耕地污染的治理修复还有很多工作要做。2021年底召开的中央农村工作会议强调要推进农业农村绿色发展。加强耕地的污染防治、提升耕地质量则是其题中应有之义。2021年9月，国家六部委出台的《"十四五"全国农业绿色发展规划》指出，我国农业绿色发展仍处于起步阶段，还面临不少困难和挑战。耕地用养结合还不充分，土壤退化和污染问题仍然突出。这就为耕地的污染治理与修复提出了新任务。如何贯彻习总书记在黄河流域生态保护和高质量发展座谈会上的讲话精神，推进我省黄河流域重点县农业面源污染治理和污染土壤修复，被提上政府议事日程。面对这一形势，针对土壤修复和污染治理，企业应该做出自己的贡献。

2020年，我省耕地面积5974.35万亩。现有耕地中，重度污染是少数，需要严格管控；大部分是轻度和中度污染，可以安全利用。据调查，截至"十三五"末，我省土壤安全利用率已达到92.5%，还有7.5%可以安全利用的耕地需要治理和修复（据我们粗略估算，未经治理和修复的轻度、中度污染耕地可能接近100万亩）。现实在呼唤土壤修复新材料对污染耕地安全利用的新作为。

## 三、我省土壤修复新材料推广应用存在的主要问题

我省土壤修复新材料推广应用已经起步，但其作为科学定型产品走向田间地头，还面临不少困难。

### （一）土壤修复新材料推广应用缺少项目引领

我省目前没有专门针对土壤修复的规划，相应的任务、项目不明确。土壤修复企业自身也很难找到平台支持土壤修复新材料的推广应用，只能靠自己进行，规模和范围有限，很难在短期内见效。

### （二）土壤修复新材料推广应用的支持政策缺失

陕西省先后制定了《农业绿色发展项目实施方案》（2019）、《关于进一步加强

和规范肥料登记管理的通知》(2021)、《2021年全省土肥水工作要点》等，指导我省耕地质量保护与提升、土壤施肥与管理等相关工作。如确定15个县推进有机肥替代化肥，并给予相关的政策与资金支持。同时，要求各地级市统筹安排开展肥料田间试验工作。提出强化技术协作攻关，与科研教学单位广泛联合，协同开展肥料田间试验、减肥增效模式研发、制定发布全省农作物施肥指导意见。但是，在相应的政策中没有涉及土壤修复新材料企业的相关内容。由于缺乏相应的政策支持，企业在推广运用时，与基层对接的渠道不甚通畅。

### （三）农户对土壤修复新材料认识不足

农户是土地的直接使用者，耕地土壤的污染防治与修复更需要他们的理解、支持与参与。但由于多种原因，农民更关注的是当前耕作的成本与收益，认识不到当前投入与土壤长期质量提升之间的关系，参与土壤修复的意愿不强。目前，生物糖脂的推广应用与示范主要依靠企业进行，很多农民认为企业此举就是为了获取利润，因此积极性不高。如种植土豆的示范田中，根据土豆的生长情况，要使用4~5次生物糖脂。但工作人员在进行现场指导时会有农户借故不出现，还有部分农户嫌麻烦中途退出示范。由于很难做好农户的思想工作，得不到农户主动的配合，企业在示范田建设、新材料推广应用中困难重重。

## 四、加快推进我省土壤修复新材料推广应用的思路和建议

### （一）我省土壤修复新材料推广应用发展的思路和目标

坚持以规划先导、项目带动、政策支持、企业服务、提升农户认识为基本路径，把我省粮食基地、陕北土豆、渭北苹果、关中猕猴桃作为土壤修复新材料推广应用的切入点，全力打造国家耕地修复示范基地，为我国耕地污染防治提供陕西样板和可复制、可推广的经验。

### （二）把土壤修复新材料推广应用纳入相关专项规划

我省有许多有助于推动土壤修复新材料推广应用的专项规划或行动计划。如陕西省科技厅制订的《陕西百项科技成果转化项目行动计划方案》、陕西省政府推出的《加快推进高标准农田建设的实施方案》、《陕西省土壤污染防治工作方案》等。特别是《西安高新区关于支持硬科技创新的若干政策措施》，从实施双链融合专项计划、支持硬科技研发与转化、营造最优创新创业生态方面，出台相应政策措施，

每年安排 9 亿元以上的专项资金，全力支持硬科技创新，深入推动经济社会高质量发展，并尝试将这些措施纳入政府相关专项规划，进行项目设计，采用政府采购、企业服务的办法，遴选成本低、效果好的土壤污染治理与修复技术与产品，参与示范工程建设。加强基层农技推广部门领导，积极推动土壤污染治理修复新材料的推广应用。助力生物糖脂从已经定性的研发产品走进田间地头，对我省高标准农田建设、安全利用农田建设和蓝天净土保卫战必然大有裨益。

### （三）给予土壤修复新材料推广应用相应的政策支持

（1）支持相关企业进入秦创原总窗口平台，纳入秦创原三年行动计划。秦创原是促进科技成果转化，推进政产研深度融合的重要平台，推广转化科技成果 1000 项以上是秦创原三年行动计划的一项重要内容。要引导和支持土壤修复新材料企业入驻秦创原，并进入三年行动计划，依托秦创原平台实现科技成果转化。

（2）有针对性地给予政策支持。建议我省给予其推广应用一定的政策扶持。鉴于目前涉农企业在示范田建设中遇到的主要困难，结合国家《"十四五"全国农业绿色发展规划》中"鼓励农企合作推进测土配方施肥""健全绿色技术创新体系，强化农业绿色发展科技支撑""健全政府投入激励机制"的相关内容，我省《关于推进高标准农田新增耕地和新增产能建设的指导意见》中"政府主导，多元参与""调动涉农新型经营主体积极性，鼓励社会资本参与，加大高标准农田建设力度，提高农田投资建设标准"的精神，在企业进行示范田建设方面给予政策支持，降低企业的交易成本，解决科技成果转化的"最后一公里"问题。

### （四）加强耕地污染防治与修复新材料基本常识的普及工作

（1）充分利用报刊杂志、广播电视、网络新媒体等，以人民群众喜闻乐见的方式，广泛宣传我省土壤修复新材料的性质、特点及推广应用的实用价值和重要意义，做好舆论引导工作，为土壤修复新材料的使用营造良好氛围。

（2）树立一批使用土壤修复新材料的优质农户，通过典型引路，积极推广土壤修复新材料推广应用的经验。

（3）将土壤修复新材料使用纳入我省职业农民培育内容。支持企业、基层农技人员走进田间地头、培训讲堂等，为农户和新型农业经营主体提供全程化、精准化和个性化的土壤修复新材料使用技术培训和服务，促进高标准农田建设运用土壤修复新材料。

（4）以点带面，逐步将土壤修复新材料的推广服务成效纳入各级农技推广机构的责任绩效考评指标体系。

### （五）打造国家耕地土壤修复新材料推广应用示范基地

根据国家六部委出台的《"十四五"全国农业绿色发展规划》的相关精神和要求，我省要支持和推动土壤修复新材料的龙头企业建设土壤修复新材料推广应用基地并列入我省土壤污染治理与修复规划。

（1）因地制宜，建设特色鲜明的土壤修复新材料推广应用示范基地。围绕粮食、果业的生产，建议我省遴选土壤修复新材料企业，支持其在粮食、果业方面积极进行土壤修复新材料推广应用基地的建设。

（2）争取国家授牌和相关政策及项目的支持。在《"十四五"全国农业绿色发展规划》中，明确提出了"资源利用水平明显提高、产地环境质量明显好转、农业生态系统明显改善、绿色产品供给明显增加"等目标。我省应该围绕这些目标，以使用土壤修复新材料为特色，以使用土壤修复新材料的示范农田、示范果蔬园建设为抓手，以打造农用地安全利用示范县、绿色优质农产品供给提升为切入点，争取国家项目和政策支持。

（写于2022年）

# 党双忍职业日志三则

党双忍

**摘 要** 三则日志，一个主题，走向深绿。陕西是中华民族家园的"老园"，曾经是生态"高产园""深绿园"，巨木参天，森林莽莽。历经数千年开发利用后，今日陕西，小树当家，是为"低产园""浅绿园"。走深绿之路，投资生态、经管生态，提高生态生产力，恢复"高产园""深绿园"，已经成为建设人与自然和谐共生美丽新陕西的必由之路。

## 一、陕西省元产业研究简报

本文所称元生产力是生态生产力的核心，即植被净初级生产力（Net Primary Production，缩写为 NPP），指一个自然年度内单位面积上绿色植物光合作用积累有机质除去自养消耗后的净积累量。光合作用为生态系统提供了生命骨架和动力之源。已知的所有生物皆以有机碳为基本构架，绿色植物是有机碳的生产者、提供者。绿色植物将无机碳转化为有机碳的能力，已成为衡量生态生产力的关键向量、根本维度，由此奠定了生态系统物质循环和能量流动的上限、天花板。

本文研究的陕西省元生产力是陕西省生态空间，即林地、草地、湿地、荒野上的植被净初级生产力，不包括农业空间、城镇空间中的植被生产。生态空间是以提供生态产品、生态服务为主体功能的国土空间，好比是专门的生态蛋糕制造车间。在生态空间里，万千生物往来如梭，织链接网，生生不息，制作出的生态蛋糕在面貌品相、营养成分、数量质量上持续流变。陕西省元生产力代表了陕西省生态空间流变中的植被净初级生产力，也是生态空间生产力、生态蛋糕生产力。

本文将元生产力与生态空间面积乘积称为元生产量，即生态空间中植被初级生产力的总产量，表示一定区域内的生态生产能力，也是数字化的生态蛋糕。对数字生态蛋糕进行切块分析，增强了生态生产力的透视性。（图1）

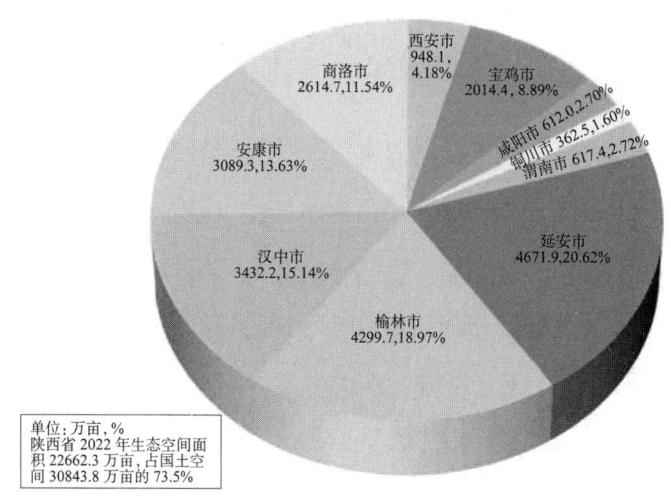

图1 陕西省2022年生态空间面积各市占比图

陕西南北狭长，三大地理板块、三大气候带分明又融为一体，南部秦巴山脉、北部黄土高原、中部渭河川地，自然生态空间类型多、占比大。陕西省生态空间数据中心提供的数据显示，全省国土空间3.08亿亩，其中，生态空间（林地、草地、湿地、荒野）超过2.2亿亩，占国土空间的72%以上。在生态空间规模上，黄土高原腹地的陕北两市居全省前列。延安居全省之首，全市生态空间4671.9万亩、占全省生态空间的20.6%；榆林居第二，生态空间4299.7万亩、占全省的19.0%。接下来是秦巴之央的陕南三市，汉中居陕南之首、全省第三，生态空间3432.2万亩、占全省的15.1%；安康居全省第四，生态空间3089.3万亩、占全省的13.6%；商洛居全省第五，生态空间2614.7万亩、占全省的11.5%。再接下来是关中五市，宝鸡居关中之首、全省第六，生态空间2014.4万亩、占全省的8.9%；西安居全省第七，生态空间948.1万亩、占全省的4.2%；渭南居全省第八，生态空间617.4万亩、占全省的2.7%；咸阳居全省第九，生态空间612万亩、占全省的2.7%；铜川居全省第十，生态空间362.5万亩、占全省的1.6%。就生态空间规模而论，延安一市超过关中五市之和，铜川只有延安的十三分之一。若从生态空间在本市面积的占比看，陕南三市占居全省前三位。商洛生态空间占国土空间90.0%、居全省第一；安康87.5%、据第二，汉中84.4%、居第三。延安81.1%、居第四，宝鸡74.1%、居第

五、榆林 66.8%、居第六，西安 62.6%、居第七，铜川 62.2%、居第八，咸阳 39.5%、居第九，渭南垫底、仅为 31.5%。（图2）

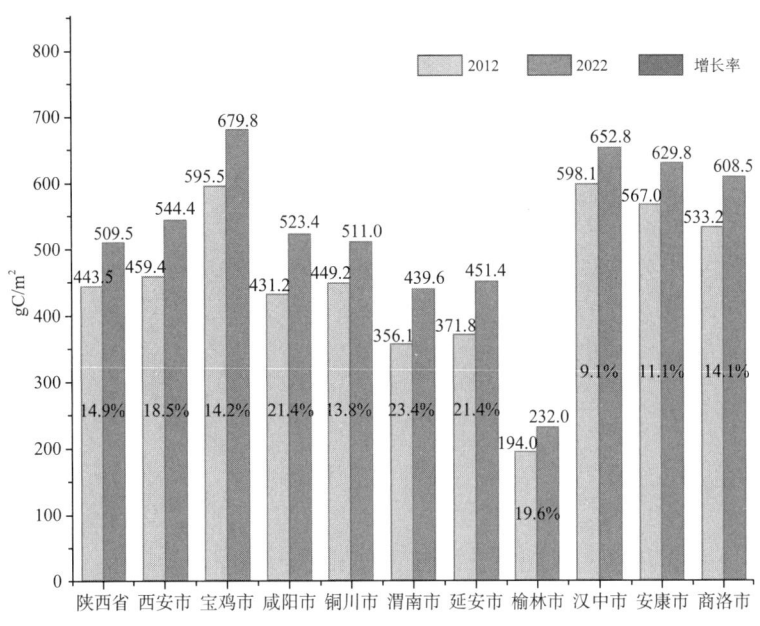

图2　陕西省植被净初级生产力示意图（2012—2022）

陕西省是中国版图的原点、腹心所在，堪称中华家园中的内园、核心园，人类活动侵入自然生态空间的时间久、强度大，元生产力呈现长期下行总态势。曾经肥沃厚实、精美绝伦的低地生态空间已被垦辟转化成为现在的农业空间、城镇空间。有幸保留下来的生态空间也已遭遇了人类空间侵略，资源掏挖，栖息地分裂，岛屿化、碎片化导致物种之间被隔离，一些物种被移出删除，超越了生态再生能力，打乱了生态演替秩序，致使生物种群小型化、生态系统简单化、生态家园贫瘠化，直至倾家荡产、枯竭熄灭，生态蛋糕品质劣变，已远离洪荒之时的味道。进入 21 世纪，在绿水青山就是金山银山理念的引导下，人类的采伐、放牧、猎食成为法律禁止行为，生态空间获得休养生息权利，进而经济反哺生态，推进系统治理，开展保护修复，由此引发了广泛而深刻的绿色革命，促进了生态生产力恢复性增长，走出了元生产力历史性回归上行线，人与自然和谐共享的生态蛋糕向绿向美，越来越大、越来越美。植被净初级生产力是生态系统发展的物质基础，也是生态系统向好的先行指标。陕西省生态空间数据中心演算结果显示，2022 年全省生态空间植被净初级生产力水平为 339.7 公斤/亩，比 2012 年的 295.7 公斤/亩增加 44 公斤/亩，增长

14.9%。全省生态空间植被净初级生产量由 2012 年的 6701.1 万吨增加到 7697.5 万吨，增加 996.4 万吨，增长 14.9%。（图 3）

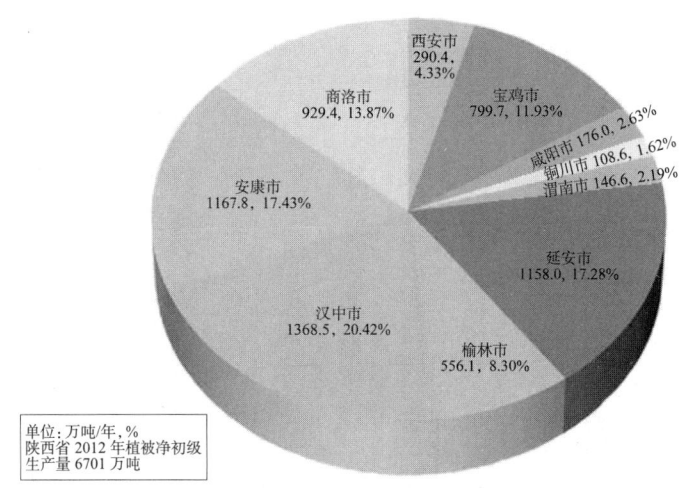

图3　陕西省2012年植被净初级生产量各市占比图

2022 年市生态空间元生产力水平分析结果表明，有关中水龙头之称的宝鸡市，已成为全省生态产品第一"高产市"，即单位面积生态产能为全省最高，全市平均 453.2 公斤/亩。接下来是陕南三市，曾占鳌头的汉中退居全省第二，435.2 公斤/亩；安康居第三，419.9 公斤/亩；商洛居第四，405.7 公斤/亩。其后依次是：西安第五、363.0 公斤/亩，咸阳第六、349.0 公斤/亩，铜川第七、340.7 公斤/亩，延安第八、300.9 公斤/亩，渭南第九、293.1 公斤/亩，榆林垫底、仅为 154.7 公斤/亩。榆林市生态产品亩产仅有宝鸡市生态产品亩产的三分之一。

2022 年市生态空间元生产量分析结果表明，单产和面积均居第二位的汉中制造了全省最大块的生态蛋糕，稳居陕西生态蛋糕"第一市"，元生产量"第一市"，总产量 1493.7 万吨，为全省总产量贡献了 19.4 个百分点。面积第一、单产第八的延安晋升全省第二，总产量 1405.9 万吨、占全省的 18.26%。安康退居全省第三，总产量 1297.1 万吨、占全省的 16.85%。商洛居第四，总产量 1060.7 万吨、占全省的 13.78%。其后依次为：宝鸡第五，912.9 万吨、占全省的 11.86%；榆林第六，665.0 万吨、占全省的 8.64%；西安第七，344 万吨、占全省的 4.47%；咸阳第八，213.6 万吨、占全省的 2.77%；渭南第九，180.9 万吨、占全省的 2.35%；铜川第十，123.5 万吨、占全省的 1.60%。（图 4）

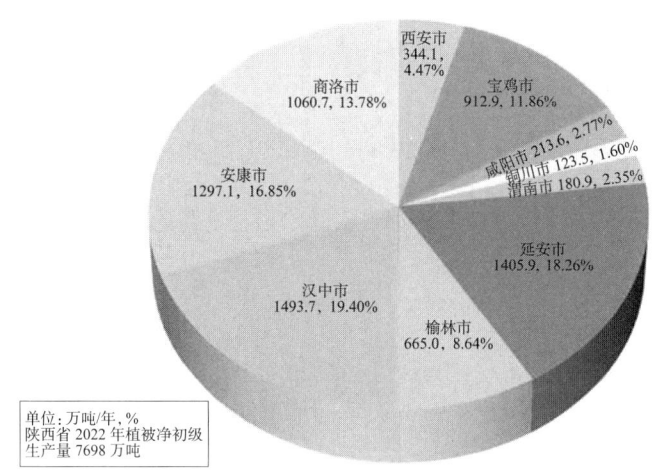

图4 陕西省2022年植被净初级生产量各市占比图

2012—2022年市元生产力增长率分析结果表明，这10年，全省各市生态蛋糕越做越大，元生产力均有不同程度的增长。黄河与秦岭交汇之地的渭南是全省元生产力增长最快的市，增长率为23.4%，从2012年的237.4公斤/亩，增加到2022年的293.1公斤/亩，增加55.7公斤/亩。咸阳、延安增长率均为21.4%，并列全省第二，分别由2012年的287.5公斤/亩、247.9公斤/亩，增加到2022年的349.0公斤/亩、300.9公斤/亩，分别增加61.5公斤/亩、53公斤/亩。榆林居第四，增长19.6%。其后依次是：西安第五、增长18.5%，宝鸡第六、增长14.2%，商洛第七、增长14.1%，铜川第八、增长13.8%，安康第九、增长11.1%，汉中第十、增长9.1%。

2012—2022年市元生产量增长贡献分析结果表明，各市对全省生态蛋糕做大均有所贡献，但贡献大小差异很大，在全省生态蛋糕中的份额也随之有所变化。中国革命圣地、退耕还林策源地——延安成为全省生态蛋糕增量最大的市，10年增加247.9万吨，为全省生态蛋糕增量贡献了24.9个百分点。商洛第二，增加131.3万吨，为全省贡献13.2个百分点。安康第三，增加129.3万吨，为全省贡献13.0个百分点。汉中第四，增加125.2万吨，为全省贡献12.6个百分点。其后依次是：宝鸡第五、增加113.2万吨、贡献11.4个百分点；榆林第六、增加108.9万吨、贡献10.9个百分点；西安第七、增加53.7万吨、贡献5.4个百分点；咸阳第八、增加37.6万吨、贡献3.8个百分点；渭南第九、增加34.4万吨、贡献3.4个百分点；铜川第十、增加24.9万吨、贡献1.5个百分点。延安贡献是铜川贡献的16倍之多。（图5）

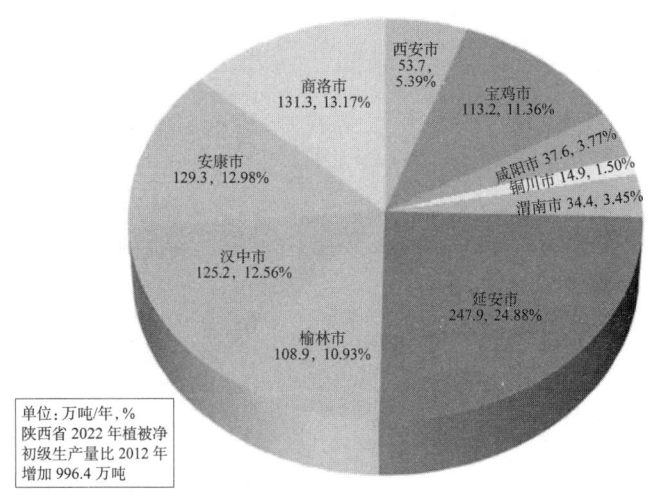

图5 陕西省2012—2022年植被净初级生产量增加值各市贡献占比图

全省元生产力区域分析结果表明（表1），在三大区域生态蛋糕越做越大的同时，生态蛋糕的空间布局与结构也发生了变化，呈现出黄河流域绿色崛起大趋势。陕北榆林、延安两市生态空间合计8971.6万亩，占全省的39.6%；关中西安、宝鸡、咸阳、渭南、铜川五市生态空间合计4554.5万亩，占全省的20.2%；陕南汉中、安康、商洛三市生态空间合计9136.2万亩，占全省的40.2%。2022年，陕北两市提供了2070.9万吨植被净初级生产量，占全省的26.9%，比2012年的1714.1万吨增加313.8万吨，增长18.3%，所占全省份额上升了1.3个百分点；关中五市提供了1775.1万吨植被净初级生产量，占全省的23.1%，比2012年的1524.3万吨增加250.8万吨，增长16.4%，所占全省份额上升了0.3个百分点；陕南三市提供了3851.5万吨植被净初级生产量，占全省的50.0%，比2012年的3462.7万吨增加388.8万吨，增长11.2%，所占全省份额下降了1.6个百分点。2012—2022年全省新增生态蛋糕996.4万吨，陕北贡献31.5个百分点，关中贡献29.5个百分点，陕南贡献39.0个百分点。陕北、关中提供的生态蛋糕占全省生态蛋糕的份额由2012年的48.4%提高到2022年的50.0%。

表1 陕西省元生产力区域分析表

| 统计单位 | 国土空间（万亩） | 生态空间（万亩） | 生态空间占全省百分比（%） | 2012年净初级生产力（公斤/亩） | 2022年净初级生产力（公斤/亩） | 2012年净初级生产量（万吨） | 2022年净初级生产量（万吨） | 2022年比2012年增加值（万吨） | 增长贡献占比（%） | 增长贡献占比与生态空间占比差值 |
|---|---|---|---|---|---|---|---|---|---|---|
| 陕西省 | 20843.8 | 22662.3 | 100.0 | 295.7 | 339.7 | 6701.1 | 7697.5 | 996.4 | 100.0 | 0.0 |

续表

| 统计单位 | 国土空间（万亩） | 生态空间（万亩） | 生态空间占全省百分比（%） | 2012年净初级生产力（公斤/亩） | 2022年净初级生产力（公斤/亩） | 2012年净初级生产量（万吨） | 2022年净初级生产量（万吨） | 2022年比2012年增加值（万吨） | 增长贡献占比（%） | 增长贡献占比与生态空间占比差值 |
|---|---|---|---|---|---|---|---|---|---|---|
| 西安市 | 1514.5 | 949.4 | 42 | 306.3 | 363.0 | 290.4 | 344.1 | 53.7 | 5.4 | 1.2 |
| 宝鸡市 | 2717.6 | 2014.4 | 89 | 397.0 | 453.2 | 799.7 | 912.9 | 113.2 | 11.4 | 2.5 |
| 咸阳市 | 15748.6 | 612.0 | 27 | 287.5 | 349.0 | 176.0 | 213.6 | 37.6 | 3.8 | 1.1 |
| 铜川市 | 582.7 | 362.5 | 496 | 299.5 | 340.7 | 108.6 | 123.5 | 14.9 | 1.5 | −0.1 |
| 渭南市 | 1954. | 617.4 | 27 | 237.4 | 293.1 | 146.6 | 180.9 | 34.4 | 3.4 | 0.7 |
| 延安市 | 5554.6 | 4671.9 | 206 | 247.9 | 300.9 | 1158.0 | 1405.9 | 247.9 | 24.9 | 4.3 |
| 榆林市 | 6438.1 | 4299.7 | 190 | 129.3 | 154.7 | 556.1 | 665.0 | 108.9 | 10.9 | −8.0 |
| 汉中市 | 4064.5 | 3432.2 | 151 | 398.8 | 435.2 | 1368.5 | 1493.7 | 125.2 | 12.6 | −2.6 |
| 安康市 | 3560.5 | 3089.3 | 136 | 378.0 | 419.9 | 1167.8 | 1297.1 | 129.3 | 13.0 | −0.7 |
| 商洛市 | 2938.1 | 2614.7 | 115 | 355.5 | 405.7 | 929.4 | 1060.7 | 131.3 | 13.2 | 1.6 |

绿色是生命之基、生态之本。人与自然和谐共生，共享生态蛋糕。生态空间是生态蛋糕制造车间，生态空间绿色革命就是生态蛋糕制造业的革命。促进人与自然和谐共生，解放和发展生态生产力永远在路上，生态蛋糕制造业的革命也永远在路上。数字化生态蛋糕是21世纪生态空间治理的时代特征。面向未来，全省实施深绿战略，就是持续推进生态蛋糕制造业革命，持续解放和发展生态生产力。要以陕南秦巴山地为基本盘，以关中、陕北黄土高坡为先锋阵地，各展其长、各尽其能、各显其美，为把陕西生态蛋糕越做越大做出更多贡献。

## 二、让自然更好地生产

我省林业工作"奉绿水青山之命、举生态空间之治"，坚持构建"以红带绿、以绿映红"总体格局。来到党校，学思悟关联，领会党的二十大精神，汇聚"以红带绿"新动能；回到岗位，学思用贯通，履职尽责推动实践，谱写"以绿映红"新篇章。

如今，人们对一次产业、二次产业、三次产业已经有了比较深刻的认知。其实，这三次产业都是次生产业，在分化出一、二、三次产业之前，就存在着更早的生产、更本原的产业，即元生产、元产业——自然的生产，生生不息，提供着生态产品、生态服务。进入21世纪，古老的元产业，呈现为欣欣向荣、蓬勃发展的新业态。

林地、草地、湿地是自然生产的三大载体。1996年第一次土地资源调查时，全省林地 1.37 亿亩、草地 0.46 亿亩、湿地超 0.01 亿亩，三项合计 1.84 亿亩，约占国土空间的 60%。2009 年第二次土地资源调查时，全省林地 1.68 亿亩、草地 0.43 亿亩、湿地 0.01 亿亩，三项合计 2.12 亿亩，约占国土空间的 70%。2019 年第三次国土资源调查时，全省林地 1.87 亿亩、草地 0.33 亿亩、湿地不足 0.01 亿亩，三项合计 2.21 亿亩，约占国土空间的 72%。从 1996 年到 2019 年的 23 年里，全省林地增加 0.5 亿亩、草地减少 0.13 亿亩、湿地略减，增减相抵后，三项合计面积净增加 0.37 亿亩、年均增加 160 万亩，在国土空间中的占比增加 12 个百分点、年均增加 0.52 个百分点。

森林是我省最基础、最重要的自然生态系统。与三次国土调查数据对接融合后，明确全省有林地（乔木林+竹林）面积，1996 年为 0.98 亿亩，2009 年为 1.22 亿亩，2019 年为 1.41 亿亩，对应的森林覆盖率分别为 31.67%、39.67% 和 45.65%。从 1996 年到 2019 年的 23 年里，全省有林地增加 0.44 亿亩、年均增加 191 万亩，对应的森林覆盖率增加 13.98 个百分点、年均增加达到 0.61 个百分点。

上述数据表明，在三秦大地上发生了一场影响广泛而深刻的绿色革命，陕北黄土高原整体由黄变绿，陕南秦巴山脉绿色更加厚重，生态系统服务功能有所增强、生态产品生产能力有所提升、生物多样性有所恢复、人类的生态共生伙伴有所增加，人与自然的关系向着和谐共生迈出了重要步伐。这场史无前例的生态空间绿色革命，是引起全世界瞩目的绿色奇迹。作为亲历者、建设者和见证者，我倍感自豪。

森林、草原、湿地是三大自然生态系统，也是陆地生态系统的三大主体。全省三大自然生态系统恢复扩张到 2.2 亿亩，已经是较大规模，达到国土空间的 72%，也已经是较高水平。国土空间是有限的，三大生态系统体量进一步扩张的潜力不大，也没有多大必要。在某种意义上，我们已经历史性地完成了让自然生态系统更好地生产生态产品、更多地提供生态服务的"装台"工作。迈上新征程，我们必须眼睛向内，立足现有生态空间，走内涵式集约型高质量发展之路。

目前，各级正在编制国土空间规划体系，专门规划出生态空间、农业空间、城镇空间和线性空间。生态空间是以提供生态产品或生态服务为主体功能的国土空间，是自然生态系统的载体空间、自然生产的专用空间。国土空间规划中生态空间所包含的土地类型较多，但对于内陆省份而言，生态空间的主体仍是林业部门负责管理的森林、草原、湿地、荒漠四大生态系统。林业部门统一管理的自然保护地体系、国有林场体系，原本就是包含多种类型生态系统的自然生态空间，也是生态服务的"示范田"、生态产品的"高产田"。因此，我省的生态空间也可称为"林业空间"。

编制"一张图""一套数"的生态空间规划体系是落实人与自然是生命共同体理念、创建人类文明新形态的浩大工程、创新工程。因涉及国土空间规模巨大、山形地势错综复杂、生态环境资源类型多样，不可能毕其功于一役，必须经历扎实摸底调查、多层级多环节协同、反复交流沟通协商的规划编制过程，方能实现数据、空间、政策、观念的贯通融合、协调一致。

第一生态空间——生态核心区。首先落地的是生态空间核心区，即以国家公园为主体的自然保护地体系。从20世纪50年代起，我国林业部门即组织推动自然保护地事业发展，各类自然保护区应运而生。改革开放后，森林公园、草原公园、湿地公园、沙漠公园、地质公园、风景名胜区，如雨后春笋般出现，由此形成了我国最重要的生态产品基地，也锁定了我国自然保护地事业的根基。毫无疑问，这是一次多部门联动、长时间建设、覆盖各大生态系统的面向自然的赋能行动，建立起了多种类型的支持自然生产的机构。但是，因为部门不同，管理规制和技术规范各异，导致了空间交叉重叠、落地边界不清的乱象。2018年国家机构改革，各类自然保护地统一归口林业部门。随后，统一技术标准和管理规范，开展自然保护地和风景名胜区整合优化工作。整合优化后，全省各类自然保护地面积约占国土空间的10%。在各类自然保护地中，约一半面积是核心保护区，禁止一切人类活动，是法律规范上的"无人区"。

第二生态空间——生态管制区。仅依靠自然保护地难以满足国家生态安全基本需要。为了确定生态保护底线、资源利用上限，国家启动了生态保护红线划定工作。把自然保护地和自然保护地之外的重要生态功能区、生态敏感区、生态脆弱区划入生态保护红线范围。自然保护地之外的生态保护红线管控范围，只允许有限的有规定的人类活动。从目前划定的情况看，包括自然保护地在内的生态保护红线范围，总面积约占国土空间的24%。这又一次限制了人类足迹，深化和拓展了人与自然的空间约定，向自然生产赋予更大权能。

第三生态空间——生态控制区。生态空间内空间占比最大的是生态控制区。在划定生态保护红线之先，我国法律法规已推行"分林而治"，明确规定防护林和特种用途林是生态公益林，以充分发挥其在维持气候稳定、维护生态系统多样性稳定性持续性、促进人与自然和谐共生方面的生态功能。公益林的建设、维护与管理以各级人民政府投入为主。一部分公益林已划入自然保护地和生态保护红线范围内，大部分公益林在"红线外"，从生态空间上可定义为生态控制区。"红线外"的禁牧草地、自然湿地、自然荒野，也可进入生态控制区。我省生态控制区约占国土空间的 40%。

第四生态空间——与农业共享区。我国《森林法》规定，用材林、能源林、经济林三大林种是商品林，以生产木材、薪材以及提供树之叶、花、果产品为主体价值，兼具林产品、农产品双重属性，生态、农林双重功能，以及乡村产业振兴、生态振兴的双重使命。可放牧的草地、刈割的草地，以及人工湿地，与商品林一起构成第四生态空间，也即生态空间中的农林空间。

过去，把林地、草地、湿地、荒野分别归为农业用地或是未利用地。如今，国土空间规划将四类土地划入自然生态空间，应统一归类为自然用地或是生态用地，以生产更多的生态产品或提供更多的生态服务为主要功能取向和价值导向。

党的二十大报告指出，大自然是人类赖以发展的基本条件。尊重自然、顺应自然、保护自然，是全面建设社会主义现代化国家的内在要求。必须牢固树立和践行绿水青山就是金山银山的理念，站在人与自然和谐共生的高度谋划发展。人与自然是和谐共生的两面，不能一强一弱或一升一降，无论谁强谁弱或谁升谁降，都不可能实现和谐共生。中国式现代化是人与自然和谐共生的现代化，就是要推动人的力量与自然的力量协同增长。绿水青山，意味着更强的自然生产力、更多的生态产品、更优的生态服务。在现阶段，我们山水不少而绿水青山不多，森林、草原、湿地质量不高、功能不强、产品不优。新时代林业部门要坚定地站在人与自然和谐共生的高度，扎实践行习近平生态文明思想，持之以恒实施深绿战略，不断解放和发展绿色生产力，不断提升生态系统多样性、稳定性和持续性，不断增强生态产品生产和生态服务供给能力，让人民群众尽情享受绿水青山带来的自然之美、生命之美、生活之美。

我们要有保护好中华家园内园、核心园的生态自觉、生态自信和生态担当。陕西地处全国心脏地带，是唯一全境处在黄河长江两大几字弯之间的省份。陕西生态家园是中华生态家园的内园、核心园，陕南秦巴山脉是中华民族祖脉大秦岭之芯，陕北黄土高原是中华民族母亲河黄河之芯。习近平总书记指出，陕西生态环境保护，不仅关系自身发展质量和可持续发展，而且关系全国生态环境大局。我们坚定地相信，陕西生态家园厚德载物，在中华文明形成和发展过程中发挥了极为重要的作用，在中华民族伟大复兴新征程中也必将更好地发挥内园、核心园的重要作用。

站在自然一边，当自然生产的好帮手。绿色植被空间结构不同，其自然生产能力亦不同。一般而言，万千生物，分层而居，占据和利用着不同的生态位。与平房、双层、多层、高层、超高层楼房具有不同的载荷一样，乔木林生产力高于灌木林，灌木林生产力高于草地草丛，郁闭度高的植被生产力高于郁闭度低的植被生产力。开展造林绿化，就是帮助自然造楼房、帮助共生伙伴建家园。在不扩大生态用地规模的情况下，通过人工措施，调整优化植被分布空间结构、绿色植被结构，可持续地升级生态空间生产力。全省造林空间适宜性评估初步成果显示，潜在的可用于造林的国土空间约3220万亩，其中，约1580万亩来自低产低效的林地、约1640万亩来自适宜造林的草地。缺少大径级木材一直是我省林业的"软伤"，要充分利用潜在的造林空间，加快建设储材储碳的国家储备林基地。延安、榆林是潜在的造林绿化"大户"，把潜在造林空间变为现实造林空间，对于陕北黄土高原迈向深绿、黄河流域生态保护和全域高质量发展具有重大意义。

实行一体化保护和系统治理，坚持生产建设与转化利用"两手抓"。严格落实草原、森林、湿地休养生息政策和沙化土地封禁保护措施，丰富完善以国家公园为主体的自然保护地体系，巩固发展退耕还林还草成果，持续实施重要生态系统保护和修复重大工程，切实推进秦岭、黄河、长江三个生态空间治理十大行动，建设形成数量更多、质量更好的绿水青山。在着力提高"含绿量"的基础上，同步提升"含金量"。要推进天然林与公益林管理并轨，深化国有林场和集体林权制度改革，建立健全生态效益补偿补助机制，创新绿色金融产品，发展生态良好型经济，促进绿水青山向金山银山的价值转化。要发展生态+民宿、生态+旅游、生态+康养、生态+教育、生态+林下、生态+种养多种产业模式，探索形成"生态+N"生态经济体系，让绿水青山为三秦父老带来更多的经济实惠。

抓住"关键少数"，举一纲而万目张。全面推行林长制是党中央国务院从新时代生态文明建设实际出发做出的制度安排，是发展兴林草兴生态事业的战略部署、实践创新，也是以自我革命引领生态空间绿色革命，推动生态空间高质量发展的总纲。全省已经建成省市县镇村五级林长制体系，五级党政主官担任林长，履行守绿、护绿、增绿、用绿、活绿之责。5万余名林长、8万余名护林员在2.2亿亩生态空间上，维护生态秩序，防范生态风险，管理生态系统，向自然投入、赋能，让自然更好地生产。

## 三、人与自然关系再定义

党的二十大报告提出：推动绿色发展，促进人与自然和谐共生。中国式现代化是人与自然和谐共生的现代化。这是新时代中国对人与自然关系的新认知、新表述，也是对人与自然关系的新定义。

人类诞生于自然生态系统，曾是自然生态系统的孩子。自然生态系统提供的生态产品——空气、淡水、食物、能源，供养着人类的生存与发展。人类从自然生态系统中采集植物、猎捕动物，获得生存与发展所必需的物质、能量和信息。在采集、狩猎时代，人与生态伙伴共生，是多样化生物体系中的普通一员，茹毛饮血、追日赶月，生活维艰，俨然是大自然的奴仆。大自然是人类的父母，也是人类的老师。人类从自然生态的孩子逐步转变为自然生态的学生，向自然生态学习，并由此获得了在物种竞争中迅速成长的优势。经过漫长的岁月锤炼过后，无数人无数次大胆尝试，成功地模仿自然生态系统生产生态产品的过程，创新创造出种植业、养殖业，生产出了能够部分替代生态产品的农产品。这无疑是一次破天荒的伟大的产业革命——农业革命。如今，人们习惯于把生产农产品的农业生产活动称为第一次产业。第一次产业是从生产生态产品的生态系统生产活动分化而来，即生态产品生产在第一次产业之前，我们称之为"元产品"，生产"元产品"的生态系统生产活动即是"元产业"。承载"元产品"生产和"元产业"发展的国土空间是生态空间，即是"元空间"。历次产业革命，皆建立在"元产品""元产业""元空间"的基础上，第一次产业革命形成的农产品是一次产品、农业是一次产业、农业空间是一次空间。依次类推，也就形成了二次、三次、四次的产品、产业和空间。历次产业革命过程中，无一例外地引发了一连串自然生态事件，从而深度挤压掏挖"元空间""元产业""元产品"。从自然的学生向前跨出一大步，人类变成了自然的劫掠者。历次产业革命成功，意味着次生产品、产业、空间由小变大、由弱变强、持续扩张，导致绿色动力衰退，引发"元空间"萎缩、"元产业"萧条、"元产品"减产，"生态赤字"年复一年、深化加剧，"生态窟窿""碳窟窿"恶性发展、越来越大。这严重损害了生态系统中其他共生物种生存繁衍的权益。因"元产品"生产供给不足，诱发了一系列日益严重的灾难性生态环境事件，直接威胁到历次产业革命形成的产品、产业、空间发展成果。原有的以挤压掏挖自然生态空间的发展形态、发展模式，已经进入了走向终结的历史关头。21世纪以来，人类文明所面临的可持续发展危机，本质上就是"元空间""元产业""元产品"危机——因绿色动力不足，"元空间""元产业""元产品"已经无力支持次生产品、产业、空间的持续扩张。

至此，越来越多的人深刻地认识到，必须从根本上改变人与自然的关系，也就是推动人与自然的关系发生根本性变革。这一根本性变革的核心，即是终结人类的自然劫掠者的角色。人与自然和谐相处，意味着人与自然是并驾齐驱的路人，各行其道、各奔前程，互不干涉、平行发展；也意味着停止单向索取、单向馈赠，实行休养生息、自然恢复，终结"生态赤字"。这无疑已经往前迈出了一大步，毕竟不再是自然单向馈赠人类，不再是人类单向索取自然。全面停止天然林商业性采伐、封山育林，天然牧草地禁牧休牧，河湖禁渔休渔，禁食野生动物，禁挖野生植物，以及设立自然保护区，禁足、限足保护范围……皆是人与自然和谐相处之道。人与自然和谐共生是人与自然和谐相处的升级版。从"和谐相处"到"和谐共生"，已经完成了一次重大的认知飞跃。意味着人与自然的关系进入了互利共赢的新时代，不再是并驾齐驱的路人，而是你中有我、我中有你，互联互通、互惠互利，一荣俱荣、一损俱损的生物共生体、生命共同体。自然生态系统是属于万物生灵的共生体，即生命共同体。人类是单一物种，是自然生态系统中的一分子。与人共生的千万物种，皆是人的生态伙伴。绿水青山，不只是人的金山银山，也是生态伙伴的金窝银窝。自然生态系统提供的生态产品，不单是给予人类的福祉，也不是由人类独占专享，而是由万千物种共生、共同创造、公平分享的公共产品。多样性生物一体共生，公共生产、公共消费。生态产品的数量与质量，直接关系到生物的多样性，也决定着人类生存与发展的规模量级和质量水平。自然生态系统的前途命运，就是万千生灵的前途命运，也是人类发展的前途命运。如何让自然生态系统具有生生不息、光明远大的前途？如何让自然生态系统提供数量更多、质量更好的万千物种共生共享共荣的生态产品？这是促进人与自然和谐共生，创造人类文明发展新形态必须着力解决好的重大生态命题。人与自然和谐共生，必然要求人类以共生者身份、共建者姿态，与万物生灵一起，参与生态产品生产活动，由过去的单向接受、单纯索取自然生态系统生态产品的消费者，转向投资自然、让利自然，成为生态产品生产的参与者、贡献者。要开创人与自然"双向互馈"的新时代，人既是生态产品的消费者，又是生态产品的生产者、生态服务的贡献者。过去实施的三北防护林体系建设、退耕还林还草工程、天然林保护工程、水源涵养林工程，现在实施的重要生态系统保护和修复重大工程规划，以及全面推行的全民义务植树，皆是多路径、多元化向自然投资——向生态系统输入物质、能量和信息，修补"生态窟窿""碳窟窿"，恢复自然生态系统功能，增加生态产品生产。与此同时，构建了森林草原防火体系、有害生物防控体系、生态资源监管体系，维护了生态产品生产秩序。由此，生态产品中凝结了人的劳动，聚集了人的贡献。在人的力量推动下，加快了"生态赤字"向"生态盈余"转变的历史进程。人与生态伙伴共建共享了绿色版图扩展、生态产品增长和生态系统服务发展带来的生态红利。人与生态伙伴的关系更加亲密、更加和谐。进入新时代的中国，在国土空间规划中专门规划出自然生态空间，以支持自然生态系统生产生态产品。生态空间是人的绿水青山、金山银山，也是生态伙伴的金窝银窝、专用空间。这意味着在国土空间治理体系中有了以生产生态产品为主要用途的生态用地，即独立的自然生态系统空间。也等于是说，人与自然、人与生态伙伴有了完整、系统的空间约定。生态空间的核心区，也是生态空间的核心圈层，是以国家公园为主体的自然保护地体系，包括国家公园、自然保护区以及各类自然公园。生态空间核心区是人类涉足最少的生态区位，具有最高的"自然纯度"、最高的生态产品生产力，因而也是严格禁止各类开发建设活动占用的空间。生态空间核心圈层之外至生态保护红线边界，是适应生态保护红线管理制度的生态空间管制区，可以进行政策允许的有限的人为活动。在管制区之外是控制区，包括生态保护红线外的公益林、天然林、天然草地、禁牧草地、自然湿地、自然荒野。控制区之外是生态空间最外围的圈层，与农业空间、城镇空间接邻，是人为活动最频繁的生态空间，即生态空间共享区，包括商品林地、放牧草地、人工草地、人工湿地……生态空间共享区与农业空间、城镇空间互联互通，交替互换机率最高。

生态损害由来已久，生态恢复久久为功。生态产品的生产车间是生态系统，生态系统的形成是一个长周期、长过程，这决定了向自然投资、恢复生态生产力也是一个由量变到质变的长周期、长过程。所有生物皆是碳基生命。绿色植物是无机碳向有机碳转化的枢纽，继而也是生态系统的动力装置。生态系统衰退，主要是绿色动力衰减。解放和发展生态生产力，就是增强生态系统的绿色动力，让绿色动力由"地板"重回"天花板"。由黄到绿、由浅绿到深绿、由绿到美，形象地描绘了增强绿色动力、发展生态生产力和推动生态产品增长的三大战略阶段，即生态空间的三次绿色革命，三次生态生产力革命。经过长期掏挖，生态产品生产力降至"地板"。向自然投资，发展生态生产力，把生态产品生产力从"地板"提升到"天花板"。首先是实行休养生息，植树种草，修复绿色植被，恢复初级生产力；其次是升级绿色版本，优化调整乔灌草结构，形成与自然生态资源相适应的绿色植物体系；再次是推动绿色植物体系空间联通，促进次生生态系统向顶极演化，构建起植物—动物—微生物高质量生命共同体、命运共同体、发展共同体。完成三次绿色革命，完善生态空间绿色动力，完整生态产品生产能力，需要一个世纪的生态过程。需要弘扬"功成不必在我、功成必定有我"的精神，推动保护修复事业世代传承、接续奋斗，需要一代又一代绿色愚公，向绿向美，驰而不息。地球陆地六大生态系统，包括森林、草原、湿地、荒漠、农田、城镇。其中，农田、城镇生态系统是以人工为主的生态系统，并不以生态产品为生产方向。森林、草原、湿地、荒漠四大生态系统是基于自然的生态系统，也是生态空间主体，是绿色碳库、水库、氧库、生物基因库，是生态产品的主要供给方。我国林业部门担负生态保护修复、生态系统管理、生态空间治理之职责。长期以来，我国林业部门专注于绿色动力提升，专注于生态产品生产，专注于价值生产、价值创造。向自然生态系统注入绿色动力，是21世纪林业部门的显著标识。推动生态产品持续增长，是21世纪林业部门的关键使命。在人与自然的关系中，林业部门完美地站在了自然一方，与自然融为一体，视一草一木、一鸟一兽，既是生态伙伴，又是生态载体，持续提供生态服务、生态产品。林业部门将继续主导生态空间绿色革命，培植生态系统绿色动力，推动生态产品持续增长。受生态因子限制，一年四季，海陆两相，东西南北，生态产品生产有旺季淡季之分、高产区与低产区之别。这决定了生态系统服务与生态产品生产的波动性、增长的极限性，不可能全时空无限供给。导致了生态产品生产供给与消费需求之间的时空差。公平分配、平等消费生态产品已经成为人与自然关系的重要内容。推动生态产品生产增长周期长、见效慢，管制生态产品消费则立竿见影。为此，人们设计了合理使用水、空气、生态用地、生态景观的产权制度。于是，有了取水权、排污权、排碳权，有了节水、节能、节地，有了21世纪蓬勃发展的管制生态产品消费的生态环境保护事业。促进人与自然和谐共生，必须从人与自然两个方向用力。从自然方面做好加法，增加生态产品生产供给；从人的方面做好减法，管制生态产品消费需求。在供给侧与需求侧两侧同时发力，走上人与自然和谐共生大道。

说明：呼海涛团队为本文提供了数据图形支持，在此特别予以致谢！2023年2月15日凌晨修定于磨香斋。

（写于2022年）

# 以生态产品价值实现为突破口推动陕南经济高质量发展

石　英：陕西省社会科学院研究员
　　　　陕西省决策咨询委员会民生组组长

**摘　要**　报告提出了加快推动陕南三市生态产品价值实现的八点建议：强化统筹规划、制定量化核算标准、以市场机制推进价值实现最大化、适度增加面向陕南的省级重点产业链、拓展延伸"富硒食品"产业链、做大做强"秦岭中医药"、开拓"陕茶"国际市场、打造世界级康养旅游目的地。

"生态产品"是党的十八大报告中首次提出的新概念，是指生态系统为了维系生态安全、保障生态调节功能、提供良好人居环境而生产的产品。大致可以分为三类：一是物质供给类，如木材、水产品、中草药、植物的果实种子等可直接转化利用的物质产品；二是调节服务类，如水源涵养、土壤保持、水环境净化、空气净化、固碳、释氧、负氧离子、气候调节等；三是文化服务类，如休闲旅游、景观价值等。

大秦岭是我国的中央山脉，是我国气候南北分界线、长江黄河流域分水岭，是我国动植物种类最为齐全的生物基因库。位于大秦岭（含巴山山脉，称秦巴山区）核心区域的陕南三市具有极为丰富的生态资源，其生态环境的保护和生态产品价值的实现对于全国、全省高质量发展的大局具有十分重要的特殊意义。

## 一、陕南三市生态产品价值实现的现状和成绩

汉中市立足"绿色循环、汉风古韵"战略定位，坚持把绿色发展、生态产业作为战略先手，提出生产、生活、生态"三生融合"理念和建设宜居、宜业、宜游"三宜一体"最美城市的目标。全面落实主体功能区定位，突出抓好秦岭、巴山、汉

江、嘉陵江生态保护，编制并实施《汉中市"十四五"秦岭生物多样性保护专项规划》，加强秦巴生态保护智慧化监管，实施生态环境分区管控，持续整治"五乱"问题，全面推行林长制，筑牢秦巴生态安全屏障。以汉江干流城镇为骨架，以产业园区为支撑，以"六大产业集群"为主导，辐射带动沿江资源开发利用，打造"一核三极"汉江生态经济带，建设国家级循环经济发展示范区。2020年，引进企业1762家，其中，规上企业280家，实现产值近1200亿元，拉动4个县区产业园区实现产值超百亿元。建成全省首个地市级全品类打造、全产业开发、全过程服务的农产品区域公用品牌"味见汉中"；支持特色农产品精深加工和高端农产品开发、高品质食药培育、生态旅游开发，打造一批高水平田园综合体和现代农业园区，纵深推进小农户对接大市场，加大农业龙头企业培育力度，促进一、二、三产业融合发展。如南郑区积极推进"千斤粮、百斤鱼、万元钱"稻渔综合种养，推动稻渔产品"两品一标"认证和商标注册；大力发展生态旅游、养老养生、研学度假等产业，创建全域旅游示范市。为进一步盘活绿水青山，探索生态资源向资产资本的高水平转化，汉中市还于2021年8月在留坝县成立了我省首家"两山银行"，9月底该市11个县区的"两山银行"全部挂牌成立。

安康在确保"一江清水永续北上"的基础上，坚持因地制宜发展生态友好型产业。近年来，围绕富硒茶叶、富硒水、魔芋等富硒农产品以及中蜂、蚕桑、中药材等优势产业，大力发展生态养殖、休闲康养业，并将富硒产业定位为安康市生态友好型首位产业，从科技攻关创新、完善标准体系、扩大品牌影响等方面入手，全力打响"富硒牌"，打造"中国硒谷·生态安康"品牌形象。成立中国富硒产业研究院，推出植物富硒片、富硒黑豆多肽等"新生代"富硒产品。发布安康市《富硒食品硒含量分类标准》，将安康富硒食品标准上升为陕西省地方标准，有的甚至成为国家行业标准。富硒产业，让农民的钱袋子鼓起来，让就业岗位多起来。产业总规模连年保持高增长态势，2020年已达800亿元。目前，安康农村居民可支配收入的60%以上来自富硒特色种养收入，70%以上的贫困群众依靠富硒产业脱贫。

商洛市聚焦生态产品产业培育，形成了菌、果、药、畜"4+X"特色农业、新兴产业、乡村旅游、加工业四大支柱扶贫产业体系。突出大项目带动，推进陕西有色新材料产业园、金米现代农业园、森弗医药产业园、棣花文旅小镇等四大产业增长级项目建设。商洛香菇、核桃、板栗、中药材、冷水鱼产量以及肉鸡出栏量居全省第一。"商洛香菇"入选"全国农产品区域公用品牌目录"，"商洛核桃"跻身"中国特色农产品优势区"，柞水黑木耳、镇安象园茶等35个农产品入选"全国名特优新农产品名录",柞水木耳、丹凤葡萄酒、商南茶叶亮相央视"国家品牌计划"展播。全市2506个经营主体参与产业扶贫,带动9.91万贫困户发展特色产业,荣获陕西省"万企帮万村"精准扶贫行动先进市。

## 二、陕南三市生态产品价值实现的制约因素和存在问题

### (一)对"生态产品"认知不足,"价值实现"缺乏顶层设计统筹规划

在中央有关政策文件和媒体宣传报道中,"生态产品价值实现"八个字一般是作为一个词组整体出现的。"生态产品"概念的提出反映了发展的价值取向从经济优先,到经济发展与生态保护并重,再到生态价值优先,生态环境保护成为经济发展的内在变量,突出了生态价值优先的内涵。"价值实现"理所当然地包含了生态价值,也包含着其经济价值的最大化。因此,"生态产品价值实现"和"碳达峰、碳中和"目标完全一致。然而媒体对"碳达峰、碳中和"宣传声势较大,群众知晓度较高;"生态产品价值实现"则相对被忽视,知之不多。由于"生态产品"、"生态资源"、"自然资源"、"绿色产业"、"循环经济"、"低碳经济"等概念在一定程度上存在交叉重叠,干部群众通常将其混用甚至滥用。不少人把"生态产品"简单理解为"地理标志产品",把目光聚焦在具体物质产品的种养、加工、销售产业链培育,以及全域旅游开发等方面,热衷于生态产品的短期变现,缺乏全省性或更高层面的顶层设计统筹规划,未能形成我省生态产品价值实现的具体工作机制和抓手。

陕南三市虽普遍将"生态立市"写入了"十四五"发展战略规划,把生态文明建设列为重要发展目标,但在价值实现路径上,物质供给类和文化服务类产品的规划措施比较"实",而对于怎样保护生态环境、实现环境的生态价值,则显得比较"虚"。山、水、林、田、湖、草等自然资源要素的产权相互独立,各类资源的定义和界定标准不同,自然资源管理存在边界模糊、权属不清问题。生态环境保护和提升的责、权、利时有交叉重叠、缺位遗漏。

### (二)生态产品价值核算评估滞后,生态补偿缺乏统一标准

我省陕南三市都是南水北调中线工程重要的水源涵养区,汉江的水质在全国江河水系中保持了最优。大秦岭的生态环境价值、生物资源价值、气候调节价值、水土保持价值更是不可低估。且这些价值不仅体现在当地,更是对全国的贡献。而为了这一江清水和秦岭生态,陕南三市不能发展采矿等工业产业,甚至小水电都被禁

止。三市干部群众对于生态价值补偿的要求都很强烈，国家和省级层面每年也都给予了大量的补偿。关于南水北调中线工程生态补偿曾经形成过两种不同方案，一种是一次性支付10.9亿元；另一种是国家对调水征收每立方米0.2元作为水源保护区的专项基金，按每年270亿立方米计，每年将补偿54亿元。显然后一种方案比较合理，但最终采纳的却是第一种方案。由于缺乏有充分科学依据的生态产品信息清单和价值评估核算方法标准，生态补偿常常成为"拍脑袋"式的讨价还价，且基本都是纵向"向上"要补偿。同一流域的上下游之间、省域市域县域之间存在的受益受损关系无法确定，市场化的生态价值实现机制也难以建立。反映市场供求和资源稀缺程度，体现自然价值、代际补偿的资源有偿使用和生态补偿价格普遍偏低，保护生态环境得不到合理收益回报，致使大量生态产品被免费、无约束地过度使用和浪费。

### （三）产品趋同创新不足特色不彰，产业链短低端竞争缺少品牌

位于秦巴山区的陕南三市地理位置相近，生态环境大体相同，因此生态产品价值实现路径趋同有其一定的必然性。三市在发展理念和规划中都希望尽可能彰显自己的特色，如汉中"三生融合"重点放在汉江经济带和产业园区，安康强调富硒农林产品，商洛主打扶贫牌。但调研中也发现，赋能于终端销售环节的现代数字农业加剧了生态农产品价值链的低端锁定，使得生态农产品的种植和粗加工环节几乎无利可图，难以形成"拳头"品牌，极大地制约了生态产品价值实现。

譬如陕南茶叶，其富含硒元素的优良品质在国内独树一帜，历史上曾经是茶马古道主要贸易货品，也曾作为宫廷贡茶而享有美誉。但由于近年国内茶叶市场总体供大于求、产能过剩，而陕南茶相对缺乏品牌知名度，加工企业小而分散，质量参差不齐，加工制作整体档次偏低。陕南三市都在努力培育自己的地区品牌，更使得包装分散混乱。碎片化经营的陕茶虽已达到一定规模，但其"富硒"的生态产品价值实际上却被大打折扣，附加值难以提高。还有中药材、香菇、木耳等林特生态产品也不同程度地存在类似情况。三市都声称是西安的"后花园"，发展乡村旅游、休闲康养服务业是三市带有共性的诉求。一些县和乡镇在交通基础设施、民宿上"一窝蜂"投入不小，但旅游景点建设、节庆活动安排等往往大同小异。由于将旅游客目标群体仅定位于本省，同质化内部竞争使得游客分散，加之疫情原因，拥有良好生态环境甚至地名优势（如总书记来陕视察提到"安康""平利"地名寓意吉祥）的陕南，其康养旅游市场还需创新思路大力培育。

调研中还了解到，一些在全国有一定知名度和优势的"小而特"传统生态文化产品被忽视被遗忘。如秦岭的漆树生漆产量占全国70%以上，"天下漆、秦有七"，安康平利的"牛王漆"质量上乘，出口日本、韩国很受欢迎，号称"土漆"的生漆加工技术和艺术作为非物质文化遗产也曾很有影响。但随着当地"漆匠"的老去后继无人，产业规模已极大萎缩。还有像汉中过去的棕箱、竹编藤编家具工艺品等生态文化产品也曾形成一定规模和市场，在新时代如何更好地保护利用、发掘传承、创新发展，面临新的课题。

### 三、加快推动陕南三市生态产品价值实现的建议

#### （一）充分认识大秦岭生态产品价值实现对于我省高质量发展的重要战略意义，强化统筹规划，出台我省《实施意见》

在陕南三市抓好生态产品价值实现，是践行绿水青山就是金山银山理念的关键路径，是从源头上推动生态环境领域国家治理体系和治理能力现代化的必然要求，对推动我省经济社会协调发展和全面绿色转型具有十分重要的意义。尤其是陕南三市脱贫攻坚期间都属于国家重点扶持的连片贫困地区，脱贫后仍然存在较大的返贫脆弱性。且三市为保护生态，工业采矿业等都直接受限，虽近年发展速度明显加快，但经济总量在全省仍长期滞后，一定程度上影响到全省追赶超越的步伐。因此，建议省委、省政府从谱写陕西高质量发展新篇章的战略高度，在指导思想上明确将陕南三市"生态产品价值实现"作为"十四五"期间全省工作重点之一，以省委、省政府名义出台落实中央"两办"《关于建立健全生态产品价值实现机制的意见》的《实施意见》，做好省级层面的顶层设计和统筹规划。

#### （二）加快制定生态产品价值核算量化标准，全面落实调节类生态产品价值补偿

建议以陕南三市为试点，基于现有的自然资源生态环境调查监测体系，利用数字化网格化监测手段，全面开展生态产品基础信息调查。有步骤地全面推进我省自然资源统一确权登记。加快厘清我省生态资产产权主体，界定所有权和使用权边界。会同相关科研机构，建立包括遥感图像、气象、水利、土壤以及森林碳汇等在内的多源多型数据集合，建立区域实物账户、功能量账户和资产账户，参照浙江省《GEP核算标准》，制定符合我省省情的生态产品数量质量目录清单及功能测算办法、价

格核算评估标准。

建议对"引汉济渭"工程按市一级区域进行生态效益核算，除省财政已经给予的生态补偿外，关中、陕北地市依据受益情况适度给予陕南三市生态补偿。同时，适当提高现有省级生态公益林生态补偿标准，并全面落实兑现补偿。

### （三）创新发展和建立健全资源产权交易制度，通过政策引导激励多元主体共同参与，以市场机制推进生态产品价值实现最大化

生态产品价值的实现必须充分调动全社会的积极性，形成政府、企业、农民专业合作社、个人、金融资本和社会组织多元主体参与的价值实现体系。建议通过组织召开会议、干部培训、加强媒体宣传等多种形式，提高干部群众对"两山"理论和生态产品概念的认识，提升生态产品的社会关注度。牢固树立生态优先理念，自觉把生态产品价值实现与乡村振兴、巩固脱贫攻坚成果结合起来，充分利用"农高会""林博会""绿博会"等线下平台和云交易、云招商等线上平台，推动生态产品供给方与需求方、资源方与投资方高效对接，积极推介全省各类生态产品。

将生态友好型产业发展与农户转岗就业相结合，让特许经营更多地向农民、合作社和农村社区倾斜，使农户更多地享受生态保护和生态产业带来的权益和成果。鼓励支持农民从事生态体验、环境教育服务，从事生态保护工程劳务、生态监测等工作，激发其参与生态保护的内生动力。建立生态产品价值实现的绩效评估和社会监督体系，引导多元主体共同参与生态产品价值实现。以此为突破口，推动陕南三市经济社会高质量发展。

坚持资源有偿使用原则，推进排污权交易、碳排放权交易、用能权交易、水权交易以及环境污染责任保险、企业环境信用评价、绿色信贷等环境政策。在我省正在开展的"亩均论英雄"活动基础上，创新采用更多利用市场手段和经济杠杆治理环境和保护生态的有效机制，促进山水林田湖综合治理、环境污染第三方治理、合同能源管理、合同节水管理、资源循环利用服务、环境综合治理服务托管等新业态发展。

鼓励社会团体、企业、个人自愿购买具有生态服务功能价值的生态产品，拓展社会团体参与生态保护与建设的渠道，鼓励社会团体和企业以合理方式吸纳社会资金投入生态保护修复领域。及时总结推广汉中留坝"两山银行"的做法和经验，发展绿色金融产品。将生态产品开发纳入绿色金融支持范围，因地制宜地挖掘地方特色生态产品，创新绿色金融工具，加大绿色信贷业务、绿色金融债券和绿色保险业

务对生态产业项目的支持力度。采取直接质押贷款、收益担保基金贷款和收益权信托等多种方式，创新推出林地收益权质押融资。以中央、地方财政资金为种子资金，采用股权投资方式，支持以 PPP 和第三方治理模式实施的重大生态保护和污染治理项目。

### （四）适度增加面向陕南的省级重点产业链，举全省之力打造大秦岭系列优质生态产品品牌

2021 年 7 月，省政府发布《陕西省人民政府办公厅关于进一步提升产业链发展水平的实施意见》，梳理提出了"十四五"期间我省重点发展提升的 23 条产业链，分别由省级领导或相关省级部门领导担任"链长"。23 条重点产业链包括：数控机床、光子、航空、重卡、生物医药、钛及钛合金、新型显示、集成电路、太阳能光伏、输变电装备、乳制品、民用无人机、氢能、增材制造、钢铁深加工、乘用车（新能源）、物联网、富硒食品、煤制烯烃（芳烃）深加工、铝镁深加工、陶瓷基复合材料、智能终端、传感器等。这些产业经过了认真的筛选论证，充分考虑了产业链的成熟程度，以及我省在国际国内市场竞争中的比较优势和竞争力，重点突出，必将对我省高质量发展起到良好的示范带动作用。但从产业链布局看，其中，除"富硒食品"一条主要针对陕南外，其余 22 条都布局在关中和陕北。陕南生态产品数量质量已经具备一定的基础，且生态产品产业链链条较长、覆盖面广、直接惠民、带动性强，如果能由省级领导担任链长直接抓，对我省协调发展、绿色发展意义将十分重大。因此，建议在现有 23 条省级重点产业链的基础上，充分论证后适度拓展，增加专门面向陕南的生态产品产业链。

### （五）将已列入省级重点产业链的"富硒食品"更名为"富硒生态食品"，拓展内涵延伸链条，把"小木耳"系列富硒生态食品真正做成"大产业"

建议将已列入省级重点产业链的"富硒食品"更名为"富硒生态食品"。突出其"生态、绿色、有机、健康"的本色，将富硒食品涵盖品种拓展到所有具备一定规模的秦岭林特产食品，把香菇、木耳、核桃、板栗、魔芋、蜂蜜等"小"产业做大做强。在保留省领导担任链长不变的前提下，具体可由省供销总社会同省林业局牵头，通过陕南三市供销社系统，建立跨区域的山林生态产品合作联盟。面向全国着眼于未来，按照"区域化布局、规模化发展、标准化种植、品牌化经营"思路，以最适产地、最优产品、最佳服务，实现生态产品价值最大化。这些"小"产品的

前端要注重推广优良品种，严格规范化肥农药和各种辅助生长剂、防腐剂的使用，强化科学管理，从源头保障林产食品的天然优良品质。加强供销合作社农资供应、农产品流通网络建设，布局引进国内大中型林产品加工企业，鼓励支持林产品精加工、深加工，并将其推向优势产区和关键物流节点相对集中的区域，打造从种植、管理、采摘、加工、存贮、运输到销售、售后服务完整的全产业链。加快形成连锁化、规模化、品牌化经营服务新格局，彻底改变长期处于产业链低端、只能出售初级产品的状况。

**（六）将已列入省级重点产业链的"生物医药"更名为"秦岭中医药"，调整结构，重心前移，保障品质，完善服务，打造国内一流中草药原药和中医药保健产品大市场**

"生物医药"产业链从概念上也可包括中草药及制成医药产品，但从骨干企业可看出，该产业链实际上主要还是指布局在关中地区的医药生产制造业。陕南地区的中草药种植和采集有着悠久的历史，"秦岭无闲草"，中草药品种丰富、品质优良，中草药原药和一些中成药在国内市场占据一定份额；当前国家大力倡导中医药文化发展，中医药发展迎来了难得的历史机遇。因此，建议将已列入省级重点产业链的"生物医药"更名为"秦岭中医药"，将产业链的重心也转换到中医药生产上来。（或者，也可在保留"生物医药"的基础上另外设置"秦岭中医药"产业链。）采取政府引导、财政金融支持等措施，因地制宜地扩大适销对路的优势中药材的种植养殖规模。创新流通方式，加大陕南农村数字信息化"新基建"和交通物流基础设施建设力度，在陕南三市各设立一个具有一定规模的中药材交易市场，在汉中市建设国家级中药材销售中心和仓储物流集散地。利用区块链技术，开展可追溯的中药材原产地地理标志认证。强化中医药文化的现代科学阐释，打造我省中药原材和中成药知名品牌。将陕南生态文化、饮食文化和中医药养生文化创造性地结合，开发系列养生药膳，在陕南三市择地筹建一座国家级"中医养生博物馆"，培育独树一帜的中医药养生旅游特色，打造全国知名的高端生态旅游康养基地。建成从中草药种植采集到加工生产、从防病治病到保健养生的中医药全程产业链。

**（七）增设"陕茶"省级重点产业链，面向高端，开发新品，优化整合，加大宣传，重点开拓国际市场**

建议在现有 23 条省级重点产业链的基础上，增列"陕茶"产业链。由省级主管领导担任链长。整合陕南茶叶生产加工，适度压缩低端产品规模，优化调整产品结构，重点大力开发绿茶、红茶高端精品。切实提升质量，强化标准建设，打造"富硒陕茶"统一品牌。研发适于旅游携带的茶饮料和方便快捷冲泡的高品质速溶茶，以"陕西富硒茶"创新产品和高端品牌形象跻身全球茶叶市场。强化品牌保护。切实加强产地环境保护和源头治理，发挥茶叶协会、产业技术联盟等社会组织的监督作用，建立全程可追溯、互联共享的陕茶质量检测监管综合服务平台。由省政府出面协助陕西茶企，统一包装设计和广告制作，重点面向中亚、东欧市场加大力度推介陕茶产品，加大茶文化、茶旅游宣传力度，开拓陕茶"一带一路"大市场。

### （八）增设"康养旅游"省级重点产业链，重视大秦岭"非物质文化+生态产品"开发创新，打造世界级康养旅游目的地

建议在现有省级重点产业链的基础上，增列"康养旅游"产业链，由省级主管领导担任链长。建议结合我省乡村振兴规划、健康陕西规划和全域旅游规划，统筹规划、合理布局，积极培育陕南生态旅游康养产业。面向全国和国际市场，高起点规划建设好道路交通、网络通信、房车营地、汽车旅馆等基础设施，加强安全监管，严格质量标准，鼓励企业和社会资本投入，引进国内国际一流的旅游规划管理企业和人才，使陕南三市现有生态文化服务业态全面提质升级。

建议重视陕南"非物质文化+生态产品"的发掘、传承和创新。鼓励支持相关高校科研院所与陕南当地企业合作，将自然生态、传统工艺与现代科技有机融合，开发"国漆"和漆器，以及藤编、竹编、草编、棕艺等高端家具、工艺美术产品、旅游纪念品，形成富有特色的大秦岭生态文化系列产品。充分利用现代传播技术，加大对大秦岭生态旅游产品的宣传力度，建设世界级的康养旅游知名品牌。

（写于2021年）

# 陕西省地理标志产业发展中存在的问题及对策建议

巨拴科：陕西省政府参事、陕西省知识产权局原局长

**摘　要**　本文在简述地理标志的作用、国际国内发展历程及我省当前发展取得成绩的基础上，分别针对存在问题提出推进我省地理标志产业发展五个方面的建议：认识地理标志产业在乡村振兴、涉农产业高质量发展中的重要地位和作用，做好全省地理标志产业发展的顶层设计，以建立完善现代产业体系为目标提升地理标志产业组织化水平，加强对地理标志产业知识产权的保护，推进我省道地药材开展地理标志保护工作。

地理标志是标识产自特定区域，具有质量、声誉等特色，与产地自然、人文等因素紧密相关的特定产品的知识产权。地理标志是促进区域特色产业发展的国际惯例，是建设、保护特色产业品牌的法律基础，是保护、传承传统特色文化的制度载体，是在市场竞争中发展市场主体的重要资源，是推进生态环境建设和生态旅游产业发展的重要手段，是发展国际贸易的重要领域。地理标志对于现阶段我国巩固脱贫攻坚成果、推进乡村振兴，乃至带动区域经济高质量发展具有十分重要的现实意义。

现代地理标志制度起源于欧洲，17 世纪以来，在生产实践和贸易流通中，欧洲的法国、意大利、西班牙、葡萄牙、瑞士等国家开始在葡萄酒、奶制品等货物上直接用产地名称标示产品并实施管控，现代地理标志保护制度初步形成，并在后来的《保护工业产权巴黎公约》《制止商品产地虚假或欺骗性标记马德里协定》《保护原产地名称及其国际注册里斯本协定》《与贸易有关的知识产权协定》（TRIPs 协议）《原产地名称和地理标志里斯本协定日内瓦文本》等国际公约、国际协定中逐步实现发展。

中国古代丝绸之路上的丝绸、瓷器、茶叶等"特色产品"沿着丝绸之路被运送到东南亚、南亚、西亚、欧洲、非洲及地中海沿岸国家和地区，创造了古丝绸之路的辉煌。这些来自中国的特色产品，就是地理标志产品。随着中国加入《与贸易有关的知识产权协议》（简称为 TRIPs 协议），并积极借鉴欧盟及各国地理标志制度实践经验，中国建立起现代意义上的地理标志保护制度，一批地理标志产品获得保护。

陕西国土跨关中、陕南、陕北，历史悠久，优越的自然资源禀赋和厚重的人文底蕴积淀了丰富的地理标志资源，地理标志资源潜在商业价值和文化价值十分突出。经过多年的努力，陕西地理标志产业取得较好发展。截至 2021 年 9 月，全省累计获批地理标志保护产品 86 个，注册有效地理标志商标 142 件，认证农产品地理标志 109 个。地理标志支撑特色经济发展的作用逐渐凸显、产业规模逐年增大、品牌知名度不断提高，已成为带动区域经济发展的重要力量。

为协同推进我省高质量发展和解决调查分析中存在的不足和问题，进一步推进我省地理标志产业发展提出如下对策建议：

## 一、充分认识地理标志产业在乡村振兴、涉农产业高质量发展中的重要地位和作用

知识产权是市场经济的"基石"、创新驱动发展的"刚需"、国际贸易的"标配"，是区域经济发展的重要战略资源和竞争力的核心要素。地理标志是一种重要的知识产权，在世贸组织 TRIPs 协议中是同专利、版权、商标、集成电路等并列的七大知识产权领域之一，是我国《民法典》中八大知识产权领域之一。地理标志具有权威性，是一块金字招牌，是高质量的象征，有助于提升产品的知名度、美誉度，越来越受到相关法律法规严格的保护。地理标志是推进特色产业、特别是涉农产业高质量发展的纲领性抓手，县域依托地理标志培育首位产业是实现经济高质量发展的重要途径，因此，发展地理标志产业对当前实施乡村振兴战略具有十分重要的地位和作用。这些都需要我们在推进经济社会高质量发展中系统的深刻认识，努力掌握相关法规政策和专业知识，加强宣传，采取措施，力推发展。

## 二、努力做好全省地理标志产业发展的顶层设计

现阶段全省地理标志注册基本都是按照行政区划来申请的。全省 86 个地理标志产品中，省级 1 个、占比 1.2%，市级 6 个、占比 7%，县级 79 个、占比 88.3%，

镇级3个、占比3.5%；全省142件地理标志商标中，市级19件、占比13.4%，县级123件、占比83.78%，镇级4件、占比2.82%。数据显示，全省地理标志，省域的几乎没有，市域的很少，县域及县域以下的占比很大。也就是说，我省已有的地理标志大多都不是按照区域特色、品质特性来划分确定其覆盖地域和范围，这导致同一特色产品在不同行政区域同时申报注册时，本来处于同一地理、人文位置，具有相同或者相近自然、人文背景的地理标志产品被人为分割，这既不利于做大做强一个产业，也不能有效形成规模经济。

因此，在进入高质量发展阶段后，我们迫切需要站在全省的高度，按照全省一盘棋的思想，充分调研，设计制订比较系统的全省地理标志产业发展规划。通过规划，提高地理标志的行政管理层级，按照国际通行做法和我国相关法律政策，对地理标志按照产自特定地域所具有的质量、声誉或其他特性本质来科学地确定申报主体和运用范围。

同时，通过制订规划，明确全省地理标志产业发展的方向、目标和任务，加强管理和政策引导、资金扶持，加强地理标志产业协会和中介组织建设，有力推进地理标志运用促进工程实施等。规划可以考虑对已经形成的同类、近似地理标志实行统一管理，比如可以考虑成立一个跨县级行政区域甚至市级行政区域的协会组织，统筹各方要素，将这一地域的特色产品统一组织起来，着力打造符合自然、人文区域的特色产业，加强品牌建设，用规模化生产带动品牌化发展，从而提升特色产业的规模效应和效益。

另外，向社会发布《陕西地理标志产品品牌目录》，使其成为一个为我省优质产品提供增值服务的共享平台，使其成为一份陕西特色产品的购买指南，从而加快构建我省区域公用品牌和企业商标品牌协同发展的陕西地理标志产品品牌体系。

## 三、以建立完善现代产业体系为目标提升地理标志产业组织化水平，推进地理标志运用

通过多年来全省地理标志工作的开展，全省人民的地理标志意识不断增强，地理标志涵盖种类不断丰富，地理标志经济效益逐步显现。但是，全省地理标志产业发展还存在不少问题，其中一个突出问题是地理标志组织运用程度不足，"重申请、轻使用""重炒作、轻实效"的现象普遍存在，一些地方政府和相关部门为了申请而申请，缺乏注册后的组织运用，或组织不到位，出现产业发展不充分，市场无序、混乱，"劣币驱逐良币"的现象。一些地方参加使用地理标志专用标识的市场主体

不到该地方生产经营同类产品市场主体总量的10%。由于缺乏科学有效管理，好的龙头企业不愿受到落后经营主体的拖累，顾忌"劣币驱逐良币"的后果，坚决不用本地地理标志的标识，放弃运用这一有力支撑企业健康发展的知识产权。这种情况的存在，不利于地理标志产品提高附加值，不利于地理标志产业品牌的建设，导致地理标志在推动特色产业发展中的优势作用没有充分发挥。还有一个比较普遍的问题是地理标志产业协会和中介机构的力量比较弱，工作不规范，没有很好地发挥其应有作用，没有把已核准的地理标志组织好、运用好。

因此，应突出抓好地理标志的保护运用。政府要做好应当做的事情，要到位、不要缺位。政府需要加强宏观统筹，加大政策、资金等扶持力度，组织各相关部门各司其职、形成合力，根据每个产业的情况采用适宜的组织模式，建立完善的地理标志现代产业体系，从而不断提高地理标志的使用效果。

## 四、加强对地理标志产业知识产权的保护

地理标志作为一种无形的知识产权，比较容易受到侵犯。由于组织管理薄弱，假冒伪劣地理标志的产品充斥市场。特别是一些优质地理标志产品，一直是被假冒、仿冒的对象。例如紫阳富硒茶还没有采摘，市面上就已经有了紫阳富硒茶。这就要求政府、相关管理部门和行业协会要加强联动，加强对地理标志产业知识产权的保护。一是夯实地理标志保护基础。加强地理标志相关标准制定，严格把控地理标志保护申请质量，优化扶持引导政策。二是健全地理标志保护业务体系。加快建立地理标志特色质量保证体系，优化完善地理标志保护标准体系，完善专业化地理标志检验检测服务网点建设。三是加大地理标志保护力度。严厉打击地理标志侵权假冒行为，严格监督和查处地理专用标志使用人未按相关管理规范或管理规则组织生产的违法违规行为。四是构建地理标志协同保护机制。

## 五、积极推进我省道地药材开展地理标志保护工作

道地药材是指经过中医临床长期应用优选出来的，产在特定地域，与其他地区所产同种中药材相比，品质和疗效更好且质量稳定，具有较高知名度的中药材。陕西省、特别是陕南秦巴区域，因特殊的地理条件，具有丰富的道地药材资源。但是，道地药材产业发展存在科技含量不高、生产炮制方法不规范、质量不稳定、农药残留与重金属超标、价格不能体现价值等一系列瓶颈问题，且相关问题的存在也直接影响了中医药的临床疗效。地理标志制度在推进道地药材产业发展中具有十分重要

的作用。地理标志作为知识产权的一种,可以为中医药产业尤其是道地药材产业的发展提供相关保护。地理标志是道地药材的"身份证",可在国家层面上为道地药材的健康发展"保驾护航"。地理标志能够有效保护和提升道地药材的声誉和品质,推动道地药材参与地理标志认证工作,可以进一步提升道地药材的内在品质和经济价值,提高其市场信誉,扩大相关品牌影响力,从而维护道地药材生产者的权益。同时,地理标志是道地药材溯源寻根的保证。通过地理标志认证并使用专用标志的道地药材在种植、采收、加工、销售的全过程中都会受到相关技术标准和规范的约束,也受到国家相关法律的保护。由此,道地药材的品质唯一性和科学可追溯性可以得到有效保障。因此,应加大对道地药材开展地理标志保护力度,助推中医药产业产品质量提升及传统生产工艺传承,加快我省道地药材产业以及中医药的健康发展。

(写于 2021 年)

# 争取把南水北调中线水源地建成国家绿色产业示范区

张宝通

**摘　要**　为确保南水北调中线水源清洁和秦巴山区脱贫致富，需要把南水北调中线水源地建设成国家绿色产业示范区，绿色产业既能保证水源清洁，又能使秦巴山区脱贫致富，一举两得。

## 一、陕南仍然面临突破发展和追赶超越问题

"十一五"时期，陕西对全省区域发展提出了一个明确的战略要求，即关中重点建设先进制造业基地，率先发展；陕北重点建设能源化工基地，跨越发展；陕南重点建设绿色产业基地，突破发展。但"十一五"关中并没有率先启动，多数年份和全省平均速度一样，个别年份还低于全省平均速度。之所以如此，是因为关中的产业结构与珠三角、长三角、环渤海是同构的，都是先进制造业，但沿海起步早、基础好，又处在改革开放前沿，国家支持力度大，使关中率先发展受到沿海的挑战。因此"十二五"陕西将关中的发展调整为创新发展。而"十一五"陕北跨越发展的目标已经实现，陕北的发展速度超过了关中，榆林的工业增加值超过了西安，能源化工成为陕西的第一大工业产业。之所以如此，是因为陕北的产业结构与沿海是互补的，不存在竞争，沿海发展越快，对陕北的煤、油、气、电需求越大，不但卖得多，而且要涨价。因此"十二五"陕西将陕北的发展调整为持续发展。陕南是集中连片的特困地区，又是南水北调中线工程的水源地，多数地区被国家主体功能区规划确定为限制发展区，很难实现突破发展。因此"十二五"陕西将陕南的发展调整为循环发展。"十三五"我国要全面建成小康社会，对于地处西部的陕西来说，必须实现追赶超越发展，才能同步够格全面建成小康社会。现在我国经济进入新常态，

必须按照创新、协调、绿色、开放、共享五大理念发展。陕西"十三五"提出强关中、稳陕北、兴陕南的区域协调发展战略，推进关中协同创新发展、陕北转型持续发展、陕南绿色循环发展。但相对于关中和陕北，陕南的经济基础薄弱，仍然面临着突破发展的问题，以及追赶超越、同步全面建成小康社会的瓶颈难题。

## 二、陕南要变南水北调最大制约为最大机遇

关于陕南的发展，国务院批复了《秦巴山片区区域发展与扶贫攻坚规划》，提出"区域发展带动扶贫开发、扶贫开发促进区域发展"的思路，但重点实际放在了"扶贫开发"上。而仅靠"扶贫开发"，"十一五"提出的"陕南重点建设绿色产业基地，突破发展"的目标很难实现。陕西应当抓住实施《秦巴山片区区域发展与扶贫攻坚规划》的机遇，努力在"区域发展"上做文章，谋划突破性的发展思路，争取上升到国家战略层面，这样，陕南才可能实现突破发展、追赶超越，三大区域才可能协调发展。国务院批复的《秦巴山片区区域发展与扶贫攻坚规划》涵盖河南、湖北、重庆、四川、陕西、甘肃六省（市）的17个、80个县（区），涉及省份较多，国土面积较广，内部差异大，仅靠这个笼统的大规划，停留在一般性的扶贫开发思路上，陕南突破发展、追赶超越还是难以实现。陕南与秦巴山其他片区不同，是南水北调中线工程的主要水源地。时任中共中央政治局委员、国务院副总理、国务院扶贫开发领导小组组长回良玉在秦巴山片区区域发展与扶贫攻坚启动会议上，把确保南水北调中线工程水源安全摆在第一位。南水北调中线工程是陕南发展的最大制约，但同时也是陕南突破发展的最大机遇。陕西应当抓住南水北调中线工程这个秦巴山片区区域发展与扶贫开发的关键，争取将陕南绿色产业基地升格为国家级绿色产业示范区。如果升格为国家级绿色产业示范区，上升到国家战略层面，陕南的发展就能得到更多的国家支持，并能吸引海内外致力于绿色产业的人才、技术、资金、项目向南水北调中线水源地聚集，秦巴山区就能实现大规模、高起点发展，既能保证南水北调中线水源清洁干净，又能促使陕南突破发展，实现脱贫致富、追赶超越、全面建成小康社会的目标。

## 三、陕南只有发展绿色产业才可实现双赢目标

南水北调中线工程取水地丹江口水库虽然在湖北十堰和河南南阳境内，但是水源地主要在陕西境内，在汉江流域的安康、汉中和商洛，其中，70%以上的水是由陕南供给的。要保证中线工程水源清洁干净，上游水源地就只能发展绿色产业。绿

色产业是基于环境保护，采用清洁生产技术和无害、低害工艺，能降低污染物排放的产业。既能让当地老百姓脱贫致富，又能不污染、少污染汉江水源，可以实现双赢的发展目标。绿色产业是可持续发展的产业，不仅包括有机农业、生物医药、绿色食品、生态旅游等带"绿颜色"的产业，还包括矿产开发、资源加工、新材料生产、产品制造等不带"绿颜色"的产业。只要采取循环生产模式，减少废弃物排放，不污染汉江水源，就是"绿色矿业""绿色材料""绿色工业""绿色制造"。绿色产业或绿色经济是一个大概念，涵盖一产、二产和三产等全部产业，循环经济是绿色经济的一种，主要涵盖资源循环利用的第二产业。因此，陕西不能因为要开发加工秦巴山区矿产资源就放弃绿色产业基地概念，相反应当普及、深化绿色产业基地概念。绿色产业基地比循环经济产业覆盖面更广，更能体现绿色发展新理念，反映陕南秦巴山区资源特点，与保护南水北调中线水源地更贴近，可以搭上国家南水北调中线工程的顺风车，有利于升格为国家级绿色产业示范区。而循环经济基地在全国已经有很多，以原材料加工为主的甘肃全域已被国务院确定为国家级循环经济示范区，使得陕南循环经济很难再成为国家级的循环经济产业基地。从"十一五"的绿色产业基地，到"十二五"的循环发展，再到"十三五"的绿色循环发展，陕西实际上又回归到国家"十三五"规划提出的绿色发展新理念上了。

## 四、争取将陕南绿色产业基地升格为国家级绿色产业示范区

绿色产业是新兴产业，科技含量高，人才要求严，资金投入大。秦巴山区是国家确定的特困地区，科技、人才和资金实力薄弱，仅靠陕南自己很难建成绿色产业基地，实现突破发展、追赶超越。要把陕南建成绿色产业基地，必须借助国家力量，纳入国家战略，将其升格为国家级绿色产业示范区。陕南秦巴山区是南水北调中线工程的主要水源地，中线水源是供国家机关人员和北京人民饮用，是京津冀协同发展的水源保障。保护中线工程水源清洁干净，严重制约着陕南工业的发展，但反过来对陕南绿色产业的发展又是一个机遇，我们可以借此将陕南绿色产业基地升格为国家级绿色产业示范区。只有升格为国家级绿色产业示范区，借助国家的力量和政策支持，绿色产业基地才可能建成，国家机关人员和北京人民才能喝上干净的汉江水，京津冀协同发展才有水源保障，陕南才可能实现突破发展、追赶超越。如果不升格为国家级绿色产业示范区，陕南人民要脱贫致富、追赶超越，就可能采取粗放落后的生产方式开发、加工资源，就会污染汉江水，绿色循环发展将难以实现。国家级绿色产业示范区可以进行高起点发展，既能使陕南人民脱贫致富，实现追赶超

越,又能保证国家机关人员和北京人民的健康,支持京津冀协同发展,一举两得。因此,陕西要积极争取将陕南绿色产业基地建设成国家级绿色产业示范区。陕南突破发展、追赶超越需要从国家战略层面着手解决,要把南水北调中线水源地绿色产业示范区建设上升为国家战略。

**五、陕鄂豫共建南水北调中线绿色产业示范区**

将一个省域范围内的绿色产业基地升格为国家级绿色产业示范区有一定的困难。一是国家主要支持跨区域、需要国家协调的区域发展规划。二是陕南秦巴山区并未覆盖南水北调中线工程的全部水源地。为了把陕南秦巴山区列为国家级绿色产业示范区,陕西应当与湖北、河南联手,把安康、商洛、汉中与十堰、南阳捆绑在一起,把整个南水北调中线工程水源地整合起来,使南水北调中线水源地全都进入绿色产业示范区,确保南水北调中线工程水源的安全。要抓住实施《秦巴山片区区域发展与扶贫开发攻坚规划》,落实时任中共中央政治局委员、国务院副总理、国务院扶贫开发领导小组组长回良玉代表国家要求确保南水北调中线工程水源安全的机遇,由陕西、湖北、河南三省联合申报建设"国家南水北调中线水源地绿色产业示范区",使其成为我国第一个跨区域的绿色产业示范区。这样的示范区必须由国家协调和支持,因此,最好是国家级的。

为了探讨建设"南水北调中线水源地绿色产业示范区"的可行性,我们到湖北十堰、河南南阳和我省商洛、安康、汉中进行了实地调研,与相关部门进行了座谈讨论。陕鄂豫五市一致认为,"国家南水北调中线水源地绿色产业示范区"建设直接关乎国家机关人员和北京人民的饮水安全,关乎京津冀协同发展,关乎南水北调中线水源地人民脱贫致富、追赶超越发展,是一举多得的大好事。陕鄂豫三省应当联合起来,积极争取和推动"国家南水北调中线水源地绿色产业示范区"的设立,相信此事一定会得到国家的支持。

陕南是南水北调中线工程水源地的主体,建设"国家南水北调中线水源地绿色产业示范区"给陕西带来的利益最大,因此,陕西在这个问题上一定要主动。要像当年甘肃(庆阳)推动《陕甘宁革命老区振兴规划》、山西(运城)推动《晋陕豫黄河金三角承接产业转移示范区规划》和《晋陕豫黄河金三角区域合作规划》那样,由省上领导挂帅,成立专门班子,组织专家研究,落实目标责任,以三省名义争取,坚持不懈公关。作为主管部门的国家发改委,对于跨区域的示范区向来是积极支持的,而且"国家南水北调中线水源地绿色产业示范区"的设立,直接关乎国家机关人员和北京人民的饮水安全，关乎京津冀协同发展的落实。

## 六、部省、京陕、津陕、冀陕共建绿色产业示范区

有了国家级的牌子，陕南绿色产业基地不仅可以得到国家的资金、项目和政策支持，而且可以大规模招商引资。现在全球正在兴起生态文明建设倡议，党的十八大将生态文明建设列入五位一体战略布局，十八届五中全会将绿色确定为五大发展理念之一，国内外致力于绿色产业的人才、技术、资金、项目很多，问题是没有好的平台，没有好的去处。我们要乘十八大和十八届五中全会的东风，努力搭建绿色产业示范平台，争取设立"国家南水北调中线水源地绿色产业示范区"。如果"国家南水北调中线水源地绿色产业示范区"获得批准，作为南水北调中线工程主要水源地的陕南秦巴山区就会成为目前中国唯一、世界唯一的国家级绿色产业示范区，就会吸引国内外致力于绿色产业的人才、技术、资金、项目向陕南聚集。陕西还可以借鉴杨凌示范区的经验，不但可以争取部省共建，而且可以争取京陕共建、津陕共建、冀陕共建，对口支援。因为陕南的水是供国家机关人员和京、津、冀人民饮用的，理所当然需要部省共建、京陕共建、津陕共建、冀陕共建，其理由比杨凌示范区部省共建还要充分。有了国家级牌子和政策、资金、项目支持，有了部省共建、京陕共建、津陕共建、冀陕共建和对口支援，陕南就会实现突破发展、追赶超越。仅仅靠南水北调生态补偿是不够的，陕南突破发展、追赶超越，不仅要靠"输血"，更要靠"造血"。

## 七、加快绿色产业示范区交通基础设施建设

要把陕南秦巴山区建成国家级绿色产业示范区，必须加快交通基础设施建设，进一步突破秦巴山区的封闭状态，提升陕南的战略地位。为此，一要加快阳安复线建设，接通汉中阳平关至广元姚渡的连接线，打通上海—南京—合肥—武汉—襄阳—安康—汉中—陇南—兰州通道；将上海—南京—合肥—武汉—十堰高铁延伸至安康、汉中；尽快启动规划中的沪康高铁，将上海—南通—南京北—合肥—信阳—十堰—安康高铁延伸到汉中、宝鸡或天水。把它们打造成新的亚欧大陆桥，提升陕南的战略地位，带动国家南水北调中线水源地绿色产业示范区的发展。二要尽快修建西安—安康—重庆高铁，使其与西安—汉中—成都高铁、成都—重庆高铁构成"铁三角"，带动"西三角"腹地秦巴山区的发展。三要落实中央新一轮西部大开发文件精神，尽快修建安康—张家界铁路和高速公路、宝鸡—汉中—巴中铁路和高速公

路，打通包头—西安—安康—张家界—珠三角通道与银川—宝鸡—汉中—重庆—北部湾通道，完善西部大开发第一阶梯和第二阶梯，加快陕南发展。四要尽快修建西安—商洛—十堰—武汉高铁，加强与长江经济带的联系，拓宽西安经商洛到长江经济带的通道。

## 八、绿色产业示范区要发展多元化的特色产业

建设陕南绿色产业基地应采取与关中先进制造业基地、陕北能源化工基地不同的战略。陕南没有关中那样的国家级工业基础，也没有陕北那样的国家级能源资源，因此不能像关中、陕北那样，靠一两个大产业来带动陕南经济实现突破发展。西部大开发初期，我们试图用现代中药带动陕南经济发展，但未能取得成功。"十二五"期间，我们通过矿产业开发，发展循环经济，效果也很有限。因为秦巴山区虽然生物资源极为丰富，但是没有一种生物资源像苹果那样在整个渭北都能种。陕南虽然矿产资源也很丰富，但是没有一种矿产资源有像陕北的煤、油、气、盐那样大的储量。秦巴山区由于地形、地貌、地质、海拔、气象复杂多变，因此生物资源和矿产资源具有多样性。针对秦巴山区资源多样性的特点，陕南应当发展多元化的特色经济。特色经济需要依托自然资源发展，带有自然垄断性，可以避免与发达地区的市场竞争，这样才容易在市场上站住脚。在全球经济一体化和全国统一市场形成的条件下，作为国家级绿色产业示范区，必须抓住"一带一路"历史机遇，按照国家标准和国际标准，面向国内外大市场生产，走大中小结合的多元化发展道路。既要大项目带动、大集团引领、集群化发展、园区化承载，也要一村一品、一乡一业、一县一特色、一市一集群。要像浙江那样把小商品做成大市场，让无数个小商品形成大经济，发挥陕南市场经济发达的传统优势，从而像浙江那样发展成为较富裕的地区之一。既要建设好国家和省级开发区，发挥汉中、安康、商洛三大区域中心城市的作用，又要统筹城乡发展，加快发展县域经济。但不论哪种情况，都要围绕国家南水北调中线水源地绿色产业品牌做文章，使优势特色产业绿色化、品牌化。

## 九、把南水北调中线示范区纳入大关中城市群

陕西是丝绸之路经济带的新起点和"一带一路"的核心区，要实现追赶超越发展必须抓住"一带一路"的历史机遇，依托"米"字形交通骨架，把三门峡、运城、临汾、延安、榆林、庆阳、平凉、固原、天水、陇南、汉中、安康、商洛、十堰等城市都纳入大关中，构建以大西安为中心的大关中城市群。陕南三市要明确自己的

战略定位，积极融入大关中城市群，接受以大西安为中心的大关中城市群的辐射带动。汉中在陕南三市中条件最好，有广阔的汉中盆地，较好的工业基础，深厚的历史文化，自然资源独特，经济实力高于周边城市，应尽快将南郑、城固撤县设区，加快建设航空智慧新城，把汉中建成陕甘川毗邻区的中心城市。安康地处秦巴山区中心，是陕南的交通枢纽，连接关中、成渝、江汉三大重点经济区，历史上是水旱码头，通过国家级安康高新技术开发区建设带动，可发展成秦巴山区腹地的中心城市。商洛已被纳入关中—天水经济区，进入西安一小时经济圈，布局建设商丹循环经济产业园，是关中进入华中、华东的大通道，可打造成陕西的东南门户。陕西要努力提高三市的知名度，改善三市的投资环境，支持发展绿色循环特色经济，将三市打造成有影响力的区域中心城市，积极承接东部和周边发达地区的产业转移，带动陕南绿色产业示范基地建设。

（写于 2020 年）

# 推进陕南富硒产业集群发展的若干建议

中心课题组
桂维民　杜　娟　封　超

**摘　要**　陕南富硒资源开发利用潜力巨大，已成为拉动地方经济增长、助力群众脱贫增收的绿色引擎，亟须加快资源优势向产业优势的转化。陕南富硒产业的集群化特征虽已具备，但产业成熟度不高。为此，政府应积极发挥新型产业组织者的作用。

近年来，陕南紫阳等地富硒产业发展迅猛，已成为拉动地方经济增长、助力群众脱贫增收的绿色引擎。目前，陕南富硒资源开发利用潜力巨大，亟须加快资源优势向产业优势的转化。推进富硒产业集群发展，既是落实中央关于"深化供给侧结构性改革"的现实需要，也是陕西加快转变发展方式的必然要求。

## 一、陕南富硒产业发展成效初显

陕南依托资源优势，大力发展富硒产业。目前，当地富硒产业已初具规模，集群化发展雏形显现。

（1）产业资源基础坚实。陕南三市中，安康岩层硒含量为汉中的1.69倍、商洛的2.63倍，尤以大巴山东段早古生代的岩层为甚，其硒含量为2.5～6.9 mg/kg，富硒地层厚度为40～50米，跨度为400～500千米，较之于湖北恩施（富硒矿层厚度为3.6～9米，核心矿区长6千米、宽1.5千米），硒资源具有面积大、地层厚、易开发等特点。安康土壤硒含量均值为0.568 mg/kg，显著高于全国土壤元素背景值0.29 mg/kg，其中，土壤硒含量最高地区为紫阳，其硒含量均值为0.961 mg/kg、最高为36.685 mg/kg，虽不及湖北恩施（核心区硒含量均值为3637.5 mg/kg、最高为6300 mg/kg），但可吸收利用的水溶态硒及可交换态硒占比高，不含毒性重金属，并伴有锌、锶等微量元素,属于世界范围内品质优良的天然富硒区。

(2)产值规模不断扩大。近年来,陕南在富硒茶、富硒魔芋、富硒水、富硒绞股蓝、富硒畜禽蛋等方面朝着规模化、精细化方向发展,极大地促进了当地经济发展。以安康富硒魔芋为例,2017年,该市魔芋加工能力居全国第一、种植面积和产量居全省第一,全市19家魔芋精深加工企业,年加工鲜魔芋30余万吨,其产品约占全国同类市场的70%,已开发富硒魔芋精粉、微粉、纯化微粉、休闲食品、保健品、干燥剂、保鲜剂等60多种产品,产值约8亿元,出口创汇近7000万元,约占全市出口创汇总额的三分之二。目前,安康已形成富硒产品70多个品系,富硒产业连年保持30%以上的超高速增长。2017年,安康市富硒食品产值为396.73亿元,同比增长30.45%,占全市六大支柱工业总产值的26.8%,对一定规模以上工业增长的贡献率居所有产业之首。

(3)产业扶贫效果明显。陕南富硒产业的快速发展已成为当地群众脱贫致富的制胜法宝。2017年,岚皋县通过发展富硒魔芋,带动7000余贫困人口实现脱贫。安康市依托富硒产业,引导贫困户流转土地,形成了"龙头企业+农业园区+贫困户"的发展模式,实现了扶贫企业增效和贫困户增收的双赢局面。2017年,该市500余各类农业新型经营主体参与到富硒产业脱贫中,入股土地近2万亩,涉及2.13万户贫困户6.38万人,贫困户人均增收1960元。目前,富硒产业已成为安康农民增收、贫困家庭脱贫的支柱产业,全市农民人均纯收入的60%以上来自富硒种植养殖业,70%以上的贫困群众依靠富硒产业实现了脱贫。

(4)产业影响力大幅提升。陕南围绕硒资源开展各类技术研究和实践推广,有效地扩大了当地富硒产业的知名度。自2014年"安康市国家级特色(富硒)高效农业院地合作示范区建设"启动实施以来,"中国富硒产业研究院""富硒食品开发国家地方联合工程实验室""农业部富硒产品开发与质量控制重点实验室"三个"国字号"富硒科技创新平台相继落户陕南。富硒茶及富硒猪肉的国家标准依托当地完成立项制(修)定。2017年,紫阳富硒茶公用品牌价值已经达到17.05亿元,成功入选全国"一村一品"十大知名品牌。魔芋产业一体化经营的"紫阳实践"在全国推广。

## 二、陕南富硒产业集群发展水平中等偏低

陕南富硒产业的集群化特征虽已具备,但产业成熟度不高,整体处于集群发展的中低水平。

（1）产业链纵向延伸不足。陕南富硒产业链中诸多环节的制约因素，严重影响了上下游之间的带动作用。其一是技术研发能力薄弱，富硒标准化生产技术等基础研究不扎实，相关技术成果仅有少数达到产业化水平，多数还停留在实验室里的阶段。其二是许多非农产业的工商业资本进入富硒产业，由于缺乏农业生产和涉农技术等方面的经验，往往造成"外行指挥内行"、产业链核心环节效率低下等问题。目前，陕南涉及富硒产业的园区几乎无一盈利。以某县为例，该县10多家涉及富硒产业的农业园区全部处于亏损状态，几家较大规模的工业园区仅有1家勉强盈亏持平，其余全部亏损。其三是富硒产品质量稳定性较差，专业化的营销、售后服务程度低，加之缺少统一的技术规范，使得乱贴硒标签、乱用品牌的现象较为普遍。

（2）产业横向拓展乏力。陕南富硒产品多为传统饮品或食品，富硒衍生产品严重不足，富硒产业在医药保健、康健养老、生态旅游等方面的融合度不高。当地从事富硒产品生产加工的企业以中小企业为主，缺少实力雄厚的龙头企业，高端产品和新产品的开发能力极为有限。目前，安康市已有60余家规模以上富硒食品加工企业，但从事富硒食品深加工的企业数量不足三分之一，产值过亿的企业仅有3家，且这些企业生产的产品多为茶叶和魔芋，在其他领域的扩展和延伸远远不够。据了解，陕南在扶植对象和受惠企业的选择上，多关注企业规模与盈利能力，而对企业的创新能力与其在行业中的作用关注不足，致使许多规模不大、但有潜质的"异业联姻"企业被忽视，限制了产业的横向整合能力。

（3）产业整体协作机制欠缺。从社会化服务水平来看，陕南富硒产业中大多数企业从事富硒产品的生产与加工，而技术指导、金融保险、辅助材料、包装设计、市场营销、物流配送、个性化定制等方面的市场化平台不发达，相关中介企业和服务机构数量稀少，缺少专业化的配套协作，产业内不同行业之间的拉升作用不明显，整体运行效率低下。从行政协同效果来看，在富硒产业发展过程中，不同层级政府和不同部门之间缺少有效的沟通机制，造成"铁路警察各管一段"，未能形成联动合力，使得区域公用品牌建设等工作一直收效不大。

## 三、推进陕南富硒产业集群发展的若干建议

提升陕南富硒产业集群发展水平，政府应发挥新型产业组织者的作用，着重从以下四个方面发力。

（1）强化富硒产业集群发展的顶层设计。一是将富硒产业集群发展提升到省级高度。把富硒产业纳入省级重点产业，成立由省上领导任组长，省委农工办、农业

厅、发改委、财政厅、扶贫办、省国土资源厅、科技厅等部门组成的富硒产业集群发展工作领导小组，负责全省范围内富硒产业的统筹部署及组织协调。二是根据陕南富硒资源的自然分布特征，重点布局，分类发展。围绕富硒种植业、富硒养殖业、富硒农副产品加工业、富硒水产业、富硒制药业及富硒养生旅游业等重点方向进行产业布局，将富硒茶、富硒水、富硒魔芋、富硒食用菌、富硒中药材等作为我省重点发展的富硒产品，将紫阳、汉阴、白河、岚皋、汉滨等地作为我省重点建设的富硒农业基地。

（2）集聚富硒产业集群发展的内核能量。一是建立产业主体分工互补的协同机制。继续推进富硒产业中各个细分领域及关联行业中龙头企业的培育，从而形成产业集群内不同类型的龙头企业群。同时，转变单纯选拔冠军的竞技思维，关注富硒产业内成长型企业和配套企业的发展，使得潜质较好的中小企业和相关协作企业也能共享扶植机会，形成以龙头企业为骨干、优质中小企业为补充的发展态势，强化产业内市场竞争机制。二是提升产业园区服务水平，拓展"精深加工"。建设高标准的富硒产品精深加工产业园区，完善园区各项配套服务，加大对涉硒企业、科研机构和关联产业入园的吸引力度，鼓励园区企业开展多元化、全产业链经营。三是强化产业技术研发基础。设立富硒科研重大专项，制订专项计划和指导性目录，建立产业技术项目库，依托"中国富硒产业研究院"等平台，引导企业及科研院所加快对富硒标准化生产技术等方面的研究。

（3）提升富硒产业集群发展的外缘响应。一是实施区域公共品牌营销战略。加快制订"中国硒谷"区域品牌发展专项规划，推进品牌标准和服务体系建设，在部分省份成立陕西富硒产品行业协会，开设具有陕南特色的富硒产品体验馆，强化在缺硒地区的推广力度。二是建设高效配送的物流网络。加快富硒产品仓储及物流集散枢纽建设，尤其应在原产地附近建设大型仓储、物流中心，形成集产地预冷、储存、运输、配送、销售于一体的物流服务。三是合理引导工商业资本流向。以"补链、强链"为内容，利用产业内工商业资本在信息、资金、技术、销售等方面的传统优势，引导其进入富硒产业链的前端或后端等薄弱环节，通过三产融合，加快这些环节优质项目的孵化。

（4）优化富硒产业集群发展的配套环境。一是超前谋划产业基础设施建设。根据富硒产业发展的空间布局，前瞻性地搞好交通、供水、供电、供气、通信等方面的设施建设，形成产业、人居、服务等多点支撑、相互融合的驱动效应。二是提高产业内企业融资贷款的便利性。疏通企业快速融资的"绿色通道"，在贷款担保、股权转让和上市辅导等方面给予富硒企业优先支持,强化风险补偿,严格落实涉企保证金、保障金和担保金的清单制管理。三是推进产业内科技服务的市场化水平。鼓励社会力量创办富硒产业科技中介服务机构,搭建科技租赁平台,开放和共享公共科技资源,帮助企业消减研发障碍。

(写于2017年)

# 铜川地区发展薰衣草产业可行性及发展思路分析

莫立志：芳香产业研究院研究员

**摘　要**　本文主要阐述了薰衣草的特性、栽培条件、应用价值、种植技术及加工方法，浅析在铜川地区发展薰衣草产业的可行性，阐述了薰衣草产业的发展趋势，针对铜川地区的具体情况提出薰衣草产业发展思路。

## 一、薰衣草概述

### （一）产地

薰衣草原产于地中海沿岸、欧洲各地及大洋洲列岛，如法国南部的小镇普罗旺斯，后被广泛栽种于英国及南斯拉夫，现在美国的田纳西州、日本的北海道也有大量种植。我国早在1952年开始就从法国引种。自1960年起在江苏、新疆等地大面积栽培。经过多年实践，新疆栽培面积大、产量多，现已成为国内薰衣草油的主产区。

新疆的天山北麓与法国的普罗旺斯地处同一纬度，且气候条件和土壤条件相似，是中国的薰衣草之乡，新疆的薰衣草已列入世界八大知名品种之一。

### （二）植物特性

薰衣草在植物学分类上属于唇形科薰衣草属植物，约有28种，为一年生或多年生草本或小矮灌木。薰衣草丛生，多分枝，常见的为直立生长，株高依品种有30～90厘米。因花、叶和茎上的绒毛均藏有油腺，轻轻碰触油腺即破裂而释出香味。

薰衣草茎干细长，窄长的叶片呈灰绿色，花形如小麦穗状，小小的花朵，有蓝、深紫、粉红、白等色，常见的为紫蓝色，通常在每年6月中旬开花。植株从定植开始，至老化至少需要7~8年的时间，而且具有较强的耐干旱性，这一特性对退耕还草、防风治沙，保护环境有积极作用，具有很好的生态效益。

### （三）栽培条件

**1. 温度**

薰衣草种子在温度13.5~28℃时均能发芽，生长期7~8℃开始萌发新的枝叶，适宜温度为26~28℃，超过38℃对生长不利，40℃左右停止生长，0℃以下开始休眠，休眠时成苗可耐零下20~25℃的低温。

**2. 水分**

薰衣草生长期需水量不多，生长期间较耐旱。但初次定植后要浇足水，以后需水量不大，保持土壤湿润就可，春季返青、开花期、越冬期要保证有水灌溉，开花期遇到连阴雨会影响开花，对提取精油不利，若长期受涝会沤根、烂根。

**3. 光照**

薰衣草为喜光植物，日照时数1244.7~2820.4小时，据甘肃、青海引进试种，海拔在2500米以下的地区均能良好的生长。

**4. 土壤**

薰衣草对土壤要求不高，适宜pH值为7~8.5的中性偏碱土壤，分株和扦插育苗，要求土壤肥沃疏松。

### （四）应用价值

薰衣草外形优美，花序花色秀丽典雅，可盆栽，也可在庭院中作为观赏花卉。在日本北海道及法国普罗旺斯已形成规模化旅游观光产业，对城市绿化起到了积极作用。

薰衣草除观赏价值外，还在食品、饮料、保健、化妆品等领域有广泛的应用价值。薰衣草全株略带清淡香气，因植株上的绒毛有大量的油腺，可释放出薰衣草的香味。薰衣草花朵采摘下晾干后香气不变，可做成香包使用。目前，已经投入市场的精深加工薰衣草系列产品有：薰衣草精油、干花穗粒、干花枝（束）、干叶，销售渠道非常广阔，已渗透到生活中的各个领域。薰衣草花穗提炼制成的精油，是制造名贵高档香水、香脂、化妆品、香波、香皂、花露水等多种日用化妆品的主要原料。

在香薰行业中，薰衣草精油用途最多、范围最广，是"芳香疗法"中非常重要的精油。芳香疗法是指通过涂抹或吸入不同种类的精油，从而达到各种生理和心理方面的功效。精油的功效会因为品种的不同和浓度差异而影响其效果。研究已经证实，薰衣草精油主要含有芳樟醇和乙酸酯等化学成分，具有非常显著的抗菌活性，能抑制 10 种真菌和 17 种细菌的生长。研究表明，薰衣草精油有降低焦虑症状的作用，具有镇静、催眠的效果。

薰衣草有防腐、增进食欲和增强身体健康的功效，可应用于食品行业。研究表明，薰衣草精油中的主要成分芳樟醇有抑虫杀菌的功效，可抑制微生物的生长，常用于果蔬保鲜。薰衣草还可在饮食中作为生产薰衣草点心、薰衣草糖、薰衣草酒和冷菜拼盘的调味料使用。

### （五）种植技术

薰衣草种植简单，主要有三种方式：种子种植、扦插种植、分枝种植。多年生，寿命可达十年，一次性种植，多年受益。管理中浇水、施肥、除草、收割、覆土各个环节都有专门的机械，整个环节都是机械化，操作简单。

### （六）加工方法

薰衣草的加工有很多种方法，主要有蒸馏法、萃取法、冷轧法等，我们主要用蒸馏法，蒸馏法是工业生产中较为普遍的提纯方式。铜川是全国植物提取技术的强区，加工不存在问题。

## 二、可行性分析

### （一）自然生长条件适宜

根据薰衣草易栽培、喜光、耐热、耐旱、耐寒、耐瘠薄、抗盐碱等特性，经查阅资料，对比分析我国主产地的自然条件，铜川地区的气候、光热、土壤等条件均适宜薰衣草种植。

铜川市位于陕西省中部，处于东经 108°35′~109°29′、北纬 34°48′~35°35′，是关中盆地和陕北高原的交接地带。铜川市属暖温带大陆季风气候区，四季分明，气温月季变化明显。全年日照时数达 2250.7~2387.7 小时，年平均太阳辐射量为 125.8~127.6 千卡/平方厘米。年平均气温 7~18℃，近 30 年平均无霜期为 199~227

天。年均降水量 600 毫米左右，气候条件接近薰衣草原产地地区。铜川地区土壤类型主要有 9 类（分别是：褐土、黄绵土、红黏土、黑垆土、新积土、垆土、潮土、水稻土、紫色土），土壤质地以沙壤土和壤土为主，土壤有机质平均 15.04g/kg，土壤 pH 值为 7.5～8.6，微碱性。这符合薰衣草微碱性或中性沙质土的要求。

### （二）薰衣草的生态适应性强

（1）适应性广。薰衣草品种粗放，易栽培，喜阳光、耐旱、极耐寒、耐瘠薄、抗盐碱，栽培的场所需日照充足，通风良好，生长适温 15～25℃，年日照时数 1244.7～2820.4 小时、海拔 480～1600 米均能生长（但最适合生长在海拔 800 米的地带）。

（2）繁殖能力强。薰衣草一次播种可多年生长，一般能利用 8～10 年左右。每年进行采收，还可利用修剪，将剪下的一年生枝条用于扦插繁殖。

（3）生产管理简单。薰衣草宜施淡肥，施肥过多会导致香味变淡。由于薰衣草需肥量不大，对水分要求不多，施肥和灌水次数相对较少，故生产管理较为简单。

（4）能保持水土。薰衣草为多年生草本或小矮灌木，根系特别发达，可深深地扎在土中，能保持地表层的水土，有效防止地表水土流失。同时，薰衣草的茎叶茂密，能防止雨水对地表的直接冲刷，是保持水土的优良作物。

### （三）农民有长期精耕细作的传统

铜川地区历来是农业主产区，农民具有精耕细作的传统，并且积累了丰富的种植管理经验。农民文化科技素质及栽培管理水平相对较高，为薰衣草种植奠定了基础。

### （四）栽培管理技术力量雄厚

铜川是药王故里，药材种植经验丰富，为薰衣草在铜川地区种植提供了很好的技术保证。市级和县级农业、林业技术推广部门，技术力量雄厚，在长期的栽培管理和技术推广实践中，积累了丰富的经验，能够为薰衣草种植提供技术力量与技术服务保障。

### （五）旅游资源丰富

铜川市有国家丹霞地质公园照金香山、孙思邈归隐处药王山、皇家避暑行宫玉华宫、历史文化名镇陈炉古镇、关中北部第一关"雄关天堑"金锁石林、原始生态福地湖等旅游景点，旅游资源丰富。借助已有的旅游资源，再配置以薰衣草为主的香草种植，建设观光植物园、花海田、生态农庄等，有助于吸引更多的游客赏花、休闲、摄影、餐饮、娱乐。

### （六）政策支持

陕西省政府办公厅出台《推进农村一二三产业融合发展的实施意见》。《意见》提出，要以市场需求为导向，推进农业供给侧结构性改革，发展多种形式适度规模经营，着力构建农业与二三产业融合的现代产业体系，促进全省农业产业转型升级。2022年，陕西省第十四次党代会报告提出，发展休闲农业、乡村旅游，促进农村一二三产业深度融合。2022年5月，铜川市第十三次党代会提出充分发挥药王故里、千年瓷都等独特资源和生态良好组合优势，推进"药、医、养、游"融合发展，创新发展文化旅游，争创国家全域旅游示范市，着力打造生态康养文旅高地。

## 三、薰衣草产业发展趋势

随着国家"一带一路"战略的实施，薰衣草文化创意旅游价值极具吸引力。中国从薰衣草种植、收割到精油提取技术均在不断提升，使薰衣草文化创意旅游价值对经济的拉动作用日益显现，薰衣草系列产品已成为领跑旅游观光市场的代表性旅游产品。

### （一）带动一二三产业发展，促进农户增收，保证特色产业增效

目前，中国涌现出一大批以文化、旅游作为抓手和一批"梯队型、阶梯型"的景区。开创了"以文化为核心、以创意为手段、以技术为支撑、以市场为导向"的多元化创意文化旅游业态，使中国薰衣草产业快速升级，也在区域内形成健康的产业联动，为中国薰衣草产业发展注入更具有时代元素和市场价值的重要养分。政府持续发力，指导并推进区域内薰衣草产业的健康发展，推动一二三产业融合发展。薰衣草产业已经成为带动农民增收、变富裕的"紫色银行"，成为产业结构调整及社会综合效益提升的重要推动力。

### （二）带动旅游产业发展，提升薰衣草产业的附加值，拉动经济增长

政府积极推进，提出了以薰衣草特色观光旅游带动区域旅游产业发展，促进薰衣草特色产品的市场建设，提出了薰衣草产业发展"景观美、企业强、农民富"的口号，中国薰衣草产业即将成为薰衣草特色经济发展的重要支柱产业。

目前,在中国伊犁河谷,以薰衣草主题观光带动旅游产业发展的态势已经形成,中国薰衣草产业旅游收入呈现出逐年递增的发展趋势,因薰衣草而到新疆旅游的游客扩大到了中国各地,薰衣草的附加旅游模式逐渐形成。

### (三)国家级龙头企业品牌效应逐步显现,带动一二三产业融合发展

农业产业化龙头企业是实现一二三产业融合发展的国家扶优、扶壮的重点单位。他们打破花期的局限,打开四季主题旅游的通路,将薰衣草文化创意的活动常态化,打造集薰衣草品种园游览、薰衣草工业观光、薰衣草文化创意旅游为一体的国家级景区,成为薰衣草特色旅游的示范企业,成为中国薰衣草主题旅游的代表企业。

国家级龙头企业品牌效应的带动,不仅为企业自身带来了快速成长和良好的经济效益,更为助力地区旅游业绩、带动薰衣草三产融合起到了示范作用,在全国旅游业中形成了良好的品牌效应,景区内游客数逐年递增,该发展趋势正在日益显现。

## 四、发展思路

薰衣草资源是国际市场的稀缺资源,中国的薰衣草是世界三大薰衣草产地之一,薰衣草产业存在巨大的潜力。中国薰衣草因其独特的地理环境和特有的品质,每年需求量增速之快令人难以预料,国内市场对薰衣草精油需求强劲,国际市场亦相当活跃。中国薰衣草精油产出在逐年提高,已占世界份额的32%,精油价格也在年年暴涨。2006年180元/千克到2022年800元/千克,从价格走势便可看出市场需求的旺盛。

经过近60年的种植探索与实践,中国已经形成了大力发展薰衣草产业的浓厚氛围。近年来,薰衣草种植面积逐步扩大,种植基地化、规模化的程度越来越高,现在已经形成了几个有规模的薰衣草种植基地。规模化种植薰衣草,既保障了薰衣草的品质,又利于产业化的发展。规范化种植,事实上是为中国薰衣草产业提供一条可持续发展的战略道路。要合理利用这一资源,充分发展我国的薰衣草产业,走适合自己的发展道路。目前,薰衣草产业已逐步形成集原料种植、精油萃取、产品深加工、新产品研发、旅游项目开发、休闲娱乐等为一体的产业模式。

随着人民生活水平的日益提高和市场经济的发展,可以预见薰衣草产业有巨大的发展潜力,薰衣草产业今后将会更快地崛起。

在铜川地区发展薰衣草产业,发展思路如下:

## （一）实现基地种植，规模逐年扩大

无论是园区建设还是庄园建造，规模都要适度，做精、做实，实现中小规模化生产和经营。按照第一年打基础，定植基础苗木，合理布局规划；第二年苗木基本成型，建设配套设施；第三年植株完全成型，进入盛花期，开始产业链的运转思路来发展。不仅能促进薰衣草特色农业的快速发展，也能提高薰衣草种植户的经济收入。

## （二）打造薰衣草庄园

建设薰衣草庄园，在观赏摄影区突出景观渠、雕塑、木亭、观景台等景点，让游客漫步栈道，观赏薰衣草紫色海洋的同时，选择不同的景观拍摄，留下浪漫的回忆；庄园的客服中心可建薰衣草展厅、展示薰衣草发展的人文史及薰衣草系列化妆品、香包、香枕、花粒填充玩具、高档花草茶、薰衣草植物蚊香、工艺品插花、盆花等产品；农家乐以休闲茶座、地方小曲演艺等，为游客提供周到的服务。

## （三）扶持加工企业

政府需大力扶持和发展以薰衣草加工为主的生产企业，提供优惠政策，促进企业迅猛发展。

## （四）优化品种结构

在引进品种的同时，还要充分利用铜川地区可行的自然、栽培条件与多年来种植业积累的经验和创新的技术，开展试验研究，对引进的薰衣草品种进行驯化栽培、提纯复壮，筛选出符合铜川地区自然生态条件的薰衣草优良品种。

（写于2022年）

# 关中水利开发的历史过程及其现代启示

李令福：陕西师范大学西北研究院研究员

**摘　要**　中国自古就有西北水利兴则国运兴的说法，周秦汉唐都城所在关中地区的水利开发在历史上有四次走在了全国的前列，其中，三次在传统社会，一次在民国时期。在中华民族走向复兴的新时代，关中水利出现重现辉煌的契机。本文从关中平原水利开发的历史过程及现代国际水利科技的发展现状着手，给关中水利的未来发展提出了五点建议，其中，有引嘉补汉济渭、全域数字化管控的具体意见，希望促进关中水利重新走在全国的前列。

清初学者刘献廷《广阳杂记》卷四："予谓有圣人出，经理天下，必自西北水利始。水利兴，而后天下可平，外患可息，而教化可兴矣。"这是对历史的总结，也是对现实的祈愿。关中水利曾经在秦、汉、唐与近代四个时期走在了中国水利发展的前列，总结其辉煌过程及其原因可以为新时代关中水利设计与建设提供诸多历史的借鉴。

## 一、关中水利在四个时期走在全国前列

秦、汉、唐这三个强盛王朝的都城设在关中，古代关中平原的水利建设兴旺发达，有大、中、小型引河灌溉工程与井灌，尤其是几乎持续2000年以上的引泾灌溉工程在北方首屈一指，而且漕运与都市用水事业也独具特色。近代"关中八惠"的建设，也走在了中国现代水利的前列。

### （一）秦郑国渠：中国第一个跨流域引水的淤灌工程

历史文献详细记载了秦国郑国渠的修建过程、规模性质与巨大效益。《史记·

河渠书》曰："韩闻秦之好兴事，欲罢之，毋令东伐，乃使水工郑国间说秦，令凿泾水自中山西邸瓠口为渠，并北山东注洛三百余里，欲以溉田。中作而觉，秦欲杀郑国。郑国曰：'始臣为间，然渠成亦秦之利也。'秦以为然，卒使就渠。渠就，用注填阏之水，溉泽卤之地四万余顷，收皆亩一钟。于是关中为沃野，无凶年，秦以富强，卒并诸侯，因命曰郑国渠。"《汉书·沟洫志》所记基本相同。

根据现代学者的研究，秦郑国渠开创了中国水利的多项第一。

（1）第一个也是唯一一个由间谍主持修建并以其名命名的伟大水利工程。这在文献里记载得很清楚，秦王嬴政就是后来统一六国的千古一帝秦始皇，他的宽阔胸怀与水工郑国的水利技术相结合成就了郑国渠的神奇伟大。

（2）第一个横绝清、浊、漆沮水，并实现了跨流域供水的伟大工程。郑国渠引泾注洛三百余里，其间经过几条自然河流，按《水经注·沮水》记载，郑渠"绝冶谷水""绝清水""与沮水合"，还有浊水，即拦截或导流诸川水入渠，充分利用各小河水利资源补充水量，开创了跨流域大规模输水的水利工程先例。

（3）郑国渠是最成功的引浑淤灌性质的水利工程，现实效益明显，被司马迁认为奠定了秦统一天下的经济基础。"关中为沃野，无凶年"，获得了"沃野千里"的称誉。

（4）中国北方延续二千多年基本无间断的第一渠。秦郑国渠开创的引泾水利工程历史悠久，规模庞大，且基本没有间断地发展了下来。从秦（郑国渠）、汉（郑渠、六辅渠、白渠），经唐（郑白渠、三白渠）、宋（丰利渠）、元（王御史渠）、明（广惠渠）、清（龙洞渠），直到近现代的泾惠渠，基本一脉相承，始终为关中平原，甚至可以说是中国北方最重要的灌溉系统。

### （二）汉代发展：关中水利网的建立与水利类型的齐全

据《史记·河渠书》和《汉书·沟洫志》载，西汉武帝时期关中地区相继兴建了一大批水利工程，使关中成为全国的首富之区。其修漕渠，自长安东至河渭交汇处三百余里，凿昆明池以保证都城供水，修龙首渠引洛水淤灌开发洛东故卤地，修六辅渠、白渠浇灌农田，改变了引泾郑国渠的淤灌性质，成国渠引渭河、湋渠引湋河，与灵轵渠、蒙茏渠等成为新兴的大型农田水利工程。关中水利事业至此形成了一个兴建高潮，漕运交通、都市水利及农田灌溉多种类型的水利工程皆有建树，涉及范围广泛，泾、渭、洛、滈、灞诸河流皆成为利用的对象。西汉时代的关中水利开发居于全国最高水平，初步建成了水利网。关中水利发达，成为全国财富最为集中的地方，据《史记·货殖列传》载：汉武帝时期，"关中之地于天下三分之一，而人众不过十三，然量其富，什居其六。"

西汉白渠的经济效益明显，《汉书·沟洫志》给以高度评价："民得其饶，歌之曰：'田于何所？池阳谷口。郑国在前，白渠起后。举锸为云，决渠为雨。泾水一石，其泥数斗，且溉且粪，长我禾黍。衣食京师，亿万之口'。言此两渠饶也。"

西汉长安城都市水利也达到了一个发展高度，除继承秦咸阳在郊区上林苑利用天然湖泊营造园林外，还引沉（潏）水向城内供水，凿昆明池这样的大型蓄水水库，建成了以潏水与昆明池为中心的具有蓄、引、排相结合的供水、园林、城壕防护与航运等多种功能的综合性水利系统。

### （三）唐代高潮：管理技术的创新与水能的利用

隋唐时期，关中水利重新出现了开发高潮，在农田水利方面，不仅郑白渠、渭白渠（成国渠）灌溉规模有了提高，而且各地还出现了一些中小型农田水利工程。漕运与都市水利建设也有了一定发展，形成了全新的布局特点。

唐代引渭灌田的渭白渠也达到了古代史上的最大规模，《长安志》记载：唐成国渠溉田"二万余顷，俗号渭白渠，言其利与泾白相上下。"关中农田水利事业在唐代达到了新高潮。

碾硙是利用水的动能冲击机械来发挥作用的，这种水力利用也是水利的一种形式，因而碾硙的发展也不可否认是水资源综合利用能力的提高。唐朝政府为使碾硙作为灌区水利的补充，特制定了一些法律规制，详见敦煌文书开元《水部式》。

隋唐长安城市水利大发展，除漕渠、广运潭、曲江外，还有龙首渠、黄渠、清明渠与永安渠四渠引水入城。城内池苑广布，园林优美，尤其是曲江池更是成为了京师的公共游览地。

### （四）近代八惠：关中水利现代化走在全国前列

1934年，著名水利专家李仪祉先生主持兴修的泾惠渠竣工通水，其拦河引水坝利用了水泥这种现代建筑材料，可称为关中第一个现代化大型灌溉工程。其后，到中华人民共和国成立，陕西省陆续建成了一批近代水利工程，其中，最具代表性的是被誉为"关中八惠"的灌溉渠：泾惠渠、渭惠渠、梅惠渠、黑惠渠、潜惠渠、沣惠渠、涝惠渠、洛惠渠。"关中八惠"等工程的新设计、新工艺、新材料以及新的管理方法，开创了陕西现代水利建设的先河，居全国领先地位。

民国时期关中所建新式水利灌溉工程规模大、现代化程度高，因而被普遍认为是民国年间农田水利建设中成绩最突出的水利工程。李仪祉为我国近代水利建设事业的奠基者，被誉为"中国近现代水利奠基人"。其一生以治水为志，求郑白之愿，做大事不做大官，不得不说，这种治水精神是其成功的保障。

## 二、关中水利曾经四次走在全国前列的原因

历史上关中的水利开发曾经四次走在全国的前列，其基本原因有以下几点：

（1）地形有利。盆地地形，西北高东南低，适合中国古代的自流灌溉。

关中平原包括渭河阶地及其两侧的台原，其阶地地势平坦，台原地面广阔，海拔高度一般在 350~1000 米之间，呈西高东低的走势，自古有"八百里秦川"之称。

（2）水源充足。黄河、渭河、汧河、泾河、洛河及南山诸水。

关中的河流皆属渭河水系，渭河以北的著名分支河流自西向东有汧河、雍河、漆水河、泾河、浊峪河、清峪河、石川河、洛河等，其中，泾河、洛河、汧河源远流长，是渭北最长的三大支流，流域面积较广。渭河南岸支流众多，皆源于秦岭，短小流急。众多的河流泉湖及地下水资源是关中水利事业发展的自然基础。

（3）国家政治经济中心区。关中是中国历史早期的政治中心——周、秦、汉、唐的都城所在地，被广泛认为是国家基本经济区。

冀朝鼎提出"基本经济区"的概念，认为"中国历史上的每一个时期，有一些地区总是比其他地区受到的重视更多。这种受到特别重视的地区，是在牺牲其他地区利益的条件下发展起来的，这种地区就是统治者想要建立和维护的所谓'基本经济区'"。

（4）英雄辈出。各个时代都有著名的流芳百世的水利专家，如秦郑国、汉白公、唐刘仁师、民国时期的李仪祉。

郑国、白公均有渠道以其名字命名，李仪祉的事迹与精神上文已说过，这里简单介绍一下唐代的刘仁师。刘仁师，长庆三年（823）为高陵县令，不仅修筑了高陵的刘公渠与彭城堰，全面改造了高陵区的渠系配套工程，而且把它推广到引泾工程的全灌区，为唐以来白渠体系的完善奠定了基础。

## 三、重现辉煌：全区水资源现代网络管理与跨区调水

历史时期，关中水利四次走在了全国前列。进入 21 世纪，随着西部大开发与"一带一路"倡议的规划实施，作为中华文明发祥地的关中地区迎来又一次全面复

兴的伟大时刻。"引汉济渭"工程、东庄水库、生态水利、海绵城市与大西安建设的同步推进，将重新让关中水利走向辉煌。

21世纪20年代，中国由传统农业社会向现代化社会的转型基本完成，将西安建设成为国际化大都市的规划获得国务院批准，是全国在北京、上海之后的第三个。2018年2月2日，国家发改委联合住房城乡建设部印发了《关中平原城市群发展规划》，其中明确了关中平原城市群的总体发展目标，并正式提出将作为城市群核心的西安建设成为国家中心城市，使西安所在的关中地区在未来的发展中具有了全国性的战略地位。

关中地区在新时代已经具有了国家战略地位，对照上述关中水利走在全国前列的历史经验来看，这是实现水利复兴的基础条件，要想关中水利重新走向辉煌还要做好以下几个方面。

（1）树立信心，进行全方位动员，发挥自己的优势，争取陕西省及中央政府的支持。在省内，关中、陕南与陕北三大区域在国家经济发展中均具有重要地位，但关中具有更大的区域与时代优势。陕南水资源丰富，据了解，汉、丹江流域在陕西涵盖陕南三市28个县（区），为中线工程提供了70%的水量。如今，陕西人可以自豪地说南水北调70%的中线水是由我们供给的。关中缺水，但正在建设的引汉济渭工程调水规模仅有15亿立方米，如果能多一些的话，原来关中占有的黄河引水份额可以支援更加缺水的陕北。目前，陕北已成为供应东南地区能源的国家能源化工基地，从这个角度看陕西省内的南水北调，也是国家战略。

（2）要重点做好重大水利工程"引汉济渭"与东庄水库建设，广开水源，并开展水资源的保护。"引汉济渭"工程是我国"十三五规划"的重大水利工程之一，国家计划将汉江水引入关中地区，规划2030年最终调水规模要达到15亿立方米。2019年6月11日，东庄水利枢纽工程初步设计报告获水利部批复，现在这两大工程都在顺利建设中。关中的水资源在中国是很特殊的，不仅拥有黄河最大的支流渭河，几十条发源于秦岭和北山的支流汇入渭河，而且还有"引汉济渭"工程对关中水资源的补充，所以开发出来的水是够用的。为了保护这些水资源，我们应该通过对秦岭和北山的生态环境保护来提升水资源的含氧量，山水治理一体化，提高水资源的含量和质量，让秦岭和北山成为关中水资源的绿色屏障。

（3）学习与推广世界先进的节水与集水技术，加强生态水利建设，促进河、湖、池、渠相连，构建"山水林田湖"生命共同体。2004年9月，西安市委、市政府在广泛综合国内外城市发展经验的基础上设立了生态型城市新区——西安浐灞生态区。

渭河综合治理工程顺利完成，两岸生态区域功能得以恢复，基本实现了水清、岸绿、景美的整体目标。2015年4月，西咸新区成功获批全国首批海绵城市建设试点。这些都是在生态水利建设方面值得总结与推广的经验。

（4）利用各种力量研究关中水文化，加强水文化遗产的调查、保护、展示与利用。关中水文化遗产具有传统与现代利用相结合的特点，申报世界灌溉遗产的其中一个标准就是现在必须仍在发挥作用。要充分研究与利用郑国渠、漕渠、昆明池、广运潭、八水绕长安、一池三神山、"关中八惠"等一系列水文化遗产，贯彻落实《陕西省水文化建设发展规划（2013—2030）》，加强具有全国引导价值和地域特色鲜明的水文化建设。

最后，从关中平原水利开发及现代国际水利科技发展出发，提出"开源"与"全域统一数字化管配"两个具体建议。

"开源"建议是根据古代嘉陵江通汉江的历史地理学研究成果，提议从嘉陵江调水补汉和济渭同时进行。陕西省内的"引汉济渭"工程相对于国家的南水北调中线工程应该是"小南水北调"，包括曾经做过前期工作的引洮（河）济渭、引嘉（陵江）济渭、引汉（江）济渭、引乾（佑河）入石（砭峪）等多种方案。尽管方案不少但调水总量国家只批准了15亿立方米，而且也一定要首先服从于国家南水北调的大战略。从国家设计的层面来讲，也有调长江水补给汉江的计划。周宏伟教授研究认为，古代的汉江是与嘉陵江上游的西汉水相通的，他建议打通古代的汉江通道。这里只隔一座山，距离很近，工程量小，而且可以自流。这样可以从嘉陵江调水30亿立方米，不用在下游调用长江水，也可以将关中的"引汉济渭"调配水量增加到30亿。

再说"全域统一数字化管配"的建议，就是整合关中地区生产用水、生活用水和生态用水，所有的城市用水、乡村用水要有一盘棋的完整规划与实践。通过数字技术提高水资源利用效率，关中水资源之全区联网，像以色列"全国管水一条龙"（全国范围水利建设、立法、利用、分配寓于一体，计算机控制各类各区需要用水量，管道输水等）那样，实行全区水资源统一调配，数字化管理。在获得社会效益和环境效益的同时，又增加了经济效益，提高整个社会在节约用水和水资源利用效率上的积极性和自觉性。把整个关中水资源的保护、开发和利用建设成中国的示范区，使全行业、全领域对水资源进行统一核算和利用，从而走在全国的前列，实现关中水利开发利用的第五次辉煌。

（写于2019年）

# 六、理论与应用研究编

# 理论与应用研究编小序

李振平：陕西中国西部发展研究中心研究员
陕西省经济信息中心原主任

多少年里，我们总在讲陕西科技、经济"两张皮"，并力图使之得以化解、纾轻，其效果是明显的，但问题总是存在的。这对作为科技大省的陕西来说，将永远是不可松懈的重大发展课题。同样，社科领域的科学研究与经济社会发展的"两张皮"在陕西也存在。一是表现在许多具有价值的研究成果，未能被重视而难以付诸实践应用；二是表现在不少研究本身脱离实际和实践，没有应用价值或应用价值不大；三是因为基础理论研究、发展应用研究与实践应用之间需要转化过程和时间过渡，不能立马应用见效。所以，加强理论研究、应用研究、发展实践研究的结合，促进有用研究与有用成果应用，在社科领域同样是重大课题和必克难题。

多年来，陕西中国西部发展研究中心把理论研究—应用研究—推动实践应用，作为政府决策咨询研究、社会服务咨询研究的一条重要主线，取得了较好成效，但本编的成果也只是其部分、有限的体现和反映。

本编的内容有以下几个特点：

一是在社会相关理论思想与发展应用研究中具有较高地位和影响力。这里汇编的主要理论与应用研究成果，一定程度上具有领域代表性、派别领军性和阶段高价值性。例如张岂之先生的儒学思想演变的研究、肖云儒先生对于陕西文化深层结构的研究、何炼成先生的西北大开发战略思想的研究，还有其他如关于社会资本、数据要素、农合思想、元宇宙、陕西发展策略等的研究。

二是理论研究包括理论思想、应用理论和方法论，但主要以应用理论和方法论为主。张岂之先生的《儒学思想的历史演变及其特点》，研究了儒学思想的历史演变过程，分析了早期儒家的"人学"思想、汉代儒学的特色、魏晋南北朝时期儒学的问题、唐代儒学的三个趋向、宋明儒学（理学）的两重性等，提出了儒学思想的阶段划分以及各阶段的特点和思想渊源。肖云儒先生的《陕西文化的深层结构》，提出认识论角度的数字"一"，发展论角度的数字"二"，创造论角度的数字"三"，层层剥离、步步递进地研究分析了陕西文化的深层结构。如在认识论角度的数字"一"上，归纳总结、抽象提取为认知思维源基于一、生态思维三位一体、文化思维融聚于一、历史思维归为一体、民族共处多元汇一、国家管理统一为上，赋予了深厚的自然、人文、民族、政治、国家等认知思维，以及深邃的哲学思维和辩证观点。王宏波教授的《马克思农业合作思想的三维阐析：理论内涵、历史探索与新时代实践》，在对马克思农业合作思想的理论内涵、我国农业合作实践的矛盾状况与历史探索、新时代践行马克思农业合作思想的现实路径进行分析研究后，提出中国农业合作实践开辟了社会主义市场经济条件下发展农业合作的新道路、探索出了基层党组织领导农村经济建设与农民共同富裕的新方式、创新了以集体产权改革为核心的利益协调与增长新策略，丰富和拓展了马克思农业合作经典理论，为新时代继续推进农业合作提供了学理支撑。金栋昌、王宏波教授的《社会主义市场经济中的资本：认知转型、理论确证与应用方法论》，分析研究了新中国成立以来我国对资本范畴认知的三个转型，提出了把生产力维度和商品经济维度作为确证中国特色社会主义市场经济中资本范畴的理论依据，论述了关于坚持以"生产力+生产关系"双重维度对资本一般与资本特殊进行现代化解释、坚持以"人民主体"为价值本位对资本进行总体驾驭、坚持以"双重形态"理念分类推进资本的具体形态与时俱进，作为审视和运用中国特色社会主义市场经济中资本范畴的方法论的思想观点。宋大伟专家的《双螺旋法与智库研究》，提出在智库研究过程中运用双螺旋法的七个环节，提出把坚持"五个统一"落实到把握"五字真言"上，坚持四条标准，提高智库研究质量和决策价值及指导意义。

三是理论的实践应用和对实践的理论性抽象解析，触及我国重大战略问题和马克思主义重要思想。吴振磊教授等专家的《中国特色减贫道路的一般框架与经验借鉴》，基于对中国减贫实践的历史考察与特征分析，将中国特色减贫道路的一般框架概括为以人民为中心的制度体系、以发展为中心的政策体系、以协同为中心的工作体系和以创新为中心的工具应用体系，将中国特色减贫道路的一般经验提炼为强化领导、连续规划、动态瞄准、发展导向、多维协作、上下互动，对形成具有中国特色的反贫困理论具有重要价值。杜娟、封超专家的《中国共产党百年发展经验的三维逻辑意涵》，提出将理论指引、价值信仰与改造实践互融贯通作为我党百年发展历程的宝贵经验，也是中国共产党夺取新时代中国特色社会主义伟大胜利的重要法宝，该研究主要从以下三方面进行了分析、归纳和思想抽象认知：根据理论之维感悟马克思主义理想信念，探寻发展之源；从价值之维洞悉人民至上的核心诉求，永葆发展本色；从实践之维锤炼攻坚克难的工作能力，解决发展问题。白永秀教授等专家的《数据要素：特征、作用机理与高质量发展》，分析了数据要素在技术维度上的多元性、依赖性、渗透性特征和经济维度上的马歇尔外部性、规模经济性、准公共物品性特征，还通过构建"两要素互补、多要素协同、全要素耦合"的分析框架，系统阐释数据要素与其他生产要素之间的三层次相互作用机理，揭示数据要素与其他生产要素共同促进经济发展的微观逻辑，为实现数字经济引领推动经济高质量发展具有理论和政策启示。强力教授的《正确认识资本特性和行为规律 依法规制资本良性有序发展》，基于对资本的内涵、特性以及行为规律的分析，提出规制资本良性有序发展的理念、原则与重点，最后就完善资本良性有序发展的法治保障提出意见。

四是区域总体发展战略和重大战略性问题研究等对西部地区、大西北、陕西发展具有重要价值。何炼成先生的《西部大开发四十条》，总结了江泽民同志向党和全国各族人民发出西部大开发动员令时讲话的八项主要内容，同时提出了自己关于西部大开发的八大战略思路、八条政策建议、八大重点工程、八项"十五"万亿筹资渠道，共计四十条，对当时起步推进西部大开发具有重要决策参考意义。何炼成先生和韦苇教授的《试论西北大开发的思路、战略与对策》，认为作为经济欠发达地区的西北，从经济发展的角度而言，并非是一个简单地从以农业经济为主的经济状态向东南沿海经济发达地区趋同的过程，它蕴含着西北地区在原有的历史文化视野中对经济发展的不同价值取向和模式的选择，也意味着西北经济在其历史变迁过程中，经济基本结构的重新塑造和全方位的转换，就西北大开发的基本思路、战略选择、政策支持进行了系统、深入的研究。曹钢教授的《陕西"追赶超越"中"拓展发展思路"的几点思考和建议》，结合陕西的实际情况，从把握全省发展定位、打造创新驱动发展体系、抓紧抓好丝路经济带的优势机遇、理顺利益关系焕发要素创造力、打造成熟市场经济发展格局、及早开展有关生态文明改革试验等方面，对陕西追赶超越中拓展发展思路提出相应创新建议。李振平研究员的《关于新时代新格局下陕西发展的几个重大战略问题》，首先对必须准确认识陕西追赶超越发展所处的方位、准确认识陕西的国家安全战略大后方地位进行分析，然后就制定新时代贯之始终的经济社会发展总体战略、全力实施国家中心城市—都市圈—城市群引领高质量发展和现代化建设战略措施、加快构建覆盖全省—联动三大区的重点发展空间骨架，提出了战略方案框架和任务内容。

五是结合发展实际和未来趋势的产业发展、数智化驱动发展等专题研究，具有专业技术深度。冯家臻研究员的《正确认识和把握初级产品供给保障》，结合我国发展内外环境的新变化，就初级产品是经济运行的基础、保障初级产品供给的重要性、陕西要注意的问题进行了分析研究。姜守贵等专家的《元宇宙实际应用场景及产业链发展相关问题研究》，从技术、产业、应用、监管的角度对元宇宙及其相关产业进行了系统性分析，简述了元宇宙的发展历程、五大核心技术、两大产业划分、四大应用场景，最后提供了元宇宙在地方应用的案例与发展方向，具有超前思维。苏杨、魏婕专家的《中国西部地区数字创新竞争力报告》，基于数字创新竞争力的定义，对中国西部地区数字创新竞争力的概况与区域差异、陕西省数字创新竞争力的基本特征及其在西部地区的地位进行了分析，提出了未来发展的政策建议。倪楠、桂雪专家的《数字平台双轮垄断的类型化风险与〈反垄断法〉规制策略》，分析了平台双轮垄断的内在机理及现实危害性、平台商业扩张模式的类型化，研究了双轮垄断类型化实施机制，指出传统反垄断法律规制动力不足的状况以及问题，提出了超级平台双轮垄断风险的防范策略。张澄专家的《大数据驱动陕西省工业产业转型升级的机制与实现路径》，从大数据对陕西省工业产业转型升级微观基础、宏观表现的实证分析出发，提出了陕西省大数据驱动工业产业转型升级的路径优化、相关政策建议与保障措施。中心课题组老师们的《基本实现人与自然和谐共生现代化的主要指标和实现路径研究——以陕西为例》，讨论了在发展方式绿色转型、环境污染防治、生态系统多样性等方面还存在的问题，并针对这些问题提出了相应的解决思路和实现建议。

最后，祝陕西中国西部发展研究中心进一步发挥智库研究平台作用，组织汇集更大的有效研究力量，形成更多理论与实践结合的政府决策咨询、社会服务咨询优秀成果，为陕西、西部以至全国高质量发展做出更大贡献。

写于 2023 年 12 月 5 日

# 双螺旋法与智库研究

宋大伟：高级经济师，中国科学院科技战略咨询研究院特聘研究员，国务院研究室与中国科学院共建的"中国创新战略和政策研究中心"共同主任。曾任国务院研究室社会发展研究司司长、综合研究司司长；中国远洋运输集团董事、党组成员、纪检组组长，中国远洋股份有限公司监事会主席。

**摘 要** "双螺旋法"是中科院科技战略咨询研究院潘教峰院长带领大家在高端智库试点中创造的，标志着智库建设从智库研究范式走向智库理论方法并正在走向智库科学体系。作者结合长期从事智库研究的工作实际，阐述了在运用"双螺旋法"开展智库研究中，需要抓好七个环节、把握五字真言和坚持四条标准。

党的十八大以来，以习近平同志为核心的党中央高度重视中国特色新型智库建设，高端智库试点是中央统筹全局作出的重大制度性安排。我国改革开放和现代化建设已经进入新发展阶段，建设科技强国、制造强国、经济强国，需要高端智库、决策外脑、战略科学家。中科院科技战略咨询研究院在高端智库试点中的工作卓有成效，潘教峰同志创造的"双螺旋法"正在促进智库研究从经验式向科学化转变，从零散式向系统性转变，从随机式向规范性转变，从偏学术型向学术实践型转变，从静态向稳态转变，从学科单一向融会贯通转变，切实履行服务国家战略需求、引领科技创新方向、支撑科学民主决策的重要使命。运用双螺旋法开展智库研究所从事的是智力劳动、掌握的是逻辑思维、遵循的是科学方法，最主要的是产出思想、产出成果、产出人才！以下将从三个方面论述运用双螺旋法开展智库研究的体会。

## 一、运用双螺旋法开展智库研究要抓好七个环节

在智库研究中运用双螺旋法所提供的认识论、方法论、实践论范式，基于科学性、系统性、专业性、实践性的理论方法、思维方法、指导方法、操作方法，通过 DIIS（收集数据、揭示信息、综合研判和形成方案）和 MIPS（机理分析—影响分析—政策分析—形成方案），两者之间紧密耦合、融会贯通，主要聚焦在智库研究过程中的七个环节。

### （一）选好主题

主题是运用双螺旋法开展智库研究的"纲"。选好主题和解析主题是智库研究的重要起点，对来自上级交办的"命题作文"要领会领导意图，自主确定的"选题作文"首要的是提炼具有决策价值的主题。无论是"大题小做"还是"小题大做"，都要及时准确理解中央的决策部署和战略需求，立足当前、面向未来确定决策需要的题目。

### （二）定好提纲

提纲决定运用双螺旋法开展智库研究的方向。制定研究提纲要做到"顶天立地"，既要吃透上级精神，又不带框子；选好具有代表性、倾向性的问题，把握这些问题的客观性、政策的适应性和全局的指导性。在研究过程中经过解析—融合—还原将研究提纲演进为研究报告框架，运用双螺旋法实现始于研究问题、终于解决方案。

### （三）搞好调研

调研是运用双螺旋法开始智库研究的基础。要真正走出去、沉下去、钻过去，深入实际、深入基层、深入群众调研，全面掌握第一手材料，敢于刨根问底和较真碰硬，特别要注重听取专家的真知灼见，还要注重听取少数人的不同意见。通过收集数据—揭示信息—综合研判的过程融合，实现再分析、再研究、再创造的循环迭代。

### （四）写好初稿

运用双螺旋法开展智库研究的成果是智库报告。智库报告写作"文无定法"，关键是写好第一稿。要深入进行机理分析—影响分析—政策分析，做到主题突出、内

容充实、观点清晰、论证有力，还要做到语言生动、自然流畅、简明扼要、深入浅出，坚持战略性、科学性、政策性与准确性、鲜明性、生动性相结合，做到理论和实践、共性和个性、数据和结论相统一。

### （五）用好例证

运用双螺旋法开展智库研究，用好的例证可以锦上添花，用不好的例证会画蛇添足，甚至误导决策。在调研中要关注智库研究复杂问题时的不确定性，不能只听成绩、不听问题，只讲优势、不讲劣势，只看局部、不看全局，切忌走马观花、舍本求末、以偏概全、浅尝辄止。要善于"解剖麻雀"式地进行典型例证调查，数字和例证要为观点和判断服务、观点和判断要为主题和结构服务。

### （六）提好建议

这是运用双螺旋法开展智库研究的目标。智库研究提出一项好的建议可以利国利民，如果提出一项错的建议则可能误国误民。要有围绕中心、服务大局的战略视野，要有政策研究、循证决策的组织方法，要有量化分析、人机交互的先进工具，要有流程规范、质量评价的系统管理。需要强调的是，"文当其时，谋当其用"。许多智库研究报告是供领导决策的，必须注重时效性。

### （七）做好总结

运用双螺旋法开展智库研究的每一项课题任务结束后，都要认真进行"回头看"和"向前看"，总结工作经验、把握研究规律、制定改进措施、明确发展方向，同时积累并建立文件库、数据库、资料库、案例库、专家库。实践证明运用双螺旋法开展智库研究是学无止境的大学问，需要用发展的眼光学真方法、找真问题、查真差距、写真体会、有真提高。

## 二、运用双螺旋法开展智库研究要把握五字真言

双螺旋法强调问题导向、证据导向、科学导向，在开展智库研究中要坚持思想性和政治性的有机统一，坚持学术性和政策性的有机统一，坚持理论性和实践性的有机统一，坚持前瞻性和建设性的有机统一，坚持独立性和纪律性的有机统一，不断提出具有思想性、全局性、战略性、建设性、前瞻性的科学咨询和政策建议，持续提升智库研究的决策影响力、学术影响力、公众影响力和国际影响力。这"五个

统一"要落实到把握"五字真言"上。

第一个字是"高",就是站在全局和战略高度。运用双螺旋法开展智库研究,要站得高、看得远、想得深,又要具有针对性、操作性、现实性。中科院科技战略咨询研究院的定位就是服务国家战略需求和战略决策,聚焦科技发展战略、科技和创新政策、生态文明和可持续发展、科学预测预见分析、战略情报五个战略方向,建设"特色新型高端""聚智善谋咨政"的国家核心科技智库。

第二个字是"新",就是推进理论和实践创新。理论方法创新是运用双螺旋法开展智库研究的先导,实践应用创新是运用双螺旋法开展智库研究的源泉。双螺旋法持续推进理论方法和实践应用融合创新,促进智库研究范式走向智库理论方法并逐步走向智库科学体系,在智库研究中拓展系统观念、规律探索、循证分析、政策取向,不断产生新思路、新观点、新判断、新办法。

第三个字是"深",就是增强解析和研判深度。运用双螺旋法开展智库研究是深思熟虑、精益求精、多谋善断的过程,必须增强敏锐度、预见性和鉴别力,养成敏于跟踪观察、勤于分析思考、善于综合研判的习惯。面对复杂的跨学科、跨领域问题时坚持定性分析和定量分析相结合,提高智库研究的思想认识深度、理论解析深度、战略判断深度、决策咨询深度。

第四个字是"实",就是实事求是原则。实事是运用双螺旋法开展智库研究的灵魂,求是是运用双螺旋法开展智库研究的宗旨。运用双螺旋法开展智库研究要做到主题实、内容实、论证实、观点实、建议实,在调研过程中必须查实情、说实话、办实事、求实策、出实招,不回避问题,不掩盖矛盾,不说违心话。要把求真务实作为运用双螺旋法开展智库研究的"座右铭"。

第五个字是"准",就是坚守准确和真实底线。准确性和真实性是运用双螺旋法开展智库研究的生命。尽管每类智库研究报告的写作方法、表达技巧不尽相同,但主题、观点、事例、数据、建议必须准确无误地表达。有些大规模智库研究问题面临学科交叉性、相互关联性、政策实用性、社会影响性、创新性、不确定性等挑战,需要为决策者提供数据计算、政策模拟、专家咨询等科学支撑。

## 三、运用双螺旋法开展智库研究要坚持四条标准

中科院科技战略咨询研究院运用双螺旋法研制出影响程度、应用效果和实际贡献等五维综合评价体系,通过对智库研究导向、智库研究哲学、智库研究流程、智库研究组织、智库研究模式的全面质量管理,构建以智库产品质量为核心、以全员

参与为基础、以科学服务为手段、以满足需求为目标的核心竞争力。这套评价体系基于智库研究需要践行历史域、现实域和未来域的时空域理念，具体体现在对智库研究进行评价需要坚持以下四条标准。

### （一）反映中国和世界潮流

智库研究的工作性质就是想大问题、写大文章、出大主意，要求研究人员具备世界眼光、理论素养、专业知识、实践经验，特别是在百年变局和世纪疫情交织叠加的大背景下，任务更加艰巨、责任更加重大、使命更加光荣。这就更加需要运用双螺旋法研究我国进入新发展阶段面临的新形势、新特征，新任务、新要求，跟踪研究大国博弈和全球格局调整、全球科技革命和产业变革趋势、数字转型和绿色转型进展，全面了解发展和变化、综合分析机遇和挑战、统筹提出对策和建议，想国家之所想、急国家之所急、求国家之所求。

### （二）符合经济和社会实际

运用双螺旋法开展智库研究，需要建立起经济学、社会学、管理学、公共政策学等知识层积累。这就要求智库研究人员既要了解产业结构、消费结构、投资结构、外贸结构的相关情况，又要了解就业结构、人才结构、技术结构、教育结构的相关情况；既要研究公共管理理论和公共政策，又要综合研究经济、社会、产业、贸易、财税和金融等方面的理论和政策；还要对当前政策和今后政策、中央与地方政策以及其层次关系进行系统了解，使智库研究以发现和解决经济社会发展中出现的实际问题为着力点。

### （三）经受实践和历史检验

运用双螺旋法开展智库研究提出的意见和建议，必须对国家负责、对人民负责、对历史负责，既要起决策参考作用、解决重大现实问题，又要有科学理论依据、符合客观发展规律，还要经得起实践的检验、经受住历史的证明。为了实现这一目标，最近潘教峰同志发表了"智库双螺旋法的十个关键问题"研究报告，从问题解析、情景分析、不确定性分析、政策模拟、循环迭代、DIIS 与 MIPS 耦合、专家组织、人机结合系统、主客观分析、产品质量管理等方面，综合研判国内外智库建设经验提出的保障智库研究科学化、专业化、规范化的具体措施。这是运用双螺旋法开展智库研究的理论与实践汇聚融合交叉发展的新创造。

## （四）服务科学和民主决策

运用双螺旋法开展智库研究要做到指导思想正确，立场观点方法正确，决策咨询建议正确，为国家治理体系和治理能力现代化提供独立客观的科学依据和咨询建议。这就要求必须全面地、系统地、准确地理解中央的大政方针和国家发展规划、法律法规，掌握理论基础性、政治思想性、原则指导性、经济规律性、政策连续性，并且将之深刻贯穿于智库研究导向、智库研究哲学、智库研究过程、智库研究逻辑之中，使之符合科学的可验证性、决策的可行性、实践的可操作性、应用的可推广性，始终不渝地以高质量的智库研究成果支撑日益增长的科学民主决策需求。（图1）

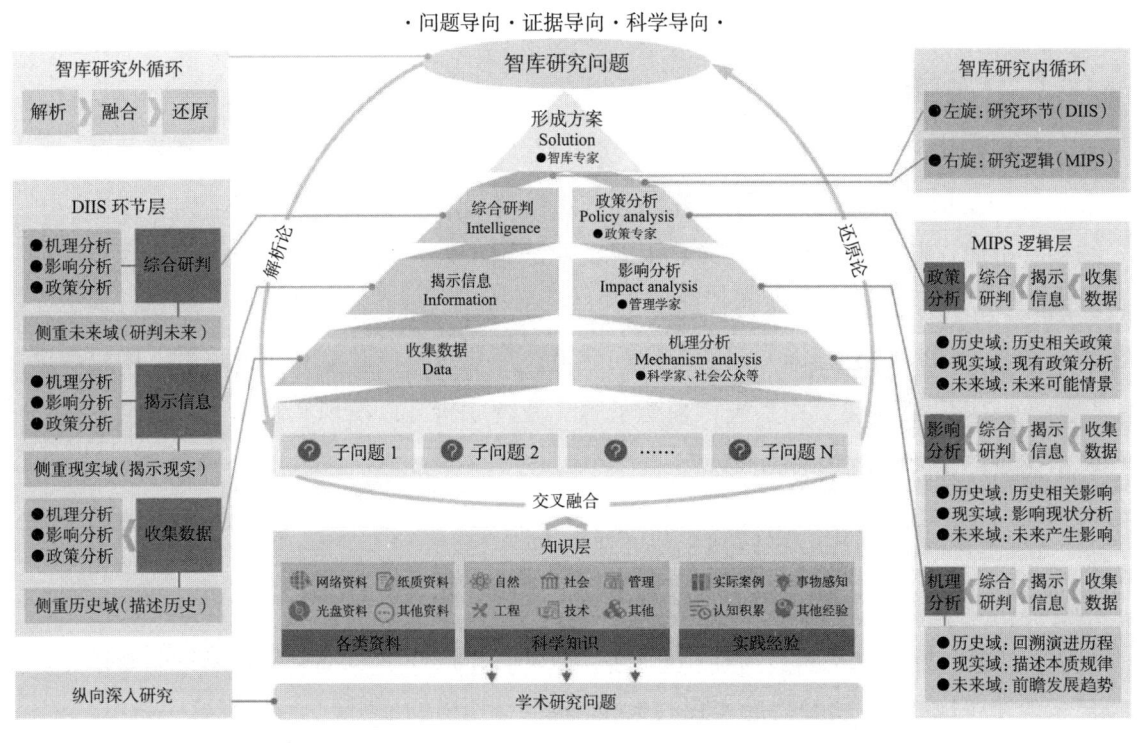

图1

（写于2022年）

# 儒学思想的历史演变及其特点

张岂之：著名历史学家、思想史家、教育家。现任西北大学名誉校长，西北大学中国思想文化研究所所长，博士生导师，《华夏文化》（季刊）主编等。2016年荣获"全球华人国学终身成就奖"。

**摘　要**　历史上的儒学思想，其中蕴含着中华民族的优良传统。辩证地研究儒学思想的历史演进，是一件很有意义的工作。孔子、孟子、荀子从道德伦理、治学修养等方面论述了"人"的理性作用和创造性，形成并发展了"人学"思想。汉代儒学不断吸取早期儒学中"人学"的优秀理论思维。魏晋南北朝时期，儒学的理性主义与自然科学相结合，加深了人对自然的认识。唐代出现了儒、道、佛"三教"并立的局面，重民、爱民思想有所发展。宋明儒学的表现形态是理学，理学是中国封建社会后期的统治思想。

## 一、早期儒家的"人学"思想

早期的儒学思想形成于春秋战国社会急剧变动的时代。社会变革的需要冲破了旧贵族垄断文化教育的"学在官府"的局面，私学兴起，社会上出现了一批"缙绅先生"。他们峨冠博带，号称"师儒"，熟悉古代的诗书礼乐的古训和仪式，又有一定的文化知识，但不是"史""卜"之类的文化官吏。从这些人中，儒家蜕化而出，其创始人便是春秋末年的大思想家孔子。他开私人办学的先河，并把"仁"作为儒学的基本范畴，开始了关于哲学、伦理、政治、教育诸方面的重大课题，即人的价值的探讨。这是孔子在中国思想文化史上的首创功绩。孔子，以及后来战国时代儒家的八派，其中的孟氏之儒和孙氏之儒都广泛而深入地探讨了人的价值、人的完善的品德，以及人性的治炼；因此，早期儒家亦可称之为"人学"。

在孔子的儒学思想体系里，最高的道德标准是"仁"。"仁"是一个两重性的概念：一方面它被用来表达孔子对于现实政治问题的见解，表现出政治上保守的倾向；另一方面，它又是孔子关于伦理道德，人的品格修养，人对真理追求的广泛论述的理论结晶，表明孔子提出了"人"的问题。他力求树立一个新的完善人格的标准。冲破血缘关系的"友"，在孔子关于"仁"的论述中占有重要的地位。孔子说过："友直，友谅，友多闻，益矣。"（《论语·季氏》）认为与正直、信实、见闻多的人交友，是有益于"仁"的。曾子也说："君子以文会友，以友辅仁。"（《论语·颜渊》）不仅如此，孔子在为学的范围内，阐述了人的独立思考的作用，力求把人从祖先神崇拜的束缚下解脱出来，他的名言是："君子和而不同，小人同而不和。"（《论语·子路》）以"和"与"同"作为区别君子和小人的标准之一。君子能兼容各种见解，但不肯盲从附和；小人处处盲目附和，不敢提出自己的独立见解。基于此种广泛吸收而又独立思考的精神，孔子整理五经旧文，并依据旧有的鲁国史书修《春秋》。总之，不论从哪一方面说，孔子从道德伦理、治学修养等方面论述了"人"的理性作用和人所创造的精神财富的作用。

这种优良的学术传统，推动了"人学"的发展。战国时期的孟子提出"人"的本质是什么的问题，他在与告子的辩论中，阐述了这个基本论点：人和动物的本质区别在于人是有道德观念的。他说："人之有道也，饱食、暖衣、逸居而无教，则近于禽兽。"（《孟子·滕文公上》）在这句话的后面还有"教以人伦"四个字；"人伦"即人的道德观念。在孟子的儒学思想体系中，"仁"是道德观念的核心，"仁也者，人也。合而言之，道也。"（《孟子·尽心下》）"仁"的意思，就是"人"。"仁"与"人"相合，就是"道"。换言之，"道"即是"仁"与"人"的统一，自然本质的人与伦理观念相结合，使自然本质退居于次要地位，道德化的人性成为主导，这就是孟子理想中的"仁"。任何人都不能超越他所面临的历史现实，孟子虽然从道德方面论述了人与人的关系，但当时的历史并没有准备好条件让杰出的哲人们去阐述人的社会存在，因而他只能把"仁"归结为一种心理状态，这就是他的著名命题："恻隐之心，人皆有之；羞恶之心，人皆有之；恭敬之心，人皆有之；是非之心，人皆有之。恻隐之心，仁也；羞恶之心，义也；恭敬之心，礼也；是非之心，智也。仁义礼智，非由外铄我也，我固有之也，弗思耳矣。"（《孟子·告子章句上》）

荀子在"人学"上的贡献是不能低估的。他注意到人与自然的关系，也注意到人与社会礼乐制度的关系。在他的心目中，一个完善的人首先是在同自然界的分化过程中实现的。如说："明于天人之分，则可谓至人矣。"（《荀子·天论》）这是历史上多么卓越的命题！荀子所谓的"至人"当然不是指本能的人，而是指自觉的人。从"明于天人之分"这一点来说，他已经发现了自觉的人。在他看来，人的本性是恶的。要改变这种人性，使之去恶从善，就必须依靠社会制度的完善；其中的"礼"（各种制度规章的总称）是不可少的，但是"礼"必须要有"乐"的配合，因为"声乐之入人也深，其化人也速"（《荀子·乐论》）。不过社会上总有一些礼乐所不能教化之人。对于这种人，就必须以"刑罚"禁之。总之，荀子更多地是从政治理论方面探讨"人"的价值和"人"的完善。

## 二、汉代儒学的特色

秦灭六国，建立了统一的封建主义中央集权制国家。"汉承秦制"更从上层建筑方面巩固和加强了封建主义统治。汉武帝时期儒学被定为一尊，在这种历史背景下，汉代儒学成为一种丧失了早期儒学中孔子"人学"思想特色的统治哲学。董仲舒的儒学虽然吸取了孔孟关于人格完善的学说，但更多地吸取了荀子从政治理论方面探讨"人"的思想。在二者的结合点上，他选择了阴阳家的学说。他附会《公羊春秋》，利用阴阳家的神学观把思孟学派的"天人合一"论和荀子的政治哲学结合在一起，为皇权装饰圣光，从而使儒学披上了神学的外衣。在他的思想体系里看不到"和而不同"的观点。他把孟子的性善论和荀子的性恶论装进阴阳的框架，加上一个最高的主宰"天"，成为一种神秘的天人感应论。他所强调的不是从道德伦理意义上探讨人格的完善，而是着重论证君臣、父子、夫妻之间"三纲"论之不可移位。总之，西汉时期的儒学虽然推崇孔子，然而他们所说的孔子已经不是本来的孔子；这种神化了的儒学失去了早期儒学的生动活泼的理论思维，成为后来封建礼教的发端。

然而，历史现象是复杂的。如果说在伦理学的范围内，董仲舒的儒学多少丧失了理性主义，那么，在政治学的领域，他的大一统思想却有利于国家的巩固，而且适应于历史发展的潮流。如果说，早期儒学只有"人格"观念，那么，到了西汉时期，从更广大范围而立论的"国格"观念便应运而生。董仲舒宣传"无辱宗庙，无羞社稷"，强调"群子生以辱，不如死以荣"（《春秋繁露·竹林第三》）。西汉时期杰出史学家司马迁把"国"放在首位，称赞"先国家之争，而后私仇"（《史记·廉颇蔺相如列传》）的观点。《汉书》中载汉武帝时苏武出使匈奴，其副使张胜被牵连在谋反一案中，将此事报告苏武。苏武说："事如此，此必及我。见犯乃死，重负国。"（《汉书·苏武传》）意思是自己受辱而死是小事，但却实在对不起祖国。正是这种

"国格"观念，使他把自己的荣辱生死置之度外，居匈奴十九年受尽折磨而不移其志，始终坚持民族气节。总之，儒学发展到西汉时期，"人格"观念逐渐演化成为明确的"国格"观念。"国格"观念比"夷夏之辨"进了一步。"夷夏之辨"是一种狭隘的观念，而"国格"观念则是一种爱国主义思想。中国儒学中的"国格"观念尽管带有鲜明的历史烙印，但它在一定的历史条件下却使许多仁人志士在民族危亡之际不惜牺牲个人而维护民族尊严和国家的独立，由它谱写出许多可歌可泣的故事。

还要提到的是，东汉时期儒学从两个途径吸取了早期儒学的"人学"的优秀理论思维，一个途径是"和而不同"地融合百家之学的精神，以王充为代表。他的思想虽属道家，但与先秦的老庄之学显然不同，带有浓厚的儒学色彩。他一度学儒，曾受孔孟思想的影响，但并不迷信"圣贤"，《问孔》《刺孟》就是证明。他把我国古代的理论思维推向了一个新的阶段。另一条途径就是自然科学的发展，以张衡为代表，他出身儒家，通"五经"，贯"六艺"，深受荀子"至人"学说的影响，引起他研究宇宙天体的浓厚兴趣。他的科学实践中有许多重大的发明创造，尤以浑天仪的制造最为著名，他关于禁绝图谶的奏疏文稿中，许多地方阐述了孔子关于"人学"的理性主义观点，但也夹杂着不少荒诞不经的术数思想。以往有一个看法，笼统地说儒学阻碍了自然科学的发展，这是值得商榷的。儒学的理性主义不但不限制自然科学的发展，而且推动了古代自然科学的发展。但儒学着重于探讨道德伦理问题，则限制了一些儒者对自然现象的探讨。司马迁所谓"究天人之际，通古今之变"，排除了儒学不利于自然科学发展的一面，又与道家的某些观点相结合，是一种促进自然科学发展的理论观点。

### 三、魏晋南北朝时期儒学的问题

魏晋南北朝是我国封建制度不稳定的时期，用当时"名士"的话说就是"平路将陂"。他们企图对汉代儒学进行改造，一些思想家便走向儒家思想和道家思想结合的道路。儒、道结合产生了"玄学"，它企图摒弃汉代儒学神学化所造成的精神压迫，然而他们却跳到另一个极端，即梦想摆脱社会制度对人的影响和作用，脱离开现实而去追求人的逍遥和独化。

魏晋时期的玄学不能归属于儒学，但它本身却具有儒学的成分和因素。玄学家据此以发挥议论的理论资料，称之为"三玄"，其中的《周易》便是儒家的重要典籍之一。玄学在中国思想文化史上的贡献，从侧面在一定程度上曲折地反映了这个时期儒学演变的特色。这表现了思想家们对"人"的认识深化了，他们从本体论方面论证人与社会、人与自然的关系。玄学中的名教与自然之辨,就足以为证。在汉代,名教是一种维护封建秩序的精神产品,当它遭到打击之后,魏晋的一些玄学家如夏侯玄、何晏、王弼便为名教寻找新的理论根据,提出名教原本出于自然,二者是一致的。另一些玄学家则持有不同看法,如阮籍虽然没有否定名教,但却揭露了名教的伪善性。嵇康也在《养生论》中提出"越名教而任自然"的主张。那么,儒学所维护的名教礼法怎样才能继续存在下去?名教礼法怎样才能减轻它们的精神压迫而让人们有一些自由发展的主动性?这是儒学遇到的理论问题。阮籍在《乐论》中的议论就不是反对礼法,而是称赞礼法,他说:"礼逾其制则尊卑乖,乐失其序则亲疏乱。"嵇康在《诫子书》中也以"忠臣烈士之节"来勉励他的儿子。总之,儒学发展至魏晋时代所提出的理论问题,是有意义的。后来在唐、宋、明时代还不是在继续探讨名教礼法和人的自由问题。这标志着孔子的"人学"思想在封建制社会的政治实践中遇到了矛盾。

魏晋南北朝时期,儒学的理性主义与自然科学相结合,从而加深了人对自然的认识,而关于自然科学研究的目的,明确宣称为"匡时济世",这明显是儒学思想的影响,都是当时儒学演变中值得注意的历史现象。首先要提到数学,如魏晋时期的刘徽就受过儒学思想的熏陶。他说:"徽幼习《九章》,长再详览。观阴阳之割裂,总算术之根源,探赜之暇,遂悟其意。是以敢竭顽鲁,采其所见,为之作注。"(《九章算术注·原序》)所谓"阴阳之割裂",就是《易传》所说的"一阴一阳之谓道。"《易经》的经文和传注中关于数量关系的论述,以及关于数量规律之若干天才的猜测,给中国古代自然科学家以许多灵感,且这些并不是象数学。在当代,《易经》在世界上受到重视,认为它蕴含着高深数理原则的萌芽,这是符合事实的。《易传》的思想加深了刘徽对自然界中到处盛行的对立的运动的认识,所以,"遂悟其意"而作《九章算术注》,创立了举世闻名的割圆术。南朝的祖冲之应用割圆术,求得了精确到第七位有效数字的圆周率,远远走在世界的前列。他也曾钻研儒学,并著有《易义辨》《孝经注》和《论语注》。而北周甄鸾的《五经算术》,则专为《尚书》《诗经》《周易》《周官》《礼记》《论语》等作注,是一部数学内容与儒学形式相结合的著作。

儒学与自然科学的结合还表现在化学与医药等方面,如晋朝葛洪虽系神仙道教,但他出身于儒家,是出儒而入道的;或者说他是从儒家正宗入手的道教学者。他把讲仙道炼丹术的内容作为《内篇》,讲儒术的内容作为《外篇》,在其代表作《抱朴子》中提出一个新的"修齐治平"的理论体系,追求"内宝养生之道,外则和光于世;治身而身长修,治国而国太平"(《抱朴子内篇·释滞》)的理想,这个体系明显地因袭了儒学的理论模式。而纳入这个模式中的《抱朴子·内篇》则是我国炼丹术的成熟著作，他对于中国医药学的贡献和作为近代化学先驱的意义，都是不应被低估的。

儒学与自然科学地结合在其他科学领域里也能看到，在农业方面，如北魏贾思勰的《齐民要术》，浸润了儒学思想的精神。他说："顺天时，量地利，则用力少而成功多。任情反道，劳而无获。"（《齐民要术·种谷》）这种按照自然规律以发展农业生产的观点，是始于荀子的思想。在地理学方面，如北魏郦道元所作《水经注》，非常鲜明地反映出西汉儒学所倡导的"国格"观念。郦氏生活在南北朝对峙时期，中国不幸处于暂时分裂割据的状态之中。在这种情况下，不少人往往尊本地政权为正宗。而郦道元不是这样，他虽然在北魏做官，但并没有把眼光局限于北魏所辖的一隅之地。在他的心目中，祖国不限于北魏，而是包括南北朝的完整中国。因此，他选择《水经》为客观依据，以注释的形式表达了对统一祖国的向往，并且为统一做了自然科学方面的准备工作。他的《水经注》不以北魏统治区为限，所涉及的范围极其广阔，完成了我国古代水文地理学上的大综合。

## 四、唐代儒学的三个趋向

唐代统治者沿袭汉代的经学笺注方式。唐太宗命孔颖达、颜师古等编纂《五经正义》，试图吸取正统经学和玄学，调和出一个兼容并包的理论来统一经义。但是经学笺注的方式是没有生命力的，且缺少理论的建树和创造。

唐代出现了所谓儒、道、佛"三教"并立的局面。有些思想家想重新恢复儒学的正宗地位，在反对佛、道的同时，或明或隐地吸取了佛学思辨哲学的若干方面，特别是佛学的思辨方法。在这方面，韩愈堪称代表。他一方面积极反佛，另一方面却又悄悄地受到佛学的影响。这个影响主要是在对于人的主体意识的分析。佛学中某些派别所强调的自我意识的作用，例如认为意识的对象只不过是对象化了的意识，而自我意识的建立给人以信念，以为克服万难勇猛精进的精神。韩愈儒学的"治心"论无疑受到佛学和早期儒学中孟子的影响。他的治心论和佛、道的宗教观相一致，所不同的是他不但主张"治心"，而且要见乎齐家、治国、平天下。他还受到佛教祖统说的影响并与之相抗衡。提出一个从尧、舜、禹、汤、文、武、周公至于孔、孟的"道统"传授谱系，并把自己说成是孔、孟心传的"道统"继承人。韩愈的儒学思想实际上是为了解决关于魏晋时期提出的封建主义名教礼法如何与个人的自觉性相协调的问题。他的答案就是"治心"论与"道统"论；前者诉诸自我意识，后者主张信仰主义。直截了当地说就是只要你内心认为封建名教礼法是神圣的，你就会遵循它，你就不会有不自在的感觉。从尧、舜、周公、孔子一直到韩愈，均显示了儒学前后相继的发展过程，儒学认为这种信仰的力量会使人的精神得到解脱，从而提高人们的自觉性。创造一个没有上帝，但使人信仰并由此产生力量的新宗教，或称之为儒教，在韩愈的思想中有此迹象。后来的事实证明儒学在中国并没有形成宗教，这是唐代儒学的一个特征。

早期儒学与"人"的观念相联系的重民、爱民思想在唐代有所发展。杜甫、白居易等杰出诗人大都受到儒家思想影响。如白居易把孟子所谓的"穷则独善其身，达则兼善天下"作为座右铭，并说："就'六经'言，《诗》又首之。何者？圣人感人心而天下和平。感人心者，莫先乎情，莫始乎言，莫切乎声，莫深乎义。"（《与元九书》）他总结了自《诗经》以来的现实主义文学创作经验，特别推崇杜甫。杜甫以"儒家"自命，在《自京赴奉先县咏怀》中说出"朱门酒肉臭，路有冻死骨"这样的名句，显然是从孟子所谓的"庖有肥肉、厩有肥马；民有饥色，野有饿莩"脱胎而来。他发展了孟子的民本思想，集中表现在《新安吏》《石壕吏》《潼关吏》和《新婚别》《垂老别》等杰出诗篇中。如《无家别》的最后两句是："人生无家别，何以为蒸黎？"对黎民百姓的流离失所寄予了深切的同情，同时为统治者将失去人民而忧虑，忧国忧民的心情交织在一起，愤然吟出了这样的诗句。而站在统治者的立场上对人民表示同情，正是儒家重民、爱民思想的本色。杜甫的诗被称为"诗史"，在于真实地反映了安史之乱时人民的生活情景，其中，透露出的恰恰是"人饥己饥，人溺己溺"的儒学气息。

唐代儒学的再一个特征，就是它与自然科学的结合。唐代是一个比较开放的社会，在学术方面发展了早期儒家的"和而不同"的思想，并吸取了当时世界的文化成果。其例不胜枚举，这里只举一例说明，当时孙思邈的医学思想，就具有这样的时代特色。在治病救人的职业道德方面，他注意撷取各种文化成果中的人道主义精神，总结出这样一段令人感佩的经验之谈："凡大医治病，必当安神定志，无欲无求，先发大慈恻隐之心，誓愿普救含灵之苦。若有疾厄来求救者，不得问其贵贱贫富，长幼妍蚩，怨亲善友，华夷愚智，普同一等，皆如至亲之想；亦不得瞻前顾后，自虑吉凶，护惜身命。见彼苦恼，若己有之，深心凄怆，勿避艰险、昼夜、寒暑、饥渴、疲劳，一心赴救。无作功夫形迹之心。如此可为苍生大医，反此则是含灵巨贼！"（《备急千金要方·序例·大医精诚》）在这种救死扶伤的人道主义精神里，既有儒家的恻隐之心，又有道家的无欲无求，还有佛家的大慈大悲。在孙思邈精湛的医术中,也有吸收外来文化的印迹。如"四大不调"的病因说,是印度的一种病理学说。孙思邈从佛经中吸取其说,认为"地、水、火、风和合成人"(《备急千金要方·序例·诊候》),四大元素在人体中不协调就会生病。在医学理论方面,他指出:"天竺大医耆婆云:'天下物类皆是灵药。'万物之中无一物而非药者,斯乃大医也。"(《千金翼方·药录纂要·药名》)这种思想具有开拓性,极大地丰富了我们所用药物的品种与来源,在中国医学发展史上占有重要地位。

再如艺术方面,中国绘画在唐以前以线条为主,从吴道子开始将凹凸法渗入人物画中,山水树石亦别开生面。这种凹凸派画法起源于印度,后经西域传到中国中原地带。总之,早期儒学"和而不同"的思想促进了中外文化的交流,推动了唐代科学文化的发展。

## 五、宋明儒学(理学)的两重性

宋明儒学的表现形态是理学。理学是中国封建社会后期的统治思想。理学以儒学内容为主,同时吸收了佛学和道家思想,是在三教融合、渗透的基础上孕育、发展起来的。理学的出现表明儒家经学笺注的没落,需要有新的学术思想。它主要讨论"性与天道"的哲学问题,而旁及文化的各个方面。

理学的思想影响从11世纪到17世纪,历时700年之久。"天理"成为理学的基本范畴。

我们能看到,当有些著名的理学家离开关于"天理"的说教,而论述治学问题的时候,他们发展了早期儒学重视人的独立思考、兼综百家和重视文化遗产研究的传统。有些理学家,如朱熹就是大学问家。他注解《四书》,训释了《易》(《易本义》《易学启蒙》)《诗》(《诗集传》)《礼》(《仪礼经传通解》),根据《春秋》义法著《通鉴纲目》,命学生蔡沈著《书集传》,这部大著成为元、明、清三代的官书而大量印行,且远传海外。他还注解和编辑了北宋理学家的著作,如周敦颐的《太极图·易说》《易通》,二程的《程氏遗书》《程氏外书》,张载的《西铭》;编辑北宋理学家的语录六百多条为《近思录》,又编辑了《名臣言行录》《伊洛渊源录》《家礼》《小学书》,还著有《楚辞集注》《韩文考异》《参同契考异》等书。黄干说他"至若天文、地志、律历、兵机,亦皆洞究渊微"(《黄勉斋先生文集·朱子行状》),这虽是溢美之辞,但朱熹的学术兴趣广泛,包括他对自然科学做过研究,且有不少精湛见解,是可以肯定的。朱熹在研究文化遗产时,非常注重独立思考。他说:"读书无疑者,须教有疑;有疑者,却要无疑;到这里方是长进。"(《朱子语类·读书法》）足见他反对盲从迷信。还要提到，朱熹的《易》学著作，对有些范畴、概念的分析精细入微，表明理学在吸收佛学的基础上理论思维发展的深度。

宋明理学中的心学一派也很注重独立思考，如陆九渊的"六经注我"、陈献章的"以我观书"都说明人不要做书的奴隶，书要为人所用。心学派有把"心"的作用夸大到绝对的毛病，但不能因此便否定他们关于独立思考的论点。王守仁的"致良知"说把道德化的主观意识夸大为世界的普遍规律，这种观点与世界的本来面目并不相符，但是王守仁的这种观点却包含强调人的主体意识的因素，而他对人的主体活动之分析，提出了许多有理论意义的命题。后来有些思想家对此加以吸取改造，强调人的理性作用和独立思考，反对封建专制，在历史上产生过积极作用。明代后期王学一派中也有人主张独立思考，大胆提出问题。如江右学派胡直在《困学记》中说："反复而绎之，平心而求之，不敢徇近儒，亦不敢参己见。久之，于先儒终不能强合，其疑有四。于近儒亦不能尽合，其疑有三。"有疑才有进步，提出问题才能解决问题，这是科学的态度。清初王夫之、顾炎武、黄宗羲等都是具有创新精神的大思想家和大学者，尽管他们并不是理学家。

同时还应看到，儒学的经邦济世思想和"国格"观念，在一些政治家和志士仁人身上（他们并不都是理学家）发出了光芒。如王安石就是一位经邦济世的大政治家，他主张打击豪族地主对于土地的掠夺兼并，试图从他们手中夺取劳动力归皇权直接控制，从而实行他所幻想的"周礼"古制。他的一系列改革措施，如"去重敛，宽农民"等，在客观上有利于农民和其他小生产者。为了培养贯彻执行新法的人才，他改革传统的以诗赋取士的烦琐的笺注经学，采用经义策论试士，使学者"务通义理"，懂得怎样处理国家和政府的事务。这样，义理之学就取代了笺注之学，形成了宋代学术的新风气。文天祥则是一位为国捐躯的仁人志士，他在被囚禁的土牢里写过一首气壮山河的《正气歌》，表现了视死如归的崇高民族气节。他被杀害后，人们收殓他的遗体，发现衣带中有一张纸条，上面写着"孔曰成仁，孟曰取义，惟其义尽，所以仁至"。后来的许多民族英雄如收复台湾的郑成功、焚烧鸦片的林则徐等，也都具有这种庄严的"国格"观念，不愧为"中国人的脊梁"。不过，要指出，文天祥的爱国思想不能完全归结为儒家思想的熏陶。他关于"物理"的论述，强调自然界运行不息；对理学常用范畴"诚"与"敬"的改造；等等，均说明他具有清醒的理性主义，这是他爱国思想的理论基石。

## 六、几个值得思索的问题

综上所述，可以看出中国儒学随着历史的演进而发生变化。从这些变化中，我

们不能不思索这些问题:

(1) 中国儒学开创者——孔子的思想,着重从道德学、伦理学意义上探讨"人"的价值,人的完善及其手段;人的家庭,人的各种社会关系;人的智慧,人的义务等等,这些表现出作为儒学开创者的孔子在中国古代思想史上的重要贡献。中国传统思想文化的核心就是关于人的完善、人的义务(缺乏权利观念)的思想。这种思想的内容是具体的,在历史上是发展变化着的。因此,我们不能在通常的抽象意义上去理解它,而应做辩证的考察,赋予它具体的历史含义。也就是说,每一历史阶段的关于人的完善和义务的思想,都具有相对和绝对的两重性。相对性是指每一特定历史阶段关于人的完善和义务的思想,它总是同该时期的具体历史条件、历史特点相联系着的;离开这些条件和特点,该时期关于人的完善和义务的思想就难以确定。同时,每一特定历史阶段关于人的完善和义务的思想,又是整个历史长河中关于人的认识链条中的一个环节和组成部分。整个链条是通过前后相接的环节体现出来的,而特定历史阶段的认识则表现着历史长河的基本趋势,这就是关于人的完善和义务思想之绝对性所在。中国古代儒学正是在这种绝对性和相对性的辩证统一中发展变化,构成中华民族古代文化中的一个重要的组成部分。只有在儒学发展的绝对性和相对性的辩证统一中才能看到它的作用。

(2) 中国儒学思想既有珍品,也有一些劣品。要了解中国的国情、中国的文化传统、中国的民族性格,就需要了解、研究长期影响过我国历史文化的儒学思想。其次,一种社会意识形态,当它近似地反映了客观规律的某些方面,且具有一定科学形态的时候,它本身就是相对性和绝对性的辩证统一体。从绝对性因素的方面说,它所揭示的一些真理的例子并不会消失,而后人只能在这个基础上前进和发展。比如孔子阐述的"和而不同""己所不欲,勿施于人"的观点,"学而不思则罔,思而不学则殆"的教育观,以及早期儒家探索"人"的价值所走过的历史印迹等,不但中国的社会主义精神文明建设需要研究它们,而且世界文化也需要它们。世界各国的朋友都在引用孔子所说的"有朋自远方来,不亦乐乎",且赋予学术交流新义,就足以说明儒学中具有有生命力的理论思维。至于儒学中与现代化生活和观念相抵触的思想观点,也要做深入的研究,这样才能懂得前人在探索真理的过程中曾经走过不少的弯路。

(写于 2017 年)

# 陕西文化的深层结构

肖云儒：著名文化学者。曾任中国文联委员、陕西文联专职副主席、陕西文艺评论家主席，国家和省级有突出贡献专家，享受国务院津贴。现为陕西省政府参事（文史馆员），西安交大特聘教授。被国新办授予"丝绸之路文化宣传大使"称号。

共发表作品50部、600万字。获得中国当代文学研究成果奖、中宣部"五个一工程"奖、中国图书奖、广电部"星光奖""冰心散文奖""陕西文艺终身成就奖""陕西文艺评论特等奖"等奖项20多个。

**摘　要**　本文从"一""二""三"3个哲学和思想文化层面的数字入手，解读陕西文化。"一"，从认识论的角度看，陕西文化自古重视整体性和统筹性思维，倾向于浑一的、纯一的、全局的认知和把握世界。"二"，从发展论的角度看，陕西文化贯穿着一个"二"字，即二元互补思维。在二元互补、两极震荡中实现发展进步。"三"，从创造论角度看，"三"即第三范畴、新阶范畴，陕西文化重视新阶段、新平台上的新范畴，也就是重视创新发展。

陕西文化在历史上有四次大的发展，长安又位居14朝古都的中心地位，这使得它在相当长的时期内成为中华文化的源头和中心之一（袁行霈）。在中华文化总格局中，陕西文化相当程度上具有源基性、全息性和融汇创造性。我们谈中国文化，不能不谈陕西文化。而谈陕西文化，又必然在许多重要方面全息着中华文化。

今天谈陕西文化的深层结构，我想从"一""二""三"3个哲学意义层面和思想文化结构层面上的数字来介入。"一"，是认识论的角度，"二"是发展论的角度，"三"是创造论的角度。

## 一、陕西文化自古重视整体性和统筹性思维，有浑一的、纯一的、全局的认知和把握世界的气魄

### （一）认知思维源基于一

老子在陕西楼观台和秦岭一带讲《道德经》，道生一，一生二，二生三，三生万物的观念融入陕西的认知思维。

### （二）生态思维三位一体

陕西文化以秦岭，尤其是以终南山为凝聚点，认为秦岭、终南山既是生态之山，又是文化宗教之山、政治之山，三山聚首，三山合一。老子在楼观台宣讲《道德经》时说："道丧世丧，道兴世兴，世与道交相丧矣。"——就是说社会、心灵和自然三种生态系列最后归聚于一。

土与金木水火相杂，以成万物，金木水火土又归于一，归于土，归于大地。《诗经·甘棠》呼吁不要砍伐甘棠树，因为这是开国周公召伯所栽。一位贤达之人和一棵美丽之树相互比照，人的生态与自然的生态相得益彰。

美籍华人学者黄仁宇指出，秦统一中国，改变沿黄河各小国因争水源而不断爆发战乱的局面，且统一分配黄河水可以促进和谐。这里生态问题就是社会问题，就是文化问题，是三合于一的。

### （三）文化思维融聚于一

秦朝致力于将各国的地域性文化统摄于一，从"书同文字"入手，将前朝典籍分为毁、留、扬、藏四类，保留、弘扬有利于统一的文献。到了汉代又独尊儒术。唐文宗时，拓制《开成石经》《五经正义》巨型碑石群作为范本，以规范儒学经典。还统一编绘了地图《华夷图》和《禹迹图》，有了统一的疆域全图。唐代聚合诗坛，使之与科举结合，构建了市井文化与庙堂文化合一的文坛。

### （四）历史思维归为一体

作为国都所在地，陕西历来提倡"历史百态，终为一体"的大历史思维。《史记》开创了大历史观的史书体例，第一次将社会现象和自然现象结构为一体，第一次从世界史的角度写华夏，第一次把历史主角由政治家扩大到农民起义者、刺客游侠、商贾郎中甚至是占卜者等族群，体现了"一"的格局和思维。

### （五）民族共处多元汇一

周代吸收了商羌各族文化的精华，以为我用。由多到一，形成了以周天子为共主的部族大联盟。又建构了以德为基础、礼为秩序、乐行和合的统一的文化结构，使中华民族多元文化凝聚于一，成为世界少有的不唯血缘而重文化皈依的民族（梁启超）。

### （六）国家管理统一为上

秦统一六国最后是在陕西完成的，秦创造、建构了郡县制的多级行政管理体系，以保证统一国家的运行。建立了适应这个管理体系的各类标准件，如书同文、车同轨、度同量、易同币和行同伦，使之制度化、法规化、风习化，以保证统一绵亘万代。

秦汉唐大兴土木，广纳移民，建设长安。京城独大，便于聚合各方，统一管理。

## 二、从发展论的角度看，陕西文化贯穿着一个"二"字，即二元互补思维。在二元互补、两极震荡中实现发展进步

### （一）二进位制在《周易》中首创

17世纪德国莱布尼兹发明了二进位制的数学体系和最早的原始计算机，他声明这是受到了中国易图的启发，并将发明权归于中国。英国学者李约瑟在《中国科学技术史》中介绍了这件事，并将中国易图和莱布尼兹当年求索的中国易图两相比较。应该说，二进位制是古代中国的一项世界级发明。这种阴阳互动、一分为二，一至二进位的思维，贯穿在陕西的文化之中。

### （二）两区

游牧文化区与农耕文化区在陕西并存。秦的历史实际上是将东夷、西戎的游牧生涯，与关中地区的神农、后稷的农耕生存相融合，由"奔马"形象变为"耕牛"形象的历史。一动一静，互补共进。

### （三）两河

中华文明是典型的两河文明结构，这种结构的交汇点和分界线就在陕西，在秦

岭。中国的两河文明不同于古巴比伦的两河文明。长江、黄河是横向远距同流类型，长江发源于唐古拉山，黄河发源于巴颜喀拉山，走出高原之后，变相揖而别，拉开了南北距离。最远处南北相距两三千千米，最近处也有四五百千米。这种极大的空间差异，造成气象、物象、人类生存自成体系的不同色彩，演变成了中国历史的上半部和下半部。

陕西是中华文明两河结构的分隔之地和荟萃之地。黄河、长江两大流域在这里相聚于秦岭，长江、黄河几条最大的支流，渭河和洮河，汉江和嘉陵江都发源于秦岭。

习近平总书记考察秦岭时指出："秦岭和合南北，泽被天下，是我国的中央水塔，是中华民族的祖脉和中华文化的重要象征。"他从秦岭的山系和水系出发，定位了陕西文化融汇中华文明的巨大功能，概括了三秦生态文明和陕西历史文化的特色和重要性。

河流发展的时间差异，使中国历史呈现出四分之二拍子的节奏，南—北、南—北，江—河、江—河，分—合、分—合，这使中华文明永续不断，成为世界古文明中至今仍充满活力的文明。

### （四）两手

在文明的建构和积累上，陕西文化自古以来兼顾人文、科技，两手抓，两手并重。这为全民族全面系统的文化积累和传承开了源、奠了基。人文典籍的书写、记录、整理、提升不细说了。这里是萌易、布道、立儒、融佛之地，是许多关涉全局的文化原典建构之地。有着六经、史记、唐诗、关学等可以彪炳史册的人文成果。

陕西历史上科技文化方面的成就，宣介评价历来不够到位，其实在陕西文化流脉中，人文与科技一直是棠棣之花，同样鲜丽。

战国到秦汉唐的郑国渠等水利工程建设；唐代、明代的长城修茸；秦汉唐庞大的宫殿群和陵墓群即地上、地下宫殿建筑群的设计、营构；世界一流的汉唐都城规划建设；数以千计的佛寺道观建筑，都是全人类的文明成果，许多进入了世界文化遗产序列。

科技方面，有蔡伦的造纸术，中国纸随古丝路传遍欧亚，改变世界文明进程；宋代任职于陕西的沈括，在《梦溪笔谈》中记载了发现于陕北的中国最早的石油和煤炭；还有风行一时的耀州古瓷工艺；明崇祯时，陕西人王徵所著的《新制诸器图》，记录了他创造发明的汲水器、自动风磨水磨、自行车、代耕器和武器连弩，体现了机械解析性和系统性的科学思想在中国的发展,是我国古代由单个机械发明走向系统"机械学"迈出的重要一步,他整理出版的《远西奇器图说最》是我国介绍西方科技的第一部著作。

### (五)两路

交通是文明的动脉。陕西自古以来都发挥着其首都的重要功能,精心建构了南北两路、东西两路、陆海两路,辐射全域内外。从秦代始,秦直道、秦驰道辐射全国。秦汉以降,丝路由戈壁、草原伸向西域;古道,茶马古道、天竺道,以及陈仓道、子午道、傥骆道、荔枝道,连接南方和北方两个丝路网络。伸向海滨的渤海道、安东道、海夷道等古道,组构为早期的海上丝路,通向东北亚、东南亚。

大量的物流、人流、文化流通过丝路古道繁荣着三秦和全国的经济文化。中华民族的四大发明——火药、指南针、造纸、雕版印刷,以及冶金术,从这里传播至世界,许许多多带"西"字、"胡"字、"夷"字的产品和器物也从这里传入中国。西红柿的传入,最早就是由周至人赵崡记载于《植品》一书中。

行进在陆海、南北丝路上的中外先行者和著名人物的故事,千百年来脍炙人口,入史、入文、入戏、入于民心。

### (六)两圈

在空间结构上,中华文明的构成呈现为蛋状形态。可分为中华文化的本土原生圈、繁衍圈和中华文明的海外传播圈、创新圈。前者是蛋黄,是中华文明的核心圈;后者是蛋清,是中华文明的拓展圈。这"两圈"构成了中华文明的空间结构。海外华人的生存社区"唐人街区",形成了点状的海外华人文化圈。我曾去过比如中亚几国东干族即华裔族群社区,其中有不少陕西村。他们说中国话,吃中国饭,行中国风俗,热衷于与中国本土交往,被誉为现代丝路的桥墩,是为"一带一路"打前站的人。

长安的东市、西市,也已经形成了中华文明的世界性景观。

除了经济社会交流,两路还通过文化艺术、生活习俗和宗教信仰的传播,形成瑰丽的文化交汇景观。佛教及祆教、摩尼教的传播,在中土生根开花。一些域外诗人能娴熟地掌握格律,创作汉诗。汉诗远播域外,"诗随过海船",形成中华诗歌的海外传播圈。贾岛的《哭孟郊》诗远传异域,白居易的诗更在日本、新罗各国盛传。日本当时的《白氏文集》竟有 70 卷之多。证明了中华文化圈的海外传播力度和幅度很大。

## 三、在中国文化发展的轨迹中，三秦文化以创新引领整个民族的发展

三秦文化常常与陕西长期是京城所在地有关系，但更深的原因，乃是因为陕西文化既重视由一到二、一分为二，形成二元互补互融的新局面，同时更十分重视合二而一，融汇二元对立，产生具有新质的发展平台和发展成果。在这个合二而一过程中产生的"一"，已经不是原来的"一"，而是新平台上的"一"，是"三"了。这个"三"，我们称为第三范畴，或者新阶范畴，是新阶段、新平台上的新范畴，它预示着、激发着、推动着创新的出现。

### （一）炎黄融汇与"一""二""三"

黄帝这个"一"，通过阪泉、涿鹿两次大战，产生了"二"，这就是炎黄联盟，形成了华夏民族的雏形。又通过分封25个族缘诸侯，同时向对手炎帝学习农耕，向蚩尤学习冶炼，便产生了"三"，也就是以农耕文化为基础，熔冶四方的中华文明雏形。

### （二）夏、商、周与"一""二""三"

夏道"尊命"，尊占卜之命、巫觋之命，而远鬼神；殷人"尊神"，事巫尚鬼，先鬼后礼，重巫鬼之意。这里，夏与商是"一"与"二"。"三"是什么？是周，周没有重复"一"与"二"的老路，而是从夏的尊命、商的尊神，即"一"与"二"中走出来，走进了"三"的创新境界。周人尊礼、崇德、尚乐。尊礼，敬鬼神而远之；崇德，德以化礼，使道德形态化、礼教化；礼以化乐，使礼的森严秩序审美化、柔性化。夏、商、周—德、礼、乐，不是一生二、二生三的关系吗？

### （三）秦、汉、唐与"一""二""三"

秦是一，灭六国而国家统一；汉是二，独尊儒而文化统一；唐是三，胡汉融而激发新的活力。

### （四）儒、道、释与"一""二""三"（这里谈的是儒道释精神，不是儒道释信仰）

儒是中国精神的动力系统，中国人精神世界的太阳。它以"善"、以道德来协调社会关系，讲"应该"，追求理想人格，提倡以有为人生奉献社稷，并在这种奉

献中获取人生的幸福。

道是中国精神的平抑系统，中国人精神世界的月亮。它以"真"来协调天与人的关系，讲究"愿意"，追求理想生命，崇尚真实自如地生存。它把圆满天性、天人合一放在很高的位置，主张在天然的生存中获取幸福。

释是中国精神的救赎系统，是中国人精神的云霓。它以"美"，以至美的彼岸世界检视、救赎此岸的人世，追求的是理想境界，崇尚的是"希望"。

儒、道、释，中国精神的日、月、云，三足鼎立，构成中华人格的三维结构。

陕西人班固早在《汉书》中就记载了佛教的传入。佛教传入的内因，一是中国人的信仰文化系统中一直缺少纯粹形而上的一神教信仰，稍显世俗化。需要有更具敬畏感的精神救赎系统以达到信仰世界的平衡。二是随着东、西方经济文化的发展，交流的需求激增，于是在儒道互补"一"与"二"的二元结构中，激生出"三"，即佛教的传入和落地。儒道释，释文化是"三"，是中国文化中的新元素。在儒的实践理性、道的自然理性之上，释给我们增添了心灵的检视、救赎功能。

唐代的佛寺道观达到1681处，佛教的八大祖庭散布在秦岭沿山。佛教在传入中华之后，很快融入中土儒道互补的文化结构中。印传佛典从在大雁塔、玉华宫翻译始就融进了许多道、儒文化语汇和概念，不久更有了不少三教合一的庙观。金代陕西咸阳人王喆即王重阳，创立了道教全真派。"全真"，就是将儒道释看成一个整体，所谓"儒门释户道相通，三教从来一祖风"，是一树三枝的关系。陕西宜君有个"双教窟"，是南北朝时全国唯一一处道释合一的庙观。里面除了佛、道造像并存，还有当地民间信仰中的一些艺术元素，反映了佛文化传入后与本土宗教和乡土信仰相互渗透、激活的多维文化的包容能力。

（五）明—大顺、清—民国、上海—延安与"一""二""三"

前两个"一""二"不能或没有产生"三"，真正具有新质意义的第三范畴是二者阶级及其政党的崭新实践，终于获得了成功，产生了质的飞跃。

（六）天、人、心与"一""二""三"

我们天人合一的自然观，追求人天和谐，以达到乐天知命；厚德载物的社会观，追求人人和谐，以达到乐人知命；中庸平和的心态观，追求人心和谐，以达到乐心知命，这都是深层思维结构中由"一"到"二"再到"三"的绝好例证。

### (七)简易、变易、不易与"一""二""三"

在古人对《易经》纷纭的见解中,我特别青睐汉代郑玄在《易论》中的解释:易者,"三易"也,简易、变易、不易也。我理解简易是中国思维的整体观,宏观整体地把握复杂的对象,简朴浑一地表达错综的事物;变易是中国思维的发展观,变动不居,应时进退;不易是中国思维的本质观,初心不易,原则不让。我想,这怕也印证了"一""二""三"的东方思维结构吧!

上面所谈的陕西文化的深层结构,它的认识论、发展论、创造论,虽然主要着眼于古代,着眼于历史文化,其实它早已积淀为三秦大地的文化心理结构,会在过去、现在、未来长久起到作用。它们为陕西当代的发展铺垫下了思维结构与文化心理上的良好基础。今天,我们认真继承发扬了这些历史文化传统,在新时代陕西发展振兴中发挥作用。

比如在"一"方面,陕西人浓重的故都情结所派生的文化主体意识、统摄全局的思维,十分有利于在中央统一领导部署下想大事、干大事。

在"二"方面,陕西在发挥秦岭和合南北、衔接中西部,通过"一带一路"融汇江河、辐射亚欧方面,早有全局性规划,且动作快、步子大,取得了显著成效。

在"三"方面,致力于在城乡发展中寻找第三范畴、新阶范畴,加力、赋能三秦的特色发展。我们发挥科教优势,创立秦创园、创新港,聚合各方在新阶平台上形成合力,为陕西在新时期的发展提供了新的动力。

(写于 2022 年)

# 马克思农业合作思想的三维阐析：理论内涵、历史探索与新时代实践

王宏波

**摘　要**　依据马克思农业合作思想，结合我国农村农业发展现状，中国农业合作处于并将长期处于兼具集体因素和私有因素的初级阶段，面临同时发挥集体优越性和激发个人积极性的主要矛盾。中华人民共和国成立以来，中国共产党领导广大农民围绕农业合作进行了"人民公社—家庭联产承包责任制—农村集体经济有效实现形式"的模式探索，积累了有益经验。进入新时代，以习近平同志为核心的党中央逐步形成了以农村新型集体经济为主体模式、农民立场与资本逻辑相统一为内在逻辑、"关键少数"领导与"基础多数"作用相协调为中心问题的农业合作新思路，在理论和实践上进一步丰富拓展了马克思农业合作思想。

农业合作是提高农业经营效率、助力全面乡村振兴的重要抓手。2020年7月22日，习近平总书记在吉林省考察时再次强调，要走好农业合作化道路，为我国农业发展指明了方向。马克思农业合作理论是我国农业合作实践的重要指导思想。考察马克思、恩格斯经典文本关于农业合作论述的核心要义，探究马克思农业合作思想在中国的实践进程，对新时代稳妥推进农业合作、走好中国特色乡村振兴道路具有重要的现实意义。

## 一、马克思农业合作思想的理论内涵

马克思、恩格斯在辩证地批判空想社会主义者合作制思想和总结巴黎公社失败教训的基础上，形成了丰富的农业合作思想。这些思想集中体现在马克思《给维·

伊查苏利奇的复信》（以下简称《复信》，包括初稿、三稿和复信）《路易·波拿巴的雾月十八日》以及恩格斯的《〈论俄国的社会问题〉跋》《法德农民问题》《德国农民战争》等论著中。马克思农业合作思想涉及内容广泛，包括小农经济生产方式的特点、小农经济与资本主义生产方式的矛盾、小农经济灭亡的历史必然性判断等内容。其中，农业合作阶段所论及的农业合作初级阶段的二重性思想对我国的农业合作实践具有直接的指导意义。

### （一）改造小农经济的可行方式：农业合作

19世纪中期，欧洲传统小农经济在资本主义生产方式的冲击下逐步破产。在这样的现实情况下，马克思、恩格斯从分析小农经济的生产特点及其政治经济影响入手，揭示了它与资本主义生产方式的矛盾，判断小农经济必然走向灭亡。第一，小农经济排斥社会化大生产方式，难以适应商品经济的发展，更难以继续提升农民的生活水平。"小块土地所有制按其性质来说就排斥社会劳动生产力的发展、劳动的社会形式、资本的社会积聚、大规模的畜牧和科学的不断扩大应用。"第二，小农经济必然导致社会关系的原始化和政治专制，难以满足资本主义生产方式对于社会、政治环境的要求。马克思、恩格斯以"一袋马铃薯"为喻，指出小农经济使农民力量分散，难以形成维护自身利益的真实阶级，终将导致政治专制。"他们的代表一定要同时是他们的主宰，是高高站在他们上面的权威……归根到底，小农的政治影响表现为行政权力支配社会。"由于落后的小农经济从各个方面都难以适应发展了的资本主义生产力，马克思判断得出，"我们的小农，正如任何过时的生产方式的残余一样，在不可挽回地走向灭亡。"

出于将更广泛的农民吸纳进无产阶级革命队伍的考虑，马克思、恩格斯指出，不能期待小农在经过资本主义冲击破产后再接受改造，而要将他们与"大土地所有制"一同纳入社会主义改造范畴。"如果我们要等到资本主义生产发展的后果到处都完全显现出来以后，等到最后一个小手工业者和最后一个小农都变成资本主义大生产的牺牲品以后，才来实现这个改造，那对我们是没有好处的。"马克思、恩格斯提出，应通过农业合作改造小农经济，将私人生产和占有变成合作社的生产和占有，"以便在这种合作社内越来越多地消除对雇佣劳动的剥削，并把这些合作社逐渐变成一个全国大生产合作社的拥有同等权利和义务的组成部分"。

## （二）农业合作的发展阶段及其基本特征

根据社会不同发展阶段的生产力状况，马克思、恩格斯阐明了农业合作的两大阶段及其基本特征，绘制了农业合作由准公有制到完全公有制、由初级到高级的进阶路线。

第一阶段是承认生产资料私有制的农业合作初级阶段。这是向小农经济作出的暂时妥协，是实行个体产权基础上的生产联合的过渡阶段。土地所有权是个人独立的基础，它也是农业本身发展的一个必要的过渡阶段。对于痴情迷恋着小块土地占有权的小农来说，这一阶段的农业合作以大规模的合作生产和典型示范为主。恩格斯指出："至于在向完全的共产主义经济过渡时，我们必须大规模地采用合作生产作为中间环节。"恩格斯对此做了更为具体的设计，提出了农业股份合作的雏形。他说："应当把自己的土地结合为一个大田庄，共同出力耕种，并按入股土地、预付资金和所做出劳动力的比例分配收入。"

第二阶段是实现生产资料公有制的农业合作高级阶段。马克思、恩格斯认为，承认小农个体产权只是从私有到公有的必要过渡，在生产力足够发达后，完全公有的农业合作将成为现实。土地国有化将彻底改变劳动和资本的关系，并最终消灭工业和农业中的资本主义生产方式。只有到那时，阶级差别和各种特权才会随着它们赖以存在的阶级基础一同消失。

## （三）农业合作初级阶段的二重性及其双向作用

马克思仔细考察了俄国农业公社的发展状况，认为俄国农业公社处于兼具私有因素和集体因素的农业合作初级阶段，这种二重性在赋予农业公社生命力的同时也隐含着难以调和的内在矛盾。

一方面，农业公社固有的二重性赋予其强大的生命力。俄国农业公社通过土地、房屋、产品在集体和私人间的合理配置，保障了集体与私人的利益，从而使公社具备天然的生命力。公有制以及公有制所造成的各种社会联系，使公社基础稳固，同时，房屋的私有、耕地的小块耕种和产品的私人占有又使那种与较原始的公社条件不相容的个性获得发展。这是公社在资本主义制度中幸存的关键。

另一方面，农业公社的二重性也成为公社解体的根源。公社固有的私有因素集中表现在它保留了私人占有产生的根源——小块地劳动，这是牲畜、农奴等私有动产积累的基础条件。撇开敌对环境的一切影响不说，仅仅从积累牲畜开始的动产的逐步积累（甚至有像农奴这样的一种财务的积累），动产因素在农业本身中所起的日益重要的作用以及与这种积累密切相关的许多其他情况，都起着破坏经济平等和社会平等的作用，并且在公社内部产生利益冲突。随着这种冲突的日益激化，公社内部逐步分化，耕地向少部分社员集中，公有耕地、森林、牧场、荒地逐步变成私有财产，公社走向解体和私有化。

### （四）农业合作初级阶段的共产主义前途

农业公社固有的二重性使得它只能有两种选择，要么是它所包含的私有制因素战胜集体因素，要么是后者战胜前者。预先来说，两种结局都是可能的，但是，对于其中任何一种，显然都必须有完全不同的历史环境。以俄国农业公社为代表的农业合作初级阶段兼具集体和私有两种因素，只有在实现无产阶级专政的基础上扬弃自身的二重性，才能通往共产主义。

马克思、恩格斯分析了俄国公社过渡到共产主义的可能，指出公社的土地公有制、农民的劳动组合习惯及其资本主义带来的机器生产等物质条件成为公社不必解散就可以获得新生的基础条件。马克思在《复信》中指出："利用这些积极条件，实现这种非暴力过渡的前提在于排除各个方面的破坏性影响，这种农村公社是俄国社会新生的支点；可是要使它能发挥这种作用，首先必须排除从各方面向它袭来的破坏性影响，然后保证它具备自然发展的正常条件。"恩格斯在《〈论俄国的社会问题〉跋》中明确了"排除破坏性影响"的实质内容，即"要想保存这个残存的公社，就必须首先推翻沙皇专制制度，必须在俄国进行革命"。显然，恩格斯认为要经由俄国公社过渡到共产主义，必须首先满足无产阶级夺取政权这一前提。然而，对于实现无产阶级专政之后的初级农业合作的发展，马克思、恩格斯并没有做过多的设想和论述，但毋庸置疑的是，只有实现集体因素和个人因素的有效结合，扬弃自身的二重性，农业合作初级阶段才能逐渐走向共产主义。

## 二、我国农业合作实践的矛盾状况与历史探索

根据马克思农业合作思想和中国农村的现实生产现状，我国农业合作处于并将长期处于兼顾集体因素和私人因素的初级阶段，这一阶段的主要矛盾是发挥集体优越性与激发个人积极性之间的矛盾。

## （一）我国农业合作的阶段判断及其主要矛盾

马克思、恩格斯对农业合作两大阶段的阐述分别对应着社会主义社会和共产主义社会发展农业合作的内容。我国处在以公有制为主体、多种所有制经济共同发展的社会主义初级阶段，生产力发展水平尚未达到彻底消灭私有制的程度。特别是农村生产力的发展依然十分有限，"我国发展最大的不平衡是城乡发展不平衡，最大的不充分是农村发展不充分。"在这一阶段，农业合作的主要矛盾是扬弃初级阶段的二重性，实现集体优越性和个人积极性的完美结合。习近平总书记指出："社会主义制度优越性在农村经济上的体现，应该是集体优越性和个人积极性的完美结合。"这集中体现在消解集体产权、组织收益的分配悖论上。

一方面，如果单纯地注重提升个体积极性，分解集体产权，势必会削弱集体组织的实力。自身利益最大化的目标导向决定了个体农户会不断追求产权的完整化与体系化，从个人产权虚置到拥有经营权再到拥有使用权的集体产权分离过程已经佐证了这一论断。由于农户个人产权，尤其是土地权利在很大程度上是从集体产权的分解中实现的，因此，农户个人产权的不断扩大在一定程度上意味着集体产权的分化甚至私有化，这无疑会动摇集体生存的基础。另外，伴随着农户个人产权的不断扩大，个人动产和积累的不断增加，势必会产生集体内部冲突，一旦冲突激化，就可能导致集体的最终解体。

另一方面，若一味注重发挥集体优越性，提升集体实力，则将导致产权的集中和虚置，消解个体的积极性。对集体产权特别是集体所有权的坚守和集中是保障集体利益和发挥集体优越性的制度安排，然而在没有充分的监督和约束下，有可能无法准确把握产权"集中"的度，甚至使经济权利逐步扩展到政治、生活领域，最终使得个体农户成为无差别的虚置产权拥有者。农民个人产权无法落实，就容易导致生产、分配环节的权、责、利不明，个体付出无法在分配中得到直接体现，最终导致集体组织的低效率。

## （二）化解我国农业合作主要矛盾的历史探索

新中国成立以来，中国共产党领导广大农民围绕农业合作主要矛盾在不同历史时期的具体变化进行了相应的模式探索，积累了实践经验。

第一，以农业集体化为内涵的人民公社模式。这一阶段矛盾的主要方面是"最大限度发挥集体优越性"，具体问题是在计划经济体制下建立以土地集体所有为核心的公有制度，促使小农经济向集体经济转变，助力社会主义三大改造的完成。

这一时期我国农业的集体化道路与苏联大体相似，在实践中推行农业全盘集体化，实行以人民公社为代表的高度集中的农业合作模式。这种模式对在落后生产力条件下发展农业合作具有一定的意义，但严重地打击了农民个体的生产积极性，制约了生产力的发展。由于对我国农村生产状况和农业合作阶段不切实际的判断，人民公社的模式探索最终走向失败。但客观而言，也形成了一些有益思想，为后来的农业合作发展提供了经验教训。一是承认"农户私有权益"基础上的产权联合。毛泽东在《新民主民主论》中提出："在耕者有其田的基础上所发展起来的各种合作经济，也具有社会主义的因素。"二是提出了逐步过渡、循序渐进的农业集体化发展思路，确定由互助组初级合作社、高级合作社、人民公社组成的农业合作道路。三是通过民主商议实现国家、集体和个人的利益结合。毛泽东指出："反对自私自利的资本主义的自发倾向，提倡以集体利益和个人利益相结合的原则为一切言论行动的标准的社会主义精神，是使分散的小农经济逐步地过渡到大规模社会主义集体经济的思想的和政治的保证。"

第二，以农业市场化为导向的家庭联产承包责任制模式。在改革开放的时代背景下，如何顺应市场经济发展、调动个体农户积极性成为这一阶段矛盾的主要方面。邓小平同志创造性地提出了"社会主义初级阶段理论"，分析了农村改革从传统的"产品经济+计划经济"道路向商品化、市场化道路转变的科学性，确定了农业合作与社会主义市场经济结合发展的基本方向。最为重要的是，他肯定了"包产到户"的积极作用，鼓励通过集体所有权和承包权的两权分置调动农民的积极性，建立以家庭承包责任为基础、统分结合的双层经营制度。

然而由于理论和实践中的"重分轻统"现象，"小生产"弊端和农村规模化经营的矛盾日益突出，集体作用逐步走弱。对此，邓小平同志提出了著名的"两个飞跃"思想，设想在家庭承包经营的基础上推动适度规模经营，重振集体经济。"中国社会主义农村的改革和发展，从长远的观点看，要有两个飞跃。第一个飞跃是废除人民公社，实行家庭联产承包为主的责任制；第二个飞跃是适应科学种田和生产社会化的需要，发展适度规模经营，发展集体经济。

第三，以农业现代化为目标的农村集体经济有效实现形式的探索。这一时期农业合作的主要目标是在继承发展家庭联产承包责任制上完善统一经营，探索农村集体经济发展新模式，推动"劳动联合和劳动者的资本联合"，促进"集体优越性和个人积极性的完美结合"，助推农业现代化。

江泽民同志分析了"劳动联合和劳动者的资本联合"的集体经济新特征，在党的十五大报告中提出：以"劳动者的劳动联合和劳动者的资本联合为主的集体经济，尤其要提倡和鼓励。"党的十七大报告直接提出探索集体经济有效实现形式的任务和方向。探索集体经济有效实现形式，发展农民专业合作组织，支持农业产业化经营和龙头企业发展。十七届三中全会通过的《中共中央关于推进农村农业改革发展若干重大问题的决定》进一步指出，农村改革发展的主要任务是加快中国特色农业现代化，同时确定了家庭经营的集约化发展方向和统一经营的组织化发展道路。此外，这一阶段还提出了"经营权流转""企业农户合作""建议农业社会化服务组织"等具体措施，为同时发挥集体优越性和激发个人积极性作出了积极尝试。

综上，以人民公社为代表的农业合作实践在一定程度上发挥了集体优越性，却因集体产权过分集中、个人产权缺位打击了农民个体的生产积极性；家庭联产承包责任制通过两权分置，极大地促进了我国的农业生产，却因其"小生产"弊端而难以适应农村规模化、市场化、现代化的发展要求。由此，继续探索农村集体经济发展新模式、化解发挥集体优越性和激发个人积极性的矛盾就历史性地成为新时代农业合作的实践任务。

## 三、新时代践行马克思农业合作思想的现实路径

伴随着中国特色社会主义事业进入新时代，以习近平同志为核心的党中央逐步形成了新时代中国农业合作实践的新思路，即在中国共产党的领导下，以实现农业农村现代化和全面乡村振兴为目标、以巩固和完善农村基本经营制度为基础、以承包地三权分置和股份合作为主要手段，发展农村新型集体经济，不断实现、维护和发展农民利益。

### （一）主体模式：在巩固和完善农村基本经营制度中发展新型集体经济

从"两个飞跃"思想到以"劳动者的劳动联合和劳动者的资本联合为主的集体经济"，再到"农村集体经济有效实现形式"，中国共产党逐步明确了深化农业合作实践的基本方向，即探索中国特色社会主义市场经济条件下的集体经济新模式。新时代，以习近平同志为核心的党中央提出"发展新型集体经济""要把好乡村振兴战略的政治方向，坚持农村土地集体所有制性质，发展新型集体经济，走共同富裕道路"，进一步明晰了农业合作的主体模式内涵。

农村新型集体经济是在家庭联产承包责任制基础上建立的，以集体所有制为前

提、股份合作为主要产权结构的产权明晰、统一经营的现代经济组织形式。它既能实现、维护和发展好个人利益，又能保证集体持续稳固地发展，是扬弃集体经济初级阶段二重性、实现集体优越性和个人积极性的合理选择。一方面，农村新型集体经济实行集体所有制前提下的股份合作，是实现集体与个人利益合理分配的有效制度安排。产权是一种权利，是明晰权责关系的制度基础。产权多元叠加是释放经济活力的重要条件。农村新型集体经济坚持集体所有与承认个体产权相结合。其中，集体所有是实现集体利益的根本保障，它不仅赋予集体获得公共积累的权利，还能够促进集体权威的形成，从资金和组织两个方面有效避免个体因私利而"合谋杀死下金蛋的母鸡"，保证集体持续稳固地发展。习近平总书记多次强调："不管怎么改，都不能把农村土地集体所有制改垮了，不能把耕地改少了，不能把粮食生产能力改弱了，不能把农民利益损害了。"承认个人产权，并将此作为明晰个体权、责、利边界的依据，是激发农户积极性的重要源泉。承认个人产权包括承认从集体产权中分解出来的个体部分（如土地承包权、经营权），也包括承认完整的个体产权部分（如股份合作公司中的私人资本、技术、固定资产等），这成为个体获取利润分红的法权依据。另一方面，农村新型集体经济倡导家庭承包基础上的统一经营是形成规模效应、增进集体和个人利益的主要手段。农村新型集体经济通过家庭承包基础上的统一经营，能够有效解决小规模农户与现代农业发展脱节的现实问题。其中，家庭经营主要承担增加技术和资本的投入，提升其专业性、技术性，进而推动集约化生产的任务；统一经营重点发挥服务组织功能，为建立集体、农民、企业、政府的利益关联机制提供平台，提升农业市场竞争力。

发展农村新型集体经济与建设家庭农场、农民合作社、农业社会化服务组织等各类新型农业经营主体和服务主体相辅相成。其中，新型农业经营主体的形成是以追求自身经济利益为目的的市场导向结果，新型集体经济则是体现社会主义本质、发挥集体优越性的重要经济载体。壮大新型集体经济是坚持农村土地集体所有制的重要保障与实现途径，壮大的新型集体经济也是防止农村土地私有化的经济实体与经济基础。当前，一些地区进行的整村土地流转、集体土地股份合作社建设等运作模式的尝试，将农村新型集体经济与新型农业经营主体建设有效地结合起来，是协调集体优越性与个人积极性的有益尝试。

### （二）内在逻辑：农民立场与资本逻辑相统一

农村新型集体经济的本质是在中国特色社会主义市场经济条件下进行集体资本

运营。资本是自然属性和社会属性的集合体，决定了农村新型集体经济在进行集体资本运行时必将面临两种价值逻辑。一是适应社会主义市场经济的资本逻辑，即集体资本不断增殖的逻辑。资本与市场经济相连，资本是一种客观的存在，只要市场经济存在，企业作为市场经济的活动主体存在，就必然存在着资本现象。资本的一般、自然属性表现为资本逻辑，是资本在市场交易中基于价值规律而追求利润和价值增值最大化的规则，是集体资本运行要遵循的首要经济规律。这就要求农村集体资本的投资、运作、经营要遵守等价交换、供求平衡、价格机制等规律，以最小投入获得最大产出。目前，我国农村推进的"资源变资产、资金变股金、农民变股东"的三变改革就是顺应资本逻辑的重要举措。二是突显社会主义原则的"农民立场"，即以农民作为资本运作和收益的社会主体，实现农民的根本利益。资本的运行收益主体决定了资本的社会属性。在资本主义社会，资本的社会主体是无偿占有工人剩余价值的资本家，资本表现出"剥削""吃人"的本性。在以公有制为基础的社会主义社会，公有资本运行和收益的主体是广大人民群众，体现出"以人民为中心"的发展思想。农村集体资本的运行和收益主体是广大农民，"坚持把依法维护农民权益作为出发点和落脚点"的"农民立场"是集体资本运行的社会属性，是驾驭资本逻辑的价值原则。这一原则表现在农村新型集体经济建设中，就是集体资本的运作以集体成员的根本利益为取向。

在农村集体资本的运行中，资本逻辑是它的自然属性，"农民立场"既是它的社会属性，也是本质属性。前者决定了集体资本运行的增殖原则，后者决定了集体资本运行的收益分配及使用原则。在处理这两个价值逻辑时，必须坚持社会属性驾驭自然属性，始终遵循"以人民为中心"的发展思想，实现"农民立场"与"资本逻辑"的协调统一，通过利用、限制、监管集体资本，让资本成为服务集体成员的手段，实现社会主义原则与市场经济机制的有机结合。

### （三）中心问题："关键少数"领导与"基础多数"作用相协调

"党对一切工作的领导"是新时代中国特色社会主义思想的首要基本方略。在农村特别是欠发达地区的农村，领导农村建设的"能人"往往是党员及其领导干部。这些"关键少数"的领导作用说明党的基层组织依然是农村先进生产力的代表和领导经济建设的核心力量，也说明了继续发挥党领导基层经济工作这一优良传统的重要意义。

习近平总书记多次强调基层党组织在农村经济建设中的领导核心作用。"党管农村工作是我们的传统，这个传统不能丢……要把农村基层党组织建设成为落实党的政策、带领农民致富、密切联系群众、维护农村稳定的坚强领导核心。"关键少数"的领导要以尊重基层多数农民意愿、保障农民利益、发挥农民作用为前提。习近平总书记指出："把选择权交给农民，由农民选择而不是代替农民选择，可以示范和引导，但不搞强迫命令、不刮风、不一刀切。"为保证农民意愿受到应有的尊重，发挥"基础多数"应有的作用，就需要建立基层民主制度，让党员干部的领导在合理的框架内进行。最为重要的是，要着力打造既能坚持社会主义原则，又能把握市场规律，将"合理私利"与"公利"有效结合起来的党的基层组织和领导班子。"合理私利"是市场经济的内在驱动力和终极目标，"公利"是社会主义原则和价值的体现。在农村新型集体经济建设中要实现基层党员干部"公利"与"合理私利"的结合，其核心就在于探索"合理私利"与"公利"的连接嵌套机制，根除产生腐败、垄断等不合理私利的制度根源。通过"合理私利"与"公利"的融合式发展，在建设新型集体经济、办好公益事业的同时也能兼顾个体利益，既能防止损公肥私，又能避免因公废私，在促进"合理私利"的基础上实现"公利"的自然繁荣。

## 四、结论

中国农业合作实践在扬弃农业合作初级阶段二重性、促进集体优越性和激发个人积极性相结合的过程中，丰富和拓展了马克思农业合作经典理论，为新时代继续推进农业合作提供了学理支撑。

第一，开辟了社会主义市场经济条件下发展农业合作的新道路。在马克思、恩格斯的设想中，商品货币关系在社会主义社会已经消亡，包括农业生产在内的全部社会生产都在统一计划下进行。邓小平同志提出的"社会主义初级阶段论"是推进农业合作的根本依据，它决定了在生产力相对落后国家的农村，想一蹴而就地变革生产关系、直接跨入公有制最高形式是不切合实际的，必须通过渐进改革，实现从农业合作初级阶段到高级阶段的逐步过渡。南方谈话时，邓小平集中论述了社会主义市场经济与计划经济的姓"资"姓"社"的问题，提出市场和计划都是经济手段，可以为不同的社会制度服务，迈出了农业合作与社会主义市场经济发展相结合的第一步。这一思想促进了农村经济由排斥市场经济向利用市场经济的转变，为后继者不断拓展社会主义市场经济与农业合作相结合的生产实践开辟了道路。

第二，探索出基层党组织领导农村经济建设与农民共同富裕的新方式。中国共产党的领导是中国特色社会主义最本质的特征，党管农村工作是我们的优良传统和制度优势所在。马克思主义经典著作对农业合作化与基层政权的关系分析主要倾向于说明前者对于无产阶级夺取政权的政治意义,而中国却以实践证明了基层党组织建设对于农村经济发展和共同富裕的重要作用。特别是在农村集体经济建设初期,农村社会结构较为单一,政治、经济、社会功能没有完全分化,基层党组织和政府作为政治权力中心,在组织经济活动、集结各类资源上的作用和功能依然难以被替代。

第三,创新了以集体产权改革为核心的利益协调与增长新策略。产权归属决定了利益归属,集体产权改革作为中国农业合作实践的重要内容,突破了马克思主义经典著作对农业合作组织产权形式的设想,成为协调集体优越性与个人积极性的主要手段。人民公社时期,农业合作采取纯而又纯的公有制度,个人产权受到打压排斥,农民生产积极性得不到充分发挥。家庭联产承包责任制通过两权分置,有效协调了集体与个体的利益,使农村生产力得到迅速提升。伴随着农村社会的持续发展,两权分置难以适应农村农业现代化对土地规模经营、释放土地生产力、提升农民收益等方面的现实要求,三权分置改革应运而生。如果说两权分置的价值主要是为分配、协调利益存量提供依据,那么三权分置的重点就在于通过经营权流转推动土地规模经营、提高利益增量。三权分置在规范农民、集体和其他经营主体利益关系的基础上,为土地、资本、劳动等生产要素的充分涌流创造了条件,成为增进和协调农村土地收益的最新方式。

(写于2021年)

# 社会主义市场经济中的资本：
# 认知转型、理论确证与应用方法论

金栋昌：长安大学马克思主义学院教授
王宏波：西安交通大学马克思主义学院教授

**摘　要**　资本是中国特色社会主义市场经济的重要生产要素。科学发挥资本在社会主义市场经济中的规律和作用，需要以辩证认识资本范畴及其映射的生产关系本质为前提。结合马克思主义资本观分析发现，新中国成立以来我国对资本范畴的认识大体经历了从不认可到有限度认可、从教条式认识到辩证认识、从逻辑批判到理性建构的转型。这种认知转型为从唯物史观角度及生产力标准和商品经济等维度，为确认社会主义市场经济中资本的客观性提供了理论范式；更重要的是，为审视和运用资本范畴提供了方法论标准，即坚持以"生产力＋生产关系"双重维度对资本一般与资本特殊进行现代化解释、坚持以"人民主体"为价值本位对资本进行总体驾驭、坚持以"双重形态"理念分类推进资本的具体形态与时俱进。

资本是理解商品经济的一把钥匙，是批判和建构经济关系的关键尺度，是"新时代中国特色社会主义构建现代化经济体系的重要因素"。党的十九届四中全会审议通过的《中共中央关于坚持和完善中国特色社会主义制度、推进国家治理体系和治理能力现代化若干重大问题的决定》（以下简称《决定》）对社会主义基本经济制度进行了新概括，并在资本范畴方面提出了"以管资本为主的国有资产监管体制，有效发挥国有资本投资、运营公司功能作用""健全劳动、资本、土地、知识、技术、管理、数据等生产要素由市场评价贡献、按贡献决定报酬的机制"等内容。党的十九届五中全会审议通过的《中共中央关于制定国民经济和社会发展第十四个五年规划和二〇三五年远景目标的建议》(以下简称《建议》)站在全面建设社会主义现代化国家的战略高度，进一步明确提出"推进土地、劳动力、资本、技术、数据等要素市场化改革"等要求。上述关于资本的表述是新中国七十余年来特别是改革开放四十多年来中国社会主义经济建设和改革的实践创新的理论结晶，也是马克思主义政治经济学理论创新的凝结，为确认社会主义市场经济中资本范畴的合理性提供了理论依据。透过国家层面对资本范畴及其发展使命的要求，探索以马克思主义资本观为线索、以中国特色社会主义市场经济为实践，围绕如何科学界定和辩证运用社会主义市场经济与资本的关系、如何全面把握国有资本等资本新形态的出场。

## 一、中华人民共和国成立以来我国对资本范畴的认知转型

自中华人民共和国成立至今，我国对资本范畴的认知大致经历了从不认可到有限度认可、从教条式认识到辩证认识、从逻辑批判到理性建构的认知递进过程，并形成了系列共识。

### (一)认知视域从经典文本中的资本范畴转向实践中的资本现象

对马克思资本观的阐释是我国社会各界认识资本的理论起点，并逐步向实践领域延伸，走出了一条从聚焦理论阐述到聚焦实践现象的跨越之路。其中，在理论文本挖掘方面，主要从经典著作中梳理资本的关键本质、外延、规律等内容，并致力于提炼马克思资本观的整体内涵。主要观点有：既强调资本作为"一种关系""一种过程""一种权力""一种价值""一种经济制度""一种剥削手段"的六维一体内涵范式，也重视从资本与市场经济的科学一般关系角度提炼资本一般与资本特殊的方法论；既有从经济学意义上对资本及其双重属性的揭示，又有从哲学和伦理学等意义上对资本逻辑及其主体性的批判；既有对马克思自身关于资本与劳动关系的递进式纵向对比研究，又有马克思资本理论与古典政治经济学、西方主流经济学相关资本理论的横向对比研究；既有对资本运动规律及其历史的文本考察，又有对历史唯物主义与资本关系的立体阐述。可以说，这些文本挖掘成果诠释了马克思主义资本观的科学内核，并为其实践转向提供了理论依据。在现实观照层面，不仅揭示了社会主义资本及其运动的依据，还对资本在全球化语境下的新发展进行了透视，可谓既提供了对资本世界的解释，又形成了改变资本世界的工具。特别是，注重结合发展变化着的实践，在辩证继承马克思有关资本原理和方法的基础上进行了系统论证，形成了资本社会化、金融资本垄断化、资本新形态、虚拟资本再虚拟，以及公

有资本等崭新范畴,关注视域也从中国走向全球,并对资本主义国家资本的新发展及其经济危机进行了一定的理论解释,尤其还对资本新形态和新资本形态进行了区分,为回应和解释资本范畴的新变化提供了解释范式。

### (二)政策取向从资本"缺位"转向资本"归位"

实践对资本的认知态度反映了资本的现实地位。回顾我国社会主义条件下资本的实践发展之路,资本的社会定位呈现从"缺位"到"归位"、从讳谈走向出场,并在中国特色社会主义市场经济中有序发展的轨迹。大体上,从新中国成立至党的十四届三中全会是资本"缺位"和讳谈资本的阶段,传统的"资本与资本主义似乎天然联系、与社会主义天然对立"的观念影响着我国的经济政策制定,在涉及资本的实践领域也主要由"资金""基金""社本"等范畴代替。资本缺位的直接后果是给社会主义经济建设理论带来了很大混乱,也为体制改革增添了障碍,资本所内隐的发展生产力的积极价值也无法显现。直到党的十四届三中全会《关于建立社会主义市场经济体制若干问题的决定》在阐述社会主义现代企业制度和市场体系时,第一次在党的文献中使用了"资本"一词,资本与社会主义"绝缘"的历史才得以突破。以此为肇始,资本在社会主义市场经济中的定位有了政策依据,并先后在党的十五大报告中出现了"公共资本",党的十五届四中全会《关于国有企业改革和发展若干重大问题的决定》中出现了"国有资本""社会资本",党的十六大、十七大、十八大报告中逐步确立和完善了"资本要素"等范畴,党的十九大报告提出"改革国有资本授权经营体制,推动国有资本做强做优做大"等战略要求,党的十九届四中全会《决定》和十九届五中全会《建议》提出"以管资本为主的国有资产监管体制""做强做优做大国有资本和国有企业,深化国有资本投资、运营公司改革"等资本命题,更是用事实陈述了一个生动的理念转变过程——资本是社会主义市场经济的重要生产要素,是构建高水平社会主义市场经济体制的重要方面。至此,资本不仅具备了出场的前提条件,社会主义市场经济条件下资本的运作、运动及其实现形式等更是有了明晰的界定,这意味着资本在社会主义市场经济实践中有了合法基础。

### (三)理论旨趣从逻辑批判转向理性建构

我国对资本范畴的认识是一个渐进的和建设性的过程,目前已初步形成了以马克思资本观为科学内核、以发展的马克思主义资本观为有机构成的理论体系,并完成了对社会主义资本范畴的态度转向——从批判向建构的转向,使"中国化的历史唯物主义关照现实的基本方式呈现出资本逻辑批判与资本逻辑建构双重维度"。具体来讲，有三重表现：一是对资本历史价值的评价实现了从否定到辩证的跨越，这意味着开始理性地用辩证法看待资本，既看到了资本主义社会中资本的剥削本质及与劳动的对立，以及由此引发的经济危机和自身历史极限理论、资本逻辑的自反性和破坏性等消极意涵，又看到了资本存在的客观性，即看到了资本在"人类历史从民族历史向世界历史转变的进程中，不可逾越的、不可阻挡的必然趋势"；更为重要的是，还对资本在推动经济社会发展中的积极作用进行了辩证肯定，看到"资本的文明面之一……有利于生产力的发展，有利于社会关系的发展，有利于更高级的新形态的各种要素的创造"。二是对资本价值本位的认识实现了从"自我主体到人民主体"的跨越，明确指出在辩证地看到资本的双向功能及其存在客观性的同时，也须清醒地认识到资本追求无限增殖的本性规律仍客观存在，从而需要警惕"主体、客体都被纳入资本逻辑中，成为资本增殖的要素"，以及防范"资本才是真正的'主体'"的危险性。要看到这一点，就要求我们在处理社会主义市场经济中资本的发展原则时须始终秉持"最高原则，是人本原则，是社会和谐，不是人为资本服务，而是资本为人的发展服务"的终极价值，即需要实现资本在社会主义条件下的人本价值的归位，进而在发展中国特色社会主义市场经济时彰显"资本为人民服务"的价值立场、制度宗旨和实践取向。三是对资本发展命运的认识完成了从现象到规律的跨越，即主张既要"见物（资本及资本现象）"，又要见关系（生产关系），要透过唯物史观的视角来看待"作为历史范畴的资本"及其必然命运（历史极限），从而要求我们从生产力和生产关系的双重维度去透视资本的运动规律，并鼓励要有"资本是生产的……是发展社会生产力的重要的关系。只有当资本本身成了这种生产力本身发展的限制时，资本才不再是这样的关系（生产关系）"。这促使我们进一步认清了资本这一历史范畴的必然命运，对其在当前全球范围内的新发展及其内在动力机制有了更为深刻的认识，进而为揭示资本的历史极限和最终命运，以及以何种理念认识和对待资本的新发展提供了理论依据。

总之，认知视域的变化将资本的讨论场景从文本转向经济实践，政策取向的变化将资本的具体应用场景嵌入到国家经济发展战略和政策体系之中，理论旨趣的变化将资本的知识图景绘成整体的资本观。这三个转向既为社会主义条件下资本的出场及其发展提供了理论线索，又为发展中国特色社会主义市场经济提供了方法论参考。

## 二、确证中国特色社会主义市场经济中资本范畴的理论依据

在繁荣发展中国特色社会主义市场经济的过程中,资本及资本现象长期客观存在,这一客观现实倒逼我们去探究社会主义条件下资本缘何会存在、其存在的深层次理论逻辑是什么。实际上,理论界对于社会主义是否存在资本的问题讨论了较长时间,时至今日的普遍共识是认为社会主义存在资本、资本是发展社会主义市场经济的重要因素。需要指出的是,这本质上不是对社会主义条件下资本范畴存在原因的理论确证,而是对资本范畴存在事实的承认,具有某种实用主义的妥协特征,仍缺乏理论逻辑的支撑。从马克思主义政治经济学的角度看,确证社会主义资本范畴的核心方法论是唯物史观,即需要对作为"历史范畴"的资本进行逻辑演绎与论证。具体来看,完成这一方法论确证有两个关键维度:一是生产力维度,二是商品经济维度。

### (一)生产力维度是确证社会主义条件下资本范畴的关键依据

坚持生产力标准是对资本这一历史范畴进行科学判断的逻辑起点。"资本既不是斯密、李嘉图所幻想的永恒范畴,也不是萨伊、巴斯夏所鼓吹的历史顶峰,而是由人的实践活动所形成,随着人的实践活动而发展的历史性范畴",这内隐着资本在人的实践(即生产力发展)之中产生、发展和消亡的历史必然。从这一逻辑延伸开可以看到,当前,社会主义初级阶段的生产力尚未达到令资本消亡的历史极限,其恰恰正处于资本快速发展和裂变的新时期。正如马克思揭示的,"资本不可遏止地追求的普遍性,在资本本身的性质上遇到了限制,这些限制在资本发展到一定阶段时,会使人们认识到资本本身就是这种趋势的最大限制,因而驱使人们利用资本本身来消灭资本。"如从这一判断出发,有理由相信"社会主义与资本并存"的事实是与我国社会主义初级阶段生产力水平相适应的客观结果;我们也坚信"在社会主义国家,推动资本的充分发展是消灭资本的历史目标所无可替代的历史环节",这意味着从生产力角度来看,推动资本的高度发展就是推动社会生产力的高度发展。整体上这是对资本存在的正当性"要由生产方式本身的历史的暂时的必然性来说明,因而也要由那些由此产生的生产关系和交换关系的历史的暂时的必然性来说明"的历史唯物主义原理的具体演绎。可以说,生产力维度从唯物史观层面对资本的生成和发展逻辑进行了本质概括,为从理论层面确证社会主义条件下资本范畴的客观性提供了科学判断依据。

### （二）商品经济维度是确证社会主义条件下资本范畴的必要依据

"资本的存在是市场经济条件下现代化大生产的必要前提，是商品经济的必然产物"，这是确证社会主义条件下资本范畴的核心逻辑。正是由于社会主义初级阶段市场经济的蓬勃发展，为资本提供了现实的出场场景。理解这一线索需要明确两个认知，即资本与商品经济的天然本质关系，以及资本在发展商品经济中的效率优势。就前者而言，源于资本的自然属性，即资本作为商品经济发展要件的先天优势，使资本与商品经济之间存在必然的时空关联，从而也意味着哪里存在商品经济，哪里就有资本及其体现的经济关系。当前，我国正处于社会主义初级阶段的基本国情决定了商品经济中资本存在的必然性，进而意味着中国特色社会主义市场经济中蕴含资本范畴的现实必然性。就后者而言，则主要用资本的积极作用来确认资本的必要性，即通过确认资本在促进生产进步方面的优势，使我们看到"资本是市场经济条件下最有效的经济发展方式，离开了资本，我们不能理解现代经济因而也不能理解现代社会的发展"，也是使我们看到"资本不仅要利用科学和社会合力，而且必然要求整个社会的全面生产和全面消费……带动现代商业、现代信用、现代交通、现代通信、现代传媒事业的蓬勃发展，……推动人类社会由狭隘的、民族的、地域的历史演进到了世界历史和全球化的历史阶段"。概括起来，商品经济既是社会主义初级阶段资本存在的经济母体，又是促进资本在社会主义市场经济中发展和印证其客观积极性的有效尺度，当然也是彰显资本在社会主义条件下最终发展命运的核心因素。

需要注意的是，承认社会主义初级阶段资本存在的客观性与积极价值，并不意味着社会主义对资本的全盘接收，也不意味着对资本消极作用的熟视无睹，反倒是更应对其保持理性和清醒，毕竟"资本不是社会主义建设的本质和全部内容，且相比于资本主义市场经济下的资本，社会主义市场经济下的资本的外部条件发生了重大变化"，特别是其中所有制层面的重大变化会以生产关系的形式反作用于资本的运行框架；加之，资本与生俱来的资本逻辑困境要求我们应以"利用资本，但不放任资本"为总原则，"让资本的发展服从于人和社会的发展，从而在全球化的历史境遇中推动有中国特色的社会主义现代化进程"。这是发展中国特色社会主义市场经济的理性要求，也是阐扬资本积极性和抑制其局限性的题中应有之义。有鉴于此，不盲目排斥资本现象，辩证分析和利用社会主义市场经济中的资本运动规律，科学设定资本作用场域和制度空间，成为新时代发展中国特色社会主义市场经济的基本思路,以及理论与实践层面科学认识和运用资本范畴的基本立场。

## 三、审视和运用中国特色社会主义市场经济中资本范畴的方法论

确证中国特色社会主义资本范畴的客观性是前提,促进资本范畴的创新发展,进而推动资本在中国特色社会主义市场经济中的理性发展才是主要目的。对此尤其需要理解作为历史性范畴,资本的产生、存在和发展具有客观性、渐进性和极限性;作为生产性范畴,资本具有促进生产力进步和社会财富增加的扩张性与规律性;作为社会性范畴,资本具有"见物又见人"的关系性与本质性。上述内容既透视了资本的多维属性,又为审视和运用社会主义市场经济中的资本范畴及其具体形式提供了方法论依据。(图1)

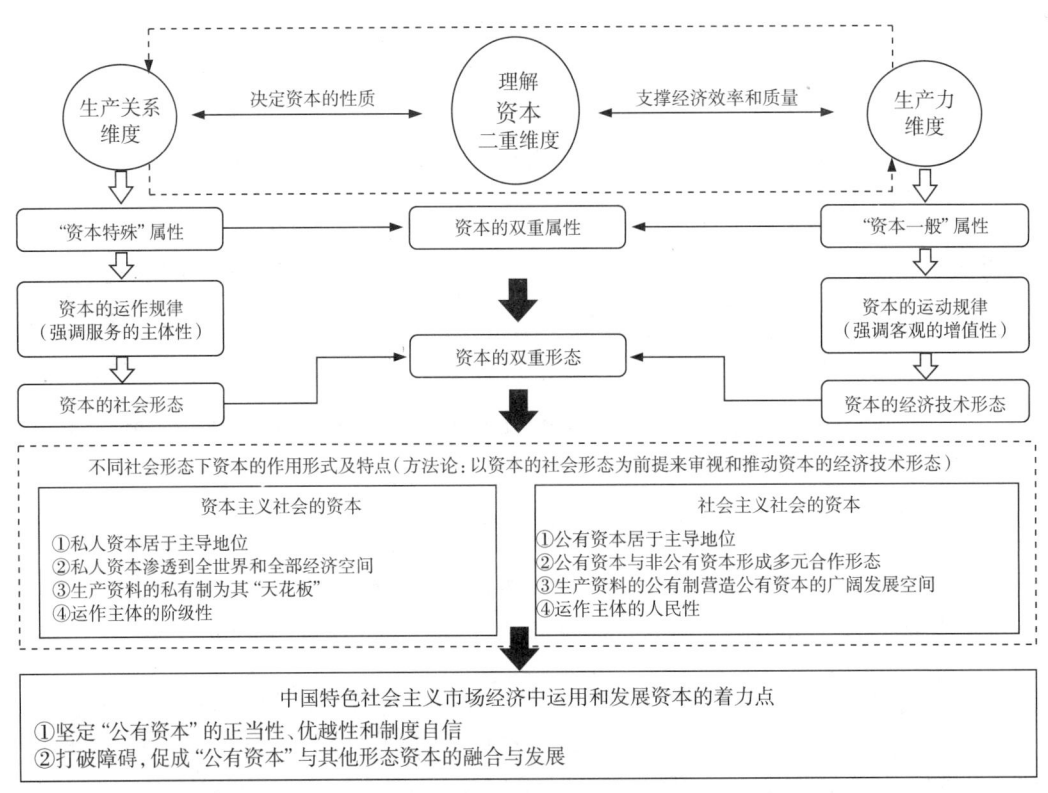

图1 审视和运用中国特色社会主义市场经济中资本范畴的总逻辑

### (一)需要用"生产力+生产关系"的双重标准来界定资本属性

资本于马克思主义政治经济学和西方主流经济学而言具有不同意涵。马克思主义政治经济学重生产关系维度的解析,侧重于从生产资料所有制层面进行批判和建

构；而西方主流经济学重生产力维度的解析，侧重于从生产要素层面进行应用。前者重本质分析，后者重现象分析，这常常引发彼此间的理论之争，且其焦点还在于各自研究范式和价值立场的差异，由此便引发了经济制度和政策层面的分歧。

实际上，在发展中国特色社会主义市场经济过程中，既要重视对资本的生产关系本质的把握，又要善于用好资本的生产力功效；既要精准用好资本促进社会生产进步的客观规律，又要防范资本非理性增殖的弊病。进一步而言，就是要实现生产力维度与生产关系维度的资本的辩证融合，这才是科学、理性的方法。因此，一是在生产关系维度，坚持以生产资料所有制作为核心标准，在准确把握资本在社会主义和资本主义中本质区别的基础上，对两种社会形态下的资本加以"资本特殊"层面的分析。也就是说，将资本主义条件下的资本理解为资本在资本主义社会的特殊形式，将社会主义资本理解为资本在社会主义社会的特殊形式，后者与前者的根本区别在于"社会主义社会的资本归全体人民所有、所创造的剩余价值由全体人民分配，反映了社会主义所有制的经济关系"。这既是判别社会主义资本根本属性的依据，也是完善与发展社会主义市场经济制度和体制的出发点。二是在生产力维度，重视和鼓励资本作为资本一般的属性及其在各市场层面的出场和创新，激发资本的生产要素作用，推动社会主义初级阶段国情下不同形式资本的发展与合作，在坚持和巩固公有资本主体地位的前提下，推动各具体资本形式参与全球生产和市场竞争，鼓励包括国有资本、集体资本、私人资本和联合资本等在内的多种形式资本的发展壮大，主动迎合资本与科学技术、生产管理、现代产业等融合发展的趋势，切实提升社会主义市场经济中资本及其具体形态的衍生、发展动力，推动社会生产力和国民财富的新创造与新积累，为建设现代化经济体系和实现中华民族伟大复兴的中国梦提供物质基础。

综上，生产力维度是对资本一般属性在社会主义市场经济中运动规律的把握，生产关系维度是对资本特殊属性在社会主义市场经济中的本质彰显，辩证糅合生产力与生产关系特性的社会主义资本观才应是新时代中国特色社会主义市场经济的资本主张。

### （二）需要践行"人民主体"对资本的总体驾驭原则

"人民性是马克思主义最鲜明的品格"对资本一般和资本特殊进行抽象表达的根本出发点是确保资本"为我所用"。这里的"我"并非个体意义上的单个人或是小部分群体，而是整体意义和社会意义上的人民。由此便找到了发展和运用社会主义条件下资本的价值主体——人民,这是发展和完善新时代中国特色社会主义政治经济学的价值归宿,更是区分和超越资本主义条件下资本主体狭隘性的关键。

从根本路径来看,坚持"人民主体"的价值本位需要在区分资本运动和资本运作的基础上,发挥人民的主观能动性和创造性,并最终为实现资本更好地为人民和社会服务提供操作路径。一般而言,资本运动揭示了资本总运动中的生产、流通与增殖特性,并表现为资本无限增殖的本性,其"主体就是资本本身"(即资本的自主体性),是资本按其固有规律主导经济发展的过程,发挥资本的积极作用就在于放大"不断地循环与周转的运动性和突破地域、民族、语言、法律等因素限制向外扩张的运动性",不断为资本的增值提供有利条件;而资本运作是对不同社会形态下资本运动价值归宿的把握,其主体已不再是资本,而是资本所处社会阶段的社会主体,这意味着资本带有了社会主体的目的和利益诉求,并将其反映到资本所体现的具体社会关系之中,资本成为为其主体服务的工具。更进一步,于《资本论》所揭示的资本主义国家而言,资本为占社会少数的资本人格化的资本家服务,阶级特征鲜明,私人资本占据主导地位,并擅长借助经济全球化将其自主体性渗透到一切可能的地方,但受制于私有制根源,其自身始终无法克服资本主义社会基本矛盾带来的自限性。于中国特色社会主义而言,得益于生产资料公有制,资本为全体人民服务,公有资本为其主导形态,它不仅超越了私人资本的自限性,还在经济发展中不断积累共同富裕的物质条件,进而夯实"资本为人民服务"的物质基础。这便是社会主义资本坚持"人民主体"价值本位的要义,并着力将这种诉求体现到资本运动的全过程和全要素中,以此为"驾驭'资本逻辑'的中国特色社会主义"提供物质依托。从根本上看,"人民主体"的价值本位要求"在建设中国特色社会主义的伟大进程中,要始终坚持以人民为中心的发展思想,问政于民、问需于民、问计于民,真正做到发展的出发点是人民、归宿点是人民,发展过程的依靠力量还是人民。"这是对资本运动规律中资本自主体性的超越,是对社会主义条件下资本为人民服务和为国家服务的真实体现,既有利于彰显社会主义的本质和制度属性,又为实现"利用资本但不放任资本"提供了实践路径。

从资本运动和资本运作角度对资本的"双主体性"加以区分,根本上是为用好资本的积极作用提供指导,其坚持"以服务资本运作主体为落脚点、以充分发挥资本运动规律为路径"的主张,为实现社会主义条件下社会驾驭资本而非是资本驾驭社会,进而为更好地服务于人民和中国特色社会主义提供了工作指引。

### （三）需要按"双重形态"理念分类促进资本与时俱进

社会主义市场经济中的资本不是抽象物，而是以各种资本现象为承载的经济关系的总和。社会主义市场经济条件下推动资本理性发展的总基调在于促成资本在达到其历史极限前向更高生产力水平迈进，即不断放大资本的工具价值。

在此可引入资本的"双重形态"理念，旨在区分资本不同形态的基础上分类推进资本的发展的"双重形态"是指资本的社会形态和资本的经济技术形态，是对资本一般和资本特殊"双重属性"的具体化，以及对资本运作规律和运动规律的具体化。其中，资本的社会形态是对不同社会形态下资本所表现的生产关系本质的综合反映。社会主义条件下要求我们在推动社会主义市场经济发展过程中，要明确公有资本作为"全体人民和劳动群众共同所有的生产资料……采用了资本的形式"的正当性和优越性，并需要不断提升国有资本、集体资本等公有资本的主导地位和发展空间，为进一步巩固和完善中国特色社会主义经济制度提供理论和实践支撑。资本的经济技术形态是对资本一般和资本自主体性的具体反映，要求在遵从资本社会形态的前提下发展各种具体形式的资本。因此，无论是在执行生产资本、商品资本、货币资本等职能的资本一般层面，还是在国家所有、集体所有、私人所有、外商所有、混合所有等多种所有制形式的资本层面，乃至是在当前资本与现代经济融合衍生的生产要素资本化趋势层面（例如科技、互联网、数据等的资本化），都需要我们发展壮大具体形式的资本（即经济技术形态的资本）。"双重形态"资本各有其运动发展规律和诉求，从而决定其制度着力点的差异性——社会形态资本反映生产关系和人民主体性，需要从基本经济制度与社会体制层面兑现和强化社会主义条件下资本的价值本位；经济技术形态资本反映生产力发展水平，需要从具体经济运行机制和环节入手破除资本发展的非必要壁垒，积极促成公有资本与其他形态资本的融合发展。资本"双重形态"的内生差异要求对中国特色社会主义市场经济中的资本分类施策——前者重在坚持和完善社会主义公有制基础，不断强化公有资本的主导地位，丰富公有资本的实现形式，并进一步优化分配关系和社会再分配体制，凸显让人民满意和有更多获得感的社会主义制度优越性；后者则重在改革和创新生产力发展条件，巩固市场对资源配置起决定性作用的政策环境，提高资本作为生产要素在市场经济中的活力、流动性和配置效率，为资本在全球范围内运动提供舞台。对资本"双重形态"的区分，核心是树立中国特色社会主义市场经济中的资本运用观，重在通过在本质层面确认和坚守社会主义资本这一进步形态的时代属性、在运行层面鼓励和推动多种资本形式和形态的演化发展，形成资本运作和运动的分类施策理念与政策工具，进而为把握纷繁复杂的经济技术资本形态及其经济关系、形成系统的中国特色社会主义资本政策提供科学方法。

总之，认识新时代中国特色社会主义市场经济资本问题的重点在于如何用好资本、精准发展和把控资本。按照马克思主义资本观，社会主义条件下资本将在其生产力和生产关系框架下不断运动、变化、发展，这是辩证用好资本、推动发展中国特色社会主义市场经济的总情境，也是发展好、管控好、利用好资本的总体辩证法。唯有如此，才能在变动不居的时代洪流中把握社会主义资本的本质和现象，才能在全球化语境下完成对资本当代任务的理性把握和科学运用。

（写于 2021 年）

# 中国共产党百年发展经验的三维逻辑意涵

杜　娟：中共陕西省委党校（陕西行政学院）中国特色社会主义
　　　　理论研究中心讲师
　　　　西北工业大学管理学院博士生
封　超：西北大学公共管理学院副教授

**摘　要**　一百年来，中国共产党诸多历史性成就的取得是马克思主义科学理论作用于中华大地的实践成果，对百年荣光的传承是习近平新时代中国特色社会主义思想指引下我党砥砺奋进的时代要求。马克思主义理想信念是中国共产党得以经受百年考验的精神之"钙"，人民至上的价值判断是我党始终坚持的政治操守，直面并及时解决前进道路中的各类难题是我党一贯秉持的工作作风，将理论指引、价值信仰与改造实践互融贯通是我党百年发展历程的宝贵经验，也是中国共产党夺取新时代中国特色社会主义伟大胜利的重要法宝。

1921—2021年，从建党开天辟地到新中国成立，从改革开放翻天覆地到新时代历史性成就……斗转星移，百年峥嵘岁月，一路披荆斩棘，从胜利走向胜利！这些百年荣耀的取得是马克思主义科学理论作用于中华大地的实践成果，对百年荣光的传承是习近平新时代中国特色社会主义思想指引下我党砥砺奋进的时代要求。马克思主义理想信念是中国共产党得以经受百年考验的精神之"钙"，人民至上的价值判断是我党始终坚持的政治操守，直面并及时解决前进道路中的各类难题是我党一贯秉持的工作作风，将理论指引、价值信仰与改造实践互融贯通是我党百年发展历程的宝贵经验，也是中国共产党夺取新时代中国特色社会主义伟大胜利的重要法宝。

## 一、从理论之维感悟马克思主义理想信念，探寻发展之源

马克思主义理想信念是对共产主义崇高理想的追求，以及与此相关的世界观、人生观和价值观。马克思主义具有严密的科学性、极强的实践性和与时俱进的发展性，成功地指导了中国社会主义革命、建设和改革的伟大实践。当今世界正经历百年未有之大变局，国际政治经济版图正进行深刻调整，我国正面临内外部发展环境复杂变化。在此背景下，更多逆风逆水的风险因素摆在全党面前，更加需要发挥马克思主义理想信念的指引作用。

习近平总书记指出，马克思主义既是党和人民事业不断发展的参天大树之根，也是党和人民不断奋进的万里长河之源。马克思主义是融科学性与真理性、人民性与实践性、开放性与时代性于一体的"伟大的认识工具"，其理性思维与辩证方法是我们洞悉现实社会、审视精神世界的有力武器。马克思主义科学地揭示出人类社会发展的内在规律、辩证地分析了生产力与生产关系的相互作用、致力于真正实现人类自身的终极解放，它在社会、文化、历史、自然及政党建设等方面的思想见解，无不深刻地影响着人类社会的历史进程，尤其是其历史唯物主义与剩余价值学说的问世，科学地论证了资本主义必然灭亡、社会主义必然胜利的历史趋势，系统地阐明了人类从"必然王国"走向"自由王国"的根本路径，具有划时代的伟大意义。马克思主义自诞生以来，以其非凡的信仰魅力、卓越的逻辑智慧和鲜明的实践品格，牢牢占据着真理与道义的制高点。对马克思主义的坚定信仰，对社会主义和共产主义的坚定信念，是我党"理想之树"孕育生根的精神沃土。

习近平新时代中国特色社会主义思想将马克思主义思想方法融于我国政治、经济、社会、环境、科技和文化等方面，是对马克思主义的继承与发展，散发着独具中国特色的理论气质。习近平新时代中国特色社会主义思想对科学社会主义进行了深刻总结和理论反思、对世界社会主义运动进行了深入剖析和规律探寻、对新时代中国特色社会主义的伟大实践进行了科学提炼和生动再现，义无反顾地担负起坚持和发展中国特色社会主义的历史使命。它通过具有中国特色、中国气魄和中国品格的话语体系，全面地展示出中国特色社会主义的独特魅力，体现了马克思主义的理论底色和中国共产党人的政治本色，充满着对马克思主义的坚定信仰和对社会主义、共产主义的坚定信念，是富有实践伟力的理论武器。

## 二、从价值之维洞悉人民至上的核心诉求，永葆发展本色

人民是历史的创造者，是决定党和国家前途命运的根本力量，所以必须坚持以人民为中心的发展思想，依靠人民创造历史伟业。坚持人民至上集中体现了我们党的根本宗旨，是中国共产党成长壮大的重要遵循，是团结带领人民群众的行动指南，也是推进国家制度建设的基本原则，更是新时代各项事业的制胜法宝。

习近平总书记指出，坚持以马克思主义为指导，核心是要解决为什么人的问题。解决这一问题，取决于支配主体面对矛盾冲突时所持有的基本立场与价值主张。纵观世界哲学思想史，无论是苏格拉底、亚里士多德、柏拉图关于构建城邦秩序的政治主张，还是孟德斯鸠、伏尔泰、卢梭等关于民主自由平等的意识觉醒，抑或是康德、黑格尔、叔本华等关于国家民族精神的思想理念，无不体现着鲜明的价值立场。马克思主义同样具有其自身明确的价值立场，并将历史的解释权赋予历史的创造者。马克思和恩格斯曾在《共产党宣言》中旗帜鲜明地表达了共产党人的政治立场和理论主张，即人民是历史的创造者，人民的首创精神是推动社会向前发展的原动力。人民至上是贯穿于马克思主义哲学、科学社会主义、政治经济学的基本立场，也是中国共产党成长壮大过程中所坚持的根本立场。

"为谁著书、为谁立说，是为少数人服务，还是为绝大多数人服务"不仅是社会研究工作首先要明确的价值立场，也是党和国家各项工作必须坚持的根本原则。以人民为中心，是马克思主义政党性质的基本定位，也是习近平新时代中国特色社会主义思想的价值旨向；为人民谋幸福，是中国共产党人的初心和使命，也是习近平新时代中国特色社会主义思想的最终诉求。习近平总书记反复强调，要"坚持立党为公、执政为民，践行全心全意为人民服务的根本宗旨，把党的群众路线贯彻到治国理政全部活动之中"。党的十八大以来，以习近平总书记为核心的党中央以实现"人民对美好生活的向往"为奋斗目标，以"增进民生福祉"为改革与发展的根本目的，顺应社会主要矛盾发生转化的实践要求，着力排除民生之忧，加快解决民生之难，推动发展成果全民共享。习近平新时代中国特色社会主义思想体现了人民至上的价值取向，极其鲜明地指出我党成长发展的政治立场。

## 三、从实践之维锤炼攻坚克难的工作能力，解决发展问题

虽然人是实践的主体，但是主体实践的前提是尊重客体，即要在遵循客观实际的情况下，充分有效地发挥主体的能动作用。人类的认识来源于实践，又反作用于

实践，实践出真知，实践是检验真理的唯一标准。在中国特色社会主义道路上，我们要坚持以实践为指导，把历史实践中所蕴含的哲学启示和经验价值与中国特色社会主义建设相结合，指导中国特色社会主义不断向前发展。

习近平总书记指出："今天，我们比历史上任何时期都更接近、更有信心和能力实现中华民族伟大复兴的目标"，但也强调："新征程上，不可能都是平坦的大道，我们将会面对许多重大挑战、重大风险、重大阻力、重大矛盾。"追梦之路无坦途，中华民族的伟大复兴必然会经历各种各样的风险与考验，需要每个人坚定思想、统一行动，为之付出艰苦卓绝的努力，并在攻坚克难中发扬"逢山开路、遇水搭桥"的无畏精神。当今中国，既面临世界百年未有之大变局，又处于由大国向强国转变的关键时期，环境纷繁复杂、问题矛盾叠加。面对前所未有的新挑战，我们不仅要避免信念动摇、观念偏差、价值错误、人生迷失等思想根源上的错误，而且要克服避重就轻、本末倒置、隔靴搔痒、甩锅推诿等工作作风上的问题，要善于从马克思主义理论著作中获取真理、汲取智慧，并把深入学习和贯彻习近平新时代中国特色社会主义思想作为首要任务，认真把握贯穿其中的马克思主义立场观点方法。通过提升理论学习的深度与高度，确保政治上的清醒与坚定，在真学真信真懂中筑牢信仰之基、补足精神之钙、把稳思想之舵，做到永续发展。

问题是时代的格言，也是时代的呼声。建设中国特色社会主义的过程就是发现问题、提出问题和解决问题的过程。进入新时代，践行初心，就是要在解答时代之问中将马克思主义真理与习近平新时代中国特色社会主义思想融会贯通，用其武装头脑、推动工作，在深信笃行中逐渐培养检视问题的主动意识、不断提高解决问题的实践能力。在当今科技日新月异、多元思潮交织碰撞、社会领域深刻变革之时，诸多违背初心、辜负使命的新问题也随之而来，这些问题的解决需要自我革命的决心和刀刃向内的勇气。这就要求我们必须把理论与实践结合起来，将过去与现在贯通起来，使思想与行为统一起来，不唯上、不唯书、不唯古、不唯洋、只唯实，刨根究底、找准问题；必须自觉对照中央要求及党章党规，对标先进典型和优秀榜样，全面查找自身在思想意识、作风形象、能力水平和担当作为等方面的差距与不足，做到"知敬畏、存戒惧、守底线"；必须广开言路，认真梳理党组织及相关部门提出的问题与意见，尤其要广泛听取基层群众的心声与建议，主动接受人民的评价与监督，并以刮骨疗伤的勇气针对具体问题及突出短板，对症下药，及时整改修正，在真刀真枪解决问题的过程中和自我革命的实践中砥砺奋进。

"中国共产党立志于中华民族千秋伟业，百年恰是风华正茂！"站在新的历史起点，我们不仅要提升马克思主义理论修养、坚定共产主义理想信念、一如既往地坚守人民情怀，而且要学习增强"四个意识"、坚定"四个自信"、做到"两个维护"。雄关漫道真如铁，而今迈步从头越。回望百年来时路，唯有明确发展之源、永葆发展本色、解决发展问题，才能赢得民心、赢得时代；遥望征程再出发，唯有汲取经验、矢志践行，才能在实现中华民族伟大复兴之路上行稳致远。

（写于2022年）

# 元宇宙实际应用场景及产业链发展相关问题研究

中心课题组

组　　长：姜守贵

副组长：哈立新　陈胜勇

成　　员：赵治博　姜本田　张　荣　王丹丽
　　　　　李元奇　雷子超　王　旭　李双瞻

**摘　要**　"元宇宙"是近年来资本广泛看好的概念。本文从技术、产业、应用、监管的角度对元宇宙及其相关产业进行了系统性分析。简述了元宇宙的发展历程，五大核心技术，两大产业划分，四大应用场景，并以陕西为例提供了元宇宙在地方的应用案例与发展方向。

## 一、元宇宙

元宇宙是时间、空间加物质的总称，是人类新一代技术网络平台，是一个并行于现实世界的虚拟空间，是人类数字化生存的最高形态。

### （一）元宇宙的诞生背景

2020 年以来，新冠疫情席卷全球，使得人们不得不将许多原本习惯了在线下完成的事务转移到线上完成，从而催生了大量的线上需求，"元宇宙"在这一时期加速进入了人们的生活。2020 年，Travis Scott "堡垒之夜"线上演唱会，吸引了 1200 万人同时在线观看；美国传统名校加利福尼亚大学伯克利分校（UC Berkely）在"我的世界"举办线上毕业典礼；Facebook 运营的 VR 社交平台 Horizon 引爆热潮，用户数量激增；2021 年 3 月，元宇宙第一股 Roblox 成功在纽约证券交易所上市。从现实到虚拟再到虚拟现实，元宇宙便应运而生。

### （二）元宇宙的特征

**1. 虚拟身份**

在元宇宙中，每个人都可以有一个或多个虚拟形象，这些虚拟形象可以分为两种，一种是类似于传统媒体的虚拟形象，是以现实中的形象为基础的副角色，延续了用户自身的形象、性别、容貌、喜好等一切特征，另一种是全新的虚拟形象，这些形象无须基于现实，是脱离现实的独立形象。

**2. 在场感**

"高沉浸感"是元宇宙拟真度的基础保证，元宇宙会从视觉、听觉、嗅觉、触觉、味觉等各个感官角度接收信息，从而全方位地为人们提供一个高沉浸感的体验；"低延迟"则为人们提供了体验的流畅度，极致的在场感需要有足以以假乱真的流畅度。

**3. 开放性**

首先，元宇宙的所有权应该是开放的，是一个由用户、平台共同所有的产品。其次，元宇宙之间应该是开放的，未来必然不会只有一个元宇宙，而是会有大量各具特色、并列存在的元宇宙。最后，元宇宙与现实之间的连接应该是开放的，现实世界的人可以在任何时间地点进入，并获得元宇宙中的海量信息。

**4. 完整的经济法律系统**

元宇宙自身会构建出一套支持其运作的经济系统与文明规则，这一经济系统包括虚拟世界之内的虚拟资产如何被创造，所创造出来的虚拟资产的所有权如何被确立，如何被交易等一系列问题，还会牵扯到用户在元宇宙中所拥有的虚拟资产如何转化为现实中的货币的问题。未来在虚拟世界中的财富甚至可能会超过在现实世界中的财富。为了维持未来整个元宇宙的安全性和稳定性，一套完整的经济法律系统是必不可少的。

## 二、元宇宙相关核心技术

元宇宙是一系列技术的集合体，需要各种技术的支持和保障。区块链、电子游戏技术、网络及运算技术、交互技术、人工智能是构建元宇宙的五大核心技术支柱。

### （一）区块链技术

区块链的本质是一种分布式记账技术，为元宇宙提供分布式数据储存、点对点传输、加密算法和共识机制等计算机技术的新型应用，具有不可篡改、自制性、开放性、去中心化的特点，区块链是脱胎于比特币却又高于比特币的技术。区块链的安全运转具有四个互为基础、互相协同的特征：分布式存储，点对点网络（P2P），共识机制和密码学。

### （二）电子游戏技术

从硬件技术方面来看，专家普遍认为，VR 设备是元宇宙最终呈现的渠道，其中，显卡和 CPU 作为核心部件，对于最终呈现的效果有决定性的影响。

以英伟达公司创建的 NVIDIA HOPPER 架构为例。NVIDIA HOPPER 架构采用了来自台积电的 4N 加工工艺制造，其采用了 Transform 引擎、NVLink Switch 系统、第二代 MIG 以及 DPX 指令。并且，NVIDIA HOPPER 采用台积电先进的 4N 工艺制造的超过 800 亿个晶体管为其显卡提供动力支持。这些技术使得 AI 的推理速度提升了 30 倍，每秒浮点运算提高了 3 倍。NVLink Switch 系统可支持跨多个服务器以每个显卡 900GB/S 的双向带宽进行扩展，并且可提供 1 exaFLOP FP8 稀疏 AI 计算能力，以及提供 57.6TB/S 的 All to All 带宽。NVIDIA 的技术创新无疑是在帮助其硬件设施可以更流畅、稳定地运行。

### （三）网络及运算技术

网络及运算技术是元宇宙在现实世界中的承载者和桥梁，也是五大核心技术中与现实世界关联最为紧密的技术。其通过软硬件技术的升级，提供数据传输通路与算力，进而实现内容和应用的云端化。

云计算技术对于元宇宙也极为重要。云计算系统由云平台、云存储、云终端、云安全四个基本板块构成。其有三大特性：更大的运算空间、更快的运算速度、更强的运算能力。云计算设备的升级换代也更加方便，在硬件需要升级换代时通过升级或者强化云计算设备，提高多数设备的运算能力和运算数据，从而取代对每个设备进行升级，降低了经济成本、节约了时间、提升了效率。

### （四）交互技术

人机交互技术指的是通过各类输入、输出手段，从而有效地实现人与计算机对话的技术。主流的人机交互主要由以键鼠、手柄为代表的物理按键输入模式，以显示器为主要图像输出形式，以音响、耳机为主要声音输出形式组成。但是随着技术的进步，人们对交互质量和方式有了新的需求，逐步出现了语音识别、手势识别、面部识别等新的输入技术，这些虽然都属于前元宇宙时代的交互技术，但是其也为现在元宇宙的交互技术打下了良好的基础。

### （五）人工智能

人工智能（Artificial Intelligence）的缩写即为被大众熟知的AI。人工智能首次出现在1955年的"学习机器讨论会"上，是一项集合了计算机科学、逻辑学、生物学、心理学和哲学等众多学科的新兴技术科学。人工智能可以做到对于人类的思维逻辑、思维模式、信息处理过程做出相似的模拟，简单来说人工智能可以做到像人一样做事，但是，人工智能并非是或者只是模拟人的智能。人工智能最终可能会超越人的智能。因此，人工智能是一门涉及众多学科、包含多领域科技的极具挑战的技术科学，其可应用的领域非常广泛，甚至在现今社会已经被广泛应用。人工智能拥有四大技术核心，分别是计算机视觉、机器学习、自然语言处理、语音识别。这些技术核心也作用于元宇宙各个层面和维度，为元宇宙主体和现实社会技术支持赋能。

## 三、元宇宙实际应用场景

### （一）社交领域

元宇宙使得全球的用户可以共享时空、即时互动，激活陌生人社交。元宇宙打破时间、空间限制，达成随时随地即时的社交。陌生人通过同样的场景相遇、相识，并且此后在虚拟世界可以继续维系社交关系，虚拟世界的社交关系或与现实世界等同。元宇宙能够提供多样的场景，构建场景化社交体验。元宇宙是开放的可编辑世界，AI与UGC驱动生成庞大的地理空间与丰富的场景，可供用户选择、探索、创造。

### （二）文娱领域

虚拟电影院是一种多人参与的沉浸式影院，突出影视频的沉浸感和现场感。观众可以身处影视描摹的世界之中，扮演其中的角色，创造观影观剧的全新体验。虚拟演唱会通过虚拟形象、动作捕捉、现场互动体验，让观众体验到不同于现场的视觉震撼。其需要将歌手虚拟形象投影到虚拟舞台，再依靠动捕技术捕捉歌手的表演动作，让虚拟形象与真人同步表演，展现给线上观众。

### （三）消费领域

元宇宙中的 VR、AR、数字模拟等技术重构线上电商场景，以沉浸式现场升级消费体验，带动成交转化率、客单价的提升。例如天猫上线 3D 版天猫家装城，为消费者提供 360°沉浸式的"云逛街"体验。商家可在其中设计、搭建样板间，呈现家具装修效果，"所见即所得"；消费者可以浏览家具的实物效果，浏览不同风格的装修设计，帮助决策。

### （四）游戏领域

元宇宙的游戏应用十分广泛，从游戏种类来看，当前已有的游戏涵盖了射击类、生存类、创造类等绝大多数游戏类别，这些游戏除了传统的纯游戏玩法，更重要的是兼具了社交、虚拟现实相结合、真实货币交换等功能，极大地丰富了用户的体验。

## 四、元宇宙在地方的应用——以陕西省为例

### （一）发挥区域优势

**1. 科技产业优势**

陕西省是科教大省，也是中国重要的国防科技工业基地，科教资源富集，创新综合实力雄厚。为抢抓发展机遇，明确将云计算和大数据产业列入"十二五"期间的重点战略性新兴产业予以推进，构建了陕西政务云平台，启动建设了全国首个大数据专业产业园区——西咸新区沣西新城大数据产业园区，聚集了移动、电信、联通、广电等四大运营商，吸引了三星、IBM、微软、华为、中兴等一大批知名 IT 企业优质项目落户，为这一产业创新发展创造了条件。

在信息基础设施建设方面，陕西连续 4 年实施通信基础设施建设行动，累计建成 4G 基站超 19 万座、5G 基站 2.7 万座；截至"十三五"期末，全省光缆总长度达 169.5 万千米，光纤网络、5G 网络等新型网络覆盖范围不断深化拓展，信息基础设施支撑能力全面提升。

"十四五"时期，陕西将大力实施数字陕西战略，争创国家数字经济创新发展试验区，力争到 2025 年建成 100 个数字经济产业园区、200 个应用场景、300 个重大项目，数字经济核心产业增加值占 GDP 的比重达到 5%，成为助推全省高质量

发展的重要引擎。

**2. 文化旅游优势**

陕西是中华文明和中华民族的发源地之一，旅游资源非常丰富，拥有 12 个国家 5A 级景区。虚拟体验馆利用交互技术和 VR 穿戴设备等将陕西省著名景区景点呈现在游客眼前，让游客在真正游历景区之前进行一次"全方位"的预习演练。此外，可以在虚拟体验馆配置讲解员或者"导游"，在游客进行沉浸式体验的同时给他讲解对应景点的历史和故事，让游客有更佳的体验感。有了这样的沉浸式体验后，部分游客是会有"冲动"想立即去景点真实游历一番的，因此，景点也可以和虚拟体验馆合作，在虚拟体验馆设点出售门票、纪念品等，将虚拟与现实充分结合，相辅相成，相互促进。

### （二）政策支持

2022 年 5 月 10 日，《陕西省"十四五"数字经济发展规划》（以下简称《规划》）正式出台，提出要依托秦创原创新驱动平台，充分发挥陕西科教、人才资源优势，加强数字经济关键核心技术攻关、创新能力建设和成果转化。《规划》明确提出，到 2025 年，陕西数字经济迈向全面扩展期，陕西数字经济核心产业增加值占 GDP 的比重超过 10%，数字经济成为全省高质量发展的新引擎。

同时，《规划》指出，未来我省将持续推进数字产业化进程，继续深化信息技术在各行各业的融合应用，大力培育大数据、人工智能、区块链、5G 应用等成为新的经济增长点，不断壮大数字产业。构建数字化网络应用场景，开展"5G＋智能制造""5G＋智慧医疗""5G＋智慧教育""5G＋文化旅游"等应用示范。

### （三）现有应用

**1. 秦储元宇宙牵手陕西省农行**

2022 年 3 月 15 日，秦储元宇宙平台正式入驻农行掌银"乐享三秦"板块。为赓续传统文化，赋能文创产业，加速开启元宇宙时代，秦储元宇宙与陕西省农行携手在农行掌银 APP 上线各类文物、字画、文创等高价值数字藏品。

2022 年 6 月 1 日，农行陕西省分行携手秦储共同推出以农行形象 IP"小豆"为原型的"六一"主题系列数字藏品，本次"六一"主题系列数字藏品是在原"小豆"形象的基础上结合"六一"儿童节元素的创意作品，作为送给儿童们的第一份元宇宙礼物。（图 1）

图1 陕西省农行"六一"主题数字藏品

**2. "大唐·开元"**

为了更好地展现长安城的风貌,数字光年与国内知名的数字古建筑团队"明城京太学"和"史图馆"合作,通过数字化技术,按照真实比例1∶1搭建唐长安城的建筑沙盘,打造一个有百万居民的古代长安城,早期体验用户甚至可以参观唐长安城主体建筑的建设进程,并共同参与其未来的规划和建设。(图2)

图2 大唐开元建筑沙盘展示

2021年11月3日、4日,蚂蚁链宝藏计划上线了西安首批3D建筑模型数字藏品"大唐开元·小雁塔""大唐开元·钟楼",每个数字藏品各发行10000份,上线数秒全部售罄。(图3)

图3  大唐开元·钟楼数字藏品展示

**3. "Hi元宇宙"数字文创交易平台**

"Hi 元宇宙"是陕旅集团骏途网股份公司联合博骏文化控股公司共同推出的、以骏途链为底层架构的数字文创交易平台。

2022 年 1 月 10 日，"Hi 元宇宙"携手《华商报》，共同推出以 "2021，牵手你最爱的西安"为主题的新闻数字藏品，其包含 "全运西安""坚强西安""凝聚西安""爱在西安""奋进西安"等八个西安最难忘的小主题。每张限量 10000 份，免费送给收藏爱好者。这是西北地区首套新闻摄影作品 NFT，总计 8 万份的 NFT 产品，上架 9 分钟即告罄。

## 五、总结与展望

2021 年开始，元宇宙概念呈迸发式涌入大众视野，元宇宙元年开启。越来越多的元宇宙相关产品出现、越来越多的企业开始布局元宇宙赛道、越来越多的已经开始在元宇宙赛道上奔驰的企业被市场关注。无论是 Facebook 收购 Oculus 后改名 Meta，EPIC 举办"堡垒之夜"线上演唱会，Roblox 成为元宇宙第一股在纽交所上市，还是英伟达宣称其将会用算力征服元宇宙，无疑都在为元宇宙这个概念添柴加火，总感觉元宇宙呼之欲出但却又云里雾里、无法言喻。不可否认，元宇宙离我们越来越近，可是在技术发展的路上我们其实还很远。我们研究小组通过学习和充分讨论认为，在这条路上既是远征也充满机遇。尽管现在数据运算技术和网络技术以犹如火箭般的速度飞速发展但是还远远不够，如 5G、WIFI6 等技术依旧无法满足人们对于元宇宙的定义。元宇宙构建基础的游戏引擎、硬件和 VR/AR/MR 技术依旧无法克服 3D 眩晕症带来的沉浸式体验的负面影响。脑机交互现在还处于研发阶段。我们认为在未来的几年内这些技术壁垒被突破、技术缺陷提升和技术整合将会源源不断地迎来风口，新技术的发展也势必会为市场带来新的缺口。其次，元宇宙的到来还遥遥无期。元宇宙定位的去中心化底层逻辑势必会带来一场元宇宙的赛博（控制）朋克（反控制）。因此，如何建立合理的体系和如何适应社会将是长久的议题。

综上所述，我们通过学习和对元宇宙概述、相关技术、相关应用、地域性应用和距离进行了讨论，最后提出元宇宙的未来发展展望。本文旨在对元宇宙进行横向研究，整合梳理研究现有元宇宙信息，分享观点和看法，普及元宇宙知识。本文也存在很多不足以及限制，由于很多技术以及元宇宙本身正处于发展初期并没有大量的数据支持，甚至多项技术以及概念的定义仍处于模糊阶段，同时政府监管以及体制建设处于初期。望伴随着科技发展、科研成果展示、系统性理论概念成形对于模糊的定义以及其他未能进行更加细致讨论的内容进行研究学习和补充。

（写于 2022 年）

# 试论西北大开发的思路、战略与对策

何炼成：全国著名经济学家，西北大学经济管理学院创始人、原院长、名誉院长。二级教授，博士生导师。

韦　苇：三级教授，博士生导师，历任西北大学经济管理学院经济学系主任、副院长，教育部人文社科重点研究基地西北大学中国西部经济发展研究中心主任。

**摘　要**　本文对西北大开发的战略意义、开发目的、开发条件、思路战略、方针政策、与西南开发和东部发展的依存及竞争关系、陕西与西安在西北大开发中的地位作用进行了研究。

作为经济欠发达的西北地区，从经济发展的角度而言，并非是一个简单地从以农业经济为主的经济状态向东南沿海经济发达地区趋同的过程，它蕴含着西北地区在原有的历史文化视野中对经济发展的不同价值取向和模式的选择，也意味着西北经济在其历史变迁过程中，经济基本结构的重新塑造和全方位的转换。本文着重论述西北大开发的基本思路、战略与对策。

## 一、西北大开发的基本思路

实施西北大开发战略是在社会主义市场经济体制已经基本确立的前提条件下进行的，因此不能沿用过去的旧体制和传统增长方式下的老办法，必须有新思路、新方法、新机制。这一思路的总精神是适应建立社会主义市场经济体制的要求和新的对外开放环境，充分考虑国内外市场经济体制的要求和新的对外开放环境，充分考虑国内外市场需求的新变化，运用市场机制，按经济规律办事，变资源导向型开发为市场导向型开发。其基本要点可以表述如下：

（1）适应建立社会主义市场经济体制的要求，培育新的区域开发机制。改革开放 20 多年来，我国社会主义市场经济体制已基本建立，市场在资源配置中的基础性作用不断扩大，企业作为市场主体的作用增强，利润最大化成为企业生产经营和投资决策的动力源泉。而政府运用行政手段动员和组织经济活动、配置资源的领域逐步缩小，能力相对减弱。因此，这次西北开发的体制环境已与"一五""二五"和"三线建设"时期大不相同，从而西北开发要适应新体制的要求，运用市场机制和经济规律，调动不同的所有制形式作为市场主体和西北开发主体的积极性，动员各种社会力量筹措社会闲置资本，努力培育以物质利益规律和价值规律为基本调节手段的区域开发机制。

（2）西北开发要适应新的对外开放环境，面向国内外两个市场，利用国内外两种资源，走全方位开放开发之路。西北地区的开发既面临重大机遇，又面临严峻挑战，要把国际竞争的压力变成动力，眼睛不能只盯着国内市场，要密切关注国际市场。拿出自己的特色产品，充分利用周边或沿"桥"优势，东出西进，抢占国际市场的滩头阵地，同时全方位地利用外资引进先进技术、人才和管理经验。利用国内外两种资源，借助全球经济一体化的东风，缩短差距，赶超东部地区，急追世界潮流。

（3）西北开发要充分考虑国内外市场的新变化，变资源导向型开发战略为市场导向型开发战略。西北大开发要调整的思路之一，是变资源导向型为市场导向型。不能是我们有什么就开发什么、出售什么，而是市场需要什么我们就开发什么、生产什么。况且，西北的自然资源和能源虽然富集，但绝大多数是不可再生的一次性资源，是大自然赋予我们的无可替代的财富。当市场需求不旺，且我们加工能力尚差，无法使其增值的时候，我们宁肯把它们留给子孙后代，也不能轻易地廉价地糟蹋掉。要适应国内外市场的新变化，把适时适度合理地开发利用好资源优势和培育新的特色经济结合起来，从而形成占领市场的新的经济增长点。

（4）西北开发要实行市场机制与国家宏观调控相结合。在发挥市场机制的基础性作用的同时，也要改善和加强政府的宏观调控，分清两者调控的不同范围，有效地发挥两者各自不同的作用。市场作为配置资源的基础性手段，必须成为西北开发调节运行机制的主体。竞争性投资项目，要从以政府投资为主转向以企业投资为主。一些原先视作公共工程、公益事业的部门，如教育、文化、环境等，也需要转变观念，引入市场机制，走部分产业化的道路。但西北大开发毕竟不同于东部大开发。当时的东部大开发，开发的是先进地区，是顺应市场发展趋势的开发，政府意志与市场利益取向走向一致，故市场机制一放就灵。而今天的西北大开发，是逆市场利益导向的调节，若放任市场利益驱动，在东部投资回报率大大高于西部的情况下，就会出现市场失灵现象，无法启动西北大开发。因此，国家的宏观调控尤其显得重要，但政府发挥作用的范围、方式、力度都和原来大不相同。主要靠财政支出和转移支付手段解决公共服务和基础设施问题；通过制订规划和政策，积极推进体制改革和科技创新；培育市场体系，改善西北投资环境，提高西北对内对外的竞争能力。

（5）西北大开发必须以"富民强区"为根本目标，全面提高西北各族人民的生活质量和文化素质。邓小平指出，社会主义的本质就是消灭剥削，消除两极分化，走共同富裕的道路。西北地区的落后表现在各族人民的生活质量上，就是人均收入大大低于东部，还有数以千万计的人民没有解决温饱问题。东西部人民生活质量的差距如果不引起我们足够的重视，就会导致严重的社会问题，影响全国安定团结大局。因此，开发西北必须解决西北贫困问题，强区富民，尤以"富民为本"。首先，打好扶贫攻坚战，搞好以工代赈，对少数生存条件极差的地区要有计划地实行移民开发。重点解决贫困人口的温饱和通路、通电问题，同时做好智力扶贫，普及九年义务教育，组织科技下乡，帮助贫困地区寻找新的经济增长点，开发力所能及的新产业。在脱贫的基础上，广开生产门路，拓宽业岗位，增加各族人民收入，逐步提高生活质量，努力缩小地区差距。

## 二、西北大开发的战略选择

依据西北大开发的基本思路，面对 21 世纪知识经济到来和全球经济一体化趋势的严峻挑战，并充分考虑西北各省（区）的要素禀赋和现有的经济基础条件，宜确定西北地区以富民为根本，以开发人力资本和科技创新为手段，以市场为导向的可持续发展战略。具体内容由以下 7 个子战略构建而成。

（1）知识发展与科技创新战略。改革开放以来，西北各省（区）人均资本增长率与东部大体相当，但人均 GDP 的增长速度却与东部差距较大。这充分说明有形资本的投入多少不是造成地区差异的最主要原因，知识、信息、教育、技术等无形资本是更重要的因素。西北的教育与科技整体水平虽然相对落后，但也有像陕西这样在全国占领先地位的教育与科技大省。因此，西北各省（区）要充分利用当地或毗邻省（区）的教育资源和科技资源，强化本地获取外部知识与科技信息的能力和创造本地区知识的能力，特别是要培育提高本地区科技创新的能力，建立以企业为主体，产、学、研、政相结合的科技创新体系，促进知识与科技尽快转化为可供企业利用的具有市场效益的应用技术，真正实现科学技术作为第一生产力的价值。充分利用知识、信息、教育、技术要素促进经济和社会发展，缩小与东部地区之间的差距。

（2）开发人力资本与推进教育产业化战略。实施人力资本开发战略，大力发展教育事业。通过普通中等和高等教育培养青少年一代成长、成才的基本素质；通过职业教育和成人教育提高成年人就业以后的职业素质，并在有条件的城镇发展老年教育，使日趋增多的老龄人口老有所学、老有所用，消除人口老龄化带来的社会矛盾。西北各省（区）应在充分利用现有教育资源的基础上，继续深化教育体制改革，推进教育产业化，鼓励引导各种社会力量创办各级各类学校。普及中小学基础教育，调整普通高等院校的专业结构，提高其教育质量，稳步扩大高校的招生规模。发展与本地产业发展相适应的各类职业技术教育手段，全方位开发人力资本。培育人力资本，近期目标是促进扩大就业，减少失业的贫困人口；远期目标是为21世纪的西北大开发、大发展奠定人才与劳动力大军的良好基础。

（3）可持续发展战略。在西北大开发中，生态与环境的综合治理是压倒一切的头等大事，再也不能走越穷困越垦伐、越垦伐越穷困、边开发边破坏的道路。一定要把保护江河源头、综合治理两河上游水土流失和荒漠化、改善生态环境、遏制环境恶化放到优于对其开发利用的突出位置。依靠农业科技创新，改造农业内部原有的"以粮为纲"的产业结构和西北农民千百年来靠粮食种植业或放养畜牧业为生的从业习惯。发展高效、优质、以生物工程为技术手段的生态化、现代化的绿色大农业。工业对资源的开发利用及工业的加工工艺亦应首先考虑其环境与生态效益。对工业污染的治理和资源开发后环境的修复方案均应在工业项目立项之初首先给予考虑并作为立项审批的基本前提条件。

（4）"二龙一网"的区域布局战略。西北大开发是21世纪的世纪工程，是一个影响全国大局，特别是西部各省（区）之间和东西部协调互动发展的系统工程，因此应该站在全国大局的角度，在充分考虑各省（区）产业现状、资源优势、生态环境、交通条件、人文、历史、人力资本等各种要素禀赋的基础上统一进行区域布局。基于此种指导思想，依据区域经济运行机理，我们认为西北大开发的区域布局战略可以用"二龙一网"模型来简要概括。所谓"龙形"走势，即从大西北和大西南的地理与交通、通信条件和中心城市之间的经济辐射功能来看，形成了两条屈曲盘旋、跃跃欲飞的龙。一条是西北龙，它以地处中国中西结合部，作为西部东大门的西安为龙首，沿陇海、兰新这一陆桥地带向西北蜿蜒。其龙腹是西北军事和重工业重镇兰州，盘旋的龙身带动两个民族经济文化中心城市西宁与银川，强劲的龙尾在中国的西大门——内陆型国际商贸城市乌鲁木齐。另一条是西南走向的龙，它的龙首亦在西安，从西安沿着宝成、成渝、成昆铁路干线向西南蜿蜒的经济带，通过其腹地被称为天府之国的成都平原和成都、重庆两大中心城市，必将带动云贵高原上的酒都贵阳、春城昆明和雪域明珠拉萨这三点一线形成的龙身与龙尾的摆动腾飞。再看网络结构。从现有的资源要素与产业关联度看，中国西部地区已形成一个三横两纵网络雏形。东西走向的第一横，是以母亲河——黄河为纽带的黄河中上游地区能源富集带，西起新疆、青海，中经甘肃、宁夏、陕西北部，东达山西北部。它占去中国能源总储量的70%以上，将在21世纪成为中国西北大发展的增长极和促进中国东部经济再上新台阶的动力源。第二横是沿新亚欧大陆桥方向自东向西延伸的科技、商贸产业带，这是大陆桥在中国境内的中段和西段。中段的陕西关中平原，以其现有的科技力量基础，有望建成中国的西部"硅川"，而西安、兰州、乌鲁木齐三大城市，则分别可建成中国中西部商贸中心、西北商贸中心和西部外贸之窗。第三横是沿长江上游形成的水电、能源、钢铁、汽车、加工业产业带。这一产业带向东延伸，将和长江中下游的产业带连为一体，它将以自身的资源、能源和重化工业有力支持以上海为首的长江中下游地区高新技术的进一步腾飞。网络结构的南北走向的两纵，是沿西部已经形成的贯通中国南北的铁路大动脉部署的经济开发带。第一条是北起包头、南至湛江的包湛线。其陕西境内的神延、西康两段一接通，这条线便成为贯通地处中西结合部的包头、榆林、延安、西安、安康、重庆、贵阳、柳州、南宁、北海到湛江的南北大干线。第二条是沿包兰、宝兰、宝成、成昆线南下的铁路大干线，又串起了包头、银川、兰州、宝鸡、成都、攀枝花、昆明，直抵中越边境河口，亦可沿南昆线达南宁和北海，与东边大干线首尾衔接，形成环状带。这两条南北走向的经济带把大西北、大西南的轻、重工业城市和旅游商贸城市连成一个有机的产业链，不仅有整合东西部经济差距的功能，而且有协调南北部产业结构差异的作用。综观"二龙一网"模型，我们就会发现，二龙共舞，龙首并汇于西安；三横两纵，在陕西境内成"井"字形交叉，陕西成为西部经济网络的中心。我们建议中央进行战略决策时，尤其是做第一阶段的项目规划时，应特别考虑陕西及西安的区位意义，给予必要的投资支持和政策扶持。

（5）多重结构、动态升级的产业结构调整战略。产业结构的第一层次为创建国内一流水平，并向国际水平靠近的高新技术工业。这是基于西北现有的科技力量和在"一五""二五"及"三线"建设时期奠定的航空、航天、核能、电子等产业基础。在当今国际风云变幻不定、世界多极格局竞争激烈的形势下，应重新审视西北在国防与科技领域继续保持领先地位的重大战略意义。同时应用高新科技和适用技术，进行第二产业的创新。这可分为以下两个板块。

其一是对黄河中上游能源重化工业基地和长江上游水电、能源工业基地的建设；其二是应用高新技术激活与改造西北业已形成规模和体系的传统工业，如机械、纺织、家电等行业。西北国有大中型企业大多集中于这些行业，通过科技创新和制度创新，使之发挥自身固有优势，避开与东部产业及产品结构的趋同，推出自己的品牌与名牌来。对西北国防工业和传统工业的改造创新具有重大战略意义，可以为在21世纪的国际政治风云变幻中的中国构筑藏龙卧虎的广袤腹地。

产业结构的第二层次是前景看好的西北旅游业。西北有三大旅游资源：一是民族文化资源；二是历史文化资源；三是自然地理资源。可按大西南与大西北两大旅游市场，组建跨省（区）的旅游产业集团，发展大旅游业，使其成为西部经济的又一增长极。

西北产业结构的第三层次，是以保护、恢复西北生态环境为出发点，以农业高新科技为手段，以产业化的经营机制为制度安排的现代化大农业。西部应注意把生态效益与经济效益统一起来，在封山绿化、养山育水之时引导农民多种经济林木，从事科技含量高的新行业、新产业。同时，要因地制宜，在关中、汉中平原和银川河套地区等高效产粮区，建立技术与资本密集型、生产集约化的粮食生产基地。在西北半干旱地区继续完成维持其基本生存条件的节水农业工程，并在条件具备时，启动南水北调（西线）工程。

（6）基础设施投资拉动战略。基础设施薄弱是制约西北地区发展的主要因素。所谓西北投资环境不好，即西北许多地区被大山阻隔或荒漠挡道，交通闭塞，信息失灵，生活用水和工业用水困难。因此，要加快西北大开发，国家必须下更大的决心，实施基础设施投资拉动战略。以更多的投入加快公路、铁路、机场、天然气管道以及电网、通信、电脑网络、广播电视等基础设施建设，打通西北通往东部和通往国际的交通与通信通道。这样，一个内活外通、全方位开放的西北便会出现在国内外投资者的面前，敞开其胸怀迎接西北投资热、开发热的到来，这是西北大开发的前期工程。在基础设施建设中要把水资源的开发和有效利用放在突出位置，条件成熟时启动南水北调（西线）工程，彻底解决西北和华北缺水，而西南和东南水患频仍的问题。

（7）加快城市化进程战略。西北城市化的发展道路，应结合西北经济与社会发展的现实基础，走出一条具有西北特色的路子。首先，通过基础设施建设、科技创新和产业结构调整与升级，强化西安、兰州、乌鲁木齐等省会城市的综合功能，把它们变成各省（区）及周邻省（区）的经济中心城市，并把其中有条件的几个城市建设成具有国际影响力的商贸、文化、旅游、金融中心，使它们能够成为西北传播经济信息和高新科技、吸引外资和融通国内资金的枢纽及经济能量聚合裂变的加速器，并通过乘数效应和涟漪效应，辐射带动周边广大地区的中小城市，使每个大城市周围50~100千米远近能分布3~5个中等城市作为它的卫星城市。加快小城镇建设，不仅有利于转移农业过剩劳动力，解决农村经济发展的深层次矛盾，而且有利于启动民间投资，带动最终消费，为21世纪国民经济的发展提供广阔市场和持续发展的后劲。西北各级地方政府要把小城镇建设纳入国民经济和社会发展的中长期规划中，着眼于20~30年的建设时间，合理布局，精心策划。在小城镇的布局与建设中，要注意把农牧业结构调整、农业生态平衡、"山川秀美"工程实施等生产力发展问题，同巩固农业家庭联产承包责任制、扶持农工贸公司和农业股份合作制等生产关系演变中的新生事物结合起来，加以通盘考虑，并注意发挥县城和农村已有一定规模和基础的乡镇、集市的作用和功能，引导安排"山川秀美"工程的移民和乡镇企业、民营企业向这些城镇集中连片发展。在中小城市和中小城镇布局建设的同时，还要以户籍制度改革为突破口，推动就业、住房和社会保障等相关体制的相应改革。加快农村人口向城市人口转化的步伐。

## 三、西北大开发的政策支持

（1）加快建立并实施规范的中央财政转移支付制度，体现社会公平原则。财政转移支付制度是国家进行国民收入再分配，体现效率优先，兼顾公平原则，组织重大经济活动的重要经济杠杆。要完善相关法规和相应配套政策措施，确保在国家财政收入逐年稳定增长的基础上，尽快实施按因素法计算的财政转移支付制度，进一步加大转移支付力度。通过国家预算，加大对西北地区的专项补助范围和数额，如对老、少、边、穷地区的补贴，对西部公益性项目的配套补助，对治理和改造西北生态环境的专项补助，对落后地区的非公有制企业和少数民族企业的贷款贴息等。在促进西北经济发展的基础上，保障西部地区人民群众在享有基础教育、医疗卫生、人畜饮水、交通、通信、社会保障等公共产品和服务方面，逐步接近和达到全国平均水平。不断提高西北地区人民群众的生活质量，体现社会公平的原则。

（2）采取灵活的财税政策，吸引国内外投资者投资于西部。为了提高市场主体开发西部的积极性，对于到西北省会城市、国家布局的重点资源开发地区、边境开放城市及生态建设重点地区从事投资与开发的国内外投资者，可以考虑给予在一定时期内的减免税优惠，提高其在西部投资的回报率，保障投资者的合法权益。对西北地区的农工商贸企业可以实行低于东部的差别增值税率或营业税率，并适当放宽西北地区征收固定资产方面调节税的条件，留利于企业，增加企业扩大再生产的后劲。尤其是对西部地区的资源型企业要减免或返还资源税，减免或返还部分作为国家投资，继续用于资源开发和保护，并且对西北国有大中型企业在增资减债、债权转股权、建立健全社会保障制度和科技创新方面要给予必要的倾斜。

（3）制定灵活多样的融资政策，解决西北大开发的资金筹措问题。金融资本是现代市场经济的主要资本形态。金融资本的发展状况在很大程度上决定经济发展的状况。西部经济比东部经济发展缓慢主要是金融资本发展落后所致。因此，要振兴西部经济，还应制定向西部倾斜的特殊金融政策。具体地说：第一，研究建立西部开发的专项资金，由国家确定的西部重大基础设施项目，可通过在全国范围发行中长期债券或股票筹资。在西部地区进行产业投资基金试点，所筹资金重点用于基础设施建设和企业技术改造。商业银行要支持个体私营企业和乡镇企业等非国有工商业企业的贷款要求。第二，条件成熟时，在西部建立两个证券交易所（西安、成都），为西部金融市场、资本市场的成熟创造环境和体制条件，成立西部开发银行，西部各省（区）也成立相应的开发银行和商业银行，并设立相应的投资基金。

（4）实行优惠的利用外资政策，进一步放宽外资进入西部地区的限制。在西部的大城市建立保税区、航空港以吸引外资外商。扩大在西部城市设立中外合资银行的试点，优先批准在西部地区组建中外合资或外商独资的旅行社和旅游开发公司及相关零售商业企业。优先安排西部地区项目使用外国政府赠款及优惠贷款和国际金融机构低息长期贷款。对西部地区经国家批准建立的经济技术开发区和高新技术开发区，允许其在一段时期内继续享受国家曾给予东部开发区的优惠政策。

（5）土地开发政策。西部地区地广人稀，土地是最丰富的资源，也是西北大开发中最突出的生产要素优势。相对低廉的土地使用价格，将会成为国内外投资于西部的诱因。建议中央放宽西部地区在土地使用管理方面的有关限制，下放审批权限给省（区）级政府。也可通过实行控制总量、调整结构、提高土地使用效率的方法，从而适当放宽非农业用地的审批程序与条件。

（6）为西部开发提供组织保障和法律保障。建立类似国务院特区办、港澳办那样高规格、权威性的负责西部开发的组织协调机构，专门负责西部开发建设的规划、组织、实施、指导、协调和督促检查，并制定促进西北大开发的系列法律法规。

（7）制定相应的资金与人才政策，加大东部地区对西部地区的对口支持力度，促进东部与西部的经济交流与互补。通过国家投资西部基础设施建设和相应的财税金融政策的制定与实施，为东部向西部的投资创造良好的外部环境和优厚的回报率。在互惠互利的基础上，鼓励东部优势企业带资金、技术、管理人员到西部投资办厂。为了让西部自有的人才留得住，东部的优秀人才进得来，应大幅度提高西部的科技、经济与管理人才的待遇，使他们不低于东部同类人才的收入。在西部率先放开城镇户口限制，鼓励跨地区就业和长期定居，使有志投身于西北开发的人才学有所用、用有所长，贡献有所回报，价值得以实现，青春无悔，扎根西部。西部亦应积极主动对内对外开放，治理好自己的软环境，以迎接国际国内对西部开发投资和人才进入热潮的到来。东西部的合作共进，全民族的团结与奋斗，必能在21世纪实现伟大的民族复兴，把一个繁荣昌盛、发达文明的社会主义中国呈现在世界的东方！

（写于2002年）

# 西部大开发四十条

何炼成

**摘 要** 为 2000 年首届中国西部论坛论文,后载于《经济学动态》2001 年第 1 期,其八大战略思路、八大扶持政策、八大重点工程、八种资金筹措渠道等观点立意正确,可操作性强,上达中央,成为了政策与决策。

## 一、新"江八条"

江泽民同志于 1999 年 6 月 17 日在西安召开的西北五省区的国有企业改革与发展座谈会上,向党和全国各族人民发出了西部大开发的动员令。根据笔者的领会,其内容主要包括以下八条,可称之为新"江八条"。这是进行西部大开发的指导思想,是对邓小平理论的具体运用和发展。

第一条是强调西部大开发的历史地位及其伟大意义。指出现在我们正处在世纪之交,必须不失时机地加快中西部地区的发展,特别是实施西部大开发。这对于推进全国的改革和建设,对于保持党和国家的长治久安,都是一个全国性的发展战略,不仅具有重大的经济意义,而且具有重大的政治和社会意义。

第二条是明确指出了西部大开发是全党和全国人民的重大战略任务。指出"大开发"不是小打小闹,而是在过去发展的基础上,经过周密规划和精心组织,迈开更大的开发步伐,形成全面推进的新局面。强调这是一个大战略、大思路。要求从现在起,就要将其作为党和国家一项重大的战略任务,摆到更加突出的位置,拿出过去开办经济特区那种气魄来搞。

第三条是指出我国当前加快中西部地区发展步伐的条件已经基本具备,时机已经成熟。并告诫我们如果看不到这些基本具备的条件,不抓住现在这个有利时机,不把该做的事情努力做好，就会犯历史性的错误。

第四条是提出西部大开发总的原则是把加快西部经济社会发展同保证政治社会稳定、加强民族团结结合起来，把促进西部发展同促进实现全国第三步发展战略目标结合起来。

第五条是根据以上总的原则，具体指出在国家财力稳定增长的情况下，通过转移支付逐步加大对西部地区的支持力度；在充分调动西部地区自身积极性的基础上，通过政策引导，发挥利益机制的促进作用，调动和吸引国内外资金、技术、人才等投入西部开发；兼顾发展和保护，发展特色优势产业和产品，有目标、分阶段地推进西部地区人口、资源、环境与经济社会的协调发展。

第六条是首次强调要把水资源的开发和有效利用放在突出位置。

第七条是强调加快开发西部地区，是一个巨大的系统工程，也是空前艰难的历史任务。所以让我们既要有紧迫感，又要做好长期奋斗的充分思想准备，决心大干几十年乃至整个 21 世纪。

第八条是最后为我们描绘了西部大开发的前景，建设一个经济繁荣、社会进步、生活安定、民族团结、山河秀美的西部地区；使西部地区来一个天翻地覆的根本改变，来一个"旧貌换新颜"。

## 二、八大战略思路

### （一）"富民强区"的目标战略

邓小平同志指出，社会主义的本质是发展生产力，解放生产力，消灭剥削，消除两极分化，走共同富裕的道路。这是我国经济发展的根本战略目标。

实现这一目标，是西部地区人民几十年来的渴望，也是当前最迫切的要求。

因此，我们认为，西部大开发的当务之急，首先必须解决西部地区人民（特别是农牧民和少数民族）的贫穷问题；同时必须解决城镇下岗职工和贫困户的生活问题；此外，还应当逐步提高科技人员的经济待遇，使他（她）们安心为西部大开发而献身。

"富民强区"的关键在"富民"，民不富区就不可能强。因此，在西部大开发中，要使人民得到实惠，收入逐步提高，生活逐步好起来。从而促使他（她）们为西部大开发而努力奋斗。

### (二)可持续发展的长远战略

江泽民同志指出改善生态环境,是西部开发建设必须首先研究和解决的一个问题。如果不从现在起努力使生态环境有一个明显的改善,在西部地区实现可持续发展战略就会落空。江泽民同志一针见血地指出了西部地区生态环境问题的严重性,已到了刻不容缓的地步。据史书记载,在我国盛唐时代,西北地区曾经是我国发达地区之一,水草茂盛,森林覆盖率很高,"风吹草低见牛羊"的诗句,生动地反映了当时的盛况。但是,近千百年来的自然条件的变化,再加上人为的破坏(如战乱和过度开发等),使西部地区的生态环境遭到严重的破坏,特别是两河(长江、黄河)上游和三北(西北、华北、东北)地区,生态环境日趋恶化,以致近三年来出现了前所未有的水、旱、风沙暴等灾害。确实到了非整治不可的时候了,否则不仅会危及我国现阶段的经济建设,而且会给我们的子孙后代留下无穷的祸患。因此,在西部大开发中,生态与环境的治理是压倒一切的头等大事。一定要把保护江河源头、治理江河上游水土流失和荒漠化、改善生态环境和遏制环境恶化,放到优于对其进行开发利用的突出地位;贯彻落实江泽民同志"再造一个山川秀美的西北地区"的指示精神,实现经济效益、生态效益、社会效益的三统一,在西部大开发中实现可持续发展的美好前景。

### (三)科教兴区的人才战略

邓小平同志指出科学技术是第一生产力,而教育是科技发展的基础。我国与发达国家的差距,我国西部与东部的差距,归根到底是科技差距和教育差距。因此,科教兴国战略,被确定为我国奉行的基本国策之一。

科教兴国战略实质上是人才战略。发展科学教育靠人才,也是为了培养人才。没有高科技人才,就不可能有高新科技的发展;没有高素质的教育,也就不可能有高素质的人才。西部经济落后于东部,从根本上说是科技、教育和人才的落后所致。科技的发展,关键在创新。没有创新就没有高科技的发明创造,从而就没有生产力的高度发展,经济也就不可能持续、高速、健康发展。近20年来我国东部与西部经济的发展差距就充分证明了这一点。

### (四)非均衡发展的常规战略

马克思主义唯物辩证法告诉我们任何事物的发展都是由不平衡—平衡—不平衡……如此循环往复,由低级阶段发展到高级阶段。其中,平衡是相对的,不平衡是绝对的，光有平衡，事物就不能发展，要发展就必须打破旧平衡，实现新的平衡。

在实行计划经济的时代，只强调经济的均衡发展，计划经济体制实质上就是均衡经济体制，我国在改革开放前的30年中就是实行这样的体制。实践证明，这种体制在一定时期和一定范围内起过促进生产力发展的积极作用，但从总体上和长远的观点看，这种体制是不利于生产力的发展甚至会阻碍生产力的发展的。这从实行计划经济与市场经济两种体制的效益对比中可以明显地看出来。

改革开放以来，总设计师邓小平同志根据以上的基本理论和基本实践，提出了"两个大局"的发展思想，一个大局是在20世纪80年代初，实施沿海发展战略，政策向东部地区倾斜，使东部沿海地区实行对外开放，较快地先富起来。指出中西部地区要顾全这个大局。另一个大局，就是当发展到一定时期，比如20世纪末全国达到小康水平时，就要拿出更多的力量帮助中西部地区加快发展，东部沿海地区也要服从这个大局。20年改革开放的实践充分证明，"两个大局"的发展思想是完全正确的，是对非均衡发展战略的创造性运用和发展。正是根据这一战略思想及其实践，江泽民同志又及时发出"西部大开发"的伟大号召，这是对这一战略思想的继承和发展。可以预期，通过今后几十年甚至上百年的努力，第二个大局一定可以实现，西部大开发一定会取得丰硕成果。

### （五）跳跃发展的非常规战略

这是列宁在19世纪末和20世纪初，根据当时资本主义发展不平衡规律的作用，美、德、日等后起的资本主义国家经济发展的实践所总结出的新战略。实现这一战略的必要条件是新的科技革命时代的到来。

有的同志提出，当前国际经济正处于新的科技革命的时代，信息经济快速发展，知识经济已日现端倪。因此，我国可以抓住这一良机，率先采用和发展最新科技成果，赶上和超过资本主义发达国家。西部地区当然也不例外。

我们认为，我国实现跳跃式发展的可能性是存在的，但要把这种可能性变为现实，并不具备充分的条件。作为发展中国家的一个发展中地区（西部），实现跳跃式发展的条件就更不具备了。首先，我国的工业化建设仍处于中级阶段，离实现工业化还有一段距离。而西部地区可能还处于工业化初级阶段，离实现工业化的距离就更远。企图跳过工业化阶段，直接进入信息时代和知识经济时代，至今尚无先例，看来是不可能的。其次，我国的市场经济体制尚未完全建立起来，计划经济体制仍有一定的市场，在双重体制并存的情况下，要实现跳跃发展战略看来也是不可能的。最后，我国当前仍存在比较严重的封建宗法制的上层建筑的残余，如以权谋私、腐败现象、官本位、诸侯经济、地方主义、家族主义、宗法观念等，这些都是制约我国经济高速发展的痼疾，不是短时期内可以治好的。

### （六）差异化战略

所谓差异化战略，也就是比较优势战略。因为西部各省区市的情况各不相同，表现在地理条件、历史发展、产业结构、资源禀赋、市场发育、生态环境、人文状况、风俗习惯等各个方面均是如此，均具有各自的优势和特点。而西部大开发是一个全面的、全方位的开发，但它对各省区市来说所带来的机遇并不是全面的、全方位的。这就要求各省市区必须根据自己的区位状况、要素禀赋、市场发育、产业结构、所有制结构等方面的特点，寻求自己的比较优势，塑造成为将来发展中不可替代的优势，同时发掘与全国尤其是与东部地区的互补性优势，来塑造自己的区位优势、产业优势和产品优势，实现本区经济的大开发和大发展。

在差异化战略的指导下，西部各省区市不仅在发展速度上实现跨越式发展，而且在经济增长方式、基本经济制度、产业结构、宏观经济调控、企业运营方式、城市化进程、生态环境的改善等方面，实现多领域、深层次、全方位的发展。

总之，实施差异化战略，是西部各省区市实现跨越式发展的内在需要，是提高西部各省区市战略竞争力的需要，是实现西部大开发战略的需要。

### （七）水资源战略

江泽民同志强调在西部大开发中，要把水资源的开发和有效利用放在突出位置。这的确是至理名言，是西部大开发的一条重要的战略方针。

纵观全球，不少国家和地区水资源稀缺和紧张，为争夺水资源的矛盾和斗争时有所闻，有的地区争夺水资源的斗争比争夺石油的斗争更为激烈。有的水资源专家预言，20世纪主要是列强争夺石油的世纪，21世纪将主要是争夺水资源的世纪。因为水资源是生命的源泉，是各行各业赖以存在和发展的基础。现代社会对水的需求越来越多，而地球上水资源的供给却越来越少，供求矛盾越来越突出，因此争夺水资源的矛盾和斗争将越来越激烈。

我国属于世界上水资源贫乏的国家之一。人均水资源量仅为2260立方米，约为世界人均的1/4，居世界第109位。而且我国的水资源分布不均，其中，4/5的水在南方，而 2/3 的耕地在北方，北方单位耕地的水仅为南方的 1/8。再加上我国又是一个多水旱灾害的国家，往往是北旱南涝，造成北方水资源奇缺和南方水资源严重流失，更加剧了水资源的供需矛盾。

就我国西部地区来说，水资源的开发、供给和有效利用的问题更为突出，西北地区尤甚。特别是两条母亲河（黄河、长江）的水资源遭到严重的破坏，导致径流量减少，水源污染严重，造成黄河多次断流，西北地区荒漠化严重，的确是到了非解决不可的时候了，否则西部大开发将是一句空话。可见，把水资源的开发利用作为西部大开发的一个战略方针，实属非常明智的决策。

### （八）产业结构调整战略

产业结构不合理，是制约我国经济发展的主要问题之一，西部地区也不例外，甚至更为突出。主要表现在：第一产业（农业）非常脆弱，经不起旱、涝、风、虫等灾害的袭击，高科技农业仅仅处于试点阶段；第二产业（加工工业）仍处于工业化的中级阶段，中小工业企业的生产仍处于工场手工业的水平，新中国成立以来建立的一些现代化工业面临设备老化、技术陈旧、效益很差的困难局面，至今尚未走出困境；第三产业（各类服务业）的数量少、质量差，多是一些为人们生活服务的传统服务行业。

因此，在西部大开发中，必须对以上产业的现状进行结构性调整，具体战略方针是加强第一产业，大力发展农林牧渔各业，特别是迅速推广高新科技农牧业，以满足人民对农牧产品日益增长的需要；提高第二产业，加强对工业企业的技术革新和改革，建立现代企业制度，实行现代化管理；对第三产业，应大力发展，增加数量，提高质量，以满足人们对生产和生活提供服务的需求。

根据这一产业结构调整的战略方针，对西部大开发来说，当前的战略重点：一是要抓好农林牧业高新科技的开发和利用，加快陕西杨凌农林牧业示范区的建设，充分发挥其带头和示范作用；二是要抓好国有工业企业"三改一加强"的工作，建立现代企业制度，实行现代化管理，加快"保军转民"的进程；三是大力发展第三产业，特别是发展大旅游业、商贸企业、沿桥沿边经济、信息软件产业等；四是要大力发展特色优势产业和产品，如川陕的航空、航天产业，陕蒙边境的能源重化工产业，新疆的黑（石油）白（棉花）产业，两河上游的水电能源产业，陕川的高新科技产业，陕西的"兵马俑"，云南的"世博园"等。

## 三、八条政策建议

### （一）关于基本经济制度

中共十五大文献指出："公有制为主体，多种所有制经济共同发展，是我国社会主义初级阶段的一项基本经济制度。"但是"这是就全国而言，有的地方、有的产业可以有所差别"。根据西部（特别是西北）地区的情况，生产力比较落后，经济还不发达，特别是广大农牧地区和中小企业，仍然是以手工劳动为主；因此，公有化程度不宜太高太广，在一些地区（如老少边穷地区）和某些产业（如农牧业和手工业），就不一定要以公有制为主体，只要符合"三个有利于"的标准，什么所有制及其实现形式都应当允许其发展。

### （二）关于矿产资源开发政策

西部地区矿产资源非常丰富，是一个潜在的大优势。但是尚未变成现实的优势，对西部经济的发展影响不大。其原因当然很复杂，但资源开发和经营政策不妥是主要原因。因此，改革和完善现行开发政策，实为当务之急。

首先，要打破国家完全垄断矿产资源开发的方式，除黄金、铀矿等战略性资源外，应允许地方甚至个人开采经营。对西部地区来说，应当以省区地方政府开发经营为主，国家开发经营少数大矿富矿就可以了，一些小矿、贫矿可由私人去开发经营，由地方政府去宏观管理和规划，在一定的条件下，还应当引进外资来进行开发经营。其次，无论是谁来开发经营，都必须向国家和地方财政缴纳一定的资源税，向所在地方政府交纳一定的治理环境污染费用，否则就停止其开发经营的权利。

### （三）关于调整价格政策

改革开放以来，我国的价格政策已逐步摆脱了计划体制的束缚，基本上符合市场经济发展的要求，从而促进了我国经济的持续快速发展，实践证明是正确的、成功的。但是还存在不少问题，其中，主要是两个"剪刀差"价格问题：一个是工农业产品的"剪刀差"价格，即农产品的价格低于价值，工业品的价格高于价值；一个是上下游产品的"剪刀差"价格，即上游产品的价格低于价值，下游产品的价格高于价值，前者主要是指矿产资源产品，后者主要是指加工业产品。实践表明，以上两种"剪刀差"价格对西部经济的发展都是不利的，根据粗略估计，西部地区为此支付的代价为数千亿元。

造成以上东西部价格差距的原因，除了历史的、地理的、自然禀赋等原因以外，现行的价格政策不完善也是一个重要原因。这主要表现在对农、矿产品的价格定得太低，管理过严；而对加工产品的价格基本放开，很少监管；特别是对第三产业的价格混乱状态束手无策，任其漫天要价，无人管理。

为此，我们建议：第一，放宽对农、矿产品的价格限制，适当调高它们的销售价格，并制定最低保护价，使其生产经营者能收回成本，并取得适当的平均利润；第二，对加工产品仍坚持市场定价原则，随行就市定价，但为了制止垄断高价和低价，国家也可以采取限价决策；第三，对第三产业（特别是其中的金融市场、信息市场、高科技专利市场等）的价格，必须从严管理，逐步探索经验，总结教训，制定适合我国现状的价格政策，特别是有利于西部大开发的政策。

### （四）特殊的金融资本政策

金融资本是现代市场经济的主要资本形态，金融资本的发展状况，在很大程度上决定经济发展的状况，西部经济比东部经济的发展缓慢，主要是金融资本落后所致，西部经济的劣势，也主要反映在金融资本的落后上。因此，要振兴西部经济，缩小与东部地区经济的差距，除了实行与东部地区一样的金融资本政策以外，还应当制定向西部倾斜的特殊政策。

具体地说，我们建议：第一，东部地区已建立两个证券交易所（上海、深圳），西部地区也应建立两个证券交易所（西安、成都）。第二，东部地区曾经建立几个期货市场，西部地区也应建立几个期货市场（如棉花、羊毛等期货市场与矿产品期货市场等）。第三，成立西部开发银行，西部各省区市也应成立相应的开发银行和商业银行，并建立相应的投资基金。第四，适当开展博彩业，在适当的地方建立博彩城，实行封闭式的专业管理。第五，用比东部地区更优惠的政策，诱导东部地区资本、港澳台资本、外国资本来西部地区投资，开厂设店，建立银行等金融机构。

### （五）特殊的财税政策

在改革开放初期，中央对东部地区的发展，主要是采取优惠的财税政策，特别是在经济特区的建立上，国家投资的项目主要向东部地区倾斜，并采取减免税收等优惠的财税政策，来吸引境外投资，这对经济特区的迅速崛起和东部地区经济的发展起了决定性的作用。实践证明，当时这种对东部地区倾斜的政策是完全正确的，也是非常有必要的。

但是，正如邓小平同志当时就指出的"第一步是沿海地区先发展，第二步是沿海帮助内地发展，达到共同富裕"，并预言，"在20世纪末达到小康水平的时候，就要突出地提出和解决这个问题。那个时候，发达地区要继续发展，并通过多交利税和技术转让等方式大力支持不发达地区。我们一定能够逐步顺利解决沿海同内地贫富差距的问题。"因此，从现在开始，就应当实行向西部地区倾斜的财税政策。

为此我们建议：第一，凡是过去对东部地区（特别是经济特区）实行的优惠财税政策，都应当适用于西部地区；第二，在西部省区市的大城市中建立保税区、航空港，以吸引外部投资；第三，制定东部地区多交利税与技术转让以支持西部开发的具体政策；第四，认真贯彻执行中央对西部地区实行财政转移支付的政策，并建议对西部地区的新兴行业和企业，实行差别税率制度，由国家50%的贷款担保和减免一些税款；第五，在2010年以前，希望国家财政拨专款打通东西、南北大通道，包括新亚欧大陆桥、第二条陇海铁路、贯通西部地区南北通道、石油和天然气管道、信息高速公路等巨大工程。

### （六）建立分类调控的西部发展政策体系

由于西部地区面积广大，地形复杂，民族众多，与十几个国家毗邻，因此，地区内各省区市之间内部的发展极不平衡，不可能实行完全一样的政策，必须区别对待，分类指导，建立分类调控的西部发展政策体系，以提高国家区域政策的实施效果。根据现阶段我国西部地区经济发展的情况和特点，应当逐步建立四种类型的政策调控区，即中心城市区、资源富集区、边境开放区、贫困地区。第一，对于中心城市区，可实行"基于增长极的适度扶持政策"，即不断完善和加强中心城市的经济功能，帮助促进其主导产业的技术改造和结构升级，鼓励其发展高新技术产业；第二，对于资源富集区，重点是加强国家资源勘探开发的投入，优先安排国家资源开发投资项目，并制定相应的鼓励政策，吸引区内外各种资本参与投资开发；第三，对于边境开放区，应当依靠开放政策，以开放促开发，以开发求发展，依托边境贸易吸引和积累资本，以增强自我发展的能力；第四，对于贫困地区，重点是加强扶贫制度的建设，尽快形成贫困人口持续增加收入的机制，使其迅速脱贫致富。

### （七）特殊的人才政策

"尊重知识，尊重人才"，这是邓小平同志多次强调的基本政策。但是我们过去贯彻落实不够，西部地区落实更差。这主要表现在，西部地区的知识分子社会地位低下，官本位思想严重，许多中青年学者弃教从政，以致骨干教师至今青黄不接，研究人员后继乏人；特别是在经济待遇方面差距很大，同样级别的专家学者，地方院校教授的收入仅及中央部委所属院校教授的一半，而且只占沿海地区高校教授的四分之一；在这样差别巨大的条件下，"孔雀东南飞""一江春水向东流"就不足为奇了。

要解决以上问题，必须对科技人员实行特殊的地区倾斜政策。具体建议如下：第一，对西部地区的科技专家教授授予特殊的荣誉，使他们像20世纪50年代那样，以支援西部大开发为无上光荣，扎根西部地区，全心全意为西部经济发展服务；第二，提高专家教授的社会地位，院士享受副总理级待遇，教授享受部省级待遇，副教授享受厅局级待遇；第三，成倍提高西部科技人员工资待遇，对有突出贡献的知识分子实行重奖，使他们的经济收入超过东部地区同类人员的收入。

### （八）特殊的城市政策

江泽民同志在党的十五届四中全会上指出："实施西部大开发和加快小城镇建设，都是关系我国经济和社会发展的重大战略问题，应提上议事日程。"为此，就须制定相应的政策，对西部地区来说，显得更为重要、更为迫切，更须制定特殊的城市政策。

第一，特殊的土地使用与管理政策。对小城镇规划范围内的土地，由乡镇政府按报批程序统一使用，按国家规定缴纳一定的占用税，一次性补足土地征用费，如确有困难者可采取短期出让或收取年租金的方式提供土地使用权，也可将土地作价以股份形式参与联合开发，使农民享受长期收益。

第二，改革城市户籍制度。在新建小城镇中，取消城市户口与农村户口的差别限制，实行城乡常住人口与非常住人口登记制度；凡在小城镇有稳定收入和固定场所的人均发常住户口卡，享受城市居民的同等待遇。

第三，加大国家对小城镇建设的资金支持力度。各级政府有关部门每年应安排一定比例和项目的资金支持小城镇建设，解决小城镇的基础设施问题，真正做到"三通一平"，为居民提供良好的环境。

第四，按照"控制大城市，适当发展中小城市，放开小城镇"的原则，对西部地区各大城市加强管理和改造、不断提高质量，并将西安市升格为中央直辖市；对中等城市应适当发展，力争地级市均成为合格的中等城市；对小城镇则应坚决放开，只要条件基本具备，国家都应当批准和大力支持。

## 四、八大重点工程

### （一）山川秀美工程

朱镕基同志指出：西部大开发是一个全面的系统工程，要有重点、有步骤地推进。第一要把生态环境建设放在突出位置，要坚持不懈地搞好生态林工程和水土流失治理。搞好水土保持，加强生态环境建设，是中华民族生存和发展的长远大计，必须从实施可持续发展战略的高度，充分认识生态环境建设的重大意义。

（1）为了搞好生态林工程，治理水土流失，加强生态环境建设，中央率先提出"退耕还林（草），封山绿化，个体承包，以粮代赈"的政策措施。

（2）国家林业局出台了未来10年林业建设规划，预计将投资1000亿元，在长江上游和黄河中上游实施造林绿化工程。

（3）国家林业局还将在西部地区建立一批自然保护区。如青藏高原的藏羚羊等濒危动物拯救工程、喜马拉雅地区的白唇鹿保护工程、黄河长江源头生态系统保护区、西南高山峡谷植物保护区、蒙新高原荒漠生态保护区等。

（4）国家水利部最近推出水土保持生态建设十大重点工程。具体为：黄土高原多沙粗沙区沟道整治工程；砒砂岩区沙棘生态工程；农牧交错区水土保护综合治理工程；长江上游地区坡面水土整治工程；石灰岩地区土地抢救工程；长江上游地区滑坡、泥石流预警及治理示范工程；内陆河区生态绿洲保护工程；三化（沙化、退化、盐碱化）草原区节水型植被建设工程；重要水源区保护工程；水保监测网络工程。

### （二）西气东输工程

2000年2月初经国务院批准，西气东输工程项目前期准备工作正式启动。该工程包括油气资源勘探开发、输气管道以及城市管网、工业利用等相关项目建设。工程西起新疆塔里木盆地的轮南，途经甘、青、宁、陕、豫、皖、苏7省区，最终到达上海市，全长4000多千米，第一期投资1200多亿元，其中源头气田建设投资200亿元，中部投资400亿元，下游投资600亿元，预计工期2年，2003年开始供气，年供气120亿立方米。此外，新、青、甘三省区间的天然气输送工程也将动工修建，总投资计2.5亿元。管道全长950多千米，其中海拔在3000米以上的路线达700千米，预计年送气20亿立方米。

### （三）南水北调工程

江泽民同志在关于解决我国水资源的一则批示中指出："解决北方缺水问题，已有若干方案，南水北调的方案，乃国家百年大计，必须从长计议，全面考虑，科学选比，周密计划。"

南水北调方案的提出是在20世纪50年代初，经过几十年讨论尚无定论，主要分歧是调出调入的路线选择问题。主要有以下三种方案：

（1）东线方案。主要解决黄淮海平原东部缺水问题。涉及苏、皖、鲁、冀、津等省市。起点在江苏江都县境内芒稻河与扬运河段交汇处，称为"江都水利枢纽工程"。从此处抽引长江水，利用京杭大运河北流而上，在山东聊城位山村穿过黄河，最后自流到达天津，全长1890千米，中间需建13个梯级抽水站，总扬程65米。此方案总投资达数百亿元。

（2）中线方案。以长江中游汉江丹江口水库为取水口，加高现有水库大坝，拦截140亿立方米水量，沿伏牛山和太行山前平原建设引汉总干渠，全线自流引水，在郑州西部过黄河抵北京。全长620千米，近期年均引水量可达140亿立方米。此方案需投资上千亿元。

（3）西线方案。从长江上游通天河、雅砻江、大渡河引水，采取建高坝、泵站和开凿长隧方式，使长江水穿越巴颜喀拉山进入黄河上游，三处年均引水量约为200亿立方米，增加青、甘、宁、陕、蒙、晋等省区的供水量。此方案需投资数千亿元。

此外，近年来有人提出"大西线方案"。即将西线调水的海拔高程与位置，由长江、黄河上游的分水岭南侧附近，降低到江河分水岭南缘中下游海拔较低的地区，扩大了调水的对象与数量。也有人提出"四江一河"调水方案，即从雅鲁藏布江、怒江、澜沧江、金沙江调水入黄河上游，这个工程就更浩大了。

### （四）新亚欧大陆桥工程

新亚欧大陆桥于1992年正式开通，它东起我国的连云港，西至大西洋东岸荷兰的鹿特丹，全长10900千米，沿桥经过和辐射达30个国家和地区，其陆地面积占世界的1/4，人口占世界的1/3。在经济上具有极强的相互依存性与优势互补性。因此，新亚欧大陆桥有条件在促进这些区域之间的经济合作，加速世界经济一体化过程中充当重要的角色。

我国的沿桥地区横贯东中西三大地区，不但对联结三大区域具有重大作用，同时也是我国与中亚、中东和欧洲各国陆上交通的主要通道，因此具有重大的经济和政治意义。具体地说，一是有利于形成西北地区对外经贸合作的多元化发展格局，二是有利于形成稳定的国内与国际政策和经济环境，三是有利于推进我国对外开放的纵深发展，四是有利于实现我国区域间经济协调发展。

新亚欧大陆桥西北地区段的开发开放是一项宏大的社会系统工程。其内容主要有：①现代化的综合运输通道体系的先导工程；②建设具有西部地区特色的以资源开发区为重点的基础工程；③培育和完善沿桥产业带、构建各具特色的经济增长极的核心工程；④建设沿桥生态农业开发合作工程；⑤建设开放具有鲜明西部文化特色的旅游走廊工程。

### （五）科学园区工程

科学园区，即高新技术产业开发区。首创于20世纪50年代美国的斯坦福工业园，80年代形成加州北部硅谷和波士顿128公路地区的电子工业创新中心，90年代成为美国新经济发展的支柱产业。继美国之后，西方各发达国家建立了各具特色的科学园区。我国从80年代开始建立高新技术产业开发区。首先形成一定规模的是北京西郊中关村，接着逐步辐射到全国二十几个省区市。据初步统计，截至1998年，经国务院批准的高新技术产业开发区为53个，各省区市批准的为61个，还有大学科技园、民营科技园等100多个不同层次的科技产业基地。西部地区的云、贵、川、渝、陕、甘、新、宁八省区市建有国家级高新技术开发区10个、省级高新开发区4个。

西部高新产业开发区主要有陕西关中高新技术产业带，重庆—成都—绵阳高新技术产业带，以及兰州、贵阳、昆明、乌鲁木齐高新技术产业开发区。

陕西关中高新技术产业带以西安为龙头，以亚欧大陆桥为重点，下设六个开发区：即西安、宝鸡两个国家级高新技术产业开发区；杨凌国家农业高新技术示范区，以及西安经济开发区、咸阳电子工业区和渭南经济开发区。该带集中了陕西省80%以上的科技力量和工业基础，有48所高等院校，341个科研院所，近300个大中型军工和民用企业，60多万专业科技人员。1999年各区技工贸总收入达300多亿元。

渝、蓉、绵高新技术产业带的经济实力超过陕西关中带，年总收入500亿元以上。

### （六）交通电信工程

我国的交通电信等基础设施远远跟不上经济发展和人民需要，西部地区尤为突出。因此，实施交通电信工程实为当务之急。

（1）铁路。根据西部地区的实际，应当把铁路建设作为交通建设的重点。按照国家的铁路建设规划，除了对西部原有几条干线进行改造和提速以外，还要修建西安—合肥、宝鸡—中卫、神木—延安、侯马—月山、宝鸡—兰州复线、株洲—六盘水复线、西安—安康、兰州—成都、内江—昆明、遂宁—重庆—怀化以及进藏铁路等；并进行出境铁路通道项目的前期准备工作，研究建设中吉乌铁路、形成亚欧大陆桥南部支线的可能性，探讨兴建泛亚铁路，打通直达印度洋的出海口等。

（2）公路。交通部提出，在10年内，将分国道主干线建设、区域路网改造、实施乡村公路通达工程三个层次建设，形成以大城市为中心、中小城市为支点的路网骨架，完善西南出海通道，建设西北、西南的口岸通道，扶持藏区公路建设。重点实施西部大开发大通道工程，具体包括：①兰州—云南磨憨口岸；②包头—北海；③新疆阿勒泰—红其拉甫口岸；④银川—武汉；⑤西安—合肥；⑥长沙—重庆；⑦西宁—库尔勒；⑧成都—西藏彰木口岸。

（3）航空。西部地区将投资50亿元新建或扩建20个机场：咸阳、重庆、成都、昆明、北海、格尔木、敦煌、乌鲁木齐、且末、库车、中川、九寨沟、广元、绵阳、万州、泸州、铜仁、攀枝花、临沧、思茅等。西飞公司积极努力制造适应西部经济发展的飞机，如运-5、运-12、农-5、运-8、直-8、直-9、直-11等。增加国内外各种航班，力争早日开通西安至美国和欧洲的航线。

（4）电信。20世纪90年代以来，我国邮电通信业以总量年均增长41%的高速发展，1998年完成了横跨东西南北的"八横八纵"网络型光缆骨干网的建设，长途干线光缆总长近20万千米，已连接了90%以上的县市和全部省区市级城市，全国公用通信网光缆总长度超过100万千米，所有省份都建立了卫星通信地球站，卫星电路达2万多路，数字微波线路达6万多千米，并发起建立了全长27000千米的亚欧陆地光缆系统。公用电话网电话交换机总容量达1.4亿门以上，网络规模居世界第二位；长途业务电路总数近160万路，数字化比重超过99%，长途自动交换机达到450万路端，共有移动通信基站3万多个，移动通信道140多万个，移动交换机总容量超过4000万门。以分组交换数据网、数字数据网、计算机互联网、多媒体通信网和帧中继网为主的公用数据通信网已初具规模，覆盖全国90%以上的（县）市，通信能力达到 60 多万端口，成为世界上规模最大的公用数据通信网之一。

### （七）特色旅游工程

江泽民同志在西部大开发的指示中，强调西部应当大力发展"特色旅游"（参见 1999 年 6 月 19 日《人民日报》第 1 版）。这个指示非常重要，完全符合西部地区的实际。众所周知，西部地区具有独特的自然旅游资源、悠久的历史人物资源、丰富多彩的民族宗教文化资源。国务院公布的 100 多座历史文化名城中，西部占三分之一；138 国家级文物重点保护单位个中，西部占 28%。这些特色旅游资源如果能充分合理开发利用，将给西部带来巨大收益。为此，我们建议将发展"特色旅游"作为西部大开发的一项重大工程，具体建设如下：

（1）对全民进行关于发展旅游业的重大意义和作用的教育。明确旅游业不仅是展示精神文明的重要阵地，也是建立物质文明的重要产业，它不仅可以带来直接的社会效益和经济效益，而且可以形成巨大的波及效应和带动作用。

（2）必须正确处理发展旅游业与其他产业的关系，旅游资源的利用与保护的关系，旅游资源的开发与可持续发展的关系，中央管理与地方管理的关系，各地区之间的关系等。

（3）必须制定有关旅游资源的开发和利用的法律，特别是要制定不可再生的自然和历史文物保护法，对破坏和盗窃者严加惩处。

（4）中央应制订全国发展旅游业的长远规划，统一安排全国发展旅游业系统工程，西部各省区市应根据各自的特点，具体规划各自的"特色旅游工程"。

（5）正确处理旅游业收益的分配关系，包括中央与地方、各地区之间、各行业企业之间，以及旅游业与国内外旅游者之间的关系。

### （八）科教产业化工程

要实施科教兴国战略，必须实行科教产业化工程。在社会主义市场经济条件下，科教产业化就是要承认科教属于第三产业，其资源配置以市场为基础，科教产品应当进入市场，按照市场原则进行经营管理，实现以收抵支，并有一定的盈利。为此，就应当创设科教产业化工程。

（1）关于科技产业化工程。其基本理论与原则早在 1978 年全国第一次科学大会上邓小平同志就提出来了。以江泽民同志为核心的第三代领导人对此做了进一步丰富发展和具体化，取得了初步的成绩。现在的问题是如何综合西部地区的现状，贯彻实施科技产业化问题。我们建议：

①国家应加大对西部科技产业化的投资力度，特别是对西部高校和科研单位的基础研究要重点扶持，否则这方面的宝贵资源将损失殆尽，后果不堪设想。

②大力提高西部地区科技人员的社会地位和经济待遇，力争改变"孔雀东南飞"的现象，吸引东部地区和留学人员参与西部大开发工作。

③大力支持西部高新科技开发区的建设，力争将西安和成都建成西部的"硅谷"园区，并将杨凌农业高新技术示范区建设成为世界一流的农牧业示范基地。

④对西部地区所有高新科技开发区实行经济特区的特殊政策。

（2）关于教育产业化工程。这是科技产业化工程的配套工程，其实质是人才工程。但是，由于人们对教育的性质有不同理解，因而对教育产业化的认识也不一致。我们认为，教育与科技一样，都属于第三产业的范畴，教育工作者的劳动也是生产劳动，也能创造价值财富，教育资源的配置也主要应通过市场调节，教育劳务和产品（除义务教育外）也可以进入市场。因此，教育产业化势在必行。

## 五、八种资金筹措渠道

以上八项工程，全部完成需投资约 10 万亿元，为期 20 年左右。在"十五"期间需至少投资 2 万亿元，如果国家能负担一半，西部自筹一半，则约需一万亿元。筹资渠道有：

（1）基本经济制度创新。①国企扭亏增盈（至少 1000 亿元）。②国有经济发展（至少 1000 亿元）。

（2）调整矿产资源开发政策。①东部向西部返还 1000 亿元。②西部各省份自营开采获利 1000 亿元。

（3）缩小东西部商品交换的"剪刀差"价。①出售矿产资源可多收 1000 亿元。②向外区购买商品可以少付 1000 亿元。

（4）搞好高新科技开发区的建设。西部各省市区在"十五"期间至少可获利 1000 亿元。

（5）建立和发展西部大旅游工程。西部各省区在"十五"期间有可能增收 1000 亿元。

（6）通过亚欧大陆桥"走西口"，开展边境贸易，加强国内商贸活动。西部各省区市在"十五"期间获利可在 1000 亿元以上。

（7）抓好西部特色优势产业和产品的开发，在"十五"期间创收1000亿元以上。

（8）抓好资本经营，增收1000亿元。

（写于2001年）

# 企业新型智库建设要走创新发展的路子

吴斯全：陕西中国西部发展研究中心副理事长、陕西中国西部发展研究中心学术委员会副主任、《秦智》杂志副总编。

**摘 要** 本文在简要定义企业新型智库即产学研用相结合的研究机构、建设新型智库对于企业发展具有现实价值和深远意义的基础上，着重从培养使用新型研究人才、坚持与企业战略发展相一致的专业化研究方向、重视研究成果转化应用等维度，提出建设企业新型智库的策略，探索和回答怎样建设企业新型智库的问题和路径。

中国特色新型智库建设，企业的任务就是兴办产学研用紧密结合的新型智库。无论是国有企业，或是民营企业，兴办和建设新型智库，相当于给企业生成一个智能头脑。这对于提高企业科学民主依法专业决策水平，增强企业竞争力、创新力，促进企业高质量持续发展，都具有丰厚的现实价值和深远的战略意义。

企业建设新型智库，要走创新发展的路子。

## 一、培养选拔使用新型研究人才

新型研究人才，就是既有专业知识技能，又有对企业所在行业产业发展趋势规律、国家宏观战略政策的研究能力，理论和实际相结合的研究人才。企业要为智库选拔使用专职的新型研究人才，设立研究岗位，建立培养新型研究人才机制。同时，聘用高校、科研院所专业研究人才，形成专兼职相结合的研究人才团队。联合高校、科研院所，在本企业建立科研实习基地，为优秀学生提供研究实习机会。及时把热爱专业具有研究能力的实习生，吸纳到企业新型智库人才团队中。

## 二、坚持专业化研究方向和定位

企业新型智库的研究范围、研究议题都必须围绕本企业发展、企业改革、企业所在行业产业发展规划、产业技术方向、产业政策制定、重大工程项目等开展决策咨询研究。只有坚持专业研究，专一精进，加上创新研究方法、研究选题、才能不断产生与时俱进的新思想和新观点，不断产生产学研用紧密结合的研究成果。

### 三、重视和加强研究成果的传播和使用

企业智库的研究成果，只有得到广泛传播才可能产生社会影响力。企业可以通过举办研究成果发布会、学术研讨会、论坛等扩大知名度。要充分利用互联网、社交网络、云技术和掌上电脑传播研究成果，扩大社会、市场影响力。

研究的目的在于应用。使用研究成果，才能实现研究成果的价值。企业要把研究成果及时应用于企业发展实践，转化为现实经济效益和社会价值，造福于人民，推动社会进步发展。这才是企业新型智库的生存之本、发展之道。

### 四、多元化筹集资金

研究资金是企业智库正常运营的前提条件。企业要加大研究投入。在保证重大项目研究资金的同时，增加对产业发展规划、产业技术、国家产业政策、成功案例研究资金和新型研究人才培养的资金投入。建设新型智库，要多元化筹集资金。探索建立专业基金，建立企业智库稳固的资金来源。面向市场，积极为同业企业、社会提供专业决策咨询服务，不断扩大研究经费来源。合规争取政府委托研究项目，获得更多研究经费和资源。

### 五、加强合作，开放办企业新型智库

加强企业智库与其他各类智库的合作是提高企业智库研究质量、协同进行跨学科研究、扩大影响力的重要途径。企业可探索建立理事会，广揽研究人才。加强企业智库与高校智库、科研院所智库合作，或聘用其中专家、专业研究人才，或共同开展专业课题研究，应用课题研讨交流，不断提高研究质量，形成合作研究网络，努力建设开放的企业新型智库。建设企业产学研用紧密结合的新型智库，是一项全新的应用智慧、创新思想、发掘智能、铸就软实力的事业，必须从企业实际出发，以科学的思维和方法，创造性行动，才能不断推进企业新型智库建设事业发展。

（写于 2023 年）

# 陕西"追赶超越"中"拓展发展思路"的几点思考和建议

  曹 钢：经济学教授，陕西省行政学院原副院长，西北大学中国西部研究中心研究员，终身享受政府特殊津贴专家，陕西省有突出贡献专家。

**摘　要**　习近平总书记在来陕西考察讲话中提出"陕西正处在追赶超越阶段"，要求我省"抓住难得历史机遇，锐意改革创新，拓展发展思路"。作者围绕这个主题，以新常态的视角要求，结合陕西实际，从战略定位、工作思路、发展理念六个方面进行了若干思考，并提出创新建议。

## 一、坚持用"稳中求进"的工作总基调，把握全省发展定位

  "稳中求进"是党中央关于新常态发展的工作总基调，这就是要坚持以提高经济发展质量和效益为中心，把转方式调结构放到更加重要的位置，狠抓改革攻坚，突出创新驱动，强化风险防控，加强民生保障，促进经济平稳健康发展和社会和谐稳定。"稳"就是要稳住发展速度，纠正盲目追求高增长，把经济运行保持在合理区间，给调整改革、化解矛盾留出余地。"进"主要强调要在经济转型、创新驱动、民生优化、治理提高、社会和谐上取得更大进步。

  我省近年来发展形势总体较好，这个基本面应予以充分肯定。然而发展中内在矛盾还很突出，面临问题较为严重，外在压力逐渐加大。主要是产业结构不合理，属于比较典型的资源型经济；发展动力单一，主要依赖不断加大投资拉动；效率、效益普遍较差，经济主体和体制活力明显不足；市场环境正向激励较小，民营经济发展相对滞后；区域发展不平衡，陕南、陕北多数县仍处于贫困状态。为此，新常

态发展中的陕西，应该坚持以民为本、恪守不务虚名、勇于承认不足、敢于直面矛盾，真正把握好"稳"与"进"的辩证关系。要敢"稳"而善"进"，为"进"而"稳"、以"稳"促"进"；让"稳"稳得实在、焕发出活力，让"进"进得有效、产生出创新，把"稳中求进"真正作为迈向新常态下更健康发展的战略提升步骤。

为此建议：省委、省政府在制定"十三五"规划时，在把发展作为第一要务的前提下，充分考虑经济社会发展的内在矛盾，适当降低增长速度，不争短期政绩好看，不以排名、位次变化为目标，而把发展的精力更多地放在转变发展方式、调整经济结构、破解深层矛盾、培育创新机制上，扬优势而扩展活力、补短板以促进协调，为"追赶超越"和长远可持续发展，打牢基础、聚积生机、增充后劲。

## 二、坚持从全方位综合性的战略高度，打造创新驱动发展体系

总书记在陕调研时明确提出，要"形成具有陕西特色和优势的创新驱动发展体系"。这抓住了陕西发展中的要害问题，为从根本上提升"追赶超越"能力指明了方向。客观说，我省具有科技资源的优势，可是这个优势并没有充分发挥出来。关键是缺少一个切合实际的"创新驱动发展体系"。

打造"创新驱动发展体系"，一定要树立起全方位、综合性的战略思路。总书记讲到这个问题时，完全是站在陕西全省发展的战略高度，着眼于统筹全省经济资源和要素的配置，放在经济与科技、科技创新与产业创新的对接上，以及对传统科教体制改革中阐述的。而这恰恰是我们过去所缺失的。所以，我们一定要走出就科技体制改革科技体制的做法，统筹把握好创新驱动所涉及的各方面的关系。既要解决好科技资源本身的配置问题，又要瞄准创新驱动的主要领域，还要破解阻碍科技活力释放的体制问题。这就是要从陕西发展的实际出发，顺应创新驱动的规律要求，纵横交叉、立体组合，构建科技资源配置的多侧面运行体系。

一是科技资源配置体系。顺应科研创新的规律要求，形成产、学、研、园多种要素资源之间的综合配置。理顺科研资源的纵向关系，处理好中央资源与地方资源的有效对接；冲破行政区划间的横向分割，形成各区域开发区、经济区、产业基地等的协作配置；深入推进军民融合，实现军工尖端技术与民用创新技术的嫁接组合，形成科技资源自身的多层次、立体化、跨领域统筹整合。

二是重点攻克面向体系。即应盯准抓紧创新发展的"结合重点"，做到科技创新与资源开发转化结合、与发展现代农业结合、与改造提升传统产业结合、与培育新兴产业相结合；与生态保护、需求创新、业态创新及商业模式创新相结合；与打

造丝绸之路经济带试验区建设和高端产业聚集区创新发展相结合。从而，瞄准"结合"的重点领域，有引导地破解相关技术难题，切实做到为用而研、研有所用，使创新真正成为推动全省重点领域升级发展的动力源。

三是体制改革推进体系。应坚定推进几项关键领域的改革，形成有效的配套机制。一是充分挖掘、利用、滋养相关科技资源与打造持续发展新引擎相配套；二是新技术与新业态、新需求相配套；三是企业制度创新与提升创新吸纳能力相配套；四是将创新驱动发展路径与准确把握我省在丝绸之路经济带上的战略定位相配套；五是推进行政科技体制改革与激活市场机制相配套。

为此建议：省委、省政府从全省发展的实际出发，深化研究创新驱动发展体系的内在关系，统筹创新驱动体系的各个子系统打造，在此基础上形成整体性配置。着力打破行政主导和部门分割，探索建立主要由市场决定技术创新项目和经费分配、评价成果的机制。然后相应地将其转化为切实可行的创新驱动发展规划、制度保障和推进方案，用优化体制机制的促进作用，推动创新驱动活力的释放，引导产业向价值链、技术链和产业链的高端发展。

## 三、坚持以开放式的战略思路，抓紧抓好丝路经济带的优势机遇

毫无疑问，推进丝绸之路经济带建设，是我国新常态下面向国际发展的重大战略，也是我省难得的历史性机遇。如何抓紧利用好这个机遇，影响深远、意义重大，值得认真研究和把握。

人所共知，西安（古长安）是古代丝绸之路的起点，现在的丝绸之路经济带从基本走向上说，与古丝绸之路有较多的契合点。就这点上讲，其无疑可使陕西的对外开放格局发生根本性变化。为此，我们必须深刻理解好丝绸之路经济带的战略定位。第一，现在的丝绸之路经济带，除了在内涵上是古丝绸之路无法相比的，而且就涉及区域上说也远远大于古代。第二，现在的丝绸之路经济带，完全是一种开放性包容性的概念，它实际是我国向西开放的大走向、大战略，正像向东开放时其相对地有利于沿海城市，却同时是全国各地共用的大通道一样，今日的向西开放也是把全国经济联系在一起的，决不能看作只是"沿路"省份的特有通道。第三，丝绸之路经济带对于各省市自治区来说，只有一定程度上的机遇条件差异，能不能利用好这个机遇、利用成效的大小，仍取决于各省份自己的发展，依然充满着竞争。基于这种看法，很有必要对我省这方面的工作进行一定反思。

首先，应淡化"起点"思路，强化"亮点"意识。从开放性和包容性上说，当

代的丝绸之路经济带，不应有"起点"或"终点"。即便有"起点"，也不应是"西安"而应是"北京"。因为国与国之间的交往，理应是以首都为标志的。古丝绸之路的"起点"之所以在长安，即是这个原因。况且"起点"之说很容易把人们的思维引入"名分"之争，而这对于处于竞争中的"经济带"来说，实则是没有多大意义的。所以，我省应树立一种务实的态度，利用位于国土中心的优势，扼守交通枢纽、对接东西南北，积极地投身于实实在在的发展"亮点"的打造；用"亮点"显示发展的成效，体现自我的核心竞争能力；以核心竞争能力的形成，塑造经济带上的核心发展区和战略性高地。

其次，不要定位在一个走向的通达，而应争取促成多方向的融入。鉴于古丝绸之路的起点地位和历史影响力，以及西安在我国版图上的地理中心和交通枢纽价值，我省应十分重视以西安为核心的关中地区，强调依托陇海线主干道，直接融入丝路经济带发展，这无疑是正确的。然而，对陕南、陕北而言，也应尽可能地找到就近融入经济带的通道。比如，陕北可对接北京经内蒙古直通新疆、进入欧洲经济带的北线通道，融入京津冀和环渤海经济圈发展。陕南可以打通多条出省通道，对接沿海、川渝、华东、华南经济圈，充分发挥承东启西、梯度转移的作用，借助周边优势加快开发。

再次，扬长补短提升自我竞争能力。要站在竞争发展的视角上，认真分析我省在丝路经济带发展中的机遇和优势、劣势和挑战，充分施展优势功能，加快补齐紧要短板，树立特色、打造典型，真正把丝绸之路经济带建设机遇，转化为推动我省"追赶超越"的战略引擎。

为此建议：省委、省政府认真研究全省开放通道与丝绸之路经济带的便捷对接，在强化关中丝路主渠道的同时，选好陕北、陕南就近融入"经济带"的主导路线和路径体系，以及产业发展走向和重点，同时争取国家予以相应的布局性支持，并将相关建设项目纳入"十三五"规划之中。从而，实事求是破难点、锐意进取树亮点，坚持"多向出发、多头融入"的策略路线，开创全区域整体融入丝路经济带发展大格局，创新全省开发开放大战略。

## 四、坚持以理顺利益关系为基本导向，深化改革，焕发经济要素的创造力

全面深化改革是现阶段我国发展的重大任务，也是新常态下赢得发展红利的重要途径。应该承认我省多方面的改革尚欠深入，造成经济主体活力不足，体制机制正向激励作用较差。必须抓住全面深化改革的战略部署，抓紧补好这一课。

改革的基本方向，是建立社会主义市场经济体制。表现在改革路径上，就是要以顺应市场规律作用、调整利益关系为基本导向，构筑新的利益组合体系和利益驱动保障机制。建立起合理的利益驱动关系，改革的成效就会凸显出来，发展就会事半功倍；相反如果忽视对利益关系的有效调整，改革便很难取得实效，表现在发展上自然会大打折扣。可以说，我省过去改革不深入的重要原因就在这里。

以科教体制改革为例，我省过去没有少下功夫，尤其是在经济区定位"统筹科技资源改革示范基地"以来，省上和西安市都进行了大量调研，出台了系统的改革方案，却并未引起较大的反响。然而在陕西进行改革的一年多以后，武汉市针对影响高校职务科技成果转化的突出问题，以东湖高新区的名义，按照"下放处置权，扩大收益权，探索所有权"的思路，出台了一个被人们誉为"黄金十条"的改革方案，却产生了强烈的效应，同时得到国家的支持和肯定。武汉的改革之所以产生那么大的效应，就在于他们直接针对科技人员切身利益，充分发挥市场机制的作用，出台了有力度的实打实的刺激政策。

必须看到，科技创新是一种非常特殊的劳动，一是这种创新能力都是附着在科技人员身上的，必须依赖科技人员智力开发得以完成；二是每个科技人员所能产生的创造力，都与他的工作积极性直接正相关；三是每个科技人员是否尽职尽责、有没有偷懒现象，无法用什么工具去检验和衡量。正是由于这种特殊性，在市场经济条件下科技人员创造能力的释放和发挥，很大程度上与外界利益驱动成正相关，一个区域科技创新水平的高低也与这个区域的政策环境成正相关。而这种市场机制，又不能由政府控制和安排出来，应由政府"撒手"放权，靠市场规律作用而自发形成。

为此建议：省委、省政府在我省科技资源实现统筹和创新能力焕发上，一定要进一步解放思想，抓住以利益关系为导向这个关键环节，在建立合理的利益驱动关系，构筑新的利益组合体系和利益驱动保障机制上下功夫。在充分发挥市场规律、市场机制作用上寻求突破。其他改革如国有企业改革、农村经济体制改革等，都应抓住抓紧抓好这个环节。推动体制机制对经济社会发展的正向促进作用强化，调动各种经济要素创造力的充分焕发，使资源优势真正转化为"追赶超越"的不竭动力。

## 五、坚持走大众化创业的路子，打造成熟市场经济发展格局

现在国家非常强调大众创业，这不仅事关民众就业和收入，而且是经济主体健

康成长、市场经济走向发达的标志。市场经济发展的早期,都是少数人利用特殊资源进行创业和原始积累,创业成为少数人的"专利",而对于人民大众来说无疑是一种无解的奢望和人生奢侈品,同时引发严重的社会不公平。然而,伴随着市场经济的发展,一方面,产业分工细化,可开发领域拓宽,另一方面,竞争关系深化和政府对市场管理的强化,使创业开始走向平民化、大众化、公平化。

现在的陕西远远没有达到大众创业的水平。这只要进行三个视角的观察就清楚了。一是企业和各种经济组织(主体)占总人口的比重。据陕西统计年鉴,2012年我省各类法人占总人口的比重为1∶147,而当年在我国一些发展较快地区的市县典型调查表明,平均不到10个人便有1个企业。二是从经济主体的类型看,发达地区社会分工细密,企业从业领域宽、类别多,中小企业占绝大多数,而我省企业结构的特点则是国有企业比重大,资源性产业比重大,民营经济主要集中在少数有条件控制矿产和其他资源的人手中。这就是说,我省的市场经济尚处于"特殊人"或控制"特殊资源"人的创业状态。三是从经济增长的支点看,我省主要靠几个大型企业为支撑(延长石油、陕煤集团),具有明显的行业性特点,一旦这个行业不景气,全省发展形势将整体变坏;而发达地区的经济总量是由一批大企业带领下的千千万万个中小企业分担着的,行业分布也相对较宽。

由这种相对滞后的创业状态转化为发达市场经济的创业状态,除了市场自身的规律性演变外,很重要的因素是投资环境的优劣。遗憾的是,现实中我省的投资环境却很难让人满意。即使在今天,各种各类名目下的吃、拿、卡、要现象仍较为普遍。中央电视台的《焦点访谈》栏目中,就曾以《"伤心"的收费》为题,真实地报道了西安市工商系统和公安系统,在企业注册上和公章刻制中违规收费的问题。这两宗违规收费竟然是市级管理部门的公开行为,至于那些偷偷摸摸在暗地里进行的、分散在各个管理系统各个角落里的"掠财"究竟有多少,便可想而知了!正是这种恶劣的投资环境,自然造成民众创业成本高、风险太大,以致一些想创业的人畏首畏尾、望而止步。

需要特别指出的是,在我省事实上还存在一种习惯性的重国有、轻民营,重大企、轻小微,重成名、轻培养的认识偏差。各级领导经常深入到重点企业解决问题,甚至是一对一地"吃偏饭"予以扶持,这从推动发展来说自然无可非议。因为,就眼下的贡献能力来说,国有大企业和现实中已取得一定业绩的企业尤为重要。然而,就改善市场环境、推动大众创业、培育未来新增长点来说,更值得重视的恰恰正是民营小企业。一般情况下大企业是由小企业成长起来的,小企业遇到的问题会更多、抵御风险的能力却更弱,只有让小企业感到好的投资环境,才是真正好的投资环境;只要小企业能创业顺利、成功率提升,大企业发展的成功概率才能更高。给个别重点企业"吃偏饭",有意无意地忽视大众性民营小企业成长中烦恼问题的解决。非但不能优化全社会的普遍性投资环境,反而会使整个市场环境有失公平,诱发企业靠政府吃饭的心理,忽视通过平等竞争获取利益的努力。

为此建议:省委、省政府真正从推动大众创业、从整体上培育公平优越的市场环境出发,在重视少数重点企业问题解决的同时,更加重视民营中小微企业成长中问题的解决,加大整治各级各行业吃、拿、卡、用问题的整治力度,以便用普遍性投资环境的优化,促进大众创业高潮的形成;用大众创业的成功,推动经济主体健康成长和产业结构优化调整,推动市场经济发展走向更高更加成熟的状态。

## 六、坚持把加快生态文明建设放在更加突出的位置,及早开展有关改革试验

加快生态文明建设,是新常态发展战略的重要内容。我省陕南、陕北生态环境极其脆弱,加强生态环境建设理应受到重视。但现在的普遍问题是由于制度性原因,人们对这个问题的重视未能达到应有的程度。从实践中看,对生态问题重视不够主要是政绩观扭曲造成的。现在评价各市县发展如何,还主要是"唯经济增长论英雄"。不论什么"主体功能区",评价标准都是一样的,所以生态问题自然难以得到重视。以商洛市为例,全市"八山一水一分田",七个区县只有三个县区的部分地域(主要是丹江河谷地区)被列入"重点开发区",粗略估计其涉及面积不足全市的1%。然而迫于发展绩效压力,该市及各县区都争着"加快经济发展"。

现在国家已明确提出,坚持节约资源和保护环境的基本国策,把生态文明建设放在突出的战略位置,融入经济建设、政治建设、文化建设、社会建设各方面和全过程,"在环境保护与发展中,把保护放在优先位置""对不同主体功能区的产业项目实行差别化市场准入政策""严守资源环境生态红线""完善政绩考核办法,根据区域主体功能定位,实行差别化的考核制度"。然而这些现在尚属原则要求,实践中尚难得到遵从。不仅使生态保护任务不能得到真正落实,而且这种在资源条件扭曲下的"发展",也难以产生出正常的经济效果。

为此建议:省委、省政府采取典型试验方式,及早开展对加快生态文明建设问题的实际研究,尤其抓紧解决按主体功能区制定发展规划、按规划落实任务、以任务确定考核;生态建设重点区域发展考核指标、评价标准、监测方法的制定;绿色

产业发展路径探索，绿色、循环、低碳发展政策扶持；纵向生态建设补贴、民生转移支付方式，横向生态补偿关系建立；生态建设职责要求、违规违纪责任追究，终身负责的落实等问题，并争取将其体现在"十三五"规划之中。

（写于2015年）

# 中国特色减贫道路的一般框架与经验借鉴

吴振磊　刘泽元　王泽润

**摘　要**　中国在70多年的减贫历程中走出了一条中国特色减贫道路，形成了具有中国特色的反贫困理论。系统阐释中国特色减贫道路的一般框架并总结中国减贫的一般经验，是对全球减贫理论和话语体系做出中国贡献的必经之路。基于对中国减贫实践的历史考察与特征分析，本文将中国特色减贫道路的一般框架概括为以人民为中心的制度体系、以发展为中心的政策体系、以协同为中心的工作体系和以创新为中心的工具应用体系，并对中国特色减贫道路所蕴含的特殊性与一般性进行了辩证分析。进而将中国特色减贫道路的一般经验提炼为强化领导、连续规划、动态瞄准、发展导向、多维协作、上下互动，作为对其他发展中国家的可能借鉴。

## 一、引言

消除贫困是社会主义的本质要求，也是新中国自成立以来最为艰巨的历史课题之一。在纪念建党百年重要讲话中，习近平总书记庄严宣告在中华大地上全面建成了小康社会，现行标准下的农村贫困人口全部脱贫，历史性地解决了绝对贫困问题。中国的减贫成就不仅体现在提前十年实现联合国2030年可持续发展议程的减贫目标，还表现为顶住疫情冲击压力全面打赢脱贫攻坚战，为全球减贫、恢复增长和疫情防控注入强心剂。习近平总书记在全国脱贫攻坚总结表彰大会上指出："我们立足我国国情，把握减贫规律，出台一系列超常规政策举措，构建了一整套行之有效的政策体系、工作体系、制度体系，走出了一条中国特色减贫道路，形成了中国特色反贫困理论。"可见，作为来自发展中国家的减贫实践，中国特色减贫道路体现的是贫困治理的中国智慧和中国方案，蕴含着对其他发展中国家减贫的经验借鉴。因此，准确阐释中国特色减贫道路，深入挖掘其对国际社会所能提供的经验借鉴，具有重大理论与现实价值。

中国举世瞩目的减贫成就使学界日益重视对中国减贫实践与经验的总结研究。可以说，现有文献一致性认为中国走出了一条有别于西方，适合中国国情、具有中国优势的特色减贫道路，但在如何全面准确地描述中国特色减贫道路的问题上，研究相对不足且远未形成共识。尽管已有一些文献尝试从实践或理论的不同侧面界定中国特色减贫道路的内涵并总结经验，但相较于中国减贫实践的历史性、治理的复杂性和手段的综合性，这类研究仍有很大的拓展空间。此外，已有一部分文献开始讨论中国减贫经验的国际化和有效分享问题。回答这一问题的关键，在于厘清中国既有实践的特殊背景和隐含前提等的基础上，对中国减贫实践经验的实质进行抽象与概括，进而形成具有对话性、可外推性以及一般性的启示，但此类研究目前仍不多见。为此，基于学界已有文献，本文尝试综合历史、理论与实践三重视角分析有关中国特色减贫道路的两个问题，一是中国特色减贫道路的历史与基本框架，即回答什么是中国特色减贫道路；二是中国特色减贫道路所能提供的经验借鉴，即回答中国减贫有哪些一般性的实践经验可供国际社会参考借鉴。

## 二、中国特色减贫道路的历史分析

中国共产党自成立以来，特别是建立中华人民共和国以来，坚持把消除贫困、改善民生作为国家发展的优先目标和社会主义制度的内在要求，针对不同时期的减贫形势，在推动改革和经济增长的同时，实施有针对性的扶贫战略与政策，持续减少贫困人口，全面建成小康社会，逐步推动实现共同富裕。回顾中国减贫历程，建党后、新中国成立前主要是夺取政权，人民翻身做主，建立自己的政权组织，为实现全面开展减贫、实现共同富裕奠定以政权为核心的政治基础。新中国成立后在不同发展阶段主要开展了救济性扶贫、开发性扶贫、综合性扶贫、精准扶贫，通过制度创新、组织创新、政策创新，全面解决贫困问题。

### （一）中国特色减贫道路：一个历史回顾

**1. 改革开放前：减贫的探索与奠基**

新中国成立后党带领人民在巩固社会主义政权的基础上，聚焦消除贫困的目标，以解放和发展生产力为抓手，以制度变革调整生产关系，奠定减少贫困人口、实现共同富裕的制度基础。

第一，以制度变革调整生产关系，奠定全面减贫的制度基础。新中国成立后，通过进行土地改革、产权制度改革，消灭私有制，建立公有制，奠定经济制度的基础；通过公社化运动，进行生产经营方式创新，把广大劳动者组织起来，创造新组织方式，从而切断了产生贫富差距或两极分化的经济根源。正如毛泽东在《关于农业合作化问题》一文中提出的领导农民走社会主义的道路，使农民群众共同富裕起来，穷的要富裕，所有农民都要富裕。

第二，探索建立以救济为主的社会基本保障体系，为兜底扶贫探索了路径。减贫初期主要通过初步形成的、依托于集体、以五保制度和农村特困人口救济为主的社会基本保障体系，开展救济性扶贫，有效消除极端贫困现象。1956年《高级农业生产合作社示范章程》的颁布标志着农村五保供养制度的建立，《一九五六到一九六七年全国农业发展纲要》明确提出对缺乏劳动力且生活没有依靠的鳏寡孤独的社员，在生活上给予适当照顾，做到保吃、保穿、保烧（燃料）、保教（儿童和少年）、保葬。截至1958年，依托五保制度，农村敬老院发展到15万所，收养老人300多万人。

第三，依托集体改善农村基本公共服务和基础设施，为持续减贫奠定了重要基础。通过发展农村基本教育和医疗卫生事业，改善基础设施等措施，使农村人力资本水平大幅提升，生产条件明显改善，为后续减贫奠定了长期基础。以基本公共服务为例，教育方面，1949年颁布的《中国人民政治协商会议共同纲领》规定赋予农民及其子女平等接受教育的权利。医疗方面，毛泽东要求各级党委必须把卫生、防疫和一般医疗工作看作一项重大的政治任务。1965年9月，中共中央批转的《关于把卫生工作重点放到农村的报告》，强调加强农村基层卫生保健工作，极大地推动了农村合作医疗保障事业的发展。这一时期，在国家财力有限的情况下，依托集体建立起全民普惠的教育和农村合作医疗体系，更涌现出一大批"赤脚医生"，有力地改善了农民的基础教育和基本医疗服务条件，进而极大地降低了文盲率，提高了全民健康水平和人均预期寿命，直接或间接地促进了农村减贫。

第四，通过政府投资帮助穷队穷社发展生产，为开发式扶贫奠定了基础。随着人民公社在全国范围内建立，富社、富队与穷社、穷队间的差别日益显露。毛泽东在1959年第二次郑州会议中提出："关于国家投资问题，我建议国家在十年内向公社投资几十亿到百多亿元人民币，帮助公社发展工业、帮助穷队发展生产。我认为，穷社、穷队，不要很久，就可以向富社、富队看齐，大大发展起来。"同年，中央财政预算支出中便新增了一笔占比 1.92% 的"支援穷队无偿投资",用于穷社、穷队改善生产条件。1964 年 2 月,内务部党组向中央报送的一份关于帮助贫下中农的报告,再次强调给予农村中的困难户政策扶持,如给困难户的劳力安排生产门路,依靠集体经济生产自救,解决贫困问题。

新中国成立至改革开放这一时期,面对战争留下的满目疮痍,党和政府带领人民迅速恢复生产。从 1949—1976 年,我国新增人口近 4 亿,而同期人均粮食占有量从 418 斤提高到 615 斤,初步满足了全国人民的基本生活需要。农村居民人均可支配收入由 1949 年的 44 元增加至 1978 年的 134 元,翻了 3 倍;农民平均消费水平由 1952 年的 62 元增加至 1978 年的 132 元,翻了一番;农户居民储蓄存款年底余额由 1953 年的 0.1 亿元增加至 1978 年的 55.7 亿元,实现了大幅增长(中华人民共和国农业部计划司,1989)。由此可见,在我国减贫的初级阶段,通过建立农村初级社会保障体系、提升公共服务水平、完善基础设施建设等措施,农村极端贫困状况和居民生产生活水平已得到较为明显的改善,为后续农村贫困人口大幅减少、民生持续改善奠定了必要的制度和物质基础。

**2. 改革开放后:全面减贫的深入推进**

党的十一届三中全会后,伴随着市场经济体制的逐步建立和对内对外开放格局的拓展,我国减贫工作进入到深入推进时期。这一时期减贫政策和路径的选择与当时的经济、社会发展实际紧密结合,呈现出鲜明的时代特征。其中,有两条主线贯穿始终。

第一,体制改革带来的经济增长。体制改革带来的经济增长,是贫困大规模减少的必要条件。对个体而言,改革带来了经济持续的高速增长,提供了广泛多元的就业机会,扩展了个体自主选择的权利;对政府而言,经济增长带来的社会财富增加和政府收入提升,为实施大规模扶贫战略提供了充足的财力保障。一系列农村经济体制改革和解放生产力的机制变革,构成了这一时期农村减贫的主要动力。一是农村基本经济制度改革,改革开放初确立了以家庭承包经营为基础、统分结合的双层经营体制为农村基本经营制度,激发了农民生产的积极性,开启了农村经济体制改革新篇章。近些年,农业现代化生产组织机制变革不断推进,发展多种形式适度规模经营,培育新型农业经营主体,实施承包地"三权"分置制度,实现小农户和现代农业发展有机衔接,提升了农业生产效率,加快了农业现代化进程。二是购销和流通体制改革,确立了以市场化为取向的农产品价格形成和流通体制,放开了有关农产品价格和城乡农产品集市贸易,逐步建立起农产品市场体系,拓展了农民增收的渠道。三是要素流动机制改革，确立了鼓励城乡互动的劳动力流动机制改革，以户籍制度改革为主线，逐步打破"农"与"非农"二元格局，建立了与城镇化发展阶段相适应、有效推动劳动力、资金、土地等生产要素自由流动的新型体制，拓展了农民就业创业的空间。四是农村金融体制改革，从改革开放初恢复设立农业银行、农村信用社，到加快农村政策性银行发展、农村信用社改革、探索建立政策性农业保险制度、发展村镇银行等新型农村金融机构等系列举措，再到精准扶贫阶段的系列金融帮扶政策供给，不断深化为农业发展提供资金支持和有效保障，有效促进了减贫进程。五是农村税费改革，实现了从规范农村税费到最终取消农业税，理顺了农村分配关系，大幅减轻农民负担。同时国家不断加大惠农力度，实行对种粮农民直接补贴、良种补贴、农机具购置补贴、农资综合补贴等强农惠农政策，持续改善农业生产条件，降低农业生产成本，有效促进农民增产增收。这些改革都极大解放了生产力，在推进农业全要素生产率不断提升的基础上，有效促进了国民经济增长。

第二，政府主导的减贫战略。中国减贫始终是在党和政府的领导推进下进行的，改革开放以来一系列连续性的农村扶贫开发战略规划的制订与实施，充分彰显了这一特点。一是区域开发式扶贫的开端（1978—1985），"三西"扶贫开发计划便是其标志性工程。此外，这一时期发布的《关于帮助贫困地区尽快改变面貌的通知》，专门将老、少、边、穷地区的发展作为一章，提出要帮助这类区域通过发展商品生产改变贫困面貌，并划定了18个连片贫困地区予以重点扶持，且明确了发展目标和政策支持方式。二是以开发式扶贫为主的阶段（1986—2000）。1986年国家确定以县为瞄准单位，国定贫困县标准首次确立，331个贫困县被列入国家重点扶持范围，成立了我国扶贫工作的常设机构——国务院贫困地区经济开发领导小组；1990年《关于九十年代进一步加强扶贫开发工作的请示》提出在解决大多数群众温饱问题的基础上，转入以脱贫致富为主要目标的经济开发新阶段的目标。《国家八七扶贫攻坚计划》延续并发展了大规模开发式扶贫阶段的基本理念和思路，成为首个系统化的扶贫开发国家战略，开启了中国开发式扶贫的新模式。三是综合扶贫开发阶段（2001—2012）。这一时期根据贫困人口的分布变化，将扶贫对象及资金分配由贫困县转移至贫困村以及低收入的贫困户，鼓励当地贫困人口积极主动地参与扶贫项目的决策、实施管理与评估。《中国农村扶贫开发纲要（2001—2010）》指出"不仅应当继续解决少数贫困人口的温饱问题，增加其收入，更应该解决返贫问题，巩固温饱成果；不仅要促进区域经济发展和贫困人口收入提高，更要注重当地文化、教育、社会和环境等方面的全面进步，兼顾贫困人口生活质量与综合素质的全面提高"。《中国农村扶贫开发纲要（2011—2020）》首次明确将专项扶贫、行业扶贫和社会扶贫作为农村扶贫的三种基本方式，进一步推动了综合扶贫大格局的发展。四是精准扶贫与脱贫攻坚阶段（2013—2020）。进入新时代后，习近平总书记提出精准扶贫方略，把扶贫脱贫工作摆在治国理政的突出位置。2013年11月，习近平总书记首次提出精准扶贫，将农村扶贫开发推进到一个全新阶段。2014年精准扶贫的具体内涵进一步得到明确。2015年11月，习近平总书记在中央扶贫开发工作会议上的重要讲话系统阐释了"六个精准""五个一批"和"四个问题"，标志着精准扶贫方略正式形成。2015年中央作出关于打赢脱贫攻坚战的决定，标志着农村扶贫工作进入实现全面脱贫、进而实现全面小康的最后阶段，同年印发的《省级党委和政府扶贫开发工作成效考核办法》，形成五级书记抓扶贫的工作格局。2018年中央发布《关于打赢脱贫攻坚战三年行动的指导意见》，标志着脱贫攻坚政策框架和体制机制的成熟。五是巩固拓展脱贫攻坚成果和解决相对贫困问题阶段（2021至今）。2016年3月，习近平总书记在全国两会期间指出我国相对贫困、相对落后、相对差距将长期存在。中共十九届四中全会正式提出"建立解决相对贫困的长效机制"。2021年出台的《中共中央 国务院关于实现巩固拓展脱贫攻坚成果同乡村振兴有效衔接的意见》指出全面建成小康社会后要用5年过渡期巩固拓展脱贫攻坚成果，接续推动乡村振兴。因此，随着现行标准下绝对贫困问题的全面消除，我国现阶段反贫困工作重点转变为巩固拓展脱贫攻坚成果，未来一个阶段的工作重点则转向解决相对贫困问题，为逐步取得共同富裕的实质性进展奠定基础。

### （二）中国特色减贫道路的特征

中国改革开放前后的减贫历程蕴含着一系列鲜明的实践特征，就指导思想而言，始终坚持以马克思主义为思想和方法论指导；就组织领导而言，始终坚持中国共产党的核心领导；就参与主体而言，始终坚持多元主体共同参与；就减贫动力而言，始终坚持区域发展带动战略；就贫困瞄准而言，始终坚持扶贫对象瞄准的精准化。

**1. 始终坚持马克思主义指导**

中国减贫道路探索中始终贯穿着马克思主义世界观和方法论的指导，特别是马克思的贫困与反贫困思想，马克思关于物质贫困与精神贫困、绝对贫困与相对贫困、关心人的利益、促进"自由人联合体"建立、促进人的全面发展等思想，为中国减贫提供了思想基础和理论支撑。70余年的减贫历程中，中国共产党运用辩证唯物主义和历史唯物主义分析和解决贫困问题，探索减贫规律，推动马克思主义反贫困思想中国化，并随着贫困形势的变化不断调整减贫目标与政策，最终取得脱贫攻坚战的圆满胜利。马克思主义反贫困思想的核心是制度减贫，在我国的减贫历程中，所有制制度、分配制度、最低生活保障制度等构成了减贫体系的关键性基础制度。我国在改革开放前采取以制度变革调整生产关系和改革开放后采取以体制改革带来经济增长的减贫路径，都体现了对马克思主义反贫困思想的实践。

### 2. 始终坚持中国共产党的核心领导

中国共产党自成立以来便矢志探索一条中国式的共同富裕道路，把消除贫困、改善民生作为治国理政的重中之重。中国的减贫实践，始终是在中国共产党的领导下开展的。确立和加强党对扶贫工作的全面领导，是中国各项反贫困工作顺利进行的根本保证，凸显了中国脱贫攻坚的独特政治优势。习近平总书记指出："我们加强党对脱贫攻坚工作的全面领导……形成了中国特色脱贫攻坚制度体系，为脱贫攻坚提供了有力制度保障。"党对脱贫攻坚工作的领导主要体现在协调、组织及动员三个维度：第一，党统领全局、协调各方，是政府、市场和社会三大扶贫主体的领导核心；第二，党发挥其独特的组织优势将松散的乡土社会凝聚起来，是组织核心；第三，在脱贫攻坚期，"五级书记一起抓"、驻村工作队等机制最大范围地动员和配置各层级资源，形成扶贫合力，是工作核心。

### 3. 始终坚持多元主体共同参与

改革开放以来，我国在减贫实践中逐渐形成了"政府主导、群众主体、市场推动、社会参与"的多元主体减贫模式。政府、市场和社会多元主体共同参与贫困治理，能够实现优势互补、取长补短，这既是贫困治理采用多元共治方式的主要原因，也是不同反贫困主体间相互协同的前提基础。政府在反贫困中的最大优势是具有强大的组织动员能力和资源统配能力，市场主体参与反贫困能最大限度发掘和利用贫困主体的资源禀赋，通过资源要素的优化配置使贫困主体获得更多市场收益，既有助于弥补政府在资源配置信息和效率上的不足，又能为减贫注入更多元的资金支持。社会组织通常有较强的专业能力，且与服务对象的联系紧密，在贫困治理中体现出创新力强、灵活性高、回应迅速等政府不可比拟的优势。除了政府、市场和社会等反贫困主体外，贫困群体自身也是多元协同治贫体系不可缺少的"一元"和关键。多主体参与，形成了扶贫中的最大合力，体现了社会主义的优越性。

**4. 始终坚持区域发展带动战略**

由于地理和区位因素在贫困形成中具有重要作用，中国农村贫困人口的分布具有鲜明的区域特征，区域性整体贫困问题长期比较突出。为此，我国始终坚持以区域性开发式扶贫带动贫困地区发展，解决区域性整体贫困问题。从毛泽东同志《论十大关系》，到邓小平同志"两个大局"的重要思想，从西部大开发战略实施，到统筹东西部发展，再到东西部协作、对口帮扶战略实施等一系列举措，将区域减贫与区域发展紧密连接在一起，强化区域经济发展的涓滴效应，带动贫困人口增收，缩小地区和城乡差距。通过区域发展优惠政策和支持举措，优先解决贫困地区基础设施建设、产业发展、公共服务等短板，形成脱贫致富的持久动力。

**5. 始终坚持扶贫对象瞄准精准化**

从新中国成立至今，我国扶贫开发的瞄准对象经历了从瞄准到县—瞄准到村—瞄准到户的转变，瞄准方式从单维瞄准转变到多维瞄准，扶贫手段也从"大水漫灌"转变到"精准滴灌"。特别是党的十八大以来，中国特色减贫道路进入精准扶贫新阶段，确立了"六个精准"和"五个一批"的精准扶贫、精准脱贫的基本要求与途径，有针对性地解决好了"扶持谁""谁来扶""怎么扶""如何退"的一系列问题。

## 三、中国特色减贫道路的理论概括

### （一）中国特色减贫道路：一个基本框架

结合我国减贫道路的发展历程，我们认为中国特色减贫道路的基本框架由以人民为中心的制度体系、以发展为中心的政策体系、以协同为中心的工作体系、以创新为中心的工具应用体系组成（图1）。

**1. 以人民为中心的制度体系**

中国特色减贫道路中以人民为中心的制度体系主要体现在以下两大方面：一是在党的领导下始终坚持以人民为中心的发展思想，始终坚定不移地走共同富裕道路，科学制订了系列重大减贫规划。从"三西"农业建设、国家八七扶贫计划、中国农村扶贫开发纲要到脱贫攻坚战，形成了系列顶层设计方案，全面引领减贫行动，充分彰显了社会主义制度的优越性。二是以中国特色制度性减贫为引领，形成了有效引领、支撑我国减贫事业的系列制度设计，形成了减贫的垂直治理和水平治理制度体系。其中，纵向垂直治理依托一套自上而下、上下互动的扶贫制度体系，以国务院扶贫开发领导小组为领导核心，由省市县扶贫开发领导小组及其办公室构成，以纵向财政转移支付、扶贫责任制、考核监督评估机制以及相应的激励机制等制度为

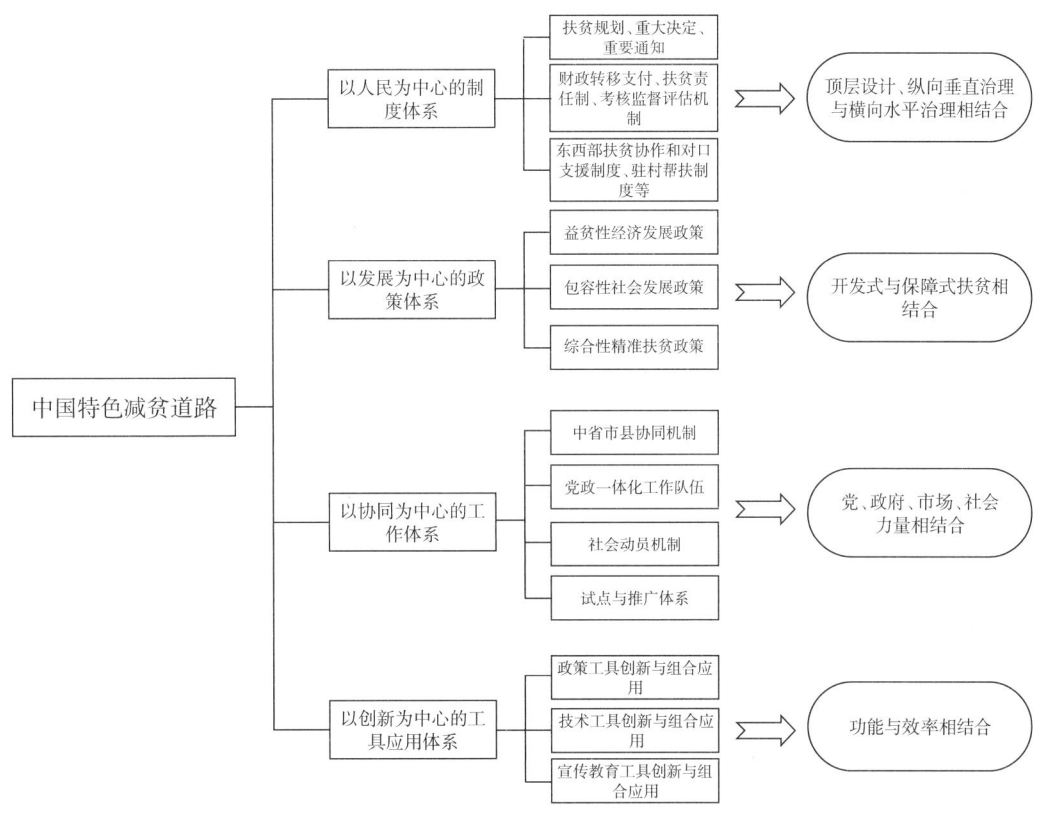

图1 中国特色减贫道路的基本框架

保障。横向水平治理则由一系列跨部门、跨区域的扶贫制度和政策体系构成，如东西部扶贫协作、对口支援、定点帮扶以及驻村帮扶制度等，这些制度设计旨在最大化地用外部资源激发贫困地区发展活力，保障先富带动后富、逐步实现共同富裕理念的落实。

**2. 以发展为中心的政策体系**

在发展中减贫是中国特色减贫道路的核心理念。系列减贫政策都围绕并促进这一理念具体落地。一是益贫性的经济发展政策，即有利于贫困地区经济发展，有利于贫困人口就业和增收的政策，通过对贫困地区的经济增长支持和贫困人口的生计帮扶，实现并强化经济增长的涓滴效应。二是包容性的社会发展政策，聚焦贫困地区在基本公共服务供给上的短板，在教育、医疗卫生和社会保障等领域，不断加大财政支持力度，持续推进基本公共服务均等化、普惠化。在脱贫攻坚期，有针对性地实施系列特惠型社会发展政策，帮助贫困地区基本公共服务供给接近全国平均水平。三是综合性的精准扶贫政策，精准聚焦贫困成因和减贫制约要素，采取多种政策组合的方式，科学规划、系统推进，既有"两不愁、三保障"多维度脱贫目标，又有专项扶贫、行业扶贫、社会扶贫等多方力量、多措并举有机结合和互为支撑的大扶贫格局实施，还有产业扶贫、就业扶贫、易地扶贫搬迁、生态保护扶贫、兜底保障等一系列政策"组合拳"。这些政策体现了中国特色减贫道路以发展为中心，以发展减贫、在发展中减贫的理念。

**3. 以协同为中心的工作体系**

社会主义制度最大的优越性之一便是集中力量办大事。中国的减贫道路有效集合了全社会的力量，实现了共建共治，形成了协同高效的工作体系。一是形成中央统筹、省负总责、市县抓落实的工作机制，明晰了各层级政府及政府间的工作职责和制约关系，形成了服务于扶贫脱贫的有效激励与约束机制。二是构建五级书记抓扶贫、驻村工作队以及村两委会一体化协同工作队伍。脱贫攻坚期间实施的五级书记抓扶贫，使各级党委领导成为脱贫第一责任人，保障了扶贫脱贫在各级党委和政府工作中的优先地位；驻村工作队和村两委的协同，既实现外部资源向贫困村、贫困户的引流和赋能，又保障各项扶贫政策在"最后一公里"落实到村到户。从2013年开始向贫困村选派第一书记和驻村工作队，到2015年，实现每个贫困村都有驻村工作队、每个贫困户都有帮扶责任人。三是构建了囊括政府、企业、社会组织以及个人的社会动员机制，形成大扶贫格局的主体体系，最大范围地动员和投入了减贫资源。例如，2015—2020年底，12.7万家民营企业参与"万企帮万村"精准扶贫行动，帮扶13.91万个村（其中，贫困村7.32万个），带动和惠及1803.85万贫困人口（国务院新闻办公室，2021年），为脱贫攻坚做出了重要贡献。四是构建了试点与推广体系，一方面，各地在遵循中央减贫顶层设计的同时，结合本地实际因地制宜地开展了多样化的探索，形成了诸多创新性举措和经验；另一方面，中央同样重视对地方创新做法和经验的发掘与总结，对其中具有参考和应用价值的部分予以肯定并推广，这便形成了自上而下和自下而上的良性互动，有效推进了减贫工作的开展。

**4. 以创新为中心的工具应用体系**

贫困问题具有综合性和复杂性的特点，解决贫困问题既离不开系统性的筹划，也离不开反贫困政策和工具的灵活组合与应用。我国的减贫实践创新性地开展了不同减贫政策、技术工具以及宣传教育工具的组合和应用，成为中国特色减贫道路的重要特色。一是对减贫政策工具的创新性组合。例如为了实现易地扶贫搬迁的政策目标，既需要搬迁政策、产业扶贫、就业扶贫、教育扶贫、兜底保障等政策组合发力,也需要起支撑保障作用的财政政策、金融政策、产业政策、土地政策以及人力资源政策等多个工具有机结合。对政策工具进行结构合理的组合,是明确多维度致贫原因、多元化政策目标和政策主体的内在要求,也是多维度协同减贫的基础,有助于克服单个政策工具的局限,以政策协同产生政策合力,从而实现稳定且可持续的脱贫。二是对技术工具的创新性组合。善于在减贫工作中运用新技术,既表现为善于运用数字技术、数字经济等新技术、新业态赋能扶贫产业发展,又体现在利用新技术提升扶贫组织的信息管理效能。特别是在精准扶贫中大数据、人工智能等新技术工具的引入和应用,建立起一体化的精准扶贫大数据分析平台,使每一个贫困户的动态信息与各级政府扶贫部门相联通,打通了部门和区域间的数据壁垒,使扶贫政策和资源追踪以及贫困动态监测成为可能,极大提升了贫困治理能力和水平。三是宣传教育工具的创新组合。在典型事例、人物、经验等的宣传和扶智扶志方面,采用线下与线上相结合、传统说教与亲身体验相结合的宣传教育方式,创造出一批形式多样的文化产品和表现形式,充分展现了脱贫攻坚精神。

贫困是一个结构复杂、涉及面广、外部性特征明显的经济社会问题。减贫也是一项政策性强、实施难度大、各方面关联度高的经济社会综合治理问题。我国减贫成就的取得得益于以上四大体系密切配合、相辅相成。以人民为中心的制度体系是根本保障,提供了减贫的价值遵循、顶层设计和制度保障,是其他三大体系发挥作用的基础。以发展为中心的政策体系是核心动力,从增长政策、社会政策和精准扶贫政策多个维度为减贫提供直接、综合的驱动力。以协同为中心的工作体系是有力支撑,通过坚强的组织领导、明晰的主体分工、高效的社会动员等为减贫汇聚了最大范围的合力。以创新为中心的工具应用体系是增效手段,通过政策、技术和宣传教育工具的创新组合提高政策效能和减贫效率。

### (二)中国特色减贫道路:从特殊到一般

中国成功走出了一条基于自身国情的减贫道路,是人类减贫事业的重要组成部分。对中国特色减贫道路的总结与研究,意义绝不仅仅限于中国自身,更重要的是立足消除贫困的全人类发展目标与挑战,将中国减贫视为一个富有价值的研究样本,从中挖掘中国的哪些实践与经验对国际社会特别是广大发展中国家减贫具有启发和借鉴意义。

要回答这一问题,需要务实地从中国减贫实践及其产生的"土壤"出发,遵循特殊与一般的辩证关系,探寻中国实践与经验中蕴含的特殊性和一般性。一方面,中国减贫实践及其成功经验根植于中国经济、社会、政治和文化土壤。因此，在向国际社会分享交流中国减贫方案和减贫经验时，要强调并阐明其中的特殊性要素。另一方面，从中国减贫的理论概括、话语提炼进而与主流理论和话语沟通对话的角度，不仅要注重发现特殊性中可能蕴含的对主流理论和话语的突破之处，而且要将从特殊性中阐发一般性作为更重要的目的和归宿，因为从特殊到一般是对全球减贫理论和话语体系做出中国贡献的必经之路。

2021年3月，习近平在全国脱贫攻坚总结表彰大会上用"七个坚持"，从领导力量、指导思想、制度支撑、工作方略、内生动力、文化支撑以及监督考核七个方面较为全面地概括了中国特色减贫实践与经验，为分析中国特色减贫道路中蕴含的特殊性与一般性提供了良好素材。结合前文对中国特色减贫道路的历史和基本框架的分析，这里从"七个坚持"出发，剖析其中蕴含的中国特色减贫道路的特殊性，并从特殊性中凝练一般性。（表1）

表1 中国特色减贫道路的"特殊"与"一般"

| "七个坚持" | 特殊性 | 一般性 |
| --- | --- | --- |
| 坚持党的领导，为脱贫攻坚提供坚强政治和组织保证 | 中国共产党及其组织方式 | 强调政治领导力、有效组织和激励的重要性 |
| 坚持以人民为中心的发展思想，坚定不移走共同富裕道路 | 作为社会主义理想的共同富裕 | 强调以人为本的价值导向与资源配置方向以及缩小不平等的重要性 |
| 坚持发挥社会主义制度能够集中力量办大事的政治优势，形成脱贫攻坚的共同意志、共同行动 | 社会主义制度及其动员能力 | 强调社会协同扶贫 |
| 坚持精准扶贫方略，用发展的办法消除贫困根源 | 经济发展中强有力的政府引导作用 | 强调发展导向、资源精准配置、以教育为根本 |
| 坚持调动广大贫困群众积极性、主动性、创造性，激发脱贫内生动力 | 基层党组织的引导调动作用 | 强调扶志扶智的作用 |
| 坚持弘扬和衷共济、团结互助美德，营造全社会扶危济困的浓厚氛围 | 社会主义核心价值观与传统文化特质 | 强调社会文化的作用 |
| 坚持求真务实、较真碰硬，做到真扶贫、扶真贫、真脱贫 | 党和政府内部自上而下的考核监督体系 | 强调对政府扶贫进行监督、考核、评价的作用 |

资料来源：作者根据习近平总书记在全国脱贫攻坚总结表彰大会上的讲话内容整理而成。

关于中国特色减贫道路的特殊性。关于"七个坚持"的表述，每一条都或明或暗地蕴含着源于中国制度背景、文化传统以及政府角色与作用等方面的特殊要素。第一，独特的制度优势。首先，中国共产党的集中统一领导以及由此产生的强大领导力、组织力和执行力，使消除贫困乃至共同富裕的价值理念和政治目标上升为国家意志、内化为社会共识，能够以自上而下的扶贫专职机构和晋升激励将扶贫脱贫工作纳入各级政府的工作任务和目标中，能够以连贯明确的规划纲要将扶贫脱贫转化分解为可操作的政策方案，能够以强有力的宣传、动员、协调机制统筹调动体制内外的各类减贫力量和资源，能够以主体多元和形式多样的考核评估保障政策实施和激励有效。其次，社会主义市场经济体制的制度逻辑强调"有效市场"与"有为政府"的有机结合，有助于更好地解决经济发展中效率与公平的矛盾，增进贫困群体的发展机会，保障贫困群体共享发展成果，能够更有效地实现益贫式经济增长。

第二，独特的文化优势及其与制度优势的相融互促。在中国优秀传统文化中，扶贫济困、兼济天下的思想源远流长且影响深远。早在先秦时期就提出了"夫施于贫困者，此适之所谓仁义"。后来儒家的"仁政"观点，到西汉时期的"与民休息"政策，再到明清时期的社会救济论，都包含丰富的扶贫济困思想。儒家学说倡导的"达则兼济天下"，则对个体主动肩负扶贫济困的社会责任起到潜移默化的推动作用。当代社会主义核心价值观与中国优秀传统文化的有机结合，更内生出全社会扶危济困的浓厚氛围和行动力量，形成了与政府扶贫的协同效应，与制度优势相融互促。

第三，特殊的减贫形势。一方面，中国贫困人口基数大。1978年贫困发生率高达97.5%（现行贫困标准），贫困人口达7.7亿人；即便在精准扶贫方略实施前的2012年，现行标准下农村贫困人口规模仍有9899万人左右。如此规模的贫困人口以及由此决定的减贫任务，进而需要投入的减贫力量和资源，皆世所罕见。另一方面，中国地区间巨大的发展不平衡性、贫困人口分布的显著区域集聚性和致贫原因的复杂性，对贫困瞄准及其动态调整、减贫动力的多样性、扶贫政策制定实施的精准性提出了更高的要求。以上两方面描述的中国贫困人口总量和结构的特殊性，从一开始就深刻影响着中国减贫战略与路径的选择。

关于中国特色减贫道路的一般性。一般性往往寓于特殊性之中，因而从中国特色减贫道路的种种特殊性中可以提炼出与之相对应的一般性要素。而从特殊性中发现新的一般性，特别是尚未得到主流理论推崇或尚未成为主流做法，但具备外推性的中国经验，往往更具现实意义。这些新的一般性经验很可能就构成了中国对国际减贫实践和理论新贡献的主要来源。

例如就制度层面而言，中国共产党强有力的领导和中国特色社会主义的制度优势，保障了减贫工作的正确方向并凝聚各方力量投入其中，在中国贫困治理中发挥了至关重要的核心作用。然而，这是中国减贫实践的特殊性所在，不难从特殊性出发解释中国减贫实践与成就，但如果仅仅以此来解释，就会缺失一般意义。因为至少从当下的现实来看，其他发展中国家在政党和社会制度上各有差异，很难具有如同中国共产党这样强有力的政党，同样很难复制中国特色社会主义制度。但就减贫而言，中国的这类独特制度优势完全蕴含着可以一般化的经验。其一，中国共产党在减贫中的作用本质上是提供正确且强大的政治领导力，通过一套与基本制度相容的组织和激励机制，有效调动科层体系和其他社会主体的力量投入减贫。这便是党的领导这一特殊性所对应的一般性，即强调强大政治领导力、有效组织和激励的作用。更为关键的是，党的这套领导、组织和激励体系并未消除地方与基层在具体减贫实践上的自主探索空间，反而依托一套分工明确的工作体系保障地方能结合各自实际自主探索具体实施方案。这本质上是中央统一领导和地方自主实施的协调共存，对于贫困治理同样具有重要的一般意义。其二，社会主义制度集中力量办大事的政治优势，同样蕴含一般意义，即采取有效方式尽可能调动更广泛的社会力量参与减贫是非常必要的。

再如就指导思想和价值遵循而言，中国特色社会主义以人民为中心的发展思想，所蕴含的一般意义便是强调以人为本的价值导向与公共资源配置方向，经济发展的所有目的都是为了人的发展；同时，中国特色社会主义的共同富裕理想同样具有与其对应的一般含义，即缩小发展机会和收入分配的不平等从而在更大的社会范围内共享繁荣，这是具有普遍意义的价值追求，既对减贫具有关键作用，也是可持续发展的题中应有之义。

中国在长期反贫困实践中积累的大量减贫经验对很多发展中国家具有很大的参考价值。相关研究表明，东盟、非洲部分国家经历的贫困与中国曾经的发展经历存在很多相似特征，为中国减贫经验的国际化提供了基础。目前来看，中国已经迈出了与国际社会分享交流减贫经验的步伐。2018年12月，第73届联合国大会决议草案纳入了中国倡导的"精准扶贫""合作共赢""构建人类命运共同体"等理念，表明国际社会高度认可中国减贫成就与经验。此外，近年来，借助"一带一路"、南南合作和东盟等平台，中国减贫的一般性经验已经在东南亚、非洲、中亚等国家中得到了初步推广应用。例如，2007年以来，中国便开始了与东盟贫困国家开展常态化、机制化的减贫合作，以分享中国政府贫困治理经验和提升相关国家政府贫困治理能力为主要内容，牵头举办了多种类型和层次的减贫交流培训班。2014年，中方倡导实施"东亚减贫合作倡议"并开展减贫合作示范项目，以中国减贫经验中的"精准扶贫""整村推进"为基础，瞄准贫困户实施精准帮扶，三年间惠及老挝、柬埔寨、缅甸三国六个项目村共一万两千余人。中国在与非洲的减贫合作中，注重把"扶志扶智相结合"的经验传递给非洲国家，帮助后者培养自主发展能力，特别是支持非洲年轻人创业，将人力资源潜力转化为人才支撑。中亚国家中，巴基斯坦总统阿里夫·阿尔维表示巴基斯坦从中国的减贫经验中学到了三点——为民众提供更好的医疗卫生保障、更好的教育和平等的机会。以上不同侧面的案例表明中国的减贫经验已经成为国际减贫合作的重要内容。因此，在深入分析中国减贫经验特殊性和一般性的基础上，更好地学理化表达和阐释中国减贫经验，则有助于进一步推动中国减贫经验、话语与方案的国际化，从而为全球减贫事业做出更大贡献。

## 四、中国特色减贫道路的实践经验

消除贫困是国际社会面临的共同挑战。从联合国《2030年可持续发展议程》的减贫目标来看，全球减贫的总体进程不容乐观，特别是新冠肺炎疫情对全球经济增长和数亿人口生活造成巨大的负面冲击，导致贫困人口面临更加困难的处境，给实现2030年减贫目标带来重大挑战。中国作为世界减贫理论的学习者、受益者和创新者，走出了一条具有中国特色的减贫道路，不仅增强了其他发展中国家通过走出一条适合自身国情实际的减贫道路以实现消除贫困目标的信心，而且为其他发展中国家减贫提供了可供参考的经验。前文的讨论既分辨出中国特色减贫道路所蕴含的特殊性要素，更从特殊性中归纳出一般性要素，后者便是中国减贫实践经验可供其他国家讨论、参考和借鉴的基础。基于前文的历史和理论分析，这里进一步概括中国特色减贫道路蕴含的一般性要素，从中提炼出以下六条更有实践意义、更具体、可供其他发展中国家参考和借鉴的减贫经验。

### （一）强化领导

当一项工作成为国家最高领导人的"头号工程"，并持续不断地指挥落实，会形成强大的国家意志，推动政治权力配置资源。借鉴中国经验，一是要有坚定的政治决心，实现减贫从政党决心或议程上升为国家意志，保障减贫资源的持续投入；二是要形成有效的政治激励，将减贫成效纳入对地方政府的政治与经济激励和考核中,确保执行有力;三是设置专门的组织机构,国家层面成立由多部门构成的减贫领导、议事和协调机构,负责制订规划,各层级政府配备负责日常工作的专门行政机构,负责协调规划的执行、考核和监督,形成有效的组织体系。

### (二)连续规划

规划是行动的蓝图,中央层面制订并实施连续性的规划以保证减贫目标、任务和政策内容的连贯与衔接,是中国特色减贫道路的鲜明特征,其中也蕴含着具有参考意义的一般经验。具体地,一是要制订与自身发展基础和阶段相适应的减贫规划,明确问题、目标、思路、政策方向和分工;二是要保持减贫规划的连续性,规划的保障政策的连续性和稳定性,有利于稳定各方预期;三是制订好地方配套规划,各地要制订与国家规划相衔接、更细致且符合自身实际的减贫规划,从而增强规划的有效性。

### (三)动态瞄准

贫困识别与瞄准是减贫领域的难题。一是选择与贫困人口分布和政府治理能力相匹配的瞄准方式并进行动态调整,根据实际情况选择地区瞄准或者家庭瞄准,并适时进行调整;二是技术赋能,借助数字化工具将数字管理应用于减贫的全流程,建立包含贫困地区、群体、扶贫措施与成效的减贫数据库,以数字化提升政府贫困治理能力和扶贫资源传递的精准性;三是精准识别,综合利用入户调查、民主评议及大数据手段识别贫困家庭,并进行动态调入、调出。

### (四)发展导向

坚持用发展解决贫困问题的整体战略。一是以有为政府+有效市场激活潜在生产要素,促进贫困地区经济增长,提升市场机制益贫性,实现利贫性增长;二是培育有效市场,促进市场一体化,支持贫困地区因地制宜、遵循比较优势,以市场为导向确定并发展减贫项目,注重发挥农业帮助贫困人口增收脱贫的基础性作用;三是建设有为政府,政府要主动作为,为贫困地区的经济发展需求提供与之相适应的必要软硬件基础设施,为相关市场主体参与扶贫和贫困人口参与生产提供必要的补贴、奖励和金融支持,为贫困地区的产品和服务对接更大范围的国内外产业链和市场,提供必要和合理的补贴、奖励和金融支持。

### (五)多维协作

减贫需要多方的协同努力。一是从全国层面配置扶贫资源,引导并激励发达地区与贫困地区开展多维度扶贫协作，形成在产业、就业、人才、教育、医疗等多个层面的协同；二是构建多维主体协作的大扶贫格局，引导和鼓励企业、社会组织、个人扶贫发挥更大的作用，并与政府专项扶贫相协调，形成符合所在国家和地区实际的大扶贫格局；三是开展减贫国际合作，利用好国际帮扶资源，充分吸收更广泛的减贫经验，并有针对性地转化到本国的减贫制度创新中。

### （六）上下互动

上下互动的良性治理是激活减贫政策实施效能的重要路径。一是做好"分权"，即高层级政府负责统筹和规划顶层设计，具体资源投向和项目实施交给掌握信息更充分的地方政府，激活基层活力；二是做好"试点"，结合自下而上和自上而下，通过分权给予地方政府创造性实施的空间，再通过试点的方式进一步检验并完善地方的有效做法，根据试点情况选择是否推广；三是做好"推广"，以自上而下的经验介绍和自下而上的模仿创新相结合的方式，促进先进经验的扩散与应用。

## 五、结论

中国巨大的减贫成就不仅为全球减贫进程做出了突出贡献，也蕴含着可供国际社会参考与借鉴的实践经验。中国特色减贫道路是对中国减贫实践经验的总结与概括，已经引发国内学界的广泛讨论，也必将成为国际发展研究的重要课题。本文对中国特色减贫道路的历史分析表明，改革开放前的诸多探索奠定了后续大规模减贫的重要基础，而改革开放以来的全面减贫成就主要源于体制改革带来的经济增长与政府主导的连续减贫战略，这两种动力相互支撑，强化了发展的包容性和益贫性。本文用一个以人民为中心的制度体系、以发展为中心的政策体系、以协同为中心的工作体系和以创新为中心的工具应用体系构成的基本框架描述中国特色减贫道路的内容构成，这些体系实现了顶层设计、纵向垂直治理与横向水平治理的结合，开发式与保障式扶贫的结合，党、政府、市场和社会力量的结合，功能与效率的结合。基于对中国特色减贫道路历程和内容构成的考察，本文阐述了中国典型实践经验中蕴含的特殊性与一般性，并遵循特殊性与一般性的辩证关系，进一步提出并分析了中国特色减贫道路中可资借鉴的六条实践经验，即强化领导、连续规划、动态瞄准、发展导向、多维协作以及上下互动。

（写于 2021 年）

# 正确认识资本特性和行为规律
# 依法规制资本良性有序发展

强　力：西北政法大学经济法学院教授、博士生导师，西北政法大学金融与法律研究院院长。主要研究方向：金融法、经济法、商法。曾任西北政法大学经济法系主任、经济法学院院长。

**摘　要**　资本是现代市场经济社会发展的重要生产要素，准确把握资本的特性及行为规律，发挥其积极作用，防范和控制其消极作用，是完善中国特色社会主义市场经济制度的应有之义。市场化、法治化是现代市场经济的两大支柱，以法治保障资本良性、有序发展是我国现代化发展的根本之道。

中央经济会议指出2023年经济工作要稳字当头、稳中求进。资本作为经济运行的重要生产要素，正确认识其特性和行为规律，引导其良性有序发展，对于明确科学部署，稳定市场预期，防范和化解重大风险，推动经济高质量发展具有重要意义。

## 一、资本的内涵

把握资本的内涵是正确认识和把握资本的特性和运行规律的前提。在亚当·斯密看来，资本是为了生产用途而积累起来的资产储备。资本积累得越多，经济上的分工和交换就越可能实现，社会的生产力也就越高。赫尔南多·德·索托认为，资本是指资产中蕴藏的能够创造新价值的潜能。只有通过某种方式从资产中将这种潜能提取出来，才能帮助人们实现财富的创造。马克思主义政治经济学认为，资本既是生产资料，又是一种社会关系，代表的是一部分人占有另一部分人创造的剩余价值。

通俗来讲，资本就是"本钱"，是指用于投资得到利润的本金或财产。资本具有自然和社会两大属性。就自然属性而言，实质上是资本的增殖属性。资本是一种生产资料，通常表现为一定的物，如货币、机器、厂房、原料、商品等，这些物料整合生产出商品、服务等物质财富，从而满足人们的需要。就社会属性而言，其本质上是一种社会关系，是一种以物为媒介的人和人之间的社会关系。资本作为重要的生产要素之一，贯穿于生产、分配、流通、消费、竞争等社会的全部环节，对整合资源、配置资源起到重要作用。在现代市场经济中，资本存在着不同形态，比如有形资本、无形资本、人力资本、工业资本、商业资本、平台资本、金融资本、物质资本、自然资源、技术知识等。

资本是商品经济的产物。资本主义社会和社会主义社会都存在资本。因而，应认识到资本首先是重要的生产要素。2022年1月6日国务院办公厅发布的《要素市场化配置综合改革试点总体方案》，就明确列示了土地、劳动力、资本、技术、数据和资源环境六大要素。

## 二、资本的特性以及行为规律

对于资本的特性以及行为规律，我们需要历史地、发展地、辩证地认识和把握。资本首先是经济社会发展中不可或缺的生产要素，资本的流通和运行，能够有效聚合、配置社会资源，推动科技和生产力进步，使社会财富迅速增长。与其他要素相比，资本天然具有逐利性，追逐增殖和扩张的动力是资本自身的客观规律，虽然在不同领域、不同阶段的运行规律有所不同。要认识到，资本要素极强的黏合效应、溢出效应，使本来中性的资本由于其逐利的天性致使其在迅速整合扩张中出现异化。如果资本过度扩张、异化将会带来危机，最终反噬自己，甚至导致周期性、系统性的经济危机。这时资本终会演变成"总体性权力"，从主导整合劳动力、土地、原材料等配置，创造更多社会财富到资本扩张后有能力超出经济领域，支配政治权力、社会权力、文化权力。

正如中央经济工作会议认为社会主义市场经济是一个伟大创造，社会主义市场经济中必然会有各种形态的资本，要发挥资本作为生产要素的积极作用，同时有效控制其消极作用。一方面，资本是客观存在的重要生产要素。改革开放40多年来，作为生产要素的重要组成部分，资本为社会主义市场经济的繁荣和发展做出了重要贡献，促进了社会生产力发展，激发了社会活力，提高了社会效益、提升了人民福祉。但不容忽视的是，在资本促进经济增长时，如果不加以有效约束，任由资本无底线逐利的冲动无限放大，就会给整个经济社会发展带来一系列危害。近年来，我国在一些领域出现资本野蛮扩张、无序增长的现象，出现了市场垄断、限制竞争、赢者通吃、泄露个人隐私、损害消费者权益、风险隐患积累等一系列问题，置社会秩序和市场秩序于不顾，牺牲掉社会公众和各类市场主体的利益。比如互联网行业的大型平台公司垄断、欺诈和"圈钱"现象，房地产、教育培训等行业资本突破发展规律的约束，滥用社会资源、市场资源，大量举债盲目扩张，以取得市场垄断地位或者霸主地位为目标，这不仅影响企业自身业务的健康发展，还会带来风险溢出的可能性，通过债务链条波及其他领域。

### 三、规制资本良性有序发展的理念、原则与重点

规制资本发展应本着扬善抑恶的基本理念，遵循市场化、法治化的原则，促进资本良性有序发展。规制资本发展主要从资本准入领域、行为方式两大方面进行。市场准入规制哪些领域资本可以进入，哪些领域资本不能进入，行为方式规制是资本进入领域后的行为规范，加强市场监管和公平审查，促进公平竞争。

建立市场准入负面清单制度，设置资本发展红绿灯。在关系国计民生、社会公平、意识形态的各个领域中设置"红灯"，对资本准入门槛进行设置，出台规范限制准入、禁止准入清单。设置"绿灯"，鼓励资本更多地去支持实体经济增长，鼓励其进入与发展。2014年7月9日，国务院发布《关于促进市场公平竞争维护市场正常秩序的若干意见》提出，制定市场准入负面清单，国务院以清单方式明确列出禁止和限制投资经营的行业、领域、业务等，清单以外的，各类市场主体皆可依法平等进入；地方政府需进行个别调整的，由省级政府报经国务院批准。国家发改委、商务部已连续四年发布施行了《市场准入负面清单》（2018年版、2019年版、2020年版和2021年版）。开足"绿灯""法无禁止即可为"，降低资本市场准入门槛，保护企业的私有产权和知识产权，行业的准入条件进行放松，激发资本的积极作用。点亮"红灯"，依据资本预期和社会预期设置负面清单。范围层次表现为市场准入划定领域，要素间的合理比例配置。注意掌灯人行为规制："法无授权不可为"，政府要制定正面清单，依法监管，使政府公权力在法律授权以内行使。当前特别值得一提的是，"红绿灯"理念就是要给各种资本明确的预期：国家反的是垄断和套利，不是资本本身；预防的是资本无序扩张，不是资本有序经营和健康发展。

加强行为规制，完善公平竞争制度。规范市场主体行为，有序规制资本要素集中，着力于平台领域垄断行为，同时，打击制裁各种不正当竞争行为，优化市场

环境。

当前,我国资本良性发展应注意三个方面:一是强化资本市场为实体经济的服务能力,逐步明确资本在公共服务及核心敏感行业等领域的边界。防止资本向教育、医疗等公共服务领域无序扩张,防止资本向与国家安全相关的核心敏感行业无序扩张,防止资本无序扩张带来的安全风险。二是持续规范数字经济时代的金融科技和平台金融发展。我国经济正在经历快速的数字化、科创化,其中金融和科技不断结合,特别是平台金融科技快速兴起,极大地改变了人们的生活方式,弥补了传统金融供给的不足,提高了金融运行效率,但同时也带来数据治理、科技风险、垄断等新问题,这些问题叠加资本的无序扩张,容易催生新的系统性风险。应对金融科技和平台金融的监管体系预计将在 2022 年逐步建立;数据资产确权、个人隐私保护等问题可能成为数据治理的重点;金融算法歧视、诱导过度负债、新型信用风险等问题可能成为防范科技风险的重点。三是引导资本更多进入硬科技领域,支持科技创新。进一步引导资本市场发挥收益共享、风险共担的机制,发挥资源配置作用,引导更多资源流向科技创新领域,支持技术创新及科技产业的发展,形成资本、科技与产业的良性循环。

## 四、完善资本良性有序发展的法治保障

市场经济就是法治经济。资本良性有序发展须有完善的法治保障。

### (一)健全资本立法

首先,健全市场准入制度,明确资本禁止准入和许可准入的范围。制定负面清单,制定发布立法,提升市场准入制度法律位阶,进一步完善市场准入负面清单制度。同时,全面施行证券注册制,完善证券市场法制监管体系,实现资本市场有法可依、有规可循。其次,坚持与新业态发展相适应,动态调整负面清单制度。再次,加强市场公平竞争立法,推动《反垄断法》《反不正当竞争法》的修订完善。加强完善公平竞争制度,以顺应经济业态新形势下的实践需要,包括公平竞争审查机制、数字经济公平竞争监管制度、预防和制止滥用行政权力排除限制竞争制度等。

### (二)严格依法行政

新形势下的改革涉及管理体制、管理理念、管理方法。加强对资本市场的前瞻性研究和政策设计,加强对重大风险问题的指导、协调和监督,加大监管资源整合

力度，提高整体监管效能。同时，深化"放管服"改革，推行权责清单制度，加强科技监管能力建设，培养"忠、专、实"的监管队伍。推动成立重大风险预防和化解协调小组，加强各部门之间的衔接和协同，形成打击合力。强化执法机构在预防、化解、处置全流程中的作用，建立良好的问责机制、追责体系、惩罚制度。

### （三）维护公正司法

保障司法、仲裁、调节等不同纠纷解决机制的结果的公平有效以及切实执行。落实不同主体责任以及惩戒，压实不同主体、不同行为、不同结果、不同影响所应承担的责任。要处理好民事追偿和刑事惩戒之间的关系，抓好个案，发挥示范威慑作用，加强对典型案件的宣传，以案说法，向市场传递"零容忍"的信号，取信于市场。

### （四）强化资本社会责任

注重培养全社会健康、文明的资本文化、企业文化。在中国特色社会主义市场经济条件下，资本、企业在保障国计民生、实现共同富裕、促进经济社会健康稳定发展中担负着十分重要的角色，在中国经济社会发展中起着不可替代的关键作用。资本文化的培育应顺应中国特色社会主义政治、经济、文化的发展方向，强化自身责任意识，践行自己的社会担当。加强自身改革，完善自身治理结构，提高管理水平。

（写于 2022 年）

# 数据要素：特征、作用机理与高质量发展

白永秀 李嘉雯 王泽润

（西北大学经济管理学院）

**摘 要** 数据是数字经济时代的关键生产要素。本文在对数据要素进行定义的基础上，分析了数据要素在技术维度上的多元性、依赖性、渗透性特征和经济维度上的马歇尔外部性、规模经济性、准公共物品性特征。基于数据要素的特征分析，构建"两要素互补、多要素协同、全要素耦合"的分析框架，系统阐释数据要素与其他生产要素之间的三层次相互作用机理，揭示数据要素与其他生产要素共同促进经济发展的微观逻辑。针对数据要素发展的现存问题，从更有效率、更加公平和更可持续三方面提出促进数据要素高质量发展的对策建议。本研究为理解数据要素与其他生产要素的互动关系，促进数据要素高质量发展，进而实现数字经济引领推动经济高质量发展提供理论和政策启示。

## 一、引言

随着新一代信息、通信和智能技术的迅猛发展，人类社会的数据种类、规模及其应用正以前所未有的速度扩张。数据已从单纯作为事实或信息的载体，转变为有价值的资源和资产。党的十九届四中全会首次将数据列为与土地、劳动力、技术、资本等并列的生产要素，对数据要素的作用予以高度肯定。作为一种新生产要素，数据将驱动生产方式和经济形态变革，进而引导政策变革乃至制度变迁，这也为与之相关的理论探讨提供了充足空间。

数据并不是最近才产生的新奇事物。从原始部落的实物计数，到科学数据的形

成，到大数据的诞生，再到如今数据成为生产要素，人类社会发展的各个阶段都有数据产生，只是数据的产生方式和类型不断变化。作为新兴的生产要素，数据引发了国内经济学界的广泛关注，但相关研究总体上仍处于起步阶段。在这样的研究背景下，本文从分析数据要素的本质特征切入，剖析其与传统生产要素的相互作用关系并进一步阐明数据要素如何促进经济发展，最后提出数据要素高质量发展的建议，以期为数据这一新兴生产要素的性质和作用机理提供新认识，对该主题的研究起到补充作用。

## 二、数据要素的概念与特征分析

### （一）数据要素的概念界定

对于生产要素的研究，国外更多地使用信息（Information）要素一词，而非数据（Data）要素，法布迪（Farboodi）和维德坎普（Veldkamp）提出数据是一种能够被用于减少预测错误的信息，即信息与数据是有区别的。国内对于数据要素的定义目前并无定论，因此，本文尝试从分别解释"数据"和"生产要素"的角度入手得出数据要素的定义。从信息科学的角度，数据是指描述事物的符号记录，这种符号可以是数字、文字、图形、图像、声音、语言等，它们都可以通过数字化后存入计算机，生产要素是指用于生产产品和服务的投入，因此我们可以简单地将数据要素定义为数据成为用于生产产品和服务的基本投入因素之一。

### （二）数据要素的技术与经济特征

基于现有文献的数据要素特征分析，本文尝试从"3×2"技术特征与经济特征两方面对数据要素的特征进行具体分析，并创新对数据生产要素"3×2"技术特征的解释方法。

#### 1. "3×2"技术特征：多元性、依赖性、渗透性

本文创新性地提出"3×2"技术特征的解释办法，"3"指将数据要素的技术特征提炼为多元性、依赖性、渗透性三个技术特征，"2"指对于每种技术特征分别有两方面的解释角度，具体解释如下。

第一，多元性。多元性一方面指数据要素种类繁多、来源复杂、数据量庞大，另一方面指数据内容对于数据使用者价值大小的多元化。第二，依赖性。依赖性一方面是指数据要素创造价值时必须依赖于其他传统要素，另一方面是指数据要素对网络、算法等技术的依赖性。第三，渗透性。渗透性一方面指数据要素对其他生产

要素具有很强的渗透性，另一方面指数据要素对社会生产、生活及各行业的强渗透影响力。

**2. 经济特征：马歇尔外部性、规模经济性、准公共物品性**

第一，马歇尔外部性。基于数据生产要素自身的强渗透性及其自身的高价值属性，借助于互联网和物联网等技术的连接作用，数据要素表现出极强的外部性特征。数据要素所产生的外部性本质上是马歇尔外部性，具有间接性、紧密性和规模性的特点，虽不直接发挥作用，但通过间接的方式紧密影响着日常的生产、生活，并且具有一定的影响规模。

第二，规模经济性。对于数据生产要素，规模经济指小规模的数据要素的信息密度值小，相应能够产生的作用较小，只有大规模的数据要素才能够发挥更大的作用，且随着数据要素规模的扩大，人们能够从数据中挖掘出的价值更大，数据的价值也会呈指数倍增加，随着规模的不断扩大，数据要素收集者会出现成本降低的规模经济作用。

第三，准公共物品性。周自强提出准公共物品的三大特征是：不完全竞争性和不完全排他性、外部性、时空相对性。根据数据要素的来源、价值、作用等的不同，数据要素的性质有所不同。例如对于政府的公开数据可以被低成本甚至零成本复制，而商用数据的使用则需要付出一定的代价或者完全无法被他人使用，因此我们可以认为数据要素具有不完全竞争性与不完全排他性，必要的时候能够转变为公共物品或私人物品，具有时空相对性与外部性，即可以判定数据要素具有准公共物品性。

## 三、"两要素互补、多要素协同、全要素耦合"三层作用机理

数据要素与其他传统生产要素相互作用，能够促进所有生产要素自身的发展，进一步促进经济生产、生活的高质量发展，本文尝试提出数据要素与其他传统生产要素的相互作用影响机理，即"两要素互补、多要素协同、全要素耦合"三层作用机理模型。（图1）

"两要素"指数生产要素与任意一个传统生产要素的组合结构；"多要素"是指除数据要素外，任意两个、三个或四个传统生产要素的组合结构，即为三要素圈、四要素圈与五要素圈；"全要素"是指所有生产要素的组合结构。两要素互补旨在阐释数据要素对其他各要素的影响，即数据要素有助于改善传统生产要素的现存问题，进而促进、引领传统要素的新发展，在此过程中数据要素的容量亦得到扩充，

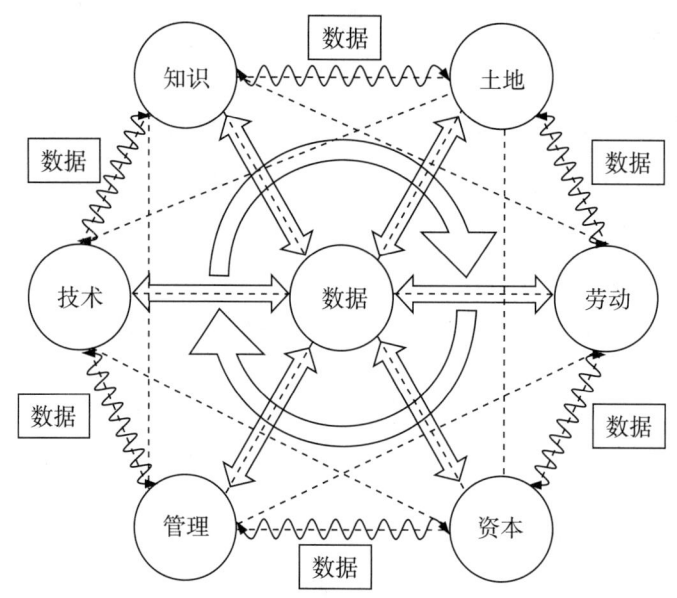

图1 数据要素与其他要素的"两要素互补、多要素协同、全要素耦合"作用机理图

实现互补;多要素协同是指数据要素作为核心生产要素带动多要素圈发挥协同优势的作用,实现多个要素之间一对多、多对一的复杂协同作用关系;全要素耦合是指数据要素主动作用于各生产要素,通过数据耦合、紧密耦合使生产要素间的作用更紧密的作用机理,从而促进全要素的动态作用与发展。

## (一)第一层次:两要素互补

由于传统各生产要素的独特性,数据要素对它们的影响是不同的,但整体而言,都是起到了提高配置效率,先数据促进其发展,后数据引领其发展的作用,表1对该层次数据要素对其他传统生产要素的影响做了阐述,分别从两阶段——促进阶段和引领阶段,三大步——解决现有问题、促进新发展、引领新发展出发进行分析。而其他传统生产要素对数据生产要素的补充作用,则更多体现在对数据要素容量、种类、来源、类型等的扩充,进而通过大数据分析、应用产生作用,互补作用方式相对较为单一。本节两要素互补层的分析将侧重点放在前者数据要素对其他传统要素的作用上。

表1 "两要素互补层"中数据要素对各传统生产要素的作用及其互补关系

| 生产要素 | 第一阶段：促进阶段<br>数据要素发挥辅助作用，围绕传统生产要素本身展开 | | 第二阶段：引领阶段<br>数据要素发挥主导作用，传统生产要素向智慧化方向迈进 |
|---|---|---|---|
| | 解决现有问题 | 促进新发展 | 引领传统要素新发展 |
| 劳动要素 | 提供公平就业机会，降低摩擦性失业 | 线上劳动等新型劳动形式出现，异地异时打破传统劳动方式 | 用户画像预判未来劳动市场，提前储备人才减少结构性失业 |
| 资本要素 | 提高资本要素市场化程度，缓解资本配置不合理、不协调问题 | 激发资本市场乘数效应潜力，为实体经济、国家重大战略与项目提供引导性支持 | 实现资本的动态调整，预判新兴最有价值的投资方向，引导资本新流向 |
| 土地要素 | 盘活可能的土地要素，对土地发展相关规划政策进行实时监测，推进土地市场化运作 | 土地要素需求结构发生变化：对大面积土地的需求转变为对多处小面积土地的需求，实现现有土地资源优化配置利用 | 引导土地要素发展，防止出现土地要素过度资本化问题 |
| 知识要素 | 缓解知识转化动力不足问题，跟踪知识相关数据来源去向 | 知识溢出效应更强，达到加倍溢出作用 | 对知识进行深层次挖掘，进一步创造新知识 |
| 技术要素 | 推动技术要素市场化，促进技术要素交易与市场化 | 使技术惯性更显著，推进产学研深度融合，为国家创新提供有力支持 | 打造市场需求导向的技术研发体系，做到数据比人更懂人 |
| 管理要素 | 精准反馈管理要素价值，评价与收益直接挂钩提高主观能动性 | 促进灵活管理模式形成，从刚性控制转变为弹性把握 | 引导更高效、更适应时代需求的动态管理模式改革 |

### （二）第二层次：多要素协同

协同是指各分散作用在协同中的总效果优于单独效果之和的相互作用，即发挥1+1>2的效果。协同作用不仅可以带来价值增值，还可以带来价值创造。多要素协同是指数据要素作为核心生产要素带动多要素圈发挥协同优势的作用。事实上，任何多个要素都可以形成多要素圈，发挥协同的优势作用，这里限于篇幅，仅对数据、土地、资本三要素协同圈（图2）进行举例具体分析。

数据要素构成土地要素与资本要素协同发挥正向作用的关键。长期以来，土地要素对中国经济增长贡献甚大，特别是以土地财政为核心的土地资本化模式是土地要素与资本要素协同作用、资源资本化的产物，被认为是驱动中国高速城镇化和刺激经济增长的关键力量，但这种模式的可持续性也遭到诸多批评和质疑。在数据要素进入土地与资本的要素协同圈中时，可以有效缓解土地资本化带来的负面作用。由数据要素及时传递土地资本化信息，通过构建针对性的土地资本化测度指标，衡量土地资本化水平，设定数据指标波动范围，控制土地与资本要素协同发挥正向作用。对于不同用途的土地类别，设立不同的资本化程度目标，通过数据要素把关，以实现土地要素与资本要素的高效配置：对于农用地，借助数据要素监测农用地的资本化程度，防止过度资本化，避免农用土地租金超过农业生产所能承受的合理范围，对农产品生产造成消极影响；对于商业用地，利用数据要素正确引导资本要素进入，盘活并激发建设用地潜力，并通过数据监督反馈各地土地优惠政策，引导资本要素适时进入，积极发挥土地与资本要素的协同作用；对于住房用地，坚持房住不炒原则，加强对资本和土地的监管。

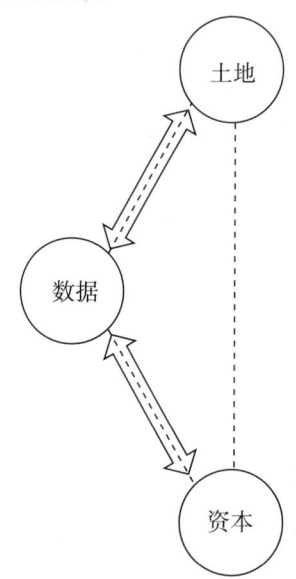

图2　数据、土地、资本三要素协同圈图

### （三）第三层次：全要素耦合

在物理学中，耦合是指系统或类之间的关联程度，当一个系统发生变化对另一个系统的影响很小时为松散耦合，反之为紧密耦合；根据系统间耦合方式的不同，可以把耦合分为非直接耦合、数据耦合、标记耦合、控制耦合、外部耦合、公共耦合以及内容耦合七种类型。本文认为，可以分别把每个生产要素视作一个系统，在数据还未成为生产要素时，传统生产要素之间通过各种形式的标记及少量数据结构等相互传递信息并产生作用，但各生产要素系统间相互作用的影响程度相对较小，即可界定传统的耦合方式为标记耦合、松散耦合。

在数据成为生产要素前，对传统生产要素耦合的优化则更多地集中于对单个生产要素的优化升级，缺乏对各要素系统间耦合方式的优化。在数据成为生产要素后，数据生产要素的强渗透性、马歇尔外部性、可再生性等特征赋予全要素耦合新的生命力，对要素间的耦合链接方式进行升级，使全要素的耦合方式转变为数据耦合、紧密耦合。一方面，数据要素本身成为各系统间耦合的传递方式，即从传统的标记传递信息到直接通过数据传递信息，通过发挥数据要素的可重复使用性、多元性、强渗透性等特征，使耦合过程更及时、更高效；另一方面，由数据生产要素的马歇尔外部性、规模经济性等经济特征，在数据传递过程中实现由数据要素引导，主动作用于各系统间的相互结合，即在图3中显示为最外围的双箭头曲线，代表数据作用使得各系统之间耦合得更紧密。

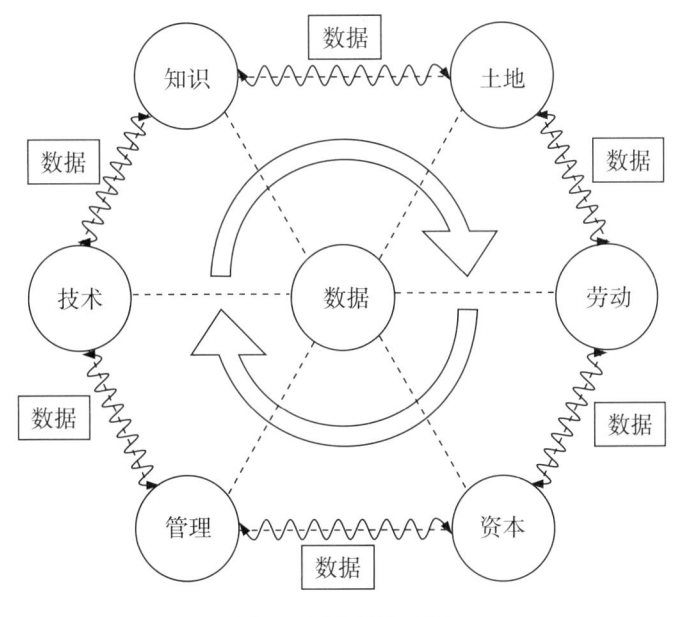

图3 全要素耦合图

全要素耦合是指数据要素主动作用于各生产要素，通过数据耦合、紧密耦合使生产要素间的作用更紧密的作用机理。数据要素的作用，由两要素之间的互补作用，到多要素间复杂的协同作用，进一步深化为对要素间链接方式进行升级的耦合作用。以数据要素为核心的三层作用机理模型揭示了数字经济时代数据要素促进经济发展的底层逻辑。通过数据要素对其他传统生产要素的补充、协同作用，促进技术进步、管理方式变革、知识创造与转化等传统生产要素的提升，通过耦合作用使要素间的信息传递更高效，从要素自身与要素间的作用效率两方面提升全要素生产率；促进劳动要素与资本要素的优化配置，从而实现粗放型增长、集约型增长并存与经济的可持续发展。同时，数据要素具有一定的自我反馈、自我优化的特质，数据要素在三层作用机理过程中通过一定的自我反馈功能、强大的自我造血功能，实现系统内部的动态优化升级，整个系统由被动走向主动、由无序走向有序。

## 四、数据要素的高质量发展

### （一）数据要素发展的现存问题

数据的发展变化速度明显快于其他传统生产要素，也明显快于市场规则、法律法规等软环境的变化。随着数据要素发挥的作用越来越大，一些发展过程中的问题也逐渐显现。本文认为，当前数据要素发展中存在的问题可以分为以下三类：第一，效率问题。数据管理效率低下，利用效率低下，应用效率低下。第二，公平问题。数据要素市场下的新型不正当竞争与垄断行为界定不清晰；数据要素权属界定不明确；城乡间数据要素使用上存在数字基础设施鸿沟。第三，可持续发展问题。数据要素安全保护落后，尚存在由数据信息泄露造成一定程度社会危害的可能性；数据要素市场化交易规则、技术标准与法规尚不完善，缺少明确的数据交易监管机构。

### （二）数据要素高质量发展建议

针对数据要素发展过程中存在的三大问题，从与之相对应的三个方面：效率、公平与可持续，提出促进数据要素高质量发展的对策建议。（图4）

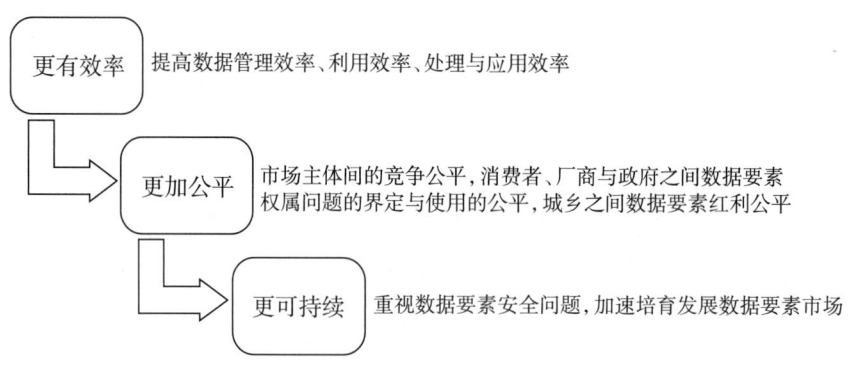

图4　数据要素高质量发展建议

更有效率：第一，对数据要素进行标准化分类，减少数据要素流通壁垒，提高数据管理效率。提前进行数据标记与加工，方便数据实现跨行业、跨地区、跨系统的流动与使用。第二，推动数据资源有序扩大开放，打破信息孤岛壁垒，提高数据利用效率。积极推动政府、行业、企业数据合理开放，充分利用现有数据要素，完善物联网等网络设施空间布局。第三，充分发挥区块链、人工智能、云计算等高科技作用，提高数据处理效率。加强智能基础建设、区块链技术研发，推进落实大数据中心建设，充分利用人工智能与云计算技术高效处理数据的储存、计算与应用拓展。

更加公平：第一，保障市场主体间的竞争公平。对《反不正当竞争法》《反垄断法》等相关法律中数据要素带来冲击的条例进行修改与完善。第二，消费者、厂商与政府之间数据要素权属问题的界定与使用的公平。本文认为可以把数据分为个人数据、企业数据和政府数据三类，在数据使用过程中给予不同主体以不同的权限。第三，城乡之间数据要素红利公平。应因地制宜强化农村数字基础设施建设，加强农村数字技术教育和培训，根据农村实际需求推广数字农业，缩小城乡数据要素获得差距，进一步缩小城乡收入差距。

更可持续：第一，数据要素安全问题亟须重视。安全是可持续发展的前提，对数据要素按照内容敏感程度进行分级，对不同敏感级别的数据建立相应的数据安全标准，持续细化、完善《数据安全法》等有关法律。第二，加速培育并发展数据要素市场。积极深化开展数据要素市场试点，构建统一、开放的要素市场与公平、透明的市场交易规则，成立权责明晰的数据交易监管机构。最终实现数据要素更有效率、更加安全与更可持续的高质量发展。

（写于2022年）

# 关于新时代新格局下陕西发展的几个重大战略问题

李振平：陕西省决策咨询委员会委员
陕西中国西部发展研究中心研究员

**摘　要**　本文分析了陕西省追赶发展所处的方位，提出陕西在全国处于国家安全战略后方的地位，明确陕西必须组建一套贯之长期而不任意多变的总体发展战略及具体方案，就构建覆盖全省域、有利于三大区域协调发展的空间布局战略骨架提出设想。

## 一、准确认识陕西追赶发展所处的方位——局部站上中等发展省份行列，追赶发展仍是陕西必须承担的国家战略责任

### （一）过去十多年一直在追赶发展，追赶发展也必须是新时代陕西发展之常态

以 2018、2019 年为时间节点，陕西总体上已经局部进入中等发展省份行列，其主要指标与全国对比情况如表 1 所示。经历了十多年的追赶之后，在目前特殊时期、特殊环境下，受国际大背景、陕西增长周期和转变发展方式等因素影响，陕西"暂时"脱离了追赶状态。按照中国社会主义现代化建设部署和西部大开发形成新格局的要求，到 2035 年，陕西要实现和东部地区的三个大体相当：基本公共服务、基础设施通达程度、人民生活水平与东部地区大体相当，还需要继续加快追赶步伐。

### （二）陕西所处阶段性发展进程可以有效承载追赶发展

一是处于工业化和城市化中期迈向后期高级阶段的新黄金发展期，既有利于城市化、工业化的高级化和高质量升级，又带来了经济社会发展的巨大潜力；二是处

于全面建成小康社会目标之后迈向人的全面发展和全体人民幸福的社会文明进步期,这必将使人的生活和社会活动方式发生很大变化,也必将形成新的发展需求和内在动力;三是处于实现初级性对外开放之后迈向全面全球化发展阶段的跨越期,这一定可以成为拉动需求、汇集资源、参与全球分工的重要途径和陕西迎接新黄金发展期的重要支点;四是处于信息化深入推进中的智能化、数字化全覆盖发展的现代化新时期,这将成为引领未来经济增长、质量效益提升、全面高质量发展需求的重点方向和重大任务,也将全面助推陕西迈向现代化发展新阶段。

表1 陕西主要指标与全国对比

|   | 产出排位居中 | 产出的居民获得全国排名落后 | 产出质量、效率内涵水平参差不齐 |
| --- | --- | --- | --- |
| 2018年 | 生产总值15,进出口总额16,社会消费总额16,财政收入18 | 人均生产总值12,居民收入20,农村居民收入19,城镇居民收入26。主要收入的全国占比:人均生产总值98.4%,居民收入79.8%,农村居民收入76.7%,城镇居民收入84.9% | 财政收入与生产总值之比值,陕西(9.2%)只是全国(20.4%)的45.1%,全员劳动生产率与全国基本持平,万人发明专利拥有量排第7位。城市化水平58.13%,低于全国的59.58%,各省中排第17位 |
| 2019年 | 主要产出指标增长低于全国平均水平:生产总值同比增长6.0%,低于全国的6.1%;工业增加值增长5.1%,低于全国的5.7%;进出口额增长0.1%,低于全国的3.4%;固定资产投资(不含农户)增长2.5%,低于全国的5.4%;社会消费品零售额增长7.4%,低于全国的8.0%;地方财政收入增长2.0%,低于全国的3.8%。城镇化水平59.4%,低于全国的60.6%。产出的居民获得指标增长高于全国平均水平:城镇居民人均可支配收入增长8.3%,高于全国的7.9%;农村居民人均可支配收入增长9.9%,高于全国的9.6% | | |

## 二、准确认识陕西在全国的国家安全战略大后方的地位——陕西的国家战略大后方地位进一步凸显,勇担国家战略大后方责任是新时代环境条件下陕西发展建设的重要特点

### (一)陕西是国家国防安全战略大后方

陕西是国家第一军工大省,实施军民融合、军民互济、军转民、民养军是国家永久的大战略,陕西必须成为国家军民互动的电子信息、装备制造、新型材料战略产业基地和交通物流、信息网络枢纽。同时,秦巴山地、黄土高原纵深地带,必须担当应急物资储备基地和重大战略要素避险隐匿、集聚集成基地的战略责任。陕南

汉丹江两岸低山丘陵和关中北山河川地带具有布局国家安全战略产业和资源储备库的良好条件。

### （二）陕西是国家经济安全战略大后方

以杨凌现代农业高技术产业示范区为核心，依托秦巴山地、黄土高原生物宝库，加强尖端农医生物和生命工程技术攻关，加强道地食物、中药以及广泛的生物优质种质保护、培植和提纯复壮，建设生物良种基地、种养基地和食药安全供应基地。同时，保护好以京津冀为主的华北地区水源地，建设好华北华中能源供应战略保障地，加强科技教育和技术装备供应基地作用，完善大西北和西部少数民族地区、边防地区、生态脆弱地区、贫困地区后勤保障、纵深安置、保护防卫的战略基地功能，为国家经济安全形成战略支撑。

### （三）陕西是"一带一路"国际合作大通道战略交互区

古丝绸之路起点，亚欧大陆桥东西大通道枢纽位置，东亚、北亚、东南亚南北大通道重要串接段，中国内陆经济社会综合型战略地区，有利于发展建设成为我国内陆地区对外文化交流、科教合作、产业链接、服务共享、贸易互通、投资互惠的重要战略基地，有利于发挥国际合作应急救援和后方支持战略作用。因此，在国际合作运输大通道、信息网络、便利化体制机制、综合服务体系、安全保障体系建设上，要构建国家大战略系统。

## 三、必须有一个新时代贯之长期的经济社会发展总体战略，必须制定一个从目前到2035年基本实现现代化、21世纪中叶全面实现现代化的战略方针

### （一）陕西过去发展战略的长与短

陕西过去发展战略的特点在于始终突出统筹协调三大区域发展关系的战略思想，突出提升陕西在西部地区和全国发展中地位的战略诉求，高度重视与国家重大发展战略思路的衔接。但明显的缺陷在于先期没有总体宏观战略高度，在后来的战略构架上比较零乱、多面、多变，每五年基本都有新的提法，实际上是没有突出的核心战略需求，没有长远发展战略部署。现有发展战略思路已不适应新时代发展的背景、特点、趋势和国家战略要求，已经不能体现国家高质量发展、现代化国家建设、陕西发展的历史进程、经济社会发展结构和形态变化的新要求。（表2）

表2　陕西发展战略思路历史演变

| 时间 | 类型 | 战略构架 |
| --- | --- | --- |
| 20世纪50—60年代 | "点轴"战略 | "一带一城"："一带"即以西安为中心的陇海沿线、秦岭北麓地带，"一城"即汉中城市 |
| 20世纪70—80年代初 | | "一轴一带一区"：关中陇海沿线科技教育及军工产业发展轴，渭北依托煤炭黑腰带的煤炭电力产业带，汉中盆地军工科技产业集聚区 |
| 20世纪80年代 | "三大区域"战略 | 以关中为主体、陕北陕南为两翼的"一体两翼"发展战略 |
| 20世纪80—90年代 | | 实施"重点发展关中，积极开发陕南陕北"区域发展战略 |
| "十五"时期 | "三大区域"发展格局+经济社会重点布局 | 在继续实施"重点发展关中，积极开发陕南陕北"区域发展战略的同时，2002年党代会提出建设"西部经济强省"的总体战略目标 |
| "十一五"时期 | | 实施"关中率先发展、陕北跨越发展、陕南突破发展"区域发展战略的同时，2007年党代会提出以经济强、科技强和文化强为引领建设"西部强省"目标要求 |
| "十二五"时期 | | 实施"关中创新发展、陕北循环发展、陕南绿色发展"区域战略和追赶超越迈向全国中等发展省份行列目标要求，同时2012年党代会提出建设"富裕陕西、和谐陕西、美丽陕西"目标要求 |
| "十三五"时期 | | "关中协同创新、陕北转型持续、陕南绿色循环"的区域发展战略，同时2017年省党代会继续提出追赶超越方针，同时新提"五新战略"思路，即：培育新动能、构筑新高地、激发新活力、共建新生活、彰显新形象，2018年省党代会提出发展"三个经济"战略 |

## （二）构建"一个核心、两个和谐、三轮驱动"总体发展战略构架

一个核心，即坚定地把"高质量追赶争先、建设现代化陕西"作为陕西发展战略的核心；两个和谐，即全面促进两个和谐文明进步，一个是人的和谐幸福，一个是人地和谐共生；三轮驱动，即三个轮子驱动高质量发展和现代化建设，一个轮子是自主创新驱动，一个轮子是全球开放驱动，一个轮子是现代城镇驱动。"一个核心、两个和谐、三轮驱动"构成陕西发展战略的两个层次（主体与两翼）、三大关系（战略核心、根本目的、实现动力），有机衔接、密切联动、纵横交互、构成体系。"高质量追赶争先、建设现代化陕西"作为顶层战略，具有统领性、总体性、核

心性战略作用；两个和谐、三轮驱动属于支撑总体战略的分战略，本身具有独立战略意义和特点，而相较高质量追赶争先、建设现代化陕西总体战略来说，又具有战略路径、战略任务、战略措施的特殊作用。必须坚定地推进"高质量追赶争先、建设现代化陕西"，一是后发追赶，彻底改变落后面貌，在建设现代化国家中把握节奏、明确步骤，一步一步追赶上去，不拖后腿、力争当先；二是高质量发展，作为追赶争先发展的主体形态，明确运行状态，划定发展边界，确立负面清单，力求一步一步走准、走稳、走实，不走弯路；三是对接国家现代化建设战略目标，科学确定陕西在国家现代化中的战略定位，确定衡量标准和指标体系，保证现代化陕西建设不走样。围绕"高质量追赶争先、建设现代化陕西"，我们必须力求"人的和谐幸福与人地和谐共生"取得最大成效，必须着力从创新驱动、开放驱动、城镇驱动获得最为强大的内在发展新动能。

## 四、全力实施国家中心城市、都市圈、城市群引领高质量发展、现代化建设战略措施

陕西有国家在大西北、黄河上中游地区和乃至全国布局上也是难得的国家中心城市、国际化大都市圈、国家级城市群，抓住机遇坚决贯彻落实国家关于城镇空间形态布局战略的重大方针政策，必将形成具有国家战略效应的强大内在动力和现代化发展建设成就。

### （一）实施活中、携西、北跨发展策略，做强西安国家中心城市和西咸国际化大都市

积极整合莲湖、碑林、新城三区，凸显古都历史、创意文化、都市商务、人文社交、国际旅游功能，建设成为丝绸之路交流合作驿站（古都）；积极推进西咸一体化发展，加强功能整合、协同优化、联动发展，建设一主一副"双子核"型国际化大都市；积极推进泾阳、三原、富平撤县划转设立西安市辖行政区，扩大空间规模、优化功能布局、开拓产业集聚区、增强辐射带动能力和综合竞争力。新时代高质量发展和现代化建设形势下，西咸大都市要走集约化、品质型城市发展路子，努力提高单位面积产出水平和发展质量，避免"以并求大""以摊充量"。

### （二）优化布局西安都市圈，提升整体发展质量和水平

近期按照以西咸大都市为核心包括渭南城区、铜川城区、杨凌示范区的圈层范

围积极推进一体化发展建设，中远期按照包括关中五市一区、商洛城区及北部县的空间范围布局西咸都市圈发展建设，积极实施轨道上的都市圈，强化都市圈航空运输功能，建设一批先进制造业中小城市，加快建设统一开放市场，构建生态建设、公共服务一体化推进体制机制，带动都市圈区域新型城镇化与工业化、乡村振兴、人地和谐、社会幸福，全面提升整体现代化水平和大区域辐射服务能力。

### （三）加强关中平原城市群一体化发展，引领黄河中游经济圈全面崛起

科学划分关中平原城市群的主体范围、紧密联动圈层和辐射带动区域，连接"黄河几字湾"带动黄河中游经济圈全面崛起。总体上考虑：以已提出的规划范围为城市群的主体区域范围；把与已提出范围的区域关联紧密，以及有史以来都属于西安城市吸引辐射圈层的一些区域，作为紧密联动圈层，纳入城市群统筹推进发展和建设布局。关中平原城市群的紧密联动圈层，可延伸至平凉市、庆阳市、延安市、运城市、临汾市、三门峡市全部，陕西的陕南三市全部，以及湖北十堰市中西部、宁夏固原市中南部地区和甘肃省甘南地区。这样，关中平原城市群范围跨陕甘宁晋豫鄂5省17市，面积近32万平方千米，将有条件带动整个"黄河几字湾"区域经济社会文化生态统筹协调发展。依托西包、宝银、福银、银百、榆商、沿黄等南北向和青兰、延延—延吴—吴定、太中银、忻（县）榆鄂等东西向现代化交通干线，发挥对以太原为中心的汾河谷地、以包头和呼和浩特为中心的内蒙古河套平原、以银川为中心的银川—中卫平原，以及榆林—鄂尔多斯地区的"黄河几字湾"北部地区的有效辐射带动作用，构成外围辐射圈层，引领黄河中游经济圈生态保护和高质量发展，努力形成秦岭以南有成渝双城经济圈、秦岭以北有黄河中游经济圈的西部大开发空间新格局。

## 五、构建覆盖全省、联动三大区的重点发展空间骨架

不能只讲关中陕北陕南三大区域的协调发展关系，必须更具体地落到三大区域的发展轴线和点状、块状区域上，以求更确切、合理、科学地加强国土空间的利用和保护。这更有利于规划"执子落地"和以水、以地、以生态综合承载预定发展。

### （一）总体空间战略构架

着力搭建"一核一圈一群、两轴八带八屏三区"现代化发展总体空间战略构架。一核：西安市中心城区、咸阳主城区以及西咸新区沣东新城、沣西新城构成的都市

圈核心区；一圈：西咸都市圈；一群：关中平原城市群；两轴：西包—西渝大通道沿线和亚欧大陆桥连霍大通道沿线；八带：汉江沿岸川谷、丹江沿岸川谷—西安—福银高速沿线（商南—长武）、京昆高速—西万路沿线（韩城—西安—石泉—镇巴）、关中北部台塬、陕西北部长城沿线、黄河干流沿岸、陇（州）宝（鸡）汉（中）宁（强）高速公路沿线、延（川）永（坪）延（安）安（塞）志（丹）吴（起）高速公路沿线；三区：关中、陕北、陕南三大区域。

### （二）打造东西向和南北向两大战略轴

西包—西渝大通道沿线，穿越秦岭山脉、米仓山脉、关中北山，串接西安、榆林、延安、安康等大中城市，连通关中、陕北、陕南三大区域，成为纵贯陕西南北和打通中国大西北与大西南的脊梁。亚欧大陆桥连霍大通道沿线，从关中平原城市群横穿而过，串通中国东、中、西部三大地带，连接东部沿海海岸线与内陆边境线，是关中平原城市群的核心轴带。两条大通道在国家区域发展、西部开发、北方发展、国防安全中具有战略意义，在融合"一带"和"一路"全球化合作发展上价值巨大，属于国家战略轴线。

### （三）连接省域三大区和跨省比邻地区的八大纵横发展带

这是两大主轴带以外的 8 条二级发展地带，集聚了丰富的农业、工业和城镇资源，具有重要的乡村振兴、城乡融合与五化并举发展价值。汉江沿岸川谷地带建设成为绿色经济带、生态型城镇带，关中北部台塬地带打造关中平原城市群和大西北地区重要的三产融合大农业产业体系、关中都市圈产业外延布局基地和休闲健康养生地。北部长城沿线地带建设成为"黄河几字湾"中心地带高质量发展先行示范地带，黄河干流沿岸带发展成为自然文化旅游带、生态型城镇带、新型清洁环保经济示范带，宝陇—汉宁沿线带发展成为陕西重要的五化融合发展示范地带，延延吴沿线带构筑黄土高原中部新型城镇带和高质量发展经济带，丹江沿岸川谷—福银高速沿线（商南—长武）和京昆高速—西万路沿线（韩城—西安—石泉—镇巴）发展成为以西安大都市为核心的放射状新型经济带、生态城镇带和居民幸福宜居带。

（写于 2020 年）

# 数字平台双轮垄断的类型化风险与《反垄断法》规制策略

倪 楠 桂 雪

**摘 要** 超大型平台滥用用户聚合、"数据+算法"驱动以及资金优势将其在基础市场的垄断力量传导至其他市场，最终在平台经济领域呈现出愈来愈强的双轮垄断势态。诞生于传统工业时代的《反垄断法》制度滞后性、僵化性严重，难以有效规制平台滥用杠杆优势形成双轮垄断格局。为避免其对竞争秩序、行业创新、消费者福利造成负面危害，通过具体分析平台商业扩张模式、类型化平台双轮垄断实施机制，我国《反垄断法》需要革新规制方法，增加"滥用市场优势地位"条款补强传统禁止市场支配地位条款，并引进"守门人"制度，打破固有的《反垄断法》框架，转换规制路径。

数字经济的迅速发展催生了平台经济的崛起。凝聚庞大用户群体、掌握数据和技术资源、具有雄厚资金实力、占据强大市场地位的超级平台诞生。伴随着平台经济蓬勃发展，数字巨头往往采取市场扩张的手段以维持自身的竞争优势地位。超级平台滥用强大力量无序扩张，导致不同平台之间的"马太效应"不断放大，市场竞争失序、用户权益受损、财富分配失衡等问题日益突出。2020年中央经济工作会议首次提出要强化反垄断和防止资本无序扩张。互联网平台滥用杠杆优势实施反垄断行为也逐渐回归学界研究的视野，围绕着平台杠杆效应的《反垄断法》规制的理论依据、规制路径的研究日益增加。本文透过传统"杠杆效应"理论，立足分析平台商业扩张的类型，以双轮垄断类型实施机制的分析框架为基础，对互联网平台双轮垄断进行深入分析，落脚《反垄断法》规制政策，以期对规制平台利用杠杆无序扩张危害市场秩序的行为提出可行之策。

## 一、平台双轮垄断的内在机理及现实危害

### (一) 双轮垄断的内涵界定：从"杠杆效应"到"双轮垄断"的转化

"杠杆效应"（leverage）来源于芝加哥学派之前的古典搭售理论，用来解释搭售行为的违法性，强调搭售能够使垄断者获得比一个产品的垄断利润更多的利润。随着经济学理论的发展，杠杆理论逐渐扩展并成为垄断者获取更多垄断利润的市场策略被加以研究。路易斯·卡普罗（Louis Kaplow）认为杠杆效应是指垄断者能够以搭售作为支点，将其在搭售产品市场上的垄断力量延伸至被搭售产品市场，实质是垄断力量延伸（monopoly-extending）。

随着数字经济的发展，平台已经成为经济发展和消费者日常生活的中心。由于双边或多边市场效应，平台采取多元化手段吸引用户流量，市场集中度越来越高，在很短的时间内形成寡头垄断的态势。而这些先获得市场优势地位的平台往往利用强大的网络效应和数据资源实现"滚雪球"般的放大效应，最终达到垄断状态。这种垄断状态被称为"初始垄断"。正是基于这种初始垄断优势，平台为了自身发展壮大，倾向于以自身核心业务为中心向其他市场进军，力图在更多的市场领域形成垄断优势，最终导致从"初始垄断"向"双轮垄断"的转化。李勇坚等将平台利用基础服务能力形成的流量优势、数据集中优势等，通过运用"杠杆"，推动其垄断地位延伸到其他领域，从而在多个新领域形成第二轮垄断的现象定义为双轮垄断。翟巍进一步将双轮垄断拆解为轴心型市场的初始垄断与辐射型市场的第二轮垄断的组合。

工业时代，经营者想要撬动杠杆将优势力量传导至相关市场，需要制定缜密的竞争策略，提供雄厚的资金支持以及持续的时间成本，并且另一市场垄断地位的形成与否具有极强的不稳定性，达到垄断力量传导的难度较高。而数字经济时代互联网市场的发展特点以及平台企业的商业模式使得平台经营者实施双轮垄断的成本较低且效率极高。数字平台竞争的特点是在市场形成早期，优先进入者往往面对毫无竞争的市场，进入门槛低，先入场者"先到先得"积累用户群、数据基础以及流量优势，迅速巩固竞争优势；而在市场形成后，先入场者通过已经获得的竞争优势巩固自身的市场力量，拥有以极低力量抵御竞争者的能力，并将自己的优势力量传导至相关市场，实现"赢家通吃"的局面。平台企业依靠极强的用户聚合、产品聚合效应，利用掌握的算法力量和技术优势，简单到仅需要封禁一个连接就能达到竞争

力量的传导。如今的互联网市场，早期进入者已蜕变成具有市场支配地位的强大平台，而新进入者仅在尝试进入市场的过程中就成为了超级平台的狙击目标。

从工业经济到数字经济，市场竞争环境的转变如此之大，以至于让杠杆理论这个过时的反垄断主张，再度以双轮垄断规制的议题回到人们的视野中。"双轮垄断"是新词汇，但其描述的不是新型经济现象，而是"杠杆效应"在数字经济时代的表现。

### （二）平台双轮垄断的竞争风险与现实危害

（1）平台双轮垄断会导致生产要素聚集，引发市场集中风险，破坏市场竞争秩序。双轮垄断平台将资金、技术、数据、用户等市场要素向超级平台集中，市场结构趋于高度集中，市场上其他竞争者与超级平台的力量逐渐拉大，中小平台无法与超级平台抗衡，难以在市场中形成有效的竞争约束。平台在形成或维持双轮垄断状态的过程中可能会采取反竞争行为。平台利用"数据+算法"等技术，采取封禁措施限制其他平台访问数据、接入服务，为其他平台的发展设置技术障碍，强迫用户进行"二选一"，阻碍竞争对手的发展。市场集中度极高，新兴企业生存空间狭窄，且若新企业无法在进入市场时获得足够的技术和资本支持、吸引一定的用户关注度，就极易迅速被市场淘汰。市场"马太效应"明显，强者极强、弱者极弱，极高的市场壁垒阻碍创新企业的进入。

（2）双轮垄断会导致竞争优势传导至相邻市场，抑制市场创新活力。超级平台拥有强大的数据、算法等技术及资本能力，并将自身优势向拓展市场传输。一方面，超级平台已获得市场垄断地位，对于提升自身产品与服务的动力不足，丧失了应有的竞争活力。另一方面，因高度集中的市场结构，其他平台无法获取数据、技术及资金等进行创新必要的资源，难以持续运营。

（3）双轮垄断形成锁定效应，加剧用户依赖性，最终侵害消费者福利。平台在将其垄断地位向辐射市场延伸的初期，为了扩大用户资源、获取基础数据而不择手段，对平台内用户包括消费者和商家的隐私信息安全造成威胁。特别是平台将用户数据进行跨平台使用时，用户更可能面临数据和隐私安全问题。双轮垄断形成后，平台会进一步剥削消费者的福利。平台用户锁定效应完成，针对用户进行个性化定制服务，虽然表面上为消费者提供了高效优质服务，但实际上消费者陷入了平台定制服务"陷阱"中，实质上损害了消费者选择权。平台对用户数据的滥用也同样侵害了用户的权益。锁定效应使用户深陷平台"泥淖"，消费者即使对平台不满，但由于市场中极少有同品质服务的提供者，用户只能被迫继续遭受平台"剥削"。

## 二、平台商业扩张模式的类型化分析

平台通过早期积累的用户流量与数据，自身力量日趋壮大，而互联网平台领域的竞争也早已不再是单一市场的竞争，逐渐转向跨市场、跨领域的发展与合作。早期提供单一功能或服务的平台也逐渐发展成多功能、全开放、多场景的复合型生态平台，以满足不同用户的多样化需求，维持对用户注意力的长期锁定效应，并吸引对应用户市场另一端以广告商为代表的经营者的持续输入。美国 2021 年 6 月颁布的《终止平台垄断法案》中，提出并界定了"涵盖平台"，直指以亚马逊、谷歌、苹果、脸书为代表的这几家互联网巨头。以 GAFA（谷歌、亚马逊、脸书、苹果首字母所写）为例，它们都没有专一于单纯的平台场所身份，而是通过平台收购或开放端口（API），吸收互补品，跨市场衍生到其他领域。亚马逊利用其强大的平台优势，消费品、物流、金融、医疗保健等重要部门都占据了较大的市场份额。实际上，大型平台的商业模式是造成滥用垄断的根本原因。以类型化为视角，解析不同类型平台的商业模式的共性，把握大型平台扩张的内在规律，根据当前超级平台与旗下关联业务之间的关系，可以将平台的商业模式划分为三类：横向商业模式、纵向商业模式、混合商业模式。

### （一）横向扩张商业模式

横向商业模式是超级平台以扩张同类型业务为主而形成的商业模式，超级平台核心业务与关联业务所提供的商品或服务同属一类。超级平台通过核心业务所获得的数据、技术以及用户资源向关联业务平台输送，同时关联平台凭借自身相似或区别于核心业务的产品或服务收获一定用户群。以 GAFA 为代表的美国头部平台中，脸书就采用横向扩张的商业模式。2012—2014 年，Facebook 先后收购图片社交分享产品 Instagram、即时通信产品 WhatsApp，包括旗下 Messenger 以及 2016 年推出的企业社交软件 Workplace，掌控着社交平台的大半市场，由此，Facebook 成为全球拥有最多社交用户的超级企业。

一般而言，同类商品会因为具有相互替代性而存在一定的竞争关系，但若是将其置于双轮垄断场景下，同类商品不但不会相互竞争，反而能在功能上相互补足，实现平台服务全面化、多功能性。一方面，在满足用户基本需求的基础上，平台为了增强用户黏性，可以通过功能细分满足不同用户群的差异化需求。例如 Facebook

和 Instagram 都是为用户提供社交服务的产品，具有一定的相似性。但 Instagram 注重放大图片的传输功能，与 Facebook 存在区别，以满足一部分关注图片分享的用户群。另一方面，即便是具有替代性的同类产品，若将其置于不同应用场景之下也可避免竞争。Facebook 和 Workplace 在功能上具有高度的相似性，但应用场景不同。Facebook 适用于全互联网非特定场景，而 Workplace 适用于特定工作场景。即便是具有替代性功能，用户也会因应用场景变换进行适当选择，不同场景下适用不同服务，结果也不会形成竞争性。

## （二）纵向扩张商业模式

纵向扩张商业模式是指超级平台以基础业务为核心向产业上下游扩张，与关联业务形成纵向产业链。超级平台为了发挥垄断优势，瞄准核心业务的上下游市场，利用数据和算法等资源将自己在核心市场的强大竞争力量传导至上下游市场。与横向扩张商业模式相比，纵向扩张商业模式下超级平台各个业务之间并不具有竞争性，反而紧密衔接，共同构成完整的产业链。同时，超级平台市场纵向扩张后各类平台的用户群体是固定的，这与横向扩张商业模式为了满足不同用户群体的差异化需求相区分。

以美国头部平台企业苹果为例，苹果以核心业务（也可以说是基础业务）IOS 操作系统为中心，提供苹果手机、笔记本、平板等电子设备以及配件，同时还有一系列以 iCloud、iTunes 等为代表的软件设施，线下包含商品零售和售前、售后服务，各类业务之间具有较强的互补性，最终形成硬件＋软件＋服务＋零售的苹果生态圈（Apple's Eco-system）。国内京东同样也采取了纵向一体化战略，在提供京东电子商务平台的基础上，推出京东自营、京东物流、京东金融等，贯通电子商务产业链。

在纵向扩张商业模式下，平台企业更加注重利用数据共享与算法技术，实现数据在各环节的精准传输，提升产业链的稳定性和高效性。一方面，平台依靠核心业务所搜集的大量数据进行自我提升。例如电子商务平台内消费者的搜索信息、浏览时间及购买行为能够在很大程度上反映消费者的购买意向，平台利用广泛数据分析消费者偏好、预测购买意向，在对自营业务的商品、模式选择上具有极强的参考意义，以此实现自身商业布局和资源要素的高效配置。另一方面，在算法技术的协调下，通过数据精准处理与高效分析，可以避免错误的发生与资源的浪费，实现平台全产业链的优化，提升用户使用体验，加强信赖程度，增加用户忠诚度。

### (三)多元混合扩张模式

多元混合的扩张模式是指平台企业拥有多样化的关联业务产品,既包括横向同类市场,又包括纵向上下游市场,也可能包括跨行业、跨领域的业务产品,扩展至相邻或不相关的多个市场。

与横向扩张商业模式相似,多元混合模式下平台能通过提供多元服务满足不同用户群体的需求,但多元混合模式下,平台可以区分功能、区分使用场景,为用户提供多方位服务,相较于横向扩张模式只能满足某一类差异化需求来说,多元混合的平台能多方面满足用户的不同类型需求。将多类型平台进行整合,不但降低了用户切换不同平台所耗费的时间成本,为消费者带来极大便利,同时也极大地提高了用户对平台的依赖程度。与纵向扩张模式平台相比,多元混合模式平台突破了局限于一条产业链上下游的弊端,开拓了更广阔的市场。平台将自身的数据优势、技术优势、资金优势在多领域内传导,摆脱产业链的束缚,争夺用户资源,开拓新兴市场,最终实现横跨多领域、拥有雄厚力量的超级平台的诞生。

总之,在多元混合模式下,平台弥补了横向和纵向扩张两类模式的不足并将优势进一步放大,深入挖掘用户多种类的数据,优化资源配置,实现多维度、多元化平台协同,最终构建广泛的竞争优势。国内以阿里巴巴和腾讯最为典型。阿里巴巴集团旗下以淘宝为核心平台,关联业务包括天猫、聚划算、阿里国际等电子商务平台,具有一定的互补性;同时开通第三方支付平台支付宝接入电商平台,其实质属于电商平台的下游产业;陆续又开通余额宝、芝麻信用、花呗等金融平台业务,最终逐渐形成电商+支付+金融的超级平台。而腾讯最初以即时社交软件 QQ 为核心业务,开拓微信以及企业微信等同类使用场景、目标用户完全不同的通信平台,并逐渐将业务扩展到音乐、游戏等非社交性商业产业,形成多元化超级平台企业。

## 三、双轮垄断类型化实施机制

### (一)以用户流量为轴发挥锁定效应

"锁定效应"在学术研究上的表述也称用户黏性,实质是平台能够吸引和留住用户的能力。平台能够为人们提供全面细致的商品和服务,给用户极大便利的同时也让越来越多的用户对平台形成强烈的依赖感。即使其他平台能够为消费者提供同类型、同质量的商品或服务,用户在转换新平台时因为会受到转换成本的限制,因此也很难真正转入其他同类型平台。

一方面，新技术的采用往往具有收益递增的趋势，先进入市场者掌握技术优势和空白市场，利用新兴产品或服务吸引了大批用户，抢夺市场份额的同时用户积累也呈现正增长态势。平台利用算法等人工智能技术为用户提供个性化产品或定制服务会大大增强用户黏性。稍晚进入市场的经营者则失去先机，用户很难会花费时间和精力，重新学习了解提供同类替代商品或服务的平台，平台就难以从先进入者手里抢夺用户资源，自然也就逃不过退出市场的"宿命"。

另一方面，转换成本也使得用户慎重考虑更换平台。转换成本是指用户在从原平台转向另一平台时需要承担的损失，包括时间成本、数据资料成本、学习成本等。时间成本是用户转移至新平台而必须耗费的时间；数据资料成本是用户无法将在原平台内与己有关的数据信息保留并转移至新平台而导致的损失；学习成本是用户在转移至新平台时必须额外学习和适应新平台所耗费的精力。总之，无论是这些显性成本还是其他隐性成本共同组成的用户转换成本都会成为用户转移平台的阻碍。有学者指出平台用户具有多归属性，然而这些成本的存在是客观的，原平台保留的用户数据不会因为用户转移至新平台而消失，但用户无法携带这些数据转移就意味着一切必须从零开始。

当平台在核心竞争市场获得了超大用户流量后想拓宽新市场时，就能将自身的庞大的用户优势力量传导至新市场，以获取竞争优势地位。以腾讯为代表的社交平台企业利用自身在社交网络平台市场上的垄断优势，为其开发的游戏用户平台在经济领域的"排他性交易"（也称"平台二选一"）行为就是典型的以自身拥有的巨大用户流量为条件挟持平台内经营者，从而强化锁定效应的行为。

### （二）以算法优势为轴实施自我优待

算法（Algorithm）是以数据为基础建立的解决特定问题的计算机程序模型。进入人工智能时代后，算法作为人工智能的支撑技术，成为平台的核心竞争力。互联网平台整合产品或服务、收集整理用户信息、为用户提供个性化定制服务，整个过程中算法无不在发挥重要工具作用。然而算法运行涉及复杂的算力算法，并以计算机代码的形式呈现，不透明性导致"算法黑箱"化特征，掌握算法技术的平台很容易基于自身"偏好"利用算法加强垄断优势，实施自我优待行为，暗中进行不正当竞争，破坏市场公平竞争秩序。平台在基础市场上保持垄断地位，很容易利用基础市场中的强势地位对自营业务进行特别优待。"自我优待"（self-favoring）既可以是对自己的产品进行特别推荐，也表现为对其他平台提供的同类型产品采取竞业限制，其实质是利用自身优势对其他经营者实施差别待遇,本质是一种不公正的歧视行为。纯粹意义上,平台应该只是一个交易交互的媒介,充当市场的角色,但实际上平台为获得更多利润也会进行一些自营业务。

美国众议院发布的《数字市场竞争报告》中,就提到了占有市场支配地位的平台会"通过自我优待、掠夺性定价、排他性交易等手段将市场力量进行传导",有调查发现以 GAFA 为首的超级平台都涉及这种新型滥用行为。2017 年 6 月,欧盟委员会针对"谷歌购物"(Google Shopping)反垄断案做出对谷歌处以 24.2 亿欧元(约合 174.7 亿元人民币)罚款的判决。Google 滥用搜索引擎市场支配地位、利用算法非法操纵购物广告搜索,将 Google Shopping(自营的谷歌购物)居于其他竞争对手购物业务之前,本来业务不佳的 Google Shopping 因此获得大量点击浏览量,为 Google 创造了更多的利润,竞争对手的购物广告排序靠后则流量自然减少,将自营业务和其他经营者提供的业务置于不平等地位,同时也干预了消费者的自主选择权。

**(三)以数据优势为轴获得市场进入优势**

大数据时代,作为生产要素的数据要素已经成为数字经济时代重要的战略资源。数字经济平台通过各类软件与算法的交互作用,快速取得与整合庞杂的相关数据资源,分析与利用海量实时的数字信息,进行精准化处理,甚至由算法直接完成自主决策。在互联网早期发展阶段,平台往往采用"零价商业模式",以免费提供各类商品与网络服务用户或消费者所提供的个人信息或使用数据作为置换"费用"。平台无偿获得用户的各类数据信息,并采用技术手段分析用户行为,以此提供人性化且更智能的互联网服务。随着平台经济深入发展,数据被视为加强平台垄断地位的最重要的资源,平台对数据的开发也越来越深入,掌握数据越丰富,产生的利润也就越大。超级平台在核心市场(轴心型基础服务市场)把持竞争相关数据的获取渠道,并将数据优势扩张至其他市场,以此构筑自身在相关辐射市场的支配地位。

2018 年,欧盟委员会开启对亚马逊公司的反垄断调查,评估亚马逊是否不当利用平台独立销售商的数据,并不当利用此类数据以推出自身竞争性产品,从而实现自身经营品类的市场扩张。作为最大的网络零售平台,亚马逊零售所拥有的累计业务数据涵盖欧盟 80 万活跃卖家,超过 10 亿个产品,能够实时汇总和合并单个卖家数据,并从这些数据中得出准确、有针对性的产品销售结论,评估购物模式和最新趋势。而平台内的大量独立经营者必须投入大量资金来确定受消费者欢迎的产品和销售方式，也必然需要承担失败的风险。而亚马逊能够直接利用收集分析数据的能力选择最优的销售方式和最受欢迎的产品以提升自营产品的销量，平台在新竞争市场通过数据利用获得了新的市场力量，将自身在轴心市场中的优势辐射至相关市场，以达到力量的传导。

### （四）以基础服务垄断优势为轴排斥互联联通

有些平台自身经过技术开发，投入巨大人力、物力，在核心市场已经形成了强大的垄断优势，它们提供日常基础服务，与社会生活难以分离，甚至达到具有公共性，成为公共基础服务的程度。特别是社交类平台和搜索引擎服务平台，公共性特点表现得尤为明显。疫情期间许多公司纷纷开启居家办公模式，远程办公软件迅速发展的同时也展开了激烈竞争。从2020年2月29日起，飞书相关域名被微信限制，在这之前，诸如淘宝、抖音、快手等，均曾受到过微信的"封锁"待遇。"守门人"把持着市场，控制着信息和数据，通过限制使用必要技术、数据，排斥其他平台接入，排挤市场内的相关竞争者。

欧盟委员会《数字市场法（草案）》（Digital Market Act）中提到"守门人"（gatekeeper）的内涵，在数字行业的某些数字服务领域，更容易出现竞争性不足的问题和不公平的商业实践。通常在这些数字服务领域中只有一个或很少的大型服务提供商。它们具有极端的规模经济、极强的网络效应。这些核心平台服务提供商能够轻松地以单方和有害的方式，为商业用户和最终用户设置商业条件和条款。高薇认为对于这类具有数字市场"守门人"特征的平台应该被作为一种新的"公用事业"进行管制。

### （五）以企业并购为轴巩固垄断地位

超级平台具有强大的资金力量，为了维持自身的垄断优势，可以通过收购的方式对那些可能会危及自身地位的初期创业型平台进行收购。初创企业自身力量弱小，难以抵抗超级平台的威胁，最终妥协。超级平台通过这一策略消除了潜在竞争对手。超级平台并购分为两种：一种是扼杀型并购，又称"杀手并购"，第二种是数字集团收购。第一种超级平台并购小微企业的目的就是终止或消灭被收购企业的存在，第二种超级平台则是看重初创企业所提供的产品或服务，而将其吸收入自己的业务系统之中，强化并延伸自身在被收购方所在市场的垄断优势，以此达到垄断力量的传导，把持多个相关市场。合并后企业可以将多个市场的产品和服务联合起来，将自身在核心市场的市场势力传导至相关辐射市场，用自身在核心市场的力量用于影响第二个市场。

英国 Furman Report 研究指出，过去十几年间，以 Google 为代表的 GAFA 及微软共 5 家超大型平台企业在全球范围内实施了超 400 次并购交易，仅 Google 在 2001—2018 年间平均每月就会收购一家企业。其中，超半数被收购企业是成立时间不足 4 年的初创企业。2012 年，Facebook 以 10 亿美元的价格收购 Instagram，2014 年又以 190 亿美元的价格收购 WhatsApp。2021 年 8 月美国联邦贸易委员会（FTC）对 Facebook 提起反垄断诉讼，称 Facebook 垄断个人社交网络市场并打压或收购竞争对手，妨碍市场竞争。这不是 FTC 第一次以垄断为由对 Facebook 提起反垄断诉讼，诉状称自 2012 年以来，Facebook 的月活用户数量占到美国社交网络的 65%，完全主导着美国个人社交网络市场，指控 Facebook "通过非法收购或隐匿来破坏竞争"。

### 四、传统反垄断法律规制动力不足

数字经济时代，算法等人工智能技术的广泛应用已经深刻改变了市场经济环境。超大型平台企业垄断态势愈演愈烈，而诞生于工业时代的传统《反垄断法》规制模式难以面对新情况作出及时有效的反应。

#### （一）《反垄断法》监管捉襟见肘

工业时代，单边市场竞争过程中企业以成本与价格调控作为竞争的主要手段，技术变革使得数字平台如雨后春笋般崛起，平台以免费模式或补贴模式吸引形成用户群，获得大量用户数据，并以此吸引经营者或广告商，以获取经济利益。免费模式下，传统需求替代、供给替代以及垄断地位推定方式无法准确界定相关市场。市场份额、经济实力、控制能力等传统市场支配地位认定因素在界定数字平台垄断优势上遇到明确障碍。传统《反垄断法》在判断平台企业是否进行滥用市场支配地位、妨碍限制竞争行为的第一步即界定相关市场时就出现了问题。

在平台双轮垄断态势下，平台利用强大的数据、技术、资金等优势将业务扩张至其他辐射市场，辐射市场上平台的地位可能并不如轴心市场上的支配地位，仅仅具有优势地位。此时即使数字平台实施了有关限制、竞争行为，也因难以确定市场支配地位而逃脱法律规制。目前，我国《反垄断法》中，仅对于企业滥用市场支配地位行为这一单一类型的企业滥用市场力量行为进行规制。

数字经济迅速发展的当代，双边或多边市场特性导致相关市场认定困难，传统SSNIP替代性分析方法难以适用。国家市场监管总局发布的《关于平台经济领域的反垄断指南（征求意见稿）》（下文称《反垄断指南》）第4条对界定相关市场做了变通规定，明确在个案中若难以认定相关市场时，可以直接认定平台垄断，这无疑降低了反垄断执法在平台经济领域关于滥用市场支配地位行为的认定难度。但是在超大型平台双轮垄断状态下，在互联网领域为实现双轮垄断目标，平台利用数据、算法、人工智能等技术实施新型滥用市场力量排除、限制竞争的行为，传统《反垄断法》难以将其纳入规制范围。超级平台滥用市场力量的行为已从"滥用市场支配地位"这一单一行为拓展到"滥用市场相对优势地位""滥用显著跨市场竞争影响力"的多重反竞争行为。

### （二）《反不正当竞争法》"互联网专条"惩治力有未逮

2017年新修订《反不正当竞争法》新增第十二条规定"经营者利用网络从事生产经营活动，应遵守本法各项规定"，该条也被称为"互联网专条"，由此越来越多数字领域的不正当竞争行为转而受到此条规制，为规制数字企业的垄断行为具有兜底功能。但是随着数字经济的动态发展与人工智能的深入运用，平台企业不再仅简单局限于实施"恶意不兼容"破坏市场竞争秩序。平台利用数据+算法以及自身"通道"属性来控制市场，并将自身在基础服务市场的强大实力传导至其他相关市场，形成双轮甚至多轮垄断的格局，并利用网络效应和用户黏着度形成"强者愈强"的强大市场势力。反观该条所列举的三种不正当竞争行为均是典型个案裁判的简单提炼（"3Q大战"），相较于现实中互联网企业隐蔽、复杂的实施手段来说过于简单化且具有严重的滞后性。难以具有普适性和稳定性的"互联网专条"由此束之高阁，难堪其用。

即使平台企业在市场竞争过程中涉嫌实施《反不正当竞争法》第十二条中的具体行为，但在双轮垄断格局下，也很难以该条对平台企业进行规制。《反不正当竞争法》的适用以案件中经营者之间具有竞争关系为前提，由前文可知在平台企业双轮垄断的情况下，平台利用杠杆传导扩张的方向极有可能是非横向市场。平台企业与相对方并不是同一市场的竞争者，而可能是纵向市场中的上下游企业关系，因而不具有竞争性，以此规避了《反不正当竞争法》的处置。

### (三)《电子商务法》中"滥用相对优势地位"条款适用艰难

目前,平台双轮垄断趋势下,我国平台市场呈现出"寡头垄断"格局,以网络零售市场为例,以平台总成交额作为销售额,中国大陆地区天猫、京东、拼多多三家电商所占市场份额合计达到89.41%,其中,天猫占比50.1%,京东占比26.51%,拼多多占比12.8%。在这样的市场结构下,难以认定平台具有市场支配地位,经营者极有可能对这些头部企业产生依赖,作为平台内规则的制定者和执行者,平台在自身平台内相当于拥有"立法权""执法权"以及"司法权",相较于平台内的经营者天然地享有强势地位。若不对平台增加不得滥用优势地位的义务,仍采用滥用市场支配地位的分析方法,规制平台力量传导过程中的限制竞争行为将遇到很大阻碍。

《电子商务法》为了规制电商平台,在第三十五条做出规定以保护平台内的经营者。虽然该条被立法组命名为"禁止滥用优势地位",但并未在条文中明确适用条件,该条文实际上建立了极为宽泛的滥用相对优势地位行为的规制制度,缺乏实用性。同时也与《反垄断法》中滥用市场支配地位制度特别是纵向垄断协议产生适用冲突。如果具有市场支配地位的平台主体借助自身的优势地位对平台内的经营者实施限制交易行为,监管部门很容易在应当适用《反垄断法》相关规定时转向证明难度更低的《电子商务法》相关条款,而导致《反垄断法》相关制度的架空。此外,由于《电子商务法》第三十五条缺少"具有相对优势地位"的适用前提,会导致相对优势地位制度适用范围的扩大。同时,条文中规定平台不得"进行不合理限制或者附加不合理条件,或者向平台内经营者收取不合理费用",却并未对何谓合理、何谓不合理做出解释。"不合理"还需要相关规定做出进一步解释。

### 五、超级平台双轮垄断风险的防范策略

对于平台双轮垄断现象,现行《反垄断法》存在着适用上的不适应,《反垄断法》需要与时俱进适应数字市场的新变化。同时这一问题又不能仅依靠适用《反垄断法》等法律简单解决,应该创新监管方式,引入"守门人"制度加重超大型平台责任,推动建立健全适应平台经济发展特点的新型监管机制,着力营造公平竞争的市场环境。

### (一)超级平台"滥用市场优势力量"规则补强

在轴心市场(平台基础服务市场),具有寡头垄断地位的超级平台提供中介匹

配和链接服务，这类服务被辐射市场上的大部分经营者频繁使用，他们对于超级平台具有强烈的依附性。平台具有市场寡头垄断地位而不具备市场支配地位，在利用算法对自身旗下产品实施自我优待、利用技术对平台内经营者实施不兼容、屏蔽等手段以及其他破坏市场公平竞争的行为时，因利用相对市场优势地位最终逃脱《反垄断法》的规制。为了预防和制止平台实施垄断行为，《反垄断指南》第12条至17条列举了禁止具有市场支配地位的平台经营者实施滥用市场支配地位行为，但是实施主体必须是"具有市场支配地位的平台经济领域经营者"。这导致实践中执法部门还是放过了超级平台滥用相对优势地位实施破坏市场竞争秩序的不正当行为。因此，在《反垄断法》中增设"禁止滥用相对优势地位行为"条款具有必要。

在滥用市场支配地位的案件中，我们通过比较同一市场中经营者之间的"横向力量"来确定，因而，首先必须确定"相关市场"才能准确衡量经营者的经济实力。但在滥用相对优势地位的案件中，双方未必处于同一个相关市场，即便是在某个市场上占据支配地位的企业，也不一定相对于其交易对象拥有优势地位，因此我们主要考量双方在交易过程中是否平等、是否存在强烈的依附关系而弱势方难以反抗。相较于市场支配地位的判断方法，滥用相对优势地位更加聚焦于微观个案，不是囫囵按照统一"市场份额"来处理，从而更具客观性。

目前，国际上已经建立该制度的主要国家有德国、日本、韩国等。2019年日本公平交易委员会针对数字平台实施垄断行为扩张倾向公布《关于数据平台滥用优势地位的准则》。德国《反限制竞争法》第19条规定通过对传统滥用市场支配地位进行监管来保护竞争，新增的第19a条第2款明确禁止"显著跨市场竞争影响"经营者从事的行为。除此之外，还创新性地在第20条中规定"滥用相对优势地位"条款。

网络效应对平台的影响意味着数字商业模式可以更容易、更快速地进行扩展，平台可以更隐蔽、更容易地实施双轮垄断。在《反垄断法》修订之际，可以尝试在《反垄断法》体系内增设专门针对超级平台的规制条款。在第三章增加一条禁止超级平台滥用其市场力量的条款，参照《互联网平台分类分级指南（征求意见稿）》（下文称《分类分级指南》）明确超级平台的认定规则（如具有超大用户规模、超广业务种类、相关核心数据等），并列举超级平台滥用自身市场优势力量的行为。由此，明确将超级平台滥用市场力量的行为纳入《反垄断法》规制范围，规制平台无序扩张，保护自由竞争的市场秩序，为消费者和其他经营者维护自身合法权益提供切实的专门保障。

### （二）经营者集中制度更新以预防市场集中风险

从上文可知，超级平台利用自身强大的资金实力进行扼杀型并购或者数字集团收购，其核心目的都是为了将市场优势传导至另一关联市场，即将轴心市场的垄断力用于影响相关辐射市场的竞争。现行《反垄断法》中经营者集中制度存在漏洞，难以制止平台借助并购杠杆实施双轮垄断，导致具有创新性的初期企业往往是昙花一现，短暂存在于市场之中而又迅速消失。立法机关应该及时更新经营者集中制度，以匹配数字平台滥用行为监管的严峻形势。

一方面，就经营者集中申报的标准进行及时修正。现行单一营业额标准下，初创企业往往远未达到需要进行集中申报的营业额门槛，而超大型平台可以自行合并无需向有关部门申报。2016 年，滴滴与优步合并案就因优步未达到集中申报的营业额标准而未予集中申报。监管机关注意到这类情形的发生也作出了积极应对。《反垄断指南》第 19 条规定参与集中的一方经营者为初创企业或者新兴平台，参与集中的经营者因采取免费或者低价模式导致营业额较低，相关市场集中度较高、参与竞争者数量较少等类型的平台，对未达到申报标准但具有或者可能具有排除、限制竞争效果的，国务院反垄断执法机构将依法进行调查处理。现阶段，我国执法机关可以主动介入具有或者可能具有排除、限制竞争效果的经营者集中案件。《反垄断法》中也应该就该情形及时做出反应，以例外性规定对于可能具有排除限制竞争效果的经营者集中的主动介入权进行相关条款修改。

另一方面，在修正集中申报标准的同时，也应完善经营者集中审查中的考虑因素。平台企业以创新性为发展内核，占据市场份额小的初创企业可能因为拥有一个还未投入市场而极具创新性的产品具有发展前景。平台双轮垄断进程中，大型平台瞄准具有竞争潜力的初创企业而进行合并可能会严重阻碍有效的市场竞争。经营者集中审查机构在进行创新评估时，可以不再局限于已经存在的固定商品或服务市场，应该向可能或者还未形成的市场创新因素倾斜，进一步评估研发活动过程中的竞争情况，特别是要考察交易是否会减损相关市场的创新潜能和动力。同时，审查机构也应该综合考虑"非价格"因素。平台发展早已不像工业时代仅局限于价格的竞争，平台聚合数据、技术、用户与资本力量，将采取免费+补贴的商业模式以索取用户数据信息和凝聚用户群为主要变现方式。在审查平台类企业经营者集中时，执法机关需要关注合并对技术、产品、服务和创新的影响，以及对于用户特别是消费者数据隐私安全的保护。

### (三) 引入"数字守门人"制度

"守门人"把守数字市场的进入大门,其服务的基础设施属性使得它们成为其他平台企业接入市场的基础,掌控着其他企业进入数字市场的生杀予夺大权。"守门人"制度的核心是企业因其市场地位无法实施相关行为,而非因其实施特定行为而负担特定的义务,对大型平台提出了更高的监管要求,反映了全球加大对超大型平台监管力度的趋势。以"守门人"作为监管的重点,符合数字经济平台发展的特点,具有法理和效率合理性。我国在引入"守门人"制度时,既可以选择以部门规章的形式针对超级平台进行特别立法,又可以选择以引导激励为核心的软法治理。

一方面,由相关机关出台部门规章对超级平台进行特别立法是现阶段规制平台双轮垄断的理想路径。目前,《反垄断法》修订中增加平台规制专条难度较大,既有法律结构很难打破,特别立法的形式能更加灵活地调整适应动态的数字市场,同时须明确以《反垄断法》为基本原则,在《反垄断法》中确定数字平台企业应当遵守相关机关制定的其他规定。特别立法中应当明晰规制对象即超大型平台企业的范围,形成量化标准,即需达到多大的用户规模、多广的业务种类、拥有强大相关核心数据,同样可以参照《分类分级指南》中对于超级平台的认定规则。同时,特别立法中还需要明确超级平台滥用市场势力排除限制竞争的行为,以原则+列举+例外的形式确定企业义务。

另一方面,数字经济反垄断采取软法之治同样具有可行性。软法是指不能运用国家强制力保证实施的法律规范,是指由国家制定、解释或执行,但是没有明确责任条款的法律文本或者弹性条款,包括指导性规划、建议条款等抽象性行政指导行为,以及引导、辅导、劝告、提醒、约谈等具体化的行政指导行为。相较于"硬法"而言,软法更具有灵活性,能够针对客观情况做出及时调整,补充《反垄断法》规制上的局限性,能够以柔性劝导的方式引导平台的市场行为,更容易被企业所接受,达到预期的规制目标。2021年4月国家市场监管总局在对阿里巴巴垄断行为做出巨额行政处罚外,还向阿里巴巴集团发出《行政指导书》,要求其加强内控合规管理、维护公平竞争、保护平台内商家和消费者的合法权益。坚持处罚与教育相结合的原则的软法治理手段,能够有效减轻企业的消极抵触情绪,以行政指导的手段在《反垄断法》之外增加平台企业的主体义务,也能够根据个案情况设置多样性的引导方式,"以柔克刚"化解数字市场双轮垄断危机。

## 六、结语

我国数字经济发展迅猛，互联网平台的兴起，使得市场垄断力量从一个市场延伸至多个相关或不相关市场。平台滥用杠杆优势形成双轮垄断格局会破坏市场公平竞争秩序、损害消费者利益、破坏市场创新发展规律。现行《反垄断法》规制框架下，垄断协议规制制度受到了"数字化卡特尔"的挑战，滥用市场支配地位规制制度受到了新型市场竞争行为的挑战，经营者集中控制制度同样面临数字经济发展带来的新问题。《反垄断法》因循守旧的治理思维与规制逻辑难以打破数字化市场新现象的桎梏，需要通过修法回应数字经济发展提出的新挑战，而对相关的反垄断规则进行明确和必要调整，以更好地规范数字经济的发展。在修订《反垄断法》时，应在传统的"滥用市场支配地位"条款部分增加"滥用市场优势力量"条款，并完善经营者集中制度，更新经营者集中式申报标准，综合数字市场特征，重视非价格审查因素，阻却超级平台无序的"野蛮生长"态势。此外，为有效规制平台垄断新形态，需要基于平台运行的整体规律，多管齐下，引入"数字守门人"制度以单独立法监管的方式补强反垄断规制模式的缺陷，从竞争政策、数据安全、监管机制等方面进行综合有效治理。

最后，在规制平台双轮垄断的过程中，需要正确认识到抑制平台无序垄断扩张状态与鼓励创新发展的协同性和一致性。监管机关监管的目的不是限制平台发展壮大，而是鼓励平台提升创新活力，实现创新推动健康发展，而不是陷入盲目扩张的发展陷阱，以牺牲整个行业长远的创新为手段扩大平台的短期利益，最终阻却整个行业的健康持续发展。国家还应为企业提供更多的产业政策和竞争政策指导，为初创企业提供更多的发展便利，增强平台经济活力，促进平台企业走出去，迈向更广阔的国际市场。

（写于 2023 年）

# 中国西部地区数字创新竞争力报告

顾　问：吴斯全
负责人：苏　杨　魏　婕
成　员：杨　超　苏　椿　王　博　邓支航

**摘　要**　本报告分析了中国西部地区数字创新竞争力发展的现状、趋势和面临的挑战，提出了一系列推动数字创新的政策建议。报告指出，中国西部地区数字创新竞争力整体水平上升，但区域内差距较大；陕西数字创新竞争力呈增长态势，超出西部平均水平。报告建议通过提升人才培养和引进、促进数字化应用普及、加强政府引导和扶持等措施，推动中国西部地区数字创新竞争力的快速、健康发展。

《"十四五"数字经济发展规划》中提出，数字经济是继农业经济、工业经济之后的主要经济形态，正成为重组要素资源、重塑经济结构、改变竞争格局的关键力量。创新是促进经济长期增长的引擎，数字经济发展同样需要数字创新作为其动力。数字创新是指突出数字化技术与产品物理组件的融合以及新产品、新工艺或新商业模式的出现。本报告中，我们将数字创新竞争力定义为一个区域与其他区域相比，在创新过程中采用信息、计算、交流和连接技术的组合，包括带来的新的产品、生产过程改进、组织模式变革、商业环境创建以及基础设施的改变等。

本报告主要由四个部分组成，第一部分为中国西部地区数字创新竞争力的总体概况；第二部分为中国西部地区数字创新竞争力的区域差异分析；第三部分为陕西省数字创新竞争力的基本特征及其在西部地区的地位；第四部分为西部地区及陕西省未来发展数字创新竞争力的政策建议。

## 一、中国西部地区数字创新竞争力的总体概况

### （一）中国西部地区整体数字创新竞争力评价分析

2019—2021年，中国西部地区整体数字创新竞争力指数逐年上升，年均增长率

为 0.87%，说明中国西部地区数字创新能力整体增强。但从四个构成数字创新竞争力的分项指标来看（图1），数字创新竞争力的分项指标呈现出不同的变化趋势。具体来说，数字创新本体指数先上升后下降，总体增长1.29%；数字创新环境指数呈现相反的先降后升的情况，总体下降0.18%；数字创新设施指数呈现上升趋势，增幅为5.05%；数字创新产出指数也呈现先降后升的趋势，但其与数字创新环境指数相比，下降的幅度小而上升的幅度大。

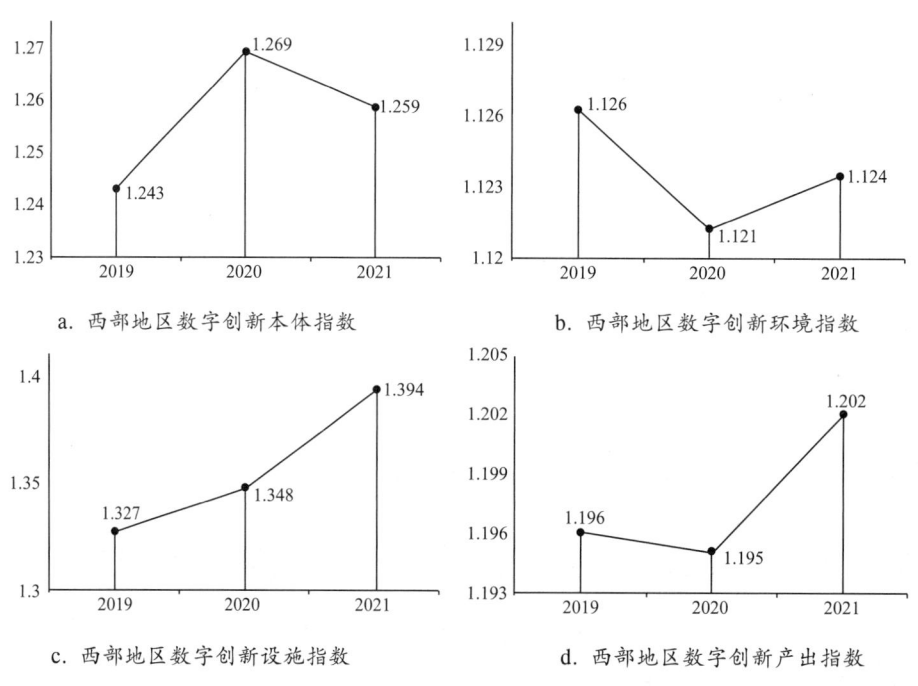

图1 西部数字创新竞争力分项指标

### （二）中国西部地区省份数字创新竞争力评价分析

**1. 西部省份数字创新竞争力趋于稳定，呈现阶梯式分布**

如图2所示，西部的各个省份2019—2021年的数字创新竞争力指数总体都比较稳定。部分地区如重庆、四川等地呈现小幅度上升趋势，一方面说明中国西部地区各省份数字创新竞争力都趋于稳定，另一方面也说明中国西部地区各省份数字创新能力陷入"增长瓶颈"，需要新的动力去促进数字创新竞争力的提升。

**2. 重庆各分项指标领跑西部，部分省份存在短板**

图3展示了数字创新竞争力的四个分项指标在省际层面的分布，在数字创新本体方面，重庆、四川、陕西位于前列，但陕西的数字创新本体指数与四川差距较大；在数字创新环境方面，重庆、新疆、贵州位于前三，四川、广西、云南及甘肃处于

中下水平；在数字创新产出方面，重庆、陕西、四川及云南的数字创新产出水平相对较高，是其优势方面。

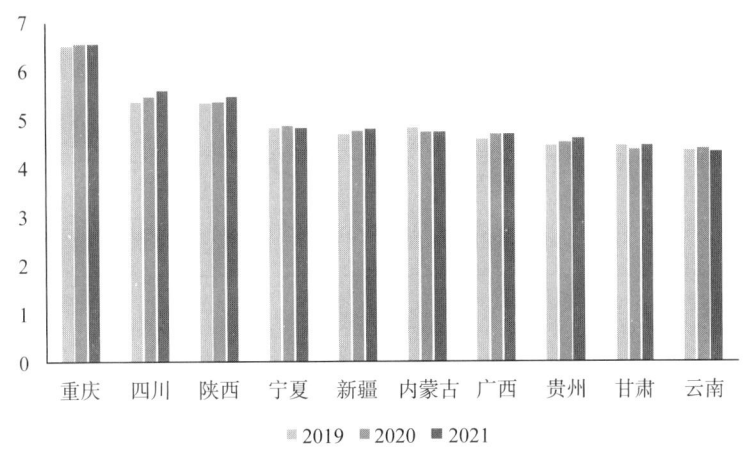

图2 西部各省份数字创新竞争力

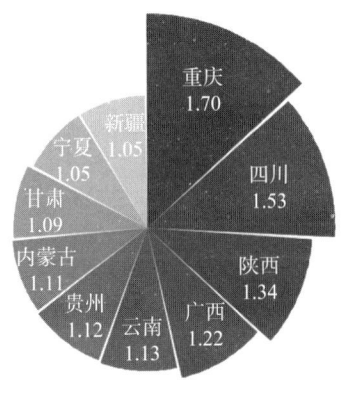

a. 西部各省份数字创新本体指数

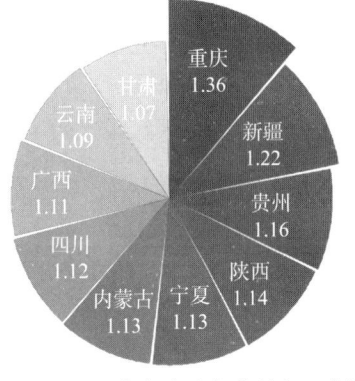

b. 西部各省份数字创新环境指数

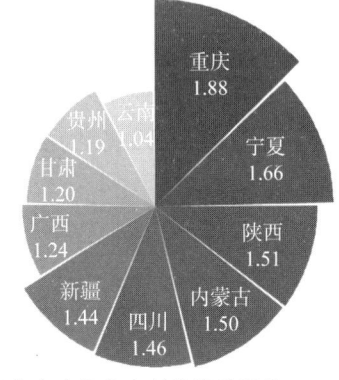

c. 西部各省份数字创新设施指数

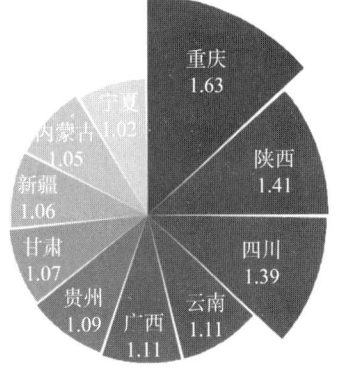

d. 西部各省份数字创新产出指数

图3 西部各省份数字创新竞争力分项指标

## （三）中国西部地区城市数字创新竞争力评价分析

表1展示了中国西部各城市2019—2021年的数字创新竞争力指数，为了体现更直观的排名及变化情况，我们根据表1的城市数字创新竞争力指数对城市进行排序，绘制成图4的西部地区各城市数字创新竞争力排名变化图。为方便观察，仅将年均数字创新竞争力排名前10位和排名后10位的城市进行重点标明。

表1　西部地区各城市数字创新竞争力指数

| 城市 | 2019 | 2020 | 2021 | 城市 | 2019 | 2020 | 2021 |
| --- | --- | --- | --- | --- | --- | --- | --- |
| 成都市 | 6.91 | 7.04 | 7.10 | 柳州市 | 4.78 | 4.82 | 4.80 |
| 重庆市 | 6.55 | 6.58 | 6.59 | 包头市 | 4.94 | 4.82 | 4.79 |
| 西安市 | 6.56 | 6.47 | 6.55 | 克拉玛依市 | 4.62 | 4.70 | 4.77 |
| 绵阳市 | 5.65 | 5.90 | 5.81 | 吴忠市 | 4.74 | 4.80 | 4.77 |
| 德阳市 | 5.44 | 5.51 | 5.61 | 防城港市 | 4.69 | 4.79 | 4.72 |
| 南充市 | 5.21 | 5.32 | 5.55 | 乌海市 | 4.80 | 4.70 | 4.71 |
| 雅安市 | 5.23 | 5.38 | 5.55 | 兰州市 | 4.76 | 4.64 | 4.71 |
| 自贡市 | 5.24 | 5.36 | 5.54 | 北海市 | 4.70 | 4.77 | 4.69 |
| 宜宾市 | 5.27 | 5.38 | 5.53 | 巴彦淖尔市 | 4.75 | 4.65 | 4.66 |
| 攀枝花市 | 5.29 | 5.39 | 5.51 | 赤峰市 | 4.77 | 4.65 | 4.65 |
| 泸州市 | 5.30 | 5.36 | 5.50 | 呼伦贝尔市 | 4.76 | 4.65 | 4.65 |
| 乐山市 | 5.25 | 5.35 | 5.47 | 百色市 | 4.55 | 4.65 | 4.63 |
| 遂宁市 | 5.18 | 5.35 | 5.46 | 酒泉市 | 4.39 | 4.33 | 4.63 |
| 达州市 | 5.31 | 5.30 | 5.42 | 钦州市 | 4.53 | 4.64 | 4.62 |
| 资阳市 | 5.16 | 5.28 | 5.42 | 玉林市 | 4.52 | 4.65 | 4.62 |
| 广元市 | 5.16 | 5.27 | 5.42 | 梧州市 | 4.51 | 4.62 | 4.61 |
| 榆林市 | 5.22 | 5.28 | 5.41 | 河池市 | 4.49 | 4.59 | 4.58 |
| 宝鸡市 | 5.24 | 5.32 | 5.39 | 贺州市 | 4.49 | 4.58 | 4.57 |
| 巴中市 | 5.13 | 5.24 | 5.38 | 来宾市 | 4.46 | 4.57 | 4.56 |
| 咸阳市 | 5.19 | 5.25 | 5.36 | 毕节市 | 4.41 | 4.47 | 4.55 |
| 延安市 | 5.14 | 5.20 | 5.30 | 六盘水市 | 4.41 | 4.46 | 4.52 |
| 汉中市 | 5.21 | 5.18 | 5.29 | 安顺市 | 4.35 | 4.41 | 4.50 |

续表

| 城市 | 2019 | 2020 | 2021 | 城市 | 2019 | 2020 | 2021 |
|---|---|---|---|---|---|---|---|
| 渭南市 | 5.16 | 5.21 | 5.28 | 金昌市 | 4.62 | 4.43 | 4.46 |
| 安康市 | 5.10 | 5.15 | 5.25 | 白银市 | 4.42 | 4.38 | 4.44 |
| 桂林市 | 4.67 | 4.76 | 5.03 | 天水市 | 4.40 | 4.33 | 4.37 |
| 呼和浩特市 | 4.98 | 4.93 | 4.99 | 玉溪市 | 4.41 | 4.40 | 4.36 |
| 银川市 | 5.00 | 5.01 | 4.95 | 武威市 | 4.37 | 4.31 | 4.35 |
| 贵阳市 | 4.77 | 4.86 | 4.94 | 平凉市 | 4.36 | 4.28 | 4.34 |
| 南宁市 | 4.88 | 5.04 | 4.94 | 曲靖市 | 4.34 | 4.35 | 4.30 |
| 乌鲁木齐市 | 4.80 | 4.85 | 4.86 | 保山市 | 4.26 | 4.28 | 4.24 |
| 鄂尔多斯市 | 4.93 | 4.84 | 4.86 | 普洱市 | 4.26 | 4.40 | 4.24 |
| 石嘴山市 | 4.79 | 4.87 | 4.84 | 临沧市 | 4.25 | 4.27 | 4.23 |
| 昆明市 | 4.83 | 4.89 | 4.83 | 昭通市 | 4.23 | 4.25 | 4.21 |
| 崇左市 | 4.70 | 4.81 | 4.80 | | | | |

**1. 西部城市数字创新竞争力出现集聚特征和"马太效应"**

如图4所示，成都市、西安市及重庆市总体较为稳定，位居西部前三，可见中国西部的新一线城市在数字创新竞争力方面相较于其他西部城市具有优势。重庆市近几年在原有的工业基础上融入数字技术，大力发展产业数字化创新；成都市和西安市则既有产业数字化创新也有数字产业化创新，二者同步发展且优势明显。

**2. 城市数字创新设施指数整体有向好发展的趋势，其余指标均存在指数"低多高少"的情况**

此处利用核密度图来体现指标的变化特征，如图5所示。数字创新本体指数总体上呈现俱乐部收敛的趋势；数字创新环境指数的分布曲线呈现"伽马分布"特征：高指数的城市较少，低指数的城市较多。数字创新设施指数的分布情况及变化情况则较为复杂：中国西部城市的数字创新设施指数整体水平上都在不断提升，同时存在由多极分布向两极分布收敛的一个过程。

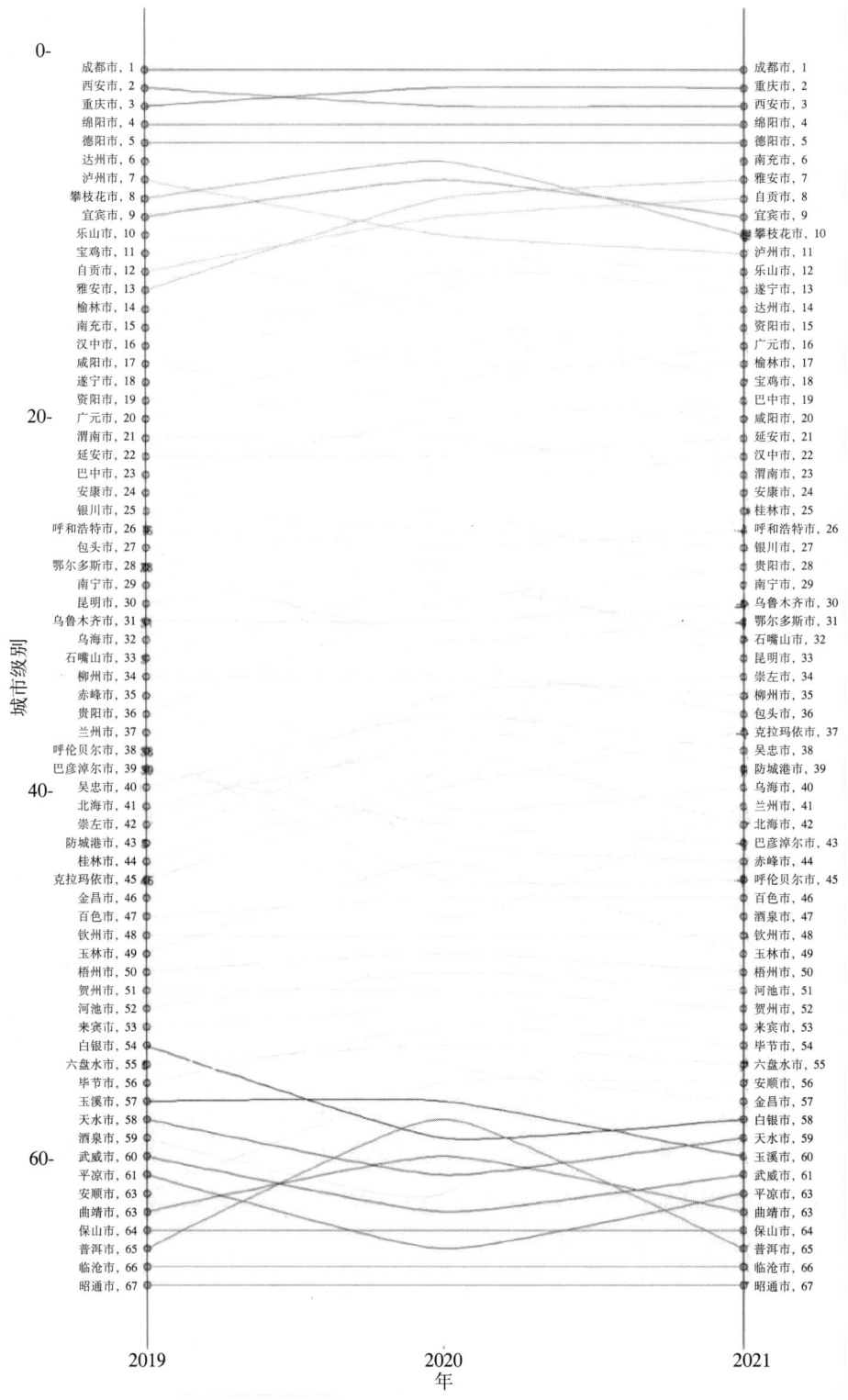

图4 西部地区各城市数字创新竞争力排名变化

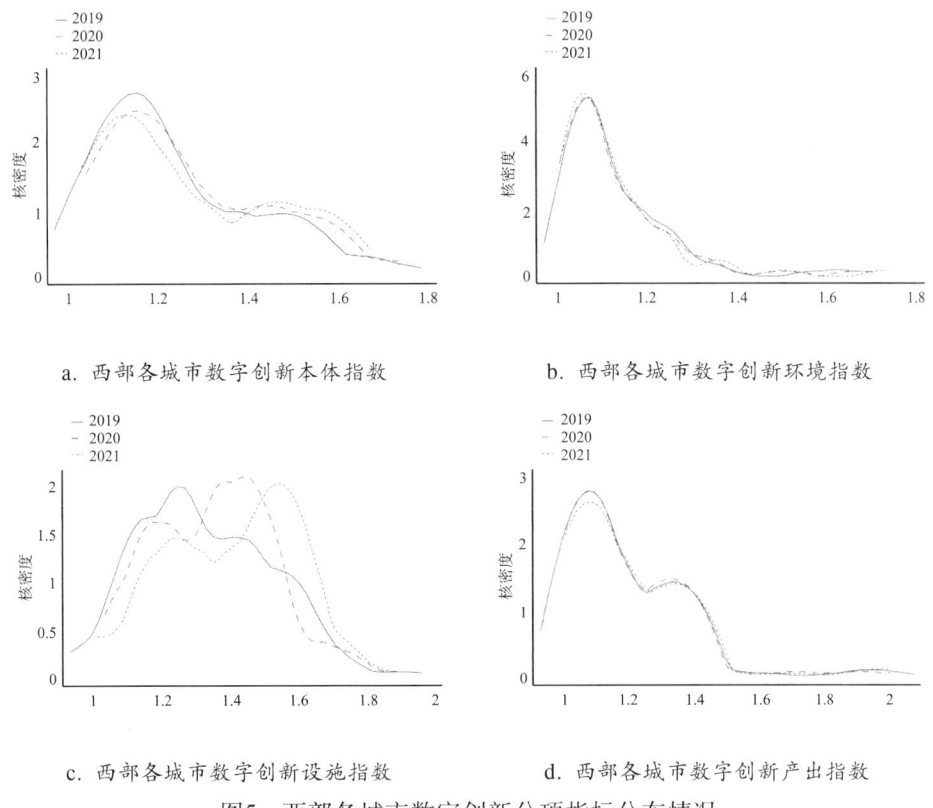

a. 西部各城市数字创新本体指数　　b. 西部各城市数字创新环境指数

c. 西部各城市数字创新设施指数　　d. 西部各城市数字创新产出指数

图5　西部各城市数字创新分项指标分布情况

### （四）中国西部地区城市群及核心城市数字创新竞争力评价分析

**1. 数字创新竞争力在城市群中出现集聚效应且较为稳定**

从图6可知，成渝城市群、关中平原城市群及滇中城市群中所属城市数字创新竞争力指数颜色较深，数字创新指数较高，数字创新指数比较结果为"成渝城市群＞关中平原城市群＞滇中城市群"。与其他非城市群城市数字创新指标相比较，城市群明显体现出了数字创新竞争力的空间集聚优势。从动态空间视角来看，城市群数字创新竞争力已经形成较为稳定的分布结构。

**2. 城市群数字创新竞争力分项指标存在差距，成渝城市群总体水平较高**

分项指标年平均值如图7所示。在数字创新本体方面，三个城市群之间差距较大。滇中城市群在数字创新环境方面位居三个城市群之首，但城市群之间的差距微乎其微；在数字创新设施上，滇中城市群存在短板；在数字创新产出方面，三个城市群的分布呈现"阶梯状"。

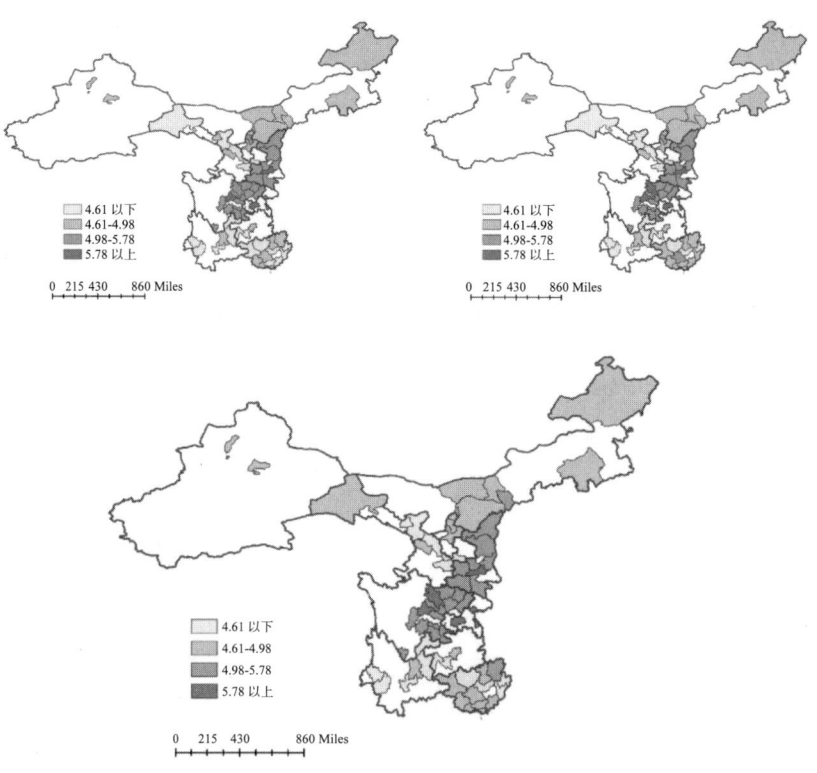

图6 西部各城市数字创新竞争力空间分布

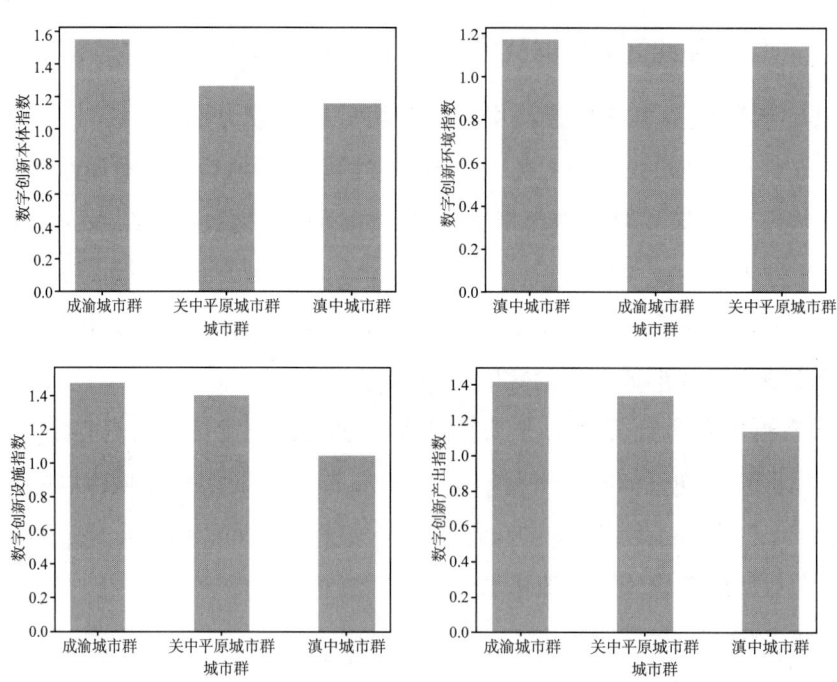

图7 西部城市群数字创新竞争力年平均分项指标

### 3. 城市群核心城市西安市分项指标较平均，成都市、重庆市各有优势

由于成渝城市群和关中平原城市群的数字创新竞争力差距较小。因此，比较两大城市群的核心城市就显得尤为重要。在此，我们通过观察西安市、成都市、重庆市的数字创新竞争力及其分项指标，来分析它们在所处区域内的重要地位及对于周边城市的辐射带动作用。

如图8所示，总体来说，两大城市群的核心城市数字创新竞争力对比分布无太大变化。从分项指标来看，成都市在数字创新本体方面较其他两座核心城市发展较好；重庆市在数字创新环境方面较其他两座城市较弱；在数字创新设施和数字创新产出方面，重庆市表现更优。

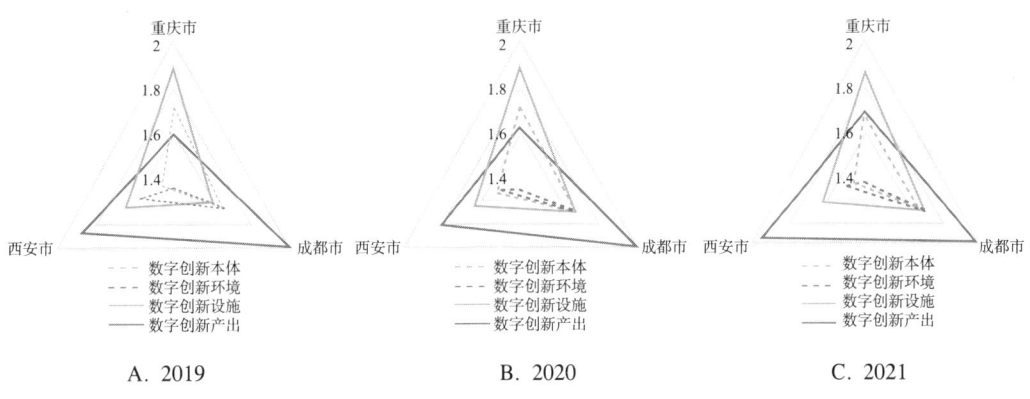

图8 西部地区城市群核心城市数字创新竞争力分项对比

## 二、中国西部地区数字创新竞争力的区域差异分析

本节从协同发展的角度，采用Dagum（1997）基尼系数及其分解方法分析中国西部地区数字创新竞争力的省份、城市群差异。由于前文已经对各省份指标做了详尽的分析，且西部省份较多，故省际的区域对比并未做组间差异分析。

### （一）中国西部地区省份数字创新竞争力区域差异分析

#### 1. 西部地区省份数字创新竞争力差距扩大且主要来自省份间差异

中国西部各城市数字创新竞争力的总体差异呈上升趋势，使各省份数字创新竞争力的差异不断扩大（表2）。从图9（a）可以看出，总体差异的变化可能更多地取决于省份之间的差异。图9（b）也证实了这一点。由此说明，中国西部地区各省份数字创新竞争力的差异主要来自各个省份之间，如何缩小省份间的发展差异是今后努力的重点方向。

表 2  中国西部各省份数字创新竞争力的差异及其分解结果

| Dagum基尼系数 | | 2019年 | 2020年 | 2021年 |
| --- | --- | --- | --- | --- |
| 总体基尼系数 | | 0.054 | 0.057 | 0.061 |
| 分解项及贡献 | 组内差异 | 0.003 | 0.003 | 0.003 |
| | 贡献率（%） | 5.871 | 5.546 | 5.008 |
| | 组间差异 | 0.048 | 0.051 | 0.055 |
| | 贡献率（%） | 87.904 | 88.855 | 89.759 |
| | 超变密度 | 0.003 | 0.003 | 0.003 |
| | 贡献率（%） | 6.226 | 5.599 | 5.234 |
| 组内差异 | 宁夏回族自治区 | 0.012 | 0.009 | 0.008 |
| | 云南省 | 0.020 | 0.021 | 0.020 |
| | 陕西省 | 0.032 | 0.030 | 0.029 |
| | 广西壮族自治区 | 0.015 | 0.014 | 0.016 |
| | 贵州省 | 0.017 | 0.019 | 0.018 |
| | 甘肃省 | 0.016 | 0.013 | 0.016 |
| | 新疆维吾尔自治区 | 0.010 | 0.008 | 0.004 |
| | 内蒙古自治区 | 0.010 | 0.012 | 0.014 |
| | 四川省 | 0.029 | 0.029 | 0.026 |

**2. 省份内部差异的变化趋势存在地区异质性，"龙头型"城市存在虹吸作用**

图 9（c）、图 9（d）展示了样本期内各个省份内部差异的演变过程，省份内部的差距除了个别省份外均呈现出波动性下降的变化趋势。新疆地区的内部差异下降幅度最大，内蒙古地区的内部差异上升幅度最大。陕西的内部差异总体较四川高且下降幅度不如四川地区，二者同属于"发展较好但差距过大"型省份。甘肃地区的内部差异波动性较大，发展缺乏稳定性。

新疆地区各城市的数字创新竞争力发展水平相对较平衡，数字创新竞争力水平处于中游水平，且省内并没有明显的核心发展城市，属于"发展较一般但均衡"型省份。云南、贵州等地区数字创新竞争力整体水平不高，且区域之间发展差距较大，属于"发展较一般且差距过大"型省份。

a. 总体基尼系数及其分解的演变

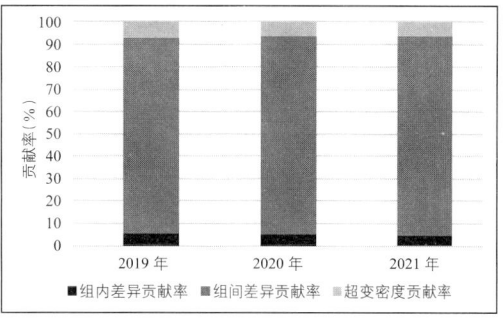

b. 总体基尼系数分解项的贡献率

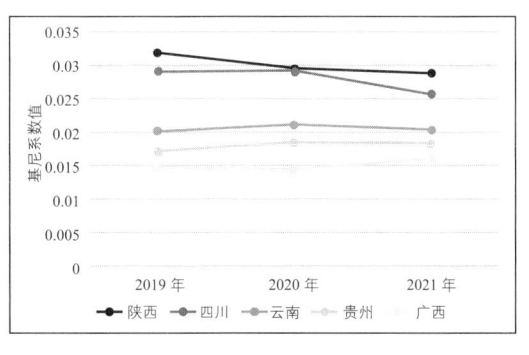

c. 组内差异均值较大省份组内差异的演变

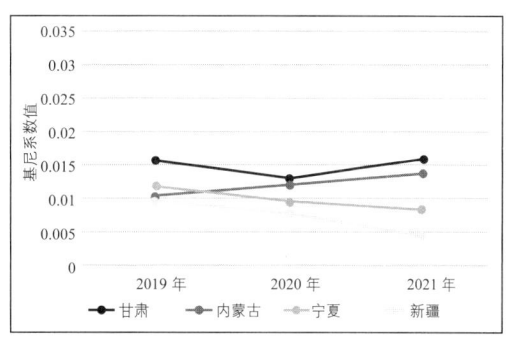

d. 组内差异均值较小省份组内差异的演变

图9　中国西部数字创新竞争力发展的省份差异演变

### （二）中国西部地区城市群数字创新竞争力区域差异分析

**1. 西部城市群差异总体趋于稳定，但城市群差距大于城市之间差距**

由图10（a）和表3可知，数字创新竞争力指数存在一定的城市群差异性，且整体基尼系数随时间的变化趋势呈现上升的趋势。但城市之间的数字创新竞争力差距趋于稳定。结合图10（a）及图10（b），可以发现西部城市群区域差异来源贡献最大的依次是区域间差异、区域内差异和超变密度，意味着解决中国西部城市群的区域差异问题得同时从区域间差异及区域内差异入手，从而才能实现整体数字创新竞争力的协调发展。

**2. 成渝城市群兼顾发展与协调，关中平原城市群应控制数字创新竞争力差距**

由图10（c）可知，"成渝城市群—滇中城市群"间的差距逐渐增大，这是成渝城市群数字创新竞争力提升较快所导致的；"关中平原城市群—滇中城市群"间的差距先下降后上升，总体也表现为区域数字创新竞争力扩大的趋势；"成渝城市群—关中平原城市区"差距一直较小且较稳定，二者都处于较快发展时期。

图10（d）揭示了城市群内基尼系数随时间的演变趋势。关中平原城市群的区

域内差异最大，成渝城市群次之。综合前文，可以看出成渝城市群的数字创新竞争力发展程度及协调发展性较好。对于关中平原城市群和滇中城市群，前者为"高水平的不协调"，后者为"低水平的不协调"，因此需要制定不同的政策方针去解决不同的数字创新发展问题。

表3 中国西部数字创新竞争力的城市群差异及其分解结果

| Dagum基尼系数 | | 2019年 | 2020年 | 2021年 |
|---|---|---|---|---|
| 总体基尼系数 | | 0.065 | 0.066 | 0.068 |
| 分解项及贡献 | 组内差异 | 0.023 | 0.023 | 0.022 |
| | 贡献率（%） | 35.933 | 35.201 | 32.862 |
| | 组间差异 | 0.021 | 0.027 | 0.031 |
| | 贡献率（%） | 32.214 | 41.425 | 46.251 |
| | 超变密度 | 0.021 | 0.015 | 0.014 |
| | 贡献率（%） | 31.853 | 23.374 | 20.887 |
| 组内差异 | 成渝城市群 | 0.048 | 0.047 | 0.044 |
| | 关中平原城市群 | 0.076 | 0.078 | 0.079 |
| | 滇中城市群 | 0.032 | 0.033 | 0.034 |
| | 成渝城市群—滇中城市群 | 0.084 | 0.093 | 0.108 |
| | 成渝城市群—关中平原城市群 | 0.070 | 0.071 | 0.071 |
| | 关中平原城市群—滇中城市群 | 0.086 | 0.081 | 0.090 |

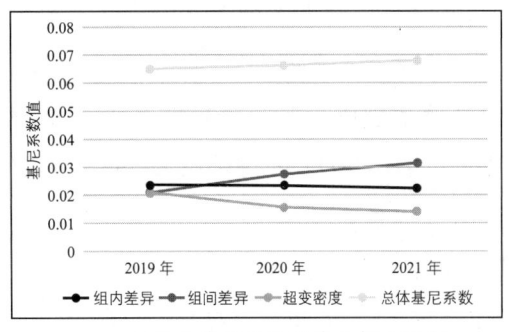

a. 总体基尼系数及其分解的演变

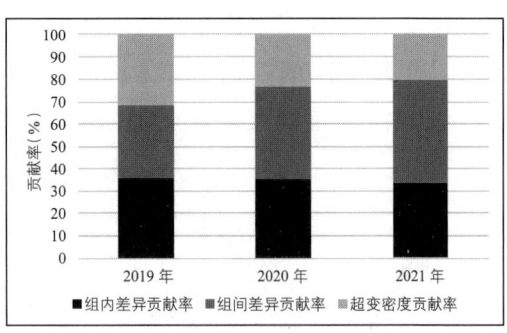

b. 总体基尼系数分解项的贡献率

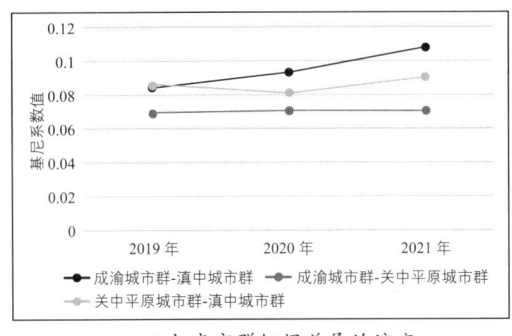
c. 三大城市群组间差异的演变

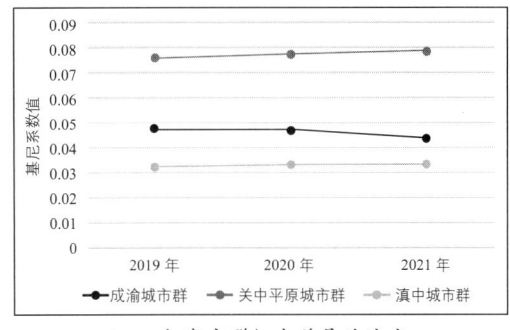
d. 三大城市群组内差异的演变

图10 中国西部数字创新竞争力发展的城市群差异演变

## 三、陕西省数字创新竞争力的基本特征及其在西部地区的地位

陕西省是我国西部地区重要的经济中心,承担着辐射引领西部地区共同发展的战略重任。为更好地强化陕西省在西部地区数字化发展中的带动辐射作用,本部分将对陕西省及内部各城市数字创新水平的时空特征进行考察,并对其在整个西部地区发挥的重要作用进行客观评估。

### (一)陕西省总体情况

**1. 陕西数字创新竞争力呈上升态势,数字创新设施和产出水平相对较高**

图11是陕西省数字创新竞争力指数及各分项指标三年间的变化情况。可以看出,陕西省整体数字创新竞争力呈现出明显上升态势,增长了2.36%。凭借充足的科教资源和良好的政策环境,陕西省企业作为数字创新主体的活力不断得到激发、企业数字创新能力得到显著提高。同时,数字创新设施建设水平有所增强,数字创新产出情况也表现较好。相比之下,数字创新环境指数有所下降,但幅度较小。

**2. 陕西数字创新竞争力解码各有千秋,西安市总体保持领先地位**

图12展示了陕西省内8个城市数字创新竞争力分项指标的变化趋势,由于商洛市等城市缺失数据较多,因此将其剔除。可以看出,西安市专利申请授权和论文发表等科技成果转化率有所增长,数字创新产出能力得到提高,其他各城市也基本上取得了较好的数字创新成果。数字创新本体指数有轻微波动,但变化不大。数字创新环境指数和数字创新设施指数均有不同程度的降低,需要进一步加强。此外,宝鸡市和延安市在打造数字创新环境方面表现较好,而咸阳市需要加强。数字创新设施方面,除了榆林市表现为持续增长以外,其他城市的指数均在经历了一个短暂的下降之后得到改善。

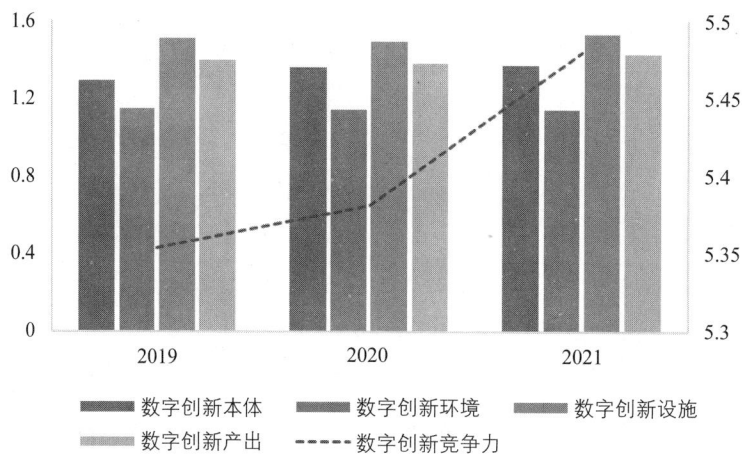

图11 陕西省数字创新竞争力指数及各指标变化情况

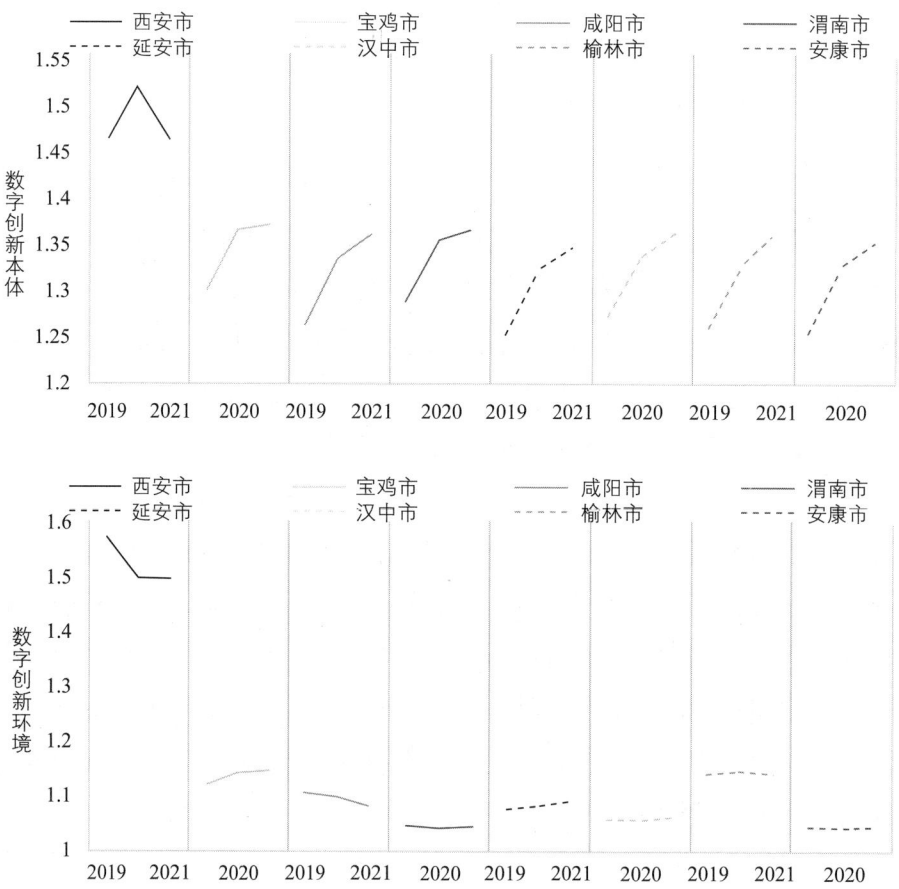

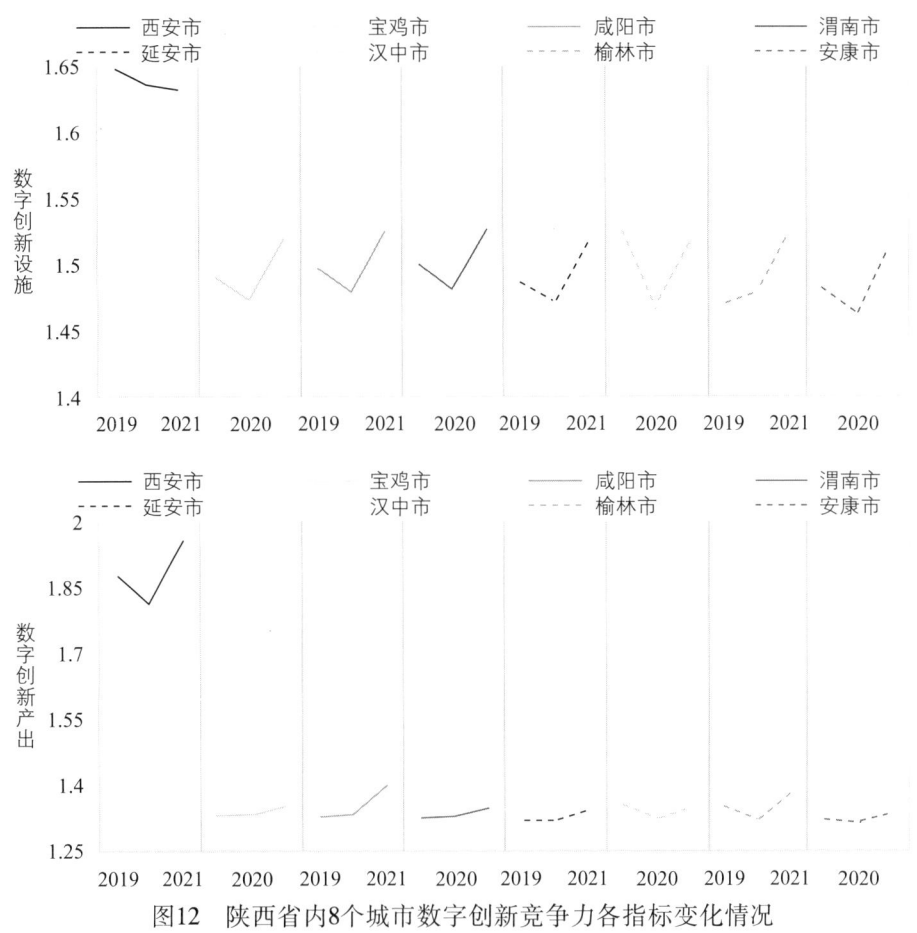

图12 陕西省内8个城市数字创新竞争力各指标变化情况

**3. 陕西省数字创新竞争力梯度分布明显,西咸领跑全省**

图13和图14展示了陕西省各城市年平均数字创新竞争力及各分项指标的空间分布情况。陕西省内部城市可根据数字创新发展程度和发展规划分成三个梯队:以西安市和咸阳市为核心的第一梯队,以宝鸡市、榆林市、汉中市和渭南市为辐射增长极的第二梯队,以安康市和延安市组成的第三梯队。

西安市毫无疑问是第一梯队的领头羊。作为陕西省省会城市,承载着辐射引领全省的作用,因此,不论是数字创新竞争力还是各分项指标均处于领先地位。在第二梯队中,宝鸡市、榆林市、汉中市和渭南市这四大区域中心城市是陕西省打造"一圈四极六城多镇"发展格局的重要增长极,是加速陕西省数字经济发展的重要推手。宝鸡市和榆林市为除去西安市以外数字创新发展的中坚力量。第三梯队的安康市和延安市在平均意义上表现欠佳,但具有一定的发展潜力,如何引导数字化因地制宜、带动当地创新发展是政府需要关注的问题。

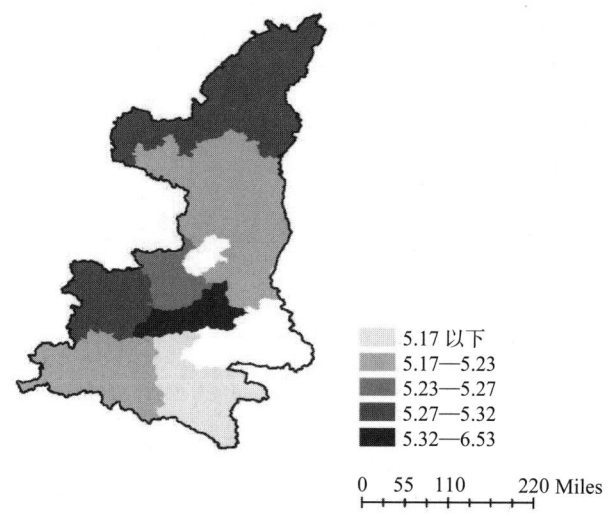

图13　陕西省各城市年平均数字创新竞争力指数分布

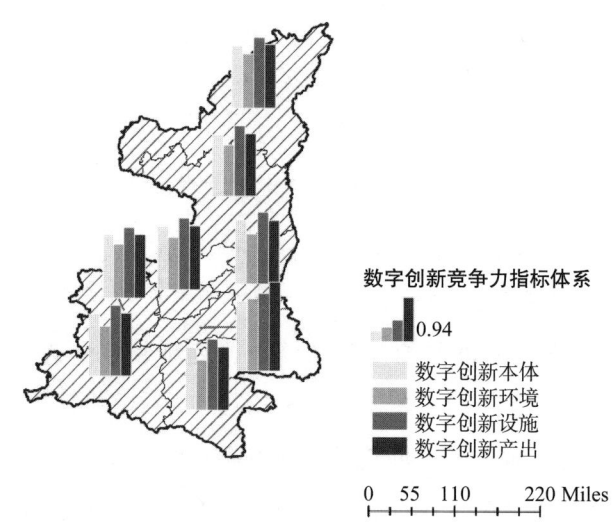

图14　陕西省各城市年平均数字创新竞争力各分项指标分布

### (二) 陕西省在西部地区的地位

**1. 陕西省数字创新竞争力超出西部地区平均水平，数字创新设施和产出具备明显优势**

如图 15 所示，陕西省和西部地区平均意义上的数字创新竞争力经历了一个稳步提升的过程。其中，陕西省的数字创新竞争力在绝对值和增长速度上均要高于西部地区的平均水平。由图 16 可以看出，在分项指标上陕西省的数值也是高于西部地区的。

## 六、理论与应用研究编

总体而言，陕西省在数字创新设施和数字创新产出方面具备明显优势，在西部地区平均水平上的领先地位持续扩大，而西部地区在数字创新设施建设方面卓有成效。随着数字化技术不断发展，陕西省应在保持原有优势的基础上致力于补齐短板，逐步加快数字化转型进程，激活企业数字创新动力。但数字创新环境建设是整个西部地区的软肋，在平均意义上处于较低水平，因此，各省市要协同发力，共同构建适宜的数字创新环境以提高全域数字创新竞争力。

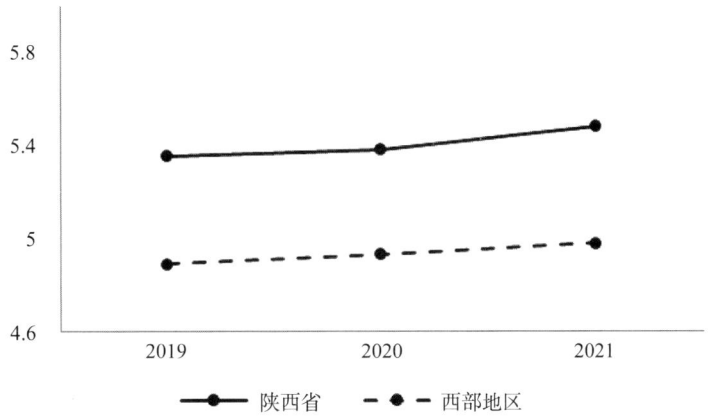

图15　陕西省数字创新竞争力与西部地区对比

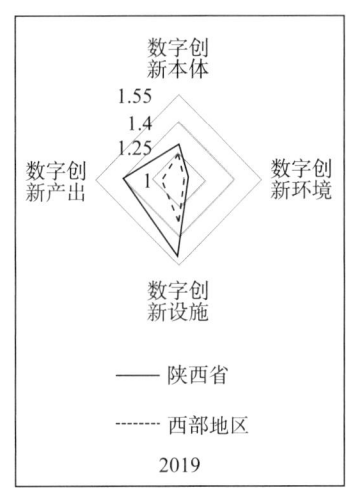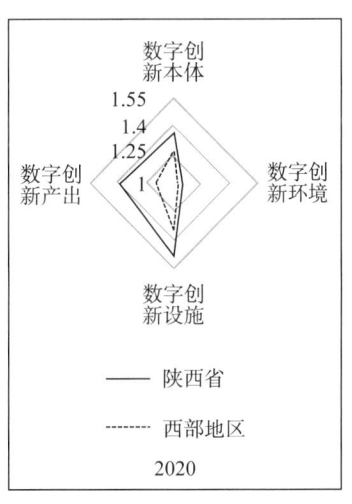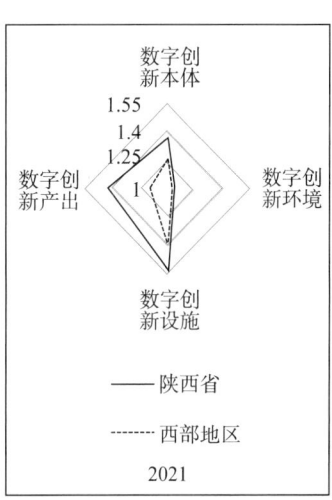

图16　陕西省与西部地区数字创新各项指标对比

### 2. 陕西省数字创新竞争力存在短板，与"西三角"其他省市仍有差距

如图17所示，与同为"西三角"的另外两个成员——四川省和重庆市相比，陕西省的表现只能说是亮点有限。重庆市作为直辖市，不但在教育、科研资金、人才等资源的配置上占据优势，而且是重大项目和重要政策实施的先行官，因此，数字

创新竞争力各方面都远高于其他两省。四川省近年来加大人才引进力度，发展势头迅猛，逐渐与陕西省比肩甚至有超越的趋势，其年均增长率在三个地区中最高。由图 18 可以看出，陕西省在数字创新设施和数字创新产出方面仍保持着微弱优势，但随着时间推移有消失的迹象。

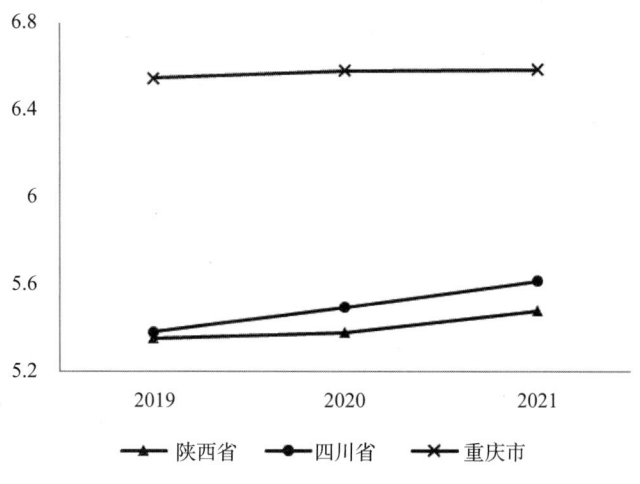

图17 陕川渝数字创新竞争力对比

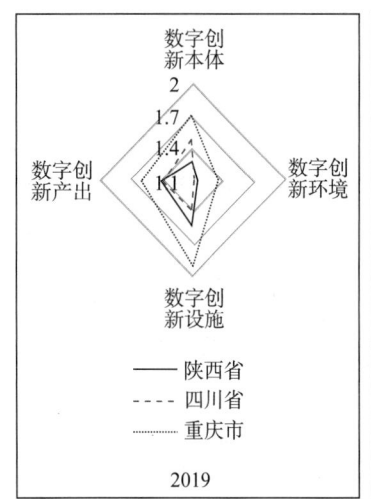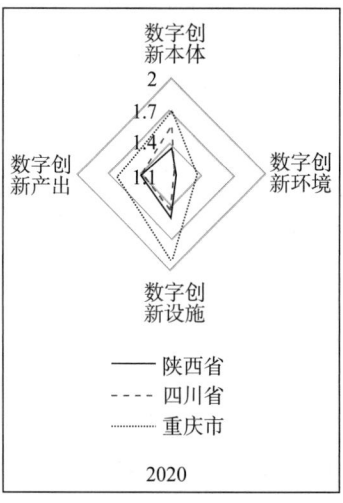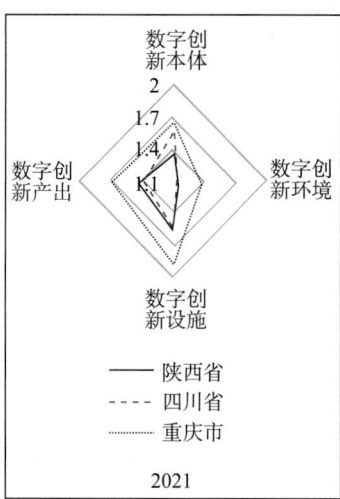

图18 陕川渝数字创新各项指标对比

## 四、西部地区及陕西省未来发展数字创新竞争力的政策建议

习近平总书记在党的二十大报告中强调："高质量发展是全面建设社会主义现代化国家的首要任务。"在迈向第二个百年奋斗目标和实现中华民族伟大复兴的新征程上，数字化发展是实现和推动高质量发展的重要抓手。西部地区各省份如何在

数字化浪潮中把握机遇、面对挑战，更好地贯彻落实新发展理念、构建新发展格局，积极围绕产业链部署创新链，围绕创新链布局产业链，不断提高数字创新竞争力、塑造新优势值得探讨。

在此，提出以下有关西部整体和陕西数字创新发展的几点建议：

（1）西部地区数字创新发展的建议。对于西部地区整体来说，探索自身数字创新发展道路，既要培育自身发展能力，又要发挥国家层面的"一盘棋"战略规划，抓住新一代数字通用技术革命的机遇，形成创新发展、追赶超越的新思路。

西部地区在培育自身数字创新发展能力方面，具体路径有：

第一，完善各地区自身数字创新环境，弥补西部地区数字创新竞争力短板。一是要壮大数字创新的人才队伍。数字经济赋能产业转型升级离不开人才支撑，打造数字技术人才的"成长摇篮"、提升全民数字素养与技能成为营造良好地区数字创新环境的重要环节。因此不但要重视从国内外引进数字创新高端人才，而且要持续支持与数字创新和数字经济相关的学科建设和学历教育。加大资金投入，支持围绕数字创新、大数据、云计算、人工智能、区块链、5G通信、集成电路等直接和间接相关先进技术的学科建设和学历教育。二是要大力推进数字创新扶持项目，加大对数字创新主体的资金支持力度。地方政府要积极设立数字创新扶持机制，为数字创新项目孵化解决后顾之忧，提升数字创新发展硬实力。

第二，西部各地区要找准数字创新发展定位，在数字创新竞争力上各有所长。对于数字经济领先发展地区，应注重数字关键核心技术攻关，打造自主可控、安全稳定的产业链和供应链。一些对自然资源依赖性较强的省市应聚力加快数字基建、推动数实融合，以数字经济赋能资源型城市转型。而欠发达城市应解放思想、抓住数字化浪潮契机，充分发挥区位优势，营造良好营商环境吸引数字产业进驻，加速以数字经济推动跨越式发展进程。

第三，西部各地区要推动自身数字产业化和产业数字化进程，"向数而生"地塑造自身的数字创新能力。西部各省市要根据自身原有的产业结构、数字禀赋、经济布局等要素，形成不同的数字创新能力。在数字产业化方面，数字创新竞争力较弱的地区往往更需要加强数字基础设施、数字人才的吸引等方面；而数字创新竞争力较强的地区要深入推进以大数据、智能化为引领的创新驱动发展战略。在产业数字化方面，以利用数字化推动原有产业发展的不断壮大为目标，实现数字经济与实体经济深度融合，切实提升数字应用能力的创新。

（2）陕西省发展数字创新竞争力的政策建议。对于陕西省来说，要从深化数实融合与产业转型、发挥省份数字创新优势、优化创新环境以及加强政府引导能力等方面提升数字经济发展速度,在高质量发展中迈出追赶超越新步伐。具体建议如下:

第一,深入实施《陕西省加快推进数字经济产业发展实施方案》,探索传统实体经济数字创新的"陕西方案"。一是要推动数实深度融合,加速传统产业转型升级。围绕"数字产业化"和"产业数字化",以智能化、数字化赋能传统产业升级改造。二是要增强软件配套产业核心竞争力,发挥西安数字创新龙头作用。以软件产业作为先进制造业强市和经济高质量发展的关键支撑,不但要增强软件配套产业、完善产业链条,还要打造配套产业比较优势,形成核心数字创新竞争力。三是要重视通过数字创新赋能新型农业发展,真正实现数字乡村。

第二,立足陕西产业发展基础和区域发展现状,构建"一核"为主"多轴"驱动的数字创新新格局。不但要依托西咸资源集聚优势,重点发展信息制造、软件和信息技术服务及其配套产业,聚焦延链补链强链,打造以西安为核心的具有国际竞争力的数字经济创新发展辐射极,带动周边地区数字创新发展。同时要以关中平原城市群、包茂高速沿线城市聚集带为"两轴",以秦岭区域、黄河、汉丹江流域为"三带",以各市(区)为"多点",充分发挥各地差异化、特色化优势,建立具有全国竞争力的数字产业集群,部署全省数字经济协调发展格局。

第三,加强数字政府建设以提高政府数字治理能力,以数字政府建设带动陕西数字创新发展。一方面要坚持以党建为引领、以问题为导向推进数字化治理能力建设,实现政务的透明化、公开化和数据化,增强基层社会治理效能。另一方面要提升政府工作人员的数字素养,开展数字治理能力教学培训,培养党建人才队伍数字思维,塑造数字政府的新动能。通过完善数字经济治理体系,构筑创新、公平、包容的数字营商环境,引导经济向好运行,推动陕西省经济社会高质量发展。

# 附　录

## 一、指标体系建立

中国西部地区数字创新竞争力评价从数字创新本体、数字创新环境、数字创新设施及数字创新产出四个维度展开,采用熵值法构建评估和衡量西部地区数字化水平较为客观、可获得的综合指标体系,多角度对西部地区数字发展进行研判。

数字创新本体反映地区数字创新主体——企业的数字创新竞争力基本概况,包括地区企业规模、经营情况以及创新投入。

数字创新环境建设是加速企业数字化转型的重要保障,该指标对主要地区经济、科技及数字化发展水平进行考察。

数字创新设施是地区数字化发展的重要基础,主要考察数字化设施建设水平。

数字创新产出则反映了数字创新投入的成果转化率,是数字创新效率的体现,主要包括专利及论文成果等指标。

最后将各二级指标进行加总得到数字创新竞争力。该评价体系涵盖4个二级指标,15个三级指标,具体指标体系如表4所示。这些指标均可以直接使用原始数据或经过简单计算获得,计算公式如下:

开放度=货物进出口额/GDP

宽带端口接入密度=互联网宽带接入端口/年末常住人口数

表4 数字创新竞争力指数评价体系

| 一级指标 | 二级指标 | 基础指标 | 属性 |
| --- | --- | --- | --- |
| 数字创新竞争力 | 数字创新本体 | 规模以上工业企业个数 | + |
| | | 高新技术企业个数 | + |
| | | 产品销售收入 | + |
| | | R&D占GDP比重 | + |
| | 数字创新环境 | 开放度 | + |
| | | 人均GDP | + |
| | | 科技拨款占财政支出比重 | + |
| | | 普通本专科在校学生数 | + |
| | | 信息传输、计算机服务和软件业从业人员数 | + |
| | 数字创新设施 | 电信业务总量 | + |
| | | 宽带端口接入密度 | + |
| | | 移动互联网普及率 | + |
| | 数字创新产出 | 专利申请数 | + |
| | | 发明专利授权数 | + |
| | | 发表科技论文数 | + |

## 二、数据来源与说明

表 4 中所有指标的数据来源于国家统计局、CSMAR 数据库、《中国城市统计年鉴》《中国高技术产业年鉴》、Web of science、WIPO 数据库等。对于缺失数据采用插值的方法进行填补，对于缺失两年及以上数据的城市进行剔除处理，最终得到 2019—2021 年西部地区 10 个省份 67 个城市的数据，具体的城市统计范围和城市群划分如表 5 和表 6 所示。

表 5　西部地区省市统计范围

| 省份/直辖市 | 城市 |
| --- | --- |
| 内蒙古自治区 | 呼和浩特、包头、乌海、赤峰、鄂尔多斯、呼伦贝尔、巴彦淖尔 |
| 广西壮族自治区 | 南宁、柳州、桂林、梧州、北海、防城港、钦州、玉林、百色、贺州、河池、来宾、崇左 |
| 重庆市 | 重庆 |
| 四川省 | 成都、自贡、攀枝花、泸州、德阳、绵阳、广元、遂宁、乐山、南充、宜宾、达州、雅安、巴中、资阳 |
| 贵州省 | 贵阳、六盘水、安顺、毕节 |
| 云南省 | 昆明、曲靖、玉溪、保山、昭通、普洱、临沧 |
| 陕西省 | 西安、宝鸡、咸阳、渭南、延安、汉中、榆林、安康 |
| 甘肃省 | 兰州、金昌、白银、天水、武威、平凉、酒泉 |
| 宁夏回族自治区 | 银川、石嘴山、吴忠 |
| 新疆维吾尔自治区 | 乌鲁木齐、克拉玛依 |

表 6　三大主要城市群

| 城市群 | 统计范围 |
| --- | --- |
| 成渝城市群 | 重庆、成都、自贡、泸州、德阳、绵阳、遂宁、乐山、南充、宜宾、达州、雅安、资阳 |
| 关中平原城市群 | 西安、宝鸡、咸阳、渭南、天水、平凉 |
| 滇中城市群 | 昆明、曲靖、玉溪 |

（写于 2022 年）

# 正确认识和把握初级产品供给保障

冯家臻：陕西中国西部发展研究中心研究员

**摘　要**　初级产品供给保障不仅是事关人类生存的大事，还关系国家发展的经济命脉，战略地位极端重要，必要性也不容忽视。作者联系陕西实际，就保障初级产品供给、陕西要注意的问题提出了建议。

2021年底召开的中央经济工作会议首次提出进入新发展阶段，我国发展内外环境发生深刻变化，面临许多新的重大理论和实践问题，需要正确认识和把握。正确认识和把握初级产品供给保障就是其中一个。

那么，什么是初级产品呢？初级产品就是原始产品，是指那些直接从自然界中获得，未经加工或略做加工的农产品、能源和矿产品。

初级产品是经济运行的基础。民以食为天，没有粮食、蔬菜等农产品，人类就无法生存，经济发展就失去最基本的生产要素和劳动力支撑，中间产品、最终产品就无从谈起。能源是工业的粮食，石油是工业的血液，矿产品为工业提供原料。没有能源和矿产原料的支持，工业发展就是"无本之木""无源之水"，就会失去最基本的生产条件，无法启动运行。可见，初级产品供给保障不仅是事关人类生存的大事，还关系国家发展的经济命脉，战略地位极端重要。

保障初级产品供给的重要性显而易见，必要性也不容忽视。从世界范围看，近几年，一些国家和地区农产品短缺，出现了粮食危机，影响了社会稳定。事实提醒我们，保障初级产品供给是事关全局的战略问题，决不能掉以轻心。从我国范围看，石油、铁矿石、大豆等初级产品对外依存度依然较高，一些资源和原料的进口比重还在上升。初级产品供应的重大缺口，给我国的现代化建设带来巨大的风险隐患，特别是粮食安全更是不容有半点闪失。这就要求我们正确认识和把握初级产品供给保障，加强战略谋划，确保供给安全，才能牢牢掌握发展主动权。从陕西实践看，我省近年来粮食安全形势持续向好，粮食供求处于平衡状态，但有的年份仍有缺口。随着我省人口的增加和生活水平的不断提高，肉、蛋、奶的需求呈增长趋势，对粮食生产保障提出了更高的要求。陕西省煤、油、气资源丰富，能源生产总量位居全国第三，除了满足省内需求外，还要供应兄弟省市，在全国能源供应中占重要地位。所以，除确保我省能源供应外，还要为服务国家建设做贡献，也是陕西的一项重要任务。

保障初级产品供给，陕西要注意哪些问题呢？首先，把提高我省农业综合生产能力放在更加突出的位置。坚决落实最严格的耕地保护制度，夯实粮食生产能力基础，推进种业创新，提高农机装备水平，保障种粮农民合理收益，深入推进特色现代农业发展，稳住农业基本盘，保障粮、油、肉、蛋、奶等重要农产品的有效供给。同时，切实做好巩固拓展脱贫攻坚成果同乡村振兴有效衔接的工作，坚持"四个不摘"，持续提升"两不愁三保障"和饮水安全水平，突出差异化、特色化，壮大农业产业，提高农产品的供给能力。

其次，保障本省能源供给，为国家现代化建设做贡献。一方面，2021年以来，国际市场能源价格大幅上涨，国内电力、煤炭供应持续偏紧，多种因素导致一些地方拉闸限电。面对这一形势，我们要深刻认识到做好能源保供工作的极端重要性，切实承担应尽责任，多措并举，保障我省煤、油、气、电充足供应，使我省群众维持正常生产生活秩序，使经济社会平稳运行。另一方面，根据国家需要，压实地方属地责任和企业主体责任，保障国家所需能源的稳定可靠供应，为兄弟省市发展改革提供有力的能源支持。

再次，落实全面节约战略。初级产品是最基础的资源，只有坚持节约优先，取之有度、用之有节，才能减少资源浪费、提高使用效率和资源供给能力。在生产领域，要推进资源节约、集约、循环利用，不仅要加快油、气等资源先进开采技术的开发应用，从源头上增强国内资源生产保障能力，还要加快构建废弃物循环利用体系，通过资源的循环利用来提高资源供给能力。要在提升产业链水平，围绕资源转化增值上下功夫。大力发展精深加工，不断提高产品科技含量和附加值。突出特色优势延链补链，发挥龙头企业"链主"作用，加大产业链下游企业、协作配套企业招引和培育力度，增强产业链韧性。在消费领域，要反对"舌尖上的浪费"，增强全民节约资源意识，倡导简约适度、绿色低碳的生活方式，增强消费对生产的牵引，努力建设资源节约型、环境友好型社会。

（写于2022年）

# 大数据驱动陕西省工业产业转型升级的机制与实现路径

张 澄

**摘 要** 党的二十大报告指出,加快发展数字经济,促进数字经济和实体经济深度融合,打造具有国际竞争力的数字产业集群。首先,使用2007—2018年陕西省上市公司数据,利用双重固定效应模型,结合双重差分理论,分析数字化技术对陕西省企业生产绩效的影响。其次,使用2010—2018年陕西省10个地级市的面板数据,采用面板固定效应模型分析大数据对陕西省绿色全要素生产率、技术效率和规模效率的影响,研究制造业专业化、生产性服务业专业化、相关多样化和无关多样化的作用机理。得到的结论如下:①大数据等数字化技术促进了陕西省企业全要素生产率和产能利用率的提升。管理费用起到了中介作用,即企业使用数字化技术能降低企业内部管理费用,从而有效提升全要素生产率和产能利用率。②大数据对陕西省绿色全要素生产率产生正向作用,并提升技术效率和规模效率。制造业和生产性服务业专业化都能借助大数据提升陕西省绿色全要素生产率、技术效率和规模效率。大数据也能通过提升陕西省相关产业多样化和无关产业多样化,最终促进绿色全要素生产率、技术效率和规模效率的改善。基于以上结论,提出陕西省大数据促进工业产业转型升级的优化路径和保障措施,以期更好地发挥大数据的作用,并优化陕西省产业结构。

## 一、背景及发展现状

### （一）背景

中国虽然已经成为全球第二大经济体，但人均收入水平依旧不如发达国家，农业生产力低下、制造业以劳动密集型和资源密集型为主以及高新技术产业技术创新水平落后等问题都不利于经济结构和产业结构调整。如何让中国，尤其是陕西省向高价值链、技术密集型和资本密集型、可持续型发展转型是保证经济高速稳定发展的重中之重。在微观上，高质量发展要建立在生产要素、生产力和全要素效率的提高之上，而非要素投入量的扩大。在中观上，高质量发展要重视产业结构、市场结构和区域结构等方面的升级，把宝贵资源配置到最需要的地方。在宏观上，高质量发展要重视经济均衡发展。

党的十九届五中全会提出，要加快发展现代产业体系，推动经济体系优化升级。习近平总书记在十九届中共中央政治局第二次集体学习时的重要讲话中提出，要坚持"推动大数据技术产业创新发展、构建以数据为关键要素的数字经济"的战略部署。随着数字经济在全球加速推进以及5G、人工智能、物联网等相关技术的快速发展，数据已成为影响全球竞争的关键战略性资源。

陕西省利用区位优势，致力于将陕西建设成为"丝绸之路经济带"新起点，形成内陆改革开放新高地。陕西大力实施工业强省战略，加强科技支撑，延长产业链条，工业向中高端、技术型转化的步伐加快。以六大新支柱产业为代表的先进制造业实现产值占全省工业总产值的比重连年提升，现已超40%。2019年底，陕西省数字经济增加值已经突破7000亿规模，对GDP贡献率为27%，然而其仅位于全国、西部中游左右水平。

鉴于以上背景，本课题试图解决以下几点问题：①大数据等数字化技术对陕西省企业绩效的影响如何？能否通过降低管理费用来提升陕西省企业全要素生产率和产能利用率？②数字化技术如何作用于宏观层面？大数据的发展能否带来陕西省的经济集聚，促进地区绿色全要素生产率提升？③根据以上理论分析和实证检验，提出路径优化和政策保障。

### （二）发展现状

**1. 陕西省大数据的发展现状**

第一，陕西大数据产业起步早、发展快。2012年陕西省率先在北京举办"西咸新区大数据高峰论坛",发布陕西大数据发展战略;2015年省政府第18次常务会议提出要把大数据产业打造成陕西省战略性新兴产业的目标,并先后印发了《陕西省大数据与云计算产业发展五年行动计划》等文件。

第二,陕西省大数据产业组织架构基本建立。省政府成立了由常务副省长任组长的省大数据与云计算产业发展领导小组,负责组织领导、统筹协调全省大数据产业发展。22个省级部门相继成立了行业云组织机构,全省各市(区)先后成立了市(区)级大数据产业发展领导小组。

第三,陕西省持续完善产业生态体系。陕西省已形成"大数据集团+基地+大数据研究院+产业基金+大数据交易+行业云+培训机构+社区数据服务中心+数据资产评估中心+产业协会"十位一体的大数据产业生态体系。

第四,龙头企业带头发展大数据等数字化技术。在省内,陕数集团与铜川、榆林开展深度合作;在省外,陕数集团先后承接吉林、黑龙江等省和郑州、三门峡等市的智慧城市建设项目。陕数集团两年来累计研发产品20项,其中,11项产品申报了知识产权。

**2. 陕西省工业产业转型升级的发展现状**

第一,陕西经济社会发展成效显著。从三次产业结构看,第三产业对经济增长的贡献大幅提升,陕西已基本形成以"关中科教制造、陕北能源化工、陕南绿色产业"为主导的区域产业格局。

第二,陕西产业结构存在问题。首先,产业发展层次较低。第一产业仍以传统农业为主体,第二产业能源资源开采比重较高,第三产业以传统服务业为主,生产性服务业发展相对滞后。其次,区域发展不平衡。全省非公经济主要集中在关中地区,陕北地区榆林市一枝独秀,非公经济增加值比重依然呈南高北低态势。陕西"二元经济"特征明显,国有企业改革相对滞后,民营经济比重远低于沿海发达省份。

## (三)存在的问题

**1. 大数据等数字基础设施建设步伐仍需加快**

陕西省大数据等数字化整体水平处于中等地位,综合排名为全国第15位。首届中国国际智能产业博览会指出,陕西省大数据发展指数在全国各省(市、自治区)排名第12位。

### 2. 大数据等数字化技术和人才支撑不足

受薪酬待遇、发展环境、区位条件等因素的影响，陕西省各地区引进高级专业人才较为困难，且自身缺乏完备的人才激励机制与人才培养机制，对高级人才的吸引力较弱，造成了大数据等数字化人才"留不住"与"引不来"并存的局面。

### 3. 研发投入强度偏低，企业研发活跃度不足

大多数企业意识到数字化转型的重要程度并采取措施加快转型步伐，但多数企业内部尤其是高层管理者之间尚未达成数字化转型共识，仍只是注重生产端的数字化改进，没有从企业发展的战略高度进行全局谋划。

## 二、大数据对陕西省工业产业转型升级的实证分析：微观基础

### （一）模型构建与数据来源

#### 1. 模型构建和变量选取

本课题基于 DID 方法，将所有企业划分为实验组和对照组，在样本期间实施了大数据等数字化技术的企业为实验组，从未进行的企业为对照组，通过双向固定效应模型进行估计，利用 Sobel 检验验证中介效应是否显著。具体回归结果请联系作者。

本项目的被解释变量为通过 ACF 方法计算得出的企业全要素生产率和企业产能利用率，解释变量为双重差分模型产生的虚拟变量，中介变量为管理费用占比。控制变量包含企业控制变量（企业年龄、资本密集度、研发强度、资产负债率和经营现金流）、地区控制变量（地区研发投入、地区外商直接投资和基础设施）。

#### 2. 数据来源

以陕西省上市公司年报为主，如若年报中出现大数据等相关关键词，则作为企业是否实施大数据的衡量标准。数据均来自国泰君安上市公司财务报表数据库和 Wind 数据库，选取 2007—2018 年陕西省 A 股非金融类上市公司作为研究对象。

### （二）实证分析

#### 1. 总效应分析

以全要素生产率为例，陕西省大数据等数字化技术的实施能够显著地提高企业的全要素生产率。以产能利用率为例，实施大数据等数字化技术的企业要比其他没实施的企业产能利用率高。陕西省相关企业实施大数据等数字化技术后，其全要素生产率和产能利用率均得到提升，要比其他未实施大数据等数字化技术的企业生产

绩效要好。

**2. 机制分析**

陕西省上市企业应用大数据不仅能提升企业全要素生产率和产能利用率，还能通过降低企业内部员工之间、员工和领导之间的交易成本和管理成本，让员工和领导之间更有效地进行沟通，降低管理费用。大数据等数字化技术的应用还能代替人们进行有效的智能化决策，解放了一部分管理层，节约成本，提高企业全要素生产率和产能利用率，推动整个地区和产业的经济转型发展。

## 三、大数据对陕西省工业产业转型升级的实证分析：宏观表现

### （一）模型构建与数据来源

**1. 模型构建和变量选取**

本课题通过面板数据的中介效应模型来估计大数据对陕西省各地级市全要素生产率的影响，分析专业化集聚和多样化集聚的影响机制，本课题利用Sobel检验验证中介效应是否显著。具体回归结果请联系作者。

本项目的被解释变量为通过SBM模型测算出的地区绿色全要素生产率，解释变量为采用主成分方法衡量得到的地区大数据指数（包括邮政和电信业务收入占比、互联网使用情况、政府采购数据、专利情况、员工人数和研发投入），中介变量为区位熵指数衡量得到的地区专业化水平和赫芬达尔指数测算出的多样化指数。控制变量包括政府支出占比、人力资本、外商直接投资、环境规制、金融发展水平和基础设施建设。

**2. 数据来源**

本课题的所有数据均来自2009—2018年《中国城市统计年鉴》《中国统计年鉴》《陕西省统计年鉴》、Wind数据库和政府采购数据等。全要素生产率、环境规制、经济集聚等指标需要使用全局的数据来衡量各地级市的程度，因此，本课题首先采用全国各地级市的数据来构造相关变量。

### （二）实证分析

**1. 总效应分析**

大数据通过现有数据制定出有利于生产资源合理配置的决策，完成传统生产和创新过程中无法完成的任务，提高技术创新。企业通过实时提供相关排放物的信息，进行有力的监管，配套的数字化技术还能促进国内污染处理技术的研发和

国外技术的引进，提升整个地区的绿色全要素生产率，以及分解后的技术效率和规模效率。

**2. 机制分析**

首先，陕西省大数据的应用通过促进制造业专业化，进而改善地区的绿色全要素生产率、技术效率和规模效率。并且，陕西省还能通过促进制造业和生产性服务业的融合，提高整个地区的绿色全要素生产率、技术效率和规模效率。

其次，相关多样化降低外部冲击带来的经济损失，促进陕西省绿色全要素生产率提升。无关多样化为产业带来新鲜"血液"，不同专业背景技术的高技能劳动力会改革产业内部的经营和创新方式，通过部门间的结构性变化来弥补冲击后生产要素跨部门的重组成本，提高绿色全要素生产率。

## 四、陕西省大数据驱动工业产业转型升级的路径优化

### （一）推动大数据等基础型数字经济高质量发展

**1. 推动大数据等数字基础设施提档升级**

促进移动网络稳步升级，加快完善提升 4G 网络，适时启动 5G 网络建设，实现无线宽带网络先城市后乡村全覆盖快普及。推动 IPv6 及未来网络部署，加快现有 IPv4 固定网络基础设施向 IPv6 转换改造。

**2. 做大做强大数据等数字化核心产业**

加快发展集成电路、通信与网络、元器件等基础产业，培育壮大大数据、云计算、物联网、北斗卫星导航等新兴信息产业，加速成长人工智能、区块链、未来网络等前沿信息产业，加快大数据等数字技术在一、二、三产业深度融合中的推广应用。

**3. 促进大数据等数字化技术创新成果转化**

采取互联网平台的众创、众包、众扶、众筹等创新创业模式，积极推进大数据等数字技术创新成果产业化。进一步营造良好环境，加快大数据等数字创新技术推广应用。

### （二）加快融合型数字经济提质增效

**1. 推动农业数字化升级**

促进移动智能手机、互联网等在农村地区的普及，深化物联网等数字技术在农

业生产中的应用，推动农村电子商务在偏远地区的发展，建设数字乡村并通过数字技能培训提升农民数字化素养。

**2. 加快工业数字化转型**

推动云计算、大数据、物联网等信息技术对装备制造、航空航天、能源化工等陕西特色优势产业进行改造。支持陕鼓、法士特、秦川机床等制造企业开展智能工厂试点建设。

**3. 支持服务业数字化发展**

积极推动信息技术与商贸物流、现代金融、康体养生、文化旅游等生产性服务业融合。加快互联网与医疗、教育、家政、餐饮等生活型服务业等行业互动，增强服务对象的体验感。

### （三）力促数字经济体制机制改革创新

**1. 健全完善大数据等数字化产业治理体系**

组建省级大数据发展管理机构，推出并完善省统一的电子政务云服务平台，推进各部门、各县市向省级平台转移，探索建立开放包容的适应新业态、新模式的新型监管治理体系。

**2. 创新大数据等数字化产业项目推进机制**

建立全省统一的大数据等数字化相关项目库，加大对京东、阿里巴巴、苏宁易购等国内外知名的互联网企业的引进力度，充分利用好西安国际港务区等平台积极打造跨境电商集散地。

## 五、陕西省工业产业转型升级的政策建议与保障措施

### （一）政策建议

**1. 营造发展环境**

支持高校、科研院所、企业开展不同行业以及跨行业的数据采集、存储、调用等关键基础技术研究。支持组建涵盖产、学、研、用各方参与的数字经济产业标准联盟。不断强化数据安全方面的监督管理，支持组建跨企业、跨行业、跨领域的支撑性产业组织及公共数据平台。

**2. 优化产业结构**

（1）推动数字经济基础产业核心技术突破创新。

支持实施鼓励政策和举措促进 ICT 与互联网产业底层算法、数据挖掘等关键

基础性技术研发，以促进创业创新为重点，推动各类要素资源聚集、开放和共享。推动"互联网+"在制造业和金融、文创、健康、交通、物流等服务业的深入应用，打造数字经济发展新引擎。

（2）加快推进制造业和服务业数字化、网络化和智能化发展。

构建自动控制与感知技术、工业软硬件、工业云与智能服务平台、工业互联网等制造业新基础，促进移动互联网、云计算、大数据、物联网等信息通信新技术在企业研发、制造、管理、服务等全流程和全产业链中的综合集成应用。

### 3. 促进模式创新

（1）支持新模式、新业态持续涌现。

搭建产业园区数字化综合管理平台，实现园区内各主体的数字资源汇聚与共享。支持构建具有较大社会效益和经济效益的产业园区，给予配套优惠和鼓励政策，支持组建涵盖中下游企业的产业联盟以完善构建产业链。

（2）支持工业互联网平台体系。

打造国家级工业互联网平台，鼓励企业通过合作、收并购以及平台应用开放等方式聚集关键技术企业以及培育平台 App 开发团队，共同打造具有国内影响力、国际竞争力的工业平台产业生态体系。

## （二）保障措施

### 1. 加强组织领导

切实加强组织领导，成立省级层面的数字经济和工业产业转型升级示范区建设领导小组，由分管创新驱动、产业结构调整的副省长任组长，完善工作机制，明确工作分工，加大支持力度。

### 2. 加大财税支持力度

国家省市各级财政部门每年安排数字经济和工业产业转型升级集群示范区建设专项资金，对示范区企业应用数字化技术提供财政支持和技术指导，通过数字化手段简易方法征收增值税。对于工业产业转型升级示范区企业，政府应该提高财政支出完善地区内的基础设施建设。

### 3. 重视人才培养

积极鼓励陕西产业转型升级相关企业引进国内外高级设计人才，高度重视"双师型"师资和在校大学生的培养，充分发挥西安交通大学、西北工业大学、西北农林科技大学等陕西本土高校现有师资和设备的优势，坚持校企合作、工学结合。成立各地级市产业人才评估服务中心,制定大数据、云计算、人工智能等数字化技术的设计、编程、检测、质量等各类人才的等级评估标准。

**4. 加强统筹组织协调**

组建陕西省数字经济发展平台和西部工业产业转型升级平台,推动三产的相关重大战略研究、核心技术研发、产业生态培育等。对因未落实安全管理措施,造成生产安全责任事故的企业,要落实《最高人民法院、最高人民检察院关于办理危害生产安全刑事案件适用法律若干问题的解释》等有关要求。

（写于2021年）

# 基本实现人与自然和谐共生现代化的主要指标和实现路径研究

## ——以陕西省为例

中心课题组

**摘 要** 本文设计了基于基本实现人与自然和谐共生现代化的主要指标，测评结果体现出陕西地域相关指标水平有较大提高，且对未来十五年的发展趋势做了预测，但同时也发现，在发展方式绿色转型、环境污染防治、生态系统多样性稳定性持续性、碳达峰碳中和等方面，陕西还存在问题。针对这些问题，本文提出了基于陕西基本实现人与自然和谐共生现代化的思路和实现路径建议。

党的二十大报告明确提出"中国式现代化是人与自然和谐共生的现代化"，如何正确理解人与自然和谐共生的内涵，以党的二十大精神统一思想和行动，推动陕西绿色发展，促进人与自然和谐共生，不仅关系着陕西自身的发展质量和可持续发展能力，而且更加关系到全国人与自然和谐共生现代化的大格局。

## 一、实现人与自然和谐共生是建设中国式现代化的必然选择

人与自然和谐共生是中国生态文明的本质要求，是中国式现代化的重要特征。坚持人与自然和谐共生有着深厚的历史文化渊源，是推进我国五位一体总体布局的必然选择，是可持续发展的核心问题，是满足人民群众对美好生活向往的需要。

## 二、人与自然和谐共生考量的指标设计

党的二十大报告从"加快发展方式绿色转型""深入推进环境污染防治""提升生态系统多样性、稳定性、持续性""积极稳妥推进碳达峰碳中和"四个方面对"推动绿

色发展，促进人与自然和谐共生"提出了要求。实现人与自然和谐共生现代化的具体内容要充分涵盖以上四个方面。本文借鉴生态文明建设考核目标体系、绿色发展指标体系等相关研究成果，以二十大报告为指引提取关键指标范围及信息，结合陕西实际情况，考虑数据的可靠性和指标口径的一致性，构建了以发展方式绿色转型、环境污染防治、生态系统多样性、稳定性、持续性、碳达峰碳中和为一级指标，以人均 GDP、第三产业贡献率等 31 个要素为二级指标的人与自然和谐共生现代化的指标体系（表1），对陕西省人与自然和谐共生现代化建设现状进行综合评价和发展趋势预判。

表 1　人与自然和谐共生现代化指标体系

| 序号 | 目标层 | 一级指标 | 二级指标 |
| --- | --- | --- | --- |
| 1 | 人与自然和谐共生现代化 A1 | 发展方式绿色转型 B1 | C1 人均 GDP（反映宏观发展水平） |
| 2 | | | C2 第三产业贡献率 |
| 3 | | | C3 非营利性服务业增加值占 GDP 比重 |
| 4 | | | C4 铁路及水运货运量占比 |
| 5 | | | C5 水资源重复利用率 |
| 6 | | | C6 耕地保有面积 |
| 7 | | | C7 人均日生活用水量 |
| 8 | | | C8 人均氮氧化物排放量 |
| 9 | | | C9 节能环保支出 |
| 10 | | | C10 城市公共汽电车客运总量 |
| 11 | | | C11 建成区绿化覆盖率 |
| 12 | | | C12 城市人均公园绿地面积 |
| 13 | | | C13 农村卫生厕所普及率 |
| 14 | | 环境污染防治 B2 | C14 空气质量优良天数比率 |
| 15 | | | C15 废气治理设施处理能力 |
| 16 | | | C16 地表水达到或好于Ⅲ类水体的比例 |
| 17 | | | C17 地级及以上城市集中式饮用水水源地水质达标率 |
| 18 | | | C18 城市污水处理厂集中处理率 |
| 19 | | | C19 城市生活垃圾无害化处理率 |
| 20 | | | C20 一般工业固体废物综合利用率 |
| 21 | | | C21 环境污染治理投资占 GDP 的比重 |

续表

| 序号 | 目标层 | 一级指标 | 二级指标 |
|---|---|---|---|
| 22 | 人与自然和谐共生现代化 A1 | 生态系统多样性、稳定性、持续性 B3 | C22 森林覆盖率 |
| 23 | | | C23 自然保护区面积 |
| 24 | | | C24 突发环境事件次数 |
| 25 | | | C25 森林病虫鼠害防治率 |
| 26 | | | C26 造林面积 |
| 27 | | 碳达峰碳中和 B4 | C27 单位 GDP 能源消耗降低指标 |
| 28 | | | C28 非化石能源消费比重 |
| 29 | | | C29 能源加工转换效率 |
| 30 | | | C30 工业废气排放量 |
| 31 | | | C31 治理废气投资 |

## 三、陕西人与自然和谐共生现代化建设的现状测评

### （一）数据说明

本文使用的原始数据来自《陕西统计年鉴》《陕西省生态环境状况公报》《中经数据库》。

### （二）绩效测评

首先，本文对陕西基本实现人与自然和谐共生现代化绩效指标体系运用熵值法输入新变量得到权重计算结果（表2），并进一步对各级指标进行评价。其次，计算出 2012—2021 年陕西发展方式绿色转型、环境污染防治、生态系统多样性、稳定性、持续性、碳达峰碳中和四个一级指标的绩效得分并进行排名。最后，将四个一级指标综合起来分析陕西基本实现人与自然和谐共生现代化绩效得分和排名（表3）。

表 2　指标体系及权重

| 一级指标 | 二级指标 | 指标属性 | 权重 |
|---|---|---|---|
| 发展方式绿色转型 38.897 | 非营利性服务业增加值占 GDP 比重（%） | 正向 | 4.968 |
| | 第三产业贡献率（%） | 正向 | 3.303 |
| | 铁路及水运货运量占比（%） | 正向 | 9.944 |

续表

| 一级指标 | 二级指标 | 指标属性 | 权重 |
| --- | --- | --- | --- |
| 发展方式绿色转型 38.897 | 市辖区污水再生利用量（万立方米） | 正向 | 7.348 |
| | 节能环保支出（亿元） | 正向 | 3.628 |
| | 建成区绿化覆盖率（%） | 正向 | 5.098 |
| | 农村卫生厕所普及率（%） | 正向 | 4.608 |
| 环境污染防治 25.753 | 空气质量优良天数比率（%） | 正向 | 3.523 |
| | 废气治理设施处理能力（万立方米/时） | 正向 | 4.708 |
| | 地表水达到或好于Ⅲ类水体的比例（%） | 正向 | 6.774 |
| | 地级及以上城市集中式饮用水水源地水质达标率（%） | 正向 | 1.307 |
| | 城市生活垃圾无害化处理率（%） | 正向 | 2.564 |
| | 一般工业固体废物综合利用率（%） | 正向 | 3.426 |
| | 环境污染治理投资占GDP的比重（%） | 正向 | 3.451 |
| 生态系统多样性、稳定性、持续性 16.372 | 森林覆盖率（%） | 正向 | 2.767 |
| | 自然保护区数（个） | 正向 | 1.307 |
| | 森林病虫鼠害防治率（%） | 正向 | 3.994 |
| | 造林建设面积（公顷） | 正向 | 2.697 |
| | 突发环境事件次数（次） | 负向 | 5.607 |
| 碳达峰碳中和 18.978 | 非化石能源占能源消费比重（%） | 正向 | 4.043 |
| | 能源加工转换效率（%） | 正向 | 3.223 |
| | 活力木蓄积量（万立方米） | 正向 | 2.747 |
| | 单位GDP能耗（吨/万元） | 负向 | 4.589 |
| | 工业废气排放总量（亿立方米） | 负向 | 4.376 |

从表3和图1可以看出：

（1）2012—2021年陕西基本实现人与自然和谐共生现代化绩效综合得分整体呈上升趋势。说明陕西深入贯彻落实十八大精神，大力推进生态文明建设，推进生态文明体制改革，人与自然和谐共生现代化综合水平有了较大提高，但发展水平仍有较大的提升空间。

（2）2012—2021年陕西发展方式绿色转型综合得分有明显起伏，整体呈现攀升趋势，但经济转型和产业结构升级优化仍存在动力不足、专业人才短缺、技术应用不深等问题。

表3 2012—2021年陕西基本实现人与自然和谐共生现代化绩效得分及排名

| 年份 | 发展方式绿色转型 | | 环境污染防治 | | 生态系统多样性、稳定性、持续性 | | 碳达峰碳中和 | | 综合得分 | 排名 |
|---|---|---|---|---|---|---|---|---|---|---|
| | 得分 | 排名 | 得分 | 排名 | 得分 | 排名 | 得分 | 排名 | | |
| 2012 | 0.05 | 10 | 0.31 | 10 | 0.18 | 10 | 0.12 | 10 | 0.16 | 10 |
| 2013 | 0.1 | 9 | 0.38 | 8 | 0.24 | 9 | 0.21 | 9 | 0.28 | 9 |
| 2014 | 0.25 | 5 | 0.36 | 9 | 0.67 | 5 | 0.51 | 8 | 0.38 | 7 |
| 2015 | 0.24 | 6 | 0.41 | 6 | 0.63 | 7 | 0.63 | 7 | 0.39 | 5 |
| 2016 | 0.27 | 4 | 0.41 | 7 | 0.42 | 8 | 0.67 | 5 | 0.36 | 8 |
| 2017 | 0.22 | 8 | 0.41 | 5 | 0.73 | 3 | 0.75 | 2 | 0.39 | 4 |
| 2018 | 0.24 | 7 | 0.44 | 4 | 0.72 | 4 | 0.75 | 3 | 0.38 | 6 |
| 2019 | 0.6 | 2 | 0.61 | 3 | 0.66 | 6 | 0.78 | 1 | 0.57 | 3 |
| 2020 | 0.7 | 1 | 0.76 | 2 | 0.85 | 2 | 0.72 | 4 | 0.66 | 1 |
| 2021 | 0.59 | 3 | 0.79 | 1 | 0.96 | 1 | 0.66 | 6 | 0.65 | 2 |

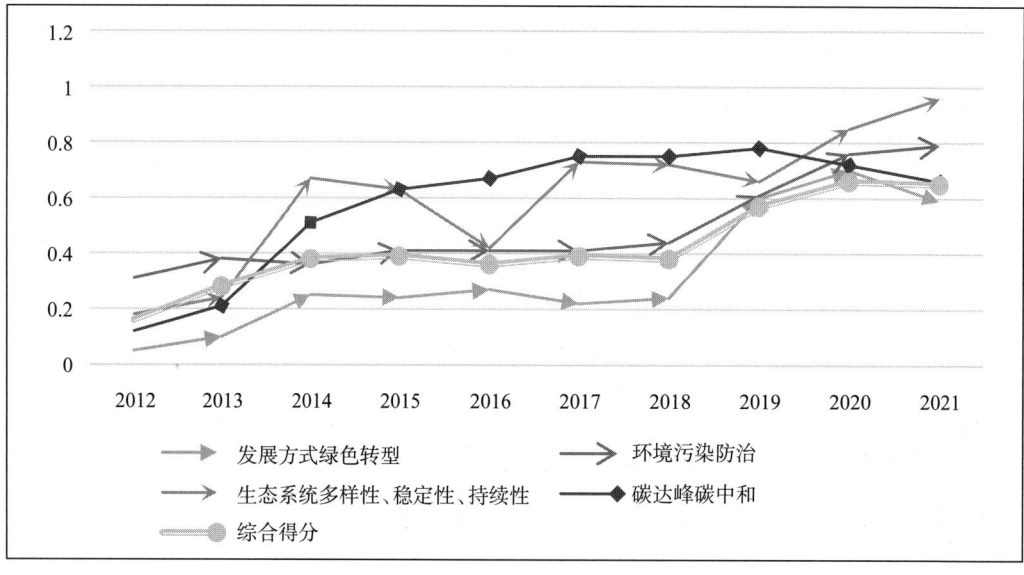

图1 2012—2021年陕西基本实现人与自然和谐共生现代化绩效得分

（3）2012—2021年陕西环境污染防治得分在波动中整体呈现向上走势。2012—2018年上升幅度较小，2018—2021年上升幅度较大，说明十九大以来，陕西加大了环境保护和治理力度，在区域、流域污染防治方面取得了不菲的成绩。但环境污染治理成效仍不容乐观。

（4）2012—2021年陕西生态系统多样性、稳定性、持续性得分虽有较大起伏，但总体仍呈现向上攀升趋势。陕西土地荒漠化和沙漠化问题严重，黄河流域生态环境保护短板明显，秦岭区域历史遗留矿山生态恢复治理推进缓慢等问题需要重视。

（5）2012—2021年陕西碳达峰碳中和整体得分波动较小，呈现逐步向上趋势，但2020—2021年，有下降现象。陕西碳达峰碳中和推进工作处于初级阶段，相关工作未取得突破性进展，且仍然面临工业废气排放量持续增加，非化石能源消费比重虽不断增加、但煤炭产业占比大，能源化工产业未达到能源高效、安全、绿色发展等问题。

### 四、陕西推进人与自然和谐共生现代化的思路

以党的二十大和习近平生态文明思想为指导，以陕西省第十四次党代会精神为遵循，加快绿色转型发展，深入推进污染防治，提升生态系统的多样性、稳定性、持续性，积极稳妥地推进碳达峰碳中和，为我国建设人与自然和谐共生现代化提供陕西样板。

### 五、陕西基本实现人与自然和谐共生现代化目标的趋势预测

#### （一）预测模型

采用灰色预测模型对陕西基本实现人与自然和谐共生现代化趋势进行预测。具体步骤如下：

步骤1：进行级比检验。

根据表4结果分析可以得到，平移转换后序列的所有级比值都位于区间（0.834，1.199）内，说明平移转换后序列适合构建灰色预测模型。

步骤2：构建数据矩阵 $B$ 及数据向量 $Y$，分别为：

$$B=\begin{bmatrix} -zy(2) & 1 \\ -zy(3) & 1 \\ \vdots & \vdots \\ -zy(n) & 1 \end{bmatrix} \quad Y=\begin{bmatrix} x^0(2) \\ x^0(3) \\ \vdots \\ x^0(n) \end{bmatrix}$$

则灰色微分方程的最小二乘估计参数列满足。

表 4　级比检验结果表

| 索引项 | 原始值 | 级比值 | 平移转换后序列值 | 平移转换后级比值 |
|---|---|---|---|---|
| 2012 | 0.16 | — | 1.16 | — |
| 2013 | 0.28 | 0.571 | 1.28 | 0.906 |
| 2014 | 0.38 | 0.737 | 1.38 | 0.928 |
| 2015 | 0.39 | 0.974 | 1.39 | 0.993 |
| 2016 | 0.36 | 1.083 | 1.36 | 1.022 |
| 2017 | 0.39 | 0.923 | 1.39 | 0.978 |
| 2018 | 0.38 | 1.026 | 1.38 | 1.007 |
| 2019 | 0.57 | 0.667 | 1.57 | 0.879 |
| 2020 | 0.66 | 0.864 | 1.66 | 0.946 |
| 2021 | 0.65 | 1.015 | 1.65 | 1.006 |

从表 5 可以得到，后验差比值为 0.125，模型精度高。

步骤 3：建立模型并求解生成值与还原值。依据公式求解，可得到预测模型：

$$\hat{x}^{(1)}(k) = \left(x^{(0)}(1) - \frac{b}{a}\right)e^{-a(k-1)} + \frac{b}{a}$$

$$k = 1, 2, \cdots, n$$

经过累减，得到还原预测值。

表 5　灰色模型构建

| 发展系数 $a$ | 灰色作用量 $b$ | 后验差比值 $c$ |
|---|---|---|
| −0.032 | 1.218 | 0.125 |

表 6 模型平均相对误差为 10.005%，意味着模型拟合效果良好。

表 6　模型拟合结果表

| 索引项 | 原始值 | 预测值 | 残差 | 相对误差（%） |
|---|---|---|---|---|
| 2012 | 0.16 | 0.16 | 0 | 0 |
| 2013 | 0.28 | 0.274 | 0.006 | 2.051 |
| 2014 | 0.38 | 0.315 | 0.065 | 17.061 |
| 2015 | 0.39 | 0.357 | 0.033 | 8.36 |

续表

| 索引项 | 原始值 | 预测值 | 残差 | 相对误差（%） |
|---|---|---|---|---|
| 2016 | 0.36 | 0.401 | −0.041 | 11.383 |
| 2017 | 0.39 | 0.446 | −0.056 | 14.348 |
| 2018 | 0.38 | 0.492 | −0.112 | 29.575 |
| 2019 | 0.57 | 0.54 | 0.03 | 5.21 |
| 2020 | 0.66 | 0.59 | 0.07 | 10.643 |
| 2021 | 0.65 | 0.641 | 0.009 | 1.416 |

（二）陕西基本实现人与自然和谐共生现代化目标的趋势预测

根据图2和表7可知，陕西人与自然和谐共生现代化建设得分在2035年前呈现逐年升高的趋势。至2035年，陕西基本实现人与自然和谐共生现代化的效益将得到质的提升，将坚持山水、林田、湖、草、沙一体化保护和系统治理，全方位、全地域、全过程加强生态环境保护，把污染防治的攻坚任务向纵深推进，并朝着绿色、循环、低碳发展迈出坚实步伐，将使得生态环境保护发生历史性、转折性、全局性变化，历史性地实现碳达峰碳中和目标。4个维度2022—2035年具体预测值如下：

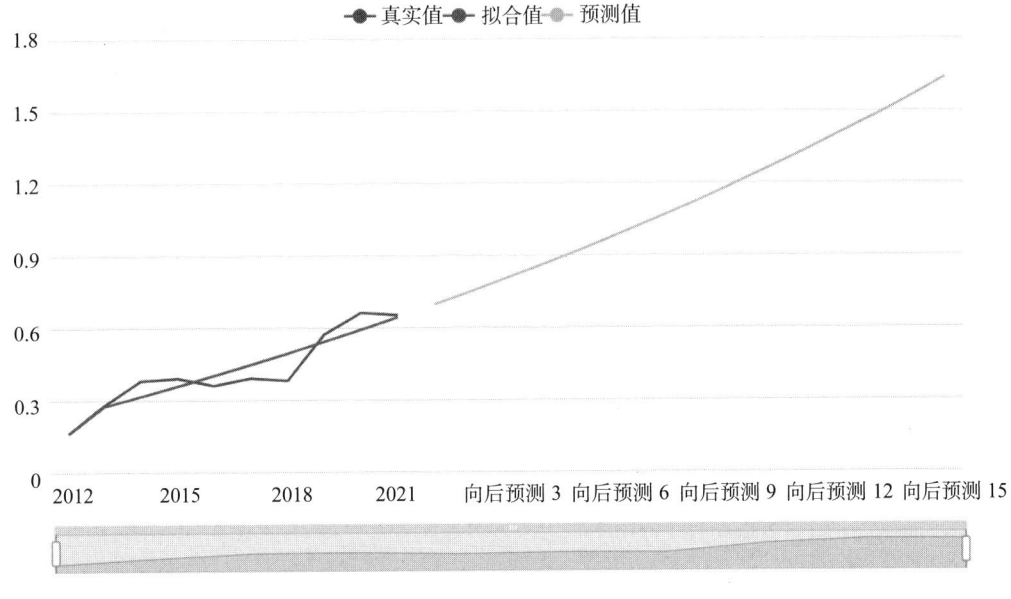

图2　模型拟合预测图

表7 模型预测结果表

| 预测阶数 | 预测值 |
| --- | --- |
| 2022 | 0.693 |
| 2023 | 0.748 |
| 2024 | 0.804 |
| 2025 | 0.862 |
| 2026 | 0.922 |
| 2027 | 0.983 |
| 2028 | 1.047 |
| 2029 | 1.113 |
| 2030 | 1.181 |
| 2031 | 1.251 |
| 2032 | 1.323 |
| 2033 | 1.397 |
| 2034 | 1.474 |
| 2035 | 1.554 |

**1. 发展方式绿色转型预测**

据表8和图3可知,预测期得分逐年提高,陕西发展方式将实现绿色转型。2030年分值接近2021年的2倍,2035年分值接近2021年的3倍,说明绿色转型各项任务工作都将取得优异成绩。

表8 发展方式绿色转型预测值表

| 预测阶数 | 预测值 |
| --- | --- |
| 2022 | 0.705 |
| 2023 | 0.781 |
| 2024 | 0.857 |
| 2025 | 0.935 |
| 2026 | 1.015 |
| 2027 | 1.096 |

续表

| 预测阶数 | 预测值 |
|---|---|
| 2028 | 1.179 |
| 2029 | 1.264 |
| 2030 | 1.350 |
| 2031 | 1.438 |
| 2032 | 1.528 |
| 2033 | 1.620 |
| 2034 | 1.714 |
| 2035 | 1.809 |

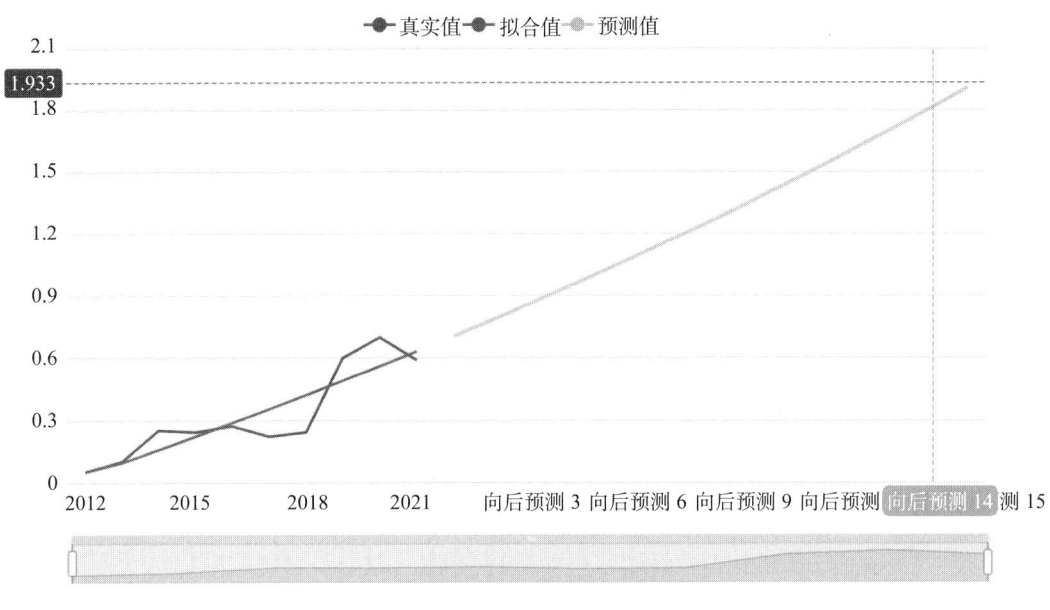

图3　发展方式绿色转型预测图

**2. 环境污染防治预测**

从表9和图4可看出,预测期内得分逐年提高,环境污染防治深入推进。

表9　环境污染防治预测值表

| 预测阶数 | 预测值 |
|---|---|
| 2022 | 0.809 |

续表

| 预测阶数 | 预测值 |
| --- | --- |
| 2023 | 0.878 |
| 2024 | 0.949 |
| 2025 | 1.023 |
| 2026 | 1.101 |
| 2027 | 1.181 |
| 2028 | 1.264 |
| 2029 | 1.350 |
| 2030 | 1.440 |
| 2031 | 1.533 |
| 2032 | 1.629 |
| 2033 | 1.729 |
| 2034 | 1.833 |
| 2035 | 1.941 |

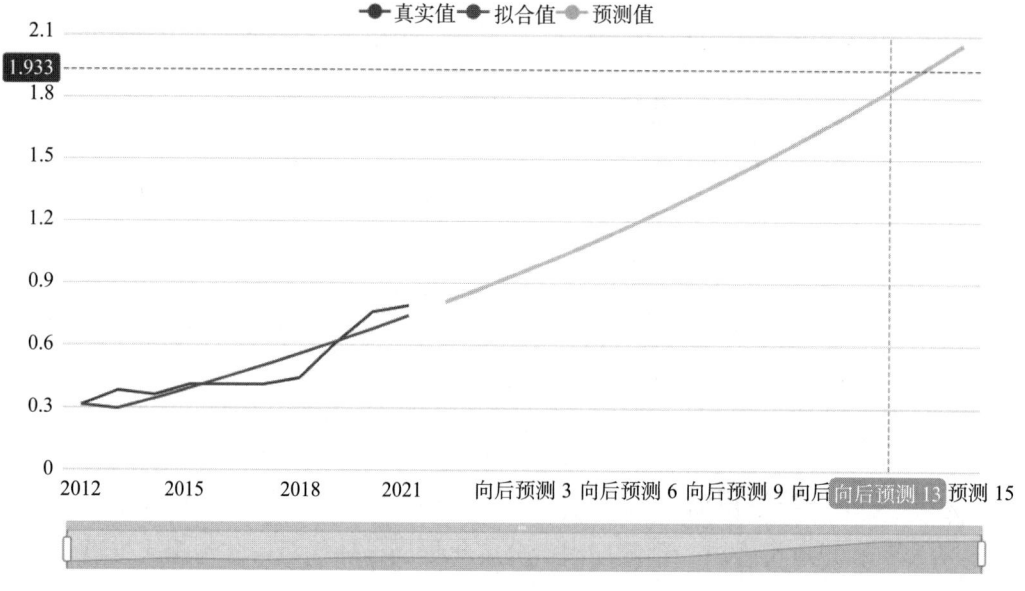

图4　环境污染防治预测图

**3. 生态系统多样性、稳定性、持续性预测**

据表10和图5可知，预测期内得分逐年提高，重要生态系统得到保护和修复。

表10 生态系统多样性、稳定性、持续性预测值表

| 预测阶数 | 预测值 |
| --- | --- |
| 2022 | 0.982 |
| 2023 | 1.053 |
| 2024 | 1.127 |
| 2025 | 1.202 |
| 2026 | 1.279 |
| 2027 | 1.357 |
| 2028 | 1.438 |
| 2029 | 1.521 |
| 2030 | 1.605 |
| 2031 | 1.692 |
| 2032 | 1.780 |
| 2033 | 1.871 |
| 2034 | 1.964 |
| 2035 | 2.059 |

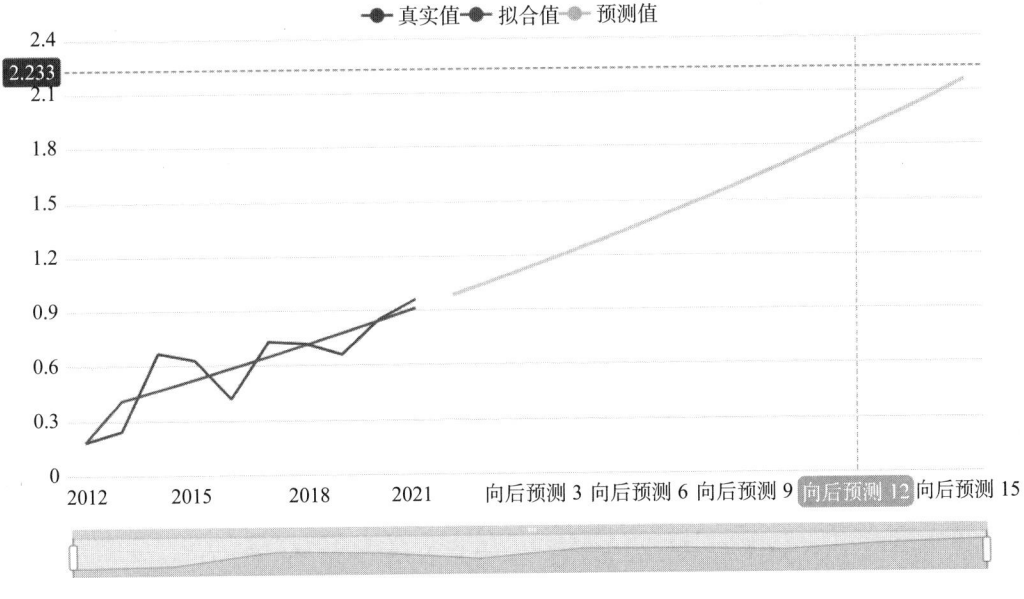

图5 生态系统多样性、稳定性、持续性预测图

### 4. 碳达峰、碳中和预测

据图 6 和表 11，可知预测期内得分逐年提高，未来陕西碳达峰碳中和水平将突破初级阶段并持续攀升。

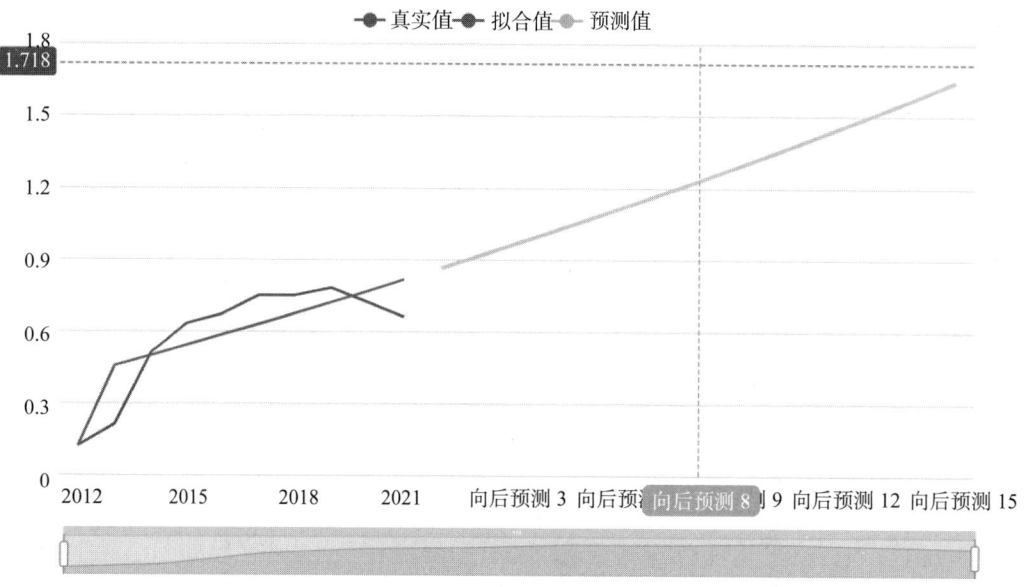

图6　碳达峰、碳中和预测图

表 11　碳达峰碳中和预测值表

| 预测阶数 | 预测值 |
| --- | --- |
| 2022 | 0.864 |
| 2023 | 0.914 |
| 2024 | 0.964 |
| 2025 | 1.015 |
| 2026 | 1.068 |
| 2027 | 1.121 |
| 2028 | 1.175 |
| 2029 | 1.230 |
| 2030 | 1.285 |
| 2031 | 1.342 |
| 2032 | 1.400 |

续表

| 预测阶数 | 预测值 |
| --- | --- |
| 2033 | 1.459 |
| 2034 | 1.519 |
| 2035 | 1.580 |

## 六、推进陕西基本实现人与自然和谐共生现代化的建议

为了基本实现人与自然和谐共生的现代化，陕西可以着力做好以下几个方面的工作。

### （一）以调整产业结构、支持绿色低碳产业、完善绿色发展政策为抓手，推动发展方式绿色转型

以调整产业、能源、交通运输结构为抓手，积极推进各类重要的节约集约利用，完善支持绿色发展政策体系，倡导绿色消费，推动形成绿色低碳的生产方式和生活方式。

### （二）以守卫秦岭、保护黄河母亲河、强化南水北调中线工程水源地保护为切入点，深入推进环境污染防治工作

一方面，不折不扣地执行国家部委的相关要求，守护好秦岭和黄河的生态环境安全；另一方面，健全生态环境污染防治体系，统筹生态环境分区管控体系，建立高效快捷的数据互联网络，推进数字化基础设施建设，以智慧化、数字化手段推进水土的生态、资源、环境管理建设，高标准打好蓝天、碧水、净土保卫战，深入推进环境污染防治工作，成为全国典范。

### （三）以保护生物多样性、推进重大保护工程为引领，提升生态系统多样性、稳定性、持续性

以保护生物多样性、实施重大保护工程为引领，以守护好秦岭生物多样性宝库为重点，加强以国家公园为主体的自然保护地体系建设，科学开展大规模国土绿化行动，把生物多样性保护理念融入生态文明建设全过程，实现共建人与自然和谐共生的美丽陕西。

## （四）始终遵循"一个完善、两个控制、三个坚持"[①]，积极稳妥推进碳达峰碳中和

制定有效的评估与监测方案，结合历史情况，把握科技创新与政策创新，坚决遏制高耗能、高排放、低水平项目盲目发展，积极努力推动传统产业优化升级。推进煤炭清洁高效利用，推动能源化工产业高端化、低碳化、多元化发展，大力推动煤电节能降碳改造、供热改造、灵活性改造"三改联动"[②]。

全面提高资源利用效率，加快调整产业结构和能源结构，大力推广先进节能技术、实施节能重点工程，不断提升能源利用效率。以提升综合利用率为主要目标，加大固体废物资源化利用力度，大力发展循环经济，减少能源资源浪费。

（写于 2023 年）

---

[①] 一个完善指完善能源消耗总量和强度调控，逐步转向碳排放总量和强度"双控"制度。两个控制指要积极推进煤炭有序减量替代，加快清洁能源发展，推动能耗"双控"向碳排放"双控"转变。三个坚持指坚持先立后破，有计划分步骤实施碳达峰行动；坚持科技驱动助推能源革命，确保能源安全；坚持高质量推进植树造林，提升生态系统碳汇能力。

[②] "三改联动"是针对煤电机组进行的三种技术改造：节能降碳改造是为了让煤电机组降低度电煤耗和二氧化碳排放；供热改造是为了让煤电机组能够承担更多的供热负荷，实现对低效率、高排放的分散小锅炉的替代；灵活性改造是为了让煤电机组进一步提升负荷调节能力，为新能源消纳释放更多的电量空间，并帮助电网安全稳定运行。

# 跋

王亚杰

陕西中国西部发展研究中心（以下简称"中心"）编著的《大秦岭论丛》出版，标志着"中心"建设新型智库进程中取得的新成果。

本书汇集"中心"7年的研究成果，彰显了"中心"服务地方党委和政府科学、民主、依法决策的宗旨。"中心"的政策研究，始终坚持围绕党的中心工作，为省委和省政府重大决策提供一批具有影响力和前瞻性的高质量建议。针对秦岭的生态保护问题深入研究，形成的研究成果，是积极贯彻落实习近平总书记秦岭保护重要批示精神的实际行动，为推动秦岭依法保护、智慧秦岭、绿色发展提供了学理支撑。研究成果得到省政协、省人大高度重视，成为全国人大、全国政协的议案、提案，在环秦岭的六省一市地区产生了积极广泛的影响。本书中有10多项研究报告提出的政策建议，得到了省委、省政府领导的肯定批示，经政府部门采用，纳入新的五年发展规划。"中心"谱写了新型智库咨政建言的新篇章！

理论和实际相结合的研究、跨学科的研究比较容易产生创新理论。在人工智能、机器人、区块链、大数据等现代科学技术迅猛发展之际，"中心"研究人员及时跟进，深入业界企业进行调查研究，分析现状问题，找出陕西发展人工智能、区块链、大数据等技术的优劣势，提出陕西大力发展人工智能产业、工业机器人产业的建议；提出运用大数据创新，推进政府治理、产业发展、科技创新的创新理论和政策建议；结合陕北山区特点，发挥国家振兴产业、科技赋能、组织制度创新优势，建设"绿色＋现代"的陕北山区农业现代化；大力开发陕西地域富有的中华文化资源，繁荣发展传统文化、红色文化、三秦文化等，使之成为陕西创新发展的强大精神和物质力量。

"中心"通过《秦智》杂志，贯彻宣传习近平总书记新时代中国特色社会主义的思想和新发展理念，发布研究成果，举办社会关注的重点、热点、难点主题论坛。积极开展学术交流，宣传党的理论方针，解读党的政策，充分发挥智库与舆论的引导作用，有效增强了社会影响力。

"中心"以及各个研究院，积极为地方政府和企业开展政策咨询服务，在城市人口发展规划、老年人健康服务体系以及机构建设、应急管理、虚拟社会治理、智慧城市等方面，为陕西省和西安市政府、企业制定相关政策提供新理念、新策略、新方案，开辟了新型智库为人民服务、为社会服务的新途径、新渠道。

"中心"转隶到西北大学之后，学校向"中心"选派了一批理论基础扎实、热心公共政策研究的中青年教授、研究人员，发展壮大老中青相结合的研究人才队伍。这些研究人员，积极承担"中心"重点研究课题，产生了一批具有创新和应用价值的研究成果，推动"中心"在出理论、出成果、出人才方面，不断取得新成绩，为新型高校智库建设创造了新经验，走出了一条建设中国特色新型高校智库创新发展的道路。

祝贺陕西中国西部发展研究中心编著的《大秦岭论丛》由西北大学出版社出版。感谢各位专家学者、研究人员创造的思想理论成果。感谢为本书出版付出辛劳的编辑同志们！

（写于 2023 年）